Sandra Wolff

Die »Konstanzer Chronik« Gebhart Dachers

Konstanzer Geschichts- und Rechtsquellen

Herausgegeben vom
Stadtarchiv Konstanz
XL

Jan Thorbecke Verlag

Sandra Wolff

Die »Konstanzer Chronik« Gebhart Dachers

»By des Byschoffs zyten
volgiengen disz nachgeschriben ding vnd sachen…«
Codex Sangallensis 646: Edition und Kommentar

Jan Thorbecke Verlag

Bibliographische Information der Deutschen Nationalbibliothek
Die Deutsche Nationalbibliothek verzeichnet diese Publikation in der Deutschen Nationalbibliographie;
detaillierte bibliographische Daten sind im Internet über http://dnb.d-nb.de abrufbar.

© 2008 by Jan Thorbecke Verlag der Schwabenverlag AG, Ostfildern
www.thorbecke.de · info@thorbecke.de

Dieses Buch ist aus alterungsbeständigem Papier nach DIN-ISO 9706 hergestellt.
Abbildungen auf dem Einband: Abb. oben: Stiftsbibliothek St. Gallen, Cod. 646, fol. 37^r;
Abb. unten: Württembergische Landesbibliothek Stuttgart, Cod. HB V 22, fol.1^r
Satz und Gestaltung: Dr. Andrea Fausel, Sandra Wolff
Gesamtherstellung: Jan Thorbecke Verlag, Ostfildern
Printed in Germany
ISBN 978-3-7995-6840-1

Im Gedenken an meinen geliebten Vater

Inhalt

Vorwort

A. Einleitung

B. Edition und Kommentar

C. Anhang

Vorwort

Die vorliegende Arbeit wurde im Sommersemester 2003 von der Fakultät für Philosophie und Geschichte der Eberhard-Karls-Universität Tübingen als Dissertation angenommen. Für die Veröffentlichung wurde sie geringfügig überarbeitet, vor allem gekürzt.

Da der Weg einer Dissertation von der Idee hin zur gedruckten Version lang und oft auch steinig ist und nicht ohne die Unterstützung von Hochschullehrern, Kollegen, Freunden, Verwandten und staatlichen Institutionen gemeistert werden kann, möchte ich mich an dieser Stelle bei all jenen herzlich bedanken.

Mein innigster Dank gilt zuvörderst meinem verehrten Doktorvater Prof. Dr. Wilfried Hartmann, der mein Interesse an Stadtgeschichte und Historiographie erst geweckt und die Arbeit mit viel Geduld von Anfang an auf mannigfaltige Art und Weise unterstützt und gefördert hat. Besonders danken möchte ich ihm dafür, dass er stets ein offenes Ohr für mich und jedes noch so kleine Problem hatte und niemals die Zuversicht in den erfolgreichen Abschluss dieses langwierigen Promotionsvorhabens verlor.

Ebenso bin ich dem Zweitgutachter Prof. Dr. Sönke Lorenz für das wohlwollende Interesse an meiner Arbeit sowie für seine Hilfe bei Fragen im Bereich der Geschichtlichen Landeskunde und der Historischen Hilfswissenschaften sehr dankbar. Auch Herrn Prof. Dr. Helmut Maurer sei für die freundliche Aufnahme und Unterstützung herzlich gedankt.

Großen Anteil an dieser Edition hat auch das Graduiertenkolleg „Ars und Scientia im Mittelalter und in der Frühen Neuzeit" der Universität Tübingen, dem ich drei Jahre lang als Stipendiatin angehören durfte. Neben der finanziellen Unterstützung – hier sei der Deutschen Forschungsgemeinschaft, dem Land Baden-Württemberg und der Universität Tübingen gedankt – trugen vor allem die anregenden Diskussionen in diesem interdisziplinären Forscherkreis in meiner Arbeit zahlreiche Früchte. Mein Dank gilt daher dem Kolleg, dessen Sprecher Prof. Dr. Georg Wieland sowie den anderen beteiligten Hochschullehrern, namentlich vor allem Herrn Prof. Dr. Burghart Wachinger. Darüber hinaus seien besonders die ehemaligen Kollegiaten Prof. Dr. Henrike Lähnemann, Dr. Raphaela Veit, Prof. Dr. Cora Dietl und Prof. Dr. Dag Nikolaus Hasse genannt, die auf unterschiedlichste Art und Weise am Gelingen dieser Arbeit Anteil haben. Danken möchte ich auch allen Tübinger Doktorandinnen und Doktoranden des Graduiertenkollegs und des Seminars für Mittelalterliche Geschichte sowie dessen Mitarbeitern für konstruktive Ideen, schöne Gespräche und eine unvergessliche gemeinsame Zeit.

Ohne die zuvorkommende Hilfe der zahlreichen Bibliotheken und Archive in Deutschland, Österreich und der Schweiz, die mich bei der Beschaffung des Quellenmaterials sowie der Literatur unterstützt haben, wäre diese Arbeit nicht möglich gewesen. Hierfür möchte ich ihnen meinen Dank aussprechen. Nennen möchte ich vor allem die Stiftsbibliothek St. Gallen und deren mich stets unterstützenden Mitarbeiter Dr. Karl Schmuki, die Württembergische Landesbibliothek Stuttgart, die Universitätsbibliothek Tübingen, die Badische Landesbibliothek und das Generallandesarchiv Karlsruhe, die Bayerische Staatsbibliothek München sowie die Österreichische Nationalbibliothek Wien.

Ein besonders großes Dankeschön gebührt dem Konstanzer Stadtarchiv und all seinen Mitarbeitern. Abgesehen von der Tatsache, dass mir zahlreiche Archivalien zur Verfügung gestellt, Fragen beantwortet und jede erdenkliche Hilfe geleistet wurde, hat dessen Leiter Dr. Jürgen Klöckler die Aufnahme meiner Dissertation in die Reihe „Konstanzer Geschichts- und Rechtsquellen" ermöglicht und betreut. Dem Jan Thorbecke Verlag bin ich für die Drucklegung sehr verbunden.

Für die Unterstützung bei der zeitraubenden Erstellung der Druckfassung danke ich Dr. Andrea Fausel recht herzlich.

Widmen möchte ich die Dissertation meinem Vater Artur Wolff in memoriam. Er hat mich mit all seiner Güte und Liebe vor den Unwägbarkeiten des Lebens zu schützen versucht, meine Entscheidungen stets mitgetragen und mich gelehrt, die Hoffnung niemals aufzugeben.

Mein besonderer Dank gilt schließlich allen Verwandten und Freunden, die mich auf meinem steinigen Weg der letzten Jahre begleitet und mir über so manche Hürde hinweggeholfen haben. Erwähnen möchte ich: Meine Mutter Gabriele, Gerda, Helga und Harriet, Markus, Juliana, Dietlind, Anke und Martin, Christiane, Carsten und ganz besonders Peer.

Reutlingen
im Oktober 2008   Sandra Wolff

A. Einleitung

*De Constantiae antiquitate, et origine cum saepe a
quibusdam civibus quaesissem, nemo adhuc michi
occurrit, qui vel avi sui nomen et memoriam, nedum
urbis tenere videretur.*[1]

1. EINLEITENDE BEMERKUNGEN

Innerhalb der mediävistischen und frühneuzeitlichen Forschung lässt sich sowohl auf geschichts-
wissenschaftlicher als auch auf philologischer Seite ein stetig wachsendes Interesse an der Geschichtsschreibung und dem Geschichtsbewusstsein konstatieren. Während historiographische
Werke über einen langen Zeitraum hinweg nur zur Rekonstruktion ereignisgeschichtlicher Daten
einer „verlorenen Vergangenheit" herangezogen und allein auf ihre Sachinformationen hin befragt wurden, würdigt man sie in neueren Untersuchungen als inhärenten Teil und funktionales
Element der Geschichte selbst. Vor allem Komponenten, die man lange Zeit ausblendete, etwa
die individuelle Perspektive und Subjektivität der Geschichtsschreiber, sind so zum Gegenstand
wissenschaftlicher Arbeiten avanciert[2]. Neben Fragen zur Biographie, das heißt vor allem zum
Bildungshorizont der Autoren und Kompilatoren, zu Text- und Überlieferungsgeschichte, Rezipientenkreis oder Genre werden in der Forschung neuerdings auch Themenkomplexe wie das
Verhältnis zwischen lateinischer und volkssprachlicher Geschichtsschreibung, die Impulse vonseiten des Renaissance-Humanismus, die Crux der Fiktionalität, das pragmatische Potenzial und
insbesondere die sich in den Texten spiegelnden Bewusstseinsweisen erörtert.

Viele der Aufsätze, Monographien oder Tagungsbände, die im Zuge der Um- und Neubewertung der Geschichtsüberlieferung unter dem Vorzeichen innovativer Methoden und Fragestellungen entstanden sind[3], demonstrieren, dass die Geschichtsschreibung des Mittelalters und der
Frühen Neuzeit teils noch nie dagewesene Perspektiven auf die unterschiedlichsten politischen,
sozialen oder kulturellen Phänomene eröffnet und unter anderem Gelegenheit zu einer Annäherung an vergangene Denkweisen und Vorstellungswelten bietet. Um mit Gudrun Gleba zu sprechen: „Historiographische Texte (...) vermitteln Einsichten in das Geschichtsbild und das Ge-

---

[1] Leonardo Bruni, Liber IV, 3 (an Nicolò Niccoli, 31. Dez. 1414), in: L. Bruni Arretini, Epistolarum Libri VIII,
S.102-109, hier S.107.
[2] Auf diesen Paradigmenwechsel wurde in der Forschung bereits vielfach hingewiesen. Man vgl. mit weiteren Literaturangaben bspw. LexMA, Artikel Chronik, Bd.2, Sp.1954ff, hier Sp.1957; F.-J. Schmale, Funktion, S.1ff; B. Studt,
Fürstenhof, S.1ff; U. Neddermeyer, Einleitung, S.24f oder G. Gleba, Vorwort, S.5f.
[3] Da hier kaum der Ort eines umfassenden Literaturüberblicks zur mittelalterlichen oder gar frühneuzeitlichen Historiographie sein kann, wird im Folgenden, um die Breite der Forschung vor Augen zu führen (vgl. auch den Forschungsüberblick v. K. Schnith, Editionen und Forschungen), eine Auswahl v. Aufsatzsammlungen und Monographien neueren Datums geboten: F.-J. Schmale, Funktion; H. Patze (Hg.), Geschichtsschreibung; J.P. Genet (Hg.),
L'historiographie médiévale; A. Dirsch-Weigand, Stadt und Fürst; A. Buck (Hg.), Humanismus und Historiographie;
A. Di Stephano (Hg.), La storiografia umanistica; R. Sprandel (Hg.), Zweisprachige Geschichtsschreibung; A. Scha-
rer/G. Scheibelreiter (Hgg.), Historiographie im frühen Mittelalter; C. Proksch, Klosterreform; R. Sprandel, Chro-
nisten; E.M.C. van Houts, Local and regional chronicles; M. Zingel, Frankreich; N. Kersken, Geschichtsschreibung;
H. Tersch, Unruhe; C. Heiduk/A. Höfert/C. Ulrichs, Krieg; G.M. Spiegel, The Past as Text; V. Reinhardt (Hg.),
Hauptwerke der Geschichtsschreibung; B. Marquis, Meißnische Geschichtsschreibung; M. Müller, Bistumsgeschichtsschreibung; D. Schlochtermeyer, Bistumschroniken; H.-W. Goetz, Geschichtsschreibung; J. Wenta (Hg.),
Geschichtsschreibung; A. Sommerlechner, Stupor Mundi; E. Kooper (Hg.), Medieval Chronicle; J. Grabmayer, Dies-
seits; Das Mittelalter 5/2 (2000); C. Hruschka, Kriegsführung; F. Brendle/D. Mertens/A. Schindling/W. Ziegler
(Hgg.), Landesgeschichtsschreibung; J. Laudage (Hg.), Fakten.

schichtsbewußtsein[4] vergangener Epochen, sie lassen Mentalitäten deutlich werden, sie offerieren den Vergleich verschiedener Sichtweisen, Vorstellungen, Wahrnehmungen, Einstellungen und Bewertungen von Zeitzeugen auf das gleiche bzw. von dem gleichen Ereignis. Sie ermöglichen die Untersuchung von Sprachebenen, von unterschiedlichen sozialsprachlichen Codes, von Sprachbildern, die gesellschaftliche Zustände reflektieren. Und schließlich können sie auch die Tradierung und Umformung von Vorstellungen, Einstellungen, Geschichtsbildern aus der Gegenwart der Historiographie in deren Zukunft zeigen – die Rezeptionsgeschichte"[5]. Angesichts der Differenziertheit des umfangreich tradierten Quellenmaterials vor allem seit dem 15. Jahrhundert[6] steht die Forschung trotz intensiver interdisziplinärer Auseinandersetzung noch immer vor einer Vielzahl ungelöster Fragen. Karl Schnith kommt beispielsweise in seinem Teil des Artikels „Chronik" im „Lexikon des Mittelalters" zu der noch immer gültigen Einsicht: „Der Forschungsstand ist freilich noch recht ungleichmäßig, so daß in manchen Bereichen die Einzelaussagen kaum zu einem allgemeineren Urteil zusammengefaßt werden können. V.a. für das Spät-M[ittel]a[lter] gilt, daß manche Ch[ronik]en nur in unbefriedigenden Ausgaben vorliegen oder noch unediert sind"[7]. Ein Großteil der unter den genannten Aspekten zu befragenden Texte liegt entweder nur in handschriftlicher Form in Archiven und Bibliotheken oder wurde meist im 19. Jahrhundert, der positivistischen Geschichtsforschung entsprechend, allein mit Blick auf den Informationsgehalt hin, das heißt größtenteils fragmentarisch und auf anachronistische Weise kompiliert[8], herausgegeben. Vorwiegend durch die schwierige Editionslage verursacht, stellt insbesondere die Chronistik des Spätmittelalters ein noch weites Untersuchungsfeld dar. Mit jedem neu- oder wiederentdeckten Text werden mehr Fragen als Antworten aufgeworfen und allgemeingültige Aussagen erschwert.

Dies gilt in besonderem Maße auch für die im städtischen Bereich entstandenen Texte, denen erst seit jüngster Zeit überhaupt größere Aufmerksamkeit zuteil wird[9]. Tatsächlich wurde, von einzelnen Texten wie zum Beispiel der Richental'schen Konzilschronik (vgl. Kapitel A.2.1 und A.3.1.2), den Chroniken der beiden Historiographen Diebold Schilling[10] oder die „Koelhoff'sche Chronik"[11] und wenigen Städten (z.B. Nürnberg[12] oder Augsburg[13]) einmal abgesehen, die

---

[4] Vgl. allg. zu diesen Begriffen H.-W. Goetz, Einführung; ders., Geschichtsbewußtsein sowie ders., Geschichtsschreibung, v.a. S.13ff.
[5] G. Gleba, Vorwort, S.5f.
[6] Von den ca. 120.000 bis 130.000 Codices des Reichsgebietes, die handschriftlich aus dem Mittelalter überliefert sind, gehören allein ca. 75.000 dem 15. Jh. an (vgl. U. Neddermeyer, Von der Handschrift, S.85ff).
[7] LexMA, Artikel Chronik, Bd.2, Sp.1954ff, hier Sp.1958.
[8] Vgl. z.B. den v. M. Bouquet hrsg. „Recueil des historiens des Gaules et de la France", die frühen Folio-Bde. der MGH (dazu F.-J. Schmale, Funktion, S.3), „Die Chroniken der deutschen Städte vom 14. bis ins 16. Jahrhundert" (dazu K. Wriedt, Bürgerliche Geschichtsschreibung, S.20) sowie die v. P. Ruppert edierten Konstanzer Chroniken (vgl. Kapitel A.2.2.1).
[9] Nachdem erst in neuerer Zeit ein Forschungsüberblick zur bisherigen städtischen Geschichtsschreibung mit weiterführenden allg. Bemerkungen veröffentlicht wurde (vgl. K. Wriedt, Bürgerliche Geschichtsschreibung), verzichtet diese Einleitung auf einen solchen.
[10] Vgl. mit weiterführender Literatur v.a. A.A. Schmid (Hg.), Luzerner Chronik; ders. (Hg.), Burgunder Chronik; C. Pfaff, Welt; H. Haeberli/C. v. Steiger (Hg.), Schweiz.
[11] Vgl. G. Mölich/U. Neddermeyer/W. Schmitz (Hgg.), Spätmittelalterliche städtische Geschichtsschreibung.
[12] Vgl. z.B. F. Machilek, Kartographie; J. Schneider, Heinrich Deichsler; ders., Humanistischer Anspruch; ders., Typologie; I. Stahl, Nürnberger Handwerkerchroniken; S. Füssel (Hg.), 500 Jahre Schedelsche Weltchronik; H. Martin, Verbrechen; A. Höfert, Krieg; C. Reske, Produktion.
[13] Vgl. z.B. C. Kramer-Schlette, Vier Augsburger Chronisten; K. Schnith, Reichsstädtisches Bewußtsein; D. Weber, Geschichtsschreibung in Augsburg; J. Janota/W. Williams-Krapp (Hgg.), Literarisches Leben mit mehreren Aufsätzen zur Geschichtsschreibung (vgl. z.B. P. Johanek, Geschichtsschreibung und Geschichtsüberlieferung; R. Kießling, Augsburg-Bild oder J. Rogge, Schweigen; K. Schnith, Erforschung; C. Böhm, Verhältnis).

Geschichtsschreibung urbaner Zentren bisher nur selten eingehender analysiert. Nachweislich kommt der Historiographie gerade in den Städten des Spätmittelalters aber eine entscheidende Bedeutung zu. Peter Johanek definiert die Stadtgemeinde Alteuropas[14] unter anderem als eine Erinnerungsgemeinschaft, die ihr Selbstverständnis – auch und vor allem in Zeiten des Wandels von Gesellschaft und Verfassung – aus der geschichtlichen Erinnerung bezieht und sich folglich besonders um deren Tradierung bemüht. Neben der öffentlichen Präsentation in Bildern, Denkmälern oder Ritualen tritt als Vermittlungsform der Geschichtsüberlieferung im 14. und 15. Jahrhundert mit zunehmender Literalität verstärkt die Historiographie, die dann sogar „zur eigentlichen Grundlage städtischer Gedächtniskultur" avanciert[15]. Da die Schriften der mittelalterlichen städtischen Geschichtsschreibung[16] bisher „nicht systematisch erfaßt, verzeichnet, quellenkundlich durchdrungen, geschweige denn ediert worden"[17] sind und „es im Grunde an Versuchen der deutschen Geschichtswissenschaft (...) fehlt, die besonderen Bedingungen von städtischer Geschichtsschreibung zu klären, das Verhältnis der Autoren (...) zu ihrem literarischen Zentrum (...) zu analysieren und zu beschreiben"[18], widmet sich die folgende Dissertation einem dieser Texte.

Im Mittelpunkt steht die sogenannte „Konstanzer Chronik" Gebhart Dachers aus der zweiten Hälfte des 15. Jahrhunderts[19]. Hierbei handelt es sich um ein Werk, das mit seinem Entstehungsort, der Bischofs- und Reichsstadt Konstanz[20], einem geographischen Raum angehört, dessen städtische Geschichtsschreibung von der Forschung bisher weitgehend unberücksichtigt geblieben ist[21]. Insgesamt wirft es eine Vielzahl von Fragen auf, die von der primären Textgeschichte über den Komplex der Text-Bild-Relation bis hin zur spätmittelalterlichen städtischen Kultur mit den ihr eigenen Bedingungen von Literatur[22] reichen. Mittels einer Edition und verschiedener Studien soll anhand eines exemplarischen Werkes ein Beitrag zur Erforschung der spätmittelalterlichen städtischen Historiographie im Allgemeinen und der des deutschen Südwestens im Besonderen geleistet werden.

---

[14] Zur Definition der Stadt an sich – darauf weist bspw. E. Ennen, Forschungsproblematik, S.9 oder dies., Die europäische Stadt, S.15f hin – ist das v. C. Haase entwickelte variable, kombinierte Stadtbegriffssystem, das mit einem sich nach Zeit und Ort verändernden Kriterienbündel operiert, heranzuziehen. Vgl. für allg. Fragen auch E. Isenmann, Stadt und LexMA, Bd.7, Sp.2169ff und Bd.8, Sp.1ff.

[15] Vgl. P. Johanek, Einleitung, S.VII-XIX, Zitat auf S.XIV. Vgl. auch ders., Historiographie, Bild und Denkmal.

[16] Als Einführung in den Themenbereich mit allg. Hinweisen und weiterer Literatur sei auf K. Wriedt, Bürgerliche Geschichtsschreibung oder U. Neddermeyer, Einleitung hingewiesen.

[17] P. Johanek, Einleitung, S.X.

[18] Ebd., S.XIII.

[19] Mangels geeigneter Alternativen wird in der Arbeit teils v. der „Stadtchronik", der „stadtchronistischen Aufzeichnung" oder, da t.w. beide Bereiche zentral sind (vgl. Kapitel A.5.1), v. der „Stadt- und Bistumschronik" Dachers gesprochen. Dies geschieht stets im Bewusstsein der Problematik dieser Termini, die etwa die Entstehung, Definition oder Abgrenzung betrifft (vgl. z.B. U. Neddermeyer, Einleitung sowie Anm.50).

[20] Zum geschichtlichen Hintergrund der Stadt können bspw. H. Maurer, Konstanzer Stadtgeschichte; ders., Konstanz oder P.F. Kramml, Friedrich III. sowie zur Einordnung auch die Karten in: Hist. Atlas von Baden-Württemberg, Blatt IV,7; H. Maurer, Konstanz I, Schutzumschlag-Innenseite sowie H. Kölsch, Die Niederburg, S.18f herangezogen werden. Zur allg. Geschichte der Entstehungszeit dieser Chronik sei nur auf E. Meuthen, Das 15. Jahrhundert sowie auf die Bde. I/2 und II des HbBW mit zahlreichen weiteren Literaturangaben hingewiesen.

[21] Im Gegensatz zur Historiographie der Schweiz bspw. wurde die des heutigen deutschen Südwestens recht selten analysiert. Während jedoch die Geschichtsschreibung des „Landes" (vgl. dazu D. Mertens, Landeschronistik), einzelner Regionen und Höfe hin und wieder ins Blickfeld rückten (vgl. z.B. K. Graf, Exemplarische Geschichten; ders., Aspekte; ders., Land „Schwaben"; ders., Geschichtsschreibung; B. Studt, Fürstenhof; K. Schreiner, Geschichtsschreibung sowie die Beiträge v. F. Brendle, K. Graf und M. Klein, in: F. Brendle/D. Mertens/A. Schindling/W. Ziegler (Hgg.), Landesgeschichtsschreibung), beschäftigen sich nur wenige neuere Untersuchungen mit der Geschichtsschreibung in den Städten dieses Raumes (vgl. V. Pfeifer, Geschichtsschreibung; E.J. Nikitsch, Dionysius Dreytwein; K. Graf, Gmünder Chroniken; ders., Der adel dem purger tregt haß).

[22] Vgl. für einen allg. Überblick zur „städtischen" Literatur im Spätmittlelalter z.B. U. Peters, Literatur in der Stadt; P. Nusser, Deutsche Literatur, S.278-388 oder T. Cramer, Geschichte der deutschen Literatur, S.235-352.

Das Gesamtprojekt gliedert sich in zwei beziehungsweise drei große Teilbereiche. Da die „Konstanzer Chronik" das Schicksal anderer städtischer Texte des 15. Jahrhunderts teilt und bisher nur in einer mit zahlreichen Problemen behafteten Ausgabe aus dem Jahr 1891 vorliegt[23], hat man sich vor einer inhaltlichen oder strukturellen Analyse mit textkritischen Fragen zu beschäftigen. Um der Wissenschaft überhaupt eine Grundlage für die weitere interdisziplinäre Erforschung der Konstanzer Geschichtsschreibung zur Verfügung zu stellen, bildet die Edition[24] dieses „umfassendste[n] Werk[es] der spätm[ittel]a[lter]l[ichen] Historiographie von Konstanz"[25] den Schwerpunkt der Arbeit. Als vorrangiges Ziel lässt sich die Bereitstellung einer mit Methoden der modernen Textkritik und Editionstechnik angefertigten, zuverlässigen Textausgabe definieren. Damit das historische Material in seiner Geschichtlichkeit bewahrt bleibt, eine relativ große Authentizität erreicht wird und die Chronik Dachers so beispielsweise auch von Sprachwissenschaftlern[26] ausgewertet werden kann, bietet Kapitel B nach einer genauen Darlegung der angewandten Editionsprinzipien einen größtenteils diplomatischen Abdruck der überlieferten Textzeugnisse. Der Hauptabschnitt präsentiert die einzige weitgehend vollständige Handschrift. Mehrere Apparate, die unter anderem die Erschließung des Textes erleichtern und die einzelnen Ereignisse unter Hinzuziehung neuerer Forschungserkenntnisse kommentieren[27], vervollständigen dieses Kapitel. Um möglichst alle, das heißt auch die rein graphischen Varianten umfassend zu dokumentieren und sich gleichzeitig soweit als möglich der Methodik von Historiographen und Schreibern anzunähern, werden auf der beigefügten CD-Rom verschiedene Chronikteile mit weiteren Überlieferungsträgern in synoptischer Gegenüberstellung wiedergegeben.

Gegenstand einer wissenschaftlichen Edition ist jedoch nicht alleine der Wortlaut des herauszugebenden Werkes. Der Text muss mittels begleitender Studien vielmehr in seine Kontexte und damit in den Horizont seiner Entstehungszeit eingeordnet werden. Neben Hinweisen zum Autor und dessen Gesamtwerk sind folglich sowohl die Entstehungs-, Überlieferungs- und Rezeptionsgeschichte als auch – unter anderem vor dem Hintergrund der Tradition – die Textkonstitution zu behandeln[28]. Kapitel A, der kommentierende Einleitungsteil, beginnt daher mit einem Forschungsüberblick, der – vor allem aufgrund einer problematischen Quellensituation – nicht allein auf Gebhart Dachers Werk beschränkt bleibt, sondern die spätmittelalterliche Historiographie der Stadt Konstanz als Ganze berücksichtigt. Im Mittelpunkt des nächsten Abschnittes stehen zwei Personen: Nach Gebhart Dacher, der als „Autor" oder besser als Hauptverantwortlicher dieser „Konstanzer Chronik" zu gelten hat und dessen Leben und Gesamtwerk hier näher beleuchtet werden, findet Konrad Albrecht, der Fortsetzer der Haupthandschrift, Beachtung. Das vierte Kapitel der Einleitung beschäftigt sich zunächst mit der Überlieferung dieses Geschichtswerkes. Im

---

[23] P. Ruppert (Hg.), Chroniken. Vgl. auch die Ausführungen in Kapitel A.2.2.1.

[24] Vgl. allg. zur Notwendigkeit v. Editionen mittelalterlicher Texte z.B. H.-G. Roloff, Editorische Desiderata, v.a. S.15-33 und A. Esch, Umgang. Hinzuweisen ist an dieser Stelle auch auf die öffentliche Diskussion rund um die Zweckmäßigkeit historisch-kritischer Editionen (vgl. z.B. das Jahrbuch der Deutschen Schillergesellschaft der Jahre 1989-1991), in deren Folge germanistische, philosophische und musikwissenschaftliche Editoren mit einem programmatischen Memorandum (vgl. editio 14 (2000), S.252-256), das die Aufgabe und Leistung v. Editionen herausstellt, reagiert haben (vgl. dazu R. Nutt-Kofoth/B. Plachta, Schlechte Zeiten, S.151f).

[25] E. Hillenbrand, Artikel „Dacher, Gebhard", in: VerfLex, 2. Aufl., Bd.2, Sp.31f, hier Sp.32.

[26] Vgl. z.B. H.-G. Roloff, Relevanz, S.13: „Daß der edierte Text philologisch-wissenschaftlich so konstituiert wird, daß er den Anforderungen sprachgeschichtlicher Forschung entspricht, ist schlicht eine Selbstverständlichkeit für wissenschaftliche Ausgaben".

[27] Auf umfangreiche eigene Forschungen anhand v. Archivalien aus dem StAK oder dem GLA Karlsruhe etc. muss angesichts des Umfangs der Chronik verzichtet werden.

[28] Vgl. allg. zum Aufbau einer Edition die Empfehlungen v. H.-G. Roloff, Fragen zur Gestaltung, S.136ff bzw. Kommentar-Empfehlungen, S.161-164, die teils auch die Gesamtkonzeption dieser Ausgabe des spätmittelalterlichen Werkes beeinflusst haben.

Anschluss an eine detaillierte Handschriftenbeschreibung, die vor allem mit Blick auf die Genese des Werkes notwendig erscheint, werden das Verhältnis der einzelnen Textzeugen zueinander geklärt und Gemeinsamkeiten beziehungsweise Unterschiede angesprochen. Ein weiterer Abschnitt ist der Entstehungs- und Gebrauchsgeschichte gewidmet. Auch die Rezeption und verschiedene neuere Abschriften werden erläutert. Das letzte ausführliche Kapitel dieser Einleitung ist der Strukturierung des Stoffes sowie den Illustrationen, das heißt den bildlichen Darstellungen und Wappen, gewidmet. Vor dem eigentlichen Editionstext (Kapitel B) stehen am Ende dieser Einleitung einige Erläuterungen zu Sprache und Stil dieser städtischen Chronik.

Die Textausgabe wird durch einen Anhang (Kapitel C) komplettiert, der neben einer Liste der verwendeten Abkürzungen und Siglen sowie Hinweisen zu den Währungs- und Maßeinheiten das Quellen- und Literaturverzeichnis sowie ein Personen- und Ortsregister enthält.

Die umfangreiche „Konstanzer Chronik" Gebhart Dachers stellt gewissermaßen ein „weites Feld" für Forschungen zur spätmittelalterlichen städtischen Historiographie dar. Selbst eine Dissertation, in deren Zentrum allein dieses einzelne Werk steht, kann angesichts der existierenden Defizite und der notwendigen interdisziplinären Zusammenarbeit[29] nur Teilaspekte des Themenkomplexes berücksichtigen. Eine umfangreiche inhaltliche Auswertung ist beispielsweise ebenso wenig zu leisten wie detaillierte Analysen der Sprache oder der Quellen und ihrer Verarbeitung. Um das Werk der Wissenschaft zugänglich zu machen und damit den Weg für weitere Untersuchungen der unterschiedlichsten Fachrichtungen zu ebnen, wird der Schwerpunkt auf einer möglichst detailgenauen Ausgabe der tradierten Handschriften mit entsprechendem Kommentar liegen. Diese wird durch einen ausführlichen Einleitungsteil, der das Werk von verschiedenen Blickwinkeln aus betrachtet und analysiert, ergänzt. Damit sollen – ausgehend vom Individuellen des Textes und den Personen, die mit ihm auf irgendeine Art und Weise verbunden sind (z.B. Verfasser, Besitzer, Rezipienten) – auch weitere Erkenntnisse über allgemeine politische und soziale, kulturelle und mentalitätsgeschichtliche Verhältnisse zur Zeit der Entstehung dieser Chronik eröffnet werden.

---

[29] Vgl. dazu bspw. G. Gleba, Vorwort, S.6ff, die anhand der zahlreichen Fragestellungen, die sich mit dem Themengebiet Historiographie verbinden, die Notwendigkeit der Zusammenarbeit v. Historikern, Sprach- und Literaturwissenschaftlern, Philosophen, Kunsthistorikern etc. prinzipiell vor Augen führt.

2. FORSCHUNGSÜBERBLICK

2.1 Konstanzer Historiographie – ein Problemfall par excellence

2.1.1 Forschungslage

Im Gegensatz zu den genannten Städten Augsburg und Nürnberg, deren historiographische Zeugnisse in der Reihe der „Chroniken der deutschen Städte"[30] teils seit über einem Jahrhundert relativ zuverlässig ediert vorliegen und schon aus diesem Grund des Öfteren Gegenstand wissenschaftlicher Untersuchungen wurden, hat die Geschichtsschreibung aus Konstanz in der Forschung bisher nur geringe Aufmerksamkeit gefunden. Dies gilt sowohl für Texte, in denen der Fokus besonders auf die Stadt selbst gerichtet ist, als auch für solche, die sich mit der Geschichte der Bischöfe[31] beziehungsweise des Bistums auseinandersetzen. Sieht man einmal von der singulären Konzilschronik Ulrichs von Richental (ca. 1365-1437) ab, zu der gerade in jüngerer Zeit mehrere Arbeiten erschienen sind[32], stehen für Informationen zur umfangreichen und inhaltlich mannigfaltigen Konstanzer Historiographie neben den Artikeln im „Verfasserlexikon" lediglich kurze Bemerkungen in Quellenkunden[33] sowie einige Aufsätze (vor allem von Eugen Hillenbrand)[34] und als einzig grundlegende, durch nichts zu substituierende Monographie die 1894 veröffentlichte Dissertation von Theodor Ludwig[35] zur Verfügung.

Wie schon angedeutet, lässt sich die geringe Resonanz innerhalb der Forschung nicht mit fehlendem historiographischem Material begründen. Tatsächlich besitzen wir über 20 teils recht voluminöse Geschichtswerke zu Stadt und Bistum Konstanz aus dem Mittelalter und vor allem aus der Frühen Neuzeit, die manches Mal in mehreren Handschriften und teilweise sogar in verschiedenen Redaktionen überliefert sind. Bisher ist die Mehrzahl dieser Texte jedoch nicht in gedruckter Form zugänglich. Die wenigen Editionen der Konstanzer Werke[36] stammen allesamt

---

[30] Die Chroniken der deutschen Städte vom 14. bis ins 16. Jahrhundert, hier: Bd.1-3, 10-11: Die Chroniken der fränkischen Städte: Nürnberg, und Bd.4-5, 22-23, 25, 29, 32-34: Die Chroniken der schwäbischen Städte: Augsburg.

[31] Nicht berücksichtigt werden können in dieser Arbeit hagiographische Schriften. Folglich wird auch in diesem Kapitel nicht näher auf sie eingegangen. Verwiesen sei aber auf zwei neuere Arbeiten zur Hagiographie im Allg., die t.w. auch die Konstanzer Texte berücksichtigen: S. Coué, Hagiographie und S. Haarländer, Vitae episcoporum.

[32] Vgl. z.B. R. Kautzsch, Handschriften; S. Weinfurter, Gestaltungsprinzip; L. Fischel, Bilderfolge; M. Holzmann, Konzilschronik; W. Matthiessen, Richentals Chronik; VerfLex, 2. Aufl., Bd.8, Sp.55-60; T.M. Buck, Text, Bild, Geschichte; ders., Überlieferungslage; ders., Zu den historiographischen Prinzipien; ders., Fiktion und Realität; ders., Textkritische Untersuchungen; T. Rathmann, Geschehen, hier v.a. S.209ff; G. Wacker, Richentals Chronik. Vgl. auch Kapitel A.3.1.2.

[33] O. Lorenz, Deutschlands Geschichtsquellen, insbesondere S.84ff; H. Vildhaut, Handbuch, S.62ff; M. Jansen/ L. Schmitz-Kallenberg, Historiographie, S.95f; H. Maschek (Hg.), Deutsche Chroniken, S.13ff; K. Jacob, Quellenkunde, S.129.

[34] Vgl. T. Ludwig, Einige unbekannte Konstanzer Chroniken; W. Martens, Neuentdeckte Chronik; K. Rieder/T. Ludwig, Zwei neue Quellen; E. Joos, Unruhen, hier v.a. S.53ff; E. Hillenbrand, Geschichtsschreibung; ders., Die Chronik der Konstanzer Patrizierfamilie Schulthaiß; ders., Das literarische Bild; ders., Die Geschichtsschreibung des Bistums; ders., Gallus Öheim; ders., Zur Geschichtsschreibung des Bistums; ders., Überlieferung. Vgl. auch M. Müller, Bistumsgeschichtsschreibung, S.51ff.

[35] T. Ludwig, Konstanzer Geschichtsschreibung.

[36] Vgl. v.a. Constanzer Jahrbücher; Konstanzer Chronik (dazu Kapitel A.2.1.2); Fortsetzungen des Königshofen; Konstanzer Weltchronik; Heinricus Dapifer de Diessenhofen, Chronik; C. Schulthaiß, Constanzer Bisthums-Chronik; J. Marmor, Zur Geschichte des Bisthums Constanz; P. Ruppert, Chroniken. Vgl. auch die frühen Drucke der Bis-

aus dem 19. Jahrhundert und sind für heutige Analysen nur bedingt zu gebrauchen. Wer sich also der Konstanzer Geschichtsschreibung zuwendet, muss stets auf handschriftliche Quellen in Archiven und Bibliotheken (vgl. z.B. StAK, BLB, WLB, GLA Karlsruhe, StiBSG, Zentralbibliothek Zürich) zurückgreifen.

Darüber hinaus erschwert eine diffizile, ja geradezu hoffnungslos verworrene Überlieferungsgeschichte der verschiedenen Texte die Auseinandersetzung mit der Konstanzer Geschichtsschreibung. Grund hierfür ist die prinzipielle und so auch in Konstanz nachweisbare hohe Verlustquote vor allem mittelalterlicher Manuskripte[37]. Bereits der Historiograph des 16. Jahrhunderts, Gregor Mangolt (1498 - nach 1577)[38], beurteilt etwa die Quellenlage in der Einleitung eines seiner Werke als äußerst problematisch und nennt sogar mögliche Ursachen hierfür: „(...) auch die warheit ist, daß ein stat Costantz on zwifel zu allen ziten merklich sachen und alles so si vermaint haben iren nachkommen dienstlich sin, mit flyß verzaichnet und in iren gwölb bracht haben, seien aber durch die großen brunsten, deren si mer erlitten haben dann ein ander statt Tütschlands (...) nit allein umb ir annual oder Jarbücher komen, sondern auch umb all ir alten frihaiten, so si von der zit des Kaisers Constantii, irer stat stifters, bis uff die zit kaiser Friedrichs von den römischen Kaisern erlangt haben"[39]. Wenn auch – wie unsere Dacher'sche Chronik beweist – keinesfalls alle mittelalterlichen historiographischen Zeugnisse der Stadt durch Brände oder sonstige Umstände verloren gegangen sind, so sind doch insbesondere die frühen Texte oft nur fragmentarisch erhalten, allein einzelne Passagen in späteren Abschriften überliefert, durch Registernennungen lediglich dem Namen nach bekannt oder ganz verschwunden. Entsprechend unbekannt oder umstritten sind die Autoren, Bearbeiter und Schreiber der Werke. Auch die möglichen Auftraggeber beziehungsweise der Rezipientenkreis und die Hintergründe der Entstehung liegen in der Regel im Dunkeln. Dies führt gerade im Hinblick auf die Genese und Beurteilung unserer „Konstanzer Chronik" zu erheblichen Schwierigkeiten. Potenzielle Vorläufer, Muster oder direkte Quellen[40] wurden nachweislich höchst selten tradiert und können mittels problematischer Vergleichsmethoden lediglich an einigen Stellen zumindest ansatzweise rekonstruiert werden. Da die verschiedenen Texte vom 14. bis zum 17. Jahrhundert oft auffällige Ähnlichkeiten, dann aber auch wieder starke Differenzen bei der Schilderung einzelner Ereignisse aufweisen, stellt sich stets die Frage: Wer hat wann, welche (eventuell zu diesem Zeitpunkt noch existente) Quelle auf welche Art und Weise ausgeschrieben respektive nach welchen Kriterien bearbeitet? Nachdem die Texte, die auf diesen Themenkomplex hin zu befragen sind, allesamt nur handschriftlich zur Verfügung stehen und sich bisher allein Ludwig überhaupt eingehender mit diesen Problemen beschäftigt hat, muss auch in dieser Untersuchung auf eine ausführliche Analyse der Abhängigkeiten, der genauen Quellen und der Methodik ihrer Verarbeitung durch Dacher verzichtet werden. Verschiedentlich können jedoch einzelne Beobachtungen und erste Hinweise geboten werden.

Abgesehen von den oben genannten Untersuchungen wurde die Geschichtsschreibung der Stadt Konstanz bisher zusammen mit anderen historiographischen Texten auch auf bestimmte

---

tumschroniken v. Manlius, Merck, Bucelin oder Speth sowie die Auswahl lateinischer Quellen, in: Ex Historia Constantiae.

[37] Vgl. ausführlich U. Neddermeyer, Von der Handschrift, S.72ff. Hingewiesen sei in diesem Zusammenhang auch auf A. Esch, Überlieferungs-Chance sowie R. Schieffer, Dimension.

[38] Vgl. Näheres zu Person und Werk in Kapitel A.4.4.

[39] Gregor Mangolt, Kurtze cronic, zitiert nach E. Hillenbrand, Geschichtsschreibung, S.5.

[40] Vgl. zu allg. Fragestellungen wie bspw. Definitionen, dem Umgang mit Quellen in Editionen etc. A. Schwob/ E. Streitfeld (Hgg.), Quelle – Text – Edition.

Einzelaspekte hin analysiert. So beschäftigte man sich beispielsweise mit der in diesen und anderen Werken enthaltenen Klerus- und Kirchenkritik[41], der Darstellung des Konstanzer Konzils[42], den Schilderungen wirtschaftlicher Phänomene[43] oder den dortigen Aussagen zum süddeutschen Städtekrieg[44]. Jenseits der spezifisch historiographiegeschichtlichen Thematik hat die historische Forschung die Konstanzer Chronistik bei der Behandlung der unterschiedlichsten Fragestellungen herangezogen und auf ihren Informationsgehalt hin befragt. Neben weiteren Zeugnissen wurde sie etwa für die Rekonstruktion der Geschichte der Bischöfe[45] ebenso ausgewertet wie für diejenige der Stadt und ihrer Bewohner[46]. Auch sonstige Schilderungen einzelner Ereignisse in diesen Texten trugen zu weiteren Erkenntnissen über die mittelalterliche Geschichte bei[47].

2.1.2 Autoren, Werke, Editionen

Da in dieser Einleitung zur Edition der Dacher'schen Chronik kein umfassender Überblick zur Konstanzer Historiographie geboten werden kann, sollen in diesem Kapitel vor allem im Hinblick auf das Werk, das hier im Mittelpunkt steht, einige wenige Konstanzer Texte mit den ihnen eigenen Problemen gestreift werden (ohne Anspruch auf Vollständigkeit).

Grundsätzlich kann man die Konstanzer Geschichtsschreibung grob in drei Textgruppen untergliedern, bei denen es angesichts kontrovers diskutierter Gattungsfragen vereinzelt auch zu Überschneidungen kommt[48]. Neben a) Weltchroniken beziehungsweise Bearbeitungen derartiger Universalwerke, die hier und da Nachrichten zur Geschichte der Stadt enthalten, sind b) Texte, die sich vorwiegend mit dem Bistum Konstanz auseinandersetzen, von c) solchen zu unterscheiden, die in erster Linie der städtischen Vergangenheit gewidmet sind[49].

---

[41] Vgl. W. Eberhard, Klerus- und Kirchenkritik, S.356, 361 und 370f.

[42] Vgl. W. Müller, Widerschein, passim und eingeschränkt auch O. Engels, Zur Konstanzer Konzilsproblematik, S.235.

[43] Vgl. t.w. B. Kirchgässner, Möglichkeiten, S.85ff; H. Buszello, „Wohlfeile", passim.

[44] Vgl. J. Schneider, „Denn wo das Ende böse ist ...", passim.

[45] Vgl. z.B. U.-R. Weiss, Konstanzer Bischöfe; D. Zimpel, Bischöfe; L. Beckmann, Konstanzer Bischöfe oder A. Bihrer, Tyrann sowie einzelne Beiträge, in: BvK und HS, Abt. I, Bd.2, 1, 2 Bde., im Folgenden zitiert als HS I/2,1 bzw. I/2,2 und neuerdings H. Maurer, Die Konstanzer Bischöfe.

[46] Vgl. z.B. Konstanzer Häuserbuch; E. Joos, Unruhen; H. Maurer, Konstanz I und II; P.F. Kramml, Friedrich III.; C. Heiermann, Katz; B. Frenz, Ulrich Imholz oder P. Schuster, Gericht.

[47] Vgl. z.B. O. Feger, Geschichte des Bodenseeraums, passim; B. Lang, Guglerkrieg, passim; U. Dirlmeier, Zum Problem von Versorgung und Verbrauch, S.273f; H. Pöschko, Turniere, passim; H. Maurer, Plappartkrieg; A. Niederstätter, Ante Portas, passim; K.H. Burmeister, medinat bodase, passim.

[48] Wie z.B. N.H. Ott (Katalog der deutschsprachigen illustrierten Handschriften, S.130) konstatiert, ist „trotz einer in den letzten Jahren intensiveren Beschäftigung der mediävistischen Forschung mit der volkssprachlichen Chronistik (...) ein fundierter gattungstheoretischer Überblick über den Gesamtkomplex mittelalterlicher historiographischer Texte noch immer Desiderat". Obwohl v. verschiedener Seite Ordnungs- und Definitionsvorschläge unterbreitet und eine Vielzahl neuerer Ansätze diskutiert wurden, gelang es bisher weder, die spätmittelalterliche Historiographie als Ganze noch die städtische Geschichtsschreibung oder allein die Chronistik zu typologisieren und sie mittels eines allgemeingültigen, jedem einzelnen Werk gerecht werdenden Schemas mit genau bestimmbaren Charakteristiken einzelner Untergattungen aufzuschlüsseln (vgl. z.B. P. Johanek, Weltchronistik, S.296; LexMA, Bd.2, Sp.1956f oder U. Neddermeyer, Einleitung).

[49] Vgl. zur Übersicht T. Ludwig, Konstanzer Geschichtsschreibung und z.B. H. Vildhaut, Handbuch, S.62ff. Wiederum wird die Konzilschronik Ulrichs v. Richental als Sonderfall hier v. der Betrachtung ausgeschlossen.

Zu a): Zu der ersten Gruppe gehört sowohl die Chronik Heinrichs von Diessenhofen (um 1300-1376)[50], die zunächst als Fortsetzung der „Historia ecclesiastica nova" des Tholomeus von Lucca geplant war und den Zeitraum von 1333 bis 1361 umfasst, als auch die in der Volkssprache überlieferte „Kern'sche oder Konstanzer Weltchronik"[51], deren zeitlich letzter Eintrag ein Ereignis des Jahres 1383 spiegelt. Wie bei den „Croniken" Jacob Twingers von Königshofen (vgl. in diesem Zusammenhang auch die sog. „Annales Constantiensis"[52] mit Nachrichten von 1256 bis 1388 sowie Kapitel A.3.1.2 und 4.1.3) kann bei den genannten Werken eine Verknüpfung von Universal- und Reichsgeschichte mit Ereignissen konstatiert werden, die sich auf den regionalen und lokalen Raum, das heißt auf Süddeutschland im Allgemeinen und auf Konstanz im Besonderen, beziehen[53]. Während die lateinische Chronik von Diessenhofen (wie übrigens auch die Johanns von Winterthur[54]) nicht als direkte Vorlage des Dacher'schen Textes gelten kann, ergab ein Vergleich mit der „Konstanzer Weltchronik", die vor allem auf Martin von Troppau, den „Flores Temporum", Gottfried von Viterbo sowie Diessenhofen beruht und teils von Nürnberger und Züricher Chronisten des 15. Jahrhunderts ausgeschrieben wurde, größere Übereinstimmungen[55]. Der Anlage unseres Textes entsprechend wird zunächst einem Großteil der „Weltchronik" – nämlich der Universalgeschichte, die bei der Schöpfung ansetzt („DEs erste(n) | als vil | lerrer | schreibe(n), | So hat gott der | vatter gemacht | die vorm himel | vnd liechter, die | lufft, wasser, erdt | vnd das paradiß"[56]), sich verschiedenen biblischen Berichten annimmt und die Geschichte der Kaiser und Päpste bis in die erste Hälfte des 14. Jahrhunderts in den Mittelpunkt rückt – keine Aufmerksamkeit geschenkt. Die hin und wieder annähernd wörtliche Abschrift beginnt erst in dem Moment, in dem sich der Anonymus der Bodenseeregion zuwendet und Nachrichten aus Konstanz und seiner Umgebung in das Werk integriert. Von dem Bericht zum Hochwasser des Jahres 1342 an (BSB München, Cgm 426, fol.41^r; vgl. SG, fol.49rb zu 1343) lassen sich bis zum Ende der „Weltchronik" (Cgm 426, fol.45^r) mit wenigen Ausnahmen[57] große

---

[50] Vgl. O. Lorenz, Deutschlands Geschichtsquellen, S.84ff; H. Vildhaut, Handbuch, S.67ff; NDB, Bd.3, S.662f; VerfLex., 2. Aufl., Bd.3, Sp.708ff; R. Feller/E. Boujour, Geschichtsschreibung der Schweiz, S.113f.

[51] Vgl. dazu T. v. Kern (Hg.), Konstanzer Weltchronik, S.181-197; O. Lorenz, Deutschlands Geschichtsquellen, S.92f; T. Ludwig, Konstanzer Geschichtsschreibung, S.117ff; H. Vildhaut, Handbuch, S.71f; M. Haensler, Ende der Geschichte, S.133ff.

[52] Fortsetzungen des Königshofen; vgl. dazu T. Ludwig, Konstanzer Geschichtsschreibung, S.11 und 120ff; H. Vildhaut, Handbuch, S.73.

[53] Vgl. zu diesem Phänomen allg. P. Johanek, Weltchronistik.

[54] Vgl. J. v. Winterthur, Chronik und dazu J. Grabmayer, Diesseits, passim. Während P. Ruppert, Chroniken in verschiedenen Fußnoten (vgl. z.B. S.45, Anm.1) noch davon ausgegangen ist, dass unser Chronist dieses Werk kannte und ausgeschrieben hat, hält T. Ludwig, Konstanzer Geschichtsschreibung, S.107, Anm.2 dies für „höchst unwahrscheinlich", da man zwar eine „allgemeine Übereinstimmung" konstatieren kann, die Details aber starke Differenzen aufweisen.

[55] Vgl. hierzu T. Ludwig, Konstanzer Geschichtsschreibung, S.118ff.

[56] BSB München, Cgm 426, fol.2^v; vgl. auch die unvollständige Edition v. T. v. Kern (Hg.), Konstanzer Weltchronik, S.198. An dieser Stelle ist darauf hinzuweisen, dass es sich beim Text der Münchner Hs. um eine Kompilation – im Anschluss an die Weltchronik folgt eine Sibyllenweissagung, ein Bilderzyklus zum Leben des Antichristen, ein Text „Von den 15 Zeichen des jüngsten Tages" und einer „Vom Jüngsten Gericht" – eines Redaktors aus dem Raum Konstanz handelt, die v. einer Person aus dem bairischen Sprachraum im dritten Viertel des 15. Jhs. abgeschrieben wurde (vgl. Die deutschen Handschriften der Bayerischen Staatsbibliothek München, Cgm 351-500, S.231-234; ChrSt, Bd.32, S.CXXVIIIf). Folglich ist davon auszugehen, dass dem „Autor" unserer „Konstanzer Chronik" eine andere, nicht überlieferte Hs. – eventuell aus der „Werkstatt" Dachers? – vorgelegen hat. Differenzen zwischen den Texten könnten somit auch in der Überlieferung selbst begründet liegen.

[57] Sowohl der Hinweis auf das Jubeljahr 1350 (Cgm, fol.42^v; T. v. Kern (Hg.), Konstanzer Weltchronik, S.231) als auch der zu Papst Urban V. und Gregor XI. (Cgm, fol.45^r; T. v. Kern (Hg.), Konstanzer Weltchronik, S.235) fehlen. T. Ludwig, Konstanzer Geschichtsschreibung, S.120 weist auch auf wenige Zusätze und Berichtigungen hin, die „zeigen (...), daß Dacher neben der Weltchronik noch eine andere Quelle vorlag. Da die betr. Angaben sämtlich bei

Ähnlichkeiten zwischen den beiden Werken feststellen (vgl. SG, fol.49rb bis fol.49va und fol.51ra bis fol.52ra: die Nachrichten zur Judenverfolgung, zum Auftreten der Flagellanten, zum Stadt-brand in Laufenburg, der Belagerung von Zürich, der Ermordung von Bischof Johann Windlock, dem Besuch Kaiser Karls IV., dem Erdbeben von 1356 und dem Amtsantritt Bischof Heinrichs von Brandis). Auch eine Anlehnung an Teile des Bildprogramms scheint gegeben zu sein (vgl. Kapitel A.5.2.1.2).

Zu b): Zur zweiten Textgruppe sind in erster Linie chronikalische Darstellungen der Bistums-geschichte zu zählen. Mit der Vergangenheit der Konstanzer Diözese beschäftigen sich mehrere Bistumschroniken[58] im eigentlichen Sinne. Daneben weisen auch historiographische Werke, die sich einem umfassenderen Gegenstand zuwenden, bistumsgeschichtliche Erörterungen auf. Alle Konstanzer Schriften, die dieser Kategorie zuzurechnen sind, gehören jedoch dem 16. oder 17. Jahrhundert und damit nicht mehr dem Mittelalter an. Die Reihe beginnt mit einem vermutlich auf Gallus Öhem zurückgehenden, anonym überlieferten volkssprachlichen Werk (vgl. StiASG, Cod. 339), das einen fragmentarischen Charakter besitzt, auf Quellen aus den Klöstern Rei-chenau, St. Gallen, aber auch aus Konstanz selbst zurückgreift und um 1515 niedergeschrieben wurde. 1519 entsteht des Weiteren die lateinische „Descriptio totius episcopatus Constantiensis" von Jacob Mennel. Vor dem Hintergrund der Reformation sind weitere Texte mit bistumsge-schichtlichen Ausführungen von Gregor Mangolt, Graf Wilhelm Werner von Zimmern, Johannes Stumpff, Kaspar Bruschius, Christoph Schulthaiß, Jacob Merck oder Gabriel Bucelin zu sehen[59]. Im Zusammenhang mit der zweiten Gruppe der Konstanzer Geschichtsschreibung muss ebenfalls auf die Bischofskataloge, auf Werke, die sich mit der Geschichte der umliegenden Klöster be-fassen, oder aber auf hagiographische Texte zu den heiligen Bischöfen Salomon, Konrad und Gebhard aufmerksam gemacht werden.

Da die Geschichte der Bischofsstadt Konstanz unweigerlich in engem Zusammenhang mit der ihres Stadtherren zu sehen ist, beschränken sich die meisten dieser Schriften nicht auf die reine Bischofsgeschichte. Vielmehr enthalten sie zahlreiche Nachrichten zu städtisch-weltlichen Ereignissen und schildern mit der Person des Bischofs im Zentrum den Verlauf der Geschichte des Gemeinwesens Konstanz und seines Umlandes. Umgekehrt – die „Konstanzer Chronik" Dachers ist hierfür das beste Beispiel (vgl. Kapitel A.5.1) – kann auch die Stadtgeschichts-schreibung nicht immer scharf von der des Bistums getrennt werden. Folglich ziehen die Autoren bei der Erstellung ihrer Werke die ihnen zur Verfügung stehenden Texte auch des jeweils anderen Genres – sofern man in diesem Zusammenhang von solchen überhaupt sprechen kann – mit heran, orientieren sich hier und da auch formal an diesen Vorlagen beziehungsweise schreiben sie teils wörtlich aus. Neben den in Kapitel A.4.4 angesprochenen Interdependenzen sei an dieser Stelle auf die Bischofskataloge hingewiesen. Diese Listen mit der chronologischen Abfolge der

---

Chr. v. Schwarzach [s.u.] stehen, darf man wohl annehmen, daß Dacher sie der in der Hauptsache verlassenen Chro-nik Joh. Stetters entnahm" (ebd., S.120).

[58] Vgl. zu der Entstehung und den Charakteristiken des Genres Bistumschronik z.B. D. Schlochtermeyer, Bistums-chroniken, S.11ff; M. Müller, Bistumsgeschichtsschreibung, v.a. 2.Teil, S.255ff. Allg. zur Konstanzer Überlieferung sei auf die bereits genannten Aufsätze v. E. Hillenbrand und die Zusammenstellung bei H. Maurer, Die Konstanzer Bischöfe, S.1-7 verwiesen. Für nähere Angaben zu den im Folgenden erwähnten Personen und deren Werken ist das Kapitel A.4.4 heranzuziehen.

[59] Da die Chroniken der letztgenannten beiden Autoren aus dem 17. Jh. im weiteren Verlauf dieser Untersuchung nicht näher berücksichtigt werden, sei auf T. Ludwig, Konstanzer Geschichtsschreibung, S.78ff und 194ff hin-gewiesen.

Konstanzer Bischöfe sind recht zahlreich und in den unterschiedlichsten Kontexten überliefert[60]. Sie begegnen uns in drei Rezensionen mit nur wenigen Abweichungen voneinander und scheinen auf eine gemeinsame Wurzel zurückzugehen, bei der es sich möglicherweise um eine heute verlorene städtische Chronik, nämlich die des Johannes Stetter (s.u.) handelt[61].

Nachdem keine der direkten Quellen, die unserem Chronisten für Nachrichten zu den Bischöfen und ihrer Diözese Konstanz zur Verfügung standen, in der originären Form tradiert wurde, sind in der Forschung zu dieser Frage verschiedene Vorstellungen geäußert worden. Während Philipp Ruppert beispielsweise einige Schilderungen dem Stetter'schen Text zuordnet, möchte er in der Bistumschronik von Christoph Schulthaiß eine mögliche Abschrift einer weiteren Dacher'schen Vorlage erkennen[62]. Eugen Hillenbrand hingegen findet Argumente, die dafür sprächen, dass der „Verfasser" unserer „Konstanzer Chronik" bei seinen Schilderungen zum Zeitraum von circa 1250 bis 1350 aus einem Werk schöpfte, welches auch dem „Autor" der Bischofschronik der Handschrift 339 des Stiftsarchives St. Gallen, das heißt höchstwahrscheinlich Gallus Öhem, bekannt war[63]. Ob ein Textvergleich jedoch, wie Hillenbrand meint, „beinahe" eine Rekonstruktion dieser Schrift zulässt, sei angesichts der problematischen Methodik einer solchen Vorgehensweise – die Kenntnis der „Konstanzer Chronik" Dachers ist bei Öhem nicht mit hundertprozentiger Gewissheit auszuschließen – einmal dahingestellt.

Zu c): Betrachtet man die dritte Textgruppe, die sich aus unterschiedlichsten Aufzeichnungen zusammensetzt, steigert sich angesichts deren Überlieferung die Komplexität von Fragestellungen zu den jeweiligen Abhängigkeiten einzelner Werke noch. Wiederum begegnen uns mehrere ältere Texte, in deren Mittelpunkt die lokale Geschichte des urbanen Zentrums steht – teils von der Gründung an, teils schlaglichtartig an herausragenden Ereignissen dargestellt, nur als Bearbeitung oder Kopie (in der Regel lediglich auszugsweise) in Handschriften, die dem 15., häufiger aber dem 16. oder 17. Jahrhundert angehören.

Besonders seit der Edition Philipp Rupperts, der in einer einzigen Chronik gewissermaßen die Urquelle der gesamten städtischen Historiographie vermutete (vgl. Kapitel 2.2.1), wurde einem heute verlorenen Werk eine herausragende Rolle innerhalb der Konstanzer Chronistik des Spätmittelalters und der Frühen Neuzeit zugeschrieben. Die Rede ist von Aufzeichnungen, die auf Johannes Stetter[64] zurückgehen, der als „erster nachweisbarer Chronist von Konstanz"[65] zu gelten hat. Obwohl sich ein Geschichtswerk dieses Ratsmitglieds (von 1386 bis 1391 im Großen Rat) und Säckelmeisters (von 1392 bis 1399) nur unvollständig und mit einem großen Unsicherheitsfaktor versehen aus zwei späteren Handschriften erschließen lässt, ist die Existenz eines solchen bis ins 16. Jahrhundert hinein unzweifelhaft belegbar. Jacob Reutlinger[66] nämlich verweist in seinem ersten Band der „Collectanea" bei Berichten zur Konstanzer Geschichte zweimal dezidiert auf das Werk Stetters. Auf Seite 181 benennt er als alleinige Quelle des nun folgenden

---

[60] Vgl. zur Überlieferung der Konstanzer Kataloge die Zusammenstellung in HS I/2,1, S.229-233, M. Müller, Bistumsgeschichtsschreibung, S.51ff und H. Maurer, Die Konstanzer Bischöfe, S.1-7.
[61] Vgl. ebd., S.54.
[62] Vgl. P. Ruppert, Chroniken, S.XXV und dagegen T. Ludwig, Konstanzer Geschichtsschreibung, S.106ff. Vgl. darüber hinaus wiederum Kapitel A.4.4.
[63] Vgl. E. Hillenbrand, Geschichtsschreibung, S.13.
[64] Vgl. zu Person und Werk sowie zu den folgenden Ausführungen P. Ruppert, Chroniken, S.IIIff, XIXff; T. Ludwig, Konstanzer Geschichtsschreibung, v.a. S.87ff und 208ff; W. Martens, Neuentdeckte Chronik, S.42ff; H. Vildhaut, Handbuch, S.76ff; VerfLex, 2. Aufl., Bd.9, Sp.328f.
[65] E. Hillenbrand, Artikel „Stetter, Johannes", in: VerfLex, 2. Aufl., Bd.9, Sp.328.
[66] Vgl. auch zu ihm und seinen „Collectanea" Kapitel A.4.4.

Abschnittes die „Annales vnnd Jar- | geschichten Von Hannsen Steetern zu Cóstanz". Am Ende seiner Abschrift betont der Überlinger Bürgermeister des 16. Jahrhunderts noch einmal, dass das Vorherige, „ca. 40 Nachrichten unterschiedlichsten Umfangs über Konstanzer Ereignisse 1222 bis 1378, 1428/30, 1441, 1499"[67], „ex Annalibus Joannis Steetern de Constania" (S.221) entnommen sei. Allein der in dieser Passage behandelte Zeitraum verdeutlicht übrigens, dass Reutlinger hier kaum die Originalhandschrift vorgelegen haben dürfte. Sollte dies doch der Fall gewesen sein, so hat man einerseits von entsprechenden Fortsetzungen späterer Bearbeiter und andererseits von einer den Text verkürzenden Auswahl Reutlingers selbst auszugehen. Des Weiteren finden wir in der „Cronica der statt Costanz"[68] von Christoff von Schwartzach[69] wörtliche Auszüge aus den Stetter'schen Aufzeichnungen. In dem Werk von Schwartzach, dessen Niederschrift der Zeit um 1585 angehört, uns aber nur in einer Handschrift vom Anfang des 17. Jahrhunderts überliefert ist, wird der Konstanzer Säckelmeister bei zwei Einträgen in der ersten Person Singular genannt. Der Text zu 1290 lautet: „Aber ich Hans Stetter | gelob, das dozemal nit die brúnnen schåli vmb den | brúnnen was, als sÿ ietzt ist"[70], während später im Zuge einer Ämterliste notiert wird: „vnd Ich Hanns Stetter | ward seckler das selb Jars • darnach in dem lxxxxii Jar"[71]. Nach kurzen bistumsgeschichtlichen Bemerkungen zu den Jahren 1206 bis 1306 (fol.2ʳf) enthält diese Chronik Nachrichten zur Konstanzer, aber auch etwa zur eidgenössischen Geschichte von 1222 bis 1397, ohne dass hierbei immer auf die Chronologie Rücksicht genommen würde. Zu diesen gehören beispielsweise die Episode um in einen Brunnen stürzende Ledergerber, die Auseinandersetzung zwischen Konstanz und der Familie von Brandis (1366ff), ein Bericht zum „zweiten Bürgerkampf" in Konstanz (1370/71), eine Schilderung der Schlachten bei Reutlingen (1377) und Sempach (1386), aber auch zahlreiche Wetter- und Ernteinformationen oder Hinweise auf Brandkatastrophen und Erdbeben, wie sie größtenteils auch in unserer „Konstanzer Chronik" geboten werden. Bereits Theodor Ludwig hat ausgeführt, dass uns mit diesem Werk nur ein Auszug der Stetter'schen Chronik vorliegt[72]. Die Gleichsetzung dieses Manuskriptes mit dem Text des 14. Jahrhunderts, wie sie etwa bei Ruppert vorgenommen wird, ist folglich unzulässig. Zieht man weitere historiographische Schriften aus Konstanz hinzu – neben der „Konstanzer Chronik" Dachers kommt hier dem sogenannten „Chronicon Constantiense"[73] eine Schlüsselstellung zu –, ergibt ein Vergleich bei den Notizen bis circa 1390 (danach schweigen die Quellen von wenigen Nachrichten abgesehen bis in die 1420er Jahre auf übereinstimmende Art und Weise) auffällige Ähnlichkeiten, die von der Zusammenstellung des Stoffes bis hin zur Wortwahl reichen. Bei einer detaillierten Betrachtung treten aber trotz der Verwandtschaft stets Differenzen im Bereich der Reihenfolge, des Textbestands oder der einzelnen Formulierungen zutage. Schwartzach etwa ist grundsätzlich ausführlicher als Reutlinger, das „Chronicon" oder Dacher. Gleichzeitig bieten die letztgenannten Werke aber hier und da auch Details und längere inhaltliche Zusätze, die wiederum in der Handschrift des 17. Jahrhunderts fehlen[74].

---

[67] VerfLex, 2. Aufl., Bd.9, Sp.328.
[68] Vgl. StAK, A I 2 sowie die Abschrift v. Werminghoff, GLA Karlsruhe, Hs. 65/304 aus dem Jahr 1895.
[69] Vgl. P. Ruppert, Chroniken, S.IIIff, XXIIff; T. Ludwig, Konstanzer Geschichtsschreibung, S.76f, 87ff.
[70] StAK, A I 2, fol.3ʳ. Soweit als möglich werden im Folgenden bei Zitaten die Editionsprinzipien, die in Kapitel B.2 angewandt wurden, auch auf andere Texte übertragen.
[71] Ebd., fol.17ʳ.
[72] Vgl. T. Ludwig, Konstanzer Geschichtsschreibung, S.88ff.
[73] StAK, A I 1. Vgl. zur Edition v. F.J. Mone die nachfolgenden Bemerkungen in diesem Kapitel.
[74] Vgl. auch hierzu die ausführlichen Erörterungen bei T. Ludwig, Konstanzer Geschichtsschreibung, v.a. S.87ff sowie einen Großteil des sich an diese Ausführungen anschließenden Kapitels ab S.97ff.

Die Problematik rund um die Überlieferung der Konstanzer Chronistik wird noch deutlicher, wenn man bedenkt, dass spätere Chronisten ihre Vorlagen in der Regel nach eigenen Kriterien bearbeiten und zu neuen Texten umformen (vgl. zu diesem Phänomen in den Dacher'schen Handschriften Kapitel A.3.1.2, 4.2 und 4.3). Letztlich ist nicht auszuschließen, dass Zusätze auf einen der späteren Bearbeiter oder Schreiber zurückgehen. Entsprechend lassen sie nicht immer Rückschlüsse auf die Gestalt der jeweiligen Quellen zu. Vor allem seit dem Fund der Bistumschronik des Stiftsarchives St. Gallen rückte die Forschung übrigens von der These ab, das Werk Stetters sei die alleinige „gemeinsame Wurzel" der nachfolgenden Historiographie[75]. Auch eine Rekonstruktion des „Ur-Stetters", wie sie Theodor Ludwig in seiner Dissertation noch versuchte, kann angesichts der Überlieferungslage und neuerer Einsichten vor allem auf editionswissenschaftlichem Gebiet kaum mehr als Ziel der Bemühungen gelten. Letztlich haben die vielfachen Auseinandersetzungen rund um die „Annalen" Johannes Stetters gezeigt, dass vom heutigen Standpunkt aus zahlreiche Fragen zur Konstanzer Historiographie ungelöst bleiben müssen. Wie schon Eugen Hillenbrand in seinem Artikel im „Verfasserlexikon" formuliert, spricht zwar „vieles dafür, daß St[etter] im letzten Viertel des 14. Jh.s ein Konstanzer Geschichtenbuch angelegt hat, in das auch spätere Benutzer Einzeleinträge notierten, aus dem aber vor allem die städtischen Chronisten schöpften. Eine genaue Bestandsaufnahme ist nicht mehr möglich."[76]

Ähnlich könnte das Fazit zu den Interdependenzen der anderen Chroniken jenseits des Stetter'schen Textes lauten. Auch diese sind nur in den seltensten Fällen mit Gewissheit aufzulösen. Als Beispiel sei das Verhältnis zwischen unserer „Konstanzer Chronik" und dem „Chronicon Constantiense" angeführt. Der letztgenannte Text, der sich aus Nachrichten zur Stadtgeschichte von der Gründung bis 1466 zusammensetzt, liegt uns in einer Handschrift des 15. Jahrhunderts vor[77]. Vor dem historiographischen Werk werden in dem Codex verschiedene Heiligenlegenden, ein Teil von Hartmanns „Gregorius" sowie weitere Texte (vgl. z.B. „Ain gar schön gedicht von den zehen gebot") überliefert. Ingesamt wird dieses Manuskript von mindestens vier, vermutlich aber sogar fünf, sich partiell ähnelnden Händen (nach Mone bzw. Ludwig: A-E: A Notizen bis 1434/35 // B bis 1437 // C bis 1434/35 // D bis 1449 // E 1459 bis 1466) uns unbekannter Personen niedergeschrieben. Hierbei ergänzen beziehungsweise verbessern einige der Schreiber, aus verschiedenen Quellen schöpfend, ihre jeweiligen Vorgänger, sodass einzelne Texte mehrmals vorhanden sind, sich neben volkssprachlichen Notizen lateinische befinden und auf einer Seite mit Ereignissen des 15. Jahrhunderts solche des 13. und 14. Jahrhunderts besprochen werden. Gleichzeitig herrscht hier und da die Annalenform vor, während an anderer Stelle ein umfangreicher zusammenhängender Chronikbericht präsentiert wird. Insgesamt bietet sich dem Benutzer ein recht heterogenes Bild. Philipp Ruppert hat übrigens – ohne dass seine Terminologie eindeutig, das heißt der „Verfasser" vom „Schreiber" des Textes überall klar getrennt wäre – versucht, verschiedene Textteile namentlich bekannten „Verfassern" zuzuweisen[78]. Seiner Ansicht nach wurde etwa der erste Teil bis 1390 von Stetter und der zweite bis 1449 von Johannes Schulthaiß verfasst beziehungsweise geschrieben. Wie bereits Ludwig ausführt, sind diese Vorstellungen unhaltbar. Überhaupt lässt sich zur Genese dieser Stadtchronik nichts Definitives sagen. Nicht nur Verfasser, Schreiber und Auftraggeber, sondern auch der

---

[75] Vgl. dazu etwa W. Martens, Neuentdeckte Chronik, S.42ff.

[76] VerfLex, 2. Aufl., Bd.9, Sp.329.

[77] Vgl. zum „Chronicon" P. Ruppert, Chroniken, S.XIXff; T. Ludwig, Konstanzer Geschichtsschreibung, S.16ff, 99ff; O. Lorenz, Deutschlands Geschichtsquellen, S.94f; H. Vildhaut, Handbuch, S.76ff. Nach einem Gutachten G. Piccards von 1959 ist das Papier der Hs. auf die Zeit zwischen 1422 und 1425 zu datieren (vgl. StAK, A I 1).

[78] Vgl. hierzu und zum Folgenden Ruppert, Chroniken, S. IIIff; T. Ludwig, Konstanzer Geschichtsschreibung, S.19ff.

Verlauf der Niederschrift oder die Quellenverarbeitung sind nicht mehr zu rekonstruieren. Während zum Beispiel die Verschiedenartigkeit der Tinte in Bereichen ein und derselben Hand für eine allmähliche Entstehung spricht und Hinweise für eine mit den Ereignissen zeitgleiche Erstellung existieren, lassen andere Passagen nur den Schluss einer nachträglichen Abfassung zu[79]. Das „Chronicon Constantiense" scheint – um nun abschließend auf die Abhängigkeiten zu sprechen zu kommen – neben Stetter als Quelle unserer „Konstanzer Chronik" gedient zu haben[80]. Da jedoch keine der Notizen, die von der Hand des Schreibers E stammen, Eingang in den Codex Sangallensis 646 gefunden haben, ist zu vermuten, dass die Handschrift A I 1 des Konstanzer Stadtarchivs zum Zeitpunkt der Verarbeitung noch nicht die uns heute überlieferte Gestalt angenommen hatte. Geht man davon aus, dass der letzte anonyme Schreiber E seine Notizen weitgehend zeitgleich eingetragen hat, liegt die Benutzung des „Chronicon" durch Dacher oder einen seiner Beauftragten in der Zeit zwischen 1449 (dem Ende des Berichts von Schreiber D) und 1459 (dem Beginn der Nachrichten des Schreibers E) nahe. Da ein Vergleich beider Werke jedoch deutliche Unterschiede zutage fördert – die „Konstanzer Chronik" ist an einigen Stellen gekürzt, dann aber auch wieder ausführlicher, enthält mehr Informationen und bietet häufig charakteristische Abweichungen vom „Chronicon" – „war das Chron. Const. doch wieder nicht einmal für städtische Angelegenheiten Dachers ausschließliche Quelle"[81]. Vielmehr werden zahlreiche andere Texte, wie etwa die „Konstanzer Weltchronik", die verlorene Bistumschronik, ein Text, der auf welche Art auch immer das Stetter'sche Werk enthält, vermutlich ein verlorener Text, der von Johannes von Ravensburg verfasst wurde (vgl. hierzu SG, fol.43va mit Anm.), sowie zum Beispiel eine Erzählung zu Vlad III. Țepeș (vgl. Kapitel A.5.1.3), herangezogen und auf eine selbstständige Art und Weise kompiliert (vgl. auch Kapitel A.5.1.4).

Wie bereits erwähnt, sind die meisten Konstanzer Werke überhaupt nicht oder für den heutigen Wissenschaftler nur unzureichend ediert. Exemplarisch soll in diesem Kapitel die erste Edition eines umfangreicheren spätmittelalterlichen Textes näher beleuchtet werden. Gemeint ist die Wiedergabe des soeben besprochenen „Chronicon Constantiense" durch Franz Joseph Mone (1796-1871)[82] in dem 1848 erschienenen Band der „Quellensammlung der badischen Landesgeschichte"[83], die dazu führte, dass das Werk selbst später teils sogar „Mone'sche Chronik" genannt wurde[84]. In einem kurzen Exkurs hat bereits Theodor Ludwig diese Edition mit der Originalhandschrift A I 1 des Konstanzer Stadtarchivs verglichen und entsprechend kritisch beurteilt[85]. Neben einer ungenauen und fehlerhaften Handschriftenbeschreibung, die etwa Texte derselben Hand verschiedenen Schreibern zuweist, stellt er an wenigen Stellen auch Lese- und Verständnisfehler fest[86]. Den üblichen Editionsprinzipien des 19. Jahrhunderts folgend, kommt es des Weiteren zu Eingriffen von Mone auf dem Gebiet der Schreibweise[87]. Der Herausgeber folgt

[79] Vgl. ebd., S.22f.
[80] Vgl. zu diesem Themenkomplex ebd., S.102ff.
[81] Ebd., S.103.
[82] Vgl. DBA, NF, MF 908, Nr.258ff.
[83] Konstanzer Chronik. Von 307 bis 1466, in: F.J. Mone (Hg.), Quellensammlung, Bd.1, S.309-349.
[84] Vgl. z.B. O. Lorenz, Deutschlands Geschichtsquellen, S.94; M. Jansen/L. Schmitz-Kallenberg, Historiographie, S.96.
[85] T. Ludwig, Konstanzer Geschichtsschreibung, S.268ff. Vgl. auch die kurze Charakterisierung bei E. Hillenbrand, Geschichtsschreibung, S.6.
[86] Vgl. T. Ludwig, Konstanzer Geschichtsschreibung, S.268ff.
[87] Vgl. seine Bemerkungen in der Einleitung der Quellensammlung, Bd.1, S.(5): „Die teutsche Schreibung vom Ende des fünfzehnten bis ins's siebenzehnte Jahrhundert darf man auch vereinfachen, denn sie ist so verwildert, daß ihre buchstäbliche Beibehaltung mir unnöthig scheint."

seiner Vorlage nicht in allen Einzelheiten, sodass der Text beispielsweise für sprachwissenschaftliche Untersuchungen kaum herangezogen werden kann. Da die fünf Schreiber, aus unterschiedlichen Quellen schöpfend, den Text ihrer Vorgänger nicht nur auf chronologische Art und Weise fortsetzen, sondern große oder kleine Leerräume nutzen, um fehlende Nachrichten aus verschiedenen Jahrhunderten zu ergänzen, wird auch die streng annalistische Ordnung der verschiedenen Berichte in der Edition, die allein auf Mone zurückgeht und mit dem Manuskript A I 1 nichts mehr gemein hat, der Handschrift nicht gerecht. Als äußerst problematisch erweist sich darüber hinaus, dass der Editor den Textbestand verändert und dabei zahlreiche Nachrichten unterschlägt[88]. Nach eigenen Angaben kürzt er vor allem den Text des Schreibers E, da es diesem eigen sei, „roh zu spotten und schlechte Reime seinen Nachrichten anzuhängen"[89]. Noch Ludwig hielt diese Auslassungen entgegen heutiger Ansichten für durchaus gerechtfertigt, da es sich lediglich „um Bemerkungen ohne jeden geschichtlichen Wert, Küchenrezepte, Witze u. dgl."[90] handle. Gleichzeitig kritisierte er aber, dass daneben von Mone auch „Notizen wirklich historischen Inhalts sowohl von diesem wie anderen Schreibern herrührend, ohne jede Berechtigung"[91] nicht berücksichtigt worden seien. Mit Blick auf die neueren Forschungsansätze erscheint folglich eine Neuedition dieser von der Entstehung und Komposition her hoch interessanten Handschrift ebenso wie die der Dacher'schen Chronik wünschenswert.

Franz Joseph Mone erkannte jedoch die Bedeutung der Konstanzer Chronistik über dieses Manuskript A I 1 hinaus. Neben der Ausgabe dieses Textes beziehungsweise den Fortsetzungen von Königshofen plante er die Aufnahme weiterer Geschichtswerke aus der Stadt (darunter die Dacher'sche Schrift) in seine Quellensammlung (vgl. zu Teilen der uns überlieferten Vorarbeiten Kapitel A.4.4). Da diese Sammlung jedoch nach der zweiten Lieferung des vierten Bandes eingestellt wurde[92], ist die Edition der „Konstanzer Chronik" nicht realisiert worden. Bereits zuvor bemühte sich Johann Fidelis Nikolaus Marmor (1804-1879)[93], der erste, noch nebenberufliche Konstanzer Stadtarchivar 1858 ebenfalls um eine mögliche Ausgabe der spätmittelalterlichen und frühneuzeitlichen Konstanzer Geschichtsschreibung, indem er erste Kontakte zur Historischen Kommission bei der Bayerischen Akademie der Wissenschaften, der Herausgeberin der „Chroniken der deutschen Städte vom 14. bis ins 16. Jahrhundert", knüpfte[94]. In deren Auftrag beschäftigte sich dann Anton Maurer (1865-1934)[95], der erste hauptamtliche Archivar, 1910 und 1911 nach dem Erscheinen der unzulänglichen Ruppert'schen Ausgabe mit der komplexen Überlieferungsgeschichte der Chronistik und leistete verschiedene Vorarbeiten für eine kritische Edition[96]. Aus gesundheitlichen Gründen konnte Maurer diese Arbeit jedoch nicht vollenden, sodass diese Werke noch heute größtenteils nur handschriftlich vorliegen und weiterer wissenschaftlicher Untersuchungen harren.

Zusammenfassend ist zu sagen, dass die Konstanzer Historiographie die Forschung vor zahlreiche Probleme stellt, die auch bei weiteren Analysen nicht endgültig zu klären sind. Vor allem

---

[88] Vgl. T. Ludwig, Konstanzer Geschichtsschreibung, S.269f; E. Hillenbrand, Geschichtsschreibung, S.6.
[89] Konstanzer Chronik, S.346, Anm.4.
[90] T. Ludwig, Konstanzer Geschichtsschreibung, S.269.
[91] Ebd., S.269. Vgl. auch ebd., S.269f die Auflistung der fehlenden Nachrichten, die Schiffsunglücke, Brände, Erdbeben, Hinrichtungen, Baumaßnahmen u.ä. aus einem Zeitraum v. 1378 bis 1466 betreffen, sowie einige der Nachträge bei P. Ruppert, Chroniken, S.285-289.
[92] F.J. Mone (Hg.), Quellensammlung, Bd.4, Karlsruhe 1867. Dieser Band endet nach der zweiten Lief. mit der Seite 304 mitten in dem Kapitel zu den Lebensabrissen einiger Schönthaler Äbte und Conventualen.
[93] Vgl. DBA I, MF 806, Nr.89f.
[94] Vgl. H. Maurer, Vorrede zu E. Hillenbrand, Geschichtsschreibung, S.2
[95] Vgl. StAK, S II 6740.
[96] Vgl. H. Maurer, Vorrede zu E. Hillenbrand, Geschichtsschreibung, S.2.

der Verlust mehrerer Chroniken wirft Fragen auf, die mit Hilfe des tradierten Materials nur teilweise beantwortet werden können. Neben kaum mehr zu entschlüsselnden Interdependenzen einzelner Werke erschwert vor allem die Editionslage die Beschäftigung mit diesen Texten, die uns teils aufschlussreiche Einblicke in die Vorstellungswelten des Mittelalters und der Frühen Neuzeit gewähren. Gerade dies rechtfertigt es meiner Ansicht nach – vergleicht man die Konstanzer Geschichtsschreibung mit der anderer Städte – bei aller Verschiedenartigkeit hier von einem „Problemfall par excellence" zu sprechen.

2.2 Die Chronik Gebhart Dachers und die Forschung

2.2.1 Die „Konstanzer Chronik" in der Edition von Philipp Ruppert

Die 1891 von Philipp Ruppert (1842-1900)[97], einem Konstanzer Gymnasialprofessor und Stadtarchivar, herausgegebene Edition mehrerer Konstanzer Chroniken wurde bereits kurz nach ihrer Veröffentlichung von Theodor Ludwig ausführlich besprochen[98]. Diesem folgend war sie auch danach immer wieder teils heftiger Kritik ausgesetzt[99]. In diesem Kapitel sollen nun keinesfalls alle Ausführungen Ludwigs und anderer Kritiker zu den Defiziten dieser Ausgabe wiederholt werden. Mit einer Konzentration auf die Präsentation des Textes der „Konstanzer Chronik" Gebhart Dachers sind jedoch einige Problembereiche dieser ersten Edition anzusprechen, vor deren Hintergrund auch die Editionsprinzipien der „Neu"-Ausgabe zu sehen sind.

Trotz kurzer Vorbemerkungen hat Philipp Ruppert die Grundlagen seines editorischen Vorgehens in der Ausgabe nicht offengelegt. Seine Editionsprinzipien müssen aus dem Vergleich mit den Handschriften und seinem Kommentar erschlossen werden und sind auch dann nicht immer klar erkennbar[100]. Aus Kostengründen ediert Ruppert sechs chronistische Aufzeichnungen verschiedener Verfasser aus differenten Zeitphasen nicht isoliert voneinander, sondern montiert sie eigenmächtig, indem er den überlieferten Text kürzt, einmal der einen und dann wieder der anderen Quelle den Vorzug gibt, die Anordnung, den Wortlaut und die Zuweisung eines Berichtes zu einem Autor verändert und anschließend die Nachrichten chronologisch arrangiert. Problematischerweise geht er von der Annahme aus, jeder spätere Historiograph habe seine Vorgänger gekannt und lediglich durch neuere Nachrichten ergänzt. Entsprechend betrachtet er „die Gesamtheit der Konstanzer Chroniken als eine Einheit, innerhalb deren sich Fortsetzung an Fortsetzung reihte"[101]. Nicht die einzelnen Werke mit ihren spezifischen Voraussetzungen, Intentionen oder Perspektiven stehen für diesen Editor im Vordergrund. Die Konstanzer Historiographie wird von ihm vielmehr als homogenes Ganzes wahrgenommen. Als deren eigentliche Basis identifiziert Ruppert die verlorene Chronik Stetters, die er in dem Werk Christoffs von Schwartzach wörtlich abgeschrieben wähnt. Neben diesem 1585 entstandenen, aber nur in einer Abschrift aus dem 17. Jahrhundert überlieferten Text, bietet er fragmentarisch für die Zeit vorher und nachher Auszüge zur Konstanzer Geschichte aus dem „Chronicon Constantiense", das zuvor größtenteils von Mone herausgegeben wurde und für Ruppert die Grundlage des Berichts nach

---

[97] Vgl. DBA I, MF 1069, Nr.26.
[98] Vgl. T. Ludwig, Konstanzer Geschichtsschreibung, v.a. S.3f, 116 und 242-267.
[99] Vgl. z.B. H. Vildhaut, Handbuch, S.74ff; R. Feller/E. Boujour, Geschichtsschreibung der Schweiz, S.134; E. Joos, Unruhen, S.32; E. Hillenbrand, Geschichtsschreibung, S.6f.
[100] Vgl. hierzu und zum Folgenden T. Ludwig, Konstanzer Geschichtsschreibung, S.242ff.
[101] Ebd., S.243.

1390 bildet, aus unserer Dacher'schen Chronik sowie aus drei zwischen 1560 und 1585 entstandenen Kompilationen (darunter v.a. die Hs. der WLB, Donaueschingen, Cod.609).

Für die einzelnen Berichte wählt Ruppert aus den genannten Werken jeweils die seiner Meinung nach „quellenkritisch wertvollste Fassung"[102] aus. Stimmen einzelne Partien zwischen den Handschriften inhaltlich weitgehend überein, wird in der Regel nur der Text der „wertvollsten" Handschrift geboten, das andere Manuskript aber vor Beginn des Zitats ebenfalls als „Quelle" angegeben. Da unsere „Konstanzer Chronik" trotz ihres Umfangs und der Entstehung im 15. Jahrhundert von Ruppert nicht zur Grundlage der Edition bestimmt wird, finden wir bei zahlreichen Berichten, die Schwartzach oder die Handschrift StAK A I 1 zitieren, den Zusatz „Dacher". Gerade bei einer derartigen Nennung zweier Belegstellen[103] ist nun aber unklar, welcher der Texte tatsächlich ediert wird. Wie Ludwig ausführt, handelt es sich meist um den nach Meinung Rupperts „für die betreffende Periode massgebenden Text", das heißt vor allem um Schwartzach und das „Chronicon Constantiense" und nur selten um den Codex Sangallensis 646[104]. Durch Angaben wie „Handschr. A. f. 114. Dacher:"[105] oder „Stetter. Dacher:"[106] und einem anschließenden Zitat wird dem Leser aber gewissermaßen suggeriert, unser Chronist Dacher habe hier einen der beiden Texte direkt als Vorlage benutzt und wörtlich abgeschrieben oder zumindest inhaltlich übernommen. Dem ist jedoch an zahlreichen Stellen nicht so. Tatsächlich unterscheiden sich die einzelnen Texte oft nicht nur sprachlich, sondern auch inhaltlich gravierend voneinander. Um diesen Umstand vor Augen zu führen, seien im Folgenden wenige Textauszüge zum Vergleich synoptisch dargestellt:

SG:	P. Ruppert, Chroniken
fol.37^{va}ff:	S.33f: „Stetter. Dacher:"[107]
¶ **Des** jars **a**ls man von der ge= | purt cristi zalt **t**usend zway | hundert nünzig vn(d) zway | **j**ar wurdent die von **z**ürch | vor winthertur erschlagen. | **D**ar nach im **s**echs vn(d) nün= | tzigosten starb **R**ůdolff(us) Röm- | **s**cher küng. # Bischoff Hainrich | geborn von Clingenberg Bischofswappen [zwei leere Seiten]	*Anno domini* *1292 do* wurdent die von Zürich *ze Wintertur* erschlagen.

---

[102] T. Ludwig, Konstanzer Geschichtsschreibung, S.244.

[103] Diese Quellenangaben sind übrigens graphisch uneinheitlich gestaltet. Während hier und da eine Leerzeile die einzelnen Texte voneinander abtrennt und die „Autoren" teils durch Fettdruck herausgehoben werden, ist an anderer Stelle der Wechsel der Editionsgrundlage ohne deutliche Trennung der verschiedenen Texte kaum erkennbar (vgl. z.B. die differente Verfahrensweise auf S.225). Unverständlich bleibt auch, weshalb manchmal direkt hinter einem Text, der angeblich nach „Stetter" zitiert wird, ein weiterer folgt, der wiederum alleine „Stetter" zugewiesen wird (vgl. z.B. S.36f). Verwirrend ist des Weiteren, dass an wenigen Stellen die Varianten der zweiten genannten Quelle durch Klammer in den Text der ersten eingefügt werden (vgl. z.B. S.181), ansonsten auf die Unterschiede aber nicht eingegangen wird.

[104] Vgl. T. Ludwig, Konstanzer Geschichtsschreibung, S.244f.

[105] P. Ruppert, Chroniken, S.182.

[106] Zum Beispiel ebd., S.77f.

[107] Zur Kennzeichnung v. Unterschieden werden hier und im Folgenden die in Kapitel B.3 verwendeten Formatierungen benutzt (vgl. Kapitel B.1.4).

	Anno domini 1293. III. non. Aprilis do starb graff Ruodolf von Habsburg, bischoff ze Costentz und was 19 jar bischoff.
Anno M CC lxxxxiii jar # Dar nach ward	*Jtem nach* *graff Ruodolfen von Habspurg wurdent erwelt zu bischoff ir zwen; der ain was graff Friedrich von Zolr, tumbprobst ze Ogspurg, und erwelt in der mertail, der ander tail*
Byschoff | **h**ainrich, von **c**lingen= | **b**erg vom vatter geborn vnd | von der mů̈ter	*erwelt maister Hansen* von *Clingenberg, der* WAS von *siner* muoter, *einer* VON CASTEL; *derselben geschlecht*
ain burger | von **c**ostentz, vnd doch von | der mů̈ter edler dan(n) vo(n) dem | vatter, dan(n) er vo(n) der mů̈ter | was von **c**asteln.	*warent* burger *zu Costentz.* *Er was* och EDLER *von siner* muoter, da*n von sinem* vater; *er was gar ain gelehrter man, was ain maister der 7 künst und ain doctor decretorum, das ist ain maister göttlichs rechts. Man maint och, er künt die schwarzen büecher, und was och kantzeler des römischen künigs Ruodolfen.*[108]
Der hett | ain wyder sachen **f**rydrichen, | ainen grauen von **z**olrn, dan(n) | sy bayd erwelt warend, **V**n(d) | kriegtend nit mer dan(n) ain | monat mit ain ander;	*Und die zwen herren kriegten umb das bistum ainen monat lang, do wich graff Friedrich von Zolr dem von Clingenberg, und beleib der vom Clingenberg bischoff. Doch waiß man nit, ob das*
Dan(n) | der von **z**olre von gebet vnd | gaben wegen dem vo(n) **c**lingen= | **b**erg gewichen vnd abgestan= | den gewesen ist.	*von* bet *oder von guots* wegen beschach. *Und dieser ward gewicht zu bischoff.*
fol.39rb:	**S.35: „Stetter. Dacher:"**
Des jars **a**ls man von der ge= | purt cristi zalt <u>**t**usend zway</u> ^v | hundert fünff vnd nüntzig | jar an dem **d**rytten sonn(en)tag | aberellen der **f**ünffzehenden | kalend **M**ayen, **a**ls die sunne | **j**n den stier gieng,	*Anno domini* *1295* *am* dritten sunnentag *im Aprellen* (17. April)
do kam | ain grosz vngewytter mit de(m) | **a**ller grö̈sten schne, das nie kain(er) | grö̈sser gesenhen ward, dan(n) | der vorgånden nacht vnd | den sonne(n)tag viel.	*do* VIEL *der grö̈ßt* schnee *ze Costentz, des im kain mensch gedacht* *und gieng desselben tags ab und schadet kainer frucht nit und ward aller frucht genuog.*
vn(d) durch | den schne wurdend zů̈ dem |	

[108] Der Edition Rupperts folgend und entsprechend fehlerhaft ist dann z.B. die Zuschreibung dieser Worte zu „Stetter und Dacher" bei H. Weidhase, Heinrich II. von Klingenberg, S.215.

meren tail verderbt die win, | oppffel, bieren, prunellen, nusz, | kriesen vnd disz geschlåcht | alles; aber allain kornsz ward | gnůg, dan(n) der schne jm nit | schaden bracht. # |	
fol.91ʳᵃff: (...)	**S.79: „Stetter. Dacher:"**
Sy gewonnend gar vil | klainer ståttlin, dan(n) ir | grosser hunger vnd armůt | macht sy gar gedurstig vn(d) | verwegenlich, das sy recht | blintlichen an die klainen | ståtlin luffend, vnd iro gar | vil da durch erworffen, er= | schossen, erstochen vn(d) erschla= | gen wurdend, des sy doch nit | vil achtotend, dan(n) jro was | ze mal vil. Vnd dar vmb | so luffend sy gar vil	Jtem sy *gwunnent* vil stettlin,
dörffer, | bürg, **M**ünch vnd froen clö= | ster vnd kilchen, vnd was | sy dan(n) abgeloffen mochtend, | ab	BURG *und* dörfer und *k*löster
vnd erstachend wyb, | kind vnd man, vnd w(a)z sy | ankamend.	*u*nd erstachen*t* MAN *und* w*i*b *u*nd kind
Vnd was schö= | ner froen warend, die jnen | gefielend,	*u*nd FÜRTEN*T vil* schöner frow*en*
die fůrtend sy mit | jnen enweg.	mit *in* enweg, *was sy deren fundent.*
Si zugend gen | **B**rysach vnd nach zů der | statt **B**asel	*Jtem sy* zugen*t für* Brysach und *für* Basel *uff*
vnd zugend jn | **B**urgundia vnd jn v̊cht= | **l**and vnd wůstend, | was vor jnen was, lüt vn(d) | gůt.	und *gen* Burgunden und *in* Üchtland und wüsten*t*, was vor *in* was, lüt *u*nd gut.
vnd mit dem machte(n)d | sy, das	*Jtem*
man sy gar übel forcht | **jn tütschen** landen vn(d) alle(n)t= | halb jn den landen	man forcht *sich in allen* tütschen landen, *das sy dahin käment,*
Vnd | buwet, machet vnd bessret | mengklich die stett, **B**ürg, | dörffer vnd wyler. Vnd | er getrüwet sich ze enthal= | tend.	und *buwt aller*menglich *in Schwaben;* *an* stett*en* und burg*en*
Vnd wurden grosz | graben, muren, **T**üll vnd | **B**rustwerinen vn(d) menger= | hand türn vnd årgker an | den stetten gemachet, **B**ürg= | en vnd gesåssen allenthalb | jn den landen,	*macht man* MUREN, GRABEN, *ge*tull, brustwerinen, ärger *und allerhand,* *damit man sich dester baß geweren mocht.*
wie **a**rm die | lüt warend, graiff meng= | clich sich selber an, also d(a)z | man vnd froen vnd och | gewachsne kind werko= | tend, es wåre an graben, | an muren, an gezimmer, | wie man dan(n) sin bedorfft, | vnd es wåre mit wachen | oder wa zů man dan(n) ains | ordnet oder schaib. Vnd | wer da nit hett mit gelte | ainen verweser, dan(n) der | arbait; vnd des gebw̋ vn(d) | der behůtnüsz was vil, d(a)z | die cost die stett noch gesåsz | nit gehaben mocht, **W**an | man was warten mer | krieg. Vnd dar vm(b) grif= | fend die stett sich selber an, | das wyb, gewachsne kind | vnd man worchtend vn(d) | arbaitend vnd d(a)z t̊n | můs= | den von husz ze husz oder | sinen verweser haben. Vn(d) | wurdend och die	

hőltzer | verletzinet vnd die weg | veruelt, das niemant ge= | wandlen mocht, dan(n) jn | den rechten straussen. # |	
N(!)un als disz volk lang | vmbzugend vnd grőslich | gewůstend, do warend | sy jn das land komen	*Jtem do sy nun lang gewüstet*
	und das inen von edlen lüten nit vil laids geschach,
vn(d) | über vielend die vo(n) <u>switz</u> | jn ainem dőrfflin vn(d) er= | stauchend jro wol <u>fünff</u>= | <u>tzig</u> gůter gesellen, die	*do überfielents die von Schwitz ainesmals in ainem dörflin und ertötent irer wol fünfzig, die do*
also | vnuerwånter vnd onge= | warnoter sach by ainander | lagend jn ainem husz, vn(d) | zarten jren pfenni(n)g, spilten | vnd schlieffend vnd tette(n)d, | das jnen eben was.	*by ainander lagent.*
Vnd | glich bald dar nach vor | <u>winåchten</u> marktend die | von <u>switz</u> vff sy vn(d) hetten | by jnen die von <u>lucern</u> vn(d) | die von <u>åntlybůch</u> vn(d) über | vielend jro wol <u>viertuse(n)t</u> | jn ainem dorff, haist <u>butt</u>= | <u>unsultz</u> vnd verbrante(n)d || da jn ainer kilchen vnd ertot= | tend jn der kilchen iro gar vil.	*Jtem darnach kürzlich vor winechten kament aber die von Schwitz und von Lucern und von Entlibuch und überfielent ir wol vierhundert in ainem dörflin haisset Buttensultz und verbrantens allesamt in ainer kilchen im dorf und ertötent alle, die da warent.*
fol.149ra|303:	**S.187: „A .f. 115. Dacher p. 302:"** (...)
A(!)ber vmb den vorgena(n)ten | vnser lieben froen tag zů | herpst des jars als vor stat | gieng offne red von den laÿ | en vsz, wie das [sic!]	*Jtem anno 1435 umb nativitatis Mariae (8.Sept.) gieng red uß von den laien, wie das zu Stoffeln Zippen,*
der da | wol vier oder sechs wochen | vergraben was, Durch ett- | lich stym(m)en, die gehőrt wå | rend worden, „tůnd vff".	*der davor wol 4 oder 6 wochen vergraben was, durch etlich stimmen, die gehört WORDEN WARENT: „tund, das uch zugehört, und lasset dem tiefel, das im zugehört", und zeletzt: „tund, das gott zugehört, und land dem tiefel den Zippen." (sic.)*
vm(b) | sőlichs nun zů jm gegraben | ward. Vnd seit man das | jm vornan jn dem mund | funden wurd der wirdig | fronlichnam vnsers <u>heren</u> | ih(es)u cristi, Der nun von jm | tragen ward. vnd ward d(a)z | grab wyder zů geton. Da | aber die priester zů sant <u>ste</u> | phan nütz von wyssen wől- | lend, wie doch man maynt | sy da by gewesen sin. |	*Uff solichs nun zu im graben ward und im funden wurd der wirdig fronlichnam unsers herrn und ward das grab wider zugeton, da aber die priester von sant Stefan nichts von wissen wöllent, die MAN DOCH maint darby gewesen sin.*

Die Zitate belegen unter anderem, dass durch die vereinfachte oder fehlerhafte Zuweisung entscheidende Passagen aus der „Konstanzer Chronik" Dachers, die beispielsweise Aussagen zu den verwendeten Quellen und deren Verarbeitung ermöglichen könnten, in der Edition Rupperts verkürzt, verändert beziehungsweise verfälscht wiedergeben werden.

Daneben zitiert diese Ausgabe verschiedene Nachrichten nur nach „Stetter:", „Stetter bei Reutlinger"[109] oder nach der „Handschr. A:". Geht man von einer konsequenten Methode Rupperts aus, muss hieraus geschlossen werden, dass Dacher in seinem Werk von diesen Ereignissen keinerlei Notiz nimmt. Wie allein die drei folgenden Textbeispiele, die durch weitere vermehrt werden könnten, zeigen, entspricht auch dies nicht den Tatsachen.

SG:	P. Ruppert, Chroniken
fol.41ra!: (...)	**S.39f: „Stetter"**
¶ **By** des Regierung, als man | von der gepurt cristi zalt | tusend drühundert vn(d) acht | jar, ward erschlagen küng | albrecht vo(n) öster(r)ich zů **win** | ¶ de **wap** dem wasser.	*Anno domini* *1308 do* ward erschlagen *der vorgenannt* küng Albrecht von Oesterrich *von sines bruders sun, hertzog Hansen von Oesterrich und sinen dineren. Das warent ainer von der Balm und ainer von Eschibach und ainer von Wart. Und an derselben statt, do küng Albrecht erschlagen ward do stift und buwt die küngin von Ungern das kloster zu Küngsfelden, wan dieselb küngin was küng Albrechts rechte swester.* *Anno domini 1313 do*
Dar | nach jn dem sechzehend(en) | jar starb **kayser hainrich** | von lützelburg	starb ka*i*ser Hainrich von Lütze*n*burg.
fol.52va: (...)	**S.70: „Stetter":**
Dar= | nach vieng der keller **ŭl**= | **richen** von **Rockwyl**, der | stat amman, one alles ab= | sagen jn ainem scheff vor | gotlieben, da er sich nit wyset | vor jm zehŭtend, vnd fŭrt | jn enweg. vnd das ward | dar nach aber verricht. # | Dar nach **als** man vo(n) | der gepurt cristi zalt | tusend drühundert vnd | acht vnd sechtzig jǎre zwü= | schen winǎchten vnd vas= | nacht do Rittend wol vff | sechzehen **B**urger zů coste(n)tz | vnd woltend sin gen zürch | geritten zů ainem stechen. (...)	Darnach vieng *er* *on* alles *wider*sagen *in* ainem sch*i*ff vor *Gottliebe* U*l*richen von R*o*gg*w*il, den stat*t*aman *ze Costentz,* do er sich nit *wüßt* vor *i*me ze *hüten* und fürt *i*n enweg. Das ward *och alles* darnach verricht *über unlang zit.* (...) *Anno domini* *1368* zwischen winǎchten und va*ß*nacht do *ritten* die burger *von Costentz, iro* WOL 16, und *wolten* GEN ZÜR*I*CH sin geritten zu *dem* stechen. (...)

---

[109] Vgl. z.B. P. Ruppert, Chroniken, S.113. Ruppert greift bspw. im Kontext des Berichts zur Eroberung der Burg Leupolz wiederum auf eine Abschrift aus dem 16. Jh. zurück, statt direkt aus der Dacher'schen Chronik (vgl. fol.80rb) zu schöpfen.

fol.149ʳᵇ:	S.187: „A. f. 126":
Des vorgeschriben <u>j</u>ars an | sant <u>M</u>atheus abend sind | zů diessenhouen <u>achtzehen</u> | hüser verbru(n)nen vn(d) gieng | vff an dem nåchsten husz by der Bruk. |	*Anno 1435* *in virgilia Mathaei evangeliste (21. Sept.)* *combustae sunt in Diessenhofen 18 domus* *et incepit proxima domus apud* *pontem.*

Gerade das letzte Beispiel verdeutlicht, dass die Edition Philipp Rupperts für Wissenschaftler, die mit neueren Fragestellungen an historiographische Texte herangehen, gänzlich ungeeignet ist. Bei seiner Textpräsentation muss nämlich angenommen werden, Dacher verzichte auf diese Nachricht und kürze seine Vorlage eventuell aus Unkenntnis der lateinischen Sprache. Nachweislich versteht unser Chronist den Text aber nicht nur, sondern er erleichtert das Verständnis für den Leser, indem er den lateinischen Text übersetzt, das heißt ganz bewusst bearbeitet und an die Bildungsvoraussetzungen einer vermutlich anderen, allein der Volkssprache mächtigen Rezipientenschicht anpasst.

Bei einem weiteren Vergleich des Textbestandes fällt auf, dass nicht nur Passagen des Codex Sangallensis 646 fehlen[110] oder trotz doppelter Kennzeichnung in einer stark abweichenden Version dargeboten werden. Ruppert schreibt Dacher im umgekehrten Verfahren auch Äußerungen zu, die so in keinem der Textzeugen seines Geschichtswerkes nachgewiesen werden können. So gibt es in der Edition verschiedentlich Berichte zu Ereignissen, die angeblich laut „Stetter. Dacher", „A. f. (...) Dacher" oder „M. 2. Dacher" zitiert werden, in der „Konstanzer Chronik" aber entweder überhaupt nicht (vgl. z.B. S.35, 36, 88, 94f, 117, 132, 133, 174, 178, 183, 187) oder nur teilweise (vgl. z.B. S.83, 85) zu finden sind.

Selbst dort, wo „nur" nach „Dacher" zitiert wird, und der Benutzer glaubt, allein das Werk dieses Konstanzers vor Augen zu haben, ist die Transkription in vielen Fällen schlichtweg als falsch zu bezeichnen. Die nachfolgende Tabelle veranschaulicht dies an zwei Beispielen:

SG:	P. Ruppert, Chroniken
fol.25ʳᵃff:	S.23: „Dacher"[111]: (...)
Anno viiij^C xxxiiij jar | Und nach Byschoff <u>Sa</u>= | lomon dem <u>drytten</u> | do kam ainer von | <u>nő</u>ringen, hiesz <u>n</u>otingus, | vnd der was <u>fünffzehen</u> | jar h(er)re vnd starb als man | von der gepurt <u>c</u>risti zalt | <u>n</u>ün hundert <u>v</u>nd vier vn(d) | <u>t</u>ryssig jare. # | Notingus von Nőringen	*Und dirre bischoff Salomon was nit mer denn 13 jar herr und starb, als man zalt von der geburt Cristi 919 jar.* *Darnach* kam *ain bischoff* von Noringen, was *15 jar herr* und starb, als man zalt *934 jar.*

---

[110] Vgl. z.B. auch die fehlenden Hinweise auf fol.190ᵛᵃ, 192ʳᵃ, 192ᵛᵃ, 195ʳᵃ, 195ᵛᵃ, 197ʳᵃ, 197ᵛᵃ, 200ʳᵃ, 203ᵛᵃ und 204ᵛᵃ mit der Nennung der Jahreszahlen, die für weitere Rückschlüsse im Hinblick auf die Anlage der Chronik und deren Unvollendetheit v. großer Bedeutung sind (vgl. dazu auch Kapitel 4.1.2 und 4.3).
[111] Wie bereits T. Ludwig, Konstanzer Geschichtsschreibung, S.261 konstatiert, stimmt dieser Text tatsächlich nicht mit Dachers Chronik, sondern (mit Ausnahme des ersten Satzes) mit der bei Ruppert ebenfalls abgedruckten Bischofsliste des „Chronicon Constantiense" überein.

Bischofswappen ||	
Sanntt Cůnratt, Geborn Ain Grauff von Alttdorff, | Ain hailger Bischoff zů Costentz #	
Bischofswappen ||	
Anno viiij^C xxxiiij Jar | Nach dem Byschoff not= | tingo, jn dem jar als | man von der gepurt | cristi zalt nünhundert vn(d) | vier vnd trissig jar,	Nach dem
do ward | Byschoff der wolgeborn, an= | dåchtig hymelfürst vn(d) gůter | here sant Cůnrat, ain grauff | von altorff.	was der andåchtig, wirdig, hailig sant Cunrad, was ain graff von Altdorf.
Vnd was des Er= | sten vff dem hohenstifft zů Co= | stentz ain chor her gewesen, | dar nach ward er official, nach ward er dechan | vn(d) dar nach ward er Bysch= | off.	
Der andåchtig Byschoff | sant Cůnrat machet dem bÿ= | stum	Der macht von sinem väterlichen erb
ain jårlich gelt, alle jar | viertzig mark geltz, vnd er= | hůb vnd bessrot och Byschoff= | zelle	alle jar 40 mark gelts und erhub und bessret bi sinen ziten Bischoffzell,
Vnd machet den chor | an die kilchen vn(d) mach= | et absÿten dar an	den kor an die kilchen und
vnd satzt | die sül dar jn mit den bogen, | die die kilchen tragend,	die sul in die kilchen,
dan(n) es | was vor nun ain gefierdtte | kilch nach dörffemschen sytten. | Vnd des glichen machet er och | den chor an die kilchen zů sant | paul, do ze mal vor costentz,	wan es was vor nomen ain gefierd kilch nach dörfischen sitten. Desgelichen ließ er och VOR COSTENTZ sant Paul machen mit dem CHOR
dan(n) | die stat do so wyt nit erbuwen | was, och die absyten	
vn(d) die sül | jn die kilchen, die die kilchen | tragend;	und den suln
vnd das glokhusz liesz | er muren.	und das glogghus.
Vnd zů sant | johans bessrot ers vast also, d(a)z | er och den chor an die kilchen | machet	Och ließ er zu sant Johanns VAST bessren, och den chor
vnd die sül jn die | kilchen	und die suln.
fol.41ra!:	**S.39: „Dacher":**
Anno M CCC viii jar # Nach dem Byschoff hain= | rich von clingenberg |	Darnach
ward Byschoff Gerhartt, | was ain walch vo(n) afion, |	ward bischoff Gerhart, was ain Walch von Avion,
der zwaÿ vnd fünfftzigost | an der zal vnd regiert | vie(r)zehen jar vnd starb, als | man von der gepurt cri- | sti zalt tusend drühund(er)t | vnd zwaintzig jare. # |	
	und ward vom bapst Clemens zu bischoff gen Costentz verordnet. Er was fast gelert, aber der sitt und sprach der Tütschen unwissend,

> *derhalb das bistumb abnam. Er starb in dem 1318 jar den 20. tag Augusti.*

Theodor Ludwig hat in seinen Ausführungen bereits darauf hingewiesen, dass Philipp Ruppert auch im Umgang mit den verschiedenen Textzeugen der Dacher'schen Chronik inkonsequent ist[112]. Ohne Abweichungen zwischen den Texten grundsätzlich zu verzeichnen[113], geht dieser Editor in den Anmerkungen zunächst mehrfach auf Varianten der fragmentarischen Handschriften Stgt und W (vgl. zu den Varianten auch Kapitel A.4 und B.3.1) ein. Hieraus muss geschlossen werden, dass der Codex Sangallensis 646 seine eigentliche Textgrundlage bildet. Dies entspricht jedoch nur teilweise der Wahrheit. Ohne den Benutzer darauf aufmerksam zu machen[114], ediert Ruppert zunächst von Seite 5 bis zum ersten Abschnitt der Seite 12 das St. Galler, dann aber bis zum Beginn der Seite 23 das Stuttgarter Exemplar der „Konstanzer Chronik". Hierbei zitiert er unter anderem, wiederum ohne Hinweis, auch den längeren Textabschnitt, der nur in den Fragmenten, nicht aber in der Haupthandschrift selbst enthalten ist (vgl. dazu auch Kapitel A.4.2 und B.3.1). Gleichzeitig bietet er einzelne Nachrichten, die in den Textzeugen nur einmal, aber an verschiedenen Stellen verzeichnet sind, sogar doppelt. Im Verlauf des Textes kommt es an späterer Stelle noch einmal zu einer Verwechslung der Handschriften. Im Zusammenhang mit Ereignissen aus der eidgenössischen Geschichte, die ebenfalls in den beiden kürzeren Überlieferungsträgern geschildert werden, gibt er die Reihenfolge des Stuttgarter beziehungsweise Wiener Fragments, die nicht der realen zeitlichen Abfolge entspricht, als die des Codex Sangallensis 646 aus. In einer Fußnote nach dem Bericht der Schlacht bei Näfels, die nach Ruppert bei „Dacher" angeblich auf „1384 (sic)" datiert sei, sich mit dieser Jahresangabe aber nur in Stgt sowie in W, gerade aber nicht in der Haupthandschrift SG nachweisen lässt (vgl. Kapitel B.3.1: SG, fol.94vb; Stgt, fol.234|238rb; W, fol.15^r), behauptet er fälschlicherweise, der St. Galler Codex berichte über die Schlacht bei Sempach erst nach den Ereignissen bei Näfels und Weesen. Wie die Edition von SG in Kapitel B.2 belegt, stimmt diese Anmerkung nicht mit der tatsächlichen Gestalt dieses Textzeugen überein. Ähnliches lässt sich zum Beispiel auch auf Seite 90f der Textausgabe feststellen. Dort werden Lesarten, die angeblich in der Handschrift „A." vom Text „Stetter. Dacher" abweichen, in Anmerkungen beziehungsweise Klammern verzeichnet. Ein Vergleich mit SG zeigt nun jedoch, dass gerade diese Überlieferungsvarianten – „brollen" vs. „botbollen" (vgl. SG, fol.57vb) und 1390 vs. 1380 (vgl. SG, fol.66ra) – in der bei Ruppert zitierten Art und Weise nicht nur im Manuskript A I 1 des Stadtarchivs Konstanz, sondern auch in der Haupthandschrift der „Konstanzer Chronik" Dachers zu finden sind.

Wie an einigen Beispielen in diesem Kapitel zu erkennen, zeigt sich auch, dass dort, wo angeblich nur nach „Dacher" zitiert wird und der Inhalt zwischen Originaltext und Ausgabe größtenteils übereinstimmt, von einer buchstabengetreuen Wiedergabe der Handschrift keine Rede sein kann. Ganz abgesehen von der chronologischen Anordnung der Nachrichten[115], die mit der Reihenfolge des Codex Sangallensis 646 nicht in Einklang zu bringen ist (vgl. für einen

---

[112] Vgl. auch zum Folgenden T. Ludwig, Konstanzer Geschichtsschreibung, S.250ff.

[113] Vgl. zu der problematischen Beurteilung des Verhältnisses v. Stgt zu SG auch Kapitel A.4.2.1.

[114] Der einzige Hinweis, der darauf schließen ließe, ist die Tatsache, dass Ruppert nur bis zur genannten S.12 Folio-Angaben nach SG (ohne Spaltennennung) macht. Erst später (erstmals S.44 und dann v.a. ab S.131) gibt er wieder Anhaltspunkte dafür, wo der zitierte Text in der Hs. zu finden ist. Nun nennt dieser Editor jedoch (und auch dies oft fehlerhaft) statt der Blatt- die Seitenzählung.

[115] Auch dieses Prinzip wird übrigens nicht immer konsequent eingehalten (vgl. z.B. P. Ruppert, Chroniken, S.74ff oder S.91f).

Überblick z.B. Kapitel A.5.1.1), scheint dieser Editor – den Gepflogenheiten seiner Zeit entsprechend – das Verständnis des Textes durch eine weitgehende Normalisierung der Schreibweise erleichtern zu wollen. Da hier jedoch keine festen Regeln auszumachen sind[116], muss man beinahe von willkürlichen Eingriffen sprechen. Neben Veränderungen, die die Graphie und Morphologie betreffen[117], sind auch syntaktische Umstellungen, kommentarlose Unterschlagungen ganzer Satzteile und sogar unhaltbare lexikalische Modifizierungen zu konstatieren. Die beiden letztgenannten Eingriffe in den Text werden in der Zusammenstellung gekennzeichnet.

SG:	P. Ruppert, Chroniken
fol.34va:	**S.25: „Dacher":**
Anno M CC xxviij jar Nach dem byschoff <u>diet</u>= | <u>helmo</u> ward Byschoff | <u>Cunrat</u>, geborn von <u>teger</u>= | <u>ueld</u>, der regiert <u>vier vn(d)</u> | <u>zwaintzig jar</u> vnd was | der <u>sechs</u> vnd <u>viertzigost</u> an | der zal vnd starb <u>als</u> man | von der gepurt <u>cristi</u> zalt | <u>tusend zwayhundert</u> vnd | <u>acht vnd</u> <u>zwaintzig jår</u>. | ¶ **By** des Byschoffs regieru(n)g | <u>als</u> man von der gepurt | cristi zalt <u>tusend zwayhun</u>= | dert vnd <u>acht jar</u> ward <u>philip</u> | <u>pus</u> der küng erschlagen. # | ¶ <u>d</u>ar nach <u>anno d(o)m(ini)</u> **M**^c cc <u>vn(d)</u> | <u>xviii</u> jar vff <u>sant</u> <u>p</u>eters tag | Starb <u>Berchtold(us)</u> hertzog | zů <u>zåringen</u>. # |	Nach dem b*i*schoff Diethelmo ward b*i*schoff Cunra*d*, geborn von Tegerv*e*ld, der regiert *24* jar *u*nd starb, als man zalt *1228* jar. B*i* des b*i*schoffs regierung, als man zalt *1208* jar, *do* ward Philippus der küng erschlagen, darnach anno *1218* *u*ff sant Peterstag, starb Berchtoldus, hertzog *von* Zäringen.
fol.70rb:	**S.121: „Dacher":**
Nach der gepurt cristi | als man zalt tusend | vierhundert vnd sechzehen | jare am frytag nach sant | gregorientag do kamend | die her(r)en an die aidgenossen | vor wallenstad. Nun hetten | die her(r)en vff sy ze speth ge- | sant viertzig man der vm(b) | såssen da des landes vn(d) och | ettlich von den heren zů | jn | vnd maintend aine(n) huffen | von den aidgenossen zů be- | senhend, den sy dar nach | angriffen woltend, als sy | danne lagend. **N**un lag | ain andra huff och von | den aidgenossen, der gröser | was dan(n) sy, vnd der was | aber hindersich gezogen | vs dem veld. vnd dar vm(b) | so mayntend sy nun, disen | huffen wol nider ze legend. | vnd als aber die viertzig | man den huffen also wol- | tend besenhen, do hett sich | der huff wyder jn der nacht | vmbher gestolen	Nach der ge*b*urt C*h*risti, als man zalt *1416* jar (sic) an fr*i*tag nach sant Gregorientag (13. März) do kamen*t* die herren an die a*y*dgenossen vor Wallenstad. *Nu* hetten*t* die herren *ZU SPET* *u*ff sy ge*s*end *vierzig* man der *umsäßen* *do* des *lands* und och *et*lich von den he*r*ren zu *in* und maintent ainen hu*f*en von den a*y*dgenossen zu *besehend*, den sy da*r*nach angriffen wolten*t*, als sy *denne* *k*lagen*t*. *Nu* lag ain andr*er* huff von den a*y*dgenossen, der grö*ß*er was dann sy, *u*nd der was aber hin*t*er sich gezogen *uß* dem veld. *Und* darumb so maintent sy nun die*s*en hu*f*en wol nider *ze*legend. *Und* als aber die *vierzig* man den huffen wolten*t* *besehen*, do hett sich der huff w*i*der *in* der nacht *umb*her gestolen

---

[116] Man vgl. u.a. den regellosen Umgang mit Zahlen. Während Ruppert die in den Texten ausgeschriebenen ebenso wie die römischen Zahlen meist in arabische Ziffern überträgt, gibt es andererseits auch wieder Texte wie „anderthalb hundert und by zwainzig" oder „sechshundert" (S.108). Auch die anscheinend normalisierte Groß- und Kleinschreibung wird hin und wieder aufgebrochen (vgl. z.B. S.108: „die Hüser", S.215: „Schrecken" oder S.247: „Zyginer").

[117] Vgl. z.B. die Verwendung von u statt v, t statt d (oder umgekehrt) und i statt j, die Vermeidung zahlreicher Doppelkonsonanten, die alleinige Großschreibung zum Satzanfang und bei Namen oder die Anpassung an die Orthographie des 19. Jhs.

vnd ka | mend die viertzig man | jnen jn die hend, die still | schwigend vnd ersüchtend | jnen allen den gewalt der | her(r)en vnd alle ir wissen. |	*u*nd kamen*t* die *vierzig i*nen *i*n die *h*and, die stillschwigen*t u*nd ersuchten*t i*nen allen den gewalt der herren und alle ir wissen. (sic)
fol.117ra:	**S.162: „Dacher": (...)**
<u>Al</u>(!)s **M**an von der gepurt | cristi zalt <u>tusend vier=</u> | <u>hundert **v**nd tryssig jar</u> **a**m(m) | <u>zinstag</u> nǎchst **v**nser lieben | froen tag ze <u>liechtmesz</u>, **a**ls | man zů dem münster zů | dem hochenstifft vesper ge= | sungen hett, **D**o gieng die | **R**inmülin von für an, die | nǎchst gegen der stat, von | selb für **v**nd verbran gar | **v**nd gentzlich bisz vff die pfǎl. | **v**nd der stat **B**rugk verbran | och ain tail schǎdlich vor der | **M**ülin über. **E**s was ain schǒ= | ner, clarer tag one wind ge= | wesen oder der **B**rugk wǎre | vil verbrun(n)en. **Z**ů den ziten | was **B**yschoff zů <u>coste(n)tz</u> **O**tto, | **a**in <u>**M**arggrauff</u> **vo**(n) **R**ǒtel(e)n; | **hain**(rich) **E**hing(er) **B**urg(er)maist(er). | **V**nd als man die **M**ülin le= | schen wolt, do vielend wol | <u>zwǒlff</u> menschen jn den **R**in | zwüschen den <u>zwain</u> müli= | <u>nen;</u> **v**nd geschach niema(n)t | nütz. # |	Als man ZALT von der gepurt *C*hristi *1430* jar am zinstag *n*echst *u*nser lieben froentag ze *Lichtmeß* (7. Febr.), als man *ze* dem münster *ze* dem hohen sti*f*t vesper gesungen hett, do gieng die *rinmüle* von für an, die *n*echst gegen der sta*tt u*nd verbran gar und genzlich bi*s u*ff die pfǎl. *U*nd der sta*tt*brugg verbran och ain tail schǎdlich vor der mülin über. Es was ain schöner clarer tag one wind gewesen oder der brugg *wär* vil verbrunnen. Zu den ziten was *b*ischoff *ze* Costentz Otto, ain *marggraf* von *Rötteln*, Hainrich Ehinger burgermaister. *U*nd als man die mülin *besehen* wolt, da vielen*t* wol zwöl*f* menschen *i*n den rin zwüschen*t* den – und geschach niemant*s* nüt*s*.

Teilweise lässt Ruppert auch längere Textpassagen ganz bewusst aus, ohne dass die Gründe hierfür für den heutigen Benutzer verständlich wären. Auf Seite 50 etwa finden wir nach der Bemerkung aus den Kompilationen des 16. Jahrhunderts „Anno 1340 verbündt sich Costentz etlich jar lang mit den stetten Zürich und S. Gallen" folgenden Hinweis: „Dacher erzählt in sehr weitschweifiger Weise die fabelhafte Gründung Zürichs, berichtet von dessen Wachstum und Bestreben, sich die Umgegend zu unterwerfen und fährt dann fort: 'Das lantfolk umb Zürich mocht sich nun wider die von Zürich nit getsetzen (...).'" Der Editor des 19. Jahrhunderts überspringt, der positivistischen Geschichtsauffassung entsprechend, hier den Text von fol.88ra bis zur unteren Hälfte der Spalte 89ra des Codex Sangallensis 646. Wie die neuere Forschung aber gezeigt hat, sind Gründungsgeschichten für Aussagen zu möglichen Intentionen und vor allem zum Geschichtsbewusstsein der Historiographen und ihrer Zeit von entscheidender Bedeutung[118], sodass hier ein wichtiger Bestandteil der Chronik einfach unterschlagen wird. Auch auf Seite 111 bricht er die Edition des Berichts zu einem Hermaphroditen aus Rottweil (vgl. SG, fol.79va) einfach ab, indem er den Ausgang des gerichtlichen Verfahrens in Klammern mit eigenen Worten in einem Satz zusammenfasst. Auf Seite 268 der Ausgabe wird der in der Handschrift zitierte Wortlaut des Eides der Bürgerschaft von Ulm (vgl. SG, fol.225rb) dann sogar allein durch einen Gedankenstrich ersetzt. Da keinerlei Bemerkungen dazu gemacht werden, muss der Benutzer aus dieser Editionsweise schließen, die Handschrift enthalte an dieser Stelle eine Lücke.

Angesichts der Editionsmethodik Rupperts verwundert es nicht, dass dieser Archivar, der insgesamt nur ungenaue und fehlerhafte Handschriftenbeschreibungen der Textzeugen der „Kon-

---

[118] Vgl. u.a. die Aufsätze in: P. Wunderli (Hg.), Herkunft und Ursprung, v.a. R. Hiestand, „Civis Romanus sum"; als Fallbeispiel z.B. I. Haari-Oberg, Wirkungsgeschichte und H.-W. Goetz, Geschichtsschreibung, v.a. S.216ff.

stanzer Chronik" liefert[119], weder auf Marginalien, Rubrizierungen, Überschriften, Unterstreichungen, Abkürzungen und Illustrationen[120] noch auf Korrekturen oder etwa den Wechsel der verschiedenen Hände[121] eingeht.

Zusätzlich unterlaufen dem Editor auch im Kommentar, der heutigen wissenschaftlichen Ansprüchen nicht mehr genügt, zahlreiche Fehler. So halten die mehr oder weniger willkürlich ausgewählten Varianten der Überprüfung des Öfteren nicht stand (vgl. z.B. S.8f, 41 oder 175, Anm.2). Auch die aufgelösten Daten sind mehrmals nicht korrekt in die heutige Zählung übertragen oder fehlen ohne ersichtlichen Grund (vgl. z.B. S.88, 155, 176, 186, 187 oder 204). Statt einer leeren Spalte wird auf eine leere Seite hingewiesen (vgl. S.263) et cetera.

Insgesamt kann also im Zusammenhang mit der „Konstanzer Chronik" von „bedenklichen Irrtümern und Unterlassungen"[122], unhaltbaren Textveränderungen, einer subjektiven Auswahl der gebotenen Passagen und damit von einer gravierenden Nichtübereinstimmung zwischen Handschrift und Textausgabe gesprochen werden. Statt einer zuverlässigen Edition, die die handschriftlichen Besonderheiten aufzeigt und beispielsweise bei dem Vergleich mit möglichen Quellentexten Aussagen zu Bearbeitungen des Historiographen zulässt[123], liegt uns ein unhistorischer Mischtext vor. Die Ausgabe Philipp Rupperts könnte folglich als ein unübersichtliches, schwer benutzbares Quellenwerk, ja beinahe als anachronistisches Konstrukt, als neues Geschichtswerk aus der Feder Rupperts bezeichnet werden[124]. Eine quellenkritische Beurteilung der einzelnen Werke ist praktisch unmöglich. Die Disposition der verschiedenen Werke, der Traditionszusammenhang oder der Kontext der verschiedenen Chroniken lassen sich ebenso wenig analysieren wie die Motive, Positionen oder Perspektiven einzelner Autoren und Schreiber[125].

Die Problematik dieser Edition wird in ihrer Gesamtheit noch einmal deutlich, wenn man den Blick auf die Sekundärliteratur erweitert. In zahlreichen Veröffentlichungen sowohl älteren als auch neueren Datums können durch die Einbeziehung der Konstanzer Chroniken in der Ausgabe Rupperts fehlerhafte Textzuweisungen, Missverständnisse und bedenkliche Interpretationen konstatiert werden. Allein auf Dacher beschränkt und ohne Anspruch auf Vollständigkeit, seien im Folgenden einige dieser Irrtümer aufgelistet.

Bereits die 1898 erschienene Publikation der Konstanzer Ratslisten[126] hält sich für die Zeit, aus der keine Ratsprotokolle und nur wenige urkundliche Belege überliefert sind (vgl. v.a. 1391

---

[119] Vgl. T. Ludwig, Konstanzer Geschichtsschreibung, S.24ff und 249f sowie Kapitel A.4.1.

[120] Bei den Wappen und Abbildungen wie auch bei den leeren Seiten ist das Verfahren wiederum sehr inkonsequent. Während hier und da (vgl. z.B. P. Ruppert, Chroniken, S.11f, Text und Anm.3 – statt drei werden jedoch nur zwei Wappen angeführt; S.23, Anm.2 oder S.250) die leeren Seiten und Zeichnungen genannt sowie auch einige Wappen zwar nicht blasoniert, so doch erwähnt werden, fallen sie im Regel gänzlich unter den Tisch. Auch auf Fehler innerhalb der Blattzählung wird mehr zufällig und keinesfalls regelmäßig hingewiesen (vgl. z.B. S.257). Ein Gesamtbild der Hs. ergibt sich für den Benutzer der Edition aus diesen Informationen heraus folglich nicht einmal annähernd.

[121] Die meisten Ergänzungen des Textes v. der Hand Konrad Albrechts bspw. werden v. Ruppert nicht berücksichtigt und sind für den Benutzer der Edition folglich nicht existent.

[122] T. Ludwig, Konstanzer Geschichtsschreibung, S.266.

[123] Vgl. z.B. lexikalische Veränderungen: Ruppert, S.124: „knechten" vs. SG, fol.104va: „man= | nen" oder Ruppert, S.127: „do die welt das sach" vs. SG, fol.106vb: „do der gemain | man das sach" oder Ruppert, S.129: „lichnam des erbern beschiden burger" vs. SG, fol.106rb: „lichnam des abgestor- | ben, biderb mans".

[124] Vgl. ähnlich T. Ludwig, Konstanzer Geschichtsschreibung, S.245 und E. Hillenbrand, Geschichtsschreibung, S.7.

[125] Darauf weist bereits E. Hillenbrand, Geschichtsschreibung, S.7 hin.

[126] K. Beyerle, Ratslisten, S.121ff.

bis 1414)[127], bei den Angaben zu den jeweiligen Bürgermeistern weitgehend[128] an die Edition Rupperts. Da dort auf S.76f eine längere Textpassage mit einer beinahe lückenlosen Bürgermeisterliste und anderen Hinweisen zu der Zeit von 1398-1435 geboten wird, die angeblich auf „Dacher" zurückgeht, findet sich bei Konrad Beyerle nach der Nennung der Amtsträger und sonstiger Bemerkungen häufig die Angabe „Ruppert, Chroniken, S.76 (Dacher)"[129]. Tatsächlich ist die Zuweisung der Nachrichten zu unserem Chronisten aber nur in den seltensten Fällen korrekt. Ein Vergleich des Textes bei Ruppert mit dem der „Konstanzer Chronik" zeigt in weiten Teilen keine Übereinstimmung. Weder ist im Codex Sangallensis 646 zum Beispiel die Bemerkung „Nota: Darnach wurdent aber burgemaister gesetzt, der namen ich nit waiß, untz das man zahlt 1398 jar, do ward desselben jars Claus Schulthaiß stattschriber zu Costentz (...)"[130] verzeichnet, noch erwähnt diese Handschrift die in der Edition genannten Amtsträger des ersten Jahrzehnts des 15. Jahrhunderts. Auch der Text zu den städtischen Amtsträgern der Jahre 1418 und 1419 ist nicht identisch:

SG:	P. Ruppert, Chroniken
fol.72ra:	S.76: „Dacher":
A(!)nno M° cccc° xviii ward | Caspar gumpost Burger- | maister vnd lütpfrid Mu(n)t | pratt vogt ze costentz. | D(!)ar nach anno Mᵉ cccc° xix | ward Burg(er)maister zů co | stentz her hainrich vo(n) vlm | vnd ward von dem baupst | vnd küng zů Ritter geschla- | gen	*Item* anno *1418* ward Caspar Gumpost *burgemaister*, darnach her Hainrich von *Ulm*, ward von dem *babst* – und *der* küng *macht ihn zu ainem* ritter ANNO *1419. Und der erwarb do, das die statt ir botschafftbrief mocht besiglen mit rotem wachs und das man mocht haben trumetter und das man ainen roten schwantz an dem paner hett oder maist obnen abher. Vor was nomen ain schwartz crütz.*

Den fehlerhaften Angaben Rupperts entsprechend, fiel in der Forschungsliteratur nun aber im Zusammenhang mit diesen Notizen immer wieder der Namen Gebhart Dacher. So lesen wir etwa bei Lutz: „(...) ist auf die Bürgermeisterliste der Dacherschen Chronik kein Verlaß, die Haintz Cristan als Bürgermeister des Jahres 1401 erwähnt und hinzufügt: 'was ain wirt'."[131] SG bietet aber ganz im Gegensatz zu dem „Chronicon Constantiense"[132] keinen Eintrag zum Jahr 1401, sodass das Zitat zu Haintz Cristan nicht auf Dacher zurückzuführen ist. Gleiches gilt für das Zitat

---

[127] Vgl. zu dieser Überlieferungslücke K.D. Bechtold, Zunftbürgerschaft, S.13ff; E.C. Lutz, Spiritualis fornicatio, S.163, Anm.176, S.174, Anm.6 und S.188, Anm.95.
[128] Da Beyerle durch die wenigen urkundlichen Belege eindeutige Fehler der Chronikliste feststellt, verschiebt er sie t.w. um ein Jahr (vgl. K. Beyerle, Ratslisten, S.121, Anm.22).
[129] K. Beyerle, Ratslisten, S.121ff.
[130] P. Ruppert, Chroniken, S.76.
[131] E.C. Lutz, Spiritualis fornicatio, S.189.
[132] Der gesamte Text v. Ruppert in diesem Abschnitt ist der Hs. StAK, A I 1, fol.94[va]ff entnommen.

nach „Simon [sic!] Dacher" im Wappenbuch des Landkreises Konstanz[133], das mit dem soeben wiedergegebenen Text aus der Handschrift des Konstanzer Stadtarchivs A I 1 übereinstimmt, sich aber nicht in unserer „Konstanzer Chronik" befindet.

Die verwirrenden Quellenangaben Rupperts führen des Weiteren in der Untersuchung zum Steuerwesen von Konstanz bei Kirchgässner zu der Wiedergabe eines Textes nach den „Chroniken von Dacher"[134]. Tatsächlich können die entsprechenden Worte aus dem Munde Ulrich Schilters – bei Ruppert, nach „D. L. M. 2" zitiert[135] – jedoch in keiner Handschrift des Werkes unseres Historiographen nachgelesen werden.

Zu einer fehlerhaften Schlussfolgerung aufgrund eines nicht korrekt wiedergegebenen Textes bei Ruppert gelangt auch Ursula-Renate Weiss in ihrer Dissertation zu den Konstanzer Bischöfen im 12. Jahrhundert. Im Zusammenhang mit der Familienzugehörigkeit von Bischof Berthold von Bußnang (1174-1183) lesen wir: „Allerdings finden wir in der späten Konstanzer Geschichtsschreibung keine einheitliche Meinung über die Zuordnung Bertholds zu einer bestimmten Familie; bis auf Dacher und Mangold, die Berthold der Familie von Bußnang zurechnen, deuten die anderen Chroniken die Möglichkeit an, daß neben einer Zuordnung zur Familie von Bußnang im Thurgau auch die Abkunft von den Herren von Kußnach im Aargau in Frage komme"[136]. Zieht man nun die Handschrift SG der Dacher'schen Chronik hinzu, wird deutlich, dass das Urteil dieses historiographischen Werkes keineswegs eindeutig ist. Der Schreiber und Zeichner scheint sich vielmehr unsicher zu sein und zwischen Bußnang und Kußnach zu schwanken. Der Originaltext spricht nämlich von „**Berch**= | toldus von küsnang" (fol.33vb). Das beigeordnete Wappen gehört dann ebenfalls nicht zum Thurgauer Edelfreiengeschlecht von Bußnang, das auf fol.162rb korrekt abgebildet ist, sondern erinnert – wenn auch mit etwas anderer Figur und Tinktur – an das Familienwappen derer von Kußnach in der Züricher Wappenrolle[137].

Auch Detlev Zimpel hält sich bei seiner Untersuchung an die bestehende Edition. Er zitiert etwa im Zusammenhang mit der Territorialpolitik Bischof Eberhards II. einen Abschnitt[138], der bei Ruppert allein unter „Dacher" steht, in SG jedoch anders lautet. Dem Historiker des 20. Jahrhunderts unterlaufen hierbei kleinere Abschreibefehler, sodass der Text der Handschrift durch Ruppert und Zimpel mehrfach verfälscht wird.

SG:	P. Ruppert, Chroniken	D.Zimpel, Bischöfe
fol.35rb:	S.27: „Dacher":	S.305f, Anm.910:
Anno M CC lxxiiij jar Dar nach ward **B**yschoff | Eberhardus von waltp(ur)g, | ain truchsǎsz,	Dornach *was* bischoff *Eberhart* von *Walpurg*,	Dornach was bischoff Eberhart von Walpurg,
der buwet die burg | gotlieben vnd kofft d(a)z veld, da | vmb stet, vnd ander besitzu(n)gen | dero vil	*der regiert 26 jar und* *erkoft* das *veld* GOTTLIEBEN	der ... erkoft das veld Gottlieben

---

[133] Wappenbuch des Landkreises Konstanz, Zitat S.114, Anm. S.118.
[134] B. Kirchgässner, Steuerwesen, S.200.
[135] Vgl. P. Ruppert, Chroniken, S.134/140.
[136] U.-R. Weiss, Konstanzer Bischöfe.
[137] Vgl. W. Merz/F. Hegi (Hgg.), Wappenrolle von Zürich, Taf.29, 35.
[138] Vgl. D. Zimpel, Bischöfe, S.305f.

von sinem aigen gůt | an das **B**ystum, wol vm(b) **s**üben | **t**usend zwayhundert vn(d) sechs | **v**nd tryssig mark silbers. **a**ber | er verkofft sin schlosz **w**ytling(en) | mit siner zůgehörd vmb **t**u= | **s**end **v**nd hundert mark sil= | **b**ers	*und uffet und buwet das* mit sinem aigen gut *und vil ander gut.* *Och dem* bistum *ward u*mb *7* tusen*t und 2* hundert *mark* und *36* mark. *Dorumb* VERKOFT ER *sines aigen gutes* *die burg ze* Wittlingen mit *all ir* zugehörd *u*mb tusend und *2* hundert mark.	und buwet das mit sinem aigen gut und vil ander gut. Och das bistum ward umb 7 tusent und 2 hundert und 36 mark. Darumb verkoft er sines aigen gutes die Burg ze Wittlingen mit all ir *zu gehöred* umb tusend und 2 hundert mark.

Auf den verwirrenden Aufbau der Ruppert'schen Ausgabe zurückzuführen ist auch eine problematische Darstellung verschiedener Quellenaussagen in der dritten Dissertation zu den Konstanzer Bischöfen. Ludger Beckmann gibt sowohl im Haupttext als auch in einer Anmerkung wenige Sätze zu der Doppelwahl von 1293 und den anschließenden Auseinandersetzungen aus den „Chroniken" wieder[139]. Während er die erste Textstelle mit einer Anmerkung versieht, die als Quelle „Johan. Stetter und G. Dacher, in: Ruppert, Chroniken S.33" angibt, zitiert er direkt im Anschluss angeblich nur „Stetter S.34". Tatsächlich befindet sich dieses zweite Zitat aber ähnlich auch in unserer „Konstanzer Chronik" beziehungsweise wird sogar von dem Editor des 19. Jahrhunderts im selben Absatz wie das erste unter „Stetter. Dacher" angeführt.

Als problematisch erweist sich die ungenaue Edition auch bei etymologischen Erläuterungen. Arno Borst führt in einem Aufsatz zur Geschichte des Wortes „Bodensee" zunächst durchaus korrekt an, dass unser Chronist bei der Bezeichnung des Sees dem herkömmlichen Sprachgebrauch folgt und sowohl „Bodensee, Bodemsee oder, nach Bodman, Bodmersee" verwendet beziehungsweise die Hauptteile nur geographisch in „Ober- und Undersee" unterscheidet[140]. Bei den entsprechenden Belegen verlässt er sich jedoch auf Ruppert und zitiert einen Auszug aus der Gründungsgeschichte der „Konstanzer Chronik" mit „Costentz bi dem Bodensee"[141]. Der Codex Sangallensis 646 gebraucht zwar neben den anderen genannten Varianten auch den Terminus „bodensee" (vgl. z.B. fol.12va, 36va, 211ra), an der angegebenen Stelle lautet der Text aber nachweislich „**c**ostentz by de(m) \| **B**odem see" (fol.1ra).

Nicht korrekte Anmerkungen in der Textausgabe der Konstanzer Chroniken führen in der Literatur teils ebenfalls zu Verwirrungen. Ein Ratsbucheintrag zur Eroberung der Stadt Tuttlingen[142] wird beispielsweise von Ruppert auf den 15. Juli 1377 datiert[143] und mit diesem Datum noch von Maurer in sein Standardwerk zur mittelalterlichen Konstanzer Geschichte aufgenommen[144]. Korrekterweise wird dieses Ereignis hingegen im Ratsbuch zum 12. Januar des genannten Jahres verzeichnet[145].

In der Untersuchung zum Verhältnis von Kaiser Friedrich III. und der Stadt Konstanz von Peter F. Kramml wiederum werden durch die Übernahme des Textes aus der Ausgabe von 1891

---

[139] Vgl. L. Beckmann, Konstanzer Bischöfe, S.140.
[140] Vgl. A. Borst, Bodensee, S.518f.
[141] Vgl. ebd., S.519, Anm.79 unter Bezugnahme auf P. Ruppert, Chroniken, S.5.
[142] Vgl. K. Ruser (Hg.), Urkunden, Bd.II,2, S.623.
[143] Vgl. P. Ruppert, Chroniken, S.88.
[144] Vgl. H. Maurer, Konstanz I, S.222.
[145] Darauf weist etwa T. Kreutzer, Tuttlingen, S.58 hin.

mehrfach wörtlich Passagen zitiert und Gebhart Dacher zugewiesen, die sich in keinem der Textzeugen unserer Chronik finden lassen[146]. Zu einem Missverständnis scheint es auch bei der Aufzählung der Tanzpartnerinnen von König Friedrich III. während seines Aufenthaltes in Konstanz
1442 zu kommen. Der Edition Rupperts folgend, nennt Kramml unter anderem „die Frau Fulachs,
die Ziggin (Tochter des Ulrich Lind) (...) und die Frau Walters von Münchwil"[147]. Die Hand-
schrift SG weist nun jedoch eine etwas andere Version auf: „Cûnrat fulachs wyb, die | zyppin,
v̊lrich linden tocht(er), | (...), walt | hers von Münchwil wyb" (fol.178ra). Mit der „zyppin" dürfte
somit nicht die Tochter von Ulrich Lind gemeint sein, sondern vielmehr die Witwe von Stoffel
Zipp, die in zweiter Ehe mit Konrad von Fulach verheiratet war. Lesefehler von Philipp Ruppert
führen in der Sekundärliteratur also verschiedentlich zu Fehlinterpretationen.

Rolf Sprandel weist aufgrund der unübersichtlichen Gestaltung der Ruppert'schen Ausgabe
in seinen Untersuchungen zur spätmittelalterlichen Chronistik ebenfalls eine Nachricht zur Konstanzer Geschichte dem Autor Gebhart Dacher zu, die in dessen Werk nicht verortet werden kann.
Der Guss einer Büchse mit sieben Zentnern Zug im Jahr 1465 ist zwar in der Handschrift des
Konstanzer Stadtarchivs A I 1[148] nicht aber bei „Gerhard Dacher, S.253"[149] dargestellt.

Selbst in einer der neuesten Arbeiten zum Bistum Konstanz hat sich durch die Verwendung
der Edition Rupperts ein fehlerhaftes Zitat eingeschlichen. Bei Erläuterungen zur bischöflichen
Doppelwahl des Jahres 1293 zieht Derschka angeblich die „Konstanzer Chronik" heran und
meint: „Indes floß bei Friedrichs Verzicht Geld (...), und der Chronist Dacher fragt sich noch im
15. Jahrhundert, 'ob das von bet oder von guots wegen beschach'"[150]. Tatsächlich lesen wir aber,
wie in der obigen Tabelle bereits dargestellt, auf fol.39ra in unserer Handschrift eine eindeutige
Aussage: „Vn(d) | kriegtend nit mer dan(n) ain | monat mit ain ander; **D**an(n) | der von <u>zolre</u> von
gebet vnd | gaben wegen dem vo(n) <u>c</u>lingen= | <u>b</u>erg gewichen vnd abgestan= | den gewesen ist".

Dass die germanistische Forschung trotz neuerer Veröffentlichungen zu diesen Texten bisher
weder den kurzen Auszug aus dem sogenannten „Elsässischen Trojabuch" noch den meiner Ansicht nach bedeutendsten Textzeugen zur Geschichte Vlads III. Țepeș, der die ausführlichste uns
bekannte Version dieser Erzählung enthält und damit dem Original wohl am nächsten steht (vgl.
Kapitel A.5.1.3 und B.3.2), berücksichtigt hat, dürfte ebenfalls allein auf die Edition Rupperts
zurückgehen. Die von der Hand des Rubrikators eingetragenen Zeilen aus dem Trojabuch auf
fol.100 werden in der Ausgabe selbst nämlich mit keinem Wort erwähnt. Auf das zweite Fragment, das immerhin annähernd wörtlich wiedergegeben wird[151], geht Ruppert, ohne die geschilderten Ereignisse irgendwie einzuordnen, lediglich in einem Satz ein. Er schreibt „die
Schauerberichte über den Drakol" neben den Berichten zu Geschehnissen in Meersburg 1457
sowie sonstigen Einträgen bis 1470 in der Einleitung Dacher selbst und nicht Stetter beziehungsweise seiner Fortsetzung zu[152]. Verständlicherweise wurden diese beiden über die Konstanzer
Ereignisgeschichte hinausgehenden Texte des Codex Sangallensis 646 von der Forschung dadurch übersehen.

---

[146] Vgl. v.a. die ausführlichen Textwiedergaben zu Marquart Brisacher, in: P.F. Kramml, Friedrich III., S.294 und
300f, die bei P. Ruppert, Chroniken, S.174 unter „Handschr. A. f. 119. Dacher" firmieren, in SG aber nirgendwo
stehen.
[147] P.F. Kramml, Friedrich III., S.81
[148] Vgl. StAK, A I 1, fol.73[v], Ergänzung amliRa bzw. F.J. Mone, Konstanzer Chronik, S.347.
[149] R. Sprandel, Handwerklich-technischer Aufschwung, S.259, Anm.10.
[150] H.R. Derschka, Ministerialen, S.395.
[151] Vgl. P. Ruppert, Chroniken, S.233ff, 240, 246ff.
[152] Vgl. ebd., S.XXV.

Dieses Kapitel dürfte gezeigt haben, dass die „Konstanzer Chronik" Gebhart Dachers der Forschung bisher lediglich in einer völlig unbefriedigenden und unvollständigen Edition zur Verfügung stand. Eine Neuedition ist angesichts der Fragestellungen, die jüngst an historiographische Werke herangetragen werden, also trotz der Existenz zahlreicher anderer Texte, die bisher noch in keiner Ausgabe erschienen sind, sinnvoll und bedarf keiner weiteren Rechtfertigung. Aufgrund der Unzuverlässigkeit der Edition Rupperts im Hinblick auf die „Konstanzer Chronik" Gebhart Dachers wird in dieser neuen Ausgabe auf die Erstellung einer Konkordanz verzichtet.

2.2.2 Forschungsbericht

Wie aus den beiden voranstehenden Kapiteln hervorgeht, hat sich die Forschung der Konstanzer Geschichtsschreibung und damit auch dem Dacher'schen Werk in den unterschiedlichsten Zusammenhängen zugewandt. Während der „Konstanzer Chronik" nur wenige spezifisch historiographiegeschichtliche Analysen gewidmet wurden, wertete man den Text mehrfach in ereignisgeschichtlichen Erörterungen aus.

Vor der eingehenderen Auseinandersetzung Philipp Rupperts mit unserem Text wurde die Forschung nur selten auf das Werk zur Konstanzer Geschichte aufmerksam. 1851 wird Gebhart Dacher etwa in einer Stadtgeschichte bei der Zusammenstellung der „Literaten und Künstler von Konstanz" kurz behandelt. Eiselein weist hierbei auf seine „Chronik der Bischöfe von Konstanz" hin[153]. 1862 wird der Codex Sangallensis 646 in einer Analyse zur sogenannten „Klingenberger Chronik" genannt. Scher[r]er vermerkt in diesem Aufsatz allerdings allein, dass die „Geschichte der Constanzerbischöfe bis 1473" weder formal noch inhaltlich Ähnlichkeiten mit dem Gegenstand seiner Untersuchung zeige[154]. Eine Handschriftenbeschreibung im Katalog der Stiftsbibliothek aus dem Jahr 1875 widmet sich dem Werk Dachers, das hier auch erstmals dem „Genre" der Wappensammlungen zugerechnet wird, etwas ausführlicher. Der Bearbeiter, dem noch keine weiteren Textzeugen bekannt sind, kommt in seinen Ausführungen am Ende zu einem Schluss, der der weiteren Beurteilung des Werkes in der Forschung eine entscheidende Richtung gegeben hat. Für Scherrer ist die „Konstanzer Chronik" nämlich „grossentheils blosse Compilation aus den ältern Konstanzer Chroniken (in Mone's Bad. Gesch. Qu.)"[155]. Zu einem ähnlichen Urteil, das jedoch teilweise durch einen Hinweis auf Twinger und die Verwechslung verschiedener Handschriften geradezu als falsch bezeichnet werden muss, gelangt auch Ottokar Lorenz. Während wir in seiner Quellenkunde zunächst lesen können, dass Dacher unter den späteren Geschichtsschreibern der Stadt einen „herausragenden Platz" behaupte, aber „von der alten Stadtchronik wiederholt und sehr mechanisch Gebrauch" mache[156], schreibt Lorenz zwei Seiten später: „Er [d.h. Dacher] bewies sein Interesse für die Geschichte seiner Vaterstadt auch dadurch, daß er die Chronik Jakobs von Königshofen durch Zusätze vermehrte, welche aus den älteren Constanzer Chroniken entlehnt und deren Notizen bis 1473 fortgeführt wurden (...) konnte der Irrthum entstehen, dass Dacher eine selbständige Chronik von Constanz (...) verfasst hätte"[157]. Mit Blick auf diese Einschätzungen der „Konstanzer Chronik" hält es dann beispielsweise ein Historiker, der 1888 die Überlieferung zur Schlacht bei Näfels zusammenstellt und die einzelnen Berichte

---

[153] J. Eiselein, Geschichte, S.262.
[154] Vgl. G. Scher[r]er, Zeitbuch, S.97f, Zitat S.97.
[155] G. Scherrer, Verzeichnis, S.212.
[156] Vgl. O. Lorenz, Deutschlands Geschichtsquellen, S.95.
[157] Ebd., S.97

ediert, für unnötig, sich mit unserer Handschrift zu beschäftigen: „Die Chronik von Gebhard Dacher (...) hat neben vorliegender K[onstanzer] Chr[onik] [d.h. dem „Chronicon Constantiense"] keinen selbständigen Wert (...) und kann deshalb von uns füglich weggelassen werden."[158]

Wie schon ausgeführt, ist in der Folge der Wert der Dacher'schen Chronik auch für Philipp Ruppert in seiner Edition nur gering; er zieht als Textbasis das Manuskript A I 1 sowie die sehr viel später entstandene Handschrift der Schwartzach'schen Chronik dem Codex Sangallensis 646 vor. An zwei Stellen seiner Einleitung bringt er diese Meinung dezidiert zum Ausdruck: a) „Wo er [Dacher] immer einer oder der anderen Stelle Stetters eine Erweiterung angedeihen ließ, ist sie wertlos und namentlich in dem Bericht über die Gründung und Vergrößerung der Städte Konstanz und Zürich wird dieselbe zu einem in das breiteste gehende Geschwätz"[159] und b) „Wie schon gesagt, ist Dachers Werk kein selbständiges, er ist Compilator. Die Stettersche Chronik hat er fast wörtlich abgeschrieben. (...) Erweitert hat er die Gründungsgeschichte der Stadt nicht sachlich, sondern nur räumlich, wie das auch an einigen anderen Stellen der Fall ist"[160]. Innerhalb des Editionstextes finden wir dann hier und da ebenfalls entsprechende Bemerkungen, die die Geringschätzung der Leistung unseres Chronisten verdeutlichen. Während der Editor des 19. Jahrhunderts im Zusammenhang mit dem Gründungsbericht zum Bistum beispielsweise lapidar meint: „Aus dieser Unmasse von Schlacken Goldkörner auszuscheiden, muß ich dem überlassen, der mehr Zeit und Lust dazu hat"[161], lautet eine auch sachlich fehlerhafte Anmerkung auf Seite 104: „Jetzt erst folgt in der S. Galler Handschrift Dachers die Schlacht von Sempach (...), hernach der Vorgang an der Brücke von Wesen, von einem Schwall überflüssiger Worte abgesehen, genau übereinstimmend mit Stetter"[162]. Bei der Frühgeschichte von Zürich, die er teilweise einfach unterschlägt (vgl. Kapitel A.2.2.1), spricht Ruppert wiederum von einer sehr weitschweifigen Erzählweise[163]. Immerhin kommt Ruppert das Verdienst zu, dass sich erstmals in der Forschung überhaupt jemand näher mit der Biographie Dachers und der Überlieferung der „Konstanzer Chronik" befasst.

Insgesamt dürften die vorherigen Zitate demonstriert haben, dass unser Chronist von der frühen Forschung durch die Bezeichnung „Kompilator" – ein Terminus, der noch heute häufig mit einer negativen Konnotation verbunden ist – abgewertet und damit gewissermaßen nicht zu den „wahren", das heißt entsprechend hoch zu schätzenden Historiographen des Spätmittelalters gezählt wurde. Entgegen des mittelalterlichen Verständnisses, das die Kompilation als seit dem 12. Jahrhundert zunehmend praktiziertes und reflektiertes Prinzip der Textherstellung betrachtete[164], legte man lange Zeit ein modernes, auf Originalität hin ausgerichtetes Autorbild zugrunde und verkannte die eigentliche Leistung Dachers.

Ein Wandel tritt dann mit Theodor Ludwig ein. In der Dissertation dieses Historikers, der sich eingehender mit der „Konstanzer Chronik" beschäftigte und unter anderem verschiedene Quellen eruierte[165], findet sich folgende Bemerkung: „Seine Konstanzer Chronik ist, (...) eine

---

[158] G. Heer, Zur 500jährigen Gedächtnisfeier, S.131.

[159] P. Ruppert, Chroniken, S.XI.

[160] Ebd., S.XXV. Ihm folgt übrigens bspw. W. Martens, Geschichte, der auf S.270f davon spricht, dass Dacher eine Chronik verfasst habe, „für die er wohl hauptsächlich die Arbeit Stetters als Grundlage benutzte" (S.271).

[161] P. Ruppert, Chroniken, S.14, Anm.1.

[162] Ebd., S.104, Anm.1.

[163] Vgl. ebd., S.50.

[164] Vgl. zu diesem Themenbereich mit weiterführender Literatur z.B. K.A. Vogel, Hartmann Schedel als Kompilator, S.74f; A.J. Minnis, Late-medieval discussions; G. Melville, Kompilation. Vgl. auch die exemplarische Analyse „Rezeption als Kompilation", in: J. Schneider, Heinrich Deichsler, S.83ff.

[165] Vgl. T. Ludwig, Konstanzer Geschichtsschreibung, S.24ff, 102ff sowie Kapitel A.2.1.2.

sehr umfängliche Leistung. Natürlich ist seine Thätigkeit in den ersten Partieen bis zum Ende des 14. Jahrhunderts eine wesentlich redaktionelle gewesen; er war (...) hier in der glücklichen Lage, einer inhaltlichen, geschlossenen Vorlage folgen zu können, mit welcher er jedoch sehr wahrscheinlich selbständig auch andere Überlieferungen verschmolz. Von hier an wird seine Arbeit unabhängiger und in den letzten Jahrzehnten zur zeitgenössischen Aufzeichnung. Dem ganzen aber hat er eine gleichmäßige Form gegeben, und so ein Recht darauf gewonnen, es im vollen Umfang sein Werk zu nennen. Besonders elegant ist es nicht ausgefallen (...) Auch die Darstellung ist oft gedehnter, als nötig, ohne dass wir darum Rupperts harten Ausdruck 'Geschwätz' (XI) adoptieren möchten; denn bei aller Ausführlichkeit ist sie doch von nichtssagenden Redensarten und leeren, doch um so wortreicheren Urteilen über Personen und Dinge frei"[166].

Als mit Ludwig weitgehend übereinstimmend sind die Ausführungen zu Dacher in dem „Handbuch der Quellenkunde" von Vildhaut zu bezeichnen[167]. Hier wird unter anderem betont, dass die „Konstanzer Chronik" „als geschichtliche Quelle (...) wertvoll" sei, da der Text viele Nachrichten enthalte, „welche sonst verloren wären, und auch manches dem Verfasser Eigentümliche bringt"[168]. Lediglich dem Namen nach erwähnt oder mit Blick auf die Richental-Handschriften kurz vorgestellt wird Gebhart Dacher in den späteren Quellenkunden[169]. Edi Joos, der nächste Wissenschaftler, der sich wieder mit der Historiographie von Konstanz beschäftigt, bietet in seiner schematischen Überblicksdarstellung 1968 ebenfalls nichts Neues zum Text Dachers[170].

Letztlich wurde, von den Worten Ludwigs abgesehen, die herausragende Bedeutung der „Konstanzer Chronik" als eigenständiges und vielschichtiges Werk, das Prinzipien folgt, die auf den Gestaltungswillen des „Autors" zurückgehen und sich nicht allein aus den Quellen erklären lassen, erst in den 1970er Jahren von Eugen Hillenbrand erkannt. In seinem bereits mehrfach zitierten Vortrag widmet er sich in einer längeren Passage dem Dacher'schen Text[171]. Hierbei führt er vor allem anhand von Interpretationen der Gründungsgeschichten zu Stadt und Bistum, die seiner Ansicht nach die konstitutiven Elemente der mittelalterlichen Geschichte von Konstanz – Reich, Bischof und Stadtgemeinde – auf sagenhafte Weise verbinden[172], vor Augen, dass der Chronist der zweiten Hälfte des 15. Jahrhunderts in seinem Text gewissermaßen ein fest umrissenes Geschichtsbild vermittelt. Nach Hillenbrand wird die Herrschaft von Bischof, Kaiser und Stadtrat als mehr oder weniger harmonische Einheit verstanden. Dies erkläre unter anderem die gemeinsame Behandlung der Bischofs- und Stadtgeschichte, durch die Dacher ein „Ordnungsprinzip" gewinne, „mit dem er seiner Stadtgeschichte Konturen geben kann, so daß sie nicht im üblichen Einerlei von Feuersbrünsten und Überschwemmungskatastrophen hängen bleiben muß"[173]. Insgesamt legen die Äußerungen des Freiburger Historikers nahe, dass der „Autor" der „Konstanzer Chronik" die Ereignisse durchaus bewusst auswählt und die Quellen hier und da, den eigenen Zielen folgend, umgestaltet. Darüber hinaus spricht er von Dachers „souveränem

---

[166] T. Ludwig, Konstanzer Geschichtsschreibung, S.36.
[167] Vgl. H. Vildhaut, Handbuch, S.79f.
[168] Ebd., S.80.
[169] Vgl. M. Jansen/L. Schmitz-Kallenberg, Historiographie, S.96; H. Maschek (Hg.), Deutsche Chroniken, S.14; K. Jacob, Quellenkunde, S.129.
[170] Vgl. E. Joos, Unruhen, S.54.
[171] Vgl. E. Hillenbrand, Geschichtsschreibung, hier S.10-13.
[172] So z.B. auch im VerfLex, 2. Aufl., Bd.2, Sp.31f.
[173] E. Hillenbrand, Geschichtsschreibung, S.13. Ähnlich auch ders., Geschichtsschreibung des Bistums, S.222, Anm.83.

Umgang mit der Zeit"[174] und weist auf den ständigen Bezug zur Gegenwart hin[175] (vgl. auch Kapitel A.4.3). Eugen Hillenbrand hat somit erstmals gezeigt, dass „die Einzelüberlieferung ernst zu nehmen"[176] ist und es sich lohnt, gerade der „Konstanzer Chronik", bei der es sich doch um „das umfassendste Werk der spätm[ittel]a[lter]l[ichen] Historiographie von Konstanz"[177] handelt, mehr Aufmerksamkeit zu schenken. Der Wertschätzung Hillenbrands schließt sich dann Helmut Maurer an, der unseren Historiographen in seiner umfangreichen Monographie zur mittelalter-lichen Stadtgeschichte im Kapitel zum Konstanzer Frühhumanismus[178] behandelt, in der „Chro-nik Gebhard Dachers einen Höhepunkt" „der bürgerlichen Geschichtsschreibung"[179] erreicht wissen möchte und erkennt, dass sich dieser Chronist „von seinen Mitbürgern durch ein Werk ab[hebt], das für das Selbstverständnis der Konstanzer Stadtbürger von Bedeutung sein sollte"[180].

Trotz dieser Würdigungen der „Konstanzer Chronik" durch Hillenbrand und Maurer be-schäftigte man sich in der Forschung – von wenigen kurzen Artikeln zur Biographie unseres „Verfassers" in Lexika oder zu den Manuskripten in Handschriftenkatalogen einmal abgesehen – wenn mit Gebhart Dacher, dann in der Regel allein mit seiner redaktionellen Tätigkeit im Zu-sammenhang mit der Konzilschronik des Ulrich von Richental. Die Kompilation zur Geschichte seiner Heimatstadt wurde ebenso wenig wie „seine" „Weltchronik" Gegenstand detaillierter Ana-lysen (vgl. Kapitel A.3.1.2 und A.4.1.3). Allein Rolf Sprandel bezieht die „Konstanzer Chronik" in seine Überlegungen zur mittelalterlichen Geschichtsschreibung mit ein, ordnet sie in seiner Übersicht zur Chronistik in Deutschland zwischen 1347 und 1517 der vierten Gruppierung – „Geschichtsschreiber der vorreformatorischen Zeit, die das Jahr 1517 noch nicht erlebten oder doch ihre Werke vorher abschlossen" – zu[181] oder wertet sie hier und da für historiographie-geschichtliche Einzeluntersuchungen aus[182].

Wie die meisten Geschichtswerke wurde die „Konstanzer Chronik" in Untersuchungen teils auch allein mit Blick auf die in ihr berichteten geschichtlichen Ereignisse analysiert. Um die Vergangenheit so weit als möglich zu rekonstruieren und sich damit gewissermaßen der „histo-rischen Wirklichkeit" anzunähern, wurden einzelne Informationen unseres Textes mit denen aus weiteren Quellen verglichen, auf ihren Wahrheitsgehalt hin überprüft, entsprechend interpretiert und/oder als Belege angeführt. Dies geschah meist im Zusammenhang mit der Erforschung der Geschichte des Konstanzer Bistums[183] oder der der Stadt und ihrer Einwohnerschaft selbst[184].

---

[174] E. Hillenbrand, Geschichtsschreibung, S.12.
[175] Vgl. ebd., S.12: „Die Einzelereignisse erhalten ihren Wert als Illustration der Gegenwart. (...) Es ist eine Art Rücknahme des Geschichtlichen in die ständige Gegenwart".
[176] Ebd., S.13.
[177] E. Hillenbrand, Artikel „Dacher, Gebhard", in: VerfLex, 2. Aufl., Bd.2, Sp.31f, hier Sp.32.
[178] Vgl. H. Maurer, Konstanz II, S.155-166, hier S.158f.
[179] ders., Konstanzer Stadtgeschichte, S.32.
[180] ders., Konstanz II, S.159. Der in diesem Satz zuvor verwendete Vorname Dachers „Konrad" ist wohl als Flüchtigkeits- oder Druckfehler zu interpretieren.
[181] Vgl. R. Sprandel, Der Überblick, S.28f.
[182] Vgl. ebd., S.18, 29; ders., Das Bild der Frau, S.246; ders., Handwerklich-technischer Aufschwung, S.259, 261f, 266; ders., Sakramentskult, S.302.
[183] Vgl. z.B. O. Feger, Bodenseeraum; U. Janson, Otto von Hachberg, z.B. S.241ff; E. Hillenbrand, Münsterweihe, S.90; G. Brummer, Meersburg; die drei genannten Dissertationen zu den Konstanzer Bischöfen v. U.-R. Weiss, D. Zimpel und L. Beckmann; M. Bauer, Münsterbezirk oder J. J. Tyler, Lord.
[184] Vgl. z.B. A. Maurer, Ulrich Imholz; E. Joos, Unruhen; G. Nagel, Kaufhaus, S.126ff; P.F. Kramml, Friedrich III.; H. Maurer, Konstanz I und II; P. Schuster, Der gelobte Frieden; B. Frenz, Ulrich Imholz.

Aufgrund der thematischen Vielfalt und des weitreichenden geographischen Berichtshorizonts wurde unser Werk aber auch bei der Erörterung anderer Fragestellungen herangezogen[185].

Hierbei wurden immer wieder und häufig fehlerhaft – seit Erscheinen der Edition Rupperts in der Regel dieser Textfassung folgend – größere und kleinere Auszüge aus der „Konstanzer Chronik" „wörtlich" wiedergegeben[186]. Ohne die Zitate aus dem Dacher'schen Werk vollständig aufzulisten oder ausführlich zu besprechen, sei im Folgenden kurz auf einige längere Textwiedergaben eingegangen: Erstmals bietet – abgesehen von dem Hinweis auf den Anfang und das Ende des Wiener Fragments in einem Handschriftenkatalog von 1840[187] – Franz Pfeiffer (vgl. auch Kapitel A.4.4) 1861 eine etwas längere Notiz aus der Handschrift W. In dem Nachtrag zu einem Aufsatz zu Sempacher Schlachtliedern von Ottokar Lorenz[188] führt er den Bericht zu diesem Kampf von 1386 (W, fol.16^r f, SG, fol.93^{va}ff; vgl. auch Kapitel B.3.1) an[189]. Er weist damit zum ersten Mal in der Literatur überhaupt auf diesen Codex hin, bringt ihn aber nicht mit den Handschriften SG oder Stgt in Verbindung. Fälschlicherweise geht der Autor noch davon aus, dass es sich möglicherweise um die älteste uns überlieferte Schlachtdarstellung von Sempach aus dem 14. Jahrhundert handelt[190]. Ein Vergleich dieses Auszuges mit dem in Kapitel B.3.1 präsentierten Text zeigt, dass insgesamt nicht von einer handschriftengetreuen Wiedergabe gesprochen werden kann. In vergleichbarem Zusammenhang wird dieser Text, nachdem Überlegungen zum Verhältnis zwischen W und dem „Chronicon Constantiense" angestellt wurden, einige Jahre später von Kleißner noch einmal und in diesem Fall synoptisch mit dem Mone'schen Text präsentiert[191]. Heer hingegen verzichtet, wie oben ausgeführt, bei seiner Quellenedition zur Schlacht bei Näfels auf den Bericht aus unserer Chronik[192]. Philipp Ruppert wiederum veröffentlicht vor dem Druck seiner Edition in einem kleinen Beitrag neben „Stetter" einige Zeilen zu Bischof Johannes Windlock aus „Tacher"[193]. Von einer genauen Textwiedergabe kann hier, wie später auch in der umfangreichen Edition, nicht die Rede sein[194]. Das jüngste ausführlichere Zitat aus dem Dacher'schen Werk findet sich in einer Monographie zur Wallfahrtskapelle auf Bernrain. Da der Codex Sangallensis 646 die zeitlich früheste Überlieferung der Sage vom Wunderkreuz und dem Bernrainer Kind enthält (vgl. SG, fol.62^{vb}f), die – so wird wiederum vermutet – aus der Stetter'schen Chronik entnommen sein könnte, widmet Nünlist diesem Text größere Aufmerksamkeit[195]. Entgegen der sonst meist üblichen Verfahrensweise zieht er für die Erstellung dieses Ausschnitts direkt die Handschrift SG heran. Seine Wiedergabe ist folglich zuverlässiger als der bei Ruppert gebotene Text, weist aber teils Normalisierungen (vgl. z.B. „usser" statt „vsser", „Stadelhoven" statt „Stadelhouen", „Bernrain" statt „bernrain" oder „abin"

---

[185] Vgl. z.B. H.G. Wirz, Sieg von Sempach, S.37; M. Schilling, Ereignis von Sempach; H. Pöschko, Turniere; J. Schneider, Städtekrieg (argumentiert aber nach Ruppert stets mit „Stetter"); E. Engel, „... und den alten rat", S.295ff.

[186] Vgl. neben den bereits in Kapitel A.2.2.1 erwähnten Stellen z.B. L. Beckmann, Konstanzer Bischöfe, S.102, 228; E.C. Lutz, Spiritualis fornicatio, S.317; A. Niederstätter, Ante Portas, S.115f; M. Bauer, Münsterbezirk, S.26, 58; P. Schuster, Der gelobte Frieden, S.36, 119; ders., Gericht, S.98, 268; B. Frenz, Ulrich Imholz, S.45ff.

[187] J. Chmel, Handschriften, Nr.CCXI, S.704.

[188] O. Lorenz, Sempacher Schlachtlieder.

[189] Vgl. F. Pfeiffer, Nachtrag.

[190] Vgl. zu den neueren Forschungen auf diesem Gebiet die Anm. zu SG, fol.93^{va}ff in Kapitel B.2.

[191] Vgl. O. Kleißner, Quellen zur Sempacher Schlacht, S.65f mit entsprechenden Ausführungen ebd., S.14ff.

[192] Vgl. G. Heer, Gedächtnisfeier, S.131.

[193] P. Ruppert, Ein wichtiges Aktenstück, S.136.

[194] Vgl. darüber hinaus die hier nicht weiter zu berücksichtigenden Nacherzählungen einzelner Passagen aus verschiedenen Chroniken (darunter mehrfach auch Dacher), in: Konstanz alte Stadt in alten Bildern, S.7ff.

[195] Vgl. G. Nünlist, Wallfahrtskapelle, S.11ff.

statt „ab jn") und kleinere Ungenauigkeiten (vgl. z.B. „geruwtend" statt „gerůwotend", „Here"
statt „her(r)e" oder „desto" statt „dester") auf.

Grundsätzlich dürfte dieses zweite Kapitel verdeutlicht haben, dass eine Neuedition der
„Konstanzer Chronik" als ein erster Schritt auf dem Weg zur weiteren Erforschung der Konstanzer Historiographie anzusehen ist. Einige der Fragen, die sich auch mit dem Dacher'schen Werk
verbinden und vor allem dessen Entstehung und Einordnung betreffen, können jedoch erst dann
mit letzter Sicherheit beantwortet werden, wenn der Wissenschaft weitere Texte zur Verfügung
gestellt werden.

3. GEBHART DACHER UND KONRAD ALBRECHT – ZWEI LEBENSLÄUFE

In diesem Kapitel stehen zwei Personen im Mittelpunkt, die an der Erstellung der „Konstanzer Chronik" in unterschiedlicher Art und Weise beteiligt sind. Da in der Haupthandschrift dieses historiographischen Werkes weder ein Titelblatt noch ein Vorwort, eine Widmung oder sonstige einleitende zeitgenössische Hinweise auf den respektive die Verfasser/Schreiber/Initiatoren existieren (vgl. Kapitel A.4.1.2), können diese nur unvollständig und indirekt etwa über text-interne Notizen oder Vergleiche mit anderen Handschriften ermittelt werden.

Sowohl Gebhart Dacher als auch Konrad Albrecht sind im Text jeweils in der ersten Person Singular ausdrücklich mit Namen genannt. Bei Gebhart Dacher geschieht dies innerhalb eines Ereignisberichtes auf der Folio-Seite 211ra. Er wird daraufhin im Rückschlussverfahren bereits von Ildefons von Arx (vgl. dazu Kapitel A.4.1.2) zum „Author hujus Chronici Constantiensis" (fol.1ra) erhoben. Obwohl wir keine sicheren Beweise dafür haben, dass der Text in der uns über-lieferten Komposition alleine auf Dacher zurückgeht[196], nimmt er, wie noch zu zeigen sein wird (vgl. v.a. Kapitel A.4.3), zweifellos entscheidenden Einfluss auf die Konzeption und Einrichtung des Codex Sangallensis 646. Es ist folglich eingeschränkt und immer unter dem Vorzeichen des sich von der Neuzeit abhebenden Selbstverständnisses der mittelalterlichen Verfasser[197] durchaus möglich, Dacher als „Chronisten" zu bezeichnen und von ihm als dem „Autor" und „Initiator" dieses Werkes zu sprechen[198]. Nachdem der Autorbegriff – und dies nicht erst seit den For-schungen der „Philologie nouvelle/New Philology"[199] – teils ins Wanken geraten ist und, wie man bereits an Philipp Ruppert sehen konnte, das Operieren der älteren Forschung mit dem neuzeitlichen Autorbild gerade auf dem Gebiet der mittelalterlichen Historiographie mit der ihr eigenen Kompilationsmethodik den Blick auf die historische Realität verstellt und Fehlurteile provoziert hat, wird der Terminus „Autor" jedoch stets unter Vorbehalt und mit Anführungs-zeichen versehen verwendet.

In Konrad Albrecht begegnet uns der Fortsetzer[200] der „Konstanzer Chronik". Wie er in einem Kolophon auf fol.223va selbst mitteilt, gehen einige Nachrichten am Ende auf seine eigene Hand zurück. Zusätzlich erweitert er den Chroniktext Dachers hin und wieder durch kleine Er-gänzungen.

---

[196] Ein kleines Autorenteam, wie es bei anderen Chroniken teils belegt ist (vgl. R. Sprandel, Der Überblick, S.16), liegt durchaus im Bereich des Möglichen.

[197] Vgl. dazu bspw. A.J. Minnis, Medieval theory of authorship.

[198] Vgl., um einige Beispiele für die zahlreichen neueren Arbeiten zum Thema Autorschaft im Mittelalter zu nennen, etwa B. Wachinger, Autorschaft und Überlieferung; E. Anderson u.a. (Hgg.), Autor und Autorschaft; C. Henkes/ H. Saller/T. Richter (Hgg.), Text und Autor.

[199] Vgl. zu den Positionen dieser Forschungsrichtung, die u.a. mit Konsequenzen für die Editionsmethodik das tra-ditionelle Autor-Werk-Modell in Frage stellt, B. Cerquiglini, Éloge de la variante; die Beiträge im Januar-Heft v. Speculum 65/1 (1990); K. Stackmann, Edition; ders., Neue Philologie?; die Beiträge in: M.-D. Gleßgen/F. Lebsanft (Hgg.), Alte und Neue Philologie; Zeitschrift für deutsche Philologie 116 (1997) Sonderheft und J. Stohlmann, Was bringt uns die Philologie nouvelle?; U. Schaefer, Von Schreibern.

[200] Vgl. allg. zum Themenkomplex der Fortschreibung v. Geschichtswerken durch Rezipienten J. Wolf, „Swaz dan gesche". Wolf konstatiert bei diesem „grundsätzlichen Phänomen (spät-)mittelalterlicher Geschichtsschreibung" auf S.286 eine „ungeheure gestalterische Vielfalt": „Mal geschah dies im Stil der Annalistik, mal nach Art eines Kata-logs oder einer Tabelle, mal wurde ein anderes aktuelleres Werk kombiniert oder kompiliert, mal sammelte man ein-fach eintreffende Nachrichten und trug sie in den Codex ein, mal berichtete man als Augenzeuge von selbst Erleb-tem."

Die ausführliche Darstellung der Lebensumstände mit Nennung der wichtigsten Eckdaten, die Bestimmung der gesellschaftlichen Position sowie die Erörterung sonstiger Werke dieser beiden Konstanzer sind vor allem für die Entstehungsgeschichte und die Einordnung der „Konstanzer Chronik" relevant. Nur vor diesem Hintergrund sind Aussagen zu Kommunikationszusammenhängen, beispielsweise zu möglichen Wegen der Informationsbeschaffung oder zum Adressatenkreis, aber auch zum Bildungshorizont des „Autors", zu dessen Intentionen et cetera zu treffen.

3.1 Gebhart Dacher

3.1.1 Biographie und gesellschaftliche Position

Über die Lebensumstände Gebhart Dachers[201] existieren nur spärliche Informationen. Folglich kann in einigen Bereichen nicht auf Spekulationen verzichtet werden; zahlreiche Fragen müssen ganz offen bleiben.

Die Forschung hat sich der Biographie des „Autors" der „Konstanzer Chronik" in unterschiedlichen Zusammenhängen gewidmet. Neben den genannten Handbüchern zur Quellenkunde[202], stehen für Informationen zu Leben und Werk einige meist recht kurze Artikel in biographischen Lexika[203] und anderen Nachschlagewerken[204] sowie die Hinweise in der Edition von Philipp Ruppert[205] und die Untersuchung von Eugen Hillenbrand[206] zur Verfügung. Darüber hinaus wird seine Tätigkeit respektive seine Person häufig im Zusammenhang mit der Konzilschronik Ulrichs von Richental erörtert[207]. Auch die stadtgeschichtliche Literatur sowie einige Monographien haben unserem Chronisten die eine oder andere Zeile gewidmet[208].

---

[201] Während in den meisten Konstanzer Quellen „Tacher" Verwendung findet, ist im Codex Sangallensis 646 sowie in einigen Hss. und den beiden frühen Drucken der Richental-Chronik v. „Geb= |ⁱⁱ hart dacher" (fol.211ʳᵃ) die Rede. Die Editorin folgt der Schreibweise der Leiths. der „Konstanzer Chronik" und spricht folglich stets v. Gebhart Dacher. Der bei R. Sprandel, Der Überblick, S.18, 29; ders., Bild der Frau, S.246; ders., Handwerklich-technischer Aufschwung, S.259, 261f, 266 angegebene Vorname Gerhard wird als falsch zurückgewiesen.

[202] Vgl. O. Lorenz, Geschichtsquellen, S.95ff; H. Vildhaut, Handbuch, S.79f; H. Maschke (Hg.), Deutsche Chroniken, S.14. Bei M. Jansen/L. Schmitz-Kallenberg, Historiographie, S.96 und K. Jacob, Quellenkunde, S.129 wird seine Chronik in einer Aufzählung lediglich erwähnt.

[203] ADB, Bd.4, S.688 und Bd.28, S.807; DBA, MF 217 und DBA, NF, MF 248; VerfLex, 1. Aufl., Bd.1, S.395-397 und 2. Aufl., Bd.2, S.31f; OBG, Bd.1, S.189f; Allgemeines Lexikon der Bildenden Künstler, Bd.8, S.250f; Deutsches Literatur-Lexikon, Bd.2, Sp.917f; E. Benezit, Dictionnaire des Peintres, Bd.3, S.314; Allgemeines Künstlerlexikon, Bd.23, S.341f; Historisches Lexikon der Schweiz, Bern (vgl. http://www.hls-dhs-dss.ch, abgerufen im September 2007).

[204] Vgl. A. Potthast, Bibliotheca, Bd.1, S.492; Repertorium fontium historiae medii aevi, Bd.4, S.98f. Vgl. auch A. Schulte, Zu den oberrheinischen Chronisten, S.671 und Katalog der datierten Handschriften, Bd.III, S.291 (im Folgenden zitiert als: B.M. v. Scarpatetti, Katalog).

[205] Vgl. P. Ruppert, Chroniken, S.IXff.

[206] Vgl. E. Hillenbrand, Geschichtsschreibung, S.8f.

[207] Vgl. z.B. W. Berger, Johannes Hus, S.215ff; L. Fischel, Bilderfolge, S.44; W. Matthiessen, Richentals Chronik, S.111f; T.M. Buck, Überlieferungslage, S.7; ders., Fiktion und Realität, S.83f; G. Wacker, Richentals Chronik, S.265f.

[208] Vgl. J. Eiselein, Geschichte, S.262; W. Martens, Geschichte, S.270f; H. Maurer, Konstanzer Stadtgeschichte, S.32; ders., Konstanz II, S.158f; G. Nünlist, Wallfahrtskapelle, S.11; P.F. Kramml, Friedrich III., S.311; L. Beckmann, Konstanzer Bischöfe, S.102, Anm.1. Vgl. auch die Quellenauszüge zur Person in: GLA Karlsruhe 65/299 (vgl. dazu Kapitel A.4.4).

Gebhart Dacher entstammt einer Familie, die der Konstanzer Zunftbürgerschaft[209] zuzurechnen ist. Sie tritt in den Quellen erstmals im zweiten Jahrzehnt des 15. Jahrhunderts in Erscheinung und dürfte folglich zu den Familien zu zählen sein, die im Zuge des allmählichen wirtschaftlichen Aufschwungs Ende des 14. beziehungsweise Anfang des 15. Jahrhunderts neu in der
Stadt ziehen[210]. 1414 nennt das Ratsbuch einen „Gebhard Dächler" als Zeugen in einer Streit-
sache[211]. In den 1420er Jahren erfahren wir von einem Familienmitglied namens Lienhart. Dieser
wird laut Ratsbuch bestraft, weil er zweimal die städtischen Satzungen gebrochen hat. Während
er 1425 wie zahlreiche andere Bürger, die in diesem Jahr für dieses Vergehen gemaßregelt werden[212], abends ohne Licht ausgeht[213], verkauft er 1428 die Gangfische anders als vom Rat
bestimmt[214]. Der dritte nachweisbare Angehörige dieser bürgerlichen Familie in Konstanz ist
Hans Dacher. Er begegnet uns mehrmals in den Ratslisten. 1436 rückt er für „Cůnrat Haintz",
dessen Name in der Liste gestrichen ist, in den Großen Rat der Stadt nach[215]. Als ganzjähriges
Mitglied dieses Gremiums ist er auch im folgenden Jahr belegbar[216]. 1438 und 1439 gehört Hans
sogar zu den zehn zünftischen Ratsmitgliedern, die zusammen mit zehn Angehörigen der „Geschlechter" den Kleinen Rat der Stadt bilden[217]. Im Jahr 1438 hat er, der wie auch Lienhart Mitglied der Fischerzunft ist, zusätzlich zusammen mit Cůnrat Schilling und Cůnrat Wurster das
Amt des Beschauers der Heringe und des Fischmarktes inne[218]. Die Ratsmitgliedschaft und auch
das letztgenannte Amt demonstrieren, dass Hans Dacher zu den herausragenden Persönlichkeiten
seiner Zunft gehört. Laut Ratsliste, in der der Eintrag „Hans Tacher" durchgestrichen ist und sich
davor die Bemerkung „tod. | Vᵉtz"[219] befindet, stirbt er 1439. Der an seine Stelle tretende Utz
Vischer, unter anderem Zunftmeister der Fischer und Angehöriger einer Familie dieses Berufs-
standes, die über ein überdurchschnittlich großes Vermögen verfügt[220], wird, wie eine Notiz im
Ratsbuch vom Anfang Juli 1439 zeigt, „d(er) Tach(er)inen zů | vogt geben"[221]. Der Hinweis
Rupperts, Utz würde als Vogt der „Tacherin und Gebhart des Tachers † kind"[222] eingesetzt, ist
hingegen als fehlerhaft zurückzuweisen. Tatsächlich wird für „tach(er)s sáligen kind", das im
Ratsbuch nicht namentlich genannt wird, „Gebhart visch(er) (...) zů | vôgt geben"[223]. Damit ist
das ältere und ehrwürdigere Mitglied der Familie Fischer Gebhart, ebenfalls Zunftmeister, für den
Nachkommen von Hans verantwortlich.

---

[209] Vgl. allg. zu dieser vom Patriziat abzugrenzenden sozialen Gruppierung P. Eitel, Stellung des Zunftbürgertums;
K.D. Bechtold, Zunftbürgerschaft. Hinzuweisen ist darüber hinaus auch auf die jedoch recht kurze Arbeit v.
F. Horsch, Konstanzer Zünfte.
[210] Insgesamt ziehen in den ersten zwanzig Jahren des 15. Jhs. (teils durch das Konzil bedingt) doppelt so viele
Neubürger in die Stadt wie im letzten Viertel des 14. Jhs. Nachweislich verzeichnet hierbei die Fischerzunft neben
der der Rebleute vor allem während der Zeit der Kirchenversammlung die höchste Zuwachsrate (vgl. K.D. Bechtold,
Zunftbürgerschaft, S.47).
[211] Vgl. P. Ruppert, Chroniken, S.IX.
[212] Vgl. z.B. StAK, B I 4, S.24, 30, 40.
[213] Vgl. ebd., S.54.
[214] Vgl. StAK, B I 5, S.35: „Graf fischer ist gebůtzt vmb v ß dn | Jt(em) Dacher ist gebůtzt vmb v ß dn vmb das / das
sý die gangkuisch and(er)s | geben hand denn das Ratzbůch wiset".
[215] Vgl. StAK, B I 6, S.297 sowie K. Beyerle, Ratslisten, S.139f.
[216] Vgl. StAK, B I 6, S.385 sowie K. Beyerle, Ratslisten, S.140.
[217] Vgl. StAK, B I 6, S.471 und 538 sowie K. Beyerle, Ratslisten, S.141f.
[218] Vgl. StAK, B I 6, S.476. Vgl. auch P. Ruppert, Chroniken, S.IX und E. Hillenbrand, Geschichtsschreibung, S.8
sowie zum Amt des Heringsbeschauers P. Ruppert, Konstanzer Kulturskizzen, S.62.
[219] StAK, B I 6, S.538 sowie K. Beyerle, Ratslisten, S.142.
[220] Vgl. K.D. Bechtold, Zunftbürgerschaft, S.56, 175.
[221] StAK, B I 6, S.559.
[222] P. Ruppert, Chroniken, S.IX.
[223] StAK, B I 6, S.559.

In den Steuerbüchern der Stadt[224] tauchen im entsprechenden Zeitraum ebenfalls verschiedene Personen auf, die Tacher oder ähnlich heißen. Da hier jedoch neben der jeweiligen Vermögens- und Steuersumme lediglich der teils recht kryptische Name des steuerpflichtigen Bürgers verzeichnet ist, ist die Zuordnung nicht immer eindeutig. Sehr wahrscheinlich handelt es sich aber bei den 1428 genannten Personen „Tacherin und Hensli Tacher", die ein liegendes Vermögen von 420 lb hl plus 12 1/2 des Hauses aufweisen, für das 4 ß und 2 hl an Steuer veranschlagt werden[225], um unseren Hans und dessen Frau. 1433 versteuert derselbe „Tacher" im Bezirk „Vom Fischmarkt heruff" 400 plus 12 ½ lb hl[226]. Sein Vermögen liegt damit über dem Durchschnittsvermögen der Stadt, das mit 260 lb hl anzugeben ist, sowie über dem der Angehörigen der Fischerzunft, das 273 lb hl beträgt[227]. Im Jahr 1440 – dies bestätigt den Tod von Hans Dacher im vorherigen Jahr – steuert die „Tacherin" (700 lb hl liegendes und 60 fahrendes Vermögen; „vom huß" 12 ½ lb hl; Steuer: 8 ½ ß für das Vermögen sowie 1 ß und 7 dn für das Haus) im Steuerbezirk „Hofbrunn" alleine[228]. Dem Steuerbuch zufolge wird dann im Jahr 1446 im Steuerbezirk „Rad Rad Rad" des „tach(er)s hus (...) v(er)kôft"[229]. Da die Tacherin in diesem Jahr nicht mehr steuert, kann angenommen werden, dass der Verkauf mit ihrem Tod in Verbindung zu bringen ist.

Nun stellt sich die Frage nach der Herkunft unseres Gebhart Dachers. Die bisherige Forschung bietet hierfür unterschiedliche Antworten an. Während Eiselein 1851 noch davon ausgeht, dass der Chronist zur Zeit des Konzils lebte[230], das heißt mit dem oben genannten Zeugen Gebhart identisch ist, wird er im „Oberbadischen Geschlechterbuch" als dessen Sohn bezeichnet[231]. Eugen Hillenbrand möchte im „Verfasserlexikon" in dem dort nicht namentlich genannten 1439 verstorbenen Ratsherren seinen Vater erkennen[232]. Vergleicht man diese Angabe mit der Ratsliste, muss angenommen werden, Hillenbrand identifiziere Gebhart Dachers Vater mit Hans Dacher[233]. Betrachtet man jedoch die neuesten biographischen Angaben aus der Feder dieses Freiburger Historikers, wird deutlich, dass dem nicht so ist. Im „Historischen Lexikon der Schweiz" wird nämlich vom Historiographen Gebhart als „Sohn des Gebhard, Mitglied des Konstanzer Kl[einen] Rats"[234] gesprochen. Da Gebhart Tacher der Ältere nicht als Ratsmitglied nachgewiesen werden kann, ist diese Aussage fehlerhaft. Hintergrund der verwirrenden Angaben dürfte der oben erwähnte, fehlerhaft zitierte Ratsbucheintrag nach dem Tod von Hans in der Edition Rupperts sein. Dessen Worte lassen je nach Akzentsetzung beide Interpretationen zu. Möglich ist einerseits „Gebhart" als Namen des Kindes und „des Tachers † kind" als Apposition zu verstehen. In diesem Falle wäre Hans, das 1439 verstorbene Ratsmitglied, der Vater. Andererseits könnte man annehmen, bei dem Kind, das bei einer solchen Deutung nicht namentlich genannt würde, handle es sich um einen Nachkommen des bereits länger verstorbenen „Gebhart".

---

[224] Die Steuerbücher der Stadt Konstanz, Teil I und Teil II. Vgl. dazu auch die Untersuchung v. B. Kirchgässner, Steuerwesen, hier v.a. S.62ff.

[225] Vgl. Steuerbücher, Teil I, 1428, 1152f, S.78.

[226] Vgl. Steuerbücher, Teil I, 1433, 1189, S.111.

[227] Vgl. K.D. Bechtold, Zunftbürgerschaft, S.55.

[228] Vgl. Steuerbücher, Teil I, 1440, 1104, S.142. Vgl. allg. zu den Steuerzahlungen v. Frauen in Konstanz B. Kirchgässner, Steuerwesen, S.96 und S.113ff.

[229] StAK, L 24. Laut P. Ruppert, Chroniken, S.IX handelt es sich um das Haus „zem Rosbom". Dieses taucht in der Steuerliste v. 1450 bei der Eintragung zu Hans Rotengatter auf (vgl. Steuerbücher, Teil I, 1450, 713a, S.166).

[230] Vgl. J. Eiselein, Geschichte, S.262.

[231] Vgl. OBG, Bd.1, S.189.

[232] Vgl. VerfLex, 2. Aufl., Bd.2, Sp.31; ähnlich auch ders., Geschichtsschreibung, S.8; W. Matthiessen, Richentals Chronik, S.111 und bereits P. Ruppert, Chroniken, S.XI.

[233] So z.B. auch Allgemeines Lexikon der Bildenden Künstler, Bd.8, S.250.

[234] Artikel „Dacher, Gebhard", in: Historisches Lexikon der Schweiz (vgl. http://www.hls-dhs-dss.ch, abgerufen im September 2007).

Hans würde dann neben seiner Frau den minderjährigen Sohn eines bereits vor ihm verstorbenen Verwandten (vermutlich sein Bruder) namens Gebhart[235] hinterlassen. Meiner Ansicht nach ist es grundsätzlich aber nahe liegend, in Hans „tach(er)s sâligen kind", das – hierin sind sich weitgehend alle Autoren einig – rein rechnerisch um beziehungsweise nach 1425 geboren sein muss, unseren Chronisten zu erkennen. Gebhart Dacher ist also mit an Sicherheit grenzender Wahrscheinlichkeit der Sohn von Hans, dem Ratsmitglied. Als Beleg für seine Geburt nach 1425 kann auch – vorausgesetzt, wir sehen in Gebhart Dacher den Autor der Notiz – eine Nachricht der „Konstanzer Chronik" selbst dienen. Wie schon Eugen Hillenbrand bemerkt[236], zählt sich der Chronist dort bei einer Nachricht, die sich auf den 4. Januar 1441 bezieht, zu den „gesellen", das heißt zu den jungen Burschen: „A(!)b(!)er jn dem jar an mitwoch(en) | vor sant Erhartz tag | stůnd(en) | by zwôlff gesellen nach | dem aue maria vor sant | Stephan zů costentz vn(d) | sahend | übersich gegen de(n) | hymel: do sahen wir ain | lang füri ding schiessen | über sant Stephans kirch- | en. Es was jn der lengin | ains wysbôms, vornan | grosz als ain hopt, le(n)gelocht | vnd vm(b) sich als ain arm | vnd bran alles vn(d) was | nit vil hôher dan(n) der wen- | delstain. was das wâre, | westen wir nit" (fol.174ra). Schwierig zu deuten ist hingegen die Erwähnung von „Gebhart Tachar" im Steuerbuch des Jahres 1450, da sich, ohne dass ein steuerpflichtiges Vermögen genannt ist, direkt hinter seinem Namen der Hinweis „Vogt Jos Kalt" befindet[237]. Der – vorausgesetzt ein Geburtsjahr um 1425 ist korrekt – circa 25-jährige (und damit seit vielen Jahren mündige[238]) Dacher steuert also nicht selbstständig, sondern, wie teils bei Witwen und Kindern üblich[239], durch einen Vormund, der übrigens ebenfalls der Fischerzunft angehört und als Vertreter derselben beispielsweise 1445 im Konstanzer Rat sitzt[240]. Wie wir wissen, beginnt in Konstanz die eigenständige Steuerpflicht „mit der Errichtung eines 'Sitzes', das heißt also dem Zeitpunkt, an welchem der Bürger Rechte und Pflichten antrat oder ein selbständiges Vermögen sein eigen nennt. Bei Ledigen war dies mit der Trennung vom elterlichen Vermögen gegeben, sonst mit der Bildung des eigenen Hausstandes."[241] Bei unserem Chronisten scheint zu diesem Zeitpunkt keine dieser Voraussetzungen erfüllt zu sein. Nachdem er direkt im Zusammenhang mit dem Haushalt von Jos Kalt nach „Nes, in Josen Kalten hus"[242] genannt wird, ist anzunehmen, dass er sich (möglicherweise als Handwerksgeselle) in dessen Hausgemeinschaft aufhält und so auch dessen hausherrlicher Gewalt untersteht.

Hingewiesen sei auf zwei weitere inzwischen widerlegte Forschungsmeinungen rund um die Person Gebhart Dacher. Zeitweise wurde angenommen, er heiße Eberhard mit Vornamen, habe als Rat oder Bediensteter des Kurfürsten Rudolf von Sachsen und Freund Ulrichs von Richental persönlich am Konstanzer Konzil teilgenommen und als Augenzeuge eine selbstständige „Historia magnatum in Concilio Constantiensi" verfasst[243]. Dieser Hypothese, die auf eine fehlerhafte

---

[235] Laut OBG, Bd.1, S.189 stirbt Gebhard 1438. Da hier jedoch bei Hans kein Todesjahr angegeben ist, handelt es sich vermutlich um eine Verwechslung mit diesem. Ähnlich verwirrend die Angaben bei P. Ruppert, Chroniken, S.IX und IX.

[236] Vgl. E. Hillenbrand, Geschichtsschreibung, S.8.

[237] Vgl. Steuerbücher, Teil I, 1450, 1215, S.176.

[238] Wenn der Mündigkeitstermin im Mittelalter auch stark schwankt und sich teils v. Stadt zu Stadt unterscheidet, tritt er in der Regel mit 12, 14 oder spätestens 18 Jahren ein (vgl. LexMA, Bd.1, Sp.470f; E. Isenmann, Stadt, S.293).

[239] Vgl. K. Kirchgässner, Steuerwesen, S.114f.

[240] Vgl. K. Beyerle, Ratslisten, S.146f; K.D. Bechtold, Zunftbürgerschaft, S.192.

[241] K. Kirchgässner, Steuerwesen, S.95.

[242] Steuerbücher, Teil I, 1450, 1214, S.176.

[243] Vgl. z.B. die Artikel zu „Dacher (Eberhard)", in: C.G. Jöcher, Allgemeines Gelehrtenlexikon, Bd.2, 1750 oder J.H. Stepf, Gallerie aller juristischen Autoren, Bd.2, 1821, veröffentlicht in: DBA, MF 217, sowie t.w. J. Eiselein, Geschichte, S.262, der aber den Fehler des Namens und die Abhängigkeit v. Richental bereits korrigiert. Noch in

Lesung und Interpretation der Wolfenbüttler Handschrift der Konzilschronik durch Hermann von der Hardt[244] zurückzuführen ist (vgl. Kapitel A.3.1.2), wurde jedoch bereits früh widersprochen[245], sodass hierauf nicht weiter einzugehen ist. Aus einer Fehlinterpretation einer Textstelle des Codex Sangallensis 646 ist auch die Vorstellung hervorgegangen, Gebhart Dacher stamme nicht aus Konstanz, sondern aus Dingelsdorf[246], einem kleinen Ort am Ufer des Überlinger Sees[247]. Auf fol.211ra wird im Zusammenhang mit einer Seegefrörne ein persönlicher Erlebnisbericht in der ersten Person Singular geboten. Der Text lautet: „Al(!)s man von der gepurt | cristi zalt tusend vier | hundert sechtzig vn(d) fünff | jare an sant agnesen tag | vnd aubend ward es vast | kalt vnd das der boden see | von dem aichorn bisz gen | Begikouen [?] überfror als sechs | vinger dick ÿnsz vnd das | man dar vff gieng. | Och von überlingen gen | dingelstorff vnd walhusen | man gieng vnd rait über | das ynsz. Vnd bin ich Geb= | hart dacher von dingel= | storff gen überlingen vff | dem yns vnd see gega(n)gen". Da sich die letztgenannten Ortsangaben unzweifelhaft auf den Verlauf der Eiswanderung, die ihren Anfang in Dingelsdorf nimmt und Überlingen zum Ziel hat, beziehen, ist die Annahme der älteren Forschung zum Herkunftsort Dingelsdorf heute nicht mehr haltbar.

Gebhart Dacher wird also nach 1425 als Mitglied einer Konstanzer Fischerfamilie geboren, verliert recht früh seinen Vater und wird daraufhin in die Obhut des Zunftmeisters der Fischerzunft Gebhart Vischer gegeben. Über Erziehung und Bildungsgang ist nichts weiter bekannt. Ein Universitätsbesuch ist nicht belegbar. Seine Tätigkeiten als „husherre" (s.u.) sowie seine historiographischen Arbeiten, die – wie in dieser Untersuchung noch gezeigt werden wird – von vielseitigen Interessen und einem durchaus breiten Horizont zeugen, und die an den Texten indirekt belegbare Annahme, er sei zumindest in bescheidenem Maße der lateinischen Sprache mächtig gewesen[248], würden neben dem Besuch der durchaus auch möglichen städtisch-deutschen Schreibschule den einer von der Kirche getragenen Lateinschule nahelegen[249]. Nachweislich besitzt er Kenntnisse auf verwaltungstechnischem Gebiet, schreibt Protokollbücher, ist für die Buchführung des Kaufhauses verantwortlich und möglicherweise auch mit dem städtischen Kanzleiwesen vertraut. Eindeutige urkundliche Nachweise finden sich neben dem Steuerbuch von 1450 im Jahr 1458. Im Konstanzer Ratsbuch sowie dem Strafbuch wird „Gebhart Tacher" zusammen mit 58 weiteren Personen (darunter Angehörige der Familien Muntprat, Blarer, Tettikoven

---

OBG, Bd.1, S.189 und diesem folgend bei P.F. Kramml, Friedrich III., S.311, Anm.297 wird davon gesprochen, er habe im Dienst Herzog Rudolfs v. Sachsen gestanden.

[244] Vgl. neuerdings zu dessen Quellenwerk Magnum Oecumenicum Constantiense Concilium, 6 Bde., 1696-1700, A. Frenken, Quellen des Konstanzer Konzils, mit weiteren Literaturangaben S.421-428. Vgl. auch J. Lenfant, Histoire du Concile de Constance. Tirée principalement d'Auteurs qui ont assisté au Concile. Tome 1/2, Amsterdam 1714, der nach G. Wacker, Richentals Chronik, S.40, Anm.190 demselben Irrtum unterliegt und Dacher sogar eine bessere Urteilsfähigkeit sowie ein methodischeres Vorgehen als Richental bescheinigt.

[245] Vgl. W. Berger, Johannes Hus, S.215ff.

[246] Vgl. z.B. A. Potthast, Bibliotheca, S.492; ADB, Bd.4, S.688 und Bd.28, S.807; Deutsches Literatur-Lexikon, Bd.2, Sp.917.

[247] Vgl. zu diesem Ort LBW, Bd.6, S.748f und Lkr. Konstanz, Bd.3, S.447ff.

[248] Vgl. im Zusammenhang mit der Quellenverarbeitung einige wenige lateinische Nachrichten in StAK, A I 1, die in SG in deutscher Sprache wiedergegeben werden sowie der kurze lateinische Hinweis auf fol.219|223vb in Stgt (vgl. auch Kapitel A.5.1.4).

[249] Anders als bspw. über Nürnberg, Ulm oder Bern liegen über das Schulwesen v. Konstanz bisher keine eingehenderen Untersuchungen vor. Es ist jedoch anzunehmen, dass es wie in anderen vom Handel geprägten Reichsstädten und freien Städten neben den kirchlichen auch städtische Schulen und Privatlehrer gab, die den Bedürfnissen der Kaufleute und der Gewerbetreibenden entgegenkamen (vgl. zu diesem Themenbereich z.B. B. Moeller/H. Patze/K. Stackmann (Hgg.), Studien zum städtischen Bildungswesen; H.-P. Bruchhäuser, Kaufmannsbildung; ders. (Hg.), Quellen und Dokumente zur Berufsbildung).

und Harzer) „von des | wegen Das sÿ die vastnacht verbutzet gang(en) | sind"[250], mit einer Strafe in Höhe von 1 lb dn belegt. Nachdem zur Aufrechterhaltung der städtischen Ordnung 1451 ein Verbot gegen das vermummte Umherziehen während der Fasnacht[251] erlassen wird, sind in den Quellen erste exemplarische Bußen bereits aus den Jahren 1452 und 1453 belegt. Da diese Disziplinierungsmaßnahmen, die die Furcht des Rates vor der Entstehung einer offenen Aufruhr belegen, aber offensichtlich nicht fruchten, greift die Stadt 1458 härter gegen das Verkleiden durch und bestraft mit den 59 Narren hauptsächlich Patrizier, führende Mitglieder der Zünfte und reiche Bürger[252]. Da es sich überwiegend nur „die führenden Kreise der Stadt leisten konnten, im Narrengewand durch die Stadt zu ziehen"[253], wird deutlich, dass sich der Beteiligte Gebhart Dacher bereits zu diesem Zeitpunkt von der breiten Masse der Konstanzer Bewohner abhebt, Kontakt zu Patriziern pflegt und einer sozial privilegierten Gruppe angehört. Auch der zweite Beleg des Jahres 1458 deutet in diese Richtung. Das Bürgerannahmebuch der Stadt Überlingen enthält nämlich eine Notiz zu „Gebhard Tacher von costentz". Unser Chronist wird unter bestimmten Bedingungen auf zehn Jahre in das Bürgerrecht dieser Stadt aufgenommen. Als Bürge tritt Johannes Vätterlin auf[254]. Nachweislich erwirbt Dacher in Überlingen Besitz, der auch Bestand hat, nachdem er die Stadt wieder verlassen hat[255]. Eine Erklärung für diesen Umzug und den Besitz in der benachbarten Stadt ergibt sich bei einem Blick auf die Herkunft seiner Ehefrau. Wie wir aus zwei Drucken der Richental-Chronik erfahren, die auf eine von Gebhart Dacher bearbeitete Vorlage zurückgehen (vgl. Kapitel A.3.1.2), ist „Ursula åchtpigin sein eelicher gemahel."[256] Dachers Frau Ursula åchtpigin/Aschbögkhin/Echbegg entstammt damit einer angesehenen und vermögenden Überlinger Patrizierfamilie[257], die sich, nach dem Ort Echbeck nahe Wintersulgen[258] benannt, 1326 erstmals in Überlingen nachweisen lässt. Die Tatsache, dass Dacher bereits im Januar 1461 wieder als Bürger in Konstanz ansässig ist, spricht dafür, dass der kurzzeitige Ortswechsel durch seine Heirat bedingt sein dürfte[259].

Wie uns das „andere Ratsbuch"[260], das teilweise auch als „Memorialbuch" Konrad Albrechts bezeichnet wird[261], in dem nächsten Dacher betreffenden Eintrag mitteilt, ist „vff mitwochen nach Sant hilarie(n) | tag anno d(o)m(ini) etc. lcj[262] (...) ain Raut zů Raut | worden gebharten tacher zů

---

[250] StAK, B I 8, S.207; Nennung v. „Gebhart Tacher" auf S.207½ (vgl. das Zitat auch z.B. bei: P. Ruppert, Chroniken, S.IX bzw. E. Hillenbrand, Geschichtsschreibung, S.8).
[251] Vgl. allg. z.B. H. Kühnel, Die städtische Fasnacht.
[252] Vgl. dazu H. Maurer, Konstanz II, S.184; P. Schuster, Gericht, S.106; C. Heiermann, Katz, S.184f.
[253] H. Maurer, Konstanz II, S.184.
[254] Vgl. Überlinger Einwohnerbuch 1444-1800, Bd.IV, 2.Teil, FN.588/Nr.1. Erstmals weist A. Schulte, Oberrheinische Chronisten, S.671 auf diesen Umstand hin.
[255] Vgl. das Konstanzer Steuerbuch zum Jahr 1462, das nach der Nennung seines Vermögens den Zusatz enthält: „was er zů vberling(en) het soll er | nit vrstüren, hiess der fogt" (StAK, L 40).
[256] RiDrS, fol.11ʳ; D₂, fol.8ʳf; D₃, fol.7ʳ, vgl. auch Abb.2. Das „Überlinger Geschlechterbuch" bestätigt übrigens das dort abgebildete Wappen der Familie „Aschbögkh" (vgl. WLB Stuttgart, HB V 58, fol.32ʳ).
[257] Vgl. OBG, Bd.1, S.275f; Überlinger Einwohnerbuch, Bd.II, FN.23,1. Nach P. Eitel, Die oberschwäbischen Reichsstädte, S.78f gehören die Echbegg zu den zehn Familien, die zwischen 1440 und 1570 mit 85 Bürgern (v. den Echbegg: 6) 83 Mal den Bürgermeister (v. den Echbegg: 15 Mal), 77 Mal den Ammann (v. den Echbegg: 1 Mal) und 470 Mal den Ratgeben (v. den Echbegg: 49 Mal) stellen (vgl. nähere Angaben zu den Personen der Familie mit Ämtern auch ebd., S.279). Während Wilhelm I. Echbegg 1444 in der Liste der reichsten Überlinger Bürger nach dem Steuerbuch an der 17. Stelle liegt, findet man Wilhelm II. 1480 dann an 12. Stelle (vgl. ebd., S.312, 314).
[258] Vgl. dazu LBW, Bd.7, S.602.
[259] So auch E. Hillenbrand, Geschichtsschreibung, S.8.
[260] Vgl. dazu auch T. Amann, Städtischer Alltag, S.11ff.
[261] So z.B. bei J. Marmor, Ulrich von Richental, S.139.
[262] D.h. am 14. Jan. 1461 und nicht, wie bei P. Ruppert, Chroniken, S.IX behauptet, am 20. Jan.

ainem | hußherren zů nemen"[263]. Der Chronist übernimmt folglich zu Beginn des Jahres das städtische Amt des Hausherren[264] im Konstanzer Kaufhaus. Während es zunächst üblich war, diese städtischen Beamten jährlich auszutauschen, versehen die „husherren" nach 1420 ihr Amt meist über einen längeren Zeitraum hinweg[265]. Mit Blick auf die Bedeutung persönlicher Beziehungen, zum Beispiel zu auswärtigen Kaufleuten, im Bereich des Handels bemüht sich der Rat folglich besonders um Kontinuität in der Kaufhausleitung. Dachers Vorgänger Georg Sunchinger etwa hat diese Funktion des Aufsehers und Zolleinnehmers von 1432 bis 1460 inne. Auch Gebhart Dacher lässt sich bis zu seinem Tod in diesem Amt nachweisen[266]. Im Zuge der Übernahme dieses Dienstamtes erfolgt auch die Rückkehr in das Konstanzer Bürgerrecht. Laut Ratsbuch ist unserer Chronist dann auch „burger worden git | ain guldin jn acht tagen factu(m) Quarta | an Conuersio pauli"[267].

Welche Funktionen hat der „husherr" oder „gredmaister" nun zu erfüllen, welche Stellung verbindet sich mit diesem Amt? Entgegen des in anderen Städten üblichen Gebrauchs versteht man in Konstanz unter den „Hausherren" nicht die Mitglieder des Ratsausschusses, denen die Oberaufsicht über das Kaufhaus obliegt; der „husherre" ist vielmehr der „Aufseher und Verwalter des alltäglichen, praktischen Kaufhaus-Betriebs", der an anderen Orten den Titel „Kaufhaus-meister oder Waagmeister" trägt[268]. Wie Kimmig ausführt, fallen ihm damit zahlreiche, recht umfangreiche und sehr verantwortungsvolle Aufgaben zu[269]: Seine Hauptaufgabe besteht im Einzug sämtlicher Zollforderungen, die in Konstanz erhoben werden. Auch über den Zoll hinaus-gehende Einnahmen, wie zum Beispiel das Hausgeld, Waag- und Lagergebühren oder Strafge-fälle, sind an ihn zu entrichten[270]. Gleichzeitig ist er für die Zollkontrolle, die die Abgaben-erhebung sicherzustellen hat, verantwortlich. So ist es beispielsweise keinem Schiff erlaubt, den Hafen zu verlassen, bevor nicht der Hausherr die Ladung hinsichtlich der Abgaben geprüft hat[271]. Auch jegliche Warenbewegung in den Gaden, das heißt in den kleinen Bretterverschlägen, die für Waren importierende Gäste als Geschäftslokal und verschließbare Lager dienen, ist nur unter seiner Aufsicht möglich[272]. Im Zusammenhang mit der Abgaben- und Zollkontrolle sei darauf verwiesen, dass der „husherre", und damit über einen Zeitraum von zehn Jahren hinweg eben auch Gebhart Dacher, das sogenannte „Kaufhausbuch" zu führen hat. In diesem in Konstanz

---

[263] StAK, B I 10, S.154 (vgl. auch GLA Karlsruhe 65/299, fol.II).

[264] Vgl. zu den folgenden Ausführungen v.a. Das Konstanzer Kaufhaus, S.13ff (im Folgenden zitiert als H. Kimmig, Kaufhaus) sowie P. Meisel, Verfassung, S.52ff.

[265] Vgl. dazu z.B. die Ämterliste zum Kaufhaus bis 1548, in: StAK, Findbuch zu D II und D III, gefertigt 2000, S.IXff.

[266] Vgl. dazu auch die Nennung des „Huszher Jm kouffhus" in den Ämterlisten der Ratsbücher: StAK, B I 11, S.110, 155, 191, 229, 264, 299, 338 und B I 12, S.46, 89, 148.

[267] StAK, B I 11, S.131 und beinahe identisch auch in: StAK, B I 10, S.156. Der Annahme v. G. Wacker, Richentals Chronik, S.265, Dacher habe sein Konstanzer Bürgerrecht „offenbar nicht aufgegeben, da er seit 1461 als Aufseher im Konstanzer Kaufhaus amtete", ist folglich zu widersprechen.

[268] Vgl. G. Nagel, Kaufhaus, S.137.

[269] Vgl. zum Folgenden H. Kimmig, Kaufhaus, S.14ff, der Dacher in seinen Ausführungen zum Hausherren übrigens mit keinem Wort erwähnt, und G. Nagel, Kaufhaus, S.137.

[270] Vgl. „Des hußherren und underknechtz im kouffhus aid", § 2: „Husherr, ir sond ouch schweren, das huss- und zollgelt selbs inzunemen und niemant anders; und was ir empfachint und innemint, das furderlich in den stock zu legen" (zitiert nach: O. Feger (Hg.), Das Rote Buch, Nr.48, S.125f, hier S.125). Das Geld hat er dann an den Säckel-meister zu übergeben.

[271] Vgl. „Des hußherren und underknechtz im kouffhus aid", § 5: „Ir sond ouch schweren, in die schiff zu gon und ze besechen, ob icht darinn zu verzollen sey" (zitiert nach: ebd., S.126).

[272] Vgl. „Des hußherren und underknechtz im kouffhus aid", § 8: „Ir sond ouch niemant nicht in die gedmer lasen tun, weder ballen noch anders, ir habint dann davor den zoll davon angeschriben; und niemand nicht usser den gedmer nemen laussen, ir seyen dann doby und sechent, was darauss genommen werd" (zitiert nach: ebd., S.126).

leider nicht überlieferten Buch wird jede in der Stadt ankommende Ware mit Angaben zu Warengattung, Ankunftszeit und Eigentümer sowie Überbringer verzeichnet. Gleichzeitig wird jeder Warenumsatz, jedes im Kaufhaus getätigte Geschäft notiert. Es ist anzunehmen, dass gerade die Erstellung dieses Protokollbuches respektive die durch die zahlreichen Ein- und Ausgaben notwendige Buchführung sowie der sonstige Schriftverkehr[273] und damit das Schreiben als solches das wesentliche Tagesgeschäft des Hausherrn ausmacht[274]. Gleichzeitig ist der Hausherr Exponent gewerbe- und ordnungspolizeilicher Funktionen. Er kontrolliert etwa die Arbeit der Leinwandschauer oder sorgt dafür, dass die abgehenden Schiffe nicht überladen sind. Des Weiteren hat er etwa a) die Instandhaltung des Hauses und seiner Einrichtungen zu überwachen, b) das Kaufhaus persönlich im Sommer um 5 Uhr und im Winter um 7 Uhr aufzuschließen, c) die Vermietung sowie den Handel in den Gaden zu verwalten, d) die Feuerstellen im Kaufhaus zu kontrollieren, e) die Aufsicht über alle übrigen Beamten und Hilfskräfte im Kaufhaus[275] zu leisten und schließlich auch f) Bürger sowie Gäste mit der Kaufhausordnung vertraut zu machen beziehungsweise deren Einhaltung und Durchsetzung zu gewährleisten. Zur Bewältigung dieser umfangreichen Aufgaben steht ihm übrigens, anders als etwa in Ulm oder Straßburg, ein „underknecht" – es handelt sich während der gesamten Amtszeit Dachers um „Jörg wintterstetter"[276] – zur Verfügung, der „dem obern hußherren in den sachen, so dem kouffhuss zugehörn und nutz sind, gehorsam (...) getruwlich und ungfarlich"[277] zu sein hat. Der Hausherr ist grundsätzlich selbstständig und allein dem Rat verantwortlich. Er gilt als gesetzlicher Vertreter des Kaufhauses, nimmt entsprechend die Interessen dieser Institution vor Gericht wahr und vertritt sie im allgemeinen Geschäftsverkehr[278]. In Paragraph 1 des Eides, den er und sein „underknecht" mit Amtsantritt jährlich aufs Neue vor dem Rat abzulegen haben, wird die Maxime des Handelns dieser beiden Beamten folgendermaßen formuliert: „Ir werdet schweren, in dem kouffhus das best zu tund, der stat nutz zu furderen und iren schaden zu wenden nach uwerm vermogen. Und ob ir in dhainen stucken vernâmint, da uch beduchte, das dem koffhuss nutzlich oder schadlich wâr, das ir des ainen burgermaister und râtten erindrint"[279]. Der Hausherr erhält – dies ist prinzipiell recht selten und nur bei höheren städtischen Beamten üblich[280] – für seine Arbeit ein festes Gehalt, das

---

[273] Vgl. z.B. die für die Ausfuhr nötigen Papiere, die, wie die Zollordnung v. 1466 belegt, v. der Hand des „husherren" zu stammen haben: „Und was dem husherren angeben wirdet, so man verzollen soll, oder was im verzollet, so über die Rinbrugg gaut, darumb solle der husherr dem knecht ain zedel schiben; und wenn das beschicht, so sollen dann die knecht das gut lasen faren und sunst nit, sy haben dann ain war zaichen von dem husherren" (H. Kimmig, Kaufhaus, II, Nr.45, S.63).

[274] Von den 398 Büchern und Faszikel, die als Behördengut der ehemaligen Kaufhausverwaltung im StAK aufbewahrt werden, gehören nur wenige Stücke der Zeit vor 1548 an (vgl. dazu das Findbuch zu D II und D III, gefertigt 2000). Hierbei handelt es sich u.a. um zwei Bücher über Zollsätze und Zolleinnahmen aus der zweiten Hälfte des 15. Jhs. und vier Einschreibebücher aus den Jahren 1464, 1466 bzw. dem letzten Drittel des 15. Jhs. (vgl. StAK, D III 2, D III 3, 3a und 3b) (vgl. auch H. Kimmig, Kaufhaus, I, S.7f). Spuren der Hand Dachers finden sich in diesen Dokumenten nicht.

[275] Wie bspw. das Ratsbuch des Jahres 1457 belegt, handelt es sich um eine Vielzahl unterschiedlichster Ämter. Erwähnt werden etwa „2 win underkôfer (...) 1 saltzmaister, 4 beseher zû der statt büwen (...) 2 linwat schöwer, 1 linwat messer (...)" etc. (H. Kimmig, Kaufhaus, II, Nr.37, S.61).

[276] Vgl. StAK, B I 11, S.110, 155, 191, 229, 264, 299, 338 und B I 12, S.46, 89, 149.

[277] „Des hußherren und underknechtz im kouffhus aid", § 10, zitiert nach: O. Feger (Hg.), Das Rote Buch, Nr.48, S.125f, hier S.126.

[278] Vgl. H. Kimmig, Kaufhaus, S.13f.

[279] „Des hußherren und underknechtz im kouffhus aid", § 1, zitiert nach: O. Feger (Hg.), Das Rote Buch, Nr.48, S.125f, hier S.125.

[280] Vgl. E. Isenmann, Stadt, S.154 bzw. P. Meisel, Verfassung, S.52f.

sich von 15 lb dn bei der Bestellung des ersten „husherren" auf 150 lb dn im Jahr 1651 steigert. Zusätzlich hat man mit Nebeneinnahmen zu rechnen[281].

Rekapitulierend sei gesagt, dass der „husherr im koufhus" grundsätzlich „für die Bürgerschaft und das gesamte Kaufhauspublikum der Fachmann und Berater in Handelssachen"[282] ist und aufgrund seiner umfassenden Sach- und Warenkenntnis gewissermaßen als „städtischer Wirtschaftsexperte" bezeichnet werden könnte. Er begegnet während seiner Tätigkeit zahlreichen Menschen, steht in ständigem Kontakt mit auswärtigen Kaufleuten und weiten Kreisen der Konstanzer Einwohnerschaft, trifft sowohl einflussreiche Mitglieder der Gesellschaft „zur Katz"[283] und die führenden Vertreter der Zünfte als auch kleine Handwerker oder beispielsweise am Hafen arbeitende Hilfskräfte. Es ist anzunehmen, dass diese zahlreichen alltäglichen Begegnungen mit Fremden, einfachen Einwohnern sowie mit Personen, die über die städtischen Angelegenheiten gut informiert sind, einen nicht zu unterschätzenden Einfluss auf seinen Wissenshorizont, seine Informationen über große politische Ereignisse und stadtinterne Zwischenfälle haben. Dacher ist sicherlich zu den wenigen Personen in Konstanz zu zählen, die früh von Neuigkeiten aus der Stadt, aber auch dem nahen und ferneren Umland hören. Er dürfte damit ebenso über Ratsinterna wie über Warenpreise, über Schiffsunglücke und Überfälle auf Kaufleute wie über Kriegszüge oder spektakuläre Naturereignisse informiert sein. Da der reibungslose Ablauf des Kaufhausbetriebes für die städtische Wirtschaft von entscheidender Bedeutung ist und auf dem Hausherren eine große Verantwortung lastet, ist dessen Amt, das in der Hierarchie der städtischen Bediensteten im obersten Bereich anzusiedeln ist[284], prinzipiell mit einem hohen Prestige verbunden. Bedenkt man die schwierige politische und wirtschaftliche Lage, in der sich Konstanz seit der Eroberung des Thurgaus durch die Eidgenossen gerade in den 1460er Jahren befindet[285], wird die bedeutende Stellung Gebhart Dachers auf dem Wirtschaftssektor und daraus resultierend auch im allgemeinen gesellschaftlichen Leben seiner Heimatstadt deutlich.

Im Steuerbuch der nächsten Jahre[286] wird das liegende Vermögen von Gebhart Dacher in Konstanz mit 1700 lb hl[287] und das fahrende mit 1000 lb hl angeben[288]. Ohne dass in dieser Edition Probleme, die die Sozialstruktur der spätmittelalterlichen Stadt im Allgemeinen[289] oder die von Konstanz im Speziellen[290] mit sich bringt, weiter erörtert werden können, sei darauf hingewiesen, dass der Chronist mit Blick auf die Höhe seines Vermögens bei einem Dreischichten-Modell der Mittelschicht zugewiesen werden kann[291]. Ein Vergleich seines Vermögens mit dem

---

[281] Vgl. H. Kimmig, Kaufhaus, S.13f.

[282] H. Kimmig, Kaufhaus, S.17.

[283] Vgl. C. Heiermann, Katz sowie die Bemerkungen in Kapitel B.2.

[284] P. Meisel, Verfassung, S.52 untergliedert die hauptamtlich Bediensteten der Stadt in drei Gruppen. Gruppe 1 bilden „Bedienstete mit leitender Funktion, wie Stadtschreiber und die Hausherren im Kaufhaus", Gruppe 2 sind „Bedienstete gehobener Funktion", wie z.B. Gerichtsschreiber oder Spitalmeister, während in Gruppe 3 die „Bediensteten mit rein untergeordneter Funktion" zusammengefasst werden.

[285] Vgl. H. Maurer, Konstanz II, S.108ff und Kapitel A.4.3.

[286] Über den genauen Wohnort, d.h. die Straße oder das Haus Dachers, sind wir nicht weiter informiert. In den Steuerbüchern wird er gleich zu Beginn, im ersten nicht namentlich genannten Bezirk neben Mitgliedern der Familie Am Feld, „Werlin ellend", „Jacob siener" oder „Hainrich echinger" verzeichnet (vgl. StAK, L 39).

[287] Laut P. Ruppert, Chroniken, S.IX handelt es sich um Pfund Pfenning. Da die Steuerbücher die Vermögensangaben aber stets in Pfund Heller machen, ist diese Angabe zu korrigieren.

[288] Vgl. StAK, L 39 und L 40.

[289] Vgl. einführend z.B. E. Isenmann, Stadt, S.245ff; zur Forschungsgeschichte M. Borgolte, Sozialgeschichte des Mittelalters, S.249-277 und mit Blick auf neue Forschungsansätze O.G. Oexle, Soziale Gruppen.

[290] Vgl. neben den Untersuchungen v. B. Kirchgässner, Steuerwesen und K.D. Bechtold, Zunftbürgerschaft die Hinweise bei P.F. Kramml, Komponenten.

[291] Um sich ein Bild des Vermögens der Oberschicht zu machen, sei auf die Vermögensverhältnisse der Mitglieder der Patriziergesellschaft „zur Katz" hingewiesen (vgl. K.D. Bechtold, Zunftbürgerschaft, S.28ff). Vgl. allg. zur

der anderen Mitglieder seiner Zunft[292] belegt aber, dass er sich mit deutlichem Abstand vom Gros der Fischer abhebt. Gleichzeitig ist darauf hinzuweisen, dass es – berücksichtigt man die in der Steuerliste genannten Summen seines Vaters Hans – Gebhart Dacher (möglicherweise vor allem aufgrund seiner „geschickten Heiratspolitik") innerhalb kürzester Zeit gelungen ist, das Familienkapital um ein Vielfaches zu steigern.

Aus uns unbekannten Gründen gewährt der Rat Dacher 1464 ein besonders Privileg: Er wird lebenslänglich von der Steuerzahlung befreit[293]. Die von der Forschung bereits geäußerte Vermutung, dieser Umstand sei auf seine historiographische Tätigkeit und hier vor allem auf die „Erneuerung" der Konzilschronik Ulrichs von Richental (vgl. dazu das folgende Kapitel) zurückzuführen[294], ist mittels der uns überlieferten Quellen nicht zu belegen. Berücksichtigt man einerseits den recht kleinen Personenkreis, dem etwa aufgrund seiner Berufszugehörigkeit oder seiner Leistungen in Konstanz die Steuern erlassen wurden[295], spricht aber für diese Annahme. So werden neben Wächtern, Hebammen oder einigen Ärzten und Apothekern auch „Spezialisten, deren Kenntnisse man sich sichern wollte" und „besonders anerkannte Künstler"[296] durch eine Steuerbefreiung privilegiert. Andererseits handelt es sich doch um einen recht außergewöhnlichen Vorgang, insofern in der Regel Künstlern dieses Vorrecht nur dann eingeräumt wird, „wenn sie im städtischen Auftrag oder im Auftrag für das Domkapitel arbeiteten (Privat-Aufträge für den Bischof z.B. zogen diesen Vorteil nicht nach sich)"[297].

Der Verlauf sowie die Hintergründe eines Prozesses, in dem Gebhart Dacher 1464 als Gegner Konrads von Homburg erscheint[298], sind vom heutigen Standpunkt aus ebenfalls nicht weiter zu erhellen. Wie hier interveniert der Konstanzer Rat 1466 erneut in einer weiteren Auseinandersetzung zwischen Dacher und einem Adligen der näheren Umgebung. Überliefert ist ein Schreiben vom 26. März an den Überlinger Rat. Der Text lautet unter anderem: „vns(er) burg(er) Gebhart dach(er) vor üwerm stätger(icht) gegen hansen | von Hôwdorfs sâlig(en) kinden in recht gestand(en) ist vnd | ain sprüch zwuschent baid(en) p(ar)thÿen geben (...) mit de(m) | der but(en) vnser burg(er) (...) beschwert sin vnd | sich deßhalb von soliche(m) spruch für vns(er) sunder gût | frund Burgermaister vnd Râte zů friburg jm brisgow | berûfft vnd den dahin nach Innhalt vnd statt frÿ | hait ob er anders das als uns(er) burger Erenhalb tun mag | zogen haut."[299]

Der Chronist ist des Weiteren – auch dies ein Beweis für sein hohes Ansehen in Konstanz – als Teilnehmer einer städtischen Gesandtschaft am kaiserlichen Hof nachweisbar. Er bildet höchstwahrscheinlich zusammen mit Christoph und Ulrich Zipp, Konrad und Jakob Verg, Matthäus Küchlin und Konrad Albrecht die Delegation, die im Februar 1466 in Wien wegen der Rechte des Thurgauischen Landgerichts am Hofe aktiv wird und ein kaiserliches Schreiben, datiert auf den 28. Februar, erwirkt[300]. Bei dieser Gelegenheit wird ihm und seinen ehelichen Nach-

---

städtischen Mittelschicht auch die immer noch richtungweisenden Aufsätze in: E. Maschke/J. Sydow (Hgg.), Mittelschichten.
[292] Vgl. dazu K.D. Bechtold, Zunftbürgerschaft, S.55f.
[293] Nach P. Ruppert, Chroniken, S.X lautet der Ratsbucheintrag v. 1464: „ain rat hats im erlassen".
[294] Vgl. P. Ruppert, Chroniken, S.XI; H. Vildhaut, Handbuch, S.79; VerfLex, 1. Aufl., Sp.397.
[295] Vgl. B. Kirchgässner, Steuerwesen, S.119ff.
[296] Ebd., S.121. Vgl. allg. zu den uns bekannten Künstlern (Maler, Bildhauer, Glasmaler, Goldschmiede, Glockengießer, Gobelinweber etc.; nicht berücksichtigt sind jedoch Historiographen oder andere Literaten) der Zeit in Konstanz H. Rott, Quellen und Forschungen, Bd. I.
[297] B. Konrad, Buchmalerei in Konstanz, S.128.
[298] Vgl. P. Ruppert, Chroniken, S.X mit Blick auf das Missivbuch, StAK, B II/5, fol.88v bzw. S.126.
[299] Vgl. StAK, B II/6, fol.26r bzw. S.50.
[300] Vgl. dazu P.F. Kramml, Friedrich III., S.169f.

kommen am 26. Februar 1466[301] neuerlich (!) ein Wappen verliehen[302]. Laut Urkunde hat man sich dieses wie folgt vorzustellen: „(....) Mit namen ein plawen schilde darinne nach der lennge ab zwen weisz visch genant schreczen yeder mit einem goltfarben ringe vmb die flossen, der ein peissent den andern an den pauhe vnd auf dem schilde einen helme getziret mit einer blawen vnd weissen helmdekchen darauf ein zwifach aufgetan flügel auch mit zwayen weissen schretzen geschiket als in dem schilde (...)"[303]. Die uns in den Chroniken überlieferten Abbildungen bestätigen sowohl die Figur als auch die Tinktur dieses Familienwappens (vgl. Abb.1 und 2). Interessanterweise spricht der Hinweis auf die neuerliche Verleihung, die damit einer Wappenbe-stätigung gleichkommt, dafür, dass die Familie Dacher bereits zuvor wappenfähig war und sich dadurch von vielen anderen Familien der Zunftbürgerschaft abhob[304]. Als Beweis hierfür kann die Richental-Handschrift Pr (vgl. Kapitel A.3.1.2) angeführt werden. Unterhalb eines Besitzer-vermerks, der auf das Jahr 1464 (!) datiert ist, befinden sich dort die Wappen von Dacher und der Familie seiner Frau. Gerade die herausragende Stellung, die das Familienwappen einmal direkt neben dem der Stadt Rom und zum zweiten neben dem von Konstanz in Stgt und den Drucken einnimmt, demonstriert den Stolz Gebhart Dachers auf dieses ursprünglich adlige Ehrenzeichen, das seinen Träger gegenüber anderen auszeichnet.

Gebhart Dacher begegnet uns des Weiteren in den Jahren 1465, 1467, 1469 und 1471[305] als Vertreter der Fischerzunft im Konstanzer Großen Rat[306]. Der zweijährige Rhythmus seiner Rats-mitgliedschaft erklärt sich aus der seit der königlichen Richtung von 1430[307] gültigen „Ver-fassung" der Stadt. Dort wird die Größe des Rates und die jeweilige Zusammensetzung aus Mit-gliedern der „alten geschlächt" und „der gemaind" bestimmt. Wie die Ratslisten zeigen, setzen sich die 15 „**Råte** (...) von der gemaind" (fol.128ʳᵃ), die mit 15 Patriziern den Großen Rat bilden, dann wiederum aus zehn Angehörigen der Zunftbürgerschaft und fünf ausdrücklichen Zunftver-tretern zusammen. Bei zehn Zünften ergeben sich die alternierend auftretenden Gruppierungen: „kofflût – metzger – winschenken – schmid – vischer" versus „mertzler – reblût – schuchmacher – schnider – schifflût"[308]. Auch die „Beschreibung der städtischen Büchsen und Mordäxte" aus dem Jahr 1465[309] und das Bürgerverzeichnis des Gemächtebuches von 1468 zählen ihn zu den

---

[301] Während E. Hillenbrand, Geschichtsschreibung, S.9 dieses Ereignis in das Jahr 1461 verlegt, findet sich sowohl bei P. Ruppert, Chroniken, S.X als auch bei L. Baer, in: Allgemeines Lexikon der bildenden Künstler, Bd.8, S.250 und neuerdings wieder bei E. Hillenbrand, Historisches Lexikon der Schweiz die ebenfalls fehlerhafte Datierung 1464. Richtig sind die Angaben in OBG, Bd.1, S.190; H. Maurer, Konstanz II, S.159; P.F. Kramml, Friedrich III., S.311 oder im Allgemeinen Künstlerlexikon, Bd.23, S.342.

[302] Vgl. J. Chmel, RF, Nr.4386, S.454.

[303] Ebd., Nr.4386, S.454.

[304] Der Hinweis bei L. Fischel, Bilderfolge, S.44, Dacher habe v. Friedrich III. „ein neues Wappen" verliehen bekommen, ist also zu korrigieren.

[305] Die Angabe in OBG, Bd.1, S.189 und P. Ruppert, Chroniken, S.X, er sei 1471 erstmals im Großen Rat nach-weisbar, ist entsprechend zu verbessern. Auch der Hinweis v. P.F. Kramml, Friedrich III., S.311 und H. Maurer, Konstanz II, S.159, er habe die Fischerzunft v. 1465 bis 1471 im Großen Rat vertreten, ist unvollständig und führt zu Missverständnissen.

[306] Vgl. die Ratslisten der Ratsbücher StAK, B I 11, S.261, 335 und B I 12, S.42, 145 oder K. Beyerle, Ratslisten, S.163ff.

[307] Vgl. dazu die Ausführungen der Chronik auf fol.124ʳᵃff.

[308] Vgl. z.B. K. Beyerle, Ratslisten, S.163 vs. 164.

[309] StAK, E 177, Fas. I und II, 1. „Gebhart dacher" wird hier bei der Auflistung der Personen, denen eine Mordaxt ausgehändigt wird, direkt nach dem Zunftmeister der „Vischer" „Jacob städelin" an zweiter Stelle genannt. Konstanz alte Stadt in alten Bildern, S.30 spricht im Zusammenhang mit dieser Beschreibung übrigens v. der „Wehrordnung des Jahres 1465".

Bürgern dieser Zunft, die laut der letztgenannten Quelle 1468 88 Mitglieder hat[310]. Dacher, der zumindest in den 1460er Jahren als „husherre" und Chronist kaum die Zeit gehabt haben dürfte, gleichzeitig als Fischer und selbstständiger Gewerbetreibender tätig zu sein, tritt uns damit als Repräsentant der Konstanzer Zunft entgegen, die personell zu den größten der Stadt zählt, aber von nur geringem politischem Einfluss und Ansehen ist[311]. Er gehört mit Blick auf seine Tätigkeit, seine Heirat und seinen Besitz – berücksichtigt man, dass das Vermögen der Fischer zusammengenommen nur circa 0,5 Prozent des städtischen Gesamtvermögens entspricht[312] – sicherlich zu den herausragendsten Mitgliedern seiner Zunft, ja ist in dieser Zeit mit großer Wahrscheinlichkeit sogar der bedeutendste Vertreter dieser Korporation.

Gebhart Dacher dürfte im November, geht man von einer längeren Krankheit aus, vielleicht auch erst im Dezember 1471 verstorben sein. Am 25. November ist als neuer Hausherr des Konstanzer Kaufhauses erstmals und von nun an auch in den folgenden Jahren Jakob Gumpost anzutreffen[313]. Das Kolophon Konrad Albrechts im Codex Sangallensis 646 bestätigt zumindest, dass der Tod vor dem 20. Januar 1472 eingetreten sein muss (vgl. Kapitel A.3.2.2). Da sich in der Ratsliste des Jahres 1471 vor dem Namen Dachers die (wegen eines Tintenflecks kaum lesbare) Notiz „tod" befindet, aber kein Hinweis auf einen anderen Vertreter der Fischerzunft und damit auf einen Ersatzmann, der durch den Tod notwendig geworden sein könnte, gegeben wird[314], ist anzunehmen, dass unser Chronist seine Ämter bis in die letzten Monate des Jahres 1471 hin wahrnehmen konnte. Nach 1472 finden sich in Konstanzer Archivalien keine Hinweise mehr auf Personen mit Namen Dacher. Unser Chronist scheint somit kinderlos und als letzter männlicher Nachkomme seiner Familie verstorben zu sein.

Zusammenfassend sei noch einmal darauf verwiesen, dass uns mit Gebhart Dacher kein typischer Fischer oder zünftischer Handwerker gegenübertritt. Bedenkt man sein Konnubium mit der Überlinger Patrizierfamilie oder vergleicht man seine Vermögensverhältnisse mit denen von Hans Dacher, liegt es nahe, von ihm als einem sozialen Aufsteiger zu sprechen. Ein sozialer Aufsteiger, dem der Sprung ins Patriziat trotz der deutlich erkennbaren Orientierung an der Oberschicht[315] nicht gelingt. Anders als herausragende Mitglieder angesehener Zünfte – seit den 1430er Jahren beispielsweise Angehörige der Familien Brisacher (vgl. den Bericht auf fol.159^{rb}f), Vogt, Schultheiß, Grünenberg, Ehinger oder von Croaria, genannt Sattler[316] – wird er nicht in die Gesellschaft „zur Katz" aufgenommen. Folglich gehört er, obwohl er seine Zunft nach außen hin und in Anlehnung an die Familientradition sicherlich bewusst und mit Stolz repräsentiert haben dürfte, ebenso wenig der einfachen Konstanzer Zunftbürgerschaft wie der politischen und ökonomischen Elite der Stadt an. Dacher ist vielmehr einer der Vorboten der städtisch-zünftischen Honoratiorenschicht, die sich ähnlich wie in Augsburg oder Nürnberg in Konstanz in der zweiten Hälfte des 15. Jahrhunderts allmählich herausbildet und von den

---

[310] StAK, A IX 2, S.101ff: „Dis nachgeschriben sind vff diesen tag (...) lxviij in den zünfften vnd jngesessen burger". Auch hier wird „Gebhart Tacher" direkt nach dem Zunftmeister aufgelistet.
[311] Vgl. K.D. Bechtold, Zunftbürgerschaft, S.55. Ähnlich wie die eigentlichen Agrarzünfte wandelt sich die Fischerzunft in Konstanz, aber auch in anderen Städten, seit dem 14. Jh. v. einer der angesehensten Zünfte hin zu einer Zunft, die innerhalb der Rangordnung einen der letzten Plätze einnimmt (vgl. E. Maschke, Mittelschichten, S.16f). Vgl. auch P. Ruppert, Kulturskizzen, S.61ff.
[312] Vgl. K.D. Bechtold, Zunftbürgerschaft, S.55.
[313] Vgl. StAK, B I 12, S.205: „Sabato an Kath(er)ine (...) Illa die ist Jacob Gumpost zu aim | Huszherren genomen". Vgl. auch die Ämterliste des Jahres 1472 in B I 12, S.217 mit der Nennung v. Gumpost als Hausherr des Kaufhauses.
[314] Vgl. StAK, B I 12, S.145. K. Beyerle, Ratslisten, S.168 erwähnt die Notiz zum Tod Dachers anders als sonst in derartigen Fällen (aus Unachtsamkeit?) nicht.
[315] Vgl. etwa den Wert, den er seinem Wappen beimisst.
[316] Vgl. P.F. Krammll, Komponenten, S.26ff; C. Heiermann, Katz, S.83ff.

Handwerkern deutlich absetzt[317]. Innerhalb des differenzierten Dreischichtenmodells[318] ist er der „Oberen Mittelschicht" zuzuweisen. Wie ausführlich dargestellt, kann man Gebhart Dacher zumindest seit seinem Amtsantritt als Hausherr im Kaufhaus 1461 auch als einen hohen Beamten in städtischen Diensten bezeichnen. Gleichzeitig gehört er als herausragender Vertreter seiner Zunft seit 1465 mehrmals dem Rat und damit dem politischen Führungsgremium der Stadt an. Diese Umstände lassen es folglich nicht zu, Gebhart Dacher allein dem Handwerker-„Milieu" zuzuweisen und ihn Personen aus dem Umfeld des Rates gegenüberzustellen. Eine derart problematische Zuordnung, die auch Auswirkungen auf die Beurteilung seiner Chronik hat, erfolgt jedoch in einem neueren Artikel im „Lexikon des Mittelalters". Wendehorst, der die soziale Herkunft städtischer Chronisten im süddeutschen Raum charakterisiert, unterscheidet grob drei Gruppen und erwähnt Dacher hierbei namentlich: „Ein großer Teil der S[tadtchronik]en stammt von Bediensteten des Rates oder wurde in dessen Umfeld geschrieben (...) sind außerdem Geistliche, wenn auch meist mit Auftragsarbeiten, noch auffallend stark an der Chronistik beteiligt (...). Im 15. Jahrhundert greifen auch Handwerker zur Feder wie Gebhard Dacher in Konstanz und Heinrich Deichsler in Nürnberg."[319] Während Deichsler als Bierbrauer eindeutig im handwerklichen Bereich verwurzelt ist[320], lässt sich dies, wie bereits betont, von Gebhart Dacher nur sehr beschränkt behaupten. Folglich ist er – möchte man sich derartiger Kategorien, die stets mit problematischen Verallgemeinerungen verbunden sind, überhaupt bedienen – sehr viel eher der ersten als der dritten Gruppe innerhalb des genannten dreigliedrigen Schemas der „Autorenkreise" zuzuordnen. Man kann sogar weitergehen und behaupten, Dacher gehöre der Personengruppe an, aus der, wie neuere Forschungen zeigen, die Protagonisten stadtchronistischer Aufzeichnungen seit der Mitte des 15. Jahrhunderts am häufigsten rekrutiert werden. Dieser Bürger des Gemeinwesens, dessen Geschichte er schreibt, erweist sich – betrachtet man etwa die Einordnung von Peter Johanek – sogar als Beispiel par excellence des Typus „Stadtchronist": „Fast alle, die städtische Geschichte schreiben (...) tun dies aus einer offiziellen Stellung oder Beauftragung heraus. Sie sind dem Rat verpflichtet als Stadtschreiber oder in ähnlicher Funktion. (...) Die andere große Gruppe sind Ratsangehörige (...). Selbst wenn sie nicht im Auftrage des Rates oder im Zusammenhang mit ihrer Amtstätigkeit Geschichte schreiben, (...) so dienen sie doch wiederum der Ratstätigkeit, weil hier der historische und politische Erfahrungsschatz innerhalb von Ratsberechtigten weitergegeben wird."[321] Der „husherre" und Angehörige des Großen Rates bestätigt damit auch den Befund bisheriger Forschungen, dass Historiographie in der spätmittelalterlichen Stadt in einer kleinen[322], recht homogenen sozialen Sphäre anzusiedeln ist und die breite zunftbürgerliche Schicht nur sehr bedingt erreicht[323]. Um mit Heinrich Schmidt zu sprechen: „Zunftmeister, die sich historiographisch betätigen, repräsentieren vermutlich nicht gerade den Durchschnitt handwerklicher Mentalität, Bildung und Aufgeschlossenheit für gegen-

---

[317] Vgl. E. Isenmann, Stadt, S.249; P.F. Kramml, Komponenten, S.31. Zieht man die Vorschläge v. A.O. Stolze, Sünfzen zu Lindau, S.13f heran, könnte man auch v. einem Angehörigen der „oberen Schicht", die zwischen dem Patriziat (die „oberste Schicht") und den Zunfthandwerker anzusiedeln ist, sprechen (vgl. dazu bzw. zu den Kriterien der Zugehörigkeit zum Patriziat im Überblick M.M. Koschig, Patriziat, S.15ff).

[318] Vgl. E. Isenmann, Stadt, S.254.

[319] A. Wendehorst, Artikel „Stadtchronik, Süddeutscher Raum", in: LexMA, Bd.8, Sp.15f.

[320] Vgl. J. Schneider, Heinrich Deichsler, v.a. S.29-36.

[321] P. Johanek, Hofhistoriograph und Stadtchronist, S.58f. Vgl. auch die ähnlichen Ergebnisse in: ders. (Hg.), Städtische Geschichtsschreibung, passim sowie bereits bei F.R.H. Du Boulay, German town chroniclers.

[322] Vermutlich liegt der Anteil der Leser an der Gesamtbevölkerung um 1500 zwischen drei und fünf Prozent (vgl. D. Mertens, Früher Buchdruck, S.103).

[323] Vgl. ebd., S.102ff; H. Schmidt, Selbstverständnis – Erinnerung, S.7ff; U. Neddermeyer, Einleitung, S.18f.

wärtige wie vergangene Geschichte."[324] Folglich ist es sehr wahrscheinlich, dass ähnlich wie bei Burkhard Zink Dachers Arbeiten auf dem Feld der Chronistik sein Aufsteigerbewusstsein und damit seine soziale Orientierung nach oben hin zum Patriziat signalisieren[325]. Daher darf sie gerade nicht als Ausdruck eines „neuen" Selbstverständnisses vonseiten der Zunftbürgerschaft gewertet werden. Bestätigt wird der Zusammenhang zwischen der historiographischen Betätigung und den gesellschaftlichen Ambitionen auch durch eine teils „an höfische Manuskripte angenäherte Bildsyntax"[326] der Richental-Bearbeitungen Dachers (vgl. Kapitel A.3.1.2). Gerade mit Blick auf die Ausstattung der Handschriften, die mit Dacher in Verbindung zu bringen sind, sei darüber hinaus darauf verwiesen, dass angesichts der hohen Produktionskosten das überdurchschnittliche Vermögen Dachers eine wesentliche Voraussetzung der chronistischen Werke bildet. Die „Konstanzer Chronik" stammt also keineswegs von einem klassischen Handwerker; gehört damit auch nicht zum Genre der „Handwerkerchroniken", das im 16. und 17. Jahrhundert etwa in Nürnberg begegnet[327].

Letztlich kann, wie Gisela Wacker in ihrer Arbeit zur Richental-Chronik meiner Ansicht nach korrekt formuliert, „Dachers politischer Standort und seine Perspektive (...) als angepaßt an die herrschenden politischen Verhältnisse definiert werden"[328]. Agens seines Handelns ist vor allem das Bestreben nach sozialem Aufstieg.

3.1.2 Redaktionelle Tätigkeit

Der Name Gebhart Dacher fällt in der Sekundärliteratur nicht nur im Zusammenhang mit der „Konstanzer Chronik". Sehr viel häufiger wird dieser Historiograph in Untersuchungen zur Konzilschronik Ulrichs von Richental erwähnt. Tatsächlich begegnet uns mit Dacher die Person, die für die Überlieferung der Chronik über dieses „kirchenpolitische Großereignis" der Jahre 1414 bis 1418 von entscheidender Bedeutung ist[329]. Nachweislich können mehrere bekannte Handschriften, die teils reich mit Bildern und Wappen illustriert sind und als Vorlagen für weitere Codices oder Drucke Verwendung fanden, mit unserem Chronisten in Verbindung gebracht werden. Während Dieter Mertens noch 1992 konstatiert, dass „die Einflußnahme Gebhard Dachers auf einige Versionen der 'Chronik' nicht untersucht ist"[330], liefert die im Jahr 2002 veröffentlichte Dissertation von Gisela Wacker erste richtungsweisende Analysen zu dieser Thematik[331]. Weitere Ergebnisse sind aus der noch nicht erschienenen Habilitationsschrift von Thomas Martin Buck[332] zu erwarten. Angesichts der Komplexität der Überlieferungsgeschichte[333] dieses Werkes mit

---

[324] H. Schmidt, Selbstverständnis – Erinnerung, S.11.

[325] Vgl. ebd., S.11. Ähnlich sieht dies auch G. Wacker, Richentals Chronik, S.266.

[326] Ebd., S.266.

[327] Vgl. dazu I. Stahl, Nürnberger Handwerkerchroniken.

[328] G. Wacker, Richentals Chronik, S.266.

[329] Vgl. etwa R. Kautzsch, Handschriften, S.479f; H. Maschek, Deutsche Chroniken, S.14; E. Hillenbrand, Geschichtsschreibung, S.8; W. Matthiessen, Richentals Chronik, S.111f; T.M. Buck, Überlieferungslage, S.7; ders., Fiktion und Realität, S.83f.

[330] VerfLex, 2. Aufl., Bd.8, Sp.56.

[331] Vgl. G. Wacker, Richentals Chronik, passim, vgl. v.a. S.264ff.

[332] Vgl. die Projektskizze unter http://www.ruf.uni-freiburg.de/histsem/mordek/buckhabil.html, abgerufen im Jahr 2002.

[333] Vgl. für einen allg. Überblick über die Handschriftensituation mit den entsprechenden Beschreibungen bspw. R. Kautzsch, Handschriften, S.446ff; M. Holzmann, Konzilschronik; W. Matthiessen, Richentals Chronik, S.99ff; VerfLex, 2. Aufl., Bd.8, Sp.56ff; die bisherigen Veröffentlichungen v. T.M. Buck sowie G. Wacker, Richentals Chronik, S.18ff. Verwiesen sei auch auf die schematische Darstellung des Stammbaums, der auf den Forschungen v.

bisher 18 tradierten Fassungen werden in diesem Kapitel die bisherigen Forschungsergebnisse zur Rolle Dachers bei der Überlieferung der Konzilschronik und anderer Texte lediglich kurz aufgegriffen und mit Blick auf sein Leben und die Bistums- beziehungsweise Stadtchronik erläutert.

Sucht man in den erhaltenen Handschriften nach Spuren des Chronisten der 1460er Jahre, wird man mehrfach fündig. Den eindeutigsten Hinweis liefert die Prager Handschrift (Pr)[334]. Auf fol.4[v] befindet sich oberhalb zweier Wappen, die Gebhart Dacher und seiner Frau zuzuordnen sind[335], folgender Besitzervermerk: „Dis Bůch ist Gebhartt Dachers von Costentz vnd seitt von dem concilium [so/daz/Es (?) – verwischt] danne zů Costentz gewessen ist, als danne Ůlrich Richental, ain burger von Costentz, zů den selben zitten gar aigenlich, was darinne beschechen ist, verschriben vnd la[u]ssen maulen hått, vnd ich Gebhartt Dacher das ernüwert hab anno M. cccc lxiiij°. ja[r]."[336] Die Prager Handschrift geht ebenso wie die sogenannte Aulendorfer Handschrift (A = RiA)[337] über das nur zu erschließende Zwischenglied x auf die verlorene „Urschrift" q zurück. Wie Wacker meiner Ansicht nach schlüssig zeigt, handelt es sich bei q um eine lateinische Materialsammlung aus Urkunden und Akten mit einem angehängten Illustrationszyklus. x wiederum ist Richentals eigene, erste volkssprachliche Chronikfassung, die, vor 1424 entstanden, vermutlich für einen Geistlichen verfasst wurde und vornehmlich die Forderung nach Reform durch ein Konzil sowie die größere Unabhängigkeit der Reichskirche von Rom artikulierte[338]. Pr, wie die zitierte Notiz beweist 1464 abgeschlossen, besteht aus einem deutschen Text, Teilnehmerlisten und einem zusammenhängenden Illustrationsteil. Insgesamt sind 92 Seiten mit Abbildungen[339] und circa 780 Wappen zu zählen. Die Handschrift geht allein auf einen Schreiber zurück, von dessen Hand sowohl der stets zweispaltig gestaltete Text als auch die Überschriften, Rubrizierungen, die Foliierung und die partiell auf halben Blättern eingelegten Bilderläuterungen (vgl. z.B. fol.143[v]/144[r], 145[v]/146[r], 149[v]/150[r]) stammen[340]. Die in der Forschung bisweilen formulierten Zweifel an der Identität von Schreiber und Rubrikator[341] sind

---

R. Kautzsch und W. Matthiessen beruht und v. G. Wacker ihren neuesten Forschungen entsprechend modifiziert wurde, Wacker, Richentals Chronik, S.18.

[334] Prag, Nationalbibliothek der Tschechischen Republik, Cod.XVI A 17; Auszug veröffentlicht bei K. Höfler, Geschichtsschreiber, S.399-405; vgl. die Beschreibung in: J.A. Hanslick, Prager Universitätsbibliothek, S.611; R. Kautzsch, Handschriften, S.446f; E. Moser (Hg.), Buchmalerei, Katalog KO 52, S.297f; G. Wacker, Richentals Chronik, Anhang 2, S.IX und Kostbarkeiten der Buchmalerei, Nr.11.

[335] Vgl. Abb.2, die, einem Richental-Druck entnommen, im Bereich der Wappen dieser handschriftlichen Seite ähnelt.

[336] T.M. Buck, Fiktion und Realität, S.83, Anm.72; Allgemeines Künstlerlexikon, Bd.23, S.342; K. Höfler, Geschichtsschreiber, S.399; W. Matthiessen, Richentals Chronik, S.109; R. Kautzsch, Handschriften, S.446f; E. Hillenbrand, Geschichtsschreibung, S.9; L. Fischel, Bilderfolge, S.44; E. Moser (Hg.), Buchmalerei, Katalog KO 52, S.297; G. Wacker, Richentals Chronik, Anhang 2, S.IX. Da die Richental-Hss. nicht im Original eingesehen wurden, wird im Folgenden teils nach den Ausgaben, teils nach der Sekundärliteratur zitiert. Hier wie dort unterscheidet sich die Orthographie jedoch recht häufig, sodass keine Garantie für die handschriftengetreue Wiedergabe der einzelnen Zitate gegeben werden kann. Mit Blick auf die anderen Stellen gibt die erste Angabe die dem hier zitierten Text nächste Version an.

[337] New York, Public Library, Spencer Collection of Illustrated Books Nr.32 (früher im Besitz der Grafen v. Königsegg in Aulendorf); vgl. die farblose Faksimileausgabe Uolrich Richental, Concilium ze Costenz 1414-1418, hrsg. v. H. Sevin, die Textedition v. M.R. Buck (Hg.), Ulrich von Richental, Chronik sowie die Hs.-Beschreibungen bei R. Kautzsch, Handschriften, S.447f; E. Moser (Hg.), Buchmalerei, Katalog KO 40, S.288 und G. Wacker, Richentals Chronik, Anhang 2, S.Iff sowie T.M. Buck, Überlieferungslage.

[338] Vgl. G. Wacker, Richentals Chronik, S.18ff, 208ff.

[339] Vgl. dazu z.B. L. Fischel, Bilderfolge, S.62f; G. Wacker, Richentals Chronik, Abbildungsteil, Abb.10f, 31, 36, 38, 47, 49, 56, 73f, 76, 92, 106, 110, 117, 124, 151, 153.

[340] Für den Schriftvergleich können einige der in der vorherigen Anm. genannten Abb. herangezogen werden.

[341] R. Kautzsch, Handschriften, S.446 spricht etwa „von einer Hand, nur die Rubrikationen, wie es scheint, von einer zweiten" und auf S.450 im Zusammenhang mit G noch einmal deutlicher: „(...) ist – wie wohl auch Pr – die Hand, welche den Text geliefert hat, von der des Rubrikators verschieden". Auch G. Wacker, Richentals Chronik, S.226

ähnlich wie auch in Stgt (vgl. Kapitel A.4.1.3) mit Blick auf das unterschiedliche Schreibmaterial, das in der Handschrift Verwendung gefunden hat (braune Tinte vs. rote Farbe), zu entkräften[342]. Ein Vergleich mit anderen Codices belegt, dass diese Hand, die hin und wieder teils
unreflektiert mit der Dachers gleichgesetzt wird (vgl. Kapitel A.4.3), an weiteren Richental-
Handschriften sowie am Codex Sangallensis 646, das heißt der Haupthandschrift der „Konstanzer
Chronik" (vgl. dazu Kapitel 4.1.2), beteiligt ist. Auch der Stil der Abbildungen und Wappen in
Pr, die in Pinselzeichnungstechnik mit Deckfarbenkolorierung ausgeführt sind[343], sowie das
kleine Format des Codex mit den Maßen von circa 30 x 20 cm[344] erinnern stark an die mit
Gebhart Dacher in Verbindung gebrachten anderen Handschriften.

Wie genau hat man sich nun aber den Umgang mit der Vorlage x vonseiten Dachers beziehungsweise der Person, die von ihm mit der „Erneuerung" der Chronik beauftragt worden sein
könnte, vorzustellen? In der Forschung wurde der Hinweis innerhalb des Besitzervermerks unterschiedlich interpretiert. Da es sich bei dieser Handschrift um eine der Versionen der Konzilschronik handelt, die in der Ich-Form verfasst sind[345], kann „ernúwert" nach Hillenbrand „nur 'neu
geschrieben' heißen, und nicht 'neu bearbeitet'"[346]. Zu einem ähnlichen Ergebnis kommt auch
Lilli Fischel, die von der Schaffung einer „Wiederholung des Werkes" spricht. Ihrer Ansicht nach
ist gerade diese Handschrift „am wenigsten" als „wirkliche Erneuerung" zu verstehen, da sie, wie
eine Analyse der Illustrationen ergibt, „als einzige die Trachten des Originals von 1425 beibehalten hat"[347]. Genau entgegengesetzt beurteilt hingegen Wilhelm Matthiessen den Hinweis
Dachers. In seiner Dissertation lesen wir ohne nähere Erläuterungen: „Die Handschrift Pr hat
Dacher (...) *ernuwert*, im Sinne von neu bearbeitet."[348] Rudolf Kautzsch, der Pr als „Handexemplar" Dachers bezeichnet[349], sowie Michael Holzmann berücksichtigen in ihren Überlegungen wie auch Fischel vor allem die Abbildungen. Nach Holzmann kann sich der Vermerk
Dachers entsprechend „nur auf die Bilder beziehen"[350]. Gisela Wacker geht nun detaillierter auf
diese Problematik ein[351]. Sie stellt sowohl eine stark veränderte Reihenfolge sowie Auslassungen
oder Ergänzungen im Bereich der Abbildungen fest, die deutliche Akzentverschiebungen und
Umwertungen zur Folge haben und zu einer „ganz andersartigen Interpretation des Konzilsge-
schehens"[352] führen. Unter anderem wird die Dominanz der geistlichen Gewalt über die weltliche
Macht sehr viel deutlicher formuliert als in allen anderen Handschriften. Auseinandersetzungen
zwischen Papst und König sind nicht einmal angedeutet. Das Reichsoberhaupt, das in auffälliger
Weise auf den säkularen Bereich verwiesen wird, erscheint ansonsten, nur selten von den Kur-

---

oder Anhang 2, S.XI spricht davon, dass Dacher den Text und die Bilder anfertigen ließ, den Codex dann aber selbst
rubriziert habe.

[342] Vgl. so auch L. Fischel, Bilderfolge, S.44.

[343] Vgl. dazu die Ausführungen bei T.M. Buck, Text, Bild, Geschichte, S.77f und G. Wacker, Richentals Chronik,
S.69f.

[344] Die Hss. A, E, W und K sind mit ca. 40 x 30 cm weniger handlich (vgl. G. Wacker, Richentals Chronik, S.23
sowie Anhang 2).

[345] Vgl. zu der Problematik der ich-zentrierten vs. objektivierten Versionen, die unterschiedliche textfunktionale
Bedürfnisse befriedigen und damit, wie ein Vergleich der Aulendorfer mit der Konstanzer Hs. zeigt, verschiedene
Textsorten mit jeweils eigenen Intentionen repräsentieren, W. Matthiessen, Richentals Chronik, S.102ff und v.a.
T.M. Buck, Überlieferungslage.

[346] Vgl. E. Hillenbrand, Geschichtsschreibung, S.9.

[347] L. Fischel, Bilderfolge, S.44.

[348] W. Matthiessen, Richentals Chronik, S.111.

[349] Vgl. R. Kautzsch, Handschriften, S.479 und die Ausführungen in Kapitel A.4.3.

[350] Vgl. M. Holzmann, Konzilschronik, S.77.

[351] Vgl. auch für die folgenden Ausführungen G. Wacker, Richentals Chronik, S.226ff und 264ff.

[352] Ebd., S.231.

fürsten begleitet, als souveräner Handlungsträger. Durch die Anwesenheit von Notaren bei juristischen Vorgängen wird in Pr besonderes Gewicht auf die Gültigkeit von Rechtsakten gelegt
und damit an die Tradition von Rechtsbüchern angeknüpft. Die Handschrift vertritt durch die
Dämonisierung von Hus und Hieronymus, die in keinem anderen Zeugnis nachgewiesen werden
kann, darüber hinaus eine eindeutig antihussitische Haltung. Durch eine detailreiche Abbildung
der städtischen Architektur wird die Heimatstadt Dachers als Ort des Geschehens explizit hervorgehoben.[353] Vor allem die Darstellung der Fronleichnamsprozession, aber auch andere Illustrationen setzen in erster Linie Konstanzer Geistliche und patrizische Bürger beziehungsweise Vertreter von Adelsgeschlechtern aus dem nahen Umkreis in Szene. Dem Betrachter wird damit
weniger die Idee der Ökumene als vielmehr die Sozialstruktur der Stadt vor Augen geführt. Insgesamt zeigt sich, dass die Prager Handschrift anders als die Vorlage kaum von einer reformerischen oder konziliaristischen Haltung geprägt ist und den „universellen Anspruch des Ri-
chentalschen Werkes zugunsten einer spezifisch Konstanzer Perspektive verengt"[354]. Dabei
nähert sich die Handschrift vor allem durch die kostspieligen, farbenprächtigen Pinselzeichnungen, die sich von den sonst überlieferten Federzeichnungen in leicht lavierender Naturfarben-
kolorierung deutlich unterscheiden, dem Anspruch höfischer Prachthandschriften an, ohne jedoch
deren Niveau zu erreichen[355]. Es ist anzunehmen, dass der Redakteur dieser Richental-Handschrift, die als persönliches Exemplar, wie Wacker vermutet, möglicherweise aber auch als An-
schauungsmaterial für potenzielle Kunden gedacht war[356], mit dieser Ausstattung versucht, den
Bedürfnissen seines Adressatenkreises entgegenzukommen, das heißt in diesem Fall „dem Reprä-
sentationsbedürfnis der Patrizier und des Adels gerecht zu werden"[357].

Ähnliches ist auch bei der sogenannten St. Georgener Handschrift (G)[358] zu konstatieren, die
einen fragmentarischen Charakter hat und sowohl persönliche Bemerkungen Richentals in der
ersten Person Singular als auch Elemente der objektiveren Chronikversion aufweist[359]. Das verwendete Ravensburger Papier mit dem Wasserzeichen des Ochsenkopfes[360], das auf die Zeit
zwischen 1467 und 1469 zu datieren ist[361], scheint eine Entstehung um 1470 nahezulegen. Als direkte Vorlage gilt die nicht tradierte, nur erschlossene Handschrift r, die wiederum selbstständig
auf die Materialsammlung q zurückgeht. Diese Chronikfassung r wird von Richental selbst vor
dem Basler Konzil um 1431 mit Blick auf die Unterstützung der konziliaristischen Kräfte verfasst[362]. Wie auch bei der während des Konzils entstandenen dritten Neubearbeitung von

---

[353] Vgl. G. Wacker, Richentals Chronik, Abbildungsteil, Abb. 47.

[354] Ebd., S.266.

[355] Vgl. ebd., S.69f, 230 und 266.

[356] Vgl. ebd., S.266.

[357] Ebd., S.230.

[358] Karlsruhe, BLB, Cod. St. Georgen 63, vgl. die Beschreibung bei M.R. Buck, Zwei neue Richental'sche Codices,
S.113ff; R. Kautzsch, Handschriften, S.450; T. Längin, Handschriften, S.15f; E. Moser (Hg.), Buchmalerei, Katalog
KO 49, S.295; G. Wacker, Richentals Chronik, Anhang 2, S.Vf; Kostbarkeiten der Buchmalerei, Nr.9. Vgl. auch die
Überlegungen zu dieser Hs. v. T.M. Buck, Fiktion und Realität, v.a. S.75ff.

[359] W. Matthiessen, Richentals Chronik, S.103 spricht folglich v. einem „Mischtyp"; G. Wacker, Richentals Chronik,
S.22 v. einer „formalen Mischform"; D. Mertens, VerfLex, 2. Aufl., Bd.8, Sp.57 und ihm folgend bspw. E. Moser
(Hg.), Buchmalerei, Katalog, S.295, ordnet sie der Gruppe III zu – „die gekürzten (aber fallweise auch ein Plus
gegenüber I und II bietenden) und bearbeiteten sowie die zwischen 1. und 3. Pers. wechselnden Versionen".
Ausdrücklich ist nach R. Kautzsch jedoch darauf hinzuweisen, dass G nicht als Kompilation zweier unterschiedlicher
Vorbilder entstanden ist (vgl. G. Wacker, Richentals Chronik, S.23).

[360] Vgl. Näheres dazu in Kapitel A.4.1.2.

[361] Vgl. E. Hillenbrand, Geschichtsschreibung, S.9.

[362] Wie schon W. Matthiessen, Richentals Chronik, S.112 konstatiert, ist aufgrund der frühen Datierung und weiterer
Hinweise die Annahme v. Kautzsch, r sei ebenfalls ein Produkt der redaktionellen Arbeit Dachers, inzwischen eindeutig widerlegt.

Richental (s) steht vor allem die Kirchenreform im Vordergrund. Damit in Verbindung äußert diese Handschrift scharfe Kritik an der kirchlichen Hierarchie und zeigt deutlich Sympathien für das hussitische Reformanliegen. Sie dürfte sich mit diesen Tendenzen und dem in den Text integrierten Bilderzyklus, der auch die Zunftbürgerschaft berücksichtigt und das Verständnis des umfangreichen Textes erleichtert, an einen bürgerlichen Rezipienten richten, der vermutlich nicht dem Patriziat angehört[363]. Der Dacher zugeschriebene Codex G weist auf zwölf Seiten Illustrationen auf, die motivisch und stilistisch auffällige Parallelen zu Pr zeigen[364] und wie dort erneut an höfische Manuskripte anzuschließen versuchen. Mit über 1000 Wappen – darunter zahlreiche Phantasieprodukte (beispielsweise zu den „neun guten Helden" der antiken, jüdischen und christlichen Vorzeit, zu den heiligen drei Königen oder dem Priesterkönig Johannes) – ist die Handschrift das an diesen Symbolen reichste überlieferte Zeugnis. Es ist anzunehmen, dass diese Phantasie- und Fabelwappen nicht zum ursprünglichen Bestand der Richental-Chronik gehörten. Sie dürften entweder auf ein nicht mehr identifizierbares Wappenbuch zurückgehen oder sind als „originale Neuschöpfungen auf Veranlassung des 'Redakteurs'" zu deuten[365]. Dieser gehört nun, wenn man ihn ohne sichere Beweise nicht mit Dacher selbst gleichsetzen möchte, in dessen nahes Umfeld. Wiederum begegnet uns, dieses Mal am Ende des Textes und im Zusammenhang mit einem Textverweis, dessen Name: „wie der huß degradiert und verbrent ward, das vindt man an dem zway und zwainzigosten platt davornen im buch-: Gebhartt Dacher"[366]. Gegenüber der Vorlage dürfte auch die Systematisierung bei der Darstellung der Reichsstände im Wappenteil – es kommt das sogenannte Quaternionensystem, das heißt die Anordnung der Schilde in Vierergruppen[367], zum Tragen – auf das Konto des Bearbeiters dieser Handschrift gehen[368]. Wiederum zeichnet sich die uns aus Pr bekannte Schreiberhand für Teile dieses Codex verantwortlich. In diesem Fall stammen einige Nachträge auf fol.CCLIV bis fol.CCLXIV sowie alle roten Textelemente (Rubrizierungen, Foliierung, Wappen- und Bilderläuterungen etc., vgl. Abb.20 und 21) von ihr[369]. Der Haupttext ist von einer anderen Hand geschrieben, die auch an der Erstellung des Stuttgarter Codex HB V 22 (Stgt = St in der Richental-Literatur) beteiligt ist. Da in dieser Handschrift Blattverluste festzustellen sind[370], ist die Akzentsetzung nicht mit Sicherheit zu bestimmen. Die antihussitische Tendenz von Pr scheint jedoch getilgt zu sein. Ob als Ursache hierfür eine persönliche Meinungsänderung Dachers oder aber eine Anpassung an Vorstellungen des Adressatenkreises gesehen werden muss, kann vom heutigen Standpunkt aus nicht mehr entschieden werden. Deutlich tritt darüber hinaus eine sehr viel kritischere Haltung gegenüber dem Machtanspruch der römischen Kurie zu Tage. Die Tatsache, dass König Sigismund als Teilnehmer der glanzvollen Prozession zum Johannesfest abgebildet wird, obwohl der Richental'sche

---

[363] Vgl. G. Wacker, Richentals Chronik, S.212ff und 221.
[364] Vgl. M. Holzmann, Konzilschronik, S.77; G. Wacker, Richentals Chronik, S.252. Vgl. auch die Abb. bei L. Fischel, Bilderfolge, S.66f; T.M. Buck, Text, Bild, Geschichte, S.195; G. Wacker, Richentals Chronik, Abbildungsteil, Abb.30, 48 und 52.
[365] Vgl. W. Mathiessen, Richentals Chronik, S.107f, Zitat S.108 und T.M. Buck, Fiktion und Realität, S.88f.
[366] G. Wacker, Richtentals Chronik, Anhang 2, S.VI. Vgl. auch T. Längin, Handschriften, S.15 oder Allgemeines Künstlerlexikon, Bd.23, S.342.
[367] Vgl. dazu z.B. A. Werminghoff, Quaternionen; E. Hillenbrand, Geschichtsschreibung, S.4; E. Schubert, Quaternionen; G. Wacker, Richentals Chronik, S.252.
[368] Vgl. W. Mathiessen, Richentals Chronik, S.108 und G. Wacker, Richentals Chronik, S.252.
[369] Vgl. T. Längin, Handschriften, S.16 und für den Schriftenvergleich Abb.5 und 7 mit G. Wacker, Richentals Chronik, Abbildungsteil, Abb.47.
[370] Es fehlen Blatt 1, 5, 11, 14-16, 22, 35, 37, 39, 43, 48-52, 54, 55, 58, 59, 60, 62, 66, 67, 69, 70, 71, 91 oder 92, 100, 101, 102, 106, 107, 108, 112, 126, 127, 128, 134, 135, 136, 137, 138 oder 139, 140, 156, 157, 173, 174 (vgl. G. Wacker, Richentals Chronik, Anhang 2, S.Vf).

Text ihn dezidiert als abwesend bezeichnet, kann neben anderen Elementen als Anhaltspunkt für eine habsburgische Orientierung und die Königstreue des Bearbeiters gewertet werden. Wie schon bei Pr dokumentiert auch G, dass die mit Dacher verbundenen Neubearbeitungen ihrer Vorlage keineswegs sklavisch folgen. Vielmehr wird vermutlich mit Blick auf die Interessen und Vorstellungen der Adressaten stark in den Text eingegriffen und bei Umarbeitungen und „Erneuerungen" sowohl die äußere Form als auch die inhaltliche Schwerpunktsetzung verändert[371].

Der Stuttgarter Codex HB V 22 belegt nun, dass diese Methode nicht nur bei den Richental-Handschriften Anwendung findet. Da Stgt in dieser Edition jedoch an anderer Stelle mit dem Fokus auf die „Konstanzer Chronik" ausführlicher behandelt wird (vgl. Kapitel A.4.1.3), sollen hier wenige Hinweise genügen. Anders als die bisher besprochenen Richental-Handschriften liegt uns mit diesem Codex eine Bearbeitung vor, die sich nicht auf die Konzilschronik beschränkt. Vielmehr stehen in dieser „Weltchronik"[372] Auszüge des Richental'schen Textes neben solchen aus den „Croniken" von Jakob Twinger von Königshofen[373] und einem fragmentarischen Textzeugen der „Konstanzer Chronik" selbst. Ähnlich wie bei einer Vielzahl der 82 bisher bekannten Handschriften der Chronik des Straßburger Klerikers, die vor allem aus dem rheinischen und oberdeutsch-alemannischen Sprachraum überliefert sind, wird auch hier dieses „Schlüsselwerk der mittelalterlichen deutschsprachigen Geschichtsschreibung"[374] nicht einfach mechanisch abgeschrieben, sondern Teile hinzugefügt, gekürzt, überarbeitet und mit regional- beziehungsweise stadtgeschichtlichen Notizen kompiliert und fortgesetzt[375]. Insgesamt sind uns mit dieser allein zehn Handschriften bekannt, die die Straßburger Vorlage mit Lokalnachrichten aus dem Konstanzer Raum ergänzen[376]. Wie die Handschrift Pr wird auch dieser Codex mit dem Wappen Gebhart Dachers eröffnet, das sich unter dem der Stadt Rom auf dem ersten Blatt befindet (vgl. Abb.1). Als weitere Indizien für die redaktionelle Tätigkeit unseres Chronisten an diesem Codex können verschiedene Ähnlichkeiten mit Pr und G angeführt werden. Neben dem handlichen Format der Handschrift sowie dem Ravensburger Papier, das wie G ebenfalls auf 1467/69 zu datieren ist, sind Stil und Ausführung der einzigen Abbildung auf fol.133|142^v sowie die der Wappen identisch (vgl. z.B. Abb.16, 17). Gleichzeitig fällt auf, dass beide Schreiber, die an den bisher betrachteten Richental-Zeugnissen arbeiteten, auch hier Spuren hinterlassen haben.

---

[371] Vgl. G. Wacker, Richentals Chronik, S.252f und 266; T.M. Buck, Fiktion und Realität, S.83 sowie allg. zum Bereich der Funktionalisierung neben Wacker auch T.M. Buck, Überlieferungslage.

[372] Vgl. zu Definitionsfragen der „Gattung" Universalchronik z.B. P. Johanek, Weltchronik, v.a. S.295ff; A. Baumann, Weltchronik, S.29ff mit entsprechenden Literaturangaben.

[373] Vgl. die Edition mit Einleitung v. C. Hegel (Hg.), Chronik des Jacob Twinger von Königshofen, in: ChrSt, Bd.8, S.153-498 und Bd.9, S.499-910 sowie mit weiterführender Literatur bspw. VerfLex., 2. Aufl., Bd.9, Sp.1181ff; H. Schoppmeyer, Chronik und N. Warken, Geschichtsschreibung, v.a. Kapitel IV-VII, S.137-391.

[374] VerfLex., 2. Aufl., Bd.9, Sp.1186.

[375] Vgl. zur Rezeption und ihren Ursachen ebd., Sp.1185f sowie N. Warken, Geschichtsschreibung, Kapitel V.5 und VI, S.219ff; vgl. allg. zu diesem Phänomen der Bearbeitung, Fortsetzung und „Aktualisierung" v. Chroniken auch J. Wolf, „Swaz dan gesche".

[376] Vgl. E. Hillenbrand, Geschichtsschreibung, S.10; ders., Gallus Öhem, S.743, Anm.76 und diesem folgend auch N. Warken, Geschichtsschreibung, S.297, jeweils ohne Nennung der Hss. Man vgl. aber z.B. München, BSB, Cgm 330 (vgl. Die deutschen Handschriften der Bayerischen Staatsbibliothek München Cgm 201-350, S.343); Cgm 567 und 568 (vgl. Die deutschen Handschriften der Bayerischen Staatsbibliothek München Cgm 501-690, S.149ff); Karlsruhe, BLB, E.M.11 (Kompilation der Konzilschronik, Urkundentexten und Twinger mit Konstanzer-Überlinger Fortsetzungen) (vgl. T. Längin, Handschriften, S.100; Die Handschriften der Badischen Landesbibliothek in Karlsruhe, Bd.IX, S.10ff); Heidelberg, UB, Cod.255 und 422 bzw. Cod. Sal. IX 28 (vgl. K. Bartsch, Die altdeutschen Handschriften, S.144 und 206 und Katalog der Universitätsbibliothek Heidelberg, Bd.V, S.217ff); Freiburg i.B., UB, Cod.471 (vgl. W. Hagenmaier, Die deutschen mittelalterlichen Handschriften, S.114ff) oder Bern, Stadtbibliothek, Mss. Hist. Helv. I. 41, (vgl. E. Bloesch, Katalog, S.11). Vgl. auch die Edition der Zusätze in: Fortsetzungen des Königshofen.

Ein Vergleich des Richental-Textes mit der infrage kommenden Vorlage r belegt, dass die Entstehung über ein nicht erhaltenes Zwischenglied (α₃)[377] verläuft. Da unserem Chronisten r bekannt war, liegt die Vermutung nahe, dass auch diese verlorene Handschrift unter seiner Aufsicht oder Beteiligung zustande gekommen ist.

Eine formale Verwandtschaft besteht auch zwischen den betrachteten Handschriften und dem allerdings unillustrierten Codex Sangallensis 657 (Sg)[378]. Hierbei handelt es sich erneut um eine Sammelhandschrift, die zwischen 1470 und 1480 von einer Hand in Halbkursive geschrieben wurde. Die Marginalien stammen von einer ersten Hand aus dem 16. Jahrhundert sowie im Verlauf der Handschrift zunehmend häufiger von Aegidius Tschudi, mit dessen Nachlass sie 1768 an die Stiftsbibliothek gelangte. Das Manuskript vereint die sogenannte „Konstanzer Weltchronik" (fol.1 bis fol.46) mit der „Züricher Chronik" (fol.47 bis fol.121; Fortsetzungen fol.121 bis fol.132) und der Konzilschronik (fol.132 bis fol.228)[379]. Als Quelle des letztgenannten Teils gilt α₁, eine nicht tradierte Handschrift, die wiederum auf den Innsbrucker Codex zurückgeht, der auf r und q beruht. Sg gehört wie Pr, G und St zu den kleinformatigen Manuskripten. Wacker zählt sie folglich, ohne dass im Text ein entsprechend eindeutiger Hinweis (z.B. ein Besitzervermerk oder ein Wappen) enthalten wäre, zu den Arbeiten aus der „Werkstatt Gebhard Dachers"[380]. Zu beachten ist, dass die Ausstattung dieser Handschrift nicht vollständig ist: Innerhalb des Textes existieren Leerräume für die Initialen, die jedoch nicht ausgeführt sind. Da in den anderen Fällen die Initialen, die Rubrizierungen oder Seitenzahlen meist auf ein und dieselbe Hand zurückgehen, die wiederum in der Regel mit der Dachers selbst identifiziert wird (vgl. Kapitel A.4.3), könnten, bedenkt man dessen Todeszeitpunkt Ende 1471, Anhaltspunkte für diese Zuschreibung gefunden werden. Auch die Tatsache, dass die „Konstanzer Weltchronik" Einfluss auf den Dacher'schen Text genommen hat (vgl. Kapitel A.2.1.2) und damit in der „Schreibstube" im Umlauf war, könnte eine solche Interpretation stützen. Andererseits ist jedoch anzumerken, dass die Schreiberhand des Codex 657, an keiner der sonst Dacher beziehungsweise seiner „Werkstatt" zugeschriebenen Arbeiten tätig ist. Nachdem die „Konstanzer Chronik" auch ausführlich auf die Frühgeschichte von Zürich und dessen Umgebung eingeht (vgl. fol.88ʳᵃff), wäre darüber hinaus zu erwarten, dass – falls diese Kompilation tatsächlich auf eine Initiative des Konstanzer „husherren" zurückginge – Auszüge aus der hier enthaltenen „Cronik der statt Zürich" mit Nachrichten von den Anfängen der Stadt bis ins 15. Jahrhundert auch dort zu finden sind. Ein Vergleich der Texte ergibt jedoch keinerlei Übereinstimmung. Ein Nachweis für die Verbindung dieser Handschrift zu Gebhart Dacher kann somit nicht erbracht werden.

Sichere Beweise für eine weitere Version der Richental'schen Chronik, die auf Bemühungen unseres Chronisten zurückzuführen ist, findet man hingegen in der Handschrift, die heute in der

---

[377] Die Bezeichnung schließt sich hier an W. Matthiessen an, der die Zwischenglieder mit α und nicht, wie bei Wacker zu lesen, mit a kennzeichnet.

[378] Vgl. G. Scherrer, Verzeichnis, S.212; R. Kautzsch, Handschriften, S.450f; W. Matthiessen, Richentals Chronik, S.105 und 109; G. Wacker, Richentals Chronik, Anhang 2, S.XV; R. Gamper, Züricher Stadtchroniken, S.180f; B.M. v. Scarpatetti, Neu-Beschreibung der Handschriften der Stiftsbibliothek St. Gallen, Fassung vom 12. Dez. 2002, StiBSG.

[379] Vgl. die Verbindung der Züricher Chronik mit Konstanzer Nachrichten neben diesem Codex (Gamper: AB 2.1), auch in den bei A. Gamper, Züricher Stadtchroniken näher erläuterten Hss. B 2.1 (= Innsbruck, Ferdinandeum, Sammlung Di Pauli 873), B 2.2 (= Chur, Staatsarchiv, B 1), AB 1.1 (= Zürich, Zentralbibliothek, Ms. A 80), AB 2.2 (= Zürich, Zentralbibliothek, Ms. A 172).

[380] G. Wacker, Richentals Chronik, S.23. Vgl. eine entsprechende Zuweisung bereits bei W. Matthiessen, Richentals Chronik, S.401.

Herzog-August-Bibliothek Wolfenbüttel aufbewahrt wird[381]. Mit diesem Manuskript liegt uns eine Chronikabschrift aus dem 16. Jahrhundert vor, deren Vorlage α_4, wiederum auf der Basis von r um 1470 entstanden, mit Sicherheit als Bearbeitung Dachers nachgewiesen werden kann. Auf dem Blatt, das als Schutz vor der Folio-Seite 1 eingebunden ist, wird von einer Hand des 16. Jahrhunderts „Gebhart Dacher von Costentz hat dieses zusamen geschrieben"[382] notiert. In der zweiten Stuttgarter Handschrift (Cod. theol. fol. 76, 37) – eine wörtliche Abschrift von Wolfenbüttel durch Hermann von der Hardt, Anfang des 18. Jahrhunderts angefertigt[383] – lesen wir entsprechend auf fol.1ʳ „Gebhart Dacher von Coßnitz. | Wolffenb(üttel)"[384]. Am Ende des Textes spricht unser Chronist dann sogar in den Worten Richentals von sich selbst als dem Autor der Konzilsgeschichte: „Nun hat dis ein Ende von denen die zu den Geistli= | chen Leúten gehören, Und die zu Costnitz sind geseyn, | von des Heiligen Concilij wegen, als ichs erfahren | kúndt oder mocht, und sey, daß ichtes vergeßen hab, | daß sol man meiner Unwißenheit zulegen, oder | Trägheit, wenn ich doch dis zubracht hab ohn mänklichs | Hülfe, Und auf mein Kosten gemahlt laßen hab, Und gab mir niemand stür(r) noch Hülf daran. | Gebhart Dacher von Costentz"[385]. Wie schon angedeutet, stiftete gerade diese Notiz bei von der Hardt und anderen durch die Verwendung der ersten Person Singular einige Verwirrung. Heute ist jedoch klar, dass es sich bei der Vorlage von Wolfenbüttel nicht um ein selbstständiges Werk Dachers handelt. α_4 ist vielmehr als eine weitere, in einigen Passagen etwa im Vergleich zu den edierten Fassungen A und K auch ausführlichere Bearbeitung[386] des Richental'schen Werkes aus der Feder des Redakteurs der 1460er Jahre zu interpretieren.

Ebenfalls durch die Hände Gebhart Dachers ging die nicht überlieferte Vorlage (α_5) des ersten Drucks der Konzilschronik von Anton Sorg (geb. um 1450; gest. nach 1495)[387]. Dieser Druck (RiDrS = D_1 in der Richental-Literatur), der im September 1483 in Augsburg[388] erschienen ist, allerdings kaum als Bucherfolg gewertet werden kann[389], beeinflusste dann auch die beiden nächsten Drucke von Heinrich Steiner (gest. 1547) in Augsburg 1536 (D_2)[390] und Sigismund

---

[381] Wolfenbüttel, Herzog-August-Bibliothek, Cod. Guelf. 61 Aug. 2° (August, Nr. 2632); vgl. die Beschreibungen bei G. Wacker, Richentals Chronik, Anhang 2, S.XVIII und Die Handschriften der Herzoglichen Bibliothek zu Wolfenbüttel, Nr.2632, S.327f.

[382] Ebd., S.328 und G. Wacker, Richentals Chronik, Anhang 2, S.XVIII.

[383] Stuttgart, WLB, Cod. theol. fol. 76, 37 (= Bd.37 der Collectanea v. H. v. der Hardt). Vgl. die Beschreibung bei G. Wacker, Richentals Chronik, Anhang 2, S.XVII. Die noch v. R. Kautzsch, Handschriften, S.465 und ihm folgend v. W. Matthiessen, Richentals Chronik, S.112 vertretene Ansicht, es handle sich um eine Hs., die dem 16. Jh. angehört und in „Papier, Schrift, Format und Inhalt" mit Wolfenbüttel übereinstimmt, ist folglich zu korrigieren.

[384] Stuttgart, WLB, Cod. theol. fol. 76, 37, fol.1ʳ.

[385] Stuttgart, WLB, Cod. theol. fol. 76, 37, fol.437ʳ.

[386] Vgl. dazu G. Wacker, Richentals Chronik, S.39. Besonders die Notiz zur Präsenz der Dirnen in Konstanz, die nur in dieser Hs. zu einer Geschichte ausgebaut ist, wurde unter der Autorschaft Dachers vielfach v. Historikern des 18. und 19. Jhs. rezipiert (vgl. dazu mit entsprechenden Belegen B. Schuster, Die unendlichen Frauen, S.29f und S.190, Anm.31).

[387] Vgl. die Faksimileausgabe des Münchner Exemplars Ulrichs v. Richental, Conciliumbuch, Augsburg Anton Sorg 1483, Potsdam 1923 sowie die Beschreibung mit einer Auflistung der überlieferten Exemplare bei G. Wacker, Richentals Chronik, Anhang 2, S.XXVIIIf (vgl. auch ebd., Abb.143 im Abbildungsteil).

[388] Vgl. zum Themenkreis des frühen Buchdrucks mit Blick auf die Historiographie allg. sowie zur Literatur in Augsburg zu der Zeit D. Mertens, Früher Buchdruck; A.-D. von der Brincken, Rezeption; P. Johanek, Historiographie und Buchdruck; J. Janota/W. Williams-Krapp (Hgg.), Literarisches Leben in Augsburg, hier v.a. den Aufsatz v. J.-J. Künast, Augsburger Frühdrucker sowie U. Neddermeyer, Von der Handschrift und H. Finger, Druck der „Koelhoffschen" Chronik.

[389] Vgl. D. Mertens, Früher Buchdruck, S.99f.

[390] Vgl. die Faksimileausgabe v. Ulrich v. Richental, Chronik des Constanzer Conzils 1414 bis 1418. Als Anhang: Text der Aulendorfer Handschrift, unveränderter ND der v. R.M. Buck besorgten Ausgabe, Meersburg/Leipzig 1936 sowie die Beschreibung bei G. Wacker, Richentals Chronik, Anhang 2, S.XXXf (vgl. auch ebd., Abb.84, 126 und 141 im Abbildungsteil).

Feyerabend (geb. um 1527/28; gest. 1590) in Frankfurt 1575 (D₃)[391] entscheidend. Kurz nach Beginn des Textes sind in allen drei Ausgaben direkt im Anschluss an das Konstanzer Stadtwappen die Wappenschilde von Gebhart Dacher und seiner Frau Ursula abgebildet[392], die entsprechend in α₅ vorhanden gewesen sein müssen. Auch die Holzschnittillustrationen, die durch ornamentierte Flächen, recht gleichförmige Gesichtsdarstellungen, einem harten Faltenwurf bei den Gewändern und Parallelschraffuren in Schattenpartien sowie der Zweiteilung einiger Bildeinheiten zu charakterisieren sind, erinnern an die Abbildungen von Pr und G[393]. Vergleicht man den gedruckten Text mit den anderen tradierten Fassungen, stellt man fest, dass er auf die Richental'schen Chronikvarianten x und r zurückgeht[394]. Dacher oder der/die von ihm beauftragte(n) Bearbeiter kompiliert/kompilieren den Text folglich aus zwei verschiedenen Versionen. Hierbei kommt es teils zu Wiederholungen einiger Ereignisse sowie zur wörtlichen Wiedergabe von Urkunden und Briefen, die nur aus diesem Überlieferungszweig bekannt sind. Der durch diese Redaktionstätigkeit entstandene Vorlagentext des späteren Drucks war folglich „sehr reichhaltig, aber noch nicht vollständig chronologisch durchgearbeitet und in einen zusammenfassenden deutschsprachigen Text umgesetzt"[395]. Auffällig ist, dass bei den Abbildungen eine gezielte Auswahl stattfindet; teils wird aus mehreren zusammengehörigen Bildern nur eines übernommen, teils sind Elemente verschiedener Szenen zu einer Illustration zusammengefügt. Bestimmte Teile des Bilderzyklus finden sogar keinerlei Berücksichtigung oder werden durch Wappen substituiert[396]. Inhaltlich ist die Druckausgabe und mit großer Wahrscheinlichkeit bereits deren Vorlage von einer deutlich erkennbaren kirchenkritischen Tendenz geprägt. Sie zielt vor allem gegen die römische Kirche beziehungsweise deren weltlichen Herrschaftsanspruch und propagiert die Ideen des Konziliarismus. Der Prozess gegen Jan Hus und Hieronymus von Prag wird als zweite Passion gedeutet; die Verantwortung für die Hinrichtungen tragen in dieser Interpretation der hohe Klerus und der Pfalzgraf bei Rhein. Der König selbst erscheint als Souverän, der sein Amt „Dei gratia" ausübt. Da er sich nicht nachhaltig genug für die Kirchenreform einsetzt und Papst und Kurie infolgedessen als Sieger aus der Auseinandersetzung hervorgehen, wird der Herrscher jedoch in dieser Schrift durchaus offen kritisiert[397].

Weitere Spuren der Tätigkeit Dachers auf dem Gebiet der Verbreitung der Konzilschronik wurden in der Forschung im Zusammenhang mit einer heute verlorenen Handschrift des Klosters Ottobeuren vermutet[398]. Dieser Codex, den Feyerabend nach eigenen Angaben noch selbst

---

[391] Vgl. die Beschreibung ebd., Anhang 2, S.XXXIf.
[392] Vgl. Druck v. 1483, fol.11ʳ; Druck v. 1536, fol.8ʳᶠ und Druck v. 1575, fol.7ʳ. In Abb.2 ist die letztgenannte Seite aus dem Tübinger Exemplar mit handschriftlichen Notizen zur Kolorierung der Wappen durch Martin Crusius, der den Druck bereits im Jahr nach dessen Erscheinung, genauer am „16. Maij. 1576" für „fl. I." (Titelblatt) erwirbt, abgebildet. Vgl. zu Crusius z.B. F. Brendle, Martin Crusius.
[393] Vgl. H. Lehmann-Haupt, Schwäbische Federzeichnungen, S.146; G. Wacker, Richentals Chronik, S.254f.
[394] Es sei, wie schon L. Baer, Historienbücher, S.143 meint und Wacker noch einmal schlüssig belegt, hier ausdrücklich darauf hingewiesen, dass sich dieser Druck nicht, wie bei R. Kautzsch, Handschriften, S.468f und noch bei W. Matthiessen, Richentals Chronik, S.107 zu lesen, v. G ableitet (vgl. G. Wacker, Richentals Chronik, S.22 und 254f). Leider ist diese Tatsache im modifizierten Hss.-Stemma v. Wacker nicht berücksichtigt (G. Wacker, Richentals Chronik, S.18). Angesichts der Kompilation ist auch der Hinweis v. T.M. Buck, Fiktion und Realität, S.77, der Erstdruck sei „aus einer vollständigen Version der St. Georger Handschrift" entnommen, nicht korrekt.
[395] G. Wacker, Richentals Chronik, S.254.
[396] Vgl. ebd., S.255.
[397] Vgl. ebd., S.256ff.
[398] Vgl. dazu R. Kautzsch, Handschriften, S.452; W. Matthiessen, Richentals Chronik, S.101 und G. Wacker, Richentals Chronik, Anhang 2, S.XX.

eingesehen hatte, bevor schon zu dessen Lebzeiten „die Zeitverwirrung das Original raubte"[399], scheint dem Manuskript G recht nahe gestanden zu haben. Folglich könnte auch diese Handschrift auf eine Fassung des Konstanzer „husherren" zurückgehen[400].

Ein Schriften- und Illustrationsvergleich legt darüber hinaus nahe, auch zwei beidseitig bemalte Blätter, die aus einem umfangreicheren und ansonsten verlorenen „Defensorium virginitatis mariae" herausgetrennt wurden, Gebhart Dacher und seinem Kreis zuzuschreiben[401]. Alle Seiten enthalten jeweils eine Abbildung in der aus den besprochenen Handschriften bekannten Malweise. Darunter befinden sich ein volkssprachlicher sowie ein etwas ausführlicherer lateinischer Text, der von der Hand zu stammen scheint, die für Textpassagen von G, Stgt und dem Hauptzeugen der „Konstanzer Chronik" SG verantwortlich ist. Die Illustrationen, hier mit dem deutschen Text, sind nach dem Katalog von Eva Moser[402] wie folgt zu beschreiben: Auf 2126[r] sind drei Männer bei einem Brunnen, aus dem einer eine Hand herausholt, zu sehen. Der Kommentar für den nur des Deutschen mächtigen Leser lautet wörtlich zitiert: „Mag ain prunn in gochia justain völkern aller Hand. So mag auch in maria war mensch werden in adams land". 2126[v] zeigt ein Kalb, das aus einer Wolke zwischen zwei stehenden Männern herabfällt. Der dazugehörige Text ist mit den Worten „Mochtent die wolcken von naturbringen ain Kalblin" wiederzugeben. Auf 2127[r] steht ein König vor dem Vogel Phönix. Als Text lesen wir: „Mag der fenix durch fewr Jungen sein leiplich leben | So mag got an ma(n)es stewr sein(er) mût(er) kauschait geben." Die letzte Seite zeigt einen vom Wind in die Höhe geschleuderten Hirten über vier weidenden Schafen. Diese Szene wird mit „Möcht ain hiert(e)n dreymal d(e)r wind tragen am menschlerch vart | Wie möcht denn nit got sein kind geben durch magtlerch art" kommentiert.

Zu den bisher genannten Texten, die unter der Mitarbeit und/oder im Auftrag unseres Historiographen in verschiedenen Codices kopiert, bearbeitet, illustriert und kompiliert wurden, treten – zieht man den Codex Sangallensis 646 in die Überlegungen mit ein – weitere Werke. Jenseits des bistums- und stadtgeschichtlichen Themenkomplexes, der beispielsweise auch eidgenössische Ereignisse berücksichtigt (vgl. Kapitel A.5.1.1 und 5.1.2) und auf unterschiedlichsten Quellen beruht (vgl. Kapitel A.2.1.2 und A.5.1.4), belegen die in den Text integrierten Erzählungen über Vlad III. Țepeș (vgl. SG, fol.198[ra]ff, 204ra, 207[ra]ff) sowie vor allem das Fragment aus dem „Elsässischen Trojabuch" (vgl. SG, fol.100 und zu beidem Kapitel A.5.1.3), dass Gebhart Dacher sich auch mit historiographischen und literarischen Schriften beschäftigt, in denen weder reichs- noch regional- und stadtgeschichtliche Themen im Vordergrund stehen. Vielmehr gehen auch Handschriften durch seine Hände und dürften unter seiner Federführung entsprechend weitere Verbreitung gefunden haben[403], die – wie auch bei der Konzilschronik erkennbar[404] – auf aktuelle Diskurse rekurrieren und zeitgenössische Interessen einer gebildeten

---

[399] P.M. Feyerabend, Des ehemaligen Reichsstifts Ottobeuren Benediktiner Ordens in Schwaben Sämmtliche Jahrbücher, Bd.2, 1814, S.606, zitiert bei R. Kautzsch, Handschriften, S.452; W. Matthiessen, Richentals Chronik, S.101 und G. Wacker, Richentals Chronik, Anhang 2, S.XX.

[400] Für die v. P. Ruppert, Chroniken, S.VIII vertretene Ansicht, auch die Richental-Hss. K, W und E (vgl. deren Beschreibung bei G. Wacker, Richentals Chronik, Anhang 2, S.IIIff, VIff und XIIff) seien auf Dacher zurückzuführen, finden sich hingegen keinerlei Belege.

[401] Berlin, Staatliche Museen PK, Kupferstichkabinett, KDZ 2126/2127; vgl. die Beschreibung bei E. Moser (Hg.), Buchmalerei, Katalog KO 53, S.298.

[402] Vgl. ebd., S.298. Abgesehen v. dem dort abgebildeten Blatt 2127[r] geht die Beschreibung allein auf den Katalog zurück.

[403] Das Fragment des Trojabuches spricht vermutlich dafür, dass eine Abschrift bzw. eine Neubearbeitung (eventuell mit einem Bilderzyklus) geplant war und möglicherweise auch ausgeführt wurde.

[404] Vgl. zur Funktionalisierung mit Blick auf die aktuellen Bezüge G. Wacker, Richentals Chronik, S.202ff.

städtischen Rezipientenschicht bedienen. Sowohl Verarbeitungen des Trojastoffes[405] als auch – angesichts der Türkengefahr und der Kreuzzugsstimmung zu dieser Zeit nur zu verständlich – Literatur zu den Osmanen und ihren Grenz- und Berührungszonen gehörten wie „Klatsch- und Gruselgeschichten" allgemein zu den beliebtesten Werken der zweiten Hälfte des 15. Jahrhunderts[406].

Angesichts der Vielzahl der Handschriften, die mit dem Namen unseres Chronisten in Verbindung gebracht werden können, verwundert es nicht, dass vermutet wurde, Gebhart Dacher sei der Leiter einer „Werkstatt für Vervielfältigung historischer Hss. mit Schreibern und Malern"[407] gewesen beziehungsweise habe eine mehr oder weniger gewerbliche „Schreibstube"[408] betrieben. Die Forschung schloss sich dieser Meinung, die erstmals und mit Fragezeichen versehen von Rudolf Kautzsch geäußert wurde, überwiegend und teils ohne weitere Reflexionen an[409]. Anders als bei der „Werkstatt" von Diebold Lauber in Hagenau im Elsass[410], aus der sich beispielsweise mehrere Bücheranzeigen, darunter eine Liste von 39 Handschriften, erhalten haben[411], mit deren Hilfe anscheinend auf Vorrat produzierte Manuskripte an den Mann gebracht werden sollten[412], haben sich jedoch abgesehen von den Handschriften selbst keinerlei Zeugnisse erhalten, die die Existenz einer solchen Institution zweifelsfrei belegen würden[413]. In einer der neuesten biographischen Skizzen lesen wir denn auch: „Vermutl. schrieb er nur für sich selbst. So gilt weiterhin: '... ein sicherer Schluss auf eine Wkst. für Hss.-Herstellung in Konstanz ist aus alledem nicht zu ziehen' (Kautzsch, 1894, 580)."[414] Die von Gisela Wacker herausgearbeiteten Unterschiede zwischen den einzelnen Richental-Handschriften Dachers, die wie dargestellt auf verschiedene Bedürfnisse hin ausgerichtet sind und in einem Fall beispielsweise eine dezidiert antihussitische, später dann wiederum eine genau gegensätzliche Position propagieren, sprechen wie auch die Illustrationen nach höfischem Muster kaum für die Herstellung der Codices allein für die eigene Bibliothek[415]. Neben der kostbaren Ausstattung der Reinschriften und den verschiedenen Schreibern und Buchmalern, könnten das Bemühen um Übersichtlichkeit und leichtere Lesbarkeit ebenso wie die sich auch inhaltlich zeigende Orientierung an den Interessen bestimmter Käuferkreise (vgl. z.B. die Betonung von Konstanz als dem Konzilort oder die Berücksichtigung von Geistlichen, Patriziern und Adligen aus der Stadt und dem nahen Umland in einer Handschrift

---

[405] Vgl. z.B. mit weiterführender Literatur E. Lienert, Deutsche Antikenromane, S.103ff bzw. die Angaben in Kapitel A.5.1.3.
[406] Vgl. P. Johanek, Historiographie und Buchdruck, S.112f.
[407] R. Kautzsch, Handschriften, S.479f.
[408] So bspw. P. Ruppert, Chroniken, S.VIII und ihm folgend Die Handschriften der Württembergischen Landesbibliothek Stuttgart, 2. Reihe, 2,2: Codices historici (HB V 1-105), S.37; W. Irtenkauf, Bibliophile Kostbarkeiten, S.64 oder Kostbarkeiten der Buchmalerei, Nr.9ff.
[409] Vgl. z.B. Allgemeines Lexikon der bildenden Künstler, Bd.8, S.250; B. Konrad, Buchmalerei in Konstanz, S.120, 126, 128 und entsprechend auch im Katalogteil bei E. Moser (Hg.), Buchmalerei, S.295ff; T.M. Buck, Text, Bild, Geschichte, S.74, 86 oder G. Wacker, Richentals Chronik, passim.
[410] Vgl. R. Kautzsch, Diebold Lauber; W. Fechter, Kundenkreis; C. v. Heusinger, War Diebold Lauber Verleger?; L.E. Saurma-Jeltsch, Spätformen.
[411] Vgl. ebd., Bd.1, S.239ff.
[412] Vgl. dazu bspw. N.H. Ott, Handschriften-Tradition, S.79.
[413] Wie L.E. Saurma-Jeltsch, Spätformen, Bd.1, v.a. S.61ff ausführt, ist der v. der älteren Forschung geprägte Terminus „Werkstatt" mit allen damit verbundenen Implikationen auch im Hinblick auf Lauber problematisch. Wenn er im Folgenden aufgrund fehlender Alternative trotzdem Verwendung findet, geschieht dies – schon allein weil wir über Dachers Tätigkeit noch weniger informiert sind – unter Vorbehalten und daher stets in Anführungszeichen.
[414] Allgemeines Künstlerlexikon, Bd.23, S.342.
[415] Diese Ansicht vertrat hingegen recht dezidiert z.B. auch H. Maschek, Einführung, S.14: „Er [Dacher] arbeitet nicht nur Richentals Chronik um, sondern ließ als gelehrter Bücherliebhaber für seinen eigenen Gebrauch verschiedene Handschriften anfertigen (...)."

und die der zünftischen Bürger in einer anderen) als Indizien der Produktion dieser Werke für ein zahlendes Publikum gedeutet werden. Die Namenseinträge sind folglich ebenso wie die Familienwappen Dachers weniger als Besitzervermerke, sondern vielmehr als eine Art „Firmenzeichen" zu interpretieren[416]. Vor dem Hintergrund der wachsenden Nachfrage nach Handschriften auch in Konstanz[417], deren Ursachen vor allem in der Alphabetisierung der Städte[418], den günstigeren Produktionskosten durch die Verwendung von Papier statt Pergament sowie der Erfindung der Brille zu suchen sind[419], liegt die Existenz einer „Schreibstube" oder einer ähnlichen Institution, deren Fäden in den Händen unseres Chronisten zusammenlaufen[420], wenn sie auch nicht urkundlich belegt werden kann, im Bereich des Wahrscheinlichen. Da einige Ausführungen der folgenden Kapitel zeigen werden, dass auch Texte der „Konstanzer Chronik" in verschiedenen Redaktionen vorgelegen haben dürften (vgl. v.a. Kapitel A.4.2 und A.4.4), lassen sich für diese Annahme weitere Anhaltspunkte finden.

Rekapitulierend lässt sich sagen, dass Gebhart Dacher nachweislich von 1464 bis zu seinem Tod, das heißt in einer Zeit, in der er als „husherre" des Konstanzer Kaufhauses tätig war, den unterschiedlichsten historiographischen und literarischen Texten nicht nur Interesse entgegengebracht, sondern sich auch auf vielfältige Art und Weise für deren Verbreitung eingesetzt hat. Ein Schwerpunkt seiner redaktionellen Tätigkeit bildet die Geschichte seiner Heimatstadt und in diesem Bereich wiederum das Werk Ulrichs von Richental. Genauer ist er sogar „entscheidend mitverantwortlich für die verhältnismäßig weite Verbreitung und für die Popularisierung der Konzilschronik"[421]. Dacher (bzw. auf seine Initiative hin und mit großer Wahrscheinlichkeit unter seiner Aufsicht auch die Mitarbeiter in seiner „Werkstatt") zeichnet sich hierbei durch einen souveränen und recht eigenständigen Umgang mit den Vorlagen aus. Die Texte werden nicht einfach abgeschrieben, sondern vermutlich durchaus mit Blick auf wirtschaftliche Erwägungen und die eigenen gesellschaftlichen Ambitionen für bestimmte Rezipientenkreise – zu denken hat man in

---

[416] Vgl. B. Konrad, Buchmalerei in Konstanz, S.126. Er sprich übrigens ebd., S.126 davon, dass „Gebhard Dachers Schreibstube (...) neben jener von Diebolt Lauber (...) und Diebolt Schilling (...) die berühmteste und produktivste" gewesen sei.

[417] Vgl. die Vielfalt der Hss., die im Katalog v. E. Moser (Hg.), Buchmalerei bzw. in den Kostbarkeiten der Buchmalerei für Konstanz nachgewiesen sind. Ein Höhepunkt der Hss.-Produktion zeigt sich gerade in den 1460er und 1470er Jahren. Hinzu kommen noch zahlreiche unilluminierte Codices. Vgl. auch die allg. Erläuterungen zum „Manuskriptzeitalter" bei U. Neddermeyer, Von der Handschrift, S.190ff und der Hinweis auf das Konzil als „Markstein" im Hinblick auf das Medium Buch in Konstanz selbst v. B. Konrad in Kostbarkeiten der Buchmalerei. Die Ansiedlung einer solchen „Werkstatt" in der Fernhandelsstadt Konstanz wäre übrigens typisch. Nach N.H. Ott, Handschriften-Tradition, S.77 etablierten sich derartige „Handschriften-Manufakturen", „die die zum Beispiel in der Tuch- oder Barchentweberei entwickelten Erfahrungen mit arbeitsteiliger Produktion auf die Herstellung von Manuskripten übertrugen", „in Gegenden mit regen Fernhandelsbeziehungen, vor allem aber in Städten mit einem bereits entwickelten, auf Arbeitsteilung beruhenden Gewerbe".

[418] Vgl. zu diesem Bereich die Feststellung v. Leonardo Bruni, der in seiner Charakterisierung der städtischen Gesellschaft schon zur Zeit des Konzils eine beachtenswerte Verbindung zwischen Bürgertum und Schriftlichkeit in Konstanz konstatiert: „Universa haec civitas in duo genera divisa est: alii enim sunt equestris generis, alii plebei. Plebei mercaturis, et officinis intendunt; equites veteribus patrimoniis contenti redditibus aluntur, et equestrem dignitatem observant" (Leonardo Bruni, Liber IV, III, S.108). Obwohl die Äußerungen, die den Konstanzer Verhältnissen gerade im Hinblick auf das Patriziat nicht gerecht werden, im Zusammenhang mit dem „Bürgertum" mehr auf die kaufmännischen Tätigkeiten und die bischöfliche Kanzlei als auf die Herstellung v. Hss. zielen, können sie als Indiz für den relativ hohen Grad an Schriftlichkeit in Konstanz gelten.

[419] Vgl. z.B. B. Konrad, Buchmalerei in Konstanz, S.126.

[420] Vgl. zum möglichen Aufgabenfeld eines „Werkstattleiters" N.H. Ott, Handschriften-Tradition, S.82: „Die Produktionsweise der Werkstätten von der Art der Lauberschen ist nicht gänzlich zu rekonstruieren. Vermutlich überwachte der Werkstattleiter die Arbeiten, koordinierte sie, kümmerte sich um die Vorlagen, bestimmte vielleicht auch das Bildprogramm – und beteiligte sich auch selbst am Schreiben und Illustrieren."

[421] G. Wacker, Richentals Chronik, S.265.

den meisten Fällen an die Konstanzer Oberschicht und den umliegenden Landadel[422] – aufbe-
reitet. Teils werden die Texte in den Dacher'schen Bearbeitungen gänzlich anders angeordnet,
reduziert und amplifiziert, ja verschiedene Fassungen und Werke gewissermaßen zu einem neuen,
eigenständigen zusammengestellt. Gleichzeitig formt unser Redakteur die Bildsyntax um und
greift auch intensiv in die inhaltliche Struktur der Konzilschronik ein[423], sodass je nach den
zeitgenössischen Umständen hier und da die Botschaft des Textes verändert wird. Dabei kommt
es zu einer Zurückdrängung der ursprünglich starken reformerischen und konziliaristischen
Elemente der Konzilschronik; auch von einem universellen Anspruch kann in seinen Handschriften, die in der Regel eine Konstanzer Perspektive vertreten, kaum mehr die Rede sein. Um den
leichteren Absatz der Codices zu gewährleisten, scheinen – man denke an die veränderte Haltung
gegenüber Hus und Hieronymus sowie die schärfer werdende antirömische Tendenz – in den
verschiedenen Bearbeitungen der 1460er Jahre auch aktuelle Stimmungen innerhalb der potenziellen Käuferschicht Berücksichtigung zu finden[424].

Insgesamt ist bei der Bearbeitung aller bisher betrachteten historiographischen Texte durch
Gebhart Dacher eine konzeptionell ähnliche Methodik zu konstatieren, die sich, wie die große
Zahl der Richental-Handschriften aus seiner Schreibstube beweist, bewährt zu haben scheint. Zu
den Hauptmerkmalen zählt vor allem ein durchaus selbstständiger Umgang mit Vorbildern und
Quellen. Auf ein „bürgerliches" Publikum hin ausgerichtet, werden die Texte mit dem Bemühen
um Übersichtlichkeit und Einprägsamkeit in der Volkssprache und meist unterbrochen von zahlreichen Illustrationen und Wappen letztlich zu etwas Neuem kompiliert. Da es keinen Grund für
die Annahme gibt, dass sich der „husherre" bei der Erstellung eines „seiner" Werke eine gänzlich
neue Verfahrensweise aneignet beziehungsweise einen anderen Adressatenkreis anzusprechen
gedenkt, dürfte das beschriebene Arbeitsprinzip auch bei der Zusammenstellung der „Konstanzer
Chronik" zum Tragen gekommen sein. Wiederum scheint er zumindest am Beginn der Chronik,
wie die mittelalterlichen Kompilatoren meist, vor allem als Redakteur tätig gewesen zu sein, der
durch seine Eingriffe in den Text ein selbstständiges Werk neuer Prägung mit eigenen inhaltlichen Schwerpunkten und Botschaften formt (vgl. Kapitel A.5)[425].

---

[422] Ebd., S.266 wird darauf hingewiesen, dass sich die Hss. K und W anders als die Dacher'schen Codices mit einem
etwas anspruchsvolleren Bildprogramm an eine differenzierter gebildete Schicht aus dem Konstanzer Patriziat
wenden.
[423] Anders als T.M. Buck, Text, Bild, Geschichte, S.61f dies mit R. Kautzsch im Zusammenhang mit der Hs. K konstatiert, kann die Herstellung dieser Bilderhss. unter der Redaktion v. Dacher also keineswegs als „eine ganz mechanische", bei der sich Zeichner und Schreiber „über ihren Gegenstand keine grossen Gedanken machten", bezeichnet
werden.
[424] Vgl. dazu auch G. Wacker, Richentals Chronik, S.265ff.
[425] Da die „Werkstatt" Dachers mit großer Wahrscheinlichkeit Hss. der verschiedenartigsten Werke kopiert haben
dürfte, sollte man wohl auch nicht mehr – wie dies E. Hillenbrand, Geschichtsschreibung, S.10 noch tut – allein v.
einer „Trias" (Twinger/Richental/Konstanzer Chronik) ausgehen, „die das Geschichtsbild Dachers markiert".

3.2 Konrad Albrecht

3.2.1 Biographie und gesellschaftliche Position

Konrad Albrecht[426] begegnet uns in den Quellen erstmals 1444. Am 1. August dieses Jahres tritt er – wie eine eigenhändige Notiz überliefert („Anno domini MCCCCXL quarto uff Sambstag nach sant Jacobstag des hailigen apposteln kam ich, Conrad Albrecht, zů dem stattschriber"[427]) – als Gehilfe des Stadtschreibers Heinrich Kraft, genannt Marschalk[428], in die Konstanzer Stadtkanzlei ein. Von diesem wird er daraufhin in die Tätigkeiten der Kanzlei eingeführt und zu einem Stadtschreiber ausgebildet. Über seinen vorherigen Bildungsweg sind wir nicht näher informiert. Seine Lateinkenntnisse werden von Konrad Beyerle jedoch als sehr gering beurteilt[429]. Der erste Eintrag seiner Hand in das Konstanzer Ratsbuch ist auf den 13. Mai 1452 zu datieren. Nach dem Tod von Kraft übernimmt Albrecht, der vermutlich zuvor zeitweise die Stellung eines Unterschreibers innehat[430], 1458 dessen Amt. Seine Bestellung erfolgt am 7. Dezember 1458: „Anno d(o)m(ini) M CCCC lviiij vff donrstag Nach Sant Barbarentag Bin | ich Conrad Albrecht von aim Rat bestelt zu Jrem Stattschriber wie dan(n) | Hainrich Krafft genant Marschalck min vorfaren by dem ich zehen Jar | vor was bestelt gewesen (...) Vnd ist das by sold alle fronuasten zehen pfund pfenig vnd wenn der | Statt Groß rechnung ist vier lb dn vnd vff pfingsten | vj lb dn fur ain Rock (...)"[431]. Die endgültige Bestätigung seiner Ernennung nach der Probezeit fällt auf den 27. September 1459[432]. Von nun an ist er beinahe vierzig Jahre lang als Konstanzer Stadtschreiber und gleichzeitig als öffentlicher Notar tätig[433]. Er hat damit das in den spätmittelalterlichen Städten meist am besten bezahlte Dienstamt mit den günstigsten Anstellungsbedingungen inne[434]. Unterstützt wird er hierbei bereits früh von verschiedenen Unterschreibern[435]. In der Funktion als Stadtschreiber führt dieser Konstanzer die städtische Korrespondenz sowie die laufenden Geschäftsbücher; er ist folglich zur Führung des Protokolls auch stets bei den Ratssitzungen anwesend[436]. Nachweislich gehen darüber hinaus verschiedene Rechtssammlungen auf ihn zurück

---

[426] Vgl. die Behandlung seiner Person in: OBG, Bd.1, S.6; O. Feger (Hg.), Das Rote Buch, S.18ff; P.-J. Schuler, Notare, Nr.10, S.4ff; H. Maurer, Konstanz II, S.119f und P.F. Kramml, Friedrich III., S.284ff; B.M. v. Scarpatetti, Katalog, S.285f. Die Ausführungen dieses Kapitels beruhen weitgehend auf den genannten Artikeln.

[427] StAK, H VI 2, Protokollbuch der „sieben richter auf dem ringburger tor", Innenseite, zitiert nach P.F. Kramml, Friedrich III., S.284. Die spätere Notiz im Gemächtebuch (s.u.) spricht hingegen v. einem Eintritt in die Kanzlei ca. zehn Jahre vor 1458, verlegt ihn also auf 1448.

[428] Vgl. zu ihm OBG, Bd.2, S.362; P.F. Kramml, Friedrich III., S.334f.

[429] Vgl. O. Feger (Hg.), Das Rote Buch, S.19, Anm.40 und S.20.

[430] Vgl. P. Ruppert, Chroniken, S.XII, Anm.1 und P.F. Kramml, Friedrich III., S.285.

[431] StAK, A IX,2, fol.32. Vgl. auch die kürzere Nachricht im Ratsbuch StAK, B I 8, S.219½.

[432] Vgl. StAK, B I 11, fol.50, auch z.B. zitiert bei O. Feger (Hg.), Das Rote Buch, S.19, Anm.40 und P.-J. Schuler, Notare, S.4, Anm.2.

[433] Vgl. zur Stellung des Stadtschreibers als öffentlicher Notar P.-J. Schuler, Geschichte, S.174ff.

[434] Vgl. E. Isenmann, Stadt, S.144 und LexMA, Bd.8, Sp.27.

[435] Namentlich belegt sind Andres Hunolt und Thomas Greif, der spätere Nachfolger (vgl. O. Feger (Hg.), Das Rote Buch, S.19f; P.F. Kramml, Friedrich III., S.286; vgl. zu Greif selbst P.-J. Schuler, Notare, Nr.442, S.152).

[436] Entgegen des fehlerhaften Regests in REC V, Nr.14641 und den diese Information verwertenden Ausführungen v. G. Burger, Stadtschreiber, S.164 und P.-J. Schuler, Notare, S.5 ist Albrecht im Jahr 1476 neben seiner Stadtschreibertätigkeit nicht gleichzeitig Ratsherr. Wie P.F. Kramml, Friedrich III., S.285 vielmehr ausführt, nimmt er zwar an den Sitzungen stets teil, ist aber niemals selbst Ratsmitglied. Tatsächlich bestimmt sogar ein Ratsbeschluss von 1387, „daz man kain stattschriber fragen sol, weder in großem rat noch in klainem" (B I 1, 151, zitiert nach P. Meisel, Verfassung, S.49). Nachweislich scheidet deshalb ein Ratsmitglied nach der Ernennung zum Stadt-

beziehungsweise erhalten durch seinen Einfluss einen ganz eigenen Charakter. Neben dem 1461 angelegten Gemächtebuch („Der statt Costenz ordnungen", StAK, A IX, 2) und einer Kopie der „Ordnung des Kaufhauses"[437], beeinflusst er vor allem die Anlage des sogenannten „Roten Buches"[438]. Bei dieser bedeutenden Stadtrechtshandschrift handelt es sich um „die älteste uns noch erhaltene Kompilation städtischer Satzungen", die gleichzeitig „während eines wichtigen Jahrhunderts als amtliches Verkündigungs- und Eidbuch der Stadt"[439] diente. Während ein Teil dieses „Roten Buches" bereits von Albrechts Vorgänger Kraft stammt, ordnet und ergänzt er die bestehende Sammlung und bringt sie durch die Bindung in die uns überlieferte Form[440]. Sein Einfluss auf eine Abschrift der Richental'schen Chronik, die sich im Besitz der Stadt befand, ist bisher nicht eindeutig geklärt[441]. Jenseits der eigentlichen Schreibtätigkeit vertritt Konrad Albrecht die Stadt auch vor Gericht[442], wirkt als Schiedsrichter[443] und agiert hin und wieder als Gesandter[444]. In der letztgenannten Stellung weilt der Stadtschreiber beispielsweise im Februar 1466 zusammen mit Gebhart Dacher und anderen Vertretern der Stadt wegen des Thurgaus am kaiserlichen Hof in Wien. Dort wird ihm am 26. Februar[445] ein – auch in unserer Chronik auf fol. 223va erwähntes, allerdings nicht durch einen Illustrator ausgeführtes – Wappen, nämlich das des kinderlos verstorbenen Heinrich Kraft, verliehen. Dem Wappenbrief entsprechend ist es wie folgt zu beschreiben: „Mit namen einen blawen schilde darinn vberegk ab ein gelbe leisten vnd in mitte auf derselben leisten entspringende das ober teil einer halben gelben lilien vnd auf dem schilde einen helme getziert mit einer gelben vnd blawen helmdecken, darauf ein zwifach blaw aufgetan flügel auch mit einer leisten vnd lilien von farben vnd schikchung geordnet als in dem schilde"[446]. 1485 gehört er dann etwa der Ratsdeputation an, die Kaiser Friedrich III. bei seinem Besuch auf der Pfalz willkommen heißt[447]. 1466 ist er auch als kaiserlicher Notar belegt[448]. Ab 1459 agiert Albrecht wie sein Vorgänger ebenfalls als Landschreiber des Thurgauer Landgerichtes. Am 2. Oktober 1466[449] wird ihm dieses Amt von Kaiser Friedrich III. auf Lebenszeit verliehen, wobei er

---

[437] Vgl. P.-J. Schuler, Notare, S.5.

[438] Vgl. die Edition v. O. Feger (Hg.), Das Rote Buch, S.55ff.

[439] O. Feger (Hg.), Das Rote Buch, S.29.

[440] Vgl. ebd., S.29ff und die Erwähnung der eigenen Arbeiten im Vorwort: „Dis hernach geschriben der statt geschworen såtz, och des rŵts, der burger und der amptlút ayd und ettlich der statt ordnungen hat Hainrich Marschalk, den man nempt Krafft sålig, wilent stattschriber daselbs, vor ettlichen tagen usser den alten rŵts und satzung büchern gezogen, und ich Conrat Albrecht, jetzo stattschriber zů Costentz, die zůsamen gemeret und also inbinden laßen uff sant Conrats abend anno domini 1460" (zitiert nach ebd., S.29).

[441] Vgl. E. Moser (Hg.) Buchmalerei, Katalog KO 44, S.290.

[442] Vgl. P.-J. Schuler, Notare, S.5 mit urkundlichen Belegen in Anm.10. Vgl. auch seinen eigenen Prozess gegen Konrad Utz aus St. Gallen, den er wegen einer Schuld v. einem Pfund und 15 Schillingen vom Landgericht ächten lässt und, nachdem die Acht nicht weiter verfolgt wird, erneut, dieses Mal vor dem Gericht v. St. Gallen, anklagt (vgl. P.-J. Schuler, Notare, S.5).

[443] So etwa bei einer Richtung zwischen Ludwig Hof v. Sonthofen und den Helfern des verstorbenen Hans v. Ryschach, genannt Haman v. Dietfurt im Nov. 1466 (vgl. ebd., S.5).

[444] Vgl. neben den nachfolgenden Beispielen auch Hinweise auf weitere Reisen, bei denen Albrecht als Vertreter der Stadt agiert, bei P.F. Kramml, Friedrich III., S.117, Anm.703, S.146, Anm.161 und S.183.

[445] Wie schon in Kapitel 3.1 bei Gebhart Dacher wurde auch dieser Wappenbrief in der Forschung verschiedentlich fehlerhaft datiert. P. Ruppert, Chroniken, S.X und XII sowie O. Feger (Hg.), Das Rote Buch, S.19 verlegen die Verleihung auf das Jahr 1464, P.-J. Schuler, Notare, S.5 auf das Jahr 1462.

[446] J. Chmel, RF, Nr.4385, S.454.

[447] Vgl. P.F. Kramml, Friedrich III., S.84ff und 286.

[448] Vgl. ebd., S.285.

[449] Vgl. J. Chmel, RF, Nr.4673, S.479. Während diese Angabe korrekt bspw. bei OBG I, S.5; G. Burger, Stadtschreiber, S.141 oder P.F. Kramml, Friedrich III., S.286 und 438 erwähnt wird, datiert P.-J. Schuler, Notare, S.5 dieses Ereignis fälschlicherweise auf das Jahr 1462.

die Erlaubnis erhält, sich durch einen Statthalter vertreten zu lassen[450]. Bis zum Jahr 1470 ist er des Weiteren für den Schriftverkehr des Bundes der Bodenseestädte zuständig. Konrad Albrecht stirbt, nachdem sein Testament zugunsten seines Bruders Peter Albrecht und des Steuerschreibers Johannes Blenninger bereits im November 1482 von Bürgermeister und Rat vidimiert wird[451], hochbetagt im Jahr 1498 respektive 1502[452].

Konrad Beyerle beurteilt die Amtszeit dieses Stadtschreibers überwiegend negativ, bezeichnet die späteren Amtsjahre ab 1480 ebenso wie die Zeit seiner Nachfolger als „Tiefstand des Konstanzer Kanzleiwesens" und erkennt „im Bildungsgrad dieser führenden Kanzleibeamten der Stadt ein peinliches Herabgleiten, in dem sich (...) der Niedergang der Stadt selbst widerspiegelt"[453]. Peter Kramml hingegen relativiert dieses Bild mit Blick auf die Bedeutung von Konstanz selbst, insofern er darauf hinweist, dass sich ein Stadtschreiber dieser „Mittelstadt" naturgemäß nicht zu einer solchen Persönlichkeit entwickeln konnte, wie wir dies von Amtsträgern in derselben Position aus großen Reichsstädten kennen[454]. Bedenkt man allgemein die einflussreiche und mit hohem Sozialprestige verbundene Stellung eines Stadtschreibers innerhalb der städtischen Gesellschaft[455] und berücksichtigt man dabei die sehr lange Amtsdauer Albrechts von 1458 bis 1498, wird deutlich, dass es sich bei diesem Fortsetzer unserer „Konstanzer Chronik" durchaus um einen bedeutenden Bürger handelt, der innerhalb der Stadtverwaltung eine herausragende Rolle einnimmt, unter anderem gute juristische Kenntnisse besitzt und die Stadt zum Beispiel bei den Bundesversammlungen der Seestädte häufig alleine vertritt[456]. Durch seine langjährige, intensive Tätigkeit gewinnt er wie die meisten Stadtschreiber tiefe und vielfältige Einblicke in die komplizierten Rechtsverhältnisse der Stadt, in die Verwaltung und die außenpolitischen Sachverhalte, sodass er als Berater des Stadtregiments auftritt und selbst Einfluss auf die Geschäfte nimmt[457]. Da die höchsten Amtsträger der Stadt der Verfassung gemäß ständig wechseln, verkörpert er letztlich „die Kontinuität in der Leitung der städtischen Geschäfte" und besitzt gewissermaßen „den Überblick über das Ganze"[458].

---

[450] „(....) vnd ob er das egemelt ampt durch sich selbs nicht verwesen möchtte, daz er dann das durch ander erber tuglich vnd vernüftig person versehen vnd verwesen mag" (J. Chmel, RF, Nr.4673, S.479) (vgl. auch P.F. Kramml, Friedrich III., S.171 und 286).

[451] Vgl. P.-J. Schuler, Notare, S.5 und P. Baur, Testament, S.53.

[452] Während die letzten urkundlichen Belege auf das Jahr 1498 fallen (Tätigkeit als Testamentsvollstrecker der Cleofe Wölfin und ihres Mannes Konrad Rost, Stiftung einiger Güter und Zinsbriefe sowie eine Gültverschreibung an Konrad v. Tengen, vgl. P.-J. Schuler, Notare, S.5f) und auch die Ernennung v. Thomas Greif als Stadtschreiber für den Tod im Jahr 1498 sprechen (so bspw. P.F. Kramml, Friedrich III., S.286), wird noch 1502 das Haus „zum Hochaffen", das neben dem Haus „zum Kemlin" liegt, als Besitz des alten Stadtschreibers Konrad Albrecht genannt (vgl. P.-J. Schuler, Notare, S.6 mit Blick auf GLA/301). H. Maurer, Konstanz II, S.119 nennt entsprechend 1502 als Todesjahr.

[453] O. Feger (Hg.), Das Rote Buch, S.20.

[454] Vgl. P.F. Kramml, Friedrich III., S.284.

[455] Vgl. neben G. Burger, Stadtschreiber etwa die Ausführungen bei E. Isenmann, Stadt, S.143f und im LexMA, Bd.8, Sp.27 mit weiterer Literatur.

[456] Vgl. P.F. Kramml, Friedrich III., S.284f; P.-J. Schuler, Notare, S.5.

[457] Vgl. E. Isenmann, Stadt, S.143 und H. Maurer, Konstanz II, S.119.

[458] H. Maurer, Konstanz II, S.119.

3.2.2 Konrad Albrecht und die „Konstanzer Chronik"

Der Konstanzer Stadtschreiber Konrad Albrecht gelangt bereits kurz nach dem Tod von Gebhart Dacher in den Besitz des Codex Sangallensis 646. Wie er uns auf fol.223va selbst mitteilt, übergibt ihm die Witwe unseres Chronisten Ursula die Handschrift am 20. Januar 1472: „A(!)nno d(omi)ni etc. lxxij[do] | vff Mentag nach sannt Hilaryen tag ward | mir Conraten Albrecht, | Stattschriber zů Costentz, disz buch von Gebhartt | Tachers såligen frowen | [gegeben]". Ob es sich bei dieser Übergabe um eine Schenkung handelt oder ob wir – wie dies bei einem späteren Besitzerwechsel der Chronik nachweisbar ist (vgl. Kapitel A.4.3) – von einem Kauf ausgehen müssen, kann nicht mehr eruiert werden. Bedenkt man den zeitgenössischen Wert respektive die hohen Kosten, die bei der Herstellung dieser Handschrift mit Blick auf die Ausstattung angefallen sind, dürfte die zweite Möglichkeit als die wahrscheinlichere anzusehen sein. Berücksichtigt man hingegen die Unvollendetheit, die vermutlich im frühen Tod Dachers begründet liegt, sowie die eindeutig auf eine Fortsetzung hin angelegte Struktur des Werkes, lassen sich hieraus Argumente für einen kostenfreien Erwerb formulieren (vgl. Kapitel A.4.1.2 und 4.3). Falls es sich um eine Auftragsarbeit vonseiten der Stadt gehandelt haben sollte, ließe sich die Übergabe an Konrad Albrecht als dem Leiter der städtischen Kanzlei[459] und damit dem Repräsentanten der Verwaltung nach dem Ableben des für diese Handschrift Verantwortlichen auch gewissermaßen als Überführung in die Hand des rechtmäßigen Eigentümers deuten. Ohne hierüber endgültig Gewissheit erlangen zu können[460], ist grundsätzlich jedoch zu konstatieren, dass das historiographische Werk zur Stadt- und Bistumsgeschichte bis in die Gegenwart Dachers einem über alle wichtigen Ereignisse gut informierten, städtischen Amtsträger mit Zugang zum gesamten offiziellen Schrifttum überlassen wird, dessen Hauptaufgabe im Kopieren, Kompilieren, Schreiben und Verfassen von Texten besteht. Mit Blick auf die Anlage des Codex scheint die hinter der Übergabe stehende Intention von Ursula Achtpigin, die hier eventuell auch im Auftrag ihres verstorbenen Ehemanns, der ja Albrecht nachweislich persönlich kannte (vgl. z.B. die Gesandtschaftsreise nach Wien oder die gemeinsame Anwesenheit bei Ratssitzungen), agiert haben könnte, beinahe eindeutig auf der Hand zu liegen. Wer sollte Lücken innerhalb des Textes besser füllen, wer die gegenwärtigen und zukünftigen Ereignisse leichter festhalten können als der erfahrene Stadtschreiber Albrecht? Er scheint vielmehr – zahlreiche Chroniken und andere literarische Produktionen aus der Feder dieser spätmittelalterlichen Amtsträger, die die Forschung sogar vom Typus des Stadtschreiber-Autors sprechen ließen, belegen diesen Umstand[461] – hierfür geradezu prädestiniert zu sein, auch wenn uns aus Konstanz – anders als zum Beispiel aus Zittau oder Freiburg im Breisgau[462] – keinerlei Verpflichtungen zu historiographischen Aktivitäten dieser städtischen Beamten über-

---

[459] Vgl. zu den Interdependenzen v. Chroniken und städtischer Kanzlei neuerdings R. Schmidt, Chronik im Archiv.

[460] Leider sind die Rechnungsbücher der Stadt Konstanz (Säckelmeister-Ausgabenbücher) zwar u.a. für die Jahre 1460, 1462-1464, 1467, 1469 und 1470, gerade aber nicht für 1471 und 1472 erhalten (vgl. P.F. Kramml, Friedrich III., S.497), sodass sich v. dieser Seite her ein Kauf durch die Stadt nicht belegen, aber auch nicht ausschließen lässt.

[461] An dieser Stelle sei, ohne dass hier ausführlich auf diese Thematik eingegangen werden könnte, lediglich auf einige Literatur hingewiesen: G. Burger, Stadtschreiber, S.225ff; V. Honemann, Stadtschreiber; F.R.H. Du Boulay, German town chroniclers; U. Peters, Literatur in der Stadt, S.227-279; dies., Hofkleriker, v.a. S.39-42; P. Rück, Kanzlei und Chronistik.

[462] Aus Zittau wissen wir, dass der Stadtschreiber an seinen Nachfolger die Pflicht, eine Stadtchronik zu schreiben, weitergibt; in Freiburg hat dieser Amtsträger bei Amtsantritt 1494 sogar zu geloben, „alle die treffenlichen hendel, so der statt begegnen, inschiben in das geschichtbuch, ouch zu einer ewigen gedechtnus" (vgl. R. Sprandel, Entfaltung des Selbstverständnisses, S.196; U. Peters, Literatur in der Stadt, S.234).

liefert sind. Und tatsächlich lässt sich neben der mit seinem Dienst verbundenen, rein protokolla-rischen Aufzeichnung geschichtlicher Ereignisse, wie sie uns etwa in den Ratsbüchern be-gegnen[463], ein gewisses historiographisches Interesse Konrad Albrechts konstatieren (vgl. die Richental-Handschrift K), das mit Blick auf unsere Handschrift meiner Ansicht nach jedoch eher gering zu veranschlagen ist. Außer den auf ihn zurückgehenden Hinweisen in unserer Chronik, die den Text ergänzen und bis ins Jahr 1473 fortsetzen[464], stammt nach Schuler auch eine Schilderung des Besuchs von Prinz Philipp in Konstanz, die von Thomas Greif 1496 in das Gemächtebuch eingetragen wird, von ihm[465].

Doch zurück zur „Konstanzer Chronik": Laut der neuesten Handschriftenbeschreibung des Codex Sangallensis 646 sind die Textzusätze auf den Seiten 113 (= fol.53^v), 310 (= fol.152^v), 332 (= fol.163^v), 467 (= fol.221^r) und 472a bis 476b (= fol.223va bis fol.225vb) Konrad Albrecht zuzuweisen[466]. Tatsächlich findet man seine Schriftzüge (vgl. Abb.6) aber auch jenseits dieser Seiten häufiger. Der Stadtschreiber ist nämlich nicht nur für die genannten Zusätze und die Chronikfortsetzung am Ende des Werkes verantwortlich, sondern ergänzt den Text, wenn auch in bescheidenem Maße, an einigen weiteren Stellen durch kurze oder längere Textpassagen, durch Marginalien, Wappenlegenden und Kolumnen. Um ein genaues Bild der Verteilung dieser Ein-griffe in den Text vonseiten Albrechts vor Augen zu führen, seien sie im Folgenden zunächst schematisch zusammengestellt und dann näher erläutert:

- Wappenlegenden: fol.139rb, 151ra, 151rb.
- Kolumnen: fol.175va, 177^r, 182ra.
- Marginalien: fol.177ra, 177rb, 177va, 177vb.
- Textzusätze: fol.53va, 135ra, 147va, 152vb, 154vb, 163^{va}f, 166ra, 166rb [2], 184ra, 213rb, 221rb, 222ra, 223va-225vb, hinterer Spiegel.

Auf fol.177va kommt es darüber hinaus zu einer Verbesserung des Textes der Haupthand, indem zu Anfang eines Satzes das zum Verständnis keineswegs notwendige Wörtchen „Do" eingefügt wird. Andere eindeutige Fehler (vgl. Kapitel A.4.2) werden ansonsten nicht korrigiert.

Anhand der beiden erstgenannten Kategorien Wappenlegenden und Kolumnen lässt sich zeigen, dass Konrad Albrecht einige der Mankos der unvollendet gebliebenen Chronik erkennt, es jedoch nicht für notwendig erachtet, sie vollständig zu beseitigen. Während ihm auffällt, dass im Gegensatz zum Gros des ersten Teils der Handschrift im zweiten die Wappen nicht mehr mit dem Namen ihrer Träger versehen sind und dort auch keinerlei Rubriken mehr existieren (vgl. Kapitel A.4.1.2 und 4.3), füllt er diese Leerstellen auf nur wenigen Seiten. So weist er genauer die Wap-pen auf fol.139rb „Brun vo(n) Tettik(oven)" und „Ortolff wålck" respektive auf fol.151^r „V. Schiltar" und wiederum „wålck" zu, belässt aber bereits auf der sich direkt an die letztgenannte anschließenden Seite, wie dann überhaupt im gesamten weiteren Text, die Wappen von Hans von Cappel, Heinrich von Tettikoven oder das Bischofswappen von Heinrich IV. von Hewen ohne nähere Erläuterungen. Teils ähnlich willkürlich gesetzt erscheinen die Überschriften Konrad Al-brechts, die den Text gliedern und vor allem den jeweiligen Inhalt akzentuieren. Anders als die

---

[463] Vgl. zur sog. Stadtbuchchronistik z.B. K. Wriedt, Bürgerliche Geschichtsschreibung.
[464] Vgl. der Hinweis v. Albrecht auf fol.223va: „vnd was [?] hinfur ver | schriben ståt vnd mit | miner hand geschiben, | jst by mir beschechen".
[465] Vgl. P.-J. Schuler, Notare, S.5 und 152.
[466] Vgl. B.M. v. Scarpatetti, Neu-Beschreibung, S.343f, hier S.343. Eine identische Liste findet sich bereits in B.M. v. Scarpatetti, Katalog, Nr.142, S.52.

meisten des Rubrikators enthalten diese keine Zeitangaben, sondern inhaltliche Stichworte. Auf fol.175va und fol.177^r lenkt er durch die zweimalige Nennung Friedrichs III. („Kung fridrich von Osterich") die Aufmerksamkeit des Lesers auf die Textstellen, in denen der König und der eigentliche Stadtherr von Konstanz im Mittelpunkt steht (vgl. fol.175va: Reichstag in Frankfurt; fol.177^{r}ff: Krönung in Aachen; Königlicher Umritt und Aufenthalt in Konstanz). Damit erweist dieser Stadtschreiber Friedrich gewissermaßen eine besondere Ehre, erhebt ihn und auch die geschilderten Ereignisse über die sonstigen Akteure sowie die Inhalte der Chronik und betont damit deren Bedeutung. Einem Benutzer und natürlich auch Albrecht selbst, der den Codex nur überfliegt oder darin blättert, dürften durch diese Hinweise die entsprechenden Passagen nicht entgehen. Die Interpretation der dritten Kolumne bereitet hingegen größere Schwierigkeiten. Auf fol.182ra wird eine kurze Information, die ganz im Gegensatz zu den vorherigen Texten mit Überschrift von der Hand Albrechts keinerlei reichsgeschichtliche Relevanz besitzt, aus dem sonstigen Textkorpus herausgehoben. Tatsächlich unterstreicht der Konstanzer Stadtschreiber das Gießen einer Glocke des St.-Nikolaus-Münsters[467] in Überlingen und damit ein Ereignis, das sich nicht einmal auf die Geschichte der Stadt Konstanz bezieht, durch die Worte „Der von Vberlingen | glogg". Erklärungen für diesen Umstand müssen vom heutigen Standpunkt aus rein spekulativ bleiben. Möglicherweise haben Konrad Albrecht allein persönliche Gründe, etwa die Anwesenheit während der Produktion oder des Anbringens dieser Glocke namens „Osanna" im Münster der Nachbarstadt, zur Betonung dieser Nachricht bewogen.

Die vier Marginalien von seiner Hand gehören wiederum allesamt dem Abschnitt an, der durch eine seiner Kolumnen bereits vom übrigen Text abgesetzt wurde. Sie befinden sich allein auf der Folio-Seite 177 und verweisen auf den Besuch Friedrichs III. in Konstanz während seines Umritts 1442[468]. Die Randnotizen verdeutlichen das spezielle Interesse des Stadtschreibers. Albrecht, der „im diplomatischen Dienst" häufiger an Gesandtschaften oder königlichen und fürstlichen Empfängen teilnimmt, ja selbst für Berichte über die Anwesenheit von Königen und Prinzen in Reichsstädten verantwortlich ist, greift durch die kurzen Randformulierungen nämlich die Organisation auf, die vonseiten der Stadt hinter einem solchen Besuch steht. Einerseits markiert er die Textstelle, die sich mit der Beschaffung der notwendigen Unterkünfte für den König und sein Gefolge befasst (fol.177ra: „wie man | die herberg | en beschraib"), andererseits beschäftigt ihn das Empfangszeremoniell. Während er auf fol.177rb mit der Bemerkung „wie man [die] | ordnet, [die] | jn empf[ahen] solten" auf die Passage zur Zusammensetzung der Ratsdeputation eingeht, ergänzt er den bestehenden Text auf fol.177va durch die 26-zeilige Niederschrift der Begrüßungsrede, die von Hans von Cappel vor dem König gehalten wurde. Auf fol.177vb versieht er die Geschenke für Friedrich III. mit einer Marginalie und greift die Rede noch einmal auf.

Zu den Ergänzungen innerhalb des Textes: Konrad Albrecht erweitert den ihm 1472 übergebenen Codex Sangallensis 646 auf ganz unterschiedliche Art und Weise. Einerseits füllt er Lücken, die der vorherige Schreiber aus Unachtsamkeit (vgl. fol.147va: Abbruch der Haupthand mitten im Satz) oder Unkenntnis (vgl. fol.213rb: Todestag von Bischof Hermann III. von (Breiten-) Landenberg, der zur Zeit der Niederschrift durch die Haupthand noch lebt) im Text hinterlassen hat. Andererseits fühlt er sich hin und wieder zu einer inhaltlichen Vervollständigung oder Verdeutlichung berufen (vgl. z.B. fol.53ra, 166^r, 184ra oder 222ra). Im letztgenannten Fall fügt er je nach eigenem Interesse und Wissensstand entweder nur wenige Worte hinzu (vgl. etwa fol.154vb

---

[467] Vgl. dazu A. Brecht, Sankt-Nikolaus-Münster und den Stellenkommentar in Kapitel B.2.
[468] Vgl. zu diesem Ereignis den entsprechenden Kommentar in Kapitel B.2.

„oder man wolt gen Gottlieb(e)n | zogen sin", fol.166rb „vnd zergieng | wol" und fol.184ra „aber es geriet jm nit") oder bietet ausführlichere Informationen von einem Satz bis hin zu einem eigenständigen Absatz (vgl. v.a. fol.53ra, 135ra, 152vb, 163^{va}f, 166ra oder 221rb). Insgesamt fällt auf, dass er sich im Teil der Haupthand kaum eigenen Themen widmet und beispielsweise Freiräume innerhalb des Textes gerade nicht – wie wir dies vom Rubrikator kennen – für die Erörterung eines bisher unerwähnt gebliebenen Ereignisses nutzt. Stets nimmt er auf Nachrichten Bezug, die bereits angesprochen wurden, über die er aber aufgrund seiner Stellung nähere Erkenntnisse besitzt. Seine Bemerkungen dienen dann meist dazu, die behandelten Fragen abzurunden.

Der Codex, der zu Beginn des Jahres 1472 in die Hände von Konrad Albrecht gelangt, endet mit einem Hinweis auf die Wetterverhältnisse im März des Jahres 1470. Die Fortsetzung dieses „Dacher'schen" Textes, die inmitten der Spalte 223va beginnt, hat nun allein Ereignisse der Jahre 1472 und 1473 zum Inhalt. Das erste genannte Datum ist der 20. Februar 1472, das letzte der 4. August 1473. Während sich der Stadtschreiber zwar innerhalb seines Textes an die zeitliche Abfolge der Ereignisse hält, fühlt er sich nicht dazu berufen, die Lücke, die in dem zum Ende hin streng chronologisch angeordneten Teil der Chronik (vgl. Kapitel A.5.1.1) zwischen März 1470 und dem Zeitpunkt der Übergabe der Handschrift entstanden ist, zu schließen. Dies ist schon allein an der Tatsache zu erkennen, dass der Text von seiner Hand unmittelbar, das heißt ohne einen größeren Leerraum für spätere Nachträge, an die letzte Notiz der Haupthand anknüpft. Der Stadtschreiber sieht seine Aufgabe vermutlich gerade nicht in der Vervollständigung der „Konstanzer Chronik". Er ergänzt mit nur wenigen Ausnahmen (darunter die fehlerhafte und unvollständige Nachricht zu Bischof Hermann III.) keine offensichtlichen Lücken im Text. Verwiesen sei zum Beispiel auf die Folio-Seiten 190va bis 197vb, 200^{ra}f, 203^{v} und 204^{v}, die sich auf Jahre beziehen, zu denen ihm als amtierendem Stadtschreiber sicherlich vielfältige Informationen zur Verfügung gestanden hätten. Auch die Fortsetzung, die man mit Blick auf seine lange Amtszeit in der Kanzlei als auffällig kurz und inhaltlich beinahe enttäuschend bezeichnen könnte, zeigt, dass sich Albrecht zumindest in diesem erhaltenen Zeugnis nicht als Historiograph seiner Heimatstadt Konstanz versteht. Er scheint als Stadtschreiber keine Verpflichtung zu offizieller Geschichtsschreibung zu empfinden. Nicht auszuschließen ist selbstverständlich die Möglichkeit, dass Albrecht in anderen Texten, die heute nicht mehr erhalten sind, historiographisch aktiv war. Sein Verweis auf den Besitz von Werken, in denen die neuesten, vor allem Friedrich III. betreffenden reichsgeschichtlichen Nachrichten niedergeschrieben sind (vgl. fol.224rb: „J(!)tem was sich aber sust das | gantz jar des Romischen | kaisers halb Vnd sust ver | loffen håt, ståt jn andern | bůchern, so ich hab, vnd ist | nit not alles hie by zü schrib- | en. |"), zeigt sein Interesse an diesen Stoffen und könnte in eine solche Richtung deuten. Das Themenspektrum seiner Fortsetzung reicht nun von reichs- beziehungsweise landesgeschichtlichen Notizen wie dem Durchzug italienischer Söldner (vgl. fol.224va: „walchen vsser | lamparten") im elsässischen Bereich oder Kaiserbesuchen in Augsburg und einem ausführlich beschriebenen in Ulm, über Stadtinterna (vgl. Ämterlisten, Politik des Bürgermeisters Hans Schwaininger, Tod eines „fromen gesellen, hiesz der | heger vnd hůt vff Crutz | linger thor jn dem thurn" während eines Gewitters) und zahlreichen Wetter-/Erntenachrichten, vor allem zur Weinqualität und Weinquantität, bis hin zu persönlichen Erlebnissen wie dem Besuch eines Gastmahls.

Betrachtet man nun die Thematik und den Stil der Zusätze von der Hand Albrechts, fällt vor allem auf, dass Vorfälle aus dem Leben dieses Stadtschreibers und dessen persönliche Meinungen ebenso wie die Ansichten seiner Zeitgenossen eine sehr viel größere Rolle spielen als dies im

Dacher'schen Chroniktext der Fall ist. So liegen etwa mehrere Charakterisierungen vor, die in teils deutlichen Worten ein subjektiv gefärbtes Bild der jeweiligen Personen vermitteln. Den von der Haupthand unvollendet belassenen Satz im Zusammenhang mit Papst Felix V. „**d**o ward **Baupst** | felix erwelt, was **a**in her= | tzog von **S**aphoy, den hielt | nyemant" auf fol. 147va vollendet Albrecht mit den Worten „fur ain rechte(n) | Bapst"; die Nachricht, die sich allein auf den plötzlichen Tod des Konstanzer Chorherren Konrad von Münchwil bezieht, wird von ihm durch die Einschätzung „der was | ain milter herr vn(d) Rich" (fol. 166rb) ergänzt. Auch der Absatz, der sich mit Ulrich Blarer zu Liebburg beschäftigt, demonstriert den Wert, den Konrad Albrecht der persönlichen Beurteilung beimisst. Während dieser Bürgermeister in der Chronik ursprünglich auf fol. 221ra neben anderen Amtsträgern lediglich in der Ämterliste zum Jahr 1469 Erwähnung findet, hält Albrecht es für nötig, dessen Amtsführung näher zu skizzieren. Er berichtet folglich, Blarer habe „sich och jn | dem Rat mit vsricht | ung der Statt sache(n) | so vsrichtentlich ge | halten vnd die Råt | vnstraffbar gehalt(en)" und daraufhin „guten Rům | gehept" (fol. 221rb).

Darüber hinaus ist auf die Folio-Seite 163^{va}f hinzuweisen. In der dortigen Notiz des Stadtschreibers begegnet ein Urteil, das eine derart eindeutige Parteinahme enthält, wie sie in dem Teil unseres Werkes, der von der Haupthand und dem Rubrikator geschrieben wurde, an keiner Stelle zu finden ist. Ein Bericht, in dem mittels Hinweisen auf das Fehlverhalten einzelner Geistlicher in Klöstern des Bodenseegebietes die Reformbedürftigkeit dieser Institutionen thematisiert wird, ergänzt Albrecht lapidar mit den Worten „des sy alle nit Rich | wurden. Vnd das ist | darumb beschriben, | das der mertail krieg alle von den gaistliche(n) komen".

Noch sehr viel plastischer wird der Unterschied zwischen Konrad Albrecht und dem Stil der ihm übergebenen Chronik im Fortsetzungsteil auf fol. 223va bis fol. 225vb. Dort spricht er zum Beispiel auch jenseits des Kolophons immer wieder von sich in der ersten oder dritten Person, geht auf seine Wappenverleihung ein, erwähnt einen persönlichen Einkauf mit den Worten „jch, Conrat al- | brecht, kofft ain fůder nuws | gůts wins vmb druw lb dn" oder liefert uns den für ein solches Geschichtswerk außergewöhnlichen und bemerkenswerten Bericht über ein Essen im Hause eines Konstanzer Patriziers, bei dem ihm und den anderen Anwesenden „frische emli | vnd gůt truben mit gůten | Bieren jn ainer Schusel" serviert wurden „vnd | Rudolffen Bruchlin ain spil | gelert" hat.

Wie schon bei den Kolumnen und Marginalien wird auch in der Fortsetzung seine Vorliebe für Kaiserbesuche deutlich. Auf fol. 224va erwähnt er den Aufenthalt Friedrichs III. in Augsburg 1473 allerdings recht kurz. Es ist zu vermuten, dass er ihn aufgrund fehlender Informationen der größeren geographischen Entfernung wegen nicht mit weiteren Details ausschmücken kann. Ganz anders sieht es mit dem kaiserlichen Besuch in Ulm im selben Jahr aus. Der Bericht zu diesem Ereignis nimmt mit drei von zehn Spalten einen Hauptschwerpunkt seines Chroniktextes ein. Konrad Albrecht berichtet ausführlich über die mit dem Adventus verbundenen Geschehnisse, zitiert sowohl die Empfangsrede als auch den Vortrag zur Übergabe der Geschenke und den Treueeid wörtlich. Möglicherweise hielt sich der Konstanzer Stadtschreiber zu diesem Zeitpunkt selbst in Ulm auf. Denkbar ist aber auch die Heranziehung eines zeitgenössischen Berichtes. Womit wir bei den allgemeinen Fragen zu Informationsbeschaffung und Methode der Quellenverarbeitung Albrechts wären. Interessanterweise verweist er einmal dezidiert auf eine Archivalie der Stadt und gibt damit gewissermaßen seine Informationsquelle preis. Auf fol. 53va schließt er die zuvor beschriebene Fehde zwischen Konstanz und der Familie von Brandis mit einem Hinweis auf den Friedensschluss inhaltlich ab, erwähnt die sich daraus ergebenden Rechte der Stadt und führt als Beleg „ain | Richtungsbrief, So die | Statt håt" an. Schon allein dadurch wird deutlich, dass er Zugang zu weiterführenden Dokumenten hat. Diese Privilegien, Briefe oder städtischen Akten werden jedoch nicht wörtlich zitiert, das heißt etwa als komplette Textinserte in die Chronik eingebaut oder zumindest in Teilen abgeschrieben. Der Hinweis auf fol.166ra, in der eine Strafe des Rates Erwähnung findet, spricht ebenfalls dafür, dass offizielles Quellenmaterial zur Verwendung kommt. Ähnliches kann auch bei seinem Zusatz auf fol.154vb vermutet werden. Albrechts Notiz auf fol.135ra, die sich – wie auch an anderen Stellen bemerkbar – übrigens in Schriftgröße und Duktus der der Haupthand anzupassen versucht und sich erneut mit einem Königsbesuch, nämlich dem von Sigismund 1430/31, auseinandersetzt, lässt hingegen auf die Verarbeitung mündlicher Überlieferungen schließen. Die Ergänzungen auf fol.152vb, 163^{va}f, 166rb, 221rb und 222ra deuten ebenfalls darauf hin, dass neben schriftlichen Texten und eigenen Beobachtungen oder Erfahrungen die Vorstellungen und Erlebnisse seiner Zeitgenossen, die durch Gespräche oder möglicherweise sogar mittels systematischer Befragungen, wie wir sie von Ulrich von Richental kennen[469], eruiert wurden, in den Text eingeflossen sind. In seiner Chronik-Fortsetzung ist die Methode der mündlichen Nachrichtenbeschaffung durch die Bezugnahme auf Berichte anderer Personen zumindest eindeutig belegbar. Im Zusammenhang mit den erwähnten Söldnergruppen, die, aus Italien kommend, in Richtung Burgund ziehen, findet man auf fol.224va etwa die Bemerkungen „man sagt | ob drw Tusend", „als | man dar nach sait, So | hät sy her peter vonn hagenbach (...) vnder ge | schlöffet jn ettlich Stett" und „hät nieman gewist (...) doch menglich | gefürcht". Auch der Wert der Geschenke der Stadt Augsburgs an den Kaiser wird dem Hörensagen nach („als man saitt, by ii^M guldin wert") angegeben.

Allgemein sei noch darauf verwiesen, dass – betrachtet man die Verteilung sowie den Inhalt der Ergänzungen – Vermutungen zum Schreibprozess angestellt werden können. So scheint unser Konstanzer Stadtschreiber den Text der Chronik nach Erhalt zunächst einmal vollständig und wohl auch systematisch von Anfang an gelesen und während dieses ersten Lesedurchgangs bereits an der einen oder anderen Stelle ergänzt zu haben. Seine Fortsetzung dürfte dann sukzessive im Laufe der zwei behandelten Jahre entstanden sein. Dafür spricht beispielsweise neben der allgemeinen Bemerkung auf fol.223vb, die ein Dreivierteljahr zusammenfasst („Was sich von wichen | nachten bisz vff den | herbst verloffen hat, das | sind gemain loff ge | wesen; doch was es | ain güt zitt"), auch der innerhalb einer Spalte teils recht unterschiedliche Schreibfluss zum Beispiel auf fol.224va sowie die voneinander abweichende Tinte. Letztlich beweisen die Ergänzung auf fol.213rb sowie der Text des hinteren Spiegels ebenfalls, dass Konrad Albrecht den Codex Sangallensis 646 in den Jahren 1472 bis 1475 mehrmals zur Hand nimmt und durch Eintragungen bearbeitet. Der Fehler, der ihm bei der Datierung des Todestages von Bischof Hermann III. unterläuft, spricht mit großer Wahrscheinlichkeit sogar dafür, dass zumindest diese Notiz einige Zeit nach 1475 in den Text eingefügt wurde.

---

[469] Als Belege für diese Verfahrensweise können z.B. folgende Zitate angeführt werden: „(...) das alles ich Uolrich Richental zesammengebracht hab, und es aigentlich von hus ze hus erfaren hab, (...) erkannt was, das mir gaistlich und och weltlich herren seiten, was ich sy dann ye frauget, (...) und ich erfragen kond" (M.R. Buck (Hg.), Chronik, S.13); „Als das ettlich erber lüt von gedachtnusse wegen zůsamen haben erfraget" (Hs. K, fol.1^r, zitiert nach T.M. Buck, Historiographische Prinzipien, S.21) sowie „(...) als ich mich des verstan kond und erfaren hab von hus ze hus" (M.R. Buck (Hg.), Chronik, S.214). Vgl. allg. zur Informations- und Materialbeschaffung Richentals M. Holzmann, Konzilschronik, S.73ff; W. Matthiesen, Richentals Chronik, S.113ff und T.M. Buck, Historiographische Prinzipien, S.12ff; ders., Fiktion und Realität, S.77ff; G. Wacker, Richentals Chronik, S.16f und 29ff.

4. ÜBERLIEFERUNG, ENTSTEHUNG UND REZEPTION

4.1 Textzeugen

4.1.1 Überlieferungsbefund

Die „Konstanzer Chronik" wird in drei der Forschung seit langem bekannten Handschriften[470] überliefert. Trotz intensiver Suche ist es der Editorin nicht gelungen, weitere Textzeugen ausfindig zu machen. Eine der Handschriften, der Codex Sangallensis 646 (SG), ist mit 542 mehr oder weniger beschriebenen Seiten recht umfangreich. Bei den beiden anderen Überlieferungsträgern handelt es sich um kurze Fragmente, die auf ähnliche Art und Weise nur einige der in SG enthaltenen Nachrichten tradieren. Somit besitzen wir von diesem historiographischen Werk lediglich eine einzige vollständige Handschrift. Berücksichtigt man die Tatsache, dass auch in dieser bewusst Raum für Ergänzungen leer gelassen wurde, trifft sogar dieser Terminus den Charakter des Codex nicht ganz. Letztlich gibt es heute keine Textfassung, die als abgeschlossen betrachtet werden könnte. Die Haupthandschrift ist nachweislich ein oder möglicherweise auch das einzige je existierende Exemplar, das bis zur Übergabe an Albrecht im persönlichen Besitz Gebhart Dachers war, also der Person gehörte, die, wenn nicht als „Autor", so doch als Initiator dieser Chronik anzusehen ist. Die Textfragmente zeichnen sich prinzipiell durch voneinander zu unterscheidende Überlieferungszusammenhänge aus. Der Stuttgarter Textzeuge befindet sich nämlich auf den Folio-Seiten 219|223vb bis 238|242vb am Ende eines umfangreichen Geschichtswerkes, einer Art Weltchronik aus Konstanzer Sicht, die, aus den Werken Jacob Twingers von Königshofen und Richentals kompiliert, wiederum mit dem Namen Dachers verbunden werden kann. Unmittelbar aus dieser Konstellation heraus ergeben sich Fragen nach Vorbild beziehungsweise Muster, direkter Quelle, aber auch nach der Funktion dieses Textes im Hinblick auf die Gesamthandschrift. Da dieses Fragment Stgt ebenso wie SG nachweislich unter der Aufsicht und Mitarbeit des Konstanzer „husherren" entstand, ist es möglich, es als eine zweite „autorisierte" Textfassung[471] zu betrachten. Damit liegt hier eine äußerst seltene Überlieferungssituation vor, die es erlaubt, die Varianten, wenn auch – bedenkt man zahlreiche Unsicherheiten rund um den Entstehungsprozess und die Quellen – in eingeschränkter Art und Weise, als „Autorvarianten"[472] zu behandeln. Das Wiener Fragment ist hingegen für sich, ohne weitere Texte mit fehlendem

---

[470] Während F. Pfeiffer, Nachtrag, S.85, O. Kleißner, Quellen zur Sempacher Schlacht, S.14ff und O. Lorenz, Deutschlands Geschichtsquellen, S.92ff der Zusammenhang dieser drei Hss. noch nicht klar ist, stellt Philipp Ruppert bereits 1891 die Verbindung her und zieht alle Textzeugen zur Erstellung seiner Edition heran.

[471] Vgl. die für die neuere Literatur aufgestellten, hier auf den mediävistischen Bereich übertragenen Definitionen v. S. Scheibe, Editorische Grundmodelle, S.26: „Autorisiert heißen Textfassungen, die vom Autor verfaßt und gewollt sind. Die Autorisation wird wirksam (1) als persönliche Autorisation durch die eigenhändige Niederschrift bzw. Korrektur einer Textfassung (2) als gesellschaftliche oder kollektive Autorisation durch die Veranlassung anderer Personen, an der Herstellung einer Textfassung mitzuwirken (Schreiber, Verleger, Drucker usw.)" und S.25 „Textfassungen heißen vollendete oder nicht vollendete Ausführungen eines Werkes, die voneinander abweichen. Sie sind durch Textidentität aufeinander beziehbar und durch Textvarianz voneinander unterscheidbar."

[472] Vgl. zu dieser Thematik z.B. H.-G. Roloff, Relevanz; J. Stohlmann, Was bringt uns die Philologie nouvelle? und Kapitel B.1.

Anfang und Ende tradiert. Schreiber oder Besitzer sind uns unbekannt. Eine Verbindung zu Gebhart Dacher ist nicht nachweisbar.

Die Beschreibung der Textzeugen in den nächsten Kapiteln bemüht sich um die möglichst vollständige Erfassung aller äußeren Beschaffenheiten dieser Handschriften[473], um so Anhaltspunkte zu erhalten, die es ermöglichen, Einzelheiten der Entstehungsgeschichte zu eruieren und eventuell Aussagen zu Funktion und Gebrauchssituationen der Codices zu treffen.

4.1.2 St. Gallen, Stiftsbibliothek, Codex 646 (SG)

Dieser umfangreiche Textzeuge der „Konstanzer Chronik" wurde bereits mehrfach unter ganz verschiedenen Gesichtspunkten beschrieben. Neben den Handschriftenkatalogen der Stiftsbibliothek St. Gallen[474] sind sowohl die Hinweise bei Philipp Ruppert[475] und Theodor Ludwig[476] als auch die Behandlung in einer Zusammenstellung der „Wappenbücher des deutschen Mittelalters"[477] oder in einem Artikel der „Oberländer Chronik"[478] zu nennen[479]. Insbesondere mit Blick auf die Illustrationen fand der Codex in neuerer Zeit Aufnahme in weitere Spezial- und Ausstellungskataloge[480]. Die folgende Beschreibung berücksichtigt alle diese Darstellungen, ergänzt sie jedoch – wie sich aus den Vorbemerkungen ergibt – an einigen Stellen. Einer Kurzbeschreibung, an die DFG-Richtlinien der mittelalterlichen Handschriftenkatalogisierung angelehnt[481], schließen sich ausführliche Erläuterungen an.

Papier; 542p.p./258; 28,5/29 x 20; Konstanz; 1467 bis 1473/75.
Wasserzeichen: diverse Ochsenköpfe mit Stange oder Kreuz; Septernionen mit zahlreichen unauflösbaren Klebungen und Unregelmäßigkeiten; zahlreiche Bogen halb beschnitten oder Blätter herausgeschnitten; teils fehlerhafte Tintenpaginierung; moderne Bleistiftfoliierung; zweispaltig, 20/21 x 13/14 (5,5/6), 32-41 Zeilen; fol.50^r, 81 und 100 komplett und 151^r teilweise einspaltig; Schriftspiegel hin und wieder sichtbar; halbkursive Bastarda, drei Hände; Rubrizierungen[482]; rote Unterstreichungen; rote Kolumnentitel und Wappenlegenden; zwei- bis dreizeilige rote und blaue Lombarden; Federproben; Verzierungen; zeitgenössische und spätere Marginalien; sechs kolorierte Federzeichnungen; 228 Wappen[483]; Einband des 15./16. Jahrhunderts, Halbleder auf Holz, Streicheisenlinien, Stempel, Kartusche mit Erzengel, zwei Schließen HDK - VDK fehlen, neue

---

[473] Als Hintergrund der Beschreibungen dient S. Scheibe, Zur Darstellung der Überlieferung.
[474] G. Scherrer, Verzeichnis, S.212; B.M. v. Scarpatetti, Katalog, Nr.142, S.52 und Abb.253f, S.98 sowie Abb.388, S.155; B.M. v. Scarpatetti, Neu-Beschreibung, S.343f.
[475] Vgl. P. Ruppert, Chroniken, S.XXIVff.
[476] Vgl. T. Ludwig, Konstanzer Geschichtsschreibung, S.25ff.
[477] Vgl. Die Wappenbücher des deutschen Mittelalters, Nr.50, S.68f.
[478] Vgl. J. Duft, Rückblick, S.1f.
[479] Vgl. darüber hinaus auch die Hinweise v. J. Dambacher in GLA Karlsruhe 65/299, fol.III (vgl. Kapitel A.4.4).
[480] Vgl. E. Moser (Hg.), Buchmalerei, Katalog KO 50, S.295; Katalog der deutschsprachigen illustrierten Handschriften, Bd.3, Lief. 3, Nr.26A.9, S.212ff; K. Schmuki/E. Tremp, Vom Staub und Moder, S.44f; Kostbarkeiten der Buchmalerei, Nr.14.
[481] Richtlinien Handschriftenkatalogisierung, S.9ff.
[482] Der Terminus steht hier und im Folgenden für die rote Strichelung der Anfangsbuchstaben eines Wortes.
[483] Der Katalog der deutschsprachigen illustrierten Handschriften listet die Wappen auf S.214 auf und zählt 223. Hierbei kommt es jedoch zu verschiedentlichen Unkorrektheiten (vgl. auch die Liste in Kapitel A.5.2.2.1). So fehlen z.B. die Wappen v. fol.93^v und 96^r ebenso wie die zweiten Wappen v. fol.55rb und 137va. Andererseits wird eines auf fol.163vb genannt, das in der Hs. nicht existiert. Auch werden die Wappen auf fol.210rb und 214rb in die a-Spalte verlegt. Hinzu kommt ein Rechenfehler bei der Addition der aufgelisteten Wappen.

Mittelschließe HDK - VDK, Vorderdeckel gebrochen und mit Buchbinder-Leinenklebeband fixiert; von Gebhart Dacher über Konrad Albrecht und „Jacob(e)n funckelis [?] erben" in den Besitz von Jörg Vögelin gekommen; seit dem 18. Jahrhundert in der Stiftsbibliothek St. Gallen; Mundart: ostalemannisch.

Der beschädigte Einband[484] stammt aus dem 15. oder 16. Jahrhundert und besteht aus hellem Halbleder auf Holz. Erkennbar sind Streicheisenlinien, Stempel und eine Kartusche mit Blumenranken, Zierstreifen und einem Erzengel, der ein Musikinstrument, eventuell eine Leier, hält. Im oberen Teil des Buchrückens befinden sich zwei aufgeklebte Informationen zum Werk. Auf einem 6 cm breiten und 4 cm langen Schild, das circa 0,5 cm rot umrahmt ist, wird der Inhalt mit „Chronicon | Episcoporum | Constantiensiu(m)" wiedergegeben. 2 cm darunter befindet sich ein 2,3 x 2,3cm großer Aufkleber mit hellrosafarbigem Rahmen, der die Signatur der Stiftsbibliothek, „646", anzeigt. Der Vorderdeckel (Format: 29,3 x 21,5 cm) ist gebrochen und wird von weißem und grauem Buchbinderleinen-Klebeband (oben ca. 7 cm, unten 8 cm breit) fixiert. Zwei 2 cm breite Abdrücke von Schließen, die 4 cm von der oberen beziehungsweise 3 cm von der unteren Kante entfernt sind, deuten auf eine ältere, nicht mehr existente Schließung. Heute wird der Codex von einer Mittelschließe aus Metall mit entsprechendem Lederband zusammengehalten. Vereinzelt sind kleine Holzwurmlöcher auf dem Deckel festzustellen.

Der vordere Spiegel (Holzrahmen zwischen 0,6 cm und 1 cm breit) enthält einen weiteren Aufkleber in der Größe von 3,5 x 4 cm, auf dem die Stiftsbibliothek noch einmal als Besitzer des Codex angegeben wird: „Stiftsbibliothek | 646 | St. Gallen". Der hintere Spiegel (Holzrand zwischen 0,3 cm und 1,6 cm breit) ist verschmutzt, weist Flecken auf und zeigt eine stark verblasste Notiz von der Hand Konrad Albrechts zum Jahr 1475 (vgl. Kapitel B.2).

Die „Konstanzer Chronik" Gebhart Dachers wird auf einheitlichem Papier[485] niedergeschrieben, das mit dem von Stgt und der Richental-Handschrift G identisch ist[486]. Es ist durch Wasserzeichen von verschiedenen Ochsenköpfen ohne Augen mit Stange oder Kreuz charakterisiert. Diese Wasserzeichen gehören Piccards Ochsenkopfwasserzeichen[487] Abteilungen IV („Ochsenkopf mit einkonturiger Stange ohne und mit Beizeichen außer Kreuz, Stern, Blume, Krone und anderen Figuren"[488]) und V („Ochsenkopfwasserzeichen mit einkonturiger Stange mit Kreuz oder Stern"[489]) an. Das Papier unseres Codex lässt sich durch diese Kennzeichen in den Zeitraum zwischen 1467 bis 1469 datieren und wird von Dacher aus der Stadt Ravensburg bezogen[490]. Der allgemeine Zustand des Codex ist relativ gut. Das Papier ist lediglich an wenigen

---

[484] Vgl. dazu allg. E. Hanebutt-Benz, Bucheinbände.
[485] Vgl. allg. zur Geschichte des Papiers z.B. W. Sandermann, Papier.
[486] Darauf weist E. Hillenbrand, Geschichtsschreibung, S.9 hin.
[487] Vgl. Ochsenkopfwasserzeichen.
[488] Vgl. zu dieser Abt. ebd., 1. Teil, S.62ff und 2. Teil, S.299ff.
[489] Vgl. zu dieser Abt. ebd., 1. Teil, S.66ff, und 2. Teil, 311ff. B.M. v. Scarpatetti, Neubeschreibung ordnet sie hier genauer den Nummern 304ff und 581-624 (vgl. Ochsenkopfwasserzeichen, 2. Teil, S.336ff und 365ff) zu.
[490] Vgl. E. Hillenbrand, Geschichtsschreibung, S.9; Die Handschriften der Württembergischen Landesbibliothek 2,2, S.37. Ravensburg gehört zu den ältesten und bedeutendsten Produktionsstätten v. Papier im Reich. Nach der Errichtung der ersten deutschen Papiermühle in Nürnberg 1390 (vgl. dazu z.B. G. Bayerl, Papiermühle, S.69ff; W. v. Stromer, Ulman Stromer), sind bereits seit 1393/94 auch in dieser oberschwäbischen Reichsstadt Papiermühlen nachweisbar (vgl. Näheres bei A. Dreher, Geschichte der Reichsstadt Ravensburg, S.125ff). Da die Mehrzahl der größeren deutschen Städte v.a. infolge des lebhaften Fernhandels keine eigene Papierproduktion besitzt, beziehen sie ihr Papier häufig aus dem dafür bekannten Ravensburg. Dies deckt nachweislich im 15. Jh. den überwiegenden Teil zumindest des schwäbischen Papierbedarfs. Das Wasserzeichen Ochsenkopf ist, aus Italien kommend, das eigentliche Hauptzeichen der dortigen Papiermühlen (vgl. G. Piccard, Papiermacherei; Ochsenkopfwasserzeichen, 1. Teil, S.22 und 27).

Stellen leicht verschmutzt, fleckig, abgegriffen, mit kleinen Löchern versehen oder zerrissen. Einige der Blätter, bei denen ursprünglich Teile abgerissen waren, sind durch Klebungen mit etwas anderem, hellerem Papier wieder repariert worden (vgl. fol.49, 63, 112, 177 und Abb.12). Ein Einriss oder besser Einschnitt auf fol.225 wurde hingegen nicht geklebt. Der Text beziehungsweise die Abbildungen bleiben an diesen Stellen aber unvollständig. Auf anderen Seiten ist der Text durch die Farbe der Illustrationen, die sich auf der Rückseite befinden, nur noch eingeschränkt lesbar. Die Größe der Seiten ist mit 28,5/29 x 20 cm anzugeben. Der beschriebene Raum (wie auch die Spalten) variiert in seiner Größe leicht, ist aber meist 21/20 x 15/13 cm groß. Mit Ausnahme der Folio-Seiten 50^r, 81 und 100 beziehungsweise 151^r ist der gesamte Text zweispaltig gestaltet. Die Spalten (oben meist 3 cm und unten 4 cm vom Blattrand entfernt) haben entsprechend eine Länge von 21/20 cm und sind mit einem inneren Abstand von circa 1,5 cm zwischen 5,5 cm und 6,5 cm breit. Sie bestehen in der Regel aus 32 bis 41 Zeilen. Auf wenigen beschriebenen, aber auch unbeschriebenen Seiten ist der sogenannte Schriftspiegel, das heißt die Einfassungslinien der vorgezeichneten Spalten sichtbar (vgl. fol.114^r, 115^r, 115^v, 140^r, 144^r, 147^r, 150^r, 157^r, 157^v, 158^r, 158^v, 159^r, 159^v, 160^r, 160^v, 163^r, 163^v, 164^r, 167^v, 168^r, 168^v, 170^r, 172^r, 173^r, 173^v, 174^r, 174^v, 175^r, 175^v, 176^r, 176^v, 177^r, 177^v, 178^r, 224^r, 224^v, 225^v). Von der Liniierung ist nichts mehr zu sehen. Der Codex besteht ansonsten aus Septernionen mit einigen unauflösbaren Klebungen und Unregelmäßigkeiten. Zahlreiche Bogen sind halb beschnitten. Hin und wieder sind auch einzelne Blätter innerhalb eines Bogens herausgeschnitten, ohne dass sich hieraus ein Textverlust ergäbe. Auch die Sprünge innerhalb der Paginierung (s.u.) lassen sich dadurch nicht erklären. Als Falz bei der Bindung wurden Streifen aus teils beschriebenem Papier verwendet, auf dem sich die Haupthand nachweisen lässt.

Insgesamt zeichnet sich diese Handschrift auch durch eine Vielzahl unbeschriebener[491] oder nur teilweise beschriebener Blätter und Seiten aus. Bei den nicht vollständig mit Text gefüllten Seiten reicht der Umfang der Leerräume von wenigen Zeilen bis hin zu Spalten. Es ist sogar möglich, dass sich auf der einen oder anderen Seite lediglich bis zu vier Zeilen in der Spalte a befinden (vgl. fol.17^v, 179^v, 183^v, 190^v, 192^r, 192^v/[492]). Die folgende Zusammenstellung gibt einen ersten Überblick. Mittels Kapitel A.5.1.1 beziehungsweise B.2 können diese Seiten dann mit Blick auf inhaltliche Aspekte in der Chronik verortet werden.

- Leere Seiten: fol.5-6[493], 7^v, 8^r, 8^v!, 9^r, 10^v, 15, 21^v, 22^v, 24, 28, 31^v-32, 38, 40-41^r, 46-47, 55^v-56^r, 58, 60-61, 63^v, 65, 67, 68^v, 69^v, 71, 73-74, 80^v, 82^v-87^v, 95^v, 99, 101, 103, 105^v, 107^v, 109^v, 110^v, 111^v, 116, 118, 120^v, 121^v, 122^v, 125^v, 130^v, 131^v, 133^v-134^r, 135^v, 137^r, 138^v, 139^v-140^v, 141^v, 144^v, 160^r, 164, 165^v, 170^v, 181^v, 185^v, 186^v, 188^r-190^r, 191, 193-194, 196, 209^v, 212^v, 213^v, 219^v, 220^v, 222^v, // Ende des Chroniktextes // 226^r-231^r, 232^v-246^v, 247^v-255^v, 256^v-258^r/[494].
- Leerräume: fol.1^v, 7rb, 8rb!, 11, 12^r, 12vb, 13, 14vb, 16, 17^v, 18, 19^r, 23vb, 25, 26^v, 27^r, 27vb, 29, 30, 31ra, 33, 34ra, 34vb, 35^v, 37vb, 39vb, 45vb, 48^v, 49vb, 50^r, 51^v, 53^v, 56^a, 59rb, 59^v, 66vb, 68rb, 69rb, 70vb, 72^v, 75, 76^v, 77, 77vb, 78ra, 78^v, 79^r, 79vb, 80^r, 82^r, 89^v, 90^r, 91rb, 91vb, 93^r,

---

[491] Bis zum Ende des Chroniktextes sind es genau 120, im Anschluss daran noch einmal 61 leere Seiten.
[492] Diese Zusammenstellung weicht v. der im Katalog der deutschsprachigen illustrierten Handschriften, S.215 ab. Dort sind einige Seiten benannt, die entweder komplett leer sind oder auf denen sich in Spalte b ebenfalls Text befindet.
[493] Bei Folioangaben ohne nähere Erläuterung ist stets sowohl die Recto- als auch die Verso-Seite gemeint.
[494] Eine ähnliche Liste – jedoch mit einigen fehlenden Leerseiten – bietet die Hss.-Beschreibung im Katalog der deutschsprachigen illustrierten Handschriften, S.214.

98^{v}, 100, 102vb, 104, 105^{r}, 106va, 107rb, 108, 109^{r}, 110^{r}, 112rb, 115, 117^{r}, 120^{r}, 121ra, 122rb, 125rb, 127ra, 130rb, 131^{r}, 132ra, 133^{r}, 134^{v}, 135rb, 136^{r}, 136va, 137^{v}, 138^{r}, 139^{r}, 142, 143^{v}, 144^{r}, 145, 146, 147, 148, 149^{r}, 149va, 150vb, 151rb, 151vb, 152ra, 153vb, 154^{r}, 154vb, 155^{r}, 155va, 157^{r}, 157vb, 158rb, 158^{v}, 159ra, 159^{v}, 160vb, 161, 162rb, 162^{v}, 163^{r}, 163vb, 165^{r}, 166, 167, 168, 169ra, 169va, 170rb, 171, 172, 173, 174ra, 175rb, 175^{v}, 176rb, 176vb, 178rb, 178^{v}, 179rb, 179^{v}, 181^{r}, 182, 183ra, 183^{v}, 184ra, 184vb, 186^{r}, 187^{v}, 190^{v}, 192^{r}, 192^{v}, 195, 197, 199vb, 200^{r}, 201ra, 201^{v}, 202vb, 203, 204^{r}, 204va, 205rb, 209^{r}, 210, 211, 212^{r}, 214^{r}, 214va, 215^{r}, 215vb, 216, 217rb, 217va, 218rb, 218^{v}, 220rb, 221^{v}, 222^{r}, 223rb, 223^{v}, 224rb, 225vb/[495].

Diesen Freiräumen scheinen, ohne dass wir vom heutigen Standpunkt aus hierüber in allen Einzelheiten letzte Gewissheit erhalten können, verschiedene Funktionen zuzukommen. Einerseits tragen sie eindeutig zur Gliederung des Textes bei und werden vom Schreiber der Übersichtlichkeit halber eingesetzt. Man denke beispielsweise an die Bischofsliste im ersten Teil der Chronik. Jedem der hier genannten Geistlichen wird jeweils, auch bei nur kurzen Informationen zum Pontifikat, eine Spalte zugewiesen (vgl. auch Abb.7). Auch die vollständig leeren Seiten werden zur Strukturierung eingesetzt. Sie unterstreichen zum Beispiel zwischen fol.72va und fol.75ra (Konstanzer Stadtgeschichte mit Bürgermeisterliste und Delinquenz 1423 vs. Geschichte des Schwäbischen Städtebundes ab 1377) oder zwischen fol.82rb und fol.88ra (Schlacht bei Reutlingen 1377 vs. Frühgeschichte von Zürich) die Verschiedenartigkeit der behandelten Themen und bereiten den Leser auf einen gedanklichen Sprung vor. Andererseits sollten die Freiräume für Nachträge, Notizen zur Geschichte von Konstanz und seiner Umgebung aus anderen Quellen genutzt werden. Während dies einige der Texte von der Hand des Rubrikators (vgl. z.B. den Bericht zur Gründung des Spitals im Bereich des Bischofskataloges auf fol.34rb und dazu Abb.7), aber auch einige der Ergänzungen von Konrad Albrecht nahelegen, belegen auch die unvollständigen und leeren Folio-Seiten 190va bis 197vb, 200^{ra}f, 203^{v} und 204^{v} diesen Umstand auf stichhaltige Art und Weise. Hier wird lediglich das Jahr sowie die bekannte Ämterbesetzung verzeichnet, der freie Raum steht Informationen zur Verfügung, die erst noch gesammelt werden müssen. Auch die Anlage des Textes auf fol.154^{r} spricht für eine solche Verfahrensweise. Die Anordnung zweier kürzerer Nachrichten auf ganz unterschiedlicher Höhe innerhalb der Spalten a und b ist ansonsten kaum anders interpretierbar. Gleichzeitig beweisen einige der Bemerkungen von Konrad Albrecht auf fol.223^{va}f und fol.224rb und eventuell auch die Folio-Seite 100^{v}, dass die Freiräume auch für weitere Illustrationen gedacht waren, befinden sich doch im Text mögliche Bezüge auf Abbildungen (vgl. die Titel von fol.100^{v}, die als Bildüberschriften gedeutet werden könnten: „W(!)ie her Juppiter der Gott ain hoff gebott, | won er woltt sin(er) Schwŏster ain man geben." // „H(!)ie gitt paris frow Fenus den ŏpffell.") sowie sichere Verweise auf mehrere Wappen, ohne dass diese ausgeführt sind („Vnd ist disz min wapen, | mir von kaiser fridrich | en mit siner Maiestät | bestât", fol.223va, // „vnd der dryer | wappen stât hernach", fol.223vb, vgl. Abb.6) // J(!)t(em) so ist hanns lantz noch | dann am(m)an gesin; der | wappen stât vor", fol.224rb).

Der Codex Sangallensis 646 ist wie zahlreiche andere Handschriften der Stiftsbibliothek von dem damals noch jungen Unterbibliothekar Ildefons von Arx (1755-1833)[496] in der Zeit zwischen 1778 und 1780 auf unschöne Art und Weise mit dunkelbrauner, beinahe schwarzer Tinte

---

[495] Vgl. ebd., S.214f eine wiederum vergleichbare Liste, die den Begriff der Leerräume jedoch teils enger fasst und einige der hier aufgenommenen Lücken innerhalb des Textes nicht enthält. Gleichzeitig treten dort auch kleine Fehler zutage.

[496] Vgl. zu ihm E. Fischer (Hg.), Ildefons von Arx; B.M. v. Scarpatetti, Handschriften der Stiftsbibliothek St. Gallen, S.70*ff; J. Duft, Ildefons von Arx. Vgl. zu dessen Arbeiten auch Kapitel A.4.3.

paginiert worden[497]. Diese Seitenzählung, die sich nicht durchgängig auf jeder Seite findet, also Lücken aufweist und vor allem auf unbeschriebenen Seiten fehlt[498], ist anfänglich meist ganz, später hin und wieder teilweise abgeschnitten und endet mit Seite 476. Sie wird bis zum Ende des Codex von späterer Hand vervollständigt. Ildefons von Arx, dem „Erschliesser der St. Galler Handschriften"[499], unterlaufen einige Fehler. So existiert sowohl die Seite 113 als auch die Seite 115 doppelt (vgl. fol.53^r/53^v sowie fol.54^v/55^r). Bei einigen anderen Chronikseiten springt die Zählung, nämlich von fol.27^r|[57] auf fol.27^v|60, von fol.182^r|[369] auf fol.182^v|372, von fol.184^v|376 auf fol.185^r|383, von fol.203^v|420 auf fol.204^r|423, von fol.204^v|424 auf fol.205^r|427, von fol.206^v|430 auf fol.207^r|435 und von fol.214^v|450 auf fol.215^r|455.

Die mit Bleistift ausgeführte Foliierung, die ebenfalls Unkorrektheiten aufweist (vgl. die fehlende Zählung der beiden Blätter mit Illustrationen nach fol.7 und fol.41), stammt von moderner Hand und gehört dem 20. Jahrhundert an[500]. Ebenfalls diesem Zeitraum sind einige mit Bleistift aufgeführte Merkzeichen auf fol.2va, 34rb, 39ra, 44ra, 57vb, 156va, die Bemerkung auf fol.90va mit einem Hinweis auf den Stuttgarter Codex sowie die Marginalien auf fol.70rb und fol.126va mit der letztgenannten Bezugnahme auf die Ruppertsche Edition von 1891 zuzurechnen. Da ähnliche Vermerke auch in Stgt und W festgestellt werden können, wäre es denkbar, dass Theodor Ludwig während der Arbeit an seiner Dissertation zur Konstanzer Geschichtsschreibung diese Spuren in den Handschriften hinterlassen hat.

Möglicherweise bei einer Neueinbindung dieser Chronik nach der Paginierung durch Ildefons von Arx[501] wurden die Blätter jeweils an den Rändern vermutlich um 1 bis 2 cm beschnitten. Auf einigen Seiten (vgl. fol.2rb, 22rb, 34rb, 34va, 36rb, 36va, 39rb, 39va, 41va, 51rb, 52va, 64rb, 66rb, 162va, 167va, 177rb, 177va) werden dadurch Marginalien sowohl von der Hand des Rubrikators als auch von der Konrad Albrechts und späterer Hände beschädigt. Anders als bei diesen durch die Verkleinerung des Papiers nur noch unvollständig lesbaren Randnotizen nimmt der Zuschneider auf den Folio-Seiten 31rb, 64vb, 66^r, 70ra, 72^r, 113^r, 149vb und 187^r Rücksicht auf die Wappen. Um diese nicht zu zerstören, schneidet er sie am unteren Ende der Seite aus. Die dadurch in der Breite des Wappens um circa 1,5 bis 2 cm verlängerten Blätter werden zum Schutz anschließend wieder auf die Größe der übrigen Seiten gefaltet. Aus Unachtsamkeit findet dieses Verfahren auf fol.93^v und fol.106^r jedoch keine Anwendung, sodass der untere Teil der Schilde dort abgeschnitten wurde.

Der Codex Sangallensis 646 weist verschiedene Hände auf. Im Hinblick auf den Haupttext sind zu differenzieren: a) eine den größten Teil des Textes schreibende Haupthand, b) die Hand des Rubrikators und c) eine eindeutig Konrad Albrecht zuzuweisende dritte Hand.

Zu a): Die Haupthand (vgl. z.B. Abb.3) zeigt sich für den reinen Textteil der Folio-Seiten 1ra bis 223va verantwortlich. Sie „bemüht sich um buchschriftliche Halbkursive, welche aber bei zunehmender Eile und Flüchtigkeit zur Kanzleischrift tendiert"[502]. Insgesamt handelt es sich um eine relativ regelmäßige, gut lesbare, „sehr schöne und sorgfältige Schrift, mit abgesetzten,

---

[497] Auf fol.226^r und 258^r befinden sich zwei Hinweise auf die Paginierung durch „IvA" v. der Hand des 20. Jhs., die mit Bleistift foliiert. Vgl. auch z.B. Abb.3.

[498] In Kapitel B.2 wird der genaue Verlauf dieser Paginierung nachgezeichnet.

[499] So der Titel des Aufsatzes v. J. Duft in dem zitierten, v. E. Fischer hrsg. Sammelband zu Ildefons v. Arx.

[500] Vgl. B.M. v. Scarpatetti, Neu-Beschreibung. Die Edition v. P. Ruppert, die für den Text des Codex Sangallensis 646 stets Seiten- und eben keine Folioangaben macht, belegt, dass diese Foliierung Ende des 19. Jhs. noch nicht existierte.

[501] Diese zeitliche Abfolge ergibt sich aus dem bereits angedeuteten Umstand, dass einige der Seitenzahlen bei der Beschneidung des Papiers komplett abgeschnitten und andere zum Teil beschädigt wurden.

[502] B.M. v. Scarpatetti, Neu-Beschreibung.

eckigen Buchstaben"[503] von einem im Umgang mit der Feder geübten Schreiber. Lediglich die Groß- und Kleinschreibung (vgl. Kapitel B.1.3.4) sowie die Identifizierung einzelner Buchstaben, insbesondere c/t, u/n und e/o, bereitet hin und wieder Schwierigkeiten. Je nach vorhandenem Raum lassen sich Dimensionsvarianzen konstatieren. Die Tinte zeigt eine mittelbraune Tönung und ist an einigen Stellen verblasst.

Zu b): Auf die Hand des Rubrikators (vgl. z.B. Abb.5, t.w. Abb.7) gehen sowohl zahlreiche mit roter Tinte ausgeführte Auszeichnungen am Wortbeginn als auch Unterstreichungen, Verzierungen und der Großteil der teils roten, teils blauen Initialen zurück. Gleichzeitig werden von dieser Hand Kolumnentitel, Marginalien, Absatzzeichen und Wappenlegenden (wiederum in rot) sowie einige Textzusätze mit brauner Tinte geschrieben und Ergänzungen/Korrekturen vorgenommen. Diese halbkursive Bastarda weist im Vergleich zur Haupthand eine etwas unruhigere, weniger deutliche, unregelmäßige Struktur mit größerem Schriftbild auf, ist aber ebenfalls leicht leserlich und „sehr geläufig"[504]. Längere Passagen, die den von der ersten Hand erstellten Text durch zusätzliche Hinweise und Nachrichten erweitern, finden sich auf den Folio-Seiten 26va (Literaturhinweis), 27va (Literaturhinweis), 34rb (Spitalstiftung), 41^v (Ritualmord am „gŭtt[en] v̂lrich von v̂berlinge(n)"), 45va (Eroberung von Altstätten), 48^r (Abt Diethelm von Castell), 50^r (Judenpogrom 1349), 50va (Schlacht bei Ilanz), 56vb (Abt Werner von Rosnegg / versuchter Reliquienverkauf / Bürgermeister 1375 und 1377), 79va („ain wunderliche sach", der Hermaphrodit aus Rottweil) und 100 (Auszug aus dem „Elsässischen Trojabuch"). Auffällig ist, dass die Rubrizierungen und Initialen mit teils unterschiedlichen Rottönen ausgeführt sind. Berücksichtigt man die Verzierungen, die sich gegen Ende der Handschrift deutlich von denen des Anfangs unterscheiden, liegt es im Bereich des Möglichen, von einem nicht näher zu identifizierenden zweiten Rubrikator, von dem keine Textzusätze stammen, auszugehen.

Zu c): Die dritte, nicht immer eindeutig entzifferbare Hand[505] (vgl. Abb.6) ist, wie dessen Kolophon auf fol.223va belegt, mit der Konrad Albrechts zu identifizieren. Wie bereits dargestellt, fügt dieser Konstanzer Stadtschreiber auf zahlreichen Seiten mit dunkelbrauner, beinahe schwarzer Tinte Textteile in den laufenden Chronikbericht ein, ergänzt ihn so mit kurzen Worten oder bietet in einem eingeschobenen Absatz ausführlichere Zusatzinformationen. Darüber hinaus setzt er dieses historiographische Werk im Anschluss an die Nachrichten der Haupthand auf den Folio-Seiten 223va bis 225vb mit seiner charakteristischen, geläufigen, „etwas steife[n], sehr grosse[n], eckige[n] Schrift"[506] bis ins Jahr 1473 fort. Die ebenfalls von Albrecht niedergeschriebene Notiz zu Himmelserscheinungen auf dem hinteren Spiegel bezieht sich dann sogar auf 1475, sodass sich mit diesem Jahr ein Endpunkt für die Handschriftendatierung ergibt.

Neben diesen drei Händen aus dem 15. Jahrhundert enthält der Codex Sangallensis 646 Notizen, Marginalien, Notabene-Zeichen, Korrekturen und Federproben[507] von verschiedenen späteren Schreibern. Die auf den Folio-Seiten 2rb, 9^v, 10ra, 14va, 21^r, 23va, 34rb, 39rb, 39va, 41rb, 43vb, 119ra, 132rb, 141rb, 154vb, 155va, 158ra, 162va, 163vb, 167va, 174ra, 213ra, 220ra, 220rb und 221ra mit Tinte ausgeführten Zusätze stammen vermutlich aus dem 16. Jahrhundert und können nur

---

[503] T. Ludwig, Konstanzer Geschichtsschreibung, S.25.
[504] Ebd., S.26.
[505] Vgl. für die Problematik dieser Schrift z.B. die unterschiedlichen Lesarten des Nachbesitzervermerks bei P. Ruppert, Chroniken, S.XXV / Katalog der deutschsprachigen illustrierten Handschriften, S.214 vs. B.M. v. Scarpatetti, Katalog, S.52 bzw. ders., Neu-Beschreibung.
[506] T. Ludwig, Konstanzer Geschichtsschreibung, S.27.
[507] Die wenigen Federproben in unserem Codex befinden sich auf fol.83^v, 231^v, 232^r, 247^r, 256^r, bestehen meist nur aus einem oder sehr wenigen Buchstaben und sind daher kulturgeschichtlich nicht weiter v. Interesse.

schwerlich bestimmten Personen zugeordnet werden. Auf die Hand Ildefons von Arx'[508] gehen wiederum zwei Hinweise auf Gebhart Dacher als dem Verfasser der „Konstanzer Chronik" zurück. Auf fol.211ra findet sich im Zusammenhang mit der bereits zitierten Ich-Erzählung zur Wanderung auf dem zugefrorenen Bodensee neben der Erwähnung des Namens die Marginalie „Author | huius Chro- | nici". Nach der Lektüre dieser Textstelle greift dieser Benutzer der Chronik das soeben Gelesene noch einmal auf. Er, der das Titelblatt, das den Band mit hoher Wahrscheinlichkeit einmal einleitete[509], sowie eine mögliche Vorrede vermisst, blättert zum Anfang der Chronik zurück und fügt direkt auf Seite 1 unterhalb der ersten Rubrik die von einem weiteren Leser zu einem späteren Zeitpunkt wiederum korrigierte Notiz „Gebhardi dacher ~~Von dingelstat~~ | Author hujus Chronici Constantiensis" zur besseren Orientierung nachfolgender Rezipienten an. Dem 20. Jahrhundert gehören die bereits erwähnten Bleistiftspuren an, die auf ähnlich auch in der Handschrift Stgt zu finden sind.

Besonderes Augenmerk muss auf Initialen und Rubrizierungen gerichtet werden, die den Codex schmücken, aber auch zu dessen Gliederung beitragen und weitere Funktionen erfüllen. Die in der Regel zwei- bis dreizeiligen Lombarden[510], die keine ornamentalen oder figürlichen Zierden aufweisen (vgl. z.B. Abb.7), sind von der Hand des Rubrikators mit roter und blauer Tinte gestaltet. Die nachfolgende Auflistung zeigt die unterschiedliche Verteilung der Lombarden ihrer Farbe nach. Bei mehr als einer Initiale in einer Spalte ist die Anzahl in eckiger Klammer angegeben.

- Rote Lombarden: fol.2ra, 7ra, 8ra!, 10ra [2], 11ra, 11rb, 11va, 11vb/[511], 12ra, 12rb, 12va, 13ra, 13rb, 13va, 13vb, 14ra, 16ra, 16rb, 16va, 16vb, 17ra, 18ra, 18rb, 18va, 18vb, 19ra, 19rb, 19va, 22ra, 25ra, 27ra, 29ra, 29va, 30ra, 30va, 31ra, 33rb, 33vb, 34rb [2], 34vb, 35rb, 39ra, 41ra!, 41va, 41vb, 43ra, 44ra, 45va, 48ra, 49ra, 49rb, 50^{r}, 50va, 51ra, 52ra, 52rb, 53ra, 53vb, 54ra, 55ra, 56ra, 57ra [3], 57va, 59ra, 62rb, 62vb, 63ra, 76ra, 77va, 78va, 79va, 80ra, 89ra, 93ra, 94ra, 96ra, 104ra, 104vb, 105rb, 106vb, 108va, 109ra, 110ra, 111ra, 113ra, 121rb, 123ra, 131ra, 132rb, 135ra, 136ra, 136va, 137va, 138ra, 141ra, 147ra, 147rb, 149vb, 150ra, 151vb, 153ra, 155ra, 160va, 161va, 169ra, 172va, 175va, 176ra, 184ra, 186ra, 187ra, 190va, 192ra, 192va, 195ra, 195va, 197ra, 197va, 198ra, 200ra, 200va, 202ra, 203va, 204ra, 204va, 205ra, 207ra, 210ra, 210va, 211ra, 213ra, 216ra, 217ra, 221ra, 223ra.
- Blaue Lombarden: fol.1ra, 2ra, 8ra!, 21ra, 23ra, 26ra, 27va, 29rb, 29vb, 30rb, 30vb, 31rb, 33ra, 33va, 34ra, 34va, 35ra, 36ra, 41ra!, 42ra, 43rb, 44ra, 51ra, 51rb, 52ra, 52va, 53ra, 54ra, 54va, 55rb, 57ra [2], 57rb, 57vb, 59rb, 62ra, 64ra, 64rb, 66ra, 68ra, 69ra, 70rb, 88ra, 89rb, 90va, 91rb, 92ra, 93va, 94vb, 98ra, 102ra, 104rb, 105ra, 106ra, 108ra, 108vb, 109rb, 112ra, 117ra, 117va, 121ra, 122ra, 124ra, 132ra, 134va, 135rb, 136rb, 136vb, 137vb, 139ra, 141rb, 146va, 151va, 154vb, 167ra, 171ra, 179ra, 180ra.

---

[508] Für die Hilfestellung bei der Identifizierung sei Herrn Dr. Karl Schmuki herzlich gedankt.

[509] Da sowohl mehrere Richental-Hss. Dachers als auch Stgt ein Titelblatt aufweisen (vgl. Kapitel A.3.1 und Abb.1), kann gerade bei dieser selbstständigeren Kompilation auf ein solches geschlossen werden. Nachweislich fehlen bei der ersten Lage einige Blätter, sodass auch die Hs. selbst nicht gegen diese Annahme spricht.

[510] Vgl. den Artikel „Initiale" im Glossar bei T. Bein (Hg.), Altgermanistische Editionswissenschaft, S.384-391, hier S.388: „(...) Nicht selten wechselt die Farbe von Initialen (z.B. rot, blau), dann nennt man die Initialen auch Lombarden." In den wenigen Texten des Rubrikators treten uns auch 4- bis 5-zeilige Anfangsbuchstaben entgegen. Obwohl diese vom Textblock abgesetzt sind und damit auch als Zeichen mit Über- bzw. Unterlängen behandelt werden könnten, werden sie aufgrund der Dimension zu den Lombarden gerechnet.

[511] Um die genaue Verteilung der Lombarden auf den ersten Blick zu demonstrieren, wird die Spaltenaufteilung in diesem Fall beibehalten und nicht etwa wie im Zusammenhang mit den Leerräumen die Gesamtseite oder das Blatt angegeben.

Während die Farben in einigen Textteilen beinahe regelmäßig wechseln (vgl. z.B. fol.121ra bis fol.141rb), scheint in anderen die Verwendung von Rot und Blau eher unsystematisch zu sein. Auffällig ist jedoch, dass zu Beginn der Chronik häufiger und nach fol.180ra allein die rote Tinte zum Einsatz kommt. Insgesamt stehen so 139 rote Lombarden 78 blauen gegenüber. Auch die Lombarde als solche tritt dem Benutzer im ersten Teil der Chronik öfter als am Ende entgegen. Sie übernimmt hier eindeutig gliedernde Funktion, markiert den Anfang eines neuen thematischen Abschnitts, eines neu zu behandelnden Jahres et cetera. Dadurch bietet sie Orientierung, erleichtert dem Benutzer den Überblick. Folglich begegnet die Lombarde, vergleicht man die Spalten, sehr viel häufiger in der a-Spalte (rechnerisch handelt es sich um 72,7 Prozent zu 27,3 Prozent) und damit gewissermaßen am Beginn einer Seite. Der von dem Maler der Rubriken eingesetzte Buchstabe wird während des Schreibens sehr klein und leicht von der Haupthand mit brauner Tinte an der entsprechenden Stelle vermerkt. Diese Hilfestellung für den Illustrator ist durch die später verwendete Farbe nur noch auf wenigen Seiten erkennbar[512]. Während in der Mehrzahl der Fälle der Textblock die Höhe der Initialen erreicht, existieren auch Lombarden, die den Text um eine oder sogar zwei Zeilen überragen (vg. z.B. fol.14ra oder fol.91rb). Die Buchstaben, die sich an die Initialen anschließen, sind nur selten durch die Verwendung von Majuskeln, Überlängen und/oder Rubrizierungen ebenfalls vom sonstigen Text abgehoben. Genauer kommen eindeutige Majuskeln nach der Lombarde lediglich auf den Folio-Seiten 1ra, 21ra, 75ra, 76ra, 77va, 78va, 80ra, 93ra, 94vb, 115vb, 136vb, 141ra, 147ra und 147rb, 150ra, 153ra, 167ra, 175va, 179va, 180ra, 184ra, 198ra, 202ra, 207ra, 213ra, 217ra und 221ra zum Einsatz. In dem Teil des Codex Sangallensis 646, in dem die Initiale eher selten Verwendung findet, hebt der Schreiber den Neubeginn eines Textabschnittes durch vergrößerte, meist mehrzeilige Majuskeln mit Ober- beziehungsweise Unterlängen hervor. Diese werden vor den eigentlichen Textblock gesetzt und sind auf zahlreichen Seiten durch kleine, teils liebevoll gestaltete Kopfzeichnungen verziert. Innerhalb der ersten Zeile am oberen Blattrand sowie nach Leerzeilen ist die Haupthand hin und wieder schwungvoller, einzelne Wortanfänge werden durch Überlängen infolge größerer Schlingen und Schleifen hervorgehoben.

Ein Großteil des Textes der „Konstanzer Chronik" ist vom Rubrikator mit roter Tinte durch einen beziehungsweise bei w teilweise auch durch zwei senkrechte oder vertikal-schräge Zierstriche, die durch den Schaft des Anfangsbuchstabens gezogen werden, rubriziert (vgl. Abb.3). Diese Verzierungen mit roter und in sehr seltenen Fällen auch blauer Tinte übernehmen verschiedene Funktionen. Vordergründig tragen sie zum Schmuck der Handschrift bei. Gleichzeitig dienen sie der optischen Hervorhebung einzelner zentraler Stichworte, so beispielsweise der von Titeln, Eigennamen oder Institutionen. Darüber hinaus sind sie von satzphonetischer Bedeutung, geben Atempausen und erleichtern dem Leser durch syntaktische Untergliederung des Textes das Verständnis. Interessanterweise sind jedoch nicht alle Seiten mit Rubrizierungen versehen. Vor allem in der zweiten Hälfte des Codex wurden einige Textteile vom Rubrikator überblättert. Die folgende Auflistung enthält die Textteile, die nicht auf die genannte Art und Weise bearbeitet wurden. In einer zweiten wird auf einige Spalten hingewiesen, die lediglich ein bis fünf Rubrizierungen aufweisen. Da der Rubrikator die Unterstreichungen, die es dem Benutzer durch die Betonung von Namen, Ämterbezeichnungen und (Jahres-)Zahlen ermöglichen, einen Überblick zu behalten und den Text rasch zu erfassen, in ein und demselben Arbeitsgang einzufügen

---

[512] Sehr schön erkennbar ist der v. der Haupthand stammende Hinweis für den Rubrikator auf fol.8^v. Dort ist die Initiale aufgrund des Textabbruchs nach nur vier Worten nicht ausgeführt und das kleine „n" etwas unterhalb der Zeile sichtbar. Vgl. aber auch z.B. fol.52ra bei „By", fol.98ra „Nun" sowie fol.106ra, 124ra, 136vb, 137^v „Des".

scheint[513], handelt es sich bei den genannten Spalten und Seiten ebenfalls um solche ohne diese Hervorhebungen.

- Textteile ohne Rubrizierungen und Unterstreichungen: fol.57va, 59^r, 66^v, 68ra, 69ra, 70^v, 72va, 97va-98va, 100r, 108vb, 110rb, 111^r, 12ra, 113ra-115rb, 119va-120rb, 121^r, 122^r, 123rb-125rb, 126ra-127vb, 132ra-133ra, 134va, 135^r, 136^r, 136vb, 149^v, 150va-152rb, 153va-154rb, 155va-157ra, 157va-159va, 161va-163vb, 165^r, 166ra-166va, 167va-170rb, 171ra-175rb, 176va-179va, 180ra-181ra, 182ra-183va, 184^v, 198va-199rb, 218vb, 220^r, 221va-222ra, 223va-225vb.
- Textteile mit sehr wenigen Rubrizierungen: fol.57vb, 70^r, 72^r, 108va, 109^r, 110ra, 123ra, 131ra, 134vb, 136va, 137va-138rb, 139^r, 148^r, 167^r, 184^r.

Die Rubriken machen von wenigen Ausnahmen abgesehen (vgl. fol.4^r: „Sant Stephans kilche(n) anfang #"; 45^v: „wie Alttstetten Burg | gewonnen ward #"; 49vb: Bildüberschrift: „Wie Juden verbrenntt | wurdentt #"; 50^r: Bildüberschrift: „Anno M CCC xl viiij jar | Do giengend die Gaisler #"; 54^r: „Ain vff loff") keine inhaltlichen Angaben zum Text, sondern nehmen lediglich die Datierung der Nachrichten auf und erleichtern dem Leser einen chronologischen Überblick. Sie sind allesamt mit roter Tinte geschrieben und nach einheitlichem Schema („Anno M CCC lxxvj jar") gestaltet (vgl. z.B. Abb.3, 5 und 7). Sie treten sowohl zentriert über der Seite als bei unterschiedlicher Thematik auch zentriert über jeder Spalte in einem zwei- bis vierzeiligen Abstand zum Textblock auf. Diese schmückenden und gleichzeitig textgliedernd wirkenden Elemente sind jedoch nur von fol.1^r bis fol.94^v nachweisbar. Die folgende Aufzählung verdeutlicht diesen Umstand. Mehrere Rubriken in einer Spalte werden in eckiger Klammer notiert.

- Rubriken: fol.1^r/[514], 4^r, 8^r!, 20^v, 25^r, 26^r, 26^v, 27ra, 27^v, 29ra, 29rb, 29va, 29vb, 30ra, 30rb, 30va, 30vb, 31ra, 31rb, 33ra, 33rb, 33va, 33vb, 34ra, 34rb [2], 34va, 34vb, 35ra, 35rb, 36^r, 37ra, 37^v, 39ra, 39rb, 39^v, 41ra, 41rb, 41va, 41vb, 42^r, 44^r, 45^r, 45^v [2], 48^r, 49^r, 49^v, 49vb, 50^r [2], 50^v, 51ra, 51rb, 52ra, 52rb, 52^v, 53^v, 54^r [2], 54^v, 55ra, 55rb, 56^v, 57ra, 57rb, 62^r, 62^v, 63^r, 64ra, 64rb, 66ra, 66rb, 75^r, 76^r, 77^v, 78^v, 79^v, 80^r, 89^r, 90^r, 90^v, 93^v, 94^v.

Auch die ebenfalls vom Rubrikator stammenden Wappenlegenden hören nach fol.92ra auf. Die Marginalien von derselben Hand erscheinen lediglich bis fol.66rb. Die mit roter Tinte ausgeführten Absatz-/Paragraphenzeichen – Gliederungselemente, die zu Beginn der Chronik (vgl. z.B. fol.8ra!) relativ häufig Verwendung finden – nehmen im Verlauf des Textes immer weiter ab und treten nach fol.92va nicht mehr in Erscheinung. Ähnlich verhält es sich mit den Zierzeichen, die, aus drei Punkten mit nach rechts gewelltem Bogen bestehend, in Überschriften oder am Ende eines Absatzes als eine Art Zeilenfüller fungieren (vgl. Abb.3 und 5). Berücksichtigt man die inhaltlichen Ergänzungen des Rubrikators, ist Text von seiner Hand letztmalig auf fol.100^v belegt.

Der Chroniktext ist überwiegend sorgfältig geschrieben, weist aber an einigen Stellen Revisionen oder eindeutige Fehler auf[515]. Von der Haupthand selbst stammen mit brauner Tinte ausgeführte Sofortkorrekturen (vgl. z.B. fol.16ra, 18ra). Auch Verbesserungen oder Präzisierungen, die vom Schreiber im Nachhinein (beim Korrekturlesen?) realisiert werden, also etwa Ergän-

---

[513] Gleiches gilt auch für die roten Trennstriche, die auf den Seiten, die keine Rubrizierungen haben, aber auch auf so manchen anderen fehlen und vom Rubrikator folglich zur gleichen Zeit ergänzt werden.

[514] Rubriken über der Seite werden hier v. denen über Spalten durch die jeweils genaue Angabe unterschieden.

[515] Vgl. z.B. allg. zu diesen Phänomenen, die im Vorgang des Schreibens und Abschreibens begründet liegen, A.H. Touber, Schreibfehler, v.a. S.123-126 und A. Hofmeister, Revisionen, v.a. S.145ff.

zungen über, vor oder unter der Zeile (vgl. z.B. fol.51ra, 162va, 200va, 201va, 205ra), orthographische Korrekturen durch die Streichung falscher Buchstaben (vgl. z.B. fol.151va, 211va) oder
die Veränderung von Schriftzeichen (vgl. z.B. fol.4vb, 14rb, 39va, 162va) sowie schriftästhetisch
motivierte Überarbeitungen, das heißt etwa das Nachziehen eines einzelnen oder mehrerer Buchstaben, um eine eindeutige Entzifferung sicherzustellen (vgl. z.B. fol.59ra, 179ra, 212ra), sind
nachweisbar. Interessanterweise kommt es durch später hinzugefügte Textteile an zwei Stelle
auch zu inhaltlich-chronologischen Berichtigungen. Auf fol.162ra („disz geschach erst | hin vmb
über ain jar; ist misz | schriben") und fol.165rb („der Crützgang geschach jn dem | nün vnd
tryssigosten jar vn(d) | och der tod schlag des stikels | vnd das sich selb stainsträsz | erstach, als
vor stat, vnd ist | vm(b) ain jar miszschriben") wird die ursprüngliche Zuordnung der Nachrichten
von der Haupthand selbst als falsch identifiziert. Der Rubrikator verstärkt Berichtigungen des
Schreibers hin und wieder, indem er die Streichungen der Haupthand mit roter Tinte wiederholt
und/oder den Text mit Verweiszeichen versieht (vgl. z.B. fol.37ra, 45va, 64ra, 117va, 216ra). Einige
der Korrekturen gehen allein auf den Rubrikator zurück und verbessern unter anderem auch
dessen eigenen Text (vgl. z.B. fol.41va, 42ra, 100^{r}, 106vb, 205va). Auf fol.8ra! füllt er darüber
hinaus eine von der Haupthand vermutlich aufgrund der Unleserlichkeit der Vorlage im Text
hinterlassene Lücke mit brauner Tinte durch die Ergänzung des Vornamens bei „Rûdolffs
Muntprachtz". In diesem Zusammenhang sei auch darauf hingewiesen, dass der Rubrikator vereinzelt Superskripte bei i, j, ÿ und ü mit roter Tinte hinzufügt. Konrad Albrecht korrigiert ebenfalls wenige Fehler (vgl. fol.177va und im eigenen Text fol.225va) oder ergänzt den Text (vgl.
fol.213rb). Nur wenige Unkorrektheiten wurden von späteren Händen verbessert (vgl. etwa
fol.174ra, 213ra). Nachweislich treten in SG hier und da Abschreibe- und Flüchtigkeitsfehler zutage, die bei einem Vergleich mit anderen Textzeugen (vgl. v.a. Kapitel B.3) eindeutig belegbar
sind. Während es einerseits etwa zu der Verdoppelung von Worten kommt (vgl. z.B. fol.31rb,
106va, 208vb, 220ra), können andererseits Auslassungen konstatiert werden (vgl. z.B. fol.88ra,
95^{ra}f, 143va, 184va, 207ra). Auch Schreibfehler innerhalb eines Wortes (vgl. z.B. fol.64ra, 97vb,
143va, 161rb, 176ra) oder Abschreibefehler, die logische Unstimmigkeiten verursachen (vgl. z.B.
fol.51ra, 76rb, 107ra, 148ra), kommen vor. Bei den Unterstreichungen, aber auch bei den Trenn-
strichen lassen sich des Öfteren Ungenauigkeiten und Fehler des Rubrikators feststellen. Aus
Flüchtigkeit sind häufig Worte nur halb und andere fälschlicherweise unterstrichen. Auf den
Folio-Seiten 76va, 89rb, 104va, 128va, 141rb, 195rb, 205va, 216rb, 223ra etwa werden des Weiteren
Worte über das Zeilenende hinaus verbunden, die getrennt gehören.

4.1.3 Stuttgart, Württembergische Landesbibliothek, Codex Hist. HB V 22 (Stgt)[516]

Diese Handschrift der Württembergischen Landesbibliothek Stuttgart stieß in der Forschung bereits mehrfach auf Interesse. Vor allem aufgrund der Komposition wurde sie in einigen Katalogen
beschrieben[517] sowie unter verschiedenen Gesichtspunkten auch in Monographien und Aufsätzen

---

[516] Statt des ebenfalls möglichen S oder St wird das Sigle Stgt für den Stuttgarter Codex mit Blick auf die auf
Kautzsch und Matthiessen zurückgehenden Bezeichnungen der Richental-Hss. gewählt. In der Forschung zur Konzilschronik firmiert diese Hs. HB V 22 unter St. Um zu verdeutlichen, dass in dieser Edition nicht die Passage zum
Konzil, sondern das Fragment der „Konstanzer Chronik" im Mittelpunkt steht, wurde die Abkürzung entsprechend
modifiziert.
[517] Vgl. Handschriften der Württembergischen Landesbibliothek, S.37f; W. Irtenkauf, Bibliophile Kostbarkeiten,
Nr.27, S.64; E. Moser (Hg.), Buchmalerei, Katalog KO 51, S.295f; Kostbarkeiten der Buchmalerei, Nr.10.

erörtert[518]. Trotzdem gilt das Dictum Eugen Hillenbrands von 1975, der Codex sei „bis heute leider kaum ausgewertet"[519], noch immer. Die folgende Charakterisierung bezieht die bisherigen Untersuchungen mit ein, verlegt den Schwerpunkt aber allein auf den Teil des Codex, der die „Konstanzer Chronik" Dachers betrifft. Wiederum schließt sich an eine Kurzbeschreibung, die die Gesamthandschrift im Auge hat, eine detailliertere Behandlung an, in der vor allem das Fragment unseres Textes Berücksichtigung findet.

Papier; 243 Blätter; 29 x 20,5; Konstanz; 1467-1469; Nachträge bis 1521.
Wasserzeichen: Ochsenköpfe mit Stange und Kreuz; Senionen (außer Blatt I. 1-9. 118-131. 144-155. 228-238. 239-242. 243); fehlerhafte alte Foliierung mit roter Tinte, teilweise abgeschnitten; zweispaltig, 22/24 x 15 (6,5/7,5); 31-37 Zeilen; fol.2^r-9^v einspaltig; Schriftspiegel hin und wieder sichtbar; Bastarda von mehreren Händen; Rubrizierungen; rote Unterstreichungen; rote Kolumnentitel von verschiedenen Händen; zwei- bis fünfzeilige rote, blaue und rot-blaue Lombarden, gelegentlich ornamental gespalten; Marginalien, teils von späteren Händen; eine kolorierte Federzeichnung; zahlreiche Wappen, meist am unteren Rand und abgeschnitten; heller Ledereinband mit Rollstempeln: a) Mateus – Lucas – Marc – Iohan in Halbfigur mit Evangelistensymbolen, 14,4 x 1,4 b) 4 Köpfe in ornamentalem Blattwerk mit CH bezeichnet, 15,6 x 1,6 (c) Ornamentrolle sowie Streicheisenlinien; zwei Schließen HDK – VDK fehlen; 1627 im Kloster Weingarten, von dort 1810 in die Königliche Handbibliothek (später: Hofbibliothek) und anschließend in die Württembergische Landesbibliothek gelangt; Mundart: ostalemannisch.

Die moderne Schutzhülle aus braunem, festem Papier gibt auf einem kleinen Aufkleber auf dem Buchrücken lediglich die aktuelle Signatur „HB | V | 22" an. Der sich darunter befindliche zweite schützende Umschlag des 19. Jahrhunderts ist aus dunklem marmoriertem Papier. Er bezeichnet auf dem Buchrücken den Codex als „Gebhard Dachers | Chronik | der Kaiser | und Päpste" und enthält eine ovale Prägung mit einem durch eine Krone und einen Strahlenkranz verzierten „R", das auf die Königliche Handbibliothek hindeutet. Am unteren Ende des Rückens wird ebenfalls auf die Signatur der Landesbibliothek verwiesen: „H.B. | Hist. | 22." Durch die Hüllen wird der reich verzierte helle Ledereinband (Format der Deckel: 30 x 21 cm) mit den vier Evangelisten, der Ornamentrollen und den Streicheisenlinien verdeckt und geschützt. Ähnlich wie schon bei der St. Galler Handschrift ist auch hier die ursprüngliche Schließung nicht mehr vorhanden. Die Abdrücke zweier fehlender Schließen (1,3 cm breit, sich auf circa 0,5 cm verjüngend), jeweils 7 cm von der oberen und unteren Kante entfernt, zeugen aber noch von ihr. Auch auf diesem Rücken befindet sich im oberen Teil ein kleiner, dunkler, rechteckiger Aufkleber (1 x 1 cm) mit der Nummer 265. Am unteren Ende ist auf mehreren übereinandergeklebten Signaturschildern ein 3 x 2,5 cm großer Hinweis mit der Weingartener Nummer G/20 zu finden. Auf dem vorderen Spiegel wird erneut die Signatur der Landesbibliothek aufgegriffen. In der linken oberen Ecke ist mit

---

[518] Vgl. z.B. P. Ruppert, Chroniken, S.XXVLf; T. Ludwig, Konstanzer Geschichtsschreibung, S.30ff; R. Kautzsch, Handschriften S.450-465; M. Holzmann, Konzilschronik, S.79, 81; E. Hillenbrand, Geschichtsschreibung, S.9f; W. Matthiessen, Richentals Chronik, S.105ff, 401, 422f; T.M. Buck, Fiktion und Realität, S.70 und G. Wacker, Richentals Chronik, Anhang 2, S.XV. Bei der Darstellung der Rezeption der Chronik Twingers v. Königshofen v. N. Warken, Geschichtsschreibung, S.229ff fehlt (wie auch bei der Beschreibung der lückenhaften Überlieferung desselben Werkes bei C. Hegel (Hg.), Chronik, Bd.8, S.199ff; vgl. Hinweise auf bedeutende weitere Hss. VerfLex, 2. Aufl., Bd.9, Sp.1183f) interessanterweise ein Hinweis auf diese Hs. Auf S.297 und 316 wird lediglich allgemein auf eine breite Rezeption in Konstanz und unsere „Konstanzer Chronik" bzw. auf Gregor Mangolt (vgl. zu ihm Kapitel A.4.4) verwiesen.
[519] E. Hillenbrand, Geschichtsschreibung, S.9.

Bleistift der sehr leicht geschriebene Hinweis „Cod. Hist | 22" zu lesen; am unteren Ende, dieses Mal mit stärker aufgedrücktem Bleistift, befindet sich dann die Zeile „Cod. H B V Hist. 22".

Das Papier mit dem Wasserzeichen des Ochsenkopfes ohne Augen mit Stange und Kreuz aus Ravensburg ist dasselbe wie das der bereits besprochenen Handschrift der Stiftsbibliothek. Es gehört nachweislich der Zeit zwischen 1467 und 1469 an. Die Blätter sind 29 x 20,5 cm groß. Das Format des beschriebenen Raums beträgt in der Regel 22/24 x 15 cm. Die Spalten sind bei einem Abstand von 1 bis 2 cm 7,5 bis 6,5 cm breit und bestehen bei vollständig beschriebenen Blättern aus 31 bis 37 Zeilen. Der Text ist, abgesehen von den beiden Registern auf fol.2^r bis 9^v (moderne Zählung; zeitgenössische nicht vorhanden) und fol.161|168^r bis fol.171|178^v, stets zweispaltig (vgl. Abb.16f). Mit wenigen Ausnahmen (s.o.) sind bei diesem Codex Senionen zu konstatieren. Innerhalb eines Bogens wurden an wenigen Stellen ganze, mit großer Wahrscheinlichkeit stets unbeschriebene Seiten entfernt. Am Ende unseres Fragments beispielsweise fehlen vier Blätter, ohne dass ein Textverlust vorläge. Das sich anschließende Blatt 240|243! ist unbeschrieben, das folgende wiederum herausgerissen. Der hintere Spiegel trägt keine Bemerkungen.

Wenn auch nicht in derart großer Anzahl wie SG, enthält diese Chronik einige gänzlich leere Blätter sowie solche, auf denen nicht der gesamte Schriftraum mit Text gefüllt ist. Es liegt nahe, auch hier davon auszugehen, dass die gänzlich unbeschriebenen Seiten ebenso wie die Leerräume einerseits der Gliederung dienen sollten, andererseits aber auch für Ergänzungen gedacht waren. Tatsächlich nutzt ein späterer Leser des 16. Jahrhunderts diesen Freiraum, indem er auf einigen der ursprünglich leer gelassenen Seiten zwischen fol.120|129vb und fol.146|155vb größere annalistische Nachträge einfügt (vgl. zu dieser Hand Abb.17, b-Spalte). Sie befassen sich mit Nachrichten aus dem Bodenseeraum, vor allem aus Konstanz, und betreffen die Jahre 1415-1418, 1485, 1490-1492, 1494, 1496, 1505, 1511, 1513-1517, 1519 und 1521. Als Quellen zieht dieser Schreiber neben der Richental-Chronik selbst das Ratsbuch sowie das „Chronicon Constantiense" heran[520]. Ob die Leerräume allerdings auch in dieser Handschrift für weitere Illustrationen gedacht waren, ist nicht mehr zu entscheiden. Insgesamt fällt bei einem Vergleich mit dem Codex Sangallensis 646 aber auf, dass in Stgt den Abbildungen und Wappen weniger Aufmerksamkeit zuteil wird. So findet man hier lediglich eine ganzseitige bildliche Illustration auf fol.133|142^v, die in Stil und Technik denen des St. Galler Werkes und den anderen Handschriften der „Werkstatt Dachers" gleicht. Sie zeigt König Albrecht II. mit Reichsapfel und Schwert, auf seinem Thron sitzend, von den sieben Wappen seiner Länder umgeben[521]. Im Zusammenhang mit den Wappen ist besonders das Titelblatt fol.1^r zu berücksichtigen (vgl. Abb.1). Auf diesem wurden drei farbige Schilde (2/1) mit insgesamt vier Schildhaltern aufgeklebt. Die zwei oberen, hier weniger interessierenden Schilde, die von jeweils einem rotbezungten Löwen gehalten werden, repräsentieren „# Röm die Statt #" und verweisen auf den inhaltlichen Mittelpunkt der in diesem Werk nun folgenden Ausführungen. Das darunter stehende Wappen, das sehr fein ausgeführt in Blau zwei silberne, einen Bogen bildende, zugewendete Fische mit auffälliger Rückenflosse zeigt, wird von zwei silbernen Hunden mit rotem Halsband als Schildhalter begleitet. Es gehört, wie die Legende von der Hand des Rubrikators (s.u.) eindeutig belegt, „# Gebhart Dacher # | von Costentz #"[522]. Mit diesem „Firmenzeichen" enthält die Handschrift einen eindeutigen Beweis

[520] Vgl. W. Matthiessen, Richentals Chronik, S.423.

[521] Vgl. dazu die Abb. bei W. Irtenkauf, Bibliophile Kostbarkeiten, S.65 und E. Moser (Hg.), Buchmalerei, Katalog, S.297.

[522] Vgl. die missverständliche Beschreibung dieses Titelblatts bei E. Moser (Hg.), Buchmalerei, Katalog KO 51, S.296: „Eingangs eingeklebt, das Wappen Dachers und jenes seiner Frau Ursula Ächtpigin, darüber das von Rom". Das Wappen der Ehefrau Dachers, das in Hss. und späteren Drucken der Konzilschronik etwa unter dem der Stadt

dafür, dass sie zeitweise im Besitz Dachers war und unter dessen Mitarbeit und Aufsicht angefertigt wurde. Die zentrale Stellung dieses bürgerlichen Wappens, das dem von Rom und damit
dem eigentlichen Zentrum des Reiches hier am Beginn der Chronik gewissermaßen gleichwertig
gegenübergestellt wird, provoziert jedoch geradezu weiterreichende Schlussfolgerungen. Von
einem üblichen Besitzervermerk weit entfernt, spricht dieses Wappen vielmehr dafür, in Gebhart
Dacher den „Autor" oder besser – um Vorsicht walten zu lassen und angesichts des Themenkomplexes der Kompilation und neuerer Forschungsrichtungen auf diesen problematischen
Terminus zu verzichten – den „Initiator" dieser „Weltchronik" zu sehen. Die äußere Gestaltung
dieser Wappen lässt erkennen, dass der Illustrator mit den Regeln der zeitgenössischen Heraldik
bestens vertraut ist und beispielsweise die Schildhalter nicht freischwebend stehen lässt, sondern
auf einen Untergrund, in diesem Falle eine durch grüne Halme und Blätter gekennzeichnete
Wiese, setzt. Von diesem Titelblatt und dem ebenfalls ganzseitigen Papstwappen auf fol.172|179^v
(„# Die Hailig kilch zů Rŏm #") abgesehen, enthält der Codex nur noch kleiner gestaltete
Wappen. Sie befinden sich zumindest im ersten Teil des Codex am unteren Blattrand, sind teils
beschnitten und wurden in diesem Bereich wohl erst nachträglich eingeplant (vgl. Abb.16). Der
Stil und die Ausführung lassen vermuten, dass sie von dem Künstler, der auch den Hauptzeugen
unserer „Konstanzer Chronik" mit Wappen verziert hat, stammen (vgl. Kapitel A.4.3). Ein Teil ist
mit Kolumnen versehen.

Der Codex weist zwei voneinander abweichende Foliierungen auf. Er ist rechts oben mit roter
Tinte teils fehlerhaft in römischen Ziffern nummeriert. Diese Foliierung, die auf dem zehnten
Blatt mit „I" beginnt und auf dem letzten Blatt des hier interessierenden Fragments mit
„CCxxxviij" endet, dürfte mit hoher Wahrscheinlichkeit wie auch bei der Richental-Handschrift
Pr auf die erste Schreiberhand dieses Textteils und damit auf den Haupt-Rubrikator der Gesamthandschrift (s.u.) zurückgehen. Sie ist auf zahlreichen Blättern nur noch unvollständig erhalten
und wird deshalb teilweise direkt darunter von einer modernen Hand in arabischen Ziffern mit
Bleistift wiederholt. Bei der zweiten Blattzählung handelt es sich um eine aus dem 20. Jahrhundert stammende, korrekte, maschinell erstellte Nummerierung, die zentriert unterhalb des Textes
angebracht ist. Um dem Leser die Foliierung des 15. Jahrhunderts nicht vorzuenthalten, dem Benutzer des Originals sowie dem der älteren Literatur[523] jedoch gleichzeitig eine leichte Orientierung zu ermöglichen, werden in dieser Edition beide Blattzahlen angegeben. Die erste Ziffer
steht für die mittelalterliche, die zweite für die moderne Zählung.

An der roten Foliierung, einigen Wappen wie auch bei der einen oder anderen Marginalie
lässt sich feststellen, dass das Papier vor der Bindung, aber erst nach der kompletten Fertigstellung der Handschrift an den Rändern vermutlich um 1 bis 2 cm beschnitten wurde. Dabei
wurde auf die genannten Elemente keine Rücksicht genommen; sie sind folglich oft nur unvollständig erhalten.

Auf den Inhalt dieser „Weltchronik" soll hier nur in aller Kürze eingegangen werden. Abgesehen von dem Konstanzer Fragment am Ende des Textes handelt es sich bei dieser Stuttgarter
Handschrift um eine Kompilation aus Teilen der „Croniken" von Jacob Twinger von Königshofen und der Richental'schen Konzilschronik. Im ersten Teil „# Von allen Rŏmschen küngen #"
wird, wie in einer Inhaltsangabe vor dem alphabetischen Kaiser-Register auf fol.2^r von der Hand

---

Konstanz und heraldisch links neben seinem eigenen angeordnet ist (vgl. Abb.2), taucht in Stgt nirgendwo auf (vgl.
Abb.1).
[523] T. Ludwig, Konstanzer Geschichtsschreibung, S.30ff z.B. zitiert, da die moderne Foliierung erst nach seiner
Untersuchung angebracht wurde, die des 15. Jhs.

des Rubrikators (s.u.) zu lesen ist, "von der Rômer | Tâtt vnd die geschiechten die denne die rômschen | küng vnd kaisser vnd ouch die Bâbst getôn | habend vnd (...) ouch des Ersten wie Rôm | gebuwen ward vnd von den vier Ersten | Kaiser Thûmen vnd vo(n) Romulus vnd Remus | die Ersten herren zů Rômer vnd ôch der Rôme(r) | Stritt vnd plágen" berichtet. Tatsächlich enthalten die Folio-Seiten 1|10ra bis 107|115va nach einem vollständigen Verzicht auf das erste Kapitel Twingers, das die Weltgeschichte von ihrer Erschaffung bis zu Alexander dem Großen zum Gegenstand hat, das zweite Kapitel dieses historiographischen Werkes aus Straßburg, das heißt die Geschichte des vierten Weltreiches und damit Roms respektive der Römischen Kaiser und Könige bis zum Romzug von Ruprecht[524]. Auf fol.107|115vb bis fol.160|167vb befinden sich dann eine stark gekürzte Fassung der Chronik des Konstanzer Konzils von 1414-1418, die „fast ausschließlich die wichtigsten Konzilsereignisse", das heißt die Einberufung, die Anreise des Papstes, die Heiligsprechung Birgittas und so weiter, beinhaltet[525], sowie auf einigen eventuell doch für Abbildungen leer gelassenen Seiten die oben erwähnten Nachträge einer späteren Hand zu Konstanzer Ereignissen von 1415-1521. Nach dem Papstregister[526] beginnt dann mit fol.173|180ra die Fortsetzung der Twinger'schen Chronik, indem Teile aus den dortigen Kapiteln drei bis fünf wiedergegeben werden. Während das dritte Kapitel der Geschichte der Päpste bis fol.205|210vb nicht vollständig, aber doch recht ausführlich behandelt wird[527], endet das Kapitel der Straßburger Bischöfe[528] nach wenigen Seiten (vgl. fol.206|211va bis fol.214|218vb) mit einem Hinweis auf den Volltext der „Croniken": „Hie | lausz ich nun die bischoff || von straszburg beliben | Durch der kürtze willen. | Der si aber gern lesz, der | lesz si in der selben cronica | der von strauszburg" (fol.214|218va f). Auch der Abschnitt zur Geschichte der Stadt Straßburg und ihrer Umgebung, also Kapitel fünf bei Königshofen[529], wird auf fol.219|223va mit den Worten „d(a)z lausz ich vnder wegen | durch d(er) kürtze willen" nach der Legende des heiligen Maternus abrupt abgebrochen[530]. In der nächsten Spalte inmitten einer Lage setzt dann mit den Worten „Merckend wir so ist ain | Concilium zů Costentz | gewessen jn dem jar do man | zaltt ainliff hundertt vn(d) dar | nach jn dem fünff vn(d) viertzig- | osten jar" das Fragment unserer „Konstanzer Chronik" ein.

An diesem Codex haben mehrere Schreiber gearbeitet. Neben späteren Händen, auf die einige Korrekturen, Marginalien und Bemerkungen (vgl. z.B. fol.21|29^r, 23|31^r, 28|36^v, 221|225vb, 228|232rb) zurückgehen, sind grundsätzlich vier Schreiberhände des 15. und eine des 16. Jahrhunderts zu unterscheiden[531]. Auf die letztgenannte Hand, die den Text durch Nachträge bis zum Jahr 1521 ergänzt (vgl. Abb.17, b-Spalte), wurde bereits hingewiesen. Sie kann mit Blick auf die Entstehungsgeschichte an dieser Stelle vernachlässigt werden. Der Großteil der Niederschrift wird von der ersten Schreiberhand (vgl. Abb.15) bestritten, die für die Textteile auf fol.1|10ra bis fol.13|21rb, fol.16|22ra bis fol.107|115va, fol.149|156ra bis fol.160|167vb und fol.173|180ra bis fol.219|223va verantwortlich ist und hier teils auch Rubriken mit roter Farbe einträgt. Eine zweite

---

[524] Vgl. dazu C. Hegel (Hg.), Chronik, Bd.8, S.316-498.
[525] Vgl. W. Matthiessen, Richentals Chronik, S.422, dort auch Zitat.
[526] Vgl. die interessante einleitende Erklärung zu diesem Register auf fol.161|168^r: „# Von Allen Bâbsten # | Als danne hie vor jm Bůch verschriben stätt | von allen Rômschen küngen vnd Rômschen kaisser | als danne der Brieffer fornen jm Bůch | vswissett aigenlich jr namen nach dem A. b. c. | Also vindest die hie nach von allen Bâbsten | ouch aigenlich jr aller namen nach dem A. b. c."
[527] Vgl. dazu C. Hegel (Hg.), Chronik, Bd.9, S.499-599.
[528] Vgl. dazu ebd., Bd.9, S.621-640.
[529] Vgl. dazu ebd., Bd.9, S.697-713.
[530] Darauf weist mit den entsprechenden Zitaten bereits E. Hillenbrand, Geschichtsschreibung, S.10 hin.
[531] Vgl. dazu bereits T. Ludwig, Konstanzer Geschichtsschreibung, S.30f.

Schreiberhand (vgl. Abb.17, a-Spalte) ist in dem Codex auf fol.122|131ra bis fol.146|155ra tätig. Sie zeichnet sich unter anderem durch eine großzügige Blatteinteilung aus, da sie die reichsgeschichtlichen Themen vor allem aus den 1430er Jahren mit nur einer Ausnahme lediglich auf den Recto-Seiten und auch hier meist nur in der a-Spalte behandelt[532]. Die durch diese Verfahrensweise entstandenen Freiräume werden dann vom Illustrator in diesem Teil des Werkes häufig zur Darstellung von Wappen genutzt. Vergleicht man den Duktus dieser Hand mit denen des Codex Sangallensis 646, fällt – trotz des größeren Hangs zur Regelmäßigkeit und Ordnung, der auch durch die Verwendung einer feineren Schreibfeder zum Ausdruck kommt – eine starke Verwandtschaft mit der dortigen Haupthand auf (vgl. Abb.17, a-Spalte mit Abb.3), die darüber hinaus ebenfalls in G nachweisbar ist. Mit großer Wahrscheinlichkeit war folglich ein und dieselbe Person sowohl an der Erstellung dieser „Weltchronik" als auch an der der „Konstanzer Chronik" und einer Richental-Bearbeitung beteiligt. Dies gilt mit Sicherheit für einen weiteren Schreiber, der sogar direkt am Chronikfragment, das insgesamt von zwei Händen geschrieben ist, gearbeitet hat. Dessen Hand (vgl. Abb.16 und 18, a-Spalte, Z.1-4) zeichnet sich durch eine geläufige, kursive Bastarda aus, die eher flüchtig ist und es an einigen Stellen an Deutlichkeit mangeln lässt. Infolgedessen kommt es insbesondere bei der Identifizierung der Buchstaben a/o/e und t/c/r an einigen Stellen zu kleineren Schwierigkeiten. Auffällig sind auch gewisse Unregelmäßigkeiten bei der Form einzelner Zeichen. Starke (beabsichtigte) Dimensionsschwankungen zwischen verschiedenen Textteilen sowie der Gebrauch unterschiedlicher Federn und Tinten erschweren die Zuweisung hin und wieder und lassen Zweifel an der Identität des Schreibers aufkommen. Trotzdem spricht vieles dafür, dass er im Gesamtcodex für folgende Folio-Seiten verantwortlich ist: a) fol.2^r bis fol.9^v (Inhaltsangabe und alphabetisches Register zur Kaisergeschichte, vgl. Abb.14) b) fol.14|22ra bis fol.16|24vb (Teil der Kaisergeschichte) c) fol.107|115vb bis fol.120|129vb (Auszüge aus der Konzilschronik) d) fol.161|168^r bis fol.171|178^v (alphabetisches Register zur Papstgeschichte) e) fol.219|223vb bis fol.229|233va (Anfang des Fragments der „Konstanzer Chronik") f) fol.236|240ra bis fol.238|242vb (Ende des Fragments der „Konstanzer Chronik"). Gleichzeitig stammen alle existierenden Wappenlegenden (vgl. z.B. fol.91|99^v, 111|119va oder 210|214^v f und zur Veranschaulichung Abb.15 und 16), einige der Kolumnen (vgl. z.B. fol.173|180ra) sowie die zeitgenössische, oben erläuterte Blattzählung und vermutlich auch die meisten Unterstreichungen, Zierzeichen und Rubrizierungen, das heißt alle nicht auf die erste Schreiberhand zurückgehenden, mit roter Tinte geschriebenen Teile der Handschrift, von dieser Person. Obwohl die Schrift hier, abgesehen von den Rubriken, Wappenlegenden oder den Vorbemerkungen bei den Registern, sorgfältiger und enger gesetzt ist, ist die große Ähnlichkeit mit der Hand des Rubrikators in SG nicht von der Hand zu weisen (vgl. Abb.5 und 7)[533]. Folglich haben wir es mit zwei Schreiberpersönlichkeiten zu tun, die am Codex Sangallensis 646, an der Stuttgarter Handschrift H.B. V 22 und an verschiedenen Richental-Handschriften gearbeitet haben. Die noch fehlende fünfte Hand (vgl. Abb.18), die fol.229|233va bis fol.235|239vb des Konstanzer Textes schreibt, begegnet uns nur in dem Textzeugen der „Konstanzer Chronik". Es handelt sich um eine Kursivschrift, die die Buchstaben relativ weit voneinander entfernt setzt und dem Leser dadurch an einigen Stellen die Beurteilung der Getrennt- und Zusammenschreibung erschwert. Interessanterweise fällt bei genauer Betrachtung des Textes dieser Hand auf, dass der

---

[532] Vgl. die genaue Verteilung: fol.122|131ra bis 123|132rb, 125|134ra, 126|135^{ra+rb}, 128|137^{ra+rb}, 130|139^{ra+rb}, 132|141ra, 134|143ra, 136|145ra, 138|147^{ra+rb}, 140|149ra, 141|150ra, 142|151ra, 143|152^{ra+rb}, 144|153^{ra+rb}, 145|154ra, 146|155ra.
[533] Darauf weist bereits T. Ludwig, Konstanzer Geschichtsschreibung, S.30 f hin.

Schreiber an zahlreichen Stellen Lücken lässt, in die im Nachhinein die erste Hand mit hell-
brauner, beinahe goldfarbener Tinte Worte ergänzt (im Folgenden kursiv, vgl. z.B. fol.229|233va:
„an gůt vnd an ge*büwe*", „was in zů *saig*" und „vff *dem* | land"; fol.230|234vb: „dar nach über |
fünf jar", „burger | von *Chůr*", „*von bichel see, wǎrent ritte(r), vnd drig*"; fol.231|235vb: „*Jnwan*
von galis" oder fol.235|239vb: „das ist | *Buttensultz*"). Es scheint also nahezuliegen, dass dieser
Schreiber Probleme bei der Lesbarkeit der Vorlage hatte, die von dem anderen Schreiber und
Rubrikator der Handschrift jedoch nicht geteilt werden – entweder weil die Vorlage von ihm
geschrieben wurde oder weil der der geübtere Leser war. Gleichzeitig korrigiert dieser erste
Schreiber fehlerhafte Worte (vgl. z.B. fol.229|233vb: „mit vrloub aines bischoff*s*"; fol.230|234va:
„moch*t*" oder fol.235|239va: „*f*orchtent") oder verbessert durch die Hinzufügung einzelner Buch-
staben die Lesbarkeit (vgl. z.B. bei „*fvnff*" auf fol.232|236va, 232|236vb, 234|238rb und 235|239rb).
Auch zahlreiche Häkchen über a und o oder Punkte bei ÿ sind von dieser Hand, die dann wie-
derum den mitten im Satz abbrechenden Text der zweiten Hand fortsetzt, hinzugefügt. In diesem
Mittelteil des Fragments scheint nun der Schreiber selbst für die Rubrizierungen gesorgt zu
haben. Es wird hier ein etwas anderes Rot, das dunkler, weniger leuchtend und manchmal mit
sehr vorsichtiger Hand gesetzt wird, verwendet.

Wie bereits Theodor Ludwig bemerkt, spricht übrigens vieles dafür, dass die verschiedenen
Schreiber gleichzeitig an dem Codex gearbeitet haben, indem vor der Bindung lose Hefte
beschrieben wurden[534]. Interessanterweise scheint einer der Benutzer des 19./20. Jahrhunderts,
dessen wenige Bemerkungen als Randnotizen mit Bleistift ausgeführt sind, mit dem identisch zu
sein, der auch in SG seine Spuren hinterlassen hat. Der Hinweis auf Rupperts Edition auf
fol.222|226va, die zahlreichen Bleistiftmerkzeichen oder die Wiederholung der Jahreszahlen in
arabischen Ziffern ähneln diesen ebenfalls mit Bleistift geschriebenen Notizen geradezu auffällig.
Einige Hinweise auf die anderen Textzeugen und die Edition könnten darauf hindeuten, dass es
sich, wie schon im vorherigen Kapitel bemerkt, um Theodor Ludwig handelte, der im Rahmen
seiner Untersuchung zur Konstanzer Historiographie den einen oder anderen Vermerk in die
Handschriften eingetragen haben könnte.

Mit den Schriftzügen vergleichbar, sind auch bei der Ausstattung große Ähnlichkeiten
zwischen den beiden genannten Textzeugen unseres historiographischen Werkes zu konstatieren.
Diese Stuttgarter Handschrift zeichnet sich etwa ebenfalls durch Rubrizierungen, Absatzzeichen,
wenige Zierzeichen und rote Unterstreichungen von Namen, Zahlen oder anderen bedeutenden
Worten aus (vgl. Abb.1, 15-17). Rubriken oder Marginalien (Ausnahme: fol.223|227^{rb}f) von der
Hand des Rubrikators in der Art des Codex Sangallensis 646 fehlen jedoch weitgehend. Anders
als in SG ist der Text auch – von den Nachträgen des 16. Jahrhunderts abgesehen – vollständig
rubriziert; die Trennstriche sind meist doppelt mit brauner Tinte und darüber einfach mit roter
Tinte ausgeführt. Die Absatzzeichen werden meist vom Schreiber selbst mit brauner Tinte in der
Form eines Doppelstrichs gesetzt und vom Rubrikator mit roter Tinte verdeutlicht. Die Randnotizen im Konstanzer Textteil stammen wie auch einige Merkzeichen überwiegend von späteren
Händen, sind mit brauner Tinte oder aber mit Bleistift geschrieben und beziehen sich meist auf
die Jahreszahlen. An dieser Stelle sollte auch auf einen interessanten Unterschied zu SG auf dem

---

[534] Vgl. ebd., S.32. Als Beleg sei auf fol.13|21rb hingewiesen: „(...) **E**r | hort sagen als troÿ | zerstồrt ward vnd mit **etc.**
| **K**er(r) vm(b) disz blatt vn(d) | lis an dem ersten blat | den nǎchgenden sext(ion)en | vn(d) volgot nǎch ¶ für |
angestossen ward | wie so ain grosz schồn für etc." Die folgende Verso-Seite ist leer, auf fol.14|22ra geht der ent-
sprechende Text, wie hier erwähnt, v. anderer Hand weiter: „für angestossen ward **W**ie | so ain gros schồn für da wer
| **D**es wundrett Jnn ze sechend". Der Teil dieser Hand des Schreibers und Rubrikators endet auf fol.16|24rb wiederum
mitten im Satz, der v. dem anderen Schreiber korrekt auf der nächsten Seite fortgesetzt wird.

Sektor der Merkzeichen hingewiesen werden. Während dort nämlich die deutende Hand als Hinweis auf bemerkenswerte oder „wichtige" Textstellen am Rande lediglich einmal von Ildefons von Arx verwendet wird, findet man sie allein im Bereich des Fragments der „Konstanzer Chronik", von späteren Benutzern eingetragen, achtmal (vgl. fol.219|223va, 220|224va, 221|225ra, 223|227va, 226|230va, 226|230vb [2], 228|232va). Während die Initialen in dieser Handschrift insgesamt zwischen zwei und fünf Zeilen schwanken und rot, blau oder rot-blau (vgl. z.B. fol.56|64rb: Initiale mit Blau ausgeführt, durch ein mit roter Tinte gezeichnetes Gesicht verziert) gefärbt sind, existieren auf den hier interessierenden Seiten lediglich wenige zwei- oder dreizeilige, meist mit roter Tinte gestaltete Absatzanfänge. Die Zahl dieser Lombarden[535] ist – ein Blick auf die Variantendokumentation in Kapitel B.3.1 verdeutlicht diesen Umstand – geringer als wir dies aus dem Haupttext der „Konstanzer Chronik" kennen. Überhaupt scheint weniger Wert auf eine übersichtliche, großzügige Gliederung mit vielen Absätzen, Leerzeilen et cetera gelegt worden zu sein. In der folgenden Auflistung werden die Lombarden den einzelnen Seiten zugewiesen:

- Rote Lombarden: fol.219|223vb, 225|229rb, 227|231ra, 227|231vb, 228|232va, 229|233va, 230|234va, 231|235ra, 232|236ra, 232|236vb, 233|237vb, 234|238rb, 235|239vb, 236|240rb.
- Blaue Lombarden: fol.222|226rb, 223|227va.

Lediglich bei einigen Initialen der zweiten Hand (vgl. fol.230|234va, 231|235ra, 232|236vb, 233|237vb, 234|238rb und 235|239vb) handelt es sich bei den Buchstaben nach der Lombarde um Majuskeln; sonst sind diese Zeichen nicht besonders markiert. Auf fol.232|236ra fehlt der zweite Buchstabe des Wortes. Hin und wieder treten uns im Text der ersten Hand zu Beginn eines Satzes in der ersten Zeile der Spalten auch Überlängen und Zierden entgegen.

Wie schon bei der zuvor betrachteten Handschrift liegt uns mit Stgt eine Reinschrift vor, in der jedoch auch einige Verbesserungen oder Fehler zu erkennen sind. Auf den hier analysierten Seiten muss beachtet werden, dass durch das Korrekturlesen des Textes der zweiten Hand vonseiten des ersten Schreibers die Fehlerquote sogar um einiges geringer ist als sie ursprünglich war. Dieser ergänzt den Text, wie ausgeführt, nicht nur, sondern berichtigt ihn auch vielfach und durch die Verwendung einer ähnlichen Tinte relativ unauffällig. Insgesamt sind Korrekturen und eindeutige Unrichtigkeiten aller Kategorien im Bereich beider Hände zu finden. So existieren Sofortkorrekturen (vgl. z.B. fol.220|224rb, 229|233vb), interlineare Verbesserungen (vgl. z.B. fol.224|228va, 225|229va, 233|237va) oder die Streichung und Veränderung von Buchstaben innerhalb eines Wortes (vgl. z.B. fol.222|226ra, 235|239rb). Wiederum zeigt sich, dass sowohl während des Schreibprozesses als auch erst bei der Durchsicht des Chronikteils vonseiten des Rubrikators, der dann mit roter Tinte arbeitet (vgl. z.B. fol.222|226ra, 224|228^{ra}f), oder aber von späteren Benutzern (vgl. z.B. fol.224|228ra, 225|229ra) berichtigt wird. Im Fehlerbereich sind ebenfalls aus Unachtsamkeit oder aufgrund einer problematischen Vorlage Verdoppelungen (vgl. z.B. fol.227|231ra, 228|232vb), Auslassungen (vgl. z.B. fol.227|231vb, 234|238va) sowie orthographische und grammatische Unkorrektheiten (vgl. fol.226|230ra, 230|234vb) festzustellen.

Hinweise auf den Folio-Seiten I und 1^r ermöglichen es uns, Aussagen über das weitere Schicksal der Handschrift zu treffen. Das vor dem Binden vor das Titelblatt geheftete Blatt I enthält eine von späterer Hand geschriebene Inhaltsangabe, die zum Teil dem Kloster Weingarten

---

[535] Auch hier wird vom Schreiber übrigens hin und wieder der Buchstabe, der vom Rubrikator einzufügen ist, sehr klein vorgemerkt.

zuzuweisen ist, sowie einen aufgeklebten Besitzervermerk der Stuttgarter Landesbibliothek. In der ersten Zeile finden wir mit Bleistift geschrieben die Worte: „Jacobi Twingeri ab Königshofen", darunter dann mit dunkelbrauner Tinte: „Chronicon Imperatorum et Pontificum, | cum Indice praemisso". Der vorgedruckte Aufkleber mit der aktuellen Signaturnummer „H.B. V. Hist. 22" lässt erkennen, dass diese Handschrift im Besitz der Landesbibliothek Stuttgart ist und „nach den Grundsätzen der Königl. Preußischen Akademie der Wissenschaften zu Berlin von Herrn Karl Löffler im Dezember 1919 aufgenommen" wurde. Auf fol.1ʳ finden wir über den Wappen von Rom und Dacher von späterer Hand mit brauner Tinte die Nachricht: „Monaterij Weingartensis A(nno) 1627". Rechts unterhalb der Wappen geben zwei Stempel ebenfalls Auskunft über frühere Besitzverhältnisse des Codex. Der ältere und kleinere schwarze birgt die Information „Königliche | Hand- | Bibliothek", der größere blaue Stempel wiederum den Text „Aus der K. Handbibl. | an die | Landesbibliothek | Stuttgart | abgetreten 1901" (vgl. Abb.1). Damit ist klar, dass die Handschrift aus dem Besitz des Klosters Weingarten über die Stuttgarter Hand- beziehungsweise Hofbibliothek an ihren heutigen Standort gelangt ist.

Verschiedentlich wurde angenommen, der Codex sei ursprünglich im Besitz der Konstanzer Dombibliothek gewesen und zusammen mit den 900 anderen Bänden (darunter 159 Pergament- und 172 Papierhandschriften) 1630 an das Kloster verkauft worden[536]. Da der Bibliothekar diesen Neubestand aber komplett „mit dem Eigentumsvermerk des Klosters und der Jahreszahl 1630"[537] versieht, hat die Forschung meiner Meinung nach hier angesichts des oben zitierten Eintrags vorschnell geurteilt. Wie Karl Löffler ausführt, kommt es kurz nach Amtsübernahme des Abtes Franz Dietrich (1627-1637) in Weingarten zu einer Bestandsaufnahme der Klosterbibliothek. Alle Handschriften erhalten hierbei einen Eigentumsvermerk in der Form „Monaterii Weingartensis 1628", der – in diesen Fällen als Inventarisierungseintrag und ab 1628 als Notiz des Eintrittjahrs in das Kloster – meist auf das erste Blatt der Handschrift geschrieben wird[538]. Auch wenn der Vermerk mit der Jahreszahl 1627 nicht notwendigerweise dafür spricht, dass unser Codex bereits zur Zeit der Neuordnung 1627/28 der Bibliothek des Klosters Weingarten angehörte[539], gibt es keine Beweise für das Gegenteil. Folglich muss auch die Annahme, diese Kompilation sei aus der Dombibliothek in den Besitz der Abtei übergegangen, angezweifelt werden. Da in der Handschrift selbst keinerlei Indizien existieren, die dagegen sprechen, besteht die Möglichkeit, dass Stgt im Zuge der Ankaufspolitik von Abt Georg Wegelin (1586-1627)[540] auf einem uns unbekannten Weg, zum Beispiel aus der Hand einer Privatperson oder über einen Büchermarkt, vor 1627 von Konstanz nach Weingarten gelangt ist. Von nun an teilt sie das Schicksal der übrigen Handschriften des Klosters[541] und geht nach so mancher überstandenen Gefahr im Zuge der Säkularisation mit der gesamten Bibliothek – von einem kleinen Teil, der nach Fulda und Darmstadt gebracht wird, einmal abgesehen – durch den Reichsdeputationshauptschluss 1806 in den Besitz der württembergischen Kurfürsten beziehungsweise Könige über. Unser Codex HB V 22 gehört damit zu den 840 klostereigenen Handschriften, die zusammen mit über 130.000 anderen wertvollen Manuskripten und Drucken aus den Klöstern Weingarten, Zwiefalten, Wiblingen, dem

---

[536] Vgl. W. Irtenkauf, Dombibliothek, S.213; ders., Bibliophile Kostbarkeiten, S.64f; E. Moser (Hg.), Buchmalerei, Katalog KO 51, S.297. Vgl. zur Dombibliothek, zu den Ursachen und dem Ablauf dieses Verkaufs auch K. Löffler, Handschriften, S.12ff; BvK II, 204ff; W. Irtenkauf, Bibliophile Kostbarkeiten, S.5ff.
[537] E. v. Gleichenstein/B.R. Kommer, Katalog, S.150.
[538] Vgl. K. Löffler, Handschriften, S.12.
[539] Löffler weist auf die Hss. F 13, H 30 und H 46 hin, die ähnlich wie die unsrige trotz eines früheren Eintrags (hier 1428) auf Konstanz und damit möglicherweise auf die Gruppe 1630 aus der Dombibliothek deuten (vgl. ebd., S.12).
[540] Vgl. ebd., S.11.
[541] Vgl. dazu ebd., S.14ff.

Priorat Mengen, den Zisterzienserabteien Schöntal, Heiligkreuz und Rottenburg, den Kapuzinerklöstern in Ellwangen, Wurmlingen, Mergentheim, Rottenburg und zahlreichen weiteren Kollegiats- und Ritterstiften in Stuttgart landen[542]. Während ursprünglich vorgesehen war, das „Vorzüglichste und Brauchbarste mit der Königlichen Grossen Bibliothek zu vereinigen"[543], kommen die Handschriften aus Weingarten im Jahr 1810 in die neugegründete Königliche Hand-Bibliothek[544], die ab 1887 Königliche Hofbibliothek genannt wird. Im Zuge eines Tauschvertrages zwischen der Hofdomänenkammer und der Staatsfinanzverwaltung, der im März 1901 vollzogen wird, gehen die Handschriften dieser Hofbibliothek in den Besitz des Staates und damit in die Öffentliche beziehungsweise seit November 1901 so benannte Landesbibliothek über. Im Dezember 1901 werden die Handschriften entsprechend gestempelt[545].

4.1.4 Wien, Österreichische Nationalbibliothek, Codex 2807 (W)

Dieser Textzeuge der „Konstanzer Chronik" wurde von der Forschung bisher nur selten beschrieben oder analysiert. Neben kurzen Charakterisierungen in älteren Katalogen[546] finden wir nur in wenigen Untersuchungen nähere Erörterungen zu dieser Handschrift[547]. Da das Original von der Editorin nicht eingesehen werden konnte und für die Transkription und Analyse nur Microfilmaufnahmen zur Verfügung standen, muss bei der folgenden Beschreibung vor allem im Hinblick auf Farben oder Schreibmaterial hin und wieder auf Details verzichtet werden[548].

Papier; 24 Blätter; 31,5 x 22,5; Konstanz; 16. Jahrhundert.
Wasserzeichen: Ochsenköpfe mit Stange oder Kreuz; Lagen: 2-4, 5/6, 12-23, 24; Foliierung des 15. und des 18. Jahrhunderts; einspaltig, 20,5 x 14, 26-33 Zeilen; gotische Kursivschrift von einer Hand; keine Verwendung von roter oder blauer Tinte; fehlende zwei- bis dreizeilige Initialen; Marginalien größtenteils von späteren Händen; keine Illustrationen; hellbrauner Pergamenteinband der Hofbibliothek aus dem Jahr 1753; Mundart: alemannisch.

Diese Handschrift wird von einem Pergamenteinband mit den Maßen 32 x 23,5 cm aus dem Jahr 1753 umgeben. Der Rücken gibt den Inhalt sowie die ursprüngliche Signatur der Wiener Hofbibliothek (heute: Österreichische Nationalbibliothek) an: „Chronicon Constantie. Cod. Ms. Hist. Prof. CC XLVI". Eine ähnliche Notiz findet sich auch auf der ersten beschriebenen Seite unter dem Text, indem die Ziffer „CCXLVI" rechts unterhalb des Stempels mit dem Besitzervermerk „Bibliotheca Palat. | Vindobonensis" wiederholt wird. Auf dem vorderen Spiegel ist die Zahl „2807" und damit die heutige Signatur dieses Codex vermerkt. Das einheitliche Papier, das das

---

[542] Vgl. K. Löffler, Geschichte, S.69ff; G. Römer, Fürsten als Gründer, S.146f, vgl. dort auch zur Geschichte der Stuttgarter Landesbibliothek allg. v.a. S.142ff.
[543] Zitat aus nicht weiter angegebenen „Akten der Landesbibliothek", zitiert bei K. Löffler, Handschriften, S.29.
[544] Vgl. den oben zitierten kleinen schwarzen Stempel auf fol.1ʳ sowie die Signatur HB. Allg. zur Hand-Bibliothek K. Löffler, Geschichte, S.71ff.
[545] Vgl. K. Löffler, Handschriften, S.30f und ders., Geschichte, S.218ff und den oben erwähnten größeren blauen Stempel auf fol.1ʳ.
[546] Vgl. J. Chmel, Handschriften, Nr.CCXI., S.704; Verzeichnis der altdeutschen Handschriften der k.k. Hofbibliothek zu Wien, Nr.CXXXV, S.216; Tabulae codicum, S.136; H. Menhardt, Verzeichnis, S.318f.
[547] Vgl. O. Kleißner, Quellen zur Sempacher Schlacht, S.14ff; P. Ruppert, Chroniken, S.XXVIIf; T. Ludwig, Konstanzer Geschichtsschreibung, S.34.
[548] Einige der folgenden Informationen gehen auf Frau Christiane Wolf zurück, die während der Recherchen für ihre Diss. einen Blick in die Hs. werfen konnte. Hierfür sei ihr an dieser Stelle herzlich gedankt.

Format 31,5 x 22,5 cm besitzt, zeigt wie schon die vorherigen Textzeugen ebenfalls verschiedene Ochsenköpfe mit Stange und Kreuz als Wasserzeichen. Diese können wiederum den Ravensburger Mühlen zugewiesen werden, unterscheiden sich in der Form jedoch von denen in SG und Stgt. Die Köpfe ähneln vielmehr den Nummern 636 und 637 aus der Gruppe V bei Piccard. Das Papier stammt somit mit großer Wahrscheinlichkeit aus der Zeit von 1446 bis 1460[549]. Vor dem Beginn des Textes sowie am Ende des Fragments ist jeweils ein leeres Blatt mit eingeheftet. Daraus ergibt sich folgende Lagenzählung: I + 2-4, 5/6, 12-23, 24 +I. Das letzte beschriebene Blatt 24 wurde falsch eingebunden. Wie der Textvergleich mit Stgt ergibt, stellt 24[r] eigentlich 24[v] dar. Gleichzeitig wurde bei der Bindung auf einigen Seiten nicht auf das Ende der Zeilen geachtet. Folglich sind zahlreiche Buchstaben der letzten Worte auf den Verso-Seiten mit eingebunden und kaum lesbar. Die Recto-Seiten hingegen wurden sehr knapp am Rand beschnitten, sodass es auch hier hin und wieder zu fehlenden Wortteilen und Lese- respektive Verständnisschwierigkeiten kommt. Darüber hinaus existieren einige beschädigte sowie vergilbte oder sogar tintenverschmierte Seiten. Der Text ist ausnahmslos doppelseitig und einspaltig angelegt. Die Seiten weisen jeweils links vom Text einen mit 8 bis 7 cm sehr breiten Rand auf. Der Schriftraum selbst ist in der Regel circa 20,5 x 14 cm groß und besteht aus 26 bis 33 Zeilen. Der Text wurde vom Schreiber fortlaufend ohne leere Seiten, größere Lücken oder Leerräume geschrieben. Er weist lediglich auf fol.21[v] einen zwei- bis dreizeiligen Absatz auf.

Auch diese Handschrift besitzt wiederum zwei voneinander abweichende Foliierungen. Während die Originalzählung des Schreibers auf der ersten Seite mit Text zentriert unterhalb des Schriftblockes mit der Ziffer 2 beginnt und damit – wie auch der unvermittelt innerhalb eines Satzes anfangende Wortlaut – demonstriert, dass zumindest eine Seite fehlt, berücksichtigt die Zählung des 18. Jahrhunderts, die sich in der rechten oberen Ecke befindet, diese Lücke nicht. Die erste fehlerlose Foliierung setzt folglich bei 2 an und zählt bis Blatt 25; die zweite, ebenfalls korrekte Zählung geht von 1 bis 24. Kapitel B.3.1 übernimmt entsprechend des Editionsprinzips, die Handschrift möglichst in ihrer Geschichtlichkeit und damit nahe am Original zu präsentieren[550], die frühere Foliierung. Mit dem Anfang vergleichbar, endet das Fragment ebenfalls sehr abrupt, sodass sowohl im ersten als auch im letzten Teil mit einem Blatt- auch ein Textverlust verbunden ist.

Das gesamte Fragment ist von einer einzigen Hand in Bastarda cursiva geschrieben (vgl. Abb.19). Sie ist von den zuvor behandelten deutlich zu differenzieren, „nicht immer gleich und oft sehr flüchtig"[551]. Die Worte werden meist in einem Zug geschrieben; sie zeichnen sich durch miteinander verbundene Buchstaben aus. Vermutlich aufgrund der Eile kommt es vielfach zu Schwankungen auf dem Gebiet der Schriftdimension. Die Größe der Schrift unterscheidet sich teilweise von Seite zu Seite derart stark, dass der Betrachter beinahe dazu verleitet wird, von zwei verschiedenen Händen auszugehen (vgl. z.B. fol.3[r] vs. fol.3[v]). Der Text ist insgesamt nicht immer leicht zu lesen[552]; die Identifizierung von a/o/e bereitet besondere Schwierigkeiten. Durch die fließende Schrift mit Längen am Ende eines Wortes wird auch die Unterscheidung von Zu-

---

[549] Vgl. Ochsenkopfwasserzeichen, 1. Teil, S.93 und 2. Teil, S.371. Auch die Datierung des Papiers bei H. Menhardt, Verzeichnis, S.319 nennt unter der Nr.15235 nach C.M. Briquet den Zeitraum 1446-59 und hält Ravensburg als Entstehungsort für „wahrscheinlich".

[550] Vgl. dazu Kapitel B.1.1.

[551] P. Ruppert, Chroniken, S.XXVII.

[552] Als Indiz hierfür können Lesarten der Abschrift v. T.G. v. Karajan in GLA 65/1083 gelten, die teils eindeutig fehlerhaft, teils aber möglich sind, jedoch v. den in Kapitel B.3.1 gebotenen abweichen (vgl. Kapitel A.4.4).

sammen- und Getrenntschreibung erschwert[553]. Ähnlich problematisch gestaltet sich der Bereich der Groß- und Kleinschreibung. Kürzel innerhalb von Worten scheinen dem Schreiber ungeläufig zu sein. Von derselben Hand stammt mit großer Wahrscheinlichkeit auch der Hauptteil der Marginalien. Neben einem Nota-Zeichen auf fol.6^v sind hier vor allem die Wiederholungen der ausgeschriebenen Jahreszahlen durch arabische Ziffern (vgl. fol.3^v, 14^{v}f, 16^r, 17^v, 22^v) zu erwähnen. Geschrieben wird mit einer braunen Tinte, die auch bei den Korrekturen Verwendung findet. Neben dieser einen Hand tragen wenige spätere Hände ebenfalls Randnotizen und Merkzeichen in den Codex ein (vgl. z.B. fol.2^r, 6^v, 16^r). Die Jahreszahlen auf fol.11, die in Form, Größe und Schreibmaterial von den oben erwähnten differenziert werden können, gehen vermutlich ebenfalls auf einen späteren Benutzer zurück. Die Titelüberschrift „Fragmentum Chronici Constantiensis" auf fol.2^r stammt möglicherweise von Chmel[554] und dürfte während dessen Arbeit an seinem Handschriftenkatalog[555] und damit vor 1840 entstanden sein.

Wie schon angedeutet, finden sich in diesem Codex keinerlei Verzierungen oder Auszeichnungen; er besitzt weder farbige Elemente wie Unterstreichungen, Rubrizierungen oder Initialen noch Illustrationen jedweder Art. Da jedoch zu Beginn einiger Absätze fünf bis zehn Zeichen breite Lücken mit einer Höhe von zwei bis drei Zeilen existieren (vgl. Abb.19), spricht vieles dafür, dass eine farbige Ausgestaltung mit Initialen, möglicherweise auch mit Unterstreichungen und Rubrizierungen geplant war. Auf wenigen Seiten können auch entsprechende einzeilige Lücken konstatiert werden. Wiederum sollten hier die Anfangsbuchstaben auf irgendeine Art und Weise mit andersfarbiger Tinte hervorgehoben werden. Folgende Folio-Seiten enthalten die beschriebenen Leerräume, in die zu einem späteren Zeitpunkt farbige Initialen eingesetzt werden sollten:

- Fehlende einzeilige Initialen: fol.13^r, 14^v, 23^v.
- Fehlende zweizeilige Initialen: fol.4^r, 7^r, 8^r, 10^v, 11^r, 12^r, 15^r, 17^v, 21^v.
- Fehlende dreizeilige Initialen: fol.5^v, 9^r.

Während in den meisten dieser Fälle der Wortteil nach der Initiale mit einer Minuskel beginnt, zeichnen sich die Seiten fol.15^r und 17^v dadurch aus, dass der zweite Buchstabe des Wortes groß geschrieben wird. Auf fol.9^r ist hingegen das Wort „Alsso" trotz der Lücke für die Initiale vollständig wiedergegeben und beginnt auch mit einem Großbuchstaben. Wäre eine Initiale eingesetzt worden, würde das Wort unkorrekterweise „AAlsso" lauten.

Eine neue gedankliche Einheit wird von dem Schreiber, ebenso wie die eine oder andere Majuskel in der ersten Zeile einer Seite, teils durch Überdimensionalität des ersten Buchstabens eines Satzes angedeutet. Hierzu greift er gerne zum Mittel der Überlänge oder zieht die Zeichen entsprechend horizontal lang. Dadurch wird hin und wieder der linke Rand des Schriftraums aufgebrochen. Überhaupt gibt es einige Anzeichen dafür, dass der Schreiber sich nicht an einen strengen Rahmen hält, nicht mit vorgezeichnetem Schriftspiegel arbeitet oder das Papier gar als Hilfestellung vor der Niederschrift liniiere. Man beachte beispielsweise die hohe Varianz der Zeilenzahl, wie überhaupt die unterschiedliche Größe der Schrift bei einem Vergleich einzelner

---

[553] Interessanterweise existieren in der Hs. keinerlei Trennstriche am Ende einer Zeile, sodass nie ganz klar ist, ob der Schreiber die Worte am Schluss und am Anfang der darauf folgenden Zeile als zusammengehörig empfindet oder nicht. In relativ seltenen Fällen wird jedoch eine Trennung durch die Wiederholung des letzten Buchstabens der vorherigen Zeile angezeigt (vgl. z.B. fol.7^r „all | lenthalb", „begie | engend" oder fol.16^v „herttz | zogen").

[554] Vgl. H. Menhardt, Verzeichnis, S.319.

[555] Vgl. J. Chmel, Handschriften.

Seiten auffällt. Auch der manchmal schiefe oder geradezu „ausgefranste" linke Seitenrand spricht für eine etwas flüchtige Gesamtanlage.

Mit Blick auf den Umfang erscheint die Fehler- und Korrekturquote dieser Handschrift relativ hoch. Neben drei Lücken, die auf eine verderbte oder schwer lesbare Vorlage schließen lassen (vgl. fol.2^r, 7^r und 22^v), sind auf beinahe jeder Seite Verbesserungen, die zum größten Teil vermutlich auf den Schreiber selbst zurückgehen[556], sowie eindeutige Schreibfehler festzustellen. Letztgenannte dürften zum größten Teil durch die Eile und die sich daraus ergebende Unachtsamkeit des Schreibers verursacht sein. Dieser vergisst beispielsweise relativ häufig einzelne Buchstaben (vgl. z.B. fol.14^v „a[l]brechtt", 16^v „t[i]erstain", 21^r „zuie[r]ich") oder aber die ihm anscheinend unbekannten Kürzelzeichen für m oder n innerhalb eines Wortes (vgl. z.B. fol.4^v „salma[n]schwiler hoff" und „samnu[n]g", 8^v mü[n]ster, 14^v erstur[m]ptend)[557]. Auch fehlerhafte Verdoppelungen (vgl. z.B. fol.5^r, 15^r oder 17^r), weitere Schreibfehler innerhalb von Worten (vgl. fol.4^v „lindwag", 9^v „gegzogen", 12^r „gestach" statt „geschach", 16^v „ge/wessen") oder die Sofortkorrekturen (vgl. z.B. fol.4^v, 8^v, 14^r, 23^v) sowie die interlinearen Berichtigungen (vgl. z.B. fol.5^v, 7^r, 22^r) sprechen für eine sehr flüchtige Abschrift.

Über die genaue zeitliche Einordnung dieser Handschrift wurde in der Forschung unterschiedlich geurteilt. Pfeiffer geht bei einer Charakterisierung der Beschreibung der Sempacher Schlacht davon aus, dass der Text „wohl noch im 14. Jahrhunderts verfasst ist" und in unserem Codex „zu Anfang des 15. Jahrhunderts ziemlich nachlässig abgeschrieben"[558] wurde. Kleißner übernimmt diese Vorstellung im selben Zusammenhang und möchte – eine These, die so nicht mehr haltbar ist – im „Chronicon Constantiense" die eigentliche Vorlage erkennen[559]. Ruppert wiederum meint, diese Handschrift sei erst Ende des 15. Jahrhunderts geschrieben[560], während Ludwig noch einen Schritt weiter geht und die Ansicht vertritt, der Codex gehöre dem Ende des 15. oder dem Anfang des 16. Jahrhunderts an[561]. Das Papier würde, geht man von einer produktionsnahen Verwendung aus, für die Mitte des 15. Jahrhunderts und damit auch für eine Niederschrift sprechen, die zeitlich mit denen der Handschriften SG und Stgt weitgehend übereinstimmt. Mit Blick auf die Schrift selbst ist jedoch auch die Annahme, der Text sei im 16. Jahrhundert geschrieben, nicht gänzlich zu entkräften[562]. Da sie sich in vielen Details von den beiden anderen Textzeugen unterscheidet, ist es insgesamt eher nicht schlüssig, sie in die Nähe der „Schreibstube" Dachers zu rücken.

Neben den Angaben der Wiener Bibliotheken existieren keinerlei weitere Besitzervermerke oder sonstige Hinweise auf Herkunft und Eigentümer. Nach H. Menhardt gelangte die Handschrift „wahrscheinlich" 1665 aus Ambras in die Wiener Hofbibliothek[563]. Der Codex dürfte

---

[556] V.a. bei der Vielzahl v. Korrekturen, die durch eine sehr leichte Streichung einzelner Buchstaben innerhalb eines Wortes (vgl. z.B. fol.4^v „dert") durchgeführt werden, ist nicht genau zu entscheiden, v. wem die Berichtigung stammt.
[557] Entgegen des in anderen Fällen zum Tragen kommenden Editionsprinzips, in Kapitel B.3 Fehler als solche zu belassen, werden hier des besseren Verständnisses wegen die fehlenden Wortteile in Klammern abgebildet.
[558] F. Pfeiffer, Nachtrag, S.185f.
[559] Vgl. O. Kleißner, Quellen zur Sempacher Schlacht, S.14ff.
[560] Vgl. P. Ruppert, Chroniken, S.XXVI.
[561] Vgl. T. Ludwig, Konstanzer Geschichtsschreibung, S.34.
[562] Vgl. z.B. die große Ähnlichkeit mit der Hand Jörg Vögelis, die zwar in wenigen Details nicht ganz mit der Hand unseres Codex übereinstimmt, vom Duktus her jedoch stark an diese erinnert (vgl. etwa die Abb. v. StAK, RefA 1, fol.75, in: J. Vögeli, Schriften zur Reformation, 1. Halbbd., nach S.48, Abb.3).
[563] H. Menhardt, Verzeichnis, S.319.

damit zunächst zu den über 6.000 Bänden[564] zählen, die der Bibliothek der sogenannten „Kunst-
und Wunderkammer" des Erzherzogs Ferdinand auf Schloss Ambras angehörten[565]. Einer Sammlung, in die übrigens 1576 der Großteil (69 Handschriften und 293 gedruckte Bücher) der Bibliothek der Grafen von Zimmern aufgegangen ist[566]. 1665 werden dann 583 Handschriften und
1489 Drucke auf Initiative des bedeutenden Hofbibliothekars Peter Lambeck (1663-1680), der
Kaiser Leopold I. nach dem Erlöschen der Tiroler Linie der Habsburger bei dessen Erbhuldi-
gungsfeiern begleitet, in Salzfässern und Kisten verpackt, per Wagen und Schiff nach Wien ge-
schafft[567]. Während 500 der Handschriften aufgrund einer Katalogbeschreibung und der Signatur-
eintragung von Lambeck eindeutig zu identifizieren sind, können die übrigen 83 Schriften und
damit auch unsere Handschrift der Ambraser Sammlung nicht mit hundertprozentiger Sicherheit
zugewiesen werden[568].

4.2 Verhältnis und Vergleich der Textzeugen

In diesem Kapitel soll vor allem das Verhältnis der beschriebenen Textzeugen mit Hilfe inhalt-
licher und sprachlicher Analysen geklärt werden. Da Varianten stets historische Rezeptions-
prozesse dokumentieren, werden in einem zweiten Schritt einige Aspekte des Phänomens
Varianz[569] aufgegriffen und näher erläutert. Keinesfalls ist diese Edition jedoch der Ort einer
umfassenden Untersuchung der Thematik. Mit der synoptischen Darstellung in Kapitel B.3.1
(CD-Rom) wird aber besonders der Sprachwissenschaft ausreichend Material für die verschiedensten Fragestellungen zur Verfügung gestellt.

4.2.1 Verhältnis der Handschriften zueinander

Das Verhältnis der Textzeugen der „Konstanzer Chronik" wurde in der Forschung bisher nicht
eingehend analysiert. Philipp Ruppert etwa geht über diese Frage beinahe gänzlich hinweg. Nachdem er auf den anderslautenden Anfang des Stuttgarter Textes hingewiesen hat, meint er lapidar:
„Von da an stimmt dann der Text wörtlich überein (...) und wird nur ab und zu etwas wortreicher
z.B. bei dem Bericht von dem Einfall der Welschen 1375.“[570] Auch die Erörterungen zum Wiener
Codex, den Ruppert „vielleicht" nach der Vorlage des Stuttgarter Textes erstellt wissen möchte,
sind äußerst knapp und führen kaum weiter[571]. Aufgrund der Themenstellung geht Theodor
Ludwig in seiner Dissertation ebenfalls nur am Rande auf die hier interessierende Frage ein. In
seinen kurzen Überlegungen verdeutlicht er jedoch, dass das Verhältnis sehr viel komplizierter
ist, als Ruppert es darstellt: Stgt etwa kann nach ihm ebenso wenig einfach als Abschrift von SG

---

[564] 1665 handelt es sich nach einem Inventar v. Peter Lambeck um 569 Hss. und 5.880 gedruckte Bücher. Tatsächlich
existierten aber noch weitere Hss. Neben den 583 (!) nach Wien gehenden Codices versteckte der Schlossverwalter
180 weitere vor Lambeck, die erst 1806 zur Sicherung vor den Franzosen nach Wien gebracht wurden (vgl. Österreichische Nationalbibliothek, Ambraser Kunst- und Wunderkammer, S.10, 12).
[565] Vgl. allg. A. Primisser, Ambraser-Sammlung, S.1ff; J. Garber, Schloß Ambras, S.32ff und Österreichische Nationalbibliothek, Ambraser Kunst- und Wunderkammer.
[566] Österreichische Nationalbibliothek, Ambraser Kunst- und Wunderkammer, S.9, 57ff.
[567] Vgl. ebd., S.9ff.
[568] Vgl. ebd., S.12.
[569] Vgl. dazu bspw. H.-G. Roloff, Relevanz; M. Springeth, Textvarianz; A. Hausmann, Autor.
[570] P. Ruppert, Chroniken, S.XXVI.
[571] Vgl. ebd., S.XXVIIf.

gelten wie W von Stgt.[572] Für die folgenden Ausführungen sei stets auf die direkte Gegenüberstellung der Handschriften in Kapitel B.3.1 verwiesen.

In diesem Abschnitt werden die Textzeugen zunächst anhand einer vergleichenden Beschreibung unter inhaltlichen und formalen Kriterien erläutert und einander zugeordnet. Die Ergebnisse werden mittels detaillierter Analysen untermauert. Zu Beginn einige Hinweise zur inhaltlichen Struktur der beiden Fragmente: Stgt und W enthalten nur einen Bruchteil der „Konstanzer Chronik", wie sie im Codex Sangallensis 646 tradiert wird. Sowohl die Stuttgarter Handschrift als auch das Wiener Manuskript – Letztgenanntes allerdings mit nachweislich verlorenem Anfang („„Aines herttzogen geschlächtt, er namptt sich aber | nitt ain herttzog", fol.2^r) und Ende („„vnd bessrett och den fron altter mitt", fol.25^r) – bieten zunächst einen Einblick in die Konstanzer Frühgeschichte. Während hier die sogenannte erste Gründungsgeschichte von SG keine Erwähnung findet, wird, an die zweite erinnernd, nicht alleine der Stadt, sondern auch dem Bistum große Aufmerksamkeit geschenkt. Besonders auffällig ist in diesem Zusammenhang, dass die heute in Wien liegende Handschrift die Geschichte der Stadt und des Umlandes teilweise von der des Bistums trennt. Während in Stgt (und SG) ein Bischofskatalog sowie die Ereignisse rund um die Verlegung der Diözese direkt im Anschluss an die Ausführungen zur baulichen Entwicklung von Konstanz in den Text integriert sind (vgl. Stgt, fol.223|227^{va}ff; SG, fol.10^{ra}ff), finden wir diese in W unter Bezugnahme auf den anfänglichen Bericht („[V]nd d(a)z man wider vff die vor gemältten ersten | sach kom von costenz vnd och der gestifftt", fol.21^v) erst gegen Ende des Manuskripts (vgl. fol.21^{v}ff). Den zweiten Schwerpunkt der kürzeren Textzeugen bilden Ereignisse der Schweizer Geschichte. Nachdem der Konstanzer Komplex mit Erläuterungen zur Kirchenorganisation des Bistums mit einem Hinweis auf andere Geschichtswerke („als den(n) | verschriben ist vnd das man | den(n) noch wol jn den altten | historÿen vn(d) **B**úchern vindet", Stgt, fol.229|233va; vgl. auch SG, fol.23vb und W, fol.9^r) beendet wird, springen Stgt – hier setzt nun übrigens die zweite Hand ein – und W zur Gründung von Zürich über (vgl. Stgt, fol.229|233va, W, fol.9^r und SG, fol.88ra). Im Anschluss an die Erörterungen zur frühen Zeit wendet sich der Text vor allem kriegerischen Auseinandersetzungen zu. Teils nur gestreift, teils ausführlich und plastisch geschildert, werden folgende Kämpfe in der genannten Reihenfolge behandelt: 1340 Schlacht bei Laupen (Stgt, fol.230|234vb; W, fol.11^r; SG, fol.89rb), ein sich anschließender weiterer Kampf mit vielen Toten (Stgt, fol.230|234^{vb}f; W, fol.11^r; SG, fol.89rb), 1352 Schlacht bei Baden (Stgt, fol.231|235ra; W, fol.11^r; SG, fol.90ra), 1370 Guglerkrieg mit verschiedenen Gefechten (Stgt, fol.231|235ra bis fol.234|238ra; W, fol.11^r bis fol.14^v; SG, fol.90va bis fol.93rb), 1352 Schlacht bei Ilanz (Stgt, fol.234|238ra; W, fol.14^{v}f; SG, fol.50va/90rb), 1388 Schlacht bei Näfels (Stgt, fol.234|238rb bis fol.235|239ra; W, fol.15^r bis fol.16^r; SG, fol.94vb bis fol.95rb), 1386 Schlacht bei Sempach (Stgt, fol.235|239ra bis fol.235|239vb; W, fol.16; SG, fol.93va bis fol.94ra), Einsturz der Brücke bei Weesen (Stgt, fol.235|239vb bis fol.236|240rb; W, fol.17; SG, fol.94ra bis fol.94va), 1398 Belagerung von Rapperswil (Stgt, fol.236|240rb bis fol.238|242vb; W, fol.17^v bis fol.21^r; SG, fol.96ra bis fol.98va).

Überblickt man die jeweilige Stoffanordnung, fallen einige Unterschiede zwischen den Handschriften ins Auge. Tatsächlich gleicht sich in diesem Punkt keiner der Texte; die Reihenfolge der einzelnen Nachrichten weicht auf jeweils unterschiedliche Art und Weise voneinander ab[573]. Wie schon erwähnt, geht allein W sowohl zu Beginn als auch am Ende nach der abgebrochenen Schil-

---

[572] Vgl. T. Ludwig, Konstanzer Geschichtsschreibung, S.34f und ähnlich dann H. Vildhaut, Handbuch, S.79f.
[573] Die Textumstellung, die durch das fehlerhafte Binden v. W entstanden ist (vgl. fol.25^v/25^r), ist hier selbstverständlich nicht weiter zu berücksichtigen.

derung der Belagerung von Rapperswil auf die Konstanzer Frühgeschichte ein. Stgt wiederum unterscheidet sich von SG beispielsweise bei der Einordnung von Nachrichten zu Bischof Salomon III. (vgl. Stgt, fol.226|230^{rb}ff = W, fol.25 = SG, fol.25^{ra}ff; Stgt, fol.227|231rb = W, fol.6^v = SG, fol.20^{rb}ff). Im Zusammenhang mit demselben Bischof lässt sich in Stgt und W darüber hinaus ein bemerkenswerter Fehler feststellen. Auf fol.226|230va beziehungsweise fol.25^v und 25^r unterbricht in beiden Texten die Verlegung der bischöflichen Pfalz durch Bischof Salomon III. (890-919/20) verschiedene Nachrichten zum heiligen Konrad (934-975). Im Codex Sangallensis 646 hingegen befindet sich dieses Ereignis schon auf fol.19va im Abschnitt zum Pontifikat Salomons, ist folglich chronologisch korrekt eingeordnet. Hinzuweisen hat man auch auf zwei verwandte Textversionen in SG rund um die Entwicklung von Bischofszell. Während sich die Textfassung auf fol.20vb von der einzigen, in der Stuttgarter Handschrift gebotenen (vgl. fol.227|231^{va}f) stärker unterscheidet, ist die zweite auf fol.31rb mit dieser beinahe identisch. Die Textzeugen verfügen des Weiteren über eine andersartige Abfolge der Schweizer Gefechte. In der umfangreichen Redaktion des Codex Sangallensis 646 wird mit Rücksicht auf das zeitliche Nacheinander die Schlacht bei Ilanz von 1352 vor dem Guglerkrieg geschildert (vgl. fol.90rb vor fol.90^{va}ff). Die Fragmente vertauschen wider die geschichtliche Realität die Reihenfolge dieser Auseinandersetzungen (Stgt, fol.234|238ra nach fol.231|235^{ra}ff; W, fol.14^v nach fol.11^{r}ff). Gleiches gilt für die Schlacht bei Sempach in Bezug auf die bei Näfels beziehungsweise den Einsturz der Brücke bei Weesen. SG hält sich an die korrekte Chronologie (vgl. fol.93^{va}ff: Schlacht bei Sempach und Ereignisse nahe Weesen; fol.94^{vb}ff: Schlacht bei Näfels), Stgt und W stiften durch ihre zeitlich ungeordnete Schilderung eher Verwirrung (vgl. fol.234|238^{rb}ff: Schlacht bei Näfels; fol.235|239^{ra}ff: Schlacht bei Sempach und Ereignisse nahe Weesen)[574].

Neben den Differenzen, die die Reihenfolge betreffen, zeigen sich zwischen den Handschriften auch prägnante Unterschiede im Textbestand allgemein. Beide Fragmente enthalten nämlich einige kurze sowie zwei längere Textpassagen, die in Stil und Sprache mit dem übrigen Text übereinstimmen, in SG jedoch fehlen (vgl. v.a. Stgt, fol.221|225vb bis fol.222|226va – W, fol.3^v bis fol.4^v; Stgt, fol.227|231ra bis fol.227|231rb – W, fol.5^v bis fol.6^v oder Stgt, fol.228|232va – W, fol.8^r). Umgekehrt ist der Text des Codex Sangallensis 646 an einigen Stellen ausführlicher (vgl. z.B. fol.26^{rb}f, 20^{va}f bzw. 31rb, 95rb). Im Gegensatz zu den Ergänzungen der Fragmente könnte die Mehrzahl dieser Zusätze, bei denen es sich meist nur um wenige Worte handelt und selten weitere inhaltliche Details geboten werden, auf den Schreiber oder Kompilator dieser Handschrift selbst zurückgehen. Von einer grundsätzlich anderen Vorlage, wie sie bei den umfangreichen Erweiterungen von Stgt und W anzunehmen ist, muss bei diesen Abschnitten der Chronik nicht zwingend ausgegangen werden (s.u.).

Wie die ausführliche Beschreibung der Handschriften bereits gezeigt hat, sind auch zahlreiche Differenzen auf dem Sektor der äußeren Ausstattung zu konstatieren. Auf den ersten Blick fällt auf, dass allein der Codex Sangallensis 646 auch in den hier zu betrachtenden Textabschnitten eine Abbildung (SG, fol.8^v) sowie mehrere Wappen mit dazugehörigen Legenden enthält (vgl. z.B. SG, fol.9^v, 11^{ra}ff oder 25^{ra}f). Aus der direkten Gegenüberstellung wird ebenfalls ein deutlicher Unterschied im Umgang mit Textgliederungselementen ersichtlich. Rubriken, aber auch

---

[574] Philipp Ruppert bspw. behauptet in seiner Edition, in dem Dacher'schen Werk sei die Schlacht bei Näfels auf „1384 (sic)" (P. Ruppert, Chroniken, S.103) datiert. Gleichzeitig führt er fälschlicherweise aus, dass in der St. Galler Hs. die Schlacht bei Sempach sowie der Vorgang an der Brücke v. Weesen erst im Anschluss an den Bericht zu Näfels folge (vgl. P. Ruppert, Chroniken, S.104). Kapitel B.2 bzw. B.3.1 belegen jedoch, dass dem nicht so ist und Ruppert den Codex Sangallensis 646 vermutlich mit dem Wiener Zeugnis, das das Gefecht v. Näfels alleine in das Jahr „drŵzechen | hundertt vnd fier vnd achttzig" (fol.15^r) verlegt, verwechselt.

leere Seiten beziehungsweise größere Leerräume sowie eine neue Spalte zu Beginn eines jeden neuen thematischen Schwerpunkts finden sich nur in SG. Selbst dort, wo auf dieselben äußeren Orientierungshilfen – gemeint sind Initialen, Absatzzeichen, Rubrizierungen und Unterstreichungen – zurückgegriffen wird, ist keine Übereinstimmung in deren Einsatz zu erkennen. Einmal abgesehen von der nur unvollständig ausgestatteten Handschrift W, gilt dies gerade für die beiden Codices, die in der „Schreibstube" Dachers geschrieben wurden (vgl. z.B. SG, fol.8|9ra! – Stgt, 223|227^{rb}f).

Bereits diese wenigen Ausführungen dürften gezeigt haben, dass weder die Stuttgarter Handschrift noch der Codex 2807 der Österreichischen Nationalbibliothek einfach als direkte Abschriften des Codex Sangallensis 646 angesehen werden können. Obwohl – berücksichtigt man die Entstehung von Stgt unter Mitwirkung von Gebhart Dacher oder die problematische Datierung von W – auch ein umgekehrtes Abhängigkeitsverhältnis im Bereich des Möglichen liegt, ist ein solches meiner Ansicht nach ebenfalls auszuschließen. Während die voneinander abweichenden Textanordnungen eventuell noch als bewusste Veränderungen vonseiten des jeweiligen Abschreibers betrachtet werden könnten, sprechen die unterschiedlichen Textbestände eine deutlichere Sprache. Insbesondere die beiden längeren Textpassagen, die nur in Stgt und W zu finden sind, lassen wie die fehlerhafte Eingliederung der Pfalzverlegung allein den Schluss zu, dass den Schreibern der Fragmente andere Vorlagen zur Verfügung standen. Die Tatsache, dass SG ganz unmöglich als direkte Quelle für die beiden anderen Zeugen in Frage kommt, kann bei einer genaueren Betrachtung der Texte vielfach belegt werden. Selbst wenn man die kürzeren textlichen Unterschiede auf die Schreiber zurückführen würde und davon ausginge, dass sie den Vorlagentext hier und da auf eigene Initiative hin erweitern, verkürzen oder durch syntaktische und semantische Veränderungen modifizieren, wären zahlreiche Eigenheiten dieser kürzeren Handschriften nicht zu erklären. Ohne die Unterschiede der äußeren Form noch weiter auszuführen, stellt sich doch die Frage, weshalb keiner der Abschreiber wenigstens einige der Auszeichnungen, Verzierungen oder Gliederungselemente übernommen hat. Des Weiteren muss auf die verschiedenartige Revisions- und Fehlerquote hingewiesen werden. Da es sich beim Codex Sangallensis 646 um eine leicht lesbare Reinschrift handelt (vgl. z.B. Abb.3), kann die Kopie selbst einem ungeübten Schreiber eigentlich nur wenige Probleme bereiten. Tatsächlich haben aber die Schreiber von Stgt und W nachweisbar Schwierigkeiten mit ihren Vorlagen. Anders sind etwa die Textlücken der zweiten Hand des Stuttgarter Fragments, die dann von der ersten aufgefüllt werden, nicht zu interpretieren. Auch die häufig (teils erst von späteren Benutzern) korrigierten oder fehlerhaften Namen der Bischöfe, die abweichenden Schreibweisen von Städten, Personen oder sonstigen Namen sowie nachweisbare Abschreibe- und Verständnisfehler können nur durch eine schwer entzifferbare Vorlage – eine solche ist SG aber gerade nicht – motiviert sein. Zur Veranschaulichung werden in der folgenden tabellarischen Übersicht einige Textauszüge präsentiert, die das soeben Gesagte besonders prägnant belegen.

SG:	Stgt:	W:
fol.3ra:	fol.220|224vb:	fol.2^{r}:
- **d**as es jn kurtzen jaren	mit des küngs **v**nd der lü=	ten hilff erbuwen ward,	**a**ls yetz der tümpffel ist	**v**nd brugkgassen	- **D**as	es jn kurtzen jaren mit DER	LÜ*TTEN* **v**nd *ouch* DES KÜNG*ES* hilff	erbuwen ward, als *jetz* der	tümpffel ist **v**nd *andan bruggasse(n)*		- das es jn kůr*ttzen zitten* mit	der luitten vnd des *küngs* hilff erbuwen ward,	als*ss jettz* der tui*[m]*pffe*ll* vnd ~~*vndra*~~ an bůrg gasse(n)	

- Es w(a)z aber | nun ain gefierdt kilchlin, | one absyten vnd ŏn den | chor.	- Es was abe(r) *nom=* | *end* ain gefier*tt* *kilchli*, *ăn die* | *ab*s*itten* vnd *ăn* den *kor*.	- es | Was aber *nu(n)* gefiertt an *den* ab sitten vnd | and*em* kor.
fol.10rb/11vb/12^{rb}f:	**fol.224|228ra:**	**fol.22^r:**
- <u>maxim</u>(us)	- <u>Maxim</u>*inus*	- *maxiemus*
- <u>Marcia</u>= | <u>nus</u>	- ~~M̶x̶x̶x̶x̶x̶~~ <u>Marcian</u>(us)	- ~~Gawdentius~~ *marinus*
- <u>ob</u>= | <u>thardus</u>	- *O*<u>p</u>*hardus*	- o*bhardus*
- <u>pictaui</u>= | <u>us</u>	- <u>p</u>ic= | ta*vius*	- *prittanus*
fol.14rb:	**fol.224|228vb:**	**fol.23^r:**
<u>ar</u>- | <u>nafredu</u>(m)	*Anfre=* | *dum*	*Anfreden*
<u>arnafredus</u>	*A^rn^affred*(us)	*Anfridus*
fol.16ra/16va:	**fol.225| 229ra:**	**fol.23^v:**
- <u>Sidonius</u>	- ~~D̶i̶f̶o̶d̶i̶u̶s̶~~ <u>Sidonius</u>	- ~~x̶x̶x̶x̶x̶x̶~~ | *difodinus*
- <u>Gan</u>(n)= | <u>dolffus</u>	- ga*n*golff(us)	- *gargolff*
fol.18raf:	**fol.225|229va:**	**fol.24r:**
- der hiesz <u>E</u>= | <u>gino</u> vnd der was <u>zway</u> vn(d) | zwaintzig jar her |	- der hiesz | ¶ <u>E</u>gino vnd der was <u>zwaÿ</u> vnd | ~~d̶r̶i̶s̶s̶i̶g̶~~ *xx* jar he*rr*	- hie*s* | E*g*eno vnd der was zwaÿ vnd *drissy* jar he*r*
- <u>wol</u>= | <u>flosz</u>	- <u>wol</u>*ff*los [korr.]	- wol*vols* [?]
fol.26^{ra}f:	**fol.226|230^{va}f:**	**fol.25^r:**
Vnd zů <u>sant</u> | <u>johans</u> bessrot ers vast also, d(a)z | er och den chor an die kilchen || machet	Vnd zů <u>Sant</u> joha*n*(*n*)s <u>bess</u>= || *rett* er es vast also, das er ŏch | den Chor an die kilche(n) *macht* |	vnd zů san*tt* joha*n*s *d(a)z* bessre*tt* er *och* vnd | ~~was alsso~~ *machett* och den chor an die kilchen | mach*ett*
fol.23rb:	**fol.229|233ra:**	**fol.8^v:**
- <u>Märstetten</u> vnd <u>Rapre</u>= | <u>swylen</u>	- <u>Mårstetten</u> vnd <u>Rapre</u>= | <u>sc</u>*h*<u>wilen</u>	- *merbstette(n)* | vnd *Rappelschwilen*
- <u>jllik</u>= | <u>husen</u>	- <u>Jll</u>*u*<u>kusen</u>	- *yle* ku*ssen*
- sumre	- <u>S</u>UMRE	- su*n*re
- <u>Oberhofen</u>	- <u>Oberho</u>*ff*<u>en</u>	- *ǎppishussen*
fol.88ra:	**fol.229|233va:**	**fol.9^r:**
Als nun disz lang ge= [sic!] |	Also *do* nun disz lang | ge*stůnd*	[A]Al*s*so [sic!] *do* nu(n) d(a)z lang ge*stůnd*
fol.92ra:	**fol.232|236vb:**	**fol.13^r:**
<u>ÿ</u>wan vo(n) <u>galis</u>	*J*wan von galis [Vorname v. der ersten Hd. erg.]	*joha(n)* von galis
fol.95ra:	**fol.234|238^{va}f:**	**fol.15^v:**
- vnd liessend ir truken vnd | hinder sich stossen sin vnd | [sic!] vnd, wer nit erdru(n)gen oder | ertretten oder erstochen w(a)z	- vnd liessen*t* | ir truck*ent* vnd hinder | sich stossen sin vnd fluhent. | vn(d) wer nit e*n*trungen | oder ertretten oder erstoch(e)n | wa*s*	- vnd liessen*d* | *j*er *trucken* vnd hinder sich stossen sin vnd *fluchen.* | vnd wǎr nitt e*r*trungen *ald* ertretten oder *stossen* | was

- vn(d)	hindert ye ainer den andern,	da [sic!] sy **an** den end iro och zů	mal vil erschlůgend.	- **v**nd hind*r*et	ainer den andern, da*s si*	an den [sic!] ŏch ze*m*ăl vil ‖ erschlůgen*t*.	- **v**nd hindre*tt* ainer den	*ander*, das s*y der* anden och zů ma*ll* vil erschlů	gen*d*.
- **v**nd do sy	da*n*(n) jn den see komend, das sy	da*n*(n) das sy	da*n*(n) vndergiengend **v**nd er [sic!]		- **v**nd *so si* denn in	den *se* kome*n*t, vnder gieng=	en*t* vnd ertrunckent	- *d*(*a*)z wen s*y j*n den	[sic!] kome*n*d, SO GIENGEN*D sy* vnder //
- **V**nd also erstǎchend sy do	ze mal vff ~~sechshundert~~ man	- **v**nd also erstǎchen*t*	*si* **d**o ze mal vff ~~sechs hun=~~	**dert** man	- alsso *erstawche(n)*	s*ÿ jer* do *fůnff* hunder*tt* ~~wan~~

Nachdem nun unzweifelhaft bewiesen werden konnte, dass weder das Stuttgarter noch das Wiener Fragment auf die Haupthandschrift der „Konstanzer Chronik" zurückgeht, gilt es zu prüfen, ob möglicherweise einer dieser Texte im umgekehrten Fall als Vorlage der umfangreicheren Kompilation in Frage kommt.

Zunächst zum Wiener Codex 2807. Da der fehlende Beginn sowie das abrupte Ende inmitten eines Satzes wohl eindeutig durch einen Blattverlust verursacht sind, spricht allein der bruchstückhafte Charakter dieser Handschrift prinzipiell nicht gegen eine solche Abhängigkeit. Gleichwohl zeigt eine Vielzahl von Textstellen, dass dem Schreiber des Codex Sangallensis 646 die Handschrift W unbekannt gewesen sein muss. Abgesehen von den bereits genannten Unterschieden hinsichtlich des Textbestandes fällt bei einem Vergleich von W und SG insgesamt der stark gekürzte Text des Fragments auf. So fehlen in W nicht nur einige unbedeutende Satzteile, die leicht vom Kopisten selbst während des Abschreibens von SG hätten ergänzt werden können. Vielmehr weist die Wiener Handschrift auch dort Lücken auf, wo der Haupttext der Chronik (ebenso wie Stgt) mit entscheidenden Hinweisen und bedeutenden Details zu den geschichtlichen Vorgängen aufwartet. Um nur zwei Beispiele zu nennen, sei a) auf SG, fol.18^{vb}ff – W, fol.24^v und b) auf SG, fol.93rb – W, fol.14^v verwiesen. Während im ersten Fall in W die Bischöfe Patecho (871-?), Gebhard I. (874/75) und Salomon II. (890-919/20) keine Erwähnung finden, fehlen im zweiten nähere Angaben zum Gefecht bei Buttisholz und einige Namen der während des Guglerkrieges zerstörten Dörfer. Gleichzeitig enthält W, wie bereits aus der oben stehenden Gegenüberstellung hervorgeht, zahlreiche Fehler oder etwa im Hinblick auf Namen, Zahlen und Daten von SG (und Stgt) abweichende Angaben (vgl. z.B. SG, fol.11vb – W, fol.22^r; SG, 16ra – W, fol.23^v; SG, 18ra – W, fol.24^r; SG, 95ra – W, fol.15^v SG, fol.94vb – W, fol.15^r).

Schwieriger ist es, sich zum Verhältnis von Stgt und SG zu äußern. Wie bereits erwähnt und auch in Kapitel A.4.3 noch einmal problematisiert, ist der Stuttgarter Codex HB V 22 unter der Aufsicht und Mitarbeit von Gebhart Dacher entstanden. Gleichzeitig dürften uns mit diesen beiden Textzeugen, da unser Chronist mit großer Wahrscheinlichkeit selbst an ihnen geschrieben hat, Teil-Autographen[575] vorliegen. Bei der „Konstanzer Chronik" tritt somit der für das Mittel-

---

[575] Vgl. zu diesem Phänomen, das hier nicht weiter besprochen werden kann, z.B. (allerdings auf den Bereich der mittelalterlichen volkssprachlichen Dichtung hin ausgerichtet) C. Gerhardt, Einige Fragen der Textkritik; U. Müller, Exemplarische Überlieferung.

alter äußerst seltene Glücksfall der Existenz verschiedener autorisierter Textfassungen[576] ein. Die Varianten sind folglich gleichwertig, die beiden Handschriften als verschiedene Redaktionen ein und desselben Werkes zu behandeln. Grundsätzlich würde die große zeitliche und personelle Nähe, die sich beispielsweise am Papier, den Händen oder der Ausstattung festmachen lässt, auf eine direkte Abschrift des einen Werkes von dem anderen oder zumindest von dessen Quelle(n) hindeuten. Wie bewiesen dient der Codex Sangallensis 646 nicht als Vorlage des Stuttgarter Fragments. Sind die Folio-Seiten 219|223vb bis 238|242vb des Codex HB V 22 aber tatsächlich von der Haupthand der St. Galler Handschrift ausgeschrieben worden? Abgesehen von den beiden längeren Textpassagen (Stgt, fol.221|225^{vb}ff und fol.227|231^{ra}f), die in SG so an keiner Stelle zu lesen sind, können auf den ersten Blick vom Textbestand her keine stichhaltigen Argumente gegen eine solche Ansicht ins Feld geführt werden. Vom Umfang her unterscheiden sich die Textzeugen kaum. Die meisten im Vergleich zu Stgt erweiterten Notizen in SG (vgl. z.B. fol.10ra, 14vb, 20va, 25ra, 26ra, 95rb) könnten direkt auf Umformulierungen oder Akzentverschiebungen des Schreibers zurückgehen. Denkbar ist auch, dass für die Version der „Konstanzer Chronik", deren Konzeption von Beginn der Niederschrift an bis in die Gegenwart hinein angelegt gewesen sein dürfte, zusätzliche Quellen herangezogen wurden. Der Text selbst etwa erwähnt – es handelt sich allerdings um eine Ergänzung von der Hand des Rubrikators (vgl. fol.26va: „# | Santt Cŭnrat leben vnd | lesen vindest jn der hailge(n) | leben vn(d) lesen jn dem ande(rn) Bůch") – eine solche gerade in dem Bereich, der mit Informationen, in diesem Fall zu Bischof Konrad, versehen ist, die über Stgt hinausgehen (vgl. fol.26^{rb}f). Das genannte Abhängigkeitsverhältnis zwischen dem St. Galler und Stuttgarter Text würde auch die korrektere Chronologie in der Haupthandschrift der Chronik erklären. Ein aufmerksamer Schreiber hätte sowohl die Nachricht zur Pfalzverlegung als auch die Reihenfolge der Schweizer Kämpfe bei einer Reinschrift dem zeitlichen Ablauf gemäß richtig ordnen können[577]. Entsprechend wären auch stilistische Verbesserungen[578], Emendationen[579], Konjekturen[580] oder dergleichen in SG zu interpretieren. Ähnliches gilt für die meist revisionsfreien Namen der Bischöfe et cetera (vgl. in der obigen Zusammenstellung z.B. fol.14rb, 16ra, 18^{ra}f). Einige der in SG auftretenden Fehler (s.o. bspw. fol.88ra, 95ra) wiederum lassen bei korrektem Stuttgarter Codex eindeutig auf ein eher unkonzentriertes Abschreiben schließen.

Vergleicht man den Wortlaut beider Handschriften nun genauer, findet man einerseits Hinweise, die belegen, dass das Fragment des Codex HB V 22 zeitlich vor dem Codex Sangallensis 646 entstanden sein muss und damit als Vorlage auch von den Entstehungsbedingungen her in Frage kommt. Andererseits sind vielfach größere Ähnlichkeiten zwischen SG und W als zwischen SG und Stgt zu konstatieren, sodass eine (ausschließliche) Verwendung des Stuttgarter Textes für die Erstellung von SG abzulehnen ist. Zunächst zu den Beobachtungen, die ein zeitliches Nacheinander von Stgt und SG nahelegen. Prinzipiell verdeutlicht die Synopse der Hand-

---

[576] Vgl. zur Autorisation und den sich daraus ergebenden Folgen gerade für Editionen S. Scheibe, Grundprinzipien, v.a. S.28ff; H. Zeller, Befund und Deutung, S.54ff; S. Scheibe, Probleme der Autorisation und ders., Zu einigen theoretischen Aspekten.

[577] Gerade in diesem Zusammenhang sind auch die Absatz- bzw. Merkzeichen v. Bedeutung. Der Rubrikator setzt am Beginn sowie am Ende des unkorrekt eingegliederten Berichts zur Pfalz in Stgt ein Zeichen mit roter Tinte, das möglicherweise die Aufmerksamkeit eines späteren Kopisten auf sich ziehen sollte.

[578] Vgl. z.B. Stgt, fol.226va: „vnd *macht* den **C**hor an | die kilchen vnd machett ab= | sitten an die kilchen" – SG, fol.26ra: „Vnd machet den chor | (...) an die kilchen vn(d) mach= | et absÿten dar an".

[579] Vgl. z.B. Stgt, fol.226|230ra: „als ich jm d*en(n)* jn | *mir* [sic!] kilchen zů <u>Costentz</u> wil tŭn" – SG, fol.19vb: „**a**ls ich jm dan jn mi | ner kilchen <u>zů costentz</u> wil | ton".

[580] Vgl. z.B. Stgt, fol.227|231^{va}f: „**j**n dem *zitt* wårend <u>***ainliff***</u> || **B**ischoff" – SG, fol.20vb: „**J**n dem zyt warend | <u>zwölff</u> **B**yschoff gewesen".

schriften in Kapitel B.3.1, dass es sich bei den Texterweiterungen von SG recht häufig um Be-zugnahmen auf die gegenwärtig herrschenden Verhältnisse handelt. Zur Verdeutlichung dieses Phänomens werden im Folgenden besonders aussagekräftige Textstellen herausgegriffen.

SG:	Stgt:	W:
fol.3ra:	**fol.220|224va:**	**fol.2^r:**
Vnd dar vmb das | da die vestin, da yetz die p(re)= | diger ir closter habend, de= | ster sicherer sin mõchte	**V**nd dar*u*mb das *es* dester | sicherer MÕCHTE SIN	vnd dar *v*mb d(a)z | e*r* [?] dester sicherer mõ*tte* sin
fol.3^{rb}f:	**fol.221|225ra:**	**fol.2^v:**
d(a)z | hiesz zů der obren <u>wasser</u>= | <u>burg</u>, vnd hies die stat nit || <u>costentz</u> als yetz	*vnd* d(a)z | hiesz zů de*m* obren wasserburg. |	vnd das hiess zů der obren wasser | bůrg.
fol.4vb:	**fol.222|226^{vb}f:**	**fol.5^r:**
- **B**urg vnd hoff, da | ettwan **a**in tegen jnn(en) ge= | wesen, vnd hinder <u>sant jo</u>= | <u>hansz</u> gelegen ist	- **B**urg, das *jetzund* | *aines* <u>Tegens</u> HOFF ist	- **b**ůrg, da j*e*tt*e*nd *ainss* tegen hoff *jn* ist
- Burg vnd gesåsse, | das da was da yetz maist(er) | <u>gebhart satler</u> inne wonet,	- Burg || vnd *jn sin gesåss*	- *hoff vnd* bůrg
- vnd ward | die alt stat gehaissen – der al= | <u>tenburg</u> des **B**yschoffs nach – | niderburg, **a**ls die noch hüt | by tag also gene(m)pt wirdet	- vnd *also* ward *do* die al*tt* sta*tt* | gehaissen – der al*tt*en burg des | **B**ischoffs *burg* nach – | nide(r)burg. |	- vnd al*ss*o ward die altt statt gehaissen – *des bischoff* | bůrg nach – n*y*der bůrg.
fol.8|9ra!:	**fol.223|227^{rb}f:**	**fol.5^v:**
- **do** was das | <u>erst</u> do ze mal, das da yetz | haist zů dem <u>leebart</u> jn **N**i= | derburg, das an dem gelben | schauff vnd yetz **R**ůdolff | <u>magen</u> <u>ist</u>. ¶ **D**o was d(a)z an= | der <u>koffhusz</u> by den <u>Barfů</u>= | sen, das husz, das <u>ů</u>lrichen | schilters gewesen vnd yetz | **R**ůdolffs <u>Muntprachtz</u> ist | an <u>Brůdergassen</u>. ¶	- *So* | was das <u>Erst</u> *kouffhus* der | *Statt das,* **D**as da haist zů dem *lebartt* **j**n niderburg, | *das lienhartt burgs was* vn(d) | *jetz* **R**ůdolff ma*u*gen ist. **D**as | ander kouffhus WAS, das ɪETZ | ɪST <u>ů</u>*lrich schiltters hus* an | brůder gassen.	- *och* so was d(a)z erst *koff* hus der statt, d(a)z da haist | zů dem lõbar*tt* jn n*y*derbůrg, *vnd das ander* ist | ů*lrich schiltters* hus an brůdergassen.

- **Das** d**rit R**authusz | vff dem wasser an de(m) visch= | markt, da es dan(n) noch ist. | vn(d) was och zu den ziten | vor der stat gewesen ist	- **Das** d**ritt** *r*ătt*hus* vff | dem wasser an dem vischmar*ch*t. | Vnd was o*u*ch vor der sta*tt* | gewe*ss*en ist	- d(a)z dritt vff dem wasser | an dem visch *markt*t. vnd wa*ss* och vor der statt IST | GEWE*S*EN
fol.17ra:	**fol.225|229rb:**	**fol.24^r:**
clo= | ster zů <u>costentz</u>, die da hiel= | tend den orden der regulier= | ten <u>chorheren</u>, So dan(n) yetz | das münster ist	dem **C**loster zů | <u>Costentz</u>, die da hiel*tt*end den | orden der **C**horherre(n) *der reg=* | *ell*	closter zů costen*tt*z, die da *hielte(n)* | den chorheren der Rege**ll**.
fol.26ra:	**fol.226|230va:**	**fol.25^r:**
Vnd des glichen machet er och | den chor an die kilchen zů <u>sant</u> | <u>paul</u>, do ze mal vor <u>costentz</u>, dan(n) | die stat do so wyt nit erbuwen | was	vnd des gelichen mach= | e*tt* er o*u*ch VOR **C**OSTENTZ ze | <u>**S**ant **P**aul</u> *ouch* DEN CHOR AN | DIE KILCHEN	vnd des gelichen machet*t* er *och* | vor Costen*tt*z zů san*tt* pawl *och* den chor an die | kilchen
fol.23ra:	**fol.228|232vb:**	**fol.8^r:**
vn(d) | belibend klaine kilchle an die | stat, **a**ls man die noch an | mengen enden **v**nd stetten | vindet, da ettwa noch mesz | inne gehalten wirt.	vnd belibend klaine | kilchle an *der* **S**ta*tt*, **D**a *nun* | *villicht* **E**ttwe*n(n)* mess gehal*tt*en | wir*tt*.	vnd *blibend* | klaine kilchle an der statt, da *v*e*l*ich*tt* ettwe*(n)* | mess gehalt*t*en wie*rt*t.

Aus dieser Zusammenstellung geht hervor, dass die Zeitgeschichte vor allem in diesem anfänglichen Teil der Chronik immer wieder ganz bewusst in die Erzählung eingeflochten wird, sodass
man den Eindruck gewinnt, „die Einzelereignisse erhalten ihren Wert als Illustration der Gegenwart"[581]. Gebhart Dacher, der für diese Veränderungen der ursprünglichen Vorlage weitgehend
allein verantwortlich sein dürfte, kann mit Blick auf dieses Phänomen gewissermaßen als
typischer Vertreter der mittelalterlichen Historiographie gelten. Wie das der meisten seiner „Kollegen" ist auch sein Geschichtsbewusstsein vom „Präsentismus" geprägt; sein Werk orientiert
sich vorwiegend an der Gegenwart und ihren Interessen[582]. Letztlich wendet sich unser Chronist
der Geschichte nicht primär um der Vergangenheit willen zu, sondern bemüht sich darum, „den
eigenen Standort in der Geschichte zu bestimmen, und sich, seine Zeit und das von ihm behan-
delte Geschehen einzuordnen"[583]. Zwei beziehungsweise drei der in der Tabelle erläuterten Text-
auszüge (vgl. SG, fol.4vb, 8\|9ra! [2]) belegen nun unzweifelhaft, dass der Zeitpunkt der Nieder-
schrift von Stgt früher als der des Codex Sangallensis 646 anzusetzen ist. Während nämlich in
Stgt als Besitzer des Hauses in der Brudergasse zum Zeitpunkt der Niederschrift des Textes

---

[581] E. Hillenbrand, Geschichtsschreibung, S.12.
[582] Vgl. dazu neuerdings T.M. Buck, Vergangenheit mit Hinweisen auf weitere Literatur und mit Blick auf Richental auch ders., Historiographische Prinzipien, S.20ff.
[583] A.-D. von der Brincken, Studien zur lateinischen Weltchronistik, S.38, zitiert nach T.M. Buck, Vergangenheit, S.229f.

(„ietz") Ulrich Schilter genannt wird, begegnet uns in der St. Galler Handschrift eine aktuellere Nachricht. Das „husz", so der Text, sei zwar „v̊lrich schil*tt*ers" (gest. 1467) „gewesen", gehöre „yetz" aber „R̊udolffs Muntprachtz" (gest. 1479). Ebenso deuten die unterschiedlichen Angaben zur „Burg" (SG, fol.4vb – Stgt, fol.222|226vb) – laut Stgt ist sie „*jetzund* | *aines* Tegens HOFF", der Codex Sangallensis 646 hingegen charakterisiert sie mit Hilfe einer unbestimmteren Formulierung im Perfekt und gibt an, dass „ettwan **a**in tegen jnn(en) ge= | wesen (...) ist" – auf einen größeren zeitlichen Abstand der letztgenannten Handschrift hin. Ähnlich könnte der Verzicht auf die Erwähnung des Vorbesitzers des angeblich ersten Kaufhauses gewertet werden. Da das „Haus zum Leopard" mit großer Wahrscheinlichkeit zwischen 1461-1474 im Besitz von Rudolf Mag ist, könnte der Schreiber von SG, wenn der Verkauf des Gebäudes schon mehrere Jahre zurückliegt, kein Interesse mehr daran haben, den Vorbesitzer Lienhard Schönbentz-Burg, einen Notar und Prokurator der Konstanzer Kurie[584], namentlich zu nennen. Gleichzeitig belegen diese Aussagen, dass die Entstehung des Vorlagentextes von Stgt sicherlich nach 1461 (Übernahme des Hauses durch Rudolf Mag) anzusetzen ist.

Wie schon angedeutet, existieren neben den genannten Anhaltspunkten, die eine Abschrift des Textzeugen SG aus Stgt belegen könnten, solche, die dem widersprechen. Tatsächlich lassen sich Passagen anführen, bei denen der Text des Codex Sangallensis 646 dem des Wiener Codex 2807 näher steht als dem Stuttgarter Fragment[585]. Aus der folgenden Übersicht geht nun hervor, dass dem Schreiber von SG ein Text vorlag, der Gemeinsamkeiten mit dem Manuskript aufweist, auf dessen Basis der Kopist von W arbeitete. Eine direkte Abschrift aus Stgt ist hingegen unmöglich. Da es sich oft nur um kleine Details handelt, werden die entscheidenden Worte auch hier markiert.

SG:	Stgt:	W:
fol.26ra:	**fol.226|230va:**	**fol.25^r:**
vnd tett das da von | des <u>Crützgangs</u> wegen, d(a)z | der vff der rechten syten | nit gebrochen noch zer= | g̊ångt wurd.	vnd *d̊att* das von des *Crützgang* | wegen, da*s* der vff der rechte(n) | *sitten* *n*i*cht brochen* vn(d) zerg*e*ngt | wurd. ¶	vnd *tett* das von des | cru*itt*z gang*s* wegen, d(a)z der *nitt* brochen *noch* zer | geng*tt* word.
fol.26rb:	**fol.226|230vb:**	**fol.25^r:**
den der vndersch= | aid ist, das es z̊u <u>iherusalem</u> | <u>zwen</u> türn hat,	de*n(n)* der vnde(r)schaid | ZE *J*HERUSALEM ist, das *E*s zwen | türn h*ett*,	*den* der vnderscha*ist* ist d(a)z, das ZE | *JERHUSALEM* zwen tu*ie*rn hett,
fol.20vb:	**fol.227|231rb f:**	**fol.6^v:**
do ergaubend sich selbs die | lüt dem selben **B**yschoff	**D**o ergaubend *sÿ* sich || dem selben **B***i*schoff	do *ergawbe(n)* | *sich die selben luitt* dem selben bischoff
fol.21ra:	**fol.227|231vb:**	**fol.7^r:**
wie sich dan(n) d(a)z mach= | ett, **w**an ain here z̊u <u>S</u>ant | <u>gallen</u> (...) **V**nd also	wie sich d*e*nn da*s* | *macht*, **W**on*(n)* ain *her von* <u>S</u>an*tt* | <u>gallen</u> (...) vnd also	wie sich d(a)z mach*ett*, *wan* ain her von sant*t* | gallen (...) vnd al*ss*o

---

[584] Vgl. zu ihm P.-J. Schuler, Notare, Nr.204, S.68-70.
[585] Der Hinweis v. T. Ludwig, Konstanzer Geschichtsschreibung, S.35, sowohl SG als auch W, nicht aber Stgt würden die Schlacht bei Näfels auf 1384 datieren, kann, wie oben ausgeführt, aufgrund des Missverständnisses durch die fehlerhafte Edition Rupperts an dieser Stelle jedoch nicht mehr als Argument angeführt werden.

Bes= | rot **a**in her von <u>sant gallen</u> | do	be*ss*rett *der selb* | he*rr* von **San**tt **Gallen** do	bessrett DO **a**in he*r* | von santt gallen
fol.21ra:	**fol.228|232ra:**	**fol.7^r:**
als nun die **E**del lüte vn(d) he(ren) || sahend,	als nu(n) die | he*rr*e(n) s**a**chend,	*d(a)z* nu(n) | *d(a)z* die *edlen* *saw*ch*en,*
fol.23^{ra}f:	**fol.228|232vb:**	**fol.8^r:**
ward gen <u>sant **p**aul</u> || **j**n die stat **c**ostentz gezogen	ward gen **San**tt **p**aul | **j**n die sta*tt gelaitt*	ward gen santt *pall gezogen* JN DIE STATT
fol.23rb:	**fol.229|233ra:**	**fol.8^v:**
was das husz (...), **a**ls da yetz prediger | closter ist	*ist* das hus*,* als *bredigier stautt*	*w(a)z* | *d(a)z* hus, als *jettze(n)* *bredier stond*
fol.88va:	**fol.230|234ra:**	**fol.10^r:**
Vnd machtend türen | vnd lôcher vnd giengen | vsz ainem husz jn d(a)z an= | der	vnd machten*t* | türen vnd lôcher vnd *geng* | vs ainem husz *in* da*s* ander	vnd machten*d* tu*ieren* vnd lôcher | vnd *giengend von* ainem hu*s* **j**n das ander
fol.88vb:	**fol.230|234rb:**	**fol.10^rf:**
Vnd do es al= | so gemachet was, **W**an(n) | dan(n) <u>kayser karle</u> sy über | zoch vnd über vallen | wolt, **S**o liessend sy jn jn | die gassen komen	vnd do es also *gemacht* was, we*n*(n) *denn* k**a**i*s*er | <u>k**a**rle</u> s*i* über zoch vnd über | *fallen* wolt, so liessen*t* s*i* | s*i in* die gassen komen	vnd do es al*ss*o gemach*ett* || was, we*n* SY *den* k**a**i*ss*er k**a**r*lle* v*i*ber zoch vnd v*i*ber | *vallen* wol*tt,* so liessen*d* sy **j**n **j**n | die gassen kome(n)
fol.89ra:	**fol.230|234va:**	**fol.10^v:**
Und als nun die vo(n) | <u>zürich</u> **a**lso jn gos= | ser [sic!] wirdikait sassend vn(d) | jnen alles land zů saig | vnd jren gebotten gehor= | sam was, (...) wan sy doch d(a)z | wol vermôchtend **a**n ir | lib vnd gůt	VN(!)d als nun die | von <u>zürich</u> also | *in grosser* wirdikait *sitzent* | vn(d) *in* als land zů saig | *ist* vnd *ir* gebotten gehor= | sam, (...) *won* | s*i* DAS DOCH wol ver= | môchten*t* **a**n ir lib vnd | gů*tt*	[V]nd als nu(n) die von zu*ierich* **j**n *so* grosser | *wierdikaitt* sassend vnd **j**n als land zů saig | vnd *jer* gebotten *korsam* *was,* (...) wan sy DOCH DAS wol ver môchten*d* **a**n *jer* lib vnd | gůtt
fol.90ra:	**fol.231|235ra:**	**fol.11^r:**
<u>Berg</u>, **d**en man ne- | nnet den <u>**Bad** berg</u>.	berg, den | man *haist der* <u>**b**ad berg</u>	berg, den ma(n) *nemptt der* bad berg.
fol.92ra:	**fol.232|236ra:**	**fol.13^r:**
all <u>vier tusend</u> vmb kome(n)d, | verdurbend vnd erstochen | wurdend	*alle* <u>vier tusen*t*</u> verdur= | ben*t* vn(d) erstochen wurden*t*	alle *fier* tu*ss*end | *vmb komend vnd* erstochen *wordend*
fol.92rb:	**fol.233|237ra:**	**fol.13^v:**
d(a)z der küng | von <u>frankrich</u> dem hertzog | <u>lütpolten</u> <u>vo(n) ôsterricht</u>	das der küng von | <u>fran*ck*rich</u> dem hertzog | <u>*lüpolten*</u>	d(a)z der *kung* von | fran*ck*rich dem her*tt*zoge(n) *luipoltt* *von* ô*sterich* zů *lieb*
fol.94rb:	**fol.235|239vb:**	**fol.17^r:**
d(a)z die | brugk d(a)z grosz volk nit	da*s* die brugg | *sich nicht vnder dem grossen* | *last*	d(a)z SICH die brug nich*tt* vnder dem grossen | *volk*

er= | tragen mocht **vnd** vnder | jnen nidergieng	*enthallten* mocht **vn(d)** | nider gieng	*ertragen* moch*tt* vnd nyder gieng

Die soeben angeführten Textstellen beweisen nun auf eindrückliche Art und Weise auch, dass trotz der inhaltlichen Übereinstimmung mit einem beinahe identischen Textbestand – die Differenzen in Bezug auf die Reihenfolge wurden bereits besprochen – W nicht als verkürzte Abschrift von Stgt gedeutet werden kann. Trotzdem ist anzunehmen, dass der Wiener Text, darauf weist bereits Theodor Ludwig hin[586], auf derselben oder zumindest einer weitgehend vergleichbaren Grundlage wie Stgt beruht. Der Schreiber des inhaltlich mit den Fragmenten übereinstimmenden Teils des Codex Sangallensis 646 dürfte mit großer Wahrscheinlichkeit ebenfalls diese oder eine sehr ähnliche, nicht mehr erhaltene Quelle verarbeitet haben. Nicht auszuschließen ist – bedenkt man die Entstehungsbedingungen –, dass hierbei neben dieser Vorlage auch die Version der Stuttgarter Handschrift für die Niederschrift von SG hinzugezogen und so möglicherweise auf der Grundlage zweier Texte ein dritter erstellt wurde. Von den genannten Flüchtigkeitsfehlern einmal abgesehen, zeigt ein Vergleich, dass diese Arbeit an der Reinschrift der „Konstanzer Chronik" meist unter dem Vorzeichen einer größeren Sorgfalt geschieht, als dies in Stgt oder gar in W der Fall ist. Gleichzeitig beweist die direkte Gegenüberstellung, dass die Quellentexte bei der Niederschrift der St. Galler Handschrift geordnet, bearbeitet und an zahlreichen Stellen modifiziert werden. Überhaupt existieren zahlreiche Indizien, die die Vermutung stützen, dass sich verschiedene Texte zur Konstanzer Geschichte in mehreren Redaktionen in den Händen eines kleinen Autoren- beziehungsweise Schreiberkreises befinden und je nach Bedarf und Interesse auf unterschiedliche Art und Weise ausgeschrieben werden. Im Zusammenhang mit den hier erörterten Fragmenten sind allein drei voneinander abweichende Versionen, die Gebhart Dacher und seinen „Mitarbeitern" bekannt sind, nachweisbar: a) die Vorlage von Stgt und SG (vermutlich von dem Chronisten selbst geschrieben, vgl. auch Kapitel A.4.3, sodass sogar ein vierter Text, auf dem diese Vorlage wiederum beruht, anzunehmen ist), b) das Stuttgarter Fragment selbst und c) schließlich die Fassung des Codex Sangallensis 646. Unser Chronist und die von ihm mit der Ausführung beauftragten Personen haben also – wie für mittelalterliche Historiographen typisch und auch mit den Bearbeitungen der Richental-Chroniken aus dieser „Werkstatt" vergleichbar – bei der umfangreichen Kompilation zur „Konstanzer Geschichte" erneut direkt in die teils von ihnen selbst bereits veränderten Vorlagentexte eingegriffen, sie ihren oder den Vorstellungen des Auftraggebers gemäß gestaltet und aus verschiedenen „offenen Texten"[587] wiederum einen neuen kreiert.

4.2.2 Auffällige Unterschiede inhaltlicher und sprachlicher Art

Wie schon angesprochen, können in diesem Kapitel die Gemeinsamkeiten und Unterschiede der drei Textzeugen nicht umfassend behandelt werden. Im Folgenden sollen lediglich einige Aspekte erwähnt und eine Reihe von Unterschieden angerissen werden.

Die vorherigen Ausführungen haben bereits gezeigt, dass sich die drei Handschriften in ihrem Textbestand und daher auch inhaltlich unterscheiden. Von wenigen Ausnahmen (vgl. v.a. die bei-

---

[586] Vgl. T. Ludwig, Konstanzer Geschichtsschreibung, S.35.
[587] Vgl. zu diesem Terminus mit allen damit verbundenen Implikationen die Veröffentlichungen der „New Philology" sowie T. Bein, Der 'offene' Text; K. Stackmann, Edition; J. Stohlmann, Was bringt uns die Philologie nouvelle? und mit Blick auf Richental T.M. Buck, Überlieferungslage. Vgl. auch Kapitel B.1.1.

den längeren Passagen, die zwar in Stgt und W, nicht aber in SG zitiert werden) abgesehen, liegt uns mit dem Codex Sangallensis 646 der in weiten Teilen wortreichste Text vor. Auf die vielfältigen Bezüge zur Gegenwart, die in dieser Handschrift besonders häufig anzutreffen sind, wurde bereits hingewiesen (vgl. Tabelle in Kapitel A.4.2.1). Auch die vermutlich auf andere Quellen zurückgehenden Texterweiterungen im Zusammenhang mit Bischof Konrad sowie die bildlichen und textlichen Zusätze, die durch die reichere Ausstattung bedingt sind, müssen nicht noch einmal näher erläutert werden. Daneben gibt es verschiedene Indizien, die andeuten, dass der „Autor" von SG besonderen Wert darauf legt, dem Leser die Geschichte von Konstanz eindringlich zu schildern. Auf fol.14vb und fol.16ra beispielsweise greift er im Gegensatz zu Stgt und W bereits Gesagtes zur Bistumsverlegung (vgl. auch fol.10ra und fol.14^{rb}f) noch einmal auf. Durch die mehrmalige Wiederholung wird diese Verlagerung des Bischofssitzes von Windisch nach Arbon besonders betont. Ähnlich kann der Hinweis auf fol.19ra interpretiert werden. Dort wird im Zusammenhang mit der Pfalzverlegung der Text, wie er sich in Stgt (fol.226|230va) und W (fol.25^{r}) und damit wohl auch in der Vorlage von SG präsentiert, dadurch ergänzt, dass im Rückgriff wie schon auf fol.17rb der Bau dieses Komplexes durch Bischof Theobald thematisiert wird. Zuvor geschilderte Vorgänge werden dem Leser in dieser Handschrift also ganz bewusst und wiederholt in Erinnerung gerufen. Ein Vergleich des Codex Sangallensis 646 mit den Fragmenten dokumentiert des Weiteren das Bemühen um Eindeutigkeit und Verständlichkeit des Verantwortlichen dieses Textes. An zahlreichen Stellen finden sich Ergänzungen, die vordergründig keine oder eine nur geringfügige inhaltliche Erweiterung mit sich bringen. Wie die Beispiele in der folgenden Zusammenstellung aber verdeutlichen, dienen solche Zusätze einerseits der Präzisierung geschilderter Sachverhalte. Letztlich sollen durch die genaueren Angaben Missverständnisse ausgeräumt oder beispielsweise durch nähere Hinweise bei Personen, Gebäuden und ähnlichem deren Bedeutung unterstrichen werden. Detaillierte Erläuterungen oder die Verwendung von Hendiadyoin sichern darüber hinaus die Verständlichkeit der Formulierung. Andererseits steigern die Texterweiterungen von SG hier und da die Plastizität der Beschreibung. Die Erweiterungen sind jeweils markiert.

SG:	Stgt:	W:
fol.2va:	**fol.220|224rb:**	-
Vn(d) Bůch ainer ain mal | für sich **vnd sine kind** vn(d) | gesinde,	bůch ainer ain | maul für sich vnd *sin* gesinde	
fol.3ra:	**fol.221|224vb:**	**fol.2^{r}:**
ain | stür vnd hilff tet	ain stür tett	ain stür tettend
fol.3va:	**fol.220|225rb:**	**fol.2^{v}:**
das sy es so offt **vnd** | dick notend	das s*ÿ* es so of*tt* no*tt*end	das sy es so *v*fftt | nottend
fol.4rb:	**fol.221|225vb:**	**fol.3^{r}:**
vnd der kayser och abge= | gangen **vnd kain regie= | rer mer** was	vn(d) | *ouch da* der kaisser *ŏch abgange(n)* | was	vnd *och* der kaisser och ab gangen was

fol.4va:	fol.222|226^{va}f:	fol.3^v:
- das | sich alle gaistlich jn dem | **R**ômschen küngkrich sich | ab den kirchen ziehen **vn**(d) | schirm an sich nemen môch= | ten	- das sich alle gaist= | lich jn dem **R**ômschen *küngrich* | *môchtend* ZIECHEN ab *jr* kil-chen | *jn* schierm,	- d(a)z sich *al* gaist*h*lich jn dem Rômschen kung | Rich moch*tt*end ziechen ab *jer* kilchen jn *ain* schier(m), |
- die dan(n) nit vogtber noch | dienstber woltend sin.	- die den(n) ni*ch*t *f*ogt= | b*a*r wol*tt*end sin.	
fol.10rb:	**fol.223|227vb:**	**fol.21^{vf}:**
- vnsers her(r)en <u>cristi ihesu</u> | vnd sinem vnschuldigen | tod **vnd** och siner lere | nachzegând vn(d) ze vol= | gend dan(n) der <u>kayser karo=</u> | lus. **V**nd das mitliden | vnd liebin traib vnd be= | zwang den <u>küng</u> <u>**Co**(n)stan=</u> | tinu(m)	- v̊nssers herre(n) vnd sine(m) vnschul= | digen tod **vnd** siner lere nach | ze gend **vnd** *folgen* denn der | <u>ka*i*ser *karle*.</u> vnd *dis* traib vnd | *zwang* <u>Constanti(n)us</u>	- vinsser he*r*en vnd sine*s* vnschuldigen tod vnd | siner *ler* nach ze gend vnd *volgen* de*n* der ka*i*sser | [22^r] kar*ll*e. vnd *dis* traib vnd zwang co*[n]*stand*ino*
- vnd ir lere gar min(n)= | samclich **vnd** ernste ge= | hôrt hett, **V**mb d(a)z jn der | **B**aupst ser min(n)et vn(d) lieb | hett	- vnd *jn* | GEHÔR*TT jr* lere gar min(n)sam*k*lich | *vnd* vmb *disse ding do* MINNE*TT* | *jnn* der <u>**B**au*b*st</u>	- vnd *jer* lere gar min samk | lich vnd vmb disse ding minett jn der *babst*
fol.11ra:	**fol.224|228ra:**	**fol.22^r:**
Nach dem ersten **B**ysch= | off maximo kam **a**in= | er, der hiesz **R**û̊delo IV.	*vn(d)* nach | dem kam *do aber* ainer *vn(d)* de(r) hies | <u>**R**û̊d*o*lo</u>	vnd nach dem ~~a~~kam aber ainer, der | hies Rûdolo
fol.12^{va}ff:	**fol.224|228^{ra}f:**	**fol.22^rf:**
- hor= | tend gern von den gebot= | ten vnsers heren vn(d) vo(n) | siner marter vnd liden | sagen	- hor*tt*end | gern **v**on den gebotten v̊nssers | he*rr*e(n) SAGEN **v**nd VON SINE*M* lide(n)	- hor*tt*end gern von den gebotten *gottes* sagen
- Sin v̊bungen vnd | sin liden vnd die ding die || jnen ze sagend vnd jn dem | globen vestnend warend.	- sine | v̊bung vnd sin liden vnd die | ding, ~~vnd die ding~~ die *jnne* ze | sagend ẘârend.	*sin* vie*b*ung vnd liden vnd *was jn zû̊ sagen* *w(a)z.*
- v̊bt | sich vast vnd grôsclich	- v̊b*tt* sich grôss*k*lich	- v̊b*tt* sich grôssklich*en*
- das sich die | lüte von siner lere vast bes= | rotend vnd ir aigen sinn(en) | vnd haidesch wÿs liessend. || Und nach dem <u>**B**ÿ-</u> | schoff pictauio kam(m) | ainer gen <u>windisch</u>	- das sich die lü*tt*e | von siner lere vast bess*re*tend | vnd *jr* aigen *sinn* liessend. *v*nd | nach dem ka*m nun* ainer	- das sich die *luitt* von siner *ler* vast bessr*r*etend | vnd *jer* aigen si*n* liessend. vnd nach dem kam | ainer

fol.17rb:	fol.225|229va:	fol.24^r:
dester werlicher vn(d) | sichrer	dester | werlicher	dester werlicher
fol.20ra:	**fol.226|230ra:**	**fol.24^{vf}:**
- vnd | jn ouch als für sinen be= | sundern hailigen hielt | vnd eret.	- vnd jn ouch als fůr sine(n) besunde(r)n | *hailgen* *hatt.*	- vnd jn *och* für | sinen besundern hailgen hatt.
- vnd erhůb jn | da mit grossen frŏden, wir=| den vnd eren vnd kunt | vnd predigot jn vsz,	- vnd ERHŮB VN(D) erzŏgt | *jnn* da mi*tt* grosse*r frŏd* vnd *wir=* | *dikaitt* vnd bredig*ett* do vss,	- vnd er hůb vnd er zŏg*[t]* | jn da mitt grosser frŏd vnd wierdikaitt vnd bredi*[gett]* || Do vss
- vnd wie sere vnd hertten= | clich er vmb cristan glo= | ben gemartrett ward. Vnd jm zů eren machet | er jm **a**inen costlichen ver= | gülten <u>sarch</u>	- vnd wie sere vn(d) herten- | *k*lich*en* er gemar*tt*rett ward. vn(d) | jm zů Eren *macht* er jm *gar* | ainen *k*ostlichen sarch	- vnd wie *ser* vnd *wie* | *hertt*ekl*ich* er gemarttrett ward. vnd jm zů eren *da* | mach*ett* er jm gar ainen kost*h*lichen *sark*
fol.22rb:	**fol.228|232va:**	**fol.7^v:**
was ain zergangen ding | vnd gemür vnd was des | küngs **C**onstantini vesti vn(d) | geiaid gewesen.	*was nicht* **W**(!)*an(n)* ain zerga(n)g= | en gemür vnd was des küng*es* | vesti gewe*s*sen.	was nich*tt den* ain *gebroche(n)* gemür | vnd was des *küngs* vest*ÿ* gewesse(n).
fol.23rb:	**fol.228|232^{vb}f:**	**fol.8^rf:**
- jn die stat <u>costentz</u> gezogen	- jn die sta*tt gelaitt*	- *gezogen* JN DIE STATT
- was das husz vnd **B**urg <u>Con</u>= | stantini	- *ist* das hu*s*	- *w(a)z* | *d(a)z* hus
fol.26rb:	**fol.226|230vb:**	**fol.25^r:**
<u>sant stephan</u> zu <u>costentz</u>	<u>San*tt*</u> | <u>Ste*ff*an</u>	santt steffen
fol.91^{vb}f:	**fol.232|236^{va}f:**	**fol.13^r:**
- by ainander | lagend jn ainem husz vn(d) | zarten jren pfenni(n)g, spilten | vnd schlieffend vnd tette(n)d, | das jnen eben was	- b*i* en*ander* la= | g*ent* in ainem husz vnd | spilten*t* vnd schlieffen*t* | vnd t*ä*ttent, das *in* eben | was	- b*y* ain ander la*w*gend jn ainem hu*s* vnd | spil*tt*end vnd schlieffen*d* vnd ta*w*ttend, das GELICH | eben was
- **a**ll <u>vier tusend</u> vmb kome(n)d, | verdurbend vnd erstochen | wurdend	- *alle* <u>vier tusen*t*</u> verdur= | ben*t* vn(d) erstochen wurden*t*	- alle *fier* tu*ss*end | *vmb komend vnd* erstochen *wordend*
fol.93ra:	**fol.233|237vb:**	**fol.14^v:**
siech vnd kranck	siech	Siech
fol.94va:	**fol.236|240rb:**	**fol.17^v:**
globtend vnd gantz red da | von erschall vnd was.	*g*elobtend vnd gantz red vnd*er* | *jnn* was. |	*g*elo*ptt*end vnd | gan*tt*z Red *vnd jn* was. |

fol.96rb:	fol.236|240^{va}f:	fol.18^rf:
- schussend mit jren büch- | sen jn die stat, **V**nd die ab | der burge vnd och die jn der | stat vsser der stat jn sy.	- schussen*t* mi*tt jr* büch= | sen jn, **V**nd die ab der burge | vnd o*u*ch *vss* der sta*tt* jn s*ÿ*	- schussen*d zů jn* mi*tt | jer* buich*s*sen, // vnd die ab der *bůrg* vnd *och* | vss der statt jn sy.
- **V**nd do sy des vor | der stat empfundend vnd | jn dem geliger jnnen wur | dend	- *v*nd do s*ÿ* des | vor der sta*tt* e*n*pfundent *v*n(d) | *gewar* wurden*t*	- *v*nd do sy *die* vor | der statt enp*ff*undend vnd gewar worden*d*
fol.97ra:	fol.237|241rb:	fol.19^v:
also do er | jn der ker luff, do woltend | jn die **v**igend, so jn dem ker | warend, begriffen haben |	**A**lso *welt*tend *sy* jnn be= | griffen haben	also *wolt*tend *die jm ker* jn begriffe(n) | haben

Umgekehrt gibt es auch einige wenige Textpassagen, die in SG kürzer sind als in Stgt und W. Auf fol.17rb fehlt beispielsweise eine Notiz zur „Dienerschaft" des Bischofs; auf fol.22rb wird im Zusammenhang mit der Verkündung eines Ablasses der Text ebenfalls teilweise gestrichen. Wiederholt unterscheiden sich die Beinamen Gottes, wobei einzelne Termini weggelassen werden. Weiter Beispiele ließen sich finden. Wenn auch nicht bei allen Veränderungen, die knapper formuliert sind als die Vorlage, so zeigt sich doch bei der Mehrzahl das Bestreben des Bearbeiters von SG, verbessernd in den Text einzugreifen. Die folgende Tabelle führt vor Augen, dass hier und da durch die Textreduzierungen stilistische Unschönheiten oder logische Ungereimtheiten korrigiert werden.

SG:	Stgt:	W:
fol.17^{rb}f:	fol.225|229va:	fol.24^r:
vn(d) die zoch er nun zů jm | **an den** <u>hoff</u> **vnd** machet || <u>Edel lüt</u> vs jnen	pfallentz vnd die zoch er nun | zů jm an den hoff vnd *machtt* | *sin diener vss jnn vnd erhůb sÿ* | *vnd machett* edel lütt v*ss* jnn	vnd machtt *sy zů* diener vnd *machtt den* edel luitt | vss jn
fol.19vb:	fol.225|229^{vb}f:	fol.24^v:
gott | <u>vnserm heren</u>	gott *vn*sserm || herren *dem allmåchtigen*	gott *dem* heren | dem a*l*måchtigen
fol.20rb:	fol.226|230rb:	fol.25^v:
<u>got</u> | der he(r)re, unser erlôser, <u>ihes(us)</u> | cristus, vmb vnsers hai= | les wyllen gecrützget ward	gott der *herr*, v̆n*s*ser *himelsche(r)* | vatter, gecrützge*tt* ward	gott der her, *der himlscher* vatter, *so ser* ge | cruittzgott ward
fol.22rb:	fol.228|232va:	fol.7^vf:
Vnd die er= | wurbend von	vnd | die erwurbend von	vnd er *worben* || von

aine(m) **B**aupst | vnd och dem kayser,	aine(m) bau*bst* | *ze Rŏm* vnd ouch *von aine(m)* ka*i*se(r), | *wŏn der sass do ze Rŏm,*	ainem *bobst von* Rom
d(a)z man | jnen das gesåsz erlobt vn(d) | der **B**aupst vil fryhait vnd | ablas dar zů gab vnd ouch | ettlich hailtum, och vil **C**ar= | dinål vnd **B**yschŏff ir ablåsz | dar zů gabend.	da*s* | man *jnn dis* gesås*s* erlou*b*t vn(d) | *jnn* der **B**au*b*st vil f*r*ighait*t* | vnd a*pp*lau*s* dar zů gab vn(d) ouch | ettlich hailt*am* vn(d) och vil **C**ar= | dinål vn(d) **B**ischoff *jr* a*pp*lau*s* | dar zů ga*u*bend *vnd ouch vssher* | *von Rŏm.* *Der Baubst vnd* | *Cardinål* *vn(d) Bischoff schribend* | *die gnaud vn(d)* *grossen applaus.*	d(a)*z* man *jn* di*ss* ge*ss*äss er | *loptt* vnd *jn* der *bapst* vil frighaitt vnd *applas* | dar zů gab vnd *och* ettlich hailt*u*(m) vnd och vil | **C**ărdina*ll* vnd bischoff *jern* *applas* dar zů *gabe(n)* | vnd *och* vssher von Rom schribend *den* grossen | *applas.*
fol.23ra:	**fol.228|232vb:**	**fol.8^r:**
Aber | es zergiengend vil herlich(er) | vnd schŏner kilchen vff dem | land vnd jn dem küngkrich | constantini von der lindmag | bisz an den **R**in, die so måchtig | warend, das sy chorher(r)en het= | tend vnd vil priester etlich	**A**ber *gar* vil SCHŏNER, her= | licher kilchen kilchen [sic!] ZERGIENG= | END vff dem land vnd jn dem | *küngrich* **C**onstantin*o* von der | lindmag bi*s* an den **R**in, *Gar* | *gros herlich pfarre(n)* *vn(d) kilche(n),* | die so måchtig wårend, das sy̆ | **C**horherren h*a*ttend, vn(d) *kilche(n),* | *die* vil priester *hattend*	*vnd dar zů* gar vil herlicher kilchen *die* | zer | giengend vff dem land vnd jn dem kung | **R**ich **C**o[n]stantin*o* von der lindmag bis an den | **R**in, gar gros herlich *pafferen* vnd kilchen, | die so måchtig warend, d(a)z sy̆ chorhe*r*e(n) hattend | vnd kilchen, die vil priester hattend
fol.88^{rb}f:	**fol.230|234ra:**	**fol.10^r:**
vm(b) d(a)z **S**o überzoch er sy | offt vnd dick nachtz	vmb da*s* so über zoch | er sy̆ offt vnd *über viel* | *sy̆ offt* nacht*es*	vmb d(a)z *v*iberzoch er sy offtt vnd | *v*iber *vill* sy offtt *ze nachtt,*
fol.92vb:	**fol.233|237va:**	**fol.14^r:**
- als | sy rechnotend vierzehen | hundert spiesz	- *das si* | rechnotent *hie so vil* vier= | zehen hunder*tt* spiesz	- d(a)z sy̆ **R**echn*ettend* | *f*ier ze*c*hen hundertt spie*s*
- sust an mengen enden | vnd stetten erstochen wur= | dend. das nun wyssenclich | was **V**nd sy sprachend	- su*nst och* an mengen enden | *vnd an vil enden* vnd | stetten erstochen *was.* das | nun wissen*k*lich was | vnd *man es wol wist.* | *da aber* si sprächen*t*	- sunst an menge(n) | enden vnd an vil stetten. d(a)*z jn* | wissenklich*en* was | vnd man es wol we*s*t. da **S**y̆ aber sprauchen*d*
fol.98rb:	**fol.238|242va:**	**fol.21^r:**
Sy hettend jn dan(n) | dar gebraucht von jr stetten | oder by jnen gemachet.	**S**y̆ hettend jn d*e*n(n) dar *brauchtt* | von jr stetten oder *sy̆ hettend jnne* | *den(n)* by *jnn* gemacht.	sy̆ | hettend jn dar bra*w*chtt von *jer* stette(n) oder sy̆ | hettend *jn* by jn gemach*tt.*

Wie schon angedeutet und auch anhand der Beispiele oft erkennbar, liegt uns mit dem Wiener Codex 2807 der kürzeste Text vor. Grundsätzlich lassen sich in nur ganz wenigen Abschnitten dieser Handschrift Textzusätze nachweisen, die an der entsprechenden Stelle weder in SG noch in Stgt zu finden sind. Hierbei handelt es sich teils um Binnenverweisungen (vgl. z.B. fol.5^v: „als | och hie vor gem_a_llt ist,“ (...) „an disser gegne, als och | vor stawtt“; fol.7^r: „[A]lsso zugend, als vor stawtt, z$\mathring{u}$ den zitten als“; fol.21^v: „[V]nd d(a)z man wider vff die vor gemältten ersten | sach kom von costenttz vnd och der gestifftt“ oder fol.20^r: „gelich als vor“). Ansonsten bieten die Ergänzungen inhaltlich nichts Neues. Statt „**Nun**“ (Stgt, fol.221|225vb) lesen wir etwa „vnd jn der zitt“ (fol.3^v), statt „ab s$\mathring{o}$llichen krentzlin solt du | noch ain zitt fr$\mathring{o}$d haben“ (Stgt, fol.224|228va) „ab soliche(n) | krenttzl$\mathring{y}$ sollt dich fr$\mathring{o}$wen vnd noch ain zitt fr$\mathring{o}$d | haben“ (fol.23^r), statt „fürtt er jn (...) gen <u>Costentz</u>“ (Stgt, fol.226|230ra) „fürtt er jn (...) jn die statt Costenttz“ (fol.24^v), statt „w$\mathring{a}$rend | jn die **S**tett vnd samlunge(n) gezoge(n)“ (Stgt, fol.228|232ra) „ab dem land gezogen warend“ (fol.7^r), statt „das | da nit gesait ward“ (SG, fol.89rb) „da d(a)z | n$\mathring{y}$eme(n) seitt noch gesaitt ward“ (fol.11^r), statt „verbrifft“ (Stgt, fol.233|237ra) „verschri | ben und verbrieffett“ (fol.13^v) oder statt „das die vssren von den | jn der **S**tatt s$\mathring{u}$chtend“ (Stgt, fol.237|241vb) „d(a)z die | vssren vor der statt an die jn der statt s$\mathring{u}$chte(n)“. An anderer Stelle wird aus einer „**j**ärlich ablosung“ (Stgt, fol.227|231vb) eine „järlich ablosung, so järlich besch$\mathring{a}$ch“ (fol.6^v). Mehrmals bestehen die Zusätze auch nur aus Wiederholungen von Satzteilen, die hier und da stilistisch unschön oder sogar eindeutig fehlerhaft eingefügt sind (vgl. fol.4^r: „her gen costentz“; fol.5^r: „b$\mathring{y}$ sinen tagen“; fol.22^v: „vnd jn der zitt als ma(n) | zaltt“; fol.23^r: „vnd z$\mathring{u}$ jeren handen lies“; fol.9^v: „vff dem land“; fol.17^r: „die da gawtt“; fol.17^v: „jn dem veld“). Worin die auffällige textliche Veränderung mit weitergehenden interpretatorischen Folgen auf fol.2^r aus „vnd das *s*$\mathring{y}$ nu(n) | an h$\mathring{u}$ben*d* vnd *jnn* der küng | ain stür te*tt*, was hüser STŮN= | DEN*TT* an dem **o**rtt der sta*tt*, | das man die **v**sswendig mure*tt*“ (Stgt, fol.220|224vb) zu „V(!)nd das sy nu(n) an h$\mathring{u}$bend vnd *nÿderbůrg* | ain stür tett*end*, wa*ss* hui*ss*er stůnden*d* an dem | ortt der statt, d(a)z man die vss wendig murett“ begründet liegt, ist vom heutigen Standpunkt aus nicht mehr zu klären.

Bei den Verkürzungen von W fällt zudem auf, dass vom Bearbeiter häufig sowohl Füllwörter als auch Attribute, die für das Verständnis nicht unbedingt notwendig sind, sowie eines der beiden Elemente bei Doppelformeln, längere allgemeine Erläuterungen, hin und wieder sogar ganze Sätze und Ähnliches gestrichen werden. Aus „ain tör der statt“ (Stgt, fol.220|224vb) wird „ain tor“ (fol.2^r), aus „wol vnd werlich“ (Stgt, fol.222|226vb) „werlich“ (fol.4^v), aus „erschlagen | vnd erstochen da selbs“ (Stgt, fol.224|228va) „erschlagen“ (fol.22^v), aus „aines | **B**aubstes vnd statt hallters ains | st$\mathring{u}$les ze <u>R$\mathring{o}$m</u>, dar gesetztt | von GOTT <u>$\bar{v}$nsserm herren **j**h(es)u</u> || <u>cristi</u>“ (Stgt, fol.223|227^{va}f) „ains babstes ~~z$\mathring{u}$ Rom~~ vnd statthaltter des st$\mathring{u}$ls | z$\mathring{u}$ Rom, dar gesettztt“ (fol.21^v), aus „hailgen vnd liebe(n) mart= | rer <u>Sant Pelaigen</u>“ (Stgt, fol.226|230ra) „hailgen santt plaigen“ oder aus „zugend gar | vil lütt gen <u>Sant Gallen</u> z$\mathring{u}$ dem | Clouster“ (Stgt, fol.228|232ra) „z$\mathring{u}$gend och vil | luitt gen santt gallen“ (fol.7^r) et cetera. Textreduzierungen treten auch bei stadtinternen Nachrichten zutage. Mehrmals verzichtet W auf Elemente, die in Stgt und damit sicherlich in der Vorlage von W vom „Präsentismus“ geprägt sind (vgl. z.B. Stgt, fol.220|224va – W, fol.2^r; Stgt, fol.221|225ra – W, fol.2^v; Stgt, fol.223|227^{rb}f – W, fol.5^v). Berücksichtigt man beispielsweise, dass dieses Fragment gerade das Erbauungsjahr des „vierten“ Kaufhauses – seit dem Konzil gewissermaßen eines der Wahrzeichen der Stadt – anders als SG und Stgt nicht erwähnt, könnten diese Kürzungen als Indizien für eine Niederschrift dieses Codex außerhalb von Konstanz interpretiert werden. Möglicherweise handelt es sich um einen Bearbeiter, der mit den Verhältnissen in Konstanz nicht vertraut ist (vgl. z.B. auch auf fol.2^r die Verschreibung bei der „Brückengasse“, die zur „bůrg gasse(n)" wird) oder auf diese Textpassagen, etwa aufgrund des Zielpublikums, keinen großen Wert legt. Ohne die Fehler von W insgesamt näher auszuführen, sei auf die Folio-Seite 2^r hingewiesen, da auch diese für eine fremde Herkunft sprechen könnte. Dort zeigt sich, dass der Schreiber des Fragments den Terminus „ån" missversteht. Er deutet ihn nicht als „ohne" sondern als „an" und macht aus einem viereckigen Kirchlein ohne Apsiden und Chor folglich eine Kirche, die durch viereckige Apsiden und einen viereckigen Chor charakterisiert ist.

Die Synopse der drei Textzeugen bringt des Weiteren Varianzen im Bereich der syntaktischen Strukturen zum Vorschein. Eher selten unterscheidet sich W von Stgt bei der Wortstellung. Wird der Text vom Schreiber des Wiener Codex auf diesem Gebiet verändert, handelt es sich meist um das direkte Vertauschen zweier Worte, häufig im Zusammenhang mit einer von Stgt dann abweichenden Reihenfolge bei Aufzählungen. Hin und wieder wird durch die Umstellung aber auch die Aussage des Textes verändert (vgl. z.B. fol.22^r) oder die Betonung verlagert (vgl. fol.11^r mit zweimaligem Vertauschen von Schwyz und Zürich sowie fol.14^v). Stimmt die Syntax von W hingegen mit der von SG, nicht aber mit Stgt überein, ist anzunehmen, dass die Modifizierung auf den Schreiber von Stgt zurückgeht. Im Folgenden werden einige Beispiele der syntaktischen Veränderungen allein des Wiener Fragments geboten. Den Editionsprinzipien folgend, werden die Umstellungen innerhalb des Satzes durch Kapitälchen wiedergegeben.

SG:	Stgt:	W:
	fol.221|225vb:	**fol.3^v:**
	Clôster, laigen vnd pfaffen	Clôster, *PAFFEN* vnd LAIGEN
fol.4va:	**fol.222|226vb:**	**fol.4^v:**
da hinder der samnung | vffhin vnd da by obnan | vmbhin bisz zů **R**ingport(er) | tor	da hinder der samnu(n)g | vff hin vnd da bÿ obn*en* | *v*mhin | vntz zů **R**ingborter *t*hor	da | hinder der samnu[n]g HIN VFF vnd da bÿ *obna* HIN | VM*B* bis zů *Rinporte(r)* thor
fol.8|9ra!:	**fol.223|227rb:**	**fol.5^v:**
- <u>drü</u> | hundert <u>achtzig vnd acht</u> | jar	- <u>drü</u> | hunder*tt* <u>achtzig vnd acht</u> jar*e*	- ACHTT vnd ACH*TT*ZIG *jar* vnd DRW̊ HUNDERTT
- vor der stat gewesen ist	- vor der sta*tt* | gewe*ssen* ist	- vor der statt IST | GEWESEN
fol.12va:	**fol.224|228^{ra}f:**	**fol.22^r:**
- <u>Constanti=</u> | <u>no</u> dem <u>küng</u>	- <u>Consta(n)tino</u> | dem küng	- DEM KÜNG co[n]stantino
- mit | <u>priestern</u> vnd <u>andåchtige(n)</u> | gelerten lüten	- mi*tt* priestern | vnd andåchtigen gelert*t*en lüte(n)	- mit ANDÅCH*D*IGEN priestern vnd | gelertten lui*tt*en
fol.14rb:	**fol.224|228vb:**	**fol.23^r:**
min(n)=| samclich, wyllenclich vn(d) | gern	minnsam*k*lich, | *w*illen*k*lich vnd gern	*WILLE[N]KLICH vnd* MI*N*SAMKLICH*EN* | vnd gern
fol.20rb:	**fol.226|230rb:**	**fol.25^v:**
zwaÿ | crütz	zwaÿ **C**rütz, *die vergültten, da* | *ouch vil goltz an ist,* nebe*n*d dem | altar *jn dem Chor*	zwaÿ VERGUILTTEN crui*tt*z
neben dem <u>altar</u>,		nebend de*n fron* | altter,
die | vergült vnd nach altem | werk costlich gemacht sind		*DAR AN OCH* VIL GOLD*S VND SILBER* AN IST

fol.23va:	fol.229|233rb:	fol.9^r:
vnd der dienst | gottes	vnd der dienst gottes	*vmb d(a)z der* GOTTZ DIENST
fol.89rb:	**fol.230|234vb:**	**fol.11^r:**
do strittend die | von <u>zürich</u> vn(d) die <u>vo(n) switz</u>= | mit ain ander vor der burg | z**ů** <u>lopen</u> vnd schadgotend | ainander **d**a so gelich, das | da nit	**d**o stritte*n* | die von <u>zürich</u> vnd die | von <u>schwitz</u> mit *en*ander | vor der burg z**ů** <u>lopen</u> | vnd schadgote*n*t *en*ander | **d**a so gelich, das da nit |	do stritte*n*d die von SCHWI*TT*Z vnd | die von ZU*I*ERICH mit*t* *ain* ander z**ů** LOPHA(N) vor | der b**ů**rg vnd *schadegott ain* ander so gelich, DA D(A)Z | *nÿeme(n) seitt noch*
gesait ward, **weder** | tail mer verlorn oder sig | genomen hab	gesait *werdet,* **wer** verlorn | HAB oder sig *verloren*	gesaitt *ward,* **wer** verloren *hett* | *ald w**ǎ**r da* VERLOREN S*IG*
fol.93rb:	**fol.234|238ra:**	**fol.14^v:**
vnd ver= | brantend jn der kilchen <u>siben</u> | man	**v**nd verbrante*n*t *in* der kilch(e)n | <u>siben man</u>	**v**nd *J*N DER KILCHEN verbrante*n*d *sy* siben | ma(n)

Sehr viel häufiger sind derartige Wortumstellungen nun bei einem Vergleich zwischen Stgt und SG zu konstatieren. Auch hier werden einzelne Worte, die hintereinander stehen, oder verschiedene Glieder bei Aufzählungen mit entsprechender Wirkung (vgl. z.B. den Hinweis auf fol.98rb) oder die Erstnennung des Königs vor dem einfachen Volk auf fol.3ra) einfach vertauscht. Daneben gibt es aber zahllose Veränderungen, die die Verbstellung betreffen. Der Bearbeiter scheint den Text bei der Abschrift an seinen Sprachgebrauch angeglichen zu haben. In einigen Fällen haben diese Veränderungen eine Vereinfachung des Textes zur Folge. Teils entsteht der Eindruck, der Redakteur habe ganz bewusst auch stilistisch in den Text eingegriffen, bei der zweiten Fassung des Werkes gewissermaßen eine Verbesserung in allen Bereichen angestrebt. Wiederum veranschaulicht eine tabellarische Übersicht mit einigen Beispielen dieses Phänomen:

SG:	Stgt:	W:
Fol.2^{va}f:	**fol.220|224^{rb}f:**	
vnd aussend die | lüt gar wenig brot	**v**nd GAR WENIG BR**Ö**TT aussend | s*ÿ*, die lü*tt*	
vnd hett da selbs ain | gewelb gemacht, d(a)z er vn= | der dem **R**in g**ò**n mocht	**v**nd h*a*tt da selbs | GEMACHT ain gewelb, da*s* er | M**Ö**CHT G**Ò**N vnder dem **R**in	
fol.3ra:	**fol.220|224vb:**	**fol.2^r:**
mit des küngs **v**nd der lü= | ten hilff	mit DER | LÜ*TT*EN vnd *ouch* DES KÜNGE*S* hilff	mit | der luitten vnd des *küngs* hilff
fol.3^{vb}f:	**fol.221|225^{rb}f:**	**fol.3^r:**
- vn(d) | **d**o ward das pf**a**̊rit aines | grossen vngena(n)t(en) wurms | sichtig	- vnd do ward | das pf**a**̊rit*t* SICHTIG aines | grossen vngenanten wurme*s*	- vnd do ward das *p**å**ffritt* sichtig *ainss* grossen | vngenanten *worms*
- **a**lso lang, das die knecht | hortend den jäger schri= | gen	- also lang, das die knecht | DEN J**Å**GER *hortten* schrigen	- als*s*o lang, das *jn der* jäger | *vnd sin diener* hortte*d* schrigen

fol.12va:	fol.224|228ra:	fol.22^r:
Nun | hett der **Byschoff** pictaui(us) | grosz min(n) vnd liebin zů | den lüten ennethalb dem | **Rin**, wan die an gŏtlicher | min vnd andaucht emse= | clich zů namend vn(d) hor= | tend gern von den gebot= | ten vnsers heren vn(d) vo(n) | siner marter vnd liden | sagen	*Vnd aber* PICTAVIUS, | DER B/SCHOFF, HATT minn vnd GROS | *liebe* zů den lü*tt*en *Enhalb* dem | **Rin**, **w**on die NAMEND *vast* zů | an gŏ*tt*licher mi*nn* vnd *an ernst=* | *lichem* andaucht vnd hor*tt*end | gern von den gebotten v̄*ns*sers | he*rr*e(n) SAGEN vnd VON SINE*M* lide(n)	vnd aber DER BISCHOFF *PRITANIUS* [?] hatt gros liebe zů | den luitten *enett* dem Rin // die nomend vast zů | an gŏttlicher mi*n* vnd ernst*h*lichem anda*w*ch*tt* vnd | hortend gern von den gebotten *gottes* sagen

fol.14ra:	fol.224|228va:	fol.22^v:
der nun | der jaren der jünger was | vnd och geren her gewesen | wåre vnd her(r)schafft hette | gehept	| der nun JÜNGER WAS der jåren | vnd *nun* o*uch gern* her*r* WåRE | GEWE*SS*EN vnd her(r)schafft GE= | HEP*TT HETT*	der nu(n) junger was der jaren vnd nu(n) *och* ger*[n]* | he*r* wå*r* gewesen vnd her*sch*aff*tt* geheptt hett

fol.17ra:	fol.225|229rb:	fol.24^r:
das sy ainen | andern **abbtte** soltend welen. | vnd also gedauchtend sy den | grossen gebresten der gaist= | lichen vnd och wie so gar vn(d) | vast sy mit dem **adel** überla- | den warend	das SOL*TT*END | WELLEN ainen and*re*(n) *Appt.* vnd | also *gedǎchtend* sÿ den grosse(n) | gebresten der gaistlichen vn(d) | *ouch* wie *se* gar sy V̄BERLADE(N) | WǍREND mi*tt* dem adel,	d(a)z sy soltten | wellen ainen andren app*tt*. vnd al*ss*o ge dach | tend sy den grossen gebresten der gaist*h*lichen | vnd *och* wie gar sy viberladen wårend mitt | dem ade*ll*

fol.92^{rb}f:	fol.233|237ra:	fol.13^v:
Vn(d) der brieff | ward by aine(m) knecht funden || vnd der knecht was komen | jn ain gemür jn das ertrich	*Vnd* der brieff | ward FUNDEN b*i* ainem knecht | vnd der knecht was komen | *I*N DAS ER*TT*RICH *in* das gemür	vnd *die* brieff *wordend* funden b*y* ainem | knech*tt* vnd *disser kung* was komen *vnder* d(a)z ertrich, | *vnder die erd*

fol.95rb:	fol.234|238vb:	fol.15^v:
Vnd | wurdend och vsz dem was= | ser vil gezogen, dero ouch | ettlich enweg gefürt wur= | dend. jn der zal, maintend | ettlich,	vnd ŏch | vss dem wasser WURDEN*T* | vil gezogen, *da* och ettlich | enweg gefürt wurden*t*. | *A*n der *selben* zal, ETTLICH | MAINTEN*T*,	vnd och vss dem wasser worden*d jer* vil gezogen, | da *d*och ettlich *aweg* gefuier*tt* worden*d*. jn der | *selben* za*ll*, ettlich *mainen*,

fol.94rb:	fol.236|240ra:	fol.17^r:
wie vil | dan(n) mere vff der brugk ge= | wesen sind, waist niemant	**W**ie vil den(n) *dŏrt* mere | *wårend*, WAIST *NIEMAN*, die da vff | der *brugg* gewe*ss*en sind	wie vil | de*n der andren* mer wårend, waist n*y*eme(n)

fol.98^{rb}f:	fol.238|242^{va}f:	fol.21^r:
- die von zürrich | vnd die waltstet warend | ain ander vigend.	- *sÿ* WǍREND *E*NANDER VIGEND, | DIE WAL*D*STE*TT den* von **zů**rich	- sy warend *ain* ander | vigend, die waldstett *vnd die* von zuierich
- Vnd luffend | vff den tåchern	- *vnd was sÿ* VFF DEN TǍCHERN | luffend,	
- Vnd nün | hundert vnd dryssig	- vn(d) | DR*I*SSIG vnd **NÜN** HUNDER*TT*	

Alle Bearbeiter dieser Schriften zur Konstanzer Geschichte haben darüber hinaus die Vorlage nicht nur syntaktisch ihren Gewohnheiten entsprechend verändert. Vielmehr scheinen die Texte auch auf lexikalischem Gebiet dem jeweiligen Sprachgebrauch angepasst worden zu sein. Immer wieder werden Worte verändert, einzelne Substantive durch neue ersetzt, Verben ausgetauscht oder anderslautende Adjektive verwendet. Auch bei den sonstigen Wortarten treten Differenzen zutage. Besonderes Augenmerk sei in diesem Zusammenhang auf die Daten gerichtet (vgl. z.B. SG, fol.90vb: „also jn dem jar | do man von der gepurtt | cristi zalt <u>t</u>usend drühun= | <u>d</u>ert <u>v</u>nd <u>s</u>übentzig jaure" – Stgt, fol.231|235va: „also in dem jar <u>do man</u> | ZALT von der ge<u>burt</u> | <u>ÿn</u>sers he(r)ren drü<u>zechen</u> | hundert vnd s<u>i</u>bentzig ja(r)" – W, fol.11^v: „vnd al<u>ss</u>o jn dem jar *Mccc* vnd siben | zig"). Um die Unterschiede bei der Wortwahl zu verdeutlichen, werden wiederum exemplarisch einige der Varianten, die teils auch durch dialektale Eigenheiten geprägt sind, in einer Tabelle erfasst.

SG:	Stgt:	W:
fol.2ra:	**fol.219|223vb:**	
ward es dem kayser zů | <u>R</u>ȯm zů wyssen getȯn	ward Es | dem ka*i*ser *ze* <u>R</u>ȯm *ve(r)künd=* | *ett*	
fol.3va:	**fol.221|225^{ra}f:**	**fol.2^{v}f:**
- jn dem | a*i*nen husz wonet der ab= | bt.	jn dem a*i*nen | *hu*s wone*tt* der **A**p*pt*t	- jn dem *an* | *der* hus *da warend die* ȧ*ptt jn*
- **v**nd zergiengend | die hüser	- **v**nd DIE HÜSER *zerfiele(n)t*	- vnd | die hu*i*s*s*er zer*v*iel*l*end
fol.4ra:	**fol.221|225va:**	**fol.3^{r}f:**
- der hengst schlaifft	- der hengst | schla*i*pfft	- *das* | *p*ȧ*ffritt straifftt*
- zů der tür jn | gaut bisz	- man zů | der tȗr jn *gȧtt vntz*	- zů der tu*i*er jn ga*w*tt *vnd bis*
fol.4^{va}f:	**fol.222|226^{va}ff:**	**fol.4^{v}f:**
- gen <u>R</u>om zoch	- *sich vff macht gen* <u>R</u>ȯm	- *sich vff macht*t gen Rom
- vndnan vm(b)hin | bisz an die **a**lten stat	- *vnnen vmbhin vntz* an die al*tte*(n) | sta*tt*	- vnd *da* HIN vmb | *wider bis* an die altten statt
- pfal= | latz	- PFALL*ENTZ*	- *p*ȧ*ffalentz*
- **B**urg **v**nd gesȧsse	- **B**urg || *vnd jn sin gesȧss*	- *hoff vnd* bůrg
fol.7ra:	**fol.223|227^{ra}ff:**	**fol.5^r:**
- absterben	- *tod*	- tod
- am <u>ersten</u> | angehept	- ANGEHEP*TT* am *alle(r)* | <u>ersten</u>	- AM ALLER ERSTEN *an gevangen*
fol.12va:	**fol.224|228ra:**	**fol.22^r:**
- ennethalb	- *Enhalb*	- *enett*
- andaucht emse= | clich	- *ernst=* | *lichem* andaucht	- ernst*h*lichem anda*wch*tt
fol.13ra:	**fol.224|228rb:**	**fol.22^v:**
des | nam was	*vnd der hiesz*	hie*s*
fol.14rb:	**fol.224|228vb:**	**fol.23^r:**
das die alda begraben vn(d) | bestattet wurden	das *sÿ das* | *da vergrůbend*	das *sy* | *die* da *vmb begruiebend*
fol.17ra:	**fol.225|229rb:**	**fol.23^v:**
jrem ge= | sind	jrem gesind	*jere(n) knechtte(n)*

fol.19^{va}f:	fol.225|229vb:	fol.24^v:
- er ver= | nam wie vnfrid	- er *hortt* vnfrid	- er *hatt* vnfrid
- sôllend ir mir nit zů legen	- *sond j*r mir ni*ch*t | zů legen	- sond *jer* | mir *nitt* zů legen
fol.20ra:	**fol.226|230ra:**	**fol.24^v:**
- jn ouch als für sinen be= | sundern hailigen hielt | vnd eret	- jn ouch als fůr sine(n) besunde(r)n | *hailgen hatt*	- jn *och* für | sinen besundern hailgen hatt
- mit grossen eren	- mitt grosse*r fröd*	- mitt grosser fröd
fol.20rb:	**fol.226|230rb:**	**fol.25^v:**
grosz liebin **vn(d)** an= | dǎcht	gro*s gnǎd*	gros ge*nad*
fol.26ra:	**fol.226|230^{rb}f:**	**fol.25^vf:**
- ward | **B**yschoff der wolgeborn, an= | dǎchtig hymelfürst **vn(d)** gůter | here <u>S</u>ant C<u>ů</u>nrat,	- *kam* der ANDǍCHTIG, *hailig* **B**i= | schoff <u>S</u>an*tt* C<u>ů</u>nra*tt*	- kam der andǎchtig, | hailig bischoff santt C*onratt*
- maint	- main*tt*	- duncktt
- nun	- *numend*	- nu(n)
fol.26^{rb}f:	**fol.226|230vb:**	
- vil kostlichem hail= | tům	- vil | *Edels* hailt*ams*	
- velfůrt von sinem vǎtter= | lichen erbgůtte	- *machett* von sinem vǎtt- | erlichen *Erb*	
	fol.227|231^{ra}f:	**fol.6^r:**
	- **vnd** schatzend sÿ	- vnd *strafftend* sÿ
	- gross || trück vnd kumer	- gro*s* | trück vnd *jamer*
fol.21rb:	**fol.228|232ra:**	**fol.7^v:**
priester	*pfaffen*	*paffen*
fol.23ra:	**fol.228|232vb:**	**fol.7^v:**
alda ir pfrůn= | den verdienen	*da j*r pfrůnde(n) | verdien*tend*	da *hin jer* pffrůnde(n) *fordrettend*
fol.23vb:	**fol.229|233rb:**	**fol.9^r:**
och der gotz | dienst geuffet wurd	*ou*ch der DIENST *GOTTES* ge*v*ffe*tt*	der | *GOTTZ* DIENST *gemerett*
fol.89rb:	**fol.230|234^{va}f:**	**fol.10^v:**
vn(d) main= | tend, die och jn ir gehorsa= | mi zebringend	**vn(d)** main= | ten*t* die och i*n* gehorsam || *sin*	vnd mainten*d* die | *jn korsam zů machen*
fol.89va/90ra:	**fol.231|235ra:**	**fol.11^r:**
- <u>tusend</u>	- <u>*zechen* | *hundert*</u>	- *x* hunder*tt*
- ne- | nnet	- *haist*	- *nemptt*
- wer erschla= | gen sy	- wer *er* schlagen sig	- wǎr erschlagen *word*
fol.90vb:	**fol.231|235^{rb}f:**	**fol.11^v:**
- bystand ton wôlte	- *hilffig* | *sin*	
- **vnd** | macht das vermôchte | **vnd** maint nit,	- **vnd** macht *gelangen môcht* | **vnd** *gedacht* ni*ch*t,	- *machtt gelangen* | môch*tt* vnd ge*da*wch*tt* nich*tt*
- **do** schickt der selb küng	- **do** *sant* der selb küng	- **do** san*tt* der selb kung

Wie an der Mehrzahl der bisher vorgestellten Beispiele ersichtlich ist, lassen sich auf orthographischem Gebiet beziehungsweise im Hinblick auf die Lautgestalt ebenfalls vielfältige Differenzen zwischen den einzelnen Textzeugen der „Konstanzer Chronik" ermitteln. Man denke neben dem Phänomen des Doppelkonsonantismus etwa an iterierende Varianten wie dirre/diser, da/do et cetera. Da Kapitel B.3.1 durch die Kursivierung oder den Einsatz sonstiger Formatierungen derartige Unterschiede zwischen den Textzeugen größtenteils – nicht berücksichtigt werden konnten etwa die Groß- und Kleinschreibung oder die Getrennt- und Zusammenschreibung – kennzeichnet, soll eine weitere Analyse und damit etwa Fragen zu den Graphievarianten, zum Gebrauch von Kürzeln oder Ähnliches der Sprachwissenschaft überlassen bleiben.

Zusammenfassend sei noch einmal gesagt, dass sich wie an den Richental-Bearbeitungen auch an der „Konstanzer Chronik" belegen lässt, dass Bearbeiter und/oder Kopisten die mittelalterlichen historiographischen Texte, die ihnen zur Abschrift vorliegen, sowohl inhaltlich als auch sprachlich ihren Interessen und Gewohnheiten gemäß verändern[588]. Sie kompilieren sie mit anderen Quellen, variieren die Anordnung der Nachrichten, passen die Wortwahl und -stellung ihrem Sprachgebrauch an, reduzieren an der einen Stelle und ergänzen an der anderen. Eine solche Methode kommt auch oder gerade bei der Erstellung verschiedener Fassungen des Textes durch ein und dieselbe Person – in diesem Fall Gebhart Dacher – zum Tragen.

4.3 Hinweise zu Entstehung und Gebrauch des Codex Sangallensis 646

Wie die meisten mittelalterlichen Werke ist auch die „Konstanzer Chronik" Gebhart Dachers mehr oder weniger „kontextlos"[589] überliefert. Im Gegensatz zur neueren Literatur existieren also keinerlei Dokumente, die beispielsweise Aussagen zu Lebens- und Arbeitsbedingungen oder Reflexionen zum Entstehungsprozess enthalten. Informationen über Genese, Wirkung und Rezeption dieses Werkes können mangels außerliterarischer Quellen – sieht man einmal von wenigen Archivalien etwa zum Leben Dachers oder Albrechts ab – lediglich aus den Handschriften selbst entnommen werden.

Nach Scheibe hat die Entstehungsgeschichte im Wesentlichen alle rekonstruierbaren und das Werk betreffenden Geschehnisse zwischen dem Zeitpunkt des frühesten Anlasses und dem Abschluss der Arbeit beziehungsweise deren Wirkung bis zum Tod des Autors zum Inhalt[590]. Wenn im Falle unseres Textes in vielen Bereichen auch nur spekuliert werden kann und der Terminus „Autor" die historische Realität nur ungenau erfasst, wird im Folgenden doch versucht, eine Entstehungs- und Gebrauchsgeschichte der „Konstanzer Chronik" nachzuzeichnen.

Zu Beginn stellt sich stets die Frage nach dem eigentlichen Anlass für die Abfassung eines Werkes; eine Frage, die auch in engem Zusammenhang mit der oder den Intentionen des „Autors" oder Auftraggebers steht. Grundsätzlich sind aber für die meisten historiographischen Texte des Mittelalters gerade die Kontextbedingungen, die zur Entstehung des Manuskripts führten oder auf die die jeweils anderen Handschriften reagieren, unbekannt und aus der Überlieferung heraus

---

[588] Vgl. z.B. auch N.R. Wolf, Abhängigkeit, S.349, der bei dem mittelalterlichen Text v. einem „Aktualisierungsangebot an den Rezipienten" spricht und ausführt, dass „Aktualisierung" nicht zuletzt auch „die Anpassung der Sprache des Textes an Ort und Zeit der Rezeption" meint.
[589] Der Begriff „kontextlose Überlieferung" findet sich mit weiteren Ausführungen bei M. Springeth, Textvarianz, S.81.
[590] Vgl. S. Scheibe, Von der Entstehungsgeschichte, v.a. S.166ff.

nur bedingt rekonstruierbar[591]. Zunächst zum Entstehungszeitraum: Der uns überlieferte Codex Sangallensis 646 ist durch das verwendete Papier ziemlich genau zu datieren. Die Niederschrift dieser Textversion wurde wohl nicht vor 1467 begonnen. Da es sich hierbei jedoch um eine umfangreiche und sorgfältige Reinschrift handelt, die längere Quellenstudien voraussetzt und mit Sicherheit einer oder mehrerer Vorstufen beziehungsweise eventuell auch Parallelarbeiten bedarf, ist der Zeitpunkt des Arbeitsbeginns an der „Konstanzer Chronik" einige Monate oder Jahre vor der eigentlichen Niederschrift dieses Textzeugen anzusetzen. Berücksichtigt man dabei den beruflichen Werdegang sowie die redaktionelle Tätigkeit Dachers, liegt es nahe, grob einen Entstehungszeitraum zwischen 1461, Dachers Amtsantritt als „husherre", und 1471, dem Todeszeitpunkt, beziehungsweise 1475, der letzten datierten Bemerkung von Konrad Albrecht, anzunehmen. Bezieht man darüber hinaus den Vergleich der Handschriften mit ein, der ergeben hat, dass Stgt wohl als eine Art Vorstufe des entsprechenden Textes in SG anzusehen ist, kann der Beginn der Arbeit an diesem historiographischen Werk auch mit Blick auf die Richental-Handschriften noch weiter in die Mitte, ja sogar an das Ende der 1460er Jahre verschoben werden.

Überblickt man die Überlieferung der Konstanzer Geschichtsschreibung insgesamt, lässt sich ab 1460 in Konstanz eine vor allem auf Dacher zurückgehende, jedoch nicht allein auf dessen Engagement beschränkte[592], geradezu auffällige Konzentration historiographischer Texte konstatieren. Da die Geschichtlichkeit eines jeden Werkes feststeht[593], stellt sich die Frage nach den Hintergründen dieses Umstandes. In der Forschung wurde mit Blick auf die Funktionen derartiger Werke – als Stichworte sollen politische Argumentation, Legitimation, Identitätsstiftung, Konsenssicherung und Stützung des Selbstbewusstseins genügen[594] – verschiedentlich darauf aufmerksam gemacht, dass die Rückbesinnung auf die Geschichte eines Gemeinwesens oder einer wie auch immer gearteten Gemeinschaft in der Regel eines besonderen, meist „spektakulären Impulses" bedarf und verstärkt in Krisenzeiten zu beobachten ist[595] (vgl. z.B. den Zusammenhang zwischen Bürgerkämpfen und der Entstehung städtischer Historiographie[596]). Begibt man sich unter diesem Aspekt auf die Suche nach möglichen Hintergründen der Geschichtsschreibung der 1460er Jahre in Konstanz, wird man rasch fündig. Während einerseits zwar seit dem letzten Bürgerkampf 1430 (vgl. dazu auch die Schilderung unserer Chronik auf fol.111[ra]f, 119[ra]ff, 121rb, 123[ra]ff) auf der Basis der Richtung von König Sigismund (vgl. fol.126[ra]ff) und einer rigorosen „Sicherheitspolitik" des Rates im Zuge einer „Restauration" eine gewisse, hin und wieder durchaus brüchige (vgl. z.B. die Berichte auf fol.136va, 161vb) Ruhe und Ordnung im Inneren eingekehrt ist, sieht sich Konstanz andererseits aufgrund seiner geographischen Lage ständig äußeren

---

[591] Vgl. aber die gerade auf diesem Feld herausragenden und die Forschung erweiternden Untersuchungen zu den verschiedenen Fassungen der Richental-Chroniken mit ihren jeweils eigenen Funktionen v. T.M. Buck, Überlieferungslage; ders., Historiographische Prinzipien und G. Wacker, Richentals Chronik.

[592] Vgl. neben den Richental-Hss. etwa die Eintragungen in der ansonsten früher anzusetzenden Hs. StAK, A I 1 oder die eigenständige Zusammenfassung der Richental'schen Konzilschronik v. Nikolaus Schulthaiß (vgl. auch Kapitel A.4.4), die ähnlich wie dessen Chronik zu Stadt und Umland (vgl. P. Ruppert, Chroniken, S.270-285) um 1460 verfasst wurde (vgl. H. Maurer, Konstanz II, S.160f).

[593] Vgl. hierzu das wirkungsträchtige Werk v. H. Kraft, Geschichtlichkeit aus dem Jahr 1973, das, obwohl es ursprünglich auf moderne Dichter hin ausgerichtet war, auch für Editionen im mediävistischen Bereich neue Impulse ermöglicht hat (vgl. z.B. O. Herding, Zur Methode des Edierens, S.30ff).

[594] Vgl. v.a. J.B. Menke, Geschichtsschreibung und Politik; F.R.H. Du Boulay, German town chroniclers; F. Graus, Funktionen; R. Hiestand, „Civis Romanus sum"; H.-W. Goetz, Geschichtsschreibung; H. Schmidt, Bürgerliches Selbstverständnis; K. Wriedt, Bürgerliche Geschichtsschreibung.

[595] Vgl. v.a. F. Graus, Funktionen, S.43 und 48ff.

[596] Vgl. dazu z.B. J.B. Menke, Geschichtsschreibung und Politik; K. Czok, Bürgerkämpfe; W. Ehbrecht, Uppe dat sulck.

Bedrohungen ausgesetzt[597]. In unmittelbarer Nähe zu den Eidgenossen und den vorderöster-reichischen Gebieten steht die Stadt zeitweise zwischen allen Fronten und laviert mehr oder weni-ger glücklich zwischen den unterschiedlichsten sie umgebenden Lagern (Eidgenossen, Österreich, Reichsritterschaft im Hegau und in Oberschwaben, Städtebünde). In stetigem Kampf um die Be-wahrung der eigenen Freiheiten gelingt es Konstanz bis 1460 durch geschickte Manöver (zeit-weise Neutralität, 1454 dann erneuter Eintritt in den Bund der Bodenseestädte) die gefahrenvolle Zeit des „Alten Zürichkrieges" und des daraus resultierenden weiteren Vordringens der Eidge-nossen in Richtung Bodensee beinahe unbeschadet zu überstehen. Mit der Eroberung des Thur-gaus im September 1460 – offiziell überlässt Österreich die Hoheitsrechte den sieben östlichen eidgenössischen „Orten" im Friedensvertrag vom 1. Juni 1461 – beginnt jedoch der allmähliche Niedergang der Stadt. Nun direkt an der „Staatsgrenze" gelegen, steigt nicht nur die Gefahr der gewaltsamen Eroberung durch die Eidgenossen, die durch den Bau von Wehranlagen unter großen finanziellen Anstrengungen zu vermindern versucht wurde (vgl. auch fol.204vb: „**Do** ward der grosz grab vn(d) | die **B**olwerck (...) mit dem zon gemachet (...) vn(d) costet | die stat vil gůtz.")[598]. Vielmehr büßt Konstanz, das bereits zuvor seine herausragende Rolle im Leinwand-gewerbe verloren hat, grundsätzlich seine Stellung als bedeutende Handelsstadt ein[599]. Dadurch dass sich der Handelsverkehr in südliche oder südwestliche Richtung nicht mehr ungestört und unter dem Schutz der Stadt vollziehen kann, entwickelt sich die politische Grenze zwischen dem Reich und den Eidgenossen allmählich zu einer Wirtschaftsgrenze. Nachdem bis in diese Zeit eine anhaltend positive ökonomische Entwicklung in Konstanz zu konstatieren ist[600], die vor allem vom Fernhandel geprägt war und zum Beispiel an einer stetigen Steigerung des Kaufhaus-zolls oder der jährlichen Steuersumme abgelesen werden kann, „versiegen [nach 1460] die Nach-richten, die von Konstanzer Kaufleuten in der Ferne und von fremden Kaufleuten in Konstanz zu künden vermögen, beinahe vollständig."[601] Von nun an sinkt das Vermögen vor allem der Hand-werker und Kaufleute kontinuierlich. Die Konzilsstadt mit einer führenden Position im Fern-handel der ersten Hälfte des 15. Jahrhunderts spielt ab der Eroberung des Thurgaus durch die Eid-genossen vor allem aufgrund der geänderten politischen Situation und der damit verbundenen „Einengung und Begrenzung ihres Lebens- und ihres Wirtschaftsraumes"[602] sowohl im Handel als auch im Reich allgemein eine nur noch untergeordnete Rolle.

Mit Sicherheit dürfte feststehen, dass Gebhart Dacher als Hausherr des Konstanzer Kauf-hauses (seit 1461!) die Veränderungen auf dem Wirtschaftssektor als einer der ersten ganz un-mittelbar wahrgenommen und mögliche Folgen des Nachlassens der Wirtschaftskraft auf lange Sicht hin erkannt hat. Abgesehen von seinen ganz persönlichen Ambitionen scheint das Engage-ment für die Geschichte seiner Heimatstadt meiner Ansicht nach mit diesen Zeitumständen – die

---

[597] Vgl. dazu und zum Folgenden H. Maurer, Konstanz II, S.67ff, 79ff, 88ff, 95ff und 104ff.

[598] H. Maurer, Konstanz II, S.106 erläutert eine Denkschrift des Rates aus dem Jahr 1462. Auch aus ihr geht hervor, dass in der Stadt große Angst vor Feindseligkeiten herrschte, täglich Warnungen vor Mord- und Brandanschlägen eingingen (vgl. auch den Hinweis auf auffällig viele Feuer in der Stadt bzw. das Auffinden v. Schießpulver) und die Gefahr gesehen wurde, mit Gewalt vom Reich abgetrennt zu werden. Als Gegenmaßnahmen erwähnt die Schrift wie unsere Chronik die Verstärkung der Stadtmauern sowie die Aufstellung v. Wachen. Gleichzeitig wird davon gesprochen, dass sich Konstanz zu diesem Zeitpunkt in großer Armut befinde.

[599] Vgl. hierzu neben Maurer auch G. Nagel, Kaufhaus, S.133ff und B. Kirchgässner, Steuerwesen, S.183ff.

[600] Peter Schuster charakterisiert die Jahre 1430 bis 1460 beispielsweise als den „bis heute ökonomisch erfolg-reichste[n] Zeitabschnitt in der Geschichte der Bodenseemetropole" und weist auf einen möglichen Zusammenhang zwischen der wirtschaftlichen Blüte und den inneren Reformen nach 1430, die die Verwaltung modernisieren und systematisieren, hin (vgl. P. Schuster, Der gelobte Frieden, S.47ff, Zitat auf S.48).

[601] Vgl. H. Maurer, Konstanz II, S.110.

[602] Ebd., S.113.

Eroberung des Thurgaus als solche wird in der „Konstanzer Chronik" übrigens nicht dezidiert erwähnt – untrennbar verbunden zu sein. Jenseits der militärischen Verteidigung gilt es doch gerade in der Zeit einer solchen Krise, den Status als freie und unabhängige Stadt nach außen hin zu sichern respektive die Ansprüche auf die Bewahrung dieses Zustandes zu legitimieren. Gleichzeitig ist es notwendig, das möglicherweise unter der aktuellen Situation leidende Selbstbewusstsein der Bürger zu stärken. Indem ihnen in Geschichtswerken das Alter und die Bedeutung der Stadt in der Vergangenheit vor Augen geführt und dabei stets auch auf die eigene Gegenwart rekurriert wird, wird ihnen aus der Geschichte heraus eine feste Rolle zugewiesen, erhalten sie Bestätigung und Unterstützung für ihr Handeln im Hier und Jetzt. Ohne dies weiter auszuführen, sei darauf hingewiesen, dass sowohl die „Konstanzer Chronik" als auch die Bearbeitungen des Werkes von Richental durch Gebhart Dacher entsprechend interpretiert werden können. In der Stadt- und Bistumschronik kommt in diesem Zusammenhang etwa den beiden Gründungsgeschichten, die sich auf die römische und ansatzweise über die „Treveri" (vgl. die sog. Trebeta-Sage) auch auf eine noch ältere „deutsche" Geschichte beziehen[603], den Schilderungen zur frühen Zeit von Stadt und Bistum, aber auch dem Hang zum „Präsentismus" eine besondere Bedeutung zu. Abgesehen von den aktuellen kirchenpolitischen Diskursen, die in den verschiedenen Versionen der Konzilschroniken erkennbar werden[604], könnte die Krise der 1460er Jahre ebenfalls zur Erklärung des Interesses von Dacher beziehungsweise der Käufer seiner Handschriften an dieser Darstellung der glorreichen Vergangenheit zu Beginn des eigenen Jahrhunderts beigetragen haben.

Vor diesem Hintergrund ist es nicht auszuschließen, dass die „Konstanzer Chronik" als wie auch immer geartete Auftragsarbeit vonseiten des Rates/eines Ratsmitgliedes begonnen wurde[605]. Wir wissen zumindest von verschiedenen Abschriften historiographischer Werke, von einem astrologisch gefärbten Familienbuch, von juristischen und theologischen Gebrauchstexten, die direkt vom Rat beziehungsweise von einzelnen Konstanzer Bürgern in Auftrag gegeben wurden[606]. Der Schreiber Johannes Frauenlob erhält etwa 1448/49 von der Stadt den Auftrag, Rechtstexte aus verschiedenen Vorlagen zu einem geschlossenen Rechtsbuch zusammenzufassen[607]. Die Richental-Handschrift K, die im Anhang auch Urkundenabschriften aus der Zeit rund um das Basler Konzil enthält, wurde ebenfalls „sehr wahrscheinlich im Auftrag des Rates der Stadt ausgeführt"[608]. Als namentlich bekannte Auftraggeber aus den Reihen des Patriziats sind Conrad von Grünenberg, der auch selbst als Autor tätig ist[609], Conrad Schatz, ein Familienmitglied der Guldinast, Heinrich von Ulm, Anna Muntprat und Margarethe von Cappel zu nennen[610]. Die Übergabe an Konrad Albrecht ließe sich möglicherweise ebenfalls entsprechend deuten.

---

[603] Vgl. Kapitel B.2, fol.1ᵃff mit entsprechenden Literaturangaben sowie Kapitel A.5.1.2. Um sich den Stellenwert, den die Gründungsgeschichte in Stadtchroniken auch im Hinblick auf die Funktion der einzelnen Werke einnimmt, zu vergegenwärtigen, sei noch einmal dezidiert auf den Aufsatz v. R. Hiestand, „Civis Romanus sum" sowie auf die Bemerkungen v. H.-W. Goetz, Geschichtsschreibung, S.216ff hingewiesen.

[604] Vgl. dazu G. Wacker, Richentals Chronik, v.a. S.202ff.

[605] Eine solche Vorgehensweise der Stadt bzw. des Rates, stadtgeschichtliche Aufzeichnungen in Auftrag zu geben (vgl. zu den damit zusammenhängenden Funktionen dieser sog. „amtlichen" Chroniken bspw. F. Graus, Funktionen und P. Johanek (Hg.) Städtische Geschichtsschreibung, passim; R. Schmid, Chronik im Archiv), lässt sich z.B. in Basel, Bern, Lübeck oder Nürnberg belegen (vgl. R. Sprandel, Entfaltung, S.196; R. Schmid, Chronik im Archiv).

[606] Vgl. B. Konrad, Buchmalerei in Konstanz, S.120ff.

[607] Vgl. ebd., S.122 und E. Moser (Hg.), Buchmalerei, Katalog KO 24, S.275.

[608] Ebd., S.120. Vgl. mit entsprechenden Argumenten auch G. Wacker, Richentals Chronik, S.242ff.

[609] Vgl. zu ihm VerfLex., 2. Aufl., Bd.3, Sp.288-290.

[610] Vgl. B. Konrad, Buchmalerei in Konstanz, S.120ff mit näheren Hinweisen auf die erhaltenen Hss.

Wie bereits erwähnt, stammt das Papier dieser Handschrift mit dem Ochsenkopfwasserzeichen aus Ravensburg. Es dürfte, wie wir das auch sonst aus Konstanz und anderen Reichsstädten (z.B. Ulm oder Schwäbisch Hall) kennen, um 1467/69 vom Initiator der Handschrift direkt von den Papierproduzenten und nicht beispielsweise über den Handel auf Messen außerhalb von Ravensburg bezogen worden sein[611]. Dieses Papier nimmt damit denselben Weg wie der Hauptteil des Schreibpapiers der Konstanzer Stadtkanzlei. Diese kauft, der ältesten überlieferten Stadtrechnung gemäß, nachweislich 1443, ebenso wie in späteren Jahren von „dem bappirer von Ravensburg (...) bappir unserm stattschriber"[612]. Möglicherweise sind hierbei auch die engen Handelsbeziehungen zwischen den beiden im Mittelalter bedeutenden Handelsplätzen, die schon alleine durch die personelle Zusammensetzung der „Großen Ravensburger Handelsgesellschaft" und die sich daraus ergebenden weiteren Geschäftsverbindungen bedingt sind[613], zu berücksichtigen. Zusätzlich hat man an die Funktion Dachers innerhalb der städtischen Verwaltung zu denken. Für den Codex Sangallensis 646 wird eine hochwertige und teure Papiersorte ausgewählt. Die Blätter tragen als Wasserzeichen den Ochsenkopf und nicht das Hifthorn, das die Ravensburger für ihr minderwertigeres und folglich auch um circa 20 Prozent günstigeres Papier verwendet haben[614]. Die von der Ausstattung her kostspielige Anlage dieser Handschrift der „Konstanzer Chronik" beginnt damit bereits bei der Papierwahl und ist vom Initiator von Anfang an geplant.

Mit Sicherheit hat man folglich davon auszugehen, dass der Hauptschreiber des Codex auf zuvor erstellte Textfassungen, das heißt direkte Abschreibvorlagen zurückgriff und nicht etwa auf dem teuren Papier den Text in dieser Version erst kreierte. Ihm lagen entsprechend „Zwischenprodukte des Schreibprozesses"[615], also möglicherweise eine Gliederung, eine frühere Redaktion einzelner Texte, einzufügende Abschriften anderer Werke, Notizen und Ähnliches vor. Anhaltspunkte dafür liefern unter anderem die wenigen „textuell manifesten Spuren des Prozeßhaften"[616], das heißt die Revisionen, sowie die Fehler der Handschrift, die bereits kurz erläutert wurden. Insgesamt ist die Revisionsquote recht gering. Es sind kaum größere Streichungen, Redigierungen, Reformulierungen ganzer Textpassagen oder Ähnliches festzustellen. Letztlich lässt keine der Verbesserungen darauf schließen, dass sich die Haupthand im Moment der Niederschrift noch um die Formulierung des Textes bemüht. Neben den wenigen Sofortkorrekturen beweisen jedoch einige der Berichtigungen, dass sowohl dieser Schreiber als nach ihm (vgl. die Verdeutlichungen von braunen Tintenkorrekturen mit roter Farbe) auch der Rubrikator Teile der Chronik noch einmal auf Fehler hin prüfend durchgearbeitet und entsprechend korrigiert hat[617]. Dies scheint jedoch keineswegs vollständig und systematisch etwa anhand des Vorlagentextes geschehen zu sein. Tatsächlich existieren zahlreiche Inkorrektheiten, die von beiden nicht bemerkt werden[618].

---

[611] Vgl. zu diesem Phänomen des Direktbezugs G. Piccard, Papiermacherei, S.101.

[612] StAK, L XXI, 1, zitiert nach G. Piccard, Papiermacherei, S.96.

[613] Vgl. z.B. A. Schulte, Geschichte; O. Broziat, Konstanzer Kaufleute; H. Maurer, Konstanz I, S.258ff und Konstanz II, S.55ff, 123ff.

[614] Vgl. G. Piccard, Papiermacherei, S.96 und Ochsenkopfwasserzeichen, 1.Teil, S.23ff mit Zitaten der Konstanzer Stadtrechnungen, die diesen Umstand belegen. Um 1473 kostete das Ochsenkopfpapier 14 ß 4 dn je Ries.

[615] Vgl. H.P. Krings, Schwarze Spuren, S.47, zitiert bei A. Hofmeister, Revisionen, S.145, vgl. ebd., S.142ff die allg. Hinweise zum Schreibprozess.

[616] Vgl. ebd., S.145.

[617] Dabei werden, um die Aufmerksamkeit darauf zu lenken, v.a. vom Rubrikator auch häufiger Verweis- oder Merkzeichen an der jeweils korrigierten Stelle und/oder am Rande angebracht.

[618] Vgl. zu diesem häufig auftretenden Phänomen A. Hofmeister, Revisionen, S.150 mit Anm.51. Zu beachten ist auch, dass die Fehleridentifikation vonseiten des heutigen Benutzers bzw. Editors selbstverständlich recht pro-

Bei vielen dieser Fehler handelt es sich eindeutig um Abschreibe- und Flüchtigkeitsfehler, die wohl nicht auf die Vorlage zurückgehen dürften. Besonders hervorzuheben sind die über den ganzen Text verstreuten Wortwiederholungen. Auch die nachweisbar fehlerhaften Auslassungen sprechen für ein rasches, eher unachtsames Kopieren einer Vorlage. Möglicherweise erfolgt die Abschrift unter großem Zeitdruck, wodurch auch die Dimensionsschwankungen der Schrift innerhalb des Codex erklärt werden könnten. Die inhaltlichen Berichtigungen, die zwei Ereignisse chronologisch einem anderen Jahr zuordnen (vgl. fol.162ra, 165rb), lassen wie beispielsweise auch die beiden nur annähernd identischen Schilderungen zur Schlacht bei Ilanz (vgl. fol.50va und fol.90rb) des Weiteren die Annahme zu, dass den Schreibern im Laufe ihrer Arbeit verschiedene Quellen oder Textversionen zu denselben Geschehnissen vorlagen. All dies deutet auf Parallelarbeiten zur Konstanzer Geschichte respektive weitere, gleichzeitige Quellenstudien vom Schreiber selbst oder von dessen Umfeld hin. Eine oder sogar mehrere Chronikredaktionen, wie sie die spätere Abschrift von Jacob Reutlinger (vgl. Kapitel A.4.4) nahelegt, sind – bedenkt man die verschiedenen Bearbeitungen der Richental'schen Chronik in der „Schreibstube" Dachers – auch mit Blick auf den Codex Sangallensis 646 durchaus denkbar. Die Gesamtanlage dieser Handschrift mit den zahlreichen Leerräumen, den inhaltlichen Brüchen und der teils ungeordneten Chronologie (vgl. Kapitel A.4.1.2 und 5.1) demonstriert darüber hinaus, dass vor dem Beginn der Niederschrift noch kein endgültiges Konzept diese „Konstanzer Chronik" bestanden haben dürfte. Weder war der Aufbau bis in alle Details durchdacht noch der genaue Text- oder Illustrationsbestand bekannt.

Anders als bei der Handschrift Stgt lassen sich in SG keinerlei Belege für eine zeitgleiche Arbeit verschiedener Schreiber am Codex finden. Vielmehr geht der Großteil des Textes auf ein und dieselbe Hand zurück. Erst im Anschluss an die Arbeit dieses Schreibers scheint dann der Rubrikator zur Feder gegriffen zu haben. Neben der unvollständigen, farbigen Ausgestaltung des Manuskripts mit Initialen, Zierzeichen, Rubrizierungen[619], Rubriken und Wappenkolumnen ergänzt er die Chronik durch wenige Nachrichten mit brauner Tinte und verbessert den Text hier und da. Interessant ist vor allem seine Vervollständigung des Textes auf fol.8ra!. Er füllt hier eine Lücke, die der Schreiber vermutlich aufgrund der Unleserlichkeit der Vorlage hinterlassen hat. Derartige Nachträge von derselben Hand sind noch sehr viel häufiger auch im Chronikfragment des Stuttgarter Codex HB V 22 anzutreffen. Den Abschreibern bereitet die Entzifferung des Textmaterials also Schwierigkeiten, der Rubrikator hingegen liest es anscheinend problemlos. Eine Erklärung dieses Umstandes könnte eventuell in der Identität von Rubrikator und Schreiber der entsprechenden Vorlagen gefunden werden. Endgültige Gewissheit hierüber lässt sich jedoch aufgrund der lückenhaften Überlieferung nicht erlangen.

Ähnliches gilt für die folgende Frage. In der Forschungsliteratur wurde verschiedentlich über den Zusammenhang von Schreiber, Rubrikator und Zeichner der Illustrationen dieses Manuskripts sowie der Richental-Codices spekuliert. Meiner Ansicht nach können Argumente dafür gefunden werden, dass die Wappen nicht auf den Rubrikator, sondern auf die Haupthand des Co-

---

blematisch ist, da „unsere Logik (...) nicht die mittelalterliche Logik [ist] und unsere Kenntnisse des Mittelalters (...) mangelhaft [sind]" (A.H. Touber, Schreibfehler, S.126).

[619] In diesem Zusammenhang sei auf eine These v. A. Hofmeister, Revisionen, S.154, Anm.59 hingewiesen, die vermutet, „die Hervorhebung mit graphischen Mitteln, die den Text quasi optisch in kleinere syntaktische Einheiten zergliedert", könnte „einer Art 'Bestätigung der Richtigkeit' der einzelnen Informationen gleichkommen". Folglich „läge die Funktion der Rubrizierungen wenigstens z.T. in der Selbstkontrolle des Autors/Schreibers, und nicht nur in einer optischen Lesehilfe". Die rubrizierten Nachrichten sind bei Richtigkeit dieser Annahme vom Rubrikator, d.h. mit großer Wahrscheinlichkeit v. Dacher selbst (s.u.), korrigiert und damit auch autorisiert.

dex Sangallensis 646 zurückgehen. Zunächst fällt auf, dass diese Standessymbole weitgehend den gesamten Chroniktext der Haupthand begleiten, während hingegen die Hand des Rubrikators nur auf den ersten 100 Folio-Seiten belegbar ist. Selbst unter Berücksichtigung verschiedener Arbeitsprozesse und der Annahme, die Zeichnungen seien vor der Verzierung der Handschrift mit Initialen oder Rubrizierungen entstanden, spricht die Diskrepanz zwischen den Wappenabbildungen (bis fol.223ra) und den Wappenlegenden von der Hand des Rubrikators (bis fol.92ra) für sich. Da sich überhaupt für die Legenden des Rubrikators nicht selten nur wenig Raum findet und der Text gedrängt zwischen die Würdezeichen gesetzt wurde (vgl. z.B. fol.31rb, 41^{ra}f oder 51rb), zeigt sich, dass der Wappenzeichner ursprünglich keine textlichen Erläuterungen vorgesehen hatte. Sollten die Wappen also vom Rubrikator stammen, ließe sich nicht erklären, weshalb er nicht schon während des Zeichnens die Legenden berücksichtigte. Gleichzeitig ist in diesem Zusammenhang auf die Spalte fol.151vb zu verweisen. Entgegen der sonstigen Verfahrensweise liegt hier ein eindeutiges Ineinandergreifen von Text und Abbildung vor. Die Worte „Als das hernach an dem an | dern plat clarlich | ge / schriben | stat / wie er | em / phangen | [Wappen] | und mit grossen eren vnd | wirdikait jn gefürt ward", die von dem Hauptschreiber im Nachhinein mit Bezugnahme auf einen späteren Bericht eingesetzt werden, sind um das Wappen herum (vgl. v.a. die Trennung der Textteile durch die bischöflichen Würdezeichen) gestaltet. Sie gelangen folglich erst nach dieser Illustration in den Codex, der sich zu diesem Zeitpunkt aber noch in der Hand des ersten Schreibers befindet. Die Tatsache, dass im Text der Haupthand selbst (anders als etwa in dem von Albrecht) keine Anweisungen an den Wappenzeichner in der Art „vnd der dryer | wappen stât hernach" (SG, fol.223vb) zu finden sind, bestätigen die Annahme zusätzlich. Ein Blick in Stgt hält der Vermutung, unsere Haupthand habe sich gleichzeitig als Wappenzeichner betätigt, ebenfalls stand. Die Wappen in den Bereichen der anderen Hände befinden sich dort meist außerhalb des Schriftraumes und wurden sicherlich erst in einem zweiten Schritt in die Konzeption integriert (vgl. z.B. Abb.15 und 16). Anders sieht es hingegen auf den Folio-Seiten 122|131ra bis 146|155ra, dem Text unseres Schreibers aus, der, mit dem Aufbau des Codex Sangallensis 646 vergleichbar, überhaupt sehr viel großzügiger gestaltet ist. Innerhalb dieses Chronikteils wurden die Wappen, deren Stil stark an die „Konstanzer Chronik" erinnert, vom Schreiber offenbar eingeplant; sie befinden sich im Bereich des Schriftspiegels, haben ausreichend Raum und wirken keineswegs nachträglich eingeschoben (vgl. z.B. Abb.17). Auch wenn es durchaus naheliegend ist, dass die wenigen bildlichen Darstellungen ebenfalls auf diesen Wappenzeichner und nicht etwa auf den Rubrikator zurückgehen – die verwendeten Farben stimmen etwa mit denen der Wappen weitgehend überein –, kann dies nicht zwingend bewiesen werden. Anders als Richental, aus dessen Bemerkungen wir erfahren, dass bei der Erstellung seiner Chronik zunächst ein größerer Textabschnitt geschrieben und dieser dann vor der Niederschrift des nächsten Abschnitts von einem beauftragten Zeichner illustriert wurde[620], äußert sich weder Dacher noch sonst jemand in der „Konstanzer Chronik" zu dieser Fragestellung.

Über die Zuordnung von Haupthand und Hand des Rubrikators zu namentlich bekannten Personen wurden in der Forschung mehrfach Vermutungen angestellt; immer wieder fiel im Zusammenhang mit beiden Händen der Name Gebhart Dacher. Da sich jedoch weder der Schreiber des Haupttextes noch der Rubrikator oder der mit dem Erstgenannten vermutlich identische Zeichner an exponierter Stelle, etwa zu Beginn oder am Ende der Chronik, selbst nennen, kann man sich einer Lösung dieser Frage lediglich über einen Schriftvergleich mit identifizierten Händen oder

---

[620] Vgl. M. Holzmann, Konzilschronik, S.77 im Hinblick auf das Zitat aus der Hs. A: „Nun laß ich das ligen, biß gemaulot wirt, als dann hienach bezaichnet ist" (M.R. Buck (Hg.), Ulrich von Richental, S.121).

mit Hilfe indirekter Anhaltspunkte annähern. Philipp Ruppert, der dieses Problem als solches nicht wahrnahm, setzte in seiner Edition, ohne dies näher zu begründen, die Haupthand mit der des „Autors" gleich: „Die in der St. Galler Stiftbibliothek (Cod. 646) aufbewahrte Handschrift stammt mit wenigen Ausnahmen oder Nachträgen von der Hand Dachers."[621] Gleichzeitig erinnert sie ihn „lebhaft an die erste Hand der Chronik im Cod. A"[622], das heißt im sogenannten „Chronicon Constantiense", die er fünf Seiten zuvor der Zeit von 1390 bis 1420 zuordnet[623]. Auch die Handschriftenbeschreibungen von Beat Matthias von Scarpatetti sprechen respektive sprachen von der „Haupthand Dachers"[624] beziehungsweise dem „Haupttext, welcher von der Hand Gebhart Tachers stammt"[625]. Anlass für diese Vermutung bietet mit großer Wahrscheinlichkeit vor allem die Verwirrung stiftende, bereits zitierte Nennung von Gebhart Dacher in der ersten Person Singular im Zusammenhang mit der Wanderung auf dem zugefrorenen Bodensee auf fol.211ra. Auf den ersten Blick könnte man nämlich annehmen, die Worte „Vnd bin ich Geb= | hart dacher von dingel= | storff gen überlingen vff | dem yns vnd see gega(n)gen" beziehen sich auf eine Person, die sowohl als Verfasser des Textes als auch als Schreiber fungiert. Berücksichtigt man aber die Gewohnheiten mittelalterlicher Schreiber, müssen gegen eine solche Vorstellung Einwände erhoben werden. Die Überlieferung zahlreicher Werke belegt ausdrücklich, dass die von den Verfassern oder sonstigen Auftraggebern mit dem Abschreiben einer Chronik betrauten Personen ihren Vorlagen immer beinahe sklavisch folgen und selbst eindeutige, leicht zu behebende Fehler beibehalten oder Ich-Erzählungen wörtlich übernehmen. Die Konstanzer Historiographie selbst liefert hier das eine oder andere vielsagende Beispiel. Ohne an dieser Stelle ausführlich darauf einzugehen, sei nur an die Erwähnung von Johannes Stetter in der „Cronica der Statt Costanntz" von Christoff von Schwartzach aus den Jahr 1585 (zu 1290: „Aber ich Hans Stetter | gelob das dazemal, nit dir brünnen schäli vmb den | brünnen war, als sÿ ietz ist."[626] / zu 1391: „vnd Jch Hanns Stetterr | wartt seckler das selb Jarr."[627]) oder an die Abschrift unserer Chronik durch Jacob Reutlinger erinnert, der die Nachricht zu 1465 ebenfalls wörtlich zitiert (vgl. Kapitel 4.4). Theodor Ludwig weist denn auch die unbegründete Behauptung Rupperts, Dacher habe den Codex Sangallensis selbst niedergeschrieben, mit Blick auf die Einrichtung der Chronik zurück: „Aus unserer Beschreibung erhellt [sic!], dass die Handschrift nicht, wie Ruppert meint, Autograph sein kann. Das fast absolute Fehlen aller Korrekturen ist ein entscheidender Beweis dagegen. Vielmehr ist es eine überaus sorgfältige Reinschrift irgendeines Schreibers."[628] Bedenkt man die Möglichkeit, dass der „Autor" eines chronistischen Werkes dieses nach der ersten, sicherlich häufig korrigierten Niederschrift auch persönlich ins Reine schreibt und folglich das Autograph eine Gestalt wie die der uns vorliegenden Handschrift annehmen kann, kommt die Argumentation Ludwigs ins Wanken. Trotzdem gebührt ihm die Ehre, die Problematik der Hände erkannt und vorschnelle, unbewiesene Schlussfolgerungen vermieden zu haben. Seine Überlegungen zur Hand des Rubrikators belegen dies noch. Wiederum wird zunächst kein Name genannt. Über einen Schriftvergleich mit den Händen im Stuttgarter Codex gelangt Ludwig aber zu einer zeitlichen Einordnung dieser Hand. Die Zusätze werden von ihm korrekterweise der Phase

---

[621] P. Ruppert, Chroniken, S.XXIV.
[622] Ebd., S.XXV.
[623] Vgl. ebd., S.XX.
[624] B.M. v. Scarpatetti, Neu-Beschreibung (Erstfassung; inzwischen aufgrund v. Hinweisen meinerseits korr.), S.343.
[625] ders., Katalog, S.52. Vgl. auch ebd., S.98 die weitere Verwirrung stiftenden Abb. der Haupthand mit der Erläuterung „2. Hand" und des Rubrikators mit dem Hinweis „Gebhartt Tacher".
[626] StAK, A I 2, fol.3^r.
[627] Ebd., fol.17^r.
[628] T. Ludwig, Konstanzer Geschichtsschreibung, S.27.

zugewiesen, in der die Handschrift noch im Besitz Dachers ist. Folglich geschahen sie seiner Meinung nach in dessen Auftrag[629]. In einer Fußnote äußert Ludwig dann die Vermutung, „Dacher selbst möchte diese Zusätze gemacht, überhaupt die Absicht gehabt haben, dem ganzen die Vollendung zu geben, ohne aber seinen Vorsatz mehr völlig zur Ausführung bringen zu können.“[630] Auch Eugen Hillenbrand kommt in der einzigen Untersuchung zur spätmittelalterlichen Historiographie von Konstanz neueren Datums zum Schluss, dass uns in der Hand des Rubrikators die Gebhart Dachers begegnet[631]. Seine Argumentationsweise unterscheidet sich jedoch von der Theodor Ludwigs, insofern er nicht mehr allein die Handschriften der „Konstanzer Chronik“ als Belege heranzieht, sondern mit einer breiteren Quellenbasis arbeitet und der Überlieferung der Richental-Chronik Aufmerksamkeit schenkt. Analysiert man nämlich die Hände der Handschriften, die der „Schreibstube“ des Konstanzer „husherren“ zugeordnet werden, lassen sich – wie bereits dargestellt – auffällige Übereinstimmungen konstatieren. Die Haupthand unseres Codex Sangallensis 646 ist mit der der St. Georger Richental-Handschrift identisch und findet sich auch im Stuttgarter Codex HB V 22. Der Rubrikator wiederum arbeitet nicht nur an eben dieser Handschrift Stgt, sondern auch sowohl an G (vgl. Abb.20 und 21) als auch an Pr.[632] Das letztgenannte Manuskript ist ja sogar vollständig von dieser Hand geschrieben. Der Besitzervermerk auf fol.4^V mit dem Hinweis auf die „Erneuerung“ des Werkes von Richental lässt, „da der Text in der Ich-Form abgefaßt ist“, wie schon einmal problematisiert, nach Hillenbrand nur den Schluss zu, dass „ernuwert“ hier mit „neu geschrieben“ und nicht etwa mit „neu bearbeitet“ übersetzt werden muss[633]. Folglich ist für ihn hinreichend bewiesen, dass es sich bei dieser Hand um diejenige Dachers selbst handelt. Tatsächlich ist meiner Meinung nach die „Beweisführung“ hin zu dieser Schlussfolgerung nicht ausreichend stichhaltig. Versteht doch beispielsweise Wilhelm Matthiessen den Hinweis Dachers gerade in der von Hillenbrand abgelehnten Art und Weise (vgl. Kapitel A.3.1.2)[634]. Gleichzeitig ist nicht auszuschließen, dass die Notiz zum Besitzer und „Erneuerer“ wie eben auch der Text selbst von einem Schreiber stammt, der lediglich von Erstgenanntem zur Abschrift autorisiert wurde. Eine Vorstellung, wie sie etwa Ludwig bei der Frage nach der Existenz des Autographen noch vertreten hat. Ähnlich wie Hillenbrand hat sich, auf die Richental-Handschriften beschränkt, bereits 1894 Rudolf Kautzsch zur Verfasser-/Schreiberfrage geäußert. Während er im Zusammenhang mit Pr zunächst lediglich zwei nicht näher definierte Hände unterscheidet[635], spricht er bei der Beschreibung von G plötzlich davon, dass „die Rubri-

[629] Vgl. ebd., S.28f.

[630] Ebd., S.29.

[631] Vgl. E. Hillenbrand, Geschichtsschreibung, S.9: „(...) findet sich bei den Rubrizierungen und einigen Nachträgen die typische Schrift Dachers“.

[632] Vgl. G. Wacker, Richentals Chronik, Abbildungsteil, Abb. 47.

[633] Vgl. E. Hillenbrand, Geschichtsschreibung, S.9.

[634] Vgl. W. Matthiessen, Richentals Chronik, S.111. Matthiessen schließt sich aber, was die Identifikation der Hand Dachers betrifft, ohne dies näher zu problematisieren, Hillenbrand an und meint lapidar nach dem Hinweis auf die Erneuerung in Pr: „Auch in der Handschrift G taucht die Schrift von Gebhard Dacher auf, allerdings nur bei den Rubrizierungen“ (S.111). Vgl. ähnlich und im Hinblick auf die Stuttgarter Hs. bei der zuvor vorgenommenen Beurteilung der Hände sogar falsch auf S.400: „An Pr, G und St hat Dacher selbst gearbeitet, wenn auch G und St nicht von ihm geschrieben worden sind“.

[635] Anders als etwa Hillenbrand ist Kautzsch also nicht v. der Identität der Hand des Rubrikators mit der Haupthand überzeugt. Ein Blick in die Ausführungen Lilli Fischels erklärt diesen nach heutiger Meinung eindeutigen Fehler v. Kautzsch. Tatsächlich stimmen die Schriftzüge nämlich überein. „Zweifel können nur dadurch entstehen, daß die rote Farbe, die er bei jenen [Rubrizierungen] verwendet, die Züge manchmal schwerer erscheinen läßt, als da, wo er mit Tinte schreibt“ (L. Fischel, Bilderfolge, S.44).

kationen (...) in den Schriftzügen mit den sicheren Eintragungen[636] jenes Konstanzer Chronisten"[637] übereinstimmen. In seiner Beschreibung von Stgt ist dann zu lesen: „Ob er [der Codex] übrigens von Gebhard Dacher (...) ganz geschrieben wurde, oder nur, wie sicher die Hs. G., wahrscheinlich auch die Hs. Pr., von ihm rubriziert ist, kann ich nicht sicher sagen."[638] Später äußert sich Kautzsch noch einmal in teils missverständlicher Weise, wenn er einerseits betont, dass er Dacher zumindest in G „und ähnlich (...) in der Prager und Stuttgarter Hs." nicht für den Schreiber des Textes hält, andererseits aber einige Sätze weiter sagt: „Zudem war die Hs. Pr. zweifellos in Dachers Besitz, nicht nur von ihm geschrieben." Die Verwirrung steigert sich noch, wenn Kautzsch gleichzeitig die Vorstellungen Rupperts zur persönlichen Niederschrift von SG referiert, ohne diese weiter zu beurteilen.

Durch diese Ausführungen dürften die Schwierigkeiten der Identifikation der Hände des Codex Sangallensis 646 deutlich geworden sein. Selbstverständlich fällt auf, dass in der Gruppe der Handschriften, die charakteristische Übereinstimmungen (z.B. Papier, Illustrationen) aufweisen und mit dem Namen Gebhart Dachers verbunden werden können, gerade die Hand unseres Rubrikators mit der recht geläufigen Kursivschrift eine zentrale Stellung einnimmt. Alleine die beiden Blätter aus dem „Defensorium virginitatis mariae", die – Ähnlichkeiten im Illustrationsstil sprechen dafür – ebenfalls in der „Schreibstube" unseren Konstanzer Bürgers entstanden sein dürften, zeigen diese Schriftzüge des Rubrikators von SG nicht[639]. Letztlich liegt es mit Blick auf diesen Befund nahe, in dieser Hand tatsächlich Dacher zu erkennen. Beachtet man darüber hinaus Details des Codex Sangallensis 646, lassen sich weitere Argumente für diese Annahme finden. Insbesondere die Unvollständigkeit der durchgeführten Rubrizierungen und Unterstreichungen, der Einsatz verschiedener roter Farben zur Auszeichnung sowie Differenzen in den Verzierungen und damit die Möglichkeit der Existenz verschiedener Rubrikatoren, das Abbrechen der zu Beginn der Handschrift konsequent eingesetzten Überschriften zur leichteren Datierung mit fol.95, die fehlenden Wappenlegenden ab fol.93, die letzte Marginalie von dieser Hand auf fol.66rb (vgl. Kapitel A.4.1.2) sprechen dafür, dass der (erste) Rubrikator seine Arbeit nicht vollendet hat. Anders als beispielsweise die Handschriften Stgt und Pr wurde SG vom Rubrikator auch nicht foliiert und etwa (wie Stgt, vgl. Abb.14) mit einem Inhaltsverzeichnis versehen. Bedenkt man die zuvor an den Tag gelegte Sorgfalt und die hohen Kosten einer solchen Handschrift, kommen hierfür möglicherweise zwingende Gründe wie Krankheit oder Tod in Frage. Hätte es sich nun aber lediglich um einen von Dacher beschäftigten Rubrikator gehandelt, wäre die Vollendung dieser Reinschrift durch eine andere Person naheliegend. Für Dacher als ersten Rubrikator spricht auch die Tatsache, dass die Textergänzungen von dieser Hand nur (sieht man einmal von dem singulären Auszug aus dem „Trojabuch" ab) auf den ersten 79 von 225 Folio-Seiten stehen und die Zeit bis 1388 betreffen. Sie beziehen sich daher auf einen von der Niederschrift relativ weit entfernten, quellenmäßig schwer fassbaren Zeitraum. Sofort stellt sich die Frage, warum ein Schreiber dem Werk Nachrichten hinzufügt, die er auf eher komplizierten Wegen zu eruieren hat, gleichzeitig aber nichts zu den Jahren beiträgt, über die Informationen sehr viel leichter zugänglich wären. Beachtet man dabei, dass der Text wie beschrieben Lücken und zahlreiche leere Seiten für Ergänzungen aufweist, auf eine Fortsetzung hin angelegt ist und als nicht abgeschlossen

[636] Hiermit dürfte wohl der Besitzervermerk, den er der Hand Dachers später eindeutig zuschreibt, gemeint sein (vgl. R. Kautzsch, Handschriften, S.479).

[637] Ebd., S.450.

[638] Ebd., S.450.

[639] Vgl. die Beschreibung und Abb. der Blätter des Berliner Kupferstichkabinetts, Min.Nr.2126 und 2127 bei E. Moser (Hg.), Buchmalerei, Katalog KO 53, S.298.

betrachtet werden muss, fallen die „fehlenden Nachträge" noch deutlicher ins Auge. Die Seiten 190 bis 197, 200^r, 203^v und 204^v, die seiten- oder spaltenweise Raum für weitere (eventuell vom „Autor" mittels zusätzlicher Quellen noch zu recherchierende) Angaben zu den genannten Jahren 1449 bis 1456, 1459 und 1461 bieten[640], aber auch viele der vollständig leeren Blätter scheinen beinahe zu beweisen, dass der frühe Tod des „husherren" oder aber eine bewusste Entscheidung des „Autors" für den Abbruch der Arbeiten an diesem Codex die Vollendung der Chronik verhindert hat. Vieles spricht also dafür, dass die Hand des Rubrikators die Gebhart Dachers ist. Da hierfür jedoch kein unumstößlicher Beleg existiert, wird im Kapitel B.2 nicht von der Hand Dachers, sondern neutral von der des Rubrikators gesprochen.

Führt man die angestellten Überlegungen fort, lassen sich – ohne dass man ganz auf Spekulationen verzichten könnte – weitergehende Aussagen über den Anteil Gebhart Dachers an der Entstehung des Codex Sangallensis 646 sowie über die oben bereits angesprochene Genese dieser Konstanzer Handschrift allgemein formulieren. Ähnlich wie in Stgt ist auch in SG die eigentliche Schreib- und Zeichentätigkeit von der endgültigen Ausstattung und damit von der Vollendung der Handschrift getrennt. Während die Niederschrift durch verschiedene Personen erfolgen kann beziehungsweise erfolgt, liegt die äußere Gestaltung immer in der Hand des Rubrikators und damit mit großer Wahrscheinlichkeit in der von Gebhart Dacher selbst. Da die Schreiber teils unter Zeitdruck Vorlagen auf eher mechanische Art und Weise kopieren, dieser Vorgang in der Stuttgarter Handschrift sogar parallel abläuft, ist damit zu rechnen, dass wir es hier mit Personen zu tun haben, die auf Anweisung hin agieren. An einer Stelle in SG und sehr viel häufiger im Fragment zur Konstanzer Geschichte in Stgt zeigt sich, dass diese „Mitarbeiter" anders als der Rubrikator Schwierigkeiten mit den Vorlagen haben. Meiner Ansicht nach liegt es folglich auf der Hand, dass sowohl ein Großteil der Vorstudien und Stoffsammlungen, der Abschriften aus Quellen und der direkten Vorlagen der Schreiber als auch konzeptionelle Arbeiten, wie die grobe Gliederung, die Anlage der Texte mit Leerräumen und Ähnliches, das heißt gewissermaßen die gesamte Einrichtung auf einen Hauptverantwortlichen zurückgehen. Dieser nimmt sich die Texte nach der ersten schriftlichen Fertigstellung dann noch einmal vor, leistet Korrekturarbeiten, erleichtert die Orientierung durch Rubriken oder die Hervorhebung einzelner Textteile mittels Unterstreichungen oder Rubrizierungen, ergänzt die Nachrichten nach weiteren Quellenstudien und bringt die Arbeit, sofern es ihm möglich ist oder sinnvoll erscheint, durch ein alphabetisches Register und die Foliierung zu Ende. Wenn man Gebhart Dacher also auch nicht als „Autor" der Werke in unserem Sinne bezeichnen kann, dürfte er doch als Initiator, eigentliche Schlüsselfigur und Träger der Hauptverantwortung der Werke seiner „Schreibstube" gelten.

Der Codex Sangallensis 646 ist nachweislich bis zu dessen Tod im Besitz Gebhart Dachers selbst. Dieser Umstand könnte nun wie etwa auch der Besitzervermerk dieses Konstanzers im Prager Richental-Text dazu verleiten, die Vermutung anzustellen, dass die Handschriften allein für den „Hausgebrauch" des „Autors" geschrieben wurden[641] und etwa zur Wissensbewahrung und -vermittlung innerhalb der eigenen Nachkommenschaft oder Verwandtschaft genutzt werden

---

[640] Vgl. bspw. auch fol.57vb, die eine Lücke für einen späteren Nachtrag im Zusammenhang mit der Identifizierung des Bürgermeisters aufweist.

[641] R. Kautzsch spricht, wie in Kapitel A.3.1.2 schon kurz erwähnt, bei Pr bspw. v. seinem „Handexemplar" (R. Kautzsch, Handschriften, S.479) und glaubt „Gebhard Dacher habe für sich, und sei es auch auf Wunsch für andere, die Chronik Richentals abgeschrieben, bearbeitet (...)" (ebd., S.480). Im Allgemeinen Künstlerlexikon ist im Zusammenhang mit der Ablehnung der Existenz einer Dacher'schen Schreibstube auf S.342 noch deutlicher zu lesen: „Vermutlich schrieb er nur für sich selbst". Vgl. hingegen zu einem Autographen, das eindeutig als Handexemplar nachweisbar ist und in dem „von der Reinschrift bis zur flüchtigen Notiz verschiedene Phasen der schriftlichen Fixierung vertreten sind" (S.57), W. Schneider-Lastin, Handexemplar.

sollte. Auch wenn dies aufgrund der fehlenden Hinweise zu Auftraggeber, Zielgruppe oder Intention, wie wir sie im Vorwort zu anderen historiographischen Werken häufig finden, nicht mit hundertprozentiger Sicherheit ausgeschlossen werden kann, sind Argumente gegen diese Annahme zu finden. So enthalten beinahe alle Handschriften, die mit Dacher in Verbindung gebracht werden, eindeutige Hinweise darauf, dass sie durch seine Hände gegangen sind. Zu denken ist beispielsweise an die bereits erläuterten Abbildungen seiner Familienwappen in mehreren Handschriften und nach deren Vorlage auch in Drucken (vgl. Abb.1 und 2). Nun ist es kaum wahrscheinlich und die Steuerbefreiung bietet – sofern sie auf seine historiographischen Tätigkeiten zurückgeht – sogar den Gegenbeweis, dass Dacher alle diese Codices und damit mehrere Versionen der Richental-Chronik mit verschiedenen Schwerpunkten und inhaltlichen Verschiebungen für seine eigene Bibliothek geschaffen hat oder schaffen ließ. Des Weiteren ist die Übergabe an Auftraggeber/Mäzene beziehungsweise der Verkauf an zahlungskräftige Interessenten vor dem Jahr 1471/72 schon aufgrund des fragmentarischen Charakters dieser Handschrift SG kaum möglich. Auch die repräsentative, teure Gestaltung der „Konstanzer Chronik" in nahezu fehlerloser Reinschrift mit Illustrationen und zahlreichen farbigen Wappen kann nur schwerlich mit der Vorstellung in Einklang gebracht werden, der Konstanzer „husherre" habe diese Chronik allein für eigene Studien oder sein Prestige in Auftrag gegeben respektive selbst rubriziert und gestaltet. Da jedoch verschiedene Anhaltspunkte dafür sprechen, dass zumindest eine andere, zuverlässigere und teils ausführlichere Redaktion großer Teile dieser „Konstanzer Chronik" im 16. Jahrhundert im Umlauf war (vgl. v.a. Kapitel A.4.4), könnte es sich bei dem Codex Sangallensis 646 auch um ein Exemplar der „Schreibstube" handeln, das potentiellen Auftraggebern als eine Art Musterhandschrift vorgelegt wurde. Die unvollständige Ausstattung ließe sich dann eventuell mit einem bewussten Abbruch der Arbeit (z.B. nach Beauftragung mit der Herstellung einer vergleichbaren Chronik durch einen Käufer mit individuellen Interessen) verbinden. Entsprechend könnte SG doch als persönliches Arbeitsexemplar Dachers, das für weitere Ergänzungen und konzeptionelle Verbesserungen vorgesehen war, betrachtet werden. Das weitere Schicksal des Codex Sangallensis 646 deutet nun aber ebenfalls darauf hin, dass Dacher sich der Geschichte seiner Heimatstadt möglicherweise – ähnlich wie dies für die Richental-Chroniken nachweisbar ist – für den Rat oder zumindest für einzelne führende Mitglieder der Stadt gewidmet hat. Bereits kurz nach seinem Ableben übereignet 1472, wie bereits angesprochen, Dachers Witwe Ursula – mit großer Wahrscheinlichkeit wenn nicht im Auftrag, so wohl doch im Einklang mit ihrem Mann – die Handschrift Konrad Albrecht. Wenn es sich hierbei auch nicht um eine offizielle Übergabe an die Stadt und deren höchste Instanz gehandelt hat, so kann doch auch nicht von einem Verkauf oder einem Geschenk an eine Privatperson gesprochen werden. Vielmehr muss angesichts der auf eine Ergänzung und Fortsetzung hin angelegten Gestalt der Chronikhandschrift von einer Handlungsweise mit eher „politischem" Hintergrund ausgegangen werden. Wie von Dacher oder seiner Frau vermutlich beabsichtigt und vorausgesehen, liest Albrecht die „Konstanzer Chronik" dann ja auch nicht nur, sondern ergänzt hier und da die an anderer Stelle erläuterten Textelemente. Gleichzeitig nutzt er die zahlreichen leeren Blätter am Ende zu einer Fortsetzung, die jedoch teils persönlichen Aufzeichnungen gleichkommt und die Erwartungen, die durch die Übergabe möglicherweise an ihn gestellt wurden, nicht erfüllt haben dürfte.

Ein schwer lesbarer Besitzervermerk von der Hand des Georg/Jörg Vögeli[642] am Ende des Textes gibt Aufschluss über das weitere Schicksal der Handschrift. Auf fol.225vb ist zu lesen: „Disz buch ist von | Jacob(e)n funckelis [?] erb(e)n | xxx mir jerge(n) vogelin | kaufswysz[643] zukum(m)en." Der Codex befindet sich also zunächst im Besitz von Jacob Funkeli[644]. Dieser Konstanzer Bürger, mit großer Wahrscheinlichkeit der Vater des gleichnamigen Geistlichen und Dramatikers (1522-1566)[645], ist ebenso wie Konrad Albrecht Stadtschreiber. Er hat dieses Amt in der Zeit von 1503/1505 bis 1524, zeitweise zusammen mit Jörg Vögeli, inne[646]. Seine Amtszeit wird von Konrad Beyerle als „Tiefpunkt des städtischen Kanzleiwesens"[647] beurteilt; ähnlich lautet das Urteil in einer Geschichte zur Stadt Konstanz, in der in einem Abschnitt zu Vögeli von dem „unter seinem unfähigen Vorgänger Jakob Funckeli in Unordnung geratenen (...) Kanzleiwesen"[648] gesprochen wird. Anders als dies bei Konrad Albrecht, dessen Nachfolger Thomas Greif oder später bei Jörg Vögeli der Fall ist, findet man von seiner Hand keinerlei Einträge im sogenannten Roten Buch[649], wie überhaupt erst unter dem Einfluss des Letztgenannten die städtische Gesetzgebung wieder in das Zentrum des Interesses rückt[650]. Von Funkeli wissen wir darüber hinaus nur, dass er gemeinsam mit Bürgermeister Bartholomäus Blarer in der zweiten Hälfte des Pestjahres 1519 die Stadt verlässt, woraufhin Vögeli vom Rat in das Haus seiner Mutter verbannt wird[651]. Dies geschieht vermutlich, um zu verhindern, dass nicht noch ein Stadtschreiber aus Konstanz flieht, sich seiner Aufgaben entzieht und dadurch die städtische Kanzlei gänzlich zusammenbricht. Funkelis Tod ist mit großer Wahrscheinlichkeit 1524 anzusetzen. Es ist anzunehmen, dass dieser Stadtschreiber den Codex Sangallensis 646 entweder direkt aus der Hand beziehungsweise aus dem Nachlass von Konrad Albrecht oder aber über einen/mehrere seiner Vorgänger (Thomas Greif, Hans Pleninger, Heinrich Büscher)[652] in der städtischen Kanzlei erhalten hat. Ohne dass Funkeli dem Vorbild von Albrecht folgt und die Geschichte seiner Heimatstadt ergänzt oder fortführt, wird die „Konstanzer Chronik" nach seinem Tod an den jetzigen Leiter der städtischen Kanzlei Vögeli übergeben. Wie vom neuen Besitzer vermerkt, verkaufen die Erben vermutlich noch im Todesjahr von Funkeli oder zumindest kurz danach die Handschrift

---

[642] Vgl. zum Schriftvergleich den Vermerk auf fol.225vb mit den Abb. aus Autographen v. Vögeli bei J. Vögeli, Schriften zur Reformation, hier 1. Halbbd., nach S.48.

[643] Im Katalog der deutschsprachigen illustrierten Handschriften, S.214 wird die eher unwahrscheinliche Lesart „vegelin haußwyb" präsentiert.

[644] Vgl. zu ihm die wenigen Informationen bei K. Beyerle, Die Entwicklung des Konstanzer Stadtrechts, in: O. Feger (Hg.), Das Rote Buch, S.1-28, hier S.19f.

[645] Vgl. zu diesem HBLdS, Bd.3, S.361 sowie das DBA I, MF 362, Nr.228 bzw. DBA NF, MF 420, Nr.136.

[646] Anfang und Ende der Amtszeit v. Funkeli ist unklar. Laut Ratsbuch wird er am 6. Mai 1503 „von aim raut zu stattschreiber angenommen" (Ratsbuch 1503, Bl. 328a, zitiert nach J. Vögeli, Schriften zur Reformation, hier 1. Halbbd., S.44, Anm.88). K. Beyerle, Entwicklung, S.19 und G. Burger, Stadtschreiber, S.293 verlegen den Amtsantritt in das Jahr 1505. In der Phase zwischen 1517/18 und 1524 agiert er gemeinsam mit Vögeli als Stadtschreiber (vgl. O. Feger (Hg.), Statutensammlung, S.22*, Anm.1; K. Beyerle, Entwicklung, S.20). Diese Tatsache führt in der Literatur wiederum zu Ungenauigkeiten und Missverständnissen. G. Burger, Stadtschreiber, S.293, Anm.614 geht mit Blick auf die Forschungen v. K. Beyerle davon aus, dass das Ende der Amtszeit v. Funkeli im Jahr 1518 anzusetzen ist. In der Edition v. A. Vögeli ist auf S.45 hingegen zu lesen, Funkeli sei 1524 verstorben, woraufhin Vögeli zum Stadtschreiber erwählt wurde. Bei K. Beyerle, Entwicklung, S.23f ist andererseits (ohne nähere Quellen- oder Jahresangaben) zu lesen: „Der alternde, unfähige Funkeli mußte schließlich abgesetzt werden." Eine Bemerkung, die wiederum dazu verleitet, anzunehmen, Funkeli könnte noch über das Jahr 1524 hinaus gelebt haben.

[647] K. Beyerle, Entwicklung, S.20 und ihm folgend J. Vögeli, Schriften zur Reformation, hier 1. Halbbd., S.44 und G. Burger, Stadtschreiber, S.293, Anm.614.

[648] M. Burkhart/W. Dobras/W. Zimmermann, Konstanz in der frühen Neuzeit, S.49.

[649] Vgl. O. Feger (Hg.), Das Rote Buch, Einleitung, S.40f.

[650] Vgl. K. Beyerle, Entwicklung, S.24f.

[651] Vgl. J. Vögeli, Schriften zur Reformation, S.44.

[652] Vgl. zu ihnen in aller Kürze G. Burger, Stadtschreiber, S.293.

an Jörg Vögeli[653]. Dieser wird als Sohn von Nikolaus Vögeli, Notar an der bischöflichen Kurie[654], um 1480/85 geboren. Nach dem Besuch der Domschule, einer (urkundlich nicht gesicherten) Schreiberlehre in der Konstanzer Kanzlei, dem Studium in Erfurt und einer kurzen Beschäftigung als Substitut eines Notars der bischöflichen Kurie[655], ist er sicher im September 1503 in der Stadtkanzlei nachweisbar. Dort fungiert er zwischen 1504 und 1517 als Unterschreiber, ist von 1513 bis 1522 (ausgenommen 1517, 1520/21) Steuerschreiber, hat von 1517/18 bis 1524 zusammen mit Funkeli und von 1524 bis 1548 alleine das Stadtschreiberamt und damit die Leitung dieser Institution inne. Vögeli setzt sich bereits früh mit der Reformation auseinander, gehört schon bald zur streng reformierten Gruppierung innerhalb von Konstanz, ja kann dort sogar als „eine der treibenden Kräfte für den neuen Glauben"[656] angesehen werden. Folglich flieht er vor dem Einmarsch der österreichischen Truppen am 14. Oktober 1548 aus Konstanz und stirbt im Exil in Zürich 1562. Neben zahlreichen amtlichen Texten (vgl. z.B. die umfangreiche Statutensammlung[657], zwischen 1525 und 1548 niedergeschrieben) gehen auf diesen Stadtschreiber verschiedene theologisch-reformatorische und historische Schriften[658], darunter die umfangreichste historiographische Darstellung der Reformation in Konstanz zwischen den Jahren 1519 und 1531/36 zurück. Immer wieder beschäftigt er sich hierbei auch mit der weiter entfernten Vergangenheit seiner Heimatstadt. 1529 entsteht beispielsweise der seine reformatorische Gesinnung zeigende Dialog „Ob Costantz vom bistumb harkummen syg"[659]. Ohne den Dacher'schen Vorstellungen sklavisch zu folgen, sprechen die eine oder andere Äußerung in dieser Schrift ebenso wie in dem Text „Ursprung der Stat Costantz"[660] für die Kenntnis der Gründungs- und Entstehungsgeschichte unserer „Konstanzer Chronik". Während seiner Züricher Zeit verfasst Vögeli schließlich den berühmten „Konstanzer Sturm". Die Tatsache, dass dieser Stadtschreiber zeitweise als Besitzer des Codex Sangallensis 646 zutage tritt, kann kaum als zufälliger Umstand angesehen werden. Selbstverständlich ist heute nicht mehr zu klären, ob sein Interesse an der Geschichte im Allgemeinen und an der von Konstanz im Besonderen nicht nur durch seine Erziehung, die Ereignisse rund um die Reformation oder durch seine Tätigkeiten in der Kanzlei, sondern auch durch die Lektüre der Chronik Dachers geweckt und in entsprechende Bahnen gelenkt wurde. Obwohl ein Großteil des auf Vögeli zurückgehenden Textcorpus einen anderen Schwerpunkt aufweist, sich vor allem programmatisch für den neuen Glauben einsetzt und etwa in Stil und Form oft nicht einmal ansatzweise mit der Dacher'schen Chronik vergleichbar ist, muss davon ausgegangen werden, dass dieses historiographische Werk einen nicht mehr näher zu bestimmenden Einfluss auf Jörg Vögeli und sein historiographisches Werk ausgeübt hat.

---

[653] Vgl. zu den folgenden Angaben über Biographie und Werk T. Ludwig, Konstanzer Geschichtsschreibung, S.68; K. Beyerle, Entwicklung, S.20-25; O. Feger (Hg.), Statutensammlung, S.22*f; J. Vögeli, Schriften zur Reformation, S.39-53; E. Hillenbrand, Geschichtsschreibung, S.13 und ders., Geschichtsschreibung des Bistums, S.221; M. Burkhardt/W. Dobras/W. Zimmermann, Konstanz in der frühen Neuzeit, S.49ff, 161f; W. Zimmermann, Aufruhr, S.317ff; P.-J. Schuler, Notare, Nr.1420, S.485ff.

[654] Vgl. P.-J. Schuler, Notare, Nr.1422, S.487f.

[655] Vögeli kritisiert 1503 diesen Notar in aller Öffentlichkeit scharf, ohne dass wir aus den Quellen die Gründe (eventuell ein Exkommunikationsurteil des bischöflichen Konsistoriums) hierfür erfahren. Eine eintägige Einkerkerung Vögelis im Schloss Gottlieben spricht aber dafür, dass sich auch der Bischof selbst v. dieser Kritik betroffen fühlte. Der Wechsel v. den bischöflichen in die städtischen Dienste dürfte die Folge dieser Auseinandersetzung gewesen sein (vgl. M. Burkhart/W. Dobras/W. Zimmermann, Konstanz in der frühen Neuzeit, S.49).

[656] P.-J. Schuler, Notare, S.485.

[657] Vgl. O. Feger (Hg.), Statutensammlung.

[658] Vgl. J. Vögeli, Schriften zur Reformation.

[659] Vgl. ebd., S.542-547.

[660] Vgl. GLA Karlsruhe 65/305 und 65/312 (vgl. M. Klein, Handschriften 65/1-1200, S.121f und 125) und dazu die teils zu korrigierenden Angaben bei T. Ludwig, Konstanzer Geschichtsschreibung, S.65ff.

Welchen Weg die Handschrift der „Konstanzer Chronik" im Anschluss an den Besitz von Jörg Vögeli genommen hat, lässt sich nicht mehr rekonstruieren. Berücksichtigt man die Rezeption beziehungsweise die uns überlieferten Abschriften, die jedoch teils auf eine andere Version zurückzugehen scheinen (vgl. Kapitel A.4.4), kann weder ausgeschlossen noch bestätigt werden, dass der Codex Sangallensis 646 nach der Flucht Vögelis 1548 in Konstanz selbst verblieben ist und (eventuell beim städtischen Schrifttum in der Kanzlei?) dem einen oder anderen Chronisten zur Verfügung stand. Die Mehrzahl der Gebrauchsspuren, vor allem die wenigen Hinweiszeichen und Marginalien von späteren Händen, stammt mit großer Wahrscheinlichkeit aus dieser für uns nicht weiter erschließbaren Zeit. Von der zweiten Hälfte des 16. bis in die zweite Hälfte des 18. Jahrhunderts verliert sich insgesamt die Spur dieser Handschrift. Erst um 1780 begegnet uns der Codex erneut. Seit dieser Zeit befindet er sich nachweislich in der Stiftsbibliothek St. Gallen. Er zählt zu den circa 680 Handschriften dieser Bibliothek, die aus der Zeit zwischen 1200 und 1550 überliefert sind[661], und gehört zu den durch Beat Matthias von Scarpatetti neu beschriebenen Codices 547 bis 669[662], die alle der Büchersammlung des 18. Jahrhunderts zuzuschreiben sind. Der Zeitpunkt sowie die genauen Umstände des Eintritts in die Klosterbibliothek sind nicht mehr zu klären. Der Codex ist aber noch nicht im Handschriftenkatalog von Pater Pius Kolb (Erst-fassung 1755: Codices 1281 und 1282; verbesserte zweite Fassung 1759: Codices 1400 und 1401) verzeichnet[663]. Er stammt auch nicht, wie man angesichts zahlreicher anderer Chroniken in der Stiftsbibliothek aus dieser Zeit[664] vermuten könnte, aus dem im Februar 1768 von Abt Beda Angehrn gekauften Nachlass des Historiographen Aegidius Tschudi[665]. Wie oben dargestellt, geht der Codex Sangallensis 646 dann um 1778/80 durch die Hände von Ildefons von Arx, der die Seiten nummeriert und mit einer für ihn typischen Bemerkung[666] zu Inhalt und „Autor" versieht. Die am Einband angebrachte rote Handschriftensignatur wiederum wird kurz nach 1782 ange-bracht[667]. Der Anlass für diese Arbeiten ist die Einrichtung der zwischen 1758 und den 1770er Jahren neu erbauten Bibliothek. Die Handschriften werden von Stiftsbibliothekar Hauntinger[668] und dessen Freund von Arx nach der Fertigstellung eines nur für sie errichteten Manuskripten-kabinetts unter Verwendung eines neuen Signatursystems nach nun anderen Gesichtspunkten eingestellt[669]. Die Handschrift aus dem ursprünglichen Besitz Dachers muss folglich nach 1759 und vor 1778/80 in das Eigentum der Stiftsbibliothek übergegangen sein. Gerade in dieser Zeit, bis zum Ende des Jahrhunderts, wird der Bestand der Bibliothek durch Ankauf, Tausch und Schenkungen insgesamt stark vermehrt[670]. Von nun an firmiert die „Konstanzer Chronik" Geb-hart Dachers unter der Signatur 646 in der St. Galler Stiftsbibliothek. Dort wird sie seitdem sicher aufbewahrt, im 20. Jahrhundert mit Bleistift foliiert und abgesehen von wenigen Ausnahmen (vgl. die beschriebenen Bleistiftspuren) weitgehend vor weiteren Benutzerspuren oder Gefahren ge-schützt.

---

[661] Vgl. B.M. v. Scarpatetti, Katalog, Einleitung, S.XV und allg. zur Geschichte der Stiftsbibliothek auch bspw. J. Duft, Stiftsbibliothek St. Gallen; E. Tremp/J. Huber/K. Schmuki, Stiftsbibliothek St. Gallen.

[662] Vgl. B.M. v. ders., Neubeschreibung.

[663] Vgl. dazu ders., Handschriften, S.55*ff und J. Duft, Pater Pius Kolb, S.171ff.

[664] Vgl. z.B. die Codices 629: Twinger v. Königshofen, 631: Twinger v. Königshofen und Züricher Chronik, 644: Fründ-Chronik, 645: Klingenberger-Chronik; 657: Züricher Chronik, Richentaler Konzilschronik.

[665] Vgl. J. Duft, Aegid Tschudis Handschriften, v.a. die Übersicht auf S.134f.

[666] Vgl. ders., Ildefons von Arx, S.194.

[667] Auch für diese Hinweise sei Dr. Karl Schmuki gedankt.

[668] Vgl. J. Duft, Hauntinger, S.174-182 und ders., in: B.M. v. Scarpatetti, Handschriften, S.67*ff.

[669] Vgl. J. Duft, Hauntinger, S.180; ders., Ildefons von Arx, S.196 und ders., in: B.M. v. Scarpatetti, Handschriften, S.70*f.

[670] Vgl. J. Duft, Hauntinger, S.178f und ders., in: B.M. v. Scarpatetti, Handschriften, S.67*ff.

4.4 Abschriften und Rezeption

Aufgrund der komplexen Überlieferungsgeschichte der Konstanzer Historiographie stellt auch die Rezeption dieser Werke den heutigen Bearbeiter häufig vor unlösbare Probleme. Da die einzelnen Vorlagen der Chronisten nicht mehr original überliefert sind und das Verhältnis der Handschriften untereinander oft unklar ist, lässt sich nur in seltenen Fällen mit Sicherheit eine direkte Abhängigkeit des einen Textes von dem anderen nachweisen. Im Zusammenhang mit der „Konstanzer Chronik" Dachers ergibt sich daraus die Schwierigkeit, zu entscheiden, ob spätere Historiographen wirklich „dessen" Werk, wie es uns im Codex Sangallensis 646 entgegentritt, oder aber eventuell auch den Text seiner Quellen (z.B. das „Chronicon Constantiense" oder „Stetter") ausgeschrieben haben. Nicht ausgeschlossen werden kann darüber hinaus, dass spätere Rezipienten mit einer uns unbekannten anderen Fassung der Chronik Dachers – möglicherweise handelt es sich um Vorarbeiten oder parallel in der „Schreibstube" entstandene Abschriften – gearbeitet haben. Erschwerend tritt hinzu, dass Gregor Mangolt in der Einleitung seiner Chronik eine problematische Quellenlage konstatiert. Seines Wissens nach seien nämlich Sebastian Münster, Sebastian Franck, Kaspar Bruschius und Johannes Stumpff, die auf ihrer Literatursuche auch nach Konstanz gereist waren, „der stat annual und antiquitäten zu besehen, der hoffnung vil da zu finden, wilent Costantz der uralten stetten nit die geringste ist und geachtet wird", enttäuscht worden, da „sie fundent aber nach langem erforschen anders nit dann die acta des großen concilii"[671]. Sofern es sich bei dieser Aussage nicht nur um einen Topos handelt, darf angenommen werden, dass der Codex Sangallensis 646 respektive die „Weltchronik" Dachers, das heißt Stgt, in der ersten Hälfte des 16. Jahrhunderts nicht frei zugänglich war oder zumindest den genannten Historiographen in Konstanz nicht zur Verfügung stand. Da in dieser Dissertation die Edition der Chronik im Vordergrund steht, wird in den folgenden Ausführungen – auch angesichts der unbefriedigenden Editionslage weiterer Geschichtswerke zu Bistum und Stadt Konstanz – mit wenigen Ausnahmen vor allem auf der Basis bisheriger Forschungen argumentiert. Teils können lediglich wenige Hinweise zur Wirkung der Chronik geliefert werden, sodass bei nachfolgenden Analysen etwa im Zuge von Textausgaben bisher unedierter Werke andere und weiterführende Erkenntnisse zu erwarten sind.

Die Zahl der tradierten Handschriften der „Konstanzer Chronik" spricht, vergleicht man sie zum Beispiel mit der des Twinger'schen Werkes oder der der Konzilschronik von Richental, für eine deutlich geringere Nachwirkung dieses Textes. Wie bereits Theodor Ludwig eruiert hat, kennen jedoch verschiedene spätere Geschichtsschreiber, die sich der Vergangenheit der Diözese und/oder der Stadt Konstanz verschrieben haben, die Kompilation Gebhart Dachers und ziehen sie für die Abfassung ihrer Werke heran. Ob dies nun auch bei Gallus Öhem (um 1445-1522)[672] der Fall ist, dem ersten Historiographen, der sich neben der Geschichte der Abtei Reichenau (Reinschrift des unvollendeten Werkes 1505)[673] vermutlich auch ausführlich der des Bistums

---

[671] Gregor Mangolt, Kurtze cronic, zitiert nach E. Hillenbrand, Geschichtsschreibung, S.4. Vgl. auch T. Ludwig, Konstanzer Geschichtsschreibung, S.61 und W. Matthiessen, Richentals Chronik, S.416, 427.
[672] Vgl. zu Leben und Werk E. Hillenbrand, Gallus Öhem; ders., Geschichtsschreibung des Bistums, S.206ff; ders., Überlieferung, S.91ff; C. Proksch, Klosterreform, v.a. S.49f sowie passim.
[673] Vgl. K. Brandi (Hg.), Chronik; H. Drös (Hg.), Wappenbuch.

Konstanz (das Papier der Hs. wird auf 1514-16 datiert)[674] annimmt, lässt sich nicht mit Gewissheit belegen. Die Forschung hat sich dazu unterschiedlich und vage geäußert. Einerseits sieht beispielsweise der Herausgeber der Klosterchronik an zwei Textstellen dieser Schrift eine wörtliche Übernahme aus dem Werk Dachers. Karl Brandi identifiziert sogar eine anonyme Quelle, von der der Chronist spricht („Ich hab funden in ainer tütschen cronick, dero die gelerten nit vil globen geben, geschriben"[675]), mit der „Konstanzer Chronik" und glaubt, sie sei im Zusammenhang mit Hinweisen zur frühen Geschichte (während und nach der Herrschaft von „Constantinus") sowie zu Abt (später Bischof) Mangold von Brandis ausgeschrieben worden[676]. Andererseits weist er in den Anmerkungen auf verschiedenen Seiten auf Unterschiede zwischen Dacher und dem Öhem'schen Text hin, die vielmehr eine „ältere gemeinsame Quelle" nahelegen und eine unmittelbare Abhängigkeit wiederum auszuschließen scheinen[677]. Auch die Forschungen von Eugen Hillenbrand deuten, wie an anderer Stelle schon erwähnt, in diese Richtung. Er geht für die Erörterungen zur Bischofsgeschichte im Zeitraum von 1250 bis 1350 lediglich von einer „gemeinsamen Vorlage" Dachers und Öhems aus, „die nicht mehr vorhanden ist, aber aufgrund des Vergleichs der zwei Fassungen fast rekonstruierbar wäre"[678]. Auch im Zusammenhang mit Erörterungen zu den Quellen[679] der „Chronik des Bistums Konstanz" (Inschriften, Urkunden, zahlreiche hagiographische und historiographische Texte aus St. Gallen, der Reichenau und Konstanz selbst) meint Hillenbrand ohne weitere Erläuterungen oder die Erwähnung von Dacher, Öhem habe auch die städtische Geschichtsschreibung, wie etwa den umfangreichen Bericht über die Konstanzer Unruhen von 1429/30 benutzt[680] – diesen allerdings in einer nicht mehr erhaltenen, ausführlicheren Abschrift als bei Ruppert ediert. Obwohl Öhem längere Zeit in Konstanz am Münster tätig war, deuten einige Differenzen zwischen den Texten des Klerikers und dem Codex Sangallensis 646, der teils knapper, teils ausführlicher ist oder Notizen aufweist, die in den Chroniken zu Kloster und Bistum nicht vertreten sind, darauf hin, dass ihm unsere Handschrift nicht zu Verfügung stand. Beide beruhen aber möglicherweise auf teils verwandten Quellen, die jedoch – wie Martens ausführt – nicht mit dem Terminus „Ur-Stetter" verbunden werden sollten[681]. Unterschiede bei Form und Tinktur der Wappen, die im Wappenbuch Öhems und bei Dacher erscheinen[682], könnten ebenfalls gegen eine direkte Vorlage zumindest von SG sprechen.

Als Nächstes sei, obwohl auch dieser Fall mit den genannten Unsicherheiten verbunden ist, Gregor Mangolt (1498- nach 1577)[683] behandelt. Dieser Historiograph, der 1522/23 und von 1524

---

[674] Vgl. die anonym überlieferte, erst durch die Arbeit v. E. Hillenbrand, Gallus Öhem, S.734ff diesem zugeschriebene „Chronik des Bistums Konstanz 589-1451" im StiASG, Cod. 339, die vermutlich sogar als Autograph zu gelten hat. Eine Abschrift, v. W. Martens 1896/97 angefertigt, befindet sich unter der Signatur 65/283 im GLA Karlsruhe (vgl. M. Klein, Handschriften 65/1-1200, S.112) sowie masch. unter der Signatur G 42 im StAK. Vgl. darüber hinaus zu dieser Chronik W. Martens, Neuentdeckte Chronik und G. Blaschitz, Deutsche Chronik, S.80ff, die die v. Hillenbrand vorgenommene Zuschreibung bezweifelt.

[675] K. Brandi (Hg.), Chronik, S.21.

[676] Vgl. ebd., S.21f, u.a. Anm. Z.16 und S.128f, u.a. Anm. Z.21.

[677] Vgl. ebd., S.117ff, Anm. Z.26, Z.17 und Z.10.

[678] E. Hillenbrand, Konstanzer Geschichtsschreibung, S.13.

[679] Vgl. neben Hillenbrand bereits W. Martens, Neuentdeckte Chronik, S.40f.

[680] Vgl. E. Hillenbrand, Gallus Öhem, S.74.

[681] Vgl. W. Martens, Neuentdeckte Chronik.

[682] Vgl. dazu die jeweiligen Angaben in den Anm. in Kapitel B.2.

[683] Vgl. zu Leben und Werk DBA NF, MF 850, Nr.415; HBLdS, Bd.5, S.351; T. Ludwig, Konstanzer Geschichtsschreibung, S.45ff, 130ff; P. Ruppert, Gregor Mangolt; M. Burkhardt/W. Dobras/W. Zimmermann, Konstanz in der frühen Neuzeit, S.159ff; E. Hillenbrand, Konstanzer Geschichtsschreibung, S.4f; ders., Geschichtsschreibung des Bistums, S.213ff und ders., Überlieferung, S.90f; W. Matthiessen, Richentals Chronik, S.426ff sowie M.J. Wenninger, „Werke letzter Hand"; M. Müller, Bistumsgeschichtsschreibung, S.57f.

bis 1548 in Konstanz lebte und mehrere historiographische Werke (darunter z.B. eine Konzilsgeschichte, eine Reformationsgeschichte, eine Autobiographie sowie Texte zu Ambrosius Blarer oder der Familie von Wellenberg) verfasste, benutzte für seine Konstanzer Chronik, die – wie die neueren Forschungen von Wenninger zeigen – nicht nur in drei, sondern in vier verschiedenen Redaktionen (1544, 1548, um 1564, um 1565/66) vorliegt, zahlreiche Quellen. Nachweislich dürfte er von Texten zur Geschichte der Stadt trotz seiner Schilderung der Quellenlage beispielsweise sowohl das „Chronicon Constantiense" und die Konstanzer Fortsetzungen des Jakob Twinger von Königshofen[684] als auch (ab der zweiten Redaktion) Stumpff und Bruschius sowie die Bistumschronik von Öhem ausgeschrieben haben[685]. Ein Vergleich zwischen den Nachrichten von Dacher und Mangolt spricht angesichts der größeren Ausführlichkeit und Korrektheit von Mangolt darüber hinaus nach Ludwig dafür, dass er für die Abfassung seines Werkes eine heute nicht mehr existierende Vorlage unserer Chronik – der Historiker des 19. Jahrhunderts bezeichnet sie mit dem problematischen Begriff des „Ur-Stetters" – herangezogen hat[686]. Falls dies der Realität entspräche, Mangolt also neben den genannten Werken teilweise auch auf derselben Grundlage wie Dacher beruht, ist die an anderer Stelle geäußerte Annahme von Ludwig[687], unsere „Konstanzer Chronik" sei wiederum selbst Quelle der „Kurtze[n] Chronic der | Loblichen Frey vnd | Richstat Costantz" mit dem Untertitel „Kurtzer Chronic die stett vnd landschafften | Bodensees / doch furnemlich | die alten vnd loblichen stat Costantz / betreffend"[688], nur schwer zu beweisen. Obwohl Mangolt einige Ereignisse schildert, die wir nur im Codex Sangallensis 646 finden[689], und Übereinstimmungen bei der Wortwahl existieren[690], ist letztlich nicht auszuschließen, dass er diese Notizen einer gemeinsamen Vorlage und nicht der Handschrift unserer Chronik entnimmt. Anders als Ruppert, der ohne nähere Analysen eine direkte Abhängigkeit konstatiert[691], ist sich Ludwig der Problematik durchaus bewusst. Trotzdem führt er die Verarbeitung Dachers in seiner Dissertation von 1894 aber mit einem wenig stichhaltigen Argument ins Feld: „Freilich könnte er [Mangolt] die Stellen auch direkt aus Joh. Stetters Chronik geschöpft haben, woher sie aller Wahrscheinlichkeit nach bei Dacher stammen. Doch halten wir es für richtiger, wo es möglich ist, eher Benützung erhaltener Quellen anzunehmen als verlorene zu konstruieren"[692].

Keineswegs sicher[693] ist auch die Benutzung der „Konstanzer Chronik" bei der Zusammenstellung des umfangreichen Geschichtswerkes von Johannes Stumpff (1500 – um 1576)[694]. Die

---

[684] Vgl. ebd., S.57.

[685] Vgl. T. Ludwig, Konstanzer Geschichtsschreibung, S.51ff und 134; W. Martens, Neuentdeckte Chronik, S.48; E. Hillenbrand, Geschichtsschreibung des Bistums, S.214.

[686] Vgl. T. Ludwig, Konstanzer Geschichtsschreibung, S.130ff.

[687] Vgl. ebd., S.124 und 134.

[688] So der Titel der ersten Redaktion, vgl. StAK, A I 3, 1544. Vgl. die zweite und dritte Fassung in der Zentral-Bibliothek Zürich, Ms. A 83 und Ms. S 425 und die vierte Fassung im Stiftsarchiv St. Paul im Lavanttal, Hs.79; heranzuziehen u.a. auch GLA Karlsruhe 65/305 (vgl. M. Klein, Handschriften 65/1-1200, S.121f).

[689] Vgl. z.B. die Stiftung des Spitals von 1225 (SG, fol.34rb; StAK, A I 3, fol.24, hier aber auf 1220 datiert), den Schneefall von 1282 (SG, fol.36rb; StAK, A I 3, fol.25) und den Brand von 1284 (SG, fol.36va; StAK, A I 3, fol.25, hier aber auf 1283 datiert).

[690] Man vgl. bspw. den im FUB, Bd.8 zitierten Text auf S.353 mit den entsprechenden Zeilen bei Dacher.

[691] Vgl. P. Ruppert, Chroniken, S.XVIII.

[692] T. Ludwig, Konstanzer Geschichtsschreibung, S.134.

[693] Vgl. z.B. die uneindeutigen und sich teils widersprechenden Aussagen v. H. Vildhaut, Handbuch, S.64 „Stumpff (...) benutzt besonders Dacher und Mangolt (A)" und S.82 „Er [Stumpff] benutzte neben mittelalterlichen Quellen noch Mangolt, wahrscheinlich auch Dacher und den Humanisten Manlius".

[694] Vgl. zum Folgenden DBA, MF 1245, Nr.367f; DBA NF, MF 1285, Nr.279; LThK, Bd.9, Sp.1059; T. Ludwig, Konstanzer Geschichtsschreibung, S.52ff, 62 und 143ff; R. Feller/E. Boujour, Geschichtsschreibung der Schweiz, S.144ff; E. Hillenbrand, Geschichtsschreibung des Bistums, S.216f; W. Matthiessen, Richentals Chronik, S.416ff.

„Gemeiner loblicher eydgnoschafft stetten landen und völckeren chronickwirdiger thaten beschreybung" aus dem Jahr 1548 enthält im umfangreichsten fünften von 13 Büchern im Zusammenhang mit Erörterungen zum Thurgau auch Nachrichten zu Stadt und Bistum Konstanz. Im Anschluss an einen Bischofskatalog finden wir bis ins 16. Jahrhundert führende städtische Annalen. Letztgenannte sind, sowohl was die Auswahl der Ereignisse als auch die Wortwahl angeht, in weiten Teilen (zumindest für die Zeit bis 1300) mit der ersten Redaktion der Chronik von Mangolt identisch, sodass davon auszugehen ist, dass die „Kurtze chronic" in diesem Abschnitt als Hauptquelle Stumpffs diente[695]. Während etwa die Berichte zum warmen Winter des Jahres 1289 oder zum Erdbeben des Jahres 1295 bei Mangolt und Stumpff beinahe identisch sind, gestaltet unsere Chronik (vgl. fol.36^{vb}f und 39^{rb}f) wie auch die Schwartzachs und damit nach Ludwig vermutlich auch die gemeinsame Vorlage beider Texte (= „Stetters Chronik") diese Nachrichten weit ausführlicher und in einem anderen Umfeld. Für die Geschichte der Bischöfe zieht Stumpff des Weiteren eine Vielzahl anderer Zeugnisse (z.B. die Petershauser Chronik, Kuchimeister oder Gallus Öhem sowie möglicherweise auch Mennel) heran. Eine detaillierte Betrachtung der Schilderungen dieses Historiographen vor allem im Zusammenhang mit den Berichten zum 12. Jahrhundert legt nach der Analyse von Theodor Ludwig nahe, auch Dachers Chronik „aller Wahrscheinlichkeit nach" als Textbasis anzusehen. Als Argumente führt er unter anderem die Datierung des Endes des Pontifikats von Bischof Ulrich II. auf 1130 und dem von Bischof Hermann I. auf 1156 sowie die ausführliche Erzählung der Gründung von Filialkirchen unter Salomon III. an, die so nur bei Dacher zu finden seien (vgl. SG, fol.33ra, 33rb, 23^{ra}ff)[696]. Probleme bereitet hingegen die Nachricht zum Tod von Otto II. Dieser Bischof verstirbt nach Dacher bei einer Regierungszeit von acht Jahren 1164 (vgl. SG, fol.33va), nach Mangolt bei einer Regierungszeit von zehn Jahren 1175, nach Stumpff aber bei einer Regierungszeit von 13 Jahren 1169. Laut Ludwig könnte diese Differenz auf einem Lesefehler des Dacher'schen Textes beruhen. Aus der römischen Ziffer VIII mit einem undeutlichen V, das von Stumpff als X gelesen würde, könnte so die Zahl XIII entstanden sein. Zieht man nun aber den Text des Codex Sangallensis 646 heran, zeigt sich, dass ein solches Missständnis zumindest bei der Vorlage dieser Handschrift nicht möglich ist. Wörtlich lautet die Nachricht dort: „**Da**r nach ward ainer | der hiesz <u>**o**tto</u>, der <u>**z**way</u>= | vnd <u>**v**iertzigost</u> **a**n der zal, | vnd regiert <u>**a**cht jar</u> vn(d) | starb **a**ls man von der ge= | purt cristi zalt **a**yliff hun= | dert <u>**s**echtzig vnd vier jår</u>" (fol.33va). Falls dem Züricher Stumpff also die „Konstanzer Chronik" Dachers ganz oder in Teilen vorlag, muss es sich mit hoher Wahrscheinlichkeit um eine andere, nicht mehr erhaltene Handschrift gehandelt haben. Gleichzeitig ist wiederum nicht auszuschließen, dass die an Dacher erinnernden Notizen in der Schweizer Chronik aus einem Werk stammen, das so oder ähnlich unserem Konstanzer Historiographen als Quelle zur Verfügung stand. Ein eindeutiger Beweis für die Verarbeitung der „Konstanzer Chronik" lässt sich folglich nicht erbringen[697]. Im Hinblick auf die weiteren Abhängigkeiten sei darauf verwiesen, dass die Verhältnisse sich dadurch noch verkomplizieren, dass diese Chronik von Stumpff, die teils selbst auf der Redaktion A von Mangolt beruht, von Letztgenanntem wiederum

---

[695] Vgl. neben T. Ludwig auch E. Hillenbrand, Geschichtsschreibung des Bistums, S.216f.

[696] Vgl. darüber hinaus auch z.B. den Hinweis auf den Erwerb v. Zurzach durch Bischof Rudolf I. (Sg, fol.36ra), der zwar bei Dacher und Stumpff, nicht aber bei Gregor Mangolt erwähnt wird (vgl. L. Beckmann, Konstanzer Bischöfe, S.103).

[697] Folglich ist auch bspw. die im Schaubild v. E. Joos, Unruhen dargestellte Abhängigkeit mit einem Fragezeichen zu versehen.

für die weiteren Redaktionen seines Textes ausgeschrieben wurde oder, wie Ludwig es formuliert, „als Mangolts Fundgrube"[698] anzusehen ist.

Ob nun auch Jacob Mennel/Manlius (um 1460-1526)[699], der in seiner Bischofschronik[700] eine
Vielzahl von Quellen aus Konstanz sowie dem nahen und weiteren Umfeld (z.B. Gallus Öhem)
verarbeitete[701], das Werk unseres „husherren" bekannt war, lässt sich kaum mehr feststellen.
Ruppert geht etwa von einer direkten Abhängigkeit aus[702]. Auch Ludwig, der die „Stetter'sche
Chronik" ebenso wie das „Chronicon Constantiense", das heißt potenzielle Quellen Dachers, als
Vorlagen betrachtet, glaubt aus der Übereinstimmung zwischen Mennel und der „Konstanzer
Chronik" bei den Berichten zu den Bischöfen Rudolf II. von Montfort (SG, fol.41ʳᵇ!) und Ni-
kolaus I. (SG, fol.42ʳᵃff), die „Dacher allein eigentümlich sind", eine „Bekanntschaft des Huma-
nisten mit Dacher"[703] nachweisen zu können. Im Handbuch von Vildhaut findet man ohne nähere
Erläuterungen die Aussage, Manlius habe „für rein städtische Verhältnisse (...) den sog. Ur-
Stetter und Dacher"[704] genutzt. Martens und Hillenbrand weisen hingegen darauf hin, dass das
„Chronicon" von Mennel weitgehend auf der Bistumschronik von Öhem aufgebaut sei[705], beziehungsweise dieser „sie regelrecht ausgeschlachtet"[706] habe. Von unserer „Konstanzer Chronik"
ist in deren Untersuchungen an keiner Stelle die Rede.

Ähnlich wie bei Mennel argumentiert Theodor Ludwig dann auch im Zusammenhang mit
Kaspar Bruschius (1518-1557)[707], der seiner Meinung nach für seine Geschichte der deutschen
Bistümer „Epitome Magni Operis" ebenfalls Teile aus dem Dacher'schen Werk entnimmt[708]. Da
Brusch spätere historiographische Texte verarbeitet und im Abschnitt zu Konstanz vor allem die
soeben geschilderten Chroniken von Mennel, Stumpff sowie die des Grafen von Zimmern aus-
schreibt[709], ist trotz weniger Nachrichten, die sich so allein in unserem Werk finden, wiederum
kein stichhaltiger Beweis für direkte Exzerpte aus Dacher zu erbringen.

Auf etwas sichererem Boden befindet man sich bei Christoph Schulthaiß (1512-1584)[710].
Wenn auch hier nicht mit hundertprozentiger Gewissheit zu entscheiden ist, ob dieser Geschichtsschreiber in seiner „Bisthums-Chronik"[711] oder in seinem ersten Band der achtbändigen „Collec-

---

[698] T. Ludwig, Konstanzer Geschichtsschreibung, S.52.
[699] Vgl. zu Person und Werk T. Ludwig, Konstanzer Geschichtsschreibung, S.41ff, 152ff; A. Lhotsky, Dr. Jacob
Mennel und ders., Neue Studien; K.H. Burmeister, Neue Forschungen; W. Irtenkauf (Hg.), „Habsburger Kalender",
v.a. S.1ff; P.-J. Schuler, Notare, Nr.870, S.296ff; VerfLex, 2. Aufl., Bd.6, Sp.389-395.
[700] Vgl. den Druck einer späteren Fassung (die Originalredaktion ist nicht erhalten) der „Descriptio totius episcopatus
Constantiensis", hrsg. v. J. Pistorius, Rerum germanicarum, S.615-722.
[701] Vgl. T. Ludwig, Konstanzer Geschichtsschreibung, S.152ff; E. Hillenbrand, Gallus Öhem, S.753f; ders., Geschichtsschreibung des Bistums, S.208f; M. Müller, Bistumsgeschichtsschreibung, S.55.
[702] Vgl. z.B. P. Ruppert, Chroniken, S.94, Anm.1: „(...) Wie bei Stetter und Dacher, ist auch bei Manlius, der diese
Quellen oft wörtlich benützt, keine Rede von einer Vergiftung Mangolds".
[703] T. Ludwig, Konstanzer Geschichtsschreibung, S.158. Vgl. auch ebd., S.154ff.
[704] H. Vildhaut, Handbuch, S.84.
[705] Vgl. W. Martens, Neuentdeckte Chronik, S.43ff; E. Hillenbrand, Geschichtsschreibung des Bistums, S.208f; ders.,
Gallus Öhem, S.753ff.
[706] Ebd., S.753.
[707] Vgl. I. Bezzel, Kaspar Brusch; E. Hillenbrand, Geschichtsschreibung des Bistums, S.218f; W. Ludwig, Gaspar
Bruschius; B. Richter, Kaspar Brusch.
[708] Vgl. T. Ludwig, Konstanzer Geschichtsschreibung, S.179ff und ihm folgend auch VerfLex, 1. Aufl., Sp.397.
[709] Vgl. T. Ludwig, Konstanzer Geschichtsschreibung, S.64, 170ff.
[710] Vgl. zur Person P. Ruppert, Chroniken, S.XIIff; ders., Christoph Schulthaiß; T. Ludwig, Konstanzer Geschichtsschreibung, S.71ff und E. Hillenbrand, Schulthaiß, passim.
[711] C. Schulthaiß, Bisthums-Chronik; vgl. dazu E. Hillenbrand, Geschichtsschreibung, S.13f; ders., Geschichtsschreibung des Bistums, S.220.

taneen" (zwischen 1549 und 1576 entstanden)[712], der die Geschichte von Konstanz von den Anfängen bis 1498 behandelt, direkt aus Dacher geschöpft hat, sprechen doch zahlreiche Anhaltspunkte dafür. Bereits Philipp Ruppert macht etwa darauf aufmerksam, dass einige Texte in der umfangreichen Sammlung zur Stadtgeschichte „wörtlich" mit dem Codex Sangallensis 646 übereinstimmen[713]. Neben vielen anderen Beispielen kann hier etwa die Notiz mit dem Bericht zum persönlichen Erlebnis des Chronisten 1465 angeführt werden, die vom späteren Bearbeiter jedoch keineswegs mechanisch abgeschrieben wird:

SG:	Christoph Schulthaiß, Collectaneen, Bd.1:
fol.211ra:	S.171
Al(!)s man von der gepurt | cristi zalt tusend vier | hundert sechtzig vn(d) fünff | jare	*Jn dise(m) jar*
an sant agnesen tag | vnd aubend	an sant A*n*gnesen tag
ward es vast | kalt vnd das der boden see |	ward es so kalt das der Bodensee
von dem aichorn bisz gen |	VBERFROR VO(N) DE(M) | aichorn bi*s* gen
Begikouen [?] überfror als sechs | vinger dick ÿnsz vnd das | man dar vff gieng. |	Bo*tt*iko*ff*en 6 finger dick,
Och von überlingen gen | dingelstorff vnd walhusen| man gieng vnd rait über | das ynsz. Vnd bin ich Geb= | hart dacher	O*u*ch GIENG MA(N)
von dingel= | storff gen überlingen vff | dem yns vnd see gega(n)gen |	vo(n) dingelstor*pf* gen | *v*berlingen.
vff den nåchsten zinstag | vor sant valentins	vff Zinstag vor *valentini* *jst* GEBHART DACHER *hinüber* GANGEN.
tag jn | dem jar als obstat. |	

Besonders aufschlussreich ist in diesem Zusammenhang auch die Tatsache, dass Nachrichten aus der Zeit nach 1470 aus der Chronik des Konstanzer „husherren" zu stammen scheinen. Als Beweis hierfür sei ein weiterer Auszug des Textes mit einer Notiz aus den „Collectaneen" von Schulthaiß verglichen:

SG:	Christoph Schulthaiß, Collectaneen, Bd.1:
fol.225va:	S.173½:
J(!)tem zů wissend, das jn | dem lxxiii jår der win | so vnwerd ward, das | ainer, namlich Rudolff | Bruchlin, ain Quart win | von viii dn wert, visch zů | tragen, gab. Jtem er håt | och ii-i aimer win vo(n) | aim fůder dem win | růffer ze Růffen geben.	*Jn dem 73 Jar wass* der win so vnwerd, das*z* Rüdolff Brüchlin ain quart win GAB | von 8 dn we*rd*, visch*e* *haim ze* tragen. Jt(em) er *gab* DE(M) WINRUFFER iij aimer win, *dasz* | *er jm* ain fuder *ruffte, den er wolt vsschenken.*

---

[712] StAK, A I 8; vgl. auch Karlsruhe, GLA, 65/1090, 65/282a und WLB Stuttgart HB V 54. Vgl. dazu E. Hillenbrand, Geschichtsschreibung, S.5f; W. Matthiessen, Richentals Chronik, S.423ff.
[713] Vgl. P. Ruppert, Chroniken, S.XXVf.

Obwohl der Historiograph des 16. Jahrhunderts diesen Bericht erkennbar verändert, dürfte als Quelle doch nur die „Konstanzer Chronik" infrage kommen. Da der entsprechende Textteil von Konrad Albrecht geschrieben wurde und damit sicherlich nicht etwa bereits in irgendeiner Vorlage des Dacher'schen Werkes tradiert sein dürfte, kann trotz der Varianten angenommen werden, dass dem Konstanzer Bürgermeister und Stadtvogt des 16. Jahrhunderts genau dieser Codex zur Verfügung stand. Selbstverständlich besteht auch die Möglichkeit der Überlieferung über eine nicht erhaltene Zwischenstufe[714]. Dann lag nicht Schulthaiß, sondern bereits dem Verfasser einer seiner Quellen die Handschrift SG vor. Christoph schreibt nämlich nach eigenen Worten unter anderem die historiographischen Werke seiner beiden Brüder aus („Us brúder Jacobs selgem geschriben búch" und „Uss brúder Joachims selgen alten roten búch verzaichnet"[715]). Obwohl die Texte von Jacob (1517-1553)[716] und Joachim Schulthaiß (1516-1562)[717] nicht original überliefert sind, belegen Inhaltsverzeichnisse in einer der Materialsammlungen von Christoph[718], dass sie sich ebenfalls mit der Konstanzer Geschichte, teils von der Gründung 309 bis ins 15. Jahrhundert – die zeitlich letzten Notizen behandeln die Jahre 1461 beziehungsweise 1486 – beschäftigten[719]. Viele der in diesen Texten erwähnten Ereignisse werden eben auch von Dacher und anderen Chroniken zur Konstanzer Geschichte und damit zeitlich vor der Niederschrift der Werke dieser drei Historiographen aufgegriffen. Grundsätzlich ist zu berücksichtigen, dass Christoph Schulthaiß eine Vielzahl von Quellen zu Stadt und Bistum in seine Werke aufnimmt und sich nicht etwa allein auf unseren Text stützt. Einerseits sind seine Berichte dann beispielsweise in der „Bisthums-Chronik" knapper oder enthalten entscheidende Hinweise nicht, die in der „Konstanzer Chronik" zu finden sind[720]. Andererseits lassen sich Fälle nachweisen, bei denen der Schulthaiß'sche Text ausführlicher und mit weiteren Details, wie zum Beispiel den Hintergründen eines Ereignisses oder den Namen der beteiligten Personen, versehen ist[721]. Darüber hinaus fällt auf, dass er in seiner umfangreichen Materialsammlung über zahlreiche Ereignisse berichtet, die Dacher nicht bekannt waren. Um nur einen Themenbereich[722] herauszugreifen, sei beispielsweise auf die Notizen zu Turnieren in Konstanz hingewiesen. Wie der Katalog von Pöschko[723] belegt,

---

[714] Dies scheint Helmut Maurer zu vermuten, der bei der Analyse der chronistischen Nachrichten zum sog. „Plappartkrieg" darauf verzichtet, „des bedeutendsten Konstanzer Chronisten, des 1471 verstorbenen Gebhard Dachers Meinung vorzustellen", da „Dachers, des Zeitzeugen, Niederschrift vollinhaltlich in eine wesentlich ausführlichere Überlieferung eingegangen ist, die uns freilich erst der vor 1576 schreibende Konstanzer Chronist Christoph Schulthaiß tradiert hat" (H. Maurer, Plappartkrieg, S.209).

[715] GLA Karlsruhe 65/1090, fol.221[r] und 226[r], zitiert nach E. Hillenbrand, Schulthaiß, S.342.

[716] Vgl. zu Leben und Werk ebd., v.a. S.341ff und mit einer fehlerhaften Zuschreibung, die noch v. E. Joos, Unruhen, S.54 übernommen wird, T. Ludwig, Konstanzer Geschichtsschreibung, S.12ff und 122ff.

[717] Vgl. wiederum mit Fehlern T. Ludwig, Konstanzer Geschichtsschreibung, S.14f und 124ff; E. Hillenbrand, Schulthaiß, S.341ff.

[718] Vgl. GLA Karlsruhe, 65/1090, fol.221[v]ff. M. Klein, Handschriften 65/1-1200, S.314 zählt insgesamt acht Verzeichnisse verschiedenster Chroniken, die Christoph Schutlhaiß bekannt waren, in dieser Hs.

[719] Aus einer anderen Notiz v. Schulthaiß wird deutlich, dass es sich bei dem Werk v. Joachim t.w. um eine Abschrift eines Werkes seines Urgroßvaters Johannes Schulthaiß handelt. Dieser scheint v.a. Nachrichten zum Städtekrieg 1377-89 in seinem Werk versammelt zu haben (vgl. E. Hillenbrand, Geschichtsschreibung, S.5f).

[720] Vgl. T. Ludwig, Konstanzer Geschichtsschreibung, S.106.

[721] Vgl. z.B. die Texte zum Griechenablass des Basler Konzils (SG, fol.157va und C. Schulthaiß, Bisthums-Chronik, S.61) oder zur Ermordung v. Hans Stickel (SG, fol.162ra und C. Schulthaiß, Bisthums-Chronik, S.62) bzw. den folgenden Ereignissen rund um die Auseinandersetzung zwischen Bischof Heinrich IV. und den Grafen v. Lupfen (SG, fol.169[vb]ff und C. Schulthaiß, Collectaneen, Bd.1, fol.146f, z.B. zitiert in FUB, Bd.6, S.353ff).

[722] Es ließen sich auch zahlreiche weitere finden (vgl. z.B. die Hinweise bei C. Schulthaiß, Collectaneen, Bd.1, S.153 im Zusammenhang mit dem Ehebruch des Konrad Stickel, die in der „Konstanzer Chronik", trotz der ausführlichen Schilderungen rund um das spätere Schicksal v. Stickel nicht zu finden sind; vgl. zum Ehebruch Stickels B. Schuster, Die freien Frauen, S.319).

[723] Vgl. H. Pöschko, Turniere, S.23ff.

nennt Schulthaiß mehrere Turniere in der Bodenseestadt (vgl. z.B. das „Stechen" im Dezember 1430, die Turniere von Januar und April 1431, mehrere Wettkämpfe des Jahres 1432 oder das Turnier anlässlich der Kaiserkrönung von Sigismund im Februar 1433[724]), die in der „Konstanzer Chronik" keine Erwähnung finden. Insgesamt ist also zu belegen, dass die Texte von Schulthaiß auf einer Vielzahl verschiedener, teils nicht mehr im Original tradierter Werke beruhen (vgl. neben den genannten seiner Brüder z.B. auch die Chronik seines Großvaters Nikolaus Schulthaiß[725] sowie Diessenhofen, Winterthur, Manlius, Mangolt, Stumpff, Brusch oder die Ratsbücher und verschiedene Urkunden[726]) und die Abhängigkeiten nicht immer auflösbar sind. Während Philipp Ruppert folglich noch davon ausgeht, dass Dacher eine Bistumschronik ausschrieb, „die wir nicht mehr haben, von der wir aber in der Bistumschronik des Chr. Schultheiß vielleicht eine Abschrift besitzen"[727], lehnt Theodor Ludwig dies mit Blick auf die Differenzen zwischen beiden Werken (vgl. etwa die bereits erwähnte größere Ausführlichkeit der „Konstanzer Chronik") ab. Er meint vielmehr vage, die Chronik von Schulthaiß sei in Teilen „nur als Excerpt einer von ihm und Dacher gemeinsam benützten Vorlage oder vielleicht als Auszug aus Dacher selbst"[728] anzusehen. Etwas später wird in der Dissertation des 19. Jahrhunderts dann noch einmal betont, dass vom heutigen Wissensstand aus nicht ausgeschlossen werden könne, dass „Dacher selbst hier Quelle des späteren [Schulthaiß] war"[729] beziehungsweise von einer „direkten Benützung"[730] auszugehen sei. Abschließend sei erwähnt, dass Matthiessen bei seiner Analyse der Beschreibung des Konstanzer Konzils im ersten Band der Collectaneen (S.50 bis S.82½ und S.84 bis S.99½) zu dem Schluss kommt, dass Schulthaiß nicht nur die Konzilschronik von Stumpff oder das „Chronicon Constantiense", sondern auch die Dacher'sche Handschrift HB V 22 gekannt hat und möglicherweise diese Texte sowie eine gemeinsame Vorlage aller genutzt haben könnte[731].

Wie bereits dargestellt, steht mit Sicherheit fest, dass der Codex Sangallensis 646 im persönlichen Besitz eines der bedeutendsten Konstanzer Historiographen des 16. Jahrhunderts war. Die Rede ist von Georg Vögeli, der diese Handschrift – ein Besitzervermerk von seiner Hand beweist diesen Umstand – noch während seiner Zeit in Konstanz nach dem Tod von Funkeli käuflich erworben hat. Obwohl in seinen Schriften kaum direkte wörtliche Übernahmen aus dem Dacher'schen Werk zu finden sind, enthalten die Texte rund um den Ursprung der Stadt sowie des Bistums Konstanz thematische Anklänge an die Anfänge unserer Chronik[732].

Nicht mehr eindeutig zu klären ist des Weiteren, auf welchem Wege die Gründungsgeschichte, die sich in gekürzten Fassungen, aber durchaus deutlich an Dacher erinnernd, ebenso wie einige Konstanzer Annalen zur frühen Geschichte in späteren, miteinander verwandten Stadtchroniken[733] befinden, dorthin gelangen. Während Philipp Ruppert noch annimmt, die Ursprungs-

---

[724] Vgl. ebd., S.46ff (bei C. Schulthaiß, Collectaneen, Bd.1, S.131½ und 135).

[725] Vgl. den aus Mangolt zusammengestellten Text dieser Chronik bei P. Ruppert, Chroniken, S.270-285; zu Person und Werk auch P.-J. Schuler, Notare, Nr.1204, S.407f; H. Vildhaut, Handbuch, S.80ff; H. Maurer, Konstanz II, S.160f.

[726] Vgl. dazu T. Ludwig, Konstanzer Geschichtsschreibung, S.106f, 181ff und E. Hillenbrand, Geschichtsschreibung des Bistums, S.220.

[727] P. Ruppert, Chroniken, S.XXV.

[728] T. Ludwig, Konstanzer Geschichtsschreibung, S.106.

[729] Ebd., S.108.

[730] Ebd., S.187.

[731] Vgl. W. Matthiessen, Richentals Chronik, S.425. Von einer gemeinsamen Vorlage des „Chronicon Constantiense", Dacher, Schwartzach und Schulthaiß geht auch T. Ludwig, Konstanzer Geschichtsschreibung, S.190 aus.

[732] Vgl. für nähere Hinweise Kapitel A.4.3.

[733] Vgl. z.B. GLA Karlsruhe 65/300, 65/301, 65/302, WLB Stuttgart, Cod. Don. 609. Erläuterungen dazu bei P. Ruppert, Chroniken, S.XXVIIIff; T. Ludwig, Konstanzer Geschichtsschreibung, S.73 und 147; ders., Einige unbekannte Konstanzer Chroniken; W. Matthiessen, Richentals Chronik, S.429.

sage sei „nach Dacher" etwa in die sogenannte Handschrift M.1 gelangt[734], meint Ludwig: „Alle
vier beruhen" neben Stumpff und dem „Ur-Stetter" „ohne Zweifel auf einer nicht auf uns ge-
kommenen Zusammenstellung"[735].

Angesichts fehlender Forschungen können an dieser Stelle auch keine detaillierten Aussagen
zum Verhältnis zwischen der Konstanzer Überlieferung und Chroniken des 16./17. Jahrhunderts
im Zusammenhang mit einzelnen Berichten rund um den Themenkreis des Schwäbischen Städtebundes getroffen werden. Nachweislich befinden sich Auszüge aus der Konstanzer Geschichtsschreibung zum Städtekrieg und der Schlacht bei Reutlingen 1377 in den zwischen 1550 und
1575 entstandenen „Collectanea Wirtembergensia" von Andreas Rüttel dem Jüngeren (1531-
1587)[736]. Ein Vergleich des Textes mit dem von Dacher zeigt, dass ein unmittelbares Exzerpt aus
dem Codex Sangallensis 646 auszuschließen ist. SG ist teils ausführlicher – in Güntersthal fehlen
etwa der Beginn (SG, fol.75ra-75va), die Schilderung zur Schlacht bei Döffingen (SG, fol.77[va]f)
oder die der Eroberung der Burg Mägdeberg (SG, fol.78[va]ff), bei der Totenliste zur Schlacht von
Reutlingen aber wiederum kürzer (vgl. SG, fol.81[v] vs. G, S.152-155). Auch unterscheiden sich
hier und da die Wortwahl und die Reihenfolge der Texte. Gleichzeitig beginnt beispielsweise der
offizielle Bericht zur genannten Schlacht in den „Collectanea Wirtembergensia" mit den Worten
„Jtem diß jst ein abgeschrifft des Brieffs der von | Reùtlingen her geschickt ward do si gestritten |
gar mit den von Wirtemberg. | Ersamen weisen Leutten Dem | Burgermaister vnnd Rhat | ze
Costenntz" (S.148). Während wir diesen einleitenden Satz auch im „Chronicon Constantiense"
(vgl. StAK, A I 1, fol.98rb), bei Christoff von Schwartzach (und eventuell bereits bei „Stetter"?)
finden (vgl. StAK, A I 2, fol.21[v]), folgt die genannte, zeitweise in Güntersthal aufbewahrte Handschrift diesem Text jedoch im Hinblick auf die Reihenfolge der berichteten Ereignisse nicht (vgl.
den Bericht zur Eroberung der Burg Leupolz im Juli 1389 vor dem zitierten Hinweis auf das
Reutlinger Schreiben). Vielmehr erinnert sie auf diesem Gebiet an unsere „Konstanzer Chronik"
(vgl. S.148 bei Rüttel mit Dacher, fol.80rb), sodass dieser Auszug eventuell als Abschrift eines
Textes interpretiert werden könnte, der einer Quelle Dachers näher steht als etwa die Vorlage von
Schwartzach. Auch die von Steinhofer bearbeitete Chronik von Oswald Gabelkover (1539-1616)
scheint im genannten Bereich durch Konstanzer Texte „stark beeinflußt" worden zu sein[737], ohne
dass die Kenntnis des Codex Sangallensis 646 oder eine seiner Abschriften bei diesem Bearbeiter
jedoch angenommen werden dürfte.

Der Name Gebhart Dachers taucht dann bemerkenswerterweise auch in der „berühmten" Literaturliste der sogenannten „Zimmerischen Chronik" auf. Graf Froben Christoph von Zimmern
listet ihn in seinem Quellenverzeichnis, das auf den Seiten 1558-1561 im Anschluss an den Text
des historiographischen Werkes selbst folgt[738], neben klassischen Geschichtsschreibern wie Plu-
tarch, Caesar, Tacitus oder Eusebius und mittelalterlichen Autoren wie Lampert von Hersfeld,
Regino vom Prüm und Otto von Freising nach der Erwähnung archivalischer Quellen in einem
vermutlich erst nachträglich angefügten zweiten Teil der Aufzählung[739] auf. Als „Gebhard

---

[734] Vgl. P. Ruppert, Chroniken, S.XXIX.

[735] T. Ludwig, Konstanzer Geschichtsschreibung, S.147.

[736] Vgl. BLB Karlsruhe, Hs. Güntersthal 11, S.143-157 und dazu Die Handschriften der Badischen Landesbibliothek,
Bd.XIII, S.220ff, hier v.a. S.223f.

[737] So mit Blick auf J.U. Steinhofer, Ehre des Herzogtums Wirtemberg (...) oder (...) Neue Wirtembergische Chronik,
4 Bde., Stuttgart 1744-1755, hier Bd.2, S.395 zumindest T. Kreutzer, Tuttlingen, S.58.

[738] Vgl. K. Barack (Hg.), Zimmerische Chronik, S.339ff; E. Bastress-Dukehart, Zimmern Chronicle und mit Ausführungen zur Hss.-Lage bzw. zur Entstehungsgeschichte G. Wolf, Von der Chronik, S.130ff (ohne Erwähnung v.
Dacher).

[739] Vgl. zur Literaturliste B.R. Jenny, Graf Froben Christoph von Zimmern, S.132ff.

Dacher von Dinkelsdorf"[740] und aufgrund der Ortsangabe sicherlich nach dem Codex Sangallensis 646 erscheint er „unter zahlreichen rätselhaften Namen und speziellen Hinweisen"[741]
zum Beispiel zusammen mit Martin von Troppau, Dietmar von Merseburg, Aventin und den sogenannten „Monumenta Wirtenbergica". Allein aus dieser Literaturliste, die die zeitgenössischen
Ansprüche, die an ein „wissenschaftliches" historisches Werk herangetragen werden, erfüllt, können nun jedoch keine weiteren Rückschlüsse auf die eigentliche Quellenverarbeitung gezogen
werden[742]. Wie bei vielen der erst am Ende der Liste erwähnten Werke handelt es sich bei der
„Konstanzer Chronik" Dachers nicht etwa um eine der Hauptquellen der „Zimmerischen Chronik". Wenn der Text selbst überhaupt Eingang in das Werk des 16. Jahrhunderts gefunden hat,
dann erst in den letzten Partien des Grundtextes oder aber in den Anmerkungen[743]. Da Froben
zahlreiche Nachrichten aus der Bistumschronik seines Onkels Graf Wilhelm Werner von
Zimmern – eine Quelle, die er, vermutlich dem Wunsch des Autors entsprechend, nicht nennt –
entnommen hat, ist nicht mehr zu entscheiden, ob er bei den wenigen infrage kommenden Textpartien Dacher selbst oder aber die Bistumschronik seines Verwandten, der wiederum höchstwahrscheinlich unseren historiographischen Text kannte und für den Konstanzer Teil (1537 beendet) seiner „Chronik des Erzstiftes Mainz"[744] ausschrieb, benutzt hat[745].

Ein einzelner Bericht aus der Dacher'schen Chronik, der auch die Aufmerksamkeit von Graf
Willhelm Werner von Zimmern auf sich zog, dürfte als Vorlage für eine etwas andere Art der Geschichtsüberlieferung gedient haben. Die Sage vom Wunderkreuz bei Bernrain (vgl. SG,
fol.62[vb]ff) wird nämlich im Zuge der Wiedergutmachung für die durch die Reformation entstandenen Schäden in einem Tafelgemälde, das der Konstanzer Magistrat 1598 der Kapelle bei Bernrain stiftete, bildlich festgehalten[746]. Die sich noch heute dort befindliche Darstellung der Entstehung der Wallfahrt, die nur entfernt an die Abbildung aus der „Konstanzer Chronik" erinnert,
wird von einem Spruchband begleitet, dessen Text, nur leicht verändert (vgl. auch die beinahe
wörtliche Wiedergabe von SG bei C. Schulthaiß, Collectaneen, Bd.1, S.18½), als der des Codex
Sangallensis 646 erkennbar ist:

SG:	Spruchband Tafelgemälde von 1598[747]
fol.62vb:	
In dem jar als man von | der gepurt <u>cristi</u> zalt tu= | <u>send drühundert</u> **achtz** | <u>ig</u> **v**nd vier jare **d**o gieng= | end knaben **v**sser der vor= | stat ze <u>Stadelhouen</u> **v**nd | woltend holtzholen jn dem | wald by <u>bernrain</u>. **D**o sy | nun das holtz gesamnet | hettend **v**nd d(a)z haym tra= | gen wollten, **D**o kamen sy | z**u̇** dem bild <u>vnsers heren</u> | <u>crucifix</u> vff <u>bernrain</u> **v**nd	*Jm* Jahr 1384, *giengen drey* knaben *aus* der vorstadt Stadelho**f**en, *nächst Constantz holz* zu**h**oll**e**n *im* Wald b**e**y Bernrain. D*a selbe* das holtz heim *d*ragen wollten, kamen *sie* zu dem C**RUCIFIX** bild *u*nsers He*rr*en *auf* Bernrain, *u*nd

---

[740] K. Barack (Hg.), Zimmerische Chronik, S.341.
[741] B.R. Jenny, Graf Froben, S.133.
[742] Vgl. ebd., S.133f und zu den tatsächlichen Quellen der Chronik v.a. S.140ff.
[743] Vgl. ebd., S.133.
[744] Vgl. zum Konstanzer Teil der Chronik die Hs. Gießen, UB, Cod. 469, fol.1-192.
[745] Vgl. B.R. Jenny, Graf Froben, S.145f und zu den Quellen v. Graf Wilhelm Werner v. Zimmern auch T. Ludwig,
Konstanzer Geschichtsschreibung, S.195ff und E. Hillenbrand, Geschichtsschreibung des Bistums, S.212ff.
[746] Vgl. dazu mit einer Abb. G. Nünlist, Wallfahrtskapelle, S.46ff.
[747] Zitiert nach ebd., S.47.

leitend das holtz ab jn vn(d) | gerůwotend alda. **d**o stůnt | vff **a**in knab, der hiesz der | <u>schappeler</u>, **vnd** graiff dem | <u>crützifix</u> an sin nasz **vn**(d) sp(ra)ch: | „<u>her(r)e got</u>, lausz dir schnützen, | so küsz ich dich dester gerner." | **a**lso gestůnd dem knaben | sin hand an des <u>crutzifixes</u> | nasz. **D**o das die andern | knaben sahend, **d**o luffend | sy jn die vorstat <u>stadelhouen</u> | vnd seiten es siner <u>můter</u> | vnd andren lüten. **d**o kam(en) | die <u>můter</u> vnd ander erber | lüt **vnd** sahend d(a)z zaichen. | **D**o **R**ůfft die <u>můter</u> des kna= | ben den <u>almåchtigen got</u> an | vnd die <u>můter maria</u> mit | jnniger andåchtiger bittu(n)g | **v**nd verhiesz <u>süben</u> vert gen | <u>ainsideln</u>. **d**o ward der knab | ledig.	*ruheten* allda. D*a stuhnde auf* ain *frecher Bub, genannt* Schappeler, *der* gre*ift dem Crucifix an se*ine N*a*sen *u*nd sprach: „*Herr* Gott, *lass* dir schneutzen, so küss ich dich desto *lieber.* *Darauf blieb die* Hand an de*r* NAS*E*N *des Crucifix. Da solches die andere zwey sahen, eilten sie zur Statt* und *sagten* es se*i*ner Mu*t*ter. *Hierauf kam dise u*nd *vil Ehrbare Leuth mit der Procession,* sahen das zeichen, ruff*t*en GO*TT* den A*ll*mächtigen mit *andacht* AN, und *versprechen ein Wallfahrt auf* Maria *Einsidlen. D*a *war der Knab ledig. - Zu ehren Jesu Christi, und gedächtnuss dises Wunderzeichens, hat der Löbl. Magistrat zu Constantz dise Tafel machen lassen im Jahr 1598.*

Ludwig weist darüber hinaus auf ein anonym überliefertes Manuskript hin, das die Stadtgeschichte von Konstanz, mit der Gründungssage beginnend, bis 1681 behandelt. Diese sich heute im Generallandesarchiv Karlsruhe befindliche Konstanzer Chronik (Signatur: 65/303)[748], die von einer Hand des 17./18. Jahrhunderts geschrieben wurde, stammt aus dem Nachlass von Kasimir Walchner (1773-1837), der auf dem Vorderspiegel als Quellen dieser Schrift „Reichenthaler, Schultheiß und einige andere Konstanzer"[749] nennt. Nach Ludwigs Dissertation von 1894 enthält dieses Werk hingegen Notizen, die „ganz beliebig und nicht immer fehlerlos meist aus Mangolt, einige wenige direkt aus Dacher, offenbar nur zur eigenen Belehrung zusammengestellt"[750] wurden.

Neben der Verarbeitung und Verschmelzung der „Konstanzer Chronik" mit anderen Texten zu neuen, gewissermaßen eigenständigen Werken mit entsprechend anderen Schwerpunkten sind auch überwiegend wörtliche Übernahmen oder direkte Kopien der verschiedenen Handschriften bekannt.

Wie wiederum die weitreichende Arbeit von Theodor Ludwig ausführt, bietet etwa die 36 Blatt umfassende Chronik „Von ursprung der stat Costantz und etlichen alten sachen, so sich sider verloffen"[751] des Konstanzer Bürgermeisters Melchior Zündelin (gest. 1558)[752] einen „völlig unselbständigen" Auszug aus der „Konstanzer Chronik" Dachers. Ein Vergleich der Texte

---

[748] Vgl. M. Klein, Handschriften 65/1-1200, S.120.

[749] F.J. Mone, Quellensammlung, Bd.1, Einleitung, S.93.

[750] T. Ludwig, Konstanzer Geschichtsschreibung, S.81.

[751] GLA Karlsruhe, 65/305, fol.1-36; vgl. dazu M. Klein, Handschriften 65/1-1200, S.121f.

[752] Vgl. zur Person T. Ludwig, Konstanzer Geschichtsschreibung, S.66ff.

zeigt bei einem grundsätzlichen Hang zur Verkürzung (etwa im Bereich der Gründungsgeschichte) an lediglich einer Stelle eine inhaltliche Erweiterung[753].

Auch einige Textabschnitte in den umfangreichen 16-bändigen „Collectanea"[754] von Jacob Reutlinger (1545-1611)[755] – die Materialsammlung wurde 1581 angelegt und dann von dem Enkel Jacobs bis 1674 fortgesetzt – zählen zur Kategorie „wörtliche Abschrift" der „Konstanzer Chronik". Da diese Exzerpte entscheidende Hinweise zur Rezeption im 16. Jahrhundert liefern, werden sie an dieser Stelle etwas ausführlicher behandelt. Bereits Philipp Ruppert hat in seiner Edition auf die Abschrift hingewiesen und im Stellenkommentar einige direkte Übernahmen verzeichnet, ohne dass er hierbei auf Vollständigkeit bedacht gewesen wäre. Die infrage kommenden Partien gehören mit nur wenigen Ausnahmen[756] dem Kapitel „Aber hanndlungen vnnd geschichten So sich | Zů Cóstantz zůgetragen haben" (S.103) an, das sich im ersten Band dieser weitgehend „ungeordneten Sammlung"[757] verschiedenster Chroniken[758], Flugblätter, Rats- und Kopialbücher, Briefe, Lieder sowie Holzschnitte[759] und Ähnlichem auf den Seiten 103 bis 222 befindet[760]. Zu Beginn dieses Abschnitts, der meist recht übersichtlich mit Überschriften zu den einzelnen Nachrichten sowie Randnotizen gestaltet, durch die Kursive des 16. Jahrhunderts aber teils schwer lesbar ist, nennt der Abschreiber die Quellen für die auf den nächsten Seiten folgenden Berichte. Im Untertitel werden die „hanndlungen und geschichten" zunächst unserem Konstanzer Chronisten zugewiesen: „von Gebharden | Tachern da selbst beschriben". Eine Marginalie greift diesen Umstand noch einmal auf und nennt noch weitere Gewährsmänner. So werden als „autores" „Gebhardt Tachern zů | Costantz • michl haubt | mann von Lindaw • | vnd N. Wäncklin | von Veldkirch" (S.103) aufgeführt. Auf der Seite 149 geht der Überlinger dann erneut auf die Basis seines bisherigen Textes ein und schreibt: „Nota • | Was hieruornen vnnnd bißher begriffen • Das Jst von Weylundt [?] | Gebhardten Tachern von Cóstanntz verzaichnet • Vnnd von | mir Jacoben Reutlingern Gerichtsschribern zů Vber- | lingen jn Ÿl Cursorie abgeschriben worden • den 3. Januarÿ Anno 1581 •". In nicht chronologischer Reihenfolge werden bis zur Seite 148 die verschiedensten Nachrichten zur Konstanzer Geschichte vor allem des 14. und beginnenden 15. Jahrhunderts geboten. Der zitierten Notiz folgend, ist laut Boell „bis hierher Alles nach Gebhard Tacher" beschrieben. Allein ein Blick in das Inhaltsverzeichnis genügt hingegen um festzustellen, dass dies bei einer angenommenen Vorlage des Codex Sangallensis 646 nicht ganz der Realität entsprechen kann (vgl. die nachfolgende tabellarische Übersicht). Zumindest in der uns überlieferten Fassung der „Konstanzer Chronik" findet sich nämlich weder eine Nachricht zu Erinnerungskreuzen an die im Appenzeller Krieg Gefallenen und in den „Collectanea" namentlich genannten Überlingern zu Birnau, noch ein Bericht zu einer

---

[753] Vgl. ebd., S.64ff und 129f. Im Zusammenhang mit dem Plappartkrieg stellt bspw. auch E. Gagliardi, Dokumente, Bd.1, S.18 fest, dass der Dacher'sche Text mit dem der Chronik v. Zündelin „nahezu identisch" ist.

[754] Heute im Stadtarchiv Überlingen. Vgl. dazu T. Ludwig, Konstanzer Geschichtsschreibung, S.75f, 98f und das Inhaltsverzeichnis v. A. Boell, Sammelwerk.

[755] Vgl. zu ihm ebd., S.38ff; T. Ludwig, Konstanzer Geschichtsschreibung, S.75f; G. Koberg, Portraits, S.44ff; D.H. Stolz, Geliebtes Überlingen, S.69; B. Wiedmann (Hg.), Bodenseekreis, S.169f; W. Matthiessen, Richentals Chronik, S.414f.

[756] Vgl. z.B. auch Collectanea, Bd.13, S.168ff mit weiteren, teils ähnlichen Nachrichten zu Konstanz, die jedoch nicht eindeutig mit Dacher in Verbindung gebracht werden können.

[757] T. Ludwig, Konstanzer Geschichtsschreibung, S.75.

[758] Einige der historiographischen Werke sind nur durch diese „Collectanea" überliefert; vgl. z.B. die v. P. Ruppert hrsg. Chronik v. Lienhart Wintersulger.

[759] Vgl. z.B. Collectanea, Bd.2,2, fol.317ᵛff: „Wahrhafftige Contrafactur / der alten Statt Costantz." Holzschnitt v. 1544 mit einem lateinischen und deutschen Gedicht „De origine Constantiae" sowie das sich daran anschließende Spottgedicht, das v. anderer Hd. geschrieben wurde.

[760] Vgl. A. Boell, Sammelwerk, S.47f.

„Kreuzfahrt 1293"[761] „zu dem | hailigen grab" (S.122) oder ein Hinweis zu einer Schlacht im Jahr 1504. Grundsätzlich fällt aber auf, dass der Großteil der besprochenen Ereignisse auch in der uns bekannten Handschrift von Dacher geschildert wird. Diesen Umstand verdeutlicht die folgende Konkordanz der Seiten 103 bis 147. Eckige Klammern zeigen eine gänzlich andere Version an; bei kursiven Folio-Angaben ist der Text in den Collectanea auffällig gekürzt.

Reutlinger, Collectanea, Bd.1:	Inhaltsangabe:	SG:
S.103ff	a) 1380: Schicksal eines Scheintoten	a) fol.59^{ra}f
	b) Auseinandersetzung zwischen Konstanz und der Familie von Brandis:	b)
	- 1366: Blendung eines Fischers und Folgen	- fol.52^{rb}f
	- 1368: Überfall auf ein Handelsschiff	- fol.53ra
	- 1369: Eroberung der Burg Marbach	- fol.53^{ra}ff
	c) 1369: Weinqualität	c) fol.53vb
	d) Fortsetzung des Berichts zur Fehde:	d)
	- 1368: Überfall bei Basserdorf	- fol.52^{va}f
S.106ff	1370: Der sogenannte „zweite Bürgerkampf"	fol.54^{ra}ff
S.108	1370: Kalter Herbst / Weinqualität	*fol.54ra*
S.109	a) 1378: Fronleichnamsprozession	a) *fol.57va*
	b) 1378: Seegefrörne	b) fol.57^{ra}f
	c) Begehren einer Schwangeren im Zusammenhang mit Baumaßnahmen am Münster	c) fol.57rb
	d) Handlung eines gelähmten Jungen	d) ebd.
S.110f	1389: Der sogenannte „dritte Bürgerkampf"	fol.64^{rb}ff
S.111	1334: Belagerung von Meersburg durch Kaiser Ludwig	[fol.42^{rb}ff]
S.112	a) 1338: Eroberung der Burg Altstätten	a) fol.45va
	b) 1332: Ritualmord am „guten Ulrich" von Überlingen	b) fol.41va!
	c) 1314: Stadtbrand	c) fol.41vb!
S.113	a) 1348: Judenpogrome in Konstanz und anderen Orten	a) fol.50^r
	b) 1352: Schlacht bei Ilanz mit Totenliste	b) fol.50va / 90rb
	c) 1348: Geißler	c) fol.50^r
S.114	a) 1345: Zug von Konstanz vor Zürich	
	b) 1390:	b) fol.66ra
	- Konstituierung der Löwengesellschaft;	
	- Nennung eines anderen Datums (von späterer Hand)	
S.114-116	1403[762]: Schlacht bei Vöggelinsegg	fol.66^{rb}ff
S.116	Erinnerungskreuze zu Birnau; Liste der Überlinger Gefallenen	
S.117	a) 1399: Stadtbrand in Stadelhofen	a) fol.68ra
	b) Fehde und Verurteilung durch das Landgericht	b) fol.148rb
	c) 1436: Gefangennahme des Ulrich Imholz	c) *fol.154vb*
	d) 1438: Brand im Kloster Münsterlingen	d) *fol.161va*

---

[761] Ebd., S.47.
[762] Während das Ereignis in SG fälschlicherweise auf 1394 datiert ist, stimmt die Angabe der Jahreszahl dieser Schlacht bei J. Reutlinger.

S.118	a) 1438: Ausbau der Trinkstube der Schuhmacher	a) fol.162ra
	b) Kornpreise	b) ebd.
	c) Besetzung von Petershausen	c) fol.162rb
	d) Delinquenz und Strafe des Spitalmeisters	d) fol.161va
S.119f	a) 1438: Delinquenz und Strafe	a) fol.161vb
	b) Delinquenz und Strafe	b) fol.165ra
	c) Getreidepreise	c) fol.166ra
	d) Delinquenz und Strafe	d) ebd.
S.120f	a) 1438: Schützenfest	a) fol.166rb
	b) 1439: Prozession wider die Pest	b) *fol.165^{ra}f*
	c) Pest	c) fol.167ra
S.121	a) 1298: Stadtbrand	
	b) 1300: Stadtbrand	
	c) 1348: Erdbeben	
	d) 1356: Erdbeben	d) [fol.51rb / 52ra]
	e) 1349: Seuche	e) [fol.50^r]
	f) 1358: Seuche	
	g) 1349: Seuche	g) [fol.50^r]
S.122	a) 1293: Kreuzfahrt nach Jerusalem	
	b) 1277: Erdbeben; Wetter- und Erntenachrichten	b) *fol.36^{va}f*
	c) 1295: Wetternachrichten und Folgen	c) [fol.39rb]
S.123	a) 1379: Wetternachrichten, Blütenstand, Ernte	a) fol.57vb
	b) 1374 Hochwasser	b) fol.55rb
	c) 1410 Hochwasser	c) fol.69ra
S.124	a) 1434: Überfall des Grafen von Toggenburg	a) fol.137va
	b) 1434: Schützenfest	b) fol.145^{vb}f
S.125	a) 1434: Ernte	a) fol.145vb
	b) 1388: Hermaphrodit aus Rottweil	b) fol.79va
	c) 1374: Lebensmittelpreise	c) fol.55rb
S.126f	a) 1374: Wetternachrichten und Hochwasser	a) fol.55rb
	b) Frühe Blüte	b) ebd.
	c) 1415: Konstanz und das Thurgau	
	d) 1423: Beteiligung von Konstanz am Hussiten-feldzug	d) fol.104ra
	e) 1423: Auseinandersetzung um Arbon	e) fol.104rb
S.127	a) Auseinandersetzung in Konstanz	a) fol.104va
	b) 1423: Riedlinger Münzvertrag	b) fol.104vb
S.128	a) 1423: Überfall auf Mailänder Kaufmann	a) fol.105ra
	b) 1426: Seuche, Korn- und Weinpreise	b) fol.106va
	c) 1439: Seuche	c) *fol.167ra*
	d) 1425: St. Gallen vs. Appenzell	d) fol.105rb
S.129f	a) 1428: Tagsatzungen in Konstanz	
	b) 1427: Folgen des Krieges zwischen dem von Toggenburg und Appenzell in Konstanz	b) fol.109ra
S.130f	1423: Bischof Otto III. vs. Domkapitel	[fol.102^{ra}ff]
S.132	a) 1427: Zug von Konstanz an den Untersee	a) fol.109rb
	b) Delinquenz und Strafe	b) ebd.
	c) 1428: Raubzug von Konstanz	c) fol.110ra
	d) Bischof Otto III. vs. Öhningen	d) fol.110rb
S.133f	a) 1343: Teuerung; Hochwasser	a) fol.49rb
	b) 1349: Geißler	b) fol.49^{rb}f

	c) Stadtbrand in Laufenburg	c) fol.49va
	d) 1356: Erdbeben	d) fol.51rb
S.134	a) 1338: Heuschreckenplage	
	b) 1359: Heuschreckenplage	b) fol.52^{ra}f
	c) 1333: Heuschreckenplage	c) fol.41rb!
	d) 1371: Heuschreckenplage	
	e) 1382: Regenbogen	e) fol.59rb
S.135	a) 1346: Erntenachrichten	
	b) 1390: Der getaufte Jude und der Bürgermeister	b) [fol.66ra]
S.136:	a) 1374: Weinpreise	a) fol.57ra
	b) 1375: Weinpreis und -qualität	b) ebd.
	c) 1378: Weinpreis	c) ebd.
	d) 1376. Wetternachrichten und Weinqualität	d) ebd.
	e) 1349: Selbstmorde von Juden	
S.137f	Bürgermeister-/Ämterliste zu den Jahren:	
	a) 1370	a) [fol.55ra]
	b) 1373	b) fol.55ra
	c) 1380	c) fol.56vb/^{763}
	d) 1377	d) ebd.
	e) 1378	
	f) 1379 und Folgezeit	f) fol.57vb
	g) 1386-1388	g) [fol.63rb]
	h) 1389	
	i) 1390 und Folgezeit	
	j) 1413	
	k) 1414 und Folgezeit	
S.138	1427: Erbauung der Rheinmühle	[fol.108rb]
S.139-141	a) 1441: Erdbeben	a) fol.171va
	b) Erbauung einer Schule	b) ebd.
	c) Krönung und Tod von Kaiser Sigismund	c) [fol.159va]
	d) Wahl von König Albrecht; Ereignisse seines Königtums und Tod; Nachfolger	d) [fol.160va/ fol.168vb]
S.141f	1465: Seegefrörne	fol.211ra
S.142f	a) Wetter- und Erntenachrichten	a) fol.211va
	b) 1465: - Brand in Einsiedeln	b) fol.211vb
	- mit späterer Ergänzung zu 1577	
	c) 1384: Wunder von Bernrain	c) fol.62^{vb}f
	- mit späterer Ergänzung	
S.143-145	309: Erster Gründungsbericht der Stadt Konstanz	fol.1^{ra}ff
S.145ff	Ereignisse aus Reichs- sowie Stadtgeschichte von 1295 bis 1504 in Annalenform (z.B. 1415 Geburt von Friedrich III.; 1414-1418 Konstanzer Konzil; 1425 Turnier in Esslingen; 1439 Basler Konzil; Schlachten u.ä.)	

Ein genauer Textvergleich belegt nun, dass Reutlinger an einigen Stellen nicht wörtlich exzerpiert, sondern beim Abschreiben Veränderungen vornimmt. Neben wenigen eher unbedeutenden syntaktischen, teils durch die Anpassung an die Sprachgewohnheiten seiner Zeit bedingten Modifikationen oder Verkürzungen (vgl. z.B. die Notizen zu Wetter- und Erntenachrichten zu den

---

[763] Die Nachricht ist hier allerdings auf 1375 datiert.

Jahren 1277 oder 1370: SG, fol.36^{va}f/54ra; Reutlinger, S.122/108) leiten ihn bei seiner Abschrift eigene Interessen. So ergänzt der Bürgermeister des 16. Jahrhunderts bei der Schilderung des Judenpogroms nach dem angeblichen Ritualmord am „guten Ulrich" (vgl. SG, fol.41va!; Reutlinger, S.112) den Text beispielsweise durch die Angabe des heutigen Besitzers des dort genannten Hauses in seiner Heimatstadt Überlingen („Jst Jetz d(er) Bethen zunfft"). Bei der Fronleichnamsprozession des Jahres 1379 (bei Reutlinger 1378, vgl. SG, fol.57va; Reutlinger, S.109) sowie bei der Prozession wider die Pest von 1439 (vgl. SG, fol.165^{ra}f; Reutlinger S.120f) hingegen bietet er eine stark gekürzte Fassung, die in den Worten unseres Chronisten nur die wesentlichen Fakten enthält und auf die ausführlichere Beschreibung des Weges der Gläubigen mit Nennung der Örtlichkeiten in Konstanz verzichtet[764]. Überhaupt muss konstatiert werden, dass Reutlinger in diesem Konstanzer Teil seines Werkes auch auf den Dacher zugewiesenen Seiten neben unserer Chronik zusätzlich andere Quellen heranzieht. Der Chronist selbst äußert sich dazu an einer Stelle sogar dezidiert: „Nota • Jn ainem and(er)n (...) geschribnen buch • hab Jch | funden" (S.116). Verschiedene Anhaltspunkte sprechen meiner Ansicht nach aber darüber hinaus auch dafür, dass der Überlinger Stadtschreiber und langjährige Bürgermeister den genannten Textteil nicht direkt aus dem Codex Sangallensis 646 übernommen haben kann. Vielmehr dürfte es sich bei der Vorlage um eine zweite, eventuell früher entstandene Redaktion der „Konstanzer Chronik" handeln, die einen etwas anderen Textbestand aufweist und sich durch eine größere Zuverlässigkeit auszeichnet. Nachweislich weichen einige Texte stark von den in SG gebotenen Versionen ab. Teils enthalten sie weniger Informationen (vgl. z.B. die Schilderung der Belagerung von Meersburg, SG, fol.42^{rb}ff; Reutlinger, S.111), teils sind sie sehr viel ausführlicher (vgl. die Nachrichten zu Krönung und Tod von König Sigismund und den Ereignissen der Folgezeit, SG, fol.159va, 160va, 168vb; Reutlinger, S.139ff). Wie die Datierung der Schlacht bei Vögelinsegg belegen beispielsweise Bemerkungen auf den Seiten 117 (SG, fol.148rb) oder 120 (SG, fol.166ra), dass die Quelle Reutlingers mit weniger Fehlern behaftet war als die noch heute existierende Handschrift. Besonders sei auch auf die Bürgermeisterliste aufmerksam gemacht. Diese weist weitergehende Ausführungen auf, gibt fehlerhafte Notizen aus SG korrekt wieder oder bietet dort, wo in dieser Handschrift Leerstellen sind, sinnvollen Text. Im Folgenden werden die Nachrichten zu Conrad Mangold und Conrad Hagen herausgegriffen und zum Vergleich nebeneinandergestellt:

SG:	J. Reutlinger, Collectanea, Bd.1:
fol.55ra:	**S.137:**
Des vorgena(n)t(en) jars der | zal cristi <u>tusend drü</u> | <u>hundert</u> <u>vnd subentzig</u> | <u>jare</u> <u>an</u> dem <u>fünfften tag</u> nach dem vffloff do na= | mend die zunfftmaister | vnd die gemaind <u>Cünrat</u> | **M**angolt zů <u>**B**urg(er)maist(er).</u> | der was jn dem jar <u>**B**urg(er)=</u> | **m**aister. | **D**o erwalt der | grosz rat <u>walther schwa(r)tz=</u> | en <u>**an** sant nicolaus tag</u> | hin vmb anno etc. **M**^{e} ccc | lxxiii.	*Anno* *1370* an dem fünfften tag nach dem vffloff | (...) do namend / die zunfftmaister v*n*nd | die gemaind*t* Conrad*ten* Mangold*t* zu Burgermaister | *der Regiert 4*[765] *Jar /* | A*nno 1373* do erwa*hl*et d(er) grosz Rat*h* Wald*t*e(r) Schwartzen. |

---

[764] Auf S.426 v. Bd.1 wird aber wiederum die Fronleichnamsprozession, in diesem Fall richtig datiert, in der ausführlichen Version geboten, ohne dass für diese separate Darstellung eines Konstanzer Ereignisses bspw. thematisch ein zwingender Grund bestünde.

[765] Korrekt wären drei Jahre (vgl. C. v. Schwartzach, Cronica, fol.15^{v}: „der was drew jarr \| Bůrgermaister").

fol. 57vb:	
Dar nach ward Cůnrat ha- | gen, der was zway jaur | Burg(er)maister. Dar nach | ward aber erwelt [sic!]	*Jtem* darnach Conrad*t* Hagen, der was ij *Jar* / Darnach | ward*t* er aber erwa*llt* *Jm 83 • 84 • vnd Jn dem 85 Jar.*

Anders als die Hinweise auf den nach Reutlinger aus „Stetter" ausgeschriebenen Seiten 181 bis 221 (vgl. auch Collectanea, Bd.2/1, fol.92^r [sic!] und Kapitel A.2.1), die sich, was Thema und Wortwahl angehen, teils mit denen von Dacher überschneiden (vgl. z.B. die Abschnitte zum Städtekrieg 1377 bis 1389, S.191ff), lässt sich aber nachweisen, dass die Notizen der ersten 40 Seiten zur Konstanzer Geschichte in den „Collectanea" auf eine Kompilation zurückgehen, die mit dem Namen Dachers verbunden war und sicherlich trotz aller Unterschiede große Ähnlichkeit mit dem Codex Sangallensis 646 gehabt haben dürfte. Als Beleg sei vor allem das Exzerpt auf Seite 141f angeführt. Dort wird unter der Überschrift „See verfroren." die Folio-Seite 211ra mit dem subjektiven Erlebnisbericht des Chronisten der 1460er Jahre beinahe wörtlich zitiert und hierbei die entscheidende Passage in der ersten Person Singular beibehalten („vnd bin Jch Gebhardt Dacher von \| Dingelstorff", S.142). Während nun aber in die „Collectanea" nachweislich Notizen eingegangen sind, die in der Handschrift SG von der Haupthand sowie vom Rubrikator stammen (vgl. z.B. die Eroberung von Altstätten: SG, fol.45va; Reutlinger, S.112 oder die Geschichte um den Hermaphroditen aus Rottweil: SG, fol.79va; Reutlinger, S.125), finden die Texte Konrad Albrechts hingegen keinen Niederschlag. Dies trifft auch auf die Textstellen zu, die eigentlich von der Haupthand geschrieben und dann im Nachhinein vom Konstanzer Stadtschreiber durch wenige Worte ergänzt wurden. In keiner der bei Reutlinger zitierten Passagen, die im überlieferten Codex durch eine Notiz von Albrecht erweitert sind, werden dessen Worte mit exzerpiert (vgl. SG, fol.154vb, Reutlinger, S.117 / SG, fol.166ra, Reutlinger, S.120 / SG, fol.166rb, Reutlinger, S.120). Dies spricht dafür, dass das Manuskript, das dem Überlinger vorlag, die entsprechenden Ergänzungen nicht enthielt. Seine Quelle dürfte folglich nicht SG gewesen sein. Dieser Umstand könnte möglicherweise auch erklären, weshalb in den „Collectanea" nur Teile der „Konstanzer Chronik" und diese wiederum nicht der Anlage der Handschrift SG entsprechend geboten werden. Bei einer angenommenen Vorlage des genannten Codex hingegen bleiben die Gründe, die Reutlinger dazu bewogen haben, von der Reihenfolge der Ereignisse des Dacher'schen Textes derart auffällig abzuweichen, im Dunkeln. Hin und wieder erwecken seine Umstellungen (vgl. die zwei Nachrichten zum Jahr 1370: SG, fol.54^{ra}ff, Reutlinger, S.106ff) beispielsweise den Eindruck, er wolle eine korrekte Chronologie einhalten oder die Ereignisse thematisch gliedern (vgl. z.B. die Heuschreckenplagen auf S.134). In zahlreichen anderen Zusammenhängen zeigt sich hingegen, dass in den „Collectanea" die Nachrichten ohne Rücksicht auf den zeitlichen Hintergrund oder inhaltliche Aspekte geradezu wirr aneinandergereiht sind. Auf die Geschichte eines Scheintoten zum Jahr 1380 (vgl. SG, fol.59^{ra}f; Reutlinger, S.103) folgen gleich zu Beginn etwa die wiederum nicht der Chronologie oder Dacher entsprechend geschilderten Auseinandersetzungen zwischen Konstanz und der Familie von Brandis 1366-69 durch Weinnachrichten getrennt (vgl. SG, fol.52^{rb}ff; Reutlinger, S.103ff). Exemplarisch sind auch die Seiten 141ff. Nach den Hinweisen zum Tod von König Albrecht 1439 (SG, t.w. fol.168vb) findet man Ereignisse zum Jahr 1465 (darunter die bereits zitierte Seegefrörne 1465, SG, fol.211^{ra}ff). Daraufhin wendet sich der Chronist der Wundergeschichte von Bernrain (1384) zu (vgl. SG, fol.62^{vb}f), an die er direkt den ersten Gründungsbericht von Konstanz mit dem genannten Jahr

309 anschließt (vgl. SG, fol.1^{ra}ff). Gleichzeitig muss, da keine zwingenden Beweise für die Vorlage einer kürzeren Version zu erbringen sind, die Frage unbeantwortet bleiben, weshalb Reutlinger lediglich die dargestellte Auswahl trifft und geschichtliche Vorkommnisse, die sich in der uns bekannten „Konstanzer Chronik" finden, erst später nach „Stetter" zitiert. Falls Reutlinger sich aber tatsächlich weitgehend einer einzigen Vorlage anschließt, deren „Autor"/Initiator Dacher gewesen ist, können die genannten Differenzen – Textergänzungen, -verkürzungen, größere Zuverlässigkeit, ungleiche Reihenfolge, in SG nicht enthaltene Notizen, eventuell Berichte bis zum Jahr 1504 – nur dahingehend interpretiert werden, dass im Jahr 1581 eine weitere Fassung der „Konstanzer Chronik" existierte, die von dem uns überlieferten Codex abweicht und möglicherweise Fortsetzungen bis ins beginnende 16. Jahrhundert enthält. Im Vergleich zu den vorherigen „Autoren" handelt es sich bei diesen Exzerpten aber wohl doch um die eindeutigste und umfangreichste Rezeption der historiographischen Arbeiten Gebhart Dachers zur Konstanzer Stadtgeschichte.

Eine modernere Abschrift der „Konstanzer Chronik", die dem Verlauf von SG nachweislich wörtlich folgt, wird heute im Generallandesarchiv Karlsruhe aufbewahrt. Es handelt sich um die Handschrift 65/299 (alte Signatur 65/1168)[766], die vermutlich um 1865 von Josef Dambacher (1794-1868)[767] angefertigt wurde. Dambacher, seit 1828 in diesem Archiv tätig, beschäftigte sich vor allem mit Urkunden, fungierte als einer der Herausgeber der „Zeitschrift für die Geschichte des Oberrheins" und beteiligte sich unter anderem an den Arbeiten für die „Quellensammlung der badischen Landesgeschichte" Franz Joseph Mones[768]. Im Rahmen des letztgenannten Projekts entstand auch das vorliegende Manuskript, das für den heutigen Benutzer weniger leicht zu lesen ist als der Codex des 15. Jahrhunderts selbst. Der Archivrat transkribierte die umfangreiche Handschrift als Vorarbeit für eine geplante Edition der Chronik im vierten Band der „Quellensammlung". Da dieser Band jedoch nur teilweise realisiert wurde[769], kommt es nicht zur Herausgabe des Dacher'schen Werkes. GLA 65/299 ist einspaltig gestaltet und mit verschiedenartigen Glossen versehen. Mone selbst sah die Abschrift unseres Codex noch einmal durch und verbesserte oder ergänzte sie hier und da[770]. Philipp Ruppert scheint dieses Manuskript (wie übrigens auch die weiteren im Folgenden genannten) unbekannt gewesen zu sein. Weder erwähnt noch berücksichtigt er sie in seiner Edition der Konstanzer Chroniken. Da, den Editionsprinzipien des 19. Jahrhunderts entsprechend, diese Schrift der Vorlage nicht in allen Einzelheiten folgt, ist sie als Hilfestellung für diese Dissertation ungeeignet. Eine Analyse hat ergeben, dass vor allem in den Bereichen Orthographie, Groß- und Kleinschreibung oder Getrennt- und Zusammenschreibung auffällige Abweichungen vom Original zu konstatieren sind. Gleichzeitig werden Kürzel direkt aufgelöst, Rubriken, Marginalien, Initialen, Zierzeichen und ähnliches unterschlagen, Emendationen und Konjekturen stillschweigend vorgenommen sowie etwa auf Unterstreichungen oder die Markierung des Zeilenendes verzichtet. Bedenkt man darüber hinaus, dass die Wappen nicht näher verzeichnet sind und auch die Textreihenfolge nicht immer beibehalten wird (vgl. z.B. fol.50^{v}f mit dem Originaltext v. SG auf fol.56^{v}f), liegt es auf der Hand, dass diese Handschrift des 19. Jahrhunderts bei der Erstellung des Editionstextes nur sehr selten (z.B. bei unsicheren Lesungen als Entscheidungshilfe) herangezogen wurde.

---

[766] Vgl. auch für die folgenden Hinweise M. Klein, Handschriften 65/1-1200, S.118f.
[767] Vgl. DBA, I, MF 219, Nr.138f.
[768] Vgl. ebd., Nr.139.
[769] Vgl. F.J. Mone (Hg.), Quellensammlung, Bd.4.
[770] Vgl. REC II, Nr.4353.

Dasselbe Verfahren gilt für drei weitere Abschriften, von denen eine ebenfalls den Codex Sangallensis 646 und zwei das Wiener Fragment abbilden. Nur kurz erwähnt sei die einzige maschinenschriftliche und damit modernste Transkription der Handschrift SG im Stadtarchiv Konstanz[771]. Dieser Text des 20. Jahrhunderts[772], der wohl auch wegen der Aufbewahrung der Handschrift in St. Gallen von Wilhelm Martens für die Benutzer des Archivs der Bodenseestadt der Vollständigkeit des historiographischen Materials halber angefertigt wurde, ist ähnlich wie Dambachers Text nicht in allen Bereichen zuverlässig und kann folglich nicht als Ersatz für die Arbeit am Original dienen. Neben orthographischen Ungenauigkeiten (vgl. z.B. fol.1ra „dreihundert" statt „drühun= | dert", fol.2ra „war" statt „was" oder die häufige Verwendung von „i" statt „j" und „u" statt „v") oder Flüchtigkeitsfehlern (vgl. z.B. fol.10rb „Pygoltingen" statt „wygoltingen" und „Costantinus" statt „constan= | tin(us)") fallen die Nichtbeachtung der Getrennt- und Zusammenschreibung sowie die wenig sorgfältige Wiedergabe der Groß- und Kleinschreibung und der diakritischen Zeichen ins Auge. Abkürzungen werden in diesem Manuskript nicht gekennzeichnet. Ebenso wenig wird zuverlässig auf die Seiten- oder Spaltenwechsel, auf Initialen oder Unterstreichungen hingewiesen. Selbst die Abbildungen und Wappen werden nicht verzeichnet, sodass der Leser keinen Eindruck von der tatsächlichen Einrichtung der Handschrift erhält.

Die zwei Abschriften des Wiener Codex 2807 gehören nun wiederum dem 19. Jahrhundert an. Während eine davon noch heute in Wien einzusehen ist, liegt die zweite ebenfalls im Generallandesarchiv Karlsruhe. Wie schon bei 65/299 handelt es sich bei der wörtlichen Wiedergabe von W auf den Folio-Seiten 22^{r} bis 41^{r} (29,5 x 22,5 cm) im Sammelband 65/1083 (alte Zählung 65/1251)[773] um eine Art Vorarbeit für die Herausgabe der „Konstanzer Chronik" in der Mone'schen „Quellensammlung zur badischen Landesgeschichte". In diesem Fall steht der Text jedoch nicht alleine für sich, sondern ist im Nachhinein mit anderen Transkriptionen[774], die teils auch für das genannte Quellenwerk vorgesehen waren, zusammengebunden. Das Manuskript selbst ist von Theodor Georg Ritter von Karajan (1810-1873)[775] geschrieben und wie andere Texte des Bandes von Joseph Chmel (1798-1858)[776] noch einmal kollationiert worden. Von Letzterem stammen unter anderem die Folio-Angaben des Originals, die jedoch mit 1 beginnend nicht mit unserer Zählung übereinstimmen. Die Abschrift wurde somit von Mitarbeitern der Wiener Bibliothek und bedeutenden Mitgliedern der Akademie der Wissenschaften vor 1858 (Todesjahr von Chmel) und damit vor der Handschrift 65/299 erstellt. Der Text selbst ist übersichtlich und gut lesbar gestaltet. Er zeichnet sich – dies kann als Beleg für die oft uneindeutige Schreibung der Handschrift W ins Feld geführt werden – durch zahlreiche Korrekturen vom Schreiber selbst sowie von Chmel aus. Selbst diesen beiden erfahrenen Archivaren und Editoren bereitete die Identifizierung einzelner Zeichen dieser Hand des 15./16. Jahrhunderts somit Schwierigkeiten.

---

[771] Vgl. StAK, G 42: Abschriften des Codex 339 des StiASG und SG in 2 Exemplaren, v. denen eines handschriftliche Korrekturen enthält, aus dem Nachlass von A. Maurer.

[772] Leider ist die Abschrift des Dacher'schen Codex nicht datiert. Sie entstand nach Auskunft von Helmut Maurer aber unter der Federführung Otto Fegers (1905-1968), der das Konstanzer Stadtarchiv in den Jahren 1945-1966 leitete.

[773] Vgl. M. Klein, Handschriften 65/1-1200, S.310f.

[774] 2^{r} „Situations-Plan über die Gegend, in welcher (...) Karlsruhe erbaut wurde", 4^{r}-17^{r} „Chronikalische Nachrichten von Süddeutschland" (ebenfalls Abschrift einer Wiener Handschrift durch von Karajan), 18ra-19rb „Chronik von Markgraf Christoph I., Philipp, Bernhard III., Philibert von Baden", 20^{r}-21^{r} „Das geschenkte Gültvermögen des Barfüßer Klosters zu Pforzheim wird dem dortigen Spital überwiesen" (Abschrift einer Urkunde der ÖNB vom 14. Okt. 1443), 43^{r}-80^{r} „Ein schöner Spruch, darinn deren von Costantz seltzame Renckh (...) begriffen syen".

[775] Vgl. NDB, Bd.11, S.141f.

[776] Vgl. ebd., Bd.3, S.212; LThK, Bd.2, S.1075 und ausführlich Biographisches-Bibliographisches Kirchenlexikon, Bd.14 (1998), Sp.878-885 (vgl. http://www.bautz.de/bbkl/c/Chmel.shtml, abgerufen im September 2007).

Ein Vergleich der Transkription von Theodor von Karajan mit der Originalhandschrift respektive des in Kapitel B.3.1 präsentierten Textes zeigt nun ähnlich wie schon bei Dambachers Abschrift, dass mit 65/1083 keine zuverlässige diplomatische Wiedergabe des Wiener Codex 2807 vorliegt. So wird etwa weder die Groß- und Kleinschreibung noch die Zusammen- und Getrenntschreibung des Originals in allen Fällen beachtet (vgl. z.B. fol.3^v „fog*t*bar" statt „fogtt bar", 4^v „*K*aissert*ů*m" statt „kaisser t*h*ům"). Diese Exempel beweisen darüber hinaus, dass auch kaum von einer buchstabengetreuen Kopie die Rede sein kann. Teils fehlen einzelne Buchstaben (vgl. z.B. fol.2^r „zwngnus" statt „zwingnus*t*", 4^r „gaistlich" statt „gaist*h*lich", 5^r „zichen" statt „zi*e*hen", 11^v „frankrich" statt „fran*c*krich"), teils sind sie ergänzt (vgl. z.B. fol.16^r „wel*c*he" statt „welhe", 11^v „*er*werbend" statt „werbend") oder anders wiedergegeben (vgl. z.B. fol.2^v „*K*rüittz" statt „cruittz", 3^r „fri*d*tt" statt „frütt", 4^v „*j*nden gassen" statt „juden gassen", 7^r „vmbt*r*illet" statt „vmb tüllett", 12^r „men*i*klich" statt „mencklich", 17^r „scha*n*tlichen" statt „schamlichen", 17^v „*ver*sslaih" statt „visslach"). Besonders häufig gilt dies beispielsweise für die Doppelkonsonanten, die nicht immer als solche übertragen (vgl. z.B. fol.2^r „hertzogen" statt „herttzogen", 2^v „vil" statt „vill", 6^v „fri*s*ingen" statt „frissingen", 15^r „Ro*s*" statt „Ross") oder umgekehrt vom Abschreiber erst kreiert werden (vgl. z.B. fol.2^v „*ǎ*pptt" statt „ǎptt", 8^r „ve*l*licht" statt „velichtt", 6^v „ablo*ss*ung" statt „ablosung", 16^r „schwi*tz*" statt „schwitz"). Neben der ungenauen Wiedergabe der diakritischen Zeichen oder den falschen Markierungen des Seitenendes (vgl. z.B. fol.4^r oder 15^v) stiftet vor allem die fehlende Unterscheidung der Korrekturen des Originals, die an einigen Stellen übernommen werden, von solchen Verbesserungen der beiden Abschreiber des 19. Jahrhunderts Verwirrung.

Auch das zweite Manuskript, das der Wiener Handschrift wörtlich folgt, kommt als alleinige Grundlage einer Edition nicht in Frage. Es befindet sich heute unter der Signatur I 156.672 (alte Signatur: Ms I 366) in der Universitätsbibliothek Wien[777]. Anders als im Generallandesarchiv Karlsruhe wird die Abschrift von W hier separat aufbewahrt; sie ist in einen braunen Halbledereinband über Pappe aus dem Jahr 1873 gebunden und besteht aus 32 Blättern (ca. 25 x 19,5 cm mit jeweils 22 oder 23 Zeilen), von denen Folio-Seite 1^v und 31^v jeweils unbeschrieben sind. Ähnlich wie bei der vorherigen Schrift zeichnet sich der Text durch Korrekturen, Streichungen und zahlreiche Marginalien aus, die teils mit Tinte, teils von späterer Hand mit Bleistift geschrieben wurden und unter anderem die Blattzahlen des Codex 2807 angeben. Das Manuskript selbst ist in Lateinschrift von einer Hand des 19. Jahrhunderts geschrieben. Verschiedene Textteile wurden zur Kennzeichnung unterstrichen. Die Universitätsbibliothek Wien erwarb die Handschrift aus dem Nachlass von Franz Pfeiffer (1815-1868)[778]. Mit Blick auf die Biographie und die Veröffentlichungen von Pfeiffer ist anzunehmen, dass er die Abschrift zwischen 1857 (Ruf nach Wien) und 1861 (Nachtrag zu den Sempacher Schlachtliedern in „Germania" 6 mit einer Teiledition des Wiener Fragments auf S.185f) mit großer Wahrscheinlichkeit selbst erstellt hat[779]. Wie bereits erwähnt, liegt das Interesse dieses Germanisten, der sich vor allem mit mittelhochdeutschen und frühneuhochdeutschen Prosatexten beschäftigte und zahlreiche Texte herausgab, im Zusammenhang mit dem Fragment unserer „Konstanzer Chronik" schwerpunktmäßig auf dem Bericht zur Sempacher Schlacht auf fol.16^{r}f, den er als einen der ältesten ansah. Allein ein Blick

---

[777] Vgl. auch zum Folgenden W. Hainz-Sator, Katalog, S.52.
[778] Vgl. NDB, Bd.20, S.318f; C. v. Wurzbach, Biographisches Lexikon, 23. Teil, S.169-175 und K. Löffler, Geschichte, S.101f, 250.
[779] Während dieser Editor zahlreicher germanistischer Texte (vgl. V. v. Wurzbach, Lexikon, S.171ff) im Katalog v. W. Hainz-Sator nicht dezidiert als Schreiber genannt wird, identifiziert Dr. Leopold Cornaro v. der UB Wien, dem an dieser Stelle herzlich gedankt sei, die Hand des Manuskripts mit der Pfeiffers.

in seine Teiledition zeigt, dass etwa im Bereich der Graphie nicht von einer korrekten Transkription der Handschrift W gesprochen werden kann. Wie schon bei der vorherigen Abschrift achtet der Schreiber auch hier nicht auf die genaue Wiedergabe einzelner Zeichen. Dies gilt vor allem für die Verwendung von u und v, i und j, teilweise für den Doppelkonsonantismus (vgl. z.B. fol.2^v „her*t*" statt „her*tt*", „vfft" statt „vff*tt*", „macht" statt „mach*tt*") oder die diakritischen Zeichen. Auch die Groß- und Kleinschreibung oder die Getrennt- und Zusammenschreibung folgen der Vorlage nur unzuverlässig. Nicht zu unterscheiden sind darüber hinaus die Korrekturen von W von solchen des Pfeiffer'schen Textes selbst. Neben verschiedenen Ungenauigkeiten (vgl. z.B. fol.4^r „stund*e*" statt „stund", „zwa*in*" statt „zwaÿ") und eindeutigen Fehlern (vgl. z.B. fol.4^r „rutt" statt „Rurtt", 4^v „sch*re*ipttend" statt „schier[m]ptend", „sa*ur*ung" statt „samnu[n]g", 5^r „*r*egenhoff" statt „tegenhoff", 14^r „*em*feld" statt „Entfeld"), können des Weiteren Auslassungen, die Identifikationsschwierigkeiten andeuten, konstatiert werden (vgl. z.B. fol.4^r „„ge.wo." statt „getrwe(n)", 9^r „cilsch.chtt" statt „cilschlachtt", 25^v „haile.?" statt „haileck"). Teilweise – dies spricht wiederum für die etwas problematische Schrift von W – finden sich in diesem Manuskript andere Lesungen (v.a. bei o/e, i/e und c/t) als in Kapitel B.3.1 geboten werden (vgl. z.B. fol.4^v „v*e*l lichtt" statt „vil lichtt", „paffalen*cz*" statt „paffalentz" und „costen*cz*" statt „costentz"). Entsprechend wurde diese Abschrift für die Erstellung des Textes lediglich hin und wieder als Entscheidungshilfe bei uneindeutigen Zeichen herangezogen.

Insgesamt scheint die Rezeption der „Konstanzer Chronik" bisherige Forschungsergebnisse zur spätmittelalterlichen städtischen Historiographie zu bestätigen. Wie ähnliche Texte, die der städtischen Kanzlei (in unserem Falle dem/den Stadtschreiber(n) persönlich) übergeben wurden, verschwindet auch das Dacher'sche Werk gewissermaßen „im Archiv", sodass die nachweisbare Wirkung oder die eigentliche (Be-)Nutzung eher gering zu veranschlagen ist[780]. Die umfangreichste frühneuzeitliche Abschrift von Jacob Reutlinger beruht vermutlich denn auch auf einer zweiten und wahrscheinlich nicht „amtlichen" Redaktion dieses Werkes des Kompilators und seiner Schreibstube, über deren Schicksal wir jedoch nicht weiter informiert sind. Letztlich dürfte diese Chronik nur einem sehr kleinen Personenkreis zur Verfügung gestanden haben. Sie erfuhr folglich „kaum eine wirkliche Nutzung in dem Sinne, dass sie eingesehen, gelesen oder abgeschrieben worden"[781] wäre.

---

[780] Vgl. R. Schmid, Chronik im Archiv.
[781] Mit Blick auf die soeben genannte Untersuchung v. R. Schmid, G. Gleba, Vorwort, S.12.

5. DIE KOMPOSITION DER „KONSTANZER CHRONIK"

5.1 Der Stoff und die Form

Da in dieser Untersuchung die Edition der „Konstanzer Chronik" im Vordergrund steht, sollen im ersten Teil des fünften Kapitels nur einige inhaltliche und formale Aspekte des Werkes angesprochen werden. Eine Gesamtinterpretation oder eine detaillierte Auswertung einzelner Gesichtspunkte bleiben der späteren Forschung überlassen. Vielmehr ist es Ziel der Ausführungen, dem Benutzer der Ausgabe den Zugang zu diesem Werk aus der zweiten Hälfte des 15. Jahrhunderts zu erleichtern und ihm Hilfsmittel zur Erschließung an die Hand zu geben.

5.1.1 Thematischer Überblick in Tabellenform

Nachdem in der „Konstanzer Chronik" zahlreiche heterogene Themengebiete behandelt werden (vgl. Kapitel A.5.1.2), liegt es nahe, den Text für den Benutzer zunächst mittels einer Überblicksdarstellung aufzuschlüsseln. Hierzu kann auf verschiedenartige Methoden zurückgegriffen werden. Denkbar ist beispielsweise eine nach inhaltlichen Gesichtspunkten oder eine streng der Chronologie folgende Erschließung des Werkes. Beide Vorgehensweisen bergen jedoch Probleme in sich. Die Erstgenannte ist durch die notwendige Kategorisierung stark von der Interpretation der Editorin abhängig. Sie wird darüber hinaus der Vielschichtigkeit zahlreicher Textstellen, die zwei oder mehr Kategorien zugeordnet werden können, nicht gerecht. Eine sich am Zeitrahmen orientierende Inhaltsübersicht wiederum wird durch die des Öfteren vorkommenden fehlerhaften oder fehlenden Zuweisungen von Ereignissen zu Jahreszahlen erschwert. Gleichzeitig verstellt ein solches Verfahren, das – man beachte die Präsentation verschiedenster historiographischer Werke bei Philipp Ruppert – auch bei der Textanordnung der Editionen Konstanzer Chroniken des 19. Jahrhunderts zu beobachten ist, durch die anachronistische Betonung des Faktors Zeit den Blick auf die Charakteristik des jeweiligen Textes. Eine Zergliederung und Neuordnung der „Konstanzer Chronik" nach der einen oder anderen Methode nimmt dem Benutzer zusätzlich die Möglichkeit, Hinweise zur Entstehungsgeschichte der Handschrift wahrzunehmen und sich rasch ein Bild von deren Komposition zu machen. Um der Struktur des Codex Sangallensis 646 gerecht zu werden, wird in diesem Kapitel daher der Textverlauf aufgegriffen und tabellarisch verkürzt genau der Handschrift folgend abgebildet. Wappen (vgl. ansonsten Kapitel A.5.2.2) werden nur aufgenommen, wenn sie als alleinige Einheit innerhalb einer Seite oder Spalte auftreten.

Folio-Seite:	Jahresangaben:	Inhalt von SG:
1ra-1va	309	Erster Gründungsbericht von Konstanz; Kaiser Constantius; Namensgebung; Kaiser Constantinus
2-4	207	a) Zweiter Gründungsbericht: Kaiser Karl und König Constantinus b) Frühgeschichte des Landstrichs; Besiedlung; Lebensweise; König

		Constantinus, der Gründer von Konstanz, und seine Gegner; c) Frühgeschichte der Stadt: Ausgangspunkt: antike Festung; Erbauung von St. Johann; Stadterweiterung; Befestigung; Gesamtlage; Ansiedlung von Chorherren; Kirchenbau auf dem Münsterplatz; kurzfristiger Niedergang; Wiederaufbau; Namensgebung; Gründungsgeschichte und Erbauung von St. Stephan; königslose Zeit; Zuzug von Klerikern; Stadterweiterung; Auseinandersetzung zwischen Bischöfen und Chorherren; Bau von „Oberburg" und „Niederburg"
5-6		
7^r		Stadtentwicklung: Erweiterung; Markt bei der St. Paulskirche; Herrschaft derer von Castell
7^v und 8^r		
8^v		*Abbildung I*: Stadtansicht von Konstanz
8^r!	388	Stadterweiterung; Erbauung der Kaufhäuser; Erbauung der Rathäuser; Besitz außerhalb der Stadt
8^v! und 9^r		
9^v		a) Wappen des Konstanzer Bistums für Bischof Maximus b) Wappen des Römischen Kaisers für den Gründer von Konstanz c) Wappen des Französischen Königs für den Gründer von Zürich
10^r	360	Gründungsgeschichte des Bistums: Bischofssitze; Errichtung des Bistums; Verlegung des Bischofssitzes; Bischof Maximus
10^v		
11ra		Bischof Ruodelo
11rb		Bischof Ursinus
11va		Bischof Gaudentius
11vb		Bischof Martianus
12ra		Bischof Johannes I.
12rb		Bischof Othardus
12^v		Bischof Pictavus; Kirchenorganisation; Mission; Verlegung des Bischofssitzes nach Windisch
13ra		Bischof Severius
13rb		Bischof Astropius
13va		Bischof Johannes
13vb		Bischof Buoso
14	1305	a) Bischof Arnefridus: Abtstätigkeit b) Sagenhafte Gründungsgeschichte der Kirche zu Windisch (in Anlehnung an die Gründung des Klosters Königsfelden): Auseinandersetzung zwischen Herzog Luipolt von Österreich und seinem Bruder; daraufhin Verlegung des Bistums nach Arbon; Baugeschichte
15		
16ra		Bischof Sidonius: Abtstätigkeit; Dauer des Pontifikats
16ra		Bischof Johannes II.: Abtstätigkeit; Dauer des Pontifikats
16va		Bischof Gandolfus
16vb		Bischof Fidelis
17ra-17va		Bischof Theobaldus: Unterdrückung der Geistlichkeit durch den Adel; Chorherren unterstellen sich dem Bischof; Wahl; Verlegung des Bistums nach Konstanz; Errichtung der Bischofspfalz; Ansiedlung in der Stadt
18ra		Bischof Egino: Dauer des Pontifikats
18rb		Bischof Wolfleoz: Dauer des Pontifikats
18va		Bischof Salomon I.

18vb		Bischof Patecho
19ra		Bischof Gebhard I.: Dauer des Pontifikats
19rb		Bischof Salomon II.
19^{v}-20^{v}	1122 919	Zeit Bischof Salomons III.: Verlegung der Pfalz; Reise ins Heilige Land; Translation des Hl. Pelagius; Stiftungen bzw. Bautätigkeit; Entwicklungen in Bischofszell; Todesnachricht
21^{r}		Frühgeschichte von Wil und St. Gallen; Einlenken des Adels nach Landflucht; Aussöhnung und Rückgabe bzw. Schenkung von Kirchengütern durch den Adel
21^{v}		
22^{r}		a) Frühgeschichte des Landstrichs: allmähliche Besiedlung der gesamten Gegend b) Klöster in Konstanz
22^{v}		
23		a) Klöster im Umland; Niedergang von Kirchen auf dem Lande; Kirchenorganisation b) *Hinweis auf Geschichtswerke*
24		
25ra	934	Bischof Noting: Dauer des Pontifikats; Todesnachricht
25^{v}		Wappen von Bischof Konrad
26ra-26va	934-976	a) Bischof Hl. Konrad: Werdegang; Stiftungen bzw. Bautätigkeit; Reisen ins Heilige Land; Dauer des Pontifikats; Todesnachricht b) *Hinweis auf Vita*
27ra	976-980	Bischof Gaminolf: Dauer des Pontifikats; Einordnung in die Bischofsreihe; Todesnachricht
27va	980-996	Bischof Hl. Gebhard: Stiftung von Petershausen; Grabbeschreibung; Todesnachricht
27vb		Wappen von Bischof Gebhard
28		
29ra	996-1009	Bischof Lambert: Einordnung in die Bischofsreihe; Dauer des Pontifikats; Todesnachricht
29rb	1009-1013	Bischof Rudhart: Einordnung in die Bischofsreihe; Dauer des Pontifikats; Todesnachricht
29va	1013-1017	Bischof Heimo: Einordnung in die Bischofsreihe; Dauer des Pontifikats; Todesnachricht
29vb	1017-1023	Bischof Warmann: Einordnung in die Bischofsreihe; Dauer des Pontifikats; Todesnachricht
30ra	1023-1041	Bischof Eberhard I.: Einordnung in die Bischofsreihe; Dauer des Pontifikats; Todesnachricht
30rb	1041-1054	Bischof Theoderich: Einordnung in die Bischofsreihe; Dauer des Pontifikats; Todesnachricht
30va	1054-1073	Bischof Rumoldus: Einordnung in die Bischofsreihe; Dauer des Pontifikats; Todesnachricht; Münsterweihe
30vb	1073-1086	Bischof Otto I.: Einordnung in die Bischofsreihe; Dauer des Pontifikats; Todesnachricht
31ra	1086-1112	Bischof Gebhard III. von Zähringen: Einordnung in die Bischofsreihe; Dauer des Pontifikats; Todesnachricht
31rb	1112-1122	Bischof Ulrich I. von Dillingen: Stiftung von Kreuzlingen; Verlust von Bischofszell; Dauer des Pontifikats; Einordnung in die Bischofsreihe; Todesnachricht

31ᵛ-32		
33ʳᵃ	1130	Bischof Ulrich II.: Weihung von St. Stephan; Werdegang; Einordnung in die Bischofsreihe; Dauer des Pontifikats; Todesnachricht
33ʳᵇ	1156	Bischof Hermann I.: Stiftung; Einordnung in die Bischofsreihe; Dauer des Pontifikats; Todesnachricht
33ᵛᵃ	1164	Bischof Otto II.: Einordnung in die Bischofsreihe; Dauer des Pontifikats; Todesnachricht
33ᵛᵇ	1174	Bischof Berthold von Bußnang: Einordnung in die Bischofsreihe; Dauer des Pontifikats; Todesnachricht
34ʳᵃ	1186	Bischof Hermann II. von Fridingen: Einordnung in die Bischofsreihe; Dauer des Pontifikats; Todesnachricht
34ʳᵇ	a) 1204 b) 1225	a) Bischof Diethelm von Krenkingen: Einordnung in die Bischofsreihe; Dauer des Pontifikats; Todesnachricht b) Stiftung des Spitals
34ᵛᵃ	a) 1228 b) 1208 c) 1218 d) 1222	a) Bischof Konrad II. von Tegerfelden: Dauer des Pontifikats; Einordnung in die Bischofsreihe; Todesnachricht b) König Philipp von Schwaben: Todesnachricht c) Herzog Berthold V. von Zähringen: Todesnachricht d) Stadtbrand
34ᵛᵇ	1232	Bischof Werner von Staufen: Dauer des Pontifikats; Einordnung in die Bischofsreihe; Todesnachricht; Kauf der Küssaburg
35ʳᵃ	a) 1248 b) 1243?	a) Bischof Heinrich von Tanne: Bau der Burg Tannegg; Dauer des Pontifikats; Einordnung in die Bischofsreihe; Todesnachricht; Gefangennahme derer von Neifen b) Stadtbrand
35ʳᵇ	1274	Bischof Eberhard II. von Waldburg: Territorialpolitik; Einordnung in die Bischofsreihe; Dauer des Pontifikats; Todesnachricht
35ᵛ		Wappen von Bischof Rudolf I. von Habsburg-Laufenburg
36ʳ	a) 1293 b) 1291 d) 1293 e) 1277 f) 1282	a) Bischof Rudolf I. von Habsburg-Laufenburg: Familienbeziehungen; Gebietskäufe; Auseinandersetzung mit Herzog Albrecht von Habsburg b) Eroberung von Buchhorn c) Kampf von Albrecht mit Sieg über Nellenburg und Will d) Dauer des Pontifikats; Einordnung in die Bischofsreihe; Todesnachricht; Schenkung e) Erdbeben f) heftiger Schneefall
36ᵛ-37ʳ	a) 1284 b) 1277 e) 1289/ 1290	a) Stadtbrand b) Erdbeben c) Kalter Winter mit Seegefrörne; Wetter- und Erntenachrichten mit Lebensmittelpreisliste; Weinnachrichten d) König Rudolf I. von Habsburg: Dauer der Regierung; Sieg über Otokar II. Premysel e) Wetternachrichten, unter anderem mit Hinweis auf Hagelkatastrophe f) Episode über in den Brunnen stürzende Ledergerber
37ᵛᵃ	a) 1292 b) [12]96	a) Niederlage von Zürich b) König Rudolf I. von Habsburg: Todesnachricht
38		
39	a) 1293 c) 1305	a) Bischofs-Doppelwahl Heinrich II. von Klingenberg vs. Friedrich I. von Zollern b) Heinrichs Territorialpolitik und Stiftung von St. Lorenz c) Einordnung in die Bischofsreihe; Dauer des Pontifikats; Todesnachricht

	d) und e) 1295 f) 1299	d) Schneefall im April und Folgen e) Erdbeben f) Ungewöhnlicher Fischfang und Speisung zahlreicher Geistlicher
40-41^r		
41^v		*Abbildung II*: Ritualmord am „gûtt[en] v̊lrich von v̊berlinge(n)"
41ra!	a)1308-1320 b) 1308 c) [13]16	a) Bischof Gerhard von Bevar: Einordnung in die Bischofsreihe; Dauer des Pontifikats; Todesnachricht b) Tod von König Albrecht I. c) Tod von Kaiser Heinrich VII.
41rb!	1333	a) Bischof Rudolf II. von Montfort: Wiederaufbau von Schloss Arbon; Einordnung in die Bischofsreihe; Dauer des Pontifikats; Todesnachricht; Begräbnis als Gebannter b) Heuschreckenplage
41va!	a) und b) 1332	a) Ritualmord am „gûtt[en] v̊lrich von v̊berlinge(n)" b) Judenpogrom in Überlingen
41vb!	1314	Stadtbrand, von einem jüdischen Haus ausgehend
42ra-43ra, 12	1334	Bischofs-Doppelwahl Nikolaus von Frauenfeld vs. Albrecht von Hohenberg und die folgenden Auseinandersetzungen (v.a. Belagerung und Kampf um Meersburg)
43ra, 13-43rb, 15		Bischof Nikolaus als oberster Beamter der Herzöge von Österreich in Schwaben und im Elsass: Kampf und Friedensschluss mit dem Luzerner Bund
43rb, 16-44ra, 5		Auseinandersetzungen zwischen den Habsburgern und Johann von Böhmen um Kärnten und Tirol unter Beteilungen des Konstanzer Bischofs Nikolaus; der sich anschließende Zwist um die finanziellen Ausgaben
44ra, 6-45va	a) 1344 b) 1338	a) Anekdote zu Nikolaus und seinem Einsatz für Bedürftige; Todesnachricht und Begräbnis; Einordnung in die Bischofsreihe; Dauer des Pontifikats b) Eroberung der Burg Altstätten
46 und 47		
48^r	1342	Kloster Reichenau: Abt Diethelm von Castell: Todesnachricht; Reformversuche; Flucht nach Steckborn; Bautätigkeit; Ereignisse nach dem Tod
48^v		Wappen von Bischof Ulrich Pfefferhard
49ra-49va	a) 1343-1351 b) 1343 c)-e) 1349 f) 1350	a) Bischof Ulrich Pfefferhard: Wahl; Charakterisierung; Einordnung in die Bischofsreihe; Dauer des Pontifikats; Todesnachricht b) Teuerung; Hochwasser c) Geißler d) Stadtbrand in Laufenburg e) Judenpogrome f) Belagerung von Zürich
49vb		*Abbildung III*: Judenverbrennung
50^r	a) b) 1348	a) *Abbildung IV*: Geißlerprozession b) Judenpogrome in Konstanz und an anderen Orten im Zuge der Pest
50va	1352	Schlacht bei Ilanz mit Totenliste
51^r	a) 1352-1356 c) 1356	a) Bischof Johann Windlock: Familie; Ämter; Provision; Ermordung; Einordnung in die Bischofsreihe; Dauer des Pontifikats; Todesnachricht b) Aufenthalt von König Karl IV. in Konstanz und Umgebung; dessen Reliquienkult c) Erdbeben
51vb		Wappen von Bischof Heinrich von Brandis

52ra-53va	a) 1383	a) Bischof Heinrich von Brandis: Einordnung in die Bischofsreihe; Dauer des Pontifikats; Todesnachricht; Auseinandersetzung um den Bischofsstuhl
		b) Erdbeben
		c) Prozession für St. Pelagius
	d) 1358	d) Tod von Herzog Albrecht II. von Österreich
		e) Heuschreckenplage
	f) 1364/ 1370	f) Wetternachrichten und Folgen
	g) 1366/	g) Auseinandersetzung zwischen Konstanz und der Familie von Brandis: Blendung eines Fischers und Racheaktion; Gefangennahme von Ulrich
	1368/ 1369	von Roggwil; Überfall auf Konstanzer Bürger bei Basserdorf; Überfall auf Handelsschiff; Eroberung der Burg Marbach; Einigung
53vb		Weinqualität
54ra-55ra	a) und b) 1370	a) Weinqualität
		b) Der sogenannte „zweite Bürgerkampf"
	c) 1370/ 1373	c) Bürgermeister
55rb	1374	a) Lebensmittelpreise
		b) Wetternachrichten
		c) Hochwasser
		d) Frühe Blüte
55va-56va		
56vb	a) 1374	a) Kloster Reichenau: Abt Werner von Rosnegg: Bautätigkeit; versuchter Verkauf von Reliquien an Venezianer
	b) 1375/ 1377	b) Bürgermeister
57^r	a) 1374/ 1376/ [13]78	a) Weinnachrichten
	b) 1378	b) Seegefrörne
		c) Begehren einer Schwangeren im Zusammenhang mit dem Bericht zu Baumaßnahmen am Münster
		d) Handlung eines gelähmten Jungen
57va	1379	Fronleichnamsprozession
57vb		a) Bürgermeister
		b) Wetternachrichten; Blütenstand; Ernte
58		
59^r	a) 1380	a) Schicksal eines Scheintoten
		b) Große Glocke
	c) 1382	c) Regenbogen im Januar
59va		Wappen von Bischof Mangold von Brandis
59vb		Wappen von Bischof Nikolaus von Riesenburg
60 und 61		
62^r	1384/ 1385	Bischofs-Doppelwahl zur Zeit des Schismas: Mangold von Brandis vs. Nikolaus von Riesenburg; Wahl; angebliche Bestechung; Empfang von Nikolaus in Konstanz; plötzlicher Tod von Mangold
62va	1384	a) Bischof Nikolaus von Riesenburg: Reisen; Einordnung in die Bischofsreihe; Dauer des Pontifikats; Nachfolger
		b) *Hinweis auf die nachfolgende Erzählung*
62vb-63ra	1384	Sage vom Wunderkreuz und dem Bernrainer Kind

63rb	1386	Bürgermeister
63^{r}		*Abbildung V*: Kreuzschändung bei Bernrain
63^{v}		
64ra	1388-1397	Bischof Burkhard von Hewen: Amtsantritt; Dauer des Pontifikats; Einordnung in die Bischofsreihe; Ämter; Todesnachricht
64rb-64vb	1389	a) Der sogenannte „dritte Bürgerkampf" b) Bürgermeister c) Verbannungen und Geldstrafen
65		
66ra	1390	a) Konstituierung der Löwengesellschaft b) Der getaufte Jude und der Konstanzer Bürgermeister
66rb-66vb	1394	Appenzeller Krieg: Schlacht bei Vögelinsegg
67		
68ra	a) 1406 b) 1399	a) Bischof Marquart von Randeck: Einordnung in die Bischofsreihe; Dauer des Pontifikats; Todesnachricht b) Stadtbrand in Stadelhofen
68^{v}		
69ra	a) 1411 b) 1410	a) Bischof Albrecht Blarer: Einordnung in die Bischofsreihe; Dauer des Pontifikats; Resignation b) Überschwemmung
69rb		Wappen von Bischof Albrecht Blarer
69^{v}		
70ra	a) 1411-1451	a) Bischof Otto III. von Hachberg-Rötteln: Amtsantritt; Einordnung in die Bischofsreihe; Dauer des Pontifikats; Resignation; Todesnachricht b) Bürgermeister
70rb-70vb	1416	Kampf bei Walenstadt
71		
72^{r}	a) 1415 b) und c) 1417 d) 1418 e) 1419 f) 1420 g) [14]21 h) [14]22 i) 1422	a) Bürgermeister b) Bürgermeister c) Konzil d) Bürgermeister; Vogt e) Bürgermeister; Ritterschlag f) Bürgermeister g) Bürgermeister h) Bürgermeister i) Schiffsunglück bei Lindau
72va	1423	a) Bürgermeister b) Schicksal von Heinrich Gunterswiler
73 und 74		
75ra-75va	1377	Schwäbischer Städtebund vs. Grafen von Württemberg: allgemeine Einführung; Eroberung von Tuttlingen durch die Reichsstädte unter Beteiligung von Konstanz
76ra-79ra	1377-1388	Fortsetzung: Zusammensetzung und Entwicklung des Städtebundes; Kriegsverlauf; Schlacht bei Döffingen; Teilnahme von Konstanz; Friedensverhandlungen; Landfrieden von Eger; Bund der Bodenseestädte; Eroberung der Burg Leupolz; Eroberung der Burg Mägdeberg unter Beteiligung von Konstanz
79va	1388	„ain wunderliche sach": Hermaphrodit aus Rottweil
80ra	1389	Zerfall des Städtebundes
80rb		Eroberung der Burg Leupolz mit Gefangenenliste
80^{v}		

81^{r}-81^{v}		Offizieller Bericht zur Schlacht bei Reutlingen mit Vorgeschichte und Totenliste
82ra		Ausführung der Toten
82rb		Rothenburger Sühnevertrag
82^{v}-83^{r}		
83^{v}		*Federprobe*
84-87		
88ra-89va	c) 1340	a) Frühgeschichte von Zürich und Umgebung mit Gründungssage und Hinweisen auf Stadtentwicklung b) Auseinandersetzung zwischen Zürich und Schwyz c) Schlacht bei Laupen d) Hinweis auf weitere Schlacht mit Erwähnung einiger Toten
90ra	1352	Schlacht bei Baden
90rb		Schlacht bei Ilanz mit Totenliste
90va-93rb	a) 1370 b) 1370	a) Vorgeschichte des Guglerkrieges: weitere Auseinandersetzung zwischen Zürich und Schwyz; Intervention durch Herzog Leopold III. von Österreich; König Karl V. von Frankreich b) Guglerkrieg: Heer; Schlacht bei Breisach; Kriegsverlauf und Verteidigungsmaßnahmen; Gefechte bei Buttisholz und dem Kloster Fraubrunnen; Trennung des Heeres; Rückzug und Verluste; Kriegsverlauf
93va-94va	a) 1386	a) Schlacht bei Sempach mit Totenliste b) Einsturz der Brücke bei Weesen c) Bezugnahme auf Schlacht bei Näfels und die Ursachen der Niederlage
94vb-95rb	1388	Schlacht bei Näfels
95^{v}		
96ra-98va	1398	a) Belagerung von Rapperswil b) Streit zwischen Angreifern infolge des misslungenen Unternehmens und Rückzug
99		
100		*Fragment des sogenannten „Elsässischen Trojabuchs"*
101		
102ra-102va	1423	a) Auseinandersetzung zwischen Bischof Otto III. von Hachberg und dem Konstanzer Domkapitel b) Bautätigkeit des Bischofs
102vb		Wappen von Bischof Otto III. von Hachberg
103		
104ra	1423	Konstanzer Beteiligung am Hussitenfeldzug
104rb		Auseinandersetzung um Arbon nach dem Überfall von Konrad und Ulrich II. von Payer
104va		Auseinandersetzung in der Stadt Konstanz unter Beteiligung von Mitgliedern der Rebleutezunft
104vb		a) Übergabe der Reichskleinodien an die Stadt Nürnberg b) Riedlinger Münzvertrag
105ra		Überfall auf einen Mailänder Kaufmann und Hilfeleistung von Konstanz
105rb	1425	Kloster St. Gallen vs. Appenzell: Abt Heinrich von Mansdorf und Beilegung des Streits unter Abt Eglolf Blarer
105^{v}		
106ra-106va	1426	a) Gefangennahme von Ulrich Schatz und anderen Konstanzern durch Georg von Enne b) Seuche c) Korn- und Weinpreis

106vb-107rb	1426	Alchemist in Schaffhausen und Reaktionen in Konstanz
107^v		
108ra	1427	Delinquenz und Strafe
108rb		a) Überfall auf Bregenz b) Erbauung einer Mühle in Konstanz c) Erdbeben
108va	1427	Wetternachrichten
108vb		Unglücksfall in Feldkirch: Explosion nach Brand
109ra		a) Folgen des Appenzellerkrieges in Konstanz b) Bischof Otto III. verlässt Konstanz
109rb		a) Zug von Konstanz gegen Fischer am Untersee b) Delinquenz und Strafe
109^v		
110ra	1428	Raubzug von Konstanz gegen Hornberg
110rb		Fehde zwischen Bischof Otto und Öhningen
110^v		
111^r	1429	Der sogenannte „vierte Bürgerkampf" in Konstanz
111^v		
112ra	1429	Belagerung von Marbach, dabei Gefangennahme von Jakob von Ulm und dessen Sohn
112^v		*Abbildung VI*: „Ravensburger Blutbeschuldigung": Knabe in der Tanne
113ra-115ra	1429	„Ravensburger Blutbeschuldigung": Judenpogrome in Konstanz und anderen Städten; Ursache: Ermordung eines Jungen aus Brugg; Wallfahrtsbewegung zu der Tanne; Gefangennahmen und Freilassungen von Juden; Stellungnahme des Königs; Erzählung des „Broll"; Erbauung einer Kapelle und Wundererscheinungen; Schicksal der Juden in Konstanz; Ende der Wallfahrtsbewegung
115rb	1432	Verbrennung eines angeblichen Häretikers in Zürich
115va	1432/33	Wetternachrichten und Folgen: Harter Winter; Ernteschäden; Teuerung; Preisliste; Elend
115vb	1433	a) Kaiserkrönung von Sigismund in Rom b) Reisen des Kaisers zum Konzil von Basel und von dort unter anderem über Konstanz nach Wien c) Erntenachrichten
116		
117ra	1430	a) Brand der Rheinmühle und -brücke in Konstanz b) Bischof und Bürgermeister c) Unglücksfall bei den Löscharbeiten
117rb		Zigeuner in Konstanz
117^v	1430	a) Wetternachrichten und Folgen: Frost; geographische Ausmaße; Ernteschäden; Teuerung; Preisliste b) Bischof und Bürgermeister
118		
119ra-120ra	1430	a) Fortsetzung des Bürgerkampfes in Konstanz b) Rückkauf des verpfändeten Ammannamtes c) Erbauung des Richthauses
120rb		Judenpogrome in Ravensburg und Lindau
120^v		
121ra	1430	a) Judenpogrom in Überlingen b) Bestrafung des „Broll"

121rb	1430	a) Liste der nach den Unruhen in Konstanz ausziehenden Bürger b) Nennung von Patriziern, die die Stadt nicht verlassen
121^{v}		
122^{r}	1430	a) Sigismund in Ravensburg; Besuch der Tanne; Verbot der Wallfahrt b) Bürgermeister
122^{v}		
123ra-125ra	1430	a) Sigismund und die Ordnung der Konstanzer Verhältnisse nach dem Zunftkampf: Besuch in Überlingen; Konstanzer Räte in Überlingen; Eide in Konstanz; Flucht einiger Zunftmitglieder; Verhandlungen und Entscheidungen; Bestimmungen der Richtung König Sigismunds
125^{v}		
126ra-130rb	1430	Wörtliche Wiedergabe der Richtung König Sigismunds
130^{v}		
131ra	1430	Ankunft König Sigismunds in Konstanz
131^{v}		
132ra-133ra	1430	Gottesdienstbesuche; Prozession
133^{v} u. 134^{r}		
134^{v}		a) Bestrafung der Stadt Überlingen b) Strafen der gefangen gesetzten Konstanzer Räte c) Strafe der geflohenen Konstanzer Räte
135ra	1431	Tanzfeste zu Ehren des Königs
135rb		Verbot der Wallfahrt zur Tanne
135^{v}		
136ra		Abreise des Königs
136rb		Königlicher Urteilsspruch über Heinrich Ehinger
136va	1431	a) Delinquenz und Strafe b) Unwetter
136vb		Rückkehr Bischof Ottos III. von Hachberg
137^{r}		
137va		a) Überfall des Grafen von Toggenburg auf Konstanz b) Bürgermeister und Vogt
137vb	1432	a) Stadtbrand nach Unwetter in Petershausen b) Stiftung eines Marienbildes in St. Johann c) Baumaßnahme am Münster
138ra	1433	Auseinandersetzung zwischen Bischof Otto und Domkapitel; in der Folge zwei getrennte Fronleichnamsprozessionen
138rb		a) Zweikampf zwischen zwei Thurgauern b) Schiffsunglück mit elf Toten c) Wetternachrichten: Harter Winter und Folgen
138^{v}		
139ra	1433	Teuerung und Preise
139rb		Bürgermeister und Vogt
139^{v}-140		
141ra	1434-1436	Bischof Friedrich III. von Zollern: Übernahme des Bischofsamtes; Wahl auf dem Konzil von Basel; Einordnung in die Bischofsreihe; Dauer des Pontifikats; Todesnachricht
141rb		Auseinandersetzung zwischen dem vom Papst providierten Domherren Nikolaus von Gundelfingen und dem Domkapitel; Interdikt als Folge
141^{v}		

142ra	1434	Delinquenz und Strafe in Meersburg und Durchreise von Ludwig VIII. von Bayern
142rb-143vb	b) [14]34	a) Wetternachrichten: Unwetter und Folgen für Wein b) Eroberung der Prager Neustadt durch die Utraquisten c) Verbreitung der Nachricht durch einen Konstanzer Boten d) Fehde zwischen Konstanz und Ulrich Werkmeister mit adligen Helfern e) Häretiker in Konstanz mit ausführlicher Schilderung von dessen Vorstellungen f) Kornpreise; Erntenachrichten g) Ausstattung von St. Peter in Zürich mit Turm, Uhr und Glocke
144ra		Kloster Kreuzlingen: Tod von Abt Konrad II. Luzerner; Nachfolger: Johannes IV. Huber
144^{v}		
145ra	1434	a) Baumaßnahme bei der Kirche St. Johann b) Delinquenz und Strafe
145rb		a) Unglücksfall b) Delinquenz
145va-146ra		a) Brandkatastrophe im „ståtlin ållg | őw" b) Wetternachrichten: Schnee, Eis, Seegefrörne, Eisscholle c) Erntenachrichten d) Schützenfest
146va	1435	a) Unglücksfall b) Schiffsunglück
146vb		a) Schiffsunglück b) Delinquenz und Strafe c) Wetternachrichten: Seegefrörne
147ra		a) Wetternachrichten: Harter Winter und Folgen b) Hinweise auf Jagd und Preise
147rb-147va		a) Visitation des Klosters St. Gallen b) Komet c) Wahl von Papst Felix V. d) Weinnachrichten: Frost; Importe und Teuerung
147vb		Übergabe des Bistums an Friedrich III. von Zollern
148ra-148va		a) Aufhebung des Interdikts b) Auffinden von Unfallopfern c) Schiffsunglück d) Fehde und Verurteilung durch das Landgericht
	e) [14]35	e) Delinquenz und Strafe
148vb		a) Konkurs und Flucht von Ulrich Imholz b) Seuche
149ra		a) Wunderbericht: Stimmen aus einem Grab b) Hochwasser in Zug c) Stadtbrand in Ehingen d) Unglücksfall bei Lindau
149rb		a) Stadtbrand in Diessenhofen b) Weinqualität und -preise
149va		Stadtbrand in Stadelhofen
149vb	1435	a) Prozession anlässlich einer Diözesansynode b) Besteuerung
150	1436	Bischof Friedrich III.: Todesnachricht; Dauer des Pontifikats; Charakterisierung; Begräbnis

151^r	b) 1436	a) Bürgermeister und Vogt b) Großes Turnier in Schaffhausen
151va	1436-1463	a) Bischof Heinrich IV. von Hewen: Wahl; Einordnung in die Bischofsreihe; Dauer des Pontifikats; Todesnachricht b) Bürgermeister und Vogt
151vb		Erwähnung von Einzug und Aufenthalt Bischof Heinrichs in Konstanz
152^r		a) Erntenachrichten; Schädlingsbefall b) Münzordnung c) Ratsbeschlüsse
152^v		a) Herzog Albrecht von Bayern und die unstandesgemäße Liebe zu Agnes Bernauer b) Verordnung zum Salzhandel
153	1436	Einzug und Aufenthalt von Bischof Heinrich
154ra		a) Zigeuner in Konstanz b) Delinquenz und Strafe
154rb		Kuriosität: Kalb mit zwei Köpfen
154va		a) Tod von Graf Friedrich VII. von Toggenburg und Hinweis auf den sogenannten Toggenburgischen Erbschaftsstreit c) Tod von Graf Hans I. von Lupfen
154vb	1437	Gefangennahme von Ulrich Imholz
155^r		a) Seuche b) Wetternachrichten: Frost; Folgen für Wein und Getreide; Hungersnot c) Bischof Heinrich und das österliche Hochamt
155^v		a) Toggenburgischer Erbschaftsstreit b) „Sarganserfehde"
156ra-157ra		Zweikampf zwischen zwei Thurgauern
157^v	1437	Ablasspredigt und Delinquenz am Ablassbild
158^r		Gefangennahme von Ulrich Imholz
158va		Wirtschaftsdelinquenz und Marktverordnung
158vb		a) Wetternachrichten: Gewitter; warmer Winter b) Teuerung; Kornpreise
159ra		Aufnahme von Albrecht Stainstrass in die Geschlechtergesellschaft „zur Katz"
159rb-159va	a) [14]37/38 b) [14]37	a) Aufnahme von Marquart Brisacher und seinen Brüdern in die Geschlechtergesellschaft „zur Katz" und Festivität b) Tod von Kaiser Sigismund
160^r		
160^v		a) Wahl König Albrechts II. und folgende Ereignisse in Konstanz b) Charakterisierung des Königs c) Hinweis auf Hussiten
161ra	14[3]8	a) Delinquenz b) Fehde zwischen Ulm und Graf Georg von Geroldseck
161rb		Erntenachrichten: Missernte; Teuerung; Preise; Hungersnot
161va	1438	a) Brand im Kloster Münsterlingen b) Delinquenz und Strafe des Spitalmeisters c) Zahlreiche Todesfälle im Spital
161vb		Delinquenz und Strafe
162ra	[14]38	a) Ermordung von Hans Stickel b) *Chronologische Korrektur der vorherigen Nachricht* b) Ausbau der Trinkstube der Schuhmacher c) Kornpreise

162rb		a) Besetzung von Petershausen b) Gefangennahme von Konrad Stickel
162^{v}		a) Selbstmord von Peter Stainstrass b) Baumaßnahme am Münster c) Ausstattung von St. Stephan mit Uhr d) Konkurrenz zwischen den Kirchen e) Strafmaßnahmen
163ra		a) Erntenachrichten: Missernten bei Korn und Wein; Importe der Stadt Basel; Weinpreise b) Seuche
163rb-163vb		a) Wetternachrichten: Frost und Folgen für Wein b) Zustände in Klöstern am Bodensee
164		
165^{r}	b) 1438 c) [14]39	a) Delinquenz und Strafe b) Prozession gegen die Pest in Konstanz c) *Chronologische Korrektur der Prozessionsnachricht sowie des Hinweises auf den Selbstmord von Peter Stainstrass*
165^{v}		
166ra	b) [14]38	a) Getreidepreis b) Delinquenz und Strafe
166rb		a) Schützenfest b) Tod des Domherren Konrad von Münchwil
166va		a) Böhmischer Feldzug unter Beteiligung von Konstanz; Feierlichkeiten im Anschluss b) Pferdepreis
167ra	1439	a) Pest mit zahlreichen Toten in Konstanz b) *Chronologische Korrektur der Prozessionsnachricht*
167rb		a) Alter Zürichkrieg b) Baumaßnahme in Konstanz
167va		a) Pest mit Todesfällen in der Familie Stainstrass b) Ratsbeschlüsse
167vb-168rb		a) Ratsbeschluss b) Pest mit geographischen Ausmaßen; zwei Prozessionen gegen die Pest in Basel c) Korn- und Weinpreise e) Pest und Folgen f) Wetternachricht: Warmer Herbst g) Weinqualität und -preise h) Feldmausplage
168va		a) Schisma: Felix V. vs. Eugen IV. b) Württemberg vs. Städtebund
168vb		Tod von König Albrecht II.
169ra	1440	a) Ratsbeschlüsse b) Bürgermeister
169rb		Gefangennahme von Rudolf Meis in Zürich
169va		a) Alter Zürichkrieg b) Erntenachrichten und Obstpreis
169vb-170rb		a) Auseinandersetzung zwischen Bischof Heinrich IV. von Hewen und den Grafen von Lupfen b) Waffenstillstand und Bündnispolitik
170^{v}		

171ra	1441	a) Raubritter-Überfall auf Kaufleute bei Stiegen b) Städtetag mit Verhandlungen zu einem Landfriedensbund
171rb		Münzpolitik der Stadt Konstanz
171va		a) Auseinandersetzung zwischen Bischof Heinrich IV. von Hewen und den Grafen von Lupfen b) Erbauung einer Schule c) Erdbeben
171vb	1441	a) Diözesansynode mit Prozession und Steuererhebung b) Einlösung von Arbon
172ra		a) Schlichtung zwischen Bischof Heinrich und den Grafen von Lupfen b) Delinquenz von Konrad Stickel
172rb		a) Gefangennahme von Konrad Ehinger b) Die sich daran anschließende Fehde zwischen Konstanz und dem Herzog von Urslingen und anderen Adligen
172va	1441	Gesellenstechen
172vb		Delinquenz und Strafe
173ra		a) Wetternachrichten: Gewitter mit Todesfolge b) Todesnachricht von Bischof Albrecht Blarer und Nennung der Nachfolger
173rb		a) Einführung der Reservatsfälle durch Bischof Heinrich IV. b) Tod des Weihbischofs und Nennung des Nachfolgers c) Delinquenz und Strafe
173^{v}		a) Städtetag in Konstanz b) Belagerung von Maienfels durch den Schwäbischen Städtebund c) Delinquenz
174ra	[14]41	a) Wetter- und Erntenachrichten: Regen und Kälte im August; schöner Sommer; gute Ernte b) Brennende Erscheinung am Himmel
174rb-175rb		„Rachebündnis" gegen Raubritter im Hegau mit Hinweisen auf verschiedene Aktionen, die Stellungnahme von Konstanz und die Schlichtung
175^{v}	1442	a) Reichstag in Frankfurt: Beratungen b) Verschiedene Todesfälle in Konstanz (darunter Eglolf Blarer, Abt von St. Gallen; Nennung des Nachfolgers)
176^{r}		a) Fronleichnamsprozession mit einer Art Wundererscheinung b) Unglücksfall mit zwei Toten
176va		a) Wetter- und Erntenachrichten: Hitze, Trockenheit und Folgen; Weinqualität b) Zigeuner in Konstanz
176vb		a) Bündnis zwischen den Grafen von Württemberg und dem Schwäbischem Städtebund b) Delinquenz im Zusammenhang mit der Fehde zwischen Konstanz und dem Herzog von Urslingen und anderen Adligen
177ra-178rb		a) Krönung von Friedrich III. in Aachen b) Königlicher Umritt c) Aufenthalt in Konstanz: Adventus; Unterkünfte; Geschenke; Festivitäten; Reise nach Überlingen; Weiterreise; Verbrauch; Reliquienkult d) Wetternachrichten: Kälte; Trockenheit und Folgen
178^{v}		a) Verteidigungsmaßnahmen b) Todesnachricht des Konstanzer Dekans; Nennung des Nachfolgers und dessen Neuordnungen c) Wunder: Blutendes Marienbild

179ra	1443	Delinquenz und Strafe
179rb		a) Gerichtsprivileg für Konstanz b) Hinweis auf Türkenkreuzzug
179va	1444	*Jahresangabe*
180ra-181ra	1445	a) Einfall der Armagnaken mit ausführlicher Schilderung der Schlacht bei St. Jakobs an der Birs
181^{v}		
182ra		a) Glocke in Überlingen b) Delinquenz und Strafe
182rb-182vb		Rückzug der Armagnaken mit Hinweis auf die Bundschuhbewegung
183ra		Belagerung der Burg Pfeffingen durch Basel
183rb-183va		Friedensverhandlung zwischen den Krieg führenden Parteien im Alten Zürichkrieg
184ra	1446	Auseinandersetzung zwischen Graf Johann II. von Tierstein und der „Gesellschaft der Böcke"
184rb-185rb	b) 1446	Alter Zürichkrieg: a) Episode aus dem Kampf um Pfäffikon und b) Eroberung beziehungsweise Zerstörung von Rheineck
185^{v}		
186ra	1447	Delinquenz und Strafen
186^{v}		
187ra-187va	1448	Überfall und Eroberung von Rheinfelden unter Führung von Hans von Rechberg
188-190^{r}		
190va	1449	*Jahresangabe*
191		
192ra	1450	*Jahresangabe*
192va	1451	*Jahresangabe*
193 und 194		
195ra	1452	*Jahresangabe*
195rb		Bürgermeister, Vogt und Ammann
195va	1453	*Jahresangabe*
195vb		Bürgermeister, Vogt und Ammann
196		
197ra	1454	*Jahresangabe*
197rb		Bürgermeister, Vogt und Ammann mit Lücken
197va	1455	*Jahresangabe*
197vb		Bürgermeister, Vogt und Ammann
198ra-199vb	1456	Episoden aus dem Leben Vlads III. Țepeș – Teil 1: Regierungsantritt; Vorgehen in Siebenbürgen; Vlad III. und das eigene Volk; Auseinandersetzung mit den Sachsenstädten; Qualen und Tötungsarten; innenpolitisches Vorgehen am Beispiel der Zigeuner, eines einzelnen Mannes, eines Priesters, der Bojaren, einer Mätresse; Qualen und Tötungsarten
200ra	1456	*Jahresangabe*
220rb		Bürgermeister, Vogt und Ammann mit Lücken
200va-201rb	1457	Auseinandersetzung um die Stadtherrschaft zwischen Bischof Heinrich IV. und Meersburg
201va	1434	Kloster Kreuzlingen: Tod von Abt Johannes IV. Huber mit Hinweis auf Amtsantritt
201vb		Bürgermeister, Vogt und Ammann
202^{r}	1458	Schützenfest in Konstanz

202^v		Der sogenannte „Plappartkrieg"
203ra		Belagerung des Schlosses Diessen durch Konstanz und Überlingen
203rb		Bürgermeister, Vogt und Ammann
203va	1459	*Jahresangabe*
203vb	1459	a) Bürgermeister, Vogt und Ammann mit Lücken b) Friedensverhandlungen zwischen Herzog Sigmund von Österreich und den Eidgenossen in Konstanz
204ra	1460	Episoden aus dem Leben Vlads III. Țepeș – Teil 2: Überfall auf Hamlesch/Amlaș
204rb		Bürgermeister, Vogt und Ammann
204va	1461	*Jahresangabe*
204vb		a) Bürgermeister, Vogt und Ammann b) Verteidigungsmaßnahmen
205^r	a) 1462 b) 1463	a) Tod von Bischof Heinrich IV. von Hewen b) Bischof Burkhard II. von Randegg: Wahl; Einordnung in die Bischofsreihe; Weihe; Dauer des Pontifikats; Beurteilung der Regierung mit Hinweisen auf Reformtätigkeit; Anwesende bei der Weihe c) Bürgermeister, Vogt und Ammann
205va-206vb	1462	Schlacht bei Seckenheim mit Verlierer-, Gefangenen- und Totenlisten sowie Hinweisen zu Aufgebot und Verlauf
207ra-209rb		Episoden aus dem Leben Vlads III. Țepeș – Teil 3: Türkenoffensive; verschiedene Berichte mit Beispielen seiner Gewalttaten (Opfer: Bewohner von Fogarasch; Räte; Adlige; Hausfrau; Mönch mit Esel; Zigeuner; Kinder; Männer; Arme; „Walchen"; römischer Knabe; Boten); Auseinandersetzung mit Sultan Mehmed II.; Resümee
209^v		
210ra	1463	Lebensmittelpreisliste
210rb		a) Bürgermeister, Vogt und Ammann b) Tod von Herzog Albrecht VI. von Österreich
210va	1464	a) Wetternachrichten: Regen und Folgen b) Diözesansynode Bischof Burkhards mit Hinweis auf Prozession
210vb		a) Bürgermeister, Vogt und Ammann b) Wetternachricht: Regen c) Stadtbrand mit geringen Schäden; Prozession und Gottesdienste zum Dank
211ra	1465	Wetternachrichten: Kälte; Seegefrörne; *Erlebnisbericht*
211rb		a) Bürgermeister, Vogt und Ammann b) Kloster Kreuzlingen: Tod von Abt Heinrich Reichlin von Meldegg; Nachfolger: Ortulf Wälk
211va		Wetter- und Erntenachrichten: Schnee und Kälte im März und April; gute Ernte
211vb-212ra		a) Brand in Einsiedeln b) Wetter- und Erntenachrichten: Viel Regen mit Auswirkungen auf den Reifestand von Weintrauben und anderen Früchten c) Sonnenfinsternis d) Wetter- und Erntenachrichten: Frost und schlechte Weinernte
212^v		
213^r	1466-1475	a) Tod und Begräbnis von Bischof Burkhard II. von Randegg b) Bischof Hermann III. von (Breiten-)Landenberg: Wahl; vorheriges Amt als Dekan; Einordnung in die Bischofsreihe; Dauer des Pontifikats (*lückenhaft*); Todesnachricht; Weihe und erste Messe

213^v		
214ra		a) Wetternachrichten: Eisschmelze; erneute Kälte und Seegefrörne; Angst um Reben b) Schiffsunglück
214rb		Bürgermeister, Vogt und Ammann
214^v		Friedensverhandlung zwischen Herzog Sigmund von Österreich und den Eidgenossen in Konstanz; Teilnehmerliste
215ra		Delinquenz und Strafe
215rb		Bürgermeister, Vogt und Ammann
215^v		Fehde zwischen Burkhard von Reischach und Heinz von Schellenberg und der Stadt Überlingen
216ra	1468	a) Mülhauser Krieg b) Bürgermeister, Vogt und Ammann
216rb		Kloster Kreuzlingen: Tod von Abt Ortulf Wälk; Nachfolger: Konrad III. Binder; dessen Wahl und Weihe
216va		a) Klettgauzug b) Waldshuterkrieg
217^r	1468	Auswirkungen der Auseinandersetzungen auf den Bodenseeraum
217vb		a) Wetternachrichten und Folgen für Wein; Arbeitslöhne während der Weinlese b) Hochwasser
218^r	1468	Mordnacht in Lindau
218vb		Wetter- und Erntenachrichten: Schnee und Frost im Oktober; Schäden an Weintrauben und Getreide
219^r		*Federprobe*
219^v		
220^r		a) Auseinandersetzung zwischen Karl dem Kühnen von Burgund und Ludwig XI. von Frankreich b) Kampf um Lüttich
220^v		
221ra	1469	a) Bürgermeister, Vogt, Ammann, Säckelmeister und Baumeister b) Vertrag von St. Omer und Unruhen in dessen Folge
221rb		a) Feiertag in Konstanz b) Beurteilung des Bürgermeisters Ulrich Blarer (zu Liebburg)
221va-222ra		a) Erntenachrichten b) Delinquenz: Ermordung von Gebhard von Croaria c) Sturm und infolgedessen Schiffsunglück d) Situation auf anderen Schiffen
222^v		
223ra-223va	a) 1470 e) [14]72	a) Bürgermeister, Vogt, Ammann, Säckelmeister und Baumeister b) Wetternachrichten: Harter Winter; Seegefrörne; Angst um die Reben; viel Schnee c) Erdbeben d) Wetternachrichten: Gewitter; Blitzeinschläge; kalter März e) *Kolophon von Konrad Albrecht*
223vb	[14]72	a) Bürgermeister, Vogt und Ammann c) Kurze Bemerkung zum Geschehen zwischen Weihnachten und Herbst
224ra		Wetter- und Weinnachrichten: Guter Herbst; viel Wein; eigener Einkauf; Wein und der Abt des Klosters Salem; Weinimport
224rb-224va		a) Amtsverhalten von Bürgermeister Hans Schwaininger b) *Hinweis auf andere Quellen*

	[14]73	c) Bürgermeister, Vogt, Stadtschreiber und Ammann d) Wetter- und Erntenachrichten: Warmer Frühling und Folgen e) Söldner im Elsass f) Kaiser Friedrich III. in Augsburg
224vb-225rb		Kaiser Friedrich mit Sohn Maximilian in Ulm: Empfangsrede; Geschenke; Rede zur Übergabe der Geschenke; Treueeid
225^v	[14]73	a) Weinqualität und -preis b) Wetternachrichten: Hitze; Gewitter mit Todesfolge; Trockenheit; zwei Prozessionen wegen des Wetters c) Gastmahl bei Ludwig Appentegger d) *Besitzervermerk*
226^r-231^r		
231^v		*Federproben*
232^r		*Federproben*
232^v-246^v		
247^r		*Federprobe*
247^v-255^v		
256^r		*Federprobe*
256^v-258^r		
258^v		„Anonymus 258ff."
Spiegel	1475	Himmelserscheinung

5.1.2 Grundstrukturen

Wie viele der vor allem seit Ende des 14. Jahrhunderts zahlreich überlieferten historiographischen Schriften aus Reichs- und Bischofsstädten nimmt sich die „Konstanzer Chronik" nicht mehr der Entstehung der Welt oder allein der Geschichte der Päpste und Kaiser an. Der Rahmen ist zeitlich und geographisch enger gesteckt. Im Zentrum stehen Ereignisse aus der Geschichte der Heimatstadt des „Autors" von der sagenhaften Gründung bis in die eigene Gegenwart. Entsprechend liegt uns mit diesem Werk keine Aufzeichnung vor, die sich auf ein fest umrissenes Einzelthema (z.B. das Konzil wie bei Richental oder eine einzige kriegerische Auseinandersetzung wie im sog. „Schürstab'schen Kriegsbericht" aus Nürnberg zum ersten Markgrafenkrieg von 1449/50[782]) konzentriert[783]. Im Gegenteil vereinigt der Text in sich – von den zur Verfügung stehenden Quellen und den Interessen des Chronisten beziehungsweise seines Adressatenkreises beeinflusst – die unterschiedlichsten Nachrichten aus einer Zeitspanne von über tausend Jahren. Grundsätzlich zeichnet sich die Chronik in Bezug auf die angesprochenen Inhalte, aber auch in Bezug auf deren Darbietungsform durch Heterogenität aus. Den „roten Faden" innerhalb des Werkes bildet allein Konstanz.

Zunächst Bemerkungen zu den zeitlichen Strukturen innerhalb der Chronik: Der Text beginnt mit verschiedenartigen Ausführungen zur Gründung und Frühgeschichte von Stadt und Bistum. Während auf fol.1ra die Erbauung der „stat <u>Costentz</u>" mit dem Jahr „**a**ls man vo(n) der | geburt

---

[782] Vgl. Nürnberg's Krieg gegen den Markgrafen Albrecht (Achilles) von Brandenburg 1449 und 1450. Kriegsbericht und Ordnungen, zusammengebracht v. E. Schürstab, in: ChrSt, Bd.2, S.93-352 und dazu z.B. J. Schneider, Typologie, S.187f.
[783] Der Katalog der deutschsprachigen illustrierten Handschriften, Bd.3, S.131 spricht in solchen Fällen v. sog. „Ereignischroniken", die als eigenständige Kategorie v. „Lokal-, Territorial- und Herrschaftschroniken" zu trennen sind.

cristi zalt drühun= | dert vnd nün jare" angegeben wird, bezieht sich das nachfolgende Blatt auf das zeitlich früheste Datum innerhalb des Textes, nämlich auf 207 n. Chr. Bis zu fol.25ra erfolgt nur selten eine exakte zeitliche Einordnung der Nachrichten. Genauer werden bei den Erörterungen zur frühen Entwicklung von Konstanz und Umgebung sowie zu den Bischöfen des 6. bis 9. Jahrhunderts lediglich fünf Jahreszahlen, nämlich 388, 360 (?), 1305 (?), 1122 und 919, erwähnt. Davon ist bei 360 (vgl. fol.10ra und nach dieser auch fol.9^{v}) das Jahrhundert von der Hand eines späteren Benutzers ergänzt und die Angabe 1305 (?) von der internen Logik her eindeutig fehlerhaft (vgl. fol.14ra). Auf fol.20va wiederum werden mit dem Hinweis auf 1122 Ereignisse des später behandelten 12. Jahrhunderts vorweggenommen (vgl. die Wiederholung auf fol.31rb). Erst mit dem Tod von Bischof Noting 934 oder besser mit dem Beginn des Pontifikats des Heiligen Konrad werden die Notizen fortlaufend datiert. Abgesehen von sehr wenigen Ausnahmen, bei denen es sich vor allem um Hinweise auf bischöfliche Stiftungen und Weihen handelt, bietet der Text von nun an bis fol.34ra eine reine Bischofsliste. Nach demselben Muster werden in dieser die geistlichen Würdenträger des 10., 11. und 12. Jahrhunderts meist spaltenweise neben einem Wappen nicht wie zuvor nur dem Namen nach erwähnt, sondern nun in die Bischofsreihe eingeordnet und mit ihrer Amtsdauer sowie dem Todesjahr aufgelistet. Erst mit der Stiftung des Spitals durch Konstanzer Bürger (1225) auf fol.34rb (= Ergänzung von der Hand des Rubrikators) beziehungsweise mit der Todesnachricht von Philipp von Schwaben (1208) auf fol.34va wird dieses Schema aufgebrochen und der Text nun durch Informationen erweitert, die – immer einem bestimmten Jahr zugewiesen[784] – das Reich, die Region oder die bürgerliche Stadt und nicht mehr allein die Bischöfe betreffen. Ausführlicher fließen diese Mitteilungen erstmals auf fol.36^{ra}ff für die Zeit Bischof Rudolfs I. von Habsburg-Laufenburg (1274-1293)[785]. Der Beschreibung der Amtszeit seines Nachfolgers Heinrich II. von Klingenberg (1293-1306) widmet sich – ebenfalls mit zusätzlichen Angaben zu weltlichen Vorkommnissen – dann fol.39.

Die „Konstanzer Chronik" beschäftigt sich also auf 39 Blättern (davon sind vier vollständig leer) mit der Geschichte von den Anfängen der Stadt bis zum Ende des 13. Jahrhunderts. Da dem Chronisten vor allem ab circa 1350 ausführlichere Quellen zur Verfügung stehen, nimmt das 14. Jahrhundert im Vergleich dazu einen sehr viel breiteren Raum ein. Auf den 52 Blättern von fol.41 bis fol.68 und fol.75 bis fol.98 (davon sind elf vollständig leer) findet man nämlich Nachrichten aus der Zeit von 1308 bis 1399. Das letzte genannte Datum der Haupthand im Codex Sangallensis 646 ist mit 1470 anzugeben (vgl. fol.223ra). Die Eintragungen von Konrad Albrecht wiederum reichen bis 1473 (vgl. fol.225va) beziehungsweise zwei Nachträge sogar bis 1475 (vgl. fol.213rb, hinterer Spiegel). Da die Handschrift insgesamt bis zur Folio-Seite 225 beschrieben ist, verteilen sich die Notizen zum 15. Jahrhundert auf die Blätter 69 bis 72 (davon ist eines vollständig leer) und 102 bis 225 (davon sind neun vollständig leer). Während fol.69 bis fol.72 den Zeitraum bis 1423 abdecken, setzt fol.102 mit Berichten zu diesem Jahr ein. Den 50 Jahren von 1423 bis 1473/75 sind damit über 120 der 225 Blätter des Werkes gewidmet. Der Schwerpunkt der „Konstanzer Chronik" liegt folglich eindeutig auf der Zeit- oder Gegenwartsge-

---

[784] Hinter der genauen Datierung dürfte die Vorstellung stehen, die bspw. in Anlehnung an Hugo v. Fleury v. Twinger in seinem Vorwort artikuliert wird, dass nur datierbare Ereignisse als wahr anzusehen sind. Vgl. C. Hegel (Hg.), Chronik, S.230f: „und wil ouch zů iedem dinge setzen die zale der jore von gottes gebürte (...). wan es sprichet meister Huge von Florencie, das ein geschehen ding von dem man nüt kan sagesen in welem jore oder bi weles küniges oder fürsten ziten es geschehen si, das sol men haben für eine fabule und für eine sagemere und nüt für eine wore rede".
[785] Darauf weist bereits E. Hillenbrand, Geschichtsschreibung, S.10ff hin.

schichte[786] und überdies ziemlich genau auf der Lebenszeit des Chronisten Dacher. Innerhalb dieses Bereichs richtet sich die Aufmerksamkeit nun vor allem auf Ereignisse von 1430 bis circa 1446 (vgl. fol.115rb bis fol.185rb) sowie auf die zweite Hälfte der 1460er Jahre (vgl. 1464 bis 1469, fol.210va bis fol.222ra). Über die dazwischen liegende Zeit 1447 bis 1463 (vgl. fol.186ra bis fol.210rb mit zahlreichen leeren Seiten und Spalten) erhält der Leser nur wenige und teils aus dem Rahmen fallende Informationen (etwa die Erzählung zu Vlad III. Ţepeş, vgl. dazu Kapitel 5.1.3). Die jeweilige Nennung der einzelnen Jahre und einiger Konstanzer Amtsträger sollte aber wie gezeigt mit großer Wahrscheinlichkeit zu einem späteren Zeitpunkt durch Nachträge ergänzt werden. Auch ist darauf hinzuweisen, dass erst ab der Folio-Seite 102, also mit dem Jahr 1423 beginnend, eine streng chronologische Reihenfolge nach dem annalistischen Prinzip eingehalten wird. Zuvor orientiert sich der Chronist zwar grob an einem zeitlichen Gerüst, das er aber häufig wieder aufbricht. Der Stadtbrand von 1284 wird etwa vor dem Erdbeben von 1277 abgehandelt (vgl. fol.36va); die Ausführungen zum Schwäbischen Städtebund und zur Frühgeschichte von Zürich findet man nach der Nennung des Bürgermeisters von 1423 (vgl. fol.72va und fol.75^{ra}ff; vgl. auch Kapitel A.5.1.4 sowie für weitere Beispiele die Übersicht in Kapitel A.5.1.1). Dieser Umstand ist wohl vor allem auf die Entstehung der „Konstanzer Chronik" und damit auf die Kompilationsmethodik sowie auf die verarbeiteten Quellen zurückzuführen.

Obwohl der Fokus innerhalb des Werkes auf die Bischofs- und Reichsstadt Konstanz gerichtet ist, geht der geographische Horizont weit über die Stadtgrenze und das nahe Umland hinaus. Neben den Gebieten rund um den Bodensee mit Überlingen (vgl. z.B. fol.41va: Ritualmord und Judenpogrom oder fol.182ra: Glocke), Meersburg (vgl. z.B. fol.142ra: Delinquenz und Strafe), Lindau (vgl. z.B. fol.210va: Unwetter mit Folgen), Schaffhausen (vgl. z.B. fol.151^{ra}f: Turnier), St. Gallen (vgl. z.B. fol.105rb: Auseinandersetzung zwischen St. Gallen und Appenzell) und anderen Ortschaften begegnen in manchen Berichten – teils ohne direkt erkennbare Verbindung zu Konstanz – entfernter liegende Räume und Städte als Schauplätze. Genannt werden können hier unter anderem die Region Oberschwaben beziehungsweise Gegenden der Schwäbischen Alb (vgl. z.B. fol.149ra: Stadtbrand in Ehingen), Vorarlberg (vgl. z.B. fol.108rb: Überfall auf Bregenz) und Bayern (vgl. z.B. fol.152^{va}f: Albrecht III. v. Bayern-München und Agnes Bernauer), das Oberrheingebiet mit Basel (vgl. z.B. fol.167^{vb}f: Prozessionen der Basler wider die Pest), dem Elsass (vgl. z.B. im Zusammenhang mit dem Guglerkrieg oder den Armagnaken) und dem Schwarzwald (vgl. z.B. fol.216va: sog. Klettgauzug bis vor St. Blasien) sowie vor allem die sich allmählich ausbildende Eidgenossenschaft (vgl. z.B. fol.50va: Schlacht bei Ilanz; fol.88^{ra}ff: Frühgeschichte von Zürich und Umgebung oder fol.169rb: Gefangennahme des ehemaligen Bürgermeisters Rudolf Meis in Zürich). An wenigen Stellen erfahren wir auch etwas über Ereignisse in weiterer Ferne, so etwa aus den Städten Frankfurt (vgl. fol.175va: Reichstag), Prag (vgl. fol.142^{rb}f: Eroberung der Prager Neustadt durch die Utraquisten) und Rom (vgl. fol.115vb: Kaiserkrönung) beziehungsweise aus wie Burgund (vgl. fol.220^{ra}f: Burgunderkrieg, Auseinandersetzung um Lüttich), Böhmen (vgl. fol.160vb: Hussiten), Ungarn (vgl. z.B. fol.178vb: Blutendes Marienbild) oder der Walachei (vgl. z.B. fol.198^{ra}ff: Episoden aus dem Leben Vlads III. Ţepeş).

---

[786] Vgl. zu diesen Termini mit weiterführenden Literaturangaben z.B. T.M. Buck, Historiographische Prinzipien, S.11f. Die v. U. Neddermeyer, Einleitung, S.21 vorgenommene Untergliederung der Gattung „Stadtchronik" in zwei Gruppen – a) „die auf die jeweilige Gegenwart konzentrierte zeithistorische Darstellungen und Werke mit autobiographischem oder familiengeschichtlichem Hintergrund" und b) „Gesamtdarstellungen 'ab urbe condita'" – trägt in diesem Falle nicht, da das Dacher'sche Werk v.a. durch die Berücksichtigung der Bistumsgeschichte streng genommen beiden Kategorien zugeordnet werden kann.

Als Hintergrund dieses breiten geographischen Rahmens kommen verschiedene Elemente zum Tragen. Entscheidend ist in erster Linie die enge Verbindung von Stadt und Bistum. Die Geschichte eines Bischofssitzes lässt sich für den mittelalterlichen Historiographen schon angesichts der baulichen Gestalt mit Münster, Bischofspfalz und zahlreichen anderen sakralen Bauten nur schwer von der ihres bischöflichen Stadtherren respektive dessen Wirkungskreis trennen. Trotz des politischen Agierens als Reichsstadt oder der Bedeutung etwa auf dem Wirtschaftssektor bezieht auch die „bürgerliche" Stadt des 15. Jahrhunderts einen Teil ihres Selbstverständnisses aus der besonderen Stellung von Konstanz als dem Mittelpunkt der zweitgrößten deutschen Diözese[787] im Mittelalter. Bedenkt man darüber hinaus die vielfältigen politischen und gesellschaftlichen Interdependenzen zwischen der Stadt und dem Bischof beziehungsweise Bistum, wird auch die Darstellung von Ereignissen, die nicht eigentlich an die Geschichte von Konstanz selbst anknüpfen, in einer Chronik dieses Gemeinwesens verständlich[788]. In der Mehrzahl der Fälle lassen sich aber bei Nachrichten aus anderen Gemeinden und Regionen direkte Bezüge zur Konstanzer Geschichte oder zumindest zu der des Bischofs herstellen. So werden beispielsweise in den Bericht zur Königswahl von Albrecht II. auf fol.160[va]f die Vorgänge in der Stadt am Bodensee eingeflochten. Bei der Behandlung des Böhmischen Feldzuges und der Erwähnung einer Niederlage der hussitischen Truppen auf fol.166va wiederum steht die Beteiligung von Konstanz und die sich anschließende feierliche Prozession nach Kreuzlingen und nicht etwa der Krieg oder die Schlacht selbst im Vordergrund. Auch bei der Eroberung der Prager Neustadt wird der Zusammenhang mit Konstanz deutlich. Laut unserem Text spielt ein Einwohner der Stadt nämlich bei der Nachrichtenübermittlung des Sieges eine entscheidende Rolle: „**D**ie mär bracht <u>wylhalm(m)</u> | <u>B</u>arlas, der <u>von Costentz</u> **R**itten= | der knecht, gen **B**asel de(m) <u>Con</u>= | cilio". Andere Vorkommnisse wie der Stadtbrand von Ehingen (vgl. fol.149ra), die Erbauung einer Schule in Brunegg (vgl. fol.171va) oder die Schlacht bei Laupen (vgl. fol.88rb) werden vermutlich allein nach Interessensschwerpunkten des Chronisten in den Text aufgenommen. Von wenigen Berichten – die häufig den König oder Kaiser und damit wiederum den Stadtherren der Reichsstadt Konstanz betreffen – abgesehen[789], liegen die Orte des Geschehens meist aber auch dann im Gebiet der Diözese oder zumindest in deren Nähe. Die Beachtung von Vorgängen außerhalb der Stadt muss darüber hinaus im Zusammenhang mit der Handelstätigkeit von Konstanz gesehen werden. Gerade kriegerische Auseinandersetzungen etwa in den eidgenössischen Gebieten oder sonstige Unruhen – man vergleiche zum Beispiel die ausführliche Darstellung der Fehde zwischen den Reichsstädten und dem Hegauer Adel auf fol.171ra und fol.174[rb]ff – beeinträchtigten den für die Stadt lebenswichtigen Warenverkehr der Fernkaufleute und sind von für Konstanzer Bürger von großem Interesse (vgl. auch bspw. fol.105ra: Bericht eines Überfalls auf einen Mailänder Händler). Wie für die meisten anderen spätmittelalterlichen Historiographen gilt für Dacher, dass letztlich „nur Geschehnisse in der fernen Landschaft, die irgendwie auch das eigene Schicksal tangierten, (...) die Chance [hatten], festgehalten zu werden. Wenn man zum Beispiel von Epidemien

---

[787] Vgl. zur Größe z.B. B. Degler-Spengler, Das Besondere an der Diözese Konstanz, S.11-17, Karte S.14f.

[788] Wie in Kapitel A.2.1.2 dargelegt, enthalten die historiographischen Schriften aus Konstanz, die sich schwerpunktmäßig dem Bistum widmen, häufig auch stadtgeschichtliche Aufzeichnungen. Mit der Dacher'schen Chronik vergleichbar, gilt dies entsprechend umgekehrt auch für die Werke, in deren Zentrum die Geschichte des Gemeinwesens steht. In W. Dotzauer (Hg.), Quellenkunde wird die „Konstanzer Chronik" Dachers folglich als Nr.1342, S.432 in der Kategorie „Erzählende Quellen – Geistliche Fürstentümer" sowie als Nr.1571, S.472 in der Kategorie „Erzählende Quellen – Chronikalische Überlieferung der Städte – Städtechroniken" aufgeführt.

[789] Vgl. die sich auch in unserer Chronik bestätigenden Hinweise zum Interesse an Reich und Reichsgewalt in der regionalen Historiographie im Spätmittelalter v. P. Johanek, Weltchronistik, S.299ff und z.B. F.R.H. Du Boulay, German town chroniclers, S.452.

hörte, fühlte man sich an die eigene Bedrohtheit erinnert"[790]. Deutlich wird dies bei den Berichten aus Ungarn oder der Walachei, für die zeitspezifische Motive wie die Propaganda gegen die Hussiten (vgl. auch die Verbindung von Konstanz zu Jan Hus!) und die Türkenfurcht verantwortlich gemacht werden können.

Die bisherigen Ausführungen dürften gezeigt haben, dass es sich bei der „Konstanzer Chronik" um einen für das Spätmittelalter ganz typischen, recht uneinheitlichen und vielseitigen Text handelt. Reichsgeschichtliche Nachrichten stehen gleichwertig neben solchen der Regional- und Lokalgeschichte, weltlich-städtische neben solchen des klerikal-diözesanen Bereichs. Berichte von herausragenden politischen Ereignissen werden direkt im Anschluss an Notizen zu scheinbar alltäglichen oder selbst erlebten Vorgängen geboten. Auch „wird zwischen hist[orisch] Bedeutsamem und nur Kuriosem nicht geschieden"[791]. Beispielsweise findet der Tod von Graf Friedrich VII. von Toggenburg, infolgedessen der Toggenburger Erbschaftsstreit, das heißt der eigentliche Ausgangspunkt des „Alten Zürichkrieges" entsteht (vgl. fol.154va), auf ein und demselben Blatt ebenso viel Aufmerksamkeit wie die Geburt einer Kuh mit zwei Köpfen (vgl. fol.154rb). Der Konzentration auf Konstanz entsprechend werden dann etwa eine Kaiserkrönung (vgl. fol.115vb) oder ein Schisma (vgl. fol.168va) kürzer behandelt als der ungewöhnliche Wunsch einer schwangeren Frau, das Gerüst am Konstanzer Münster zu besteigen (vgl. fol.57rb) et cetera. Hierbei ist jedoch auch zu bedenken, dass der Chronist durch die Verarbeitung von Quellen sowie durch begrenzte Kommunikationswege in der Regel über Vorgänge außerhalb von Konstanz weniger gut informiert ist. Folglich kann er bei derartigen Nachrichten nicht immer mit vergleichbaren Details aufwarten, wie sie uns in Texten zu Konstanzer Ereignissen begegnen (vgl. z.B. die Angabe von genauen Daten, Orten oder Namen beteiligter Personen, des Strafmaßes bei Rechtsbrüchen oder Ähnlichem). Wie in zeitgleich entstandenen Chroniken zu beobachten, schildert der Text übrigens weitgehend außergewöhnliche Ereignisse, da nur diese dem Historiographen überhaupt der Aufzeichnung würdig erscheinen. Im Zentrum steht also nur selten das Alltägliche oder Zeittypische, sondern vielmehr das Spektakuläre, aus dem Rahmen Fallende, Neue, Besondere und Sonderbare.

Als Illustration der inhaltlichen Vielfalt seien an dieser Stelle einige exemplarische Themenbereiche mit jeweils nur einer Belegstelle genannt. Die „Konstanzer Chronik" Gebhart Dachers bietet Nachrichten aus a) der Gründungs- und Baugeschichte von Konstanz (vgl. fol.1^{ra}ff, s.u.) sowie anderer Städte (vgl. fol.88^{ra}ff), b) der Kirchen- beziehungsweise Bistumsgeschichte mit Schilderungen zu Bischofswahlen (vgl. fol.62^{ra}f), Synoden (vgl. fol.171vb), Prozessionen (vgl. fol.176^{ra}f) oder den Zuständen in Klöstern (vgl. fol.163^{rb}ff), c) der politischen Geschichte unter anderem mit teils ausführlichen Fehde-, Kriegs- oder Schlachtberichten (vgl. fol.90^{va}ff), d) der Wirtschaftsgeschichte mit Erntenachrichten (vgl. fol.152ra), Marktverordnungen (vgl. fol.158va), Preislisten zu Lebensmitteln und anderen Erzeugnissen (vgl. fol.210ra) oder sogar Lohnangaben (vgl. fol.217vb) und e) der teils damit zusammenhängenden Klimageschichte mit Erläuterungen zu besonderen Naturereignissen (vgl. fol.211va), Wetterphänomenen und deren Folgen (vgl. fol.115va). Daneben findet man auch wundersame Ereignisse (vgl. fol.79va) beziehungsweise klei-

---

[790] R. Sprandel, Der geographische Horizont, S.251. Vgl. ähnlich und sogar noch enger gefasst die Hinweise zur „Geography" v. Stadtchroniken bei E.M.C. van Houts, Local and regional chronicles, S.42: „Town chronicles are focused on the history of one town and its principal inhabitants. As in the case of chronicles of monasteries or churches we hear about 'external' affairs only in sofar these were directly linked to events in the town".

[791] LexMA, Bd.2, Sp.1960 als Kennzeichen der spätmittelalterlichen deutschen Chronistik. Hier auch der Hinweis auf das zuvor erwähnte „Alltägl. und das Selbsterlebte". Vgl. ähnlich schon H. Grundmann, Geschichtsschreibung, S.48.

nere Anekdoten (vgl. fol.66^[ra]) oder sonstige Informationen zu Bewohnern der Stadt (vgl. fol.72^[va]). Einen Schwerpunkt bilden herausragende Vorkommnisse der internen Konstanzer Stadtgeschichte. Zu erwähnen sind etwa Bürgerkämpfe (vgl. fol.64^[rb]ff), Herrscherbesuche (vgl. fol.131^[ra], 132^[ra]ff), Festivitäten wie Schützenfeste (vgl. fol.145^[vb]f) und Turniere (vgl. fol.172^[va]), die Judenverfolgungen (vgl. fol.113^[ra]ff), der Besuch von Zigeunern (vgl. fol.117^[rb]), Brandkatastrophen (vgl. fol.41^[vb]!), Baumaßnahmen (vgl. fol.162^[va]), Ratsbeschlüsse und sonstige Verordnungen (vgl. fol.167^[va]f), aber auch zahlreiche Strafdelikte (vgl. fol.165^[ra]) sowie die Pest und andere Seuchen (vgl. fol.167^[ra]), Unglücke verschiedenster Art (vgl. fol.146^[va]), weitere Todesfälle (vgl. fol.162^[va]) und vieles, vieles mehr. Das für das Selbstverständnis der Konstanzer Bürger des 15. Jahrhunderts äußerst bedeutende Konstanzer Konzil wird übrigens lediglich mit einem kurzen Satz erwähnt und noch dazu fehlerhaft datiert (vgl. fol.72^[ra]).

Schon allein aufgrund der besseren Quellenlage respektive der einfacheren Nachrichtenbeschaffung für den Chronisten nimmt die Zahl der Informationen mit der zeitlichen Nähe zur Niederschrift der Vorkommnisse zu. Während auf den ersten 100 Folio-Seiten, von den Gründungsgeschichten einmal abgesehen, vor allem Mitteilungen rund um die Bischöfe sowie das überregionale Geschehen im Mittelpunkt stehen (vgl. z.B. die Notizen zu den Auseinandersetzungen zwischen den Habsburgern und Johann von Böhmen um Kärnten und Tirol auf fol.43^[rb]ff oder die zum Schwäbischen Städtebund auf fol.75^[ra]ff) und nur selten ausführlicher auf das Schicksal einzelner Konstanzer Bürger eingegangen wird, verändert sich das Bild im zeitgeschichtlichen Teil des Werkes. Vor allem ab dem Jahr 1430 wechselt unser Historiograph zwischen Nachrichten, die allein in Konstanz selbst auf Interesse gestoßen sein dürften – wie etwa Ratsbeschlüsse oder die Namen der Bürgermeister, Vögte und Ammänner (z.B. auf fol.169^[ra]) – und solchen, die auch für einen größeren geographischen Raum relevant sind, wie zum Beispiel die verschiedenen Schilderungen zum „Alten Zürichkrieg" (etwa auf fol.154^[va], 155^[va]f, 167^[rb], 169^[va], 180^[ra]ff und 183^[rb]ff) oder zur Schlacht von Seckenheim (vgl. fol.205^[va]ff). Bei den stadtgeschichtlichen Themen richtet sich der Blick dann einerseits besonders auf spektakuläre Ereignisse, die mehr oder weniger die gesamte Bürgerschaft betreffen (vgl. z.B. Seuchen, Prozessionen oder den Aufenthalt König Sigismunds mit der wörtlichen Wiedergabe der für die zukünftige Verfassung entscheidenden Richtung). Andererseits beziehen sich die Nachrichten auf persönliche Geschicke meist namentlich genannter Bewohner der Stadt (vgl. z.B. den Bericht zum Leben Heinrich Gunterswilers auf fol.72^[va], zu den Todesfällen innerhalb der Kaufmannsfamilie Stainstrass auf fol.162^[va] und fol.167^[va] oder die genauen Angaben im Zusammenhang mit einem Schiffsunglück auf fol.214^[ra]). Grundsätzlich ist auch auf die Auswahl der Ereignisse hinzuweisen, deren Hintergründe vom heutigen Standpunkt aus nicht immer aufgelöst werden können. Weshalb beispielsweise nimmt die Verfolgung der Juden im Bodenseegebiet zunächst breiten Raum ein (vgl. fol.41^[va]!, 49^[va]ff, 113^[ra]ff, 119^[ra]ff), während die endgültige Vertreibung dieser Bevölkerungsgruppe (1448)[792] mit keinem Wort erwähnt wird? Weshalb berichtet die Chronik von dem Besuch von Zigeunern in Konstanz in den Jahren 1430, 1436 und 1442 (vgl. fol.117^[rb], 154^[ra], 176^[va]), nicht aber von deren erneutem Auftauchen 1460 und 1470[793]? Weshalb werden zahlreiche Rechtsbrüche mit den entsprechenden Folgen erörtert[794], aber die spektakulären Bestrafungen von Peter Halbegli von Landsberg (1454: Ausstechen beider Augen nach einer nächtlichen Verschmutzung von

---

[792] Vgl. dazu z.B. H. Hörburger, Judenvertreibungen, S.85ff; H. Maurer, Konstanz II, S.65f.

[793] Vgl. dazu R. Heinisch, Auftreten der Zigeuner, S.134ff.

[794] Vgl. allg. zu diesem für städtische Chroniken typischen Phänomen – Heinrich Deichsler Werk enthält etwa über 500 strafrechtlich relevante Notizen – H. Martin, Verbrechen.

Kleidungsstücken anderer Personen) und eines Mannes, der wegen des Erstechens seiner Frau 1452 im oder beim Schnetzturm lebenslänglich eingemauert wird[795], nur in anderen Werken überliefert? Weshalb geht der Text zwar ausführlich auf den Kampf um Meersburg ein (vgl. fol.200^{va}ff) und nennt hierbei auch den einflussreichen Bürger Simon Weinzürn beim Namen (vgl. fol.201rb), berichtet aber im Gegensatz zur „Bisthums-Chronik" von Schulthaiß[796] nicht über dessen weiteres Schicksal? Weshalb weiß unsere Chronik nichts vom Überfall auf Nürnberger Kaufleute in der Nähe von Konstanz im Jahr 1462[797] et cetera? Neben Quellenfragen beziehungsweise der Unkenntnis kommen hier sicherlich auch persönliche Vorlieben des Chronisten oder dessen Parteinahme für beziehungsweise gegen den einen oder anderen Protagonisten zum Tragen. Kann man, da die Beweise hierfür fehlen und einige Elemente – man denke etwa an den Auszug aus dem Trojabuch – sogar dagegen sprechen, zumindest diese Handschrift nicht als offizielle Ratschronik bezeichnen, so legen die stadtgeschichtlichen Inhalte wie Teile der Ausstattung doch nahe, die möglichen Adressaten vor allem im Kreis der Ratsmitglieder oder allgemeiner bei Familien der Konstanzer Ober- beziehungsweise gehobenen Mittelschicht zu suchen (vgl. z.B. die namentliche Auflistung der während der Unruhen aus Konstanz ausziehenden Bürger auf fol.121rb oder die Erwähnung von Aufnahmen in die Geschlechtergesellschaft „zur Katz" auf fol.159^{ra}ff).

In diesem Zusammenhang scheint auch ein anderer Aspekt von Interesse zu sein. Neben der thematischen Mannigfaltigkeit fällt bei einer näheren Betrachtung des Werkes dessen formale Variationsbreite auf, die wiederum Rückschlüsse auf Intentionen des „Autors" oder Erwartungen des Adressatenkreises ermöglichen. Der Codex Sangallensis 646 enthält nämlich nicht nur knapp und nüchtern erzählte Ereignisberichte oder kurze Informationen in einer Art Telegrammstil, sondern auch an epische Kleinformen erinnernde Passagen, die hin und wieder von wörtlicher Rede geprägt sind. Gleichzeitig werden ganze Urkunden und amtliche Schreiben respektive Namenslisten in den Text inseriert. Allein Sprüche, Spottverse oder Lieder mit historischen Themen[798] sucht man vergebens. Das Spektrum der Erzählmethodik reicht dann von einem rein annalistischen Prinzip bis hin zur streng thematischen Abhandlung von stofflich Zusammengehörigem (vgl. dazu auch Kapitel A.5.1.4). Die ebenfalls in diesen Rahmen gehörenden Wappen und Illustrationen, die den Text auf anschauliche Weise ergänzen, werden in Kapitel A.5.2 näher berücksichtigt. Grundsätzlich ist auch darauf hinzuweisen, dass, von wenigen Ausnahmen (meist im Zusammenhang mit Kriegen, vgl. z.B. die Hinweise zur Belagerung von Rapperswil auf fol.96^{ra}ff) abgesehen, neben der kurzen Notiz zu dem Ereignis als solchem nur selten weitere Informationen geboten werden. Die Beschreibung von Schauplätzen oder der Bekleidung der Protagonisten kommt dem Historiographen ebenso wenig in den Sinn wie etwa detaillierte Erläuterungen zum Ablauf von Festivitäten und Ähnlichem. Wie auch in anderen Stadtchroniken richtet sich der Blick gerade nicht auf das Alltägliche, Bekannte, Selbstverständliche, da dies der Aufzeichnung nicht für wert befunden wird. Die Interessenlage und Denkweise des Chronisten wird beispielsweise dann deutlich, wenn man seine Notizen zum Turnier in Schaffhausen von 1436 mit dem

---

[795] Vgl. die Berichte zu diesen und anderen Fällen, in: Konstanz alte Stadt in alten Bildern, S.30f.
[796] Vgl. C. Schulthaiß, Bisthums-Chronik, S.67.
[797] Vgl. dazu J. Marmor, Beziehungen, S.127.
[798] Aus anderen Zeugnissen sind durchaus Lieder zu Ereignissen bekannt, die in der „Konstanzer Chronik" behandelt werden. Vgl. z.B. die bei R. v. Liliencron (Hg.), Volkslieder, Bd.1 edierten Lieder Nr.13 („Schlacht bei Laupen"), S.49ff; Nr.18 („Ein klaglied des Haspels eins fischers von Costenz von bischof Heinriche von Brandis, gedicht im 1356 jar."), S.61ff; Nr.25 („Ein Lied von den Engelschen"), S.86ff; Nr.34 („Schlacht bei Sempach"), S.123ff oder Nr.50-55 zum Konstanzer Konzil, S.228ff.

ganz anders gelagerten Augenzeugenbericht eines spanischen Ritters[799] vergleicht, der „mit den Augen eines Fremden den eigenen Landsleuten über etwas ihm Fremdes und daher ausführlich berichtet"[800].

Nun verschiedene Bemerkungen zu inhaltlichen Schwerpunkten: Wie Peter Johanek ausgeführt hat, ist die enge Verflechtung von welt- und reichsgeschichtlichen mit regional- beziehungsweise lokalgeschichtlichen Aspekten ein geradezu kennzeichnender Zug des spätmittelalterlichen Geschichtsbildes und Geschichtsverständnisses[801]. Entsprechend wird in regional orientierten Chroniken „eine Einbettung in die universal- oder reichsgeschichtlichen Abläufe versucht oder doch wenigstens eine Verbindung zu ihnen hergestellt"[802]. Häufig – und so auch bei Dacher – geschieht dies im Zusammenhang mit Erörterungen zum Ursprung einer Gemeinschaft respektive eines Gemeinwesens[803]. Die „Konstanzer Chronik" beschäftigt sich auf breiterem Raum mit Fraugen zur Gründung und frühen Geschichte der Städte Konstanz (vgl. fol.1^{ra}ff) und Zürich (vgl. fol.88^{ra}ff) sowie des Bistums (vgl. fol.10^{ra}ff). Für seine Heimatstadt bietet der Historiograph, ohne dies zu problematisieren, das heißt auf mögliche Widersprüche hinzuweisen, dem Leser zwei alternative Überlieferungen zur „stat stiff= | tu(n)g" (fol.1ra) an[804]. Auf fol.1^{ra}f erkennt er in Kaiser Constantius I. (Chlorus), „ain | sun **d**yocleciani des kays(er)s, | von den **R**ômern jn **t**utsche | land gesant wyder den | **h**ertzogen von **s**chwaben" (fol.1ra), den Gründer von Konstanz. Dieser habe die Stadt 309 n. Chr., nachdem der schwäbische Herzog und fünf mit diesem verbündete Könige unterworfen worden seien, erbaut und nach sich benannt. Konstanz selbst befindet sich diesen Vorstellungen nach also von Anfang an beim Reich; es erhält nicht nur den Namen, sondern auch seine „Freiheiten" von diesem kaiserlichen „Heros eponymos". Zu Beginn der Chronik wird die Geschichte der Stadt bei gleichzeitiger Verarbeitung einer Erinnerung an die Stammesherzogtümer mit der des Römischen Reiches verknüpft. Dadurch wird deren Bedeutung hervorgehoben und vor allem ihr Status als Reichsstadt betont[805]. Dieses Verfahren wird fortgesetzt und durch die Anbindung an die christliche Antike ergänzt, wenn im Folgenden – jedoch ohne dies explizit zu sagen – Konstanz als Geburtsort von Constantinus I. erscheint, der in der Historiographie bereits von dem Zeitgenossen Eusebius zum „ersten christlichen Kaiser" stilisiert wurde und laut der „Konstanzer Chronik" „vil grosser **v**nd ôn | vssprechenlicher gaben | der hailigen **R**ômschen | kirchen getôn hat" (fol.1rb). Eine zentrale Rolle – man denke an die Legende von der Auffindung des Heiligen Kreuzes – nimmt in dieser Gründungsversion darüber hinaus die Mutter von Constantinus ein. „**s**ant helena, ains | kûngs von **Br**(**i**)**t**ania toch= | ter (...), | die ain wytwe **a**ins küngs | von **t**reuern was" (fol.1rb), hält sich hier nämlich mehrfach und wie es scheint über einen längeren Zeitraum hinweg in Konstanz auf. Über den Hinweis auf deren vorherige Stellung als Königin von „**t**reuern" wird darüber hinaus sogar auf die wirkungsmächtige Trebetasage und

---

[799] Vgl. K. Stehlin, Spanischer Bericht.

[800] T. Zotz, Adel in der Stadt, S.44f.

[801] Vgl. P. Johanek, Weltchronistik.

[802] Ebd., S.291. Ähnlich auch E.M.C. van Houts, Local and regional chronicles, S.15.

[803] Vgl. zur Bedeutung derartiger Theorien für die spätmittelalterlichen Städte allg. R. Hiestand, „Civis Romanus sum".

[804] Vgl. zu weiteren Versionen der Gründung v. Konstanz z.B. die Ausführungen bei J. Marmor, Geschichtliche Topographie, S.1ff oder die ersten Abschnitte in „Konstanz alte Stadt in alten Bildern".

[805] Nach R. Hiestand, „Civis Romanus sum", S.94 und 102 richtet sich eine derartige Gründungsgeschichte, die seiner Ansicht nach für die Chronistik einer Bischofsstadt geradezu typisch ist, damit vor allem gegen den bischöflichen Stadtherren und dessen Vögte.

damit gewissermaßen auf eine spezifisch „deutsche" Urgeschichte, die wiederum mit der frühesten Weltgeschichte verflochten ist, Bezug genommen[806].

Im zweiten, ausführlicheren Gründungsbericht, der mit der Datierung auf das Jahr 207 beginnt, wird Konstanz nun nicht mehr auf Constantius, sondern auf dessen Sohn Constantinus und damit direkt auf den bedeutenden Kaiser zurückgeführt[807]. Der Ort erscheint im ersten Satz zunächst als „ain vestin" auf der Konstanz vorgelagerten Insel und als „ain geiaid des Rôm | schen küngs" (fol.2ra). Dieser „König" Constantinus, dessen ursprünglicher Sitz angeblich das tatsächlich auf römische Wurzeln zurückgehende Pfyn gewesen sei, verwaltet nach dieser Version einen von zwei Herrschaftsbereichen, in die der römische Kaiser den Landstrich bei der Besetzung und Besiedlung durch Rom[808] geteilt hat: „Also was von Bern vntz | an die lindmag d(a)z wasser | was, das gehort kayser | karolen. Vnd was dan(n) || von der lindmag was bisz | jn den Rin, das gehort Con= | stantino dem küng zů" (fol.2raf). Damit begegnet in dieser Erzählung nicht nur Constantin, der „christliche" Herrscher aus der römischen Kaiserzeit, sondern auch eine Figur, in der sich der fränkische Kaiser Karl der Große spiegelt. Die eigentliche Gründung von Konstanz führt diese Erzählung nun auf die unsichere politische Lage zurück. Um die Burg beziehungsweise das „geiaid | husz" a) vor der „her= | schafft" aus „dem küngkrich von | frankrich", b) vor dem „küngrich | her von vngern" und besonders vor einem Angehörigen eines dortigen „hertzogen geschlächt" namens „alman | von stoffen" mit Sitz in Allmansdorf sowie c) vor einem bayerischen Herzog, der in Überlingen verortet wird (fol.2vbf)[809], zu schützen, „vffet er die vnd macht | zů der vesti hüser vnd | leit fryhait vnd gewerb | her, das sich die lüt herzů | der burg vnd vesti zuge(n)d, | das es jn kurtzen jaren | mit des küngs vnd der lü= | ten hilff erbuwen ward" (fol.3ra). Bereits kurz darauf sei dann der Bau der „kilch zů sant johans" (fol.3ra), der eigentlichen Pfarrkirche des ältesten Stadtviertels Niederburg, erfolgt, was die Anziehungskraft der Stadt weiter erhöht habe. Die Gründung gewissermaßen abschließend, habe Constantin seinen Ort mit einer Mauer befestigt: „was | hüser an dem ort stůnden | der stat, das man die vsz= | wendig muret. vnd wa | nit hüser warend, da tett | der küng ain mur mach= | en durch zwingnüst des | gemainen volks" (fol.3rb). Damit ist für den Chronisten „die stat also erbuen" (fol.3rb). Als „konstitutive Elemente der Stadt des Kaisers" treten hier folglich in erster Linie die Freiheit, das Gewerbe und der Mauerbau entgegen[810]. Auffällig ist, dass bei allen anderen Orten, über deren Entstehung die Chronik berichtet, zwar niemals eine Bemerkung zur Befestigung fehlt, von „fryhait" aber keine Rede mehr ist[811]. Letztlich wird gerade mit diesem Hinweis auf die frühe Privilegierung erneut der besondere Status von Konstanz hervorgehoben und die Stellung als Reichsstadt mit der engen Verbindung zum Kaiser (vgl. u.a. auch hier die Namensgebung auf fol.3vb) legitimiert. Des Weiteren demonstriert die Erwähnung des „gewerbes", welche Bedeutung der Chronist dem Handwerk und wohl auch dem Handel (vgl. fol.7ra: „vnd och de(m) mar= |

---

[806] Vgl. dazu z.B. I. Haari-Oberg, Wirkungsgeschichte und H.-W. Goetz, Geschichtsschreibung, v.a. S.216ff sowie die Ausführungen in den Anm. v. Kapitel B.2.

[807] E. Hillenbrand, Geschichtsschreibung, S.11 weist darauf hin, dass diese Gründungsversion in den „Croniken" v. J.T. v. Königshofen tradiert wird. Ein Vergleich zeigt aber, dass der kurze Twinger'sche Text (vgl. C. Hegel (Hg.), Chronik, S.360f sowie S.892), der auch auf ähnliche Weise auf Constantius eingeht, nicht die direkte oder gar die einzige Vorlage der „Konstanzer Chronik" gewesen sein kann.

[808] Hintergrund scheint übrigens der Reichtum beziehungsweise das Wachstum dieses Gebietes zu sein („Als nun disz land | sich vffet vnd bessrot, Do | ward es dem kayser zů | Rôm zů wyssen getôn. | Der bedaucht nun, dise land | zů besetzend vnd machet | ain kayserthům dar vsz", fol.2ra).

[809] Hierbei handelt es sich vermutlich um eine Reminiszenz an den alemannischen Herzog Gunzo, der möglicherweise tatsächlich an der Gründung des Bistums beteiligt war.

[810] Vgl. so schon E. Hillenbrand, Geschichtsschreibung, S.11.

[811] Vgl. ebd., S.11.

kt zů dienst, den <u>Consta(n)tin(us)</u> | der küng by sinen zyten da | hin gelegt hett") für die Entwick-
lung von Konstanz beimisst. Der „küng" nimmt aber auch entscheidenden Einfluss auf die christliche Ausrichtung von Konstanz. Neben dem Bau von St. Johann ermöglicht er durch Privile-
gierung und Zuwendungen die Ansiedlung respektive den Klosterbau der „chorher(r)en regu= |
lares" auf dem Münsterplatz. Eine besonders enge Beziehung von Constantin wird zur Pfarr- und
Stiftkirche St. Stephan im Marktbezirk von Konstanz aufgebaut. Bei diesem nachweisbar ältesten
Gotteshaus dieses Ortes handelt es sich nach unserer Chronik nämlich um die Gedächtniskirche
für den Stadtgründer, die nach einem Jagdunfall an seinem Sterbeort erbaut worden sei: „vnd |
so sy komend an die stat, | da yetz <u>sant stephan</u> stat, | do gab er sinen gaist vff | vnd starb an der
selben stat. | Vnd dem zů eren vn(d) och | das des küngs wurde ge= | daucht, do ward <u>sant ste= |
ph</u>ans kilch dar gebuwen" (fol.4ra). Auf die folgenden Ausführungen zur weiteren Stadtentwicklung, die wie schon der Text zuvor zeigen, dass der Chronist ein feststehendes Bild der
frühen Stadt vor Augen hat (vgl. auch Kapitel A.5.2.1), soll hier nur stichwortartig eingegangen
werden. Entscheidende Stationen des Berichts sind a) eine königslose Zeit, in der die Landbevölkerung großer Bedrängnis ausgesetzt ist und zusammen mit Klerikern während des Pontifikats
von Bischof Salomon (III.) in der Stadt Konstanz, die „an lü= | ten vnd an gůt vnd och an
wyshait" zunimmt, Schutz und Freiheit (vgl. fol.4va: „die lüt (...), die dan(n) nit vogtber noch
dienstber woltend sin") sucht (vgl. fol.4^{rb}f), b) eine Auseinandersetzung zwischen dem Bischof
und den Chorherren (vgl. fol.4vb), c) die verschiedenen Stadterweiterungen (vgl. fol.4va, 7ra, 8|9ra!)
und schließlich d) die Erbauung von Kaufhäusern und Rathäusern (vgl. fol. 8|9ra!). Zusammen-
fassend sei darauf aufmerksam gemacht, dass beide Konstanzer Stadtgründungsgeschichten durch
die Hinweise auf das hohe Alter, den kaiserlichen Gründer, die Privilegierung, die von der Stadt
ausgeübte Schutzfunktion, die vor Augen geführten Leistungen der Bewohner und die christliche
Ausrichtung für den spätmittelalterlichen Bürger beziehungsweise den Rat sowohl legitimations-
als auch identitätsschaffende Elemente[812] enthalten. Dies dürfte gerade angesichts der geschilderten Krise der 1460er Jahre in einem Werk, das am Ende dieses Jahrzehnts entstanden ist, von
entscheidender Bedeutung sein (vgl. Kapitel A.4.3).

Mit Blick auf die Betonung des Kaisers stellt sich nun aber die Frage: „Wie verbindet Dacher
kaiserlich-reichsstädtisches Bewußtsein mit dem (...) Moment der Bischofsstadt?"[813] Zu betrach-
ten ist also die auf fol.10ra beginnende Gründungsgeschichte des Bistums. Nach einem kurzen
Hinweis auf die mehrmalige Verlegung des Bischofssitzes (vgl. fol.10ra), die später im Werk
ausführlicher erläutert wird (vgl. fol.10rb, 12^{va}f, 14^{ra}ff, 17rb), wendet sich der Chronist der Errichtung des Bistums zu. Wie schon die Erbauung der Stadt geht diese seiner Meinung nach wie-
derum auf „<u>küng Constantin(us)</u> zů | pfin" zurück, der „hett mer betrachtu(n)g vnd | mitliden mit
der marter || vnsers her(r)en <u>cristi ihesu</u> | vnd sinem vnschuldigen | tod vnd och siner lere |
nachzegånd vn(d) ze vol= | gend dan(n) der <u>kayser karo= | lus</u>" (fol.10^{ra}f). Erst nachdem der
gläubige Herrscher „nach dem By= | schoff warb vnd ettwe dik | vn(d) offt gen Rom nach jm |
schraib vnd nach jm san= | det", habe Papst Petrus IV. (sic!) reagiert, indem er ihm Maximus, mit
dem nun die Bischofsreihe des Konstanzer Bistums eröffnet wird, schickt und gleichzeitig
„ordnet das | <u>kayserthům karolo</u> vnd | och das küngkrich <u>Co(n)stan= | tino</u> vnd d(a)z hertzogtům |
enhalb Rins dem wasser | vnd och die herschafften | aller zů dem Bystum" (fol.10rb).

---

[812] Vgl. zu diesem Aspekt der Gründungsgeschichten wiederum R. Hiestand, „Civis Romanus sum" sowie mit allg.
Bemerkungen zur Identität z.B. K. Schreiner, Geschichtsschreibung und historische Traditionsbildung.
[813] E. Hillenbrand, Geschichtsschreibung, S.11. Vgl. t.w. auch für die folgenden Ausführungen, ebd., S.11f und zu
Gründungen v. Bistümern v.a. in Bistumchroniken D. Schlochtermeyer, Bistumchroniken, passim.

Constantinus habe daraufhin den Bischof „jn | grossen eren **vn**(d) wirdi= | kait" gehalten und ihm schließlich den Ort Wigoltingen als Bischofssitz übergeben (vgl. fol.10rb). Die Initiative für das Bistum liegt also erneut bei der kaiserlichen Gründerfigur der Stadt. Die Verlegung des Bischofssitzes von Wigoltingen nach Windisch (vgl. fol.12^{va}f), einem Ort, bei dem es sich möglicherweise tatsächlich um einen Vorgänger von Konstanz handelt, wird dann Bischof Pictavius zugeschrieben und mit Missionsaufgaben über die Limmat hinaus begründet („**vn**(d) | zoch er nun **v**ber die lindmag, | **w**an da noch jn dem kayser | thůms karoli warend sy aÿ= | gens sin(n)es **v**nd herter | **v**nd was ir gemůt nome(n)t | vast **v**ff haidesch ding", fol.12vb). Für das Verlassen von Windisch zugunsten von Arbon wird dann ein Ereignis vom Anfang des 14. Jahrhunderts, nämlich die Ermordung von König Albrecht I. durch Johann Parricida[814], in leicht modifizierter Form in die frühe Geschichte des Bistums zurückprojiziert[815]. Laut der „Konstanzer Chronik" sei der Habsburger nämlich bei Windisch „von sinem brůder" erstochen und in der nahegelegenen Bischofskirche begraben worden. Auf Bitten der Herrschaft, die diese Kirche als Grablege zu nutzen wünschte („**v**m(b) | das so gedåchtend sy, ir be= | grebdt da hin ze machend, | **w**as von der herschafftt | hie **v**sz jn dem land sturbe, | **d**as die alda begraben **vn**(d) | bestattet wurden", fol.14rb) und sie daraufhin zu einem Doppelkloster ausgebaut hätte (vgl. die reale Stiftung des Klosters Königsfelden!), habe Bischof Arnefridus „jnen | die kilchen windisch min(n)= | samclich, wyllenclich **vn**(d) | gern" (fol.14rb) gegeben; er „rumpt die stat **w**in= | disch **v**nd zoch sich mit si= | nem bystum gen arbon | jn den fleken" (fol.14va). Die letzte Verlegung des Bischofssitzes nach Konstanz wird Bischof Theobaldus zugewiesen (vgl. fol.17^{ra}f). Als Hintergrund nennt der Text die Wahl des Bischofs zum Abt des Klosters in Konstanz, die von den „chorher(r)en der | regel" als Schutzmaßnahme gegen den Adel, der dieser Version zufolge die Geistlichkeit stark bedrängte, betrieben worden sei. Theobaldus zieht also in die Stadt Konstanz und errichtet dort „die pfallentz **v**nd sin | gesåssz für der stat mur | **v**nd graben für **v**ndertor | nach dem **R**in abwert **vn**(d) | machet das werlich" (fol.17rb). Damit steigert er das Ansehen und die Bedeutung der Stadt, sodass sich „måniger | **a**b dem land, die dan(n) **R**ich | warend" (fol.17rb), in Konstanz ansiedelten. Wie bereits Eugen Hillenbrand konstatiert hat, bindet diese Gründungsgeschichte mit der hier gebotenen Abfolge der Bischofssitze „die Einzelmächte Kaiser – Habsburg – Bischof in der Stadt Konstanz zu einer Einheit zusammen"[816]. Gleichzeitig wird deutlich, dass sich „die enge rechtliche Verschränkung von Königtum, Reichskirche, Adel (...) im Bewußtsein der Führungsschicht in Konstanz nicht verflüchtigt [hat]"[817], sondern sich auf die eine oder andere Weise noch im Geschichtsbild des 15. Jahrhunderts wiederfindet. Auch in den folgenden Ausführungen zum 9./10. Jahrhundert, besonders in den Abschnitten zu Bischof Salomon III. (vgl. fol.19^{va}ff) und Konrad I. (vgl. fol.26^{ra}ff) sind Erinnerungen an reale Vorkommnisse verarbeitet, die das Selbstverständnis der Konstanzer über einen langen Zeitraum hinweg prägten. Gerade diesen Bischöfen, die zur Ausgestaltung der Stadt mit repräsentativen kirchlichen Bauten entscheidend beigetragen haben (vgl. z.B. die programmatische Idee der Nachbildung Roms bei Konrad) und durch ihr Wirken das Ansehen und die Bedeutung von Konstanz als Bischofssitz etwa durch die

---

[814] Vgl. dazu mit Blick auf verschiedene Chronikdarstellungen J. Grabmayer, Diesseits, S.59ff.

[815] Als Quelle dürfte die Erzählung der Ermordung Albrechts nach „Stetter" gedient haben. Vgl. z.B. die ähnliche Datierung v. Stgt bzw. W mit C. v. Schwartzach, Cronica, fol.4^{r}f: „Anno domini M CCC° viij°. do ward erschlagen der vorgenant | küng Albrecht von Österich, von seines brůders sůn hertzog || Hans(!)en von Österich, **v**nd s(!)einenn dienern, das warendt | ainer von der balm, **v**nd ainer von Eschibach, **v**nd ainer | von wart, **v**nd an der selben Statt da küng Albrecht erschla- | gen ward, da stift **v**nd bůwt die küngin von **v**ngern das | Closter zů Küngsfelden. dan die selb küngin was kůngs | Albrecht Rechte swester."

[816] E. Hillenbrand, Geschichtsschreibung, S.12.

[817] Ebd., S.12.

Translation von Reliquien (vgl. den Pelagius-Kult) stark beeinflussten[818], wird mit entsprechenden Nachrichten große Aufmerksamkeit zuteil. Von Gegensätzen zwischen dem Bischof und der Stadtgemeinde ist hingegen nur selten die Rede (vgl. z.B. fol.53^{ra}ff: Auseinandersetzung zwischen Bischof Heinrich von Brandis und seiner Familie mit Konstanz). Überhaupt findet „bezeichnenderweise (...) kein einziges Datum, das für die Entwicklung der Stadt Konstanz vom bischöflichen Verwaltungszentrum zur Reichsstadt entscheidend war"[819], Erwähnung. Die Herrschaft von Kaiser, Bischof und Stadtrat wird unter Betonung der Bedeutung des Erstgenannten vielmehr als ein harmonisches Miteinander dargestellt. Alle drei Kräfte scheinen so die Geschichte der Stadt gemeinsam zu bestimmen[820].

Neben dem von humanistischen Strömungen beeinflussten Interesse an den antiken Ursprüngen der Städte Konstanz und Zürich fällt in der Dacher'schen Chronik – wie häufig in historiographischen Texten aus reichsstädtischem Umfeld – sowohl eine Vorliebe für kriegerische Auseinandersetzungen als auch für Naturereignisse und deren Folgen auf[821]. Dies erklärt sich daraus, dass letztlich beide Themenbereiche das alltägliche Leben des spätmittelalterlichen Bürgers nachhaltig prägen und von ihnen immer wieder auch eine existenzielle Bedrohung für das Gemeinwesen als Ganzes sowie für den Einzelnen ausgeht. Gerade in einer Geschichte von Konstanz muss die Präsenz von kriegerischer Gewalt keineswegs verwundern, hatte doch diese Stadt am Bodensee dem bischöflichen Stadtherren, der selbst wiederum in zahlreiche Konflikte involviert war, ihre Freiheiten zunächst auf mühsamem Wege abzuringen. Gleichzeitig erlebte sie bis 1430 vier „Bürgerkämpfe" und war allein durch die geographische Lage – man denke etwa an den Adel im Hegau oder an die Eroberung des Thurgaus durch die Eidgenossen – ständig in Bedrängnis. Entsprechend erwähnt die „Konstanzer Chronik" die unterschiedlichsten Auseinandersetzungen. Der Leser wird beispielsweise ebenso über Kreuzzüge und „nationale" Kriege wie über regionale Fehden oder innerstädtische Kämpfe unterrichtet. Hier und da mit nur wenigen Worten, dann aber auch wieder äußerst detailliert, an einen Augenzeugenbericht erinnernd, informiert der Text unter anderem über den Kampf gegen die Hussiten (vgl. fol.166va), den sogenannten Guglerkrieg (vgl. fol.90^{va}ff), den Einfall der Armagnaken (vgl. fol.180^{ra}ff) und Auseinandersetzungen in Burgund (vgl. fol.220^{ra}f), über verschiedene Schlachten oder Belagerungen im Zuge der Entstehung der Eidgenossenschaft (vgl. z.B. fol.93^{va}ff), den Süddeutschen Städtekrieg (vgl. fol.75^{ra}ff) oder den Konflikt zwischen Bischof Heinrich IV. und Meersburg um die Stadtherrschaft (vgl. fol.200^{va}ff). Auch kleinere Fehden einzelner Adligen mit oder ohne Beteiligung von Konstanz (vgl. z.B. fol.142^{va}f oder fol.161ra), der „Plappartkrieg" (vgl. fol.202^{va}f), Raubüberfälle (vgl. z.B. fol.171ra), Zweikämpfe unter gerichtlicher Aufsicht (vgl. z.B. fol.156^{ra}ff), die Auseinandersetzungen zwischen verschiedenen Gruppierungen innerhalb von Konstanz (vgl. z.B. fol.64^{rb}ff)[822] oder die Störungen der inneren Ordnung durch Gewaltdelikte

---

[818] Vgl. dazu auch H. Maurer, Konstanz I, S.52-81.

[819] E. Hillenbrand, Geschichtsschreibung, S.12.

[820] Vgl. ebd., S.12.

[821] Vgl. eine solche Charakterisierung z.B. in: LexMA, Bd.8, Sp.16, ähnlich auch ebd., Bd.2, Sp.1964 und allg. zur Bedeutung des Krieges und der Fehde in der reichsstädtischen Chronistik auch F.R.H. Du Boulay, German town chroniclers, S.452ff; A. Höfert, Krieg und C. Hruschka, Kriegsführung, passim.

[822] Nach E. Hillenbrand, Geschichtsschreibung, S.17 sind „bei Dacher (...) soziale Konflikte kaum berührt" und „Spannungen innerhalb der Bürgerschaft und zwischen Bischof und Bürgerschaft (...) fast ganz ausgespart". Während die letzte Beobachtung zu den Konflikten mit dem bischöflichen Stadtherren meiner Ansicht nach den Gegebenheiten entspricht, erscheint mir der Hinweis zu den innerstädtischen Auseinandersetzungen eher problematisch. Tatsächlich werden doch drei der vier „Bürgerkämpfe" erwähnt und im Vergleich zu anderen Ereignissen verhältnismäßig detailliert ausgeführt (vgl. fol.54^{ra}ff, 64^{rb}ff und 111^{ra}f, 119^{ra}ff, 123^{ra}ff).

und andere Verstöße einzelner Bürger (vgl. z.B. fol.166ra) finden häufig die Aufmerksamkeit des Chronisten.

Wenn auch nur selten dezidiert Stellung genommen wird, lassen die Darstellungen doch kaum Zweifel daran aufkommen, dass bei den einzelnen Konflikten immer aus einer reichsstädtischen respektive der Konstanzer Position heraus argumentiert wird. Die Bildung des Schwäbischen Städtebundes beispielsweise begründet der Text mit folgenden Worten: „Vn(d) | was ir puntnusz nit anders | dan(n) das man sy by dem hai= | ligen **R**ŏmschen **R**ich beliben | liesse vnd das man sy da vo(n) | nit trangdte mit versetzen | noch mit verkoffen Vnd | das man sy och by jren alten | rechten vnd gůten gewon= | haiten beliben liesse" (fol.76ra). Auf fol.79ra enden die Ausführungen zur Eroberung der Burg Mägdeberg unter Beteiligung von Konstanz dann sogar mit Bezugnahme auf den Willen Gottes: „Es wolt nie kain edelman | globen, d(a)z man die <u>Burg</u> | gewinnen mŏcht, Vnd | warend die <u>stett</u> nur der | edlen spott. Es wolt aber | got, das es den <u>stetten</u> wol | gieng, dan(n) die <u>edeln</u> wolte(n)d | an jnen nit erwinden." Auch die Überfälle auf Kaufleute durch „Raubritter" und die sich daraus ergebenden Störungen des Wirtschaftslebens (gerade für Konstanz, vgl. fol.174va: „Sy namend | yederman das sin, also das nie- | man getorst, frŏlich hin ab | von costentz gen schaffhusen | faren. Das wolt got die lengi | nit vertragen") werden – im letztgenannten Beispiel auch von Gott – deutlich verurteilt und aus der Perspektive der Handelsstädte geschildert. Im Zusammenhang mit einem „Städtekongress" wird darüber hinaus allgemein davon gesprochen, dass „es dem Rŏmschen rich | ain verderben wår, kofflüt | also vnder truken" (fol.171ra)[823]. Gleichzeitig verdeutlicht es die Entstehung des Textes in Konstanz, wenn der Chronist auf fol.175ra die Zurückhaltung seiner Heimatstadt – Konstanz nimmt vermutlich aufgrund der engen Verknüpfung von Reichsrittertum und Domkapitel/Patriziat[824] nicht am Rachebündnis der Städte gegen den Hegauer Adel teil – verteidigt: „Es seiten die, die jn dem her | warend, das sy nit ains | wårind, Sunder vast wÿ- | der ain ander. | Also verhůbend die von Co- | stentz, das sy nit zugend; | das was ain grosz wyshait | von jn, dan(n) da ward vil | clůghait getriben Vnd | ain vnwyll". Die Konstanzer Sichtweise und damit letztlich stets auch die Legitimierung der jeweiligen Politik des Rates wird unter anderem bei der Darstellung des sogenannten „Plappartkrieges" von 1458 deutlich. Ein Vergleich der „Konstanzer Chronik" und anderer Werke schwäbischer Autoren mit der eidgenössischen Historiographie bringt, wie Helmut Maurer bereits eruiert hat, aussagekräftige Differenzen etwa im Hinblick auf den Anlass und die Berechtigung der Fehde zutage[825]. Die Bemerkungen auf fol.109ra wiederum veranschaulichen die Furcht, die oft den eigentlichen Hintergrund der Beobachtung und Aufzeichnung von kriegerischen Auseinandersetzungen bildet. Der Appenzellerkrieg macht sich laut unserer Chronik nämlich auch in Konstanz bemerkbar und führt zu einer großen Unsicherheit, die jeder Bewohner zu spüren bekommt: „do gieng es ze mal wunder- | lich zů costentz vnd och sust | jn dem land vnd wysset nie- | mant, wer fründ oder vind | was".

Aus ähnlichen Gründen thematisiert unser Text an zahlreichen Stellen und während der Behandlung verschiedener Jahrhunderte sowohl außergewöhnliche Naturereignisse als auch den allgemeinen Wetterverlauf meist im Zusammenhang mit Erntenachrichten[826]. Wie bei den Krie-

---

[823] Vgl. ähnlich auch fol.173va: „(...) vnd redtend da von den | sachen vnd dem grossen übel, das | jn dem land vmb gieng, dan(n) sich | die Ritter wyder die stett satztend".

[824] Vgl. H. Maurer, Konstanz II, S.83f bzw. die entsprechende Anm. in Kapitel B.2.

[825] Vgl. H. Maurer, Plappartkrieg und die entsprechenden Anm. in Kapitel B.2.

[826] Vgl. allg. hierzu H. Buszello, „Wohlfeile" und W. Düwel-Hösselbarth, Ernteglück, die hier und da auch auf Konstanzer Verhältnisse bzw. den Bodenseeraum eingeht (vgl. z.B. S.29ff, 37 oder 39ff), sowie allg. K.P. Jankrift, Brände. Vgl. zur Auswertung derartiger Nachrichten durch die Historische Klimatologie z.B. Forschungen wie

gen zeigt sich, dass diese Thematik besonders für das alltägliche Leben eines jeden Stadtbürgers von zentraler Bedeutung ist. Neben Hinweisen auf schwierige Verhältnisse und Katastrophen wie Erdbeben (vgl. z.B. fol.39^{rb}f), Überschwemmungen (vgl. z.B. fol.69ra) oder Dürren (vgl. z.B. fol.178rb), Unwetter (vgl. z.B. fol.137vb), Hagelstürme (vgl. z.B. fol.37^{ra}f), starke oder auf andere Art und Weise bemerkenswerte Schneefälle (vgl. z.B. fol.36rb, 39rb), zu viel Niederschlag (vgl. fol.217vb) und große Kälte (vgl. z.B. fol.108va) respektive Hitze (vgl. z.B. fol.176va), Heuschrecken- oder Feldmausplagen (vgl. z.B. fol.52^{ra}f, 168rb) und Missernten mit entsprechenden Folgen wie Teuerungen, Hungersnöten und Seuchen (vgl. z.B. fol.115va, 161rb) bietet die „Konstanzer Chronik" Berichte zu einem normalen beziehungsweise guten Witterungsverlauf mit entsprechender Ernte (vgl. z.B. fol.174ra). Häufig werden – dies verdeutlicht die besondere Rolle des Weinbaus im Bodenseegebiet – derartige Nachrichten mit solchen zu Qualität und Preis von Wein verbunden (vgl. z.B. fol.142rb, 224ra). Auch diverse Lebensmittelpreise, vor allem für Getreide, Obst und Gemüse oder Fleisch- und Wurstwaren, findet man – ein typisches Merkmal vieler Stadtchroniken – an zahlreichen Stellen (vgl. z.B. fol.168ra, 210ra). Daneben wird die wirtschaftliche Bedeutung des Bodensees mit seinem Fischvorkommen (vgl. z.B. fol.39^{va}f) oder der typischen Vogelwelt (vgl. fol.108va, 147ra) in einigen Passagen erkennbar. Geradezu charakteristisch für ein derartiges historiographisches Werk ist auch die Verzeichnung von spektakulären oder seltsamen Erscheinungen. Meist schwingt in diesen Notizen die Beunruhigung, die solche Beobachtungen in der Bevölkerung auslösen konnten, mit. Abgesehen von den eher fröhlichen Seegefrörnen (vgl. z.B. fol.211ra), sind hier etwa ein Regenbogen im Januar (vgl. fol.59rb), das Erscheinen eines Kometen (vgl. fol.147rb), eine Sonnenfinsternis (vgl. z.B. fol.211va) und andere Himmelserscheinungen (vgl. z.B. fol.174ra) sowie die oben bereits erwähnte tierische Missgeburt zu nennen.

Trotz der Funktion Gebhart Dachers im Konstanzer Kaufhaus rücken wirtschaftliche Themen jenseits der Agrarproduktion nur selten in das Blickfeld der Chronik. Weder erfahren wir etwas über Fernhandelsprodukte, wie zum Beispiel die in der Stadt lange Zeit dominierende Leinwand, noch gibt der Text mehr als zufällige Hinweise auf Handelsbeziehungen, Handelsgesellschaften, Zölle und Ähnliches. Wird die städtische Wirtschaft doch gestreift, geschieht dies meist im Zusammenhang mit den erwähnten Raubüberfällen, Naturereignissen (vgl. z.B. die Erwähnungen zum überregionalen Handel mit Wein und Getreide auf fol.147va und fol.163ra), der Wirtschaftspolitik des Rates (vgl. z.B. die Verordnungen zum Salzhandel auf fol.152vb und zum Müller- bzw. Bäckerhandwerk auf fol.158va sowie die Erwähnung des Riedlinger Münzvertrages auf fol.104vb) oder Rechtsbrüchen (vgl. z.B. den Konkurs von Ulrich Imholz auf fol.148vb, die Notiz zum erhängten Kaufmann auf fol.161ra und die Delinquenz des Spitalmeisters auf fol.161va). Der berufliche Alltag des „husherren" Dacher oder die Zugehörigkeit zur Fischerzunft mit der Übernahme entsprechender Funktionen haben keinen Eingang in sein historiographisches Werk gefunden. Wie beispielsweise auch bei Hektor Mülich, Kaufmann, Zunftmeister der Krämer und Ratsherr in Augsburg, zu erkennen, verdient der Wirtschaftssektor nach dem Geschichtsverständnis dieser spätmittelalterlichen Chronisten nur in Verbindung mit politischen Ereignissen Beachtung[827].

Diese Ausführungen könnten beliebig fortgesetzt und durch tiefer gehende Interpretationen zum Welt- und Geschichtsbild des Chronisten ergänzt werden. Da der Schwerpunkt dieser Arbeit

---

G. Schwarz-Zanetti, Grundzüge (Hoch- und Spät-MA; dabei Berücksichtigung unserer Chronik); R. Glaser, Klimageschichte; C. Pfister, Wetternachhersage und ders. u.a., Documentary evidence (16. Jh.).
[827] Vgl. D. Weber, Geschichtsschreibung in Augsburg, S.147.

jedoch ein anderer ist und hier dem Benutzer der Edition lediglich ein erster Einblick in diese Schrift gewährt werden soll, sind die Betrachtungen zum inhaltlichen Gefüge der „Konstanzer Chronik" an dieser Stelle abzubrechen. Abschließend sei noch einmal darauf hingewiesen, dass sich Gebhart Dacher bei der Themenauswahl im üblichen Rahmen der Stadtchronistik der zweiten Hälfte des 15. Jahrhunderts bewegt. Letztlich könnte man mit Blick darauf sein Werk sogar als geradezu exemplarischen Text dieses Genres ansehen[828].

5.1.3 Exkurs: Zwei bisher in der Forschung unberücksichtigte Textfragmente

Der Codex Sangallensis 646 enthält zwei Textfragmente, denen bemerkenswerterweise bisher in der jeweils eigenen Sekundärliteratur keinerlei Beachtung geschenkt wurde. Dieser Umstand resultiert – nachweislich zumindest in einem der Fälle – aus der geschilderten problematischen Editionsweise der „Konstanzer Chronik" durch Philipp Ruppert. Während dieser Herausgeber nämlich einerseits die Episoden aus dem Leben des walachischen Wojwoden Vlad III. Țepeș weitgehend wörtlich in seine Textausgabe integriert, sie aber dem „Autor" Dacher zuschreibt, unterschlägt er andererseits den kurzen Auszug aus einem der spätmittelalterlichen Trojaromane vollständig.

Zunächst zu dem letztgenannten Fragment: Auf der Folio-Seite 100 des Manuskripts SG wurde von der Hand des Rubrikators und damit mit großer Wahrscheinlichkeit von Gebhart Dacher selbst eine recht knappe Textpassage aus dem sogenannten „Elsässischen Trojabuch", das in der Forschung auch als „Buch von Troja I" bezeichnet wird[829], eingetragen. Es handelt sich genauer um einen Teil des dritten Kapitels mit dem Titel „Wie Paris die gottinne Egenowe erwarb" (ET, S.5) sowie um zwei Zitate aus sich daran anschließenden Abschnitten des Prosatextes, dessen Entstehung, da bereits Jacob Twinger von Königshofen eine Version in seiner volkssprachlichen Chronik verarbeitet[830], vor 1386 (eventuell schon vor 1382) anzusetzen ist. Der Auszug, der entgegen der sonst im Codex meist üblichen Verfahrensweise nicht in zwei Spalten aufgegliedert ist, beginnt in der ersten Zeile der Recto-Seite inmitten eines Satzes, bietet dann aber bis zum Ende hin das Kapitel III zur ersten Liebe des Paris in vollem Umfang. Auf der Verso-Seite wiederum befinden sich lediglich drei Zeilen, die anders als der vorangehende Text, der mit brauner Tinte geschrieben wurde, in Rot gehalten sind. Sie können, wenn sie auch nicht wörtlich mit denen der kritischen Ausgabe übereinstimmen[831], als Titel der Kapitel IV und VI des „Troja-

---

[828] Vgl. z.B. die Charakterisierung städtischer Chroniken v. T. Cramer, Geschichte der deutschen Literatur, S.255: „(...) sind quantitativ, qualitativ und strukturell von großer Vielfalt, doch läßt sich ein häufig wiederkehrendes Grundmuster feststellen: während die oft aus Ratsarchivalien schöpfenden Schilderungen aus der Frühzeit der jeweiligen Stadtgeschichte noch häufig territorial-, reichs- oder gar weltgeschichtliche Zusammenhänge herstellen, bekommt die Darstellung immer stärker den Charakter zeitgeschichtlich-annalistischer Ereignisberichterstattung (...), je näher sie an die zeitgenössische Gegenwart heranrückt. Welt- und reichspolitische Zusammenhänge spielen für diese gegenwartsnahen Teile kaum noch eine Rolle, wohl aber die für das städtische Leben bedeutsamen Tagesereignisse: prominente Gäste und Heiraten, innerstädtische Konflikte, Kriminalfälle, Epidemien, wichtige Ratsentscheidungen, Preisentwicklungen, Bauvorhaben."
[829] Vgl. zu diesem Werk VerfLex, 2. Aufl., Bd.1, Sp.1100; K. Schneider, Trojanischer Krieg, S.73ff; K. Alfen/P. Fochler/E. Lienert, Repertorium, Nr.10; Elsässisches Trojabuch; E. Lienert, Geschichte und Erzählen; dies., Antikenromane, S.151ff.
[830] Vgl. dazu K. Alfen/P. Fochler/E. Lienert, Repertorium, Nr.11 und G. Kornrumpf, Chronik und Roman.
[831] „W(!)ie her Juppiter der Gott ain hoff gebott, | won er wollt sin(er) Schwôster ain man geben" statt „IV. Von der brunlouff, den her Jupiter macht sine tochter Thetis | (Textanfang:) Do dirre jungelinge sôllicher mynne pflag, do wart ain hof geleit vnd gebot in deme land. Den gebot her Jupiter, der got, wann er wolt sin swester zû manne geben"

buches" identifiziert und möglicherweise auch als Bildüberschriften für noch auszuführende Zeichnungen interpretiert werden.

Sowohl die Thematik als auch der stark fragmentarische Charakter dieses Textauszuges sprechen dafür, dass dieses Blatt nicht im eigentlichen Sinne dem Text der „Konstanzer Chronik" zuzuordnen ist. Anders als die sonstigen längeren Notizen des Rubrikators (vgl. z.B. fol.34rb, 41^{va}f, 56vb oder 79va) können diese Textpartien nicht als inhaltliche Ergänzungen des Geschichtswerkes gedeutet werden. Der Codex Sangallensis 646 enthält, wie die obige Übersicht zeigt, auf den Seiten zuvor Berichte rund um die Eidgenossenschaft von der Gründung Zürichs an. Mit der Belagerung von Rapperswil im Jahr 1398 und dem sich anschließenden Streit zwischen den Angreifern wird dieser Erzählstrang von fol.88ra bis fol.98va beendet. Auf fol.102ra setzt der historiographische Text nach einem zeitlichen Sprung mit der Auseinandersetzung zwischen Bischof Otto III. von Hachberg und dem Konstanzer Domkapitel (1423) – und damit anders als in der Passage zuvor mit einem Fokus auf Konstanz – wieder ein. Die Schilderung der Liebesbeziehung zwischen Paris und Oenone – beziehungsweise nach dem „Trojanerkrieg" von Konrad von Würzburg[832], der die Grundlage des ersten Teils dieser Version des Trojastoffes bildet[833], Egenoe – mit der Erörterung der Eifersucht der Nymphe und dem Treueschwur des Paris lässt sich inhaltlich auf keinerlei Art und Weise mit den zuvor oder danach erwähnten Ereignissen der Chronik verbinden. Unser Rubrikator, dessen Hand im weiteren Verlaufe der Handschrift keine Einträge mehr macht, scheint hier vielmehr einen der mehrseitigen Leerräume innerhalb des Codex als Konzeptpapier für ein anderes Werk zu nutzen. Die Hintergründe des unvermittelten Textbeginns sind vom heutigen Standpunkt aus allerdings ebenso wenig zu eruieren wie etwa die der Wiedergabe der beiden genannten Kapitelüberschriften. Letztlich ist nicht auszuschließen, dass dem Schreiber lediglich ein entsprechend unvollständiger Text des „Elsässischen Trojabuches" vorlag. Meiner Ansicht nach ist es jedoch wahrscheinlicher, dass dieser Auszug aus dem „bekannteste[n] (...) der spätmittelalterlichen Trojaromane"[834] in der Arbeitsweise unseres Rubrikators bei der Anfertigung einer Abschrift des Gesamttextes oder zumindest einer umfangreicheren Handschrift[835] begründet liegt. Die Zeilen auf fol.100, die von größerer Dimension sind als die übrigen im Codex Sangallensis 646, könnten als eine Art Textprobe vor der Reinschrift in ein anderes Manuskript gedeutet werden.

Dacher scheint neben der redaktionellen Arbeit an unserer Stadt- und Bistumschronik in seiner „Werkstatt" also eventuell zeitgleich an der Erstellung einer Kopie dieser „am weitesten verbreiteten Prosabearbeitung des Trojastoffes im Spätmittelalter"[836] beteiligt gewesen zu sein. Obwohl diese Handschrift nicht mehr erhalten ist, dürfte man – zieht man die Überlieferungsgeschichte des Textes sowie die Kenntnisse über andere Codices aus dem Umfeld Dachers heran – von ihrer Existenz in der zweiten Hälfte des 15. Jahrhunderts ausgehen. Zunächst einmal ist festzustellen, dass dem Trojastoff im Allgemeinen im gesamten Spätmittelalter großes Interesse

---

(ET, S.5f) und „H(!)ie gitt paris frow Fenus den ȯpffell" statt „VI. Wie Paris den apfel frowe Venus gap, vmb den die götinnen kriegetent von Paris' wegen" (ET, S.9)

[832] Vgl. dazu z.B. K. v. Würzburg, Trojanerkrieg, Farbmicrofiche-Edition; VerfLex, 2. Aufl., Bd.5, Sp.297-299; H. Kokott, Konrad von Würzburg, S.258-286; K. Alfen/P. Fochler/E. Lienert, Repertorium, Nr.2; E. Lienert, Geschichte und Erzählen; dies., Antikenromane, S.120ff.

[833] Vgl. zu den Quellen des „Elsässischen Trojabuches" und ihrer Verarbeitung VerfLex, 2. Aufl., Bd.1, Sp.1100; K. Alfen/P. Fochler/E. Lienert, Repertorium, Nr.10, S.49ff; Elsässisches Trojabuch, S.XVIIff.

[834] K. Schneider, Trojanischer Krieg, S.73.

[835] Ein Vergleich des Textes mit der Edition – sofern dieser bei einem so kurzen Auszug überhaupt aussagekräftig sein kann – legt nahe, dass die Vorlage Dachers der Hss.-Gruppe Y anzugehören scheint, zu der die Mehrzahl der überlieferten Manuskripte zu zählen sind (vgl. zum Hss.-Stemma Elsässisches Trojabuch, S.LXXXIIff).

[836] Elsässisches Trojabuch, S.XIII.

entgegengebracht wird. Es handelt sich gewissermaßen um ein „allgemein und selbstverständlich verfügbares Bildungsgut", das „geradezu omnipräsent"[837] ist. In der Dichtung findet man in den verschiedensten Gattungen (z.B. höfische Epik, Helden- und Spielmannsepik, Minnelieder, Leich und Sangsprüche, Mären und didaktische Literatur) zahlreiche Anspielungen auf zentrale Ereignisse oder die Hauptfiguren. Auch in Universalchroniken wird der Trojanische Krieg in der Regel als Teil der Weltgeschichte ausführlicher behandelt. Gleichzeitig spielt Troja beispielsweise im Zusammenhang mit verschiedenen Ursprungs- beziehungsweise Abstammungssagen eine zentrale Rolle (vgl. etwa die Hinweise auf eine angebliche Trojanerabstammung der Franken, Briten oder Habsburger in den verschiedensten Werken)[838]. Für eine mögliche Bearbeitung Dachers gerade des genannten Werkes könnten nun weitere Argumente sprechen. Das „Elsässische Trojabuch", „der älteste deutsche Prosaroman überhaupt"[839], stieß besonders beim Publikum im Südwesten des Reiches auf großes Interesse. „Die meisten und die besten"[840] der 15 überlieferten Handschriften vom ausgehenden 14. bis zum beginnenden 16. Jahrhundert stammen nämlich aus dem schwäbisch-alemannischen Sprachraum[841]; zwei wurden nachweislich in einer Buchmacherwerkstatt hergestellt und sind mit Illustrationen versehen[842]. Gleichzeitig gehören zehn dieser Textzeugen der zweiten Hälfte des 15. Jahrhunderts und damit gewissermaßen der Wirkungszeit unseres Chronisten an. Letztlich ist angesichts des zu vermutenden Bekanntheitsgrades davon ausgehen, dass gerade in der Handelsstadt Konstanz beim Lesepublikum eine Nachfrage nach diesem Text bestand und das eine oder andere Exemplar des „Elsässischen Trojabuchs" im Umlauf war[843]. Drei der tradierten Handschriften sind übrigens mit bis zu 95 Illustrationen versehen[844]. Auch dies könnte die Herstellung einer Handschrift des Romans in der „Schreibstube" Dachers nahelegen, die – nach den Richental-Handschriften zu urteilen – mit ihren Schreibern und Illustratoren vorwiegend für städtische Rezipienten mit einer gewissen Vorliebe für verzierte und reich bebilderte Handschriften produziert zu haben scheint.

Abschließend zu dieser Notiz aus dem Trojaroman ist darauf hinzuweisen, dass der mögliche Gebrauch eines Leerraumes in SG als Konzeptpapier für die These sprechen könnte, dass diese Handschrift als persönliches Exemplar unseres Historiographen anzusehen ist. Wie schon in Erwägung gezogen, handelt es sich möglicherweise bei dem Codex Sangallensis 646 um eine Art

---

[837] E. Lienert, Antikenromane, S.103.

[838] Vgl. ebd., S.103f sowie LexMA, Bd.8, Sp.1034ff; G. Melville, Troja; F. Graus, Troja; H. Brunner (Hg.), Trojaliteratur; N. Kersken, Mittelalterliche Geschichtsentwürfe, S.120ff.

[839] Elsässisches Trojabuch, S.XIV.

[840] Ebd., S.XV.

[841] Vgl. zur Übersicht der Hss. K. Schneider, Trojanischer Krieg, S.73f; K. Alfen/P. Fochler/E. Lienert, Repertorium, Nr.10, S.51ff; Elsässisches Trojabuch, S.XXff.

[842] Es handelt sich um die Hss. Gi1 und N1, die in der „Elsässischen Buchmacherwerkstatt von 1418" produziert wurden (vgl. Elsässisches Trojabuch, S.XLV, LXIV; K. Alfen/P. Fochler/E. Lienert, Repertorium, Nr.10, S.52f). Zur genannten Werkstatt vgl. L.E. Saurma-Jeltsch, Spätformen, Bd.1, S.5-59. Vgl. auch die Hss.-Beschreibungen und einige Abb., in: ebd., Bd.2, S.42-44, 95f, Abb.11, S.151, Taf.1/2, 2/1, 4, Abb.37, S.165, Abb.48-50, S.170f, Abb.52, S.172.

[843] Dafür könnte beispielsweise a) die aus dem Bodenseeraum stammende Hs. „Die Geschichte von Troja nach Guido de Columna: Historia destructionis Troiae" aus dem Jahr 1464 (vgl. E. Moser (Hg.), Buchmalerei, Katalog KO 43, S.289f) ebenso wie b) die Hs. B2 sprechen, v. der wir aus dem Besitzereintrag auf fol.80ᵛ wissen, dass sie v. dem Augsburger Chronisten Hector Mülich am 2. Juni 1458 auf der Messe in Nördlingen gekauft wurde (vgl. Elsässisches Trojabuch, S.XXXI; K. Alfen/P. Fochler/E. Lienert, Repertorium, Nr.10, S.51). Einige der Codices scheinen also nicht auf Bestellung eines Auftraggebers, sondern direkt für den Handel produziert worden zu sein. Vgl. auch die Hinweise auf Ähnlichkeiten im Zeichenstil zwischen einer Hs. des Trojastoffes und den allerdings nicht Dacher zuzuweisenden Richental-Hss. bei H. Lehmann-Haupt, Schwäbische Federzeichnungen, S.93.

[844] Es handelt sich wiederum um die Hss. Gi1 und N1 sowie um W1 (vgl. Elsässisches Trojabuch, S.XLIVff, LXIVff, LXXVff; K. Alfen/P. Fochler/E.Lienert, Repertorium, Nr.10, S.52ff).

Anschauungsobjekt zur Vorlage für potenzielle Kunden der „Werkstatt". Die Herstellung als Auftragsarbeit oder für den freien Markt ist mit Blick auf diese Zeilen eher auszuschließen.

Das zweite in diesem Kapitel zu besprechende Fragment ist von ganz anderem Charakter und spielt in der „Konstanzer Chronik" eine bedeutendere Rolle als die wenigen Zeilen des „Elsässischen Trojabuchs". Die volkssprachliche Prosaerzählung „Drakula"[845] beziehungsweise „Die Histori von dem posen Dracol"[846] zum walachischen Wojwoden Vlad III. Țepeș (um 1428/31-1476)[847], dessen dreimalige Herrschaft im Herbst 1448, von 1456 bis 1462 und zeitweise im Jahr 1476 anzusetzen ist, nimmt in der Handschrift SG einen sehr viel breiteren Raum ein und ist chronologisch in den Erzählverlauf eingewoben. Entgegen der sonst bekannten Überlieferungsweise wird dieser Text hier nicht als Einheit präsentiert, sondern, den jeweiligen Jahresangaben folgend, in drei Teile zerlegt. Der erste Bericht zu Vlad III., der mit seinem Amtsantritt 1456 beginnt, ist nach der Nennung der Konstanzer Amtsträger des Jahres 1455 auf den Folio-Seiten 198^{ra}ff bis 199vb in das historiographische Werk eingefügt. Da der nächste datierte Vorfall, ein Übergriff Vlads auf den Ort Hamlesch/Amlaș in Siebenbürgen, erst dem Jahr 1460 angehört, werden vor dessen Schilderung auf fol.204ra ganz andere Geschehnisse – nämlich die Auseinandersetzung um die Stadtherrschaft in Meersburg, der Wechsel an der Spitze des Klosters Kreuzlingen, der sogenannte Plappartkrieg, die Belagerung des Schlosses Diessen, Friedensverhandlungen in Konstanz sowie die städtischen Amtsträger der Jahre 1456-1459 – thematisiert. Ebenfalls dieser Methodik folgend, erwähnt die Chronik vor dem dritten, von der Türkenoffensive 1462 eingeleiteten Teil der Episoden aus dem Leben des Wojwoden (fol.207ra-209rb) stadt- beziehungsweise reichsgeschichtliche Ereignisse der Jahre 1461 und 1462 (Bürgermeister, Vögte und Ammänner; städtische Verteidigungsmaßnahmen; Tod von Bischof Heinrich IV. von Hewen und Amtsantritt Bischof Burkhards II. von Randegg; Schlacht von Seckenheim).

Thematisch fallen die Geschichten um den walachischen Fürsten geradezu aus dem Rahmen unserer Chronik, da deren geographischer Horizont im restlichen Teil des Textes mit nur wenigen Ausnahmen das Bistum Konstanz ist. Neben historisch eindeutig verbürgten Vorkommnissen (vgl. z.B. die Überfälle auf siebenbürgische Städte und Dörfer, die Entmachtung der Bojaren oder die Eroberung türkischer Festungen im Donaugebiet) rund um die Walachei, Siebenbürgen und das Osmanische Reich werden, ganz typisch für diese Drakula-Literatur, einzelne teils schwankartige Anekdoten ohne erkennbare thematische Ordnung erzählt[848]. Dies geschieht vor allem, um die Grausamkeit des „wůttrich" zu demonstrieren, der „vil | boshaffttiger, mortlicher vn(d) | on menschlicher sachen, me | dan(n) man vor von en kaine(m) | wůttrich ye gehört noch | geschriben hat" (SG, fol.198ra) tut und „vil (...) grosz | pin vnd schmertzen" verursacht, „die wů | trich vnd durchächter der | cristenhait nie erdaucht ha- | ben, als von herode, Nero, dyo | cleciano, Decio, Maxencio vn(d) | allen andren wůttrich vn(d) | haiden, als der wůttrich vnd | tüffels sun erdaucht hat vn(d) | erdenkt durch jngiessu(n)g des | tüffels" (SG, fol.199ra). Meist recht anschaulich und mit detaillierten Ausführungen zu den verschiedenen Folter- und Tötungsarten werden insbeson-

---

[845] Vgl. dazu VerfLex, 2. Aufl., Bd.2, Sp.221ff; I. Bogdan, Vlad Țepeș, v.a. S.85-105; J. Striedter, Erzählung; M. Cazacu, „Geschichte Dracole Waide"; ders., L'Histoire; D. Harmening, Anfang; A. Balotă, Analysis; P.P. Panaitescu, German stories.

[846] So etwa der Anfang des Titels der heute in der British Library London liegenden Hs. (s.u.), der v. D. Harmening, Anfang, S.18 für die Prosaerzählung übernommen wird.

[847] Vgl. zu ihm R. Florescu/R.T. McNally, Dracula; R.-P. Märtin, Dracula; C.C. Giurescu, Historical Dracula; M. Cazacu, L'Histoire, v.a. S.1-17 sowie die Bemerkungen in Kapitel B.2.

[848] Vgl. J. Striedter, Erzählung, S.407.

dere geradezu willkürlich erscheinende Morde an nahezu allen Bevölkerungsgruppen des genannten Raumes geschildert[849]. Obwohl während der Regierung Vlads III. zahlreiche Personen,
darunter Angehörige verschiedenster Nationen, Schichten und Religionen, dem Terror zum Opfer
fielen – Schätzungen gehen von 40.000 bis 100.000 Menschen aus[850] – und man in der Forschung
hier und da von einem „geisteskranken" oder „sadistischen" „Psychopathen"[851] sprach, der möglicherweise von abnormen sexuellen Neigungen[852] geleitet wurde, müssen bei einer Interpretation
die Entstehung sowie die möglichen Intentionen des Verfassers dieses Textes mit berücksichtigt
werden. Es scheint sich bei dem anonymen Autor dieser deutschen Erzählung – man beachte die
detaillierten Kenntnisse zur Geographie oder zu den politischen Verhältnissen des genannten
Raumes sowie die zahlreichen Hinweise auf das Wirtschaftsleben – um einen Deutschen zu
handeln, der eventuell als Kaufmann zumindest zeitweise in Siebenbürgen verortet werden kann.
Nach Dieter Harmening dürfte der Verfasser mit großer Wahrscheinlichkeit Siebenbürger Sachse
sein. Seiner Ansicht nach deutet alles auf den ungarischen Hof in Buda als Ausgangspunkt der
Episoden hin[853]. Als Abfassungszeit kommt sowohl das Jahr 1462 als auch 1463 in Frage. Ohne
dass hierüber endgültige Gewissheit erlangt werden könnte, gibt es in der Forschung Spekulationen, die eine Verbindung zwischen dieser Erzählung und der Gefangennahme des walachischen Fürsten durch den ungarischen König Mathias Corvinus Ende des Jahres 1462 ziehen[854].
Der tendenziöse und polemische Charakter des Textes wäre dann im Zusammenhang mit der vor
Papst und Kaiser dringend benötigten Rechtfertigung dieser Tat von Corvinus zu sehen. Die
zugespitzte Schilderung der Unmenschlichkeit Vlads III., in die eventuell Motive allgemein verbreiteter „Wüterichsgeschichten" eingearbeitet sind, könnte somit als eine Art „Verleumdungs-
kampagne" betrachtet werden, durch die die Einkerkerung des Fürsten (und damit gewissermaßen
des personifizierten Bösen) in ein positives Licht gerückt werden würde. Angesichts der schnellen Verbreitung des Stoffes ist es denkbar, dass der Text bereits zu diesem Zeitpunkt als Flugblatt
– eventuell von Wien aus – in Umlauf gebracht wurde[855]. Zieht man die wenigen sicheren Daten
zur Biographie Dachers heran, drängt sich die Vermutung auf, dass unser Chronist das Flugblatt
möglicherweise selbst während seines Aufenthaltes im Februar 1466 am kaiserlichen Hof in
Wien kennengelernt haben könnte. Im Gegensatz zu heutigen Interpretationen, die diese Erzählung entsprechend als „pamphletartige Abschilderung eines maßlos grausamen Menschenschläch-
ters" und als „politische Zweckschrift zur Belastung des Verhältnisses D[rakula]s zu Ungarn im
Kampf gegen die Türken"[856] deuten, verstehen viele der Zeitgenossen und wohl auch der „Autor"
unserer „Konstanzer Chronik", wie die Einordnung in das zeitliche Gerüst des historiographischen Werkes zeigt, trotz der vorwiegend anekdotenhaften Züge die geschilderten Ereignisse allesamt als unumstößliche historische Gegebenheiten.

---

[849] Vgl. auch den Holzschnitt zu Vlad III. aus dem Druck Straßburg 1500 in D. Harmening, Anfang, S.37.
[850] Vgl. R. Florescu/R.T. McNally, Dracula, S.75f.
[851] Cimelia Sangallensia, Nr.82, Sp.174f, hier Sp.175; R.-P. Märtin, Dracula, S.138.
[852] Vgl. zu dieser Vermutung R. Florescu/R.T. McNally, Dracula, S.79.
[853] Vgl. D. Harmening, Anfang, S.18 und zu diesen Fragen auch J. Striedter, Erzählung, S.406, 411f; R.-P. Märtin,
Dracula, S.127f; P.P. Panaitescu, German stories, S.186.
[854] Vgl. auch zum Folgenden D. Harmening, Anfang, S.17f und LexMA, Bd.2, Sp.221. Eine noch etwas andere Erklärung fand G.C. Conduratu, Michael Beheims Gedicht, S.20f, der die Entstehung vor der Mitte des Jahres 1462
ansetzt und glaubt, die Erzählung solle Corvinus „seinen Schützling" Vlad III., dem er zu diesem Zeitpunkt noch
Hilfeleistungen zugesagt hat, als Feind der eigenen Untertanen vorführen.
[855] Vgl. D. Harmening, Anfang, S.27.
[856] VerfLex, Bd.2, Sp.221.

Von Dacher wird nun also ein brandaktueller Text, der nicht einmal zehn Jahre alt ist, in den Erzählverlauf seiner Stadt- und Bistumschronik integriert. Es handelt sich um eine Erzählung, die im letzten Drittel des 15. Jahrhunderts weit verbreitet, das heißt beim Publikum äußerst beliebt war. Während einerseits neben dem Codex Sangallensis 646 vier[857] weitere handschriftliche Zeugen – sie befinden sich heute in Stift Lambach[858], Colmar[859], London[860] und St. Gallen[861] – sowie drei Bearbeitungen des Stoffes teils in lateinischer Sprache bekannt sind[862], sprechen andererseits mehrere Drucke[863] für das große Interesse an diesem Text schwerpunktmäßig anscheinend besonders in Handelsstädten. Gleichzeitig ist darauf hinzuweisen, dass die Taten Vlads III. auch in rumänischen, ungarischen, polnischen und vor allem russischen Werken Niederschlag gefunden haben[864]. Wie Peter Johanek bereits ausgeführt hat, lässt sich die Vorliebe für die deutschen

---

[857] Noch einmal soll ausdrücklich darauf aufmerksam gemacht werden, dass die bisherige Forschung davon ausging, diese Prosaerzählung sei in lediglich vier Hss., nämlich den nachfolgend erwähnten, überliefert (vgl. etwa VerfLex, Bd.2, Sp.221f; J. Striedter, Erzählung, S.405; M. Cazacu, L'Histoire, S.25ff, 46, 92).

[858] Cod. cart. 327, fol.230ʳ-233ᵛ/. Vgl. zu diesem Codex, bei dem es sich ebenfalls um eine umfangreiche Sammelhs. handelt, Katalog der Handschriften im Stift Lambach, Austria, Faksimile (v. 1803), Bd.2, London 1982, o.S.; D. Harmening, Anfang, S.81f. Ediert wurde er v. F. Zimmermann/W. Wattenbach, Über den walachischen Woiwoden. Nach D. Harmening, Anfang, S.81 ist die Hs. verschollen. Da das Stift Lambach mir trotz zahlreicher schriftlicher und telefonischer Anfragen keinerlei Auskünfte zu diesem Cod. erteilt, geschweige denn die Textseiten zur Verfügung gestellt hat, kann diese Angabe weder bestätigt noch widerlegt werden. Nachdem dieser Text (man beachte jedoch die jeweilige Entstehungszeit!) v. SG 806 abhängig zu sein scheint (vgl. das Hss.-Stemma bei D. Harmening, Anfang, S.100) und einige Textteile nicht enthält, die sich in C, SG 806 und auch in SG finden lassen, wird er in Kapitel B.3.2 nicht näher berücksichtigt.

[859] Bibliothèque de la Ville, Ms.45, fol.142ᵛ-145ᵛ. Auf diese Hs. C macht erstmals ausdrücklich D. Harmening, Anfang, S.81 aufmerksam. In seiner Monographie wird der Text dann auf den S.107-116 ediert. Wie Kapitel B.3.2 belegt, handelt es sich um einen Textzeugen, der dem Codex Sangallensis 646 näher steht und auch zeitlich etwas früher einzuordnen ist als etwa SG 806. Des besseren Vergleiches wegen erfolgt eine synoptische Wiedergabe v. SG, SG 806 und dieses diplomatischen Abdrucks v. Harmening.

[860] The British Library, Additional MS 24315, fol.138ʳᵃ-143ʳᵃ/. Vgl. zu dieser Hs. D. Harmening, Anfang, S.82 und die Edition ebd., S.20-25. Da dieser Textzeuge aus dem Rahmen der anderen Hss. fällt, einige zusätzliche Episoden enthält, aber auch Lücken gegenüber den anderen aufweist (s.u.), wird er in Kapitel B.3.2 nicht in die Synopse aufgenommen (vgl. auch D. Harmening, Anfang, S.98ff).

[861] StiBSG, Cod. 806, S.283-288. Vgl. zu dieser Sammelhs., die Texte aus der Zeit zwischen 1480 und 1550 enthält (u.a. Heiligenlegenden, Auszüge aus Twingers Chronik sowie Konstanzer (!) Synodaldekrete des späten 15. Jhs.) und um 1570 v. dem Stiftsbibliothekar Mauritius Enk zusammengestellt wurde, G. Scherrer, Verzeichnis, S.269f; D. Harmening, Anfang, S.82; Cimelia Sangallensia, Nr.82, S.174f. Für weiterführende Informationen sei erneut Herrn Dr. Schmuki gedankt. Ediert wurde dieser Text etwa in: I. Bogdan, Vlad Țepeș, S.90-105; G.C. Conduratu, Michael Beheims Gedicht, S.105-109 und M. Cazacu, L'Histoire, S.94-102.

[862] Vgl. Thomas Ebendorfer, Chronica Regum Romanorum, lib.7; Enea Silvio Piccolomini, Comentarii rerum memorabilium, Frankfurt/M. 1614, S.296ff; Michael Beheims Gedicht. Vgl. VerfLex, Bd.2, Sp.222; J. Striedter, Erzählung, S.406. Bei M. Cazacu, „Geschichte Dracole Waide", S.222ff wird ein handschriftlicher Text und der des Drucks v. 1488 synoptisch den lateinischen Versionen v. Ebendorfer und Pius II. gegenübergestellt. In ders., L'Histoire werden die Texte v. Ebendorfer, Pius II. und Beheim noch einmal jedoch hintereinander und z.T. mit französischer Übersetzung ediert (vgl. S.85-88, 89-91, 106-152). Vgl. zu der letztgenannten Versbearbeitung auch G.C. Conduratu, Michael Beheims Gedicht.

[863] So 1488 bei Marcus Ayrer sowie vermutlich um dieselbe Zeit bei Peter Wagner, Nürnberg; nach 1488 bei Bartholomeus Gothan (?) in Lübeck; 1491 bei Hans Sporer in Bamberg; 1493 bei Martin Landsberg in Leipzig; 1494 bei Christoph Schnaitter in Augsburg; 1499 bei Ambrosius Huber in Nürnberg; 1500 bei Mathias Hupfuff in Straßburg und 1502 in Hamburg etc. Vgl. die genaue Beschreibung bei D. Harmening, Anfang, S.82-88; ebd., passim auch zahlreiche Abb. aus den Drucken; M. Cazacu, L'Histoire, S.154ff. Einzelne Drucke wurden ebenfalls bereits ediert, vgl. dazu ebd., S.158-166; ders., „Geschichte Dracole Waide", S.222-242; D. Harmening, Anfang, S.32-38 und S.118-132; F. Zimmermann/W. Wattenbach, Über den walachischen Woiwoden, S.332-343; I. Bogdan, Vlad Țepeș, S.90-105; G.C. Conduratu, Michael Beheims Gedicht, S.110-114.

[864] Vgl. G.C. Conduratu, Michael Beheims Gedicht, S.22ff; J. Striedter, Erzählung, S.399; M. Cazacu, L'Histoire, S.54ff mit einer Edition der russischen Überlieferung ebd., S.172-210. Striedter analysiert das Verhältnis der deutschsprachigen zur russischen Überlieferung erstmals etwas ausführlicher und findet sowohl auffällige Parallelen, die auf einen gemeinsamen (mündlichen?) Ausgangspunkt schließen lassen, als auch weitreichende Differenzen, die durch jeweils andere Interessen der Autoren verursacht sind.

„Drakula"-Geschichten wie überhaupt für Werke über die Osmanen und fremde Länder in deren Umgebung wohl vor allem auf zwei Ursachen zurückführen[865]. Den entscheidenden Anstoß für das Interesse am Osmanischen Reich und seinen Bewohnern dürfte die Türkenfurcht gegeben haben, die vor allem durch die Bedrohung Ungarns und die dadurch angefachte Kreuzzugsstimmung in weite Teile der Bevölkerung getragen wurde. „Man hungerte förmlich nach Informationen über die Türkei und ihre Grenz- und Berührungszonen zum Abendland, wo es nicht ganz geheuer zuzugehen schien."[866] Dass auch Dacher die Osmanen als reale Gefahr empfand, beweist die Nachricht zum Türkenkreuzzug von 1443/44 (vgl. fol.179rb), die zu den wenigen die Reichsgeschichte betreffenden Notizen der Chronik zu zählen ist. Daneben – dies der zweite Grund für den Erfolg von Geschichten wie der unsrigen zu Vlad III. Ţepeş – „gierte man wohl auch nach Klatsch und Gruselgeschichten"[867].

Ein Vergleich der Version der „Konstanzer Chronik" mit den anderen bekannten „Drakula"-Handschriften (vgl. dazu Kapitel B.3.2) beziehungsweise Drucken ermöglicht auch neue Erkenntnisse zur Textgeschichte. Der Codex Sangallensis 646, der in diesen Passagen nachweislich vor 1472 fertiggestellt wurde, enthält mit großer Wahrscheinlichkeit den ältesten überlieferten Textzeugen dieser Prosaerzählung. Die fraglichen Seiten der Lambacher Handschrift werden auf circa 1480, die des Codex Sangallensis 806 wiederum erst auf circa 1500 datiert. Die beiden anderen Texte rechnet man vage dem letzten Viertel des 15. Jahrhunderts (Colmar) respektive dem späten 15. Jahrhundert (London) zu[868]. Wie die Forschung bereits festgestellt hat, ähnelt sich der Episodenbestand der Handschriften und frühen Bearbeitungen in auffälliger Art und Weise[869]. Allein die Londoner Handschrift bietet zwei Geschichten – die zum „Nasenstrick" und die zu Drakulas Hochzeit und Gefangennahme –, die in keinem anderen Manuskript auftauchen. Gleichzeitig weist sie aber auch wie etwa Lambach oder die Chronik Ebendorfers Leerstellen auf. Es fehlen entsprechend einzelne Episoden anderer Handschriften. Man hat folglich davon auszugehen, dass dieses Londoner Fragment auf einer anderen Vorlage beruht als C, L oder SG 806, die im Vergleich dazu zusätzliche Informationen, aber auch Lücken aufweist. Stellt man nun den Dacher'schen Text den übrigen Überlieferungsträgern gegenüber, zeigt sich, dass diese Version ebenfalls eine Sonderstellung einnimmt. Auf der einen Seite enthält sie am Ende recht umfangreiche Passagen, die wir weder in den anderen Handschriften noch in irgendeinem der Drucke nachweisen können. Sowohl die Episode um den Römischen Knaben (vgl. fol.207vb bis fol.208ra) als auch die ausführlichen Abschnitte zu den fremden Boten (vgl. fol.208ra bis fol.208va) und zur Auseinandersetzung mit Mehmed II. (vgl. fol.208va bis fol.209ra) sind singulär. Ein Resümee in der Art der „Konstanzer Chronik" (vgl. fol.209[ra]f) findet sich ebenso wenig in einem der bisher analysierten Textzeugen. Diese Stücke der Erzählung sind der „Dracula"-Forschung, die sich der Bedeutung des Codex Sangallensis 646 für ihre Arbeit nicht bewusst war, bis heute entgangen[870]. Auf der anderen Seite kann man ebenfalls einige wenige Leerstellen konstatieren[871], ohne dass jedoch ganze Episoden fehlen würden – abgesehen von den beiden allein in der Londoner Hand-

---

[865] Vgl. P. Johanek, Historiographie und Buchdruck, S.112f.
[866] Ebd., S.113.
[867] Ebd., S.113.
[868] Vgl. dazu D. Harmening, Anfang, S.81f.
[869] Vgl. dazu ebd., S.98ff; M. Cazacu, L'Histoire, S.25ff.
[870] In keiner Zusammenstellung der einzelnen Episoden (vgl. z.B. D. Harmening, Anfang, S.99; P.P. Panaitescu, German stories, S.188-195; M. Cazacu, L'Histoire, S.27ff) werden diese Geschichten folglich berücksichtigt.
[871] Vgl. z.B. die Nennung von „Bekendorff" (vgl. Kapitel B.3.2, C, fol.142[v], SG 806, S.283); den Hinweis auf die Zerstörung der Vorstadt von Kronstadt (vgl. C, fol.143[r], SG 806, S.283), das Abschneiden der Brüste (vgl. C, fol.143[v], SG 806, S.284) oder das „spissen" der Hände (vgl. C, fol.143[v], SG 806, S.284).

schrift und den nur in Drucken enthaltenen Geschichten um die zwei Mönche, den Jahrmarkt, die Kaufleute auf dem Markt, die Gefangenschaft beziehungsweise die Wiedereinsetzung. Vielmehr werden hier und da einzelne Ereignisse etwas verkürzt wiedergegeben. Statt eines von Wiederholungen geprägten, komplizierten Satzes wird ein einfacherer gewählt (vgl. SG, fol.198^(va)f)[872]; statt einer detailreichen Schilderung ist die Ermordung von Müttern kleiner Kinder im Codex Sangallensis 646 auf fol.199^(ra) in eine kurze sachliche Aussage gekleidet et cetera:

SG:	C:	SG 806:
fol.198^(va)f	**fol.143^r**	**S.283**
Vn(d) des | morgens frů ist er komen | vnd was er begraiff, froen | vnd man, kinder, jung vn(d) | alt, hat er by dem berg der | vorgena(n)ten Cappelle alle | laussen spissen vnd sine | [198^(vb)] fründ ze tisch da selbs ge | habt. |	des *morges* frů Was er *begriff* frowen MAN VND kinder jung vnd alt hat er *an* dem VORGENANTEN berg BY der cappelle*n* alle *lassen* spissen *vmb vnd vmb den berg vnd er ist mitten vnder in gesessen* ZŮ TISCH vnd *sin* *fröd* daselbs ge*h*ebt.	morgens frů, w(a)z er begraiff, *frow* vnd man, kinder, | *i*ung vnd alt, het er *an dem morgen* an de*n* Berg BY der Capelle*n* *all* | *lassen* spissen *vmb vnd vmb den berg; vnd er ist mit vnder in gesess* | *en* ZŮ TISCH vnd *sin* frund da selbs gehabt. |
fol.199^(ra)	**fol.143^v**	**S.284**
och die můter dar nach ge- | spisset.	*Es haben ouch die kindlin iren můtern an die prust griffen ouch die můtern den kindlin etc. / Er hat ouch den m tern die prúst von einander geschnitten vnd die kinder mit den haůbtern dadurch gezogen vnd darnach gespisset*	*Es haben* | *ouch die kindlin den mütteren an ir brust griffen, ouch die můtter die* | *kindle. Es het ouch den m ttere die brust von enanderen geschnitten* | *vnd die kinder mit dem hobt dardurch geschoben vnd darnach gespisset,* |

Gleichzeitig kann jedoch auch konstatiert werden, dass der Codex Sangallensis 646 in den Formulierungen häufig ausführlicher ist als die anderen Textzeugen. Neben dem bereits zitierten Einleitungssatz, der gewissermaßen zum Thema hinleitet und in dieser wortreichen Weise nirgendwo sonst zu lesen ist, existieren mehrere Textstellen, die dafür sprechen, dass sich unser Chronist oder zumindest dessen Vorlage durch nähere Erläuterungen um Eindeutigkeit bemüht. Hier und da begegnen beispielsweise die auch sonst in der „Konstanzer Chronik" verwendeten Hendiadyoin – so zum Beispiel statt „geantwurt" (C) „geanttwurt \| vnd gesagt" (SG, fol.199^(va)) oder

---

[872] Ähnliche Veränderungen, die zeigen, dass SG einen stilistisch teils besseren Text als C und SG 806 bietet und Wiederholungen vermeidet, sind auf fol.198^(ra) (Stichwort: Schlösser), fol.198^(vb) (Stichwort: Besitz bzw. „gůt") oder fol.199^(ra) (Stichwort: Schmerz bzw. „pin") zu finden.

statt „die hat er all selbs kôpfft" (C) „**Er** haut (...) selbst mit siner hand enthop= | tett vnd die kôpff abgeschl | agen" (SG, fol.207ʳᵇ) – sowie andere Ergänzungen, wie etwa. „mit hut" in „mûsz- | tend sy jn essen mit hut, fla- | isch vnd bain" (SG, fol.199ʳᵇ). Immer wieder können in SG auch Veränderungen oder Zusätze festgestellt werden, durch die mögliche Missverständnisse ausgeräumt werden sollen. Gleichzeitig scheint sich der „Autor" um eine logisch richtige, vollständige und runde Erzählweise zu bemühen, wenn etwa „etc." durch mehrere Worte ersetzt wird oder nach dem Befehl „bring sy zů mir!" der Satz „Er bracht sy zů jm" eingefügt ist. Im Folgenden nur wenige Beispiele:

SG:	C:	SG 806:
fol.199ʳᵇf	**fol.144ʳ**	**S.285**
der pfaff begraiff siner pro- | [199ᵛᵃ|412] en [sic!] ainen, den der <u>drakol</u> jnge= | proket hett, vff sinen lôffel. | **d**o sprach der <u>drakol</u>, wie er | gepredigt hett, die sunde | wurd nit vergeben, es wur= | de dan(n) das vnrechtuertig | gût wyderkert. „**j**st das war, | **he**(r)re?" **S**prach der <u>pfaff</u>: „ja, | her, es ist war."	Der pfaff *begriff* vnderstund siner prôckel *einen* *mit* sine*m* lôffel Do sprach der *herre* wie er gepredigt het *die sûnd* *etc.* / Der *PRIESTER* antwurt Here es ist war	der pfaff *begraff* [sic!] *vnder* sine(n) bro| cken aine(n) *mit* sine(m) lôuffel. Do sprach der *her*, wie er gep(re)diget hett, die *sund*, | *etc. etc.* Der *PRIESTER* sprach: „herr, es ist w*aar*."
fol.207ʳᵃ	**fol.144ᵛ**	**S.286**
die selben sin diener vnd hoff | lüt habend an den <u>dracol</u> be= [sic!], | das er jnen die <u>froen</u> vnd <u>ju(n)k</u>= | <u>froen</u> lausse vnd gebe zů elich= | en <u>wÿben</u>. der <u>dracol</u> hat d(a)z | nit wôllen ton vnd hat allen | sinen hofflüten gepotten, die | <u>froen</u> ze bringend vnd mit | den andern laussen hacken als | das krut.	Die habe*nt* *BEGERT* an den Dracol er *sûlle in* die gebe*n* zů elichen *frowen* Der Dracol das nit HAT TůN WôLLEN vnd ha*tt* gebotten die *all mit sampt den hofflûten* zehacken als das kru*tt*	die habe*nt* *BEGERT* ai*n* | den dracôll, er *sôll in* die gebe*n* zů elichen *frowen.* der drâcôll das nit | t*hůn* wellen [sic!] vnd ha*tt* gebotten, die *all mit sampt den hofflütten* zer | hacken als das krût.
fol.207ʳᵇ	**fol.145ʳ**	**S.287**
der <u>dra</u>= | col sprach: „bring sy zů mir!" | **Er** bracht sy zů jm. **d**o sprach | der <u>dracol</u> zů der <u>froen</u>: „was | tûst du?"	*Er* sprach Bring *sie* mir *her* Da sprach *er* zú *ir* Was *tůstu*	*er* sprach: „bring *mir* sÿ *her* zů mir!" | do sprach *er* zů *ir:* „wasz *thůstu*?"

fol.207va	fol.145^{r}f	S.287
do nun die | ziginer vnd die türken zů samen komend, do schuchten | der türken rosz ab den zigi= | nern vnd jren rossen vnd | fluhend von wegen des ge= | rümels mit den kůhüten, | das sy der rosz nit gewalt | haben mochten	Do *sy* nun zů *einander kommen* do schuchten der túrcken ross vnd *fluhen* von wegen des *ge* || *rodels* das *sie die* roß nit *gehalten* mochten	do | *sÿ* nůn zů *ain andren* koment, do schuchtend *des* túrcken rossz vnd | flůchen*t* von wegen des *ger dels,* d(a)z sÿ *die* rősz nit *ge*haben mőch | ten

Von der Warte des heutigen Wissenschaftlers aus ist kaum zu entscheiden, ob es sich in solchen Fällen oder bei anderen syntaktischen und semantischen Veränderungen[873] um Textmodifizierungen des Verfassers respektive des Schreibers der „Konstanzer Chronik" handelt. Da sich in den Händen von Dacher und/oder seinen Mitarbeitern nachweislich eine Textfassung der „Drakula"-Erzählung befand, die keinem der sonstigen Bearbeiter des Stoffes bekannt war, kann nicht ausgeschlossen werden, dass bereits die Vorlage in Konstanz einen entsprechend anderslautenden Text enthielt. Verschiedene Übereinstimmungen mit Formulierungen des Chroniktextes jenseits dieser Prosaerzählung – man denke beispielsweise an die Datierung oder die erwähnten Hendiadyoin – lassen aber vermuten, dass unser Historiograph wie bei Bearbeitungen anderer Werke an der einen oder anderen Stelle selbst in den Text eingegriffen hat. Die Erweiterung der Namensliste der Christenverfolger (vgl. SG, fol.199ra vs. C, fol.143^v und SG 806, S.284), die Verbindung Vlads III. zum Teufel (vgl. SG, fol.199ra vs. C, fol.143^v und SG 806, S.284 bzw. in abgeschwächter Form SG, fol.199vb vs. C, fol.143^r und SG 806, S.285) oder die Streichung der Juden aus der Aufzählung der Opfer (vgl. SG, fol.199rb vs. C, fol.143^v und SG 806, S.284) könnten also ebenso wie die Vermeidung gewisser anzüglicher Schilderungen (vgl. SG, fol.199ra vs C, fol.143^v und SG 806, S.284 oder SG, fol.207vb vs. C, fol.145^v und SG 806, S.287) auf das Konto des oder der Konstanzer Bearbeiter gehen.

Dieser Exkurs zu zwei Fragmenten der „Konstanzer Chronik" dürfte gezeigt haben, dass selbst in „edierten" Chroniken noch so mancher unentdeckte Schatz schlummert. Der kurze Auszug aus dem „Elsässischen Trojabuch" und die in das historiographische Werk integrierten Erzählungen zu Vlad III. Ţepeş beweisen, dass sich Gebhart Dacher neben Texten, in deren Zentrum die Geschichte von Konstanz und dessen näherem Umfeld steht, anderen Werken widmet, die eher dem literarischen Schrifttum zugeordnet werden können. Mit großer Wahrscheinlichkeit greift er hierbei zeitgenössische Diskurse auf (Stichwort: Türkenfurcht) und berücksichtigt gleichzeitig Wünsche seiner gebildeten städtischen Leser (Stichwort: Trojastoff, „Klatsch und Gruselgeschichten" oder Nachrichten aus dem Kaufleute-„Milieu").

---

[873] Vgl. z.B. „das sy die sprach ler= \| nen soltend" (SG, fol.198rb) statt „das sy solten lernen die sprach" (C, fol.142^v) oder „rote vnd **B**rune \| parelin oder hübel" (SG, fol.207vb) statt „rote vnd brone birret oder húbel" (C, fol.145^v) bzw. „brůne \| vnnd rőtte baret oder hůbel" (SG 806, S.288).

5.1.4 Kompositionsmethodik und „historiographische" Prinzipien

Aufgrund der Konzeption dieser Arbeit werden im Folgenden nur einige Aspekte zur Kompositionsmethodik der „Konstanzer Chronik" beziehungsweise zu „historiographischen Prinzipien"[874] des „Autors" angesprochen. Ohne dass zahlreiche Details ausgeführt werden könnten, soll dem Benutzer der Edition dadurch ein Eindruck von dieser Seite des Werks vermittelt werden.

Ein Vorwort, in dem sich Dacher mit Twinger vergleichbar[875] an seine Leser richtet, sein Vorhaben erläutert, Absichten und Quellen nennt und eine erste Zusammenschau bietet, hat sich nicht erhalten. Anders als in der Handschrift Stgt ergänzt der Rubrikator das Werk auch nicht durch einleitende Register, die einen raschen Zugriff auf die Inhalte erleichtern würden[876]. Damit wird man beim Öffnen des Codex Sangallensis 646 ohne jegliche Führung vonseiten des Verfassers unmittelbar mit dem Haupttext konfrontiert. Um sich einen groben Überblick zu verschaffen, das heißt sich den verschiedenartigen Informationen zu nähern und die Struktur des Werkes zu erfassen, bleibt allein die Möglichkeit einer kursorischen Lektüre. Das Werk selbst ist nicht hierarchisch in verschiedene, nach außen hin sofort sichtbare Teile wie etwa Bücher oder Kapitel[877] gegliedert. Von wenigen bereits erwähnten Ausnahmen abgesehen, existieren auch keine rubrizierten Titel, die über die Jahreszahl hinaus Auskünfte zu den Inhalten einzelner Abschnitte geben. Die wenigen Marginalien können vom Leser ebenfalls kaum als Orientierungshilfen genutzt werden. Einige Anhaltspunkte bieten jedoch die Illustrationen, vor allem die Wappen. In den vom Rubrikator bearbeiteten Textpassagen unterstützen darüber hinaus die Unterstreichungen das schnelle Erfassen der verschiedenen Nachrichten.

Da sich das Selbstverständnis der Konstanzer noch im Spätmittelalter teilweise aus der Stellung ihrer Stadt als einem repräsentativen Bischofssitz speist und die Bedeutung einzelner Bischöfe für die Entwicklung der Stadt im kollektiven Gedächtnis verankert zu sein scheint, stellt die Chronik nun nicht etwa Ereignisse aus der Geschichte des Bistums zu einer Textgruppe zusammen und trennt diese streng von jenen Notizen, die allein den Ort betreffen. Ebenso wenig werden reichsgeschichtliche Nachrichten besonders hervorgehoben oder isoliert vom lokalen Geschehen in einem speziellen Abschnitt dargeboten. Somit zeigt sich, dass Dacher in seiner „Konstanzer Chronik" nicht – eine solche Vermutung läge vor dem Hintergrund „seiner" „Weltchronik" eventuell nahe – das Prinzip der Straßburger „Croniken" Jacob Twingers von Königshofen[878] mit einer streng thematischen Ordnung übernimmt[879]. Auf den ersten Blick könnte die Handschrift SG vielmehr den Eindruck erwecken, die heterogenen Informationen zu Konstanz und Umgebung seien von dem „Kompilator" aus verschiedenen Quellen eher willkürlich und konzeptionslos aneinandergereiht worden. Tatsächlich käme dies aber einem Fehlurteil gleich. So

---

[874] Dieser Begriff greift den Titel v. T.M. Buck, Historiographische Prinzipien auf, ohne dass hier alle Aspekte, die Buck bei Richental anspricht, auch für Dacher ausgeführt werden könnten.

[875] Vgl. dessen Vorwort, in: C. Hegel (Hg.), Chronik, S.230-232.

[876] K. Wriedt, Bürgerliche Geschichtsschreibung, S.33 deutet ein ausführliches Register als Signal für „die primäre Nutzung der Chronik im Rahmen der Ratsverwaltung". Das Fehlen eines Registers in SG könnte somit als weiteres Argument gegen die These, diese Handschrift der „Konstanzer Chronik" sei im Auftrag bzw. für den Rat verfasst worden, ins Feld geführt werden.

[877] Vgl. allg. zur Geschichte der Methodik, einen Text mittels dieser Elemente zu gliedern, N.F. Palmer, Kapitel und Buch, zum Spätmittelalter v.a. S.76ff.

[878] Vgl. zur Komposition v. Twinger z.B. H. Schoppmeyer, Chronik und N. Warken, Geschichtsschreibung, hier v.a. S.158ff.

[879] Darauf weist bereits E. Hillenbrand, Geschichtsschreibung, S.10 hin.

trägt die „Konstanzer Chronik" nicht etwa, wie man es beispielsweise aus den späteren Material-sammlungen, den Collectaneen (vgl. z.B. die Hs. A I 8 des StAK von Christoph Schulthaiß oder die des Stadtarchivs Überlingen von Jacob Reutlinger) kennt, alle irgendwie auffindbaren ge-schichtlichen Berichte zur Stadt oder zum Bistum beinahe ohne Rücksicht auf Zeit und Raum zusammen und stellt sie mehr oder weniger ungeordnet sowie unbearbeitet nebeneinander. Ganz im Gegenteil stehen wir einer Schrift gegenüber, die von dem Verfasser eigenständig und nach bestimmten Regeln komponiert wurde.

Zunächst fällt auf, dass der Text trotz einiger Abweichungen grob dem zeitlichen Ablauf der Geschichte folgt, also weitgehend chronologisch angelegt ist. Er führt von den Anfängen der Stadt in die Gegenwart des Chronisten. Selbst der Rubrikator, der seine Ergänzungen nach den Leerräumen auszurichten hat, bemüht sich die Nachrichten möglichst korrekt in das zeitliche Gerüst einzuordnen (vgl. z.B. fol.45va oder fol.79va). Damit unterscheidet er sich beispielsweise von den meisten Personen, die das „Chronicon Constantiense" durch zusätzliche Notizen erwei-tern. Ab fol.102ra, das heißt im zeitgeschichtlichen Teil von 1423 an, wird darüber hinaus eine Orientierung am annalistischen Prinzip sichtbar. Während durch die Quellenlage bedingt im Text zuvor größere zeitliche Sprünge zu konstatieren sind, verfolgt der Historiograph in diesem Chro-nikteil das Ziel, über jedes einzelne Jahr zu berichten. Unterstrichen wird diese Absicht durch die alleinige Nennung der Jahresangaben im Zusammenhang mit 1444 (vgl. fol.179va), 1449 (vgl. fol.190va), 1450 (vgl. fol.192ra) und 1451 (vgl. fol.192va). Obwohl dem Schreiber zum Zeitpunkt der Niederschrift des Textes zu diesen Jahren offensichtlich keinerlei Informationen – auch nicht solche zu städtischen Amtsträgern wie in den Jahren 1452 (vgl. fol.195rb), 1453 (vgl. fol.195vb), 1454 (vgl. fol.197rb), 1455 (vgl. fol.197vb) und 1456 (vgl. fol.200rb) – vorliegen, werden sie nicht stillschweigend übergangen. Die freigelassenen Spalten und Seiten sprechen vielmehr für ge-plante weitere Recherchen, durch die diese Lücken gefüllt werden sollten. Um die strenge Glie-derung nach Jahren nicht aufzubrechen, werden in diesem eigentlichen Hauptteil der „Konstanzer Chronik" dann selbst eng zusammengehörige Themenkomplexe auseinandergerissen. Wie im vorherigen Kapitel ausgeführt, unterbrechen im Gegensatz zu jeder anderen bekannten Überlie-ferung in SG Berichte gänzlich anderer Art die Erzählung zu Vlad III. Țepeș. Auch die ver-schiedenen Ereignisse, die aus heutiger Sicht allesamt dem „Alten Zürichkrieg" zuzuordnen sind, werden nicht als thematische Einheit behandelt et cetera. Innerhalb der einzelnen Jahre werden die Ereignisse dann meist grob dem zeitlichen Gerüst folgend von Januar bis Dezember an-einandergereiht, ohne dass dieses Verfahren immer konsequent eingehalten würde.

Allein zwei längere Textpassagen fallen eindeutig aus dem chronologischen Rahmen. Sowohl die Ausführungen zum Schwäbischen Städtebund zwischen 1377 und 1389 (vgl. fol.75ra bis fol.82rb) als auch die Geschichte rund um die Gründung von Zürich und bedeutende eidge-nössische Schlachten zwischen der Zeit „Kaiser Karls/König Constantinus" und 1398 (vgl. fol.88ra bis fol.98va) werden an ungewöhnlicher Stelle, nach beziehungsweise vor Konstanzer Vorkommnissen des Jahres 1423, in die Chronik eingefügt. Der Schreiber – der Rubrikator durchschaut dieses Schema zumindest bei seiner Nachbearbeitung nur bedingt (vgl. dessen Er-gänzung auf fol.79va) – bildet hier ganz bewusst thematisch zusammengehörige Blöcke und grenzt sie gewissermaßen als Exkurse vom übrigen Text ab. Die mehrseitigen Leerräume zu-mindest dürften eine solche Deutung belegen (vgl. fol.73^r bis fol.74^v, fol.83^v bis fol.87^v und fol.99^r bis fol.101^v; der Letztgenannte wird allerdings vom Rubrikator durch den Auszug aus dem „Elsässischen Trojabuch" unterbrochen). Daraus ist eventuell zu schließen, dass dieser Kom-pilator den breiteren geographischen Horizont erkannt und beide Themenkomplexe etwa trotz der

Beteiligung von Konstanz am Städtebund nicht zur Konstanzer Stadt- und Bischofsgeschichte im engeren Sinn rechnet. Innerhalb beider Bereiche wird das zeitliche Nacheinander dann wiederum berücksichtigt. Im Gegensatz zu Stgt und W fällt in der Haupthandschrift der Dacher'schen Chronik gerade in dem Abschnitt zu den eidgenössischen Gefechten die korrekte Reihenfolge ins Auge. Lediglich der Bericht zur Schlacht von Reutlingen mit dem Rothenburger Sühnevertrag (vgl. fol.81^r bis fol.82rb) ist chronologisch fehlerhaft eingegliedert.

Des Weiteren verdeutlicht die Konzeption der „Konstanzer Chronik" die enge Verbindung, die für unseren Chronisten zwischen der Geschichte der Stadt und der der Bischöfe besteht[880]. Nach den programmatischen Erläuterungen zur Gründung von Konstanz geht er unter Bezugnahme auf das Vorherige entsprechend auf die Entstehung des Bistums und die Abfolge dieser geistlichen Würdenträger ein. Den Letztgenannten misst er durch die Gesamtanlage der Chronik eine herausragende Rolle zu. Dies belegt unter anderem allein die äußere Form bei der Aufzählung der frühen Bischöfe, die sich mit der Zuweisung einer jeweils eigenen Spalte oder Seite, dem Beginn des Textes mit einer Initiale und der Illustration mit einem Wappen deutlich von den Bischofslisten anderer Handschriften (vgl. z.B. StAK, A I 1, fol.121vb bis fol.123vb; BSB München, Cgm 567, fol.209^r bis fol.210^r oder Cgm 568, fol.150ra bis fol.151ra) unterscheidet. Wie schon Eugen Hillenbrand in seinem richtungsweisenden Vortrag eruiert hat, bilden für Dacher die bischöflichen Pontifikate dann wichtige Einschnitte in der Konstanzischen Geschichte[881]. Nach ihnen wird die Chronik gewissermaßen gegliedert: Mit Bischof Rudolf von Habsburg-Laufenburg beginnend, setzt der Text zu einem Bischof jeweils auf einem neuen Blatt ein. „Erst wenn die wichtigsten Daten und Ereignisse, die mit der Person des Bischofs zusammenhängen, genannt sind, wird auch anderes erwähnenswert"[882]. Meist leitet eine ähnliche Formel – der Titel dieser Dissertation zitiert eine davon – von den Nachrichten zur Amtszeit des Bischofs zu eher weltlichen Geschehnissen über. Dieses Schema, dessen Ursprung wohl in den Weltchroniken zu suchen ist, die nach den Regierungszeiten der Könige/Kaiser oder der Päpste gliedern, lässt sich mit explizitem Hinweis auf die Veränderung der Thematik recht anschaulich bei den Bischöfen Rudolf I. von Habsburg-Laufenburg (vgl. fol.36^{ra}ff, Formel fol.36rb), Heinrich II. von Klingenberg (vgl. fol.39^{ra}ff, Formel fol.39rb), Burkhard von Hewen (vgl. fol.64^{ra}ff, Formel fol.64ra) oder Otto III. von Hachberg (vgl.fol.70^{ra}ff, Formel fol.70ra) verfolgen. Durch den Rückgriff auf das annalistische Prinzip im zeitgeschichtlichen Teil wird diese Struktur dann jedoch aufgebrochen. Von einer Gliederung nach Pontifikaten und der Trennung zwischen Nachrichten zum Bischof und solchen zu weltlichen Angelegenheiten kann hier letztlich nicht mehr die Rede sein. Die Ereignisse werden nun primär nach Jahren geordnet, sodass sich die Notizen zu den Bischöfen, durch Vorkommnisse wie Fehden oder Rechtsbrüche Konstanzer Bürger unterbrochen, über die Chronikseiten verteilt befinden. Der Amtsantritt und die wichtigsten Daten zu Bischof Heinrich IV. von Hewen (1436-1463) etwa sind auf fol.151va, dessen außergewöhnliche Feier des österlichen Hochamtes 1437 auf fol.155rb, eine von ihm einberufene Diözesansynode des Jahres 1441 auf fol.171vb und die Auseinandersetzung mit Meersburg um die Stadtherrschaft (1457) auf fol.200^{va}ff nachzulesen.

---

[880] Die Annahme, die Stadtgeschichte v. Konstanz sei für Dacher identisch mit der Geschichte der Bischöfe (so E. Hillenbrand, Geschichtsschreibung, S.10), ist meiner Ansicht nach aber nicht haltbar. Im Zentrum stehen stets die Bezüge zur Stadt selbst. Die dem Rubrikator bekannten Viten zu Konrad und Gebhard werden folgerichtig nicht in den Text integriert.

[881] Vgl. E. Hillenbrand, Geschichtsschreibung, S.10.

[882] Ebd., S.10.

Vor allem auf den letzten 25 Blättern fällt auf, dass sich der Chronist bemüht, stets die wichtigsten städtischen Amtsträger[883] zu erwähnen und die einzelnen Jahre dadurch gewissermaßen voneinander abzugrenzen. Anders als jedoch bei dem Schema der Gliederung nach Pontifikaten beginnt der Text nach der Erwähnung des Jahres keineswegs immer direkt mit diesen Angaben. Selbst dort, wo dem Schreiber (noch) kein anderer Text zum Zeitenverlauf zur Verfügung steht, setzt erst die zweite Spalte mit diesen Informationen ein (vgl. z.B. fol.195rb oder fol.200rb). Die Notizen zu den Ämtern von Bürgermeister, Vogt und Ammann nehmen zunächst also keinen festen Platz innerhalb der Nachrichten zu einem Jahr ein. Sie stehen am Anfang, zwischen oder am Ende der berichteten Ereignisse. Gegen Ende des Textes verändert sich dieses Bild jedoch. Sowohl im Abschnitt zu 1469 als auch in dem zu 1470, das heißt in den letzten beiden von der Haupthand behandelten Jahren, werden die Ausführungen zu diesen Personen direkt im Anschluss an das Datum genannt (vgl. fol.221ra und fol.223ra). Möglicherweise entwickelt der Schreiber also während der Niederschrift allmählich ein neues Verfahren, mit dessen Hilfe die vielfältigen Nachrichten zu einem Jahr auf gewisse Art und Weise einheitlich und überschaubar gestaltet werden sollten.

Um dem Text insgesamt eine übersichtliche Form zu geben, das heißt ihn auch äußerlich zu strukturieren, greifen die Schreiber des Codex Sangallensis 646 auf verschiedene Gestaltungselemente zurück. Neben dem Beginn auf einer neuen Seite beziehungsweise Spalte, dem Einsatz von Initialen oder besonders hervorgehobenen Anfangsbuchstaben kommen auch unterschiedlich große Leerräume, Absätze, Absatz- oder Zierzeichen (vgl. Kapitel A.4.1.2) zum Einsatz, um einzelne Nachrichten voneinander abzugrenzen respektive einen längeren Abschnitt in kleinere Sinneinheiten zu trennen. Vergleicht man beispielsweise die Anlage der Originalurkunde der königlichen Richtung des Jahres 1430 (GLA Karlsruhe KS 666) mit der Wiedergabe auf fol.126ra bis fol.130rb, wird das Bemühen um Klarheit und Übersichtlichkeit deutlich. Ein ähnliches Verfahren zeigt sich im Zusammenhang mit den Namenslisten, bei denen in der Regel jeder Person eine Zeile vorbehalten ist (vgl. z.B. die Listen zur Schlacht von Seckenheim auf fol.205^{va}ff)[884] et cetera. Gleichzeitig lassen sich zahlreiche interne Textbezüge ausfindig machen. Immer wieder verweist der Text auf zuvor geschilderte oder auf nachfolgende Notizen (vgl. z.B. fol.111rb mit dem Verweis auf den Text von fol.123^{ra}ff: „Jt(em) wie die | geschlächt wyder jnkamen | vnd <u>gericht wurdend</u>, ist | hie <u>nach verschriben jn</u> dem | M° cccc° xxx jar."). Dadurch wird dem Leser die Orientierung erleichtert. Anders als zum Beispiel bei der überlieferten Handschrift des „Chronicon Constantiense" (StAK, A I 1) steht man in der Handschrift SG also keinem fortlaufenden, beinahe labyrinthischen Text gegenüber, bei dem die einzelnen Informationen oft nur schwerlich zu differenzieren sind. Gerade auf diesem Gebiet scheinen vor allem die Richental-Handschriften Vorbildcharakter für den Text Dachers zu besitzen[885].

Daneben macht sich der Einfluss der „Konzilschronik" besonders bei der Kompilationsmethodik bemerkbar. Hier wie dort verbinden sich unterschiedliche literarische Traditionen und diverse Quellengattungen zu einem neuartigen Text, der „keiner bestimmten literarischen Ka-

---

[883] In der Regel handelt es sich um den Bürgermeister, Vogt und Ammann; 1469 und 1470 werden auch Säckelmeister und Baumeister in die Liste aufgenommen (vgl. fol.221ra und 223ra). Konrad Albrecht nennt 1473 neben den drei erwähnten dann wiederum den Stadtschreiber und damit sich selbst (vgl. fol.224rb).

[884] Vgl. dieselbe Vorgehensweise bei der Lebensmittelpreisliste auf fol.210ra.

[885] Vgl. z.B. die Hs. A, die einzelne Abschnitte durch Leerzeilen voneinander trennt und diese meist mit einer Initiale oder einem anders hervorgehobenen Anfangsbuchstaben beginnen lässt. Wie in SG im Zusammenhang mit dem offiziellen Bericht zur Schlacht bei Reutlingen (vgl. fol.81^{ra}ff) werden auch hier urkundliche Inserte einspaltig niedergeschrieben (vgl. z.B. S.16ff eine päpstliche Bulle oder S.105ff ein „brief" Herzog Friedrichs v. Österreich).

tegorie zuzuordnen"[886] ist. Als „historiographische Vorbilder" können für Richental und über diesen auch für die „Konstanzer Chronik" Bilderchroniken, Wappen-, Rechts- und Ratsbücher beziehungsweise verschiedene Textarten der städtischen Kanzlei, aber auch Weltchroniken und die ältere städtische Chronistik in Anspruch genommen werden[887]. Als direkte Quellen verarbeitet der Chronist, wie in vorherigen Kapiteln mehrfach angesprochen, dann verschiedenartige, teilweise auch formal stark voneinander abweichende Texte und Informationen. Abgesehen von der Geschichtsschreibung im engeren Sinne – zum Beispiel die „Konstanzer Weltchronik", einen wie auch immer gearteten älteren Text nach „Stetter", das „Chronicon Constantiense" in der noch nicht abgeschlossenen Version, eventuell eine Schrift von Johannes von Ravensburg, die Bischofsliste beziehungsweise eine verlorene Bistumschronik oder den Bericht zu Vlad III. – begegnen offizielle Schriftstücke beziehungsweise urkundliches und statistisches Material wie etwa die Urkunde König Sigismunds oder die Personenlisten zum Beispiel zur Schlacht bei Seckenheim (vgl. fol.205^{va}ff) oder zur Friedensverhandlung des Jahres 1466 (vgl. fol.214^{va}f). Gleichzeitig erinnern einige Notizen stark an solche der Ratsbücher[888].

In den beiden Kapiteln A.4.2 und A.5.1.3 wurde jeweils anhand von zwei Texten der Umgang des Chronisten mit seinen Vorlagen, soweit die Überlieferungslage dies überhaupt zulässt, untersucht. Bezieht man weitere Schriften wie die „Konstanzer Weltchronik" und das „Chronicon Constantiense" in die Überlegungen mit ein, konkretisiert sich das Bild noch. Grundsätzlich kann von einer unselbständigen, nahezu mechanischen Abschrift der Quellen keine Rede sein. Der „Autor" der „Konstanzer Chronik" wählt seine Texte zunächst vielmehr bewusst aus der Masse der überlieferten Daten aus. Hierbei wird der Ausrichtung des Werkes entsprechend auf die Erwähnung von zahlreichen Ereignissen, die in den Vorlagen thematisiert werden, verzichtet. Häufig handelt es sich um solche mit einem weiteren reichsgeschichtlichen Hintergrund. Aus der umfangreichen „Konstanzer Weltchronik" wird etwa nur ein kleiner Teil in unseren Text integriert. Auch die meisten Hinweise zur Geschichte des König- und Papsttums beziehungsweise zu Vorkommnissen an entfernt gelegenen Schauplätzen, die bei Christoff von Schwartzach (vgl. z.B. StAK, A I 2, fol.4^r und fol.5^{r}ff: Berichte zu Adolf von Nassau; fol.7^r: Jubeljahr oder fol.8^r: Hochwasser in Paris) und somit wohl auch in dem Dacher vorliegenden älteren Werk auftauchen, sucht man in SG vergebens. Ein Vergleich des Textbestandes mit dem des „Chronicon Constantiense" fördert, obwohl es zahlreiche Übereinstimmungen gibt, hier und da ebenfalls deutliche Differenzen zutage. Als Beispiel seien die Ereignisse des Jahres 1426 ausgewählt. Während die Gefangennahme von Ulrich Schatz (vgl. StAK, A I 1, fol.128rb und fol.105^{ra}f [sic!]; SG, fol.106^{ra}ff) ebenso wie die Seuche (vgl. StAK, A I 1, fol.105va; SG, fol.106va), die Korn- und Weinpreisen (vgl. ebd.) und die Geschichte rund um den Alchemisten (vgl. StAK, A I 1, fol.106^{va}ff; SG, fol.106^{vb}ff) im „Chronicon" und in leicht verkürzter Form in dem Werk Dachers enthalten sind, fehlen in SG die weiteren in der Handschrift A I 1 ebenda genannten

---

[886] So das Urteil zu den Richental-Chroniken v. G. Wacker, Richentals Chronik, S.55, das durch die Übernahme einiger Schemata aus der „Konzilschronik" durch Dacher auch auf dessen Werk übertragen werden kann. Vgl. ähnlich auch ebd., S.63, wo davon die Rede ist, dass Richental, „mit der Verwebung von Merkmalen unterschiedlicher literarischer, historischer und juridischer Buchtypen bürgerlichen und feudalen, profanen und geistlichen Ursprungs in sein eigenes Werk (...) ein bis dahin völlig neues Genre begründet" habe.
[887] Vgl. zu Richental und über dessen Chronik mit teils entsprechender Geltung auch für Dacher ausführlich W. Matthiessen, Richentals Chronik, S.129ff und G. Wacker, Richentals Chronik, S.46ff.
[888] Ähnlich wie bei Richental (vgl. dazu W. Matthiessen, Richentals Chronik, S.135ff) kann bei Dacher aber ebenfalls nicht v. einer direkten Verarbeitung der Ratsbücher gesprochen werden. Trotz mancher thematischer Ähnlichkeit etwa im Zusammenhang mit Verordnungen oder Rechtsbrüchen weichen die Texte oft stark voneinander ab. Eine wörtliche Abschrift ist nicht nachzuweisen.

Informationen zur einer sich an die Gefangennahme anschließenden Fehde (vgl. StAK, A I 1, fol.105rb f) sowie zur Eroberung von Feldkirch durch den Grafen von Toggenburg (vgl. StAK, A I 1, fol.105va). Auch die in derselben Spalte erwähnten Tode von Johannes Truchsess von Waldburg im Jahr 1424 (vgl. StAK, A I 1, fol.105va) und von „Albercht(us) Krütli" im Jahr 1427 (vgl. StAK, A I 1, fol.105va)[889] wurden nicht in die „Konstanzer Chronik" aufgenommen.

Im Anschluss an die Auswahl der Texte bearbeitet, ordnet und arrangiert der Chronist sie nach von ihm persönlich festgelegten Prinzipien. Lateinische Texte und Textteile (z.B. die Datierung) sind allesamt in volkssprachlicher Übersetzung wiedergegeben[890]. Wie bereits Eugen Hillenbrand festgestellt hat, wird aber keineswegs Wort für Wort übersetzt. Vielmehr lässt die Übertragung im Zusammenhang mit dem ersten Gründungsbericht, der in der lateinischen Fassung bei Christoph Schulthaiß überliefert ist, etwa die Absicht erkennen, Konstanz besonders hervorzuheben[891]. „,'Qua victoria habitat' übersetzt und ergänzt er: 'Und do derselb sige und der stat stiftung geschehen was'. 'Hic reversus' heißt: 'er zoch wider her gen Costentz'."[892] In einer anderen Passage wiederum begegnet ein leicht gekürzter Text, der auf Details verzichtet[893]. Deutschsprachige Informationen – die Variantendokumentation bietet hierfür zahlreiche Belege – werden ebenfalls oft um ganze Sätze erweitert[894] oder verkürzt, syntaktisch und lexikalisch verändert, auf gänzlich abweichende Art gegliedert, mit Notizen aus anderen Quellen zu neuartigen Textversionen kompiliert und schließlich durch Auszeichnungen und/oder Abbildungen ergänzt. Wie auch bei den Richental-Handschriften greift Dacher beziehungsweise seine „Werkstatt" also bei diesem umfassenden stadtchronistischen Werk auf unterschiedliche Art und Weise in die inhaltliche und formale Struktur der Vorlagentexte ein. Einzig der Urkundentext der königlichen Richtung des Jahres 1430 – schon allein dadurch wird der besondere Charakter dieses Recht schaffenden Dokumentes deutlich – wird, von rein orthographischen Abweichungen, kleineren Veränderungen (vgl. z.B. das Ersetzen von „bestelt" durch „besetzt", fol.127vb; von „des grossen Rats" durch „meren Rautz", fol.128; von „nÿm(m)er" durch „nümer mer" (fol.128va) und wenigen Flüchtigkeitsfehlern (vgl. z.B. das Vergessen von „So ord(n)en vnd setzen wir", fol.129ra oder zweier Personen in der Zeugenliste, fol.130rb) abgesehen, nahe am Original und damit weitgehend wörtlich zitiert. Ausgangspunkt dieser Verarbeitung archivalischer Quellen dürfte erneut die „Konzilschronik" sein. Thomas Martin Buck hat in einem Aufsatz gezeigt, dass in den Handschriften dieses Werkes ganz unterschiedliche Textinserte in den Haupttext eingefügt sind[895]. Einige davon scheinen eventuell erst auf Initiative unseres Chronisten der 1460er Jahre mit dem übrigen Text verwoben worden zu sein[896]. In die „Konstanzer Chronik" werden diese Dokumente

---

[889] Ob das Latein beider Nachrichten möglicherweise für das Fehlen verantwortlich gemacht werden kann, ist nicht mit Sicherheit zu sagen. Andere lateinische Notizen der Hs. sind jedenfalls in Übersetzung in die Chronik aufgenommen. Falls die Hs. nicht eingesehen werden kann, sei auf die Edition der genannten Textstellen bei F.J. Mone, Konstanzer Chronik S.329f verwiesen.

[890] Belege hierfür können wiederum bei einem Vergleich mit der Hs. A I 1 gesammelt werden. Vgl. allg. zu dieser Problematik z.B. R. Sprandel (Hg.), Zweisprachige Geschichtsschreibung.

[891] Vgl. E. Hillenbrand, Geschichtsschreibung, S.12.

[892] Ebd., S.12.

[893] Vgl. z.B. den lateinischen Text zum getauften Juden in StAK, A I 1, fol.91va und die Übersetzung in SG, fol.66ra, die aber eventuell auch auf eine andere bereits kürzere Vorlage zurückgehen könnte.

[894] Man beachte hierbei besonders die Aktualisierungen bzw. die Bezüge zur Gegenwart (vgl. Kapitel A.4.2.1). Als Beispiel sei auf eine Ergänzung des Textes zum Jahr 1432 verwiesen. Während die Hs. StAK, A I 1, fol.112va v. einem Blitz spricht, der „schlůg in des alte(n) spin(n)ers | hus", lautet der Text in SG, fol.137vb: „do schlůg ain | straul jn des alten spinlers | husz, ist yetz hansen hochmůtz".

[895] Vgl. T.M. Buck, Fiktion und Realität.

[896] Vgl. ebd., S.83ff.

(vgl. etwa zwei Privilegien Sigismunds[897], die städtische Freiheiten und Rechte betreffen), durch die wie bei der Richtung historische Rechtsakte bezeugt werden sollen[898], von Dacher dann aber nicht integriert.

In den zeitgeschichtlichen Passagen kommen nun aber nicht nur schriftliche Quellen zur Sprache. Zweimal werden in der ersten Person Singular respektive Plural nachweislich eigene Erlebnisse Dachers mitgeteilt (vgl. die Beobachtung einer ungewöhnlichen Himmelserscheinung, fol.174ra, und die Wanderung auf dem zugefrorenen Bodensee, fol.211ra). Auch andere Passagen am Ende der Chronik, etwa die Wetter- und Erntenachrichten (vgl. z.B. fol.223[ra]f) oder der Hinweis auf ein Erdbeben 1470 (vgl. fol.223rb), könnten auf persönliche Erfahrungen des Chronisten zurückgehen. Anders als man angesichts der biographischen Zusammenhänge vermuten könnte, bietet die „Konstanzer Chronik" kaum tiefere Einblicke in die Ratspolitik der 1460er Jahre. Auch über die Fischerzunft oder Vorkommnisse im Konstanzer Kaufhaus wird der Leser nicht näher unterrichtet. Die Tätigkeit Dachers als „husherre" oder die viermalige Ratsmitgliedschaft beeinflussen die Thematik des Werkes folglich nur indirekt.

An einigen Stellen scheinen des Weiteren mündliche Berichte von Augenzeugen, Ereignisse, die dem Historiographen vom Hörensagen bekannt sind (vgl. z.B. auf fol.221[va]ff den Überfall auf Gebhard von Croaria und Johann Werner von Flachslanden sowie die Hinweise auf mehrere Schiffe, die durch einen Sturm in Seenot geraten) oder solche, die vor aller Augen in der Öffentlichkeit stattfanden (vgl. z.B. die Baumaßnahmen auf fol.204vb oder eine Synode mit entsprechender Prozession auf fol.210va), in den Text integriert worden zu sein. Insgesamt können wir im Hinblick auf die Informations- und Materialbeschaffung jedoch nur Vermutungen anstellen. Über seine Quellen oder die ihm ansonsten bekannte Literatur gibt der Chronist nämlich nur selten und auch dann nicht explizit Auskunft. Die Konzilschronik etwa wird mit keinem Wort erwähnt[899]. Ebenso wenig erfahren wir über die Werke, auf denen weite Teile des Textes beruhen. Namen anderer Geschichtsschreiber werden keine genannt. Von der Haupthand stammt eine allgemein gehaltene Mitteilung zu nicht näher erläuterten Chroniken, die mit großer Wahrscheinlichkeit aus der Vorlage übernommen wurde (vgl. fol.23vb: „Das | nun alles ain her vo(n) ow | von handen liesz, von ge= | bett wegen der Edlen vn(d) | och vm(b) das die selen dester= | bas versenhen got für sy | gebetten vnd och der gotz | dienst geuffet wurd, als | dan(n) vor geschriben ist vn(d) | man das och noch wol jn | den alten hystorien vnd bůchern vindet"[900]). Auch der Rubrikator und damit wohl Gebhart Dacher selbst verweist lediglich an zwei Stellen auf weiterführende Schriften (vgl. fol.26va: „Sannt Cůnratz leben vnd | lesen vindest jn der hailge(n) | leben vn(d) lesen jn dem ande(rn) Bůch" und fol.27va: „Santt Gebehartz leben vindest | in dem Bůch von hailigen"), die nicht in den Text eingearbeitet wurden. Ähnlich wie am Ende bei Konrad Albrecht, der ausführlichere Geschichtswerke (zur Reichsgeschichte?), die sich in seinem Besitz befinden, erwähnt (vgl. fol.224rb: „J(!)tem was sich aber sust das | gantz jar des Romischen | kaisers halb Vnd sust ver | loffen håt, ståt jn andern | bůchern, so ich hab"), sind diese Bemerkungen als reine Literaturangaben zu deuten, die bei Interesse ergänzend hinzugezogen werden können. Selbst bei den offiziellen Dokumenten wird nicht explizit auf deren Charakter aufmerksam gemacht. Ein Vergleich mit dem „Chronicon Constantiense" (vgl. StAK, A I 1, fol.98rb), der Chronik von Christoff von Schwartzach (vgl. StAK, A I 2, fol.21[v]) oder den „Collectanea Wir-

---

[897] Vgl. dazu ebd., S.73ff, 84f.
[898] Vgl. ebd., S.84.
[899] Die kurze Erwähnung des Konzils auf fol.72ra kann folglich meiner Ansicht nach nicht als „schlichter Verweis auf das Spezialwerk" (so noch E. Hillenbrand, Geschichtsschreibung, S.9) gedeutet werden.
[900] Vgl. zu den ähnlichen Hinweisen in Stgt und W Kapitel B.3.1.

tembergensia" von Andreas Rüttel dem Jüngeren (vgl. BLB, Hs. Güntersthal 11, S.148) legt sogar nahe, dass ein in der Quelle vermutlich existierender Hinweis auf die Abschrift eines Briefes aus Reutlingen während des Schreibens von SG (vgl. fol.81ʳf) bewusst getilgt wurde (vgl. auch Kapitel A.4.4). Selbst bei der für die Verfassung der Stadt so bedeutenden Richtung von König Sigismund wird die wörtliche Übernahme des Urkundentextes nicht durch erklärende Worte wie „Jtem so ist diß ain | abgeschrifft deß brieffs (...)"[901] eingeleitet.

Anders als Ulrich Richental in der „Konzilschronik" oder beispielsweise Burkhard Zink, der in seine Chronik der Stadt Augsburg[902] sogar eine Selbstbiographie einfügt (Buch 3), hält sich der Historiograph mit persönlichen Bemerkungen oder eigenen Stellungnahmen überhaupt auffällig zurück. Weder macht er nähere Angaben zu seiner Person oder der Familiengeschichte noch finden wir Bemerkungen zur Entstehung der Chronik[903]. Auch auf wertende Urteile, eindeutige Parteinahmen, Analysen oder Reflexionen stößt man kaum. Vergleicht man den Text etwa mit dem Konrad Albrechts treten gerade auf diesem Feld deutliche Differenzen zutage. Während der Stadtschreiber auf sein Amt hinweist (vgl. fol.224ʳᵇ), von einem Einkauf (vgl. fol.224ʳᵃ) oder einem geselligen Abendessen (vgl. fol.225ᵛᵇ) berichtet und unter anderem die Bürgermeister beurteilt (vgl. fol.221ʳᵇ, 223ᵛᵇ oder 224ʳᵇ), geht im Teil der Haupthand keine Notiz auf Dachers Tätigkeit in der städtischen Verwaltung, seine Ratsmitgliedschaft oder die Reise an den kaiserlichen Hof nach Wien ein, die ja im Interesse der Stadt erfolgte und leicht in das Geschichtswerk hätte eingebaut werden können. In nur wenigen Passagen meldet sich der Chronist gewissermaßen als Ich-Erzähler direkt zu Wort. Nicht immer ist dann jedoch klar, ob es sich bei diesen Bemerkungen stets um einen eigenen Text des Historiographen der 1460er Jahre oder aber um eine Übernahme aus den Quellen handelt. Texte, in denen sich der „Autor" in der ersten Person Singular oder Plural zu erkennen gibt, finden wir beispielsweise auf fol.41ʳᵇ! („das ich laidsamclich offnen vn(d) | sagen mŭsz")[904], fol.114ᵛᵇ („der | zaichen, die da geschahend, | der was vil, die ich alle nit | nem(m)en wyl. Man sach liech- | ter brinnen ob der tannen | vnd vil ander zaichen, da von | vil ze schribend wåre"), fol.146ʳᵃ („do wurdend die zwen guld(in), | nicht waisz ich, war dan(n) der | von der veresten haymatt | was herkom(en)"), fol.170ʳᵃf („Ob aber das zŭ | gieng mit des Byschoffs | wyllen vn(d) wyssen, das be || vilh ich got"), fol.175ʳᵇ („Doch ich wån, d(a)z yederman | gnŭg hett an sinem schad(en)"), fol.201ʳᵇ („wie es den allen ergienge, | emphelhen wir got etc.") und fol.205ʳᵇ („das empfelhen | wir got, der die haymlich | ait der hertzen bekent"). Die Wendung „min herr", die häufig für den Bischof, hier und da aber auch für andere Persönlichkeiten gebraucht wird (vgl. Bischof: z.B. fol.138ʳᵃ, 171ᵛᵇ, 216ʳᵇ; Dekan: fol.132ᵛᵃ; Abt von St. Gallen: fol.175ᵛᵇ und sogar mit dem Terminus „miner froen von ŏster(r)ich" für Mechthild von der Pfalz: fol.203ʳᵃ), ist dem amtlichen Schriftverkehr der Kanzlei entlehnt und steht nicht etwa für eine besondere Beziehung des Chronisten zu den genannten Personen[905]. Selten scheinen auch ganz persönliche Einschätzungen artikuliert zu werden. Auf fol.175ʳᵃ wird, wie schon zitiert, zum Beispiel davon gesprochen, dass sich Konstanz während der Auseinandersetzungen mit den Raubrittern im Hegau weise verhalten habe. Auch die Beurteilung

---

[901] C. v. Schwartzach, Cronica, fol.21ᵛ zur Einleitung des Dokuments zur Schlacht bei Reutlingen.

[902] C. Hegel (Hg.), Chronik des Burkard Zink 1368-1468, in: ChrSt, Bd.5, S.1-330.

[903] Da die Haupthand mit großer Wahrscheinlichkeit auch für die Wappenzeichnungen verantwortlich ist, existieren im Text dieses Schreibers übrigens – anders als in dem v. Konrad Albrecht ausgeführten Teil (vgl. fol.223ᵛᵃf, 224ʳᵇ) – ebenfalls keinerlei Anweisungen für den Zeichner.

[904] Diese Passage scheint mit großer Wahrscheinlichkeit auf Johannes v. Ravensburg zurückzugehen, der hier und da als Augenzeuge berichtet. Der Ich-Erzähler ist in diesem Fall also wohl kaum der Chronist des 15. Jhs.

[905] Darauf hat bereit T. Ludwig, Konstanzer Geschichtsschreibung, S.21 hingewiesen. Vgl. auch z.B. im Text v. Konrad Albrecht die Wendung „min herr von Sal | menswilr" (fol.224ʳᵃ).

einer Ratsordnung („vnd d(a)z w(a)z | ain gůt gesatzdt", fol.167vb), die Hinweise zum Pontifikat Bischof Burkhards II. („vnd | regiert d(a)z **B**ystum drü jar vn(d) | vier monat wol vn(d) erlich || vnd hett vil gůt(er) vnd loblich(er) | sachen, besunder mit den fro= | en clỏstern zů beschliessend | vnd die münch zů visitier= | rend", fol.205^{ra}f) sowie die Bemerkung nach einer Auflistung von Korn- und Weinpreisen zum Jahr 1439 auf fol.168^{ra}f „Dar | vmb sol niema(n)t an dem al- | mächtigen got verzagen; || Er kan tür vnd woluail mach | en, wan sin erbärmd wyll" könnten direkt die Ansicht des Chronisten wiedergeben[906]. Ähnliches gilt beispielsweise für die Charakterisierung der von Herzog Sigismund angeworbenen Söldner auf fol.217ra („**a**in gesamlet wild volk, | was den fründen als we vnd | mer laides tättend **d**an(n) den vi= | genden") et cetera. Hier und da spiegelt der Text bei der Schilderung von Reaktionen innerhalb der Bevölkerung vermutlich aber auch Vorstellungen und Emotionen des „Autors" selbst. So scheint im Zusammenhang mit Seuchen, Bränden und anderen Katastrophen teilweise die eigene Angst mitzuschwingen. Recht anschaulich ist unter anderem der Ausruf „got kum vns | zů hilff!" (fol.175vb) nach den Nachrichten zu einer auffälligen Häufung von Todesfällen in Konstanz im Jahr 1442. Auf die Türkenfurcht wurde bereits an anderer Stelle eingegangen. Daneben fällt das Erstaunen, aber auch Erschrecken über außergewöhnliche Naturerscheinungen auf (vgl. etwa den Erlebnisbericht auf fol.174ra mit dem etwas ratlosen Ende „was das wäre, | westen wir nit", den ausführlichen Text zur Fronleichnamsprozession auf fol.176^{ra}f oder die Schilderung zur Sonnenfinsternis auf fol.211^{vb}f). An das Publikum wendet sich unser Chronist übrigens an keiner einzigen Stelle.

Wie an einigen Zitaten bereits erkennbar, zeigt sich in manchen Passagen in auffälliger Art und Weise das Gottvertrauen und vor allem der Glaube des Chronisten an das Wirken Gottes auf Erden. Damit begegnet ein in der mittelalterlichen Historiographie weit verbreitetes Motiv[907]. Für den Menschen dieser Zeit offenbart sich Gott in der Geschichte. Deren Verlauf ist folglich nicht allein aus dem menschlichen Handeln, sondern aus dem göttlichen Wirken heraus zu erklären[908]. So werden auch in der „Konstanzer Chronik" mehrmals bestimmte Ereignisse mit dem göttlichen Willen verknüpft. Gott ist nach Ansicht des Historiographen unter anderem für das Löschen von Bränden (vgl. 137vb und 210vb), den Ausgang von kriegerischen Auseinandersetzungen (vgl. fol.76rb, 79rb, 166va) und Belagerungen (vgl. fol.216va), den Schutz von Patriziern während des „zweiten Bürgerkampfes" (vgl. fol.55ra) oder die Rettung von Schiffen bei Stürmen (vgl. fol.222ra, Text von Konrad Albrecht!) verantwortlich. Auf fol.174va rechtfertigt der Wille Gottes sogar den Zug der Städte gegen den Hegauer Adel. Im Zusammenhang mit dem „vierten Bürgerkampf" 1429/30 und damit an exponierter Stelle wird neben Gott auch dem Stadtpatron bei der Wahrung des städtischen Friedens zwischen den sozialen Gruppen eine herausragende Rolle zugeschrieben. Laut der Chronik „ward das alles volbr- | acht mit gottes hilff vn(d) des | gůten her(r)en sant **C**ůnrats, d(a)z | nie kain schad noch vnfrünt | schafft vff die zit ward er- | zỏgt, weder von den alten Rå- | ten noch von der gemaind" (fol.119rb).

Das vorliegende Kapitel dürfte aufgezeigt haben, dass die von der älteren Forschung vertretenen Ansichten, wonach die Dacher'sche Chronik lediglich als eine unselbstständige Abschrift früherer und bedeutenderer Werke zu charakterisieren ist, so nicht haltbar sind. Bei der Dacher'schen Chronik begegnet man vielmehr einem Text, der sich in Konstanz erstmals auf diese recht umfängliche Art und Weise von den Anfängen bis in die 1470er Jahre mit der Ge-

---

[906] C. v. Schwartzach, Collectaneen, Bd.1, S.146 berichtet vergleichbar über die Preise, übernimmt diesen Satz aber interessanterweise nicht.
[907] Vgl. allg. F.-J. Schmale, Funktion, S.38ff; R. Sprandel, Entfaltung, S.201ff.
[908] Vgl. T.M. Buck, Vergangenheit als Gegenwart, S.219.

schichte der Stadt befasst. Hierbei werden die verschiedensten Quellen zu einer neuartigen, harmonischen Einheit verbunden. Der Historiograph gestaltet die tradierten Texte, auf die er über weite Strecken unweigerlich zurückgreifen muss, nach eigenen Regeln. Er wählt nach persönlichen Schwerpunkten aus, ordnet die einzelnen Nachrichten ganz bewusst an, greift entsprechend in die Form der Texte ein und ergänzt das Ganze durch neue Informationen. Mit Blick auf die Adressaten, die in der Konstanzer Ober- und gehobenen Mittelschicht, vor allem den Ratsfamilien, zu suchen sind, bemüht er sich um Verständlichkeit (vgl. etwa die Übersetzungen lateinischer Texte), Klarheit, Eingängigkeit und Übersichtlichkeit.

5.2 Die Illustrationen

„Seit Anbeginn steht (...) Literatur – d.h. Wissen und Unterhaltung, in Texten geronnen – in steter Wechselbeziehung zu Bildern, verschränkt sich das Textmedium mit dem Bildmedium."[909] Besonders in den mittelalterlichen Codices erfüllt die Bebilderung verschiedene Funktionen. Folglich darf die Ausstattung einer Handschrift mit Illustrationen, aber auch mit Initialen und Ähnlichem bis ins 15. Jahrhundert hinein nicht nur als schmückendes Beiwerk verstanden werden. „Das Ausstattungsniveau eines Codex signalisiert vielmehr einen bestimmten Anspruch des tradierten Textes und betont die gesellschaftlichen, auch ideologischen Funktionen der spezifischen literarischen Gattungen."[910] Lange Zeit werden deshalb allein die volkssprachlichen Handschriften der drei Stoffbereiche Weltchronistik, karolingische Reichsgeschichte und Recht mit aufwendig gestalteten Miniaturen ausgestattet, die ansonsten allein den Codices picturati gelehrt-lateinischen Gebrauchs vorbehalten waren[911]. Mit zunehmender Verschriftlichung und Literarisierung der Kultur erweitert sich im 15. Jahrhundert[912] vor allem durch die neuen Leserschichten – als Auftraggeber, Käufer und Besitzer von Handschriften treten neben dem Hochadel nunmehr der niedere Adel und vor allem die städtische Oberschicht in Erscheinung – der Kreis der zu illustrierenden Texte, sodass schließlich ein jedes Werk durch Buchschmuck ausgezeichnet werden konnte. Vor allem in den „bürgerlichen Werkstätten" (etwa bei Lauber in Hagenau) entstehen nun „als typische Erzeugnisse der städtischen Kultur"[913] die von der älteren Forschung mit dem etwas irreführenden Terminus bezeichneten „Volkshandschriften"[914], die heute „kaum weniger unglücklich, als ‚Gebrauchshandschriften'"[915] gelten. Zu diesen Manuskripten, die preiswerter als die bisherigen Pergamentcodices oft in Arbeitsteilung auf Papier mit einer flüchtigeren Schrift und weniger prächtigen Illustrationen, meist Federzeichnungen, produziert wurden, ist auch die „Konstanzer Chronik" Gebhart Dachers zu zählen.

---

[909] N.H. Ott, Texte und Bilder, S.105.
[910] ders., Handschriften-Tradition, S.58.
[911] Vgl. hier und zum Folgenden ebd., S.58ff; N.H. Ott, Überlieferung, hier v.a. S.365ff; ders., Ausstattungsanspruch und ders., Mündlichkeit. Zu den Weltchroniken vgl. auch ders., Typen der Weltchronik-Ikonographie sowie J.-U. Günther, Weltchroniken.
[912] Nach N.H. Ott stammen mehr als zwei Drittel der insgesamt ca. 3.000 deutschsprachigen Hss. mit Illustrationen aus der Zeit zwischen 1400 und 1500 (vgl. ders., Handschriften-Tradition, S.69 und Katalog der deutschsprachigen illustrierten Handschriften).
[913] G. Wacker, Richentals Chronik, S.6.
[914] Der Terminus wird v.a. geprägt v. H. Wegener, Volkshandschriften.
[915] M. Curschmann, Wort, S.448.

Da hier weder die Geschichte der mittelalterlichen Buchmalerei im 15. Jahrhundert[916] noch das Verhältnis zwischen Text und Illustration[917], die Frage nach dem Quellenwert von Bildern im Allgemeinen[918] oder etwa die Bedeutung der Wappen im Spätmittelalter[919] thematisiert werden sollen, sei an dieser Stelle lediglich auf einige Literatur neueren Datums hingewiesen. Im Folgenden wird vor diesem Hintergrund allein auf die Illustrationen des Codex Sangallensis 646 eingegangen.

5.2.1 Die Abbildungen

5.2.1.1 Allgemeine Hinweise und Beschreibung

Die Handschrift SG enthält sechs Illustrationen, die ganzseitig [3], dreiviertelseitig [1], halbseitig [1] und zweidrittelseitig-spaltenbreit [1] angelegt sind. Sie ähneln – vergleicht man sie mit den Abbildungen von Stgt, G, Pr oder den Blättern aus dem „Defensorium virginitatis mariae" – denen der anderen Handschriften, die der Gruppe um Gebhart Dacher und seiner „Schreibstube" angehören[920].

Wie bei vielen anderen illustrierten deutschsprachigen Handschriften des 15. Jahrhunderts beurteilte die Forschung – nach Ott übrigens lange Zeit „befangen in Wertungskategorien, die von deckfarbenilluminierten Prunkhandschriften abgeleitet waren"[921] – die Abbildungen der Dacher'schen „Werkstatt" beinahe einheitlich negativ und betonte, dass es sich bei allen Zeichnungen nicht um Arbeiten auf höchstem zeitgenössischem Niveau handle. Ruppert charakterisiert sie als „roh"[922], Kautzsch spricht bei der Behandlung des Bildkreises der Richental-Chroniken ebenfalls von „rohester Technik" sowie „plump[en]" Formen und meint, „Wert haben diese Darstellungen für uns höchstens, soweit sie eine bessere Vorlage getreu wiedergeben"[923]. Einige Zeilen später wird in demselben Aufsatz darauf hingewiesen, dass der Codex Sangallensis 646 „einige Bilder (...) in derselben schlechten Weise"[924] enthalte. Auch Helmut Lehmann-Haupt charakterisiert 1929 die Illustrationen in Dachers Handschriften als „derbe Pinselarbeiten mit

---

[916] Vgl. dazu z.B. LexMA, Bd.2, Sp.852ff; H. Kunze, Geschichte der Buchillustration; E.G. Grimme, Geschichte der abendländischen Buchmalerei; O. Pächt, Buchmalerei; J.J.G. Alexander, Medieval Illuminators, v.a. S.121ff; N.H. Ott, Handschriften-Tradition; speziell zu Konstanz B. Konrad, Buchmalerei in Konstanz.
[917] Vgl. z.B. H. Frühmorgen-Voss, Text und Illustration; C. Meier/U. Ruberg (Hgg.), Text und Bild; L.E. Saurma-Jeltsch, Textaneignung; N.H. Ott, Überlieferung; ders., Texte und Bilder; W. Harms (Hg.), Text und Bild; H. Wenzel, Hören und Sehen; M. Curschmann, Pictura laicorum litteratura?; ders., Wort; zu Konstanz T.M. Buck, Text, Bild, Geschichte.
[918] Vgl. z.B. R. Wohlfeil, Bild als Geschichtsquelle; ders./B. Tolkemitt (Hgg.), Historische Bildkunde; H. Talkenberger, Von der Illustration; verschiedene Aufsätze in: M. Fansa (Hg.), der sassen speyghel; Pictura quasi fictura sowie Beiträge in: O.G. Oexle/A. v. Hülsen-Esch (Hgg.), Repräsentation.
[919] Vgl. allg. z.B. O. Neubecker/W. Rentzmann, Wappenbilderlexikon (ND unter dem Titel: Zehntausend Wappen und Embleme); M. Pastoureau, Les Armoiries; D.L. Galbreath/L. Jequier, Lehrbuch; W. Leonhard, Wappenkunst; Lexikon der Heraldik; M. Buben, Heraldik; Handbuch der Heraldik; W. Paravicini, Gruppe und Person.
[920] Zu diesem Ergebnis kommt sowohl L. Fischel, Bilderfolge, S.44 und 54 als auch E. Moser (Hg.), Buchmalerei, Katalog, S.295ff und der Katalog der deutschsprachigen illustrierten Handschriften, S.213.
[921] N.H. Ott, Handschriften-Tradition, S.74. Vgl. ebd, S.74ff die Hinweise auf das Innovative der Illustrationstechnik der „Volkshandschriften", die „in ihrer Nähe zur (Druck-)Graphik stilbildend vor allem für den Holzschnitt (...) werden sollte" (S.77). Ähnlich auch ders., Mündlichkeit, S.46.
[922] P. Ruppert, Chroniken, S.XXV.
[923] R. Kautzsch, Handschriften, S.479.
[924] Ebd., S.480.

dicken schwarzen Tuschstrichen in sehr bunter Bemalung"[925]. Theodor Ludwig wiederum wählt einen etwas milderen, vom Ergebnis her aber vergleichbaren Ausdruck, indem er von „Zeichnungen von nicht allzu feiner Ausführung"[926] spricht. Das „Lexikon der bildenden Künstler" bezeichnet die Illustrationen als „sorgfältig (...) ausgeführt", aber „mit bunten Deckfarben wenig geschmackvoll ausgemalt"; die Figuren sind nach dortiger Meinung „recht plump wiedergegeben"[927]. Während im „Katalog der Buchmalerei im Bodenseeraum"[928] und auch von Beat Matthias von Scarpatetti ein wertendes Urteil vermieden wird, findet man in der neuesten veröffentlichten Handschriftenbeschreibung die Charakterisierung „ziemlich derb"[929], in der „Gesamtanlage" aber „nicht ungeschickt"[930]. In seinem Aufsatz zum Ausstattungsanspruch illustrierter Städtechroniken spricht Norbert H. Ott noch von „vielen ziemlich roh gezeichneten Wappen" und „sechs kolorierten Federzeichnungen gleichfalls geringer Qualität"[931].

Ein etwas anderes Licht auf die in bunten Farben kolorierten Feder- respektive Pinselzeichnungen wirft die Erörterung von zwei der Illustrationen durch Johannes Duft. Dieser Wissenschaftler betont nämlich deren „außergewöhnlich starken kulturgeschichtlichen Wert" und geht dabei auf die seiner Ansicht nach künstlerisch bedeutsame Anlage ein[932]. Bei ihren Bildbeschreibungen von Pr und G beurteilt Lilli Fischel in der von kunstgeschichtlichen Fragestellungen geleiteten Untersuchung die Fähigkeiten des Zeichners ebenfalls positiver. Sie meint, die Illustrationen seien „über einer sparsamen Vorzeichnung in kräftigen Deckfarben ausgeführt, mit derben Pinselzügen zwar, aber doch nicht ohne malerisches Verständnis"[933]. Auch für Thomas Martin Buck ist nach einer Beschreibung der Richental-Illustrationen das Urteil von Rudolf Kautzsch, die Technik der Bilder der Dacher'schen Handschrift G sei „die denkbar flüchtigste und roheste", „nicht nachvollziehbar"[934]. Wie bereits in Kapitel A.3.1.2 erläutert, betont Gisela Wacker in ihrer Dissertation die besondere Farbenprächtigkeit der Pinselzeichnungen in den Dacher'schen Richental-Codices und wertet die dort und entsprechend auch in SG angewandte Zeichentechnik als Versuch des Chronisten, „seine Manuskripte dem Anspruchsniveau von Prachthandschriften der höfischen Buchmalerei anzugleichen"[935]. Der älteren Forschung entsprechend kommt aber auch sie zu dem Urteil, dass die Bilder Dachers deren Niveau nicht einmal annähernd erreichen. Ihrer Ansicht nach sind sie selbst im Vergleich mit den Federzeichnungen der anderen Richental-Handschriften von „durchweg schwächere[r] Qualität", die vor allem „durch die gröbere Technik und eine Verminderung der realistischen Gestaltungselemente bedingt"[936] sei.

Bei allen Illustrationen unserer Chronik ist die von Fischel für die Richental-Handschriften erstmals näher geschilderte Maltechnik ebenfalls deutlich erkennbar. Der Illustrator entwirft die Abbildung in groben Zügen, indem er sowohl die Figuren als auch deren Umwelt zunächst vorsichtig mit der Feder skizziert und sich bei dieser Konzeptzeichnung selbst gewissermaßen der Anlage des Bildes bewusst wird. Erst dann greift er zum gröberen Pinsel, führt die Umrisse von

---

[925] H. Lehmann-Haupt, Schwäbische Federzeichnungen, S.95.
[926] T. Ludwig, Konstanzer Geschichtsschreibung, S.25.
[927] Allgemeines Lexikon der bildenden Künstler, Bd.8, S.251.
[928] B. Konrad, Buchmalerei in Konstanz, S.134 spricht jedoch davon, dass die Abb. der Dacher-Werkstatt „relativ zu den wirklichen Spitzenwerten gesehen, (...) einen geringeren künstlerischen Rang" besitzen.
[929] Katalog der deutschsprachigen illustrierten Handschriften, S.213.
[930] Ebd., S.216.
[931] N.H. Ott, Ausstattungsanspruch, S.78.
[932] Vgl. J. Duft, Rückblick, S.2.
[933] L. Fischel, Bilderfolge, S.44f.
[934] T.M. Buck, Text, Bild, Geschichte, S.78.
[935] G. Wacker, Richentals Chronik, S.70. Vgl. auch ebd., S.230 und 266.
[936] Ebd., S.70.

Gebäuden, Gegenständen und Personen in oft dicken Strichen mit schwarzer Farbe aus, um im Anschluss daran „in breiten, z.T. verlaufenden Flächen und modellierenden Pinsellinien"[937] eher sparsam und auf unregelmäßige Art und Weise mit roter, grüner und blauer Wasser- und Deckfarbe zu kolorieren. Bei Gesichtern, Händen und Gewandfalten sind hier und da Deckweißhöhungen festzustellen[938].

Mit Ausnahme der Stadtansicht handelt es sich letztlich stets um auf „die Handlungsszene ausgerichtete Kompositionen"[939]. Dem Hintergrund wird also nur selten besondere Aufmerksamkeit zuteil. Anders als wir dies beispielsweise aus Abbildungen einiger Richental-Handschriften (vgl. z.B. die sich heute noch in Konstanz befindliche Hs. K[940]) oder den sogenannten Schweizer Bilderchroniken[941] kennen, können die Szenen durch sie umgebende, oft bis ins kleinste Detail dargestellte Häuser oder Räumlichkeiten gerade aufgrund des Fehlens solcher Bildelemente nicht lokalisiert werden. Die Geißlerprozession, eine Abbildung, die einen städtischen Hintergrund mit Gebäuden durchaus erlaubt hätte, findet wie auch die Judenverbrennung, deren Schauplatz mit großer Wahrscheinlichkeit der sogenannte Brühl unweit der Stadtmauern von Konstanz war[942], gewissermaßen im „luftleeren" Raum statt. Hier, wie auch bei den meisten anderen Bildern, stehen die Figuren lediglich auf einer grünen Rasenfläche, bei der durch dunklere Linien Grashalme angedeutet sind. Insgesamt wird der Natur durch die Abbildung von Bäumen, Büschen oder einem Felsen und dem sich zum Horizont hin aufhellenden Himmel[943], an dem sich durch Kreuze dargestellte Vögel bewegen, größeres Interesse entgegengebracht. Die Figuren wirken meist etwas gedrungen, weisen ähnliche Gesichtszüge mit markanten Nasen auf und tragen häufig Bärte. Die Lippen sind mit wenigen Ausnahmen mit roter Farbe koloriert. Grundsätzlich kommen keine feinen Federschraffierungen zum Einsatz; der Faltenwurf der Bekleidung etwa wird mit wenigen parallelen, teils eckig gebrochenen Linien angedeutet[944]. Sowohl die Abbildungen auf fol.41^v und 63^r als auch die auf fol.112^v sind von der Anlage her „symmetrisch um einen erhöhten oder ikonographisch betonten Mittelpunkt"[945], das heißt in diesen Fällen um das gemarterte Kind, das Kruzifix und die Tanne, aufgebaut. Dieser Umstand sowie einzelne Bildelemente, etwa die perspektivische Darstellung der Stadt, die Körperhaltung der am Ritualmord beteiligten Juden oder die eindrucksvoll gestaltete Tanne lassen darauf schließen, dass uns hier ein geübter, recht geschickter und vielseitiger Zeichner entgegentritt[946].

Im Zusammenhang mit diesem Illustrator stellen sich verschiedene Fragen, die letztlich alle nicht mit Gewissheit beantwortet werden können. Stammen diese Illustrationen von der Hand des

---

[937] Katalog der deutschsprachigen illustrierten Handschriften, S.216.

[938] Vgl. ebd., S.216 und Allgemeines Lexikon der bildenden Künstler, Bd.8, S.251.

[939] Katalog der deutschsprachigen illustrierten Handschriften, S.216.

[940] Vgl. z.B. die Abb. in der Faksimile-Ausgabe v. O. Feger (Hg.), Ulrich Richental, Bd.1 oder im Bildteil v. G. Wacker, Richentals Chronik.

[941] Vgl. W. Muschg/E.A. Gessler, Schweizer Bilderchroniken; J.-P. Bodmer, Chroniken, S.39ff; A.A. Schmid, Buchmalerei; C.G. Baumann, Entstehung und C. Pfaff, Welt. Besonders sei hier etwa auf die Chroniken v. Diebold Schilling hingewiesen. In seiner Luzerner Chronik avanciert bspw. Konstanz und sein unmittelbares Vorfeld im Zusammenhang mit dem „Plappart-Krieg" (vgl. auch SG, fol.202^{va}f) oder dem sog. „Schwabenkrieg" zum Schauplatz der Ereignisse und damit auch zum Rahmen der Abb. (vgl. z.B. A.A. Schmid (Hg.), Faksimile-Ausgabe der Luzerner Chronik und ders. (Hg.), Luzerner Chronik – Kommentar).

[942] Vgl. H. Maurer, Konstanz I, S.207. Vgl. etwa die Abb. der Chronik Diebold Schillings zum „Plappartkrieg". Hier werden sowohl die Gebäude des inneren Brühl als auch Teile der angrenzenden Stadt Konstanz abgebildet (vgl. z.B. ebd. II, S.103).

[943] Auf diesen macht der Katalog der deutschsprachigen illustrierten Handschriften, S.216 aufmerksam.

[944] Vgl. ebd., S.216.

[945] Ebd., S.216.

[946] Zu diesem Ergebnis kommt auch ebd., S.216, wo v. einer „geübten Hand" die Rede ist.

Rubrikators? Ist der Zeichner der Abbildungen auch für die unten beschriebenen Wappen zuständig? Hat unser „Autor" Gebhart Dacher in diesem Bereich selbst Hand angelegt? Und ist die Hand dieses Künstlers mit den Zeichnerhänden der beiden Richental-Handschriften Pr und G identisch? Wie die Frage der Schreiberhände (vgl. Kapitel A.4.3) wurden einige dieser Themen in der Forschung bereits kurz angerissen. Hierbei wurde stets betont, dass die Abbildungen in den genannten Konzilschroniken in Stil und Technik weitgehend übereinstimmen und denen der Handschriften Stgt und SG gleichen beziehungsweise – bei vorsichtigerer Formulierung – mit ihnen verwandt sind[947]. Die ältere Literatur interpretiert diesen Befund dahingehend, es handle sich bei dem Illustrator aller Handschriften um ein und dieselbe Person, die dann – wenn auch mit Fragezeichen versehen – mit Dacher selbst identifiziert wird[948]. In neueren Untersuchungen wird aufgrund der fehlenden Informationen von einer derartigen Zuordnung abgesehen. Bernd Konrad beispielsweise charakterisiert Dacher als den Leiter der Konstanzer Schreibstube, der für die Produktion der Handschriften Schreiber und eventuell Illustratoren beschäftigt: „Doch läßt sich nur aus der Beurteilung der künstlerischen Qualität ableiten, ob Dacher für diese Illustrationen einen berufsmäßigen Maler heranzog, oder ob er seine(n) Schreiber auch die Bebilderung anfertigen ließ". „Der persönliche Anteil Dachers an der Ausgestaltung seiner Bücher" ist für ihn des Weiteren „nicht zu klären"[949]. Ähnliches ist auch im „Allgemeinen Künstlerlexikon" zu lesen, wo davon gesprochen wird, dass es völlig ungewiss sei, ob die zahlreichen Illustrationen in den verschiedenen Handschriften von Dacher stammen[950]. Noch zurückhaltender sind die Aussagen im „Katalog der deutschsprachigen illustrierten Handschriften". Hier wird für den Codex Sangallensis 646 und die Richental-Textzeugen Pr und G „der gleiche Illustrator" oder eine „sehr ähnlich arbeitende Illustratorengruppe" angenommen, ohne dass weiter nach dessen/deren Identität(en) gefragt wird[951]. Da uns außer den Codices selbst keinerlei archivalische Dokumente über die Entstehung der Handschrift der „Konstanzer Chronik" oder die Arbeit der „Schreibstube" wie zum Beispiel Rechnungen überliefert sind, kann – wenn dies überhaupt möglich ist – allein das Textmaterial selbst Licht in das Dunkel rund um die Illustrationen bringen.

Wie bereits angedeutet, ist es auffällig, dass sich die Abbildungen bei einer Handschrift, die 225 Blätter Text umfasst und zahlreiche leere Seiten enthält, lediglich auf die Hälfte, das heißt genauer auf die ersten 112 Seiten konzentrieren. Anders als der Zeichner der Wappen, der seine Arbeit beinahe bis zum Ende ausgeführt hat, scheint der für die Abbildungen Verantwortliche die Illustrierung aus uns heute nicht mehr ergründbaren Ursachen nicht vollendet zu haben. Sicherlich ist nicht auszuschließen, dass sich sein Auftragsvolumen lediglich auf den ersten Teil der Chronik bezogen haben könnte und für den späteren Text keine Abbildungen mehr vorgesehen waren. Hinreichende Gründe hierfür lassen sich jedoch, bedenkt man die Vorliebe für pro-

---

[947] Vgl. z.B. Allgemeines Lexikon der bildenden Künstler, Bd.8, S.251; L. Fischel, Bilderfolge, S.54, Anm.33; E. Hillenbrand, Geschichtsschreibung, S.9; B. Konrad, Buchmalerei in Konstanz, S.128 und 134 oder Katalog der deutschsprachigen illustrierten Handschriften, S.213.

[948] Vgl. Allgemeines Lexikon der bildenden Künstler, Bd.8, S.250f. Ähnlich – wenn auch auf die „Konstanzer Chronik" beschränkt – argumentiert T. Ludwig, Konstanzer Geschichtsschreibung, S.26 und 29, indem er es für wahrscheinlich hält, dass die Hand des Rubrikators die des Zeichners ist und, wie bereits dargestellt, die Vermutung anstellt, diese sei Dacher zuzuordnen. Vgl. auch den Artikel zu Dacher in E. Benezit, Dictionnaire des Peintres, Bd.3, S.314: „écrivain et peut-être peintre de miniatures (...). Il aurait illustré ses propres ouvrages". R. Kautzsch, Handschriften, S.480 meint jedoch bereits 1894, die Bilder könnten v. einem fremden Zeichner stammen.

[949] B. Konrad, Buchmalerei in Konstanz, S.128.

[950] Vgl. Allgemeines Künstlerlexikon, Bd.23, S.342.

[951] Vgl. Katalog der deutschsprachigen illustrierten Handschriften, S.213.

blematische Themen und deren Behandlung zum Beispiel in den Episoden um Vlad III.[952], schwerlich finden. Falls sowohl die Wappen als auch die Abbildungen von ein und derselben Person stammen sollten, ließe sich die Divergenz durch verschiedene Arbeitsschritte erklärt. Bedenkt man zusätzlich, dass sich auch die Spuren der Hand des Rubrikators, von der reinen Rubrizierung und den Initialen einmal abgesehen, nur auf den ersten 100 Folio-Seiten befinden, liegt es auf der Hand, einen Zusammenhang zu konstruieren. Denkbar wäre, dass der Rubrikator für die Bilder verantwortlich gewesen sein könnte. Ob er dem Künstler hier lediglich Anweisungen gegeben, ihm gewissermaßen über die Schulter geschaut hat, oder ob er die Zeichnungen selbst ausführte, ist nicht zu entscheiden. Grundsätzlich scheint aber, bezieht man die Gedanken aus Kapitel A.4.3 mit ein, der Tod Gebhart Dachers sowohl die Arbeit an den Rubriken und Textergänzungen als auch an den Illustrationen beendet zu haben. Ohne dass vom heutigen Standpunkt aus hinreichend Beweise vorgelegt werden könnten, sprechen einige Hinweise in der Handschrift dafür, dass die Annahme der älteren Forschung, die Rubrizierungen und eben auch die Abbildungen (nicht aber die Wappen, vgl. Kapitel A.4.3 und 5.2.2.1) stammen von der Hand unseres Chronisten, der Wahrheit nahekommen könnte.

Im Folgenden werden die sechs Bilder der Handschrift SG einzeln beschrieben. Abgesehen von der Abbildung I handelt es sich um Zeichnungen „überwiegend problematischen Inhalts"[953] oder – anders formuliert – um die Wiedergabe „spektakuläre[r] Ereignisse der Lokalgeschichte, oft mit antisemitischer Tendenz"[954].

Abbildung I: Fol.8ᵛ: Stadtansicht von Konstanz (vgl. Abb.8 im Abbildungsteil)[955]

Dieses ganzseitige Bild ermöglicht dem Betrachter einen Blick auf die Stadt Konstanz, wie sie sich teilweise zur Zeit der Entstehung des Codex Sangallensis 646 präsentiert haben dürfte. Johannes Duft charakterisiert diese älteste überlieferte Stadtansicht[956] folgendermaßen: „Mit einer nicht ungeschickten Großzügigkeit und mit einem eigentlichen Gespür für die Eigenart dieser Stadt ist der Blick eingefangen, wie er sich etwa vom Standort des heutigen Schnetztores her über die Dächer zum Münster und noch weiter hinab zu den Festungstürmen am Rhein ergibt."[957] Tatsächlich wählt der Illustrator entgegen dieser Beschreibung eher eine Perspektive, die sich vom Südosten der Stadt her ergibt[958]. Konstanz wird in dieser Abbildung als Gemeinwesen dargestellt, das seinen Einwohnern Schutz, aber auch „Komfort" bietet und sich vor allem durch seine Stellung als Bischofsstadt gegenüber anderen Städten auszeichnet. Die Stadt ist von einer hohen, am Rande beinahe auf allen Seiten angedeuteten Mauer mit mächtigen Wehrtürmen umgeben, die die notwendige Sicherheit zu gewähren scheint. Die sich innerhalb des Mauerrings

---

[952] Vgl. z.B. die Darstellung der grausamen Tötungsart des Pfählens und die gleichzeitige Abb. einzelner auf dem Boden liegender, abgehackter Körperteile in späteren Flugblättern der Erzählung zu Vlad III., die die Vorliebe des Publikums für derartige Bilder belegt (vgl. Abb. bei D. Harmening, Anfang, S.37, 96). Auch in unserer Chronik, in der die Thematik der Judenverbrennung auf sehr plastische Weise dargestellt wird, wäre eine vergleichbare Illustration durchaus denkbar.

[953] B.M. v. Scarpatetti, Neu-Beschreibung, S.343.

[954] Katalog der deutschsprachigen illustrierten Handschriften, S.213.

[955] Diese älteste überlieferte Abb. der Stadt Konstanz wurde bereits mehrfach veröffentlicht. Sie findet sich u.a. in: O. Feger, Geschichte, Bd.1, Abb.83, S.212; A. Borst, Mönche, Abb.40, S.427; Konstanz alte Stadt in alten Bildern, S.12; BvK I, S.466; T. Amann, Städtischer Alltag, S.1.

[956] Vgl. zur Definition W. Krings, Text und Bild, S.304f.

[957] J. Duft, Rückblick, S.2.

[958] So sieht dies A. Borst, Mönche, S.500.

befindlichen, durchaus prächtigen und repräsentativen, mehrstöckigen Steinhäuser sind von unterschiedlicher Größe und Architektur. Letztgenannter Aspekt wird durch die voneinander abweichende Dachgestaltung mittels Linien, Karos, angedeuteter Schindeln und Ziegel sowie einer roten und blauen Farbgebung noch verstärkt. Obwohl die Stadtanlage auf den ersten Blick etwas verschachtelt und beinahe chaotisch anmutet, ist ihr, zieht man gedanklich Parallelen der Mauern in das Häusermeer hinein, eine Ordnung nicht abzusprechen. Auch ist davon auszugehen, dass die Gebäude, die teils „in Maßstab und Perspektive verfehlt"[959] sind, etwa auf dem sogenannten Oberen Hof im Spätmittelalter derart unregelmäßig standen[960]. Insgesamt wird durch die Vielzahl der Häuser auf engstem Raum der Eindruck erweckt, es handle sich um eine große, reiche, einwohnerstarke Stadt. Die zwischen den Häusern erkennbaren Bäume werden durch eine waagrechte, dunkle Schraffierung und darübergesetzte grüne Farbe angedeutet. Auch direkt hinter der Stadtmauer und diese überragend ist ein Baum, etwas schwungvoller und mit getupfter Krone, sichtbar.

Eindeutig identifizierbar ist auf diesem Bild zunächst das Münster mit den beiden Westtürmen und dem gotischen Dachreiter. Es bildet das eigentliche Zentrum der Illustration. Dieser Eindruck wird vom Zeichner a) durch die Lage zwischen den beiden mächtigen Stadttoren und b) durch die Perspektive, die nach oben hin aufsteigt und durch den Verlauf der Stadtbefestigung noch verstärkt wird, erweckt. Wie Arno Borst ausführt, zeigt die Abbildung einerseits die Domburg mit den Gebäuden des Oberen Hofs im Süden des Münsters, also die Bischofspfalz, die Pfalzkapelle St. Peter, die Pfalzvogtei, das bischöfliche Ammanngericht und einen Domherrenhof. Die christliche Prägung der Stadt als Sitz des Bischofs kommt durch diese Abbildung des bischöflichen Herrschaftszentrums deutlich zum Tragen. Andererseits wird in der unteren Hälfte des Bildes diesem kirchlichen Stadtteil die Bürgerstadt gegenübergestellt[961]. So handelt es sich bei dem durch einen Turm ebenfalls als Gotteshaus gekennzeichneten Gebäude nahe der Mauer mit großer Wahrscheinlichkeit um die Stifts-, Pfarr- und Bürgerkirche St. Stephan, von deren Erbauung im Textteil zuvor ausführlich berichtet wird. Die Häuser ähneln Patrizierwohnsitzen, Zunfthäusern und dergleichen. Bezogen auf den Text handelt es sich vermutlich um die erwähnten Kaufhäuser, Rathäuser et cetera. Welche der zahlreichen Konstanzer Befestigungstürme mit den drei hier abgebildeten identifiziert werden können, ist nicht mit Sicherheit zu eruieren. Hofmann plädiert für das im Text selbst „**R**ingport(er) | tor" genannte Paradiesertor, das (äußere) Schottentor und den Rheintorturm[962]. Letztgenannter wird in der Chronik allerdings erstmals auf fol.57va als „petershu | ser tor" erwähnt. Borst wiederum möchte auch den sogenannten Pulverturm abgebildet wissen[963].

Insgesamt ist diese Abbildung, auf der circa 20 Gebäude zu sehen sind – darunter letztlich alle die, die für die Identität der Stadt entscheidend sind –, von einer ungewöhnlichen, eher fremden Perspektive geprägt, die die Anlage von Konstanz zwischen den Mauern stark verzerrt und verkürzt widerspiegelt. Zwar ist die Stadt „mit ihrem typischen Kern vollauf erkennbar"[964], von einer Illustration, die die tatsächlich um 1460 herrschenden städtischen Verhältnisse abbildet, kann aber nicht die Rede sein. Ein Vergleich dieser Darstellung mit dem Stadtplan des mittel-

---

[959] Ebd., S.500.
[960] Vgl. ebd., S.500.
[961] Vgl. ebd., S.500.
[962] Vgl. Konstanz alte Stadt in alten Bildern, S.12.
[963] Vgl. A. Borst, Mönche, S.500.
[964] J. Duft, Rückblick, S.2.

alterlichen Konstanz[965] verdeutlicht etwa die von der künstlerischen Anlage her bemerkenswerte Komprimiertheit. Insgesamt geht es dem Künstler vor allem um „die Verflechtung von Domburg und Bürgerstadt"[966]. Die das Stadtbild darüber hinaus prägenden klösterlichen Gemeinschaften werden ebenso wie beispielsweise die Niederburg, der ursprünglich älteste Stadtteil jenseits der befestigten Bischofsburg[967], gänzlich ausgegrenzt. Hierbei ist jedoch zu berücksichtigen, dass der Illustrator – den Gepflogenheiten seiner Zeit entsprechend[968] – nicht den Anspruch erhebt, eine wirklichkeits- und detailgetreue Karte der Stadt zu liefern, das heißt die realen Gegebenheiten im Verhältnis 1:1 abzubilden. In dieser Illustration, die noch dazu innerhalb der Chronik dem Themenkomplex der Entstehungsgeschichte angehört, begegnet uns vielmehr das von dem Buchmaler nach eigenen Regeln gestaltete Konstanz[969]. Da die Stadt als ein sich allmählich ausbildendes Gemeinwesen vorgeführt wird, könnte die Abbildung ein frühes Stadium innerhalb des Wachstumsprozesses nachzuzeichnen versuchen. Angesichts dieser Tatsache ist im Hinblick auf den Aussagewert des Bildes Vorsicht geboten. Ob man es, wie Johannes Duft meint[970], als eines „der wichtigsten Zeugnisse in der Geschichte der baulichen Entwicklung von Konstanz" bezeichnen sollte, muss dahingestellt bleiben. Zieht man die Forschungsergebnisse zu mittelalterlichen und frühneuzeitlichen Stadtdarstellungen im Allgemeinen[971] mit heran, wird aber deutlich, dass die Mittelalterarchäologie in Kombination mit schriftlichen Zeugnissen[972] zu Fragen der Stadtwerdung und -entwicklung sehr viel genauere Auskünfte erteilt als etwa diese Illustration.

Hinzuweisen ist abschließend auf den kurzen fehlerhaften Schriftzug im linken oberen Teil der Illustration. Ohne dass die durch ein in Klammern gesetztes kleines „n" angedeutete Initiale ausgeführt ist, finden wir hier von der Haupthand die Anfangsworte der folgenden Textseite „(n)un dar nach ver". Möglicherweise geht der Textabbruch auf die Anweisung einer zweiten Person zurück. Er könnte folglich als Indiz für eine enge und direkte Zusammenarbeit von Schreiber und dem für die Einrichtung der Handschrift Verantwortlichen und/oder dem Zeichner gewertet werden.

Abbildung II: Fol.41ᵛ: Ritualmord am „gŭtt[en] v̄lrich von v̄berlinge(n)" (vgl. Abb.9)[973]

Die ebenfalls ganzseitige Abbildung II stellt einen Ritualmord an einem Überlinger Knaben dar, der in der Chronik dem Jahr 1332 zugeordnet wird. Dieser kleine, blonde, hier gänzlich nackt abgebildete Junge befindet sich im Zentrum des Bildes. Er wird von sechs Männern mit langen Mänteln umringt und steht, die Arme ausgebreitet, in aufrechter Haltung auf einem weißen Tuch.

---

[965] Vgl. Karten in: Häuserbuch II, Vorsatzblatt; Hist. Atlas Baden-Württemberg, Blatt IV,7 und H. Maurer, Konstanz I, Schutzumschlag Innenseite.

[966] A. Borst, Mönche, S.500.

[967] Vgl. H. Maurer, Das älteste Viertel sowie neben den bisher genannten Karten auch F. Kretschmar/U. Wirtler, Bürgerhaus, S.8.

[968] Vgl. dazu W. Krings, Text und Bild; P. Johanek, Mauer; F.-D. Jacob, Bemerkungen und G. Jaritz, Image.

[969] Vgl. zu diesem Phänomen F.-D. Jacob, Bemerkungen, S.455ff. Er weist auch in Anlehnung an I. Ramseger darauf hin, dass selbst bei den Schedel'schen Städtebildern, die auf den ersten Blick die verschiedenen Gebäude geographisch im richtigen Verhältnis zueinander anzuordnen scheinen, v. 68 Ansichten nur etwa 30 die Städte „einigermaßen wirklichkeitsgetreu" wiedergeben (vgl. ebd., S.457). Vgl. auch etwa die Stadtansicht v. Konstanz aus dem Jahr 1553 sowie die Ausführungen zu weiteren, zwischen 1493 und 1601 entstandenen Veduten bei F. Thöne, Veduten bzw. G. Brummer, Unbekannte Vedute.

[970] Vgl. J. Duft, Rückblick, S.2.

[971] Vgl. die bereits oben genannten Aufsätze v. W. Krings, F.-D. Jacob und G. Jaritz.

[972] Vgl. z.B. F. Meier, Konstanzer Stadterweiterungen.

[973] Diese Darstellung findet sich im Schwarz-Weiß-Druck im Abbildungsteil v. H. Lehmann-Haupt, Schwäbische Federzeichnungen, S.42.

Sein Körper ist von Blut überströmt, das von Verletzungen herrührt, die ihm fünf der sechs Anwesenden mit langen, blauen[974] Messern zufügen. Das Tuch, das von mehreren dieser Personen gehalten wird, scheint die Funktion zu haben, das tropfende Blut, das durch rote Pinselstriche wiedergegeben ist, aufzufangen. Während der frontal zum Betrachter ausgerichtete Mann vermutlich aufrecht steht und mit beiden Händen am Tuch das Geschehen lediglich beobachtet, agieren die übrigen gebückt, in der Hocke oder kniend mit jeweils einer Hand am Messer.

Die gesamte Szene findet in einem nach außen hin geöffneten Raum statt. Dieser wird durch Balken am rechten und linken Bildrand sowie durch eine Decke angedeutet. Beachtenswert ist vor allem die aufwendige Bodengestaltung. Durch kleine Rechtecke, die durch ein regelmäßiges Muster wiederum in sich verziert sind, wird der Eindruck erweckt, die Personen befänden sich in einer prächtigen, mit wertvollen Platten oder einem Mosaik geschmückten Räumlichkeit. Zwei verzierte Querbalken im Eingangsbereich, die einen Rundbogen andeuten, unterstützen dies noch. Alle diese Elemente kennzeichnen den Tatort des Mordes, für den zeitgenössischen Betrachter zweifellos auf den ersten Blick erkennbar, als Synagoge. Auch aus Abbildungen in anderen Handschriften wissen wir, dass diese Gotteshäuser als charakteristische Merkmale auf Bildern meist Mauern, die mit Rundbogenfenstern oder -toren durchbrochen sind (vgl. Daniel 6,11 als Grundlage dieses allgemeinen Bauprinzips), Plattenböden und prächtigen Schmuck aufweisen[975].

Auch die Akteure sind durch ihr Äußeres für den zeitgenössischen Leser der Chronik sofort als Juden identifizierbar. Hierbei spielt der Umstand, dass Angehörige des jüdischen Glaubens zu dieser Zeit eine ganz bestimmte, ihnen vorgeschriebene Kleidung, teils sogar Abzeichen zu tragen hatten, eine wichtige Rolle. Im Bodenseeraum bestand diese Kleidung meist aus der sogenannten „cotte", das heißt einem Rock mit eng anliegenden Ärmeln, einem großen, teils gefütterten Mantel, farbigen Beinlingen, dunklen Schuhen und dem typischen Judenhut in der Form eines umgekehrten Trichters, der gerade auf Abbildungen als Symbol für den Juden an sich Verwendung findet[976]. Alle sechs Personen auf unserer Illustration zeichnen sich durch entsprechende Bekleidung – Beinlinge und Schuhe sind jedoch nicht erkennbar – aus. Sie tragen durchweg vom Künstler durch den Faltenwurf sehr plastisch gestaltete, lange Gewänder und Mäntel, zwei davon über dem Gewand ein ärmelloses Oberkleid. Die Hüte, das deutlichste Merkmal der Menschen jüdischen Glaubens in der Alltagsrealität – in Handschriften vom 13. bis 15. Jahrhundert belegt – zeigen die für sie typische Gestalt: Auf einer abgeflachten, nach außen leicht gebogenen Kalotte sitzt ein schmaler Kegel, der beinahe zu einem Stiel reduziert ist und von einer Kugel abgeschlossen wird[977]. Die verschiedenfarbige Bekleidung der an diesem Ritualmord Beteiligten unterscheidet sich von der bärtigen – auch der Bart tritt in der christlichen Ikonographie im Zusammenhang mit Juden häufig auf[978] – Person hinter dem Knaben dadurch, dass diese eine Art Kragen über dem Mantel trägt. Möglicherweise soll damit dieser Beobachter als eigentlicher Initiator und/oder Rabbi charakterisiert werden. Zusammenfassend betrachtet, bringt die Abbildung durch ihre Anlage – ein hilfloses, nacktes und schutzloses Kind im Kreise von bedrohlich wirkenden Männern mit gezückten langen Messern – die Ausweglosigkeit des Knaben zum Ausdruck. Dadurch erfolgt eine Betonung der Grausamkeit dieser Tat.

---

[974] Blau steht hier für die Farbe Silber.
[975] Vgl. T./M. Metzger, Jüdisches Leben, S.59ff.
[976] Vgl. ebd., S.117ff; K.H. Burmeister, medinat bodase, Bd.1, S.106f und für weitere Beispiele die zahlreichen Abb. in ebd., Bd.1 und 2.
[977] Vgl. zu Gestalt und Bedeutung des Judenhuts T./M. Metzger, Jüdisches Leben, S.147ff.
[978] Vgl. ebd., S.150f.

Abbildung III: Fol.49vb: Judenverbrennung 1348 (vgl. Abb.10)

Die dritte Abbildung im Codex Sangallensis 646 greift wiederum ein sehr problematisches Ereignis der Stadtgeschichte auf. Ähnlich wie in der zuvor beschriebenen Illustration wird ein Ausschnitt aus der Geschichte der Juden rund um Konstanz bildlich umgesetzt. Diese zwei-drittelseitig-spaltenbreite Zeichnung, die oben durch einen schwarzen Pinselstrich begrenzt wird und links in die a-Spalte hineinragt, zeigt – die Überschrift in rot spricht deutliche Worte – „Wie Juden verbrenntt | wurdentt #".

Zu sehen ist eine Hinrichtungsstätte, die, von einem eckigen Bretterzaun umgeben, auf einer Wiese errichtet wurde. Innerhalb des Zauns werden zehn Juden dem Feuer preisgegeben. Fünf von ihnen sind mit dem Gesicht zum Betrachter gewandt dargestellt, drei kehren ihm den Rücken zu und zwei werden, durch die Körper der anderen gänzlich verdeckt, nur durch den Hut angedeutet. Die aus Abbildung II bereits bekannten spitzen Judenhüte mit runden Kugeln als Abschluss werden von fünf sich im hinteren Teil des Bildes befindlichen Personen getragen. Zwei von diesen Mitgliedern der jüdischen Gemeinde sind ebenso wie der ganz links stehende Mann, der in ein auch den Kopf bedenkendes Tuch[979] gehüllt ist, Bartträger. Von den drei nur von hinten erkennbaren Juden sind zwei ohne Kopfbedeckung; lediglich der mittleren Person ist ein runder Schlapphut eigen. Beinahe alle Akteure, die eng gedrängt stehen und wirken, als ob sie beim jeweils anderen Schutz suchten, halten ihre teils farbig gestalteten Mäntel oder Umhänge ängstlich umklammert fest, ohne dass die Gesichtszüge erkennbare Erregung zeigen. Eine Ausnahme bildet jedoch der ganz rechts stehende Angehörige jüdischen Glaubens. Dieser hält beide Arme nach oben gerissen und scheint vor Angst, Entsetzen und Schmerz laut zu schreien. Alle Juden sind ringsum von Flammen umgeben, die durch aufsteigende, geschlängelte rote Linien angedeutet werden. Durch die Körperhaltung aller Personen, vor allem aber durch die Gestik des schreienden, zum Tode verurteilten Juden, bekommt der Betrachter einen durchaus realistischen Eindruck dieses schrecklichen Ereignisses des Jahres 1348.

Abbildung IV: Fol.50^r: Geißlerprozession (vgl. Abb.11)[980]

Wie die Überschrift von der Hand des Rubrikators mit roter Tinte direkt oberhalb des halbseitigen, durch schwarze Streifen oben und unten begrenzten Bildes belegt („Anno M CCC xl viiij jar | Do giengend die Gaisler #"), wird auf dieser Abbildung eine Geißlerprozession, wie sie im Sommer des erwähnten Jahres 1349 auch in Konstanz nachweisbar ist, dargestellt.

Insgesamt sind sieben von rechts nach links schreitende Flagellanten zu sehen. Sechs Personen, die sich mit ihren Geißeln selbst züchtigen und sich mit roter Farbe gezeichnete, deutlich erkennbare Verletzungen auf Armen und Rücken zufügen, werden von einem Geißler, der eine vom Wind bewegte Kreuzfahne trägt, angeführt. Alle Büßer blicken in Richtung des Bodens, sind barfuß und haben nackte Oberkörper. Sie tragen ihr Gewand zu einer Art Rock – durch schwarze Falten, teils sehr plastisch und vom Künstler geschickt gestaltet – zusammengeschoben und zeichnen sich durch einen spitzen Hut aus, der in einem Fall mit blauer, in einem anderen mit schwarz-weißer und ansonsten mit roter Farbe koloriert ist. Ihre Haltung ist in sich nach vorne

---

[979] Möglicherweise soll damit der Tallith, also der jüdische Gebetsmantel (vgl. dazu T./M. Metzger, Jüdisches Leben, S.152f), dargestellt werden. Mit dieser Person könnte ein älterer Gelehrter/Lehrer/Rabbi gemeint sein (vgl. auch die Form des Bartes).
[980] Auch diese Abb. wurde schon einmal abgedruckt und findet sich bei J. Duft, Rückblick, S.1.

gekrümmt. Insgesamt vermittelt die Illustration etwa durch die lebendige Wiedergabe der Geißel und des Blutes, das die Rücken hinabfließt, ein sehr anschauliches, wirkungsvolles Bild der Geißlerbewegung.

Abbildung V: Fol.63ʳ: Kreuzschändung bei Bernrain 1384 (vgl. Abb.12)[981]

Diese dreiviertelseitige Illustration, die von dem darüber stehenden Text durch eine schwarze Linie getrennt ist, bezieht sich auf die Sagengeschichte, die angeblich dem Bau der Kapelle von Bernrain vorangeht.

Abgebildet ist die Schändung eines hölzernen Kruzifixes durch einen Knaben namens „schappeler" (fol.62ᵛᵇ). Dieser steht barfuß in einem kurzen weißen Gewand auf einem Bündel Holz unterhalb des Kreuzes, das zentral in der Mitte des Bildes angesiedelt ist, und berührt mit seiner rechten Hand die Nase Christi. Die andere Hand ist zur eigenen Stirn geführt, sein Gesicht aufgrund einer Beschädigung des Papiers heute nur noch schlecht erkennbar. Zur rechten und linken Seite des Kruzifixes, auf dem mit roter Farbe die Spuren des Blutes aus den Wunden Jesu an Händen, Füßen und dem Kopf deutlich zu sehen sind, befinden sich jeweils zwei Personen. Bei den außen stehenden, mit einem links roten und rechts blauen kurzen Gewand bekleideten Akteuren handelt es sich vermutlich um zwei der Knaben, die Schappeler beim Holzsammeln im Wald begleiten. Diese Annahme wird dadurch erhärtet, dass jeweils in ihrer direkten Nähe ein Holzbündel zu sehen ist. Die jungen Männer werden in Bewegung dargestellt; sie diskutieren – man betrachte die Gestik – anscheinend über das wundersame Geschehen vor ihren Augen. Größere Probleme macht die Identifizierung der anderen Figuren, die auf beiden Seiten jeweils zwischen den Knaben und dem Kreuz mit vor der Brust verschränkten Armen abgebildet sind. Beide tragen lange Gewänder: die rechte Gestalt ein rot koloriertes, die linke ein blau koloriertes, das den Kopf bedeckt. Befragt man den Text, könnte zunächst vermutet werden, bei dieser letzt-genannten weiblichen Figur handle es sich um die Mutter Schappelers, die durch ihre Gebete und das Versprechen von „süben vert gen | ainsideln" (fol.62ᵛᵇ) den Sohn aus der misslichen Lage befreit. Da berichtet wird, dass „die mŭter vnd ander erber | lüt" (fol.62ᵛᵇ) in den Wald kamen, könnte die wohl männliche Gestalt mit dem roten Kleidungsstück einen städtischen Zuschauer darstellen. Gegen eine solche Interpretation spricht allerdings die Tatsache, dass beide Akteure einen Heiligenschein tragen. Vielmehr erinnert die Szene an bildliche Darstellungen der Kreuzigung Christi. Häufig wird der Gekreuzigte in Anlehnung an Johannes 19,26 nämlich in vergleich-barer Komposition mit Maria und Johannes abgebildet. Verwiesen werden soll an dieser Stelle beispielsweise auf die Illustration der sogenannten „Konstanzer Weltchronik"[982] (BSB, München, Cgm 426, fol.19ᵛ), das heißt auf einen Text, der vom „Autor" unseres historiographischen Werkes nachweislich ausgeschrieben wurde (vgl. Kapitel A.2.1.2). Herangezogen werden kann aber auch etwa die Illustration des Missales der Diözese Konstanz (um 1465)[983]. Die in der „Konstanzer Chronik" zu sehenden Personen scheinen somit keineswegs Einwohner der Stadt, sondern die beiden Heiligen zu sein, die im Werk selbst nicht erwähnt werden. Maria und

---

[981] Vgl. die Veröffentlichungen dieser Abb. durch G. Nünlist, Wallfahrtskapelle, S.13 und (allerdings fälschlicher-weise seitenverkehrt), in: K. Schmuki/E. Tremp, Vom Staub und Moder, S.45 sowie in Kostbarkeiten der Buch-malerei, Nr.14.

[982] Vgl. die Beschreibung v. Cgm 426, in: Die deutschen Handschriften der Bayerischen Staatsbibliothek, Bd.V,3, S.231ff sowie die Teiledition v. T. v. Kern.

[983] Vgl. die Beschreibung der Konstanzer Hs., in: E. Moser (Hg.), Buchmalerei, Katalog KO 41, S.289ff mit weiter-führender Literatur.

Johannes begleiten Jesus am Kreuz und sind – zumindest der Illustration folgend – auch am Wunder von Bernrain beteiligt. Als Kulisse wirkt ein großer Felsen, der von verschiedenartig gestalteten Bäumen und Sträuchern umgeben ist und sich durch sehr helles Grün von der Wiese am Boden abgrenzt. Die Gesamtanlage ist symmetrisch und wird vom Kruzifix als dem zentralen Gegenstand beherrscht.

Abbildung VI: Fol.112^V: „Ravensburger Blutbeschuldigung" 1429: Knabe in der Tanne (vgl. Abb.13)

Diese letzte Abbildung in SG befasst sich erneut mit einem Ereignis der jüdischen Geschichte im Bodenseeraum. Wie schon in der zweiten Illustration thematisiert der Künstler auch hier den Mord an einem Knaben. Dieses Mal wird die sogenannte „Ravensburger Blutbeschuldigung" des Jahres 1429 auf einer ganzen, in der unteren linken Ecke allerdings zerstörten Seite bildlich in Szene gesetzt.

Dargestellt ist genauer das Auffinden des toten Kindes, das angeblich von Juden ermordet und daraufhin von einem christlichen Fuhrmann in deren Auftrag an einer Tanne aufgehängt wird. Das Bild selbst ist dominiert von diesem Baum, an dem in den obersten Ästen der kleine blonde Junge hängt. Der „Katalog der deutschsprachigen illustrierten Handschriften" weist auf die kunsthistorisch bedeutsame Tanne hin, indem er von einem „mit sicheren Pinselstrichen schwungvoll gezeichnete[n], die gesamte Komposition beherrschenden Baum (...) mit seinen palmwedelartigen, eleganten nach unten gebogenen Ästen"[984] spricht. Wären da nicht einige große Tannenzapfen, könnte man tatsächlich eher an eine Palme als an eine Tanne erinnert werden. Rings um diese Tanne befinden sich verschieden große Bäume mit etwas anderem Wuchs. Sie werden durch dünne Stämme und Baumkronen aus waagrechten Strichen und kleinen Tupfen als Laubbäume ausgewiesen. Die drei Männer am Boden, zwei stehen links und einer rechts neben der Tanne, blicken in Richtung des Knaben, der dem Betrachter durch sein leuchtend rotes Gewand sofort ins Auge fällt. Zusätzlich weisen sie mit jeweils einem Zeigefinger zu ihm nach oben, als diskutierten sie über Möglichkeiten der Bergung. Dafür spricht auch das Werkzeug (eine Axt oder ein hölzerner Stab), das der mittlere, bartlose, vermutlich noch junge Mann mit dem blauen kurzen Rock in seiner rechten Hand hält. Dieser scheint ebenso wie die bärtige, etwas ältere Gestalt auf der anderen Seite der Tanne – die Ähnlichkeiten in der Kleidung sowie die Bewegung des linken Arms lassen einen solchen Schluss zu – selbst Hand anlegen zu wollen. Der linke, nur noch teilweise sichtbare Mann hingegen ist durch seine Kleidung – zu beachten ist hier vor allem die Kopfbedeckung, die Farbgebung sowie der elegantere, „modischere" Schnitt –, aber auch durch seine zarteren Gesichtszüge als eine Person höheren Standes ausgewiesen[985]. Ihm scheint die Aufsicht über das Geschehen zu obliegen. Rekurriert man auf den Text der Chronik, könnte die Vermutung angestellt werden, es handle sich entweder um „her jacob truchsâsz vo(n) waltpurg" selbst, der „von gebett, ge- | bietten vnd beuelhen By | schoff otten (...), den kna | ben hiesz von der tannen | vsz dem holtz füren" (fol.113rb) oder aber um einen von diesem Beauftragten.

Auch diese Illustration führt noch einmal den eigenwilligen, wirkungsmächtigen Zeichenstil des geübten Künstlers vor Augen. Wiederum gelingt es ihm, mit nur wenigen Pinselstrichen das Erzählte plastisch in ein Bild umzusetzen und den Betrachter in seinen Bann zu ziehen.

---

[984] Katalog der deutschsprachigen illustrierten Handschriften, S.216.
[985] Vgl. dazu G. Jaritz, Kleidung, hier v.a. S.21 und 26.

5.2.1.2 Text-Bild-Relation, Funktion, Einordnung

Bei der Beschreibung der Abbildungen der „Konstanzer Chronik" wurden hier und da bereits Bezüge zwischen Text und Illustration hergestellt. Auch Funktion und Bewertung kamen im vorherigen Kapitel an der einen oder anderen Stelle zur Sprache. Nachstehend werden diese Fragen aufgegriffen und kurz erläutert.

Abgesehen von der Stadtansicht rücken die Illustrationen im Codex Sangallensis 646 stets ein Ereignis der Geschichte der Stadt Konstanz oder der des näheren Umlandes in den Mittelpunkt. Die Bilder bestehen immer aus nur einer Szene und beziehen sich wiederum mit Ausnahme der ersten Darstellung allesamt auf einzelne Textstellen. Während die Abbildungen II, III und IV in unmittelbarer Nähe zum jeweiligen Bericht Geschehnisse bildlich umsetzen, die in der Chronik mit nur wenigen Worten geschildert werden (vgl. die Notizen zum Ritualmord auf fol.41va![986], zur Judenverbrennung, fol.49va und 50^r, und zum Auftreten der Flagellanten, fol.49^{rb}f), führt dieses historiographische Werk die Hintergründe der Ereignisse von Abbildung V und VI auf fol.62^{vb}f (Kreuzschändung bei Bernrain) und fol.113ra bis fol.115ra sowie fol.121ra und fol.122ra („Ravensburger Blutbeschuldigung" und Folgen) detailliert aus. Der Bezug zum Text wird durch die jeweilige Nachbarschaft von Schrift und Bild hergestellt. Dieser Anlage wegen verzichten die Bearbeiter weitgehend auf bilderläuternde Zeilen. Abgesehen von den zwei kurzen Bemerkungen des Rubrikators über den Illustrationen III und IV – die genannten Bilder sind im Codex übrigens nebeneinander auf zwei gegenüberliegenden Seiten angeordnet –, die den dargestellten Sachverhalt in einem Satz zusammenfassen, existieren in SG keine direkten Text-Bild-Verschränkungen wie etwa Spruchbänder in den Händen der Protagonisten oder Ähnliches.

Mit Abbildung I liegt uns die erste überlieferte Stadtansicht von Konstanz vor. Erstmals in der Geschichte sind Kirchen, Bürgerhäuser, Stadttore und Mauern nicht nur schönes Beiwerk einer Handlungsszene, wie wir es etwa aus den Handschriften der „Konzilschronik" kennen. Die Stadt wird vielmehr zu Beginn dieser Chronik, in deren Zentrum sie steht, aus ungewöhnlicher Perspektive um ihrer selbst willen in den Mittelpunkt der Illustration gerückt. Konstanz ist hier folglich nicht nur Bildmotiv, sondern selbstständiges Bildthema[987]. Anders als man aber vermuten könnte, befindet sich diese Zeichnung nicht als schmückendes Eingangsbild der „Konstanzer Chronik" vor Beginn des Textes auf der ersten Seite. Vielmehr ist diese Ansicht auf fol.8^v – man vergleiche den das Bild umgebenden Text – zweifellos in die Gründungs- und Entwicklungsgeschichte integriert. Es handelt sich also nicht um eine Abbildung, die man als reinen Schmuck oder aber als Hinweis auf den Inhalt des gesamten Werkes interpretieren könnte. Sie hat auch nicht die Funktion, dem Leser ein Hilfsmittel zur Orientierung an die Hand zu geben, und etwa als eine Art Karte die Lokalisierung der im Text erwähnten Gebäude und sonstiger Örtlichkeiten zu ermöglichen. Vielmehr dürfte der Künstler mit diesem Werk die im Text ausgeführten Entwicklungen illustrieren. Damit scheint klar zu sein, dass es nicht sein Ziel war, den Ist-Zustand

---

[986] Die zweite Abb. wird meiner Ansicht nach fälschlicherweise sowohl bei Eva Moser als auch im Katalog der deutschsprachigen illustrierten Handschriften der Erzählung rund um die sogenannte „Ravensburger Blutbeschuldigung" v. 1429 zugewiesen (vgl. E. Moser (Hg.), Buchmalerei, Katalog KO 50, S.295 und Katalog der deutschsprachigen illustrierten Handschriften, S.216). Die Zeichnung auf fol.41^v würde sich, wäre dies richtig, auf einen Text beziehen, der in der „Konstanzer Chronik" erst auf fol.113ra beginnt. Betrachtet man nun aber die Nähe der anderen Illustrationen zu den Texten, auf die sie jeweils rekurrieren, und bezieht man den Text zum Ritualmord am „guten Ulrich" auf fol.41va! mit ein, erscheinen Zweifel an dieser Interpretation angebracht.
[987] Vgl. dazu F.-D. Jacob, Bemerkungen, S.448f.

der Stadt in der zweiten Hälfte des 15. Jahrhunderts abzubilden. In diesem Fall fände man die Illustration auf einer der letzten dreißig Folio-Seiten. Diese erste Illustration in der Handschrift sollte die Heimatstadt des Chronisten in einer vergangenen Epoche, in der Zeit ihrer Entstehung und allmählichen Erweiterung, zeigen. Bezeichnenderweise wird das frühe Konstanz vom Illustrator nun mit Komponenten ausgestattet, die in den Augen des zeitgenössischen Betrachters ein Gemeinwesen erst zu einer herausragenden und „schönen" Stadt im eigentlichen Sinne machen[988]. Eine Stadt des 15. Jahrhunderts wurde nämlich offensichtlich nur dann als „schön" empfunden, „wenn sie, unter anderem, eine wehrhafte Befestigung besaß, wenn sie mit einer großen Anzahl von gemauerten Gebäuden ausgestattet war, wenn ihre Straßen gepflastert waren, wenn die Dächer ihrer Häuser in der Mehrzahl mit Dachziegeln anstatt mit den billigeren und bei Feuergefahr anfälligen Schindeln gedeckt und wenn die Fenster mit Glasscheiben versehen waren"[989]. Auch wenn in Abbildung I der „Konstanzer Chronik" keine gepflasterten Straßen oder deutlich erkennbare Glasfenster zu sehen sind, wird durch die starke Ummauerung – nach Johanek fungiert die Stadtbefestigung übrigens als „Identifikationsobjekt städtischen Selbstbewußtseins" beziehungsweise als „Indikator der Stadteigenschaft"[990] – ebenso wie durch die alleinige Abbildung von meist großen und hohen Steinhäusern, die teils mit Dachziegeln versehen sind, die Wehrhaftigkeit sowie der Reichtum von Konstanz betont. Daneben verdeutlicht die Darstellung des Münsters und anderer kirchlicher Gebäude die besondere Stellung als Bischofsstadt. Konstanz wird damit als sichere, finanziell gut gestellte, „schöne" und der christlichen Lehre verpflichtete Stadt mit hohem Prestige gekennzeichnet. Eine Stadt, die ihren Bürgern – und das seit ihrer Frühzeit – nicht nur Schutz oder eine hohe Lebensqualität, sondern auch ein harmonievolles Zusammenleben unter dem Dach der Kirche garantiert. Der Illustrator führt dem Betrachter mit Konstanz gewissermaßen die „ideale" Stadt vor Augen. Entsprechend könnte man, wenn es auch von der künstlerischen Umsetzung her nicht zu den prachtvollsten Werken dieser Spezies gehört – von einem „visualisierten Städtelob" oder einem „Denkmal für die Nachwelt"[991] sprechen. Dahinter steht neben dem Bedürfnis nach Repräsentation vor allem der Stolz des Bürgers auf seine Heimatstadt. Hierbei ist auch daran zu erinnern, dass das äußere Erscheinungsbild meist als Spiegel innerer Zustände verstanden wurde[992]. Folglich hebt diese Abbildung nicht nur die Bedeutung der Stadt Konstanz selbst, sondern auch die ihrer Bewohner hervor.

    Ähnlich wie in den Richental-Handschriften, von denen entscheidende innovative Impulse auf diesem Gebiet ausgehen[993], tritt uns in der Dacher'schen Chronik mit den Abbildungen II bis VI der Bildtypus des sogenannten „Ereignisbildes" entgegen. In SG begegnet damit ein Charakteristikum, das von Norbert H. Ott als ein „zentrales Unterscheidungskriterium" bezeichnet wurde, „das die Universalgeschichtsschreibung, in der die eigene Geschichte an das heilsgeschichtliche Modell zurückgebunden wird, von der Lokalgeschichtsschreibung des Spätmittelalters trennt, wo die unmittelbare Gegenwart und die erlebte Zeit des Chronisten einen autonomen

---

[988] Vgl. zu diesen Vorstellungen G. Jaritz, Image, S.472ff.

[989] Ebd., S.473 (nach Hundsbichler).

[990] P. Johanek, Mauer, S.30, auch zitiert bei G. Jaritz, Image, S.475.

[991] F.-D. Jacob, Bemerkungen, S.458 verwendet diese Termini im Zusammenhang mit dem Werbeaspekt v. Stadtdarstellungen und führt als Beispiel den „Kettenplan", eine Darstellung v. Florenz, oder die Planansicht v. Venedig, die Jacopo de'Barbari zugeschrieben wurde, an.

[992] Darauf weist etwa G. Jaritz, Image, S.479 ausdrücklich hin.

[993] Die Richental-Hss. scheinen hier sowohl die Schweizer Bilderchroniken als auch die süddeutschen Städtechroniken, man denke etwa an die „Augsburger Chronik" Sigismund Meisterlins, entscheidend beeinflusst zu haben (vgl. N.H. Ott, Ausstattungsanspruch, S.78; B. Konrad, Buchmalerei in Konstanz, S.120; L.E. Saurma-Jeltsch, Illustrationen, S.52ff).

Stellenwert gewinnt"[994]. Die Illustrationen variieren also nicht allein überlieferte, durch die Tradition der christlichen Ikonographie legitimierte Bildformeln und Muster, sondern zeigen „Motive, die bisher noch keine Darstellung gefunden hatten"[995], dokumentieren unverwechselbar Geschehenes, das heißt konkrete historische Situationen, auf bisher unbekannte und wirklichkeitsbezogene Art und Weise[996]. Damit kommt wie im Text so auch auf der Bildebene in der Chronik ein neuartiger Wahrheitsbegriff zum Tragen, „macht das zeit-lose Modell der Heilsgeschichte dem durch Augenzeugenschaft und Erfahrung beglaubigten, einmaligen Ereignis Platz"[997].

Bei der Frage nach den Funktionen kann man auf Untersuchungen zu den volkssprachlichen Bilderhandschriften überhaupt zurückgreifen. Nach Saurma-Jeltsch handelt es sich bei diesen nämlich um „'Lesehandschriften', in denen die Illustration nicht mehr nur der 'Auszeichnung, Erleuchtung, Inspiration und der Erläuterung des Textes' diene, sondern vielmehr zusammen mit dem Text 'Teil eines Diskurses zwischen einer Gruppe oder einem Individuum und der Schriftlichkeit insgesamt' sei. Das Bild kommuniziere mit den ihm eigenen Mitteln mit dem Rezipienten und habe unmittelbarer als das Wort die Möglichkeit einer direkten Ansprache an ihn"[998].

Thematisch liegt der Schwerpunkt auf der bildlichen Umsetzung von historischen Vorkommnissen aus der Mitte des 14. Jahrhunderts. Die Momentaufnahmen gehören also nicht der eigentlichen Zeitgeschichte, das heißt dem vom Historiographen und/oder Illustrator der 1460er Jahre selbst Erlebten, an. Vielmehr werden spektakuläre, länger zurückliegende Ereignisse in Szene gesetzt. In drei von sechs Fällen zeichnen sich die Illustrationen durch eine deutlich erkennbare antisemitische Tendenz aus. Sowohl die Abbildung des Geißlerzuges als auch die der Kreuzschändung befassen sich wiederum mit häretischem respektive sündhaftem, gotteslästerlichem Verhalten. Anders als zum Beispiel die Dacher'sche „Weltchronik" (vgl. die einzige Abbildung in Stgt) enthält diese Handschrift des Konstanzer Chronisten keine Illustrationen thronender Herrscher, wie sie aus der Universalgeschichtsschreibung bekannt sind und noch in den Codices der Richental-Chroniken begegnen. Auch repräsentative Prozessionszüge oder andere Massenszenen – geradezu typisch für Handschriften der „Konzilschronik"[999] – sucht man in der „Konstanzer Chronik" vergeblich.

Über die Motive, die hinter der Auswahl dieses Bildprogramms stehen, kann nur spekuliert werden. Besonders die beiden Abbildungen der angeblichen Ritualmorde an den Knaben 1332 und 1429 scheinen mit ihrer plastischen Bildsprache und dem ausgeprägten Detailrealismus, der sich vor allem bei der Darstellung der Synagoge und der Bekleidung der Juden auf fol.41^v zeigt, auf propagandistische Weise Stimmung gegen Angehörige des jüdischen Glaubens zu machen. Durch die Gestaltung der Illustrationen wird die Grausamkeit der Morde unterstrichen. Beim Betrachter sollen mit großer Wahrscheinlichkeit Emotionen geweckt werden, die von heftiger Ablehnung dieser vor Augen geführten Handlungsweisen bis hin zum Hass auf die Täter und darüber hinaus wohl ganz allgemein auf alle Juden, die das Blut eines Christen angeblich aus rituellen Gründen benötigen, reichen können (vgl. dazu fol.113vb: „Nun ward man | jnnen von hohen maist(er)n, | das die juden cristan plůt haben můssen. (...) doch ward | es bewårt durch die

---

[994] N.H. Ott, Ausstattungsanspruch, S.78.
[995] So die Definition des „Ereignisbildes" v. H. Wegener, Chronik, Sp.744f.
[996] Vgl. die näheren Erläuterungen zu diesem Typus bei N.H. Ott, Ausstattungsanspruch, S.84ff und mit einem etwas anderen Schwerpunkt auch C.A. Meier, Chronikillustrationen.
[997] N.H. Ott, Mündlichkeit, S.47.
[998] G. Wacker, Richentals Chronik, S.7, in Anlehnung an L.E. Saurma-Jeltsch, Textaneignung.
[999] Vgl. dazu z.B. W. Matthiessen, Richentals Chronik, S.185f und T. Rathmann, Geschehen, S.223ff.

hohen | maister, das es war ist, d(a)z | sy cristen plůt hab(e)n můssen.")[1000]. Gleichzeitig sollen mit diesen Bildern die im Text geschilderten, angeblich auf das Gerücht der Ritualmorde hin erfolgten Reaktionen von christlicher Seite, d.h. 1332 die Verbrennung von „vierdhalb | hundertt juden (...) jn der Statt v̄berlingen (...) kind, wip oder man" (fol.41va) – zu berücksichtigen ist hier Abbildung III – und 1429 die Verfolgungen, Gefangennahmen sowie Morde in den Städten Überlingen, Ravensburg, Lindau, Meersburg und auch in Konstanz (vgl. dazu fol.113^{ra}ff mit Anm.) legitimiert werden. Obwohl interessanterweise die weiteren Auseinandersetzungen um die Juden in Konstanz bis hin zum eigentlichen Ende der jüdischen Gemeinde (1448) weder im Text noch in einer Illustration thematisiert werden, sind die genannten Abbildungen vermutlich auch als künstlerische Rechtfertigung der Judenpolitik der einfacheren Zunftbürgerschaft[1001] (vgl. dazu die Ausführungen zum „vierten Bürgerkampfes 1429/30 auf fol.111^{ra}ff sowie fol.119^{ra}ff) und von dieser mehr oder weniger ausgehend der des Rates der Stadt insgesamt zu deuten. Grundsätzlich soll mit den Abbildungen an dieses Kapitel der Konstanzer Geschichte erinnert und damit gewiss auch vor einer möglichen Neuansiedlung der jüdischen Bevölkerungsgruppe in der Stadt gewarnt werden.

An eine Ermahnung der Leser ist auch im Zusammenhang mit den Illustrationen zum Geißlerzug und der Kreuzschändung bei Bernrain zu denken. Hier wie dort wird unchristliches Verhalten bildlich umgesetzt. Damit werden die beiden Ereignisse der Jahre 1349 und 1384 aus der Masse der Nachrichten herausgehoben und die Aufmerksamkeit besonders auf sie gerichtet. Einerseits dürfte mit diesen Abbildungen die Sensationslust der Rezipienten (vgl. z.B. die Blutspuren in Abb.IV) gestillt worden sein, andererseits scheint sich mit diesen Darstellungen, die den Text eindrucksvoll veranschaulichen und ihn über die Visualisierung gleichsam ergänzen[1002], eine Warnung vor solchem Fehlverhalten zu verbinden. Vermutlich sollten sich diese Bilder und damit auch die geschichtlichen Vorfälle in das Gedächtnis des Betrachters „einbrennen" und ihn vor eigenen Sünden bewahren. Hinter diesen Darstellungen zurückliegender Sündhaftigkeit steht so der in der mittelalterlichen Historiographie beinahe allgegenwärtige Appell, „aus Vergangenem zu lernen" und selbst ein christliches, tugendhaftes Verhalten an den Tag zu legen.

Ob dem Illustrator für das eine oder andere Bild Vorlagen zur Verfügung standen oder vielleicht sogar das gesamte Bildprogramm aus einer anderen Handschrift übernommen wurde, lässt sich nicht mit Sicherheit sagen. Dass in Abbildung V neben dem „schappeler" und den beiden Knaben auch die Heiligen Maria und Johannes zu sehen sind, deutet aber zumindest bei dieser Illustration auf eine Orientierung an einer traditionellen Darstellung der Kreuzigung Christi hin[1003]. Interessanterweise enthält die uns überlieferte illustrierte Handschrift der „Konstanzer Weltchronik" (BSB, München, Cgm 426), bei der es sich um die Abschrift einer älteren, in Konstanz entstandenen Textversion handelt, Bilder, deren Motive mit einigen der unsrigen übereinstimmen. Neben einer Stadtansicht – in diesem Fall die der Stadt Rom (Cgm 426, fol.15^r) – begegnet eine Kreuzigungsszene (Cgm 426, fol.19^v), die Abbildung einer Judenverbrennung (Cgm 426, fol.41^v) sowie die eines Geißlerzuges (Cgm 426, fol.42^r). Da das genannte historio-

---

[1000] Vgl. ähnlich z.B. auch die Abb. eines Ritualmordes an einem Berner Knaben in der Spiezer Chronik Diebold Schillings (etwa abgebildet bei C. Pfaff, Welt, S.71).

[1001] Ob hieraus Rückschlüsse auf den möglichen Rezipientenkreis dieser Hs. und damit etwa auf Angehörige der politisch und ökonomisch benachteiligteren Zünfte erlaubt sind, lässt sich nicht mit Gewissheit sagen.

[1002] Vgl. allg. zur gegenseitigen Beeinflussung v. Text und Bild in Hss. z.B. N.H. Ott, Texte und Bilder, hier v.a. S.124ff.

[1003] Vgl. dazu auch die Bemerkungen in ders., Handschriften-Tradition, S.87, mit dem Hinweis darauf, dass sich wie auch in der Literatur selbst das Publikum „eher mit Bekanntem identifizieren will und schöpferische Arbeit sich als Vorführung und Variation des Tradierten – und damit Wahren – versteht".

graphische Werk als Quelle der „Konstanzer Chronik" nachgewiesen werden konnte, es somit in der Dacher'schen „Schreibstube" im Umlauf war, dort abgeschrieben oder eventuell sogar selbst bearbeitet wurde, liegt eine Abhängigkeit der erwähnten Bilder von einer nicht erhaltenen Handschrift der „Konstanzer Weltchronik" im Bereich des Möglichen. Die bestehenden ikonographischen Differenzen zwischen SG und Cgm 426 lassen sich mit Blick auf die Überlieferung kaum als Gegenargument anführen.

Abgesehen von der Verwendung der Deckfarben, handelt es sich bei den Illustrationen des Codex Sangallensis 646 stilistisch weitgehend um Abbildungen, wie sie für „Volkshandschriften" aus „bürgerlichen Werkstätten" typisch sind. Ein Vergleich der sechs Bilder mit der Definition des Buchschmucks dieser Manuskripte des 15. Jahrhunderts von Norbert H. Ott bringt dies deutlich zutage. „Die Illustrationen stehen, in der Regel ungerahmt, in brauner oder schwarzer, meist flächig kolorierter Federzeichnung entweder großformatig auf einer sonst leeren Seite oder ober- und unterhalb, auch inmitten des Textblocks, nicht immer sorgfältig eingepaßt, sondern häufig über den Schriftspiegel ausgreifend. Silhouettenhaft heben sich die Figuren vom nackten Papiergrund ab; ausgemalte, gar gemusterte Hintergründe kommen kaum vor. Nur aus wenigen Bildelementen ist die Szene zusammengesetzt: ein unregelmäßiges Bodenstück[1004] markiert die Bildbühne, auf der die Protagonisten agieren. Landschaft, Architektur oder sonstige Hinweise auf den Handlungsraum, in dem die Szene spielt, sind auf wenige Kürzel reduziert."[1005]

Wenn diese Abbildungen nun auch nicht das Niveau der Pergamentcodices früherer Zeiten oder das der Federzeichnungen manch anderer Handschrift erreichen, so ist abschließend doch zu vermerken, dass der Künstler neue Bildmotive in Szene setzt und sich hierbei durchaus als Könner erweist. Die Figuren, die in den unterschiedlichsten Körperhaltungen – stehend, kniend, gehend, sich abwendend, miteinander kommunizierend – von vorne, von der Seite oder in Rückenansicht dargestellt werden und meiner Ansicht nach keineswegs als plump oder steif zu bezeichnen sind[1006], zeigen sein Geschick bei der Wiedergabe der menschlichen Physiognomie[1007]. Auch die mit nur wenigen Pinselstrichen angedeuteten Faltenlinien der Kleidungsstücke, die Raumgestaltung im Zusammenhang mit der Synagoge, die Anordnung der verschiedenartigsten Gebäude bei der Stadtansicht oder der eigenwillige Baum in Abbildung VI zeugen vom Talent des Illustrators.

Zusammenfassend ist zu konstatieren, dass das meist negative Urteil der Forschung über die Abbildungen der Handschrift SG nicht in allen Punkten gerechtfertigt ist und den Blick auf deren Gesamtbedeutung verstellt. Trotz grober Pinselstriche und einfacher Komposition sind die bildlichen Darstellungen, insofern sie noch nie dagewesene Motive enthalten, historisch konkrete Ereignisse in Szene setzen und verschiedene Funktionen erfüllen, als innovative und herausragende Leistung zu bewerten. Wie auch in den Richental-Handschriften oder in den Manuskripten der Lauber-„Werkstatt" orientieren sie sich an den Bedürfnissen der Rezipienten und ermöglichen so unter anderem Aussagen über deren Denkweisen. Gleichzeitig lassen sie wie beispielsweise auch die Initialen oder die Wappen den Repräsentationsanspruch dieser Stadtchronik erkennen.

[1004] In diesem Zusammenhang ist bspw. darauf hinzuweisen, dass bei der Abb. zur Kreuzschändung bei Bernrain ursprünglich eine Abgrenzung des Aktionsraumes vom Blattrand – man vgl. auch das linke Rasenstück in Abb.3 – geplant war, indem der Boden unregelmäßig erhöht und damit abgebrochen werden sollte. Erst beim Auftragen der Deckfarbe wurde v. diesem Konzept abgerückt; die Linienführung mit schwarzer Farbe ist jedoch noch erkennbar.
[1005] N.H. Ott, Handschriften-Tradition, S.74.
[1006] Vgl. neben der oben zitierten Literatur z.B. auch die Beschreibung der Figuren und ihrer Kleidung in den Richental-Hss. bei L. Baer, Historienbücher, S.142f, auch zitiert bei T.M. Buck, Text, Bild, Geschichte, S.92.
[1007] Vergleicht man etwa die Abb. der Judenverbrennung v. SG mit der in Cgm 426, dürften die Unterschiede auf diesem Gebiet recht deutlich werden.

5.2.2 Die Wappen

5.2.2.1 Allgemeine Hinweise und Beschreibung

Ursprünglich werden Wappenbücher, in streng hierarchischer Ordnung nach Ständen oder Territorien gegliedert, meist von Herolden lediglich zur Inventarisierung der Wappenbilder angelegt[1008]. Vor allem im Laufe des 15. Jahrhunderts nimmt die Zahl derartiger heraldischer Spezialwerke stark zu. Dabei zeigt sich eine allmähliche Funktionsveränderung solcher Schriften. Sie werden nunmehr zu „Objekten höfischer Präsentation": „Wer etwas auf sich hielt, ließ sich ein Wappenbuch anfertigen oder erwarb zumindest ein schon fertiges"[1009]. Die Entwicklung der Wappen von reinen Erkennungszeichen im Kampf zu herausragenden „Persönlichkeits-, Eigentums- und Hoheitszeichen"[1010] führt schließlich dazu, dass sie Eingang in Rechtsbücher, Liederhandschriften und Chroniken finden[1011]. Wie schon bei den bildlichen Darstellungen kommt der Richental-Chronik im letztgenannten Genre wiederum eine herausragende Bedeutung zu[1012]; sie wird auch im Hinblick auf Wappenabbildungen zum Vorbild für nachfolgende Werke. Entsprechend werden neben den Handschriften der Konzilschronik (auch und besonders aus der Dacher'schen „Werkstatt")[1013] in Konstanz in der zweiten Hälfte des 15. Jahrhunderts weitere historiographische Texte mit Wappen verziert. Zu nennen sind hier die „Weltchronik" aus der Feder Gebhart Dachers (vgl. Kapitel A.3.1.2 und 4.1.3 sowie z.B. Abb.1, 15-17), die uns überlieferte Handschrift der „Konstanzer Weltchronik"[1014] und damit wohl auch deren verlorene Konstanzer Vorlage – möglicherweise erneut ein Indiz dafür, dass Letztgenannte unter der Verantwortung unseres Chronisten hergestellt wurde – sowie eben auch die hier im Mittelpunkt stehende „Konstanzer Chronik".

Obwohl, anders als dies beispielsweise bei der Züricher Wappenrolle[1015] (um 1335/45) oder dem Wappenbuch von Conrad Grünenberg[1016] (um 1483) der Fall ist, in der „Konstanzer Chro-

---

[1008] Vgl. z.B. Lexikon der Heraldik, S.416 oder SdM, S.893f. W. Paravicini, Gruppe wendet sich S.344f dem Gebrauch heraldischer Werke zu und weist darauf hin, dass wir nur schlecht über deren tatsächliche Verwendung informiert sind.

[1009] H. Drös (Hg.), Wappenbuch, S.10.

[1010] So z.B. die Definition im Handbuch der Heraldik, S.181. H. Drös (Hg.), Wappenbuch, S.11 wiederum spricht v. „Erkennungs-, Besitz-, Herrschafts- und Standeszeichen". Vgl. auch W. Paravicini, Gruppe, S.339ff. Ebd., S.345 findet sich folgender Hinweis zum Wappen: „Es diente zur Kennzeichnung von Besitz, Berechtigung, Schutz, Gegenwart und Reise (das Wiedererkennen durch andere eingeschlossen); von Rang (Banner); von Amt und Herrschaft (Markierung des Herrschaftsraumes und dessen Veranschaulichung in Serien von Ständen, Herrschaften und untergebenen Ämtern), von Amt aber auch in einem anderen Sinne; von Stiftung und Gedächtnis (an einen Aufenthalt, an eine Teilnahme, an einen Verstorbenen und seine Stiftung, an die Vorfahren). Schließlich Repräsentation globaler politischer Ordnung."

[1011] Vgl. für einen Überblick die Zusammenstellung in: Wappenbücher des deutschen Mittelalters.

[1012] Vgl. dazu etwa W. Matthiessen, Richentals Chronik, S.131ff.

[1013] Vgl. bspw. die Hs. A, die wie die Dacher'sche Hs. Pr auf die Vorlage x zurückgeht, und die ebenfalls auf der Dacher'schen Vorlage α₅ beruhenden Drucke v. Sorg 1483 und Steiner 1536, die teils im Original, teils im Faksimile als Vergleichsbasis für die Wappendarstellungen in Kapitel B.2 herangezogen wurden.

[1014] Vgl. BSB, München, Cgm 426, fol.12ʳ [2], 12ᵛ, 15ᵛ, 16ᵛ, 17ʳ, 17ᵛ, 19ʳ, 20ʳ, 21ʳ, 21ᵛ, 23ʳ, 24ʳ [2], 25ʳ [2], 25ᵛ, 26ʳ [2], 26ᵛ, 27ʳ [2], 28ʳ [2], 28ᵛ, 29ʳ, 30ʳ, 30ᵛ [2], 31ʳ, 31ᵛ, 32ᵛ, 33ʳ [2], 33ᵛ, 34ʳ, 35ᵛ [2], 36ʳ, 38ʳ, 39ʳ, 40ʳ [2], 40ᵛ, 43ʳ, 43ᵛ, 44ᵛ [3].

[1015] W. Merz/F. Hegi (Hgg.), Wappenrolle von Zürich.

[1016] Des Conrad Grünenberg, Ritters und Burgers zu Costenz, Wappenpůch, hrsg. v. R. Stillfried-Alcántara/A.M. Hildebrandt; vgl. auch Des Conrad Gruenenberg, Ritter und Burger zu Costenz, Wappenpůch (BSB, München, Cgm

nik" nicht die Wappen alleine im Vordergrund stehen, sondern diese Symbole „nur" als Illustrationen eines historiographischen Werkes zu gelten haben, die dem Text untergeordnet sind und ihn in erster Linie schmücken, wurde der Codex Sangallensis 646 in der Forschung verschiedentlich zu den sogenannten Wappenbüchern gezählt[1017]. Dies erklärt sich aus der Vielzahl der in der Handschrift enthaltenen Wappen. Insgesamt können 228 Wappen[1018] von hohen geistlichen und weltlichen Würdenträgern, von Fürsten, Grafen, Edlen und Rittern, von Städten und Konstanzer Bürgern gezählt werden[1019]. Hierbei ist zu vermerken, dass – der Methode des 15. Jahrhunderts folgend – der Zeichner Wappen auch für Personen aus der Zeit vor dem 12. Jahrhundert, also eigentlich „vorheraldischer" Zeit, gestaltet, die in der Regel das ihm bekannte Familienwappen seiner Zeit tragen[1020]. Reine Phantasiewappen, wie wir sie etwa in der Züricher Wappenrolle, den Richental-Handschriften beziehungsweise -Drucken oder bei Grünenberg finden[1021], existieren nicht. Dies könnte als Indiz einer „gewissenhaften Arbeitsweise" Dachers gewertet werden[1022]. Die nachfolgende Liste verzeichnet alle Wappen der Handschrift SG. Die meisten dieser Illustrationen sind übrigens innerhalb des Schriftspiegels angesiedelt; verschiedentlich lassen sich jedoch auch solche außerhalb feststellen (vgl. z.B. fol.31ra, 64va, 72^{r}, 93^{v}, 121rb, 187^{r} oder 205^{r}). Befindet sich mehr als eine dieser Illustrationen in oder unterhalb einer Spalte beziehungsweise auf einer nicht in Spalten unterteilten Seite, wird die Anzahl in eckigen Klammern angegeben.

- Wappen: fol.9^{v} [3], 11ra, 11rb, 11va, 11vb, 12ra, 12rb, 13ra, 13rb, 13va, 13vb, 16ra, 16rb, 16va, 16vb, 18ra, 18rb, 18va, 18vb, 19ra, 19rb, 25ra, 25^{v}, 27ra, 27vb, 29ra, 29rb, 29va, 29vb, 30ra, 30rb, 30va, 30vb, 31ra, 31rb, 33ra, 33rb, 33va, 33vb, 34ra, 34rb, 34va, 34vb, 35ra, 35rb, 35^{v}, 37^{v}, 41ra [2], 41rb, 41^{v}, 48^{v}, 51ra, 51vb, 55rb [2], 57vb [3], 59va, 59vb, 62va, 64ra, 64vb [2], 66^{r} [2], 68ra, 69rb, 70ra [4], 72ra [4], 72rb [4], 72va [2], 75ra, 75rb, 75va, 75vb, 76^{r} [2], 77rb, 77vb, 78ra, 78va, 82rb, 89ra, 90ra [2], 90vb, 92ra, 93^{v}, 96^{r}, 102vb, 104vb [3], 106^{r} [2], 111rb, 113^{r}, 117vb [2], 121rb [3], 122rb, 126ra, 134va, 135rb, 137va [2], 139rb [2], 141^{r}, 149vb, 151^{r} [2], 151va [2], 151vb, 152vb, 154va [2], 154vb [2], 162ra, 162rb [2], 162va, 162vb, 166ra [2], 166rb, 171va [2], 180^{r}, 184ra, 184vb, 185rb, 186ra, 187^{r} [2], 195rb [3], 195vb [3], 197rb [3], 197vb [3], 200rb [3], 201ra, 201rb, 201va, 201vb [3], 202rb, 203rb [3], 203vb [3], 204rb [3], 204vb [4], 205ra, 205rb [3], 205vb, 206ra, 210rb [4], 210vb [3], 211rb [4], 213rb, 214rb [3], 215rb [3], 216ra [3], 216rb, 221ra [6], 223ra [6].

145) und den dazugehörenden Index (Cgm 146). Eine Beschreibung der beiden existierenden Hss. findet sich z.B. bei E. Moser (Hg.), Buchmalerei, Katalog KO 72 und 73, S.311f.

[1017] Vgl. G. Scherrer, Verzeichnis, S.212; Wappenbücher des deutschen Mittelalters, Nr.50, S.68. Der „Konstanzer Chronik" ist bspw. auch ein Artikel im Lexikon der Heraldik, v. G. Oswald, hier S.145 gewidmet. Angesichts der anders gearteten Funktionen v. Wappenbüchern im eigentlichen Sinne sollte meiner Ansicht nach dieser Terminus für unsere Stadt- und Bistumschronik (ähnlich wie für Richental) eher vermieden werden. Vgl. auch W. Paravicini, Gruppe, S.345: „Ein Wappenbuch und ein Buch mit Wappen, das ist (...) nicht dasselbe".

[1018] Wie bereits in der Beschreibung dieses Textzeugen erwähnt, listet auch der Katalog der deutschsprachigen illustrierten Handschriften die Wappen auf S.214 auf, kommt, was die Gesamtzahl angeht, aufgrund verschiedener Fehler aber auf nur 223 Wappen. Laut den Wappenbüchern des deutschen Mittelalters, Nr.50, S.67 enthält die „Konstanzer Chronik" angeblich auf 450 Seiten 646 Wappen. Diese Angabe übernimmt sowohl das „Lexikon der Heraldik", S.145 als auch H. Drös (Hg.), Wappenbuch, S.11, der v. „über 600 Wappen" spricht. Die viel zu hohe Zahl ist möglicherweise aus der fehlerhaften Interpretation der Signatur des Codex entstanden.

[1019] Vgl. allg. zu durch Wappen repräsentierten Gruppen W. Paravicini, Gruppen, S.346ff. Die Beobachtung ebd., S.369, dass in Wappenbüchern des Spätmittelalters meist Wappen v. Personen, deren Namen mit angeführt sind, und nicht v. Familien gesammelt werden, kann durch unser historiographisches Werk bestätigt werden.

[1020] H. Drös (Hg.), Wappenbuch, S.11 deutet dies als Zeichen dafür, dass für die Autoren des 15. und 16. Jhs. Aufgrund der großen Rolle des Wappens im zeitgenössischen Alltag eine wappenlose Zeit nicht vorstellbar ist.

[1021] Vgl. dazu W. Matthiessen, Richentals Chronik, S.133f.

[1022] So sieht dies zumindest Harald Drös im Zusammenhang mit Gallus Öhem, der im Wappenbuch seiner Chronik der Abtei Reichenau vergleichbar verfährt (vgl. H. Drös (Hg.), Wappenbuch, S.11).

Die Wappen weisen mit einem Halbrundschild allesamt die für die Spätgotik typische Form auf, bei der die Unterseite meist die Breite der Oberseite erreicht. Grundsätzlich sind sie von unterschiedlicher Größe. Auch im Aufbau lassen sich Differenzen konstatieren. Neben wenigen auffallend großen Wappen mit einer Schildbreite bis zu 9 cm und einer Schildhöhe bis zu 8 cm, die alleine auf einer Seite platziert sind (vgl. z.B. fol.25^v), begegnen inmitten des Textes auch kleine Wappen mit den Maßen 2,5 x 2,5 cm (vgl. z.B. fol.205vb). Insgesamt schwanken die Dimensionen von Wappen zu Wappen, sodass die Verwendung einer Schablone bei der Erstellung der Zeichnungen auszuschließen ist. Daneben findet man Herrschaftswappen mit Würdezeichen ebenso wie heraldische Embleme ohne jegliches Rangabzeichen. Dem Typus des zweischildigen Wappens steht derjenige mit nur einem Schild gegenüber. Auch sind auf der einen Seite einzelne Wappen abgebildet, während auf der anderen mehrere aneinandergereiht auftreten. Keines der Wappen wird jedoch mit Helm und Helmdecke verziert oder von Schildhaltern begleitet.

Mit den Abbildungen vergleichbar werden auch die Wappen von ihrem Illustrator zunächst vorgezeichnet. Diese Skizzen, die sowohl den Schild als auch die Figur betreffen, sind mit hellbrauner, beinahe goldener und silberner beziehungsweise eher grau anmutender Tinte ausgeführt. Sie sind in vielen Fällen noch heute gut sichtbar (vgl. z.B. fol.162^r). In der Regel scheint der Zeichner – der, wie bereits ausgeführt, mit dem der Abbildungen identisch sein könnte, aber nicht muss – die Wappen direkt an Ort und Stelle zu entwerfen. Als interessante Ausnahme muss das Wappen von Bischof Burkhard II. von Randegg auf fol.205ra gelten. Die Umrisse dieses vom Aufbau her komplizierten Bischofswappens ohne Würdezeichen, das das Familienwappen als Mittelschild in das Amtswappen setzt, werden zunächst zentriert oberhalb des Schriftspiegels mit wenigen Strichen angedeutet und erst dann vom Künstler an dem vorgesehenen Platz unterhalb des Textes in der a-Spalte realisiert. Als zweiter Arbeitsschritt folgt nach der Anlage des Konzepts die Ausführung der Umrisse mit schwarzer, selten auch teils goldener (vgl. z.B. das Wappen der Familie Tettikoven auf fol.70ra) Farbe. Hierbei werden sowohl die Schilde als auch die darauf sichtbaren Figuren mit breiten oder auch sehr schmalen Pinselstrichen, die Liebe zum Detail verraten, in ihren Formen festgelegt. Abschließend erfolgt die Kolorierung, die, da keinerlei Farbsiglen als Anweisung für einen Maler nachweisbar sind, mit großer Wahrscheinlichkeit von der Person, die auch die Skizzen entwirft, stammt. Verwendung finden hierbei die Farben Gold, Silber, Schwarz, Rot, Blau und Grün.

Die Beschreibung der Tingierung der Wappen des Codex Sangallensis 646 ist jedoch keineswegs problemlos. Schwierigkeiten bereiten insbesondere goldene beziehungsweise silberne Flächen. Bei wenigen Wappen steht, wie wir dies auch aus anderen Wappenbüchern kennen, für die Farbe Gold ein kräftiges Gelb. Andererseits taucht dieses Gelb in großen Teilen der Chronik nicht auf, obwohl die dort abgebildeten Wappen – dies war mit Sicherheit auch dem Illustrator bekannt – eigentlich goldene Anteile haben und bei einer korrekten Abbildung eben auch haben müssten. Vielmehr arbeitet der Zeichner in diesen Fällen mit einem stärkeren, manchmal aber auch sehr blassen Beige. Dieses ist nun hin und wieder nicht eindeutig von Weiß, das ja bekanntlich für Silber steht, zu differenzieren. Unklarheiten sind folglich vorprogrammiert. Ob die Arbeit des Wappenzeichners möglicherweise als unvollständig anzusehen ist und eine Nachbearbeitung mit einem kräftigeren Gelb zu einem späteren Zeitpunkt geplant war, kann vom heutigen Standpunkt aus nicht entschieden werden.

Zunächst einige Ausführungen zu den kirchlichen Wappen[1023]: Ein Großteil der Wappen in SG stellt solche geistlicher Würdenträger dar. Von zwei Abtswappen (vgl. die von Johannes IV. Huber von Kreuzlingen auf fol.201va und Abt Ortulf Wälk von Kreuzlingen auf fol.216rb) und dem Wappen des Konstanzer Domherren Conrad von Münchwil auf fol.166rb abgesehen, handelt es sich stets um Wappen der Konstanzer Bischöfe. Anders als in Stgt (vgl. z.B. dort fol.122|131^v, 125|134^r, 126|135^r, 148|155^r sowie Abb.17) findet man in dieser Handschrift trotz der Erwähnung mehrerer Päpste also beispielsweise keinen päpstlichen Wappenschild mit gekreuzten Petrusschlüsseln und der Tiara als Würdezeichen. Nachdem zu Beginn der „Konstanzer Chronik" die Bischofswappen jeweils aus nur einem Schild bestehen und immer das Wappen des Bistums zeigen, beginnt mit Bischof Noting auf fol.25ra etwas Neues. Von nun an setzen sich die Wappen der Geistlichen aus zwei Schilden zusammen, von denen der bedeutsamere heraldisch rechte als Amtswappen das rote Kreuz der Diözese und der heraldisch linke das Familienwappen trägt (vgl. Abb.7). Auch wenn dem Zeichner dieser aneinandergesetzten Doppelwappen das Familienwappen unbekannt ist, wird der Schild, auf dem es abgebildet werden soll, gezeichnet und dann leer gelassen (vgl. Abb.7, b-Spalte). Ob auch diese figurenlosen Schilde später und von einem anderen Zeichner (Gebhart Dacher selbst?) möglicherweise unter Hinzuziehung weiterer Quellen (oder aber doch durch Phantasiewappen?) ergänzt werden sollten, muss wiederum dahingestellt bleiben. Da einige der Leerräume vor allem im zweiten Teil der Chronik aber wohl für die Aufnahme weiterer Wappen vorgesehen waren[1024], liegt eine solche Vorgehensweise nahe. Über die verarbeiteten Quellen lassen sich nur bedingt Aussagen machen. Während der Illustrator für die meisten Motive auf in seiner Zeit bekannte Wappenbücher und vor allem die Richental-Chronik zurückgegriffen haben dürfte[1025], könnten einige der Konstanzer Wappen auf persönliche Recherchen in der Stadt und bei den Wappenträgern selbst zurückzuführen sein.

Der Rückgriff auf die weitverbreitete Kombination des Wappens der Diözese mit dem jeweils eigenen Wappen des Bischofs scheint dem Zeichner erst im Zusammenhang mit Bischof Konrad, der als Konstanzer Patron für das Selbstverständnis von Bistum und Stadt von großer Bedeutung ist, in den Sinn gekommen zu sein. Dessen im Vergleich zu den vorherigen überdimensional gestaltetes Doppelwappen (vgl. fol.25^v) ist das erste, bei dem beide Schilde Figuren aufweisen. Während bis zu diesem Blatt die Bischofswappen also nur einen Schild besitzen, ist dieser einschildige Wappen-Typus von nun an den weltlichen Personen vorbehalten; die Wappen Geistlicher setzen sich ab der genannten Spalte stets aus Amts- und Familienwappen zusammen. Die einzigen Ausnahmen sind die Bischofswappen Gebhards III. von Zähringen auf fol.31ra (lediglich Bistumswappen) und Burkhards II. von Randegg auf fol.205ra (Familienwappen als Mittelschild) sowie das Wappen von Conrad von Münchwil auf fol.166rb (lediglich Familienwappen). Grundsätzlich tragen die kirchlichen Wappen (wieder nur mit Ausnahme der genannten von Burkhard von Randegg und Conrad von Münchwil) eine mit teils farbig gestalteten Edelsteinen und/oder Perlen verzierte Mitra, die sogenannten Fimbriae, die in der Handschrift rot, grün, aber auch farblos sind, und den schneckenförmig gestalteten Krummstab als Würdezeichen. Auf das sonst bei Bischofswappen meist übliche lateinische Kreuz wird verzichtet. Die folgende Aufstellung gibt einen Überblick über die 51 Doppelwappen der Handschrift. Handelt es sich um mehrere Wappen mit zwei Schilden, wird deren Anzahl in eckigen Klammern verzeichnet.

[1023] Vgl. allg. zu diesem Themenbereich z.B. M. Buben, Heraldik, S.156ff; Handbuch der Heraldik, S.181ff, speziell zu Konstanz W.P. Liesching, Siegel und Wappen.
[1024] Vgl. Katalog der deutschsprachigen illustrierten Handschriften, S.215 und die Ausführungen in Kapitel A.4.1.1.
[1025] Vgl. zu den möglichen, ebenfalls nicht mit Sicherheit zu eruierenden Quellen der Wappendarstellungen bei Richental W. Matthiessen, Richentals Chronik, S.131ff.

- Doppelwappen: fol.25ra, 25^{v}, 27ra, 27vb, 29ra, 29rb, 29va, 29vb, 30ra, 30rb, 30va, 30vb, 31rb, 33ra, 33rb, 33va, 33vb, 34ra, 34rb, 34va, 34vb, 35ra, 35rb, 35^{v}, 37^{v}, 41ra [2], 41rb, 41^{v}, 48^{v}, 51rb, 51vb, 59va, 59vb, 62va, 64ra, 68ra, 69rb, 102vb, 111rb, 117vb, 141^{r}, 149vb, 151vb, 201ra, 201va, 204vb, 205vb, 211rb, 213rb, 216rb.

Addiert man die Schilde der Doppelwappen zu den einzelnen Schilden hinzu, erhält man eine Gesamtsumme von 279. Darunter sind, wie schon angedeutet, sowohl bei den Bischofswappen als auch bei den Wappen der städtischen Amtsträger einige Familienwappen, die dem Zeichner zum Zeitpunkt der Illustrierung nicht bekannt waren. Genauer sind 25 leere Schilde auf folgenden Folio-Seiten zu finden:

- Wappen mit leeren Schilden: fol.25ra, 27ra, 29ra, 29rb, 29va, 29vb, 30ra, 30rb, 30va, 30vb, 33ra, 33rb, 33va, 34rb, 34va, 41^{v}, 51rb, 57vb [2], 76rb [2], 197rb [2], 221ra, 223ra.

Die weltlichen Wappenschilde treten uns nun sowohl einzeln als auch lückenlos aneinandergereiht entgegen. Insbesondere bei der Nennung der städtischen Amtsträger werden meist unterhalb des Textes zwei oder drei Familienwappen – das des Bürgermeisters, des Vogtes und des Ammanns sowie auf fol.221ra und fol.223rb darunter die weiterer Amtsträger – direkt nebeneinander abgebildet (vgl. z.B. fol.72^{r}, 197vb, 211rb, 216ra). Insgesamt begegnen nur wenige Wappen von Herrschern. Die Schilde dieser Symbole von Kaisern beziehungsweise verschiedenen Königen tragen, den heraldischen Regeln des 15. Jahrhunderts folgend, stilisierte Kronen als Würdezeichen, die je nach Rang unterschiedlich gestaltet sind (vgl. fol.9^{v}, 41ra, 78ra, 90vb und 126ra). Bei allen anderen weltlichen Wappen wird auf derartigen Schmuck verzichtet. Ohne dass wie bei reinen Wappensammlungen besonders auf die Hierarchie geachtet würde, werden innerhalb der Chronik dann wenige Wappen bedeutender Fürsten und Grafenfamilien des Reiches – etwa Haus Österreich (z.B. fol.93vb, 210rb), Württemberg (z.B. fol.75va, 206ra), Waldburg (z.B. fol.113rb) oder Bayern (fol.152vb) – sowie überwiegend solche des hohen und niederen Adels aus dem alemannischen Stammesgebiet, vor allem dem Bodenseeraum geboten, so Haus Toggenburg (fol.154va), Lupfen (z.B. fol.154va), Bußnang (z.B. fol.162rb), Hewen (z.B. fol.162rb), Rechberg (z.B. fol.171va), Tierstein (fol.187ra) oder Eptingen (fol.75rb). Im Zuge der städtischen Ämterliste wird vor allem in der zweiten Hälfte der Chronik den Konstanzer Wappen Aufmerksamkeit geschenkt. Neben den Schilden des städtischen Patriziats – zum Beispiel Familie Mangold (z.B. fol.55rb), Schwartz (z.B. fol.55rb), Blarer (z.B. fol.203rb), Muntprat (z.B. fol.221ra), Schilter (z.B. fol.121rb) oder von Tettikoven (z.B. fol.70ra) – sind auch solche der führenden zünftischen Familien wie Gunterswiler (z.B. fol.70ra), Gumpost (fol.72ra), Schatz (z.B. fol.106rb), Am Feld (fol.106rb), Andres (z.B. fol.122rb) oder Boltzhuser (z.B. fol.210vb) vertreten. Bei den Erkennungszeichen der Gemeinden wiederum überwiegen die der eidgenössischen Städte. Ebenfalls abgebildet werden die Wappen von Konstanz (fol.77vb, 78va, 104vb, 202rb), Ulm (fol.104vb) und eventuell Überlingen (fol.134va) sowie die von Zürich (fol.89ra, 90ra, 96rb, 184vb), Schwyz (fol.90ra), Bern (fol.92ra), Basel (fol.180rb) und Appenzell (fol.185rb).

5.2.2.2 Text-Wappen-Relation und Funktion

Mit nur wenigen Ausnahmen kommen die 228 Wappen im Codex Sangallensis 646 stets auf Seiten vor, auf denen sich ein Teil des Chroniktextes befindet. Der Text selbst kann wie im Bereich der „Bischofsliste" oder etwa auf fol.37va von wenigen Zeilen bis hin zu zwei vollständig beschriebenen Spalten (vgl. z.B. fol.64^v) reichen. Wie bei der Beschreibung der Handschrift bereits ausgeführt, werden auf den ersten 92 Folio-Seiten einige, aber keineswegs alle Wappen durch Legenden, die von der Hand des Rubrikators stammen, erläutert. Hier und da werden dem Bild die Namen der Wappenträger und an einigen Stelle auch Titel, Ämter oder weitere Bemerkungen hinzugefügt. Teilweise sollten damit vermutlich Missverständnisse bei der Identifizierung der Wappen ausgeräumt werden. Innerhalb des Textes von Spalte 64vb beispielsweise werden mehrere hochrangige Konstanzer, darunter die Bürgermeister Walther Schwartz und Heinrich Sachs, der Ammann Ulrich Habck sowie „<u>haintz cristan</u>, der win | schenken zunfftmaist(er)" genannt. Damit der Leser die beiden unterhalb der Notizen angesiedelten Wappen als diejenigen der Familie Schwartz und Habck erkennt, ergänzt der Chronist die Illustrationen mit den dazugehörenden Namen und Ämtern. Andererseits scheinen die Worte des Rubrikators die Handschrift weiter zu verzieren und die Träger der Wappen noch einmal besonders auszuzeichnen. Bei zahlreichen Bischofswappen etwa stellt die Zuordnung des Symbols zur Person den Leser vor keinerlei Schwierigkeiten, da auf der entsprechenden Seite (vgl. z.B. fol.27^v) beziehungsweise in der Spalte (vgl. z.B. fol.29^{ra}ff) nur von dem einen Würdenträger die Rede ist. Neben dem Wappen hebt das Aufgreifen des Namens, auf den durch die verwendete rote Tinte der erste Blick des Benutzers fällt, die Person gewissermaßen doppelt hervor. Der Verzicht auf Wappenlegenden (vgl. z.B. fol.59^v oder 69rb) darf aber schon allein mit Blick auf die unvollständige Rubrizierung kaum als Herabsetzung gegenüber anderen Personen gedeutet werden.

Grundsätzlich sind die Wappen stets nahe bei dem Text zu finden, in dem Nachrichten zu den durch sie repräsentierten Personen oder Städten enthalten sind. Da sie aber in den meisten Fällen nachweislich erst im Anschluss an die Niederschrift in den Codex eingefügt und wohl bei der Konzeption nur selten berücksichtigt wurden (vgl. z.B. die Wappen außerhalb des Schriftspiegels oder die beinahe zwischen Textteile gezwängten Schilde etwa auf fol.90vb, 162va oder 205^{va}f), kann eine gewisse Regellosigkeit, was die jeweilige Stellung zum Text angeht, konstatiert werden. Während einerseits Wappen auf der Seite oder innerhalb der Spalte vor Hinweisen zu ihren Trägern abgebildet werden und die Berichte damit mehr oder weniger einleiten (vgl. z.B. fol.92ra, 204vb), werden sie andererseits inmitten (vgl. z.B. fol.89ra, 96^r) oder aber nach dem entsprechenden Text (vgl. z.B. fol.111rb, 162vb) gezeichnet. Häufig scheint der Illustrator den freien Raum mehr oder weniger willkürlich zu nutzen. Überhaupt lässt sich vor allem im Hinblick auf die weltlichen Wappen nicht mit Sicherheit sagen, weshalb der Zeichner gerade diese und nicht auch andere Wappen an gerade dieser und nicht an einer anderen Stelle wiedergibt. Weshalb etwa wird das Wappen der Stadt Konstanz lediglich an den vier genannten Stellen oder das von Schwyz nur im Zusammenhang mit der Schlacht bei Baden (vgl. fol.90ra) abgebildet? Weshalb ist eine Nachricht zu König Wenzel auf fol.78ra mit seinem Wappen illustriert, während weder die Kaiserkrönung von Sigismund (vgl. fol.115vb) noch die Königskrönung Friedrichs III. mit seinem anschließenden Besuch in Konstanz (vgl. fol.177^{ra}ff) durch eine solche Zierde gekennzeichnet werden?

Trotz dieser Fragen sollten die Wappen nicht als reines Schmuckelement des Codex interpretiert werden. Obwohl sie an einigen Stellen eher zufällig gesetzt erscheinen, lenken sie doch die Aufmerksamkeit des Lesers ganz bewusst auf bestimmte Personen, Familien oder Gemeinwesen. Dadurch werden diese vor den anderen, nicht illustrierten ausgezeichnet. Erkennbar ist dies schon allein daran, dass in der Regel bei der ersten ausführlicheren Nachricht zu einem der Konstanzer Bischöfe, die ja nachweislich eine zentrale Stellung innerhalb der Chronik einnehmen, stets (davor oder danach bzw. daneben) auch dessen Wappen zu finden ist. Hin und wieder kommt es bei weiterer Erwähnung dieses Würdenträgers zu einem späteren Zeitpunkt zur Wiederholung des Symbols (vgl. z.B. das Wappen von Bischof Nikolaus von Riesenburg auf fol.59vb und fol.62vb oder Otto III. von Hachberg-Rötteln auf fol.102vb, fol.111rb und fol.117vb).

In diesem Zusammenhang ist darauf hinzuweisen, dass lediglich auf sechs Seiten im ersten Teil der Handschrift allein die Wappen (teils mit den Legenden von der Hand des Rubrikators) im Vordergrund stehen. Dies trifft auf fol.9^{v} (Wappen des ersten Konstanzer Bischofs und zwei Kaiserwappen) sowie auf den Folio-Seiten 25^{v} (Bischof Hl. Konrad, 934-975), 35^{v} (Bischof Rudolf I. von Habsburg-Laufenburg, 1274-1293), 48^{v} (Bischof Ulrich Pfefferhard, 1345-1351), 51^{v} (Bischof Heinrich III. von Brandis, 1357-1384) und 59^{v} (Bischöfe Mangold von Brandis, 1384-1385, und Nikolaus von Riesenburg, 1384-1387) zu. In allen genannten Fällen weichen die Dimensionen der Schilde von dem üblichen kleineren Maß ab, sodass diese Illustrationen hier eine halbe, ja teilweise sogar eine ganze Seite einnehmen. Entsprechend werden die genannten Wappen und damit auch die durch sie repräsentierten Personen von den übrigen abgehoben. Über diese Darstellungen wird die Aufmerksamkeit des Betrachters nicht etwa auf den zur Zeit der Entstehung unserer Handschrift regierenden Kaiser Friedrich III. oder die Bischöfe der 1460er Jahre Burkhard II. von Randegg (1462-1466) und Hermann III. von Breiten-Landenberg (1466-1474), sondern auf Gründerfiguren sowie auf wenige Bischöfe des 10., 13. und 14. Jahrhunderts gelenkt.

Auch die beinahe lückenlose Abbildung von Wappen der im Text genannten städtischen Amtsträger, vor allem der Bürgermeister, spricht dafür, dass mit diesen Illustrationen die herausragende gesellschaftliche Bedeutung der Wappenträger betont werden sollte. Gleiches gilt auch für die Inhalte der bebilderten Texte, die über die Illustrierung besonderes Gewicht bekommen. Da der Benutzer der Chronik seine Konzentration sicher hauptsächlich auf die Illustrationen und den diese umgebenden Text richtet, dürfte unser Chronist/sein Zeichner in verschiedenen Passagen mit den Wappen das Ziel verfolgt haben, den Stellenwert einzelner Nachrichten zu unterstreichen und sie aus der Masse der Notizen herauszuheben. Als Belege hierfür könnten beispielsweise das Reichswappen, mit dem die wörtliche Wiedergabe der für die Verfassung der Stadt grundlegenden Königsurkunde auf fol.126ra eingeleitet wird, sowie die zahlreichen Wappen im Text zum Städtekrieg auf fol.75^{ra}ff angeführt werden. Ein Ereignis, das für das Selbstverständnis der im Städtebund vereinigten Gemeinwesen respektive Konstanz von großer Bedeutung ist, wird folglich über die Wappendarstellungen auch nach außen hin als solches kenntlich gemacht. Ähnlich lässt sich zum Beispiel die Illustrierung des Riedlinger Münzvertrages (vgl. fol.104vb) oder aber das Konstanzer Wappen auf fol.202rb im Zusammenhang mit dem sogenannten „Plappartkrieg" deuten.

Übrigens kommt ähnlich wie bei der ersten Abbildung auf fol.8^{v} auch der kurz danach folgenden ersten Wappendarstellung auf fol.9^{v} eine geradezu programmatische Bedeutung zu. Hier wie dort wird die Gründungs- und Entstehungsgeschichte von Konstanz, in diesem Fall die des Bistums, in eine Illustration umgesetzt und dadurch ergänzt. Zu sehen ist in der oberen Hälfte der Seite ein großer Schild, der das rote Kreuz der Diözese trägt. Über die Wappenlegende wird er dem ersten Bischof Maximus, dessen Sitz der Überlieferung unserer Chronik nach zunächst in Wigoltingen lag, zugewiesen. Darunter befinden sich zwei kleinere, nebeneinander angesiedelte Schilde. Der heraldisch rechte, der mit einer zweibogigen Kaiserkrone, deren Spitze Reichsapfel und Kreuz bilden, ausgestattet ist, zeigt den für das Römische Reich stehenden Doppelkopfadler. Der Rubrikator versteht dieses Wappen als Herrschaftszeichen von „Kaisser Constantinus, # | Stiffter zů Costentz". Der dritte Schild, der als Würdezeichen eine Krone mit nur einem Bogen aufweist, bildet die französischen Lilien ab. Er steht als Symbol für „Kaisser Karolus, # | Stiffter zů Zůrich". Wie der nachfolgende Text ausführt, begegnen uns auf dieser Seite die drei angeblich zur selben Zeit lebenden „Gründer" des Bistums. Nachdem auf der ersten Illustration die Entstehungsgeschichte der Stadt in ein bedeutungsvolles Bild gefasst wird, geschieht dies nun über die Wappen vor dem dazugehörigen Text mit der Gründungsgeschichte der Diözese. Unter der Obhut der christlichen Kirche (vgl. fol.10ʳᵃf: „**D**em kü̲n̲g̲ **C**onsta(n) | ti̲n̲o̲ nun der **B**yschoff [Maximus] vo(n) | dem stůl zů **R**om gesendt | vn(d) gegeben ward (...) **V**mb d(a)z jn der | **B**aupst ser min(n)et vn(d) lieb | hett **v**nd sandt jm aine(n) | **B**yschoff **v**nd ordnet das | k̲a̲y̲s̲e̲r̲t̲h̲ů̲m̲ k̲a̲r̲o̲l̲o̲ **v**nd | och das küngkrich **C**o̲(n)s̲t̲a̲n̲= | ti̲n̲o̲ **v**nd d(a)z hertzogtům | enhalb **R**ins dem wasser | **v**nd och die herschafftten | aller zů dem **B**y̲s̲t̲u̲m̲"), für die das erste große Wappen steht, verbinden sich das römische und das fränkisch-karolingische Erbe zu einem neuen, besseren Gebilde, das als Grundlage der gesamten nun folgenden Geschichte zu verstehen ist.

Neben den genannten Funktionen haben die Wappen auch textstrukturierende Aufgaben. Da in ihnen Inhalte aufgegriffen und in eine Illustration übertragen werden, erleichtern sie beim Durchblättern der Handschrift die Orientierung des Lesers. Der umfangreiche Text, der nicht kapitelweise oder auf ähnliche Art gegliedert ist, erhält so eine überschaubarere Form.

Die Illustration der „Konstanzer Chronik" mit der Vielzahl von Wappen ist besonders mit Blick auf den potenziellen Rezipientenkreis von Interesse. Prinzipiell lässt sich im 15. Jahrhundert eine stetig steigende Vorliebe für Wappen im städtischen Bereich, besonders beim Patriziat, aber auch bei angesehenen, am Stadtregiment beteiligten Familien der Zunftbürgerschaft nachweisen[1026]. Während sich Bürger, die in der Stadt zu Reichtum und Ansehen gelangt waren, bekanntlich einerseits durch eigene Werte und Normen vom Adel abzugrenzen suchten, bemühten sie sich andererseits um eine Annäherung an dessen Kultur und Lebensweise. Dadurch dass die ursprünglich nur Adligen vorbehaltenen Wappen die Stellung ihres jeweiligen Trägers mit allen ihm gebührenden Privilegien und Rechten symbolisieren und dessen Bedeutung praktisch für jeden sichtbar machen, stehen sie zu diesem Zeitpunkt für das neue Selbstverständnis der genannten sozialen Gruppen, ja werden geradezu zum „Ausdruck des selbstbewußten städtischen Bürgertums"[1027]. An anderer Stelle in der Literatur wird Wappenleidenschaft sogar – meiner Ansicht nach jedoch zu überspitzt formuliert – als „typisch" für eine „aus kleinbürgerlichen Verhältnissen aufgestiegene" Person angesehen, die „Anspruch auf heraldische Legitimation und reichsfürstliche Anerkennung erhebt"[1028]. Mit Blick auf die zeitgenössischen Ereignisse lassen sich die Wappen in einer Chronik zur Geschichte der Stadt Konstanz (auf das Gemeinwesen bezogen) auch als Symbol für die Unantastbarkeit der Stellung dieser Stadt interpretieren. Wie schon bei den Abbildungen kommt Gebhart Dacher mit der repräsentativen Ausstattung der Handschrift mit Wappenschilden somit spezifischen Wünschen der städtischen Ober- und gehobenen Mittelschicht entgegen. Besonders in Konstanz ist hierbei wiederum der prägende

---

[1026] Vgl. Handbuch der Heraldik, S.173.
[1027] W. Matthiessen, Richentals Chronik, S.127.
[1028] J. Duft, Neubesinnung, hier auf S.139 als Zitat v. B. Anderes auf Abt Ulrich Rösch (1457/63-1491) bezogen.

Einfluss der Richental-Chronik, der zu einem Teil auch auf die Tätigkeit unseres Historiographen zurückgeht, zu berücksichtigen.

5.3 Aspekte zu Sprache und Stil

In diesem Kapitel werden ansatzweise einige Fragen zu Sprache und Stil der „Konstanzer Chronik" aufgegriffen[1029]. Keinesfalls können aber schon allein des Textumfangs wegen in dem Einleitungsteil der Edition alle Probleme, die mit den genannten Themenbereichen verbunden sind, angesprochen werden. Eine detaillierte sprachwissenschaftliche Analyse, für die auch durch die synoptische Wiedergabe verschiedener Textzeugen (vgl. Kapitel B.3, CD-Rom) umfangreiches Material zur Verfügung steht, bleibt somit Wissenschaftlern dieser Fachrichtung vorbehalten. Gleichzeitig ist auf Kapitel B.1 zu verweisen. Dort wird unter anderem zu verschiedenen Schreibgewohnheiten vor allem der Haupthand des Codex Sangallensis 646 Stellung genommen.

Bei anonym überlieferten Codices beziehungsweise Handschriften ohne Schreibervermerke ermöglicht meist allein die Analyse der Dialektmerkmale eine zeitliche und räumliche Einordnung. Bei der „Konstanzer Chronik" Gebhart Dachers bereitet die Datierung und Lokalisierung nur wenige Schwierigkeiten. Wie in vorherigen Kapiteln ausgeführt wurde, entstand der Codex Sangallensis 646 in der zweiten Hälfte der 1460er Jahren in Konstanz. Er ist damit dem alemannischen, genauer dem ostniederalemannischen Sprachraum zuzurechnen[1030]. Eine nähere Betrachtung des Textes bestätigt diese Annahme. Sowohl der Lautstand als auch die Graphie, die Flexion oder der Wortschatz tragen charakteristische Merkmale des Alemannischen[1031], wie man sie aus anderen Schriften des 15. Jahrhunderts kennt, die diesem geographischen Raum entstammen.

Die Diphthongierung von mhd. i, u und ü (= iu) beispielsweise ist noch nicht durchgeführt (vgl. z.B. „nün jare", fol.1ra; „lüt", fol.2va; „husz", fol.2vb; „Crützgang", fol.3va; „glicher wysz", fol.3vb; „tusend", fol.20va; „win", fol.210ra; „truben", fol.212ra; „sin fründ", fol.215vb;„zit", fol.216va)[1032]. Auch für die Monophthongierung von mhd. ie, uo und üe findet man keinerlei Hinweise. Im Text der Haupthand (nicht jedoch in dem des Rubrikators!) erscheint aber – anders als sonst im alemannischen Gebiet meist üblich[1033] – statt der ů-Schreibung die diphthongische

---

[1029] Vgl. für einen allg. Überblick z.B. V. Moser, Historisch-grammatische Einführung; W. Besch, Sprachlandschaft; H. Paul, Mittelhochdeutsche Grammatik; F. Hartweg/K.-P. Wegera, Frühneuhochdeutsch; O. Reichmann/K.-P. Wegera (Hgg.), Frühneuhochdeutsche Grammatik.

[1030] Vgl. allg. zum Alemannischen z.T. mit ausführlichen Hinweisen zur Außenumgrenzung und Innengliederung z.B. K. Weinhold, Alemannische Grammatik; A. Birlinger, Alemannische Sprache; K. Bohnenberger, Alemannische Mundart; P. Wiesinger, Einteilung der deutschen Dialekte, S.829ff; H. Klausmann/K. Kunze/R. Schrambke, Dialektatlas. Zusätzlich sei G. Blaschitz, Deutsche Chronik, S.43ff genannt. Hier findet man ein Beispiel der Zuordnung eines historiographischen Werkes zum alemannischen Sprachraum, auf das im Folgenden der Übersichtlichkeit halber hier und da zurückgegriffen wird. Zu Konstanz speziell sei des Weiteren auf E. Kiefer, Lautlehre verwiesen.

[1031] Wie allein schon die Innengliederung zeigt, ist einschränkend darauf hinzuweisen, dass man weder im oberdeutschen Gebiet noch im kleineren alemannischen Sprachraum v. einer einheitlichen, allgemeingültigen Schreibsprache ausgehen kann. Obwohl zahlreiche Gemeinsamkeiten existieren, die durch politische und wirtschaftliche Verflechtungen gerade im 15. und 16. Jh. verstärkt werden, kann der jeweilige Dialekt und damit auch die Schreibung in den Hss. z.B. v. Stadt zu Stadt (etwa bei unterschiedlicher sozialer Herkunft) v. Schreiber zu Schreiber divergieren (vgl. z.B. C. Schulte, Oberdeutsche Form, S.45ff; G. Philipp, Einführung, S.13ff; F. Hartweg/K.-P. Wegera, Frühneuhochdeutsch, S.92f).

[1032] Die Beispiele sind unvollständig und beinahe willkürlich gewählt. Sie werden zur Vermeidung einer eventuellen Verfälschung durch die Betrachtung v. Passagen, in denen nur eine oder zwei Quellen verarbeitet werden, schwerpunktmäßig sowohl dem Anfang als auch dem Ende des Textes entnommen.

[1033] Vgl. W. Besch, Sprachlandschaft, S.79f.

Wiedergabe von uo beziehungsweise üe durch ů (vgl. z.B. „zů", fol.2rb; „wůst", fol.3vb; „Růdolffs", fol.8|9ra!; „gůt", fol.210ra; „Brůder", fol.210rb; „schůch= | macher", fol.215va). Der mhd. Diphthong ei tritt wie mehrheitlich in Konstanz, im Thurgau und in den Archidiakonaten Allgäu und Rauhe Alb sowie den östlichen Anschlussgebieten in der ai/ay-Schreibung zutage[1034] (vgl. z.B. „hailigen", fol.1rb; „laydes", fol.3rb; „gaistlich", fol.4rb; „gehaissen", fol.4vb; „haym-lich", fol.205rb; „maynu(n)g", fol.217rb; „ainander", „geschray", fol.218ra). Der Umlaut von mhd. a/â sowie mhd. æ erscheinen graphematisch meist als å (vgl. z.B. „stådel", fol.7ra; „genå= | denclich", fol.42rb; „ståt", fol.127rb; „båch", fol.176va). Hierbei handelt es sich um eine Schreibung, die nach Boesch besonders in Konstanz vorherrscht[1035]. Hin und wieder ist aber auch e anzutreffen (vgl. z.B. „stett", fol.4rb; „gentzlich", fol.43vb; „clegern", fol.150rb). Darüber hinaus existiert der zunächst auf das Alemannisch-Schwäbische und Rheinfränkische beschränkte Um-laut, der durch ein dem a folgendes -sch herbeigeführt wird (vgl. z.B. „åschen", fol.88vb; „wåschen", fol.95rb)[1036]. Als typisches Kennzeichen eines alemannischen Schreibers ist auch die Verwendung von ou statt au anzusehen[1037] (vgl. z.B. „ouch", fol.2rb; „ougs= | purg", fol.42ra; „böme", fol.100^{r}; „vfflouff", fol.134vb). Das ö in „ön" (vgl. z.B. fol.3ra, 180va) beziehungsweise in „öne" (vgl. z.B. 43vb, 210vb), das neben „on" (vgl. z.B. fol.4ra, 207rb) oder „one" (vgl. z.B. fol.3ra, 209ra) in SG für mhd. „ane" verwendet wird, ist wiederum „eine eher seltene Erscheinung, die in den Osten des Alemannischen weist"[1038].

Nun kurz zu dem Phänomen der Rundung[1039]. Während in der „Konstanzer Chronik" bei-spielsweise bei „zwölff" (fol.20vb) und „zwölffbottend" (218vb), bei „öppffel" (fol.36vb, 169va) und „zwüschen" (fol.2rb, 218vb) die für den alemannischen Sprachraum typischen Rundungen auftreten, begegnen recht häufig auch noch nicht gerundete Formen (vgl. z.B. „gewelb", fol.2vb, „schweren", fol.54^{rb}f, oder „leschen", fol.97ra sowie statt des sonst im Südwesten üblichen „frömd" etwa „fråmde", fol.49rb, oder „fremd", fol.149vb). Häufig erscheint, dem oberdeutschen Sprachgebrauch entsprechend, vor Nasal beziehungsweise l, r und Konsonant u, ü respektive i (vgl. z.B. „besunder", „sun", fol.1ra; „küng= || rich", fol.1^{ra}f; „sunne", fol.39rb, oder „münch", fol.33ra; „anttwurt", fol.126vb; „gewun(n)en", fol.220rb). Gleichzeitig können im Text der „Konstanzer Chronik" jedoch auch Worte ermittelt werden, bei denen eine Senkung der mhd. Vokale erfolgt ist (vgl. z.B. „komen", fol.1ra; „gewonnen", fol.36ra; „sonn(en)tag", fol.39rb). In-teressanterweise verwendet der Hauptschreiber neben der für das ostalemannische Gebiet cha-rakteristischen, einsilbigen Form „kung"/„küng" (vgl. z.B. fol.1rb, 2ra, 220ra) auch die zweisilbige Schreibweise „kunig"/„künig" (vgl. z.B. fol.88rb, 92rb, 183rb)[1040]. Alemannisch sind auch die Formen von gan oder stan mit a-Vokalismus gegenüber dem bairisch-mitteldeutschen e-Voka-lismus[1041]. Nicht konsequent ist die vom ostalemannischen Sprachraum ausgehende Schreibung von schw-, schl-, schn- beziehungsweise schm- statt sw-, sl-, sn- und sm- durchgeführt[1042]. Neben mehrheitlichen sch-Formen finden wir bei sl- und häufiger bei sw- auch die ältere Schreibweise (vgl. z.B. „swaben", fol.43ra; „swach", fol.44ra; „swartzwald", fol.168ra; „swert", fol.177ra, oder „slůg", fol.172ra). Im Zusammenhang mit den Konsonanten fällt des Weiteren die das

---

[1034] Vgl. B. Boesch, Urkundensprache, S.106 sowie W. Besch, Sprachlandschaft, S.76ff.
[1035] Vgl. B. Boesch, Urkundensprache, S.78f.
[1036] Vgl. V. Moser, Historisch-grammatische Einführung, S.135; W. Besch, Sprachlandschaft, S.86ff.
[1037] Vgl. H. Klausmann/K. Kunze/R. Schrambke, Dialektatlas, S.50f.
[1038] E.C. Lutz, Dießenhofener Liedblatt, S.39 nach B. Boesch, Urkundensprache, S.91f.
[1039] Vgl. zum Folgenden B. Boesch, Urkundensprache, S.77, 89; W. Besch, Sprachlandschaft, S.99ff, 130f.
[1040] Vgl. dazu W. Besch, Sprachlandschaft, S.104f.
[1041] Vgl. ebd., S.82ff.
[1042] Vgl. ebd., S.107ff.

Alemannische kennzeichnende Verwendung der Affrikate etwa bei „scharppff" (fol.36va) oder „scharppflich" (fol.42vb), die Kombination zw- statt tw- bei „zwingnüst" (fol.3rb) oder „zwungen" (fol.177rb)[1043] sowie hier und da die alte Schreibweise mit -mb- etwa bei „zŷmber" (fol.14va), „kumbers" (17rb), „sumbtend" (fol.66va) oder „mit sambt" (fol.208vb)[1044] auf. Die „unberechtigte" Nasalierung im Falle von „kunschhait" (fol.143ra) ist wiederum typisch für ostalemannische Handschriften[1045]. Ähnliches gilt für den gesamten Sprachraum des alemannischen Dialekts im Hinblick auf das geschwänzte ʒ und die Kurzform „w(a)z" oder „d(a)z"[1046].

Betrachtet man den Wortschatz – insgesamt kann man von einer recht einfachen Sprache sprechen – fallen Termini ins Auge, die vor allem im oberdeutsch-alemannischen Gebiet beheimatet sind beziehungsweise sich dort recht lange halten. Hierzu gehören beispielsweise „**Rebmonat**"[1047] (vgl. z.B. fol.55rb, 161va), „alen bộck" (fol.147ra), „hộwstaffel"[1048] (fol.41rb!, 52ra), die genitivische Fügung „<u>sonn(en)tag</u>"[1049] (vgl. z.B. fol.39rb, 205ra), „lutzel"/„lützel"[1050] (vgl. z.B. fol.55rb, 169va), „kilch"/„kilchen"[1051] (vgl. z.B. fol.3ra, 210vb), „lütpriester"[1052] (vgl. z.B. fol.59ra), „dick"[1053] (vgl. z.B. fol.3rb, 169va) oder „vntz"[1054] (vgl. z.B. fol.2ra, 57rb). Gleichzeitig begegnen in SG aber bei einigen dieser Worte teils sogar auf ein und derselben Seite deren Konkurrenzformen, die in anderen Gebieten geläufiger sind: so etwa „wenig" (vgl. z.B. fol.2va, 208va) statt „lützel", „kirche" (vgl. z.B. fol.1rb, 198vb) statt „kilche", „bisz" (vgl. z.B. fol.2rb, 57rb, 204vb) statt „vntz", sodass man in einigen Fällen sprachlich von einer Mischhandschrift sprechen kann[1055]. Hierbei ist auch auf die Doppelformel „dik | vnd offt" (fol.10rb) beziehungsweise „offt vnd | dick" (z.B. fol.3va) hinzuweisen. Wie bei der Verwendung von Hendiadyoin im Allgemeinen – die „Konstanzer Chronik" macht auffällig oft von diesen Synonyma-Kopplungen Gebrauch: zum Beispiel „herlich v**n**(d) kost= | lich" (fol.2rb), „billich vnd recht" (fol.17ra), „schwach | v**n**d vnuermügend", „erberclich v**n**d wol" (fol.21rb), „vermach= | tend vnd verlaintend" (fol.88vb), „lib vnd | leben (fol.96rb), „hût | vnd wart" (fol.184rb), „nit gedihen noch | eruolgen" (fol.200vb) – dürfte auch hier das Bemühen um Allgemeinverständlichkeit und Eindeutigkeit des Ausdrucks (teils über die Grenze der eigenen Sprachlandschaft hinaus) im Vordergrund stehen[1056].

Neben den genannten Worten existieren weitere Kennzeichen des alemannischen Sprachraumes in unserer Handschrift. Die aus ahd. Zeit bewahrte Ableitung auf -ida, wie sie im Codex

---

[1043] Vgl. ebd., S.123ff, S.128f.

[1044] Vgl. H. Klausmann/K. Kunze/R. Schrambke, Dialektatlas, S.46f.

[1045] Vgl. W. Besch, Sprachlandschaft, S.132.

[1046] Vgl. G. Blaschitz, Deutsche Chronik, S.47.

[1047] Vgl. allg. zu den alemannischen Bezeichnungen der Monats- und Wochentage A. Birlinger, Alemannische Sprache, S.35ff.

[1048] Vgl. dazu die Karte bei H. Klausmann/K. Kunze/R. Schrambke, Dialektatlas, S.32.

[1049] Vgl. W. Besch, Sprachlandschaft, S.215ff.

[1050] Vgl.ebd., S.188ff.

[1051] Vgl. ebd., S.180ff.

[1052] Vgl. H. Klausmann/K. Kunze/R. Schrambke, Dialektatlas, S.50f.

[1053] Vgl. W. Besch, Sprachlandschaft, S.154ff.

[1054] Vgl. ebd., S.144ff.

[1055] Vgl. auch die alternative Verwendung v. „besunder" (z.B. fol.1ra, 174rb), „sunder" (z.B. fol.2vb, 93vb) oder „jnsunder" (vgl. z.B. fol.78rb, 216va). Während die Form mit der Vorsilbe be- im Bairischen, Ostfränkischen und Ostalemannischen auftritt, wird die ältere Form „sunder" lange Zeit in den übrigen alemannischen und rhein-nieder-fränkischen Gebiet gebraucht (vgl. W. Besch, Sprachlandschaft, S.212ff). An einigen Stellen scheint die unterschiedliche Schreibung bereits einer Differenzierung zwischen Adverb, Adjektiv und Konjunktion gleichzukommen (vgl. z.B. fol.128vb, 175^{ra}f, 205rb), an anderen werden unterschiedliche Wortarten mit ein und demselben Terminus wiedergegeben (vgl. z.B. fol.2vb, 48^{ra}f, fol.129rb).

[1056] Vgl. dazu näher W. Besch, Zweigliedriger Ausdruck und ders., Sprachlandschaft, S.336.

Sangallensis 646 etwa in „erbȧrmd" (fol.168rb) oder „zůgehȯrd" (fol.34vb) zu finden ist[1057], „scheint im 15. Jh. geradezu ein alem. Kriterium zu sein"[1058]. Auch die Verwendung der Suffixe -nus (-nüs) / -nust (-nüst) – letztgenannte Endung findet sich in Beschs analysierten Texten ausschließlich im Alemannischen – sowie -i statt -nis[1059] (vgl. z.B. „zwingnüst", fol.3rb; „gedȧchtnüsz", fol.44va; „zerwurffnüsz", fol.161vb; „puntnusz", „sun(n)wendi", fol.216ra; „vinstri", fol.211vb) oder -lin[1060] (vgl. z.B. „kilchlin", fol.3ra; „krentzlin", fol.14ra; „vȯgelin", fol.176ra; „fȧnlin", fol.206vb) sowie die des Neutrums bei „zit"[1061] (vgl. z.B. fol.155vb) und des Maskulinums bei „andaucht" (vgl. z.B. fol.26rb), „touff" (vgl. z.B. fol.79va) und „gewalt"[1062] (z.B. fol.119va) sprechen für eine Niederschrift des Manuskripts im oberdeutsch-alemannischen Gebiet. Bei den Negationspartikeln ist neben der für diesen Sprachraum typischen Kurzformel „nit" (vgl. z.B. fol.2ra, 217vb) auch die Schreibung „nicht" (vgl. z.B. fol.4ra, 183ra) vertreten[1063]. Darüber hinaus findet sich beim Partizip Präteritum neben „gewesen" (vgl. z.B. fol.7ra, 130ra, 206vb) auch die alemannische Kennform „gesin"[1064] (vgl. z.B. fol.31rb, 119vb, 206vb). Nachweisbar sind ebenso die in diesem Dialekt weitverbreitete Apokope[1065] (vgl. z.B. „nam", fol.13ra; „gnad", fol.14rb; „_zwen_ | tag"; fol.37ra; „mesz", fol.160va; „varb", fol.212ra) sowie an einigen Stelle die sogenannten „vollen Endsilben"[1066] (vgl. z.B. „wonot", fol.2vb; „der _viertzi_= | _gost_", fol.33ra; „ze obrost", fol.57rb).

Neben den bereits erwähnten Doppelformeln fallen in der „Konstanzer Chronik" rein stilistisch besonders zahlreiche Wiederholungen ins Auge. Zu den stereotypischen Floskeln gehört etwa die bei der Datierung übliche Wendung „als/do man zalt von der gepurt cristi". Sie findet sich beinahe bei jeder Jahresangabe – unter anderem etwa bei den ebenfalls stets ähnlichen kurzen Erläuterungen zum Pontifikat der einzelnen Bischöfe: „Nach dem (...) do ward Byschoff (...), der (...) an der zal, vnd regiert (...) jar vnd starb als man von der gepurt cristi zalt (...) jar" – und wird vom Schreiber auch dort eingefügt, wo die direkte Vorlage nachweisbar andere Worte wählt (vgl. z.B. die Gegenüberstellung der Daten im Zusammenhang mit der Drakula-Erzählung in Kapitel B.3.2). Zugleich hebt der Chronist in übereinstimmender Art und Weise immer wieder vor allem im Zusammenhang mit Wetter- und/oder Erntenachrichten die Besonderheit eines Ereignisses hervor. Hierbei wird oft in ganz ähnlichen Worten betont, dass etwas Derartiges weder zuvor noch danach gesehen oder gehört worden sei beziehungsweise sich kein lebender Mensch mehr an ein solches Geschehen erinnern könne (vgl. z.B. fol.39va, 104rb, 115vb, 147ra, 150va, 151ra, 161rb, 163ra, 173ra, 217vb, 218vb). Darüber hinaus existieren in der „Konstanzer Chronik" dialogisierte Passagen (vgl. fol.19vb, 37rb, 44rb, 44^{vb}f, 62vb, 66ra, 102ra, 150^{va}f, 198^{vb}ff, 207^{rb}ff), wie sie häufig in fiktiven Prosatexten anzutreffen sind. Mittels dieser an Augenzeugenberichte erinnernden Textstellen, die teils anekdotenhafte Züge besitzen und wohl allesamt auf die Quellen unseres Chronisten zurückzuführen sind, soll die Glaubwürdigkeit der geschilderten Nachrichten unterstrichen werden. Die Sätze selbst sind meist recht lang und verschachtelt. Sie werden häufig durch die Konjunktion „vnd" miteinander verbunden; vorherrschend ist folglich eine para-

---

[1057] Vgl. W. Besch, Sprachlandschaft, S.142, 158ff.
[1058] Ebd., S.158. Vgl. auch G. Blaschitz, Deutsche Chronik, S.47.
[1059] Vgl. W. Besch, Sprachlandschaft, S.225ff; C. Schulte, Oberdeutsche Form, S.40.
[1060] Vgl. ebd., S.40.
[1061] Vgl. W. Besch, Sprachlandschaft, S.246ff.
[1062] Vgl. ebd., S.240ff, 248ff.
[1063] Vgl. ebd., S.201ff. „nit" (= nicht) wird in der Hss. SG übrigens scharf v. „nüt" (= nichts) differenziert.
[1064] Vgl. ebd., S.324ff.
[1065] Vgl. ebd., S.254ff.
[1066] Vgl. H. Klausmann/K. Kunze/R. Schrambke, Dialektatlas, S.44f.

taktische Satzstruktur. Grundsätzlich kann aber eine einfache und klare, schmucklose Ausdrucks-
weise festgestellt werden. Im Vordergrund scheint stets der jeweilige Informationsgehalt einer
Notiz und nicht deren sprachliche Form zu stehen. Auf Versform wird folglich ebenso verzichtet
wie auf Sprichwörter und Volkslieder.

Um die Analyse von Sprache und Stil abzuschließen, sei noch einmal betont, dass die Vielzahl der im Codex Sangallensis 646 auftretenden alemannischen Schibbolethe die Entstehung der
Handschrift in diesem oberdeutschen Sprachgebiet bestätigt. Einige sprachliche Erscheinungen
sind darüber hinaus besonders im ostalemannischen beziehungsweise spezifisch im Konstanzer
Raum zu lokalisieren. Die Niederschrift des Textes durch Personen, die mit dem ostalemannischen Dialekt und der in dieser Gegend im 15. Jahrhundert üblichen Schreibsprache vertraut sind,
belegt damit die bereits anhand anderer Kriterien eruierte Provenienz Konstanz. Daneben zeigen
sich Phänomene des allmählichen Wandels der Sprache. Die hier und da erkennbare Mischung
von „altem" und „neuem" Gebrauch einzelner Worte und Formen ist ebenso wie die auffällige
Verwendung von Doppelformeln – beides kann einerseits auf im Text verarbeitete Quellen und
andererseits hauptsächlich auf das Bemühen um Verständnis auch über die eigene Sprachlandschaft hinaus zurückgeführt werden – als Indiz der im 15. Jahrhundert voranschreitenden Entwicklung zu deuten, die von zahlreichen regionalen Schreibsprachen ausgehend zu einer einheitlichen neuhochdeutschen Schriftsprache führt.

B. Edition und Kommentar

Aber in der Deutsche[n] sprache / schreibet ein jeder
die wörter mit Buchstaben / wie es jm einfellet vnd in
sinn kömet / das / wenn hundert Brieue / vnd glich
mehr / mit einerley wörter geschrieben wörden / so
wörde doch keiner mit den Buchstaben vber ein
stimmen / das einer mit buchstaben geschrieben wörde
wie der ander. Derhalb ist die Sprache auch so
vnuerstendlich / dunckel vnd verworren / Ja gantz
verdieslich vnd vnlustig zulesen. Vnd sonderlich komet
sie den frembden vndeudschen Leuten / sehr schwehr
vnd sawer an zuuerstehen / vnd unmüglich recht zu
lesen.[1]

1. EINLEITUNG

1.1 Allgemeine Vorbemerkungen

Vonseiten der Germanistik initiiert, wird in den letzten Jahrzehnten zunehmend über Methoden der Textkritik und Editionsverfahren reflektiert.[2] Vor allem infolge von Forschungen der soge-nannten „Philologie nouvelle/New Philology"[3] und der noch keineswegs abgeschlossenen Dis-kussion um die „ideale" Präsentation überlieferter älterer Werke[4] wächst auch innerhalb der Geschichtswissenschaft das Problembewusstsein bei der Herausgabe mittelalterlicher und früh-neuzeitlicher Texte. Die vielfältige Kritik der Sprachwissenschaft an historischen Editionen[5] beziehungsweise die Plädoyers für historisch-kritische Ausgaben, die auch primär philologische Analysen zulassen[6], haben nach anfänglicher Ignoranz in neuerer Zeit mit Blick auf die inter-disziplinäre Zusammenarbeit eine steigende Sensibilität bei der Herstellung der Texte zur Kon-sequenz. Besteht die vornehmliche Aufgabe des Editors doch letztlich gerade darin, der Wissen-

---

[1] Christoph Walther, 1563, zitiert nach G. Müller, Das Dilemma des Frühneuzeithistorikers, S.185f.
[2] Da an dieser Stelle keine Dokumentation der umfangreichen Forschungsdiskussion geleistet werden kann, sollen Hinweise auf „editio. Internationales Jahrbuch für Editionswissenschaft", hrsg. v. W. Woesler, Bd.1ff, Tübingen 1987ff mit der eigenen Reihe „Beihefte zu editio", Tübingen 1991ff, in dem sowohl theoretische Fragen zu Text-kritik und Edition als auch Probleme der editorischen Praxis auf vielfältige Art und Weise aufgegriffen werden und bibliographisch fassbar sind, oder auf das Graduiertenkolleg „Textkritik als Grundlage und Methode historischer Wissenschaften" (Universität München) genügen. Einen kurzen Überblick ermöglichen darüber hinaus bspw. T. Bein, Textkritik; ders. (Hg.), Altgermanistische Editionswissenschaft sowie ders., Editionsprinzipien für deutsche Texte und A. Schwob (Hg.sg), Editionsberichte.
[3] Vgl. zu dieser Forschungsrichtung, die nicht nur das traditionelle Autor-Werk-Modell in Frage stellt, sondern v. dem „unfesten/offenen" Text im Mittelalter ausgeht, deshalb jede Textfassung gleichberechtigt behandelt und eine Abkehr v. den traditionellen Editionsmethoden fordert, Kapitel A.3, Anm. mit entsprechenden Literaturangaben.
[4] Zu denken ist hier etwa an die Divergenz bei der Beurteilung von diplomatischem Abdruck vs. Normalisierung auf dem Gebiet der Graphie, der Interpunktion oder der Groß- und Kleinschreibung. Vgl. z.B. F. Simmler, Prinzipien sowie ders., Edition und eine vermittelnde Position einnehmend bspw. W. Besch, Editionsprinzipien.
[5] Vgl. z.B. K. Tarvainen, Zur Problematik; E. Skála, Glosse; W. Besch, Zur Edition; W. Oesterreicher, Sprachtheo-retische Aspekte, S.120ff.
[6] Vgl. etwa O. Reichmann, Zur Edition frühneuhochdeutscher Texte; F. Simmler, Prinzipien; ders., Edition; A. Jäntti, Überlegungen; N.R. Wolf, Abhängigkeit; ders., Mittelhochdeutsch aus Handschriften; S. Fleischmann, Philology; I. Neumann-Holzschuh, Syntax.

schaft zuverlässige Texte zur Verfügung zu stellen, die unabhängig von der jeweiligen Disziplin des Herausgebers unter den verschiedensten Fragestellungen untersucht werden können[7]. Entsprechend muss sich die Methodik der Geschichtswissenschaft bei der Herausgabe von Quellen aus Mittelalter und Früher Neuzeit, die als Basis für Forschungen diverser Fachrichtungen zu gelten haben und oft erst durch interdisziplinäre Kooperation in ihrer Gesamtheit erschlossen werden können, nicht nur historischen, literatur- und kulturwissenschaftlichen, theologischen oder juristischen, sondern auch sprachwissenschaftlichen Anforderungen stellen. Wie teils ganz unterschiedlich angelegte philologische Forschungsprojekte dokumentieren, ist aber etwa eine Betrachtung der mittel- und frühneuhochdeutschen Sprache ohne gleichzeitige Berücksichtigung der Originalhandschriften bisher nur anhand weniger Editionen möglich.[8] Ein Manko, das beispielsweise Jäntti seinen Beitrag mit dem Wunsch schließen lässt, Editoren mögen noch mehr mittelalterliche Texte verschiedenster Art so herausgeben, „daß auch die Sprachwissenschaft mehr Spielraum und Möglichkeiten erhält"[9]. Bei der Formulierung von Editionsgrundsätzen sind in neueren Arbeiten die bestehenden Interdependenzen zwischen Herausgeber und Sprachwissenschaftler[10] entsprechend zu berücksichtigen. Grundsätzlich gilt: Befasst sich die Sprachwissenschaft und vor allem die Sprachgeschichtsforschung mit Zeiträumen, in denen die Aufzeichnung gesprochener Sprache mittels moderner Technik nicht möglich ist, stehen ihr für ihre Analysen lediglich schriftlich fixierte Texte zur Verfügung. Deren sprachliche Form bildet den eigentlichen Forschungsgegenstand, mit dem weitere inhaltliche, funktionale und kommunikativ-pragmatische Aspekte in Beziehung gesetzt werden[11]. Da durch die Graphie eine Bindung jedes Textes an die jeweilige Schreiblandschaft, Zeitstufe, soziale Schicht und spezifische Gebrauchssituation existiert, versetzt nur eine möglichst exakte Wiedergabe der Originalhandschrift den heutigen Leser in die Lage, den Text nicht nur auf der propositionalen Ebene als geschichtslosen reinen Inhalt zu rezipieren, sondern ihn in seinem zeit-, gruppen- und situationsbedingten gesell-

---

[7] Die Empfehlungen zur Edition frühneuzeitlicher Texte der „Arbeitsgemeinschaft außeruniversitärer historischer Forschungseinrichtungen", in: Archiv für Reformationsgeschichte 72 (1981), S.299-315 führen etwa unter 1.3. auf S.301 als Grundsatz auf: „Die Editionen sollen so gestaltet werden, daß Vertreter möglichst zahlreicher Wissenschaftszweige mit den Texten arbeiten können". Vgl. auch F. Simmler, Edition, S.852ff, der in einer Edition die „Grundlage interdisziplinärer Forschung" sieht und infolgedessen auch die Berücksichtigung sprachwissenschaftlicher Interessen fordert.
[8] Vgl. z.B. a) G. Kettmann, Frühneuhochdeutsche Texte; A. Götze (Hg.), Frühneuhochdeutsches Lesebuch und O. Reichmann/K.-P. Wegera (Hgg.), Frühneuhochdeutsches Lesebuch, die in ihren Textsammlungen in der Regel den existierenden Ausgaben misstrauen und bei der Edition handschriftlicher Quellen auf Originale zurückgreifen; b) den Historischen Südwestdeutschen Sprachatlas, der ausschließlich nach Schreibungen aus Handschriften erstellt wurde, da die Editionen nach Einschätzung der Bearbeiter für sprachliche Analysen angesichts ihrer Mängel nicht in Frage kamen (vgl. W. Kleiber/K. Kunze/H. Löffler, Historischer Südwestdeutscher Sprachatlas, S.11f oder W. Kleiber, Der Historische Südwestdeutsche Sprachatlas, S.835); c) W. Hoffmann/F. Weller (Bearb.), Bibliographie frühneuhochdeutscher Quellen, S.XIX: „Nicht zuletzt wegen dieser von sprachwissenschaftlicher Seite mangelhaften Editionspraxis vor allem bei älteren Editionen kam es zur Reduktion 6000 geprüfter auf schließlich 1500 in das Korpus aufgenommener Texte"; d) W. Tauber, Mundart, greift für seine sprachgeschichtliche Analyse ebenfalls ausschließlich auf die Originalhandschriften und Inkunabeln zurück, „denn die existierenden Ausgaben mittelalterlicher Texte sind in ihrer Qualität äußerst unterschiedlich und kommen daher für sprachliche Untersuchungen nur bedingt in Betracht" (S.15); e) A. Jäntti, Überlegungen, S.296, dessen ursprünglich geplante diachron angelegte Untersuchung zu Modalverben in bairischen Chroniken des Mittelalters infolge der problematischen Überlieferungs- und Editionslage auf weitere Gattungen ausgedehnt werden musste.
[9] A. Jäntti, Überlegungen, S.296.
[10] Vgl. hierzu N.R. Wolf, Abhängigkeit, S.352: „(...) ich bin davon überzeugt, daß es Sprachgeschichtsschreibung ohne wissenschaftliche Edition letztlich nicht geben kann. Damit begibt sich der Sprachhistoriker in die Abhängigkeit vom Editor. Gleichzeitig aber übernimmt auch der Editor eine Verantwortung für den Sprachhistoriker. Beide sind also (...) aufeinander angewiesen und sollten aufeinander Rücksicht nehmen."
[11] Vgl. A. Jäntti, Überlegungen, S.295.

schaftlichen Kräftefeld wahrzunehmen[12]. Neben alphabetischen Zeichen enthält eine Handschrift grundsätzlich auch Gliederungszeichen und suprasegmentale graphische Mittel, wie etwa die Anordnung eines Textes, Leerzeichen, Hervorhebungen et cetera. Diese Elemente „sind zwar nicht Teil der bedeutungstragenden Strukturen des Textes, erleichtern jedoch dem Leser durch Grenzmarkierung die Arbeit des Segmentierens oder liefern Zusatzinformationen"[13]. Wie beispielsweise Andrea Hofmeister betont, ermöglicht erst eine genaue Übernahme dieser graphischen Elemente und Mittel der Sprachwissenschaft die Untersuchung der sogenannten „Makrostrukturen"[14] des Textes und Ähnliches[15].

Betrachtet man es nun als Ziel einer wissenschaftlichen Edition, „Texte in einer jeweils aus ihren spezifischen Existenzbedingungen zu begründenden Form mit wissenschaftlich nachprüfbaren Verfahren zugänglich zu machen"[16], um so historisches Material in seiner Geschichtlichkeit zu dokumentieren, liegt es nahe, die Vorlage mit all ihren Eigenheiten und Besonderheiten zu bewahren. Eingriffe in die ursprüngliche Form des Textes, die vom Herausgeber nicht so präzise erläutert werden, dass die Rekonstruktion des Originals ohne weiteres realisierbar ist, setzen in der Regel zu vermeidende interpretatorische Entscheidungen des Editors voraus, verändern etwa die Semantik des Textes und führen letztlich zu einem neuzeitlichen Konstrukt, das historisch nicht bezeugt ist. Sie sind unter allgemein textpragmatischer und speziell sprachwissenschaftlicher Sicht somit als „Informationsverlust" und „Enthistorisierung einer Überlieferung"[17] zu deuten.

Angesichts dieser neueren Erkenntnisse bemüht man sich – entgegen der Verfahrensweisen vergangener Zeiten – gegenwärtig nicht mehr ausschließlich darum, mittels einer Kombination tradierter Handschriften den sogenannten „Urtext" oder einen diesem möglichst nahe kommenden „Archetypus" zu rekonstruieren[18]. Auch die vor allem unter Historikern zeitweise übliche Praxis, Rechts- und Geschäftstexte, Fachprosa oder Chroniken allein den fachspezifischen Interessen gemäß zu edieren, das heißt, sie unter dem Primat des Sachinhalts weitgehend zu normalisieren, ja beinahe willkürlich zu modernisieren, um allein der Maxime der Lesbarkeit und Verständlichkeit zu genügen, wird inzwischen als eine den Texten inadäquate Methode abgelehnt. Von einer Orientierung an strengen, über einen langen Zeitraum hinweg allein gültigen Richtlinien[19], die

---

[12] Vgl. O. Reichmann, Zur Edition, S.349.

[13] A. Hofmeister, Dynamische Edition, S.342.

[14] Vgl. F. Simmler, Prinzipien, S.43: „Makrostrukturen sind textinterne, aus Ausdrucks- und Inhaltsseite bestehende satzübergreifende Einheiten der 'langue', die gegenüber anderen satzübergreifenden und hierarchisch gesehen kleineren Einheiten wie Satztypen eine distinktive Funktion besitzen und bei ihrem Auftreten mit ihnen zusammen größere Einheiten der 'langue', nämlich Textsorten, konstituieren". Vgl. auch die ebd. folgenden Erläuterungen sowie ders., Edition, S.857ff.

[15] Vgl. A. Hofmeister, Dynamische Edition, S.342.

[16] K. Grubmüller, Edition, S.447. Ähnlich bspw. auch G. Schweikle, zitiert bei T. Bein, Einführung, in: ders. (Hg.), Altgermanistische Editionswissenschaft, S.11-34, hier S.16. Vgl. zu den Aufgaben der Editionsphilologie z.B. auch T. Bein, Editionsprinzipien, S.924f.

[17] F. Simmler, Prinzipien, S.39f; vgl. auch K. Kranich-Hofbauer, Zur Edition des „Starkenbergischen Rotulus", die hier auf S.297 dessen Worte ohne Hinweis übernimmt. Vgl. allg. dazu auch die Ausführungen v. O. Reichmann, Zur Edition.

[18] Vgl. die häufig artikulierte Skepsis gegenüber dieser seit Karl Lachmann angewandten Methode und die Hinwendung zum sog. Leithandschriftenprinzip z.B. bei F.V. Spechtler, Überlieferung mittelalterlicher deutscher Literatur oder bei G. Schweikle, Zur Edition mittelhochdeutscher Lyrik.

[19] Vgl. z.B. J. Schultze, Richtlinien; W. Heinemeyer, Edition mittelalterlicher Amtsbücher sowie die sehr viel vorsichtiger formulierten Empfehlungen zur Edition frühneuzeitlicher Texte der „Arbeitsgemeinschaft außeruniversitärer historischer Forschungseinrichtungen", die sich jedoch in gewissen Bereichen ebenso für Normalisierungen aussprechen wie so manche DTM-Edition, die, t.w. auf Überlegungen Arthur Hübners aus dem Jahr 1934 (vgl. DTM,

nicht speziell auf die jeweiligen Handschriften zugeschnitten waren und Normalisierungen förderten, wird in der Zwischenzeit mit Blick auf die genannten Entwicklungen meist abgesehen[20].

Um diesen Forschungsansätzen so weit als möglich gerecht zu werden, liegt es nun in unserem Fall – auch im Hinblick auf die Überlieferungssituation – nahe, den Codex Sangallensis 646, die einzige „vollständige" Handschrift und „autorisierte Textfassung", zur Basis der Edition zu erheben. Um eine größtmögliche Authentizität zu erreichen und die Ausgabe auch für sprachwissenschaftliche Fragestellungen auswertbar zu gestalten, soll der spätmittelalterliche Codex bei gleichzeitiger Dokumentation anderer Textzeugen gewissermaßen als einzig in Frage kommende Leithandschrift in seiner geschichtlichen Gestalt präsentiert werden. Als Methode bietet sich der diplomatische Abdruck des Textes[21] und damit der Rückgriff auf den „Sonderfall einer überlieferungskritischen Edition"[22] an. Ziel ist es also, die historische Existenzform der „Konstanzer Chronik", das heißt diese eine Handschrift, mit ihren Eigenarten möglichst detailgetreu in moderne Drucktypen umzusetzen[23], ohne sie dabei durch Normalisierungen und andere interpretatorische Eingriffe zu verfälschen. Wenn von dieser Vorgehensweise, wie etwa bei Emendationen oder der Interpunktion, abgewichen wird, muss der Originalzustand bei einem Blick in die Apparate oder die zugrunde gelegten Editionsprinzipien für den Leser jederzeit rekonstruierbar sein. Gleichzeitig soll jedoch weiterhin die Lesbarkeit und einfache Handhabbarkeit des Textes gewährleistet sein.

Neben dem diplomatischen Abdruck der genannten Handschrift der St. Galler Stiftsbibliothek ist – wie schon angedeutet – beispielsweise für Erkenntnisse zur Textgenese, aber auch etwa für schreibdialektale Untersuchungen der Sprachwissenschaft, die Darstellung weiterer Textzeugen unumgänglich. Auch deren Transkription sollte, entsprechend der dargestellten Forschungsvorgaben, nahe an der jeweiligen Vorlage orientiert, nach Möglichkeit viele Elemente der Handschriftenbeschaffenheit abbilden[24] und damit den Blick auf die „textuelle Varianz" freigeben (vgl. Kapitel B.1.4). Die Editorin erfüllt mit dieser Vorgehensweise Forderungen, die vor allem vonseiten der „Philologie nouvelle" formuliert wurden, ohne dass die Positionen dieser Forschungsrichtung geteilt würden. Da die Ausgangsbasis angesichts der Überlieferung der „Konstanzer Chronik" aber relativ günstig ist und darüber hinaus – ein für das Mittelalter äußerst seltener Ausnahmefall – Textteile in zwei gewissermaßen autorisierten Fassungen existieren, bietet sich die

---

Bd.38) zurückgehend, gestaltet sind (etwa A. Haase u.a. (Hgg.), Der deutsche Malagis, S.LXXff). Vgl. auch die Kritik an den Empfehlungen von 1981 bei F. Simmler, Edition, S.854ff.

[20] Vgl. zur Diskussion zwischen den Fächern, die zeitweise v. „fächerspezifischen Vorwurfs- und Abwehrstereotypen" geprägt war, aber trotz gewisser Uneinigkeiten (vgl. etwa das v. Besch sog. „Maximalprogramm" v. F. Simmler, Prinzipien und dessen erneute Verteidigung in: ders., Edition oder die Befürchtung sog. „Material-" bzw. „Variantenhalden" v. H.-G. Roloff, Zur Relevanz von Varianten, S.3 und S.9) allmählich auf einen Konsens zusteuert W. Besch, Editionsprinzipien.

[21] Vgl. etwa das Plädoyer für dieses Editionsverfahren v. F. Simmler, Prinzipien und noch einmal ders., Edition. Mit Blick auf die Lesbarkeit wird hier bei der „Konstanzer Chronik" Dachers v. der Möglichkeit eines sog. „deskriptiven Abdrucks" abgesehen. Die in der Literatur veröffentlichten Editionsproben solchen Typs zeigen, dass nichtsprachwissenschaftlichen Lesern der Zugang zum Text stark erschwert wird. Wie A. Hofmeister konstatiert, eignet sich ein solcher Abdruck nur als elektronische Beigabe zur normalisierten Buchausgabe (vgl. die Editionsbeispiele v. A. Hofmeister, Das Brixner Dommesnerbuch, S.292; dies., Dynamische Edition, S.353ff und W. Hofmeister, Neu-Edition des Seitenstettner Edolenz-Fragments A, S.166ff).

[22] K. Grubmüller, Edition, S.452. Vgl. allg. zur überlieferungskritischen Edition z.B. ebd., S.451f; K. Ruh, Votum und G. Steer, Textgeschichtliche Edition und W. Schröder, Textkritisch oder überlieferungskritisch.

[23] Zur Definition des Terminus „Diplomatischer Abdruck" vgl. z.B. K. Grubmüller, Edition, S.452; SdM, S.179; Glossar, in: T. Bein (Hg.), Altgermanistische Editionswissenschaft, S.386; B. Plachta, Editionswissenschaft, S.137.

[24] Es sei jedoch darauf hinweisen, dass grundsätzlich hier und da kleine Ungenauigkeiten oder Fehler (etwa bei den Superskripten), die ihren Ursprung v.a. in der Arbeit mit der filmischen Reproduktion v. W haben, nicht hundertprozentig ausgeschlossen werden können.

Präsentation aller Varianten/Lesarten[25] an, um Analysen zur Varianz und damit zur Gestalt volkssprachlicher Texte des Spätmittelalters allgemein zu ermöglichen. Grundsätzlich können Fragen, wie sie beispielsweise Thomas Bein 1996 gestellt hat – „Stehen wir heute (...) nur deshalb so vielen Textvarianten gegenüber, weil es im Mittelalter noch keine maschinellen Kopiergeräte gab? Oder hat die Varianz (immer? auch) poetologisches Gewicht? (...) Ist für den mittelalterlichen Literaturkonsumenten ein Text 'offen'?"[26] – nur dann beantwortet werden, wenn Editionen Material für derartige Untersuchungen zur Verfügung stellen[27].

Zu den Aufgaben des Editors gehört jedoch nicht nur die Bereitstellung einer zuverlässigen Textwiedergabe. Gerade bei mittelalterlichen oder frühneuzeitlichen historiographischen Texten ist es oft sinnvoll und notwendig, dem Leser eine Erschließung des Text mittels Erläuterungen zu erleichtern und so weit als möglich sprachliche sowie „sachliche Voraussetzungen für das adäquate Textverständnis"[28] zu schaffen. Angesichts der Vielfalt der in der „Konstanzer Chronik" berichteten Nachrichten ist beispielsweise eine sofortige Einordnung in den historischen Kontext für den Benutzer nur selten möglich. Auf eine ausführliche Kommentierung kann in diesem Fall folglich keinesfalls verzichtet werden.

1.2 Äußere Gestaltung und Apparate

Wie eben angedeutet, enthält eine Edition neben der reinen Präsentation des historischen Materials die Darstellung von Grundlagen zu dessen Erschließung durch Kommentierung[29]. Prinzipiell begleiten den reinen Editionstext deshalb einerseits Apparate, die der Textdokumentation dienen. Andererseits sind Erläuterungen zu geben, die zum Beispiel Verständnisschwierigkeiten, die in der zeitlichen Distanz von Niederschrift und heutiger Rezeption begründet liegen, soweit als möglich aufheben. Letzteres bietet der sogenannte „Realkommentar", „der gesichertes, wenn auch oft neu erschlossenes Wissen zum besseren Verständnis der edierten Texte mitteilt und, über kurze Sacherläuterungen oder Anmerkungen hinausgehend, Zusammenhänge darstellt"[30]. Die

---

[25] Während in der Editionsliteratur die Termini „Variante" und „Lesart" meist synonym verwendet werden (vgl. z.B. T. Bein, Glossar, S.389: „Lesart: auch: Variante."), unterscheidet S. Scheibe, Von den textkritischen und genetischen Apparaten, S.101 oder ders., Editorische Grundmodelle, S.27 zwischen beiden Phänomenen. Lesarten werden von ihm als „Textabweichungen, die nicht vom Autor stammen, sondern aus späteren Phasen der Textüberlieferung eines Werkes hervorgegangen sind", definiert. Varianten hingegen sind „vom Autor gewollte oder zumindest gebilligte Veränderungen des Textes während des Entstehungsprozesses und während der vom Autor beeinflußten weiteren Textgeschichte" (Von den textkritischen und genetischen Apparaten, S.101). Bei der „Konstanzer Chronik" kann man mit Blick auf die Abhängigkeitsverhältnisse folglich sowohl von Varianten (Stgt zu SG) als auch von Lesarten (SG/Stgt zu W) sprechen. Vgl. andererseits die mögliche Unterscheidung zwischen „Autor-Varianten" bzw. „autorisierten Varianten" und „Überlieferungsvarianten" bei H.-G. Roloff, Zur Relevanz von Varianten, S.2. Der Einfachheit halber wird mit Blick auf die letztgenannte Terminologie Kapitel B.3 „Variantendokumentation" und nicht etwa „Varianten-/Lesartendokumentation" genannt.

[26] T. Bein, Der 'offene' Text, S.31f.

[27] Vgl. dazu auch W. Oesterreicher, Sprachtheoretische Aspekte, S.120f; I. Neumann-Holzschuh, Syntax; W. Raible, Das „Lob der Variante".

[28] H.-G. Roloff, Fragen, hier S.131. Die Editorin orientiert sich insgesamt an den Hinweisen v. ebd., S.136ff sowie den ähnlichen Kommentar-Empfehlungen für Editionen, S.161-164.

[29] Vgl. allg. hierzu und mit weiterführenden bibliographischen Angaben editio 7 (1993); H.-G. Roloff, Fragen oder (allerdings auf die Neuere Literatur beschränkt) G. Martens (Hg.), Kommentierungsverfahren.

[30] H.-G. Koch, Richtlinien, hier auf der Grundlage von H.-U. Simon S.134.

jeweiligen Seiten des Kapitels B.2 gliedern sich folglich grob in a) den Editionstext und in b) drei
den Text dokumentierende und kommentierende Apparate[31].

Zu a): Der nach detaillierten Richtlinien erstellte diplomatische Abdruck der „Konstanzer Chronik" nach dem Leithandschriftenprinzip wird links und rechts durch zwei Rubriken ergänzt. Da
die Textseiten sowie die Spalten der Handschrift als feststehende Einheiten betrachtet werden,
befindet sich jeweils links vor der ersten Zeile die Seiten- und Spaltenangabe in eckiger Klammer. Diese gibt – auch bei eindeutig fehlerhafter Zählung (hier mit einem Ausrufezeichen versehen) – streng sowohl die Foliierung als auch die Paginierung des Codex Sangallensis 646
wieder. Während die Folio-Angaben jedoch, zur Strukturierung des Textes eingesetzt, vor jeder
Spalte erscheinen, werden die Seitenzahlen Ildefons von Arx' nur auf den Seiten angeführt, auf
denen sie auch in der Handschrift erscheinen. Gleichzeitig erfolgt spaltenweise links vom Text
die Zeilenzählung, in die auch Überschriften integriert sind. Die Zeilenzahlen stehen kursiviert
bei jeder fünften Zeile.

Der Übersichtlichkeit halber werden zur leichteren Orientierung des Lesers in der Rubrik
rechts des Textes stichwortartig der Inhalt sowie die in der Chronik genannten Jahreszahlen in
arabischen Ziffern angeführt. Eindeutige Fehler werden mit eingeklammertem Ausrufezeichen
versehen. Stimmt etwa die Zuordnung von Ereignis und Jahr oder die Namensgebung im Text
nicht mit den heutigen Erkenntnissen überein (vgl. z.B. fol.89rb: Datierung der Schlacht bei
Laupen auf das Jahr 1340 (statt 1339) oder fol.13ra: Erwähnung von Bischof Severius als
„Geuerius"), weist ein (!) darauf hin.

Wie in Kapitel A beschrieben, enthält die Haupthandschrift der Chronik Gebhart Dachers
Illustrationen und eine Vielzahl von Wappen. Da beide Elemente in engem Zusammenhang mit
dem Text stehen, wird es als notwendig erachtet, Hinweise auf diese jeweils an Ort und Stelle zu
geben und sie nicht etwa nur in getrennter Auflistung abzuhandeln. Da die ausführliche
Beschreibung der Illustrationen bereits in Kapitel A.5.2.1.1 erfolgt ist, genügen bei diesen kurze
Verweise. Die Wappen hingegen werden innerhalb des Editionstextes genau blasoniert. Nach der
Charakterisierung als Amts- oder Familienwappen (Aw/Fw) wird die Größe von Schild (Höhe x
Breite in Circa-Angaben) und Würdezeichen (Krone/Bischofsstab/Mitra) sowie deren genaues
Aussehen von der heraldisch rechten Seite her beschrieben.

Zu b): Apparat 1 (spaltenweise: i, ii etc.) gibt Auskunft über handschriftliche Eigenarten sowie
die äußere Beschaffenheit des Codex. Es werden Wechsel der Hände, Korrekturen und inter-
lineare Ergänzungen im Text ebenso verzeichnet wie Initialen oder Verweis-, Merk-, Absatz- und
Zierzeichen. Auch Marginalien, die, vom Schreiber, Rubrikator oder späteren Lesern stammend,
dem Memorieren, der Akzentsetzung oder Kommentierung dienen, finden hier ihren Platz. Sie
sind aufgrund der Angaben im Apparat in Größe und Stellung genau rekonstruierbar. Um das
Bild der Handschrift möglichst exakt wiederzugeben, wird darüber hinaus die jeweilige Tintenfarbe bei Textergänzungen, Initialen, Randnotizen und Ähnlichem, wenn sie von der braunen der
Haupthand abweicht, benannt[32]. Dieser Anmerkungsteil gibt ebenso Aufschluss über Emenda-

---

[31] Der Terminus „Apparat" wird im Folgenden im weiteren Sinne verwendet. Er ist damit nicht allein auf die Textdokumentation und -kritik bezogen oder streng vom „Kommentar" differenziert. Vgl. zu dieser Abgrenzung
W. Frühwald, Formen und Inhalte, S.16 (nach H.-G. Koch, Richtlinien, S.134).
[32] Die hier verwendeten Abkürzungen sind neben anderen im Abkürzungsverzeichnis, Kap. C.1, aufgeführt.

tionen und Konjekturen[33], die bei eindeutigen Fehlern[34] wenn möglich mit Hilfe anderer Textzeugen von der Editorin vorgenommen wurden. Ergänzte, im Original nicht oder nicht mehr
lesbare oder korrigierte Buchstaben und Worte werden im Editionstext stets in eckiger Klammer
als solche gekennzeichnet und der originale Wortlaut im Apparat vermerkt. Hierbei ist die Schreibung vor der Lemmaklammer stets die des Editionstextes, während die der Handschrift wörtlich
und nicht kursiviert oder näher erläutert nach der Klammer folgt. Angesichts der Probleme, die
die Edition von Philipp Ruppert aufweist, wird darauf verzichtet, dessen abweichende Textversionen beziehungsweise die von ihm vorgenommenen Konjekturen im Apparat zu verzeichnen. Auch andere Lesungen von Josef Dambacher[35] oder Wilhelm Martens[36] werden nicht weiter
berücksichtigt.

   Da in Kapitel B.3 die Varianten/Lesarten durch eine synoptische Wiedergabe der Überlieferungsträger ausführlich dokumentiert sind, werden nur sehr wenige in diesem ersten Apparat
verzeichnet. Dies geschieht a) an problematischen, eventuell fehlerhaften Textstellen, deren
Verständnis dadurch erhellt wird (vgl. z.B. fol.204ra: „komen mit übergewalt" SG vs. „kommen
vber wald" C – „komen ubern wald" SG 806), b) bei Emendationen/Konjekturen nach anderen
Textzeugen oder c) wenn Textzeugen nicht in die Variantendokumentation aufgenommen wurden
(vgl. z.B. den Auszug aus dem sogenannten „Elsässischen Trojabuch" auf fol.100[r]f). Alle Bemerkungen der Herausgeberin erscheinen in Apparat 1 in Kursivdruck.

Apparat 2 (spaltenweise: a, b etc.[37]) bietet sprachliche Erläuterungen beziehungsweise Über-
setzungshilfen, um dem Benutzer das Verständnis der Chronik, das durch deren sowohl mut-
tersprachlichen als auch fremdsprachlichen Charakter[38] teils gestört ist, zu erleichtern und damit
einen schnellen Zugang zum Text zu ermöglichen. Selbstverständlich handelt es sich hierbei stets
um Interpretationen des Textes durch die Editorin. An einigen Stellen sind folglich andere Deu-
tungen und damit Alternativen zu den gebotenen Übersetzungen möglich. Da die Edition von
Wissenschaftlern und Studenten verschiedener Fachrichtungen genutzt werden soll und möglicherweise auch auf Interesse bei einem Laienpublikum stößt, sind unter anderem Worte und
Begriffe erklärt, die einem mediävistischen Germanisten oder einem im Umgang mit mittelhochdeutschen Texten geübten Historiker geläufig sein dürften. Vokabeln, die in der Chronik mehrmals in derselben Bedeutung Verwendung finden, werden in den Anmerkungen lediglich beim
ersten Auftreten erklärt. Erscheint ein Lexem aber in einem von der ersten Übersetzung abweichenden Sinn, wird es erneut erläutert. Während Substantive und Adjektive sowie längere

---

[33] Vgl. zu Begriff und Problematik im Umgang mit Textfehlern z.B. editio 5 (1991) u.a. mit folgenden Aufsätzen:
K.K. Polheim, Textfehler, S.38-54; W. Woesler, Entstehung und Emendation von Textfehlern, S.55-75 und W. Hagen, Textfehler oder Sachirrtum?, S.76-81. Vgl. auch F. Simmler, Prinzipien, S.91: „Mit der Forderung nach einer diplomatischen Wiedergabe eines Textes steht die Verbesserung von offensichtlichen Schreib- und Druckfehlern nicht
in Widerspruch."
[34] Die Editorin ist sich der Problematik dieses Terminus und der Fehleridentifikation allg. durchaus bewusst. Da uns
nicht nur die Worte und „unfesten" Normen der Sprache, sondern etwa auch die Logik der Autoren teilweise fremd
sind, kann die große Distanz zwischen dem Mittelalter und dem heutigen Leser auch auf diesem Sektor zu Fehl-
entscheidungen führen. Die stets gekennzeichneten Eingriffe in den Text erfolgen deshalb äußerst sparsam, sind aber,
wie C. Gerhardt konstatiert, unumgänglich: „Nicht einmal ein Autograph enthebt den Herausgeber der Notwendigkeit, bessernd eingreifen zu müssen, legt er den allgemein üblichen Maßstab einer Edition an, einen lesbaren und
verstehbaren Text bieten zu wollen" (C. Gerhardt, Einige Fragen, S.115; vgl. auch A.H. Touber, Schreibfehler).
[35] Vgl. GLA 65/299 und Näheres dazu in Kapitel A.4.4.
[36] Vgl. StAK, G 42 und Näheres dazu in Kapitel A.4.4.
[37] Um das hier hin und wieder auftretende i von der römischen Ziffer des ersten Apparats abzugrenzen, wird es durch
eine runde Klammer gekennzeichnet, erscheint also stets als „i)".
[38] Vgl. R. Bräuer, Unterschiedliche Kommentierungstypen, S.136.

Phrasen in den vom Chronisten gebrauchten Formen flektiert übersetzt werden, erscheinen die Verben stets in Infinitivform, um sie so in den Lexika leichter ausfindig zu machen. Weicht die Schreibweise der Handschrift stark von der des „Mittelhochdeutschen Handwörterbuchs" von Lexer ab, werden teilweise zwei Infinitivformen genannt.

Apparat 3 (fortlaufende Zählung: arabische Ziffern) bildet den eigentlichen Personen- und Sachkommentar. In diesem werden unter Hinzuziehung von Sekundärliteratur die geschilderten Ereignisse in ihren Kontext eingeordnet und falls notwendig näher erläutert. Gleichzeitig werden genannte Personen so weit als möglich identifiziert und ihre Bedeutung für die Zeit durch Angaben zu Familie, Leben und Tätigkeiten dargestellt. Anders als etwa bei Konstanzer Persönlichkeiten wird bei Kaisern, Königen oder Päpsten angesichts der meist umfangreichen Forschungsliteratur auf detaillierte biographische Ausführungen verzichtet. Ähnlich den Personen erfolgt bei den im Text erwähnten Städten und anderen geographischen Begriffen eine Identifizierung, die oft noch von weiteren Informationen begleitet wird. Auch bei Kirchen, Klöstern und anderen Gebäuden werden detailliertere Hinweise zur Geschichte geboten.

Im Zusammenhang mit den Wappen kommt es in den Fußnoten zu einer Darstellung der Parallelüberlieferung. Die herangezogenen Werke wurden mit Ausnahme des Siebmacher'schen Standardwerkes[39] (= Siebm.) beziehungsweise ähnlichen Handbüchern zur Heraldik (= WBL[40]; J. Louda, Städtewappen[41]) mit Blick auf Gebhart Dacher, das heißt seine möglichen Vorbilder und Quellen (Züricher Wappentafel[42], ZürW; Richental-Chronik, RiA[43] und RiDrS[44]), die Rezeption seiner Chronik (= Öhem[45]) oder Konstanz (= Grünenb.[46]; WrKatze[47]; WtBvK[48]), ausgewählt.

Infolge der problematischen Quellenlage wird im Editionsteil nur in seltenen Fällen auf die potenzielle Vorlage hingewiesen oder ein Text zu dem entsprechenden Ereignis aus anderen Konstanzer Chroniken parallel präsentiert.

Abschließend sei darauf aufmerksam gemacht, dass der Kommentar einer Edition nicht allen Anforderungen eines jeden Benutzers gerecht werden kann. Während der eine möglicherweise einen Großteil der gebotenen Worterklärungen für unnötig erachtet, ein anderer die Erläuterungen zu allgemein bekannten historischen Ereignissen (z.B. dem Alten Zürichkrieg) als zu ausführlich empfindet, gehen einem dritten die Erklärungen nicht weit genug. Eine Lösung ist hier nicht in Sicht. Im Falle der „Konstanzer Chronik" wird versucht, einem breiten, wenn auch vor allem wissenschaftlich arbeitenden, interdisziplinären Leserkreis mit historischem Interesse grundlegende Informationen zur Verfügung zu stellen. Zu bedenken ist darüber hinaus angesichts der großen zeitlichen Distanz auch die Unmöglichkeit, mittels Erläuterungen die Differenz der Wissenshorizonte von mittelalterlichem Menschen und heutigem Rezipienten gänzlich zu überbrücken.

---

[39] Johann Siebmachers Großes Wappenbuch, ND, Neustadt an der Aisch 1971ff.
[40] O. Neubecker/W. Rentzmann, Wappenbilderlexikon.
[41] J. Louda, Europäische Städtewappen, Balzers 1969.
[42] W. Merz/F. Hegi (Hgg.), Wappenrolle von Zürich.
[43] Uolrich Richental, Concilium ze Costenz 1414-1418, hrsg. v. H. Sevin, Karlsruhe [1881] (farbloses Faksimile der Hs.A; heute New York, Public Library, Spencer Collection of Illustrated Books, Nr.32).
[44] Ulrich v. Richental, Conciliumsbuch, Augsburg Anton Sorg 1483, Potsdam 1923 (koloriertes Faksimile des ersten Drucks).
[45] K. Brandi (Hg.), Chronik sowie H. Drös (Hg.), Wappenbuch.
[46] Des Conrad Grünenberg, Ritters und Burgers zu Costenz, Wappenpůch.
[47] Die Wappenrolle der Geschlechtergesellschaft „zur Katz" in Konstanz 1547 und dazu z.B. C. Heiermann, Katz, S.207ff.
[48] F.X. Stiehle, Wappentafel der Bischöfe von Konstanz, in: BvK, Bd.1, S.485.

Auch für diese Edition gilt deshalb grundsätzlich: „Jeder Kommentar ist (...) unabänderlicher-
weise ein Fragment – und das Ideal des Vollkommentars nur noch als unerreichbare Illusion zu
bewerten.“[49]

1.3 Editionsprinzipien Kapitel B.2

1.3.1 Grapheme mit Vokal- und Konsonantenwert

Entsprechend der ausgeführten Vorstellungen wird der Text des Codex Sangallensis 646 buch-
stabengetreu wiedergegeben. Entgegen früherer Editionstechniken, bei denen zum Beispiel das
Phänomen des Doppelkonsonantismus durch Normalisierungen beseitigt wurde, gibt es keinerlei
Eingriffe im Bereich des Konsonantenbestandes.

Die Verwendung von u/v/w/f als mehrfunktionale Zeichen, die je nach Textposition einen vo-
kalischen oder aber einen konsonantischen Wert repräsentieren, bleibt ebenso erhalten wie die
von i/j/y.

Da das Rund-s im gesamten Codex nur im Wortauslaut verwendet wird und ansonsten im
Wortan- und Wortinlaut in der Regel das Schaft-s zu finden ist (sehr seltene Ausnahme: vs mit
Lang-s), wird auf eine Unterscheidung dieser letztgenannten Formen verzichtet und der besseren
Lesbarkeit halber in der Transkription das Lang-s nicht gebraucht. Das geschweifte ʒ wird als z
und eine Kombination aus Lang-s und geschweiftem ʒ wiederum als sz abgebildet.

Die römischen Ziffern der Chronik werden entgegen älterer Verfahrensweisen nicht in arabische übertragen.

An wenigen Textstellen stößt das Prinzip der buchstabengetreuen Wiedergabe durch die
uneindeutige Schreibung der Lexeme an seine Grenzen. Insbesondere durch die häufig gleiche
Gestaltung von c/t, u/n und e/o ergeben sich Schwierigkeiten bei der Identifizierung einzelner
Buchstaben und ganzer Worte. Die Herausgeberin orientiert sich in diesen Fällen, wenn ein
Vergleich möglich ist, an der sonst üblichen Schreibweise der Handschrift. Ist eine Schreibung –
eventuell auch durch Verderbnis verursacht – gänzlich unsicher, wird dies durch ein in eckige
Klammern gesetztes Fragezeichen [?] im Editionstext markiert.

1.3.2 Superskripte / diakritische Zeichen

Superskripte und andere diakritische Zeichen werden, soweit die Computertechnik dies zulässt,
übernommen:

Die für die Haupthand üblichen zwei diagonal von links unten nach rechts oben aufsteigen-
den (sich hin und wieder zu einem links geschlossenen Halbkreis verbindenden) Punkte über a, o
und v werden als übergeschriebene e gedeutet und – auch wenn aus Unachtsamkeit des Schreibers nur ein Punkt sichtbar ist – stets mit den Graphemen å, ȯ und v̇ wiedergegeben.

Befinden sich über u die erwähnten beiden Punkte, das heißt das e-Superskript, wird auch
hier ů transkribiert. Ist jedoch über u nur ein Punkt oder aber ein seltener vorkommender, von
links oben nach rechts unten verlaufender (manchmal zu einem rechts geschlossenen halbrunden

---

[49] R.G. Bogner, Die exemplarische Kommentierung, S.134.

Hacken tendierender) Strich vorhanden, wird der besseren Lesbarkeit wegen der Umlaut ü (statt der ebenfalls möglichen Auflösung iu) verwendet. Geschlossene Kreise über dem genannten Buchstaben, die vor allem die Hand des Rubrikators, aber auch die Konrad Albrechts kennzeichnen, werden als o-Superskripte gelesen und entsprechend mit ů gleichgesetzt. Die ebenfalls für die Hand des Rubrikators charakteristischen nach unten geöffneten runden Winkel über u werden nicht weiter vom Punkt unterschieden und als Umlaut transkribiert; bei dem einem senkrechten Strich ähnelndem oder von links unten nach rechts oben verlaufenden Zeichen dieser Hand über demselben Graphem findet hingegen ú Verwendung (vgl. dazu beispielsweise fol.50va, Zeile 2f: „gepürtt T**ú**ssend | d**r**ü hundertt fünffzig").

Ein Punkt über v wird entsprechend der bei u angewandten Verfahrensweise mit Hilfe des Sonderzeichens v̇ aufgelöst.

Die Vokale a und o mit sich darauf befindlichen nach oben geöffneten (meist runden) Winkeln werden als solche mit å und o̊ abgebildet.

Ein oder zwei Punkte sowie ein waagrechter Strich über y werden stets mit ÿ identifiziert.

Der relativ selten vorkommende Punkt über w, der in uw aufgelöst werden könnte, wird als diakritisches Zeichen beibehalten und in ẇ übertragen.

i/j mit und ohne Pünktchen in der Handschrift werden stets mit i-Punkt wiedergegeben.

Bei uneindeutigen diakritischen Zeichen wird die in der Handschrift ansonsten übliche Schreibweise verwendet.

1.3.3 Abkürzungen

Abbreviaturen werden mit Blick auf die Benutzerfreundlichkeit stets aufgelöst. Die ergänzten Wortteile bleiben aber dadurch sichtbar, dass sie in runde Klammern gesetzt wiedergeben werden[50]. Eine Auflösung erfolgt auch dann, wenn, wie an wenigen Textstellen der Fall, die Kürzel uneindeutig sind und damit verschiedene Möglichkeiten der Auflösung existieren (vgl. z.B. andn [= and(er)n oder and(re)n] oder man [= man(n) oder man(en)]). Die Editorin, sich des interpretatorischen Eingriffs durchaus bewusst, orientiert sich in solchen Fällen an der in der Handschrift sonst verwendeten Schreibweise. Liegt keine Vergleichsmöglichkeit vor, wird die am ehesten wahrscheinliche Alternative gewählt.

Als das am häufigsten verwendete Kürzel erscheint der sogenannte Nasalstrich. Dieser wird zum Beispiel über „vo", „-ug", „pfennig", „costetz" oder „genat" als n [= vo(n), -u(n)g, pfenni(n)g, coste(n)tz, gena(n)t], über „jte" oder „de" als m [= jte(m), de(m)], über „vn" als d [= vn(d)], über „vm" als b [= vm(b)] gedeutet; über m oder n kann er auch zur (manchmal ungewöhnlichen oder funktionslosen) Konsonantenverdopplung (vgl. z.B. „dan" [= dan(n)], aber „bystum" [= bystum(m)] oder „brun | nen" [= brun(n) | nen]) beziehungsweise in finaler Position nach einem Konsonanten zur Einfügung von e (vgl. z.B. „edeln" [= edel(e)n], „wegn" [= weg(e)n]) führen.

Neben er- beziehungsweise r-Kürzel (vgl. z.B. bei „kayss" [= kays(er)s], „hre" [= h(er)re], „burgmaist" [= burg(er)maist(er)]) treten in der Handschrift etwa en- (vgl. z.B. bei „jnn" [= jnn(en)], „vorgenant" [vorgenant(en)]), ur- (vgl. z.B. bei „geprt" [= gep(ur)t], „Rauensbg" [= Rauensb(ur)g]), a- (vgl. z.B. bei „wz"/„dz" [= w(a)z/d(a)z]), ra- (vgl. z.B. bei „sacment" [=

---

[50] Vgl. das Plädoyer für die genaue Beachtung und Wiedergabe v. Kürzeln und Abkürzungen v. F. Simmler, Prinzipien, S.78ff.

sac(ra)ment], „spch" [= sp(ra)ch]), re- (vgl. z.B. bei „ver" [= ver(re)], „platen" [= p(re)laten]) oder bei Namen us-Kürzel (vgl. z.B. „Sigismund" [= Sigismund(us)]). Des Öfteren werden auch häufig vorkommende Worte als solche abgekürzt (vgl. z.B. „jt" [= jt(em)], „obg" [= obg(enant)], „Hain" [= Hain(rich)], „guld" [= guld(in)], „pf" [= pf(enning)]).

1.3.4 Groß- und Kleinschreibung

Die Groß- und Kleinschreibung wird der Vorlage gemäß durchgeführt.

Betrachtet man eine der Originalseiten des Codex Sangallensis (vgl. z.B. Abb.3), fällt rasch auf, dass dieses Editionsprinzip weiterer Erklärungen bedarf und keineswegs problemlos zu verwirklichen ist. Wie häufig in spätmittelalterlichen Texten ist eine Einordnung der Buchstaben in das heute übliche Zweigrößen-Lettersystem und damit auch eine eindeutige Unterscheidung von Majuskel und Minuskel im Text der Haupthand nur schwerlich zu leisten[51]. Während bei bestimmten Graphen der Großbuchstabe in Form und Größe eindeutig vom Kleinbuchstaben zu differenzieren ist (vgl. z.B. B vs. b, M vs. m oder R vs. r) und bei wiederum anderen die Majuskelform niemals (vgl. z.B. l) oder nur sehr selten (vgl. z.B. F lediglich bei Absatzbeginn mit „Füro") realisiert wird, ähneln sich bei einer dritten Gruppe beide so sehr, dass eine Entscheidung für die eine oder andere Schreibweise oft kaum möglich ist (vgl. z.B. A/a, D/d, H/h, J/j, V/v). Diese Buchstaben, deren Majuskelformen meist durch eine Dimensionsveränderung des Minuskelzuges entstehen, treten im Text sowohl in Gestalt des eindeutigen Großbuchstabens, in Gestalt des eindeutigen Kleinbuchstabens als auch in zahlreichen Mischformen zutage[52]. Berücksichtigt man darüber hinaus die Verwendung verschiedener Schreibformen für denselben Buchstaben, die Wirkung größerer Spatien sowie die Rubrizierungen, die nicht nur bei Majuskeln Verwendung finden und die Buchstaben in Form und Größe teilweise verändern können, verstärken sich diese Probleme noch. Eine Lösungsmöglichkeit könnte in der Entscheidung für Normalisierungen und damit beispielsweise in der Anpassung der Groß- und Kleinschreibung an festgelegte Regeln[53] oder sogar den heutigen Gebrauch bestehen. Obwohl bei einer solchen Verfahrensweise die Benutzbarkeit der Edition erleichtert werden dürfte, wird mit Blick auf die neuere Forschung ein anderer Weg eingeschlagen. Beachtet man des Weiteren die Tatsache, dass die Großschreibung zumindest partiell die Funktion von Satzzeichen zu übernehmen scheint und zur Hervorhebung einzelner Worte dient, ist es naheliegend, die Gestalt der handschriftlichen Chronik auch auf diesem Sektor so weit als möglich beizubehalten[54]. Da die Normabweichungen unseres Schreibers im Hinblick auf die Funktionalität nicht mit denen im „Starkbergischen Rotulus" zu vergleichen sind und das Schriftbild der Edition der „Konstanzer Chronik" nicht weiter belastet werden soll,

---

[51] Vgl. allg. zu dieser Thematik auch K. Kranich-Hofbauer, Zur Edition des „Starkbergischen Rotulus", S.297ff.

[52] Diese drei Gruppierungen wurden ähnlich v. K. Kranich-Hofbauer in der ebd. untersuchten Handschrift aus der ersten Hälfte des 15. Jhs. konstatiert und noch weiter differenziert (vgl. ebd., S.300ff). Nachweislich schafft der Schreiber dort „durch den gewollten und sinnhaften Einsatz der jeweiligen Graphenrealisation Abstufungen (...), die zum richtigen Verständnis des Textes wesentlich beitragen" (ebd., S.301).

[53] Vgl. z.B. die Richtlinie v. J. Schultze, Richtlinien, Nr.29, S.10/33, nach der Satz- und Absatzanfänge sowie verschiedene Namenstypen groß, der übrige Text klein geschrieben werden, oder die Empfehlung der „Arbeitsgemeinschaft außeruniversitärer historischer Forschungseinrichtungen", Nr.5.5.2, S.305, auf diese Normalisierungen nur dann zu verzichten und der Vorlage zu folgen, „wenn die Unterscheidung der Buchstabenform eindeutig möglich und ihre sinnvolle Verwendung erkennbar ist" (vgl. auch K. Kranich-Hofbauer, Zur Edition des „Starkbergischen Rotulus", S.297f).

[54] Vgl. das Vertreten dieser Vorgehensweise z.B. bei W. Besch, Zur Edition, S.404; ders., Editionsprinzipien, S.474f, 485 oder bei F. Simmler, Prinzipien, S.73ff.

wird – entgegen der Methode, die von Kranich-Hofbauer angewandt wird[55] – innerhalb der problematischen dritten Graphengruppe nicht zwischen Majuskel und „relativer Majuskel" bzw. Minuskel und „relativer Minuskel" (etwa durch Kursivierung) unterschieden. Vielmehr wird im Zweifelsfall der „bedeutungsleichteren" Minuskelform der Vorzug gegeben.

1.3.5 Getrennt- und Zusammenschreibung

Obwohl die exakte Wiedergabe der Wortabteilung an zahlreichen Textstellen erhebliche Schwierigkeiten bereitet, wird diese ähnlich der Groß- und Kleinschreibung angestrebt. Unter anderem werden also beispielsweise die häufig vorkommenden Getrenntschreibungen von Komposita und Präfigierungen entgegen der heute üblichen Schreibweise beibehalten. Nur diese Vorgehensweise ermöglicht etwa sprachwissenschaftliche Analysen zur Wortbildungsmorphologie. Da die Abstände zwischen einzelnen Worten aber oft von Seite zu Seite schwanken und hin und wieder zwischen Buchstaben innerhalb eines Wortes breitere Zwischenräume existieren als zwischen zwei eindeutig voneinander zu trennenden Lexemen, können auf diesem Gebiet subjektive Entscheidungen der Editorin nicht gänzlich ausgeschlossen werden. Bei großer Unsicherheit, wenn sowohl die Getrennt- als auch die Zusammenschreibung im Bereich des Möglichen liegen, erfolgt eine Orientierung an der sonst in der Handschrift angewandten Schreibweise. Sollte auch diese (wie so oft) uneinheitlich sein oder keine Vergleichsmöglichkeit bestehen, wird grundsätzlich getrennt geschrieben.

1.3.6 Worttrennung am Ende der Zeile

Die Worttrennung am Ende der Zeile wird der Handschrift entsprechend ausgeführt. Trennsignale finden nur dort Verwendung, wo auch der Schreiber beziehungsweise der Rubrikator solche gebraucht. Zu unterscheiden sind hier a) der nur leicht von der Haupthand mit brauner Tinte ausgeführte meist einfache (selten aber auch doppelte) Trennstrich, der mit einem Bindestrich (-) wiedergegeben wird und b) der in der Regel vom Rubrikator mit roter Tinte (oft über dem vom Schreiber gesetzten einfachen Strich) gezogene doppelte Trennstrich, der mit einem Gleichzeichen (=) in der Edition erscheint. Dort, wo im Original das Wort in einer Zeile einfach abbricht und ohne Trennungsanzeige in der darauffolgenden fortgesetzt wird, verfährt die Edition ebenso.

Auf fehlerhaft gesetzte Trennstriche wird im Apparat 1 verwiesen. Da bei unterstrichenen Worten die Trennstriche in der Handschrift nur in den seltensten Fällen ebenfalls ausgezeichnet sind, werden sie in der Edition grundsätzlich ohne Unterstreichung wiedergegeben.

1.3.7 Interpunktion

Die Interpunktion des Codex Sangallensis 646 stellt den Leser vor erhebliche Probleme. Im Gegensatz zu anderen zeitgleichen Handschriften weist diese umfangreiche Reinschrift keine eindeutigen Satzzeichen auf: Es existieren – sieht man einmal von sehr seltenen Ausnahmen, die in

---

[55] Vgl. K. Kranich-Hofbauer, Zur Edition des „Starkbergischen Rotulus".

der Edition mit einem Schrägstrich (/) gekennzeichnet werden, ab – weder die sonst üblichen Virgeln noch Punkte oder Ähnliches. Zur Gliederung des Textes setzt der Schreiber neben Absätzen und sonstigen äußeren Elementen lediglich die ebenfalls sehr problematische Groß- und Kleinschreibung ein. Auch die den Text nur unvollständig schmückenden beziehungsweise gliedernden Rubrizierungen helfen auf diesem Gebiet nur bedingt weiter, da sie anderen Kriterien als Satzzeichen folgen.

Obwohl die Sprachwissenschaft die Verwendung moderner Interpunktionsregeln in Editionen rundum ablehnt[56], soll – vor allem um den Text für den Benutzer lesbar zu gestalten – angesichts des Handschriftenbefundes an dieser Stelle interpretatorisch eingegriffen werden. In dem von der Parataxe dominierten Text reihen sich nämlich oft einzelne Phrasen assoziationsartig aneinander, enden offen oder brechen einfach ab, sodass definitive Satzgrenzen nur schwer auszumachen sind. Ohne das Regelwerk der heutigen Interpunktion streng zu übernehmen, werden folglich textabhängig Satzzeichen gesetzt, die als Verständnishilfen aufzufassen sind. Dem an die Interpunktion gewöhnten Leser sollen mit Kommata, Punkten und anderen Zeichen, die allein auf die Editorin zurückgehen, Orientierungs- und damit gewissermaßen auch „Atemzeichen" gegeben werden[57]. Da die Edition aber ansonsten die Makrostrukturen der Handschrift berücksichtigt, ist der Text für Sprachwissenschaftler, die sich die Interpunktion einfach „wegzudenken" haben, auch im Hinblick auf Fragestellungen zu Interpunktionsregeln oder zum Aufbau von Sätzen analysierbar.

1.3.8 Gliederung

Mit Blick auf die Analyse der Makrostrukturen eines Textes soll die Gliederung der Handschrift, soweit dies mit Blick auf den Umfang des Textes möglich ist, für den Benutzer der Edition ersichtlich sein.

Die Reihenfolge der Blätter wird stets beibehalten. Die einzelnen Seiten werden durch die Seitenangabe deutlich voneinander abgegrenzt. Auch die jeweilige Spalte wird als Einheit betrachtet und von der vorherigen durch einen Absatz abgehoben. Die Beibehaltung der Spaltenform wird jedoch, anders als dies eventuell bei einer Reimchronik der Fall wäre, für nicht notwendig erachtet. Das Zeilenende ist durch senkrechte Striche (|) gekennzeichnet.

Überschriften oder vom Text zu differenzierende Datumsangaben des Rubrikators werden mit Absätzen vom normalen Chroniktext unterschieden. Befinden sich diese Textelemente über den einzelnen Spalten, beginnen sie linksbündig. Handelt es sich um eine Überschrift, die über beide Spalten verläuft und sich auf die Seite bezieht, wird sie zentriert über der a-Spalte ediert.

Absätze/Zeilenbrüche innerhalb des Textblockes werden als solche wiedergegeben. Breitere Spatien hingegen lassen sich aufgrund häufiger Uneindeutigkeit und Verfälschung durch Rubrizierungen nur selten identifizieren. Sie werden folglich nicht weiter berücksichtigt.

---

[56] Vgl. z.B. O. Reichmann, Zur Edition, S.351f; F. Simmler, Prinzipien, S.49ff; ders., Edition, S.876.

[57] Die Editorin greift in diesem Punkt die Überlegungen v. W. Besch, Editionsprinzipien, S.486f auf. Besch plädiert grundsätzlich für historische Interpunktion, im Falle von nur rudimentärer Markierung in Handschriften hält er aber moderne Interpunktionsregeln für legitim: „Man kann es Editoren nichtphilologischer Fächer wohl kaum verwehren, wenn sie Texte mit fehlender oder absolut kümmerlicher Binnensegmentierung durch moderne Interpunktion 'überschaubarer' machen (...). Man kann (...) Editoren nichtphilologischer Fächer nicht grundsätzlich dazu zwingen, in jedem Fall alle Detailunterlagen für eine Geschichte der Interpunktion in ihrem Editionstext abzubilden, ungeachtet des Charakters ihrer Quelle und ungeachtet einer gewissen Erschließungspflicht auf der Verstehensebene".

Mehrere Leerzeilen, größere Textabstände oder Freiräume werden aus Platzgründen stets durch zwei Leerzeilen dokumentiert. Besteht die zu edierende Chronikspalte zum Beispiel lediglich aus zwei kurzen, durch drei Leerzeilen voneinander abgesetzten Texten, erscheinen sowohl zwischen beiden Textabschnitten als auch nach dem zweiten zwei Leerzeilen. Letztere können damit auch für eine zu drei Vierteln leere Spalte stehen.

Um die genauen Textverhältnisse zu verdeutlichen, werden unbeschriebene Seiten mit dem Hinweis „Leere Seite" in die Edition integriert.

1.3.9 Initialen, Rubrizierungen, Unterstreichungen, Verzierungen et cetera

Die in dem Codex mit roter oder blauer Tinte ausgeführten Lombarden werden für den Leser durch einen größeren Schriftgrad und einen Hinweis im Apparat 1, der die Zeilenhöhe sowie die Tintenfarbe angibt (z.B.: 3-z. Lomb., mroT), gekennzeichnet.

Absatz- und Satzanfänge, bei denen die Majuskeln aber auch Minuskeln entweder durch Überdimensionalität oder aber durch Ober- beziehungsweise Unterlänge (teils mit Zierden) besonders hervorgehobenen werden, sind in der Transkription mit einem in runde Klammern gesetzten Ausrufezeichen [(!)] wiedergegeben.

Die Vielzahl der Buchstaben, die vom Rubrikator in der Regel mit roter und manchmal auch blauer[58] Tinte durch einen[59] senkrechten oder vertikal-schrägen Strich ausgezeichnet werden, sollen für den Leser als solche sichtbar sein. Da diese zu den Makrostrukturen zählenden Textelemente einerseits sowohl schmückende als auch gliedernde Wirkung haben und satzphonetische Funktionen übernehmen und andererseits ähnlich der Majuskeln gleichzeitig zur Hervorhebung dienen (vgl. die Rubrizierungen bei Eigennamen, Amtsbezeichnungen oder Institutionen wie z.B. „Rom", „Baupst", „Byschoff" oder „Raut"), werden sie als fett gedruckte Buchstaben in die Edition übernommen.

Die Unterstreichungen, die ebenfalls Namen und Begriffe besonders herausstellen beziehungsweise zur Orientierung des Lesers beitragen (vgl. etwa die Kennzeichnung der Jahreszahlen), werden der Handschrift entsprechend einfach ausgeführt. Ist ein Wort aus Nachlässigkeit oder Flüchtigkeit des Rubrikators nur teilweise hervorgehoben, erscheint es im Editionstext ebenso unvollständig unterstrichen.

Merk- sowie Verweiszeichen (Mz/Vz) werden wie die Marginalien auch mit näherer Beschreibung in Apparat 1 nachgewiesen.

Absatzzeichen (Absz) werden mittels des Symbols ¶, das dem in der Handschrift ähnelt, in den Text integriert und mit einem Hinweis im ersten Apparat näher erläutert.

Sogenannte Schlusszeichen werden aufgelöst und als „etc." wiedergegeben.

Für Schmuckelemente/Zierzeichen (Zz), die sich meist aus drei Punkten (1/2) mit einer geschwungenen Linie darunter (vgl. Abb.3 oder 5) zusammensetzen und an eine Blume erinnern, steht das Zeichen #. Die Farbgebung wird in Apparat 1 beschrieben.

---

[58] Da die Verwendung der blauen Tinte nur in den seltensten Fällen auftritt, wird in Apparat 1 stets darauf hingewiesen.

[59] Bei dem Buchstaben w finden vermutlich aufgrund der Breite hin und wieder auch zwei Striche Verwendung.

1.4 Editionsprinzipien Kapitel B.3 (CD-Rom)

Entgegen der in textkritischen Ausgaben meist üblichen Methode werden die Varianten/Lesarten der „Konstanzer Chronik" nicht in einem sogenannten „Lesartenapparat" unter dem Editionstext präsentiert. Die Vorgabe, die „Konstanzer Chronik" überlieferungskritisch so herauszugeben, dass sie auch für sprachwissenschaftliche Fragestellungen jeglicher Art auswertbar ist, schließt die Wiedergabe möglichst aller, das heißt auch der rein graphischen Varianzen ein. Der traditionelle Lesartenapparat würde bei der Verfolgung dieses Ziels – berücksichtigt man den sich daraus ergebenden Umfang – sehr unübersichtlich. Auch angesichts der geschilderten Abhängigkeitsverhältnisse zwischen dem St. Galler, Stuttgarter und Wiener Codex, die Analysen zur primären Textgeschichte dieser spätmittelalterlichen Chroniken ermöglichen, erscheint es – bedenkt man darüber hinaus die Existenz sogenannter „Autorvarianten"[60] – sinnvoll und aufgrund der Überlieferungssituation auch machbar[61], alle drei Texte in ihrer Gesamtgestalt einander synoptisch gegenüberzustellen. Erst durch eine solche Präsentation der Überlieferungsträger erschließen sich dem Benutzer neben rein orthographischen auch syntaktische, lexikalische und semantische Veränderungen unmittelbar. Unter anderem werden Wortumstellungen oder beispielsweise dialektal bedingte Wortsubstitutionen, Textverkürzungen, -erweiterungen, -verschiebungen, das heißt allgemein Veränderungen und Bearbeitungen der Chronik, ebenso wie der unterschiedliche Einsatz der Groß- und Kleinschreibung oder des Doppelkonsonantismus bei verschiedenen Schreibern und Abschreibern auf augenfällige Art und Weise sichtbar gemacht. Darüber hinaus offenbart der direkte Vergleich nicht nur Differenzen auf sprachlichem Gebiet, sondern auch rein formale, etwa die Textgliederungselemente (z.B. Initialen, Absatzzeichen, Leerzeilen) und damit die Makrostrukturen sowie die Ausstattung (z.B. Unterstreichungen, Wappen) betreffende Besonderheiten der einzelnen Handschriften[62]. Kapitel B.2 übernimmt die Gliederung des Codex Sangallensis 646 streng. Die genaue Gestalt dieser Handschrift ist für den Benutzer damit ersichtlich. Da gleichzeitig Stgt eine frühere Textstufe zu sein scheint, liegt es, auch um den Vergleich noch aussagekräftiger werden zu lassen, bei der Variantendokumentation in Kapitel B.3 nahe, hier nun der Reihenfolge des Stuttgarter Fragments zu folgen.

Prinzipiell gelten – hin und wieder an die Beschaffenheit der einzelnen Handschrift angepasst[63] – für die Texterstellung aller Textzeugen die Richtlinien, die in den vorherigen Kapiteln für den Codex Sangallensis 646 aufgestellt wurden. Entgegen der dortigen Methode werden, um den Vergleich der Handschriften aussagekräftiger zu gestalten beziehungsweise Abschreibefehler

---

[60] Vgl. z.B. H.-G. Roloff, Zur Relevanz von Varianten, S.4: „Das ganze Spektrum der Autorvarianten zu berücksichtigen, dürfte selbstverständlich Editorenpflicht sein, denn von diesen Varianten können Signale für die Textgenese bzw. für die weitere Textgeschichte ausgehen, die wiederum für die Textgenese von Gewicht sind."

[61] Der v. W. Besch, Zur Edition, S.6 angesprochene „außerordentliche Arbeitsaufwand" hält sich in diesem Fall also in Grenzen, sodass diese günstige Ausgangslage zur Erfüllung der sprachwissenschaftlichen Anforderungen genutzt werden soll.

[62] Vgl. hierzu bspw. die Forderungen und Vorschläge v. F. Simmlers, Edition, S.876ff, der u.a. auf S.878 meint: „Daher ist es sinnvoller, von den Textzeugen, die der Editor (...) als rezeptionsgeschichtlich bzw. sprachwissenschaftlich besonders wichtig oder interessant einschätzt, einen umfangreichen und fortlaufenden Textausschnitt in einem diplomatischen Abdruck zu erhalten. (...) reichen ca. 30-50 Handschriften- oder Druckseiten aus (...)".

[63] Bei der Wiedergabe v. W wird bspw. auf dem Gebiet der Groß- und Kleinschreibung darauf verzichtet, die beinahe ausschließliche Verwendung von J und A, deren Ursachen im ästhetischen Bereich zu suchen sind, getreu abzubilden. Die Lesbarkeit würde in dem Kapitel, in dem der Vergleich der Textzeugen im Vordergrund steht, empfindlich gestört.

und ähnliches vor Augen zu führen, die Texte gänzlich frei von Konjekturen und Emendationen präsentiert. Eindeutige Fehler werden mit dem Hinweis [sic!] versehen und Korrekturen von Schreibern oder Benutzern innerhalb des Textes als solche belassen.

Um dem Leser entsprechende Abweichungen deutlicher vor Augen zu führen, werden sowohl im Codex Stuttgartiensis HB V 22 als auch im Codex Vindobonensis 2807 Unterschiede mit Hilfe verschiedener Schrifttypen und dem Einsatz von Absätzen graphisch markiert[64]. Während der St. Galler Text in der linken Spalte als Vergleichsgrundlage für die Handschrift Stgt dient, ist – der Vergleich der Textüberlieferung legt eine solche Vorgehensweise nahe – Letztgenannte wiederum die Basis für die Kennzeichnung des Wiener Textzeugen in der rechten Spalte. Bei syntaktischen, das heißt die Wortstellung betreffenden Veränderungen kommen Kapitälchen zum Einsatz. Wird die Reihenfolge zweier Worte einfach vertauscht, sind beide ausgezeichnet; handelt es sich um kompliziertere Satzumstellungen, werden nur die Worte als Kapitälchen wiedergegeben, die an anderer Stelle zutage treten. Orthographische beziehungsweise semantisch-lexikalische Unterschiede bei einzelnen Worten werden durch Kursivierung gekennzeichnet. Fehlt ein oder mehrere Buchstaben oder wird ein Wort durch einen anderen Begriff ersetzt, ist das gesamte Wort kursiv, ändert sich lediglich ein Zeichen nur dieses. Liegen lexikalische Veränderungen bei mehr als zwei Worten vor, wird dies mittels der Setzung von Absätzen kenntlich gemacht. Um den Text durch verschiedene Schriftformate nicht unübersichtlich werden zu lassen, sind Differenzen im Bereich der Groß- und Kleinschreibung, der Abbreviaturen und der Superskripte/diakritischen Zeichen von der Markierung ausgeschlossen.

Eine solche Gegenüberstellung der drei überlieferten Zeugnisse verdeutlicht nun beispielsweise auf einen Blick auch semantische Differenzen, die durch Missverständnisse oder Abschreibefehler entstehen. Um gerade solche Elemente deutlich herauszustellen, werden – entgegen der Editionsmethode, die in Kapitel B.2 angewandt wird – Fehler in den Handschriften (vgl. z.B. Wortdoppelungen) beibehalten. Ergänzt werden lediglich fehlende Kürzelzeichen, wie man sie in W findet, mittels eckiger Klammern. Verbesserungen durch die Schreiber selbst werden nicht nur in den Fußnoten, sondern im Text als solche wiedergegeben. Verwiesen sei hier nur auf zwei Textstellen der Folio-Seite Stgt 220|224vb. Deutlich erkennbar verändert sich aufgrund von Missverständnissen, Lesefehlern oder einer bereits fehlerhaften Vorlage in W der Sinnzusammenhang: aus der Brückengasse wird die Burggasse und aus einem viereckigen Kirchlein ohne Apsiden und Chor wird eines mit viereckigen Apsiden und viereckigem Chor.

SG:	Stgt:	W:
fol.3ra:	fol.220|224vb:	fol.2[r]:
das es jn kurtzen jaren | mit des küngs vnd der lü= | ten hilff erbuwen ward, | **a**ls yetz der tümpffel ist | vnd brugkgassen (...) das die | kilch zů <u>sant johans</u> ge= | buwen	**D**as | es jn kurtzen jaren mit DER | LÜTTEN vnd *ouch* DES KÜNG*E*S hilff | erbuwen ward, als *jetz* der | tümpffel ist vnd *andan bruggasse(n)* | (...) das | die kilch zů <u>Sant johan*n*s</u> ge- | buwen	das es jn kůrttzen *zitten* mit | der luitten[65] vnd des *küngs* hilff erbuwen ward, | al*ss jetz* der tui*[m]*pffe*ll* vnd ~~vndra~~ *an bůrg* gasse(n) | (...) das | die ki*r*ch zů san*tt* johan*s* gebuwe(n)

[64] Die Herausgeberin folgt hier A. Bohnenkamp, Textkritik, die auf S.196 meint: „Für die Darstellung mehrerer Zeugen ist auch der Paralleldruck mit graphischer Kennzeichnung der Variation eine mögliche Lösung".
[65] Die Ligatur „ui", die für W typisch ist, wird hier stets beibehalten und nicht aufgelöst.

ward. Es w(a)z aber | nun ain gefierdt kilchlin, | one absyten vnd ön den | chor.	ward. Es was abe(r) nom- | end ain gefiertt *kilchli,* *ăn die* | abs*itt*en vnd *ăn* den *kor.*	ward // es | Was aber nu(n) gefiertt an *den* ab sitten vnd | an*dem* kor.

Wie bereits erläutert, ist die Überlieferung zu Vlad III. Țepeș in der „Konstanzer Chronik" inner-halb der Forschung bisher unberücksichtigt geblieben. Obwohl die Unterschiede zwischen den Handschriften zur Geschichte dieses walachischen Herrschers weniger deutlich ausfallen als dies bei den Texten in Kapitel B.3.1 der Fall ist, bietet es sich an, sowohl die Codices Sangallensis 646 und 806 als auch die Colmarer Handschrift 45 (letztere nach dem diplomatischen Abdruck v. Dieter Harmening[66]) synoptisch zu edieren. Wiederum werden auf der Grundlage der oben erläu-terten, für die „Konstanzer Chronik" erarbeiteten Editionsprinzipien diplomatische Abdrucke der Fragmente erstellt bzw. wiedergegeben. Differenzen zwischen den drei Überlieferungsträgern können vom Benutzer durch die entsprechenden Markierungen (Kapitälchen, Kursivierung und Absatz) auch in diesem Editionsteil leicht überblickt werden.

Dasselbe Verfahren findet auch bei der dritten Gegenüberstellung Anwendung. Um den Um-gang eines mittelalterlichen Schreibers auch im Zusammenhang mit normativen Quellen, die als Textinserte in den Chroniktext eingewoben werden, zu demonstrieren, wird in Kapitel B.3.3 der Originaltext der Königsurkunde der Richtung vom 13. Dezember 1430[67] mit dem in der „Kon-stanzer Chronik" gebotenen (vgl. SG, fol.126ᵃff) verglichen. In diesem Fall ist selbstverständlich die Urkunde zur Basis zu erklären. Die Veränderungen werden folglich im Bereich des Codex Sangallensis 646 mit Hilfe der beschriebenen Mittel angezeigt. Anders als bei den vorherigen Texten wird in der Urkunde, die von einem geschulten Mitarbeiter der Kanzlei erstellt wurde, die Interpunktion der Vorlage entsprechend durchgeführt. Um den Umgang des Abschreibers mit dem Quellentext zu verdeutlichen, wird hingegen, da die Urkunde selbst fortlaufend ohne formale Binnengliederung gestaltet ist, die äußere Gestalt der Chronik beibehalten.

Abschließend sei auf ein Wort des bedeutendsten Editors des 19. Jahrhunderts, Karl Lachmann, verwiesen, das auch auf diese Ausgabe der „Konstanzer Chronik" Gebhart Dachers übertragen werden kann: „An Eifer wenigstens und Fleiß habe ich es nicht fehlen lassen: aber bei erweiterter Kenntniss müssen uns die eignen Bestrebungen von Tage zu Tage minder genügend erschei-nen."[68]

---

[66] Vgl. D. Harmening, Anfang, S.107-116.
[67] Vgl. GLA Karlsruhe, KS 666.
[68] K. Lachmann, Auswahl aus den hochdeutschen Dichtern des 13. Jahrhunderts, 1920, zitiert nach T. Bein, Text-kritik, S.60.

2. Codex Sangallensis 646

[1ra] ⁱ# Anno CCC viiij jar #ⁱ |

ⁱⁱGebhardi dacherⁱⁱⁱ | Aut<u>hor hujus Chronici Constantiensis</u>ⁱⁱ

BEkenne^{iv/a} mengklich^b alle | vnd yegklich besunder, | das die stat

<u>Costentz</u> gebuen | worden ist als man vo(n) der | geburt cristi zalt drühun=

5 | <u>d</u>ert vnd nün jare¹. Von | <u>Constantio</u>² dem kayser, ain | sun <u>d</u>yocleciani³   *309*

des kays(er)s, | von den <u>R</u>ômern jn tutsche | land gesant wyder den | *1. Gründungs-*

hertzogen von schwaben | zů ellgern⁴. Vnd do er den | hie jn diser stat   *bericht v.*

sach wyder | jn komen mit fünff küng- | en, die sich jm zů gesellet | *Konstanz;*

---

i...i) # Anno CCC viiij jar #] *v. der Hd. des Rubr., mroT* ii...ii) Gebhardi (...) <u>Constantiensis</u>] *v. der Hd. Ildefons v. Arx' (vgl. zu ihm Kapitel A.4.1.2), mdbT* iii) dacher] *dan. Von dingelstat SG; durch Streichung v. späterer Hand getilgt* iv) BEkenne] B *2-z. Lomb., v. der Hd. des Rubr., mblT;* E *mblT rubriziert*

a) *v. bekennen:* erkennen, wissen b) jeder(-mann) c) Fülle, Reichtum, Überfluss d) Erde, Land e) ehrenvoll, ehrbar f) *v. beschenhen/beschëhen:* geschehen, sich ereignen g) *v. nemmen:* (be-)nennen, einen Namen geben h...h) machte sich derselbe Kaiser Constantius auf (*v. vffheben:* sich aufmachen) i...i) fiel ein (*v. inziehen:* ziehen, einfallen, gegen jmdn. einen Kriegszug führen)

¹ Vgl. zu den Gründungsberichten Dachers Kapitel A.5.1.2. Hier nur ein kurzer Abriss: Vermutlich vom Ende des 2. bis zur Mitte des 1. Jhs. v. Chr. siedeln auf dem sog. Münsterhügel und den höheren Arealen des spätestens seit dem Hochmittelalter als „Niederburg" bezeichneten Gebietes Kelten, mit großer Wahrscheinlichkeit Helvetier, denen somit die Gründung v. Konstanz als Siedlungsplatz an Rhein und See zufällt. Nach einem Siedlungsabbruch wird in den ersten Jahrzehnten des 1. Jh. n. Chr. – wiederum auf die Bereiche Münsterhügel und Niederburg konzentriert – v. röm. Seite eine Siedlung angelegt, die als kleiner Militärposten, vielleicht aber auch als Handelsplatz dient. Archäologische Funde zu zwei Militäranlagen führen zu der Annahme, dass der Münsterhügel nach 250 n. Chr. jeweils kurzfristig v. kleineren Truppenkontingenten besetzt war. Mit dem Auftreten der „gens Alamannorum", dem Fall des obergermanisch-rätischen Limes und dem allmählichen Vordringen der Alamannen in das Bodenseegebiet im 3./4. Jh. ändert sich die Gestalt v. Konstanz. Wie jüngste Ausgrabungen belegen, kommt es mit großer Wahrscheinlichkeit um 300 zu einem Ausbau des Ortes hin zu einem Militärlager, einem spätröm. Kastell, das bis mindestens Ende des 4. Jhs. dem röm. Militär als wichtiger (Flotten-)Stützpunkt dient. Über das Schicksal der Stadt vom Rückzug der röm. Truppen bis zur Wahl als Bischofssitz an der Wende vom 6. zum 7. Jh. kann nur spekuliert werden, wobei v. einer kontinuierlichen Entwicklung auszugehen ist (vgl. H. Maurer, Konstanz I, S.11-24; H. Stather, Das römische Konstanz; J. Heiligmann, Als das Münster noch keine Schatten warf; N. Hasler u.a. (Hgg.), Im Schutze, v.a. S.56ff, 76ff).

² C. Flavius Valerius Constantius I. (Chlorus): um 250 in Illyrien geb.; Vater v. Constantinus I.; dient im Stab der illyrischen Soldatenkaiser; 293 Erhebung durch Diocletian und Maximian zum Caesar des Westreichs in den Provinzen Spanien, Gallien und Britannien; Feldzüge zum Schutz der Rheingrenze gegen Franken und Alamannen; bei Letzterem (möglicherweise das Ereignis, das sich in unserem Text widerspiegelt) gelingt es ihm, durch einen Sieg bei Vindonissa (Windisch) im Jahr 298 oder 300/304 die problematische Lage am Hochrhein bis in die Mitte des 4. Jhs. zu stabilisieren; 305 Erhebung (mit Galerius) zum Augustus; mit Sohn Constantinus Kampf gegen die Picten und Rückgewinnung der Zentralgewalt in Britannien; 306 gest. in Eburacum (York); Legendenbildung, durch Constantinus gefördert (vgl. Der Neue Pauly, Bd.3, Sp.144f; LexMA, Bd.3, Sp.172).

³ C. Aurelius Valerius Diocletianus: 241 oder 244 in Dalmatien geb.; militärische Karriere; 284 Erhebung zum Kaiser; Begründer der Tetrarchie; Kämpfe gegen Alamannen bzw. Inthungen im rätischen Raum; administrative und militärische Reformen; 303 Christenverfolgung; gest. 313 (vgl. Der Neue Pauly, Bd.3, Sp.577-587).

⁴ Wird in der Literatur häufig als Ortsbezeichnung interpretiert, kann aber nicht näher identifiziert werden. Evtl. könnet es aber auch in Anlehnung an das Wort „ellen" mit der Bedeutung „Stärke mit Kühnheit verbunden, Mannheit" als Verb gedeutet und mit „kühn/mutig kämpfen" übersetzt werden.

hattend, Vnd er den über | wand vnd den R**o**̊mern | undertånig vnd   *Gründer*

10 gehorsa(m) | macht Vnd die genuch= | sami^c des ertrichs^d vnd | des   *Constantius;*

erwirdigen^e siges vn(d) | überwindu(n)g, hie beschen= | hen^f, betrachtet,

H̄at der selb | kayser **Constantius** dise stat | genempt^g nach sinem ay= | gen   *Namensgebung;*

namen **costentz**⁵ by de(m) | **Bodem see**⁶. Vnd do der | selb sige vnd der

stat stiff= | tu(n)g geschenhen was, ^h**h**ůb | sich der selb kayser **Consta(n)**= |

15 tius vff^h hie zů **costentz** | vn(d) ^i⁾zoch in^i⁾ **hyspania** vn(d) | machet jm das

selb küng= |

[1rb] rich och vndertånig⁷. Vn(d) | dar nach zoch er wyder | her gen **costentz**

vn(d) bracht | mit jm **sant helena**⁸, ains | ků̊ngs von **Br(i)tania** toch= | ter

gewesen⁹, jn **tütsche** land, | die ain wytwe **a**ins küngs | von **treuern**¹⁰ was,

vn(d) nam die | zů ainem wyb Vnd ge= | barend by ainander **Constan**= | *Kaiser*

5 **tinu(m)**¹¹, den grossen kayser ge= | nampt, den **sant siluester**¹² | tofft vnd   *Constantinus;*

---

⁵ Konstanz wird unter dem Namen „Constantia" erstmals in Quellen des 5. bzw. frühen 6. Jhs. überliefert, die die Basis der Erdbeschreibung des anonymen Geographen v. Ravenna im 9. Jh. bilden. Der Name geht auf das 4. Jh. und genauer auf die konstantinische Herrscherdynastie zurück, da als Namensgeber nur ein Constans oder Constantius in Frage kommt; die vorherige Bezeichnung ist nicht bekannt. Die These, es habe sich um „Vitudurum" gehandelt, ist inzwischen widerlegt; Dacher spricht auf fol. 3vb v. „ni= | der wasserburg". Während O. Feger, Geschichte, Bd.I, S.49f ebenso wie hier Dacher noch Constantius I. Chlorus (in Erinnerung an dessen Sieg bei Vindonissa) mit diesem Akt verbindet, spricht sich die Forschung inzwischen für den von Feger ebenfalls in Erwägung gezogenen Constantius II. (317?-361) als heros eponymos v. Konstanz aus. Im 7. Jh. wird aus „Constantia" dann im Zuge einer Lautverschiebung v. c zu ch und t zu z sowie durch die Erstbetonung der Silben ein althochdt. Chóstinza bzw. ein älteres alemannisches Chóste(n)z. Wie H. Maurer, Konstanz I, S.19ff zeigt, ist das Wissen um einen namensgebenden röm. Kaiser zumindest in gelehrten Kreisen noch in der Karolingerzeit präsent und wird bis ins Spätmittelalter tradiert (vgl. H. Maurer, Konstanz I, S.18-23; H. Stather, Das römische Konstanz, S.128-135; N. Hasler u.a. (Hgg.), Im Schutze, S.78 und H. Lieb, Lexicon, S.37ff).

⁶ Bodensee (vgl. allg. H. Maurer (Hg.), Der Bodensee und zur Geschichte des Namens: A. Borst, Bodensee).

[1rb]
a) Aussatz

⁷ Eine ähnliche Information finden wir auch in der Chronik Königshofens, vgl. C. Hegel (Hg.), Chronik, S.360: „dirre Constancius betwang Spangenland".

⁸ Flavia Julia Helena: um 248/49 im illyrischen Raum geb.; Mutter v. Constantinus I.; gest. 328/29; galt als Ideal einer christlichen Herrscherin; Legende v. der Auffindung des Heiligen Kreuzes; Verbreitung ihres Kultes v. Rom aus in Italien, Ungarn, Deutschland und Frankreich, nachdem sie im 9. Jh. in Usuards Martyrologium (Festtag 18. Aug.) aufgenommen wird (vgl. LThK, Bd.4, Sp.1403f; LexMA, Bd.4, Sp.2117f).

⁹ Vgl. C. Hegel (Hg.), Chronik, S.360: „Helena sinre unelichen frowen die do was des küniges dohter von Britania".

¹⁰ Der Bezug auf die „Treveri", d.h. die Trierer, eröffnet einen ganz neuen Aspekt innerhalb der Gründungsgeschichte. Ohne explizit darauf einzugehen, verbindet der Chronist damit (einmal vorausgesetzt, dass er Kenntnis v. der sog. Trebetasage hat) die eigene Stadtgründung mit einer der Sage nach zeitlich vor Rom und der Entstehung des Röm. Reiches liegenden Ära. Indem er Trier – die „erste und eilteste stat (...) zů dütschen landen" (C. Hegel (Hg.), Chronik, S.700), die angeblich „bi Abrahames ziten" (z.B. ebd., S.249) v. Trebeta, einem Sohn v. Ninus und Nachkomme v. Nimrod, dem Erbauer v. Babylon, gegründet wurde – und deren Machtbereich (vgl. „küng") anführt, greift er eine spezifisch „dt." Urgeschichte auf und verknüpft diese, wie bspw. Königshofen im Zusammenhang mit Caesar, mit der Geschichte des Röm. Reiches (vgl. speziell zur Trebetasage I. Haari-Oberg, Wirkungsgeschichte sowie H.-W. Goetz, Geschichtsschreibung, hier S.222ff).

¹¹ Flavius Valerius Constantinus I.: um 275 in Naissus geb.; 306 vom Heer zum Kaiser ausgerufen; 307 im Kampf gegen Maxentius zum Augustus erhoben; danach v.a. in Britannien und an der germanischen Grenze tätig; 312 Sieg gegen Maxentius; 313 Mailänder Edikt; 324 Alleinherrscher; 325 Konzil v. Nicäa; innen- und außenpolitische Reformen; Grenzsicherung an Rhein und Donau; gest. am 22. Mai 337 (vgl. B. Beckmann, Konstantin).

¹² Hl. Silvester I. (314-335): Papst seit dem 31. Jan. 314; gest. am 31. Dez. 335 (vgl. LexMa, Bd.7, Sp.1905-1908).

von siner vssetzi= | kait^a gesund gemacht hat[13], | der och vil grosser vnd ŏn
| vssprechenlicher gaben | der hailigen **Rŏmschen** | kirchen getŏn hat[14].
Dar= | nach der selb kayser **co(n)stan**= | **tius** ward von den **Rŏ**= | **mern**
gesant jn **appulia**[15]. | vnd da selbs ertŏtt er **zwen** | kung, ainer genampt |

10   **gallus** der ander **silua**= | **nus**, mit siner aignen | hand macht[16]. **Vn(d)** dar= |
nach ist der selb **consta(n)ti(us)** | komen gen **Rŏm** vm(b) des | wyllen, das
er den toff | emphienge von dem hai= | ligen **Baupst** sant **Euse**= | **bio**[17],
vnd ward von jm | getŏfftt. **Vnd** nach dem |

[1va]   do sant er nach der küngin | **sant helena** vnd sine(m) sun | **Constantino**.
vnd als die | komen warend, **do** starb | er als bald, vnd als er | den
kayserthŭm streng | clich geregiert hett **süben**= | **zehen jar** vnd **süben mo**=
| **nat**[18]. **Dar** nach als Bald | ward sin sun **constantin(us)** | der grosz kayser.

5   **Vn(d)** kam(m) | die küngin **helena** dar nach | wyder her gen **costentz**,
vn(d) | dar nach zoch sy jn **Brÿ**= | **tania**. #ⁱ |

[2ra]   ⁱ**Es**ⁱⁱ ist ze wyssend, d(a)z | vor der vorgesch= | riben jar zal cristi, | **Der** zyt
als man von si= | **n**er gepurt zalt zwaÿ= | hundert vnd süben jar | do ist *207*
costentz nit anders | gewesen dan(n) **a**ls yetz der | **p**rediger closter[19] stat, *2. Gründungs-*

---

[13] Dacher rezipiert hier die sog. Silvesterlegende, deren Intention es ist, die konstantinische Wende als ein Werk der Kirche Roms erscheinen zu lassen. Angeblich soll der Christenverfolger Constantinus nach einer Taufe durch Silvester I. v. Aussatz geheilt worden sein und infolgedessen Gesetze zugunsten der Christen erlassen haben (vgl. Verknüpfung mit der Konstantinischen Schenkung). Tatsächlich hat der Kaiser aber den Übertritt zum Christentum erst durch eine Taufe v. Bischof Eusebius v. Nikomedia auf dem Sterbebett vollzogen. Auch unsere Chronik weiß v. dieser Taufe; der mit Arius sympathisierende Bischof erscheint hier jedoch als rechtgläubiger röm. Papst, der nicht Constantin, sondern dessen Vater tauft (vgl. B. Beckmann, Konstantin, S.9f und 128f).

[14] Hinweis auf die sog. Konstantinische Schenkung.

[15] Apulien spielt im Mittelalter wegen der geographischen Lage eine bedeutende Rolle für den Handel im Mittelmeerraum und könnte dem Namen nach in Konstanz bekannt gewesen sein. Es erstreckte sich im Unterschied zu den heutigen Grenzen v. der Mündung des Biferno zum Kap Leuca, wobei es im Osten v. der Adria begrenzt wurde und der Flusslauf des Bradano es v. Lucania trennte (vgl. LexMA, Bd.1, Sp.820-823, hier Sp.820).

[16] Dieser Hinweis scheint sich auf Ereignisse zu beziehen, die sich während der Regierungszeit v. Constantius II. zugetragen haben. So dürfte mit Gallus der Sohn des Halbbruders v. Constantin dem Großen, Constantius Gallus (325-354), gemeint sein (vgl. Der Neue Pauly, Bd. 3, Sp.145-147). Der Franke Silvanus wiederum wird 353/54 zur Bekämpfung germanischer Invasoren nach Gallien geschickt (vgl. Der Kleine Pauly, Bd.5, Sp.198).

[17] Eusebius v. Nikomedia: mit Arius Schüler des Lukian v. Antiochia; seit ca. 318 Bischof der Kaiserresidenz; Verbannung nach Gallien durch Kaiser Constantin wegen fortdauernder Unterstützung der Arianer nach Nicäa; 328 Rückkehr; Einfluss am Hof; 337 Taufe v. Constantin; 341 Weihe des Westgoten Ulfila zum Missionsbischof; gest. 341/42 (vgl. LexMA, Bd.4, Sp.107f).

[1va]
i) *Zz: v. der Hd. des Rubr., mroT*

[18] Wie die Lebensdaten v. Constantius I. Chlorus zeigen, kann v. einer solchen Regierungszeit keine Rede sein.

[2ra]
i) *Beginn v. Stgt zunächst in veränderter Version* ii) Es] E *3-z. Lomb., v. der Hd. des Rubr., mroT*

a) Festung, Burg b) Jagdgebiet c...c) v. seszhaft sîn: seinen Wohnsitz haben d) v. vffen/ûfen: wachsen, sich mehren e) v. besetzen: besetzen; bewohnen; bevölkern (vgl. fol.2rb) f...f) aus seiner Verwandtschaft vn(d) | ist gewesen ain vestin[a/20] vn(d) | was ain geiaid[b] des **Rôm** | schen *bericht[26];*

5 küngs kayser **karo**= | **lus**[21], der do zů **zürch**[22] [c]sesz= | hafft was[c]. **V**nd dir(r) *Kaiser Karl;*

sin | **Rômscher** küng sasz zů | **pfin**[23] vnd der hiesz **Co(n)stan**= | **tinus**. **A**ls *König Constan-*

nun disz land | sich vffet[d] vnd bessrot, **D**o | ward es dem kayser zů | **Rôm** *tinus;*

zů wyssen getŏn. | **D**er bedaucht nun, dise land | zů besetzende[e] vnd machet

| ain kayserthům dar vsz | vnd satzt ain kayser her | vsz von **Rôm** [f]von *Frühgeschichte*

10 siner sy= | ten[f] vnd satzt den gen | **zürich** vnd machet dem | ainen küng *des Land-*

Constantinu(m) | vnd tailt jnen die lannd. | **A**lso was von **Bern**[24] vntz | an *strichs;*

die lindmag[25] d(a)z wasser | was, das gehort kayser | **karolen**. **V**nd was

dan(n) |

[2rb] von der **lindmag** was bisz | jn den **Rin**[27], das gehort **Con**= | **stantino** dem

küng zů. | vnd die tailu(n)g machet, d(a)z | **zürich** die kayserlich stat |

---

[19] Dominikanerkloster: Niederlassung der Dominikaner in Konstanz vermutlich um 1220; Konventsgründung 1235; 1236 gestattet Bischof Heinrich I. die Niederlassung auf der Insel vor Konstanz; mit der Schenkung verbindet sich das Recht, ein Kloster zu errichten, das Gelände bei Bedarf zu vergrößern sowie eine Brücke zu bauen; Bau des Gebäudekomplexes mit einer dreischiffigen Basilika, deren flachgedecktes Langhaus durch einen Triumphbogen vom ebenfalls flachgedeckten, gerade abgeschlossenen Chor abgesetzt ist, bereits in den 1270er Jahren abgeschlossen; eigentlicher Höhepunkt des Klosters in der ersten Hälfte des 14. Jhs. (vgl. Heinrich Seuse) (vgl. zur Lage der Gebäude und zur Anlage der Stadt hier und im Folgenden die Karten im Historischen Atlas von Baden-Württemberg, Blatt IV,7; F. Kretschmar/U. Wirtler, Bürgerhaus, S.8; H. Maurer, Konstanz I, Umschlag Innenseite sowie H. Kölsch, Niederburg, S.18f; zum Kloster selbst vgl. HS IV,5,1, S.391-419; H. Maurer, Konstanz I, S.131ff und ders., Das Dominikanerkloster; Der Landkreis Konstanz, Bd.3, S.479; A. Borst, Mönche, S.246ff und G. Dehio, Handbuch, Bd.2, S.374f).

[20] Diese Überlieferung einer „starken Feste" auf der Insel, die zeigt, welche Bedeutung ihr im Spätmittelalter zugemessen wird, führte – obwohl keinerlei Baubefunde aus röm. Zeit existieren – innerhalb der Forschung dazu, dass das in Konstanz gesuchte Kastell auch hier vermutet wurde (vgl. H. Stather, Das römische Konstanz, S.119).

[21] Hierbei handelt es sich wohl um eine Erinnerung an Kaiser Karl den Großen, der zusammen mit seiner Gattin Königin Hildegard am 13. Nov. 780, v. Worms kommend, Konstanz besuchte (vgl. allg. LexMA, Bd.5, Sp.956-966).

[22] Zürich: geht nach einer frühen Besiedlung in Stein-, Bronze- und Eisenzeit auf eine röm. Siedlung zurück (vgl. röm. Kastell auf dem Lindenhof, das in karolingischer Zeit zu einer Pfalz umgebaut wurde); seit dem Frühmittelalter stark durch die kirchliche Topographie („Sakrallachse") geprägt; erste urkundliche Erwähnung 853; bereits zu dieser Zeit existiert ein Königshof, erscheint Zürich in fränkischem Königsbesitz (!) (vgl. z.B. LexMa, Bd.9, Sp.710-712; A. Largiadèr, Geschichte von Stadt und Landschaft Zürich, Bd.1, Zürich 1945, S.15ff; Stadtluft, Hirsebrei und Bettelmönch, S.68-91).

[23] Pfyn (röm. Name „Ad Fines"), Kt. Thurgau: Ad Fines lag an einer bedeutenden röm. Überlandstraße und war nachweislich ein spätantikes Straßenkastell, das sowohl die Straße nach Konstanz als auch die Überlandstraße sicherte (vgl. H. Stather, Das römische Konstanz, S.113f; N. Hasler u.a. (Hgg.), Im Schutze, S.80ff).

[24] Bern: keltische und römische Besiedlung; Stadtgründung aber erst 1191 durch Berthold V. von Zähringen (vgl. z.B. SchwLex, Bd.2, S.66-70 und 88f; R. Feller, Geschichte Berns).

[25] Limmat: rechter Nebenfluss der Aare, mündet bei Brugg (Kt. Aargau).

[26] Vgl. auch zu dieser Gründungsgeschichte Kapitel A.5.1.2 und allg. zur Stadtentwicklung v. Konstanz z.B. F. Meier, Stadterweiterungen sowie H. Mauer, Konstanz I.

[2rb]
i) Nu] N *2-z. Lomb., v. der Hd. des Rubr., mblT* ii) *Marg.: 2-z., v. späterer Hd., mhbrT, amreRa* iii) *Mz: 2-z. Schleife, v. späterer Hd., mhbrT, amreRa* iv) *Marg.: 2-z., v. späterer Hd., mdbrT, amreRa, abgeschnitten, v. der Editorin erg.:* Fraue[n-]| feld. v) *Marg.: v. späterer Hd., mdbrT, amreRa, abgeschnitten, v. der Editorin erg.* Bürgl[on] vi) ist] *dan. Virgel v. der HHd., nicht wiedergegeben*

a...a) weil b) Wohnsitz c) Hofstätte, Unterkunft, Wohnsitz des Herren d...d) v. hinvallen: niederfallen, d.h. zerstören, niedergehen e) Haus, Wohnsitz f) überall

getailt ward **vnd** ^avmb | d(a)z wan^a sy <u>zwain</u> küngen | getailt was, do ward
ir | der nam gegeben <u>zweirich</u>[28]. |

5 **Nu**ⁱ was <u>Constantin(us)</u> | seszhafft zů **pfin** **vn(d)** | hett gar ain schön
herlich | gesåsz^b. **Als** die stat yetz ist, | das was do **ai**n vestin | vnd ist sid
her der hoffstat^c | mer ^dhin geuallen^d dan(n) | des dryttail; vnd was | alles
gar herlich **vn(d)** kost= ⁱⁱ| lich gebuwen zů ainer ⁱⁱⁱ| vestin. **Vnd** was siner |
froen zymer^e zů <u>froenueld</u>[29], ^{iv}| **d**ie stat was och ain vesti | wol **vnd** herlich

10 erbuwen. | vnd **Bürglon**[30] war ouch ^v| gar ain schön herlich husz | wol
durch buwen; des och | vil hin geuallen ist^{iv}/[31]. **Da** | zwüschen den hüsern   *Besiedlung;*
stůn= | dend gar vil vestine(n) **vn(d)** | hüser, das besetzt warend | alle end
allenthalben^f jn | allem land, **Das** so vil **Ed**= | ler lüt jn dem land wa= |

[2va]   ⁱrend, d(a)z man es nit ge= | rechnen mocht. vnd von | **pfin** gen <u>mülhain</u>[32]
vn(d) gen | <u>wygoltingen</u>[33] **vn(d)** gen <u>wa</u>= | <u>lahusen</u>[34] vnd gen <u>froe(n)ueld</u> |
vnd gen <u>gachna(n)g</u>[35] **vn(d)** gen | <u>Stainhan</u>[36] vntz an den Rin | gen
<u>diessenhouen</u>[37] **vn(d)** wy= | der vmb von **Bürglon** | gen schönenberg[38] gen

---

[27] Rhein.

[28] Der röm. Name des „vicus" Zürich (sowohl Siedlung als auch Zollposten) lautete „Turicum" bzw. „statio Turicensis". Abgeleitet davon ist im 8./9. Jh. „Turicina civitas" und bereits „Ziurichi" nachgewiesen.

[29] Frauenfeld, Kt. Thurgau: Bisher wurden lediglich Überreste v. röm. Gutshöfen bei Frauenfeld gefunden. Nachdem 881/82 Kaiser Karl der Dicke der Abtei Reichenau den Hof Erchingen schenkt, bauen auf deren Boden die Grafen v. Kyburg zur Sicherung der klösterlichen und eigenen Rechte eine wohl bald erweiterte Burg mit Kapelle; spätestens 1264 entsteht um die Burg eine Stadt (Stadtrecht 1331); Blüte und Mittelpunkt der habsburgischen Verwaltung im 13. und 14. Jh.; 1415 Reichszugehörigkeit; 20. Okt. 1417 Verpfändung des thurgauischen Landgerichts samt der Vogtei Frauenfeld an Konstanz (vgl. SchwLex, Bd.4, S.269 und A. Knoepfli, Thurgau, Bd.1, S.46ff; zur Burg S.62ff).

[30] Bürglen, Kt. Thurgau: Ort entsteht unter direktem Schutz der Vorburg der Stammburg der Freiherren v. Bürglen, Ministerialen des Konstanzer Bischofs; Ludwig der Deutsche überträgt die Pfarreien Bürglen und Silenen der Fraumünsterabtei Zürich; 1408 gelangt der Besitz der Freiherren v. Bürglen durch Kauf bzw. Erbe an die Herren v. Sax und die v. Klingenberg, Großbrand 1458 (vgl. SchwLex, Bd.2, S.353; HHS, S.116).

[31] Möglicherweise wird hier die Stammburg der Freiherren v. Bürglen in die Zeit des Röm. Reiches projiziert.

[2va]
i) *In dieser Spalte einige Virgeln (v.a. nach der Nennung der Orte) v. der HHd; nicht wiedergegeben* ii) gnůg] n *zur Verdeutlichung doppelt ausgeführt; das diakritische Zeichen in SG über* n *statt über* u

a) Lebensunterhalt b) Vieh c) Kühe d) nur, bloß, nichts als e) aus Hafer, Haferbrei f) v. bachen: backen

[32] Müllheim, Kt. Thurgau: erstmals 1254 als „Mulhain" erwähnt; gehörte zur Abtei Reichenau (vgl. SchwLex, Bd.8, S.219).

[33] Wigoltingen, Kt. Thurgau: seit 889 bezeugt; gehört dem Konstanzer Domkapitel; Mutterpfarrei v. vielen umliegenden Kirchgemeinden (vgl. SchwLex, Bd.12, S.234f).

[34] Wellhausen, Kt. Thurgau: gehört zum Besitz der Reichenau und ihren Ministerialen; erste urkundliche Erwähnung 1308; vgl. auch die Burg reichenauischer Ministerialen Wellenberg mit einem Bergfried aus dem 13. Jh. (vgl. A. Knoepfli, Thurgau, Bd.1, S.438ff; SchwLex, Bd.4, S.129f).

[35] Gachnang, Kt. Thurgau: erste urkundliche Erwähnung 889; seit dem 11. Jh. im Besitz der Reichenau; erste Feste entsteht im 13. Jh. (vgl. A. Knoepfli, Thurgau, Bd.1, S.189ff).

[36] Steinheim ist nicht zu identifizieren. Möglicherweise ist Steinach, Kt. St. Gallen, gemeint.

[37] Diessenhofen, Kt. Thurgau: Entstehung v. Kirche und profanem Siedlungskern möglicherweise in spätmerowingischer Zeit; 757 (erster urkundlicher Beleg) Vergabe v. Dorf samt Kirche v. Priester Lazarus an Kloster St. Gallen; 1187 Stadt; kommt nach dem Ende der Grafen v. Kyburg in die Hand der Habsburger und gewinnt als Sitz

5 **B**y= | schoff zell³⁹ vnd gen **win**= | **felden**⁴⁰ vnd das land al= | les stůnd   vollen hüser, da | ains, da **drü**, da **viere**, da | **zechne** vnd das es also | alles   besetzt was vnd so | vil lüt jn dem land was, | das man es nit gerech= | nen   kund. **V**nd was der | welt begangnüszᵃ nit an= | ders dan(n) mit anttwerk | *Lebensweise;*   oder mit vechᵇ sich erne= | ren als mit kůgenᶜ, **R**ind(er)n, | schaffen,

10 schwin vnd sǒ= | lichem. vnd aussend die | lüt gar wenig brot, dan(n) | nur   von dem vech lebtend | die lüt. vnd was sy brot | aussend was nunᵈ hǎbryᵉ. | **V**n(d) Bůchᶠ ainer ain mal | für sich vnd sine kind vn(d) | gesinde, das er   ain halb | jar oder mer brotz gnůgⁱⁱ |

[2ᵛᵇ] hett. **N**(!)un diser kung | **Constantin(us)** der hett och gar | ain kostlich   *König*   grosz husz hie | dishalb **R**ins, als die statt **Stain**⁴¹ lit, vnd die hiesz uff | **B**urg. vnd hett da selbs ain | gewelbᵃ gemacht, d(a)z er vn= | der dem **R**in   *Constantinus,*   *Gründer v.*   gǒn mocht | vff das land, als yetz die | stat lit. **V**nd der küng | wonot och   *Konstanz, und*

5 vil da, wan | vsz dem küngkrich von | **frankrich** stiesz vil her= | schafft her   *seine Gegner;*   zů, das jn da | selbs bekümertᵇ. **N**un | hett er als **costentz** litt | an der stat,   da yetz pre= | diger closter ist, sin ᶜgeiaid | huszᶜ, **V**nd das [was]ⁱ och nun | vast wol erbuen, wan(n) | er ward och ettwen bekü= | mert von dem   küngrich | her von **vngern**⁴². **V**nd | sunder ain grosser vnge= | rischer her,

10 was ochⁱⁱ ains ⁱⁱⁱ| hertzogen geschlǎcht, er | nampt sich aber nit ai= | nen

---

der Truchsessen v. Diessenhofen an Bedeutung; v. 1415-1442 reichsfrei; 1460 fällt die Stadt nach langer Belagerung an die Eidgenossen (vgl. SchwLex, Bd.3, S.208; A. Raimann, Thurgau V, S.33ff; HHS, S.164f).

³⁸ Schönenberg an der Thur, Kt. Thurgau: Burgruine Last auf einer Hügelkuppe südwestlich des Dorfkerns diente dem Geschlecht der Dienstmannen v. Schönenberg als Sitz (vgl. SchwLex, Bd.10, S.148).

³⁹ Bischofszell, Kt. Thurgau: Kristallisationspunkte für die Entwicklung dieser Stadt: a) das bischöfliche Eigenstift St. Pelagien und b) die bischöfliche Burg (im 9. Jh. entstanden); Ansiedlung v. Adligen in Freihöfen im befestigten Bereich v. Schloss und Stift; Stadtwerdung vermutlich in der ersten Hälfte des 13. Jhs. (erste urkundliche Erwähnung als Stadt 1248); Anlegung eines Marktbez. und Ummauerung durch Bischof Eberhard v. Waldburg; 1273 Brand und Wiederaufbau; ringt dem Bischof im Spätmittelalter verschiedene Rechte ab (vgl. A. Knoepfli, Thurgau, Bd.3, S.23ff, zur Geschichte v.a. S.48ff; SchwLex, Bd.2, S.171f; HHS, S.89f; H.R. Derschka, Ministerialen, S.478).

⁴⁰ Weinfelden, Kt. Thurgau: 1180 wird bezeugt, dass Burg und Ort den Kyburgern gehören; 1264 treten die Habsburger an deren Stelle und verleihen den Ort an die Freiherren v. Bußnang; 1431 bzw. 1435 geht deren Besitz zur Hälfte an die Stadt Konstanz bzw. an deren Bürger Bertold Vogt (vgl. SchwLex, Bd.12, S.195; HHS, S.699f).

[2ᵛᵇ]

i) was] *fehlt SG, Konjektur der Editorin nach Stgt* ii) *Beginn v. W* iii) *Mz: Kreuz, v. späterer Hd., mBl, amreRa*

a) Tunnel b) v. bekümern/bekumbern: bedrängen, in Not bringen c...c) Jagdhaus d) Anhöhe

⁴¹ Stein am Rhein, Kt. Schaffhausen: nahezu Siedlungskontinuität seit dem Neolithikum; ab ca. 10 n. Chr. Militärposten auf der Insel Werd; zwischen 281 und 301 wird auf der Burg in der heutigen Gem. Stein ein Kastell errichtet; darin ist ab dem 5. Jh. eine Kirche nachgewiesen; 5.-7. Jh. alemannische Besiedlung; 834/838 erste schriftliche Erwähnung (vgl. SchwLex, Bd.11, S.77f; HHS, S.622ff; N. Hasler u.a. (Hgg.), Im Schutze, S.86ff).

⁴² Ungarn umfasst im Mittelalter das gesamte Karpatenbecken, einschließlich Siebenbürgen; im 12. Jh. werden Kroatien, Dalmatien und Slavonien in das Königreich einverleibt; im 13. und 14. Jh. wird die ungar. Oberhoheit in weiten Gebieten südlich der Sawe und an der unteren Donau (in den sog. Banaten), zeitweilig in der Walachei und in Teilen v. Bulgarien anerkannt. Dieser Hinweis auf eine Bedrohung durch das ungar. Königreich ist möglicherweise eine Reminiszenz an die Ungarneinfälle im 9./10 Jh., die 926 auch Konstanz erreichen. Dabei wurden die außerhalb der Stadtmauer gelegenen Stadtteile zerstört (vgl. REC I, Nr.345 und allg. LexMA, Bd.8, Sp.1224-1234, hier v.a. Sp.1226f).

hertzogen, sunder | er nampt sich her **al**man | **von stoffen**[43]. vnd der sasz |
vff der hŏhin^d, als yetz **al**= | **m**enstorff[44] lit, vnd och | ain **B**ayerscher
hertzog, |

[3ra] der sasz an der stat, **a**ls yetz | **v̄**berlingen[45] lit[46], **a**n der stat, | da yetz <u>sant</u>   *Frühgeschichte*
<u>johanser</u> husz | ist[47]. **V**nd dar vmb das | da die vestin, da yetz die p(re)= | *der Stadt;*
diger ir closter habend, de= | ster sicher sin mŏchte, | **d**oⁱ vffet er die vnd   *Ausgangspunkt*
macht | zů der vesti hüser vnd | leit fryhait vnd gewerb | her, das sich die   *antike Festung;*
5 lüt herzů | der burg vnd vesti zuge(n)d, | **d**as es jn kurtzen jaren | mit des
küngs vnd der lü= | ten hilff erbuwen ward, | **a**ls yetz der tümpffel ist | vnd
brugkgassen vn(d) da | der schriber gassen vnd | an die hüser gegen dem |
wasser hin[48]. **V**nd ward | sich also bessren, das die | kilch zů <u>sant johans</u>[49]   *Erbauung v.*

---

[43] Ob es sich hier um eine Erinnerung an eine in der Geschichte real existierende Gestalt handelt, und wenn ja, um
welche, lässt sich aus heutiger Sicht nicht mehr eruieren.

[44] Allmannsdorf: heute Stadtteil v. Konstanz; urkundliche Erwähnung 722 als „Alamantiscurt" (Kop. 15. Jh.) und
1125 als „Almisdorf"; v. Hausmeier Karl Martell an das Kloster Reichenau geschenkt; vermutlich aus einem Kel-
hofverband oder zwei größeren Hofanlagen hervorgegangen; Herren v. Allmannsdorf, bischöfliche, vielleicht auch
Reichenauer Ministerialen, im 13. Jh. in Konstanz wohnhaft, 1125, 1269 bis 1308/18 belegt; Ortsherrschaft und Nie-
dergericht schenkt 1272 Arnold v. Langenstein an die Dt.-Ordens-Kommende Mainau (vgl. LBW, Bd.6, S.753; Lkr.
Konstanz, S.432f).

[3ra]
i) **d**o] do | **d**o *SG, Emendation in Anlehnung an Stgt*

a) viereckig b) Apsiden, Seitenschiffe c) ohne d) Dohlengasse e) v. anheben: anfangen, beginnen, gründen

[45] Überlingen: für das frühe 7. Jh. als Sitz des dux Gunzo belegt; 770 erster urkundlicher Beleg als „Iburinga";
Siedlung der Landnahmezeit; Anlage der Stadt um 1180; über die Udalrichinger und die Grafen v. Bregenz geht die
Stadt in der Mitte des 12. Jhs. in den Besitz des Grafen Rudolf v. Pfullendorf über; danach fällt sie an die Staufer;
1211 (urbs) und 1226 (civitas) früheste sichere Stadtbezeichnungen; 1241 Nennung unter den Reichsstädten in der
Steuermatrikel (vgl. MGH Constitutiones III, S.1-5, hier S.4, Nr.90); wirtschaftliche Blüte im Spätmittelalter (vgl.
LexMA, Bd.8, Sp.1147; LBW, Bd.7, S.618ff; HbBW, Bd.2, S.728-730).

[46] Wie schon P. Ruppert, Chroniken, S.7, Anm.3, vermutet, könnte es sich um eine Erinnerung an den alemannischen
Herzog Gunzo handeln, der in Überlingen residierte und eventuell an der Verlegung bzw. Gründung des Bistums
Anteil hat. Neben dessen Mitwirken bei der Wahl v. Bischof Johannes spricht auch „das allmähliche Hineinwachsen
des Bistumssprengels in die Grenzen des alemannischen Herzogtums" für einen Zusammenhang zwischen den
Anfängen des Bistums und den Herzögen (vgl. HS I/2,1, S.88 und H. Maurer, Konstanz I, S.27).

[47] Gemeint ist die Johanniter-Komturei, am heutigen Sandbergweg gelegen. Nach G. Koberg, Vom kirchlichen
Leben, S.70 blieb der sich 1257 in Überlingen angesiedelte Ritterorden stets ein Fremdkörper, der „auch hier, gleich
den Ordensburgen im heiligen Land, ein festes Haus errichtete, durch das sich die Stadt bedroht fühlte". Die
Ordenskirche neben dem Kloster wird erstmals 1282 genannt.

[48] Das hier beschriebene Gebiet umfasst einen Großteil der sog. Niederburg im Norden der Stadt zwischen Bischofsburg, Rhein und Insel. Bei der Niederburg handelt es sich um das älteste Viertel der werdenden Stadt, das
unterhalb der befestigten Residenz, des Bischofssitzes, der eigentlichen „Oberburg" liegt (vgl. „inferior pars ur-
bis/inferior urbs"). Die ursprüngliche Handwerkersiedlung wird seit dem 11. Jh. v.a. v. der Geistlichkeit geprägt. Mit
der seit dem 15. Jh. so bezeichneten Schreibergasse (bis 1876) ist die ursprüngliche Weber- und heutige Konradigasse gemeint. Diese Umbenennung zeigt eine Veränderung der sozialen Zusammensetzung an, nachdem statt der
Handwerker (v.a. Wollweber) Notare, Advokaten und Prokuratoren die Straße prägen. Als Tümpel (= tiefe Pfütze
oder tiefe Stelle in einem Fluss oder See) wurde das sumpfige Gelände gegenüber der Insel bezeichnet (vgl. J. Marmor, Topographie, S.359; H. Maurer, Viertel).

[49] St. Johann: Johannes dem Täufer sowie Johannes dem Evangelisten geweiht; wird v. Bischof Konrad (934-975)
dort, wo in der Merowingerzeit ein Friedhof angelegt worden war, als Pfarrkirche für die Bewohner der Niederburg
gegründet; ob es sich um eine Neugründung handelt oder ob – wie der Bericht hier nahelegt – an gleicher Stelle ein

ge= | buwen ward. **Es** w(a)z aber | nun ain gefierdt^a kilchlin, | one absyten^b   *St. Johann;*

10   **vnd** ŏn^c den | chor. **D**ar nach mero= | tend sich die hüser, d(a)z es | vollen   *Stadterweite-*

hüser ward, **a**ls yetz | schriber gasz ist **vnd** die | **Tul**^{d/50} **vnd** da obnan vmb | *rung;*

hin als brugkgasz ist, **vn**(d) | was da nidnan ist **Vn**(d) | das die lüt nun

anhůben^e |

[3rb]   vnd jnen der küng ain | stür^a vnd hilff tet, was | hüser an dem ort^b stůnden |

der stat, das man die vsz= | wendig muret. vnd wa | nit hüser warend, da

tett | der küng ain mur mach= | en durch zwingnüst^c des | gemainen volks.   *Befestigung;*

Vnd | ward die stat **a**lso erbuen. | von dem, **a**ls yetz der ober= | hof stat⁵¹,   *Gesamtlage;*

5   da was das tor | vn(d) gieng by dem ^dblid husz^{d/52} | vm(b)hin vnd für des

tege(n)s^e | hof⁵³ abhin **vnd** by schotten | tor, dem nidern⁵⁴, was och | ain tor

der stat **vn**(d) gieng | schriber gassen abhin bisz | jn den **R**in. **N**un die |

vorgena(n)ten <u>zwen</u> her(r)en, | <u>her alman von stoffen</u> **vn**(d) | och der

hertzog von <u>**Bayer**</u>, | bekümrotend sÿⁱ dick^f **vn**(d) tåtten | jnen vil laydes.

10   **A**ls aber | der küng der stat so frünt= | lich was **vn**(d) so hilfflich, do |

wurbent chorher(r)en regu= | lares an den küng **vnd** | der fryget^g sy do jn   *Chorherren;*

Vorgängerbau existierte, konnte bisher nicht mit Sicherheit eruiert werden; 1266 Gründung eines Chorherrenstifts durch Bischof Eberhard II.; in der Folgezeit Umbauarbeiten; im 15. Jh. Überholung im spätgotischen Stil (vgl. H. Maurer, Konstanz I, S.44f und 72f; Lkr. Konstanz, Bd.3, S.477f; G. Dehio, Handbuch, Bd.2, S.379 und ausführlich K. Beyerle, Die Geschichte des Chorstifts).

⁵⁰ D.h. die sog. Tulengasse, die als Parallelstraße zur Konradi- und Rheingasse verläuft.

[3rb]

i) sÿ] *üdZ, v. der HHd.,mbrT erg., darunter als Vz ein nach oben zeigender Winkel*

a) Hilfe, Unterstützung b) Ende, Seite c) Zwang d...d) Zeughaus (v. blîde: Steinschleuder, Wurfmaschine) e) Dekan f) sehr g) v. frygen/vrîen: Freiheiten zugestehen, Privilegien erteilen

⁵¹ Gemeint ist der im Mittelalter als „Oberer Hof" bzw. „Oberhof" bezeichnete obere Münsterhof, d.h. der Platz vor der Bischofspfalz, der im 15. Jh. als Ort der Austragung v. „Bürgerkämpfen" und Turnieren, als Stätte glanzvoller Herrscher- und Bischofsempfänge oder der Leistung des Bürgereids überliefert ist (vgl. H. Maurer, Konstanz II, S.177f).

⁵² Beim „Blidhaus" – einem Magazin, das vorwiegend Steinwurfmaschinen und Böller beinhaltet – handelt es sich um das Gebäude in der heutigen Wessenbergstr. 30. Mit großer Wahrscheinlichkeit ist es ursprünglich (vgl. die Lage an der Südwestecke des Oberen Hofes) ein „bischöfliches, stadtherrliches Gebäude", das im 13. Jh. an die Bürgerschaft übergeht (vgl. Häuserbuch II, S.496f).

⁵³ Fälschlicherweise wurde mit dieser Kurie der sog. Linden Hof (15. Jh.) bzw. Dekaneihof (16. Jh.) in der heutigen Gerichtsgasse 9 identifiziert (vgl. Häuserbuch II, S.446-448 und M. Bauer, Münsterbezirk, S.71ff), der nach dem Häuserbuch bzw. nach M. Bauer, Münsterbezirk, S.72 seit ca. 1400/1418-1479 (!) im Besitz der Geschlechterfamilie Lind war, 1481 an den Konstanzer Weihbischof Daniel Zehender verkauft und v. diesem 1490 „zu loblicherem wesen ains dechans", d.h. mit der Bestimmung, als Sitz des Domdekans zu dienen, dem Domstift übertragen wurde (vgl. H. Maurer, Konstanz I, S.44 und ders., Viertel, S.9). Da unsere Chronik die Verhältnisse zeitlich vor dieser Übertragung beschreibt, meint unser Chronist aber, wie M. Bauer, Münsterbezirk, S.64, Anm.30 bemerkt, den Domherrenhof am Inneren Schottentor in der Johanngasse 9.

⁵⁴ Hiermit ist das ursprünglich „Bischofstor" genannte „Innere" oder „Niedere Schottentor" gemeint, das sich an der Ecke Inselgasse/Gerichtsgasse kurz vor dem Eingang in die Konradigasse befand und im Vergleich zum „Äußeren Schottentor", welches den Verkehr mit dem außerhalb der Mauern gelegenen Schottenkloster ermöglichte, sehr viel kleiner war und innerhalb der Stadtmauer des 15. Jhs. lag (vgl. Häuserbuch II, S.179 und hierzu und in aller Kürze zur Befestigung des mittelalterlichen Konstanz H. Kölsch, Die Konstanzer Befestigungsanlagen, S.2f und 6f sowie die Abb., S.16f).

die stat[55] | der vndren wasserburg, | wan(n) obnan an dem see | lag ain herlich wesen, d(a)z | hiesz zů der obren **wasser=** | **burg**[56], vnd hies die stat nit |

[3va] **c**ostentz als yetz. vn(d) also | halff der küng vnd ander | vil her(r)en, die dar zů ir stür | tåttend, das die chorheren | **R**egulares butend, da yetz | das *Kirchenbau auf* münster[57] stat, die kilch= | en ^{a}in der wyte^a, als yetzund | das münster ist, *dem Münster-* dan(n) das | es gemacht was ^{b}nach gar | **a**ltem sinne^b. vnd als die | sacristie *platz;*

5   ist vnd vff dem | **C**rützgang hettend sy ir | schlaufffkamren vn(d) wesen | vnd jn dem stöff[58] vnd jn | dem hof, der an dem crütz= | gang ist, da hettend sy ir | **R**euental^c vnd jn dem | ainen husz wonet der ab= | bt[59]. **V**nd

---

[55] Während offenbar in der frühen Zeit des Bistums Mönche der Klöster St. Gallen und Reichenau dem Bischof bei der Amtsführung zur Hand gingen, treten seit Bischof Egino (782-811) verstärkt Weltgeistliche in den Vordergrund. Eine solche Unterscheidung v. monachi der Klöster und canonici in Konstanz wird zumindest seit Anfang des 9. Jhs. deutlich. Es entwickelt sich am Konstanzer Dom eine Chorherrengemeinschaft, formiert sich ansatzweise ein Domkapitel mit 20 bis 25 Mitgliedern. Mit der fortschreitenden Auflösung des gemeinsamen Lebens entsteht allmählich das capitulum clausum, eine gegenüber dem Bischof autonome Korporation mit unabhängigem Besitz und eigener Verfassung. Seit 1077 spricht man v. „capitulum", das sich dann in den sog. Domherrenhäusern (vgl. ausführlich M. Bauer, Münsterbezirk) ansiedelt (H. Maurer, Konstanz I, S.50; K. Maier, Das Konstanzer Domkapitel, in: BvK I, S.249-262, hier S.249).

[56] Es ist keine Wasserburg im eigentlichen Sinne gemeint (mit Wassergräben etc.), sondern das befestigte Gebiet der Niederburg im Gegensatz zur ebenfalls befestigten Oberburg.

[3va]

i) *Mz: Kreuz, v. späterer Hd., mhbrT, amliRa (= Abdruck des Mz v. fol.4rb)*

a...a) auf dem Platz b...b) ziemlich „altmodisch", d.h. romanisch c) Refektorium, Speisesaal im Kloster d) hart, streng e) v. nôten/nœten: bedrängen, in Not bringen, mit Gewalt zwingen f) v. sich betragen: sein Auskommen/Einkommen haben g) v. zergân/zergên: verfallen h...h) kaum mehr etwas wert

[57] Münster, ehemalige Domkirche Unser Lieben Frau, St. Pelagius und St. Konrad: Die Konstanzer Bischofskirche wird, bereits der Mutter Gottes geweiht, in der Gallusvita erstmals erwähnt, dürfte aber schon seit der Gründung des Bistums wenige Jahrzehnte zuvor existiert haben; 780 ist eine „ecclesia Sanctae Mariae urbis Constantiae" ur-kundlich fassbar; die ältesten erhaltenen Teile stammen aus der Krypta dieser karolingischen Kirche; bereits das frühmittelalterliche Gebäude dürfte 23-25 Meter breit sowie 45-65 Meter lang gewesen sein; Bischof Lambert lässt das Münster zum Großteil abbrechen und in erweiterter Form wieder aufbauen; nach einem Einsturz 1052 verändert sich die Gestalt bis 1089 erneut; es entsteht der romanische Kirchenbau als dreischiffige Säulenbasilika mit Ostquerschiff; kleinere Bautätigkeiten während des 12. und 13. Jhs.; im 15. Jh. größere Um- und Neubauten (vgl. E. Reiners-Ernst, Regesten; H. Maurer, Konstanz I, S.40f, 81f, 85 und II, S.133ff; Lkr. Konstanz, Bd.3, S.469ff; H. Reiners, Münster, hier v.a. zur Baugeschichte S.23-83 und zur Baubeschreibung, S.84-228; G. Kolb, Das bischöf-liche Konstanz, S.13-34; ders., Baugeschichte und G. Dehio, Handbuch, Bd.2, S.359-372; vgl. zur Bedeutung im Spätmittelalter H. Maurer, Bedeutung der Kathedrale).

[58] Der „Stauf" – der Terminus „stouf" steht allgemein für einen fußlosen Becher bzw. ist für ein Hohlmaß ge-bräuchlich – ist der zentrale Wirtschaftshof der Konstanzer Domherren, den man zumindest für das Spätmittelalter als „Mittelpunkt des gesellschaftlichen Lebens" und als „Verwaltungszentrum aller wirtschaftlichen Aktivitäten des Kapitels" bezeichnen kann. Es handelt sich um die Fruchtschütte und Weinschenke des Domkapitels. Der Stauf ist somit der Versammlungsort der Domherren. Das bis ins 19. Jh. erhaltene Gebäude könnte auf das Pontifikat Bischof Heinrichs v. Klingenberg (1293-1306) zurückgehen (vgl. M. Bauer, Münsterbezirk, S.26-29).

[59] Diese Äußerungen führen zu der Annahme, dass sich das Domkapitel schon früh auf der Nordseite des Münsters und am Rande des Unteren Hofes ansiedelt, der vermutlich seit den Anfängen des Bistums zur Immunität des Münsters zu zählen ist. Der spätere Gebäudekomplex in diesem Bereich, zu dem die Sakristei, der Kreuzgang, aber auch bspw. die Domschule gehört, scheint nun – glaubt man den Ausführungen und ein Vergleich der topogra-phischen Situation v. Konstanz mit anderen Bischofsstädten, wie z.B. Augsburg oder Würzburg, legt dies nahe – aus dem Domkloster des hohen Mittelalters hervorgegangen zu sein (vgl. ebd., S.25f; H. Maurer, Konstanz I, S.50).

nun vil jar | dar nach do warend doch | die <u>zwen</u> obgena(n)ten he(ren)⁶⁰, |
her alman von stŏffen vn(d) |ⁱ och der <u>hertzog von bayer</u>, | dem hus vnd
10 och der stat | zů <u>vnder wasserburg</u> So | hertᵈ, das sy es so offt vnd | dick   *Kurzfristiger*
notendᵉ, das sich die | lüt da nit betragenᶠ moch= | tend vnd iro vil von | *Niedergang;*
dannen zugend vn(d) die | stat recht zergiengᵍ vn(d) | ʰwenig ichtes mer
wertʰ | was. vnd zergiengend | die hüser vnd ward zů |
[3ᵛᵇ] glicher wysz als wůstᵃ. | Vnd also bwt es der | küng <u>Constantin(us)</u> wyder | *Wiederaufbau;*
vmb vnd machet es bes= | ser, dan(n) es vor ye gewe= | sen was. vnd nam
jm | do sinen alten namen | vn(d) gab jm ainen namen | nach sinem aigen
namen | <u>Constantino</u> vnd hies es | <u>Costantz</u> vnd nit mer ni= | der   *Namensgebung;*
5 <u>wasserburg</u>⁶¹. vn(d) dar= | nach ᵇüber ettwelang zytᵇ | was der küng jn   *Gründungs-*
ainem | gejǎgdt vor <u>wǎlde</u>⁶² ab= | wertz jn den <u>ŏwen</u>ᶜ, als | vmb   *geschichte v. St.*
<u>frůtwyler</u>⁶³ ist vn(d) | her abwert als <u>Erma=</u> | <u>tingen</u>⁶⁴ lit. vnd was vo(n) | *Stephan;*
sinen dienern komenᵈ | vnd was allain, dan(n) d(a)z | ain jåger by jm was,
vn(d) | do ward das pfǎritᵉ aines | grossen ᶠvngena(n)t(en) wurmsᶠ | sichtig,
10 des gelich nie kai= | ner mer gesenhen was, | wan zů den zyten wa= | rend
gar vil wunderlich | erᵍ wurm vnd tier jn | dem land, wan es ze mal | wyld
was vnd d(a)z pfǎrit | des küngs erschuchtʰ vn(d) | tett so vnrechtⁱ⁾ ab dem
|
[4ʳᵃ]   ⁱSant Stephans kilche(n) anfang #ⁱ/⁶⁵
wurm, das der küng nit | besitzenᵃ mocht, vnd wolt | da von vallen, vnd er
en= | mocht vnd behanget jn | ainem stegeraiffᵇ vn(d) d(a)z | jn der hengst
schlaifft | also lang, das die knecht | hortend den jåger schri= | genᶜ. vnd
5 do sy kamen, do | was er vastᵈ kranck, d(a)z sy jm | nicht kunden getǒn.

---

⁶⁰ Vgl. die Ausführungen auf fol.2ᵛᵇff.

[3ᵛᵇ]

a) unbewohnt b...b) etwas später c) Wiesen, Felder, Auen (vgl. den Terminus auch im Zusammenhang mit der Insel
bzw. dem Kloster Reichenau) d) v. komen v.: sich trennen e) Pferd f...f) unbeschreibbares Ungeheuer g) seltsame h)
v. erschiuhen: scheuen, scheu werden j) v. vnrecht tuon: sich falsch verhalten

⁶¹ Vgl. Bemerkungen auf fol.1ʳᵃ.
⁶² Wäldi, Kt. Thurgau: erstmals 1273 erwähnt (vgl. SchwLex, Bd.12, S.130).
⁶³ Fruthwilen, Kt. Thurgau: bildet im frühen Mittelalter mit Ermatingen, Mannenbach u.a. eine alemannische Marktgenossenschaft (vgl. SchwLex, Bd.4, S.330; HHS, S.190).
⁶⁴ Ermatingen, Kt. Thurgau: frühe Grabfunde, röm. Siedlung; Karl Martell verschreibt 724 dem neugegründeten
Kloster Reichenau Einkünfte aus der „Villa Erfmotinge" (vgl. Satzungen v. 1403 und 1518) (vgl. SchwLex, Bd.4,
S.14f; HHS, S.190f).

[4ʳᵃ]
i...i) Sant Stephans kilche(n) anfang #] v. der Hd. des Rubr., mroT

a) v. besitzen: im Sattel bleiben b) Steigbügel c) v. schrîgen: schreien d) sehr e) Breite

⁶⁵ Diese sagenhafte Gründungsgeschichte v. St. Stephan, wonach am Sterbeort v. Constantinus (nicht Constantius
wie H. Maurer, Das Stift St. Stephan, S.12 im Rückgriff auf P. Ruppert, Chroniken schreibt) zu dessen Gedächtnis
die Kirche erbaut worden sein soll, deutet darauf hin, dass man sich möglicherweise des Alters und der Funktion v.
St. Stephan als frühchristliche „Cella memoria" bewusst ist bzw. sich ein solches Wissen erhalten hat (vgl. ähnlich
ebd., S.11f).

vn(d) | yltend mit jm des nǎch= | sten zů dem geiaid husz od(er) | zů der
wasserburg. vnd | so sy komend an die stat, | da yetz sant stephan[66] stat, |
do gab er sinen gaist vff | vnd starb an der selben stat. | Vnd dem zů eren
vn(d) och | das des küngs wurde ge= | daucht, do ward sant ste= | phans *Erbauung der*
10 kilch dar gebuwen | jn der lenge als die zwen | altar vff der lingken syten | *Kirche;*
vnd och vff der rechten sÿ= | ten, als man zů der tür jn | gaut bisz zů der
hindren | tür, vnd die wyte^e hett sy, | die sy yetz hǎt on den chor, | wan der
chor stůnd ver= | kert als der zů petershu= | sen[67] vnd stůnd hindnan | jn
der kirchen. vnd ist die | kirch och ettwas gelengert | hindersich ushin,
15 aber kum |

[4rb] vmb zehen schůch^a, wan der | ^bfron altar^b stond recht ^cvm(b) | die masz^c
enmitten jn dem | pfletz^d, als yetz der ^epredig | stůl^e stǎt, da stůnd das pre=
| spiteriu(m), da der priester | sitzt, der die fronmesse | halt[68]. Nun dar nach *Königslose Zeit;*
| als die herschafft zergie(n)g | vnd kain küng mer was | vnd der kayser
5 och abge= | gangen vnd kain regie= | rer mer was, do graiff | mengclich

---

[66] Pfarr- und Stiftskirche St. Stephan: Hauptpfarrkirche der Stadt; besitzt als Institution ein hohes Alter (J. Oexle, Konstanz, hier S.56 spricht aufgrund der Lage und des Patroziniums v. einer „im Kern spätantiken Memorialkirche", auch H. Maurer, Konstanz I, S.44 bezeichnet sie als „Friedhofskirche der ersten in Konstanz ansässigen Christengemeinde"); erste zuverlässige Belege aus dem 7. Jh.; um die Wende vom 9. zum 10. Jh. erfährt die Kirche eine Aufwertung, als sich unter Salomon III. eine Klerikergemeinschaft aus Salmsach ansiedelt und die bisherige Pfarrkirche zur Stiftskirche avanciert; Baudaten der dreischiffigen, querschifflosen, ungewölbten Pfeilerbasilika mit langem Ostchor und Südostturm sind weitgehend ungeklärt; es handelt sich entweder um einen Bau aus den 930er Jahren oder um einem Ausbau gegen 1000; wie schon im 12. kommt es im 15. Jh. zu enormen Umbau- und Erweiterungsarbeiten (vgl. H. Maurer, Konstanz I, S.30, 42ff, 57f; ebd. II, S.133; Lkr. Konstanz, Bd.3, S.473ff; H. Maurer, Stift, S.11-16 und 39-58; HS II/2, S.325-341; G. Dehio, Handbuch, Bd.2, S.377f).

[67] Benediktinerkloster Petershausen: jenseits des Rheins, nördlich der bisherigen Stadt im Landstrich „Untersee" gelegen, wird als erstes bischöfliches Eigenkloster (Blütezeit bis zum Ende des 12. Jhs.) v. Bischof Gebhard II. (979-995) kurz vor 983 gegründet; nach dem Vorbild v. Alt St. Peter zu Rom wird die Papst Gregor dem Großen geweihte Klosterkirche (vgl. Translation des Gregor-Hauptes) in den Jahren 983-992 gegenüber des Bischofssitzes erbaut; nach einem Brand 1159 wird die dreischiffige romanische Säulenbasilika mit Vorhalle und Eingang im Osten und einem – entgegen der Gewohnheit (vgl. Bemerkung Dachers!) – nach Westen ausgerichteten Chor 1162-1180 wieder aufgebaut; reformerische Umgestaltung unter Bischof Gebhard III.; Grundbesitz nimmt stetig zu; Entwicklung zum Reichskloster (vgl. REC I, Nr.386-392, 395-400, 402f; I.J. Miscoll-Reckert, Kloster Petershausen; H. Maurer, Kirchengründung, S.52ff; ders., Konstanz I, S.76ff; A. Borst, Mönche, S.136ff; Lkr. Konstanz, Bd.3, S.473ff; HbBW, Bd.2, S.591ff; HS III/1,2, S.966-979; G. Dehio, Handbuch, Bd.2, S.379; F. Meyer, Sankt Pelagius, S.151ff).

[4rb]
i) *Mz: Kreuz, mbrT, amreRa*

a) Fuß [Längenmaß: 1 schuch = 0,296 Meter] b...b) Hochaltar c...c) an der Stelle d) Vorhalle e...e) Kanzel f...f) Macht, obrigkeitliche Gewalt g) Eigen- bzw. Zinsleute einer Vogtei h) Zulauf i) keine j) v. ylen: sich begeben, sich aufmachen, eilen, laufen

[68] Diese Beschreibung dürfte wohl den romanischen Bau des 12. Jhs. nach Umbauarbeiten und einer Neuweihe unter Bischof Ulrich II. (1127-1138) schildern, der sich – wie Josef Hecht 1928 mit Bezugnahme auf unseren Text konstatiert – „in dem mit dürftigen Mitteln gotisierten Schiff der heutigen Basilika erhalten" hat. Die Kirche habe sich nach ihm von den jetzigen Seitenaltären bis zu hinteren Tür (dem heutigen Westportal) erstreckt, sodass der quadratische, vermutlich nur dem Kapitelgottesdienst vorbehaltene Chor noch nicht im Osten, sondern im Westen lag, während der Pfarraltar in dem vor dem Chor angesiedelten Arkadenraum stand (vgl. H. Maurer, Stift, S.13f mit entsprechenden Zitaten aus unserer Chronik).

dar nach wie | ain yeder wolt, die lüt | zů zwingend vnd jn ir | ^fgewalt
sami^f zebringend, | die wurdend aigen, **d**ie | wurdend vogtlüt^g. vnd | ward
grosser drang^h vn(d) | ward sich die stat hie zů | <u>Costantz</u> vast bessren an
lü= ⁱ| ten vnd an gůt vnd och | an wyshait. **W**an nun | do zemal enkaineⁱ⁾

10 stet noch | macht hie disend der <u>lin</u>= | <u>dimag</u> was vnd gaistlich | vnd
weltlich grosser dra(n)g | vnd gewalt beschach, **d**o | yltend^j och die
priester vff | den kilchen, wa die allent= | halb vff dem land såssend | gen
<u>costentz</u>, wan(n) do nit | stett warend. **V**nd kam |

[4va|10] **S**o grosse clag für den **B**y= | schoff, der do ze mal was | genempt
<u>Salomon</u>⁶⁹, das er | gen <u>Rom</u> zoch vnd erwarb | da von dem **B**aupst, das |
sich alle gaistlich jn dem | **R**ômschen küngkrichⁱ | ab den kirchen ziehen
vn(d) | schirm^a an sich nemen môch= | ten, wa sy die funden vnd | alda die

5 ^bselen begån^b vn(d) ir | pfrůnden verdienen **a**ls | vff den kilchen, da sy
dan(n) | seshafft warend. vn(d) also | zugend sich die pfaffen al= | lenthalb *Zuzug v.*
iro vil ab den kilch= | en her gen costentz. **V**n(d) | zugend jnen die lüt *Klerikern;*
nach, | die dan(n) nit vogtber noch | dienstber woltend sin. vn(d) | kamend
so vil lüt her gen | <u>Costentz</u>, das sich <u>costentz</u> a= | ber grôssren ward **V**on | *Stadterweite-*

10 dem obernhoff bisz zů <u>Sa</u>= | <u>lome(n)swyler</u> hoff⁷⁰ vndnan^c | dem grossen *rung;*
husz⁷¹ vnd da | by der juden gassen⁷² vff vn(d) | da hinder der samnung^d/⁷³

[4va|10]
i) küngkrich] *dan.* sich *SG, Konjektur in Anlehnung an Stgt*

a) Schutz b...b) v. selen begên: Totenfeiern halten, Seelmessen lesen c) unten an d) Konvent, Gemeinschaft e) oben an f) herum

[69] Gemeint ist Bischof Salomon III. (890-919/20), der das Ansehen seines Bischofssitzes bspw. durch die enge Verbindung zum karolingischen Königtum, aber auch durch den religiösen Kult an Münster und St. Stephan hebt, dadurch Handel und Verkehr fördert (vgl. Anlage eines Fernhandelsmarktes) und – dies bestätigen neuere archäologische Untersuchungen – einen Neubau der Pfalz errichten lässt und insgesamt zu einem „wesentlichen Ausbau" v. Konstanz beiträgt (vgl. H. Maurer, Konstanz I, S.52, 58, 63; ders., Stadterweiterung, S.22ff; A. Bihrer, Konstanz, in: W. Paravicini, Fürstliche Höfe).

[70] Salmannsweiler Klosterhof: klösterlicher Stadthof der Zisterzienserabtei Salem, den diese nach der Erlaubnis, das Seeufer aufzufüllen (Wende vom 12. zum 13. Jh.), um 1311/12 auf einem großen Gelände zwischen Salmannsweilergasse, Münzgasse und Hohenhausgasse mit verschiedenen Gebäudeteilen errichtete; wird schnell zum Umschlagplatz für Salemer Getreide, Wein und Halleiner Salz und dadurch für die Versorgung der Stadtbewohner unentbehrlich (vgl. H. Maurer, Konstanz I, S.120ff; ders./J. Oexle, Salmannsweiler Hof).

[71] Hiermit ist vermutlich das sog. „Hohe Haus" gemeint. Dieses aus fünf (!) Stockwerken bestehende Gebäude liegt am oberen Ende des Fischmarktes, in der heutigen Zollernstraße, und unweit der wichtigsten Marktplätze sowie der Bischofspfalz. Es wird vermutlich 1294 v. Bischof Heinrich II. v. Klingenberg (1293-1306) und dessen Bruder, Vogt der Stadt, erbaut (erster urkundlicher Beleg 1301), geht in den Besitz des Geistlichen Konrad Pfefferhard und v. diesem in den seiner Familie über. Seit den 1380er Jahren gehört es der Patrizierfamilie v. Ulm, zeitweise dem Bürgermeister Heinrich v. Tettikoven, Konrad Fröschlin, im 15. Jh. dann den Ehingern, deren Angehöriger Hans es 1462 an die Bruderschaft der Münsterkapläne übergibt. Es sind schwierige Bauverhältnisse festzustellen, sodass nachträglich das Fundament verstärkt werden muss (vgl. A. Bernt, Die Zollernstraße, S.38ff; H. Maurer., Konstanz I, S.181f; E. Hofmann, 700 Jahre Hohes Haus; M. Bauer, Münsterbezirk, S.259f).

[72] Die Juden-, Sammlungs- oder Münzgasse verläuft im Zentrum der Stadt vom Stephansplatz in Richtung Fischmarkt und ist eine wichtige Verbindungsstraße in der Nähe bedeutender Märkte (Fischmarkt und Marktstätte). Sie war bereits im 13. Jh. und wieder nach 1349 zusammen mit der Salmannsweilergasse das eigentliche Domizil der Juden. In ihr sind u.a. die Judenschule und die Synagoge angesiedelt. Nur wenige Häuser v. Juden können abseits dieses Bereiches, etwa in der Neugasse, der Mordergasse oder der Brückengasse, nachgewiesen werden. In früherer

| vffhin **v**nd da by obnan^e | vmbhin^f bisz zů **R**ingport(er) | tor[74] **v**nd vndnan
vm(b)hin | bisz an die **a**lten stat. **A**ber | vor warend vil hüser da | **v**nd och
ettliche gar wer- |

[4vb] lich vnd wol gemachet, | dem **B**yschoff zů der pfal= | latz^a ze dienst, want
ett= | lich **B**yschoff satzttend | sich vast wyder die chor | her(r)en **v**nd die   *Bischöfe vs.*
chorher(r)en | wyder die **B**yschoff vn(d) | das sy vil vfflŏff^b vnder | *Chorherren;*
ainander hettend; **A**ber | die laygen^c **v**nd **B**urger | von der stat ^dgiengend

5 des | mŭssig^d, **d**an(n) wie sy vnd | ir fründ vn(d) knecht lebten, | mŭst man
liden^e. **V**nd | dar vmb bwtend die chor= | heren, ainem **B**yschoff ze | laid,
die **B**urg vnd hoff, da | ettwan^f **a**in tegen jnn(en) ge= | wesen, vnd hinder   *„Oberburg";*
sant jo= | hansz gelegen ist[75] jndertt | halb dem jndern schotten | tor, dar
vmb d(a)z sy ainem | **B**yschoff mŏchtend sehen | jn sin **B**urg vnd

10 gesâsse[76], | das da was da yetz maist(er) | gebhart satler[77] inne wonet[78], |

Zeit scheint übrigens ein Teil der Mordergasse (spätere Augustinergasse, heutige Rosgartenstraße) die Bezeichnung „Judengasse" getragen zu haben (vgl. H. Maurer, Konstanz II, S.62; Germania Judaica, Bd.3, 1. Teilbd., S.665; K.H. Burmeister, medinat bodase, hier: Bd.1, S.67ff und Bd.2, S.85ff).

[73] Gemeint ist in diesem Fall wohl das Gebäude der „Sammlung in der Wittengasse" (später Sammlungs- bzw. Münzgasse): zunächst Beginenkonvent (vgl. zum Beginenwesen in Konstanz den Einleitungsartikel v. A. Wilts, in HS IX,2, S.381-403), der um 1240 in engem Zusammenhang mit den Konstanzer Minoriten entsteht; um 1320 Annahme der dritten Regel des Franziskanerordens und allmähliche Verklösterlichung der Gemeinschaft; wird im 14. und 15. Jh. im Unterschied zu den „patrizischen" Konventen St. Peter und Zoffingen v. der wohlhabenden Mittelschicht und dem kleinstädtischen Bürgertum (Engen/Wil) dominiert; Auflösung im Zuge der Reformation (vgl. H. Maurer, Konstanz I, S.139; A. Wilts, Beginen, S.177ff, 361; HS IX,2, S.416ff).

[74] Rindportertor, auch „Inneres Paradieser-" oder „Geltinger-Rindport-Tor" genannt: liegt am Ausgang der vom Obermarkt nach Westen führenden Paradiesstraße und führte hinaus auf den Brühl, in das Tägermoos und nach Gottlieben bzw. zum Untersee und in Richtung Zürich. Es ist bereits in der ersten überlieferten Liste der städtischen Tore aus dem Jahr 1378 enthalten und soll das stattlichste Stadttor gewesen sein (vgl. H. Maurer, Konstanz I, S.247 und II, S.176; H. Kölsch, Befestigungsanlagen, S.6 und Abb., S.10).

[4vb]
i) vn(d)] vn(d) | vnd *SG, Emendation nach Stgt* ii) Niderburg] Ni *aus* nd *v. der HHd., mbrT, korr.*

a) Pfalz, Bischofssitz b) Auflauf, Aufruhr, Tumult c) Laien d...d) v. des můssig gên: frei sein v., davon unbehelligt sein e) v. lîden: dulden, ertragen, leiden f) früher g) v. haissen: nennen

[75] Hiermit spielt die Chronik auf den Domherrenhof am Inneren Schottentor an (Johanngasse Nr.9), eines der eindrucksvollsten Gebäude im alten Konstanz, das gegenüber des ehemaligen hochmittelalterlichen „Sommersitzes" der Bischöfe in höherer Lage diesen „burgartig zu beherrschen schien" (Häuserbuch II, S.449). Unsere Chronik nennt diesen Hof, der u.a. Wohnsitz v. Heinrich v. Dießenhofen ist, an anderer Stelle auch „teganshof", da hier bspw. die Domdekane Ulrich Güttinger, Johannes Lüti und möglicherweise Ulrich v. Werdenberg (gest. 1451) residieren. Die hier genannten Gebäude stehen auf Grundstücken, die ursprünglich „zu dem breiten Band alter hochstiftischer Güter gehörten, das dem Münsterhügel westlich vorgelagert war". M. Bauer vermutet, dass die hier artikulierte lokale Erinnerung eventuell auf „eine Teilung dieser ehemals einheitlichen und zusammenhängenden Ländereien zwischen Bischof und Domkapitel zurückgeht" (M. Bauer, Münsterbezirk, S.59f; vgl. ebd., S.61ff ausführlich zur Geschichte des Hauses).

[76] Die Annahme einer solchen älteren Pfalz am Äußeren Schottentor an der Stelle des heutigen Landgerichts in der Gerichtsgasse 15 dürfte auf einer Erinnerung an eine hochmittelalterliche, kleine Sommerresidenz der Bischöfe beruhen. Dieser vermutlich zweite bischöfliche Wohnsitz in Konstanz – zunächst außerhalb der älteren Mauer gelegen, seit dem 13. Jh. aber in den Mauerring integriert – wird bereits v. Beginn des 14. Jhs. an als Domherrenhof genutzt (sicher v. Domdekan Johann v. Torberg 1318-1336 bewohnt). Ebenso wie unser Text zeigt auch eine Bemerkung bei C. Schulthaiß, Bisthums-Chronik, S.8, der den Bau dieses Hofes dem ersten v. ihm genannten Konstanzer Bischof Maximus zuschreibt, dass noch im 15. und 16. Jh. unseren Chronisten bewusst war, dass hier

vnd ward die selb **Burg** | gehaissen die oberburg, **vn(d)**ⁱ | ains **Byschoffs**
Burg | die **Niderburg**ⁱⁱ **vnd** ward | die alt stat gehaissen^g — der al= | *„Niederburg";*
tenburg des **Byschoffs** nach — | niderburg, **a**ls die noch hüt | by tag also
gene(m)pt wirdet⁷⁹. |

[5ʳ] Leere Seite

[5ᵛ] Leere Seite

[6ʳ] Leere Seite

[6ᵛ] Leere Seite

[7ʳᵃ|15] **Nun**ⁱ ist die <u>erst</u> stat nach | des küngs absterben | gewesen by <u>sechtzig</u> | *Stadtentwick-*
jaren; **d**ar nach erst by **By**= | schoff <u>Theobald(us)</u> zyten⁸⁰ **d**o | ward die   *lung;*
ander stat bisz <u>sa(n)t</u> | <u>laurentin</u>⁸¹ volbracht. **d**och | ward <u>stadelhouen</u>⁸² am

---

ursprünglich keine gewöhnliche Domherrenkurie stand. Tatsächlich dürfte die älteste, heute nicht mehr nachweisbare
Pfalz aber an der Stelle der hochmittelalterlichen Pfalz, also auf dem Münsterhügel, gestanden haben (vgl. Häuserbuch II, S.448f; F. Hitzel, Landgerichtsgebäude, S.93; M. Bauer, Münsterbezirk, S.58ff, 65ff; A. Bihrer, Konstanz).

⁷⁷ Gebhard v. Croaria, genannt Sattler: gehört einer aus der Gegend v. Verona eingewanderten Familie (1422 erstmals in Konstanz fassbar) v. Großkaufleuten an, die im 15. Jh. rasch in das Patriziat v. Konstanz aufsteigt und bspw.
Mitglieder der Ravensburger Handelsgesellschaft stellt; 1441 Studium in Wien; seit 1451 Domherr in Konstanz, seit
1452 in Basel; 1459 Archidiakon in Aargau; 1462 erlangt er nach Prozess die Pfarrei Güttingen im Kt. Thurgau;
1463 Kanonikat in Chur; 1469 in die Geschlechtergesellschaft „zur Katz" aufgenommen; vor dem 30. Juni 1469 Ernennung zum bischöflichen Generalvikar; Ermordung am 16. Okt. v. einem Unbekannten, vermutlich im Zusammenhang mit einer Fehde mit Eberhard v. Reischach (vgl. den Bericht zu dessen Tod auf fol.221ᵛᵃf) (vgl. Häuserbuch
II, S.449; HS I/2, 2, S.549 und mit näheren Erläuterungen zur Familie H. Maurer, Konstanz II, S.123ff; P.F. Kramml,
Komponenten, S.28f).

⁷⁸ Der Kanoniker erhält die genannte Kurie am Äußeren Schottentor zusammen mit einem Klaustrallehen 1454 v.
erkrankten Domherren Friedrich Tyfer. 1459 wird das Vermächtnis noch einmal wiederholt. Sattler tritt die Erbschaft
an und nimmt hier noch kurz vor seinem Tod in seiner Tätigkeit als Generalvikar Amtsgeschäfte vor (vgl. REC IV,
Nr.13627; M. Bauer, Münsterbezirk, S.67).

⁷⁹ Im Zuge der vorherigen Argumentation, die unterschiedliche Höhenlage betreffend, kommt es hier bei dem Er-
klärungsversuch des Namens „Niederburg" zu einer Verwechslung. Tatsächlich muss der hier als „oberburg" bezeichnete Domherrenhof sehr viel eher dem Stadtteil Niederburg zugewiesen werden als die ursprünglich außerhalb
der Mauer angesiedelte, bischöfliche Sommerresidenz (vgl. Häuserbuch II, S.449).

[7ʳᵃ|15]
i) Nun] N *3-z. Lomb., v. der Hd. des Rubr., mroT* ii) vast] *dan.* vast *SG; Emendation nach Stgt*

a) Scheunen b) v. behalten: aufbewahren c...c) v. hinzû ziehen: herbei holen, anstellen d) v. vffgên: aufblühen,
wachsen

⁸⁰ Vgl. fol.17ʳᵃ. Unsere Chronik schreibt diesem Bischof Theobaldus (den heutigen Erkenntnissen entsprechend gehört er in die zweite Hälfte des 7. Jhs.) auch die Verlegung des Bischofssitzes v. Arbon nach Konstanz zu und daran
anschließend die Errichtung der bischöflichen Pfalz. Die Stadterweiterung mit der Ansiedlung bzw. dem Zuzug
vieler Menschen in dessen Pontifikat liegt also für unseren Historiographen nahe.

⁸¹ St. Lorenz-Kapelle: nach Maurer eine v. Bischof Konrad gegründete Kirche, die zunächst an der späteren Nordost-
ecke des Marktplatzes stand; tritt erstmals 1230 urkundlich in Erscheinung; wird vermutlich unter Bischof Heinrich
II. v. Klingenberg neu aufgebaut; der einschiffige Bau, dessen Südwand auf die Stadtmauer gebaut wird, ist später in

ersten | angehept, do die erst statt | vnder <u>wasserburg</u> ward | angefangen

5   vnd gemacht, | dan(n) es warend stådel^a, da | sy vsser der stat jro vech, |
hőw vnd strow behielte(n)d^b. | vnd der stådel was so vil | oder mer, dan(n)
der hüser jn | der stat was; **D**an(n) ettliche | **B**urger in der statt hetten | so
vil viches, das sy <u>zwen</u> | oder <u>dry</u> stadel hetten. vn(d) | **d**ar vm(b) ward es
gehaissen | **j**n dem <u>stadelhoff</u>. **V**nd | wurdent sich nur also dem | vech zů

10 dienst vil lüt ^chin | zů ziechen^c vnd och de(m) mar= | kt zů dienst, den   *Markt;*
<u>C</u>onsta(n)tin(us) | der küng by sinen zyten da | hin gelegt hett, der stat
<u>c</u>oste(n)tz | ze hilff, zů dem kilchlin zů | <u>sant pauls</u>⁸³, das da lag vor | der   *St. Paul;*
baind über zů den linden | zwüschen der stat vnd dem | <u>stadelhoff</u> by dem
brun(n)en. | vnd do der <u>stadelhoff</u> So | vastⁱⁱ vffgieng^d vnd |

[7rb] sich So vil lüt abwertz von | dem gebirg, da sy saussend, | da <u>vier</u>, da <u>drü</u>,
<u>acht</u> oder | <u>zehen</u> hüser, als dan(n) das | land besetzt vnd erbuwen | was,
von dannen zugen, | **d**o vnderzoch^a sich der vo(n) | <u>Casteln</u>⁸⁴ der   *Herrschaft*
aigenschafft^b, | wan och das land vor der | stat jm alles gen <u>castel(e)n</u>⁸⁵ | zů   *derer v.*

---

das Wohnhaus der heutigen Wessenbergstr. 2 aufgegangen (H. Maurer, Konstanz I, S.171f, 174ff sowie ausführlich zur Kapelle ders., Die Ratskapelle; Lkr. Konstanz, Bd.3, S.478; L. Beckmann, Konstanzer Bischöfe, S.195).

⁸² Stadelhofen: ursprünglich das wirtschaftliche Zentrum der Bischöfe südlich der Stadt; der hier angesiedelte Fronhof mit der ihn umgebenden dörflichen Ansiedlung entwickelt sich allmählich zu einer Vorstadt und wird, nachdem sich die Stadt bereits im 13. Jh. nach Süden hin stark ausgedehnt hat, im Laufe des 14. und v.a. im 15. Jh. rechtlich und fortifikatorisch in die Stadt integriert; vor der Integration in die Stadtummauerung lebt hier neben Sondersiechen und Leprakranken v.a. ein von der städtischen Wirtschaft abhängiges „Proletariat" (vgl. H. Maurer, Konstanz II, S.106f und ders., Beiwort zu Karte IV, 7, S.2 sowie allg. ders., Stadterweiterung; E. Schubert, Erscheinungsformen der Armut, S.679).

⁸³ St. Paul: ehemalige Pfarrkirche v. Stadelhofen; in der heutigen Pfauengasse 1 und 3; Kirche bzw. ein Vorgängerbau steht wohl bereits zu den Zeiten v. Bischof Konrad und liegt entsprechend vor den Mauern der Stadt auf halbem Weg zwischen St. Stephan und dem bischöflichen Wirtschaftshof; Baunachrichten über diese dreischiffige, flachgedeckte Basilika mit einem Altarraum, an dessen Ostfront sich ein kleiner Glockenturm anschloss, besitzen wir erst aus den Jahren 1734-36 (vgl. H. Maurer, Konstanz I, S.72ff; Lkr. Konstanz, Bd.3, S.478; G. Dehio, Handbuch, Bd.2, S.378f).

[7rb]
a) v. vnderziehen: sich bemächtigen b) Besitz, Eigentum c...c) Hofgut, das demjenigen gehört bzw. als Lehen überlassen wird, der das Kelleramt innehat

⁸⁴ Vgl. die Familie v. Castell: bischöfliche Dienstmannenfamilie mit Sitz auf der Burg Castell, zugleich zum frühen Konstanzer Patriziat gehörend; erste Vorfahren sind in der zweiten Hälfte des 12. Jhs. nachzuweisen, (vgl. L. Beckmann, Bischöfe, S.134, H.R. Derschka, Ministerialen, S.125-134 u.a. mit einer genealogischen Übersicht). Vgl. aber auch die sog. Schenken v. Kastell, deren Beziehungen zu den Ministerialen noch nicht aufgeklärt werden konnten (vgl. ebd., S.134-139).

⁸⁵ Castell: ursprünglich eine Burg bei Tägerwilen, Kt. Thurgau; Bischof Ulrich I. v. Dillingen errichtet diese erste außerhalb der Stadt liegende Höhenburg der Konstanzer Bischöfe mit dem sprechenden Namen wenige Kilometer südwestlich v. Konstanz; sie bildet – die Bischofshöri gewissermaßen beherrschend – eine zweite wehrhafte Ausweich- und Nebenresidenz der Bischöfe; auf Druck des Grafen Rudolf v. Bregenz 1128 Zerstörung durch Bischof Ulrich II. und Wiederaufbau vermutlich nach 1200; unter Heinrich v. Klingenberg wieder für das Hochstift erworben und zu einer seiner wichtigsten Residenzen ausgebaut; 1346 letzter Beleg eines Bischofs auf der Burg; danach meist an Konstanzer Bürger verpfändet: u.a. erwirbt 1364 der Konstanzer Bürger Stephan v. Roggwil die bischöfliche Burg; 1390 kauft Heinrich v. Tettikoven diese Besitzung v. dessen Neffen Ulrich (H. Maurer, Konstanz I, S.97f – vgl. hier auch Karte „Die bischöfliche Burg Castell mit ihrem spätmittelalterlichen Herrschaftsbereich", S.185 und 187; A. Bihrer, Kastell, in: W. Paravicini (Hg.), Fürstliche Höfe.

5 gehort. **V**nd zoch sich | mit dem ᶜkeln hoffᶜ her ab | von **tegerwylen**⁸⁶ *Castell;*
vn(d) hielt | den keln hoff jn dem stadel= | hoff.

[7ᵛ] Leere Seite

[8ʳ] Leere Seite

[8ᵛ] [Abb.: Stadtansicht von Konstanz]⁸⁷   *Illustration!*

[8|9ʳᵃⁱⁱ|19]   ⁱⁱAnno CCC lxxxviij jar #ⁱⁱ   *388*

Nunⁱⁱⁱ dar nach ver= | giengen sich drü | hundert achtzig vnd acht | jar, Ee
nun die drit statt | volbraucht wurd: vo(n) sa(n)t | laurentin **B**isz zů dem | *Stadterweite-*
schnetztor⁸⁸ vnd zů de(m) koff= | husz der stat. do was das | erstⁱᵛ do ze *rung;*
5 mal, das da yetz | haist zů dem leebart jn Ni= | derburg, das an dem gelben *Erbauung der*
| schauff vnd yetz **R**ůdolff | **magen**⁸⁹ ist⁹⁰. ¶ᵛ **D**o was d(a)z an= |ᵛⁱ der *Kauffhäuser⁹⁶;*
koffhusz by den **Barfů**= | sen⁹¹ das husz, das ůlrichen | schilters⁹² gewesen

---

⁸⁶ Tägerwilen, Kt. Thurgau: erster schriftlicher Nachweis 1115; unterhalb der Burg bzw. des Schlosses Castell gelegen; u.a. Güterbesitz des Konstanzer Schottenklosters (1245) und Klaustrallehen des Domkapitels (1359) nachweisbar (vgl. SchwLex, Bd.11, S.168; K. Beyerle (Hg.), Konstanzer Grundeigentumsurkunden, S.520).

[8ᵛ]
⁸⁷ Vgl. Kapitel A.5.2.1 und Abb.8 im Abbildungsteil.

[8ʳᵃ!|19]
i) *In der Hs. wegen der fehlerhaften Zählung als* 8¹ *bezeichnet* ii...ii) Anno CCC lxxxviij jar #] *v. der Hd. des Rubr.,
mroT* iii) Nun] N *2-z. Lomb., v. der Hd. des Rubr., mroT* iv) erst] **e** *durch Loch im Papier verderbt* v) *Absz: v. der
Hd. des Rubr., mroT* vi) *Marg.: 2-z., v. der Hd. des Rubr., mroT, amliRa:* Koffhus vii) Růdolffs] *v. der Hd. des Rubr.
erg., mhbrT* viii) *Absz: v. der Hd. des Rubr., mroT* ix) So] S *2-z. Lomb., v. der Hd. des Rubr., mblT* x) *Absz: v. der
Hd. des Rubr., mroT* xi) *Marg.: 2-z., v. der Hd. des Rubr., mroT, amliRa:* Råtthus xii) *Absz: v. der Hd. des Rubr.,
mroT*

⁸⁸ Schnetztor: noch heute existent; schon in der ersten Aufzählung der Stadttore v. 1378 genannt; befindet sich am
Ausgang der Stadelhofer Gasse (heutige Hussenstraße) im Südwesten der Stadt und lag vor der Einbeziehung v. Stadelhofen in den Mauerring direkt an der Südmauer; bildet den eigentlichen Haupteingang der Stadt im Zuge der alten
Römerstraße (vgl. H. Maurer, Konstanz I, S.243; ebd. II, S.176, allg. B. Schwan, Schnetztor; H. Kölsch, Befestigungsanlagen, S.7f und Abb. S.26).
⁸⁹ Rudolf Mag/Mang/Maug: erscheint erstmals 1450 in den Quellen; öffentlicher Notar; 1458 Substitut der Konstanzer Kurie; 1457-1469 Prokurator des Konstanzer Hofes; 1457-1462 Prokurator des Klosters St. Gallen; 1461
„notarius causarum curie Constantiensis procurator iuratus"; wohnt 1450 in Konstanz in der Schreibergasse und zahlt
keine Steuern; kauft am 29. Okt. 1469 v. Werner v. Schienen das österreichische Lehen „den hof zuo Huttwiln im
Thurgoew under Stainegk gelegen etc."; stellt am 30. Okt. ein Lehensrevers aus; gest. vor dem 15. April 1474 (vgl.
REC IV, Nr.12004, 12139, 12424, 12540, 13288, 12623, 13727, 13775, 14061; OBG, Bd.3, S.4; P.-J. Schuler,
Notare, Bd.1, Nr.832, S.287f)
⁹⁰ Haus zum Leopard: Gebäude Inselgasse Nr.9; obwohl die schriftliche Überlieferung nur sehr spärlich ist, scheinen
die Steuerbücher dafür zu sprechen, dass dieses Haus, mit großer Wahrscheinlichkeit ein Klosterlehen des Domkapitels, in der Zeit v. 1461-1474 im Besitz v. Rudolf Mag ist (vgl. Häuserbuch II, S.280; M. Bauer, Münsterbezirk,
S.175ff). Vgl. die Angabe in Stgt, fol.223|227ʳᵇ, die als Vorbesitzer den Prokurator des bischöflichen Gerichts Leon-
hard Burg nennt.
⁹¹ Gemeint ist ein Gebäude nahe des Franziskanerklosters im Westen an der Stadtmauer bei der Pfarr- und Stiftskirche St. Stephan (vgl. fol.22ʳᵃf). Ulrich Schilter steuert 1428 in dem noch großen Steuergebiet „Rindportertor" bzw.

vnd yetz | **Rûdolffs**[vii] **Muntprachtz**[93] ist | an **Brûdergassen**. ¶[viii] **Das** | **drytt**
koffhusz was d(a)z vn= | drest grosz **stainhusz** jn **sal**= | **menswyler** hoff.

10 **D**(a)z **vierd** | ist d(a)z grosz **stainhusz**, das | yetz an dem see stat. **v**nd |
ward das selb **vierd** koff= | husz angefangen ze buend | **d**o man von der *1388*

1433, 1440, 1450 und 1460 nachweislich im sog. Gebiet „Rad" (vgl. Steuerbücher, Teil 1, 1428, 629, S.70; 1433, 631, S.103; 1440, 572, S.133; 1460, 599, S.206).

[92] Ulrich Schilter (Schiltar): Angehöriger des Konstanzer Patriziergeschlechts; Oberbürgermeister in den Jahren 1429, 1435, 1437; Unterbürgermeister in den Jahren 1424, 1428 und 1430; Vogt in den Jahren 1434 und 1438; Mitglied des Rates v. 1416 bis 1467 fast ununterbrochen belegbar; seit 1414 Marschall des Bischofs; Inhaber anderer Ämter (Heimlicher, einer der zwölf Beisitzer des Thurgauer Landgerichts); Ratsgesandter; bemüht sich während der Unruhen 1429 (vgl. Bericht auf fol.111[ra]f) um eine Vermittlung zwischen Patriziat und Zunftbürgerschaft; bleibt als einer der wenigen Angehörigen der Geschlechter danach in der Stadt; Mitglied der Gesellschaft „zur Katz"; gest. 1467 (vgl. Beyerle, Ratslisten, S.124ff-165; H. Maurer, Konstanz II, S.58, 60, 91, 131; P.F. Kramml, Friedrich III., S.204, 378, 500, 503, 522ff; C. Heiermann, Katz, S.263).

[93] Rudolf Muntprat: Angehöriger der in den 1370er Jahren ins Konstanzer Patriziat aufgestiegenen Familie (ursprünglich mit großer Wahrscheinlichkeit aus Italien kommend; erster Beleg in Konstanz 1354); engagiertes Mitglied der Ravensburger Handelsgesellschaft; langjähriges Ratsmitglied; Inhaber weiterer städtischer Ämter (z.B. einer der Sieben Richter in Schuldsachen; einer der Sieben Richter in Bausachen); gest. 1479 (vgl. K. Beyerle, Ratslisten, S.157ff, 168, 171ff; OBG, Bd.3, S.172; H. Maurer, Konstanz II, S.146; P.F. Kramml, Friedrich III., S.514, 518).

[94] Gemeint ist das Haus zur Tule mit dem Areal der Konradigasse 2, 4 und Tulengasse 1, das erstmals 1274 als Kanonikatskurie v. St. Johann fassbar wird (vgl. Häuserbuch II, S.369).

[95] G. Nagel, Kaufhaus, S.131 beurteilt diese Nachrichten wie folgt: „Der Chronist Gebhard Dacher (...) gibt zwar manchmal abenteuerliche Zeitspannen an, in den Fakten ist er aber zuweilen erstaunlich genau. Er gibt mit seiner Aufzählung von älteren Rat- und Kaufhäusern die Wanderung des Marktschwerpunktes im Mittelalter richtig wieder: von der Tulengasse über St. Stephan und Obermarkt schließlich zum Fischmarkt".

[96] Ob tatsächlich Vorgängerbauten des 1388 v. dem Baumeister Heinrich Arnold erbauten und noch heute bestehenden Kaufhauses am Hafen (über einem Pfahlrost erbauter massiver Bau mit zwei übereinander stehenden, durch Eichenpfeiler getragenen dreischiffigen Hallen; Oberbau mit vier Geschossen als Speicher, vgl. Lkr. Konstanz, Bd.3, S.481; G. Nagel, Kaufhaus, S.135ff und die Abbildung der auf Dacher zurückgehenden Richental-Chronik Pr bei G. Wacker, Richentals Chronik, Abbildungsteil, Abb.47) existierten, lässt sich nicht mehr mit Sicherheit eruieren. Während jedoch die Autoren des Häuserbuches II, S.280 zumindest im Hinblick auf das Haus zum Leopard einen „Vorläufer bescheidenerer Art" für durchaus denkbar halten, ist das genannte Gebäude für H. Kimmig, Kaufhaus, S.11 nach einem Blick auf die allgemeine Entwicklungsgeschichte der Institution „wohl ursprünglich der Sitz des Stadtzolles", sodass man „an ein Kaufhaus, wie es uns später begegnet, (...) wohl nicht denken" sollte. G. Nagel, Kaufhaus, S.128f meint, der Hinweis auf ein Kaufhaus in der Brudergasse sei möglicherweise auf die Tatsache zu beziehen, dass die Kaufleute im 13. Jh. zeitweise in der „minre brüder gaststuben", also im Franziskanerkloster, tagten. Der Hinweis auf den Salmannsweiler Klosterhof bezieht sich seiner Meinung nach auf den Salzhandel des Klosters, „der den Konstanzern wahrscheinlich mit als Vorbild für ihre spätere städtische Wirtschaftspolitik gedient hat" (S.128). Der hier erwähnte Vorgängerbau ist folglich mit dem Pfleghof gleichzusetzen. M. Bauer, Münsterbezirk, S.176 spricht mit Blick auf diese Textstelle v. einer „eher sagenhaften Überlieferung".

[97] Wie schon beim Kaufhaus ist es wohl eher unwahrscheinlich – wir besitzen zumindest keinerlei urkundliche Nachrichten –, dass dem Rathaus an dem durch Auffüllung des Seeufers entstandenen Fischmarkt Vorgänger an anderen Orten in der Stadt vorausgehen. Man vgl. aber Häuserbuch II, S.369, wo ein Rathaus in dem „Haus zur Tule" v. 1220-1260 mit Blick auf Dacher und die Tradition für möglich gehalten wird. Die ersten Belege lassen sich in der zweiten Hälfte des 13. Jhs. finden. Während die Leinwandordnung v. 1289 die Gaststube des Franziskanerklosters als häufigen Sitzungssaal des Rates nennt, wird 1282 nachweislich eine Gebühr erhoben, die für das „Rihtehus an dem markt" verwendet werden solle. Im 14. Jh. ist dann von dem „domus maioris consilii Constantiensis" die Rede; 1484 erfolgt ein Neubau des Gebäudes (vgl. H. Maurer, Konstanz I, S.124 und 171; Lkr. Konstanz, Bd.3, S.481 und Die Konstanzer Rathäuser, S.3).

[8|9rb!]
i) *Zz: v. der Hd. des Rubr., mroT*

a) diesseits b) jenseits

gepurtt | <u>c</u>risti zalt tusend drühun= | dert <u>a</u>chtzig vnd <u>a</u>cht jar. | *Erbauung der*
So^{ix} ist das <u>erst rauthusz</u> | gewesen zů der tulen | jn niderburg[94]. ¶^x <u>D</u>(a)z *Rathäuser[97];*
ander | <u>R</u>authusz vff Ringporter |^{xi} tor. ¶^{xii} <u>D</u>as drit <u>R</u>authusz | vff dem *Besitz außer-*
15 wasser an de(m) visch= | markt, da es dan(n) noch ist[95]. | vn(d) was och zu *halb der Stadt;*
den ziten | vor der stat gewesen ist, d(a)z |

[8|9rb!] hat alles gen <u>T</u>egerwylen | geho̊rt, das da hie dishalb^a | <u>R</u>ins gesessen
gewesen ist. | <u>d</u>an(n) was ennethalb^b was, | das gehort nit herüber, dan(n) |
es was vsser dem küngrich. | vnd das kilchlin zů <u>sa</u>(n)t paul | was ain
tochter gen <u>t</u>eger= | <u>w</u>ylen. #ⁱ |

[8|9^v!] Leere Seite

[9^r]ⁱ Leere Seite

[9^v]ⁱ   ⁱⁱA Cristo natu 360 Jahre.^{iii/ii}   *360;*

Wappen des Konstanzer Bistums[98]
(8x7) (Mitra (M): 3 / Bischofsstab (S): 3)
5   (In Silber rotes Heroldskreuz)

^{iv}Der Erst | Bischoff zů Costentz | *Bischof*
Maximus | genannt, was | *Maximus;*
wonnhafft | zů Wigoltingen^{iv}
10

^vKaisser Constantinus, # | Stiffter zů Costentz^v

Wappen des Römischen Kaisers[99]
(5x5)
15   (Würdezeichen: stilisierte Kaiserkrone mit zwei Bögen, auf der
Spitze: Reichsapfel mit Kreuz: 3)
(In Silber schwarzer Doppelkopfadler)

^vKaisser Karolus, # | Stiffter zů Zůrich^v

20

Wappen des französischen Königs[100]
(5x5)
(Würdezeichen: Königskrone mit nur einem Bogen: 1,5)
(In Blau drei umgürtete, silberne Lilien (2,1))

[9^r]

i) *mit dieser Seite beginnt eine neue Lage Papier; davor ist eine Seite herausgerissen, ohne dass inhaltlich etwas zu fehlen scheint*

[9^v]

[10ra|23] Dis^i nachgeschriben | **B**yschoff sind **j**n di= | sem **B**ystum von erst | zŭ pfin *Bischofssitze;* by **Constantino** | dem küng, **d**ar nach | zŭ **wygoltingen**, **d**ar= | nach zŭ **windisch**^101, **d**ar^ii | nach zŭ **arbon**^102, zŭ | letzst zŭ **costentz** gesessen | gewesen, so dan(n) noch sind^103. |

---

i) *Anordnung der Wappen erfolgt in Form von 1/2: Bischofswappen zentriert; Constantinus in a-Spalte, Karl in b-Spalte* ii...ii) A Cristo natu 360 Jahre] *v. späterer Hd., mschwT* iii) Jahre] Jahra *SG* iv...iv) Der erst | Bischoff zŭ Costentz | Maximus | genannt, was | wonnhafft | zŭ Wigoltingen] *v. der Hd. des Rubr., mroT, ein Textteil jeweils links, der andere rechts neben M und S* v...v) Kaisser Constantinus, # | Stiffter zŭ Costentz] *v. der Hd. des Rubr., mroT* vi...vi) Kaisser Karolus, # | Stiffter zŭ Zŭrich] *v. der Hd. des Rubr., mroT*

98 Die älteste farbige Abb. dieses Bistumswappens (um 1340) findet man in der ZürW, Taf.1, 14. Vgl. auch Öhem 4^r, 4 und 5 (Taf.1) (quadriert: 1,4: Aw; 2: in Weiß ein rotes Kreuz (Reichenau); 3: leer), 4^r,6 (Taf.1) (quadriert: 1: Aw, 2: Reichenau, 3: leer, 4: in Gelb ein schwarzer Bär (St. Gallen); Siebm. I, Taf.10, 1,3; Siebm. I,5,I, Taf.248, 1,2 und WBL, S.100. Wie auch bspw. beim Bistum Straßburg unterscheidet sich das Bistumswappen v. dem Wappen der Stadt lediglich in den Farben. So ist das Symbol Heroldskreuz oder Gemeines Kreuz identisch, die Farbe desselben aber unterschiedlich, in diesem Fall schwarz (vgl. P. Ruppert, Chroniken, S.273 (Auszug aus Claus Schulthaiß, in: G. Mangolts Chronik zu 1405): „mit Costanz zaichen, namlich mit aim schwarzen crütz in wisem veld", P. Ruppert, Chroniken, S.273). 1417 gewährt König Sigismund (Privileg vom 20. Okt., GLA Karlsruhe, D 599) ein rotes Schildhaupt am Stadtwappen (vgl. zur Entwicklung allg. Wappenbuch des Landkreises Konstanz, S.112ff). Dieses wird bei den Abb. in unserer Chronik (vgl. fol.77vb, 78va, 104vb und 202rb) nicht wiedergegeben. Im Folgenden werden die Termini Bischofs- bzw. Amtswappen (Aw) für das silberne Schild mit rotem Heroldskreuz und Stadtwappen für das silberne Schild mit schwarzem Heroldskreuz verwendet, ohne dass diese jeweils mit Schildteilung und Tinktur blasoniert werden. Mitra (M), Fimbriae (F) und Bischofsstab (S) sind grundsätzlich in Silber, während Verzierung auf der M und die Fransen an den F hier rot gestaltet sind. Die übrigen Bischofswappen unterscheiden sich v. diesem t.w. lediglich in der Farbgestaltung der Verzierung v. M und F, die rot, grün oder farblos sein kann. Derartige Abweichungen werden im Folgenden nicht weiter berücksichtigt.
99 Vgl. ZürW, S.16f: Ausführungen zu Wandel und Bedeutung des Adlers im Wappen seit Karl dem Großen; Grünenb. Taf.3 und 3b, 1,1; Siebm. I,1, Taf.1, 2,2; I,1,2, Taf.5, 2, Nr.1 und Taf.6, Nr.1. Hier wie auch bei einigen anderen Wappen (vgl. z.B. die Lilien im direkt folgenden) zeigt sich eine Ungenauigkeit bei der Tingierung. Anstelle der eigentlich sonst typischen Farbe Gelb = Gold liegt eine farblose Gestaltung vor, die als weiß und damit den heraldischen Regeln entsprechend als silber gedeutet wird. Möglicherweise sind diese Fehler innerhalb der Tinktur aber Indizien der Unvollendetheit der Chronik und sollten nicht als Unkenntnis oder Nachlässigkeit des Zeichners interpretiert werden (vgl. auch Kapitel A.5.2.2).
100 Vgl. ZürW Taf.3, 24 (nicht identisch); RiA 486, 2,2; RiDrS 99^r, 1,1; Grünenb. Taf.18, 1,1; Öhem 11^r, 124 (Taf.5); Siebm. I,2, Taf.20, 2,1; WBL, S.297.

[10ra|23]
i) Dis] D *2-z. Lomb., v. der Hd. des Rubr., mroT* ii) **d**ar] dar. am Zeilenanfang **d**ar *SG, Emendation der Editorin* iii) DEs] D *2-z. Lomb., v. der Hd. des Rubr., mroT* iv) drrÿ hündert und] *dar. in einer neuen Zeile* s; *alles als Marg. v. späterer Hd. (vgl. Überschrift fol.9^v), mschwT, amliRa; als Vz im Text nach* zalt *zwei Schrägstriche; mit Blick auf fol.2ra könnte vom Chronisten auch das Jahr 260 gemeint sein* v) hies] *fehlt SG, Konjektur nach Stgt* vi) kaÿser] *Punkte über* ÿ *mroT*

a) v. vskunden: verkünden b) beherzt c) Vollmacht d) Andacht

101 Windisch (röm. Name: Vindonissa), Kt. Aargau: „zentrale Garnisonsstadt der ganzen Reichsverteidigung am Oberrhein" (R. Laur); wird um 15 n. Chr. errichtet; neue Befestigung um 260; Abzug der röm. Truppen 401; vom 6. bis Anfang 7. Jh. Bischofssitz; schon vor 1000 Eigengut der nachmaligen Grafen v. Habsburg; Gründung des Doppelklosters Königsfelden im Hochmittelalter (vgl. SchwLex, Bd.12, S.247; HHS, S.712f; M. Stettler/E. Maurer, Aargau II, S.454f).
102 Arbon (röm. Name: Arbor Felix), Kt. Thurgau: röm. Grenzkastell; nach dem Vordringen der Alamannen gelangt Arbon an das Bistum Konstanz und verbleibt bis 1798 unter dieser Herrschaft; im 10. Jh. Markt-, 1255 Stadtrecht; Ministerialenfamilie v. Arbon stirbt im 13. Jh. aus (vgl. SchwLex, Bd.1, S.237f; HHS, S.25f; N. Hasler u.a. (Hgg.),

5 DEs[iii] ersten **a**ls man | **v**on der gepurt | cristi vnsers he(ren) zalt | [iv]drrÿ
hundert und[iv] Sechtzig jare **D**o sant | der stûl zů **R**om **a**ine(n) | **B**yschoff in *[3]60 (?)*
disz lannd, | der nun alda vskundte[a] | vn(d) predigote cristanglo= | ben *Errichtung des*
geturstenclich[b] mitt | vollem gewalt[c], vo(n) em= | pfelhens wegen aines | *Bistums;*
Baupstes vnd stathalt(er)s | des stûls zů **R**om, dar ge= | setzt von vnserm
10 heren | got ihesu cristo. **V**nd | dirre(r) **B**aupst [hies][v] petr(us) der | vierd
des namen[104]. vn(d) | zů den zyten was kaÿser[vi] | karolus zů zürich vnd |
küng **C**onstantin(us) zů | pfin. **D**em küng **C**onsta(n)= | tino nun der
Byschoff vo(n) | dem stûl zů **R**om gesendt | vn(d) gegeben ward, **d**an(n)
er | hett mer betrachtu(n)g[d] vnd | mitliden mit der marter |

[10rb] vnsers her(r)en cristi ihesu | vnd sinem vnschuldigen | tod vnd och siner
lere | nachzegånd vn(d) ze vol= | gend dan(n) der kayser karo= | lus. **V**nd
das mitliden | vnd liebin traib vnd be= | zwang den küng **C**o(n)stan= |
tinu(m), das er nach dem **B**y= | schoff warb vnd [a]ettwe dik[a] | vn(d) offt
5 gen **R**om nach jm | schraib vnd nach jm san= | det, **d**an(n) er vor allweg[b]
vil | vnd lange zyt die fründe | gottes vnd die von jm sag= | tend vnd
lertend enthal= | ten[c] vnd ir lere gar min(n)= | samclich[d] vnd ernste ge= |
hôrt hett, **V**mb d(a)z jn der | **B**aupst ser min(n)et[e] vn(d) lieb | hett vnd
sandt jm aine(n) | **B**yschoff vnd ordnet das | kayserthům karolo vnd | och
10 das küngkrich **C**o(n)stan= | tino vnd d(a)z hertzogtům | enhalb **R**ins dem
wasser | vnd och die herschafften | aller zů dem **B**ystum. vn(d) | den *Verlegung des*
Byschoff hielt constan= | tin(us) **B**y jm zů pfin jn | grossen eren vn(d) *Bischofssitzes;*
wirdi= | kait vn(d) gab jm ain **B**ÿ= | schofflich[i] wesen[f] vnd die | kilchen zů *Bischof Maxi-*
wygoltingen. | vnd dirre(r) **B**yschoff hiesz | maxim(us)[105]. | *mus;*

Im Schutze, S.72ff; H.R. Derschka, Ministerialen, S.477f). Vgl. auch den Bericht über eine Auseinandersetzung um
Arbon auf fol.104rb.

[103] Ob das Bistum Konstanz um die Wende vom 6. zum 7. Jh. neu und zu Lasten bestehender Bistümer gegründet
oder ob der Bischofssitz – wie hier behauptet – von einem anderen Ort (oder gar mehreren) nach Konstanz transferiert wird, ist infolge der Quellenlage nicht mit Gewissheit zu sagen. Einige Hinweise sprechen aber für eine Verlegung des Bischofssitzes v. Windisch – ebenso wie Avenches zeitweise die Residenz des Bischofs, der für die civitas Helvetiorum zuständig ist (vgl. zu 517 die Nachricht der Teilnahme eines „Bubulcus episcopus civitatis Vin-
doninsis" am Reichskonzil v. Epao) – nach Konstanz. So könnten möglicherweise die ersten „Konstanzer" Bischöfe
der Zwiefalter Liste Maximus, Ruodelo und Ursinus in Windisch anzusiedeln sein, während Gaudentius eindeutig in
und für Konstanz nachgewiesen ist (vgl. mit ausführlicheren Erläuterungen HS I/2,1, S.86ff). Vgl. allg. zum Aufbau
der Diözese z.B. die Übersicht bei F. Thudichum, Diözesen, S.5-65 und zur Geschichte HS I/2).

[104] Ein solcher Papst existierte nicht. Die Päpste verstehen sich im röm. Bischofsamt und in dem damit verbundenen
Primat grundsätzlich als Nachfolger des Apostels Petrus. Als ein Motiv für den seit dem Ende des 10. Jhs. Regel-
mäßigen Namenstausch nach einer Papstwahl ist vielmehr gerade die Scheu vor der Beibehaltung dieses Namens
anzunehmen (vgl. LexMA, Papst/Papsttum, Bd.VI, Sp.1667-1685, hier Sp.1667f, Papstnamen-/liste, Sp.1686f, hier
1686 und Petrus, Sp.1954-1958).

[10rb]
i) **B**ÿ= | schofflich] *Punkte über* ÿ *mroT*

a...a) häufig, sehr oft b) immer, beständig c) v. enthalten: unterstützen d) liebevoll e) v. minnen: lieben, schätzen f)
Anwesen

[105] Maximus: wird dem Ende des 6. Jhs. zugeordnet; wir kennen seinen Namen lediglich aus der sog. Zwiefalter Bischofsliste (ohne Angaben v. Antritts- und Todesjahr) v. 1143/1144 (vgl. MGH SS 13, S. 324ff, hier S.325) und den

[10ᵛ] Leere Seite

[11ʳᵃ] Nachⁱ dem ersten **Bysch**= | off maximo kam **a**in= | er, der hiesz **Rûdelo** iv   *Bischof*
[?].ⁱⁱ/¹⁰⁶. | *Ruodelo;*

                            Bischofswappen
5   (4,5x4,5) (M: 2,5/S: 2,5)
                                (Aw)

[11ʳᵇ] Nachⁱ dem kam **a**iner, | der hiesz <u>vrsinus</u>¹⁰⁷. | *Bischof*
                                                        Ursinus;

                            Bischofswappen
                    (4,5x4,5) (M: 2,5/S: 2,5)
5   (Aw)

[11ᵛᵃ] Darⁱ nach kam **a**iner, | der hiesz **Gauden**= | <u>tius</u>¹⁰⁸. | *Bischof*

---

v. dieser abhängigen, späteren Katalogen. Maximus steht an deren Spitze und hat somit die Stellung des ersten Bischofs inne (vgl. REC I, Nr.6; HS 1.Bd., S.236). Er eröffnet in der Chronik nun eine Art Bischofsliste, die sich kaum v. den übrigen spätmittelalterlichen Katalogen unterscheidet (vgl. die Zusammenstellung der Konstanzer Bischofslisten in HS I/2,1, S.229ff sowie die Ausführungen bei M. Müller, Bistumsgeschichtsschreibung, S.51ff und H. Maurer, Die Konstanzer Bischöfe, S.23f).

[11ʳᵃ]
i) Nach] N *2-z. Lomb., v. der Hd. des Rubr., mroT* ii) *Ziffer nicht eindeutig zu identifizieren, eventuell auch als -w zu deuten*

¹⁰⁶ Ruodelo (Ende des 6. Jhs.): auch er wird lediglich in der Zwiefalter Bischofsliste im Anschluss an Maximus erwähnt (vgl. MGH SS 13, S.325; REC I, Nr.7; HS I/2,1, S.237 und H. Lieb, Lexicon, S.40f sowie H. Maurer, Die Konstanzer Bischöfe, S.25).

[11ʳᵇ]
i) Nach] N *2-z. Lomb., v. der Hd. des Rubr., mroT*

¹⁰⁷ Ursinus: er scheint am Ende des 6. bzw. Anfang des 7. Jhs. gelebt zu haben. Dieser Bischof steht an dritter Stelle der Zwiefalter Bischofsliste (vgl. MGH SS 13, S.325) und dürfte mit „Ursinos ebescubus", den eine aus der Merowingerzeit stammende Bau- oder Weihinschrift in Windisch erwähnt, identisch sein (vgl. REC I, Nr.8; HS I/2,1, S.237f mit Literaturangaben; H. Lieb, Lexicon, S.41 und H. Maurer, Die Konstanzer Bischöfe, S.26f).

[11ᵛᵃ]
i) Dar] D *2-z. Lomb., v. der Hd. des Rubr., mroT*

¹⁰⁸ Gaudentius (um 612/13) nimmt die vierte Stelle der Zwiefalter Bischofsliste ein (MGH SS 13, S.325). Vgl. die Nachricht des Todes eines gleichnamigen Bischofs v. Konstanz in den Gallusviten (vgl. Vita Galli confessoris triplex, in: MGH SS rer. Merov., S.229-337, hier: Vita Galli auctore Wettino (S.256-280), Kapitel 14, S. 264 und Vita Galli auctore Walahfrido, S.280-337, Kapitel 14, S.295, im Folgenden verkürzt Wetti und Walahfrid genannt) sowie deren weitere Informationen zu Bischof Johannes und die damit zusammenhängende Kontroverse um die Datierung v. Bischof Martianus und Johannes. Die Datierung innerhalb dieser Edition folgt entgegen H. Keller, Frän-

Gaudentius;

Bischofswappen
(5,5x5) (M: 2,5/S: 3)
5   (Aw)

[11vb] Nach^i dem kam **a**iner, | der hiesz **Marcia**= | **nus**^109. | *Bischof*
                                                                                  Martianus;

Bischofswappen
(5x4,5) (M: 2/S: 3)
5   (Aw)

[12ra] Nach^i dem do kam **a**in(er), | der hiesz johannes^110. | *Bischof*
                                                                            Johannes;

Bischofswappen
(5,5x4,5) (M: 2,5/S: 3)
5   (Aw)

[12rb] Dar^i nach do kam aber | **a**iner, der hiesz **ob**= | thardus^111. | *Bischof*

---

kische Herrschaft, S.24 den diesen Ereignissen zeitlich näher stehenden Gallusviten (ebenso H. Maurer, Konstanz I, S.278) (vgl. REC I, Nr.9-11; H. Lieb, Lexicon, S.41 und 45; HS I/2,1, S.238ff mit ausführlicher Darstellung zur Kontroverse sowie H. Maurer, Die Konstanzer Bischöfe, S.28ff).

[11vb]
i) Nach] N *2-z. Lomb., v. der Hd. des Rubr., mroT*

109 Martianus (629 bis 639): wird in der Zwiefalter Bischofsliste (MGH SS 13, S.325) ebenso wie hier chronologisch vor Bischof Johannes I. eingeordnet; die Tatsache, dass Martianus im Gegensatz zu Johannes in den Gallusviten keine Erwähnung findet, spricht jedoch ebenso wie das auf früheren Vorlagen beruhende Privileg Friedrich Barbarossas v. 1155 für ein Pontifikat im Anschluss an diesen; dort findet man den Hinweis auf die Festlegung der Bistumsgrenzen durch König Dagobert (623-639) zur Amtszeit v. Bischof Martianus (MGH DD X/1, Friedrich I., Nr.128, S.212-216) (vgl. REC I, Nr.12; HS I/2,1, S.238ff, H. Lieb, Lexicon, S.45f und H. Maurer, Die Konstanzer Bischöfe, S.33f).

[12ra]
i) Nach] N *2-z. Lomb., v. der Hd. des Rubr., mroT*

110 Johannes I. (zwischen 615 und 629/639): Die genauen Daten seines Pontifikats sind, wie bereits erläutert, t.w. kontrovers diskutiert worden. Er erscheint in der Zwiefalter Bischofsliste an sechster Stelle (MGH SS 13, S.325). Nach den Gallusviten (vgl. Wetti, Kapitel 15ff, S.265ff und Walahfrid, Kapitel 15ff, S.296ff) ist er zunächst Diakon im churrätischen Grabs im Rheintal, wird nach der Aufnahme v. Gallus drei Jahre v. diesem unterrichtet und vermutlich am 20. April 615 auf Vorschlag v. Gallus hin zum Konstanzer Bischof gewählt. Seine Anwesenheit bei der Beerdigung v. Gallus, dessen Tod zwischen 629 und 639 anzusetzen ist, führt zu der Annahme eines Pontifikats bis in die dreißiger Jahre des 7. Jhs. (vgl. REC I, Nr.13-17; HS I/2,1, S.239f; H. Lieb, Lexicon, S.46f; H. Maurer, Die Konstanzer Bischöfe, S.31f).

[12rb]
i) Dar] D *2-z. Lomb., v. der Hd. des Rubr., mroT*

Othardus (!);

Bischofswappen
(5,5x5) (M: 2,5/S: 2,5)
5   (Aw)

[12va|28] Dar^i nach kam ain(er), | der hiesz <u>pictaui</u>= | <u>us</u>. vnd disz vorgena(n)= | ten *Bischof*
acht **B**yschoff sind ge= | wesen vnder <u>Constanti</u>= | <u>no</u> dem küng zů <u>pfin</u> *Pictavus;*
vn(d) | zů <u>wygoltingen</u>. **N**un | hett der **B**yschoff <u>pictaui(us)</u> | grosz min(n)
vnd liebin zů | den lüten ennethalb dem | <u>R</u>in, **w**an die an gôtlicher | min
5 vnd andaucht^a emse= | clich^b zů namend vn(d) hor= | tend gern von den
gebot= | ten^c vnsers heren vn(d) vo(n) | siner marter vnd liden | sagen. **V**nd
sunderlich | de(n) bodensee hin vffwertz | hieltend sy vast gôtlich | min(n)
vn(d) liebin. **V**nd | des landes überhin vnd | hie dishalb <u>R</u>in bisz **a**n die |
<u>lindmag</u>, dem <u>kayserlich</u>= | <u>en th</u>ům, hieltend^d sy sich | och, das er ain
10 wolgeual= | len ar jnn(en) hett. **V**n(d) al= | so besatzt er nun die gegi= | *Kirchen-*
nen allenthalben hie disz= | halb der <u>lindmag</u> vnd | ennethalb dem <u>R</u>in mit *organisation;*
| <u>priestern</u> vnd <u>andåchtige(n)</u> | gelerten lüten, die jnen bre= | digotend vnd
lertend die gebot vnd werk vnsers | her(r)en, **S**in v̂bungen^e vnd | sin liden
vnd die ding, die |

[12vb] jnen ze sagend vnd jn dem | globen vestnend^a warend. vn(d) | *Mission;*
v̈ber die <u>lindmag</u>, | **w**an da noch jn dem <u>kayser</u> | <u>th</u>ûms karoli warend sy
aÿ= | gens sin(n)es vnd herter^i | vnd was ir gemv̂t nome(n)t^b | vast vff
haidesch ding. vn(d) | **a**lso zoch der **B**yschoff **p**ic= | <u>tauius</u> an die stat vnd *Verlegung des*
5 an | das end^c <u>windisch</u>, **d**as da | jn dem ergôw^112 lit by brugk^113. | da satzt *Bischofssitzes*

---

111 Othardus: Dessen Existenz ist ebenso wie die der folgenden Bischöfe Pictavus, Severius, Astropius und Johannes (Mitte des 7. Jhs) lediglich durch die Zwiefalter Bischofsliste bezeugt (MGH SS 13, S.325). In HS I/2,1, S.242 wird die Vermutung geäußert, es könnte sich hier „um einen unechten Anfang einer Konstanzer Bischofsliste handeln (...), der mit dem davorstehenden echten vereinigt worden wäre." Die Namensformen Pictavus und Astropius gehen möglicherweise auf Gregor v. Tours zurück, der v. einem Austrapius dux Francorum und späteren episcopus Sellensis spricht und Pictavus für Poitiers verwendet. Der hier erwähnte Johannes scheint dann mit Johannes I. identisch zu sein (vgl. REC I, Nr.18; H. Lieb, Lexicon, S.48; HS I/2,1, S.242 mit entsprechenden Quellenangaben sowie H. Maurer, Die Konstanzer Bischöfe, S.35).

[12vb]
i) herter] *dan.* ander *SG und Stgt; Konjektur nach W*

a) v. vestnen/vesten: befestigen, bekräftigen b) nur, bloß c) Gegend d) sehr, inständig

112 Aargau: vgl. zum Gebiet und zur Geschichte des heutigen Kts. gleichen Namens im Nordwesten der Schweiz z.B. SchwLex, Bd.1, S.14-22 oder HHS, S.IXL-XLIV.
113 Brugg, Kt. Aargau: Aarebrücke bereits zu Römerzeiten nachweisbar; erste urkundliche Erwähnung 1164 „Brucca"; Ausbau durch die Grafen v. Habsburg; Stadtrechtsverleihung 1284; v. 1415-1798 in der Hand der Berner; 1444 Zerstörung durch Zürich-Österreichische Verbindung und Wiederaufbau (vgl. SchwLex, Bd.2, S.298f; HHS, S.108f).

[13ra|29]
i) Und] U *2-z. Lomb., v. der Hd. des Rubr., mroT*

er sich hin vn(d) v̊bt | sich vast vnd grȯsclich^d mit | predigen vnd leren vnd   *nach Windisch;*
| trůg den lüten vast gůt | vorbild vnd das sich die | lüte von siner lere vast
bes= | rotend vnd ir aigen sinn(en) | vnd haidesch wÿs liessend. |

[13ra|29] Und^i nach dem **Bÿ**= | schoff pictauio kam(m) | ainer gen <u>windisch</u> des | *Bischof*
nam was <u>Geuerius</u>. | *Severius (!);*

                    Bischofswappen
 5   (4x4) (M: 2/S: 2,5)
                        (Aw)

[13rb] Vnd^i nach dem kam(m) | **a**iner, der hiesz^ii <u>**a**stra</u>= | <u>pius</u>. | *Bischof*
                                                                            Astropius;

                    Bischofswappen
                  (4,5x4,5) (M: 1,5/S: 2,5)
 5   (Aw)

[13va] Dar^i nach kam ain(er), | der hiesz <u>johan(n)es</u>. | *Bischof*
                                                           Johannes;

                    Bischofswappen
                  (5,5x5) (M: 2,5/S: 3)
 5   (Aw)

[13vb] Und^i nach dem kam(m) | ainer, der hiessz | **B**ůso^114. | *Bischof Buoso*
                                                              (!);

                    Bischofswappen
                  (5,5x5) (M: 2,5/S: 3)
 5   (Aw)

[13rb]
i) Vnd] V *2-z. Lomb., v. der Hd. des Rubr., mroT* ii) hiesz] *Punkt über i mroT*

[13va]
i) Dar] D *2-z. Lomb., v. der Hd. des Rubr., mroT*

[13vb]
i) Und] U *2-z. Lomb., v. der Hd. des Rubr., mroT*

---

114 Buoso (2. Hälfte des 7. Jh.): Erwähnung in der Zwiefalter Bischofsliste (MGH SS 13, S.325) und in den Gallus-
viten (vgl. Wetti, Kapitel 35f, S.276f und Walahfrid, Kapitel 1f, S.313f); nach diesen soll Buoso den durch die
Kriegszüge eines Otwin geschändeten Leichnam v. Gallus vierzig Jahre nach dessen Tod erneut bestattet haben (vgl.
REC I, Nr.18-20; HS I/2,1, S.242; H. Lieb, Lexicon, S.47; H. Maurer, Die Konstanzer Bischöfe, S.36).

[14ra|31] Nachⁱ dem do kam ainer, | der hiesz **arnafredus**[115], | der was jn der <u>ow</u>[116]   *Bischof*

vn(d) zů | <u>sant gallen</u>[117] <u>abbtt</u>[118]. vnd das | was nun jn dem zyt vndⁱⁱ | jar   *Arnefridus;*

als man vo(n) der | geburt cristi zalt drůzeh(e)nⁱⁱⁱ | hundert jar vnd V^{iv} [?]   *1305 (?)*

[iiij]^v | jar[119]. **D**o ward <u>hertzog</u> lü= | <u>polt von ŏsterrich</u> erschlag(e)n | vnd   *Auseinander-*

5   erstochen da selbs zů | <u>windisch</u> **a**n dem wasser | von sinem brůder[120], der   *setzung*

nun | der jaren der jünger was | vnd och geren her gewesen | wǎre vnd   *zwischen*

her(r)schafft hette | gehept vnd das offt vnd | dick sůcht^a. vnd jm aber <u>her</u>=   *Herzog Lüpolt*

[14ra|31]
i) **N**ach] N *2-z. Lomb., v. der Hd. des Rubr., mroT* ii) vnd] *dan. am Zeilenanfang* vnd *SG; Emendation nach Stgt* iii) drůzeh(e)n] zeh(e)n *verderbt, Beschädigung durch Loch, kaum mehr lesbar* iv) V] *dan. Lücke SG; verderbt, eventuell auch VI, X oder II* v) iiij] *fehlt SG, Konjektur nach Stgt* („<u>achtenthalb</u>") *und* W („achtthenthalb")

a) v. suchen: sich darum bemühen b) Scherz c) Strauch, Busch

[115] Arnefridus (736-746): ist in der Zwiefalter Bischofsliste ebenso wie bei Dacher direkt nach Buoso platziert (MGH SS 13, S.325); verschiedene Hinweise sprechen jedoch für ein späteres Pontifikat; nach dem „Chronicon" v. Hermann dem Lahmen war Arnefridus seit 736 zugleich Abt des Klosters Reichenau und Bischof v. Konstanz; dem ersten Amt (auch dem zweiten?) wird hier eine Dauer v. zehn Jahren bescheinigt (Hermannus Augiensis, Chronicon, hrsg. v. G. H. Pertz, in: MGH SS 5, S.74-133, hier S.98 zum Jahr 736). Ein familiärer Zusammenhang mit der dem alemannischen Herzogshaus verbundenen Landolt-Beata-Familie ist wahrscheinlich; eine Absetzung des Bischofs ist nicht auszuschließen (vgl. REC I, Nr.24-27; HS I/2,1; S.243f; H. Maurer, Die Konstanzer Bischöfe, S.39ff).
[116] Abtei Reichenau: auf der gleichnamigen Insel im Bodensee; erste urkundliche Erwähnung 724/780 (Fälschung 12. Jh.), 727 (Kopie., 10. Jh.), 813 als „Sintlezzesowa", 1209 „augia regalis", 1270 „Richen Ŏwe"; nach einer im frühen 9. Jh. nachweisbaren Klostertradition 724 v. Wanderbischof Pirmin gegründet; rasche Blüte im Dienst der Karolinger; v. ca. 736-782 Personalunion des Reichenauer Abbatiats mit dem Konstanzer Sedes; kulturelle Blüte im 9. Jh.; im 10. Jh. Rückgang der Zahl der Mönche; neuerlicher Höhepunkt unter den Ottonen; 998 Verleihung v. Marktrecht und röm. Freiheit; Niedergang seit dem 11. Jh.; 1235 Klosterbrand und Aufgabe des gemeinschaftlichen Lebens, Auszug aus der Klausur in separate Kurien; 1540 Inkorporation als Priorat in das Konstanzer Hochstift (vgl. LexMA, Bd.7, Sp.611-614; LBW, Bd.6, S.758ff; Lkr. Konstanz, Bd.1, S.291ff; HS III/1,2, S.1059-1100 sowie M. Spicker-Beck/T. Keller, Klosterinsel Reichenau; Die deutschen Königspfalzen, Bd.3, 4. Lief., S.493-571).
[117] Kloster St. Gallen: nach der auf das 6. Jh. zurückgehenden Gallusvita erfolgt 612 die Gründung einer Zelle im Hochtal der Steinach durch den irischen Wandermönch Gallus (Herkunft t.w. umstritten!); eigentliche Klostergründung 719 durch den hl. Otmar; 747 Einführung der Benediktsregel auf Drängen v. Karlmann und Pippin; kurzzeitige Abhängigkeit vom Bischof v. Konstanz (vgl. folgende Anm.); 818 Verleihung der Immunität durch Ludwig den Frommen; kulturelle Blüte der Reichsabtei im 9./10. Jh.; allmählicher Niedergang ab dem 11. Jh.; auch im 15. Jh. zahlreiche herausragende Äbte (vgl. Reformbemühungen) (vgl. SchwLex, Bd.10, S.46f; LexMA, Bd.7, Sp.1153-1155; HS III/1,2, S.1180-1369).
[118] Während Nachrichten über die Tätigkeit v. Arnefridus als Abt der Reichenau überliefert sind, gibt es keine Hinweise auf eine solche im Kloster St. Gallen. Dort leitete v. 719-759 der hl. Otmar als erster Abt das v. ihm anstelle der Eremitensiedlung für Zönobiten institutionalisierte Kloster. Erst mit dessen Festsetzung beginnt dann die Verwaltung des Bistums und beider Klöster in Personalunion (vgl. J. Duft/A. Gössi/W. Vogler, Abtei St. Gallen, S.17ff).
[119] Bei „drůzeh(en) | hundert" kann es sich nur um einen Fehler handeln, der auf die Kompilationstechnik zurückgeht. Da hier Ereignisse des 14. Jhs. (vgl. die folgende Anm.) verarbeitet werden, sie unser Historiograph aber eindeutig der Zeit v. Bischof Arnefridus zuordnet, entsteht durch das unveränderte Abschreiben der Vorlage ein logischer Fehler. Dieser wird deutlich, wenn man beachtet, dass direkt im Anschluss einige auf Arnefridus folgende Bischöfe genannt werden, unter denen sich auch Salomon III. befindet, dessen Todesjahr 919 auf fol.20^{va}f die nächste erwähnte Jahreszahl ist.
[120] Hier wird die Ermordung v. König Albrecht I. v. Habsburg (vgl. auch die Nachricht seines Todes auf fol.41ra) bei Brugg während des Reussübergangs durch Johann Parricida und seine Mitverschworenen am 1. Mai 1308 als Grundlage der Erzählung gewählt (vgl. auch Kapitel A.5.1.1). Als Anlass der Auseinandersetzung gelten berechtigte, vom König aber nicht erfüllte Ansprüche seines Neffen (!), des Herzogs v. Österreich und Steier, postumer Sohn Rudolfs II. v. Habsburg (vgl. LexMA, Bd.1, Sp.311-313; Bd.5, Sp.512).

| tzog lüpolt der elter(e) d(a)z vn= | derzoch durch bessru(n)g der | *und seinem*
herschafft vn(d) des hertzog= | thûms vnd hielt jn noch | ze jung sin. vnd *Bruder;*
10 vff ain | zit des jårs do Ritte(n)d baid | **Brûder** vnd heren vss ab= | wertz
nach dem wasser. vn(d) | an der stat windisch sûcht | aber der jung her sin
her(r)- | schafft an den eltern brûd(er) | hertzog lüpolt. vnd er zoch | es jn
ainen schimpf^b vnd | machet jm ain krentzlin¹²¹ vo(n) | **a**iner studen^c vnd
gab jm | das vnd sprach: „**Br**ûder, | lausz diner sorg, dan(n) du bist | ze
15 jung! **ab** sôlichen krentz= | lin solt du noch ain zit frôd | haben bisz
werdend dir din |

[14rb] sin(n)e sterker vnd nympt din | wyshait basz^a zû." **A**ber diser Brûder
wysset wol, wes er | mût hett vnd hett ab disem | worten **a**in verdriessen
vn(d) | zuckt vsz sin schwert vnd | stach sinenⁱ brûder lüpolt(en) | ze tod *Tod v. Lüpolt*
vnd floch hin vo(n) dem | land, das dar nach nie nie= | mant für war *und dessen*
5 gehort, wa | er hin kåme. **V**nd also | ward er begraben jn die kil= | chen *Folgen;*
des **B**ystu(m)s, die da haist | windisch. **V**n(d) also batt | nun die herschafft
von O^e= | sterrich den **B**yschoff ar- | nafredu(m), das er jnen die | kilchen
windisch ^bzû jren | handen liesz^b vnd ergåbe^c, | dan(n) sy hettend gnad dar
zû, | sy ze begaubend^d, vmbe das, | **wa**n(n) nun ainer vo(n) ôster(r)= | rich
10 da låge begraben, vm(b) | das so gedåchtend sy, ir be= | grebdt da hin ze
machend, | **wa**s von der herschafft | hie vsz jn dem land sturbe, | **d**as die
alda begraben vn(d) | bestattet wurden. **V**nd | also gedacht nunⁱⁱ der **B**y= |
schoff arnafredus, wie der | kilchen grosz güt wurde | von der herschafft
von O^e= | sterrich, vnd er gab jnen | die kilchen windisch min(n)= |
15 samclich, wyllenclich vn(d) | gern mit wyllen siner | brûder vnd her(r)en,
die er |

[14va|32] dan(n) by jm hett ze windisch, | vnd rumpt die stat win= | disch vnd zoch *Verlegung des*
sich mit si= | nem bystum gen **arbon** | jn den fleken. **a**lso vnder= | zoch *Bistums;*
sich die herschafftte | von ôsterrich der kilchen | windisch vnd liessen *Baugeschichte*
mach= | en **a**inen chor an die kilch= | en fornen vnd lengrotend^a | och die *der Kirche v.*
5 hindersich vsz vnd | machtend sy vast hôher vn(d) | mit absyten dar an vnd *Windisch;*
| liessend machen vff ye das | ort ain zymber aines clo= | sters vnd tettend

---

¹²¹ Der Kranz dient im Mittelalter als Herrschaftssymbol (vgl. corona), als Zeichen der Standesfreiheit, der Amts-
würde sowie als Sieges- und Ehrenzeichen. In der ersten Bedeutung ist er Symbol weltlicher/monarchischer Macht,
teils sogar Staatsmetapher (Vgl. LexMA, Bd.3, Sp.252-259, hier Sp.252, 255 und Bd.5, Sp.1475).

[14rb]
i) sinen] *zweites* n *durch senkrechten Strich v. der HHd., mbrT, aus* m *korr.* ii) nun] *nur SG; Konjektur nach Stgt*

a) weiter [Komp. v. guot] b...b) v. zû handen lassen: in Besitz/Obhut übergeben, überlassen c) v. ergeben: schenken,
übergeben d) v. begåben: beschenken, ausstatten

[14va|32]
i) *Marg.: v. späterer Hd., mhbrT, amliRa:* Falsum.

a) v. lengren: verlängern b) Responsorium [liturgischer Wechselgesang zwischen einem Chor und einem Solisten] c)
Antiphon [liturgischer Wechselgesang zwischen zwei Chören] d) Pfründen, Erträge, Einkünfte

jn aines | <u>**B**arfůssen</u> des ordens **v**nd | jn das ander tettend sy | frÿ froen **v**nd edel¹²². **V**nd | sind die also geordnet mit | ain ander ze singend jn der |ⁱ kilchen, **w**an die <u>**B**rů</u>der | **a**inen <u>vers</u> singend oder | **a**in <u>responsz</u>ᵇ oder **a**in

10   <u>**a**nti</u>= | phanᶜ, **S**o singend die froen | das ander, **v**nd das also | alles ir gesang glich **v**nd | mit ain ander gåt. **D**ie | <u>herschafft von ô</u>sterrich **v**n(d) | och ander heren, dero och | **v**il da begraben ist, die kilch= | en geziert **v**nd och mit | nutzu(n)gᵈ begabet haben, dero | sy sich betragend, da **v**o(n) **v**il | zů sagend wåre. **V**nd | also sasz nun der <u>**B**yschoff</u> | **a**nfredus ze arbon **v**nd |

[14ᵛᵇ] was <u>zehen</u> jar h(er)re zů <u>win</u>= | disch **v**nd zů <u>arbon</u>. **V**nd | disz <u>fünff byschoff</u> vorge= | schriben sind zů <u>windisch</u> | gesessen gewesen. **v**nd | hat <u>arnafredus zehen</u> jar | zů <u>windisch</u> **v**nd <u>arbon</u> ge= | regiert **v**nd d(a)z <u>bystum</u> be | sessen. |

[15ʳ] Leere Seite

[15ᵛ] Leere Seite

[16ʳᵃ] **N**achⁱ dem <u>**B**yschoff ar</u>= | <u>nafredo</u>, **S**o sich von | <u>windisch</u> gezogen **v**n(d)   *Bischof*
gen | <u>**a**rbon</u> gesetzt hett, kam ain= | er, der hiesz <u>Sidonius</u>¹²³. **v**nd | der was   *Sidonius;*
och ain <u>**a**bbt</u> jn der | <u>ow</u> **v**nd zů <u>sant gallen</u> **v**n(d) | regiert das <u>bystum</u>ⁱⁱ drüzehen | jare. |

5

Bischofswappen
(4,5x4,5) (M: 2,5/S: 3)
(Aw)

---

¹²² Die Chronik bezieht sich auf Kloster Königsfelden, das Habsburg an der Stelle, wo König Albrecht erschlagen wird, bauen lässt. Es handelt sich – wie hier berichtet – um ein Doppelkloster v. Franziskanern und Klarissen. Aufgabe des Männerkonvents ist es, dem Frauenkloster die Seelsorger zu stellen; umgekehrt ist das Frauenkloster verpflichtet, für den Unterhalt des Männerkonvents, der kein eigenes Vermögen besitzen durfte, zu sorgen. Nach dem Tod der Hauptstifterin, der Königswitwe Elisabeth, betreut ihre Tochter Agnes, Witwe v. König Andreas III. v. Ungarn, 1317 bis 1364 das Kloster. Durch deren Förderung (vgl. u.a. den Bau der Klosterkirche mit dem Glasgemäldezyklus; habsburgische Grablege) entwickelt es sich zu einem der reichsten Klöster Südwestdeutschlands. Nach der Eroberung des Aargaus geht 1415 die Verbindung zum Stifterhaus verloren; unter Berner Herrschaft kommt es 1528 zur Selbstauflösung (vgl. LexMA, Bd.5, Sp.1327; SchwLex, Bd.7, S.29 und Bd.12, S.247; HS V/1,1, S.206ff).

[16ʳᵃ]
i) Nach] N *2-z. Lomb., v. der Hd. des Rubr., mroT* ii) <u>bystum</u>] *dan.* zway **v**n(d) | zwaintzig jar *SG (vgl. fol.18ʳᵃ), bis a in* zwaintzig *mbrT v. HHd. unterpunktet und durch leichte Streichung komplett getilgt*

¹²³ Sidonius (746-760): Während Sidonius, ein Mönch des Klosters Reichenau, nach Hermann dem Lahmen bzw. der Reichenauer Äbteliste 13 Jahre lang gleichzeitig als Bischof und Abt im Kloster Reichenau regierte (vgl. Hermannus, Chronicon, S.98f zum Jahr 746), kann v. einer Tätigkeit als Abt in St. Gallen nicht die Rede sein; Sidonius gelingt es jedoch 759, sich dieses Kloster zumindest faktisch zu unterwerfen und Johannes, einen Reichenauer Mönch und späteren Bischof, als Abt einzusetzen; gest. am 4. Juli 760 (vgl. REC I, Nr.28-34; HS I/2,1, S.244f; J. Duft/A. Gössi/ W. Vogler, Abtei St. Gallen, S.20; H. Maurer, Die Konstanzer Bischöfe, S.44ff).

[16rb] Darnachⁱ kam **a**iner, der | hiesz <u>johannes</u>[124], was | och **Byschoff**, **a**in a<u>bbt</u>   *Bischof*
jn der | <u>ow</u> vnd zů <u>sant gallen</u>, der | regiert <u>zway vnd zwaintz</u>= | ig jare. | *Johannes II.;*

5   Bischofswappen
(5,5x4,5) (M: 2,5/S: 3)
(Aw)

[16va] Darⁱ nach kam ainer | **v**nd der hiesz <u>Gan(n)</u>= | <u>dolffus</u>[125].   *Bischof*
                                                         Gandolfus;

Bischofswappen
(5x5) (M: 2,5/S: 3)
5   (Aw)

[16vb] Nachⁱ dem kam **a**iner, | des nam was <u>fide</u>= | <u>lis</u>. | *Bischof*

[16rb]
i) Darnach] D *2-z. Lomb., v. der Hd. des Rubr., mroT*

[124] Johannes II. (760-782): Wie hier korrekt angegeben, übernimmt Johannes als Abt v. St. Gallen nach dem Tod v. Sidonius dessen Ämter; er hat somit nicht nur die beiden bedeutendsten alemannischen Abteien, sondern auch das Bistum in Personalunion inne; gest. am 9. Feb. 782 (vgl. REC I, Nr.35-65; HS I/2,1, S.245ff; H. Maurer, Die Konstanzer Bischöfe, S.49ff). Mit dem Tod v. Johannes II. findet auch die Personalunion zwischen dem Bischofsstuhl und den Abtsstühlen der Reichenau und St. Gallen ein Ende. Die Chronik nennt also korrekterweise bei dessen Nachfolgern diese Ämter nicht mehr.

[16va]
i) Dar] D *2-z. Lomb., v. der Hd. des Rubr., mroT*

[125] Die drei hier aufeinander folgenden Bischöfe Gandolfus, Fidelis und Theobaldus/Thietpaldus (?) (2. Hälfte des 7. Jhs.) sind wie in der Zwiefalter Bischofsliste im Anschluss an Johannes II. verzeichnet (MGH SS 13, S.325). Da auf diesen aber nachweislich Egino folgt und innerhalb der Liste im 7. Jh. eine zeitliche Lücke klafft, scheinen sich diese Bischöfe – ihre Existenz vorausgesetzt – chronologisch an Bischof Buoso anzuschließen. Der diesen dreien folgende, nur aus annalistischen Aufzeichnungen bekannte und in der Forschung ebenfalls umstrittene Bischof Audoin (bis 736), fehlt wie in unserer „Konstanzer Chronik" auch in der Zwiefalter Bischofsliste (vgl. ebd.; REC I, Nr.21; HS I/2,1, S.242f; H. Lieb, Lexicon, S.48f; H. Maurer, Die Konstanzer Bischöfe, S.37f).

[16vb]
i) Nach] N *2-z. Lomb., v. der Hd. des Rubr., mroT*

[17ra|37]
i) Nach] N *2-z. Lomb., v. der Hd. des Rubr., mroT* ii) sasz] *üdZ v. HHd. erg., mbrT; zur Verdeutlichung vor und nach dem Wort ein Punkt, v. der Hd. des Rubr., mroT*

a) Verfolgung b) v. legen auf jmdn. [Prät. auch leit-]: sich v. jmdm. unterhalten/ernähren lassen, Unterhalt fordern c) Angehörigen d) richtig, gerecht e) Vorfahren f) v. vffkomen: emporkommen, größer werden g) Fehler, Mangel h) v. überladen: belasten, bedrängen

Fidelis;

Bischofswappen
(4,5x4,5) (M: 2,5/S: 3)
(Aw)

5

[17ra|37] Nachⁱ dem kam ainer, der | hiesz <u>Theobaldus</u> vn(d) der | nun och zů <u>arbon</u>   *Bischof*

saszⁱⁱ. Nun jn de(m) | zyt hettend die gaistlichen | gar grosz   *Theobaldus;*

durchåchtu(n)g^a, vnd | alle <u>kilchen</u> vnd <u>clôster</u> von | den weltlichen, vnd

leitend^b | sich grôsclich vff sy mit jro | selbs liben^c vnd mit jrem ge= | sind   *Unterdrückung*

5   vnd och mit jro rossen | vnd hunden Vnd sprachend, es wåre billich^d vnd   *der Geistlich-*

recht, | d an(n) die gaistlichen wårend | doch von jnen vnd jren vor= | dern^e   *keit durch den*

vffkomen^f. vnd mit sô= | lichem mochtend sich die gai= | stlichen nit   *Adel;*

erweren vn(d) lit= | tend sich grôsklich mit den | <u>edeln</u> vnd hettend iro

gros= | sen schaden. Vnd jn den | dingen vnd jn dem zyt do | starb ain <u>abbt</u>

10 zů dem clo= | ster zů <u>costentz</u>, die da hiel= | tend den orden der regulier= |

ten <u>chorheren</u>, So dan(n) yetz | das münster ist¹²⁶. vn(d) hetten | nun die

selben <u>chorher(r)en</u> der | regel die wal, das sy ainen | andern <u>abbtte</u> soltend

welen. | vnd also gedauchtend sy den | grossen gebresten^g der gaist= |

lichen vnd och wie so gar vn(d) | vast sy mit dem <u>adel</u> überla- | den^h

15 warend, der nun tåglich | vff jnen lag, vnd durch sy |

[17rb] nun vast warend hinder | sich an der <u>kilchen</u> vn(d) jrem | gůt komen. vnd   *Chorherren*

wurdend | ze raut vnd aintend sich | gemainlich alle <u>chorher(r)en</u> | der   *unterstellen sich*

regel, die jn der selben | wale saussend vnd dar zů | gehortend, d as sy sich   *Bischof;*

er= | geben wôltend ainem <u>Byschoff</u> | zů <u>arbon</u>. vnd also erwal- | tend sy

5   den selben <u>Byschoff</u> | Theobaldu(m) jnen zů ainem | her(r)en. Vnd als sy   *Wahl v.*

nun | den <u>Byschoff</u> theobaldu(m) jne(n) | zů jrem <u>heren</u> erwelt hetten, | do   *Theobaldus;*

zoch er sich nun vo(n) ar= | bon vnd satzt sich zů jnen | gen <u>costentz</u> vnd   *Verlegung des*

machet | nun mit jro wyllen vnd | hilff die <u>pfallentz</u> vnd sin | gesåssz für   *Bischofssitzes*

der <u>stat</u> mur | vnd graben für vndertor¹²⁷ | nach dem <u>Rin</u> abwert vn(d) | *nach Konstanz;*

10 machet das werlich^a, wan(n) | er vorcht den <u>adel</u> vnd | was jn och kumbers   *Errichtung der*

angie(n)g, | das er dester werlicher vn(d) | sichrer såsse¹²⁸. Vnd zů | dem   *Bischofspfalz;*

---

¹²⁶ Vgl. die Ausführungen auf fol.3^{rb}f.

[17rb]
a) wehrhaft b) v. hûsen: sich niederlassen

¹²⁷ Hiermit ist sicherlich das „Niedere" oder „Innere Schottentor" gemeint. Bei „vnder" dürfte es sich somit um einen
Fehler des Schreibers handeln, der statt „ni" v. „nider" | <u>Thor</u> (vgl. Stgt und folgende Anm.), möglicherweise durch
eine Vermischung mit „vsser <u>Thor</u>", „vn" schreibt.
¹²⁸ Diese Nachricht der Errichtung der ersten Bischofspfalz in der zweiten Hälfte des 7. Jhs., die laut Stgt explizit in
der Nähe der späteren Schottentore lag (vgl. fol.222|226rb: „ain | pfallentz fůr die statt <u>Coste(n)tz</u>. | vnd das ist der
hoff vo(r) schotte(n) | <u>T</u>or, dem nidern, vff die linge(n) | hand vnd růrrt an das nider | <u>Thor</u> vnd an das vsser <u>Thor</u>") –
gemeint ist wohl die Stelle des heutigen Gerichtsgebäude, Gerichtsgasse 15 (H. Maurer, Konstanz I, S.45) –, ist
„wohl sagenhaft" (HS I/2,1 S.242) (vgl. auch ebd., S.44). Archäologische Untersuchungen haben bestätigt, dass die
älteste, heute nicht mehr nachweisbare Pfalz wohl an der Stelle des hochmittelalterlichen Baus stand. Gregor Man-

Byschoff Theobaldo bw= | tend nun ettwe måniger | **ab dem land,** die
dan(n) **Rich** | warend, vnd husotend^b | sich och zů der <u>pfallentz</u> | vn(d) die   *Ansiedlung in*
zoch er nun zů jm | an den <u>hoff</u> vnd machet | *der Stadt;*
[17va|38] <u>Edel lüt</u> vs jnen, die vor maÿ̈= | ger^a vnd <u>bẅlüt</u>^b warend^129. |

[18ra|39] Nach^i dem ward^ii **Bÿ̈**= | <u>schoff</u> ainer, der hiesz **E**= | gino^130 vnd der was   *Bischof Egino;*
<u>zway vn(d)</u> | zwaintzig jar her. |

Bischofswappen
5   (4,5x4,5) (M: 2,5/S: 3)
(Aw)

[18rb] Dar^i nach ward ainer | **Byschoff,** der hiesz <u>wol</u>= | <u>flosz</u>^131 vnd der was   *Bischof*
<u>achtzehen</u> | jar her(r). | *Wolfleoz (!);*

Bischofswappen
5   (5,5x5) (M: 2,5/S: 3)
(Aw)

[18va|40] Nach^i dem ward ainer | **Byschoff,** der hiesz **Sa**= | lomon^132. | *Bischof*

---

golt zählt neben dem Bau eines Bischofspalastes den des Schottenklosters sowie die Einrichtung eines Domkapitels
zu den Verdiensten dieses Bischofs (vgl. REC, I, Nr.21).

[17va|38]
a) Meier, Hofverwalter, (Pacht-)Bauern b) Bauern

^129 Vgl. die Ausführungen auf fol.3^rbf, die über die Folgen für die Stadt (vgl. v.a. Erweiterung) berichten.

[18ra|39]
i) Nach] N *2-z. Lomb., v. der Hd. des Rubr., mroT* ii) ward] *dar. egino SG durch leichte Streichung v. HHd., mbrT
getilgt*

^130 Egino (782-811): vermutlich enge verwandtschaftliche Beziehungen zur alemannischen Adelsfamilie der sog.
Bertholde; erste urkundliche Erwähnung am 3. Mai 786; Hermann der Lahme berichtet v. einem 32-jährigen Pontifikat (vgl. Hermannus, Chronicon, S.100 und 102 zu den Jahren 781 und 813); große Nähe zum Hof Karls des Großen;
gest. am 25. Aug. 811 (vgl. REC I, Nr.66-97; HS I/2,1, S. 247f; H. Maurer, Die Konstanzer Bischöfe, S.54ff).

[18rb]
i) Dar] D *2-z. Lomb., v. der Hd. des Rubr., mroT*

^131 Wolfleoz (811-838/839): Mönch in St. Gallen; erscheint am 19. Sept. 811 erstmals als Bischof v. Konstanz; gest.
am 15. März 838 oder 839 (vgl. REC I, Nr.98-114; HS I/2,1, S.248f; H. Maurer, Die Konstanzer Bischöfe, S.61ff).

[18va|40]
i) Nach] N *2-z. Lomb., v. der Hd. des Rubr., mroT*

Salomon I.;

Bischofswappen

(5,5x5) (M: 3/S: 4)

(Aw)

5

[18vb] Nach^i dem ward ainer | **Byschoff**, der hiesz <u>pa=</u> | <u>theco</u>^133. | *Bischof*
Patecho;

Bischofswappen

(5x4,5) (M: 3/S: 3,5)

(Aw)

5

[19ra|41] Nach^i dem ward **Byschoff** | ainer, was gehaissen | <u>Gebehardus</u>^134 vnd der *Bischof*
was | <u>sechzehen</u> jar her(r). | *Gebhard I.;*

Bischofswappen

(4,5x4) (M: 2/S: 2,5)

(Aw)

5

[19rb] Nach^i dem ward **Byschoff** | **a**iner, der^ii hiesz <u>Salomo(n)</u>^135. | *Bischof*
Salomon II.;

---

132 Salomon I. (838/839-871): aus alemannischem Hochadel; Mönch in Fulda; seit 838 oder 839 Bischof v. Konstanz; enge Kontakte zu Ludwig dem Deutschen; 854 im Vertrag v. Ulm Verzicht auf die Rechte des Bistums gegenüber der Abtei St. Gallen; Heiligsprechung Otmars auf seine Initiative hin; gest. am 5. März 871 (vgl. REC I, Nr.115-147; HS I/2,1, S.249f; H. Maurer, Die Konstanzer Bischöfe, S.67ff).

[18vb]
i) Nach] N *2-z. Lomb., v. der Hd. des Rubr., mroT*

133 Patecho (871-?): folgt nach der Series Zwifaltensis auf Salomon I. (vgl. MGH SS 13, S.325); keine urkundliche Erwähnung; vermutlich aus dem Konstanzer Domkapitel hervorgegangen; gest. an einem 4. Dez. (vgl. REC I, Nr.148f; HS I/2,1, S.251; H. Maurer, Die Konstanzer Bischöfe, S.79f).

[19ra|41]
i) Nach] N *2-z. Lomb., v. der Hd. des Rubr., mroT*

134 Gebhard I. (874/75): urkundlich durch einen auf die Zeit zwischen dem 20. Juni 874 und dem 19. Juni 875 zu datierenden Brief belegt; gest. vermutlich am 18. April 875 (vgl. REC I, Nr.150-154; HS I/2,1, S.251; H. Maurer, Die Konstanzer Bischöfe, S.81ff).

[19rb]
i) Nach] N *2-z. Lomb., v. der Hd. des Rubr., mroT* ii) der] des SG, *Konjektur nach Stgt*

135 Salomon II. (875/876-889): Neffe v. Salomon I.; vermutlich Bischof seit 875; erste urkundliche Erwähnung im Aug. 876; Kontakt zu Kaiser Karl III.; gest. am 23. Dez. 889 (vgl. REC I, Nr.155-176; HS I/2,1, S.251f; H. Maurer, Die Konstanzer Bischöfe, S.84ff).

Bischofswappen
(4,5x4) (M: 2/S: 2,5)
5   (Aw)

[19ᵛᵃ|42] Nachⁱ dem ward aber ai= | ner **Byschoff**, der hiesz | och <u>salomon</u>¹³⁶, vnd   *Bischof*
der was | nun von dem land <u>Cananea</u> | <u>vnd judea</u>¹³⁷ ᵃvff ainer sytenᵃ vn(d)   *Salomon III.;*
was von ainer <u>stat</u> jn <u>canea</u>, | haist <u>humana</u>¹³⁸. Nun der **By**= | schoff
<u>Salomon</u> maint, d(a)z er | der kilchen mit sinem gesåsz, | So <u>theobald(us)</u>
5   sin vorfarnᵇ | gebwen het¹³⁹, zů ver(re)ᶜ gesessen | wåre vnd der nit als wol
| zů senhen môchte, **a**ls wåre | er ir nåher gesessen vnd | erdaucht, ain   *Verlegung der*
<u>pfallentz</u> ze= | machend hindan an das | <u>münster</u> vff die lincken | hand¹⁴⁰,   *Pfalz;*
vnd tett das da von | des <u>Crützgangs</u> wegen, d(a)z | der vff der rechten
syten | nit gebrochen noch zer= | gångt wurd. Nun was | der **Byschoff**
10 <u>Salomon</u> gar | andåchtig vnd frydlich | vnd machet fryd, wa er vn= | fryd
wysset¹⁴¹. Vnd er ver= | nam wie vnfrid jn sine(m) | land wåre zů <u>canea</u>
vn(d) | den von <u>jherusalem</u> vnd | <u>judea</u>. vnd er macht sich | vff vnd zoch   *Reise ins*
sich hin jn d(a)z | land <u>Canea</u> vnd rait da | zwüschen vnd redt dar | jn vnd   *Heilige Land;*
da zwüschen ᵈüber | brachtᵈ er sy, das er die sach | vnd grossen krieg nach
15 iro |
[19ᵛᵇ] **B**ayder wyllen verrichtᵃ. | Vnd nun vm(b) dise ding | vnd das er jnen zů

[19ᵛᵃ|42]
i) Nach] N *2-z. Lomb., v. der Hd. des Rubr., mroT*

a...a) väter- oder mütterlicherseits b) Vorgänger c) weit (entfernt) d) v. über bringen: übereinbringen, vergleichen

¹³⁶ Salomon III. (890-919/920): geb. um 860; Neffe v. Salomon II.; Bruder Bischof Waldos v. Freising; Ausbildung im Kloster St. Gallen und in Italien; 884 Weihe zum Diakon; Eintritt als Notar in die Hofkapelle und Kanzlei Kaiser Karls III.; 889 Kapellan König Arnulfs; 890 Abt des Klosters St. Gallen und Bischof v. Konstanz; v. 909-918 Kanzler Ludwigs des Kindes bzw. Konrads I.; Königsnähe: „Vertreter der Reichsgewalt in Schwaben und v.a. im Bodenseegebiet" (H. Maurer); einer „der mächtigste[n] Kirchenfürst[en]" des ostfränkischen Reichs in spätkarolingischer Zeit" (VerfLex, Bd.8, Sp.526); Gründung des Chorherrenstifts St. Stephan durch Verlegung der in Salmsach bestehenden Klerikergemeinde; Reliquientranslationen; gest. am 5. Jan. 919 oder 920 (vgl. REC I, Nr.177-341; dazu M. Krebs, Nachlese, S.182, Nr.337a; HS I/2,1, S.252ff; H. Maurer, Salomon III.; VerfLex, Bd.8, Sp.526-530 und H. Maurer, Konstanz I, S.52-66; H. Maurer, Die Konstanzer Bischöfe, S.89ff).
¹³⁷ Kanaan und Judäa.
¹³⁸ Bischof Salomon III. unternahm zwar u.a. im Auftrag der Herrscher zahlreiche Reisen, eine solche nach Jerusalem ist aber nicht nachweisbar. An seiner alemannischen Herkunft gibt es keinerlei Zweifel.
¹³⁹ Vgl. Ausführungen auf fol.17ʳᵇ.
¹⁴⁰ Der Nachfolgebau der ersten, nicht mehr nachweisbaren bischöflichen Pfalz südlich des Chors der Bischofskirche auf dem Münsterhügel, der bis in die Neuzeit hinein als Residenz benutzt wurde, geht nach neueren Untersuchungen zusammen mit einer Ummauerung der Bischofsburg tatsächlich auf Salomon III. zurück. Nach einem Brand wurde die Pfalz v. Bischof Hermann I. als romanischer Bau neu aufgebaut und mit Blick auf das Konzil v. Konstanz durch Bischof Otto III. erweitert. Es handelte sich um ein querrechteckiges Gebäude v. 32 Metern Länge und 14 Metern Breite, das vermutlich bereits in spätkarolingischer Zeit neben dem Erdgeschoss zwei Obergeschosse aufwies (vgl. HS I/2,1, S.44f; A. Bihrer, Konstanz).
¹⁴¹ Vgl. das Lob der Tugenden dieses Bischofs, v. a. das Friedenstiften, schon bei Ekkehard IV., Casus Sancti Galli, hrsg. v. H.-F. Haefele, z.B. S.56: „Opinabile autem erat, in quantum se post reditum suum in virtutibus christus Dei exercuit: quam assiduus nocte dieque in precibus, quam largus in dando, maxime autem pauperibus, quam promptus et assiduus in pacificationibus."

lieb so | fer(re) gezogen was, **d**o hette(n)d | sy jn zů baider syt geren be= |
gabet nach <u>Byschofflichen</u> | eren vnd och nach siner ar= | bait, **S**o er
getŏn, vnd och | das sin schwarlich verzert | hett. **A**nttwurt er jnen vn(d) |
5 sprach: „**E**s sol nit also sin, **d**an(n) | ich hab von <u>got vnserm he</u>= | ren vmb
sust emphangen, | vmb sust sol ich och geben. | vnd dise ding vn(d)
richtu(n)g^b | sŏllend ir mir nit zů legen, | sunder **j**r sŏllend d(a)z gott |
<u>vnserm heren</u> zů legen | vnd die ere jm haim geben, | **w**an er disz durch
den hai= | ligen gaist gewurkt hǎt. | **V**nd wan nun disz gŏtlich | vnd
10 gaistlich zů gega(n)gen | ist, **D**ar vmb so bitt ich | jŵch von <u>iherusalem</u>,
das | ir mir geben vnd günden^c | wŏllen, ze nemend vn(d) mit | mir haym
ze fůrend **d**en | wirdigen hailigen vnd | lieben <u>martrer sant pela</u>= | gen¹⁴²,
wan mich bedunkt, | das jm hie nit sŏlich ere be= | schehe, **a**ls ich jm dan
jn mi | ner kilchen <u>zů costentz</u> wil | ton vnd ere erbietten laus= | sen."¹⁴³
15 **V**nd ^dze hand^d als bald |
[20ra|43]ⁱ er des begert, **d**o ward er | jm ze hand vnd als bald | gegeben. **N**un het er
gar | vil von jm gelesen vn(d) d(a)z | er sin leben wol bekant vnd | jn ouch

Translation des
Hl. Pelagius;

[19vb]

a) v. verrichten: beilegen, schlichten b) Vergleich, Aus-/Versöhnung c) v. günnen: gewähren, erlauben d...d) sofort, sogleich

¹⁴² Hl. Pelagius (Festtag: 28. Aug.): stammt nach der ältesten überlieferten „Passio" aus der ersten Hälfte des 9. Jhs. aus Emona (vgl. zur sog. „Emona-Frage", F. Meyer, Sankt Pelagius, S.28, Anm.150f) in Krain, in der röm. Provinz in Oberpannonien; nach einer wenig glaubwürdigen „Passio" (vgl. AASS Augusti tomus 6, S.161-163) angeblich Sohn vornehmer, reicher und gläubiger Christen; er soll während der Christenverfolgung v. Numerian 283/84 dem Verfolger in der Stadt namens Evelasius mutig entgegengetreten sein und das Gefängnis mit Folter und Marter aller Art heil und in seinem Glauben bestätigt überstanden haben. Sein Tod wurde dem Text nach durch Enthauptung herbeigeführt. Ein anderer Überlieferungsstrang nennt Konstanz als Todesort. Tatsächlich handelt es sich bei der Reliquie wohl eher um einen sog. Katakombenheiligen, dem der Name Pelagius gegeben wird. Er erhält nach der Translation ein Heiligengrab in der Krypta der Domkirche (vgl. zu Fragen der Baugeschichte in diesem Zusammenhang F. Meyer, Sankt Pelagius, S.77ff), wird zweiter Schutzpatron der Bischofskirche sowie späterer Konstanzer Stadt- und Diözesanpatron. Vom Zentrum Konstanz ausgehend verehrt man Pelagius im gesamten alemannischen Raum (vgl. H. Lieb, Lexicon, S.49f; H. Maurer, Konstanz I, S.55f; K.S. Frank, Bistumsheilige und ders., St. Pelagius; F. Meyer, Sankt Pelagius, passim).
¹⁴³ Die Translation des Märtyrers Pelagius bzw. die Anfänge des Kultes in Konstanz sind aufgrund widersprüchlicher Quellenaussagen lange kontrovers diskutiert worden (vgl. dazu F. Meyer, Sankt Pelagius, S.18ff, 32ff). Wie F. Meyer überzeugend darlegt, geht der im Verlauf der zweiten Hälfte des 9. Jhs. einsetzende Pelagiuskult auf eine erste Reliquientranslation zurück (entweder in den 830er Jahren oder 864 während einer Reise Bischof Salomons I. nach Rom). Durch eine bei Ekkehard IV. überlieferte zweite Translation durch Salomon III. werden Anfang des 10. Jhs. weitere Reliquien nach Konstanz überführt, wodurch der Kult des Heiligen in ottonischer Zeit einen enormen Aufschwung erfährt. Er dürfte die Reliquien dieses Heiligen, der sich im Anschluss daran zu einem Bistums- und Stadtpatron entwickelte, jedoch – entgegen der hier gebotenen, für das Selbstverständnis v. Konstanz recht aussagekräftigen Erzählung (vgl. z.B. die sakrale Topographie) – v. einer Pilgerreise aus Rom mitgebracht haben (vgl. HS I/2,1, S.253; H. Maurer, Konstanz als ottonischer Bischofssitz, S.38ff; ders., Salomon III., S.364; ders., Konstanz I, S.55 und K.S. Frank, St. Pelagius, S.6ff; F. Meyer, Sankt Pelagius, S.28-77, 131ff und Ekkehard, Casus, S.54ff)

[20ra|43]
i) *mit dieser Seite beginnt eine neue Lage Papier*

a) v. erziehen: erhöhen b) v. erheben: erhöhen, heiligsprechen c) schmerzhaft d) grausam d) vergoldeten f) reines g...g) im alten Stil, „altmodisch" h) Gunst

als für sinen be= | sundern hailigen hielt | vnd eret. **Vnd** dar vmb | fůrt er
jn mit grossen eren | **vnd** wirdikait vo(n) der stat | <u>Jherusalem</u>, da er gemar
5 | trett ward, her gen <u>coste(n)tz</u> | vnd erzŏgt^a vnd erhůb^b jn | da mit grossen
frŏden, wir= | den vnd eren vnd kunt | vnd predigot jn vsz, wer | vnd **von**
wannen er **was** | vnd wie hailenclich er | sin leben volbraucht hett | **vnd**
wie sere^c vnd hertten= | clich^d er vmb cristan glo= | ben gemartrett ward. |
Vnd jm zů eren machet | er jm **a**inen costlichen ver= | gülten^e sarch, da
10 luter^f <u>sil</u>= | <u>ber</u> vnd gold an was, **aber** | ^ggar nach **a**ltem werche^g/¹⁴⁴. | **Der**   *Stiftungen bzw.*
andåchtig **Byschoff** | **Salomon** kunt vnd pre= | digot och den wirdigen | *Bautätigkeit v.*
hailigen <u>sant pelagen</u> vs | ze **Byschoff zelle**¹⁴⁵. Jn die sel= | ben <u>kilchen</u> **Er**   *Salomon III.;*
nun sin gnad^h |

[20rb]   och hin lait vnd bwt och vil | ander kilchen. Vn(d) och | den <u>frŏn altar</u> jn
dem <u>mün</u>= | <u>ster ze costentz</u> beziert er, | dan(n) er grosz liebin vn(d) an=
dåcht zů dem liden <u>vnsers</u> | <u>heren cristi ihesu</u> hett vnd | sunderlich zů dem
hailige(n) | <u>Crütz</u>. **Vnd** dar vm(b) so nam | er das gar tieff für sich jn | siner
5 betrachtu(n)g, **wie** <u>got</u> | der <u>he(r)re</u>, unser erlŏser, <u>ihes(us)</u> | <u>cristus</u>, vmb
vnsers hai= | les wyllen gecrützget ward | **d**urch die <u>drÿ</u> krefft(en) warer |
gothait. **Vnd** dar vmb | so machet er och die <u>zwaÿ</u> | <u>crütz</u> neben dem **altar**,
die | vergült vnd nach altem | werk costlich gemacht sind¹⁴⁶, | vnd hett
gantzen wÿllen, | **wie** er noch gar **a**in costlich | <u>Crütz</u> vff den **altar** wŏlt
10 ge= | machet haben von <u>gold</u> vn(d) | von <u>silber</u>, hette er es erlebdt, | vnd
was her(r) <u>drüzehen</u> jar¹⁴⁷. | vnd was er machet, **d**(a)z tett | er von sinem
aigen gůt. | **Vnd** als nunⁱ der **Byschoff** | **Salomon** **S**ant <u>pelagien</u>, | **a**ls vor
stat, gen <u>costentz</u> | gepraucht vnd och sin | gnad gen **Byschoffzelle** | gelegt
vnd mit tailt hett, |

[20va|44]   ⁱAnno viiij^C xviiij jarⁱ   *919*

---

¹⁴⁴ Vgl. dazu auch den Bericht zum (unrechtmäßig, aus Schätzen des Hatto hergestellten) Reliquienschrein bei Ekkehard, Casus, S.56: „Fabrorum quoque copia contracta, chantharum quondam suum primo dispertiens, sarchofagum illud magnificum, quod hodie miramur, sancto Pelagio ex auro viri et gemmis electis compegit (...).“
¹⁴⁵ Salomon III. hat möglicherweise einen Teil der Pelagius-Reliquien der mit großer Wahrscheinlichkeit schon v. Salomon I. gegründeten Klerikergemeinschaft in Bischofszell geschenkt. Diese Reliquientranslation steht in engem Zusammenhang mit einer Erneuerung, vielleicht sogar mit der Gründung der Pelagius geweihten Kirche des Chorherrenstifts in Bischofszell, v. der unsere Chronik im Folgenden berichtet (vgl. H. Maurer, Salomon III., S.364; HS I/2,1, S.250ff und F. Meyer, Sankt Pelagius, S.85ff; allg. auch W. Kundert, St. Pelagius in Bischofszell; eine Beschreibung der Stiftskirche und Erörterungen zur Baugeschichte bei A. Knoepfli, Thurgau Bd.3, S.155-208).

[20rb]
i) nun] nur *SG, Konjektur der Editorin*

¹⁴⁶ Salomon III. schenkt der Bischofskirche eine Vielzahl liturgischer Geräte (vgl. dazu auch Ekkehard, Casus, S.56 und 58: „Crucem etiam illam honorandam sancte Marie (...) ex eodem auro et gemmis mirificavit. Altare vero sancte Marie et analogium ewangelicum, (...), Hattonis sui de scriniis vestivit argento et dyptivit, ut videre est, ex auro electo.“ und S.62: „Patravit quoque multa Salomon studiis suis in honorem sancte Marie nec non et Galli unici sui, id est libros, vasa, vestes varias.“). Gleichzeitig ist für die Zeit seines Pontifikats in Verbindung mit dem Reliquiengrab des Pelagius ein Umbau bzw. eine Erweiterung der Krypta archäologisch gesichert (vgl. dazu G. Kolb, Baugeschichte, S.49; ders., Das bischöfliche Konstanz, S.13f; H. Maurer, Konstanz I, S.55).
¹⁴⁷ Tatsächlich dauerte das Pontifikat v. Bischof Salomon III. 19 oder – je nach Todesjahr (919/920?) – 20 Jahre.

do ergaubend sich selbs die | lüt dem selben **B**yschoff sa= | <u>lomon</u> **S**ant
pelagien **a**ls | gotzhusz lüt[148]. **d**ar vmb der | selb **B**yschoff nam sich des |
fleken an **v**nd bessrot die | kilichen **v**nd och die statt[149]; | **v**nd hiesz es   *Entwicklungen*

5   dannethin | <u>**B**yschoff zell</u>[150], dan es vor nur | zell hiesz. **v**nd [sÿ][ii] hettend   *in Bischofszell;*
gar | grosz liebin **z**ů dem selben | **B**yschoff <u>salomon</u> **vn**(d) dem | lieben
hailigen <u>sant pelagio</u> | **v**nd der byschoff och grosz | liebin **z**ů jnen **V**nd
vffet | es gar **g**r**ͦ**sclich mit dem | loff**ͣ**, den er da hin machet | durch den
wirdigen hai= | ligen **v**nd martrer <u>sant</u> | <u>pelagien</u>. **v**nd belaib **a**lso |

10   byschoff zelle an dem **B**y= | stum zu <u>costentz hundert</u> | **a**chtzig **v**nd fünff
jaure | **v**nd an **B**yschoff **v̉**lrichen, | geborn von <u>kyburg</u>[151], der da |
<u>**C**rützlingen</u> von sinem **g**ůt | stifft bisz das man **v**on der | gepurt <u>cristi</u> zalt
tusend | **h**undert **v**nd zway **v**nd | <u>zwaintzig jar</u>. do starb | er **v**nd starb der   *1122*
Bysch= | off <u>**S**alomon</u> vor jm la(n)g | **a**ls man von der gepurt | <u>cristi</u> zalt   *Tod;*

15   <u>nün hundert</u> |

[20**ͮᵇ**]   **v**nd <u>**n**ün zehen jare</u>. | **N**un der **B**yschoff **v̉**l= | rich von <u>kyburg</u> der liesz | *919*
<u>**B**yschoff zell</u> von hand | dem adel **ͣ**von dienstes | wegen **v**nd durch nutz**ͣ** |
des gemainen cappitels | der chorher(r)en **z**ů <u>costentz</u>[152]. | **J**(!)n dem zytt

---

[20**ᵛᵃ**|44]
i...i) Anno viiij**ᶜ** xviiij jar] *v. der Hd. des Rubr., mroT* ii) sÿ] *fehlt SG, Konjektur in Anlehnung an Stgt*

a) Zulauf, Andrang

[148] Hierbei handelt es sich grundsätzlich um die Hörigen eines Klosters, Stiftes oder Kirchengebietes. Vgl. z.B. die heutige Gem. „Gottshaus" im Kt. Thurgau, die aus über 40 Weilern und Höfen zu einer Ortsgem. zusammengefasst wurde. Die entsprechenden Güter gehörten zur frühesten Ausstattung des Chorherrenstifts St. Pelagius zu Bischofszell, das in seinem Stammgebiet die niedere Gerichtsbarkeit ausübte und bspw. am 7. Nov. 1472 für seine „Gotteshausleute" eine Offnung erließ (vgl. A. Knoepfli, Thurgau, Bd.3, S.383).
[149] Als eigentlicher Gründer der Stadt und/oder des Chorherrenstifts werden der Überlieferung nach sowohl Bischof Salomon I. als auch dessen gleichnamiger Neffe Salomon III. genannt. Neben der sich widersprechenden chronikalischen Überlieferung (vgl. z.B. StiASG, Cod. 339, S.38: „Doctor Johanns zeller decan des thůms zů Costencz | schribt, wie er jnn ainem alten bůchlin zů Costencz | geschriben funden hab, er [Salomon I.] hab die gestifft zů | byschoff= | zell gestifft") können für die Zeit vor der ersten urkundlichen Erwähnung 1150 lediglich „rechts- und baugeschichtliche Reflexe der vorstädtischen Zeit in der späteren Stadtgeschichte und in der Gliederung des späteren Grundrisses" (A. Knoepfli, Thurgau, Bd.3, S.48) herangezogen werden. Nach dem bisherigen Forschungsstand konnte jedoch weder von archäologischer noch von historischer Seite überzeugend nachgewiesen werden, wann bzw. v. wem das Chorherrenstift gegründet wurde. Der Name, aber auch die Form der Kanonikatsgründung als bischöfliches Eigenstift oder das Patrozinium sprechen nach Knoepfli eher für eine Konstituierung zur Zeit Salomons III. (vgl. ebd. S.48ff), während mit Blick auf den Pelagiuskult eher Salomon I. als Stiftsgründer in Frage kommt (vgl. W. Kundert, St. Pelagius, S.215f, F. Meyer, Sankt Pelagius, S.89f).
[150] Vgl. zur ausführlicheren und etwas anderen Geschichte v. Bischofszell die Version in Stgt auf fol.227**ʳᵇ** (vgl. Kapitel B.3.1), die A. Knoepfli, Thurgau, Bd.3, S.49 v. seinen Erörterungen ausschließt.
[151] Gemeint ist Bischof Ulrich I. v. Dillingen (1111-1127), der – wie im Folgenden berichtet – um 1125 das Augustinerchorherrenstift Kreuzlingen gründet (vgl. dazu die Hinweise auf fol.31**ʳᵇ**).

[20**ᵛᵇ**]
i) *Zz: v. der Hd. des Rubr., mroT*

a...a) zur Unterstützung und zum Nutzen b...b) v. zůschiben: zur Verfügung stellen, übergeben c) Zahlung, Ablösesumme d) v. erlösen: auslösen

warend nün | acht Byschoff gewesen, | jn dero handen Byschoff= | zell
5   gewesen was: Sant | Cûnrat vnd sant gebhart[153] | vnd sust ander sechs;
vn(d) | belaib also jn des adels | hand ir ettwemenges | hundert vnd
sübentzig | jare. Jn dem zyt warend | zwôlff Byschoff gewesen | Bisz vff
Byschoff hain(rich) | von Clingenberg. do kam | Byschoff zelle wyder zů |
dem Bystum ze costentz, | das es von dem adel dem | Bystum wyder vmb
10 ᵇzů | geschibenᵇ ward vmb jår= | lich ablosun(n)gᶜ, die so beschai= | den
vnd nit ze schwåre | was, das dem lieben hai= | ligen vnd martrer sant
pelagien so vil gegeben | ward, das es sich selber | wyder vmb erlostᵈ/¹⁵⁴.
#ⁱ |

[21ʳᵃ|45]   ⁱAl(!)soⁱⁱ zugend sich nun | vil gen wyl¹⁵⁵. da was | *Frühgeschichte*
nun gar ain schôn her= | lich husz vnd ain grosses ge= | såsz vnd was och des küngs | Constantino   *v. Wil und St.*
gewesen vn(d) hett | och ettwan wonu(n)g da gehabt, | ain zytt, als er   *Gallen;*
dan(n) wonu(n)g | allenthalb vff sinen Bürgen | hett¹⁵⁶. Nun des selben
5   gesåssz | hett sich ain abbtte von sant | gallen vnderzogen vn(d) d(a)z | von
ainem heren von ow | gebraucht; das geschåche | dan(n) mit geltᵃ oder mit

---

¹⁵² Nach P. Ruppert, Chroniken, S. 19, Anm. 1 geschieht „die Verpfändung der Stadt Bischofszell an die Edlen v. Klingen (...) zur Unterstützung des Klosters Kreuzlingen kurze Zeit vor seinem Tode". F.X. Staiger, Beiträge geht ebenso wenig wie A. Hopp, Hospiz auf diese Problemstellung der Ausstattung des Stiftes ein. U.-R. Weiss, Konstanzer Bischöfe spricht S.55 nur davon, dass Ulrich Kreuzlingen mit Blick auf die territoriale Ausgestaltung seiner Macht „reich aus dem bischöflichen Eigengut begabt" habe. Nach REC I, Nr.729 gestattet König Heinrich V. Bischof Ulrich, das „hospital aufs neue zu errichten und von dem bischöflichen tischgut zu dotieren". Zwei Jahre später ersetzt der Bischof dann durch den Ankauf v. Allod zu „Hahberc" im Breisgau die für das Stift entnommenen „Insgüter nebst wald" (REC I, Nr.754; vgl. auch ThUB 2,52, Nr.21). A. Borst, Mönche, S.163 erwähnt „Güter aus seinem Privatbesitz und aus Bischofseinkünften (...), die möglichst nahe bei Kreuzlingen lagen: Einnahmen aus der Konstanzer Vorstadt Stadelhofen, aus Egelshofen und Lengwil, einen größeren Landkomplex in Kurzrickenbach".
¹⁵³ Vgl. fol.26ʳᵃff und fol.27ᵛᵃ mit Ausführungen zu beiden Bischöfen.
¹⁵⁴ Ebenso wird auch bei C. Schulthaiß, Bisthums-Chronik, S.37 der Rückerwerb v. Bischofszell Bischof Heinrich v. Klingenberg (1293-1306) zugeschrieben. Zugleich findet sich eine beinahe identische Formulierung dort auch im Zusammenhang mit Bischof Eberhard v. Waldburg (ebd., S.35), sodass keine eindeutige Aussage vorliegt. Ein urkundlicher Beweis für einen Rückerwerb während des Pontifikats v. Bischof Heinrich existiert nicht (vgl. REC II, Nr.3413; L. Beckmann, Bischöfe, S.240f). Ein mit dem Wortlaut in dieser Spalte fast übereinstimmender Text bietet unsere Chronik auch bei den Erläuterungen zu Bischof Ulrich I. v. Dillingen auf fol.31ʳᵇ.

[21ʳᵃ|45]
i) üdZ Notiz v. späterer Hd., mbrT ii) Also] A 3-z. Lomb., v. der Hd. des Rubr., mblT

a) Bezahlung, Geld b...b) v. vmbtüllen: bewehren, umzäunen, umgeben (bes. mit Befestigungen) c) flach d) groß, stark

¹⁵⁵ Wil, Kt. St. Gallen: 754 erstmals urkundlich erwähnt; Stadt selbst Mitte des 12. Jhs. v. dem Grafen v. Toggenburg gegründet; wird nach dem Brudermord in diesem Hause v. Graf Diethelm I. kurz nach 1226 dem Kloster St. Gallen geschenkt; geht 1274 in den Besitz der Fürstabtei über; gerät im Kampf des Hauses Habsburg mit dem Kloster zwischen die Fronten, wird mehrmals belagert und ist u.a. 1292 gezwungen, Herzog Albrecht v. Österreich zu schwören; daraufhin Brand durch Dienstleute des Abtes; 1301 Wiederaufbau; 1433 Landrecht mit Schwyz; mehrmalige Belagerung im Alten Zürichkrieg; 1451 Bündnis mit Zürich, Luzern, Schwyz und Glarus (vgl. SchwLex, Bd.12, S.235f; HHS, S.705ff).
¹⁵⁶ Über eine röm. Besiedlung bzw. Römerbauten in Wil ist nichts bekannt. Möglicherweise entstand diese Vorstellung mit Blick auf den „Hof", der zeitweise als Sommerresidenz der Fürstäbte v. St. Gallen diente und in der jetzigen Form aus dem 15. und 16. Jh. stammt (vgl. SchwLex, Bd.12. S.235).

frünt= | schafftt, **w**ie sich dan(n) d(a)z mach= | ett, **w**an **a**in here z**ů** Sant |
gallen z**ů** den zyten gar | m**ǎ**chtig was an lüten, land | **v**nd an g**ů**t. **V**nd also
Bes= | rot **a**in her von sant gallen | do die selben samnu(n)g z**ů** w**ÿ**l | **v**nd

10   ᵇvmb tüllet**ᵇ** **v**nd vm(b) mu= | ret es **v**nd bessret es vast, | **w**an sy jm also
z**ů** saig**ᶜ** wau= | rend **v**nd gotzhusz lüt gen | sant gallen wurdend. **D**es |
glich zugend sich gar **v**il lüt | gen sant gallen z**ů** dem clost(er) | **v**nd
wurdend so uil z**ů** den, | die vor da warend, d(a)z sy es | vmb murotend
vn(d) **a**in mich= | le**ᵈ** statt da machtend¹⁵⁷. **V**n(d) | als nun die **E**del lüte   *Einlenken des*

15   **v**n(d) he(ren) | *Adels nach*

[21ʳᵇ]   sahend, das sich mengklich, **w**er | sich ichtes vermocht, **a**b dem | land   *Landflucht;*
gezogen hett **v**nd schirm | an sich genomen hett**ⁱ**, **D**o | **B**ekanten sy sich
nun, schwach | **v**nd **v**nuermügend sin, **w**an | **g**aistlich **v**nd weltlich, **w**er
sich | jchtes**ⁱⁱ** vermocht, warend jn die | stett **v**nd samnu(n)gen gezogen |

5   **v**nd hettend schirm an sich ge= | nomen. **V**nd dar vm(b) lagen | sy **v**ff den
vestinen **v**nd jren | ges**ǎ**ssen st**ÿ**ll **v**nd lebtend nach | jren gewinnen **v**nd
bwtend | **v**nd pflantzotend selber **v**nd | begiengend sich des jren. **v**n(d) |
das weret gar **v**il j**ǎ**r **v**nd | m**ǎ**nig zyt, d(a)z sich der adel | gar erberclich   *Aussöhnung*
vnd wol hielt | **v**nd bekanten sich vnrecht ge= | ton h**ǒ**n, **V**nd das vnrecht   *und Rückgabe*

10   g**ů**t wyder bekertend**ᵃ/ⁱⁱⁱ** **v**n(d) bute(n)d | kilchen **v**nd **v**ffotend**ᵇ** gotzhü= | *bzw. Schenkung*
ser **v**nd altar **v**nd machtend | priester **v**nd begabotend die | **v**nd bwtend**ⁱᵛ**   *v. Kirchen-*
closter **v**n(d) me(n)ger | hand **ǒ**rden, die sy ᶜ**v**ff brauch= | tend**ᶜ** **v**nd   *gütern durch*
begabotend mit jre(m) | g**ů**t. #**ᵛ/ᵛⁱ** | *den Adel;*

[21ᵛ]   Leere Seite

¹⁵⁷ St. Gallen: Aufgrund der geographischen und verkehrsmäßig ungünstigen Lage kann die Stadt nur im Schatten
und unter der Herrschaft des 719 vom hl. Otmar gegründeten Klosters entstehen; seit dem 10. Jh. entwickelt sich
beim Kloster eine städtische Siedlung; Abt Notker (971-975) vollendet die 953/54 wohl unter dem Eindruck der
Ungarneinfälle begonnene Ummauerung v. Kloster und städtischem Wohngebiet; 1291 Handfeste mit Gewährung
des freien Erbrechts und freier Verfügung über den Grundbesitz für die Bürger; im 14. Jh. u.a. Bündnisse mit Konstanz und Zürich; Konflikte mit der Abtei; 1418 Stadtbrand; 1454 Bund mit den Eidgenossen; 1457 Verzicht der
Abtei (gegen Entschädigung) auf ihre politischen Rechte (vgl. LexMA, Bd.7, Sp.1155; SchwLex, Bd.10, S.34f; HHS,
S.548ff; W. Ehrenzeller, St. Gallische Geschichte, hier Bd.1, passim).

[21ʳᵇ]
i) hett] hetten *SG, Konjektur in Anlehnung an Stgt* ii) jchtes] j *v. der HHd., mbrT, aus* i *korr.* iii) bekertend] bek *mit*
einem Federstrich im unteren Teil der Buchstaben versehen iv) bwtend] *über dem* e *ein diakritisches Zeichen,*
vermutlich ohne Bedeutung v) Zz: *v. der Hd. des Rubr., mroT* vi) Notiz *v. späterer Hd., mbrT*

a) v. bekêren: zurückgeben b) v. vffen/ûfen: errichten c...c) v. vffbringen: einrichten

[22ʳᵃ|47]
i) In] I *3-z. Lomb., v. der Hd. des Rubr., mroT* ii) jst] *verderbt*

a) Gemäuer, Gebäude b...b) v. enthalten: überleben c) v. vmbgraben: mit einen Graben umgeben d) Grenze e) Gebiet
f) v. rûren: reichen bis

[22ra|47] In^i dem zytt zergieng nun | das künglich gesåsz zŭ | pfin vnd och zŭ *Frühgeschichte*
froenueld, | der küngin froen zymber, vn(d) | och zŭ **Bürglon** vnd **griesen**= *des Land-*
| **berg**^158. vnd also zugend sich lüt | mit vrlob mines heren von | **ow**, dem *strichs;*
gemür^a zedienst, vff | die selben hoffstett vnd mach=| tend och jnen wesen
5   vn(d) ge= | såsz da, ob ettwen vnfrid vn(d) | krieg vff stŭnd, das sy sich
^bent | halten^b mŏchtend. Vnd | ze **A^elgŏw**^159 ward och ain sam= | nu(n)g,
die sich vmbgrŭb^c, vm(b) | tüllet vnd vmb muret, als | sy dan(n) mochtend.
Vnd also | vffentend die Edeln lüt vnd | bwtend die kilchen vnd gotz |
hüser gar grŏsclich hie dishalb | der **lindmag** vnd dem **Rin** | jn dem
10   küngrich **Constantini** | vnd och jn dem kaysertŭm | enhalb der **lindmag**
bisz gen | **Bern** der statt vnd och enhalb | **Rins** dem wasser gen **frank**= |
rich ab vnd och gen **vng(er)n** | wertz^160, wan **costentz** lit eben | vff ainer
mark^d vnd jn dem | tail^e **lamp(ar)ten**^161, dan(n) vndnan | vff so stost her
frankrich vn(d) | obnan her so rŭrt^f **vngern**. | **A**lso so vindet man, das vo(n) *Klöster in*
15 | dem adel zŭ **costentz** vffko= | men vnd gebuwen jst^ii **Bar**= | *Konstanz;*
[22rb] fŭssen^162 vnd der **augustiner** | clŏster vnd von jnen jn die | stat gezogen^163,
dan(n) sy warend | vor nomend waldbrŭder^a. | **A**ber da die brediger yetz jr

---

158 Griesenberg, Kt. Thurgau: erste urkundliche Erwähnung 1256: eine Burg des Geschlechts v. Griesenberg ist im 13. und 14. Jh. nachweisbar; 1288 wird die erste Burg zerstört; die zweite nahe am Tobel erleidet im 15. Jh. dasselbe Schicksal (vgl. SchwLex, Bd.5, S.203).
159 D.h. bei Elgg (vgl. H. Oesterley, Wörterbuch, S.155 mit Zitat aus Chronicon Constantiense: „Allgoew"), Kt. Zürich oder Allgäu.
160 Vgl. hierzu die Ausführungen zu Beginn der Chronik.
161 Terminus für die Lombardei, t.w. synonym mit Italien (vgl. allg. LexMA, Bd.5, Sp.2094ff).

[22rb]
i) *Absz: v. der Hd. des Rubr., mroT* ii) *Marg.: v. der Hd. des Rubr., mroT, amliRa, abgeschnitten, v. der Editorin erg.: Bredÿe[r]* iii) *Zz: v. der Hd. des Rubr., mroT*

a) Einsiedler b...b) auf der Insel im Rhein c) Besitz d) Grenzparzelle, -grundstück e) Freiheiten, Privilegien f) Ablass
g) Heiligtümer, Reliquien

162 Franziskanerkloster: auf Betreiben v. Bischof Heinrich I. v. Tanne siedeln sich 1240 die Franziskaner zunächst inmitten der Stadt zwischen der heutigen Kanzleistraße, Tiroler- und Münzgasse neben einer Marienkapelle an; 1253 wird das Kloster vermutlich aus Platzgründen westlich v. St. Stephan, unmittelbar an der Stadtmauer angelegt; Berthold v. Regensburg hält während der Einweihung der Klosterkirche Mariae Himmelfahrt 1255 die Festpredigt; Erneuerung der Kirche, des Langhauses und Chors 1420 durch Bischof Otto III. (vgl. H. Maurer, Konstanz I, S.134f; Lkr. Konstanz, Bd.3, S.478f).
163 Augustinerkloster: die Augustinereremiten erbauen 1268 wiederum mit bischöflicher Unterstützung und Förderung dieses dritte Männer-Bettelordenskloster in Konstanz an der Stadtmauer am Ende der sog. Mordergasse, der heutigen Rosgartenstraße, am „Morderthor" (das spätere Augustinertor); Erweiterung im 14. Jh.; die erste Kirche wurde 1398 durch einen Brand zerstört; der Wiederaufbau der spätgotischen, turmlosen, dreischiffigen, flach gedeckten Basilika (heutige Dreifaltigkeitskirche) mit Wandmalereien, v. König Sigismund gestiftet, war 1417 beendet (vgl. J. Marmor, Urkunden-Auszüge, S.16; H. Maurer, Konstanz I, S.136 und II, S.44-46; Lkr. Konstanz, Bd.3, S.475f; G. Dehio, Handbuch, Bd.2, S.375f; F. Löbbecke/R. Röber, Bauarchäologische Untersuchungen).

[23ra|49]
i) *Der] D 2-z. Lomb., v. der Hd. des Rubr., mblT*

a) Besitz, Vermögen, Geld b) großzügig c...c) Kirch-/Friedhöfe

| closter ^bjn dem **R**in^b ligen haben, | was ain zergangen ding^c | vnd gemür
vnd was des | küngs <u>Constantini</u> vesti vn(d) | geiaid gewesen. **D**en stock^d |
5   vnd gesåsz nun niemant | gebuwen torst, noch sich des | an nemen vor des
kaysers | gewalt zů <u>**R**om</u>. ¶ⁱ **V**n(d) also ⁱⁱ| warend prediger orden die | zit
ze <u>rome</u> wol an des båp^v= | stes hofe, **a**lso d(a)z sy grossen ge= | walt
hettend, **V**nd die er= | wurbend von aine(m) **B**aupst | vnd och dem kayser,
d(a)z man | jnen das gesåsz erlobt vn(d) | der **B**aupst vil fryhait^e vnd |
10   ablas^f dar zů gab vnd ouch | ettlich hailtum^g, och vil **C**ar= | dinål vnd
Byschöff ir ablåsz | dar zů gabend. **V**nd nach | dem do tettend die **E**deln,
he(ren) | vnd stett ir hilff darzů vnd | bwtend jn kurtzer zyt ain gar | schön
closter prediger orden | jn das gebw vnd hoff <u>**C**on</u>= | <u>stantini</u>, das do zů
siner be= | sitzu(n)g genempt ward die | vnder <u>wasserburg</u>. #ⁱⁱⁱ |

[22^v]   Leere Seite

[23ra|49]   **D**erⁱ glichen vffentend | vnd bwtend sy <u>**a**in si</u>= | deln¹⁶⁴, vnd och vil gůtz^a   *Klöster im*
da hin | gabend; och gen <u>sant gallen</u>, | gen <u>**R**ütin</u>¹⁶⁵ vnd gen <u>vischi(n)g</u>= | *Umland;*
en¹⁶⁶ vnd vil froen clöster, die sÿ | machotend vnd rylich^b mit | jrem gůt
begabotend. **A**ber | es zergiengend vil herlich(er) | vnd schöner kilchen vff   *Niedergang v.*
5   dem | land vnd jn dem küngkrich | <u>constantini</u> von der <u>lindmag</u> | bisz an   *Kirchen auf*
den <u>**R**in</u>, die so måchtig | warend, das sy chorher(r)en het= | tend vnd vil   *dem Lande;*
priester etlich. | vnd das machet **a**lles **B**yschoff | <u>Salomon</u> der drÿt des
namen, | **a**ls er jnen von dem stůl zů | <u>**R**öm</u> erworben hett, das sy sich | jn

---

¹⁶⁴ Einsiedeln, Kt. Schwyz: das Benediktinerkloster Einsiedeln war ursprünglich eine zu Beginn des 10. Jhs. vom Straßburger Domherren Benno geleitete Eremitengemeinde bei der Zelle des Reichenauer Mönchs Meinrad; im Jahr 934 richtet der Dompropst v. Straßburg Eberhard ein Kloster ein; Unterstützung durch Herzöge v. Schwaben; 947 Erlangung der Immunität und der freien Abtswahl; Entwicklung zu einem der höchstprivilegierten Reichsklöster; monastisches Reformzentrum; seit dem 12. Jh. säkulare Auseinandersetzungen mit der Talschaft Schwyz; Vogtei kommt durch König Rudolf v. Habsburg 1283 an das Reich bzw. die Habsburger; allmähliche Einflussnahme und Kontrolle durch die Schwyzer; 1397 begibt sich das Kloster unter deren Schirmherrschaft; im Spätmittelalter der wichtigste Wallfahrtsort der Schweiz (vgl. LexMA, Bd.3, Sp.1743ff; SchwLex, Bd.3, S.338; HS III/1,1, S.517-594 und allg. H. Böck, Einsiedeln).

¹⁶⁵ Eine eindeutige Zuordnung zu einem Frauenkonvent ist nicht möglich. Eventuell gemeint ist entweder das Prämonstratenserkloster Rüti, Kt. Zürich; 1208 wird hier als Teil eines Doppelklosters ein Frauenkonvent gestiftet; wie auch in anderen Prämonstratenserniederlassungen am Bodensee ist die Schwesterngemeinschaft nur v. kurzer Dauer: ab 1282 werden keine Schwestern mehr aufgenommen (vgl. A. Wilts, Beginen, S.118f) oder das Franziskanerinnenkloster Reute, Lkr. Ravensburg; 1402/03 vom Waldseer Augustinerchorherren Konrad Kügelin (1367-1428) für Elsbeth Achler und vier Tertiarinnen bei der Pfarrkirche gegründet; Übernahme v. Diensten für die Kirchgemeinde sowie Armen- und Krankenpflege im Dorf; 1406 Unterstellung unter die oberdeutsche Franziskanerprovinz; allg. ein eher armer Schwesternkonvent mit nur wenigen kleinbürgerlichen Schwestern (vgl. ebd., S.240ff; LThK, Bd.8, Sp.1142; A. Borst, Mönche, S.309ff). Nach P. Ruppert, Chroniken, S.21 handelt es sich um ein Frauenkloster Reute im Kt. Appenzell.

¹⁶⁶ Fischingen, Kt. Thurgau: das Benediktinerkloster Fischingen entsteht kurz vor 1138 als eine Gründung v. Bischof Ulrich II. und ist ursprünglich ein Doppelkloster mit Mönchen und Nonnen; der Kern des Konvents kommt wahrscheinlich aus Kloster Petershausen; vermutlich frühes Ende des Frauenklosters durch Gründung und Aufblühen des Zisterzienserinnenklosters Tänikon; zeitweise unter österreichischem Schutz; nach der Zerstörung im Zuge eines Rachefeldzuges der Züricher 1410 Wiederaufbau ohne Frauenhaus (vgl. SchwLex, Bd.4, S.180 und A. Knoepfli, Thurgau, Bd.2, S.65ff; HS III/1,1, S.672-710).

fryd ziehen mochtend vnd | schirm jn den stetten an sich | nemen vnd alda
10 ir pfru̇n= | den verdienen vnd die selen | begån. **Do** zergiengend die |
kirchen vnd zoch man die | ᶜfryghôff **o**der die kilchhôffᶜ | zů wisen vnd zů
åkkern vn(d) | belibend klaine kilchle an die | stat, **a**ls man die noch an |
mengen enden vnd stetten | vindet, da ettwa noch mesz | inne gehalten ***Kirchen-***
wirt. **V**nd | dero ist ain <u>tegerwyler</u> by <u>Co</u>= | <u>stentz</u> ward gen <u>sant paul</u> | ***organisation;***
[23ʳᵇ] jn die stat <u>costentz</u> gezogenᵃ/¹⁶⁷; vn(d) | das was so måchtig, was vor | der
stat zů <u>costentz</u> was, als | die <u>erst</u> stat <u>niderburg</u> genen= | net ward vnd die
vnder oder | nider wasserburg, vnd das | was das husz vnd **Burg** <u>Con</u>= |
<u>stantini</u>, **a**ls da yetz prediger | closter ist, **a**ber die oberwasser | burg¹⁶⁸ ist
5 obnan an dem see | vnder <u>lindow</u>¹⁶⁹. disz gehort alles | gen <u>tegerwyler</u> von
der statt | hin bisz über <u>alterswylen</u>¹⁷⁰. vn(d) | <u>Triboltingen</u>¹⁷¹ vnd
<u>alterswylen</u> | vnd <u>sant paul</u>, do ze mal vor co= | <u>stentz</u>, warend tôchtranᵇ
<u>Teger</u>= | <u>wylen</u>. So ward <u>Ermatingen</u> | gezogen jn die <u>ow</u>; die hett ze |
Tôchtran <u>Triboltingen</u> vnd | <u>Mannenbach</u>¹⁷². So ward <u>pfin</u> | gezogen jn
10 d(a)z Münster zů | <u>costentz</u>; die hett ze tôchtran | <u>Mülhan</u> vnd <u>felwen</u>¹⁷³.
Vnd | ward <u>wygoltingen</u> och jn d(a)z | Münster gezogen; hett ze thôch= |
tren <u>Mårstetten</u>¹⁷⁴ vnd <u>Rapre</u>= | <u>swylen</u>¹⁷⁵. **Do** ward aber jn d(a)z |

[23ʳᵇ]

a) v. ziehen: unterstellen b) Filialgründungen, -kirchen

¹⁶⁷ Die Abhängigkeiten und Besitzverhältnisse innerhalb des Bistums können heute kaum vollständig geklärt werden. Schon die erste uns überlieferte Aufzählung des bischöflichen Besitzes (vgl. die Urkunde Kaiser Friedrichs I. aus dem Jahr 1155, in: MGH DD, X,1, Nr.128, S.212-216) weist im Zusammenhang v. Eigenkirchen und -klöstern Unzuverlässigkeiten auf. Folglich ist es, um bspw. ein „schlüssiges Bild bischöflicher Bauförderung zu entwickeln, (...) kaum möglich", „das Netz an Kloster-, Pfarr- und Filialkirchen, an Landkirchen nachzuzeichnen, das seit der Begründung des Bistums Konstanz die Diözese überzog" (E. Moser, Kirchliche Bauten, S.41).
¹⁶⁸ Wasserburg, Lkr. Lindau: erster urkundlicher Beleg 784 als „Wazzarburuc"; im 15. Jh. zur Grafschaft Tettnang gehörig (vgl. LBW, Bd.7, S.531; H. Löffler, Historisches Ortsnamenbuch, S.100 und 112).
¹⁶⁹ Lindau: erste urkundliche Erwähnung 882; Stadterhebung 1216; königliche Privilegierung 1274/75; wirtschaftlicher Aufschwung und finanzielle Schwäche des Stiftes ermöglichen die Loslösung aus der Grundherrschaft der Äbtinnen; Entwicklung zur Reichsstadt (vgl. LexMA, Bd.5, Sp.1998).
¹⁷⁰ Alterswilen, Kt. Thurgau: 1248 erstmals urkundlich erwähnt; meist unter Konstanzer Herrschaft; Kirche St. Agathen wird 1275 erstmals genannt (vgl. SchwLex, Bd.1, S.145).
¹⁷¹ Triboltingen, Kt. Thurgau: bildet mit anderen Siedlungen eine alemannische Marktgenossenschaft; Kapelle St. Nikolaus stammt t.w. aus dem 13. Jh. (vgl. SchwLex, Bd.4, S.14f und Bd.11, S.292; HHS, S.190).
¹⁷² Mannenbach, Kt. Thurgau (vgl. SchwLex, Bd.7, S.406 und Bd.10, S.22f).
¹⁷³ Felben-Wellhausen, Kt. Thurgau: erstmals 1178 als Eigen des Klosters Alt St. Johann in Toggenburg nachweisbar; gehört später in die Frauenfelder Niedergerichte (vgl. SchwLex, Bd.4, S.129f). Vgl. zu den Aussagen unserer Chronik A. Knoepfli, Thurgau, Bd.1, S.42: „Die literarische Überlieferung, wonach Felben schon im 9. Jh. eine Filiale der dem Domstift Konstanz inkorporierten Kirche Pfyn gewesen sei, bleibt unbeweisbar, liegt aber im Bereich des Wahrscheinlichen."
¹⁷⁴ Märstetten, Kt. Thurgau: erstmals 1155 als „Marsteten" urkundlich erwähnt; vom gleichnamigen adligen Geschlecht sind zwischen 900 und 1100 einige Vertreter bekannt; bis etwa 1200 steht die erste Burg der Freiherren v. (Alten-)Klingen auf Märstetter Boden; nach dem Aussterben des Geschlechts übernehmen verschiedene Ministerialenfamilien die Wehranlage; gehört bis 1487 kirchlich zu Wigoltingen (vgl. SchwLex, Bd.7, S.429; HHS, S.376f).
¹⁷⁵ Raperwilen, Kt. Thurgau: als Gerichtsherr fungiert im frühen Mittelalter der Abt v. Reichenau; v. 1540 an dem Konstanzer Bischof unterstellt (vgl. SchwLex, Bd.9, S.256).

Münster gezogen l̲angen R̲i= | k̲enbach¹⁷⁶; hett ze tȯchtran i̲llik= |
h̲usen¹⁷⁷ vnd nahen R̲ickenbach¹⁷⁸. | So ward sumre¹⁷⁹ och jn das M̲ünster
15   gezogen; hett ze toch= | ter a̲nwylen¹⁸⁰. Vnd ward | a̲ltnow¹⁸¹ och jn das
M̲ünster |

[23ᵛᵃ|50]   gezogen; der tochter ist l̲anng= | schlacht¹⁸². E̲s ward och jn das | Münster
gezogen B̲irwinken¹⁸³; | het ze tochter O̲berhofen¹⁸⁴. Wie | nun dise
kirchen minem heren | von o̲w, dem sy do zů gehorten, | a̲bgebrochenᵃ
wurden, dan(n) er | sich dero gewaltenclich vnder | zogen hett vnd alles
5   das, so | der küng c̲onstantin(us) besessen | hett, D̲er nun so mȧchtig was, |
das man jm jȧrlicher gültᵇ | rechnot mer dan(n) n̲üntzig | t̲usend guldinᶜ
geltzᵈ vnd so | vil win [vnd]ⁱ korn, das es vnzal= | lich was, wan er hie
[hatt]ⁱⁱ nutzu(n)g |ⁱⁱⁱ vnd zinsz gült jn allem land, | wa vnd welhen weg er
vsz | hin zoch; vnd dar vmb kund | sin nutzu(n)g vnd jȧrlich gült | nieman
10   gerechnen. D̲en | selben heren von o̲w erbatte(n)d | nun E̲del lüt vnd
her(r)en das | vnd erwurbend an jm, vm(b) | d̲as vnser froe vnd der dienst |

---

¹⁷⁶ Langrickenbach, Kt. Thurgau: erste urkundliche Erwähnung 889; t.w. im Besitz des Klosters St. Gallen sowie des Domstifts Konstanz (vgl. ebd., Bd.7, S.168).
¹⁷⁷ Illighausen, Kt. Thurgau: erste Nennung 1177; liegt ursprünglich in der Konstanzer Bischofshöri, wird später der Pfarrei Münsterlingen zugeteilt (vgl. ebd., Bd.6, S.82 sowie Hist. Lexikon der Schweiz unter http://www.hls-dhs-dss.ch, abgerufen im September 2007).
¹⁷⁸ Kurzrickenbach, Kt. Thurgau: erste Nennung 830; gehörte zur Konstanzer Bischofshöri, später zur Vogtei Eggen; ab 914 war der Ort zur Kirche St. Paul in Konstanz gehörig (vgl. Hist. Lexikon der Schweiz unter http://www.hls-dhs-dss.ch, abgerufen im September 2007).
¹⁷⁹ Sommeri, Kt. Thurgau: bereits 904 als Sumbir (Holunder) erstmals erwähnt; die dem hl. Mauritius geweihte paritätische Kirche aus dem 15. Jh. untersteht dem Domkapitel Konstanz (vgl. ebd., Bd.10, S.390).
¹⁸⁰ Andwil, Kt. Thurgau: erste Nennung 846 (vgl. ebd., Bd.1, S.178f).
¹⁸¹ Altnau, Kt. Thurgau: seit dem 12. Jh. zum Domstift gehörig; v. 1471 an liegt die Vogtei in den Händen der Stadt Konstanz (vgl. ebd., Bd.1, S.147).

[23ᵛᵃ|50]
i) vnd] *fehlt SG, Konjektur nach Stgt* ii) hatt] *fehlt SG, Konjektur nach Stgt* iii) *Marg.: v. späterer Hd. (vgl. fol.2ʳᵇ), mschwT, amliRa*

a) v. abbrechen: entziehen, wegnehmen b) Einkünfte, Erträge c) Gulden d) Einkünfte, Erträge e) Dom, Bischofs-, Stiftskirche f) v. betten/bëten: anrufen, anbeten g) v. versehen: versorgen (mit), beschützen h...h) besorgt war, dass es den Seelen an etwas fehle und sie keine Fürbitter hätten

¹⁸² Landschlacht, Kt. Thurgau: erste Nennung 817; war bischöflich-konstanzisches Lehen; die Vogtei gehörte im Hochmittelalter den Freiherren von Güttingen (vgl. Hist. Lexikon der Schweiz unter http://www.hls-dhs-dss.ch, abgerufen im September 2007).
¹⁸³ Birwinken, Kt. Thurgau: erstmals 822 als „Wirinchova" erwähnt; im 9. Jh. zum Kloster St. Gallen gehörend; kommt 1436 nach verschiedenen Besitzwechseln mit der Herrschaft Weinfelden zu Konstanz (vgl. SchwLex., Bd.2, S.169f).
¹⁸⁴ Oberhofen bei Kreuzlingen, Kt. Thurgau: als „Obrehovin" 1232 erstmals urkundlich erwähnt; 1471 gelangt es an die Stadt Konstanz; gehört zum Bistum und wird v. der Liebburg aus verwaltet (vgl. ebd., Bd.8, S.392).

[23ᵛᵇ]
i) *Absz: v. der Hd. des Rubr., mroT* ii) *Zz: v. der Hd. des Rubr., mroT*

a) Kirchspiel [ländlicher Pfarrbezirk], Kirchengemeinde b) Geschichten, Geschichtswerke

gottes zů dem thům^e geuffet | wurd, das er die kilchen **a**lso | von hand
liesz, das der selen | och dester bas gedaucht vnd | got für sy gebetten^f
wurd, **d**an(n) | er sust vil zů versehen^g hett, | das er ^hbesorgt die selen
gebre | sten vnd nit bitter für sy ha | ben^h. **E**s ward och gen **B**y= |

15

[23vb] <u>schoff zelle</u> gezogen <u>Sulgen</u>^185, | das gar **a**in grosz kilchsperg^a | was vnd
chorheren hett; | das hett ze tochter **Berg**^186 vn(d) | **Bürglen**^187. **E**s ward
och da | hin gezogen <u>Sittrendorff</u>^188; | hett ze tochter <u>Cilschlacht</u>^189. | **E**s
ward och ettwas gen | wyl gezogen. Es wurdend | och vil kilchen gen sant

5

| <u>gallen</u> gezogen. ¶^i **D**as | nun alles ain her <u>vo(n) ow</u> | von handen liesz,
von ge= | bett wegen der **E**dlen vn(d) | och vm(b) das die selen dester= |
bas versehen got für sy | gebetten vnd och der gotz | dienst geuffet wurd,
als | dan(n) vor geschriben ist vn(d) | man das och noch wol jn | den alten   *Hinweis auf*
<u>hystorien</u>^b vnd bůchern vindet. #^ii | *Geschichts-*
                                                                                    werke!

[24^r] Leere Seite

[24^v] Leere Seite

[25ra]   ^iAnno^ii viiij^C xxxiiij jar^i   *934*
Und^iii nach Byschoff <u>Sa</u>= | <u>lomon</u> dem <u>drytten</u> | do kam ainer von |
<u>nǒringen</u>, hiesz <u>notingus</u>^190, | vnd der was <u>fünffzehen</u> | jar h(er)re vnd   *Bischof Noting;*

---

^185 Sulgen, Kt. Thurgau: die Kirche ist erstmals 1216 belegbar, aber wahrscheinlich um Jahrhunderte älter; die Kollatur steht bis zum Jahr 1851 dem Chorherrenstift Bischofszell zu, das 1269 die Pfründe zu seinen Gunsten schmälert und 1359 die Inkorporation vollzieht (vgl. SchwLex, Bd.11, S.143; A. Knoepfli, Thurgau, Bd.3, S.529ff).

^186 Berg, Kt. Thurgau: bereits 769 als „Berga" erwähnt; Herrschaft bleibt bis 1798 bischöfliches Lehen, das an verschiedene Adlige, u.a. an die Freiherren v. Alten-Klingen, verliehen wird (vgl. SchwLex, Bd.2, S.53f).

^187 Zum ursprünglichen Kirchspiel Sulgen gehören außer den selbstständigen Kirchen v. Erlen, Neukirch an der Thur, Bürglen-Andwil und Berg noch heute die St. Katharinen-Kapelle Heldswil und die Schlosskapelle St. Albanus zu Eppishausen. Es handelte sich damit um eine der größten Pfarreien des Thurgaus (vgl. A. Knoepfli, Thurgau, Bd.3, S.543 und W. Kundert, St. Pelagius, S.217).

^188 Sitterdorf, Kt. Thurgau: bereits 787 als Güter des Klosters St. Gallen nachzuweisen („Sidruna"); Schiff und Chor der Kapelle in Degenau am alten Pilgerweg nach St. Gallen stammen aus dem 12. Jh.; erster urkundlicher Beleg der Kirche 1216 (vgl. SchwLex, Bd.10, S.363). Nach A. Knoepfli, Thurgau, Bd.3, S.495 bestätigt das Patrozinium aber die Überlieferung, wonach das genannte Kloster oder aber Bischof Salomon III. das erste Gotteshaus erbauen ließen (vgl. ebd., S.491ff).

^189 Zihlschlacht, Kt. Thurgau: Name des Dorfes erscheint 868 als „Cillislate" und 1353 als „Zilschlat"; die ehemalige St.-Afra-Kirche (Bau eventuell durch Augustinerchorherrenstift Kreuzlingen gefördert) findet sich schon 1352 im Verzeichnis des Sitterdorfer Pfrundeinkommens (vgl. A. Knoepfli, Thurgau, Bd.3, S.547ff; SchwLex, Bd.12, S.314).

[25ra]
i...i) Anno viiij^C xxxiiij jar] *v. der Hd. des Rubr., mroT* ii) Anno] *dan*. c SG, *v. der Hd. des Rubr., mroT* iii) Und] U *3-z. Lomb., v. der Hd. des Rubr., mroT* iv) Zz: *v. der Hd. des Rubr., mroT* v...v) Notingus von Nǒringen] *v. der Hd. des Rubr., mroT*

^190 Noting (919/920-934): erscheint urkundlich am 7. Nov. 921 als einer derjenigen, die den Freundschaftsvertrag König Heinrichs I. mit dem westfränkischen König Karl dem Einfältigen beschwören; erfolgreiche Verteidigung v. Konstanz gegen die Ungarn; gest. am 21. Nov. 934 (vgl. REC I, Nr.342-351, HS I/2,1, S.254f; H. Maurer, Die Konstanzer Bischöfe, S. 120ff).

starb als man | von der gepurt **cristi zalt** | **n**ün hundert **v**nd vier vn(d) |
5　**tryssig jare**. #^{iv} |　　　　　　　　　　　　　　　　　　　*934 Tod;*

^{v}Notingus von Nôringen^{v}

Bischofswappen
10　　　　zwei Schilde (3,5x3,5) (3,5x3,5) (M: 2,5/S: 3,5)
(rechts: Aw; links: fehlendes Familienwappen (Fw), d.h. leerer Schild)

[25^{v}]

5　　　^{i}Sanntt Cûnratt, Geborn Ain Grauff von Alttdorff, |
Ain hailger Bischoff zů Costentz #^{i}

Bischofswappen
zwei Schilde (9x8) (8,5x7) (M: 5,5/S: 5,5)
10　　　　(rechts: Aw; links: Fw^{191}: In Silber goldener
Löwe im Sprung mit roter Zunge)

[26ra|55]　　　　^{i}Anno viiij^{C} xxxiiij Jar^{i}　　　　　*934*
Nach^{ii} dem **B**yschoff not= | **tingo, j**n dem jar **a**ls | man von der gepurt |
cristi zalt nünhundert vn(d) | **vier vnd trissig jar**, do ward | **B**yschoff der *934*
wolgeborn^{a}, an= | dĕchtig^{b} hymelfürst vn(d) gůter | here **sant Cûnrat**^{192},　*Bischof*
5　ain grauff | von **altorff**. **V**nd was des Er= | sten vff dem hohenstifft zů **Co**=　*Hl. Konrad;*

[25^{v}]
i...i) Sanntt Cûnratt, Geborn Ain Grauff von Alttdorff, | Ain hailger Bischoff zů Costentz #] *v. der Hd. des Rubr.,*
mroT

^{191} Das hier gebotene Wappen stimmt weder mit dem der Welfen, etwa in der ZürW oder bei Öhem, noch mit dem
Bischof Konrads in WtBvK, 1,5 (quadriert: 1, 4: Aw; 2, 3: In Silber roter Löwe im Sprung) überein.

[26ra|55]
i...i) Anno viiij^{C} xxxiiij Jar] *v. der Hd. des Rubr., mroT* ii) Nach] N *3-z. Lomb., v. der Hd. des Rubr., mblT* iii) chor]
dan. am Zeilenanfang her(r)en *SG, durch Streichung v. der Hd. des Rubr., mroT getilgt*

a) v. hohem Stand b) fromm c...c) Säulengang, -gewölbe d) groß

^{192} Hl. Konrad (934-975): aus dem Hause der Welfen; Schüler der Konstanzer Domschule; Konstanzer Dompropst;
Bischof seit 934; zahlreiche Kirchenneubauten am Bischofssitz; Gründung des Spitals Crucelin (mit der Reliquie
eines Splitters des hl. Kreuzes); drei Pilgerreisen nach Jerusalem sowie Reisen nach Rom und in deren Folge Reliquientranslationen (z.B. v. Laurentius, hl. Patricius, hl. Metellius oder vom Hl. Grab); gest. am 26. Nov. 975; offizielle Heiligsprechung durch Papst Calixt II. auf dem Laterankonzil am 28. März 1123; bereits Ende des 12. Jhs.
Verehrung v. Konrad neben Maria und Pelagius als Patron der Bischofskirche und des Bistums (vgl. REC I, Nr.352-
381; HS I/2,1, S.255ff; LThK, Bd.6, S.280; H. Maurer/W. Müller/H. Ott (Hgg.), Der hl. Konrad; H. Maurer, Der hl.
Konrad; ders., Konstanz I, S.66-76 und ders., Das Bistum Konstanz, S.125ff).

| stentz ain chor her gewesen, | **d**ar nach ward er **official**[193], | **d**ar nach   *Werdegang;*
ward er <u>**d**echan</u>[194] | vn(d) dar nach ward er <u>**B**ysch</u>= | off. **D**er and<u>å</u>chtig
Byschoff | <u>sant **C**ůnrat</u> machet dem b<u>ÿ</u>= | stum **a**in j<u>å</u>rlich gelt, **a**lle jar |
<u>viertzig</u> mark geltz, vnd er= | hůb vnd bessrot och **B**yschoff= | zelle **V**nd   *Stiftungen bzw.*
10   machet den chor[iii] | **a**n die kilchen vn(d) mach= | et abs<u>ÿ</u>ten dar an vnd   *Bautätigkeit;*
satzt | die ^csül dar jn mit den bogen^c, | die die kilchen tragend, dan(n) es |
was vor nun **a**in gefierdtte | kilch nach d<u>ő</u>rffemschen sytten[195]. | **V**nd des
glichen machet er och | den chor an die kilchen zů <u>sant</u> | <u>**p**aul</u>, do ze mal
vor <u>costentz</u>, dan(n) | die stat do so wyt^d nit erbuwen | was, och die
15   absyten vn(d) die sül | jn die kilchen, die die kilchen | tragend; vnd das
glokhusz liesz | er muren. **V**nd zů <u>sant</u> | <u>johans</u> bessrot ers vast **a**lso, d(a)z
| er och den chor **a**n die kilchen |

[26rb]   machet vnd die sül^a jn die | kilchen vnd erhůb och die | pfrůnden gr<u>ő</u>sclich
in die kil= | chen[196]; vnd erhůb och die pfrů | den zů **B**yschoff zelle
vn(d) zů | <u>sant stephan</u>[197] zů <u>costentz</u>. **D**er | and<u>å</u>chtig hailig **B**yschoff |

---

[193] Offizial: ein vom Bischof als sein Stellvertreter mit ordentlicher Gerichtsgewalt ausgestatteter Richter; besitzt eine umfassende Vollmacht, die es ihm immer dann, wenn der Bischof nicht selbst richtet, ermöglicht, einen Fall vor dem geistlichen Gericht zu entscheiden; gegen sein Urteil ist keine Berufung an den Bischof mehr möglich, da beide ein und dasselbe Konsistorium bilden; die Konstituierung des Offizialats erfolgt während des Pontifikats v. Bischof Eberhard v. Waldburg (1248-1274) in den 1250er Jahren; zumeist zuständig für „causae spirituales, civiles et criminales" (vgl. z.B. Siegler, Notare, Advokaten, Proklamatoren); im 15. Jh. Ausbau und effizientere Organisation der Offizialate (vgl. T. Gottlob, Offiziale, S.14ff, 26; D. Zimpel, Bischöfe, S.288f; I.C. Becker, Geistliche Parteien, S.27ff und T.D. Albert, Der gemeine Mann, S.65ff). Bei der hier vorliegenden Zuweisung dieses Amtes zu Bischof Konrad handelt es sich also um einen Anachronismus.

[194] Dekan: Der Terminus entstammt der makedonischen Militär- und Verwaltungssprache und bezeichnet den Vorsteher einer Gruppe v. zehn Personen, der kleinsten militärischen Einheit. Im kirchlichen Bereich unterstehen dem Dekan seit dem 9. Jh. zunächst in den Klöstern ebenfalls zehn Mönche. Nach der Herausbildung v. Dom- und Kollegiatskapiteln findet man ein solches Amt auch hier, wobei im Laufe der Zeit die starre Bindung an die ursprüngliche Zahl verloren geht, der Dekan aber weiterhin einem überschaubaren Gremium vorsteht bzw. ein solches repräsentiert. Allmählich geht die Leitung eines Domkapitels vom Dompropst an den Domdekan über (vgl. LexMa, Bd.3, Sp.651f). In Konstanz ist mit Sigiboto 995 der erste Domdekan bezeugt (vgl. HS I/2,2, S.814). Konrad hingegen war, als er Bischof wurde, nachweislich Dompropst (vgl. ebd., S.814).

[195] Ausgrabungen zur Baugeschichte der Kirche in Bischofszell haben gezeigt, dass der erste Bau, eine dreischiffige Pfeilerkirche, in das 10. Jh. fällt. Im 13. Jh. kommt es zu einer auch in schriftlichen Quellen bezeugten Erneuerung, während der gotische Neubau im 14./15. Jh. vollzogen wird. Ob und wie sich Bischof Konrad für diese Einrichtung engagiert, lässt sich nicht mehr eruieren (vgl. W. Kundert, St. Pelagius, S.216; F. Meyer, Sankt Pelagius, S.88f).

[26rb]
i) *im Anschluss wurde eine Seite herausgerissen; Chroniktext aber vollständig*

a) Säulen, Pfeiler b) rund c) Türme d) Blei e...e) mit einer gemalten Schmuckleiste verzieren/schmücken

[196] Bischof Konrad erneuert die beiden Pfarrkirchen St. Paul vor den Mauern der Stadt und St. Johann Baptist und Evangelist in unmittelbarer Nähe des Marienmünsters bei bzw. vor seinem Bischofssitz nicht nur, er gründet sie vielmehr (vgl. HS. I/2,1, S.255f und H. Maurer, Konstanz I, S.72f). Vgl. zur Ausgestaltung des Bischofssitzes bzw. der v. Konrad initiierten und v. seinen Nachfolgern fortgesetzten Romnachbildung und der damit verbundenen Ideologie v.a. H. Maurer, Kirchengründung und ders., Bischofssitz.

[197] Während unsere Chronik noch nichts v. einer Translation einer Klerikergemeinschaft aus Salmsach nach St. Stephan durch Bischof Salomon I. (vgl. z.B. Gregor Mangolt, Kurtze Chronik, S.12½ oder C. Schulthaiß, Bisthums-Chronik, S.16) bzw. Salomon III. (die heutige Forschung geht v. ihm als Gründer aus) weiß, berichtet sie hier also v.

buwet och die sinwellen^b kilch= | en hinder dem münster zů | dem hailigen

5 grab gantz über | hopt <u>jn sant Maurici(us)</u> ere vn(d) | machet <u>zwölff</u>
pfrůnden dar | jn vnd ordnet die gestalt nach | form des hailigen grabs zů |
<u>jherusalem</u>¹⁹⁸, den der vndersch= | aid ist, das es zů <u>iherusalem</u> | zwen
türn^c hat, da glocken | jnn(en) sind vnd och mit bly^d ge= | deckt ist. Er gab
och an die ge= | na(n)ten kilchen sine zinslehen | zů <u>Curwalhen</u>¹⁹⁹, die da

10 jårlich | gultend <u>sechtzig</u> mark silber. | Er bwt och gar vil an dem |
münster die absiten vn(d) die sül, | die das münster tragend, vn(d) | liesz es
obnan ^edurchschemen | mit ainer gemalenten schemi^e | vnd ziert och den
fron altar | mit gar vil kostlichem hail= | tům²⁰⁰, das er von <u>Rŏm</u> bracht, |
wan er zů mengem mal alda | gewesen was Vnd was och | jn des Baupsts *Reisen ins Hl.*

15 kamer²⁰¹ gar ver= | dient. Er was och zů <u>dry</u> ma= | len zů <u>jherusalem</u> *Land;*
gewesen, da | er och mit grossem andaucht |ⁱ

[26va|56]   ⁱAnno viiij^C lxxvj jar #ⁱ   976
die hailigenⁱⁱ stet der wand= | lung^a vnd lidens vnsers | heren <u>ihesu cristi</u>
gesůcht hat²⁰². | dise ding er nun alle tet vn(d) | velfůrt^b von sinem våtter=

---

¹⁹⁸ Bischof Konrad I. gründet das Chorherrenstift St. Mauritius (der Bezug zum ottonischen Reichspatron zeugt von der Bindung des Bischofssitzes und des Bischofs an das Königtum). Die sog. Mauritiusrotunde, nordöstlich vor dem Chor der Bischofskirche gelegen, ist in Maßverhältnissen, Aufriss und Grundriss eine Kopie der Jerusalemer Heiliggrabkirche. Im Mittelpunkt dieser Stiftskirche lässt er entsprechend eine Nachbildung des Hl. Grabes errichten, nachdem er v. einer seiner Reisen nach Jerusalem Partikel vom Hl. Grab nach Konstanz überführt hat. Bei Konrad zeigt sich mit den genannten Kirchenbauten zumindest ansatzweise der Beginn der Nachbildung v. Rom, die dann v. seinem Nachfolger vollendet wird (vgl. HS. I/2,1, S.255f; H. Maurer, Kirchengründung, S.50ff; ders., Konstanz I, S.68-72, 78f; G. Kolb, Baugeschichte, S.51 und G. Dehio, Handbuch, Bd.2, S.372f).

¹⁹⁹ Churwalden, Kt. Graubünden: das ursprünglich dünn besiedelte Waldtal (1149 als Silva Augeria, 1191/92 als Churwalten bezeichnet) wird erst unter den Freiherren v. Vaz und durch Erblehenshöfe des Klosters intensiver kultiviert; im 14. Jh. Ansiedlung v. Walsern aus dem Schanfigg; das Kloster entsteht im Anschluss an die Marienkirche in Silva Augeria, die 1149 Eigenkirche des Klosters St. Luzi in Chur ist; Stifterkloster der Freiherren v. Vaz; seit dem 14. Jh. Stagnation (vgl. HHS, S.142).

²⁰⁰ Möglicherweise lassen sich diese Aussagen auf die Halle der Krypta beziehen. Baugeschichtliche Untersuchungen haben ergeben, dass man v. drei Bauetappen auszugehen hat, von denen die zweite eine wesentliche Erweiterung der Krypta nach Osten zur Folge hatte. „An die verlängerten Stollen fügte man kleine Nebenräume mit apsisartiger flacher Abrundung der Ostwand, die als Gelenk- und Stauräume, vielleicht auch Altarstandorte [!], über kurze Querstollen zu einer fast quadratischen, über vier Säulen [!] eingewölbten, zentralen Halle vermittelten" (G. Kolb, Baugeschichte, S.49).

²⁰¹ Die Apostolische Kammer, die „Reverenda Camera Apostolica", ist „die zentrale Finanzverwaltung der päpstlichen Kurie und oberste Regierungsbehörde des Kirchenstaates", an deren Spitze der Kämmerer steht. Möglicherweise könnte aber auch die v. dieser zu differenzierende „camera secreta" des Papstes gemeint sein, die aus der allg. Finanzverwaltung zwar ausschied, aber keine feste Organisation besessen zu haben schien (vgl. LexMA, Bd.5, Sp.888f). Die Nachricht einer Tätigkeit v. Bischof Konrad in einer dieser Kammern lässt sich nicht belegen.

[26va|56]
i...i) Anno viiij^C lxxvj jar #] *v. der Hd. des Rubr., mroT* ii) hailigen] g *verderbt* iii) *Zz: v. der Hd. des Rubr., mroT*
iv...iv) Santt Cůnrazt leben (...) ande(rn) Bůch] *v. der Hd. des Rubr., mroT*

a) Leben, Lebenswandel b) v. velfůren/volvůeren: ausführen c) Schäflein

| lichen erbgůtte. vn(d) besass | den **B**yschofflichen stůle | **jn** gůter
5 regieru(n)g siner | schåfflun^c, jm von got **E**m= | pfolhen, <u>zway vnd
<u>viertzig</u> | jar vnd starb des jars **a**ls | man von der gepurt <u>cristi</u> | <u>zalt</u>
<u>nünhundert vnd sechs</u> | <u>vnd sübentzig jare</u>[203]. #^iii | ^iv**S**antt **C**ůnratz leben   *976 Tod;*
vnd | lesen vindest jn der hailge(n) | leben vn(d) lesen jn dem ande(rn)   *Hinweis auf*
Bůch^iv/[204].   *Vita;*

[27ra] ^i**A**nno viiij^C lxxvj jar^i   *976*
Nach^ii dem hailigen hymel | fürsten <u>**S**ant **C**ůnraten</u> | do ward ainer, der   *Bischof*
hiesz <u>game=</u> | <u>**n**olfus</u>[205], **d**er was **B**yschoff <u>vier</u> | **j**are vnd was **a**n der zal | *Gaminolf (!);*
der <u>**a**cht vnd zwaintzigost</u> | vnd starb als man von der | gepurt cristi zalt
5 <u>**n**unhund(er)t</u> | <u>vnd achtzig jar</u>[206]. #^iii | *980 Tod;*

^iv**B**ischoff Gamenolfus #^iv

Bischofswappen
10   zwei Schilde (4x3,5) (4,5x3,5) (M: 3/S: 3,5)
     (rechts: Aw; links: fehlendes Fw)

[27va|60!]   ^i**A**nno viiij^C lxxx jar #^i   *980*
Nach^ii dem <u>gamenolfo</u> | do ward **B**yschoff der | hailig, ^agros wirdig^a hymel   *Bischof*
| fürst <u>sant **G**ebehart</u>[207], ain | grauff von <u>**p**regantz</u>, der | von sinem aigen   *Hl. Gebhard II.;*

---

[202] Während für P. Ruppert, Chroniken, S.18, Anm.2 lediglich eine Romreise urkundlich belegt ist und die Reisen ins Hl. Land „in das Reich der Sage" gehören, bestätigt die heutige Forschung die Aussagen unserer Chronik. Bischof Konrad unternimmt also drei Pilgerreisen nach Jerusalem sowie mehrere Reisen nach Rom (z.B. im Winter 961/62 in Begleitung Ottos I.; hier zugleich Teilnehmer an dessen Kaiserkrönung) (vgl. HS I/2,1, S.255; H. Maurer, Konstanz I, S.67).

[203] Wie bereits oben erwähnt stirbt Bischof Konrad bereits im Nov. des vorhergehenden Jahres.

[204] Vgl. die uns heute bekannten Viten und neuere Sekundärliteratur: Vita prior auctore Oudalscalcho, in: Vita Chounradi Constantiensis Episcopi, in: MHG SS 4, S.429-445, hier S.430-436 und Vita altera auctore anonymo, in: ebd., S.436-445. Vgl. auch W. Berschin, Odalscalcs Vita S. Konradi; ders., Historia S. Konradi und E. Hillenbrand, Das literarische Bild; A. Bihrer, Bischof Konrad, v.a. S.15ff.

[27ra]
i...i) Anno viiij^C lxxvj jar] v. der Hd. des Rubr., mroT ii) Nach] N 2-z. Lomb., v. der Hd. des Rubr., mroT iii) Zz: v. der Hd. des Rubr., mroT iv...iv) Bischoff Gamenolfus #] v. der Hd. des Rubr., mroT

[205] Gaminolf (975-979): Bischofsweihe um die Weihnachtszeit des Jahres 975; gest. am 22. Mai 979 (vgl. REC I, Nr.382f; HS I/2,1, S.257, H. Maurer, Die Konstanzer Bischöfe, S.146f).

[206] Infolge des genannten, fehlerhaften Todesjahres v. Bischof Konrad, stimmt bei richtiger Amtsdauer die Angabe der Chronik zum Ende der Regierungszeit nicht. Berücksichtigt man die Unkenntnis des Geschichtsschreibers über die Existenz v. Bischof Audoin, so liegt er bei der Zählung der bisherigen Amtsträger richtig: Die Chronik nennt vorher genau 27 Bischöfe. Tatsächlich ist Gaminolf aber, folgt man den selbstverständlich ebenfalls unsicheren Bischofslisten (vgl. v.a. den Zwiefalter Katalog), der 29. Bischof.

[27va|60!]

våtter= | lichen erbgůt gebuwen | hat das wirdig gotzhusz | **petershusen**, da   *Erbauung v.*
5 er dan(n) be= | graben vnd erhaben ist[208] jn | ainem costlichen vergült= | *Petershausen;*
ten sarch; och sin hopt gar | costlich jn silber, gold vnd | edelgestain; des   *Grabbeschrei-*
gelich ain | er siner arm ᵇjn ain hand | verwürktᵇ; do ist och sin mes= | *bung;*
gewand, handfanᶜ vnd stolᵈ, | dar jnne er als ain byschoff | begraben ward
vnd damit | <u>sechtzig jar</u> jn dem ertrich | la[n]gⁱⁱⁱ begraben lag, •eeⁱᵛ• de(m)
10 mal | vnd er erhaben ward das | selb mesgewand, stol vnd | handfan, och
die byschofflich= | en hendschoch, so er jn dem | grab die <u>sechtzig jar</u>
anhett, | noch frysch sigen, **a**ls d(a)z man | jårlich vff sinen tag[209] jn dem |
selben sinem mesgewand | mesz halt. vnd besasz den By= | schofflichen
stůl <u>sechzehen jar</u> | vnd starb **a**ls man von der | gepurt cristi zalt <u>n</u>ünhun=
15 dert nüntzig vnd sechs jar[210]. | vnd was der <u>n</u>ün vnd zwain= | tzigost   *996 Tod;*
Byschoff gewesen. | *Hinweis auf*
ᵛSantt Gebehartz leben vindest | in dem Bůch von hailigenᵛ/[211]. | *Vita;*

[27ᵛᵇ]

ⁱSant Gebehartt, Geborn | ain Grauff von pfannenberg, | Ain hailger
5 Bischoff zů Costentzⁱ |

Bischofswappen
zwei Schilde (4,5x4) (4,5x4) (M: 3/S: 3,5)

---

i...i) Anno viiijᶜ lxxx jar #] *v. der Hd. des Rubr., mroT* ii) Nach] N *2-z. Lomb., v. der Hd. des Rubr., mblT* iii) la[n]g
lag *SG* iv) ee] *davor und dan. jeweils ein Punkt v. der Hd. des Rubr., mroT* v...v) Santt Gebehartz leben vindest | in
dem Bůch von hailigen] *v. der Hd. des Rubr., mroT*

a...a) ehrwürdig b...b) in ein handförmiges Reliquiar gefasst/eingearbeitet c) Manipulus [Teil des liturgischen
Gewandes] d) Stola, Priestergewand

[207] Hl. Gebhard (979-995): Sohn des Grafen Uotzo bei Bregenz, aus der bedeutenden Adelsfamilie der sog. Udalrichinger; Schüler der Konstanzer Domschule; 979 Wahl zum Bischof; er erhält v. Otto II. Ring und Stab, danach
Weihe durch Erzbischof Willigis v. Mainz (975-1011) (vgl. zu ihm HS I/2,2, S.983) und Bischof Erchanbald v.
Straßburg; gute Beziehung zu Otto II., den er auf seinem Romzug 981 begleitet; 990 in königlichem Auftrag Verwaltung der Bistümer Padua und Pavia; gest. am 27. Aug. 995; Heiligsprechung durch Bischof Ulrich II. am 27. Aug.
1134 (vgl. REC I, Nr.384-404; dazu M. Krebs, Nachlese, Nr.390a-401a; I.J. Miscoll-Reckert, Kloster Petershausen,
S.40ff HS I/2,1, S.257ff; H. Maurer, Die Konstanzer Bischöfe, S.148ff).
[208] Das reich bemessene Gründungsgut von Petershausen (Güter am Bodensee, in Vorarlberg, im Linzgau und Hegau) setzt sich, wie hier berichtet, aus Eigengütern Gebhards II., insbesondere seinem väterlichen Erbe, sowie aus
Besitzungen des Domkapitels zusammen. Trotz der v. den Päpsten Johannes XV. und Gregor V. erwirkten freien
Abts- und Vogtwahl versehen Mitglieder seiner Familie, die die Abtei dann aber auch immer wieder mit Stiftungen
bedenken oder sich wie der Bischof selbst hier bestatten lassen, die Vogtei (vgl. HS I/2,1, S.257f; G. Spahr, Zur
Geschichte, S.9f; I.J. Miscoll-Reckert, Kloster Petershausen, S.17ff, 34ff, 49ff).
[209] D.h. am 27. Aug.
[210] Die Angaben zu Amtsantritt und -ende sind bei richtiger Amtsdauer durch die vorherigen Fehler erneut um
jeweils ein Jahr zu korrigieren.
[211] Vgl. die uns heute noch überlieferte Vita Gebehardi episcopi Constantiensis, in: MGH SS 10, S.582-594 oder die
in den AASS Augusti, tomus 6, S.106-130 versammelten Viten.

(rechts: Aw; links: Fw der Grafen v. Bregenz[212]: auf Kürsch ein
10   Pfahl von Hermelin)

[28ʳ] Leere Seite

[28ᵛ] Leere Seite

[29ʳᵃ|63] ⁱAnno viiijᶜ lxxxxvj jarⁱ   996
Nachⁱⁱ **sant gebeharten** so | ward **Byschoff** lamper= | tus[213]; vnd was der   *Bischof*
dryssigost | an der zal vnd regiert drü | zehen jar vnd starb als man | von   *Lambert;*
der gepurt cristi zalt tu= | send vnd nün jåre. | *1009 Tod;*
5
ⁱⁱⁱBischoff Lamperthusⁱⁱⁱ

Bischofswappen
zwei Schilde (4x3,5) (4x3,5) (M: 2,5/S: 2,5)
10   (rechts: Aw; links: fehlendes Fw)

[29ʳᵇ] ⁱAnno M viiij jar #ⁱ   *1009*
Nachⁱⁱ **lamperto** do ward | **Byschoff Rûchardus**[214]; | vnd was der **ain vnd**   *Bischof Rudhart*
dryssi | gost an der zall vnd regiert | **vier jar** vnd starb als man | von der   *(!);*
gepurt cristi zalt | **tusend vnd drüzehen jåre.** | *1013 Tod;*

[27ᵛᵇ]
i...i) Sant Gebehartt, Geborn | ain Grauff von pfannenberg, | Ain hailger Bischoff zů Costentz] *v. der Hd. des Rubr.,*
mroT

[212] Vgl. ZürW Taf.3, 32; Grünenb. Taf.82, 2,2 (In Rot ein Pfahl mit Hermelin); Öhem 12ʳ, 143 (Taf.6) (Tinktur wie
Grünenb.); Siebm. I,4, Taf.2, 4,2 (Stadt Bregenz); WtBvK 1,7 (quadriert: 1, 4: Aw, 2, 3: Fw, Tinktur nicht identisch).

[29ʳᵃ|63]
i...i) Anno viiijᶜ lxxxxvj jar] *v. der Hd. des Rubr., mroT* ii) Nach] N *2-z. Lomb., v. der Hd. des Rubr., mroT* iii...iii)
Bischoff Lamperthus] *v. der Hd. des Rubr., mroT*

[213] Lambert (995-1018): ist vermutlich zuerst Mönch; Teilnahme an der Kaiserkrönung Ottos III., an dessen Toten-
bett er weilt und dessen Leichnam er anschließend nach Deutschland begleitet; Umbau bzw. t.w. Neuerrichtung des
Konstanzer Münsters; gest. am 16. Mai 1018 (vgl. REC I, Nr.405-420; dazu M. Krebs, Nachlese, Nr.402 und 420;
HS I/2,1, S.258f; H. Maurer, Konstanz I, S.81f; H. Maurer, Die Konstanzer Bischöfe, S.161ff). Die Informationen
zur Amtszeit in unserer Chronik sind wiederum komplett fehlerhaft.

[29ʳᵇ]
i...i) Anno M viiij jar #] *v. der Hd. des Rubr., mroT* ii) Nach] N *2-z. Lomb., v. der Hd. des Rubr., mblT* iii...iii) #
Bischoff Rûchardus] *v. der Hd. des Rubr., mroT*

[214] Rudhart (1018-1022): Kapellan Heinrichs II.; v. diesem 1018 zum Bischof erhoben; urkundlich ist er nur in der
Umgebung des Kaisers nachweisbar; Teilnahme am Italienzug Heinrichs, auf dem er am 28. Feb. 1022 stirbt (vgl.
REC I, Nr.421-427; dazu M. Krebs, Nachlese, Nr.422 und 427; HS I/2,1, S.259; H. Maurer, Die Konstanzer Bischö-
fe, S.166ff). Infolge der vorherigen Fehler kommt es hier zu einer zeitlich unkorrekten Einordnung.

5

ⁱⁱⁱ# Bischoff Rûchardusⁱⁱⁱ

Bischofswappen
zwei Schilde (4x3,5) (4x3,5) (M: 2,5/S: 2,5)

10

(rechts: Aw; links: fehlendes Fw)

[29va|64] ⁱAnno M xiij jarⁱ   *1013*

Nachⁱⁱ **Rûchardo** ward | <u>haymo</u>²¹⁵ **Byschoff**, der | <u>zway vnd tryssigost</u> an *Bischof Heimo;*
der | zal, der regiert <u>vier jar</u> | vnd starb als man vo(n) der | gepurt cristi zalt
<u>tusend</u> | <u>vnd süben zehen jare.</u> #ⁱⁱⁱ | *1017 Tod;*

5

^{iv}Bischoff Haÿmo^{iv}

Bischofswappen
zwei Schilde (4,5x4) (4,5x4) (M: 2,5/S: 3)

10

(rechts: Aw; links: fehlendes Fw)

[29vb] ⁱAnno M xvij jar #ⁱ   *1017*

Nachⁱⁱ dem **Byschoff** <u>haÿ</u>= | mo ward **Byschoff** | <u>warmann(us)</u>²¹⁶, der <u>dry</u> *Bischof*
vnd | <u>trissigost</u> an der zal, vnd | regiert <u>sechs jar</u> vn(d) starb | als man von *Warmann;*
der geburt | cristi zalt <u>tusend vnd drü</u> | <u>vnd zwaintzig jar.</u> #ⁱⁱⁱ | *1023 Tod;*

5

^{iv}Bischoff warman(n)us^{iv}

Bischofswappen
zwei Schilde (4,5x3,5) (4,5x3,5) (M: 2,5/S: 3)

[29va|64]

i...i) Anno M xiij jar] *v. der Hd. des Rubr., mroT* ii) Nach] N *2-z. Lomb., v. der Hd. des Rubr., mroT* iii) Zz: *v. der Hd. des Rubr., mroT* iv...iv) Bischoff Haÿmo] *v. der Hd. des Rubr., mroT*

²¹⁵ Heimo (1022-1026): eventuell aus der königlichen Kapelle hervorgegangen; seit 1022 Bischof v. Konstanz; erste urkundliche Erwähnung 1024; Teilnahme an der Königswahl Konrads II.; gest. am 18. März 1026 (vgl. REC I, Nr.428-432; HS I/2,1, S.259; H. Maurer, Die Konstanzer Bischöfe, S.171ff). Pontifikatsdaten fehlerhaft.

[29vb]

i...i) Anno M xvij jar #] *v. der Hd. des Rubr., mroT* ii) Nach] N *2-z. Lomb., v. der Hd. des Rubr., mblT* iii) Zz: *v. der Hd. des Rubr., mroT* iv...iv) Bischoff warman(n)us] *v. der Hd. des Rubr., mroT*

²¹⁶ Warmann (1026-34): Mönch in Einsiedeln; Salbung zum Bischof auf der Synode zu Seligenstadt am 18. oder 21. Sept. 1026; Teilnahme an der Kaiserkrönung Konrads II.; Kampf gegen Herzog Ernst II. v. Schwaben; nach dessen Tod Regierung für Herzog Hermann IV. v. Schwaben; gest. am 10. April 1034 auf seiner zweiten Romreise (vgl. REC I, Nr.433-445; HS I/2,1, S.259f; H. Maurer, Die Konstanzer Bischöfe, S.174ff). Angaben zur Amtszeit und -dauer in unserer Chronik fehlerhaft.

10   (rechts: Aw; links: fehlendes Fw)

[30ra|65] ^iAnno M xxiij jar^i   *1023*
       Nach^{ii} <u>warmanno</u> do ward | **B**yschoff <u>Eberhardus</u>^{217}, der | <u>vier vnd</u>   *Bischof*
       <u>tryssigost</u> **a**n der zal, | **v**nd regiert <u>achtzehen jar</u> vn(d) | starb als man von   *Eberhard I.;*
       der gepurt | cristi zalt <u>tusend vnd ains vn(d)</u> | <u>viertzig jare</u>. #^{iii} | *1041 Tod;*
5
                    ^{iv}Bischoff Eberhardus^{iv}

                          Bischofswappen
                zwei Schilde (4x3,5) (4x3,5) (M: 2,5/S: 3)
10   (rechts: Aw; links: fehlendes Fw)

[30rb] ^iAnno M xlj jare^i   *1041*
       Nach^{ii} dem **B**yschoff <u>Eberhardo</u> | do ward zů **B**yschoff <u>theo=</u> | *Bischof*
       <u>doric(us)</u>^{218}, der <u>fünff vnd tryssigost</u> | an der zal, vnd regiert <u>drü=</u> | *Theoderich;*
       <u>zehen</u> jar **v**nd starb **a**ls man | von der gepurt cristi zalt <u>tusend</u> | <u>fünfftzig vnd vier</u>
5 <u>jǎr</u>. #^{iii} | *1054 Tod;*

                    ^{iv}Bischoff Theodericus #^{iv}

                          Bischofswappen
10   zwei Schilde (4x3,5) (4x3,5) (M: 2/S: 3)
                  (rechts: Aw; links: fehlendes Fw)

[30va|66] ^iAnno M liiij jar #^i   *1054*
       N**A**ch^{ii} <u>theodorico</u> do ward | <u>**R**umold(us)</u>^{219} **B**yschoff, der | <u>sechs vnd</u>   *Bischof*

[30ra|65]
i...i) Anno M xxiij jar] *v. der Hd. des Rubr., mroT* ii) Nach] N *2-z. Lomb., v. der Hd. des Rubr., mroT* iii) Zz: *v. der Hd. des Rubr., mroT* iv...iv) Bischoff Eberhardus] *v. der Hd. des Rubr., mroT*

^{217} Eberhard I. (1034-1046): Warmanns Bruder; Kapellan Konrads II.; seit 1034 Bischof in Konstanz; Initiator der Diözesansynode vom Okt. 1043; gest. am 25. Dez. 1046 im Gefolge Heinrichs III. in Rom (vgl. REC I, Nr.446-458; dazu M. Krebs, Nachlese, Nr.449f; HS I/2,1, S.260f; H. Maurer, Konstanz I, S.84f; H. Maurer, Die Konstanzer Bischöfe, S.180ff). Pontifikatsdaten der Chronik falsch.

[30rb]
i...i) Anno M xlj jare] *v. der Hd. des Rubr., mroT* ii) Nach] N *2-z. Lomb., v. der Hd. des Rubr., mblT* iii) Zz: *v. der Hd. des Rubr., mroT* iv...iv) Bischoff Theodericus #] *v. der Hd. des Rubr., mroT*

^{218} Theoderich (1047-1051): aus der Konstanzer Domschule hervorgegangen; Domherr und Propst v. St. Andreas in Worms; danach Propst v. Aachen; archicapellanus und cancellarius der königlichen Kanzlei; v. Heinrich III. in Italien zum Bischof v. Konstanz erhoben; gest. am 22. Juni 1051 (vgl. REC I, Nr.459-464; HS I/2,1, S.261; H. Maurer, Die Konstanzer Bischöfe, S.189ff). Zeitliche Einordnung erneut fehlerhaft.

tryssigost **a**n der | zal, **v**nd regiert **n**ünzehen | jar **v**nd starb **a**ls man von | *Rumold;*
der gepurt **c**risti zalt tusend | <u>s</u>übentzig **v**nd <u>d</u>rü jare. **D**er | **B**yschoff hielt   *1073 Tod;*
5   gar ain grosse | wyhe[a] jn **v**nser lieben <u>f</u>roen | münster, nach dem als dan(n)   *Münsterweihe;*
| vil altar dar jnne **v**nd [b]an der | gebŵ[b] an dem münster ge= | machtt
worden was[220], **v**mb | das er maint, d(a)z die **w**ÿhe | ain nottdurfft[c] wåre
den se- | len **v**nd och den menschen, | dar jnne zebittend. #[iii] |

10   [iv]**Bischoff Rumoldus**[iv]

                        Bischofswappen
          zwei Schilde (4x3,5) (4x3,5) (M: 2,5/S: 3)
             (rechts: Aw; links: fehlendes Fw)

[30vb]   [i]Anno M lxxiij jar[i]   *1073*
Nach[ii] **Rumoldo**[221] do ward | **B**yschoff <u>o</u>tto[222], der <u>s</u>üben | **v**nd tryssig an   *Bischof Otto I.;*
der zal, **v**nd | regiert <u>d</u>rüzehen jar **v**nd | starb als man von der gepurt | cristi
zalt <u>t</u>usend achtzig vn(d) | <u>s</u>echs jare. #[iii] | *1086 Tod;*
5

[30va|66]

i…i) Anno M liiij jar #] *v. der Hd. des Rubr., mroT* ii) Nach] N *2-z. Lomb., v. der Hd. des Rubr., mroT* iii) Zz: *v. Hd. des Rubr., mroT* iv…iv) Bischoff Rumoldus] *v. der Hd. des Rubr., mroT*

a) Weihe b…b) andere Gebäude c) Notwendigkeit

[219] Rumold (1051-1069): Mönch in Einsiedeln, gehört vermutlich der Hofkapelle an; Propst v. St. Simon und Juda in Goslar; v. Heinrich III. 1051 zum Konstanzer Bischof ernannt; 1057 Erzieher v. Mathilde, der Tochter des Kaisers; gest. am 4. Nov. 1069 (vgl. REC I, Nr.465-485; HS I/2,1, S.261f; H. Maurer, Die Konstanzer Bischöfe, S.193ff). Informationen zum Pontifikat ebenfalls nicht fehlerhaft.
[220] Rumold initiiert einen umfassenden Neubau des Münsters, nachdem es 1052 eingestürzt ist (vgl. zu diesem Wiederaufbau G. Kolb, Baugeschichte, S.54-56). 1065 weiht er einen Altar im südlichen Querschiff. Da das Bauwerk bei seinem Tod jedoch noch nicht vollendet ist, erfolgt die eigentliche Münsterweihe, auf die sich die Chronik wohl bezieht, im Jahr 1089 durch Bischof Gebhard III. (1084-1110) (vgl. E. Hillenbrand, Überlieferung und K.J. Benz, Überlegungen).

[30vb]

i…i) Anno M lxxiij jar] *v. der Hd. des Rubr., mroT* ii) Nach] N *2-z. Lomb., v. der Hd. des Rubr., mblT* iii) Zz: *v. der Hd. des Rubr., mroT* iv…iv) Bischoff Otto] *v. der Hd. des Rubr., mroT*

[221] Nach Rumold geht das Bischofsamt zunächst auf den (bewusst?) in unserer Chronik nicht erwähnten Karlmann (1070/71) über: er wird 1070 gegen den Protest des Domkapitels, das den Konstanzer Domkanoniker und königlichen Kaplan Siegfried zum Nachfolger gewählt hat, v. König Heinrich IV. als Bischof v. Konstanz investiert, vom Erzbischof v. Mainz jedoch nicht geweiht; Karlmann verzichtet am 18. Aug. 1071 auf sein Amt und stirbt am 27. Dez. desselben Jahres (vgl. REC I, Nr.486-497; HS I/2,1, S.262f; H. Maurer, Konstanz I, S.87; H. Maurer, Die Konstanzer Bischöfe, S.200ff).
[222] Otto I. (1071-1080): Goslarer Kanoniker; Ernennung zum Bischof kurz nach dem Verzicht v. Karlmann durch Heinrich IV.; 1076 Suspendierung; Flucht vor (Gegen-)König Rudolf v. Rheinfelden; Absetzung durch Papst Gregor VII. am 7. März 1080; gest. Anfang 1086 (vgl. REC I, Nr.498-518; HS I/2,1, S.263f; H. Maurer, Konstanz I, S.87f; H. Maurer, Die Konstanzer Bischöfe, S.208ff). Das Todesjahr wird in der Chronik also richtig tradiert.

^{iv}Bischoff Otto^{iv}

Bischofswappen
zwei Schilde (4x3,5) (4x3,5) (M: 2,5/S: 3)
10   (rechts: Aw; links: fehlendes Fw)

[31ra]ⁱ ⁱⁱAnno M lxxxvj jarⁱⁱ   *1086*
Nachⁱⁱⁱ dem **B**yschoff <u>**otto**</u>²²³ do | ward **B**yschoff <u>Gebehar</u>= | **dus**²²⁴, **a**n der   *Bischof*
zal der <u>**acht**</u> vn(d) | <u>**tryssigost**</u>, vnd regiert <u>**sechs**</u> | vnd <u>**zwaintzig jar**</u> **V**nd | *Gebhard III. v.*
starb **a**ls man von der ge= | purt cristi zalt <u>**tusend hun**</u>= | <u>**dert vnd zwȯlff**</u>   *Zähringen;*
5   jare. #^{iv} | *1112 Tod;*

^vBischoff Gebehardus^v

Bischofswappen
10   (4x3,5) (M: 2/S: 3)
(Aw)

[31rb] ⁱAnno M C xij jarⁱ   *1112*
Nachⁱⁱ dem **B**yschoff <u>gebehar</u>= | do ward **B**yschoff <u>**v̊lrich**</u>, | **a**in graff von   *Bischof Ulrich*
<u>**kyburg**</u>²²⁵, vnd | stifft d(a)z closter zů <u>Crützlingen</u>²²⁶ | mit sinem **a**igen gůt,   *I. v. Dillingen;*

[31ra]

i) *Seite durch Wappen verlängert: ein ursprünglich größeres Blatt wird so ausgeschnitten, dass das Wappen 1,5 cm länger ist als die übrigen Seiten* ii)…ii) Anno M lxxxvj jar] *v. der Hd. des Rubr., mroT* iii) Nach] N *2-z. Lomb., v. der Hd. des Rubr., mroT* iv) Zz: *v. der Hd. des Rubr., mroT* v...v) Bischoff Gebehardus] *v. der Hd. des Rubr., mroT*

²²³ Nach der Absetzung tritt an die Stelle Ottos I. in der Zeit v. 1080-1084 der päpstliche Gegenbischof Bertolf, der sich in Konstanz jedoch nicht durchsetzen kann (vgl. HS I/2,1, S.264 und REC I, Nr.519; H. Maurer, Die Konstanzer Bischöfe, S.219f). Diese Auseinandersetzung um den Bischofsstuhl während des Investiturstreites ist unserem Historiographen vermutlich unbekannt; ein bewusstes Verschweigen (der Harmonie willen?) ist eher unwahrscheinlich.
²²⁴ Gebhard III. v. Zähringen (1084-1110): Sohn Herzog Bertholds I. v. Zähringen; Propst in Xanten; Mönch in Hirsau; Wahl zum Bischof auf der Synode in Konstanz 1084; 1085 durch Konzil v. Mainz unter Vorsitz v. Heinrich IV. abgesetzt und exkommuniziert; 1089-1107 päpstlicher Legat Urbans II. bzw. Paschalis II. in Deutschland; führende Gestalt der schwäbischen Opposition gegen Heinrich IV.; Neubelebung des Instituts der Diözesansynode; Förderung v. Reformklöstern; 1103 Vertreibung aus Konstanz durch Gegenbischof Arnold v. Heiligenberg (1092-1112) (vgl. REC I, Nr.665-675; H. Maurer, Die Konstanzer Bischöfe, S.262ff), dessen Existenz unser Chronist nicht erwähnt; 1105 Zurückführung durch Heinrich V. und Verkündung eines Landfriedens; 1107 formelle Suspension durch Papst Paschalis II.; gest. am 12. Nov. 1110 (vgl. REC I, Nr.520-663; dazu M. Krebs, Nachlese, Nr.520-649; HS I/2,1, S.264ff; H. Maurer, Konstanz I, S.88ff und ders., Die Konstanzer Bischöfe, S. 221ff). Da unserem Chronisten möglicherweise die Amtsdauer bekannt war, er aber den Beginn nicht vor 1086, dem Todesjahr v. Otto I., das aber nicht mit dem Ende des Pontifikats identisch ist, verlegen konnte, ist das Enddatum der Amtszeit folgerichtig ebenfalls falsch.

[31rb]

i…i) Anno M C xij jar] *v. der Hd. des Rubr., mroT* ii) Nach] N *2-z. Lomb., v. der Hd. des Rubr., mblT* iii) **Byschoffzelle**] **B**y= | schoff **Byschoffzelle** SG, *Konjektur nach fol.20vb und Stgt* iv) es ward] *fehlt* SG, *Konjektur in Anlehnung an fol.20vb und Stgt* v...v) Bischoff v̊lrich, Ain Grauff | vo(n) Kÿburg] *v. der Hd. des Rubr., mroT*

des er | vil da hin gab[227]. **V**nd der **B**y= | schoff v̊lrich liesz nun **b**yschoff= | *Augustiner-*
5 **zelle** von hand dem **a**del, von | dienst wegen **v**nd och durch | nutz des *chorherrenstift*
gemainen cappittel | zů <u>costentz</u> der chorheren[228]. **j**n | dem zyt warend *Kreuzlingen;*
nun <u>acht</u> | **B**yschoff gesin, jn dero handen | es gewesen was: <u>Sant Cůnrat</u> | *Schicksal v.*
vnd <u>sant Gebehart</u> **v**nd sust an= | der <u>sechs</u>; **v**nd belaib also jn des | **a**dels *Bischofszell;*
hand ettwemeniges **hun**= | dert **v**nd sübentzig jare. **J**n | dem zyt warend
10 <u>ayliff</u> **B**y= | schoff. **a**lso vnder **B**yschoff | **h**ainrichen von clingenberg, |
von der mů̆ter von <u>frysingen</u>, | zů <u>costentz</u> gesessen, kam | **B**yschoffzelle[iii]
wyder zů | dem **B**ystum. **v**nd [es ward][iv] dem **B**ystu(m) | von dem adel zů
geschiben vm(b) | jårlich gült vff losu(n)g, die be= | schaiden was, das |
<u>sant pelagen</u> | so vil gegeben ward, das es sich | erlost. **D**er **B**yschoff
15 v̊lrich | regiert <u>zehen</u> jar **v**nd was | **a**n der zal der <u>nün</u> vnd trissi | gost **v**nd
starb **a**ls man von | der gepurt cristi zalt <u>ayliff</u> | **h**undert **v**nd zway vn(d) *1122 Tod;*
zwain- | **t**zig jare.

^vBischoff v̊lrich, Ain Grauff |
20 vo(n) Kÿburg^v

Bischofswappen
zwei Schilde (4x3,5) (4x3,5) (M: 2,5/S: 2,5)
(rechts: Aw; links: Fw der Grafen v. Kiburg[229]: In Rot ein goldener
25 Schrägrechtsbalken, v. zwei schreitenden goldenen Löwen begleitet)

---

[225] Ulrich I. v. Dillingen (1111-1127): Eltern: Graf Hartmann I. v. Dillingen und Adelhaid v. Winterthur-Kiburg (vgl. H. Grote, Stammtafeln, Taf.86 und 86b, S.466); eventuell Kanoniker des Augustinerchorherrenstiftes Marbach/Elsass; eigenmächtige Investitur durch Heinrich V. und Verweigerung der Weihe vonseiten Paschalis II. (1118 nach dessen Tod durch Erzbischof Jordanus II. v. Mailand nachgeholt); gehört zum engen Kreis um Heinrich V.; Gründung der Propstei Öhningen und des Stifts Kreuzlingen; initiiert Heiligsprechung v. Bischof Konrad; fördert in auffälliger Art und Weise die Augustinerchorherren; gest. am 27. Juli 1127 (vgl. REC I, Nr.676-758; dazu M. Krebs, Nachlese, Nr.681a-752b; HS I/2,1, S.268f; U.-R. Weiss, Konstanzer Bischöfe, S.21-56; A. Bihrer, Patron; H. Maurer, Die Konstanzer Bischöfe, S.266ff). Pontifikatsdaten der Chronik falsch.

[226] Kreuzlingen: heute eng mit dem angrenzenden Konstanz verbunden; frühe Besiedlung; für die Entwicklung ist das in Augustinerchorherrenstift (s. folgende Anm.), das den Mittelpunkt des Ortes bildet, entscheidend.

[227] Augustinerchorherrenstift Kreuzlingen: Ulrich legt um 1125 (Bestätigung v. Papstes Honorius II.) das v. Bischof Konrad gegründete Hospiz „Crucelin", das v. Gebhard III. zu dem wahrscheinlich in Münsterlingen gelegenen Frauenkonvent transferiert wird, mit der v. ihm selbst errichteten Kirche St. Ulrich und Afra vor den Toren der Stadt, außerhalb des bischöflichen Fronhofs Stadelhofen, zusammen, erneuert es letztlich dadurch und gründet auf dieser Basis das Stift Kreuzlingen; das Spital soll als eine „Wiederherstellung der Stiftung des Heiligen" (A. Bihrer, Patron, S.26) erscheinen; verfügt bald über reichen Besitz zu beiden Seiten des Bodensees; erleidet 1248 in der Auseinandersetzung v. Bischof und Abt v. St. Gallen großen Schaden; immer wieder Streitigkeiten mit Konstanzer Bürgern (vgl. REC I, Nr.729, 754; ThUB 2,52, Nr.21; HS I/2,1, S.269; H. Maurer, Konstanz, S.91f und 95ff; A. Hopp, Hospiz; F.X. Staiger, Kreuzlingen; K. Kuhn, Das regulierte Chorherrenstift; A. Borst, Mönche, S.154ff; D. Göpfert, Orden, S.89; HBLdS, Bd.4, S.543f; LThK, Bd.6, S.465f; HHS, S.316f).

[228] Vgl. hierzu und zum Folgenden den beinahe identischen Text auf fol.20^{vb}f.

[229] Vgl. ZürW Taf.4, 42; RiA 445, 2,2; RiDrS 189^r, 3,1; Grünenb. Taf.82, 1,1; Öhem 7^v, 65 (Taf.3); Siebm. E, S.430; Siebm. II, Taf.14, 2,1; Siebm. I,4, Taf.24, 4,4 (Stadt Kyburg); WtBvK 1,11 (quadriert: 1, 4: Aw; 2, 3: In Blau silberner v. zwei schreitenden goldenen Löwen begleiteter Schrägrechtsbalken).

[31ᵛ] Leere Seite

[32ʳ] Leere Seite

[32ᵛ] Leere Seite

[33ʳᵃ]ⁱ ⁱⁱ# Anno M C xxx jar #ⁱⁱ   *1130*
Nachⁱⁱⁱ dem **B**yschoff v̊lrich, | grauen von kyburg, do | ward ainer *Bischof*
Byschoff, hiesz | och v̊lrich²³⁰, der wyhtᵃ die kil= | chen zů sant stephan zů *Ulrich II.;*
Co= | stentz, **a**ls dan(n) die gewytretᵇ | vnd vil dar an gebuwen | was²³¹. *Weihe v. St.*
5 vnd diser **B**yschoff | ward ain münch zů sant | **Bl**åsin²³² vff dem schwartz | *Stephan;*
wald²³³ vnd was der viertzi= | gost **a**n der zal vnd regiert | nur acht jar vnd
starb als | man von der gepurt cristi | zalt **a**yliff hundert vnd | trissig jaur. *1130 Tod;*
#ⁱᵛ |

10   Bischofswappen
          zwei Schilde (3,5x3) (3,5x2,5) (M: 2/S: 2,5)
             (rechts: Aw; links: fehlendes Fw)

[33ʳᵇ] ⁱ# Anno M C lvj jar #ⁱ   *1156*

[33ʳᵃ]

i) *mit dieser Seite beginnt eine neue Lage Papier* ii…ii) # Anno M C xxx jar #] *v. der Hd. des Rubr., mroT* iii) Nach]
N *2-z. Lomb., v. der Hd. des Rubr., mblT* iv) Zz: *v. der Hd. des Rubr., mroT*

a) v. wyhen: weihen b) v. wytern/wîten: erweitern, vergrößern

²³⁰ Ulrich II. (1127-1138): v. unbekannter Herkunft; ist – wie die Chronik hier richtig vermerkt – zunächst Mönch in
St. Blasien; erste Erwähnung als Bischof v. Konstanz am 18. Sept. 1127; Verteidigung v. Konstanz gegen Herzog
Heinrich den Stolzen 1128; Gründung eines neuen bischöflichen Eigenklosters in Fischingen; Rücktritt nach Streit
mit dem Domkapitel 1138; gest. am 26. März 1140 oder 1141 (vgl. REC I, Nr.759-799; dazu M. Krebs, Nachlese,
Nr.755-796; HS I/2,1, S.269f; U.-R. Weiss, Bischöfe, S.56-74; H. Maurer, Die Konstanzer Bischöfe, S.289ff).
Pontifikatsdaten der Chronik falsch.
²³¹ Ulrich II. weiht während seines Pontifikats eine Vielzahl v. Kapellen und Kirchen in seiner Diözese (vgl. die Aufzählungen bei U.-R. Weiss, Bischöfe, S.60, 63f, 72). Die hier beschriebenen Umbau- und Erweiterungsmaßnahmen
sowie die Weihe v. St. Stephan wird jedoch nur in historiographischen Texten (vgl. z.B. StiASG, Cod. 339, fol.208ʳ)
überliefert und kann nicht mit Sicherheit nachgewiesen werden (vgl. H. Maurer, Stift, S.49).
²³² U.-R. Weiss, Bischöfe, S.57 weist aber darauf hin, dass diese Nachricht, die neben Dacher auch bei Stetter,
Schulthaiß, Mangolt und in den auf zeitgenössischen Quellen beruhenden Züricher Jahrbüchern (vgl. L. Ettmüller
(Hg.), Züricher Jahrbücher) enthalten ist, möglicherweise auch aus einer fehlerhaften Interpretation seines späteren
Eintritts in das Kloster St. Blasien entstanden sein könnte.
²³³ St. Blasien, Lkr. Waldshut: die Benediktinerabtei St. Blasien geht aus der 858 v. Rheinau gegründeten „Cella
Alba" hervor; Anfänge ungeklärt; als Gründer nennt die liturgische Tradition einen Reginbert; 1092 (Kop.) und 1198
als „ad sanctum Blasium" erstmals urkundlich erwähnt; im 11. Jh. steht das Kloster dynastisch bei den Rheinfel-
denern; Zentrum der monastischen Reform im Südwesten Deutschlands; 1125 wird das Kloster, zuvor unter bi-
schöflich-baselscher Vogtei, durch königlichen Spruch frei, dem königlichen Schutz unterstellt (Schutzvögte:
Zähringer); danach seit Friedrich II. Reichslehen; Mitte des 13. Jhs.: Verbindung mit den Grafen v. Habsburg (vgl.
LexMA, Bd.7, Sp.1136f; LBW, Bd.6, S.1009f; HS III/1,2, S.1166-1176; Das Tausendjährige St. Blasien, v.a. Bd.2
mit Aufsätzen zu Geschichte und Baugeschichte).

Darⁱⁱ nach ward Byschoff | herman²³⁴, der was von | der herschafft von   *Bischof Her-*
arbon²³⁵. der | was so demůtig, das er **drü** | hundert mark geltz gab an | das   *mann I. v.*
Bystum(m), das zů behaltend | wyder den **B**yschoff, so der kay= | ser   *Arbon; Stiftung*
5   gemacht hett²³⁶; **v**nd w(a)z | **an** der zal der ain **v**n(d) vier= | tzigost **v**nd   *bei Amtsantritt;*
regiert sechs | **v**nd zwaintzig jar **v**nd | starb **a**ls man von der ge= | purt
cristi zalt **a**yliffhun | **d**ert fünfftzig **v**nd sechs | jar. #ⁱⁱⁱ | *1156 Tod;*

Bischofswappen
10   zwei Schilde (3x2,5) (3x3) (M: 2,5/S: 2,5)
(rechts: Aw; links: fehlendes Fw)

[33va]   ⁱAnno M C lxiiij jarⁱ   *1164*
Darⁱⁱ nach ward ainer | der hiesz otto²³⁷, der zway= | **v**nd viertzigost **an** der   *Bischof*
zal, | **v**nd regiert acht jar **v**n(d) | starb **a**ls man von der ge= | purt cristi zalt   *Otto II.;*
ayliff hun= | **d**ert sechtzig **v**nd vier jår. | *1164 Tod;*
5

[33rb]
i...i) # Anno M C lvj jar #] *v. der Hd. des Rubr., mroT* ii) Dar] D *2-z. Lomb., v. der Hd. des Rubr., mroT* iii) *Zz: v. der Hd. des Rubr., mroT*

²³⁴ Hermann I. (1138-1165): eventuell aus der bischöflichen Ministerialenfamilie v. Arbon stammend; vor der Bischofswahl vermutlich Mönch in Einsiedeln; enger Kontakt zum König; zahlreiche Italienaufenthalte; veranlasst Besuch des Bistums durch Bernhard v. Clairvaux; Gründung des Schottenklosters St. Jakob; gest. am 1. Sept. oder 20. Nov. 1165 (vgl. REC I, Nr.800-1001; dazu M. Krebs, Nachlese, Nr.819-950; HS I/2,1, S.270f; U.-R. Weiss, Bischöfe, S.74-120; H.R. Derschka, Ministerialen, S.54f; H. Maurer, Die Konstanzer Bischöfe, S.306ff). Pontifikatsdaten der Chronik falsch.
²³⁵ Eine Zugehörigkeit zur Familie v. Arbon ist nicht mit Sicherheit belegbar. Es existieren keinerlei urkundliche Beweise für eine solche Abstammung. Die historiographischen Texte (u.a. StiASG, Cod. 339, fol. 209^r, L. Ettmüller (Hg.), Züricher Jahrbücher, S.68, C. Schulthaiß, Bisthums-Chronik, S.30, J. Manlius, Chronicon, S.744, Mangolt, Kurtze Chronic, fol.31^v) bieten diese Nachricht zwar übereinstimmend, die Erhebung eines Nichtadligen zum Bischof ist für das 12. Jh. aber sehr ungewöhnlich. Er wäre der erste ministerialische Bischof im Erzbistum Mainz (vgl. U.-R. Weiss, Bischöfe, S.77f; H.R. Derschka, Ministerialen, S.55).
²³⁶ Gemeint ist Brunico, der Kandidat Konrads III., vermutlich kurzfristig Bischof v. Konstanz, gegen den sich Hermann bei seiner Wahl Ende 1138 mit der Mehrheit des Domkapitels durchsetzt. Der genannte Betrag v. 300 Mark Silber für das Bistum ist nur in historiographischen Texten überliefert und „durch keinen zeitgenössischen Beleg auch nur annähernd zu verifizieren" (U.-R. Weiss, Bischöfe, S.118). Ob tatsächlich, wie O. Feger, Geschichte, Bd.II, S.100 das tut, in diesem Zusammenhang v. einer „Bestechung" ausgegangen werden muss, kann aufgrund der Quellenlage nicht gesagt werden. Eventuell spielt Geld aber bei dieser Amtserhebung eine gewisse Rolle (vgl. HS I/2,1, S.270; U.-R. Weiss, Bischöfe, S.79f).

[33va]
i...i) Anno M C lxiiij jar] *v. der Hd. des Rubr., mroT* ii) Dar] D *2-z. Lomb., v. der Hd. des Rubr., mblT*

²³⁷ Otto II. (1165-1174): unbekannte Herkunft; eventuell Domherr in Augsburg und Propst des dortigen St. Mauritiusstiftes; kaiserlicher Einfluss ermöglicht ihm die Stellung als Bischof v. Konstanz; Resignation 1174; gest. am 20. Sept. desselben Jahres (vgl. REC I, Nr.1002-1033; dazu M. Krebs, Nachlese, Nr.1006-1018; HS I/2,1, S.271f; U.-R. Weiss, Bischöfe, S.120-127, 137-145; H. Maurer, Die Konstanzer Bischöfe, S.354ff). Pontifikatsdaten der Chronik falsch.

Bischofswappen
zwei Schilde (4x3,5) (4x3,5) (M: 2,5/S: 3)
(rechts: Aw; links: fehlendes Fw)

[33vb] ⁱAnno M C lxxiiij jarⁱ   *1174*

         Nachⁱⁱ dem ward <u>Berch</u>= | <u>toldus</u> von <u>küsnang</u>[238] | vnd was der <u>dry vn(d)</u>   *Bischof*

         <u>vier</u>= | <u>tzigost</u> **B**yschoff an der zal | vnd besasz den **B**yschofflich | en stûl   *Berthold v.*

         <u>zehen jar</u> vn(d) starb | als man von der gepurt | <u>cristi zalt ayliffhundert</u> | *Bußnang (!);*

    5 <u>sübentzig vnd vier jar.</u> | *1174 Tod;*

Bischofswappen
zwei Schilde (4x3,5) (4x3,5) (M: 2,5/S: 2,5)
(rechts: Aw; links: Fw Kußnach (?)[239]: In Silber rotes Quadrat
   10   mit schwarzen Streifen und leicht gebogenen Seiten)

[34ra] ⁱ# Anno M C lxxxvj jar #ⁱ   *1186*

         Nachⁱⁱ dem **B**yschoff <u>Berch</u>= | <u>toldo</u> ward <u>herman,</u> | geborn von   *Bischof*

         <u>frydingen</u>[240], **B**ÿ= | schoff, der <u>vier vnd viertzi</u>= | gost an der zal, vnd   *Hermann II. v.*

[33vb]

i…i) Anno M C lxxiiij jar] *v. der Hd. des Rubr., mroT* ii) Nach] N *2-z. Lomb., v. der Hd. des Rubr., mroT*

[238] Berthold v. Bußnang (1174-1183): aus Thurgauer edelfreiem Geschlecht; Konstanzer Dompropst; erster urkund-licher Beleg als Bischof am 9. April 1175; gest. am 22. Mai 1183 (vgl. REC I, Nr.1034-1070; dazu M. Krebs, Nach-lese, Nr.1036-1055; HS I/2,1, S.272; U.-R. Weiss, Bischöfe, S.127-132, 137-145; S.367ff). Pontifikatsdaten der Chronik falsch.

[239] Eine eindeutige Identifizierung dieses Wappens war der Herausgeberin nicht möglich. Das sonst typische Wappen des Geschlechts v. Bußnang wird auf fol.162rb richtig wiedergegeben. Dieser Bischof Berthold zugewiesene Schild findet sich mit umgekehrter rot-silberner Farbgebung ohne schwarze Streifen in ZürW L, Taf.29, 35 als Fw Kußnach. Die Schreibung des Familiennamens v. Berthold in SG („<u>küsnang</u>") darf also nicht nur als reiner Abschreibefehler ohne weitere Folgen (wie z.B. durch P. Ruppert, Chroniken, der ohne Hinweis auf die tatsächliche Form Dacher mit „Bußnang" zitiert, geschehen, vgl. infolgedessen die fehlerhafte Aussage bei U.-R. Weiss, Bischöfe, S.127) inter-pretiert werden. Das Wappen illustriert vielmehr eine Unsicherheit in Bezug auf die Familienzugehörigkeit des Bi-schofs, die wir dann auch bei J. Manlius, Chronicon, S.745 („Berchtoldus, circa hunc Berchtoldum, cujus generis extiterit, magnam reperi discrepantiam, quidam enim volunt, eum de antiquo Baronum sanguine de Kussnach in Argoia, prope Lucernam; alii vero de generosa baronum familia Bussnang in Turgoia, & ultimi de nobilissima principum de Zaeringen domo in Brisgoia prope Fryburgum extitisse.") oder C. Schulthaiß, Bisthums-Chronik, S.31 („Bertholdus, ain fryherr zu Busnang uff dem Turgöw, oder v. Küsnach im Ergöw") finden und selbst in der Sekun-därliteratur des 19. Jhs. noch zu Unsicherheiten führt (vgl. T. Neugart, Episcopatus Constantiensis Alemannicus, Partis I/2, hrsg. v. F. Mone, Freiburg 1862, S.147). Vgl. WtBvK 2,11 (quadriert: 1,4: Aw; 2,3: Fw Bußnang).

[34ra]

i…i) # Anno M C lxxxvj jar #] *v. der Hd. des Rubr., mroT* ii) Nach] N *2-z. Lomb., v. der Hd. des Rubr., mblT* iii) Zz: *v. der Hd. des Rubr., mroT*

[240] Hermann II. v. Fridingen (1183-1189): Angehöriger eines im Hegau ansässigen edelfreien Geschlechts; Konstan-zer Archidiakon und seit 1175 Dompropst; enges Verhältnis zu Friedrich I.; gest. am 20. Nov. 1189 (vgl. REC I, Nr.1071-1112; dazu M. Krebs, Nachlese, Nr.1088-1110; HS I/2,1, S.272f; U.-R. Weiss, Bischöfe, S.132-145; H. Maurer, Die Konstanzer Bischöfe, S.382ff). Pontifikatsdaten der Chronik falsch.

besasz | den **B**yschofflichen sṱul wol | <u>zwỏlff jar</u> **v**nd starb **a**ls | man von   *Fridingen;*
5 der gepurt <u>cristi</u> | zalt <u>**a**yliffhundert **a**chtzig</u> | <u>**v**nd sechs jare</u>. #ⁱⁱⁱ | *1186 Tod;*

Bischofswappen
zwei Schilde (4x3,5) (4x3,5) (M: 3/S: 3)
(rechts: Aw; links: Fw Fridingen²⁴¹: In Blau ein
10   silberner Schrägrechtsbalken, oben v. goldenem Löwen begleitet)

[34rb] ⁱAnno M CC iiij jar #ⁱ   *1204*
Darⁱⁱ nach ward **B**yschoff | <u>diethelmus</u> von <u>krånk</u>= | <u>ingen</u>²⁴², der <u>fünff</u>   *Bischof*
<u>**v**nd viertzi</u>= | gost **a**n der zal, **v**nd regiert | <u>**a**chtzehen</u> jar **v**nd starb **a**ls | *Diethelm v.*
man von der gepurt [cristi]ⁱⁱⁱ zalt <u>tu</u>= | <u>sent zwaÿ hundert **v**n(d) vier</u> | <u>jare</u>.   *Krenkingen;*
5   #^{iv}/^vJm Apprellen^v/^{vi}| *1204 Tod;*

Bischofswappen
zwei Schilde (4x3,5) (4x3,5) (M: 2,5/S: 2,5)
(rechts: Aw; links: fehlendes Fw)

10
^{vii}Anno M CC xxv jar^{vii}   *1225*
^{viii}Jn^{ix} den zitten do man zaltt <u>Tussend</u> | <u>zwaÿ hundertt zwaintzig **v**n(d)</u> |
<u>fünff</u> **d**o ward gestifft der | <u>Spittaul</u> zů <u>Costentz</u> am mårcht=^x| statt von   *1225 Stiftung*
<u>zwain</u> **E**rsame(n) **B**urge(rn) | von <u>Costentz</u>²⁴³; hiesz ainer <u>**H**ainrich</u> | von   *des Spitals;*

---

²⁴¹ Vgl. ZürW Taf.8, 128; RiA 461, 4,4, RiDrS 161^v, 3,1 und 200^v, 1,1; Grünenb. Taf.134, 1,4 (quadriert: 1,4: Fw, 2,3: gold-schwarz gespaltener Schild); Öhem 15^r, 199 (Taf.8) (nicht identisch: goldener Balken); Siebm. E, S.200f; Siebm. II, Taf.90, 2,5; Siebm. VI,2, Taf.139, 1; WtBvK 2,12 (quadriert: 1, 4: Aw, 2, 3: Fw).

[34rb]
i...i) Anno M CC iiij jar #] *v. der Hd. des Rubr., mroT* ii) Dar] D *2-z. Lomb., v. der Hd. des Rubr., mroT* iii) cristi] *fehlt SG, Konjektur nach der sonst in der Hs. üblichen Formulierung* iv) Zz: *v. der Hd. des Rubr., mroT* v...v) Jm Apprellen] *nach Lücke, am Zeilenende, v. späterer Hd., mdbrT* vi) Mz: *senkrechter Strich, v. späterer Hd., mBl, amreRa* vii...vii) Anno M CC xxv jar] *v. der Hd. des Rubr., mroT* viii...viii) n (...) Tegerueld] *v. der Hd. des Rubr., mdbrT* ix) Jn] J *5-z. Lomb., mroT, vdZ* x) Marg.: *v. der Hd. des Rubr., mroT, amreRa, abgeschnitten, v. der Editorin erg.:* Spitt[al]

²⁴² Diethelm v. Krenkingen (1189-1206): Angehöriger einer bedeutenden Edelfreienfamilie; Mönch, vermutlich in den fünfziger Jahren Eintritt in das Kloster Reichenau; dort seit 1170 Abt; Marktgründung auf der Insel Reichenau; eventuell Teilnahme am fünften Italienzug Friedrichs I.; Wahl zum Bischof am 1. Sept. 1189; Bemühungen um den Ausgleich zwischen den alten und neuen Mönchsorden; seit 1197 enger Berater Philipps v. Schwaben; infolge dieser Nähe zeitweise Bannung durch Papst Innozenz III.; Niederlegung des Amtes Anfang 1206; gest. am 12. April 1206 (vgl. REC I, Nr.1113-1214,; dazu M. Krebs, Nachlese, Nr.1120-1207; HS I/2,1, S.273f; U.-R. Weiss, Bischöfe, S.145-176; A. Borst, Mönche, S.172ff und ders., Diethelm v. Krenkingen; H. Maurer, Die Konstanzer Bischöfe, S.393ff). Pontifikatsdaten der Chronik falsch.

²⁴³ Hl.-Geist-Spital am Marktgestade: das erste bürgerliche Spital; wird einige Jahre vor 1225 (andere Chroniken nennen 1220) v. Ulrich Blarer, der unter anderem das Grundstück zur Verfügung stellt, und Heinrich Bitzenhofen, der sich am Gebäudebau beteiligt, gestiftet (vgl. P. Staerkle, Blarer, S.104ff; W.W. Schürle, Hospital, S.21-32; H. Maurer, Konstanz, S.115f und 126-129).

15 **Bintzenhoffen**[244], **Der ander** | v̊lrich blåˇrer[245], **vnd ward bestått** | **von dem** nachgenampten **Bischoff** | **Cůnraten** dem ander, geborn von | **Tegerueld**[viii/246]. |

[34va] ^iAnno M CC xxviij jar^i   *1228*

Nach^ii dem byschoff **diet**= | **helmo** ward **Byschoff** | **Cunrat**, geborn von   *Bischof Konrad*

teger= | **ueld**[247], der regiert **vier vn(d)** | **zwaintzig jar** vnd was | der **sechs**   *II. v. Teger-*

vnd **viertzigost** an | der zal vnd starb **als** man | von der gepurt **cristi** zalt | *felden;*

5 **tusend zwayhundert** vnd | **acht vnd zwaintzig jåˇr**. | ¶^iii **By** des Byschoffs   *1228 Tod;*

regieru(n)g | **als** man von der gepurt | cristi zalt **tusend zwayhun**= | dert   *1208 Tod v.*

vnd **acht jar** ward **philip** | **pus** der küng[248] erschlagen. #^iv | ¶^v **dar** nach   *König Philipp;*

anno d(o)m(ini) **M**^C cc **vn(d)** | **xviii jar** vff **sant peters tag**[249] | Starb   *1218 Tod v.*

Berchtold(us) hertzog | **zů zåˇringen**[250]. #^vi | *Berthold V. v.*

---

[244] Heinrich v. Bitzenhofen (Bizzenhoven/Bitcenhoven/Bithunhovin): Angehöriger eines sich nach dem Dorf nahe Tettnang nennenden Adelsgeschlechts; erster Beleg der Familie erwähnt Ende des 12. Jhs. einen Heinrich und seinen gleichnamigen Sohn (vermutlich mit diesem Heinrich hier identisch), die als Wohltäter des Klosters Salem auftreten; 1220 urkundlich belegt; eine gleichnamige Person (der Sohn?) ist 1241 nachweisbar, tritt 1255 als Konstanzer Bürger auf und ist 1260 und 1262 Pfleger des Spitals (vgl. OBG, Bd.1, S.95, W.W. Schürle, Hospital, S.22, 102, 131).

[245] Ulrich Blarer: erster nachweisbarer Angehöriger der ursprünglich wohl aus St. Gallen stammenden, sich aber ab 1330 auch in Konstanz ansiedelnden Tuchhändler- und Patrizierfamilie; „Kaufmann"; zeitweise Konstanzer Bürger; Gründer des Hl.-Geist-Spitals in Konstanz; Gründer des Hl.-Geist-Spitals in St. Gallen; vermutlich kinderlos gest. am 23. Juli 1242 (vgl. P. Staerkle, Blarer, S.104ff, 204, 206).

[246] Die bischöfliche Beurkundung der Stiftung (vgl. REC I, Nr.1417; Text bei P. Ruppert, Chroniken, S.298ff und K. Beyerle, Grundeigentumsurkunden, Nr.10, S.14ff) durch Bischof Konrad II. v. Tegerfeld gilt als erste Quelle, in der der Rat, das „civitatis consilium", der „civitatis communitas" direkt gegenübergestellt, gewissermaßen als juristische Person fassbar und im Zusammenwirken mit dem Bischof tätig wird. Damit beginnt nicht nur eine „Epoche selbständiger bürgerlicher Sorge für die Alten und Kranken", sondern auch „die allmähliche Ausbildung der bürgerlichen Selbstverwaltung und die Ausbildung eines eigenen Bürgerrechts" (H. Maurer, Konstanz, S.116, vgl. allg. zur Verfassung z.B. G. Möncke, Bischofsstadt, v.a. S.36ff, 68ff, 105ff, 134ff, 147ff, und im Überblick P.F. Kramml, Friedrich III., S.16ff sowie G. Schuster, Gericht, S.27ff; vgl. zum Rat auch B. Münzel, Rat in Südwestdeutschland).

[34va]
i…i) Anno M CC xxviij jar] *v. der Hd. des Rubr., mroT* ii) Nach] N *2-z. Lomb., v. der Hd. des Rubr., mblT* iii) *Absz: v. der Hd. des Rubr., mroT, vdZ* iv) Zz: *v. der Hd. des Rubr., mroT* v) *Absz: v. der Hd. des Rubr., mroT, vdZ* vi) Zz: *v. der Hd. des Rubr., mroT* vii) *Absz: v. der Hd. des Rubr., mroT, vdZ* viii) *Marg.: v. der Hd. des Rubr., mroT, amliRa, abgeschnitten, v. der Editorin erg.:* [b]runst ix) Zz: *v. der Hd. des Rubr., mroT*

[247] Konrad II. v. Tegerfelden (1208-1233): Angehöriger des bedeutenden freiherrlichen Geschlechts v. Tegerfelden (Kt. Aargau); um 1163 geb.; seit 1176 Domherr; ab 1184 Domdekan und zwischen 1200 und 1208 Dompropst; Wahl zum Bischof im Dez. 1208 als Nachfolger des in der Chronik erst anschließend behandelten Wernher v. Staufen (1206-1208); Teilnahme am Romzug Ottos IV.; Jan. 1210 Weihe; 1212 Öffnung der Tore v. Konstanz für Friedrich II.; infolgedessen Königsnähe, später auch zu Heinrich (VII.); Förderung des Dekanatssystems; Schlichtung zahlreicher Streitfälle; gest. am 19. Feb. 1233 (vgl. REC I, Nr.1228-1443; dazu M. Krebs, Nachlese, Nr.1229-1442; HS I/2,1, S.275ff; D. Zimpel, Bischöfe, S.25-62). Pontifikatsdaten der Chronik falsch.

[248] Philipp v. Schwaben: geb. Aug. 1177; Wahl zum König im März 1198 (Gegenkönig: Welf Otto IV.); Thronstreit mit allmählichem Durchsetzen v. Philipp; er wird am 21. Juli 1208, also noch zur Amtszeit v. Wernher v. Staufen, v. Pfalzgraf Otto v. Wittelsbach ermordet (vgl. LexMA, Bd.6. Sp.2056f).

[249] 29. Juni.

[250] Berthold V. v. Zähringen: Herzog v. Zähringen; Rektor v. Burgund; ca. 1160 geb.; Verzicht nach Verhandlungen mit Philipp v. Schwaben auf die Thronkandidatur; nach seinem Tod am 18. Feb. (!) 1218 zerfällt die Herrschaft der Zähringer (vgl. LexMA, Bd.I, Sp.2028 und D. Geuenich, Berthold V; vgl. zu seinem Todesdatum auch Nr.644 der Regesten v. U. Parlow, Zähringer).

10 ¶^{vii} anno d(o)m(ini) **M**^C cc xxii **Bran** |^{viii} die gantz stat c̲ostentz zů | der   *Zähringen;*
d̲ritten ydus n̲ouemb(er)s[251] | durch l̲üttolden den goldsch= | mid[252]. #^{ix} | *1222 Stadt-*
                                                     brand;

Bischofswappen
zwei Schilde (4x3,5) (4x3,5) (M: 2,5/S: 3)

15   (rechts: Aw; links: fehlendes Fw)

[34vb] ⁱAnno M CC xxxij jarⁱ   *1232*
Darⁱⁱ nach ward **B**yschoff | w̲ernherus von s̲tŏffen[253], | der regiert vier jar   *Bischof W. v.*
vnd | was der s̲üben v̲nd viertzi= | gost **B**yschoff an der zal | v̲nd starb als   *Staufen;*
man von der | gepurt cristi zalt t̲usend zwaÿ | hundert v̲nd z̲way vn(d) trys   *1232 Tod;*
5 | s̲ig jare. Vnd der **B**yschoff | w̲ernherus erkofft die burg | k̲üssenberg mit   *Kauf v.*
ir zůgehŏrd^a/[254]. | *Küssaburg;*

Bischofswappen
zwei Schilde (4x3,5) (4x3,5) (M: 2,5/S: 3)
(rechts: Aw; links: Fw Staufen[255]: In Gold/Beige drei

10   blaue Staufe (2,1))

[35ra|75] ⁱAnno M CC xlviij jar #ⁱ   *1248*
Darⁱⁱ nach ward **B**yschoff | h̲ainrich tanne[256], der | bwt die **B**urg t̲annek[257]   *Bischof*
vnd | regiert s̲echzehen jar vnd | was der a̲cht vnd viertzi= | g̲ost an der zal   *Heinrich v.*

---

[251] 11. Nov.
[252] Vgl. die Ausführungen der Chronik auf fol.35ra.

[34vb]
i…i) Anno M CC xxxij jar] *v. der Hd. des Rubr., mroT* ii) Dar] D *2-z. Lomb., v. der Hd. des Rubr., mroT*

a) Zubehör, d.h. allen Gebieten, den dazugehörenden Rechten und Personen

[253] Wernher v. Staufen (1206-1208): Elekt; ca. 1170-1175 geb.; aus einem Ministerialengeschlecht; genaue Herkunft ist unsicher: Burg Staufen bei Engen, Staufen im Breisgau oder Arbon; nach 1189 Domherr, 1200 Archidiakon, 1202 Archipresbyter in Konstanz; einstimmige Wahl zum Bischof vor dem 1. Juli 1206; im Zusammenhang mit dem Thronstreit zwischen Philipp v. Schwaben und Otto IV. Probleme mit Konfirmation und Weihe; sog. Rheinecker Fehde zwischen Bistum und Kloster St. Gallen um die Schirmvogtei über Burg Rheineck endet mit einem Sieg bei der Schlacht auf dem Breitfeld; Resignation Ende 1208; gest. an einem 20. Juli, frühestens 1213 (vgl. REC I, Nr.1215-1227, 1257f; dazu M. Krebs, Nachlese, Nr.1217a; HS I/2,1, S.274f; D. Zimpel, Bischöfe, S.16-24). Einordnung und Pontifikatsdaten der Chronik falsch.
[254] Nicht Wernher v. Staufen, sondern Heinrich v. Tanne erwirbt um 1244 vom kinderlos gestorbenen Heinrich v. Küssenberg die Burg Küssaburg (Lkr. Waldshut) (vgl. REC I, Nr.1609), deren Einkünfte sehr hoch sind. Da bei dem Kauf berechtigte Erbansprüche der Herren v. Lupfen unberücksichtigt bleiben, gelingt es erst dem Nachfolger Bischof Eberhard v. Waldburg, den Besitz bis 1251 zu sichern (vgl. die lange andauernden und t.w. blutigen Fehden zwischen dem Bischof und Heinrich I. v. Lupfen sowie dessen Verzicht auf Küssaburg gegen eine Belehnung mit der Landgrafschaft Stühlingen) (vgl. D. Zimpel, Bischöfe, S.113 und 303ff; C. Heyer, Hans I. von Lupfen, S.16f).
[255] Vgl. ZürW Taf.10, 175 (nicht identisch: In Blau drei goldene Staufe); RiDrS 214^r, 3,1 (nicht identisch: In Rot drei blaue Staufe); Grünenb. Taf.90b, 1,3: (quadriert: 1,4: In Rot drei goldene Staufe, 2,3: In Silber drei blaue Staufe); Siebm. I, Taf.24, 3,1; WtBvK 3,2 (quadriert: 1,4: Aw, 2: In Rot drei goldene Staufe, 3: In Silber drei blaue Staufe).

vnd starb | des jars **a**ls man von der | gepurt cristi zalt tusend | *Tanne;*
5 zwayhundert vnd acht | vnd viertzig jar. | *1248 Tod;*

¶^{iii} **Der Byschoff** hain(rich) fieng | **j**n ainem stryt^a die von Ni= | fen vnd   *Kampf Bischof*
mit jnen viertzig | grauen vnd edel^{258} der zwo̊lff= | ten kalend   *Heinrichs;*
ho̊wmonatz$^{b/259}$. |

¶^{iv} Vnder dem byschoff anno d(o)m(ini) | **M cc xliii ydus May**^{260} [?]   *1243 (?) Stadt-*
10 verbran | die gantz stat von dem gene(n)= |^v net mosher^{261}. #^{vi} | *brand;*

Bischofswappen

[35ra|75]

i...i) Anno M CC xlviij jar #] *v. der Hd. des Rubr., mroT* ii) Dar] D *2-z. Lomb., v. der Hd. des Rubr., mblT* iii) *Absz:
v. der Hd. des Rubr., mroT, vdZ* iv) *Absz: v. der Hd. des Rubr., mroT, vdZ* v) *Marg.: v. der Hd. des Rubr., mroT,
amliRa:* Brunst vi) *Zz: v. der Hd. des Rubr., mroT*

a) Schlacht, Kampf b) Juli

^{256} Heinrich v. Tanne (1233-1248): Angehöriger einer der bedeutendsten staufischen Ministerialenfamilien Oberschwabens; vor 1190 geb.; 1216-1232 Dompropst in Konstanz, 1225-1230 Propst v. St. Stephan in Konstanz,
1227/28-1230 Dompropst in Augsburg; 1217-1220 Protonotar Friedrichs II.; Italienaufenthalte; 1224-1230 erster
Notar v. Heinrich (VII.); seit 1233 Bischof v. Konstanz; Exkommunikation am 25. Juli 1246 als Anhänger Friedrichs
II.; Wechsel ins päpstliche Lager, dadurch Konflikt mit Konstanz; Sorge für Kirchenbau; Förderung v. Dominikanern
und Franziskanern; gest. am 25. Aug. 1248 (vgl. REC I, Nr.1444-1720; dazu M. Krebs, Nachlese, Nr.1454-1720; HS
I/2,1, S.277f; D. Zimpel, Bischöfe, S.63-139). Genanntes Todesjahr ist korrekt.
^{257} Tatsächlich erwirbt Bischof Heinrich die Burg Tannegg (westlich v. Dußnang, einem Dorf der Gem. Fischingen,
Kt. Thurgau) für das Bistum. Er wird erstmals 1240 als Herr der Burg genannt; die erste urkundliche Erwähnung
findet man 1245 (vgl. REC I, 1612). Wie auch bei der Küssaburg handelt es sich um einen bedeutenden Besitz mit
hohen Einkünften (vgl. D. Zimpel, Bischöfe, S.114).
^{258} Die Einordnung dieses Ereignisses ist infolge widersprüchlicher Quellen (vgl. v.a. die Rolle „Stetters": [...]
hatt | ainen krieg mit dem Edlen | Herren Heinrich vnd Godfriden von Neiffen, vnnd | Anno domini M° CC xlv jn dem
Brachatt an sant | Albans abent, do kam er mit dem selben von Niffen | Zeuechten mit seinen dienern in dem Swigers
tal, | vnd vieng die vorgenanten Zwen Frÿen Herren, | vnd mit jinen woll xl Ritters Herren vnnd Knecht.", C. v.
Schwartzach, Cronica, fol.2^r) problematisch. Wir wissen aber sicher, dass Bischof Heinrich im Auftrag Kaiser Friedrichs II. 1235 gegen die Anhänger des sich empörenden Königs Heinrich (VII.) in den Kampf zieht. Der Zeitpunkt
der geschilderten Schlacht mit der Gefangennahme Gottfrieds und Heinrichs v. Neifen kann jedoch nicht mit absolu-
ter Sicherheit festgelegt werden und könnte eventuell wie v. Stetter berichtet auch ins Jahr 1245 fallen (vgl.
D. Zimpel, Bischöfe, S.71-78).
^{259} 21. Juni.
^{260} 15. Mai.
^{261} Während hier mit großer Wahrscheinlichkeit v. einem v. „mosher" verursachten Brand am 15. Mai 1243 (möglich
wäre auch die Lesart „M cc xl iii ydus May" und damit der 13. Mai 1240) berichtet wird, findet sich bei C. v.
Schwartzach, Cronica (P. Ruppert, Chroniken zitiert ungenau und nach „Stetter") auf fol.4^r nach dem Bericht eines
Feuers „Anno domini M°: CC°: liii°. viii°. k(a)len(d) Marij", das v. „ainem hiess der Strabach" ausging, der Hinweis
auf zwei weitere Brände. Während die auf „Mosheren" zurückgehende Katastrophe „Anno domini M°: CC°: xl.` iii:
Id(u)s No̊uembriss" geschieht, „verbran die gantz Statt Costantz" „Anno domini M°: CC°: xxii: Jdus Nouuembriss"
„von Lütolden goldschmid" (vgl. unsere Chronik fol.34va). Welche der Nachrichten mit den verwirrend ähnlichen
Zeitangaben korrekt ist, lässt sich nicht mehr mit Sicherheit rekonstruieren. Die Reichssteuerliste von 1241 enthält
jedoch einen Hinweis auf einen Brand im Jahr 1240: „Jtem Constancia libera est ad unum annum propter incendium
(...)" (MGH Const. III, S.1-5, hier Nr.89, S.4; vgl. so auch H. Maurer, Konstanz I, S.158, der darüber hinaus vermutet, der Name des Brandverursachers sollte auf einen jüdischen Einwohner hindeuten). Auch die Ausführungen v.
T. Ludwig, Konstanzer Geschichtsschreibung, S.132f belegen, dass die Quelle Dachers mit großer Wahrscheinlichkeit v. „1240, III idus maii" und damit (wie bspw. auch Mangolt) vom 13. Mai 1240 gesprochen haben dürfte.
^{262} Hierbei handelt es sich nicht um das Wappen der Familie v. Tanne-Waldburg (vgl. fol.35rb/113rb), sondern um den
bei RiA und RiDrS „Růdolf und Albrecht Hohentan(n)" zugewiesenen Schild der Familie Hohenegg (Grünenbach,

zwei Schilde (4x3,5) (4x3,5) (M: 2,5/S: 2,5)

(rechts: Aw; links: Fw Hohentann/ -egg[262]: In Gold ein schwarzer,

rot bezungter Stierrumpf)

15

[35rb] ⁱAnno M CC lxxiiij jarⁱ   *1274*

Darⁱⁱ nach ward **B**yschoff | <u>Eberhardus</u> von <u>waltp(ur)g</u>[263], | **a**in truchsåsz,   *Bischof*

der buwet die burg | gotlieben[264] vnd kofft d(a)z veld, da | vmb stet, vnd   *Eberhard II.*

ander besitzu(n)gen | dero vil von sinem aigen gût | an das **B**ystum, wol   *v. Waldburg;*

5   vm(b) <u>s**ü**ben</u> | <u>**t**usend zwayhundert vn(d) sechs</u> | vnd tryssig mark   *Erwerbs-*

<u>silbersⁱⁱⁱ</u>/[265]. aber | er verkofft sin schlosz <u>wytling(en)</u>[266] | mit siner   *politik;*

zûgehôrd vmb <u>**t**u=</u> | <u>**s**end vnd hundert mark sil=</u> | <u>bers</u>[267]; vnd was der <u>**n**ün</u>

vnd | <u>**v**iertzigost</u> **B**yschoff an der zal | vnd regiert sechs vnd <u>zwain</u> | tzig jar

---

Lkr. Lindau) bzw. Hohenthann. Vgl. ZürW Taf.7, 112 und S.53 Ausführungen dazu; RiA 461, 3,1; RiDrS 199^v, 2,1; Grünenb. Taf.133b, 2,1 („Von Hochneg"); Öhem 28^r, 441 (Taf.20) („hoheneg"); Siebm. I, Taf.37, 2,4 (Hoheneck); Siebm. IV,1,2, Taf.48, 4,3 (Hohenthann); Siebm. IV,1,1, Taf.75, 4,1; Siebm. IV,1,3, Taf.129, 4,2 und Taf.130, 2,1-3 (Hohenegg).

[35rb]

i…i) Anno M CC lxxiiij jar] *v. der Hd. des Rubr., mroT* ii) Dar] D *2-z. Lomb., v. der Hd. des Rubr., mroT* iii) silbers] *dan. senkrechter Strich, mroT* iv) Zz: *v. der Hd. des Rubr., mroT*

²⁶³ Eberhard II. v. Waldburg (1248-1274): Neffe Heinrichs v. Tanne; um 1210 geb.; 1236-1248 Propst v. St. Stephan; eventuell auch Propst v. Bischofszell; 1241 Pleban in Meßkirch; zu unbekannter Zeit Rektor in Altdorf (heute Weingarten); 1248 Rektor in Überlingen; seit Ende Aug. 1248 Bischof; Auseinandersetzungen mit der Stadt Konstanz sowie dem St. Galler Abt; Unterstützung Konradins; Förderung v. Frauenkonventen; gest. am 20. Feb. 1274 (vgl. REC I, Nr.1721-2354; dazu M. Krebs, Nachlese, Nr.1730-2345a; HS I/2,1, S.278ff; D. Zimpel, Bischöfe, S.140-374 und H. Maurer, Konstanz I, S.118f).

²⁶⁴ Gottlieben, Kt. Thurgau: Wasserschloss Gottlieben: westlich v. Konstanz im Thurgau an der Mündung des Seerheins in den Untersee gelegen; v. Bischof Eberhard II. 1251 erbaut (vgl. REC I, Nr.1771). D. Zimpel, Bischöfe, S.305 führt hierfür verschiedene Gründe an. Neben Fehden gegen St. Gallen dürften v.a. die Auseinandersetzungen zwischen Bischof und Stadt Konstanz um die Existenz bzw. die Funktion des Rates und die Gefangennahme des Bischofs durch Walther v. Klingen zum Bau der Feste geführt haben. Das Dorf Gottlieben selbst gehört zuvor zu Castell und muss erst losgekauft werden (vgl. P. Ruppert, Chroniken, S.27, Anm.3). Im Jahr 1255 gelingt es Eberhard, den Besitz um Gottlieben herum auszudehnen, indem er bischöflichen Besitz in der Nähe des Klosters Petershausen gegen solchen bei Gottlieben tauscht (vgl. REC I, Nr.1898 und D. Zimpel, Bischöfe, S.310). Im Spätmittelalter ist Gottlieben die wichtigste bischöfliche Residenz (vgl. A. Bihrer, Gottlieben). Vgl. zum Verhältnis zwischen Bischof und Stadt in dieser Zeit z.B. G. Kreuzer, Verhältnis, v.a. S.50ff.

²⁶⁵ Im Zug der v. ihm vorangetriebenen Erweiterung des bischöflichen Territoriums kommt es unter seiner Herrschaft zu weiteren umfangreichen Gebietskäufen (z.B. die Städte Neunkirch, Zurzach und Klingnau, vgl. HS I/2,1, S.279f; D. Zimpel, Bischöfe, S.301ff). Während C. Schulthaiß, Bisthums-Chronik, S.34 den im Folgenden genannten Betrag lediglich auf die Besitzung Gottlieben bezieht („Jt. er hat koufft Gottlieben umb 7236 marck silbers seins aignen guts."), scheint unser Chronist damit auch weitere Ankäufe zu verbinden.

²⁶⁶ Wittlingen, Lkr. Reutlingen: erste urkundliche Erwähnung in der ersten Hälfte des 12. Jhs. (Chronik, Kop. 16. Jh.); Achalm-Urach'scher Besitz, der im 11. Jh. an Graf Kuno v. Lechsmund fällt, der sich dann nach Wittlingen nennt und vermutlich die Burg Hohenwittlingen baut; im 12. Jh. im Besitz Herzog Friedrichs II. v. Schwaben (vgl. LBW, Bd.7, S.84).

²⁶⁷ Ob der Verkauf direkt mit dem Bau der Burg in Zusammenhang steht, sei dahingestellt. Tatsache ist aber, dass Bischof Eberhard am 1. Juli 1251 mit Zustimmung des Domkapitels Dorf und Burg Wittlingen an Graf Ulrich v. Württemberg für 1100 Mark Silber verkauft bzw. es ihm als Lehen überlässt (vgl. REC I, Nr.1789; D. Zimpel, Bischöfe, S.305f; LBW, Bd.7, S.84). Während C. Schulthaiß, Bisthums-Chronik, S.33ff ausführlich über die zahllosen Käufe berichtet, erwähnt er interessanterweise diesen Verkauf v. Wittlingen nicht.

vn(d) starb **a**ls man von | der gepurt cristi zalt <u>tusend</u> | <u>zwayhundert</u>
10   <u>sübentzig vnd</u> | <u>vier jare.</u> #^{iv} | *1274 Tod;*

Bischofswappen
zwei Schilde (4x3,5) (3,5x3,5) (M: 2,5/S: 2,5)
(rechts: Aw; links: Fw Tanne-Waldburg[268]: In Gold/Beige
15   drei schwarze, rotgezungte Leoparden)

[35^v]

ⁱDer Hochgeborn Grauff Růdolff von |
Habchspurg, Bischoff zů Costentz #ⁱ |

5

Bischofswappen
zwei Schilde (6,5x5,5) (6,5x5,5) (M: 4/S: 3,5)
(rechts: Aw; links: Fw Habsburg[269]: In Gold/Beige ein roter
Löwe im Sprung)

[36ra]   ⁱAnno M CC lxxvij jar #ⁱ   *1277*
Nachⁱⁱ dem **Byschoff** <u>Eber</u>= | <u>hardo</u> ward **Byschoff** | **Růdolff** von *Bischof Rudolf*
<u>habspurg</u>[270], **a**in | grauff **v**nd ain vetter küng | **Růdolffs** des **Rōmschen** *I. v. Habsburg-*

---

[268] Vgl. ZürW Taf.8, 129; RiA 455, 1,2; 461, 2,3; RiDrS 199^v, 1,1; Grünenb. Taf.14, 1,1; Taf.78, 1,1 (quadriert: 1,4: In Blau ein schwarzer Dreiberg, darüber goldene Sonne mit Gesicht), Taf. 102, 2,1 und Taf.133b, 1,1; Öhem 11^r, 132 (Taf.6); Siebm. I,3,I, Taf.143, II. und Taf. 145, 2,1; Siebm. II,6, Taf. 3, 2,3 (beide Fw); Siebm. E, S.964ff; Siebm. I, Taf.19, 3,1; WtBvK 3,4 und 3,5 (quadriert, 1, 4: Aw, 2: In Blau drei (2,1) goldene Tannenzapfen, 3: In Gold drei schwarze herschauende, übereinander schreitende Löwen). Das ursprüngliche Fw v. Tanne-Waldburg sollen drei goldene Tannenzapfen auf blauem Schild gewesen sein. Im Zuge ihrer Tätigkeiten für Reich und Dynastie bedienten sich die Brüder Eberhard und Heinrich jedoch des staufischen Wappens (vgl. z.B. Siebm. II, Taf.2, 1,2), sodass aus diesem Aw allmählich ein Fw wird (vgl. ZürW, S.60).

[35^v]
i…i) Der Hochgeborn Grauff Růdolff von | Habchspurg, Bischoff zů Costentz #] *v. der Hd. des Rubr., mroT*

[269] Vgl. ZürW Taf.5, 63; RiA 442, 1,1; RiDrS 187^v, 1,1; Öhem 12^r, 146 (Taf.6); Siebm. II, Taf.20, 1,1; Siebm. I,1, Taf.4, 2,1; WtBvK 3,6 (quadriert: 1, 4: Aw, 2, 3: Fw).

[36ra]
i…i) Anno M CC lxxvij jar #] *v. der Hd. des Rubr., mroT* ii) Nach] N *2-z. Lomb., v. der Hd. des Rubr., mblT* iii)
Absz: v. der Hd. des Rubr., mroT, vdZ

a) Ertrag b…b) v. on werden: verlieren c) v. bekriegen: bekämpfen

[270] Rudolf I. v. Habsburg-Laufenburg (1274-1293): kurz nach 1235 geb.; vor 1260 Mitglied des Straßburger Domkapitels; 1266 Studium in Bologna; v. 1255-1262 im Besitz eines Basler Domkanonikats; 1262-1274 dortiger Propst; 1270-1272 Propst v. Rheinfelden; seit 1274 Bischof v. Konstanz; t.w. problematisches Verhältnis zum König infolge der v. diesem betriebenen Landerwerbungen in den Stammlanden des Hauses auf Kosten kleinerer Verwandter; Konflikt mit dem Hause Habsburg-Österreich nach dessen Tod 1291; gest. am 3. April 1293 (vgl. REC I, Nr.2355-2844; dazu M. Krebs, Nachlese, Nr.2360-2843; HS I/2,1, S.282ff; L. Beckmann, Bischöfe, S.7-131 und Nachträge zu REC, S.329-347; H. Maurer, Konstanz I, S.162ff).

küngs[271]. | der **B**yschoff erkofft <u>**a**rbon</u> | die stat[272] vnd och d(a)z schlossz | *Laufenburg;*

5 <u>**R**adrach</u>[273] vnd och ander gült | vnd Rent^a von <u>zurzach</u>[274], die | wol   *Erwerbs-*
<u>hundert</u> mark silber | wert sind, vnd jn sunder | <u>**A**rbon</u> vnd <u>**R**adrach</u> vmb | *politik[275];*
<u>viertusend</u> mark silbers. |

¶^iii **J**tem ee das er sturbe, haut | er **a**inen grossen strit gehept | mit ainem
hertzogen von | **O**^e<u>sterrich</u>[276], der ain sun was | des obgena(n)ten küng   *Rudolf vs. Her-*
10 **R**ûdol= | fs, vnd mit sinen mithelff(er)n[277]. | vnd jn dem strit hat er onzal | *zog Albrecht v.*
gûtz vnd gelt ^bon worden^b | vnd kriegtend vil schlôsser | vnd bürg mit   *Österreich;*
ainander. vn(d) | die **B**urger von <u>**c**ostentz</u> hend | bekrieget^c vnd dar nach
zer= | stôrt die stat <u>**B**ûchorn</u>; **a**ber | der[278] was da nit gegen wür= | tig. vnd   *Eroberung v.*
da fand man ain | überflusz von win, korn vn(d) | andern dingen vnd   *Buchhorn;*
15 schad= | gotend die selben zû <u>**B**ûch</u>= | horn an jren hüsern vnd | an
anderm jrem gût wol | vff <u>**a**chttusend</u> mark silber. | **V**nd ward das stâtlin

---

[271] Diese Information ist korrekt. Der Vater des späteren Königs Rudolf v. Habsburg, Graf Albrecht IV., und der Vater v. Bischof Rudolf, Graf Rudolf III. (I. als Begründer der Linie Laufenburg) sind Brüder (vgl. L. Beckmann, Bischöfe, S.7f).

[272] Im Mai 1282 wird die Burg und die Stadt Arbon zur Intensivierung der Konstanzer Herrschaft im Nahbereich des Bischofssitzes v. Ritter Marquart v. Kemnat an Bischof Rudolf für 2500 Mark Silber verkauft, wobei man eher v. einem Auslösungsvertrag als v. einem eigentlichen Kaufvertrag ausgehen muss (vgl. REC I, Nr.2555f, 2728; L. Beckmann, Bischöfe, S.108-113; H.R. Derschka, Ministerialen, S.393).

[273] Raderach: heute Gem. im Norden des Stadtgebiets v. Friedrichshafen; 1140 erster urkundlicher Beleg als „Raderei"; nach Raderach nennt sich ein edelfreies Geschlecht mit dem Beinamen Gnifting (v. 1140-ca. 1340 belegt); die hier genannte Burg ist Reichslehen; in der zweiten Hälfte des 13. Jhs. kommt es zu einem Ausverkauf des weit verstreuten Besitzes, v.a. an das Kloster Salem; 1278 Verkauf der Burg an Graf Mangold v. Nellenburg; dieser veräußert 1280 seine Rechte an den Bischof; der Kauf erfolgt dann nach komplizierten Verhandlungen und verschiedenen Verträgen im Vorfeld im Dez. 1287 um 500 Mark Silber; v. 1324-1616 ist die Burg an Konstanzer Ministerialen, später an Ravensburger Patrizier verpfändet (vgl. REC I, Nr.2664, 2677, 2786; L. Beckmann, Bischöfe, S.105-108 und die Urkunden ebd., S.296-305, 308f; LBW, Bd.7, S.556).

[274] Zurzach, Kt. Aargau: seit 368 ein Rheinübergang; erster urkundlicher Beleg 881; das um 800 gegründete Kloster wird 888 an die Abtei Reichenau abgetreten; der Hof wird mit allem Zubehör ebenso wie die Kirchenpatronate v. Klingnau und Zurzach einschließlich der Pfründen, Vogteien, Zins- und sonstigen Lehen bereits 1265 v. Bischof Eberhard II., dem Vorgänger Rudolfs für 300 Mark Silber erworben; der Ort kommt im 13. Jh. unter habsburgische Oberherrschaft und entwickelt sich zu einem Messe- und Wallfahrtsort (vgl. SchwLex, Bd.12, S.370; HHS, S.749f; Stadtluft, Hirsebrei, S.206-221; REC I, Nr.2116 und 2508; L. Beckmann, Bischöfe, S.105 und H.R. Derschka, Ministerialen, S.394). Da es unter Bischof Albrecht 1279 zu einer Reorganisation des Stiftes Zurzach kommt, lässt sich diese Verwechslung möglicherweise im Hinblick darauf erklären.

[275] Rudolf versucht mittels der Erwerbungen den Besitz des Bistums abzurunden. Er „zeigt (...) seinen Nachfolgern einen Weg auf, durch die Sicherung des Bodenseeufers (...) zur Landesherrschaft zu gelangen" (L. Beckmann, Bischöfe, S.113f).

[276] Albrecht I. v. Habsburg: wahrscheinlich 1255 geb.; 27. Juli 1298 Wahl zum König; Ermordung durch seinen Neffen Johann Parricida am 1. Mai 1308 (vgl. LexMA, Bd.1, Sp.311-313; vgl. auch SG, fol.14^raff und 41ra).

[277] Gemeint ist die Auseinandersetzung nach dem Tod v. König Rudolf zwischen dessen Sohn und Thronanwärter Herzog Albrecht v. Habsburg-Österreich und den Gegnern dieses Hauses, an deren Spitze sich v.a. infolge der aggressiven habsburgischen Expansionspolitik Bischof Rudolf etabliert. Dem antihabsburgischen Bündnis gehören neben den Grafen v. Montfort, v. Nellenburg und v. Homburg-Rapperswil u.a. die Städte Konstanz, Zürich, Bern und Luzern sowie der Graf v. Savoyen an. In den Jahren 1291/92 kommt es hierbei zu einer Vielzahl v. Fehden zwischen Anhängern und Feinden Habsburgs (LexMA, Bd.1, Sp.311ff).

[278] D.h. Bischof Rudolf I. v. Habsburg-Laufenburg.

B$\overset{\circ}{u}$ch= | __horn__[279] gewonnen an __Sant__ | __Marti[n]s tag__[280] von der gepurt | des

her(r)en __tusend zwayhun__= | dert vnd ains vnd nüntzig | *1291*

[36rb] jar[281]. Vnd der hertzog zerstort | __nellenburg__[282] vnd das st$\overset{\circ}{a}$tlin | __wyle__[283].   *Zerstörung v.*

Vnd der vorgena(n)t | Byschoff __R$\overset{\circ}{u}$dolff__ regiert __nün__= | __zehen__ jar vnd was   *Nellenburg und*

der __fünff__= | __tzigost__ an der zal vnd starb | als man von der gepurt cri= | sti   *Wil;*

zalt __tusend zwayhundert__ | __nüntzig__ vnd __drü__ jar an der | __dritten__ nonas des   *1293 Tod;*

5   __aberellen__[284]. | vnd hat gelaussen nach jm | dem gestifft vnd hohen kilch= |

en z$\overset{\circ}{u}$ __costentz zehen tusend__ | mark silber jn schulden z$\overset{\circ}{u}$ | bezalend[285]. #ⁱ

¶ⁱⁱ By Regieru(n)g des Byschoffs als | man von der gepurt cristi zalt |

__tusend zway hundert sübentzig__ | vnd __süben__ jare der __fünfften__ | __ydus__ des   *1277*

__monatz brachat__^{a/286} des | selben tags kam zwürend^{b c}erd | bidmi^c, des   *Erdbeben;*

10   nachg$\overset{\circ}{a}$nden^d frÿ= ⁱⁱⁱ | __tags__ kam z$\overset{\circ}{u}$ __sechs__ malen erd= | bidmi vnd mornend^e

vff den | __sambstag__ z$\overset{\circ}{u}$ nacht ainest. | vnd also jn __dry tagen__ kam | z$\overset{\circ}{u}$ __nün__

---

[279] Buchhorn: seit 1811 durch Vereinigung mit Dorf und Kloster Hofen Friedrichshafen, Bodenseekreis; 838 erstmals als „Buachihorn" urkundlich erwähnt; vermutlich Herrschaftssitz der Udalrichinger; nach deren Aussterben 1089 im Besitz der Welfen; fällt 1189/91 an die Staufer; Stadtentstehung im 13. Jh. abgeschlossen; seit 1274 als „civitas" bezeugt (vgl. LBW, Bd.7, S.550f; HbBW, Bd.2, S.670-672).

[280] 11. Nov.

[36rb]

i) *Zz: v. der Hd. des Rubr., mroT* ii) *Absz: v. der Hd. des Rubr., mroT, vdZ* iii) *Marg.: v. der Hd. des Rubr., mroT, amreRa, abgeschnitten, v. der Editorin erg.:* || Erdbid[men] iv) *Mz: senkrechter Doppelstrich, v. der HHd., mbrT* v) •A•] *Punkt vor und nach A, v. der Hd. des Rubr., mroT* vi) *Absz: v. der Hd. des Rubr., mroT, vdZ* vii) *Marg.: v. der Hd. des Rubr., mroT, amreRa, abgeschnitten, v. der Editorin erg.:* || Schn[e] viii) *Zz: v. der Hd. des Rubr., mroT*

a) Juni b) zweimal c...c) Erdbeben d) folgenden e) am nächsten bzw. folgenden Tag f) Februar

[281] Buchhorn wird am 11. Nov. 1291 v. bischöflich-konstanzischen Truppen aus bisher ungeklärten Gründen auf dem Land- und Seeweg erstürmt. Während der Eroberung richten sie erhebliche Schaden an. Der genannte Betrag v. 8.000 Mark Silber wird auch in einer Fortsetzung v. Königshofen (vgl. F.J. Mone, Quellensammlung I, S.251-309, hier S.304) und in den Züricher Jahrbüchern (vgl. L. Ettmüller (Hg.), Züricher Jahrbücher, S.60) erwähnt. Zum Dank für den Sieg werden v. Ammann und Rat in Konstanz mittels der Beute im Münster ein Altar zu Ehren v. Maria, St. Martin, St. Georg und St. Pelagius gestiftet, das erste uns erhaltene Zeugnis städtischer, vonseiten des Rates getragener Religiosität (vgl. H. Maurer, Konstanz I, S.160; L. Beckmann, Bischöfe, S.33; H.R. Derschka, Ministerialen, S.394).

[282] Burg Nellenburg: Sitz des gleichnamigen um 1000 mächtigen und angesehenen Landgrafengeschlechts; Erbauer vermutlich Graf Eberhard III. v. Nellenburg (u.a. Stifter der Benediktinerabtei Allerheiligen bei Schaffhausen) Anfang des 11. Jhs.; erste urkundliche Erwähnung 1056; Ende des 11. Jhs. verliert dessen Sohn die Herrschaft an Graf Dietrich v. Bürglen, der sich ebenfalls v. Nellenburg nennt; nach dem Aussterben der alten Nellenburger Linie kommt der Besitz an die Grafen v. Veringen-Nellenburg und später dann an die v. Tengen, 1465 an Herzog Sigmund v. Österreich (vgl. Lkr. Konstanz, Bd.1, S.293f; R. Kiewat, Ritter, S.53f).

[283] Es gelingt Herzog Albrecht letztlich während des Rückzugs v. der Königswahl Adolfs v. Nassau (5. Mai 1292) seine Gegner zu bezwingen. Nellenburg (heute Stockach, Lkr. Konstanz) wird belagert und zum Frieden genötigt. Auch der v. König Rudolf vertriebene St. Galler Abt Wilhelm v. Montfort kann nicht umhin, sich nach der Niederlage seiner Stadt Wil mit Albrecht zu versöhnen. Am 15. Aug. kommt es zu einem Waffenstillstand für die Stadt Konstanz und am 24. Aug. zu einem Friedensvertrag zwischen Bischof Rudolf und dessen Mündel Hartmann v. Kyburg mit Albrecht und dessen Mündel Sigmund (vgl. L. Beckmann, Bischöfe, S.34f).

[284] 3. April. Diese Angabe zum Todestag Bischof Rudolfs I. ist also korrekt.

[285] Der Nachfolger v. Bischof Rudolf erwirbt, wie dem Domstift v. diesem aufgetragen, im März 1294 den Zehnt zu Birchwil in der Pfarrei Kloten (Kt. Zürich). Dem Domkapitel sollte dies mit der Verpflichtung, für Bischof Rudolfs Jahrzeit zu sorgen, zu freien Eigen übertragen werden (vgl. L. Beckmann, Bischöfe, S.121 und 131).

[286] 9. Juni.

malen erdbewegu(n)g. | **d**as ist vor nie me geh**ô**rt | worden. **v**nd dar nach
vff | <u>sambstag</u> n**å**chst kam sy z**û** | <u>dry malen</u>²⁸⁷. ||^{iv} ker vm(b) •A•^v |
¶^{vi} **D**es jars als man von der ge= | purt cristi zalt <u>tusend zway</u> | **h**undert

15   zway **v**nd <u>achtzig</u> | jar **d**er **n**ünden kalend hor=^{vii}| nu(n)gs^{f/288} z**û** nacht do   *1282*
viel ain | so grosser schne, der jn der | stat <u>costentz</u> **v**n(d) da vm(b) nie | *Schneefall;*
kam, der was wol <u>dryer</u> | sch**û**ch dick²⁸⁹. #^{viii} |

[36va|78]   ¶ⁱ **A**ls man von der gepurt <u>cristi</u> | zalt <u>tusend zwayhundert ach</u>= | <u>tzig</u> **v**nd   *1284 Stadt-*
<u>vier jar</u> vff sant | <u>valentins tag</u>²⁹⁰ verbru(n)nend |ⁱⁱ <u>sechtzig</u> hüser z**û** | *brand;*
<u>costentz</u> | vmb das **M**ünster **v**n(d) sant | <u>Stephan</u>²⁹¹. ⁱⁱⁱ• || **A** || •ⁱⁱⁱ |
¶^{iv} **N**ach mengerlay erdbidmu(n)g, | die da kamend **a**ls man von | der

5   gepurt <u>cristi zalt tusend</u> | <u>zwayhundert</u> <u>sübentzig</u> vn(d) | <u>süben</u> jar, als vor   *1277 Erdbeben;*
geschriben | ist, **j**n dem <u>brachat</u> ^a**j**n wen= | dig^a vierzehen tagen, kamen |
z**û** <u>zw**ô**lff</u> malen erdbidmu(n)g | en **v**nd der nachuolgend win= | ter was   *Kalter Winter;*
gar scharppff^b **v**n(d) **a**ls | **k**alt, das der bodensee an sant | <u>valentins</u> tag
gantz **v**berfro= | ren was, das ain hund oder | ain katz dar vff geloffen

10   w**å**r²⁹². | **N**ach dem winter warend d(a)z | glentz^c, sumer **v**nd herpst aller | *Wetter- und*
edlest^d **v**nd truken **v**nd aller | gnuchsamest^e **j**n allen früch | ten, **d**as der   *Erntenach-*
best mut^f kern^g verkofft ward **v**mb <u>dry</u> schil= | ling pfenni(n)g, der   *richten;*
schwecher | **v**mb <u>drythalben</u> schilling pf(enning) | **v**nd der schwechest   *Lebensmittel-*
vm(b) <u>zwen</u> | schilling pfenni(n)g <u>costentzer</u> | weru(n)g. **V**nd der rock^h   *preise²⁹³;*

---

²⁸⁷ Vgl. unserer Chronik folgend H. Maurer, Konstanz I, S.159.

²⁸⁸ 24. Jan.

²⁸⁹ Mit diesem Hinweis auf den starken Schneefall im Winter 1282 beginnen die in der Chronik zahlreich auftre-
tenden Nachrichten zu allg. Wetterverhältnissen bzw. zu besonderen -phänomenen wie Hagel, Hochwasser etc. Die
existenzielle Bedeutung dieses Bereiches für den mittelalterlichen Menschen wird ersichtlich, wenn die damit oft im
Zusammenhang erwähnten Folgen für die Ernte, die sich daran anschließenden Lebensmittelpreise und andere Be-
gleiterscheinungen (vgl. Überfluss oder Hungersnot, Krankheiten, Heuschreckenplagen) in die Betrachtung mit-
einbezogen werden. Die Feststellung von H. Buszello, dass sich derartige Berichte über Missernten, Teuerungen etc.
„wie ein roter Faden durch die Chroniken" ziehen (vgl. H. Buszello, „Wohlfeile", S.25), kann mit Blick auf unsere
„Konstanzer Chronik" nur bestätigt werden (vgl. z.B. die Nachrichten auf fol.36^{va}ff oder 52^{ra}f sowie Kapitel A.5.1.2).
Mit Hilfe der graphischen Übersicht von Buszello werden diese Hinweise im Folgenden mit denen aus anderen
Chroniken verglichen.

[36va|78]
i) *Absz: v. der Hd. des Rubr., mroT, vdZ* ii) *Marg.: v. der Hd. des Rubr., mroT, amliRa,* <u>B</u> *halb abgeschnitten:* <u>Brunst</u>
iii...iii) • || **A** || •] *vor und nach* **A** *jeweils als Mz senkrechter Doppelstrich, v. der HHd., mbrT, davor und dan. jeweils
ein Punkt, v. der Hd. des Rubr., mroT* iv) *Absz: v. der Hd. des Rubr., mroT, vdZ*

a...a) innerhalb b) bitter c) Frühling d) herrlich, vollkommen e) ertragreich f) Scheffel [Kornmaß] g) enthülster
Dinkel oder Weizen h) Roggen i) Hafer j) gewöhnlich, durchschnittlich k) Bohnen l) Erbsen

²⁹⁰ 14. Feb.

²⁹¹ Vgl. ebenso H. Maurer, Konstanz I, S.158.

²⁹² Vgl. ebd., S.159 sowie die Bestätigung dieser Kälteperiode durch W. Düwel-Hösselbarth, Ernteglück, S.29.

²⁹³ Die Lebensmittelpreislisten in dieser Chronik (vgl. z.B. fol.210ra) enthalten meist die durch die natürlichen
Begebenheiten für die Region um den Bodensee und Konstanz typischen Getreide-, Obst- und Gemüsesorten. Mit
den ebenfalls erwähnten Fleisch- und Wurstpreisen bieten sie einen kleinen Einblick in die Lebens- und Essgewohn-
heiten des Mittelalters. Mit Hilfe neuerer archäologischer Forschungen können jedoch gerade auf diesem Gebiet t.w.
sehr viel detailliertere Erkenntnisse gewonnen werden (vgl. R. Röber, Zu Füßen des Bischofs, v.a. S.25ff; R.-J.
Priloff, Tierknochen, v.a. S.213ff; H. Maurer, Konstanz I, S.157 – Nachweis v. exotischen Früchten wie Feigen,

15 vm(b) | **achtzehen** pfenni(n)g vnd der | habern[i)] gewonlich[j] vm(b) **süben** |
oder **acht, nün** oder **zehen** | pfenni(n)g verkofft ward vn(d) | die bona[k]
vm(b) zwen schilli(n)g | pfenni(n)g vnd die Ersen[l] vm(b) | **drytthalben**
schilling vn(d) **zwen** |

[36vb] pfenni(n)g, die linsen vmb | **dry** schilling, die ôppffel | vmb **acht**
pfenni(n)g vnd | die bieran[a] vm(b) ain schilli(n)g | pfenni(n)g vnd die
Rûben | vmb **zwen** pfenni(n)g alles | costentzer mutt. Vnd die |
genuchsami weret **zway** | jar. Vnd es was niema(n)t | so alt, der gedâchte

5 oder | nie gehôrt hette, sôliche | wolfaile[b] vn(d) gûte jare. | **D**as flaisch was
och jn de(m) | basfailosten koff: ain pfu(n)d | schwinis flaisch vm(b) ain |
pfenni(n)g. Vnd kurtz alles, | so die menschen essen vn(d) | des sy leben
sollten, was jn | dem besten koff. Vnd och | der win disz ertrichs als |
vm(b) **costentz** vn(d) des see[294] w(a)z | als gût, der vor so gût nie | worden

10 was, vnd d(a)z zû | andren jaren der win el= | sâsser nit so gût was, als | *Sieg König*
der win disz ertrichs. Vn(d) | das was jn dem **sechsden** | jar R**û**dolffs   *Rudolfs I. über*
R**ô**mschen | küngs[295], jn dem er den küng | von **behem**[296] jn ainem stritt | *Otokar II.*
erschlûg[297]. | *Premysl;*
¶[i] Des jars des he(rn) **tusend** | **zwayhundert achtzig** vn(d) | **nün** jar do   *1289 Wetter-*

15 warend der | **october, noue(m)ber** vn(d) **decem** | **ber** [c]vsser massen[c] warm | *nachrichten;*
vnd als warm, das vm(b) | **sant thomas** des **zwôlff**= |

[37ra|79] [i]Anno M CC lxxxviiij jare[i]   *1289*

Esskastanien und Granatäpfeln bereits im 13. Jh. – ebd. II, S.194f das Kapitel „Eßgewohnheiten und Lebensmittel-
verbrauch"; vgl. auch die Darstellungen „Essen und Trinken" bzw. „Speisezettel und Eßgewohnheiten" mit Ausführungen zur pflanzlichen Ernährung bzw. zur Fleischküche in: Stadtluft, Hirsebrei, S.288-345, hier v.a. S.288-299
sowie Spätmittelalter am Oberrhein, S.377-383).

[36vb]
i) *Absz*: *v. der Hd. des Rubr., mroT, vdZ*

a) Birnen b) günstige c...c) außergewöhnlich

[294] Der Weinbau nimmt im Spätmittelalter am Bodensee, v.a. v. den Städten Überlingen, Bregenz, Schaffhausen oder
Friedrichshafen, aber auch v. Konstanz gefördert, eine bedeutende Rolle im Wirtschaftsleben ein. Wein wird sowohl
exportiert als auch – in Konstanz v.a. aus dem Breisgau, dem Elsass sowie dem Neckarraum – importiert (vgl. ausführlich G. Spahr, Geschichte; mit Blick auf die spezifische Begrifflichkeit F. Meichle, Sprache sowie auch die zahlreichen Aufsätze zur Weinwirtschaft in Spätmittelalter am Oberrhein). Die Bedeutung dieses Genussmittels für Konstanz wird durch die häufige Thematisierung v. Weinpreisen und -qualität, v. Weinlese, -importen bzw. -exporten
etc. in unserer Chronik z.B. auf fol.39rb, 53^{vb}f, 163ra, 168ra oder 217vb bestätigt.
[295] Rudolf I. v. Habsburg: geb. am 1. Mai 1218; Wahl zum König am 1.Okt. 1273; gest. am 15. Juli 1291 (vgl.
LexMA, Bd.7, Sp.1072-1075).
[296] Otokar II. Premysl: geb. ca. 1233; muss sich, während des Aufstands gegen seinen Vater 1248/49 König Wenzel
I. zum jüngeren König erklärt, nach der Niederlage mit dem Titel des Markgrafen v. Mähren begnügen; 1251 erlangt
er in Österreich die Herzogswürde; als König v. Böhmen (seit 1253) u.a. zwei Kreuzzüge gegen die Prussen;
Expansionspolitik (vgl. Kärnten); gest. am 26. Aug. 1278 (vgl. LexMA, Bd.6, Sp.1553f).
[297] Die Chronik erinnert hier an die Schlacht bei Dürnkrut vom 26. Aug. 1278, dem Höhepunkt des Kampfes zwischen Otokar II. Premysl und König Rudolf v. Habsburg um dessen Anerkennung als dt. König und den Besitz der
ehemaligen Länder der Babenberger, die mit der Niederlage und dem Tod des böhmischen Königs den zweiten Krieg
dieser beiden entscheidet. Der Habsburger stützt sich während dieses Feldzuges v.a. auf süddt. Truppen aus Schwaben und dem Elsass sowie auf österreichische Kontingente. Der Konstanzer Bischof Rudolf beteiligte sich an den
Kämpfen jedoch nicht (vgl. allg. z.B. H. Thomas, Spätmittelalter, S.58ff und LexMA, Bd.3, Sp.1482f).

botten[298] grůnotend[a] die bŏm in | dem bomgarten[b] zů den pre= | digern[299]
ze[ii] fryburg jn | dem prisgŏw[300]. vnd alda wur= | dend gesenhen erdber
vn(d) wysz | rosen. Dar nach an vnsers | heren gepurt tag[301] Badotend | die
5 kind jn dem Rin zů den | schotten[302] ze costentz vswendig[c] | den muren
vnd jn dem see | der morder wysz[303] die nach | uolgenden dry tag[304]. ¶[iii]
Vnd | jn den selben tagen wurden | getragen schappel[d] von men= | gerlay
blůmen: viol[e], mertzblů | men[f] vnd patenien[g]. #[iv] |
¶[v] Jtem das glentz des nachgån= | den jars tusend zwayhun= | dert vnd   *1290*
10 nüntzig jare was | gar gůt vnd truken; der nach | uolgend sumer was aller
vn= | såligest[h] vnd gar regenlich[305], | dan(n) von sant johans des tŏf= | fers
aubend[306] bisz zů felix vn(d) | regula tag[307] warend nie zwen | tag nach ain
ander schŏn vn(d) | luter[i] vnd die wasser ware(n)d | das gantz jar gar vnd
vast | grosz. Der nachgånd wint(er) | was vast gůt, das glentz gar |
15 adenlich[j] vnd truken, aber der | ¶[vi] sumer was regenlich. Des selben jars an
dem genanten | sant johans aubend[308] kam ain |[vii] hagel zů koffbüren[309]
vnd kem= | naten[310], der vil lüt vnd vech ze | tod schlůg vnd viertzig hüser
| zerbrach vnd ettlicher stain |

[37ra|79]
i…i) Anno M CC lxxxviiij jare] *v. der Hd. des Rubr., mroT* ii) ze] *dan.* Costentz *SG, durch Streichung v. d. Hd. des
Rubr., mroT, getilgt* iii) *Absz: v. der Hd. des Rubr., mroT* iv) *Zz: v. der Hd. des Rubr., mroT* v) *Absz: v. der Hd. des
Rubr., mroT, vdZ* vi) *Absz: v. der Hd. des Rubr., mroT, vdZ* vii) *Marg.: v. der Hd. des Rubr., mroT, amliRa:* Hagel

a) v. grünen: ausschlagen b) Obstgarten c) draußen, außerhalb d) Kränze e) Veilchen f) Märzblumen, d.h. im März
blühende Blumen; steht meist für Schneeglöckchen, aber auch für Huflattich oder Hyazinthen g) Betonie, Schlüssel-
blume h) Verderbnis bringend, unselig i) glänzend j) ausgezeichnet, herrlich

[298] 21. Dez.
[299] Die Dominikaner siedeln sich auf Einladung des Stadtherren Graf Egino I. und seiner Frau sowie der Stadtgem. in
Unterlinden an; 1235 erlaubt der Konstanzer Bischof den Bau v. Kloster und Kirche (Grundsteinlegung 1237; Vollendung um 1253); zunächst auf der Insel vor dem Martinstor gelegen; zw. 1250 und 1260 Bau eines neuen großen
Klosters am Fahnenbergplatz (vgl. Näheres bei H. Schadek/J. Treffeisen, Klöster, S.423; D. Göpfert, Orden S.59).
[300] Freiburg im Breisgau (vgl. z.B. LexMA, Bd.4, Sp.888ff; LBW, Bd.6, S.20ff).
[301] 25. Dez.
[302] D.h. beim sog. Schottenkloster St. Jakob: als zweites Benediktinerkloster 1142 v. Bischof Hermann I. v. Arbon im
Westen der Stadt unmittelbar vor der Mauer nahe am Seerhein gegründet und mit iroschottischen Mönchen besetzt;
geringe Bedeutung in Konstanz: 1233 nurmehr ein Abt und ein Mönch; die Abtei wird 1529 auf Veranlassung v.
Bürgermeister und Rat abgebrochen (vgl. A. Borst, Mönche, S.167f; H. Maurer, Konstanz I, S.99, H. Flachenecker,
Schottenklöster, S.198-205).
[303] Bei der Morderwiese, einer Gemeindeweide, handelt es sich um ein Gelände unmittelbar vor Stadelhofen und der
Stadtmauer. Gemeint ist somit der See hinter dem Augustinerkloster (vgl. H. Maurer, Konstanz I, S.112, 115, den
Text der Chronik wiedergebend S.159).
[304] Ähnlich – eventuell nach unserer Chronik, die jedoch nicht als Quelle genannt wird – W. Düwel-Hösselbarth,
Ernteglück, S.30.
[305] Dieser regnerische und kühle Sommer wird v. Passauer und Colmarer Quellen bestätigt (vgl. R. Glaser, Klimageschichte, S.64).
[306] 23. Juni.
[307] 11. Sept.
[308] 23. Juni.
[309] Kaufbeuren (vgl. z.B. LexMA, Bd.5, Sp.1082).
[310] Kempten (vgl. z.B. LexMA, Bd.5, Sp.1103).

[37rb] wag sechs mark^a. **V**nd in aine(m) | andern ertrich der grauinen | zů
<u>talfin</u>^{311}, jn ainem tal, do kam(m) | vff die selben zit der grôssest | <u>hagel</u>,
der vor nie gehôrt noch | gesenhen ward **jn** der gantz= ^i| en welt. der
erschlůg mer dan(n) | <u>tusend</u> menschen vnd alle | tier vnd vech jn dem tal
5 ze | tod. **V**nder den stainen wa= | rend ettlich so grosz, d(a)z <u>zwen</u> | man
ain kom tragen mocht(en). #^{ii} |

¶^{iii} **J**(!)n dem gena(n)ten jar <u>an vnser froen</u> | <u>gepurt</u> tag^{312} zů der vesper　　　*Episode über*
wa= ^{iv}| rend vier man von <u>stadelho</u>= | <u>u</u>en, do vsserhalb der mur zů |　　　*Gerber im*
<u>costentz</u>, ledergerben, als trunken, | das sy alle <u>vier</u> nach ainander | vielend　*Brunnen;*
10 jn den **Br**un(n)en^{313} by <u>sant</u> | <u>p</u>auls, der an der hôhin der | tieffin hat by
<u>fünff</u> vnd <u>zwain</u>= | <u>tzig</u> schůch vnd mer. der **E**rst, | der dar jn viel, hiesz
<u>jacob leng</u>= | <u>wyler</u>, vnd der kam zů dem | brun(n)en vnd maint, der
aym(er), | so an der stang hieng, wåre | ain man, vnd wol jn begriffen | vnd
viel jn den brun(n)en. **S**in | sun was jm der nåchst vn(d) sp(ra)ch: | „vatter,
15 wa bist du?" vnd maynt, | der aymer wåre sin vatter, vn(d) | graiff nach jm
vnd viel och | jn den brun(n)en. **S**iner tochter | man tett och also. der <u>vierd</u>
| tet och der glich. vn(d) vielend | alle <u>vier</u> an den grund, ainer | vff den
andren. vnd kamen die | menschen an der gassen vn(d) zu= | gend sy her
vsz vnuersert, dan(n) | allain <u>jacob</u> an dem hopt ain | wenig. **N**ün war
20 grosz wunder^b. |

[37va|80]　　　　　　　　^i**Anno M CC lxxxxij jar #**^i　　　　　　　　*1292*

Des jars **a**ls man von der ge= | purt cristi zalt <u>tusend zway</u> | <u>hundert</u>　*1292 Nieder-*
<u>nünzig vn(d) zway</u> | <u>jar</u> wurdent die von <u>zürch</u> | vor winthertur^{314}　*lage v. Zürich;*

[37rb]
i) *Marg.: v. der Hd. des Rubr., mroT, amreRa:* <u>Hagel</u> ii) *Zz: v. der Hd. des Rubr., mroT* iii) *Absz: v. der Hd. des Rubr., mroT, vdZ* iv) *Marg.: v. der Hd. des Rubr., mroT, amreRa:* no(ta)

a) Mark [halbes Pfund Silber bzw. Gold] b) Verwunderung

^{311} Thailfingen (Zollernalbkreis) oder Thalfingen bei Ulm (Lkr. Neu-Ulm, Bayern)?
^{312} 8. Sept.
^{313} Die in den Städten oft zahlreichen Brunnen werden nicht nur als Trinkwasserreservoir, Viehtränken oder Wasch-plätze genutzt, sondern dienen – wie hier angedeutet – auch verschiedenen Gewerbetreibenden wie Metzgern, Fi-schern, Küfern oder eben Gerbern (vgl. hierzu und auch allg. zur Bedeutung der Brunnen in den spätmittelalterlichen Städten K. Simon-Muscheid, Städtische Zierde, S.714).

[37va|80]
i...i) Anno M CC lxxxxij jar #] *v. der Hd. des Rubr., mroT* ii) *Zz: v. der Hd. des Rubr., mroT* iii...iii) Bischoff Hainrich | geborn von Clingenberg] *die Worte der Zeilen jeweils rechts und links v. M und S, v. der Hd. des Rubr., mroT*

^{314} Winterthur, Kt. Zürich: Herren v. Winterthur nachweisbar; im 12. Jh. v. den Grafen v. Kyburg Marktrecht; ab 1249 „civitas" oder „oppidum" genannt; seit dem Aussterben der Kyburger im Besitz der Habsburger; 1396-1417 Sitz des thurgauischen Landgerichts; Konflikte mit den eidgenössischen Städten; 1415-1452 freie Reichsstadt; Be-teiligung am Alten Zürichkrieg und Eroberung nach zwölfwöchiger Belagerung; 1467 v. diesen an Zürich verpfändet (vgl. Näheres zur Geschichte in SchwLex, Bd.12, S.250f; HHS, S.713ff).

erschlagen[315]. | **D**ar nach im sech̲s̲ vn(d) nün= | t̲zigosten starb **R**ûdolff(us)   *[12]96 Tod v.*
5   R̲ô̲m̲= | s̲cher küng[316]. #[ii] | *König Rudolf I.;*

[iii]Bischoff Hainrich |
geborn von Clingenberg[iii]

10

Bischofswappen
zwei Schilde (5,5x5) (5,5x5) (M: 3,5/S: 3,5)
(rechts: Aw; links: Fw Clingenberg[317]: schwarz-silber geteilter Schild)

[38[r]] Leere Seite

[38[v]] Leere Seite

[39ra|83] [i]Anno M CC lxxxxiij jar #[i]   *1293*
Dar[ii] nach ward **B**yschoff | h̲ainrich, von c̲lingen= | berg[318] vom vatter *Doppelwahl:*
geborn v̲nd | von der mûter ain burger | von c̲ostentz, v̲nd doch von | der *Bischof*
mûter edler dan(n) vo(n) dem | vatter, dan(n) er vo(n) der mûter | was von *Heinrich II. v.*
5   c̲asteln. **D**er hett | ain [a]wyder sachen[a] f̲rydrichen, | ainen grauen von *Klingenberg vs.*

---

[315] Diese Niederlage Zürichs steht wieder im Zusammenhang mit dem Kampf der antihabsburgischen Koalition gegen Albrecht I. v. Habsburg. Dem mit Bischof Rudolf verbündeten Zürich gelingt es nicht, das habsburgische Winterthur zu erobern. Das Züricher Heer erleidet stattdessen u.a. durch ein Täuschungsmanöver des Verbündeten Albrechts, Graf Hugo v. Werdenberg, mittels eines Konstanzer Banners am 13. April 1292 eine Niederlage. Bischof Rudolf kann mit seinen bischöflichen Truppen infolge des Hochwassers der Thur keine Hilfe leisten (vgl. L. Beckmann, Bischöfe, S.34 und H.R. Derschka, Ministerialen, S.394).

[316] Rudolf I. stirbt bereits am 15. Juli 1291 in Speyer.

[317] Vgl. ZürW Taf.7, 116; RiA 461, 1,1; RiDrS 199[v], 3,1; Grünenb. Taf.133b, 1,3; Öhem 6[v], 47 (Taf.2) (quadriert: 1, 4: Aw; 2, 3: Fw); Siebm. E, S.407; Siebm. II, Taf.91, 1,2; Siebm. VI,2, Taf. 4, 3,3 und Taf. 94, 3,3; Siebm. Suppl. VII, Taf.30, 1,1; WtBvK 3,8 (quadriert: 1, 4: Aw, 2, 3: Fw).

[39ra|83]
i...i) Anno M CC lxxxxiij jar #] *v. der Hd. des Rubr., mroT* ii) Dar] D *2-z. Lomb., v. der Hd. des Rubr., mroT* iii) *Mz: waagrechter Strich, v. späterer Hd., zwischen den Zeilen, mBl* iv) *Marg.: v. der Hd. des Rubr., mroT, amliRa:* No(ta) v) *Absz: v. der Hd. des Rubr., mroT, vdZ* vi) *Absz: v. der Hd. des Rubr., mroT* vii) *Marg.: 4-z., v. der Hd. des Rubr., mroT, amliRa, oben und unten durch waagrechte Striche abgehoben:* Sant | Laure(n)tzen

a...a) Gegner, Feind b) Ersuchen, Bitte c) v. abstân: verzichten, aufgeben d...d) Sonntag Lätare, Mitte der Fastenzeit e) genau, direkt f) Eckhaus g...g) Ring-, Stadtmauer

[318] Heinrich II. v. Klingenberg (1293-1306): Angehöriger eines thurgauischen Ministerialengeschlechts; zwischen 1235 und 1240 geb.; 1273/74 Studium in Bologna, seit 1282 Magister, 1283 „doctor decretorum"; seit 1282 Kanoniker in Konstanz, seit 1286 in Köln, dort 1287-1291 Archidiakon, Besitzer zahlreicher Pfründen; u.a. Propst in Lüttich, Xanten, Embrach, Aachen; 1283-1291 Protonotar in der Kanzlei Rudolfs v. Habsburg; v. 1285 an nennen ihn die Quellen öfters Vizekanzler und einmal Kanzler des königlichen Hofes; 1293 Wahl zum Bischof von Konstanz; Anhänger und daraufhin enger Vertrauter Albrechts v. Österreich; er betreibt die Vermehrung des bischöflichen Besitzes und die Förderung der Bettelorden; gest. am 12. Sept. 1306 (vgl. REC II, Nr.2847-3439; dazu M. Krebs, Nachlese, Nr.2845a-3421; HS I/2,1, S.285ff; L. Beckmann, Bischöfe, S.132-285 und Nachträge zu REC, S.347-357; H. Weidhase, Heinrich II.; zur Familie H.R. Derschka, Ministerialen, S.148ff).

[319] Friedrich I. v. Zollern (1293): Angehöriger der schwäbischen Linie des Hauses Zollern-Hohenzollern; 1281, 1285 Domherr, 1283, 1288-1291 Viztum, seit 1292 Dompropst in Augsburg; gest. am 24. Feb., wahrscheinlich 1300 (vgl. HS I/2,1, S.284f; REC II, Nr.2847-2851).

[320] Im Juni/Juli wählt die Mehrheit des Konstanzer Domkapitels Friedrich v. Zollern zum Bischof, während sich nur eine Minderheit für Heinrich v. Klingenberg findet. Letztgenanntem gelingt es jedoch, sich infolge seiner mächtigen Stellung durchzusetzen. Friedrich verzichtet nach einem Monat gegen ein Leibgeding auf das Bistum (vgl. HS I/2,1, S.284; L. Beckmann, Bischöfe, S.140f). Vgl. das fehlerhafte Zitat nach P. Ruppert, Chroniken, S.34 bei H.R. Derschka, Ministerialen, S.395 mit folglich anderer Tendenz.

[321] Gerhard II. v. Eppstein (1289-1305): Vetter Erzbischofs Werner v. Eppstein; seit 1251 Bepfründungen mit Domkanonikaten in Mainz und Trier sowie den Propsteien St. Bartholomäus in Frankfurt, Münstermaifeld, Dietkirchen und St. Peter in Mainz; wird 1285 in Doppelwahl mit Peter Reich zum Mainzer Erzbischof gewählt, kann sich jedoch nicht durchsetzen; scheitert 1289 in Trier; Papst Nikolaus IV. spricht sich jedoch am 30. März 1289 in Mainz, wo er erneut in zwiespältiger Wahl erhoben wurde, für ihn aus und verleiht am 3. April das Pallium; ist 1292 Anhänger König Adolfs v. Nassau („Königsmacher", LexMA, Bd.6, Sp.138); Anführer der rasch nach der Schlacht bei Göllheim wieder erwachenden Kurfürstenopposition; betreibt aber 1298 dessen Absetzung und schließt sich Albrecht I. an; gest. am 25. Feb. 1305 (vgl. LexMA, Bd.4, Sp.1313; HS I/2,2, S.988).

[322] Mainz (vgl. z.B. LexMA, Bd.6, Sp.131ff).

[323] Sonntag Lätare ist im Jahr 1293 am 8. März. Heinrich II. v. Klingenberg wird aber mit großer Wahrscheinlichkeit erst am 28. März 1294 vom Mainzer Erzbischof, dessen Verhältnis zu Heinrich stark belastet ist, zum Konstanzer Bischof geweiht. Wie hier wird ein fehlerhaftes Datum – zu dieser Zeit lebt Bischof Rudolf I. v. Habsburg-Laufenburg (gest. am 3. April 1293) noch – auch in einer Vielzahl anderer Quellen tradiert (vgl. L. Beckmann, Bischöfe, S.178f REC folgend mit entsprechenden Zitaten).

[324] Kaiserstuhl, Kt. Aargau: erste urkundliche Erwähnung 1236; vor 1255 durch Lütold VII. v. Regensburg und Rudolf v. Kaiserstuhl gegründet; 1294 Übergang an das Hochstift; die Oberherrschaft geht aber v. den Grafen v. Lenzburg an die Habsburger und 1415 an die Eidgenossen; oft gespanntes Verhältnis zwischen Bürgerschaft und Bischof v. Konstanz (vgl. SchwLex, Bd.6 S.273; HHS, S.300f). Bischof Heinrich vermehrt während seines Pontifikats den Besitz des Bistums durch Käufe und Pfandeinlösungen. Die Herrschaft Kaiserstuhl, d.h. die Stadt Kaiserstuhl, die Burg und den Hof zu Hohentengen, kauft er am 1. Mai 1294 v. Lütold v. Neu-Regensburg. Dadurch gelingt ihm die Sicherung des Weges v. Konstanz zu dem bischöflichen Herrschaftsbereich um Klingnau und Küssaburg. Ein Schiedsverfahren mit Lütold v. Alt-Regensburg sowie schwierige Finanzierungsmaßnahmen sind die Folge (vgl. L. Beckmann, Bischöfe, S.229ff; H.R. Derschka, Ministerialen, S.480f).

[325] Burg und Vorburg Konzenberg (heute Ruine Konzenburg bei Tuttlingen) wird mit allem Grund und Boden v. Ritter Konrad gen. Fürst v. Konzenberg im Mai 1300 an das Bistum verkauft. Um diesen Herrschaftsbereich herum erwirbt der Konstanzer Bischof verschiedene grundherrliche, aber auch bspw. Vogteirechte, wie etwa über das Dorf Wurmlingen, um hier möglicherweise eine Stadt zu gründen (vgl. L. Beckmann, Bischöfe, S.234f).

[326] Bei den Burgen Summerau (heute Neukirch, Bodenseekreis) und Baumgarten (heute Eriskirch, Bodenseekreis) sowie der Vogtei in Langnau (bei Tettnang, Bodenseekreis) handelt es sich nicht um Neuerwerbungen. Vielmehr wird, so Beckmann, ein zweifelhafter älterer Besitz bestätigt und somit rechtlich abgesichert, indem König Albrecht Bischof Heinrich im Juli 1298 das Recht schenkt, das dem Reich an diesen Burgen zusteht, seit Bischof Eberhard jene v. Reichsministerialen wohl nach dem Tod v. Konradin als deren Eigentum gekauft hatte. Bereits im Sept. 1301 geht die Burg Summerau mit der Vogtei über das Kloster und die Leute Langnau im Tausch gegen die v. Wurmlingen an den genannten Ritter Konrad (vgl. ebd., S.237f).

[327] Die Burg Waldsberg (Sauldorf bei Meßkirch, Lkr. Sigmaringen) konnte v. Bischof Heinrich nur unter größten finanziellen Anstrengungen (v. Berthold v. Waldsberg) gekauft werden. So verpfändet er bspw. im Juli 1300 „Ulrich v. Wünnenberg um 75 Mark Silber alle Konstanzer Zölle vom nächsten letzten Mai und neun Monate ferner an gerechnet auf drei Jahre" (ebd., S.240).

[328] Tatsächlich war Bischof Heinrich II. v. Klingenberg nicht der erste Erbauer der St. Lorenz-Kapelle; sie wurde bereits um die Mitte des 10. Jhs. v. Bischof Konrad gegründet.

[329] Vgl. Peter Richenbach oder Ricken-/Riggenbach: es lassen sich mehrere Angehörige dieses seit 1261 in Konstanz ansässigen Patriziergeschlechts namens Peter nachweisen: a) kauft 1350 einen bischöflichen Lehenshof zu Hamisfeld; wird am 11. Dez. 1358 damit belehnt; wird 1372 zum Pfleger, d.h. Aufseher des Hauses der „geistlichen Schwestern der willigen Armut" eingesetzt; 1368, 1375, 1376 Ratsmitglied b) erster urkundlicher Beleg 1403; verkauft Besitz an das Kloster Petershausen; nennt sich 1407 selbst Bürger v. Konstanz; erhält 1408 v. König Ruprecht ein Wappen verliehen; 1417, 1419 und 1421 als Ratsherr belegen; steuert 1418 im Steuerbezirk „Nůw gass"; der am ehesten gemeinte: c) erhält 1463 für sich und seine Mutter Lehen zu Herdern; 1464 Schiedsrichter zu Breisach zwi-

zolrn[319], dan(n) | sy bayd erwelt warend, Vn(d) | kriegtend nit mer dan(n) *Friedrich I. v.*
ain | monat mit ain ander; **D**an(n) | der von zolre von gebet[b] vnd | gaben *Zollern;*
wegen dem vo(n) clingen= | berg gewichen vnd abgestan= | den[c] gewesen
ist[320]; **V**nd ist beståੱ= | ter **B**yschoff worden zů **Co**= | stentz vnd von dem
10 **E**rtzby= | schoff[321] zů **Mentz**[322] bestat zů [d]mit= | ter vasten[d]/[323] **a**ls man
von der |[iii] gepurt cristi zalt tuse(n)t zway= | hundert nüntzig vn(d) drü jar. *1293*
|

[iv]¶[v] **V**nd der kofft kayserstůl[324], **C**ůntz= | enberg[325], **B**omgarten, **S**umer= | *Erwerbspolitik;*
ow[326] vnd waltp(ur)g[327]. ¶[vi] **V**nd |[vii] hat gebuwen die cappelle zů | sant *Erbauung v.*
15 laurentzen ze costentz[328] | vnd hett wyllen sy für der | stat tor ze setzend, *St. Lorenz;*
recht[e] **a**ls | yetz das orthusz[f] peter Ricken= | bachs[329] ist, **A**ls man die sül
für | die kramer abhin gåt. **D**o er | båttend jn die **R**åt der statt, | das er sy in
die [g]**R**ingkmur der | statt[g] satzte, **w**an die syt, alz die | kramer sitzend[330],
was do zemal | vff die **R**ingkmur der stat ge= | setzt vnd gieng vff oben hin
20 |

[39rb] [i]**A**nno **M CC** lxxxxv jar #[i] *1295*
der vntz zů **R**ingporter tor vn(d) | zoch sich do nach der mur gege(n) | dem
Rin ab vnd was gar ain | nidre mur. **D**er **B**yschoff was | der ain vnd
fünfftzigost an der | zal vnd regiert drüzehen jår | vnd starb **a**ls man von
5 der ge= | purt cristi zalt tusent drühun= | dert vnd fünff jar[331]. #[ii] | *1305 Tod;*
Disz nachgeschriben sachen | sind by des **B**yschoffs ziten | volgangen[a]: #[iii]
|

¶[iv] **D**es jars **a**ls man von der ge= | purt cristi zalt tusend zway [v]| hundert *1295 Wetter-*
fünff vnd nüntzig | jar **a**n dem drytten sonn(en)tag | aberellen der *nachrichten*
10 fünffzehenden | kalend **M**ayen[332], **a**ls die sunne | jn den stier[b] gieng, do *und Folgen;*
kam | ain grosz vngewytter mit de(m) | aller grösten schne, das nie

schen Kloster Marienau und den Edelknechten v. Pforr; klagt am 30. Okt. 1470 gegen die Stadt Freiburg; wird Edelknecht zu Freiburg genannt; verkauft 1480 Zinse an Kaspar v. Falkenstein; Dez. 1481 am Gericht in Freiburg nachweisbar; noch 1488 zu Endingen genannt; steuert 1460 im Bezirk „Gries" (vgl. OBG, Bd.3, S.527f; K. Beyerle, Ratslisten, S.89, 94f und 128; Steuerbücher, Teil 1, 1418, 329, S.6; 1460, 136, S.197; H. Maurer, Konstanz I, S.271; vgl.
auch die Bemerkungen v. Konrad Albrecht auf fol.225vb).
[330] Bischof Heinrich möchte die Kapelle also zunächst außerhalb der alten Stadtmauer am Zusammentreffen v.
Kanzleistraße und Obermarkt errichten, entscheidet sich dann aber auf Initiative des Rates hin, sie etwas verschoben
noch innerhalb der Ringmauer zu bauen (vgl. H. Maurer, Konstanz I, S.171f).

[39rb]
i...i) Anno M CC lxxxxv jar #] *v. der Hd. des Rubr., mroT* ii) *Zz: v. der Hd. des Rubr., mroT* iii) *Zz: v. der Hd. des
Rubr., mroT* iv) *Absz: v. der Hd. des Rubr., mroT, vdZ* v) *Marg.: v. späterer Hd., mdbrT, amreRa* vi) *Zz: v. der Hd.
des Rubr., mroT* vii) *Absz: v. der Hd. des Rubr., mroT, vdZ* viii) *Marg.: v. späterer Hd., mdbrT, amreRa:* ix) *Marg.:
3-z., v. der Hd. des Rubr., mroT, amreRa, abgeschnitten, v. der Editorin erg., oben und unten durch einen waag-
rechten Strich abgehoben: Ain gr[osz] Erdbid[men]* x) *das* die *SG, da* erdbidme *nur ein Maskulinum oder Neutrum
sein kann, erfolgt hier eine Emendation*

[331] Während die Angabe des Amtsantritts korrekt ist, stimmt das genannte Todesjahr nicht. Wie oben erwähnt stirbt
Bischof Heinrich II. v. Klingenberg am 12. Sept. 1306.
[332] 17. April.
[333] 3. Sept., da im Jahr 1295 der 8. Sept. ein Donnerstag ist.
[334] Vgl. die Ausführungen nach unserer Chronik bei H. Maurer, Konstanz I, S.159, der mit Blick auf diese Schilderung dem Text entsprechend v. dem „schwersten Erdbeben seit Menschengedenken" spricht.

kain(er) | grôsser gesenhen ward, dan(n) | der vorgånden nacht vnd | den
sonne(n)tag viel. vn(d) durch | den schne wurdend zû dem | meren tail
verderbt die win, | oppffel, bieren, prunellen^c, nusz^d, | kriesen^e vnd disz
15   geschlåcht | alles; aber allain kornsz ward | gnûg, dan(n) der schne jm nit |
schaden bracht. #^{vi} |

¶^{vii} **Des** selben obgena(n)t(en) jars an ^{viiij}| dem nåchsten <u>sambstag</u> vor | *Erdbeben³³⁵;*
<u>vnser lieben froen marie</u> ge= ^{ix}| <u>**p**urt</u> tag³³³ nach mittemtag^f | vm(b) die
sesden stund kam **ain** | grosz erdbidme, die^x ye vor | gesenhen ward³³⁴, **d**as
die lüt | maynten, die hüser wôlten |

[39va|84]   ⁱ# Anno M CC lxxxxviiij jar #ⁱ   *1299*

zû der erd vallen. **V**nd ain stai= | ni <u>crütz</u>, was gesetzt vff der | **B**arfûssen
münster zû <u>coste(n)tz</u>, | das fiel her ab vff das ertrich. | vnd sasz der
mertail der lüte | ob tisch; die becher, gleser, kôpff^a | vnd schüsslan
5   bewagten sich | wunderbårlich vnd das we= | rot wol alslangⁱⁱ, das ainer |
<u>**ain** p(ate)r n(oste)r</u> vnd <u>**aue** maria</u> | gemachsam gesprochen hett. | **D**ar
nach ^büber ain kurtz stund^b | aber, als <u>**ain** p(ate)r n(oste)r vnd aue</u> | <u>maria</u>
gesprochen werden | mocht, kam ain wenig. **D**isz | beschach des <u>tritten</u>
tags oder | der <u>dritten nonas</u> des <u>ersten</u> | <u>herpstmonatz</u>³³⁶. aber die vôrig^c |
10   was so grosz, das die gloken | an vil stetten sich selb lutend | vnd vil
muren zerbrachend | vnd vil bürg vnd schlôsser | mit türnen jn curer
bystum³³⁷, | by <u>zwaintzigen</u> an der zal, | vielen vnd jn dem tal tum= |
plez³³⁸ viel ain grosser berg. vn(d) | jn dem ersten sambstag nacht | vnd tag

---

³³⁵ Das Epizentrum dieses in verschiedenen Quellen (vgl. z.B. Chronikalien der Rathsbücher 1356-1548, im Folgenden: Basler Ratsbücher, hier S.2 sowie Beilage V, S.151; Die Chronik Erhards von Appenwiler, Beilage I d), S.377ff) überlieferten Bebens liegt im Kt. Graubünden, mit großer Wahrscheinlichkeit in Churwalden, dessen Kloster gemäß den Osterhover Annalen zerstört wird. Die Intensität dieses Erdbebens wird auf VIII geschätzt; es handelt sich also um ein starkes Beben mit einem großen Schüttergebiet. Neben Konstanz, das eher am Rande des Bebens liegt, wird es sowohl in Colmar als auch etwa in Norditalien (vgl. einen überlieferten Augenzeugenbericht aus Monza) verspürt. (Diese Informationen gehen auf Frau Gabriela Schwarz-Zanetti vom Institut für Geophysik, Zürich, zurück, der hierfür herzlich gedankt sei. Vgl. auch http://histserver.ethz.ch, abgerufen im September 2007).

[39va|84]
i...i) # Anno M CC lxxxxviiij jar #] *v. der Hd. des Rubr., mroT* ii) alslang] *verderbt; eventuell aus* ablang *oder* allang *v. der HHd. korr.* iii) *Marg.: v. späterer Hd., mdbrT, amliRa, abgeschnitten* iv) *Absz: v. der Hd. des Rubr., mroT, vdZ*
v) *Marg.: v. der Hd. des Rubr., mroT, amliRa, abgeschnitten, v. der Editorin erg.:* [g]rosz visch

a) Becher, Trinkgefäße b...b) nach kurzer Zeit c) das Vorherige

³³⁶ 3. Sept.
³³⁷ Die Anfänge des Churer Bistums reichen vermutlich ins 4. Jh. zurück; 451 ist ein Bischof namentlich bezeugt; Chur gehört anfänglich zur Kirchenprovinz Mailand, kommt aber um 843 zum Mainzer Metropolitanverband; im 10./11. Jh. wird Chur Bischofsstadt; der mächtigste Grundherr in Rätien; 1367 schließen sich Domkapitel, bischöfliche Ministerialen, die Bürger zu Chur und die Gotteshausgemeinde zum Gotteshausbund zusammen (vgl. SchwLex, Bd.3, S.40; HHS, S.138ff; R. Kaiser, Churrätien).
³³⁸ Hierbei dürfte es sich um das Tal Domleschg handelt. Dieses liegt direkt westlich v. Churwalden (Lenzerheide), also unmittelbar am Epizentrum des Erdbebens; der Name leitet sich vom Hauptort Tomils ab. Um welchen Berg es sich handelt, kann heute nicht mehr nachgewiesen werden, da sich nur wenige Kilometer nördlich das zweitgrößte Bergsturzgebiet Europas (Flims) befindet und zahlreiche verdächtige Schutthalden existieren (auch für diese Auskünfte sei Frau Schwarz-Zanetti gedankt).

kam ze **nünzehen** |[iii] malen erdbidmu(n)g vn(d) dar | nach durch ettlich tag

15 tåglich[339]. |

¶[iv] **D**ar nach als man von der | gepurt cristi zalt **tuse(n)t zway**= |[v] **hundert**   *1299 Unge-*
Nüntzig vnd nün | **j**are an **sant johans des tôff(er)s** | **achtenden** tag[340] ward *wöhnlicher*
gefang= | en **a**in fisch[341] in mündlins see[342] | by **mekingen**[343], **a**ls grosz, *Fischfang;*
d(a)z jn | disem ertrich kain grôsser | visch nie gesenhen ward[344]. | **V**nd **her**
hansz **von bodman**[345] |

[39vb]   schickt das hopt von dem | selben visch her **Rûdolffen**, | geborn von
hôwen, **dechen** | der kirchen zû **costentz** vn(d) | alda chorher(r)e[346]. **Von**

---

[339] P. Ruppert, Chroniken, S.36, Anm.1 wies bereits daraufhin, dass in den aus verschiedenen Quellen zusammengetragenen Jahrbüchern des Klosters Thann diese Erdbeben in ähnlicher Weise geschildert werden (vgl. P.F.M. Tschamser (Hg.), Chronique de Thann). Zum Jahr 1295 ist „in dem Bündtner Land, umb Chur herumb" v. „erschröcklichen Erdbeben, also daß die Berg zersprungen, die Felsen zerspalten, die Glocken an vilen Orthen vonsich selbst angangen, fünf Schlösser völlig zu Boden gefallen, vil andere iämmerlich zerspalten, und sehr vile Häußer zusammengefallen seyen" (S.245), die Rede. Zu 1296 findet sich dann die Nachricht über Erdbeben in Konstanz, die „neunzehn Mahl zu verschiedenen Zeiten wiederumb kommen" (S.248). Woher diese Informationen stammen, ist nicht zu klären.

[340] 2. Juli.

[341] Hier wie auch an anderen Stellen der Chronik (vgl. Hinweise auf fol.52[rb]f, 108va, 109rb, 131ra, 176va und 225ra) wird deutlich, dass Fisch als Nahrungsmittel bzw. die Fischerei im Bodenseegebiet seit alters her v. großer Bedeutung ist. Die Mehrzahl der Fischgründe befinden sich während des Mittelalters im Besitz der meist geistlichen Grundherren, die diese gegen Zins an Fischer weiter verleihen bzw. ihre Rechte allmählich an Städte oder Gem. übergeben. Im Untersee und in der Konstanzer Bucht nimmt bspw. die Abtei Reichenau, deren Fischerei schon im 12. Jh. gut organisiert ist, eine privilegierte Sonderstellung ein. Für den Fang der verschiedensten Fischarten (vgl. z.B. die Blaufelchen, Seeforelle, Äsche; Ekkehard IV. v. St. Gallen nennt in den „Benedictiones ad mensas" bereits 18 anscheinend im Kloster verzehrte Fischarten, v.a. Süßwasserfische aus der Umgebung, vgl. S.284-289, nach A. Lampen, Fischerei, S.44f) stehen dem Fischer eine Vielzahl v. Fanggeräten und Techniken zur Verfügung (vgl. Lkr. Konstanz, Bd.1, S.380f; allg. A. Lampen, Fischerei).

[342] Mindelsee: bei Möggingen bzw. Markelfingen (Lkr. Konstanz) gelegen; der See bzw. die dortige Fischerei sowie die Burg Möggingen gehören 1296 nachweislich zum Besitz der Familie v. Bodman (vgl. G. Florschütz, Herren v. Bodman, S.55).

[343] Möggingen, Lkr. Konstanz: erste urkundliche Erwähnung 860, früher Grundbesitz des Klosters St. Gallen als Fiskalbesitz und Besitz des Konstanzer Bischofs; 1363/67 wird v. einer Burg („castrum Möckingen" bzw. der „Vesti Mekkingen") gesprochen, deren Besitzer die Herren v. Bodman, Ministerialen des Klosters, sind; 1278 ist die Burg (und das Dorf?) im Besitz eines Johannes v. Bodman; 1367 befindet sich ein großer Teil des Dorfes in den Händen der Familie Bodman; bleibt eine der Hauptbesitzungen der Bodmans (vgl. LBW, Bd.4, S.764f; Möggingen 860-1960; G. Florschütz, Herren v. Bodman, S.71; R. Kiewat, Ritter, S.161ff).

[344] Nach Leopold Freiherr v. Bodman, Geschichte, Nr.190, S.51 handelt es sich hierbei mit großer Wahrscheinlichkeit um einen Wels (silurus glanis). Diese Fischsorte findet sich noch zu dessen Zeit im Mindelsee und taucht auch sonst in Quellen am Bodensee auf (vgl. A. Lampen, Fischerei, S.45).

[345] Zur Zeit Bischof Heinrichs II. v. Klingenberg sind zwei Angehörige dieser bedeutenden Ministerialenfamilie namens Johann nachweisbar (vgl. z.B. REC II, Nr.2941b, 2978 und 2981). In Frage kommt hier aber letztlich nur einer der beiden: Johannes v. Bodman: erster urkundlicher Beleg 1277; sitzt bereits 1278 zu Möggingen; als Ritter 1281 und 1317/19 erwähnt; Tätigkeiten als Schiedsrichter u.a. im Streit zwischen Bistum Chur und den Freiherren v. Vaz; 1307 Wallfahrt nach Jerusalem; angeblich Stifter der Kirche in Möggingen; gest. 1335 (vgl. H.R. Derschka, Ministerialen, S.65ff; Leopold Freiherr v. Bodman, Geschichte, Nr.124ff, S.33ff mit zahlreichen Nachrichten zu Johannes ab 1277; G. Florschütz, Herren v. Bodman, S.71, 121f und 188; OBG, Bd.1, S.121).

[39vb]
[346] Rudolf v. Hewen: aus dem schwäbischen Freiherrengeschlecht des Hegaus stammend; als Konstanzer Domherr vom 1. Aug. 1274 bis 28. Sept. 1279 belegt; eventuell seit 1282, nachweisbar seit 1287 Domdekan; 1306/07 v. einem Teil des Domkapitels zum Bischof gewählt; Verzicht auf diese Würde, nachdem Papst Clemens V. am 5. Dez. 1307

dem sel= | ben hopt wurden gemacht | <u>sechs vnd viertzig</u> stuck, gar | grosz
Also, das in ainer schüsz | sel <u>zway</u> stuk gnůg warend. | Vn(d) zů dem
5 hopt lůd er die | chorheren der hohen stifft | zů <u>sant stephan, sant johans</u> |
vnd ander priester, an ain(er) | sum <u>vier vnd tryssig</u>, Vn(d) | sechs schüslan
wurden in | die stat geschikt³⁴⁷. |
 | Dar nach als

[40ʳ] Leere Seite

[40ᵛ] Leere Seite

[41ʳ]ⁱ Leere Seite

[41ᵛ] [Abb.: Ritualmord am „gůtt[en] ů̂lrich von ů̂berlinge(n)"]³⁴⁸   *Illustration!*

[41ʳᵃ!|89] ⁱAnno M CCC viij jar #ⁱ   *1308*
      Nachⁱⁱ dem Byschoff <u>hain</u>= | <u>rich</u> von <u>clingenberg</u> | ward Byschoff *Bischof Ger-*
      <u>Gerhartt</u>³⁴⁹, | was ain walchᵃ vo(n) <u>afion</u>, | der <u>zwaÿ vnd fünfftzigost</u> | an *hard v. Bevar;*
      der zal vnd regiert | <u>vie(r)zehen</u> jar vnd starb <u>als</u> | man von der gepurt cri- |

---

das Bistum an seinen Kandidaten Gerhard v. Bevar überträgt; ist als Domdekan letztmals am 14. April 1315 bezeugt (damals auch Kirchherr zu Bodman); gest. am 12. Mai 1316 (vgl. HS I/2, S.817).

³⁴⁷ Fisch, nicht nur als Fastenspeise im Kloster und allg. unter Klerikern für die Lebensmittelversorgung v. eminenter Bedeutung (vgl. das lange Zeit gültige Fleischverbot etwa in benediktinisch geprägten Gemeinschaften und Orden), tritt in den Quellen bereits früh auch als Bestandteil v. Armenspeisungen und memorialen Speisestiftungen zutage. Besonders Süßwasserfische galten hierbei als teure Speise, die hohen Fest- und Sonntagen vorbehalten blieb (vgl. A. Lampen, Fischerei, S.42-52).

[41ʳ]
i) *Seite wurde nicht in die Zählung aufgenommen und ist circa 1 cm breiter als die übrigen des Codex (nicht zuge-schnitten); der gesamte Bogen enthält nur die Zeichnung auf der Folioseite (vgl. fol.38ʳ und 38ᵛ jeweils leer)*

[41ᵛ]
³⁴⁸ Vgl. Kapitel A.5.2.1.1 und Abb.9 im Abbildungsteil.

[41ʳᵃ!|89]
i...i) Anno M CCC viij jar #] *v. der Hd. des Rubr., mroT* ii) Nach] N *2-z. Lomb. v. der Hd. des Rubr., mblT* iii) Zz: *v. der Hd. des Rubr., mroT* iv) Absz: *v. der Hd. des Rubr., mroT, vdZ* v) Absz: *v. der Hd. des Rubr., mroT, vdZ* vi...vi) Bischoff Gerhartt von | Auion, ain walch] *v. der Hd. des Rubr., mroT*

a) Franzose

³⁴⁹ Gerhard v. Bevar (Belvoir) (1307-1318): Angehöriger des burgundischen Geschlechts der v. Vergy, Herren v. Belvoir; Propst v. Bligny; Lehnsherr v. Sampigny und damit Kanonikus v. Autun; 1300-1307 Archidiakon v. Avallon; Kanonikus v. Saulieu, Beaune und Avallon; Clemens V. providiert ihn (eventuell v. Philipp dem Schönen v. Frankreich beeinflusst) am 5. Dez. 1307 mit dem Bistum Konstanz, nachdem er eine vorausgegangene strittige Doppelwahl zwischen Rudolf v. Hewen und Ludwig v. Straßburg für nichtig erklärt hat; enge Beziehungen zu Heinrich VII.; Teilnahme an Romfahrt; gest. am 19. Aug. 1318 (vgl. REC II, Nr.3452-3809; dazu M. Krebs, Nachlese, Nr.3462-3803; HS I/2,1, S.289ff und A. Bihrer, Der fremde Bischof).

5 sti zalt **tusend** <u>drühund(er)t</u> | vnd **zwaintzig** jare[350]. #[iii] | *1320 Tod;*

¶[iv] **B**y des Regierung als man | von der gepurt cristi zalt | **tusend**   *1308/16 Tod v.*
<u>drühundert **vn(d)** acht</u> | **jar** ward erschlagen küng | albrecht **vo(n)**   *König Albrecht*
<u>ôster(r)ich</u> zů **win** | ¶[v] de **wap**[351] dem wasser. **D**ar | nach jn dem   *und Kaiser*
<u>sechzehend(en)</u> | **jar** starb <u>kayser hainrich</u> | von lützelburg[352]. | *Heinrich;*

10

Herrscherwappen
zwei Schilde direkt nebeneinander (4x3,5) (4x3,5)
(rechts: Würdezeichen: Königskrone mit einem Bogen: 1)
(Herzöge v. Österreich[353]: In Rot ein silberner Balken, mit
15   schwarzem Schräggitter)
(links: Würdezeichen: Kaiserkrone mit zwei Bögen und einem
Kreuz auf der Spitze: 1,5)
(Fw Luxemburg[354]: Roter Löwe mit goldener/beiger Krone im
Sprung auf einem 5x silbern-blau geteilten Grund)

20

[vi]Bischoff Gerhartt von | Auion, ain walch[vi]
Bischofswappen
zwei Schilde (3,5x3) (3,5x3,5) (M: 2,5/S: 2)
(rechts: Aw; links: Fw Vergy [?][355]: In Silber schrägrechts und
25   schräglinks straffiertes goldenes/beiges Gitter)

[41rb!] [i]Anno M CCC xxxiij jar[i]   *1333*
Dar[ii] nach ward **B**yschoff | **R**ůdolff[356], grauff **vo(n)** **M**ont= | fort vnd   *Bischof*

---

[350] Vgl. zur ausführlicheren Charakterisierung auch C. Schulthaiß, Bisthums-Chronik, S.38; C. v. Schwartzach, Cronica, fol.10[r] und J. Manlius, Chronicon, S.751 (vgl. REC II, Nr.3805f). P. Ruppert, Chroniken, S.39 zitiert hier angeblich nach „Dacher", wie folgt: „Darnach ward bischoff Gerhart, was ain Walch v. Avion, und ward vom bapst Clemens zu bischoff gen Costentz verordnet. Er was fast gelert, aber der sitt und sprach der Tütschen unwissend, derhalb das bistumb abnam. Er starb in dem 1318 jar den 20. tag Augusti." (Zitat weist zum Teil Ähnlichkeiten mit Schulthaiß auf, vgl. auch Kapitel A.2.2.1).
[351] Windisch.
[352] Heinrich VII.: geb. 1278/79; Wahl zum König am 27. Nov. 1308; Kaiser seit 1312; gest. am 24. Aug. 1313 (vgl. LexMA, Bd.4, Sp.2047-2049).
[353] Vgl. ZürW Taf.3, 28; RiA 429, 2,2; 432, 2,1; 485, 4,4; RiDrS 98[r], 2,2; 170[v], 2,1; 172[v], 2,2-3; Grünenb. Taf.5b, 1,2 (Banner); Öhem 11[r], 128 (Taf.5); Siebm. I,1, Taf.4, 2,2; Siebm. I,1,2, Taf.128, 1,1-2.
[354] Vgl. ZürW Taf.17, 312 (falsch zugeordnet); RiDrS 170[r], 2,2; Grünenb. Taf.49b, 6,2; Siebm. II, Taf.2, 1,4; Siebm. I,1,3, Taf.62, 1,1.
[355] Vgl. Siebm. Supp. I, Taf.14, 2,2: Wappen v. Vergy (nicht identisch: In Rot drei (2/1) goldene Blumen); WtBvK 3,9 (nicht identisch: In Blau eine silberne, umgürtete Lilie).

[41rb!]
i...i) Anno M CCC xxxiij jar] *v. der Hd. des Rubr., mroT* ii) Dar] D *2-z. Lomb. v. der Hd. des Rubr., mroT* iii) *Marg.: v. späterer Hd., mbrT, amreRa, abgeschnitten* iv) *Zz: v. der Hd. des Rubr., mroT* v...v) Bischoff Růdolff, ain Gräff | von Montfortt] *v. der Hd. des Rubr., mroT*

a) betrüblicherweise b) v. offnen: bekannt machen c) Sand, Boden d...d) ungeweihte Erde e) treu f...f) die dazu verpflichtet sind g) große Anzahl h) Heuschrecken

verweser **Curer** | **Bystum** vnd des gotzhusz zů | <u>sant gallen</u>[357]. der buwet   *Rudolf II. v.*

wy= | der vff <u>arbon</u> das schlosz[358]; **vn(d)** | was der **drẏ vnd fünfftzigost** | *Montfort;*

5   an der zal vnd regiert <u>drü</u> | <u>zehen jar</u> vnd starb als man | von der gepurt   *Wiederaufbau v.*

cristi zalt <u>tu</u>= | <u>send drühundert trissig</u> vn(d) | <u>drü jare</u> der <u>dritten kalend</u> | *Arbon;*

<u>marty</u>[359]. zů den zyten sines | hin schaidens vs disem zyt | was er nit jn   *1333 Tod und*

gnad des stůls | zů <u>Rom</u> vnd jn ettlicher cap= | pelle zů <u>sant gallen</u>, ze   *Begräbnis als*

<u>arbon</u>, | das ich laidsamclich^a offnen^b vn(d) | sagen můsz, vnder das sand^c | *Gebannter;*

10   vnd ^dvngewicht ertrich^d ver=ⁱⁱⁱ| borgen vnd begraben ward, | vmbe das er

getrẅ^e lehenschafft | hielt <u>ludewigen</u> von <u>Bayern</u>[360], | dem vngehorsamen,

der sich | zů den ziten nampt <u>Rômsch</u>= | <u>en küng</u>[361], So lang bisz d(a)z sin

| fründe vnd ander, ^fden es ge= | purt^f, jm gegen dem stůl zů | <u>Rome</u>

cristenlich begrebdt er | worben ward[362]. **D**es selben jǎrs | der   *Heuschrecken-*

---

[356] Nach dem Tod Bischof Gerhards ist erneut eine Doppelwahl zu verzeichnen. Da sich keiner der beiden Gewählten – weder der Dompropst Konrad v. Klingenberg noch der Generalvikar Heinrich v. Werdenberg – an der Kurie in Avignon durchsetzen kann, kommt es zu einer vierjährigen Sedisvakanz v. 1318-1322. Da unser Historiograph v. dieser nichts weiß bzw. wiederum nichts berichtet, suggeriert die Chronik einen problemlosen Übergang vom Pontifikat Gerhards v. Bevar auf Rudolf II. v. Montfort (vgl. HS I/2,1, S.292; REC II, Nr.3810-3897).

[357] Rudolf II. v. Montfort (1322-1334): Stiftsschule in Chur; 1303-1306: Studium in Bologna; 1307-1322 Dompropst in Chur; seit 1310 zusammen mit seinem Bruder Ulrich Regent der Grafschaft Feldkirch; seit 1310 Generalvikar und Stellvertreter des Bischofs v. Chur; seit 1316 dort auch Offizial; 1321 Wahl zum Bischof v. Chur; 1322-1325 Pfleger des Bistums; 1330-1333 Administrator des Stifts St. Gallen; seit 1. Okt. 1322 Bischof v. Konstanz; Versuche, das Bistums in finanzieller und territorialer Hinsicht zu konsolidieren; Reformbestreben; politisch ist sein Pontifikat v. den Auseinandersetzungen um Ludwig den Bayern bestimmt; gest. am 27. oder 28. März 1334 (vgl. REC II, Nr.3898-4355; dazu M. Krebs, Nachlese, Nr.3950-4345; HS I/2,1, S.291ff; K.H. Burmeister, Montfort, hier insb. ders., Rudolf II. v. Montfort, S.143-160). Pontifikatsdaten der Chronik falsch.

[358] Die Burg Arbon gehört zu den 1324 v. Rudolf zurückerworbenen Gütern. Ab 1326 lässt er das Schloss wieder aufbauen und hält sich daraufhin häufig dort auf (vgl. K.H. Burmeister, Montfort, S.156; REC II, Nr.4347).

[359] 27. Feb.; dieser genannte Todestag stimmt mit unseren heutigen Kenntnissen nicht überein.

[360] Ludwig der Bayer: geb. Ende 1281/Anfang 1282; am 20. Okt. 1314 Wahl zum röm. König (Doppelwahl); ca. achtjähriger Thronstreit mit Friedrich dem Schönen v. Habsburg; Sieg in der Entscheidungsschlacht am 28. Sept. 1322 bei Mühldorf; Kirchenbann und als Antwort sog. „Sachsenhäuser Appellation"; Ausgleich mit Habsburg; Kaiserkrönung durch Vertreter der Stadt während seines Italienzuges 1327-1330; Absetzung durch Papst Johannes XXII.; wiederholte Krönung durch Gegenpapst Nikolaus V.; neuerlicher Gegenkönig Karl; gest. am 11. Okt. 1347 (vgl. LexMA, Bd.5, Sp.2178-2181 und zur Lage in Konstanz H. Maurer, Konstanz I, S.190ff).

[361] Bischof Rudolf II. ist im Thronstreit zwischen Friedrich dem Schönen und Ludwig dem Bayern zunächst einer der bedeutendsten Parteigänger der Habsburger, gerät dann in der Auseinandersetzung zwischen Papst Johannes XXII. und Ludwig infolge der antipäpstlichen Stimmung innerhalb der eigenen Familie sowie in den Städten seines Bistums zwischen die Fronten. Insbesondere das 1326 über Konstanz verhängte Interdikt erschwert seine Lage. Am 1. Sept. 1333 unterwirft er sich schließlich Ludwig. Trotzdem sind der Papst und Rudolf darauf bedacht, den Bruch nicht endgültig werden zu lassen: Der Bischof fällt in den Kirchenbann, doch folgt weder ein persönlicher Bann v. Johannes XXII. noch eine Amtsenthebung (vgl. K.H. Burmeister, Montfort, S.48, S.151ff und H. Maurer, Konstanz I, S.194ff).

[362] Bischof Rudolf II. wird als Gebannter zunächst in ungeweihter Erde in Arbon bestattet. Das Domkapitel verweigert ihm im Konstanzer Münster eine Jahrzeit. Erst unter Bischof Heinrich v. Brandis (1357-1383) erhält er ein kirchliches Begräbnis in der Galluskapelle in Arbon (vgl. K.H. Burmeister, Montfort, S.159; REC II, Nr.4352, 5313f).

[363] 18. Sept.

[364] Vgl. W. Düwel-Hösselbarth, Ernteglück, S.32, die von einer schweren Heuschreckenplage spricht, die im Aug. des Jahres 1337 (!) beginnt und deren Ausläufer noch im Frühjahr 1338 und 1339 konstatiert werden können (vgl. auch die Nachricht bei Reutlinger, Bd.1, S.134). Sie kennt gleichzeitig Nachrichten, die das hier erwähnte Jahr 1333 als ein „gutes" bezeichnen. Ähnlich auch R. Glaser, Klimageschichte, S.65f mit einer Karte zu den Heuschreckeneinfällen 1338 in Bayern, Schwaben bis hin zum Rheingebiet.

15 <u>vierzehenden</u> kalend <u>octo</u>= | <u>bris</u>[363] wurden gesenhen ain | gantz vilin[g] *plage;*
hȯwstaffel[h/364]. #[iv] |

> [v]Bischoff Rṵdolff, ain Grảff | von Montfortt[v]. |

Bischofswappen
20 zwei Schilde (4x3,5) (4x3,5) (M: 2,5/S: 2,5)
(rechts: Aw; links: Fw Montfort-Feldkirch[365]:
In Silber rote, im oberen Teil mit schwarzem Gitter sowie
schwarzen Enden versehene dreilätzige Kirchenfahne (Gonfanon))

[41va!|90] [i]Anno M CCC xxxij jar[i]   *1332*
[ii]I[iii]n[iv] dem jar do man zaltt <u>tussend</u> | <u>drü hundertt xxxii</u> jar a[m] |[v] <u>sechsten</u> *1332*
tag jm <u>mertzen</u> ward | der gṵtt v̂lrich von v̂berlinge(n) | gemarttrott von *Ritualmord;*
den juden. | Er was aines sun[vi], hiesz der | <u>Frȳg</u>, was ain <u>lådergảrwer</u>. | Es
5 wurdent do bȳ <u>vierdhalb</u> | <u>hundertt juden</u> verbrenntt | jn der Statt *Judenpogrom in*
<u>v̂berlingen</u>[366] | jn ainem hus. Es wårind den(n) | kind, wip oder man[iii/367]. *Überlingen;*
#[vii] |

[41vb] [i]Anno M CCC xiiij jar[i]   *1314*
I[ii]n[iii] dem jar do man zaltt <u>Tuss</u>= | end drü hundertt vnd xiiij jar [iv]| vff des *1314 Stadt-*
hailgen <u>Crütz</u> tag jm | maȳgen[368] beschach ain grosse | brunst zṵ <u>Costentz</u>. *brand;*

---

[365] Vgl. ZürW Taf.3, 34 („Velkirch") oder Taf.7, 111 (Wappen für Montfort: nicht identisch: In Silber ein schwarzer
Schachroche); RiA 441, 1,3; 441, 2,1-3; RiDrS 189[r], 2,2; 191[r], 2,1; Grünenb. Taf.86b, 2,3 (quadriert: 1, 4: Fw, 2:
geteilter Schild: oben: In Silber rote Rose, darüber goldener Schrägrechtsbalken, unten: In Silber zwei rote Schrägrechtsbalken, 3: In Rot drei weiße Rauten (?)); Öhem 5[v], 36 (Taf.1); Siebm. I, Taf.15, 3,3; Siebm. II, Taf.12, 2,1;
Siebm. I,3,2, Anhang, Taf.47, 1,1-2 und 2,1; Siebm. VI, 2, Taf.19, 2,2; Siebm. E, S.517f; WBL, S.365; WtBvK 3,10
(quadriert: 1, 4: Aw; 2, 3: Fw) sowie W.P. Liesching, Die Montforter Fahne.

[41va!|90]
i...i) Anno M CCC xxxij jar] *v. der Hd. des Rubr., mroT* ii) *Marg.: wohl v. späterer Hd., mdbrT, amliRa:*
N(ota)B(ene) iii...iii) n dem (...) man] *v. der Hd. des Rubr., mbrT* iv) In] I *4-z. Lomb. v. der Hd. des Rubr., mroT, vdZ*
v) *Marg.: v. der Hd. des Rubr., mroT, amliRa, abgeschnitten, v. der Editorin erg.:* v̂lrich vo(n) | [v̂]berlingen vi) sun]
dan. in SG durch Streichung eines nicht mehr lesbaren Buchstabens mbrT und mroT korr. vii) Zz: *v. der Hd. des*
Rubr., mbrT, rubr. mroT

[366] Überlingen gilt aufgrund der Überlieferung als ältester Ansiedlungsort v. Juden in der Bodenseeregion. Die ersten
Personen jüdischen Glaubens scheinen sich hier vor 1226 niedergelassen zu haben; die Erstnennung v. Juden in
Konstanz findet sich 1242 (vgl. K.H. Burmeister, medinat bodase, Bd.1, S.27ff).
[367] Aus Vergeltung für den angeblichen Ritualmord an einem Kind namens Ulrich Frei wird – wie Johannes v. Win-
terthur ausführlich berichtet – die Synagoge in der Judengasse (beim heutigen Landungsplatz; ein großes repräsen-
tatives Steinhaus), in der sich über 300 Juden (aus verschiedenen Städten) befunden haben sollen, in Brand gesteckt.
In der Folgezeit lassen sich weitere Verfolgungen in Überlingen nachweisen (vgl. W. Bühler, Gang durch die
Geschichte, S.28; K.H. Burmeister, medinat bodase, Bd.1, S.57, 70f, 133f). Nach H. Hörburger, Judenvertreibungen,
S.68 handelt es sich hierbei um die erste Ritualmordanschuldigung am Bodensee, in deren Folge es auch in Konstanz, das nachweislich eine größere Judengemeinde beherbergt, zu einer Verfolgung (wie schon kurz nach 1326)
kommt (vgl. allg. zu den Juden mit Hinweisen zu neueren Forschungsproblemen und -tendenzen M. Toch, Juden, mit
Blick auf Chroniken J. Grabmayer, Diesseits, S.239ff und zu Konstanz auch K. Overdick, Stellung, S.65ff; H. Maurer, Konstanz I, S.152ff, 205ff und II, S.60ff; Germania Judaica 3/1, S.446ff und 665-673; K.H. Burmeister, medinat
bodase; W. Rügert (Hg.), Jüdisches Leben, v.a. S.12-21).

Die | gieng vff jn aines juden | hus vnd beschach an ainem | <u>Sabath</u> vnd
5 darumb woltt | der jud nitt lôschen[ii]/[369]. #[v] |

^{vi}Bischoff Nicolaus von Frowenfeld[vi]

Bischofswappen (seitenzentriert)
10   zwei Schilde (6x5,5) (6x5,5) (M: 3,5/S: 3,5)
(rechts: Aw; links: fehlendes Fw)

[42ra|91]   ⁱAnno M CCC xxx iiij jar #ⁱ   *1334*
Nachⁱⁱ **B**yschoff <u>**R**ûdolffen</u> | ward **B**yschoffⁱⁱⁱ | <u>**N**icolaus</u>, von <u>froenueld</u>[370] *Doppelwahl:*
ge= | born; **D**och was vor zwÿ= | tracht jn der wal vnder den | chorheren ze *Bischof*
<u>costentz</u>: dan(n) als | **B**yschoff <u>**R**ûdolff</u> gestarb, do | verkündten[a] sy **a**in *Nikolaus v.*
5 cappittel | **z**û gôtlicher[b] erwelu(n)g ains | künfftigen **B**yschoffs vnd | *Frauenfeld vs.*
mochtend mit der wal nit | ains werden[371], vmb d(a)z <u>vier</u> | chorheren, die *Albrecht v.*

[41vb]
i...i) Anno M CCC xiiij jar] *v. der Hd. des Rubr., mroT* ii...ii) n dem (...) lôschen] *v. der Hd. des Rubr., mbrT* iii) In] I
4-z. Lomb. v. der Hd. des Rubr., mroT, vdZ* iv) *Marg.: wohl v. späterer Hd., mdbrT, amreRa:* N(ota)B(ene) v) *Zz: v.
der Hd. des Rubr., mbrZ, rubr. mroT* vi...vi) Bischoff Nicolaus von Frowenfeld] *v. der Hd. des Rubr., mroT*

[368] 3. Mai.
[369] Dieser Hinweis verdeutlicht u.a., dass die Sabbatheiligung v. jüdischer Seite sehr ernst genommen wurde und keine Ausnahmen zuließ. Gleichzeitig scheint in dieser Bemerkung das Unverständnis der Christen für eine derart kompromisslose Handlungsweise mitzuschwingen. Als Beleg für diesen Stadtbrand, dem zahlreiche Häuser zum Opfer fallen, kann die fünfjährige Steuerbefreiung wegen „der schrecklichen Verwüstung durch Feuer" durch Friedrich III. (Urkunde auf den 8. April 1315 datiert) herangezogen werden (vgl. J. Marmor, Urkunden-Auszüge I, S.20). Nach dem ersten Vorwurf der Hostienschändung (vgl. allg. zu dieser Problematik M. Toch, Juden, S.113ff) im Jahr 1312 dürften die Ressentiments gegenüber den Juden in der Folge zugenommen haben (vgl. H. Maurer, Konstanz I, S.205; W. Rügert, Jüdisches Leben, S.14; K.H. Burmeister, medinat bodase, Bd.1, S.104f und Bd.2, S.173).

[42ra|91]
i...i) Anno M CCC xxx iiij jar #] *v. der Hd. des Rubr., mroT* ii) Nach] N *2-z. Lomb., v. der Hd. des Rubr., mblT* iii)
Byschoff] dan. ûlrich *SG durch Streichung v. der Hd. des Rubr., mroT, getilgt*

a) v. verkünden: einberufen, ausrufen b) fromm, gottesfürchtig (möglicherweise ist auch gûtlich, d.h. einvernehmlich gemeint) c) ehrbar d) Verwalter e) v. grünen: wachsen

[370] Nikolaus v. Frauenfeld (1334-1344): 1292 österreichischer Vogt zu Frauenfeld und 1311 Hofmeister der österreichischen Herzöge; mehrere Pfründen (z.B. Windisch, Pfyn und Beromünster); seit 1305 Studium in Bologna; erstmals im Nov. 1312 als Domherr v. Konstanz genannt; 1324 Propst v. Embrach; 1324-1330 Gesandter der österreichischen Herzöge an der Kurie in Avignon; 1326-1330 päpstlicher Kaplan; 1330 Kaplan und Notar v. Otto v. Österreich; 1331 übergibt ihm der Papst das Bistum Augsburg; Durchsetzung gegen den v. Kapitel gewählten Ulrich v. Schönegg gelingt nicht; April 1334 umstrittene Wahl zum Bischof v. Konstanz; 1335 Bischofsweihe; Teilnahme an kriegerischen Unternehmungen österreichischer Herzöge; gest. am 25. Juli 1344 (vgl. REC II, Nr.4373-4695; dazu M. Krebs, Nachlese, Nr.4425-4673; HS I/2,1, S.301ff).
[371] Anfang April 1334 kommt es zur Doppelwahl zwischen Nikolaus v. Frauenfeld und Albrecht v. Hohenberg. Hierbei entfällt die Mehrheit der Stimmen des Konstanzer Domkapitels auf Nikolaus, den päpstlichen Kandidaten, während die Minderheit mit ihren Stimmen für Albrecht ihre Abhängigkeit v. Ludwig dem Bayern zum Ausdruck bringt (vgl. HS I/2,1, S.297).

ir sitz v̊n(d) wo= | nu(n)g nit zů **costentz** hetten, | **a**ls von **f**ürstenberg[372], *Hohenberg;*
vo(n) **f**ry= | **b**urg[373] v̊n(d) von **s**trausburg[374], | **g**rauen vnd och **a**lbrecht |
winschenk von **w**intterstet= | ten, gena(n)t **b**ienberg[375], **h**ern | **a**lbrechten,
10 grauen zů **h**ohen= | **b**erg[376], chorher(r) zů **costentz**, er | waltend zů ainem
Byschoff | ze **costentz**; allen andern | chorheren zů **costentz** wo= | nend
das wydersprechend. | **D**a zwüschen weniges | zytes der **E**rsam^c jn **cristo** |
h(er)n nicolaus, geborn von | **f**roenueld, chorher zů **Co**= | stentz, **a**ls
dan(n) verweser^d | der kilchen zů **o**ugspurg, | **a**ls do ze mal grůnende^e die |
15 wůttrichait **l**udwigs von | **B**aygern, der sich wyder | gehorsami nampt
Rȏm= | schen küng, Zoch der selb | **N**icolaus von **f**roenueld gen **R**om,
dem dan(n) **B**apst | **j**ohannes der **z**way vnd | **z**waintzigost[377] des fünff= |
[42rb] **z**ehenden tags des monatz | **a**ppril ^a one mittel^a mit der | kilchen zů **costentz**
versach, | jn von der kilchen zů **o**ug= | spurg zů der kilchen zů | **costentz**
sendend, **B**yschoff | alda zů wesend[378]. **D**a zwü= | schen aber **h**er albrechtz

---

[372] Gebhard v. Fürstenberg: erster urkundlicher Beleg als Herr zu Zindelstein 1284; 1309 im Besitz der Pfarrei in Pfohren, 1311 in Grüningen, 1319 in Villingen und 1324 in Molsheim/Elsass; seit 1318 Domherr in Konstanz; gest. am 7. Mai 1337 (vgl. OBG, Bd.1, S.403; ESt, Bd.5, Taf.10).

[373] Gebhard v. Freiburg: erhält am 14. Aug. 1298 als Straßburger Domherr die Propstei Rheinau im Elsass und 1299 das Straßburger Archidiakonat; seit 1302 im Besitz der Pfarrei St. Martin in Straßburg; 1303 Studienaufenthalt in Bologna; schon vor 1306 Konstanzer Domherr; 1307 Straßburger Dompropst; vom 22. Jan. 1310 bis zum 25. Mai 1335 Domschatzmeister und 1310 Domkustos in Konstanz; vom 26. Okt. 1309 bis zum 8. Mai 1310 vertritt er Bischof Gerhard v. Bevar als Generalvikar; als solcher noch bis 1312 mehrmals belegt; 1314 Pfarrrektor in Freiburg; Inhaber mehrerer Konstanzer Archidiakonate; gest. am 30. Mai 1337 (vgl. HS I/2,2, S.529, 831, 858, 864, 868, 880).

[374] Ludwig v. Straßberg: 1288 erstmals belegt; wird als Konstanzer Domherr 1306/07 in zwiespältiger Wahl zusammen mit Rudolf v. Hewen zum Bischof gewählt; verzichtet auf seine Erhebung, woraufhin Clemens V. das Bistum Gerhard v. Bevar überträgt; 1309/10 Studium in Bologna; 1309 Pfarrer v. St. Nikolaus in Freiburg und Chorherr in Solothurn; seit 1318 Kanonikat in Basel; 1324-1343 Propst in Solothurn; 1338 Archidiakon v. Straßburg; gest. am 2. Dez. 1343 (vgl. HS I/2,1, S.289).

[375] Albrecht Schenk v. Beienburg/Byenburg: erster Beleg als Konstanzer Domherr am 8. Jan. 1315; Kirchherr in Bermatingen; Gläubiger des Bistums; erhält u.a. die Burg Raderach; letzter Beleg in REC am 10. März 1341: Albrecht vermacht seinen Klosterhof, der durch den Tod v. Domherr Hermann v. Stockach erledigt ist und der ihm v. Bischof Nikolaus verliehen wurde, Johannes Windlock (vgl. REC II, Nr.3713, 3748, 4005).

[376] Albrecht v. Hohenberg (1334-1335; 1344-1345; 1356-1357): Schule in Konstanz; Domherr in Konstanz; mehrere Pfründen; mehrjähriges Studium in Paris; Domherr in Straßburg; unterliegt Nikolaus v. Frauenfeld im Kampf um den Bischofsstuhl; 1337-1341 kaiserlicher Landvogt im Elsass; 1340-1342 kaiserlicher Kanzler; Kaplan des Papstes Clemens VI.; 1344 und 1356 erneut Wahl zum Bischof v. Konstanz; Ernennung zum Bischof v. Würzburg; Durchsetzung in allen drei Fällen gelingt nicht; 1349-1359 Bischof v. Freising; gest. am 25. April 1359 (vgl. REC II, Nr.4358-6048 (mit Unterbrechungen); HS I/2,1, S.297ff).

[377] Johannes XXII. (Jacques Duese): geb. ca. 1244; Papst seit dem 7. Aug. 1316; Bannung v. Ludwig dem Bayern 1324; Absetzung durch diesen während des Romzugs; gest. am 4. Dez. 1334 (vgl. LexMA, Bd.5, Sp.544-546).

[42rb]
i) jn] *dan.* jn *SG*

a...a) unmittelbar, d.h. ohne das Kapitel einzuschalten b...b) v. sich fůgen: reisen, sich begeben c) v. schaffen: veranlassen d) betrügerisch e) v. gebieten: befehlen, anordnen f) Behausungen g) v. vergünsten: gestatten h) Ausstattung i) Gönner, Anhänger

[378] Nikolaus v. Frauenfeld macht sich tatsächlich direkt nach der Wahl zum Papst nach Avignon (!) auf, um v. diesem die Bestätigung zu erlangen. Er erhält sie am 13. April 1334. Nachdem ihn Johannes XXII. am 20. April v. allen kanonischen Mängeln dispensiert, die ihm vom Besitz seiner Pfründen her anhaften, kehrt er sofort in seine Diözese zurück (vgl. HS I/2,1, S.302).

vo(n) | **hohenberg** vatter[379], als der zů | byschoff, als vor stat, erwelt | was,

5 ᵇSich fůgtᵇ zů h(er)n <u>lude</u>= | <u>wigen</u> von **Bayern**, der sich | **Rŏmschen** küng
nampt, vn(d) | schůffᶜ mit wolgeuålligem | gebett vnd fůrt jnⁱ trugen= |
lichᵈ zů bŏsem, das er sinen | sun **a**lso zů **B**yschoff erwelt, | der kilchen zů
<u>costentz</u> genå= | denclich wŏlte halten zů | hant habend vnd ze schirm= |
end, vnd och durch sinen | weltlichen gewalt gebietteᵉ, | jm der kilchen,

10 **B**ürg vn(d) be= | hůttu(n)genᶠ zů gefůgt werden. | Der gena(n)t **l**udewig,
sŏlichs | vergünstendᵍ, **S**amlet ain | grosz her mit den kayserlich | en
stetten[380] vnd belag vo(n) stund | <u>Merspurg</u>[381] das wyler. **a**ls aber | der *Belagerung und*
gena(n)t h(er)n <u>Nicolaus</u> von | <u>froenueld</u> von **R**om kam vn(d) | sin brieff *Kampf um*
über die versenhu(n)gʰ | der kirchen zů <u>costentz</u> durch | sin priester, *Meersburg[382];*

15 <u>notarien</u> vn(d) gůt | günderⁱ⁾ offnen vnd verlesen | liesz vnd dem
obgena(n)ten h(er)n | <u>albrecht</u>, jn der stat <u>costentz</u> | wonend, dem
gena(n)ten **h**(er)n **N**i= | **c**olao vnd priesterschafft zů | <u>Costentz</u> wyder
bekannt; Aber |

[42ᵛᵃ|92] dannocht von dem volk zů | **B**yschoff nit emphangen. der | selb **n**icolaus
wyder stůnd | manlichᵃ der gewaltsami | der **b**ayer Vnd nam zů im | vil
dienstbar lüt, soldner | vnd ᵇaller fürderlichestᵇ edel, | aller best vechterᶜ,
vnder die= | nen her <u>frydrich</u>, graue vo(n) | <u>toggenburg</u>[383], der zit

---

[379] Rudolf I. v. Hohenberg: Angehöriger der Grafenfamilie v. Hohenberg; frühestens 1283 geb., erste Siegelung einer Urkunde 1302; kaiserlicher Landvogt im Elsass und in Nieder-Schwaben; Oheim König Friedrichs des Schönen; Umwandlung der vom Urgroßvater gestifteten Stadtpfarrkirche in Ehingen in ein Chorherrenstift; gest. 11. Jan. 1336 (vgl. REC II, Nr.4359, 4473 und OBG, Bd.2, S.79).

[380] Nach REC II, Nr.4437 nehmen u.a. an dieser Belagerung teil: die Bischöfe v. Augsburg und Würzburg, die Markgrafen v. Brandenburg und Meißen, die Grafen v. Württemberg sowie Städte wie Augsburg, Ulm, Biberach, Memmingen, Ravensburg, Lindau, Buchhorn, Esslingen, Überlingen und Reutlingen.

[381] Meersburg: Burg geht vermutlich auf die Merowingerzeit zurück; erster urkundlicher Beleg 988; seit dem 11. Jh. in der Hd. v. Edelfreien aus der nächsten Umgebung des Bischofs v. Konstanz; nach dem Aussterben der Grafen v. Rohrdorf-Meßkirch 1210 Einzug des bischöflichen Lehens und Ausbau der Stadt; 1233 Marktprivileg auf Initiative v. Bischof Heinrich v. Tanne; 1299 Stadtrechtsverleihung; Ausbau der bischöflichen Stadt unter Bischof Heinrich v. Klingenberg; städtisches Gemeinwesen ist ganz den Bischöfen zugeordnet und untersteht dem bischöflichen Ammann; seit dem 15. Jh. Bürgermeister nachweisbar; Streben der Stadt nach größerer Freiheit im 14./15. Jh. (vgl. königliche Privilegien und Anschluss an Städtebünde) führten zu Bürgerkämpfen, bei denen sich der Bischof durchsetzt (vgl. den Bericht auf fol.200ᵛᵃff); Meersburg bleibt bischöfliche Landstadt; 1526 Verlegung der bischöflichen Residenz nach Meersburg (vgl. LBW, Bd.7, S.583ff; F. Götz, Meersburg, S.331f; A. Bihrer, Meersburg).

[382] Die sog. Meersburger Bischofsfehde (1334): Während sich Nikolaus v. Frauenfeld in Avignon aufhält, setzt sich Albrecht in Konstanz fest und versucht durch Verpfändung v. Gütern Anhänger zu werben. Gleichzeitig gewinnt er mehrere Burgen des Bistums. Nach der Rückkehr versichert sich Nikolaus des Beistands der Herzöge v. Österreich und befestigt Meersburg, dessen Burg bis ins 15. Jh. kaum als Residenz des Bischofs, sondern wie hier als „militärischer Stützpunkt und Sitz eines bischöflichen Vogtes" bezeichnet werden sollte (vgl. A. Bihrer, Meersburg). Ende Mai zieht Kaiser Ludwig in Begleitung v. Albrechts Vater mit einem großen Heer vor die Stadt und belagert sie 14 Wochen. Nikolaus wird in dieser Zeit aktiv vonseiten des Papstes unterstützt, der die Bewohner Meersburgs vom Bann löst sowie andere Bischöfe und Äbte anweist, ihm zu Hilfe zu kommen. Konstanz selbst verhält sich neutral (vgl. REC II, Nr.4437ff; HS I/2,1, S.297f; G. Brummer, Meersburg, S.337f; S.R. Fischer, Meersburg, S.46ff mit Zitaten aus unserer Chronik; H. Maurer, Konstanz I, S.195f und ebenfalls mit Blick auf die Schilderung der Chronik H.R. Derschka, Ministeriale, S.398; vgl. den ausführlichen Bericht bei C. Schulthaiß, Collectaneen, Bd.1, S.7½f und 40½, der, wie schon REC II, Nr.4439 ausführt, diesem hier ähnelt).

5 chorher(r) | zů **c**ostentz, **d**ar nach gemach= | et ward **c**apitani^d zů
Mersp(ur)g. | mit **v**iertzig bekelhuboten^e, | ettwan mit **s**übentzigen **v**n(d) |
dar ob edlen **v**nd lehenlüt(en) | der kilchen zů **c**ostentz **v**nd | mit vil andern
gewapoten^f, | gieng jn das gena(n)t wyler | **M**erspurg, sölicher gewalt |
sami wyder stand ze tůnd. | jn dem schlosz **v**n(d) wyler | zů **M**erspurg was

10 alle ge | nůgsami an win, korn **v**n(d) | aller frucht überflüssenclich. | **E**s
warend och alda ^gmaister | zů gebẅ^g/384, die besten **v**n(d) bewår | tosten jn
dem werk allen an | dren, alles swaben lands, nam= | lich maister
Berchtold von | **Rotahusen** **v**nd maister **heg**= | **go** von **zürrich**385 **v**nd ander
| des werks zymerlüt gar vil. | **a**ber sy hetten gar gross bruch^h | an holtz ze

15 buwend werine(n)ⁱ⁾. | was tetten sy aber? sy begriffen^j | die hüser **v**nd
namen das | selb holtz **v**nd machtend die | aller besten werinen, die noch |
zů **M**erspurg sicherlich^k be= | halten werdend. **V**nd die sel= |

[42vb] ben maister **v**nd ir vnder^a | worffen alle stund des tags | **v**nd ettwa nachtz
die be- | liger^b mit jren schlegen^c | scharppflich^d bekümertend. | **E**s was
och alda ettlicher | maister, der sant vs schütz^e | vsz ainer büchs^f, die ainen
| schutzlichen^g vnd hertten | don^h vnd klapffⁱ⁾ hetten, mit | dem vsgang des

5 schutz, **A**l=ⁱ so das vil menschen baÿ= | derlay geschlächt in ge= | hörd
des schutz vnder den | beligern als halb tod vnd | ön måchtig vielend vff |
das ertrich386. **D**ie andern | menschen, gewappet vn(d) | måchtig, vnd och

***

a) mutig b...b) hervorragendsten c) Kämpfer d) Anführer, Hauptmann e) leicht Bewaffnete, mit Pickelhauben Versehene f) Bewaffnete g...g) Baumeister h) Bedarf i) Befestigungen, Schutzmauern j) v. begrîfen: ergreifen, beschlagnahmen k) gesichert

383 Friedrich V. v. Toggenburg: zunächst für die geistliche Laufbahn bestimmt; Chorherr in Zürich; Domherr in Konstanz; nach O. Feger aber „weder nach seiner Gesinnung noch nach seinem Lebenswandel ein Geistlicher"; leitet – wie hier angegeben – im Auftrag des Bischofs Nikolaus die Verteidigung v. Meersburg während der Bischofsfehde; kurz danach Rückkehr in den Laienstand; Heirat der bündnerischen Erbtochter Kunigunde v. Vaz; nach dem Tod des Bruders Diethelm 1337 Führung des Hauses Toggenburg; gest. 1364 (vgl. O. Feger, Geschichte, Bd.II, S.315; HBLdS, Bd.7, S.13f).
384 Bau-/Werkmeister: als Baumeister versteht man im späteren Mittelalter „ein[en] Verwalter, der im Auftrag des Bauherren die fabrica, eine Art 'Baubüro' leitet" (LexMA, Bd.1, Sp.1666); die neuzeitliche Vorstellung vom Baumeister/Architekten entspricht dem sog. Werkmeister, der für die praktische Ausführung verantwortlich ist; wir kennen Bau- und Werkmeister vom 7. bis 15. Jh., deren Namen jedoch eher zufällig überliefert und deren Tätigkeiten in den Quellen oft ungenau bezeichnet sind; erst ab dem 14./15. Jh. werden aus Baumeisternamen durch bessere Überlieferungsverhältnisse allmählich Persönlichkeiten; sie sind v.a. für die Bauleitung bzw. die -durchführung öffentlicher Bauten, wie etwa des Konstanzer Kaufhauses (durch den Baumeister Heinrich Arnold) oder der für eine Stadt wichtigen Verteidigungsbauten zuständig (vgl. LexMA, Bd.1, Sp.15553ff, 1666f).
385 Bei den genannten Personen Berchtold v. Rotahusen (vermutlich nach Rothenhausen, Kt. Thurgau, benannt) und Heggo v. Zürich handelt es sich nach S.R. Fischer, Meersburg, S.47, unserer Chronik folgend, um „die besten Baumeister der damaligen Zeit". Zu beiden findet man jedoch in den wichtigen Lexika keine Nachrichten. Auch G. Binding, Baubetrieb oder ältere Werke zu Baumeistern der Gotik (vgl. O. Kletzl, Titel – vgl. aber die Ausführungen zu der typischen Namensbildung nach der Herkunft auf S.61ff – und P. Booz, Baumeister der Gotik) erwähnen deren Namen nicht.

[42vb]
i) *nur ein Trennstrich, v. der Hd. des Rubr., mroT*

burger | ze merspurg luffend haym= | lich mit jren geweren jn | die
wingarten^j vn(d) ertŏt= | tend vil; Edel vn(d) on edel | von dem gena(n)ten

10   her fieng- | en sy. Es warend och alda | ^kvon beschirmu(n)g^k der burg | vnd
des wylers <u>merspurg</u> | årtzgraber^l von <u>tŏtnow</u>³⁸⁷, | gůt vnd bewårt maister |
jn der kunst, die machtend | ainen wyten graben by der | pfarrkirchen by
der mur | da selbs zů laidsamu(n)g^m, den | gena(n)ten beliger vn(d) dem |
wyler zů beschirmung³⁸⁸. | Do das erhortⁿ der gena(n)t | <u>ludewig</u> mit allem

15   sinem | her, ward er gemiltsamet^o | vnd liesz von siner wůtu(n)g^p | vnd
ungestůmikait^q gar. |

[43ra|93]   A(!)b(!)er der vorgena(n)t h(!)(er)re <u>Ni</u>= | <u>colaus</u> Byschoff gab den vor |
gemeldten silber årtzern | oder grabern, jnen vm(b) ir | arbait ze lon,
<u>sübentzig</u> mark | silbers, one die claider, die | er jnen och gab. Dem |
gena(n)ten <u>Merspurg</u> also | <u>vierzehen</u> wochen durch | <u>h(er)n ludewigen</u>

5   vorgena(n)t | vnd vil des Richs stetten | belegen Durch die gnade | des
almåchtigen gottes | vnd junkfroen <u>marie</u> ge= | bet, die da ist ain ainiger |
weg vnd hoffu(n)g der betrůb= | ten. <u>ludewig</u> mit sine(m) ga(n)tz= | en her
zoch hin weg, Doch | also, das die burg noch wÿ= | ler <u>Merspurg</u> zů den
han= | den des grosmåchtigen^a | <u>h(er)n otten</u>, <u>hertzog</u> zů O^ester= | rich³⁸⁹

---

a) die ihnen Untergebenen b) Belagerer c) Kugelschläge, Einschüsse d) sehr, heftig e) Schüsse f) Gewehr g) scheuß-
lichen, knallenden h) Ton, Laut i) Knall j) Weinberge k...k) zum Schutz l) Erzgräber, Bergknappen m) Leidwesen n)
v. erhœren: erfahren o) v. miltsamen: besänftigen p) Raserei, Wahnsinn q) Heftigkeit

³⁸⁶ Vgl. dazu O. Feger, Geschichte, Bd.II, S.298ff oder ders., Schießpulver am Bodensee, der mit Blick auf diese
Schilderung Überlegungen zur Erfindung des Schießpulvers vor 1334 – möglicherweise durch einen „magister
Bertoldus de Constancia" (zwischen 1294 und 1336 am Bodensee und in Paris nachweisbar) – anstellt (ähnlich auch
H. Maurer, Konstanz I, S.196). Tatsächlich ist der Gebrauch des Schießpulvers in Europa seit den 1320er Jahren
nachzuweisen. Hier liegt aber die erste schriftliche Nachricht über die Verwendung dieser neuen Technologie in
Südwestdeutschland vor. Ganz zu klären ist jedoch nicht, „ob die im Wortsinn umwerfende Wirkung bloß von einer
Donnerbüchse oder aber schon von regulärer Artillerie" (G. Brummer, Meersburg, S.337) ausgeht (vgl. ebd., S.337;
A. Niederstätter, Ante Portas, S.112f, mit Zitat nach P. Ruppert, Chroniken; W.A. Boelcke, Handbuch Baden-Würt-
temberg, S.76 und P. Sutermeister, Mensch, S.99f).

³⁸⁷ Todtnau, Lkr. Lörrach: im Schwarzwald in der Nähe v. Silberminen gelegen; erster urkundlicher Beleg vermutlich
1025; sicherer Beleg 1283 als „Tottunowe"; mit den Schenkungen der Herren v. Waldeck 1114 könnte die Grundherrschaft an das Kloster St. Blasien gelangt sein; die Schutzvogtei über das Kloster und seine Besitzungen kommt v.
den Zähringern 1218 an das Reich und geht wahrscheinlich zur Zeit König Rudolfs v. Habsburg an sein Haus über;
(vgl. LBW, Bd.6, S.904f).

³⁸⁸ Durch diese Belagerung wird das Stadtbild v. Meersburg dauerhaft geprägt. Tatsächlich schroten 400 Berg-
knappen aus den Silberminen des Schwarzwaldes an der schwächsten Stelle der Stadtverteidigung einen tiefen
Wehrgraben aus, der bei der Pfarrkirche beginnt, bis zur Steig verläuft und die Burg vom Felsrücken der Oberstadt
trennt. Vermutlich schütten die Bergknappen auch das Obere Steigtor auf und graben die Steig selbst um zwei Meter
ab. Möglicherweise wird auch der Burggraben tiefer ausgeschrotet. Der Pfarrei Todtnau wird dafür 1340 ein päpstlicher Gunsterweis zuteil (vgl. G. Brummer, Meersburg, S.338; S.R. Fischer, Meersburg, S.47).

[43ra|93]
i) Zz: v. der Hd. des Rubr., mroT ii) Dar] D 2-z. Lomb., v. der Hd. des Rubr., mroT iii) le[i]tend] letend SG

a) sehr mächtig b) v. antworten: übergeben, ausliefern c) zusammen d...d) sich wider jn legen: gegen ihn konspirieren

³⁸⁹ Otto („der Fröhliche") v. Österreich: geb. um 1301; jüngster Sohn König Albrechts I.; unzufrieden mit seiner Zu-
rücksetzung innerhalb der habsburgischen Gesamtherrschaft, drängt er 1328 seine Brüder Friedrich den Schönen und
Albrecht II. zur Teilung, wird jedoch mit der Verwaltung der Vorlande abgefunden; 1330 Vertrag v. Hagenau:

10 geanttwurt^b solt wer= | den; das och **a**lso beschach^390. | **D**ar nach ain wenig
zites | vergangen, ward dem ge= | nanten **B**yschoff <u>nicolao</u> | die gena(n)t
Burg **v**nd wyler | <u>Merspurg</u> wyder jn. #^i |
Dar^ii nach der selb **B**y= | schoff <u>nicolaus</u> **J**st | worden ain vogt der <u>hertzo</u>=   *Nikolaus wird*
| gen von **O**^e ster(r)ich jn ober | <u>swaben</u> als jm <u>Ergȯw</u>, tur= | gȯw **v**nd   *Vogt der*
15 <u>elsȧsz</u> gemainer^c/391. | **V**nd von stund an die <u>switz</u>= | er^392 **v**nd <u>lucern</u> jm   *Habsburger;*
gehor= | sam zů sind, **a**ls aine(m) vogt | der hertzogen von <u>ȯst(er)rich</u>, |
sich ^d wyder jn le[i]tend^iii/d. **v**nd |

[43rb]   **a**ls bald do satzt er den stre(n)g= | en^a, **v**echtberen^b Ritter, **h**(er)n **v̂**l(rich) | *Auseinander-*
<u>von Ramschwag</u>^393 **v**ff die burg | <u>Rotemburg</u>^394 nach by <u>lucern</u>^395, | der   *setzung mit*
emssenclich besach **v**nd | betrachtet die gegenwürff^c **v**n(d) | **v**ffsȧtz^d des   *Luzern;*
wydertails^e/396. **V**n(d) | zů ettlicher nacht ettweuil | zites verrukdt^f was, do
5 gieng= | end **v**sz ettwemȧniger gewa= | poter fůsgȧnger^g, by <u>zwayhun</u>= |

Aussöhnung mit Kaiser Ludwig dem Bayern, der ihn 1331 zum Reichsvikar ernennt; 1335 Entgegennahme der Huldigung der Kärntner auf dem Zollfeld; gest. am 16. Feb. 1339 (vgl. LexMA, Bd.6, Sp.1578f).

390 Nachdem trotz schwerer Beschädigungen diese Belagerung v. Meersburg durch Ludwig den Bayern nicht erfolgreich abgeschlossen werden konnte, geht er auf Vermittlungsversuche Herzog Ottos v. Österreich ein und zieht sich zurück. Infolge dieser Niederlage kann sich Bischof Albrecht v. Hohenberg nicht länger halten und verlässt Konstanz. Mit dem neuen Stadtherren Nikolaus zieht nun ein Verfechter des Interdikts in die Stadt ein (vgl. HS I/2,1, S.303; H. Maurer, Konstanz, S.196; S.R. Fischer, Meersburg, S.48).

391 Nikolaus schließt sich nach seinem Sieg über Albrecht infolge seiner Herkunft, aber sicherlich auch im Zusammenhang mit dem ständigen Machtzuwachs v. Kaiser Ludwig, eng an die österreichischen Herzöge an. Im Frühjahr 1336 wird er deren oberster Beamter bzw. Stellvertreter („Hauptmann") in Schwaben und im Elsass. Damit werden ihm bedeutende administrative, aber v.a. auch militärische Funktionen anvertraut. Folglich beteiligt er sich an deren kriegerischen Auseinandersetzungen (vgl. REC II, Nr.4488f; HS I/2,1, S.303 und H.R. Derschka, Ministerialen, S.397).

392 Schwyz, Kt. Schwyz: gab als politisches Zentrum der Urschweiz dem Kt. und der Eidgenossenschaft Namen und Wappen; 972 erste Erwähnung als „Suittes"; Reichsfreiheit 1240; Bund v. 1291; territoriale Expansion; nach dem Alten Zürichkrieg folgen die Höfe; Bündnisse mit den Nachbarorten; Förderung v. demokratischen und adelsfeindlichen Bewegungen (vgl. z.B. den auf fol.66rb ff geschilderten Freiheitskrieg der Appenzeller) (vgl. SchwLex, Bd.10, S.289, 296; HHS, S.586f).

[43rb]
i) Dar] D *2-z. Lomb., v. der Hd. des Rubr., mblT*

a) starken, mächtigen [Adelsprädikat] b) kämpferischen c) Vorwürfe d) Aufsässigkeiten, Auflehnungen, Widersätzlichkeiten e) Gegenpartei, Gegner f) v. verrucken: vergehen g) Fußsoldaten h) Raub, Beute i) jämmerlich j...j) sind Schlichtungsverhandlungen angesetzt worden k...k) jede Form v. Feindschaften

393 Konrad Ulrich v. Ramschwag: Angehöriger des sanktgallischen Ministerialengeschlechts; Schwiegervater des Ritters Johann von Frauenfeld, dem Bruder des Bischofs; am 15. Feb. 1293 noch minderjährig; 1309 „Ritter"; 1336 und 1341 als österreichischer Vogt zu Rothenburg belegt (vgl. OBG, Bd.3, S.310 und REC II, Nr.4492).

394 Rothenburg, Kt. Luzern: die Burg gehört den 1135 erstmals erwähnten Freiherren v. Rothenburg, einer der mächtigsten Adelsfamilien der Zentralschweiz; strategisch wichtige Lage; Stadt wird um 1230 als Vorburg gegründet; 1285 Erwerbung durch Österreich; Vogteisitz sowie Zollstätte; v. den österreichischen Herzögen massiv befestigt; mit der Zerstörung dieses wichtigen Habsburger Vorpostens in der Innerschweiz am 28. Dez. 1385 durch die Luzerner wird der Sempacherkrieg eingeleitet; danach wird die Stadt nicht wieder aufgebaut und bleibt ein Dorf ohne Stadtrecht (vgl. REC II, Nr.4492; SchwLex, Bd.9, S.389 und ausführlich zum Besitzstand dieser Herrschaft oder zum Tätigkeitsbereich des Vogtes v. Rothenburg G.P. Marchal, Sempach 1386, S.16ff).

395 Luzern (vgl. z.B. SchwLex, Bd.7, S.350-354; LexMA, Bd.6, Sp.37).

396 Er soll als Vogt der Herrschaft Österreich die Schwyzer und Luzerner beobachten, um mögliche Aufstände gegen Habsburg zu verhindern.

derten, vsser der stat <u>lucern</u> | vnd verbranten ettlich dorff | by <u>Rotemburg</u>;
vnd den rob^h, | was jnen werden mocht, | fůrte sy mit jnen hin weg. d(a)z |
für also von den wachtern | vff <u>Rotemburg</u> gesenhen, der | gena(n)t Ritter,
von dem schlaff | gewekt, Nam zů jm <u>süben</u> vn(d) | <u>zwaintzig</u> gewapoter

10   vnd | von stund mit gewappoter | hand viel er jn das selb volk | vnd
erschlůg <u>fünff vn(d) achtzig</u> | man; die andern sind jn den | wassern
<u>emma</u>³⁹⁷ vnd <u>Rüssa</u>³⁹⁸ | ellentklichⁱ⁾ ertrunken. Vnd | von stund an ^jsind
gemachet | worden gůtlich tag^j vn(d) durch | den weg gůtlicher
verainu(n)g | ^kalle gestalt der wyder wårti= | kait^k zů den zyten gestillet.³⁹⁹

15 |

Darⁱ nach ist aber vff er= | standen der grôssest | vnfryd zwüschen den   *Habsburg vs.*
hertzo= | gen von <u>ôsterrich</u> vn(d) <u>johan</u>= | sen küng zů <u>Behem</u>⁴⁰⁰, vnd het=   *Johann v.*
| ten ain grosz gevåcht gegen | ain ander jn <u>Bayern</u>⁴⁰¹, also d(a)z | h(er)n   *Böhmen;*
<u>Nicolaus</u> Byschoff zů <u>Co</u>= | *Hilfeleistung*

[43ᵛᵃ|94]   stentz von den hertzogen vo(n) | <u>O</u>^ester(r)ich eruordert^a vnd gema= | net^b   *v. Nikolaus;*
ward jnen hilff vn(d) by= | stand zetůnd, mit grossem ge | bett vnd
verhaissu(n)gen durch | sy geton, als dan(n) noch hüt by | tag in den
brieuen der selben | hertzogen jn der kilchen zů | <u>Costentz</u> behalten mit

5   jrem gros= | sen sigeln beuestnet^c clarlich^d | ^ejnn(en) haltend^{e/402}. Vff d(a)z

---

³⁹⁷ Kleine Emme: Nebenfluss zur Reuss (vgl. SchwLex, Bd.3, S.376).

³⁹⁸ Reuss: Nebenfluss der Aare; mündet bei Windisch (vgl. SchwLex, Bd.9, S.315f).

³⁹⁹ Nikolaus v. Frauenfeld organisiert hier also den Kampf und Friedensschluss Habsburg-Österreichs (vgl. das Schiedsgericht aus Bürgern v. Basel, Bern und Zürich, dessen Urteil am 18. Juni 1336 beurkundet wird) mit dem Luzerner Bund (Luzern und Waldstätte). Die sich gegen Österreich erhebenden und plündernden Luzerner werden geschlagen und gehen auf den Schiedsspruch ein (vgl. REC II, Nr.4492ff; HS I/2,1, S.303 und ausführlich F. Wernli, Entstehung, S.364ff).

⁴⁰⁰ Johann v. Luxemburg: geb. am 10. Aug. 1296; 1308 von seinem Vater Kaiser Heinrich VII. mit der Grafschaft Luxemburg, 1310 mit Böhmen belehnt (vgl. zuvor Hilfsgesuch an den Kaiser v. einer mit dem 1307 zum König v. Böhmen gewählten Heinrich v. Kärnten unzufriedenen Partei); Zug nach Böhmen unter dem Mainzer Erzbischof Peter v. Aspelt (1306-1320) (vgl. zu diesem kurz HS I/2,2, S.988); Vertreibung des Kärntners; Krönung im Feb. 1311; 1314 Kandidatur für die Wahl zum röm. König nach dem Tod des Vaters; Resignation zugunsten Ludwigs des Bayern, den er 1322 gegen Habsburg unterstützt; gest. in der Schlacht v. Crécy am 26. Aug. 1346 (vgl. LexMA, Bd.5, Sp.496f).

⁴⁰¹ Gemeint sind die Auseinandersetzungen der Herzöge v. Österreich mit Johann v. Böhmen um Kärnten und Südtirol. U.a. fällt (wie im Folgenden berichtet) König Johann Ende Feb. 1336 in die an sein Reich angrenzenden Gebiete der Österreicher ein und überzieht das Land v. Otto v. Bayern mit Brand und Raub. Im Anschluss zieht er gegen Kärnten, ohne dabei einen durchschlagenden Erfolg zu erzielen. Anfang Juli marschieren die Truppen Kaiser Ludwigs des Bayern dann bis zur Donau, wo sie im Osten der Bastionen v. Heinrich v. Niederbayern zusammen mit den Österreichern lagern. Ohne dass es zur Feldschlacht gekommen wäre, bricht Ludwig, nachdem er durch die Forderung der Übergabe v. vier Burgen die Österreicher in die Arme v. Johann getrieben hat, Anfang Sept. v. Landau in Richtung Passau auf. Am 9. Sept. kommt es schließlich zu einem Friedensschluss zwischen Böhmen und Österreich (vgl. H. Thomas, Ludwig der Bayer, S.286-288).

[43ᵛᵃ|94]
i) *Mz: 2-z. Ausrufezeichen, v. späterer Hd., mschwT, amliRa*

a) v. eruordern: auffordern (zu) b) v. manen: ermahnen, antreiben, c) v. bevesten: bestätigen, besiegeln d) deutlich e...e) v. jnnenhalten: bestätigen f) Schütze g) v. bruchen: brauchen, hier: der Bedarf h) Verpflegung, Wegzehrung i...i) die äußeren, die hinteren j) v. enthalten: sich aufhalten k) Plätze, freie Felder, hier: Kampfplätze

siner | getrüwen rat gehabt zů | <u>wintterthur</u>, begraiff er den | weg jn siner aignen person, | den selben hertzogen mit <u>zwaÿ</u> | <u>hunderten</u> vnd <u>zwen vn(d) sech</u>= | <u>tzig</u> bekelhuboten vnd schütz= |ⁱ enᶠ vnd ettlich rittend begir= | lich zů dienend[403]. vnd kam des | ersten gen <u>diessenhouen</u> mit |

10 sinen wågen vnd karren, | die da trůgend ze bruchendᵍ | an win vnd brot. **D**en selben | bruch der zeru(n)gᵍ durch jo= | <u>hansen von Rauensp(ur)g</u>[404], schri= | ber des hoffs zů <u>costentz</u>[405], durch | gebott des **B**yschoffs geordnet | vnd geschikt, fůrt er mit jm | an ⁱ⁾die vssrenⁱ⁾ tail <u>ȯsterrich</u> | gen <u>lintz</u>[406] by dem wasser gena(n)t | <u>tonow</u> vnd enthielᵗ sich alda | mit sinen mitziehern

15 vff <u>vier</u>= | <u>zehen</u> tag[407] vnd jn dem vndern | **B**ayern jn den blåtzenᵏ by dem | grosz måchtigen fürsten hern | **O**tten hertzog zů **O**ᵉsterrich vn(d) | och **h**(er)n ludewig von **B**ayern | mit vil gewappoten, **a**n ainer | sum <u>drü tusend</u> vn(d) <u>vierhun</u>= |

[43ᵛᵇ] <u>dert</u>, wyder den küng zů | <u>behem</u> vnd hainrichen, | hertzogen von dem nidern | bayern[408], manlich wyder | stånd[409]. **D**ar nach zoch er | gen wien[410]

---

[402] Vgl. REC II, Nr.4515: Die Brüder Albrecht und Otto v. Österreich versprechen Bischof Nikolaus am Weihnachtsabend 1336 „für den dienst, den er ihnen gen Österreich gethan, für den schaden, den er gehabt und für die Kosten des Kriegs gen Schwyz" 4.783 Mark Silber.

[403] Nikolaus stellt für die österreichischen Herzöge das Kontingent der Vorlande zusammen und bricht im Aug. 1336 v. Winterthur aus nach Österreich und Bayern auf (vgl. die Nacherzählung unseres Textes sowie Schulthaiß, Collectaneen folgend, bei REC II, Nr.4503aff). Bei dem Kontingent handelt es sich vorwiegend nicht mehr um habsburgische oder konstanzische Ministeriale; es setzt sich vielmehr größtenteils aus Soldrittern zusammen. Der Bischof agiert hier gewissermaßen als „Subunternehmer" (Derschka), der für die Bezahlung der Soldritter verantwortlich ist, seinerseits das Geld aber von den Herzögen erhalten sollte (vgl. HS I/2,1, S.303 und H.R. Derschka, Ministeriale, S.397 mit einer näheren Identifizierung).

[404] Johannes v. Ravensburg, d. Ä.: erstmals 1327 fassbar; Kleriker des Konstanzer Bistums; kaiserlicher Notar; v. 1336-1365 Notar der Konstanzer Kurie; besitzt mehrere Häuser in Konstanz; 1363 gestattet Herzog Rudolf v. Österreich, dass die Feste Freudenfels an ihn und seinen gleichnamigen Sohn versetzt wird; gest. vor dem 24. April 1368 (vgl. P.-J. Schuler, Notare, Nr.1022, S.347f).

[405] Johannes v. Ravensburg scheint auch der Verfasser eines Dacher hier vorliegenden Textes – „eine Lebensbeschreibung des Bischofs Nikolaus" (HS I/2,1, S.304) mit ausführlichen Schilderungen der Ereignisse zur Zeit Bischof Nikolaus – zu sein. Vgl. REC II, Nr.4690, wo es unter anderem heißt, die „Hauptquelle" für die Geschichte Bischof Nikolaus v. Frauenfeld sei „die Chronik Dachers, der einen vorzüglich unterrichteten Zeitgenossen benutzt" habe. Ähnlich auch P.-J. Schuler, Notare, S.347.

[406] Linz (vgl. z.B. LexMA, Bd.5, Sp.2002f).

[407] Bischof Nikolaus vertraut seinem Notar hier also auf einem Zug nach Linz seine Mundvorräte an.

[43ᵛᵇ]
i) *Marg.: v. späterer Hd. (vgl. oben Marg. „Falsum"), mschwT, amreRa*: Hand insolitum ii) *Marg.: v. derselben späteren Hd., mschwT, amreRa*: Modos.

a...a) Gefolgsleute b...b) Waffenträger und Gefolgsleute c...c) unaufhörlich

[408] Heinrich XIV. v. Niederbayern: geb. am 29. Sept. 1305; Schwiegersohn König Johanns v. Böhmen; Neffe Ludwigs des Bayern; Kampf um die Vormundschaft über die jungen Herzöge und ihr Erbe nach dem Tod seines Vaters Stephan I. (Regentschaft t.w. in der Hand Ludwigs); Teilnahme bei der Schlacht v. Mühldorf; Auseinandersetzungen und zeitweilig Teilung der Herrschaft; seit 1332/33 gemeinsame Regierung mit Heinrich XV.; Johann v. Böhmen bemüht sich 1333, den gebannten Kaiser zugunsten v. Heinrich XIV. zur Abdankung zu bewegen; gest. am 1. Sept. 1339 (vgl. LexMA, Bd.5, Sp.497 (Johann); NDB, Bd.8, S.345).

[409] Wie schon in REC II. Nr.4507 zu lesen ist, ist diese ebenso wie die Schulthaiß'sche Erzählung „nicht völlig klar, da sie ihre quelle, den bericht des Johann v. Ravensburg, schlecht zusammengefasst zu haben scheint". Feststeht,

mit wenig ᵃdienst | lüten ᵃ **vnd** die andern | alle **Ritter**, edel(e)n vn(d) fryen |
jn ir land⁴¹¹. **Er** stünd vff <u>sech</u>= | <u>zehen</u> wochen jn der sch= | lossen **vnd**
5   gab vss zů sold | den ᵇwåpnern vn(d) dienernᵇ, | edel(e)n **vnd** vnedel(e)n,
vnd | gab och vsz vmb cost vn(d) | spisz da selbs getǒn jn dem | selben zit
<u>Nün tusend mark</u> | silbers. **Vnd** als nun der | **Byschoff** <u>n</u>icolaus mit hertz=
| og <u>otten</u> gen <u>wien</u> zoch, | den andern wåppnern jn | ir vatterland, als vor
stat, | haym gezogen, **Stůnd** er | zů <u>wien sechzehen</u> woch= | en ᶜǒne
10   vnderlauszᶜ vor= | drend der dienst lüt lon | **vnd** sold. **Die** hertzogen |
gabend jm aber wenig | **vnd** gantz nichtes vnd ⁱ| betrugend jn gentzlich;
vn(d) | och nit minder die kilch | zů <u>costentz</u> noch hüt by tag | betrogen ist,
wie doch sy | schuldbrieff hat ain(er) grossen | sum(m) jn der sacristi der
kilch= | en zů <u>costentz</u> getrülich ⁱⁱ| behalten. **Die** selben sum | er gentzlich
15   vor sinem | tod bezalt **Vnd** dar vff |

[44ʳᵃ|95]   ⁱAnno M CCC xliiij jar #ⁱ   *1344*

die pfand besitzu(n)gen **vnd** hǒfe, | durch sin vorfarn **Byschoff** | zů
<u>costentz</u> vor vergange(n) | zyten versetzt, wyder vm(b) | lostᵃ, by ainer
sum <u>drütusend</u> | **vnd** <u>fünffhundert</u> mark sil= | bers <u>costentzer</u> gewicht⁴¹². #ⁱⁱ
5 |

---

dass die Vereinigung der Heere des Herzogs und des Kaisers nach dem 16. und vor dem 21. Aug. in Niederbayern erfolgt. Später in Linz trennt sich Kaiser Ludwig wieder v. Herzog Otto und kehrt nach Hause zurück; er urkundet am 14. Sept. in Tittmoning. Die Österreicher verhandeln in Begleitung v. Bischof Nikolaus mit dem Böhmerkönig; am 9. Okt. kommt es schließlich zu einem Friedensschluss (vgl. ebd., Nr.4507f).

⁴¹⁰ Wien (vgl. z.B. LexMA, Bd.9, Sp.81ff).

⁴¹¹ Nikolaus unterstützt die österreichischen Herzöge auch, nachdem der Kaiser sein Heer bereits abgezogen hat. Er steht – wie im Folgenden berichtet wird – 16 Wochen mit zum größten Teil selbst finanzierten Truppen für die Habsburger im Feld. Nach der Versöhnung zieht er mit einem Teil seiner Truppen im Okt. nach Wien, um seine Ausgaben zurückzuerlangen (vgl. REC II, Nr.4513f; HS I/2,1, S.303; O. Feger, Geschichte, Bd.II, S.304).

[44ʳᵃ|95]
i...i) Anno M CCC xliiij jar #] *v. der Hd. des Rubr., mroT* ii) *Zz: v. der Hd. des Rubr., mroT* iii) Dar] D *2-z. Lomb., v. der Hd. des Rubr., mroT* iv) *Mz: waagrechter Strich, v. späterer Hd., mBl, zwischen den Zeilen, amliRa* v) *Absz: v. der Hd. des Rubr., mroT, vdZ* vi) *nur ein Trennstrich, v. der Hd. des Rubr., mroT* vii) Aber] A *2-z. Lomb., v. der Hd. des Rubr., mblT*

a) *v. lǒsen:* loskaufen, auslösen b) Almosen c) großzügig, freigiebig d...d) ganz besonders viel e...e) die Almosenausgabe unterließ g) Stab

⁴¹² Nikolaus scheint die für die Herzöge vorgestreckten Mittel für Sold und Verpflegung der Truppen (wirklich die genannten 9.000 Mark Silber?) nur verspätet und unvollständig ersetzt bekommen zu haben (vgl. REC II, Nr.4514f). Infolgedessen kommt es zu Problemen der Bezahlung seinerseits. Eine v. den Freiherren v. Tengen veranlasste Gefangennahme des Bischofs am 5. Mai 1338 bei Glattfelden (Gefangenschaft auf Burg Hohenhewen; Freilassung erst am 21. Aug.) deutet darauf hin, dass er sie für ihre Beteiligung am Heereszug nicht oder nur ungenügend entschädigt hat. Nachweislich überlässt Bischof Nikolaus seinem Nachfolger die vollständige Begleichung der Schuld gegenüber dem Ritter Heinrich v. Klingenfeld (vgl. REC II, Nr.4551f, 4555, 4558; HS I/2,1, S.303 und H.R. Derschka, Ministeriale, S.398).

⁴¹³ Bischof Nikolaus hält sich in seinen letzten Lebensjahren v.a. auf der Burg Castell auf, wo er während einer Hungersnot (infolge v. Missernten, v.a. 1343, vgl. die Ausführungen auf fol.49ʳᵇ) – nach Johannes v. Winterthur seinen angeborenen Geiz überwindend – mittels Almosen täglich Tausende der Armen speist (vgl. HS I/2,1, S.304; REC II, Nr.4667 und 4674 und der Erzählung der Chronik folgend auch H. Maurer, Konstanz I, S.189, 203 sowie K.D. Bechtold, Zunftbürgerschaft, S.121, der sich u.a. mit den Folgen dieser Naturkatastrophen für die innerstädtische Politik beschäftigt; ausführlich zur Darstellung Winterthurs J. Grabmayer, Diesseits, S.55ff).

Darⁱⁱⁱ nach gab er das al- | mûsen^b vor sinem tod | drü jar allen armen, die   *Anekdote zu*
gen | <u>casteln</u> kamend oder ander= | swa, wa er wonet. Aber zů | <u>castel(e)n</u>   *Nikolaus und*
gab vnd tailt er aller | miltsamest^c vsz, Vnd ^daller | sunderlichost vnd aller   *seinem Einsatz*
maist^d: | *für Bedürftige;*

10   ^{iv}¶^v des jars als man von der ge= | purt cristi zalt <u>tusend drü</u> | <u>hundert vnd</u>
<u>vier vn(d) vier</u>=^{vi} | <u>tzig jar</u>, **a**ls er och vsz dem | zyt zů dem heren schied, | *1344 Tod;*
spiset alle tag <u>drü tusend</u> | menschen, ettwen <u>drü</u> oder <u>vierhundert</u> mer **v**nd
ett | wen minder⁴¹³. |

Aber^{vii} vff ainen tag vmb | die <u>vffart</u> des her(r)en⁴¹⁴ jn | dem obgena(n)ten
15   jar erschi= | nend ettlich sin diener, die | das almûsen gabend, vor jm | vnd
sprachend, **S**y hetten nit | mer mel, brot zebachen, | vnd riettend jm da
by, das | er ^eder vsspendu(n)g des almû= | sens abstûnd^e, dan(n) er môcht |
so ain grosz mengin nit spi | sen. **W**as tett er? **E**r nam | ainen klainen
steken^g, den er | gewonlich jn sinen henden | trûg, dan(n) er was swach |

[44rb]   des libs, vnd schlûg ainen | von dienen, die jm d(a)z rie= | ten, das er d(a)z
almûsen ab= | brechen vnd mindren sôlt, | mit namen jâger, sinen kâ= |
merling^a/⁴¹⁵, eben hartenclich | vff sin hopt vnd sprach zů | im: „du
verflûchter, mag | nit ain **B**yschoff hon gelt, | frucht vnd vil gûtz.“ vnd |
5   also ettwas in zorn bewegt, | hiesz er jm bringen sin decre | tal bûch, das
dan(n) costlich^b vn(d) | grosz lons wert was, Vnd | hielt jnen für den
<u>canon</u>^c, d(a)z | geschriben recht, der <u>xxvij</u> | <u>frag vij cappittel</u> ⁱ• jn fi(ne) •ⁱ,
<u>da</u> | er spricht: „<u>**w**a ain husuatt(er)</u>^d | ist ain milter vsgeber^e, der | sol nit sin
hâbig^f.“ Vn(d) anders= | swa: „was dir, dar vmb d(a)z | dir ain bôser
10   dienstknecht | tût, da der h(er)re gût ist.“ Vn(d) | **a**ber anderswa: „was
jrret^g | dich ain bôser püttel^h, da der | richter gût wyllig ist.“ vn(d) | als er
jnen das gelasz, do | ersünfftzetⁱ⁾ er jnnenclich, | das kain mel noch frucht |
an der stat was, vnd ge= | daucht jn jm selber: „du hâst | vil claider,
verkoff ettliche | oder verpfend die by den ju= | den vnd gib den armen das
15 | almûsen.“ Vnd als Bald | sine claider, mengerlay vn(d) | costliche alle
vnd yegkliche, | hiesz er verkoffen oder aber |

[44va|96]   by den juden vmb ain sum(m)e | geltz verpfânden. **D**ie ver= | koffu(n)g
siner claider er dem | **E**rsamen vnd getrüwen man(n) | <u>frydrichen von</u>

---

⁴¹⁴ 13. Mai.

[44rb]
i...i) • jn fi(ne) •] *vor und nach* jn fi(ne) *jeweils ein Punkt, v. der Hd. des Rubr., mroT*

a) Kämmerer b) kostbar, prächtig c) Einzelbestimmung im Codex Iuris Canonici d) Familienoberhaupt e) Spender, Wohltäter f) geizig g) v. jrren: stören h) Gerichtsdiener i) v. ersiufzen: (auf-)seufzen, bedauern

⁴¹⁵ Dieser bischöfliche Kämmerer (Amt am Konstanzer Bischofshof erstmals 1182 nachweisbar) ist lediglich durch die Nachricht unserer Chronik belegt. Der Bericht verdeutlicht übrigens, dass der Kämmerer nicht nur für die Finanzen, sondern tatsächlich auch für die „Kammer“ im ursprünglichen Sinne zuständig ist (vgl. REC II, Nr.4674 und mit einer Nacherzählung dieser Episode auch H.R. Derschka, Ministerialen, S.372; zum Amt des Kämmerers allg. LexMA, Bd.5, Sp.885ff und zu Konstanz H.R. Derschka, Ministerialen, S.361ff, 371ff sowie W. Kundert, Erb-hofämter, u.a. S.174ff)

sulgen[416] jnsig= | ler[417] sines hoffs zů costentz | beualh, vmb das er dannet
| hin das angefangen almů= | sen mòcht dester lenger vol= | bringen,
5 dan(n) do ze mal der | selben zyt was die aller gròst | türin[a/418]. Jn dem
kam von | stund der gena(n)t kåmerli(n)g, | den er mit dem steken ge |
schlagen hett, vnd sagt jm, | wie er noch silbrine vasz[b] | hette, die grosz
geltz wert | wårind vnd sich och basz | zympte, die zů verpfånden, | dan(n)
sine claider also hin zie | hen, hintragen vn(d) verpfån | den. Do er disz
10 also von | dem kåmerling vernam, | ward er gar frow, dan(n) er | nit
wessde sòliche silbrine | vasz habend, dan(n) durch vil | arbait,
můsamu(n)g[c] vn(d) krank= | hait was er worden ver= | gessig vnd
abnemend an | der gedåchtnüsz. Vn(d) vo(n) | stund an schickt er die
selben | silbrinen vasz durch den genanten jnsigler vnd an | der sin botten,
15 zů dem wůch= | er[d], gelt ze überkomend. die | selben vasz also genomen |
vnd den botten, die burg | casteln vsgånd, begegnott |

[44vb] den botten jn dem fůsweg | des gena(n)ten Bergs casteln | ain erbrer[a]
priester, gena(n)t | wernher von überlingen[419], | ain schaffner[b] des
gena(n)ten | byschoffs nicolai jn dem | prisgow[420], vnd braucht an | Barem
gelt drühundert vn(d) | ain vnd tryssig guldin. vn(d) | die botten, so die
5 silbrinen | vasz solten verpfandet ha= | ben, karten wyder vm(b) zů | jrem
heren vnd sagtend | jm von dem gebrauchten | gelt. Anttwurt der Bÿ= |

---

schoff **v**nd sprach: „**G**ot hǎt | mich nit verlaussen **v**n(d) | alle die, die jn jn
hoffend." | **D**as gold alles hiesz er ge= | ben vmb frucht **v**nd mel; |
vsgenomen ainen guldin, | den behielt er. **V**nd dar= | nach **v**nd vor dem
10   zytt | sines sterbens bedorfft er | nümer mer kain wǔch= | er gelt zǔ
überkomend, | das **a**lmǔsen ze gebend, | vffnemen. **A**ber sånlichen^c | bisz
zǔ dem hochzit sant | jacobs des zwͦlffbotten^(d/421) | ^enach dem begriff sines
| gemͧtz^e gab er das gena(n)t | **a**lmͧsen den armen. **E**r | hat och dick
geoffnet vor vil getrüwen vnd husge | sinds vor dem vest sant |

[45ra|97]   ^iAnno M CCC xliiij jar #^i   *1344*

jacobs des gena(n)ten jars, **a**ls | er von sinen dienern ward | gestraffet^a,
über so grosz almͧ= | sen tåglich zǔ gebend, **a**ls sy | dan(n) vorchtend,
d(a)z er es nit | **a**ls emssenclich volbringen | mͦcht, jn zorn ettwas be= |
5   wegt, dise wort gesproch= | en: „**J**ch wyll das almͧsen | geben armen
lüten bisz vff | sant jacobs tag vn(d) hettend | ir es geschworn vnd wyl | es
dan(n) got emphelhen. **V**n(d) | wan(n) der herpst kompt, ge= | leb ich
dan(n) es, **S**o wyl ich d(a)z | aber^b geben." **V**nd er starb | an sant jacobs tag
vff dem | schlosz **c**asteln jn dem vor= | genanten jar^422 vm(b) die nün= | *Tod und*
10   **d**en stund, **a**ls dan(n) sin schaff | ner vnd diener das almͧ= | sen vsgabend.   *Begräbnis^424;*
Des an= | dern tags dar nach volgend, | **a**ls die lych von dem schlosz |
casteln zǔ der sesselkilchen | getragen ward^423, kam die | aller grͤst vilin
armer lüt | mit grossem geschray^c, schry= | gend **v**nd hülend, also sprech |
end: „**O** lieber **v**nd getrüwer | vatter, wer spiset vnd fͧret | **v**ns nun füro^d
15   hin oder wem | verlaussest du vns; nun wer= | den wir hungers verderben, |
füro nit yema(n)d habend, der | **v**ns vffenthalte^e?" **V**n(d) also | stym(m)en^f,
lͧgu(n)g^g, clagnen **v**n(d) | waynu(n)g wurdend on vnder | lausz jn dem
weg gehͤrt vo(n) |

[45rb]   **R**ichen vnd **a**rmen bederlaÿ | geschlǎcht. **v**nd es giengen | vsz usser der
stat **c**ostentz burg(er), | man **v**nd froen, engegen | der lych, **a**ls die in der
baur^a | getragen ward jn gestalt ain= | es bethes, erschinend jn **B**ÿ= |

---

^421 25. Juli.

[45ra|97]
i...i) Anno M CCC xliiij jar #] *v. der Hd. des Rubr., mroT*

a) *v. strafen:* tadeln b) abermals, wieder c) Wehklage, Geschrei, Lärm d) in Zukunft, weiterhin e) *v.* vffenthalten:
unterstützen, unterhalten f) Stimmen, Rufe g) Gebrüll, Geheul

^422 Der Todestag ist hier korrekt überliefert.
^423 Vgl. zu diesem Leichenzug auch REC II, Nr.4687 mit dem Hinweis auf die Schilderung bei Johann v. Winterthur
und C. Schulthaiß, Collectaneen I, S.8½, der „Dacher ausgezogen" habe.
^424 Vgl. dazu die Ausführungen zum „schönen Tod" des Bischofs bei J. Grabmayer, Diesseits, S.55-59.

[45rb]
i) *Absz: v. der Hd. des Rubr., mroT, vdZ*

a) Totenbahre b) Glanz c) Pult (des Sängers im Chor) (vgl. REC II, Nr.4688) d) *v.* verbieten: verbieten, untersagen e)
Gebet

schofflichem schin^b, Vnd der | selben vil, die jn by dem leben | nit lieb
5 hetten, in totten waÿ= | notend. Vnd also mit gros= | sem waynen vnd
trurikait | ward er durch die mituolger, | arm vn(d) Rich, man vnd froen |
sinem grab vnd růstat zů | gefůrt. Vnd ist begraben | worden jn dem
münster des | hohenstiffs zů costentz jn dem | grab her hainrichs vo(n)
cling= | enberg, Byschoffs zů costentz, | såliger gedåchtnüsz by dem |
10 pulpit^c by dem chor one alle | herlichait, wan die stat zů | costentz, vmb   *Hinweis auf*
d(a)z sy h(er)r lude= | wygen von Bayer, der sich | küng zů Rom hielt,   *Interdikt;*
getrw | manschafft verhaissen hett, | verbotten^d was gemeinsamu(n)g | der
cristenhait⁴²⁵, An dem Mồr | ¶ⁱ nigen tag nach Sant jacobs | des hailigen
zwồlffbotten tag⁴²⁶ | des jars als man von der ge= | purt cristi zalt tusend
15 drühun= | dert viertzig vn(d) vier jaure | do ze mal, als er jn leben was, | *1344*
mit aller begirlichoster begird, | jnbrünstikait sines hertzen | begert
begraben werden, des | sele von gebett^e aller glồbigen | vnd min des armen
sünders, |

[45va|98]   ⁱAnno M CCC xliiij jar #ⁱ   *1344*

sines demůtigen vnd vnwir= | digen diener vnd schriber | durch die
erbårmd gottes | sålenclich růwe jn fryd. am(en). | vnd was der vierⁱⁱ vnd |
fünffzigost an der zal | vnd regiert ayliff jar vnd | Starb des jars nach der   *Tod;*
5 ge= | purt cristi, als vor geschri= | ben ist. |

             ⁱⁱⁱwie Alttstetten⁴²⁷ Burg | gewonnen ward #ⁱⁱⁱ

J^{iv}n^v dem jar do man zalt Tussend | drü hundertt drissig vnd acht | jar an   *1338*
des hailigen Crütz tag | zů herpst⁴²⁸ ward Alttstetten | die Burg gewunnen   *Eroberung v.*
10 von | den von Costentz vnd andren | des Richs Stetten. Es warend | vil   *Altstätten;*
Ritter vnd knecht jn der | Burg, die all ainer nacht | daruon giengend, Won
die | burg was mitt Anttwercken^a | vast bekumbertt^{iv}. #^{vi}/⁴²⁹|

---

⁴²⁵ Bischof Nikolaus findet seine letzte Ruhestätte seinem Wunsch gemäß im Grab Heinrichs II. v. Klingenberg im
Münster. Aufgrund des über Konstanz verhängten Interdikts handelt es sich – wie in der Chronik angedeutet – um
ein stilles Begräbnis (vgl. HS I/2, 1, S.304; REC II, Nr.4688).
⁴²⁶ 26. Juli.

[45va|98]
i...i) Anno M CCC xliiij jar #] *v. der Hd. des Rubr., mroT* ii) vier] *üdZ v. der HHd.; mbrT erg., darunter* fünff *durch
leichte Streichung mbrT und starke Streichung mroT korr.* iii...iii) wie Alttstetten Burg | gewonnen ward #] *v. der Hd.
des Rubr., mroT* iv...iv) n dem (...) bekumbertt] *v. der Hd. des Rubr., mbrT* v) Jn] J *2-z. Lomb., v. der Hd. des Rubr.,
mroT* vi) Zz: *v. der Hd. des Rubr., mroT*

a) Kriegs-/Belagerungsmaschinen

⁴²⁷ Altstätten, Kt. St. Gallen: erste urkundliche Erwähnung 853; gehört ab 970 dem Kloster St. Gallen; Stadterhebung
Mitte des 13. Jhs.; über dem Ort liegen zwei Burgen; 1405 Belagerung durch Appenzeller und 1410 durch die Österreicher (vgl. SchwLex, Bd.1, S.148f; HHS, S.17).
⁴²⁸ 14. Sept.
⁴²⁹ Im Sommer und Herbst 1338 werden im Zuge einer „wachsamen Außenpolitik" zum Schutze der Kaufleute die
beiden Burgen zu Altstätten, Sitze des Ministerialen- und Rittergeschlechts der Meier v. Altstätten, am Weg zum
Arlberg und den Bündner Pässen gelegen, zusammen v. Konstanz und den verbündeten Reichsstädten und Adligen
(darunter Ulrich v. Montfort) belagert, dann nach der Flucht der Verteidiger eingenommen und gebrochen. Im Frie-

[46ʳ]ⁱ Leere Seite

[46ᵛ] Leere Seite

[47ʳ|101] Leere Seite

[47ᵛ|102] Leere Seite

[48ʳᵃ|103]ⁱ   ⁱⁱAnno M CCC xlij jar #ⁱⁱ   *1342*

Doⁱⁱⁱ man zaltt Tussend drü | hundertt viertzig vn(d) zwaÿ | jar starb der *1342*
Erwirdig Apptt | von Richen ŏw vnd w(a)z geboren | von Casteln⁴³⁰, von *Abt Diethelm*
dem hus, das ob | Tegerwilen litt; Das ward ŏch | von den von Casteln *v. Castell und*
5 gebuwen. | Dirre von Castell was ŏch Apptt | zŭ petershusen vnd ward er= *dessen Reform-*
| bettenᵃ vnd erwellt gen Ôw. | Also hieltt er die ᵇRegel des orde(n)sᵇ | ze *versuche;*
hertt, Das es die herren jn | dem orden nicht liden wolltten, | won die
wårend so måchtig, das | sÿ ir aigen ᶜhoptt roszᶜ hattend, | Die man jnn
nach mŭst ziechen, | wenn sÿ von hus rittend. Sÿ | rittend ouch die hŏff,
10 Turner | vnd stechen ze ordnentt⁴³¹. #ⁱᵛ |

¶ᵛ Rinÿ [?] alltten zitten nam der | Co[n]uenttᵈ jn der Richen ŏw kaine(n) |
Apptt noch Co[n]uentt herre(n), Er | wåre den(n)e ᵉain rechter frÿ | Oder

_____

densvertrag mit Walter, dem Meier v. Altstätten, am 30. Jan. 1341 geschlossen, wird festgelegt, dass nach einem
Wiederaufbau die Burg im Kriegsfall für 20 Jahre den Konstanzern zur Verfügung gestellt werden muss. Dadurch
wird im unteren Rheintal ein fester Stützpunkt geschaffen und die Gefahr, die v. den Burgen für die Kaufleute ausgeht, zumindest zeitweise gebannt (vgl. J. Marmor, Beziehungen, S.114; ders., Urkunden-Auszüge I, S.23; H. Maurer, Konstanz I, S.193).

[46ʳ]
i) *mit dieser Seite beginnt eine neue Lage Papier*

[48ʳᵃ|103]
i) *diese Recto-Seite ist komplett v. der Hd. des Rubr., (abgesehen v. den im Folgenden aufgeführten Ausnahmen)
mbrT geschrieben* ii...ii) Anno M CCC xlij jar #] *v. der Hd. des Rubr., mroT* iii) Do] D *2-z. Lomb., v. der Hd. des
Rubr., mroT* iv) Zz: *v. der Hd. des Rubr., mroT* v) Absz: *v. der Hd. des Rubr., mroT, vdZ*

a) v. erbiten: auffordern b...b) Ordensvorschriften c...c) Schlachtross d) Konvent, Kloster(-gemeinschaft) e...e) ein
wahrer Adliger oder jmd., der sich durch außerordentliche Verdienste für würdig erwiesen hat

⁴³⁰ Diethelm v. Castell: aus dem Konstanzer Ministerialengeschlecht; Vater: Walther v. Castell auf Schauenberg,
Neffe des Bischofs Heinrich v. Klingenberg; als Abt v. Petershausen vom 11. Dez. 1292 bis zum 10. März 1324
nachgewiesen; wird vor dem 31. Jan. 1306 v. Papst Clemens V. für die Abtei Reichenau providiert; am 10. Mai 1307
entscheidet sich König Albrecht I. für ihn gegen den Kandidaten des Konvents Johannes v. Laube; 17. Nov. 1307
Bestätigung des Papstes; beim Weggang v. Petershausen bewilligt ihm der Konvent die Beibehaltung der Abtswürde
und das Recht auf Designation seines Nachfolgers; bemüht sich um geistliche Reform und wirtschaftliche Sanierung
des Klosters; Teilnahme am Romzug v. Heinrich VII.; nach dem Tod des Kaisers aufseiten der Habsburger; erreicht
die Inkorporation der Pfarrkirche in Ulm (1327) und das Marktrecht für Steckborn (1313); gest. am 16. März 1343
(vgl. HS III, I, 2, S.973, 1084f; K. Beyerle, Gründung, S.173-181).
⁴³¹ Zum besseren Verständnis sei auf die Textversion in StAK, A I 1, fol.126ᵛᵇ/117ʳᵃ [sic!] mit der Fortsetzung dieses
Satzes „won si maintent, im | genoss sin" (ebd., fol.117ʳᵃ) hingewiesen.

gar vss der maussen wol | verdientt^e. Sÿ wolttend ouch | nicht jn ainer
samlung sin, | Sunder ÿegklicher sinen aigen | hoff haben nach sinen Eren.

15 | Also hielttend sÿ nun jrn Apptt, | den von <u>Casteln</u>, jn grossem | hass vmb
die strengikait der | regel Vnd sůchtend menger |

[48rb]   hand fünd^a V(!)nd sunder, d(a)z er | inn nicht genoss^b wåre, jr | Brůder ze
sin, wie er denn | jr Apptt vnd herre sôllt sin. | vnd wurdentt jnn also sere |
hassen^{432}, das er wichen můst | vss der Ôw gen <u>Stekborn</u>^{433}. | da buwtt er
den Tůrn^{434} vnd | enthiellt sich jn dem ettwa | vil zittes. Also môcht er |
5   doch von sinem Closter nicht | beliben^c fůr über loffen. Da | buwtt er das
gros hus^{435} vn(d) | enthiellt sich jn dem selbe(n). | Vnd do dirre von
<u>Casteln</u> | gestarb, do was das gotzhus | dennocht so måchtig, das | er
hinder im liesz <u>xiiii</u> | <u>hundertt mark</u> geltz, das | macht wol <u>xiii tusend</u>
<u>guldin</u>. | Noch dennocht wårend jm | die herren nach sinem tod | als
10   vigend^d, das sÿ nichtt | maintend, das er jnn genosz | wåre vnd wolttend
sin | wåppen nicht laussen howen | vff sin grab; Denn er můst | den schiltt,
als er vff sinem | grab stått, vngehôwen | laussen. #^i #^{ii} |

[48^v|104]

Bischofswappen
zwei Schilde (6,5x5,5) (6,5x5,5) (M: 3/S: 3)

[48rb]
i) *Zz: v. der Hd. des Rubr., mbrT geschrieben, rot rubr.* ii) *Zz: v. der Hd. des Rubr., mroT*

a) Listen, Ausreden, Lügen b) v. genoss sin: ebenbürtig, gleich sein c) v. belîben: (fern-)bleiben, zurückbleiben d) v. vigend sin: feindlich gesinnt sein

^{432} Diethelm führt, aus dem Reformkloster Petershausen kommend, nachweislich längst überfällige Reformen ein und stößt dabei auf den Widerstand der an ein freies Leben gewöhnten Mönche (vgl. O. Feger, Geschichte, Bd.II, S.318ff; K. Beyerle, Gründung, S.174f).
^{433} Steckborn, Kt. Thurgau: erstmals 1213 urkundlich bezeugt; von Abt Diethelm v. Castell zum Schutz der klösterlichen Besitzungen am linken Seeufer und als Verbindung zu den Gütern v. Reichenau im Thurtal gegründet; 1313 Marktrecht; im 14. Jh. bauen Rat und Bürger die Selbstständigkeit gegenüber dem Kloster aus; 1395 Burgrecht mit Konstanz; 1441 erlangt die Stadt Selbstverwaltung (vgl. SchwLex, Bd.4, S.72; HHS, S.620).
^{434} Gemeint ist der markante „Turmhof": als Niederburg am Ufer des Untersees neben der Höhenburg die zweite Burganlage in Steckborn; wie hier wird auch in anderen Quellen die Entstehung Diethelm zugewiesen; dendrochronologische Auswertungen weisen jedoch auf eine Erbauung vor 1280 hin; die Bauwerksmerkmale lassen sogar auf eine Entstehung im ersten oder zweiten Viertel des 13. Jhs. schließen; Grund für die Nennung von Diethelm als Bauherr ist möglicherweise das v. ihm für Steckborn erwirkte Privileg v. 1313; um 1320 privilegierter Freihof mit eigener Gerichtsbarkeit, der nicht der städtischen Rechtsordnung untersteht, als „Statussymbol" des Klosters Reichenau gilt und als Wohnung und Zuflucht errichtet wird; Hauptbauwerk ist der stattliche viergeschossige Wohnturm (vgl. SchwLex, Bd.4, S.72; HHS, S.620; G. Schmitt, Schlösser, S.434ff mit Abb.).
^{435} Gemeint ist mit großer Wahrscheinlichkeit die Abtspfalz, deren Grundstein nach dem Wiederaufbau anderer Klosterbauten (Speiseraum, gemeinsamer Schlafsaal), die in der Auseinandersetzung zwischen den Anhängern des Papstes und den Staufern zerstört wurden, im Jahr 1312 gelegt wird; noch im 16. Jh. das „neue Haus" genannt, weil die Pfalz an der Stelle einer älteren, auf Abt Witigowo im 10. Jh. zurückgehenden errichtet wird (vgl. O. Feger, Geschichte, Bd.II, S.319; K. Beyerle, Gründung, S.176f; Die deutschen Königspfalzen, Bd.3, 4. Lief.).

(rechts: Aw; links: Fw Pfefferhard[436]: In Rot drei senkrecht
5   gestellte silberne Pfefferbüchsen[437] mit schwarzen
Streifen und jeweils einem Kreuz darauf)

[49ra|105]   ^iAnno M CCC xliij jar #^i   *1343*

Al(!)s^ii nun der gena(n)t h(!)(er)n <u>Nico</u>= | <u>laus</u> Byschoff zů <u>coste(n)tz</u> |
von tod abgegangen was[438], | do ^avon stund^a die chorheren | So ir
wonu(n)g zů <u>costentz</u> het | tend, geputtend cappitel^b zů | haltend Vnd kurtz
5   ze rede(n)d: | der Erwirdig h(er)re, ain man | loblicher gedãchtnüsz, <u>hern</u> |
<u>v̊lrich</u>, von geschlãcht der | stat <u>costentz</u> geborn, gena(n)t | <u>pfefferhart</u>[439],   *Bischof Ulrich*
zů den ziten <u>de</u>= | <u>cha</u> zů <u>costentz</u>, von allen cor= | heren der gena(n)ten   *Pfefferhard;*
kilchen | zů <u>costentz</u> gemainlich^iii/^c er= | welt ward zů aine(m) byschoff |
vnd hirten[440]. Vnd wie doch | das er ain v̊ltig^d vnd jn jm | selbs erber was   *Charakterisie-*
10 vnd hãbig | an gelt, ye doch was er siner | kilchen ain fürsichtiger^e ver=   *rung;*
weser vnd g̊uter regierer | siner schaff, Dan(n) er fürkam^f | vil vngerechter
raitzu(n)gen^g | mit siner ain v̊ltikait vn(d) | fürsichtige: lieber ẘollen ge=
ben ain ^hmãssig gelt oder ett= | wan(n) vnmãssig^h, dan(n) durch | kriegsch
bewegu(n)gen die krie= | ger vnd verderber armer | lüt da mit überwinden,

---

[48^v|104]
[436] Vgl. WrKatze 3,13=51; Öhem 24^r, 359 (Taf.15); WtBvK 3,12 (quadriert: 1, 4: Aw, 2, 3: Fw).
[437] Während wir es hier mit drei länglichen Gegenständen zu tun haben, auf denen sich eine Art Kreuz befindet,
sehen die Symbole bei Öhem wie Fässer aus, die oben und unten mit jeweils einer halben Lilie verziert sind. Das
Wappen in der WrKatze und in WLB, HB V 54, 7^r, 2,2 unterscheidet sich dann ebenso v. diesen genannten wie auch
v. dem in WtBvK, das drei Staufe zeigt.

[49ra|105]
i...i) Anno M CCC xliij jar #] *v. der Hd. des Rubr., mroT* ii) Als] A *2-z. Lomb., v. der Hd. des Rubr., mroT* iii)
gemainlich] *dan. senkrechter Strich (|), v. der HHd., mbrT, zur Verdeutlichung der Trennung der Worte* iv) zall] *das
zweite l mdbrT (v. der HHd.?) aus t korr.* v) ward] *fehlt SG*

a...a) sogleich, sofort b) Wahlversammlung c) einstimmig d) schlicht e) umsichtiger f) v. fürkomen: verhindern,
verhüten g) Herausforderungen h...h) geringe oder sogar übertriebene Abgabe i) v. ablegen: vergüten

[438] Nikolaus v. Frauenfeld stirbt am 25. Juli 1344.
[439] Ulrich Pfefferhard (1344-1351): Angehöriger einer reichen Konstanzer Kaufmanns- und Patrizierfamilie; 1314-
1315 Studium in Bologna; 1313/14-1332 Kanonikat zu St. Johann; 1321 Kantor dieses Stifts; seit 1331 Mitglied des
Konstanzer Domkapitels; 1337-1345 Domdekan; 1344 Wahl zum Bischof v. Konstanz; enger Kontakt zur Kurie;
strenger Verfechter des Interdikts; infolgedessen 1348 Auseinandersetzungen mit der Konstanzer Bürgerschaft; 1349
Beendigung des Interdikts; gest. am 25. Nov. 1351 (vgl. REC II, Nr.4696-5052; dazu M. Krebs, Nachlese, Nr.4717a-
5038a; HS I/2,1, S.306ff; H. Maurer, Konstanz I, S.203ff; A. Bihrer, Pfefferhard, Manuskript wurde der Editorin
dankenswerterweise vor der Veröffentlichung zur Verfügung gestellt).
[440] Ulrich wird als erster Nichtadliger – unsere Chronik weist erstmals auf dessen bürgerliche Herkunft hin – im Aug.
1344 v. der Mehrheit des Domkapitels zum Bischof gewählt. Seine drei Gegenkandidaten Albrecht v. Hohenberg, für
den u.a. der franz. König und der österreichische Herzog als Fürsprecher eintreten, und die Brüder Heinrich v. Diessenhofen, der Chronist, und Konrad v. Diessenhofen können aber Stimmen v. Minderheiten auf sich vereinigen (vgl.
HS I/2,1, S.306f; A. Bihrer, Pfefferhard).

15 sy | da mit ablegenⁱ⁾ vnd jn fryd | setzen[441]. vnd was der **fünff** | vnd
fünfftzigost Byschoff an | der zall^{iv} vnd regiert **süben** | jar vnd starb als
man von | der gepurt cristi zalt <u>tusend</u> | <u>drühundert fünfftzig</u> vn(d) | ain jar   *1351 Tod;*
der <u>süben kalend</u> | septembers[442] vnd [ward]^v begraben |

[49rb]   jn dem chor des münsters. | **B**y des **B**yschoffs zytten | **a**ls man von der
gepurt | cristi zalt <u>tusend drühun</u>= | dert <u>viertzig vn(d) drü jar</u>[443] | do was   *1343*
grosz türe, als dan(n) | och hie vor von **B**yschoff | **N**icolao, der so grosz   *Teuerung;*
almů | sen gab, geschriben stat[444], vn(d) | vil grosz wassers jn tüt= | schen   *Hochwasser;*

5 landen[445], **a**lso das zů | <u>costentz</u> der see by der visch | bruk[446] über die
muren gieng[447]. | vnd ward der **R**in so grosz, | das er **a**lle **B**rucken zwü= |
schen **R**inow[448] by <u>schaffhusen</u>[449] | vnd **B**rysach[450] ^aenweg fürt^a. |

---

[441] In der Forschung wurde Ulrich, chronistischen Charakterisierungen folgend, lange Zeit als populärer bürgerlicher Bischof dargestellt, der ein gütiges, vermittelndes Wesen gehabt habe und stets auf Ausgleich bedacht gewesen sei (vgl. z.B. O. Feger, Geschichte, Bd.III, S.48 oder K.D. Bechtold, Zunftbürgerschaft, S.122ff). Darüber hinaus wurde betont, dass er als „Kaufmannssohn" auch in seiner Funktion als Bischof ein „sorgsamer Haushalter" gewesen sei, da er sich im Gegensatz zu seinen Vorgängern um die schlechte finanzielle Lage des Bistums gekümmert, hierbei päpstliche Vergünstigungen erzielt und zahlreiche Inkorporationen v. Pfarrkirchen in Klöster veranlasst habe (vgl. HS I/2,1, S.308). Wie H. Maurer, Konstanz I, S.204 und A. Bihrer, Pfefferhard aber zeigen konnten, ist das Verhältnis zwischen Bischof und Stadtbürgertum sehr gespannt (vgl. u.a. die verweigerte Hilfestellung der Stadt im Zusammenhang mit der Zerstörung v. Gottlieben oder die Vertreibung v. Ulrich aus der Stadt selbst). Die umfassende und scheinbar erfolgreiche Konsolidierung der Finanzen des Bistums lässt auf eine intensive und effektive Herrschaftsausübung schließen, sollte aber nicht mit seiner bürgerlichen Herkunft erklärt werden (vgl. A. Bihrer, Pfefferhard). Die Bemerkungen der Chronik könnten sich u.a. auf die Tatsache beziehen, dass er die v. seinem Vorgänger hinterlassenen Schulden des Kriegszuges für die österreichischen Herzöge bezahlt und somit Streitigkeiten vermieden (vgl. dazu HS I/2,1, S.308).

[442] 26. Aug. Der genannte Todestag ist also nicht korrekt. Wie P. Ruppert, Chroniken, S.53, Anm.1 vermerkt, scheint es sich bei dieser Angabe um einen „Lese- oder Schreibfehler" zu handeln, bei dem aus „VII. cal. Decembris" „VII. cal. Septembris" wird.

[49rb]
i) **Dar**] D *2-z. Lomb., v. der Hd. des Rubr., mroT* ii) *Marg.: mbrT, amreRa*: 1349 iii) ett[lich]] *Papier hier ursprünglich abgerissen, später repariert, Text unvollständig*

a...a) fortriss b...b) v. vffstên: entstehen, sich erheben c) Bauer d) v. absoluieren: v. Sünden freisprechen e...e) widerchristliche Gebote und Glaubensartikel f...f) schließlich, zuletzt

[443] Bei dieser Datierung handelt es sich um einen logischen Fehler, der von Dacher in der Überschrift zu fol.49ra übernommen wird. Vgl. fol.45rb: Hier wird der Tod v. Bischof Nikolaus dem Jahr 1344 zugeordnet. Infolgedessen kann der Amtsantritt v. Bischof Ulrich erst in dieses bzw., wie es der Realität entspricht, in das anschließende Jahr 1345 fallen. Die Nachrichten zu Teuerung und Hochwasser im Jahr 1343 gehören also zum Bericht über die Amtszeit v. Bischof Nikolaus v. Frauenfeld und müssten (vgl. der Hinweis des Chronisten selbst) bereits früher geschildert werden.

[444] Vgl. die Ausführungen auf fol.44^{ra}ff.

[445] 1343 wird auch in anderen Chroniken als Krisenjahr mit zahlreichen Überschwemmungen und einer furchtbaren Hungersnot geschildert. Neben J. v. Winterthur erwähnt Fritsche Closener verheerende Überschwemmungen und Heinrich v. Diessenhofen großzügige Weizen- und Geldspenden v. Nikolaus v. Frauenfeld (vgl. mit Belegen J. Grabmayer, Diesseits, S.57 sowie R. Glaser, Klimageschichte, S.66).

[446] Fisch- oder St. Konradsbrücke: gemeint ist die v. Kauf- und Rathaus umrahmte Schiffslände, über die man auf dem Seeweg nach Konstanz gelangt; darauf auch der „Krench", d.h. der Kran zum Beladen und Entladen v. Handelsschiffen (vgl. H. Maurer, Konstanz I, S.35 und Konstanz II, S.176f).

[447] Vgl. den Hinweis mit Blick auf diese Schilderung bei H. Maurer, Konstanz I, S.203.

Dar^i nach als man vo(n) | der gepurt cristi zalt | <u>tusend drühundert</u> vnd |
<u>nün vnd viertzig jar</u> do ^ii| ^bstůnd vff^b ain frâmde won= | derbâre   *1349*
10 geselschafft vnd | veraingu(n)g von **B**urgern | vnd puren^c/451. **D**ie giengen | *Geißler;*
durch vil land vnd stett | mit crützen vnd mit fannen | vnd sungend tütsche
lieder | vnd bredigotend vn(d) gaisz= | lotend sich selber vil vn(d) vast |
vnd vielend nider vff jre | knie vnd bichtotend vnd | absoluiertend^d
ainander. | vnd hettend vnd hieltend | vnd gebuttend ain ander | wunderlich
15 vnd falsch ^ewy= | sen vnd artikel wyder cri= | stan globen^e/452. vnd zugend
| an sich wyb vnd man, arm | vnd rich, das jro ^fze iu(n)gst^f | gar vil ward
vnd ett[lich]^iii

[49va|106]   ^i# An(n)o M CCC l jar #^i   *1350*

maintend, ir wârend by oder | ob <u>zway vnd viertzig tu</u>= | <u>send</u> personen^453.
Aber vnser | hailiger vatter **B**aupst | clemens der sechsdt^454, do ze | mal
den <u>zwôlffbôtten</u>schen | stůl besitzend, der gebott | durch alle land der
5 **C**risten | hait, das man sy fauchen^a | vnd bůssen^b sôlt^455. vnd wur | dend

---

448 Rheinau, Kt. Zürich: auf der vorgelagerten Rheininsel befinden sich die Klosterkirche und die alten Konventge-
bäude eines Benediktinerstifts; angeblich 778 gegründet (vgl. SchwLex, Bd.9, S.322).

449 Schaffhausen (vgl. z.B. SchwLex, Bd.10, S.77f; HHS, S.569ff; K. Schib, Geschichte).

450 Breisach am Rhein, Lkr. Breisgau-Hochschwarzwald: 369 erstmals erwähnt; Burg seit 1002 im Besitz der Bischöfe v. Basel; Gründung der Stadt vor 1146; 1275 Erhebung zur Reichsstadt; seit 1331 (endgültig 1425) unter
habsburgischer Hoheit (vgl. SchwLex, Bd.2, S.270).

451 Bei den sog. Geißlern oder Flagellanten handelt es sich um eine religiöse Massenbewegung des 13./14. Jhs., die
sich v. Italien ausgehend insbesondere während der Großen Pest v. 1347ff in ganz Europa ausbreitete und v. Ungarn
oder Österreich aus rasch das Reichsgebiet erfasst. Ein Zug v. ca. 40 Flagellanten, die sich, oft v. Klerikern mit
Kreuzen und Prozessionsfahnen begleitet, in typischer Kleidung halbnackt öffentlich geißeln, beten, Bußlieder
singen und Gottes Erbarmen erflehen (vgl. die charakteristischen Merkmale in der folgenden Beschreibung und
Abb.11), erreicht am 16. Juni (oder am 25. Juli?) 1349 auch Konstanz, wo sich ihm zahlreiche Stadtbewohner anschließen (vgl. allg. F. Graus, Pest, v.a. S.13ff; LexMA, Bd.4, Sp.509-512; K. Bergdolt, Schwarzer Tod, S.107-119;
H. Maurer, Konstanz I, S.207f; M. Toch, Juden, S.117).

452 Während der Prozessionen wird in der Volkssprache ein angeblich in Jerusalem auf einer marmornen Tafel er-
schienener Himmelsbrief mit Mahnungen zur Buße, zur Sonntagsheiligung und zum Freitagsfasten vorgelesen bzw.
entsprechend gepredigt (vgl. LexMA, Bd.4, Sp.511).

[49va|106]
i...i) # An(n)o M CCC l jar #] *v. der Hd. des Rubr., mroT* ii) Zz: *v. der Hd. des Rubr., mroT*

a) v. fahen: fangen, gefangen nehmen a) v. bůssen: bestrafen c) v. abtuon: unterdrücken, beseitigen d) Plage, Unglück e) v. zîhen: beschuldigen, bezichtigen, anklagen f) behelmte Soldaten, Schwerbewaffnete

453 Über die genaue Zahl der an den Geißlerzügen (Dauer: entsprechend den Lebensjahren Jesu jeweils 33,5 Tage)
beteiligten Personen lassen sich nur Vermutungen anstellen. Während die Prozessionen in der Regel aus 50 bis 200
Teilnehmern bestanden haben dürften, können in einzelnen Städten (z.B. Straßburg) Ansammlungen v. über 1.000
Flagellanten nachgewiesen werden. Besonders für die Niederlande genannte Zahlen v. 100.000 bis 800.000, „geben,
auch wenn sie keine reale Größenordnung widerspiegeln, eine Vorstellung v. der Wirkung der Flagellanten"
(LexMA, Bd.4, Sp.510, vgl. auch ebd., Sp.510f und H. Maurer, Konstanz I, S.208).

454 Papst Clemens VI.: geb. 1292; Wahl zum Papst am 7. Mai 1342; gest. am 6. Dez. 1352 (vgl. LexMA, Bd.2,
Sp.2143f).

455 Ein sich gegen die Flagellanten wendendes Gutachten der Pariser Universität vom 5. Okt. 1349 geht der am 20.
Okt. v. Clemens VI. an alle Bistümer versandten Verbotsbulle gegen diese sich regional t.w. radikalisierenden Buß-
brüder voraus. Darin werden ihre Häresien, die Missachtung der päpstlichen Schlüsselgewalt, der Mord an Juden
(eventuell der geeignete Vorwand, um gegen diese Massenbewegung vorzugehen) und Christen sowie die Berei-

also abgetŏn^c. **By** | den zyten verbran <u>loffen</u>= | <u>berg</u>⁴⁵⁶ die stat, wolhalb   *Stadtbrand in*
von | dem hymelschen für. **Jn** | dem zytt vnd jare kam | ain plaug^d über die   *Laufenburg;*
juden | vnd wurdend gezigen^e, sy | hettend die wasser vn(d) bru(n)= | nen   *Judenpogrome;*
vergifft, vnd wurden | jro gar vil jn vil lannden | verbrennt⁴⁵⁷. #ⁱⁱ |

10 **Des** jars als man von | der gepurt cristi zalt <u>tuse(n)t</u> | <u>drühundert vnd</u>
<u>fünfftzig</u> | jare **Do** zoch hertzog <u>aul</u>= | <u>brecht</u> von **O**^esterrich⁴⁵⁸, der | *1350*
lam(m) was⁴⁵⁹, mit her(r)en, sinen | dienern vnd stetten für <u>zürich</u>⁴⁶⁰,   *Belagerung v.*
mǎchtig vnd cost= | lich, vnd ward sin her ge | schätzet für <u>zway tusend</u> | *Zürich;*
helm^f vnd <u>tryssig tusend</u> | fůsvolks. |

[49vb]

ⁱWie Juden verbrennt | wurdentt #ⁱ

[Abb.: Judenverbrennung]⁴⁶¹   *Illustration!*

---

cherung am Gut des Klerus und der Laien verurteilt. Zu einem gewaltsamen Vorgehen etwa vonseiten der Obrigkeit scheint es nur vereinzelt gekommen zu sein. Die Pest, kirchliche Bußprozessionen und das Schließen der Stadttore beendet die Bewegung beinahe abrupt (vgl. ebd., Bd.4, Sp.511f).

⁴⁵⁶ Laufenburg: heute a) Ort im Kt. Aargau und b) Stadt im Lkr. Waldshut: aus der frühmittelalterlichen Fischersiedlung des Klosters Säckingen entsteht im 13. Jh. durch die Schirmherren des Klosters, die Habsburger, mit je einer Burg links und rechts des Rheins eine wohlbewehrte Brückenstadt; es ist eine der vier Waldstädte am Rhein; gehört 1232-1386 zur Linie Habsburg-Laufenburg, kommt dann an die ältere Habsburgerlinie und bleibt bis 1801 österreichisch; im Zürichkrieg 1443 durch Berner und Solothurner belagert (vgl. SchwLex, Bd.7, S.182).

⁴⁵⁷ Die rasche Verbreitung der Pest (vgl. etwa die neueren Thesen v. S. Scott/C. Duncan, Biology of Plagues, die davon ausgehen, dass es sich bei dem sog. Schwarzen Tod im 14./15. Jh. nicht um die bakterielle Pest, sondern um einen Ebola-ähnlichen, v. Säugetieren stammenden Virus handelte) in den Jahren 1348/49 in ganz Europa führt zu einem der größten, v. Südfrankreich ausgehenden Judenpogrome im Mittelalter. Vielerorts wird das Auftreten der Seuche mit dem Vorwurf der Brunnenvergiftung durch Juden verbunden (vgl. den Hinweis darauf auch in unserer Chronik auf fol.50^r). Im Zuge der allg. Unruhe und Angst fallen v.a. im Oberrheingebiet, aber auch am Bodensee (v. Lindau über Ravensburg, Buchhorn, Feldkirch, Überlingen, St. Gallen, Wangen und Schaffhausen auch Konstanz erreichend) eine Vielzahl jüdischer Mitbewohner der Verfolgungswelle zum Opfer (vgl. allg. wiederum F. Graus, Pest, v.a. S.155ff; K. Bergdolt, Schwarzer Tod, v.a. S.78ff und 113ff; M. Toch, Juden, S.115ff; K.H. Burmeister, medinat bodase, Bd.1, S.137ff; B. Henze, Vor gut 650 Jahren).

⁴⁵⁸ Albrecht II., Herzog v. Österreich: geb. Ende 1298; Vater: König Albrecht I.; ursprünglich für den geistlichen Stand bestimmt, verwaltet er seit 1326 die habsburgischen Vorlande; nach dem Tod Friedrichs des Schönen regiert er zusammen mit seinem Bruder Otto, nach dessen Tod alleine; umsichtige Vergrößerung des habsburgischen Besitzes im Westen und im Ostalpenraum; gute Beziehungen zu Ludwig dem Bayern; rasche Verständigung mit Karl IV.; Krieg gegen Zürich; gest. am 20. Juli 1358 (vgl. LexMA, Bd.1, Sp.321).

⁴⁵⁹ Durch eine Erkrankung ist er seit 1330 t.w. gelähmt (vgl. ebd.).

⁴⁶⁰ Vgl. zu Zürich z.B. H.C. Peyer, Entstehung, S.206ff. Diese im Aug. 1351 begonnene Demonstration (keine eigentliche Belagerung!) starker österreichischer Truppen in der Umgebung v. Zürich, an der u.a. auch verschiedene Reichsstädte wie Bern, Basel und Straßburg auf österreichischer Seite teilnehmen, steht im Zusammenhang mit den Auseinandersetzungen zwischen Habsburg und Zürich, das sich in dieser Zeit allmählich zu einem Stadtstaat entwickelt und sich bspw. am 1. Mai 1351 mit den drei Waldstätten und Luzern verbündet (vgl. v.a. auch den Angriff v. Rapperswil). Nach einem gescheiterten Vermittlungsversuch erlahmt der österreichische Aktionismus zunächst. Insgesamt endet der 1351 bis 1355 geführte „Krieg" für Habsburg weitgehend ergebnislos, bewirkte aber eine Festigung der Eidgenossenschaft (vgl. LexMA, B d.1, Sp.321; H. Helbing, Geschichte der Schweiz, S.45ff; H.C. Peyer, Entstehung, S.211ff und W. Baum, Reichs- und Territorialgewalt, S.114ff).

[49vb]

i...i) Wie Juden verbrennt | wurdentt #] *v. der Hd. des Rubr., mroT*

[50^r]   ⁱAnno M CCC xl viiij jar | Do giengend die Gaisler #ⁱ   *1349*

[Abb.: Geißler-Prozession]⁴⁶²   *Illustration!*

5   Aⁱⁱnnoⁱⁱⁱ <u>Tussend drü hundertt viertzig vnd achtt</u> **jar** An dem | <u>dritten tag</u> *1348 (!)*
   <u>Mertzen</u> wurdentt die juden verbrennt | zů <u>Costentz</u>. vnd wurdentt ouch   *Judenpogrom in*
   gar an mengen enden | jn dem land verbotten. vnd beschach das darumb,   *Konstanz als*
   das der <u>Erst</u> | ^agrosz tod^a angefangen hett. vnd zoch man sy, [sy]^{iv} hettend   *Folge der Pest;*
   die wasser | vnd brunnen vergifftt etc., wie vor ståttⁱⁱ.⁴⁶³ #^v |

[50va|108]   ⁱAnno M CCC lij jarⁱ   *1352*
   Dⁱⁱarⁱⁱⁱ nach als man zaltt von | <u>cristus</u> gepürtt <u>Tússend</u> | <u>drü hundertt</u>
   <u>fünffzig vnd zwaÿ</u> | **jar** An <u>Santt Pangratius</u> | tag⁴⁶⁴ **B**eschach die gros   *1352*
   grȯst | verlust^a zů <u>Curwalchen</u>⁴⁶⁵, | **D**o der **A**ltt grauff <u>Aulbrecht</u> | von   *Schlacht bei*

---

⁴⁶¹ Vgl. Kapitel A.5.2.1 und Abb.10 im Abbildungsteil.

[50^r]
i...i) Anno M CCC xl viiij jar | Do giengend die Gaisler #] *v. der Hd. des Rubr., mroT* ii...ii) nno <u>Tussend</u> (...) stått] *v. der Hd. des Rubr., mbrT* iii) Anno] A *2-z. Lomb., v. der Hd. des Rubr., mroT* iv) sy] *fehlt SG* v) Zz: *v. der Hd. des Rubr., mroT*

a...a) Pestwelle

⁴⁶² Vgl. Kapitel A.5.2.1 und Abb.11 im Abbildungsteil.
⁴⁶³ Das Herannahen der Pest führt 1348 im Zuge der Brunnenvergiftungsanklage zu einer Verordnung des Konstanzer Rates, die den Juden (damals ca. 70 Familien mit 350 Personen) gebietet, ihr Wasser aus Brunnen und Quellen zu schöpfen, während die Christen ihr Wasser aus dem Bodensee beziehen sollen. In einer wohl sorgfältig geplanten Aktion werden am 4. Jan. 1349 330 Juden in zwei Häusern gefangengenommen und zwei Monate später am 3. März auf dem Brühl bei Sonnenaufgang verbrannt. Nach einem Brand, angeblich durch den Freitod eines getauften Juden namens Nathan (Nasson) bzw. Ulrich am 2. April (vgl. H. v. Diessenhofen, Chronicon) verursacht, der zu einer Ächtung auch der getauften Juden führt, wird Konstanz laut einer (unechten?) Urkunde v. Kaiser Karl IV. am 4. April v. aller Schuld freigesprochen (vgl. MGH, Const., IX, S.191ff). Am 10. oder 11. Sept. desselben Jahres schließlich ereilt das obige Schicksal die bis dahin überlebenden Juden (vgl. H. Maurer, Konstanz I, S.206f; W. Rügert, Jüdisches Leben, S.16; K.H. Burmeister, medinat bodase, Bd.1, S.127, 143).

[50va|108]
i...i) Anno M CCC lij jar] *v. der Hd. des Rubr., mroT* ii...ii) ar nach (...) vil] *v. der Hd. des Rubr., mbrT* iii) Dar] D *2-z. Lomb., v. der Hd. des Rubr., mroT* iv) <u>Barttenstain</u>] brait= | enstain *SG, fol.90rb* v) Zz: *v. der Hd. des Rubr., mbrT, rubr. mroT*

a) Niederlage b) v. raisen: in feindlicher Absicht ausziehen, einen Kriegszug unternehmen

⁴⁶⁴ 12. Mai.
⁴⁶⁵ Diese kriegerische Expedition steht im Zusammenhang mit einer im genannten Jahr ausgebrochenen Fehde der Grafen v. Werdenberg in ihren Graubündner Besitzungen. Nachdem sich eigene Untertanen bzw. Leute, über die Graf Albrecht I. herrschaftliche Rechte in Anspruch nimmt, gegen ihn erheben und darin v. den Freiherren v. Belmont und v. Razüns unterstützt werden, ziehen Vater und Sohn gegen die Aufständischen. Am 12. Mai 1352 werden die Grafen jedoch in der gebirgigen Landschaft bei Ilanz geschlagen und müssen fliehen (vgl. E. Krüger, Werdenberg, S.182ff sowie zum Fortgang der zehnjährigen Fehde, ebd., S.184ff).

5 <u>werdenberg</u>[466] vnd der | jung, sin sun[467], da hin geraisett[b] | waurend. **Do** *Ilanz;*
ward gar vil | **Ritter vnd knecht erschlage(n):** | <u>Grauff hainrich vo(n)</u> *Totenliste;*
<u>hochberg</u>[468], | <u>her Aulbrecht vo(n) Bussna(n)g</u>[469], | <u>zwen von</u>
<u>Marchdorff</u>[470], her | <u>hainrich von klingenberg</u>[471], | <u>Aulbrecht von</u>
<u>Stainegg</u>[472], | <u>Franck von Bollingen</u>[473], her | <u>Egloff von hŏnburg</u>[474],
10 <u>Burkart</u> | <u>von hochenfels</u>[475], <u>Ainer von</u> | <u>Barttenstain</u>[iv]/[476] [sic!], <u>Eglin von</u>
<u>Rosen</u>= | <u>berg</u>[477] vnd ander vil Edell | lútt vnd vil Erber lútt | von den
Stetten vnd ander | armer knecht vil[ii]. #[v] [478]|

---

[466] Albrecht I. v. Werdenberg-Heiligenberg: Angehöriger des bedeutenden Grafengeschlechts; geb. um 1285/90; erster urkundlicher Beleg 1308; 1326/27/1317 Reichslandvogt in Oberschwaben; 1331 Reichsvogt der Länder Uri, Schwyz und Unterwalden; 1338 kaiserlicher Richter; 1347 Erwerbung der Reichsvogtei Altstätten und Rheintal; gest. um 1364 (vgl. ebd., S.165-195; HBLdS, Bd.7, S.485; Genealogisches Handbuch, Bd.1, S.198f; ESt, Bd.12, Taf.50).
[467] Albrecht II. v. Werdenberg-Heiligenberg: Sohn v. Albrecht I.; geb. um 1315/20; erster urkundlicher Beleg 1322; 1331 eventuell bereits mündig; gest. 1371/72 (vgl. E. Krüger, Werdenberg, S.167f, 196-200; HBLdS, Bd.7, S.485; Genealogisches Handbuch, Bd.1, S.200f; ESt, Bd.12, Taf.50).
[468] Heinrich v. Hohenberg: aus dem Grafengeschlecht derer v. Hohenberg (Linie der Grafen v. Zollern; Erbschenken der Abtei Reichenau und des Stifts St. Gallen); urkundlich erstmals 1331 nachweisbar; besitzt Lehen v. Reichenau; gibt 1345 Burg und Stadt Straßberg auf; gest. am 12. Mai 1352 (vgl. OBG, Bd.2, S.78ff).
[469] Albrecht V. v. Bußnang: erscheint v. 1343 bis 1352 und damit erst ca. 20 Jahre nach dem Tod seines mutmaßlichen Vaters Konrad II. v. Bußnang (gest. um 1321) in den Quellen; verwaltet mit seinem Bruder Friedrich I. t.w. das Erbe gemeinsam; v. 1347 bis zu seinem Tod thurgauischer Landrichter; enge Beziehungen zu den Habsburgern; gest. am 12. Mai 1352 (vgl. Genealogisches Handbuch, Bd.4, S.315; ESt, Bd.12, Taf.103).
[470] Konrad und Georg v. Markdorf: Angehörige des alten Freiherrengeschlechts mit Sitz in Markdorf bei Überlingen; sterben beide kinderlos in diesem Gefecht am 12. Mai 1352 (vgl. OBG, Bd.3, S.27f).
[471] Heinrich (Heintzel) v. Klingenberg: Angehöriger des Ministerialengeschlechts; Vater: Hans v. Klingenberg, der Chronist; erster urkundlicher Beleg 1331; 1342 „Ritter"; gibt den Herzögen v. Österreich die Feste Tettigkofen auf und empfängt sie als Lehen; verbrennt 1335 das Dorf Bodman; gest. am 12. Mai 1352 (vgl. OBG, Bd.2, S.299ff).
[472] Albrecht v. Steinegg: vermutlich ein Angehöriger des Dienstmannengeschlechts des Kt. Thurgau, das um 1387 ausstirbt; gest. am 12. Mai 1352 (vgl. HBLdS, Bd.6, S.531).
[473] Bei Frank v. Bollingen handelt es sich nicht um einen Angehörigen des Patriziergeschlechts der Stadt Bern (vgl. H. Morgenthaler, Die Familie von Bollingen). Ein Nachweis dieser Person mit dem Todesdatum vom 12. Mai 1352 aus einer anderen Familie kann jedoch nicht erbracht werden.
[474] Eglof v. Homburg: Angehöriger des mächtigen, weit verzweigten Ministerialengeschlechts der Bischöfe v. Konstanz (Stammburg oberhalb des Dorfes Stahringen zwischen Radolfzell und Stockach); gest. am 12. Mai 1352 (vgl. OBG, Bd.2, S.98f).
[475] Burkhard v. (Neu-)Hohenfels: Angehöriger des alten Adelsgeschlechts (erstmals 1148 nachweisbar); Stammsitz: Schloss Neu-Hohenfels nahe bei Mahlspüren; letzter Angehöriger seiner Linie; gest. am 12. Mai 1352, seine Frau Elsbeth v. Friedingen erscheint jedoch bereits 1350 als Witwe (vgl. OBG, Bd.2, S.86).
[476] Eventuell Angehöriger der Reichsministerialenfamilie v. Breitenstein (vgl. fol.90rb), die v. 1087 bis in die zweite Hälfte des 14. Jhs. belegt ist (Stammsitz: Breitenstein, heute Weil im Schönbuch, Lkr. Böblingen). Da nicht alle Todesdaten der Familie bekannt sind, lässt sich die Person nicht genauer identifizieren. Möglicherweise handelt es sich um Walter oder Johann I. (vgl. ESt, Bd.12, Taf.134; W. Hahn, Heimatbuch, S.12).
[477] Eglof v. Rosenberg: Angehöriger des Dienstmannengeschlechts der Abtei St. Gallen mit der gleichnamigen Stammburg bei Herisau; ursprünglich v. den Herren v. Rorschach abstammendes Geschlecht, dessen Glieder durchgängig Eglof oder Rudolf genannt werden und das 1445 ausstirbt; Personen mit dem Namen Eglof treten u.a. 1309 als Zeuge zu Salem und mit dem Beinamen der Jüngere 1348 im Dienst des Bischofs v. Konstanz auf (vgl. OBG, Bd.3, S.623; HBLdS, Bd.5, S.701).
[478] Ein beinahe identischer Text zu diesem Ereignis findet sich mit wenigen orthographischen und syntaktischen Veränderungen auch auf fol.90rb. Wie in unserer Chronik erzählt auch StAK, A I 1 (vgl. fol.101[rb]f und 121rb) zweimal v. diesem Kampf (hier jedoch in teils anderer Formulierung).

[51^(ra)|109] ^(i)Anno M CCC lij jar #^i   *1352*

Dar^(ii) nach ist zů **B**yschoff | erwelt worden **j**ohans | **w**indlok, von der   *Bischof Johann*

mǔter vo(n) | schaffhusen **v**nd vo(n) dem vat= | ter geborn von costentz^479.   *Windlock;*

der | was des lamen hertzog al= | brechtz von ôster(r)ich obroster |

5   cantzler^(iii) **v**nd ward bestât vo(n) **B**aupst | **j**nnocencio dem sechsden^480 des |

jars **a**ls man von der ge= | purt cristi zalt tusend drü= | **h**undert fünfftzig

vn(d) zway | jar^481. **D**en selben **B**yschoff **j**o= | **h**annes windlok ettlich   *1352*

vo(n) | costentz, von hônburg^482 **v**n(d) | von stoffeln hinder sinem | tisch,

do er ze nacht ausz, jn | sinem hoff der pfallentz | zů costentz ze tod

10   erschlǔge(n)d^483. | **v**nd was der sechs **v**n(d) fünff | tzigost an der zal **v**nd

regie(r)t | vier jar **v**nd ward von de(n) | gena(n)ten erschlagen vff sa(n)t |

[51^(ra)|109]

i...i) Anno M CCC lij jar #] *v. der Hd. des Rubr., mroT* ii) Dar] D *2-z. Lomb., v. der Hd. des Rubr., mblT* iii) cantzler] *erg. v. der HHd., mbrT, vdZ* iv) Dar] D *2-z. Lomb., v. der Hd. des Rubr., mroT* v) jar] tag *SG, Konjektur nach der Konstanzer Weltchronik, S.233*

a...a) sehr würdig b...b) v. vfftuon: öffnen

479 Bischof Johann Windlock (1352-1356): Herkunft ungewiss; Vater: „Conradus dictus de Windelok" (gest. vor 1338); da in Konstanz mehrere Personen dieses Namens nachweisbar sind und er in Schaffhausen zwei Häuser besitzt, könnten die Angaben der Chronik (ebenso C. Schulthaiß, Collectaneen, Bd.1, S.9½ und StiASG, Cod. 339, fol.226^r) der Wahrheit entsprechen; Studium in Bologna; 1337 Offizial des Konstanzer Hofes; Leiter der Kanzlei v. Herzog Albrecht II. v. Österreich; Kanonikat in Konstanz (seit 1338) und Beromünster; 29. Nov. 1351 Wahl zum Bischof v. Konstanz; Auseinandersetzungen mit Domkapitel, Klerus und Bürgerschaft (vgl. z.B. mit seinem einstigen Förderer Albrecht II. oder Konrad v. Homburg); Ermordung am 21. Jan. 1356 (vgl. REC II, Nr.5066-5216a; dazu M. Krebs, Nachlese, Nr.5057-5189; A.A. Strnad, Biographie; R. Schell, Regierung, S.117-125; HS I/2,1, S.309ff; H. Maurer, Konstanz I, S.212f).

480 Papst Innozenz VI.: geb. 1282; Papst seit dem 18. Dez. 1352; gest. am 12. Sept. 1362 (vgl. LexMA, Bd.5, Sp.438f).

481 Papst Clemens VI. stellt am 9. Juli 1352 den Provisionsbrief für Johannes Windlock aus, aber erst sein Nachfolger Papst Innozenz VI. vollzieht dann ein halbes Jahr später am 18. Jan. 1353 die Verleihung (vgl. HS I/2,1, S.310 und REC II, Nr.5072).

482 Vgl. dazu die Fehde v. Bischof Johann mit Konrad v. Homburg, aus der bischöflichen Ministerialenfamilie, infolge der Besitzstreitigkeiten um Markdorf. Konrad v. Homburg zerstört dabei u.a. am 1. April 1355 die Vorburg der Bischofsresidenz Burg Gottlieben – zu diesem Zeitpunkt Aufenthaltsort des Bischofs. Nach REC II, Nr.5194 haben sich die beiden Parteien im Sept. 1355 wieder versöhnt. Während wie Dacher schon die Konstanzer Weltchronik, S.232 die Mörder ähnlich unbestimmt erwähnt, listet als erster C. Bruschius, Epitomes, fol.46^v explizit Konrad v. Homburg unter ihnen auf (vgl. REC II, Nr.5133, 5210; T. Ludwig, Geschichtsschreibung, S.62 und R. Schell, Regierung, S.120 sowie allg. zur Familie H.R. Derschka, Ministerialen, S.40ff).

483 Die Umstände der Ermordung v. Bischof Johann in der Bischofspfalz konnten bisher nicht genau aufgeklärt werden. Während die Namen der Mörder – es handelt sich um Konstanzer Adlige und Bürger: die Ritter Walther und Berthold v. Stoffeln mit Sitz Hohenstoffeln im Hegau (vgl. dazu R. Kiewat, Ritter, S.87ff) sowie die Patrizier Ulrich Schwartz, Ulrich Goldast und Ulrich v. Roggwil – überliefert sind, bleiben das Motiv und damit auch die hinter der Tat stehenden Urheber weitgehend im Dunkeln. Die Chronistik bietet verschiedene Versionen an: H. v. Diessenhofen: Tyrannenmord; städtische Verteidigungsschrift/„Stetter"/A I 1: Verschwörungstheorie mit persönlichen Motiven der Attentäter; Bistumschronistik (Öhem/Schulthaiß/Mennel): Stilisierung v. Windlock zum unschuldigen Opfer; Konstanzer Weltchronik/Dacher/Bruschius: Verbindung des Attentats mit territorialen Auseinandersetzungen. Denkbar ist eine Art „Staatsstreich" bzw. das Nutzen der Situation durch „Reformgegner" am Hofe, die verhindern wollen, dass es zu einer Änderung der bestehenden Machtstrukturen kommt (A. Bihrer). Die ausführenden Täter können fliehen, werden geächtet, dann aber v. Bischof Heinrich v. Brandis bei dessen Einzug wieder straffrei in die Stadt geführt (vgl. REC II, Nr.5210, 5212 und 5299; HS I/2,1, S.312 und 314; H. Maurer, Konstanz I, S.213; R. Schell, Regierung, S.117-125 und v.a. A. Bihrer, Tyrann).

<u>a</u>gnesen tag⁴⁸⁴ als man von | der gepurt cristi zalt tusend | drühundert
fünfftzig vnd | sechs jare. | *1356 Tod;*
Dar^iv nach jn dem nâchst(en) | jar kam küng <u>k</u>arolus⁴⁸⁵ | gen <u>c</u>ostentz mit   *Aufenthalt v.*
15 gar vil | gaistlichen vnd weltlichen | heren⁴⁸⁶, der da <u>a</u>cht jar^v küng | *König Karl IV.*
gewesen was, vnd ward | ^agar erlich vnd lobsamclich^a | emphangen⁴⁸⁷. Vnd   *in Konstanz und*
fůr gen | <u>s</u>ant gallen vnd hiesz <u>S</u>ant | <u>g</u>allen⁴⁸⁸ vnd <u>s</u>ant othmarus⁴⁸⁹ | greber   *Umgebung;*
^bvff ton^b vnd nam den | meren tayl jr yettwed(er)es hopt; | das selb tet er   *Reliquienkult;*
och jn der rich= | en ow <u>s</u>ant marc(us)⁴⁹⁰ des ewan= | gelisten hopt vnd
ander vil |
[51rb] ^i# Anno M CCC lvj jar^i   *1356*
h(!)ail(!)igen; vnd zů <u>c</u>ostentz nam | er von <u>s</u>ant <u>p</u>elagen ain gantz |
schulter^a/⁴⁹¹. #^ii |
Dar^iii nach do man zalt | vo(n) der gepurt cristi tu= | send drühundert
5 fünfftzig | vnd <u>s</u>echs jar an <u>s</u>ant lucas | tag⁴⁹² vnd jn der nacht vn(d) | <u>z</u>wen   *1356*
oder <u>d</u>ry tag an ain ^iv| ander, tag vnd nacht, ka= | mend vil grosser erdbid=   *Erdbeben;*

---

⁴⁸⁴ 21. Jan. Der genannte Todestag der Chronik ist korrekt.
⁴⁸⁵ Karl IV.: geb. am 14. Mai 1316; Wahl zum röm. König am 11. Juli 1346 in Rhens bzw. am 17. Juni 1349 in Frankfurt/M.; Kaiserkrönung am 5. April 1355; gest. am 29. Nov. 1378 (vgl. LexMA, Bd.5, Sp.971ff).
⁴⁸⁶ Kaiser Karl IV. zieht am 15. Sept. 1353 in Begleitung der Herzöge Rudolf v. Österreich und Albrecht v. Bayern, des Grafen Johann v. Luxemburg, des Erzbischofs v. Mainz, der Bischöfe v. Würzburg und Trient sowie zahlreicher anderer Würdenträger nach Konstanz ein (vgl. A. Niederstätter, Ante Portas, S.115 und bspw. die Darstellung bei Heinrich v. Diessenhofen, Chronik, I, S.88, zitiert bei P. Ruppert, Chroniken, S.61).
⁴⁸⁷ Tatsächlich steht zunächst der größte Teil der Bürgerschaft, die Karl nur zögernd als neuen Herrscher anerkannt hat, unter Waffen. Gleichzeitig sind in den Straßen Ketten gespannt, mit denen üblicherweise Aufläufe verhindert werden sollen. Nachdem der König die Entfernung dieser Sperren befohlen hat, scheint der Adventus aber, wie hier berichtet, in geordneten bzw. friedlichen, der Norm entsprechenden Bahnen zu verlaufen (vgl. H. Maurer, Konstanz I, S.211 und A. Niederstätter, Ante Portas, S.115f).
⁴⁸⁸ Hl. Gallus (Fest am 16. Okt.): umstrittene Herkunft; gehört der Umgebung Columbans an; Einrichtung einer Einsiedelei im Hochtal der Steinach; angeblich Ausschlagung der Konstanzer Bischofswürde; gest. um 650 in Arbon; Wallfahrtsbewegung zu seinem Grab in der Kirche v. St. Gallen; rasche Ausbreitung seines Patroziniums in der dt.-sprachigen Schweiz, in Süddeutschland und im Elsass (vgl. LexMA, Bd.4, Sp.1098).
⁴⁸⁹ Hl. Otmar (Fest am 16. Nov.): geb. um 689; Alemanne; am Hof des Präses Viktor in Chur ausgebildet; Vorsteher der v. Gallus gegründeten Einsiedelei und Umwandlung zu einem zönobitischen Kloster; erste urkundliche Erwähnung als Abt v. St. Gallen am 30. Aug. 744; Tod in Gefangenschaft auf der Insel Werd; Grabstätte später im Kloster (LexMA, Bd.6, Sp.1560f).
⁴⁹⁰ Hl. Markus (Fest am 25. April): Evangelist; erster Bischof v. Alexandria; Martyrium um 67; 829 entführen Venezianer die Gebeine des Markus aus Bucoles nach Venedig; Reliquienwiederauffindung im 10. Jh.; Kultzentren neben Venedig und Aquileia v.a. Reichenau-Mittelzell (vgl. LexMA, Bd.6, Sp.314).

[51rb]
i...i) # Anno M CCC lvj jar] *v. der Hd. des Rubr., mroT* ii) Zz: *v. der Hd. des Rubr., mroT* iii) Dar] D *2-z. Lomb., v. der Hd. des Rubr., mblT* iv) Marg.: *v. der Hd. des Rubr., mroT, amreRa, abgeschnitten, v. der Editorin erg.:* Erbid[men] v...v) Bisch- | off ‖ Johannes | windlok] *v. der Hd. des Rubr., mroT, rechts und links neben S und M*

a) Schulterknochen b...b) an vielen Orten der Umgebung c) v. verderben: umkommen, sterben

⁴⁹¹ Als Hintergrund dieser Aktionen muss auf die tiefe Frömmigkeit Kaiser Karls IV., „die sich nach außen besonders in Stiftungen, Heiligenverehrung und Reliquienkult kundtat" (LexMA, Bd.5, Sp.973), hingewiesen werden. A. Niederstätter, Ante Portas, S.116 spricht mit Blick auf unser Zitat v. „Karls gelegentlich krankhaft anmutende[r] Sammelwut, der er nicht nur am Bodensee geradezu hemmungslos anhing".
⁴⁹² 18. Okt.

| minen jn <u>c</u>ostentzer vnd | <u>Basler</u> **B**ystum⁴⁹³ vnd ᵇda by | an vil enden vnd stetten ᵇ, | **d**as vil stett, **B**ürg, kilchen | vnd ander vil costlich ge= | bẘ vervielend vnd vil | lüt verdurbend ᶜ/⁴⁹⁴. **V**nd jn | sunder die stat **B**asel⁴⁹⁵

10   vn(d) | <u>liechtstal</u>⁴⁹⁶ vnd <u>sechs</u> vn(d) vier= | tzig **B**ürg **a**llain jn **B**asler | **B**ystum vervielend. **V**nd | jn den <u>dry</u> **B**ystum(m)en **C**o= | stentz, <u>losen</u>⁴⁹⁷ vnd **B**ysentz⁴⁹⁸ | verfielend <u>vier vnd achtzig</u> | **B**ürg. |

ᵛBisch- | Johannes |

15   off   windlok ᵛ

Bischofswappen
zwei Schilde (4,5x4) (4,5x3,5) (M: 3/S: 3)
(rechts: Aw; links: fehlendes Fw)

[51ᵛᵇ]

ⁱBischoff Hainrich | geborn von Brandis ⁱ |

5   Bischofswappen
zwei Schilde (5x4) (5x4) (M: 3,5/S: 4)
(rechts: Aw; links: Fw Brandis⁴⁹⁹: In Silber ein schrägrechts
gelegter, rot brennender, gestümmelter, schwarzer Ast)

[52ʳᵃ|111]   ⁱAnno M iijᶜ lviij jare #ⁱ   *1358*
Dar ⁱⁱ nach ward byschoff | **h**ainrich von prandisz⁵⁰⁰, | der was der <u>süben</u> *Bischof*

---

⁴⁹³ Basler Bistum: Diözese hat ihren Sitz ursprünglich in Augusta Raurica; Verlegung nach Basel im 7. Jh.; kontinuierliche Bischofsliste setzt in der karolingischen Zeit ein; Entwicklung zu einem der bedeutendsten Bistümer am Oberrhein; als Kaiser Konrad II. 1032 das Königreich Burgund dem Hl. Röm. Reich zuführt, wird Basel Reichsbistum; im 13. Jh. größte territoriale Ausdehnung (vgl. LexMA, Bd.1, Sp.1506f und SchwLex, Bd.1, S.414).

⁴⁹⁴ Forschungen haben ergeben, dass es sich bei der südlichen Oberrheinregion um „das aktivste Erdbebenzentrum Mitteleuropas" handelt. Das hier geschilderte Beben ist das bisher nachweisbar stärkste seiner Art. Ihm fällt u.a. die Stadt Basel zum Opfer, die in sich zusammen stürzt und beinahe vollständig zerstört wird (vgl. M. Benz, Oberrhein und z.B. REC II, Nr.5250 vom 26. Nov. 1356: Unterstützung der Sammlung für die durch das Beben beschädigte Basler Domkirche in Konstanz).

⁴⁹⁵ Basel (vgl. z.B. LexMA, Bd.1, Sp.1505f und 1508ff; SchwLex, Bd.1, S.411f; HHS, S.48ff).

⁴⁹⁶ Liestal, Kt. Basel (vgl. SchwLex, Bd.7, S.268f; HHS, S.354f).

⁴⁹⁷ Bistum Lausanne: Anfänge reichen bis in die Spätantike zurück; ältester Bischofssitz im Gebiet zwischen Genfersee, Jura und Alpen zunächst Aventicum (Avenches), dann Verlegung nach Vindonissa (Windisch) und Ende des 6. Jhs. nach Lausanne (vgl. SchwLex, Bd.7, S.187).

⁴⁹⁸ Bistum Besançon: Gründung des Bistums vermutlich in konstantinischer Zeit; erster 346 nachweisbarer Bischof Pancharius; erster 614 bezeugter Metropolit Bischof Protagius (vgl. LexMA, Bd.1, Sp.2052 und 2055).

[51ᵛᵇ]
i...i) Bischoff Hainrich | geborn von Brandis] *v. der Hd. des Rubr., mroT*

⁴⁹⁹ Vgl. RiA 451, 1,2-3; RiDrS 195ᵛ, 1,1; Grünenb. Taf.90, 1,2; Öhem 6ᵛ, 49 (Taf.2); Siebm. II, Taf.32, 2,2; Siebm. II,1, Taf.77, 4,2 (nicht identisch); Siebm. V, 12, Taf.76, 1,2 (nicht identisch); WtBvK 4,3 und 4,4 (quadriert: 1, 4: Aw, 2, 3: Fw).

vn(d) fünff= | <u>tzigost</u> an der zal vnd regie(r)t | xxvii^{iiii} jar vnd starb als | *Heinrich v.*

man von der gepurt cristi | zalt <u>tusend</u> drü hund(er)t vn(d) | drü <u>vnd</u> *Brandis;*

5 <u>achtzig jare an de(m)</u> | dem tag <u>sant cecilie</u>^{501} zů cling= | **now**^{502} vnd was *1383 Tod;*

gewesen ain | **a**bbt zů <u>ainsideln</u> vnd ward | beståt von **B**aupst <u>j</u>nnoce(n)tio

| dem <u>sechsden</u>, wie wol er vor | mals **B**yschoff <u>lüpolten</u> vo(n) | *Auseinander-*

<u>Babenberg</u>^{503}, durch des kays(er)s | bette wyllen, bestått hett zů | **a**inem *setzungen um*

Byschoff zů <u>coste(n)tz</u>; | dar vmb der kayser zornig | vff dem **B**aupst *den Bischofs-*

10 ward. aber | der selb <u>lüpold(us)</u> starb gar | bald^{504}. vnd zů den zyten hett | *stuhl; Erd-*

man an vil stetten grosz erd= | bidminen. **V**nd zů dem | zytt ward *beben; Pro-*

vffgesetzt^a <u>sant</u> | **p**elagien crützgang^b/^{505}. | *zession für St.*

[52ra|111]

i...i) Anno M iij^C lviij jare #] *v. der Hd. des Rubr., mroT* ii) Dar] D *2-z. Lomb., v. der Hd. des Rubr., mroT* iii) xxvii]
mhbrT zu einem späteren Zeitpunkt erg., dan. Lücke iv) By] B *2-z. Lomb., v. der Hd. des Rubr., mblT*

a) v. vffsetzen: einführen b) Kreuzprozession, Kreuzgang

^{500} Heinrich v. Brandis (1357-1383): Stammburg bei Lützelflüh, Kt. Bern; Erziehung im Kloster Einsiedeln; 1348-1357 Abt; Ernennung zum Bischof v. Konstanz am 15. Mai 1357; Nähe zu König Karl IV.; Versuche, die Finanzlage des Bistums zu verbessern; Nachlassaffäre v. Johann Windlock führt zu Auseinandersetzungen (u.a. 1358 Exkommunikation); Krieg zwischen Bischof und Stadt; 1369 erneute Exkommunikation; 1371 Amtsenthebung wegen Missbräuchen in der Bistumsverwaltung; Rehabilitation 1373/74; 1383 neuerliche Amtsenthebung durch Urban VI. im Zuge des Schismas; gest. am 22. Nov. 1383 (vgl. REC II, Nr.5264-6732; dazu M. Krebs, Nachlese, Nr.5284a-6724b; R. Schell, Regierung, v.a. S.125ff und Stammtafel, S.202; H. Maurer, Konstanz, S.213ff und 224; HS I/2,1, S.316ff und allg. zur Familie und deren Auseinandersetzungen auch E.C. Lutz, Spiritualis fornicatio, S.39ff).
^{501} 22. Nov. Die Angabe der Chronik ist korrekt (vgl. REC II, Nr.6725).
^{502} Klingnau, Kt. Aargau: um 1240 Stadtgründung durch Ulrich v. Klingen; seit 1269 durch Kauf im Besitz des Bischofs v. Konstanz; entwickelt sich zu einem herrschaftlichen Zentrum; Sitz einer Johanniter-Kommende; seit 1415 unter der Herrschaft der Eidgenossen (vgl. SchwLex, Bd.6, S.412f; H.R. Derschka, Ministerialen, S.481f). Angabe der Chronik ist korrekt (vgl. REC II, Nr.6725).
^{503} Lupolt III. v. Bebenburg (heute Bemburg bei Rot am See): geb. um 1300 als Angehöriger eines Reichsministerialengeschlechts; Domkanoniker in Würzburg; Studium in Bologna; hat zahlreiche Pfründen und Ämter inne; seit 1328 u.a. bischöflicher Offizial in Würzburg, seinem eigentlichen Wirkungskreis; Verfasser verschiedener Schriften (vgl. u.a. „Tractatus de iuribus regni et imperii Romani", „Liber Privilegiorum"); Schiedsrichter und Vermittler; 1353 Erhebung zum Bamberger Bischof; kaiserlicher Kandidat auf den Konstanzer Bischofsstuhl; gest. am 28. Okt. 1363 (vgl. LexMA, Bd.6, Sp.14 und NDB, Bd.15, S.524f).
^{504} Die Chronik gibt die Auseinandersetzungen um den Bischofsstuhl nach dem Tod v. Johann Windlock stark verkürzt wieder. Zunächst kommt es zu einer umstrittenen Wahl innerhalb des Domkapitels. Während neun Wähler für den Domherren Ulrich v. Friedingen (vgl. zu ihm REC II, Nr.4616-6718 passim; HS I/2,1, S.315f; E. Dobler, Hohenkrähen, S.107-109) stimmen, vier Albrecht v. Hohenberg (vgl. zu diesem v.a. REC II, Nr.5221) favorisieren, enthalten sich drei der Stimme und vier erscheinen gar nicht zur Wahl. Da infolge dieses Ergebnisses ein Eingreifen des Papstes wahrscheinlich ist, setzt sich Kaiser Karl IV. bei Innozenz VI. für Dietrich v. Portitz, Bischof in Minden, nach dessen Ablehnung für Ulrich v. Friedingen ein. Erst der Anfang 1357 v. ihm vorgeschlagene Lupolt v. Bebenburg, Bischof v. Bamberg, wird vom Papst akzeptiert. Lupolt nimmt die Ernennung jedoch nicht an. Daraufhin bestimmt Innozenz VI. – vermutlich im Einvernehmen mit Karl IV. – Heinrich v. Brandis zum Bischof v. Konstanz (vgl. R. Schell, Regierung, S.125-129; HS I/2,1, S.316 und REC II, u.a. Nr. 5218ff, 5239ff, 5259f und 5269ff).
^{505} Prozessionen erfüllen in der spätmittelalterlichen Stadt verschiedene bedeutende Funktionen. Ohne näher darauf eingehen zu können, sei an dieser Stelle a) auf eine neuere Untersuchung dieses Phänomens, nämlich A. Löther, Prozessionen in spätmittelalterlichen Städten und b) auf die Prozessionsdarstellungen bzw. -hinweise in unserer Chronik auf fol.57va, 132vb, 138ra, 149vb, 165ra und 176^{ra}f hingewiesen.
^{506} Herzog Albrecht II. v. Österreich stirbt am 20. Juli 1358.
^{507} Mittwoch nach dem 15. Aug. Jahr ist unklar, deshalb ist sowohl der 22. Aug. 1358, der 21. Aug. 1359 als auch der 19. Aug. 1360 möglich.

By^{iv} regieru(n)g byschoff <u>hain</u>= | <u>richs</u> von **Brandis**, ob | gena(n)t, *Pelagius;*

volgiengen disz nach= | geschriben ding: des <u>ersten</u>, | **a**ls man von der *1358 Tod*

15 gepurt cri= | sti zalt <u>tusend drühundert</u> | <u>funfftzig vnd acht jar</u> **Z**ů | mittem *Albrechts II. v.*

h^o̊wet starb hertzog | **a**lbrecht von ö^osterrich^{506}. **D**ar | nach über **A**in jar do *Österreich;*

flige(n)d | die h^o̊wstaffel an der <u>mitwoch</u>= | <u>en</u> nach vnser lieben <u>froen</u> | *Heuschrecken-*

tag ze <u>mittem ougsten</u>^{507} vn(d) | was jr als vil, das man zů | <u>zürich</u> mit *plage;*

allen glocken ge | gen jnen lut, vmb das, d(a)z |

[52rb] ^{i}Anno M CCC lxiiij jar #^{i} *1364*

sy sich zerl(!)iessend^{a}. |

Dar^{ii} nach als man von | der gepurt cristi zalt | <u>tusend drühundert sechtzig</u> |

vnd <u>vier jar</u> do ward der | winter als hert vnd kalt, | das der <u>zürcher</u> see^{508} *1364 Wetter-*

5 überfror, | vnd das man allenthalb | dar vff wandelt ze **R**oss | vnd ze fůsz *nachrichten;*

vnd grosse fů= | der^{b} dar vff fůrt mit wågen | vnd mit karren vnd mit |

schlitten. vnd was also kalt, | das die reben **a**ls schwach | wurdend, das

man sy vs | howen můst^{509}, **d**as dar nach | jm <u>sübentzigosten</u> jar, do es | *1370*

vor dem herpst was, ward | es als kalt, das der win an den | ¶^{iii} reben

10 gefror^{510}. **J**t(em) da vor als | man von der gepurt cristi ^{iv}| zalt <u>tusend</u>

<u>drühundert sech</u>= | <u>tzig vnd sechs jare</u> do fůr | der keller^{c} von ow^{511} vnd *1366*

der | von **clingen**^{512} vs der <u>ow</u> vnd | **goldast**, den man nampt | *Auseinander-*

[52rb]

i...i) Anno M CCC lxiiij jar #] *v. der Hd. des Rubr., mroT* ii) Dar] D *2-z. Lomb., v. der Hd. des Rubr., mroT* iii) *Absz: v. der Hd. des Rubr., mroT, vdZ* iv) *Marg.: v. der Hd. des Rubr., mroT, amreRa:* No(ta)

a) v. zerlâzen: sich zerstreuen/auflösen b) Lasten c) Kellermeister, Verwalter der Weingüter bzw. der allg. Einkünfte (hier des Klosters) d) v. erblenden: blenden e...e) v. ze brêchen/zerbrêchen: zerschlagen, zerstören f) Hausrat

^{508} Zürichsee (vgl. SchwLex, Bd.12, S.368 und ebd., Bd.10, S.303f, Artikel „Seegfrörni").

^{509} Von diesem kalten Winter berichten auch die Chronik Jacob Twingers v. Königshofen, der ebenso auf die erfrorenen Reben eingeht, die älteste deutsche Chronik v. Colmar, die Kleinen Basler Annalen und die Chronik Konrad Justingers (vgl. H. Buszello, „Wohlfeile", S.31). In ähnlichen Worten, aber auf 1354 bezogen, erwähnt die Klingenberger Chronik, S.98 diese Kälte (vgl. P. Ruppert, Chroniken, S.69, Anm.1). Vgl. auch W. Düwel-Hösselbarth, Ernteglück, S.34, die auf eine bis 1367 dauernde Nahrungsmittelknappheit infolge dieser Witterungsverhältnisse hinweist sowie R. Glaser, Klimageschichte, S.77, der v. einem rekordverdächtig kalten, schneereichen und lange andauernden Winter spricht.

^{510} Vgl. ebd., S.89 sowie W. Düwel-Hösselbarth, Ernteglück S.34 mit Bestätigungen der Nachrichten zu 1370. Andere Chroniken berichten zu diesem Jahr v.a. v. einer Teuerung (vgl. H. Buszello, „Wohlfeile", S.31).

^{511} Mangold v. Brandis: später Bischof; aus dem einflussreichen Geschlecht der Freiherren v. Brandis; Neffe des Konstanzer Bischofs sowie des Abtes der Reichenau Eberhard v. Brandis; vor 1356 Konventherr im diesem Kloster; seit 1356 Kellermeister (urkundlich erstmals am 16. Feb. 1356 als solcher nachweisbar, vgl. REC II, Nr.5224) und seit 1364 Propst der Reichenau; am 11. Nov. 1384 Wahl zum Abt (mit fehlender Bestätigung); Konstanzer Bischof (s.u.): „verursacht weitere Verschuldung der Reichenau und Verfall der Klosterzucht"; gest. am 19. Nov. 1385 (vgl. HS III/1,2, S.1086f).

^{512} Eberhard v. (Alten-)Klingen: Angehöriger der Konstanzer Ministerialenfamilie (seit ca. 1100 belegt); zwischen 1356 und 1387 belegt; erscheint 1356 und 1378 als Mönch, 1361 und 1372 als Cantor, 1368 und 1372 als Kämmerer und 1387 als Propst des Klosters Reichenau (vgl. OBG. Bd.2, S.294; ESt, Bd.12, Taf.88).

^{513} Heinrich Goldast, genannt Treppinger (so Ruppert, Chroniken, S.69 und OBG, aber StAK, A I 1, fol.91vb: „råppinger"; C. v. Schwartzach, Cronica, fol.12^{v}: „Thräffinger"; B. Hotz, Päpstliche Stellenvergabe, S. 502: „Trappinger"): aus dem Konstanzer Patriziergeschlecht, das in dieser Zeit häufig in unmittelbarer Nähe zum Bischof auftritt; um welchen Heinrich Goldast es sich hier handelt, ist nicht eindeutig festzustellen, da es verschiedene Familienangehörige mit diesem Namen gibt (vgl. die bei B. Hotz charakterisierten Domherren, S.501-510); möglicherweise

Rǫppinger[513], **an** das aichorn[514] | vnd erblantend^d ainen visch(er) | von   *setzung*
petershusen[515], der hiesz **Ma**= | **theus**[516]. **V**nd der ward also | geblǫndt   *zwischen*
15   gepraucht für die | **R**autstuben zǔ costentz. do fǔ= | rend die von costentz   *Konstanz und*
des selb= | ben tags vsz jn die ow vnd | ^eze brauchend^e vnd verbran= | ten   *der Familie v.*
dem keller vnd dem vo(n) | klingen baid ir hǫff[517] vn(d) was | man dar   *Brandis:*
jnne vand von | husz geschir(r)^f, das verbrant | man alles. das ward **a**lso |
verricht vmb den keller |

[52va|112]   ^iAnno M CCC lxviij jar #^i   *1368*

vnd die von costentz, das der | keller jn die stat rait vnd | gieng vnd das jm
burg(er) | schancktend^a vnd grosse er | vnd zucht^b erbuttend^c. **D**ar= | nach
vieng der keller ǔl= | richen von **Rockwyl**[518], der | stat amman[519], one alles

---

[514] ist er der Zeuge, auf den der Reichenauer Propst Mangold v. Brandis zurückgreift (vgl. B. Hotz, Päpstliche Stellenvergabe, S.501f) (vgl. OBG, Bd.1, S.454).

[514] Die Halbinsel Eichhorn bzw. das sog. heutige Hörnle: zu Konstanz gehörend; einen Teil der Konstanzer Bucht
bildend; vgl. den darauf liegenden Ort Staad.

[515] Petershausen: heute dicht bebauter Stadtteil v. Konstanz; nördlich des Rheins und der Konstanzer Bucht gelegen;
wohl gleichzeitig mit dem Kloster im 10. Jh. entstandene Siedlung abhängiger Klosterleute; Niedergerichtsbarkeit
steht bis ins 16. Jh. dem Abt zu; noch im 14. Jh. selbstständige Dorfgemeinde; 1463 Vorstadt mit einem v. Konstanz
eingesetzten Hauptmann; wird in die Stadtmauer des 15. Jhs. einbezogen (vgl. LBW, Bd.6, S.753; H. Maurer,
Konstanz II, S.106f).

[516] Der Anlass der „wohl spektakulärsten und folgenreichsten Auseinandersetzungen zwischen Stadt und Bischof seit
(...) 1255" (H. Maurer, Konstanz I, S.214f) im Jahr 1365 (!) könnte als einer v. vielen alltäglichen Fehdefällen bezeichnet werden: Mangold v. Brandis bestraft einen Fischer, der v. ihm in angeblich reichenauischen Fischgründen
gesehen wird (vgl. ebd., S.214f; HS I/2,1, S.327; R. Schell, Regierung, S.158 sowie hierzu und zum Folgenden REC
II, Nr.5916ff.).

[517] Die Konstanzer, die in dieser Zeit beginnen, „die Klostersiedlung Petershausen in ihren Rechtsbezirk einzube-
ziehen" (H. Maurer, Konstanz I, S.215), reagieren zum Teil auch aufgrund des eher gespannten Verhältnisses zum
Bischof äußerst heftig und erklären nicht nur die Abtei, sondern gewissermaßen auch die Familie Brandis zu
Feinden. Sie zerstören sowohl die beiden hier genannten Höfe als auch die Burg Schopfeln an der Ostspitze der Insel
(vgl. ebd. und R. Schell, Regierung, S.158f).

[52va|112]
i...i) Anno M CCC lxviij jar #] *v. der Hd. des Rubr., mroT* ii) *Zz: v. der Hd. des Rubr., mroT* iii) *Dar*] D *2-z. Lomb.,
v. der Hd. des Rubr., mblT* iv) *Marg.: 3-z., v. der Hd. des Rubr., mroT, amliRa, oben und unten jeweils mit einem
Querstrich versehen, abgeschnitten, v. der Editorin erg.:* [ge]stǫch zǔ | [Z]ûrich

a) v. schencken: aufwarten, den Willkommenstrunk reichen/einschenken b) Ehrerbietung, Ehre c) v. erbieten: erweisen d) Aufkündigung der Freundschaft, Ansagen einer Fehde e) fort, weg f) Stechen [= Turnierform: Zweikampf]
g) v. hüten: auflauern, warten (auf) h...h) ritten/galoppierten v. beiden Seiten gegeneinander

[518] Ulrich v. Roggwil, Ulrichs selig Sohn genannt: Angehöriger des Konstanzer Patriziergeschlechts (Verwandtschaft
mit den gleichnamigen Rittern und Ministerialen mit Sitz beim Dorf Roggwil im Thurgau; seit der Mitte des 13. Jhs.
in Konstanz nachweisbar); Vater: Ulrich (bei der Ermordung v. Bischof Johann Windlock anwesend); Ratsherr; Ammann während der Jahre 1365-1374; Erbe der Burg Castell v. seinem Oheim Stephan (vgl. K. Beyerle, Ratslisten,
S.88ff; H. Maurer, Konstanz I, S.187, 213; OBG, Bd.3, S.603f).

[519] Ammann: ein mit sehr unterschiedlichen Begriffsinhalten verbreiteter Titel; in Konstanz handelt es sich zunächst
um einen mit Gesetzgebungs- und Gerichtskompetenz ausgestatteten Stellvertreter des Bischofs in der Stadt; er übt
im bischöflichen Auftrag die städtische Verwaltung aus; ist Nieder- und Gewerberichter bzw. Marktrichter und
stammt in der Regel aus dem Konstanzer Patriziat; seit 1150 belegt; in der Mitte des 14. Jhs. bereits geringerer Einfluss: nicht der Ammann, sondern der bald vom Rat bestellte Reichsvogt (vgl. zu ihm P.F. Kramml, Friedrich III.,
S.237ff) fungiert als Vertreter des Bürgermeisters; sein Gericht wandelt sich zu einer beurkundenden Behörde; er behauptet aber die Zuständigkeit für die gerichtliche Auflassung sowie für die Fertigung v. Liegenschaftsübertragungen

5 ab= | sagen^d jn ainem scheff vor | gotlieben, da er sich nit wyset | vor jm
zehůtend, vnd fůrt | jn enweg^e/520. vnd das ward | dar nach aber verricht^521.
#^ii |

Dar^iiii nach **a**ls man vo(n) |^iv der gepurt cristi zalt | tusend drühundert vnd |
acht vnd sechtzig jåre zwü= | schen winåchten vnd vas= | nacht do Rittend   *1368*
10 wol vff | sechzehen **B**urger zů coste(n)tz | vnd woltend sin gen zürch |
geritten zů ainem stechen^f/522. | vnd Rittend funff gesellen | ab dem land
mit jnen vn(d) | dannocht wol fünff von | Costentz, die nit woltend |
gestochen hon, das ir ward | vff sechs vnd zwaintzig | wåppner. **V**nd sy
komend | zwüschen zürch vnd win= | terthur^523, do hettend die vo(n) | *Überfall auf*
15 **B**randis vff sy gehůt^g, **O**uch | wol mit sechs vnd zwaintz= | ig wåppnern.   *Konstanzer*
Vnd do die | von costentz sahend, d(a)z sy | als vigenklich jn Rittend, | do   *Bürger bei*
hůbend sy sich zů samen | vnd ^hsprangtend baydent | halb an ain ander^h   *Basserdorf;*
vnd | wurdend dero vo(n) costentz | fünff von den rossen ge= |
[52vb] stochen vnd vff dem andern | tail niema(n)t, dan(n) ^ajunck her^a | wôlfflin   *Tod v. Wölflin*
von **b**randis^524. der | ward zů der gesicht jn ge= | stochen, das er tod vff   *v. Brandis;*
dem | acker lag^525. **D**o fiengend die | von costentz vier — vn(d) ward | her

---

und macht sich hierbei sogar vom Rat unabhängig (vgl. LexMA, Bd.1, Sp.537 und 562f; H. Maurer, Stadtgeschichte,
S.16; ders., Konstanz I, S.213f; P.F. Kramml, Friedrich III., S.240ff; H.R. Derschka, Ministerialen, S.463ff).

520 Der Konstanzer Stadtammann Ulrich v. Roggwil und sein Vetter Johann v. Roggwil werden, um so Rache zu
üben, ohne Vorwarnung v. den Reichenauern gefangen gesetzt (H. Maurer, Konstanz I, S.215; K. Beyerle, Ratslisten,
S.88-93; R. Schell, Regierung, S.159).

521 Am 24. Juli 1365 gelingt es den mit Konstanz verbündeten Städten St. Gallen, Lindau, Wangen, Ravensburg und
Buchhorn, eine Einigung zwischen der Stadt und dem Kloster herbeizuführen (vgl. J. Marmor, Urkunden-Auszüge I,
S.27f; REC II, Nr.5918). Das Verhältnis zwischen Bischof Heinrich v. Brandis, der sich in dieser Auseinandersetzung zurückhaltend verhält, und der Stadt verschlechtert sich jedoch u.a. (vgl. daneben die Verlegung des geistlichen Gerichts v. Konstanz nach Zürich und das Ende 1367 oder Anfang 1368 über Konstanz verhängte Interdikt,
vgl. J. Marmor, Urkunden-Auszüge I, S.28) auch durch diese Ereignisse zusehends (vgl. R. Schell, Regierung, S.159;
H. Maurer, Konstanz I, S.215; HS I/2,1, S.327).

522 Vgl. allg. zum Phänomen des Turniers, das für die Städte als bevorzugte Austragungsorte v. großer Bedeutung ist
und vom städtischen Patriziat bei dessen Nachahmung adliger Lebensweise übernommen wird, LexMA, Bd.8,
Sp.1113ff; SdM, S.843f; J. Fleckenstein (Hg.), Turnier und A. Hagen/H. Krieg, Turniere sowie die Berichte und
Hinweise unserer Chronik auf fol.132va, 151^raf, 172va und 202^raff).

523 Nach REC II, Nr.6916 oder H. Maurer, Konstanz I, S.215 ist der Ort des Überfalls Basserdorf (Kt. Zürich, erste
urkundliche Erwähnung 1155), wie hier richtig angegeben, auf halbem Weg zwischen Zürich und Winterthur gelegen
(vgl. SchwLex, Bd.1, S.420).

[52vb]
i) **B**uind] u *vermutlich v. der HHd. aus* a *korr.* ii) *Zz: v. der Hd. des Rubr., mroT*

a...a) junger Edelmann b...b) v. das veld beheben: das (Schlacht-)Feld/den Kampfplatz behaupten c) Fehdeansage,
Kriegserklärung d) v. hůten: sich hüten, vorsehen e...e) aus Konstanz geboren

524 Wölflin (Wolfhard oder Wolfram der Jüngere) v. Brandis: Angehöriger des einflussreichen Geschlechts der Freiherren v. Brandis; Bruder v. Mangold und Thüring v. Brandis bzw. Neffe des Bischofs; gest., wie hier berichtet, im
Jahr 1368 (vgl. REC II, Nr.6176 und 6190; R. Schell, Regierung, Stammtafel S.202).

525 Bei dem Überfall auf 26 Konstanzer Bürger durch Reichenauer Gefolgsleute unter Führung der Ritter Thüring
und Wölflin v. Brandis wird der Letztgenannte getötet. „Dies bedeutet den Ausbruch des offenen Kriegs zwischen
Bischof und Stadt, bei dem es letztlich um die Stadtherrschaft geht" (HS I/2,1, S.318 und ähnlich R. Schell, Regierung, S.162f sowie H. Maurer, Konstanz I, S.215). In den folgenden vier Jahren kommt es im Zusammenhang mit
diesem Konflikt immer wieder zu „heftigen Kampfhandlungen, die den Frieden im Lande empfindlich störten und

gegen die auch all die immer wieder erneuerten Landfrieden und Landfriedensbündnisse offenbar ohne Wirkung blieben" (H. Maurer, Konstanz I, S.215). Erst am 28. Juni 1372 bestätigt Mangold v. Brandis den Empfang v. 2.000 fl v. Bürgermeister und Rat der Stadt, die er „zur Besserung (Sühnung) für seinen erschlagenen seel. Bruder Wölflin v. Brandis erhalten hat" (J. Marmor, Urkunden-Auszüge I, S.31) (vgl. ausführlich R. Schell, Regierung, S.162-174).

[526] Thüring (der Jüngere) v. Brandis: Angehöriger des einflussreichen Geschlechts der Freiherren v. Brandis; Bruder v. Mangold und Wölflin; gest. 1375 (vgl. R. Schell, Regierung, Stammtafel S.202).

[527] Nach „Stetter" handelt es sich angeblich (P. Ruppert, Chroniken, S.70f) um den auch in der folgenden Aufzählung genannten Bruder des Ammanns: wan das ir ainer] dan daß Hainrich v. Rogkwyl, des stettaman bruder. Bei C. v. Schwartzach, Cronica, fol.13ʳ findet man aber lediglich die Aussage: „nit wissent sÿ won das ir ainer geuangen wäre".

[528] Heinrich, Rudolf und Ulrich Harzer: aus der Konstanzer Patrizierfamilie stammend (ursprünglicher Name: Joechler/Joheler; allmähliche Entstehung v. eigenen Geschlechternamen aus zur Unterscheidung gewählten Beinamen, wie Ruch, Schwertli oder Harzer; erste Erwähnung 1282); Brüder, die nachweislich an diesem Gefecht bei Basserdorf teilnehmen und 1376 die Erlaubnis erhalten, den Zoll v. Memmingen einzulösen; Vater: Ulrich Harzer der Jüngere; a) Heinrich: nachweislich Konstanzer Ratsherr 1360, 1368 und 1371; verschiedene Güterkäufe nachweisbar (u.a. 1359 Reichenauisches Lehen in Ermatingen); erhält 1367 die v. den Grafen v. Toggenburg versetzten Güter bei Grießenberg, Amlikon etc. als Reichenauisches Lehen; lebt noch 1380 b) Rudolf: Ratsherr; vermutlich 1420 gest. c) Ulrich: begleitet 1372 den Grafen v. Montfort nach Jerusalem; dort Ritterschlag; lebt noch 1388 (vgl. OBG, Bd.1, S.540f; K. Beyerle, Ratslisten, S.86ff).

[529] Heinrich v. Roggwil: Angehöriger des Konstanzer Patriziergeschlechts (Verwandtschaft mit den gleichnamigen Rittern und Ministerialen mit Sitz beim Dorf Roggwil im Thurgau; seit der Mitte des 13. Jhs. in Konstanz nachweisbar); Vater: Ulrich v. Roggwil; Bruder v. Ulrich; Ratsherr; letzter Beleg 1379 (vgl. OBG, Bd.3, S.603f; K. Beyerle, Ratslisten, S.88f)

[530] Konrad Ruch oder Ruh: aus der Konstanzer Patrizierfamilie stammend (ursprünglicher Name: Joechler/Joheler, s.o.); mehrere Ruch namens Konrad nachweisbar a) 1322, 1348 belegt; gest. 1371 b) dessen Sohn; 1356 Bürger in Überlingen; lebt noch 1371 c) Sohn von Rudolf Ruch; 1372 nachweisbar; gest.1374 (vgl. OBG, Bd.2, S.210f).

[531] Rudolf Ruch oder Ruh: aus der Konstanzer Patrizierfamilie stammend (ursprünglicher Name: Joechler/Joheler; s.o.); mehrere Ruch namens Rudolf nachweisbar: a) Sohn des ersten Konrad; Bruder des zweiten; 1350 belegbar; Konstanzer Ratsherr 1368; gest. 1372 b) dessen Sohn; 1363 belegbar; gest. 1370 (vgl. ebd., Bd.2, S.210f; K. Beyerle, Ratslisten, S.88f).

[532] Hug(o) Schmerlin: Angehöriger des Konstanzer Patriziergeschlechts; langjähriger Konstanzer Ratsherr; wird 1389 im Zuge des Bürgerkampfes aus dem Rat entfernt, später aber wieder eingesetzt; lebt noch 1393 (vgl. K. Beyerle, Ratslisten, S.88f, 98ff).

[533] Johannes Lind: Angehöriger des Konstanzer Patriziergeschlechts (ursprünglich Ministerialen der Reichenau); Vater: Heinrich Lind (Konstanzer Ratsherr und 1356/57 Stadtammann; gest. am 8. März 1362); erster urkundlicher Beleg 1362; Teilnahme an diesem Kampf; ab 26. Juli 1374 bis 1378 Stadtammann; wohl mit dem langjährigen Ratsherr (1379-93) identisch (OBG, Bd.2, S.514 legt jedoch nahe, v. zwei verschiedenen Personen gleichen Namens auszugehen) (vgl. OBG, Bd.2, S.514; K. Beyerle, Ratslisten, S.92ff).

[534] Die Teilnahme eines Angehörigen des in Konstanz (erste Belege seit Mitte des 13. Jhs.) verbürgerten ehemaligen bischöflichen Ministerialengeschlechts (vgl. Dorf Dettighofen bei Pfyn) (vgl. Linien Bündrich ab 1340 und Zapf ab 1396), das zu dieser Zeit häufig Ratsherren stellt, an diesem Kampf kann als verbürgt gelten. Nach OBG, Bd.1, S.213 ist dies allerdings Albrecht v. Tettikoven, während „Ulricus de Tetikoven et Henricus, patruus ejus, 1368 im Rathe zu Konstanz" zu verorten sind (vgl. ebd., Bd.1, S.213; H.-U. Ruepprecht, Dettighofen, S.285f).

[535] Albrecht zum Burgthor: Angehöriger eines alten Patriziergeschlechts in Konstanz, dessen mutmaßlicher Stammvater Olricus Rex bereits 1175 Konstanzer Bürger gewesen sein soll; vermutlich der Bruder v. Bartholomäus Burgthor, einem Konstanzer Chorherren; noch 1388 (hier in Rom) nachweisbar (vgl. OBG, Bd.1, S.185f; H. Maurer, Konstanz I., S.276).

[536] Peter Schanfigg: vermutlich mit dem Konstanzer Ratsherrn (1383-89) identisch, der 1389 im Zuge des Bürgerkampfes aus dem Rat entfernt und später wieder eingesetzt wird; noch 1394 nachweisbar (vgl. K. Beyerle, Ratslisten, S.104ff; E.C. Lutz, Spiritualis fornicatio, S.67).

[537] Heinrich Schilter (Schiltar): Angehöriger des Konstanzer Patriziergeschlechts; Ratsherr 1384-89; wird 1389 im Zuge des Bürgerkampfes aus dem Rat entfernt; bricht sich beim „Stechen" 1379 ein Bein (vgl. K. Beyerle, Ratslisten, S.105ff; H. Maurer, Konstanz I, S.273).

[538] Johannes v. Hof(f) oder de Curia: Angehöriger eines der ältesten ratsfähigen Geschlechter der Stadt Konstanz (erster urkundlicher Beleg 1210); zu dieser Zeit mehrere Personen diesen Namens nachweisbar (vgl. Ratslisten, S.87,

türing[526] vnd die sinen | alle flüchtig — vnd ᵇbehůbend | das veldᵇ vnd
5 beschach jr | enkainem nicht, wan das | ir ainer[527] gefangen ward. | das
tettend die vo(n) __Brandis__ | och one alles wydersagenᶜ | vnd das sich die
von __coste(n)tz__ | nit wystend vor inen zů | hůtendᵈ. Vnd warend disz |
ᵉvsser der stat __costentz__ Bürtigᵉ: | __hainrich__, __Růdolff__ vn(d) __v̂l(rich)__ | die *Beteiligte*
__hartzer__[528], gebrůder, __v̂l(rich)__ | von __Rockwyl__, der stat __amma(n)__, | vnd *Bürger;*
10 __hain(rich) von Rockwyl__[529], | sin brůder, __Cůnrat Ruch__[530] vn(d) | __Růdolff__
__ruch__[531], sin vetter, __hug__ | __schmerlin__[532], __Hansz lind__[533], __v̂l(rich)__ | __tettikover__[534],
__aulbrecht Burg__= | __thor__[535], __peter schanfigg__[536], __hain(rich)__ | __schilter__[537], __Hansz__
__vom hoff__[538], | __Růdolff wiener__[539], __hansz jn der__ | __Buind__ⁱ/[540], vogt zů
__costentz__. Do warend die mit jnen gerit= | ten: __Růdolff am horn__[541], __fryck__ |
15 __appenteker__[542], __hug zorn__[543] vnd | __heny jnsigler__[544]. Vn(d) wa= | rend sust by
den von __coste(n)tz__, | yetz gena(n)t, __hain(rich) vo(n) tetting__= | __en__[545], zwen

---

89, 91); Ratsherr; nach OBG erstmals für das Jahr 1353 belegt; kauft 1364 v. den Herren v. Landenberg die Feste Alt-Landenberg bei Bauma im Tösstal mit zahlreichen Besitzungen und Herrschaftsrechten; eine der beiden Personen, an die der Bischof das Münz- und Zollrecht verpfändet (vgl. OBG, Bd.2, S.74; K. Beyerle, Ratslisten, S.86ff; H. Maurer, Konstanz I, S.185, 217).

[539] Rudolf Wiener: Angehöriger eines Konstanzer Patriziergeschlechts; langjähriger Ratsherr 1376-89; wird 1389 im Zuge des Bürgerkampfes aus dem Rat entfernt (vgl. K. Beyerle, Ratslisten, S.94ff).

[540] Johann in der Bünde: aus dem Konstanzer Patriziergeschlecht stammend; Vater: Ulrich in der Bünd (Reichsvogt v. 1341-1353 und 1354-1360, Bürgermeister in einem der Jahre 1343, 1346 oder 1349); Rektor der Kirche v. Henau (Kt. St. Gallen); Reichsvogt vom 31. Okt. 1367 bis zum 22. Dez. 1375; ein letzter Beleg findet sich im Jahr 1379 (vgl. E. Kless, Konstanzer Patriziergeschlecht, S.26ff und 31f).

[541] Rudolf am Horn (= Anhorn/Ainhorn): Angehöriger eines Konstanzer Patriziergeschlechts; nachweislich 1368 Ratsherr (vgl. OBG, Bd.1, S.15; K. Beyerle, Ratslisten, S.88f).

[542] Fryck Appentegger: Angehöriger der Konstanzer Patrizierfamilie, die erstmals 1264 urkundlich in Konstanz erscheint; nach OBG, Bd.1, S.18 ist er 1380 als Ratsherr nachweisbar; K. Beyerle, Ratslisten, S.100f belegt dies allerdings nicht; dort ist S.89 für das hier genannte Jahr 1368 allerdings „Jacobus Appothegarii" belegt; darüber hinaus ist ein Jacob auch 1389, 1390-93 als Ratsherr tätig (vgl. OBG, Bd.1, S.17f; K. Beyerle, Ratslisten, S.88f, 111f, 114ff).

[543] Hug(o) Zorn: Angehöriger der Konstanzer Patrizierfamilie Pfefferhard (wird aber in OBG, Bd.1, S.79 nicht erwähnt); vermutlich gest. am 15. Sept. 1383 (vgl. K. Beyerle, Ratslisten, S.104).

[544] Henni (v. Sulgen) Insiegler: Angehöriger des Konstanzer Geschlechts aus Sulgen (Kt. Thurgau); mit großer Wahrscheinlichkeit Sohn v. Friedrich v. Sulgen, genannt Insiegler; Bruder v. Eberhard Insiegler; urkundlich am 30. April und 1362 und am 30. Aug. 1365 belegt; gest. vor dem 5. April 1371 (vgl. OBG, Bd.1, S.17f und B. Hotz, Päpstliche Stellenvergabe, S.542).

[545] Heinrich v. Tettingen: Angehöriger des weit verzweigten Ministerialengeschlechts des Bistums Konstanz sowie der Abtei Reichenau; nach Dettingen bei Konstanz genannt; zu dieser Zeit mehrere Personen namens Heinrich nachweisbar; vgl. Hauptmann der württembergischen Feste Mägdeberg, als diese am 2. Okt. 1378 v. den Städten des Seebundes eingenommen wird (vgl. den Bericht auf fol.78ᵛᵃff); ein anderer Heinrich ist Geistlicher; ein dritter bereits 1365 tot (vgl. OBG, Bd.1, S.215f).

[546] Angehöriger eines Freiherrengeschlechts (vgl. gleichnamige Burg im Thurgau; erster Beleg dieser Familie 1209), das nur wenig begütert ist und dessen Mitglieder im 14. Jh. als unfreie Ministerialen der Abtei Reichenau in den Quellen begegnen; hier handelt es sich möglicherweise um Heinrich und Walther Spiegelberg, denen u.a. die Burg Wellenberg gehört; beide sind sicher für 1343 bis 1364 belegt; Walthers Sohn Guntram (1374) ist der Letzte seines Geschlechts (vgl. HBLdS, Bd.6, S.468).

[547] Hans v. Lutrach: Angehöriger eines alten Adelsgeschlechtes, dessen Stammsitz bei Lutrach (heute Lautenbach, Gem. Herdwangen, nahe Pfullendorf) liegt; erster urkundlicher Beleg der Familie 1207; nach OBG, Bd.2, S.550 reitet Diepold v. Lutrach mit den Konstanzern nach Zürich; Letztgenannter ist noch 1392 nachweisbar (vgl. OBG, Bd.2, S.550).

[548] Diese Person konnte nicht näher identifiziert werden.

[549] Hans Ulrich Hofmeister v. Frauenfeld: Angehöriger eines ursprünglich thurgauischen Adelsgeschlechts; wohl mit dem österreichischen Rat (erstmals 1362 belegbar; gest. um 1387) identisch (vgl. OBG, Bd.1, S.382f).

von **spiegelberg**[546], | **h**ans von **lutrach**[547], **Eberhart** | von **strausz**[548], **h**ansz
v̊lrich, | der **hoffmaister** von **froen**= | **veld**[549]. #ⁱⁱ |

[53ʳᵃ|113]   ⁱAnno M CCC lxviiij jar #ⁱ   *1369*

Desⁱⁱ **j**ars als man vo(n) der | gepurt cristi zalt **tuse**(**n**)**t** | **d**rühundert
sechtzig **vn**(**d**) **acht** | jar ze mittem **ougsten**ᵃ do | für das mark scheff vo(n)   *1368 Überfall*
Co= | **stentz v**nd wolt gen **stain** | zů **markt. D**o hettend die | von **Brandis**   *auf ein*
5   ain hůtᵇ ge= | habt vnder **nüwenburg**[550] | jn der nacht vnd do sy | das mark   *Handelsschiff;*
scheff horttend, | **do** fůorentⁱⁱⁱ die von **brandis** | zů jnen vnd erstachend |
acht arm knecht **vn**(**d**) **wun**= | dotend ettlich gar übelᶜ **vn**(**d**) | liessend sy jn
dem scheff | alle für tod ligen[551]. #ⁱᵛ |

[53ʳᵃ|113]

i...i) Anno M CCC lxviiij jar #] *v. der Hd. des Rubr., mroT* ii) Des] D *2-z. Lomb., v. der Hd. des Rubr., mroT* iii)
fůorent] füro *SG, Konjektur nach C. v. Schwartzach, Cronica, fol.13ᵛ* iv) Zz: *v. der Hd. des Rubr., mroT* v) Dar] D *2-
z. Lomb., v. der Hd. des Rubr., mblT* vi) do] die *SG, Konjektur nach C. v. Schwartzach, Cronica, fol.13ᵛ*

a) August b) Hinterhalt c) schlimm, sehr

[550] Burg Neuburg, Kt. Thurgau.
[551] Dieser neuerliche Überfall der Familie v. Brandis während ihrer Fehde gegen die Stadt trifft die Konstanzer gewissermaßen an ihrer „verwundbarsten Stelle, dem Handel" (H. Maurer, Konstanz I, S.216).
[552] Burg Marbach: auf der Halbinsel Höri zwischen Hemmenhofen und Wangen am Untersee gelegen; heute Häuser-
gruppe, Gem. Wangen, Lkr. Konstanz; reichenauische Ufer- und Grenzburg v.a. mit Verteidigungsaufgaben; Erbauung vor 1200; erster urkundlicher Beleg 1291; Herren v. Marbach sind zwischen 1212 und 1370/81 belegt; wohnen seit ca. 1300 in Radolfzell; Kernstück: ein Wohnturm; drei Belagerungen mit Zerstörungen durch die Konstanzer
(1369, 1385 und 1430); nach der hier beschriebenen ersten Zerstörung erfolgt erst 1384 ein Wiederaufbau durch
Mangold v. Brandis; 1385 erneute Einnahme und Zerstörung; seit dem 14. Jh. ständig wechselnder Pfand- und
Lehensbesitz des Klosters (in den Händen der Familie v. Ulm v. ca. 1409/13 bis Anfang des 16. Jhs.; Brandschatzung
im Städtekrieg 1441; dabei allmählicher Wiederauf-, Um- und Neubau (vgl. LBW, Bd.6, S.690/745; G. End, Burgen,
S.73ff; G. Schmitt, Schlösser, S.292ff, v.a. S.298 und 306f).
[553] Hierbei handelt es sich um die Konstanzer Revanche für die vorherigen Überfälle. Wie im Folgenden ausführlich
berichtet, erstürmen, plündern und zerstören die Bürger unterstützt durch Steckborner (insgesamt ca. 400 Mann) die
genannte Burg und verurteilen die gefangene Burgbesatzung an der Richtstätte am „Großen Stein" vor Konstanz auf
dem Weg nach Kreuzlingen nach einer Gerichtsverhandlung zum Tode (vgl. H. Maurer, Konstanz I, S.216;
R. Schell, Regierung, S.169f; G. Schmitt, Schlösser, S.306).
[554] Eberhard v. Brandis: aus dem einflussreichen Geschlecht der Freiherren v. Brandis; seit 1328 Konventherr, dann
Diakon in Reichenau; zwischen dem 16. März und dem 7. April 1343 zum Reichenauer Abt gewählt; Anfechtung der
Wahl durch Diethelm v. Krenkingen; am 27. Juni 1343 v. Clemens VI. providiert, vor dem 2. März 1344 in Avignon
bestätigt und geweiht; 1358 Dienstvertrag mit den Herzögen v. Österreich; verpfändet einen großen Teil der Kir-
chengüter; 1367 übernehmen die Gläubiger, u.a. sein Bruder Bischof Heinrich, die Verwaltung des Klosters; Konflikt
mit den Grafen v. Württemberg; gest. am 29. Sept. 1379 (vgl. HS III/1,2, S.1085f).
[555] Gemeint ist also wiederum Mangold v. Brandis, Sohn Thürings II. v. Brandis und Neffe (!) Heinrichs v. Brandis,
1357-1383 Bischof v. Konstanz, und Eberhards v. Brandis.
[556] Eigentlich der 13. Juli, wird in den Bistümern Chur, Basel, Straßburg und Konstanz aber am 15. Juli gefeiert.
Während P. Ruppert, Chroniken, S.71, angeblich „Stetter" edierend, die Angabe: „Anno Domini 1369 an dem
donerstag vor sant Margarethen (13. Juli)" macht, findet der Überfall nach H. Maurer, Konstanz I, S.216 und
R. Schell, Regierung, S.169 bereits am 12. Juli 1369 statt, da 1369 der 15. Juli auf einen Sonntag fiel und folglich der
Donnerstag davor der 12. Juli ist. Vergleicht man den Text v. C. v. Schwartzach, Cronica, fol.13ᵛ („Anno Domini
M°: ccc lxviii: [sic!] an dem an dem donstag vor sant Margreten tag" [= 13. Juli]) wird das Problem durch die
fehlerhafte Jahresangabe noch verstärkt.

Dar^v nach als man vo(n) | der gepurt <u>c</u>risti zalt | <u>tusend drühundert</u>   *1369*

10 <u>sechtzig</u> | vnd <u>n</u>ün jare zů mittem | hȯwet do enthoptotend die | von   *Eroberung der*

<u>Costentz nün</u> man, die | vff <u>Marpach</u>^{552} gefangen | wurden, als die vo(n)   *Burg Marbach;*

<u>c</u>oste(n)tz | <u>Marpach</u> gewonne(n)d^{553}, dem | keller jn der <u>Richen ow</u> ze |

laid, der her <u>t</u>hürings vo(n) | <u>Brandis</u> sun was vnd by= | schoff <u>hainrichs</u>

zů <u>c</u>oste(nt)z | vnd <u>abbtt erhartz von ow</u>^{554} | <u>Brůder</u>^{555}. **D**a vor vff sa(n)t |

15 <u>Margarethen</u> tag^{556} do^{vi} fůre(n)d | die <u>B</u>urg(er) von <u>c</u>oste(n)tz wol | mit

achtzehen scheffen, dar | jnne warend by <u>vierhun</u>= | <u>dert</u> gewappoter man,

vnd | zugend fůr <u>Marppach</u> vn(d) |

[53rb] sturmbtend die <u>B</u>urg. vn(d) | dar vff warend die vorge= | meldten <u>n</u>ün

knecht ^{a}wer= | lich vnd vest^a. vnd w(a)z den | von <u>c</u>ostentz als ernst, das |

sy^{557} vesti vff gabend an gnad; | doch hettend sy sich vor ^{b}ain | gůt wyl^b

gewert. **V**nd die | selben <u>n</u>ün man fůrt man | gen <u>c</u>ostentz, das sy berech |

5 tot^c wurden; vnd tetten d(a)z | dar vmb, wan ettlich vnd(er) | jnen warend,

die gedingen^d | vnd hoffu(n)g hetten, d(a)z man | sy nit totti. **V**nd als die |

<u>B</u>urg vff gegeben ward, do | giengen die von <u>c</u>ostentz | dar jn vnd was

^{e}gantzer | Blunder^e da was den namen | sy, vnd verbrantend do | die burg

torkel^f vn(d) stallu(n)g | vnd was jm vorhof w(a)z. | **d**o das **B**eschach, do

10 fůrten | sy die <u>n</u>ün knecht mit jn | gen <u>c</u>ostentz. dar nach an | dem <u>drytten</u>

tag do wur | dend sy berechtot vnd jr | hȯpter abgeschlagen by de(m) |

grossen stain. **V**nd d(a)z be= | schach dem keller vsz der | <u>Richen ow</u> zů

laid, vo(n) wegen | des kriegs, den **B**yschoff | <u>hainrich von Brandis</u> | vnd

ander sin fründ mit | den von <u>c</u>ostentz hettend, | dan(n) die selb burg

15 <u>marpach</u> | des Kellers vs der <u>ow</u> was, | vnd och ainer vo(n) <u>brandis</u>, | vnd

den von <u>c</u>ostentz vil |

[53va|113!] ^{a}<u>wyder driesz</u>^{a} ab der burg | beschach. |

^{i}**D**(!)ar nach ward er mit^b | der Statt gericht vnd | můst der Statt vil ^{c}nach |

5 laszen^c vnd ^{d}sich gegen | der Statt verschriben^d, | wie dann das ain |

Richtungsbrief, So die | Statt hȧt, vszwist$^{i/e}$/^{558}. |

[53rb]
a...a) sehr standhaft und tapfer b...b) eine längere Zeit lang c) v. berechten: richten, verurteilen d) Hoffnung,
Zuversicht e...e) alle bewegliche Habe, d.h. Hausgerät, Kleider, Wäsche etc. f) Kelter

^{557} Mit „sy" sind hier nun die „<u>n</u>ün knecht" gemeint.

[53va|113!]
i...i) D(!)ar nach (...) vszwist] *Hd. Konrad Albrechts, mdbrT*

a...a) Verdruss, Ärger b) durch c...c) v. nachlaszen: zugestehen d...d) sich der Stadt gegenüber schriftlich verpflichten
e) v. vszwîsen: beweisen, dokumentieren

^{558} Während des Konflikts strengen beide Parteien Prozesse an der Kurie, am erzbischöflichen Stuhl in Mainz und am
kaiserlichen Hofe an. Die Anklage- und Verteidigungsschriften, die bei R. Schell, Regierung, S.166ff und H. Maurer,
Konstanz I, S.216f t.w. näher erläutert werden, ermöglichen u.a. einen Einblick in das Selbstverständnis v. Rat und
Bürgerschaft. Nachdem Bischof Heinrich v. Brandis wegen Missbräuchen in der Bistumsverwaltung exkommuniziert

[53vb] Darⁱ nach vff **sant ja**= | **c**obs tag⁵⁵⁹ vand man | zyttig^a truben, die gůt **vn**(d)   *Weinqualität;* | lind^b warend.

[54ra|114]   ⁱAnno M CCC lxx jar # Ain vff loffⁱ   *1370*

Desⁱⁱ jars **als** man vo(n) der | gepurt cristi zalt **tusend** | **drühundert vnd**

sübentzig | **jare a**n der **ayliff tusend mågt** | tag⁵⁶⁰ **d**o gefrôr der win an | *1370*

den reben, das er **a**ls hertte | ward als ain stain. des selben | **j**ars vand man

5 dannocht | nach **winåchten** winⁱⁱⁱ, der was | vnuergesen^a vnd was **a**lso |

sůsz, **a**ls wåre er erst gewim=| met^b. er was och jn dem sum(er) | **a**ls sůsz

als an dem herbst, | do er gewimnet vnd gedrukt^c | ward. |

Des^{iv} jars als man von | der gepurt **cristi** zalt | **tusend drühundert vnd** |

---

und Anfang 1371 seines Amtes enthoben wird, gilt seine ganze Aufmerksamkeit der Rückgewinnung des Bischofs-stuhles. Folglich bemüht er sich v. nun an um eine Beilegung des Konflikts. Auf Weisung des Kaisers kommt es am 31. März 1372 zu einem Friedensschluss. Die hier angesprochene Urkunde Bischof Heinrichs findet sich nach R. Schell, Regierung, S.175 neben der der Stadt im GLA Karlsruhe unter Konv.385, Specialia, Konstanz/Verträge. Mit Hilfe der Stadt erlangt Heinrich sein Bischofsamt zurück, während er dieser als Gegenleistung die Freiheiten gewährt, die sie vor seinem Amtsantritt innehatte. Der Kampf um die Stadtherrschaft findet mit diesem Verzicht auf die dem Bischof in der sog. „falschen Carolina" vom 11. Okt. 1357 zugestandenen Rechte (u.a. Münzrecht) schließ-lich sein Ende. Das bislang lediglich als „Quasi-Reichsstadt" zu bezeichnende Konstanz nimmt hiermit einen weiteren Schritt hin zur Emanzipation vom bischöflichen Stadtherrn. Am 4. Okt. 1374 bestätigt Kaiser Karl IV. ihre Freiheiten und verleiht ihr im darauffolgenden Jahr sogar das Recht der Zollerhebung (vgl. R. Schell, Regierung, S.129-135, 174-178; H. Mauer, Konstanz I, S.216ff und HS I/2,1, S.318f).

[53vb]
i) Dar] D *2-z. Lomb., v. der Hd. des Rubr., mroT*

a) früh b) lieblich, süß

⁵⁵⁹ 25. Juli.

[54ra|114]
i...i) Anno M CCC lxx jar # Ain vff loff] *v. der Hd. des Rubr., mroT* ii) Des] D *2-z. Lomb., v. der Hd. des Rubr., mblT* iii) win] *üdZ, v. der HHd., mbrT erg., darunter als Vz ein nach oben zeigender Winkel* iv) Des] D *2-z. Lomb., v. der Hd. des Rubr., mroT*

a) unvergoren b) v. wimmen/windemen: Trauben lesen/ernten c) v. drucken: (aus-)pressen, keltern d) v. mêren: vergrößern, verstärken e) v. darbieten: anbieten f) v. versprechen: zurückweisen, ablehnen g) Erniedrigung, Ver-achtung h...h) v. ze samen schwern wyder: sich eidlich verbinden, sich verschwören gegen

⁵⁶⁰ 21. Okt.
⁵⁶¹ 9. Dez.
⁵⁶² Über den am 22. Dez. 1342 u.a. durch das Interdikt verursachten ersten Aufstand, in dessen Folge die gewerb-lichen Zünfte als politische Organisation anerkannt werden und eine zahlenmäßige Erweiterung des Rates erfolgt, berichten die Quellen entweder gar nicht (wie bspw. unser Text oder C. v. Schwartzach) oder nur recht dürftig (vgl. J. v. Winterthur, Chronik, S.190; H. v. Diessenhofen, Chronik, S.38; WLB, Cod. Don. 609, fol.3^vff; C. Schulthaiß, Collectaneen, S.9) (vgl. dazu E. Joos, Unruhen, S.40f; K.D. Bechtold, Zunftbürgerschaft, S.106ff; H. Maurer, Kon-stanz I, S.196ff sowie speziell hierzu S.21f aber auch allg. zu den Zünften in Konstanz F. Horsch, Zünfte). Vgl. allg. zum Verhältnis zwischen „Patriziat" und „Zünftern" P.F. Kramml, Komponenten. Über den zweite „vffloff" sind wir u.a. durch die folgenden Ausführungen besser unterrichtet.

sübentzig jare **M**orne(n)d nach | **v**nser lieben <u>froen tag</u>, **a**ls sy | emphangen   *1370 Der sog.*

10 ward jn dem | <u>aduent</u>⁵⁶¹, zů **M**ittem tag do | beschach ain vffloff zů <u>Co</u>= | *„zweite Bürger-*

<u>stentz</u> vnder den Burgern, | **a**ls her nach geschriben ståt*⁵⁶². | **S**ich gefůgt, *kampf":*

das sich die ge= | schlåcht, die ze <u>costentz</u> des | **R**auts warend, das die den

| **R**aut merotendᵈ **v**nd wan | man ettlich och nit jn den | **R**aut nam, vmb das

man | sy offt **v**nd dick dar bottᵉ **v**n(d) | man sy doch allweg versp(ra)chᶠ |

15 **v**nd nit jn den **R**aut namen | wolt. vmb die verschmåchᵍ | ʰ**S**chwůrend sy

ze samen wy= | derʰ den raut. **v**nd vil armer | **a**nttwerk lüt schwůrend | och

zů jnen, das ir wol vff | <u>achtzig</u> warend⁵⁶³. **V**n(d) die |

[54ʳᵇ] hettend an geleit, d(a)z aines | tags, **S**o der grosz raut ge= | mainlich jn der

Rautstuben | wåre, das sy dan(n) ain ketten | wŏlten für die **R**autstuben |

haben geschlagen **v**n(d) wolten | den **R**aut bezwungenᵃ haben, | was sy

selbs gelustᵇ hette. des | ward aber der raut ainen | tag vor gewarnet **v**nd |

5 besamnetᶜ sich. **D**o aber ir | wydersacher das gewar | wurdend, **d**o luffend

jro | ain tail gewapnet an den | vischmarkt **v**nd wer zů | dem **R**aut loffen

wolt, an | den schlůgend sy⁵⁶⁴. **A**ber do | luffend die **R**åt gegen jnen | **v**nd ᵈ

erhawendⁱ sich gegen | ain ander ᵈ **v**nd erschlůgen | ainen zunfftmaister⁵⁶⁵

vn(d) | viengend jro dry **V**nd | windotendᵉ ettlich. **D**o | fluchend die andren

10 **v**n(d) | ᶠlagend die **R**åt obᶠ **v**n(d) gieng | end an den markt. **D**o ka= | men

die zunfftmaister, | yegklicher mit jro banier, | **v**nd sprachend, sy wŏltend |

es mit dem **R**aut haben. d(a)z | gelobtendᵍ jnen die råt **v**n(d) | hiessend sy,

zů | jnen ston. **v**n(d) | do die zunfftmaister alle | zůsamen kamen, **D**o

---

⁵⁶³ Nicht die Zünfte, die zu diesem Zeitpunkt politisch noch keineswegs gleichberechtigt sind und über die formale Anerkennung hinaus keinerlei Mitspracherecht bei städtischen Angelegenheiten haben, sondern Angehörige patrizischer Familien erscheinen hier als eigentliche Initiatoren des Aufruhrs. Namentlich werden in anderen Quellen Mitglieder der patrizischen Familien in der Bünd (Hug, Haine am Rin und Bilgeri), Tettikoven (Samuel) und Schaffhausen (Kuni) erwähnt. Am Beispiel der Familie in der Bünd, die durch einige Angehörige im Rat vertreten ist und zahlreiche wichtige Ämter innehat, zeigt sich, dass sich nicht die Familie bei der Besetzung des Rates übergangen fühlt, sondern einzelne Familienmitglieder. Im Kampf um Mitspracherecht und politischen Einfluss schließen sich ihnen ebenso angesehene Mitglieder der zünftischen Bürgerschaft wie arme Handwerker an (vgl. F. Horsch, Zünfte, S.22ff; K.D. Bechtold, Zunftbürgerschaft, S.130f; H. Maurer, Konstanz I, S.219).

[54ʳᵇ]
erhawend] *durch Tintenfleck verderbt*

a) v. bezwingen: zwingen, nötigen b) v. gelusten: gefallen, gelüsten c) v. besamnen: sich zum Kampf rüsten d...d) kämpften miteinander e) v. winden/wunden: verwunden f...f) siegten die Räte g) v. gelôben: versprechen h) gleich, erst recht i) v. schnurren: sausen, (davon-)schwirren, sausend schnell gehen (Vgl. Lexer, Bd.II, Sp.1047. Hier wird der Satz im Zusammenhang mit dem Verb „snurren" mit dem Quellenbeleg „Const. chr. (Mone) a. 1370" beinahe wörtlich zitiert) j...j) tugendlos, lasterhaft k...k) aus dem Rat vertrieben

⁵⁶⁴ Der Plan der Aufständischen, dem Rat durch das Einsperren in der Ratsstube den eigenen Willen aufzuzwingen, misslingt also, nachdem sich die Ratsmitglieder, v. dem Vorhaben wissend, gerüstet zeigen. Auf ein Zeichen hin (das Läuten der Münsterglocken) versammeln sich die Aufständischen bewaffnet auf dem Fischmarkt und treten den dem Rat zu Hilfe Eilenden entgegen (vgl. die auf fol.54ᵛᵃf geschilderten Ereignisse und diese nacherzählend E. Joos, Unruhen, S.41f und H. Maurer, Konstanz I, S.219).

⁵⁶⁵ Es handelt sich um den bereits zuvor vom Rat wegen des Aufruhrs befragten Zunftmeister (vgl. fol.54ᵛᵃ) der Schmiede, Hans v. Steckborn, der u.a. das Sturmläuten veranlasst und damit das Zeichen zum Angriff gibt (vgl. C. v. Schwartzach, Cronica, fol.15ʳ; E. Joos, Unruhen, S.41f und H. Maurer, Konstanz I, S.219).

satzten | sy sich erst^h wyder die Råte | vnd schnurrotend^{i) j}vntuge(n) | lich^j

15 von jnen hin vff den | hoff vnd wurdend alda | zů rat, das sy die geschlåcht | alle ^kstiessend von dem rat^k | vn(d) mûstend schweren jn, |

[54va|115]   ⁱAnno M CCC lxx jarⁱ   *1370*

ze haltend, was sy wôltend | oder mûstend dar vm(b) ster= | ben; Vnd mûstend jn allen | jren harnasch jn antwür= | ten vnd zů jren handen | geben. Vnd die tor schlüs- | sel vnd die jnsigel vnd | die Rautbûch, Brieff

5 vn(d) | was zů der stat gehort, d(a)z | ward jnen alles jngege- | ben^{a)/566}.

Jtem der zunfftmai= | ster, der erschlagen ward, | der was des selben tags | jn dem raut gesessen vn(d) | mûst ^bainen gelerten ayd | schweren^b, das er sagte, ob | er yema(n)t wysde, der sich | wyder den Rat setzen wol= | te.

Do sagt er, das er da | von nichtes wesde noch | nichtes da von gehôret |

10 hette. Vnd als bald gieng | er vs dem Rat vnd saget | sinen gesellen, **d**as ain | raut der ding^c wåre gewar^d | vnd jnnen^e worden. Vnd | do berautend sy sich vnd | hiessend ^fsturm lüten^f vnd | woltend den Raut haben | überfallen. **d**o ^gward jnen | ze kurtz^g, das sy nit alle ze | samen komen mochtend, | vnd dar vmb lag jnen der | Raut ob, **w**an sy fluhend | der

15 mertail^h; Ettlich ver= | schlugendⁱ⁾ sich zů kindbet= | ternan^j vnd name(n)d mån- | tel^k vmb sich, mit den sy sich | bedacktend; Ettlicher hiesz | sich beschliessen^l jn ainen | tubenschlag^m; Ettlich ver |

[54vb] grûbend sich vnder bet stro; | Ettlich fluhend bisz gen **über=** | **lingen**. also floch ainer hin, | der ander her, bisz das jro | kom <u>sechzehen</u> an de(m)

[54va|115]

i...i) Anno M CCC lxx jar] *v. der Hd. des Rubr., mroT*

a) v. jngeben: übergeben b...b) einen Eid nach einer vorgesagten Formel schwören c) Angelegenheit, Vorgang d) v. gewar werden: bemerken, erkennen e) v. jnne(n)werden: bemerken, erkennen f...f) zum Angriff/Kampf läuten g...g) war ihnen die Zeit zu knapp h) Mehrheit, der größte Teil i) v. verschlagen/verslahen: sich verstecken, verbergen j) Wöchnerinnen k) Mantel, Umhang l) v. beschliessen: einschließen m) Taubenschlag

⁵⁶⁶ Gemäß den in den Zunftbriefen festgelegten Regeln versammeln sich die Zünfte unter Führung ihrer Zunftmeister und stoßen auf dem Obermarkt, schon 1342 der Ort der Konfrontation, zu den Ratsherren. Obwohl der Aufstand zunächst unterdrückt zu sein scheint, kommt es, ohne dass wir hierfür eine nähere Erklärung haben, zu einem plötzlichen Umschwung. Nachdem die Menge auf den oberen Münsterhof, die Versammlungsstätte der Bürgerschaft, weitergezogen ist, beschließen die Vertreter der Zünfte, die „Geschlechter", d.h. die patrizischen Ratsfamilien, zu entmachten (vgl. die Symbolkraft der den Zünften zu übergebenden Gegenstände: „tor schlüs- | sel", „jnsigel", „Rautbûch", „Brieff [gemeint sind v.a. Urkunden] vn(d) | was zů der stat gehort") (vgl. E. Joos, Unruhen, S.42 und H. Maurer, Konstanz I, S.219).

[54vb]

i) ket= | tenen] knechten *C. v. Schwartzach, Cronica, fol.15^r (wohl sinnvoller)* ii) Dar] D *2-z. Lomb., v. der Hd. des Rubr., mblT*

a) Wendeltreppe (besonders im Münsterturm); oft mit diesem synonym verwendet b) eigentlich: krumm, verbogen, hier: Hinweis auf den kriminellen Tatbestand: nachgemacht c...c) v. vmbgên: sich abgeben, vorgehen (gegen) d...d) v. überlaufen: überfallen e) v. stechen: zustechen, erstechen f) v. schlachen: erschlagen, töten, niedermetzeln g...g) zum Rädern

⁵⁶⁷ D.h. also Mittwoch, der 11. Dez., zwei (!) Tage später.

visch= | markt belibend, die sich wy= | der den Raut ze wer satzte(n)d. |
J(!)tem der zunffmaister, der | erschlagen ward, hett des | selben tags den
5 wendelstain^a | mit ainem krum(m)en^b schlüs= | sel vff geschlossen **v**nd
hett | die glocken besorgt mit ket= | tenenⁱ, das die sturm lutind, | wen er
jnen ain zaichen gå= | be. **D**o ward jm ze kurtz, | das er jnen d(a)z zaichen
nit | geben mocht. **d**o luff ain | andra dar **v**nd gab jnen | d(a)z zaichen. **d**o
luttend sy | baid glocken sturm, recht | glich do der raut mit jnen | ^cvmb
10 gieng^c an dem visch | markt. |
Darⁱⁱ nach **a**n dem and(er)n | tag an der **mitwochen**⁵⁶⁷, | do wolt die
gemaind die | geschlåcht alle haben ^düber | loffen^d **V**nd luffend jn der | stat
vmb mit nünzehen | paniern⁵⁶⁸ **v**nd schrüwend | ettlich: „sticha^e, schlacha^f
die | **junckheren**!" **E**ttlich schrüen: | „^gvff reder^g mit den **j**unckher(en)!"⁵⁶⁹
15 **d**o luffend die geschlåcht | jn die hüser **v**nd beschlussen | sich selb. **D**o luff
aber die | gemaind an des **schilters** | hof **v**nd hüwend den vff | **v**nd woltent
die **schilter** | hon gestochen, **d**o waren |

[55ra|115!]   ⁱAnno M CCC lxxiij jar #ⁱ   *1373*

sy entrunnen vs dem hoff. | **d**o hüwend die gemaind | alle schlosz vff,
türen, kisten, | våsser **v**nd trôg. **v**nd do | sy der schilter en kainen | funden,
do trůgen sy mit | jnen bekin^a **v**nd harnasch | **v**nd ander blunder vil, | was
5 jn dem hoff was. |
Jte(m) sy hüwend och de(m) dech= | an sinen hof vff vn(d) sůch= | tend,

---

⁵⁶⁸ Es handelt sich zu dieser Zeit um die folgenden Zünfte (Reihenfolge nach C. Schulthaiß, Collectaneen, Bd.1, S.115f, der sie wohl der sozialen Bedeutung gemäß staffelt): Kaufleute, Goldschmiede, Metzger, Krämer, Schuhmacher, Schneider, Weinschenken, Zimmerleute, Schmiede, Binder (Küfer), Leineweber, Wollweber, Kürschner, Rebleute/Mertzler, Gerber, Schiffleute, Bäcker, Fischer, Scherer/Bader (vgl. K. Beyerle, Ratslisten, S.27f; E. Joos, Unruhen, S.43 und K.D. Bechtold, Zunftbürgerschaft, S.70f, der bei der Untersuchung des Durchschnittsvermögens zu einer anderen Hierarchie gelangt).

⁵⁶⁹ „Der Haß richtete sich demnach gegen die 'Junker', die 'Geschlechter', die Oberschicht insgesamt, und es fragt sich, ob jene Patrizier, die sich mit den Zünftischen verbunden hatten, von den Übergriffen, die jetzt folgten, verschont geblieben sind" (H. Maurer, Konstanz I, S.220). Wie im Folgenden geschildert, werden daraufhin das Haus der Patrizierfamilie Schilter sowie der Hof des Domdekans gestürmt und geplündert.

[55ra|115!]
i...i) Anno M CCC lxxiij jar #] *v. der Hd. des Rubr., mroT* ii) Des] D *2-z. Lomb., v. der Hd. des Rubr., mroT* iii) *Zz: v. der Hd. des Rubr., mroT*

a) beckenförmiger Helm b) irgendjemand c) *v. schwechen:* (be-)schädigen, ausrauben

⁵⁷⁰ Auffälligerweise fehlt hier (wie auch in den anderen historiographischen Werken) der weitere Verlauf bzw. der Ausgang des Aufstandes. So werden wir lediglich über die Einsetzung des Bürgermeisters unterrichtet. Die rasche Entscheidung für einen patrizischen Bürgermeister spricht nach K.D. Bechtold, Zunftbürgerschaft, S.131f entgegen der Darstellung dafür, dass bereits zuvor eine Übereinkunft zwischen den neuen zünftischen Ratsherren und einigen unzufriedenen Patriziern bestanden hat. Ein Schiedsspruch (vgl. Edition bei P. Ruppert, Chroniken, S.319-322) des Burggrafen Friedrich v. Nürnberg (Landvogt v. Oberschwaben) im Namen Kaiser Karls IV. vom 21. April 1371 beendet die Auseinandersetzungen mit einer Gleichberechtigung der Zünfte neben den Patriziern. Hierin wird festgelegt, dass v. nun an stets ein Bürgermeister im Amt sein soll. Gleichzeitig muss der Rat zur Hälfte v. den „Geschlechtern" und zur Hälfte v. der „Gemeinde" gestellt werden. Durch eine ungefähre Verdopplung des Großen Rates besteht dieser nun inklusive Bürgermeister, Vogt und Ammann aus 140 Mitgliedern. Als weitreichende Folgen können u.a. genannt werden: weitere Auseinanderentwicklung der Berufsgruppen und Auseinandersetzungen innerhalb des Zunftbürgertums (vgl. Zunftaufstand 1389); zunehmende Verschriftlichung innerhalb des Rates; Annähe-

ob sy yendert^b von | den geschlåchten dar jnne | fundend. **D**o wolt got nit, |
das vff den tag en kainer | von den geschlåchten funden | wurd, **d**an(n) jr
kaine(m) nie nich= | tes beschach, dan(n) das ettliche | hüser geschwecht^c
10 wurden. | **v**nd sturmt man für sich hin | mit baiden gloken.⁵⁷⁰ |
Desⁱⁱ vorgena(n)t(en) jars der | zal cristi <u>tusend drü</u> | <u>hundert</u> **v**nd
<u>subentzig</u> | <u>jare</u> **a**n dem <u>fünfften tag</u> | nach dem vffloff do na= | mend die   *1370*
zunfftmaister | **v**nd die gemaind <u>Cünrat</u> | Mangolt⁵⁷¹ zů <u>Burg(er)maist(er)</u>. *Bürgermeister;*
| der was jn dem⁵⁷² jar Burg(er)= | maister. **D**o erwalt der | grosz rat
15 <u>walther schwa(r)tz=</u> | <u>en</u>⁵⁷³ **a**n sant <u>nicolaus tag</u>⁵⁷⁴ | hin vmb anno etc. **M**^e
<u>ccc</u> | <u>lxxiii</u>. **V**nd dar nach über | ain jar **d**o nam der grosz | raut **a**ber Cůnrat *1373*
man= | golt zů <u>Burg(er)maist(er)</u>. #ⁱⁱⁱ |

[55rb]   ⁱ**A**nno M CCC lxxiiij jarⁱ   *1374*
Darⁱⁱ nach als man von | der gepurt cristi zalt **T**u= | send drühundert
<u>sübentzig</u> | **v**nd <u>vier jar</u> do gab man ain | fiertalⁱⁱⁱ bieren vmb fünff schil= | *1374*
ling pfenni(n)g **v**nd ain vier= | tal win vmb <u>vier</u> pfenning | **v**nd ain viertal *Lebensmittel-*
5 büllen^a vm(b) | <u>zwen</u> schilling pfenni(n)g. **D**er | winter was warm vn(d) *preise; Wetter-*
lag | lutzel schne vnd regnot vn(d) | waut vast. vnd ward der | **R**in als grosz *nachrichten;*
jn den <u>winåcht(en)</u>, | das er vil hüser vnd brucken | enweg fůrt vnd grossen *Hochwasser;*
sch= | aden tett. **J**n den selben win | åchten ward <u>stadelhouer</u> bach | als
grosz, das er den lüten jn | die hüser gieng vnd die lüt | mit jren kinden jn
10 die stat | fliehen můstend⁵⁷⁵. **D**ar nach | in dem <u>Rebmonat</u>^b vand | man vil *Frühe Blüte;*
^cöppffel blůst^c vnd | sust blůmen. #^{iv} |

---

rung des Patriziats an die Zünfte; rechtliche Veränderungen (vgl. E. Joos, Unruhen, S.42f; K.D. Bechtold, Zunftbürgerschaft, S.132f; H. Maurer, Konstanz I, S.220).
⁵⁷¹ Konrad Mangold: aus dem Konstanzer Patriziergeschlecht (seit Mitte des 14. Jhs. ansässig); Bürgermeister in den
Jahren 1371-1373 sowie 1375; Vogt 1376-1389; lange Jahre als Vertreter der alten Geschlechter im Rat; gest. nach
1389 (vgl. OBG, Bd.IV, S.21; K. Beyerle, Ratslisten S.90ff; K.D. Bechtold, Zunftbürgerschaft, S.32). Vgl. allg. zu
den städtischen Amtsträgern K. Beyerle, Ratslisten. Einen Überblick bietet die tabellarische Zusammenstellung ebd.,
S.244ff und die reine Bürgermeisterliste bei H. Maurer, Stadtgeschichte, S.86ff, wobei insbesondere für die Überlieferungslücke der Ratsprotokolle zwischen 1391 und 1414 bei den Angaben – wie eben auch bei denen v. Dacher! –
Vorsicht geboten ist (vgl. E.C. Lutz, Spiritualis fornicatio, S.163 und 189).
⁵⁷² Tatsächlich war Mangold aber drei (!) Jahre hintereinander Bürgermeister (vgl. C. v. Schwartzach, Cronica,
fol.15^v: „Mangolt. (...) der was drew Jarr | Bůrgermaister"/ J. Reutlinger, Collectanea, Bd.1, S.137: „(...) d(er) Regiert
4 Jar"), wird dann für ein Jahr v. Walter Schwartz abgelöst und, wie im Folgenden berichtet, noch einmal für ein Jahr
gewählt, bevor er das Amt des Reichsvogtes übernimmt. Der Text scheint (wie auch StAK, A I 1. fol.94rb) an dieser
Stelle fehlerhaft zu sein, da die folgenden Angaben sachlich richtig sind, diese Formulierung (1370 Bürgermeister;
1373 Wahl v. Walter Schwartz) aber eine gewisse Unlogik enthält.
⁵⁷³ Walter Schwartz: aus dem Konstanzer Patriziergeschlecht; lange Jahre als Vertreter der alten Geschlechter im Rat;
Bürge in Schuldbriefen der Stadt; Konstanzer Bürgermeister 1374 und 1389 nach dem dritten „Bürgerkampf" ab dem
29. Juni; vgl. die Aufnahme v. Geld vonseiten der Stadt oder des Bischofs Nikolaus v. Riesenburg und einiger Adliger bei ihm sowie der Brand seines Stadthauses samt des „Privatarchivs" im Jahr 1387; 1392 letztmalig als Ratsherr
nachweisbar (vgl. K. Beyerle, Ratslisten, S.91-117; H. Maurer, Konstanz I, S.228, 245, 251).
⁵⁷⁴ 6. Dez.

[55rb]
i...i) Anno M CCC lxxiiij jar] *v. der Hd. des Rubr., mroT* ii) Dar] D *2-z. Lomb., v. der Hd. des Rubr., mblT* iii)
fiertal] fiertab *SG, Emendation nach Z.4 derselben Spalte* iv) Zz: *v. der Hd. des Rubr., mroT* v...v) *v. der Hd. des
Rubr., mroT*

a) Zwiebeln b) Februar c...c) Apfelblüten

Abb. 2: Richental-Druck v. Feyerabend, Frankfurt/M. 1575, fol.7r
(aus: UB Tübingen, Gh 37a)

Abb.1: „Titelblatt" der „Dacherschen Weltchronik"
(Stgt. fol.1r)

Abb. 3: SG, fol.37r

Abb. 4: SG, fol.72r

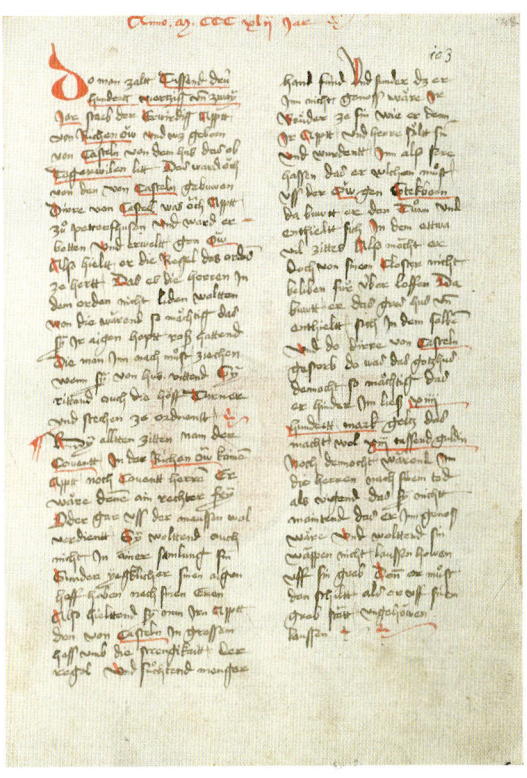

Abb. 5: SG, fol.48ʳ

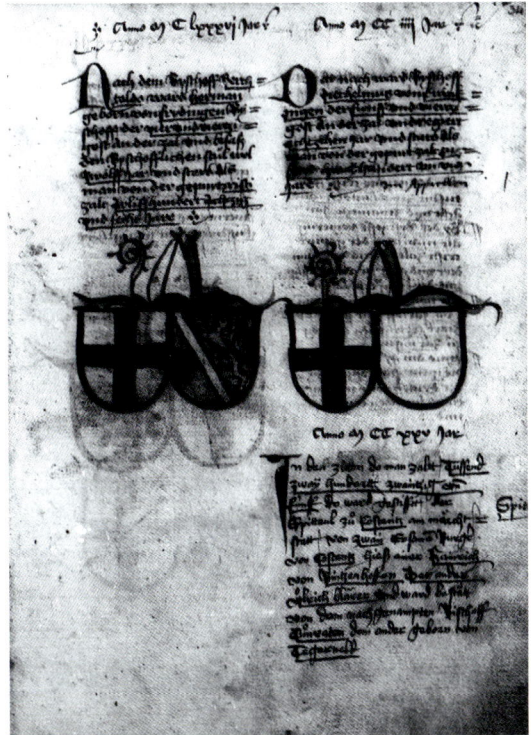

Abb. 7: SG, fol.34ʳ

Abb. 8: SG, fol.8ᵛ: Stadtansicht v. Konstanz

Abb. 9: SG, fol.41ᵛ: Ritualmord am „gůt[en] ůlrich von überlinge(n)"

Abb. 10: SG, fol.49ᵛᵇ: Judenverbrennung 1348

Abb. 11: SG, fol.50ʳ: Geißlerprozession

Abb. 12: SG, fol.63ʳ: Kreuzschändung
bei Bernrain

Abb. 13: SG, fol.112ᵛ: „Ravensburger
Blutbeschuldigung" 1429

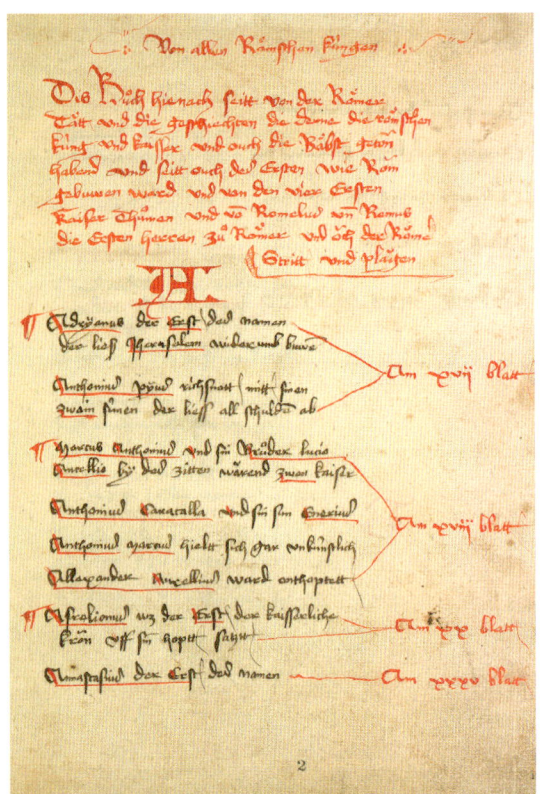

Abb. 14: Stgt, fol.2ʳ

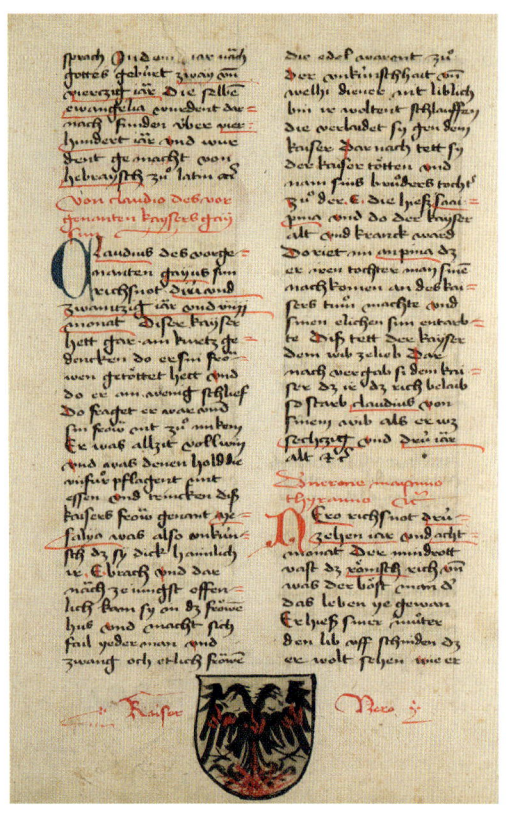

Abb. 15: Stgt, fol.12ᵛ/20ᵛ

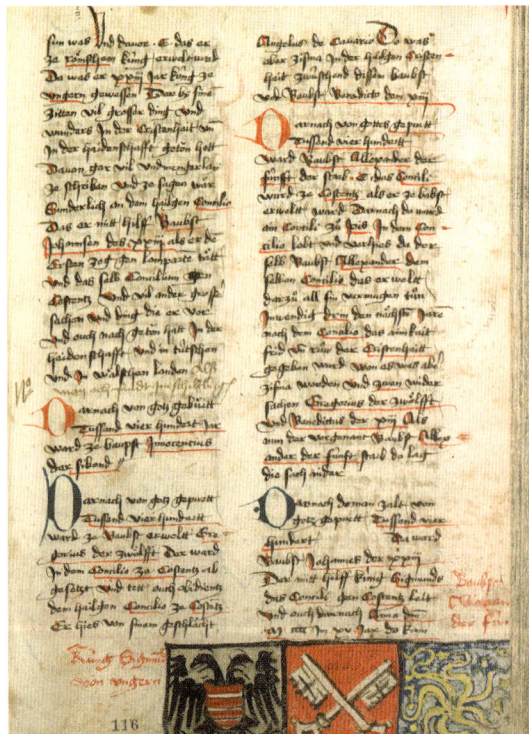

Abb. 16: Stgt, fol.108ʳ/116ʳ

Abb. 17: Stgt, fol.125ʳ/134ʳ

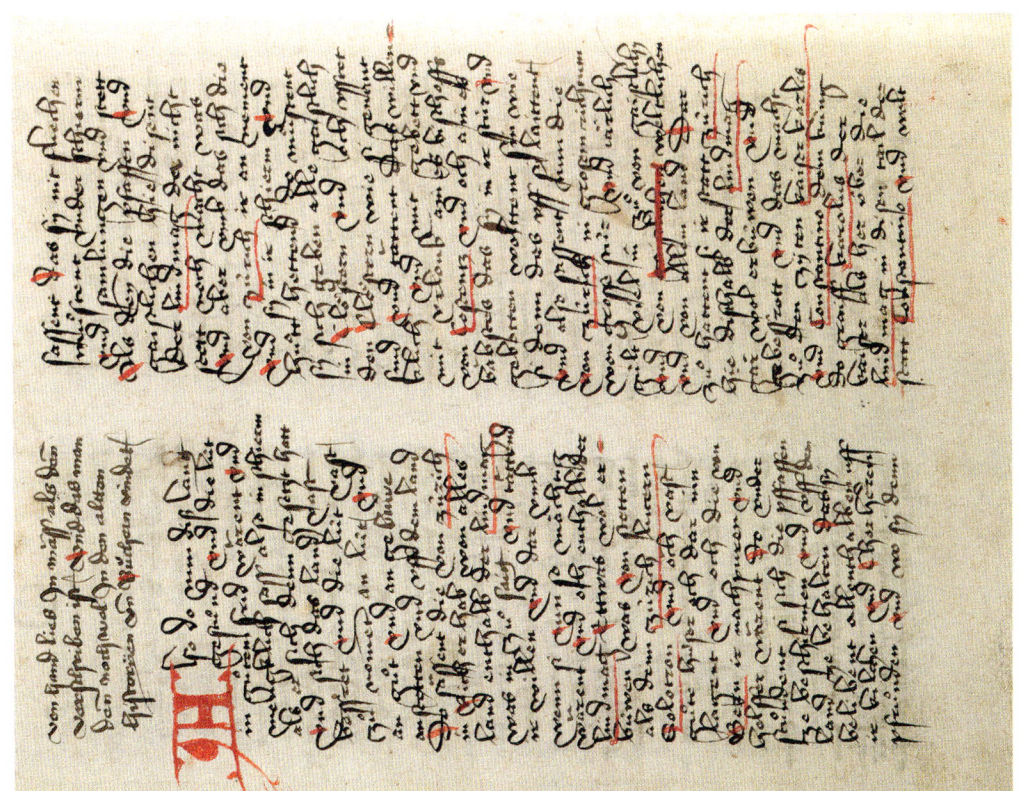

Abb. 18: Stgt, fol.229v/233v

Abb. 19: W, fol.4r

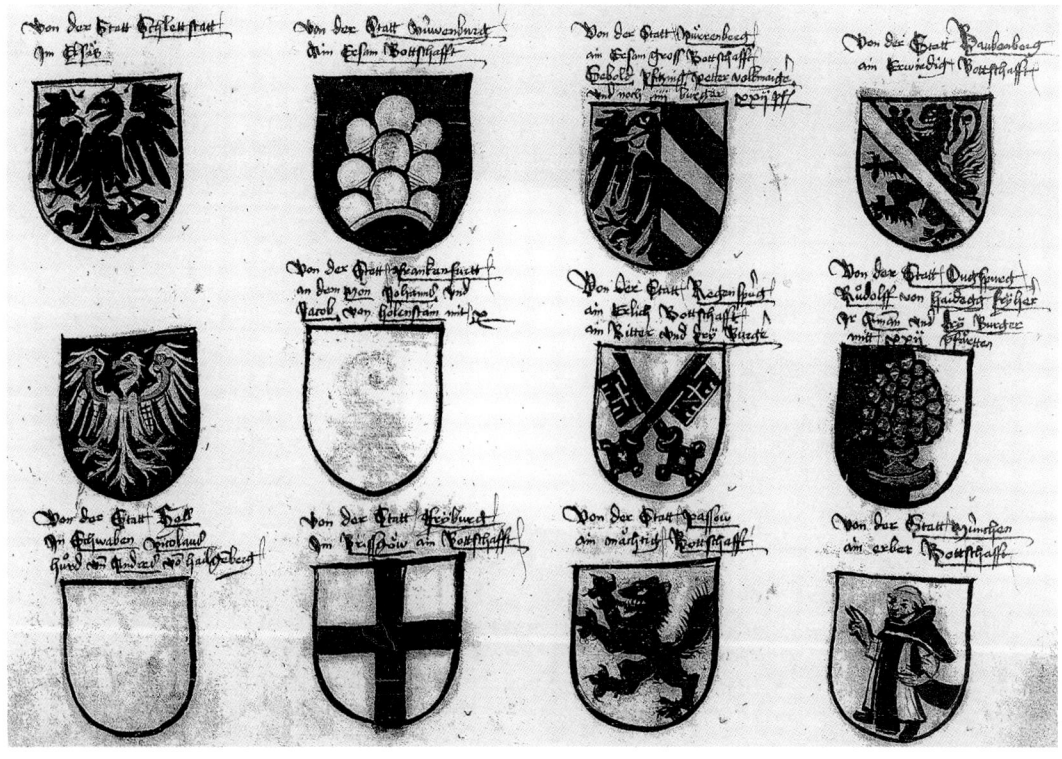

^vWalther schwartz   Cůnrat mangoltt
15   Burgermaister   Burgermaister^v

Bürgermeisterwappen
zwei Schilde (4,5x4) (4,5x4)
(rechts: Fw Schwartz⁵⁷⁶: In Gold/Beige ein rotbekämmter,
20   rotgekehlter und rotbezungter schwarzer Hahnenkopf)
(links: Fw Mangold⁵⁷⁷: In Silber roter Drache)

[55^v]   Leere Seite

[56^r]   Leere Seite

[56vb]ⁱ   ⁱⁱAnno M CCC lxxiiij jarⁱⁱ   *1374*
Darnachⁱⁱⁱ do man zaltt von | **cristus** gepurtt **Tussend drü** | **hundertt** *1374*
sibentzig vnd **vier jar** | **D**o ward **A**pptt der vo(n) **Rossnegg**⁵⁷⁸, | der **B**uwtt *Abt v. Ros-*
ouch vil an dem hoche(n) | hus, so der vorgena(n)t vo(n) **Castell** | *negg;*
5 angefangen buwen hatt, vnd | volbraucht es. **E**r bessrott ouch | **Stekborn** *Bautätigkeit;*
die statt vnd ŏch den | Turn ouch fast⁵⁷⁹. |
¶^{iv} **V**nd jn dem vorgenantten Jare | **A**n **Santt Maria magdalenen** *Versuchter*

---

⁵⁷⁵ Diese Nachrichten zum lange sehr milden Winter, der späten Kälte und sich anschließenden Überschwemmungen bestätigen zahlreiche Quellen, so z.B. Jacob Twinger v. Königshofen, die ältesten deutschen Chronik v. Colmar oder Augsburger Texte (vgl. auch R. Glaser, Klimageschichte, S.77; H. Buszello, „Wohlfeile", S.31).
⁵⁷⁶ Vgl. RiA 463, 5,2; RiDrS 205^r, 2,1; Öhem 25^v, 390 (Taf.17); WrKatze 1,6=6; WLB, HB V, 54, 2^v, 1,1.
⁵⁷⁷ Vgl. ZürW Taf.20, 401; RiDrS 22^v, 2,2 und 35^v, 1,2; Öhem 24^r, 361 (Taf.16); WrKatze 5,11=91. Während in ZürW und bei Richental ein Greif dargestellt ist, findet man wie hier einen Drachen nicht nur bei Öhem oder in WrKatze, sondern auch bspw. auf den Fresken am Hertensteinhaus (Luzern) (vgl. ZürW, S.153).

[56vb]
i) *die gesamte Spalte (mit Ausnahme der im Folgenden als mroT gekennzeichneten Teile) v. der Hd. des Rubr., mbrT* ii...ii) Anno M CCC lxxiiij jar] *mroT* iii) Dar] D *2-z. Lomb., mroT* iv) *Absz: mroT, vdZ* v) hailtum] hailtem *SG* vi) Zz: mbrT, rubr. mroT* vii) *Zz: mroT* viii...viii) Anno M CCC lxxv jar] *mroT* ix) D(!)arnach] D *mroT* x...x) Anno M CCC lxxvij jar] *mroT* xi) D(!)arnach] D *mroT*

a...a) einen Handel abgeschlossen hatte b) Dörfer, Marktflecken c...c) v. erÿlen/erîlen: einholen

⁵⁷⁸ Werner v. Rosnegg: aus verarmtem schwäbischem Freiherrengeschlecht (Sitz: Burg Rosnegg bei Rielasingen); Vater: Hans v. Rosnegg, Landrichter in Konstanz; früher Eintritt in das Kloster Reichenau; v. 1343-1379 Hospitalarius und Dekan in der Abtei Reichenau; seit 1368 außerdem Pfarrrektor des Stiftes Radolfzell; vor dem 16. April 1385 (!) Wahl zum Abt; 1393 Kandidat des Herzogs Leopold v. Österreich für das Bistum Straßburg; gest. am 24. April 1402. Die Angabe zum Wahljahr ist sicherlich nicht korrekt; gemeint ist wohl 1384 (vgl. HS III/1,2, S.1087 und OBG, Bd.3, S.622; K. Beyerle, Gründung, S.202ff).
⁵⁷⁹ Gemeint ist die Pfalz bzw. der Sitz des Abtes auf der Reichenau und in Steckborn (vgl. ebd., S.204). Vgl. den vorherigen Bericht zum Bau durch Abt Diethelm v. Castell auf fol.48rb.
⁵⁸⁰ 21. Juli.
⁵⁸¹ Hl. Markus.

aube(n)tt⁵⁸⁰ | Do fůrtt er **Santt Marx**⁵⁸¹ vnd | vil ander hailtumᵛ haimlich   *Verkauf v.*
enweg | vnd woltt es den **venedigern** | haben geben, mitt den er ᵃaines | *Reliquien;*
koffes v̈berkomenᵃ was. vnd | so er es bringt vff den see | gegen zell wertt,
Da wǎrend | sin die fleckenᵇ gewar worden | vnd ᵇer ÿlttendᵇ es vnd
fůrttend | es wider hain⁵⁸². #ᵛⁱ #ᵛⁱⁱ |

10   ᵛⁱⁱⁱAnno M CCC lxxv jarᵛⁱⁱⁱ   *1375*
D(!)arnachⁱˣ do man zaltt **Tussend** | **Drühundert sibentzig vnd fünff** | **jar** *1375*
ward **Burgermaister** der | **wiler** vnd was **zwaÿ jar**⁵⁸³. | *Bürgermeister;*
ˣAnno M CCC lxxvij jarˣ   *1377*
D(!)arnachˣⁱ do man zaltt **Tussend** | **drü hundertt sibentzig** vnd **siben** | jar *1377*
15   ward **Burgermaister Jacob** | **hůber**⁵⁸⁴. | *Bürgermeister;*

[57ʳᵃ|119]   ⁱAnno M CCC lxxvj jarⁱ   *1376*
Alsⁱⁱ man von der gepurt | cristi zalt **tusend drühu(n)=** | **dert** vnd **vier vnd**
sübentzig | jar gab man den win ᵃvn= | der der Rinnenᵃ vmb **acht** | pfund   *1374*
pfenni(n)g vnd dar | nach zů **sant Martins tag**⁵⁸⁵ | vmb **vier pfund**   *Weinpreis;*
5   pfenni(n)g | ain fůderᵇ. |
Darⁱⁱⁱ nach über ain **jaur** | schankt man mengen | guten win **ain viertail**
vm(b) | **sechs** pfenni(n)g vnd vm(b) **vier** | pfenning vnd ettlichen vm(b) |
zwen pfenni(n)g vnd werot | bisz zů **herpst**⁵⁸⁶. vnd vff den | selben **herpst** *Weinqualität;*
ward **gůt** | win vnd belaib ettlicher | gar sůsz, **als** ob er vnuergesen wǎre. |
10   **Dar**ⁱᵛ nach als man vo(n) | der gepurt cristi zalt | tusend drühundert
sübentzig | vnd **sechs jare, d**o was **sant** | **vincentius tag**⁵⁸⁷ am(m) **zinstag**ᶜ/, *1376*

---

⁵⁸² Es ist nachzuweisen, dass Abt Werner v. Rosnegg die Reliquien des hl. Markus v. der Reichenau entfernen ließ.
So verpflichtet er sich in einem Schiedsspruch des österreichischen Landvogts ein halbes Jahr später, die Reliquien
„unverzogenlich wider in die Ow" (zitiert nach K. Beyerle, Gründung, S. 204, nach GLA V, 286)) zurückzuführen.
Ob tatsächlich ein Verkauf an Kaufleute aus Venedig geplant war, um eventuell die angespannte finanzielle Lage des
Klosters zu verbessern, kann nicht mehr nachvollzogen werden (vgl. K. Beyerle, Gründung, S.204).
⁵⁸³ Bertold Wiler: Angehöriger des Konstanzer Zunftbürgertums, Schneider; Ratsherr; Bürge in Schuldbriefen der
Stadt; Konstanzer Bürgermeister 1376 und 1377; sein Name findet sich letztmalig (und durchgestrichen) in der Ratsliste zum Jahr 1384 (vgl. K. Beyerle, Ratslisten, S.93ff; K.D. Bechtold, Zunftbürgerschaft, S.232).
⁵⁸⁴ Jakob Huber: Angehöriger der Konstanzer Zunftbürgerschaft; Krämer; mehrmaliger Ratsherr; 1371 Pfleger
„Raitinen", d.h. der Armenpflegschaften v. St. Stephan, St. Johann, St. Paul und Kreuzlingen, genannt; Bürgermeister im Jahr 1378 (vgl. K. Beyerle, Ratslisten, S.90ff; K.D. Bechtold, Zunftbürgerschaft, S.120, 189).

[57ʳᵃ|119]
i...i) Anno M CCC lxxvj jar] *v. der Hd. des Rubr., mroT* ii) Als] A *2-z. Lomb., v. der Hd. des Rubr., mroT* iii) Dar]
D *2-z. Lomb., v. der Hd. des Rubr., mblT* iv) Dar] D *2-z. Lomb., v. der Hd. des Rubr., mroT* v) Dar] D *2-z. Lomb., v.*
der Hd. des Rubr., mroT vi) In] I *3-z. Lomb., v. der Hd. des Rubr., mblT*

a...a) am Zollschlagbaum b) Fuder [Raummaß] c) Dienstag d) Frühstück(-szeit) e...e) stieg der Weinpreis, verteuerte
sich der Wein

⁵⁸⁵ 11. Nov.
⁵⁸⁶ Nach H. Buszello, „Wohlfeile", S.31 enthält auch Jacob Twinger v. Königshofen die Nachricht, im Jahr 1375
habe es viel Wein gegeben. Zum folgenden Jahr berichtet allein die Konstanzer Überlieferung über diesen Ernteer-
folg. Die Teuerung v. 1378 findet man wiederum in den Jahrgeschichten v. Säckingen (vgl. ebd., S.31).
⁵⁸⁷ 22. Jan.

| do regnet es vor jmbisz^d vn(d) | nach jmbisz was es schön. | vnd des *Wetternach-*
selben jars ward | vil win vnd sůsser, den er | vor jn **zwaintzig** jauren | ye *richten; Wein-*
gewesen was, vn(d) besser, | dan(n) er dar nach vff den nåch= | sten herpst *qualität;*
15 ward. | *[13]78*
Dar^v nach in dem **acht vn(d)** | **sübentzigosten** jar do ^esch= | lůg der win *Weinpreis;*
vff^e, dan(n) er vor | **vier jar** nach ainander gar | wolfail was gewesen. | *1378*
In^vi dem selben **tusend** | **drühundert** vn(d) **acht** | **vn(d) sübentzig jåre** an |
[57rb]   ^iAnno M CCC lxxviij jar^i   *1378*
sant Mathias aubend[588] do über fror der bodem see von ecke[589] | bisz gen *Seegefrörne;*
merspurg vnd vo(n) | hagnow[590] vntz gen **bůchorn**. | vnd werot das **vier**
tag, | das das ynsz ainen hund, | dar vff loffend, wol getrage(n) | hett[591].
5 **V**nd was doch zů **Co**= | **stentz j**n der stat **a**ls warm, | das es gar wenig
gefror. |
Des^ii selben jars do dackt^a | man den nüwen wen(n)= | delstain zů dem *Begehren einer*
münster | vnd obnan von dem knopff^b | her ab mit bly[592] vnd warend | vil *Schwangeren;*
gerůst ob ain ander. da | gelust ^cain tragenden froen^c | also vast, das sy vff
10 die ge= | rüst gienge, das sy jren man | erbat, das er mit ir vff die | brügin^d
gieng. vnd do sy an | die laytran kamend, do ^ewas | ir **a**lso not^e vor dem
man | hin vff bisz vff die obroste | brügin, d(a)z ir der man nit | mocht
geuolgen. **S**y wåre | gern bisz an den knopf ge= | gangen, da was kain laÿ=
| ter da. **V**nd die selb froe | was aines winschenken | wyb, der hiesz

---

[57rb]
i...i) Anno M CCC lxxviij jar] *v. der Hd. des Rubr., mroT* ii) Des] D *2-z. Lomb., v. der Hd. des Rubr., mblT* iii) *Absz:
v. der Hd. des Rubr., mroT, vdZ* iv) *Zz: v. der Hd. des Rubr., mroT*

a) v. decken: Dach decken b) kugelige Krönung eines Gebäudes, Knauf/Kugel auf dem Turm c...c) eine schwangere
Frau d) Hängekonstruktion, die am Gerüst entlang weitergezogen wird, Sitzgerüst e...e) trieb es sie so f) gelähmt g)
v. rücken: rücken, rutschen h) Gesäß i) Schemelchen [Diminutivum v. schåmel (Pl.)]

[588] 23. Feb.
[589] Egg: heute Stadtteil v. Konstanz; erste urkundliche Erwähnung 1209; ehemalige wichtige Fährstation (vgl.
H. Maurer, Konstanz I, S.106; LBW, Bd.6, S.753).
[590] Hagnau (am Bodensee): zwischen Meersburg und Immenstaad gelegen; Besiedlung im Frühmittelalter; erste urkundliche Erwähnung 1152; ein Teil des Dorfes wurde v. den Welfen an das Kloster Weingarten übergeben; lange
Weingarten'sches Lehen; seit 1434 in Überlinger Hand (vgl. LBW, Bd.7, S.586f).
[591] Vgl. H. Maurer, Konstanz I, S.272 mit dem Hinweis auf diese und andere in den Chroniken überlieferte „Seegefrörne". Auch W. Düwel-Hösselbarth, Ernteglück, S.34 oder R. Glaser, Klimageschichte, S.77 gehen kurz auf diesen
kalten Winter und die Seegefrörne ein. Vgl. auch die Berichte zu diesem Phänomen auf fol.145vb, 147ra, 211ra, 214ra,
223ra.
[592] Diese Baumaßnahme steht im Zusammenhang mit der Fertigstellung des Südturms am Konstanzer Münsters um
das Jahr 1378. Der sog. „neue Wendelstein" (Terminus wird in späterer Zeit v. der Bürgerschaft wie hier synonym
für den Münsterturm verwendet), der die städtische Hochwacht trägt, ist wegen seiner einheitlichen Mauertechnik
ohne Hinweise auf Bauabschnitte oder Planänderungen – im Gegensatz zum Turm am nördlichen Seitenschiff an der
Westfassade – erst ein Werk des 14. Jhs. und wird vermutlich auf Kosten der Stadtgemeinde mit Erlaubnis v. Bischof
und Domkapitel erbaut (vgl. H. Reiners, Münster, S.45f mit Zitat aus unserer Chronik und Hinweis auf die
Illustration v. fol.8^v, die „beide Türme mit den hohen Helmen" zeige; G. Kolb, Baugeschichte, S.56; E. Reiners-
Ernst, Regesten, S.17 (mit Zitat v. Reutlinger mit Hinweis auf dessen Quelle: „von Gebharden Tachern daselbes be-
schrieben"); G. Dehio, Handbuch, Bd.2, S.359 und H. Maurer, Konstanz I, S.262).

15 liephart⁵⁹³/. |

¶ⁱⁱⁱ **Dar** nach gieng ain knab, | was by <u>zwölff jaren</u>, vff | die brüginen ze   *Handlung eines*
obrost. vn(d) | der selb knab was lamᶠ an | baiden füssen vnd rockettᵍ | mit   *gelähmten*
dem arsʰ mit <u>zwain</u> | schämelinⁱ⁾ **a**lso von ainer | brügin vff die andren.   *Jungen;*
Vn(d) | der knab was ains mertz= | lers sun jn der layter⁵⁹⁴. #ⁱᵛ |

[57ᵛᵃ|120] **Als**ⁱ man von der gepurt | cristi zalt tusend drü | hundert sübentzig vnd nün
| järe an dem zwölfften tag | des monats aberellen do | tet man den aller   *1379*
schöno- | sten crützgang zů coste(n)tz | mit vnsers heren fronlich | nam   *Fronleichnams-*
vmb die stat; vn(d) gie(n)g | gar ain grosz volk vo(n) prie- | stern, layen   *prozession;*
5 vnd froen. Jt(em) | vnd gieng man des ersten | vs dem münster brugk |
gassen ab bisz zů petershu | ser tor⁵⁹⁵ vnd gieng man | die mur umbhin
vn(d) das | mårktstat vff durch mor- | der gassen zů augustiner | tor⁵⁹⁶ vsz
vnd do zů Müntz- | is tor⁵⁹⁷ vszhin bisz zů Crütz | linger stain bruck Vnd |
durch den hoff zů Crütz | lingen bisz zů de(m) crütz | ennet halb dem
10 closter | vnd do über die åcker hin | bisz zů Emishouer tor⁵⁹⁸ vn(d) | do
über töbilins wisz⁵⁹⁹ vn(d) | zů göltinger tor⁶⁰⁰ jn vnd | über das veld bisz
jn schot- | ten gassen vnd ze schotten | tor jn vnd über die mur | vnd wyder

---

⁵⁹³ Entweder handelt es sich um die Ehefrau v. Walther/Wålti Liephard/Liepher: Angehöriger der Konstanzer Zunftbürgerschaft; Ratsmitglied 1376, 1379-1382; gest. vermutlich 1383 oder um die v. Hånni Liephard/Liepher: Angehöriger der Konstanzer Zunftbürgerschaft; Ratsmitglied 1376-1379, zeitweise 1380 sowie 1383-1384 (vgl. K. Beyerle, Ratslisten, S.94ff).
⁵⁹⁴ Nach Maurer handelt es sich um den zwölfjährigen gelähmten Peter Metzler aus dem Haus „zur Leiter" an der
Plattenstraße (heutige Wessenbergstraße) gegenüber dem Chor der Stephanskirche (vgl. H. Maurer, Konstanz I,
S.272 und S.184).

[57ᵛᵃ|120]
i) Als] A *2-z. Lomb., v. der Hd. des Rubr., mroT*

a) besessen, befallen

⁵⁹⁵ Hierbei handelt es sich um das „Petershauser Tor" (um 1200 errichtet) – der heutige Rheintorturm – an der für den
Handel insbesondere im 14./15. Jh. bedeutenden Rheinbrücke, die Konstanz mit Petershausen verbindet. Es ist als
einziger Zugang zur Stadt aus Richtung Norden eines der wichtigsten Tore der Stadt (vgl. zur Brücke H. Maurer,
Konstanz II, S.176 und H. Kölsch, Befestigungsanlagen, S.4f mit ausführlicher Baubeschreibung und Abb., S.14).
⁵⁹⁶ „Augustinertor": zunächst „Morderthor", später nach dem nahe liegenden Augustinerkloster benannt; auch
„Schlachttor" genannt; liegt am Ende der Mordergasse (heutige Rosgartenstraße) und damit vor der Einbeziehung v.
Stadelhofen in die Stadt an der Südmauer (vgl. J. Marmor, Urkunden-Auszüge I, S.16; H. Kölsch, Befestigungsanlagen, S.7 und Abb., S.27).
⁵⁹⁷ Münzis- oder Wiestor: im Verlauf der heutigen Wiesenstraße, dient vor Stadelhofen als Ausgang zu den Wei-
deflächen im Süden der Vorstadt; wird, obwohl zu dieser Zeit noch keine Mauer existiert, bereits in der Liste v.
Stadttoren aus dem Jahr 1378 genannt (vgl. H. Maurer, Konstanz I, S.247 und II, S.175 und H. Kölsch, Befestigungsanlagen, S.6).
⁵⁹⁸ Emmishofertor: der einzige Eingang zur Stadt v. Süden her; liegt schon vor dem Mauerbau im 15. Jh. in südwest-
licher Richtung vor Stadelhofen, in der heutigen Emmishoferstraße (vgl. H. Maurer, Konstanz. I, S.247 und
H. Kölsch, Befestigungsanlagen, S.6 und Abb., S.24).
⁵⁹⁹ „Tobeliswis" bezeichnet das sog. Döbele (noch heute ein freier Platz, auf dem die Kirmes stattfindet), das im
Westen v. Stadelhofen nahe dem Mochlistürmle anzusiedeln ist (vgl. ebd. S.248 und II, S.175).
⁶⁰⁰ Das am Beginn der Chronik stets als „Rindportertor" bezeichnete Stadttor.

zů petershu | ser tor vnd brugkgassen | jn bisz jn das münster[601]. | Vnd
diser crützgang be- | schach wyder vnd für die | bôsen gaist, wan es
15 ware(n)d | gar vil lüt behafft[a] jn aine(m) | stâttlin, haist Richenwyl[602], | vnd
och an andren stetten. |

[57[vb]] Des[i] gena(n)ten jars[603] do ward | hainrich sachs[604] Burger | maister vnd   *Bürgermeister;*
was zway jar | Burgermaister. Dar nach | ward der Ra[i]ser[ii] von sulgen[605].
| Dar nach ward Cůnrat ha- | gen, der was zway jaur | Burg(er)maister[606].
Dar nach | [iii]ward aber erwelt[iii] |
5

Bürgermeisterwappen
drei Schilde (3,5x3) (3,5x3) (3,5x3)
(rechts/Mitte: fehlendes Fw)
(links: Fw Hagen[607]: In Blau (fleckig: hell und dunkel)
10   silberner Schrägrechtsbalken, links v. einer halben
umgürteten, silbernen Lilie begleitet)

---

[601] Die geschilderte Fronleichnamsprozession (vgl. allg. A. Löther, Prozessionen, S.100ff und die weiteren Hinweise auf fol.138ra und 176[ra]f) führt vom Start- und Zielort Münster aus einmal rings um die gesamte Stadt. Hierbei schlängelt man sich gewissermaßen durch die Tore hindurch und hält sich so t.w. innerhalb, in den bebauten Bezirken, t.w. aber auch außerhalb, auf dem freien Feld, auf (vgl. auch P. Zinsmaier, Unbekannte Quelle sowie H. Maurer, Konstanz I, S.247f mit einem Teilzitat aus der Chronik).
[602] Riquewihr (dt. Reichenweier), heute Dép. Haut-Rhin, Frankreich: erstmals im 12. Jh. bezeugt; 1291 befestigt; gehört zu dieser Zeit den Herren v. Horburg; zwischen 1324 und 1789 im Besitz der Grafen bzw. Herzöge v. Württemberg (vgl. F. Deuchler/J. Wirth, Elsaß, S.156).

[57vb]
i) Des] D *2-z. Lomb., v. der Hd. des Rubr., mblT* ii) Raiser] Raser *SG, Konjektur* iii...iii) ward aber erwelt] *dar. eine mehrzeilige Lücke für spätere Nachträge; wardt er aber erwallt Jm 83 • 84 • vnd Jn dem 85 Jar, J. Reutlinger, Collectaneen, Bd.1, S.137* iv) Vff] **V** *mblT rubr.* v) Mz: Kreuz, v. späterer Hd., mBl, amreRa

a) v. schmaltzen: schmelzen b...b) Gründonnerstag c) Knospen d...d) weit entwickelt e) Obst, Frucht f...f) v. wenig Nutzen, d.h. minderwertige Ware

[603] Das entsprechende Jahr ist 1379. In diesem sind ebenso wie in den beiden folgenden Jahren Konrad Hagen Konstanzer Bürgermeister und Johann Swertfůrbel, genannt Glatz, Unterbürgermeister (vgl. K. Beyerle, Ratslisten, S.98, 100f).
[604] Heinrich Sachs: Angehöriger der Zunftbürgerschaft; Ratsherr; Konstanzer Bürgermeister in den Jahren 1382-1383 und 1387-1388; gehört 1388 zu jenen 104 Stadtbewohnern, die wegen ihres Reichtums eine Sondersteuer entrichten müssen; wird nach dem dritten Zunftaufstand zusammen mit dem bisherigen Ammann (zwei Jahre) und dem Zunftmeister der Weinschenken (ein Jahr) für vier Jahre der Stadt verwiesen (vgl. K. Beyerle, Ratslisten, S.102ff; E. Joos, Unruhen, S.45; H. Maurer, Konstanz I, S.228).
[605] Mit großer Wahrscheinlichkeit meint die Chronik Konrad Raiser: aus Ulm stammend; Angehöriger der Krämerzunft (vgl. A I, 1, fol.94va: „ward erwelt der Raiser, | der was von vlm ain Cramer"); Ratsherr; allerdings erst nach der zweiten Amtsperiode v. Heinrich Sachs im Jahr 1389 (bis zum Zunftaufstand) und dann noch einmal 1397 Konstanzer Bürgermeister; Unterbürgermeister in den Jahren 1392, 1394, 1396 (vgl. K. Beyerle, Ratslisten, S.111ff; K.D. Bechtold, Zunftbürgerschaft, S.214; H. Maurer, Konstanz I, S.228).
[606] Konrad Hagen: Angehöriger der Zunftbürgerschaft; Ratsherr; Bürge in Schuldbriefen der Stadt; Konstanzer Bürgermeister in den Jahren 1379-1381 und 1384-86; Vogt in den Jahren 1389 (bis zum Zunftaufstand) sowie 1390-1408; bischöflicher Erbküchenmeister; gest. vermutlich 1408/09 (vgl. K. Beyerle, Ratslisten, S.93ff; W. Kundert, Erbhofämter, S.176).
[607] Vgl. RiA 29, 1,1 und 115 (Abb.), 2,2; RiDrS 22[v], 1,1 (dort jedoch korrekterweise mit goldenem Balken).

Vff^{iv} das gena(n)t jar jn de(m) | appril des sechsden tags, w(a)z | do   *Wetter-*
mittwoch jn der karwoch- | en, Do viel ain grosser schne | vnd lag gar dick   *nachrichten;*
15   vff den bŏ- | men der schmaltz^a nach ym | bisz vnd gefror der selben |
nacht, dan(n) es war gar kalt. | vnd mornend am(m) ^bgrŏnen | dornstag^b do
schniget es aber | vnd was gar kalt vn(d) nach | ymbisz schmaltz der schne
aber | vnd waren die bem vollen | brollen^c vnd ^dgar vast her für^d, ^v| der   *Blütenstand;*
glich och die reben. vnd | ward des selben jars vil korn, | win vn(d) opsz^e,   *Ernte;*
20   aber ^flutzel nusz^f.⁶⁰⁸ |

[58^r]   Leere Seite

[58^v]   Leere Seite

[59ra|123]   **Al**(!)sⁱ man von der gepurt | cristi zalt tusend drü | hundert vnd achtzig   *1380*
jare | was ainer zů costentz, der | hiesz Burkart Altnŏer⁶⁰⁹, vnd | der was   *Schicksal eines*
ain saltzman^a. vnd | dem ward an dem zwŏlff | ten tag, d(a)z ist der   *Scheintoten;*
hailigen | dry küng tag⁶¹⁰, also ^bgǎchling | en^b we^c, ^ddas jm gottes fron |
5   lichnam nit werden mocht^d | vnd das man nit andersⁱⁱ | wyst, dan(n) das er
tod wǎre. | vnd legt man jnⁱⁱⁱ jn aine(n) | engen bǒm^e, dan(n) er ain gros |
ser man vnd jm der bom ze | klain was, vnd lag dar jnne | bisz vff den
mǒrnigen tag: | do trůg man [in]^{iv} zů sant ste- | phan. Do fieng er an ^fblů |
ten^f, also vast das man das | plůt sach Rinnen vff die | erde. Do giengend
10   die fründ | zů dem lütpriester⁶¹¹ vn(d) bat | tend jn, das er in liesz begra- |
ben vor dem oppffer^g, vm(b) d(a)z | er dester minder schmaktte^h | vnd den
lüten jn der kilchen | ⁱ⁾vn mǔslichⁱ⁾ wǎre. do sprach | der lütpriester: „es
blůt kain | totter man" Vnd hiesz den | bǒm vff brechen vnd sant |
nach ainem artzat. do er den | man besach, do sprach er: „der | man lebdt noch."

---

⁶⁰⁸ Diese Wetternachrichten zu spätem Winter und guter Ernte sind nur in der Konstanzer Überlieferung nachweisbar (vgl. H. Buszello, „Wohlfeile", S.31).

[59ra|123]
i) Al(!)s] A *2-z. Lomb., v. der Hd. des Rubr., mroT* ii) anders] andere *SG* iii) jn] j *zur Verdeutlichung doppelt ausgeführt* iv) in]*fehlt SG, Konjektur nach C. v. Schwartzach, Cronica, fol.25^v bzw. StAK, A I 1, fol.90rb* v) jn] *üdZ, v. der HHd., mbrT erg., darunter als Vz ein nach oben zeigender Winkel*

a) Salzhändler/-verkäufer b...b) plötzlich, unerwartet c) v. wê sîn/werden: schlecht gehen d...d) dass er kein letztes Mal beichten und das Abendmahl nehmen konnte e) Sarg f...f) v. bluoten: bluten g) Messfeier h) v. schmacken: riechen, stinken i...i) unangenehm

⁶⁰⁹ Über den Angehörigen der Konstanzer Zunftbürgerschaft Burkhard Altnauer findet man in der Literatur keine Informationen, die über das hier Berichtete hinausgehen.
⁶¹⁰ 6. Jan.
⁶¹¹ Der Name des Pfarrers, der zwischen 1379 und 1382 an St. Stephan tätig ist, wurde uns nicht überliefert. Er wird am 7. Juli vom Großen Rat zum Bürger aufgenommen. Als er nicht mehr Leutpriester ist, wird ihm das Bürgerrecht am 28. Jan. 1382 aufgesagt, oder aber es wird – nach einem anderen Beleg – v. ihm am 3. März aufgegeben. An keiner Stelle im Bürgerbuch wird sein Name genannt (vgl. H. Maurer, Stift, S.280).

15 Do trůg | man jn^v wyder vs der kilchen; | do lebt er dannocht wol vff | zwo
stund. vnd sprach der | artzat: „wǎre er nit in sinem | plůt ersticket vnd das
das |
[59rb] plůt sinen gang mǒcht ge | habt hon, so wǎre er dannocht | nit gestorben." |

J(!)n dem vorgena(n)t(en) jar do | ward die grosz glok zů Co- | stentz   *Glocke;*
5 gemachet^612. |

Al(!)s^i man von der gep(ur)t | cristi zalt tusend drü | hundert achtzig vn(d)   *1382*
zway | jare an sant johans des | ewangelisten achtenden tag | jn den   *Regenbogen im*
10 winǎchten^613 | do stůnt ain grosser regen | bog an dem gewülk^a des | *Januar;*
hymels nach ^bvesper zit^b | vnd was des tags gar | kalt vnd das beducht die |
lüt gar seltzen^c vnd was | an ainem frytag. |

[59va|124]

Bischofswappen
zwei Schilde (5x4,5) (5x4,5) (M: 3/S: 3)
5 (rechts: Aw; links: Fw Brandis, vgl. 51vb)

[59vb]

Bischofswappen
zwei Schilde (5x4,5) (5x4,5) (M: 3/S: 3)
5 (rechts: Aw; links: Fw Riesenburg^614: In Rot silberner Steigbügel)

[59rb]
i) Al(!)s] A *2-z. Lomb., v. der Hd. des Rubr., mblT*

a) Wolken, Gewölk b) Zeit der Vesperandacht [6 Uhr abends] c) merkwürdig

^612 Vgl. dazu F. Hitzel, Ein großartiges Geläute, S.106: „Die Geschichte des Geläutes spiegelt auch die mannigfaltige Baugeschichte des Münsters. Die erste Erwähnung von Glocken findet sich 1128, als beim Einsturz des Turmes alle Glocken zerschlagen wurden. 1299 wurden beim Brand des Vierungsturmes wiederum drei Glocken zerstört. 1380 erfolgte der Guss mehrerer Glocken, v. denen eine [wohl die hier angesprochene, Anm. der Editorin] 110 Zentner gewogen haben soll". Das gesamte Geläut fällt einem Brand des Turmes im Okt. 1511 zum Opfer (vgl. ebd. und H. Reiners, Münster, S.554f).
^613 3. Jan.

[59vb]
^614 Vgl. RiDrS 197^v, 3,2; Grünenb. Taf.117b, 1,3 (In Blau goldener Steigbügel); WtBvK 4,5 (1, 4: Aw, 2, 3: In Silber ein roter oben unterbrochener Ring). Bei dem hier abgebildeten und in der Chronik Richentals „Rubin v. Reyssenburg" bzw. „risenburg" (RiA 500, ohne Wappen) zugeordneten Wappen handelt es sich um das des böhmischen Geschlechts Riesenburg, das nach Siebm. IV,9, Taf.20, 3,2 (wie Grünenb.) aber einen goldenen Steigbügel auf blauem Schild zeigt. Bischof Nikolaus v. Riesenburg gehört dieser Familie jedoch nicht an, sondern stammt aus der Stadt desselben Namens. Folglich liegt hier eine falsche Zuschreibung des Wappens vor. A. Zelenka, Wappen weist in seinen Ausführungen auf S.202f auf das Spitzovalsiegel dieses Bischofs hin, das einen „unter^a einem prächtigen,

[60ʳ] Leere Seite

[60ᵛ] Leere Seite

[61ʳ] Leere Seite

[61ᵛ] Leere Seite

[62ʳᵃ|129]ⁱ   ⁱⁱAnno M CCC lxxxiiij jar #ⁱⁱ   *1384*

Uffⁱⁱⁱ sant johans tag criso= | stomi⁶¹⁵ **a**ls man von der | gepurt cristi zalt
tusend drü= | hundert **a**chtzig **v**nd vier | jare **d**o ward erwelt **M**angol | dus *1384 Wahl v.*
von **Brandis**⁶¹⁶ zů Coste(n)tz(er) | **B**yschoff von nün chorheren | mit *Bischof Man-*
5 namen h(er)n **Burkarten** | von ho̊wen, probst⁶¹⁷, h(er)r v̊l(rich) | güttingern, *gold v. Brandis;*
dechan⁶¹⁸, h(er)r jo= | hansz von landenberg, **C**ustor⁶¹⁹, | her hannsen von
staineck⁶²⁰, **h**(er)n | hansen von **R**andek⁶²¹, h(er)r hart= | man von

---

gotischen Baldachin sitzenden, infulierten, segnenden Bischof mit Pedum zwei Wappen zu Füßen" zeigt. Neben dem
Aw wird das zweite, „das des Bischofs", als „Brustbild eines nimbierten Bischofs, das seitlich von zwei unleser-
lichen Unzialbuchstaben begleitet ist", beschrieben.

[62ʳᵃ|129]

i) *mit dieser Seite beginnt eine neue Lage Papier* ii...ii) Anno M CCC lxxxiiij jar #] *v. der Hd. des Rubr., mroT* iii)
Uff] U *2-z. Lomb., v. der Hd. des Rubr., mblT* iv) drÿ] *Punkte über* ÿ *mroT*

a) Belohnungen, Geschenke b) v. wychen: sich zurückziehen, sich abwenden c) v. verainen: vereinen, verbinden mit

⁶¹⁵ 27. Jan.
⁶¹⁶ Mangold v. Brandis (1384-1386): Angehöriger des Freiherrengeschlechts; Mönch in Reichenau; 1356 Keller (vgl.
Fehde zwischen seiner Familie und der Stadt Konstanz, geschildert auf fol. 52ʳᵇff) und 1366 Propst; 1383 Wahl zum
Abt dieses Klosters; zunächst eher neutral, später ebenso wie der in unserer Chronik nicht erwähnte Bischof Heinrich
Bayler (1387-1388 Bischof; v. 1388-1409 Administrator des Bistums Konstanz, vgl. REC III, Nr.6789-6938) Anhänger v. Papst Clemens VII.; Spaltung des Bistums in zwei Obödienzen: Clementisten vs. Urbanisten; gest. am 19.
Nov. 1385 (vgl. hierfür und für das Folgende HS I/2,1, S.323ff; REC III, Nr.6738-6788; E.C. Lutz, Spiritualis for-
nicatio, S.39ff und ausführlich B. Hotz, Päpstliche Stellenvergabe, S.410ff).
⁶¹⁷ Burkhard v. Hewen: wird am 23. Feb. 1364 zum Propst ernannt; später Bischof v. Konstanz (s.u.).
⁶¹⁸ Ulrich v. Güttinger: entstammt nicht dem gleichnamigen thurgauischen Freiherrengeschlecht, sondern der u.a. in
Konstanz verbürgerten Familie Güttinger; Ernennung zum Domherrn und Dekan am 3. April 1346 durch Clemens
VI.; nachweislich über 40-jährige Amtszeit als Domdekan; gest. am 11. Feb. 1387 (vgl. HS I/2,2, S.818, OBG, Bd.1,
S.487 und B. Hotz, Päpstliche Stellenvergabe, S.510ff).
⁶¹⁹ Johann v. Landenberg-Werdegg: Angehöriger einer Thurgauer ritteradligen Familie mit zahlreichen Zweigen;
1338 Studium in Bologna; vom 7. März 1343 bis zu seinem Tod Domkustos; Archidiakon; v. 1359-1379 Propst in
Bischofszell; 1359-1388 auch Propst zu St. Stephan; gest. am 2. Dez. 1388 (vgl. HS I/2,2, S.831 und B. Hotz,
Päpstliche Stellenvergabe, S.547ff; vgl. allg. zur Funktion des Weihbischofs im Mittelalter K. Maier, Amt des Weihbischofs, S.76-79).
⁶²⁰ Johannes v. Steinegg: Angehöriger einer Thurgauer ritteradligen Familie; v. 1376-1397 Konstanzer Domherr; am
3. Juli †376 als Domkantor nachweisbar; zeitweilig Archidiakon; 1371-1391 Rektor in Pfyn; Propst in Bischofszell;
nachweisliches Schwanken zwischen den zwei päpstlichen Lagern; seit Nov. 1386 Konstanzer Bürger; gest. am 26.
Juli 1397 (vgl. HS I/2,2, S.839 und 861, E.C. Lutz, Spiritualis fornicatio, S.47f und B. Hotz, Päpstliche Stellenvergabe, S.645ff).
⁶²¹ Johannes v. Randegg: aus dem Konstanzer Ministerialengeschlecht; Studium in Wien; Domherr in Basel; vermutlich Diplomat und Rat Leopolds III. von Österreich; 1374 erhält er ein Kanonikat in Konstanz; 1377 Rektor der

Bůbemberg[622], her | Růdolff tettikouer[623], h(er)r Eber= | hart last[624] vnd
h(er)r Nicolao, | gena(n)t schnellen[625]/[626]. vn(d) die | wal von den nün
10 chor- | her(r)en was gentzlich Sy | monÿ, dan(n) jnen allen ett= | was
verhaissen was an | gelt oder andern begabu(n)g= | en[a]. vnd disz
chorheren, | so jn erwelt hetten, wych= | en[b] alle jn jares fryst von | jm,
vsgenomen jro drÿ[iv], d(a)z | was der von Randek, der | von landenberg vnd
Tetti= | kouer, die by jm verhar= | rotend bisz jn sinen tod[627]. | die andern
15 sesz kamen | gen costentz vnd sind ver= | aint[c] worden mit Bysch= | off   Bischof
nicolao von Rysenb(ur)g[628], | dien dan(n) die andern sechs | chorheren zů   Nikolaus v.
costentzer | Byschoff redlich vnd erber= | lich mit gôtlicher wal er= | Riesenburg;

Universität Wien; 1384 Generalvikar „in temporalibus"; ab 1384 Propst v. Embrach; gest. am 9. oder 10. Juli 1386 in der Schlacht v. Sempach (vgl. HS I/2,2, S.537f und B. Hotz, Päpstliche Stellenvergabe, S. 618ff).

[622] Hartmann v. Bubenberg: aus stadtbernischem Ministerialengeschlecht; Studium als Konstanzer Domherr in Montpellier und Bologna; 1384 und vor dem 1. Feb. 1406 nach der Zuwendung zur röm. Seite als Offizial nachweisbar; 1390/91 als Generalvikar des Clementistischen Administrators Heinrich Bayler bezeugt: vor dem 6. Aug. 1406 Generalvikar Bischof Marquards v. Randeck in Aargau und Burgund; 1394-1421 Propst v. Zofingen; 1397/98-1421 Propst in Solothurn; gest. vermutlich am 13. Juni 1421 (vgl. HS I/2,2, S.538, 588, 590, 868 und B. Hotz, Päpstliche Stellenvergabe, S.485ff).

[623] Rudolf v. Tettikoven: aus dem in Konstanz verbürgerten, ehemaligen bischöflichen Ministerialengeschlecht (vgl. Dorf Dettighofen bei Pfyn); seit 1356 Kanonikat in Konstanz; Studium in Bologna und Wien; seit 1370 Domherr in Konstanz; vom 26. Aug. 1390 bis zu seinem Tod Domkustos; 1412 kurzfristig exkommuniziert; im selben Jahr Capellanus apostolici sedis; 1414 Aberkennung der Kustodie durch Johannes (XXIII.); Archidiakon; gest. am 9. Jan. 1422 (vgl. HS I/2,2, S.831f, H.-U. Ruepprecht, Dettighofen, S.285ff und B. Hotz, Päpstliche Stellenvergabe, S.653ff).

[624] Eberhard Last: Angehöriger einer zur Tübinger Elite zählenden Familie; Domherr in Worms; päpstlicher Schuldenkollektor; seit 1371 Konstanzer Domherr; seit dem 10. April 1405 bis zu seinem Tod Domkantor in Konstanz; zuvor Archidiakon; gest. am 28. Juli 1419 (vgl. HS I/2,2, S.840 und B. Hotz, Päpstliche Stellenvergabe, S.574ff).

[625] Nikolaus Schnell v. Balingen: Studium in Paris, Montpellier und Bologna; 1363 erhält er ein Konstanzer Kanonikat und die Pfarrei St. Paul; Archidiakon des Illergaus; 1384 Generalvikar Bischof Mangolds v. Brandis; gest. am 16. Jan. 1392 (vgl. HS I/2,2, S.538 und B. Hotz, Päpstliche Stellenvergabe, S.637ff).

[626] Mangold wird am 27. Jan. 1384 v. der Mehrheit des Domkapitels gegen den v. Urban VI. providierten Nikolaus v. Riesenburg zum Bischof gewählt. Wie B. Hotz, Päpstliche Stellenvergabe, S.410ff ausführt, spielt die Observanzfrage bei der Wahlentscheidung eine eher untergeordnete Rolle. Den „eigentlichen Ausschlag bei der Fraktionsbildung [dürfte] die Grundsatzfrage gegeben haben, ob ein Vertreter regionaladliger Prälatenkreise als Garant für Kontinuität an der Spitze des Konstanzer Bistums stehen sollte" (ebd. S.419). Vgl. ebd. S.411f auch Ausführungen zu den verschiedenen Darstellungen dieser Wahl in den Chroniken mit auf die Edition Rupperts zurückgehenden fehlerhaften Hinweisen zur Version Dachers.

[627] Die Stadt Konstanz steht anfänglich auf der Seite Mangolds v. Brandis, ändert aber ihre Politik, läuft zu Nikolaus über und weist die Clementisten aus. Urban VI. (und damit auch Nikolaus v. Riesenburg) wird in der Folgezeit v. Konstanz, den meisten schwäbischen Bundesstädten und seit Aug. 1385 auch v. König Wenzel unterstützt. Nach und nach verliert Mangold v. Brandis seine Anhänger. Tatsächlich fallen mit Ausnahme v. Johannes v. Randegg, Hartmann v. Bubenberg und Rudolf v. Tettikoven alle Domherren, die ihn gewählt haben, v. ihm ab (vgl. HS I/2,1, S.328f, H. Maurer, Konstanz I, S.224 und B. Hotz, Päpstliche Stellenvergabe, S.411 und 425ff).

[628] Nikolaus v. Riesenburg (1384-1387): Angehöriger einer bürgerlichen Familie aus Riesenburg in Westpreußen; Studium in Bologna und Prag; Kanoniker in Magdeburg und Breslau; seit 1363 Notar des Erzbischofs v. Magdeburg; Protonotar und Sekretär Rudolfs II. v. Sachsen-Wittenberg; seit 1371 Angehöriger der kaiserlichen Kanzlei; v. 1373-1384 Propst bei St. Cassius in Bonn, anschließend in Cambray; spätestens 1374 Nachfolger des gestürzten Kanzlers Johann v. Neumarkt; 1376 und 1378 Dienst in der Kanzlei König Wenzels; diplomatische Tätigkeiten; vermutlich noch zu Lebzeiten v. Bischof Heinrich durch Papst Urban VI. mit dem Bistum Konstanz providiert; erfolgreicher Kampf gegen Mangold v. Brandis; 1387 Aufgabe des Bistums Konstanz für das v. Olmütz; gest. am 6. oder 9. Juni 1397 (vgl. REC III, Nr.6939-7097; HS I/2,1, S.323ff; A. Zelenka, Wappen, S.202f und B. Hotz, Päpstliche Stellenvergabe, S.410ff).

[62rb] welt hettend; vnd von | **Baupst vrbano** dem sechsz= | den⁶²⁹ ^ader zit zwayu(n)g der | cristenhait^a beståt ward⁶³⁰. | vnd der obgena(n)t **Man=** | gold(us) von dem **Byschoff** | zů mentz⁶³¹ beståt, der dan(n) | jn **Rů**pertu(m) gebonensem | globt vnd für baupst hielt, | der sich clemens

5   nampt⁶³². | vnd ward Byschoff **Nico=** | laus vo(n) Rysenburg gen | costentz jngefürt mit gar | grosser **E**rwirdikait vnd | mit dem hailtům⁶³³. **V**n(d) er | berůfft **a**lle råt vnd chor= | heren zů costentz zů tisch | jn dem jar als vor gesch= | riben ist. |

[62rb]
i) Als] A *2-z. Lomb., v. der Hd. des Rubr., mroT* ii) nun] *nur SG*

a...a) während des Schismas b) durch Kauf v. geistlichen Ämtern c...c) erste kanonische Stunde [6 Uhr morgens] d) plötzlichen, raschen

⁶²⁹ Urban VI. (Bartolomeo Prignano): geb. um 1328; Papst seit dem 8. April 1378; Krönung am 18. April 1378; (vgl. dessen Gegenpapst Clemens VII. seit dem 20. Sept. 1378 und damit Beginn des 40-jährigen Schismas); gest. am 15. Okt. 1389 (vgl. LexMA, Bd.8, Sp.1285f).

⁶³⁰ Wie schon angedeutet, liegt hier ein Fehler vor. Nikolaus v. Riesenburg wird direkt v. Papst Urban VI. vor dem 7. Juni 1384, möglicherweise bereits im Juni 1383, mit dem Bistum providiert. „Für den Böhmen sprechen sicher sein gutes und enges Verhältnis zu König Wenzel, der treu zu Rom hielt, und eben besonders seine Herkunft" (E.C. Lutz, Spiritualis fornicatio, S.48) (vgl. auch REC III, Nr.6740 und B. Hotz, Päpstliche Stellenvergabe, S.410ff).

⁶³¹ Adolf (I.) v. Nassau: Neffe v. Erzbischof Gerlach; am 28. April providiert Gregor XI. Adolf mit dem Bistum Speyer, während er Mainz Johannes v. Luxemburg bestimmt; nach dessen Tod postuliert das Mainzer Kapitel Adolf und überträgt ihm am 21. April das Erzstift; 6. Sept. 1375 Einigung mit dem Provisus Ludwig über eine Teilung der Herrschaft; am 18. April 1379 transferiert Clemens VII. Adolf förmlich nach Mainz, doch tritt dieser am 4. Feb. 1381 zu Urban über und wird vom röm. Papst am 28. April 1381 als Mainzer Erzbischof bestätigt; bleibt „Vormünder" des Bistums Speyer; gest. am 6. Feb. 1390 (vgl. LexMA, Bd.1, Sp.162; HS I/2,2, S.990).

⁶³² Kurz nach seiner Wahl bemüht sich Mangold noch um Neutralität bzw. zeigt eine obödienzpolitische Unentschlossenheit. Statt einen der Päpste um die Bestätigung zu bitten, wendet er sich an seinen Metropoliten, Adolf v. Nassau. Dieser, der 1381 als Anhänger v. Clemens VII. zu Urban VI. übergetreten ist, bestätigt die Wahl am 17. Mai durch den Abt v. St. Blasien (vgl. HS I/2,1, S.328 und B. Hotz, Päpstliche Stellenvergabe, S.419f).

⁶³³ Dieser festliche Empfang am 14. Juni 1384 symbolisiert die Wende innerhalb der städtischen Politik hin zu Nikolaus v. Riesenburg und den Urbanisten. Während es Mangold versäumt hatte, in Konstanz Einzug zu halten, wird Nikolaus mit dieser Aufnahme in die Stadt als rechtmäßiger Bischof anerkannt. Er bestätigt (als erster Bischof) im Gegenzug die Freiheiten und kaiserlichen Privilegien der Bürgermeister, Räte, Zunftmeister, der Stadt und ihrer Bürger (vgl. u.a. auch das Versprechen, alle bischöflichen Lehen, die an die Bürger ausgetan wurden, auch deren Kindern zu leihen; Belassung des geistlichen Gerichts und der bischöflichen Münze in Konstanz; Verleihung des Ammannamts nur an einen eingesessenen Bürger etc.), wird – ein Novum in der Geschichte des Verhältnisses v. geistlicher und weltlicher Obrigkeit in Konstanz – in das Burgrecht aufgenommen und vergrößert allmählich seine Anhängerschaft (vgl. ebd., S.324 und 328; H. Maurer, Konstanz I, S.224f; REC III, Nr.6951f und B. Hotz, Päpstliche Stellenvergabe, S.423).

⁶³⁴ 19. Nov.

⁶³⁵ Kaiserstuhl, Kt. Aargau: erste urkundliche Erwähnung 1236; Stadtgründung 1254 durch die Freiherren v. Regensburg; 1294 an das Bistum Konstanz verkauft; Oberherrschaft geht v. den Grafen v. Lenzburg an die Habsburger und 1415 an die Eidgenossen über; Stadt und Burg bilden das Exil für Bischof Mangold; oft gespanntes Verhältnis zwischen Bürgerschaft und Bischof (vgl. SchwLex, Bd.6, S.273; HHS, S.300f; H. Maurer, Konstanz I, S.225).

⁶³⁶ Mangold v. Brandis stirbt, als er sich zum Entscheidungskampf rüstet, während des Besteigens seines Pferdes am 19. Nov. in Kaiserstuhl sehr plötzlich. Seine Anhänger vermuten eine Vergiftung (vgl. HS I/2,1, S.329). Wie hier findet sich weder in der Chronik C. v. Schwartzachs noch bspw. bei Manlius ein Hinweis auf eine solche Vergiftung, während aber bspw. in den Fortsetzungen des Königshofen, S.306 („59. Mangoldt de Prandis. is veneno in castro Kayserstul periit.") oder in den Chroniken des Gallus Öhem („zů diser zit vermaint man, im wär der sattel vergifft",

Als^i nun^{ii} die <u>zwen By</u>= | <u>schoff</u> erwelt wurden, | <u>Nicolaus</u> vo(n)
10 <u>Rysenburg</u> gột= | lich, der och die kilchen ze | <u>costentz</u> <u>R</u>egiert, vnd <u>Man</u>=
| gold(us) symoniace^b. Also wolt | <u>Mangold(us)</u> mit dem <u>Bysch</u>= | off
nicolao vmb das <u>B</u>ystu(m) | gekrieget haben vnd liesz | jm vil brotes
bachen, das | er jn dem vsgâbe. jn dem | **a**ls man von der gepurt | cristi zalt
<u>tusend drühun</u>= | <u>dert achtzig vnd fünff jar</u>^{634}, an sant <u>Elizabethen</u> tag^{634},   *1385 Tod v.*
15 w(a)z | do ze mal an ainem <u>sonn(en)tag</u>, | do starb der gena(n)t   *Mangold;*
<u>mangold(us)</u> | zû <u>kayserstûl</u>^{635} zû ^{c}<u>prim zit</u>^{c} | aines gâhen^d todes^{636}. |

[62va|130] ^{i}Anno M CCC lxxxiiij jar^i *1384*

N(!)ach dem absterben des ge= | nanten <u>Mangolds</u>, der sich | nampt **a**in   *Bischof*
<u>Byschoff</u> zû | <u>costentz</u>, do kam der vor= | gena(n)t <u>Nicolaus von Rÿ</u>=   *Nikolaus v.*
senburg^{ii}, <u>Costentzer By</u>= | <u>schoff</u>, gen <u>Clingnow</u>, gen | <u>kayserstûl</u> vnd   *Riesenburg;*
5 <u>Nünkirch</u>^{637}. | **v**nd aussend er vnd sin | diener das selb brot, so dan(n) | der
gena(n)t <u>Mangold(us)</u> jm | wyder jn bachen laussen | hett. **V**nd was der |
selb <u>Byschoff Nicolaus</u> der | <u>acht vnd fünfftzigost</u> an | der zal vnd regiert
<u>vier</u> | jar vnd gab d(a)z bystum | vff <u>Byschoff Burkarten</u> | <u>von hôwen</u>^{638}. |
By <u>Byschoff Nicolao</u> vo(n) | <u>Rysenburg</u> regieru(n)g vol= | giengen disz
10 nachgeschri- | ben sachen: |

Bischofswappen
zwei Schilde (3,5x3,5) (3,5x3) (M: 2/S: 2,5)
15   (rechts: Aw; links: Fw: vgl. fol.59vb)

^{iii}Darnach vindest hie | die geschiechtt vff | Bern rain^{iii}/^{639}. |

K. Brandis (Hg.), Chronik, S.129, „als er vff sin pfertt jn den sattel vergyfft stryt= | ten welt", StiASG, Cod. 339, fol.228^v) davon berichtet wird (vgl. auch REC III, Nr.6785).

[62va|130]
i...i) Anno M CCC lxxxiiij jar] *v. der Hd. des Rubr., mroT* ii) Rÿ= | senburg] *Punkte über* ÿ *mroT* iii...iii) Darnach vindest hie | die geschiechtt vff | Bern rain] *v. der Hd. des Rubr., mroT*

^{637} Neunkirch, Kt. Schaffhausen: als „Niuchilchun" vermutlich um 850 erstmals erwähnt; Stadtgründung geht vermutlich auf Bischof Eberhard II. v. Konstanz zurück; administratives Zentrum des Hochstifts mit bischöflicher Burg; bis ins 16. Jh. im Besitz des Bischofs v. Konstanz (vgl. SchwLex, Bd.8, S.322; HHS, S.441; H.R. Derschka, Ministerialen, S.480).
^{638} Der Übergang v. Bischof Nikolaus zu Bischof Heinrich v. Hewen (vgl. Ausführungen auf fol.64^{ra}ff) ist keineswegs so problemlos, wie uns die Chronik glauben macht. 1387 überträgt Papst Urban VI. Nikolaus auf sein Bitten hin das Bistum Olmütz, woraufhin er das v. Konstanz am 4. Mai 1387 aufgibt. Bevor er sein neues Amt antreten kann, geht es jedoch durch Intervention König Wenzels an den Bruder des mährischen Markgrafen. Nikolaus kehrt daraufhin nach Konstanz zurück. Dort wurde vonseiten des Domkapitels bereits Burkhard v. Hewen zum neuen Bischof gewählt. Obwohl dieser vom Papst nicht bestätigt wird und Nikolaus die Administration des Bistums übernimmt, muss er Burkhard mit Blick auf das Domkapitel im Dez. zum unwiderruflichen Bistumspfleger (vgl. REC III, Nr.7108ff) ernennen. Erst als im Mai 1388 das Olmützer Bistum wieder vakant wird und Nikolaus die dortige Stelle antritt, ist der Konflikt endgültig gelöst. Nikolaus erhält als Abfindung die Dompropstei und ein Leibgeding (vgl. HS I/2,1, S.325f, 334).
^{639} Bei der folgenden „Sage vom Wunderkreuz und dem Bernrainer Kind", der „einzige(n) im Bodenseeraum, welche personifiziert, lokalisiert und sogar datiert ist" (G. Nünlist, Wallfahrtskapelle, S.7), handelt es sich um einen Bericht „über die Entstehung derjenigen Wallfahrt, die v. den Konstanzern die geringste Anstrengung abverlangte" (H. Mau-

[62vb] Inⁱ dem jar als man von | der gepurt <u>cristi</u> zalt tu= | <u>send drühundert achtz</u> | <u>ig vnd vier jare</u> **d**o gieng= | end knaben vsser der vor= | stat ze   *1384 Kreuz-*
<u>Stadelhouen</u> vnd | woltend holtzholen jn dem | wald by <u>bernrain</u>⁶⁴⁰. **D**o sy | *schändung*
nun das holtz gesamnet | hettend **v**nd d(a)z haym tra= | gen wolten, **D**o   *durch einen*
5   kamen sy | zů dem bild <u>vnsers heren</u> | <u>crucifix</u> vff <u>bernrain</u> vnd leitend   *Knaben bei*
dasⁱⁱ holtz ab jn vn(d) | gerůwotend^a alda. do stůnt | vff **ai**n knab, der hiesz   *Bernrain;*
der | <u>schappeler</u>, **v**nd graiff dem | <u>crützifix</u> an sin nasz vn(d) sp(ra)ch: |
„<u>her(r)e got</u>, lausz dir schnützen^b, | so küsz ich dich dester gerner." | **a**lso
gestůnd^c dem knaben | sin hand an des <u>crutzifixes</u> | nasz. **D**o das die
10   andern | knaben sahend, **d**o luffend | sy jn die vorstat <u>stadelhouen</u> | vnd
seiten^d es siner <u>mů̊ter</u> | vnd andren lüten. **d**o kam(en) | die <u>mů̊ter</u> vnd ander
erber | lüt vnd sahend d(a)z <u>zaichen</u>^e. | **D**o **R**ů̊fft die <u>mů̊ter</u> des kna= | ben
den <u>almåchtigen got</u> an | vnd die <u>mů̊ter maria</u> mit | jnniger andåchtiger
bittu(n)g | vnd verhiesz <u>süben</u> vert^f gen | <u>ainsideln</u>⁶⁴¹. do ward der knab |
15   ledig. **D**ar nach über <u>zway</u> | jar Schwů̊r^g der knab so übel |
[63ra|131]ⁱ   ⁱⁱAnno M CCC lxx[xvj]ⁱⁱ   *138[6]*
got miszhandlend **d**as man | jm die zungen ze <u>costentz</u> | vs schnaid vnd
ewenclich | verbotten^a ward⁶⁴². |

---

rer, Konstanz I, S.269). Sie beruht auf dem Grundgedanken, dass Freveltaten unmittelbar v. der beleidigten Gewalt bestraft werden (vgl. G. Nünlist, Wallfahrtskapelle, S.7). Inwiefern die Errichtung der Heiligkreuz-Kapelle (v. dem Konstanzer Leinenweber Johann Kräntzli am 24. Juli 1388 noch während des Baus in die Obhut v. Bürgermeister und Rat übergeben, vgl. J. Marmor, Urkunden-Auszüge I, S.36 und ders., Beziehungen, S.114) mit derartigen Ereignissen bzw. dem Glauben daran in Zusammenhang steht, kann nicht mehr entschieden werden (vgl. allg. und ausführlich den gesamten Text v. Nünlist, der die historiographische Überlieferung dieser Erzählung ausführlich verfolgt und auf S.11f aus der Handschrift unserer Chronik zitiert (vgl. dazu Kapitel A.2.2.2) sowie H. Maurer, Konstanz I, S.269ff u.a. mit einer Karte des Pilgerweges v. Emmishofen nach Bernrain). Interessanterweise besitzen wir eine kurz nach der „Konstanzer Chronik" 1474 entstandene Erzählung dieser Sage in einem Pilgerbericht des Haller Bürgers Hans v. Waltheim, die in der Grundstruktur identisch, in Einzelheiten aber deutlich von der unseren zu differenzieren ist (vgl. z.B. den Hinweis, dass die Eltern den Knaben nicht befreien konnten und er solange an dem Kruzifix klebte „bis die Domherren von Konstanz, alle Priesterschaft, die Orden und die Gelehrten mit einer großen Prozession, auch die Laien, Frauen, Männer und Jungfrauen demütig dorthin gingen und Gott (...) um seine Gnade und um die Erlösung des Knaben baten", zitiert nach O. Feger (Hg.), Konstanz im Spiegel, S.49ff, hier S.50). Damit lässt sich belegen, dass gerade in den 1460er/70er Jahren, der Entstehungszeit unserer Chronik, in Konstanz auch auf mündlichem Wege verschiedene Versionen dieses Ereignisses tradiert werden.

[62vb]
i) In] I *3-z. Lomb., v. der Hd. des Rubr., mroT* ii) das] *durch roten Tintenfleck verderbt*

a) v. gerůwen: ausruhen b) v. schnützen/sniuzen: schneuzen c) v. gestân: (fest-)bleiben d) v. sagen: sagen, berichten, mitteilen e) Zeichen, Wunder f) Wallfahrten g) v. schweren: lästern, fluchen

⁶⁴⁰ Bernrain, Kt. Thurgau: nach dem Bau der Kapelle vielbesuchter Wallfahrtsort auf der Anhöhe des Seerückens, am sog. „Schwabenweg", einem Teil des Pilgerweges v. Konstanz nach Einsiedeln, Rom und Santiago de Compostela, gelegen (vgl. H. Maurer, Konstanz I, S.38 und G. Nünlist, Wallfahrtskapelle, S.16).
⁶⁴¹ Das Kloster Maria Einsiedeln des hl. Meinrad ist im Mittelalter der größte Wallfahrtsort der Schweiz, ja eines der beliebtesten Wallfahrtsklöster Europas. Der Engelweihe-Legende nach soll Christus selbst 948 die erste Klosterkirche eingeweiht haben (vgl. SchwLex, Bd.3, S.337f).

[63ra|131]

[63ʳᵇ] Alsⁱ man vo[n der gepurt]ⁱⁱ | cristi zalt tusen[d drühun=]ⁱⁱⁱ | dert achtzig
vnd sechs [jar]ⁱᵛ | do ward hainichs sasz^ᵛ/ [?] zů [Bur=]ᵛⁱ | g(er)maister   *1386*
erwelt vnd was | zway jar Burg(er)maister. #ᵛⁱⁱ | *Bürgermeister;*

5   [Abb.: Kreuzschändung bei Bernrain]⁶⁴³   *Illustration!*

[63ᵛ]ⁱ Leere Seite

[64ʳᵃ|133]ⁱ ⁱⁱAnno M CCC lxxxviij | jarⁱⁱ   *1388*
Alsⁱⁱⁱ nur der gena(n)t By= | schoff Nicolaus vo(n) Ry= | senburg vier jar   *Bischof*
gere[g]iertⁱᵛ | hett, do gab er das Bystum | vff ainem von hôwen, des | nam   *Burkhard I. v.*
was Burkart⁶⁴⁴. vnd | der ᵃstůnt anᵛ/ᵃ als man von der | gepurt cristi zalt   *Hewen;*
5 tusend drü | hundert achtzig vnd acht | jar vnd regiert den By | *1388*
schofflichen stůl zů Coste(n)tz | zehen jar vnd was der | nün vnd
fünfftzigost Bysch= | off an der zal vnd was | des Ersten thůmpro[b]stᵛⁱ zů

---

i) *Papier hier ursprünglich im rechten oberen Eck abgerissen, später repariert und nummeriert, Text unvollständig*
ii...ii) Anno M CCC lxx[xvj]] M CCC lxx *SG, v. der Hd. des Rubr., mroT, Text beschädigt, v. der Editorin erg.*

a) v. verbieten: den Aufenthalt in Konstanz untersagen, aus Konstanz verbannen

⁶⁴² Nach H. Maurer, Konstanz I, S.270 wird diesem Schappeler auf ein Urteil des Rates hin tatsächlich zwei Jahre
später wegen Messerzückens zur Strafe die Zunge abgeschnitten.

[63ʳᵇ]
i) Als] A *2-z. Lomb., v. der Hd. des Rubr., mroT* ii) von der gepurt] n der gepurt *fehlt SG, v. der Editorin erg.* iii)
tusend drühun- | dert] d drühun- *fehlt SG, v. der Editorin erg.* iv) jar] *fehlt SG, v. der Editorin erg.* v) sasz] *üdZ v. der
HHd. mbrT erg., schlecht lesbar, darunter als Vz., v. der Hd. des Rubr., ein Punkt mroT* vi) Bur- | g(er)maister] Bur-
fehlt SG, v. der Editorin erg. vii) Zz: *v. der Hd. des Rubr., mroT*

⁶⁴³ Vgl. Kapitel A.5.2.1 und Abb.12 im Abbildungsteil.

[63ᵛ]
i) *Seite hier ursprünglich im linken oberen Eck abgerissen (vgl. fol.63ʳ), später repariert*

[64ʳᵃ|133]
i) *Spalte in einer Breite v. ca. 8,5 cm um ca.1,5 cm verlängert (vgl. ausgeschnittenes Wappen auf fol.64ᵛᵇ)* ii...ii)
Anno M CCC lxxxviij | jar] *v. der Hd. des Rubr., mroT* iii) Als] AAls *SG*, A *2-z. Lomb., v. der Hd. des Rubr., mblT*
iv) gere[g]iert] gereiert *SG* v) an] *üdZ, v. der HHd., mbrT erg., darunter als Vz ein nach oben zeigender Winkel,
mroT* vi) thůmpro[b]st] thůmprost *SG* vii) Zz: *v. der Hd. des Rubr., mroT*

a...a) v. stân/stên an: ein Amt aufnehmen/antreten

⁶⁴⁴ Burkhard v. Hewen (1387/88-1398): Angehöriger des schwäbischen Freiherrengeschlechts v. Hewen (vgl. Burg
Hohenhewen bei Engen im Hegau); seit 1345 Konstanzer Domherr; 1349-1350 Studium in Bologna und Padua;
Streitigkeiten um die Straßburger Thesaurie und ein dortiges Kanonikat mit Pfründe; seit 1364 Konstanzer Dompropst; 1366 Ernennung zum päpstlichen Kaplan; 1372 Helfer des päpstlichen Zehntkollektors; am 18. Mai 1387
einstimmige Wahl zum Konstanzer Bischof; Streitigkeiten mit Vorgänger Nikolaus; am 4. Mai 1388 Ernennung
durch den Papst; nach der Bestätigung der Privilegien der Stadt feierliche Inthronisation am 19. Aug. 1388; Anhänger Urbans VI., jedoch keine offenen Auseinandersetzungen im Zuge des Schismas; gest. am 30. Sept. 1398 (!)
(vgl. REC III, Nr.7098-7550; dazu M. Krebs, Nachlese, Nr.7102-7547; HS I/2,1, S.333ff, E.C. Lutz, Spiritualis
fornicatio, S.50ff und B. Hotz, Päpstliche Stellenvergabe, S.516ff).

Co= | stentz, als och <u>sant</u> <u>Ců</u>nrat | gewesen was <u>o</u>fficial **v**nd | <u>th</u>ůmprobst
vnd dar nach | **Byschoff**[645], **v**nd starb als man | von der gepurt cristi zalt |
10 <u>t</u>usend drühundert nün | <u>tzig</u> <u>v</u>nd <u>sü</u>ben jare[646]. #^(vii) | **By** des **B**yschoffs   *1397 Tod;*
zyten vol | giengen disz nachgeschri= | ben ding **v**nd sachen: |

Bischofswappen
zwei Schilde (4x3,5) (4x3,5) (M: 2,5/S: 3)
15   (rechts: Aw; links: Fw Hewen[647]: schwarz-
gold/beige geteilter Schild, oben ein
sechsstrahliger silberner Stern)

[64^(rb)] ^(i)Anno M CCC lxxxviiij | jar^(i)   *1389*
Als^(ii) man von der gepurt | cristi zalt <u>t</u>usend drühun= | <u>d</u>ert <u>a</u>chtzig **v**nd <u>nü</u>n
jăre | **a**n dem <u>d</u>ry **v**nd zwaintzigo- ^(iii)| <u>s</u>ten tags des monats **Brach**= | at, was   *1389 Der sog.*
do der mŏrnig tag | nach <u>v</u>nsers heren fronlich= | <u>n</u>am tag, zů <u>p</u>rim zyt[648]   *„dritte Bürger-*
5 jst | ain grosser **v**ffloff beschenhen | zů <u>c</u>ostentz, der des <u>e</u>rsten **v**ff | *kampf";*
erstanden ist von den <u>M</u>etz= | <u>g</u>ern **v**nd zymerlüt(en). Jtem | die <u>nü</u>nzehen
<u>z</u>ünfftten luff= | end **v**ff den hof mit jren | **B**aniern **v**nd vertribend alle | die
von jnen, **S**o des rautes | warend, ŏne den **Burg**(er)**mai**= | <u>s</u>ter, was do der
Raiser, **v**nd | den amma(n), was **Ců**nrat ha= | <u>g</u>en[649] **v**nd <u>v̊</u>lrich habck[650],

---

[645] Vgl. die Ausführungen auf fol.26^(ra).

[646] Das genannte Todesjahr v. Bischof Burkhard ist nicht korrekt. Auch die kurzfristige Nachfolge Burkhards durch Friedrich v. Nellenburg (vgl. REC III, Nr.7551-7560) wird nicht erwähnt. Dieser wird am 16. Okt. 1398 einstimmig zum Bischof gewählt und inthronisiert, verzichtet aber aufgrund der finanziellen Lage des Bistums bereits neun Tage später auf das Amt (vgl. ebd., Nr.7551-7561; HS I/2,1, S.336).

[647] Vgl. ZürW Taf.5, 73; RiA 451, 2,1-3 und 396, 3,3; RiDrS 162^r, 2,1 und 195r, 3,1; Grünenb. Taf.89a+b, 1,3; Öhem 6^r, 45 (Taf.2); Siebm. E, S.327; Siebm. II, Taf.32, 1,2; Siebm. VI,2, Taf.120, 1,1-2; Siebm. Suppl. VII, Taf.29, 3,3; WtBvK 4,6 (quadriert: 1, 4: Aw, 2, 3: Fw).

[64^(rb)]
i...i) Anno M CCC lxxxviiij | jar] *v. der Hd. des Rubr., mroT* ii) Als] *A 2-z. Lomb., v. der Hd. des Rubr., mblT* iii)
Marg.: v. der Hd. des Rubr., mroT, amreRa, abgeschnitten, v. der Editorin erg.: Ain vff [loff) iv) an na= | mend]
zwischen den Worten ein leichter senkrechter Strich (|) zur Verdeutlichung der Trennung

a) *v. vertragen: geschehen lassen, dulden* b) *aus* c...c) *v. viant sin: feindlich gesinnt sein* d) *obersten, (einfluss-)*
reichsten

[648] Während unsere Chronik eindeutig vom 23. Juni als dem Tag des Aufstandes spricht, lautet der Text bei C. v. Schwartzach, Cronica, fol.16^r: „vffloff. der be- | schach in dem xviii. tag im Brachatt. vnd waß Mornderig | vnsers herren Frowlichmeßtag vnd waß Fritag recht zů Prim". Tatsächlich fand der Aufstand wohl am 18. Juni 1389 statt (vgl. E. Joos, Unruhen, S.44 und H. Maurer, Konstanz I, S.228). Zu den Differenzen innerhalb der Überlieferung mit wiederum problematischen Angaben bereits P. Ruppert, Chroniken unter „Stetter. Dacher" auf S.111 und dazu Anm.3.

[649] Konrad Hagen ist Konstanzer Bürgermeister (1379-1381 sowie 1384-86) und Vogt (1389/1390-1408), jedoch niemals Stadtammann. Vgl. auch die auf fol.64^(va) stehenden, anderslautenden und in diesem Fall richtigen Angaben zu den städtischen Amtsträgern.

[650] Ulrich Habck oder Habch: Angehöriger einer seit ca. 1350 in Konstanz nachweisbaren Familie; Fernhandelskaufmann; Ratsherr; 1379 gelingt es ihm, das Amt des Stadtammanns, das er bis zum Jahr 1397 bekleidet, als Pfand für 1350 lb hl an sich zu bringen; Zunftmeister; steht 1388 in der Steuerliste unter den 1400 lb hl und mehr Besitzenden

10 vnd | all zunfftmaister. **D**er | selb vffloff beschach nit den | alten
geschlåchten ze laÿd; | **E**r beschach nun allain etlich= | en vo(n) den
zünfftten ze laÿd, | die sich vil gewalts an na= | mend^(iv) jn dem **R**åt, vnd
jnen | die andren zunfftmaister | das vertragen^a mûstden von^b | vorcht. vnd
dar verdrossz | die gemaind gar übel vn(d) dar | vmb hůb sich der vffloff
15 aller | maist. **V**nder den | zunfftmaistern warend jro | dry, den die gemaind
vast | ^cvygend was^c, vn(d) d(a)z warend | die obrosten^d drÿ, namlich |
gewandschnider, kramer

[64^(va)|134] vnd winschenken^651. **V**nd | do sy also vff dem hoff mit | jren **B**aniern wol
vff zehen | stund gewesen waren vnd | ettliche vnder jnen gar vn= |
beschaidenlich^a redotend, do | giengend der stett rautz bot= | ten zů
jnen^652, wan sy do vnge= | uarlich^b hie zů costentz wa= | rend. **V**nd die
5 überrettend | die gemaind, das yegklicher | zunfftmaister von siner |
zunfft dry man gab; **D**ie | saussend do ze samen vnd | stiltend^c das volk.
Dar nach | waltend^i die selben ainen råt | nach der zal, als ir vor mals |
gewesen was, [hundert]^(ii) viertzig, halb | von den geschlåchten vnd | halb
von der gemaind. also | ^djn der mausz^d satztend^e sy den | nüwen **R**åt, halb
10 von der ge= | schlåchten vnd halb vo(n) der | gemaind, wan(n) das sy den |
selben raut grôsrotend, dan(n) | sy von yettwederm tail sü= | bentzig man
satztend vnd | verstiessend^f gar vil dero, die | vor mals des rautz gewesen |
warend, vnd den meren- | tail von der gemaind^653. Es | ward och

---

an 45. Stelle; erwirbt die Feste Güttingen im Thurgau als Pfand (vgl. StAK, A I 25b, Teil III; OBG, Bd.1, S.499;
K. Beyerle, Ratslisten, S.98ff; H. Maurer, Konstanz I, S.258).

[64^(va)|134]
i) waltend] a *aus o vermutlich v. der HHd. korr.* ii) hundert] *fehlt SG, Konjektur nach C. v. Schwartzach, Cronica,
fol.16^v (vgl. auch die Logik der nachfolgenden Hinweise!)*

a) maßlos b) zufällig c) v. stillen: besänftigen, beruhigen, beschwichtigen d...d) auf diese Weise e) v. setzen:
einrichten, einsetzen f) v. verstossen: absetzen, vertreiben

^651 Tatsächlich scheint das Patriziat keine Rolle gespielt zu haben, vielmehr geht dieser Aufstand ganz im Gegensatz
zu dem v. 1370 „einzig und allein v. Zünften aus und richtete sich auch einzig und allein gegen andere Zünfte"
(H. Maurer, Konstanz I, S.227). Auf Initiative der beiden erwähnten Korporationen der Metzger und Zimmerleute
wenden sich die Aufständischen v.a. gegen Angehörige der führenden Handels- und Handwerkszünfte. Da sich aber
alle existierenden 19 Genossenschaften gegen den bestehenden Rat wenden, sollte nicht v. einer Machtprobe zwischen verschiedenen Zünften gesprochen werden. Vielmehr versammeln sich benachteiligte Angehörige der Korporationen auf dem oberen Münsterhof, um teils auch gegen führende Mitglieder der eigenen Zunft (E. Joos, Unruhen, S.45 spricht v. „neureichen Nutznießern der Revolution von 1370/71") vorzugehen (vgl. E. Joos, Unruhen,
S.44f; F. Horsch, Zünfte, S.25f und H. Maurer, Konstanz I, S.227f).
^652 Hiermit sind Vertreter des Bundes der Bodenseestädte, die als Vermittler auftreten, gemeint. Obwohl König Wenzel im Mai 1389 im Landfrieden zu Eger die Städtebündnisse für aufgehoben erklärt und der Schwäbische Städtebund zerfällt, halten sieben Bodenseestädte („stett umb den sew") an ihrem Bündnis fest und erreichen im Aug. 1389
einen eigenen Frieden (vgl. E. Joos, Unruhen, S.44, Anm.76; H. Maurer, Konstanz I, S.227; zur Bündnispolitik v.
Konstanz zusammenfassend P.F. Kramml, Reichsstadt).
^653 Der neugewählte Rat soll also wiederum aus 140 Mitgliedern bestehen, v. denen die Hälfte dem Patriziat, die andere den Zünften entstammt. Wie im Folgenden berichtet, werden v. den Vertretern der „Geschlechter" lediglich
neun Ratsherren ausgewechselt, während man v. den 70 bisherigen Ratsherren der „Gemeinde" nur ungefähr 20 im
neuen Gremium wiederfindet. U.a. werden alle 38 Ober- und Unterzunftmeister aus ihrem Amt entlassen. Um sich
vor möglichen Reaktionen zu schützen, werden den abgesetzten Ratsherren ihre Harnische abgenommen und erst

verstossen der bur- | g(er)maister, der Rayser, Vn(d) hansz Ruch⁶⁵⁴, der
15 vnder Burg(er) | maister, vnd der vogt Cůn- | rat hagen vnd der amman |
 v̊lrich habck vnd acht vnd | trissig zunffttmaister ober |

[64ᵛᵇ]ⁱ vnd vnder vnd vil ander | von der gemaynd. Vnd | ward von den
geschlǎcht(en) | nit mer dan(n) **nün** man ver= | stossen, **wan**(n) sy gabend
den | geschlǎchten g̊ut wort vn(d) | hiessend sy biderblütᵃ, wan | sy
ᵇstaltend noch drungend | nit nach dem gewalt als | geuarlichᵇ als ettlich
5 von | der gemaind⁶⁵⁵. **D**ero von | der gemaind belibend nit | mer dan(n)
zwaintzig man | an dem **R**aut. |
   Darⁱⁱ nach ward z̊u aine(m) | **B**urg(er)maister erwelt | **walther Schwartz.**   *Bürgermeister;*
Vnd | dar nach an **sant peters** vn(d) | **sant pauls** der **zwǒlffbott**(en) | tag⁶⁵⁶   *Strafen;*
do ward v̊lrich habck, | **amma**(n) z̊u **costentz**, **zway** | **jar** vn(d) **zwo** mil̊ᶜ
10 wegs wytᵈ | von **costentz** verbotten vn(d) | dar z̊u geben **zway hundert** |
pfund pfenni(n)g. **V**ff den | selben tag ward verbotten | **hainrich sachs,** der
da vor | **vier jar** **B**urg(er)maist(er) gewe= | sen was z̊u **costentz,** **vier** | jar
vnd **vier** mil wegs ver(re) | von **costentz** vnd dar z̊u ge= | ben **zway**
hundert pfund pfe(n)= | ni(n)g. **V**ff den selben tag do | ward **haintz**
15 **cristan**⁶⁵⁷, der win | schenken zunfftmaist(er), ver= | botten von **Costentz**
ain **jaur** | vnd **a**in mil wegs vn(d) m̊ust | geben **hundert pfund**
pfenni(n)g⁶⁵⁸. |

---

nach der Neueinsetzung des Rates wieder ausgehändigt. Festgesetzt wird auch ein jährlicher Wechsel der Bürger- und Zunftmeister – ersterer immer ein Jahr aus dem Patriziat, im anderen aber aus dem Zunftbürgertum stammend (vgl. E. Joos, Unruhen, S. 44f; H. Maurer, Konstanz I, S.228 und K. Beyerle, Ratslisten, S.111ff; vgl. für einige bei Dacher nicht berichtete Einzelheiten C. v. Schwartzach, Cronica, fol.16ʳff).
⁶⁵⁴ Johannes Ruch oder Ruh: aus der Konstanzer Patrizierfamilie stammend (ursprünglicher Name: Joechler/Joheler); Ratsherr; Unterbürgermeister in den Jahren 1387-1389 und Bürgermeister 1394, 1396, 1402, 1406 (vgl. OBG, Bd.2, S.210ff; K. Beyerle, Ratslisten, S.109ff).

[64ᵛᵇ]
i) *Spalte in einer Breite v. ca. 8,5 cm um ca. 1,5 cm verlängert (ausgeschnittenes Wappen)* ii) Dar] D *2-z. Lomb, v. der Hd. des Rubr., mroT* iii...iii) walter Schwartz (...) Am(m)an] *v. der Hd. des Rubr., mroT*

a) unbescholtene, rechtschaffene Ehrenmänner b...b) waren nicht so machtversessen c) Meile [gebräuchliches Maß für längere Strecken; eine Meile = 5.400 Schritt = 27.000 Fuß, vgl. LexMA, Bd.6, Sp.471f] d) weit

⁶⁵⁵ Hier findet sich ein Hinweis auf die möglichen Ursachen dieses Aufstandes. Gleichzeitig belegt dieser Textteil den Umstand, dass nicht das Patriziat, sondern einzelne Mitglieder der Zünfte durch diesen Kampf entmachtet werden sollten.
⁶⁵⁶ 29. Juni.
⁶⁵⁷ Haintz Cristan: um 1350 als Sohn v. Denz Cristan, einem wohlhabenden und angesehenen Gewandschneider, geb.; rascher Vermögenszuwachs (durch teils „illegale" Praktiken); Ratsherr; Zunftmeister der Weinschenken; u.a. Kreditgeber für die Abtei Reichenau; nach der Verbannung im Zuge des Zunftaufstandes rasche Rehabilitierung; Inhaber zahlreicher Ämter; Bürgermeister 1405 und 1407; 1400 möglicherweise Unterbürgermeister; enge geschäftliche Beziehungen zu Hoch- und Landadel des Bodenseeraums; reiche Stiftungen; gest. 1411; vgl. den „Auftritt" seiner Person unter den „tölpeln" in Wittenwilers „Ring" (vgl. K. Beyerle, Ratslisten, S.121ff und E.C. Lutz, Konstanzer Bürgermeister, S.7ff; ders., Methodische Probleme, S.229ff und 236; ders, Spiritualis fornicatio, S.175ff).
⁶⁵⁸ Alle drei werden also „empfindlich gebüßt und der Stadt verwiesen" (E. Joos, Unruhen, S.45). Was den genauen Betrag der Strafe angeht, gibt es bei der letzten Angabe Differenzen zwischen der Hs. StAK, A I 1 und Dacher. Während in StAK, A I 1, fol. 100ᵛᵇ zweimal v. 400 lb hl und bei „haintz cristan" v. 100 lb hl die Rede ist, stimmen nur die Informationen für die ersten beiden Personen in unserer Chronik in lb dn (1 Pfenning = 2 Heller) hierin überein.

ⁱⁱⁱwalter Schwartz   v̊lrich habck
20   Burgermaister   Am(m)anⁱⁱⁱ

Wappen
zwei Schilde (3,5x3,5) (3,5x3,5)
(rechts: Fw Schwartz, vgl. 55rb)
25   (links: Fw Habck⁶⁵⁹: In Rot auf einem grünen Ast
sitzender, braun-gefleckter Vogel)

[65^r] Leere Seite

[65^v] Leere Seite

[66ra|137]ⁱ ⁱⁱAnno M CCC lxxxx jarⁱⁱ   *1390 (!)*

Al(!)sⁱⁱⁱ man von der gepurt | cristi zalt <u>t</u>usend drühu(n)= | dert vnd *1390 (!)*

nüntzig <u>jare</u> do ^aer | hûb^a sich die grosz geselschafft, | die man nampt den *Konstituierung*

lôwen⁶⁶⁰. | da warend jnne fürsten, | grauen, fryen, **R**itter vn(d) knecht⁶⁶¹. | *der Löwen-*

5 vnd ward die selb geselsch= | afft gemacht wyder Rich | stett, so jn *gesellschaft;*

Anders sieht es bei dem Zunftmeister der Weinschenken aus. Mit dem Ratsbuch (= 200 lb hl, StAK, B I 1, S.353, vgl. E.C. Lutz, Spiritualis fornicatio, S.186) zusammenfallend und damit sicherlich richtig, ist bei ihm v. 100 lb dn die Rede, während die Angabe in StAK, A I 1 umgerechnet lediglich 50 lb dn wären.

⁶⁵⁹ Das Wappen ist in keinem der anderen Werke, die zur Parallelüberlieferung herangezogen wurden, enthalten. Wie schon OBG ausführt, stimmt die Form aber mit dem uns überlieferten Siegel überein (vgl. StAK, A I 25b, Teil III). OBG, Bd.2, S.499 spricht in diesem Zusammenhang v. einem „auf einer Stange oder Ast sitzenden Vogel, der, wohl als redendes Wappen, ein Habicht sein dürfte".

[66ra|137]
i) *Seite in einer Breite v. ca. 8,5 cm um ca. 1,5 cm verlängert (ausgeschnittenes Wappen)* ii...ii) Anno M CCC lxxxx jar] *v. der Hd. des Rubr., mroT* iii) Al(!)s] A *2-z. Lomb, v. der Hd. des Rubr., mblT* iv) Zz: *v. der Hd. des Rubr., mroT* v) <u>Burg</u>(er)maister] <u>Burg</u>(er)maister(er) *SG* vi) er] *fehlt SG* vii) Zz: *v. der Hd. des Rubr., mroT*

a...a) v. erheben: entstehen, gründen b...b) Bündnis c) gerechter d) inständig, eindringlich e) Böses f) v. belîben: festhalten (an), beharren

⁶⁶⁰ Rittergesellschaft vom Löwen bzw. die sog. Löwengesellschaft: Gründung am 13. Okt. 1379 (!); ursprünglich eine der in der zweiten Hälfte des 14. Jhs. zahlreichen regional begrenzten Rittergesellschaften im südwestdt. Raum; rascher Aufstieg zu einem Bund v. überregionaler Bedeutung mit Mitgliedern aus dem gesamten Raum v. Fulda bis Basel und v. der lothringischen Reichsgrenze bis nach Augsburg; v. der Gründung für drei Jahre bis Weihnachten 1382 festgelegt, tatsächlich aber nach April 1382 in den Quellen nicht mehr vorzufinden (vgl. S. Zielke, Löwengesellschaft).

⁶⁶¹ Für die Löwengesellschaft gibt es keine vollständigen Mitgliederlisten. S. Zielke gelingt es, ca. 120 Mitglieder ausfindig zu machen, wobei die tatsächliche Zahl aber sehr viel höher liegen könnte. Bereits ein Vierteljahr nach der Gründung tritt Graf Ulrich v. Württemberg in die Gesellschaft ein und spielt als Hauptmann in der Folgezeit eine bedeutende Rolle. Eine Vielzahl der Mitglieder steht nachweislich in einem Verwandtschafts-, Freundschafts- oder Abhängigkeitsverhältnis zu diesem Grafen. Es handelt sich um einen Herzog, 20 Grafen, mehrere Markgrafen und Herren, um Personen edelfreier oder ministerialischer Herkunft, um einige Geistliche (wie die Bischöfe v. Straßburg und Augsburg) und bspw. die Stadt Basel (vgl. ebd., S.37ff).

^baynu(n)g vnd bund^b | mit ain ander warend⁶⁶². #^{iv} |

Jn dem obgena(n)t(en) jar kam ain | getȯfftter jud zů Cůnrat schal= | *Der getaufte*
10 lemberg⁶⁶³, do Burg(er)maister zů | costentz, vn(d) viel jm zů fůsz | vnd *Jude und der*
sprach: „O her der Burger= | maister, jch hab vil vo(n) jwch | gehȯrt: jr *Bürgermeister;*
sigen ain rechter^c richt(er) | vnd tůgen aine(m) yeden die ge= | rechtikait.
jch Bitt jwch vlisz= | enclich^d, d(a)z ir mir gerechtikait | tůgen vnd tůnd
mich ver= | brennen, dan(n) ich hab übel^e ge= | ton: jch bin gewesen ain
15 jud | vnd hab mich laussen tȯffen⁶⁶⁴.“ | Sprach der Burg(er)maister^v: „du
machst nit sinnig sin!“ Anttw= | urt er: „ich bin nit unsinnig!“ | vnd belaib^f
uff der Red bittend, | d(a)z man jn verbrante. das och | also beschach vnd
[er]^{vi} an dem dry | vn(d) zwaintzigosten tag septe(m)= | bris jn dem
obg(enanten) jar verbre(n)t | ward⁶⁶⁵. #^{vii} |
[66rb]   ⁱAnno M CCC lxxxxiiii jarⁱ   *1394*
Darⁱⁱ nach als man von | der gepurt cristi zalt | tusend drühundert nüntzig |
vnd vier jar an dem aylif ⁱⁱⁱ| ten tag des Maygen, was | do zinstag⁶⁶⁶, *1394 (!)*
zugend die sü= | ben stett zů sant gallen vsz | über d(a)z brait feld hin zů | *Schlacht bei*

---

⁶⁶² Diese Vorstellung trifft genau den Grundtenor der städtischen Chronistik. Meist werden die Rittergesellschaften als eine Bedrohung für die Städte empfunden. Grundsätzlich werden sie laut den Verträgen meist v. Angehörigen des um seine Existenz kämpfenden niederen und reichsfreien Adels aus dem Bedürfnis nach Frieden heraus gegründet. Ziel ist es v.a., die bedrohte wirtschaftliche und politische Stellung im territorial zersplitterten südwestdt. Raum gegen die erstarkenden Landesfürsten und Städte zu verteidigen (vgl. ebd., S.27, 38 und 53).

⁶⁶³ Konrad Schallenberg: Angehöriger des Konstanzer Patriziergeschlechts; mehrmaliger Ratsherr; Bürgermeister in den Jahren 1390 und 1392 (vgl. K. Beyerle, Ratslisten, S.112ff).

⁶⁶⁴ Vgl. allg. zum Themenkomplex der Konversion v. Juden und etwa der Stellung der jüdischen Gesellschaft zu den Apostaten M. Toch, Juden, S.122ff mit weiterführenden Literaturangaben und K.H. Burmeister, medinat bodase, Bd.1, S.127 und Bd.2, S.165ff speziell zum Bodenseeraum.

⁶⁶⁵ Vgl. den Hinweis auf diese stadtgeschichtliche Episode bei H. Maurer, Konstanz II, S.62 und K.H. Burmeister, medinat bodase, Bd.2, S.167. Hier wird, den ausführlicheren Quellen folgend, die erste Begegnung zwischen Bürgermeister und getauftem Juden auf den 30. Aug. datiert. Um ihn zur Vernunft zu bringen, lässt Konrad Schallenberg den Juden zunächst ins Gefängnis werfen. Da sich aber an dessen Vorstellungen keine Veränderung zeigt, wird er schließlich, nachdem „man ihm zuvor an drei Stellen mit glühenden Zangen die Taufe wieder herausgezogen" (ebd., S.167) hat, am 23. Sept. auf dem „Espan" vor dem Kreuzlinger Tor verbrannt.

[66rb]

i...i) Anno M CCC lxxxxiiii jar] *v. der Hd. des Rubr., mroT* ii) Dar] D *2-z. Lomb, v. der Hd. des Rubr., mroT* iii) *Marg.: 2-z., v. der Hd. des Rubr., mroT, amreRa, abgeschnitten, v. der Editorin erg.:* Appenzell[er] | krieg iv) •ee• *vor und nach* ee·*jeweils ein Punkt, v. der Hd. des Rubr., mroT* v...v) Cůnratt Schallemberg Burgermaister | zů Costentz] *v. der Hd. des Rubr., mroT, am linken Spaltenrand beginnend*

a) Verteidigungsstellung, -werk, eine aus Zäunen, Dornenhecken und/oder Steinen gebildete „Landwehr" b) v. houwen: hauen, (nieder-)schlagen, niederreißen c...c) ihre Munition verschossen hatten d...d) neben ihnen e) Hellebarde f) Reiterei, Kavallerie g) v. wůsten: vernichten, zugrunde richten h) freies Feld, weiter Platz i) v. pfiffen: pfeifen, auf der Pfeife spielen

⁶⁶⁶ Angabe des Wochentages ist nicht korrekt. Der 11. Mai des Jahres 1394 war ein Montag. Dieser Fehler lässt sich aber leicht erklären, wenn man berücksichtigt, dass die Schlacht bei Vögelinsegg eigentlich am 15. Mai 1403, einem Dienstag, stattfand.

5 ainer letzin[a]/[667] vnd schickte(n)d | wol vff <u>sechs hundert</u> schütz= | en für jn *Vögelinsegg*[669]*;*
die letzin vnd dar | vff die zymerlüt vff <u>zway</u> | <u>hundert</u> mit holtzaxten.
vn(d) | **a**ls sy nun ain tail gehüend[b] | jn die letzin vnd die [c]schütz= | en
verschussend[c], **D**o luffen | die <u>appe[n]zeller</u>[668] vn(d) von <u>schwitz</u> | [d]besitz
jn[d] mit jren hellenbar= | ten[e] vnd lantzen vn(d) schlů= | gend **a**n das volk.

10 vn(d) •ee•[iv] | sy da gewar wurdend, ob | es fründ oder vige(n)d wår= | ind,
Do hettend sy gar vil | volks erschlagen. **a**lso dra(n)g | nun ettlich rosuolk[f]
zů jn | hin jn; dero wurdend nun | och vil erschlagen vn(d) wur= | dend iro
rosz so wild, das | jro vil ir nit mochtend | gewalt haben, vn(d) wůstend[g] |
sich selber vnd vil lüt mit | jnen. **N**un hetten sich die | <u>süben</u> **B**anier der

15 stet mit | allem volk gestelt her vsz | vff die wytin[h] vor der letz= | in vnd
pfiffotend[i]; mit ir | pfiffern herlich vn(d) schon. | **V**nd da das getôn vmb |

[v]**C**ůnratt Schallemberg Burgermaister | zů Costentz[v]

20

               Wappen

---

[667] Vgl. die Bedeutung der Letzinen (v. letzen: aufhalten) insbesondere in der Eidgenossenschaft: Meist werden die Sperrbefestigungen im Alpenraum an gut zu verteidigenden Engpässen angebracht, um den Einfall in ein Tal oder eine Landschaft zu verhindern. Mit dem Terminus Letzi können aber auch „vorgeschobene Befestigungslinien an Rande des Weichbildes v. Städten" gemeint werden. Zu unterscheiden sind behelfsmäßig aus Holzverhauen angelegte Letzinen v. fest gemauerten Sperren mit Wehrgängen, vorgelagerten Gräben sowie Türmen und Toranlagen. Die meisten dieser Landwehre entstehen im 14. und 15. Jh. und dienen v.a. der Verhinderung v. Raubzügen, während die Abwehr v. Großangriffen (vgl. die Schlacht bei Näfels, fol.94vb) mit ihrer Hilfe selten gelingt (vgl. SchwLex., Bd.7, S.236).

[668] Appenzell, Kt. Appenzell-Innerrhoden: erste urkundliche Erwähnung als „Abbacella" 1071 (Wirtschafts- und Gutshof des Abtes v. St. Gallen); 1353 Verleihung des Marktrechts; bis ca. 1405 Teil der abt-sanktgallischen Grundherrschaft; 1377 Anschluss an den Schwäbischen Städtebund; 1401 Eintritt in den sog. Volksbund, der bald in scharfen Gegensatz zur Abtei gerät; Appenzellerkrieg; 1513 Aufnahme in die Eidgenossenschaft (vgl. SchwLex, Bd.1, S.208f und 221; HHS, S.23f).

[669] Es handelt sich um eine der entscheidenden Schlachten im sog. Appenzellerkrieg, dem Befreiungskampf der Appenzeller Bauern gegen die Herrschaft des Abts v. St. Gallen, zu dieser Zeit Kuno v. Stoffeln (1379-1411). Dem eigentlichen Krieg gehen jahrelange Streitereien um Zinsen und Zehnten voraus (vgl. Zwist des Jahres 1367; 1377 Bündnis mit dem Schwäbischen Städtebund; 1379 Verweigerung der Huldigung des Abtes; am 17. Jan. 1401 Widerstandsbund der Appenzeller mit der Stadt St. Gallen gegen den Abt und im Gegenzug am 18. Jan. Aufnahme des mit Herzog Leopold IV. v. Österreich verbündeten Kuno in das Burgrecht der ebenfalls mit Österreich liierten Stadt Konstanz). Nachdem St. Gallen sich auf Druck des Ostschweizer Adels im Juli 1402 aus dem Bündnis verabschiedet, suchen die Appenzeller Hilfe bei der „stärksten und dynamischsten Kraft der Eidgenossen, bei den Schwyzern" (H. Maurer, Konstanz I, S.232). Nach der Aufnahme Appenzells in das Landrecht v. Schwyz kommt es am 15. Mai 1403 (!), wie im Folgenden berichtet, zur ersten Schlacht zwischen den Gegnern. Bei Vögelinsegg trifft das Heer (u.a. bestehend aus 600 Schützen und 200 mit Äxten bewaffneten Zimmerleuten) der Bodenseestädte (und damit auch v. Konstanz) auf die Appenzeller und Schwyzer. Von unserer Chronik plastisch geschildert, endet der Kampf nach einem Überraschungsangriff mit einer Vielzahl v. Toten (v.a. aufseiten des städtischen Heeres), einer Massenflucht und damit letztlich mit einem Sieg des Appenzell-Schwyz-Bündnisses. Ein Frieden zwischen der Stadt St. Gallen und den am Kampf beteiligten Reichsstädten mit den Aufständischen 1404 beendet die Auseinandersetzungen nur teilweise. Die Gefahr für die österreichische Landgrafschaft Thurgau und damit auch für das in deren unmittelbarem Vorfeld liegende Konstanz wird damit nicht gebannt (vgl. mehrere Kriegszüge der Appenzeller und ihrer Verbündeten bis vor die Tore der Stadt) (vgl. SchwLex, Bd.1, S.221 und ausführlich W. Ehrenzeller, St. Gallische Geschichte, Bd.1, S.103ff; O. Feger, Geschichte, Bd.III, S.126ff sowie mit Blick auf Konstanz H. Maurer, Konstanz I, S.231ff).

[670] Grundsätzlich sind uns zwei Wappen der Familie Schallenberg überliefert. Bei Öhem 24[v], 374 (Taf.16) und in WrKatze 4,15=72 ist das Wappen nicht mit dem hier abgebildeten identisch. Dort handelt es sich jeweils um einen

zwei Schilde (4x3,5) (4x3,5)
(rechts: Teilskizze der Zeichnung des rechten Wappens,
dann abgebrochen)
25   (links: Fw Schallenberg[670]: In Silber grüner Dreiberg, darauf
zwei ebenfalls silberne gebogene Hörner)

[66va|138]   hilff vnd och niema(n)t den | andern erkennen vn(d) wys | sen wolt, ob er
fründ oder | vigend^a wåre Oder wie | d(a)z ain ding was, Do stůn | dend ir
ettlich ab vo(n) den | Rossen, die hie vsnan^b beli | ben waren, da och
dan(n)ocht | ^{c}der recht huff^c was, Der | selben nur och vil erschla- | gen
5   ward, Blankenstain | vnd ander, lütfrid jm(m) | turn vnd ettlich Blaure(r) |
vnd Muntpraten, Och mai- | ster arnolt^{671}, der zymerma(n), | der das
koffhusz bwt^{672}. Do | nun die verwysnüst^d so gar | vnder das volk kam vnd
| niema(n)t mer den andern | bekennen wolt, do ward | ain flucht vnder allem |
volk vnd lieff ain tail da | hin vsz, der ander dôrt hin | vsz, vnd
10   sunderlich die ze | Ross verrittend^e sich gar | vast vnd war doch men- | ger^f
von jnen nider gerit | ten. vnd wa sy kamend | in die ^{g}enginen vnd hol |
weg^g, da wůstend sy ain- | ander gar sere vn(d) vie- | lend vff ainander vnd
| sumbtend^h ain ander. So | warend dan(n) die vigend | hie vnd schlůgend
jro | gar vil ze tod. Das $^{i)}$ja- | gen vnd jôchen$^{i)}$ tribend | sy bisz sant gallen
jn die |

[66vb]   stat. Vnd vor der stat bran- | ten sy die mülin ab. Vnd | was iro kum by
hunderten | zeschåtzend. do es jnen aber | so wolgieng, do luffend | sy
allenthalben von den | hôfen vnd alben^a, das jro | villicht vff drü oder vier |
hundert wurdend. Also | ward dero vo(n) Costentz by | nüntzig mannen
5   Vnd | dero von ÿberlingen süben- | tzig man(en) erschlagen. do | wurdend

---

rotbezungten schwarzen Pferdekopf auf silbernem Schild. Die Hs. WLB, HB V 54 ordnet dem Namen Schallenberg
nun zwei Wappen zu. Während auf fol.12^v, 2,2 das Fw mit dem Pferdekopf zu finden ist, lautet der Text zu einem
Wappen mit einem silbernen Dreiberg auf rotem Schild (ohne Hörner) auf fol.9^v, 1,1: „Die Schallenbergen | von
Petterszhaůsen". Vgl. auch StAK, A I 25 b, Teil II.

[66va|138]
a) Feind, Gegner b) außerhalb, draußen c...c) Haupttross d) Verderben e) v. verrîten: zerstreuen f) viele, zahlreiche
g...g) enge, tief eingeschnittene Hohlwege h) v. sûmen: aufhalten, hindern i...i) jagen

^{671} Heinrich Arnold: Zimmermann; seit 1378 städtischer Werkmeister; v. Rat mit der Bauleitung des v. 1388 bis 1391
errichteten Konstanzer Kaufhauses an der Schiffslände betraut; ihm werden hierbei städtische Werkleute, Maurer und
Zimmerleute unterstellt; evtl. gest. am 15. Mai 1403; J. Marmor, Topographie, S.226 vermutet, er sei wie einige
Blarer, Muntprats etc. nicht in dieser Schlacht, sondern in der am Speicher 1404 verstorben (vgl. Häuserbuch I, S.77
und H. Maurer, Konstanz I, S.256).
^{672} Während O. Feger, Geschichte, Bd.III, S.138 v. 99 Konstanzer Toten spricht, fallen nach H. Maurer, Konstanz I,
S.232, unserem Text folgend, „90 Konstanzer, Mitglieder der Geschlechter ebenso wie der Zünfte" (vgl. Angabe auf
fol.66vb). Unter ihnen sind bspw. Konrad (Bruder des Bischofs Albrecht Blarer) und Albrecht Blarer (vgl. P. Staerkle,
Blarer, S.128) sowie der erwähnte Werkmeister Arnold (vgl. H. Maurer, Konstanz I, S. 232).

[66vb]
a) Almen b) Frieden, die Obhut Gottes c) selbe

och ettlich her(r)en | vo(n) edlen lüten erschlagen | vnd von sant gallen wurden | och vil erschlagen vnd ouch | von den andren dry stetten, | dero selen vnd och alle gelŏ- | big selen rŭwend in dem fryd^b. | Es wurdend och vil Banier | verloren von den stetten, zünff- | ten vnd geselschafften. aber |

10 dero von Costentz banier kam(en) | da von, das es den vigenden | nit ward, vnd was doch d(a)z | selbrin^c banier alda. |

[67^r]   Leere Seite

[67^v]   Leere Seite

[68ra]   Dar^i nach ward zŭ Bysch | off erwelt h(er)n Marq(ua)rt | von Randeck^673.   *Bischof Mar-*
vnd der was der | sechtzig[ost]^ii Byschoff an der zal vn(d) | regiert nün jar   *quard v. Rand-*
vnd starb des | jars als man von der gepurt | cristi zalt tusend vierhundert | *eck;*
vnd sechs jare. | *1406 Tod;*

5

B(!)y des Byschoffs zyten als | man von der gepurt cristi | zalt tusend
drühundert nün- | tzig vnd nün jare Morne(n)d | nach sant pauls   *1399 (!)*
bekerung^674 | geschach die grosz brunst | zŭ stadelhouen, Costentzer | *Stadtbrand in*

10 vorstat, vnd gieng an am | sübenden husz, als man vo(n) | der   *Stadelhofen;*
schnetzbruck vshin gåt | vff die lincken hand. |

Bischofswappen

15   zwei Schilde (4x3,5) (4x3,5) (M: 2,5/S: 3)
(rechts: Aw; links: Fw Randegg^675: In Silber roter Löwenrumpf)

[68ra]

i) Dar] D *2-z. Lomb, v. der Hd. des Rubr., mblT* ii) sechtzigost] ost *fehlt SG, Konjektur nach der sonst üblichen Formulierung der Chronik*

673 Marquard v. Randeck (1398-1406): Angehöriger der württembergischen Adelsfamilie mit Stammsitz bei Neidlingen; Neffe des gleichnamigen Bischofs v. Augsburg und Patriarchen v. Aquileja; u.a. 1392 Rektor der Universität Wien; 1395-1403 als Referendar des Papstes Generalkollektor in der Diözese Salzburg; 1398 kurzzeitig Bischof v. Minden; nach dem Verzicht Friedrichs v. Nellenburg Versetzung auf den Konstanzer Bischofsstuhl; Einsatz für die Rückführung der avignonesisch ausgerichteten Teile seiner Diözese in die röm. Obödienz; gest. am 28. Dez. 1406 (vgl. REC III, Nr.7569-7994; dazu M. Krebs, Nachlese, Nr.7592-7972; HS I/2,1, S.337ff und B. Hotz, Päpstliche Stellenvergabe, S.621)).

674 26. Jan. Die Datierung dieses Brandes ist nicht korrekt. Tatsächlich breitet sich das Feuer bereits am 29. Jan. 1398 – ausgehend v. der Stelle, an der ein Jahr später die St. Jodok-Kapelle errichtet wird – über ganz Stadelhofen und v. hier, auf die Innenstadt übergreifend, über die Neugasse, die heutige Rosgartenstraße und die Marktstätte (u.a. Vernichtung des Heilig-Geist-Spitals) bis hin zum Kaufhaus aus (vgl. H. Mauer, Konstanz I, S.245).

675 Vgl. ZürW Taf.11, 202; RiA 395, 2,2; 399,1,1 und 461, 4,1; RiDrS 160^v, 2,2 und 200^r, 2,1; Grünenb. Taf. 134, 1,2; Öhem 15^r, 201 (Taf.8); Siebm. E, S.181 (Faber v. Randegg: quadriert 1,4: Fw Faber (Schmiedehammer); 2,3: Fw Randegg); Siebm. II, Taf.91, 1,1; Siebm. VI,2, Taf. 33, 2,3: Faber v. Randegg (wie E); WtBvK 4,8 (quadriert: 1, 4: Aw, 2: In Rot zwei gekreuzte silberne Schlüssel, 3: Rot-blau geteilter Schild, im blauen Feld ein goldener Schräglinksbalken).

[68ᵛ] Leere Seite

[69ʳᵃ] Nachⁱ Byschoff Marq(ua)rt | do ward erwelt zů By- | schoff her aulbrecht   *Bischof Alb-*
Blaur(er)⁶⁷⁶ | von costentz vnd was der | ain vnd sechtzigost an der | zal   *recht Blarer;*
vnd regiert fünff jar | vnd ain halbs vnd gab d(a)z | Bystum vff aine(n)   *Bischof Otto III.*
Marggra- | uen vo(n) hochberg vnd rȯteln, | gena(n)t otto⁶⁷⁷, vnd stȯnd jm | *v. Hachberg*
5   ab⁶⁷⁸ als man von der gepurt | cristi zalt tusend vierhun- | dert vnd ayliff   *1411;*
jar. |

Daⁱⁱ uor ain jar als man | zalt Mᵒ CCCCᵒ vnd zehen | jar an sant laurentis   *1410*
aubend⁶⁷⁹ | zů nacht vmb die achten- | den vnd nünden stünd er- | hůb sich   *Hochwasser;*
10   das wasser vmb | emiszhouen⁶⁸⁰ vnd luff gen sta- | delhouen, das der bach
So | grosz ward, d(a)z er der ᵃgȧr | werᵃ wasser brun(n)en den trog | oder
casten vol wasser vff | hůb vnd den von stat fůrt, | vnd den lüten zů
bayden | syten in ir hüser gieng, By | acht oder zehen schůch hoch, | vnd

---

[69ʳᵃ]
i) Nach] N *2-z. Lomb, v. der Hd. des Rubr., mroT* ii) Da] D *2-z. Lomb, v. der Hd. des Rubr., mblT*

a...a) Gerber b) v. erlupfen: in die Höhe heben c) Lasten, Gewichte

⁶⁷⁶ Albrecht (Albert) Blarer (1407-1410): Angehöriger der ursprünglich aus St. Gallen, sich aber ab 1330 auch in
Konstanz ansiedelnden Tuchhändler- und Patrizierfamilie; Konstanzer Domherr; 1385-86 Studium in Prag; 1391
Rektor in Rottweil und Provision mit dem Archidiakonat Circa Alpes; seit 22. Sept. 1391 Dompropst in Konstanz;
1406-1407 auch Propst v. St. Stephan; bereits 1398 Bischofskandidat; Wahl zum Bischof v. Konstanz zwischen dem
29. Nov. 1406 und dem 10. Jan. 1407; Nähe zu Herzog Friedrich IV. v. Österreich; Auseinandersetzungen mit Appenzell; vor dem 5. Dez. 1410 resigniert Albrecht das Bistum zugunsten v. Otto v. Hachberg; danach Subdiakon und
seit 1417 wieder Mitglied des Konstanzer Domkapitels; 1417-1427 Archidiakon Ante Nemus; 1417-1422 Propst v.
St. Stephan; 1431-1441 Konstanzer Domkustos; gest. am 7. April 1441 (vgl. P. Staerkle, Blarer, S.128; REC III,
Nr.7995-8209; dazu M. Krebs, Nachlese, Nr.8048a-8143a; HS I/2,1, S.340ff).
⁶⁷⁷ Bischof Otto III. v. Hachberg (1410-1434): Chorherr in Mainz, Speyer und Basel; 1404-1405 Studium in Heidelberg; nach dem Verzicht Albrecht Blarers providiert ihn Papst Johannes (XXIII.) am 10. Dez. 1410 mit dem Bis-
tum Konstanz; 1413 Renovation der bischöflichen Pfalz; Gastgeber des Konstanzer Konzils; 1424 Erkrankung und
Übergabe aller geistlichen und weltlichen Gewalt sowie allen Besitzes auf zehn Jahre dem Domkapitel; seit 1427
Versuche, sein Amt zurückzugewinnen; Verwicklung in den Appenzeller Krieg; am 6. Sept. 1434 wird Otto v. Hachberg vom Papst vom Bistum entbunden; Ernennung zum Titularbischof v. Caesarea; gest. am 15. Nov. 1451 (vgl.
REC III, Nr.8210-9594; dazu M. Krebs, Nachlese, Nr.8287a-9518a; U. Janson, Otto von Hachberg, v.a. S.219-253
und HS I/2,1, S.343ff).
⁶⁷⁸ Am 5. Dez. 1409 tritt Albrecht Blarer mit Markgraf Rudolf v. Hachberg und dessen Sohn Otto in erste Verhandlungen über die Abtretung des Bistums. Gegen ein jährliches Leibgeding v. 500 rheinischen Gulden und Naturalien
sowie die Rückzahlung der eigenen Investitionen in das Bistum zeigt sich Bischof Albrecht bereit, auf sein Amt zu
verzichten. Der Markgraf hat sich daraufhin um die Zustimmung v. Domkapitel und Papst zu kümmern. Am 9. und
11. Juli 1410 werden die Verhandlungen abgeschlossen. Die genauen Hintergründe des Rücktritts sind unbekannt
(vgl. REC III, Nr.8156, 8179, 8187f, 8200, 8205, 8214 und 8223; U. Janson, Otto von Hachberg, S.220ff; HS I/2,1,
S.341f).
⁶⁷⁹ 9. Aug.
⁶⁸⁰ Emmishofen, Kt. Thurgau: auf dem Seerücken in Richtung Bernrain, am sog. „Schwabenweg" gelegen (vgl.
H. Maurer, Konstanz I, S.38 mit Karte; SchwLex, Bd.7, S.73).

erlupfft^b jn den hüsern | win vnd ander låst^c, das die | von stadelhouen des
15 zů gar | grossem schad(en) kam(en).⁶⁸¹ |

[69rb]   Bischofswappen
                    zwei Schilde (4x3,5) (4x3,5) (M: 2/S: 3)
            (rechts: Aw; links: Fw Blarer⁶⁸²: In Silber roter stehender Hahn,
                              schwarz bewehrt)

[69^v] Leere Seite

[70ra|145]ⁱ Al(!)sⁱⁱ nun Byschoff aul- | brecht Blaurer By | schoff otten, Marggrauen | *Bischof Otto III.*
von Rôtel, das Bystu(m) vff | gegeben hett, do stůnd er | an d(a)z bystum *v. Hachberg;*
ze Regiere(n)d | als man von der gepurt | cristi zalt tusend vierhun | dert *1411*
vnd ayliff jare vnd | was der zway vnd sechtzi- | gost Byschoff an der zale
5 | vnd was drü vnd zwain | tzig jar Byschoff vn(d) starb | nach dem vnd er *Resignation;*
byschoff | frydrichen von zolr⁶⁸³ abge | standen was, als man vo(n) | der
gepurt cristi zalt tusend | vierhundert fünfftzig vn(d) | ain jare, vnd ist *1451 Tod;*
begraben | jn sant Margarethen cap | pelle jn dem münster zů | costentz⁶⁸⁴.
|
10 **B**(!)y des ziten, als er Byschoff | was, volgiengend disz nach | geschriben
sachen: |

V(!)ff das obgena(n)t jar, als By- | schoff ott an stůnd, do ward | *Bürgermeister;*
Burg(er)maister hainrich | gunterswyler⁶⁸⁵, was ain | schůchmacher zů
15 costentz. |

---

⁶⁸¹ Die Nachricht vom Hochwasser findet sich in Konstanzer Texten sowie in der Chronik Dreibrots bei J. Reutlinger,
Collectanea, Bd.13, S.183 (vgl. H. Buszello, „Wohlfeile“, S.32 und P. Ruppert, Chroniken, S.118, Anm.2).

[69rb]
⁶⁸² Vgl. ZürW Taf.20, 397; RiA 395, 1,3 und 396, 1,1-2; RiDrS 161^v, 1,2 und 161v(!), 1,1-2; WrKatze II,15=34;
WLB, HB V 54, 6^v, 2,2; Siebm. I, Taf. 198, 3,1; Siebm. I,5,II Taf. 65, 3,2; Siebm. II,6, Taf.27, 3,3; Siebm. Suppl. IV,
Taf.8, 3,1; WtBvK 4,9 (quadriert, 1, 4: Aw, 2, 3: Fw, goldener Schild).

[70ra|145]
i) *Spalte in einer Breite von ca. 10,5 cm um 1,5 cm verlängert (ausgeschnittene Wappen)* ii) Al(!)s] A *2-z. Lomb, v.
der Hd. des Rubr., mroT*

⁶⁸³ Bischof Friedrich III. v. Zollern (s.u.) wird am 6. Sept. 1434, dem Tag der Resignation v. Bischof Otto III., mit
dem Bistum Konstanz providiert.
⁶⁸⁴ Diese Angabe ist korrekt. Bischof Otto v. Hachberg wird nach seinem Tod am 15. Nov. 1451 in der v. ihm zu
seiner Grabkapelle umgestalteten Margarethenkapelle des Münsters begraben (vgl. HS I/2,1, S.344 und 347; REC III,
Nr.9590 sowie H. Reiners, Münster, S.247-256, mit Abb.).
⁶⁸⁵ Heinrich Gunterswiler: Vater: Conrad Gunterswiler; „einer der bedeutendsten und umstrittensten zünftischen Po-
litiker der Stadt“ (E.C. Lutz, Sozialgeschichte, S.236); Ratsherr; Zunftmeister der Schuhmacher; Inhaber zahlreicher
Ämter (bspw. Baumeister); Bürgermeister in den Jahren 1411, 1420, 1422, 1424; Unterbürgermeister 1416, 1421;
Vogt 1423; 1426 Verbannung „wegen etwievil stuk und sachen“ (Zitat nach ders., Bürgermeister, S.16) auf ewig auf

N(!)ach im Cůnrat mangold[686]. |

N(!)ach im Stainstrausz[687]. |

20

N(!)ach dem hain(rich) tettikou(er)[688]. |

Bürgermeisterwappen
vier Schilde (jeweils circa 3x2,5)
25   (1: Fw Gunterswiler[689]: gold/beige-schwarz gespaltener Schild,
darauf ein Männerrumpf, Farben verkehrt, mit
goldener/beiger Stirnbinde)
(2: Fw Mangold: vgl. fol.55rb)
(3: Fw Stainstrauß[690]: In Silber roter Hirschkopf)
30   (4: Fw Tettikofen[691]: In Rot silberner Pelikan[692])

---

eine Entfernung v. sechs Meilen aus Konstanz; angeblich Arbeit als Wirt in Baden; Rückkehr nach elf Jahren und auch hier Tätigkeit als Wirt „zum Barten" (vgl. Bericht auf fol.72va); gest. nach 1440; vgl. den „Auftritt" seiner Person unter den „tölpeln" in Wittenwilers „Ring" (vgl. K. Beyerle, Ratslisten, S.123ff; OBG, Nd.1, S.493; H. Maurer, Konstanz I, S.265 und II, S.179 sowie E.C. Lutz, Bürgermeister, S.14ff; ders., Spiritualis fornicatio, S.199ff). Das genannte Amtsjahr 1411 ist hier – entgegen der Annahme v. K. Beyerle, Ratslisten, S.121ff, der das Bürgermeisterverzeichnis der Chroniken ab 1400 jeweils um ein Jahr zurücksetzt und Gunterswiler bereits 1410 zum Bürgermeister erhebt – richtig (vgl. E.C. Lutz, Spiritualis fornicatio, S.201). Ansonsten ist aber für die folgenden Angaben durchaus Vorsicht geboten. Wie in unserer Chronik stimmen auch die Jahresangaben in StAK, A I 1, fol.94[vb]f nicht immer mit den urkundlich überlieferten Amtsjahren überein.

[686] Konrad Mangold: aus dem Konstanzer Patriziergeschlecht; Sohn des gleichnamigen Bürgermeisters und Vogts (vgl. StAK, A I 1, fol.94[va]f: „No(ta): dar nach wurde(n)t aber Bur- | germaiste(r) gesetzt, der name(n) ich nit waiss, untz das man zalt M ‖ ccc° lxxxx viii iar, do ward des | selbe(n) iar Cläs schulthaiss stattsch | riber ze Cost(entz) vnd ward burg(er) | maister Cůnrat ma(n)goltz | sun, hiess och Cůnrat ma(n)golt vnd | was vnd hielt ma(n) jn(n) für ainen | fürneme(n) wise(n) ju(n)ge(n) man"); lange Jahre Ratsherr; Konstanzer Oberbürgermeister in den Jahren 1398, 1400, 1404, 1410, 1416, Unterbürgermeister 1397, 1415; einer der Baldachinträger für die Kaiserin beim Einzug zum Konzil; gest. vor dem 4. April 1417 (vgl. OBG, Bd.3, S.21; K. Beyerle, Ratslisten, S.121ff; K.D. Bechtold, Zunftbürgerschaft, S.32f; E.C. Lutz, Spiritualis fornicatio, S.190, 201).

[687] Ulrich Stainstrass: Angehöriger der begüterten Konstanzer Kaufmannsfamilie; Betreiber einer Handelsgesellschaft; Schwager v. Ulrich Imholz; seit 1429 mehrmaliger Ratsherr; (nur nach unserer Chronik) Bürgermeister 1412 (oder ein anderer Verwandter?); gest. kurz nach Christi Himmelfahrt 1439 an der Pest (vgl. den Bericht auf fol.167va) (vgl. K. Beyerle, Ratslisten, S.123, 133ff; H. Ammann, Konstanzer Wirtschaft, S.87; K.D. Bechtold, Zunftbürgerschaft, S.135; H. Maurer, Konstanz II, S.57 und 189).

[688] Heinrich v. Tettikoven, genannt Bündrich (Besitzer des Bündrichs- oder Lanzenhofs, einem der ausgedehntesten „Geschlechtersitze" in Konstanz): aus dem in Konstanz verbürgerten, ehemaligen bischöflichen Ministerialengeschlecht; Ratsherr; Bürgermeister in den Jahren 1413, 1421; Unterbürgermeister 1420 und 1422; Vogt 1436; 1438 Ammann; Erwerb zahlreicher Burgen (z.B. Castell); 1430 Sprecher der „Geschlechter" in den Verhandlungen mit König Sigismund; am 2. Sept. 1438 v. Hans Stickel verprügelt, an den Folgen dieser Schläge oder aber an einer Drüsenentzündung im Okt. 1438 gest. (vgl. der Bericht auf fol.166ra und REC IV, Nr.10234) (vgl. K. Beyerle, Ratslisten, S.124ff; OBG, Bd.1, S.213f; H. Maurer, Konstanz I, S.185; H.-U. Ruepprecht, Dettighofen, S.284ff; P. Schuster, Der gelobte Frieden, S.36).

[689] Das Wappen ist in keinem der anderen Werke, die zur Parallelüberlieferung herangezogen wurden, enthalten. Das uns überlieferte Siegel v. Heinrich Gunterswiler aus dem Jahr 1413 ist v. der Form mit diesem Wappen identisch (vgl. StAK, Siegelabguss VII, 991). Auch OBG, Bd.1, S.493 spricht v. einem Schild mit dem Kopf eines lachenden Mohren.

[690] Das Wappen ist in keinem der anderen Werke, die zur Parallelüberlieferung herangezogen wurden, enthalten. Die uns überlieferten Siegel weisen zwei verschiedene Formen, darunter auch den Hirschkopf (vgl. StAK, Siegelabguss

[70rb] Nach^i der gepurt cristi | als man zalt tusend | vierhundert vnd sechzehen ^{ii}| *1416*
jare am frytag nach sant | gregorientag^{693} do kamend | die her(r)en an die *Kampf bei*
aidgenossen | vor wallenstad^{694}. Nun hetten | die her(r)en vff sy ze speth^a *Walenstadt^{695};*
ge- | sant viertzig man der ^bvm(b) | såssen^b da des landes vn(d) och |
5 ettlich von den heren zů jn | vnd maintend aine(n) huffen | von den
aidgenossen zů be- | senhend^c, den sy dar nach | angriffen woltend, als sy |
danne^d lagend^e. Nun lag | ain andra huff och von | den aidgenossen, der
gröser | was dan(n) sy, vnd der was | aber hindersich^f gezogen | vs dem
veld. vnd dar vm(b) | so mayntend sy nun, disen | huffen wol ^gnider ze
10 legend^g. | vnd als aber die viertzig | man den huffen also wol- | tend
besenhen, do hett sich | der huff wyder jn der nacht | vmbher gestolen^h vnd
ka | mend die viertzig man | jnen jn die hend, die still | schwigend vnd
^i)ersůchtend | jnen allen den gewalt der | her(r)en vnd alle ir wissen^{i)}. | vnd
do die viertzig man | also nit kamend, do schickten | sy ander zwaintzig
15 man | vff sy; die erstǎchend^{iii} sy | alle, das jro kainer da von |
[70va|146] kam. Vnd also mach sich | die pursame^a von den he(ren), | die vmbsåssen
des landes | mit dem fůsvolk, das dan(n) | da was über den bach, der |
dan(n) her jn den Rin gieng^{696}. | vnd warend sy och über | Rin komen vnd

---

VII, 743 v. Ludwig Stainstraß aus dem Jahr 1479 und VII, 927 v. Ulrich Stainstraß aus dem Jahr 1430) auf (vgl. dagegen VII, 649 und 902).
^{691} Vgl. ZürW Taf.22, 442 (ohne Identifizierung); RiA 395, 3,1; 398, 1,2; RiDrS 23^r, 1,2; 160^v, 3,1; 163^r, 3,2;
WrKatze 3,3=41; WLB, HB V 54, 6^v, 1,1; Öhem 24^r, 362 (Taf.16); Siebm. E, S.816; Siebm. II, Taf.91, 2,5; Siebm.
II, Taf.152, 2,4; Siebm. IV,1,1, Taf.67, 4,3.
^{692} Während in der Chronik Richentals und hier bei Dacher die Figur einem Pelikan ähnelt, zeigen die anderen
Abbildungen der Fw stets eindeutig einen Schwan.

[70rb]
i) Nach] N *2-z. Lomb, v. der Hd. des Rubr., mblT* ii) *Marg.: v. späterer Hd, mBl, amreRa:* 1416 iii) erstachend]
erschǎchend *SG*

a) spät b...b) Anwohner, Nachbarn c) v. besehen: sehen, erkunden d) weiter weg e) v. lâgen: auflauern, nachstellen f)
zurück g...g) v. niederlegen: bezwingen h) v. stelen: sich wegstehlen i...i) versuchten von ihnen herauszufinden,
welche Gewalt die Herren hatten und über welches Wissen sie verfügten

^{693} Im Jahr 1416 ist dieser Heiligentag (12. März) ein Donnerstag; folglich handelt es sich bei dem genannten Datum
um Freitag, den 13. März.
^{694} Walenstadt (ältere Schreibweise: Wallenstadt), Kt. St. Gallen: erste urkundliche Erwähnung 831; Stadtentwicklung im 13. Jh.; erhält v. den Österreichern verschiedene Freiheiten und Privilegien; 1436 beteiligen sich die Bewohner am Aufstand gegen die Grafschaft, eine Minderheit hält zu Österreich, das Walenstadt 1437 an Schwyz und
Glarus verpfändet, die die Stadt dann im ersten Krieg mit den mit Österreich verbündeten Zürichern 1440 in Besitz
nehmen; im zweiten Krieg wird der Ort v. Österreich zurückgewonnen; 1460 nehmen Uri, Schwyz und Glarus erneut
Besitz v. der Stadt; seit 1462 üben die 7 Orte die Herrschaft aus (vgl. SchwLex, Bd.12, S.135; HHS, S.692f).
^{695} Um welchen der Kämpfe es sich bei dem hier geschilderten Ereignis handelt, konnte v. der Editorin nicht identifiziert werden. P. Ruppert, Chroniken, S.122, Anm.1 vermutet, es handle sich um einen Kampf, der „vielleicht in
das Jahr 1444" gehört (vgl. auch die entsprechende Schilderung in StAK, A I 1, fol.126 als Marginalie, die v. F.J.
Mone nicht in seinen Editionstext aufgenommen wurde).

[70va|146]
a) Bauernschaft b) v. missegân: fehlschlagen c) Harnisch, Rüstung d) Feuer, -stellen e) v. verstéln: einschleichen

das sy also | ennhalb des bachs, de(m) dorff | vnd och hie dishalb des dorfs
5 | zwüschend dem Rin vn(d) de(m) | Bach vnd wartottend dero, | die sy
gesant hettend Vn(d) | wystend nit, das es jnen | misgangen^b was Vn(d)
och | das der huff wyder vmb | komen was. Vnd als sy | also lagend vnd
růwotend | vnd villicht ettlich ir har- | nasch vsgezogen hettend | vnd
ettlich ir gewer^c von | jnen geton, d(a)z sy die by jn | nit hettend, vnd also
10 vm(b) | die fürer^d lagend vn(d) sausse(n)d, | ainer schlieff, der ander |
wachet, der drit seit ettw(a)z, | die andren horten zů. Vn(d) | jn dem
luffend die aidge | nossen mit ainem geschray | mit jrem huffen, des sy nit
| wystend, jn, vnd warend | sy ungewarnet vnd er- | schrakend vnd
gedauch- | ten, sich hette noch mer volk | jn das land verstolen^e, wan | sy
15 wystend dannocht den | huffen wol, den sy angriff | en woltend haben.
Vnd |
[70vb]   von schreken kamen sy vsser | ordnu(n)g vnd sahend ouch | wol, das sy
verloren ware(n)d. | vnd dar vmb bestůndend^a | jro vil von dem landvolk |
vnd warttend^b sich lanng. | vnd jro vil woltend fliehen | vnd fluhend wyder
durch | den bach. Do warend jnen | die ^crechten strich wasser^c | verleit vnd
5   komend jn die | gumppen^d vnd ertrunkend. | Vnd also die ennethalb des |
bachs lagend, die vielend | jn den Rin vnd woltend dar | über sin vnd
ertrunkend, | also das dar nach mer dan(n) | drühundert man funden |
wurden jn dem Rin vnd | in dem bach. Do ward ob | süben hundert
mannen | erschlagen, die man och jn | der selben rifier^e vand one | sust vil,
10 die man dar nach | vand, jn den studen vn(d) jn | den ȯwen ligen. |

[71^r]   Leere Seite

[71^v]   Leere Seite

[72ra|149]^i   Al(!)s^ii man zalt M^o cccc xv | jar ward aber gunter | swyler^697   *1415 Bürger-*
Burg(er)maister vn(d) | gar gewaltig^a zů costentz. | *meister;*

---

^696 Gemeint ist vermutlich der Fluss Seez, neben der Murg im Süden einer der Hauptzuflüsse zum Walensee im Osten.

[70vb]
a) v. bestân/bestên: bestehen, bleiben, standhalten b) v. weren: sich wehren/verteidigen, abwehren, verhindern c...c) leicht zu überquerenden, flachen Teile des Wassers d) tiefen Stellen des Wassers e) Bach, Fluss

[72ra|149]
i) *Seite ist in einer Breite v. ca. 13,5 cm um 1,5 cm verlängert (ausgeschnittene Wappen)* ii) Al(!)s] A *2-z. Lomb, v. der Hd. des Rubr., mroT* iii) M^o] *durch Korrektur mbrT verderbt SG* iv) jar] jara *SG*

a) mächtig

^697 Im Jahr 1415 war Hans v. Schwartzach Bürgermeister (vgl. K. Beyerle, Ratslisten, S.124). Wie oben erwähnt, hat Heinrich Gunterswiler das Amt des Oberbürgermeisters lediglich 1411, 1420, 1422 und 1424 inne. Dieser Fehler

D(!)ar nach war aber **Cûn** | rat mangold. |

5

D(!)ar nach anno d(o)m(ini) M°ⁱⁱⁱ | cccc° xvii ward hannsz | **Schwartz**[698]   *1417 Bürger-*
Burg(er)maister | zů costentz. vff das selbig | jarⁱᵛ kam d(a)z conciliu(m)[699]   *meister; Konzil*
gen | costentz. | *v. Konstanz;*

10 A(!)nno M° cccc° xviii ward | Caspar gumpost[700] Burger- | maister vnd   *1418 Bürger-*
lütpfrid Mu(n)t | pratt[701] vogt[702] ze costentz. | *meister; Vogt;*

D(!)ar nach anno Mᵉ cccc° xix | ward Burg(er)maister zů co | stentz her   *1419 Bürger-*
hainrich vo(n) vlm[703] | vnd ward von dem baupst | vnd küng zů Ritter   *meister;*
15 geschla- | gen[704]. |

---

geht wohl auf Dachers Quelle zurück. Auch in StAK, A I 1, fol.95ʳᵃ (nicht, wie bei K. Beyerle, Ratslisten, S.124 behauptet, bei C. v. Schwartzach, Cronica) lautet der Text: „Jt(em) cccc° m° | Xv ward Gu(n)terschwiller, | ward gar gewaltig; dar | nach Cûnrat mangolt."

[698] Im Jahr 1417 war Heinrich v. Ulm Oberbürgermeister. Vermutlich ist mit der genannten Person der oben fehlende Hans v. Schwartzach gemeint. Dieser war langjähriges Ratsmitglied und in den Jahren 1399, 1401, 1408, 1415 Konstanzer Oberbürgermeister – nachweislich jedoch nicht 1417, wie bei K. Beyerle, Ratslisten, S.123 (angeblich nach unserer Chronik!). Tatsächlich findet sich die Angabe aber in StAK, A I 1, fol.94ᵛᵃf und wird v. P. Ruppert, Chroniken, S.76 fälschlicherweise nach „Dacher" zitiert; 1407 sowie 1414 und 1419 Unterbürgermeister (vgl. K. Beyerle, Ratslisten, S.121ff, E.C. Lutz, Spiritualis fornicatio, S.190).

[699] Konstanzer Konzil (1414-1418): „der größte Kongress des Mittelalters"; nach dem Konzil v. Pisa scheint ein weiteres v.a. wegen der Hussitenfrage, der Reform und zur Überwindung des Schismas notwendig; Wahl der Reichsstadt Konstanz erfolgt im Einvernehmen zwischen Sigismund und Papst Johannes (XXIII.) am 31. Okt. 1413; Einberufung am 9. Dez. 1413 auf den 1. Nov. 1414; Besuch v. König Sigismund am Weihnachtsabend 1414; Flucht v. Johannes (XXIII.) im März; Verabschiedung des Dekretes „Haec sancta"; Absetzung des Papstes am 29. Mai 1415; Verurteilung v. Wyclifs Lehren; Verbot des Laienkelches; Dekret „Frequens"; Papstwahl v. Martin V. am 11. Nov. 1417; feierliches Schließen des Konzils am 22. April 1418 (vgl. LexMA, Bd.5, Sp.1402ff und ausführlich W. Brandmüller, Konzil von Konstanz). Diese kurze, chronologisch fehlerhafte Mitteilung ist der einzige Hinweis auf das stadtgeschichtlich bedeutende Ereignis.

[700] Caspar Gumpost: gehört zu den einflussreichsten Konstanzer Bürgern seiner Zeit; Angehöriger einer zünftischen Konstanzer Familie; Mertzler; Ratsherr; Inhaber zahlreicher Ämter (vgl. bspw. u.a. jahrelange Tätigkeit als Baumeister und Gesandter zu König und Papst während des Konzils); Bürgermeister 1418; Unterbürgermeister in den Jahren 1417 und 1423; Vogt 1422 und 1424; gilt den Patriziern als „Urheber der Entwicklung, die schließlich zum Aufruhr von 1420 geführt und die Geschlechter und ihre Freunde zum Auszug gezwungen hat" (E.C. Lutz, Spiritualis fornicatio, S.207); „noch im hohen Alter als einer der radikalen Zunftvertreter maßgeblich am Aufstand von 1430 beteiligt" (ebd., S.208f) (vgl. dessen Bestrafung auf fol.124ᵛᵃ vermerkt); gest. 1436; vgl. dessen „Auftritt" unter den „töpeln" in Wittenwilers „Ring" (vgl. K. Beyerle, Ratslisten, S.125ff; E.C. Lutz, Bürgermeister, S.14ff; ders., Sozialgeschichte, S.236; ders., Spiritualis fornicatio, S.199ff).

[701] Lütfried II. Muntprat: Angehöriger der in den siebziger Jahren des 14. Jhs. ins Konstanzer Patriziat aufgestiegenen Familie (ursprünglich mit großer Wahrscheinlichkeit aus Italien kommend; erster Beleg in Konstanz 1354); Fernhandelskaufmann; einer der Gründer der „Großen Ravensburger Handelsgesellschaft"; wird 1411 Bürger v. Ravensburg; „einer der reichsten Bürger Schwabens und der Schweiz"; 1408 v. König Ruprecht zum „familiaren" angenommen; 1417 mit seinem Bruder v. König Sigismund mit ihrem gesamten Besitz in den Schutz des Reiches aufgenommen; langjähriger Ratsherr; nach K. Beyerle, Ratslisten, S.126 1418 Unterbürgermeister (!); 1443 Oberbürgermeister und 1444 Vogt; Inhaber weiterer Ämter (z.B. Baumeister etc.); wird 1425 gezwungen, für ein Jahr die Stadt zu verlassen; gest. 1447 (Erbe beträgt 71 400 lb hl) (vgl. OBG, Bd.3, S.172 und 176; K. Beyerle, Ratslisten, S.126ff; A. Schulte, Wer war um 1430 der reichste Bürger, S.208ff; O. Broziat, Konstanzer Kaufleute; H. Ammann, Konstanzer Wirtschaft, S.86; H. Maurer, Konstanz I, S.259 und II, S.56 und 132; P.F. Kramml, Kaiser Friedrich III, S.339f; C. Heiermann, Katz, S.254f).

[702] Vogt des genannten Jahres 1418 ist nach K. Beyerle, Ratslisten, S.126 Ulrich Schatz.

Wappen

zwei Schilde (3x2,5) (3x2,5)

(rechts: Fw Mangold, vgl. fol.55rb)

20   (links: Fw Schwartz, vgl. fol.55rb)

Wappen

zwei Schilde (3x2,5) (3x2,5)

(rechts: Fw Gumpost[705]: geteilter Schild; oben: in Silber roter Pfahl;

25   unten: silber-schwarz geschachtes Feld)

(links: Fw Muntprat (!)[706]: schwarz-silber geteilter Schild; darin

oben zwei umgürtete silberne und unten eine umgürtete schwarze Lilie)

[72rb] **D**(!)ar Nach jn[i] dem jar tu | send vierhundert vnd | zwaintzig ward aber   *1420 Bürger-*
gu(n)t | terswyler Burg(er)maister. | *meister;*

D(!)ar nach jn[ii] dem ain | vnd zwaintzigost(en) ward | aber her hain(rich)   *[14]21 Bürger-*
5 von vlm[707] | Burg(er)maister. | *meister;*

D(!)ar nach in dem zway vn(d) | zwaintzigost(en) | ward burg(er) | maister   *[14]22 Bürger-*
hansz Schwartz[708]. | *meister;*

---

[703] Heinrich v. Ulm: aus der in Konstanz und Zürich ansässigen, einflussreichen und vermögenden Patrizierfamilie (seit 1261 in Konstanz nachweisbar); ab 1387 langjähriger Ratsherr; Bürgermeister in den Jahren 1409, 1414, 1417, 1419 und 1423; Kaufmann; ihm wird v. König Sigismund wegen finanzieller Leistungen (v.a. Weinlieferungen während des Konzils) die Reichssteuer v. Wangen (jährlich 100 lb hl) verpfändet; 1418 Gesamtvermögen v. 19100 lb hl; er ist damit der zweitreichste Bürger der Stadt; Ritterschlag; verlässt im Zuge der Auseinandersetzungen v. 1429 mit seinen Söhnen die Stadt; gest. 1430 (vgl. K. Beyerle, Ratslisten, S.109ff; H. Maurer, Konstanz II, S.26; P.F. Kramml, Kaiser Friedrich III, S.346f; Familiengeschichte über das Geschlecht der Herren von Ulm, S.8ff, 22ff).

[704] Heinrich v. Ulm wird während des Konstanzer Konzils v. König Sigismund zum Ritter geschlagen. Eine der ganzseitigen Illustrationen der Richental'schen Konzilschronik, die in RiDrS, 65[v] die Überschrift „Hie ward Heinrich von Ulm Burgermayster zů Costentz / von vn | serm herrn Küng Sigmunden zů Ritter geschlagen / in(n) gegen | wirtigkayt vnsers heyligen vatters des Bapstes" trägt, greift diese Szene auf (vgl. auch die etwas anders gestaltete Abb. der Hs RiA, 282).

[705] Vgl. RiA 265, 1,1; RiDrS 23[r], 1,1; 41[r], 1,2; 63v, 1,1; WBL, S.9, 3,86 (ohne Pfahl).

[706] RiA 265, 1,2; RiDrS 63[v], 1,2; WrKatze 5,3=83; WLB, HB V 54, 13[v], 1,1; Öhem 25[r], 380 (Taf.17); Siebm. E, S.532; Siebm. Suppl. VII, Taf.30, 1,3. Das hier abgebildete Wappen ist nicht, wie man aus dem Text schließen müsste, das Fw v. Heinrich v. Ulm, sondern das der Familie Muntprat. Da in der Chronik ansonsten aber beide Wappen jeweils richtig zugeordnet werden, könnte es sich hier um einen eventuell durch dessen Vorlage mitverursachten Flüchtigkeitsfehler des Zeichners handeln. In RiA 265 und RiDrS 63[v] folgt zumindest direkt auf das Fw Gumpost das der Muntprat.

[72rb]

i) jn] jm *SG* ii) jn] jm *SG*

a) Pfähle, Balken (des Hafens)

[707] Heinrich v. Ulm. Angabe ist nicht korrekt. Im Jahr 1421 war Heinrich v. Tettikoven Oberbürgermeister.

[708] Hans v. Schwartzach. Angabe ist ebenfalls nicht korrekt. Im Jahr 1422 war Heinrich Gunterswiler Oberbürgermeister. Eine identisch-fehlerhafte Liste findet sich auch in StAK, A I 1, fol.95rb: „Jt(em) Anno XX ward gu(n)terschwiller | Burger maister, dar nach h(er) hainrich | von vlm, dar nach hans schwartzach."

10 **J**(!)n dem yetzgena(n)t(en) jar tu- | send vierhundert zway vn(d) |
zwaintzig jar do ertrun- | kend zway vnd fünfftzig | menschen zŭ lindow   *1422 Schiffs-*
vor | den pfålen^a ze vsgånder | oster wochen⁷⁰⁹, die warend | vo(n) *unglück⁷¹¹;*
baden⁷¹⁰ kom(en). |

Wappen

15   zwei Schilde (3x3) (3x3)

(rechts: Fw Ulm⁷¹²: Blau-rot geteilter Schild mit einem
gezackten, silbernen Balken)

(links: Fw Gunterswiler,vgl. fol.70ra)

20   Wappen

zwei Schilde (2,5x2,5) (2,5x2,5)

(rechts: Fw Ulm, vgl. darüberstehender Schild)

(links: Fw Schwartz, vgl. fol.55rb)

[72va|150] Inⁱ dem jar als man vo(n) | der gepurt cristi zalt | tusend vierhundert | *1423 Bürger-*
zwaintzig vnd drü jare | do ward Burg(er)maister | hain(rich) Ehinger⁷¹³,   *meister;*

---

⁷⁰⁹ Ostersonntag fiel im Jahr 1422 auf den 12. April.

⁷¹⁰ Baden, Kt. Aargau: erste urkundliche Erwähnung 1040; erste Befestigung um 1000; unter Herrschaft der Nellen-
burger, Lenzburger, Kyburger und ab 1273 der Habsburger, v. denen es 1298 das Stadtrecht erhält; danach österreichisches Militär- und Verwaltungszentrum der Vorderen Lande; sowohl 1351 als auch 1375 und besonders im Alten
Zürichkrieg 1444 in Mitleidenschaft gezogen; Eroberung durch die Eidgenossen 1415 (vgl. SchwLex, Bd.1, S.347f;
HHS, S.38ff).

⁷¹¹ Schiffsuntergänge auf dem Bodensee sind bereits in frühmittelalterlichen Quellen dokumentiert. In chronistischen
Texten des Hoch- und v.a. des Spätmittelalters häufen sich mit zunehmender Schriftlichkeit auch die Nachrichten
über derartige Unglücksfälle, die meist vom Tod zahlreicher Menschen begleitet werden. Vgl. z.B. auch die Berichte
auf fol.138rb, 146^{va}f, 148ra, 214ra und 221vb (vgl. mit Hinweisen auf andere Schiffsunglücke K.H. Burmeister, Lastschiff, S.131ff, sowie für einen allg. Überblick S.9ff, S.29ff, S.73ff; vgl. auch den ebenfalls auf den Bodenseeraum
und Konstanz eingehenden Aufsatzbd. v. R. Röber (Hg.), Einbaum).

⁷¹² Vgl. RiA 29, 1,2; 115, 1,1 (Abb.); 395, 4,2; RiDrS 22^v, 1,2; 41^r, 1,1; 65^v, 1,1 (Abb.); 161r, 3,1; Öhem 23^r, 348
(Taf.15); WrKatze 4,19=76; WLB, HB V 54, 12^v, 2,2; Siebm. E, S.880f; Siebm. I, Taf.115, 3,5 und Taf.199, 1,2;
Siebm. II,5, Taf.16, 2,1; Siebm. II,6, Taf.11, 1,2; Siebm. II,10, Taf.25, 4,2.

[72va|150]
i) In] I *3-z. Lomb, v. der Hd. des Rubr., mroT*

a) Leopard

⁷¹³ Heinrich Ehinger: Angehöriger der zünftischen Familie, die seit Beginn des 14. Jhs. in Konstanz nachweisbar ist
(ursprüngliche Herkunft ungewiss, eventuell Überlingen); geb. um 1380; Vater: Gebhard Ehinger, Stadtammann; v.
1404-1421 Stadtammann; in den Jahren 1426-1428 und 1430 Oberbürgermeister sowie 1425 und 1429 Unterbürgermeister; einer der Träger des päpstlichen und kaiserlichen Thronhimmels; als „begabter und ehrgeiziger Mann und
erbitterter Feind der Geschlechter" (O. Feger, Geschichte, Bd.III, S.203) steht er im „Bürgerkampf" 1429/30 an der
Spitze der Zünfter; Flucht nach der Absetzung des Rates mit seinem Sohn Ulrich, Stadtammann, auf seinen Landsitz
Burg Moosburg bei Güttingen; nach deren Eroberung durch Konstanzer erzwungene Rückkehr und Aufgabe des
Bürgerrechts (vgl. Bericht auf fol.119vb) sowie Bestrafung (u.a. Verbannung) durch König Sigismund (vgl. dazu
Bericht auf fol.136rb); Bürger in Überlingen; Rückkehr, nachdem ihm der König offiziell verziehen; soll am 5. April
1431 v. König Sigismund geadelt worden sein; u.a. 1442 kaiserliche Privilegierung; Konzentration auf wirtschaft-

vnd der | was zway jar Burger- | maister. Vnd do ward | hainrich *Schicksal v.*
guntterswyler | von der stat costentz ewen- | clich verbotten sechs mil | *Heinrich*
5   ver(r)e von der stat vff dorn | stag vor der liecht mesz[714] vn(d) | was das, *Guntersswiler*
als man sagt, vo(n) | ainer schönen froen wege(n)[715]. | vnd er zoch gen *nach Verban-*
Baden vn(d) | ward da ain wirt[716]. Dar | nach by ayliff jaren kam(m) | er *nung;*
wyder in die stat coste(n)tz | vnd ward ain wirt zů | dem part[a]/[717] vnd kam
dar | nach jn den spital an de(r) | mårkstat. |

10

Wappen
zwei Schilde (2,5x2,5) (2,5x2,5)
(rechts: Fw Ehinger[718]: In Schwarz goldener/beiger
Schrägrechtsbalken mit drei roten Rosen)
15   (links: Fw Gunterswiler, vgl. fol.70ra)

[73[r]]   Leere Seite

[73[v]]   Leere Seite

[74[r]]   Leere Seite

[74[v]]   Leere Seite

[75ra|155][i]   [ii]Anno M CCC lxxvij jar[ii]   *1377*

---

liche Tätigkeiten; gest. 1451 (Geburts- und Todesjahr infolge einer fehlerhaften Überlieferung in der Familienchronik unsicher, vgl. P.F. Kramml, Kaiser Friedrich III, S.312) (vgl. ebd., S.312ff; OBG, Bd.1, S.287; K. Beyerle, Ratslisten, S.122ff; J. Müller, Ehinger, S.20ff; K.D. Bechtold, Zunftbürgerschaft, S.142ff; E.C. Lutz, Spiritualis fornicatio, S.210ff).

[714] Im hier wohl gemeinten Jahr 1424 der 27. Jan. Die Datierung der Verbannung v. Heinrich Guntersswiler ist nicht korrekt. Sie fand weder am genannten Tag noch, wie in StAK, A I 1, fol.128vb berichtet, „Anno [M] CCCC XXI (...) am donstag vor der liechtmess", also am 30. Jan. 1421, statt. Nach dem Ratsbuch wird er am 26. Jan. 1426 („Secunda p(ost) conu(er)sio pauli") verbannt und soll acht Tage später, an Mariä Lichtmess, „vszuaren" (vgl. StAK, B I 4, S.88).

[715] Laut Ratsbuch „satzt ain groszer Råt Hainr(ich) gunterswiler ze Red vmb ettweuil | stuk vnd sachen vn(d) håt jn gestäffet vj Myl verr ewewclich von d(er) Statt" (ebd.). Interessanterweise ist uns bereits aus dem Jahr 1421 eine Prophezeiung des Sturzes dieses für die zünftische Sache eintretenden Bürgers, dessen Ursachen tatsächlich eher (macht-)politischer Natur sein dürften, überliefert. So soll nach StAK, A I 1, fol.114ra „Cůni da vornan", vorhergesagt haben, „das der gu(n) | terschwiller Entzetzet vn(d) | verbotte(n) wurd Ewe(n)klich | vn(d) me(n)klich hielt, das Er | in die statt niemer mer | kome(n) solt." (vgl. Hinweis darauf auch bei E.C. Lutz, Spiritualis fornicatio, S.208).

[716] Tatsächlich findet man Heinrich Gunterswiler am 19. Mai 1427 als Bürger v. Baden unter Schuhmachern als Zeuge. Von 1433 an verzeichnen ihn die Konstanzer Steuerbücher wieder im Bezirk Gries (mit 950 lb hl) (vgl. ebd., S.209 sowie Steuerbücher, Teil 1, 1433, 214, S.96).

[717] Gemeint ist das Gasthaus zum Leoparden. Nach H. Maurer, Konstanz II, S.178 handelt es sich hierbei um eine Wirtschaft im gleichnamigen Haus in der heutigen Inselgasse. Letztere gehört nach dem Häuserbuch II, S.280 nachweislich zwischen 1399 und 1431 dem Notar Lienhard Schönbentz, alias Burg v. Lindau und dann zwischen 1432 und 1460 dessen gleichnamigem Sohn.

[718] Vgl. RiA 29, 1,3; RiDrS 22[v], 2,1; WrKatze 6,2=105; WLB, HB V 54, 16[r], 2,1; Siebm. V,3, Taf.84, 1,1 (Fw) und 1,2 (Ehinger v. Gutenau: quadriert 1,4: Fw, 2, 3: Vogel auf einer Antoniuskreuz-artigen Stiege (vermehrtes Wappen, seit 1447 v. Ulrich geführt); Siebm. VI, 2, Taf.32, 3,1 (wie V,3, Taf.84, 1,2).

DEs[iii] jaurs als man von | der gepurt cristi zalt | tusend drühundert süben=
| tzig vnd süben jare beschach | vil vnsáld[a] mit krieg, Roub | vnd brand[b]   *1377*
vnd wurdend | dem von wirttemberg vil | stett vnd Bürg [c]angewon | nen[c]   *Reichsstädte vs.*
5   vnd dar zů wurde(n)t | jm vil Ritter vnd knecht | vnd sust gesellen   *Grafen v.*
erschlagen | vnd gefangen hin vn(d) her, | yetz dõrt, dan(n) da, zů   *Württemberg;*
Bybrach[719] | vnd anderswa[720]. |

ivWirttenbergiv

10

Wappen des Hauses Württemberg[721] (4,5x4,5)
(In Gold/Beige drei schwarze Hirschstangen übereinander)

D(!)es obgenanten jars do | ward tutlingen[722] von des | Richs stetten   *Eroberung v.*
15   gewonnen[d] vn(d) | ward gestürmbt des ersten | tags, als man da für kam. | *Tuttlingen;*
da hattend die von costentz | alda sechtzig spiesz[e] ze Ross | vnd sust vil
fůsvolks[723]. |

[75ra|155]

i) *mit dieser Seite beginnt eine neue Lage Papier* ii) ...ii) Anno M CCC lxxvij jar] *v. der Hd. des Rubr., mroT* iii)
DEs] D *2-z. Lomb, v. der Hd. des Rubr., mroT* iv...iv) Wirttenberg] *v. der Hd. des Rubr., mroT*

a) Unheil, Verderben b) Brandschatzung, -stiftung c...c) v. angewinnen: abnehmen, rauben d) v. gewinnen: einnehmen, erobern e) Spießträger [i.d.R. ist ein „spiesz" ein Schwerbewaffneter zu Pferd und zwei berittene Begleiter,
vgl. J. Schildhauer, Schwäbischer Städtebund, S.196]

[719] Biberach an der Riß (vgl. z.B. LexMA, Bd.2, Sp.108; HbBW, Bd.2, S.663-666). Bei dem Vorfall, auf den hier rekurriert wird, handelt es sich mit großer Wahrscheinlichkeit um den Sieg eines städtischen Heeres 1377 über ein Aufgebot der Herren v. Hohenlohe, das, der zeitüblichen Fehdepraxis folgend, eine Biberacher Viehherde stehlen wollte
(vgl. D. Stievermann, Biberach, S.216 und den Bericht des Augsburger über den Kriegszug gegen Biberach bei
K. Ruser (Hg.), Urkunden, Bd.II,2, S.631 bzw. ChrSt., Bd.4, S.50f).
[720] Hier und im Folgenden sind die Auseinandersetzungen zwischen einerseits dem König, dem Adel bzw. einigen
Fürsten (insbesondere den Grafen v. Württemberg) und andererseits den Städten gemeint, die sich – v.a. veranlasst
durch die Hausmacht- und Finanzpolitik Kaiser Karls IV. (vgl. Wahl v. Wenzel, Steuererhebungen und Verpfändung
v. Donauwörth), aber auch durch die Expansionsbestrebungen der Fürsten – 1376 zum sog. Schwäbischen Städtebund vereinigen (vgl. z.B. LexMA, Bd.7, Sp.1608f; E. Holtz, Reichsstädte und für einen Überblick zur Geschichte
Württembergs allg. z.B. D. Mertens, Württemberg).
[721] Vgl. ZürW Taf.4, 46; RiA 445, 3,1-2; 430, 1,2-3 (3: geviert mit Wappen Mömpelgard); RiDrS 171[r], 1,2; 184[v],
1,2; Grünenb. Taf.51 (geviert mit Wappen Mömpelgard); Öhem 12[r], 144 (Taf.6); Siebm. I, Taf.6, 2,3 (quadriert: in
Feld 1 Hirschstangen); Siebm. I,1, Taf.39, 1,1; WBL, S.204.
[722] Tuttlingen; 797 anlässlich einer Schenkung an das Kloster St. Gallen erstmals als „Tutilingas" erwähnt; wird zur
gleichen Zeit vermutlich v. Graf Gerold zum größten Teil dem Kloster Reichenau geschenkt; im 13. Jh. wird die
Stadt gegründet; urkundliche Bezeugung des Stadtrechts 1338; Oswald v. Wartenberg verkauft 1372 die Vogtei über
Stadt und Burg an Graf Rudolf v. Sulz; eventuell schon seit 1375, am ehesten aber seit 1376 (erster wirklicher Beleg
für den Besitz aber erst 1383/84) württembergisch; 1377 Zerstörung; 1381 verpfändet Württemberg Tuttlingen an die
Grafen v. Lupfen, v. denen es 1384 Österreich auslöst; 1420 wieder württembergisch; neuerliche Verpfändung 1434
an die Herren v. Zimmern; 1444 Auslösung aus der Pfandschaft durch Württemberg (vgl. LBW, Bd.6, S.673f;
T. Kreutzer, Tuttlingen, v.a. S.51ff).
[723] Anfang 1377 – ein zeitgenössischer Eintrag in das Konstanzer Ratsbuch berichtet v. der Eroberung am 12. Jan.
und nicht, wie bei P. Ruppert, Chroniken, S.88, Anm.1 und H. Maurer, Konstanz I, S.222 angegeben, am 15. Juli (zitiert bei K. Ruser (Hg.), Urkunden II,2, S.623; vgl. T. Kreutzer, Tuttlingen, S.58) – wird Tuttlingen v. den Truppen
einiger verbündeter Reichsstädte belagert (darunter auch Konstanz, das nach H. Maurer, Konstanz I, S.222 „ein-

[75rb] J(!)tem vnd als die stat <u>tutli(n)g(en)</u> | von des Richs stetten gewon= | nen   *Gefangene;*
ward, do viengend sy | jn der stat wol <u>vier</u> vnd= | <u>zwaintzig</u> Ritter vn(d)
knecht. | vnder den was hoptman | her **martin maltrer** von | <u>fryburg</u>^{724}, der
ward do gen | <u>costentz</u> ^{a}selb <u>zwo̊lfft</u>^{a} gebra= | cht. da lagend sy lang ge |

5 fangen. vnd die andren | gefangen wurdend gen <u>R</u>ot= | <u>wyl</u>^{725} gefürt,
vnder denen | was ainer von <u>luppffen</u>^{726} | vnd <u>B</u>entz von ho̊wdorff^{727}, | der
^{b}was ser wund^{b} vn(d) starb | jn der gefangknüst^{c}. #^{i} |

E(!)s starb och <u>C</u>ůnrat vo(n) epp= | tingen^{728} jn der gefangknüsz | zů
10 costentz. |

^{ii}Cůnratt von Epptingen^{ii}

Fw Eptingen^{729} (4x4)

---

hundert [!] mit Spießen Bewaffnete und weiteres Kriegsvolk" entsendet). Wie im Folgenden geschildert, wird die
Stadt erobert und gebrandschatzt sowie die Mauern geschliffen. Anschließend nimmt man angesehene Gefangene mit
sich, um Geld und sonstige Forderungen v. Gegner zu erpressen (vgl. auch die nochmalige Erwähnung der Eroberung auf fol.76rb). Bei diesem Angriff handelt es sich um eine Reaktion des Städtebundes auf das Vordringen der
Grafen v. Württemberg an die obere Donau und den Ausbau der Stadt Tuttlingen zu einem militärischen Vorposten,
v. dem aus v.a. der Besitz v. Rottweiler Bürgern unsicher gemacht und Ländereien der reichsstädtischen Gegner verwüstet werden (vgl. T. Kreutzer, Tuttlingen, S.31 und 56ff).

[75rb]
i) Zz: v. der Hd. des Rubr., mroT ii...ii) Cůnratt von Epptingen] v. der Hd. des Rubr., mroT

a...a) zu zwölft (selb: in Begleitung v.) b...b) war schwer verwundet/verletzt c) Gefangenschaft

^{724} Martin Malterer: geb. 1336; Angehöriger einer Freiburger Patrizierfamilie; legendäre Herkunft (Findelkind, das
wie Moses in einem Korb den Rhein entlang geschwommen kam und ein unehelicher Sohn v. Herzog Leopold III. v.
Österreich oder König Albrechts I. mit einer Freiburger Bürgerstocher gewesen sein soll); „einer der ersten Multi-
millionäre des Mittelalters"; Aufstieg in Ritterstand (wird seit 1367 in den Urkunden als solcher bezeichnet); Teilnahme am sog. „Kaiserstühler Krieg" Graf Eginos III. v. Freiburg gegen die Stadt Freiburg auf der Seite des Grafen
und des landsässigen Adels sowie an der Fehde der Ebersteiner mit dem Grafen v. Württemberg; v. Beginn an einer
der regionalen Hauptmänner der Löwengesellschaft; hier erwähnte Gefangennahme endet durch die Zahlung eines
hohen Lösegeldes; enges Verhältnis zu Herzog Leopold III.; 1379-1384 Landvogt im Elsass und Breisgau; gest. in
der Schlacht v. Sempach 1386 (auf dem Leib Herzog Leopolds liegend!) (vgl. D. Mertens/F. Rexroth/T. Scott,
Beginn, S.279, 281ff).
^{725} Rottweil (vgl. z.B. HbBW, Bd.2, S.704-710; Stadtluft, Hirsebrei, S.108-125; T. Kreutzer, Tuttlingen, S.61f).
^{726} Vgl. die andere Aussage auf fol.76rb, wo „ain(er) v. liphan" genannt ist. Während in der älteren Forschung (u.a.
auch in der Edition v. P. Ruppert, Chroniken, S.80, wo, C. v. Schwartzach, Cronica, fol.20^{r} „Lůpffen" folgend, ohne
Hinweis auf eine andere Lesart in unserer Chronik, v. „Lupfen" gesprochen wird) angenommen wurde, es handle
sich um einen Angehörigen der Familie v. Lupfen, dessen Burg zeitgleich zerstört worden sei, scheint diese These
heute widerlegt zu sein. Eventuell handelt es sich um eine Verwechslung mit dem 1376 gefangen genommenen
Georg v. Lupfen (vgl. dazu T. Kreutzer, Tuttlingen, S.56f). Möglich ist aber auch die Deutung des Namens als
abweichende Schreibweise v. „Leipheim". So ist für das Jahr 1379 als württembergischer Schiedsrichter ein Heinrich
v. Freyberg, „gesessen zu Liphain" belegt. Eine eindeutige Identifikation ist aber unmöglich (vgl. ebd., S.59).
^{727} Bentz (Berthold) v. Heudorf: erscheint in der Umgebung der Habsburger; 1367 leistet er Kriegsdienst für die Stadt
Freiburg; 1377 gest. im Gefängnis zu Rottweil (vgl. ebd., S.59; OBG, Bd.2, S.54).
^{728} Konrad v. Eptingen: Beiname „Beschisser"; „Edelknecht"; ebenfalls in der Umgebung der Habsburger nach-
weisbar; 1377 im Gefängnis in Konstanz gest. (vgl. T. Kreutzer, Tuttlingen, S.59, H. Maurer, Konstanz I, S.222
Genealogisches Handbuch, Bd.3, Nr.133, S.103).

15   (In Gold/Beige ein schwarzer Adler in Querlage)

[75va|156] **J**(!)tem **M**an vand vil gûtz | jn der stat <u>tutlingen</u>, **a**ls | die gewonnen ward,   *Plünderung und*
von | **R**ossen, harnasch, vech vn(d) | anderm blunder, **d**(a)z man | alles   *Zerstörung;*
enweg fûrt **v**nd ver= | brant die stat vnd ^a faltend | die muren nider **v**n(d)
brach= | end die vff den herd^a. |

5

^i Grauff Eberhartt   Grauff v̊lrich
von wirttenberg   von wirttenberg^i

Wappen des Hauses Württemberg (vgl. fol.75ra)
10   zwei voneinander getrennte Schilde (5,5x5) (6x5,5)

[76ra|157]   ^i Anno M CCC lxxvij jar^i   *1377*

DEs^ii jaurs als man | von der gepurt cri | sti zalt tusend drü= | <u>hundert</u>
5 <u>sübentzig vnd süben</u> | jare **D**o kriegt grauffe | <u>Eberhart</u>[730] vnd grauff   *1377*
<u>v̊l(rich)</u>[731] | sin sun, **B**aid von <u>wirttem</u> | <u>berg</u>, mit des **R**ichsstetten. | dero   *Schwäbischer*
warend <u>achtzehen</u>, die | wyder <u>küng wentzlao</u>[732] zů= | samen geschworen   *Städtebund;*
hatte(n)d[733], | mit namen <u>Costentz</u>, <u>vlm</u>[734], | **M**emni(n)gen[735], **K**åmpten,

---

[729] Vgl. ZürW Taf.25, 503; RiA 464, 3,1; RiDrS 208^v, 2,2; 214^r, 3,2; Grünenb. Taf.135, 1,2; Siebm. II,10, Taf.9, 2,3 und 3,1; Siebm. Suppl. IV, Taf.11, 1,2.

[75va|156]
i...i) Grauff Eberhartt (...) wirttenberg] *v. der Hd. des Rubr., mroT*

a...a) die Stadtmauern schliff und sie dem Erdboden gleichmachte

[76ra|157]
i...i) Anno M CCC lxxvij jar] *v. der Hd. des Rubr., mroT* ii) DEs] D *2-z. Lomb., v. der Hd. des Rubr., mroT*

a) v. dringen/tringen: verdrängen b) v. versetzen: verpfänden, versetzen c) schwer, heftig

[730] Eberhard II. (der Greiner) v. Württemberg: geb. nach 1315; Regierung der Grafschaft seit 1344 zusammen mit seinem Bruder Ulrich IV.; gest. am 15. März 1392 (vgl. Das Haus Württemberg, Nr.2.0.21, S.33ff und mit einem kurzen allg. Überblick zu den folgenden Ereignissen z.B. E. Holtz, Eberhard II.).
[731] Ulrich v. Württemberg: geb. nach 1340; nach dem Tod v. Ulrich IV. (24. oder 26. Juli 1366) tritt er auf politischem Sektor häufig gemeinsam mit seinem Vater Graf Eberhard II. auf; gest. am 23. Aug. 1388 in der Schlacht bei Döffingen (vgl. Haus Württemberg, Nr.2.0.25, S.38).
[732] Wenzel: geb. am 26. Feb. 1361.; ältester Sohn Kaiser Karls IV.; seit 1363 König v. Böhmen; zu Lebzeiten seines Vaters am 10. Juni 1376 zum röm. König gewählt und am 6. Juli desselben Jahres gekrönt; gest. am 16. Aug. 1419 (vgl. LexMA, Bd.8, Sp.2190-2192).
[733] Bereits im Frühjahr 1374 nehmen mehrere schwäbische Städte angesichts der kaiserlichen Geldforderungen im Zusammenhang mit der Erwerbung der Mark Brandenburg Beratungen über ein Städtebündnis auf. Nachdem Donauwörth nach der Wahl Wenzels zum König verpfändet wird und andere Reichsstädte ein ähnliches Schicksal befürchten, schließen sich – im Gegensatz zu bisherigen Bünden oder Landfriedenseinungen nicht mit kaiserlicher Zu-

Rauen= | spurg[736], v̈berlingen, lindow, | Bybrach, Bůchorn, Sant gal= |
10   len, Esslingen[737], Rütlingen[738], | Rottwyl, wangen[739], ysni[740], wÿl[741] | vor
dem hagenschiesz, lüt= | kirch[742] vnd koffbüren[743] Vn(d) | was ir puntnusz
nit anders | dan(n) das man sy by dem hai= | ligen Rômschen Rich beliben
| liesse vnd das man sy da vo(n) | nit trangdte[a] mit versetzen[b] | noch mit
verkoffen Vnd | das man sy och by jren alten | rechten vnd gůten gewon= |
15   haiten beliben liesse[744]. Des | selben kriegs der alt vo(n) wirt= | temberg
von wegen des | küngs hoptmann was vn(d) | dar vmb graiff er die stette |
gar swarlich[c] an mit brand, | mit rôb, mit erstechen vn(d) | erschlahen[745].
Des warttend |

[76ʳᵇ]   sich die stett vnd tåttend de(n) | von wirttemberg wyder vm(b) | och
grossen schaden an stetten, | Bürgen, dôrffern vn(d) telern[a], | die sy jm an
gewonnend vn(d) | verbrantend. vnd gab jnen | got grosz glück, wa sy die
vi= | gend yendert vff dem veld | [b]an komend[b], das sy allweg ge= |
5   sigottend vnd iro vil vieng= | end vnd erschlůgend vn(d) | sunderlich, do
die stett Tut= | lingen[i]/[746] gewonnend, do vieng- | end sy jn der statt wol

---

stimmung, sondern in unmittelbarem Antagonismus zu Karl IV. – vierzehn (!) Städte am 4. Juli 1376 unter der Führung Ulms für zunächst drei Jahre zum sog. Schwäbischen Städtebund zusammen (vgl. LexMA, Bd.7, Sp.1608f; J. Schildhauer, Städtebund; E. Holtz, Reichsstädte, S.35 und K. Ruser (Hg.), Urkunden II).

[734] Ulm (vgl. z.B. LexMA, Bd.8, Sp.1193); Haupt des Schwäbischen Städtebundes (vgl. ebd., Sp.1190-1193; HbBW, Bd.2, S.731-741; Stadtluft, Hirsebrei, S.164-181).

[735] Memmingen (vgl. z.B. LexMA, Bd.6, Sp.509).

[736] Ravensburg (vgl. z.B. LexMA, Bd.7, Sp.486-488; HbBW, Bd.2, S.693-696; Stadtluft, Hirsebrei, S.144-155).

[737] Esslingen am Neckar (vgl. z.B. LexMA, Bd.4, Sp.24f; HbBW, Bd.2, S.673-677).

[738] Reutlingen (vgl. z.B. LexMA, Bd.7, Sp.769; HbBW, Bd.2, S.697-703; LBW, Bd.7, S.65ff).

[739] Wangen im Allgäu (vgl. z.B. LexMA, Bd.8, Sp.2030; HbBW, Bd.2, S.742f).

[740] Isny im Allgäu (vgl. z.B. HbBW, Bd.2, S.685-687).

[741] Weil der Stadt (vgl. z.B. LexMA, Bd.8, Sp.2115; HbBW, Bd.2, S.744).

[742] Leutkirch im Allgäu (vgl. z.B. HbBW, Bd.2, S.688f).

[743] Nicht zu den Gründungsmitgliedern des Schwäbischen Städtebundes gehören entgegen dieser Auflistung Kempten (Beitritt am 23. Okt. 1376), Esslingen (Beitritt am 1. Jan. 1377), Weil der Stadt (Beitritt am 3. Sept. 1376) und Kaufbeuren (Beitritt noch 1376, kurz nach der Gründung) (vgl. E. Holtz, Reichsstädte, S.44ff).

[744] Die politischen Ziele des Städtebundes können tatsächlich als „weitgehend passiv" bezeichnet werden. „Es ging um die Erhaltung der Reichsunmittelbarkeit der Mitglieder und um die Sicherung der erworbenen Rechte gegenüber den Expansionsbestrebungen der Fürsten, aber auch gegenüber Eingriffen der Reichsgewalt" (LexMA, Bd.7, Sp.1609, vgl. auch J. Schildhauer, Städtebund, S.192), insbesondere der kaiserlichen Verpfändungs- und Besteuerungspolitik. Vgl. bspw. das Schreiben der Bundesstädte an Frankfurt/M. vom 8. Nov. 1376, t.w. zitiert in E. Holtz, Reichsstädte, S.35f. Über die Sicherung ihrer Rechte und Privilegien hinaus, richtet sich das Augenmerk der Städte aber auch auf den Erwerb neuer Privilegien, auf die Befriedung der Handelsstraßen und damit die Sicherung v. Handel und Gewerbe (vgl. E. Holtz, Reichsstädte, S.36 und LexMA, Bd.7, Sp.1609).

[745] Eberhard II. v. Württemberg wird nach seinem Sieg im April 1372 über das Städteheer nördlich v. Ulm bei Altheim/Alb v. Kaiser Karl IV. selbst zum Hauptmann des am 27. Mai 1373 errichteten städtischen Landfriedens und später des an dessen Stelle getretenen Schutzbündnisses erhoben. Er hat in dieser Funktion v.a. die Aufgabe, die für den Ankauf der Mark Brandenburg benötigten Zahlungen der Städte durchzusetzen. Als Landvogt in Niederschwaben fallen ihm darüber hinaus die Friedenssicherung bzw. die Wahrung kaiserlicher Interessen sowie der Kampf gegen die Reichsstädte zu. Gleichzeitig verfolgt Eberhard eigene territorialpolitische Ziele und bemüht sich bspw. um eine ursprünglich nicht in seine Kompetenzen als Landvogt fallende Präsenz im oberschwäbischen Raum (vgl. Haus Württemberg, S.35; T. Kreutzer, Tuttlingen, S.55f).

[76ʳᵇ]

vier= | <u>vn(d) zwaintzig</u> **R**itter **v**nd | knecht; vnder den was ain(er) | von
<u>liphan</u>[747] **v**nd <u>her Martin</u> | der **M**altrer von fryburg. |

10   [ii]von liphan   Her Martin maltrer
                                          von Frÿburg[ii]

                                          Wappen
                                   zwei Schilde (3x3) (3x3)
15   (fehlende Fw)

Dar[iii] nach ûber <u>ain</u> jar | do kamend aber vil | stett zû den obgemeldten | *Weitere Bünd-*
stetten jn jren pundt[748], als | **n**ôrdlingen, **w**ymphen, **d**ink= | elspühel, **A**lun,   *nispartner;*
Rottemburg | **a**n der tuber, **w**yssenburg, | <u>winswet</u> **v**nd <u>hall</u>[749]. |

20
[76va|158] **J**(!)tem **E**s kam och in den pund: | <u>hertzog lüpolt</u> von **O**[e]ster(r)ich[750], |

---

i) <u>**T**ut</u>= | <u>lingen</u>] <u>**R**üt</u>= | <u>lingen</u> *SG, Konjektur nach fol.75ra* ii...ii) von liphan (...) Frÿburg] *v. der Hd. des Rubr., mroT*
iii) Dar] D *2-z. Lomb, v. der Hd. des Rubr., mroT*

a) Täler b...b) v. ankomen: (an-)treffen, angreifen

[746] Hier kommt es in SG ebenso wie in StAK, A I 1, fol.96vb („Ritlingen") und C. v. Schwartzach, Cronica, fol.24[v] („Rüedlingen") zu einer interessanten Verwechslung zwischen der erfolgreichen Eroberung der Stadt Tuttlingen, die bereits auf fol.75[ra]ff geschildert wurde, und der für das Prestige des Schwäbischen Städtebund bedeutenden sieg-reichen Schlacht bei Reutlingen (vgl. den Bericht dazu auf fol.81[r]ff).
[747] Interessanterweise scheint auch unser Wappenzeichner „liphan" nicht wie die ältere Forschung mit „Lupfen" zu identifizieren. Während hier das Fw nicht ausgeführt ist, wird das der Familie Lupfen auf fol.154va korrekt wieder-gegeben, ist ihm also bekannt.
[748] Nach dem Scheitern des Kriegszuges gegen Ulm im Herbst 1376 und der verlorenen Schlacht bei Reutlingen im Mai 1377 bemüht sich Karl IV. zunächst darum, den Städtebund zu isolieren und mittels Privilegierungen weitere Städte vom Beitritt abzuhalten. Ende Mai 1377 gelingt es König Wenzel in Rothenburg (vgl. den sog. Rothenburger Sühnevertrag vom 31. Mai, RTA I, Nr.103ff), die Reichsstädte mit dem Kaiser und verschiedenen südöstl. Fürsten und Grafen auszusöhnen. Ohne den faktisch gleichberechtigten Partner Städtebund hierbei anzuerkennen oder zu ver-bieten, entlässt er die Bundesstädte aus der Acht, sichert ihnen ihre Privilegien zu und verspricht ihnen u.a., sie nicht zu verpfänden. In der Folgezeit privilegiert er auch zahlreiche treu gebliebene Städte und errichtet einen Landfrieden für Franken. Da der Krieg in Württemberg aber trotz der Rothenburgischen Sühne weitergeht, treten dem Bündnis immer mehr Städte bei, um so Schutz vor den Übergriffen des Landvogtes Eberhard II. und anderer Fürsten zu finden (vgl. E. Holtz, Reichsstädte, S.46ff).
[749] Nördlingen, Bad Wimpfen, Dinkelsbühl, Aalen, Rothenburg ob der Tauber, Weißenburg (Bayern), Schweinfurt (vielleicht ist aber auch Bad Windsheim gemeint), Schwäbisch Hall (vgl. zu den Städten die jeweiligen Angaben in HbBW, LexMa sowie E. Holtz, Reichsstädte).

[76va|158]
i) <u>Sargans</u>] <u>Salgans</u> *SG, Konjektur nach C. v. Schwartzach, Cronica, fol.20[r]* ii) <u>drÿ</u>] *Punkte über ÿ mroT* iii) <u>franken</u>] <u>franken</u>= *SG, Fehler des Rubrikators*

a...a) verbündeten

[750] Leopold III. v. Österreich: geb. 1351; 1379 Teilung des Hauses Habsburg in die leopoldinische und albertinische Linie und damit Realteilung der habsburgischen Territorien; gest. in der Schlacht bei Sempach am 9. Juli 1386 (vgl. LexMA, Bd.5, Sp.1902; NDB, Bd.14, S.287-289). Wie hier berichtet, kommt es am 13. Feb. 1378 zu einem Bündnis zwischen dem Schwäbischen Städtebund und den Herzögen Leopold und Albrecht III. v. Österreich. Während sich

Grauff **R**ůdolff von hohen= | berg[751], **Grauff R**ůdolff von | veltkirch,
Grauff hainrich | von **S**argans[i], **Grauff C**ůn= | rat von **B**regentz vn(d) drÿ[ii]
| grauffen von nellenburg, | **h**er hainrich von hȯwen. | vnd dar nach ward
5   der | pundt **a**lso grosz von he(ren) | vnd stetten, das es wun- | der was. **E**s
kamend aber | vil fürsten dar jn vn(d) he(ren) | vnd vil stett jn franken[iii], |
jn **B**ayern vnd an dem | **R**in, dero **a**in tail hie nach | geschriben stȧt. |

10   **J**(!)tem hertzog fryderich[752] vn(d) | hertzog stephan vo(n) **B**ayern[753], |
hertzog **R**ůprecht von der | pfallentz[754] mit sinen zwain | vettern[755]. **V**nd
disz **S**tette: | **R**egenspurg, **O**ugspurg, | **N**ůremberg, **B**asel, **S**träsz= | burg,
Mentz, frankenfurt | vnd vil ander **R**inischer | stett vnd och **B**ystum[756], |
die sich alle [a]jn ain verbu(n)d(en)[a]. |

---

die Städte davon Unterstützung im Kampf gegen Württemberg erhoffen, haben die Habsburger den Ausbau der eigenen Machtposition in Süddeutschland (vgl. u.a. Versuch einer Verbindung zwischen Tirol und den österreichischen Vorlanden) im Sinn (vgl. LexMA, Bd.5, Sp.1902; J. Schildhauer, Städtebund, S.208; E. Holtz, Reichsstädte, S.51; W. Baum, Reichs- und Territorialpolitik, S.179).

[751] Rudolf III. v. Hohenberg: aus dem Grafengeschlecht v. Hohenberg (Linie der Grafen v. Zollern; Stammburg in der Gem. Deilingen; Erbschenken der Abtei Reichenau und des Stifts St. Gallen); hat u.a. 1363 Lehen v. Reichenau; gest. am 30. Nov. 1393 (vgl. OBG, Bd.2, S.79; ESt, Bd.1, Taf.145A). Wie der hier genannte Graf v. Hohenberg, der am 12. Feb. 1380 auf drei Jahre befristet, dem Schwäbischen Städtebund beitritt, oder die Nachstehenden, schließen sich auch andere Angehörige des niederen und mittleren Adels direkt dem Bündnis an, um Schutz vor den Übergriffen der Territorialherren zu suchen (vgl. J. Schildhauer, Städtebund, S.208).

[752] Friedrich v. Bayern(-Landshut): geb. um 1339; seit 1374 mit Stephan III. Landvogt in Oberschwaben und infolgedessen gemeinsame erfolgreiche Vermittlung eines Waffenstillstandes im Jahr 1377; Beteiligung am Krieg gegen den Städtebund 1378 auch in Niederschwaben; kurzzeitiger Bruch mit Wenzel; danach „Vorkämpfer des Fürstentums gegen die Städte"; Parteinahme für den vertriebenen Probst Ulrich Wulp v. Berchtesgaden gegen Erzbischof Pilgrim v. Salzburg und dadurch Auslöser des Krieges 1388 (vgl. fol.77rb); gest. am 4. Dez. 1393 (vgl. LexMA, Bd.4, Sp.946; NDB, Bd.5, S.493).

[753] Stephan III. v. Bayern-(Ingolstadt): geb. um 1337; Engagement in Italien und im Reich (zunächst zusammen mit seinem Bruder, vgl. vorherige Anm.); seit 1399 Eintreten für das Königtum des Pfälzers Ruprecht; gest. am 26. Sept. 1413 (vgl. LexMA, Bd.8, Sp.115f). Die Wittelsbacher verbünden sich am 3./4. Juli 1379 sowohl mit den Markgrafen v. Baden, dem Pfalzgrafen bei Rhein als auch mit dem Schwäbischen Städtebund. Hintergrund ist die Verpfändung der schwäbischen Landvogtei – Anfang Feb. 1379 v. Wenzel für weitere drei Jahre noch an Friedrich v. Bayern übertragen – am 25. Feb. an Herzog Leopold III. v. Österreich (vgl. J. Schildhauer, Städtebund, S.208; E. Holtz, Reichsstädte, S.63f und W. Baum, Reichs- und Territorialpolitik, S.179).

[754] Ruprecht I., Pfalzgraf bei Rhein: geb. am 9. Juni 1309; Sicherung des Kurrechts für die Pfalz in der Goldenen Bulle; Reichsvikar; Initiator des sog. Urbansbundes; Mitglied im sog. Weseler Bund; einer der Vollmachtsträger des Egerer Landfriedens; gest. am 16. Feb. 1390 (vgl. LexMA, Bd.7, Sp.1110f). Vgl. die Vereinbarung des Pfalzgrafen Ruprecht I. zu gegenseitiger Hilfeleistung mit den Herzögen v. Bayern und dem Markgrafen v. Baden auf der einen Seite und den Reichsstädten auf der anderen Seite im Juli 1379. Später wird er u.a. zusammen mit anderen rheinischen Fürsten auf Initiative der schwäbischen Städte hin wegen der Teilnahme an Auseinandersetzungen in Schwaben seit Aug. 1388 vom Rheinischen Städtebund zum Gegner erklärt und bekämpft (vgl. E. Holtz, Reichsstädte, S.119).

[755] Vgl. v.a. seinen Neffen Ruprecht II., der sich im Kampf gegen die Städte den Beinamen „der Harte" erwirbt und 1390 Hauptmann des Landfriedens v. Eger sowie 1394 während der Dauer der Gefangenschaft v. König Wenzel Reichsvikar ist (vgl. LexMA, Bd.7, Sp.1111).

[756] Zu den Gründungsmitgliedern dieses Rheinischen Städtebundes, der sich, wie schon erwähnt, am 17. Juni 1381 in Speyer mit dem seit 1376 existierenden Bündnis zum rheinisch-schwäbischen Städtebund vereinigt, gehören neben den genannten auch Speyer, Worms, Hagnau und Weißenburg i.E. Die verpfändete Reichsstadt Pfeddersheim tritt darüber hinaus zwei Tage vor dem Bündnis mit Erlaubnis ihres Pfandherren dem Rheinischen Bund bei (vgl. J. Schildhauer, Städtebund, S.197; E. Holtz, Reichsstädte, S.72ff).

[76vb] **J**(!)tem dar nach kam der **Rô**= | mesch kũng wentzlaus mit | den stetten jn ain, das er ain | ^aaynu(n)g mit jn hielt^a, **vn**(d) ver= | hiesz^b jnen ze dienend mit | zwayhu(n)dert spiessen.⁷⁵⁷ |

5

D(!)er Stetten gewalt der | wûchsz **a**lso vast **vn**d ^cleit | tåglich zũ^c **vn**d was   *Kriegsverlauf;* sy an= | viengend ^ddas gieng jnen | wol zũ endu(n)g^d, **S**y lågend | zũ velde wintter oder su= | mer. **S**y gewonnend gar | vil vestinen **vn**d stett **vn**d | jn sunder dem von wirt= | temberg an dem geschach | gar grosser schad **v**on

10 der | stett gewalt, **w**an sy zuge(n)d | jm gar dick jn sin land **vn**(d) | wûstend jm das gar swar= | lich mit **B**rennen **vn**(d) **r**oben, | **w**ie sy es dan wûsten kon= | den oder mochten. |

[77ra|159] **D**(!)o der von wirttemberg sach | **vn**d markt, wie es gieng, **vn**(d) | er also swarlich an sinem land, | lüten **vn**d gũt verderbt ward | **vn**d ^asich mengclich mit den stet= | ten huldt^a, **d**o wåre er och g(er)n | jn demⁱ pundt gewesen, **D**o | woltend sin die stett nit, dan(n) | sy warend jm nit hold^b/⁷⁵⁸. |

5

D(!)ie stett wurdend so måch= | tig, was her(r)en, **R**itter **vn**d | knecht

---

[76vb]

a...a) v. aynung halten: Bündnis eingehen b) v. verheizen: versprechen c...c) nahm täglich zu (v. zúlegen: zunehmen, wachsen) d...d) das gelang ihnen gut

⁷⁵⁷ Da die Chronologie der geschilderten Ereignisse rund um den Städtebund in unserer Chronik mehr Fragen als Antworten aufwirft, ist nicht eindeutig zu klären, auf welche Übereinkunft hier Bezug genommen wird. Entweder ist der sog. Rothenburger Sühnevertrag vom 31. Mai 1377 (vgl. RTA I, Nr.103ff) oder aber die Abmachungen zwischen König Wenzel und dem Schwäbischen Städtebund vom 20./21. März 1387 in Nürnberg gemeint (vgl. RTA I, Nr.302f und E. Holtz, Reichsstädte, S.47f und 105ff). Gegen die Annahme des ersteren spricht, dass a) das Abkommen zwar mit König Wenzel verhandelt, aber offiziell zwischen den Reichsstädten und dem Kaiser, d.h. also Karl IV., bzw. verschiedenen Fürsten und Grafen abgeschlossen wurde und b) die zuvor geschilderte Ausbreitung des Städtebundes zeitlich nach Mai 1377 anzusetzen ist. Andererseits passt aber auch der folgende Bericht kaum zu der Vermutung, hier meine der Chronist die Übereinkunft des Jahres 1387. Die Nachricht der Hilfeleistung mit 200 Spießen hat sicherlich keinen realen Hintergrund.

[77ra|159]

i) dem] den *SG und StAK, A I 1, Konjektur nach C. v. Schwartzach, Cronica, fol.20^v:* war och gern in den Bûndt kûmen

a...a) viele sich den Städten zuneigten b) wohlgesonnen c) Streit- bzw. Rechtsfälle d) ziehen (für): sich wegen etwas richten an, vorbringen e...e) v. sich verainen vff: übereinkommen, sich einigen f) Zerwürfnisse, Streitigkeiten g) rechtliche Forderungen, h) v. behaben: erhalten, bewahren i) manchmal j) übel k) v. schirmen: (be-)schützen, bewahren l) Reformation, (erneuerte) Rechtswerk m) goldene

⁷⁵⁸ Diese Bemerkungen beziehen sich möglicherweise auf die Tatsache, dass die Württemberger nach der Schlacht bei Reutlingen auch in den kriegerischen Auseinandersetzungen des Jahres 1378, die sich letztlich auf die Verwüstungen ganzer Landstriche, das Niederbrennen v. Dörfern und Feldern oder das Rauben v. Vieh beschränken, nur wenig Erfolge zu verzeichnen haben (vgl. E. Holtz, Eberhard II., S.353) und, wie bspw. auf fol.75ra angedeutet, mehr als die Städte leiden. Von Avancen Eberhards an den Städtebund kann jedoch niemals die Rede sein.

warend von <u>Edlen</u> | lüten, das die jr sachen^c zu= | gend^d für die <u>stett</u> vnd
^esich | vff die veraintend^e **jr** spenne(n)^f, | sprüch^g vnd sachen **v**or jn | ze
10 erlütrend. **v**nd welher | her, gaistlich oder weltlich, | sicher sin wolt **v**nd
d(a)z sin | behaben^h, der mů̂st jn ainer | <u>stat</u> **B**urger sin. **Vn**(d) beschach |
den <u>Edlen lüten</u> ettwen(n)ⁱ⁾ gar | ungů̂tlich^j, **d**an(n) ir aigen lüt | fluhend
offt von jn vnd | woltend jnen nit als dienst= | ber sin als vor. **V**nd wan(n) |
sy dan(n) jn den <u>stetten</u> **B**urger | wurdend vnd sy die stett jn | namend, **S**o
15 wurdend sy offt | vnd dick wyder jr aigen | <u>he(ren)</u> geschirmpt^k; **v**nd och |
noch | hüt by tag wyder die <u>refor</u>= | <u>mation</u>^l der <u>guldinen</u>^m **Bull**[759] |
beschicht. |

[77rb] **J**(!)tem die <u>stett</u> zugend mit ge= | walt jn das land ze <u>Baygern</u> | ze mittem
winter, **B**rantend | vnd wů̂stend die <u>hertzogen</u>, | vmb das sy <u>den Byschoff</u>
<u>zů̂</u> | <u>Saltzburg</u>[760] gefangen hatten[761]. | **a**ber zů̂ den zyten warend sy | nit jn
der <u>stett</u> pundt. |
5

D(!)er stett gewalt werot | <u>ayliff</u> jar, das jnen kain <u>her</u> | wyderston^a mocht
bisz vff die | zyt, das die <u>stett</u> mit dem vo(n) | <u>wirttemberg</u> strittend by |
der stat ze <u>wȳl</u>, **d**a der jung | <u>grauff</u>ⁱ v̊lrich von wirtem= | <u>berg</u> erschlagen
10 ward **v**nd | vil **R**itter vnd <u>knecht</u> mit | jm[762], **a**ls dan(n) her nach ain | tail
geschriben stat. |

Wappen des Hauses Württemberg

---

[759] Goldene Bulle v. 1356 (Bulla Aurea): U.a. werden, und hierauf beziehen sich die Angaben unserer Chronik, in Kapitel 15 „De conspiratoribus" und 16 „De pfalburgeriis" (vgl. Die Goldene Bulle, S.70ff) alle Formen v. Ausburgern verboten. Während bereits seit 1231 immer wieder die sog. Pfahlburgerverhältnisse untersagt werden, ist es nun für die Städte offiziell nicht mehr möglich, Leute freien Standes, Adlige und Ritter, die außerhalb der Stadt leben, in ihr Bürgerrecht aufzunehmen, um sich so bspw. gegenseitiger militärischer Hilfe zu versichern. (vgl. LexMA, Bd.IV, Sp.1542f; G.P. Marchal, Sempach, S.118f).

[77rb]
i) <u>grauff</u>] ff *verderbt bzw. doppelt ausgeführt, eventuell korr.*

a) v. wyderstôn: sich widersetzen, Widerstand leisten

[760] Pilgrim II. v. Salzburg: geb. um 1330; aus dem Geschlecht der Herren v. Puchheim (Oberösterreich); Erzbischof v. Salzburg v. 1365 bis 1396; gest. am 5. April 1396 (vgl. NDB, Bd.20, S.442f; LexMA, Bd.6, Sp.2158).
[761] Herzog Friedrich v. Bayern nimmt den Erzbischof v. Salzburg, der im Sommer ein gegen Bayern gerichtetes Bündnis mit dem Städtebund geschlossen hat, in den letzten Tagen des Nov. 1387 bei Verhandlungen in Raitenhaslach gefangen und verfügt die Arrestierung aller in seinem Herrschaftsgebiet befindlichen Bürger und Güter der mit Pilgrim verbündeten Städte. Er bricht damit den durch die sog. Mergentheimer Stallung (5. Nov. 1387) verfügten Frieden zwischen dem Schwäbischen Städtebund und der Fürstenpartei. Hintergrund für den daraufhin den Bayernherzögen Mitte Jan. 1388 vom schwäbisch-rheinischen Bund erklärten Krieg bilden Interessengegensätze einzelner Fürsten (vgl. u.a. die Auseinandersetzung zwischen Pilgrim mit dem verbündeten Österreich und Bayern 1385 um die Propstei Berchtesgaden) (vgl. LexMA, Bd.6, Sp.2158; E. Holtz, Reichsstädte, S.113f).
[762] Gemeint ist die mit einer Niederlage für die Städte endende, einzig größere Schlacht dieses Krieges bei Döffingen, südöstlich v. Weil der Stadt, am 23. Aug. 1388 gegen Württemberg, deren Verlauf im Folgenden geschildert wird (vgl. dazu z.B. LexMA, Bd.3, Sp.1158).

(4,5x4,5) (vgl. fol.75ra)

[77va|160]   ^iAnno M CCC lxxxviij jar^i   *1388*

DEs^ii jaurs do man von | der gepurt <u>C</u>risti zalt | <u>tusend drühundert</u> |
<u>achtzig vnd acht jare</u> **a**n | **S**ant **B**artholomeus **a**ubend^763, | was an ainem   *1388 Schlacht*
Sonne(n)tag, do | hattend des **R**ichs stett, die jn | dem pund warend, jr   *bei Döffingen;*
5   soldn(er) | vsgeschickt, dero was <u>süben</u> | <u>hundert</u> spiesz ze rosz **v**n(d) **aÿ**= |
<u>liff hundert</u> ze fůsz^764, d(a)z sy | die von <u>wirtemberg</u> sölten | angriffen vnd
beschådigen^a. | **v**nd do sy zů wyl vsrittend | vnd ainen kilchoff^765 stürmen |
woltend jn **a**inem dorff | haist <u>**R**aimsing</u> [sic!]^766. vnd do sy | an dem sturm
warend, **d**o | kamend die <u>drÿ^iv heren von</u> | <u>wirtemberg</u>: <u>**G**rauff Eber=</u> | <u>hart</u>
10   der alt^767, <u>**R**itter</u>, vn(d) sin | sun <u>grauff v̊lrich</u>, <u>**R**itter</u>, | vnd des selben sun
grauff | <u>**E**berhart</u>^768, vnd brachtend | mit jnen <u>sechs hundert</u> sp= | iesz vnd
<u>sechs tusend man</u> | ze fůsz **v**nd strittend mit | den vorgenanten der stett |
soldner **B**y der statt zů <u>wyl</u>, | by dem vorgenanten dorff. | **v**nd wurdend
alda erschla= | gend <u>**G**rauff v̊lrich vo(n) wirt=</u> | <u>temberg</u>^769 **v**nd **a**in <u>grauff</u> |
15   <u>von lo̊wenstain</u>^770 **v**nd **a**in | <u>grauff von sponhain</u>^771 **v**nd | wol vff <u>sechtzig</u>
<u>**R**itter</u> vn(d) | <u>knecht</u>. **V**nd do ward vo(n) | den stetten erschlagen wol | vff
<u>süben hundert</u> gůter | vnd sust **a**rmer lüt^772. **v**nd | wurdend wol vff
<u>vierhun=</u> | <u>dert</u> gefangen. **v**nd die |

[77va|160]
i...i) Anno M CCC lxxxviij jar] *v. der Hd. des Rubr., mroT* ii) DEs] D *2-z. Lomb., v. der Hd. des Rubr., mroT* iii)
drÿ] *Punkte über* ÿ *mroT*

a) v. beschådigen: schädigen, Schaden zufügen

^763 23. Aug. Angabe des Tages der Schlacht ist also korrekt.
^764 Die Zahl der Truppenstärke der Heere schwankt in den zahlreichen Berichten zu diesem Ereignis ebenso wie die
Angaben zu den Gefallenen und Gefangenen. Während unsere Informationen mit denen v. StAK, A I 1, fol.103^vbf
übereinstimmen, liefert bspw. C. Hegel (Hg.), Croniken, S.839f gänzlich andere Zahlen.
^765 Der Friedhof v. Döffingen wird als Festung, in der sich die württembergischen Truppen sowie Bauern der Umgebung verschanzen, benutzt und v. dem plündernden städtischen Aufgebot belagert. Ulrich greift daraufhin das weiter-
ziehende Heer der Städte an, kann jedoch keinen Erfolg verbuchen, sodass sich die Württemberger zurückziehen.
Nachdem aber Eberhard II. mit seinen Kämpfern hinzustößt, kommt es erneut zur Schlacht, bei der es gelingt, das
städtische Aufgebot in die Flucht zu schlagen (vgl. E. Holtz, Eberhard II., S.354f).
^766 Richtig wäre also Döffingen; in SG ist der Name des Ortes aber wie auch in StAK, A I 1, fol.103vb als solcher
unmöglich lesbar.
^767 Eberhard II. (der Greiner) v. Württemberg.
^768 Graf Eberhard III. (der Milde) v. Württemberg: geb. nach 1362; Vater, wie hier richtig angegeben: Ulrich v.
Württemberg; gest. am 16. Mai 1417 (vgl. Haus Württemberg, Nr.2.0.28, S.39ff).
^769 Ulrich v. Württemberg fällt in der Schlacht, nachdem er an der Spitze des Heeres gekämpft hat. Sein erwachsener
Sohn Eberhard tritt in der Folgezeit unmittelbar an seine Stelle (vgl. Haus Württemberg, S.38 und 40).
^770 Graf Albrecht v. Löwenstein: aus der zweiten Familie der Grafen v. Löwenstein (Erlöschen der ersten im 13. Jh.;
Verkauf der Grafschaft an König Rudolf v. Habsburg, der sie Ende 1282/83 seinem illegitimen Sohn Albrecht v.
Schenkenstein verleiht); gest. 1380/82 (vgl. LexMA, Bd.5, Sp.2145f).
^771 Bei J. Mötsch, Grafen von Sponheim findet man ebenso wenig wie in den ESt, Bd.4, Taf.119 einen der Angehörigen der verschiedenen Linien der Familie, der nachweislich bei dieser Schlacht oder auch nur 1388 gestorben ist.
^772 Entscheidend für den Ausgang der Schlacht ist v.a. die Tatsache, dass Eberhard während des Kampfes einen
Zuzug frischer Truppen erhält und das Heer der Fürstenpartei die Schlacht daraufhin zu seinen Gunsten entscheiden
kann (vgl. Haus Württemberg, S.35). Während der Schlacht stirbt bspw. der Stadthauptmann Konrad Besserer v.

[77vb] von <u>wirttemberg</u> ^abehûbend | die waltstatt^a, **w**an es fluhend | vff
<u>zwayhundert</u> spiesz vo(n) | den stetten **v**nd vil fûsuolk. | **v**nd das volk von
den stett= | en ward der mertail an | der flucht gefangen **v**nd | erschlagen,
wan es lagend | kum <u>hundert</u> man(n) vff der | waltstat, die man dar vff |
fand.

5

B(!)y dem strit hattend die vo(n) | <u>Costentz</u> <u>zwen vnd fünff</u>= | tzig spiesz   *Beteiligung v.*
ze **R**osz, der kame(n) | <u>nün</u> her wÿderⁱ, die andren | wurdend erschlagen   *Konstanz;*
vnd | gefangen. **V**nd hattend | och da vff <u>nüntzig</u> man(n) | ze fûsz, dero

10   kamend wol | vff <u>viertzig</u> her wyder⁷⁷³. |

ⁱⁱStatt Costentzⁱⁱ

Stadtwappen Konstanz⁷⁷⁴ (5,5x5)
15   (In Silber schwarzes Heroldskreuz)

[78ra|161] **D**(!)ar nach wurffend^a sich | vil <u>her(r)en</u> von den <u>stetten</u> vn(d) | ward   *Friedensver-*
grosser vnfrid jn dem | land⁷⁷⁵. **D**o macht <u>küng wentz</u>= | <u>laus</u> ainen tag   *handlungen;*
zwüschen den | her(r)en **v**nd den stetten **V**nd | kam och selbs zû dem tag,
do | kund die her(r)en **v**nd die stett | niema(n)t mit ain ander ver= |

Ulm, Führer des Bundes, der in unserer Chronik aber (wie auch sonst keiner der städtischen Gefallenen) namentlich
nicht genannt wird.

[77vb]
i) wÿder] *Punkte über* ÿ *mroT* ii...ii) Statt Costentz] *v. der Hd. des Rubr., mroT*

a...a) v. die wal(t)statt behaben: das Schlachtfeld/den Kampfplatz behaupten

⁷⁷³ Nach H. Maurer, Konstanz I, S.227 hat sich der Rat im Juli 1388 bereit erklärt, sich mit 200 (!) Pferden (vgl. die
Formulierung: „200, die auf Pferden ausgezogen waren", vgl. zum Pferdekontingent auch die aus dem Ratsbuch
edierten Textstellen bei F.J. Mone, Über das Kriegswesen, S.179ff) und 90 Fußsoldaten an dem Heereszug des
Städtebundes zu beteiligen. Die Zahlen der wenigen überlebenden Konstanzer finden sich hier ebenfalls (vgl. auch
C. Schulthaiß, Collectaneen, Bd.1, S.17 mit namentlicher Erwähnung einiger Gefallenen). In einer Ratsverordnung
wird dann festgelegt, dass für die Gefallenen „geläutet, geopfert und Wachs für Kerzen gekauft werde" (H. Maurer,
Konstanz I, S.227), wobei der Rat sich noch zu Beginn des folgenden Jahres mit den Entschädigungen für die
Verwandten beschäftigt.
⁷⁷⁴ Vgl. RiDrS 11^r, 1,1; Grünenb. Taf.16b, 2,1; WrKatze 1; Siebm. I, Taf.222, 1,1; Siebm. I,4, Taf.19, 3,4 (mit
Schildhaupt); WBL, S.98 und 103 (mit Schildhaupt).

[78ra|161]
i) lantfrÿd] *Punkte über* ÿ *mroT*
a) v. werfen: sich trennen b) v. verrichten: aussöhnen, vergleichen c...c) v. erlouben v̂ber: ausliefern, Feindseligkeit
erlauben gegen

⁷⁷⁵ Der Krieg zwischen dem Rheinisch-Schwäbischen Städtebund und den Fürsten findet durch die Niederlage bei
Döffingen keineswegs sein Ende. An die Stelle gesamtbündischer Aktionen treten nun vielmehr „Einzelkämpfe, die
aber nichts an Heftigkeit einbüßten" (E. Holtz, Reichsstädte, S.119). Nach dem Scheitern mehrerer Friedensverhandlungen führt erst die Niederlage des Rheinischen Städtebundes am 6. Okt. 1388 bei Pfeddersheim nahe Worms gegen
die Kurpfalz zur Bereitschaft, den Krieg zu beenden (vgl. ebd., S.119ff).

5 richten^b/⁷⁷⁶.

Wappen des böhmischen Königs⁷⁷⁷ (3x3)

(Würdezeichen: goldene/beige Königskrone mit einem Bogen: 1)

(In Rot silberner, doppelt geschwänzter Löwe im Sprung)

10

D(!)o macht der k͞ung **a**inen | lantfrid vnd gebot **a**ller | **M**engclich, den   *Landfrieden v.*
lantfr͞ydⁱ ze= | swerend vnd wer den lant= | fryd nit sweren wolt, ^cv̈ber | *Eger;*
den erlopt^c er mengclichem⁷⁷⁸. |

[78rb] **D**(!)er selb lantfryd st͞und | also gesetzt vnd fürgenomen^a | vff die form:
^bwer z͞u dem | andern ze sprechend hett oder | gewonne^b, der s͞olte d(a)z
recht | s͞uchen vnd nemen vor <u>acht</u> | mannen, **d**ero s͞oltend <u>vier</u>ⁱ | sin von
den <u>her(r)en</u> vn(d) <u>vier</u> | von den <u>stetten</u> vnd s͞olte | der k͞ung **a**inen obman^c
5 dar | z͞u geben.⁷⁷⁹ **V**nd disen lant= | fryd sw͞urend die gr͞ossten | <u>stett</u> des   *Bund der*
ersten vnd dar nach | die andren <u>stett</u> alle jn kurtz= | en z͞yten⁷⁸⁰, bisz allain

---

776 Nachdem sich König Wenzel auf unterschiedlichste Art und Weise um Frieden bemüht hat, lädt er am 20. März
1389 zu einem „Reichstag" nach Eger ein. Da aber sowohl die Fürsten als auch die Städte befürchten, der König
könne versuchen aus dem Krieg Nutzen zu ziehen, treffen sich die Parteien zur selben Zeit in Bamberg. Wenzel verlegt den Termin daraufhin auf den 21. April 1389. Da sich die Vertreter der Fürsten und Städte jedoch nicht einigen
können, bricht der König die Verhandlungen ab. Sein Vorschlag, den Städtebund sowie den Nürnberger Herrenbund
aufzulösen und die Parteien in einem gemeinsamen Landfrieden zu vereinigen, wird insbesondere v. den rheinischen
Städten abgelehnt. Deutlich treten nun auch die nur zeitweise überbrückten Interessenunterschiede und -gegensätze
zwischen den städtischen Bündnispartnern zutage (vgl. ebd., S.125f).
777 Vgl. ZürW Taf.3, 25; RiA 5, 2,1; 430, 2,2; RiDrS 170^r, 1,2; 172^r, 1,1; Grünenb. Taf.4, 1,1 und Taf.20b, 1,1,
Siebm. II, Taf.1, 1,2; Siebm. I,1, Taf. 1, 2,3; Siebm. I,1,II, Taf. 139, 1,2 und 2,2 sowie Taf.140, 1,1 und 2,1; WBL,
S.150. Löwe ist in SG jedoch im Gegensatz zu den genannten Belegen nicht gold gekrönt.
778 König Wenzel verkündet am 5. Mai 1389 den Landfrieden v. Eger (vgl. RTA II, Nr.72f). Ziel ist es, die Streitigkeiten zwischen Fürsten und Städten zu beenden und einen langfristigen, sicheren Frieden herbeizuführen. Nachdem die Stallungen v. Heidelberg und Mergentheim nur Waffenstillstände gewesen sind, erfolgt nun eine „Reichs-
befriedung auf Einungsbasis" (LexMA, Bd.3, Sp. 1607) (vgl. ebd. und E. Holtz, Reichsstädte, S.126).

[78rb]
i) <u>vier</u>] *Punkt über i mroT* ii) vieng= | end] *Punkt über i mroT*

a) v. fürnëmen: sich auszeichnen b...b) wer zu dem anderen zu sprechen hätte oder es gewohnheitsmäßig täte c)
Obmann, Schiedsrichter, -mann d) v. besitzen: belagern, bedrängen

779 Vorgesehen ist, dass in dem gesamten Geltungsbereich des Landfriedens, nach Regionen gegliedert, kleinere
Landfriedenskreise gebildet werden sollen. In jedem dieser Kreise hat eine paritätisch besetzte Kommission mit je
vier Vertretern der Städte und der Fürsten sowie einem vom König bestimmten Obmann (letztlich ein Vertreter des
Adels!) über die Friedensangelegenheiten zu richten und das Urteil zu vollstrecken (vgl. RTA II, Nr.72, Artikel 2;
E. Holtz, Reichsstädte, S.126f).
780 Keineswegs führt die Verkündung des Landfriedens sofort zu einem Ende der Kämpfe oder zu einer Unterwerfung der Städte, die immer noch einen großen Machtfaktor darstellen. Da sich aber allmählich die für einen Frieden
eintretenden Kräfte innerhalb des rasch zerfallenden Städtebundes Bahn brechen, Streitigkeiten untereinander auf-
kommen und an einen gemeinsamen Widerstand nicht mehr zu denken ist, treten noch am 5. Mai Nürnberg, Regensburg und Weißenburg i.B. dem Landfrieden bei. Es folgen Windsheim, Weinsberg, Anfang Juni die rheinischen
Städte und bspw. Esslingen, kurz darauf Schweinfurt, Nördlingen und Rothenburg (vgl. RTA II, Nr.77ff; E. Holtz,
Reichsstädte, S.129ff).

an den | klainen pund vmb den see, | dero süben vnd namlich | sind   *Bodensee-*
Costentz, überlingen, | Rauenspurg, lindow, Bůch= | horn, Sant gallen,   *städte;*
wangen⁷⁸¹. | die graiff man gar vast an | vnd jnsunder her hannsz |

10 Truchsåsz von waltpurg⁷⁸² | tett jnen vil wyderdriesz | mit brand, roben,
vahen | vnd erstechen Bisz vff die | zyt, das jn die selben süben | stett,
vorgena(n)t, besaussend^d | vff der vesti zum(m) lüpoltz vn(d) | die   *Eroberung der*
gewonnend vnd jn och | wol selb zwaintzigost vieng= | endⁱⁱ erbrer Ritter   *Burg Leupolz;*
vn(d) knecht, | die sy mit jnen von dannen | fůrtend, als her nach stat⁷⁸³. |

[78va|162]   ⁱAnno M CCC lxxxviij jarⁱ   *1388 (!)*

DEsⁱⁱ jaurs als man von | der gepurt Cristi zalt | tusend Achtzigⁱⁱⁱ vnd acht   *1388 (!)*
jar an | dem andern tag jn dem | Ougsten Do ward Mågd= | burg⁷⁸⁴ in dem   *Eroberung der*
hegôw dem | von wirttemberg an ge= | wonnen vnd zer brochen | von dem   *Burg Mägde-*

---

⁷⁸¹ Die genannten Städte Konstanz, Überlingen, Ravensburg, Lindau, Buchhorn, St. Gallen und Wangen sind als einzige nicht bereit, dem Landfriedenskreis für Schwaben beizutreten und den bereits vor dem Schwäbischen Städtebund existierenden und immer wieder erneuerten Bund der Bodenseestädte – den ältesten, ausdauerndsten und partikularistischsten Sonderbund unter den schwäbischen Reichsstädten (vgl. P.F. Kramml, Friedrich III., S.131) – aufzulösen. Infolgedessen kommt es zu weiteren Kriegshandlungen, bei denen, wie im Folgenden berichtet, im Juli 1389 Truchsess Johann v. Waldburg, nach einem Zug gegen Wangen und der Flucht auf die Feste Leupolz (nördlich v. Wangen, vgl. LBW, Bd.7, S.749f) belagert, besiegt und am 21. Juli gefangen genommen wird. Den Bodenseestädten gelingt es schließlich aufgrund ihres entschlossenen gemeinsamen Vorgehens, ihren Bund zu erhalten. Am 21. Aug. 1390 wird er v. König Wenzel für zehn Jahre und dann auf Widerruf bestätigt. Ein Beitritt zum Egerer Landfrieden wird nicht erzwungen (vgl. E. Holtz, Reichsstädte, S.134f; J. Vochezer, Waldburg, Bd.1, S.409ff und ausführlich zu den Bündnissen der Bodenseestädte auch J. Füchtner, Bündnisse).
⁷⁸² Johannes II. Truchsess v. Tanne-Waldburg: Beiname „mit den vier Frauen"; 1362 volljährig; u.a. zeitweise Landvogt im Aargau, Thurgau, Schwarzwald und in Glarus; bereits am 15. Aug. 1389 Übereinkunft mit Ravensburg und infolgedessen Freilassung aus der Gefangenschaft; Unterlandvogt in Schwaben; gest. zwischen dem 22. und 31. März 1424 (vgl. J. Vochezer, Waldburg, Bd.1, S.381-496).
⁷⁸³ Vgl. die ausführlichere Version auf fol.80rb sowie bspw. in StAK, A I 1, fol.98^{ra}f.

[78va|162]
i...i) Anno M CCC lxxxviij jar] *v. der Hd. des Rubr., mroT* ii) DEs] *D 2-z. Lomb., v. der Hd. des Rubr., mroT* iii)
Achtzig] *amliRa, v. der Hd. des Rubr., mbrT erg., rot rubr., darunter als Vz ein nach oben zeigender Winkel, mroT*
iv...iv) Statt Costentz #] *v. der Hd. des Rubr., mroT*

a...a) Kriegszug b) *v. anleiten: anführen* c...c) die Stärksten, Mächtigsten, Größten

⁷⁸⁴ Die Herrschaft Mülhausen mit der Burg Mägdeberg (vor 1240 v. Konrad v. Zimmern, Abt des Klosters Reichenau auf dem gleichnamigen Berg errichtet) nördlich v. Singen kommt „1359 auf dubiose Weise v. der Reichenau über die Herren v. Tettingen (ab 1337 im Besitz) an Württemberg, wobei die eigentlich kaufberechtigten Habsburger übergangen wurden" (T. Kreutzer, Tuttlingen, S.54, vgl. dazu auch W. Baum, Reichs- und Territorialgewalt, S.130). Die Herrschaft wird tatsächlich am 19. Okt. 1358 zunächst an Österreich, am 28. Jan. 1359 dann aber v. Werner v. Tettingen illegal an Eberhard und Ulrich v. Württemberg verkauft. Sie ist neben Tuttlingen das zweite Bollwerk in unmittelbarer Nähe der Bundesstädte und strategisch v. unüberschätzbarer Bedeutung, da die Grafen v. Württemberg mittels beider Orte das westliche Oberschwaben überwachen können. Die Feste, die wie auf der Verso-Seite zu lesen ist, v. nur 24 Personen (nach H. Maurer, Konstanz I, S.223 oder R. Kiewat, Ritter, S.79: sechs Knechte und 18 zur Herrschaft gehörende Bauern) unter Führung des Vogtes Heinrich v. Tettingen verteidigt wird, wird im Juli 1378 (!) v. einem Heer der genannten Städte (darunter laut H. Maurer, ebd. die Formulierung unserer Chronik aufgreifend „die Hälfte der Konstanzer Bürgerschaft") nach dem Eindringen in den „vorhoff" vom 20. Juli an mit Pulvergeschützen und Brandsätzen, belagert und schließlich nach 14 Tagen am 2. Aug. ohne größere Verluste erobert (vgl. H. Maurer, Konstanz I, S.223; E. Dobler, Mägdeberg; R. Kiewat, Ritter, S.78ff; M. Gosse/H. Noll, Burgen, S.106f; T. Kreutzer, Tuttlingen, S.54, 56 und 62).

5   pund vmb den | see. **D**as warend die von | <u>Costentz</u>, v̈berlingen, **R**auen= | *berg;*
spurg, lindow, **B**ů̂chhorn, | pfullendorff⁷⁸⁵, sant gallen | vnd von <u>wyl</u>. |

10   **A**(!)ber die von <u>Costentz</u> hatt= | end den selb(en) ^azug vnd raisz^a | selber *Beteiligung v.*
angeleit^b vnd ware(n)d | och ^caller sterkost^c jm veld, | **d**as <u>halb stat</u> vsz *Konstanz;*
was. |

^{iv}Statt Costentz #^{iv}

15   Stadtwappen Konstanz
                             (5x4) (vgl. fol.77vb)

[78vb] **J**(!)tem **S**y namend den vorhoff^a | des ersten tags jn vnd ge= | wonnend
den vnd dar= | nach an dem <u>vierzehenden</u> | tag do ward die vesti och |
gewonnen. |

5

J(!)tem vff der selben <u>Burg</u> | was hoptman <u>hainrich</u> | <u>von tettingen</u>, der
hett by | jm <u>vier vnd zwaintzig</u> | man(en), warend puren, **d**ie | er zů jm
genomen hatt; | vnd dero giengend <u>drÿ</u>ⁱ | <u>vnd zwaintzig von</u> jm ab⁷⁸⁶ | der
vesti, **d**o mocht er sy nit | mer halten vnd gab die | vestin vff. |

10

J(!)t(em) **M**an hett vor der burg | <u>vier</u> hanttwerk^b, mit den | man jn warff,
vnd mit | grossen **B**üchsen <u>dryzehen</u> | tag dar jn schosz vnd an | dem
<u>vierzehend(en)</u> ward sy, | als vor stat, vff geben. |

[79ra] **V**(!)or der **B**urg was <u>hannsz</u> | <u>glatz</u> der <u>Sarer</u> [?] vnd <u>Ott am</u> | <u>hard</u>⁷⁸⁷. **E**s
ward weder jn | der **B**urg noch vor der burg | nie kain <u>mensch</u> verloren, |

---

⁷⁸⁵ Pfullendorf, Lkr. Sigmaringen: auf eine ältere dörfliche Siedlung des 7./8. Jhs. aufbauend, entsteht der Ort im 11. Jh. im Schutze der gleichnamigen Burg; 1157 erstmals erwähnt; nach 1180 staufisch; Stadtrechtsverleihung 1220; nach dem Ende der Stauferherrschaft Reichsstadt; Höhepunkt der Ausdehnung im 14. Jh. (vgl. HbBW, Bd.2, S.690-692).

[78vb]
i) <u>drÿ</u>] *Punkte über ÿ mroT*

a) Vorhof, befestigter Hofraum vor einer Burg b) = anttwerk: Kriegs-/Belagerungsmaschinen

⁷⁸⁶ Nach C. v. Schwartzach, Cronica, fol.24^v verlassen nicht „<u>drÿ</u> | <u>vnd zwaintzig</u>" sondern „xviii Bůren" der „xxiiii. man" den Vogt, der daraufhin die Burg nicht mehr halten kann. Möglicherweise ist diese Differenz (vgl. ebenso StAK, A I 1, fol.99vb) leicht durch einen Abschreibefehler zu erklären. So könnte man die röm. Ziffer v leicht als x gelesen und entsprechend aus ursprünglich xviii Personen xxiii gemacht haben.

[79ra]
i) gewinnen] ge *v. der HHd., mbrT, zur Verdeutlichung doppelt ausgeführt*

dan(n) ain zymerknecht^a von | Costentz, der ward mit aine(m) | springolff^b pfil erschossen. | vnd beschach doch mǎnig | schutz vnd wurff ab der | burg. |

5

Es wolt nie kain edelman | globen, d(a)z man die **Burg** | gewinnenⁱ mǒcht, **V**nd | warend die stett nur der | edlen spott. **E**s wolt aber | got, das es den stetten wol | gieng, dan(n) die edeln wolte(n)d | an jnen nit erwinden^c. |

[79va|164]ⁱ   ⁱⁱAnno M CCC lxxxviij jar #ⁱⁱ   *1388*

Desⁱⁱⁱ **j**ars do man zaltt von | (crist)us geburtt **T**ussend | drü hundertt achtzig vnd achtt | jar vff santt **M**artins tag⁷⁸⁸ | **D**o kam ain wunderliche   *1388 „ain wun-* sach | gen Costentz vff den **C**hor^a vnd | komentt da mitt erber lütt vo(n) | *derliche sach":* 5 dem **R**ǎtt zů **R**ottwil. | *Hermaphrodit*

E(!)s^{iv} ward zů rottwil ain tochter | geborn von ainem **B**urger, der | hiesz *aus Rottweil;* der hell, vnd ^bward jn dem | touff gehaissen **K**atherina^b. vn(d) | do sÿ wǔchs, do laitt sÿ mannes | klaider an vnd sprach, sÿ wǎr | ain man, vnd namptt sich selber | **h**anns. **V**nd der selb hanns | nam darnach ain wib, das 10 w(a)z | ain schǒn **T**ochter vn(d) wǎrend | baide vff ain altter vff | zwaintzig jar vnd hannsen | wǔchssend sin brüst als ouch | sinem wib. **D**arnach

---

a) Zimmermann, Lehrling/Geselle eines Zimmermanns b) Springolf, Wurfmaschine c) v. erwinden an: ergreifen, besiegen

⁷⁸⁷ Vgl. C. v. Schwartzach, Cronica, fol.24^vf: „Jtem diß warent die hoptlütt vor der bůrg han Glattz | [25^r] oder farer. vnndt Ott ain hard." Eine Identifikation der Personen ist nicht gelungen.

[79va|164]

i) *die gesamte Spalte (mit Ausnahme der im Folgenden als mroT gekennzeichneten Teile) v. der Hd. des Rubr. mbrT* ii...ii) Anno M CCC lxxxviij jar #] *mroT* iii) **Des**] **D** *2-z. Lomb., mroT* iv) **E**(!)s] **E** *mroT* v) •**E**•] *Punkte vor und nach* **E** *mroT* vi) Zz:, *mbrT und mroT rubr.*

a) Chor als Gerichtsstätte bzw. üblicher Tagungsort bischöflicher Gerichtsforen b...b) wurde auf den Namen „Katherina" getauft c...c) Eheleute d) v. erfarn: (heraus-)finden, erfahren e) rechtmäßige Ehe f) v. beschouwen: untersuchen g) Penis h) Vulva i) v. wîsen: schicken, führen

⁷⁸⁸ 11. Nov.

⁷⁸⁹ Wie bei anderen „causae spiritualis" sind nur geistliche Gerichte und nicht etwa der städtische Rat (vgl. aber die für Konstanz belegbaren Eingriffe dieser Institution seit der Mitte des 15. Jhs., hierzu B. Schuster, Die freien Frauen, S.318ff) zuständig, um Fragen der Rechtmäßigkeit einer Eheschließung zu entscheiden. Im 14. und 15. Jh. gibt es zahlreiche Belege eines sich gegen die Archidiakone und Pfarrer richtenden Monopolanspruchs der bischöflichen Gerichte, die sich alleine befugt sehen, Eheangelegenheiten zu verhandeln (vgl. z.B. die Konstanzer Synodalstatuten v. 1435 und 1438 oder das Ulmer Stadtrecht, das um 1400 bestimmt, das Eheabsprachen unabhängig v. Stand und Würde, Alter und Geschlecht „gen Costentz fu(i)r das gaistlich gerichte" „gewiset werden" sollen). Diesem kirchenrechtlichen Anspruch folgend, wird dieser besondere Fall, in dem nicht eines der üblichen Ehehindernisse (wie z.B. „consanguinitas", „vis et metus" oder „minorennitas") behandelt wird, wie auch alle „normalen" die Ehe betreffenden Rechtsfälle des Rottweiler (aber bei Anwesenheit einer Delegation des Rates!) dem Konstanzer Chorgericht vorgetragen. Dieses erklärt die Ehe für ungültig und schickt beide heim (vgl. ausführlich T.D. Albert, Der gemeine Mann S.40ff, S.121ff und S.167ff, dessen konkret analysierte Eheprozesse in Konstanz jedoch späterer Zeit angehören (vgl. S.253ff) sowie H. Maurer, Bedeutung der Kathedrale, S.254f mit Zitat aus Ruppert).

schik= | tend die **B**urger vo(n) <u>Rottwil</u> | die selben zwaẏ ^c<u>Ellichen</u> |
menschen^c gen <u>Costentz</u> vff | gaistliche gericht, das man | erfůr^d, ob es ain
•**E**•^v/^e mȯcht | gesin⁷⁸⁹. **D**o ward <u>hanns</u> beschowtt^f; | der hatt ainen zagel^g
15   vnd ain | fud^h. **A**lso wurdentt sẏ wider | hain gewistⁱ⁾ zů samen. #^{vi} |

[80ra|165]   ⁱAnno M CCC lxxxviiij jar #ⁱ   *1389*
DEsⁱⁱ jaurs als man vo(n) | der gepurt <u>cristi</u> zalt | <u>tusend drühundert acht=</u> |
<u>tzig vnd nün</u> jare **D**o | gieng^a der vorgena(n)t grosz | pund **a**lso bald wyder   *1389 Zerfall des*
ab | vnd lang jm also wol her | ab, als er vor jn <u>ayliff</u> ja= | ren gewachsen   *Städtebundes;*
5   was vn(d) | vff gegangen⁷⁹⁰. **A**lso zergie(n)g | er vnd abet^b sich jn <u>ayliff</u> |
<u>wochen</u> gantz vnd gar, bisz | allain **a**n den klainen pu(n)d | vmb den <u>see</u>.
vnd beschach | die zestȯrru(n)g jn dem su= | mer des obgena(n)t(en) jårs. |

[80rb]   **D**(!)es vorgeschriben jårs | an sant <u>Maria Magdelena</u> | aubend⁷⁹¹ do   *Eroberung der*
gewonnend die | <u>süben</u> stett des pundes an | dem see die <u>vesti</u> zum(m) lü= | *Burg Leupolz;*
<u>poltz</u>⁷⁹². vnd viengend dar | vff wol vff <u>zwaintzig</u> | <u>man(en)</u>; **E**s wårend
<u>herren</u>, | **R**itter oder <u>knecht</u>. **V**nd | ergaubend sich alle an ge= | nad
5   gefangen, **d**och liesz | man sy by dem leben beli= | ben vnd fůrt sy alle
gen | <u>lindow</u> gefangen. **V**nd | verbrantend die vestin. | vnd warend dis, die   *Gefangenen-*
ge= | fangen wurdend: her(r) | <u>hansz</u> **Truchsåsz** <u>von walt</u> | <u>purg</u>, **R**itter, der   *liste*⁷⁹⁷;
was vr- | sach des kriegs, <u>Grave</u> | **hain(rich)**, | <u>vogt</u>
zum lüpoltz, **d**es die | **B**urg was⁷⁹⁴, **Diepolt von** | <u>lutrach</u>, **Eglin von**
10   schellen= | <u>berg</u>⁷⁹⁵, <u>hainrich von Eller</u> | <u>bach</u>⁷⁹⁶, **C**ůnrat vo(n) fryberg, |

[80ra|165]
i...i) Anno M CCC lxxxviiij jar #] *v. der Hd. des Rubr., mroT* ii) **DE**s] D *2-z. Lomb., mroT*

a) *v. abgân/abgên: niedergehen* b) *v. âben: niedergehen*

⁷⁹⁰ Vgl. zum Schwäbischen Städtebund die Ausführungen auf fol.75^{ra}ff.

[80rb]
i) <u>zwaintzig</u>] *Punkt über* i *mroT*

a) *v. erwerfen: durch Wurfgeschoss töten*

⁷⁹¹ 21. Juli.
⁷⁹² Vgl. die kurze Nachricht der Eroberung v. Leupolz auf fol.78rb.
⁷⁹³ Hermann v. Sulz: aus dem seit dem 11. Jh. belegbaren Grafenhaus v. Sulz; ab 1377 nachweisbar; 1406 Landvogt im Breisgau; 1407 Landvogt im Thurgau, Aargau und Schwarzwald; 1409 Landgraf im Klettgau; 1411/26 Hofrichter in Rottweil; gest. vor dem 24. Juni 1431 (vgl. ESt, Bd.12, Taf.98).
⁷⁹⁴ Es handelt sich vermutlich um Heinrich Vogt v. Alten Sumerau, genannt v. Leupolz, der 1392 als Mitglied im St. Jörgenschild nachweisbar ist und noch 1425 auf der Ruggburg sitzt (vgl. OBG, Bd.1, S.368).
⁷⁹⁵ Eglolf v. Schellenberg: Angehöriger des schwäbischen Adelsgeschlechts; es tauchen zu dieser Zeit mehrere Eglolfs auf; hier vermutlich: Vater: Ulrich v. Schellenberg; 1356 Priester v. Kirchberg; 1392 Pfandherr zu Seyfriedsberg; gest. 1403 (vgl. ESt, Bd.12, Taf.146).

volki von lobemberg, <u>Erhart</u> | <u>von wyler</u>, <u>Hiltprant</u> Oᵉder | **vnd** ain <u>Büchsenmaister</u>. | **d**o ward **B**urkart vo(n) **Sta**= | digon jn der vesti erworf= | fenᵃ. **V**nd jr knecht wa= | rend vff <u>zwaintzig</u>ⁱ. |

[80ᵛ] Leere Seite

[81ʳ|167]ⁱ

⁷⁹⁸**V**(!)nser fruntlich wyllig dienste zůuor. <u>Ersamen, fürsichtig(en)</u>, | *Schlacht bei* <u>wysen, lieben, gůten fründe</u>. **w**ir habend jwch vormals och | verschriben *Reutlingen mit*

5 vnser getåttᵃ vnd vnser strytt⁷⁹⁹ **v**nd wyssend nit, | ob jwch die selb *Vorgeschichte;* bottschafft worden ist oder nit. **D**ar vmb | so laussen wir jwch wyssen, **d**as vff <u>mittwochen</u> ze nåchst | nach dem <u>hailigen pfingstag</u>⁸⁰⁰ vnser **B**urger

---

⁷⁹⁶ Heinrich v. Ellerbach, der Lange: Angehöriger des alten Adelsgeschlechts mit Stammsitz im bayrischen Schwaben; besitzt sowohl österreichisches Pfandlehen als auch Lehen der Abtei Reichenau; Ritter; erhält 1401 die Feste Neuenburg an der Donau und die Vogtei zu Ursperg und Ochsenhausen v. König Ruprecht zu Lehen; 1401 Reichsvogt der genannten Klöster; erhält die halbe Feste Ravensburg verliehen; gest. um 1424 (vgl. OBG, Bd.1, S.292). ⁷⁹⁷ Mittels der üblichen Hilfsmittel konnten aufgrund fehlender Quellennachweise nicht zu allen hier erwähnten Gefangenen nähere Angaben gemacht werden.

[81ʳ|167]
i) *Seite mit fortlaufendem Text, ohne Spalten* ii) vorstat] stat *SG, Konjektur nach J. Jacobsen, Schlacht, S.33* iii) vermis[ch]ten] vermisten *SG, Konjektur in Anlehnung an StAK, A I 1, fol.98ᵛᵃ*

a) Tat, Handlungsweise b...b) v. vssfarn: ausziehen gegen c) Gehege d...d) 250 Rinder e) Bauern f...f) Frühstückszeit, früh am Morgen g...g) Stadttore und Riegel: hier bildlich für Verteidigung/Schutz der Stadt vor Eroberung h) v. manglen: verlieren

⁷⁹⁸ Hierbei handelt es sich weitgehend um den Text eines offiziellen Schriftstückes der Stadt Reutlingen, mit großer Wahrscheinlichkeit v. einem Teilnehmer an der Schlacht verfasst, an die Stadt Konstanz als einem Bundesgenossen, wie er uns bspw. auch für Ulm (K. Ruser, Urkunden, Bd.II,2, S.633; J. Jacobsen, Schlacht, S.19; K. Keim, Schlacht, S.20ff) bekannt ist. Während unsere Chronik diesen Sachverhalt nicht weiter erläutert, finden wir vor den v. unserem Text im Wortlaut teils abweichenden Wiedergaben in StAK, A I 1, fol.98ʳᵇff bzw. C. v. Schwartzach, Cronica, fol.21ᵛff folgende Hinweise: „Diss ist ain brief der von | Ritlinge(n) her ge(n) Cost(entz) ge | schikt ward, do sy hatte(n)t | gestritte(n) mit dem von wir | tenberg" (StAK, A I 1, fol.98ʳᵇ) und „Jtem so ist diß ain abgeschrifft deß brieffs. der von Rüedlingen her genn Costantz geschickt ward. do si mit dem von Wirtenberg gestritten hatten." (C. v. Schwartzach, Cronica, fol.21ᵛ) (vgl. auch BLB, Güntersthal 13, S.148 und dazu Kapitel A.4.4 sowie A.5.1.4). Vgl. unseren Text mit dem aus StAK, A I 1 und anderen Chroniken (vgl. Gregor Mangolt und Virgilantius Seutlonius) rekonstruierten, ausführlicheren Textes bei J. Jacobsen, Schlacht, S.32ff sowie die quellenkritischen Aussagen ebd., S.13ff). ⁷⁹⁹ Die Schlacht bei Reutlingen 1377: Einer der u.a. für die Anziehungskraft des Städtebundes entscheidenden Siege vom 14./21. Mai (z.B. J. Jacobsen, Schlacht, S.I und 36ff/D. Mertens, Württemberg, S.41 vs. E. Holtz, Reichsstädte, S.46/K. Ruser, Urkunden, II,2, S.633) 1377 eines Aufgebotes der Reichsstadt Reutlingen gegen Graf Ulrich v. Württemberg. Wie im Folgenden berichtet, ziehen Reutlinger Bürger, während der Sohn v. Eberhard II. v. Württemberg mit einer großen Zahl v. Rittern auf der in unmittelbarer Nähe der Stadt liegenden Burg Achalm weilt, zu einem Plünderungszug in württembergisches Gebiet und zerstören u.a. das Dorf Dettingen. Unterhalb der Burg kommt es zur Schlacht: der Ulrich v. Württemberg reagiert auf diese Provokation und greift an (vgl. Haus Württemberg, S.35 und 38; J. Jacobsen, Schlacht (mit Berücksichtigung der Quellen, jedoch ohne Dacher!), zum genauen Schlachtverlauf, S.41ff und 62ff; K. Keim, Schlacht, zur Chronistik v.a. S.7-10, zum Ablauf S.23ff). ⁸⁰⁰ Pfingstsonntag fiel im Jahr 1377 auf den 17. Mai, folglich ist hier der 20. Mai gemeint. Das eigentliche Datum der Schlacht ist hier also der 21. Mai. Vgl. aber den Text v. J. Jacobsen, Schlacht, S.32: „mitwoch znacht vor dem heilgen pfingsttag".

vnd <u>gesellen</u>, | wol <u>sübenhundert</u>, ^bvss fůrend^b. vnd komend mornend frů |
an dem <u>dornstag</u> gen <u>vrach</u>⁸⁰¹ für die stat vnd namend vmb | die **B**urg ze

10 <u>vrach</u>⁸⁰² jn dem tiergarten^c vnd vmb die <u>statt ze</u>= | vrach wol
^d<u>drytthalbhundert</u> hopt **R**inderhåfftiges <u>vechs</u>^d | vnd fůrtend das das
vracher tal ab gen <u>tettingen</u>⁸⁰³, d(a)z aller | nåchst vnder <u>vrach</u> gelegen ist,
vnd verbrantend d(a)z selb | dorff gentzlich vnd erschlůgend ettweuil
<u>geburen</u>^e. vn(d) zu= | gend mit dem vech gen vnser stat verr vff den weg

15 wol | vff ^ffrůgen jmbisz^f. **D**o zugen wir mit vnserm huffen gegen | jnen
vnd kamend zů vnsern gesellen. Do kam der <u>jung</u> | <u>her von wirttemberg</u>
mit <u>zwayhundert</u> vnd <u>zway vnd trys</u>= | <u>sig</u> spiessen⁸⁰⁴ vnd rait vmb den
berg ze <u>achalm(m)</u>⁸⁰⁵ her ab vnd | zwüschen vns vnd vnser statt, nach vor
vnser [vor]stattⁱⁱ, **V**nd | woltend vns die ^gtor vnd die **R**igel^g angewonnen

20 haben. vn(d) | do vermis[ch]tenⁱⁱⁱ wir vns vnd vachtend mit ainander vnd
sigten | mit der hilff <u>gottes</u> jn an vnd sigen obgelegen⁸⁰⁶. **V**nd haben |
erschlagen mer dan(n) <u>acht vnd sübentzig herren, ritter vn(d) knecht</u>, | **d**ie
da tod lagend. vnd habend die also tod, mit namen <u>dry vnd süben</u>= | <u>tzig</u>,
gefůrt jn vnser <u>statt</u>, one die, die vff <u>achalm</u> gefůrt wurdend, | vnd one die,

---

⁸⁰¹ Bad Urach, Lkr. Reutlingen: vermutlich eine Gründung der Grafen v. Urach; Wasserburg (spätestens in der zwei-
ten Hälfte des 11. Jhs. entstanden) bildet den Ausgangspunkt zur städtischen Entwicklung; der stets präsente Einfluss
der Stadtherren verhindert die Ausprägung bürgerlicher Selbstverwaltung; Herrschaftsrecht und Besitz der Uracher
kommt zwischen 1251 und 1265 an Württemberg; 1316 erste urkundliche Bezeugung; nach der Teilung v. Württemberg 1441/41 Residenz v. Graf Ludwig I. (bis 1482) (vgl. LexMA, Bd.8, Sp.1279ff; LBW, Bd.7, S.81-84).
⁸⁰² Burg Hohen-Urach: die Stammburg der Grafen v. Urach (später v. Achalm) (vgl. H. Grote, Stammtafeln, Taf.72d,
S.462); geht vermutlich auf Egino v. Urach zurück (Gründung zwischen 1030 und 1050); erster urkundlicher Beleg
1235; kommt 1254 an Württemberg und Fürstenberg; 1265 ist Württemberg Gesamteigentümer; 1428 grundlegender
Umbau und Erweiterung unter Graf Ludwig I. (vgl. LexMA, Bd.8, Sp.1280; G. Schmitt, Burgenführer, Bd.4, S.214
und 218).
⁸⁰³ Dettingen/Erms, Lkr. Reutlingen: erste urkundliche Erwähnung um 1090; vor 1265 mit der Grafschaft Urach an
Württemberg übergegangen; 1377 im Zusammenhang mit dem Raubzug der Reutlinger niedergebrannt (vgl. LexMA,
Bd.8, Sp.1280; LBW, Bd.7, S.27f)
⁸⁰⁴ Vgl. zur Zahl der Beteiligten bzw. der Angaben zu den Verlusten (s.u.) J. Jacobsen, Schlacht, S.49ff.
⁸⁰⁵ Achalm: Burg v. Egino und Rudolf v. Urach um 1030/50 erbaut; erstmals um 1090 genannt; nach dem Aussterben
der Familie wechselt die Burg vielfach ihre Besitzer, bevor sie 1330 v. Kaiser Ludwig an Graf Ulrich III. v. Württemberg verliehen wird; 1346 Umbau und Befestigung; 1360 Rücknahme der Reichspfandschaft; 1376 ist sie im Besitz Eberhards II. v. Württemberg; 1409 ist Konz v. Reischach Burgherr (vgl. LexMA, Bd.8, Sp.1280; G. Schmitt,
Burgenführer, Bd.4, S.281f und 285).
⁸⁰⁶ Die möglicherweise abgesessenen Ritter (anders J. Jacobsen, Schlacht, S.48f) werden v. einem zahlenmäßig
überlegenen städtischen Aufgebot bezwungen und erleiden unverhältnismäßig hohe Verluste. Diese „wohl ver-
meidbar gewesene Niederlage" (Haus Württemberg, S.38) führt zum Rothenburger Sühnevertrag und damit zum
Umschwung innerhalb des Städtekrieges (vgl. ebd., S.38 und E. Holtz, Reichsstädte, S.46ff und Anm.).
⁸⁰⁷ Dem verwundeten Graf Ulrich gelingt mit der restlichen Mannschaft die Flucht vom Schlachtfeld auf die Burg
Achalm (vgl. Haus Württemberg, S.38). Dadurch erklärt sich auch die vorherige Formulierung „one die, die vff
<u>achalm</u> gefůrt wurdend".
⁸⁰⁸ Um welchen Angehörigen des Rittergeschlechts Sachsenheim (erster Beleg 1090) es sich hier handelt, kann nicht
eruiert werden (vgl. auch fol.81^v die beiden genannten Toten der Familie namens Berthold und Friedrich). Auch in
anderen Quellen ist sein Vorname nicht erwähnt. Mit Blick auf die bisherigen genealogischen Forschungen könnte es
sich bspw. um Konrad v. Sachsenheim, gen. zu Magenheim (nimmt 1368 an der Seite seines Neffen Schwarzher-
mann an der Fehde gegen die Grafen v. Württemberg teil), um Großhans v. Sachsenheim (gen. 1374 und 1378) oder
um einen der Söhne von Hans v. Sachsenheim (gest. 1372) handeln (vgl. K. Bachteler, Großsachsenheim, S.32ff
sowie H. Luithle, Die Sachsenheimer).

25 die noch verloren sind. **D**ie knecht hond vns geseitt, | **S**y manglind^h <u>sechs</u>
<u>vnd achtzig herr(r)en</u>, <u>Ritter</u> vnd <u>knecht</u>. **W**ir | habend och **a**ller dero hab,
nichtz vsgenomen, mit vns jn vnser stat | gefůrt. **v**nd ist der <u>ju(n)g her</u> von
<u>wirttemberg</u> wund vnd also wu(n)d | da von komen⁸⁰⁷. **W**ir erstauchend
och die **B**anier her(r)en vn(d) fůrt(en) | och die **B**anier mit vns jn vnser
30 statt. **W**ir haben och nit mer | von den gnaden gottes verloren dan(n)
<u>dryzehen man</u>. wir habend | <u>**a**inen von sachsenhain</u>⁸⁰⁸ gefangen. **v**nd was
wir getŏn haben, das |

[81ᵛ|168]ⁱ ᵃtett vns nottᵃ: **w**ir můstend vnser lib, ere vnd gůt retten. **d**ar vm(b) |
hŏrend ir ŭttᵇ, d(a)z wir die <u>her(r)en</u> sŏltend haben genomen gefang= | en.
So versprechendᶜ vns, **w**an wyssend, das alles des kriegs | des von
<u>wirttemberg</u> helffer enkainen vnsern <u>**a**rm man</u>, wie | werlosz er ye
5 gewesen ist, nie woltend gefangen nemen vnd | erstäuchend sy allweg.
Vnd dar vmb ward vnser volk er= | zürnt vnd mocht des nie niema(n)t
gewaltig sin. sy erstăchind | vnd erschlůgind, was sy ankomend. **V**nd
Bittend jwch, d(a)z | ir die tătt anschribendᵈ jn der <u>statt bůch</u>⁸⁰⁹, da jwch
dan(n) bedunkt, | da es nottdürfftig sy. **v**nd tŏnd als wir jŵch getrüwendᵉ.
|

ⁱⁱvon vns dem **B**urg(er)maist(er)
vnd der <u>statt Rüttlingen</u>

15

D(!)isz nachgeschriben <u>her(r)en</u>, <u>Ritter vnd knechte sind</u> an dem | *Totenliste;*
nachsten <u>dornstag</u> nach dem <u>hailigen pfingstag</u>⁸¹⁰ **a**nno etc. | zů frůgem
ymbisz⁸¹¹ vor der stat <u>Rütlingen</u> zwüschen <u>sant lienhart(en)</u> | vnd der
vorstat vff den <u>wysen vnd ăckern</u>⁸¹² erschlagen worden:⁸¹³ |

[81ᵛ|168]

i) *Seite mit fortlaufendem Text, ohne Spalten* ii) *Zz: 2-z., v. der Hd. des Rubr., mroT, links neben dem Text und mit einer Linienführung bis ans Ende des Textes*

a...a) war bitter nötig (v. not tuon: not tun, nötig sein) b) [= ichtes] c) v. versprechen: entschuldigen d) v. anschrîben: aufschreiben, eintragen e) v. getrûwen: (ver-)trauen

⁸⁰⁹ Dieses „Verlangen, das nicht bloß v. Eitelkeit, sondern auch v. großer Unzartheit zeugen würde, und mit dem ganzen Briefton absolut nicht stimmt, (...) beruht (...) auf dem Lesefehler eines Abschreibers" (J. Jacobsen, Schlacht, S.14). Jacobsen nimmt bei einem Vergleich der Überlieferung an, dass dieser Textteil ursprünglich eine Bitte war, „daz ir die tatt schribent an die stett umb üch" (ebd., S.15) bzw. „daß ir diß unser tat schribint und verkündint, als si hie verschriben ist, in all stet, mit namen die um üch gelegen sind, und auch an die stet da üch dunkt das wir des notturftig seien" (ebd., S.34).

⁸¹⁰ Gemeint ist der 21. Mai.

⁸¹¹ Diese nicht zur Angabe im Hauptbericht (vgl. fol.81ʳ wird der Zeitpunkt des Auszuges mit „mordend frů" angegeben) passende Uhrzeit der Schlacht resultiert vermutlich aus einer Verwechslung mit dem Aufbruch v. Dettingen (vgl. J. Jacobsen, Schlacht, S.18 und 37).

⁸¹² Das Schlachtfeld scheint mit großer Wahrscheinlichkeit südöstlich v. Reutlingen, links v. der nach Eningen und Pfullingen führenden Straße gelegen zu haben (vgl. ebd., S.45).

⁸¹³ Die Totenliste wurde vermutlich im Zusammenhang mit dem offiziellen Bericht aus Reutlingen sowie der Erzählung über die Wegführung der Toten an die Bundesstädte verschickt. Interessanterweise ist diese Liste aber

20

J(!)tem <u>Grauff frydrich von zolr von schaltzburg</u> gena(n)t <u>von eselb(er)g</u>, |
<u>Ritter</u>; <u>Grauff Rûdolff der schårer **p**faltzgrauff zů Tüwingen</u>, **h**er(r) | zů
<u>hennenberg</u>; <u>Grauff hansz</u> von <u>schwartzenburg</u>; <u>Her</u>(r) **g**ôtz, der |
schnôder von <u>wintz</u>, haut gefûrt des von <u>wirttemberg</u> **B**anier; | **H**er
25 **R**ainhart von <u>nidberg</u>; **H**er <u>Schwiger</u> von der <u>hohengun=</u> | <u>delfingen</u>,
<u>Ritter</u>, gena(n)t von <u>astetten</u>; **H**er <u>hansz veldnegger</u>, <u>Ritt</u>(er); | **d**er lang
von <u>Er(r)listhain</u>, <u>Ritter</u>; **H**er <u>Berchtold von sachsenhain</u>, | <u>Ritter</u>, des von
<u>wirttemberg</u> <u>Raut</u>, <u>frydrich</u> von <u>Sachsenhain</u> | sin sun; **d**er <u>send</u>, ain <u>frank</u>
<u>Ritter</u>; <u>Wolff von Stamhain</u>, **h**off= | maister des von <u>wirtemberg</u>; **B**entz
30 <u>kayb von hohenstain</u>; <u>Hansz</u> | von <u>lustnow</u> **v**nd ander etc. |

[82ʳᵃ|169]   **N**(!)ach dem **v**nd nun die sch= | lacht **B**eschach, **d**o kame(n)**d** vil | *Ausführung der*
schintfessel^a jn die stat <u>Rütt=</u> | <u>lingen</u>, die dan(n) jr <u>heren</u> <u>ver=</u> | <u>loren</u>   *Toten;*
hattend, **v**nd sûchte(n)**d** | die **b**y **v**ns **v**nd fundend | ir doch nit. **w**ir woltend
och | enkainen **v**ss **v**nser stat **l**aus= | sen fûren, **d**an(n) die ir aigne | **k**necht
5 namptend. **w**an och | die selben <u>knecht</u> **a**lle schwere(n) | **m**ûstend, das iro
dehainer^b | dehainen niendert^c hin fûrte, | es **w**åre **d**an(n) sin aigner <u>her</u>(r), |
den er **v**ns och nennen **m**ûst. | **D**ie selben hattend och all fryd | zů **v**ns **v**nd
von **v**ns. **V**nd | die selben totten lib wurde(n)**d** | all mit **v**nser ferkgu(n)g^d
hin= | weg gefûrt **v**s **v**nser **S**tatt | <u>Rütlingen</u>. |

[82ʳᵇ]   **A**(!)**l**(!)**s** nun der strit beschach ze <u>Rüt=</u> | <u>lingen</u>, **D**o warend die stett | jn   *Rothenburger*
dem pund dauor an dem | nåchsten <u>måntag</u>⁸¹⁴ mit <u>kaiser</u> | **v**nd mit sinem   *Sühnevertrag;*
sun <u>kung wentz=</u> | <u>lao</u> gericht^a **v**mb alle stôsz^b **v**n(**d**) | mishellu(n)g^c/⁸¹⁵.
vnd was der vo(n) | <u>wirttemberg</u> jn der selben rich= | tu(n)g^d och
5 begriffen^e, **D**an(n) **d**(a)z die | richtu(n)g dem von <u>wirttem=</u> | berg dannocht
nit verkündt^f | was. **v**nd och den stetten **d**er | selben richtu(n)g verkündung
| kam all erst bottschafft **a**n de(m) | <u>andren</u> tag, als der stryt be= | schach. |

---

weiterverbreitet (vgl. z.B. Klingenberger Chronik, S.108f, Augsburger Chronik, in: ChrSt, Bd.4, S.51ff oder Nauclerus und Trithemius) als der Bericht zur Schlacht selbst (vgl. J. Jacobsen, Schlacht, S.17f). Vgl. die eigentlich längere Liste (hier v. 60 Personen nur die Nummern 1-12, 15 und 17 genannt, 5 und 6 vertauscht) mit den jeweiligen Angaben zu den teils anders geschriebenen Personen ebd., S.23ff und 34 oder bei K. Keim, Schlacht, S.25ff).

[82ʳᵃ|169]
a) Schildknechte, schildtragende Diener b) keiner c) nirgendwohin d) [=vergunnung]: Erlaubnis, Genehmigung

[82ʳᵇ]
i...i) Wirttenberg] *v. der Hd. des Rubr., mroT*

a) v. richten: richten, vor Gericht stehen b) Zwistigkeiten, feindliche Zusammenstöße c) Uneinigkeit, Zwietracht d) Vergleich, Richterspruch e) v. begrîfen: eingebunden sein f) v. verkünden: verkünden g...g) wegen des großen Verlustes/Schadens

⁸¹⁴ Entsprechend der obigen Angaben handelt es sich um Montag, den 25. Mai 1377.
⁸¹⁵ Auch wenn die Aussagen des Textes über den Zeitpunkt der Verhandlungen nicht mit den uns bekannten realen Begebenheiten übereinstimmen, scheint der sog. Rothenburger Sühnevertrag vom 31. Mai gemeint zu sein.

10 **J**(!)tem do woltend die von <u>wir=</u> | <u>temberg</u> die **R**ichtun(n)g nit hal= | ten ᵍvon der grossen verlustᵍ | so jnen an jren **Rittern** vn(d) | <u>knechten</u> beschenhen was⁸¹⁶. |

ⁱWirttenbergⁱ

15

Wappen des Hauses Württemberg
(4,5x4) (vgl. fol.75ʳᵃ)

[82ᵛ] Leere Seite

[83ʳ] Leere Seite

[83ᵛ]ⁱ Leere Seite

[84ʳ]ⁱ Leere Seite

[84ᵛ] Leere Seite

[85ʳ] Leere Seite

[85ᵛ] Leere Seite

---

⁸¹⁶ Diese Äußerung spielt auf die Tatsache an, dass die genannte Rothenburger Versöhnung letztendlich einen Kompromiss König Wenzels darstellt, der, um die Lage zu beruhigen, auf Kosten der Grafen v. Württemberg geschlossen wird. Während die Städte ihre Forderungen weitgehend erfüllt sehen, bspw. ihren Bund nicht auflösen müssen und Esslingen, Reutlingen, Rottweil sowie Weil das Versprechen erhalten, nicht mehr in die Landvogtei eines Grafen v. Württemberg oder v. Hohenlohe zu kommen, können gerade diese Herren nicht mit dem Ergebnis zufrieden sein. Folglich bestehen die Gegensätze weiter, sind die Kämpfe zwischen den Städten und den v. Württemberg noch keineswegs beendet (vgl. E. Holtz, Reichsstädte, S.48ff).

[83ᵛ]
i) *Seite enthält eine Tintenprobe, mhbrT, im rechten unteren Eck*

[84ʳ]
i) *davor eine Seite herausgerissen, wohl kein Textverlust*

[87ʳ]
i) *mit dieser Seite beginnt eine neue Lage Papier*

[88ʳᵃ|181]
i) Al(!)s] A *3-z. Lomb., v. der Hd. des Rubr., mblT* ii) gestůnd] ge= | SG, *Konjektur nach Stgt [Dambacher (vgl. GLA Karlsruhe 65/299) erg. zu* gewård]

a) Besitz, Reichtum b) Nachbarn, Gefährten c) v. vnderstân/-stên: sich einer Sache annehmen, wagen d) v. behalten: schützen, versorgen

[86ʳ]   Leere Seite

[86ᵛ]   Leere Seite

[87ʳ]ⁱ   Leere Seite

[87ᵛ]   Leere Seite

[88ʳᵃ|181]   Al(!)sⁱ nun disz lang ge[stůnd]ⁱⁱ | vnd die lüt jn gůtem | fryd warend vnd | *Frühgeschichte*
mengklich sasz als **J**n | schirm, **a**ls er sich dan(n) ge= | setzt hett vnd sich   *v. Zürich und*
d(a)z land | vast bessret vnd die lüt | vast zů namend an lüte, | gůt vnd   *Umgebung⁸¹⁸;*
gebüwe, an <u>stetten</u> | vnd vff dem <u>land</u>, **D**o | saussend die <u>von zürrich</u> | jn
5   **R**icher habᵃ, **w**an alles | land ennethalb der <u>lind</u>= | <u>mag</u> jnen zů saig, vnd |
tåttend jren wyllen. **v**n(d) | dar vm(b) **w**an sy nun **S**o | måchtig warend
Vnd | och ennethalb der <u>lindmag</u> | ettwas wol erbuwen w(a)z | von <u>stetten</u>,
als dan(n) <u>zürich</u>, | <u>lucern</u>, <u>Solotran</u>⁸¹⁷, vnd och | vast gůte hüser dar
inne(n) | lagend **V**nd och die vo(n) | <u>**Bern**</u> ir nachgepurenᵇ **v**n(d) | helffer
10   warend, **D**o vnder= | stůndenᶜ sy sich, die <u>pfaffen</u> | ze beschirmend **v**n(d)
vff de(m) | <u>land</u> ze behaltendᵈ, **d**as **S**y | beliben allenthalb vff jren | kilchen
vnd chorherren | pfründen. **V**nd wa sy | dan(n) saussend, da sy nitt |
fliehen můstend vnder | schirm vnd samnungen | vnd stett, als dan(n) die
<u>pfaf</u>= | <u>fen</u> vnd gaistlichen hie | disent der <u>lindmag</u>, da |

[88ʳᵇ]   nit <u>stett</u> noch macht was. | **V**nd aber vmb d(a)z sich | die <u>von zürich</u> ir an
nå= | mend vnd sy ᵃjn ir schirm | vnd hůtᵃ hettend, **D**o můs= | tend sy sich
gebenᵇ alle gaist=ⁱ | lich jn clöstern vnd ouch | wssretᶜ den clöstern, **w**ie |
sy genant warend, vnd | tettend das wyllenclich | vnd ᵈmit gebett vn(d)
5   vrlobᵈ | aines <u>**Byschoffs von Co**</u>= | <u>stentz</u> vnd och aines | <u>**Baupstes**</u>, **d**as sy
jn jro | stürᵉ vnd gebottenᶠ wol= | tend sin, **W**ie sy dan(n) d(a)z | vff sy
leitend. **V**nd | also saussend nun die vo(n) | <u>zürrich</u> jn grossem rich= | tum,
wan grosse **S**türᵍ | vnd iarlich gült viel jn | zů von gaistlichen vnd | von
weltlichen vnd von | allem land. **D**ar zů | hettend sy ir <u>stat zürrich</u>, | hie
10   dishalb der <u>lindmag</u>, | gar wol erbuwen vnd | gebessrot. **V**nd d(a)z macht |
zů den zýten <u>kayser karlo</u> | vnd <u>co(n)sta(n)tino dem künig</u>. | **d**o graiff   *Kaiser Karl vs.*

---

⁸¹⁷ Solothurn (vgl. z.B. LexMA, Bd.7, Sp.2038f; SchwLex, Bd.10, S.378f; HHS, S.608ff).

⁸¹⁸ Vgl. dazu auch die ähnlichen Ausführungen zur Frühgeschichte v. Konstanz und Umgebung auf fol.2ʳᵃff. Zum besseren Verständnis der folgenden Vorstellungen ist zu bedenken, dass es sich bei Zürich, Solothurn und Bern um Städte handelt, die über die Zähringer an die Staufer fielen, sich rasch zu bedeutenden (Reichs-)Städten entwickelten, mittels aktiver Außenpolitik eigene Territorien aufbauten und damit auf wirtschaftlichem, aber auch auf politischem Gebiet zu nicht zu unterschätzenden Machtfaktoren wurden. Bezieht man die Geschichte der Stadt Luzern bzw. die nachstehenden Ereignisse (bis fol.98ᵛᵃ) mit ihrer Bedeutung für die Entstehung der Eidgenossenschaft mit ein und macht sich klar, inwieweit auch Konstanz, das Zentrum der Diözese, durch seine unmittelbare Nähe immer wieder in die Auseinandersetzungen involviert war, als Vermittlerin auftrat und grundsätzlich in engem Kontakt zu eidgenössischen Orten stand, muss der breite Raum, den unsere Chronik Zürich und der Eidgenossenschaft hier einräumt, nicht weiter erklärt werden.

karolus der kay= | ser **a**ls her über die <u>lind</u>= | <u>mag</u> jn disen tail der | stat   *König Constan-*
<u>Consta(n)tino</u> vn(d) wolt | die zwingen zů diensten | vnd ettlichen stüren. *tin*[819];
vn(d) | vm(b) d(a)z **S**o überzoch[h] er sy | offt vnd dick nachtz vn(d) |

[88ᵛᵃ|182]   och ettwen tags vnd macht | dar jnn(en) **S**akman[a] **V**nd | vieng ettlich vnd
schatzt[b] | sy vmb ettwas dienst vn(d) | gůts. **V**nd dan(n) über et= | wie uil
zytes **S**o warend | dan(n) der <u>kayser</u> vnd der | <u>küng</u> wyder fründ **V**n(d) |
also erdauchtend sy nun, | jnen selber ze helffend **v**n(d) | och ettwas mit

5   des <u>küngs</u> | hilff vnd wyllen, der nun | och vil gůtes dar zů ord= | net[c] vnd
schaib[d], die sinen | zů behaltend. **V**nd zů | disem gůt griffend sich | nun
die **R**ichen vn(d) die | hablichen och an **V**nd | machtend ain sŏlich stür, |
das sy was sy hüser hett= | end jn ir stat hie disent | der <u>lindmag</u>, die *Stadtentwick-*
muro= | tend sy alle vornan gen | der strausz vff vn(d) satzte(n)d | ir *lung;*

10   stuben[e] obnan vff jn | die hüser vnd die kam= | ren[f] vndnan[820]/[821]. vnd das |
tettend sy für fürr **v**nd | och d(a)z sy des nachtes de= | ster basz gehŏrn
mŏchten, | **V**nd machtend türen | vnd lŏcher[g] vnd giengen[i] | vsz ainem
husz jn d(a)z an= | der, **w**an(n) sy woltend, das | sy haimlich ze samen ko=
| mend, jn welhes husz sy | dan(n) woltend. **V**nd | was dan(n) yegklich
husz |

[88ᵛᵇ]   costet ze murend vn(d) ze | machend, hett es dan(n) der | huswirt[a] nit ze
bezalend, | rechnot man jm die cost[b] | vnd schlůg jm es zů jår= | lichem
zinsz **o**der wie es | den(n) ainer bezalen mocht, | **a**lso nam man es dan(n)
vo(n) | ainem. **V**nd do es al= | so gemachet was, **W**an(n) | dan(n) <u>kayser</u> *Angriff Kaiser*

5   <u>karle</u> sy über | zoch vnd über vallen | wolt[822], **S**o liessend sy jn jn | die *Karls;*

[88ʳᵇ]
i) gaist=] *Mz: rechter Winkel, beginnend mit einem senkrechten Strich vor g und üdZ bis an das Ende der Seite verlaufend, v. späterer Hd., mBl*

a...a) unter ihrem Schutz b) v. geben: sich in eine Herrschaft begeben, sich unterwerfen c) außerhalb d...d) auf Bitte und Erlaubnis e) Führung, Herrschaft f) Herrschaft mit allen Rechten und Pflichten g) Steuer, Abgabe h) v. überziehen: überfallen

[819] Vgl. zu diesen beiden anachronistischen Gestalten, denen hier wie schon bei Konstanz an der Gründung bzw. Entwicklung der Stadt ein entscheidender Anteil zugeschrieben wird, fol.1ʳᵃf bzw. 2ʳᵃff und Kapitel A.5.1.2.

[88ᵛᵃ|182]
i) giengen] geng *Stgt*

a) Plünderungszug b) v. schatzen: (um Geld oder Gegenwert) freilassen c) v. ordnen: anordnen d) v. schĩben: zuweisen, zur Verfügung stellen e) (beheizbare) Zimmer, Wohnräume f) (Schlaf-)Kammern g) versteckte Zugänge, Geheimgänge

[820] Vgl. zur topographischen Entwicklung v. Zürich z.B. die auf neueren archäologischen Untersuchungen beruhenden Ausführungen v. J.E. Schneider, in: Stadtluft, Hirsebrei, S.68-91.
[821] Vgl. allg. zum städtischen Hausbau die Ausführungen in ebd., S.224-287 u.a. mit Bemerkungen zum steinernen Wohnbau in Zürich (v. M. Untermann/J.E. Schneider, S.239-248).

[88ᵛᵇ]
i) drÿ] *Punkte über ÿ mroT*

gassen komen **V**nd | wurffend dan(n) allentt= | halben **R**igel^c, für vn(d)
tro= | men^d, die dar zů gemacht | warend, **v**nd ^evermach= | tend vnd
verlaintend | zů baiden syten^e, **d**as sy | da von nit mochtend | komen, **v**nd
wurffend | dan(n) aber an <u>drÿ</u>^i oder <u>vier</u> | enden rigel vnd tramen |
10 zwüschen sy, d(a)z sy anan= | der nit mochtend hilff= | lich sin. **v**nd
warend | dan(n) die <u>wyb</u> da mit hais | sem wasser vnd åschen^f | **v**nd mist^g
vnder sy schute(n)d= | tend^h **v**nd mit staynen | mit den mannen jn sy |
wurffend, **d**(a)z ir gar we= | nig da von kamen. vn(d) | enttrun(n)en ettwen
ir | kainer. **v**nd mit dem er= | wurbend sy jnen selber |

[89ra|183]   ^i# Anno M CCC xl jar #^i   *1340*

fryd. **A**ber der <u>kayser</u> ward | dar nach den <u>wyben</u> also vi= | gend, das er
jnen vil rech= | ten^a machet **v**nd vff satzt, | die die von <u>zürich</u> noch | hüt by
tag haltend. |

5

Stadtwappen Zürich[823]
(2,5x2,5)
(blau-silber rechtsgeschrägter Schild)

10 **U**nd^ii als nun die vo(n) | <u>zürrich</u> **a**lso jn g[r]os= | ser^iii wirdikait sassend   *Vormachtstel-*
vn(d) | jnen alles land zů saig | **v**nd jren gebotten gehor= | sam was, **D**o   *lung v. Zürich;*
namen | sy jnen selber für, wie sy | ain <u>kayserliche stat</u> wåren, | **d**ar vmb
sy billich^b etwas | nach sinem gewalt grif= | en sôltend, **w**an sy doch d(a)z
| wol vermôchtend **a**n ir | lib vnd gůt; **V**nd hůbe(n)d | nun an vnd woltend
15 vo(n) | ainem rechten haben, **d**as | das jnen die lüt tettend vo(n) | min(n)
vnd liebin, **d**an(n) sy won= | dend sitzen **a**ls vnder <u>Con</u>= | <u>stantino</u> dem
<u>küng</u> vnd | och dem <u>kayser karolo</u>, vo(n) | den baiden <u>heren</u> niema(n)t |
vast zwungen ward **d**an(n) | gar vm(b) gliche zymliche^c | ding. **N**un das
^dlannd | volk^d vm(b) <u>zürich</u> mocht | sich nun wyder die von | <u>zürich</u> nit
gesetzen **v**nd |

[89rb] můstend jnen gehorsam sin. | **v**nd also griffend sy nach | den <u>schwitzern</u>   *Zürich vs.*

---

a) Hausherr b) Kosten, Aufwand c) Querstangen zum Absperren der Straße d) Balken mit derselben Funktion wie c)
e...e) sperrten beidseitig ab f) Asche, Feuerglut g) Mist, Kot, Unrat h) v. schuten: schütten, gießen, werfen

[822] Möglicherweise verbirgt sich hinter diesen Ausführungen eine Erinnerung an die Belagerung v. Zürich durch
König Karl IV., der nach mehreren fehlgeschlagenen Vermittlungsversuchen im Aug. und Sept. des Jahres 1354 Herzog Albrecht II. v. Österreich in seinem Kampf gegen das eidgenössische Bündnis v. Luzern, den drei Waldstätten
und Zürich unterstützend, mit einem Reichsheer und habsburgischen Truppen die Stadt bedrohte. Ohne die Vertei-
digungslinie zu durchbrechen, beendet Karl IV. die Belagerung nach nur einer Woche und zieht zur Kaiserkrönung
nach Rom (vgl. A. Largiadèr, Zürich, S.141f; B. Meyer, Bildung, S.154ff; H.C. Peyer, Entstehung, S.215 und
W. Baum, Reichs- und Territorialgewalt, S.116ff).

[89ra|183]
i...i) # Anno M CCC xl jar #] *v. der Hd. des Rubr., mroT* ii) Und] U *2-z. Lomb., v. der Hd. des Rubr., mroT* iii)
g[r]os= | ser] r *fehlt, o üdZ SG, Konjektur nach Stgt*

a) Gesetze, Vorschriften b) rechtmäßig c) angemessene d...d) Landbevölkerung, Bewohner des Umlandes

[823] Vgl. RiDrS 238^v, 1,2; Siebm. I,4, Taf.32, 4,4 (Farben umgekehrt); WBL, S.42; J. Louda, Städtewappen, Nr.319.

och vn(d) main= | tend, die och jn ir gehorsa= | mi^a zebringend, **W**an(n)   *Schwyz^824;*
Sy | doch die wårend, die den | stůl **v**nd d(a)z erb des <u>kaysers</u> | jnnehettend
vnd besåssend | **v**nd besessen hettend so vil | zytes vnd d(a)z sich
5   niema(n)t | ^bwyder sy satzte^b. **D**as aber | die <u>schwytzer</u> nit entón wol= |
tend vnd sprachend, sy wå= | rend aines <u>kaysers</u>, der såsse | nun ze mal ze
<u>Rom</u>, was | sy dem tŏn sŏlten vo(n) billich | vnd mit recht, **w**ŏltend sy |
geren ton, **e**s wåre mit lib | oder mit gůt. **V**nd also | nach gar vil worten
vnd | tagen, das sy zesamen tette(n)d, | hůbend sy an ze kriege(n)d. vn(d) |
recht jn dem jare |
10   **Als**^i man von der gepurt | vnsers lieben heren <u>cristi</u> | zalt <u>tusend
drühundert</u> vn(d) | <u>vie(r)tzig</u> jare **d**o strittend die | <u>von zürich</u> vn(d) die   *1340 (!)*
<u>vo(n) switz</u>^ii | mit ain ander vor der burg | zů <u>lopen</u>^825/^826 vnd schadgotend^c   *Schlacht bei*
| ainander **d**a so gelich, das | da nit gesait ward, **w**eder | tail mer verlorn   *Laupen;*
oder sig | genomen hab^827. **V**nd | gelich dar nach über <u>fünff</u> | jar do zugend   *weitere*
15   die von <u>zür</u>= | <u>rich</u> gen <u>schwitz</u> vn(d) die <u>sch</u>= | <u>witzer</u> kamend an sy vnd | *Schlacht;*
[89va|184] strittend mit jn vnd ersch= | lůgend vil **Burger** von | <u>chür</u>^828 vnd <u>edler drÿ</u>^i
von | <u>Bichelsee</u>^829, warend **Ritter**, | vnd <u>dry</u> von <u>winuelden</u>, | warend

---

[89rb]
i) Als] A *2-z. Lomb., v. der Hd. des Rubr., mblT* ii) <u>switz</u>] switz= | *SG, Fehler des Rubr., Emendation nach Stgt*

a) Gehorsam(-keit), Unterwerfung b...b) ihnen widerstand c) v. schadgen: schädigen, vernichten

^824 Es ist nicht ganz klar, worauf sich diese Äußerungen einer Feindschaft zwischen Zürich und Schwyz beziehen. Beide Städte findet man bis zum sog. „Alten Züricherkrieg" bei einer „fast verwirrenden, nach allen Seiten hin reichenden Bündnispolitik" (H.C. Peyer, Entstehung, S.206) Zürichs v.a. in der ersten Hälfte des 14. Jhs. (vgl. z.B. 1356 das Bündnis mit Österreich trotz des Bundes mit den Eidgenossen) in Auseinandersetzungen immer wieder verbündet auf einer Seite (vgl. z.B. das Bündnis v. Okt. 1291, Bund v. Mai 1351 oder der sog. „Pfaffenbrief" v. 1370). Möglicherweise handelt es sich aber um eine Reminiszenz an die Gegnerschaft während des Thronstreits zwischen Ludwig dem Bayern und Friedrich v. Österreich. Während die drei Waldstätte Uri, Unterwalden und Schwyz aufseiten des bayrischen Prätendenten standen, kämpfte ein Züricher Aufgebot bei der Schlacht am Morgarten (1315) für den Habsburger (vgl. U. Im Hof, Geschichte der Schweiz, S.26 und P.F. Kramml, Bund, S.300 und Quellen bei K. Ruser, Urkunden, Bd.II,1, S.33ff, allg. Eidgenossenschaft, und S.122ff, Zürich).
^825 Laupen, Kt. Bern (vgl. z.B. SchwLex, Bd.7, S.183f; HHS, S.332ff).
^826 Schlacht bei Laupen: Nachdem Ludwig der Bayer dem Grafen v. Neuenburg-Valangin die Reichssteuer v. Bern und Solothurn verpfändet hat, kommt es nach einem Raub- und Verwüstungskrieg zwischen Bern einerseits und dem Adel und Freiburg andererseits und nach einer Belagerung der Burgstadt Laupen am Abend des 21. Juni 1339 vor der Stadt zu einer offenen Feldschlacht. Da den eigentlichen Hintergrund die Expansionspolitik Berns und der Plan eines Feldzugs Ludwigs nach Burgund gegen den feindlichen Papst in Avignon bilden, stehen den Bernern, die durch Oberländer und besoldete Krieger aus den Waldstätten verstärkt werden, eine große v. englischen Hilfsgeldern unterstützte Koalition aus Freiburgern i.Ü., zahlreichen Grafen und Herren aus dem Waadt, dem Gruyère und Kleinburgund sowie bspw. den Bischöfen v. Basel und Lausanne gegenüber. Das leichtbewaffnete Fußvolk aus der Innerschweiz hält hierbei der ritteradligen Reiterei (je 5.000-6.000 Mann) durchaus stand (vgl. LexMA, Bd.5, Sp.1756; SchwLex, Bd.7, S.184; H.C. Peyer, Entstehung, S.222f und ausführlich R. Feller, Geschichte Berns, S.129ff).
^827 Die Schlacht endet mit hohen Verlusten auf beiden Seiten; ein Erfolg für die eine oder andere Seite stellt sich jedoch nicht ein. Nach einem langen Kleinkrieg vermittelt Königin Agnes schließlich einen Frieden, der die vorherigen Verhältnisse festschreibt (vgl. R. Feller, Geschichte Berns, S.139ff).

[89va|184]
i) drÿ] *Punkte über* ÿ *mroT*

brůder, **vn(d)** vier | von landenberg vn(d) sust | vil edler, der namen nicht |
wyst ist. **J**ro sind aber mer | dan(n) tusend die erschlagen | wurdend[830]. |

[90ra|185]   ^i Anno M CCC lij jar #^i   *1352*

N(!)un dar nach über süben | jar, **D**as was als man vo(n) | der gepurt cristi
zalt tuse(n)t | drühundert fünfftzig vn(d) | zway jar, **D**o kamend die | vo(n) *1352*
zürich vnd die von | swytz ze samen vor der | stat zů **B**aden by de(m) *Schlacht bei*
5   galgen | vff dem **B**erg, **d**en man ne- | nnet den **B**ad berg. **V**nd | wurdent vil *Baden[831];*
erschlagen | zů Baiden syten. **d**ar vmb | aber nit gesait wirt, weder | tail
oblag **o**der wer erschla= | gen^a sy. |

^ii **Z**ů͛rich # Schwitz^ii

10

Städtewappen
zwei Schilde (3x2,5) (3x2,5)
(rechts: Stadtwappen Zürich, vgl. fol.89ra)
(links: Stadtwappen Schwyz[832]: roter Schild)

[90rb] **D**es yetzgena(n)ten jårs jn | dem **M**ayen an sant pangra= | tius tag[833] **D**o *Schlacht bei*
beschach der | strit zů **C**urwalhen, **d**o der | alt grauff von werdembe(r)g | *Ilanz[834];*

---

[828] Chur (vgl. z.B. LexMA, Bd.2, Sp.2056-2060, hier Sp.2056f; SchwLex, Bd.3, S.39f; HHS, S.138ff).
[829] Herren v. Bichelsee: Ministerialengeschlecht des Klosters St. Gallen; erstes urkundliches Auftreten 1209; zeitweise Verwalter toggenburgischen Lehens; nur bis ins 14. Jh. nachgewiesen. Ob und wenn ja, welche Angehörigen
dieser Familie hier zu Tode kommen, ist nicht mehr rekonstruierbar. R. Braun, Bichelsee erwähnt kein solches Ereignis (vgl. ebd., S.32-117; SchwLex, Bd.2, S.134).
[830] Die genauen Hintergründe dieses Ereignisses konnten nicht ermittelt werden. Möglicherweise handelt es sich um
die „stoeze vnd missehelung", die am 4. April 1347 gerichtet werden (vgl. EA, Bd.1, Nr.73, S.25f).

[90ra|185]
i…i) Anno M CCC lij jar #] *v. der Hd. des Rubr., mroT* ii…ii) Zů͛rich # Schwitz] *v. der Hd. des Rubr., mroT*

a) v. erschlagen: vernichten, besiegen

[831] Nach dem Bündnis zwischen Zürich und den drei Waldstätten sowie Luzern vom 1. Mai 1351 kommt es unweigerlich zur Fehde mit Österreich. Eine erste Belagerung v. Zürich durch Herzog Albrecht II. im Herbst 1351 wird
durch Friedensverhandlung noch abgewendet. Zu Weihnachten desselben Jahres gelingt den Zürichern ein Raubzug
gegen das habsburgische Baden. Sie werden auf dem Heimweg am Stephanstag in Tätwil gestellt, wehren sich „tapfer" und kehren nach einem unentschiedenen Kampf wieder nach Zürich zurück (vgl. A. Largiadèr, Zürich, S.141
und B. Meyer, Bildung, S.21f).
[832] Vgl. RiDrS 238^v, 3,1; Siebm. I, Taf.222, 1,6; Siebm. I,4, Taf.315, 4,3; WBL, S.59. Das sonst häufig den Schild
zierende geradarmige kleine Kreuz auf der heraldisch linken oberen Seite fehlt.

[90rb]
i) frÿd] *Punkte über ÿ mroT*

[833] 12. Mai.
[834] Vgl. die beinahe identischen Ausführungen auf fol.50vb.

vnd der ju(n)g sin sun, da hin | geraiset warend. **d**o verlu= | rend gar vil   *Totenliste;*
erber **R**itter vn(d) | <u>knecht</u> vnd namlich: <u>graff</u> | <u>hainrich von hohemberg</u>, |
5   <u>her albrecht</u> vo(n) <u>Bussnang</u>, | zwen von <u>Marchdorff</u>, <u>her</u> | <u>hainrich von</u>
<u>Clingenberg</u>, | <u>Albrecht</u> von <u>Stainek</u>, <u>frank</u> | von <u>B</u>ollingen, <u>h</u>er egloff |
von <u>honburg</u>, **B**urkart vo(n) | hohenuels, **A**iner vo(n) <u>brait=</u> | <u>tenstain</u>,
<u>Eglin</u> von <u>Rosem=</u> | <u>berg</u> **V**nd sust vil ander | lüt von den <u>stetten</u> vn(d) <u>ab</u> |
dem <u>land</u>, **D**ero aller namen | růwe(n)t jn dem gnadrichen | frӱdⁱ <u>vnsers</u>
<u>her(r)en</u>. |

[90va|186]   ⁱAnno M CCC lxx jar #ⁱ   *1370*

Esⁱⁱ was nun zů den | zyten, das die von | <u>zürrich</u> lang krieg hetten | by   *Kriegsverlauf;*
<u>zwölff</u> jaren mit den | vo(n) <u>schwitz</u> **v**nd sich ^avast | enblôst hettend^a ir hab
vn(d) | Barschafft **v**nd och vil | lüt vnd gůt verlorn hat= | tend, yetz da
5   dan(n) dôrt, d(a)z | sy sich ^bbesorgtend, wie^b sy | es füro nit erharren^c
môch= | ten vnd vsbringen^d, **V**nd | wurdend ze raut vn(d) wur= | bend^e an
ainen her(r)en von | **O**^ester(r)ich **v**nd ergaben sich | dem mit ir(er) stat⁸³⁵
vnd dem | das sy dan(n) hattend vn(d) ver= | mochtend. **V**nd der hertz= | *Leopold III. v.*
og <u>hiesz</u> lüpolt **V**nd der | vnderzoch sich des kayser | thůms **v**nd nam sich   *Österreich;*
10   ir | an **v**nd halff jn **V**nd | was och by dem obgesch= | riben strit vor der stat
zů | **B**aden der jar zal cristi **a**ls | vor stat⁸³⁶. ⁱⁱⁱ|
Nun der hertzog gedaucht | ze werbend **a**n ainen küng | von <u>frankrich</u>⁸³⁷   *König Karl V. v.*
vnd überkam | mit jm vmb ain gůt, das | er jm dan(n) verhiesz, das er | jm   *Frankreich;*
ain volk^f lech^g vnd zů | schaib⁸³⁸. **A**ber der küng | der schraib ainen
15   zůspruch^h, | **d**ar vmb er disz land über= | ziehen wôlt, vmb d(a)z man | sich jn disen landen dester | minder versåhe, was man | mit dem volk

[90va|186]

i...i) Anno M CCC lxx jar #] *v. der Hd. des Rubr., mroT* ii) Es] E *2-z. Lomb., v. der Hd. des Rubr., mblT* iii)
Bemerkung v. späterer Hd., mBl: 1352 Stu.Cod.

a...a) gänzlich verloren hatten b...b) befürchteten, dass c) v. erharren: ertragen, erdulden d) v. vsbringen: standhalten
e) v. werben: sich bittend an jmdn. wenden f) Heer, Kriegstruppe g) v. lîhen: zur Verfügung stellen h) Anklage,
rechtliche Forderung i) v. fürnëmen: angreifen

⁸³⁵ Angesichts der flexiblen Züricher Bündnispolitik im 14. Jh. ist unklar, worauf sich diese Äußerungen beziehen.
So könnte z.B. der „Regensburger Friede" v. 1355 und das sich daran anschließende Bündnis v. Zürich mit dem
Landvogt Albert v. Puchheim bzw. Albrecht II. v. 1356 oder der v. Zürich, Bern und Luzern 1371 vermittelte und im
Okt. 1375 verlängerte Waffenstillstand zwischen der Eidgenossenschaft und den Habsburgern gemeint sein (vgl.
W. Baum, Reichs- und Territorialgewalt, S.118ff, 168 und 174).
⁸³⁶ Vgl. die Ausführungen auf fol.90ra.
⁸³⁷ Gemeint ist König Karl V. v. Frankreich: geb. am 21. Jan. 1338; König sei 1364 bis 1380; gest. am 16. Sept. 1380
(vgl. LexMA, Bd.5, Sp.975ff).
⁸³⁸ Im Zuge des Streits um das Schisma v. Avignon tritt Leopold III. rasch auf die Seite v. Clemens VII. (vs. Albrecht
III., der dem röm. Papst Obödienz leistet) und entwickelt sich zu einem der entschiedensten Vertreter der Clementisten im Reich. Anfang 1379 (!), d.h. nach dem Guglerkrieg, richtet Herzog Ludwig v. Anjou, der jüngere Bruder des
Königs v. Frankreich, ein Schreiben an Leopold, in dem er ihm bei Angriffen v. kirchenpolitischen Gegnern Hilfe
zusagt. Nachweislich versucht die clementistische Partei hierbei, Leopold mit der Kaiserkrone zu ködern (vgl.
W. Baum, Reichs- und Territorialgewalt, S.180; LexMA, Bd.1, Sp.19ff, hier v.a. Sp.20).

fürnemen^{i)} | wôlte Vnd sprach, wie |

[90vb] das der hertzog von <u>küssin</u>^{839} | für sin küngklich cron ko= | men wåre vnd *Enguerrand VII.*
sich der | erclegt^{a} hett, wie das jm | <u>hertzog lüpolt</u> von O^{e}ster= | rich sin *v. Coucy;*
mûtterlich erb | ^{b}vor hielte^{b} vnd jm d(a)z nit | volgen^{c} laussen wôlte, dar= | *Guglerkrieg^{841};*
vmb er jm hilfflich sin | vnd ^{d}zů ainem glichen^{d} rech= | ten bystand^{e} ton
5   wôlte^{840} als | verre sin küngrich vnd | macht das vermôchte | vnd maint nit,
das die vo(n) | swytz verston sôltend, das | er ain volk dem hertzogen |
lieb jn dise land sandtte. |

Wappen des französischen Königs
10   (2,5x2,5) (vgl. fol.9^{v})
(Würdezeichen: Königskrone mit einem Bogen: 1)

V(!)nd nun also jn dem jar | do man von der gepurtt | cristi zalt <u>tusend</u>
<u>drühun</u>= | <u>dert vnd sübentzig</u> jaure | do schickt der selb küng vo(n) | *1370 (!)*
15 <u>frankrich</u> vil folks her vsz | jn disz land, wol <u>sechs tusend</u> | ze rosz Vnd
ain grosses | volk ze fûsse, warend arm | knecht vnd verdorben^{f} lüt | von
krieg jn <u>frankrich</u> vn(d) | och jn andren landen, die | an <u>frankrich</u>
stiessend^{g}. vn(d) | luff also von allerlay volk | zů von <u>engellend</u>, von
<u>fra(n)k</u>= | <u>rich</u>, von <u>Britania</u>, wålschen |
[91ra|187] landen vnd tütschen vnd | das jro so vil was, d(a)z man | sy nit schåtzen
kund vnd | luffend on vffhôren zů^{842}. | Wenn(n) sy aber ettwe lang an |

[90vb]
i) also] *Teil des Wappens ragt in den Text*

a) v. erclagen: sich beklagen b...b) v. vorhalten: vorenthalten c) v. volgen: zu Teil werden d...d) außerdem e)
Beistand, Hilfe f) verdorben, schlecht g) v. stôzen: angrenzen

^{839} Enguerrand (Ingelram) VII. v. Coucy: geb. um 1340; Eltern: Enguerrand VI. und Katharina, Tochter des Habsburgers Leopold I.; verheiratet mit der Tochter des Plantagenêts Eduard III., König v. England; Graf v. Soissons; Heerführer im Hundertjährigen Krieg; Teilnahme am Kampf Papst Gregors XI. gegen die Visconti und am Kreuzzug
gegen Nikopolis; gest. am 18. Feb. 1397 (vgl. B. Lang, Guglerkrieg, S.21-41; LexMA, Bd.3, Sp.307f).
^{840} Karl V., möglicherweise froh, die während einer Waffenruhe 1375 unbeschäftigten Söldner außerhalb des eigenen
Landes zu wissen, unterstützt das Vorhaben Enguerrands finanziell (vgl. R. Feller, Geschichte Berns, S.177; B. Lang,
Guglerkrieg, S.42)
^{841} Die im Folgenden geschilderten Ereignisse (bis fol. 93va) gehören dem sog. Guglerkrieg an. Hintergrund dieses
Vorstoßes der wegen ihrer Kopfbedeckung (vgl. latein. cucullae) in den Quellen als „Gugler" oder „Engländer" be-
zeichneten Söldnerscharen (vgl. zum Namen: B. Lang, Guglerkrieg, S.59 und 153-158) gegen den Aareraum im
Spätherbst und Winter 1375 sind erbrechtliche Ansprüche v. Enguerrand VII. auf das habsburgische Muttergut. Vgl.
das daraufhin v. Leopold III. am 13. Okt. abgeschlossene befristete Waffenbündnis mit den Eidgenossen (K. Ruser,
Urkunden, II,1, S.279) (vgl. allg. hierzu und zum Folgenden B. Lang, Guglerkrieg; R. Feller, Geschichte Berns,
S.177ff; W. Schaufelberger, Spätmittelalter, S.255f; SchwLex, Bd.5, S.246).

[91ra|187]
i) der] *fehlt SG, Konjektur nach Stgt und W* ii) wa] *was SG* iii) <u>Küssin</u>] <u>Rissen</u> *SG, Konjektur nach fol.90vb*

a...a) v. gewar werden: bemerken b) v. fliehen: fliehen, flüchten c) v. ziehen: zurückziehen d) Entbehrung, Mangel

ainem end lagend jn dem | land vnd dan(n) ^agewar wur | den^a [der]ⁱ enge
des lands Vnd | d(a)z mengklich geflôhnett^b | vnd sich gezogen^c hetten | jn
5   die stett⁸⁴³, So machtend sy | sich dan(n) wyder vsser dem | land, dan(n) sy
forchten sich, | mangel^d vnd hunger haben. | Vnd dar vmb welhe zů |
verlieren hettend, die zu= | gend bald wyder vsz dem | land. Vnd dar
vm(b) kund | das fûsz volk niemand ge= | schåtzen, dan(n) wan(n) iro hüt |
so vil was, dan(n) morn oder | des <u>vierden</u> tags so was | jro nit als vil.
10   **D**och was ir | one zal vnd vil vn(d) wůs= | tend vnd tettend grossen |
schaden, waⁱⁱ sy an kamend | an froen, an kinden, an ge= | sunden vnd an
siechen, | dan(n) sy littend ze mal gros= | sen hunger vnd armůt, | dan(n)
mengklich hett sich | vor jn ab dem land jn die | stett gezogen vnd wa er |
sich dan(n) enthalten mocht. | **E**s warend och für war | grosz her(r)en
15   vnder jnen | vnd vil edler lüt: der <u>her=</u> | <u>tzog</u> von <u>Küssin</u>ⁱⁱⁱ/ vnd her | <u>jwan</u>
<u>von galis</u>, vnd den | nampt man och den <u>prin=</u> | <u>cipat</u>, vnd des selben
brůd(er) |
[91rb]   vnd sin vetter vnd sust ain | grosser her(r), den nampt man | den <u>vaisden</u>^a
<u>ochsen</u>.⁸⁴⁴ vn(d) der | selb <u>vaisdt ochs</u> vacht mit | ainem her(r)en, **h(er)n**   *Schlacht bei*

---

⁸⁴² Während des sog. Hundertjährigen Krieges zwischen England und Frankreich (1328-1453) fallen in Spanien, Italien, Burgund, im Elsass und am Oberrhein, aber auch in anderen Gebieten des Reiches während einer Waffenruhe immer wieder plündernde Soldatengruppen ein, die sich teils gegen entferntere Ziele ablenken ließen (vgl. den Feldzug Arnolds v. Cervola 1360-65, dazu bspw. B. Lang, Guglerkrieg, S.11-20, oder die Armagnaken, 1439-45, in unserer Chronik fol.180^{ra}ff). Obwohl sich die folgenden Ereignisse auf den etwas anders gelagerten Konflikt zwischen Herzog Leopold III. und Enguerrand de Coucy beziehen, scheint die Chronik grundsätzlich – wie dies auch in anderen Zeugnissen des Öfteren nachweisbar ist (vgl. R. v. Liliencron (Hg.), Volkslieder, Nr.25, S.86ff) – mit diesen Kämpfen das Phänomen der plündernden Soldaten zu assoziieren. Die Zahl der an dem Zug beteiligten Personen variiert in den verschiedenen Chroniken und scheint meist viel zu hoch gegriffen. Während Königshofen v. „15 hundert glesen" (C. Hegel (Hg.), Chroniken, S.818) spricht und an anderer Stelle v. 60.000 Pferden oder mehr ausgeht, erwähnt Justinger das „größte Heer, das je vorher noch nachher gesehen worden war" mit über 80.000 Pferden plus Fußvolk. Die Klingenberger Chronik nennt 100.000 und die Züricher Chronik 300.000 Beteiligte. R. Feller schätzt – auch dies eine enorme Zahl – 40.000 Mann, während B. Lang davon ausgeht, dass es sich um rund 22.000 bis 23.000 Beteiligte handelte (vgl. B. Lang, Guglerkrieg, S.54-59; W. Schaufelberger, Spätmittelalter, S.256, Anm.53).

⁸⁴³ Angesichts der großen Zahl v. Soldaten war man bemüht, sich in den sichereren Städten zu versammeln und diese (vgl. z.B. Aarberg und Thun) zu befestigen (vgl. die Beschreibung solcher Maßnahmen auf fol.91^{va}f).

[91rb]
i) gefangen] g *durch Tintenfleck (Korrektur?) verderbt* ii) Sy] S *3-z. Lomb., v. der Hd. des Rubr., mroT*

a) dicken, fetten b) v. sichern: unterwerfen c) kühn, mutig d) wagemutig, entschlossen e) wahllos f) v. åchten: sich kümmern um g) v. abloufen: überrennen

⁸⁴⁴ Enguerrand v. Coucy (nicht nur einer unter vielen, sondern der Initiator!) versammelt sein Heer um Metz, zieht zunächst ins Elsass ein. Hierbei bildet er sog. Gesellschaften oder Kompanien unter befehlsgewaltigen Hauptleuten, darunter den hier genannten Jevan ap Eynion ap Ivo v. Wales bzw. Galis (walisischer Fürst; Ritter, v.a. für das franz. Königshaus: Teilnehmer an der Schlacht bei Poitiers und an Kämpfen in der Lombardei, in Spanien, in Frankreich; 1378 ermordet), der wie andere Adlige auch zur Unterstützung aus England anreiste, oder Johann v. Vienne (aus burgundischem Adel; geb. um 1341; Cousin des Bischofs v. Basel; Admiral der franz. Königs; Teilnehmer an zahlreichen Schlachten und an den Kreuzzügen nach Konstantinopel und Afrika 1390; gest. am 26. Sept. 1396 in der Schlacht bei Nikopolis). Um die Not, die durch die Politik Leopolds III. (Verwüstung des Landes und dadurch Vertreibung des Gegners durch Hunger und den zu erwartenden Winter) verursacht wird, zumindest einigermaßen zu mildern, verteilen sich die einzelnen kleineren Heeresgruppen über das gesamte Aaregebiet. Während die Hauptleute

Cristan | von <u>froenberg</u>[845], vnd lag jm | och ob vnd sichret[b] jn vnd | fůrt jn   *Breisach;*
mit jm enweg; vn(d) | disz vechten beschach vor | <u>Brysach</u>[846]. vnd hielt jn
5 ouch | **a**lso **B**y jm gefangen[i], **a**lso lang | vnd sy jn dem land warend | vnd
fůrt jn do mit jm enweg. |

Sy[ii] gewonnend gar vil | klainer stǎttlin, dan(n) ir | grosser hunger vnd   *Kriegs-*
10 armůt | macht sy gar gedurstig[c] vn(d) | verwegenlich[d], das sy recht | *verlauf*[847]*;*
blintlichen[e] an die klainen | stǎtlin luffend, vnd iro gar | vil da durch
erworffen, er= | schossen, erstochen vn(d) erschla= | gen wurdend, des sy
doch nit | vil achtotend[f], dan(n) jro was | ze mal vil. **V**nd dar vmb | so
luffend[g] sy gar vil dǒrffer, | bürg, **M**ünch vnd froen clǒ= | ster vnd kilchen,
15 vnd was | sy dan(n) abgeloffen mochtend, | ab vnd erstachend wyb, | kind
vnd man, vnd w(a)z sy | ankamend. **V**nd was schǒ= | ner froen warend, die
jnen |
[91va|188] gefielend, die fůrtend sy mit | jnen enweg. **S**i zugend gen | <u>Brysach</u> vnd
nach zů der | statt <u>Basel</u>[848] vnd zugend jn | <u>Burgundia</u> vnd jn v̂cht= | land
vnd wůstend, | was[i] vor jnen was, lüt vn(d) | gůt. vnd mit dem machte(n)d
| sy, das man sy gar übel forcht | <u>jn tütschen</u> landen vn(d) alle(n)t= | halb
5 jn den landen **V**nd | buwet, machet vnd bessret | mengklich die stett, **B**ürg,
| dǒrffer vnd wyler. **V**nd | er getrüwet[a] sich ze enthal= | tend. **V**nd wurden   *Verteidigungs-*
grosz | graben, muren, **T**üll vnd | **B**rustwerinen[b] vn(d) menger= | hand türn   *maßnahmen;*
vnd ǎrgker[c] an | den stetten gemachet, **B**ürg= | en vnd gesǎssen allenthalb |
jn den landen, wie **a**rm die | lüt warend, [d]graiff meng= | clich sich selber
10 an[d], **a**lso d(a)z | man vnd froen vnd och | gewachsne kind werko= | tend[e],
es wǎre an graben, | an muren, an gezimmer, | wie man dan(n) sin

---

hierbei ihre Quartiere t.w. in Klöstern nehmen, ziehen die hungrigen Soldaten plündernd über das Land und überfallen Dörfer und Städte wie z.B. Büren (vgl. die Bemerkungen auf fol.93[ra]f) (vgl. B. Lang, Guglerkrieg, S.77f, 81f;
W. Schaufelberger, Spätmittelalter, S.255f).
[845] Die Identifizierung der in den Quellen genannten am Feldzug beteiligten Personen bereitet oft Schwierigkeiten.
Während der zuvor erwähnte Vetter v. Ivo v. Wales im Soldvertrag namentlich belegt ist, existieren über den Bruder
ebenso wenig Informationen wie über „Siluester grandbow, der faist ochs" (C. v. Schwartzach, Cronica, fol.18[r];
P. Ruppert, Chroniken, S.78 ediert „Sylvester Gransow, der faiß ochs"), oder über „<u>Cristan</u> | von <u>froenberg</u>" (vgl.
B. Lang, Guglerkrieg, S.50ff).
[846] Breisach am Rhein. Hier Aufenthaltsort v. Herzog Leopold III. v. Österreich, der beim Einbruch der Gugler eine
defensive Verteidigungshaltung einnimmt, sowie seines Schwagers Graf Eberhard v. Württemberg und mehrerer
schwäbischer Adliger während der Plünderungszüge im Elsass; Belagerung im Okt. und Nov. (vgl. ebd., S.63, 77).
[847] Vgl. dazu ebd., S.60ff.

[91va|188]
i) was] was | was SG, *Konjektur nach Stgt*

a) v. getrüwen: sich zutrauen b) Pl. v. Brustwehr c) Schießscharte, Erker, besonders an der Burg- oder Stadtmauer
d...d) griffen viele persönlich zu e) v. werken: arbeiten f) v. bedurffen: bedürfen, brauchen g) Schutzräume h) v.
warten: warten auf, erwarten

[848] Die ersten Söldnergruppen erreichen Basel wohl am 2. Dez. Sie ziehen an den Stadtmauern entlang, richten aber –
vermutlich infolge der Witterung, aber auch durch Vermittlung des Bischofs v. Basel – keinen Schaden an (vgl.
B. Lang, Guglerkrieg, S.65, 72ff).

bedorfft^f, | vnd es wåre mit wachen | oder wa zů man dan(n) ains | ordnet
oder schaib. Vnd | wer da nit hett mit gelte | ainen verweser, dan(n) der |
arbait^{849}; vnd des gebw̋ vn(d) | der behůtnüsz^g was vil, d(a)z | die cost die
15 stett noch gesåsz | nit gehaben mocht, **W**an | man was warten^h mer | krieg.
Vnd dar vm(b) grif= |

[91vb] fend die stett sich selber an, | das wyb, gewachsne kind | vnd man
worchtend vn(d) | arbaitend vnd d(a)z tŏn mů̋s= | den von husz ze husz
oder | sinen verweser haben. Vn(d) | wurdend och die hŏltzer^a | verletzinet^b
vnd die weg | veruelt^c, das niemant ge= | wandlen mocht, dan(n) jn | den
5 rechten straussen. #^{i} |

N(!)un als disz volk lang | vmbzugend^d vnd grŏslich | gewůstend, do   *Überfall auf*
warend | sy jn das land komen^{850} vn(d) | über vielend die vo(n) <u>switz</u> | jn   *Schwyzer und*
10 ainem dŏrfflin vn(d) er= | stauchend jro wol <u>fünff</u>= | <u>tzig</u> gůter gesellen,   *Folgen;*
die also | ^{e}vnuerwånter vnd onge= | warnoter sach^e by ainander | lagend jn
ainem husz, vn(d) | ^{f}zarten jren pfenni(n)g^f, spilten | vnd schlieffend vnd
tette(n)d, | das jnen eben was. Vnd | glich bald dar nach vor | <u>winåchten</u>   *Gefecht bei*
marktend^g die | von <u>switz</u> vff sy vn(d) hetten | by jnen die von <u>lucern</u> vn(d)   *Buttisholz;*
15 | die von <u>åntlybůch</u>^{851} vn(d) über | vielend jro wol <u>viertuse(n)t</u> | jn ainem
dorff, haist <u>butt</u>= | <u>unsultz</u>^{852}, vnd verbrante(n)d |

[92ra|189] da jn ainer kilchen vnd ertot= | tend jn der kilchen iro gar vil. | vnd
erstauchend och die an= | dern jn dem dorff. Vnd | welhe och fliehen
woltend | vsz dem dorff, da was es och | besetzt, **a**lso das sy aller dings^a |
all <u>vier tusend</u> vmb kome(n)d, | verdurbend vnd erstochen | wurdend jn

---

849 Wie hier beschrieben, sind auch in anderen Städten (z.B. in Konstanz) die Arbeiten der Bürger an der Stadtbefestigung, die enorme Anforderungen an Arbeitskraft und Finanzmittel stellt, genau geregelt. In Nürnberg bspw. werden alle Einwohner über 12 Jahre verpflichtet, für die Dauer v. zehn Jahren jährlich einen Tag Schanzendienst zu
leisten oder diese Fron mittels einer Geldzahlung abzulösen (vgl. E. Isenmann, Stadt, S.48f).

[91vb]
i) *Zz: v. der Hd. des Rubr., mroT*

a) Wälder b) v. verletzen: mit einer „Letzi" versehen/umgeben c) v. veruallen: versperren d) v. vmbziehen: umher-
ziehen, überfallen e...) völlig unvorbereitet f...) ihren Sold durchbrachten/verspielten g) v. merken: auflauern, ausfindig machen

850 Wie hier durchaus richtig bemerkt wird, gelingt es den Guglern, die angesichts der Verwüstungen nicht umkehren,
sondern vielmehr ohne jeglichen Widerstand weiter in Richtung der habsburgischen Stammlande ziehen, aufgrund
der defensiven Haltung Herzog Leopolds Anfang Dez. über die Jurapässe in das Aaregebiet vorzudringen (vgl.
hierzu ausführlich B. Lang, Guglerkrieg, S.64ff).
851 Entlebuch, Kt. Luzern: wird 1139 erstmals erwähnt; zunächst unter der Herrschaft der Herren v. Wolhusen, dann
der Habsburger; im Winter 1385/86 lässt sich das Amt Entlebuch in das Luzerner Burgrecht aufnehmen; im Guglerkrieg der Politik der verbrannten Erde entsprechend verwüstet; seit 1405 eine Landvogtei Luzerns (vgl. SchwLex,
Bd.3, S.402; HHS, S.185f; B. Lang, Guglerkrieg, S.81; G.P. Marchal, Sempach 1386, S.162ff).
852 Buttisholz, Kt. Luzern: erste urkundliche Erwähnung 1063; Schauplatz des ersten wichtigen Sieges über ein
Guglerheer; Bürgeraufnahmen der Landleute v. Buttisholz durch Luzern 1386 (vgl. SchwLex, Bd.2, S.368; HHS,
S.123; G.P. Marchal, Sempach 1386, S.140).

5 dem selben dorff | vnd kilchen[853]. |

ⁱDie Statt Bern #ⁱ

Stadtwappen Bern[854]
10   (3,5x3,5)
(In Rot ein goldener/beiger Schrägrechtsbalken, darauf ein
schwarzer, rotbezungter, schreitender Bär)

15 Gelichⁱⁱ dar nach <u>an sant</u> | <u>Stephans tag</u> jn den | <u>winåchten</u>[855] do zugend   *Gefecht beim*
die vo(n) | <u>Bern</u> vsz mit <u>fünfftusend</u> | mannen zů den von <u>swytz</u> | vnd   *Kloster Frau-*
kamend jn ain closter, | haist <u>froenbrun(n)en</u>[856], vnd jn | dem lag her <u>ÿwan</u>   *brunnen;*
<u>vo(n) galis</u>[857] | vnd sin brůder vnd sin vetter | wol mit <u>drühundert</u>
<u>spiesen</u>[858]. | vnd die verbrantend sy all | jn dem selben closter vnd er= |
20 ståchend iro vil. vnd do ward | den von <u>Bern</u> vil rosz vnd | harnasch vnd
gar vil gůts |
[92rb] blunders, da sy by jnen hattend, | von silber vnd ^asilber geschirre^a | vnd

---

[92ra|189]
i...i) Die Statt Bern #] *v. der Hd. des Rubr., mroT* ii) Gelich] G *2-z. Lomb., v. der Hd. des Rubr., mblT*

a) gänzlich

[853] Am 25. Dez. fallen in einer Art Verzweiflungstat Bewohner der unmittelbar betroffenen Ämter Entlebuch, Wolhusen und Umgebung, unterstützt v. Luzern und Unterwalden (insgesamt vermutlich 600 Mann; Schwyzer Teilnehmer kommen nur beschränkt in Betracht) bei Buttisholz über ein ca. 3.000 Mann starkes Guglerheer her. Es kommen
wohl um die 350 dieser bis dahin unbesiegten Soldaten, die vermutlich nicht mit einer Attacke der Landbevölkerung
gerechnet haben, ums Leben. Durch diesen Erfolg angetrieben, schlagen die Seeländer mit Zulauf in der Nacht vom
25. auf den 26. Dez. den Feind bei Ins (vgl. B. Lang, Guglerkrieg, S.86-104).
[854] Vgl. RiDrS 238^v, 1,1; Siebm. I, Taf.222, 1,3; Siebm. I,4, Taf.18, 2,3; WBL, S.44, 195; J. Louda, Städtewappen,
Nr.29.
[855] 26. Dez.
[856] Kloster Fraubrunnen (Fraubrunnen, Kt. Bern): 1246 stiften die beiden Grafen Hartmann v. Kyburg ihre Güter in
der Gegend dem Zisterzienserorden zur Gründung eines Frauenklosters (vorheriger Name der Siedlung Mülinen);
rascher Besitzzuwachs des Klosters, das sich neben Königsfelden zum bedeutendsten Frauenkloster im damaligen
Kt. entwickelt; 1280 und hier 1375 fällt das Kloster einem Brand zum Opfer; 1406 kommt die Landvogtei an Bern
(vgl. B. Lang, Guglerkrieg, S.105f; SchwLex, Bd.4, S.264f; HHS, S.208).
[857] Jevan ap Eynion ap Ivo v. Wales bzw. Galis.
[858] Während Ivo v. Wales mit starkem Geleit im Kloster liegt, steht seine Hauptmacht bei Herzogenbuchsee. In der
Nacht vom 26. auf den 27. Dez. überfallen kriegslustige und durch vorherige Niederlagen der Gugler bei Buttisholz
und Ins selbstbewusste Berner (Truppenstärke unbekannt) das Kloster, überraschen die Gugler und ziehen nach
einem erbitterten, aber erfolgreichen Kampf mit reicher Beute wieder in ihre Stadt zurück. Wie viele Gegner getötet
werden konnten, ist ungewiss. Justinger spricht v. über 800 (vgl. die Errichtung einer Gedenktafel bereits im 15. Jh.)
(vgl. ausführlich B. Lang, Guglerkrieg, S.104ff, 193f).

[92rb]
a...a) Silbergefäße, Silbergeschirr b) Kostbarkeiten, Schmuck c...c) Vergnügen hatten d...d) wenn sie in eine
Notsituation kämen e) Mangel f) Perlen g) Helme h) Kleinode, Kostbarkeiten i) v. halten: enthalten j) Bitte k) v.
verbrieffen: durch Unterschrift und Siegel bzw. eine Urkunde bekräftigen

mengerhand gezierd^b, | da durch sy dan(n) jn selber ^{c}lust | emphiengend^c
vnd och dar= | vmb hettend, ^{d}ob sy not an | găn wurde^d, jr mangel vn(d) |
gebruch^e da mit zebůssend | vnd das was an manger | hand gezierd, so sy

5 dan(n) hatte(n)d, | **a**ls silber, gold, edelgestain, | Berlun^f, korallen vnd
meng= | er hand da von, die dan(n) jr | huben^g behenkt hattend da mit | vnd
ander klainat^h, das **S**y | jnen dan(n) gemacht hattend. | **N**(!)un warend die
von | <u>Bern</u> allain by der tăt, wan(n) | die von <u>swytz</u> vnd <u>lucern</u> | vnd von
<u>ăntlinbůch</u> lagend | an ainem andern end. |

10 **D**ie von <u>Bern</u> fundend och | ainen brieff, der dan(n) jren | punt vnd ir   *Bündnisbrief;*
ordnung hielt$^{i)}$, | wie vnd war vmb sy jn disz | land gezogen wărend. **D**a |
durch die von <u>Bern</u> vn(d) die | von <u>schwitz</u> vnd ander jro | aidgenossen
vnderricht vn(d) | gewar wurdend, d(a)z der küng | von <u>frankrich</u> dem
hertzog | <u>lütpolten</u> vo(n) <u>ősterricht</u> vmb | sin gehaisz^j, die er jm verhais= |

15 sen hett ze gebend vn(d) zetůnd, | als er sich gegen dem kunig | dan(n) och
verbriefft^k het. **D**a | von gar lang vnd vil ze | sagend wăre. **V**n(d) der brieff
| ward by aine(m) knecht funden |

[92va|190] vnd der knecht was komen | jn ain gemür jn das ertrich | vnder ainen
grossen stain. | vnd da zugend sy jn herfür | vnd blündrotend^a jn vn(d)
^{b}zu= | gend jn ab^b vnd fragtend | jn vmb vil sachen, die er jn | sait, **V**nd
wie her <u>ywan</u> | <u>von galis</u> sin her jm disen | brieff jm empholhen^c hett, | wan

5 er alle zit by jm was, | wa er wonet, vmb das er | wysde den brieff ze
findend, | wan vnd zů welher stund | er wőlt. ¶^{i} **D**(!)ie von <u>Bern</u> | fundend
och jn dem selben | Closter <u>zway</u> banier, die sy | jm och da namend **V**nd |
mit jnen haym fůrtend^{859}. |
N(!)un die selb geselschafft | vnd disz volk lag jn allem | land, wan jro was   *Trennung des*

10 ze mal | vil, vnd dar vmb můstend | sy sich zertailen^d, das sy nit | hungers   *Heeres;*
verdürbend. |
Sy lagend vnd hetten sich | zertailtet jn <u>Burgundia</u> | vnd jn <u>v̆chtland</u> vnd jn
dem | <u>ărgŏw</u> vnd lagend also | bisz zů dem <u>zwőlfften</u> tag. |
N(!)un was es des selben <u>jărs</u> | gar ain vast kalter wintter | vnd erfrurend ir

15 gar vil vn(d) | hungersturbend vn(d) welhe | dan(n) belibend, das sy nit | verdur=
| bend, die wurdend siech vn(d) | siechotend^e. **V**nd also Be= |
kantend sy sich, das sy nit mer | soltend [sic!] vnd sere vnd grősz |

[92vb] klich verloren hettend vnd | och die übrigen mer dan(n)e | halb siech
warend. **V**nd | dar vmb do machtend sy | sich wyder ze huffen vn(d)   *Rückzug und*
zugend hin wyder enweg | über den hohen fürst hin^{860}. | vnd do sy kamend   *Verluste;*

[92va|190]
i) *Absz: v. der Hd. des Rubr., mroT*

a) v. blundern: ausrauben, plündern b...b) zogen ihn aus (v. abziehen: ausziehen) c) v. emphelhen: anvertrauen d) v. zertailen: aufteilen, zerstreuen e) v. siechen: krank werden, dahinsiechen

^{859} Nach R. Feller, Geschichte Berns, S.179 werden in der Leutkirche in Bern drei Feindesbanner aufgehängt.

[92vb]
i) haingezogen] *durch a üdZ v. der HHd. korr.* ii) *Zz: v. der Hd. des Rubr., mroT*

über den | hochen fürst vnd an die | end kamend, da sy main= | tend sicher

5   sin, **d**o laitend | sy sich jn Rûwe^a^ vnd mu= | strotend^b^ sich, do fundend | sy,

das sy manglotend, die | sy verloren hettend, als | sy rechnotend <u>vierzehen</u>

| **h**undert spiesz von dem | rossuolck vnd ^c^das man | hafftig was^c^. **A**ber des

ge= | mainen volk von dem | **R**ossuolk was och vast uil | vnd des fůsuolk

was òn | massen **v**il, d(a)z es niema(n)t | gezelen mocht, die sy dan(n) |

10 allenthalben an den stâ̊t= | lin verlorn hetten **V**nd | och sust an mengen

enden | vnd stetten erstochen wur= | dend. das nun wyssenclich^d^ | was **V**nd

sy sprachend, sy | mô̊chtend jn den engen lan= | den nit beliben vn(d)

wâren | langes haingezogen^i^. #^ii^ |

D(!)ise grosse verlust, d(a)z sy | so bâ̊rlich^e^ vnd so hart | verloren hettend,

15 vnd | so menges jres her(r)en, |

[93ra|191] fründ vnd gesellen mang | len mûstend vnd ǒne sy haim | komen, des

schambtend sy sich | vor dem küng von franck= | <u>rich</u> so hart vnd

forchte(n)d | sich och, d(a)z sy nit gern vsz | dem land zugend vn(d)

ger(r)n | lenger gelegen wâ̊rend. do | was alles ab dem land ge= | flô̊chnet,

5 das yendert was, | vnd warend jnen die brun(n) | nen vergifft, **d**ar vmb die |

lüt also siech vnd kranck | wurdend vnd vo(n) grosser | not, mangel vnd

gebresten. | do mochtend sy nit lenger | beliben; **S**y mûstend enweg | vnd

von dem land ziehen. |

10

MErkend^i^ wie die stâ̊t= | lun, die nun verlore(n) | wurdend durch disz *Kriegsverlauf;*

volk, | vnd was das erst aines, | haisset <u>wattwil</u>^861^. jn dem na= | mend sy,

was dar jnn(en) was, | vnd tottend alles, das sy dar= | jnn(en) fundend:

vech, man, wib |

[93rb] vnd kind. **d**o ersturmten | sy och an büren^862^. **V**nd die | warttend sich lang,

---

a) Ruhe, Ruhepause b) v. mustern: mustern, in Augenschein nehmen c...c) was zur Mannschaft gehörte d) bekannt, offenkundig e) schlimm, offensichtlich

^860^ Wie unser Chronist ganz richtig bemerkt, ziehen die in einer offenen Feldschlacht aufgrund ihrer kriegerischen Erfahrung bzw. der Überzahl sicherlich überlegenen Gugler, durch den Kleinkrieg zermürbt und v. Hunger und Kälte geschwächt, noch in der ersten Januarhälfte über den Jura ins Elsass zurück. Hierbei zerstören sie – wie im Folgenden angedeutet – aus Rachemotiven eine Vielzahl v. Dörfern, Klöstern und Brücken. Im Aaretal bleiben verwüstete Landschaften zurück, die teils nicht mehr aufgebaut werden. Enguerrand kann als einzigen Gewinn die ihm v. Leopold überlassenen Herrschaften Nidau und Büren verzeichnen (vgl. zu den Ursachen und der Route des Rückzugs bzw. zu den Folgen des Krieges B. Lang, Guglerkrieg, S.111-120).

[93ra|191]
i) **ME**rkend] M *2-z. Lomb., v. der Hd. des Rubr., mroT*

^861^ Wattweiler, heute Dép. Haut-Rhin, Frankreich: gehört zur nahe gelegenen Abtei Murbach; wird durch Abt Berthold 1260 mit Stadtrechten versehen; in verschiedenen Konflikten in Mitleidenschaft gezogen: wie hier berichtet 1376 Eroberung v. den Engländern, 1444 v. den Armagnaken, 1468 v. den Schweizern; die Burg wird 1291 als Sitz des Vogtes und der Äbte v. Murbach erbaut (vgl. F. Wolff, Elsässisches Burgen-Lexikon, S.361f).

[93rb]

das sy | jro ob anderhalb **hundert** | man erwürffend. Vnd | do sy jn die stat
kamend, do | erstachend sy och jro vil. Sy | **S**turmptend och wangen⁸⁶³; |
da ward jro vff **zwayhund(er)t** | erworffen. Vnd jn dem år= | gôw wurdend
5 verbrendt | nün kilchen **v**nd clôster. **E**s | beschâch dan(n) von den vigen= |
den oder fründen. vnd das | ist buttensultz vnd d(a)z tâtte(n)d | die fründ,
dar jnn(en) verbrendt | wurdend vff **vierhundert** | der vigend, Vnd **froen**= |
brun(n)en, da)z tettend die von | **Bern**, dar jnn(en) verbrun(n)end | vff
sübenhundert der vigend, |ⁱ **D**o verbrantend die vigend | **S**ant **vrban**⁸⁶⁴,
10 **Bernow**⁸⁶⁵, pfaff= | **n**ach⁸⁶⁶, winow⁸⁶⁷, **h**ag(en)do(r)ffⁱⁱ/⁸⁶⁸, **E**nd | veld⁸⁶⁹,
Blandicon⁸⁷⁰ vnd ver= | brantend jn der kilchen **siben** | man. #ⁱⁱⁱ |

---

i) *Mz: 12-z., senkrechter Strich, v. späterer Hd., mbrT* ii) **h**ag(en)do(r)ff] do(r)ff *aus nicht mehr erkennbaren*
Buchstaben korr., indem r *durch ein Kürzel wiedergegeben und* doff *direkt auf den fehlerhaften Wortteil geschrieben*
wird iii) *Zz: v. der Hd. des Rubr., mroT*

⁸⁶² Büren an der Aare, Kt. Bern: Geschichte eng mit der des Zisterzienserinnenklosters Fraubrunnen verflochten;
erster urkundlicher Beleg 1185; 1269 als Stadt erwähnt; erfolglose Belagerung des Ortes durch die Guglertruppe
Johann v. Viennes ab 8. Dez. 1375, zunächst Übergang an Österreich und 1376 dann an Enguerrand de Coucy; sog.
Kyburgerkrieg im Nov. 1382 u.a. um den Herrschaftsbereich Nidau und Büren; 1386 Zerstörung durch Brand und
Wiederaufbau; 1388 Eroberung durch Berner, Solothurner und 200 v. Gräfin Isabelle v. Neuenburg entsandte Krieger; 1393 geht die Herrschaft an Bern über (vgl. SchwLex, Bd.2, S.347; HHS, S.114; B. Lang, Guglerkrieg, S.66f,
114, 119f, 124, 126f).
⁸⁶³ Wangen an der Aare, Kt. Bern: 1194 erstmals erwähnt; 1218 an Kyburger; 1267 als Stadt belegt; 1313 geht die
Herrschaft an Österreich, das Wangen als Lehen wieder an die Kyburger vergibt; zur Zeit des Guglerkrieges Haupt-
sitz der Freiherren v. Wolhusen; Zerstörung durch die Gugler; 1406 mit dem Rest der kyburgischen Besitzungen an
Bern verkauft (vgl. SchwLex, Bd.12, S.161; HHS, S.695f; B. Lang, Guglerkrieg, S.85).
⁸⁶⁴ St. Urban: ehemaliges Zisterzienserkloster; Kt. Luzern; Kloster wird 1194 gestiftet; Kapellenweihe um 1200; am
10. Dez. 1375 v. den Guglern als Hauptlager des Heeresteiles v. E. v. Coucy besetzt und beim Rückzug verbrannt;
damit endet die mittelalterliche Blütezeit; mit dem Erwerb der Grafschaft Willisau kommt die Schirmvogtei 1407 v.
Österreich an Luzern; mit Bern und Luzern tritt das Kloster 1415 ins Burgrecht (vgl. SchwLex, Bd.10, S.51; HHS,
S.558ff; B. Lang, Guglerkrieg, S.113).
⁸⁶⁵ Nach P. Ruppert, Chroniken, S.80, Anm.1 ist Berau im Kt. Luzern gemeint. B. Lang, Guglerkrieg erwähnt die
Zerstörung dieses Ortes nicht.
⁸⁶⁶ Pfaffnau, Kt. Luzern: als „Fafana" erstmals im 893 erwähnt; 1272 geht die niedere Gerichtsbarkeit v. den Edlen v.
Pfaffnau an das Kloster St. Urban über; 1349 übergeben sie dem Kloster auch die Burg und den Burghof gegen ein
Haus in Zofingen; vgl. 1375 die hier geschilderte Verwüstung; danach wieder unter dem Einfluss des Klosters;
1407/15 kommt Pfaffnau mit St. Urban unter die Landeshoheit v. Luzern (vgl. SchwLex, Bd.9, S.108; HHS, S.477;
B. Lang, Guglerkrieg, S.84).
⁸⁶⁷ Wynau, Kt. Bern: älteste Pfarrei der Region, eventuell im Besitz der Herren v. Bechburg; im späteren Mittelalter
setzt sich das Kloster St. Urban als Grundherr durch; 1407 beim Übergang der Landgrafschaft Burgund an Bern
beginnt die allmähliche Verdrängung der Abtei aus dem Ort durch Bern (vgl. SchwLex, Bd.12, S.280; HHS, S.727;
B. Lang, Guglerkrieg, S.84).
⁸⁶⁸ Hägendorf, Kt. Solothurn: erste urkundliche Erwähnung 1036; Kirchenentstehung aber lange vor der Jahrtau-
sendwende; 1336 werden die umfangreichen Pfarreigüter v. Graf Johann v. Froburg an das Kloster St. Urban übergeben (vgl. SchwLex, Bd.5, S.280f; B. Lang, Guglerkrieg, S.95).
⁸⁶⁹ Ober- bzw. Unterentfelden, Kt. Aargau: Entfelden wird 962/65 als Schenkung v. Kaiser Otto I. an das Kloster
Disentis erwähnt; 1333 Verkauf an das Kloster Königsfelden; lag im Machtbereich der Grafen v. Lenzburg, dann der
Kyburger und Habsburger; Unterentfelden war altes habsburgisches Eigengut; 1415 geht die Landesherrschaft an die
Berner über (vgl. SchwLex, Bd.8, S.389 bzw. Bd.11, S.366f; HHS, S.453).
⁸⁷⁰ Nach P. Ruppert, Chroniken, S.80, Anm.1: Langenau im Kt. Luzern. Möglicherweise ist aber das nachweislich v.
den Guglern besetzte und teils v. der Landbevölkerung selbst zerstörte Langenthal gemeint (Kt. Bern; erster urkundlicher Beleg 861; große Bedeutung hat das Kloster St. Urban seit seiner Gründung 1194, das die Rechte bis 1798
innehat) (vgl. SchwLex, Bd.7, S.165; HHS, S.327f; B. Lang, Guglerkrieg, S.84 und 115, hier auch eine unvollständige Zusammenstellung verwüsteter Orte).

[93va|192]   ⁱAnno M CCC lxxxvj jarⁱ   *1386*

Undⁱⁱ jn dem jar do man | von der gepurt cristi | vnsers heren zalt Tusend |
drühundert achtzig vnd | sechs jǎre an dem nünden | tag des hǒwatz⁸⁷¹ jn   *1386*
der zw= | ǒlfften stund des selben tags | do hǔb sich der stryt zǔ Cent=   *Schlacht bei*
5   bach⁸⁷² zwüschen hertzog lü= | polten vnd vil Edler lütt, | die Er by jm   *Sempach⁸⁷⁸;*
hett, vnd och | von sinen stetten vnd ab | dem land Vnd den vo(n) | lucern,
vnderwalden⁸⁷³, den | von vrach⁸⁷⁴ vnd den von | schwytz, Wan der hertz=
| og maint vnd klegt^a sich, | wie jm die walenstade | jm inn(en)hettend^b wol
vff | zwǒlff schlosz, vnd hettend | die ^czǔ jren handen gezo= | gen^c, Das
10 aber sy gar erber= | clich veranttwurtend^d mit | der aidgenossen hilff. vnd |
nach vil worten vn(d) brie= | fen vnd altem herkomen^e | kam es zǔ disem
strit⁸⁷⁵. #ⁱⁱⁱ | Vnd do hǔbend sy an ze | vechtend vnd verlurend |
die von lucern vnd die aid | genossen wol vff drühun= | dert man, wan der hertzog
| hett gar vil volcks vn(d) vast | wolbezügdt^f jn dem veld⁸⁷⁶. | Vnd jn dem

---

[93va|192]

i...i) Anno M CCC lxxxvj jar] *v. der Hd. des Rubr., mroT* ii) Und] U *2-z. Lomb., v. der Hd. des Rubr., mblT* iii) Zz:
v. der Hd. des Rubr., mroT

a) v. klagen: sich beklagen, Klage erheben b) v. inne(n)haben: einnehmen, mit Beschlag belegen c...c) in ihre
Hand/in ihr Eigentum bringen/überführen d) v. verantwurten: verteidigen, rechtfertigen e) Gewohnheiten, Bräuche f)
gut (aus-)gerüstet/bewaffnet g) v. hœren: gehören, angehören

⁸⁷¹ 9. Juli.
⁸⁷² Sempach, Kt. Luzern: um 1120 v. den Grafen v. Habsburg gegründet; erste Erwähnung 1150 im Besitz des Klos-
ters Muri; um 1120 Gründung der Stadt als Stützpunkt der Habsburger an der Gotthardstraße; als die österreichischen
Pfandinhaber zu Rothenburg die Rechte schmälern, tritt es am 6. Jan. 1386 mit Luzern ins Burgrecht; behält unter der
Herrschaft v. Luzern nach der Schlacht den Charakter eines Landstädtchens bei; erleidet 1388 einen österreichischen
Überfall; Übergang an Luzern, das 1415 die Herrschaftsrechte v. Österreich übernimmt, bringt keine größere Freiheit
(vgl. SchwLex, Bd.10, S.320; HHS, S.594; G.P. Marchal, Sempach 1386, S.166ff).
⁸⁷³ Unterwalden: einer der Urkantone der Schweiz; 1291 Erneuerung eines alten Landfriedensbündnisses mit Schwyz
und Uri und damit allmähliche Entfaltung der Eidgenossenschaft (vgl. SchwLex, Bd. 8, S.333ff, S.400ff, Bd.11,
S.372; HHS, S.LXVIIff).
⁸⁷⁴ Uri: früher Landesausbau; nach dem Auseinanderbrechen der Reichsvogtei Zürich 1218 ist Uri dem Hause Habs-
burg verpfändet; 1231 kann es sich loskaufen und die Reichsunmittelbarkeit erlangen; Bund v. 1291 mit Schwyz und
Unterwalden (vgl. SchwLex, Bd.11, S.377ff und ausführlich HHS, S.XCIff).
⁸⁷⁵ Der eigentliche Hintergrund der Schlacht bei Sempach ist einerseits die Ausdehnung des habsburgischen Terri-
toriums im Bereich der Eidgenossenschaft und andererseits die aggressive Politik Luzerns, das nicht nur die völlige
Loslösung v. Österreich, sondern die Bildung eines eigenen Territoriums anstrebt. Um dieses Ziel zu erreichen,
nimmt Luzern seit Jahren österreichische Untertanen als Ausburger ins Bürgerrecht auf. Zu Beginn des Jahres 1386
kommt es bspw. so zu einem Zusammengehen v. Sempach, schon vorher etwa auch v. Entlebuch, mit Luzern, wie
überhaupt 1385/86 v. einer „Masseneinbürgerung" gesprochen werden kann. Nachdem verschiedene Verhandlungsversuche v.a. vonseiten schwäbischer Städte am Kriegswillen v. Luzern und seiner eidgenössischen Verbündeten
scheitern, rüstet Leopold III. zum Krieg und führt im Juni 1386 ein Ritterheer v. Brugg in Richtung Sursee und
Sempach. Daraufhin rücken Luzerner, Urner, Schwyzer und Unterwaldner in die Gegend v. Sempach, wo es dann am
9. Juli zur entscheidenden Schlacht kommt (vgl. G.P. Marchal, Sempach, S.140ff und 162ff; W. Schaufelberger,
Spätmittelalter, S.258ff; LexMA, Bd.7, Sp.1742; SchwLex, Bd.10, S.322f).
⁸⁷⁶ Herzog Leopold III. wird in seinem Kampf u.a. v. den Rittergesellschaften diesseits und jenseits des Rheins (d.h.
v. Löwen, St. Georg, St. Wilhelm, Sterner), v. einer Vielzahl v. Grafen, Freiherren, Rittern und Edelknechten aus

15 was ainer vo(n) | <u>hennenberg</u>⁸⁷⁷ wol mit <u>fünff</u> | <u>hundert</u> mannen, die vnder
| jn horttendᵍ, mit sinem **Ba**= | nier fliehen mit ainem grü= |
[93ᵛᵇ] lichenᵃ erschrokenlichenᵇ ge= | schraÿ⁸⁷⁹. **V**nd also kam ain | schreck jn
des hertzogen volk | vnd yltend zů den rossen, | welhe mochtend vnd
won= | dend dem volk ze hilff ze | komend mit den Rossen. da | wurdend
jnen die <u>vnger</u>= | schen vngezåmptenᶜ rossz | vnsin(n)igᵈ vnd kundend
5 nich= | tes mit jnen geschaffen, dan(n) | das sy das volk groslich vnd | vast
wůstend vnd nidersties= | send vnd ertråttendᵉ mit | den Rossen **V**nd
wurdent | vnbesintᶠ vnd verlürend ir | krÿ[g]ⁱ vnd wyst niemant, | war nach
er sich halten | solt. jn dem schlůgend, st= | achendⁱⁱ vnd schussend die |
aidgenossen mit gůter ord= | nu(n)g vnd mit starken kreff= | ten jn sy vnd
10 laitendᵍ ir gar | vil vff die waltstat. **V**nd | sunder die **E**dlen, die dan(n) da |
belibend vnd gern bestanden | wårend vnd nit wychen | woltend vnd das
volk gern | jn dem veld behabt hettend, | vnd die wurdent erschlage(n) |
vnd belibend jn dem velde⁸⁸⁰. | **W**ie wol jr nun vast mer | was vnd des

---

Mittelland und Jura, Schwaben, Tirol und Elsass, v. ital., franz. und dt. Condottiere mit ihren Söldnern, aber auch v. landstädtischen Bürgerschaften aus dem Aargau, Thurgau und Klettgau, aus dem Schwarzwald, Breisgau und Sundgau unterstützt (vgl. W. Schaufelberger, Spätmittelalter, S.260).

⁸⁷⁷ Da sich nicht nachweisen lässt, dass zu dieser Zeit ein Mitglied der fränkischen Grafenfamilie v. Henneberg (vgl. EST, Bd.16, Taf.147f) im österreichischen Heer Leopolds tätig ist, wurde in der Forschung vermutet, dem Chronisten sei hier eine Verwechslung mit der Schlacht v. Döffingen passiert. In einigen historiographischen Schilderungen der letztgenannten Schlacht v. 1388 (vgl. fol.77ᵛᵃf), wird nämlich behauptet, eine Flucht und der Verrat des angeblichen Nürnberger Hauptmanns v. Henneberg, der zu dieser Zeit keineswegs die genannte Position einnimmt, habe die dortige Niederlage der Städter eingeläutet (vgl. O. Kleißner, Quellen, S.20f).

⁸⁷⁸ Während F. Pfeiffer, Nachtrag, S.185f vermutet, dass es sich bei der Schilderung unserer Chronik, die er lediglich in der Fassung W kennt und zitiert, um „leicht die älteste von allen" [Darstellungen der Sempacher Schlacht] handelt und ihr damit eine große Bedeutung beimisst, führen die Untersuchungen v. J. Dierauer (vgl. z.B. ders. (Hg.), Chronik der Stadt Zürich) zu gänzlich anderen Schwerpunkten. H.G. Wirz, Sieg von Sempach weist jedoch auf S.37 darauf hin, dass „die aus [nicht näher erläuterten] älteren Quellen schöpfende Konstanzer Chronik Gebhard Dachers" „ein paar neue Züge in das Schlachtbild bringt" und die Niederlage, anders als frühere Texte, einem Herren v. Henneberg zuschreibt. Die neuere Forschung setzt bei ihrer Rekonstruktion des Verlaufs jedoch auf vier andere zeitgenössische Texte (vgl. G.P. Marchal, Verlauf; vgl. auch M. Schilling, Ereignis v. Sempach).

[93ᵛᵇ]
i) krÿg] krÿ *SG, Konjektur nach Stgt* ii) st= | achend] sch= | achend *SG, Konjektur nach Stgt* iii) *Wappen ist abgeschnitten; es fehlen ca. 0,3 cm*

a) grausig, schrecklich b) schrecklich, furchterregend c) ungezäumten d) rasend e) v. ertreten: tottreten, -trampeln f) unbesonnen g) v. legen: niederstrecken, töten h) erhabene, erlauchte

⁸⁷⁹ Im Verlaufe der Schlacht scheint es zu einer Wende gekommen zu sein, durch die es den bis dahin eher unterlegenen Eidgenossen gelingt, die Oberhand zu erringen. Während hier in dieser pro-österreichischen Schilderung eine durch den Henneberger verursachte Flucht zur Erklärung angeführt wird und das Motiv der Panik innerhalb des österreichischen Heeres und unter den Pferden erstmals in den Quellen in Erscheinung tritt, sind die Ursachen für die Überwindung der Krise bzw. das wechselnde Schlachtenglück heute nicht mehr rekonstruierbar. Vgl. die in der Forschung erwogenen Möglichkeiten (unbedachter Anlauf einer Vorhut, vorzeitiges Plündern oder das Eintreffen eidgenössischer Verstärkung) oder die sog. Winkelriedsage (vgl. W. Schaufelberger, Spätmittelalter, S.260; M. Schilling, Ereignis, S.15, 18).

⁸⁸⁰ Über den genauen Verlauf der Schlacht herrscht in den Quellen, aber auch in der Forschung Uneinigkeit. Während es bspw. die These einer geschlossenen Phalanx der schwer gepanzerten österreichischen Ritter gibt, die den Angriff den Eidgenossen überlassen haben, wird andererseits eine Offensive des österreichischen Heeres ange-

halbtails mer | dan(n) der aidgenossen. **D**er | durchlüchtend[h] fürst <u>hertz</u>= | *Totenliste[881]*;

15　<u>og</u> <u>lüpolt</u>, **G**rauff ott von | <u>h</u>abspurg vnd graff <u>wald</u>= | <u>raff</u> von <u>t</u>ierstain

vn(d) <u>graff</u> |

Aw Herzöge v. Österreich[iii]

(3,5x3,5) (vgl. fol.41ra)

[94ra|193]　<u>H</u>ans von <u>t</u>ierstain, sin brůd(er), | **G**raff hans von <u>fürste(n)berg</u>, | <u>h</u>er

gewesen zů geroltzegk, | <u>h</u>er <u>h</u>ansz von ochsenstain, | <u>h</u>er hans von

hasenburg, | <u>h</u>er wernher vo(n) **B**ere(n)uels, | **H**er **M**artin **M**altrer, **H**er |

wernher von **R**åttemberg | vnd sin **B**růder <u>h</u>er cůnrat | vnd vil ander heren,

5　edel | lüt, **R**itter vnd knecht, der | namen man nit wayst, | vnd vil erber lüt

von den | stetten des hertzogen vn(d) | andern richstetten[882], die och | ir

volk da hin gelühen het= | tend, vnd ander her(r)en, | gaistlich vnd

weltlich, | vnd och gar vil [a]vss lüte[a] | ab dem land, dero nun gar | vil och

erschlagen sind vff | der waldstat vnd och an | andren enden vnd stetten, |

10　**a**ls die aidgenossen nach | yltend, funden wurdend, | der nun zalhafftig[b]

sind by | <u>sechs</u> <u>hundert</u> vnd <u>sechs</u> | vnd <u>sechtzig</u>. **V**n(d) dan sust | och

<u>vierzehen hu[n]dert</u>[i] vn(d) | <u>süben vnd trissig</u>, dero na= | men aber

Růwend jn dem | fryd vnsers heren ewen= | clich. |

Erst[ii] nach der verlust | zů <u>glaris</u>[883] do kamend | mår[c] gen lucern vn(d) gen

sch= | <u>witz</u> vnd vnder die aidge= | nossen, wie des hertzogen |

---

nommen. Hierbei könnte sich das eidgenössische Aufgebot entweder in einem für die Verteidigung günstigen Gelände befunden haben oder aber in ungünstiger Position durch einen ungeordneten Einfall v. der Höhe herab überrascht worden sein. Feststeht jedoch der Ausgang der Auseinandersetzung, die weniger als planvolle Schlacht denn als „Gefecht aus der Bewegung" zu beschreiben ist: Das einige tausend Mann starke österreichische Ritterheer wird durch das städtischen und bäuerlichen Fußtruppen der Eidgenossen nach hartem Ringen und anfänglichen Erfolgen vernichtend geschlagen (ca. 700 gefallene Adlige, darunter der Herzog selbst). Infolgedessen kommt es zu einem österreichischen „Machtzusammenbruch im vorderösterreichischen Raum" bzw. zu einer Destabilisierung der Vorderen Lande und damit zur Expansion der Eidgenossenschaft (vgl. G.P. Marchal, Verlauf; M. Schilling, Ereignis, S.13f; LexMA, Bd.7, S.1742; SchwLex, Bd.10, S.322f).

[881] Vgl. zu den Gefallenen bei Sempach mit näheren Angaben zu den meisten der genannten Personen G. Boesch, Die Gefallenen. Aus den in der Chronistik überlieferten Listen entwickelten sich später Adelskataloge, die bei der Entstehung des Ständewesens in den Vorlanden v. Bedeutung waren (vgl. W. Baum, Reichs- und Territorialgewalt, S.192). Zu beachten ist auch, dass „der Aderlaß" unter dem südwestdeutschen Adel ebenfalls zur Destabilisierung der Vorderen Lande beiträgt (vgl. LexMA, Bd.7, Sp.1742).

[882] Die süddt. Reichsstädte leisten trotz des Vergleichs, den sie im Mai 1386 mit Leopold III. geschlossen haben, bei dieser Auseinandersetzung keine Gefolgschaft. Entgegen der Darstellung in historischen Schlachtenliedern (vgl. z.B. R. v. Liliencron, Volkslieder, Nr.34, S.123ff, hier S.138) ist entsprechend auch Konstanz nicht aufseiten des Habsburgers beteiligt (vgl. W. Schaufelberger, Spätmittelalter, S.260; P.F. Kramml, Bund, S.306).

[883] D.h. nach der Schlacht bei Näfels, vgl. die Darstellung auf fol.94[vb]ff.

Glarus, Hauptort des gleichnamigen Kts.: Anfänge der Stadt gehen ins 7. Jh. zurück; Name ist urkundlich 1178 bezeugt; 741 erhält das Kloster Säckingen die Hoheitsrechte über das Land Glarus; t.w. in kyburgischem Besitz; seit 1288 faktische Herrschaft der Habsburger im Kt.; Kontakt zu Schwyz; nach 1351 nehmen Züricher und Innerschweizer Truppen das Glarner Land ein; 1352 Bundesbrief mit Zürich und Waldstätten und Bau der Letzimauer

[94ra|193]

i) <u>hundert</u>] n *fehlt SG, Emendation nach Stgt* ii) Erst] E *2-z. Lomb., v. der Hd. des Rubr., mroT*

a...a) Auswärtige, Fremde b) zählbar; hier wohl: mit Namen aufzählbar c) Kunde, Nachricht, Botschaft

[94rb] volk noch mer verloren wå | rind, dan(n) sy gesait hettend | an der verlust,   *Einsturz der*
Vnd das | machet sich, das an der | flucht jro vil komend vff | die brugk,   *Brücke bei*
die da gåt über | d(a)z wasser gen wesen^884, vn(d) | die ward nun so   *Weesen;*
schwåre | überladen^a mit volk, dan(n) sy | trungend ainander, d(a)z die |
5   brugk d(a)z grosz volk nit er= | tragen mocht vnd vnder | jnen nidergieng
vnd dan(n) | ainer den andern jn dem | wasser sumpt vnd hindrot | vnd die
hôltzer^b vnd das ge= | drôm^c der brugk die lüt er= | schlûgend, das och
alda gar | vil lüt verdurbend, der ain | tail funden ward vnd ain | tail nit.
Dar vmb man | die zal nit wyssen kann, dan(n) | das man do sprach, die
10   brugk | hette <u>vierhundert</u> menschen | wol getragen, das sy nit nider | wåre
gegangen; wie vil | dan(n) mere vff der brugk ge= | wesen sind, waist
niemant. | N(!)un warend die her(r)en | vnd des hertzogen volk jn |
grossem verwundren^d, d(a)z | sy so bårlich vnd schamlich | verloren
hattend zů <u>glaris,</u> | vnd jro doch so vil was vn(d) | so wol bezügt warend
15   ze | Rosz vnd zefûsz. Vnd sy be= | ducht ^ean dem überschlag^e | wol jro
<u>sechs</u> an der aidge= | nossen ainen sin Vn(d) noch |

[94va|194]   ^iAnno M CCC lxxxviij jar^i   *1388*
dannocht vil mere. Vnd | komend vff ainen sin, wie | sy die aidgenossen   *Ursachen der*
verzo= | brot^a hettind, wan sy rech= | notend vnd gedauchtend | jn wol. do   *Niederlage bei*
sy vor <u>glaris</u> | warend vnd ^bdas sichtig | wurdend^b, do entschloss | sich das   *Näfels;*
5   wetter vn(d) ward | neblen jn ainem wolken, | vs dem kam als bald ain |
wind vnd ain gerigen^c, | das es so tunkel ward, d(a)z | ainer den andren
nicht | wol gesenhen mocht, noch | erkennen der des nåchsten | by jm
stůnd vnd beducht | ettlich vnder des hertzogen | volk, wie sy såhend,

---

quer durch das Tal zum Schutz vor habsburgischen Eidgenossen; nach dem Brandenburger Frieden noch einmal habsburgische Herrschaft; nach Sempach allmähliche Befreiung aus der Herrschaft; Schlacht bei Näfels und endgültiges Abschütteln der habsburgischen Herrschaft; 1415 Reichsfreiheit (vgl. H.C. Peyer, Entstehung, S.213f; LexMA, Bd.4, Sp.1476f; SchwLex, Bd.5, S.89ff; HHS, S.239f).

[94rb]
a) v. überladen: überfüllen, überladen b) Holzbalken c) v. drum: Stück, Splitter d) Verwunderung e...e) grob geschätzt

^884 Weesen, Kt. St. Gallen: erste Kirche 842 urkundlich erwähnt; zunächst haben die Grafen v. Rätien die Herrschaft inne, die dann an die Grafen v. Lenzburg und Kyburg und schließlich an Habsburg übergeht; eigentliche Stadtgründung 1250; Eroberung v. Weesen mit Feste Müli oder Weesnerburg durch die Glarner mit eidgenössischer Unterstützung ca. fünf Wochen nach der Schlacht bei Sempach, danach erhält die Stadt einen eidgenössischen Vogt sowie eine Stadtbesatzung; „Mordnacht" vom 21./22. Feb. 1388 bringt Weesen wieder in österreichische Gewalt zurück; Zerstörung durch Niederbrennen im Näfelskrieg; 1394 Wiederaufbau; 1406-1437 Graf Friedrich VII. v. Toggenburg verpfändet; ab 1438 haben die eidgenössischen Stände Schwyz und Glarus die Herrschaftsrechte (vgl. SchwLex, Bd.12, S.182f).

[94va|194]
i)...i) Anno M CCC lxxxviij jar] *v. der Hd. des Rubr., mroT*

a) v. verzöubern: verzaubern b...b) in Sichtweite waren c) Regen, Regenschauer d) Schnur, Band, Faden e) Hinterbug des Pferdefußes; „Kötzenkopf" über der Fessel des Pferdes f) v. zeigen: zeigen, offenbaren g) sichtbar, offenkundig h) Zauberei i) v. erschallen: hier im übertragenen Sinne: eine Nachricht weit verbreiten d(a)z sy | mit ainem faden^d vm(b) ge= | zogen **v**nd vmb gegeben | wårind.

10　**V**nd fundend | och ettlichen Rossen faden | vmb jre fůsz **v**nd vislach^e | **v**nd
och an ettlichen jren | geweren, **a**ls ir spiesz, sch= | wert **v**nd armbrosten
och | fåden hangen. **V**nd disz | zogtend^f sy ain ander jn dem | volk **V**nd
ward ain offen^g | ding vnder dem volk, die | des faden war namend, d(a)z |
er an Mengen enden vm(b) sy | **v**nd ir rosz hanget; **v**nd die | fåden an jnen

15　fundend. | **D**ar vmb sy ain sŏlich zobry^h | globtend **v**nd gantz red da | von
erschallⁱ⁾ **v**nd was |

[94vb]　**IN**ⁱ den tagen **d**o man von | der gepurt cristi zalt <u>tu=</u> | <u>send drühundert
<u>achtz=</u> | ig <u>vnd acht jare</u> **a**n dem | <u>achtenden</u> tag des <u>aberellen</u> | do　*1388 Schlacht*
beschach der strÿt zů <u>glaris</u> | oder die verlust⁸⁸⁵: **D**er hertz= | og hett ^aze　*bei Näfels;*
samen gebraucht^a | <u>zwayhundert</u> spiesz ze **R**osz | **v**nd <u>funfftusend</u> man ze

5　fůsz | **v**nd maint nun <u>glaris</u> zů | gewinnen **V**nd schlůg nun | hin an die
letzin **v**nd ^bhůwe | die vff^b mit dem fůsvolk vn(d) | kamend entail für die
letzin | hin jn **B**isz zů der kilchen, | die da haisset <u>**m**ollit</u>. **S**o zie= | hend die
von <u>glaris</u> vn(d) vo(n) | <u>**S**wÿtz</u> her vs gegen jnen mit | <u>sechshundert</u>
mannen **v**nd | mit ainem geschray luffend | sy ze yettwedder syten nebent |

10　jn vnd trungend **v**nd tri= | bend sy jn den weg. **a**lso wur= | dend sy flüchtig
vnd gewon= | nen^c ze eng jn den wegen, | das sy sich nit weren moch= |
tend. **V**nd kamend entail | rosz vnder sy, die sy nun och | trucktend^d,
trangktend^e **v**nd | jrrtend, das sy nit mochtend | ze wer komen **v**nd wůstend
| sich selber **a**lso grŏsclich, das | es nieman gesagen kan, wie | vil lüt sy

15　selber ertottend mit | truken jn ir aigne waffen | **v**nd mit tretten, **w**an der |
weg **v**nd die strausz was la(n)g | **v**nd mochtend zu den vor | dren jren
fründen nit sehen. |

[95ra|195]　vnd trungend vornan jn sy | **v**nd woltend sy nit laussen | **v**nd hettend sy
gern jn dem | veld behebt. **V**nd mochte(n)d | sy nit gesenhen die not, da |
sy inn(en) warend. vnd ^aalle die | wyle^a die <u>sechshundert</u> von | <u>glaris</u> vnd

---

[94vb]
i) **IN**] I *3-z. Lomb., v. der Hd. des Rubr., mblT*

a...a) *v. zusamenbringen: versammeln, vereinigen* b...b) *brachen sie auf* c) *v. gewinnen: erfahren, erleiden* d) *v. trucken: drücken, drängen, niederwerfen* e) *v. trangen: (be-)drängen, zusammendrängen*

⁸⁸⁵ Durch die Rückeroberung v. Weesen im Zuge der Mordnacht vom 21./22. Feb. 1388 ist die Voraussetzung für ein Vorgehen seitens Habsburgs gegen Glarus nach Ablauf des Waffenstillstandes v. 1386 wegen dessen Eigenmächtigkeiten nach der Schlacht v. Sempach geschaffen. Trotz der Verhandlungsbereitschaft v. Glarus zieht ein Heer aus Truppen der Ostschweiz, des Hegaus und des Schwarzwaldes mit österreichischen Gefolgsleuten an der Spitze v. Weesen aus am 9. April 1388 in Richtung Glarnerland. Es gelingt den aus Rittern und Fußvolk bestehenden Kontingenten, die den Taleingang deckende Letzimauer bei Näfels zu erobern (möglicherweise gehört das Durchbrechen der Letzi aber auch zur Taktik der Eidgenossen; dann wäre die Darstellung der Konstanzer Chronistik – StAK, A I 1, fol.102^{va}ff; C. v. Schwartzach, Cronica, fol.28`ff und Dacher – im Vergleich zu anderen Berichten zutreffend). Ein überraschender Gegenstoß des zahlenmäßig unterlegenen bäuerlichen Fußvolkes (ca. 600 Glarner, v. einer kleinen Schar Schwyzer und Urner verstärkt) bringt die Wende und vertreibt den Feind, der große Verluste erleidet (O. Feger, Geschichte, Bd.III, S.90 spricht v. einem „Drittel des österreichischen Heeres, etwa 1700 Mann"), aus dem Tal. Diese neuerliche Niederlage Österreichs führt zum Erlahmen des Krieges in der Ostschweiz und zu einer völligen Loslösung v. Glarus aus der habsburgischen Herrschaft (vgl. LexMA, Bd.6, Sp.1004; SchwLex, Bd.5, S.96, Bd.8, S.265; W. Schaufelberger, Spätmittelalter, S.261f).

von **swytz** stach= | end mit jren lantzen ze bai= | den syten jn sy mit

5 grossen | crefften^b **vnd** mit emssigem | schiessen **Vnd** ye ze letzst, | das die
not also grosz ward, | das sy vornan das ellend ge= | schraÿ wurdent hŏren
vnd | war nemen jres gebresten, | **vnd** liessend ir truken **vnd** | hinder sich
stossen sin **vnd** | [fluhent]^i. **vnd**, wer nit erdru(n)gen oder | ertretten oder
erstochen w(a)z, | der fliehen mocht, der floh. | **vnd** wa sy dan an die zün^c |

10 kamend oder an die graben, | do sumptend sy sich **a**ber vn(d) | hindert ye
ainer den andern, | da[s]^ii sy **a**n den end iro och zů | mal vil erschlůgend.
Vnd | yltend jnen **a**lso nach bisz fer | her für für die letzin, bisz an | das
wasser, **d**a sy nun an der | flucht jn die schiff vielend | **vnd** die überlůdend,
vnd do sy | dan(n) jn den see komend, das sy | dan(n) vndergiengend **vnd**

15 er[trunckent]^iii | **Vnd** das ettlich haltend^d, das | der hertzog och ertruncke, |
dan(n) er ward verlorn, d(a)z nie= | mant wysset, wa hin er kam(m). | **Vnd**
also erstǎchend sy do | ze mal vff **sechshundert** man, |

[95rb] die sy da selbs jn ain grůb wur= | fend^i, So sy dan dar nach jn | den graben
fundend vn(d) an | den zünen, die sy erschlagen | hattend, **vnd** och gar vil
ab | den wegen jn das holtz vn(d) | an menge ende zů den raÿ= | nen^a
gegangen warend | **vnd** hettend sich verblůtet | **vnd** tod lagend. **Vnd** |

5 wurdend och vsz dem was= | ser vil gezogen, dero ouch | ettlich enweg
gefůrt wur= | dend. ^bjn der zal^b maintend | ettlich, der hertzog och gewe= |
sen sige, der ain taile gen | küngsueld begraben wurd, | **d**as sy also
fundend, Es sy | jn dem wasser oder sust; d(a)z | jnen ward **vierzehen**
hun= | **d**ert pantzer one sust vil | gůtz harnasch. **Vnd** sa= | gend och, das da

10 vil arms | volks **vnd** vslüt vff de(m) land, | die nit harnasch hattend, |
erschlagen wurden, **D**as | sy haltend **vnd** sprechend, | **M**er dan(n) **zway**
tusend man | erschlagen **vnd** zů dem tod | gebraucht sigend. **D**er | selen
sigen růwend jn de(m) | gnadrichen fryd vnsers | heren **ihesu cristi**^ii, **V**nd
Sin | rosvar^c blůt — durch uns ar= | me sünder vergossen — **S**ige | jnen

15 abnemen alle ir mis= | tat^d, dar zů das wasser — mit de(m) | blůt vs siner
gŏtlichen syten^e | gerun(n)en^886 — sy wǎschen vo(n) allen | sünden **r**ain
[?].^887 |

[95ra|195]

i...i) fluhent]*fehlt SG, Konjektur nach Stgt* ii) das] da *SG, Konjektur nach Stgt* iii) ertrunckent] er *SG, Konjektur nach*
Stgt

a...a) inzwischen, während(dessen) b) Kampfeskräfte, Heftigkeit, Gewalt c) Zäune, „Verpalisadierung" (Lexer),
Schanzpfähle d) v. halten: glauben, annehmen

[95rb]

i) wur= | fend] *dan. on die W, Konjektur möglich (vgl. Kapitel B.3.1)* ii) cristi] xpi mit Kürzel *SG*

a) Wegränder, Raine b...b) unter diesen Toten c) rosenrot d) Sünde, Vergehen e) Seite eines menschlichen Körpers;
hier: Hinweis auf die Seitenwunde Jesu

886 Vgl. Joh. 19, 34: „sondern einer der Soldaten stieß mit dem Speer in seine Seite, und sogleich kam Blut und Wasser heraus."

[95ᵛ] Leere Seite

[96ʳᵃ|197]ⁱ Nunⁱⁱ jn dem jar do man | von der gepurt cristi | zalt tusend drühun- | dert *1398 (!)*
nüntzig vnd acht jåre | jn dem aberellen **D**o hattend | sich die von zürrich
ver aint | vnd warend jn der walt | stette pundtⁱⁱⁱ wyder den her- | tzogen *Belagerung v.*
vnd die herschafft | von österrich vnd zuge(n)d | mit den waltstetten für *Rapperswil[889];*
5 Ra- | perswyl[888] die stat, die was des | hertzogen von österrich, der | sy nun
besetztᵃ hett vnd die | jnnehett, **V**nd belagend | die mit vǒlligem gewalt |
wol dry wochen, das sy den | jn der stat wenig laid tette(n)d | vnd jnen och
nichtes vs der | stat beschach, **W**an also | die zyt rustendᵇ sy sich mit | vil
zügsᶜ für die stat, hant- | werken, Büchsen vnd an- | dern sachen, das sy
10 vo(n) zürch | vnd andern jren stetten da | hin fǔrtend. **V**nd die | zyt hettend
sy och vil tådingᵈ | vnd red mit ain ander, ob sy | mit früntschafft zǔ der
stat | komen sin mǒchten. **V**nd | jn dem ordnotendᵉ die jn der | stat vnd och
jn der burg | der stat vnd och die vor | der stat, ᶠdas jn dan(n) eben w(a)zᶠ |
Es wåre vmb spis, zǔg oder | anders, was sy dan(n) bedorff- | tend. **V**nd do
15 es nun zǔ | bayden syten gantz ᵍzer sch- | lǔgᵍ vnd enkain tåding |

---

[887] Vgl. die t.w. abweichenden Berichte zu den Ereignissen der Schlachten bei Sempach, Näfels bzw. der Vorgänge an der Brücke bei Weesen in StAK, A I 1, fol.102ʳᵃff und C. v. Schwartzach, Cronica, fol.26ᶠff. P. Ruppert, Chroniken, S.104, Anm.1 spricht bei einem Vergleich der Version unseres Textes mit dem des „Chronicon" im Zusammenhang mit Dacher u.a. „v. einem Schwall überflüssiger Worte". Auch in seiner Zusammenstellung der Quellen zu Näfels hält G. Heer, Gedächtnisfeier, S.130 den Bericht Dachers nicht für zitierenswert.

[96ʳᵃ|197]
i) *Seite ist in einer Breite von ca. 5 cm um ca. 1,5 cm verlängert (ausgeschnittenes Wappen)* ii) Nun] N *3-z. Lomb., v. der Hd. des Rubr., mroT* iii) pundt] land *W*

a) v. besetzen: besetzen, innehaben b) v. rüsten: ausrüsten, bereitmachen c) hier: Kriegs-/Belagerungsgeräte, Geschütze d) Beratung, Verhandlung, Unterredung e) v. ordnen: ordnen, einrichten f...f) was ihnen gelegen kam g...g) v. zerschlagen: zerschlagen, sich nicht einigen

[888] Rapperswil, Kt. St. Gallen: auf einer Halbinsel an der engsten Stelle des Zürichsees gelegen; als „Ratprehtswiler" 1229 urkundlich belegt; Stadtgründung um 1200 durch Graf Rudolf v. Rapperswil; 1350 zerstört der Züricher Bürgermeister Rudolf Brun die Stadt; 1354 fällt der Ort an Habsburg; 1358 Nachweis der ersten Holzbrücke über den See; 1415 Reichsstadt, die sich zur Zeit des Alten Zürichkrieges freiwillig unter österreichische Herrschaft stellt (vgl. SchwLex, Bd.9, S.257; HHS, S.495f).

[889] Dieser im Folgenden ausführlich geschilderte Versuch sämtlicher eidgenössischer Orte, Rapperswil einzunehmen, gehört zur Nachgeschichte der Schlacht bei Näfels bzw. zum sich daran anschließenden Kleinkrieg der Eidgenossen gegen Habsburg (vgl. Gefechte am Käferberg, am Letzigraben bei Unterstraß, in Wildberg; Zug gegen Baden, Winterthur etc.). Das Ereignis, das u.a. demonstriert, dass „Belagerungen nicht zu den starken Seiten der alteidgenössischen Kriegsführung gehörten" (W. Schaufelberger, Spätmittelalter, S.262), ist hier fälschlicherweise auf das Jahr 1398 (statt 1388) datiert (vgl. ebd., S.262; A. Largiadèr, Zürich, S.163f). Es handelt sich, wie R. Sprandel, Chronisten, S.259 feststellt, „wohl" um eine „von Habsburg verbreitete Darstellung der vergeblichen Belagerung".

[96ʳᵇ]
i) sÿ] *fehlt SG, Konjektur nach Stgt*

a) v. reichen: reichen, sich erstrecken b) v. hûsen: besetzen c) v. empfinden: bemerken d...d) Verdruss, Ärgernis

[96ʳᵇ] nicht enhalff, dan(n) die lut jn | der stat woltend des hertzo- | gen sin vnd von der hersch- | afft nit wychen vnd die stat | behalten, als ver(r) jn lib vnd | leben geraigenᵃ vnd das er- | schiessen mocht. **D**o hůbend | die waltstett nun an vnd | nottend sy vnd wurffend | ǒne vnderlaus jn mit jro |

5 hanttwerken, dero sy nun ett- | wemånigs da vor hattend, | vnd schussend mit jren büch- | sen jn die stat, **V**nd die ab | der burge vnd och die jn der | stat vsser der stat jn sy. **V**n(d) | och die schützen mit jren arm- | brosten husotendᵇ hin zů jn | die rain vnd hinder die bǒm | vnd och hinder schirm **V**nd | och jn ettlich stådel vn(d) wie | [sÿ]ⁱ dan(n) mochtend, das sy vast

10 zů | jnen jn die stat schussend vff | der mur vnd sy gangklich | her vsz zů jnen. **V**nd das | sy also ainander vil laides | tåttend mit schiessen bayde | hanttwerken, Büchsen vnd | mit armbrosten. **V**n(d) do d(a)z | nit helffen wolt, dan(n) das sy | nur ain ander schadgotend | an dem volk, dar an die vsser | der stat jnen grossen schaden | tåttend **V**nd och ab der | Burg,

15 den(n) sy jn jn die statt | tåttend. **V**nd do sy des vor | der stat empfundendᶜ vnd | jn dem geliger jnnen wur | dend, do hettend sy ain ᵈver | driessenᵈ dar jnne, d(a)z sy So gros- |

Stadtwappen Zürich
20 (4x3,5) (vgl. fol.90ʳᵃ)

[96ᵛᵃ|198] sen schaden namend añ jren | lüten, die da **w**und wurde(n)d | vnd och ettwan sturbend vo(n) | dem schiessen, so jnen dan(n) be- | schach **V**nd och ettwan d(a)z | puluerᵃ vnd stain vn(d) schoszᵇ, | so sy dan(n) verschussend, wan | sy tribend das schiessen gar | gangclichᶜ. **A**ber jn der

5 stat | ᵈhettend sy sin kain **a**chtᵈ, dan(n) | was sy jn dem <u>t**a**g</u> hin schus- | send, das machtend sy dan(n) | jn der nacht besser vn(d) wer | licher, dan(n) es vor gewesen | was, **D**an(n) sy hattend sich | gar vil holtz gewarnettᵉ | jn die stat **V**nd hettend och | von der brugk, die sy ouch | gebrochenᶠ hattend. wa jn | ain holtz dannen vo(n) ainem | hus geschossen

10 oder zerwor- | fen ward, So hattend **S**y | drü oder vier andre an | die stat ze legend vnd hat- | tend och dar zů gůtter | werklütᵍ gnůg, **d**(a)z sy mach- | tend, was sy woltend. vn(d) | do jn die cost vnd der schad | vor der statt also we tett vn(d) | sy och ᵸverdrosz da zeligendᵸ, | do gedauchtend sy, **w**ie sy nå- | her zů der stat mǒchtend | komen, **V**nd machtend | <u>vier</u> vnd

15 <u>zwaintzig</u> grosser | schirmⁱ⁾ vnd richtendʲ da yeg- | clichen vff <u>vier</u> schibenᵏ vn(d) | machtend <u>zwayhundertt</u> | grosser vnd starker sturm | laytranˡ och mit schiben, vn(d) | machtend wol <u>zehen</u> katzenᵐ, |

[96ᵛᵇ] die och vff klainen pflůg | redern giengend vn(d) mit | hütenᵃ warend bedekt, da | jn yegklicher <u>zwaintzig</u> man waurend vn(d) sich | mit sailen zugend, wie | es jnen ebenᵇ was. **D**ar | zů warend lüt hinder | den katzen, mit schirmen | vnd schilten geordnet, die | sy och tribendᶜ **v**nd vil | ᵈsetz

5 schiltᵈ vnd sust schilt | vnd züg, das sy machte(n)d. | vnd do sy nun ir züg | gantz ᵉzů richtendᵉ, **D**o | hůbend sy an an ainem | <u>frytag</u> frů, recht als die | sun vff gieng, vn(d) gieng- | end mit jr katzen **v**nd | mit jr schiermen vnd

| mit jr laytran **vn**(d) züg | an süben enden an die | stat **vnd** sturmptend so | hart vnd so vigentlich^f, | das des gelichen kum ye | gesenhen ward, **vn**(d)

10 wurf | fend vil hart vnd vast mit | den hanttwerken jn **vnd** | schussend mit den **B**üchsen, | allen so sy da hattend, **vnd** | mit jren armbrosten w(a)z | sy gewinnen mochtend, | vnd **w**urffend vnd schus- | send für jn creffttenclich^g; | vnd tribend das uff <u>dry</u> | gantz stund oder mer, d(a)z | sich die froen mit den man | nen So hart vnd vast |

[97ra|199]   wartend vnd tadttendⁱ, das | sy vor der stat nit wol berů- | fen^a noch erkennen mochte(n)d, | welhes ain fro oder ain man | was. **V**nd was der sturm | vnd das jn werffen so grosz | vnd das schiessen so grülich | **V**nd des weren vsz der stat | vnd leschen das für uff den | tåchern jn der statt So

5 vil, | das sy jn der statt sich über | sahend, das sy mit **a**iner | katzen **a**n die mur kome(n) | warend **V**nd hettend da | durch jn ainen ker^b gegra- | ben^c. **N**(!)un was ainem | schützen jn der stat ain sen^d | von ainem armbrost ge- | brochen vnd der wolt jn | den selben ker loffen, **a**in | ander senen holen, die er | dan(n) da wysset. **a**lso do er | jn der ker luff, do woltend | jn die

10 vigend, so jn dem ker | warend, begriffen haben, | dan(n) das er jnen mit not | entran^e, das sy jn nit vieng- | end. Vnd als er nun vo(n) | jnen kam vnd entrunne(n) | was, do luff er jn die statt | vnd machet ain geschraÿ | vnd **R**ůfft: „vinden jo! vig- | end jo!" **D**o was ain **R**it | ter, her **jõrg** von dem **Rôsz-** | <u>lin</u>⁸⁹⁰, der zů den **v**igenden | mit **a**cht gůter gesellen, die | sin

---

[96va|198]

a) Pulver b) Geschoss, Pfeil c) v. genge: unter den Leuten verbreitet d...d) schenkten sie dem keine Aufmerksamkeit e) v. warnen: mit etwas versorgen, ausstatten f) v. brechen: zerstören, abbrechen g) Handwerker h...h) die Belagerung verdrießlich war i) Schirmdach/-wand bei Geschützen, „Sturmdach" (Lexer) j) v. richten: aufrichten, aufstellen k) Räder l) Sturmleitern, Leitern zum Angriff m) Rammböcke, Boll- oder Schirmwerke [Belagerungsmaschinen]

[96vb]

a) Schirm-, Schutzdach, „Sturmdach" b) passend, gelegen c) v. tríben: voran-/anschieben d...d) großer Schild mit einer langen eisernen Spitze, mit der er in der Erde feststehen kann und so zur Deckung des Schützen dient e...e) v. zůrichten: rüsten, (zum Angriff) vorbereiten f) heftig, feindselig, hasserfüllt g) gewaltig, heftig

[97ra|199]
i) tadttend] radttend *SG, Konjektur nach W* tawttend

a) v. beruofen: angeben b) Keller c) graben: eindringen, graben d) Bogensehne e) v. entrinnen: entkommen, entgehen f) v. fůgen: sich begeben

⁸⁹⁰ Mittels der eingesehenen Literatur ist es nicht gelungen, nähere Angaben zu dieser Person zu ermitteln.

[97rb]
a) Treppe b...b) v. überdringen: überwältigen, überwinden c...c) sie brachen Öffnungen hinein d) Abfall, Staub e) v. embrennen: zu brennen beginnen, sich entzünden

[97va|200]
a) v. versorgen: sichern, versehen b) zeitweise eintretende Ruhe und Schonung c) v. finden: erlangen, als Entschei-dung ermitteln und aussprechen, hören d) v. ergeben: sich ergeben, sich unterwerfen e) Pech f) schrecklich, unheim-lich

[97vb]

15 knecht **w**arend, sich | fůgt^f **V**nd stach zů aine(m) | der vs dem ker zů jm
dra(n)g |

[97rb] vnd erstach jn an der stegen^a | vnd ain andren stach vff | disen her **j**ỏ**rgen**,
das er | hart wund ward. **V**nd | also vielend die vigend | vor der statt huffet
jn den | ker, **D**as sy an der stegen | ^büber drungen^b woltend sin, | den zwen
knecht warend | mit her **j**ỏ**rgen** mit dem | rỏslin enwegkomen, das | jro
5 dannocht nun **sechs** | warend; Vnd also hulff- | end jnen die wÿb **V**nd |
wurffend für jn **V**nd | ^cbrachend obnan nÿder^c vn(d) | schuttend haisz
wasser vn(d) | für durch nÿder vff sy jn | den ker vnd stain vnd | gemülb^d
vnd tattend jn | **a**lso nott, das man disen | sechsen ze hilff kam; doch |
wurdend jro zwen erstoch- | en **v**nd hettend sy jro vil | jn dem ker
10 gewundet **v**n(d) | och ettlich erstochen, die | dar nach jn dem ker fun- | den
wurdend. **V**nd do | man jnen nun ze hilffe | kam(m), do **w**arff man nun | so
endlich **v**on obnan ab | für, stain, holtz **v**nd strow | jn sy jn den ker, das
nun | embran^e, **v**nd schlůg vn(d) | stach jn sy, **d**as sy sich nit | mer
enthalten mochtend | **v**nd můstend wyder hin- | dersich fliehen durch d(a)z
| loch **v**nd mit der katzen |

[97va|200] vnd jrem züg von der mur | Rucken. Also versorgtte(n)d^a | sy do jn der stat
das selb | loch mit holtz, das jnen | enkain laid mer da durch | beschach
Vnd rumptend | do den ker wyder vmb | vnd fundend fünffzehen | totter
man jn dem ker, die | erworffen, verbrent vn(d) | erstochen warend. **V**n(d)
5 | also ward ain vnderlibu(n)g^b | gar ain klain zÿt, nit ain | halb stund, das
die vssren | von den jn der statt sůch | tend, ob sy icht an jnen | mỏchtend
finden^c, d(a)z sy | sich ergeben^d hettend mit | grossem nutz, den sy jnen |
für schlůgend; Da vo(n) ain | lang wyl ze sagend wåre. | Vnd do sy nichtes
an jnen | fundend, dan(n) d(a)z sy ye hert- | ter vnd ye hertter wårend, | Do
10 hůb der sturm wyder | an **V**nd sturmptend aber | an süben enden an die
statt | mit grossen crefften vn(d) | emssigem schiessen vnd | werffen für,
stain, baucht^e | vnd was sy haben mochte(n)d, | mit armbrosten, mit büch- |
sen vnd mit sỏlichem wun- | derlichem, vngehürem^f ge | schraÿ, das des

---

a) v. wëren: dauern, währen b) v. lôsen: ablösen c) v. luppffen: hochheben d) Lager(-stätte) e) v. rechnen: zählen,
rechnen f) Strick, Strang

[98ra|201]
i) Nun] N *2-z. Lomb., v. der Hd. des Rubr., mblT* ii...ii) zwytrå | chtig] trå *verderbt, aus* tå *vermutlich v. der HHd.,
mbrT, korr.*

a) v. senden: eine Botschaft schicken b) ehrerbietig c) v. verjehen: eingestehen, berichten, verkünden d...d) zwie-
trächtig, uneinig, uneins e) v. bringen: einsetzen

[98rb]
i) verkostett] verkofft *SG, Konjektur nach W*

a) v. ligen: ein Lager teilen b...b) v. rûmen: räumen, verlassen c) v. verkosten: versorgen, sich Unkosten machen
d...d) tat es ihnen um die Kosten leid e...e) sehr f) v. besorgen: fürchten g...g) v. hinderreden: verleumden h) Ge-
nueser

gelichen | nie gehört ward, vnd | sturmptend aber wol drÿ | stund, Das also
diser vn(d) | der vŏrdrig sturm wol |

[97vb] sechs stund weret^a, Wan(n) sy | hattend sich vor der statt | zer tailt, wan
ainer ain | halbstund sturmbt, d(a)z jn | dan(n) ain andra lŏsdt^b. Vnd | dar
vmb so mochtend sy es | wol erharren. Aber jn der | statt was kain
losu(n)g, dan(n) | mengclich tett sin bestes; | die wyb mit den mannen |

5   vnd die man(en) mit den wÿ | ben Dan(n) man sach die vor | der statt vff
den tächern, | muren vnd årkgern loffen, | sy werffen stain vn(d) hŏltzer |
tragen vnd recht als die | man helffen luppffen^c vn(d) | die für, so sy jn die
statt wur- | ffend, leschen. vnd jn also | nun jn der statt nicht an | gewinnen
mochtend Vn(d) | sachend vnd bekanntend, d(a)z | sy sy vss der stat So

10 vast | wůstend vnd schadgotend, | do wychend sy wyder hin- | der sich und
zugend von | dem sturm ab. Vnd do | sy wyder jn das veld jn ir | geliger^d
komend vnd rech- | nen^e wurdend jn ir geselsch- | afften, was sy
manglotend, | do fundend sy vil, der sy nit | hattend, das sy erschrakend |
vnd kondend vn(d) woltend | nit enweg ziehen vn(d) iro | so uil gůtttter

15 [sic!] fründ hin- | der jn laussen, vnd name(n)d | die wyd^f an den hals vnd |
[98ra|201] sandtend^a wirdenclich^b zů jn | jn der statt vnd begertend | gnad von jnen
vn(d) batte(n)d | sy, das sy jnen gunden vn(d) | fryd geben wŏltend, die
jren | by jren muren ze sůchend | vnd jn jren graben, da Sy | dan(n)
erwoffen, erschossen vn(d) | ze tod geuallen wårind; d(a)z | jnen nun die

5   jn der statt er- | lobttend. Vnd also sůchte(n)d | sy sy vnd fundend fünff- |
hundert sübentzig vn(d) acht | man. Doch můstend sy den | jn der stat
allen jren har- | nasch vnd hab laussen, was | by jnen funden ward. do |
verjahend^c jnen die, da die | totten sůchtend, vnd saitend | jn mer dan(n)
zwayhundertt | vnd viertzig wund wårind. | So kund man jn der stat nit |

10 mer finden by anderhalb | hundert vnd zwaintzig | froen vnd die sind och
mer | ab den tächern geuallen | ze tod, dan(n) das sy sust ver- | loren
hattend. |

Nun^i wurdend die vo(n) | zürrich vnd die walt- | stett mit ain ander   *Zürich vs. Ver-*
^{d/ii}zwytrå | chtig^{ii}/^d vnd maintend die | waltstett, die von zürrich | hettend   *bündete als*

15 sich so vil nit brucht^e | vnd an dem sturm gearbait | als die waltstett; anders   *Folge des miss-*
ir | verlust wåre nit als grosz | gewesen vnd mŏchtend | die statt villicht   *lungenen An-*
gewonne(n) | haben, dan(n) sy wårend jn die | statt komen vnd hettend | *griffs;*

[98rb] sich laussen wyder vsz triben, | dan(n) die von zürrich ware(n)d | durch die
mur jn den ker ko- | men. Vnd komend so hart | an ain ander, d(a)z die
waltstett | by den von zürrich nit mer | ligen^a woltend vn(d) also ^brum |
tend^b sy das veld, Sust wåren | sy vil lenger jn dem veld ge- | legen, dan(n)

5   sy hattend sich vast | verkostett^{i/c} mit züg, den sy by | jn hattend. Sy
hettend jn dan(n) | dar gebraucht von jr stetten | oder by jnen gemachet.
Vn(d) | dar vmb so ^drow sy die costu(n)g^d | ^egar übel^e. Dar zů so was | och
des volks gar vil, das sy | wol sicher da lagend, das | sy sich vor niema(n)t
besorgen^f | můstend, der sy von dannen | schlůge. vnd dar vmb So | *Rückzug;*

10 schambtend sy sich, dannen | ze ziehend vnd kondent | sich doch nit mit

ain ander | richten, dan(n) die von zürrich | vnd die waltstet warend | ain
ander vigend. Vnd | dar vmb wie vil man sy | ^ghinder redet^g, So rumptend |
sy doch das velde, dan(n) Sy | vorchtend grôssern schad(en), | vnd zugend
wyder haym. | Es warend jn der statt by | dryssig spiessen Ross volks | vnd
15   dryssig schützen Genŏ- | wer^h vnd die hett der her⁸⁹¹ | von Mayland⁸⁹² dem
hertzo- | gen gelühen. So warend | jn der statt vff sechshund(er)t | man vnd
ir wyb vn(d) kind; | vnd die kind vnd was kra(n)ker |

[98va|202]   wyb vnd lüt warend, die sties- | send man jn die ker. Vnd | hattend die
hüser alle endekt^a, | vmb das jnen das für dester | minder tått, So man jn
die | statt warff. Vnd luffend | vff den tåchern nomantt | vff den latten vnd
raiffen^b | vnd mit brittern hett man | jnen stand gemacht, d(a)z sy |
5   vestenclichen^c werffen môcht- | tend. Es wurdend sechsz | hundert stain
mit hannt | wercken jn die stat geworf- | fen, die dar nach funden |
wurdend jn der statt vnd | jn den hüsern. Vnd nün | hundert vnd dryssig
ⁱ[schütz mit] büch | senⁱ an dry enden, da | sy jn die statt schussend.ⁱⁱ |

[99^r]   Leere Seite

[99^v|204]   Leere Seite

[100^r|205]ⁱ   ⁱⁱ[III. Wie Paris die gottinne Egenowe erwarp   *Auszug aus dem*
Nûn fûgete es sich, das dirre knab das vihe dick in einen bach treip zů   *„Elsässischen*
trenckende, vnd flos die bach fúr ein wilde cluse. Do was ein wilde   *Trojabuch"⁸⁹³;*

---

⁸⁹¹ Gian Galeazzo Visconti: geb. am 16. Okt. 1351; verheiratet mit Isabella v. Valois, Tochter König Johanns II. v.
Frankreich; erster Herzog v. Mailand; ihm gelingt teils durch Ererbung, teils durch rücksichtslose Ausschaltung
seines Onkels und dessen Söhnen die Vereinigung des gesamten Mailänder Herrschaftsbereichs der Familie (vgl. zur
Familie H. Grote, Stammtafeln, Taf.268, S.352f); bemächtigt sich 1385 der Stadt und Reichtümer des Onkels und
lässt sich vom Rat der 900 zum Dominus generalis proklamieren; 1386 Beginn des Baus des Mailänder Doms; führt
Eroberungsfeldzüge im Veneto und in der Toskana; erwirkt 1395 für sich und seine Nachkommen v. König Wenzel
die Investitur mit dem Herzogtum Mailand sowie die Grafentitel v. Angera, Pavia und den Herzogstitel der Lombardei; gest. am 3. Sept. 1402 (vgl. LexMA, Bd.6, Sp.121f und Bd.8, Sp.1723f).
⁸⁹² Mailand (vgl. z.B. LexMA, Bd.6, Sp.113ff).

[98va|202]
i...i) schütz mit büchsen] büchsen stain *SG, Konjektur nach Stgt* ii) *Ende v. Stgt bzw. W (die in W noch folgenden
Seiten sind Teile des Anfangs)*

a) endecken: ab-/aufdecken b) Stangen, Dachbalken c) standhaft, sicher

[100^r|205]
i) *Seite mit fortlaufendem Text, ohne Aufgliederung in Spalten* ii...ii) *fehlt SG, Ergänzung nach ET* iii...iii) alle jr
sinne (...) baide lebtind etc.] *v. der Hd. des Rubr., mbrT* iv) d(a)z] *fehlt ET* v) verhaulend] gehullent *ET* vi...vi) zouch
| er sich zů sines hertzen lust] zogete er zu sines herczen frowe *ET* vii...vii) wurde an ain ander wib legen] an ein ander
wip wúrde legen *ET* viii) lag] logent *ET* ix) gantzen] irme *ET* x) me] *fehlt ET* xi) Egenoee] *zweites e üdZ v. der Hd.
des Rubr. mdbrT erg.* xii) diss] das *ET* xiii) dissen] den *ET* xiv) jn zwain] jnen *ET* xv...xv) wil sý baide lebtind etc.]
wile das sú beide lebetent *ET*

gŏttinne jnne gesessen, die hies Egenowe vnd was gar ussermossen
5 schŏne. Dar vmb wart sin hercz gegen ir verstricket, das er sie gar sere
mýnnete. Da was er ŏch so lustlich vnd so schŏne an zü sehende, das sie]^{ii}
^{iii}alle jr sinne widerumb an jnn leitt^a. D(!)isse liebe, die sý | baide zů
sam(m)en hattend, schŭff, Das d(a)z^{iv} er jr man ward | vnd sý sin wib. Das
verhaulend$^{v}/^b$ sý baide; vnd wenne er | sich mauchtt von sinen gesellen
10 verstellen^c, So ^{vi}zouch | er sich zů sins hertzen lust^{vi} vnd hatt mitt jr
frünttlich^d | leben. Nun hatt die gŏttin grosse sorg, Das paris sin liebe
^{vii}wurde an ain ander wib legen^{vii}, vnd leitt jm | die forchtt fŭr mitt
wortten, Die jr zů sinnen lag^{viii}. | Do sprach er, sý sŏltte die sorge von
gantzen^{ix} hertze(n) | laussen, Er wŏllt jr niemer me^x vergessen, Die | wil er
15 das leben hett. vnd gieng zů ainem bŏme, | Der nach bý dem bach stŭnd,
vnd grŭb mitt sinem | messer jn des bŏmes rinden Bŭchstaben, Die
spräche(n)t: | „man sol das wissen: hütt vnd ÿemer, wenn paris vn(d) |
Egenoee^{xi} von ir minne schaidend, So mŭss diss^{xii} wasse(r) | hinder sich
zů Berge fliessen."mitt dissen^{xiii} wortten ward | die frow versichertt, Das
20 ain werende^e liebe zwüsche(n)t | ^{xiv}jn zwain^{xiv} sŏltte sin, Die ^{xv}wil sý baide
lebtind etc.$^{xv}/^{iii}$. |

[100^v]^i ^{ii}W(!)ie her Juppiter der Gott ain hoff^a gebott, | won er woltt sin(er)
Schwŏster ain man geben. |

H(!)ie gitt paris frow Fenus den ŏpffell.$^{ii}/^{894}$ |

---

a) v. anlegen: richten auf b) v. verhälen: verheimlichen c) v. verstellen: sich verstellen d) liebevoll, liebreich e) ewige, dauerhafte

^{893} Hierbei handelt es sich um Auszüge aus dem sog. „Elsässischen Trojabuch" oder „Buch v. Troja I" (vgl. auch Kapitel A.5.1.3). Die Ergänzungen am Beginn des Textes sowie die dargestellten Varianten, bei denen orthographische bzw. dialektal bedingte Veränderungen keine Berücksichtigung finden, folgen der kritischen Ausgabe des Elsässischen Trojabuchs v. C. Witzel, hier S.5. Das in unserer Chronik t.w. zitierte Kapitel 3 schildert die erste Liebesbeziehung v. Paris mit der Nymphe Oenone (im „Trojanerkrieg" v. Konrad v. Würzburg und diesem folgend auch im „Elsässischen Trojabuch": „Egenoe") (vgl. allg. und zum Inhalt K. Schneider, Der „Trojanische Krieg", S.73ff; VerfLex, Bd.1, Sp.1100; Elsässisches Trojabuch; E. Lienert, Geschichte und Erzählen; dies., Antikenromane, S.151ff).

[100^v]
i) *Seite mit fortlaufendem Text, ohne Spalten* ii...ii) W(!)ie her (...) den ŏpffell] *v. der Hd. des Rubr., mroT*

a) Fest, Hoftag

^{894} Diese beiden Texte beziehen sich auf zwei dem oben wiedergegebenen Kapitel 3 des Elsässischen Trojabuches folgende Abschnitte, deren Überschriften bzw. Textteile nach dem Elsässischen Trojabuch, S.5f bzw. S.9 lauten: „IV. Von der brunlouff, den her Jupiter macht sine tochter Thetis. (...) wart ein hof geleit vnd gebot (...). Den gebot her Jupiter, der got, wann er wolt sin swester zů manne geben." und „VI. Wie Paris den apfel frowe Venus gap, vmb den die götinnen kriegetent von Paris' wegen.". Da einige der überlieferten Hss. dieses Werkes mit Abbildungen versehen sind, wäre es auch denkbar, dass unser Rubr. hier Bildüberschriften notiert.

[101ʳ]　Leere Seite

[101ᵛ]　Leere Seite

[102ʳᵃ|209]ⁱ　Alsⁱⁱ man von der gepurt | cristi zalt tusend vierhu(n)= | dert vnd drü vnd
　　zwaintz= | ig jare do gab **Byschoff ott**, | **Marggrauff von Rôtel**, si | nen　*1423 Bischof*
　　Byschofflichen gewalt | dem cappittel zů Costentz zů | der hohen gestifft　*Otto III. vs.*
　　vff vnd | verbrіefft sich gegen dem | Cappittel, das er jnen den ge= | walt　*Domkapitel;*
5　laussen wôltᵃ⁹⁵. **d**ar vm(b) | gabend sy jm grosz libgedingᵃ | vnd sůst gůt.
　　Das bestůndⁱⁱⁱ | also ettweuil jar; **d**o hett er | den gewalt geren wyder ge=
　　habtᵃ⁹⁶, **D**o wolt das ain cappi= | tel nit entôn. **A**lso kam(m) es | gen **Rom**
　　für den **Baupst**ᵃ⁹⁷; | vor dem ward es erst recht | bestâtᵇ, **d**as es da by
　　beliben solt, | nach dem vnd sy mit ainan= | der überkomen warendᵃ⁹⁸.
10　**A**ber | wie dem allem, **a**ls nur er | vnd das cappittel lang zit | mit ainander
　　sich nüt ver= | mochtend vnd er das **By**= | stum vnd gewaltsami gern |
　　wyder gehabt hett, da wyder | aber ain cappittel was, **a**lso | vff sant **Marcus**
　　tagᵃ⁹⁹ do liesz | **Byschoff ott** alle p(ro)curatores, | die zů dem hof
　　gehorttend, | zů jm berůffenᶜ vnd samlen | vnd sprach zů jnen: „**j**r sind |
15　min geswornenᵈ, ir sôllen | mir gehorsam sin. **j**ch wil | selb ze gericht
　　sitzen." **N**un | hett das **Cappittel** vor ainen |

[102ʳᵃ|209]
i) *mit dieser Seite beginnt eine neue Lage Papier* ii) Als] A *2-z. Lomb., v. der Hd. des Rubr., mblT* iii) bestůnd] st
verderbt, eventuell v. der HHd., mbrT, korr.

a) Leibrente, Lebensunterhalt, ein auf Lebenszeit zur Nutznießung ausgedungenes und übertragenes Gut b) v.
bestâten: bestätigen c) v. beruofen: zusammenrufen d) Geschworenen

[895] Bischof Otto III. v. Hachberg-Rötteln erkrankt 1424 schwer, woraufhin er v. Johannes Lüti, dem Generalvikar als
„Dekan und Verweser des Bistums in geistlichen und weltlichen Dingen" (REC III, Nr.9043) vertreten wird. Ende
des genannten Jahres tritt der Bischof a) aus gesundheitliche und b) aus finanziellen, die Schulden des Bistums betreffenden Gründen v. der Verwaltung des Bistums zurück. Alle geistliche und weltliche Gewalt sowie der gesamte
Besitz wird auf zehn Jahre dem Domkapitel übergeben. Nachdem dieses zusätzlich durchsetzt, dass dem Bischof
auch nach Ablauf des Vertrags der Besitz sowie die Einkünfte für weitere fünf Jahre nicht zur Verfügung stehen, bestätigt das Domkapitel am 24. Dez. 1424 die Abmachung (vgl. REC III, Nr.9061 und 9063) (vgl. hierzu und zum
Folgenden U. Janson, Otto von Hachberg, S.230ff und HS I/2,1, S.344f).
[896] Es handelt sich um drei Jahre, nach denen Otto III., dessen Gesundheitszustand verbessert hat, darum bemüht ist,
in sein Amt zurückzukehren.
[897] Papst Martin V. (Oddo Colonna): geb. 1367; Papst seit dem 11. Nov. 1417 (Wahl auf dem Konstanzer Konzil;
Krönung am 21. Nov.); gest. am 20. Feb. 1431 (vgl. LexMA, Bd.6, Sp.342f).
[898] Das Domkapitel beantragt nach zwei Jahren der Leitung des Bistums eine päpstliche Bestätigung der Absprache
v. 1424. Es erhält diese nach einer Untersuchung am 14. April 1427 v. Wilhelm Nithard, Propst v. Ittingen (vgl. REC
III, Nr.9170). Der Bischof sieht in dieser Vorgehensweise sicherlich zu Recht eine Gefährdung seiner geplanten und
bei Genesung v. Anfang an in Aussicht gestellten Rückkehr in sein Amt.
[899] 25. April.

[102ʳᵇ] **Richter**, des wolt er nit, **vnd** | also sasz er selb zů gericht. des | ward das
Cappittel gewar | vnd giengend och dar vn(d) | saussend zů gericht vnd |
stůndend alle da mit jrem | richter, **d**en sy gesetzt hatten. | **j**n dem so
kompt **B**yschoff | otto mit sinen dienern vn(d) | gieng zů dem richtstůlᵃ

5 vn(d) | sprach zů dem official⁹⁰⁰, **d**en | das cappittel dar gesetzt hett: |
„**G**ang von dannen!" vnd er | wolt das nit entőn vn(d) sinen | her(r)en von
dem cappittel, die | jn da hin gesetzt hettend, ge= | horsam sin. **D**o zoch er
jn | ᵇhin danᵇ vnd sasz selber da zů | gericht vnd satzt da von | stund den
vicari⁹⁰¹ vn(d) den offi= | cial ab vnd gebot do jn ga(n)tz= | em **B**ystum,

10 das man vff si= | en official vnd vicari halten | sőlt vnd von des cappittels |
official vnd vicari sőlt man | gantz nichtes halten⁹⁰². **N**un | disz
veranttwurtenᶜ **a**in cap= | pitel vnd official, von jnen | gesetzt. ᵈ**j**n der
zwytracht ka= | mendᵈ die **R**ẚt von Costentz | vnd ᵉredtend dar vnderᵉ
vn(d) | schiedendᶠ sy von ainander, | **a**lso das sy mit ainander ᵍze= | tagen

15 kamendᵍ vnd mit ain= | ander fürletendʰ, **a**ber sy moch= | tend nit veraint
werden. | **D**as gestůnd also lang, das | sy wyder ain ander ⁱ⁾procesz |
verkuntendⁱ⁾ vnd ain ander | jn den ban tettend, ye das |

[102ʳᵇ]
a) Richterstuhl b...b) weg c) v. verantwurten: verteidigen, rechtfertigen d...d) bei dieser Auseinandersetzung interve-
nierten e...e) gingen mit Worten dazwischen f) v. scheiden: trennen, hier im Sinne v. schlichten g...g) in Verhandlungen treten h) v. fürlegen: vortragen, darlegen i...i) Gerichtsprozesse androhten

⁹⁰⁰ Leonhard Mosthard/Moschart: Studium in Heidelberg und Erfurt; vor dem 30. Mai 1419 zum doctor decretorum
promoviert; 1408-1427 Chorherr; 1419-1427 Propst des Züricher Großmünsterstifts; am 28. Jan. 1424 erstmals als
Offizial in Konstanz belegbar; die hier geschilderte Absetzung als Offizial erfolgt wie die auch anderer Würdenträger
offiziell am 28. April 1427, bleibt aber ohne Folgen: es kommt zu einer baldigen Wiederaufnahme des Amtes, das er
bis zu seinem Tod am 21. Nov. oder 19. Dez. 1427 innehat (vgl. HS I/2,2, S.591).
⁹⁰¹ Ludwig Nithard: aus einer bedeutenden Ulmer Patrizierfamilie stammend; Vater: der Ulmer Stadtschreiber Heinrich Nithard; Bruder des Augsburger, Freisinger und Konstanzer Domherren Heinrich Nithard; 1417 Kanonikat zu
St. Moritz in Augsburg sowie eines zu St. Cyriak in Wiesensteig; Domherr in Augsburg (bis 1425); 1419 Präpositur
zu Wiesensteig; v. 1. Juni 1424 bis zum 18. Sept. 1431 Generalvikar; hier geschilderte Absetzung erfolgt offiziell am
28. April 1427, bleibt aber ohne Folgen: es kommt zu einer baldigen Wiederaufnahme des Amtes; 1425-1437 Leutpriester und Chorherr zu St. Stephan; am 9. Okt. 1437 tauscht er sein Plebanat samt Kanonikat zu St. Stephan gegen
die Pfarrkirche zu Ganterschwil ein, was zu einem Prozess beim Konzil zu Basel führt; Anfang 1432 erlangt er eine
Domherrenpfründe; erstmals 1428 und wieder 1437-1447 amtet er als Offizial; unter Heinrich v. Hewen erneut Generalvikar (17. Nov. 1436 bis vor dem 24. Juli 1437); Domkustos vom 15. März 1445 bis zu seinem Tod am 10. oder
13. Nov. 1447 (vgl. REC IV, Nr.10018; HS I/2,2, S.542, 591f, 833; H. Maurer, Stift, S.284f). Vgl. zur Entstehung
des Generalvikariats und den Funktionen eines Generalvikars allg. LexMA, Bd.4, Sp.1223; HS I/2,1, S.98 und zur
jurisdiktionellen Aufgabe T.D. Albert, Der gemeine Mann, S.138ff.
⁹⁰² Otto III. nimmt den Prokuratoren des Bistums 1427 also das Gehorsamsversprechen ab, vertreibt den Offizial mit
Gewalt vom Richterstuhl, übernimmt dessen Funktion selbst und entlässt zusätzlich den Generalvikar und andere
Würdenträger (vgl. REC III, Nr.9171f und den ähnlichen Bericht in StAK, A I 1, fol.108ʳᵇf). Am 4. Mai widerruft
Bischof Otto dann die Abmachung v. 1424 und damit die Vollmachten, die er dem Domdekan und dem Domkapitel
übergeben hat. Im Anschluss daran bannen sich die beiden Parteien gegenseitig. Der Bischof setzt sich zunächst nicht
durch. In einem ausgehandelten Vergleich wird die Dauer seiner Suspension auf zehn Jahre festgesetzt und seine Bezüge erhöht. Die wesentlichen Vereinbarungen entsprechen dem Vertrag v. 1427 (vgl. u.a. REC III, Nr.9177).

[102va|210] ain <u>cappittel</u> ob gelagend ze | hoff vnd ward ir ding be= | stât von dem **B**aupst. **N**un | was das **B**ystum, als **B**ÿ= | <u>schoff</u>ⁱ ott den gewalt von | handen **a**inem <u>cappittel</u> | gab, gar jn grossen schulden; | **d**as hett nun d(a)z <u>cappittel</u> | wyderbraucht^a vnd zů gůt(er) | masz abbezalt vnd dar vm(b) |
5 was jm als not, das wyder | zů sinen handen ze bring= | end **V**nd erdaucht ye so | vil mit <u>**R**ittern</u> vnd <u>knech</u>= | ten, **d**as sy jm das **B**ystum | vnd den gewalt ^bwyder lies= | send^b werden⁹⁰³. **D**as w(a)z kum | <u>sechs</u> jar gestanden **V**nd | das bestůnd nit lang, dan(n) | das er aber jn grosz, schwâr | schulden kam. |
10

D(!)iser <u>byschoff ott</u> bwt g(er)n⁹⁰⁴ | vnd die <u>pfallentz</u> hat er | vast *Bautätigkeit;* gebessret, **O**bnen glich | nẅ gemachet⁹⁰⁵, **d**an(n) es vor | gar alt, lieblos ding was. | **E**r hat sant <u>**M**argaretha</u> | cappel gewelbet^c/⁹⁰⁶ vnd dar= | uff och
15 ain schône gewelb= | de^d <u>cappelle</u> für ainen **B**y | <u>schoff</u> gemacht, sicht dar | vssz jn den chor vnd vff | <u>fron altar</u> des <u>münsters</u>⁹⁰⁷. |

[102va|210]
i) **B**ÿ= | <u>schoff</u>] *Punkte über* ÿ *mroT*

a) v. wyderbringen: wiedergutmachen, wiederherstellen b...b) v. wyderlâzen: wiedergeben, wieder überlassen c) v. welben: einwölben, mit (Kreuzrippen-)Gewölbe versehen d) eingewölbte

⁹⁰³ Otto III. v. Hachberg gelingt es 1429, die Verwaltung des Bistums wieder an sich zu bringen. Er trifft mit dem Domkapitel neue Absprachen. Hierbei verpflichtet er sich, das Amt selbst zu führen und die Schulden mit einer Teiltilgung v. jährlich 1.000 fl regelmäßig abzuzahlen (vgl. HS I/2,1, S.345).
⁹⁰⁴ Trotz der angespannten Finanzlage des Bistums „war Bischof Otto der Kunst gegenüber sehr aufgeschlossen und ließ sich durch die zahlreichen Anregungen, die das Konzil bot, zu einer regen Bautätigkeit bewegen" (U. Janson, Otto von Hachberg, S.223). Neben einer solchen am Münster finden sich auch außerhalb v. Konstanz (z.B. bei der Abtei des Klosters Allerheiligen) Spuren davon (vgl. ebd., S.223ff).
⁹⁰⁵ Bischof Otto III. beginnt mit Blick auf das Konzil 1413 mit der Renovierung der bischöflichen Pfalz, die dem Papst als Wohnung dienen sollte (vgl. HS I/2,1, S.344). Seine Umbauten „fügten der bereits im 14. Jh. erwähnten zweischiffigen 'aula magna inferior' im Erdgeschoss die spätgotische 'aula superior' als zweischiffigen Einstützensaal im 1. Obergeschoss hinzu (...). In Richtung des Münsters entstand ein kleiner Saal, auf der Hofseite das große Stiegenhaus; das 2. Obergeschoss beherbergte vorrangig die bischöflichen Wohnräume" (A. Bihrer, Konstanz).
⁹⁰⁶ Er gestaltet die Margarethenkapelle (eventuell nach einem Brand 1420) ab dem Jahr 1423 zur eigenen Grabkapelle um, indem er ein Obergeschoss einbauen lässt, dieses gotisch einwölbt und mit einem Zugang zur Pfalz versieht. Gleichzeitig lässt er sie u.a. mit Fresken verzieren. Bischof Otto III. wird nach seinem Tod am 15. Nov. 1451 tatsächlich hier bestattet. Die verschiedenen Bautätigkeiten tragen zur Vergrößerung der Schuldenlast des Bistums bei und führen zu weiteren Auseinandersetzung mit dem Domkapitel (vgl. ebd.; U. Janson, Otto von Hachberg, S.224f und HS I/2,1, S.344).
⁹⁰⁷ Von der zweiten Kapelle führt, wie schon erwähnt, ein Zugang direkt zur bischöflichen Pfalz, während auf der gegenüberliegenden Nordseite ein Fenster zum Chor liegt (vgl. U. Janson, Otto von Hachberg, S.224).

[102vb]

Bischofswappen
zwei Schilde (3,5x3,5) (3,5x3,5) (M: 2,5/S: 3)
5 (rechts: Aw; links: Fw Rötteln^{908}: In Gold/Beige
roter Schrägrechtsbalken)

[103^r] Leere Seite

[103^v] Leere Seite

[104ra|213] Des^i jars als man vo(n) der | gepurt cristi zalt **Tu**= | send vierhundert vnd
drü | vnd zwaintzig jare **V**ff | mittwochen vor vnser lieben | froen tag ze   *1423 (!)*
mittem ougsten^{909} | zugend von costentz **a**ndert= | halb hundert fůsknecht   *Beteiligung v.*
vn(d) | zehen spiesz ^{a}an die hussen^a/^{910} | vnd des selben mals komen | sy   *Konstanz am*
5 als nach zů der stat S$\overset{v}{a}$tz^{911} | als kum yemand, vn(d) schar= | mutztend^b me   *Hussiten-*
dan(n) ain mal | mit den hussen; **d**ar vmb | vil ere vnd lob vo(n) den gesel=   *feldzug;*
| len von costentz gesagt | ward. |

[102vb]
^{908} Vgl. ZürW Taf.4, 43 (identisch: „Baden") und 56 (nicht identisch „Rôtelen": geteilter Schild: oben: in Gold ein
halber steigender roter Löwe, unten: gewöhnliches Feh); RiA 345, 2,1 (quadriert: 1, 4: Aw; 2, 3: Fw) und 435, 2,2-3;
RiDrS 182^v, 2,2; Grünenb. Taf.6, 1,2; Öhem 10^r, 109 und 11^v, 136 (Taf.5) (136 nicht abgebildet); Siebm. I,1, Taf.74,
2,1 und mit ZürW identisch Taf.75, 1,2; WtBvK 4,10 (quadriert: 1, 4: Aw; 2, 3: Fw).

[104ra|213]
i) Des] D *2-z. Lomb., v. der Hd. des Rubr., mroT*

a...a) gegen die Hussiten b) v. scharmutzen: scharmützeln, in kleinen Gruppen kämpfen

^{909} Der 15. Aug. ist im Jahr 1423 ein Sonntag. Hier handelt es sich also um den 11. Aug.
^{910} Konstanz nimmt zunächst am zweiten, v. den Kurfürsten initiierten Hussitenfeldzug teil. Es gehört damit zu den
86 Reichsstädten, die im Juni 1421 auf einem „Reichstag" in Görlitz ihre Bereitschaft dazu erklären. Ohne vorherige
Abstimmung mit dem König rückt das Reichsheer unter der Führung der Kurfürsten v. Köln, Trier und der Pfalz im
Aug. 1421 v. Eger in Richtung Prag vor. Ende September erreichte man Saaz. Nachdem der erwartete Angriff Sigismunds und Albrechts v. Böhmen (wegen der Hochzeitsfeierlichkeiten des Herzogs) zunächst ausbleibt und ein sechs-
maliger Sturm auf die Stadt ohne Ergebnis verläuft, flieht das Heer am 2. Okt. vor den Truppen v. Žižka. Die anschließende Offensive Sigismunds endet nach der Eroberung Kuttenbergs mit einer Niederlage. Der Feldzug
scheitert. Vgl. dazu die Notizen im Konstanzer Ratsbuch: „An Gutemtag vor Bartholmey [18. Aug.] Rittend vnsz(er)
soldn(er) gen Behem" (StAK, B I 3, S.184) – „Sab(ba)^{to} an(te) Symon et Jude [25. Okt.] (...) Vnsz(er) Soldn(er) sind
vsz gewesz(en) Lxvij tag" (ebd., S.191). Nach H. Maurer, Konstanz II, S.53 bzw. S.87 ziehen, wie hier berichtet, im
Aug. 1423 noch einmal 150 Fußknechte und 10 Berittene gegen die Hussiten (vgl. allg. LexMA, Bd.5, Sp.232ff und
SdM, S.373f; W. Baum, Kaiser Sigismund, S.164ff). Möglicherweise liegt in unserer Chronik (wie auch in StAK, A
I 1, fol.128ra) aber eine Verwechslung mit dem zweiten Feldzug vor (vgl. Hinweis auf Saaz; Auseinandersetzung um
Arbon ebenfalls 1420 statt 1423; offizielle Hussitenkreuzzüge 1420/21, 1422, 1426/27, 1431).
^{911} Saaz (tschechisch: Žatec): Stadt im nördlichen Böhmen; wird im 10. Jh. eine wichtige Kastellaneiburg der Pre-
mysliden und zum wirtschaftlichen, politischen und kulturellen Zentrum Nordwest-Böhmens; städtische Privile-
gierung 1235-1248; königliche Stadt; Blütezeit im 14. Jh., in den 1420/30er Jahren wichtige Stütze der Hussiten und
Zentrum eines der hussitischen Städtebünde (vgl. LexMA, Bd.7. Sp.1211f).

[104rb] Desⁱ vorgeschriben jaurs | vff sant <u>symon vn(d) ju</u>= | <u>das</u> tag⁹¹² **D**o viel der   *Auseinander-*
von | <u>toggenburg</u>⁹¹³ vnd die **B**ayr(er)⁹¹⁴ | <u>zů arbon</u> jn die stat. **N**un | warend   *setzung um*
die von arbon **B**urg(er) | zů <u>costentz</u>. **a**lso zoch man vo(n) | <u>costentz</u> hin   *Arbon;*
vff⁹¹⁵ vnd kamⁱⁱ | bisz gen **R**umeshorn⁹¹⁶, **d**o ward | dar vnder geredt, **d**as
5   vnser | gesellen von <u>costentz</u> ze scheff | her ab komen. **d**o kam der | **a**ller
grôst wind, **d**en ye kain | man gesenhen hett; **vn**(d) wa= | rend nach alle
vm(b)komen. | **D**ar nach ward <u>**a**in</u> tag | gesetzt gen **R**auenspurg | vff her
hansen truchsâssen | von waltpurg⁹¹⁷. vnd als | die <u>stett</u> vnd der von

---

[104rb]

i) Des] D *2-z. Lomb., v. der Hd. des Rubr., mblT* ii) kam] kamen *SG, Konjektur nach StAK, A I 1, fol.128ra* iii) des]
fehlt SG, Konjektur nach StAK, A I 1, fol.128rb iv) von] *fehlt SG, Konjektur nach StAK, A I 1, fol.128rb*

a) v. tagen: gerichtlich verhandeln, tagen b) v. vnderstân/-stên: vereiteln

⁹¹² 28. Okt.

⁹¹³ Friedrich VII. v. Toggenburg: geb. um 1370; österreichischer Landvogt; später enger Vertrauter König Sigis-
munds (vgl. dessen Anwesenheit in Konstanz, Zeugenliste auf fol.130^{ra}f); unterstützt diesen u.a. im Kampf gegen
Herzog Friedrich IV. v. Österreich; vgl. seine Bündnisse mit Zürich (um 1400), Schwyz und Glarus (1417/19), die
alle drei die toggenburgische March und damit den Zugang zu den Bündner Pässen erwerben wollten; nach seinem
Tod am 30. April 1436 entbrennt der Alte Zürichkrieg (vgl. auch die Schilderungen auf fol.154va, 155^{vaf}, 167rb, 169va,
180^{ra}ff, 184^{rb}ff); das Toggenburg selbst geht dann an die Freiherren v. Raron über, die es 1468 an die Abtei
St. Gallen verkaufen (vgl. P. Bütler, Friedrich VII., 1.Teil, hier v.a. S.29f; HBLdS, Bd.7, S.13f; LexMA, Bd.8,
Sp.840f).

⁹¹⁴ Konrad und Ulrich II. v. Payer bzw. Payger/Payrer v. Hagenwil: Angehörige eines ursprünglich bischöflich-kon-
stanzischen Ministerialengeschlechts; in der Gegend v. Ravensburg ansässig; Vögte zu Arbon bis zur Auflösung der
Pfandschaft 1422 (vgl. auch Bericht auf fol.171vb); erben über die Mutter Ursula v. (Breiten-)Landenberg 1412
Schloss und Herrschaft Hagenwil; Konrad ebenfalls im Besitz der Burgen Klingenberg (vgl. 1444 Überfall durch
Hans v. Rechberg) und Moos; seit 1425 Inhaber der Pfandschaft Rheineck (vgl. Bericht auf fol.185^{ra}f); Konrad (gest.
1446) tritt 1421 mit mehreren Herrschaften in das Burgrecht der Stadt St. Gallen; Ulrich wird 1438 mit Teilen der
Burg Rorschach belehnt (vgl. HBLdS, Bd.5, S.384; W. Ehrenzeller, St. Gallische Geschichte, Bd.1, S.297f, 303, 318,
341).

⁹¹⁵ Im Zusammenhang mit der weit gespannten Ausburgerpolitik der Stadt Konstanz (vgl. hierzu allg. H. Maurer,
Konstanz II, S.74ff und P.F. Kramml, Bund, S.307ff) kommt es immer wieder zu teils kriegerischen Auseinan-
dersetzungen mit anderen Städten, Klöstern oder Adligen. Arbon stand seit langer Zeit unter der Herrschaft des
Bischofs, wurde v. diesem aber 1382 an die Herren v. Payer verpfändet. Da die Stadt gleichzeitig das Konstanzer
Bürgerrecht angenommen und sich unter deren Schutz begeben hat, fühlen sich die Konstanzer bei dem geschilderten
Überfall bzw. der Besetzung durch Konrad und Ulrich Payer, im Bündnis mit dem Grafen v. Toggenburg (P. Bütler,
Friedrich VII., 2.Teil, S.101 zweifelt an dessen Beteiligung), verpflichtet, Arbon zu Hilfe zu eilen, nachdem die An-
greifer sie „von iren frihaiten drengen wölt[en]" (P. Ruppert, Chroniken, S.340). Vgl. auch den Eintrag ins Ratsbuch
zu 1420: „ip(s)a die Symo(n)is et Jude [28. Okt.] zoch man für Arbon, als d(a)z d(er) von Toggenburg by naht vnd
Nebel Jn | genomen hãt. Vi(gili)a om(nium) sanctor(um) [31. Okt.] zoch man wid(er) jn" (StAK, B I 3, S.120) (vgl.
P. Ruppert, Chroniken, S.124; O. Feger, Geschichte, Bd.III, S.233).

⁹¹⁶ Romanshorn, Kt. Thurgau: wird 779 vom lokalen Adel der Abtei St. Gallen übertragen; diese hat bis 1798 Vogtei
und Kollatur inne, vergibt Herrschaft zeitweise als Pfand oder Lehen und lässt den Ort ab 1432 v. einem Obervogt
verwalten (vgl. SchwLex, Bd.9, S.370; HHS, S.517).

⁹¹⁷ Truchsess Johann II. v. Waldburg wird in den 1420er Jahren als Landvogt v. Schwaben wiederholt gebeten,
Rechtsgeschäfte zu bekräftigen oder bei Streitigkeiten zu vermitteln (vgl. J. Vochezer, Waldburg, S.465ff mit
zahlreichen Beispielen). Hier entscheidet er als Vorsitzender des Schiedsgerichts die Zwistigkeiten zwischen Konstanz und den Herren v. Payer am 13. Dez. 1420 (!), wobei die Payer schwören müssen, dass sie Rechte und Frei-

10 togken= | burg tagottend^a, **d**o hies der | <u>von togkenburg</u> by <u>sechs</u> | <u>knechten</u> schwert holen | von der herberg vff d(a)z råt= | husz. **V**nd [des]ⁱⁱⁱ wurdend die [von]^{iv} | **R**auenspurg gewar **v**n(d) | vnderstůndend^b das; es wå= | re sust nit wolgegangen. |

[104va|214] **A**(!)ber des vorgeschriben jårs | **d**o vieng <u>her hansz schwartz</u>⁹¹⁸ | ainen *Auseinander-* <u>armen man</u> ze lön⁹¹⁹, | der was jn der Reblüt zunft⁹²⁰. | **d**o luffend by *setzung in* <u>fünfftzig man=</u> | nen vsser der Reblützunft | zů den <u>schotten</u>, **d**a hett er | *Konstanz;* ainen garten vnd dar jnn(en) | ain behusu(n)g, vnd brachend | jn das selb *5* husz vnd blün | drotend **d**a, was sy funden, | dan(n) wan(n) er zů <u>costentz</u> w(a)z, | So het er sin wonu(n)g jn dem | selben husz⁹²¹ vnd dar vm(b) hett | er vil gůtz blunders vn(d) husz | rauts dar jnne ligen. **V**nd | Mornend do schickt man byⁱ | <u>sechzehen</u> pfåriten gen <u>berg</u>⁹²² | jn sin dorff vnd vieng jm | och geburen. aber das gelöf^a | vnd blündren, so die **R**eb= | lüt tåtend, *10* beschach vast | one **a**insⁱⁱ rauts haissen^b. |

[104vb] **A**berⁱ des vorgeschriben | jars ward das hailtu(m), | das ze <u>praug</u>⁹²³ lag, *Übergabe* gen <u>Nů=</u> | remberg gefůrt vn(d) ward | da hin beståt von de(m) <u>künig</u>⁹²⁴, | *der Reichs-* mit des wyllen es da hin kam.⁹²⁵ | *kleinodien*⁹²⁶;

---

heiten v. Arbon nicht beschnitten haben, während Konstanz den Ort aus dem Bürgerrecht entlassen solle (vgl. ebd., S.466f; J. Marmor, Urkunden-Auszüge, II. Reihe, S.56; ders., Beziehungen, S.116; P. Ruppert, Chroniken, S.124 und Edition des Schiedsspruches, S.340f).

[104va|214]
i) by] by= *SG, leichter Trennungsstrich, mroT, Fehler des Rubr.* ii) ains] *Punkt über* i *mroT*

a) Auflauf, Aufruhr b) Geheiß, Befehl

⁹¹⁸ Während H. Maurer, Konstanz II, S.51 diese Person mit einem Angehörigen der Konstanzer Patrizierfamilie Schwartz identifiziert, könnte angesichts der Fehlers auf fol.72^{ra}f auch vermutet werden, es handle sich hierbei um den Ratsherren und mehrmaligen Bürgermeister Hans v. Schwartzach.
⁹¹⁹ Lohn: heute Konstanzer Stadtteil Stromeyerdorf; früher Weiler, nahe Petershausen; erste urkundliche Erwähnung 843 (Fälschung, 12. Jh.) bzw. 1260 als „Lone"; Fischersiedlung im Besitz des Klosters Reichenau (vgl. LBW, Bd.6, S.754; H. Maurer, Konstanz II, S.51).
⁹²⁰ Vgl. zur Bedeutung der Rebleute, die sich offiziell (de facto existierte eine solche Zweiteilung wohl schon lange) erst im Jahr 1424 (!) v. den Mertzlern abtrennen und eine eigenständige, personell recht große Zunft konstituieren, K.D. Bechtold, Zunftbürgerschaft, S.63ff. Hier findet sich auch der Hinweis, dass ein hoher Anteil der Zunftange-hörigen, die ein eher geringes Durchschnittseinkommen haben, in und wie hier um Petershausen angesiedelt ist und bis zur vollständigen Integration dieses vorstädtischen Ortes in das Konstanzer Stadtgebiet dem Abt des Klosters als einem Grundherren untersteht (vgl. ebd., S.64).
⁹²¹ Es handelt sich hierbei um ein außerhalb der Stadtmauer nahe beim Schottenkloster gelegenes, „für einen Mann seines Standes offenbar übliches Sommerhaus" im Garten des Patriziers (vgl. H. Maurer, Konstanz II, S.51, der ebd., S.50f, unserer Chronik folgend, v. dieser Auseinandersetzung, ohne die Hintergründe aufdecken zu können, berichtet und darauf hinweist, dass der Friede zwischen den beiden großen ständischen Gruppen innerhalb der Stadt trotz vielfältiger Bemühungen zu dieser Zeit immer wieder zu zerbrechen drohte.
⁹²² Berg: Dorf auf dem Seerücken gelegen (vgl. H. Maurer, Konstanz II, S.51).

[104vb]

5

J(!)n dem selben jar do schlŭ= | gend die von <u>wirtemb(er)g</u>, | <u>von costentz</u>　*Riedlinger*
vnd <u>von vlm</u> | ain glatte^a müntz, <u>dryzehen</u> | <u>schilling</u> pfenni(n)g für <u>**ainen**</u>ⁱⁱ　*Münzvertrag;*
| <u>Rinischen guldin</u>, vn(d) ver= | rŭfft^b man die andren pfen | ni(n)g.⁹²⁷ |

10　　　　　　　　　　　　　　　　Wappen
drei Schilde (4x3,5) (4x3,5) (4x3)
(rechts: Stadtwappen Konstanz, vgl. fol.77vb)
(Mitte: Wappen des Hauses Württemberg, vgl. fol.75ra)
(links: Stadtwappen Ulm⁹²⁸: schwarz-silber geteilter Schild)

[105ra|215]　Esⁱ kam ain koffman vo(n) | <u>Mayland</u>⁹²⁹ des vorgesch= | riben jars gen　*Überfall auf*
<u>costentz</u> vn(d) | für mit sinem gŭt den <u>see</u> | vff vnd hŭttend^a vff jn | die　*Mailänder*

---

i) A**ber**] A *2-z. Lomb., v. der Hd. des Rubr., mroT* ii) **ainen**] *Punkt über* i *mroT*

a) glatte, glänzende b) v. verrŭffen: durch öffentliche Bekanntmachung außer Kurs setzen

⁹²³ Prag (vgl. z.B. LexMA, Bd.7, Sp.159ff).
⁹²⁴ Sigismund: geb. am 15. Feb. 1368; Krönung zum König v. Ungarn am 31. März 1387; am 20. Sept. 1410 erste
Wahl und am 21. Juli 1411 zweite Wahl zum röm.-dt. König (Krönung am 8. Nov. 1414); Kaiserkrönung am 31. Mai
1433 durch Eugen IV.; gest. am 9. Dez. 1437 (vgl. LexMA, Bd.7, Sp.1868ff).
⁹²⁵ Der sich stets in finanzieller Bedrängnis befindliche König Sigismund muss während seines ersten Hussitenfeld-
zuges im Zusammenhang mit der Belagerung v. Prag bzw. seiner Krönung zum König v. Böhmen am 28. Juli 1420
sein Gefolge zum Dank entlohnen. Um die Soldaten bezahlen zu können, lässt er bspw. die Monstranzen, Reliquiare
und Statuen aus dem Veitsdom oder die Schätze aus Burg Karlstein zerschlagen und verteilen oder versetzen. Darüber hinaus verpfändet Sigismund, wie hier berichtet, die Reichskleinodien an die Stadt Nürnberg. Nach seiner Kaiserkrönung bestätigt er der Stadt in 23 Urkunden ihre bisherigen Privilegien, darunter auch das Recht, die Reichskleinodien auf Dauer zu bewahren (vgl. W. Baum, Sigismund, S.158; J.K. Hoensch, Kaiser Sigismund, S.396).
⁹²⁶ Vgl. dazu auch Kapitel IV.1 Traditionsbildung der Nürnberger Reichskleinodien mit Blick auf die Chronistik
in und außerhalb v. Nürnberg bei J. Schneider, Heinrich Deichsler, S.118ff.
⁹²⁷ Am 20. Sept. 1423 schließen Konstanz (vgl. dessen vorherige Münzverträge 1400 mit Schaffhausen, 1404 mit
Württemberg, Ulm, Biberach, Pfullendorf und dem Bodenseebund, 1417 mit Zürich, Schaffhausen, Ravensburg,
Überlingen u.a.) und die anderen Bodenseestädte mit den oberschwäbischen Reichsstädten und der Grafschaft Württemberg in Riedlingen den sog. Riedlinger Münzvertrag (vgl. Text bei J. Cahn, Münz- und Geldgeschichte, S.401-
409). Von nun an werden an den Münzstätten des Bundes in Konstanz, Ulm und Stuttgart Heller, Pfennige und Schil-
linge nach einem gemeinsamen Münzfuß geschlagen. Gleichzeitig wird ein festes Verhältnis zwischen der Silber-
und Goldwährung herbeigeführt. Unser Text deutet darauf hin, dass man in Konstanz sofort zur Ausführung der im
Vertrag übernommenen Verpflichtungen schreitet (vgl. ebd., S.254 mit Zitat aus unserer Chronik und ausführlich
zum Münzvertrag ebd., S.243ff; E. Nau, Münzen, S.19ff; H. Maurer, Konstanz II, S.57; K. Schilling, Geprägt für
Konstanz, S.14ff, 47ff und allg. M. Matzke, Geld und Münzen).
⁹²⁸ Vgl. RiDrS 236^v, 1,1; Grünenb. Taf.17, 1,2; Siebm. I, Taf.219, 1,6; Siebm. I,4, Taf.15, 3,2; J. Louda, Städtewap-
pen, Nr.294.

[105ra|215]
i) Es] E *2-z. Lomb., v. der Hd. des Rubr., mblT*

a) v. hŭten: auflauern b) v. raiten/rîten: (reitend) erreichen, einholen oder gewaltsam in Besitz nehmen c) v. vertagen:
verhandeln

⁹²⁹ Der Handel v. Konstanz mit Mailand ist für die Stadt v. großer Bedeutung. So haben die Mailänder in Konstanz
ein ständiges Hospiz und Warenlagerhaus. Das Konstanzer Kaufhaus, das vom Rat als ein „hus" gebaut wird,

von <u>lucern</u> vn(d) von | <u>schwitz</u>.⁹³⁰ **d**es ward man zů | <u>Costentz</u> gewar vn(d)   *Kaufmann;*
yltend | vss **v**nd Raitendᵇ das gůt | vnd kerten da mit wyder | gen
5   <u>costentz</u>⁹³¹. **V**mb d(a)z wy= | der seitend jro <u>fünffzehen</u> | von <u>lucern</u> **v**nd
ward | vil vertagetᶜ, ee das es ver | richt ward. |

[105ʳᵇ]   **D**esⁱ jars als man vo(n) der | gepurt <u>cristi</u> zalt <u>tusend</u> | <u>vierhundert</u>
<u>zwaintzig vnd</u> | <u>fünff</u> jare do tett ain <u>abbtte</u> | <u>von sant gallen</u>⁹³² die von ap=   *1425 St. Gallen*
| penzelle jn des **B**aupstes | **B**ann, das man an allen | enden, was jnen zů   *vs. Appenzell⁹³⁷;*
gehǒrt, | můst vngesungenᵃ sin vn(d) | stůnden von **M**ünsterling= | en⁹³³
5   bisz zů <u>sant gallen</u> die | kilchen ǒdᵇ an <u>pfaffen</u>. das | stůnd lang, das die
<u>appen</u>= | <u>zeller</u> nichtes dar vmb | gabend **V**nd och darzů, wa | sy <u>pfaffen</u> an
kamen oder d(a)z | ir wystend, da sy es erlang= | en mochtend, nomend
vn(d) | zů jren handen zugend | vnd den priestern gros laid | an tettend.
Vnd d(a)z werot | bisz das der selb <u>abbt</u> starb, | **j**n das ander jar. **d**o ward |
10   **a**<u>in blaurer von costentz</u> | **a**bbt⁹³⁴, der erlaid sich och gar | vil mit jnen,

---

„dainne man den Walhen von Mailan und anderen frömden lúten ir gůt inne besorge und behalt" (Ratsbuch, Eintrag vom 1. Feb. 1387, S.144, zitiert bei H. Kimmig, Kaufhaus, Nr.1, S.47), entwickelt sich darüber hinaus rasch zum ersten großen Umschlagplatz nördlich der Alpen. Konstanz wird so zum Dreh- und Angelpunkt des Nah- und Fernhandels. Umgekehrt finden wir auch zahlreiche Konstanzer Kaufleute in Mailand (vgl. H. Maurer, Konstanz I, S.255ff und O. Feger, Geschichte, Bd.III, S.212, 228).

⁹³⁰ Hintergrund dieses Überfalls bildet die Fehde der Innerschweizer mit dem Herzog v. Mailand und möglicherweise die kurz zuvor erlittene Niederlage der Schwyzer und Urner bei Arbedo im Tessin (vgl. O. Feger, Geschichte, Bd.III, S.233). In WLB, Cod. Don. 609, fol.53ʳ findet sich denn auch nach der Erwähnung der Angreifer der Zusatz „Domalsz desz hertzogen von Maÿlandts find" (vgl. den Hinweis darauf bereits bei P. Ruppert, Chroniken, S.124).
⁹³¹ Um den lebenswichtigen Handel nicht zu stören, sieht sich Konstanz, dessen Existenz durch Überfälle und Gewalttaten gegenüber Kaufleuten durchaus bedroht ist, unmittelbar gezwungen, ein derartiges Vorgehen zu sühnen und damit die Sicherheit der Handelswege zu gewährleisten. Vgl. dazu bspw. auch den Raubüberfall auf Mailänder Kaufleute bei der Burg Hohenstoffeln im Jahr 1360, woraufhin Konstanz die Bürgschaft für Räubereien auf dem Bodensee zwischen Radolfzell und Rheineck übernimmt. Luzern wendet sich im Anschluss an das hier geschilderte Ereignis übrigens gegen Konstanz und eröffnet eine über mehrere Jahre hinweg laufende Fehde zwischen den beiden Städten (vgl. O. Feger, Geschichte, Bd.III, S.215f, 233; H. Maurer, Konstanz II, S.101).

[105ʳᵇ]
i) Des] D *2-z. Lomb., v. der Hd. des Rubr., mroT* ii) <u>anu(n)ciat(i)o(n)is</u>] *Kürzel für* i *fehlt SG*

a) ohne gesungene Messe/ohne Gottesdienst sein, im Interdikt befindlich b) verlassen, leer

⁹³² Heinrich v. Mansdorf: Propst des Klosters Skolen in der Diözese Naumburg; v. Papst Martin V. 1419 zum Abt des Klosters St. Gallen bestellt; Amtsausübung bis zu seinem Tod am 13. Sept. 1426 (vgl. J. Duft/A. Gössi/W. Vogler, Abtei St. Gallen, S.145f).
⁹³³ Münsterlingen, Kt. Thurgau: wird erstmals 1125 erwähnt, nachdem Bischof Gebhard das abgegangene St. Konradsspital dahin verlegt hat; wohl bereits seit dem 10. Jh. Sitz eines Frauenkonvents (vgl. SchwLex, Bd.8, S.230 und Bd.10, S.102; HHS, S.423; H. Maurer, Konstanz I, S.92).
⁹³⁴ Eglolf Blarer: Angehöriger der ursprünglich aus St. Gallen, sich aber ab 1330 in Konstanz ansiedelnden Tuchhändler- und Patrizierfamilie; Mönch in St. Blasien; dort auch Großkeller und Prior; v. Papst Martin V. Ende 1426 oder Anfang 1427 zum Abt v. St. Gallen bestellt; unter ihm erkennbare politische Orientierung der Abtei zur Eidgenossenschaft (vgl. 1437 Landrecht mit Schwyz); Bemühungen um den inneren Aufbau des Klosters; Einleitung v. Baumaßnahmen; Einrichtung der Klosterschule; gest. am 20. Mai 1442 in Konstanz (vgl. W. Ehrenzeller, St. Gallische Geschichte, Bd.1, S.315ff; P. Staerkle, Blarer, S.126; J. Duft/A. Gössi/W. Vogler, Abtei St. Gallen, S.146f).

bisz das sich | die <u>her(r)en</u> dar vmb an na= | mend[935]. **d**as bestûnd bisz vff | **anu(n)ciat(i)o(n)is**[ii] marie[936]. |

[105ᵛ] Leere Seite

[106ʳᵃ|217] Des[i] jars **a**ls man von | der gepurt cristi zalt | <u>tusend vierhundert</u> vnd | sechs vn(d) zwaintzig jar **vff** | sant <u>johans vnd sant pauls</u> | tag[938] do ward *1426 (!)* | der schatz[939] vn(d) | **C**ûnrat sin sun[940] vnd Hansz | am[ii] veld[941] sin *Gefangen-*

---

[935] Tatsächlich gelingt es Eglolf Blarer, mit Hilfe des Adels die Streitigkeiten mit den Appenzellern zu beseitigen. So besiegt Graf Friedrich VII. v. Toggenburg zusammen mit der Rittergesellschaft St. Jörgenschild zu Allerseelen 1428 die Appenzeller an der Letzi bei Hub zwischen Gossau und Herisau. Nach dieser Niederlage sind die Aufständischen zu Verhandlungen bereit. So kommt es am 26. Juli 1429 zwischen den Appenzellern einerseits und dem Bischof v. Konstanz, dem St.-Jörgen-Bund und dem Abt v. St. Gallen andererseits unter Vermittlung der Eidgenossen in Konstanz zum Frieden (vgl. UBSG V, Nr.3507) (vgl. W. Ehrenzeller, St. Gallische Geschichte, Bd.1, S.274ff; J. Duft/A. Gössi/W. Vogler, Abtei St. Gallen, S.146f und H. Maurer, Konstanz II, S.79).

[936] Gemeint ist Mariae Verkündigung am 25. März. Die Angabe stimmt nicht mit dem Datum des Friedensschlusses überein.

[937] Abt Heinrich bemüht sich v.a. um die Verbesserung der wirtschaftlichen Lage des Klosters. U.a. erhofft er sich dies auch aus der Beilegung des Streites mit Appenzell, das seit elf Jahren die Zahlung v. Zinsleistungen verweigert. Mehrere Verhandlungsversuche scheitern; selbst ein v. den Sieben Orten gefällter Schiedsspruch ändert nichts an der Haltung Appenzells. Nachdem auch die Intervention v. König Sigismund 1422 nicht zu dem gewünschten Erfolg führt und es immer wieder zu Übergriffen auf „das auch mit Gütern und Rechten v. Konstanzer Patriziern versehene Rheintal" (H. Maurer, Konstanz II, S.79) kommt, nehmen sich kirchliche Behörden des Streits an. Der Domscholasticus v. Speyer fordert die Appenzeller am 20. Dez. 1425 auf, sich zu unterwerfen. Die Appenzeller erklären sich zu Verhandlungen bereit, doch bevor es dazu kommt, werden „die Söhne der Ungerechtigkeit" am 10. April 1426 (!) mit dem Kirchenbann (vgl. zum Interdikt allg. sowie zu diesen Ereignissen speziell T.D. Albert, Der gemeine Mann, S.49ff) belegt. Heinrich v. Mansdorf stirbt auf der Rückreise v. Speyer, wo er eine Verschärfung des Bannes initiiert hat (vgl. ausführlich W. Ehrenzeller, St. Gallische Geschichte, Bd.1, S.235ff; H. Maurer, Konstanz II, S.79; J. Duft/A. Gössi/W. Vogler, Abtei St. Gallen, S.146).

[106ʳᵃ|217]
i) Des] D *2-z. Lomb., v. der Hd. des Rubr., mblT* ii) am] ain *SG, Konjektur nach Zeile 9*

a) v. lôsen: loskaufen, befreien

[938] 26. Juni.

[939] Ulrich Schatz: Angehöriger der Konstanzer Zunftbürgerschaft; langjähriger Ratsherr; in den Jahren 1416 (?), 1417, 1418, 1419 und 1420 Vogt; stirbt in der Gefangenschaft des Georg v. Enne (vgl. K. Beyerle, Ratslisten, S.124ff; H. Maurer, Konstanz II, S.78).

[940] Konrad Schatz (der Ältere): Angehöriger der Konstanzer Zunftbürgerschaft; langjähriger Ratsherr, darunter häufig im kleinen Rat; Bürgermeister in den Jahren 1448, 1450, 1452, 1460, 1462, 1464; Reichsvogt in den Jahren 1449, 1451, 1461, 1463, 1465; Inhaber zahlreicher Ämter (z.B. einer der elf Richter des 1443 eingerichteten städtischen Sondergerichts „uff Ring Burcher Thor"; Heimlicher; einer der Sieben Richter in Schuldsachen; einer der Sieben Richter für Bausachen; einer der zwölf Beisitzer des Thurgauer Landgerichts); gehört 1450 zu den 34 Bürgern mit dem höchsten fahrenden Vermögen; Vertreter des Frühhumanismus in Konstanz; Literat; gest. 1471/72 (vgl. K. Beyerle, Ratslisten, S.139ff; K.D. Bechtold, Zunftbürgerschaft, S.88; P.F. Kramml, Friedrich III., S.210, 252, 498ff, 502, 504, 512, 517, 523ff; H. Maurer, Konstanz II, S.78 und 158).

[941] Hans Am Veld: Angehöriger der Konstanzer Zunftbürgerschaft; langjähriger Ratsherr (u.a. zehn Jahre Mitglied des kleinen Rates); Obervogt zu Frauenfeld; u.a. einer der elf Richter „uff Ring Burcher Thor"; vertritt die Stadt auf einem Gerichtstag in Ravensburg und übernimmt weitere Ämter in der Stadt; Zunftmeister der Krämer und Metzger (vgl. K. Beyerle, Ratslisten, S.132ff; P.F. Kramml, Friedrich III., S.252, 271).

Schwager, all | **B**urger zů **c**ostentz, von | junckher jŏrgen vo(n) end[942], | *nahme v. Ulrich*

5 der do mit **sechzehen** pfǎ- | ritten rait, gefangen[943]. vn(d) | **w**as der schatz   *Schatz u.a.*

vnd die si | nen och ze rosz ennethalb | **allenspach**[944], gena(n)t jn dem | *Konstanzern*

schlauffach, eben vor de(m) holtz. | vnd hansz am veld schlůg | sich mit *durch Georg v.*

gewalt von jnen; | also fůrten sy den Schatz vn(d) | vnd sinen sun da hin.   *Enne;*

---

[942] Georg II. v. Enne/End: Angehöriger eines ursprünglich südtirolischen Geschlechts, das als Erbe der um 1320 ausgestorbenen Freiherren v. Güttingen in den Thurgau kommt; Sitz: Burg Grimmenstein oberhalb des Rheintals bei Walzhausen; 1395 volljährig; mit seinem Bruder Wilhelm Entwicklung hin zu „Raubrittern und Freibeutern" (O. Feger, Geschichte, Bd.III, S.193); Auseinandersetzungen mit Konstanz seit 1412; Solddienst bei den Deutschordensrittern in Preußen; neuerliche Fehde um die Gefangennahme v. Ulrich Schatz; mit dem Tod v. Georg Enne vor dem 29. Nov. 1438 stirbt die Familie aus (vgl. ebd., S.193f; P. Bütler, Freiherren von Enne, S.56f, 71).

[943] Um diese Gefangennahme v. Konstanzer Bürgern durch den Freiherren v. Enne und die ihm helfenden Standesgenossen am 26. Juni 1425 (!) (vgl. Ratsbuch- und Bürgerbucheintrag jeweils zu 1425, zitiert bei P. Ruppert, Chroniken, S.129, 392) zu verstehen, sollten die vorherigen Auseinandersetzungen zwischen den beiden Parteien mitberücksichtigt werden. Aus nicht mehr klärbaren Gründen überfallen Wilhelm und Georg Enne 1412 eine Konstanzerin und rauben dem Bürgermeister Ruch eine Schiffsladung v. 20.000 Schindeln. Ein Schiedsgericht führt zur Rückgabe der Güter. Im Jahr 1416 erbeuten Diener der Familie ein mit Korn und anderen Kaufmannswaren aus Konstanz und Feldkirch bestücktes Schiff. Da sich Georg v. Enne aber zur dieser Zeit selbst auf dem Konzil in Konstanz aufhält, rächen sich die Bürger sofort und nehmen ihn gefangen. Gleichzeitig ertränken sie einen seiner Diener im See. Um sich zu befreien, bleibt dem Freiherren nichts anderes übrig, als den Konstanzern die Burg Grimmenstein zu überlassen. Am 21. April räumen die Konstanzer, unterstützt v. den Bodenseestädten, die Burg aus und brennen sie nieder. Am 27. Juli muss Georg, der durch den Verlust gezwungen sein wird, die Burg zu verkaufen und in Solddienst zu treten, vor Gericht Urfehde schwören. Bei diesem Überfall auf Ulrich und Konrad Schatz handelt es sich also um eine späte Rache an Konstanz bzw. um eine Neuaufnahme der Fehde. Wie hier berichtet, gelingt es Konrad zu fliehen, während sein Vater, den die Stadt aus Angst vor weiteren Erpressungen nicht auslöst, nach langer schwerer Gefangenschaft stirbt, nach Konstanz überführt und in der Kirche des Augustinerklosters beigesetzt wird. (vgl. J. Marmor, Urkunden-Auszüge II, S.49, 52; ders., Beziehungen, S.115f; P. Bütler, Freiherren von Enne, S.73f; O. Feger, Geschichte, Bd.III, S. 193f; H. Maurer, Konstanz II, S.78).

[944] Allensbach, Lkr. Konstanz: erste urkundliche Erwähnung 722 (Kopie, 15. Jh.), 724/780 (Fälschung, 12. Jh.); 839 „Alaholvesbah"; gehört im 8. Jh. zum Fiskus Bodman, ist also vermutlich alemannisches Herzogsgut; geht 724 durch Schenkung v. Karl Martell an das Kloster Reichenau (vgl. LBW, Bd.6, S.756).

[945] Markelfingen, Lkr. Konstanz: erste urkundliche Erwähnung 724/843 (Fälschung, 12. Jh.); früher Besitz des Klosters Reichenau aus Fiskalgut, vermutlich konfisziertes alemannisches Herzogsgut; im 16. Jh. gehört es zur Herrschaft Reichenau; vorher vermutlich v. Ministerialen verwaltet (ebd., S.764).

[946] Wollmatingen: heute Stadtteil v. Konstanz; erste urkundliche Erwähnung 724 (Fälschung, 12. Jh.); 811 „Walmůtingen"; gehört im 8. Jh. zum Fiskus Bodman, ist also vermutlich alemannisches Herzogsgut; ging 724 durch Schenkung Karl Martells an das Kloster Reichenau; 1278 wird das Meieramt und 1291 die Vogtei zwischen Reichenau und der Dt.-Ordens-Kommende Mainau geteilt; 1362 beides durch Reichenau wieder ausgelöst, dann aber verpfändet (ebd., S.750 und 754; Lkr. Konstanz, Bd.3, S.462ff).

[947] O. Feger, Geschichte, Bd.III, S.194 spricht davon, dass „sofort das ganze Land in Aufruhr geriet". Trotz der Verfolgung durch die Konstanzer und Bauern der genannten Unterseegemeinden gelingt die Flucht ins Elsass.

[948] Burg Rappoltstein: im Oberelsass nahe Colmar gelegen; da die Quellen uneindeutig sind, existierten drei Rappoltsweiler Burgen, auf die sich der Name beziehen könnte: a) die Burg Girsberg: Erbauung in der letzten Hälfte des 13. Jhs.; die unbedeutendste, am schwersten zugängliche Burg; Besitzer bis zum Anfang des 14. Jhs. die Herren v. Rappoltstein; danach zeitweise im Besitz der Herren v. Girsberg; 1422 kommt es zu einer Belagerung und Einnahme der Burg durch Smassmann I. v. Rappoltstein (im Verbund mit Johann v. Lupfen); bis ins 16. Jh. im Familienbesitz b) Hohenrappoltstein oder Altenkastel: vermutlich Anfang des 13. Jhs. erbaut; mehrmals als Gefängnis eingesetzt; oberlehensherrlich zwischen dem Basler und Bamberger Stift streitig; 1423 überlässt Ulrich VIII. v. Rappoltstein das Schirmrecht dem Markgrafen v. Baden, v. diesem kommt es 1425 an Herzog Karl II. v. Lothringen und erst 1431 gelangt Smassmann I. wieder in den Besitz c) St. Ulrich: die bedeutendste der drei Burgen; frühestes Fundament geht auf das 11. Jh. zurück; gilt als Stammsitz der v. Rappoltstein; Basler Stiftslehen; bei einer Teilung der Herrschaft gelangt die Burg 1373 an Ulrich v. Rappoltstein; seit 1419 im Besitz v. Smassmann I.; 1435 Vergrößerung und Bau einer Kapelle (vgl. H. Maurer, Konstanz II, S.78; F. Wolff, Elsässisches Burgen-Lexikon, S.280ff).

[949] Colmar (vgl. z.B. LexMA, Bd.3, Sp.46ff).

Hansz | am veld machet ain geschrai | vnd also yltend von **Machtel**- |
10   **fingen**⁹⁴⁵, von **a**lenspach, von | **wolmatingen**⁹⁴⁶, von zell, vo(n) | **ow** vnd
von **Costentz** vil lüt | hin nach, ze rosz vnd ze fůsz; | man mocht sy **a**ber
nit erÿ- | len⁹⁴⁷. **a**lso fůrten sy die gefa(n)g | en an menig end vnd ze- |
letzst kam er mit inen gen | **Rapoltzstain**⁹⁴⁸, lit by kolmar⁹⁴⁹ | **zwo** mil
wegs. **a**lso nach vil | vergangen sachen do **entran** | **C**ůnrat schatz, der sun.
15   Vnd | woltend die von **c**ostentz den | vatter nit laussen lôsenᵃ vn(d) |
Maintend, es wurde villicht | hie nach aber ainer gefangen | vnd vmb sin
gůt geschâtzet, |

[106ʳᵇ] vnd woltend den von end | da mit drângen. jn dem do | ward der **a**rm
gefangen | man **a**lso hert gehalten mit | frost, essen vnd trinken, d(a)z | er
es nit erharren noch er- | lidenᵃ mocht vnd starb el- | lenclich jn der
gefangnüsz. | vnd ward do ellenclichen | **a**lso beschorenᵇ vs dem turn |
5   genomen, do sy doch sahend, | **b**ekantend vnd marktend, | das er so blôdᶜ,
siech Vnd | schwach was worden, dan(n) | sy jm die fůtryᵈ vs de(m) rockᵉ |
getrent hettend, vn(d) fůrten | jn jn ain klain stüblin, ist | vff dem tor zů
Rapoltzstain, | jn dem starb er. **a**lso schlů- | gen sy ain sârgeᶠ vmb jn | vnd
verdacktendᵍ jn an den | **Burgberg**, ob yema(n)t ychtes | vmb jn reden
10   wôlt. Also | was do ze mal **a**ins burg- | ers sun von **c**ostentz, der w(a)z | ain
kürsenerʰ, hiesz gnosz⁹⁵⁰, vn(d) | dirre sun was ain münch | zů den
augustinern zů | **Costentz** vnd der was zů | den zyten ze **kolmar**. der | warb
gen **Rapoltzstain** vm(b) | den lichnam des abgestor- | ben, biderb mans
vo(n) **coste(n)tz**. | der ward jm nun gegeben | vnd erlobt; doch můst man |
15   jnen ettwas geben für die | **a**utzu(n)gⁱ⁾, ʲturn lôsinʲ vn(d) sâm- | lichs, d(a)z
es dannocht öne | costu(n)g nit zů gieng. also | ward der lichnam jn ain |
fâslinᵏ geschlagen vnd ward |

Wappenⁱ
zwei voneinander getrennte Schilde (3x3) (3x3)
20   (rechts: Fw Schatz⁹⁵¹: In Blau silbernes Lindenblatt)
(links: Fw Am Feld⁹⁵²: In Schwarz zwei silberne
voneinander abgewendete Halbmonde)

[106ʳᵇ]
i) *Wappen sind abgeschnitten; es fehlen ca. 0,3 cm*

a) v. erlîden: ertragen b) ausgeplündert c) schwach, kraftlos, krank d) Futter e) (langer) Mantel f) Sargtuch g) v. ver-
decken: verdeckt aufbewahren, verbergen h) Kürschner i) Kost, Unterhalt j...j) Lösegeld eines Gefangenen k) kleinen
Schrein, kleinen Holzsarg [Diminutivum v. fâs]

⁹⁵⁰ In der Liste der in Konstanz etwa nach den Steuerbüchern nachweisbaren Handwerker bei K.D. Bechtold, Zunftbürgerschaft, S.161ff findet sich wie auch bspw. bei H. Maurer, Konstanz kein Hinweis auf diesen Kürschner bzw.
seinen Sohn.
⁹⁵¹ Vgl. Öhem 24ᵛ, 368 (Taf.16) (nicht identisch: goldenes Blatt). Auch auf den Abb. der Wappen ab fol.195ʳᵇ ist das
Symbol gold. Bei Siebm. V,11, Taf.13, 1,5 finden wir ein solches Symbol unter „Schütz", Zofingen (ohne Angabe
zur Tinktur). Die Form dieses Wappens stimmt mit der der uns überlieferten Siegel v. Ulrich Schatz (1423) und Konrad Schatz (1495) überein (vgl. StAK, A I 25b, Teil III).

[106va|218] gen <u>Costentz</u> gefůrt vnd zů | den <u>augustinern</u> begraben⁹⁵³. |

    J(!)n dem vorgeschriben **jar** | was ain grosser sterbat^a **jn** | allen landen **vnd**   *Seuche;*

5 werot | by <u>dry jaren</u>⁹⁵⁴. **Vnd** was | do ze mal gar wolfail: man | gab ainen   *Korn- bzw.*

<u>mut k(er)n</u> **Vmb** | <u>acht schilling pfenni(n)g</u> vn(d) | <u>ain fůder</u> win vmbⁱ | *Weinpreis;*

<u>drü pfund pfenni(n)g</u>⁹⁵⁵. #ⁱⁱ |

[106vb] **Ab**(!)erⁱ des jars der <u>**gep**(ur)t</u> | cristi **t**usend vierhun= | dert <u>**z**waintzig vnd</u>

<u>sechs</u> | **jar d**o kam <u>**a**in</u> auentürer^a/⁹⁵⁶ | usz wålschen landen gen Sch= | *1426*

---

952 Vgl. Öhem 25^r, 379 (Taf.7). Auch dieses Wappen stimmt v. der Form mit dem uns überlieferten Siegel v. Johann Am Feld (1450) überein (vgl. StAK, A I 25b, Teil III).

[106va|218]
i) vmb] *dan.* vmb *SG, Konjektur nach StAK, A I 1, fol.105va* ii) *Zz: v. der Hd. des Rubr., mroT*

a) Sterben, Seuche, Pestepidemie

953 Infolge der Gewalttat v. Georg v. Enne kommt es zu weiteren, hier nicht geschilderten Auseinandersetzungen, in die einerseits Konstanz und die verbündeten Bodenseestädte, andererseits weite Teile des südwestdt. Adels, der sich hinter den Freiherren stellt, verwickelt sind. Zunächst wird, nachdem Konstanz beim Rottweiler Hofgericht Klage eingereicht hat, über mehrere an dem Überfall Beteiligte die Acht erklärt. Die Städte bieten darüber hinaus unter der Führung v. Egino v. Reischach Truppen auf, töten einige der Gegner und verbrennen mehrere Dörfer. Auf der Seite des Adels greift hingegen Herzog Reinhold v. Urslingen in die Fehde ein. Ein jahrelanger Kleinkrieg entsteht (vgl. bspw. den auf fol.110ra geschilderten Konstanzer Raubzug), unter dem v.a. die unbeteiligte Landbevölkerung leidet. Auf einem Schiedsgericht der Gräfin v. Württemberg am 16. Okt. 1431 gelingt es schließlich, den Streit zugunsten v. Konstanz – u.a. fällt der Stadt die Hälfte der niederen Vogtei Weinfelden zu – beizulegen (vgl. P. Bütler, Freiherren von Enne, S.80ff; O. Feger, Geschichte, Bd.III, S.194; H. Maurer, Konstanz II, S.78; P.F. Kramml, Friedrich III., S.183).

954 Hierbei könnte es sich um eine der zahlreichen Pestepidemien handeln, die das ganze Land immer wieder heimsuchen. In Konstanz starben 1418 nach H. Maurer, Konstanz II, S.189 über einen längeren Zeitraum täglich ca. 14 Menschen, 1439 sollen es sogar insgesamt mehr als 4.000 Personen gewesen sein (vgl. den Bericht auf fol.167ra). Zu berücksichtigen sind aber sicher auch andere Krankheiten und Seuchen, die die Menschen immer wieder in Angst und Schrecken versetzten.

955 Sowohl der Hinweis auf eine Seuche als auch die Nachricht über „Wohlfeile" finden sich nur in den Konstanzer Texten (vgl. H. Buszello, „Wohlfeile", S.32).

[106vb]
i) Ab(!)er] A *2-z. Lomb., v. der Hd. des Rubr., mroT* ii) was] *fehlt SG, Konjektur nach StAK, A I 1, fol.106vb* iii) diener] ~~diener~~ | diener *SG, das erste diener durch Streichung mroT getilgt*

a) Fahrender, Scharlatan b...b) v. vsztuon: vorgeben c) v. bewåren: bezeugen, bestätigen d...d) erwies ihm große Ehre e) Schlangenverbrenner f) Abenteuer, hier im Sinne v. Gaukelei oder Zauber g) v. verleiten: verleiten, verführen h) v. wånen: glauben, meinen, vermuten i) richtig j...j) stellten sich viele Menschen bei ihm ein k) Vorrechte, Privilegien

956 Während dieser Terminus mhd. kaum belegt ist, steht, nachdem „gerende diet" oder „fahrende diet" außer Mode kommt, der weitverbreitete, vielseitig verwendete Begriff „Abenteurer" im 15. und 16. Jh. für einen Außenseiter, einen Schalk, d.h. also für einen Betrüger oder Narren, letztlich für einen Menschen, der sich mit Blendwerk umgibt, eine Existenz mit zweifelhaftem Ruf. Man bezeichnet damit die unterschiedlichsten Personen, etwa Gaukler, Wan-

affhusen. der ᵇtett sich vsz.ᵇ, sil= | ber vsser bly ze brennend | vnd och gold   *Alchemist in*
zemachend⁹⁵⁷, | vnd bewårtᶜ das vor den | lüten ye, das er die richen | vast   *Schaffhausen;*
5 zů jm zoch, vn(d) ward | man vff jnhalten vnd | globen an jn haben Vnd |
man ᵈbot jm grosz zucht | vnd ereᵈ vnd ward gehais= | sen der
vnkenbrennerᵉ. Nun | [was]ⁱⁱ da vor zů **schaffhusen** ain | Richer man, der
hiesz **Gôtz** | **schulthaisz**⁹⁵⁸, der traib ouch | sôlich auentürᶠ vnd der |
vnderzoch sich des auentü= | rers vnd verleitᵍ den vn(d) | woltend gold
10 vnd silber | machen. **S**y tribend d(a)z nun | lang vnd tåttend es vor | den
lüten vnd brauchtend | die lüt da hin, d(a)z man wolt | wånenʰ, es wåre gůt
vnd | gerechtⁱ⁾. Nun do der gemain | man das sach vn(d) mengklich | maint,
es wåre gerecht ding, | do ʲstaltend die lüt zů jmʲ vn(d) | wolt mengclich
sin | dienerⁱⁱⁱ werden vnd ward | man vast von jm halten. vn(d) | och die
15 stett lüt zů **schaffhusen** | hetten jn vast lieb vnd tetten | jm grosz zucht vnd
ere vnd | gaben jm grosz fryhaitᵏ, wan | er verhiesz, die stat jn grosz |
[107ʳᵃ|219] richtu(m)ⁱ ze bringend. **V**nd | kam dar zů, das grosz heren, | **Ritter** vnd
knecht sôlichen | globen an jn wurdend haben, | das jro vil sin diener wur=
| dend vnd mit im **R**ittend | vnd by jm warend. **D**och | so wolt man zů   *Reaktion in*
costentz nit | globen **a**n jn haben vnd sun | derlich **B**yschoff otto. **D**es | *Konstanz;*
5 ward er gewar vnd rait | gen **costentz** wol mit hun= | dert pfåriten, **R**itter
vn(d) kne= | chten, kostlich **a**ls ain fürst | vnd traib da sin kunstᵃ vnd |
bewårt die vnd machet da | mit, das aber vil lüt grossen | globen **a**n jn
gewonnen vn(d) | das gaistlich vnd weltlich, | man vnd froen, jm vil gůtz |
lihend vnd och vm(b) d(a)z, wan(n) | er den lüten gar wol ver= | hiesz.
10 **V**nd do sy den ritt | gen **costentz** vnd er die kun= | st alda bewårt vnd volle
| braucht hett vnd man al= | so vast an jn globen ward | vnd wyder gen
schaffhusen | kamen, **D**o gabend jm **R**itt(er) | vnd knecht vsz dem hegôw |
ain eewib, die was her **hain**= | **richs** von **Randek**⁹⁵⁹ ritt(er)s toch= | ter.

---

derhändler mit Schmuck und Juwelen, Marktschreier, Possenreißer, Spielleute, Hausierer etc. Mit dem mhd. Wort „auventürer" stimmt lediglich das Erlebnis des Wanderns überein (vgl. E. Schubert, Fahrendes Volk, S.9ff).

⁹⁵⁷ Während lange Zeit grundsätzlich die v. Thomas v. Aquin formulierte Ansicht vorherrscht, dass die Alchemie prinzipiell erlaubt sei, wenn sie keine verbotenen Praktiken anwendet oder Betrug zum Ziel hat, wird im Spätmittelalter diese „Wissenschaft" oft einseitig als Goldmacherkunst definiert und als Falschmünzerei diffamiert (vgl. LexMA, Bd.1, Sp.329ff).

⁹⁵⁸ Gottfried (Götz) Schultheiss v. Randenburg: Angehöriger des Schaffhausener Adelsgeschlechts (ursprünglich reichenauische Ministerialenfamilie, die im 13. Jh. nach Schaffhausen zieht und dort im Dienst des Abtes v. Allerheiligen an die Spitze der Bürgerschaft aufsteigt); „edelknecht"; letzter österreichischer Vogt in Schaffhausen v. 1411-1415; u.a. 1405 Besitzer einer Mühle; verarmt; gest. ca. 1430 (vgl. REC III, Nr.7881; K. Schib, Schaffhausen, S.115; HBLdS, Bd.5, S.531).

[107ʳᵃ|219]
i) richtu(m)] richtung SG, Konjektur nach StAK, A I 1, fol.106ᵛᵇ

a) sowohl „ars" im technischen Sinne als auch Zaubertrick/List b) v. entlêhenen: (aus-)leihen, borgen c) v. wîchen: weichen, entfliehen

⁹⁵⁹ Im OBG, Bd.3, S.326 wird diese Heirat erwähnt, ohne dass in der Stammtafel (vgl. ebd., S.327f) darauf Bezug genommen würde. Heinrich v. Randeggs (aus hegauischem Rittergeschlecht mit der Stammburg Randegg bei Gott-

Nun do er die aue(n)tür | lang traib vnd vil gůtz ent= | lechnet[b], **d**o wolt er

15 gewich= | en[c] sin. vnd also ward er | gefangen vnd vff die vesti | <u>krågen</u>[960] gefůrt vnd d(a)z tett | <u>Cůnrat</u> von <u>frÿdingen</u>[961] vn(d) | der <u>tettinger</u>[962]. **D**es selben | kamen sy jn gar grosz vn= |

[107[rb]] frün[t]schafft[i/a] mit der Statte | <u>schaffhusen</u> vnd och andren, | die jn gern gehebt hetten. **N**un | die wyl was jm vff der burg | lang **V**nd ward man ge= | war, das er wolt da von sin, | vnd ward sin gar wol hůten | vnd acht haben. **N**och dannocht | entran er ab der vesti vnd | kam gen <u>schaffhusen</u>[ii].

5 **a**lso yltt | jm der tettinger mit knecht(en) | nach vnd ergraiff jn zů | <u>schaffhusen</u> an dem tor. da | schlůg er jn ze tod vnd do | [b]kam erst recht vsz[b], das es ain | trugnüsz[c] was, wa mit er | vmbgegangen was. **V**nd | kamend die lüt jn grossen | kumber vnd schaden, [d]die d(a)z | ir vff in gelegt hettend.[d/963] #[iii] |

[107[v]] Leere Seite

[108ra|221] **A**l(!)s[i] man von der gepurt | **c**risti zalt **t**usend vier- | hundert **z**waintzig vnd

---

madingen, Lkr. Konstanz; vgl. auch R. Kiewat, Ritter, S.139ff; Hauptmann des Ritterbunds St. Jörgenschild; gest. 1448) Töchter werden dort jeweils andere Ehemänner zugewiesen.

[960] Hohenkrähen: abgegangene Höhenburg bei Duchtlingen, Hilzingen, Lkr. Konstanz; vermutlich in der zweiten Hälfte des 12. Jhs. v. dem Adelsgeschlecht derer v. Friedingen mit Unterstützung v. Diethelm v. Krenkingen erbaut; erstmals 1191 urkundlich erwähnt; allmähliche Verarmung der Friedinger, sodass die Burg Ausgangspunkt zahlreicher Überfälle im 15. Jh. ist (vgl. LBW, Bd.6, S.734; E. Dobler, Hohenkrähen; R. Kiewat, Ritter, S.67ff).

[961] Konrad v. Friedingen zu Hohenkrähen: 1409 belegt; v. Kaiser Sigismund mit einem Jahresgehalt v. 300 fl zum „Diener" angenommen; 1447 Württembergischer Rat; gest. 1472 (vgl. OBG, Bd.1, S.397). Ebd., S.395 wird v. diese Gefangennahme des „betrügerischen Alchymisten Unckenbrenner" unter Beteiligung Konrads, wohl der Konstanzer Chronistik folgend, berichtet.

[962] Hans Ulrich (?) v. Tettingen: Mitglied des Ministerialengeschlechts des Bistums Konstanz und der Abtei Reichenau, das v. 1139/66 bis 1438 nachweisbar ist (vgl. Sitz: Dettingen, nordöstlich v. Konstanz gelegen); Besitz in Schaffhausen nachweisbar; übergibt 1422 das Schloss Werd unter dem Laufen (bei Schaffhausen) an Heinrich Truchsess v. Diessenhofen und Hans v. Homburg (vgl. OBG, Bd.1, S.214f und Bd.2, S.99; LBW, Bd.6, S.748).

[107[rb]]
i) vn= | frün[t]schafft] *erstes* t *fehlt SG, Emendation nach StAK, A I 1, fol.107[rb]* ii) <u>schaffhusen</u>] *use zur Verdeutlichung doppelt ausgeführt* iii) *Zz: v. der Hd. des Rubr., mroT*

a) Feindschaft b...b) da stellte sich erst recht heraus, wurde erst recht bekannt c) Betrug, Täuschung d...d) die ihm ihren Besitz anvertraut hatten

[963] Zu diesen Ereignissen rund um den Alchemisten findet man weder in der Stadtgeschichte v. H. Maurer, Konstanz noch in der v. K. Schib, Schaffhausen Hinweise. In der um 1600 entstandenen „Chronik der Stadt und Landschaft Schaffhausen" v. J.J. Rüeger wird in Bd.1 auf S.358 auf diesen „seltzame[n] todschlag" „vor dem Nüwenturn" „lut einer geschribnen Costantzer cronik" eingegangen. Da dort im Zusammenhang mit der Heirat des Alchemisten vom Schwiegervater als einem „hegöwischen edelmann („würt aber mit nammen nit gnamset") gesprochen wird, kann es sich bei der Vorlage nicht um unsere „Konstanzer Chronik" oder das „Chronicon Constantiensis" handeln. Ähnlich wie bei Rüeger berichtet, erzählt auch E. Im-Thurn/H.W. Harder, Chronik der Stadt Schaffhausen, 3. Buch, S.11 dieser „Goldmacher, welcher viele höhgauische Edelleute um namhafte Summen geprellt und sogar die Tochter eines derselben durch List zur Ehe bekommen hatte", sei „von seinem Schwiegervater und einem von Neuenek [Rüeger: „Nünegk"] vor dem Schwabenthor getödtet" worden. Vgl. auch REC III, Nr.9113 mit Hinweis auf unsere Chronik.

süben | <u>jar</u> **D**o ward ain **R**icher Bur- | ger von schaffhusen mit na- | men   *1427*
fulach⁹⁶⁴ gebůst vnd ge- | straffet vmb sechs <u>tusend gul</u>- | din vnd das er   *Delinquenz und*
noch sine kind | an kainen gewalt noch an den | **R**aut jn der stat nümer me   *Strafe;*
5   zů | ewigen zÿten komen sŏlten, vm(b) | das er sinen sünen⁹⁶⁵ vertragenᵃ |
hett, **D**as sy durch jren gewalt | ainen frum(m)enᵇ knecht jn der | stat jn
ainem fryen gelaitt | erstǎchend. **E**r můst och dem | lantuogt dennocht
sinen | tail von des **R**ichs wegen | geben. #ⁱⁱ |

[108ʳᵇ]   **J**(!)n dem vorgeschriben **j**ar mor- | nend nach sant <u>agatha tag</u>⁹⁶⁶ | wolt man   *Überfall auf*
die vesti <u>prega(n)tz</u>⁹⁶⁷ | haben ᵃhin gegebenᵃ vn(d) wur- | dend vil lüt dar   *Bregenz;*
jnne ver- | laymdetᵇ. **A**lso ward man des | gewar von zwain, da satzt | man
den ainen vff ain **R**ad | vnd vierdentailt den andern⁹⁶⁸. |
5

[108ʳᵃ|221]
i) Al(!)s] A *2-z. Lomb., v. der Hd. des Rubr., mblT* ii) *Zz: v. der Hd. des Rubr., mroT*

a) v. vertragen: zulassen, gestatten b) rechtschaffenen

⁹⁶⁴ Konrad v. Fulach: Angehöriger des in Schaffhausen ansässigen Adelsgeschlechts mit großem Grundbesitz; „das mächtigste und begütertste Geschlecht zu Schaffhausen" (E. Im-Thurn/H.W. Harder, Chronik der Stadt Schaffhausen, 3. Buch, S.9); gehört mit anderen Familienmitgliedern zu den Lehensleuten der Abtei Reichenau und ist bei der Gesellschaft „zur Katz" eingeschrieben; 1408 Spitalpfleger; 1419 Bürgermeister und langjähriges Ratsmitglied in Schaffhausen; kauft 1422 das Schloss Werd; möglicherweise mit der Konstanzerin Anna Felixin verheiratet; letzter urkundlicher Beleg 1430 (vgl. OBG, Bd.1, S.413f; K. Schib, Schaffhausen, S.55, 84, 191; B. Kirchgässner, Steuerwesen, S.105; J.J. Rüeger, Chronik, Bd.2, S.715-735 und allg. zur Familie auch dessen „Fulachische Histori").
⁹⁶⁵ Hans und Wilhelm v. Fulach: Vater: Konrad v. Fulach; Hans ist zu Laufen ansässig; erscheint 1437 als Bürge und verzichtet auf Rechte in Wilchingen; gest. 1446; Wilhelm ist mit Ursula Ehinger aus Konstanz verheiratet; hat Lehen zu Erzingen; gest. 1440. Beide werden, wie hier berichtet, zusammen mit dem Vater nachweislich wegen des Mordes bzw. der Missachtung des freien Geleits eines Knechtes bestraft (vgl. OBG, Bd.1, S.414; J.J. Rüeger, Chronik, S.720ff, 734). Im Konstanzer Ratsbuch wird dieser Fall nicht erwähnt.

[108ʳᵇ]
i) *Zz: v. der Hd. des Rubr., mroT*

a...a) v. hingeben: ausliefern, übergeben b) v. verlaymden: des Verrats verdächtigen

⁹⁶⁶ 6. Feb.
⁹⁶⁷ Bregenz (vgl. z.B. LexMA, Bd.2, Sp.599).
⁹⁶⁸ Dieses Ereignis steht im Zusammenhang mit einem seit 1422 schwelenden, 1424 offen ausgetragenen Erbstreit innerhalb des Hauses Montfort-Bregenz um die Herrschaft Bregenz. Genauer handelt es sich um den gewaltsamen Versuch der Grafen Rudolf und Wilhelm v. Montfort-Tettnang, denen Hugo der Meister v. Montfort-Tettnang-Bregenz seinen Anteil an der Herrschaft Bregenz vererben wollte, die Grafschaft Bregenz in ihre Hände zu bringen. Ihnen gegenüber steht die Markgräfin Elisabeth v. Hachberg-Rötteln, Nichte v. Hugo, die u.a. mit dem Graf v. Lupfen, den Grafen Herman und Stephan v. Montfort-Tettnang-Bregenz-Pfannberg und Graf Friedrich v. Toggenburg verbündet ist. Ebenso wenig wie verschiedene gerichtliche Auseinandersetzungen führt dieser Überfall auf die Stadt und Burg Bregenz für Hugo, Rudolf und Wilhelm zum gewünschten Ergebnis (vgl. B. Bilgeri, Bregenz, S.104ff und ders., Feldkirch, S.188 mit wörtlichem Zitat unseres Textes).

J(!)n dem selben vorgeschriben | **jar** do ward die mülin jn | dem **R**in by   *Erbauung einer*
den **predigern**[969] | ze machend **a**ngefangen | vnd kostet by **funfftusend** | *Mühle;*
pfund **h**aller. |

10

D(!)es selben jars **w**as ain | gross erdbidem **j**n gantzem | land **v**nd weret   *Erdbeben;*
lang vn(d) | **v**erdarbt land vnd lüt[970]. #ᵢ |

[108ᵛᵃ|222] **A**b(!)erⁱ als man von der | gepurt cristi zalt tuse(n)d | vierhundert
zwaintzig vn(d) | süben jare was als ain | kalter winter, als man dan(n) | *1427 Wetter-*
schatzdtᵃ, d(a)z es vor jn hun- | dert jaren so kalt nie gewe- | sen wåre,   *nachrichten und*
Vnd weret la(n)g | bisz jn die vastenᵇ. Die was- | ser warend so hart   *Folgen;*
5 gefroren | vnd als klain, das kain mü- | lin vmb costentz gieng vn(d) |
man gar grossen gebre- | sten gewan vnd hett vmb | mal(e)n vnd man gen
v̊lding- | en[971] vnd gen v̈berlingen fa- | ren m̊ust. Das gefügelᶜ ver |
darb gar vast vnd ward | gefangen vff dem see vnd | allenthalben vnd die visch |
erstiktend gar vast jn den | wygernᵈ vnd jn den klaine(n) | wassern. |
10 **V**nd kam jn dem selben ob | geschriben jar ain s̊olicher | grosser Ryffᵉ, der   *Frost und*
die Reben | erfrort allenthalben vnd | tett von Basel vff her an | den see an   *Folgen;*
vil enden grossen | schaden[972]. |

---

[969] Wir wissen v. mehreren Mühlen in Konstanz (vgl. als Beleg auch die Äußerung auf fol.108ᵛᵃ, Zeile 4f oder den
Bericht auf fol.117ʳᵃ). Während hier v. der sog. Rottengattermühle, also der Mühle die Rede ist, die man östlich v. der
Predigerinsel zu lokalisieren hat, stehen zwei „under der Rinbrugge", also bei bzw. auf der Rheinbrücke zwischen
Konstanz und Petershausen. Zu bedenken ist, dass mit diesen Mühlen nicht nur das Getreide gemahlen wird, sondern
auch die mit diesen verbundenen Geräte, wie Säge, Schleife, Lohschmiede und Walkmühle, für die städtische Produktion v. großer Bedeutung sind. Die hier genannte Mühle ist die erste nachweisbare in Konstanz; sie gehört dem
Kloster Petershausen; gibt bereits 1296 Anlass zum Streit zwischen der Stadt und dem Abt Diethelm v. Castell und
wird 1518 abgebrochen (vgl. J. Marmor, Topographie, S.22, 308; H. Maurer, Konstanz I, S.106, 157, 243 und Konstanz II, S.176).
[970] Dieses Erdbeben wird alleine in der Konstanzer Chronistik überliefert (vgl. H. Buszello, „Wohlfeile", S.32). Möglicherweise handelt es sich um eine Verwechslung mit einem Erdbeben, das in zwei Basler Chroniken zum Dez.
1428 berichtet wird (erneut sei Frau Schwarz-Zanetti für diese Informationen gedankt).

[108ᵛᵃ|222]
i) Ab(!)er] A *2-z. Lomb., v. der Hd. des Rubr., mroT*

a) v. schatzen: glauben, meinen b) Fastenzeit c) Vögel d) Weihern e) Frost

[971] Unter- und Oberuhldingen, Bodenseekreis; erster urkundlicher Beleg in einer Chronik um 1150; zeitweise im
Besitz des Klosters Allerheiligen; Salemische Ortsherrschaft bereits vor 1390; „Unteruldingen" (1358) wohl als
Nebenort v. „Oberuldingen" durch die Schifffahrt entstanden; Ortsherrschaft bei den Grafen v. Heiligenberg (vgl.
LBW, Bd.7, S.589f).
[972] Auch dieser besonders kalte Winter wird außerhalb v. Konstanz in den Chroniken nicht überliefert (vgl. H. Buszello, „Wohlfeile", S.32). Laut W. Düwel-Hösselbarth, Ernteglück, S.39f herrscht seit 1406/07 eine extreme Käl-
teperiode, die ca. zehn Jahre anhält. Erst 1420 entspannt sich die Lage allmählich; bis 1428 kann von einem positiven
Verlauf der Witterungsverhältnisse gesprochen werden. Die Jahre 1429 bis 1431 bringen dann erneut einen klima-
tischen Wechsel mit kalten und regenreichen Sommern mit sich.

[108vb] Des^i vorgeschriben jǎrs | Mornend nach sant | valentins tag^973, Do *Unglücksfall in*
beschach | gar ain grosz übel zů velt | kirch^974: Es enbran der turn | jn der *Feldkirch:*
vesti^975, dar jnne lagend | drü fåslun^a mit puluer. also | ylt grauff walraf *Explosion nach*
vo(n) tier- | stain^976, des von toggenburg | schwester sun, vnd sust mit | jm *Brand;*
5 sechs edling^b vnd wolten | dem puluer vshelffen^c vn(d) | bråchtend zwaÿ
fåslun her- | vs vnd dem drytten fåslin | sprungend die raiff^d ab vn(d) | kam
dar jn fürr Vnd ver | bran grauff walraff vnd | der krǒel^977 verbran gar ^evn |
geschaffenlich^e vnd verbran | och ainer von brandis^978, ǒne | die sust
ellenclich geletzet^f | wurden^979. |

[109ra|223] Ab(!)er^i des vorgeschriben | jǎrs, als die Ritte(r)schafft, | och der von *Folgen des*
toggenburg vn(d) | der abbt von sant gallen mit | den appenzellern *Krieges*
kriegtend^980, | do gieng es ze mal wunder- | lich zů costentz vnd och sust | *zwischen dem v.*
jn dem land vnd wysset nie- | mant, wer fründ oder vind | was^981. Do gebot *Toggenburg*
5 man zů co- | stentz: wer fråmder vs der | stat wǒlt, das der ain bulet^a | von *und Appenzell*
dem Burg(er)maister ne- | men mǔst oder er mǔst jn | der stat beliben, *in Konstanz;*

[108vb]
i) Des] D *2-z. Lomb., v. der Hd. des Rubr., mblT*

a) kleine Fässer, kleine Behälter [Diminutivum v. fås] b) Edelleute, Adlige c) v. vshelffen: in Sicherheit bringen, heraustragen d) Ringe, die zur Befestigung um ein Fass angebracht sind e...e) ungestalt, bis zur Unkenntlichkeit f) v. letzen: verletzen

^973 15. Feb.
^974 Feldkirch (vgl. z.B. B. Bilgeri, Feldkirch,. S.87ff und 366ff).
^975 Schattenburg: Erbauung vor 1200; erster urkundlicher Beleg 1271; u.a. 1406 durch die Appenzeller zerstört, Wiederaufbau nach 1408; v.a. nach der Verpfändung v. Feldkirch an Graf Friedrich VII. v. Toggenburg 1417 Ausbau der Feste; wiederholter Aufenthaltsort des Königs bzw. Kaisers (z.B. Okt. 1417, Sept. 1431, Okt. 1433, Dez. 1442) (vgl. K.H. Burmeister, Kulturgeschichte der Stadt Feldkirch, S.101ff, 303ff).
^976 Walram V. v. Tierstein: Eltern: Bernhart v. Tierstein und Ida v. Toggenburg, Schwester v. Friedrich VII.; v. diesem wohl als Nachfolger vorgesehen; gest. am 15. Nov. 1427 in jugendlichem Alter bei dem hier erwähnten Brandunglück in Feldkirch (vgl. Genealogisches Handbuch, Bd.1, Tafel XIX und S.142).
^977 Jos (?) Kröl: Angehöriger des Feldkircher Patriziergeschlechts; Tätigkeit der Familie u.a. im Fernhandel; Angehörige dieser Familie werden vom Grafen v. Toggenburg der Stadt verwiesen (vgl. B. Bilgeri, Feldkirch, S.185; K.H. Burmeister, Kulturgeschichte der Stadt Feldkirch, S.64f).
^978 Ebensowenig wie im OBG, Bd.1 findet sich im HBLdS, Bd.2 bei dem Artikel zur Familie Brandis ein Hinweis auf diesen Familienangehörigen. Eine Identifikation ist daher nicht möglich.
^979 Vgl. den Bericht, unserer Chronik folgend, bei B. Bilgeri, Feldkirch, S.188 (ohne nähere Angaben).

[109ra|223]
i) Ab(!)er] A *2-z. Lomb., v. der Hd. des Rubr., mroT* ii) Mz: *senkrechter Strich, vermutlich v. der HHd., mbrT, amliRa*

a) Stempel b) Daumen c) v. ablåzen: außer Kraft setzen

^980 Vgl. den Bericht auf fol.66^rbff.
^981 H. Maurer, Konstanz II, S.79 erläutert anhand dieser Äußerung die unsichere Lage für Konstanz in dieser Zeit und deren Wirkungen auf den Einzelnen. Letztlich gibt es – wie im Spätmittelalter häufig – „keine klaren Fronten; Freunde und Feinde bewegten sich – auf den ersten Blick als solche unkenntlich – alleine oder in kleinen Gruppen kreuz und quer durcheinander, bis feindseliges Verhalten endlich die Augen öffnete".

dan(n) man nie- | mant vsliesz, er het dan(n) ain | bullet vnd d(a)z drukt jm der | Burg(er)maister vff den dumen[b]; | d(a)z zogt er dan(n) den knecht(en) | by dem tor[982]. |

10

[ii]N(!)un disz verdrosz Byschoff | otten vnd zoch sich vo(n) der | stat gen schaffhusen[983] vnd | belaib da, bisz das man das | gebott abliesz[c] vnd kain bul | let me gab. |

[109rb] Es[i] zugend die von coste(n)tz | des vorgeschriben jaurs | in den vndersee,   *Zug v. Konstanz* wan sy den ver [ii]| botten hettend, mit drühund(er)t | knechten vnd namend   *gegen Fischer* gar | vil visch vnd beren[a] vn(d) was | sy fundend, Dar vmb d(a)z die | jn   *am Untersee;* dem vndersee d(a)z gebot | vber giengen vnd den nüwen | laich[b] viengend[984]. |

5

A(!)ber des vorgeschriben jårs | do übergiengen[c] zwen rauts | knecht der   *Delinquenz und* stat gebot grôsclich: | Es bran an sant pauls gassen | jn ains brotbeken hus.   *Strafe;* do lieff[iii] | der ain rauts knecht vnd hiesz | sturm lüten vnd der ander lieff |

10   jn des Burg(er)maists husz vnd | nam das panier. Also wurden | die selben zwen knecht Vnd | och der wachter, der sturm lut[985], | von jro ampt abgesetzt[986]. vn(d) | hiesz der ain Bårtschi brüttel[987] | vnd der ander peter fry[988] vnd | der wachter was von der sch- | ûchmacher zunfft. |

---

[982] Vgl. ebd., S.79f die Hinweise auf diese Bestimmung des Rates, die in der unsicheren äußeren Situation verhindern soll, dass verdächtige Fremde die Stadt verlassen und Konstanz eventuell in kriegerische Auseinandersetzungen hineingezogen wird. Im Ratsbuch selbst wird diese Regelung nicht behandelt.

[983] Bischof Otto urkundet nach dem hier erwähnten Verlassen der Stadt Ende 1427 erstmals am 6. Jan. 1428 in Schaffhausen (vgl. REC III, Nr.9196). Erst am 27. März bestätigt der Bischof dann, wie REC III, Nr.9207 belegt, ein Statut des Domkapitels wieder in Konstanz selbst (Vgl. ebd., Nr.9192).

[109rb]
i) Es] E *2-z. Lomb., v. der Hd. des Rubr., mblT* ii) Mz: *4-z. Kreuz, vermutlich v. der HHd., mbrT, amreRa* iii) lieff] luff *SG, Konjektur nach Zeile 11 bzw. nach StAK, A I 1, fol.108ra*

a) sack- oder trichterförmige, an einer Stange hängende Fischernetze b) Fischlaich c) v. übergên: übertreten, überschreiten

[984] Infolge des Verstoßes gegen die Konstanzer Fischereiordnung, den Laich wegzufischen, ziehen 300 Konstanzer auf Befehl des Bischofs in den Untersee und nehmen zahlreichen Fischern die zur Ausübung ihrer Tätigkeit notwendigen Garne und Netze weg (vgl. REC III, Nr.9160; vgl. zur Fischerei allg. Anm. zu fol.39va; die dort genannte Literatur geht auch auf Fischereirechte sowie auf Fanggeräte und -methoden ein; vgl. z.B. A. Lampen, Fischerei, S.83ff und S.98ff).

[985] Es handelt sich um Herman Werlin, einen Angehörigen der Schuhmacherzunft, der 1425 im Besitz des Hauses „zur Geige" (Rheingasse 8) ist (vgl. Häuserbuch II, S.296; K.D. Bechtold, Zunftbürgerschaft, S.230).

[986] Das eigentliche Vergehen der Ratsknechte besteht darin, dass sie durch die „unbedachte und hysterische Reaktion" ihre Kompetenzen weit überschreiten und so die ganze Stadt in Aufruhr versetzen. Statt, wie in den städtischen Verordnungen vorgesehen, bei einem Brand den Bürgermeister zu verständigen, der dann die notwendigen Schritte (z.B. Sturmläuten, das das Sammeln der Bürgerschaft an bestimmten Punkten in der Stadt zur Folge hat) einleitet, nehmen die genannten Personen ohne Rücksprache mit den Verantwortlichen die Sache selbst in die Hand. Am 27.

[109ᵛ] Leere Seite

[110ʳᵃ|225] Al(!)sⁱ man von der ge- | purt cristi zalt tuse(n)d | ⁱⁱvierhundert zwaintzig | vnd achtⁱⁱ jare do ᵃschlůg | man hie zů costentz vff | den sumerᵃ vnd zoch *1428 Raubzug* gen | hornberg⁹⁸⁹ jn den grůnwald | vnd brachtend vnser ge- | sellen von *v. Konstanz;* costentz ainen | grossen roub mit vich | gen schaffhusen vn(d) bran | tend
5 mårklin vo(n) husen⁹⁹⁰ | zway dörffer ab.⁹⁹¹ |

[110ʳᵇ] Desⁱ yetzgeschriben jårs, ⁱⁱ| dauor nåchst gesetzt, | do über vielⁱⁱⁱ *Bischof* Byschoff ott | vnd die heren jm heggöw⁹⁹² | die von Oᵉningen⁹⁹³ vn(d) blün *Otto III. vs.*

Okt. werden Werlin und Brüttel durch den Großen Rat ihrer Ämter enthoben: „Am gůtemtag vor Symonie et Jude [27. Okt.] || (...) Jt(em) ain grosz(er) rat hat gestraffet Herman werlin | vnd Bertschin brüttel. Herman vmb sin sturm lüten | vnd Berschin daz er jn gehaissen hatt (...) daz si | Beid ir empter entsetzt sont sin" (StAK, B I 4, S.180). In der folgenden Sitzung ereilt dann Fryg das selbe Schicksal: „Jt(em) pet(er) fryg sol ouch entsetzt sin sins amptz vmb das | das er das paner vs des Burg(er)maisters husz nam vnd vff den markt das trůg än haissen" (StAK, B I 4, S.181). Gleichzeitig wird im Ratsbuch (vgl. StAK, B I 4, S.181) vermerkt, dass Brüttel nicht aus eigenem Antrieb gehandelt habe, sondern v. Hans Mordax (möglicherweise der hier nicht namentlich genannte Bäcker) angewiesen worden sei (vgl. P. Schuster, Der gelobte Frieden, S.19ff).

⁹⁸⁷ Bertschi Brüttel: ein „sozial schwach integrierter Bürger" (P. Schuster, Gericht, S.316) mit einer „typische[n] Unterschichtenbiographie des 15. Jahrhunderts" (ders., Der gelobte Frieden, S.16); Mitglied der Schiffsleutezunft; arbeitet am städtischen Kran; ab 1424 städtischer Wächter auf dem der Insel zugewandten Predigertor; in wechselnder Verwendung in städtischen Diensten; leidet jahrelang an einer ihm auferlegten Geldstrafe; lebte u.a. in einer außerehelichen Gemeinschaft; ab 1430 immer wieder in den städtischen Strafbüchern zu finden; gest. 1458 (vgl. P. Schuster, Gericht, S.115, 316 und ders., Der gelobte Frieden, S.15ff).

⁹⁸⁸ Peter Fry/Frig: eine Person dieses Namens taucht in den Quellen der 1420/30er Jahre als Schuhmacher auf; gleichzeitig wird im Zunftbuch der Wollweberzunft ein „better frik" in einer Meisterliste erwähnt (vgl. K.D. Bechtold, Zunftbürgerschaft, S.177; F. Wielandt, Zunftbuch, S.78).

[110ʳᵃ|225]
i) Al(!)s] A *2-z. Lomb., v. der Hd. des Rubr., mroT* ii...ii) vierhundert zwaintzig | vnd acht] *die Unterstreichung ist mhbrT sehr leicht ausgeführt*

a...a) erhob man sich hier zu Konstanz im Sommer

⁹⁸⁹ In Baden-Württemberg lassen sich mehrere Hornberg nachweisen. Vermutlich handelt es sich um a) Hornberg, heute zu St. Märgen (Lkr. Freiburg/Br.) gehörig (vgl. LBW, Bd.6, S.159). Möglich wäre aber auch b) Hornberg: Teil v. Herrischried, Lkr. Waldshut; zum vorderösterreichischen Waldvogteiamt gehörig; in der 2. Hälfte des 13. Jhs. aus dem Besitz der Herren v. Klingen an Rudolf v. Habsburg gekommen (vgl. LBW, Bd.6, S.960).

⁹⁹⁰ Marquard v. Husen: Angehöriger des weitverbreiteten Adelsgeschlechts (Sitz: Hausen im Tal: Dorf und Burg bei Meßkirch); erster urkundlicher Nachweis 1419; „der acht Städte Feind"; sagt 1429 der Stadt Konstanz ab; 1431 Herr zu Husen und Nydingen; gest. 1463 (vgl. OBG, Bd.1, S.556f, 560).

⁹⁹¹ Dieser Raubzug steht im Zusammenhang mit der Fehde gegen Georg v. Enne. Die Richtung vom 15. Okt. 1431 bestätigt, dass Marquard v. Husen größerer Schaden zugefügt wurde. Der Text lautet u.a.: „(...) als die vorgenenenten stette etlich vordrung zu Märklin von Husen und er widerumb zu în maint zu haben (...) so sullen die egenenten stette und die iren (...) ime und den sinen zu Husen und zu Nydungen im Tale, zu dem sloß Husen gehörig, und den schade zuzegozen und beschehen ist (...) desglichen widerumb och tun, das ain recht mit dem andern zugee (...)" (zitiert nach P. Bütler, Freiherren von Enne S.90).

[110ʳᵇ]

| drotend alda wol vff zway | tusend pfund h(e)ll(e)r wert oder | mer, das   *„Öhningen";*
sy da namend[994]. do | zoch man von Costentz vsz | vnd wolt über den
5 Byschoff | sin, dan(n) er hett hainrichen | vo(n) hoff[995] och geschadiget,
der | Burger zů costentz was. | Es ward aber verkom(en)ᵃ vn(d) | alles ᵇab
getragen.ᵇ/[996] |

[110ᵛ] Leere Seite

[111ʳᵃ|227]ⁱ Al(!)sⁱⁱ man von der gepurt | cristi zalt tusend vier- | hundert zwaintzig
vnd nün | jare an dem Mentag nach | vnser lieben froen tag ze herpst[997] | *1429 Der*
do gabend by viertzig man- | nen vnd me, die von den ge- | schlächten vnd   *„vierte Bürger-*
alten nach | geburt zů costentz herkome(n) | warend, Burgrech vff[998]. vnd | *kampf";*

---

i) Des] D *2-z. Lomb., v. der Hd. des Rubr., mroT* ii) *Mz: senkrechter Strich, vermutlich v. der HHd., mbrT, amreRa*
iii) viell] *verderbt, aus* vieb *v. der HHd., mbrT, korr.*

a) v. verkomen: abwehren b...b) v. abtragen: ausgleichen

[992] Hegau: alte fruchtbare Kulturlandschaft nordwestlich des Bodensees.
[993] Öhningen, Lkr. Konstanz: erste urkundliche Erwähnung 788 „Oninga"; frühmittelalterliche Siedlung aus dem
7./8. Jh. im Besitz des Klosters St. Gallen; vermutlich konfisziertes alemannisches Herzogsgut; im 10. Jh. im Besitz
des Grafen v. Öhningen; gehört zum Donationsgut des dortigen Klosters (wohl 965 an der Stelle der Burganlage errichtet; 1256 vom Konstanzer Bistum eximiert); Vogtei seit 1191 beim Bistum (vgl. LBW, Bd.6, S.742f).
[994] Bischof Otto v. Hachberg führt Ende des Jahres 1427 (vgl. verschiedene Datierungen in den Chroniken auf 1425,
1427 und 1428) und die Ergänzung bei C. Schulthaiß, Collectaneen, Bd.1, S.100 zum Jahr 1428: „Diser vberzůg jst
vff Nicolai geschehen") eine Fehde gegen Öhningen, nachdem dieses ein Burgrecht mit Konstanz anstrebt bzw.
eingegangen ist. Er überfällt mit Adligen aus dem Hegau das Kloster und macht reiche Beute. Vgl. auch die ebd.
geschilderten Folgen des Überfalls: „Diser vberzůg hatt den gaist= | lich(en) vil vnwillens zů Costentz gemacht.
Darnach ward das Chorgericht gen Kaÿserstül | gelegt, da(nn) die pfaffen von der Statt zögend. Es gieng derselben
zit den gaistlichen vbel, | es wurdent jnen zů Tegerwÿlen zwo kügen genomen" (vgl. auch O. Feger, Geschichte,
Bd.III, S.195).
[995] Heinrich v. Hof (de Curia): Angehöriger der reich begüterten Konstanzer Patrizierfamilie, deren „Hauptlinie"
ursprünglich auf dem „oberen Hof", d.h. auf dem Münsterhügel, ansässig war (Heinrich lebt im Haus Stephansplatz
15 und ist u.a. während des Konzils Gastgeber des Bischofs v. Passau und zweier Herzöge v. Lothringen); langjähriges Ratsmitglied (vgl. auch K. Beyerle, Ratslisten, S.124ff; H. Maurer, Konstanz I, S.144, 185f und Konstanz II,
S.18). C. Schulthaiß, Collectaneen, Bd.1, S.100 ergänzt erklärend, man habe ihn „zu Kattenhorn (...) geschädigt".
[996] Da sich Konstanz einerseits für den Verbündeten einzusetzen hat und andererseits Konstanzer Bürger geschädigt
wurden, kommt es zu Auseinandersetzungen, die jedoch am 26. Feb. durch einen Spruchbrief gelöst werden (vgl.
REC III, Nr.9200).

[111ʳᵃ|227]
i) *die Unterstreichungen auf dieser Seite sind mhbrT sehr leicht ausgeführt* ii) Al(!)s] A *2-z. Lomb., v. der Hd. des
Rubr., mroT*

a) Aufstand, Tumult b) v. geturren: wagen c) v. wachen: Wache halten, wachen d) v. tådingen: verhandeln, ab-
machen e...e) zuvorderst

[997] 12. Sept.
[998] Am 12. Sept. 1429 äußern 47 Angehörige der patrizischen Geschlechter oder diesen zumindest nahestehende Personen aus dem Zunftbürgertum (vgl. die Liste auf fol.121ʳᵇ) vor dem Rat den Wunsch, ihr Konstanzer Bürgerrecht
aufgeben zu dürfen. Hintergrund dieser Aktion sind Spannungen zwischen den Patriziern und Angehörigen der
Zünfte, die seit Ende des Konzils immer wieder zutage treten. Bereits 1420 zeigen sich Bemühung der Zunftbürger,

 5 ward dar vmb ain grosz | Rumor^a zů costentz, also das | alle die, die ir Burgrecht | vff geben hetten, můstend | <u>wychen vff die pfallentz, w(a)z</u> | do <u>ze mal Byschoff ott</u>, ain | <u>Marggrauf von Rôttel</u>. vn(d) | Můstend also vff die pfal- | latz beliben zwen tag vnd | zwo nǎcht, das jro kainer | getorst^b her usz komen. vnd | warend och alle tor zů Co- | stentz die zwen

10 tag beschlos | sen vnd wachotend^c all nǎcht | jn der stat by zwaÿhundertt | mannen vnd warend all | zünfft by ainander tag vn(d) | nacht mit gantzem har- | nasch⁹⁹⁹. Vnd ward getǎ- | dinget^d also, das die selben | alle můstend von costentz | ziehen vnd alda ir hüser Ru- | men vnd bisz zů sant Mar- | tins tag¹⁰⁰⁰ enweg ziehen mit | wyb vnd kinden vnd für | die an zal geben

15 anderhalb | stür vnd da mit gnůg getǒn | haben. also zugend sy alle ge- | mainlich gen schaffhusen | vnd wurdend da Burger | <u>vnd zoch mit jnen vnd ^ezů | dem ersten^e enweg der selb</u> |

[111rb] <u>Byschoff otte och gen schaffhu | sen¹⁰⁰¹</u>. Der selb Byschoff zoch vn(d) |

---

sich v. den patrizischen Geschlechtern deutlich zu distanzieren und damit ständische Grenzen, die durch die Aufnahme zu Reichtum und Ansehen gekommener Familien aus dem Zunftbürgertum in die Reihen des Patriziats aufgebrochen werden, wiederaufzubauen. Im Zuge der sicherlich mit Konfrontationen verbundenen Verabschiedung einer Satzung, die das Verbleiben in einer „ererbten" Zunft gebietet, kommt es in den Jahren 1420/21 bei einer Vielzahl v. Angehörigen der Konstanzer Geschlechterfamilien (vgl. die genaue Auflistung nach dem Ratsbuch bei K.D. Bechtold, Zunftbürgerschaft, S.135, Anm.218; vgl. auch P. Ruppert, Chroniken, S.352) zur Aufgabe des Bürgerrechts und zum Auszug nach Überlingen, Lindau oder Buchhorn. Trotz der Rückkehr der meisten Ausgezogenen infolge mehrerer Schiedssprüche, trotz einer den Frieden fördernden Politik des Rates oder einer Neukonstituierung der Geschlechtergesellschaft „zur Katz" 1424 (vgl. u.a. die Neuformulierung der Statuten, ediert bei C. Heiermann, Katz, S.198ff) sind die Spannungen zwischen den Parteien, aber auch solche zwischen einzelnen Zünften stets evident. U.a. werden zeitweise (vom 16. Juli 1425 bis 17. März 1429) Handelsgesellschaften verboten und deren Leitung der Stadt verwiesen. Im unmittelbaren Vorfeld der hier geschilderten Ereignisse müssen sich dann Zunftmitglieder (vgl. die verschiedenen Zahlenangaben: 12 im Ratsbuch – S.117, zitiert bei P. Ruppert, Chroniken, S.135 – und diesem folgend bei E. Joos, Unruhen, S.49 und K.D. Bechtold, Zunftbürgerschaft, S.141; 14 in unserer Chronik, fol.111rb; 16 bei H. Maurer, Konstanz II, S.58) wegen des engen Kontaktes zu patrizischen Familien im Aug. 1429 vor dem Rat verantworten. Kurz danach wird wieder einmal eine Satzung verabschiedet, die Zunftgenossen das gemeinsame Feiern mit den Geschlechtern bspw. bei Turnieren, Tänzen oder Trinkgelagen verbietet (vgl. REC III, Nr.9274; E. Joos, Unruhen, S.46ff; K.D. Bechtold, Zunftbürgerschaft, S.133ff; H. Ammann, Konstanzer Wirtschaft, S.88; H. Maurer, Konstanz II, S.48ff; C. Heiermann, Katz, S.41ff).

⁹⁹⁹ Nachdem Heinrich Ehinger, 1429 Unterbürgermeister, das Ansinnen der vor dem Rat erschienenen Bürger ablehnt, scheint eine Eskalation der Gewalt unausweichlich. So treffen sich einerseits die Angehörigen der Zünfte „mit gantzem har- | nasch" in den Trinkstuben und rufen Ausburger zu Hilfe, während die Mitglieder der Geschlechter und ihre Anhänger sich zunächst auf dem Fischmarkt versammeln, dann aber auf die Pfalz zu Bischof Otto III. v. Hachberg fliehen. Dessen Vermittlungsversuche schlagen ebenso wie die verschiedener Ratsmitglieder oder in der Nacht eintreffender Unterhändler des „Bundes umb den See" aus Überlingen fehl (vgl. E. Joos, Unruhen, S.48ff; U. Janson, Otto von Hachberg, S.241ff; K.D. Bechtold, Zunftbürgerschaft, S.143; H. Maurer, Konstanz II, S.58).
¹⁰⁰⁰ 11. Nov.

[111rb]
a) das bischöfliche Hofgericht b) v. wyben: zur Frau nehmen, eine Frau heiraten c...c) v. mannen: zum Mann nehmen, einen Mann heiraten d) v. jnkomen: zurückkehren

¹⁰⁰¹ Um frei zu kommen, bleibt den Patriziern schließlich nichts anderes übrig, als für den Fall ihres Auszugs einen Eid zu schwören, der sie dazu verpflichtet, bei einem Rechtsstreit Recht vor dem Überlinger Rat zu suchen, und bei Abzug die anderthalbfache Jahressteuer der Stadt als Buße zu bezahlen. Im Gesellschaftshaus „zur Katz" verschwören sich die Mitglieder der Geschlechter gegen die Stadt und ziehen mit Ausnahme v. acht Mitgliedern, nach Schaffhausen. Dort werden sie am 29. Nov. in das Bürgerrecht aufgenommen. Wie hier erwähnt, zieht zuvor auch Bischof Otto aus Protest mit seinem ganzen Hof sowie dem bischöflichen Gericht nach Schaffhausen und findet

lait sin gericht^a/¹⁰⁰² och gen schaff | husen vnd mûstend all sin | geswornen
ziehen gen schaf | husen vnd da sin vff sant | hylarien tag¹⁰⁰³ nåchst dar |
nach. Vnd stûnd die sach | vff vmb des wyllen, d(a)z der | Raut zů
5 Costentz bůst vnd | straffet jro wol vierzehen | yegklichen vmb hundert |
pfund pfenni(n)g, die da wa- | rend von der gemaind vn(d) | hettend
gewybet^b vnd ^cgeman | net^c vnder die geschlåcht vn(d) | hettend
geselschafft mit den | alten geschlåchten vff der | katzen vnd dar an stûr
ga- | bend ze buwend¹⁰⁰⁴. Jt(em) wie die | geschlåcht wyder jnkamen^d | vnd
10 gericht wurdend, ist | hie nach verschriben¹⁰⁰⁵ jn dem | M° cccc° xxx jar. | *1430*
J(!)n dem obgena(n)ten jar M° | cccc° xxviiii vff den gros | sen dornstag¹⁰⁰⁶
do fûrt der | vorgena(n)t Byschoff ott die | sünder durch sinen suffra- | *1429 (!)*
gani¹⁰⁰⁷ zů schaffhusen jn | vn(d) wyht die sacrament | och da selbs, das
doch nie me | gehôrt was.¹⁰⁰⁸ |
15

Bischofswappen
zwei Schilde (3,5x3,5) (3,5x3,5) (M: 2/S: 2,5)
(rechts: Aw; links: Fw Rötteln, vgl. fol.102vb)

[111^v] Leere Seite

[112ra]ⁱ Inⁱⁱ dem vorgeschriben jǎr | als man zalt tusend vier | hundert zwaintzig
vn(d) | nün jare an dem zinsz- | tag vor Sant Katherinen | tag¹⁰⁰⁹ da schickt *1429*

Aufnahme im Allerheiligen- sowie im Barfüßerkloster. Er urkundet am 18. Okt. noch in Konstanz, am 24. dann erstmals in Schaffhausen und erst am 21. Okt. 1430 wieder in Konstanz (vgl. REC III, Nr.9274, 9281 und 9335; E. Joos,
Unruhen, S.50; U. Janson, Otto von Hachberg, S.244; K.D. Bechtold, Zunftbürgerschaft, S.143f; H. Maurer, Konstanz II, S.58, 60).
¹⁰⁰² Das Hofgericht wird nach der Rückkehr des Bischofs am 23. Feb. 1431 v. Schaffhausen wieder nach Konstanz
verlegt und siedelt schließlich am 27. Feb. endgültig um. Der Generalvikar amtet aber am 6. März noch immer in
Schaffhausen (vgl. REC III, Nr.9349, 9351 und 9353 und Anm. zu fol.136vb).
¹⁰⁰³ 13. Jan.
¹⁰⁰⁴ Der erwähnte Ratsbucheintrag bestätigt die genannte Höhe der Strafe v. 100 lb dn.
¹⁰⁰⁵ Vgl. den Bericht zur Ordnung der Konstanzer Verhältnisse auf fol.123^{ra}ff.
¹⁰⁰⁶ 24. März.
¹⁰⁰⁷ Für diesen Zeitpunkt ist kein namentlich bekannter Weihbischof belegbar. Während Thomas episcopus Ce-
sariensis vom 5. Dez. 1423 bis zum 28. Juli 1428 als Weihbischof im Bistum Konstanz nachweisbar ist (möglicherweise auch noch am 16. Feb. 1429 in Winterthur tätig), findet sich der erste Hinweis auf Johannes episcopus Cesariensis erst am 18. Juni 1430 (vgl. HS I/2,2, S.511f).
¹⁰⁰⁸ Übliche Rechtspraxis im Bistum: Am Gründonnerstag haben sich alle die Sünder des Bistums, denen von ihren
Leutpriestern die Absolution verweigert worden ist, mit brennenden Kerzen vor dem Münster einzufinden. Sie
werden vom Bischof in das Gotteshaus geführt, haben sich im Mittelschiff auf den Boden zu werfen und in dieser
Lage bis zu ihrer Lossprechung durch den Bischof zu verharren. Die Sünder, die zu diesem Termin nicht erscheinen,
werden gebannt und kommen bei erneuter Nichtbeachtung in die Reichsacht. Die Feier findet üblicherweise im Konstanzer Münster statt, daher erklärt sich die Betonung des Besonderen (vgl. REC III, Nr.9306 zum 13. April 1430 (!);
P. Ruppert, Chroniken, S.154, Anm.2; H. Maurer, Bedeutung der Kathedrale, S.251ff).

[112ra]
i) *Seite rechts unten zerrissen; später repariert; kein Textverlust* ii) In] I *4-z. Lomb., v. der Hd. des Rubr., mblT*

der rǎt zů | costentz wol zwayhundert | man für Marpach vnd | zugend hie   *Belagerung v.*
vsz jn der nacht | vmb die mittennacht. also | laugend die zwayhundert | *Marbach;*
5   man die mittwochen dauor | vnd an der mittwochen, do | schickt ain raut
zů costentz | jnen me lüt nach Büchsen | vnd züg vnd mochtend die |
selben nit v̈ber see komen | vor grossem wind vn(d) lau- | gend zů
stekboren. vn(d) al- | so an dem dornstag jn der | nacht do stigend die von |
costentz jn das hus^a vnd | viengend dar jnne jn de(m) | selben husz
10   Marppach jaco | ben von vlm^1010 vnd siner sun | ainen, was by sechzehen | *Gefangen-*
jaren. vnd noch ainen sun | hett er och by jm, der entran | jnen vnd kam   *nahme v. Jakob*
dar von. al- | so fůrten sy den selben von | vlm vnd sinen sun gefang | en   *v. Ulm;*
gen costentz vnd laitend | sy vff das tor Vnd Be- | satzten die von Costentz
| Marppach vnd ward der | selb Jacob von vlm grȯslich | geschädiget vff
15   die selben | nacht an ochsen, schwinen, | flaisch, win vn(d) and(er)n
sachen^1011. |

[112^v]^i   [Abb.: „Ravensburger Blutbeschuldigung“: Knabe in der Tanne]^1012   *Illustration!*

[113ra|231]^i   Ab(!)er^ii des jars als man | von der gepurt cristi | zalt tusend vierhundert |
zwaintzig vnd nün jare | am frytag nåchst vor dem | hailigen tag zů   *1429*
winåchten^1013 | do viengend die vo(n) coste(n)tz | alle juden, jung vnd alt,   *Judenpogrome;*

---

a) Burg, Festung

1009 22. Nov.

1010 Jacob v. Ulm: Angehöriger der in Konstanz und Zürich ansässigen Patrizierfamilie; Mitglied der Gesellschaft
„zur Katz“; gehört mit zu den reichsten Konstanzern; der „Führer der Patrizier“ (O. Feger, Geschichte, Bd.III, S.209)
während der Unruhen 1429; verlässt entsprechend die Stadt; kurzzeitige Gefangennahme durch Konstanz (vgl. P.F.
Kramml, Friedrich III., S.346f).

1011 Konstanz wendet sich hier am 22. Nov. 1429 (so auch H. Maurer, Konstanz II, S.77; vgl. aber StAK, A I 1,
fol.109va, wo dieses Ereignis „Anno M° CCCC° XXX circa osthwaldi“ [5. Aug.] datiert ist) gegen Mitglieder einer
der angesehensten Geschlechterfamilien der Stadt. Jacob v. Ulm und sein Sohn werden auf der Burg Marbach, die
sich in ihrem Besitz befindet, gefangen genommen, weil sie Bauern in dem nahe gelegenen Wangen bedrückt haben
sollen. Da es sich bei den Bauern t.w. um Konstanzer Ausburger handelt, sehen sich „die regierenden Zünftler“ gezwungen einzuschreiten. Gelöst wird der Konflikt erst dadurch, dass König Sigismund am 13. Dez. 1430 Konstanz
befiehlt, die beiden Gefangenen aus der Haft zu entlassen und ihnen ihre Güter zurückzugeben (vgl. RI XI/2,
Nr.8008). Für die Plünderungen werden 1.200 fl Schadenersatz bezahlt (vgl. O. Feger, Geschichte, Bd.III, S.209;
H. Maurer, Konstanz II, S.76f; P.F. Kramml, Friedrich III., S.346).

[112^v]
i) *Seite rechts unten zerrissen; später repariert; kein Textverlust*

1012 Vgl. Kapitel A.5.2.1.1 und Abb.13 im Abbildungsteil.

[113ra|231]
i) *die durch die abgedruckte Farbe der Illustration stark verschmutzte Seite ist in einer Breite v. ca. 6 cm um ca. 2
cm verlängert (ausgeschnittenes Wappen)* ii) Ab(!)er] A *2-z. Lomb., v. der Hd. des Rubr., mroT*

a...a) Auskundschaftung, Erkundigungen b) v. vinden: sich erweisen c) v. vsgên: bekannt werden, verbreiten d) v.
martern: martern, (zu Tode) quälen e) v. ertȯten: töten

1013 23. Dez.

fro- | en vnd man, zů costentz[1014]. | des glich jn andern stetten: | zů

5 vberlingen, lindow, Ra | uenspurg vnd Merspurg[1015]. | Vnd was das die *„Ravensburger*
vrsach, | dar vmb sy gefangen wur- | den, als man do sagt: Es | was ain *Blutbeschul-*
knab by vierzehe(n) | jaren alt, der was vo(n) bruck | jm Ergôw an der are *digung"[1017];*
gele | gen, als sich das mit ᵃkunt | schafftᵃ vandᵇ. der selb knab | ward
funden By Raue(n)sp(ur)g | jn ainem holtz vff ainer | hohen tannen vff

10 vnsers | lieben heren vffart tag[1016] des | obgemeldten jårs vn(d) hett | ainen
strik an dem hals ge- | bunden an ainen ast, als | ob er sich selb erhenkt
hett. | vn(d) was der knab also ver- | lorn vierzehen wochen, d(a)z | nieman
wysset, wa er kom(en) | waz. Vnd also wurdend | mår vsgồnᶜ, wie die
juden | dien knaben gemartretᵈ vn(d) | ertồtᵉ hettend, die juden zů |

15 Rauenspurg, vnd wie sy | von dem totten knaben het | tend zehen guldin
geben, |

[113ʳᵇ]   vonⁱ Rauenspurg | in das holtz zefůrend vn(d) | vff die tannen ze tragend. |
vnd was das ain ᵃcristan | manᵃ, ain karrerᵇ von Ra- | uenspurg, hiesz Broll.
vn(d) | also ward der knab ab der | tannen genomen vnd jn | ainen bom
geleit vn(d) hůt | man des totten knaben tag | vnd nacht. Vnd vieng an | das

5 ain grosser löff zů dem | knaben ward, alsⁱⁱ man | do sagt, das den lüten, *Wallfahrtsbe-*
die | sich zů jm enthiessendᶜ, grosz | gnad beschåhe an gebresten | ⁱⁱⁱir[es] *wegung zur*
lib[s]ⁱⁱⁱ. Vnd also sagt man, | das her jacob truchsåsz vo(n) waltpurg[1018] *Tanne;*

[1014] Diese neuerliche Judenverfolgung, deren Anlass die sog. „Ravensburger Blutbeschuldigung" ist, muss durchaus auch im Zusammenhang mit den sozialen Unruhen innerhalb der Stadt gesehen werden. H. Maurer, Konstanz II, S.60 spricht bspw. v. der Verfolgung als einem „Ventil" für die Spannungen innerhalb der Konstanzer Bürgerschaft. Gleichzeitig ist der wirtschaftliche Hintergrund bzw. die Bedeutung der Konstanzer Juden auf dem Gebiet der Geld-leihe mit zu berücksichtigen (vgl. dazu ebd., S.60ff; H. Hörburger, Judenvertreibungen, S.74ff; K.H. Burmeister, medinat bodase, S.97ff, 163ff, 179ff und allg. zum Vorwurf des Ritualmordes M. Toch, Juden, S.113ff). Einen Tag vor dem Weihnachtsfest schließt die Bürgerschaft nach der „Tagmesse" die Tore der Stadt, nimmt alle jüdischen Bewohner in ihren Häusern gefangen und bewacht sie bis zur „Freilassung" (vgl. Bericht auf fol.113ᵛᵃ) durch den Rat am 1. Juni (vgl. H. Maurer, Konstanz II, S.62; Germania Judaica 3/1, S.669; W. Rügert, Jüdisches Leben, S.21).
[1015] Auch die Gefangennahmen der Juden in den genannten Städten Überlingen, Lindau, Ravensburg und Meersburg und deren t.w. spätere Verbrennung (vgl. z.B. die Hinweise auf fol.114ʳᵇ, fol.120ʳᵇ, fol.121ʳᵃ) stehen im Zusammen-hang mit dem angeblichen Ritualmord. Insgesamt kann v. einer Verfolgungswelle in weiten Teilen des Bodensee-gebietes gesprochen werden (vgl. H. Hörburger, Judenvertreibungen, S.81; K.H. Burmeister, medinat bodase, Bd.2, S.179ff).
[1016] 5. Mai.
[1017] Als Rechtfertigung der Judenverfolgungen im Bodenseeraum der Jahre 1429/30 findet man in verschiedenen Zeugnissen den Bericht einer Ermordung eines christlichen Jungen, der in anderen bzw. späteren Quellen den Namen Ludwig Pfaff oder Ludwig Etterlin trägt, durch Ravensburger Juden anlässlich einer Hochzeit einer Tochter des La-zarus in Ravensburg Ende des Jahres 1428/Frühjahr 1429 (vgl. bspw. WLB, Cod. Don. 609, fol.75ʳff; BSB München, Cgm 330, fol.215ʳᵃ (Ergänzung zu J.T. v. Königshofen); J.L. Schlapperitz (gest. 1730), Chronik der Stadt Ravens-burg). Wie auch im Folgenden (bis fol.115ʳᵃ, vgl. aber auch fol.121ʳᵃ, 122ʳᵃ, 135ʳᵇ) werden dieses Gerücht und die da-raus resultierenden Ereignisse (vgl. etwa die Feststellung der Schuld, die Wallfahrtsbewegung mit dem Bau einer Kapelle u.ä.) teils sehr detailliert geschildert (vgl. die Nacherzählungen u.a. bei O. Feger, Geschichte, Bd.III, S.205f oder A. Dreher, Ravensburg, Bd.1, S.273ff, 451; vgl. auch K.H. Burmeister, medinat bodase, Bd.2, S.181f, 185ff).

[113ʳᵇ]
i) von] hettend von *SG* ii) als] vnd als *SG* iii...iii) ires libs] ir lib *SG*

vnd lantuogt | des Reichs von gebett, ge- | bietten vnd beuelhen By | schoff
otten, do ze mal By | schoff ze costentz, den kna | ben hiesz^d von der
10   tannen | vsz dem holtz fůren¹⁰¹⁹. also lies | er jn gen Rauensp(ur)g vff die |
Burg fůren. Vnd ward | der loff von anthaissen^e zů | der tannen als grosz
als vor | zů dem knaben. vn(d) kund | das der vorgena(n)t Byschoff, |
her(r)en noch stett nit nider- | legen^f. Jtem es wurde(n)t | zů ůberlingen
gefangen | sechs man(en), warend von | Bruk vnd der selben gegin; | die   *Gefangen-*
15   hetten by Rauenspurg | gefangen den karrer, der | *nahmen;*

Fw Waldburg
(5x4,5) (vgl. fol.35rb)

[113va|232] den juden den knaben jn | das holtz gefůrt hett, dan(n) | Sy woltend den
karrer gen bruck gefůrt haben. vn(d) | ward ain gelôff^a vnd ge | schray ze
ůberlingen vnd | wurdend gefangen by vff- | kilch¹⁰²⁰ nach By ůberlingen.
| Die selben sechs man(en) vn(d) | der karrer laugend also vil | zit zů
5   ůberlingen gefang | en. vnd lagend die juden | gefangen von dem vorge |
nanten tag bisz zů de(m) nach- | sten Dornstag vor dem hai | ligen tag ze

---

a...a) Christ b) Fuhrmann c) v. entheissen: eine Wallfahrt geloben d) v. haissen: befehlen, veranlassen e) anthaiz:
eigentlich Gelübde, Versprechen; hier: Personen, die an ein Versprechen/Gelübde gebunden sind f) v. niderlegen:
unterbinden, beenden

¹⁰¹⁸ Jakob I. Truchsess v. Waldburg, genannt „der goldene Ritter": erster urkundlicher Beleg 1399; Vater: Johannes
II. Truchsess v. Waldburg; 1424 nach dessen Tod Antritt der Regierung für sich und seine Brüder; 1429 zu Trauch-
burg, Riedlingen, Saulgau etc.; 1429 Landvogt in Oberschwaben; Vogt zu Schaffhausen; enger Vertrauter Sigismunds; während der Schlichtung des Bürgerkampfes in Konstanz anwesend; Teilnahme u.a. am Hussitenfeldzug
1431; Auseinandersetzung mit den Grafen v. Werdenberg; als kaiserlicher Rat Teilnahme am Konzil v. Basel; Vermittler in zahlreichen Streitigkeiten; Vogt v. St. Georg zu Isny; 1459 Hofmeister Herzog Albrechts v. Österreich;
gest. vermutlich am 5. Mai 1460 (vgl. J. Vochezer, Waldburg, Bd.1, S.499-511 und Bd.2, S.1-58; ESt, Bd.5,
Taf.148f).
¹⁰¹⁹ Nachweislich wendet sich Jakob Truchsess v. Waldburg (für die Intervention des Bischofs gibt es keine Belege)
wegen der Judenverfolgungen im Zuge der sog. „Ravensburger Blutbeschuldigung" an König Sigismund, der daraufhin am 20. Jan. 1430 in einem Schreiben an die Bürgermeister der Städte Konstanz, Ravensburg, Lindau, Überlingen,
Buchhorn und Meersburg antwortet (vgl. RI XI/2, Nr.7606). Hierin stellt er seine eigene Zuständigkeit in diesem Fall
der Gefangennahme „seiner Kammerknechte" fest und überlässt die Untersuchung der Angelegenheit dem Landvogt
sowie Erkinger v. Seinsheim. Vgl. auch RI XI/2, Nr.7606: Beauftragung v. Jakob Truchsess v. Waldburg; RI XI/2,
Nr.7606: Beauftragung v. Erkinger v. Seinsheim; RI XI/2, Nr.7676 (vom 29. April 1430): erneute Aufforderung der
Städte, mit den Vermittlern in Verhandlungen einzutreten. Das Urteil für Ravensburg und Lindau (etwas später auch
für die anderen Städte), das mit einer Feststellung der Schuld der Juden endet, wird schließlich am 3. Juli 1430 ge-
fällt; daraufhin kommt es vermutlich bereits am 4. Juli in verschiedenen Städten zu Judenverbrennungen (vgl. auch
die etwas ausführlicheren Hinweise auf fol.114^{ra}f) (vgl. J. Vochezer, Waldburg, Bd.2, S.6ff und allg. zum Verhältnis
König – Juden z.B. A. Patschovsky, Rechtsverhältnis und zur Rechtstellung im 14./15. Jh. K.H. Burmeister, medinat
bodase, Bd.1, S.31ff und Bd.2, S.47ff).

[113va|232]
a) Auflauf b) frei c...c) ist nur wenigen bekannt d...d) Zeit der Frühmesse, Morgenstunde

¹⁰²⁰ Aufkirch: heute Teil der Stadt Überlingen; erste urkundliche Erwähnung 1242 „Uf kilche"; ursprünglich Pfarr-
kirche v. Überlingen und Höchingen; deren Patronat v. König Heinrich VII. 1311 dem Kloster Engelberg übertragen;
1343 an den Dt. Orden in Mainau abgetreten und diesem 1357 inkorporiert (vgl. LBW, Bd.7, S.621).

pfingsten[1021], w(a)z | do der vierd tag des monatz | brachat ist, do wurdend
sy le- | dig[b] gelaussen; wie sy aber | wurdend gelaussen [c]ist nit | offembar   *Freilassung;*
mengklichem[c]/[1022]. | Jtem aber an dem nǎchst(en) | künfftigen ougsten dar
10 | nach, an dem ersten tag | des selben monats[1023], nach | [d]mettin zyt[d],
wurdend die | juden aber gefangen, ju(n)g, | alt, froen vnd man vnd | kind,   *Erneute*
Von der gemaind | vnd wurdend gelegt die | man vndnan jn den turn[1024] | *Gefangen-*
an dem ziegelgraben[1025] vnd | die froen vnd kind obnan | jn den turn[1026]. | *nahme;*
Jtem an der mitwochen | nǎchst vor winǎchten[1027] | anno M[o] cccc[o] xxx   *1430*
15   wurde(n) | all juden, die ze coste(n)tz ge | fangen warend, ledig vn(d) | *Freilassung;*
[113vb]   losz[a] vnd wyder jngesetzt[b] jn | gewalt als vor der gefang | nüsz[1028] vnd
belibend zǔ coste(n)tz | zway jar vnd [kondent][i] [c]jn zihen[c] jr | schulden jn

---

[1021] 1. Juni.

[1022] Entgegen der Interpretation v. H. Hörburger, Judenvertreibungen, S.81 dürften mit diesen freigelassenen Juden nicht die der Stadt Ravensburg, sondern die aus Konstanz gemeint sein. Die Freilassung erfolgt übrigens unter der Bedingung, dass die Juden nicht aus der Stadt ziehen dürfen und ihr Vermögen abzutreten haben (vgl. H. Maurer, Konstanz II, S.62f; Germania Judaica 3/1, S.669; W. Rügert, Jüdisches Leben, S.21).

[1023] 1. Aug.

[1024] Ziegel- oder Pulverturm: an der äußersten nordwestlichen Stadtummauerung v. Konstanz direkt am Rhein gelegen; um 1321 aus graugrünem Rorschacher Sandstein durch die Konstanzer Juden als ihr Beitrag zur Stadtbefestigung erbaut; heute noch erhalten.

[1025] Ziegelgraben: der Graben an der dem Paradies zugewandten Stadtmauer; gehört zu dem noch im 15. Jh. nicht voll ausgebauten Wohngebiet beim sog. Ziegel-(Pulver-)turm; hier lebt die Mehrzahl der missachteten, „unehrlichen" Einwohner v. Konstanz (vgl. z.B. die uns bekannte Wohnung eines Henkers); es handelt sich damit gewissermaßen um eines der „Armutsviertel"; u.a. befindet sich im Ziegelgraben auch das dem Zentrum am nächsten gelegene Frauenhaus (vgl. H. Maurer, Konstanz I, S.247 und II, S.186; B. Schuster, Die freien Frauen, S.74; E. Schubert, Erscheinungsformen der Armut, S.679f).

[1026] Am 31. Juli oder Anfang Aug. 1430 erfolgt also eine erneute Gefangennahme der jüdischen Einwohner. Nach dem ausführlicheren Bericht in StAK, A I 1, fol.109[va]ff wird diese Verfolgung v. Stadelhofer Gerbern und anderen Handwerkern – insgesamt muss v. ungefähr 600 ausgegangen werden – getragen, die sich durch die eigenmächtige Entscheidung des Rates zur Freilassung übergangen fühlen. U.a. lastet man hierbei einzelnen Ratsmitgliedern auch Bestechlichkeit an (vgl. fol.119va, wo v. „grosz gǔt vnd schenkungen" vonseiten der Juden die Rede ist). Die aufgebrachte Menge zieht mit Bannern durch die Stadt, dringt in die jüdischen Häuser ein, zerstört deren Einrichtungen und lässt ca. 80 Juden in den Ziegel- oder Pulverturm einkerkern. Wie die sich sofort anschließenden Ereignisse – Entmachtung und Neukonstituierung des Rates mit dem neugewählten Bürgermeister Hans Andres – zeigen (vgl. hierzu und zum Folgenden auch den Bericht auf fol.119[ra]ff), geht es bei diesem Aufstand weniger um die Juden als vielmehr um Auseinandersetzungen zwischen der Zunftoberschicht und den einfachen Zunftmitgliedern bzw. den politisch bisher eher unbedeutenden Zünften mit geringem sozialen Prestige (vgl. neben der Chronik H. Maurer, Konstanz II, S.63ff; H. Hörburger, Judenverfolgungen, S.92f; K.D. Bechtold, Zunftbürgerschaft, S.144f; Germania Judaica 3/1, S.669).

[1027] 20. Dez.

[113vb]
i) kondent] *fehlt SG*

a) frei b) v. jnsetzen: zurückführen, in ein Recht setzen c...c) v. jnzihen: einziehen, eintreiben d) sicher e) v. verendern: verändern, verkaufen, den Wohnsitz ändern, sich entfernen f...f) Gelehrten g...g) so weit es ging h...h) entsprechend der Vermutung

[1028] Die Konstanzer Juden werden am 20. Dez. freigelassen. Diese Freilassung erfolgt nach längeren Verhandlungen zwischen dem Rat der Stadt und König Sigismund, die bereits im Juli aufgenommen wurden (vgl. hier u.a. die Bereitschaft des Königs, Konstanz die Juden für 7.000 ungar. Gulden zu überlassen, RI XI/2, Nr.7728 vom 19. Juli

den selben jåren. | also warend sy gefangen ge- | wesen ain jar minder dry | tag oder da by. |

5 Nun kund man das mord | nit offenlichen^d wyssen. So | getorst och   *Schuldfest-*
niema(n)t nüt da | von Reden, ye das die juden | zů Rauenspurg och vsser | *stellung;*
der gefangknüsz ledig ge | laussen wurden vnd hin- | der ainen Raut
schwůrend, | lib vnd gůt nit zů veren- | drend^e Bisz zů ende der sach. | das
Bestůnd nun lang zit | also. Nun ward man | jnnen von ^fhohen maist(er)n^f,
10 | das die juden cristan plůt haben můssen. Da wyder | warend die juden
vnd Be- | hulffend sich mit red, ^gals | ver(re) sy mochtend^g. doch ward | es
bewårt durch die hohen | maister, das es war ist, d(a)z | sy cristen plůt
hab(e)n můssen. | doch wie dem, Sy wurden | zů Rauenspurg gelaussen |
^hvff maynu(n)g^h, wie vorstat. | Nun geschahen sôliche | grosse zaichen,
15 das man | ser dar ab erschak: dan(n) vff | ain nacht do kam so vil | wassers
an die stat Rauen- | spurg, das es halb gieng |

[114ra|233]ⁱ an das tor gen der burg vn(d) | [dar]ⁱⁱ nach hüser enweg gefůrt het | in der
stat, das man „mord!" | dar jnn(en) schrä̈y vnd d(a)z man | sturm lut, das
sôlicher clåg- | licher jamer da was, d(a)z das | gemain volk dar vff viel^a, |
es wåreⁱⁱⁱ ain plaug von got. | Es kam och sôlich grosz wasser | vff die
5 Burg, das es obnan | By dem Burgtor den berg | enweg fůrt vnd sust jn |
ainer halben mil kain was | ser was. dar an wolt man | sich nit keren^b vnd
liesz die | juden dennocht jn der stat | gôn. Das geschach dar nach | aber
ye, das man des gar übel | erschrack vnd das man die | juden wyder   *Gefangen-*
fieng¹⁰²⁹. Nun | als der Broll zů vberlingen | gefangen lag, het man so | vil   *nahme in*
10 vsz im braucht, ye das | er veriach^c sôlichs, als her- | nach stat. Es was aber   *Ravensburg;*
| ^{iv}der recht^{iv} schuldig jud aaron | von Rauenspurg entrun(n)en | vnd kam

---

1430, und die Bestätigung dieses Beschlusses mit dem Hinweis „dabei keine Schwierigkeiten zu machen", ebd., Nr.7752 vom 7. Aug.). Infolge des Zunftaufstandes greift der König nun v. Überlingen aus in die Konstanzer Verhältnisse ein und erlässt hierbei u.a. den für die künftige Verfassung bedeutenden „Spruchbrief" (vgl. die Ausführungen auf fol.123^{ra}ff). Bereits im Nov. löst der König auch die Angelegenheit der Konstanzer Juden. Diese sollen der Stadt bzw. seinen Gläubigern wegen des angeblichen Mordes am Ravensburger Knaben 18.000/20.000 fl zahlen. Nachdem Juden aus Zürich, Schaffhausen, St. Gallen und anderen Städten diese Zahlungen übernehmen, erfolgt die hier berichtete Entlassung aus der Gefangenschaft. Die Tatsache, dass die Juden trotz zweimaliger Verhaftung „ihr Leben retten und in Konstanz bleiben" konnten, deutet K.H. Burmeister, medinat bodase, S.183 als Hinweis darauf, „wie wenig man von den Vorwürfen und erpressten Geständnissen überzeugt gewesen ist" (vgl. H. Maurer, Konstanz II, S.64f; H. Hörburger, Judenvertreibungen, S.84f; Germania Judaica 3/1, S.669; zum Ende der jüdischen Gem. in Konstanz vgl. dann bspw. ebd., S.669f; H. Maurer, Konstanz II, S.65f; H. Hörburger, Judenvertreibungen, S.85ff).

[114ra|233]
i) *auf dieser Seite ist der Schriftspiegel mit Spalten sichtbar* ii) dar] *fehlt SG* iii) wåre] å *doppelt ausgeführt, eventuell korr.* iv...iv) der recht] der | der recht *SG*

a) v. vallen: der Meinung verfallen b) v. keren: sich kümmern um c) v. veriehen: (ein-)gestehen, aussagen

¹⁰²⁹ Ähnlich wie in Konstanz kommt es auch in Ravensburg zu mehreren Gefangennahmen der Juden. Interessanterweise wird hier u.a. ein Unwetter vom „gemeinen volk" als Gottesurteil interpretiert, die Schuld dadurch als erwiesen angesehen und die erneute Festsetzung legitimiert. Insgesamt sterben vor dem 10. Aug. 1429 mehrere Juden durch das Feuer, die anderen werden gegen Urfehde aus der Stadt verwiesen (vgl. K.H. Burmeister, medinat bodase, S.182).

gen ynsbrugk[1030] mit | grossem gůt. das bewagt die | stett och dar zů, das
die juden | gefangen wurden. H(er)r jacob | truchsåsz, do lantuogt, was |
och so vast jn der sach bekü- | mert, Als er vernam, wie | die juden den
15   knaben ermôrdt | hetten. vnd der nam sich der |

[114rb]   sach[i] an: Er vnd die stet het | ten och ir bottschafft[a] zů de(m) | küng dar   *Stellungnahme*
vmb geschikt; | dem leit man die sach für. | also erlobt er den stetten, | das   *des Königs;*
sy die juden soltend | brennen vnd jm der ju- | den gůt geben. also wurden
| die juden des ersten zů Ra- | uensp(ur)g, dar nach zů lind- | ow vnd zů
5   vberlingen | verbrant[1031]. Nun kofft(en)[b] die | von vberlingen jr juden lib |
vn(d) gůt vmb den küng | vm(b) drü tusend guldin[1032] vn(d) | och die von
costentz. aber | der küng wolt es gegen | den von Costentz nit [c]ståt |
halten[c]/[1033]. Nun hett der | Broll sôlichs zů vberling(en) | vngezwungen   *Erzählung des*
veriehen, | wie die juden zů jm wå- | rend komen vnd språchen | zů jm: *„Broll";*
10   „was wilt du nemen | vnd wilt vns das [d]fården | lind[d] fůren, da wir dich
hais- | sen?" Es was gemacht vn(d) | jn ain blahen[e] geschlagen, | als ob es
ain vardenlin | wåre. Er verhiesz inen, d(a)z | zefůrend. do er es nun jn |
d(a)z haslach[1034] bråchte, do fůr | te er es jn das wyldest stü- | dach[f], das er
vand. als er dar | kam(m), do warend dry juden | vor da vs, die entlůden jm
15 |

[114va|234]   den karren vnd tåtten d(a)z[i] | vardelin vff. do sach er, das | ain knab dar
jnn(en) verbun | den gewesen was. do Er- | schråke er von gantzem |
hertzen vnd vorchte jm, | das sin gantzer lib vor | vorcht bidmote[a]. also gå-
| bend sy jm gůte wort; ye | ze jungst do språchen Sy | zů jm: „Sichst du
5   Brol, du | haust den knaben her vsz | gefůrt. Sôllen wir nun | dar vmb

---

[1030] Innsbruck (vgl. z.B. LexMA, Bd.5, Sp.441).

[114rb]
i) sach] s *doppelt ausgeführt*

a) Gesandtschaft b) v. koufen vmb: erwerben, freikaufen c...c) v. ståt halten: erfüllen, einhalten d...d) kleines Bündel,
kleiner Ballen [Diminutivum v. fårdel] e) grobes Leintuch f) Gebüsch, Sträucher

[1031] Der Zeitpunkt dieser Verbrennungen lässt sich infolge widersprüchlicher Angaben in den Quellen nicht mehr ge-
nau eruieren. Während einerseits mit Blick auf die Untersuchung v. Jakob I. Truchsess v. Waldburg und Erkinger v.
Seinsheim der 4. Juli denkbar ist (vgl. dagegen bspw. den Bericht auf fol.120rb), wird andererseits auch immer wieder
ein Datum Mitte August genannt (vgl. bspw. der Bericht auf fol.121ra). K.H. Burmeister, medinat bodase datiert die
Ereignisse in Lindau auf den 4. Juli (Tod v. 15 Juden, Ausweisung der anderen) und die in Überlingen auf den 16.
Aug. (Tod v. 12 Juden, Zwangstaufe v. 11 weiteren Juden) (vgl. auch H. Hörburger, Judenvertreibungen, S.92).
[1032] Sigismund einigt sich mit Überlingen darauf, dass es nach der Gefangennahme der Juden gegen Entschädigung
mit der Habe der dort wohnenden Juden beliebig verfahren darf (vgl. RI XI/2, Nr.7726 vom 13. Juli 1430).
[1033] Diese Bemerkung bezieht sich auf die oben erwähnte Tatsache, dass König Sigismund sich zunächst im Juli und
noch einmal im Aug. 1430 bereit erklärt hat, Konstanz die Juden gegen eine Entschädigung v. 7.000 ungar. Gulden
zur freien Verfügung zu überlassen (vgl. RI XI/2, Nr.7728 und 7752), diese Bestimmung dann aber, sicherlich teils
durch die Zunftunruhen veranlasst, im Okt. wieder zurücknimmt und Konstanz das bereits bezahlte Geld zurück-
erstattet (vgl. RI XI/2, Nr.7904 vom 26. Okt.).
[1034] Haslach bedeutet eigentlich Haselgebüsch, ist aber auch in zahlreichen Ortsnamen enthalten. Da man gerade im
heutigen Lkr. Ravensburg einige kleine Ortschaften namens Haslach findet, kann nicht entschieden werden, ob es
sich hier um die Bezeichnung eines Waldes mit Haselbüschen oder um ein Waldstück bei einem Ort mit dem Namen
Haslach handelt.

sterben, So můst | du och sterben. Dar vmb | lausz dir geben ain sum | geltz vnd Schwig vn(d) sag | nütz da von." Do sprach er: | „was wŏllend ir mir geben?" | Sy sprachend: „zehen guldin." | do sprach er: „wer git mir | die?" do sprachen sy: „gang | in die stat, So kompt^b dir | aaron, den sich

10   an, so waist | er wol, was er tŏn sol." also | ward jm von dem mord | zehen guldin. Vff das | namen sy den knaben vn(d) | clam^c er, der Broll, vff ain | tannen vnd hangkt jn | an ainen ast. vnd ward | der knab dry tag vn(d) dry | zehen stund gemartrett. | Do man disz verjehen vo(n) | dem Brollen hort, do nam | die sach gar crefftenclich |

[114vb]   zů, das man in das haslach | zů der tannen gieng vn(d) grosz | gůt dar kam   *Erbauung einer* vnd ze jungst | ain cappelle dar gebuwen ward¹⁰³⁵, | ye das man grŏszclich   *Kapelle;* dar zů | genaigt^a ward, als ob d(a)z ain | gar grosz Münster wåre. der | zaichen, die da geschahend, | der was vil, die ich alle nit | nem(m)en^b wyl.   *Wunder-*

5   Man sach liech- | ter brinnen ob der tannen | vnd vil ander zaichen, da von   *erscheinungen;* | vil ze schribend wåre. Als | nun die Botschafft von dem | küng kam, das man die ju- | den brennenⁱ solt, do brant | man sy. Die von Costentz het | ten ir juden och gern gebrent, | do wyderbott^c der küng, d(a)z die | von   *Die Juden in* costentz jr juden nit bren(n) | nen sŏlten, Bisz das er anders | ^dze Raut   *Konstanz;*

10   wurde^d. Vnd al- | so warb der abbtt von wingar- | ten¹⁰³⁶ zů dem Byschoff zů Co | stentz, das er den knaben vn(d) | martrerlin^e hett laussenⁱⁱ leg(e)n | jn das gewicht^f erttrich, dan(n) | grosz gůt zů dem knaben ge- | oppffert vnd gebraucht ward. | vnd kam(m) dar zů, d(a)z mengclich | dar gieng vnd ain grosser | loff dar ward vnd das man | ^gBilgrin zaichen^g da machet | vnd   *Wallfahrts-*

15   vsgab, als zů vnser lieben | froen zů ainsidel(e)n, vnd och ^hge | malet   *bewegung;* brieff^h, wie die juden |

[114va|234]

i) d(a)z] *durch Fleck (vgl. doppeltes* s *der Recto-Seite) verderbt*

a) v. bidmen: beben, zittern b) v. komen: begegnen c) v. climmen: klettern, hinaufsteigen

[114vb]

i) brennen] *dan. Tintenfleck* ii) laussen] *bei* se *üdZ Tintenfleck*

a) v. naigen: zuwenden b) v. nem(m)en = nen(n)en c) v. wyderbieten: Gegenbefehl erteilen, durch Botschaft absagen d...d) v. ze Raut werden: beschließen, entscheiden e) kleiner Märtyrer, Märtyrerlein [Diminutivum v. martrer] f) geweihte, gesegnete g...g) Pilgerzeichen h...h) illustrierte Ablassbriefe

¹⁰³⁵ Wie schon bei anderen Ritualmordanschuldigungen (bspw. 1332 für den „guten Ulrich v. Überlingen", vgl. Hinweise auf fol.41va oder 1401 für den „unschuldigen Konrad Löry" in Diessenhofen; Pilgerstätte bis zur Reformation) wird auch hier durch den Bau einer Kapelle versucht, das Andenken an den Mord gezielt aufrecht zu erhalten (vgl. K.H. Burmeister, medinat bodase, Bd.1, S.134f und Bd.2, S.187f).

¹⁰³⁶ Johannes II. Blarer (1418-1437): Angehöriger der ursprünglich sich ab 1330 in Konstanz ansiedelnden Tuchhändler- und Patrizierfamilie aus St. Gallen; Bruder: Albrecht Blarer, Bischof v. Konstanz; Konventuale und Kellerer im Kloster Weingarten; ebd. Abt seit 1418; Teilnahme am Konzil v. Basel; groß angelegte Bautätigkeit; gest. 1437 (vgl. REC III, Nr.7436, 9004 und IV, Nr.9839, 10788; OBG, Bd.1, S.96, 98; P. Staerkle, Blarer, S.128; G. Spahr, Innerklösterliches Leben, S.68ff).

[115ra|235]^i das kind ermürdt vnd vff die | tannen erhenkdt hetten. Das | Bestůnd also
Bisz das der küng | Sigismundus jn das land kam | gen Rauenspurg^{1037}; der   *Reaktion des*
hiesz es | alles verbrennen mit ainander | vnd ward also vertilket^a, ^{b}nyder | *Königs;*
getrukdt^b vnd ab geton, das | fůro niema(n)t dar gieng. Der | küng hiesz,
5   das gůt, das da ge- | vallen was, dem gotzhusz zů | wingarten vnd dem
spital | zů Rauenspurg geben.^{1038} |

[115rb]

D(!)es jaurs als man | von der gepurt cristi zalt | tusend vier hundert Trys |
sig vnd zway jare Do | ward Byck von landenb(er)g^{1039} | zů zürch   *1432 Verbren-*
5   verbrent. Sy | zygend jn, er wåre ain | kåtzer vnd hett ain knaben | *nung eines*
angegangen^a; das mocht | sin oder nit^{1040}. Man hielt, d(a)z | sy jm das zů   *angeblichen*
recht(er) ^{b}vint | schafft^b vff jn erdåchtend^c, | dan(n) do man jn brennen | *Häretikers in*
wolt, do nam er vff sin | letzst end vnd sterben by | siner sele verdůmung^d,   *Zürich;*

[115ra|235]
i) *auf diesem Blatt ist der Schriftspiegel mit Spalten sichtbar*

a) v. vertilgen: auslöschen, vernichten b...b) v. nydertruken: unterdrücken

[1037] König Sigismund reist am 20. Nov. 1430 aus Ulm ab und stellt erst am 27. Nov. die erste nachweisbare Urkunde (vgl. RI XI/2, Nr.7975) in Überlingen aus. Der genaue Ankunftstag in Überlingen wie der Aufenthalt in Ravensburg (stimmt man H. Maurer, Konstanz II, S.64 zu, handelt es sich wohl um den 21. Nov.) sind nur schwer bestimmbar (vgl. J.K. Hoensch, Sigismund, S.362 und ders. (Hg.), Itinerar, S.116)

[1038] Auch Dreibrots Chronik bei J. Reutlinger, Collectanea, Bd.13, S.181 und REC IV, Nr.10433 bestätigen die Wallfahrt und den Bau einer Kapelle, die auf Befehl v. König Sigismund wieder abgebrochen wird (vgl. P. Ruppert, Chroniken, S.161, Anm.1); in RI findet sich kein Hinweis darauf. Vgl. auch den ausführlicheren Bericht zum Besuch des Königs in Ravensburg und dessen Verbot des Kults auf fol.122ra. Der Konstanzer Bischof muss aber bereits im April 1441 erneut eingreifen, nachdem die Wallfahrt wieder aufflammt, als ein Wagner aus Arbon die Wiedererrichtung der Kapelle betreibt. Bischof Heinrich v. Hewen befiehlt daraufhin, alles zu zerstören. Kurze Zeit später behauptet jedoch Bruder Johann Wingarten aus dem Paulinerkloster Argenhart bei Tettnang, ihm sei der Knabe in Visionen erschienen und habe seine Kanonisation gefordert. Auch dieser Geistliche muss widerrufen (vgl. REC IV, Nr.10433, 10470; K.H. Burmeister, medinat bodase, Bd.2, S.188).

[115rb]
a) v. angên: sich vergreifen, quälen b...b) Hass, Feindschaft c) v. erdenken: sich ausdenken, erfinden d) Verdammnis

[1039] Hermann v. (Hohen-)Landenberg, genannt Bick: Angehöriger des Thurgauischen Adelsgeschlechts; 1407 mit Burg Wellenberg belehnt; wohnhaft auch auf Burg Alt-Landenberg; seit dem 5. Sept. 1407 Bürger in Zürich; 1414 Konzilsteilnehmer; Kaiser Sigismund verpfändet ihm 1415 die Vogtei Frauenfeld; gest. am 9. Juni 1431 (vgl. OBG, Bd.2, S.431, 436; HBLdS, Bd.4, S.586).

[1040] Hermann v. (Hohen-)Landenberg wird am 9. Juni 1431 in Zürich aufgrund einer Anklage, sich des Delikts der Sodomie – im mittelalterlichen Rechtsverständnis: „sämtliche sexuelle Praktiken, die von vornherein die Zeugung v. Nachkommen ausschlossen" (T.D. Albert, Der gemeine Mann, S.46); vgl. v.a. die Beurteilung der Homosexualität als eine der nach Thomas v. Aquin so definierten, vier widernatürlichen Unzuchtarten – schuldig gemacht zu haben, verbrannt. Während sonst bei Verstößen gegen das Verbot der gleichgeschlechtlichen Liebe häufiger Verstümmelungs-, Ehren-, Geld- und Exilstrafen auferlegt werden, wird in diesem Fall das Todesurteil verhängt. Seine Hinterlassenen werden daraufhin gegen Öffnung ihrer Feste Elgg ins Züricher Bürgerrecht aufgenommen (vgl. OBG, Bd.2, S.436; HBLdS, Bd.4, S.586 und allg. LexMA, Bd.5, Sp.113f; ebd., Bd.7, Sp.1813; ebd., Bd.8, Sp.1275f).

| das er der ding vnschuldig | wåre. |

[115va|236] Al(!)sⁱ man von der gep(ur)t | Cristi zalt <u>tusend vier=</u> | <u>hundert tryssig</u> <u>vn(d) zwaÿ</u>ⁱⁱ | jare do kam **a**ls ain kalter | wintter, das alle reben vm(b) | *1432 Harter* den see zegrund^a erfrurend, | **d**as man sy alle mûst vsz | hȯwen **V**nd alle *Winter und* frucht | mit ain ander **V**nd d(a)z es | jm(m) <u>drü vnd tryssigosten</u> | jar so tür^b *Folgen 1433;*
5 ward, das man | vil jamers vnd hungers | an den lüten **v**nd an dem | vech *Teuerung und* sach; **v**nd vil mer an | dem vech, **d**an(n) man vand | nit fûters^c. **v**nd galt ain *Preise;* | mut kern <u>dryssig</u> schilli(n)g | pfenni(n)g, **a**in malter^d hab(er)n | <u>zwaÿ</u>ⁱⁱⁱ pfund pfenni(n)g. Ettlich | lüt aussend halb grüsch^e jn | jrem brot. **d**as vich jn dem | algȯw¹⁰⁴¹ laid sȯlichen grossen | hunger vnd ellends, **d**as | die
10 armen lüt die mistel | vnd das ^ftan(n) Rysz^f ab den | bomen hûwend vnd d(a)z | dem vech ze essend gåbend. | vil endacktend ir schobdach^g, | das sy da mit dem vech | strôtind^h. **v**nd was das hȯw | so tür jm(m) algȯw, **d**as ain | fart mit hȯw, so ainer Ring^{iv/i)} | gefûren mocht, <u>sechs</u> pfun(n)d | haller galt¹⁰⁴². |

[115vb] DEsⁱ jaurs als man von | der gepurt cristi zalt <u>tu=</u> | <u>send vierhundert</u> <u>dryssig vnd</u> | <u>drü</u> jare do vff den hailigen | pfingstag¹⁰⁴³ was <u>küng sigisz</u> | *1433 Kaiser-* <u>mund(us)</u> zů <u>R</u>om vnd vo(n) <u>B</u>apst | <u>Eugenio</u>¹⁰⁴⁴ zů kayser gecrȯnet¹⁰⁴⁵. | *krönung v.* **d**ar nach vnlang do kam er | von <u>R</u>om mit klainemⁱⁱ volk | vnd hett jm das *Sigismund;*

[115va|236]
i) Al(!)s] A *2-z. Lomb, v. der Hd. des Rubr., mroT* ii) <u>zwaÿ</u>] *Punkte über* <u>ÿ</u> *mroT* iii) <u>zwaÿ</u>] *Punkte über* <u>ÿ</u> *mroT* iv) Ring] *Punkt über* i *mroT*

a) gänzlich, v. der Spitze bis zum Erdboden b) knapp, rar, teuer, c) Futter d) Malter [Getreidemaß] e) Kleie, Spelzen, Sandkörner [?] f...f) Tannenzweige, -reisig g) Strohdach h) v. strȯwen: streuen, Streu hinwerfen i) leicht

¹⁰⁴¹ Allgäu: Landschaft im südlichen Schwaben mit angrenzenden Teilen in Oberschwaben, Tirol und Vorarlberg.
¹⁰⁴² Während über die meisten dieser Wetter- und Erntenachrichten nur in unserer Chronik (vgl. die Hinweise auf fol.139ra) berichtet wird, findet man einen Hinweis auf die Teuerung v. 1433 auch in den Straßburger Jahrgeschichten (vgl. H. Buszello, „Wohlfeile", S.32). W. Düwel-Hösselbarth, Ernteglück, S.40 bestätigt die Kälteperiode mit großem Schneereichtum (vom 11. Nov. 1432 bis zu Lichtmess 1433); ähnlich auch R. Glaser, Klimageschichte, S.79.

[115vb]
i) DEs] D *2-z. Lomb, v. der Hd. des Rubr., mroT* ii) klainem] *Punkt über* i *mroT* iii) <u>tÿfer</u>] *Punkte über* <u>ÿ</u> *mroT* iv) ÿe] *Punkte über* ÿ *mroT*

a...a) unerwarteter Weise b) Amarellen [Sorte kleiner Sauerkirschen] c) Weichseln, d.h. Sauerkirschen

¹⁰⁴³ 31. Mai.
¹⁰⁴⁴ Eugen IV. (Gabriele Condulmer): geb. 1383; Papst seit dem 3. März 1431; vgl. Absetzung durch das Konzil v. Basel; gest. am 23. Feb. 1442 (vgl. LexMA, Bd.4, Sp.80ff).
¹⁰⁴⁵ Vgl. zum Romzug König Sigismunds sowie zur Kaiserkrönung bspw. W. Baum Sigismund, S.232ff oder J.K. Hoensch, Sigismund, S.371ff.

5 niema(n)t ver= | haissen vnd fůr gen **Basel** | zů dem concilio[1046] *Reisen;*
ᵃvnuerwent | sachᵃ, das man sich des nit ver= | sach[1047]; des ward das
concilium | gar frow[1048]. vnd wurden vil | **R**itter zů **R**om vff der tẙferⁱⁱⁱ |
brugk gemachet, vier von | zürich, von **Basel** vn(d) och | andren stetten[1049].
doch was er | nit lang zů **Basel** vn(d) fůr | den **R**in vff her gen coste(n)tz |

10 vnd gen vlm vnd sasz do | vff die tonow vnd fůr gen | **R**egenspurg vnd gen
wien, | da was er lang zyt[1050]. **D**(!)es | selben jars was so uil kriese, | *Ernte;*
ẘmeleᵇ, wiechslaᶜ, **B**iera, ẘppffel | vnd so vil wins, als ẙeⁱᵛ kain | man
mocht gedenk(en). |

[116ʳ]ⁱ Leere Seite

[116ᵛ] Leere Seite

[1046] Konzil v. Basel: Eröffnung am 23. Juli 1431; zeitweise Auflösung Ende 1431 durch Eugen IV.; 1432/33 v.a. Beschlüsse zur Niederringung des Papstes, zum Selbstverständnis und zu Verfahrensfragen; in den nachfolgenden Jahren Reformarbeit; Verhandlungen mit dem Hussiten führen zu den Iglauer Kompakten mit dem endgültigen Ausgleich; 1433 zeitweise Wiederanerkennung des Konzils durch den Papst; danach erneuter Bruch und Auseinandersetzung unter den Konzilsvätern; Verlegung nach Ferrara; 1439 Papstneuwahl; 1448 Verlegung nach Lausanne; Auflösung am 25. April 1449 (vgl. z.B. LexMA, Bd.1, Sp.1517ff; J. Helmrath, Basler Konzil).

[1047] Sigismund ist angesichts des Verlaufs des Konzils, das trotz abmahnender Schreiben weiterhin am antipäpstlichen Kurs festhält, tatsächlich bestrebt, nach seiner Krönung möglichst rasch die Rückreise in Richtung Basel anzutreten. Nach der Einhaltung der Papst Eugen IV. gegebenen Zusage, noch zehn Wochen in Rom zu bleiben, verlässt er die Stadt am 13. Aug. Über Monterotondo, Perugia, Ferrara erreicht er am 29. Sept. Mantua. Mit einem Gefolge v. nur ca. zwanzig Personen eilt er v. dort in etwas mehr als einer Woche v. Italien durch Tirol über Feldkirch an den Bodensee, hier mit dem Schiff nach Konstanz und weiter mit dem Pferd nach Basel. Wir besitzen noch heute verschiedene Quellen, in denen die Hast Sigismunds thematisiert wird. Die Ankunft am 11. Okt. und der Einzug erfolgen „so überraschend, daß man sich kaum darauf vorbereiten konnte" (W. Baum, Sigismund, S.254) bzw. die Empfangsvorbereitungen noch nicht abgeschlossen sind und die Konzilsväter, die Geistlichkeit sowie die Honoratioren erst mit Verspätung im Münster eintreffen (vgl. allg. ebd., S.253f u.a. mit entsprechenden Zeugnissen zur Eile des Kaisers; J.K. Hoensch, Sigismund, S.400 und 405f sowie J. Helmrath, Basler Konzil, v.a. S.284ff).

[1048] Der sieben Monate dauernde Aufenthalt v. Sigismund in Basel wird v. vielfältigen Aufgaben geprägt. Neben der Vermittlertätigkeit auf dem Konzil, widmet sich der Kaiser den verschiedensten Reichsangelegenheiten, außenpolitischen Fragen und der Bestätigung alter und der Gewährung neuer Privilegien (vgl. z.B. Privilegienbestätigung der Stadt Konstanz RI, XI/2, Nr.9699). Nach J.K. Hoensch, Sigismund, S.592, Anm.33 beinhalten die in Basel ausgefertigten ca. 750 Urkunden „überwiegend Bestätigungen, Belehnungen, Gnadenerweise, Wappenverbesserungen sowie Aufnahmen in den kaiserlichen Hofdienst" (vgl. auch ebd., S.413 und 429 sowie RI XI/2, Nr.9698-10440).

[1049] Anlässlich seiner Krönung schlägt Kaiser Sigismund an Pfingsten 1433 auf der Tiberbrücke (!) in Rom (!) zahlreiche Bürger aus verschiedenen Städten zu Rittern. Bei diesem Verfahren handelt es sich um die zweitbeste Erlangung der Ritterwürde nach dem Ritterschlag am Heiligen Grab (vgl. T. Zotz, Adel, S.485ff).

[1050] Am 19. Mai 1434 verlässt der Kaiser, „um dem Konzil den Einfluß auf politische Fragen zu entziehen" (W. Baum, Sigismund, S.255), infolge problematischer Positionen v. Papst und Konzil „mißmutig" (vgl. ebd.) bzw. „tief verstimmt und beinahe fluchtartig" (J. Helmrath, Basler Konzil, S.288) Basel. Wie hier berichtet, zieht er über Konstanz (Sigismund versucht u.a. in viertägigen Verhandlungen die Auseinandersetzungen zwischen Bischof Otto v. Hachberg und dem Domkapitel zu lösen) nach Ulm, wo er u.a. einen „Reichstag" abhält. Mitte Juli zieht der Kaiser dann über Augsburg und München nach Regensburg. Auch hier findet eine Reichsversammlung, die v.a. durch die Hussitenfrage geprägt ist, statt. Gleichzeitig setzt er Markgraf Friedrich den Jüngeren als seinen Stellvertreter auf dem Konzil ein. Mitte Okt. 1434 kehrt Sigismund in sein Erbkönigreich Ungarn zurück, ohne das Reich im engeren Sinne vor seinem Tod noch einmal zu betreten (vgl. W. Baum, Sigismund, S.259ff, 272; U. Janson, Otto von Hachberg, S.235; J.K. Hoensch, Itinerar, S.119f).

[117ʳᵃ|239] Al(!)sⁱ Man von der gepurt | cristi zalt tusend vier= | *1430*
hundert vnd tryssig jar am(m) | zinstag nåchst vnser lieben | froen tag ze liechtmesz¹⁰⁵¹, als |
man zů dem münster zů | dem hochenstifft vesper ge= | sungen hett, Do
ᵃgieng die | Rinmülin von für anᵃ, die | nåchst gegen der stat, von | selb für
5   vnd verbran gar | vnd gentzlich bisz vff die pfål. | vnd der stat Brugk¹⁰⁵²   *Brand;*
verbran | och ain tail schådlichᵇ vor der | Mülin über. Es was ain schö= |
ner, clarerᶜ tag one wind ge= | wesen oder der Brugk wåre | vil
verbrun(n)en. Zů den ziten | was Byschoff zů coste(n)tz Otto, | ain   *Bischof und*
Marggrauff vo(n) Rôtel(e)n; | hain(rich) Ehing(er) Burg(er)maist(er). | *Bürgermeister;*
10   Vnd als man die Mülin le= | schen wolt, do vielend wol | zwölff menschen   *Unglück bei*
jn den Rin | zwüschen den zwain müli= | nen; vnd geschach niema(n)t | *Löscharbeiten;*
nützᵈ. #ⁱⁱ |

[117ʳᵇ] Desⁱ vorgemeldten jars do | kam gen costentz ain schwarz | volk gezogen,   *Zigeuner in*
nampt man zigin(er)¹⁰⁵³, | vnd warend vs dem ᵃmindern | egiptenᵃ oder nit   *Konstanz;*

[116ʳ]
i) *mit dieser Seite beginnt eine neue Lage Papier*

[117ʳᵃ|239]
i) Al(!)s] A *2-z. Lomb, v. der Hd. des Rubr., mblT* ii) *Zz. v. der Hd. des Rubr., mroT*

a) geht die Rheinmühle in Flammen auf b) schändlich, schädlich c) strahlender, herrlicher, schöner d) nichts

¹⁰⁵¹ 7. Feb.
¹⁰⁵² Rheinbrücke oder Petershauser Brücke: Bau der v. Konstanz nach Petershausen führenden festen, zunächst nur aus Holz (später t.w. aus Steinen) bestehenden ersten Brücke in der Stauferzeit; ca. 260 Meter lang; Teil der „Reichsstraße"; an der südlichen Einfahrt liegt das bischöfliche Spital, an der nördlichen die Benediktinerabtei Petershausen; mit für die Stadt bedeutenden Mühlen versehen; Zollerhebungsstätte; Gerichtsort; Station auf Prozessionen bspw. zum Fest des hl. Gregor; Verbesserungsarbeiten u.a. Mitte des 14. und 15. Jhs.; 1430 Zerstörung durch Brand und Wiederaufbau (vgl. Konstanz I, S.106, 202, 243ff und Konstanz II, S.115, 176f).

[117ʳᵇ]
i) Des] D *2-z. Lomb, v. der Hd. des Rubr., mroT* ii) Ellind] *fehlt SG; Konjektur nach StAK, A I 1, fol.120ᵛ, Ergänzung amliRa, Lesung unsicher* iii) *Zz: v. der Hd. des Rubr., mroT*

a...a) Klein- oder Niederägypten [d.h. das Nildelta] b) weg c) Insel d) Unehrlichkeit, Betrug e) v. stélen: stehlen, entwenden f) Zauberei, Zauberkünste

¹⁰⁵³ Die ersten Zigeuner erscheinen bereits 1348 in Serbien, 1399 in Böhmen, 1407 vor den Toren der Stadt Hildesheim und 1414 in Hessen und Basel. Ab 1418/19 berichten zahlreiche historiographische Werke über das Auftauchen dieser Bevölkerungsgruppe (vgl. J.S. Hohmann, Verfolgte, S.17 und R. Gronemeyer/G.A. Rakelmann, Zigeuner, S.23ff. Vgl. ausführlich zu Konstanz und der chronistischen Überlieferung: R. Heinisch, Auftreten der Zigeuner sowie zu diesem Text ebd., S.109ff). Unsere Chronik geht ebenfalls an mehreren Stellen auf sie ein, wobei sich die Berichte zu den Jahren 1436 und 1442 (vgl. fol.154ʳᵃ und fol.176ᵛᵃ) auf Konstanz beziehen, während die übrigen Hinweise im Zusammenhang mit der Geschichte des „Dracol" zu finden sind (vgl. fol.199ʳᵇ und fol.207ᵛᵃ). H. Maurer, Konstanz II, S.180 weist darauf hin, dass der Rat in den Jahren 1460 und 1470 Zigeuner „durch Gotz willen" mit Geldgeschenken bedenkt. Weshalb diese nachweisbaren Besuche in der Dacher'schen Chronik keinen Niederschlag (mehr) finden, muss dahingestellt bleiben.

ver besitz^b da | von jn ainer jnselen^c/[1054]. die zü= | gend by <u>süben jaren</u>[1055]
jn dem | land mit grosser arm$\mathring{u}$t vn(d) | [Ellind]^ii [?] vnd mit grosser
5 vntr$\mathring{w}$^d, wan sy | st$\mathring{a}$ltend^e, was sy an komend, vn(d) | wie das werden
mocht mit zo- | berlisten^f, war sagen vnd meng(er) | hand fünd vnd list, die
sy tri- | bend[1056]. #^iii |

[117va|240] Ab(!)er^i als man von der ge | purt **c**risti zalt <u>tusend</u> | <u>vierhundert</u> vnd *1430*
tryssig j$\mathring{a}$r | an dem <u>vierzehenden</u> tag des | monats **M**ay z$\mathring{u}$ nacht an de(m)
| selben morgen des <u>funffze-</u> | henden <u>tags</u> do lag ain **R**iff | mit semlicher^a *Frost und*
grosser keltin, | d(a)z die **R**eben vnd der win | gar sch$\mathring{a}$dlich erfror hie z$\mathring{u}$ | *Folgen*[1065];
5 **c**ostentz, z$\mathring{u}$ <u>$\mathring{v}$berlingen</u>, **j**n der | <u>ow</u>, <u>alenspach</u>, <u>zell</u>, <u>h$\mathring{o}$ry</u>[1057], den | see
abhin, <u>stain</u>, diessenhouen, | <u>schaffhusen</u>, <u>klingnow</u>, baden, | <u>kayserst$\mathring{u}$l</u>,
<u>t$\mathring{u}$ngen</u>[1058] vnd hie | vm(b) an allen enden; Och jn de(m) | **B**rysg$\mathring{o}$w vnd
<u>els$\mathring{a}$sz</u>. vnt <u>tet</u> | der **R**yff gar vngelich^b schaden, | **a**lso das garten ain halb
erfru- | rend vnd **a**n dem andern tail | belibend^c. **V**nd och garten, die | **a**n

---

[1054] Die These der Herkunft der Zigeuner aus Ägypten ist eine sich seit den 1420/30er Jahren verbreitende Vorstellung, deren Hintergründe bisher ungeklärt sind. Während Ägypten möglicherweise ursprünglich als „Chiffre für fremdländisch-östliche Herkunft" stand, könnte auch dessen Beurteilung als „das Heimatland der Magier" und die Assoziationen der Volksgruppe mit Magie und Zauberei zu dieser Auffassung beigetragen haben. Möglicherweise führte aber auch eine Fehlinterpretation eines Vergleichs mit der Flucht Jesu (vgl. Andreas v. Regensburg, Diarium Sexennale: „Hec gens a partibus Ungarie erat oriunda dicebatque se exulare in signum sive memoriam fuge domini in Egiptum, dum fugeret a facie Herodis") zur These der Ägyptenherkunft (vgl. R. Gronemeyer, Zigeuner im Spiegel, S.21ff, Zitat aus Andreas v. Regensburg, ebd. S.19). Der Hinweis auf eine Insel bei Ägypten konnte v. der Editorin keiner anderen Chronik zugewiesen werden.

[1055] Interessanterweise taucht die Angabe v. sieben Jahren (StAK, A I 1 spricht auf fol.120^v, Ergänzung amliRa, v. „sechs oder | [s]iben Jar") in mehreren Quellen auf. Bei Hermann Cornerus oder bei Johannes Stumpf ist jedoch stets die Rede v. einer siebenjährigen Bußfahrt, die die Zigeuner zwinge, ihre Heimat zu verlassen und in der Fremde umherzuziehen. Ob sich die Fremden dieser Geschichte als Legitimation bedienten oder ob der Ursprung vielmehr bei den Städtern zu suchen ist, kann nicht geklärt werden. Das Bild der büßenden Pilger erklärte aber ihr Nomadendasein und ermöglichte so eine Einordnung in die mittelalterliche Vorstellungswelt (vgl. R. Gronemeyer, Zigeuner im Spiegel, S.15f, 33f und ders./G.A. Rakelmann, Zigeuner, S.29).

[1056] Derartige Aussagen zum Tätigkeitsfeld bzw. zur Verhaltensweise der Zigeuner sind typisch für die spätmittelalterlichen und frühneuzeitlichen Chroniken (vgl. z.B. die Texte v. Albert Krantzius oder Aventin, in: R. Gronemeyer, Zigeuner im Spiegel, S.25ff). Sie deuten die Fremdartigkeit der Lebensweise dieser fahrenden Gruppe und Konflikte zwischen dieser und den sesshaften Städtern an. Auch in unserem Text werden sie mit nur einer Ausnahme (vgl. fol.207va) stets mit Straftaten und Betrug, wie Diebstahl oder Falschgeld, in Verbindung gebracht (vgl. fol.154ra, fol.176va und fol.199rb).

[117va|240]
i) Ab(!)er] A *2-z. Lomb, v. der Hd. des Rubr., mblT* ii) lang] *dan.* wyt *v. der HHd. und der Hd. des Rubr. durch Streichung mbrT und leicht mroT getilgt*

a) solch b) ungleichen, verschieden(-artig)en c) v. bel$\hat{i}$ben: erhalten/verschont bleiben d) v. abm$\mathring{a}$en: abmähen

[1057] Vgl. zur Halbinsel Höri mit den entsprechenden Gem. und ihrer Geschichte, Lkr. Konstanz, Bd.3, S.273ff, v.a. S.289ff.
[1058] Tiengen/Hochrhein, Lkr. Waldshut: erste Erwähnung 858-67 (Kop. 12. Jh.) „T$\mathring{u}$ngen"; spätestens seit dem 13. Jh. im Besitz des Bischofs v. Konstanz; Siedlungsentstehung im 11. Jh.; 1251 Zerstörung, danach bis in die zweite Hälfte des 14. Jhs. planmäßige Erweiterung; t.w. Zerstörung durch die Grafen v. Lupfen in deren Auseinandersetzung mit Bischof Heinrich v. Hewen (vgl. Bericht auf fol.171va) (vgl. LBW, Bd. 6, S.1034f).

10 ainander laugend, do erfror | ain gart gantz mitainander | vnd **g**eschach dem andern nütz. | **E**s erfror och an dem necker[1059] | vnd vmb **B**asel, an dem ŏiten | berg[1060] [sic!], **v**nd geschach semlich(er) | schad, der nie mer gehŏrt **w**(a)z | so wyt, lang[ii] **v**nd brait. | **D**och belaib das Rintal, <u>**M**er</u> | spurg, <u>**h**agnow</u>, <u>**y**emenstad</u>[1061] | vnd nit vil me kain gegin. | **E**s erfror och

15 der rok vn(d) die | gerst **v**ast jn dem hegŏw, jn | der baur[1062], <u>**s**ulgen</u>, <u>**M**enge(n)</u>[1063], <u>**R**üd</u> | lingen, <u>**v**lm</u>, <u>**n**ŏrdlingen</u>, jn | dem <u>**R**iesz</u>[1064] jn <u>**B**ayern</u> vnd | an allen enden vnd stetten, | das man den <u>**R**ocken</u> an vil | enden abmågen[d] mŭst. **V**n(d) was |

[117vb] **d**er halm[a] vnd die **å**her[b] alles | so **w**ysz worden, **a**ls ob es yetz | [c]ryff vnd zitig wåre ze schni- | dend[c]. **V**nd das das korn | hie jn disen landen gar **v**ast | **v**ff schlŭg vnd ward tür | win vnd korn, **a**lso d(a)z ain | mut kern, der vor de(m) **R**iffen | galt **a**yliff schilling pfenni(n)g, | galt **d**ar nach jn **v**ierzehen | *Korn- und*

5 tagen sechzehen schilli(n)g pfen- | ning; **V**nd ain füder win, | das **v**or dem *Weinpreise;* **R**yffen galt nün | pfund pfenni(n)g, galt [e]ze stund[e] | dar nach sechzehen pfund | pfenni(n)g. **V**nd man **v**il zit | jn der stat <u>costentz</u> nit me | winschankt[f] dan(n) zü dry zapf- | en[1066]. **Z**ü den zitten was | **B**yschoff zü *Bischof und* <u>costentz</u> **O**tto, | ain **M**arggrauff von **R**ŏ- | tel, **V**nd <u>**h**ainrich</u> **E**hing(er) | *Bürgermeister;* **B**urg(er)maister.

Bischofswappen
zwei Schilde (3,5x3) (3,5x3,5) (M: 3/S: 2,5)
(rechts: Aw; links: Fw Rötteln, vgl. fol.102va)

15

Bürgermeisterswappen

[1059] Neckar: rechter Nebenfluss des Rheins.

[1060] Ortenberg: Dorf und Gemarkung im Ortenaukreis (vgl. LBW, Bd.6, S. 398).

[1061] Immenstaad am Bodensee: erstmals im 13. Jh. erwähnt; Kloster Weingarten erhält hier um 1100 Güter (t.w. v. den Welfen); Burg um 1420 im Besitz v. Ulrich Goldast aus Konstanz; 1441 bis Ende des 15. Jhs. im Besitz der Dt.-Ordens-Kommende Mainau (vgl. LBW, Bd.7, S.557f).

[1062] Baar: Landschaft auf der Hochfläche zwischen Schwarzwald und Schwäbischer Alb.

[1063] Mengen, Lkr. Sigmaringen (vgl. LBW, Bd.7, S.808f).

[1064] Ries oder Nördlinger Ries: Beckenlandschaft zwischen Schwäbischer und Fränkischer Alb (Bayern und Baden-Württemberg).

[1065] Einige dieser Wetterphänomene mit den entsprechenden Folgen sind auch in anderen Chroniken überliefert. Die Teuerung, der Hinweis auf Missernten und der Frost bspw. finden sich in einer Basler Chronik ebenso wie in einer Fortsetzung des Twinger'schen Textes. Dort wird auch auf die erfrorenen Reben verwiesen (vgl. H. Buszello, „Wohlfeile", S.32). Vgl. auch W. Düwel-Hösselbarth, Ernteglück, S.40 oder R. Glaser, Klimageschichte, S.86 mit vergleichbaren Ergebnissen.

[117vb]
a) Getreidehalm b) Ähre c...c) erntereif wären e...e) sogleich, bald f) v. winschanken: Wein ausschenken/verkaufen

[1066] Diese ausführliche Schilderung der Härte des Frostes mit seinen wirtschaftlichen Auswirkungen direkt vor dem nun folgenden Bericht zum Zunftaufstand deutet den engen Zusammenhang der beiden Ereignisse an. Sicherlich verschärft die Verteuerung der Lebensmittel die sozialen Probleme ärmerer Bevölkerungsgruppen, die sich in ihrer Existenz gefährdet sehen, und vergrößert dadurch gleichzeitig die Differenzen innerhalb des Zunftbürgertums (vgl. H. Hörburger, Judenvertreibungen, S.83; H. Maurer, Konstanz II, S.63).

(3,5x4)
(Fw Ehinger, vgl. fol.72va)

[118^r] Leere Seite

[118^v] Leere Seite

[119ra|243] Ab(!)er^i des jars als man vo(n) | der gepurt cristi zalt tu- | send vierhundert
vn(d) trÿs- | sig jare am Mentag vor sa(n)t | oswalds tag^1067, was der hin- | *1430 Fort-*
drost tag do ze mal jn dem | hŏwmonat, jn der nacht | zwüschen ayliffen   *setzung des*
vn(d) zwŏl- | fen ward ain grosz Ru- | mor hie zů costentz Vnd ^ii ward   *Bürger-*
5   mengklich berůfft, | alle man jn allen zünfftten | By dem ayde vnd an   *kampfes;*
zehen | pfund pfenni(n)g jn sin zunfft | mit gantzem harnasch, vn(d) |
warend da also by ainander | mit tåding vnd v(e)raintend | sich des die
gemaind vn(d) all | zünfft, das sy sich vnderstůn | dend, zevahend all
juden, | jung vnd alt, kind, froen | vnd man, wyder aine(n) råt | vnd ŏne
10   ains Råts ^awyllen | vnd haissen^a/1068. Vnd also zwü- | schen vieren vnd
fünffen | nach mitternacht vi[n]gend^iii | sy die juden vnd leitend die |
gefangen jn den turn an de(m) | ziegelgraben: die man ze vn- | drost jn den
turn vnd die fro- | en ze obrost jn den turn. vn(d) | Belibend also mornend
an | dem zinstag den gantzen | tag beschlossen vnd behůtet^b | alle tor. Vnd
15   belibend och | den selben tag alle zünfft | by ainander. Vnd nach de(m) |
jmbisz des selben zinstags do | kam die gantz gemaind vff |

[119rb] das koffhusz vnd ainte(n)d sich | aber, ze entsetzend^a vnd verstos- | send
alle Råt, zunfftmaister | vnd alle åmpter. Vn(d) also | aber vff den selben
zinstag | satztend sy ainen gantzen nü- | wen råt, Nü zunfftmaister, | ober
vnd vnder; vnd allen | gewalt entsatztend sy gantz | vnd gar. #^i Vnd was do
5 | obra Burg(er)maister hainrich | Ehinger vnd ůl(rich) Schilter | vndra; die
wurdend Bayd | entsetzt. Doch vff den selben | tag wurden kain ander

---

[119ra|243]

i) Ab(!)er] A *2-z. Lomb, v. der Hd. des Rubr., mroT* ii) *Marg.: 2-z., v. späterer Hd., mschwT, amliRa:* Růmor od[er] |
vfflof. iii) vi[n]gend] vigend *SG*

a...a) Einwilligung oder Aufforderung b) v. behůten: bewachen

^1067 31. Juli.
^1068 Wie bereits angedeutet (vgl. den Bericht auf fol.111^raff und v.a. Anm.), nehmen sozial schlechter gestellte Angehörige des Zunftbürgertums, insbesondere aus den Zünften mit niedrigerem Prestige, die Freilassung der Juden
durch den Rat zum Anlass oder besser zum Vorwand, mittels eines Aufstandes am 31. Juli 1430 ihren Einfluss zu
vergrößern bzw. das Regiment der Stadt an sich zu reißen (vgl. dazu und zum Folgenden REC III, Nr.9274; E. Joos,
Unruhen, S.50ff; H. Hörburger, Judenvertreibungen, S.82ff; K.D. Bechtold, Zunftbürgerschaft, S.144ff; H. Maurer,
Konstanz II, S.62ff).

[119rb]
i) *Zz: v. der Hd. des Rubr., mroT* ii) harnasch] *fehlt SG*

a) v. entsetzen: absetzen, des Amtes entheben b) v. volbringen: vollbringen, ausführen c) v. erzeigen: zeigen, offenbaren

Bur- | germaister gesetzt. **D**ie | **B**urg(er)maister vnd ander, die | gewaltig
warend, von dem | Rat warend vff die selben | nacht vnd tag nit by der
stat. | Vnd ward das alles volbr- | acht^b mit gottes hilff vn(d) des | gůten
10   her(r)en sant <u>Cůnrats, d(a)z</u> | nie kain schad noch vnfrünt | schafft vff die
zit **w**ard er- | zôgt^c, weder von den alten **R**å- | ten noch von der gemaind. |
Vnd also můstend vff den | selben <u>zinstag</u> vnd by der sel- | ben <u>**t**ag</u> zyt
alle, die des **R**å̈ts | zunfftmaister ober vn(d) vnder | **w**arend, **S**chweren
hinder | ainen nüwen **R**å̈t vn(d) allen [harnasch]ⁱⁱ/¹⁰⁶⁹ | jn die Ratstuben
15   anttwürten¹⁰⁷⁰. | **J**te(m) vff die Mitwochen mor | nend satztend die selben
Nü- | wen **R**åt zů ainem obran | **B**urg(er)maister <u>hansen</u> <u>**A**n-</u> | dres¹⁰⁷¹, den
Metzger, der do ze |
[119va|244]   mal der stat vogt was vnd | belaib v̊lrich schilter vndra | Burgermaister.
Vnd | **B**eschach die grosz sach vnd | endru(n)g^a vmb des wyllen, | das jn
die gemaind kome(n)^b | was, das die gewaltigosten — | der ober
Burgermaister hain | rich Ehinger, Sin sun¹⁰⁷², am- | man do ze mal,
5   Cůnrat | wintterberg¹⁰⁷³, der wanner¹⁰⁷⁴ | ain kürsener, Hug kůchlin¹⁰⁷⁵ |

---

¹⁰⁶⁹ Aus der Chronik geht zunächst nicht eindeutig hervor, was übergeben werden muss. P. Ruppert, Chroniken er-
gänzt auf S.166 das Wort nur in Klammern und mit Fragezeichen versehen. Vergleicht man aber 119^{va}f: „sy
schwůre(n)d hin- | der ainen nüwen Rat (...) vnd můstend och | geben vnd anttwürten jren ‖ harnasch dem nüwen råt"
scheint diese Konjektur sehr wahrscheinlich zu sein.

¹⁰⁷⁰ Nach der Gefangennahme der Juden finden sich die Aufständischen in der großen Lagerhalle des Kaufhauses ein
und wählen einen Ausschuss v. 80 Personen. Die Mitglieder des Rates werden gezwungen, „dem auf diese revolutio-
näre Weise neu konstituierten Rat Gehorsam und das Verbleiben in der Stadt [zu] schwören" (H. Maurer, Konstanz
II, S.64). Auch die erpresste Abgabe der Harnische verdeutlicht die Entmachtung. Gleichzeitig werden der bisherige
Oberbürgermeister Heinrich Ehinger und der Unterbürgermeister Ulrich Schilter ebenso wie viele der Zunftmeister
ihres Amtes enthoben, später zum Teil aber wieder eingesetzt.

¹⁰⁷¹ Hans/Henni Andres/Andraß: Angehöriger des Zunftbürgertums; eine der führenden Persönlichkeiten innerhalb
der Metzgerzunft; seit 1416 mehrmaliger Ratsherr, u.a. im Kleinen Rat; löst infolge des Aufstands Heinrich Ehinger
als Oberbürgermeister ab; Vogt in den Jahren 1421, 1425-1427, 1430 und 1431 (vgl. Beyerle, Ratslisten, S.124ff;
K.D. Bechtold, Zunftbürgerschaft, S.145).

[119va|244]
a) Veränderung b) v. komen: bekannt werden, zu Ohren kommen c) v. vertrîben: vertreiben, (weg-)treiben d) Geleit,
Schutz, Begleitung

¹⁰⁷² Ulrich Ehinger: Angehöriger der zünftischen Familie, die seit Beginn des 14. Jhs. in Konstanz nachweisbar ist;
Vater, wie hier korrekt angegeben: Heinrich Ehinger; Ratsherr; Stadtammann in den Jahren 1422-1431; er lässt dieses Amt vom Bischof dann einlösen (vgl. fol.120ra); zeitweise Leiter einer eigenen Handelsgesellschaft; besitzt ein
großes Vermögen; steht im Dienst Friedrichs III.; soll am 5. April 1431 v. König Sigismund geadelt worden sein; in
den Steuerbüchern bis 1472 belegt; 1477 bereits gest. (vgl. K. Beyerle, Ratslisten, S.128ff; OBG I, S.286; J. Müller,
Ehinger, S.25; P.F. Kramml, Friedrich III., S.312ff).

¹⁰⁷³ Conrad Winterberg: Angehöriger der Konstanzer Zunftbürgerschaft; seit 1429/30 Ratsherr; Leiter einer eigenen
Handelsgesellschaft (zeitweise mit Ulrich Stainstrass und Ulrich Imholz), die „Großhandel mit Gewändern,
Spezereien, Wachs, Pelzwerk, Wein, Pferden und Metallen zwischen Frankfurt und Nürnberg, Genf und Venedig"
(H. Maurer, Konstanz II, S.57) betreibt und 1425 mit unter das Verbot fällt; hat am 7. Jan. 1430 den Schlüssel zur
Lade der Juden erhalten, die wiederum v. Ulrich Schilter in Verwahrung genommen worden ist; vgl. die Auseinan-
dersetzung zwischen Winterberg und der Stadt in einer Erbangelegenheit 1447 (vgl. J. Marmor, Urkunden-Auszüge
II, S.81; K. Beyerle, Ratslisten, S.133f; H. Ammann, Konstanzer Wirtschaft, S.87; K.D. Bechtold, Zunftbürgerschaft,
S.145; P.F. Kramml, Friedrich III., S.272).

¹⁰⁷⁴ Hans Wanner: Angehöriger der Konstanzer Zunftbürgerschaft; Kürschner; seit 1422 mehrmaliger Ratsherr (vgl.
K. Beyerle, Ratslisten, S.129ff).

ain schŭchmacher vn(d) an der — | grosz gŭt vnd schenkungen | genomen
hetten von den | juden, sy ze schirmend lib | vnd gŭt, die och lang zit ge |
schirmt wurdend[1076]. Vnd | och das die selben Råt, die da | abgesetzt
wurdend, ze vast | hertt wårend jn allen sachen | vnd die geschlächt
10 vertriben[c] | mit jrem herten gewalt, vn(d) | von andren sachen vil, das | ye
die gemaind den gewalt | nit me liden wolt. J(!)tem | welhe von den alten
geschlå- | chten des Rats warend, die | belibend all an dem Rat vnd | ward
der selben kainer abge- | setzt von dem Rat vnd w(a)z | och der selben
kainer jn schul | den von der juden wegen. | Jtem Cŭnrat wintterberg vn(d)
15 | hug kŭchlin kamend mit ge- | lait[d] vnd d(a)z sy schwŭre(n)d hin- | der
ainen nüwen Rat wyder | jn die stat vnd mŭstend och | geben vnd
anttwürten jren |

[119vb] harnasch dem nüwen råt. | J(!)tem hainrich Ehinger, obra |
Burg(er)maister, vnd sin sun | ŭlrich, zŭ den ziten stat am- | man, woltend
gen costentz | nit komen, dan(n) mit ainem | fryen gelait, das jnen der Nüw
| Rat nit geben wolt. dan(n) ain | Nüwer Rat wolt jnen gelait | geben als
5 andran, das sy sich(er) | wårind libs vnd gŭtz zŭ | recht vnd ze schweren
hin- | der ainen Nüwen Råt, als | die des Rauts wårind gewe- | sen. |
J(!)tem dar nach an sant pela- | gien tag[1077] ze mitternacht | zugend die von
Costentz gen | güttingen[1078] vnd namend | hainrichen Ehinger, der Bur- |
germaister was gesin, zŭ | güttingen Bayde hüser[1079], | den turn vnd zŭ der
10 kach- | el, jn mit gewalt vn(d) mŭsden | alle sin lüt schweren zŭ den | von
costentz. vnd [sy] besatztend | die hüser mit Burgern vn(d) | gesellen von
Costentz vnd | fŭrtend sin froen gen Co- | stentz vnd mŭsdt loben[a], lib |
vnd gŭt der stat nit ze ent- | fremdend[b]. |

[1075] Haug Küchlin: Angehöriger der Konstanzer Zunftbürgerschaft; Schuhmacher; seit 1423 mehrmaliger Ratsherr; bischöflicher Erbküchenmeister (vgl. K. Beyerle, Ratslisten, S.129ff; W. Kundert, Erbhofämter, S.175f).

[1076] K.D. Bechtold, Zunftbürgerschaft, S.145 führt aus, dass der Vorwurf der Bestechlichkeit „vermutlich nur vorgeschoben und nicht sonderlich stichhaltig" ist, da bspw. Ulrich Schilter, der Hüter der Lade, der Goldschmied Bolshuser und andere an der ersten Verteilung der Beute aus der Gefangennahme der Juden ebenso beteiligt waren, hierfür aber nicht verfolgt oder bestraft wurden. Tatsächlich werden, darauf deuten auch die folgenden Worte der Chronik hin, alle die Ratsherren, die während der Unruhen 1429 eine harte antipatrizische Politik vertreten haben, aus dem Rat entfernt und durch Mitglieder einer Gruppe der Zünfte ersetzt, die sich durch eine offenere Haltung den Geschlechtern gegenüber auszeichnet und sich bisher mit ihrer Politik wohl nicht durchsetzen konnte (vgl. ebd., S.144f).

[119vb]
i) vorgena(n)t] *dan.* vn(d) sin *SG*

a) v. loben: versprechen, geloben b) v. entfremden: entziehen, wegnehmen

[1077] 28. Aug.
[1078] Güttingen, Kt. Thurgau: als „Cutaninga" erstmals 799 erwähnt; gehört den v. 1157 bis 1317 bezeugten Freiherren v. Güttingen; seit 1452 untersteht es dem Konstanzer Bischof (vgl. SchwLex, Bd.5, S.261).
[1079] Gemeint sind die Burgen Güttingen und Moosburg der Familie Ehinger bei Güttingen, die nach dem Tod v. Heinrich Ehinger am 16. Dez. 1452 für 6500 oder 7.000 fl an den Konstanzer Bischof verkauft werden (vgl. REC, IV, Nr.11678; P.F. Kramml, Friedrich III., S.314f und H. Maurer, Konstanz II., S.64).

J(!)tem dar nach an des haili | gen Crütz abend zů herbst[1080] | kam der
15   vorgena(n)t[i] | hainrich Ehinger vn(d) sin | sun wyder gen Coste(n)tz vn(d) |
gab der Ehinger Burgrecht | vff vnd ward jm güttingen |
[120ra|245]   wyder jn gegeben vn(d) belaib | der sun By sinem Burgkrecht[1081]. |

J(!)n dem vorgeschriben jar [i] | do losdt Byschoff otto das | amman ampt zů   *Ammann;*
5   coste(n)tz | von v̊lrich Ehingern[1082]. vn(d) | ward do das richt husz | vff den   *Erbauung des*
hoff gemachett[1083]. | *Gerichts;*

[120rb]   Des vorgeschriben jaurs am(m) | Mentag vor sant v̊l(rich) tag[1084] | Brant   *Judenverbren-*
man all juden zů | Rauensp(ur)g vnd zů lindow, | jung vnd alt. | *nungen;*

[120v]   Leere Seite

[121ra|247]   Ab(!)er[i] des vorgeschriben jǎrs | als man zalt tusend vier | hundert vnd
tryssig jare an | Mittwochen nǎchst nach vn | ser lieben froen tag zů   *1430*
mitte(m) | ougsten[1085] Brantend die von | v̊berlingen all ir juden[1086], ju(n)g

---

[1080] 13. Aug.

[120ra|245]
i) *Mz: 2-z. senkrechter Strich, vermutlich v. der HHd., mbrT, amreRa*

[1081] Heinrich und Ulrich Ehinger fliehen im Zuge der Revolte auf ihre Güter bei Güttingen. Ende Aug. gelingt es den
Konstanzern aber, sie dort gefangen zu nehmen und zur Rückkehr zu zwingen. Heinrich muss sein Bürgerrecht auf-
geben und an König Sigismund 1.000 fl Strafe bezahlen (vgl. offizielle Verbannung aufgrund der Richtung vom 13.
Dez.); sein Sohn wird für ratsunfähig erklärt. Der König verzeiht Heinrich, der nach Überlingen übersiedelt, am 14.
Jan. 1431 (vgl. RI XI/2, Nr.8214) und gestattet ihm am 3. April desselben Jahres die Heimkehr nach Konstanz (vgl.
RI XI/2, Nr.8409) (vgl. J. Müller, Ehinger, S.23f; P.F. Kramml, Friedrich III., S.313).
[1082] Wie hier berichtet, löst der Bischof das seit langem verpfändete Ammannamt v. Ulrich Ehinger an das Hochstift
zurück. Nachfolger wird am 22. Nov. 1431 Friedrich Haidenhaimer (vgl. REC III, Nr.9388, vor dem 8. Sept. 1431;
K. Beyerle, Ratslisten, S.135 und P.F. Kramml, Friedrich III., S.314).
[1083] Beim sog. Richthaus handelt es sich um das Gebäude, in dem der Stadtammann zu Gericht sitzt. Es wird auf Geheiß Bischof Ottos III. 1431 auf der Westseite des Oberen Münsterhofes, auf einem Areal südlich des Domherren-
hofes (Wessenbergstr. 32), erbaut (erste Gerichtssitzung um St. Nikolaus 1431), nachdem es zuvor am Fischmarkt
beheimatet war. Das Gericht des Ammanns (seit 1430 mit zwölf Beisitzern, je sechs aus den „Geschlechtern" und
sechs aus der „Gemeinde") tagt dreimal die Woche (immer v. Montag bis Mittwoch) und ist trotz der Einschränkung
seiner Kompetenzen durch die Gerichtsbarkeit des Rates und seiner Sondergerichte im 15. Jh. noch äußerst aktiv.
Das Gebäude selbst wird 1491 bei der Hofhalde baulich erneuert bzw. umgestaltet (vgl. Häuserbuch II, S.188f;
H. Maurer, Konstanz I, S.172 und II, S.91, 177f).

[120rb]
[1084] 1. Juli.

[121ra|247]
i) Ab(!)er] A *3-z. Lomb., v. der Hd. des Rubr., mblT*

a...a) v. radbrechen: auf das Rad (des Henkers) flechten, rädern

| vnd alt, froen vnd man; vn(d) | warend der juden zwȯlff, | die da verbrent
5 wurdend. | Vnd beschach das von des | knaben wegen, den die juden | ertȯttend zů Rauenspurg. | Vff den selben tag ward och | der Broll, der den *Bestrafung des*
juden den | knaben jn das holtz gefůrt | hett, zů überlingen ge ᵃRad | *„Broll";*
brechettᵃ vnd sahend d(a)z die | juden all an, die man bren- | nen wolt. |

[121ʳᵇ] Desⁱ yetzgemeldt(en) jårs | zugend die geschlȧcht | von costentz vnd *Ausziehende*
schwůre(n)d | by ainander zů belibend[1087], als | dan(n) die her nach stånd: | *Bürger;*
h(er)r hain(rich) von vlm, zwen | sin sün, lüpfrid Montprat, | zwen sin sün,
hain(rich) Rogwy- | ler, sin sun, hain(rich) von hoff, | sin sun, Cünrat
5 Ruch, sin sun, | hansz fry, hain(rich) tettikouer, | sin sun, Cünrat Rüll, sin
sun, | hain(rich) Muntprat, Brun Bün | drich, Schȯnow, zwen linden, |
hansz vnd v̂lrich Cůnrat, | felix Rauenspurg, wylhalm(m) | stetter, jacob
tettikover, v̂l(rich) | Blaurer, hansz Blaurer, | Cůnrat vnd hamma(n)
kilchh(er), | Cůnrat vnd hansz Cůnrat | Eglin, Diethalm(m) vn(d)
10 hain(rich) | schilt(er), jacob appoteker, lud | wig hårdler, pet(er)
sonn(en)tag, | zwen sin sün, Vl(rich), hain(rich) | vnd hansz
schwartzacher, | Cůnrat stikel vnd sin sun, | jacob von vlm, Cůnrat vo(n) |
vlm, Cůnrad Ehing(er), hain(rich) | hůtter, sin sun, hansz wid, | hansz
Crutzlinger, hug Rü | dolff. |
15

Dise Belibend zů costentz: | vogt mangold[1088], hansz Ruch[1089] | vn(d)
v̂l(rich) schilter[1090].

[1085] 16. Aug.
[1086] Vgl. die vorherigen Informationen zur „Ravensburger Blutbeschuldigung" auf fol.113ʳᵃff.

[121ʳᵇ]
i) Des] D *2-z. Lomb., v. der Hd. des Rubr., mroT*

[1087] Hier folgt nun die Liste der Personen, die im Zuge der Unruhen Konstanz im Nov. 1429 (!) verlassen (vgl. auch den Bericht zu den vorausgehenden Auseinandersetzungen auf fol.111ʳᵃf). Man vgl. dazu die v. der Stadt Schaffhausen ausgestellte Urkunde vom 29. Nov., in der die gegen eine jährliche Zahlung v. 300 lb hl in das Burgrecht der Stadt aufgenommenen ehemaligen Konstanzer Bürger genannt werden (vgl. P. Ruppert, Chroniken, S.353ff; J. Marmor, Urkunden-Auszüge II, S.64). Zu berücksichtigen sind auch die Mitglieder der „Katz", die sich an anderen Orten aufhalten und dort bleiben, genannt bei K.D. Bechtold, Zunftbürgerschaft, S.143f.
[1088] Konrad Mangold: aus dem Konstanzer Patriziergeschlecht stammend; Sohn des gleichnamigen Bürgermeisters und Unterbürgermeisters; Oberbürgermeister in den Jahren 1425, 1431 (d.h. nach dem Aufstand 1429/30), Unterbürgermeister 1426-1427, Vogt 1432 (!); langjähriger Ratsherr; gest. vor der Wahl des neuen Rates 1445 (vgl. K. Beyerle, Ratslisten, S.125ff; K.D. Bechtold, Zunftbürgerschaft, S.33ff mit einer ausführlichen Beschreibung seines Vermögens).
[1089] Hans Ruch oder Ruh: aus der Konstanzer Patrizierfamilie stammend (ursprünglicher Name: Joechler/Joheler); ab 1429 langjähriger Ratsherr meist im Kleinen Rat; 1441 Bürgermeister; 1440 Reichsvogt; 1466-70 Stadtammann; bekleidet darüber hinaus andere städtische Ämter (z.B. Heimlicher, „verseher die ordnungen der juden wegen", Obervogt zu Frauenfeld; einer der zwölf Beisitzer des Thurgauer Landgerichts); an zahlreichen Gesandtschaften der Stadt beteiligt; gest. 1470 (vgl. K. Beyerle, Ratslisten, S.133ff; OBG, Bd.2, S.210; P.F. Kramml, Friedrich III., S.108, 125, 202ff, 261, 498ff, 521ff).

20   Wappen
                        drei Schilde (3,5x3,5) (3,5x3) (3x3)
                        (rechts: Fw Mangold, vgl. fol.55rb)
                        (Mitte: Fw Ruch[1091]: In Silber ein rotgezungter blauer
                                Löwe im Sprung)
25   (links: Fw Schilter[1092]: silbern-schwarz gespaltener Schild, darin ein
                        Doppelwinkelschild wechselnder Farbe, links nur bis
                                zur Mitte des Schildes reichend)

[121ᵛ|248] Leere Seite

[122ʳᵃ|249] Füro^{i/a} als man von der ge | purt cristi zalt tusend | vierhundert vnd tryssig
            | jar am sonn(en)tag vor sant ka- | therinen tag[1093] kam Sigismu(n)- | dus,   *1430 König*
            Rômscher küng, gen Ra- | uenspurg vnd mit jm her- | tzog hainrich[1094] vnd   *Sigismund in*
            hertzog | wylhalm von Bayern[1095] vn(d) | ander heren vil. vnd mor- | nend   *Ravensburg;*
      5   vff den Mentag frů | zoch der küng mit grossem | volk zů der tannen, da
            die | juden das kind hin gefürt | hettend vnd das vil lüte | für hailig

---

[1090] Tatsächlich verlassen nicht alle der Geschlechtergesellschaft angehörenden Bürger die Stadt. Nicht aus Konstanz fliehen die hier Genannten: der ehemalige Bürgermeister Ulrich Schilter, „der offenbar trotz seiner Zugehörigkeit zum Patriziat nichts befürchten zu müssen glaubte", Konrad Mangold, „dessen Vorfahren schon nach den vorherigen Aufständen den ersten Bürgermeister stellten", sowie Hans Ruch. Daneben verbleiben in der Stadt aber auch die hier Nichtgenannten Hans Friburger, der Stadtseckler Hans Appentegger und die ebenfalls alten Patrizierfamilien zugehörigen Ulrich Hartzer, Heinrich und Burkart Kreuzlinger (vgl. K.D. Bechtold, Zunftbürgerschaft, S.143).
[1091] Vgl. Öhem 25ʳ, 384 (Abb. fehlt); WrKatze 2,6=25; WLB, HB V 54, 5ᵛ, 1,1 unter „Jochler" 6ᵛ, 2,1 und unter „Harzer" 17ᵛ, 2,1.
[1092] Vgl. RiA 115, 2,1 (Abb.) (gleichmäßige Keile); RiDrS 22ᵛ, 1,3 (Farben umgekehrt); Öhem 25ᵛ, 393 (Taf.17) (gleichmäßig); WrKatze 2,13=32 (gleichmäßig); WLB, HB V 54, 6ʳ, 2,1.

[122ʳᵃ|249]
i) Füro] F 2-z. Lomb., v. der Hd. des Rubr, mblT ii...ii) Byschoffs (...) Marggråff] *die Unterstreichung ist mhbrT sehr leicht ausgeführt* iii) Mz: *3-z. senkrechter Strich, vermutlich v. der HHd., mbrT, amreRa*

a) ferner b) v. erhôhen: erhöhen, erheben c) v. heiligen: heiligsprechen d...d) was durch Spenden zusammengekom-
men war e) v. bekêhren: einem neuen Zweck zuwenden

[1093] 19. Nov.
[1094] Heinrich XVI. v. Bayern(-Landshut): geb. 1368; bis 1404 regiert er unter Vormundschaft v. Oheimen und Mutter; gründet zur Abwehr territorialer Ansprüche v. Herzog Ludwig VII. v. Bayern(-Ingolstadt) die Kelheimer Sittichgesellschaft und die Konstanzer Liga; 1417 Überfall auf Ludwig und Krieg mit Unterbrechungen bis 1443; hält sich zu dieser Zeit im Gefolge König Sigismunds auf (vgl. bspw. Zeugenliste des Schiedsspruches vom 13. Dez. 1430 (vgl. RI XI/2, Nr.8007; und fol.130ʳᵃ) oder Besiegelung des sog. „Pfahlbürgergesetzes" vom 25. März 1431 (vgl. RTA IX, Nr.429, S.570); übernimmt 1447 den Ingolstädter Besitz; gest. am 30. Juli 1450 (vgl. LexMA, Bd.4, Sp.2066; W. Baum, Sigismund, S.226, 330).
[1095] Wilhelm III. v. Bayern(-München): geb. 1375; regiert zunächst gemeinsam mit seinem Bruder Ernst und erhält 1429 im Preßburger Schied mit ihm zusammen die Hälfte des Straubinger Erbes zugesprochen; König Sigismund bestellt ihn 1432 zum Statthalter und Protektor des Konzils v. Basel, als solcher leitet er erfolgreiche Verhandlungen mit den Hussiten ein; hält sich zu dieser Zeit ebenfalls im Gefolge König Sigismunds auf (vgl. Zeugenlisten der in der vorherigen Anm. angegebenen Dokumente); gest. am 12. Sept. 1435 (vgl. LexMA, Bd.9, Sp.143f; W. Baum, Sigismund, S.226, 335).

hieltend. Vnd | och dar zů komen was, d(a)z | Maister hansz guldin[1096],
kilch- | her zů lütkirch, sich gen | Rom gerüst hett, das das | kind erhôcht[b]
vnd für hai- | lig gehalten worden wåre | vnd von dem stůl zů Rom | beståt

10 vnd gehailiget[c]. Vnd | verbrant der küng die tan(n)- | nen vnd cappelle, *Verbot der*
was alda | was, gantz mit ain ander | Vnd verbot, d(a)z nieman(n)t me | *Wallfahrt;*
sôlte sich da hin enthaissen | noch oppffer bringen[1097]. vn(d) | [d]was gůtz da
was gesamned[d], | das ward geben vnd bekert[e] | nach des küngs vnd ains |
[ii]Byschoffs zů Costentz, do ze [iii]| mal otto, ain Marggråff[ii] | von Rôtel,

15 haissen vnd | beuelhen[1098]. Vnd was Bur | germaister zů Costentz | *Bürgermeister;*
[122rb] do zemal henni andres, ain Metzger[1099]. |

Bürgermeisterwappen (4x3,5)
(Fw Andraß[1100]: In Gold/Beige rote Fahne mit roter Stange und

5 goldener/beiger Spitze)

[122[v]] Leere Seite

[123ra|251] ABer[i] der jarzal des he(ren) | tusend vierhundert | vnd tryssig jare am[ii] *1430 König*
zinsz | tag vor Sant Katherinen tag[1101] | do kam Sigismu(n)d(us) *Sigismund in*
Rômsch(er) | küng gen überlingen vnd | Beschickt[a] da hin zu jm alle | Råt, *Überlingen;*
nw vnd alt, von Coste(n)tz | ze komend vff sant kateri- | nen aubend[1102] *Ordnung der*

5 gen überlingen; | als sy och tauttend vnd zů | jm komend. Also vff sant | *Konstanzer*

[1096] Johann Guldin: Magister und licentiatus in decretis; ist in einer Urkunde vom 25. Aug. 1429 als Offizial des Bistums genannt; weilt 1431 als Vertreter des Bischofs Otto v. Hachberg am Basler Konzil; zwischen 1445 und 1471 als Domherr in Konstanz bezeugt, wo er zu den herausragenden Humanisten zählt; am 15. März 1471 als tot erwähnt (vgl. HS I/2,2, S.592).

[1097] Vgl. wiederum den Bericht zu der „Ravensburger Blutbeschuldigung" ab fol.113[ra]ff und der Vorgehensweise v. Sigismund (zu letzterem v.a. fol.114rb bzw. 115ra).

[1098] Vgl. die Angabe auf fol.115ra, wo darauf hingewiesen wird, dass „das gůt (...) dem gotzhusz zů | wingarten vnd dem spital | zů Rauenspurg" übergeben wird. Vgl. allg. zur Finanzpolitik Ottos v. Hachberg, die durch die hohe Verschuldung des Bistums beeinflusst ist, U. Janson, Otto von Hachberg, S.227ff.

[122rb]
[1099] Henni Andres/Andraß. Angabe der Chronik ist korrekt.

[1100] Das Wappen ist in keinem der Werke, die zur Parallelüberlieferung herangezogen wurden, enthalten. Die Form dieses Wappens stimmt aber mit der des uns überlieferten Siegels v. Hans Andraß (1429) überein (vgl. StAK, A I 25b, Teil III).

[123ra|251]
i) ABer] A 2-z. Lomb., v. der Hd. des Rubr., mroT ii) am] ain SG, a doppelt ausgeführt; Konjektur nach der sonst in der Chronik üblichen Formulierung

a) v. beschicken: nach jmdm. schicken, jmdn. rufen lassen b) v. behalten: festhalten

[1101] 21. Nov. Nach H. Maurer, Konstanz II, S.64 trifft König Sigismund, der am 20. Nov. aus Ulm abreist, erst am 22. Nov. v. Ravensburg kommend in Überlingen ein. Die erste v. ihm in der Stadt ausgestellte Urkunde (vgl. RI XI/2, Nr.7975) ist auf den 27. Nov. datiert (vgl. J.K. Hoensch, Sigismund, S.362 und ders. (Hg.), Itinerar, S.116).
[1102] 24. Nov.

katherinen tag[1103] ze vesper zit | kam botschafft vnd mâre, | wie das alle *Verhält-*
tor zů vberling- | en beschlossen wâren, vnd | hett der kung ettlich vsz den   *nisse[1105];*
| nüwen Râten gefangen | vnd die andern nw̄ vn(d) alt | rât gelopt, von
vberlingen | nit ze wichend, dan(n) mit des | küngs vrlob vnd wyllen. |

10 Vnd also vff den selben tag, | als die Rât gen vberlingen | fûrend zů
vnserm herren, | dem küng, do satztend sy an- | der Rât vnd
Burgermaist(er) | zů costentz, vsz ye der zunfft | zwen man, vnd vff vnd |
jn dem obgeschriben jar do | wurdend zu dem dritten | mal ander rât vnd
Burg(er) | maister zů costentz gesetzt. | Dar nach vff den mentag | nach

15 sant katherinen tag[1104] | kamend die Rât, nw̄ vn(d) | alt, wyder gen
Costentz, doch | behůb[b] der küng zehen | man von den nwen Râten |

[123rb] zů vberlingen gefangen | mit namen: Cůny gârwer[1106], | stichden wirt[1107],
Mülysen[1108], By | derman[1109] ain Metzger, den | Münch[1110] ain wirt, josz

---

[1103] 25. Nov.

[1104] 27. Nov.

[1105] Der König greift nach den Unruhen vom 31. Juli 1430 (vgl. Bericht auf fol. 119ra) v. Überlingen aus in die Konstanzer Auseinandersetzungen ein. Die v. ihm am 24. Nov. herbeigerufenen beiden Räte, d.h. der sich im Rahmen
des Aufstandes neu konstituierte sowie der v. den Aufständischen abgesetzte Rat, erhalten die Möglichkeit, ihre
Sichtweise der Dinge vorzutragen. Sigismund lässt dann neun oder zehn (H. Maurer, Konstanz II, S.64 vs. Zeile 16)
Angehörige des neuen Rates, die für den Aufstand verantwortlich gemacht werden, gefangensetzen. Daraufhin
nimmt er sich auch der Patriziergeschlechter, die Konstanz im Nov. 1429 verlassen hatten, an und beruft deren Vertreter zu sich. In den nächsten Tagen laufen verschiedene Ermittlungen und Verhandlungen. Nachdem sich Konstanz
durch einen Schwur bereit erklärt, alle Entscheidungen Sigismunds zu akzeptieren, kommt es zu einem Verhör der
verschiedenen Parteien, in dessen Zusammenhang auch Konstanzer Urkunden und Zunftbriefe in Gewahrsam
genommen werden. Als Strafe wird zunächst die Summe v. 160.000 fl festgesetzt, nach der Weigerung vonseiten
der Stadt einigt man sich schließlich auf 28.000 bzw. 38.000 fl (vgl. fol.123vb, Zeile 16 und unserer Quelle folgend
O. Feger, Geschichte, Bd.III, S.208 vs. StAK, A I 1, fol.108va und diesem Text folgend H. Maurer, Konstanz II,
S.64). Besondere Bedeutung für die Verfassungsgeschichte der Stadt erlangt der Spruchbrief des Königs vom 13.
Dez. 1430 (vgl. fol.124[ra]ff bzw. 126[ra]ff), den die Forschung einmal als „das reaktionärste Gesetz, das je in Konstanz
verkündet wurde" (K. Beyerle, Ratslisten, S.29), beurteilte (vgl. REC III, Nr. 9274; RI XI/2, Nr.8007; O. Feger, Ge-
schichte, Bd.III, S. 208f; H. Maurer, Konstanz II, S.64f; vgl. allg. zur Städtepolitik Sigismunds F.B. Fahlbusch,
Städte und Königtum, v.a. S.187ff; zu den innerstädtischen Unruhen ebd., S.209ff sowie E. Engel, Bürgerkämpfe).

[123rb]
i) *Marg.: 3-z., v. der HHd., mbrT, amreRa; mhbrT dünn, oben und unten sowie links umrahmt: hansz koch ain* |
brotbek, zinsz | *maist(er) ain wirt*

a) v. vstrîben: vertreiben, hinaustreiben b) Gebot c...c) als Zeugen gegenwärtig, in Gegenwart d...d) anstelle,
(an-)statt

[1106] Kuni Gerber: Angehöriger der Konstanzer Zunftbürgerschaft; tritt nach diesem Ereignis nicht mehr im Rat auf
(vgl. K.D. Bechtold, Zunftbürgerschaft, S.146).

[1107] Stich(d)enwirt: Angehöriger der Konstanzer Zunftbürgerschaft; zwischen 1418 und 1440 im Steuerbuch nachweisbar; tritt nach diesem Ereignis nicht mehr im Rat auf (vgl. ebd., S.146; Steuerbücher, Teil 1, 1418, 238, S.4;
1433, 239, S.96; 1440, 224, S.128).

[1108] Conrad Mülysen: Angehöriger der Konstanzer Zunftbürgerschaft; Bäcker; zwischen 1418 und 1433 in den Steuerbüchern nachweisbar; tritt nach diesem Ereignis nicht mehr im Rat auf (vgl. K.D. Bechtold, Zunftbürgerschaft,
S.146, 207).

[1109] Claus Biderbmann: Angehöriger der Konstanzer Zunftbürgerschaft; Metzger; zwischen 1418 und 1450 in der
Steuerliste nachweisbar; tritt nach diesem Ereignis nicht mehr im Rat auf (vgl. ebd., S.146, 165).

[1110] Walter Münch: Angehöriger der Konstanzer Zunftbürgerschaft; Weinschenk; tritt nach diesem Ereignis nicht
mehr im Rat auf (vgl. K.D. Bechtold, Zunftbürgerschaft, S. 146, 207).

holl[1111] [i]| ain winschenk, wernlin | ellend[1112] vnd hansz kôffer[1113] ain |
schŭchmacher. Jtem vff | den selben Mentag nach sant | katherinen tag
5 alle råt, nw̆ | vnd alt, vnd die geschlåcht, | die von costentz vstriben[a] |
warend, schwŭrend dem | küng, was er machti, ord | note vnd richti das
zehal- | tend vnd da wyder nit | zetŭnd. | Jtem morne(n)d | vff zinstag do
schickt der | küng her gen coste(n)tz Gråff | fryderichen von toggenb(ur)g,
| grauff hansen vo(n) luppffen[1114], | den lant Comenthŭr tüt | sches
10 ordens[1115], hopt Mar- | schalken[1116], hoffmaister des | küngs[1117], vnd ander
her(r)en | vnd råt. Vnd schwŭr da | ain gantze gemaind, jung | vnd alt, vff
dem koff huse | ze costentz, des küngs ordnu(n)g[b] | vnd Richtu(n)g ze
halten. vn(d) | warend da [c]vnder ougen[c] | die vorgena(n)ten her(r)en [d]an |
stat[d] des küngs. Jtem | dar nach an der Mittwochen | nach sant katherinen
15 tag[1118] | fŭrtend nw̆ vnd alt rått, | von ye dem tail zwölff man(en), | wyder
gen v̆berlingen zŭ | dem küng, wan er sy berŭfft | dar ze komend, vn(d)
mŭstend |

[123va|252] mit jnen fŭren alle fryhait | brieff von Båpsten, küngen, | kaysern, wie die
wårend vo(n) | des Bystu(m)s, alten geschlåchte(n), | von zünfftten vnd

---

[1111] Jos Hall: Angehöriger der Konstanzer Zunftbürgerschaft; Weinschenk; zwischen 1418 und 1428 in den Steuerbüchern nachweisbar; mehrmals im Ammanngerichtsbuch belegt (danach nur noch die „Hallin" und 1460 der Sohn); tritt nach diesem Ereignis nicht mehr im Rat auf (vgl. ebd., S.145, 236; H. Ammann, Konstanzer Wirtschaft, Nr.62, 228, 294).

[1112] Wernli Ellend: Angehöriger der Konstanzer Zunftbürgerschaft; Mertzler; zwischen 1428 und 1460 in den Steuerbüchern nachweisbar; schon zuvor am 21. Nov. 1429 als Gegner der Ehinger'schen Position mit einem Jahr Stadtverweis bestraft; tritt nach diesem Ereignis nicht mehr im Rat auf; widersetzt sich auch nach dieser Strafe dem Zunftmeister und den Sechsern (vgl. K.D. Bechtold, Zunftbürgerschaft, S.146, 150, 173; Steuerbücher, Teil 1, 1433, 54f, S.94).

[1113] Hans Köffer: Angehöriger der Konstanzer Zunftbürgerschaft; tritt nach diesem Ereignis nicht mehr im Rat auf (vgl. K.D. Bechtold, Zunftbürgerschaft, S.146).

[1114] Johann I. v. Lupfen: Angehöriger des Grafenhauses v. Lupfen; Landgraf v. Stühlingen; geb. um 1370; ab 1398 österreichischer Landvogt im Aargau, Thurgau und in Schwaben; im Bund des Adels gegen die Appenzeller 1407; ab 1408 Landvogt der Herzogin v. Burgund im Elsass und Sundgau; wechselt 1413 in das Lager v. König Sigismund; kaiserlicher Hofrichter in Rottweil (1418 Präsident); königlicher Landvogt im Elsass, Sundgau und Aargau; Reichshofrichter; Mitglied der Rittergesellschaft St. Jörgenschild; enger Vertrauter des Königs; überwacht als Stellvertreter Sigismunds die Hinrichtung v. Hieronymus v. Prag in Konstanz; Teilnehmer an den Hussitenfeldzügen; 1426 Hofmeister des Königs; zu dieser Zeit im Gefolge Sigismunds (vgl. Zeugenliste v. RI XI/2, Nr.8007 und fol.130ra); gest. vor dem 6. Okt. 1436 (vgl. OBG, Bd.2, S.543, 546; C. Heyer, Hans I. von Lupfen, S.19ff und ausführlich S.28ff).

[1115] Marquard v. Königsegg: Angehöriger des alten schwäbischen Grafengeschlechts; Dt.-Ordens-Comthur in Freiburg; Landcomenthur des Dt. Ordens im Elsass, in Burgund und Schwaben; Comthur in Mainau und zu Abtshausen und Basel; zu dieser Zeit im Gefolge Sigismunds (vgl. Zeugenliste v. RI XI/2, Nr.8007 und fol.130ra); gest. um 1446 (vgl. OBG, Bd.2, S.337f; J. Vochezer, Waldburg, Bd.2, S.11; Lkr. Konstanz, Bd.3, S.456) .

[1116] Haupt II. v. Pappenheim: um 1380 geb.; „Rat, Diplomat und kaiserlicher Vertrauensmann etwa beim Konstanzer Konzil" (NBD, Bd.20, S.49); Reichserbmarschall (vgl. das Marschallamt seit 1193 in der Hd. der seit 1100 fassbaren Familie v. Pappenheim); u.a. Mitglied der Rittergesellschaft St. Jörgenschild; kaiserlicher Rat; Pfleger zu Graisbach und Weissenburg; hält sich zu dieser Zeit im Gefolge König Sigismunds auf (vgl. Zeugenliste v. RI XI/2, Nr.8007 und fol.130rb); gest. um 1438/39; unter seinen Nachkommen wird der Familienbesitz zersplittert (vgl. NDB, Bd.20, S.48ff; W. Baum, Sigismund, S.175, 234, 333; ESt, Bd.4, Taf.55).

[1117] Ludwig IX. v. Öttingen: Angehöriger der edelfreien Familie, die seit 1141, mit dem Grafentitel seit 1147 urkundlich bekannt ist; über 20 Jahre als Hofmeister im Dienst Sigismunds; u.a. Mitglied der Rittergesellschaft St. Jörgenschild; gest. 1440 (vgl. NDB, Bd.19, S.472f; W. Baum, Sigismund, S.175, 192, 333).

[1118] 29. Nov.

von ge- | mainer stat wegen, vnd die | dem küng anttwürten[1119]. Jt(em) | vff
die vorgena(n)ten Mitwoch | en gebott ain Rat ze costentz | Richen vnd
5   armen an hund(er)t | pfund pfenni(n)g vnd an den | ayde, von der stat nit
ze wich- | end vnd lib vnd gût by der | stat laussen beliben. Dar | vber
fluhend vnd wichend | von der stat wol by zwain- | tzig mannen vs der
ledergâr | ben zunfft, linweber zunfft, | Binder zunfft vnd andren |
zünfftten, die dan(n) schuldig | warend vnd wyssend vm(b) | den uffloff
10   vnd entsetzen[a] der | Râten. Jtem dar nach an | sant Nicolaus aubend[1120], jn
der | nacht, kamend die Rat vo(n) | Costentz von dem küng wy- | der
haym. Vnd hett man | an sant Nicolaus tag[1121] aber | ain gantze gemaind ze
Co | stentz vff dem koffhusz vn(d) | sagten(d) da die Rât, d(a)z der | küng
[b]vordrote, Mûtote vn(d) | haben wôlte[b] von der statt | ze costentz ze
15   hundert ma- | len tusend guldin vn(d) sech- | tzig tusend guldin Vnd |
zwôlff man von der stat, | welhe er wôlt vnd die er | gefangen hett vnd die
|

[123vb]   schuldig warend an den sach | en, sy wârend enweg geloffen | oder noch
By der stat, der sel- | ben lib vnd gût wôlte er ha- | ben [a]vor vsz[a]. Also vff
den | selben sant Nicolaus tag [b]ward | ain maystes[b], das man dem | küng
der vordru(n)g halb nüt | geben wôlt, vnd dar vm(b) liden, | was das wâre.
5   Jtem vff | an sonn(en)tag nâchst nach sant | Nicolaus tag[1122] fûrend zwôlff
| man von den alten vnd | nüwen Râten gen vberling | en zû vnserm
her(r)en, dem | küng, wan er dero mûtet, | vnd die hettend gantzen | gewalt
gen dem küng vo(n) | der schatzu(n)g[c] vnd strauff we- | gen, Wan als vor
vff sant | Nicolaus tag ain meres[d] | worden was, das man dem | küng nüt
10   geben wôlt. also | vff den selben sonn(en)tag ward | ain ander meres von
ainer | andren gemaind, so man | do anderwaid[e] hett durch | raut der
her(r)en vn(d) stetten, | also das si sich sôltend geben | an des küngs gnad
vnd | handen. Vnd also vff | den zinstag nâchst dar nach[1123] | kamend
gewysse[f] mâr, wie | das die heren vnd stett aine(n) | spruch[g] gesprochen
15   hettend, | A(!)lso das die von coste(n)tz | sôltend vnd mûstend ge- | ben

---

[123va|252]
a) Absetzung b...b) einfordern wollte

[1119] E. Engel, Bürgerkämpfe, S.308 weist darauf hin, dass bei zahlreichen Bürgerkämpfen ein Bestreben Sigismunds zur Durchsetzung der königlichen Gewalt als der obersten Schiedsstelle festzustellen ist. Die streitenden Parteien werden, wie hier auch im Falle v. Konstanz belegt, meist vor das Hofgericht zitiert.
[1120] 5. Dez.
[1121] 6. Dez.

[123vb]
a...a) im Besonderen oder im Voraus b...b) erhielt eine Mehrheit, wurde mehrheitlich beschlossen c) „Beschatzung" Erhebung, abzunehmenden Geldes d) = maystes [vgl. b...b)] e) noch einmal, wieder f) zuverlässige g) Schieds-, Richterspruch, Urteil

[1122] 10. Dez.
[1123] 12. Dez.

dem küng zwaintzig | vnd achttusend guldin |

[124ʳᵃ|253] vnd die gefangen vn(d) alle, | die von der stat geflohen vn(d) | schuldig
wåren, der selben | lib vnd gůt. Doch Beli | bend die zwôlff man vo(n) den
| nüwen vnd alten Råten ᵃfür | baszᵃ by dem küng zů ѷberli(n)g- | en ze
wartend der sprüch | zwüschen der stat Costentz | vnd den alten

5 geschlåchten, | die, als vor stat, von der stat | costentz vertriben warend, |
vnd vmb ordnu(n)g gantzer | stat ze costentz. Jtem vff | sambstag nåchst
vor sant | thomas tag¹¹²⁴ do kame(n)d des | küngs Råt frů gen costentz: |
grauff hansz von luppffen, | hopt marschalk, des küngs | hoffmaister,
Caspar von | Clingenberg¹¹²⁵, des küngs ca(n)tz- | ler, vnd ander her(r)en.

10 vn(d) | vff den selben sambstag do | ward aber ainer gemaind | vff das
koffhusz gebotten vn(d) | ward da geoffnet sprüch | gen den geschlåchten
vnd | ordnu(n)g, als her nach ge- | schriben stat¹¹²⁶: |
Desⁱ Ersten, das die gesch- | låcht sôltend vn(d) môch- | tend ziehen wyder   *Bestimmungen*
gen Co | stentz vnd da ᵇhaben vnd | niessenᵇ Burgrecht als vor | vnd ander   *des „Spruch-*

15 Burger. Jtem | es ward gesprochen, das | alle die, die mit den gesch- | *briefes" König*
låchten vshin wårind ge- | *Sigismunds;*

[124ʳᵇ] zogen, die doch von der ge | maind vnd jn zünfftten | wårind, sôlten nun
hin füro | ᵃjwmer meᵃ sin by den gesch- | låchten oder môchtend sin | jn

---

[124ʳᵃ|253]
i) Des] D *2-z. Lomb., v. der Hd. des Rubr., mblT*

a...a) weiter, länger b...b) innehaben, in den vollen Genuss kommen (v. niessen/niezen: genießen, erfahren)

¹¹²⁴ 16. Dez. Die Angabe ist korrekt: Der Schiedsspruch wird v. den Räten Königs Sigismunds vor der versammelten „Gemeinde" am genannten Tag im Kaufhaus verkündet.
¹¹²⁵ Kaspar v. Klingenberg: Angehöriger der früheren Ministerialenfamilie; Oheim und Schwager v. Graf Johann v. Lupfen; Herr zu Twiel; Kanzler König Sigismunds; Erwerbung der Herrschaft Hohenklingen; Hauptmann der Gesellschaft St. Jörgenschild; im Dienste des Königs stehend; zu dieser Zeit im Gefolge Sigismunds (vgl. Zeugenliste v. RI XI/2, Nr.8007 und fol.130ʳᵃ); gest. 1439 (vgl. OBG, Bd.2, S.299ff; HBLdS, Bd.4, S.507; R. Kiewat, Ritter, S.172f).
¹¹²⁶ Der Schiedsspruch König Sigismunds vom 13. Dez. 1430 (vgl. den Originalwortlaut der Richtung auf fol.126ʳᵃff) „bleibt die Verfassungsgrundlage der Stadt Konstanz bis zur Reformation" (HS I/2,1, S.346) bzw. bis zur Neuordnung der Verfassung durch Kaiser Maximilian am 13. Okt. 1510. Diese auf einen Ausgleich bedachte neue Verfassung der Stadt Konstanz verändert die Rolle der Zünfte innerhalb des politischen Lebens grundlegend, indem sie den Geschlechtern auf verschiedenen Ebenen entgegenkommt und gleichzeitig den Einfluss der Zünfte stark einschränkt. Wie C. Heiermann, Katz, S.136 darlegt, trifft die Charakterisierung des Gesetzes als „reaktionär" insofern wenig zu, als hier eine bereits 1372 begonnene Entwicklung der Zünfte v. städtischen Handwerkskorporationen hin zu Verbänden, „die in ihrer Zusammensetzung vollständig den herrschenden politischen Forderungen angepaßt waren", fortgesetzt wird. Ohne die im Folgenden aufgelisteten Einzelbestimmungen auszuführen, hier eine stichwortartige Zusammenfassung: Rückkehr der „Geschlechter" – Regelung der Trennung zwischen Patriziat und „Gemeinde" – Bestrafung der an der Vertreibung beteiligten Personen – Auflösung der für den Aufruhr maßgeblich verantwortlichen Zünfte der Ledergerber und Leinenweber – Entschädigungsregelung – Ratsverkleinerung – Ratszusammensetzung je zur Hälfte v. den Zünften und zur Hälfte v. den „Geschlechtern" – Modus der Bürgermeister- und Vogtswahl – Beschränkung der Zahl der Zünfte auf zehn – Verbot des Ausburgerwesens (vgl. die folgenden Ausführungen bzw. die Originalurkunde zu fol.126ʳᵃff (GLA Karlsruhe KS 666, ediert in Kapitel B.3.3; StAK, U 8278, ediert bei P. Ruppert, Chroniken, S.361-368; vgl. auch O. Feger, Geschichte, Bd.III, S.208f; H. Maurer, Konstanz II, S.64f).

zünfftten, ob sy wôltend; | vnd sôlt die wal zů jn stôn.ⁱ| Jtem wer och zů
den gesch- | låchten wybet oder man(n)et, | môcht och zů jnen vff die |
5 katzen¹¹²⁷ gǎn vnd jn ir gesel | schafftten sin mit tantzen | vnd andren
fröden. Jte(m) | es ward och gesprochen, | das die stat zů coste(n)tz sôlte |
bekeren^b vnd wyder geben | allen den, die gestraufft vn(d) | gebûst^ii
wårend, als vor ge | schriben stat, von den gesch- | låchten; vnd was die
bûsz^c | vnd strauff fünffzehen hun- | dert pfund pfenni(n)g. Jte(m) | Es
10 ward och vff den selben | tag gesprochen, das die stat | zů Costentz ^dwyder
keren^d sôlt | vnd mûst jacoben vo(n) vlm, | als sy jm jngenomen hetten |
sin husz Marpach¹¹²⁸, was wol ^iii| zwôlff hundert guldin als | er rechnot, so
jm genomen | ward mit costen vn(d) schaden. | Jtem füro ward vff den sel |
ben tag gesprochen, das vl(rich) | Ehinger, der vil zittes stat | amma(n) was
15 gesin, Cûnrat | wintterberg, Bolschhuser¹¹²⁹ | der goldschmid,
Zôllikouer¹¹³⁰ |

[124va|254] der metzger, wanner der | kürsener, Caspar gumpost¹¹³¹ | Sôltend von dem
Råt sin vn(d) | des rauts zů costentz nümer | me werden, vmbⁱ des wyl |

[124rb]
i) *Mz: zwei diagonal durchgestrichene Kreise, eventuell v. der HHd., mbrT, amreRa* ii) gebûst] g *verderbt; entweder*
Tintenfleck oder korr. iii) *Mz: 2-z. Kreuz, eventuell v. der HHd., mbrT, amreRa*

a...a) für immer b) v. bekêren: zurückgeben, entschädigen c) Buße, Strafe d...d) v. wyderkêren: wiedergutmachen,
zurückgeben

¹¹²⁷ Haus der Geschlechtergesellschaft „zur Katz": das ältere Haus „zur Katz" (heute Münzgasse 21) wird erstmals
1352 erwähnt und ist bis 1427 im Besitz der Gesellschaft; Bau des neuen Versammlungshauses „zur Katz" nahe der
St. Stephanskirche inmitten der Domherren- und Patrizierhäuser (heute Katzgasse 3) v. 1424 bis 1429 (vgl. die noch
vollständig erhaltene Baukostenabrechnung), dabei enger Zusammenhang mit der nordital. Architekturtradition; es
besteht im Erdgeschoss aus einer einzigen großen Durchgangshalle mit eingebauter großer Kochstelle, darüber befindet sich ein großer geschmückter Saal, in dem sich das eigentliche gesellschaftliche Leben, die hier angesprochenen Feste und Gastmahle, abspielen (vgl. B. Kollia-Crowell/R. Crowell, Gesellschaftshaus; C. Heiermann, Katz,
S.171ff; zu den Festen und Gastmahlen, ebd., S.184ff; ders., Baukostenabrechnung; ders., Häuser und Haushalt, v.a.
S.53-59).
¹¹²⁸ Vgl. den Bericht auf fol.112ra.
¹¹²⁹ Johann Bolshuser: Angehöriger der Zunftbürgerschaft; Goldschmied; seit 1419 mehrmaliger Ratsherr (darunter
1459/61 als Vertreter der „kofflút"); 1460 Stadtammann; hat darüber hinaus verschiedene städtische Ämter inne
(Beisitzer des Ammanngerichtes, einer der Richter in Schuldsachen, einer der Richter in Bausachen); gest. 1463 (vgl.
die Streichung des Namens in der Ratsliste sowie als Richter in Bausachen) (vgl. K. Beyerle, Ratslisten, S.127ff;
K.D. Bechtold, Zunftbürgerschaft, S.167; P.F. Kramml, Friedrich III., S.507, 513f, 518).
¹¹³⁰ Konrad Zollikoven: Angehöriger der Zunftbürgerschaft; einer der reichsten Angehörigen der Metzgerzunft mit
sich schnell vergrößerndem Vermögen (1428: 9800 lb hl Gesamtvermögen); 1423, 1428-1430 Ratsmitglied; 1428
Kindsvogt der Kinder des C. v. Burren; Beteiligung am Viehhandel; gest. vor 1450 (vgl. K. Beyerle, Ratslisten,
S.129ff; K.D. Bechtold, Zunftbürgerschaft, S.60ff, 235).

[124va|254]
i) vmb] vmd *SG*

a) Anstifter, Initiatoren b) v. vssprechen: verkünden c) v. tailen: aufteilen, verteilen d...d) unter solchen Bedingungen
und Auflagen

¹¹³¹ Hierbei handelt es sich um die „Gruppe um Heinrich Ehinger (...), die den radikalsten zünftischen Anspruch
vertreten" (K.D. Bechtold, Zunftbürgerschaft, S.146) hat, d.h. sich u.a. gegen die Mitglieder der Zünfte wandte, die

len, das sy såcher^a gewesen sol- | tend sin, das die geschlåcht | wårend
vsgetriben vo(n) der | stat zů costentz vnd geståf | fet, als vor vermerkt
5 ist. |

J(!)tem vff den selben tag ward | och vsgesprochen^b, das leder | gårwer
zunfft vn(d) liniwe- | ber zunfft nun hinfüro nit | mer haissen noch sin
10 sôltend | zünfftte, noch kainer nümer | mer des Rats werden vnd | sôlte
man die selben zwo zü- | nfft tailen^c jn ander zünfft. |

E(!)s ward füro vff den gena(n)- | ten sambstag gesprochen | vnd gesetzte
15 ordnu(n)g zů | Costentz des Råts, der zünff | ten vnd der geschlåchten | zů
haltend vnd ze mach- | end, als mengklich vnserm | her(r)en dem küng
Sigismu(n) | do gesworen hett, also das | zů costentz dry vn(d) zwain- |
tzig man sin vnd ain råt | haissen sôlten mit sôlichem | ^dgeding vnd
vnderschid^d, |

[124vb] das zehen man sôltend sin | von den geschlåchten vnd | zehen man sôltend
sin von | der gemaind vnd zünfft(en), | dar zů ain Burg(er)maister, | ain
vogt vnd der stat am- | man. Jtem ain grosser | Rat solte sin vnd haissen |
ze Costentz dry vnd fünff- | tzig man Mit sôlichem | geding, das die
5 vorgena(n)- | ten dry vnd zwaintzig | man, die ain rat sind vn(d) | haissend,
môchtend vnd | sôltend nemen vn(d) welen fünffⁱ | zehen ander man von |
den | geschlåchten vnd funffze- | hen ander man von der | gemaind vnd
zünfftten. | vnd also die selben trissig | man zů den vorgena(n)ten | dry vnd
zwaintzig, wer | dend dry vnd fünfftzig, sôlt | nun hin füro sin vnd hais- |
10 sen ain grosser råt zů Co | stentz. |
J(!)tem Es ward och vff den [tag]ⁱⁱ | geordnet vnd gesetzt, das | nun
hinnahin zů costentz | nit me dan(n) ain burg(er)maist(er) | sin sôlt vnd nit
me zwen, | als vor warend. |
J(!)tem es ward och vff den | selben tag geordnet das alle | jar sôlte sin ain
15 burg(er)maist(er) | von den geschlåchten vnd | das ander jar von der ge |
maind. Vnd welhes jars |
[125ra|255] ain Burg(er)maister ist vo(n) den | geschlåchten, So sol dan(n) ze | mal sin
ain vogt von der ge | maind; also wyder vmb: wan(n) | ain Burgermaister
ist von | der gemaind, So sol sin der | vogt von den geschlåchten. |
J(!)tem Es ward och vff den | selben tag geordnet vnd ge- | setzt, das nun
5 hin füro zů | costentz nit mer dan(n) zehen | zünfft sin sôllen. |
J(!)tem vff^f zinstag vor sant | thomas tag¹¹³² ward gesetzt | ain Raut vnd

---

dem Patriziat zugeneigt waren. Vgl. zur Bestrafung v. Ehinger selbst (Zahlung v. 1.000 fl, Verbannung aus Konstanz) den Bericht auf fol.136rb.

[124vb]
i) fünff] *ganz rechts in der Zeile, etwas kleiner als der übrige Text, vermutlich zu einem späteren Zeitpunkt v. der
HHd. erg.* ii) tag] *fehlt SG*

ward Bur | germaister vogt ma(n)gold[1133] | von den geschlåchten vnd |
ward vogt henni andres | der metzger von der ge- | maind.[1134] Vnd also vff
| die nåchsten Mittwoche(n)[1135] sasz | der erst Raut, als er do geord- | net
10 was, mit dry vn(d) zwain- | tzig mannen. Vnd mor- | nend am(m) dornstag,
was | sant thomas tag des zwölf | botten[1136], do schwûr ain gema- | ind
vnd[er][ii] den Burg(er)maister | vogt mangolden vff dem | koffhusz, als zů
costentz ge- | wonlich. |

J(!)te(m) Es ward och vff den sel- | ben tag gesprochen vnd ge | ordnett,
15 das nun hin füro | sy söltend setzen vn(d) welen | ainen Raut vff die forme,
| das sechs man von den ge | schlåchten vnd sechs man vo(n) |

[125rb] der gemaind, die dan des | Råts sind, söllen welen aine(n) | Råt; vnd wa
die selben zwölff | man ^a strittig vnd nit ains^a | werden möchten, sol dan(n)
der | stat vogt ^b ain meres machen^b. |

[125^v]   Leere Seite

[126ra|257]^i   Wappen des Römischen Kaisers
                (5,5x5) (vgl. fol.9^v)
       (Würdezeichen: Krone mit einem Bogen: 3,5)

5   ^ii W(!)ir Sigmund von gottes | gnaden Rômscher künig | zů allen zyten,   *„Spruchbrief"*
mer[er]^iii des Richs, | vnd zů hungern, zů Beha(i)n [?], | dalmatia, Croatia   *König Sigis-*
etc. künig, | Bekennen vnd ^a tûgen kunt | offembar^a mit disem brieff | allen   *munds;*
den so jn sehen oder hô- | rend lesen. Wie wol vor | zyten der hochgeborn
fryde- | rich, Burggraue zů Nûren | berg[1137], des hailigen Rômschen |

[125ra|255]
i) vff] ff *v. der HHd. doppelt ausgeführt, eventuell korr.* ii) vnder] vnd *SG*

[1132] 19. Dez. Angabe ist korrekt.
[1133] Wie bereits nach dem Aufstand v. 1370 wird nun mit Konrad Mangold sechzig Jahre später wiederum ein Mitglied der Patrizierfamilie Mangold, der Enkel des damaligen gleichnamigen ersten Bürgermeisters nach dem zweiten
„vffloff" zum Bürgermeister gewählt. Erneut scheinen beide Seiten einem Vertreter dieser Familie ihr Vertrauen
entgegenzubringen (vgl. K.D. Bechtold, Zunftbürgerschaft, S.38, 147).
[1134] Auch das Ratsbuch (StAK, B I 5, S.205) berichtet v. dieser Wahl der beiden Amtsträger für das Jahr 1431 im Zuge der Richtung v. König Sigismund vor der Liste der Ratsmitglieder.
[1135] 20. Dez.
[1136] 21. Dez.

[125rb]
a...a) zerstritten, uneins b...b) den Ausschlag geben, durch seine Stimme die Entscheidung fällen/herbeiführen

[126ra|257]
i) *mit dieser Seite beginnt eine neue Lage Papier* ii) *hier beginnt – v. wenigen meist orthographisch bedingten
Ausnahmen abgesehen – die wörtliche Wiedergabe der Originalurkunde der Richtung König Sigismunds vom 13.
Dez. 1430* iii) merer] mer *SG, Konjektur nach dem Urkundentext (vgl. Kapitel B.3.3)* iv) name] *durch Loch im Papier
verderbt*

10 Richs lantuogt jn obern swa- | ben, ^bvon gehaisz vnd beuelhe(n)tz | wegen^b
des aller durchlüchti- | gosten fürsten, vnsers lieben | herens vnd vatters
kayser | karlo såligen Sôlich stôsse, | zwytracht vnd vfflouffe, die | zů den
selben zyten zwüschen | den von costentz vfferstanden | waren, ^cfür hand
name^{iv}/^c vn(d) | die mit Rate gůter lüt ent | schaidte, setzet vnd ordent, |
[126rb] da mit die jn aynu(n)g vnd ^afryd- | lich stånd^a gepraucht wurden¹¹³⁸. | die
selben Richtu(n)g och der ege- | na(n)t vnser her(r)e vnd vatter |
genådenclich beståttigt vnd | beuestent hat¹¹³⁹, ^bcrefftig vn(d) ge(n)tz- |
lich^b zů belibend, Als dan(n) die | selben brieff, die vns fürbråcht |
5 wurden, clårlicher jnn(e)halten. | ye doch So hat der vatter aller |
zwytracht, der nit schlaffet | sunder one vnderlausz ^czů | schüret^c, da mit er
ainikait | zerrütten, früntschafft be- | trüben vnd den samen aller | vnfůre^d
vnd spenne jn die | lutern hertzen frumer lüt | gewerffenⁱ môge, So vil ge- |
arbait vnd zů wegen ge- | bracht, da mit er zwytracht, | vintschafft vnd

---

a...a) geben öffentlich bekannt b...b) auf Befehl c...c) v. für hand nëmen: sich kümmern um, sich beschäftigen mit

¹¹³⁷ Friedrich V. v. Zollern: Angehöriger des Hauses Hohenzollern; Burggraf v. Nürnberg; Landvogt v. Oberschwaben; u.a. Verfasser des Schiedsspruches für Konstanz v. 1371; erreicht bei Kaiser Karl IV. die Erhebung in den Reichsfürstenstand; gest. 1398 (vgl. LexMA, Bd.5, Sp.83f).

[126rb]
i) gewerffen] g *v. der HHd. doppelt ausgeführt* ii) vnd] *fehlt SG, Konjektur nach dem Urkundentext*

a...a) Waffenstillstand b...b) unbeeinträchtigt rechtlich wirksam c...c) v. zůschüren: Streit schüren, bildlich: einheizen
d) Grobheit, Rohheit e) v. wyderbringen: bringen f) gewaltsam, frevelhaft g) v. erheben: sich erheben, sich auflehnen
f) Terminus für Juden als Leibeigene des Kaisers

¹¹³⁸ Gemeint ist der Schiedsspruch des Burggrafen vom 21. April 1371 (vgl. nach C. Schulthaiß, Collectaneen, Bd.1, S.13 ediert bei P. Ruppert, Chroniken, S.319-322), der den sog. „zweiten Bürgerkampf" beendet und u.a. bestimmt, dass der Rat zur Hälfte mit Angehörigen des Patriziats und zur Hälfte mit solchen der „Gemeinde" besetzt werden solle.
¹¹³⁹ Vgl. zur Konfliktlösung durch den Burggrafen und zur Befreiung durch Karl IV. die auf den 22. Mai 1371 datierte Urkunde (vgl. RI VIII, Nr.4971; J. Marmor, Urkunden-Auszüge I, S.30; ediert bei P. Ruppert, Chroniken, S.323f), in der die Stadt aus „aller pöne und frevel, die sich erlaufen haben in dem auflauf, krieg und zweiung" (RI VIII, Nr.4971) entlassen wird.

[126va|258]
i) beladen] dan. vn(d) *SG, Konjektur nach dem Urkundentext* ii) *Marg.: v. späterer Hd., mBl, amliRa:* Ru: erbern
*(d.h. ein Hinweis auf das bei P. Ruppert, Chroniken, S.362 in der Edition der Urkunde zwischen „die" und „alden"
eingefügte Wort)* iii) Richs] s *üdZ v. der HHd., mbrT erg.*

a) v. beladen: belasten b...b) sich verschlechtern, negative Dinge einreißen c...c) aus göttlicher Beauftragung, Sendung d) Kraft, Fähigkeit e) Zwietracht, Streit f) Gegenwart, Anwesenheit

[126vb]
i) hetten] dan. den wortten *SG, durch leichte Streichung, v. der HHd., mbrT, getilgt* ii) haben] *durch Loch im Papier
verderbt*

a) v. wegen: ab-/erwägen, bedenken b...b) einhellig c...c) berechtigterweise befunden d) Vergehen, Gewalt(-tätigkeit)
e...e) vielfach f) Strafe g) schwer h) Beispiel i) künftig j) v. zieren: schmücken, auszeichnen, ausstatten k) v.
gebrûchen: einsetzen, sich bedienen, ausführen l) besonders, herausragend

10 onainikait | vnder die egena(n)ten vo(n) Co- | stentz wyderbracht^e hat |
[vnd]^ii gemacht hat, Also das ett- | liche der egena(n)ten stat Co- | stentz jn
woner zů Ruk ge- | schlagen vnsers egena(n)ten | vatters såligen gesetzt
vnd | ordnu(n)g, die alten geschlåcht | mit fråuenlichen^f sachen jn | der
pfallatz vnd Byschofflich(er) | fryhait ůber Rômscher kay- | ser guldin
15 Bullen vnd pry- | uilegy gedrungen, Sy vsz | der stat ze wychend genôtet
vnd ainen andern Råt nach | jrem wyllen gesetzt haben. | Dar nach hat sich
die ge- | maind erhoben^g vnd vnser | vnd des Richs juden vnd ka- |
merknecht^h mit gewappott(er) |

[126va|258] h(!)and überloffen, die gefang- | en vnd intürn gesetzt vn(d) | über das
alles jren Burger | maister, zunfftmaister vn(d) | Råt abgesetzt vnd andere |
gewelet vnd geordent vn(d) | sust vil ander on ordnu(n)g | getriben, die
alhie nit alle | zů schriben sin, da mit die E- | gena(n)t vnser vnd des Richs
5 | stat ŏne zwyuel gantz ver | genglich vnd zů grund ver | dorben wår, wa
wir die nit | zů zyten vnderstanden vn(d) | fürkomen hetten. Vn(d) wie |
wol wir mit andern grossen | der cristenhait vnd des haili- | gen Richs
sachen beladen^i/a | gewesen sin, ye doch so haben | wir sôlich sache durch
des | besten wyllen für uns geno | men der worten, das die nit | ^bjn bôsre
10 ding rysse^b, vn(d) haben | vns mit vnser aigen p(er)son | hergefügt vnd als
ain Rôm- | scher küng, der ^cvon schiku(n)g | himelscher krafft^c dar zů |
geordnet ist, mengklich nach | menschlichem vermôgen^d | jn fryd vnd jn
ainikait zů |^ii setzend. Vnd haben die alten | geschlåcht, die von sôlicher |
zwylouff^e wegen vs der stat | gewichen sin, Och die Råte, | alt vnd nŵe,
15 vnd die ge- | maind zů costentz für vns | Berůfft vnd sy gegen ain | ander
jn gegenwürtikait^f | vil vnser vnd des Richs^iii für | sten, Grauen, heren
vn(d) stett | ettwemengen tag vn(d) zit |

[126vb] verhôrt, red vnd anttwurt jr | yetlichs wol gewegen^a vnd | habend entlich
vnd ^bainhellen | clich^b ^cmit recht erfunden^c, d(a)z | vns die alten vnd nüwen
Rå- | te vnd och die gemaind von | sôlicher fråuel^d vn(d) gewaltz | wegen,
die sy ^emanigualten | clich^e begangen haben, gross- | er vnd treffenlicher
5 Bůsz | vnd pene^f veruallen sin, nit | allain des gůts sunder och | jr libe.
Vnd wie wol wir | sy billich dar vm(b) hertte(n)clich^g | gestrafft hetten
Den worten, | das ander ain byspel^h daby | genomen vnd sich vor sô- |
lichen misztåtten fürbas^i) ge | hůttet hetten^i, | ye doch so haben wir herfür |
gezogen vnser küngliche | Barmhertzikait vn(d) gůttikait, | der wir alltzit,
10 als lang vns | der almåchtig got von sine(n) | hailigen gnaden mit kung |
licher wirdikait erhôhett | vnd geziert^j hat, gen vns(er)n | vndertån
gebrucht^k haben, | namlich och, das wir zů | der egena(n)ten vnser stat
all- | zyt sunderlich zůnaigu(n)g vnd liebe gehabt haben, das | sich an dem
hailigen Concilio, | das wir zů jn legtend vn(d) | andern grossen gnaden
15 vnd | fryhaiten, die wir jn getôn | haben^1140, wol vswyset. Vnd | haben^ii die
Strengkait des | gerichtz vnd der strauffe | mit sunderlichen^l gnaden |

---

^1140 Vgl. dazu die Zusammenstellung der kaiserlichen und königlichen Privilegien für die Stadt Konstanz bei P.F.
Kramml, Friedrich III., S.415ff, zu König Sigismund, S.420ff (Nr.58ff).

[127ra|259] gelindert vnd unser gemütt | vnd gedenken^a vil mer zů ord- | nu(n)g der
egena(n)ten stat, da mit | sy jn künfftigen zyten vor sô- | lichen vnfůren
behůttet vnd | jn gůtten frydlichen wesen be- | steen môge, gekeret, dan(n)
der | herttikait^b nachgegangen^c, sun- | derlichen nach dem vnd sich | die
5 egena(n)ten von Costentz ga(n)tz | jn vnser gnad gegeben vnd | die
gefunden haben. Dar | vmb so sagen wir sy all vnd | ir yegklichen jnsunder
sôlichs | frâuels, Bůsz vnd strauffe vn(d), | wes sy jn den sachen jn einigen
| weg schuldig wåren, wie sich | das ergangen^d hat Bisz vff | disen tag für
vns vnd vn- | ser amptlüt gantz quit^e, ledig | vnd lôsz mit disem brieff
10 vn(d) | wôllen och von der sach weg(e)n | kain vngnad zů jn haben, sun |
der jr genådiger her sin. vn(d) | ^fsinden malenⁱ/^f sich die | egen(an)t von
costentz vns vn(d) | vnser ordnu(n)g vnd satzung | geuolgig zů sin
verschriben | vnd zů den hailigen geswo- | ren haben, der selb brieff vo(n)
| wort zů wort lutet also: |

[127rb] #ⁱ | W(!)ir, der Burg(er)maist(er), zunfft | maister, Råt vnd aller Bur | ger
gemainlich, Rich vnd | arm der Stat Costentz, Be | kennen offenlich vn(d)
tôn | kunt aller mengclich mit | disem brieff, Als von Sô- | licher
zwytracht, spen(n) vn(d) | jrrsale^a wegen entzwü- | schen vns vff ainer vnd
5 | den alten erbern geschlåch- | ten hie zů costentz vnd an- | dern ^bzů jn
behafft^b des an | dern, Och an alten vnd Nü- | wen Råten hie zů costentz |
der drytten syten Sôlicher | sach zwytrachtⁱⁱ, spen(n) vnd | jrrsale, als
obgerůrt ist, | wir obgena(n)ten dry p(ar)thyen^c | vff den aller
durchlüchtigo | sten fürsten vnd he(ren), her(r)n | Sigmu(n)d von gottes
10 gnaden | Rômscher etc. küng, vnsern | aller genådigosten her(r)en, |
komen sind, also wie vns | der selb vnser aller genådi | goster h(er)r, der
Rômsch etc. küng, | dar jnn(en) | entschaidet, richtet, | setzt vnd ordnet mit
brie- | fen vnd mit worten, das | wir alle gemainlich dem | also
volkomenclich^d nachko- | men, da by beliben vnd d(a)z | ståt^e halten
15 wôllen by den ay- | den, die wir dar vmb geswo- | rn haben, Vngeuarlich^f,
vr- | künd^g disz brieffz, dar an wir | vnser stat Grosz jnsigel offen | lich tôn
henken haben. vn(d) | ist dirr(er) brieff geben des nåch- |
[127va|260] sten zinstags nach sant Cün- | rats des hailigen Byschoffs | tag¹¹⁴¹ vnd jn

---

[127ra|259]
i) malen] *dan.* vnd SG, *Konjektur nach dem Urkundentext*

a) Herz, Verstand, Denken b) Strenge, Härte c) v. nachgên: verfolgen, folgen d) v. ergên: geschehen, sich vollziehen
e) frei f...f) dieweil

[127rb]
i) *Zz: v. der HHd. [?], üdZ, mbrT* ii) zwytracht] ytr *v. der HHd., doppelt ausgeführt*

a) Verwirrung, Uneinigkeit, Zwist b...b) ihnen zugehörig/verbunden c) Gruppen, Parteien d) vollständig e) dauerhaft,
fortwährend f) ohne böse/betrügerische Absicht, aufrichtig g) v. vrkunden: bezeugen, bestätigen

[127va|260]

dem jar als | man zalt nach der gepurt | cristi vnsers lieben he(ren) Tu- |
send vierhundert vn(d) dar | nach jn dem tryssigosten | jaren. Des glichen   *1430*
vns | och die von den alten ge- | schlåchten gelobt vnd zu den | hailigen
5 gesworn haben, ge | licher wysz gehorsam vnd | geuõlgig^a zů sin, Was wir
| jn obgeschribner masse ord- | nen vnd setzen Vnd dar | vmb die
eg[e]n(an)t^i vnser Statt | Costentz vnd ir jnwoner | jn früntschafft,
aynu(n)g, gůt^ii | wesen vnd Regime(n)t zů setz | en vnd künfftige
zwayu(n)g, | vnfůre, vintschafft, vfflõff, | spen(n) vnd mishellu(n)g zů ver
10 | komen, das die selb Statt | By vnsern zyten sålenclich^b | zůneme^c. So
haben wir | mit wolbedauchtem^d můte, | gůtem raut vnser vn(d) des |
Richs fürsten, Grauen, fryen, | heren, Ritterschaft vn(d) stette, | der ain
merklich^e månige | by vns was, vn(d) mit recht(er) | wyssen jn dem namen
des | almåchtigen gottes, der ain | geber vnd merer alles fry | des ist,

---

i) eg[e]n(an)t] egn(an)t *SG, Emendation nach dem Urkundentext und der bisher üblichen Orthographie der Hs.* ii) gůt] gůt- *SG, Fehler der HHd.; Emendation nach dem Urkundentext*

a) gehorsam, ergeben b) glücklich, segensreich c) v. zůnëmen: wachsen d) besonnenem e) bemerkenswert f) v. lütern: reinigen, läutern g) v. entrichten: entscheiden

^1141 28. Nov.

[127vb]
a...a) unwandelbar b) Feindseligkeit, Hass c) v. růmen: herausfordern, beleidigen d) v. åfern: eine Sache gehässig wieder vorbringen, sie rächen

[128ra|261]
i) Si[n]demmal] sidemmal vnd *SG, Konjektur nach dem Urkundentext* ii) da] *aus* das *vermutlich v. der HHd.,* mbrT, *durch senkrechten Strich korr.* iii) fün[ff]zehen] fünzehen *SG, Emendation nach dem Urkundentext und der bisher üblichen Orthographie der Hs.*

a) v. bedenken: dünken, (er-)scheinen b) Majorität, Mehrheit c) Unterredung, Verhandlung

[128va|262]
i) den] n *aus* m *vermutlich v. der HHd.,* mbrT, *durch senkrechten Strich korr.* ii) den] den= *SG, Fehler der HHd. und des Rubrikators; Emendation nach dem Urkundentext*

a) v. geschehen: geschehen, sich ereignen, passieren b) vollgewichtiges, d.h. das richtige Gewicht des edlen Metalls enthaltendes c) unerlässlich, unbedingt d...d) ohne jede Hinterlist, aufrichtig e) v. kiessen: wählen f) kundige g...g) getreulich h) nützlich i) Bosheit, Arglist, Betrug

[128vb]
i) zünf(!) | ten] f *eventuell v. der HHd. aus* t *korr.* ii) Zz: *v. der Hd. des Rubr.,* mroT iii) Zz: *v. der Hd. des Rubr.,* mroT

a) v. schaffen: ordnen, verhandeln b...b) bestimmen und durchführen lassen (v. vertigen: bestimmen, übertragen und v. vstragen: festsetzen, bestimmen)

[129ra|263]
i...i) so orden und setzen wir] *fehlt SG; Konjektur nach dem Urkundentext* ii) Zz: *unübliche Form; v. der Hd. des Rubr.,* mroT iii) Zz: *v. der Hd. des Rubr.,* mroT

a) vorzugsweise b) eigene, abgesonderte c) v. aintailen: zuordnen, zuweisen d) v. bestellen: besetzen

15 gemachet, geordnet, | gelütert^f, entschaiden, gesetzt | vnd entrichtet^g,
Machen, | ordnen, entschaiden, setzen | vnd entrichtend zů Ewi- | gen
zyten vnd ^avnuerruk |

[127vb] lich^a zů belibend jn crafft disz | brieffz vnd Rômscher küng | licher macht
volkome(n)hait. | zum Ersten: |

5 D(!)as die von costentz Baide, | die alten Erbern geschlächte, | Och alt vnd
nw̃ Raute vn(d) | die gantz gemaind vo(n) allen | vergangen zwytrachtten |
vnd sachen gůte fründe sin | vnd der gen ainander jn | argk^b nümer me
gerůmen^c | oder geäfern^d sôllen mit wor | ten noch mit werken, haym | lich
noch offembar jn dehain | wyse. |

10

J(!)tem als vor gemeldt ist, d(a)z | Burggrauff frydrich zwü- | schen den
von Costentz von | Beuelhnüsse wegen vnsers | her(r)en vnd vatters, des
kay- | sers såligen, vsgesprochen | vnd jn sinem spruch gesetzt | vnd

15 geordnett vnd vnser | her vnd vatter egena(n)t d(a)z | dar nach bestâttigit
haut, | das der Raut zů coste(n)tz halb | von den alten erbern ge- |
schlächten vnd halb von | den zünfftten vnd der ge- | maind besetzt
werden solt. | also tretten wir jn unsers | vatters fůsstappffen Vnd | ordnen
vnd setzen, das |

[128ra|261] der Råt zu glichem tail der | alten geschlächt vnd der ge- | maind gesetzt
vnd da by be | liben sol zu ewigen zyten. |

5 J(!)tem Si[n]demmalⁱ der R**å**t | daⁱⁱ selbs ettwas vast wyt ist, | So setzen
vnd ordnen wir, d(a)z | der R**å**t hin füro mit <u>zehen</u> vo(n) | den
geschlächten vnd <u>zehen</u> | von der gemaind besetzt wer | den sol, Vnd dar
zů der vogt, | **a**mman vnd Burg(er)maister; | d(a)z sind <u>dry vnd zwaintzig</u> |
person. da mit vns der Rat | erberclich vnd wol besetzt be- | dunkt^a. |

10 **W**urde man ains grossen rats | bedürffen, So mögen sy dar zů | ordnen vnd
setzen dryssig | man(en), <u>**f**ünffzehen</u> von den ge- | schlächten vnd
<u>fün[ff]zehen</u>ⁱⁱⁱ vo(n) | der gemaind, zů dem recht(en) | raut. **V**nd was der
Merer- | tail^b vnder den <u>dry vn(d) fünff</u>- | tzig mannen des mindren | vnd
meren Rautz beschliessen, | da by sol es beliben. |

15

J(!)tem wir setzen vnd ordnen, | das die R**å**te von den gesch- | låchten vnd
von der gemaind | enttweder tail ŏne den and(er)n | kainen Raut noch
vnderred^c |

[128rb] haben sôllen. |

J(!)tem wir günnen vnd erlo- | ben, das ye ain <u>jar</u> ain vogt | von den

5 geschlåchten vn(d) d(a)z | ander jar von der gemaind | sin sol. **Vnd** setzen
d(a)z och | des glich mit ainem **B**urg(er) | maister, d(a)z der ain jar von |
den geschlåchten vn(d) d(a)z an- | der von der gemaind sin sol. | **D**och also
das dar an alle jår | ain wechsel sy: **A**lso wan ain | **B**urgermaister von den
ge- | schlåchten ist, das dan(n) der | vogt von der gemaind sige | vnd des
10 glichen vo(n) de(m) vogt | hin wyder. |

J(!)tem wir Setzen vn(d) ordnen, | ob man eynich bottschafftt | tůn wurd,
wa hin d(a)z wåre, | sol man **v**on den geschlåch- | ten vnd **v**on der
15 gemaind | gliche zal nemen. |

J(!)tem wir setzen vnd ordnen, | das der alt **R**aut, Namlich | <u>ûlrich</u>
<u>Ehinger</u>, <u>Cûnrat</u> wint(er)- | berg, <u>Caspar gumpost</u>, <u>Zôlli</u>- | kouen, Metzger,
20 hansz <u>bolsch</u>- | huser, <u>hansz wanner</u>, **D**ar | vmb das sy die alten Erbern |
geschlåcht von jn vsz der |

[128va|262] Stat genôttet haben, <u>fürbass</u>= | er die wyle sy leben nümer | mer jn dem
Råt zů <u>coste(n)tz</u> | sin noch sitzen sôllen. welher | aber dar jn gienge vnd
die, | die jn denⁱ **R**aut jn nemen, | der yegklicher sol vns vnd | vnsern
nachkomen, **a**ls offt | das geschicht^a, fünfftzig mark | lôtiges^b goldes
5 veruallen sin | vnlåsclich^c vnd ^don **a**ll geuård^d | zů bezalen. |

J(!)tem wir setzen vnd ordnen | och, das die alten Erbern ge= | schlåcht
<u>zehen</u> dar zů geben | sôllen, die selben <u>zehen</u> <u>sechs</u> | vs den alten
10 geschlåchten für= | basser kiessen^e sôllen. **S**o sôllen | die <u>zehen</u>
zunfftmaister och | <u>sechs</u> erber beschaiden^f man | fürbasser von jn oder der
| gemaind kiessen. die selben | <u>zwôlff</u> von Baiden sytten | sôllen getrülich
ainen **R**åt | setzen vnd kiessen ^gnach jren | trüwen^g vnd by den ayden, | die
sy zů den hailigen **D**ar | vmb sweren sôllen, der dem | **R**ich, der stat, arm
15 vn(d) **R**ichen, | erlich, nütz^h vnd gůt sy one | alle argelistⁱ⁾ vnd geuårde. |
W(!)åre aber das die <u>zwôlff</u>, | die also von Baiden syten | dar zů gegeben
werden, | nicht môchten über ain ko- | men, So sol dan(n) zů den=ⁱⁱ |

[128vb] <u>zwôliffen</u> sitzen des Richs vogt, | den das **R**ich daselbs jn der | stat håt, mit
sôliche(n) **a**iden, als | vor geschriben stat. **V**n(d) wie | dan(n) die <u>dryzehen</u>
oder der | mertail vnder jn ainen **R**at | setzen, da by sol es beliben, **d**och |
das die zal der <u>zwaintzig</u> | man(en), als wir vor geordnet | haben, nit
5 geendert werde. |

J(!)tem dar vmb, das vsz den zünf(!) | tenⁱ vnd trinkstuben vil vnfů- | res
entspringet, So setzen wir, | das es by <u>zehen zünfften</u> be- | stån sol vnd das
10 man die | zünfften zů ain ander ordne | vnd fůge, da mit der <u>zehen</u> |
beliben. die sôllen och zů den | hailigen sweren, ainem **B**ur- | germaister

vnd **R**ate gehor- | sam zů sind. #^ii |

15 **J**(!)tem So setzen vnd ordnen | wir, das die selben zünfftte | Besundern **R**aut vsser dem | rechten **R**aut nicht haben sôl- | len, Sunder was sy zů schaffen^a | haben, das sôllen sy an **B**urg(er) | maister vnd Raut bringen | vnd das selbs ^b**v**ertigen laussen vnd vstragen^b. #^iii |

[129ra|263] **J**(!)tem dar **v**mb das die **v**fflôff | über den alten **R**aut vn(d) über | die juden namlich^a vn(d) zů | maist vsz den zünfften der | lin **w**eber vnd der **G**erwer | komen vnd dar gange(n) sind, | ^i[so orden und setzen wir]^i das die selben **z**ünfft fürbas- | ser zů ewigen ziten kain sun- | der^b zunfft sin, Sunder
5 andern | zünfften **a**ingetailt^c werden | vnd der selben **k**ainer nümer | mer jn den **R**aut genomen | werden sôllen. #^ii |

J(!)tem So setzen vnd ordnen wir, | das die Sturmgloke Bestelt^d | sol
10 werden mit zwain **R**auts | man(n)en, ainen von den ge- | schlâchten **v**nd ainen vo(n) der | gemaind, zů dem **B**urgermai | ster; die sôllen alle jar, wen(n) | man ainen **R**aut setzt, dar zů | geordnett **w**erden. #^iii |

15 **J**(!)tem als die von **C**ostentz den | alten geschlâchten **j**r aigen | lüt, pfandlüt **v**nd hindersâs | sen zů pfaulburgern jn ge | nomen haben, **A**(!)lso ordne(n) | vnd setzen **w**ir — sinten mal(e)n | das die guldin **B**ulle kayser | karls^1142, vnsers her(r)en vn(d) **v**at- | ters sâligen, **O**ch die Richtu(n)g | zwüschen den heren vn(d) stetten |
[129rb] zů **E**gern^1143 geschenhen, **C**larlich | verbüt, pfalburger zehabend — | das die von **C**ostentz dan(n) der | selben lüten vnd pfaulburg(er)n | jr

---

^1142 Vgl. die Hinweise zu fol.77ra mit den Erläuterungen zum hier angesprochenen Kapitel.

[129rb]
i) *Zz: v. der Hd. des Rubr., mroT* ii) *Zz: unübliche Form, v. der Hd. des Rubr., mroT* iii) *Zz: v. der Hd. des Rubr., mroT*

a) v. absagen: aufkündigen, aufgeben b) v. jnnëmen: (in das Burg-/Stadtrecht) aufnehmen c) nötig, notwendig d) v. fründen: sich verschwägern, sich verbünden e) Festlichkeiten, Zeitvertreib f) nicht zum Schaden, ohne Folgen

^1143 Auch hier im Landfrieden zu Eger werden in Kapitel 37 Pfahlbürgerverhältnisse verboten (vgl. RTA II, Nr.72, S.165).

[129va|264]
a...a) v. vffsagen: aufkündigen, aufgeben b...b) Freizügigkeit, Möglichkeit des Verlassens der Stadt c) ohne Hinterhalt

[129vb]
i) ainem] ainen *SG, Konjektur der Edition nach dem Urkundentext (vgl. Kapitel B.3.3)*

Burgkrecht absagen^a, sy le= | dig laussen vnd fürbas kaine(n) | pfaulburger **j**nnemen^b noch | haben sôllen. #ⁱ |

5

J(!)tem wir Setzen vnd ordnen, | das die **z**ünfft kain sunder | **B**anÿr haben, Sunder vnder | der stat **B**anyr sin vnd beli- | ben sôllen, wan das nottdürff- | tig^c würt. #ⁱⁱ |

10

J(!)t(em) wir setzen vnd ordnen och, | wåre sach, das die vo(n) den alt(en) | geschlåchten, **wib** oder **Man**, | sich zů der gemaind früntenᵈ | oder des gelich die von der | gemaind **zů** den alten ge- | schlåchten, **Es** sy wyb oder

15 | man, **Mô**gen wol zů den | **alten** geschlåchten gån vn(d) | **By** jrem schimpf^e sin, **Doch** | vnschådlich^f den zünfften, | **dar** jnn(en) sy wåren, **an** jren | zunfft rechten. **Vn(d)** sôllen | och die alten geschlåcht hin | füro by jrem schimpf beli- | ben als von alter herkomen | ist. #ⁱⁱⁱ |

[129va|264]   **J**(!)tem so setzen vnd ordnen | wir, das die, die sich zů den | **alten** geschlåchten gefrünt | haben vnd yetzo mit jnen | herusz komen sind vn(d) die | jn die stat <u>costentz</u> wyder | ziehen wôllen, die mügen, | ob sy **wellen**, wyder jn jr | zünfften **komen** oder **By** | den alten geschlåchten beli | ben

5 Vnd die **wal** sol zů jn | steen. |

J(!)tem wir setzen vn(d) ordnen, | das yederman zů <u>coste(n)tz</u>, | Rich vnd arm, sin **Burg** | recht ^avff sagen^a vn(d) geben | vnd dar nach ^bainen fryen |

10 zug^b, so jm das nottdürff- | tig ist, haben sol vnd mag | vngeuarlich^c. |

J(!)tem So clåren vn(d) lütren | wir, das die von den alten | geschlåchten vnd die von | der gemaind, die sich zů jn | gefrünt haben vnd mit jn |

15 herusz komen sind, wyder | gen <u>costentz</u> ziehen môgen, | ob sy **wellen**. Vnd welich | also wyder hin jn ziehen | vnd von der gemaind ge- | betten wurden, das sy mit | jn jn der straff liden sôlten, |

[129vb]   das sôllen sy ton **jn** glichen | billichen dingen, **wie** wol | sy jn gegenwürtikait **vnser** | fürsten, heren vnd stett jr | vnschuld **wol** fürbraucht | haben, das sy nit straffber sin. |

5 **W**åre aber sach, das eyniche | nit **wyder** hin jn ziehen wôl | ten, die sôllen dar zů ^avnge | drungen^a sin jn **allen** sachen. |

O(!)ch setzen vnd ordnen wir | namlich, das der **R**aut vn(d) | die gemaind

---

a...a) unbedrängt b) Teilen, Artikel

10 alle **jar** dise | vnser ordnu(n)g vn(d) satzung | offenlich lesen laussen vnd |
dar vff zů den hailigen swe- | ren sôllen, **D**ie vestenclich zů | halten vnd da
wyder nit ze | tůnd jn dehain wysz, **v**nschâd- | lich doch vns vnd dem
haili- | gen Rich, ainem[i] **Byschoff** vnd | dem stifft zů <u>costentz</u> jn allen |
obgenant(en) stuken[b] vnd artikeln | vnd ir ietlichem an vnsern | vnd jren

15 rechten vnd gewon- | haiten, **a**ls das herkomen ist | ongeuârd. |

V(!)nd wâre sach, d(a)z yemant, | wer der oder die wâren, sôlich | vnser
ordnu(n)g vnd satzung | jn ainem oder mer **a**rtikeln |

[130ra|265]   **v**berfůren[a] vnd da wyder tât- | ten jn eynichen weg, d(a)z sich | mit
warhait erfunde, der oder | die selben sôllen erlôsz, trŵlosz | vnd
mainaydig gehalten wer- | den vnd vns vnd vnsern | nachkom(en) vnd dem
hailigen | **R**iche, als offt das geschâhe, | libs vnd gůtz veruallen sin | one

5 alle gnad zůnemend. | **V**nd by allen obgeschriben | sachen sind gewesen: *Zeugenliste;*
Die [i] Erwirdigen **C**ůnrat zů pres- | law[1144] vnd otto zů <u>costentz</u>, **B**y |
schove, <u>hansz **abbtt** zů win-</u> | <u>garten</u>[1145], vnser fürsten vnd | lieben
andâchtigen, **V**n(d) die | hochgebornen <u>adolff</u>, <u>hertzog</u> | zů gülch, zem
berge vn(d) <u>gelren</u>[1146], | <u>wylhalm</u> vnd <u>hainrich</u>, pfaltz | grauen by Rin vnd

10 hertzog(en) | jn payern, vnd <u>wylhalm</u>, | hertzog zů <u>Brunschwig</u>[1147] vn(d) |

[130ra|265]

i) *Mz: 3-z. senkrechter Strich, vermutlich v. der HHd., mbrT, amreRa*

a) v. vberfůren: übertreten

[1144] Konrad v. Oels: geb. zwischen 1380 und 1386; aus dem Geschlecht der schlesischen Piasten; regiert ab 1412/13 bis zur Volljährigkeit der Brüder die Oels-Kosler Länder; erscheint 1399 als Breslauer Kleriker; 1410 Mitglied des dortigen Domkapitels; 1411-1417 Domdekan; 1411 päpstlicher Notar; auf Betreiben König Sigismunds 1417 v. Papst Martin V. zum Bischof v. Breslau ernannt; Weihe 1418; seit 1420 „die Seele und der Organisator des Widerstandes der Schlesier gegen die böhmischen Hussiten" (NDB, Bd.12, S.502); 1422 erster Oberlandeshauptmann Schlesiens; 1435 Bundeshauptmann des schlesischen Fürstenbundes; Konflikt mit Basler Konzil; Absetzung durch das Konzil; resigniert 1444; Wiederaufnahme der Bistumsleitung auf Weisung Papst Eugens IV.; gest. am 9. Aug. 1447 (vgl. NDB, Bd.12, S.502f).

[1145] Kloster Weingarten: Benediktinerabtei; Hauskloster der Welfen; 1056 werden Mönche aus Altomünster nach Weingarten auf den Martinsberg umgesiedelt; reiche Güterschenkungen v. der welfischen Stifterfamilie; 1094 Reliquienschenkungen (darunter die Hl.-Blut-Reliquie); gehört dem Reformkreis v. Hirsau an; Ausweitung des Besitzes und kulturelle Blüte v.a. unter der Vogtei der Staufer (v. 1191-1268); seit 1274 liegt die Vogtei beim königlichen Landvogt in Schwaben (vgl. LBW, Bd.7, S.740f; HbBW, Bd.2, S.604ff).

[1146] Adolf I. v. Jülich-Berg: Herzog v. Berg seit 1408; ab 1423 Kampf um das Herzogtum Jülich-Geldern, dabei Unterstützung durch Sigismund; Herzog v. Jülich seit 1424; Adolf hält sich zu dieser Zeit im Gefolge des König auf (vgl. z.B. auch Zeugenliste v. RI XI/2, Nr.8007), ersucht ihn u.a. um Unterstützung in der wieder aktuell gewordenen geldrischen Erbangelegenheit und besiegelt noch am 25. März 1431 das „Pfahlbürgergesetz" (vgl. RTA IX, Nr.429, S.570); Beteiligung an zahlreichen Feldzügen und Fehden; gest. am 14. Juli 1437 (vgl. NDB, Bd.1, S.80; W. Baum, Sigismund, S.181f, 225f, 327).

[1147] Wilhelm v. Braunschweig-Lüneburg, der Ältere: geb. um 1400; übernimmt 1416 die Regierung; in zahlreiche Fehden verwickelt; Teilnahme an den Hussitenkriegen; hält sich zu dieser Zeit im Gefolge des Königs auf (vgl. auch Zeugenliste v. RI XI/2, Nr.8007); Anfang der 1430er Jahre Auseinandersetzung mit seinem Bruder Heinrich; gest. am 25. Juli 1482 (vgl. ADB, Bd.42, S.733ff).

zů <u>lunenburg</u>, vnd <u>Rûprecht</u>[1148], | vnsers ôhems hertzog <u>adolfs</u> |
vorgeschriben sône, vnsere lie | ben ôhem vnd fürsten, **D**er | **E**rsam
<u>Marquart</u> von <u>kün-</u> | segk, lantkomentür Tütsches | ordens jn <u>Elsâssen</u>,
Vnd die | Edeln <u>johans, landgrauf</u> zů | <u>lüchtemberg</u> vnd grauf Zů | <u>hals</u>[1149],
15 <u>fryderich</u> von <u>Toggenb(ur)g</u>, | <u>johans</u> zů <u>luppffen</u> vn(d) <u>johans</u> | von
<u>Tengen</u> zů <u>Nellenburg</u>[1150], | grauen, <u>Brûnorius</u> von der | <u>laytern</u>[1151], des
hailigen Richs ge | mainer vicari zů <u>Bern</u> vn(d) |

[130rb] zů <u>vincentz</u> etc., <u>vlrich</u> von | <u>Rosemberg</u>[1152], hopt vo(n) <u>Bappen</u> | hain, des
hailigen Rich erb | <u>m</u>arschalk, <u>Jacob</u> Truch<u>sâss</u> | von <u>waltpurg</u>, lantvogt jn
| <u>Swaben, Caspar</u> von <u>Clingen-</u> | berg, ^i[Hans Conrad von Bodmen, ritter,
Marquard von Schellenberg, ritter,]^i <u>hansz</u> vnd <u>hans von</u> | Bodmen[1153],
5 <u>albrecht</u> von <u>hǒn-</u> | burg[1154], <u>Eberhart</u> von <u>landow</u>[1155], | **R**itter, **V**nd vnser
vnd^ii | des hailigen Richs stett mit | namen <u>Strausburg, Oug-</u> | spurg,
<u>Nûremberg, vlm</u>, | <u>zürich, lucern, hagnow, Col-</u> | mar, <u>Schauffhusen</u>,
<u>Rauen-</u> | spurg, <u>vberlingen, Bûchorn</u>, | <u>lindow</u> vnd <u>zelle</u> **E**rbere **B**ot | ten
vnd vil ander fru(m)mer | vnd erber lüt, die den sachen | by gewesen sind.
10 **M**it vrkünd | disz brieffz versigelt mit vn- | ser küngclichen **M**aiestaut |
jngesigel. Geben zů <u>vberli(n)g-</u> | en nach <u>Cristus</u> gepurt <u>vier-</u> |

[1148] Ruprecht v. Jülich-Berg: Vater: Adolf I. v. Jülich-Berg; am 26. Feb. 1426 Heirat v. Marie, Tochter des Grafen
Johann v. Harcourt, Witwe Herzog Reinalds v. Jülich-Geldern; gest. am 2. Aug. 1431 (vgl. NDB, Bd.1, S.80).

[1149] Johann III. v. Leuchtenberg: Angehöriger des oberpfälzischen Adelsgeschlechts; geb. um 1401; erster urkundlicher Beleg 1408; 1425/28 Verweser in Niederbayern; oberster Hofmeister und Pfleger in Straubing; Gläubiger Kaiser Sigismunds (führt schließlich zum wirtschaftlichen Ruin der jüngeren Linie des Hauses); Teilnahme am Reichstag in Nürnberg 1430/31; 1433 bayrischer Rat; gest. nach dem 6. Feb. 1458 (vgl. ESt, Bd.16, Taf.96; I. Wagner,
Landgrafen von Leuchtenberg, Bd.3, S.69ff).

[1150] Johann (IV.) I. v. Tengen-Nellenburg: erster urkundlicher Beleg 1409; 1422 wird er mit der Grafschaft Nellenburg belehnt; übt die Landgrafschaft im Hegau und in Madach aus; verheiratet mit Anna, Tochter v. Martin Malterer
aus Freiburg; gest. am 25. Feb. 1438 (vgl. ESt, Bd.12, Taf.90).

[1151] Brunoro della Scala, Herr v. der Leiter in Bayern: erscheint 1402 als Dr.; 1404 Ritter; 1404 Herr v. Verona; wird
am 18. Mai 1404 eingekerkert; 1406 in Heidelberg nachweisbar; Vikar für Verona und Vicenza; gest. am 21. Nov.
1437 (vgl. ESt, Bd.16, Taf.4).

[130rb]
i...i) Hans Conrad von Bodmen, ritter, Marquard von Schellenberg, ritter,] *fehlt SG, Konjektur nach dem Urkundentext* ii) vnd] v *v. der HHd. aus nicht mehr lesbarem Buchstaben korr.* iii) Zz: *v. der Hd. des Rubr., mroT*

[1152] Ulrich II. v. Rosenberg: geb. am 13. Jan. 1403; regiert das Haus Rosenberg nach dem Tod des Vaters; Statthalter;
1438 Regent des Königreichs Böhmen; gest. am 28. April 1462 (vgl. ESt, Bd.16, Taf.41).

[1153] Johannes (Hans) Konrad v. Bodman: erster urkundlicher Beleg 1389 (noch minderjährig); Ritter; sitzt zu Möggingen; 1414 kaiserlicher Rat und Teilnehmer am Konstanzer Konzil; Hauptmann v. St.-Jörgenschild; Schiedsrichter
(u.a. im Auftrag König Sigismunds in Konstanz); Richter; gest. am 31. März 1445 (vgl. ESt, Bd.12, Taf.156;
L. Freiherr v. Bodman, Geschichte, S.103ff)

[1154] Albrecht v. Homburg: Angehöriger des mächtigen, weit verzweigten Ministerialengeschlechts der Bischöfe v.
Konstanz; erster urkundlicher Beleg 1411; Sigismund verschreibt ihm, seinem Bruder und einem Oheim 1414 die
Reichssteuer der Stadt Überlingen und verpfändet weitere Stadtsteuern; Teilnehmer am Konstanzer Konzil; 1431 erteilt Sigismund ihm das Recht, die Venezianer überall zu bekriegen und über Leib und Gut derselben frei zu verfügen; gest. am 7. Aug. 1440 (vgl. OBG, Bd.2, S.98 und 100).

[1155] Eberhard VI. v. (Grüningen-)Landau: Angehöriger des ehemaligen Grafengeschlechts aus dem Hause der Grafen
v. Württemberg (Verarmung und Ende des 14. Jhs. Ablegung des Grafentitels); erster urkundlicher Beleg 1398; Ritter; muss aus Geldmangel 1437 den Rest des väterlichen Erbes an Eberhard Truchsess v. Waldburg veräußern; gest.
am 10. Juli 1444 (vgl. U. Mereb, Studien, S.53ff; ESt, Bd.III/1, Taf.46).

zehenhundert **jar** vnd dar | nach jn dem **tryssigosten jår** | an sant <u>lucien</u> *1430*
tag[1156] **V**nser | Rich des hungerischen jn dem | <u>vier vnd viertzigosten</u>, Des |
Rômschen jn dem ain vnd | <u>zwaintzigosten</u> vnd des Be- | hemschen jn dem
aylifftten | **jaren**. #[iii]/[1157] |

[130ᵛ] Leere Seite

[131ʳᵃ] **A**l(!)s[i] man von der gepurt [ii]| cristi zalt tusend vier- | hundert vnd tryssig
jare | am sambstag vor dem hailig(en) | tag ze winåchten[1158] zwüschen | *1430 Besuch*
ayliffen vnd zwôlffen vor | mittem tag, vnd was do der | hailig tag am(m) *König Sigis-*
Mentag, do | kam der aller durchlüchten | dost fürst vnd h(er)re, h(er)n *munds in Kon-*
5 Syg | mund, Rômscher küng, gen | costentz jn geritten[1159] vff des | *stanz;*
Byschoffs, do ze mal otto, pfal- | lentz. vnd rittend mit jm | jn ain **h**ertzog
von **B**run | swig, ain hertzog vo(n) Berge | vnd sin sun, hertzog hain(rich) |
vnd hertzog wylhalm von | Bayern vnd andern vil he(ren), | grauen, fryen,
Ritter vn(d) knecht | von disen vnd andern landen. | Vnd schankt jm der
10 gena(n)t | Byschoff otto zehen malter | habern, drü füder win, zwen |
ochsen vnd zwaintzig sch- | auff[1160]; Die chorheren des | hochenstiffts
zwaintzig mal- | ter habern Vnd die stat dris- | sig malter habern, vier
fůder | win vnd vil visch[1161]. |

[131ᵛ] Leere Seite

[1156] 13. Dez.

[1157] Um die Reaktion Sigismunds auf den Bürgerkampf noch einmal zusammenzufassen, sei auf die Untersuchung v. E. Engel, Bürgerkämpfe verwiesen. Dort wird konstatiert, dass Sigismund in keiner der zahlreichen anderen Städte, die v. solchen Unruhen erschüttert wurden, so direkt und persönlich eingegriffen habe. Gleichzeitig sei er auch keiner anderen so nahe gewesen oder habe eine neue Ordnung geschaffen, die solange wie hier in Konstanz währte (vgl. E. Engel, Bürgerkämpfe, S.297).

[131ʳᵃ]
i) Al(!)s] A *3-z. Lomb., v. der Hd. des Rubr., mroT* ii) *Mz: 2-z. senkrechter Strich, vermutlich v. der HHd., mbrT, amreRa*

[1158] 23. Dez. Diese Angabe der Ankunft Kaiser Sigismunds mit großem Gefolge in Konstanz nach der Befriedung der Stadt ist korrekt (vgl. H. Maurer, Konstanz II, S.67).

[1159] J.K. Hoensch, Sigismund, weist auf S.362 auf die „starke emotionale Komponente" dieser „Rückkehr an die Stätte seines Triumphes als Herrscher und Konzilsvogt" hin. Darüber hinaus stellt er die bei Dacher ausführlich erwähnte Beteiligung an den religiösen Handlungen, bei der er dem Kaiser „aufrichtige Inbrunst" attestiert, fest.

[1160] Vgl. H. Maurer, Konstanz II, S.67, der diese Ehrengeschenke unserer Chronik entsprechend beschreibt, sowie REC III, Nr.9342 zu den Geschenken des Bischofs.

[1161] Dieser Hinweis bestätigt (ebenso wie fol.225ʳᵃ) A. Lampen, Fischerei, die auf S.37ff erläutert, dass Fisch im Mittelalter keinesfalls nur als „billiger Fleischersatz" verzehrt wird. Vielmehr handelt es sich bei bestimmten Arten um beliebte Speisen, die auch außerhalb v. Abstinenz- und Fastenzeiten v.a. im klösterlichen Bereich und in der Oberschicht gegessen werden. Dies führt dazu, dass Fisch teils zum „Statussymbol" erhoben und bspw. zur Zeit des Konzils (vgl. Preislisten in den Richental-Chroniken) im Vergleich zum Fleisch sehr teuer ist.

[132ra|269] An^i dem sonn(en)tag am hai | ligen aubend^1162 des jaurs | So vor stat do   *Gottesdienst-*
kam der | küng jn den chor zů der ve- | sper^ii vnd was jm gestůlet^a | vor^iii   *besuche^1163;*
dem altar. da was er | die gantzen vesper mit den | vorgena(n)ten he(ren)
vnd By | schouen mit grosser gezierd^b. |

    [132rb]^i An^ii dem hailigen tag^1164 | was er zů der mettin | jn dem chor aber mit
grosser | herschafftt^a. Vnd die Crist | messen sang der wich By | schoff^1165
vnd sust ain gesproch- | en mesz hort er. vn(d) nach | der cristmesz vnd der
gesp- | rochen mesz <u>gieng er wy</u> | der vff die pfallentz. Jtem | die tag mesz,
  5   die mettlen, | <u>hort er jn des Byschoffs Cap</u> | pelle^1166 jn dem venster. |
Jte(m) zů dem ^bfron ampte^b, der | letzsten mesz, kam er aber | zů chor mit
groszer Her(r) | schafft vnd costlich. |
Jte(m) zů der vesper kam er | aber ze chor vnd mit jm | <u>Byschoff otto zů</u>
<u>costentz,</u> | <u>der doch vor mals jn vier</u> | <u>oder fünff jåren nit was</u> | <u>ze chor</u>
  10 <u>gegangen</u>^1167. Also w(a)z | der küng von dem hailigen | aubend^1168 bisz an

---

[132ra|269]

i) An] A *3-z. Lomb., v. der Hd. des Rubr., mblT* ii) ve- | sper] r *durch beschädigtes Papier verderbt* iii) vor] r *aus* n,
vermutlich v. der HHd. korr.

a) v. stůlen: einen Thron aufstellen/errichten b) Pracht, Schönheit

^1162 24. Dez.
^1163 Aus dem nun folgenden Bericht über den Aufenthalt König Sigismunds, der an zahlreichen Vespern und Messen
zu und auch nach Weihnachten teilnimmt, lässt sich die Wirkung und das „Staunen" der Stadtbewohner über die
Prachtentfaltung des Herrschers und seines Hofes bzw. über die „Selbstdarstellung fürstlich-adligen Lebens" (vgl.
auch der Hinweis auf ein „geståch", d.h. also ein ritterliches Turnier in der Form des Zweikampfes auf fol.132va) ab-
lesen (vgl. H. Maurer, Konstanz II, S.67).

[132rb]

i) *die Unterstreichungen in dieser Spalte sind, mbrT, sehr leicht ausgeführt* ii) An] A *2-z. Lomb., v. der Hd. des
Rubr., mroT* iii) *Marg.: v. späterer Hd., mschwT, amreRa:* N(ota)B(ene)

a) Gefolgschaft, versammelter Gesellschaft b...b) Hochamt c) Knien

^1164 25. Dez.
^1165 Johannes episcopus Cesariensis: Benediktiner aus dem Kloster Wiblingen (bei Ulm); mag. art.; im Bistum
Konstanz wirkt er als Weihbischof unter den Bischöfen Otto v. Hachberg, Friedrich v. Zollern und Heinrich v. Hewen vom 18. Juni 1430 bis zum 21./22. Okt. 1440; im Juli 1440 Weihbischof v. Brixen sowie v. Chur; gest. vor dem
26. Nov. 1440 (vgl. HS I/2,2, S.512).
^1166 D.h. in der Pfalzkapelle St. Peter: die bischöfliche Hauskapelle; vermutlich im Rahmen des Pfalzneubaus durch
Bischof Hermann I. errichtet; erstmals 1158 urkundlich erwähnt; schließt die Lücke zwischen Pfalz und Pfalzvogtei;
u.a. nach Osten vorspringender Rechteckchor mit Turm; nicht geklärt ist, ob es sich ursprünglich um einen
doppelgeschossigen Saalbau handelt, oder ob v. einer Doppelkapelle mit Sichtverbindung ausgegangen werden muss
(vgl. H. Maurer, Konstanz I, S.65; A. Bihrer, Konstanz).
^1167 U. Janson, Otto von Hachberg, S.245 weist auf die Betonung dieses Umstandes hin. Zu berücksichtigen hat man
hierbei die Tatsache des oben erwähnten Umbaus des Münsters. Durch den Einbau der Fenster in der Kapelle über
St. Margarethen ist es dem Bischof möglich, dem Gottesdienst in seiner Kirche ungestört und v.a. unbeobachtet
beizuwohnen.
^1168 24. Dez.
^1169 26. Dez.

sant stephans | tag[1169] <u>alle zit ze chor mit gros-</u> | <u>ser herschafft vnd gezierd</u> | <u>vnd andåchtig vff sine(n) knü-</u> [iii] | wen[c] Vnd wurdend von | jm vnd den fürsten, gaistlich- | en vnd weltlichen, vnd and(er)n | he(r)ren vff fron altar geoppf | ert wol fünff pfund pfen- | ning vnd me, one das des | küngs

15 Capplon namend. Jt(em) | <u>ander tag hort er alle tag</u> | <u>dry messen nach</u> <u>ainander</u> | <u>jn dem münster.</u> Jtem |

[132va|270][i] an sant Stephans tag[1170] kam | der küng aber ze chor zů | der vesper mit grosser her(r)- | schafft. Jtem an Sant | johans tag[1171] kam der küng | aber zů der vesper vn(d) mit | lützel herschafft vn(d) was | das sach, wan es [was][ii] ain geståch[a] | an dem visch markt[1172], da by | warend [iii]vil fursten

5 vnd[iii] | <u>her(r)en.</u> Jtem an der kind | lin tag[1173] kam der küng ze | chor zů vesper vn(d) kain | fürst mit jm, dan(n) der her(r)- | <u>tzog von Brunswig</u> vn(d) | <u>sin landsher(r)en.</u> Jtem | an dem sonn(en)tag, was des | jn gånden jars aubend[1174], | kam der küng aber ze chor | zů vesper mit den fürsten | vnd heren. Jtem an | dem ingånden jar[1175] zů dem | ampt der mesz kam der

10 | küng aber ze chor vn(d) w(a)z | das ampt gantz vsz mit | den fürsten vnd herren, | grosser zierd vnd hersch- | afft. <u>Vnd sang min</u> | <u>her, der</u> tegen[1176], d(a)z amptt | vnd ward geoppffert | vier guldin an gold ǒn | pfenni(n)g. | Jtem an der hailigen dry | küng aubend[1177] kam der | küng ze vesper vnd nit | vil her(r)en mit jm. Vnd | nach der conplet[b] zwü- | schen fünffen vn(d)

15 sechsen |

[132vb] giengend die her(r)en von | dem cappittel mit jren [a]chor | cappen[a] vnd capplon vnd | schůler mit dem hailtům[1178], | das was sant Cůnratz hopt, |

[132va|270]
i) *die Unterstreichungen in dieser Spalte sind, mbrT, sehr leicht ausgeführt* ii) was] *fehlt SG* iii...iii) vil fursten vnd] *wirkt leicht unterstrichen (= Abdruck der Recto-Seite)*

a) Turnier b) Komplet [letzte kanonische Gebetsstunde, Abendgebet]

[1170] 26. Dez.
[1171] 27. Dez.
[1172] Konstanz ist im 15. Jh. des Öfteren Schauplatz v. Turnieren, so etwa während des Konzils, 1431, 1432, 1433, 1441 (vgl. den Bericht auf fol.172va), 1449, 1451, 1461, aber auch 1486 oder 1499 (vgl. H. Maurer, Konstanz II, S.182f und die Liste bei H. Pöschko, Turniere, S.39ff, 46ff, 59f, 65, 67, 73f, 117, 153).
[1173] 28. Dez.
[1174] 31. Dez.
[1175] 1. Jan.
[1176] Johannes Lüti: Sohn eines Subdiakons; 1414 Konstanzer Domkanoniker; 1418 Chorherr in Zurzach und vor 1423 dort Kustos; 1424 Chorherr in Beromünster; als Generalvikar Bischof Ottos III. amtiert er vom 3. April 1423 bis zum 29. Mai 1424; vom 6. Juni 1427 (erster Beleg aber erst Ende Juli) bis zum 8. Mai 1430 Domkustos; im Sept. 1432 wird er Statthalter und Verweser des Bistums; seit 1437 auch Straßburger Domkustos und bis 1442 Archidiakon v. Ante Nemus; vom 15. Mai 1430 bis zu seinem Tod am 1. Okt. 1442 (vgl. die Nachricht zu seinem Tod mit anderslautendem Datum auf fol.178va) Konstanzer Domdekan (vgl. HS I/2,2, S.541f, 818f, 832).
[1177] 5. Jan.

[132vb]
i) *Mz: 2-z. senkrechter Strich, vermutlich v. der HHd., mbrT, amliRa*

sant pelagien hopt, mit sant | Cûnrats arm, Mit dem Ro- | sen vnd mit sant
pangra- | tien[1179] plûmen, vnd hettend | all angeleit alben[b] vn(d) stolen[c], |
5 welhe hailtům trůgend, vn(d) | der techan och mit der alb | vnd stǒl vnd
trůg d(a)z hailig | crütz[1180] vnd der custos[1181] mit | dem thuribel[d] vnd
wych- |[i] wasser vnd sungend das | Responsori „Jllumi(n)are urb(e)m". |
vnd was der küng, fürsten | vnd her(r)en jn der grossen stu- | ben vff der
pfallentz vn(d) da | geziert[e] mit schönen gewurk- | ten[f] tůchern vnd ain
10 Stůl | mit [g]sâmitden küssin[g] vn(d) da | für gesprait[h] von sâmit[i)] vn(d) | leit
man das hailig crütz dar | vff vnd dar zů ain bekin[j] | vnd sungend den
ymps[k] „ho- | stis herodes" vnd die ewan- | geli, antiphan mit der collect[l] |
vnd dar nach kusdt der küng | das hailig crütz vnd leit jn | das bekin drÿ
guldin vn(d) an- | der her(r)en leitend dar jn, bisz | das da geoppffert ward
15 fünff | pfund vnd dryzehen schilli(n)g | pfenni(n)g. Vnd dar nach | gab
man den win, wâlschen | vnd tütschen, jn grossem vn(d) |
[133ra] vil silber geschir(r) vnd grosser | gezierd. Vnd das gelt alles, | so jn das
Bekin geoppffert | ward, nam der techan[1182]. |
Jtem an der hailigen dryer | küng tag[1183] kam der künig | aber ze chor zů
der tagmesz | vnd lausend jm sin caplon | zwo messen nach ainander | vff
5 dem fronaltar vn(d) was | also jn dem chor, das er dar | vsz nie kam, bisz

---

a...a) Pluviale [liturgische Obergewänder der Geistlichen für feierliche Gottesdienste außerhalb der Messe, z.B. bei Prozessionen] b) Alben [lange, weiße Priestergewänder mit Ärmeln, durch einen Gürtel gehalten] c) Stolen d) Weihrauchgefäß, Weihrauchfass e) v. gezieren: schmücken f) v. gewürken: herstellen, hervorbringen, (ver-) arbeiten) g...g) Kissen aus Samt h) v. spreiten: ausbreiten i) Samt j) Schale, Becken k) Lob-/Festgesang l) Altargebet, liturgisches Gebet

[1178] Die Reliquienverehrung (vgl. allg. dazu bspw. SdM, S.694f oder LexMA, Bd.4, Sp.2014ff und Bd.7, Sp.702ff mit weiterführender Literatur) ist insbesondere für Konstanz als Bischofssitz im 14. und 15. Jh. v. großer Bedeutung. Die Vielzahl der in den Kirchen und Klöstern der Stadt aufbewahrten Überreste der Heiligen und Märtyrer, deren Kult auch Prozessionen wie die hier geschilderte (vgl. auch die Prozessionsbeschreibungen bzw. -hinweise auf fol.52ra, 57va, 138ra, 149vb, 165ra und 176^{ra}f) beinhaltet, steigert u.a. das Ansehen und den Ruhm der Stadt. Die Bistums- und Stadtpatrone Konrad und Pelagius bspw. repräsentieren die Stadt geradezu (vgl. z.B. deren Abbildung auf Konstanzer Münzen) (vgl. H. Maurer, Konstanz I, S.277f).

[1179] St. Pankratius: der Leichnam eines Bischof dieses Namens wird angeblich 1370 im Reliquiensarg des hl. Konrad neben dessen Leichnam gefunden; der Sage nach der Patron des Münsters vor Konrad (vgl. H. Maurer, Konstanz I, S.278).

[1180] Konstanz gehört im Mittelalter zu den wichtigsten Zentren der Gold- und Silberschmiedekunst in Deutschland; zu den ältesten Stücken des Münsterschatzes gehörten das v. Bischof Egino um 800 gestiftete Altarkreuz sowie das Kreuz Salomons III., das dieser um 900 wohl v. dem St. Galler Mönch Tuotilo anfertigen ließ (vgl. E. v. Gleichenstein, Gold- und Silberschmiedearbeiten, S.164).

[1181] Der Name des Domkustos dieser Zeit ist uns nicht überliefert. Während Johannes Lüti als Kustos nur bis zum 8. Mai 1430 belegt ist, ist Albrecht (Albert) Blarer als solcher erst vom 4. Dez. 1431 an bezeugt (vgl. HS I/2,2, S.832f).

[133ra]
i) *Mz: 2-z. senkrechter Strich, vermutlich v. der HHd., mbrT, amliRa* ii) *Mz: 2-z. senkrechter Strich, vermutlich v. der HHd., mbrT, amreRa*

a) zu Ende, fertig

[1182] Johannes Lüti.
[1183] 6. Jan.

das man | gar^a gesang. vnd die drit | ten mesz hort er gesung- |ⁱ en aber vff
dem fronaltar | vnd sang die mesz der vo(n) | hôwen, techan zů strausz- |
burg vnd chorh(er)re zů Co- | stentz¹¹⁸⁴; vnd ward zů der | selben mesz
aber geoppfert | vierdhalb pfund pfenni(n)g. | vnd was der küng vff den |

10   selben tag mit grosser her(r)- | schafft zů chor, fürsten vn(d) | ander
her(r)en, grauen, fryen, ⁱⁱ| Rittern vnd knecht(en). |

[133^v]   Leere Seite

[134^r]   Leere Seite

[134va|274]   Dieⁱ stat zů ůberlingen, die | můst geben dem künig | fünfftusend guldin   *Bestrafung der*
von | der juden wegen vm(b) des | wyllen, d(a)z der küng maint, | sy   *Stadt Über-*
hettend jm anders vo(n) der | juden wegen jres gůts ^afür | bracht^a, die sy   *lingen;*
gebrent hette(n)d, | dan(n) sich erfunden hett. Dan(n) | sy hettend jm ^bfür

5   gegeben^b | vnd geseit, das sy nun hetten | dry oder vier armer juden, | d(a)z
also an jm selbs nit was¹¹⁸⁵. |

Wappen des Römischen Königs¹¹⁸⁶ oder Stadtwappen Überlingen (?)
(5x5)
10   (In Gold/Beige schwarzer, rot bewehrter Adler)

Jtem die von den nüwen | Råten zů costentz von dem | küng gefangenⁱⁱ   *Bestrafung*
warend, | die straffet der küng yegk- | lichen jnsunder, nach dem |ⁱⁱⁱ er hett   *Konstanzer*
vnd rich was. | *Bürger¹¹⁸⁷;*

---

¹¹⁸⁴ Heinrich v. Hewen, der spätere Konstanzer Bischof Heinrich IV. (1436-1462), ist seit 1423 Dekan am Dom in
Straßburg und seit 1426 Domherr in Konstanz.

[134va|274]
i) Die] D *2-z. Lomb., v. der Hd. des Rubr., mblT* ii) gefangen] *P. Ruppert, Chroniken, S.172 liest* geswigen *und
interpretiert das Wort als „Schreibfehler", den er in Anm.1 zu* gewichen *korr.* iii) dem]] dan. vnd *SG*

a...a) v. fürbringen: vortragen, Sachverhalt darstellen b...b) fürgeben: vorgeben, vorspiegeln

¹¹⁸⁵ Vgl. RI XI, 2, Nr.7726 (vom 14. Juli 1430): Übereinkunft zwischen Sigismund und Überlingen, das „mit der
Habe der dort wohnenden Juden beliebig verfahren darf", wobei kein genauer Betrag genannt wird. Vgl. darüber
hinaus die zahlreich überlieferten Quittungen an Konstanz und Überlingen über eingegangenes Geld (u.a. RI XI/2,
Nr.8046, 8054, 8057, 8060, 8065 oder 8215). Zu berücksichtigen ist auch RI XI/2, Nr.8239: Sigismund spricht Überlingen „aller Forderungen, die er an sie wegen der verbannten Juden und des Judenkirchhofes hat, ledig, nimmt sie
wieder zu Gnaden an und bestätigt ihnen die zu Wien [Nr.7726] gegebene Verleihung".
¹¹⁸⁶ Vgl. ZürW Taf.3, 23 für „Rom"; Grünenb. Taf.3, 1,3 und Taf.3b, 1,3; Siebm. I,1,II, Taf.3, 2,1-3 und Taf.6, Nr.2;
WBL, S.221. Dieses Wappen des röm. Königs und damit gewissermaßen das Reichswappen (vgl. z.B. fol.176ra: „(...)
dry sch= | ilt: **D**er ain ist d(a)z rich, der | adler, (...)") ist bereits seit 1175 bezeugt, wobei die Verwendung zwischen
einfachem und Doppeladler zunächst schwankt. Allmählich setzt sich der einköpfige Adler für den König und der
Doppelkopfadler (vgl. fol.9^v) für den Kaiser durch (vgl. z.B. ZürW, S.16f).
¹¹⁸⁷ Vgl. dazu den vorausgehenden Bericht (u.a. mit der Namensnennung der in Überlingen gefangenen Ratsmit-
glieder) auf fol.123^{ra}ff.

[134vb]

[134vb] **J**(!)tem die von der stat Costentz | gewichen warend vnd geflo- | hen, die dan(n) an dem vfflouff | vnd entsetzen des Rauts schul- | dig warend, als dan(n) vor ge- | schriben stat, die straffet der | küng och am(m) | gůt nach dem |^i ainer Rych was, vo(n) aine(m) | zehen guldin, von dem and(er)n |

5 zwaintzig guld(in). |

[135ra|275] Des^i jårs als man von der | gepurt cristi zalt tusend | vierhundert tryssig vnd ain | jare am sonn(en)tag nåchst nach | der hailigen dry küng tag^1188 do   *1431 Tanzfeste* | hiesz vnd gebot der küng, d(a)z | ain Raut zů costentz schůffe^a | vnd och   *zu Ehren des* gebutte mengklich- | em^ii froen vnd junckfroen vo(n) | den geschlåchten   *Königs;*

5 vnd von der | gemaind vff d(a)z koffhusz^1189. vn(d) | macht man da vff den selben | tag dem küng ainen gemai- | nen^b tantz. Vnd was da men- | clich, froen vnd man, So sy | costlichest mochtend sin von | den geschlåchten, von der ge- | maind, von junckfroen vn(d) | diensten^c. Vnd kam der | küng selb zů dem tantz, der | hertzog von brunschwig, der | hertzog von Bergen

10 vnd sin | sun, Hertzog wylham vnd | hertzog hainrich von Bayern, | ander her(r)en, grauen, fryen, Rit- | ter vnd knecht vil. Jtem | vff den selben tag zů nacht | hettend die geschlåcht ainen | tantz vff der katzen^1190 vn(d) was | da by aber der küng vn(d) die | vorgena(n)t(en) heren bisz zů mit | ternacht. ^iiiVnd ward doch | dem tantz, so jm [?] [am]^iv tag vff | dem

15 koffhusz was, von der | gemaind der frowen ^dder | brisz geben^iii/^d. |

---

i) dem |] *dan.* vnd *SG*

[135ra|275]
i) Des] D *2-z. Lomb., v. der Hd. des Rubr., mroT* ii) mengklich- | en] mengklich- | em *SG* iii...iii) Vnd ward doch | dem tantz, (...) der | brisz geben] *v. der Hd. Konrad Albrechts, mdbrT* iv) am] *fehlt SG*

a) v. schaffen: anordnen, befehlen b) öffentlichen c) Dienstboten d...d) v. den prîs geben: den Vorzug geben, zum besten Tanz erklären

^1188 8. Jan.
^1189 Mit diesem Tanzfest im Kaufhaus scheint der es initiierende und selbst anwesende König eine Versöhnung zwischen den Patriziern und der Zunftbürgerschaft, die den beiden Parteien durch seinen Spruchbrief mehr oder weniger aufoktroyiert worden ist, nicht nur zu feiern (so H. Maurer, Konstanz II, S.67), sondern auf einer anderen Ebene erst herbeiführen zu wollen.
^1190 Hierbei handelt es sich nun um einen Tanzabend, der exklusiv für deren Mitglieder auf der Stube der Geschlechter im Haus „zur Katz" stattfindet. Wie C. Heiermann, Katz, S.186 darlegt, lässt sich aus dieser Schilderung eine Trennung der beiden Stände bei Festlichkeiten ableiten. Eine gegenseitige Einladung v. „Geschlechtern" und Zünften und damit gemeinsame festliche Aktivitäten sind „wenig wahrscheinlich". Vgl. zu diesem Tanzabend (möglicherweise aber auch zu einem ähnlichen am 18. Jan.) das sog. Konstanzlied „O wunnikliches Paradis" des sich im Gefolge Sigismunds aufhaltenden Oswald v. Wolkenstein (Liedtext bei K. Klein (Hg.), Lieder, S.237f und dazu kurz mit weiteren Literaturangaben C. Heiermann, Katz, S.186f). Anlässlich dieses Festes stiftet der König, auch um seine Verbundenheit mit der Gesellschaft „zur Katz" zu bezeugen, ein vierteiliges Wappenfenster, das das Reichswappen sowie diejenigen seiner Stammlande Ungarn, Böhmen, Dalmatien und Kroatien zeigt (vgl. ebd., S.137; H. Maurer, Konstanz II, S.67).

[135rb] Desⁱ vorgena(n)t(en) jars an dem | zinstag nach der hailig(en) | dry küng   *Verbot der*
tag¹¹⁹¹ vff der pfallentz | zů costentz gebot der künig ⁱⁱ| her ⁱⁱⁱjac<u>ob</u>   *Wallfahrt;*
<u>truchsåssen, landuogt</u>ⁱⁱⁱ, | vor allen heren mit sin selbs | mund, das er
niema(n)t sôltte | laussen gan zů der tannen | oder kindlin, als vor stat¹¹⁹².

5   wer | aber da hin gieng, wie der ge- | na(n)t wår, gaistlich oder welt | lich,
edel oder vnedel, ^avon man | nes namen^a môchte er fülen^b | jn türnen oder
schâtzen^c vmb | lib vnd gůt; Von froen sôlte | er vsziehen bisz an das
vndrost | hemd vnd neman, was sy het | tend, vnd laussen louffen. vn(d) |
gebott jm das by sinen kung- | lichen hulden^d. |

10
                          Fw Waldburg
                       (5x5) (vgl. fol.35rb)

[135^v] Leere Seite

[136ra|277] Anⁱ dem sambstag nach | sant hylarien tag¹¹⁹³ jn de(m) | vorgeschriben jar   *Abreise des*
zwüschen | zwain vnd dryen nach mitte(m)- | tag zoch vnser her der küng | *Königs;*
von costentz vnd was über | nacht zů ratolszelle¹¹⁹⁴ jn vnd(e)r | see. |

[135rb]
i) Des] D *2-z. Lomb., v. der Hd. des Rubr., mblT* ii) *Mz: 3-z. senkrechter Strich, vermutlich v. der HHd., mbrT,*
amreRa iii...iii) jac<u>ob</u> <u>truchsåssen, landuogt</u>] *Unterstreichung, mbrT, sehr leicht ausgeführt*

a...a) v. männlichem Geschlecht, Männer b) v. fülen/vüllen: einsperren c) v. schatzen: „beschatzen", bestrafen, Geld
abnehmen d) Huld, Wohlwollen

¹¹⁹¹ 10. Jan.
¹¹⁹² Vgl. dazu fol.113^{ra}ff, 121ra, 122ra, 135rb.

[136ra|277]
i) An] A *2-z. Lomb., v. der Hd. des Rubr., mroT*

¹¹⁹³ 20. Jan. Der genaue Abreisetag König Sigismunds ist in der Forschung auch infolge der problematischen Datie-
rung unseres Textes unterschiedlich angegeben worden. Während P. Ruppert, Chroniken, S.173 den Text unserer
Chronik mit der fehlerhaften Erläuterung „14. Januar" (Festtag ist im Jahr 1431 Samstag, der 13. Jan.) versieht und
ihm bspw. K.D. Bechtold, Zunftbürgerschaft, S.147, Anm.290 folgt, findet sich bei H. Maurer, Konstanz II, S.69 die
ebenfalls nicht mit dem Text Dachers übereinstimmende Angabe „kurz nach dem 20. Januar". Wenig später datiert er
die Verkündung des Urteils gegen Heinrich Ehinger mit den Worten „Am Tag nach der Abreise des Königs, einem
Sonntag" (ebd., S.69). Seiner vorherigen Angabe folgend also der genau festlegbare 21. Jan. Nachweislich amtet Sigismund am 20. Jan. noch in Konstanz und bricht dann nach Schaffhausen auf (vgl. RI XI/2, Nr.8240f und J.K.
Hoensch, Itinerar, S.116).
¹¹⁹⁴ Radolfzell am Bodensee: entsteht aus einer 826 auf Reichenauer Boden gestifteten Zelle des Bischofs Ratold v.
Verona; früher Besitz, wohl Donationsgut, des Klosters Reichenau; um 1100 Verleihung des Marktrechts und erste
Erweiterung der Siedlung; 1267 Stadterhebung; ab 1298 Besitz der Habsburger (vgl. LBW, Bd.6, S.765f).

[136rb]
i) Ab(!)er] A *3-z. Lomb., v. der Hd. des Rubr., mblT* ii) sant] t *üdZ v. der HHd., mbrT, erg.*

a...a) sich aufhalten

[136rb] Ab(!)erⁱ des vorgeschriben jǎrs, | am sonn(en)tag nach santⁱⁱ hÿ- | larien   *Königlicher*
tag, ward hainrich Ehing(er), | der vil jar Burgermaister zů | Costentz   *Urteilsspruch*
gewesen was mit gros | sem herttem gewalt, gestrauf | et vmb tusend   *über Heinrich*
guldin, die er | vnserm heren, dem küng, geben | můsdt. Vnd vff den   *Ehinger;*
5 selben son(n) | nentag was ain gemaind vff | dem koffhusz vnd des küngs |
Råt da by vnd ward da offen | lich verlesen, das der selb hain | rich
Ehinger von des küngs | strauff nümer mer sôlt zů | costentz ^amit wesen
sin^a, dan(n) | mit des küngs vrlob vnd | was er zů yema(n)t zů spreche(n)d
| hett oder yemant zů jm, selt | er gerecht werden zů v̈berli(n)g | en, das
10 recht da nemen vnd | geben¹¹⁹⁵. |

[136va|278] Ab(!)erⁱ als man von der gep(ur)t | cristi zalt tusend vierhun | der[t]ⁱⁱ
tryssig vn(d) ain jare an de(m) | mentag vor sant pauls Be- | keru(n)g   *1431*
tag¹¹⁹⁶ do ward laurenti(us)¹¹⁹⁷, | ain sekler¹¹⁹⁸ [sic!] vnd Burger zů Co | *Delinquenz und*
stentz, von dem Nüwen raut, | So der küng gesetzt hett, zů de(m) | tod   *Strafe;*
5 vertailt^a, das man jm sin | hopt solt abschlachen. vnd w(a)z | der erst, den
der nw̌ gesetzt råt | vertailt. Vnd kam dar vm(b) | vmb sin leben, d(a)z
man maint, | das die sach, entsetzu(n)g der Rå- | ten vnd die juden ze
vahen, | wurd angeleit^b vnd ange- | tragen^c jn sinem husz¹¹⁹⁹. |

---

¹¹⁹⁵ Vgl. RI XI/2, Nr.8215 vom 14. Jan. 1431: Sigismund vergibt Heinrich Ehinger seine Beteiligung an den Konstanzer Unruhen und verweist etwaige Klagen gegen ihn an den Rat der Stadt Überlingen, wo Ehinger Bürger geworden ist. Am 3. April desselben Jahres gestattet der Kaiser dem aufgrund der Richtung vom 13. Dez. Verbannten die Rückkehr nach Konstanz (vgl. RI XI/2, Nr.8409). Vgl. auch die Erwähnung dieses königlichen Urteilsspruches unserer Chronik folgend H. Maurer, Konstanz II, S.69f.

[136va|278]
i) Ab(!)er] A *2-z. Lomb., v. der Hd. des Rubr., mroT* ii) vierhun | der[t]] t *fehlt SG*

a) v. vertailen: verurteilen b) v. anlegen: anzetteln, vorbereiten c) v. antragen: planen, beschließen, verabreden d) d)
v. dunren: donnern e...e) über die Maßen, außerordentlich

¹¹⁹⁶ 22. Jan.
¹¹⁹⁷ Uli Lenz: Angehöriger der Konstanzer Zunftbürgerschaft; 1431 enthauptet. Die Angabe, er sei städtischer Säckelmeister gewesen, kann nicht verifiziert werden. Im Ratsbuch findet man mehrmals Eintragungen zu Uli Lenz etwa wegen Messerzückens. Hierbei begegnet die Bezeichnung „lentz nestler" oder „v̌lin lentzen, den Nestler", sodass hier v. einem Schreibfehler ausgegangen werden kann (vgl. z.B. StAK, B I 2, S.10, 14, B I 4, S.20, 36; B I 5, S.216).
¹¹⁹⁸ Stadtkämmerer/Säckel- bzw. Seckelmeister: „nach den Bürgermeistern die ältesten und wichtigsten städtischen Amtsträger, die innerhalb des Rates mit dem Finanzwesen und der -verwaltung betraut waren" (LexMA, Bd.8, Sp.22); das Amt wird erstmals 1237 in Lübeck erwähnt; in einigen Städten mit zunehmender Verwaltungstätigkeit Differenzierung in verschiedene Ressorts; in Konstanz existieren nach einer Verwaltungsreform v. 1370 für fast jede Art v. Einkünften eigene Behörden, wobei die Einnahmen- und Ausgabenverwaltung strikt getrennt wird; die gesamten Nettoeinnahmen gehen an den „seckler", der wiederum auf Anweisung v. Bürgermeister und Rat Ausgaben tätigt; vertreten mit dem Bürgermeister die Stadt nach außen; in Konstanz meist Ratsmitglieder (vgl. ebd., Sp.22; B. Kirchgässner, Steuerwesen, S.56ff; E. Isenmann, Stadt, S.179).
¹¹⁹⁹ Entgegen der letzten Angabe, möglicherweise diese aber auch ergänzend, begründet das Ratsbuch (StAK, B I 5) im Eintrag zum Jahr 1431, S.216 die Enthauptung v. Uli Lenz damit, „daz er vnsers h(er)ren des küngs Richtung |

10

Des obgemeldten jars jn | dem aberellen an dem ayliff | ten vnd zwŏlfften   *Unwetter;*
tagen do | blitziget vnd dunrat^d es ^evs | der massen^e vast vn(d) vil. |

[136vb] **DE**s^i vorgeschriben jǎrs ^ii| am frytag nǎchtst vor | sant Mathias tag^1200, was
do | sin aubend, Do ward By- | schoff otto ze costentz, ain | Marggrauf von
Rŏtel, | vnd die stat zů Costentz ge- | aint vnd verricht vmb | all sachen   *Rückkehr v.*
vnd mishellu(n)g, | als er dan(n) sin hoffgericht | gen schaffhusen het   *Bischof Otto III.*
5 geleit. | vnd alle gaistlichait vn(d) | das gericht zů schaffhusen | was gesin   *v. Hachberg;*
me dan(n) jar vnd | tag. Vnd vff den selben fry- | tag vor Complet schickt
By | schoff otto gen Schaffhusen | nach dem gericht vn(d) jnsi- | gel
zekomend mit wesen | wẙder gen costentz. also kam(m) | d(a)z gericht
wyder gen Co- | stentz am zinstag dar nach. | Vnd lůd^a der selb Byschoff |
10 otto zů dem mal vff den | ymbisz vff den nǎchsten | sonn(n)entag, was do
der | son(en)tag Remi(ni)sc(er)e^1201, all Rǎt vo(n) | den geschlǎchten vnd
von | der gemaind vnd die chor | heren zů früntschafft. vn(d) |
ward do ze | mal früntschafft | zů costentz jn gaistlichen | vnd weltlichen lüten vn(d) |
sachen, die vil zit vnfrünt ^iii| lich warend gesin zů Co | stentz^1202. |

[137^r] Leere Seite

[137va|280] Des^i vorgena(n)ten jares | do giengent^ii Sŏlich mǎr | vsz, wie sich der von   *Überfall des*
Tog- | genburg vff ain nacht | haymlich hett gemacht | mit entail^iii volk jn   *Grafen v. Tog-*
schiff- | en, zefůsz vnd och ze Rosz | für Costentz vnd wolt d(a)z | haben   *genburg auf*

---

mit swarlichen herrten trŏw worten übervaren, als er der | ain tail selbs bekent hat vnd och ain Raut durch erb(er) | lüt
aigenlich vnderwẙst ist", also Kritik an der neuen Ordnung übte (vgl. ebd., S.40, 78; K.D. Bechtold, Zunftbürgerschaft, S.147). Bereits kurz nach der Abreise des Königs finden wir somit Hinweise darauf, dass es im Zuge der
Stadt aufgezwungenen Verfassung und Befriedung „unter der friedlich anmutenden Oberfläche immer wieder bro-
delte, daß immer wieder einmal Äußerungen von Unmut zutage traten über diesen mehr oder weniger künstlich ge-
schaffenen sozialen und ständischen Frieden" (H. Maurer, Konstanz II, S.70, vgl. ebd., S.70f; O. Feger, Geschichte,
Bd.III, S.209 und P. Schuster, Gericht, S.107ff allg. zur Stimmung nach dem Schiedsspruch mit weiteren Beispielen
zur Unzufriedenheit).

[136vb]
i) DEs] D 2-z. Lomb., v. der Hd. des Rubr., mblT ii) *Mz: senkrechter Strich, vermutlich v. der HHd., mbrT, amreRa*
iii) *Mz: 2-z. senkrechter Strich, vermutlich v. der HHd., mbrT, amreRa*

a) v. laden: einladen

^1200 23. Feb.
^1201 2. Fastensonntag im Jahr 1431: der 25. Feb.
^1202 Nachdem Bischof Otto III. mit seinem Hof und Gericht zusammen mit den Patriziern v. Konstanz nach Schaffhausen gezogen ist (vgl. Bericht auf fol.111^raf), kehrt er wie die meisten Ausgewanderten nach der Befriedung der
Gemeinde durch König Sigismund wieder nach Konstanz zurück. Am 25. Feb. gibt er für die Ratsmitglieder und
Domherren ein festliches Essen, Symbol des Endes der Auseinandersetzungen. Das geistliche Hofgericht kehrt, wie
hier berichtet, am 27. Feb. in die Bischofsstadt zurück, wobei der Generalvikar noch am 6. März in Schaffhausen
urkundet (vgl. REC III, Nr.9349ff; U. Janson, Otto von Hachberg, S.245; H. Maurer, Konstanz II, S.69).

ᵃjn genomenᵃ/¹²⁰³. **Dan(n)** | das des ettlich wachter ge- | war wurdend vnd   *Konstanz;*

5 d(a)z off | notend d(a)z an den stetten, | als sy dan(n) wolwystend. | vn(d)
des ward der vo(n) tog | genburg vor der stat ge | war vnd zoch mit sinem |
volk haymlich wyder en- | weg. |

Do was **B**urg(er)maister | vogt mangold von den | geschlᵉcht(en) **Vnd**   *Bürgermeister;*
hany | andres vogt von der ge | maind. | *Vogt;*

10

Wappen v. Bürgermeister und Vogt
zwei Schilde (3x2,75) (3x2,75)
(rechts: Fw Mangold, vgl. fol.55ʳᵇ)
15   (links: Fw Andraß, vgl. fol.122ʳᵇ)

[137ᵛᵇ] **Des**ⁱ jars do man vo(n) der | gepurt cristi zalt Tu- | send vierhundert
dryssig | vnd zway jare an sant jo | hans tag¹²⁰⁴ zᵘ sun(n)wendi do | *1432 Stadt-*
verbran zᵘ petershusen jn | vnderdorff ayliff hüser vo(n) | dem wetterᵃ. do   *brand nach*
schlᵘg ain | straulᵇ jn des alten spinlers¹²⁰⁵ | husz, ist yetz hansen   *Unwetter;*
5 hochmᵘtz¹²⁰⁶, | vnd was von wind vn(d) re- | gen gar ain wylde nacht. | Es
giengen och vff die selben | nacht jn oberdorff wol an | dry enden [fürr]ⁱⁱ
an, dan(n) das es all- | weg von den gnaden gottes | erlestᶜ ward. aber die
vorge | meldten hüser, ayliffe an | der zal, verbrunen gar. |

10

[137ᵛᵃ|280]
i) Des] D *2-z. Lomb., v. der Hd. des Rubr., mroT* ii) giengent] giend *SG, Konjektur nach StAK, A I 1, fol.126ᵛᵃ* iii)
entail] ta *doppelt ausgeführt*

a...a) v. jnnëmen: einnehmen, besetzen

¹²⁰³ H. Maurer, Konstanz II, S.80 vermutet, dieser misslingende Überfall des Grafen Friedrich VII. v. Toggenburg auf
Konstanz könnte im Zusammenhang mit der den Appenzellern teils nachweislich wohlgesinnten Haltung einzelner
Konstanzer Bürger im bereits beigelegten Konflikt zwischen dem Grafen bzw. dem Abt v. St. Gallen und Appenzell
(vgl. Bericht auf fol.105ʳᵇ) stehen. P. Bütler, Friedrich VII. geht auf diesen Zwischenfall nicht ein.

[137ᵛᵇ]
i) Des] D *2-z. Lomb., v. der Hd. des Rubr., mblT* ii) fürr] *fehlt SG*

a) Unwetter, Gewitter b) Blitz c) v. erleschen: (aus-)löschen

¹²⁰⁴ 24. Juni. In StAK, A I 1, fol.112ʳᵃ wird das Datum durch Streichung v. „tag" und Ergänzung v. „abe(n)t" üdZ v.
derselben Hd. korr., sodass der Brand diesem Text zufolge am 23. Juni stattfindet.
¹²⁰⁵ Ulrich Spinler: Zimmermann; ist nach den Steuerbüchern tatsächlich in Petershausen zu verorten; taucht als einer
der Schuldner v. Christoffel Zipp auf; niemals im Rat; noch 1460 nachweisbar; gest. vor 1470 (vgl. K.D. Bechtold,
Zunftbürgerschaft, S.43, 218; Steuerbücher, Teil 1, 1428, 956, S.75; 1433, 978, S.108; 1440, 911, S.139; 1450, 1962,
S.188; 1460, 2640, 226; Teil 2, 1470, 1522, S.28).
¹²⁰⁶ Hans Hochmutz: Angehöriger der Konstanzer Zunftbürgerschaft; in den Steuerbüchern 1460 im Bereich
„Underdorff", 1470ff dann im „Underthor" belegbar; niemals im Rat; noch 1490 nachweisbar (vgl. Steuerbücher,
Teil 1, 1460, 2605, S.226; Teil 2, 1470, 1642, S.30; 1480, 1597, S.57; 1490, 1610, S.86).

Vff das obgena(n)t jar do kam | vnser froenbild zů sant jo- | hans ze *Stiftung eines*
Costentz neben dem | altar dar von; h(er)r Růdolff | lämlin[1207], der wa zů *Marienbildes;*
aine(m) tail | stifftter[1208], vnd gab die kilch | d(a)z übrig. |

Do ward och d(a)z ort an de(m) | Münster vff dem obern hof | mit den dry *Baumaßnahme*
15 venstern ge | bwen vnd man bwt vier | jar dar an.[1209] | *am Münster;*

[138ra|281] ^{i}Des^{ii} jars als man vo(n) der | gepurt cristi zalt tusend | vierhundert dryssig
vn(d) drü | jare Do was ain grosz zwy | tracht zwüschen Byschoff | otten *1433 (!)*
vnd dem Cappittel zů | costentz[1210] an vnsers herren | fronlichnam tag[1211], *Bischof Otto vs.*
wan ain | tail pfaffen ^{a}hielt mit^{a} mine(m) | heren von costentz vnd ain | tail *Domkapitel;*
5 mit dem cappittel vnd | machtend zwen crützga(n)g | vmb die stat mit dem
Sa- | crame(n)t. Min her von coste(n)tz | gieng mit den vo(n)^{iii} sant
stephan, | da was ir lütpriester, der | Nithart[1212], sin vicari; Do | gieng das *Zwei getrennte*
cappittel vo(n) dem | Münster mit den schůlern | vnd mit dem meren tail. | *Fronlleichnams-*
Also gebott ain Rat, ^{b}mit ent | wedem tail^{b} ze gånd vn(d) | och die *prozessionen*
10 prediger saussend | still vnd giengen mit kai- | nem tail; aber die andern | *als Folge;*
zwen ȯrden giengend mit | ^{iv}dem Byschoff^{iv}/[1213]. |

[1207] Rudolf Lamblin (Lemblin/Lämbli): Priesterkaplan des St. Pantaleonsaltars im Konstanzer Münster; wohnhaft in der Webergasse; gest. vor 1439 (?) (vgl. REC III, Nr.7543, 7794, 9181, 9587; StAK, B I 6, S.545).
[1208] Nach REC III, Nr.9587 (vom 15. Sept. 1434) stiftet Rudolf Lamblin dem Kreuzaltar auf der Empore der St. Johanneskirche mehrere Güter und Einkünfte für eine Kaplaneipfründe, deren Kollatur dem Propst und Kapitel v. St. Johann zustehen soll, und bittet dafür um Bestätigung des Bischofs.
[1209] Der Hauptchor des Münsters wird wohl auf Initiative v. Bischof Otto III. gewölbt; dabei kommt es zu einem Durchbruch der drei großen gotischen Fester an der Ostfront sowie zu einer Wölbung des südlichen Querschiffs und Seitenschiffs (vgl. U. Janson, Otto von Hachberg, S.226).

[138ra|281]
i) *Mz: 2-z. senkrechter Strich, vermutlich v. der HHd., mbrT, amliRa* ii) Des] D *2-z. Lomb., v. der Hd. des Rubr., mroT* iii) vo(n)] *üdZ v. der HHd., mbrT, erg.* iv...iv) dem Byschoff] *Unterstreichung, mbrT, sehr leicht ausgeführt*

a...a) v. halten mit jmdm.: zu jmdm. stehen/halten b...b) mit keinem v. beiden

[1210] Nach einer kurzen Phase des friedlichen Nebeneinanders v. Bischof Otto und dem Domkapitel seit 1429 bricht der Streit zwischen den Parteien bereits 1431 nach der vermutlich krankheitsbedingten Berufung des Abts v. Bebenhausen zum Pfleger des Bistums durch Otto III. erneut aus. Ende 1431/Anfang 1432 zieht der Bischof wieder mit seinem Hof und Gericht nach Schaffhausen. Das Basler Konzil befasst sich daraufhin am 20./21. Jan. 1432 mit dem Streit und entscheidet, dass die Verwaltung des Bistums dem Bischof zustehe. Dieser müsse dann aber den Abt v. Bebenhausen entlassen. Bis zu einem v. Domdekan Johannes Lüti erlassenen Reformstatut für den Klerus der Stadt im Feb. 1432 herrscht Friede. Die Vorgehensweise v. Lüti führt dann aber zu einem Protest des Bischofs, der seine Rechte beschnitten sieht. Wiederum wird der Streit auf dem Konzil in Basel verhandelt (vgl. REC III, Nr.9372, 9382, 9404, 9408, 9457; HS I/2, 1, S.345; U. Janson, Otto von Hachberg, S.232ff).
[1211] 1433: 11. Juni; richtig aber 1432: 19. Juni.
[1212] Die Teilnahme an der Prozession verdeutlicht, dass Ludwig Nithard im Streit zwischen Bischof und Domkapitel wohl zu Erstgenanntem hält (so auch H. Maurer, Stift, S.284f).
[1213] Die getrennte Fronleichnamsprozession (vgl. auch die Prozessionsbeschreibungen auf fol.57va, 132vb, 149vb, 165ra und 176^{ra}f) der beiden streitenden Parteien fällt in die Phase der Auseinandersetzungen vor der Entscheidung des Konflikts auf dem Konzil v. Basel. Bischof Otto III. verbietet nach seiner Rückkehr aus Schaffhausen am 13./14. Juni 1432 zunächst den in der Stadt ansässigen Geistlichen, an der v. den Domherren und Domkaplänen organisierten Prozession teilzunehmen und befiehlt, ihm nicht wie üblich vom Münster, sondern v. St. Stephan aus zu folgen. Nachdem es dem Rat nicht gelingt, zwischen Bischof und Domkapitel zu vermitteln, entschließt er sich, wie übrigens auch die Dominikaner, an keinem der feierlichen Umzüge teilzunehmen. Eine später ins Leben gerufene nachgeholte

[138rb]　**J**(!)tem jn dem gena(n)ten jar | vff dornstag nach sant ja | cobs tag^{1214} do　*Zweikampf*
kampften zwen | vsz dem thurgôw^{1215} vnd zech | der ain den andern, er　*zwischen zwei*
hett | ^{a}vnholden leben getriben^a, vn(d) | kamppfften vff dem jndern |　*Thurgauern;*
veld^{1216}, da man schûsset, vnd | lag ob der | [sic!].^{1217}

5

V(!)ff zinstag nach maurity^{1218} och des vorgemelt(en) jars | do ertrukend　*Schiffsunglück;*
zehen knecht | vnd ain froe jn aine(m) scheff | von zelle. |

10

A(!)ber jn dem jar kam ain kal- | ter winter, das alle reben, | die nit　*Harter Winter*
betrochen^b wåren, er | frurend jn den grund hin, | och die ^{c}nusz bom^c, d(a)z　*und Folgen;*
man | die reben vnd bom vsshôen | mûst vnd verdarb alle fru- | cht^{1219}. |

[138^v|282]　Leere Seite

[139ra|283]　**Ab**(!)er^i jn dem vorgena(n)ten | jar als man zalt Tu | send vierhundert
dryssig | vnd drü jare do ward es | als tür, das man grossen ja- | mer sach.　*1433 Teuerung*

---

dritte Prozession macht die Teilnahme des Rats und der Bürger schließlich doch noch möglich. Zu korrigieren ist hier jedoch die Zeitangabe. Diese Ereignisse gehören – anders als in unserer Chronik mitgeteilt – dem Jahr 1432 an (vgl. REC III, Nr.9431ff; U. Janson, Otto von Hachberg, S.233f; H. Maurer, Konstanz II, S.93).

[138rb]
a...a) schlechte Lebensführung, das Leben eines Unholds /Bösewichts b) v. betrechen: (ver-/be-)decken c...c) Nussbäume

^{1214} 30. Juli.
^{1215} Thurgau.
^{1216} Gemeint ist der sog. „Kleine Brühl", auch „Inneres Feld" genannt, ein Teil der großen Wiesenfläche, die links der Straße in Richtung Tägermoos liegt. Beim „Kleinen Brühl" handelt es sich um „der statt Blatz", auf dem die Stadtbewohner den unterschiedlichsten „Freizeitbeschäftigungen" nachgehen. An diesem Ort finden üblicherweise Turniere, Spiele, Zweikämpfe u.ä. statt. Wie die Erläuterung unserer Chronik zeigt, stehen hier auch die „Zielstatt" und das Schützenhaus der „Büchsenschützen", die Schießübungen abhalten und Schützenfeste ausrichten (vgl. J. Marmor, Topographie, S.131ff; H. Maurer, Konstanz II, S.178).
^{1217} Nach den ausführlicheren Chroniken (vgl. z.B. N. Schulthaiß, Chronik, S.275; C. Schulthaiß, Collectaneen, Bd.1, S.132½f) handelt es sich hierbei um einen Zweikampf unter gerichtlicher Aufsicht zwischen Hans Rotenberg/Ratenberg und Hans Rem/Riem aus Arbon. Letzterer wird v. Ratenberg „gezigen, er wär ain zobrer" (N. Schulthaiß, Chronik, S.275), „er wär ain Hagensieder vnd galsterer, vnd wûrde böse | wetter machen". Außerdem habe „der selb Hans Riem sinnen schwager vergift" (C. Schulthaiß, Collectaneen, Bd.1, S.132½). Nach einer Verhandlung vor dem Landgericht, werden beide in Verwahrung genommen. Der nach genau festgelegten Regeln vor angeblich bis zu 20.000 Zuschauern stattfindende Zweikampf endet schließlich mit dem Tod des Rotenberg und damit mit der „Reinwaschung" Riems v. den Vorwürfen.
^{1218} Der Festtag ist im Jahr 1433 selbst ein Dienstag. Richtig aufgelöst handelt es sich also um den darauffolgenden Dienstag, d.h. den 29. Sept. P. Ruppert, Chroniken, S.177 ediert nach „Dacher" jedoch „Uff zinstag Maurity" und legt sich damit auf den 22. Sept. fest.
^{1219} Diese Wetter- und Erntenachrichten sind nach H. Buszello, „Wohlfeile", S.32 außerhalb v. Konstanz in keiner Chronik nachweisbar. Wie W. Düwel-Hösselbarth, Ernteglück, S.40 ausführt, setzt am 11. Nov. 1432 (!) aber verfrüht ein schneereicher Winter mit entsprechenden Folgen ein. Die Kälte währt bis Lichtmess 1433.

Es galt ain mut | kern tryssig schilling pfen | ni(n)g vnd ain malter ha | *und Preise;*
bern zway pfund pfenni(n)g | vnd was hŏw vnd strow | so tür, das es
5 niemant habe(n) | mocht, vnd wer nit vast rich was, der mŭst sin vech |
von nott wegen verkoffen[1220]. |

[139ʳᵇ] **D**(!)es jars was Burg(er)mai | ster Brun Bündrich[1221] vnd | vogt Ortolff *Bürgermeister;*
wålk[1222], ain brot | bek. | *Vogt;*

ⁱBrun vo(n) Tettik(oven)   Ortolff wålckⁱ

5

Wappen v. Bürgermeister und Vogt
zwei Schilde (3x3) (3x2,5)
(rechts: Fw Tettikofen, vgl. fol.70ʳᵇ)
(links: Fw Wälk[1223]: In Gold/Beige schwarze Sichel mit einem
10   kleinen roten Kreuz darauf)

[139ᵛ|284] Leere Seite

[140ʳ]ⁱ Leere Seite

[140ᵛ] Leere Seite

[141ʳᵃ|287]ⁱ **DE**sⁱⁱ jars als man vo(n) |ⁱⁱⁱ der gepurt <u>cristi</u> zalt | <u>tusend vierhund(er)t</u> |
<u>tryssig vnd vier</u> jare **D**o | ward der <u>hochwirdig h(er)n</u> | <u>fryderich graue von</u> *1434 Friedrich*

[139ʳᵃ|283]
i) **Ab**(!)er] A *2-z. Lomb., v. der Hd. des Rubr., mblT*

[1220] Während die Hungersnot (vgl. auch den Bericht auf fol.115ᵛᵃ) nur in Konstanzer Texten auftaucht, erwähnen, wie schon gesagt, auch die Straßburger Jahrgeschichten die Teuerung des Jahres 1433.

[139ʳᵇ]
i...i) Brun vo(n) Tettik(oven)   Ortolff wålck] *v. der Hd. Konrad Albrechts, mdbrT*

[1221] Brun v. Tettikoven, genannt Bündrich: aus dem in Konstanz verbürgerten ehemaligen bischöflichen Ministerialengeschlecht; Vater: Heinrich v. Tettikoven; langjähriger Ratsherr ab 1416; Auszug aus der Stadt im Zuge des Aufstandes v. 1429; Bürger in Schaffhausen; nach der Verfassungsänderung wiederum viele Jahre Mitglied im Großen und Kleinen Rat, 1433 Bürgermeister; bischöflicher Stadtammann in den Jahren 1439-1454; einer der reichsten Konstanzer, der zeitweilig über 17.000 lb hl versteuert; gest. 1463 (vgl. Beyerle, Ratslisten, S.137ff; H.-U. Ruepprecht, Dettighofen, S.285ff; P.F. Kramml, Kaiser Friedrich III., S.344f).
[1222] Hans Ortolff, genannt Wälk: Angehöriger der Bäckerzunft; langjähriger Ratsherr; Bürgermeister 1432 und 1434; Vogt in den Jahren 1428, 1429, 1433 und 1435; wohnhaft in einem Lehenhaus v. Eberhard v. Kreuzlingen in der Neugasse; vermutlich 1436 gest. (sein Name ist in diesem Jahr in der Ratsliste gestrichen und taucht nicht wieder auf) (vgl. StAK, A I 1, fol.95ʳᵇf; OBG, Bd.3, S.288; Beyerle, Ratslisten, S.125-139 und K.D. Bechtold, Zunftbürgerschaft, S.104, 240).
[1223] Das Wappen ist in keinem anderen Werk, das zur Parallelüberlieferung herangezogen wurde, enthalten. Leider ist von der Familie auch kein Siegel überliefert, sodass die Form durch andere Zeugnisse nicht bestätigt werden kann.

zolrn¹²²⁴, | do ze mal chorh(er)re zů strǎsz= | burg, zů Costentzer Byschoff   *III. v. Zollern*
| von dem conciliu(m) ze Basel | **M**it wyllen vnd vergünsten³ | h(er)n otten   *übernimmt das*
5 Marggrauf von | Rôteln, do ze mal **Byschoff** | zů Costentz, erwelet. **V**nd | *Bischofsamt v.*
ward mit dem selben **By**= | schoff otten vmb ain jårlich | gelt, korn vnd   *Otto III.;*
win ̉berko= |ⁱᵛ men, das er wyllenclich ᵇda | von stůndᵇ vnd d(a)z **By**stum
| dem gena(n)ten **Byschoff** fryde= | richen von zolrn vff gab vn(d) | da von
stůnd¹²²⁵. **V**nd was |ᵛ der selb **Byschoff** fryderich | der dry vnd sechtzigost
10 an der | zal vnd **R**egiert das **By**= | stum by zwain jaren vn(d) | starb zů
gotlieben an sant | abdon vnd Sant sennes tag¹²²⁶ | ȍn [?] ain der letzst tag
jn dem | hȏmonat **a**ls man von der | gepurt cristi zalt tusend vier | hundert
dryssig vnd sechs | jare. **B**y des **B**yschoffs zyten | volgiengen disz   *1436 Tod;*
nachgeschri- | ben ding vnd sachen: |

[141ʳᵇ] **U**ffᵗ das vor geschriben | vier vnd tryssigost jar | **d**o was ain gundelfinger, | *[14]34 Nikolaus*
gena(n)t **N**icolaus gundelfingⁱⁱ/¹²²⁷, | aines **a**bbts zů sant gallen, | fryhe(r)e   *v. Gundelfingen*

[140ʳ]
i) *auf dieser Seite ist der Schriftspiegel mit Spalten sichtbar*

[141ʳᵃ|287]
i) *mit dieser Seite beginnt eine neue Lage Papier* ii) DEs] D *3-z. Lomb., v. der Hd. des Rubr., mroT* iii) *Mz: 2-z. senkrechter Strich, vermutlich v. der HHd., mbrT, amliRa* iv) *Mz: 2-z. senkrechter Strich, vermutlich v. der HHd., mbrT, amliRa* v) *Mz: kurzer waagrechter Strich, vermutlich v. der HHd., mbrT, amliRa*

a) Erlaubnis b...b) v. davonstên: zurücktreten, (ein Amt) aufgeben

¹²²⁴ Friedrich III. v. Zollern (1434-1436): 1402 Chorherr in Straßburg; 1413, 1420-1422 Archidiakon Ultra Rhenum; seit 1420 Domkämmerer in Straßburg; Bischofskandidat in Straßburg; 1433 und 1434 kaiserlicher Bote bei den Preußischen Ständen, um in den Friedensverhandlungen mit Polen die Rechte des Dt. Ordens wahrzunehmen; am 6. Sept. 1434 Provision mit Konstanzer Bistum; Plan einer Reform des Klerus; Tod im noch jugendlichen Alter am 29. Juli 1436 auf Schloss Gottlieben (vgl. REC III, Nr.9595-9786; dazu M. Krebs, Nachlese, Nr.9616a-9755; HS I/2,1, S.349ff).
¹²²⁵ Die erste Kontaktaufnahme betreffs einer Übernahme des Bischofsamtes erfolgt bereits im Sommer 1433. Am 15. Nov. desselben Jahres übergibt Otto Friedrich mit Zustimmung des Domkapitels das Bistum gegen ein Leibgeding v. 2500 lb hl als Verweser. Wiederum kommt es aber zu Schwierigkeiten mit dem Domkapitel und zu einer mehrere Monate währenden Verhandlungsphase ab Jan. 1434 (unter Vermittlung des Bischofs v. Como). Am 6. Sept. 1434 entbindet Papst Eugen IV. Otto III. v. Hachberg schließlich v. seinem Amt und ernennt ihn zum Titularbischof v. Caesarea in Palästina. Am selben Tag providiert er Friedrich v. Zollern mit der Diözese. Letztgenannter hat seinem Vorgänger eine jährliche Pension v. 1.300 lb hl zu zahlen. Außerdem wird ihm erlaubt, in einer Burg des Bistums wohnen zu bleiben (vgl. dazu auch den Hinweis unserer Chronik auf fol.147ᵛᵇ) (vgl. REC III, Nr.9530, 9585, 9537, 9601f, 9615; U. Janson, Otto von Hachberg, S.235f).
¹²²⁶ 30. Juli. Wie auch in anderen Zeugnissen (vgl. z.B. StAK, A I 1, fol.126ʳᵇ) stimmt der genannte Todestag nicht mit dem heute als dem wahrscheinlichsten geltenden Termin, d.h. dem 29. Juli, überein.

[141ʳᵇ]
i) Uff] U *3-z. Lomb., v. der Hd. des Rubr., mblT* ii) gundelfing] gundelfing= *SG, Fehler des Rubr.* iii) *Marg.: v. späterer Hd. (vgl. auch Marg. auf fol.119ʳᵃ), mschwT, amreRa:* Zwitracht iv) woltent]*fehlt SG, Konjektur nach StAK, A I 1, fol.117ᵛᵃ:* „das in die Chor= | herre(n) Ettwas hassotent un(d) | woltent in nicht Enphahen" v) fryhaiten] *Punkte über* ÿ *mroT*

a) v. vffnëmen: empfangen, bei sich aufnehmen b) v. hassen: anfeinden c...c) v. fürziehen: vorbringen, beschuldigen d) uneheliches Kind

von gundelfingen[1228] | sun, mit den <u>chorheren</u> zů <u>costentz</u> vff dem   *vs. Domkapitel;*
hohenstifft | jn grossem krieg[1229]. **V**nd das | was vmb ain <u>chorher(r)en</u> |
5   pfründ, **S**o er dan(n) erkoufft | vnd der **B**aupst jm die ge= | lühen hett, **v**nd
jn die <u>chor</u>= ⁱⁱⁱ| <u>heren</u> nit vffnemen[a], empha= | hen [woltend][iv] vnd jn
hassotend[b] vn(d) | [c]zugend für[c], wie er ain bank= | art[d], nit elich vnd ains
<u>**M**ü</u>= | nchs sun wåre vn(d) das | wåre wyder jr frÿhaiten[v] | vnd satzungen.
vnd also | bekriegt er sy mit <u>**R**ômsche(m)</u> | gericht vnd komend jn | den   *Interdikt in*
10   ban **v**nd woltend vm(b) | den ban nütz geben. **D**o ge= | bott **M**aister   *Konstanz;*
<u>ludewig **N**it</u> | hart, <u>lütpriester</u> zů **S**ant | <u>stephan</u>, <u>vicary</u> zů <u>coste(n)tz</u>, | von
Byschofflichem gewalt, | den ban zů haltend. **A**lso | was man zů coste(n)tz
jn der | **R**ingkmur vngesungen | von dem <u>sonn(en)tag</u> vor sa(n)t |
Michahels tag[1230] **B**is an sant | <u>**N**icolaus</u> aubend[1231]/[1232]. |

Bischofswappen
zwei Schilde (4x3,5) (4x3,5) (M: 2,5/S: 2,5)
(rechts: Aw; links: Fw Zollern[1233]: silber-schwarz geviert)

[141[v]]   Leere Seite

[1227] Nikolaus v. Gundelfingen: unehelicher Angehöriger des württembergischen Freiherrengeschlechts mit Stammsitz Hohen-Gundelfingen (Lkr. Reutlingen); 1412 erhält er wegen seiner Abkunft Dispens; 1420 Entlassung als Inhaber der Marienkapelle in St. Gallen aus der Leibeigenschaft; Pfarrer v. Kappel; Chorherr zu St. Stephan; Domherr in Konstanz; Dispens zur Annahme v. vier weiteren Pfründen (u.a. 1444 Kanonikat in Zofingen und 1452-1459 Propst v. St. Johann in Konstanz), die er gegen die Kreuzkapelle Mannenbach eintauscht; 1435-1469 Propst v. Beromünster; vom 2. Juni 1437 bis zum 24. Mai 1469 Generalvikar (die längste Amtszeit eines solchen in Konstanz); gest. vor dem 16. Juni 1469 (vgl. OBG, Bd.1, S.493; HS I/2,2, S.544f).

[1228] Heinrich III. v. Gundelfingen: Angehöriger des freiherrlichen Geschlechts der Gundelfinger; als Mönch in St. Gallen erstmals 1379 belegbar; seit 1392 Werkdekan und seit 1401 Pförtner; besitzt weder Bildung noch Priesterweihe; nach dem Tod des Vorgängers (19. Okt. 1411) übernimmt er auf Drängen der Stadt die Abtei; Absetzung als Abt im Sommer 1418; 1419 wird er als einziger Konventuale wiederum Pfleger und Statthalter des reformbedürftigen Klosters; Tod im März 1429 (vgl. W. Ehrenzeller, St. Gallische Geschichte, Bd.1, S.235ff; J. Duft/A. Gössi/W. Vogler, Abtei St. Gallen, S.144f).

[1229] Wie im Folgenden berichtet, weigert sich das Domkapitel den v. Papst providierten Domherren Nikolaus v. Gundelfingen wegen seiner Herkunft in das Domkapitel aufzunehmen. Dieser lässt seine Gegner vom Konzil in Basel daraufhin bannen, ohne sich mit dieser repressiven Maßnahme durchzusetzen. Laut Zunftbuch der Wollweber (vgl. F. Wielandt, Zunftbuch, S.66) schlichtet Bischof Friedrich v. Zollern die Auseinandersetzung (vgl. REC III, Nr.9608; J. Marmor (Hg.), Zur Geschichte des Bisthums Constanz, S.346f; HS I/2,2, S.545).

[1230] 26. Sept.

[1231] 5. Dez.

[1232] Vgl. hierzu auch den Hinweis auf das Ende des Interdikts auf fol.148ra.

[1233] Vgl. ZürW Taf.5, 60; RiA 441, 3,3 und 4,1-3; RiDrS 187[v], 3,1; Grünenb. Taf.74, 2,1; Öhem 6[r], 37 (Taf.1); Siebm. E, S.1105f; Siebm. I, Taf.14, 1,2 (quadriert: 1,4: Fw, 2,3: In Rot auf grünem Dreiberg schreitender, goldener Hirsch; Mittelschild: In Rot zwei silberne Lanzen); Siebm. I,1, Taf.12, 1,1; Siebm. I,1,III, Taf.110, 1; Siebm. I, I, IV; Taf.19, 4-5 und Taf.24, 1 und 3; WtBvK, 4,11 (quadriert: 1,4: Aw; 2: Fw; 3: In Rot auf grünem Dreiberg schreitender, goldener Hirsch).

[142ra|289]
i) mal] *dan.* **v**nd *SG* ii) bůsde] ů *verderbt, eventuell v. der HHd. korr.*

a) Anlegestelle b) als sie keine Hoch-/Blutsgerichtsbarkeit besaßen, d.h. keine Todesstrafe und dergleichen verhängen konnten c) v. verschwern: meiden, verlassen

[142ra|289] **J**(!)n dem vorgena(n)ten <u>vier vn(d)</u> | <u>tryssigosten</u> jar **d**o hettend | die von   *[14]34*
Merspurg **a**in wol | <u>drytthalb</u> jar gefangen ge= | habt, der hiesz gůtman   *Delinquenz und*
oder | <u>kruttbett</u>¹²³⁴ vnd was vo(n) <u>march=</u> | <u>dorff</u>¹²³⁵, der hett **a**inen todsch-   *Strafe in Meers-*
| lag jn ir gebiett an dem far^a | geton. vnd ^bals sy nun ůber | d(a)z blůt do ze   *burg:*
5 mal nit hetten | gewalt ze richtend^b, **d**o wol= | ten sy jn nit ledig laussen
vor | vnd ee dem malⁱ er jn | <u>sechtzig pfund</u> pfenni(n)g ab | bůsdeⁱⁱ. Also
zoch <u>hertzog</u> | <u>ludewigs</u>¹²³⁶ <u>sun</u>¹²³⁷ von **B**ayern | zů Merspurg durch vnd |
wolt zů dem <u>kayser</u>¹²³⁸, der tett | sin gebett an die von <u>Mer=</u> | spurg, do
ward er jm erge= | ben, **d**och das er die stat ver= | schwůr^c ewenclich. **d**isz
10 gesch= | ach mornend nach sant **T**y= | <u>burti(us)</u> vnd <u>valerianen</u>, der |
<u>zwayer brůder</u> vnd <u>mar=</u> | <u>trer</u> tag¹²³⁹. |

[142rb] **D**(!)es selben jars an Sant <u>Mar=</u> | <u>cus</u> tag¹²⁴⁰, die selben nacht vn(d) | *Unwetter und*
Mornend den tag **d**o kam(m) als | **a**in kalter wind, **d**as er gar | vil reben   *Folgen;*
erfrŏrt, was vmb | <u>Merspurg</u> vnd <u>Marchdorff</u>, | was gar enweg, vnd sust |
allenthalb **a**inthalb, **a**in drit | tail, **a**nderthalb, den halbtail. | Aber zů
5 <u>costentz</u> vnd jn der | <u>ow</u> vnd jn dem <u>vndersee</u> | beschaidenlich^a, doch **a**n

---

¹²³⁴ Nach StAK, A I 1, fol.111rb handelt es sich bei diesem Gefangenen aus Markdorf um einen „tagwercher", also einen sicherlich der „erwerbstätigen Unterschicht" zuzuordnenden Bewohner des Ortes, der als Tagelöhner ein eher kärgliches, unsicheres Leben fristet (vgl. E. Isenmann, Stadt, S.96 und 261).

¹²³⁵ Markdorf, Bodenseekreis: 817 erstmals urkundlich erwähnt; 1138 bis 1356 im Besitz der Edelfreien v. Markdorf; seit dem 13. Jh. Stadt; kommt 1356 in den Besitz des Konstanzer Bistums (vgl. aber die Auseinandersetzung Konrads v. Homburg, der seine Erbansprüche in einer Fehde durchsetzt und vom Bischof beide Burgen als Pfand erhält); 1414 Einlösung der Pfandschaft und Verleihung des Stadtrechts durch den Konstanzer Bischof; seither Konstanzer Vogtei (vgl. LBW, Bd.7, S.565ff).

¹²³⁶ Ludwig VII. v. Bayern(-Ingolstadt): geb. 1368; seine Ansprüche an Herzog Heinrich XVI. v. Bayern(-Landshut) auf territorialen Ausgleich sowie seine Differenzen mit Markgraf Friedrich I. v. Brandenburg und seinen Verbündeten führen zum Bayrischen Krieg (1420-22); wegen verschiedener Rechtsbrüche mit dem Kirchenbann, einem verschärften Bann durch das Konzil v. Basel und schließlich der Reichsacht (1433/34) belegt; 1438 Erhebung des Sohnes und Verdrängung aus der Herrschaft (kriegerische Auseinandersetzungen bis 1443); gest. am 1./2. Mai 1447 in Gefangenschaft (vgl. RTA XI, S.265f; RI XI/2, Nr.10311f; LexMA, Bd.5, Sp.2194; NDB, Bd.15, S.360ff).

¹²³⁷ Ludwig VIII. v. Bayern(-Ingolstadt): geb. am 1. Sept. 1403; in den 1420er Jahren des Öfteren Vertretung des Vaters in der Regierung; zunehmende Distanzierung infolge seiner Benachteiligung gegenüber des illegitimen Halbbruders Wieland v. Freyberg; Aufstand gegen den Vater im Bündnis mit Albrecht III. v. Bayern(-München) und Markgraf Friedrich II. v. Brandenburg; gest. am 13. April 1445 (vgl. LexMA, Bd.5, Sp.2194; NDB, Bd.15, S.363ff).

¹²³⁸ Ludwig VIII. vertritt in dieser Zeit loyal die Interessen seines Vaters sowie des Teilherzogtums Ingolstadt. Um die Reichsacht bzw. die Reichsexekution des Gebannten abzuwenden, tritt er sowohl auf dem „Reichstag" in Basel (Nov. 1433 bis Mai 1434), der die Verlängerung der Reichsacht sowie die Aberacht über Ludwig VII. bringt, als auch auf der Reichsversammlung zu Ulm (Mai bis Aug. 1434) auf. In Ulm überbringt er die Unterwerfung seines Vaters. Der Herzog wird daraufhin wieder zu Gnaden aufgenommen (vgl. RTA XI, S.366, 386ff, 442). Berücksichtigt man die geographischen Verhältnisse, kann es sich bei der hier erwähnten Reise nur um die Anreise zum „Reichstag" nach Basel handeln.

¹²³⁹ Festtag: 14. April; gemeint ist hier also der 15. April.

[142rb]
a) wenig b) Acker, Gemarkung c) stärker d) v. hulden: sich hingeben, huldigen

¹²⁴⁰ 25. April.

ainer | gewand^b vester^c dan an der | **a**ndren **v**nd och aine(m) vester | dan(n) dem and(er)n[1241]. **V**nd gab | man do ain masz wins vm(b) | <u>ain</u> pfenni(n)g.   *Weinpreis;*
|

10

A(!)ber des <u>vier vnd tryssigost(en)</u> | jars als vor stat der gepurt | <u>cristi</u> vmb   *[14]34 Erobe-*
sines <u>fronlichna(m)</u> | tag[1242] **d**o kamen mẫr gen <u>Co</u>= | stentz, **B**asel **v**nd   *rung der Prager*
allenthalb, | **w**ie die alt stat <u>praug</u> die | nüwen <u>stat</u> bezwungen hett | von   *Neustadt durch*
dem hussen globen zů cri= | stem globen **v**nd hette sy ge= | plündert[1243]   *die Utraquisten;*

15   mit <u>hertzog aul</u>= | <u>brechtz vo(n) O^esterrich</u>[1244] hilff | **v**nd wie sich
<u>achtzehen</u> stet | gehüldt^d hetten **O**ch zů cri= | stem globen. **v**nd der vorge=
| na(n)t <u>hertzog vo(n) O^esterrich</u> |

[142va|290]   mit jr hilff des vsren volks, | das ^azů zoch^a **v**nd es woltend | gewert haben
vnd gern hus= | sen globen gesterkt hettend, **d**er | wurdend erschlagen wol
vff | <u>süben tusend</u> **v**nd <u>süben hun</u>= | <u>dert</u> **R**itter **v**nd erbrer gefang= | en.
Die mẫr bracht <u>wylhalm(m)</u> | **B**arlas, der <u>von Costentz</u> **R**itten= | der   *Konstanzer*

5   knecht[1245], gen **B**asel de(m) <u>Con</u>= | cilio **v**nd ward jm von dem | **C**oncilio   *Bote auf dem*
geschenkt <u>ain Rok</u>, **C**o= | stet ain eln^b <u>zwen</u> guld(in), **v**n(d) | <u>vier</u> guld(in)   *Basler Konzil;*

[1241] Diese Nachrichten über ein Unwetter im Frühjahr 1434 (vgl. Hinweise auf eine ansonsten sehr gute Ernte auf fol.143va) sind auf Konstanz beschränkt (vgl. H. Buszello, „Wohlfeile", S.32). Die Jahre 1434 bis 1438 sind witterungsmäßig sehr wechselhaft (vgl. auch Berichte auf fol.143^{va}f, 145^{va}f, 146^{vb}ff, 149rb, 152ra, 155^{ra}f 158vb), sodass es immer wieder zu Unwettern, Preisanstiegen etc. kommt (vgl. W. Düwel-Hösselbarth, Ernteglück, S.40). Auch Augsburger Quellen bestätigen aber einen stürmischen Frühling sowie Spätfröste Ende April mit Schäden an den Reben (vgl. R. Glaser, Klimageschichte, S.86).

[1242] 27. Mai.

[1243] Sowohl die Prager Altstadt als auch die Neustadt stehen als Zentrum der in verschiedene Gruppen gespaltenen hussitischen Bewegung nach dem Tod Wenzels an der Spitze des Aufruhrs gegen Sigismund. Während sich aber im Laufe der Zeit der gemäßigtere Flügel (die sog. Utraquisten) in der Altstadt sammelt, prägen die radikaleren Taboriten und Orebiten die Neustadt. Nach der Einigung zwischen der katholischen Seite und der erstgenannten Partei auf dem Konzil v. Basel, gelingt es den Utraquisten schließlich, wie hier geschildert, 1434 die Neustadt zu erobern. Prag übernimmt im Anschluss daran die Führung der gemäßigten Hussiten und kämpft bspw. in der Schlacht bei Lipany gegen die einstigen Verbündeten (vgl. LexMA, Bd.7, Sp.159ff, hier v.a. 161).

[1244] Albrecht II.: geb. am 10. Aug. 1397; seit 1411 Herzog Albrecht V. v. Österreich; tritt als solcher v.a. durch den Abwehrkampf gegen die Hussiten und eine energische Reformpolitik hervor; dt. König (1438/39); König v. Ungarn und Böhmen; Schwiegersohn Kaiser Sigismunds; am 18. März 1438 einhellig zum König gewählt; gest. am 27. Okt. 1439 (vgl. LexMA, Bd.1, Sp.313f; NDB, Bd.1, S.154f).

[142va|290]
i) stat] *fehlt SG* ii) vien= | gend] *Punkt über i mroT*

a...a) v. zůziehen: herbeiziehen b) Elle c) früher, einst

[1245] Im Ratsbuch der Stadt begegnet „wilhelm Barlasz" mehrmals als „Soldner", der gegen Geld für jeweils ein Jahr im Dienst der Stadt steht. Während er sich 1425 „lihend (...) viij guldin von ains pfẫryds wegen" (StAK, B I 4, S.21), wird er kurz darauf „bestelt ain jar mit ainem pfẫrit dienen vnd | ze worten" (ebd., S.27; vgl. auch zu 1427 ebd., S.152). 1429 lautet ein Eintrag unter der Rubrik „Soldner" bspw.: „Wilhem barlas ist bestellt ain Jar der Statt zedienend mit ainem | pfarid vnd git man Jm ze Sold xl lib dn vnd gat sin Jar vss vff | sant Jergen tag" (StAK, B I 5, S.84, ähnlich auch ebd., S.151 (1430) oder B I 6, S.171 (1434)). Ein direkter Nachweis für diesen städtischen Angestellten auf dem Basler Konzil konnte mittels der edierten Quellen bzw. der Primärliteratur jedoch nicht erbracht werden.

an gold **V**nd die | stat von <u>Basel</u> och <u>vier</u> guld(in). | vnd sust ander her(r)en schank= | tend jm, das man do maint, | d(a)z jm by <u>dryssig</u> guldin ge= | schenkt wurdend. |

10

A(!)ber jn dem vorgena(n)ten jar | jn der wochen vor sant <u>jo</u>= | hans[1246], ze *Fehde zwischen* sunwendi **D**o | wurdend von den vo(n) <u>coste(n)tz</u> | zů der [stat]ⁱ schår[1247] *Konstanz und* geschikt namlich: | **h**ansz Ruch, **h**ansz grauff schni= | der[1248], baid des *Ulrich Werk-* 15 **R**auts, vnd <u>v̊l</u>= | rich scheffmacher[1249] vnd vien= | gendⁱⁱ den *meister[1251];* werchmaister[1250], | wylendᶜ **B**urger zů lindow, | vnd wurdend jn dem ståt= | lin gar übel geschlagen **v**n(d) |

[142ᵛᵇ] **B**aid tail zů recht jn de(m) ståtli | gefangen. **A**lso schůffᵃ der kay= | ser[1252] die <u>von costentz</u> vsz vnd | versprachend die **R**ichstette, | für sy zů dem rechten. **a**ber | der <u>werchmaister</u> belaib zů | der <u>schår</u> gefangen, **w**an er | was der <u>von costentz</u> offner | vigend. **S**o was er jn der vo(n) | <u>Rottwyl</u> 5 auchtᵇ, **d**ar jn die vo(n) | <u>costentz</u> jn geton hettend. **E**r | hett och <u>küng</u> <u>Sigmu(n)den Rȯm</u>= | schen küng vnd zů hung(er)n | etc. **a**in schwert vnd

---

[1246] Der Festtag selbst ist am Donnerstag dem 24. Juni; gemeint ist also wohl die Woche v. Sonntag, dem 13. bis Sonntag, dem 20. Juni.

[1247] Scheer, Lkr. Sigmaringen: um die gleichnamige Burg entsteht vermutlich um 1265 eine Siedlung (erster urkundlicher Beleg 1267 „de Schera"); die Herrschaft besitzen um die Mitte des 13. Jhs. die Pfalzgrafen v. Tübingen (vgl. deren Zweig „Scherer"); 1267 in der Hand des Grafen Hugo v. Montfort; Verkauf an Rudolf v. Habsburg (Stadtrechtsbestätigung 1289); 1314 Verpfändung an die Grafen v. Montfort; 1452/54 dann an die Truchsessen v. Waldburg verkauft (vgl. LBW, Bd.7, S.813f).

[1248] Hans Grafschneider: Angehöriger der Konstanzer Zunftbürgerschaft; spätestens seit 1430 langjähriger Ratsherr; Inhaber verschiedener städtischer Ämter (Beisitzer des Ammanngerichts; Beisitzer des Thurgauer Landgerichts; einer der Richter für Schuldsachen; einer der Richter für Bausachen; einer der Richter „uff Ring Burcher Thor"); 1446 und 1448 Dienst als Tagwächter; u.a. Kindsvogt bei der Familie Zipp (vgl. K. Beyerle, Ratslisten, S.134ff; K.D. Bechtold, Zunftbürgerschaft, S.41; P.F. Kramml, Friedrich III., S.252, 606, 512f, 517, 522; P. Schuster, Gericht, S.191).

[1249] Ulrich Scheffmacher (Schiffmacher), „der alt Zoller": Angehöriger der Konstanzer Zunftbürgerschaft; Schuhmacher; mehrmaliger Ratsherr; Inhaber verschiedener städtischer Ämter (einer der Richter in Schuldsachen sowie einer der Richter für Bausachen); vermutlich gest. 1463 (vgl. Streichung auf der Ratsliste) (vgl. K. Beyerle, Ratslisten, S.132ff; K.D. Bechtold, Zunftbürgerschaft, S.220; P.F. Kramml, Friedrich III., S.514, 518).

[1250] Ulrich Werkmeister: Angehöriger einer bereits dem Lindauer „Früh-Patriziat" angehörenden Familie, die v. 1268 bis 1443 in der Stadt nachweisbar ist und Ratsherren, Bürgermeister und Ammänner stellt (vgl. A.O. Stolze, Sünfzen, S.51).

[1251] Die eigentliche Ursache der zwischen 1431 und 1436 anzusetzenden Fehde zwischen Ulrich Werkmeister und seinen teils namentlich bekannten Helfern (darunter später auch die Herren v. Geroldseck-Sulz) und der Stadt Konstanz kann nicht mehr eruiert werden. Wir besitzen noch einige teils schlecht erhaltene Urkunden, in denen wegen der „Spenen" und verschiedener Schiedsrichter verhandelt wird. U.a. klagt Konstanz vor dem Hofgericht zu Rottweil, woraufhin, wie hier berichtet, über die gegnerische Partei die Acht verhängt wird. Nach der Schlichtung der Auseinandersetzung unter Vermittlung Bischof Friedrichs am 31. Jan. 1436 ersucht Konstanz am 23. Feb. 1436 abschließend, Ulrich Werkmeister und die ihn Unterstützenden aus der Acht zu entlassen (vgl. J. Marmor, UrkundenAuszüge II, S.66 und 68; REC III, Nr.9732; P. Ruppert, Chroniken, S.179, Anm.1).

[142ᵛᵇ]

a) v. vszschaffen: hinausschicken b) Acht, Verbannung c) Begard, Laienbruder, Konverse d) v. verkêren: verführen, verleiten, „bekehren" e...e) geschworen, den Rhein nicht zu überqueren, d.h. sich der Stadt nicht zu nähern

[1252] Sigismund.

sust an | der gůt helffen nemen. |

10 A(!)ber in dem vorgeschriben | jar vff <u>sant pauls gedächt</u>= | <u>nusz</u> tag[1253] do   *Häretiker in*
kam(m) ainer, hiesz | <u>maister wernher</u>, vnd der | was <u>schůlmaister</u> zů   *Konstanz;*
<u>vlme</u>, | gen <u>costentz</u>. vnd der was | von aine(m) **Beghart**^c/[1254], hiesz
<u>v̊l(rich)</u> | beghart, verkert^d zů valschen | artikeln vnd kåtzerschen[1255]. vn(d)
| der **Beghart** hett den vo(n) <u>vlm</u> | ^eversworen über **Rin**^e vmb sin | verkeren
15 noch dannoch brach | er den aid vnd sprach, er hett | vor <u>got</u> nit
geschworn. Nun | diser **Beghart** bråcht <u>maister</u> |

[143ra|291] <u>wernhern</u> dar zů, das er ge= | lobt wol <u>dryzehen</u> oder <u>vier</u> | <u>zehen</u> bôser   *Dessen Lehre;*
kåtzerlicher arti= | kel. **D**es Ersten: das **a**in | gantzerⁱ volkomner^a mensch, |
da für er sich selber hielt, |ⁱⁱ ôn | sünd mochte sin ^bvn künsch= | hait
volbringenⁱⁱⁱ/^b. |
5 **E**r môcht och mit gaistlich= | en, als <u>closterfroen</u> oder die | sust kunschhait
gelopt he= | tend, sünden^c vnd von der | volkom(m)ne^d wegen, so er **a**n jm
| hette, **s**o wåre es jm nit sünd^e. | aber es wåren den <u>frocn</u> sünd; | **J**te(m) sin
<u>maister v̊lrich Begh</u>= | hart wåre och als volkomen | vnd språche er zů
ainer <u>ju(n)k</u>= | <u>froen</u>, das sy mit jm sündoti | durch frucht^f wyllen, sy sôlte |

[1253] 30. Juni.

[1254] Begarden: seit der Mitte des 13. Jhs. die gebräuchliche Bezeichnung für Männer, die zwischen Ordens- und Laienstand ein geistliches Leben führen; die Begarden treten in geringerer Zahl als ihr weibliches Pendant auf; bei ihnen ist aber das „fluktuierende, vorwiegend auf Bettel (Brot für Gott) angewiesene Element" (LexMA, Bd.1, Sp.1798) größer; rekrutieren sich überwiegend aus unteren Gesellschaftsschichten; geraten (wie hier) häufig unter den Einfluss häretischer Ideen bzw. in Häresieverdacht und sind in viel höherem Maße als die Beginen der Verfolgung und Unterdrückung durch die Inquisition ausgesetzt; spielen am Bodensee nur eine marginale Rolle und verfügen nur über einige wenige Niederlassungen (vgl. das sog. Konstanzer Bruderhaus in der Neugasse, das nicht lange vor 1371 entsteht und in einem Zinsrode v. 1377 „Brüder Ůlrich und sin gesellschaft dú willig armůt" genannt wird und in rechtlicher Hinsicht dem Konstanzer Rat untersteht, der wie hier bei Verfehlungen einschreitet (vgl. allg. ebd. und zur Stadt Konstanz A. Wilts, in: HS IX/2, S.381ff, 454ff).

[1255] Der Editorin ist es nicht gelungen, über die chronistischen Nachrichten hinaus (vgl. auch StAK, A I 1, fol.112^{va}ff) etwa in den Ratsbüchern weitere Belege oder Hinweise zu diesem Fall zu finden. A. Wilts, Beginen weist aber (unter Einbeziehung dieses Berichtes) auf S.268 und in HS, IX/2, S.457 darauf hin, dass im Gegensatz zu den Beginen in der Diözese Konstanz Hinweise auf häretische Begarden des Öfteren zu finden sind und einige „handfeste Skandale" überliefert werden. Bereits 1405 erlässt Bischof Marquard v. Randeck infolgedessen eine Verfügung gegen Begarden, Lollharden und Swestrionen (vgl. REC III, Nr.7925). Am 23. Feb. 1460 werden ein Bruder Ulrich und die Ehefrau des Konstanzer Schneiders Peter Schilling für zwei Jahre aus der Stadt verbannt, „von des weg(en) | das sy vnfůr jn dem bruderhus mit ain | ander vff hailig nåcht getriben haben" (StAK, B I 11, S.86). Vgl. auch z.B. die in der Chronik v. N. Schulthaiß, Chronik, S.280 geschilderte Verurteilung eines Bruders Konrad und des Konstanzer Schmiedemeisters wegen homosexueller Neigungen zum Tod (fälschlich nicht auf den 3. März 1464, sondern auf den 22. Sept. 1444 datiert; vgl. Ratsbuch B I 11, S.250: „Brůder Conrad vnd V°lrich Vischer (...) von jrs | vnordentlichen lebens wegen So sy vnchristan | lich mit ainander getriben hand").

[143ra|291]
i) gantzer] ga *doppelt ausgeführt* ii) Art Virgel, *mro*T iii) volbringen] *Punkt über* i *mro*T iv) ioch] *Punkt über* i *mro*T
v) vo[l]komn(er) vokomn(er) *SG, Emendation nach StAK, A I 1, vol.112*^{vb}

a) vorbildlicher, vollkommener b...b) Unzucht treiben c) v. sünden: sündigen, Unrecht tun, hier: koitieren d) Vollkommenheit e) Sünde, Schuld f) Kind, Nachkommen(-schaft) g) segensreich h...h) nicht vor dem Sakrament niederknien i...i) Eheleute

10 es ton. **Vnd** ob er ioch^{iv} zů | vnser <u>froen</u> sprǎch, ob sy vff | ertrich gieng, d(a)z sy ain <u>man</u> | nǎme, sy sôlte es ton vmbe | frucht; **Es** wǎre ir lonbǎr^g. | **Er** hielt och, das ain vo[l]komn(er)^v | <u>mensch</u> sich ^hgegen dem wir= | digen <u>sac(ra)ment</u> nit biegen^h | noch betten sôlt, **Als** gantz hett | sich got mit jm veraint **vn**(d) | vff semlichs bettet er nichtz, | dan(n) der welt vor. |

15 **Er** hielt och, das sin volkom(m)nÿ | so grosz wǎre, **d**as er nit sch= | uldig wǎre weder vasten | noch betten. |

    Er hielt och, d(a)z ⁱ⁾<u>ee menschen</u>ⁱ⁾ | **a**ins one des andern wyllen |

[143rb] sich wol schaiden môcht, ob | es <u>got</u> dienen wôlt. |

    Er hielt sich och so volkomen, | **d**as er vff **a**inen <u>samstag</u> jn | das gemain ^a<u>froen</u> husz^a/¹²⁵⁶ gieng | **vn**d da mit ainer offen^b <u>froen</u> | sündote **vn**d sin ee brǎche, | **d**an(n) er hett ain <u>ee wyb</u>. [**Vn**(d) hielt]ⁱ, das | es nit sünd wǎre,

5 mer **a**in | nottdurfft **a**ls essen **vn**(d) trin= | ken **vn**d horte^c das der na= | tur zů. |

    Er hielt och, das volkomne | <u>menschen, froen</u> **vn**d och <u>man</u>, | wol môchtend frôd mit ain= | ander halten **vn**d haben, **d**(a)z | sy iochⁱⁱ blosz nackend vor ain= | ander giengend, **vn**d ob ioch | kǎme, das sy sündoten,

10 **d**(a)z die | volkomenhait als grosz wǎre | **vn**d sich mit got veraint het= | tend so vil, **d**(a)z sy nit sunden | môchtend. **Vn**d disz ar= | tikel **vn**d ander, *Abschwörung;* der wol by | <u>vierzehen</u> was, **B**ekant^d sich | der vorgena(n)t <u>Maister</u> wern= | <u>her</u> ge jrret haben **vn**d vo(n) | dem <u>beghart</u> verwyst^e sin. | **Aber** wan er nun von geler= | ten <u>maistern</u> der hailigen ge= | schrifft vnderricht **vn**(d)

15 ^fvn | derwyset^f sige, **a**lso gejrret^g | haben, **So** Rüwe es jn **vn**d | begertte dar vmb bůsz zů | emphanhend **Vn**d schwůr, | die bůsz **a**lso ze tůnd **vn**d | [sich]ⁱⁱⁱ vor sünden ze hůttend. **Er** | hielt sich och als volkomen | **vn**d hett an dem frytag flai= | sch ge essen; es hette jm nit |

[143va|292] geschadet noch da durch ge | sündett. |

    Vnd jm ward zů bůsz ain | gelwer schappran^a, mit ain= | em gelwen crütz *Buße;* hindan | **vn**d vornan gezaichnet, | an geleit, den můst er ain | gantz <u>jar</u> tragen **vn**(d) des | schweren. |

5

[143rb]

i) Vn(d) hielt] *fehlt SG, Konjektur nach StAK, A I 1, fol.112vb* ii) ioch] *Punkt über i mroT* iii) sich] *fehlt SG, Konjektur nach StAK, A I 1, fol.113ra*: „vn(d) bůss vn(d) | schwůr diss also zu tůnd | vn(d) sich vor sund hůte(n)"

a...a) Bordell b) käuflichen c) v. hœren: gehören zu d) v. bekennen: sich schuldig bekennen e) v. verwîsen: verführen, irreführen f...f) v. vnderwîsen: lehren, unterrichten g) v. jrren: irren, Unrecht haben

¹²⁵⁶ Vgl. allg. zum Themenkomplex Prostitution in Konstanz H. Maurer, Konstanz II, S.185ff und ausführlich B. Schuster, Die freien Frauen mit der darin enthaltenen Fallstudie Konstanz und dies., Die unendlichen Frauen.

[143va|292]

i) jacobs] jacols SG, Emendation nach StAK, A I 1, fol.113rb

a) Kapuzenmantel b...b) gänzlich c...c) v. hinter sich legen: wörtlich: zurücklegen, d.h. reservieren, aufkaufen

D(!)es vorgeschriben jars vm(b) | sant v̊lrichs tag[1257] do gab man | *Kornpreise;*
dannocht den kern ain mut | vmb ain **pfund, sechs** oder | **fünff** schilling
pfenni(n)g vn(d) | hett man jn da vor zway | **jar** türer geben. aber dar nach
10 | an sant **jacobs**[i] abend[1258] gab man | jn vmb **zehen schilling** pfen- | ni(n)g
vnd was des selben | **jars** als vil korn worden, | als vor jn **zehen** oder **zwain** *Ernte;*
| tzig **jaren** ye worden was. | **N**un wåre der kern dan(n)ocht | **a**ls wolfail nit
worden, wan | die Richen hettend [b]jn aller | ding[b] [c]hindersich geleit[c],
dan(n) | sy jn den vergangen **jåren** | vff die **a**rmen lüt grosz sch- | ulden
15 geschlagen hettend. |

[143ᵛᵇ] dan(n) **a**ls man schniden[a] solt, | do kam grosz gerigen **v**nd | mocht das
korn nit geligen, | dan(n) es nasz jn kam. **v**n(d) d(a)z | **w**as sach, das man
den kern | so wolfail gab. **E**s was och | do zwüschen **Bürglon** vn(d) | **berg**
jn dem tal gar vil kerns | worden. **E**s ward och aine(r), | der mit ainem
5 pflůg gebu- | wen[b] hett fünff tusend gar- | ben **v**nd ainer wytwen da | selbs
fünffthalb tusend gar | ben. **A**ber habern geriett[c] | nit wol etc.[i]/[1259]. |

O(!)ch jn dem selben **jar** ward | **sant peters**[1260] turn ze **zürich** | vnd och die *Ausstattung v.*
10 [d]zit glok[d] dar jnne, | d(a)z zyt zaiget, gemacht. **v**n(d) | och ain glok vmb *St. Peter mit*
sant **jacobs** | tag[1261] gegossen; was nach der | **w**ytin vswendig [e]grad über | *Turm, Uhr und*
sechs schůch[e] **v**nd wol sechdt | halb schůch wytt etc.[ii]. | *Glocke;*

[144ʳᵃ|29[3]][i] **D**(!)es vorgeschriben **jaurs** | am(m) **zinstag** vor sant **Ma** | rien **magdalenen** *Tod des Abts v.*
tag[1262] | do starb der **E**rwirdig h(er)r | abbtt **Cůnrat lützener**[1263] vo(n) | *Kreuzlingen;*

[1257] 4. Juli.
[1258] 24. Juli.

[143ᵛᵇ]
i) etc.] *SG undefinierbares Zeichen (eventuell auch nur Zz), v. der Hd. des Rubr., mroT* ii) etc.] *SG undefinierbares Zeichen (eventuell auch nur Zz), v. der Hd. des Rubr., mroT*

a) v. schnîden: ernten, Ähren schneiden b) v. buwen: anbauen, Ackerbau betreiben c) v. gerâten: geraten, sich entwickeln d...d) Uhr, Stundenschlag e...e) etwas mehr als sechs Fuß
[1259] Diese Erntenachrichten sind außerhalb v. Konstanz anscheinend nicht überliefert (vgl. H. Buszello, „Wohlfeile", S.32).
[1260] St. Peter: mächtige Chorturmkirche über der Altstadt v. Zürich; die einzige nicht mit einem Stift verbundene Pfarrkirche; urkundlich erstmals 857 nachgewiesen; zu Beginn des 13. Jhs. ersetzt eine spätromanische Chorturm-kirche den ersten Bau; bereits 1366 wird die erste Schlaguhr am Turm angebracht; in der ersten Hälfte des 15. Jhs. erfolgt die (hier angesprochene) Vergrößerung: auf die beiden unteren Turmgeschosse werden zwei weitere aufge-setzt und durch einen schlanken Helm noch erhöht sowie das Kirchenschiff größer aufgebaut (vgl. Kunstführer durch die Schweiz, S.768f; F. Deuchler, Schweiz und Liechtenstein, S.844ff).
[1261] 25. Juli.

[144ʳᵃ|29[3]]
i) *auf dieser Seite ist der Schriftspiegel mit Spalten sichtbar*

a) Streit, Zwist

vilingen, abbtte zů <u>crütz-</u> | lingen. By des zyten gie(n)g | es gar wol jm
gotzhusz. | vnd was zehen <u>jar</u> her. | **E**r was schůlmaister da | selbs vnd
5 hielt sich So | redlich, das man jn zů | ainem heren nam vn(d) | **abbtte**
ward. Dar nach | ward abbt h(er)n hansz hů- | ber[1264], des vatter **was** ain | *Nachfolger;*
kar(r)er; der selb bwt den | gaisberg[1265] vnd hett vil | jrrtum[a] mit sinen
he(ren). |

[144ᵛ|294] Leere Seite

[145ʳᵃ|295] **F**(!)üro jn dem vorgeschriben | <u>jar</u> <u>tusend vierhundert tris</u> | <u>sig</u> vnd <u>vier</u> *1434 Baumaß-*
<u>jare</u> do ward | der hůt vff <u>sant johanns</u> | turn oder wendelstain zů | <u>costentz</u> *nahme an St.*
mit glesten[a] ziegel(e)n | volbraucht etc.[i]/[1266]. | *Johann;*

5

A(!)ber jn dem obgeschriben <u>jar</u> | vff <u>mittwochen</u> vor vnser | lieben <u>froen</u> *Delinquenz und*
tag zů <u>Mittem</u> | <u>ougsten</u>[1267] do wurdend Cůntz- | en mit der gigen[b], **was** *Strafe;*
von | ehingen vnd ettwen **ain** | münch gewesen, die ougen | von valsches
<u>spils</u> vn(d) wür- | fel wegen zů <u>costentz</u> vs ge | stochen[1268]. |

[1262] 20. Juli.

[1263] Konrad II. Luzerner: aus Villingen stammend; Abt v. Kreuzlingen in den Jahren v. 1423 bis 1434; nach
K. Kuhn, Kreuzlingen, S.371 gest. am 2. Sept. 1434 (vgl. aber folgende Anm.) (vgl. ebd., S.264, 370f).

[1264] Johannes IV. Huber (v. Sulzberg): aus Konstanz stammend; Konventuale und Priester in Kreuzlingen; Abt des
Klosters Kreuzlingen v. 1434 bis 1457 (vgl. den Bericht auf fol.201ᵛᵃ, der als Tag der Wahl den 25. Juli 1434 (!)
nennt); visitiert u.a. das Stift Beuron; Auseinandersetzung mit Graf Heinrich v. Montfort; gest. wahrscheinlich am
28. Feb. 1457 (vgl. REC IV, Nr.9925 u.a.; K. Kuhn, Kreuzlingen, S.274, 372f; Berichte auf fol.153ʳᵃ, 163ᵛᵃ und
201ᵛᵃ). Vgl. REC III, Nr.9581 (vom 18. Aug. 1434!): Papst Eugen IV. empfiehlt Kaiser Sigismund (sowie dem Konstanzer Bischof) den neugewählten Abt Johannes v. Kreuzlingen, der „per formam scrutinii" gewählt wurde.

[1265] Um welche Besitzung es sich hier handelt, konnte nicht eruiert werden. Nahe Kreuzlingen existieren verschiedene Höfe und Herrschaftssitze bzw. Burgen mit dem Namen Gyrsberg. Möglicherweise bezieht sich diese Angabe
auf einen Umbau der Burg Alt-Gyrsberg (heutiges Schloss Brunegg, um 1300 gebaut, erste urkundliche Erwähnung
um 1363 als Besitz der Familie Blarer) oder auf einen Bau v. Mittel-Gyrsberg (erstmals um 1473 im Besitz eines
Konrad Kupfermann genannt) (vgl. Die Gyrsberge in Emmishofen; H. Strauß/A. Beck, Gyrsberge).

[145ʳᵃ|295]
i) etc.] *SG undefinierbares Zeichen (eventuell auch nur Zz),v. der Hd. des Rubr., mroT*

a) glasierten, glänzenden b) Geige, hier: Bestandteil des Namens

[1266] Die hier angesprochenen Baumaßnahmen an St. Johann stehen im Zusammenhang mit einem Umbau der Kirche
in der ersten Hälfte des 15. Jhs.. Anfang des Jhs. wird das Schiff der Pfarr- und Stiftskirche erbaut; 1432 erfolgt dann
der Anbau der Marienkapelle südlich des Chores (vgl. G. Dehio, Handbuch, Bd.2, S.379).

[1267] 11. Aug.

[1268] Betrug oder Unterschlagung wird in Konstanz t.w. unter harte Strafe gestellt und streng geahndet. Conrad v.
Ehingen, genannt Cuntz mit der Gigen, hier beim Falschspielen mit gebleiten Würfeln (vgl. zur Würfelproduktion in
Konstanz M. Erath, Gute und gezinkte Würfel) ertappt (vgl. StAK, B I 6, S.209: „gestrafft von vasches vnd böses |
Spils wege(n), so er mit geblyten vn(d) and(er)n valschen wůrffeln | getan hat"; vgl. auch ebd., S.214), verliert v. der
Hand des Henkers das Augenlicht und wird zusätzlich auf ewig und vier Meilen aus der Stadt verbannt. Vergeblich
bemüht sich der Rat, auch die Hintermänner dieser Tat (v.a. einen Verdächtigen namens Haderfritz) dingfest zu ma-

10

[145rb] **D**(!)es vorgeschriben **jars** vm(b) | des hailigen **crütz tag**, als es | erhôcht   *Unglücksfall;*
ward¹²⁶⁹, ertrank **h**en(n)y | **m**artin vnd sin **B**uman | by husen¹²⁷⁰, wolten
sand zû aine(m) | ker gefûrt haben. |

5

A(!)ber des **jars** so vor stat an | sant **andres** tag¹²⁷¹ vmb die | fünffe do wolt   *Delinquenz;*
ainer ⁱvon [hof], | der **h**er(r)e[n]ⁱ ainer, das **hailig** | ôl ainer froen geben
Vnd | man tett jm also not, d(a)z er | das ^a**sacrame**(n)**tz** hüslin^{a/1272} offen |
vergasz. vnd des ward ain | fremder bettler gewar vn(d) | der stal das
10 **hailig** hochwir- | dig **sacrame**(n)**t** vnd die ^b**mon** | strantz^b vnd trûg zû
coste(n)**tz** | jn d(a)z **m**ünster vnd stiesz es | by dem **hailigen** grab vnder |
den altar schâmel. vnd er | **w**ard mornend vmb die | **z**echni gefangen¹²⁷³. |

[145va|296] **D**(!)es vorgemeldtes **jǎrs** | verbran och das stâtlin âll | gôw¹²⁷⁴ wol halben   *Brandkata-*
vnd ver | brun(n)end dar jnn(en) sechs vn(d) | trissig tusend vesiner^a garb. | *strophe;*

5

A(!)ber des vorgeschriben **jaurs** | mornend nach sant **andres** | tag¹²⁷⁵ do   *Schnee¹²⁷⁸;*
viel **a**ls ain grosser | schnee, dicker dan(n) ainer eln | lang, vnd lag bisz zû

---

chen. 1437 wird das Urteil abgemildert, die Rückkehr in die Stadt erlaubt (vgl. StAK, B I 6, S.447) (vgl. P. Schuster,
Gericht, S.129, 301, allg. zum Umgang mit Betrug ebd., S.128ff).

[145rb]
i...i) von [hof], | der **h**er(r)e[n]] von | der **h**er(r)e *SG, Konjektur nach StAK, A I 1, fol.114va*

a...a) Sakramentshaus b...b) Monstranz

¹²⁶⁹ 14. Sept.
¹²⁷⁰ Hinterhausen: in Allmansdorf (heute: Stadt Konstanz) aufgegangen; 1276 als Husen erstmals belegt; nur schwer
vom Ort Petershausen abgrenzbar; zur Grafschaft Heiligenberg gehörig (vgl. LBW, Bd.6, S.754; Lkr. Konstanz,
Bd.3, S.439f).
¹²⁷¹ 30. Nov.
¹²⁷² Sakramentshaus: ein „zur Aufbewahrung und Anbetung der konsekrierten Hostien bestimmter Ort, meist an der
Nordseite des Altarraums oder dicht davor" (LexMA, Bd.7, Sp.1275).
¹²⁷³ Diebstahl, „das Kapitalverbrechen der spätmittelalterlichen Stadtgesellschaft schlechthin" (P. Schuster, Gericht,
S.125), zieht auch in Konstanz grundsätzlich strenge Sanktionen nach sich. In den Jahren zwischen 1430 und 1460
wurden 101 Diebe (meist wie auch hier Fremde oder Angehörige der Unterschichten) vom Rat bestraft: 49 sterben
durch den Henker, die übrigen werden fast alle für ewig der Stadt verwiesen. Zu beachten ist auch, dass besonders
bei einem Diebstahl wie dem vorliegenden Fall sowohl v. einem weltlichen als auch v. einem kirchlichen Gericht
geahndet werden kann (vgl. ebd., S.125ff; T.D. Albert, Der gemeine Mann, S.127).

[145va|296]
a) Spelze an der Dinkelähre, Hülse des Getreidekorns, Dinkel [v. vëse] b...b) langsam c) Eis/-schicht d) v. ledigen:
lösen e) Eisscholle

¹²⁷⁴ Eine Stadt namens Allgow/Allgäu konnte nicht nachgewiesen werden.
¹²⁷⁵ 1. Dez.

sant | **Mathias** des zwŏlffbotten | tag[1276] vnd gieng do ᵇgemach | samᵇ ab
recht jn vierzehen | tagen. **A**ber an sant **Mathias** | tag do was das ynszᶜ jn
10 ober | see so vest **v**nd vast gefroren, | das man dar vff gieng, wer | wolt.   *Eis und Folgen;*
vnd vff den **tag** vm(b) | **zechni** vmb den ymbis do | ledigetᵈ sich ain ynselᵉ,
maint | man die wol ainer halben | mil lang was, **V**nd die | traib der wind
vff gen **lin**= | **dow** wertz. vnd die ynsel | tett dem **Ehinger**[1277] zů güt- |
tingen vil schaden an pfål(e)n. | **E**s warend ouch von **Mer** | spurg jro wol
sechzehen |
[145ᵛᵇ] so mŭttwylligᵃ, das sy zů de(m) | ysmarrenᵇ fůrend vnd dar | vff giengend
als ver vnd | lang sy woltend[1279]. ###ⁱ |

5 **J**(!)t(em) des **jars** vor sant **andres** | tag[1280] an sant **pelagien** aubend[1281] | do   *Ernte;*
wymnet man vnd schnaid | hab(er)n vnd hŏwet man zů | costentz vnd galt
aine(m) ᶜwym | nerᶜ vier pfenni(n)g. |

10 **D**(!)ar nach am(m) **mentag** | nåchst vor sant **Bartholomeus** | tag[1282] do was
ain schiessen zů | **costentz** vnd werot bisz an | den **samb**stag vff das ain. | *Schützenfest;*

[1276] 24. Feb.

[1277] Gemeint ist Heinrich Ehinger, der, wie auf fol.119ᵛᵇ bereits erwähnt, zu dieser Zeit im Besitz der beiden Burgen
Güttingen und Moosburg bei Güttingen ist.

[1278] R. Glaser, Klimageschichte, S.79 bestätigt den kalten Winter des Jahres 1435 mit Hinweisen auf verschiedene
Chroniken z.B. aus Köln (vgl. auch fol.146ᵛᵃf).

[145ᵛᵇ]
i) *Zz: (andere Form als bisher), v. der Hd. des Rubr., mroT*

a) übermütig b) Eisscholle [v. märe: angeschwemmtes Land] c...c) Helfer bei der Weinlese d) Einsatz bei einem
Spiel, besonders beim Wettschießen; gleichzeitig der Preis desselben e) v. heben: (insgesamt) erheben

[1279] Vgl. den Hinweis auf diese „Seegefrörne" mit dem Zitat aus unserer Chronik bei W. Dobras, Seegefrörnen, S.7.
Ebd., S.7f auch hiervon unabhängige Belege für den zugefrorenen Bodensee im Jahr 1434/35 in späteren Texten
(z.B. bei Vadianus, Bucelinus sowie in einer „Weingartner Handschrift, die heute in Stuttgart aufgewahrt wird", Signatur ist nicht genannt). Im 15. Jahrhundert wird das Phänomen am häufigsten beobachtet. Die Quellen erwähnen die
kalten Winter mit Eisschichten auf dem See für 1409, 1431, 1435 (hier ist er komplett gefroren), 1460, 1465 (vgl.
Bericht auf fol.211ʳᵃ), 1470 (vgl. Bericht auf fol.223ʳᵃ), 1479 und 1497 (vgl. W. Düwel-Hösselbarth, Ernteglück,
S.37).

[1280] 30. Nov. Dieses Datum wird hier noch einmal aufgegriffen, um den Leser dezidiert darauf hinzuweisen, dass die
nun folgenden Ereignisse zeitlich vor dem Bericht v. fol.145ʳᵇf liegen. Unser Historiograph bemerkt also den Fehler
innerhalb des chronologischen Prinzips. Möglicherweise kann dieser auf verschiedene Quellen zurückgeführt werden.

[1281] 27. Aug.

[1282] 23. Aug.

[146ʳᵃ|297]
i) kost] *fehlt SG, Konjektur nach StAK, A 1 1, fol.126ᵛᵃ*: hatt nach kost xi guldin ii) yegklich- | er] kl *doppelt aus-
geführt, eventuell korr.*

vnd was vff dem schiessen | hundert vnd ain vnd vier- | tzig schützen vnd
leit ain(er) | ain pfund pfenni(n)g jn den | toppel^d vnd hûbend^e acht | nach
vier pfund haller |

[146ra|297] vnd hatten fünff vn(d) trissig | schütz ze tûnd vnd giengen | auentür^a vnd
toppel mit ain- | ander vsz; also welher der best | an dem toppel was, der
nam | och die besten auentür. Vn(d) | warend disz die auentüren: | ain
silbrinen kopff, hett [kost]ⁱ ay= | liff guldin, vnd ain ochsen | für acht
5 guldin Vn(d) ain | silbrin schâl^b für sechs guld(in) | Vnd ain armbrost für
vier | guld(in), dennocht ware(n)d zwen | guldin. Also was ainer vo(n) |
Ougspurg vnd ainer von | sant gallen hett ir yegklich- | erⁱⁱ nün schütz vnd
die stach | end mitainander. also be= | hûb^c der von ougspurg vn(d) |
nam den kopff vnd der vo(n) | sant gallen den ochsen. do | hett ainer vo(n)
10 überlingen sechs | schütz, der nam die schalen; | do hett ainer von arbon
fünff | schütz, der nam das armbrost; | do wurdend die zwen guld(in), |
nicht waisz ich, war dan(n) der | von der veresten^d haymatt | was
herkom(en).¹²⁸³ |

[146va|298] Desⁱ jars als man vo(n) | der gepurt cristi zalt | tusend vierhundert tryssig |
vnd fünff jare vmb sant | anthonien tag¹²⁸⁴ do ertrank | dem wingartter¹²⁸⁵ *1435 Unglücks-*
ain sun vn(d) | der Bussnang¹²⁸⁶ vnd sust iro | zwen, wurdend fünden *fall;*
vm(b) | die Blaiche. |

---

a) Preis, Gewinn des Wettschießens b) Trinkschale c) v. behaben/beheben: den Wettkampf gewinnen d) Superlativ v. verre: fernsten

¹²⁸³ Diese Schilderung einer „offiziellen", d.h. vom Rat gebilligten, ja oft sogar geförderten „Lustbarkeit", eines für die spätmittelalterliche Festkultur typischen Schützenfestes, das den Wettkampf, aber auch die Unterhaltung zum Gegenstand hat, zeigt u.a. den engen Kontakt zwischen Konstanz und anderen Städten (vgl. z.B. auch die Berichte mit Hinweisen auf fol.52va, 151^{ra}f, 166rb, 172va). Gerade derartige Festivitäten bieten den Anlass zu Nachbarschaftsbesuchen aus dem nahen Umland sowie aus fernerer Gegenden (v.a. aus Schwaben, der Eidgenossenschaft und dem Elsass). Gleichzeitig ziehen auch immer wieder Konstanzer zu solchen Schützenfesten, Turnieren oder Fastnachtsfeiern (vgl. allg. zur Festkultur des Mittelalter z.B. D. Altenburg/J. Jarnut/H.-H. Steinhoff, Fest und zu Konstanz und dem Umland speziell W. Schaufelberger, Wettkampf; H. Maurer, Schweizer und Schwaben, S.12ff; ders., Konstanz II, S.179ff).

[146va|298]
i) Des] D 2-z. Lomb., v. der Hd. des Rubr., mblT ii) markscheff] ff *doppelt ausgeführt, eventuell korr.* iii) drÿ] *Punkte über* ÿ *mroT*

¹²⁸⁴ 17. Jan.
¹²⁸⁵ Hans Wingarter: ein Angehöriger der Konstanzer Zunftbürgerschaft; Schiffmann; u.a. aus einem Eintrag ins Ratsbuch vom 29. Feb. 1444 bekannt (vgl. StAK, B I 7, fol.113^v); eventuell noch 1450 im Steuerbuch genannt (vgl. K.D. Bechtold, Zunftbürgerschaft, S.232; Steuerbücher, Teil 1, 1450, 97, S.156). Es könnte sich aber auch um Burkhart Wingarter handeln: wohl 1419 und sicher 1425 Ratsmitglied; noch 1433 im Steuerbuch vertreten (vgl. K. Beyerle, Ratslisten, S.127, 131; Steuerbücher, Teil 1, 1433, 152, S.95).
¹²⁸⁶ Angehöriger des freiherrlichen Geschlechts Bußnang aus dem Thurgau (?). In Frage kommt nach OBG, Bd.1, S.188 und dem Überblick über die Familie im Genealogischen Handbuch, Bd.4, S.51-82 eigentlich niemand. Möglich wäre vielleicht Johannes III. (geb. 1412; Vater: Albrecht VI.; Mutter: eine Bürgerliche namens Ursula Vogt), falls die Zuordnung nicht zutrifft, nach der es „wahrscheinlich" war, der noch am 22. Mai 1436 in den Freiherrenstand erhoben wird (vgl. ebd., S.76).

5

D(!)es selben jars so obstat an | Sant <u>pauls Bekeru(n)g</u> tag¹²⁸⁷ do | ertrank   *Schiffs-*
das markscheffⁱⁱ | von zelle **v**nd ertrank de(m) | glaser¹²⁸⁸ dar jnn(en) ain   *unglücke;*
tocht(er) | vnd sust <u>zwo</u> froen wa= | rend von <u>petershusen</u> **v**n(d) | horttend
10 dem vettach¹²⁸⁹ zů, | vnd sust drÿⁱⁱⁱ man, hiesz der | ain der schrentzer¹²⁹⁰. |

[146vb]   Aber des selben jårs nach vn= | ser lieben <u>froen</u> tag ze liecht | mesz¹²⁹¹ **D**o
losdt sich dem ju(n)g= | en gansz¹²⁹² ain schiff mit korn | von der stedi^a
vnd gieng vn= | der zů der langen argon¹²⁹³. |

5

Aber des genant(en) jars an sant | <u>Crisostom(us)</u> tag¹²⁹⁴ wa(r)dⁱ hagen= | *Delinquenz und*
dorn¹²⁹⁵ ertrenkt vnd sust <u>zwen</u>. | **v**nd ward vff gesetzt, das | man sol den   *Strafe;*
vertailten^b vn | sern heren geben^c. |

10

Aber des selben jars an sant <u>dorotheen tag</u>¹²⁹⁶ do gefror der | see von   *Eis;*
husen bisz an die | blaiche¹²⁹⁷, **d**as man ob <u>drissig</u> | knechten vshin

---

¹²⁸⁷ 25. Jan.
¹²⁸⁸ Johann/Heni Glaser (?): Angehöriger der Konstanzer Zunftbürgerschaft; Krämer; mehrfach in Urkunden des Am-
manngerichtsbuchs als Händler v. Wachs und Pfeffer nachweisbar; noch 1450 im Steuerbuch vertreten (vgl. H. Ammann, Konstanzer Wirtschaft, Urkunden, Nr. 16, 41, 48a, 71, 105, 264, 328, 343, 355, 357, 428, 514, 565, 587, 600,
606, 621, 642; Steuerbücher, Teil 1, 1450, 431, S.162; K.D. Bechtold, Zunftbürgerschaft, S.180).
¹²⁸⁹ Vettach: Angehöriger der Konstanzer Zunftbürgerschaft; nach den Steuerbüchern (zwischen 1425 und 1433 be-
legt, zeitlich davor und danach jeweils „Vettachin") tatsächlich eine Person, die im „Underdorff" bei Petershausen zu
lokalisieren ist (vgl. Steuerbuch, Teil 1, 1425, 1011, S.44; 1428, 920, S.78; 1433, 1005, S.108).
¹²⁹⁰ Vgl. dazu auch die Nachricht des Auffindens v. neun Verunglückten auf fol.148ra.

[146vb]
i) wa(r)d] *eventuell v. der HHd. aus* was *korr.*

a) Anlegestelle b) Leichnam des Verurteilten c) v. geben: übergeben d) Eis/-schicht e) v. uffhalten: offenhalten, d.h.
verhindern, dass der See erneut zufriert

¹²⁹¹ 2. Feb.
¹²⁹² Vermutlich Hans Gans: Angehöriger der Konstanzer Zunftbürgerschaft; Sohn v. Heinrich Gans, der mit großer
Wahrscheinlichkeit in den Ratslisten 1416, 1417, 1418, 1426, 1428 und 1429 auftauchende „H. Gans"; 1437 nach
dem Mordversuch an Hans Riß unmittelbar nach einem Friedensgelöbnis auf ewige Zeiten der Stadt verwiesen (vgl.
K. Beyerle, Ratslisten, S.124ff, 131ff; P. Schuster, Gericht, S.216, 246).
¹²⁹³ Langenargen, Bodenseekreis: 770 (Kop. 17. Jh) erstmals bezeugt; Kloster St. Gallen wird 770 und im 9. Jh. mit
Schenkungen bedacht; zeitweise im Besitz der Bregenzer Grafen, v. denen es an die Pfalzgrafen v. Tübingen und
über eine Tochter an die Grafen v. Nellenburg kommt; 1267 Verkauf an das Stift St. Johann in Konstanz; die Vogtei
geht 1268 an den Bischof; v. 1290-1780 im Besitz der Grafen v. Montfort; um 1330 starke Burg; im 15. Jh. Bedeu-
tungszunahme; 1453 Stadterhebung (vgl. LBW, Bd.7, S.563ff).
¹²⁹⁴ Johannis Crisostomi: 27. Jan.
¹²⁹⁵ Diepolt Hagedorn wird, wie hier und im Ratsbuch (StAK, B I 6, S.253) erwähnt, 1435 wegen Bigamie (prin-
zipiell als Kapitalverbrechen eingestuft und unter hohe Strafe gestellt) zum Tode verurteilt und im Rhein ertränkt
(vgl. P. Schuster, Gericht, S.111, 222).

schicken mŭst, | die d(a)z ys^d uffhüwend, d(a)z man | faren mŏcht vnd
Mŭst da | mit grosser cost die knecht hal= | ten, die den see uffhieltend^e,
d(as) | er nit gefrure. |

[147ra|299]ⁱ INⁱⁱ dem vorgena(n)t(en) jar do | was der keltost wintter, der | jn <u>funfftzig</u>   *Harter Winter*
jaren ye ward, vn(d) | ward der **Rin** so klain, das man | truken gieng von   *und Folgen;*
<u>petershusen</u> | **B**isz gen <u>Rotengatters</u> mülin | vnd gefror der see her vff nach
| bisz gen lŏn. **D**es jars vm(b) <u>liecht=</u> | <u>mesz</u>¹²⁹⁸ warend geuallen wol | by
   5   <u>zwaintzig</u> schne, das nie kain | man grŏsser schne zŭ costentz | nie
gedaucht. **D**es jărs vieng | man so vil vogel^a vnd belchen^{iii/b} | jm **Rin** vnd   *Jagd und*
entan^c, das des nie | kain man me gedaucht. **M**an | gab ain belchen vm(b)   *Preise;*
<u>vier</u> vnd | vmb <u>fünff</u> pfenni(n)g. **S**y fluge(n)d | bisz an die stat jn den **Rin**,
das | man sy mit stainen erwarff. | **a**n sant <u>agathan</u> tag¹²⁹⁹ was es | so kalt,
  10   das der **Rin** zŭ <u>gotlieb(e)n</u> | ^düber fror^d vnd flugend die ^ealen | bŏck^e vor
hunger gen costentz | jn die stat vnd giengend die | wylden ănten mit den
haÿm= | schen^f dick vnd vil. vnd vff den | tag ward gerechnot der <u>acht=</u> |
<u>vnd zwaintzigost</u> schne, so ge= | vallen was des winters. |

[147rb] **DE**sⁱ vorgena(n)ten jars nach | unser lieben froen tag ze | <u>liechtmesz</u>¹³⁰⁰ do   *Visitation des*
kamen die visi= | tierer^a vom <u>concilio</u> vo(n) **Basel** | gen sant gallen vnd   *Klosters St.*
wolten | da gevisitiert^b haben¹³⁰¹. des wolt | der <u>**abbt**</u>¹³⁰² nit, dan(n) er vnd   *Gallen;*

---

¹²⁹⁶ 6. Feb.
¹²⁹⁷ Vgl. dazu auch der Bericht zu dieser „Seegefrörne" auf fol.145^{va}f.

[147ra|299]
i) *auf dieser Seite ist der Schriftspiegel mit Spalten sichtbar* ii) IN] I *2-z. Lomb., v. der Hd. des Rubr., mroT* iii)
belchen] b *aus* v *eventuell nicht v. der HHd. korr.*

a) Vögel, oft spezieller Terminus für Gänse b) Blässhühner c) Enten d...d) v. überfrieren: zufrieren, an der Oberfläche
gefrieren e...e) Möwen, besonders Lachmöven f) einheimisch-häuslichen, zahmen

¹²⁹⁸ 2. Feb.
¹²⁹⁹ 5. Feb.

[147rb]
i) DEs] D *2-z. Lomb., v. der Hd. des Rubr., mroT* ii) kilchen] *Punkt über* i *mroT*

a) Visitatoren b) v. visitieren: visitieren, kontrollieren, prüfen c) v. jngân/-gên: vereinbaren d) v. verleiten: den Weg
versperren e) v. geturren: wagen f) v. betragen: aussöhnen

¹³⁰⁰ 2. Feb.
¹³⁰¹ Das Basler Konzil, als „Begegnungsstätte führender Reformer" (J. Helmrath, Basler Konzil, S.130), bemüht sich
mit Hilfe beauftragter Visitatoren v.a. in südwestdt., bayrischen und österreichischen Klöstern Reformen durchzu-
führen. 1434 erteilt es Abt Konrad v. Obernburg (Tirol), Prior Albert v. Cristgarten, Johann v. Polonien, Prior v. St.
Benignus, und Johann v. Speier, Conventuale v. Mölk, den Auftrag, das Kloster St. Gallen zu reformieren und es zur
besseren Einhaltung der Benediktinerregel anzuhalten (vgl. ebd., S.129ff; W. Ehrenzeller, St. Gallische Geschichte,
Bd.1, S.319 und G. Spahr, Reform, S.54f).

ander | <u>prelauten</u> warend jngega(n)gen^c, | was **a**in gemain <u>concilium</u> |
5   machte, das wőlten sy tŏn. | **V**nd des namend sich die von | sant gallen **a**n,
wyder den <u>apt</u> | den visitierern bystand ze tůnd | **V**nd verleiten^d den <u>apt</u>,
d(a)z er nit | enweg mocht kom(en). **vn(d) w(a)z** | by jm <u>albrecht</u> vnd
<u>hain(rich)</u> | **B**laurer vnd ander, den wa= | rend sy gar vigend vnd ge= |
torsten^e nit herusz komen. | also schickt man **a**in botsch= | afft hin vff von
10   **a**ine(m) <u>raut</u> | ze costentz, das sy betragen^f | wurden¹³⁰³. |

A(!)ber des jằrs, vmb Sant | <u>gallen</u> tag¹³⁰⁴ vnd da vor, do | sach man ainen
<u>sternen</u>, | gena(n)t **a**in <u>comet</u>, am hymel | mit aine(m) swantz, der hett | *„Komet“;*
15   sich den <u>**R**in</u> ab gen <u>**B**asel</u> | gericht, stůnd ob sant <u>stepha(n)s</u> | kilchenⁱⁱ. **do**
ward <u>**B**aupst</u> | <u>felix</u>¹³⁰⁵ erwelt, was **a**in her= | *Wahl v. Papst*
[147va|300]   tzog von **S**aphoy, den hielt | nyemant ⁱfur ain rechte(n) | Bapstⁱ/¹³⁰⁶. | *Felix V.;*

D(!)**E**(!)s vorgemeldten jằrs | Erfror der win vm(b) <u>Sant</u> | <u>Martins</u> tag¹³⁰⁷   *Wein-*
5   jn <u>allen landen</u>, | am(m) Rin, am(m) <u>Necker</u>, zů O^e- | <u>ster(r)ich</u> vnd zů   *nachrichten;*
<u>francken</u>. | vnd fůrt man vil wins | die <u>tonow</u> ab gen <u>Regen</u>- | spurg, gen
wien vn(d) gen | <u>Nůremberg</u> Vnd ward | so tür das man ain fůder | zů
<u>costentz</u> vmb <u>zwaintz</u>- | ig <u>**p**fund</u> <u>**p**fenni(n)g</u> gab. |

---

¹³⁰² Eglolf Blarer.

¹³⁰³ Während ein kaiserliches Schreiben St. Gallen anordnet, den Kirchenbehörden bei dieser Aufgabe beizustehen (vgl. UBSG V, Nr.3820), fordert Bischof Friedrich III. v. Konstanz (vgl. UBSG V, Nr.3852a und REC III, Nr.9637) v. der Stadt, diese Visitation zu gestatten. Nach Privilegienerhalt, Absicherung nach verschiedenen Seiten hin – u.a. betont der Rat, dass die Gehorsamkeit gegenüber dem Konzil nicht mit einer Herabwürdigung des Abtes oder des Klosters einhergehe, und lässt sich v. Eglolf Blarer beeiden, dass sie sich ihrer Haltung wegen keinerlei Schwierigkeiten einhandelt (vgl. UBSG V, Nr.3852c und e) – und eventuell auch, wie hier berichtet, einer in den Urkunden nicht nachweisbaren Intervention des Konstanzer Rates, kommt St. Gallen der Anordnung des Kaisers bzw. des Konzils nach. Ergebnis mehrerer Visitationen ist schließlich eine Reformordnung (vgl. UBSG V, Nr.3852g), die am 15. Okt. 1435 vom päpstlichen Kardinallegat erlassen wird. Über die Reorganisation des Klosters bricht daraufhin ein interner Streit zwischen Abt Eglolf Blarer und dem Konvent aus. Das Konzil v. Basel schlichtet die Auseinandersetzung; der Abt selbst ersetzt 1439 die Hersfelder Mönche durch Vertreter der Kastler Reform (vgl. W. Ehrenzeller, St. Gallische Geschichte, Bd.1, S.319ff; G. Spahr, Reform, S.55-78; J. Duft/A. Gössi/W. Vogler, Abtei St. Gallen, S.42 und 147).

¹³⁰⁴ 16. Okt.

¹³⁰⁵ Papst Felix V. (Amadeus VIII., Graf und Herzog v. Savoyen): geb. 1383; Wahl am 5. Nov. 1439 durch das Konzil v. Basel (Krönung am 24. Juli 1440) gegen den zuvor abgesetzten Eugen IV.; Rücktritt am 7. April 1449; gest. am 7. Jan. 1451 (vgl. LexMA, Bd.4, Sp.341).

[147va|300]
i...i) fur ain rechte(n) | Bapst] *v. der Hd. Konrad Albrechts, mdbrT*

¹³⁰⁶ Tatsächlich erfüllen sich die mit der Wahl verbundenen Erwartungen auf beiden Seiten nicht. Dem hoch angesehenen Herzog gelingt es trotz großer diplomatischer Bemühungen als Papst nicht, in ganz Europa anerkannt zu werden. Schwierige Beziehungen zum Konzil tun ihr Übriges (vgl. das Verlassen der Synode im Nov. 1442 und sein Residieren in Lausanne) (vgl. ebd., Bd.4, Sp.341 und Bd.1, Sp.502f). Vgl. auch die ähnlich lautenden Hinweise auf fol.168va.

¹³⁰⁷ 11. Nov.

[147vb] **O**(!)ch des vorgedaucht(en) <u>jars</u> ⁱ | gab <u>**Byschoff**</u> ott d(a)z bystum(m) | zů   *Übergabe des*
<u>costentz</u> h(er)n frydrichen | von zolr vff vnd ward vo(n) | Baupst vnd   *Bischofsamtes*
kayser beståttet | vnd nam die schlosz alle jn | vnd was ettwelang zů got | *an Friedrich III.*
lieben¹³⁰⁸. do måstend jm die | hoffschriber zehen gůt, wol | vsgerüster   *v. Zollern;*
   5 betstatten^a hin ge- | ben. Vn(d) gab [man]ⁱⁱ Byschoff otten | ain p(re)cari
sin lebtag vom | Bystum. |

[148ra|301] **A**(!)ber des vorgeschriben jaurs | am(m) sonn(en)tag Remi(ni)sc(er)e¹³⁰⁹   *Aufhebung des*
do ward | menklich wyder vsz dem ban, | verkündt als von der stôsse | *Interdikts;*
wegen gegen den chorheren | vnd dem vicarien, dem Nit- | hart, lütpriester
zů sant ste[phan]ⁱ/¹³¹⁰.
   5

F(!)üro des selben jars des letz- | sten tags jn dem mertzen¹³¹¹ do | wurdent   *Auffinden v.*
nün menschen | funden, die da vor am(m) zins- | tag vor vnser lieben froen   *Unfallopfern;*
| tag liecht mesz¹³¹², als vor stat¹³¹³, | von zell wertz ertruken | warend. |
   10

A(!)ber des obgeschriben jǎrs an | dem achtenden tag jn dem | aberellen   *Schiffsunglück;*
Do gieng zů Ba | den vnder der matten jn der | lindmag ain schiff vnder
   15 mit | gůt ysen^a vnd anderm. jn dem | warend hundert vnd zwain- | tzig
menschen, woltend gen | Basel; der ertrunkend hund(er)t | vnd vierzehen

---

[147vb]
i) *Mz: 2-z. senkrechter Strich, vermutlich v. der HHd., mbrT, amreRa* ii) man] *fehlt SG*

a) Betten, Bettgestelle

¹³⁰⁸ Vgl. dazu die Erwähnung der Provision v. Bischof Friedrich III. am 6. Sept. 1434 auf fol.141ra. Friedrich v. Zollern entsendet dann vor dem 23. Nov. Hermann Offenburg zu Sigismund nach Ungarn „um sin bestätung", die dieser am genannten Tag durch die Belehnung mit den Regalien v. Preßburg aus gewährt (vgl. Entgegennahme des Treueeides durch Johann v. Lupfen) (vgl. REC III, Nr.9619f). Der Bischof hält sich, wie hier berichtet, vor seinem Einzug in Konstanz nachweislich längere Zeit in Gottlieben auf (vgl. REC III, Nr.9605 mit Hinweis auf die Bettennachricht in unserer Chronik).

[148ra|301]
i) ste[pha(n)]] ste-, | priester zů *SG, Konjektur nach StAK, A I 1, fol.115va* ii) do] *verderbt, möglicherweise auch absichtlich getilgt, dan. Spatium*

a) Eisen, hier vielleicht auch Waffen

¹³⁰⁹ 2. Fastensonntag im Jahr 1435: 13. März.
¹³¹⁰ Vgl. dazu den Bericht auf fol.141rb.
¹³¹¹ 31. März.
¹³¹² 1. Feb. Nach dem oben stehenden Text geht das Schiff allerdings bereits am 25. Jan. unter.
¹³¹³ Vgl. den Bericht zu diesem Unglück auf fol.146va.

menschen vn(d) | waist man do^{ii} dan(n) sechs men- |
[148rb] schen, die vskomen^a sigen, vnd | die schefflüt. |

A(!)ber des vorgena(n)ten jars des | zway vnd zwaintzigosten tags^{1314} [des   *Fehde und*
5 maige(n)]^i | do ward Bartholome daldorff | ze stekboren mit dem lantge- | *Verurteilung;*
richt ze Costentz vertailt — von^{ii} | clag^b dero von Bernang^{1315}, | die wolt er
angegriffen hab(e)n | vnd beschådigen, als er jnnen | vor och schaden
getŏn het — als | ir abgeseit(er)^c vind enthoptet.^{1316} |

10

A(!)n dem sübenden tag des hŏw | monatz^{1317} jn dem vorgeschri | ben
fünff vnd tryssigosten jar | do ward Eberhart Burg(er)mai- | ster von *[14]35*
Eslingen^{1318}, vo(n) der mût(er) | von Blůmberg, ^{d}selb ander^d ent- | hoptet *Delinquenz und*
vnd mit jm ain knecht, | der im kuntschafft^e solt geben | haben. Dan er *Strafe;*
15 wolt selb sechst, | süben oder acht hengst dem | spital zů v̌ldingen jn der |
Rismülin von des werchmai | sters wegen^{1319}, so er ain vintsch |
[148va|302] afft het, genomen haben. **a**lso | hett die stat ze **costentz** jrn | gelaitzman^a
mit gůt über- | komen, ain pfründ jn dem | spital vnd ettweuil geltz | ze
gebend. **d**er nam des ain- | en knecht, was fůrer, d(a)z er | sy fůrt vnd
brächt bisz nach | gen v̌ldingen jn ain hůt, da | sich dero von **coste(n)tz**
5 wol by | sübentzigen ze füsz vn(d) tris- | sig ze rosz hin gestekt^b hette(n)d;
| die selben nun **Eberharten** | Burg(er)maister vnd sinen | knecht viengend:
Sin brů- | der, was jung, vnd sust dry, | die entru(n)nend, doch belibend |
fünff hengst **v**nd der har- | nasch von den zwainen, de(m) |
Burg(er)maister vnd sinem | knecht. |

[148rb]

i) des maige(n)] *fehlt SG, Konjektur nach A I 1, fol.116vb; vgl. auch J. Reutlinger, Collectanea, Bd.1, S.117:* may ii)
von] von | von *SG, Konjektur nach StAK, A I 1, fol.116vb*

a) v. vskomen: (dem Tod) entkommen, lebend herauskommen b) Anklage c) v. absagen: Fehde/Streitigkeiten ansagen, Friede/Freundschaft kündigen d...d) zu zweit, zusammen mit einem anderen e) Nachricht

^{1314} 22. Mai.
^{1315} Berlingen, Kt. Thurgau: 894 als „Berenwanc" erstmals erwähnt; später bis weit ins 18. Jh. hinein „Bernang" ge-
nannt; gehört zur Abtei Reichenau und wird v. deren Amtmann in Steckborn verwaltet (vgl. SchwLex, Bd.2, S.65f).
^{1316} Im Konstanzer Ratshaus finden wir in anderem Zusammenhang einen indirekten Hinweis auf diesen Vorgang. In
StAK, B I 6, S.267 ist v. einem Helfer Daldorffs, nämlich v. „Hans Jŏhler" die Rede („wie er Bartholome Talldorffs
sålige(n) als der der von | Stekbor(n) vnd Bernang vind gewesen ist, helff(er) gewesen | sin"), der im Gefängnis sitzt
und „urueh" schwört sowie später das Burgrecht aufgibt (vgl. ebd., S.278).
^{1317} 7. Juli.
^{1318} Eberhard Burgermeister: Angehöriger einer der ältesten und vermögendsten Esslinger Patrizierfamilien, die in
der zweiten Hälfte des 14. Jhs. an Einfluss verliert und bis 1440 in Esslingen ganz ausstirbt (vgl. B. Kirchgässner,
Wirtschaft und Bevölkerung, S.168ff; O. Borst, Stadt Esslingen, S.21).
^{1319} Vgl. dazu auch den Bericht auf fol.142^{va}f.

[148ᵛᵇ] **A**(!)ber des vorgeschriben **jars** | mornend nach sant **Bartho** | lomeus tag¹³²⁰ *Konkurs und*
waich enweg | von disem land v̊lrich jm | holtz¹³²¹, der zů **costentz** ᵃjn gros *Flucht v. Ulrich*
| sem gewerb vnd globen saszᵃ, | vnd ᵇwas schuldigᵇ, **a**ls man | sagt, by *Imholz;*
achtzig **tusend** guld(in) | vnd mer¹³²² vnd hett gar vil | lüt angestossenᶜ

5 vn(d) betrogen¹³²³. |

Vm(b) vnser lieben froen ge | purt tag ze herpst¹³²⁴ jn dem vor | geschriben *Seuche;*
jar, dry oder vier | wochen vor vnd nach, Do | gieng gar ain grosser ᵈsiech

10 | tagᵈ vmb zů **costentz** vn(d) zů | v̊berlingen vnd och an **andren** | stetten, an
dem on zalich vil | lüt lagendᵉ. vnd wysset doch | niema(n)t, **w**as
siechtagen es | was. wol was er¹³²⁵ ainem | trukendenᵍ fro̊rerʰ gelich vn(d) |
starb gar wenig lüt dar an; | wol **w**arend die lüt vast | krank by dry, vier

---

[148ᵛᵃ|302]
a) Begleiter, Beschützer b) v. steken: verstecken

[148ᵛᵇ]
i) *Zz: (andere Form als bisher), v. der Hd. des Rubr., mroT*

a...a) ein großes Unternehmen und Ansehen besaß b...b) v. schuldig sin: jmdm. schulden c) v. anstôzen: verärgern, in eine Notlage bringen d...d) Krankheit, Leiden e) v. liegen: darniederliegen, erkranken f) trockenem g) Fieberfrost

¹³²⁰ 25. Aug.
¹³²¹ Ulrich Imholz: vermutlich mit dem zwischen 1412-1415 nachweisbaren, relativ wohlhabenden Leinwandfärber und Bürger in St. Gallen identisch; seit 1418 eindeutig als Bürger v. Konstanz belegbar; Engagement im Großhandel; 1423/24 Konflikt mit Leinenweberzunft; mit Ulrich Stainstrass und Konrad Winterberg zeitweise Leiter einer Handelsgesellschaft; 1428 bis 1430 Ratsherr; 1428 Mitglied der sog. Geheimen; 1431 Vermögensverlust; 1435 „Konkurs"; 1437 Gefangennahme durch Hans Lind, einen seiner Gläubiger (vgl. Bericht auf fol.154ᵛᵇ und 158ʳᵃf); 1444 Aufgabe des Konstanzer Bürgerrechts, danach nicht mehr belegbar (vgl. OBG, Bd.2, S.93; K. Beyerle, Ratslisten, S.132ff; A. Maurer, Ulrich Imholz, vgl. u.a. S.104ff: Geschäftsakten nach Ammanngerichtsbuch); H. Ammann, Konstanzer Wirtschaft, S.91ff; H. Maurer, Konstanz II, S.55ff; P.F. Kramml, Friedrich III., S.330; B. Frenz, Ulrich Imholz, u.a. mit Hinweisen auf die Charakterisierung in der älteren Forschung.
¹³²² Die hier genannte Höhe der Schuldsumme Ulrich Imholz' wird sowohl v. A. Maurer, Imholz, S.102f als auch v. O., Feger, Geschichte, Bd.III, S.220 und B. Frenz, Imholz, S.45 bezweifelt. Es ist vielmehr davon auszugehen, dass „die gigantische Zahl (...) wahrscheinlich bei weitem den tatsächlichen Schuldbetrag" „übersteigt" (ebd., S.45) und bei ca. 40.000 Gulden liegt (vgl. A. Maurer, Imholz, S.103).
¹³²³ Die Konstanzer Steuerbücher geben detailliert Auskunft über das rasch anwachsende und 1428 langsam, aber bereits 1431 erheblich sinkende Vermögen v. Ulrich Imholz: Während er 1427 7.850 lb hl Immobiliargut und 4.400 lb hl Fahrhabe versteuert, sind es 1431 gerade 500 lb hl Immobiliargut und 800 lb hl Fahrhabe. Als Ursachen könnten entweder „waghalsige Spekulationen" (H. Maurer, Konstanz II, S.55) oder aber die politische Entwicklung dieser Jahre mit dem Auszug der Konstanzer Patrizier nach Schaffhausen und eventuell auch der Überfall des Konrad v. Weinsberg 1428 auf die Kaufmannskarawane schwäbischer Städte zur Frankfurter Herbstmesse sein (dies vermutet B. Frenz, Imholz, S.51f). Einige der durch den Konkurs t.w. schwer geschädigten Gläubiger Ulrich Imholz' sind uns namentlich bekannt (vgl. z.B. „Jo[hannes] Appenteger", Betreiber einer Handelsgesellschaft, oder „C. Kilchherr"). Neben Hans Lind (vgl. die in unserer Chronik folgenden Berichte zur Entführung des Schuldners) treten uns als Hauptgläubiger Konrad und Lütfried II. Muntprat entgegen, die insgesamt 24.590 lb hl verlieren (vgl. A. Maurer, Imholz, S.94, 103; H. Ammann, Konstanzer Wirtschaft, S.87; B. Frenz, Imholz, S.50ff).
¹³²⁴ 8. Sept.
¹³²⁵ Da es sich bei dem Terminus „siechtag" um ein Maskulinum handelt, ist hiermit also die Krankheit gemeint.

oder sechs | wochen oder mer[1326]. #[i] |

[149ra|303][i] **A**(!)ber vmb den vorgena(n)ten | vnser lieben froen tag zů | herpst[1327] des   *Wunderbericht:*
jars als vor stat | gieng offne[a] red von den laÿ | en vsz, wie [ii]das [zů   *Stimmen aus*
stoffeln[1328] Zipen[1329],][ii] der da | wol vier oder sechs wochen | vergraben   *dem Grab;*
was, **D**urch ett- | lich stym(m)en, die gehôrt wå | rend worden, „tůnd vff“.
5   vm(b) | sôlichs nun zů jm gegraben | ward. **V**nd seit man das | jm vornan
jn dem mund | funden wurd der wirdig | fronlichnam vnsers <u>heren</u> | <u>ih(es)u</u>
cristi[iii], **D**er nun von jm | tragen ward. vnd ward d(a)z | grab wyder zů
geton. **D**a | aber die priester zů sant <u>ste</u> | phan nütz von wyssen wôl- | lend,
wie doch man maynt | sy da by gewesen sin. |
10

Vff das <u>j</u>ar an dem <u>a</u>ylifftten | tag jm <u>M</u>ertzen giengen zů | zug[1330] vnder   *Hochwasser;*
xxiiii hüser, lüt | vnd gůt von wasser[1331]. |

15   **D**o verbran och ehingen[1332] gar | schådlich. | *Stadtbrand;*

[1326] Vgl. die Hinweise auf verschiedene Epidemien und Krankheiten bei H. Maurer, Konstanz II, S.188f, bei denen die hier genannte jedoch keine Beachtung findet. Chroniken außerhalb v. Konstanz erwähnen diese oder ähnliche Seuchen zum entsprechenden Jahr anscheinend nicht (vgl. H. Buszello, „Wohlfeile“, S.32).

[149ra|303]
i) *Spalte in einer Breite v. ca. 7 cm um ca. 2 cm verlängert (vgl. ausgeschnittenes Wappen auf fol.149vb)* ii...ii) *das zů stoffeln Zipen,] das SG, dan. verderbte Stelle durch zwei voneinander abgesetzte Korrekturen, v. der HHd., mbrT; Konjektur nach StAK, A I 1, fol.126ra* iii) cristi] xpi *mit Kürzel SG*

a) öffentliche, im Sinne v. vielen bekannte

[1327] 8. Sept.
[1328] F.J. Mone, Konstanzer Chronik, S.338 deutet den Begriff „stoffeln“ als Ortsangabe und gibt in seiner Anm.3 folgende Erläuterung: „Hohenstoffeln im Hegau, zwischen Singen und Blumenfeld“. Entgegen dieser Annahme liegt es jedoch, berücksichtigt man bspw. die Tatsache, dass Christoffel Zipp im Jahr 1435, genauer vor dem 15. Okt. Verstarb, nahe, hierunter den zu Zipp passenden Vornamen zu verstehen und letztlich diese Erzählung als Geschichte des Todes dieses bedeutenden Konstanzer Bürgers zu identifizieren.
[1329] Christoffel (Christoph/„Stoffel“) Zipp: Angehöriger der 1430 neugebildeten Weinschenken- und Bäckerzunft; Kaufmann; zwischen 1414/17 und 1435 oftmals Ratsmitglied (u.a. 1435 als Vertreter der Zunft); Ausübung verschiedener städtischer Ämter (z.B. als Heimlicher); gehört zu den vermögendsten Bürgern der Stadt (vgl. Verdoppelung seines Vermögens zwischen 1420 und 1428; u.a. Gläubiger der Grafen v. Lupfen, v. Tengen und v. Bodman); Tod vor dem 15. Okt. 1435 (den Wahrheitsgehalt der chronistischen Überlieferung vorausgesetzt, genauer: zwischen Mitte Juli und Anfang Aug.) (vgl. K. Beyerle, Ratslisten, S.125ff; K.D. Bechtold, Zunftbürgerschaft, S.38ff; H. Maurer, Konstanz II, S.114; P.F. Kramml, Friedrich III, S.354f).
[1330] Zug, Hauptort des gleichnamigen Kt.; 1092 als „Ziuge“ erstmals urkundlich erwähnt; nacheinander im Besitz der Lenzburger, Kyburger (Stadtgründung: 1200) und seit 1273 der Habsburger; 1352 tritt Zug nach der Belagerung durch die Eidgenossen dem Bund bei; 1415 verleiht Sigismund die Reichsfreiheit (vgl. LexMA, Bd.9, Sp.683; SchwLex, Bd.12, S.334f; HHS, S.744ff).
[1331] Nach einem kalten Winter 1434/35, in dem der Zugersee zugefroren ist, setzt Ende Feb. ein rasches Tauwetter ein. Daraufhin kommt es am 4. März (!) 1435 zu einer Flutwelle, die auf die Stadt einstürzt und ein Drittel der Altstadt zerstört bzw. im See versinken lässt; 60 Menschen verlieren dabei ihr Leben; daraufhin erwirbt Zug 1436 vom Fraumünster in Zürich die bewaldete Landzunge Kiemen, um das Holz für die Befestigung des eingebrochenen Ufers zu verwenden (vgl. SchwLex, Bd.12, S.334 und 345; HHS, S.745).

Es ertrunkend och drü me(n) | schen vnder <u>lindow</u>. | *Unglücksfall;*

[149rb] **D**es vorgeschriben <u>jars</u> an | sant <u>Matheus</u> abend¹³³³ sind | zů diessenhouen *Stadtbrand;*
<u>achtzehen</u> | hüser verbru(n)nen vn(d) gieng | **v**ff an dem nåchsten husz by
der Bruk. |

5

Vff den herpst des dickgemel- | ten tusend <u>vierhundert</u> tris | sig vnd fünff *Weinqualität*
<u>jare</u> Was der | win so werd^a, das ain fůder | vnder der **R**innen galt sech- | *und -preise;*
zehen pfund pfenni(n)g vnd | mer. **V**nd gab dannocht **a**in | gemaine
juchart^b mit reben | ob ainem fůder wins. |

[149va|304] **V**(!)ff das vorgeschriben jar an | Sant <u>andres</u> tag¹³³⁴ do verbran | zů *Stadtbrand;*
<u>Stadelhoven</u> an dem **gensz** | <u>büchel</u>¹³³⁵ <u>vier</u>ⁱ hůser vnd sust | <u>zway</u> vff ye
dem ortt vff | das halbtail **v**nd warend | die hüser der <u>altnòwer</u>, holtz | man
vnd zÿmerma(n)ⁱⁱ, vnd | sust och ains <u>gårwer</u>, **a**ber | die ort hüser was der
5 frantz | vnd der schmid¹³³⁶. **V**nd was | jn den <u>vier</u> hüsern was, d(a)z |
verbran. |

[149vb] **A**b(!)erⁱ des jars als man | von der gepurt cristi | zalt <u>tusend vierhundert</u> |

---

¹³³² Ehingen (Donau) (vgl. z.B. LBW, Bd.7, S.333f, 336f).

[149rb]
a) wertvoll b) Juchart, Joch [Flächenmaß für Felder: Größe eines Landstückes, das ein Ochsengespann an einem Tag umpflügen kann: in Württemberg 33,09 a]

¹³³³ 20. Sept.

[149va|304]
i) <u>vier</u>] *Punkt über* <u>i</u> *mroT* ii) zÿmerma(n)] *Punkte über* ÿ *mroT*

¹³³⁴ 30. Nov.
¹³³⁵ Beim sog. Gänsbühl handelt es sich um das Gelände zwischen St. Peter an der Fahr und dem Pulverturm.
¹³³⁶ Im Steuerbuch des Jahres 1433 (vgl. ähnlich auch schon 1428) finden wir die meisten der genannten Personen im Bezirk „Emishover thor" direkt hintereinander. Die Häuser v. „Altnower", „Holtzman", „Hainrich Zimerman", „Gůtherr Frantz" und „Ůlin Gerwer" dürften also nahe zusammengestanden haben und, wie hier berichtet, durch das Feuer gemeinsam zerstört worden sein. 1440 sind im selben Steuerbezirk, jedoch in der Auflistung stärker verstreut, „Eberli Zimberman", „Hensli Frantz", „Gůther Frantz", „Ůli Gerwers frow" und die „Altnowerin" zu finden (vgl. Steuerbücher, Teil 1, 1428, 1625ff, S.85; 1433, 1700ff, S.120; 1440, 1547, 1553, S.149; 1559, 1561, 1572, S.150).

[149vb]
i) Ab(!)er] A *3-z. Lomb., v. der Hd. des Rubr., mroT* ii) **Bÿ**= | <u>stum</u>] *Punkte über* ÿ *mroT* iii...iii) *Text steht als Ergänzung am Ende der a-Spalte, als Vz eine Art Sternchen am Ende des Textes in der b-Spalte und vor dem Text in der a-Spalte*

a) Geistliche, Priesterschaft b) fremd, aus anderen Diözesen c) Gemarkung d) v. geuallen: zusammenkommen

tryssig vnd fünff jare **Do** | tett **B**yschoff fryderich gra= | ue von zolrn an   *1435*

sant <u>Nico</u>= | <u>medis</u> tag[1337] **a**inen crützgang[1338] | zů den **augustinern** vnd zů   *Prozession*

| sant <u>pauls</u> mit ettlichen siner | pfaffhait^a. **D**ero warend nam= | lich <u>sechs</u>   *anlässlich einer*

5 vnd zwaintzig åpt, | <u>sechs prôbst</u>, **v**ff <u>viertzig</u> hal= | ber chorheren vnd   *Synode;*

zwaÿhund= | dert vnd sechtzig priester, | die frâmd^b warend; hinder | den

allen giengend fremd | vnd haymsch <u>chorher(r)en</u> | vff <u>vier vnd zwaintzig</u> |

Vnd dar nach **B**yschoff fry= | drich **v**nd sin <u>wych</u> **B**ysch= | off **v**nd hinder

den sin **v**i= | cari, <u>maistar caspar</u>[1339], vnd | sin <u>official</u>[1340], maister <u>Nicolaus</u>

10 | <u>gundelfing</u>[1341]. **A**lso ward | do geredt, wie das jn dem **B**ÿ= | <u>stum</u>ⁱⁱ wårind

<u>Sübenzehen</u>= | <u>tusend vnd sechtzig priest(er)</u> | **V**nd sübenzehenhundert lüt

| kirchen vnd vierdhalb hun | dert clôster[1342]. **V**nd wan ain | mark^c jn dem

Bystum gåbe | <u>dry</u> haller von gaistlichen | vnd pfaffen, So geviel^d <u>sech</u> |

zehen tusend guldin. |

15 **A**lso leit sy der hochwirdig | <u>furst vnd h(er)re</u> **B**yschoff fry= | <u>derich</u> **a**n

vmb den <u>zwain</u> | tzigosten pfenni(n)g[1343], **d**as solt | machen <u>fünff zehen</u>

tusend lib(ra) | ⁱⁱⁱ<u>haller</u>. **A**lso ee das er <u>vier</u> | tusend pfund jn braucht, | do   *Besteuerung;*

starb er vnd wurdend | die pfaffen wyder ledig[1344] etc.ⁱⁱⁱ. |

20   Bischofswappen
        zwei Schilde (3x2,5) (3x2,5) (M: 1,5/S: 1,5)
       (rechts: Aw; links: Fw Zollern, vgl. fol.141rb)

[1337] 1. Juni.

[1338] Bei diesem Ereignis handelt es sich um eine Prozession, die die vom 30. Mai bis 1. Juni 1435 stattfindende Diözesansynode begleitet. Vgl. auch die Prozessionsbeschreibungen auf fol.57va, 132vb, 138ra, 165ra und 176^{ra}f sowie die Schilderung dieser Prozession, Chroniken folgend (vgl. A I 1, fol.116va; C. Schulthaiß, Collectaneen, Bd.1, S.137; ders., Bisthums-Chronik, S.57f), in REC III, Nr.9661. Mit der Einberufung dieser Synode folgt Friedrich III. einem Aufruf des Konzils v. Basel, der die Bischöfe auffordert, alle drei Jahre eine solche Kirchenversammlung abzuhalten. Die hier vorgelegte neue Fassung der Diözesanstatuten ergänzt die Erlasse der vorherigen Bischöfe und zeichnet sich darüber hinaus durch neue Bestimmungen aus (z.B. Verbot auf der Kanzel gegeneinander zu predigen; Führung v. Taufbüchern, schärfere Bestimmungen über Kleidung und Tracht v. Klerikern) (vgl. REC III, Nr.9661f; HS I/2, 1, S.350f).

[1339] Caspar v. Frowis: studiert als Konstanzer Kleriker 1413-1415 in Heidelberg; promoviert zum doctor decretorum; seit 1421 Pfarrer v. Thal (Kt. St. Gallen); Domherr in Chur und Konstanz; vom 13. März 1435 bis zum 19. Juli 1436 amtet er als Generalvikar (wahrscheinlich bis zum plötzlichen Tod Bischof Friedrichs v. Zollern); 1438/39 Basler Domkustos; vor 1439 Chorherr in Säckingen; gest. am 27. Okt. 1439 (vgl. HS I/2,2, S.543f).

[1340] Johannes Resch (Rösch): promoviert am 25. April 1426 zum doctor decretorum in Ferrara; amtet erstmals unter Otto v. Hachberg zwischen dem 18. Feb. 1430 und 13. Dez. 1432 und erneut unter Friedrich v. Zollern zwischen dem 7. Mai und 20. Sept. 1436 als bischöflicher Offizial; ab dem 18. Okt. 1430 und mehrfach bis zum 7. Juli 1436 als Generalvikar; seit 1436 Domherr; gest. 3. Nov. 1439 (vgl. ebd., S.543, 592).

[1341] Vgl. den Bericht zum Streit mit dem Domkapitel auf fol.141rb.

[1342] Nach REC III, Nr.9661 wird bei dieser Schätzung der Pfarreien der Diözese der „Liber Decimationis de anno 1275" als authentisch angesehen und als Grundlage herangezogen. Vgl. zu diesem G. Person-Weber, Liber Decimationis.

[1343] Der versammelte Klerus verspricht dem Bischof freiwillig, den 20. Pfennig aller Einkünfte v. kirchlichen Benefizien als Subsidium zu entrichten, um mit dessen Hilfe den hohen Schuldenberg des Bistums abzubauen. Der Papst steht hinter diesem Vorhaben und weist auch Kirchen, die Klöstern oder anderen exemten Institutionen zugehören, an, die Hilfsgelder zu entrichten (vgl. REC III, Nr.9680; HS I/2,1, S.350).

[1344] Die Erhebung kommt gerade erst in Gang, als Friedrich III. überraschend stirbt. Sie wird daraufhin wieder abgebrochen (vgl. HS I/2,1, S.350).

[150ra|305]ⁱ **DE**(!)sⁱⁱ jårs als man von der | gepurt cristi zalt <u>tusend</u> | <u>vierhundert tryssig</u>
<u>vnd sechs</u> | jare **am**(m) nåchsten <u>sonne(n)tag</u> | nach sant <u>jacobs</u> tag¹³⁴⁵   *1436*
vm(b) die | <u>sechsden</u> stund ze **a**ubend **d**o | starb der hochwirdig <u>fürst</u> | **vnd**   *Tod v. Bischof*
h(er)re, h(er)n fryderich von | zolr, **B**yschoue zů costentz, zů | gotlieben jn   *Friedrich III.;*
5   dem <u>schlosz</u>.¹³⁴⁶ **vnd** | was her vnd **B**yschoff gesin | by <u>ander halbem</u> jår   *Person und*
vn(d) was | ain herlicher **fürst** mit allen | dingen **v**nd ain schöner, ge=   *Regierung;*
rader^a man, der die <u>priester</u>ⁱⁱⁱ | <u>schafft</u> wol regiert, **vn**(d) vorch= | tend jn zů
mal sere, **d**an(n) er | strauffet sy ^bvm(b) ir vnrecht= | ten^b. **E**r was gern zů
gotlie= | ben **v**nd wolt das husz vast | gebuwen haben. **D**as **B**ystum | stůnd
10   by jm wol jn gůtem | fryd, **w**an er was ^cantsåsz | vnd forchtsam^c/¹³⁴⁷. **D**o er
gestarb, | do holot man jn zům <u>giltling(er)</u> | <u>tor</u>: **a**ll ôrden vn(d) alle   *Begräbnis;*
priester | schafft vnd **a**lle <u>schůler</u>, die | <u>chorhe(ren)</u> mit jren <u>kertzen</u>, | der
<u>grosz vnd clain råt</u> **v**n(d) | alle an der <u>erber</u> lüt vnd <u>burg(er)</u> | jn swartzen
claidern gieng= | en^{iv} jm engegen, ^dloblich **v**n(d) | demůtenclich^d, ^e**a**ls
15   billich w(a)z^e/¹³⁴⁸. | **D**ar zů alle <u>froen</u> von den ge= | schlåchten **v**n(d) sust
von der |

[150ra|305]

i) *auf dieser Seite ist der Schriftspiegel mit Spalten sichtbar* ii) DE(!)s] D *2-z. Lomb., v. der Hd. des Rubr., mroT* iii)
<u>priester</u>] *Punkt über* i *mroT* iv) gieng= | en] *Punkt über* i *mroT*

a) aufrechter, hoch gewachsener b...b) wegen ihrer Verfehlungen/Vergehen c...c) Ehrfurcht gebietend, gefürchtet
d...d) feierlich e...e) wie es sich gehörte

¹³⁴⁵ 29. Juli.
¹³⁴⁶ Die Angaben zum Tod Bischof Friedrichs III. sind korrekt (vgl. REC III, Nr.7699 (fehlerhafte Zählung!), korrekt
wäre: Nr.9769). Vgl. die anderslautende Angabe in StAK, A I 1, fol.126rb: „Crastino Marthae in vigilia | germany" (=
30. Juli. Aufgrund der verwirrenden Zitierweise v. P. Ruppert, Chroniken wird in der genannten Nr. der REC angenommen, in unserer Chronik stehe ein fehlerhaftes Todesdatum.
¹³⁴⁷ Vgl. zur Charakterisierung des Bischofs mit Zitat aus unserer Chronik REC III, Nr.9784, die nach HS I/2,1,
S.351, Anm.33 teilweise die Vorgängerbischöfe Albrecht Blarer und Otto v. Hachberg zu betreffen scheint.
¹³⁴⁸ Vgl. zur Prozession vom 30. Juli, der Opfergabe in St. Stephan und im Münster sowie zur Bestattung auch REC
III, Nr.9770f.

[150rb]
i) wÿl] *Punkte über* ÿ *mroT* ii) wÿchwasser] *Punkte über* ÿ *mroT* iii) lib] *Punkt über* i *mroT* iv) sitzen] *Punkt über* i
mroT v) drÿ] *Punkte über* ÿ *mroT* vi...vi) frÿ | <u>derich</u>] *Punkte über* ÿ *mroT*

a...a) feierlich, würdig b) Gefäß, v.a. für Flüssigkeiten c) v. verzern: vernichten, verwesen [vgl. Methode des
Ablaugens des Fleisches v. den Knochen] d) kleine Brosame, winziger Krümel (= bildlich für: ein sehr kleines Stück)
e) vergängliche, elende f) v. besingen: eine Totenmesse halten g) Klagenden, offiziell zum Klagen Berechtigten (d.h.
etwa die trauernde Familie)

[150va|306]
i) Rü- | wen] R *verderbt*

a...a) klar bei Bewusstsein b) v. verzern: abzehren, entkräften c) v. gelten: bezahlen, Schulden begleichen d...d) kurz
vor dem Tod stand e...e) hält seine eigene Totenkerze

[150vb]
i) wyl- | len] *erstes* l *v. der HHd. mbrT aus* k *korr.*

[150ʳᵇ] gemaind gar ᵃschon vnd | züchtenclichᵃ. vnd trůg | man jn zů dem <u>ersten</u> | zů <u>sant stephan</u>; da liesz | man jn ain wÿlⁱ ston. dar | nach trůg man jn zů | dem <u>münster</u>; **d**a ward | er begraben enmitten jn | dem <u>chor</u> zů andren **Bÿ**= | schouen vnd ward vff jn | geschüt **a**in <u>gelt</u>ᵇ vol kalg | vnd dar jn

5 wÿchwasserⁱⁱ, | **d**as der lichnam dester ee | verzertᶜ wurd. **w**ie schőn | vnd grosz er am libⁱⁱⁱ was, | **d**och hett er sich verzert, | d(a)z er ain flaisch brősamlinᵈ | **a**n jm nit hett, vnd lag by | <u>zehen</u> oder <u>zwőlff</u> tagen vn(d) | was ain ellendeᵉ gestaltt, | **d**ar an alle cristenlüt bil= | lich såhen. **D**ie råt hettend | geordnet, do man jn besangᶠ, | **d**as der <u>klain vnd grosz råt</u> | solten

10 zů allen altarn gån | nach den <u>clegern</u>ᵍ, **D**ar zů | <u>fünff froen</u> von den ge- | schlåchten vnd <u>fünff von</u> | <u>der gemaind</u>, die solten vor | an hin gån vnd vff dem | clag stůl sitzenⁱᵛ. vnd ward | er lich bestatet; in trůgend | ze grab <u>vier priester</u>, **d**ar | zů <u>drÿ</u>ᵛ von den geschlåcht(en) | vn(d) <u>dry</u> von der gemaind. | **D**er selb **B**yschoff ᵛⁱfrÿ | derichᵛⁱ nam och d(a)z aller |

[150ᵛᵃ|306] vernünfftigost end, das | ye kain man gehort oder | gesach, mit grossem Rü- | wenⁱ vnd růffen zů der | magt maria vnd ᵃwas | aller ding vernünfftigᵃ | Bisz jm die sel vsgieng. | vnd Berůfft alle sin die- | ner vn(d) knecht vn(d) redt | mit jnen schőne wortt | vnd tett die deckin vff |

5 vnd liesz sich sehen, wie | gar sich ain schőner lib | So gar jn kurtzer zit ver- | zertᵇ hett Vnd Bat sy, das | sy jn ansåhend vnd wol | vnd recht tåttend vnd | Byderb wåren vn(d) gotz | vorcht hetten. **V**n(d) vieng | an vnd ordnet alle sine | sachen vnd hiesz yederma(n) | geben vnd bezalen, wem | man geltenᶜ solt by ainem | haller, das ander vnser | lieben froen. **a**ls

10 er nun | ᵈschie enden woltᵈ, do was | er gar vernünfftig vn(d) | aines vesten gemůtes | gegen got vnd nam | jn ain hand ain crucifix | vnd jn die andern ain brin- | nend kertzen vnd ᵉzunt da | jm selbsᵉ, bisz jm sin sele vo(n) | sinem mund gieng, vn(d) | sprach: „küngelsthlichi můt(er), | bitt dinen sun für mich | vn(d) sye, das ich din nützer | caplan müg sin vnd mich |

15

[150ᵛᵇ] haben wőllest, So ᵃerwirbe | mir fryst mines lebensᵃ vm(b) | din kind. Sige aber, das du | mich wőllest zů dir nemen, | So beschech nach dinem wyl- | lenⁱ vnd erwirb mir ablausz | aller miner sünd." vnd mit | dem gab er d(a)z crucifix vsser | der hand vnd machet drü | Crütz vor jm vnd da mit |

5 verschied er jn gottes wyl- | len. |

[151ʳ|307]

---

a...a) erwirke eine (weitere) Lebensspanne für mich (v. erwerben: erwirken, erreichen; vgl. anschließend: Berufung auf Jesus)

[151ʳ|307]
i...i) Vff (...) vogt] *Text einspaltig gestaltet* ii...ii) V. Schiltar wålck] *v. der Hd. Konrad Albrechts, mdbrT*

a) v. durnieren: an einem Turnier teilnehmen b) Turnier

ᶦVff d(a)z jar was Burg(er)maist(er) v̊l(rich) schilt(er) vnd wålk vogtᶦ/[1349]. | *Bürgermeister*
und Vogt;

5

ⁱⁱV. Schiltar   wålckⁱⁱ

Zwei voneinander getrennte Wappen
(4x3,5)   (4x3,5)
10   (rechts: Fw Schilter, vgl. fol.121ʳᵇ)
(links: Fw Wälk, vgl. fol.139ʳᵇ)

[ᵃ] D(!)es jaurs als man von | der gepurt cristi zalt tusend | vierhundert tryssig
vn(d) sechs | jare vmb die vasnacht[1350] was | ain grosser hoff zů schaffhu- | *1436*
sen[1351]; da warend by zwayhun- | dert vnd dryssig helmen; ab | ir warend *Turnier in*
nun hundert vn(d) | fünff vnd nüntzig die dur- | niertenᵃ/[1352]. Do ward *Schaffhausen;*
5   junckher | hansz von h̊wen[1353] so v̊bel ge | schlagen, das des glich nie
kain | man in kainem durnerᵇ hett | nie [?] gesenhen, vnd kam gar | kom
mit dem leben da von[1354]. | jn Schlůgend die dry truch | såssen h(er)r
jacob, h(er)n Eberhart | vnd her jörg, geprůder von | waltpurg[1355], die von

---

[1349] Beide Angaben beziehen sich nicht auf das zuvor genannte Todesjahr v. Bischof Friedrich, sondern auf 1435.
Vergleicht man den sich direkt anschließenden Text, der mit der Einordnung in die Chronologie beginnt und das Jahr
ausführlich nennt, sowie die Fortsetzung der Bürgermeisterliste auf fol.151ᵛᵃ wird deutlich, dass auch unsere Chronik
die städtischen Amtsträger korrekt dem Jahr 1435 zuweist.

[1350] 21. Feb. Ein anderer Bericht (vgl. die folgende Anm.) datiert die Anreise der Besucher genauer v. Samstag bis
zum hier genannten Fastnachtsdienstag, den Tag des Turniers.

[1351] Die Quellen überliefern uns Schaffhausen des Öfteren (1392, 1433, 1435, 1436 und 1438) als Schauplatz großer
Feste und Turniere. Interessanterweise ist uns aus der Feder eines spanischen Ritters, der anlässlich des Basler Konzils als Mitglied der kastilischen Gesandtschaft in der Gegend weilte, ein ausführlicher Augenzeugenbericht zu dem
hier geschilderten Turnier überliefert (vgl. K. Stehlin, Spanischer Bericht, u.a. mit einem Zitat unseres Textes nach
P. Ruppert auf S.173f und auszugsweise K. Schib, Schaffhausen, S.59ff). Augenfällig ist hierbei die gänzlich andere
Sicht-, aber auch Erzählweise. Ein Vergleich beider Texte eröffnet so Einblicke in die Interessenlage und Denkweise
der Chronisten. Übrigens weist K. Schib, Schaffhausen, S.59 dieses Turnier fälschlicherweise dem Jahr 1430 zu (vgl.
des Weiteren zu diesem „stechen" W. Schaufelberger, Wettkampf, passim; T. Zotz, Adel in der Stadt, S.44ff;
A. Hagen/H. Krieg, Turniere, S.418f; H. Pöschko, Turniere, S.55).

[1352] Der spanische Berichterstatter geht v. ca. 210 Turnierfechtern aus (vgl. K. Stehlin, Spanischer Bericht, S.157);
H. Pöschko, Turniere, S.55 erwähnt die hier genannten Zahlen mit Blick auf unsere Chronik und die v. C. Schulthaiß,
Collectaneen, Bd.1, S.138½).

[1353] Johann v. Hewen: Angehöriger des schwäbischen Freiherrengeschlechts v. Hewen; Bruder: Bischof Heinrich IV.
v. Konstanz; v. Herzog Friedrich v. Österreich die Burg Schwarzenbach zu Lehen bekommen; u.a. 1456 als bischöflicher Obervogt zu Bischofszell belegt; lebt noch 1467 (vgl. OBG, Bd.2, S.59f; W. Sandermann, Herren von Hewen).
Auch der spanische Gesandte erwähnt – ohne den Namen direkt zu nennen: „Ein Edelmann, Herr einer Burg im
Gebiete des Herzogs Friedrich von Österreich" (K. Stehlin, Spanischer Bericht, S.170) – diese schwere Verwundung.

[1354] Ähnlich den nachfolgend erwähnten Fällen trifft Johann v. Hewen hier „wegen Beleidigungen und Schädigungen
(...), die er einer Dame, der Frau eines seiner Brüder, der gestorben ist, zugefügt habe" (K. Stehlin, Spanischer Bericht, S.171), die Züchtigung im Turnier, die Turnierstrafe, „eine Maßnahme, die dann gegen Ende des 15. Jahrhunderts einen wesentlichen Inhalt der ritterschaftlichen Turnierordnung ausmachte" (T. Zotz, Adel in der Stadt, S.47).

[1355] Die Söhne v. Johannes II. Truchsess v. Waldburg, Jakob I., Eberhard I. (Begründer der sog. Sonnenbergischen
Linie; gest. 1479) und Georg I. (Begründer der sog. Georgischen Linie; gest. am 10. März 1467) (vgl. J. Vochezer,
Waldburg, Bd.1, S.499ff; Bd.2, S.1ff und S.357ff).

werdem | berg[1356] vnd die güssen[1357] vn(d) ander | vil. Och wurden ainer
von |

[ᵇ] Eptingen[1358], ainer von Ramstain[1359], | Ritter, ain Rich[1360] vnd ain münch |
von Basel[1361] gar übel geschlag(e)n. | Jtem dem seeuogel[1362] vo(n) Basel |
ward sin helm vnd klainatt | vff dem husz von den ᵃtailhel | menᵃ an die
gassen geworff(en) | vnd dar vff gedretten vnd | wolt man jn nit laussen |
5   turnieren noch tantzen[1363]. Es | warend och By zwaintzig | gesellen vss der
katzen zů Co | stentz hin ab vff dem Rin | gefarn[1364]. |

[1356] Aus der Familie Werdenberg kämen als Teilnehmer des Turniers bspw. Graf Johann IV. v. Werdenberg-Heiligenberg (gest. am 27. April 1465) und Eberhard IV. v. Werdenberg-Trochtelfingen (gest. 1475) oder Heinrich IX. v. Werdenberg-Trochtelfingen (gest. am 7. März 1441) in Frage (vgl. Genealogisches Handbuch, Bd.1, S.221f; ESt, Bd.12, Taf.50f).

[1357] Welche Personen hiermit gemeint sind, konnte nicht eruiert werden.

[151ʳᵇ|307]
a...a) Teilnehmern

[1358] Auch aus der Familie derer v. Eptingen kämen mehrere Turnierteilnehmer in Frage (vgl. Genealogisches Handbuch, Bd.3, S.69ff). Nach Aussagen des Familienbuchs handelt es sich bei dem Teilnehmer aber um Rudolf v. Eptingen (zwischen 1429 und 1447 bezeugt). Der Text nebst einer Illustration (ein Ritter zu Ross; auf der Decke über dem Pferd sowie auf der Rüstung befinden sich vier Eptinger Adler, v. denen zwei aufrecht stehen und zwei nach links fliegen) lautet: „Ich Ruodolff von Eptingen von Brattelen bin in diser gestalt zue Schaffhaußen Im Turnier geweßen uff zinstag nach dem eingohnden Jahre Anno domini vierzehn hundert, unnd Feünff und dreyßigsten Jahr, unnd seind daß vohr mir Meine vier Anen, unnd das hinder mir mein Gemahel, unnd ihre vier Anen, unnd helm, unnd warendt in disem Turnier zweyhundert (...)" (D.A. Christ, Familienbuch der Herren von Eptingen, S.193).

[1359] Heinrich v. Ramstein: Angehöriger des Basler Adelsgeschlechts; Vater: Kuntzmann v. Ramstein, Bürgermeister v. Basel; erstmals 1416 erwähnt; am 12. Dez. 1428 berühmter Kampf gegen Juan de Merlo auf dem Münsterplatz in Basel (vgl. den Bericht in der Dacher'schen Richental-Hs. Wolfenbüttel); erhält zwischen 1428 und 1431 den Ritterschlag auf einer Pilgerfahrt beim Hl. Grab; v. 1431 bis 1435/36 Ratsherr in Basel; mehrfach als Freischöffe der heimlichen Gerichte zu Westfalen erwähnt; 1431 Kampf gegen die Hussiten; Vogt und Pfandherr zu Rappoltstein; Anklage wegen Unterstützung der Armagnaken und Stadtverweisung aus Basel 1445; seit 1455 vorderösterreichischer Rat zu Ensisheim; letzter urkundlicher Beleg 1469; gest. 1.Mai 1471 (vgl. Genealogisches Handbuch, Bd.1, S.363; K. Stehlin, Spanischer Bericht, S.170; A. Hagen/H. Krieg, Turnier, S.416; H. Pöschko, Turniere, S.45). Die Züchtigung erfolgt wegen des Vergehens, als Adliger eine Bürgerin (Agnes, Tochter des Basler Achtburgers Konrad v. Efringen) geheiratet zu haben (vgl. T. Zotz, Adel in der Stadt, S.47).

[1360] Angehörige der Familie Reich v. Reichenstein, einem Ministerialengeschlecht der Bischöfe v. Basel.

[1361] Vgl. Familie Münch: ursprünglich bischöflich-baslerisches Ministerialengeschlecht (aus dem Geschlecht der Glis hervorgegangen); eine der vornehmsten Patrizierfamilien Basels mit zahlreichen Inhabern des Vogtei- und Bürgermeisteramtes; allmähliche Entwicklung hin zu einem Landadelgeschlecht mit verschiedenen Zweigen (darunter die sog. Münch v. Landkron oder die Münch v. Münchenstein (vgl. HBLdS, Bd.5, S.194; OBG, Bd.3, S.151ff (Stammtafel S.154ff). Hier möglicherweise einer der Brüder Münch v. Landkron.

[1362] Henman (Heimann) Sevogel: Angehöriger der Ende des 15. Jhs. ausgestorbenen Achtburgerfamilie der Stadt Basel; Herr zu Wildenstein; 1427 Ratsherr; als Oberhauptmann der Basler bei der Schlacht bei St. Jakob an der Birs am 26. Aug. 1444 gefallen (vgl. HBLdS, Bd.6, S.355).

[1363] Im Bericht des Spaniers wird ausdrücklich darauf hingewiesen, dass die Turnierteilnehmer strengen Auflagen zu genügen haben und ihre Turnierfähigkeit überprüft wird. U.a. muss sich der adlige Stand v. allen vier Großeltern herleiten lassen. Unehrenhaftigkeit, die im spanischen Bericht bei diesem Basler Bürger wohl fälschlicherweise damit begründet wird, dass er aufgrund seines Reichtums eine Adlige (Gredanna v. Eptingen) geheiratet habe, zieht wie in den vorherigen Fällen eine strenge Bestrafung (Prügel, Zerstörung oder das In-den-Schmutz-Werfen der Turnierhelme; Verbot der Feierlichkeiten) nach sich (vgl. K. Stehlin, Spanischer Bericht, S.160, 163, 167ff; T. Zotz, Adel in der Stadt, S.46f; C. Heiermann, Katz, S.95f)

[1364] Ähnlich dem z.B. auf fol.146ʳᵃ erwähnten Schützenfest in Konstanz, handelt es sich bei dem hier geschilderten Turnier also um eines der zahlreichen festlichen Ereignisse, bei denen sich Bürger, etwa die hier genannten Patrizier

[151va|308] Desⁱ jars als man von | der gepurt Cristi zalt | tusend vierhundert | trissig
vnd sechs jare am(m) | vierden tag des ougsten do | ward zů Costentzer   *1436 Bischof*
Byschoff | erwelt her hainrich von | hôwen¹³⁶⁵, fryher(r)e, techan zů | *Heinrich IV. v.*
strauszburg vnd thůmpr- | obst zů costentz. **vnd** nach | demⁱⁱ er von Baupst   *Hewen;*
5 | eugenio beståt ward, dar | nach an dem vierden tag, | ^award jm die
probstige acht | jar gelühen^a/¹³⁶⁶. vnd was der | vier vnd sechtzigost
Byschoff | an der zal vnd Regiert by | acht vnd zwaintzig jaren | vnd starb
als man von der | gepurtⁱⁱⁱ cristi zalt tusend | vierhundert sechtzig vnd | drü   *1463 Tod;*
jare zů gotlieben¹³⁶⁷. |

10

Des jars, als er zů Byschoff | erwelt ward, do was Bur | g(er)maister hansz   *Bürgermeister;*
von capp | el¹³⁶⁸ vn(d) hain(rich) tettikouer | vogt. Vnd als er das By | *Vogt;*
stum(m) regiert, volgiengen | disz nachgesch(riben) ding vn(d) | sachen: |

Wappen v. Bürgermeister und Vogt

---

der Konstanzer Gesellschaft „zur Katz" (vgl. z.B. auch den Bericht über ein „gesellen | gestâch" auf fol.172va), oder, wie in diesem Fall, Ritter des „süddt.-nordostschweiz. Kontaktkreises" begegnen, die Kräfte messen und gemeinsam feiern (vgl. SdM, S.843f; H. Maurer, Konstanz II, S.182f; C. Heiermann, Katz, S.95ff auch allg. zum Verhältnis zwischen den Konstanzer „Geschlechtern" und dem Adel).

[151va|308]
i) Des] D *3-z. Lomb., v. der Hd. des Rubr., mblT* ii) dem] *dan.* **vnd** *SG* iii) gepurt] gegepurt *SG; ge- durch Streichung v. der HHd., mbrT, getilgt*

a...a) es wurde ihm die Erlaubnis erteilt, die Dompropstei für weitere acht Jahre innezuhaben

¹³⁶⁵ Heinrich IV. v. Hewen (1436-1462): Angehöriger des schwäbischen Freiherrengeschlechts v. Hewen; Neffe v. Bischof Burkhard v. Hewen; um 1400 geb.; Studium in Wien, Rom, Padua und vielleicht in Bologna; seit 1423 Dekan am Dom in Straßburg (vgl. dazu auch den vorherigen Hinweis unserer Chronik auf fol.133ra), ab 1424 Propst v. Beromünster; seit 1426 Domherr in Konstanz und ab 1435 hier Dompropst; 1433 Hauptkollektor des vom Basler Konzil auferlegten Halbzehnten im Bistum Straßburg; einstimmige Wahl zum Bischof am 4. Aug. 1436; zwischen 1441-1456 Administrator des Bistums Chur; vielfältige Bemühung um die Reformierung des Bistums; gest. am 22. Nov. 1462 (vgl. REC IV, Nr.9788-12606; dazu M. Krebs, Nachlese, Nr.9874-12555b; HS I/2,1, S.351ff; H. Stärk, Heinrich von Hewen, v.a. S.10-18 und 42f; P.F. Kramml, Heinrich von Hewen).
¹³⁶⁶ Papst Eugen IV. bestätigt ihn am 19. Sept. 1436 als Bischof v. Konstanz (vgl. REC IV, Nr.9804). Gleichzeitig erlaubt er ihm, die Dompropstei weiterhin in seinen Händen zu halten, da das Bistum verschuldet sei und er an seine Vorgänger Albert Blarer und Otto v. Hachberg hohe Pensionen zu bezahlen hätte (vgl. REC IV, Nr. 9807).
¹³⁶⁷ Bischof Heinrich IV. stirbt, wie bereits erwähnt, tatsächlich am 22. Nov. 1462 (!) (vgl. REC IV, Nr.12603). Infolge der fehlerhaften Angabe stimmt auch die genannte Amtsdauer nicht.
¹³⁶⁸ Hans v. Cappel: Angehöriger der Konstanzer Zunftbürgerschaft (vgl. v. Cappel, Horgenzell, Lkr. Ravensburg); langjähriger Ratsherr seit 1431; Bürgermeister in den Jahren 1436, 1438, 1440, 1442, 1444, 1446, 1454, 1456, 1458, 1460; hält in dieser Funktion u.a. die Begrüßungsrede vor Friedrich III. bei dessen Besuch im Jahr 1442 (vgl. Text überliefert bei C. Schulthaiß, Collectaneen, Bd.1, S.150½, zitiert bei P.F. Kramml, Friedrich III., S.81); Vogt in den Jahren 1437, 1439, 1441, 1443, 1445, 1447, 1453, 1455, 1457, 1459; als Repräsentant der Stadt an mehreren Gesandtschaften beteiligt (u.a. bei Reichsversammlungen und der Königskrönung Friedrichs in Aachen); Inhaber anderer städtischer Ämter (Heimlicher, einer der Richter in Schuldsachen, Beisitzer des Thurgauer Landgerichts); gest. 1460 (vgl. OBG, Bd.2, S.243; K. Beyerle, Ratslisten, S.135ff; H. Drös (Hg.), Wappenbuch, S.55; P.F. Kramml, Friedrich III., S.81, 109ff, 124ff, 140, 208, 212, 500, 504, 513, 522ff).

zwei Schilde (3,5x3) (3,5x3)
(rechts: Fw Cappel[1369]: In Gold/Beige eine schwarze Spitze, in
20   jedem Feld eine Muschel wechselnder Farbe)
(links: Fw Tettikofen, vgl. fol.70ra)

[151vb] Uff[i] das vorgena(n)t jar, | als Byschoff hainrich | erwelt ward zů *Bischof*
costentz(er) | Byschoff, do rait er jn zů | costentz dar nach an dem | *Heinrich IV. in*
hailigen aubend zů win- | åchten[1370]. Vnd jm zů eren | do [a]gieng mit jm jn *Konstanz;*
Byschof | licher wirdikait[a] der abbtt | vs der Richenow, der abbtt | von sant
5 gallen, der abbtt | vo(n) ainsidel(e)n, der abbt vo(n) | salmenswyler vnd
sust iro | zwen vnd och vo(n) Crützli[n]g- | en[ii] vnd petershusen Vnd | wol
vff fünffhundert pfå- | rit. Vnd mornend an dem | hailigen tag [b]het er sin
erst | mesz vnder der ynffelen[c/b], | als das her nach an dem an- | [iii]dern plat
clarlich | geschriben | stat[1371], wie er | emphangen[iii] |
10

Bischofswappen
zwei Schilde (4x3) (3x3,5) (M:2,5/S:3)
(rechts: Aw; links: Fw Hewen, vgl. fol.64ra)

15 vnd mit grossen eren vnd | wirdikait jn gefůrt ward. |

[152ra|309] D(!)es jaurs erzogt sich die | frucht gar volkome(n)clich | vnd warend die *Ernte;*
bôm vol | plůst vnd kamen würm | dar jn vnd sunderlich vm(b) | die stat *Schädlings-*
Costentz; die fraussend | die plůst vnd d(a)z lob, das die | Bôm sahend als *befall[1372];*
jn dem win- | ter, vnd tettend gar gros- | sen schaden vnd warend | ettlich
5 würm ains vingers | lang mit stuntzen[a] kôpffen. |

1369 Vgl. Öhem 25[v], 391 (Taf.17) (Farben umgekehrt); OBG, Bd.2, S.243 und StAK, A I 25, 35, 1,1.

[151[vb]]
i) Uff] U *2-z. Lomb., v. der Hd. des Rubr., mroT* ii) Crützli[n]g- | en] Crützlig- | en *SG* iii...iii) dern (...) emphangen]
Bischofsmütze und Stab ragen in den gewissermaßen darum herum geschriebenen Text

a...a) unterstützten (durch ihre Begleitung) seine bischöfliche Würde b...b) er hält seine erste Messe als Bischof c)
Inful [Mitra, Bischofsmütze]

1370 Nach der Wahl zum Bischof am 4. Aug., der päpstlichen Bestätigung am 19. Sept. und der Bischofsweihe am 22.
Dez., zieht Heinrich v. Hewen v. Gottlieben aus auf der Hochstraße symbolträchtig am 24. Dez. 1436 feierlich in
Konstanz ein (Empfang vor Stadelhofen auf dem Acker gegen Bernrain), bestätigt hierbei die städtischen Freiheiten
und hält am Weihnachtsmorgen selbst das Hochamt im Münster (vgl. REC IV, Nr.9866f, unter Hinzuziehung des
ausführlicheren Berichts unserer Chronik, und 9869; HS I/2,1, S.352; H. Maurer, Konstanz II, S.90f; H. Stärk,
Heinrich von Hewen, S.12ff; P.F. Kramml, Heinrich von Hewen, S.384).
1371 Gemeint ist der ausführliche Bericht des Einzugs auf fol.153ra.

[152ra|309]
a) kurzen b) v. růffen: proklamieren, verkünden

1372 Vgl. dazu den entsprechenden Ratsbeschluss auf der nebenstehenden Spalte.

A(!)ber des vorgena(n)ten | jars an vnser lieben froen | aubend zů mittem   *Münzordnung;*
ougst(en)[1373] | ward ain raut hie zů Co- | stentz ze Raut, das man | ain
10 weru(n)g jn der müntz | machet[1374], wan vor ain gul- | din gieng für
sechzehen sch(illing) | pfenni(n)g, ain Behem(er) für nün | pf(enning)
vn(d) ain alter plapphartt | och also vnd ain crutzplaph(artt) | sübenzehen
haller. Also vff | den tag Růfft^b man zů Co | stentz, das man ain guldin |
nit anders nemen solt, dan(n) | für vierzehen schilling pfenni(n)g, |
[152rb] ain Behem(er) vnd och ain alten | plaph(artt) fur acht pfenni(n)g vnd | ain
crütz plaph(artt) für fünffze | hen haller[1375]. Vnd solt man al | lain nemen
die drÿ müntzen: | wirttemberger, Costentzer vn(d) | vlmer Vnd dar zů
Rauen | spurger[1376] gar an ain hertte | bůsz. also hielten die von Co | stentz
5 ir weru(n)g vnd müntz | jn der form als vor stat vn(d) | gebotten ward.
Also wur- | rend die von überlingen ze | Rat vnd schlůgend^a och ain |
müntz vnd hieltend die ain | guldin für sechzehen schill(ing) | pf(enning)
vnd anders do ze mal | kain stat[1377]. doch hielt man nit | vil da von der
selben ůberling(er) | müntz, wan sy gewan den | namen die Cůntzen
10 müntz[1378] | jm land vnd was, als sy | dan(n) mocht. |

[1373] 14. Aug.

[1374] Nach dem Ablauf des zehnjährigen Münzvertrages mit Württemberg und anderen schwäbischen Städten 1433
bleibt er zunächst stillschweigend in Kraft. Konstanz ergreift aber v.a. aufgrund des steigenden Guldenkurses die Gelegenheit, Änderungen der Währung innerhalb des Bundes durchzusetzen. Eine 1434 vom Rat ausgearbeitete Münzordnung kann, da die münzverwandten Städte und Herren nicht zustimmen, nicht in Kraft treten. Die nun folgende
Nachricht unserer Chronik zeigt, dass eine neue Währung erst nach einer v. Konstanz initiierten Versammlung am
13. Aug. 1436 festgesetzt und am folgenden Tag proklamiert wird (vgl. die bei O. Feger (Hg.), Vom Richtebrief, IV,
Nr.6, S.169ff zitierte Münzordnung und J. Cahn, Münz- und Geldgeschichte, S.263ff mit Zitat unseres Textes).

[152rb]

a) v. schlagen: prägen b) v. wurmen: v. Würmern befreien, d.h. hier: Schädlinge der Bäume bekämpfen c) Ratten
d...d) für eine Ratte (im Mhd. Maskulinum)

[1375] Es wird also nicht „Schrot und Korn der Bundesmünze" geändert, sondern die Währung nur dadurch erneuert,
dass das Haupthandelsgeld, der ursprünglich aus Florenz kommende Goldgulden, einen Zwangskurs v. 14 ß erhält
und auch das Wechselverhältnis zu den anderen einzig erlaubten auswärtigen Münzen (Prager Groschen = Behe-
m(er), Mailänder Pegione = plapphartt) fest geregelt wird. Eine Folge dieser neuen Münzordnung sind Verluste bei
all denjenigen, deren Einnahmen und Ausgaben v.a. aus Goldgulden bestehen, diese aber in der Landeswährung ab-
rechnen müssen. Trotz anfänglicher Schwierigkeiten bleibt diese Neuregelung des Guldentarifs bis in die 1470er
Jahre bestehen (vgl. J. Cahn, Münz- und Geldgeschichte, S.264f, 267f).

[1376] Neben den drei offiziellen Münzstätten wird auch das Geld aus Ravensburg angenommen, da diese Stadt, obwohl
sie kein Mitglied des Bundes ist, seit 1428 nach dem Konventionsfuß münzt (vgl. ebd., S.265). Vgl. zu den späteren
Problemen mit den Ravensburger Münzen den Bericht auf fol.171rb.

[1377] Überlingen ist mit der oben erwähnten Neuerung nicht einverstanden und scheidet aus dem Währungsbund aus.
Dieser Schritt wird v. J. Cahn, Münz- und Geldgeschichte, S.265f als „für das Geldwesen des Bodenseegebiets
verhängnisvoll" interpretiert, da v. nun an „eine schwere und eine leichte Währung am See" existiert und Überlingen
„von seinem Prägerecht zum Schaden des Landes reichlich Gebrauch" gemacht habe.

[1378] „Cůntz" bedeutet eigentlich Kater. Der Terminus kann mit Blick auf den aufrecht schreitenden Löwen im Wappen und damit auch auf den Münzen nur als Spottname für die Überlinger Währung verstanden werden (vgl. ebd.,
S.265).

D(!)es vorgena(n)ten jars do ge | buttend die Rât zu costentz | zway *Ratsbeschlüsse;*
gebott: das ain, d(a)z man | solt die Bom wurmen^b/¹³⁷⁹ vn(d) | das was ain
15 grosz notdurfft. | vnd och, das mengclich solt | Ratzen^c vahen vn(d) die jn
d(a)z | koffhusz bringen; gâb man | ^dvon ainem^d ain haller vnd | hŵ jm den
schwantz ab. |

[152va|310] **D**(!)es vorgeschriben jaurs | do hett sich <u>hertzog ernstes</u>¹³⁸⁰ | sun, **h**ertzog *Herzog Alb-*
<u>aulbrecht von</u> | <u>Baygern</u>¹³⁸¹, vnderstanden^a ain= | er armen tochter, was *recht v. Bayern*
ains | **B**aders von ougspurg¹³⁸². die | hett er also lieb, das jm die | nieman *und seine*
absprechen^b künd | ^cweder durch lieb noch layd^c. | vnd des ŷberhûb^d sy *unstandes-*
5 sich vn(d) | ward also hochuertig^e, d(a)z sy | jren aignen vatter nit me | *gemäße Liebe;*
erkennen^f wolt, **n**och vil vo(n) | jm hôren sagen, vnd gelich= | nett^g sich
ainer <u>hertzogin vo(n)</u> | <u>Bayern</u> ^hmit allem stat vnd | wesen^h vnd hielt och
vôllen | clich, sy wôlt die <u>herschafft</u> | <u>vnd hertzogthûm</u> besitzen. vn(d) |
ⁱ⁾halt man och kuntlichⁱ⁾, das | sy <u>hertzog wylhalmen</u> ver= | gâbe^j. **a**lso stalt
10 sy so geuarlich | nach dem <u>hertzogthûm</u> vn(d) | vff der <u>herschafft</u> tod mit
sch= | riben vnd sust haŷmlichen | sachen, **d**as es <u>hertzog ernst</u> | ye nit mer
vertragen kund | noch mocht vnd satzt mit | ir an, **w**ie er ir ab môch[t]ⁱ sin^k
| ^ldurch menig sin(n)^{ii/l}, **d**as er sy | vff <u>sechs oder acht</u> p(er)sonen |
versorgett hett, **E**s wâre jn | der stat zû <u>München</u>¹³⁸³, jn wel= | hes husz sy
15 hett gewelt, **O**der | sust jn siner <u>stett</u> fleken od(er) | vestinen aine, oder jn
ain | <u>closter</u> jn sôlicher masz, **d**(a)z | sy sich <u>hertzog aulbrechtz</u> | entzigen^m
hett; **D**as sy alles |

---

¹³⁷⁹ Vgl. dazu die vorherige Nachricht auf fol.152ra.

[152va]
i) môch[t]] t *fehlt SG, Emendation nach StAK, A I 1, fol.118vb* ii) sin(n)] *P. Ruppert, Chroniken, S.190 ediert* sum,
F.J. Mone, Konstanzer Chronik, S.339 súm, *Lesart aber in SG nicht möglich und auch in StAK, A I 1, fol.118vb nicht*
eindeutig

a) v. vnderstên: sich mit jmdm. einlassen b) v. absprechen: ausreden c...c) weder im Guten noch im Bösen d) v.
ŷberheben: überheblich werden e) überheblich, hochmütig f) v. erkennen: zu jmdm. bekennen g) v. gelichen: sich
angleichen, den Status anmaßen h...h) mit allen adligen Statussymbolen, in der gesamten Lebensweise i...i) es wurde
auch behauptet j) v. vergében: zugrunde richten, vergiften k) v. absin: loswerden l...l) auf vielfältige Weise m) v.
entziehen: entziehen, jmdn. verlassen

¹³⁸⁰ Ernst v. Bayern(-München): geb. 1373; zeitweise gemeinschaftliche Regierung mit Bruder Wilhelm III.; hat mit
Führungsanspruch der Ingolstädter Herzöge Stephan III. und Ludwig VII. zu kämpfen; 1410 Versuch der Rück-
gewinnung Tirols; 1422 Sieg über Ludwig VII. und damit Ende des Bayrischen Krieges; gest. am 2. Juli 1438 (vgl.
LexMA, Bd.3, Sp.2177; NDB, Bd.4, S.607f).
¹³⁸¹ Albrecht III. v. Bayern(-München): geb. am 27. März 1401; Herzog nach dem Tod des Vaters; Ablehnung der
ihm 1440 angetragenen Krone Böhmens; Einsatz für die Klosterreform; gest. am 29. Feb. 1460 (vgl. LexMA, Bd.1,
Sp.315, NDB, Bd.1, S.156).
¹³⁸² Agnes Bernauer (Pernauer, Perner, Berner): angeblich geb. am 19. Jan. 1411 in Augsburg; über ihr Leben sind
nur dürftige Nachrichten überliefert (Archivalien eventuell absichtlich vernichtet); möglicherweise Tochter eines
Barbiers; dient als Bademagd in Augsburg; heimliche Vermählung mit Herzog Albrecht III. 1432/33; Erinnerung an
ihre Schönheit und den Tod lebt im Volkslied weiter; gest. am 12. Okt. 1435 (vgl. LexMA, Bd.1, Sp.1980f; NDB,
Bd.2, S.103f).
¹³⁸³ München (vgl. z.B. LexMA, Bd.6, Sp.897f).

[152vb] vsschlůg. vnd nach vil wor= | ten, do gantz nichtes helffen | wolt vnd sy ir sachen vnd | list ye me vnd ye me traib, | do liesz er sy zů lantzhůtt[1384] | offenlich ertrenken[1385]. |

5

Wappen der Herzöge v. Bayern[1386]
(4x3,5)
(Blau-silber schräggerauteter Schild)

10 **D**(!)es vorgeschriben jaurs | do namend die **Rȧt zů coste(n)tz** | den   *Verordnung* mertzlern, die das **Saltz** | ^avail hettend^a, **d**ie mesz^b vnd | verbutten jnen, das   *zum Salz-* sy kains | mer soltend failhaben vnd | zoch es die <u>stat</u> zů jren han= | den[1387]   *handel;* vnd satzt ainen dar über, | der der <u>stat</u> das saltz verkofftt[1388]. | **d**as bessret

---

[152vb]
i...i) vnd des was | (...) jederman | gern] *v. der Hd. Konrad Albrechts, mdbrT*

a) v. vail haben: verkaufen b) Maße, Messbecher c) Initiatoren

[1384] Landshut (vgl. z.B. LexMA, Bd.5, Sp.1678).
[1385] Herzog Ernst erkennt in der unebenbürtigen Verbindung des Sohnes eine Gefahr für die Erbfolge seiner Linie. Nachdem verschiedene Versuche v. Angehörigen der Familie, die beiden Liebenden zu trennen, scheitern, wird Agnes Bernauer bei Abwesenheit ihres Gemahls ohne richterlichen Spruch auf Veranlassung des regierenden Herzogs bei Straubing (!) in der Donau ertränkt. Die kurzzeitige Gefahr einer kriegerischen Auseinandersetzung zwischen Vater und Sohn wird im Lauf eines halben Jahres nach dem Mord unter Anrufung des Kaisers beseitigt (vgl. LexMA, Bd.1, Sp.1979; NDB, Bd.2, S.103f).
[1386] Vgl. ZürW Taf.3, 29; RiA 430, 2,2; 431, 1-3 und 2,1-2; RiDrS 171^v, 1,1; 172, 1,2; 172r, 1,1-3 und 2, 1-3 (quadriert: 1, 4: Aw; 2, 3: In Schwarz goldener Löwe); Grünenb. Taf.5b, 1,1 (Banner); Siebm. I, Taf.4, 2,1 (quadriert: 1,4: In Schwarz goldener Löwe; 2,3: Fw); Siebm. II, Taf.21, 1,4; Siebm. I,1, Taf.18, 1,1; WBL, S.53.
[1387] Dem Rat bzw. verschiedenen ihm unterstehenden Amtsinhabern unterliegt sowohl die Warenqualitätskontrolle und Preisüberwachung als auch die Aufsicht über Marktbeziehungen und sonstige Geschäftsabläufe. Uns sind eine Vielzahl v. Verordnungen, Gesetze und Regeln überliefert, mit denen die städtischen Behörden steuernd in das Wirtschaftsleben eingreifen. Prinzipiell ist die Wirtschaftspolitik des Rates der Stadt Konstanz neueren Forschungen zufolge in der ersten Hälfte des 15. Jhs. nicht als „wirtschaftsfeindlich" zu bezeichnen. „Von einer Politik im Zeichen des Nahrungsprinzips – oder auch im Zeichen eines Frühkapitalismus kann" aber ebenfalls „eigentlich keine Rede sein" (B. Frenz, Imholz, S.60f). Eingriffe in das städtische Wirtschaftsleben orientieren sich vielmehr stets am Gemeinwohl, sind auf den städtischen Frieden hin ausgerichtet. Ulf Dirlmaier analysiert sie als „außerökonomisch (städtisches Gemeinwohl) und dabei zum Ausgang des Mittelalters hin mehr und mehr machtorientiert-obrigkeitlich (Umlandpolitik) motiviert" (ebd., S.61, Anm.90). Zu berücksichtigen ist, dass, auch wenn Wirtschaftsdelikte eher die Ausnahme denn die Regel sind, die Quellen eine breite Palette v. Verstößen gegen die genannten normativen Texte bieten (vgl. bspw. den Bericht auf fol.158va zur Wirtschaftdelinquenz v. Müllern und Bäckern) (vgl. P. Schuster, Gericht, S.131ff).
[1388] Vgl. zum Salzhandel in Konstanz die am 28. Juni 1427 erlassene Kauf- und Verkaufsordnung für Salz (vgl. StAK, B I 4, S.160f sowie H. Kimmig, Kaufhaus, Nr.16, S.55f), in der die zentrale Funktion des Kaufhauses als Verkaufs-, Zoll- bzw. Steuererhebungsstelle hervorgehoben wird. So soll „das saltz allweg her in das koufhus gefürt werden (...), das man sehe, wie vil sin sye und dem koufhus werde, das im werden sol"). Auch darf bspw. außerhalb kein Händler „mit dem großen meß noch mit dem halben meß usmessen" (ebd., S.55). Während wir für die hier erwähnte Neuordnung zum Jahr 1436 – möglicherweise eine Reaktion auf das wiederholte Missachten der Salzordnungen (vgl. den im Ratsbuch, B I 6, S.224f und 374, nachgewiesenen systematischen Verstoß gegen die Preisverordnung v. einer ganzen Gruppe v. Mertzlern 1434 sowie 1436, der hohe Geldstrafen nach sich zieht, vgl. P. Schuster, Gericht, S.134) – keine solche normative Quelle besitzen (vgl. aber P. Ruppert, Konstanzer Kulturskizzen, S.53ff, der die Angaben bestätigt), finden wir eine ähnlich lautende Bestimmung zum Salzhandel im Kaufhaus v. 29.

die stat des jaurs | vmb vil gůtz. ⁱvnd des was | Hanns von Cappel vnd |

15 Hainrich Tettikouer vogt | anfenger^c. es hett es dar | nocht nit jederman |
gernⁱ. |

[153ra|311] **ME**(!)rkendⁱ füro des jars als | man von der gepurt | <u>Cristi</u> zalt <u>tusend</u>
<u>vierhun</u>= | <u>dert dryssig vnd sechs</u> jǎr | an dem hailigen <u>abend</u> zů | *1436 feierlicher*
<u>winǎchten</u>¹³⁸⁹ Rait der hoch | wirdig <u>fürst vnd h(er)re, h(er)n</u> | hainrich von   *Einzug v.*
hǒwen, <u>By</u>= | <u>schoue zů Costentz</u>, jn¹³⁹⁰, vnd | was do der <u>hailig aubend</u> | *Bischof Hein-*

5 an ainem <u>**M**entag</u>, vn(d) hat | sich an dem sonne(n)tag laus= | sen zů   *rich IV. in*
<u>**B**yschoff</u> wyhen vo(n) | <u>zwain wychbyschoffen</u>¹³⁹¹, dan(n) | disz <u>**B**yschoff</u>   *Konstanz;*
dar zů nit ko= | men kunden Vnd stůn= | den By jm der <u>abbt von</u> | sant
<u>gallen</u>¹³⁹², der <u>abbt von</u> | <u>petershusen</u>¹³⁹³ vn(d) der <u>abbtt</u> | <u>von</u>
<u>crützlingen</u>¹³⁹⁴. als nun | das **a**mbt^a vnd die wyhin | beschach, enmornend

10 an | dem <u>hailigen aubend</u>, rait | er genⁱⁱ gotlieben vnd ouch | alle die, die
mit jm jn <u>**R**y</u>= | ten woltend. vil <u>**R**itter</u>ⁱⁱⁱ vn(d) | <u>knecht</u>, dar zů vil <u>Stetbot</u>=
| <u>ten</u> Vnd die andern <u>pre</u>= | <u>lauten, dechan, chorherren</u> | vnd **a**nder gaistlich
heren, | frǎmd vnd haymsch, sam= | lotend sich jn das <u>münst(er)</u> | vff das
ain nach mitte(n)tag | vnd laytend sich alle an | jn ir habitt^b: **d**ie prelaten |

[153rb] mit jren <u>ẙnfelen</u>ⁱ vn(d) <u>korkapp(e)n</u>, | **d**ar zů alle <u>ǒrden</u> mit jr | zierd^a, **a**ls
sy dan(n) pflegend | ze gǎng **a**n vnsers <u>her(r)en</u> | <u>fronlichnam</u> tag **v**m(b)
die | <u>statt</u>¹³⁹⁵, **a**lle lay <u>priester</u> vnd | schůler mit jrem gesang | vnd mit

---

April 1461: „ordnung von des saltzes wegen. Ain raut hat verlaßen, das hinfür niemant mer saltz in dem kofhus
usmessen sol, dann der statt knecht (...)" (H. Kimmig, Kaufhaus, Nr.43, S.63) (vgl. dazu die in der Ämterliste des
Kaufhauses v. 1457 genannten „saltzmeister" und „saltzmesser" (ebd., Nr.37, S.61) sowie die „Ordnung des
saltzmaisters im koufhus" (ebd., Nr.46, S.64f). Nachweislich geht die Entwicklung v. der städtischen Regulierungs-
politik allmählich hin zu einem Salzmonopol, das endgültig erst am 19. Feb. 1533 in der „Ordnung des saltzgewerbs"
beschlossen wird (vgl. C. Tippelt, Salz, S.103f).

[153ra|311]
i) **ME**(!)rkend] M *2-z. Lomb., v. der Hd. des Rubr., mroT* ii) gen] g *durch Tintenfleck und beschädigtes Papier
verderbt* iii) <u>Ritter</u>] *Punkt über* i *mroT*

a) Hochamt, Messe b) liturgisches Gewand

¹³⁸⁹ 24. Dez.
¹³⁹⁰ Vgl. auch den kurzen Hinweis auf diesen festlichen Einzug des Bischofs auf fol.151vb und dazu REC IV,
Nr.9866f, 9869.
¹³⁹¹ Nach REC IV, Nr.9863 empfängt Heinrich v. Hewen die Bischofsweihe, nicht wie hier erwähnt am 23., sondern
bereits am Samstag, dem 22. Dez. Als Weihbischöfe sind neben dem v. Konstanz die v. Straßburg und Basel anwesend. Wie üblich gibt der Neugeweihte daraufhin ein Festessen, zu dem auch zwölf Ratsherren geladen sind (vgl.
z.B. C. Schulthaiß, Bisthums-Chronik, S.58 und entsprechend H. Stärk, Heinrich von Hewen, S.14 oder H. Maurer,
Konstanz II, S.90).
¹³⁹² Eglolf Blarer.
¹³⁹³ Diethelm Wiß (1427-1443): Sohn v. Konrad Wiß aus Konstanz; erstmals am 29. Nov. 1427 als Abt in Peters-
hausen bezeugt; aufgrund seines Lebenswandels zeitweise durch einen Pfleger ersetzt (vgl. Bericht auf fol.163rb);
wegen Schulden und Misswirtschaft – W. Himmelein, De ornamentis ecclesiae, S.111 spricht etwa v. ihm als einem
„prunkliebenden" Abt – wird er am 20. Sept. 1443 v. Bischof Heinrich IV. abgesetzt und mit einer Pfründe
abgefunden (vgl. REC IV, Nr.10788; HS III/1,2, S.975 und die wenige Informationen in: Die Chronik des Klosters
Petershausen, S.262).
¹³⁹⁴ Johannes IV. Huber (v. Sulzberg).

allem <u>hailtum</u>. vn(d) | nach den selben gaistlichen | allen do giengen die

5 <u>R̊åte</u>; | Nach den <u>R̊åten</u> giengend | By zwaintzig gewappoter | mit stangen
vnd ^bhůbend | das volk vff^b, das sy nit vff | die her(r)en drungend. also |
gieng man mit dem <u>hail</u>= | tum vnd p(ro)cession Bisz für | <u>emishouer tor</u>
hin vff die | braiten, langen wÿsz; da war= | tet man sin¹³⁹⁶. Nun Rayt er |
von <u>gotlieben</u> mit allem sine(m) | volk v̆ber die hochstrausz her= | in. vnd

10 sol och ain <u>Byschoff</u> | sust nit anders jn Ryten dan(n) | über die
hochstrausz. vn(d) do | er kam vff die selben wisz, do | stůnd er ab^c vnd
ettlich <u>he(ren)</u> | vnd <u>grauen</u> mit jm vnd | ward angeleit als ain Bÿ=
<u>schoff</u>ⁱⁱ von dem <u>suffraga</u>= | <u>ni</u>¹³⁹⁷. Nun sasz er vff ainem | wyssen <u>rosz</u>,
das emphieng | jm <u>v̆lrich schilter</u>; der w(a)z | sin <u>marschalk</u>¹³⁹⁸, dan(n) das

15 pfå= | rit, do ain <u>byschoff</u> vff sitzt,| so er jn Rit, das ist aines |

[153va|312] Marschalks. do er sich nun het | angeleit, do kamen die R̊åt | von costentz
vnd emphieng- | en jn loblich vnd erlich vn(d) | emphulhend^a sich jm |
genå- | denclich^b. des glich dancket | er och jnen mit vil schönen | worten,
gegen ain ander ge- | prucht. Vnd ward also | gar Erwirdenclich vnder |

5 ainer hymeltzen^c, die trůge(n)d | vier der råt (d(a)z ware(n)d: hansz | von
Cappel, Burg(er)maister, hain- | rich tettikouer, lütfrid mo(n)t | praut vnd
v̆lrich Blaur(er) | der kurtz¹³⁹⁹), jn die stat gefůrt. | J(!)n dem hettend sich

---

[153rb]
i) <u>ynfelen</u>] *Punkte über* ÿ *mroT* ii) **Bÿ**= | <u>schoff</u>] *Punkte über* ÿ *mroT*

a) Insignien b...b) hielten die Menschen zurück c) v. abstên: (vom Pferd) absteigen, absitzen

¹³⁹⁵ Vgl. z.B. die Schilderung der Fronleichnamsprozessionen auf fol.57va und 176^{ra}f sowie den Hinweis auf die Probleme bei der Prozession im Zuge der Auseinandersetzungen zwischen Bischof Otto v. Hachberg und dem Domkapitel, die deren Bedeutung für die Stadt verdeutlicht, auf fol.138ra.
¹³⁹⁶ Das bedeutet, dass die Geistlichkeit, der Rat sowie eine Vielzahl v. Bürgern dem Bischof vom Münster aus in einer feierlichen Sakramentsprozession entgegengehen und ihn vor Stadelhofen, d.h. vor der eigentlichen Stadtmauer an der „Schorenwiese", empfangen. Wie im Folgenden geschildert, begleitet die Gruppe den unter einem Baldachin gehenden Bischof Heinrich IV. wiederum prozessionsartig zum Münster und damit ins Zentrum „seiner" Stadt.
¹³⁹⁷ D.h. er wird vom Weihbischof Johannes episcopus Cesariensis mit dem bischöflichen Ornat bekleidet und somit gewissermaßen auch nach außen hin sichtbar rechtmäßiger Bischof des Bistums Konstanz.
¹³⁹⁸ Marschall: In diesem Fall hilft ihm Ulrich Schilter, der das Amt v. seinem Vater am 29. Jan. 1414 übernimmt, in den Steigbügel des v. diesem herbeigeführten Pferdes. Vgl. zum Dienst des Marschalls allg. LexMA, Bd.6, Sp.324f und speziell zu diesem Hofamt im Konstanzer Bistum, das hier erstmals 1158 nachweisbar ist, H.R. Derschka, Ministerialen, S.361ff sowie W. Kundert, Erbhofämter, u.a. S.170ff.

[153va|312]
a) v. emphelhen: anvertrauen, (an-)empfehlen b) huldvoll c) Baldachin d...d) v. samnen: versammeln, anordnen e) verbannten, ausgewiesenen

¹³⁹⁹ Ulrich Blarer (zu Liebburg: nach der bischöflichen Lehensburg oberhalb v. Kreuzlingen), der Ältere: Angehöriger der ursprünglich aus St. Gallen stammenden Tuchhändler- und Patrizierfamilie; langjähriger Ratsherr (seit 1432); Konstanzer Bürgermeister in den Jahren 1439, 1445, 1447 und 1449 sowie v. 1459 bis 1475 turnusweise; Vogt 1442 (möglicherweise war aber – so vermutet P.F. Kramml, Friedrich III., S.289, Anm.44 mit Blick auf das Empfangskomitee für Friedrich III., vgl. den Bericht auf fol.177va, dessen gleichnamiger Vetter Ulrich Blarer, der Lange, in diesem Jahr Vogt), 1446, 1448, 1450 und v. 1458 bis 1476 turnusweise; als Repräsentant der Stadt an mehreren Gesandtschaften beteiligt (u.a. bei Reichsversammlungen und der Königskrönung Friedrichs in Aachen); Inhaber weiterer Ämter (z.B. Heimlicher, Landrichter des Reichslandgerichts im Thurgau, Beisitzer des Thurgauer

ᵈgesam | netᵈ alle verbottenᵉ lüt, wyb | vnd man, by jm. Vn(d) die | Råt
namend vier stangen | vnd giengen zů den vier | orten, ye sechs Råtherren
10 | wyt von dem her(r)en, vnd | die verbotnen hůbend hind- | nan an die
Råtzhe(ren) vn(d) ka- | mend also mit dem her(r)en | jn die statt¹⁴⁰⁰. Vnd
do er also | jn die statt mit den he(ren) jn d(a)z | münster kam, do vieng er |
die complet an. Vnd enmor | nend an dem hailigen tag | winåchten do sang
er das | fronampt, da warend alle | p(re)laten mit ir ynfelen vnd | ward jm
15 grosz gůt geoppf- | fert von den prelaten vn(d) |
[153ᵛᵇ] andern gaistlichen vn(d) welt | lichen: Die thůmher(r)en sch- | anktend jm
ainen grossen | silbrin koppff vnd ettwas | dar jnne; Die råt emph- | iengen
jn des ersten mit | fünfftzig pfund hallern | jn ainem ᵃmessin bekinᵃ vn(d) |
sy oppffrotend tryssig pfu(n)d | pfenni(n)g och jn ainem mes- | sin bekin
5 vnd nit mer. vn(d) | das ist ir gewonhait von | alter her. die her(r)en, die
ca- | plan zů dem münster, die | oppffrotend tryssig guldin, | Die von sant
Stephan sechs | malter hab(er)n, die vo(n) sant | johans vier malter
hab(er)n, | der abbt vsz der Richenow¹⁴⁰¹ | zwen ochsen, der abbt vo(n) |
sant gallen¹⁴⁰² zwen ochsen | vnd ᵇyederman nach sinen | statten vnd
10 ståteᵇ. |

[154ʳᵃ]

A(!)ber des vorgeschriben jårs, | vmb sant laurenti(us) tag¹⁴⁰³, do | warend *Zigeuner in*
by vierhundert | ziginern, man, froen vn(d) | kind, hie zů Costentz vn(d) | *Konstanz¹⁴⁰⁴;*

Landgerichts); gest. 1480 (kinderlos); nach seinem Tod Auseinandersetzung um das Erbe (vgl. K. Beyerle, Ratslisten, S.136ff; P. Staerkle, Blarer, S.118, 126, 218; H. Maurer, Konstanz II, S.125ff; P.F. Kramml, Friedrich III., S.109f, 124ff, 146, 270f, 273, 288ff, 382, 439, 500, 502f). Vgl. auch die Charakterisierung durch Konrad Albrecht auf fol.221ʳᵇ.

¹⁴⁰⁰ Der Bischof führt also die durch die Strafe der Verbannung aus der Stadt verwiesenen Delinquenten, die sich dem festlichen Zug anschließen, wieder nach Konstanz. Bei diesem Einzug handelt es sich um „eine symbolische Handlung, die an den verblichenen Status des Bischofs als Stadtherren erinnerte, dem grundsätzlich der Anspruch konzediert wurde, auf das geltende Recht und die Entscheidung des Rates Einfluß zu nehmen" (P. Schuster, Gericht, S.279). Obwohl der Rat in seiner alltäglichen Straf- bzw. Gnadenpraxis im 15. Jh. prinzipiell unabhängig agiert, wird dieses Verfahren als „Bestandteil der Huldigung" akzeptiert und trotz der Aushebelung städtischen Rechts höchsten Würdenträgern (d.h. dem Bischof und nach dem Ratsbuch „kaisern, künigen oder ander fürsten", zitiert bei ebd., S.280) zugestanden. Eine sofortige Begnadigung aller Straftäter vonseiten des Rates ist damit aber nicht verbunden (vgl. mit zahlreichen Bsp. ebd., S.278-285).

[153ᵛᵇ]
a...a) Messingschale b...b) jeder nach seinen Möglichkeiten, jeder seinem Stand/seinen Verhältnissen entsprechend

¹⁴⁰¹ Friedrich v. Wartenberg-Wildenstein (1427-1453): Angehöriger des Edelherrengeschlechts aus der Baar; Mönch in St. Blasien; Propst des Stiftes Klingnau-Zurzach; Verfechter der Klosterreform; Wiederaufbau des Klosterlebens auf der Reichenau (vgl. Reformstatuten, Beseitigung v. Missständen; bauliche Erneuerung, Bibliothek, Regelung der Finanzen etc.); gest. am 31. Dez. 1453 (vgl. H. Baier, Von der Reform, S.213-222).
¹⁴⁰² Eglolf Blarer.

[154ʳᵃ]
i...i) ain ayd] *rechts außerhalb der Spaltenbreite*

5 stalend, was jnen werden | mocht. Vff die selben zyt | was och ain dieb hie
ge- | fangen, der lag jm(m) stok^a | vnd wolt man jn gehenkt | haben. do *Delinquenz und*
batend die zigi- | ner für jn, das man jnen | jn ergåb; Sy wõlten jn mit | *Strafe;*
jnen gen egipten fûren. | das tet man vn(d) swûr der ⁱain aydⁱ. |

[154rb]

F(!)üro des vorgena(n)t(en) jårs do | beschach ain grosz wunder | zû wyl *Kuriosität:*
5 jm thurgõw: ain kû bracht^a ain kalb mit zwain | hôptern, die baide lebdten, *Kalb mit zwei*
| mit ogen vn(d) nasen vn(d) oren | vnd aller geschôppfft^b. vn(d) wa- | rend *Köpfen;*
von ainander getailt. |

[154va|314] **D(!)**es vorgeschriben jaurs do | starb grauff fryderich von | toggenburg¹⁴⁰⁵. *Tod des Grafen*
vnd wolt | grosz krieg vff erstanden sin | zwüschen hertzog frydrich(e)n¹⁴⁰⁶ *v. Toggenburg*
| **vnd** hertzog ernsts sun¹⁴⁰⁷ vo(n) | O^esterrich **vnd** den von | zürrich **vnd** *und Folgen;*
hett sich ouch | erhebt^a, **dan(n)** das es vnder= | standen ward¹⁴⁰⁸. |

---

a) Gefängnis

¹⁴⁰³ 10. Aug.
¹⁴⁰⁴ Vgl. die anderen Hinweise auf diese Bevölkerungsgruppe in unserer Chronik auf fol.117rb, 176va, 199rb und 207va
und zu diesem Text R. Heinisch, Auftreten der Zigeuner, S.115ff sowie zum Diebstahl der Zigeuner ebd., S.117ff.

[154rb]
a) v. bringen: gebären, zur Welt bringen b) Beschaffenheiten, Kennzeichen (eines Kalbs)

[154va|314]
a) v. erheben: beginnen

¹⁴⁰⁵ Graf Friedrich VII. v. Toggenburg stirbt am 30. April 1436 – ohne ein rechtsgültiges Testament zu hinterlassen –
auf der Feldkircher Schattenburg.
¹⁴⁰⁶ Friedrich IV. v. Österreich, „mit der leeren Tasche": geb. 1382/83; Graf v. Tirol; seit 1404 Landesfürst in den
Vorlanden, seit 1406 in Tirol; teils Ausbau der Herrschaft gegenüber Bischof v. Trient; behauptet sich nur mit Mühe
gegen Adelsbünde; Fluchthilfe für Papst Johannes (XXIII.) 1415; in der Folge Reichsacht und Verlust v. Besitzungen
an die Eidgenossen; unterhält zur Sicherung des linksrheinischen Besitzes gegen die Herzöge v. Burgund seit 1430
Beziehungen zu Frankreich; gest. 1439 (vgl. NDB, Bd.5, S.524; LexMA, Bd.4, Sp.954; W. Baum, Friedrich IV.).
¹⁴⁰⁷ Herzog Friedrich handelt nachweislich im Einvernehmen mit den beiden anderen regierenden Mitgliedern des
Hauses Österreich, den Söhnen seines Bruders Ernst, Albrecht und Friedrich (vgl. A. Niederstätter, Zürichkrieg,
S.37). Albrecht VI. v. Österreich: geb. 1418; nach dem Vertrag v. 1436 ist vorgesehen, dass beide Brüder den Besitz
gemeinsam behalten, aber Friedrich in beider Namen regiert; Albrecht erreicht im Zuge des Alten Zürichkriegs Zu-
geständnisse (vgl. Übernahme der Regierung in den Vorlanden); offener Konflikt mit dem Bruder nach dem Tod v.
Ladislaus Posthumus; 1458 erhält er Oberösterreich; verbündet mit den Wittelsbachern, stößt er 1461 in einem Feldzug gegen das Kernland vor, 1462 Einzug in Wien; Friede v. Korneuburg; gest. am 2. Dez. 1463 (vgl. NDB, Bd.1,
S.170). Friedrich V. v. Österreich, der spätere König und Kaiser Friedrich III: geb. am 21. Sept. 1415; seit dem Tod
des Vaters 1424 unter Vormundschaft des Oheims Friedrich IV. übernimmt er ab 1435 die Herrschaft in den ihm zu-
stehenden Gebieten; am 2. Feb. 1440 zum röm.-dt. König gewählt; am 17. Juni 1442 in Aachen gekrönt (vgl. den Bericht auf fol.177^{ra}f); am 19. März 1452 zum Kaiser gekrönt; Feb. 1459 zum ungar. König gewählt; gest. am 19. Aug.
1493 (vgl. NDB, Bd.5, S.484ff; LexMA, Bd.4, Sp.940ff; zum Verhältnis zu Konstanz P.F. Kramml, Friedrich III.).
¹⁴⁰⁸ Vgl. den sog. Toggenburger Erbschaftsstreit als Ausgangspunkt des sog. Alten Zürichkriegs: Unmittelbar nach
dem Tod Graf Friedrichs melden sowohl Zürich und Schwyz als auch die Herrschaft Österreich Ansprüche auf das
umfangreiche toggenburgische Territorium an und besetzen einzelne Gebiete. Die Schwyzer etwa nehmen die March

5

Fw Toggenburg[1409]
(4,5x4,5)
(In Gold/Beige rotgezungte schwarze Dogge mit
10   silbern-schwarzem Halsband)

D(!)es jǎrs starb och <u>der von</u> | <u>luppffen</u>[1410]. | *Tod v. Hans v.*

Lupfen;

Fw Lupfen[1411]
15   (4x3,5)
(Blau-silber geteilter Schild)

[154vb] ⁱAl(!)sⁱⁱ man von der gepurt | <u>**Cristi**</u> zalt <u>tusend vierhu(n)</u>= | <u>dert tryssig</u>
<u>vnd süben</u> jare | jn der wochen <u>judoci</u>[1412] do fie(n)g | <u>hansz lind</u>[1413]   *1437 Gefangen-*
<u>v̌lrichen</u> jm holtz[1414] | ^aselb <u>vierd</u>^a vor <u>**Ringporter**</u> | <u>tor</u> vnd fůrt jn gen   *nahme v. Ulrich*

---

ein; Zürich engagiert sich im Sarganser- und Gasterland. Gleichzeitig lässt sich eine rege Verhandlungstätigkeit
nachweisen. Nachdem sich Friedrich IV. v. Österreich zunächst nicht mit der Witwe Elisabeth vom Toggenburg und
der Stadt Feldkirch zu einigen vermag, kündigt er den hier erwähnten Kriegszug an, um seine ehemaligen Besitztümer zurückzuerobern (vgl. die Aktivierung der Ritterschaft v. St. Jörgen-Schild). Daraufhin lenken die Gegenspieler rasch ein. Am 19. Sept. 1436 verzichtet die Gräfin im Vertrag v. Telfs auf die Stadt und Herrschaft Feldkirch,
Rheineck, Altstätten, Burg und Stadt Sargans, Walenstadt, Gaster und weitere Gebiete, wobei im Anschluss die
Rückgewinnung der toggenburgischen Pfandschaften nur t.w. gelingt und bspw. die Gegend um Walensee eid-
genössisches Einflussgebiet wird (vgl. zur Fortsetzung die Berichte auf fol.155va f, 167rb, 169va, 180ra ff, 184rb ff)) (vgl.
W. Schaufelberger, Spätmittelalter, S.293ff; SchwLex, Bd.1, S.145; H. Berger, Zürichkrieg, S.66ff; W. Baum, Fried-
rich IV., S.105f; A. Niederstätter, Zürichkrieg, S.30ff; W. Baum, Habsburger in den Vorlanden, S.200ff).
[1409] Vgl. ZürW Taf.5, 64 (mit rotem Halsband); RiA 442, 3,1; RiDrS 188^v, 1,1; Grünenb. Taf.82, 1,3 (quadriert: 1, 4
Fw (silbernes Halsband), 2, 3: gespaltener silberner Schild: rechts: halber blauer Adler, links: halber roter Löwe);
Öhem 12^r, 145 (Taf.6) (silbernes Halsband); Siebm. E, S.845; Siebm. II, Taf.14, 2,4 und Taf.19, 2,1; Siebm. V,7,
Taf.99, 2,4. (Kt. St. Gallen). Die Familie der Grafen v. Toggenburg ändert, nachdem ihr Banner während der
Schlacht bei Näfels verloren geht, das Wappen v. einem schwarzen Rüden auf silbernem Schild zu dem hier abge-
bildeten Wappentier auf goldenem Schild (vgl. P. Bütler, Friedrich VII., S.37f).
[1410] Graf Johann I. v. Lupfen stirbt genauer vor dem 6. Okt. 1436 (vgl. C. Heyer, Hans I. von Lupfen, S.22).
[1411] Vgl. ZürW Taf.5, 71; RiA 439, 1,1; RiDrS 186^v, 2,1; Grünenb. Taf.79b, 1,3; Öhem 5^v, 30 (Taf.1); Siebm. E,
S.474f; Siebm. VI,2; Taf.106, 4,1 und Taf.107, 3,3.

[154vb]
i) *üdZ, Hinweis auf Bericht v. fol.158ra f v. späterer Hd., mbrT*: stat ferner folio 4 ii) Al(!)s] A *3-z. Lomb., v. der Hd.*
des Rubr., mblT iii...iii) oder man wolt gen Gottlieb(e)n | zogen sin] *v. der Hd. Konrad Albrechts, mdbrT*

a...a) zu viert

[1412] 13. Dez.
[1413] Hans Lind: Angehöriger des Konstanzer Patriziergeschlechts; zwischen 1428 und 1436 mehrmals Ratsmitglied;
nicht mehr nach diesem Vorfall, im Gegensatz zu seinem Bruder Ulrich, der bis zu seinem Tod 1480 regelmäßig im
Rat sitzt; Mitglied der Gesellschaft „zur Katz"; Gläubiger v. Ulrich Imholz (vgl. OBG, Bd.2, S.514f, der Entführer ist
hier aber Ulrich Lind; K. Beyerle, Ratslisten, S.132ff; C. Heiermann, Katz, S.247).
[1414] Vgl. zu Ulrich Imholz und zur Vorgeschichte den Bericht auf fol.148vb sowie REC IV, Nr.9980, wo die auf diese
Tat folgende Gefangennahme durch die Diener des Bischofs mit Blick auf C. Schulthaiß, Collectaneen, Bd.1, S.142½
erläutert wird.

gotlie= | ben hinder minen h(er)ren von | costentz, **B**yschoff hainrichen | *Imholz;*
5 von hôwen vnd brach das | gelait so dan(n) die stat costentz | v̊lrichen jm
holtz geben hett[1415]; | vnd hett jn fünff tag gefang | en vnd mȗst jn ledig
laussen | ᶦᶦᶦoder man wolt gen Gottlieb(e)n | zogen sinᶦᶦᶦ. |

10   Wappen
                        zwei Schilde (4x3,5) (3,5x3,5)
              (rechts: Fw Imholz[1416]: In Silber auf grünem Dreiberg
                             schwarzer Baumstumpf)
            (links: Fw Lind[1417]: In Silber drei (2/1) rechtsgekehrte rote Stierköpfe
15   mit goldenen/beigen Nasenringen)

[155ʳᵃ|315]ᶦ Desᶦᶦ vorgeschriben jȧrs vm(b) | die liecht mesz[1418] vnd dar | nach bisz zȗ   *Seuche[1421];*
vsgȧnder osterwoch= | en[1419] was **a**in loff ainer krank= | hait zȗ costentz
vff erstanden, | das vil lüt sturben, gaistlich vn(d) | weltlich; vnd ᵃlagend
nur by | dry oder vier tagenᵃ vnd ett= | lich gar behendᵇ jn aine(m) tag |
5 vnd clagten sich vm(b) die br= | ust vnd jn der rechten syten. | Ettlich
mainten, es wȧrend | ᶜjn wendige geswerᶜ; Ettliche | maynten, es wȧren
würm. | vnd vieng mengklich an do | knobloch ze essend vn(d) hortt | bald
vff[1420]. |

10
A(!)ber jn dem selben jar vmb die | liecht mesz[1422] vnd aller maist an | *Frost und*
vnser lieben froen tag vn(d) aube(n)d[1423] | jnsunder, als man seit, do er= | *Folgen;*

[1415] Ulrich Imholz wird unserer Chronik zufolge (vgl. fol.158ʳᵃ) im Aug. 1437, d.h. zwei Jahre nach seiner Flucht, v. König Sigismund freies Geleit zugesichert. Daraufhin kehrt er nach Konstanz zurück, wo Imholz erstmals wieder am 13. Nov. nachweisbar ist (vgl. A. Maurer, Imholz, S.94, Anm.3 und B. Frenz, Imholz, S.45). Vgl. zum Folgenden die ausführlichere Schilderung dieses Ereignisses um die Gefangennahme auf fol.158ʳᵃf.
[1416] Vgl. OBG, Bd.2, S.93 (ohne Erwähnung der Tinktur).
[1417] Vgl. RiDrS 20ᵛ (Abb.: „Wie Papst Johannes Apt Erharten Linden zȗ Creutzlingen erwirdi= / get vnd begabet mit der Infel"); 156ʳ, 3,1 (quadriert: 1,4: Wappen v. Kreuzlingen; 2,3: Fw); Öhem 25ʳ, 377 (Taf. 16); Siebm. I,5,II, Taf. 22, 1,1 (quadriert: 1,4: Wappen v. Kreuzlingen, 2,3: Fw).

[155ʳᵃ|315]
i) *mit dieser Seite beginnt eine neue Lage Papier* ii) Des] D *2-z. Lomb., v. der Hd. des Rubr., mroT* iii) wurdend] u *v. der HHd. aus* a *korr.*

a...a) lagen darnieder bzw. krank bis zum Eintritt des Todes nur drei oder vier Tage b) schnell c...c) innere Geschwüre d) v. vszschiessen: (aus-)treiben e) Ranken f) v. tragen: Frucht tragen

[1418] 2. Feb.
[1419] Ostersonntag 1437: 31. März.
[1420] Vgl. ohne Identifizierung dieser Krankheit, unsere Chronik nacherzählend, H. Maurer, Konstanz II, S.189.
[1421] Sowohl diese Nachricht als auch die folgenden Hinweise auf Wetter und Ernte findet man in keinem historiographischen Werk außerhalb v. Konstanz (vgl. H. Buszello, „Wohlfeile", S.32). Den Nachrichten sogar widersprechend, lassen nach R. Glaser, Klimageschichte, S.69 für die Jahre 1437 und 1438 „sehr gute Weinqualitäten auf eine entsprechende Wärme schließen, was durch Quellenaussagen aus Süddeutschland auch bestätigt wird".
[1422] 2. Feb.
[1423] 1. und 2. Feb.

frurend die **R**eben allenthalb | im(m) land so vast, das man sy all | vmb
<u>costentz</u> vsz hẅ one jm(m) | <u>**R**intal</u>. vnd schlůg der <u>win</u> | vast vff **v**nd
15   schůssen^d die Re= | ben wyder vsz vn(d) wurdendⁱⁱⁱ | lang swerbling^e **V**nd
die ge= | trochen^f hetten, den erzogt sich | gar vil wins. das bestůnd bisz |
[155rb]   jn den <u>mayen</u>, do kam als ain | grosser **R**yff, das er alles ander | waid
erfrort, das jn dem land | was, vnd och die getrochen | reben von **B**asel
bisz gen <u>coste(n)tz</u> | vnd den see vff allenthalb, das | niendert win jm(m)
land ward. | Dar zů geriet d(a)z korn och nit | wol vnd ward gar grosz
5   liden, | jamer vn(d) not jm land¹⁴²⁴. |

D(!)es vorgemeldten jars an dem | <u>hayligen tag zů ostran</u>¹⁴²⁵ do sang | der   *Österliches*
hochwirdig <u>fürst vn(d) h(er)re</u>, | <u>h(er)n hainrich von hôwen</u>, **B**y= | schoue   *Hochamt;*
10   <u>zů costentz</u>, das fron= | ampt **B**yschofflich beclaidt | jn dem **M**ünster zů
<u>costentz</u> | vnd stånden By jm vn(d) dien= | ten jm der <u>abbtte</u> zů <u>peters=</u>
<u>husen</u>¹⁴²⁶ vnd der <u>abbte vo(n) crütz=</u> | <u>lingen</u>¹⁴²⁷ jn jren ynfeln; das | was
vor jn <u>viertzig jaren</u> | nie me geschenhen¹⁴²⁸ vn(d) wa= | rend doch der zit
<u>drÿⁱ **B**y=</u> | schoff — h(er)r albrecht **B**laurer, | h(er)r **O**tto, Marggraff, vn(d)
15   <u>h(er)n</u> | <u>fryderich von zolrn</u> — **v**or jm gewesen. |

[155va|316]   **A**(!)b(!)er des vorgena(n)ten jaurs do | wurden des von toggenburg | *Toggenbur-*
såligen lüt alle landslüt zů | **S**wytz. die von **S**wytz name(n)d | och vil des   *gischer Erb-*
selben lands jn. do | zugend die von zürich vsz vn(d) | woltend des lands   *schaftsstreit;*
och hon | jngenomen. do warend die | von **S**wÿtz vor da¹⁴²⁹, dan(n) die

---

[155rb]
i) <u>drÿ</u>] *Punkte über* ÿ *mroT*

¹⁴²⁴ Wie schon 1435 begegnet auch 1437 ein sehr strenger Winter, sodass sich wie hier nach R. Glaser, Klimage-
schichte, S.80 „das Szenario erfrorer Reben, von Auswinterungsschäden am Getreide und zugefrorenen Gewässern
[in verschiedenen Chroniken] wiederholte".
¹⁴²⁵ 31. März.
¹⁴²⁶ Diethelm Wiß.
¹⁴²⁷ Hans IV. Huber (v. Sulzberg).
¹⁴²⁸ Tatsächlich zelebriert Bischof Heinrich IV., einen alten Brauch aufgreifend, erstmals seit vierzig Jahren das
Hochamt zu Ostern 1437 wieder persönlich (vgl. REC IV, Nr.9917; P.F. Kramml, Heinrich, S.384). H. Stärk, Heinrich von Hewen, S.15 geht hierbei v. einem bewusst inszenierten Akt aus, durch den der Bischof gleich zu Beginn
seiner Amtszeit demonstriert habe, „daß er nicht gewillt war, in der ausgetretenen Spur seiner Vorgänger weiter-
zuschreiten".

[155va|316]
i) *Marg.: 3-z., v. späterer Hd., latein., sehr klein, mhbrT, amliRa*

a) v. absprechen: absprechen, entziehen b) v. keren: sich halten an, sich kümmern um

¹⁴²⁹ Hier spielt die Chronik wiederum auf Auseinandersetzungen im Toggenburgischen Erbschaftsstreit an. Direkt
nach dem Vertrag v. Telfs, der u.a. die Rückerstattung der österreichischen Pfandgebiete an Herzog Friedrich IV.
durch Elisabeth v. Toggenburg zum Inhalt hat, bemühen sich Österreich, Schwyz und Glarus sowie Zürich um den

5 vo(n) | Swytz tattend es von des her- | tzogen von Oᵉsterrich¹⁴³⁰ wyllen, |
dan(n) des selben was d(a)z lannd¹⁴³¹. | des kamend sy vff gemain |
aydgenossen vnd ward den | von zürch alles abgesproch(e)nᵃ/¹⁴³². | dar an
wolten sich die von | zürch nit kerenᵇ vnd zuge(n)d | wyder vsz jn das *Sarganser-*
land¹⁴³³. | *fehde;*

10

F(!)üro des jaurs vorgemeldt | zů mittem maӱen was ain | wylder loff jn
des von tog- | genburg land vnd jn dem | turgôw allenthalb. Her- | tzig
frydrich von ôster(r)ich | ver aint sich mit den vo(n) swytz, | d(a)z sy jm
15 das land hulffend | retten, das der vo(n) togge(n)burg |ⁱ gelaussen het,
dan(n) es sin was. | vnd zugend die von swy̆tz |
[155ᵛᵇ] vsz vnd gewonnen, was sy | mochten jn selbs. Die von | zürch zugend och

---

Eid der toggenburgischen bzw. der nunmehr österreichischen Untertanen. Sowohl in Gaster als auch in Sargans treffen die Gegner in ihrem Bestreben aufeinander. Ohne hier detailliert auf Einzelheiten einzugehen, lässt sich konstatieren, dass die Länder Schwyz und Glarus als vorläufige Sieger im Ringen um das Toggenburger Erbe hervorgehen. Sie halten die Obermarch besetzt, schließen Landrechte mit den Leuten v. Uznach, Weesen, Windegg, Gaster und denen der toggenburgischen Gemeinden, ja können sogar den Grafen v. Werdenberg-Sargans, den Abt v. St. Gallen sowie die Herren v. Raron in ihr Landrechtssystem integrieren sowie Teilgebiete pfandweise an sich ziehen (vgl. W. Schaufelberger, Spätmittelalter, S.295f; H. Berger, Zürichkrieg, S.69ff; A. Niederstätter, Zürichkrieg, S.37f).

¹⁴³⁰ Friedrich IV. v. Österreich.

¹⁴³¹ V.a. das Rücklösungsprivileg v. 1424 für Weesen, Windegg und Gaster bringt Friedrich IV. v. Österreich unmittelbar nach dem Tod des Grafen v. Toggenburg in einen scharfen Gegensatz zu Zürich (vgl. bspw. die „Kampagne" gegen Zürich bei Reichsstädten, u.a. Konstanz, und Kurfürsten Ende Dez. 1436). Die Gegner Zürichs finden zusammen, sodass zweifellos bereits im genannten Jahr 1436 Schwyz und Glarus in engem Einvernehmen mit dem Herzog handeln (vgl. H. Berger, Zürichkrieg, S.67ff; W. Baum, Friedrich IV., S.106f).

¹⁴³² Im Zuge der durch die Land- und Burgrechte verursachten Spannungen kommt es immer wieder zu Truppenbewegungen und kriegerischen Auseinandersetzungen zwischen Schwyz/Glarus und Zürich. Infolgedessen bemühen sich die anderen eidgenössischen Orte um eine Vermittlung. Boten aus zahlreichen Städten (darunter auch Konstanz) ermöglichen so einen kurzzeitigen Waffenstillstand und fällen am 9. März 1437 einen Schiedsspruch, der den bisherigen Zustand sanktioniert und damit die strittigen Fragen der Landrechte weitgehend zugunsten v. Schwyz entscheidet (vgl. H. Berger, Zürichkrieg, S.74; A. Niederstätter, Zürichkrieg, S.54f).

¹⁴³³ Diese Bemerkung bezieht sich auf die „Sarganserfehde": Nach dem Schiedsgericht verbleibt lediglich das Sarganserland (mit Ausnahme v. Schloss und Stadt Sargans sowie den beiden österreichischen Festen Freudenberg und Nidberg) bei Zürich. Als die wenigen Leute, die den Eid verweigern, dazu gezwungen werden, beurteilt der österreichische Vogt auf Freudenberg diese Vorgehensweise als Friedensbruch. Daraufhin geht Zürich am 29. April 1437 in die Offensive und erklärt Herzog Friedrich die Fehde. Zürich, verbündet mit dem Sarganserland, Chur und dem Grauen Bund, gelingt es schließlich am 26. Mai, die Feste Freudenberg und kurz darauf die Feste Nidberg einzunehmen und zu zerstören. Statt der Aufforderung Zürichs, Leute und Güter v. Österreich im eigenen Gebiet festzusetzen, Folge zu leisten, verlegt Schwyz in diesem Konflikt im Gegenteil dazu Truppen nach Einsiedeln und bittet sowohl Luzern und Unterwalden als auch Bern um Unterstützung gegen Zürich. Wenn auch nicht, wie unsere Chronik suggeriert, v. einem direkten Bündnis zwischen Österreich und Schwyz gesprochen werden kann, sind dadurch die Fronten klar. Ein vom Konzil vermittelter Waffenstillstand sowie ein am 23. Sept. zwischen dem Sarganserland und dem österreichischen Herzog vereinbarter Friede (vgl. R. Thommen, Urkunden, Bd.3, Nr.288) und die dann durch der Tod Kaiser Sigismunds veränderte Situation verhindern weitere Kampfhandlungen und ermöglichen trotz eines Kleinkrieges einen allmählichen Abbau der Spannungen bis Mitte 1438 (vgl. H. Berger, Zürichkrieg, S.76f, 82f; W. Baum, Friedrich IV., S.107).

[155ᵛᵇ]
a...a) auf sie verlassen b) v. versůchen: kosten, probieren

vsz vn(d) | gewonnen och, was Sÿ | mochten. Dar zů tett der | hertzog nüt,
dan(n) er wyst | nit, ob er sich ᵃan sy gelaussenᵃ | mocht oder nit. Also
ward | das land vast swytz bysz | gen winfelden. die von | wyl swůren zů
5   inen zů | mittem mayen¹⁴³⁴. Jn dem zit | do swůren die von sant gallen |
vnd appenzel zů samen ze- | hen jar¹⁴³⁵. Vnd was den von | zürch werden
mocht, das | namen sy. Was och den vo(n) | Swytz werden mocht, das |
namen sy och. Vn(d) gieng | ellentklich jm land vnd | ward allenthalb so
tür, das | man jn ettlichen stetten lüt | vand, die jn dry tagen nie | kain brot
10   versůchtendᵇ, Dan(n) | die von Basel vnd von frÿ- | burg vnd die stett jn
dem | elsåsz wolten kain korn laus | sen den see vff gån, d(a)z was | von
des kriegs wegen. Jtem | die von zürch gewonnen | zwo vestinen, warend
des | hertzogen gewesen. dar nach | ward ain tag dar an ge- | macht gen
Basel vn(d) kam(en) [?] | der stȯsz vff die von Bern. |

[156ʳᵃ|317]   A(!)ber jn dem vorgeschriben | jar vmb pfingsten¹⁴³⁶ ward | ain jung gesell   *Zweikampf*
zů wil¹⁴³⁷ vm(b) | ettwas sach gefangen. vn(d) | als er jm turn lag, do hiesz   *zwischen zwei*
| er die Råt zů jm komen, vn(d) | den seit er, wie das ainer, | der hiesz   *Thurgauern¹⁴³⁸;*
hansz von lophain, | seszhafft zů zürch, vnd von | wÿl dar was komen,
5   ᵃvon | ains todschlags wegen an | jn brachtᵃ vnd mit jm ge- | redt hett, Ob
er jm wȯlt hilf- | lich wesen. vnd redt dar vff, | das ir sechs von wyl geborn
| vnd der Råt wȯlten den vo(n) | zürch wyl jn geben; da sȯlten | sich die
von wyl warnenᵇ, | wan dem wåre ye ⁱalso. Main- | tenⁱ aber die von wÿl,
die | red wåre nit also, das es | wåre, vnd woltend jm nit | globen vnd
10   hettend råt dar | vmb. also kamen sy ettwe- | dick zů jm über den turn |
vnd sprachend: „lieber gesell, | Red nit also, dan(n) es wåre ain | grosz

---

¹⁴³⁴ Wil gehört dem Abt v. St. Gallen zu. Nach Verhandlungen in Wil am 18. Mai 1437 geht auch Abt Eglolf Blarer mit Schwyz ein Landrecht auf 20 Jahre ein. Es verbindet mit Zustimmung des Kapitels den Abt, die Stadt Wil, die Herrschaft Iberg (Wattwil), die Gotteshausleute im mittleren und oberen Toggenburg und das Neckertal mit dem Land Schwyz. Dabei sagen die Wiler den Schwyzern u.a. ihre Unterstützung „als ob ein jeglich sach üns selber angienge" zu. Damit gelingt es dieser Macht, das Kloster mit seinen Besitzungen in das Landrechtssystem einzube-ziehen. Gleichzeitig „manifestiert" sich dadurch erstmals „die politische Umorientierung der Abtei zur Eidgenossen-schaft hin" (J. Duft/A. Gössi/W. Vogler, Abtei St. Gallen, S.147) (vgl. UBSG V, Nr.3991; W. Ehrenzeller, St. Gal-lische Geschichte, Bd.1, S.329f).
¹⁴³⁵ Während das Kloster St. Gallen sich eindeutig auf die Seite v. Schwyz stellt, bewahrt die Stadt, die bisher eine enge Bindung an Zürich auszeichnete, eine eher neutrale Haltung. St. Gallen lehnt sich an das sich in ähnlicher Lage befindliche Appenzell an. Beide Städte schließen mit Erlaubnis der Eidgenossen am 20. Mai ein Bündnis auf zehn Jahre, das die Verpflichtung zu gegenseitiger Hilfeleistung enthält, neue Bündnisse nur noch gemeinsam ermöglicht und bestimmt, dass Rat und Hilfeleistungen weder gegen das Reich noch gegen die Eidgenossen gerichtet werden dürfen (vgl. UBSG V, Nr.3992; W. Ehrenzeller, St. Gallische Geschichte, Bd.1, S.330f).

[156ʳᵃ|317]
i...i) also Main- | ten] *durch senkrechte Strich, mbrT, voneinander getrennt*

a...a) sich wegen eines Todschlags an ihn gewendet hat b) v. warnen: sich vorsehen c...c) falsche Unterstel-lung/Anklage

¹⁴³⁶ 19. Mai.
¹⁴³⁷ Nach REC IV, Nr.9993 (vom 25. Aug. 1437) ist der Name des Gegners v. Hans v. Laupheim, der nicht weiter nachgewiesen werden konnte, in der im Folgenden ausführlich erzählten Auseinandersetzung Wilhelm v. Wengi.

mord vnd ist ain gro- | ser ^czůspruch lůg^c, das es al- | so sye." der selb
gesell was | allweg vff ainer red vnd | sprach, er wŏlt das vff jn | bringen
vnd wysen, d(a)z dem | also wåre. ye es kam dahin, | das der selb gesell ze
15 zürch | dar vmb fůr das lantgericht |

[156rb] ward geladt ze costentz[1439] von | der Red wegen vnd kam so | wÿt, das sy
baid zů samen | kamend vnd diser clagt vn(d) | redt die red von jm, wie er
| sŏlich red mit jm geredt vn(d) | an jm Bracht hett, vn(d) wŏlt | jn des
wysen^a, wie ain from(m) | man ainen Bŏswicht sŏlte | wysen. diser bott sin
5 vnschuld | da für; er hette es nit geredt | vnd tåtte jm dar an vngůt | lich
vnd mŏcht dar vmb | vnd da für wol ton, was | recht wåre vnd mit sinem |
aide beståten. also nach vil | wortten diser erbot sich, dar | vmb mit jm ze
kåmpfend, | dan(n) er wŏlt jn des wysen | mit sinem lib vff den sinen | vnd
^bjn des beston^b jn ainem | kraysz nach swåbschem recht(en). | doch diser
10 tail clagt für sich, | er hett vff jn geredt, des er | vnschuldig wåre, vnd
beg(er)t | dar vmb gerichts vn(d) wan- | del^c von jm nach erkantt | nusz des
rechten. vnd wa | rend die von zürch och | da vnd stůnden by jm zů | dem
rechten vnd hetten di- | sen gesellen gern vm(b)bracht. | Nun lag^d der selb
gesell dar | vff, das er jn der red jn aine(m) | kampff wysen wŏlt, wie |

[156va|318] ain from(m)er ain bŏswicht | wysen sŏlte. diser wolt ab(er) | mit jm nit
kåmpfen, noch | ^ades kampfs jn gan^a. ^bVff | das syd mals^b vnd er mit | jm
nit kåmppffen wŏlt, d(a)z | er dan(n) von jm ledig vnd | er der wort, So er
von jm | geredt hett, schuldig, das | an dem kuntlich wåre, | das er mit jm
5 nit kåmpfen | vnd siner redten wŏltte, | Vnd ee dem mal diser sich | der red
begeben vnd jn sch- | uld sin wŏlte, so er ^cvon | jm vs geben vnd geredt
het- | te^c, ee wolt er och mit jm |ⁱ kåmppffenⁱⁱ. Vnd ward an | dem
lantgericht ertailt^d, | Sid mals vnd diser gesell | des kampffs begerte vnd |
jn der wort jn dem kampf | wyse wŏlte, wa er dan(n) jm | des nit stat tåtte
10 vnd nur | sin vnschuld mit wortten | butte, das er dan(n) ledig vo(n) | jm
vnd er der wort schul | dig sin sŏlte. Vff das gieng | er des kampfs och jn
Vnd | ward ain kampff versp[r]ochenⁱⁱⁱ | vnd ze stund tag gesetzt sechs |

[1438] Vgl. dazu auch die etwas anders lautenden Versionen v. N. Schulthaiß, Chronik, S.277f und C. Schulthaiß,
Collectaneen, Bd.1, S.141 zum Jahr 1436 (!).

[156rb]

a) v. wîsen: demonstrieren, beweisen b...b) deshalb gegen ihn antreten (v. bestân: entgegentreten) c) Wiedergutmachung, Entschädigung d) v. ligen: bestehen

[1439] Das Thurgauer Reichslandgericht, dessen Sitz lange bei Winterthur lag, wird am 20. Okt. 1417 v. König
Sigismund für 3.100 fl an Konstanz verpfändet (vgl. RI XI, Nr.2640). Es gehört zu den Besitzungen und Rechten, die
Herzog Friedrich v. Österreich zur Bestrafung seiner Mithilfe bei der Flucht v. Papst Johannes (XXIII.) (1415) abgenommen werden. Die nun vom Konstanzer Rat bestellten Landrichter (Voraussetzung zunächst: freiherrliche Ab-
stammung; seit 1468 meist der Stadt- bzw. Reichsvogt, vgl. die Ämterliste bei P.F. Kramml, Friedrich III., S.521)
agieren fortan in einem v. Diessenhofen bzw. Stein am Rhein bis Romanshorn im Osten und dem „Hörnli" oberhalb
v. Kloster Fischingen im Süden liegenden Gebiet. Während als Gerichtsstätte zunächst verschiedene Orte im Thurgau gewählt werden, tagt das Landgericht seit 1446 im offenen Feld vor dem Kreuzlinger Tor und dann seit 1469 mit
Erlaubnis v. Friedrich III. im städtischen Rathaus (vgl. H. Maurer, Konstanz II., S.71f und ausführlich zur Geschichte
des Landgerichts P.F. Kramml, Friedrich III., S.164ff).

wochen[1440], das sy jn dem lant | gericht sôlten dar vm(b) kåmpf- | fen[1441].
Also ward er gen Coste(n)tz | geleit. der gesel, der dem von | zürch die

15 wort zů geredtt |

[156vb] vnd geschuldiget hett, der | gieng gen costentz vn(d) war | tett da, dan(n)
sy hettend zů | got vnd den hailigen, ge- | sworn den kamppff ze tůnd | vnd
welhen wiche, so hett | der ander gewonnen. ^ado | nun die zyt begund
nahen^a, | do ordnotend die vo(n) coste(n)tz | den kampff für die stat en- |

5 net^b dem kåsbach vff ain | wysz gen Rickenbach[1442]. da | wurden die
schranken^c vn(d) | der Craisz gemacht[1443]. also | kam der von zürch och |
gen costentz, als er dan(n) och | versprochen hett. vn(d) ward | jnen da
gemacht rôk^d, swert, | tegen^e, schilt vnd was dar zů | gehort. Vnd hett man
von | den zünfften geordnett By | sechshundert knechten, die | mit jn

10 giengen vn(d) niema(n)t | zů rosz. als sy nun angeleit | warend vnd baid an
dem | obermarkdt[1444] jn den Rôken | stůndend vnd ir kåpffer^f | by jn
hettend vnd man vs | hin gån solt, dan(n) es ver- | sprochen was, zů der

---

i) *Mz: waagrechter Strich, v. späterer Hd., mBl, amliRa* ii) *kåmppffen] k v. der HHd., mbrT, aus nicht mehr er-*
kennbarem Buchstaben korr.; eventuell auch nur Tintenfleck iii) *versp[r]ochen] o üdZ, v. der HHd. erg.; r fehlt SG*

a...a) einen Kampf vereinbaren b...b) Nachdem das mehrmals geschehen war c...c) über ihn in Umlauf gebracht hätte
d) v. ertailen: entscheiden

[1440] N. Schulthaiß, Chronik, S.277 datiert den „kampftag uff montag nach Bartholomei", d.h. auf den 26. Aug. 1437.
[1441] Es kommt, um eine Entscheidung dieses (Rechts-)Streites herbeizuführen, also zu einem Zweikampf zweier bzw.
mehrerer Personen in der im Spätmittelalter einzig erlaubten Form, nämlich unter Aufsicht eines Gerichts und damit
auch der Öffentlichkeit. In der Regel wird vonseiten der Rechtsinstanz der Ort und die Zeit eines solchen Kampfes
festgelegt (vgl. die im Folgenden geschilderte Verfahrensweise) und die Einhaltung der Regeln beaufsichtigt. Ein
ähnlicher Zweikampf mit etwas anderem Hintergrund ist uns durch spätere Chroniken ausführlich auch für das Jahr
1432 überliefert (vgl. die Hinweise auf fol.138rb), in dem sich ein der Zauberei bezichtigter Mann aus Arbon durch
den Zweikampf, der in diesem Fall als „Gottesurteil" interpretiert wird, v. den Vorwürfen „reinwaschen" kann (vgl.
LexMA, Bd.9, Sp.723f; W. Leiser, Süddeutsche Land- und Kampfgerichte S.11ff; H. Maurer, Konstanz II, S.190f).

[156vb]
a...a) Als nun die festgesetzte Zeit kam b) jenseits c) Schranken, Zäune, Gitter (z.B. um einen Turnier- oder
Kampfplatz) d) Waffenröcke, lange Mäntel e) lange, zweischneidige Ritterdolche, Degen f) Zuschauer

[1442] Kurzrickenbach. Der hier beschriebene Ort ist übrigens auch der, auf dem sich der Galgen des Landgerichts
befindet (vgl. H. Maurer, Konstanz II, S.72 und die anders formulierte, vom Ort her aber übereinstimmende Angabe
dieses Zweikampfes bei N. Schulthaiß, Chronik, S.277: „uff ainer wyß ob Münsterlingen").
[1443] Auch 1432 ist uns diese Vorgehensweise überliefert. Der „Kreis", d.h. der Ring, innerhalb dessen der Kampf
stattfindet, wird dort aus Dachlatten bzw. Holzschranken erstellt, hat einen Durchmesser v. 120 Schritt und wird v.
bewaffneten Personen bewacht. Am Rand, auf Stühlen sitzend, beobachten der Landrichter, die Rechtssprecher sowie die Ratsmitglieder, aber angeblich außerhalb des Ringes auch 20.000 teils weit angereiste männliche Zuschauer
über 12 Jahren das Geschehen. Die Kämpfenden sind geschoren und tragen extra angefertigte graue Röcke (vgl. ebd.,
S.275f; H. Maurer, Konstanz II, S.190; Konstanz alte Stadt in alten Bildern, S.29; P. Schuster, Gericht, S.268).
[1444] Der Obermarkt wurde als zweiter Markt (neben dem ersten bei St. Stephan) um die Wende vom 12. zum 13. Jh.
unmittelbar an der „Hauptstraße" v. der Niederburg über das Münster und St. Stephan nach Stadelhofen als Platz-
markt gegründet. Aus ihm entwickelte sich ein zweiter Marktbereich, die langgezogene großzügig angelegte Markt-
gestade. Der Obermarkt als größere Versammlungsstätte ist nachweislich im 15. Jh. auch als Gerichtsort des Reichsvogtes, als Hinrichtungsstätte (vgl. fol.161vb und 179ra) oder aber zur Anwerbung v. Tagelöhnern, z.B. während der
Weinlese, belegt (vgl. H. Maurer, Konstanz I, S.120 und II, S.177).

acht | tenden stund, da vsnan jn | den schranken zů sind, vn(d) | als man
also hin vsz gieng | vnd vff die schnetzbrugk | zů stadelhouen kamen, do |
15 was Min her von costentz, |

[157ʳᵃ|319]ⁱ Byschoff hainrich, vor hin da | vs nan wol mit vier vnd | zwaintzig
pfâriden vnd | wartet och da. Als sy nun | baid hin vsz kamend, do nam | er
sy baid mit gewalt vn(d) | fůrt man sy vff die pfal- | lentz vnd ward da mit
| der kampff wendigᵃ. Der | redt do dar vnder zwü- | schen den von zürch
5 vnd | den von wyl vnd richt die sach¹⁴⁴⁵. | das was zů mal ain gůt werk |
getǒn vnd ward da mit | ᵇgrosser vnwyl vnderstan- | denᵇ vnd verkomen,
der sich | da von erhebt hett, wâr der | von zürch nider gelegen. | Also
gieng yederman wÿ- | der haym vnd was grosz | weltᶜ gen costentz von
allen | stetten komen, das man | maint das by sechs tusend | menschen¹⁴⁴⁶
10 by dem craÿsz | wârend. |

[157ᵛᵃ|320] A(!)ber des vorgena(n)ten jǎrs Tu | send vierhundert tryssig vn(d) | süben *1437*
jare an sant laurenti(us) | abend¹⁴⁴⁷ Do ward der grosz ab- | lausz zů *Ablasspredigt;*
costentz von Maister | hansen¹⁴⁴⁸ menger¹⁴⁴⁹, der von dem | concili zů

[157ʳᵃ|319]

i) *ab diesem Blatt ist bis fol.160ᵛ der Schriftspiegel mit Spalten sichtbar*

a) v. wendig sîn/werden: abgewendet/verhindert werden b...b) große Feindschaft verhindert (v. vnderstân/-stên. verhindern) c) Menschenmenge

¹⁴⁴⁵ Der Bischof bemüht sich hier durch persönliches Eingreifen, den Zweikampf zwischen den beiden Thurgauern zu verhindern, indem er sie gefangensetzt (vgl. REC IV, Nr.9993 zum 25. Aug. 1437 und H. Stärk, Heinrich von Hewen, S.16 unserer Chronik folgend und diese zitierend). Zu berücksichtigen ist hier, dass die Kirche insbesondere den Charakter des Zweikampfes als Gottesurteil ablehnt (vgl. das Verbot des gerichtlichen Zweikampfes durch das IV. Laterankonzil v. 1215) und stattdessen den Zeugenbeweis bevorzugt (vgl. LexMA, Bd.9, Sp.724).
¹⁴⁴⁶ Auch bei N. Schulthaiß, Chronik, S.278 findet sich die Zahl 6.000, die jedoch die Besucher „on das stattvolk" wiedergeben soll.

[157ᵛᵃ|320]
i) Basel] a *doppelt ausgeführt*

a...a) Opferstock im Münster aufgestellt b) v. verstrîchen: überstreichen, -malen

¹⁴⁴⁷ 9. Aug.
¹⁴⁴⁸ Berücksichtigt man die Funktion v. Heinrich Menger (vgl. folgende Anm.) im Zusammenhang mit dem Griechenablass und bspw. REC IV, Nr.10072 (Bewilligung v. Ablass und Absolutionsvollmacht als „Kommissär des Basler Konzils für Unterstützung des Werkes der Union mit den Griechen"), Nr.10090 (Beichtbrief mit Ablass im Auftrag v. Heinrich Menger), Nr.10191 (Verleihung des Ablasses als „von der Basler Synode abgeordneter Commissarius ad executionem indulgentiarum pro reductione predorum in den Städten und Bistümern Konstanz, Bamberg, Würzburg, Augsburg, Eichstätt und Regensburg") und Nr.10236 (Schreiben des Esslinger Bürgermeisters und Rates wegen der bei ihnen durch den Abgesandten des Basler Konzils, mag. Heinrich Menger errichteten Ablassstockes zur Zurückführung der Griechen), so wird deutlich, dass es sich in unserem Fall ebenfalls um Heinrich und nicht um einen sonst nicht weiter belegten Hans Menger (so auch REC IV, Nr.9978 (!)) handeln muss.
¹⁴⁴⁹ Heinrich (!) Menger: Chorherr in Zürich; 1412 Rektor in Muri; 1416/17 Studium in Wien; 1420-1455 Kaplan in Sursee; 1432 doctor decretorum; 1432 Prokurator in Rom; 1435 Notar; 1433 ins Basler Konzil inkorporiert; 1435/36 einer der drei Delegierten des Konzils, die in Konstantinopel über die Vereinigung der Kirche verhandeln; 1434 bis

Baselⁱ/ geschikt ward, | gebrediget vnd vsgekündett¹⁴⁵⁰. | vnd ward ain
5 grosser ^astok jn | dem münster vff gericht^a, das | man das gelt dar jn legen
sŏlt. | vnd was vff stok ain schŏn tafel | gemacht, dar an stŭnd der ab- |
laus geschriben vnd das co(n)cili | um gemalet¹⁴⁵¹. Vnd jn der nacht | do   *Delinquenz;*
ward die tauel von de(m) stok | gebrochen vnd was doch mit | starkem
jnsen angeschlagen. | also tet er mornend aber ain | schŏn bredige vnd
10 verkundt | den ablaus, wie man jn sŏlt | halten, vnd clagt vast, das | man
den frăuel an dem stok ge- | ton hett. Jt(em) dar nach, als der | maister
hansz meng(er) so dan(n) | gebrediget hett, enweg kam, | d(a)z was an
dem vierden tag, | do ward ain ander tauel an | den stok geschlagen mit ge-
| măld vnd der ablaus dar an | geschriben, als dan(n) die vŏrdrig | was. Da
15 gieng aber ainer dar | vnd verstraich^c d(a)z gemălde | vnd die geschrifft
hindan vn(d) | vornan allenthalb mit swar- | tzer varb, da man weder ge- |
[157vb] schrifft noch gemăld mer | sehen mocht. Es was dar | angemalet die
maynu(n)g^a | got des vatters jn ainem | gewülk vnd der Baupst | vnd der
kayser, die Cardi | năl vn(d) Byschoff Vnd | sant got, der vatter, den |
hailigen gaist über sy ^bjn | ainer tuben wysz^b/¹⁴⁵². Vnd | da ward grosz
5 murmlen^c | vnd red jn der stat von | dem volk vnd redt man | gar
vnzymliche^d wortt | dar zŭ.¹⁴⁵³ |

1439 Kommissar für die Einziehung der Steuer, die wegen der Einigung mit den Griechen erhoben wird; 1436 Richter am Konzil; 1437 Exspektant in Beromünster; 1439-41 Propst in Herrenberg; letzter Beleg 1455; stirbt an einem 23. Juni (vgl. A. Meyer, Zürich und Rom, S.865).

1450 Da die Finanzlage des Konzils als „prekär und lähmend" (J. Helmrath, Basler Konzil, S.52) bezeichnet werden kann, versuchen die Konzilsväter auf unterschiedlichen Wegen bspw. durch Kreditaufnahmen, persönliche Opfer der Konzilsteilnehmer, aber v.a. durch die „Erhebung von kirchenrechtlich äußerst umstrittenen Zehnten und Ablässen" (ebd.) an Geld zu kommen. Wir besitzen noch eine Vielzahl v. Ablassbullen, die über ganz Europa verteilt sind. Zu berücksichtigen sind auch die Stellungnahmen der Städte zur Ablassfrage (vgl. RTA XII, Nr.42-60, vgl. v.a. Nr.53) (vgl. ebd., S.52ff, 161 und allg. zum Ablass LexMA, Bd.1, Sp.43ff).

1451 Das Ablassbild „gehört zu den Erbauungsbildern mit deren frommer Betrachtung in Verbindung mit vorgeschriebenen Gebeten ein Ablaß verbunden war" (LexMA, Bd.1, Sp.46). Als Bildthemen erscheinen häufig der leidende Jesu, die Muttergottes und Heilige (vgl. ebd., Sp.46).

[157vb]
a) Plan, Ordnung, Regiment b...b) in Gestalt einer weißen Taube c) Gerede, Gemurmel d) ungehörige

1452 Bei dieser Ablasstafel liegt ein sehr seltener Bildtypus vor. Mit großer Wahrscheinlichkeit soll hiermit unterstrichen werden, dass die Autorität des den Ablass verkündenden Basler Konzils direkt v. Gott kommt, gewissermaßen „geistinspiriert" ist. Die Abbildung v. Autoritäten, die den Ablass verkünden bzw. bestätigen, tritt uns bei Ablassillustrationen bspw. in Form v. Wappen (vgl. Ablasstriptychon des Dt. Ordens in Wien) oder Abtsbildnissen (Marienstätter Tafeln in Bonn) auch an anderer Stelle entgegen. (Diese Informationen gehen auf Dr. Ruth Slenczka zurück, der hierfür herzlich gedankt sei.)

1453 Die hier beschriebenen Ereignisse verdeutlichen nach P. Ruppert, Chroniken, S.197, Anm.1 „daß es auch in Konstanz Leute gab, die auf Seite des Papstes Eugen IV. standen und dem Baseler Konzil die Anerkennung verweigerten". Dafür sprechen bspw. auch die Bemerkungen über Papst Felix V. auf fol.168va. Möglicherweise richten sich die Anschläge darüber hinaus auch gegen die Ablasserhebung als Finanzierungsmittel des Konzils.

[158^(ra)|321] ^(i)D(!)es vorgena(n)ten jårs, vm(b) | vnser lieben froen tag ze mit- | tem *Gefangen-*
ougsten^(1454), Do ward v̊l- | richen jm holtz^(1455), aine(m) burg(er) | zů *nahme v. Ulrich*
costentz, von dem künig^(1456) | ain fry sicher gelait gegeb(e)n, | den(n) er *Imholz;*
von costentz gewich- | en was von schulden weg(en), | So er mengklich jn
5 den stett(en) | gelten^(a) solt, vnd was zů Co- | stentz Bisz vff sant cůnrats |
tag^(1457). Nun het er vil Burg(er) | zů costentz angestossen vn(d) | verderbt^(b),
Sunder hannsen | linden, dem tett nun sin schad | zů mal we^(c). Vnd gefůgtt
| sich vff ain zyt, das der selb | hansz lind sin burgrecht | vff gab^(1458). Vnd
dar nach jn | vier tagen hůt er vff den | selben v̊lrichen jm holtz vor^(ii) |
10 Rinporter tor Vnd als er jn | die stat wolt gån, do vieng | jn hansz lind
vn(d) die jm hul- | fend vnd schlaifftend jn | mit gewalt den graben ab |
bisz zů den schotten. da hett | er ain scheff bestelt mit vil | gůten knechten
vn(d) fůrten | jn den Rin ab. Die mår ko- | mend jn die stat; also ylt man |
vsz ze Ross vn(d) ze fůsz, dan(n) er | hett ain gelait vom kayser. | als er jn
15 nun bracht gen | gotlieben do yltend mines | heren von costentz diener |
[158^(rb)] zů vnd viengend bayd tail | vnd wurden gen gotlieben | geleit. Die mår
komend | die von Costentz für vnd | schickten zů minem he(rren) | von
costentz, das er v̊lrichen | jm holtz her vs gåb^(1459). Also | liesz er jn wyder
jn die statt. | do ward grosz vnd menger | lay red vsz jn der gemaind: |
5 ettwar maynt, es wår jn | ainem vffsatz beschenhen | vnd mit wyssen mines |
her(r)en von costentz; Ettwer | maynt, ettlich von den ge- |

[158^(ra)|321]
i) *üdZ, Hinweis auf Bericht v. fol.154^(vb) v. späterer Hd. (vgl. ebd.), mbrT: stat ferner 4 folio ii) vor] r doppelt*
ausgeführt

a) v. gelten: zurückzahlen, erstatten b) v. verderben: ins Unglück stürzen, zugrunde richten c) v. wê tuon: schmerzen,
quälen, Kummer/Sorgen/Leid verursachen

^(1454) 15. Aug.
^(1455) Vgl. zu Ulrich Imholz und zu den hier geschilderten Ereignissen auch die Berichte auf fol.148^(vb) und fol.154^(vb)
sowie REC IV, Nr.9880.
^(1456) Sigismund.
^(1457) 26. Nov.
^(1458) Die hier erwähnte Aufkündigung des Bürgerrechts, die Bürgern nach verschiedenen Stadtrechten zumindest
bedingt Fehdehandlungen ermöglicht, erfolgt vonseiten Hans Linds am 21. Nov. 1437 (vgl. B. Frenz, Imholz, S.46,
Anm.24).

[158^(rb)]
a) v. sitzen: beraten, Sitzung abhalten

^(1459) Während O. Feger, Geschichte, Bd.III, S.220 davon ausgeht, dass die Bürgerschaft v.a. deswegen „empört" war,
weil sie „den Versuch eines Gläubigers, sich auf eigene Faust bezahlt zu machen, als schimpflichen Verstoß gegen
kaufmännische Sitte und städtisches Recht" ansah, weist B. Frenz, Imholz, S.46 mit Blick auf unseren Text dezidiert
darauf hin, dass Lind mit dieser (Fehde-)Aktion das königliche Geleit gebrochen habe und (entgegen der Annahme v.
A. Maurer, Imholz, S.103 und ihm folgend P. Schuster, Friede, S.113f, die eine Bemerkung v. C. Schulthaiß,
Collectaneen, Bd.1, S.142½, zitiert bei P. Ruppert, Chroniken, S.198, Anm.2, als Indiz für eine Flucht v. Hans Lind
deuten) vom Rat für sein Fehlverhalten bestraft werde. Über den weiteren Fortgang der Ereignisse existieren leider
keinerlei Zeugnisse. Es kann aber angenommen werden, dass sein Ansehen nur bedingt gelitten und er sich, wie auch
immer, mit seinen Gläubigern ausgesöhnt hat (vgl. B. Frenz, Imholz, S.65).

schlåchten hettend jm das | gerauten vnd ward jnen | vil zů geredt. also
såssen^a | grosz vn(d) clain råt dar über | vn(d) giengen den sachen | nach. |

[158va|322] A(!)ber des vorgemeldten jårs vor | Sant Martins tag¹⁴⁶⁰ do satztend | die   *Wirtschafts-*
Råt zů Costentz, das niema(n)t | kain kern sôlt ze malend geben, | man   *delinquenz und*
wåge^a jn dan(n) vor vnd | das mel och. Vnd machet | man ain wag by dem   *Marktverord-*
kornhus; | da wag man d(a)z korn vnd das | mel. Dan(n) ^bdie råt was   *nungen;*
5 fürko- | men^b, wie die müller den lüten | grosz gůt stålind^c vom mel. vn(d)
| was och also war. Vn(d) macht | man jnen ain redlich^d ordnu(n)g¹⁴⁶¹; |
das wolt man den beken ouch | tůn¹⁴⁶². Aber dar nach do clagten | der
mertail lüt, jnen beschåch | vnrechter dan(n) vor¹⁴⁶³. vnd was | och also,
wan vil lüt wurden | betüst^e, das jnen ^fgrüsch vn(d) stob^f | ^gdar jn geschüt
10 vn(d) gefürbdt^g | ward, d(a)z es dester mer wåge | vnd begund der mengin
übel | geuallen vn(d) gieng ab. |

[158vb]

D(!)es vorgena(n)t(en) jaurs an sant | siluesters tag des jngånden | jars   *Gewitter;*
abend¹⁴⁶⁴ zwüschen ayliffen | vnd zwôlffen jn der nacht | do durnet es vnd
5 blitziget zů mengem mal. Des selben | jars was es so warm vm(b) | die zyt   *Warmer Win-*
das man viôlen^a vn(d) | plůst vand. Do was es tür | vm(b) winåcht(en): ain   *ter; Teuerung*
mut k(er)n | galt dryssig sch(illing) pf(enning), der glich | ain malter   *und Korn-*

[158va|322]

a) v. wigen: wiegen b...b) den Ratsherren war zu Ohren gekommen c) v. stelen/stéln: stehlen d) rechtmäßige e) v.
betützen: heimlich hintergehen f...f) Kleie und Spelzen g) hineingefüllt, damit aufgefüllt

¹⁴⁶⁰ 11. Nov.
¹⁴⁶¹ Vgl. die 20 Paragraphen umfassende Müllerordnung des Jahres 1436 (O. Feger (Hg.), Richtebrief, IV, Nr.2,
S.167ff), in der u.a. detailliert festgelegt wird, dass „alle die múller, die in der statt malend (...) geben sôllen von
ainem mut kernen 6 gestrichin viertal melws; von ainem halben mut kernen 3 gestrichin viertal und von ainem viertal
kernen 1½ viertal melws" (ebd., S.167). Das Wiegen vor und nach dem Mahlen des Korns ist, um die Bestimmung
einhalten zu können, letztlich obligatorisch.
¹⁴⁶² Vgl. die uns überlieferte Brotverkaufsordnung vom 23. Feb. 1434 (vgl. StAK, B I 6, S.183 und O. Feger (Hg.),
Richtebrief, I, Nr.117), in der Preise festgelegt werden und auf das Problem der zu kleinen Brote eingegangen wird.
¹⁴⁶³ Verstöße gegen die Gewerbeordnung vonseiten des Bäckerhandwerks sind in den Quellen immer wieder
nachzuweisen. Während es sich meist um den Verkauf v. zu kleinen Broten oder das Missachten der Preisverord-
nungen handelt, scheint das Beimengen v. minderwertigen oder gesundheitsschädlichen Zutaten eher die Ausnahme
zu sein. Um eine derartige Wirtschaftdelinquenz möglichst zu verhindern oder zumindest aufzudecken, überwachen
sog. Brotschauer (vgl. z.B. O. Feger (Hg.), Richtebrief, I, Nr.203, 225) den Markt (vgl. P. Schuster, Gericht, S.132f
u.a. mit Belegen für die Bestrafung solcher Verstöße bei Bäckern).

[158vb]
a) Veilchen

¹⁴⁶⁴ 31. Dez.

hab(er)n och also.[1465] | *preise;*

[159ra|323] D(!)er geselschafft jn der katz- | en kam ain brieff, och den Rå- | ten zů   *Aufnahme-*
costentz, von vnserm | her(r)en, dem kayser[1466], von weg(e)n | albrecht   *gesuch v.*
stainstrausz[1467], d(a)z man | jn zů ainem gesellen in die | katzen nemen[i]   *Albrecht Stain-*
sŏlt[1468]. dar über | sasz ain grosser vnd clainer | Rat vnd wurdend ze Raut, | *strass in die*
5   d(a)z man sŏlt ain botschafft | von den Råten nieman vn(d) | die   *Gesellschaft*
geschlåcht von ains råtz | emphellentz wegen bitten, | das sy albrecht   *„zur Katz";*
stainstraussen | wŏlten zů ainem gesellen | nemen. das Bråcht man | nun
an die geschlåcht. Die | gaben vnserm h(er)ren, dem | kayser, ze anttwurt,
sy wŏlt(en) | ton, was sy [a]nach lüt vn(d) sag | jres brieffs[a] tůn sŏlten[1469],
10   dan(n) | es was niema(n)t jm(m) sin(n), d(a)z | man jn vff nåme[1470]. |

[159rb] D(!)es vorgena(n)ten süben | vnd tryssigosten jars ward | aber gemayner   *[14]37*
geselschafft | vff der katzen von kayser sig- | munden von wegen hern | *Aufnahme v.*
Marq(ua)rt Brysachers[1471] vn(d) sin(er) | geprůder[1472] geschriben vnd | *Marquart*

[1465] Diese Nachrichten finden sich anscheinend nur in Konstanz (vgl. H. Buszello, „Wohlfeile", S.32, der diese Information nicht in seine Zusammenstellung aufnimmt).

[159ra|323]
i) nemen] *erstes* n *v. der HHd., mbrT, aus* m *oder* ni *korr.*

a...a) dem Wortlaut der Anweisung entsprechend

[1466] Sigismund.
[1467] Albrecht Stainstrass: Angehöriger der begüterten Konstanzer Kaufmannsfamilie mit eigener Handelsgesellschaft; Vater: Ulrich Stainstrass (vgl. Bericht auf fol.167va); wird 1429 als Vogt v. Baumeister Caspar Gumpost in dessen Testament genannt; bemüht sich vergeblich um Aufnahme in die Geschlechtergesellschaft (vgl. K. Beyerle, Ratslisten, S.133ff; P. Baur, Testament, S.111; P.F. Kramml, Komponenten, S.27).
[1468] Die Kriterien einer Aufnahme in die Geschlechtergesellschaft „zur Katz" und damit des Aufstiegs aus der Zunftbürgerschaft in das städtische Patriziat sind in den um ca. 1424 entstandenen Statuten (vgl. C. Heiermann, Katz, S.198ff) nicht ausgeführt. Neben Geld und Besitz spielen sowohl persönliche Beziehungen als auch politische Einflussmöglichkeiten eine Rolle, wobei „selbst das Zusammentreffen günstiger Voraussetzungen wie qualifizierte Berufsausübung, Reichtum, Heirat der Tochter eines Mitglieds der Geschlechter oder politische Qualifikation nicht unbedingt zur Aufnahme (...) führen mußten" (ebd., S.74). Insbesondere ab dem zweiten Drittel des 15. Jhs. steigt die Exklusivität der Gesellschaft, sodass t.w. erst die Standeserhebung oder aber die Vorlage eines kaiserlichen Empfehlungsschreibens die Aufnahme neuer Gesellen nach sich zieht – und auch dies bietet, wie der folgende Fall (kein Hinweis darauf in RI XI; der Chronistik folgend P.F. Kramml, Komponenten, S.27) zeigt, noch keinerlei Garantie – (vgl. ausführlich zu den Kriterien C. Heiermann, Katz, S.73ff und P.F. Kramml, Komponenten).
[1469] Hierbei handelt es sich wohl um einen Hinweis auf den Schiedsspruch Sigismunds vom 13. Dez. 1430, der die Aufnahme derer „von der | gemaind" in die Geschlechterkorporation verbietet (vgl. die Wiedergabe des Briefes auf fol.126raff, hier fol.129rb, ähnlich auch P.F. Kramml, Friedrich III., S.324 zum Fall v. Stoffel Grünenberg).
[1470] Ähnlich wie später bei Stoffel Grünenberg, der mit Hilfe des Kaisers mehrfach (vgl. das kaiserlichen Bitt- und Befehlsschreiben v. Okt. 1441, überliefert bei C. Schulthaiß, Collectaneen, Bd.1, S.151½, sowie zwei weitere Schreiben v. März und Mai 1442; nicht in RI XI enthalten) versucht, in der Geschlechtergesellschaft „zur Katz" aufgenommen zu werden (vgl. zu diesem Fall P.F. Kramml, Friedrich III., S.125, 129, 324ff und ders., Komponenten, S.27), wird auch das Ansinnen v. Albrecht Stainstrass abgelehnt.

[159rb]

gebetten[1473], Sy zů gesellen in ir | geselschafft vff der katzen ze | nemend,   *Brisacher;*
5   als ander von den | geschlåchten. Der glich sch- | raib er aine(m) raut zů
costentz, | das sy sòlten sy laussen sin vo(n) | den geschlåchten. Des eret[a] |
jn ain Rat vnd ain geselle- | schafft vff der katzen vnd na- | men sy zů
gesellen. Dar | nach jn dem acht vn(d) tryssi- | gosten jar do kam h(er)r   *[14]38*
Marq(ua)rt | selb gen costentz am(m) zinstag | nach liechtmesz[1474], als
10   kayser | Sigmu(n)d abgega(n)gen[b] was, | vnd Bat die gesellen vff der |
katzen, ainer geselschafft ze | habend jn vnd sin brůder, | als dan(n) vnser
her, der kayser, | jn dar vm(b) geschriben het ze | tůnd. Das sahen[c] die
gesellen | jn der katzen an, d(a)z jn vns(e)r | her, der kayser, die fryhait ge-
| geben hett vnd namend | sy vff zů gesellen vnd stuben- | recht. des
15   dancket er zů mal | vast. vnd hett man vff den | selben tag gar ain grosz
ge- | selschafft vnd ward jm | geschenkt. Her Marquart |
[159va|324]   was langzyt vnsers he(r)ren, | kayser Sigmunds, kantzler | gewesen vnd
[a]über kam[a] grosz | ere vnd gůt. |

5   V(!)ff sant lucien tag[1475] jn dem | vorgena(n)ten süben vn(d) trÿssi- | *[14]37*
gosten jar do starb der aller | durchlüchtigost fürst vn(d) | h(er)re, kayser   *Tod v. Kaiser*
sigmund. | *Sigismund;*

---

a) v. eren: Ehre erweisen b) v. abgên: sterben c) v. ansëhen: beachten, bedenken

[1471] Marquart Brisacher: einer der bedeutendsten Angehörigen der ursprünglich der Konstanzer Zunftbürgerschaft angehörenden, später adligen Familie (bereits in der ersten Hälfte des 13. Jhs. in der Stadt nachweisbar); gehört um 1450 zu den wohlhabendsten Bürgern der Stadt; einer der „Aufsteiger des 15. Jahrhunderts" (P.F. Kramml, Komponenten, S.26); eventuell Studium in Wien; 1428 erstmals urkundlich in der Reichskanzlei als Registrator fassbar; seit 1429 gehört er zu den ständigen Mitgliedern der Kanzlei und begleitet den König ständig (u.a. „secretarius" und seit 1435 „prothonotarius", in den letzten beiden Regierungsjahren Sigismunds sowie unter Albrecht II. gehört er zu den Hauptunterfertigern der Kanzlei); Standeserhöhung (Verleihung der Rittermäßigkeit und Wappen) am 22. Sept. 1431 (vgl. RI XI, Nr.8848); Ritterschlag anlässlich der Kaiserkrönung am 31. Mai 1433 auf der Tiberbrücke (vgl. RI XI, Nr.9434); erhält zahlreiche Privilegien, Verpfändungen, Lehen und Konfirmationen; vielfältige Tätigkeit in der Diplomatie; gibt nach der Königskrönung Friedrichs III. seine Tätigkeit in der Kanzlei auf, bleibt aber im Dienst des Habsburgers; seit 1447 wieder in Konstanz fassbar; seit 1447 mehrmaliger Ratsherr; 1451 und 1457 Bürgermeister; 1452 städtischer Gesandter bei der Kaiserkrönung und erneuter Ritterschlag auf der Tiberbrücke; Heimlicher; gest. Ende 1461 (vgl. J. Marmor, Urkunden-Auszüge I, S.6; P.F. Kramml, Friedrich III., S.292ff; ders., Komponenten, S.26f; C. Heiermann, Katz, S.83, 286).

[1472] Mit Marquart, der sich in vielfältiger Weise am Hof für seine Heimatstadt eingesetzt und diese über die dortigen Ereignisse informiert hat (vgl. z.B. den bei P. Ruppert, Chroniken, S.368ff edierten Brief), werden, wie im Folgenden ausgeführt, auch seine drei Brüder Hans, Konrad (Studium an der Universität Wien; 1440 Mitglied des Gerichts und der Stube zum Gauch in Freiburg; 1451 Aufgabe des Konstanzer Bürgerrechts; 1457-1461 im Dienst Herzog Sigmunds v. Tirol) und Heinrich (Kleriker des Bistums Konstanz; 1439 Wahl zum Chorherr des Stiftes Zürich; über den weiteren Lebensweg nur spekulative Aussagen möglich) auf die Empfehlung Kaiser Friedrichs III. am 4. Feb. 1438 in einem festlichen Rahmen in die Geschlechtergesellschaft aufgenommen (vgl. P.F. Kramml, Friedrich III., S.303f; C. Heiermann, Katz, S.286).

[1473] Vgl. neben unserem Text den Hinweis auf dieses Empfehlungsschreiben vom 20. März 1436 auch bei C. Schulthaiß, Collectaneen, Bd.1, S.143 und Ergänzung S.187. Es fehlt jedoch in RI XI (vgl. ebenso P.F. Kramml, Friedrich III., S.296, Anm.128 mit einem fehlerhaften Hinweis auf P. Ruppert, Chroniken, S.22).

[1474] 4.Feb.

[159va|324]

[160^r] Leere Seite

[160va|326] Al(!)sⁱ man von der gepurt | cristi zalt tusend vier= | hundert tryssig vnd
acht jår | am **M**entag vor sant grego= | rien tag¹⁴⁷⁶, als da vor vff sant | *1438*
lucien tag¹⁴⁷⁷ kayser **S**igmund | die schuld des flaischⁱⁱ bezalt | vnd von
disem zyt, ob got wyl, | zů den ewigen fröden gericht^a | vnd sin gaist vff
    5 geben hett, | do **R**ittend die **C**urfürsten gen | frankenfurt. vnd giengen | vff   *Wahl König*
den selben tag da selbs jn | zů **a**iner wal **a**ins küngs¹⁴⁷⁸, | wan(n) die   *Albrechts II.;*
cristenhait verwyt | wet vnd on ain weltlichs | hopt was. ^b**D**as zů samen |
Berůffu(n)g^b hett ^cvs geschriben | vnd ver kündt^c der **B**yschoff | von
Mentz¹⁴⁷⁹ jn alle **B**ystum, | jn die stette vnd da laussen | verkünden, das
  10 man **a**in lob= | lich mesz sunge von dem hai= | ligen gaist mit aine(m)
crütz= | gang vnd man den morgen | sölt viren^d. Das geschach hie |ⁱⁱⁱ zů
costentz vnd tett man | den crützgang gen sant paul¹⁴⁸⁰. | **a**lso ward da
ainhellenclich | erwelt hertzog **a**lbrecht von |^{iv} O^esterrich¹⁴⁸¹, kayser
Sigmunds | såligen tochterman; der em= | phieng die cron gar demůten=|
  15 clich vnd andåchtenclich mit | grossem ernst. **E**r^v was da | vor küng zů
vnger wor= |

[160vb] den vnd erwelt küng zů | **B**ehem vnd was so måch=| tig, als ye kain küng.
jn | hett mengklich gern, wan | er was gar ain fru(m)mer | küng jn allen
sachen. dan(n)= | nocht ^bwerot der vnglob^a | der hussen¹⁴⁸² jn **B**ehem(m)er

---

a...a) v. überkomen: erhalten, gewinnen

¹⁴⁷⁵ 13. Dez.

[160va|326]
i) Al(!)s] A *3-z. Lomb., v. der Hd. des Rubr., mroT* ii) flaisch] *Punkt über* i *mroT* iii) *ab hier 3-z. Fleck; die ersten Worte der Zeilen verderbt* iv) *ab hier 3-z. Fleck; Wortanfänge der Zeilen verderbt* v) **E**r] **E**s *SG*

a) v. richten: lenken, schicken b...b) Die Zusammenkunft c...c) einberufen, ausgerufen d) v. vîren: feiern, begehen

¹⁴⁷⁶ 10. März.
¹⁴⁷⁷ 13. Dez.
¹⁴⁷⁸ Vgl. allg. zu den Regularien der Königswahl durch die Kurfürsten LexMA, Bd.8, Sp.1909f.
¹⁴⁷⁹ Diether Schenk v. Erbach: geb. um 1390; am 6. Juli 1434 zum Mainzer Erzbischof gewählt; Empfang der Regalien und vermutlich auch der Weihe am 10. Jan. 1435; gest. am 6. Mai 1459 (vgl. HS I/2,2, S.991; LexMA, Bd.3, Sp.1029f).
¹⁴⁸⁰ Es findet sich kein weiterer Nachweis dieser Prozession in REC IV.
¹⁴⁸¹ König Albrecht II. wird am 18. März 1438 einhellig zum röm.-dt. König erwählt; er selbst betritt aber das Reichsgebiet bis zu seinem Tod nicht mehr, sondern delegiert die mit der Reichsregierung zusammenhängenden Aufgaben an seine Räte und Mitglieder der Reichskanzlei (vgl. LexMA, Bd.1, Sp.313f).

[160vb]
i) kåtzrÿ] *Punkte über* ÿ *mroT*

a...a) hatte die Häresie/der Irrglaube Bestand b...b) ablassen v. ihrer Ketzerei/ihrer Irrlehre c) v. tåmmen: eindämmen, bezwingen, beenden

land | **an** ainem end; die wolten | nit ᵇabtretten von ir kåtzrÿⁱ/ᵇ. | **M**it den
5 hett es der <u>künig</u> | <u>von Boland</u>¹⁴⁸³. vff die zoch | <u>küng albrecht</u> gar mitt |
grossem volk vnd wolt den | vngloben tåmmenᶜ, ee er ich= | tes an
vieng.¹⁴⁸⁴ |

[161ʳᵃ|327] **A**(!)ls man von der gepurt <u>cri=</u> | <u>sti</u> zalt tusend vierhund(er)t | vnd acht   *1438*
[vnd tryssig]ⁱ <u>jar</u> do erhankt | sich ainer von costentz, hiesz | <u>hansz</u>   *Delinquenz;*
<u>Minner</u>¹⁴⁸⁵, jn schotten | gassen jn ainem garttenª⁴⁸⁶, | was sines **B**rûder
suns, | jn ainem ªhôw hüslinª. da | vand man jn hangen vn(d) | warend jm
5 hend vn(d) fûsz | ze samen gebunden. nie= | mant kund wyssen, wer | jm
geton hett. **E**r was ain | ᵇkoffman mit spetzriᵇ vnd | was ᶜvilⁱⁱ stund ennet
me= | resᶜ gewesen. |

---

¹⁴⁸² Vgl. allg. zur Hussitenthematik die Berichte auf fol.104ʳᵃ und 142ʳᵇf.
¹⁴⁸³ Wladyslaw III. Warnenczyk: geb. am 31. Okt. 1424; v. 1434-1444 König v. Polen; 1440-1444 König v. Ungarn;
gest. am 10. Nov. 1444 in der Schlacht bei Varna (vgl. LexMA, Bd.9, Sp.287f).
¹⁴⁸⁴ Nach dem Tod v. Kaiser Sigismund schaltet sich Wladyslaw III. in die Auseinandersetzung um das Erbe ein.
Während die Übernahme der Stephanskrone durch Albrecht II. ohne nennenswerte Opposition über die Bühne geht
(Wahl bereits am 18. Dez. 1437; Krönung am 1. Jan. 1438), schlägt dem Habsburger und vorherigen Hussiten-
verfolger trotz gemäßigter Haltung (vgl. die Anerkennung der Prager Kompaktaten) Widerstand durch eine hussitische Gegenpartei entgegen. So bieten zunächst böhmische Utraquisten dem polnischen König die Krone an. Eine
Adelsversammlung in Nowy Korczyn bestimmt dann aber dessen jüngeren Bruder Kasimir (der spätere König
Kasimir Andreas IV. Jagiellónczyk, gest. am 7. Juni 1492) gegen das Votum v. Olenicki, dem Bischof v. Krakau,
und anderen Bischöfen zum Kandidaten auf den Königsthron (Wahl am 29. Mai 1438). Daraufhin kommt es trotz
mehrheitlicher Zustimmung der böhmischen Stände zum Königtum Albrechts zu kriegerischen Auseinandersetzungen mit einer böhmisch-polnischen Opposition in Böhmen und Schlesien (vgl. auch die Hinweise auf fol.166ᵛᵃ). Erst
ein Waffenstillstand und Friedensverhandlungen unter Einschaltung des Basler Konzils erlauben Albrecht im Sommer 1439, seiner Hauptaufgabe, der Türkenabwehr, nachzukommen (vgl. RTA XIII, S.391ff; LexMA, Bd.1, Sp.313f;
ebd., Bd.5, Sp.1032f; ebd., Bd.9, Sp.287f; H. Thomas, Spätmittelalter, S.438ff).

[161ʳᵃ|327]
i) vnd tryssig] *fehlt SG* ii) vil] vier *SG*

a...a) Scheune, Heuschuppen b...b) Gewürzhändler c...c) lange Zeit in Übersee

¹⁴⁸⁵ Hans Minner: einer der Angehörigen der zünftischen Konstanzer Familie Minner, die u.a. bereits 1418 mit mehreren Vertretern im Steuerbuch belegbar ist (vgl. „Cûnrat Minner" und „Minner" und „sin sun Jos"); Mitglied der
Weinschenkenzunft (vgl. dazu die Hinweise auf Geschäfte der Familie im Ammanngerichtsbuch zwischen 1423 und
1432); im Jahr 1433 versteuern „Jos Minner", „Hanss sin sun", „sin stiefftochter", „Hanns Minner" und „Hainrich
Minner" ihr Vermögen; 1440, also nach dem hier geschilderten Ereignis, ist ebd. v. „Jos Mynner", „Sins suns kint"
und „H. Mynner" die Rede; der gleichnamige Verwandte/Sohn (?) ist ab 1463 mehrmaliger Ratsherr; Beisitzer im
Ammanngericht und einer der Richter in Schuldsachen; ihm wird 1466 ein Wappen verliehen. Die genauen ver-
wandtschaftlichen Verhältnisse sind auch mit Blick auf die nachstehende Bemerkung nicht eindeutig (vgl. K. Beyerle, Ratslisten, S.161ff; Steuerbücher, Teil 1, 1418, 14, S.1, 227, S.4; 1433, 570ff, S.102; 1440, 511ff, S.133; H. Ammann, Konstanzer Wirtschaft, S.98ff; P.F. Kramml, Friedrich III., S.341, Anm.576).
¹⁴⁸⁶ Beim Schottenkloster und im Paradies vor der Stadtmauer befinden sich eine Vielzahl v. Gärten und Wiesen,
sodass für 1386 bspw. „die gartner und die reblut vom Paradis" überliefert sind, die vor dem Rat klagen, man billige
ihnen keine Zunft zu. Die Gartenlandschaft im direkten Vorfeld der Stadt (vgl. die Entwicklung der Gärtner-, Reb-
leute- und Fischersiedlung Paradies zu einer Vorstadt im 14. Jh.) ist ähnlich wie die Weingärten bei Petershausen für
die alltägliche Versorgung der Stadtbevölkerung v. großer Bedeutung. Neben den dort fest angesiedelten Bewohnern
besitzen auch in der Stadt ansässige Bürger Gärten oder Weinreben (vgl. H. Maurer, Konstanz I, S.248, 250f).

10 **D**(!)es jars zů <u>Mittem may=</u> | <u>gen</u> nam <u>Junckher Jŏrg</u> | <u>von geroltzeck</u>[1487] *Fehde;*
den <u>vo(n) vlm</u> | wol <u>vierzehen hundertt</u> | hopt vichs[1488]. |

[161rb] **J**(!)n dem vorgena(n)t(en) jar do er= | wand das korn jn allem | land wyt *Missernte;*
vnd braitⁱ, das | sŏlicher grosser hunger vn(d) | not was jn dem lande | *Teuerung,*
allenthalb, das die welt ^anach | verzaget^a was worden[1489]. **J**t(em) | man gab *Preise und*
ain mut kern zů | <u>Costentz</u> für <u>zway</u> vnd <u>drü</u> | pfund pfenni(n)g. Vil lüt vff *Folgen[1490];*
5 | dem land aussend nüt anders | dan(n) ^bkrut vnd grüsch, vnder | ain ander
kochet^b. **m**an seit, | das vil lüt hunger stu[r]benⁱⁱ, | wan es vand nieman
kain | korn. **J**tem zů <u>Stain</u> gab | man ain malter <u>kernen</u> | vmb <u>vier</u> guldin,
d(a)z was | vmb die <u>ostran</u>. **V**n(d) stůnd | das landⁱⁱⁱ allenthalb | mit <u>win</u>
vnd <u>korn</u>, als ye | kain man gedaucht. **D**ie | stat tailt jn die zünfft nach |
10 dem vnd sy grosz was, vn(d) | schickt man vil lüt vs vm(b) | korn. **a**ber sy
schůffend nütz. |

[1487] Georg v. Geroldseck: Herr zu Sulz; erster Beleg 1421; einer der führenden „Raubritter" des Hegau; v. 1438 an immer wieder in Auseinandersetzungen mit Städten verwickelt (vgl. bspw. die auf fol.172rb geschilderte Fehde zwischen ihm, im Verbund mit dem Herzog v. Urslingen und 40 adligen und nichtadligen Helfern, und der Stadt Konstanz im März 1441 wegen der Gefangennahme des Konstanzer Bürgers Heinrich Wetzel v. Überlingen, der seinerseits Konrad Ehinger entführt hat); gest. am 24. Feb. 1451 oder am 4. Juni 1453 (vgl. C. Grabitzky, Regesten, Bd. 3 und 4; H. Maurer, Konstanz II, S.81f; ESt, Bd.11, Taf.78).

[1488] Hierbei handelt es sich um eine der für dieses und die folgenden Jahre typischen Fehden (vgl. auch die Berichte auf fol.171ra, 172rb, 173^{va}f, 174^{rb}ff) zwischen Reichsstädten bzw. dem Schwäbischen Städtebund und einzelnen Adligen (v.a. im Hegau). Am 24. Mai 1438 sagen Konrad Schultheiß v. Horb und andere Adlige den Städten, denen die Herrschaft Hohenberg verpfändet ist, ab, da sie die Rechtsgebote des Erstgenannten nicht angenommen hätten. Kurz danach überfallen Georg v. Geroldseck, Dieter Landschad, Heinz Schilling und andere Schömberg und Binsdorf, rauben, wie hier berichtet, Vieh und bringen es nach Sulz. Am 27. Mai erbittet Horb als Reaktion darauf bei Ulm, der führenden Stadt des Städtebundes, Hilfe. Bis Sept. desselben Jahres verhandelt Ulm bspw. mit Nördlingen und den Grafen v. Württemberg in dieser Angelegenheit. Am 19. Sept. kommt es schließlich durch Räte der Grafen v. Württemberg zu einer Richtung, die Georg v. Geroldseck als Strafe 600 fl auferlegt, ohne dass damit der Gegensatz auf Dauer beseitigt werden kann (vgl. H. Blezinger, Städtebund, S.139ff; C. Grabitzky, Regesten, Bd.3, Nr.1083).

[161rb]
i) brait] *Punk über* i *mroT* iii) stu[r]ben] stuben *SG* iii) land] dan. stůnd *SG*

a...a) beinahe verzweifelte b...b) Kohleintopf mit Kleie

[1489] Verschiedene Chroniken (vgl. z.B. die Klingenberger Chronik, S.221f oder Basler Ratsbücher, S.45ff) belegen gerade für die 1430er Jahre, genauer für 1432 und erneut für 1437, witterungsbedingte Missernten. Infolge der daraus resultierenden Lebensmittelknappheit kommt es zu enormen Preisanstiegen, die den ganzen Kontinent, aber auch England ergreifen. Ähnlich wie hier geschildert, kann v. einer „ausgeprägten Notsituation mit gravierenden Versorgungsengpässen" (A. Niederstätter, Zürichkrieg, S.57) gesprochen werden, die vielerorts zum Hungertod sowie zu Krankheiten, ja richtigen Seuchenwellen (vgl. z.B. der Hinweis auf zahlreiche Sterbefälle auf der folgenden Folio-Seite), aber bspw. auch zur Verringerung der Nachfrage nach gewerblicher Produktion und damit zur Arbeitslosigkeit führt (vgl. ebd., S.57, 71f; H. Berger, Zürichkrieg, S.95f). Meist wird jedoch das Jahr 1438 nach wechselhaften Vorjahren wieder als „fruchtbar, warm und gesegnet" angesehen (vgl. W. Düwel-Hösselbarth, Ernteglück, S.40). Möglicherweise handelt es sich hier um eine Verwechslung mit 1437.

[1490] Vgl. dazu auch die Übersicht bei H. Buszello, „Wohlfeile", S.32, der auf ähnliche Nachrichten in den Fortsetzungen der Chronik v. Königshofen und der Fortsetzung der Flores Temporum v. Niklaus Gerung hinweist.

[161va|328] Al(!)sⁱ man von der gep(ur)t | cristi zalt tusend vier | hundert trissig vnd
acht jar | do verbranⁱⁱ münsterli(n)g(en)¹⁴⁹¹, | das die froen ir måntel, als | *1438 Brand;*
sy dan(n) von chor gånd, hin | laytend vnd och anders nach | da by. |

5

D(!)es obgena(n)ten jars jn dem | Rebmonat do ward der spi | *Delinquenz und*
talmaister¹⁴⁹² v̊l(rich) richenswy- | ler gefangen, vmb das er | hett gelt,   *Strafe des*
kernen, flaisch, ha- | bern vnd anders vsgeben^a, | d(a)z die rechnu(n)g   *Spitalmeisters;*
braucht ob | drühundert guldin, d(a)z er | ettlichen den råten hett ge- |
10   ben¹⁴⁹³ vnd namlich etc.ⁱⁱⁱ. Vnd | ward och offembar, d(a)z er | der
pfrůnderin, des alten | stat schribers¹⁴⁹⁴ wÿb, beschlauf- | fen^b hett. also
ward er ab | gesetzt. Vnd ward des sel- | ben jars Cůnrat Blaurer¹⁴⁹⁵   *Neubesetzung;*
gesetzt, der da maister vff | der brugk was¹⁴⁹⁶. Es sturbend | des selben   *Todesfälle im*
jaurs vnd des | andren jårs gar vil lüt jn | dem spitaul, das es jn ettlich | *Spital;*

[161va|328]
i) Al(!)s] A *3-z. Lomb., v. der Hd. des Rubr., mroT* ii) verbran] *dan. ze SG* iii) etc.] v̊lrichen Schilter(n) | vnd
grafschnider(n) *StAK, A I 1, fol.119vb*

a) v. vsgeben: verteilen, zuweisen b) v. beschlafen: Geschlechtsverkehr haben c...c) wollte [wegen der großen Zahl v.
Toten] nicht für alle die Totenglocke läuten

¹⁴⁹¹ Hierbei handelt es sich um einen Brand im Frauenkloster Münsterlingen, einer der „wichtigsten Versorgungs-
stätten für die Konstanzer Bürgerstöchter" (H. Maurer, Konstanz II, S.146). Man vgl. hierzu REC IV, Nr.10130 (v. 2.
April 1438), in denen v. einer Klage einiger Schwestern gegen andere Personen des Klosters anlässlich des Brandes
die Rede ist. Der Bischof mahnt die Meisterin, Priorin und den Konvent davon abzulassen, bis er durch die Untersuchung nach Ostern Klarheit geschaffen habe.
¹⁴⁹² Die Förderung und Pflege des Heilig-Geist-Spitals untersteht bereits seit dem Gründungsjahr 1225 dem Rat (vgl.
Bericht auf fol.34rb). Seit 1300 übernehmen Spitalpfleger, die meist aus diesem Gremium rekrutiert werden, die Leitung dieser „reichsten und bedeutendsten aller sozialen Einrichtungen der Stadt" (H. Maurer, Stadtgeschichte, S.58,
zitiert nach P.F. Kramml, Friedrich III., S.188). Daneben tritt der sog. Spitalmeister, der Vorsteher der geistlichen
Bruderschaft, der vermutlich lange Zeit auch v. dieser selbst auf Lebenszeit gewählt wird. Er wohnt ständig im
Spital, übt etwa die Haus- und Strafgewalt aus und hat vielfältige Aufgaben, zu denen insbesondere die Regelung der
finanziellen Angelegenheiten gehört (vgl. W.W. Schürle, Hospital, S.48ff).
¹⁴⁹³ Obwohl die Ein- und Ausgabe v. Bargeld sowie der Geschäftsverkehr mit Korn und Wein vom Spitalmeister ge-
regelt, aber durch den Spitalschreiber kontrolliert werden, kommt es 1438 durch den uns nicht weiter bekannten Ulrich Richenwyler zu einer Unterschlagung, v. der ein Teil an zwei Ratsherren übergeben wird. Sofort wird er durch
Konrad Blarer ersetzt und ins Gefängnis eingewiesen. Nachdem er Urfehde schwört und sich zwei Ratsherren um
200 fl für ihn verbürgen, wird er freigelassen (vgl. ebd., S.51 und daneben den Bericht im Ratsbuch (StAK, B I 6),
S.490 und 493).
¹⁴⁹⁴ In der Stadtschreiberliste v. Konstanz in: G. Burger, Stadtschreiber, S.290-293 ist eine Person dieses Namens
nicht erwähnt. Auch das Steuerbuch v. 1433 hilft nicht weiter.
¹⁴⁹⁵ Konrad Blarer zu Güttingen: Angehöriger der ursprünglich aus St. Gallen stammenden Tuchhändler- und Pa-
trizierfamilie; Bruder: Ulrich der Lange; 1405 erster urkundlicher Beleg; 1433 vom Rat verordneter Pfleger
„Raitinen", d.h. der Armenpflegschaften v. St. Stephan, St. Johann, St. Paul und Kreuzlingen; gest.1438 (vgl.
P. Staerkle, Blarer, S.109, 128; H. Maurer, Konstanz I, S.129).
¹⁴⁹⁶ D.h. Spitalmeister des bischöflichen Kleinspitals an der Rheinbrücke, auch St. Konrads-Spital genannt, das 1299
v. Heinrich v. Klingenberg gegründet, erst nach 1314 gebaut und v. Bischof Rudolf 1327 bestätigt wird (vgl. J. Marmor, Topographie, S.363f).

15 mausz őne zal was, wan(n) | man ᶜwolt jn allen nit lü- | tenᶜ. |

[161ᵛᵇ] Des vorgena(n)ten jȧrs Do | ward ponti(us), der scherer[1497], vn(d) | *Delinquenz und*
albrecht fiden[1498], ᵃknȏppfflinen | manᵃ, enthoptet, Vmbe das | ponti(us)   *Strafe;*
über kam albrechten, | das er ainen brieff schraib, | ettlicher zerwurffnüszᵇ,
die | sich erheben solt vn(d) műsdt | jn der stat, vnd sachen, da | durch ain

5 raut verstůnd, | das übels dar vs komen wȧ- | re[1499]. Also richt man sy an
dem | obern markt[1500] vnd wurdend | ponti(us) vier straichᶜ vnd an | dem
fünfften d(a)z hopt abgese- | getᵈ. Vnd albrechten wur- | dend süben
straich vnd an | dem achtenden d(a)z hobt ouch | abgeseget. Der selb
albrecht | hett och so vil gestol(e)n, d(a)z nach | sinem tod ᵉvs bracheᵉ, von

10 gelt | vnd allerlay husgeschir(r), Es | wȧre klain oder grosz, d(a)z es | on
zalich was vnd man | lang nach sine(m) tod ᶠverga(n)t | tetᶠ vnd an dem
obern markt | vail hett des blunders, von | jm gestoln. |

[162ʳᵃ|329] A(!)ber des vorgena(n)t(en) acht vn(d) | tryssigosten jars an sant Mar | cus   *[14]38*
des ewangelisten tag[1501] | schlůg der Brendlin von | marchdorff vnd   *Ermordung v.*

[161ᵛᵇ]

a...a) Knopfmacher b) Zerwürfnisse, Aufstände c) Hiebe, Schwertstreiche d) v. absegen: abschlagen e...e) v. vsbrechen: auftauchen f...f) v. verganten: versteigern

[1497] Pontius, der Scherer: entweder Angehöriger der Konstanzer Familie Scherer (vgl. Steuerbuch 1433: „Joslin Scherer", „Hanns Scherer", „Hainrich Scherer", „Cůntzlin Scherer" sowie „Peter Scherer (und) sin sun") oder eine Person, die den Beruf des „scherers" ausübt (vgl. z.B. ebd. „Hanns Payger der scherer"), dann möglicherweise mit „Pontius", der zwischen 1425 und 1433 jeweils 5 ß Steuern bezahlt, zu identifizieren; 1438 hingerichtet; nur im Zusammenhang mit diesen Ereignissen belegt (vgl. StAK, B I 6, S.488; Steuerbücher, Teil 1, 1425, 1206, S.46; 1428, 1183, S.78; 1433, 441, 470 und 498, S.100; 818, S.106; 1132, S.111; 1213, S.112; 1624f, S.119).

[1498] Albrecht Fiden/Gißler: Knopfmacher; 1438 hingerichtet; nur im Zusammenhang mit diesen Ereignissen belegt; während in den Chroniken (vgl. auch StAK, A I 1, fol.120ʳᵃf) der Name Fiden überliefert ist, spricht das Ratsbuch v. „Albrechten Gißler", der den Brief „mit sin selbs hand geschriben" (Ratsbuch B I 6, S.489, s.u.). Das Steuerbuch v. 1433 kennt einen „Gessler" mit einem Vermögen v. 200 lb hl (Steuerbuch, Teil 1, 1433, 1627, S.119); um diesen dürfte es sich vermutlich jedoch kaum handeln.

[1499] Der Ratsbucheintrag zum 22. Jan. 1438 verdeutlicht das eigentliche Vergehen der beiden daraufhin zum Tode Verurteilten. Pontius wird nämlich dabei ertappt, den Brief, von dem hier die Rede ist, nachts an das Münster angeschlagen zu haben. Einen Brief, „der doch wid(er) | die Richtung wist zwüschent den geschlächten | vnd der gemaind (...), der er vnd menglich | järlich swert zu halten" (Ratsbuch B I 6, S.488). Unmittelbar nach dem Tod des Kaisers agitieren diese Zünfter also gegen dessen Ordnung v. 1430 (vgl. die wörtliche Wiedergabe auf fol.126ʳᵃff). Der Text des Schreibens lautet genauer: „wer sint die / die den erwirdigen brief / der | geschlächt hand gebrochen / daz hand die | geschlächt selb tön / Darvmb wȧr die gemaind | nit wiß / swůrint Sy jn furbass zů halten" (Ratsbuch B I 6, S.488). Wenn auch nicht mehr zu klären ist, welche Hoffnungen hinter der Veröffentlichung stehen, so lässt das harte Durchgreifen des Rates erahnen, dass noch immer Unzufriedenheit in Teilen der Bürgerschaft herrscht bzw. die Kritik vonseiten der Opposition nie ganz verstummt ist (vgl. dazu auch K.D. Bechtold, Zunftbürgerschaft; H. Maurer, Konstanz II, S.70f sowie P. Schuster, Gericht, S.109f mit diesem und anderen Beispielen).

[1500] Der Obermarkt ist in Konstanz also nicht nur Gerichtsort, sondern auch die Stätte des Strafvollzugs mit Enthauptungsblock und Pranger (vgl. auch den Bericht auf fol.179ʳᵃ). Gleichzeitig tritt er uns, wie im Folgenden belegt, als Ort des Verkaufs v. Diebesgut entgegen (vgl. H. Maurer, Konstanz II, S.177 und allg. zu den Strafvollzugsstätten in Konstanz P. Schuster, Gericht, S.267f).

[162ʳᵃ|329]

wellem- | berg vnd sust jro sechs knecht | hansen stikel^{1502 a}selb drit^a vnd | *Hans Stickel;*
ain Renner vnd wundote(n)d^b | hansen stikel also hart, das | er nit me
5   dan(n) süben tag lag | vnd starb¹⁵⁰³. ⁱdisz geschach erst | hin vmb über ain   *Chronologische*
jar; ist ^cmisz | schriben^c/ⁱ. | *Verbesserung!*

Fw Stickel¹⁵⁰⁴
(4x3,5)
10   (silber/grün¹⁵⁰⁵-schwarz gespaltener Schild mit jeweils einem
abgeschroteten Ast umgekehrter Farbe)

A(!)ber des selben jars in dem | Mayen do Bwtend die sch | ůchmacher zů   *Ausbau der*
Costentz ir | trinkstuben grôsser¹⁵⁰⁶. Vn(d) | jn dem zit gab man aine(n) | *Trinkstube der*
15   mut kern vm(b) sechs vnd | tryssig ßⁱⁱ pfenni(n)g vnd gieng, | als d(a)z er   *Schuhmacher;*
an zway pfu(n)d pf(enning) | kam, vnd kam(m) dar zů, d(a)z er | dryt halb   *Kornpreise;*
pfund pf(enning) galt. aber | die stat gab allweg jren lüt(en) | nach
nottdurfft vmb vier | oder sechs schilli(n)g pfenni(n)g | nåher^d. |
[162rb]   J(!)n dem gena(n)t(en) jar vieng man | jn dem maigen an zů besetzen | zů   *Besetzung v.*
petershusen jn oberdorff | vnd besatzt vo(n) dem maigen | bisz ze   *Petershausen;*
ougsten¹⁵⁰⁷. |

---

i...i) disz geschach (...) misz | schriben] *v. der HHd., mbrT, mit großer Wahrscheinlichkeit (vgl. den etwas anderen Schreibfluss) später erg.* ii) ß] *üdZ, v. der HHd., mbrT, erg.*

a...a) zu dritt b) v. wunden: verwunden c...c) falsch eingetragen d) billiger

¹⁵⁰¹ 25. April.
¹⁵⁰² Hans Stickel: Angehöriger einer zünftischen Konstanzer Familie, die jedoch zeitweise in das Patriziat (vgl. Aufnahme in die Geschlechtergesellschaft „zur Katz") aufsteigt; Kaufmann mit umfangreichem Vermögen; zieht 1430 mit seinem Vater Konrad Stickel und den anderen Patriziern aus der Stadt; ist u.a. in Messerstecherei verwickelt; v. 1435 bis 1437 Aufgabe des Bürgerrechts; erschlägt im Sept./Okt. 1438 Heinrich v. Tettikoven (vgl. Bericht auf fol.166ra); 1439 ermordet (vgl. P. Schuster, Der gelobte Frieden, S.29ff).
¹⁵⁰³ Hans wird auf dem Weg in Richtung Weingarten zum Heiligen Blut in der Nähe v. Markdorf mit einem Schwert am Kopf verletzt. Bei den Tätern handelt es sich um Diener des Bischofs sowie seiner Brüder (vgl. C. Schulthaiß, Bisthums-Chronik, S.62: „Wellenberg, was des bischoffs bruders diener"), die – dies ist nicht mehr zu klären – mit oder auch ohne Wissen des Bischofs gehandelt haben. H. Stärk, Heinrich von Hewen, S.24 spricht zumindest v. einer „dem Bischof zu Unrecht als Mitwisser angelasteten Untat". Nicht der Bischof, sondern dessen Brüder und andere Adlige nehmen zumindest zuvor Konrad Stickel gefangen (vgl. den Bericht auf fol.162rb) (vgl. zu diesen Ereignissen auch REC IV, Nr.10234; C. Schulthaiß, Bisthums-Chronik, S.62; ders., Collectaneen, Bd.1, S.144½ff; FUB VI, Nr.220, S.352ff sowie bspw. H. Stärk, Heinrich von Hewen, S.24 und P. Schuster, Der gelobte Frieden, S.35ff). Vgl. zu den dieser Ermordung folgenden Auseinandersetzungen mit dem Bischof, die schließlich auch die Fehde zwischen den Grafen v. Lupfen und Heinrich IV. v. Hewen beeinflussen, den Bericht auf fol.169^{vb}ff.
¹⁵⁰⁴ Vgl. WrKatze 7,2=128; WLB, HB V 54, 20^r, 2,1 (jeweils schwarz-gold gespaltener Schild mit Ästen umgekehrter Farbe).
¹⁵⁰⁵ Während die silbernen Flächen hier grün schimmern und eine solche Einfärbung nahelegen, kann auf fol.166ra v. grüner Farbe keine Rede mehr sein.
¹⁵⁰⁶ Das Zunfthaus der Schuhmacher liegt in der Neugasse. Die Trinkstube als Stätte des gemeinsamen Mahls (convivium) bildet den gesellschaftlichen Mittelpunkt einer jeden Zunft. In ihr findet das für diese Gruppe bedeutende alltägliche Zusammentreffen statt. Hier speisen und feiern die Mitglieder zusammen, hier vertreiben sie sich die Zeit (vgl. allg. M. Kälble, Zünfte, S.304f).

[162rb]

5

A(!)ber des vorgena(n)t(en) järs an | sant petronellen tag[1508] Do | vieng *Gefangen-*
junckher hansz von | höwen vnd junckher aul- | brecht von Busna(n)g[1509] *nahme v.*
vnd ir | helffer, warend vff zwölff | pfärit, Cůnrat stikeln[1510] vff | dem *Konrad Stickel;*
Rafftzer veld[1511], als er gen | Baden wolt, jn dem völken | bach, vnd
10 mishandlotend jn | vm(b) das, wan(n) Cůnrat stikel | den von höwen jn
aucht hett | vmb drü hundert guldin, so | sin sun hans jm dan(n) also | bar
gelühen hett[1512]. |

Wappen
15 zwei Schilde (3x2,5) (3x2,5)
(rechts: Fw Bußnang[1513]: In Grün[1514] zwei blaue Sparren)
(links: Fw Hewen[1515], vgl. fol.64ra)

[1507] Eventuell steht diese Nachricht im Zusammenhang mit dem Versuch der Stadt Konstanz, allmählich die Ortsherrschaft über das schon als Vorstadt bezeichnete Dorf zu erlangen. Überliefert ist uns eine Klage des Abtes v. Petershausen aus dem Jahr 1440. Hier wird u.a. vorgebracht, dass der Rat ohne Genehmigung befohlen habe, Tore im Petershauser Bann zu bauen, und die Bewohner aufgefordert worden seien, einen Eid gegenüber dem Bürgermeister und dem Rat, nicht mehr jedoch gegenüber dem Abt abzulegen (vgl. H. Maurer, Konstanz II, S.106f).
[1508] 31. Mai.
[1509] Albrecht VII. v. Bußnang: aus Thurgauer Edelfreiengeschlecht; Oberhaupt der Familie; für die Jahre v. 1418-1443 belegt; fällt in der Schlacht bei St. Jakob an der Sihl am 22. Juli (vgl. Genealogisches Handbuch, Bd.4, S.77; ESt, Bd.12, Taf.103).
[1510] Konrad Stickel: Angehöriger einer zünftischen Konstanzer Familie; Kaufmann mit großem ökonomischem Erfolg; Aufstieg ins Patriziat (vgl. v. den 1420er Jahren bis zu seinem Austritt 1445 Mitglied der Geschlechtergesellschaft „zur Katz"); seit 1428 mehrmaliger Ratsherr; Auszug mit den Patriziern aus der Stadt; 1434 Richter für den Ammann; kommt immer wieder mit dem Gesetz in Konflikt: 1417, 1444ff Ehebruch (Stickel hat sieben uneheliche Kinder), 1421, 1445 Wortdelikte, 1434 Auseinandersetzung mit Hug Thiver und verschiedene Friedbrüche; 1441 Ermordung eines Knechtes (vgl. Bericht auf. fol.172ra); 1448 Messerzücken und Bedrohung seines Knechts. Vom 1435 bis 1437 Aufgabe des Bürgerrechts; 1438 bis 1441 Auseinandersetzung mit der Familie v. Hewen (vgl. Berichte auf fol.169[vb]f und 172ra); 1441 wiederum Eintritt in das Bürgerrecht; gest. 1459 (vgl. H. Maurer, Konstanz II, S.187f; B. Schuster, Die freien Frauen, S.318f; P. Schuster, Der gelobte Frieden, S.29ff; ders., Gericht, S.80, 112ff, 257; C. Heiermann, Katz, S.87f).
[1511] Rafzerfeld: ausgedehnte Schotterebene im Norden des Kt. Zürich bei der Gem. Rafz; vor der letzten Eiszeit v. der Thur durchflossen; während der Eiszeit werden v. Schmelzwasserstrom des Rheingletschers große Kiesablagerungen angeschwemmt; Entwicklung zu einem Trockental (vgl. SchwLex, Bd.9, S.249).
[1512] Nachdem Hans v. Hewen eine v. Hans Stickel geliehene Geldsumme v. 300 fl nicht zurückzahlt, lässt Konrad diesen vermutlich vor dem Hofgericht in Rottweil in die Acht erklären. Daraufhin kommt es zu dem hier geschilderten Vorfall. Nach den Misshandlungen folgt jedoch eine in unserer Chronik nicht erwähnte Gefangennahme des Kaufmanns in Lentzkirch, gegen die der Rat wegen des fehlenden fehdebegründenden Absagebriefes protestiert. Nach längeren Verhandlungen gelingt es, den Bürger freizubekommen. Möglicherweise – dies könnte die Tat v. Hans Stickel (vgl. fol. 166ra) erklären – bemüht sich die Stadt daraufhin, über den Ammann Heinrich v. Tettikoven einen Ausgleich zu erzielen. Im Herbst kommt es schließlich durch die Vermittlung v. Schiedsrichtern (vgl. J. Marmor, Urkunden-Auszüge II, S.69) zur Einigung zwischen der Stadt und dem „offenbar im Hintergrund die Fäden ziehenden Bischof" (vgl. P. Schuster, Der gelobte Frieden, S.35f Zitat S.36; FUB IV, Nr.220, hier S.353 sowie C. Schulthaiß, Bisthums-Chronik, S.61f).
[1513] Vgl. ZürW L, Taf.29, 23 (In Gold zwei blau Sparren) und Taf.4, 57 (In Blau zwei goldene Sparren); RiDrS 194[v], 2,1 (In Blau zwei silberne Sparren); Grünenb. Taf.124b, 1,2; Öhem 13[v], 175 (Taf.8) (In Blau zwei goldene Sparren); Siebm. II, Taf.32, 2,3.
[1514] Die Tinktur ist mit der im Fw Stickel identisch und steht eventuell auch für silber.
[1515] Im Gegensatz zu den vorherigen Abb. handelt es sich hier um einen schwarz-silbern geteilten Schild.

[162va|330] A(!)ber jn dem gena(n)ten jar vff | mittwochen vor dem hailig(en) |ⁱ   *Selbstmord;*
pfingstag¹⁵¹⁶ do erstach sich selb | peter stainstrausz¹⁵¹⁷ jn diepolt |ⁱⁱ
gumpostsⁱⁱ/¹⁵¹⁸ husz hinder den | brotloben¹⁵¹⁹, obnan vff jn ain(er)
kamer¹⁵²⁰. |

5

Fw Stainstrauß ###
(3x3) (vgl. fol.70ra)
(ziemlich engstehend im Text)

10   A(!)ber des selben jȧrs do ward | der schnek^a zů dem münsterⁱⁱⁱ jn der ho | *Baumaßnahme*
hen absyten vff die linken | hand By dem crutzgang | angehept ze   *am Münster;*
machend¹⁵²¹. |

15   D(!)o ward och die zit glok vn(d) | der zȯger zů sant stephan | gemacht   *Ausstattung v.*
von dem hochwir | digen h(er)n otten, Marggraue | zů Rȯteln, wylent   *St. Stephan mit*
Byschoff | ze costentz¹⁵²². | *Uhr;*
Nun hettend die chorheren | zů dem thům och ainen zȯ- | ger vnd ^bain sper   *Konkurrenz*
des mȯns^b | angefangen vnd aine(n) tail | gemacht by dem wurm¹⁵²³ de(m)   *zwischen den*
20 | schmid Das sy geordnet vn(d) | *Kirchen;*

[162va|330]
i) *Vz: v. späterer Hd., mdbrT* ii) *Marg.: v. späterer Hd. (vgl. fol.154vb und fol.158ra), mdbrT, abgeschnitten:* [...]plach
[?] ii) gumposts] g *aus* k, *v. der HHd., mbrT, korr.* iii) münster] *üdZ, v. der HHd., mbrT, erg.*

a) Wendeltreppe b...b) wörtlich: ein Speer des Mondes/Monats, d.h. ein Monatsanzeiger auf der Uhr

¹⁵¹⁶ Im Jahr 1438 war der genannte Tag der 28. Mai. Da Peter Stainstrass aber 1439 stirbt (vgl. Hinweis auf fol.165rb)
handelt es sich bei Mittwoch vor Pfingstsonntag um den 20. Mai.
¹⁵¹⁷ Peter Stainstrass: Angehöriger der begüterten Konstanzer Kaufmannsfamilie mit eigener Handelsgesellschaft;
Bruder: Ulrich Stainstrass; gest. am 20. Mai 1439.
¹⁵¹⁸ Diepolt Gumpost: Angehöriger der zünftischen Konstanzer Familie; Vater: Caspar Gumpost (nach K.D. Bech-
told, Zunftbürgerschaft, S.149 und P. Schuster, Gericht, S.108f aber Bruder desselben!); gehört vermutlich der
Mertzlerzunft an; bedenklicher Lebenswandel (Spiel, Schulden etc.); 1433 wegen Wortdelikt für drei Jahre der Stadt
verwiesen; 1438 wieder Bürger (vgl. OBG, Bd.1, S.490; K.D. Bechtold, Zunftbürgerschaft, S.149; E.C. Lutz,
Spiritualis fornicatio, S.209 mit Ratsbuchauszügen; P. Schuster, Gericht, S.108, 260).
¹⁵¹⁹ Die Brotlauben, d.h. die Verkaufsstätten v. Brot, befinden sich bei der Marktstätte, dem großen Lebens-
mittelmarkt der Stadt. Sie schließen sich an die Metzigbänke an. Nach ihnen wird auch die dort liegende Straße
benannt. Sie werden erstmals 1317 urkundlich erwähnt (vgl. J. Marmor, Topographie, S.209f; H. Maurer, Konstanz I,
S.120, 243).
¹⁵²⁰ Vgl. die Erklärung dieser Tat auf fol.167va, wo der Tod seines Bruders Ulrich und dessen Frau durch die Pest er-
wähnt sind und erläutert wird, dass er sich „mit aine(m) swertlin vnd | messer vor layd" umgebracht habe.
¹⁵²¹ Während des Pontifikats v. Heinrich IV. werden die Baumaßnahmen am Münster fortgesetzt. U.a. entsteht das
„Herzstück der spätgotischen Umgestaltung des Thomaschores", der sog. „Schnegg", „ein frei vor der Nordwand
gestellter sechseckiger Treppenturm aus weichem Molassestein v. fast 5 m Höhe auf über 3 m hohen Unterbau". Er
wird v. einem Werkmeister Antoni, einem stark v. franz. Vorbildern beeinflussten Geistlichen, begonnen und nach
dessen Tod 1446 v. seinen Schülern vollendet (vgl. REC IV, Nr.10085; G. Kolb, Baugeschichte, S.61, vgl. ebd.,
S.62: Abbildung; ders., Bischöfliches Konstanz, S.16 und H. Reiners, Münster, S.158-165; P.F. Kramml, Heinrich
IV. von Hewen, S.386).

[162vb] gesetzt woltend haben an | den turn vnder dem ven- | ster der grossen gloken, das | sy von zorn ^avnderwegen | liessen^a, vmb das Grauff ott | den zŏger zů sant stephan | gesetzt hett. |

5

Des selben jars des zwaintzi | gosten tags jm mayen Do | ward Cůnrat von *Strafmaß-* vlm^1524 vff | das tor geleit, bisz das er | sicherhait^b gab, sine(n) schuldn(er) *nahmen;* | nit vff fremde gericht ze | tribend^1525. |

10   Fw Ulm
                              (3x3) (vgl. fol.72rb)

Jn dem selben jar do ward | brenysen^1526 abgesetzt vmb | ain ^cmurmlu(n)g vn(d) wyder | rede^c, so er gen v̂lrich Schilt | ern^1527 geton hett. vnd d(a)z

15 we- | rot bisz an den andren tag | jn dem ougsten, do nam | jn hans von cappel^1528 wyder. |

[163ra|331]^i D(!)es vorgena(n)t(en) jǎrs ward | jm brysgow vn(d) jm(m) Elsǎsse | *Korn und Wein;*

---

^1522 U. Janson, Otto von Hachberg, S.226 bestätigt die Stiftung der Turmuhr v. St. Stephan durch den genannten Bischof, ordnet sie aber dem Jahr 1431 zu. REC IV., Nr.10084 (zu 1438) folgt ganz unserer Chronik, spricht v. der „Zeitglocke" bzw. dem „(Uhren)Zeiger" und dem „Verdruß der Domherren".

^1523 Hans Wurm [?]: Angehöriger der Konstanzer Zunftbürgerschaft; Schlosser; tritt 1419 im Bürgerbuch erstmals in den Quellen auf und ist v. 1425 bis 1440 in den Steuerbüchern vermerkt (vgl. K.D. Bechtold, Zunftbürgerschaft, S.233). Möglicherweise ist hier aber auch ein Hinweis auf den sog. Drachenzeiger (wurm = Drache) gegeben, der für die Anzeige der Sonneneklipse gebraucht wurde.

[162vb]
a...a) v. vnderwegen lassen: das Vorhaben aufgeben/unterlassen b) Versprechen, Zusage c...c) aufsässige Worte, Widerspruch, Wortdelikt

^1524 Konrad v. Ulm: Angehöriger des in Konstanz und Zürich ansässigen, einflussreichen und vermögenden Patriziergeschlechts; v. 1416 bis zum Auszug aus der Stadt 1429 mehrmaliger Ratsherr; im Handel tätig; Mitglied der Patriziergesellschaft „zur Katz"; Vater: Jacob v. Ulm; gehört der sog. Marbacher Linie an; 1438 Gefangennahme; 1442 wegen Waffeneinsatz mit hoher Stadtbuße belegt (Wiedereinzug mit Friedrich III.) (vgl. K.D. Bechtold, Zunftbürgerschaft, S.29f; P.F. Kramml, Friedrich III., S.246f; P. Schuster, Gericht, S.284; Familiengeschichte, S.74ff und Stammtafel 1).

^1525 Konrad v. Ulm wird, wie hier geschildert, auf Veranlassung des Rates im Gefängnis der Reichsstadt festgesetzt. Erst auf die Fürbitte seiner „angebornen frunde", in diesem Fall v.a. seiner Brüder und Neffen, alles führende Patrizier der Stadt, wird gegen Urfehde auf eine Verurteilung verzichtet und seine Freilassung veranlasst (vgl. P. Schuster, Gericht, S.289 unter Heranziehung v. StAK, U 8750).

^1526 Heinrich Brennisen: Angehöriger der Konstanzer Zunftbürgerschaft; Metzger und Ratsknecht; gest. 1448 (vgl. K.D. Bechtold, Zunftbürgerschaft, S.168; P. Schuster, Gericht, S.196). Während dieser Vorgang im Ratsbuch nicht belegt ist, wird „Hainrich Brenniße(n) d(er) Metzg(er)" im selben Jahr vom Rat „von dez wege(n) / d(a)z er wûrst and(er)s geben hat / den(n) | die ordnung Jnnhalt" mit „j lib dn" bestraft (StAK, B I 6, S.517).

^1527 Ulrich Schilter hat in diesem Jahr 1438 das Amt des Vogtes inne und kommt als Zielscheibe v. Kritik oder Spott dieses Angehörigen der Zunftbürgerschaft in Frage. J. Mone, Konstanzer Chronik liest nach StAK, A I 1, fol.120va fälschlicherweise „Echalter".

^1528 Hans v. Cappel, 1438 Bürgermeister und als solcher befugt, eine Amtsenthebung rückgängig zu machen.

[163ra|331]
i) *auf diesem Blatt ist der Schriftspiegel mit Spalten sichtbar*

wenig wins vnd korns, d(a)z | die von Basel můstend zů vlm korn koffen
vn(d) zů Bÿ | brach. vnd fůrt man von | v̈berlingen vil korns vn(d) | och
win gen Basel, das vor | nie kain man geho̊rt hett[1529]. | Man gab den win,
5 den alten | vm(b) drü vnd zwaintzig pfu(n)d | pfenni(n)g vnd den nüwen | *Weinpreise;*
vmb zwaintzig pfund pf(enning). |

Vff das selb jar vorgena(n)t | starb man allenthalb jn | den landen vnd gar *Seuche;*
10 vast | am(m) Rin, zů ko̊ln, zů auch, | bisz gen fryburg Vnd zů | Nůrenberg
vn(d) zů ougsp(ur)g, | zů vlm vnd allenthalb vast, | on an dem
bodemsee[1530]. |

[163ʳᵇ] Es kam och des jårs gar ain | grosser schutzᵃ an den Reben | vnd kam dar *Wein;*
nach regen vn(d) | viel der win vast ab, d(a)z gar | lützel wins ward[1531]. |

5 A(!)ber vff das vorgena(n)t jar | wurdend zů costentz jn den | clo̊stern *Zustände in*
ᵇwyld vnd wun- | derlich lo̊ff vfferstonᵇ/[1532]. Jte(m) | jn dem closter zů *Klöstern am*
petershu- | sen was ain abbt, hiesz h(er)r | diethalm wysz, was ain *Bodensee;*
ju(n)g(er) | her kostlich vnd fůrt ain | wyld leben, můst yederma(n) | ᶜvol
sinᶜ, one recht ordnu(n)g, | ye das es dar zů kam, das | man jm ᵈain

---

[1529] Sowohl das Elsass als auch der Breisgau sind fruchtbare Getreideanbau- und Weinexportgebiete. Die genannten Erzeugnisse bilden vielerorts die wirtschaftliche Grundlage. Der Elsässer Wein bspw. gehört im Mittelalter zu den begehrtesten und teuersten. Basel, als „Durchgangstor in die Schweiz" an der Reichsstraße nach Italien liegend, tritt uns in den Quellen als Umschlagplatz dieser Produkte entgegen. Die bereits erwähnten Missernten in den dreißiger Jahren (vgl. dazu auch Bericht auf fol.161ʳᵇ) führen zur Zeit des Konzils zu den hier ausgeführten ungewöhnlichen Handelsgeschäften mit schwäbischen Reichsstädten. Die aus den Missernten hervorgehende Teuerung (vgl. der nochmalige Hinweis auf fol.166ʳᵃ) wird deshalb auch in Basler Chroniken thematisiert (vgl. z.B. Basler Ratsbücher, S.46: „und můstent also ein grosze summe geltz, me denn zweintzigthusent guldin, ufnemmen umb zins, und in frőmden landen korn kouffen, nemlich zu Nůremberg, by Ulm, in Swaben umb und umb, (...) und (...) Straszburg (...)") (vgl. allg. mit Hinweisen auf weiterführende Literatur die Aufsätze v. M. Scheffer, S. Sicheneder, I. Holzwart-Schäfer, G. Mathey/H.-P. Widmann und O. Kammerer in: Spätmittelalter am Oberrhein und H. Buszello, „Wohlfeile", S.32).
[1530] Infolge der wirtschaftlichen Notlage kommt es in weiten Teilen der Reiches zur Ausbreitung v. Seuchen, u.a. der Pest (vgl. dazu auch die Schilderungen zu Todesfällen und Pest in Konstanz bzw. Basel auf fol.161ᵛᵃ, 165ʳᵃ, 167ʳᵃ und 167ᵛᵃff).

[163ʳᵇ]
a) Frost b...b) begannen abstruse und seltsame Vorfälle c...c) v. vol sîn: Völlerei treiben, prassen d...d) eine dotierte, gestiftete Pfründe e) Verwalter f...f) Waschhaus

[1531] Auch darauf weist eine Basler Chronik hin (vgl. H. Buszello, „Wohlfeile", S.32).
[1532] Bereits seit der zweiten Hälfte des 14. Jhs. findet man in den Quellen Hinweise auf den allmählichen Verfall des klösterlichen Lebens. Gleichzeitig sind immer wieder Reformversuche v. unterschiedlicher Seite überliefert. Diese Beschreibung v. Missständen in den Klöstern rund um Konstanz steht somit auch in engem Zusammenhang mit den uns v. Bischof Heinrich IV. überlieferten Reformbestrebungen. Nachweislich wendet er sich bspw. gegen Konkubinarier im Klerus und bemüht sich durch bischöfliche Maßregeln, zahlreiche Geistliche zur Besserung ihres Lebenswandels zu bewegen (vgl. allg. zu dessen Reformversuchen H. Stärk, Heinrich von Hewen, S,16 und P.F. Kramml, Heinrich IV. von Hewen, S.386).

    10 geschȏppffte | pfrůnd^d gab, vnd satzt ain | pfleger^e, gena(n)t her hain(rich) | fry¹⁵³³, der jn nam vnd vs gab | vnd wyder rechnot al gült. | vnd solt der abbt füro da | mit nütz ze schaffend hon | vnd kam dar zů, das er | zů petershusen jn dem ^fla- | uat husz^f sin wonu(n)g hett |

[163va|332] vnd dar jnne erstarb, ye doch | tett er dem gotzhusz dan(n)ocht | gar ain gůten koff mit dem | zehenden an der egerden^{a/1534}. | Dar nach kam vrlüg^b vn(d) | wyder wȃrtikait gen sant | peter¹⁵³⁵ von ainer ir froen | wegen, die hiesz sirnach(er)in¹⁵³⁶. | Dar nach kam es gen zo- | fingen¹⁵³⁷: die hettend

    5 grosz | lyden mit ainer jr froen, | namlich die stainstrȃssin¹⁵³⁸. | Dar nach kam es gen mün- | sterlingen: die kamend jn | grosz liden vnd komber mit | ainer ir froen, namlich die | von elnhouen; die hett vn- | recht getȏn. des kamend | sy vff ainen Byschoff zů | Costentz¹⁵³⁹. Jt(em) dar nach kam | ain

---

¹⁵³³ Heinrich Fry: eventuell Angehöriger des in Konstanz ansässigen Patriziergeschlechts (vgl. dazu OBG, Bd.1, S.385). Weder in REC noch bspw. im Bd. 1000 Jahre Petershausen finden sich Hinweise auf diesen Verwalter.

[163va|332]
i...i) des sy alle (...) mertail krieg] *v. der Hd. Konrad Albrechts, mdbrT*

a) Brachland b) Streit c...c) nicht prosperierten d...d) die meisten Auseinandersetzungen

¹⁵³⁴ Vgl. H. Maurer, Konstanz II, S.136, der diesen und die folgenden Vorgänge in den Klöstern unserer Chronik folgend wiedergibt und O. Feger, Geschichte, Bd.III, S.369 zu Petershausen. In den REC IV erfahren wir in Nr.10788 nur etwas über die Visitation des Jahres 1443 durch den Generalvikar und andere Beauftragte des Bischofs. Diesem Zeugnis nach wird die Visitation vorgenommen, weil das Kloster schweren Schaden leide und vor dem Ruin stehe. Als Folge wird der Abt Diethelm am 20. Sept. 1443 mit Zustimmung seiner Amtskollegen aus St. Gallen und Weingarten endgültig entlassen.

¹⁵³⁵ St. Peter an der Fahr: Dominikanerinnenkloster; geht auf ein vor 1265 entstandenes Beginenkonvent „am Tulenbrunnen" zurück; 1253/54 soll der Umzug auf eine Hofstätte an der Fahr, d.h. der alten Fährstelle unweit der Rheinbrücke erfolgt sein; diese war bereits zuvor v. einem anderen Konvent belegt; eine Vereinigung mit einem Teil dieses Vorgängerkonvents ist wahrscheinlich; Anlehnung an die Dominikaner; Verleihung der Augustinerregel durch Bischof Eberhard v. Konstanz zwischen 1257 und 1265; zunächst aber Beibehaltung der beginischen Lebensweise; vermutlich 1318 Bestätigung der Augustinerregel, Unterstellung unter die Dominikaner und damit Umwandlung in ein Kloster; eng mit dem Konstanzer Patriziat und dem Reichenauischen Ministerialenadel verbunden; existiert bis zum Ende des 18. Jhs. (vgl. H. Maurer, Konstanz I, S.140; A. Wilts, Beginen, S.177, 360f; HS IX,2, S.409ff).
¹⁵³⁶ Über diese Nonne und ihr Vergehen sind wir nicht weiter unterrichtet.
¹⁵³⁷ Zoffingen: Dominikanerinnenkloster „an der Mauer"; geht auf eine oder mehrere Frauen zurück, die längere Zeit vor 1257 aus Wil nach Konstanz ziehen; die „frommen Frauen" finden sich in der Niederburg an der Stadtmauer (an der Tümpfel- bzw. heutigen Brückengasse) zusammen, leben zunächst als Beginen ohne Regel, dann ab 1257 der Augustinerregel folgend; 1266 schenkt der Konstanzer Domherr Burkhard v. Zoffingen ihnen ein unmittelbar bei ihrem Quartier liegendes Haus, sodass aus beiden Häusern das nach ihm benannte Kloster entsteht; 1318 Erhebung des Schwesternkonvents in ein nicht-korporiertes Dominikanerinnenkloster; daran anschließend allmählicher Niedergang (vgl. H. Maurer, Konstanz I, S.139f; D. Göpfert, Orden, S.88; A. Wilts, Beginen, S.171ff; HS IX,2, S.429ff).
¹⁵³⁸ Möglicherweise handelt es sich hier um einen in den Quellen nachweisbaren Fall. So verspricht eine Nonne aus Zoffingen namens „Walpurg Strunstversin (?)" am 8. Mai 1441, sich wegen ihrer Einkerkerung aufgrund ihrer Vergehen am Kloster oder den Klosterfrauen nicht rächen zu wollen und u.a. die Strafe der Regel des Klosters anzunehmen und auszuführen (vgl. REC IV, Nr.10440).
¹⁵³⁹ Heinrich v. Hewen. Hierzu sind zu vgl. REC IV, Nr.10487 und 10595, in denen zunächst am 21. Juli 1441 dem Pleban berichtet wird, dass trotz eines neuerlichen Gebotes an die Meisterin und den Konvent des Klosters Münsterlingen einige namentlich genannte Nonnen eine vorherige Anweisung missachtet haben. Dieses erste Gebot hatte gefordert, die dortige Nonne Anna v. Elnhofen trotz einer ihr vorgeworfenen Beschuldigung wieder aufzunehmen und sie nicht zu belästigen. Nun sei aber dieses Gebot vernachlässigt und u.a. der Bote des Bischofs unehrbietig aufgenommen worden, woraufhin Heinrich v. Hewen zum Gehorsam sowie zur Verantwortung für diese Taten auf-

grosz zwytracht gen | Crützlingen jn d(a)z closter: | die her(r)en vom
10　cappittel | warend wyder den abbtte | vnd zigend jn grosser sach- | en¹⁵⁴⁰.
Des kamend sy och vff | ain he(ren) von costentz vnd | kamend also die
lôff jn die | clôster nach ain ander, | ᶦdes sy alle ᶜnit Rich | wurdenᶜ. Vnd
das ist | darumb beschriben, | das der ᵈmertail krieᵍⁱ/ᵈ |

[163ᵛᵇ]　ᶦalle von den gaistliche(n) komenⁱ. ⁱⁱdar dan ettlich derⁱⁱⁱ urrlobnis [?] als
des Tüffels [?] botten anstifften [?]ⁱⁱ.

[164ʳ]ⁱ　Leere Seite

[164ᵛ]　Leere Seite

[165ʳᵃ|335]　E(!)s was ainer, gena(n)t Stôffen | lins sun oder brymelwer, der | ward och　*Delinquenz und*
des vorgena(n)ten | jars gefangen vnd verbot | ten vier mil wegs vo(n) der |　*Strafe;*
stat vnd wen er hier jn wolt, | So mûst er geben hundertt | pfund haller;
vnd d(a)z was | vmb ainen notzogᵃ; So dan(n) | vͣlrichs zum strüsz junckfro
5　| zͧ jm clagt.¹⁵⁴¹ |

---

fordert. Am 20. März 1442 gibt Anna v. Elnhofen ihre Pfründe in Münsterlingen auf, um in das Augustinerkloster Eschenbach einzutreten.

¹⁵⁴⁰ Abt Johannes IV. Huber (v. Sulzberg). Möglicherweise handelt es sich um die in REC IV, Nr.10490 (vom 27. Juli 1441) geschilderte Angelegenheit, in der es um vor der Wahl des Bischofs neu aufgestellte und beschworene Satzungen geht, die „nur zur Milderung und Untergang der Regulardisziplin geführt hätten". Der Bischof befiehlt nun seinen Plebanen, Vizeplebanen, Priestern, Klerikern und öffentlichen Notaren, den Prior sowie den Konvent v. Kreuzlingen zur Herausgabe zu veranlassen, damit daraufhin weitere Schritte unternommen werden können. Ansonsten verfalle der Konvent der „suspensio a divinis", der Prior und die Mönche der Exkommunikation.

[163ᵛᵇ]
i...i) alle von den gaistliche(n) komen] *v. der Hd. Konrad Albrechts, mdbrT* ii...ii) dar dan ettlich (...) anstifften] *v. späterer Hd., sehr klein und schlecht lesbar* iii) der] *dan. nicht mehr erkennbare Buchstaben durch Streichung mdbrT getilgt*

[164ʳ]
i) *auf dieser Seite ist der Schriftspiegel mit Spalten sichtbar*

[165ʳᵃ|335]
a) Vergewaltigung b) Enden c) Vorbildes, Jesu (?)

¹⁵⁴¹ Heinrich Stöfli: ein „saturiertes Mitglied der Mittelschicht" (P. Schuster, Der gelobte Frieden, S.80) v. Konstanz; Angehöriger der Zunftbürgerschaft; wird wegen versuchter oder vollendeter Vergewaltigung (B. Schuster, Die freien Frauen, S.322 spricht v. „bloßen Avancen, die einer verheirateten Frau gemacht wurden", während im Ratsbuch – und auch unsere Chronik ist hier eindeutig – davon die Rede ist, dass der Täter die Frau „by nacht vberloffen (...) gebarlicher | vn(d) wid(er) jren willen gemürt [?] haben wolt", StAK, B I 6, S.431 zum 18. Juli 1437 (!)) zu zwei Jahren und vier Meilen Stadtverweisung verurteilt. Der Fall wird nicht v. der eigentlich Geschädigten, der Ehefrau seines Freundes Claus Glury/Glug oder v. dem Bäcker selbst (der übrigens, hätte er den Täter in flagranti erwischt, das Recht gehabt hätte, diesen zu töten), sondern v. der hier erwähnten „Ulrich zu dem Struß Jungfrau" zur Verhandlung vor den Rat gebracht. Wie bei P. Schuster, Gericht, S.156ff ausführlich dargestellt, kommt es infolge der Verurteilung zu weiteren Auseinandersetzungen und Racheakten zwischen Stöfli und Glury, die u.a. darauf zurückzuführen sind, dass die „obrigkeitliche Regelung v. Konflikten innerhalb stabiler sozialer Gruppen, seien es Familie, Berufsgruppen, Berufsverbänden (Zunft) oder informell zusammengesetzten Jugendgruppen (...) offenbar abgelehnt" (ebd., S.159) werden (vgl. auch ders., Der gelobte Frieden, S.83).

O(!)ch vff mentag vor sant | Margarethen tag[1542] jn dem ob | geschriben
jare tusend vier | hundert tryssig vnd acht | jare Do tett die stat ze   *1438 (!)*
10 coste(n)tz | ainen crützgang für die pe- | stilentz[1543] mit aller priestersch- | *Prozession*
afft vnd namlich d(a)z Mün | ster, von petershusen, Schotte(n), | Sant   *wider die Pest;*
johans, Sant Stephan, | Sant pauls, Crützlingen, Spi | tal, Barfůssen,
augustiner, Bre | diger. vnd hettend den crütz | gang vff Bernrain; da
hetten | ain gantz gesungen ampt | vnd predigotend die von den |
15 Augustinern. Vnd gab och | die stat ain silbrin crütz da | hin, zů den
ôrtern[b] vergült, | vnd och die figur des bilders[c]. |
[165rb]   [i]der Crützgang geschach jn dem | nün vnd tryssigosten jar vn(d) | och der   *[14]39*
tod schlag des stikels[1544] | vnd das sich selb stainsträsz | erstach[1545], als vor   *Chronologische*
stat, vnd ist | vm(b) ain jar miszschriben[i]. | *Verbesserung!*

[165[v]] Leere Seite

[166ra|337]   [i]J(!)n dem vorgeschriben jaur, | als der kern tür was, do vm(b) | vnser   *Getreidepreise;*
lieben froen tag ze mit- | tem ougsten[1546], do schlůg das | korn ab vnd galt
ain mutt | ain pfund vnd acht schilling | | pfenni(n)g vnd minder. |

5

A(!)n dem nåchsten zinstag vor | vnser lieben froen tag, als sy | geborn
ward[1547], jn dem vorg | schriben acht vnd tryssigosten | jar Do schlůg
hansz stikel | hainrichen tettikouer[1548], amma(n) | zů Costentz, vff dem   *[14]38 Delin-*

[1542] 1438 ist St. Margarethen ein Dienstag, der Montag ist also der 14. Juli. Da hier jedoch ein chronologischer Fehler
vorliegt (vgl. Hinweis auf fol.165rb), und die Prozession 1439 stattfindet, handelt es sich (St. Margarethen ist selbst
an einem Montag) folglich um den 8. Juli.
[1543] Vgl. zu dieser Bittprozession (vgl. auch die Prozessionsbeschreibungen auf fol.57va, 132vb, 138ra, 149vb und
176[ra]f), deren Anlass das Wüten der Pest ist, v. Konstanz zur Kapelle v. Bernrain unter Beteiligung der gesamten
Konstanzer Geistlichkeit am 8. Juli 1439 (!) REC IV, Nr. 10248 und H. Maurer, Konstanz II, S.189.

[165rb]
i...i) der Crützgang (...) miszschriben] *v. der HHd., mbrT, vermutlich (wie der Hinweis auf fol.162ra) später erg.*

[1544] Vgl. den Bericht auf fol.162ra.
[1545] Vgl. dazu die Berichte auf fol.162va und 167va.

[166ra|337]
i) *mit dieser Seite beginnt eine neue Lage Papier* ii...ii) des ander(n) herbst, do starb er] *fehlt SG, Konjektur nach
StAK, A I 1, fol.120va; ähnlich auch J. Reutlinger, Collectanea, Bd.1, S.120* iii...iii) darum(b) | strafft (...) vff das thor]
v. der Hd. Konrad Albrechts, mdbrT

a) Krankheit b) Drüse, Geschwür c) v. růren: treffen, (durch den Schlag) aufbrechen

[1546] 15. Aug.
[1547] 2. Sept.
[1548] Vgl. zum möglichen Hintergrund dieser Tat den Bericht auf fol.162rb.

obernhof| vor her walthers von vlme[1549] | tür[1550]. Nun schlůg er jn nit mit | *quenz und*
10 messer noch mit schwåren | straichen, dan(n) das er jm ain | haymlichen   *Strafe;*
presten[a] jn siner | syten, was ain trůsz[b], růrt[c], d(a)z | er nit lenger lebdt,
dan(n) bisz | an den drytten tag [ii][des ander(n) herbst, do starb er][ii].
[iii]darum(b) | strafft jn ain Råt vmb | hundert lb dn vnd laitt | Jn darzů vff
das thor[iii]/[1551]. |

15

Wappen
zwei Schilde (3,5x3) (3,5x3)
(rechts: Fw Stickel, vgl. fol.162ra)
(links: Fw Tettikofer, vgl. fol.70ra)

[166rb] A(!)m sonn(en)tag vor des hailigen | Crütztag, als das erhôcht ward[1552], | *Schützen-*
des jars als vor stat da warend | hie zů costentz hundert vnd süben | vnd   *fest[1553];*
nüntzig schützen, Schussend[i] | vmb ain Rosz, dry ochsen, ainen | silbrin
becher, ainen wyder[a] vnd | ainen guldin Ring vnd [b]dem | versten[b] ain
5 guld(in). vnd schussend | von dem Mentag bisz an den | andern zinstag.
Vnd kam das | Rosz gen sant gallen vn(d) zwen | ochsen gen
Memmi(n)gen vnd | ain ochsz gen schauffhusen vn(d) | der Becher vnd
der Ring gen | Costentz vnd der guldin gen | ougspurg [ii]vnd zergieng |
wol[ii]. |
10

D(!)es jars als vor stat an sant | Matheus aubend[1554] do starb her | cůnrat   *Tod v. Konrad*
vo(n) Münchwil[1555], chorh(er)r | zů dem münster, ains gåhen[c] | tods, des   *v. Münchwil;*
troppffen[d]; [iii]der was | ain milter[e] herr vn(d) Rich[iii]. |

[1549] Walther v. Ulm: aus der in Konstanz und Zürich ansässigen, einflussreichen und vermögenden Patrizierfamilie; Domherr am Konstanzer Münster; gest. 1446; fand sein Grabmal in einer unterirdischen Kapelle unter dem Münsterhof (vgl. Familiengeschichte, S.18 und Stammtafel I).

[1550] Vgl. zu dieser Tat auch REC IV, Nr.10234 den Chroniken folgend.

[1551] Diese Angabe bestätigt das Ratsbuch, StAK, B I 6, S.516 vom 6. Sept. 1438 t.w. Nachdem Heinrich v. Tettikoven wohl selbst direkt nach dem Überfall, der ohne scharfe Waffen ausgeführt wird, den Täter vor dem Rat anklagt, wird dieser, dem dortigen Text folgend, mit „einer über dem Üblichen liegenden Buße" (P. Schuster, Der gelobte Frieden, S.36), nämlich mit der Zahlung v. 100 lb dn, bestraft. Von einer Gefängnisstrafe ist hingegen keine Rede (vgl. auch ders., Gericht, S.88).

[166rb]
i) Schussend] *durch Fleck verderbt* ii...ii) vnd zergieng | wol] *v. der Hd. Konrad Albrechts, mdbrT* iii...iii) der was | ain milter herr vn(d) Rich] *v. der Hd. Konrad Albrechts, mdbrT*

a) Widder, b...b) dem weitesten Schützen, dem Sieger c) plötzlichen, schnellen d) Schlaganfall, Gehirnschlag e) gütiger, großzügiger

[1552] 7. Sept.

[1553] Vgl. zu solchen Aktivitäten allg. den vorherigen Bericht zum Schützenfest des Jahres 1434 auf fol.145[vb]f.

[1554] 20. Sept.

[1555] Conrad v. Münchwil: aus thurgauischem Ministerialengeschlecht ; studiert 1389/90 in Wien, 1393 in Prag; seit 1399 als Konstanzer Domherr bezeugt; 1404-1405 Domkantor; 1405-1423 Archidiakon des Aargaus und 1422/23 des Thurgaus; 1398-1438 Propst in Bischofszell; 1387-1437 Chorherr in Schönenberg, 1405-1432 in Lindau und

15

Fw Münchwil[1556]

(3,5x3,5)

(In Silber ein blauer Pfahl)

[166va|338] A(!)b(!)er des vorgena(n)t(en) jaurs vm(b) | vnser froen tag ze herpst[1557]   *Böhmischer*

vieng | aber an der ^ahussen leben^a vnd | boshait, das dar nach vnser h(er)r, | *Feldzug;*

der küng, mant he(ren) vn(d) stett[1558]. | also Rustend sich die stet hin jn |

vnd schicktend die von costentz | vier spiesz hin jn; das warend | dry   *Beteiligung v.*

5   landenberger[1559] vnd ain truch | sász von diessenhouen[1560]. die kam(en) | *Konstanz;*

bisz gen passow[1561] vnd mochtend | nit hin jn komen[1562]. Also kame(n)d |

máre, wie der hussen by zway | vnd zwaintzig hunderten er | schlagen vnd

achtzehenhund(er)t | gefangen wárind vn(d) kom(en) | vff der cristen tail   *Sieg;*

nit mer dan(n) | zwen vmb vnd wurden vil | wund, als es dan(n) got

10   wolt[1563]. also | lut man fröd vnd hett ainen | loblichen crützgang gen crütz | *Feierlichkeiten;*

lingen[1564]; da sang man ain gar | loblich ampt von vnser lie- | ben froen.

Jt(em) Man gab vff ain | pfárit zum(m) monat ayliff | guld(in). | *Pferdepreis;*

1405-1422 in Säckingen; Konservator der Rechte des Minoritenordens und der Abtei St. Gallen; während der Sedisvakanz nach dem Tod v. Bischof Friedrich v. Zollern amtet er v. Ende Juli bis Aug. 1436 und einige Wochen darüber hinaus unter Bischof Heinrich v. Hewen als Generalvikar; gest. am 20. Sept. 1438 (vgl. HS I/2, S.544, 840, 858f).

[1556] Vgl. RiA 395, 2,1; 399, 2,3; 463, 4,3; RiDrS 161^r, 1,2; 203^r, 2,1; Grünenb. Taf.175b, 2,4; WrKatze 6,18=121 (Farben umgekehrt); WLB, HB V 54, 18^v, 1,1 (Farben umgekehrt); Öhem 26^r, 398 (Taf.17) (Farben umgekehrt).

[166va|338]

a) Hussitenwesen

[1557] 8. Sept.

[1558] Vgl. zum böhmischen Feldzug König Albrechts auch die Hinweise auf fol.160^vaf. Nach der Unterstützung der hussitischen Opposition durch Polen fordert Albrecht die Reichsstände zur Hilfeleistung auf. Verhandlungen dieser Frage finden auf dem „Reichstag" in Nürnberg im Juli 1438 statt. Während den Reichsstädten zugestanden wird, sich mit Geld an dieser Verpflichtung zu beteiligen, entscheiden diese sich aber, mit Kontingenten selbst am Feldzug teilzunehmen (vgl. dazu auch den in Konstanz stattfindenden Städtetag am 24. Aug. 1438) (vgl. RTA XIII, S.391ff, 416, und Nr.241ff, 324ff, v.a. 330f; H. Blezinger, Städtebund, S.36f).

[1559] Vgl. das weit verzweigte, in drei Linie aufgespaltene thurgauische Adelsgeschlecht der v. Landenberg mit den Stammtafeln z.B. in: OBG, Bd.2, S.434ff oder in: HBLdS, Bd.4, S.585ff.

[1560] Vermutlich Truchsess Hans Heinrich v. Diessenhofen: Angehöriger des Thurgauischen Adelsgeschlechts; v. 1439-1470 zu Herblingen; u.a. im Besitz des Schlosses Werd bei Schaffhausen (vgl. OBG, Bd.1, S.246).

[1561] Passau (vgl. z.B. LexMA, Bd.6, Sp.1756f).

[1562] Während sich das reichsstädtische Aufgebot in der Oberpfalz sammelt und donauabwärts über Linz nach Budweis zieht, kommen einige Nachzügler, z.B. aus Schwäbisch Hall, das für Dinkelsbühl Ersatzleute stellt, nur bis Passau und kehren dann wieder um (vgl. RTA XIII, S.395 und Nr.285; H. Blezinger, Städtebund, S.37).

[1563] Vgl. die uns bekannten Gefechte während dieses Böhmenfeldzuges: a) Kämpfe bei Tabor, die jedoch mit der Aufhebung der Belagerung und der Rückkehr Albrechts nach Prag enden b) Sieg v. Kontingenten der Herzöge Friedrich v. Sachsen und Wilhelm v. Braunschweig an der Spitze einiger fränkischer und schwäbischer Scharen bei Sellnitz am 23. Sept. 1438 und c) der vermutlich den Hintergrund dieser Bemerkungen bietende Sieg der in der vorherigen Anm. erwähnten reichsstädtischen Kontingente mit Hilfe Ulrichs v. Rosenberg über hussitische Truppen (Verlust ca. 800 Mann) in der Schlacht bei Budweis (vgl. RTA XIII, S.391ff, 399f, Nr.280ff; H. Blezinger, Städtebund, S.37).

[1564] In den REC oder sonstigen Quellen findet man keinerlei Hinweise auf diese Prozession nach Kreuzlingen.

[167ra|339] DEsⁱ jaurs als man von | der gepurt cristi zalt | tusend vierhundert tryssig | vnd nün jare Do was ain | sōlicher sterbet^a das selb jar | jn her, das man   *1439 Pest;* rechnot, d(a)z | mer dan(n) vier tusend men- | schen zů Costentz gestorben | wårend¹⁵⁶⁵. Es kam dar zů, d(a)z | man zů Crützlingenⁱⁱ/ | fünff oder

5   sechs menschen | jn ain grůb leit, des glich | och zů sant Stephan, vnd | d(a)z | man an den enden^b vnd jn | dem spital grůben machett, | jn die vil lüt geleit wurden. | vnd gieng der sterbet durch | das land. Vnd als bald der | tod vffgehort, do wyst nie- | mant vmb kain tod, dan(n) ye- | derman nun vm(b) den sin. |

10

Derⁱⁱⁱ Crützgang, So vff men | tag vor sant Margaretha | tag¹⁵⁶⁶ jn dem acht   *[14]28 (!)* vn(d) zwain- | tzigosten [sic!] jar vor geschriben | ist¹⁵⁶⁷, geschach jn dem   *Chronologische* obgena(n) | t(en) jar vn(d) ist misschriben. | *Verbesserung!*

[167rb] J(!)nⁱ dem vorgeschriben jaure | do erhůb sich grosz vn frünt | schafft   *Alter Zürich-* zwüschen den vo(n) zürch | vnd den von schwitz von des | gůtz vnd   *krieg;* schlosz des von tog | genburg¹⁵⁶⁸, jn das nur ^aander | stuk vnd sachen^a vil getragen | wurdend¹⁵⁶⁹. Dar vmb sich nur | grosser krieg hůb^b, der wol

---

[167ra|339]

i) DEs] D 2-z. Lomb., v. der Hd. des Rubr., mblT ii) Crützlingen] dan. d(a)z man SG iii) Der] D v. der Hd. des Rubr., mblT rubr.

a) Sterben, Seuche, Pestepidemie b) Stadtränder

[1565] Erneut berichtet unsere Chronik hier über eine Konstanz heimsuchende Pestepidemie (vgl. auch die Hinweise auf derartige Seuchen auf fol.50^r, 106va, 161va, 163ra, 165ra und 167^{va}ff). Stimmt die genannte Zahl der Toten, kommt ein Großteil der Stadtbewohner, deren Gesamtzahl im 15. Jh. bei ca. 5.000 bis 6.000 liegen dürfte, zu Tode (vgl. H. Maurer, Stadtgeschichte, S.25; ders., Konstanz II, S.189, der mit Blick auf unsere Chronik über derartige Gefährdungen und Ängste berichtet). In diesem Zusammenhang sei allg. auf die für das 14./15. Jh. bedeutenden, teils durch die Pest verursachten, demographischen Schwankungen hingewiesen. Gerade diese Bevölkerungsbewegungen führten in der älteren Forschung mitunter dazu, prinzipiell v. einer „Krise des Spätmittelalters" zu sprechen (vgl. mit Blick auf neuere Forschungstendenzen z.B. E. Meuthen, Das 15. Jahrhundert, S.3ff und 121ff).
[1566] 13. Juli.
[1567] Gemeint ist sicherlich die Schilderung der Bittprozession anlässlich der Pest auf fol.165ra, die zunächst dem Jahr 1438 zugeordnet, dann aber – so die chronologische Korrektur auf fol.165rb – 1439 zugewiesen wird.

[167rb]

i) J(!)n] J v. der Hd. des Rubr., mblT rubr.

a...a) andere Angelegenheiten b) v. heben: sich erheben, entstehen, ausbrechen c) v. wydersetzen: auflehnen, kämpfen d) v. beziehen: überziehen, besetzen e) v. abwinden: abnehmen f) Nebenturm

[1568] Friedrich VII. v. Toggenburg. Vgl. zu dieser Auseinandersetzung auch die Hinweise auf fol.154va und 155^{va}f sowie die noch folgenden Berichte auf fol.169va, 180^{ra}ff und 184^{rb}ff.
[1569] Infolge des Toggenburgischen Erbschaftsstreits, aus dem Schwyz als Sieger hervorgeht, verschlechtert sich das Verhältnis zwischen Zürich und Schwyz zunehmend. Neben den territorialpolitischen Gegensätzen treten, begleitet

5 zway | jar oder mer weret¹⁵⁷⁰. ye stůnd | es ettwe lang jn fryd, So hůb | sich
   dan(n) aber krieg. Vn(d) das | sich zů letzst die von Bern | vnd gantz
   aidgenossen wyder | die von zürich satztend^c vn(d) | woltend sy bezogen^d
   haben vn(d) | warend joch jn ettlich masz | vor der stat. da sich aber nun |
   die stett jm land, Strausburg, | Costentz, vlm, Rauenspurg | vnd ettlich stett
10 mer Vnd | wundend^e es doch dem land | der aidgenossen ab vn(d) rich- |
   tend es¹⁵⁷¹. Aber die vo(n) zürich | lagend vast da nider. |

   J(!)n dem jar ward ain byturn^f | angehept zwüschen emisho- | uer vn(d)   *Baumaßnahme;*
15 Crützlinger tor¹⁵⁷². |

[167va|340]ⁱ J(!)n dem vorgemeldten jaure | vmb pfingsten¹⁵⁷³ vieng man | an ze
   costentz ze sterbend¹⁵⁷⁴. vn(d) |ⁱⁱ Starb nach der vffart^a/¹⁵⁷⁵ ůlrich | *Pest; Todes-*

---

v. Missernten, auch Schwierigkeiten auf ökonomischem Gebiet auf (vgl. die Kontingentierung v. Kornausfuhren durch Zürich; Abhängigkeit der Schwyzer und Glarner vom Züricher Markt). Trotz einer Verlängerung des Waffenstillstandes scheitern die Verhandlungen Anfang des Jahres 1439, als Zürich sich dazu entscheidet, den sog. Berner Spruch vom 29. Nov. 1438 nicht anzunehmen. Zürich beginnt unmittelbar darauf, die militärische Position gegenüber den Schwyzern zu verbessern. Eine Konfrontation ist schließlich unausweichlich (vgl. H. Berger, Zürichkrieg, S.95ff; A. Niederstätter, Zürichkrieg, S.54ff).

¹⁵⁷⁰ Nach Ablauf des Waffenstillstandes am 3. Mai 1439 ziehen die Züricher unter ihrem Banner aus. Es kommt zur ersten kriegerischen Aktion, zu kleineren Gefechten an der Schwyzer Grenze. Unter Vermittlungen verschiedener Reichsstädte (darunter auch Konstanz) und eidgenössischer Boten gelingt bereits am 14. Mai der Abschluss eines neuen Waffenstillstandes (bis zum 3. April 1440). Die nächste militärische Konfrontation erfolgt dann auf Initiative der Schwyzer hin. Am 24. Okt. ziehen etwa 1.000 Mann gegen Walenstadt und das Sarganserland. Es gelingt den Schwyzern und Glarnern im Bündnis mit mehreren Angehörigen des regionalen Hochadels, das gesamte Gebiet zu erobern. Nach kurzen, an den maßlosen Forderungen v. Schwyz gescheiterten Vermittlungsversuchen sagen Schwyz und Glarus der Stadt Zürich am 2. Nov. 1440 ab. Wie hier angedeutet, stellen sich daraufhin (teils erst nach internen Auseinandersetzungen v.a. vonseiten Berns, für das eigene territoriale Interessen im Vordergrund stehen) beinahe alle eidgenössischen Orte auf die Seite v. Schwyz und Glarus. Die Absage der Urner und Unterwaldner, mit deren Unterstützung oder zumindest Neutralität Zürich gerechnet hatte, führt vor der entscheidenden Schlacht (trotz einer zumindest in dieser Situation militärischen Überlegenheit Zürichs) zum fluchtartigen Rückzug in der Nacht vom 4. auf den 5. Nov. (vgl. dazu auch die Bemerkung auf fol.169va). Ohne nennenswerten Widerstand bekriegt die übermächtige Koalition das gesamte Gebiet Zürichs. Von schweren Plünderungen und Verwüstungen begleitet, fällt die gesamte Landschaft in die Hand des Gegners (vgl. H. Berger, Zürichkrieg, S.100ff; A. Niederstätter, Zürichkrieg, S.60ff, 83ff).

¹⁵⁷¹ Am 12. Nov. werden die Kampfhandlungen offiziell eingestellt. Unter Vermittlung der genannten Städte Straßburg, Konstanz, Ulm, Ravensburg sowie Basel, Lindau, St. Gallen und Überlingen, des Grafen Hugo v. Montfort-Bregenz sowie Hans v. Hewen beginnen Friedensverhandlungen, die am 18. Nov. abgeschlossen sind und den Friedenschluss, der für Zürich mit gravierenden territorialen Einbußen verbunden ist, vom 1. Dez. zur Folge haben (vgl. H. Berger, Zürichkrieg, S.103f; A. Niederstätter, Zürichkrieg, S.92ff).

¹⁵⁷² Das Kreuzlinger-Tor gehört wie das Münzis- und das Emmishofertor zu den vor dem eigentlichen Mauerbau im Zuge der Integration v. Stadelhofen existierenden Toren vor diesem Vorort. Es lag in der heutigen Kreuzlinger Straße südlich v. Stadelhofen auf dem zum Stift führenden Weg (vgl. ebd., S.247 und H. Kölsch, Befestigungsanlagen, S.6 und Abb., S.25).

[167va|340]
i) *auf dieser Seite ist der Schriftspiegel mit Spalten sichtbar* ii) *Mz: v. späterer Hd. (vgl. fol.162va), mdbrT, abgeschnitten* iii) *Marg.: v. derselben späteren Hd., mdbrT, abgeschnitten:* [...]plach *[?]*

a) Christi Himmelfahrt b...b) langes Messer c) Kleid, Rock

Stainstrausz; dar nach jn acht |[iii] tagen sin wyb; Dar nach dry | wochen *fälle;*
erstach sich selb pet(er) | Stainstrausz, des selben Brůd(er), | jn diepolt
5 gumposts husz ob | nan mit aine(m) [b]swertlin vnd | messer[b] vor layd[1576]. |

J(!)n den selben tagen satztend | die Råt zů Costentz vnd ver | buttend den *Ratsbeschlüsse;*
10 blatz[1577] vnd das | spylen an fünff pfund pf(enning)[1578], | Vnd verbuttend
das lang håsz[c]/[1579] | vnd das kain man nit kainer | froen jn dem münster
reden | solt an ain pfund pf(enning)[1580]; Och | das kain man de hain kind |
betterin gesenhen solt[1581] Vn(d) | das och niema(n)t sweren solt[1582] | vnd
vil sôlicher sachen. |

[1573] 24. Mai.

[1574] Vgl. zu dieser Pestepidemie die Hinweise auf fol.161va, 163ra, 165ra und 167ra sowie die Schilderungen in der nebenstehenden Spalte und auf der folgenden Seite.

[1575] 14. Mai.

[1576] Vgl. den Bericht des Selbstmords auf fol.162va sowie die Korrektur des Todesjahres auf fol.165rb.

[1577] Während sich in der uns überlieferten Ordnung kein Hinweis auf den „Spielplatz" – ein Ort, an dem die Bürger unter Aufsicht dem Spiel nachkommen können; in den zwanziger Jahren eingerichtet; 1429 vom Brühl ins Zentrum an den Oberen Markt verlegt; seit 1436 zum alleinigen Ort des Spieles erklärt – findet, scheint unser Text v. einem diesen ebenfalls betreffenden Verbot auszugehen (vgl. P. Schuster, Gericht, S.121, allg. zur Politik des Rates zum Spiel ausführlich ebd., S.119ff).

[1578] Vgl. dazu die teils widersprüchliche Ratsordnung vom 9. April 1439: „Jtem ain rat hat verbotten und gesetzt also, daz nu hiefür nieman hie (...) dhainerhand spil uff dem brett tun solt, weder lustlis kouffen, fünfi nüni, gens badlach, der taferen bassen, hasen äffeln, noch dhainerhand ander spil, wie man das mit den würflen zu tun erdenken kan oder mag, kains wegs ußgenomen, denn in dem brett spilen mag man wol beschaidenlich tun, noch daz ouch nieman uff den karten inschlahen soll. Und wer der dhains überfert und nit halt, der sol on gnad 5 pfund dn zu buß geben (...)" (P. Ruppert, Chroniken, S.207, Anm.1). Vgl. hierzu auch P. Schuster, Gericht, S.121.

[1579] Vgl. dazu den entsprechenden Absatz der um 1436 erlassenen Kleiderordnung: „ (...) 2. Item es sond die frowen und öch junkfrowen ir röck und mäntel in solicher måß tragen und machen, es sie zů kilchen, zu stråß oder zu tantz, daz inen die nit mer uff der erde ligind noch nachgangind, denn 3 vinger breit und nicht mer. Item so sond die dienstmägt ir häß, röck und mäntel noch nit anders tragen und machen, denne daz inen die blöß uff die erd stössint und nit lenger (...)" (O. Feger (Hg.), Richtebrief IV, Nr.21, S.175). Vgl. das nochmalige und ausführlichere Eingehen auf die Kleiderordnung auf fol.169ra mit weiteren Zitaten.

[1580] Vgl. dazu die um 1436 erlassene Ratsordnung: „(...) Item es sol ouch aber von hút disem tag hin dhain man, welher mans namen hät, mit dhainer frowen noch junkfrowen in den kirchen, weder im Munster noch in andren kirchen hie zu Costenz, dhainerhand gespräche haben, noch die frowen mit in. Und wer daz überfert, der sol ane gnade 10 ß den zu buß geben, es sin frow oder man (...). Doch ist darinne ußgenomen vatter, můter und kind, geswistergid, man und sin ewib: die mugen miteinander notdurftig ding ungevarlich wol reden ungestraft" (ebd. IV, Nr.23, S.176). Vgl. auch die nochmalige Erwähnung auf fol.169ra.

[1581] Vgl. auch dieses um 1436 erlassene Verbot, das v. O. Feger als solches v. „Zechgelagen bei Wöchnerinnen" interpretiert wird: „(...) Es haut och ain rat fůro gesetzt, also daz nu hinfür von hút disem tag dhain man (...), weder burger noch gast, zu dhainer kintbetterin gän noch dhain tagolti noch gesellschaft zů in legen noch bi inen leben sond. Und welher daz überfert, der sol on gnad 2 lb den ze buß vervallen sin (...)" (ebd. IV, Nr.22, S.176).

[1582] Vgl. das Verbot v. gotteslästerlichen Schwüren und Flüchen, ebenfalls um 1436 erlassen: „(...) Es hat ouch ain rate gesetzt und ist sin aminung, daz diser satz strengclich gehalten werde: Wan, wer der ist, frowe oder man, jung oder alt, der da swert bi gottes liden, marter oder gelider oder wie er dhains frävenlich nennet und dabi swert, dhainswegs ußgenomen, der sol 5 ß dn zu bůß geben. Und wie er aber der swůr ainen tůt und ain verh darzu nennet, der sol 10 ß d geben. Welher aber dhains wegs swert by unser liben frowen gelider und si darzu nennet, der sol och 10 ß d ze buß geben (...). Welher aber dhainswegs swert by gott und siner lieben můter und ir aintweder gelider darzů nennet, der git ane gnade 2 lb dn. zu bůß. Wer ouch ainem hailigen flůchet oder sunst ander so ungewonlich und ungenant swůr tůt, da behalt ain rat im selbs die straf, der och ainen solichen maint ze strafen an lib und an gůt (ebd.

[167vb] J(!)tem Sy satzten och, als vor | mals ain Råtz knecht jn der | ^aRaut stuben^a
was, der vs vn(d) | jn liesz, das dannethin en- | kainer mer sôlt dar jnne |
sin Vnd sôltend die Råtz- | her(r)en ye ainer ain woch(e)n | jn vnd vsz lon;
vnd d(a)z w(a)z | ain gût gesatzdt^b. |

5

J(!)n dem vorgeschriben jaure | starb man gar vast jn al- | len landen^1583   *Pest;*
vnd kam gen | Basel vor pfingsten^1584. also | was der sterbet zů Basel so |
grosz, das dero von Basel | wol vff tusend personen | sich vffhûbend vnd   *Prozessionen*
10 giengen | mit zwôlff priest(er)n gen ain- | siedel(e)n zů vnser lieben froen.   *der Basler nach*
| die priester viengend an | zů Basel jn der stat singen | vnd sungen bisz zů   *Einsiedeln und*
vnser | lieben froen. da sungend sy | ain mettin vnd ain loblich | mesz von   *Todtmoos;*
vnser lieben froen | vnd bichtotend vn(d) giengend | zů dem hailigen
sacrament | mit ernst vnd andacht vn(d) | zugend do wyder haym. Sy |
15 Rûfftend vnser lieben froen |
[168ra|341]^i an, das sy got båtte, das er | sinen zorn gegen jnen ab | liesse, also
vngestûmenlich | tåten sy mit sterben^1585. Der | glich giengend och wol vff
| fünffhundert personen vo(n) | Basel jn das todmos^1586 jn de(m) |

IV, Nr.24, S.176f). Vgl. zur gesamten Problematik mit Hinweisen auf einzelne Konstanzer Deliktsfälle ausführlich
P. Schuster, Gericht, S.74ff.

[167vb]
a...a) Ratsstube, Sitzungssaal im Rathaus b) Gebot, Gesetz

1583 Vgl. zu dieser Pestepidemie die Hinweise auf fol.161va, 163ra, 165ra, 167ra und 167va sowie auf fol.168rb.
1584 24. Mai.

[168ra|341]
i) *auf diesem Blatt ist der Schriftspiegel mit Spalten sichtbar*

1585 Während bei R. Wackernagel, Basel, Bd.2/2, beide Prozessionsziele auf S.774 nur allg. erwähnt werden, finden
wir in verschiedenen historiographischen Werken aus Basel teils recht ausführliche Hinweise darauf (vgl. Basler
Ratsbücher, S.50f; Chronik Erhards von Appenwiler, S.252f; Des Kaplans Niklaus Gerung gen. Blauenstein Fortsetzung der Flores Temporum, S.53). Die Prozession nach Einsiedeln erfolgt acht Tage nach dem Beschluss am 10.
Juli. Einsiedeln wird am 13. Juli erreicht. Der Bericht Erhards v. Appenwiler, der 13 beteiligte Geistliche namentlich
nennt, lautet u.a. (S.252f): „et fuerunt isti domini: dominus de Nuwenfeltz canonicus, magister Petrus Textoris (...)
scilicet cum 1400 homines, et cum magna devotione, cum duabus crucibus. et civitas cum concilio ordinarunt
magnam obedientiam sacerdotibus, quod nullus loquebatur verbum in via. Item sciendum est quod sacerdotes
inceperunt cantare in Basilea, et duravit usszque ad locum beate virginis sine intermissione, et cottidie omnes
celebrarunt concilium dedit indulgentias omnibus a pena et culpa confessis contritis".
1586 Todtmoos, Lkr. Waldshut: 1267 erstmals urkundlich erwähnt; Besiedlung des Waldes im hinteren Wehratal setzt
anscheinend in der Mitte des 13. Jhs. unter dem Einfluss der Herren v. Klingen ein; Siedlung entsteht rund um die
Wallfahrtskirche; 1272 fällt Todtmoos an Habsburg; vorderösterreichische Vogtei; wird 1319 v. Herzog Leopold v.
Österreich mit der Kirche samt allem Zubehör und Rechten mit Ausnahme v. Schwarzenbach dem Benediktinerkloster St. Blasien überlassen (vgl. LBW, Bd.6, S.1020f).

swartzwald zů vnser lieben | froen[1587], als die vŏrdrigen gen | ainsidel(e)n.

5 |

J(!)n dem jar als vor stat do | gab man ainen mut kern | zů costentz vmb   *Korn- und*
vier guldin. | vnd kam jn dem selben jar | dar zů, ee das sant martins | *Weinpreise;*
10 tag[1588] kam, das man ain mut | kern gab vm(b) zwŏlff schilli(n)g |
pfenni(n)g vnd nåher. Der | glich vmb den win; do gab | man ain fůder
vmb zway | vnd zwaintzig vnd vmb | zwaintzig pfund pfenni(n)g. | vnd jn
dem selben jar do gab | man ain fůder vmb acht | pfund vnd vm(b) fünff
pfund | pfenni(n)g vnd nåher. Dar | vmb sol niema(n)t an dem al- |
15 måchtigen got verzagen; |
[168ʳᵇ] Er kan tür vnd woluail mach | en, wan sin erbårmd wyll. |

Jn menger gegne da sturbend | die lüt vs über das halbtail | oder mer vnd   *Pest;*
5   an mengen | enden zů ainlitzigenᵃ, zwain | oder dry hŏfen gantz vsz, d(a)z
| die ŏd stůnden one jn woner. | vnd was ain rechter lands | sterbend vnd
pestilentz[1589]. vn(d) | was der herpst als warm[1590] | als der ougst. | *warmer Herbst;*

10 Jn dem jar ward och der best | win am ortenberg, der jn | allem land ward;   *Weinqualität*
vnd gab | man ain fůder vmb nün | vn(d) vm(b) acht pfund pfenni(n)g. | *und -preise;*

15 Des jars wůchsend gar vil | ᵇveld müszᵇ vnd tetten grossen | schaden an   *Feldmausplage;*
dem korn vnd | samen vff dem veld. |

[1587] Wallfahrtskirche Mariä Himmelfahrt: um 1260 schenkt Walther v. Klingen den Wald im hinteren Wehratal dem
Bischof v. Konstanz und der Dt.-Ordens-Kommende in Beuggen mit der Auflage, hier ein Gotteshaus zu errichten;
erste Kapelle wird der Todtmooser Sage nach 1255 v. Leutpriester Dietrich v. Rickenbach (Säckingen) nach einer
Erscheinung am Schönbühl zwischen dem Todtenbach und der Wehra aus Holz erbaut; 1268 Errichtung der Wall-
fahrtsstätte aus Stein durch Rudolf v. Habsburg und Erhebung zur Pfarrkirche (sog. „Gnadenkapelle"); um 1300
Neubau einer prächtigen gotischen Kirche, die 1319 an das Kloster St. Blasien übergeht; vor 1423 inkorporiert (vgl.
LBW, Bd.6, S.1021; J.A. Ruf, Todtmoos, S.17ff, 61). Dieser Bittgang in den v. Basel ca. acht Stunden entfernten Ort
wird am 10. Juni vom Rat angeordnet und erfolgt am 12. Juni „cum 22 prespiteris" (Chronik Erhards von Appenwiler, S.252). Entgegen der hier angegebenen Teilnehmerzahl sind es nach derselben Chronik „in numero 1.000
hominum" (ebd., S.252) gewesen. Eine bei Mone zitierte, weniger glaubwürdige Basler Chronik spricht v. zwei Prozessionen nach Todtmoos, die mit 10.000 Menschen am 11. Juni bzw. mit 200 Teilnehmern am 21. Juni statt-
gefunden haben sollen. Auch an der Prozession nach Einsiedeln sollen nach dieser Quelle 10.000 Personen teilgenommen haben (vgl. F.J. Mone, Quellensammlung I, S.222).
[1588] 11. Nov.

[168ʳᵇ]
a) einzelne, einsame b...b) Feldmäuse

[1589] Vgl. zu dieser Pestepidemie die Hinweise auf fol.161ᵛᵃ, 163ʳᵃ, 165ʳᵃ, 167ʳᵃ, 167ᵛᵃff.
[1590] Diese Nachricht ist weder bei W. Düwel-Hösselbarth, Ernteglück noch bei R. Glaser, Klimageschichte verzeichnet.

[168ᵛᵃ|342] J(!)n dem vorgena(n)ten jar do | gieng es nit gar wol: Es | warend zwen *Papst Felix vs.*
bâbst; das | conciliu(m) zů Basel het ain | erwelt mit namen felix¹⁵⁹¹, | was *Papst Eugen;*
ain hertzog vo(n) saphoy, | was ain Cartuser worden, | vnd wolt niemant
nütz | von jm halten vnd hielt | man eugeniu(m)¹⁵⁹², der vor | Baupst vnd
5 zů Rom von | den cardinâln erwalt w(a)z. | do kriegtend och der von | *Württemberg vs.*
wirtemberg¹⁵⁹³ mit den von | vlm vnd jren puntgnossen¹⁵⁹⁴. | *Ulm;*

[168ᵛᵇ] D(!)es vorgena(n)ten jaurs vm(b) | Sant gallen tag¹⁵⁹⁵ do Starb | der *Tod v. König*
durchlüchtend Grosz | mâchtigost küng albrecht, | Rômscher küng, zů *Albrecht II.;*
hung(er)n | vnd zů Behem künig etc.¹⁵⁹⁶, | vnd was nit mer dan(n) |
anderhalb jar küng ge- | wesen. Des erschrak alles | land, dan(n) er gar ain
5 frum(mer), | Cristenlicher fürst was. |

[169ʳᵃ|343] Al(!)sⁱ man von der gepurt | cristi zalt tusend vier | hundert vnd viertzig *1440*
jare | do verbutten die Râte zů | Costentz den froen die langen | mântel *Ratsbeschlüsse;*
vnd sôlten füro nit | lenger tragen, dan(n) die jnen | nun dry vinger
nachgieng- | en vnd nit mer¹⁵⁹⁷, vnd d(a)z der | hals sôlt bedekt sin, der

---

¹⁵⁹¹ Vgl. zu Papst Felix V. bereits die Hinweise auf fol.147ʳᵇf. Die Wahl durch das Konzil erfolgt am 5. Nov. 1439.
¹⁵⁹² Die Wahl v. Papst Eugen IV. erfolgt am 3. März 1431, die Krönung am 12. März.
¹⁵⁹³ Zu dieser Zeit wird Württemberg v. den Grafen Ludwig I. (geb. vor dem 31. Okt. 1412; nach vormundschaft-
licher Regierung seit 1419 eigenständig seit Nov. 1426; seit 1433 Mitregierung des Bruders; 1441/1442 Teilung des
Landes: erhält den südwestlichen sog. Uracher Landesteil; gest. 23./24. Sept. 1450) und Ulrich V. dem Vielgeliebten
(geb. 1413; Mitregierung seit 1433; erhält bei der Teilung den nordöstlichen sog. Stuttgarter Landesteil; gest. am
1. Sept. 1480) v. Württemberg regiert (vgl. Haus Württemberg, Nr.3.0.4, S.80ff und Nr.3.0.6., S.86ff; T. Fritz, Ulrich
der Vielgeliebte).
¹⁵⁹⁴ Nachdem die Schlacht v. Döffingen zunächst einen gewissen Bruch innerhalb der reichsstädtischen Geschichte
markiert, entsteht bereits 1390 der Schwäbische Städtebund unter der Leitung v. Ulm erneut. In den 30er Jahren des
15. Jhs. brechen die seit dem Städtekrieg bestehenden ständeübergreifenden Einungen infolge zunehmender Spannungen allmählich auseinander. Der Bund zwischen den Grafen v. Württemberg und zwanzig oberschwäbischen
Städten – „das stabilste Friedenselement seit 1395" (D. Mertens, Württemberg, S.49) – wird 1435 ein letztes Mal erneuert und läuft 1438 aus. Gerade in diese Zeit, d.h. Ende der 30er/Anfang der 40er Jahre, fallen vielfältige Auseinandersetzungen zwischen den Reichsstädten und einzelnen Adligen wegen deren Raubrittertums (vgl. z.B.
Berichte auf fol.161ʳᵃ, 171ʳᵃ, 172ʳᵇ, 173ʳᵇff, 174ʳᵇff). Eine Fehde oder gar ein Krieg zwischen den Grafen v. Württemberg und dem Schwäbischen Städtebund 1439 lässt sich nicht nachweisen, vielmehr bemüht sich Württemberg
verschiedentlich um Vermittlung (vgl. ebd., S.49; H. Blezinger, Städtebund; T. Fritz, Ulrich, S.29f). Möglicherweise
bezieht sich dieser Hinweis auf den ein Jahrzehnt später anzusetzenden sog. Zweiten Städtekrieg zwischen den
Reichsstädten und Ulrich V. v. Württemberg im Verbund mit dem Markgraf Albrecht Achilles v. Brandenburg bzw.
anderen Fürsten.

[168ᵛᵇ]
¹⁵⁹⁵ 16. Okt.
¹⁵⁹⁶ König Albrecht II. stirbt am 27. Okt. 1439 in Neszmély.

[169ʳᵃ|343]
i) Al(!)s] A *3-z. Lomb., v. der Hd. des Rubr., mroT*

5 man- | tel obnan vnd d(a)z tůch^a glich | zů kilchen, zů straus vn(d) zů |
tantz¹⁵⁹⁸. Jtem vnd d(a)z kain | froe mit kainem man jn | der kirchen reden
sôlt¹⁵⁹⁹; yeg- | klich stuk an ain pfund pf(enning). | Jtem Es wurden ettlich
froen | gebůst vmb zway pfund pf(enning): | ains vmb den mantel, das |
ander vmb den hals. Des | jars was v̊lrich Blaurer | Burg(er)maister, der *Bürgermeister;*
10 satzt das | vff; vnd was wol geton, dan(n) | das es den froen gar vnlidig^b |
was, doch bestůnd es ain zytt. |

[169rb] J(!)n dem jar vorgena(n)t do vieng- | end die von zürch R̊udolffen | *Gefangen-*
Maysen¹⁶⁰⁰, der ir Burg(er)maister | was gewesen, vnd leiten jn | hertt *nahme v. Rudolf*
gefangen. do sin fründ | des jnnen wurden, do giengen | sy für die R̊at vnd *Meis in Zürich;*
wolten wys- | sen was er geton hett. Denen | noch niemant, her(r)en noch
5 stet | ten, wolt man sagen, was er | get̊on hett. vnd můstend sine | frund
alle sweren ayde zů got | vnd den hailigen, dar zů ewen- | clich nütz ze
redend noch ze- | tůnd, noch das ^aschaffen get̊on | werden^a, an lib vnd an
g̊ut. Sy | hettend wyllen, jn ze vermu- | rend^b ewenclich, Bisz das er | jn
der fangknüsz^c sturbe. Vn(d) | kund niemant die sach wyssen | noch

---

a) Gewand b) unangenehm, unleidlich

¹⁵⁹⁷ Vgl. hierzu die Hinweise auf fol.167va mit dem entsprechenden, dort in der Anm. bereits zitierten Absatz der Kleiderordnung.

¹⁵⁹⁸ Vgl. die entsprechenden Teile der Ratsverordnung, die „um 1436" erlassen wird: „(...) 1) Es hant burgermaister und rate gesetzt, daz von nu unsers herren fronlichnams tag ze nåchst die nechstkomenden jar uß alle frowen, jungkfrowen und hußmägde hie ze Costentz, rich und arme nieman ußgelåßen, irů hoptücher und mäntel also machen und tragen sond, daz das hopttůch und der mantel völlenclich zusamen stoßen und gangind, also daz ainer yeglichen der halse hinnen vollecklich gedeckt sie, es sie mit dem mantel oder dem hobttůch, daz man inen den halse da hinnan dhains wegs blôs sehe. Doch als tochtran sint, ob die barhobt und in iren kräntzlin zu kilchen oder zu straß gan wend, daz mügen si wol tůn als von alters her (...) 2) Item es sond die frowen und ôch junkfrowen ir röck und mäntel in solicher måß tragen und machen, es sie zů kilchen, zu stråß oder zu tanz, daz inen die nit mer uff der erde ligind noch nachgangind, denn 3 vinger breit und nicht mer (...) 4) Und wer der vorgenanten stuck ir ains oder mer uberfert, als dick daz beschicht, der sol ane gnade 1 lb. d. zu bůß vervallen sin unläßlich zu bezalen (...)" (O. Feger (Hg.), Richtebrief IV, Nr.21, S.175; R. Ruppert, Konstanzer Kulturskizzen, S.46 datiert diesen Ratsbeschluss nach dem Ratsbuch auf 1450).

¹⁵⁹⁹ Vgl. hierzu die Hinweise auf fol.167va mit dem entsprechenden, dort in der Anm. bereits zitierten Verbot des Sprechens zwischen Frauen und Männern in der Kirche.

[169rb]
a...a) v. schaffen getan zu werden: veranlassen, etwas zu tun [hier: über den Fall zu reden (vgl. diese nach allen Seiten abgesicherte Schweigeverpflichtung)] b) v. vermuren: einsperren, einschließen c) Gefängnis, Gefangenschaft d...d) hielten alle für ungerecht e) gerecht, richtig

¹⁶⁰⁰ Rudolf Meis: Angehöriger des Züricher Patriziats; Vater: Heinrich Meis (v. 1393-1427 jedes zweite Halbjahr Bürgermeister); langjähriger Ratsherr; Züricher Bürgermeister in der zweiten Jahreshälfte 1438; Exponent der eidgenössischen Partei; scheidet 1439 vermutlich nicht – wie bspw. im HBLdS zu lesen – aus politischen Gründen, sondern wegen seiner Liaison mit Anna v. Hewen, der Äbtissin der Fraumünsterabtei, aus dem Rat aus (vgl. HBLdS, Bd.5, S.69; A. Niederstätter, Zürichkrieg, S.72f, 232).

[169va|344]
a) ohne einen Kampf/eine Schlacht auszutragen

10 erfaren, war vmb das | wåre vnd wa mit er d(a)z ver | schuldt hette, dan(n) jn meng- | clich für ain frum(m)en man | hielt. vnd das ^d^nam mengclich | vnbillich^d vnd mainten he(ren) | vnd stett, das sy das nit billich^e | hetten getŏn vnd jm gewalt | vnd vnrecht beschåhe; das wys- | send sy wol. Es getorst niema(n)t | nütz, dar zů reden noch tŏn. | Dar nach leiten sich die *15* aid | genossen für zürch Vnd | da mit ward er ledig. |

[169va|344] J(!)n dem vorgeschriben jaur | vnd da vor jn dem nåchst(e)n | jar oder mer, *Alter Zürich-* als der vo(n) tog | genburg was abgegang(e)n, | kriegten die von zürch *krieg;* vn(d) | die von Swytz mit ainander | vmb ettlich land vnd lüt^1601. | vnd gewonnend die von | zürch zway hüser^1602 vn(d) zu- | gend dick vff *5* ainander zů, | aber vngevochten^a. Do ze | mal warend die vo(n) wyl | och by den von Swytz. vff | ain zyt zugend die vo(n) swytz | vff die von zürch vnd och | die von wyl^1603 vnd namen | die von wyl den vo(n) zürch | vil vechs By winterthur. |

10

J(!)n dem jar ward lützel win | an vil enden vnd vil opss^1604; | Man gab ain *Ernte und* viertal gůt(er) | ŏppffel vm(b) vier oder fünff | pfenni(n)g. | *Preise;*

[169vb] A(!)b(!)er jn dem vorgenanten | jar vmb sant Michahels | tag^1605 do kam *Graf v. Lupfen* ain måchtiger, | ^aRaysige[r]^i züg^a By sechzehen | hundert pfåriden jn das | *vs. Bischof* hegŏw vnd cleggŏw vn(d) | über vielend Byschoff hain(rich) | von hŏwen, *Heinrich v.* Byschoff zů Co- | stentz, Vnd namend zů | Nünkirch vnd zů hallow^1606 | *Hewen;*

---

^1601 Vgl. auch die Ausführungen auf fol.154va, 155^vaf, 167rb, 180^raff und 184^rbff. Da es sich hierbei um die Auseinandersetzungen im Okt./Nov. 1440 handelt, sind vor allem die Hinweise zu fol.167rb heranzuziehen.

^1602 Gemeint sind wohl die Besetzungen v. Rüti, Bubikon und Elgg, die in Reaktion auf den Kriegszug v. Schwyz und Glarus in das Sarganserland v. ca. 1800 Mann des Landvolks Ende Oktober erfolgen (vgl. A. Niederstätter, Zürichkrieg, S.86).

^1603 Schwyz tritt unverzüglich nach dem Scheitern des Vermittlungsversuches am 2. Nov. an die sich in ihrem Landrecht befindliche Stadt Wil heran und fordert sie auf, gegen Zürich zu ziehen. Die dem Abt v. St. Gallen zugehörige Stadt sagt den Zürichern daraufhin am folgenden Tag ab und unterstützt Schwyz im Kampf gegen Zürich. Noch am 18. Nov., sechs Tage nach dem offiziellen Ende der Kampfhandlungen, am Tag des Abschlusses der Friedensverhandlungen, klagt Zürich u.a. die Wiler an, auf ihrem Gebiet zu liegen und ihren Leuten zu schaden (vgl. A. Niederstätter, Zürichkrieg, S.87f, 92).

^1604 Diese Erntenachrichten berichten anscheinend allein Konstanzer Quellen (vgl. H. Buszello, „Wohlfeile", S.32).

[169vb]
i) Raysige[r]] r *fehlt SG*

a...a) Kriegszug b) in Unkenntnis der Ursache (der Auseinandersetzung) c) v. wydersagen: eine Fehde ansagen, den Krieg erklären d...d) sie hielten sich aber zurück, sie bewahrten aber Ruhe

^1605 29. Sept.

^1606 Hallau, Kt. Schaffhausen: urkundlich erstmals 1095 erwähnt; im 11. Jh. gelangt es unter die Herrschaft des Klosters Allerheiligen; dessen Stifter und Kastvögte, die Nellenburger, besitzen neben ausgedehntem Grundbesitz die niedere Gerichtsbarkeit, die sie 1302 an den Bischof v. Konstanz verkaufen, der bereits die hohe Gerichtsbarkeit besitzt, die bischöfliche Territorialherrschaft Neunkirch-Hallau einrichtet und in der zweiten Hälfte des 15. Jhs. gegen die Grafen v. Sulz in einem Prozess behauptet (vgl. SchwLex, Bd.5, S.287; HHS, S.263f).

5   das vech Vnd Enthieltend | sich zů stůlingen[1607] vn(d) zů hô- | wen[1608]/[1609].
Vnd do sy also ᵇvnwys | sender sachᵇ herin komend, | do wyderseitenᶜ sy
erst dem | Byschoff vnd aller pfaffhait | vnd robtend vnd brantend |
allenthalb. Nun was der | Byschoff in der geselschafftt[1610] | vnd och die
von Costentz; | ᵈSy tåtten aber gmach dar | zů.ᵈ also ward ain tag ge |
10   macht gen Ratolffszelle | vnd komend alda zůsamen[1611]. | do verhort man
bayd tayle | des zügs. hoptman vn(d) såcher | warend Grauff hainrich[1612]
vn(d) | sin Brůder[1613] von luppffen vn(d) | ir helffer. Der selb graue |
hain(rich) was wyder den By- | schoff von der kirchen we- | gen zů
Engen[1614]. Maint der | byschoff, der von luppffen | sôlt die ersten frücht

---

[1607] Stühlingen, Lkr. Waldshut: erstmals 1093 urkundlich erwähnt; Anfang 12. Jh. Grafensitz; Burg (vgl. folgende Anm.) erstmals 1251 belegt; zunächst vermutlich im Besitz der Herren v. Rudlingen, später dann in dem der Küssaburger und seit 1251 nach dem Streit mit dem Bistum in der Hand der Grafen v. Lupfen; Entstehung der Stadt im Zusammenhang mit der Burg; bis zum Aussterben des Landgrafengeschlechts 1582 als Reichslehen in deren Hand (vgl. LBW, Bd.6, S.1026).

[1608] Burg Hohenhewen: bei Engen im Hegau auf dem „mächtigsten aller Hegauberge" liegend; Burgengründung wohl um 1170; seit 1174 nennt sich ein Herr v. Engen erstmals v. Hewen; lange Zeit im Besitz der gleichnamigen freiherrlichen Familie; 1404 erhalten die Grafen v. Lupfen-Stühlingen die Herrschaft Hewen als Pfand; Hauptstützpunkt des Raubrittertums (vgl. R. Kiewat, Ritter, S.104ff; M. Gosse/H. Noll, Burgen, S.89f; T. Gut, Hohenhewen, v.a. S.51ff, 125ff, 141ff).

[1609] Hintergrund dieses Überfalls der Grafen v. Lupfen 1440 mit einem großen Heer, bei dem das bischöfliche Neunkirch sowie Hallau geplündert werden, ist der Kampf Bischof Heinrichs v. Hewen um die Rückgewinnung der Herrschaft Hewen für seine Familie. Die Herrschaft ist 1398 mit dem Vorbehalt des Wiederlösungsrechts bei Rückerstattung der Pfandsumme v. Peter und Wolf v. Hewen an Herzog Leopold VI. v. Österreich verpfändet worden, dann aber über Thüring v. Ramstein (1403) an Johann I. v. Lupfen gekommen (vgl. Verpfändung im Nov. 1404; Erhalt v. Hewen und der Stadt Engen 1415 als Reichslehen; Abtretung aller rechtlichen Ansprüche durch Wolf v. Hewen 1418). Dem Grafen v. Lupfen gelingt es v. König Sigismund am 11. Jan. 1423 alle habsburgischen Rechte an Hewen sowie ein königliches Einlöseverbot zu erwirken. Der Bischof bzw. dessen Brüder betreiben nun aber mit Zustimmung Herzog Friedrichs IV. v. Österreich seit 1437 die Einlösung des ehemaligen Familienbesitzes (vgl. REC IV, Nr.10316, 10327; FUB VI, Nr.220; W. Wetzel, Herren von Hewen, S.131f; W. Sandermann, Herren von Hewen, S.84ff; P. Stärk, Heinrich von Hewen, S.19ff und S.49ff; C. Heyer, Hans I. von Lupfen, S.61f; P.F. Kramml, Heinrich IV. von Hewen, S.387f).

[1610] Rittergesellschaft mit St. Jörgenschild: zeitlich befristete Zusammenschlüsse, Einungen v. hohen und niederen Adligen, die v.a. in den Gebieten des alten Herzogtums Schwaben auftreten (Schwerpunkt: nördliches Bodenseegebiet und an der oberen Donau); 1406 als Kampfbund gegen die Appenzeller gegründet; Ziele: v.a. Sicherung des Landfriedens und der eigenen Rechte; Hauptmittel der rechtlichen Auseinandersetzung: Schiedsgericht; ständische Interessenvertretung des ritterbürtigen Adels; im 15. Jh. zahlreiche Bündnisse mit anderen Reichsständen (vgl. LexMA, Bd.7, Sp.1170; H. Mau, Rittergesellschaft, Bd.1; R. Kiewat, Ritter, S.20ff; H. Carl, Vom Appenzellerkrieg).

[1611] Vgl. den folgenden Text, insbesondere fol.170ʳᵇ.

[1612] Heinrich IV. v. Lupfen: Landgraf zu Stühlingen; mit den Brüdern 1437 mit den Herrschaften des Vaters Johann I. belehnt; 1439 Belehnung für sich und seine Brüder mit der Vogtei Schleitheim und einem Teil des Dorfes Ruelasing vom Abt der Reichenau; 1456 Landvogt im Thurgau und Vogt zu Feldkirch; gest. 1477 (vgl. OBG, Bd.2, S.547; C. Heyer, Hans I. von Lupfen, S.131; ESt, Bd.12, Taf.94).

[1613] Sigmund I. v. Lupfen: u.a. Herr v. Hewen, (Hohen-)Landsberg/Elsass und Roseneck; Landgraf zu Stühlingen; mit den Brüdern 1437 mit den Herrschaften des Vaters belehnt; 1470 österreichischer Rat und Landvogt des Schwarzwaldes; gest. 1494 (vgl. OBG, Bd.2, S.547; C. Heyer, Hans I. von Lupfen, S.131; ESt, Bd.12, Taf.94). Vgl. auch den Bruder Eberhard: ebenfalls Mitglied des St. Jörgenschild; gest. 1448 (vgl. OBG, Bd.2, S.547).

[1614] Engen, Lkr. Konstanz: 796/954 (Kop. 15. Jh.) Engen (fraglich); 1086 (Kop. 12. Jh.) (de) Engin; Stadtgründung in der ersten Hälfte des 13. Jhs.; edelfreie Herren v. Engen 1086-1138; später alle Rechte bei den v. Hewen und den Fürsten v. Fürstenberg; seit dem 15./16. Jh. Sitz der Verwaltung der Herrschaft (Hohen-)Hewen; zu dieser Zeit im Besitz der Grafen v. Lupfen und einer der Ausgangspunkte zahlreicher Überfälle und dadurch immer wieder v. den Grafen v. Lupfen durch Wegelagereien in Bedrängnis gebracht; vgl. auch die bei der Stadt liegende Burg Krenkingen (vgl. LBW, Bd.6, S.721; R. Kiewat, Ritter, S.110; O. Feger, Geschichte, Bd.III, S.240f).

15 geben | von der kilchen, So maint |

[170ra|345]ⁱ der von luppffen, er sŏlt sy nit | geben. Vnd ward die kirch | zů Engen jn den ban getŏn¹⁶¹⁵ | vnd die lüt, das man die lüt | an das veld mŭsdt begraben | vnd ettlich kind ^aon den toff^a | verschiedend^b vnd vil ellen- | der

5 sachen erhŭbend sich da | von. das was ain sach vn(d) | zů clag, die grauff hain(rich) | von luppffen zů dem By- | schoff hett vnd jm dar vm(b) | wyderseit. Er kam och gar | mächtig dar¹⁶¹⁶; Mitt jm wa- | rend da: der hertzog von | Schiltach¹⁶¹⁷, der von helffen | stain¹⁶¹⁸, zwen münch von | Basel¹⁶¹⁹, der von Råtzenhusen¹⁶²⁰, | der grauff von salm¹⁶²¹ Vnd | sust vil

10 grauen, fryen, Ritt(er) | vnd knecht. Jtem die and(e)r | sach, dar vmb er

---

[170ra|345]

i) *auf dieser Seite ist der Schriftspiegel mit Spalten sichtbar*

a...a) ungetauft b) v. verscheiden: sterben c...c) unangekündigt, ohne Fehdeansage

¹⁶¹⁵ Nach einer Entscheidung des Konzils v. Basel vom 9. Juni 1435 dürfen weder Annaten, Servitien noch Erste Früchte an die Kurie oder woandershin für die Verleihung einer Pfründe bezahlt werden. Die Grafen v. Lupfen verweigern daraufhin die Zahlung der Ersten Früchte an den Bischof v. Konstanz. Dieser nimmt dieses Verhalten 1438 zum Anlass, gegen die Patronatsherren v. Stühlingen, Engen und Schwaningen mit dem Interdikt und der Exkommunikation einzuschreiten, woraufhin u.a. das Basler Konzil eingeschaltet wird. P. Schuster, Der gelobte Frieden, S.38 spricht in diesem Zusammenhang im Hinblick auf das Vorgehen des Bischofs v. einer „Politik der Nadelstiche und Provokationen" (vgl. REC IV, Nr.10327, 10152; FUB VI, Nr.220; H. Stärk, Heinrich von Hewen, S.23f).

¹⁶¹⁶ 1440 initiieren die Grafen v. Lupfen den bereits eingangs erwähnten Rachefeldzug gegen den Bischof (vgl. den ausführlichen Bericht sowie den dabei ebenfalls zitierten Fehdebrief vom 27. Sept. bei C. Schulthaiß, Collectaneen, Bd.1, S.146½f und ders., Bisthums-Chronik, S.63f). Am 29. Sept. rücken ca. 1600 Berittene, Ritter und Knechte aus, überfallen Nünkirch, Hallau und ziehen auch sonst plündernd durch den gesamten Landstrich (vgl. auch den Hinweis auf fol.171va). Heinrich v. Hewen rüstet daraufhin ebenfalls zum Kampf (vgl. REC IV, Nr.10327; FUB VI, Nr.220 mit Zitat aus Schulthaiß; H. Stärk, Heinrich von Hewen, S.24).

¹⁶¹⁷ Herzog Reinold VI. v. Urslingen: Angehöriger des bedeutenden Adelsgeschlechts; Herzog v. Schiltach; erster urkundlicher Beleg 1381 (noch unmündig); an der Fehde gegen Konstanz wegen Heinrich Wetzel v. Überlingen (vgl. Bericht auf fol.172rb) beteiligt; gest. vor dem 11. Nov. 1442 als letzter legitimer Urslinger (vgl. K. Schubring, Herzoge von Urslingen, S.90ff, 239; ESt, Bd.11, Taf.80).

¹⁶¹⁸ Friedrich II. v. Helfenstein; geb. 1408; 1435 Dt.-Ordens-Vogt zu Grebin; 1438-53 Hauptmann der Grafschaft Hohenberg; 1447 Herr zu Sulz; 1465-83 württembergischer Rat; 1480 in Herbingen und Nellingen; gest. 1483 (vgl. ESt, Bd.12, Taf.58).

¹⁶¹⁹ Burckhart Münch v. Landkron, der Junge : Angehöriger der Basler Familie Münch; 1420 erstmals urkundlich belegt; 1424 Vogt zu Landser; 1429 Fehde mit Straßburg; Lehensmann des Markgrafen v. Baden; neben seinem Bruder „Führer des aufrührerischen Volkes im Hegau" und Mitglied der „Freibeuterbande" (OBG, Bd.3, S.159); 1443 österreichischer Rat; gest. am 29. Aug. 1444. Johann (Hans) v. Landkron: des Erstgenannten Bruder; 1420 erstmals urkundlich belegt; 1433 Vogt zu Heiligkreuz; 1443 österreichischer Rat; Lehensmann des Basler Bischofs; 1455 Rat des Erzherzogs Albrecht in Basel; württembergischer Feldhauptmann im Krieg gegen die Pfalz; stirbt kinderlos als letzter seiner Linie 1462 (vgl. OBG, Bd.3, S.159).

¹⁶²⁰ Angehöriger des weit verzweigten Adelsgeschlechts der v. Rathsamhausen, das bereits im 12. Jahrhundert nachweisbar ist und sich in verschiedene Linien teilt; zu dieser Zeit sind drei Brüder aktiv: Bernhard: erster Beleg 1417; 1434 zusammen mit Ulrich und Dietrich mit Schloss und Herrschaft Stein belehnt; weitere Belege 1438 und 1468. Dietrich: erster Beleg 1413; 1439 Schultheiß zu Oberelnheim; 1460 Vogt zu Rappoltsweiler; letzter Beleg 1462. Ulrich: 1416 Beisitzer des markgräflich-badischen Lehengerichts; 1427 im Pfandbesitz der Herrschaft Ochsenstein; 1436 unterzeichnet er den Burgfrieden v. Alt- und Neugeroldseck; wird 1437 geächtet, 1439 wieder mit Stein belehnt (OBG, Bd.3, S.348 und 350).

¹⁶²¹ Graf Simon III. zu Salm: gest. nach dem 26. Feb. 1475 (vgl. ESt, Bd.4, Taf.93).

wyderseit, | was von des stickels weg(e)n | von Costentz¹⁶²². des helffer
w(a)z | grauff hain(rich) vnd die and(er)n. | Stikel clagt zů dem Byschoff, |
wie er knecht vff sinen sun | hansen geschickt vn(d) gewisdt | hett, die jm
ᶜvngeseiter sachᶜ | sôlten sinen hals abslahen. | das och Beschǎch vor
15 ma(r)ch- | dorff; da ward er zů tod | erschlagen w(a)s [?] den sinen |
vngeseit. Ob aber das zů | gieng mit des Byschoffs | wyllen vn(d) wyssen,
das be |

[170ʳᵇ] vilh ich got. Dar vmb erhůb | sich der krieg, dan(n) der stikel | maint,
sinen sun ze rechend. | der tag zů zell zer schlůg¹⁶²³. |

5 D(!)ar nach ward vm(b) den krieg | ain fryd¹⁶²⁴ gemacht vo(n) sant Ot- | *Waffenstill-*
mars tag¹⁶²⁵ Bisz zů sant gergen | tag¹⁶²⁶. Do warend die vo(n) Cost(entz) | *stand;*
mit der Ritt(er)schafft jn punt | nusz; der glichⁱ der Byschoff | zů costentz. *Bündnispolitik;*
der mant nun | die Ritterschafft vnd die Ritt(er) | schafft mant die von
Costentz. | des kamen sy gen Zelle vnd | leiten dar den puntbrieff, | was
10 der jnn(en) hielt, Dan die | von costentz warend nit wyl- | lig, dem
Byschoff ze helffen, | vnd ward dem Byschoff | hilff abgesprochen¹⁶²⁷. |

[170ᵛ] Leere Seite

---

¹⁶²² Vgl. zu dieser Angelegenheit auch die Texte auf fol.162ʳᵃf, 165ʳᵇ und 166ʳᵃ. Der Konstanzer Bürger Konrad Sti-
ckel „hüb sich vff vnd gab zů Costantz sin bůrgrecht vff vnd rait mit iiij pfärden | vff höwen zů graff Hainrichen
vo(n) Lupfen vnd zů den von Rechberg, den klagt er | sein laid, was jm widerfuren war, vnd batt sÿ, das sÿ jm darzů
hülfend" (C. Schulthaiß, Collectaneen, Bd.1, S.146½, ähnlich auch ders., Bisthums-Chronik, S.64). Die beiden gegnerischen Parteien des Hauses Hewen schließen sich also zusammen. Während die Grafen mit anderen Adligen die
Angelegenheit Stickels zum Anlass nehmen, Fehde zu schwören, unterstützt dieser das Unternehmen mit 2.000 fl
finanziell (vgl. FUB VI, Nr.220, S.354 und bspw. W. Kanter, Hans von Rechberg, S.6).

[170ʳᵇ]
i) glich] g *v. der HHd. doppelt ausgeführt*

¹⁶²³ Während des im folgenden Abschnitt erwähnten Waffenstillstandes mahnt der Bischof die Rittergesellschaft und
Konstanz nach Radolfzell, um über die gemeinsame Abwehr künftiger Überfälle zu beraten. Sowohl Konstanz als
auch das Bündnis v. St. Jörgenschild unterstützen Heinrich v. Hewen nicht, sodass die Versammlung ergebnislos endet und die Fehde erneut ausbricht (vgl. FUB VI, Nr.220, hier S.354; W. Kanter, Hans von Rechberg, S.4f und
Anm.).
¹⁶²⁴ Unter Vermittlung der Rittergesellschaft St. Jörgenschild gelingt es am 16. Nov. 1440, einen Waffenstillstand mit
einer Dauer bis zum 23. April zu vereinbaren (vgl. so auch H. Stärk, Heinrich von Hewen, S.24).
¹⁶²⁵ 16. Nov.
¹⁶²⁶ 23. April.
¹⁶²⁷ Die Stadt Konstanz (vgl. das zweijährige Bündnis vom 7. Feb. 1439 bis zum 23. April 1441) und Bischof
Heinrich IV. sind mit der Rittergesellschaft St. Jörgenschild verbündet. Die Stadt verweigert jedoch als Reaktion auf
die Gefangennahme ihres Bürgers Konrad Stickel und die Tötung dessen Sohnes Hans durch die Brüder und Knechte
des Bischofs jede Hilfe. Auch die Gesellschaft selbst beteiligt sich nicht an der Auseinandersetzung (vgl. z.B. REC
IV, Nr.10408). Die Fehde zwischen den Grafen v. Lupfen und Bischof Heinrich endet 1441 zunächst mit einem
Vergleich (vgl. dazu der Bericht auf fol.172ʳᵃ) (vgl. P.F. Kramml, Heinrich IV. von Hewen, S.388; ders., Friedrich
III., S.133; vgl. ebd., S.131ff ein allg. Überblick zur Konstanzer Bündnispolitik).

[171ra|347] **Des**^i jårs als man von | der gepurt cristi zalt | tusend vierhundert vier- | tzig
vnd ain jare vff die | hailigen pfingsten mårkt | vnd och als die koff lüt gen   *1441 Überfall*
| genff^1628 wårend vnd alda uff | baiden mårkten gesin^1629 vn(d) | mit jrem   *auf Kaufleute;*
gůt wyder haim | ziehen woltend vnd die | von vlm vnd vil ander stet | ir
5   gůt hettend [bracht]^ii bisz gen stig(en)^iii/1630 | den Rin vff her vnd gen co- |
stentz woltend, So ist der | hertzog von schiltach^1631, der vo(n) |
luppffen^1632 vnd vil ander edel | lüt alda vnd nemend das | gůt vnd fůrtend
es durch | stain gen hôwen vff die Burg^1633. |

10   **D**(!)ar^iv nach, vff Sant v̊lrichs | tag^1634, do was gebotten den vo(n) | den   *Städtetag;*
Richstetten, wol vff süben- | tzigen, das man do sprach, | die sich
vnderreden^a wollten, | sôlichen gewalt zů verkom(en), | dan(n) es dem

---

[171ra|347]

i) Des] D *2-z. Lomb., v. der Hd. des Rubr., mblT* ii) [bracht]] *fehlt SG, Konjektur nach StAK, A I 1, fol.115^r
Ergänzung amreRa* iii) stig(en)] Stain *StAK, A I 1, fol.115^r Ergänzung amreRa* iv) **D**(!)ar] D *v. der Hd. des Rubr.,
mblT rubriziert*

a) v. vnderreden: sich beraten

1628 Genf (vgl. z.B. LexMA, Bd.4, Sp.1228ff; SchwLex, Bd.4, S.418ff; HHS, S.226ff).
1629 Seit der zweiten Hälfte des 13. Jhs. begünstigt der allg. wirtschaftliche Aufschwung Westeuropas, bei gleich-
zeitigem Niedergang der Champagne-Messen, die Entwicklung der ursprünglich regionalen Messen. Selbst un-
günstige konjunkturelle, politische und demographische Entwicklungen im 14. Jh. (vgl. u.a. 1334 Stadtbrand)
bremsen den Aufschwung Genfs zum europäischen Handels- und Finanzzentrum nicht. Der Höhepunkt der an Epi-
phanie, Ostern, Petri Kettenfeier (1. Aug.) und Allerheiligen abgehaltenen Messen liegt im 15. Jh. Als wichtigste
Handelsgüter sind zu nennen: importierte Luxuswaren wie Tuche, Seide, Gewürze, exotische Nahrungsmittel und
Kunstgegenstände sowie einheimische Gewerbe- und Agrarprodukte (vgl. LexMA, Bd.4, Sp.1229; SchwLex, Bd.5,
S.7; HHS, S.229).
1630 Stiegen, Lkr. Konstanz: 1367 erstmals urkundlich erwähnt; wohl alte Fischersiedlung; später Lager- und
Umladeplatz für Waren- bzw. v.a. Weinhandel (vgl. LBW, Bd.6, S.744).
1631 Herzog Reinold VI. v. Urslingen.
1632 Heinrich IV. v. Lupfen.
1633 Am 19. Mai 1441 überfallen also adlige Räuber – darunter Hans v. Rechberg, der Herzog v. Urslingen und Graf
Heinrich v. Lupfen – bei Stiegen am Untersee nahe Öhningen zwei Schiffe v. Ulmer und anderen Kaufleuten, die v.
der Genfer Pfingstmesse heimkehren (K. Schib, Schaffhausen, S.142 datiert wie etwa auch die Chronik G. Mangolts
oder C. Schulthaiß, Collectaneen fälschlicherweise auf den 23. Mai; vgl. aber den Bericht der in Ulm versammelten
Gesandten des Schwäbischen Städtebundes an die Kurfürsten in: RTA XVI, Nr.8 mit Datierung auf den 19. Mai,
Brief selbst v. 24. Mai). Die Waren, deren Wert auf 100.000 bis 120.000 fl geschätzt werden, sind kurz zuvor bei
Stein am Rhein aus den Wagen auf Schiffe umgeladen worden, um über Konstanz auf unterschiedlichem Wege wie-
tertransportiert zu werden (vgl. zur Bedeutung der ehemaligen Burg Oberstaad in diesem Zusammenhang R. Kiewat,
Ritter, S.177f). Die „Raubritter" – v. Fehden kann hier keine Rede sein – bringen Teile des erbeuteten Gutes mit
Hilfe v. 50 Bauern und 200 Pferden auf die Burg des Grafen v. Lupfen Hohenhewen bei Engen, einem Ausgangspunkt zahlreicher solcher Überfälle. Wie auf fol.174^rbf ausführlicher berichtet, ist v.a. der Warentransport auf dem
Rhein und damit die Versorgung der Städte, aber auch deren Stellung als Wirtschaftszentrum durch solches Raub-
rittertum zeitweise derart gefährdet, dass den Städten nur die gewaltsame Gegenwehr (vgl. den Bericht auf
fol.174^rbff) bleibt (vgl. FUB VI, Nr.230, S.362ff (mit zahlreichen chronistischen Auszügen zur gesamten Problematik); O. Feger, Geschichte, Bd.III, S.235ff; H. Blezinger, Städtebund, S.71f; H. Maurer, Konstanz II, S.82f;
K. Schib, Schaffhausen, S.142, 200).
1634 4. Juli.

Rŏmschen rich | ain verderben wår, kofflüt | also vnder truken.[1635] |

15

[171rb] Des yetz gemeldten jaurs, | als man vff dem koffhusz | Swůr, do ve(r)bott   *Münzpolitik;*
man, die | Rauenspurger füro nit me | ze costentz ze nemend, dan(n) | sy
vor jaren ain müntz ge | schlagen, dry zehen schilling | pfenni(n)g für ain
guld(in); die | nam man als vnser müntz. | dar nach jn der selben wysz |
  5   vnd vff das korn slůgend sy | ain ander müntz, sechzehen | schilling
pf(enning) für ain guldin. | da mit die lüt vast betrogen | vnd beschissen[a]
wurden, sund(er) | arm lüt, die sich nit kunden | vs der müntz
verrichten[b]/[1636]. |

[171va|348] J(!)n dem vorgeschriben jar do | kriegt der von luppffen[1637] vnd | hans von   *Fehde zwischen*
rechberg[1638] mit By | schoff hainrichen vo(n) hŏwen[1639]. | der von luppffen   *den Grafen v.*

[1635] Zahlreiche Reichsstädte aus Schwaben, Franken, dem Oberrheingebiet sowie dem Elsass bemühen sich 1441 um
einen Landfriedensbund. U.a. treffen sich auf Initiative der Bodenseestädte zwischen dem 2. und 5. Juli (und dann
noch einmal am 16. Aug.) Vertreter der Städte in Konstanz selbst. Aus Aufzeichnungen der Nürnberger Gesandten
wissen wir u.a., dass sich die Verhandlungspartner bereits morgens um sieben Uhr im Konstanzer Rathaus zusam-
menfinden, vom Bürgermeister, fünf Ratsherren und dem Stadtschreiber willkommen geheißen und durch eine Rede
des Vogts Hans v. Cappel begrüßt werden. Dieser „Städtekongress", auf dem die Prüfung v. Artikeln für eine Be-
schlussfassung auf der Tagesordnung steht, verläuft jedoch wie auch der folgende ergebnislos. U.a. wird als Grund
hierfür die distanzierte Haltung v. Konstanz angeführt (vgl. FUB VI, Nr.230, S.362ff; RTA XVI, S.36ff, 74ff und
Nr.34ff; H. Maurer, Konstanz II, S.83; H. Blezinger, Städtebund, S.73f; P.F. Kramml, Friedrich III., S.134f). Vgl. die
nochmalige Erwähnung der Städteversammlung auf fol.173va und zum weiteren Verlauf der Auseinandersetzungen
zwischen den „Raubrittern" und einzelnen Reichsstädten die Berichte auf fol.173[va]f und 174[rb]ff.

[171rb]
a) v. bescheissen: betrügen, hereinlegen b) v. verrichten: entschädigen lassen [da die Armen auf Naturalien angewiesen sind, ist ein Ausgleich des Kaufkraftverlustes durch Währungsumtausch nicht möglich]

[1636] Ravensburg ist zunächst nicht am Riedlinger Münzvertrag (vgl. Bericht auf fol.104vb) beteiligt, bemüht sich
jedoch rasch um eine nachträgliche Aufnahme in den Münzbund. Trotz der Bereitschaft, auf dem Konventionsfuß zu
münzen, beharrt Konstanz 1425 auf der Weigerung, Ravensburg aufzunehmen, „da sie mit deren Münzen schlechte
Erfahrungen gemacht hätten". Nachdem sich Ulm aber für Ravensburg einsetzt, kommt es innerhalb des Bundes zum
Streit, der mit einem Schiedsspruch am 23. Okt. beigelegt wird und Konstanz insofern Recht gibt, als festgestellt
wird, dass die Verbündeten nicht zu einer Aufnahme gezwungen werden können. Auch folgende Petitionen dieser
Art werden abgelehnt (vgl. J. Cahn, Münz- und Geldgeschichte, S.244, 257). Zu dem hier genannten Verbot 1441
äußert sich Cahn nicht.

[171va|348]
i) blündrotend] l v. der HHd. aus u korr.

a) v. erschütten: erbeben

[1637] Heinrich IV. v. Lupfen.
[1638] Hans v. Rechberg: geb. um 1410; in zahlreiche kriegerische Unternehmungen verwickelt; „ein geradezu genialer
Kriegsmann" im habsburgischen Dienst mit einer „unbezwingbare[n] Lust am Abenteuer" (O. Feger, Geschichte,
Bd.III, S.240); u.a. österreichischer Vogt zu Laufenberg; Hauptmann in dieser Fehde des Hegauer Adels gegen
Bischof Heinrich; ab 1444 oberster Hauptmann v. Zürich und „die treibende Kraft" im „albertinischen Reichskrieg"
gegen die Eidgenossen auf der Seite Zürichs (unterstützt u.a. die Armagnaken in der Schlacht bei St. Jakobs an der

verlor aber | vast an sinen armen lüten, | die verbrent wurdend. so ver | *Lupfen und dem*
brantend sy och minem he(ren) | von costentz tůngen, die vor | stat, vnd *Bischof*
5 blündrotend[i] die[1640]. |

Wappen
zwei Schilde (3x2,5) (3x2,5)
(rechts: Fw Lupfen, vgl. fol.154va)
10 (links: Fw Rechberg[1641]: In Silber zwei aufgerichtete voneinander
abgewendete rote Löwen mit verschlungenen Schweifen)

Aber jn dem jar do ward die | Schůl zů Brünegk[1642] gemacht[1643]. | *Erbauung einer*
Schule;

15

O(!)ch jn dem jar jn dem Mer- | tzen kam ain sŏlich erdbid- | me, d(a)z *Erdbeben;*
sich der vorder turn | an dem münster erschut[a]/[1644]; | es wåre ain glas mit
win | vmb geuallen. vnd d(a)z w(a)z | vmb die achtenden stund |
enmorgen. |

[171vb] D(!)er h(!)ochwirdig fürst | vnd h(er)re, h(er)n hainrich von | hŏwen,
Byschoff zů coste(n)tz, | hett jn dem vorgemelten | tusend vierhundert
viertz | ig vnd ain jare ain syno- | du(m)[1645] am nåchsten mentag | vor sant *1441 Synode;*

Birs, vgl. Bericht auf fol.180[ra]ff; erbitterter Kampf um die Eroberung Wils); im Dienst des Grafen v. Württemberg;
Fehde gegen die Grafen v. Werdenberg (1464) bzw. gegen St. Jörgenschild und die Grafen v. Württemberg; gest. am
13. Nov. 1474 (vgl. A. Niederstätter, Zürichkrieg, S.257 und die nach ebd., S.209 t.w. überholte Arbeit v. W. Kanter,
Hans von Rechberg; ESt, Bd.5, Taf.98f).

[1639] Vgl. zu dieser Auseinandersetzung mit Bischof Heinrich v. Hewen den Bericht auf fol.169[vb]ff.

[1640] Die Grafen v. Lupfen scheinen Tiengen durch ihr Landgericht in Stühlingen in die Acht erklärt haben zu lassen
und diese dann selbst vollzogen zu haben, in dem sie die Stadt überfallen und verbrennen (vgl. FUB VI, Nr.220,
S.353; W. Kanter, Hans v. Rechberg, S.5).

[1641] Vgl. ZürW Taf.12, 222; RiA 395, 2,3; RiDrS 161[r], 2,1; 216[r], 1,1; Grünenb. Taf.143b, 1,1; Öhem 26[r], 396
(Taf.17); Siebm. E, S.618f; Siebm. I, Taf.25, 3,1 und Taf.110, 1,5; Siebm. I,3,II, Taf.80 (goldener Schild); Siebm.
Suppl. IX, Taf.6, 2,2.

[1642] Brunegg, Kt. Aargau: erste urkundliche Erwähnung 1273; zunächst habsburgisches Eigenamt; 1415 Widerstand
der Gessler v. Meienberg gegen Bern; 1466 gelingt es den Bernern das Lehen endgültig an sich zu ziehen (vgl.
SchwLex, Bd.2, S.302; HHS, S.109).

[1643] Nach P. Ruppert, Chroniken, S.213 handelt es sich, „A. f. 118. Dacher 347" folgend, um „die schul zu
Ruwenegg", während F.J. Mone, Konstanzer Chronik auf „Bl.119" liest: „die schil zu Rúwnegg". Auch die Editorin
liest in StAK, A I 1, fol.119[r], Ergänzung amliRa: „schil zů rüwnegg". In SG steht jedoch zweifellos „Schůl zů
Brünegk".

[1644] F. J. Mone ordnet dieses, nur aus Konstanzer Quellen bekannte, auch in StAK, A I 1, fol.121 erwähnte Erdbeben
dem Jahr 1442 zu (vgl. auch H. Buszello, „Wohlfeile", S.33).

[171vb]
i) hett] *fehlt SG, Konjektur nach STAK, A I 1, fol.118[v] Ergänzung amliRa* ii) zwaintzigosten] ain *zur Verdeutlichung*
v. der HHd. doppelt ausgeführt

a) keine Infal tragende

[1645] Es handelt sich um die Diözesansynode des Jahres 1441, deren Statuten sich nur in wenigen Punkten (z.B. die
Bestimmungen „de vita et honestate clericorum", über Testamente, die Verletzung oder Tötung eines Klerikers) v.

Margaretha tag[1646] | vnd hett jn der procession | gen sant Stephan hundert |
5 vnd viertzig priester, zwen | vnd zwaintzig halb chorhe(rren), | zwen
Brôpst, chorherren | der Regel, vier fremd chor- | her(r)en, Nün
vngeynfelter[a] | âbbt, Süben geynfelt âbbtt, | vierzehen thûmhe(ren). Also |
leit min h(er)r von costentz | ain stür vff sy vn(d) [hett][i] och gern | den
zwaintzigosten[ii] pfenni(n)g | gehept, als Byschoff frydrich | von zolrn. Do
10 woltend sy | jm do ze mal nit me geben | dan(n) sechs tusend guld(in); das
| was nün tusend pfund | h(a)ll(e)r[1647]. |

Jn dem jar ward arbon wyder | an das Bystum von môtelin[1648] | gelôsdt, als   *Einlösung v.*
15 das von küng al- | brechten gesprochen ward[1649]. | *Arbon;*

[172ra|349][i] J(!)n dem vorgena(n)ten jaur do | ward des Byschoffs krieg | mit den von   *Schlichtung;*
luppffen[1650] zû | Schaffhusen verricht, gantz | schad gen schad.[1651] Vnd als

---

denen der Vorgänger Bischof Heinrichs IV. unterscheiden (vgl. REC IV, Nr.10472f t.w. unserer Chronik folgend;
HS I/2,1, S.352; vgl. auch J. Reutlinger, Collectanea, Bd.11, fol.34^v).

[1646] 10. Juli.

[1647] Bischof Heinrich v. Hewen bemüht sich – nach dem Vorbild v. Friedrich v. Zollern – auf der Synode eine Steuer
einzuführen, die ihm jedoch nicht in derselben Höhe gewährt wird (vgl. REC IV, Nr.10472 sowie HS I/2,1, S.352).

[1648] Johann v. Rappenstein, genannt Möttelin: Angehöriger des Ravensburger Patriziergeschlechts, das als Inhaber
der Ravensburger Handelsgesellschaft zutage tritt; 1425 Bürger in St. Gallen; durch seinen Vater als Vogt v. Arbon
eingesetzt; sowohl 1426, 1430 (wegen dessen Rechten und Freiheiten) als auch 1433 (interne Streitigkeiten wegen
Steuer, Burgrecht etc.) und noch einmal 1464 (wegen der Steuer des Weinausschankes auf seinem Haus) im Streit
mit der Stadt Arbon; langjährige Auseinandersetzungen (vgl. Klagen vor dem Rat in St. Gallen 1444 und 1453) mit
Heinrich Ehinger wegen Fischrechten; 1452 Auseinandersetzung mit Bischof; gest. 1453 (vgl. REC III, Nr.9308f,
9314, Nr.9523 und IV, Nr.11601, 12856, 12872; OBG, Bd.3, S.106ff; HBLdS, Bd.5, S.126; R. Durrer, Rappenstein,
S.93ff; P.F. Kramml, Friedrich III., S.313).

[1649] Bischof Heinrich löst 1441 die Stadt Arbon ein und trägt damit einen Teil der Schuldenlast des Bistums ab.
Schloss, Burg und Stadt waren v. Bischof Otto III. v. Hachberg am 17. März 1422 mit Zustimmung des Domkapitels
an Rudolf Möttelin um 12.500 bzw. 8.000 fl (wie zuvor an Ulrich I. v. Payer und dessen Frau Ursula) verpfändet
worden. Die Ablösung um 12.756 fl gelingt erst nach einer Klage des Bischofs, der daraufhin v. Friedrich III. einen
Gerichtsbrief erhält. Interessant sind hierbei u.a. auch die genau ausgehandelten Zahlungsbedingungen (vgl. REC III,
Nr.8923f; ebd. IV, Nr.10437, 10503; RF 1, Nr.324 und Anhang, Nr.7, S.8ff; R. Durrer, Rappenstein, S.90ff; HS
I/2,1, S.353; J. Cahn, Münz- und Geldgeschichte, S.270f; P.F. Kramml, Heinrich IV. von Hewen, S.387).

[172ra|349]
i) *auf dieser Seite ist der Schriftspiegel mit Spalten sichtbar*

a...a) betrug sich herablassend gegenüber b) v. frâueln: Unrecht tun c...c) öffentlich missachtet d) v. wyssagen:
voraussagen

[1650] Vgl. dazu die vorherigen Nachrichten auf fol.169vb ff und 171va.

[1651] Am 10. Feb. 1441 gelingt es Wolf v. Stein zu Klingenberg und anderen Gesandten der St. Jörgengesellschaft die
Grafen v. Lupfen und deren Helfer mit dem Bischof zu vergleichen. Während einerseits dem Bischof die Ersten
Früchte zu entrichten und die Stadt Tiengen aus der Acht zu lassen sind, hat Heinrich v. Hewen andererseits das Interdikt über die Kirchen aufheben bzw. die Gegner vom Bann zu lösen oder Empfehlungsbriefe nach Rom dafür
auszustellen. Beide Parteien erklären sich mit dieser Schlichtung einverstanden (vgl. FUB VI, Nr.220, S.355f; REC
IV, Nr.10415; H. Stärk, Heinrich von Hewen, S.24). Da die Grafen aber die königliche Rücklösungserlaubnis missachten, nimmt Friedrich v. Hewen 1445 schließlich die Burg Hohenhewen in einem Handstreich ein. Der als

| der krieg verricht ward, | do was dannocht Cunrat | Stikel, von des wegen   *Delinquenz v.*
sy de(m) | Byschoff wyderseit hettend, | zů engen vnd ᵃübersach | sich anᵃ   *Konrad Stickel;*

5   ainem knecht, den | er slůg. do maintend die | von luppffen, er hett gefrå- |
ueltᵇ. dar zů nam er och | aine(m) sinem knecht ainen | Rog wyder;
Mainten die vo(n) | luppffen, er hett das gelait | gebrochen vnd ᶜbårlich |
übersenhenᶜ. Das ward | jm alles vor langes ge | wyssagetᵈ, das sy jm also
den | lon gåbend¹⁶⁵². |

10

[172ʳᵇ]   Jn dem selben jar vm(b) liechtmesz¹⁶⁵³ | ward Cůnrat Ehinger¹⁶⁵⁴ jn   *Gefangen-*
sine(m) | husz zů der egg¹⁶⁵⁵ vm(b) mitnacht | gefangen vnd ward vff   *nahme v.*
ho(r)n- | berg¹⁶⁵⁶ gefůrt, dar nach gen kep | penbach¹⁶⁵⁷/¹⁶⁵⁸. das tet der   *Konrad*

Schiedsrichter angerufene Herzog Albrecht VI. v. Österreich übergibt 1447 die Burg wieder an die v. Lupfen. Im Jahr 1452 verzichtet Herzog Sigmund v. Österreich dann endgültig zugunsten der Landgrafen v. Stühlingen auf alle habsburgischen Ansprüche. Auch weitere Fehden und Prozesse bis 1476 führen die Familie v. Hewen nicht zum Erfolg (vgl. u.a. REC IV, Nr.11043, 11075; H. Stärk, Heinrich von Hewen, S.25ff; C. Heyer, Hans I. von Lupfen, S.61f).

¹⁶⁵² Konrad Stickel bleibt nach dem Vergleich zwischen Bischof Heinrich und den Grafen v. Lupfen in deren Stadt Engen. Dort gerät er, wie hier berichtet, noch 1441 mit einem Knecht in Streit und erschlägt diesen. Sein vorheriger Verbündeter nimmt den ehemaligen Konstanzer Bürger daraufhin „wegen Friedbruchs fest und reklamiert für sich, daß Stickel ihm mit Leib und Gut verfallen sei" (P. Schuster, Der gelobte Frieden, S.39). Erst nach Interventionen der Städte Konstanz und Überlingen kommt Stickel gegen ein Lösegeld v. 500 fl wieder frei. Kurz darauf kehrt er nach Konstanz zurück und nimmt erneut das Bürgerrecht an, wobei es zeitweise noch Probleme wegen der Kosten der Delegation zur Freilassung gibt (vgl. die Version bei C. Schulthaiß, Bisthums-Chronik, S.64f und dieser folgend P. Schuster, Der gelobte Frieden, S.39f).

[172ʳᵇ]
¹⁶⁵³ 2. Feb.

¹⁶⁵⁴ Konrad Ehinger, der Ältere: Angehöriger der ursprünglich aus Überlingen stammenden zünftischen Konstanzer Familie; Vater: Heinrich Ehinger; erster Beleg 1393; Mitglied der Metzger- und Krämerzunft; zieht möglicherweise 1429 mit den Geschlechtern nach Schaffhausen; seinem „steuerbaren Vermögen nach muß er geradezu als Prototyp des Fernhändlers angesprochen werden" (B. Kirchgässner, Steuerwesen, S.227); eventuell 1431 Ratsmitglied; erhält v. Friedrich III. mit seinem Vater und dem Bruder Ulrich 1442 einen Dienstbrief und freies Geleit; soll zusammen mit anderen Verwandten am 5. April 1431 geadelt worden sein; verkauft 1452 mit seinem Bruder Ulrich und der Mutter die Festungen Moosburg und Güttingen; lebt noch 1475 (vgl. OBG, Bd.1, S.287; J. Müller, Ehinger, S.25f; H. Maurer, Konstanz II, S.58; P.F. Kramml, Friedrich III., S.314ff).

¹⁶⁵⁵ Burg Kargegg: nahe bei Langenrain gelegen; vermutlich um 1200 unter dem St. Galler Ministerialengeschlecht v. Möggingen erbaut; 1350 Umbau/Ausbau; 1406 verkauft Klara v. Möggingen die Burg an die Konstanzer Patrizierfamilie Schwartz; sie ist damit eine der wenigen rechtsrheinischen Burgen, die im Besitz v. Mitgliedern der Konstanzer Geschlechter sind; erneuter Umbau; 1436 Verkauf an Konrad Ehinger; 1450 Verkauf an den Überlinger Junker Ochsner; 1456 Überfall im Zuge einer Auseinandersetzung; nach dem Tod v. Ochsner kommt es zu Erbstreitigkeiten und einer Verpfändung; 1475 ist Hans Bader Lanz v. Liebenfels, der Hofmeister des Bischofs im Besitz der Burg (vgl. R. Kiewat, Ritter, S.157ff; H. Maurer, Konstanz II, S.82; G. Schmitt, Schlösser, S.128-135, hier v.a. S.132).

¹⁶⁵⁶ Hornberg: im Schwarzwald gelegen; erster urkundlicher Beleg 1093 (Kop. 12. Jh.); Burg entsteht aus einem Reichslehen um 1200 durch Teilung der Herrschaften Triberg und Hornberg; ursprünglich zwei Burgen; Herrschaft wird beim Niedergang allmählich an Württemberg veräußert; 1421 und 1423 wird das obere Schloss und die Hälfte der Stadt verkauft, das untere Schloss und die andere Hälfte der Herrschaft kommt durch Heirat t.w. an die Geroldseck zu Sulz und wird 1447 v. Württemberg erworben (vgl. LBW, Bd.6, S.340ff; H. Bender/K.-B. Knappe/K. Wilke, Burgen, Freiburg/Br. 1979, S.73ff).

¹⁶⁵⁷ Keppenbach: heute Weiler im Lkr. Emmendingen; erste urkundliche Erwähnung 1265 als „Cheppenbach"; vgl. die Burg (erste urkundliche Erwähnung 1276) als Bestandteil des Lehens, das die Keppenbacher als Ministerialen der Zähringer und nach 1218 als solche der Grafen v. Freiburg besitzen; 1303-1310 sind sie ihres Lehens enthoben; 1336

wetzel vo(n) | v̈berlingen[1659], der entran vsser | ainer gefangknüsz ze   *Ehinger;*
5   coste(n)tz. |

Von des obgena(n)ten wetzels | wegen, am(m) mentag nach Re | *Folgende*
mi(ni)sc(er)e[1660] des vorgeschriben jårs, | wyderseiten den von Costentz | *Fehde;*
10   der hertzog von schiltach vn(d) | junckher jŏrg von geroltzek | mit viertzig
edeln vn(d) vnedl(e)n. | der was Burg(er) zů costentz ge | wesen, ward da
gefangen vn(d) | kam(m) vs der gefangknüst etc.[1661], als | ob stat. |

[172ᵛᵃ|350]   Al(!)s[i] man von der gepurt | cristi zalt tusend [ii]vie[r]hun | dert[ii] viertzig
vnd Ain jår | am Mentag vor sant valen | tins tag[1662] was ain gesellen | *1441 Gesellen-*
geståch zů Costentz[1663]. vn(d) ward | gestochen vmb ain håfftlin[a] | by   *stechen;*
zwaintzig guldin vn(d) vm(b) | ain Ring vnder zeh(e)n guld(in). | disz
5   warend die gesellen ab | der katzen[1664], die ir erst geståch | tettend: Hansz

---

Ganerbenbesitz; nach 1368 kommt das Lehen an Österreich; 1396 lässt Herzog Leopold IV. die zum Raubritternest
gewordene Burg schleifen, doch gibt er 1399 das Ritterlehen wieder an die Familie v. Keppenbach; Wiederaufbau
1408 (vgl. LBW, Bd.6, S.223; H. Bender/K.-B. Knappe/K. Wilke, Burgen, S.85ff).

[1658] Während P. Ruppert, Chroniken, S.214 „Honberg" und „Keggenbach" ediert und dies etwa im OBG, Bd.1, S.287
übernommen wird, lässt die Handschrift beide Lesarten nicht zu. Die Existenz eines Ortes namens Keggenbach
konnte darüber hinaus nicht nachgewiesen werden. Dafür spricht auch die Aufnahme v. „Keppenbach" in das Orts-
verzeichnis bei P. Ruppert, Chroniken, S.477 (mit dem fehlerhaften Verweis auf S.217).

[1659] Heinrich Wetzel v. Überlingen: Angehöriger der Konstanzer Zunftbürgerschaft; Mitglied der „winschenk(en)
vn(d) brotbek(en) | zunfft" (StAK, B I 6, S.247); auch z.B. im Zusammenhang mit einem Schuldbrief belegt (vgl.
StAK, B I 7, fol.31ᵛ).

[1660] 13. März.

[1661] Wie erwähnt erklären im März 1441 der Herzog v. Urslingen und Georg v. Geroldseck-Sulz wegen der hier
geschilderten Gefangennahme Wetzels v. Überlingen mit ca. 40 namentlich bekannten adligen und nichtadligen
Helfern der Stadt die Fehde, zu der angeblich auch der auf fol.176ᵛᵇ geschilderte Vorfall gehört. Die genauen
Hintergründe können nicht mehr eruiert werden (vgl. Zitat aus dem Bürgerbuch mit Namensliste bei P. Ruppert,
Chroniken, S.214 sowie ebd., S.371 die Edition der Urkunde zum Ende der Fehde vom 25. Jan. 1443).

[172ᵛᵃ|350]
i) Al(!)s] A 2-z. Lomb., v. der Hd. des Rubr., mroT ii...ii) vie[r]hun | dert] erstes r fehlt SG

a) kleinen Pokal [Diminutivum v. hafen] b) Bläsern

[1662] 13. Feb.
[1663] H. Maurer, Konstanz II, S.182f erwähnt dieses Turnier nur kurz; C. Heiermann, Katz geht darauf nicht weiter ein.
Vgl. H. Pöschko, Turniere, S.60 mit dem Hinweis auf den Bericht bei C. Schulthaiß, Collectaneen, Bd.1, S.147½. Zu
beachten ist, dass der Terminus „Gesellenstechen" – entgegen anderslautender Definitionen in der Literatur – „eine
besondere Art des ritterlichen Kampfspiels", bei dem sich zwei Gruppen mit jeweils einem Anführer gegenüberstehen, meint, „das keineswegs nur von Patriziersöhnen (= 'Gesellen') praktiziert wurde" (A. Hagen/H. Krieg,
Turnier, S.420, Anm.51).
[1664] Wie C. Heiermann, Katz, S.95ff, hier v.a. S.98f ausführt, lässt sich die des Öfteren geäußerte Vorstellung, dass
derartige Gesellenstechen zur Kompensation der fehlenden Gleichstellung v. „Geschlechtern" und Adel durchgeführt
werden, da den Erstgenannten die Turnierfähigkeit grundsätzlich abgesprochen wird, in Konstanz nicht bestätigen.
Die Mitglieder der Geschlechtergesellschaft „zur Katz" (vgl. die Liste der Mitglieder mit näheren Angaben auch zu
hier genannten Personen bei C. Heiermann, Katz, S.221ff) stehen vielmehr in einem engen Verhältnis zu Ritter- und

muntpraut, | der jung, Hansz von vlm vo(n) | Marppach, ludewig schiltar, |
hain(rich) Crutzlinger, Gerg Eng | elin, Hansz Schulthaisz vn(d) | Erhart
dyg von zürch, des | langen v̊lrich Blarers toch | terman. Die můstend den
| pfiffern^b ir yegklicher geben | zehen schilling pf(enning). Jte(m) da |
10 stăchend, die vor och hetten | gestochen: hainrich schiltar, | v̊lrichs sun,
Hain(rich) vo(n) vlm, | hansz Muntpraut, der alt, | Růdolff Muntprăt,
hansz Bry | sacher, Hammam kilchher | vnd Růdger jm thurn von |
schaffhusen; was an ainer | sum(m) süben zeh(e)n gesellen. |

[172vb] Da vor des jars am(m) Mentag | nach liechtmesz¹⁶⁶⁵ Stachend | Stoffel   *Delinquenz und*
grünenberg¹⁶⁶⁶ vnd ain | walch¹⁶⁶⁷, was von fryburg vs | v̊chtland, ain   *Strafe;*
gradman^a vn(d) | galt ainen guldin Ring¹⁶⁶⁸. der | walch verlor vnd bald er |
jn die herberg kam, do ward | er hie von ainem răt gefang- | en vnd jn den
5 turn by sant | pauls gelegt. Die von frÿ- | burg ^bhettend lang an meng | end
nach jm gestelt^b vn(d) mocht | jnen nie werden bisz vff die | zyt. vnd leit
sich ainer von | fryburg zů jm gefangen. | Man schuldiget^c jn, er hette | der
stat von fryburg ^dsecret | jnsigel^d abgedrukt^e vnd an | ettlichen enden
wechsel brieff | gemacht vff die von fryburg, | Sunder von den von Basel, |
10 vnd was valsch. des wurden | die von fryburg erst jnnen, | do man d(a)z
gelt an sy vordert. | also kamend die von fryburg | gen costentz vnd ward
ain | grosz gebet an sy geleit vo(n) dem | Baupst zů Basel vnd belaib | by

---

Turniergesellschaften, sodass – anders als bspw. in Nürnberg (vgl. R. Endres, Turniere, S.271ff) – v. einer rigorosen
Ausgrenzung durch den Ritteradel nicht die Rede sein kann.

[172vb]
a) Ratsherr b...b) hatten ihm schon lange an vielen Orten aufgelauert c) v. schuldigen: beschuldigen d...d) sigillum
secretum [d.h. das kleine Stadtsiegel, das für Alltagsgeschäfte (vs. große Siegel, das feierlichen Urkunden
vorbehalten ist) gebraucht wird (vgl. LexMA, Bd.7, Sp.1850)] e) v. abdruken: nachmachen, fälschen

¹⁶⁶⁵ 6. Feb.
¹⁶⁶⁶ Christoffel (Stoffel) Grünenberg: Sohn des wohlhabenden Kaufmanns Konrad I. Grünenberg; Inhaber eines
Landsitzes; seit 1433 als Konstanzer Bürger belegt; gibt 1434 zeitweise das Bürgerrecht auf, ohne den Kontakt zur
Stadt abzubrechen; 1436 in eine Messerstecherei verwickelt; versucht mehrfach, u.a. mit Hilfe des Königs und Marquart Brisachers in der Geschlechtergesellschaft „zur Katz" aufgenommen zu werden (die Aufnahme in das Patriziat
gelingt schließlich dessen Neffen Konrad und Hans); 1458 (wie Dacher, vgl. Kapitel A.3.1.1) für das Verkleiden
während der Fastnacht bestraft; noch 1478 belegt (vgl. OBG, Bd.2, S.482 (fehlerhaft!); H. Maurer, Konstanz II,
S.158, 184; P.F. Kramml, Friedrich III., S.323ff; ders., Komponenten, S.27 – nur hier wird der Teilnehmer am Zweikampf als Sohn Christoffels bezeichnet; P. Schuster, Gericht, S.209).
¹⁶⁶⁷ Nach uns überlieferten Urkunden (vgl. P. Ruppert, Chroniken, S.215, Anm.1 und J. Marmor, Urkunden-Auszüge
II, S.72 bzw. ders., Beziehungen, S.119) handelt es sich um den aus Freiburg im Üchtland stammenden Pierre Jota,
auch genannt Peter v. Spins: Angehöriger des Freiburger Patriziergeschlechts, das sich im 14. Jh. dort niederlässt und
sich zu dieser Zeit d'Ependes nennt; 1430 als Bürger v. Freiburg belegt; 1453 findet man in der Gesellschaft des Grafen Franz v. Greyerz einen gleichnamigen „Junker", der als „Hausmeister" oder Ökonom des Grafen dient (vgl.
HBLdS, Bd.4, S.415).
¹⁶⁶⁸ Ein solcher Kampf demonstriert die Orientierung des einer zünftigen Familie angehörenden Christoffel Grünen-
berg an der adligen Lebensweise und korrespondiert mit dessen Versuch, in die Geschlechtergesellschaft aufgenommen zu werden. Die im Folgenden geschilderte Tatsache, dass es sich bei seinem Gegner um einen gesuchten Straftäter und nicht um einen ehrenwerten Mann handelt, dürfte aber „dem Sozialprestige Stoffels sicher nicht zuträglich"
gewesen sein (vgl. P.F. Kramml, Komponenten, S.27, dort auch Zitat).

dem leben. do namen jn | die von frÿburg mit jnen | enweg vnd ward jn die | stat ewenclich verbott(en).[1669] |

[173ʳᵃ|351]ⁱ A(!)ber jn dem jar am dritten tag | vsgangs des mertzen do kam | jn der nacht ain grosz ᵃvn- | gestům wetterᵃ von turnen | vnd blitzgen, des nie kain | man hat me gedaucht. des | erschrack ain froe zů Sta- | delhouen so übel, das sy glich | von schreken starb; die w(a)z | ains ledergerwen wyb. | *Unwetter und* *Folgen;*

5

A(!)ber des jaurs am Balm(en) au- | bend, was do der achte(n)d tag | jm(m) aberellen[1670], Starb der hoch | wirdig h(er)re, h(er)r Albrecht Bla- | rer[1671], was drü jar Byschoff | zů Costentz gewesen, vn(d) gab | das vff Marggrauff otten | von Rôteln; Der gab es dar | nach och vff h(er)n fryderich(e)n | graue zů zolrn; der lebt nit | mer dan(n) anderhalb jar; dar | nach ward Byschoff h(er)n hain | rich von hôwen, fryh(er)re[1672]. | *Tod v. Albrecht* *Blarer;* *Nachfolger;*

10

[173ʳᵇ] F(!)üro des jǎrs am grůnen dorns- | tag[1673], fůrt min her von costentz, | Byschoff hain(rich) von hôwen, | die sunder selbs jn. dero wa- | rend an der zal sechshundert | man, sechshundert vnd zwo | vnd dryssig froen. Das vor jn | mengen jaren nie kain By- | schoff selbs geton hett, Sunder | die *Einführung der* *Sünder durch* *Bischof Hein-* *rich;*

[1669] Auf Initiative v. Freiburg hin wird der „Urkundenfälscher" in Konstanz verhaftet. Schultheiß und Rat v. Freiburg versprechen daraufhin auf die Fürbitte vieler Edler und Unedler am 11. April 1441, ihn nicht mit einer Strafe zu belegen, wenn er schwört, sich nicht mehr ohne Erlaubnis aus seiner Heimatstadt zu entfernen (vgl. P. Ruppert, Chroniken, S.215, Anm.1 und J. Marmor, Urkunden-Auszüge II, S.72).

[173ʳᵃ|351]
i) *auf diesem Blatt ist der Schriftspiegel mit Spalten sichtbar*

a...a) ungestümes, wildes, heftiges Gewitter

[1670] Palmsonntag 1441: 9. April; der Samstag davor ist folglich der 8. April.
[1671] Albrecht Blarer. Angabe zum Todestag ist nicht korrekt. Er stirbt am 7. April nach einer zweijährigen schweren Krankheit (vgl. REC III. Nr.8207 und IV, Nr.10424; HS I/2,1, S.342).
[1672] Diese Informationen sind allesamt korrekt. Das Pontifikat Blarers fällt, wie oben erwähnt, in die Jahre 1407-1410. Nach längeren Verhandlungen überlässt er sein Amt am 5. Dez. 1410 Otto III. v. Hachberg-Rötteln. Dieser wiederum wird am 6. Sept. 1434 durch den Papst vom Bistum entbunden. Auf ihn folgen Friedrich III. v. Zollern, der bereits Mitte 1436 verstirbt, und Heinrich IV. v. Hewen.

[173ʳᵇ]
i) ain[e]r e *fehlt SG, Konjektur nach der sonst in der Chronik üblichen Schreibung*

a...a) Magister Artium b) Dukaten c) Schildtaler, Ecu d) Goldstücke

[1673] 13. April.

5 suffraganÿ[1674]. jn dem selben | jar starb der suffragani[1675], was | von   *Tod des*
wyblingen[1676] des co(n)uents | gewesen, ain ªmaister der künstª, | vnd ward   *Suffraganen;*
nach jm der peni- | tentier zů den Barfůssen[1677]. |

10 Des vorgena(n)t(en) jars zu mittem | Brachat ward ainem vo(n) Bern, | *Delinquenz und*
was ain[e]r^i geselschafft diener, | kam von venedy[1678], By veltkilch | *Strafe;*
genomen zehen tusent guld(in) | vn(d) mer an tugaten^b, alt(en) schilt(en)^c |
vn(d) goldstuk(en)^d. d(a)z tett des gelting- | ers sun[1679] von veltkilch selb
dryt | vnd kam da von, d(a)z nieman nit | wyst war. Dar nach ward es |
15 verricht vnd ward de(m) gelting(er) | xii^C guld(in) vn(d) dem von Sagx[1680]
| iii^C guld(in) vn(d) dem prandis[1681] iii-i^C | guld(in), das ander ward
wyd[e]r[1682]. |

[173va|352] D(!)es vorgena(n)ten jårs, vor sant jo | hans tag[1683] zů sun(n)wendin,
hetten | zwo vnd tryssig stett ain manu(n)g^a | zů Costentz[1684] vnd redtend   *Städtetag in*

[1674] Wiederum auf einen alten Brauch zurückgreifend, führt Bischof Heinrich v. Hewen am Gründonnerstag, d.h. am 13. April 1441, die öffentlichen Sünder (Reservatsfälle), die die Priester in der Beichte nicht absolvierten, selbst in Konstanz ein (vgl. REC IV, Nr.10428, der Chronistik, z.B. C. Schulthaiß, Bisthums-Chronik, S.65 entsprechend; HS I/2,1, S. 352).

[1675] Johannes episcopus Cesariensis (1430-1440) stirbt, nachdem er bereits seit Juli 1440 als Weihbischof in Brixen nachweisbar ist, vor dem 26. Nov. 1440 (vgl. HS I/2,2, S.512).

[1676] Kloster Wiblingen, Stadtkr. Ulm: Benediktinerkloster; erster urkundlicher Beleg 1098 „Guibelinga"; 1093 v. den Brüdern Graf Hartmann und Graf Otto v. Kirchberg auf ihrem Allod gegründet; Gründungskonvent des Klosters kommt aus St. Blasien; 1271 Klosterbrand; später einziger Grundherr im Ort und Inhaber der Niedergerichtsbarkeit; Vogtei und Hochgerichtsbarkeit liegen bei der Grafschaft Kirchberg; Klosterschule erstmals 1353 erwähnt (vgl. LBW, Bd.7, S.281f).

[1677] Johannes v. Blatten (Platten, de Platea) episcopus Bellinensis: Franziskaner; Lektor im Franziskanerkloster Luzern; Pönitentiar Bischof Heinrichs v. Hewen; als Weihbischof wirkt er in Konstanz vom 26. Nov. 1440 bis zum 4. Jan. 1461 (Resignation infolge des fortgeschrittenen Alters); 1441-1442 auch Weihbischof in Chur; gest. im Dez. 1461 (?) (vgl. HS I/2,2, S.512; REC IV, Nr.10339).

[1678] Venedig (vgl. z.B. LexMA, Bd.8, Sp.1459ff, zur Wirtschaftsgeschichte, bes. Sp.1466ff).

[1679] Geltinger: Angehöriger der Feldkircher Patrizierfamilie, die zwischen 1406 und 1419 mit Jörg Geltinger aus der Sterzinger Gegend einwandert; Fernkaufmann; 1476 ist Wilhelm Geltinger reichster Bürger der Stadt; hat sich zu diesem Zeitpunkt aber vermutlich bereits zur Ruhe gesetzt (vgl. B. Bilgeri, Politik, S.242, 350, Anm.943).

[1680] Angehöriger der Freiherren bzw. Grafen v. (Hohen-)Sax. Möglicherweise Albrecht VI. v. (Hohen-)Sax: erster Beleg 1414; Herr zu Forstegg und Sennwald; 1451 in Bürglen; gest. am 28. März oder 2. April 1463 oder dessen Bruder Diepold: erster Beleg 1414; 1447 in Bürglen; 1445/48 Landrichter im Thurgau; Bürger in Konstanz; gest. am 14. Dez. 1450 oder 21. Jan. 1451) (vgl. HBLdS, Bd.6, S.108; ESt, Bd.12, Taf.134).

[1681] Vermutlich Wolfhart V. v. Brandis: Angehöriger des Freiherrengeschlechts v. Brandis; v. 1408 bis 1456 belegt; 1413 Bürger v. Bern; erwirbt die nördliche Hälfte der Herrschaft Schellenberg; tritt 1429 in die Dienste des Herzogs Friedrich IV. v. Österreich; erwirbt aus dem Erbe Friedrichs v. Toggenburg die Herrschaft Maienfeld; beteiligt sich 1439 aufseiten der Schwyzer und Glarner am Streit mit Zürich um das Sarganserland; österreichischer Vogt zu Feldkirch und Bludenz; tritt im Nov. 1444 auf die Seite Zürichs und Österreichs; 1446 Teilnahme am Zug Hans v. Rechbergs über den Rhein (vgl. HBLdS, Bd.2, S.342).

[1682] Diesen Überfall auf einen Angestellten einer Handelsgesellschaft, der mit großem Vermögen v. einer Kaufmannstour aus Venedig kommt (vgl. die Churerstraße bzw. den Arlbergweg als Handelswege), erwähnt B. Bilgeri, Politik, S.240 unserer Chronik folgend, ohne hierbei die Personen näher zu identifizieren. Vgl. allg. zum Handel zwischen Venedig und Konstanz H. Ammann, Konstanzer Wirtschaft, S.84.

[173va|352]
i) edel] *üdZ, v. der HHd, mbrT, erg., darunter als Vz ein nach oben zeigender Winkel*

da von den | sachen vnd dem grossen übel, das | jn dem land vmb gieng, *Konstanz;*
dan(n) sich | die Ritter wyder die stett satztend | vnd enthieltend sich hie
5　zů land | vff hôwen[1685]. dar vff warend hansz | von Rechberg, Grauff
hain(rich) von | luppffen vnd die zwen Münch | von Basel[1686] vnd ander. |

10　D(!)es jaurs Schlůgend sich die von | vlm vnd ir puntgenossen für | *Belagerung v.*
Mayenuels[1687]; da lagend sy vor | wol mit fünfftusend mannen. | jn dem *Maienfels durch*
schlosz warend ain | tayl Ritter vnd wurdend och | dar jnne belegen[b] vnd *den*
waren | jm schlosz by fünff vn(d) zwain- | tzig edel[i] vnd sust, das ir by *Schwäbischen*
ach- | tzig warend. vnd lagen da | vom mentag vor unser lie- | ben froen *Städtebund;*
15　tag zů herbst[1688] zeh(e)n | wochen vnd dry tag[1689]. Vn(d) ist | das schlosz
By hundert vnd | tryssig jaren ain robhusz[c] gesin | vnd lit zwo mil von
swâbschem | hal vnd zwo mil von hail- | prun(n)en vnd fünff mil von |
gmünd. Sy hetten da selbs sust | ain vestin gewonnen, haist |
[173vb] nüwenuels[1690], lit ain mil von | hall, was och ains Ritters, | hiesz hansz

---

a) (Bundes-/Städte-)Versammlung b) v. belegen: belagern c) Raubritterburg, im Sinne v. „Räuberhöhle", „Räubernest"

[1683] 24. Juni.
[1684] Auch wenn das Datum nicht korrekt ist, dürfte mit dieser Versammlung der bereits auf fol.171ra erwähnte und erläuterte Städtetag gemeint sein. Außer dem Schwäbischen Städtebund sind auf dem „Kongress" auch die Bodenseestädte durch Überlingen, Lindau, Ravensburg und Radolfzell sowie die Esslinger Einung durch Esslingen vertreten. Nürnberg, Augsburg, Zürich und einige weitere Städte schicken ebenfalls Gesandte (vgl. RTA XVI, Nr.35 und 44; H. Blezinger, Städtebund, S.73).
[1685] Vgl. dazu den Bericht auf fol.171ra.
[1686] Burckhart Münch v. Landkron der Junge und Johann (Hans) Münch v. Landkron.
[1687] Maienfels: Burg beim gleichnamigen Ort (nahe Wüstenrot, Lkr. Heilbronn); Siedlung erstmals 1302 erwähnt; Burg im späten 13. Jh. v. den Grafen v. Neideck erbaut; der Zweig dieser Reichsministerialen, der sich nach der Burg nennt, ist bis 1375 nachweisbar; 1375 Verlust der Burg; 1376 v. Albrecht v. Löwenstein an Fürderer v. Waldeck verkauft; vor 1400 fällt sie mit Annex an Wolf v. Wunnenstein; nach dessen Tod 1413 bildet sich im Erbgang ein Ganerbiat; zu dieser Zeit: Ganerbenbesitz des Gumpolt v. Gültingen, Burkhard v. Weiler, Eberhard v. Urbach und anderer „Städtefeinde"; Ausgangspunkt für Raubzüge und Überfälle des Adels im der Umgebung v. Schwäbisch Hall; wird nach der Zerstörung 1441 nach 1464 wieder aufgebaut (vgl. LBW, Bd.4, S.151; H. Blezinger, Städtebund, S.75).
[1688] 4. Sept.
[1689] Tatsächlich beginnt der Schwäbische Städtebund zur Vergeltung der Raubzüge des Adels mit der Belagerung der Burg am 11. Juli, nachdem Hall in einem Schreiben an Nördlingen bereits am 7. Juni Vorbereitungen für eine solche trifft und ein ausgearbeiteter „Anschlag" zur Eroberung v. Maienfels Ende Juni (also vor dem Städtetag in Konstanz) beschlossen wird. Zunächst beteiligen sich v.a. Rothenburg, Dinkelsbühl, Gmünd, Nördlingen und Ulm an der Belagerung. Da eine Erstürmung nicht gleich gelingt, fordern die Belagerer Verstärkung und schwereres Geschütz an, sodass im Laufe der Zeit alle verfügbaren Truppen des Bundes vor der Burg stehen und aus der Belagerung eine Art „Prestigekampf" wird. Nach acht Wochen (!) untergraben die reichsstädtischen Belagerer am 5. Sept. schließlich die Mauern und brechen das Schloss. Wie unten erwähnt, können die Verteidiger aber zuvor durch einen geheimen Gang fliehen. U.a. entsteht während der Belagerung, und durch den Sieg noch verstärkt, allmählich ein „reichsstädtisches Gemeingefühl" (vgl. H. Blezinger, Städtebund, S.74f, 148f, Zitate jeweils S.75).

[173vb]
a) (Schild-)Wache, Posten b...b) v. abschlagen: verweigern

horneck, gewan es | ainem an, hiesz gerwig von | Nüwenstain. fünff tail wa- | rend an Mayenuels, der es | inn(en) hett hiesz gumpolt von | giltlingen[1691]. Die vff de(m) schlosz | warend, giengend nachts | dar ab
5 durch die schiltwacht[a], | die jn dem tal am Berg lag. | Die von v̈berlingen, lindow, | Rauensp(ur)g, wangen vnd | ysne schicktend jn by iiij[C] | knechten. Sy hetten die vo(n) | costentz och gern dar jnn(en) | gehebt; Es ward jn aber [b]ab | geschlag(en)[b]/[1692]. |

10
Jn dem jar ward junckher | hain(rich) von stöffeln[1693], fryh(er)re, | was do   *Delinquenz;*
der von vlm hopt | man, erstochen vn(d) beschach | entail von des
öttingers[1694] | wegen, der ward dar nach | von sinem brůder jn dem | jar
von siner hand erstoch- | en. |

[174ra|353][i] D(!)es vorgena(n)ten ain vn(d) | viertzigosten[ii] jars do regnet | es den   *[14]41*
ougsten gar nach | durch vsz vnd och vast | vnd was gar kalt. Nun | was es   *Wetternach-*
gar ain schöner | sumer gesin Vnd was | gůt korn worden[1695]. | *richten und*
    Ernte;

[1690] Burg Neuenfels: zu dieser Zeit kurmainzisches Lehen; wie viele Burgen in Franken ebenfalls Ganerbenbesitz v. Eberhard Hofwart v. Kirchheim, Erkinger Hofwart, Burkhard v. Weiler, Eberhard v. Veningen und einem v. Zobel; u.a. Ausgangspunkt v. Raubzügen (z.B. 1439 auf Haller und Dinkelsbühler Kaufleute); daran anschließend Fehden zwischen den Adligen und einzelnen Reichsstädten, darunter Ulm; die Eroberung dieses wichtigen Raubritterstützpunktes, an dem auch der durch diese Tat zum Feind der Städte avancierende Erzbischof v. Mainz Anteil hat, gelingt den schwäbischen Städten am 21. März 1441 (vgl. H. Blezinger, Städtebund, S.48f, 61f, 70).
[1691] Gumpolt v. Gültingen: Angehöriger des Ministerialengeschlechts und der Lehensleute der Grafen v. Hohenberg; kommt 1430 in den Pfandbesitz der Städte Wildberg und Neubulach, die 1440 an Württemberg verkauft werden; Herrschaftsrechte u.a. in Remchingen, Wilferdingen, Feldrennach, Ottenhausen (Enzkreis); einer der Ganerben der Burg Maienfels (vgl. LBW, Bd.5, S.490, 518f, 577 und 579).
[1692] Tatsächlich beteiligen sich auch die Bodenseestädte mit einem Hilfsaufgebot, das im Aug. vor Maienfels eintrifft, an der Belagerung. Konstanz selbst hält sich, wie hier richtig bemerkt, zurück (vgl. H. Blezinger, Städtebund, S.75, 149).
[1693] Heinrich v. Stoffeln ist ein Angehöriger der Hegauer Adelsfamilie mit Sitz Hohenstoffeln.
[1694] Eventuell ist Graf Johann v. Öttingen (Öttingen in Bayern, Lkr. Donau-Ries) gemeint, der in mehrere Fehden gegen die Städte verwickelt ist (vgl. z.B. Missetat gegen Bischof v. Augsburg; Überfall Straßburger Bürger im Mai und Aug. 1439; infolgedessen Auseinandersetzung mit Nördlingen, bei der die Stadt 1440 dem Adligen einen Überfall vorwirft, der in Wirklichkeit gar nicht stattfand). Dieser ebenfalls mit den Marschällen v. Pappenheim in Konflikt geratende Graf stirbt aber erst am 10. Mai 1449 (vgl. H. Blezinger, Städtebund, S.47f, 55ff, 68f und ESt, Bd.16, Taf.99). Möglicherweise ist auch Graf Friedrich v. Zollern, genannt der Öttinger (1423 wird über ihn die Aberacht verhängt; gest. 1443!), gemeint.

[174ra|353]
i) *auf diesem Blatt ist der Schriftspiegel mit Spalten sichtbar* ii) viertzigosten] *üdZ, v. späterer Hd., mhbrT, durch Streichung v.* tryssigosten *korr.*

a) feuriges, flammendes b) Wiesbaum [Stange über dem beladenen Heuwagen] c) länglich d...d) um sich herum, d.h. im Durchmesser

[1695] R. Glaser, Klimageschichte, S.69 bestätigt mit Blick auf „süddeutsche Quellen" diesen Befund zum Sommer 1441.

5

A(!)b(!)er jn dem jar an mitwoch(en) | vor sant Erhartz tag^1696 stům̊d(en) |
by zwôlff gesellen nach | dem aue maria vor sant | Stephan zů costentz
vn(d) | sahend v̈bersich gegen de(n) | hymel: do sahen wir ain | lang füri^a *Brennende Er-*
ding schiessen | über sant Stephans kirch- | en. Es was jn der lengin | ains *scheinung am*
10 wysbôms^b, vornan | grosz als ain hopt, le(n)gelocht^c | vnd ^dvm(b) sich^d als *Himmel;*
ain arm | vnd bran alles vn(d) was | nit vil hôher dan(n) der wen- | delstain.
was das wåre, | westen wir nit. |

[174rb] A(!)b(!)er jn dem jar so vor stat Die | vorgena(n)ten stett vlm, hall, | *Rachebündnis*
kempten, Mem(m)i(n)gen, Bybrach, | Rauensp(ur)g, lindow, *gegen Raub-*
pfullendo(r)ff, | v̈berlingen, ysni, wangen^1697 vn(d) | lü[t]kirch^i, die vor *ritter im Hegau;*
mayenuels | warend gelegen, die machte(n)d | ain ainu(n)g mit ain ander,
5 d(a)z, sy wôlten ain zug tôn jn | das hegôw^1698, dan(n) jnen vor- | mals
grosser schad da besche- | hen was. Besunder hannsz | von Rechberg vnd
sin helffer | hettend den stetten ain grosz | num^ii/a vnd gůt genomen, | zů
oberstad^1699 ob stain, das vo(n) | genff komen was, Vnd | fůrtend das gen

---

^1696 4. Jan.

[174rb]
i) lü[t]kirch] lü *v. der HHd., mbrT korr., t fehlt SG* ii) num] *möglich wäre auch Konjektur zu* sum, *vgl. aber fol.174va:*
wiederum: num

a) Raub b) zwielichtige Gestalten c...c) schnelle Schiffe, Ruderboote

^1697 Wangen im Allgäu: erste urkundliche Erwähnung 815 als „Wangun" (Übertragung v. umfangreichem Grundbesitz an das Kloster St. Gallen); Vogtei liegt zunächst bei den Udalrichingern und gelangt spätestens 1191 v. den
Grafen v. Pfullendorf an die Hohenstaufen; Verpfändungen im 13. Jh.; Stadtrechtsverleihung 1286; Aufkauf der verpfändeten Vogteirechte durch die Stadt und Übertragung an das Reich um 1348; Niederdorf geht bis zum 15. Jh. in
der Stadt auf (vgl. LBW, Bd.7, S.754f; HbBW, Bd.2, S.742f).
^1698 Nach verschiedenen Bündnisverhandlungen zahlreicher Reichsstädte aus Schwaben, Franken, dem Oberrheingebiet sowie dem Elsass (u.a. in Konstanz, vgl. den Hinweis auf fol.171ra und 173va), an denen die Konstituierung
eines Landfriedensbundes jedoch nicht gelingt, schließen sich, nachdem Ulm bereits kurz nach dem Fall v. Maienfels
als Vergeltung für den Überfall v. Mai die Eroberung v. Engen als eine weitere gemeinsame Aktion der Städte plant,
am 9. Okt. die hier genannten sieben Bodenseestädte Überlingen, Lindau, Ravensburg, Biberach, Pfullendorf, Wangen und Isny mit 15 innerschwäbischen Städten (darunter Ulm und Schwäbisch Hall) zu einer Art „Rachebündnis"
gegen adlige „Raubritter" im Hegau, genauer zunächst gegen die Grafen v. Lupfen und deren „Operationsbasis" Engen, zusammen. Alle Städte verpflichten sich hierbei, am Feldzug bis zum Ende teilzunehmen und keinen Sonder-
frieden mit einem der Feinde abzuschließen. Jede der Städte hat in allen Fragen eine Stimme, Ulm (als Vorort der
schwäbischen Reichsstädte) deren zwei (vgl. FUB VI, Nr.230; A. Semler, Kriegszug, S.40f; H. Blezinger,
Städtebund, S.75f; H. Maurer, Konstanz II, S.83).
^1699 Burg Oberstaad (auch Oberstad): zunächst Wehranlage; erst 1441 urkundlich belegte Wasserburg; bei Öhningen
am Ende des Untersees, dort wo der Rheinstrom beginnt, auf einer Ausbuchtung weit ins Gewässer hineinragend gelegen; Ende des 12./Anfang des 13. Jhs. zur Sicherung und Kontrolle der Rheinschifffahrt und des Handels erbaut;
zunächst im Besitz der Herren zu Hohenklingen, später dann t.w. und seit spätestens 1433 ganz in dem der v. Klein-
genberg; Ort: Warenumschlagplatz, da die v. See her kommenden großen Lastschiffe den flacher werdenden Strom
nicht befahren können, werden die Waren hier entweder auf kleinere Flussboote umgeladen oder aber auf dem
Landweg transportiert; 1446 vom Konstanzer Patrizier Konrad Egli zu Herdern gekauft (vgl. LBW, Bd.6, S.743;
G. End, Burgen, S.9ff; R. Kiewat, Ritter, S.177ff; G. Schmitt, Schlösser, S.318-333, hier v.a. S.320ff und 330).

hŏwen[1700]. d(a)z | bestŭnd also, das wernher | von schinow[1701], seshafft Zŭ
10 | Schrotzburg[1702] jm hegŏw, den | selben stetten och wyderseit | vnd jn
grossen drang an | tett vff dem Rin by stigen. | Der selb hett vil bŭben[b] by
jm | vff dem husz schrotzburg; | die hettend zway [c]gångin | scheff[c] vff dem
Rin ob stain | vff fŭrend, also die schiff vff | dem see an die von costentz |
vnd den see abgiengend. Och | zwungen sy die schiff lut am(m) | land,
15 d(a)z sy mŭsden zŭ jnen | an d(a)z land faren. Sy schussen | och zŭ den
lüten vn(d) tribend |

[174va|354] also grossen mŭttwyllen[a] mit | yederman vnd kam jnen ye- | derman recht.
Sy namend | yederman das sin, also das nie- | man getorst, frŏlich hin ab |
von costentz gen schaffhusen | faren[1703]. Das wolt got [b]die lengi[b] | nit
vertragen. Vnd ward | ain zug angeslagen[c] von den | Stetten vor aller *Kriegszug;*
5 hailigen tag[1704] | vnd kamen die stett ze samen | gen ŭberlingen By sechs
Tu- | send mannen vnd tusend | pfårit vnd zugend vsz an | aller hailigen
abend[1705] jn das he- | gŏw[1706]. an dem andern tag swŭ- | rend die von zell

---

[1700] Vgl. dazu den Bericht des Überfalls auf die v. Genf kommenden Kaufleute auf fol.171ra.

[1701] Werner v. Schienen: Angehöriger der vermutlich zunächst edelfreien, später Reichenauischen Ministerialen-familie v. Schienen; geb. um 1410; österreichischer Hauptmann zu Frauenfeld; gehörte zu den „aktivsten Raubrittern des Hegaus" (R. Kiewat, Ritter, S.150); überfällt bspw. Leute des Anton v. Landegg und gerät daraufhin in Ausei-nandersetzung mit St. Gallen; später immer wieder im österreichischen Dienst zu finden; u.a. 1442 in Streit mit Kon-stanz (vgl. J. Marmor, Urkunden-Auszüge II, S.74); 1452 bischöflicher Vogt in Neunkirch; Teilnahme an Kämpfen des Hegauadels gegen Schaffhausen; 1460 Kommandant v. Diessenhofen beim Überfall des Thurgaus durch die Eid-genossen; 1468 Verteidiger v. Waldshut; gest. wahrscheinlich um 1490 in Radolfzell (vgl. LBW, Bd.6, S.744; G. End, Burgen, S.223-235; W. Ehrenzeller, St. Gallische Geschichte, Bd.1, S.352; O. Feger, Geschichte, Bd.III, S.239f, 268).

[1702] Schrotzburg: Vorgängerbau sog. Thietpoldsburg, vermutlich im Besitz des Alamannenherzogs Theutbald; ab 801 v. Graf Scrot bewohnt; in der zweiten Hälfte des 12. Jhs. neu erbaut; 1393 nachweislich im Besitz der Freiherren v. Hohenklingen, als Lehen an die Ministerialenfamilie v. Schienen vergeben; Ausgangspunkt zahlreicher Überfälle auf Kaufleute; wird 1441 niedergebrannt und im Dreißigjährigen Krieg endgültig zerstört (vgl. LBW, Bd.6, S.745; G. End, Burgen, S.209ff; R. Kiewat, Ritter, S.148ff; M. Gosse/H. Noll, Burgen, S.123).

[174va|354]
a) Willkür, Unfug b...b) auf die Dauer c) v. anslagen: aufbieten d...d) v. in zyg haben: beschuldigen e) v. spîsen: versorgen, (mit Proviant) ausrüsten f...f) befestigt

[1703] Werner v. Schienen greift die Kaufleute also auf verschiedene Art und Weise an. Während er die an der Burg vorbeifahrenden Schiffe einerseits mit zwei Ruderbooten bedrängt, beschießt er sie andererseits vom Ufer aus und zwingt sie so, an Land anzulegen, um einen willkürlichen Zoll zu erheben und sie zu berauben. Selbst die Versuche der Kaufmannschaften, den Untersee daraufhin zu meiden und die Waren auf dem Straßennetz zu befördern, werden nachweislich durch Überfälle dieses Raubritters vereitelt (vgl. O. Feger, Geschichte, Bd.III, S.240; H. Blezinger, Städtebund, S.72).

[1704] 1. Nov.

[1705] 31. Okt. Angabe ist nicht korrekt (vgl. folgende Anm.).

[1706] Der Schwäbische Städtebund und die Bodenseestädte ziehen am 29. Okt. (!) 1441 mit einem stattlichen Heer (6.000 Fußknechte, 1.000 Ritter und schwere Geschütze) unter der Führung des Ulmer Altbürgermeisters Walther Ehinger und weiterer vier bevollmächtigter Männer v. Überlingen aus in den Hegau. Aus Rache an den Überfällen des Adels werden, wie im Folgenden t.w. berichtet, u.a. die Schrotzburg Werner v. Schienens kampflos erobert und geschleift, Teile der Burg Staufen und Hilzingens, das zur Herrschaft der Herren v. Randegg gehört, sowie die Wasserburg des Veit v. Asch zerstört etc. (vgl. FUB VI, Nr.230; A. Semler, Kriegszug; O. Feger, Geschichte, Bd.III, S.241; H. Blezinger, Städtebund, S.77, 150; R. Kiewat, Ritter, S.105, 120; H. Maurer, Konstanz II, S.83).

zů jnen, die | warend vor By der Rittersch- | afft gewesen[1707], vnd slůgend | sich für schrotzburg; dar vff | was wernher von Schinen | vnd vil
10 gesellen[1708]. Nun satz- | tend sich die von stain mit | jn, wan sy wolten sy och be- | zogen haben, Dan(n) sy hettend | h(er)r hansen von Clingenberg[1709] | och ᵈjn zygᵈ; Er hett zů dem num, | So vor stat, geholffen. Vnd | sagtend stain sechs wochen | fry[1710]. Nun hett wernher von | Schinow das husz wol gespistᵉ | mit win, flaisch, mel vn(d) an- |
15 derm. dar zů was es gar ᶠnot- | vest machtᶠ, das die stet da | vor zeschaffend hettend. Do | viengen die stet an vn(d) wol- |

[174ᵛᵇ] tend den berg vmb d(a)z husz | abhŏwen vnd verleitᵃ hon, | das enkainer mŏcht herab | sin komen. Do sy das jn de(m) | Schlosz marktend vn(d) sahen, | do giengend sy alle ab dem | husz vnd stiessend es an | vnd woltend das verbrent | haben vnd bran och. jn de(m) | kamen die stett hin
5 jn vn(d) | erlas[ch]tendⁱ d(a)zᵇ. vnd ward | den stetten vil gůtz, d(a)z sy | jn dem husz funden von | allen dingen. vn(d) stiessend | es do vol an vnd branten | es vnd ze brachend das | bisz vff den grund. dar zů | verbranten sy jm, was er | hett, schinen[1711], das dorff, am | see ain tŏrkel vnd ain husz | vnd hůwen jm die reben | vsz, vnd wa sy des sinen | ůtᶜ funden vnd
10 erfůrend, | das namen sy jm. Vnd | tettend jm grossen schaden. | Vnd

---

[1707] Radolfzell, das bisher mit der Rittergesellschaft v. St. Jörgenschild in einer Einung stand, wird durch das vor der Tür stehende Heer mehr oder weniger gezwungen, sich dem Städtebündnis anzuschließen. Es muss jedoch nicht mit einem eigenen Aufgebot am Feldzug selbst teilnehmen (vgl. O. Feger, Geschichte, Bd.III, S.241; H. Blezinger, Städtebund, S.77).

[1708] Vgl. die in anderen Chroniken genannten Namen: Hans v. (Breiten-)Landenberg, Hug und Beringer v. Landenberg v. Greiffensee, Walther v. Küngseck, einer v. Stein, Hans v. Fürst, der Kastner, zwei Elsässische Edelknechte (vgl. FUB VI, Nr.230, 12 (J. Reutlinger) und A. Semler, Kriegszug, S.43).

[1709] Johann v. Klingenberg: Angehöriger des Thurgauer Ministerialengeschlechts; Vater: Kaspar v. Klingenberg; 1430 erstmals als „Ritter" urkundlich nachweisbar; Besitzungen im Hegau und im Schwarzwald; er schafft einen Teil der Handelsware vom Überfall im Mai v. Stein am Rhein nach Konstanz, was dazu führt, dass die Konstanzer verdächtigt werden, mit den adligen „Raubrittern" gemeinsame Sache zu machen; 1445 Hauptmann und Vogt zu Frauenfeld; kommt 1450 als Machtbote Herzog Sigmunds nach Bern; 1452 und 1453 österreichischer Landvogt im Thurgau; 1455 österreichischer Rat; gest. 1462 (vgl. OBG, Bd.2, S.299, 301, 303; HBLdS, Bd.4, S.507; H. Blezinger, Städtebund, S.71, 77; H. Maurer, Konstanz II., S.83).

[1710] Das Heer zieht auch vor die Burg Stein am Rhein. Albrecht v. Klingenberg gelingt es aber, die Städter davon zu überzeugen, dass er an dem Überfall im Mai persönlich nicht beteiligt war. Daraufhin beendet das Bündnis, eventuell auch durch das Waffenstillstandsgebot des Königs (vgl. RTA XVI, S.45 und FUB VI, Nr.230, 6) veranlasst, die Belagerung und zieht wieder ab (vgl. FUB VI, Nr.230, 11; H. Blezinger, Städtebund, S.77f).

[174ᵛᵇ]
i) erlas[ch]tend] erlastend *SG*

a) v. verlegen: verbarrikadieren b) gemeint ist: das Feuer c) irgendetwas

[1711] Schienen, Lkr. Konstanz: 822/38 als „Skina" erstmals urkundlich belegt; wohl Rodungssiedlung des 8./9. Jhs.; vermutlich konfisziertes alemannisches Herzogsgut, das um 800 im Besitz der Familie des Grafen Scrot „v. Florenz" ist; gehört zum Dotationsgut des im Ort gegründeten Klosters und kommt mit diesem um 900 an das Kloster Reichenau; Herren v. Schienen sind v. 1211-1636/76 belegt; Ortsburg wird 1396 als Reichenauisches Lehen genannt (vgl. LBW, Bd.6, S.744).

Brantend do, was des | von Rechberg was, horn[1712], | Vnd zugend do gen
hiltz- | ingen[1713]; Das was och ains | tails des von Rechbergs | vnd
zerbrachend da selbs | den turn. vnd zugend also | jn dem hegôw hin vn(d)
her, | das jnen nieman nüt tett, | vn(d) zer brauchend jm sine(n) |
[175ra|355]^i   tayl Stouffen[1714] vnd brante(n)d | das vnd gewonne(n)d wasser- | burg[1715],
die was viten von | asch[1716], Vnd zugend do für | Engen[1717]. do Bott grǎff
Sig- | mund[1718] sŏliche geliche recht, | wan er engen jnn(en) het, das | sy
das recht von jm vff na- | men vnd wûsten vn(d) bran- | ten grauff

---

[1712] Horn, Lkr. Konstanz: 1155 erstmals urkundlich erwähnt; frühmittelalterliche Siedlung; früher Grundbesitz v.
Bischof und Domkapitel; gehört im 14. Jh. zur habsburgischen Vogtei in der Höri; Inhaber: Herren v. Homburg; eine
Hälfte der Vogtei gelangt 1433 an Heinrich, 1448 an Burkhart v. Randeck und v. diesem an das Domkapitel; die
andere erwirbt 1429 Truchsess Johann v. Waldburg (vgl. LBW, Bd.6, S.739).

[1713] Hilzingen, Lkr. Konstanz: 1005 (Fälschung des 12. Jhs) „Hiltesinga"; 1050 „Hiltisinga"; aus schwäbischem
Herzogsgut an das Kloster Stein übergegangen und mit diesem an das Bistum Bamberg; Verwaltung durch dessen
Vögte, die Grafen v. Hohenberg und v. Habsburg; Mitte des 15. Jhs. Vogtei dreigeteilt: im Besitz der Erbtruchsessen
v. Waldburg, der Herren v. Randenburg und als deren Nachfolger, der Familie v. Klingenberg, v. Rechberg und v.
Zimmern; nach A. Semler, Kriegszug, S.44 und O. Feger, Geschichte, Bd.III, S.241: nur Zerstörung des Turmes (d.h.
des Adelssitzes), ansonsten gegen eine Zahlung v. 300 fl vor dem Niederbrennen verschont; nach H. Blezinger,
Städtebund, S.77 geht es „in Flammen auf"; 1465 der Landgrafschaft Nellenburg unterstellt (vgl. LBW, Bd.6,
S.734f).

[175ra|355]
i) *auf diesem Blatt ist der Schriftspiegel mit Spalten sichtbar*

a...a) Hilfstruppen, Besatzungen b) v. verheben: aufschieben, zögern c) List, Kniffe d) Feindschaft, Zorn e) Vorgehen, Benehmen

[1714] Burg Staufen: nordwestlich des Hohentwiels gelegen; erstmals 1272 in einer Verleihungsurkunde des Klosters St.
Georgen zu Stein erwähnt; eventuell eine Gründung der Zähringer; im Besitz der Herren v. Staufen; danach den
Grafen v. Hohenberg zugehörig und v. diesen wiederum an die Ritter v. Homburg übergeben; 1381 in der Hand
Österreichs, das Graf Albrecht v. Werdenberg damit belehnt; im 15. Jh eine Ganerbenburg; u.a. im Besitz der Ritter
v. Randenburg, Randeck, Zimmern, Klingenberg und Schellenberg (vgl. R. Kiewat, Ritter, S.98f; M. Gosse/H. Noll,
Burgen, S.88).

[1715] Wasserburg: bei Honstetten unweit v. Stockach gelegen; wahrscheinlich in der zweiten Hälfte des 12. Jhs. erbaut;
zunächst Verwaltungsstelle für Reichenauer Besitzungen; Adelsfamilie „v. Wasserburc" v. 1174 bis 1290 belegt; in
der zweiten Hälfte des 14. Jhs. wird die Herrschaft v. Hewen erworben; 1404 im Besitz der Grafen v. Lupfen; beide
Häuser geben die Burg als Lehen u.a. an Heinrich v. Wildenfels, Egg v. Reischach und Veit v. Asch (dieser ist 1441
Besitzer) weiter; angeblich verteidigen die sechs Mann unter Führung der Burgherrin Claranna v. Reischach die Burg
beim Angriff des Städtebundes tapfer, können sie nicht halten, erzielen aber das Zugeständnis des freien Abzugs; die
Burg wird daraufhin nicht wieder aufgebaut (vgl. O. Feger, Geschichte, Bd.III, S.241; R. Kiewat, Ritter, S.120f;
M. Gosse/H. Noll, Burgen, S.103).

[1716] Veit v. Asch (Ast): Angehöriger des in Schwaben weitverbreiteten Geschlechts (v. 1376-1497 Bürger v. Lindau);
Mitglied der „Freibeuterbande" im Hegau; u.a. 1439 Auseinandersetzungen mit Ulm wegen der Gefangennahme
eines reichen Bürgers; einer der Anstifter der Mordnacht v. Brugg; Gefangennahme in der Schlacht v. Seckenheim
(vgl. Bericht auf fol.205va ff, hier fol.206ra); gest. zwischen 1475 und 1482 (vgl. OBG, Bd.1, S.22 (mit Zitat); H. Blezinger, Städtebund, S.44).

[1717] Während H. Blezinger, Städtebund, S.77 ausführt, dass man „von der Belagerung der befestigten Stadt Engen,
auf deren Eroberung man es ja eigentlich abgesehen hatte, (...) Abstand" nahm, „da der Graf v. Lupfen sich zu
rechtlichem Austrag erbot, vor allem aber, da man nicht über das notwendige Belagerungszeug verfügte", berichtet
O. Feger, Geschichte, Bd.III, S.241, dass Engen „heftig beschossen" worden sei, aber, „vom Grafen von Lupfen
verteidigt", nicht erobert werden kann. Nachweislich werden, wie hier ausgeführt, die umliegenden Dörfer und Güter
des Grafen Heinrich v. Lupfen schwer beschädigt, ja verwüstet.

[1718] Sigmund I. v. Lupfen.

5 hain(rich) vo(n) luppff(en) | gar vast. Do das Beschach | do zugend sy wyder haym, | das was am frytag nach | sant othmars tag[1719]. Vnd | wolten gen zell, pfullen | dorff vnd v̄berlingen ᵃzů | såtzᵃ legen den winter Bisz | jn den sumer[1720]; den hȏwen | was dem volk ze swår ze be- | ligend jm wintter. jn dem | hůtend die Ritter mit dest(er) | minder am see. |

10 Es seiten die, die jn dem her | warend, das sy nit ains | wårind, Sunder vast wy̆- | der ain ander. |

Also verhůbendᵇ die von Co- | stentz, das sy nit zugend[1721]; | das was ain grosz wyshait | von jn, dan(n) da ward vil | clůghaitᶜ getriben Vnd | ain vnwyllᵈ, dan(n) ettlich | Stett verdrosz der vo(n) vlm | clůghait vnd gefertᵉ,

15 dan(n) | jn nit vast glichs beschach, | als sy mainten; die mår | seit man. Der krieg we- | ret lang, das man da zwü- | schen kain richtu(n)g kund |

[175ʳᵇ] vinden. vnd geschach zů bayd(er) | syt grosser schad, besunder mit | brennen[1722]. |

Stellungnahme v. Konstanz;

Verlauf der Auseinander-setzung;

Jn disen måren besorgt sich der | von Clingenberg, her hansz, als | jn dan(n) die stett och jn zyg hett(en), | wie wol er sich vor mals zů |

5 Costentz vor den stetten ent- | schuldigetᵃ. vnd was doch nit | dar an, er kam jn den schimpfᵇ, | also das jm vil dȯrffer jn dem | hegȯw gebrent wurd(en)[1723]; vnd | ward plůmenueld[1724] gebrennt | vnd kam vm(b) grosz

---

[1719] 17. Nov. Die Datierung des Abbruchs dieses Feldzuges, der, dies legen auch die folgenden Ausführungen nahe, durch die Witterung mitverursacht wird, ist korrekt.

[1720] Während der größte Teil des Heeres heimkehrt, werden in den genannten drei Städten, die nahe des Kampfgebietes liegen, Besatzungen zurückgelassen, um diese vor möglichen Gegenangriffen vonseiten der Ritter zu schützen (vgl. H. Blezinger, Städtebund, S.78).

[1721] In Anbetracht der bedrohlichen Lage hält sich Konstanz, „obwohl es auf Bitten der schwäbischen Städte zunächst ebenfalls gerüstet hatte" (H. Blezinger, Städtebund, S.77), bei diesen Auseinandersetzungen tatsächlich weitgehend zurück und tritt dem „Rachebündnis" der Städte nicht bei. Eine Teilnahme an diesem Feldzug kommt, trotz der Bedeutung des durch die Raubüberfälle gefährdeten Handels für die Stadt, für Bürgermeister und Rat nicht in Frage. Während O. Feger, Geschichte, Bd.III, S.241 vermutet, der Grund hierfür sei möglicherweise „Ärger darüber, daß man ihrer Stadt nicht den Oberbefehl gab" und H. Blezinger, Städtebund, S.77 sowohl das Dienen unter einem Überlinger Hauptmann als auch die Nichtbeteiligung bei der Ausarbeitung des Feldzugsplanes (nach dem Bericht bei C. Schulthaiß, Collectaneen, Bd.1, S.148f, vgl. auch FUB, Nr.230, 11, der übrigens auch darauf hinweist, dass Boten der verbündeten Städte wegen Verhandlungen Konstanz mehrfach aufsuchen und u.a. Ratsversammlungen abgehalten werden) als Motive heranzieht, sieht H. Maurer, Konstanz II, S.83f die eigentliche Ursache für die Zurückhaltung überzeugend in der engen Verknüpfung zwischen Reichsrittertum und Domkapitel bzw. städtischem Patriziat.

[175ʳᵇ]
a) v. entschuldigen: rechtfertigen b) Schimpf, Schmach c) mit Ausgleich der Schadenssumme

[1722] Tatsächlich ändert der Rachefeldzug nichts an der Situation der gefährdeten Handelsrouten. Weitere Raubüberfälle der Adligen werden nicht verhindert. Mehrere scheiternde Vermittlungsversuche und auch ein zweiter Zug der Städte im März 1442 (vgl. u.a. den chronistischen Bericht der Eroberung v. Hinter-Tengen in der Memminger Chronik, in FUB VI, Nr.230, 8) können den Hegau nicht befrieden, sodass nun mehr nicht nur der Thurgau durch die Eidgenossen, sondern auch dieses rechtsrheinische Gebiet mit einem Terrain voller Gefahren und Unsicherheiten gleichzusetzen ist (vgl. O. Feger, Geschichte, Bd.III, S.241f; H. Blezinger, Städtebund, S.79ff; H. Maurer, Konstanz II, S.84f).

[1723] Hans v. Klingenberg unterstützt die Raubritter nach dem Feldzug ganz offen. Daraufhin wird ihm vonseiten der Städte im Dez. 1441 die Fehde angesagt; im März erfolgt der im Folgenden geschilderte zweite Feldzug auf seine Besitzungen (vgl. FUB VI, Nr.230, 7; H. Blezinger, Städtebund, S.80).

gůt. Des | kamend die selben stet gar | vmb grosz gůt. Vnd beli | bend die
von costentz jn den | måren still sitzen. d(a)z verdrosz | die andren stett gar
10 übel: über- | lingen, Rauenspurg vn(d) lind- | ow. Der krieg ward zů *Schlichtung;*
coste(n)tz | ver(r)icht als vnser her der küng | dar kam[1725]. vnd ward zů
dem | rechten gesazt vff h(er)r jacob | truchsåssen mit gliche(n) zůsatz^c. |
Doch ich wån, d(a)z yederman | gnůg hett an sinem schad(en). |

[175va|356]   ⁱKung Fridrich | von Osterichⁱ |

DEsⁱⁱ jaurs als man von der | gepurt cristi zalt <u>tusend</u> | <u>vierhundert viertzig</u>
<u>vnd</u> | <u>zway</u> jare vm(b) pfingsten[1726] do | zoch vnser h(er)r der <u>küng</u> zů den *1442 Reichstag*
| <u>kurfürsten</u> gen <u>frankenfurtt</u> | **v**nd wolten besenhen, ob sy mit | der hilff *in Frankfurt;*
5 gottes die zwytracht | der hailigen cristenhait mitt | den <u>zwain</u> **Båbsten**
abton möch= | ten vnd och die vngerechten | löff jn den landen von
weg(en) | der müntz, **R**ôbrÿ, vnrecht(en) | krieg vnd gewalt, dan(n) vil der
| stett wyder ettlich he(ren) waren; | **d**a durch land vnd lut ver= | derbdt
wurden.[1727] |

10

[1724] Blumenfeld, Lkr. Konstanz: erster urkundlicher Beleg 1100; gehört zunächst zum Kloster Stein am Rhein;
Burggründer sind vermutlich deren Vögte, die Herren v. Blumberg; ihnen folgen die v. Klingen und daraufhin die zu
dieser Zeit herrschenden Herren v. Klingenberg; Stadterhebung um 1275; die Memminger Chronik berichtet im Zusammenhang mit diesem Feldzug, es seien Memminger Kriegsknechte „mitt bichsen und leiten" vor die Stadt und
Burg gezogen, da eine Erstürmung Walter Ehinger aber zu beschwerlich und gefährlich erschien, seien sie weiter
nach Tengen, das ebenfalls im Besitz derer v. Klingenberg ist, gezogen; eine Eroberung der Stadt gelingt also entgegen der Darstellung unserer Chronik nicht (vgl. LBW, Bd.6, S.798f; FUB VI, Nr.230, 8 (Zitat S.369); A. Semler,
Kriegszug, S.45; O. Feger, Geschichte, Bd.III, S.242; R. Kiewat, Ritter, S.62).

[1725] Nach langen Diskussionen und Verhandlungen sowie weiteren teils kriegerischen Auseinandersetzungen zwischen einzelnen Adligen und Städten kommt es am 29. Nov. 1442 in Konstanz zu einer v. König Friedrich III. ver-
mittelten Richtung zwischen den schwäbischen Städten und einem Teil ihrer Widersacher (vgl. RF, Nr.1249 und Anhang, Nr.31, S.XLIXf; FUB VI, Nr.230, 14), darunter die Grafen v. Geroldseck, Hans v. Klingenberg, Hans v. Rechberg, Werner v. Schienen, Johann und Burkhard Münch v. Landkron und Veit v. Asch. Beide Parteien verpflichteten
sich, zukünftig Frieden zu bewahren und verzichteten auf Schadensersatz. Da sich aber bspw. St. Gallen nicht am
Frieden beteiligt und auch einige Angehörige des Adels kaum v. ihren Überfällen lassen wollen, ändert sich durch
diese Einigung kaum etwas an der unsicheren Situation v.a. für Handeltreibende. Die Fehde findet ihren endgültigen
Abschluss am 19. April 1445 wiederum in Konstanz (vgl. A. Semler, Kriegszug, S.46; O. Feger, Geschichte, Bd.III,
S.242f; H. Blezinger, Städtebund, S.95).

[175va|356]
i...i) Kung Fridrich | von Osterich] *v. der Hd. Konrad Albrechts, mhbrT* ii) DEs] D *2-z. Lomb., v. der Hd. des Rubr.,*
mroT

a...a) gesund und munter

[1726] 20. Mai.

[1727] Vgl. allg. zur Reichsversammlung in Frankfurt vom 8. Juli bis Mitte Aug., an der Bürgermeister Hans v. Cappel
und der Reichsvogt Ulrich Blarer als Vertreter v. Konstanz teilnehmen, RTA XVI, S.207-689 (vgl. zu Konstanz speziell die Einladung, ebd., Nr.117 und zu den Gesandten, Nr.196). Zentrale Themen sind die hier angesprochenen Bereiche Kirchenfrage, Städtebund, Landfrieden, aber auch die Gerichtsreform. Die Einladungen sprechen allg. v.
„swerer irrung und gebrechen, krieg und ungepürlicher lewffe" (RTA XVI, Nr.116 bzw. 117) (vgl. P.F. Kramml,
Friedrich III., S.109; zu den Verhandlungen mit den Reichsstädten auch H. Blezinger, Städtebund, S.88ff).

J(!)n dem jar Sturbend ettlich | personen zů costentz elle(n)dclich: | *Todesfälle in*
Maister <u>hansz</u>, Schůlmaister, | was **a**in vaist man, der erstikt | vn(d) lebt *Konstanz;*
vom <u>frytag</u> bisz an den | <u>sambstag</u> enmorgen vn(d) kund | jm nieman
15 gehelffen. |

Her <u>hansz</u> myer¹⁷²⁸, caplan zum | münster, der ausz zů jmbisz | jn des stat
schribers¹⁷²⁹ husz vnd | nach jmbisz starb er jn ainer | vierdentail ainer
stund. |

Her <u>hansz</u> Bômer¹⁷³⁰, chorh(er)r zů | sant <u>stephan</u>, der starb ob dem | tisch
20 vnd gieng dar über ᵃge= | sund vnd fryschᵃ. |

[175ᵛᵇ] J(!)n dem jar do starb der Erwir= | dig <u>fürst</u> her <u>Egloff</u>ⁱ **B**laurer¹⁷³¹, | <u>abbt</u>
zů sant gallen, zů Cost(entz) | jn sinem husz **a**n dem hai | ligen <u>pfingst</u>
<u>tag</u>¹⁷³². vnd was | en morgen jn sin claider | beclait, jn <u>zwain</u> stunden | was
er tod vnd ward zů | Schiff **B**isz gen stainach¹⁷³³ ge= | fůrt. **d**o seit man,
5 wie zwo | kertzen alda am(m) land by der | barᵃ brun(n)end vnd von de(m)
| wind nit erlåschen vnd | doch vs der massen vast wᵛåteᵇ, | **B**isz das man jn
vff ainem | wagen gen sant gallen fůrt. | **N**ach jm ward erwelt ain(er) | von
landenberg¹⁷³⁴, was zů | paryⁱⁱ der hohenschůlᶜ, vn(d) | was vor jn der
Richenow | ain her gewesen. |

---

¹⁷²⁸ Der Tod Johann Myers (?) wird durch eine Urkunde bestätigt, in der der Domdekan Johann Lüti am 22. (?) Jan. 1442 die Kaplaneipfründe des hl. Kreuzaltars im Dom, „die durch den Tod v. Johann Miger (?) vakant" geworden ist, an Martinus Rapp verleiht (vgl. REC IV, Nr.10581).
¹⁷²⁹ Stadtschreiber dieser Zeit ist Heinrich Kraft, genannt Marschalk, nur möglicherweise ein Angehöriger des vornehmen Ulmer Patriziergeschlechts; Konstanzer Bürger; 1425 zieht er aus der Stadt; 1430 Spitalmeister in Radolfzell; in Konstanz als Inhaber dieses Amtes 1429, 1430 und nicht ganz sicher auch 1459 belegt; Schreiber des sog. „Roten Buches"; Thurgauer Landgerichtsschreiber seit 1436; am 9. März 1442 durch Friedrich III. offiziell mit diesem Landschreiberamt betreut; vermutlich 1458 gest. (vgl. OBG, Bd.2, S.362; G. Burger, Stadtschreiber, S.292; O. Feger (Hg.), Das Rote Buch, S.16, 18; P.F. Kramml, Friedrich III., S.166, 171, 284ff, 334f).
¹⁷³⁰ Dies ist die einzige Erwähnung des Kanonikers Johann (Hans) Bömer in den uns überlieferten Quellen (vgl. H. Maurer, Stift, S.344).

[175ᵛᵇ]
i) <u>Egloff</u>] E *v. der HHd., mbrT korr.* ii) pary] pauy *SG* iii) <u>crütz-</u> | <u>lingen</u>] *Punkt über* ü *mroT*

a) Totenbahre b) v. wåjen: wehen, windig sein c) Universität d) (Holz-)haufen e) v. regen: sich bewegen, regen

¹⁷³¹ Eglolf Blarer stirbt am 20. Mai 1442 in Konstanz.
¹⁷³² 20. Mai.
¹⁷³³ Steinach, Kt. St. Gallen: alter Fischerort; „villa Stainaha" erscheint schon 782 urkundlich; Burg Steinerberg ist Sitz der Herren v. Steinach, einer Ministerialenfamilie der Bischöfe v. Konstanz und der Äbte v. St. Gallen, die vom 12. bis 15. Jh. belegt ist; ursprünglich Hafenplatz für Stift und Stadt St. Gallen; die niedere Gerichtsbarkeit geht v. Geschlecht derer v. Enne an die Herren v. Steinach und im 15. Jh. an Kaspar Ruckenacker v. St. Gallen sowie an die Stadt St. Gallen über (vgl. SchwLex, Bd.11, S.77; HHS, S.624).
¹⁷³⁴ Kaspar v. (Breiten-)Landenberg: Angehöriger der adligen Thurgauer Familie; Bruder: Bischof Hermann v. (Breiten-)Landenberg; 1439 Eintritt ins Kloster Reichenau; Studium in Bologna (!); Promotion im Juli 1442; am 18. Juni 1442 v. Papst Eugen IV. zum Abt v. St. Gallen erhoben; Regalienverleihung durch Kaiser Friedrich III. am 24. Sept. 1442; einer der Präsidenten des Provinzkapitels des Benediktinerordens für die Kirchenprovinz Mainz und die Diözese Bamberg; u.a. Schatzmeister des Kapitels; Streit mit der Stadt St. Gallen, die ihm die Huldigung verweigert, bis 1457; Auseinandersetzung mit dem Konvent „wegen seiner schlechten Klosterverwaltung" (Entzug der Verwaltung am 9. Nov. 1457); gest. am 24. April 1463 (vgl. J. Duft/A. Gössi/W. Vogler, Abtei St. Gallen, S.147ff, Zitat S.148).

10

    D(!)ar nach jn <u>acht</u> tagen, als | min her von sant gallen ge= | starb, viel
<u>hansz</u> vo(n) <u>crütz</u>= | <u>lingen</u>ⁱⁱⁱ/¹⁷³⁵ **a**in frum(m)(er) Burger | den hals ab zů
ainer baigen^d | vs sinem husz **a**n die gassen, | das er sich nüm(er) me

15 geragt^e; | das warend fünff erschro= | kenlich t&oring;d. got kum vns | zů hilff! |

[176ra|357]ⁱ Darⁱⁱ nach, an vnsers h(erren) | fronlichnam tag¹⁷³⁶, als | man zů <u>costentz</u> *Fronleichnams-*
vnd ander= | swa pfligt, mit dem hailig(en) | <u>sac(ra)me(n)t</u> vm(b) die stat *prozession;*
ze gånd¹⁷³⁷. | **a**ls man nun mit dem <u>sacra</u>= | <u>ment</u> komen was vff den
g(ra)= | ben, den průl vm(b) für **B**run | **B**ündrichs t&oring;rlin¹⁷³⁸, do trůg | **a**in

5 her vnd caplan zů dem | **M**ü[n]sterⁱⁱⁱ, hiesz her <u>Matheus</u> | wysz¹⁷³⁹, den
Rosen, den der <u>Bapst</u> | zů coste(n)tz gelaussen hett¹⁷⁴⁰. **a**n | dem selben
rosen sind dry sch= | ilt^a: **D**er ain ist d(a)z rich, der | adler, **D**er ander die
zwen | schlüssel, d(a)z ist die hailig | kirch, **d**er dryt vo(n) de(m) küng |
rich von vnger. **d**o het sich | der schilt mit den zwain | schlüssel(e)n gegen

10 dem priest(er), | der den rosen trůg gericht, | d(a)z er gegen jm sach. **S**o
man | en mitten vff den graben | kompt, **S**o kompt fliegen | **a**in f&oring;genli **v**nd
sitzt eben | vff den selben schilt mit den | zwain schlüssel(e)n. **v**n(d) w(a)z *Zeichen: Vogel;*
| d(a)z v&oring;gelin so vin^b, d(a)z me(n)g | clich, die d(a)z sahend, **a**in | wunder
dar ab namend. | **J**t(em) es hett vier vettach^c **v**n(d) | hett kain vederli^d **v**nd

15 hett | vil guldiner strünli^e **a**llent | halb; hindnan vff dem Rük= | li sach es
so vin als kain | håfftlin^f mit berlin **v**nd |

---

¹⁷³⁵ Johann v. Kreuzlingen: Angehöriger der Konstanzer Patrizierfamilie; vor 1402 Lehensmann der Reichenau; lang-
jähriger Ratsherr; verlässt die Stadt mit den Geschlechtern; gest. 1442 (vgl. OBG, Bd.2, S.376; K. Beyerle, Ratslisten, S.132ff).

[176ra|357]
i) *auf diesem Blatt ist der Schriftspiegel mit Spalten sichtbar* ii) Dar] D *2-z. Lomb., v. der Hd. des Rubr., mroT* iii)
Mü[n]ster] Müster *SG*

a) Wappen(schilde) b) schön c) Flügel d) kleine Federn [Diminutivum v. vedern] e) kleine Streifen [Diminutivum v.
strûn] f) kleine Spange zum Zusammenhalten v. Kleidern, Schmuckspange [Diminutivum v. haft]

¹⁷³⁶ 31. Mai.
¹⁷³⁷ Vgl. hierzu die kurze Erwähnung bei H. Maurer, Konstanz II, S.142. Vgl. auch die bereits zuvor geschilderten
Prozessionen in Konstanz auf fol.57va, 132vb, 138ra, 149vb und 165ra.
¹⁷³⁸ Bündrichstor: nach Brun v. Tettikoven, genannt Bündrich, bzw. dessen Haus, benannt; als Abschluss der Tor-
gasse an der westlichen Umwallung der Stadt beim Bündrichs- oder Lanzenhof, einem der ausgedehntesten „Geschlechtersitze" in Konstanz, gelegen; wird 1464 wegen der Gefahr eines eidgenössischen Überfalls zugemauert (vgl.
H. Maurer, Konstanz II, S.108, 176).
¹⁷³⁹ Ein Münsterkaplan namens Mattheus Wiss ist bspw. in den REC nicht nachgewiesen.
¹⁷⁴⁰ Es handelt sich um „ain" vom Papst Johannes (XXIII.) am 10. März 1415 während des Konstanzer Konzils
gesegnete und König Sigismund überreichte „ital guldin rosen", die nach einer in der Konzilschronik Richentals auch
bildlich dargestellten Prozession durch die Stadt vom Reichsoberhaupt selbst „in das münster" getragen und dort „uff
den fronaltar" gestellt, d.h. „unßer frowen" übergeben wird, „da er noch hütt by der tag stat" (vgl. M.R. Buck (Hg.),
Richental Chronik, S.56f). Derartige Goldene Rosen sind bereits seit dem 11. Jh. überliefert und gelten als „das
bekannteste, vom Papst verliehene Ehrenzeichen". Sie werden als „diplomatisches-zeremonielles Instrument" zur
Verfolgung der jeweiligen politischen und kirchlichen Ziele v.a. an Könige und Fürsten überreicht (vgl. LexMA,
Bd.4, Sp.1545 sowie P. Zinsmaier, Unbekannte Quelle, S.67; vgl. allg. zur Symbolik und Ikonographie der Rose
auch LexMA, Bd.7, Sp.1032).

[176rb] edelin gestain sin mocht; **Obna**(n) | vff dem hôptlin sach es als ob | es ain
stain dar vff hett, vm(b)= | geben mit berlin. ʲ[Es was]ʲ **a**in sôlich | vin
vôgelin von varben, d(a)z | der her dar ab erschrak. **d**(a)z | vôgenli sasz an
dem schilt so | lang, bisz d(a)z das <u>sacrame(n)t</u> den | graben vnd die mur
5 vm(b) kam | **B**isz jn die stat zů dem guld(in) | crütz, yetz d(a)z guld(in)
schǎf¹⁷⁴¹. **do** | swang sich d(a)z vôgenli von | dem schilt über sich jn den |
luff, **B**isz sy es nit me gesen= | hen mocht(en); **d**es namen alle | chorheren
war die vor dem | heren giengen vnd ander | laẏen. **J**tem <u>grauff ů̇lrich</u> |
von <u>werdenberg</u>¹⁷⁴², thůmtech(a)n, | **V**nd her <u>ů̇l(rich)</u> truchsǎsz¹⁷⁴³, chor |
10 h(err) zů <u>costentz</u>, sahend es | alles etc.. |

D(!)es jars am zinstag vor sa(n)t | <u>johans</u> tag¹⁷⁴⁴ ertrunk(en) mine(m) her | *Unglücksfall;*
vo(n) costentz <u>zwen</u> gesellen zů | gotlieben vor nan jm Rin ᵃan | gesichtᵃ ir
15 aller. **S**y hůben zů | samen vnd giengen vnder | vn(d) kam(en) numen
wyder vff. |

[176va|358] **D**(!)es jaurs So vor stat was es | So ain haisser sumer, d(a)z gross(er) | *Hitze und*
gebrest an wasser was, das | man an ettlichen enden vff | dem land das *Folgen;*
vech můsdt | ain mil wegs triben ze trån- | kend. vnd erwandᵃ der hab(er)n,
| hôw, emdᵇ vnd schmalsatᶜ vn(d) | ward fůter tür. Jtem die klai | nen bǎch
5 wurdend als lår | an vischen vn(d) krepsen von | ᵈklaine der wasserᵈ, das
man | sy alle vff vieng. vnd ward | der win als hônig sůsz vn(d) | wymnet
man zů vnser froen | tag ze herpst¹⁷⁴⁵ vn(d) ward vil win¹⁷⁴⁶. |

[176rb]
i) Es was] *fehlt SG*

a...a) in Gegenwart, vor Augen

¹⁷⁴¹ Haus zum „Goldenen Schaf": im Stadtteil Niederburg in der heutigen Rheingasse (früher Azzo- bzw. Bruggasse),
Nr. 15; Name kommt um 1401 auf (vorher: Haus zum „Goldenen Kreuz"); besteht zunächst aus drei Objekten; um
1422 gelten die drei vorher unterschiedenen Gebäude als ein Haus; im Besitz des Chorstiftes St. Johann; als Lehen
weitergegeben; u.a. v. 1438 bis 1441 im Besitz eines „Winmann", danach bis 1464 in denen des Ulrich Tennler bzw.
seiner Witwe; gehört im 15. Jh. zu den besseren Gasthäusern in der Stadt (vgl. Häuserbuch, Bd.2, S.324ff; H. Maurer, Konstanz II, S.179).
¹⁷⁴² Ulrich v. Werdenberg: Angehöriger des schwäbischen Zweigs der Sarganser Linie des Adelsgeschlechts; Domherr zu Straßburg und Konstanz; Übertragung des Konstanzer Kanonikats am 29. Nov. 1430; 1433 Pfarrer v. Alt-
heim; 1436/37 Pfarrer v. Riedlingen; am 10. Okt. 1442 (!) (vgl. das angebliche Datum der Prozession) zum Domdekan gewählt (vgl. Bericht auf fol.178ᵛᵃf); bis zu seinem Tod am 13. oder 16. Dez. 1451 in dieser Position nachweisbar (vgl. HS I/2,2, S.819).
¹⁷⁴³ Johann Ulrich Truchsess v. Diessenhofen: Angehöriger des Thurgauischen Adelsgeschlechts; 1399 in Heidelberg
immatrikuliert; Konstanzer Domherr seit 1399; nach 1400 bis 1419 Chorherr in Beromünster; bis 1405 Augsburger
Kanonikat; 1408 Pfarrer in Erzingen; seit dem 30. Juli 1421 Inhaber der Konstanzer Domkantorei, um deren Besitz
er aber prozessieren muss; Leiter des Münsterbaus; Archidiakon; gest. am 27. März 1447 (vgl. ebd., S.840f).
¹⁷⁴⁴ 19. Juni.

[176va|358]
a) v. erwinden: verkümmern b) der Ertrag des zweiten Mähens c) kleine Feldfrüchte d...d) niedriger Stand der Flüsse

10

J(!)tem am dornstag vor sant | johans tag[1747] des jars so vor stat | warend *Zigeuner in*
die ziginer zů coste(n)tz[1748]. | die schlůgend valsch plaphart | vff *Konstanz;*
costentzer schilling, vnd | sahend och glich also. D(a)z kam | für ain Raut.
also beschlosz | man die tor vnd vieng die | man all. also was ain(er)

15 vnd(er) | jn, der es geton hett; den leit | man gefangen vn(d) fůrt man | die
andern all enweg by fünff- | tzigen. an dem sechsden tag | fůrt man jn für
rat vnd | vǎlt vmb ain hand, er wǎr | versotten[1749]; also Brant man | durch
Baid Bak(en) vn(d) an der | stirnen der stat zaichen[1750]. |

[176vb] A(!)ber jn dem jar so vorstat | verband sich der ju(n)g von | wirtemberg zů *Bündnis;*
den von | vlm zwaintzig jar[1751]. |

5 A(!)ber des selben jǎrs acht | tag nach sant ǔlrichs tag[1752] | do ward ain *Delinquenz;*
Burg(er) zů | Costentz, gena(n)t volger[1753], ain | Cramer, ªan geloffenª

[1745] 8. Sept.

[1746] Laut W. Düwel-Hösselbarth, Ernteglück, S.40 handelt es sich bei 1442 um ein sehr fruchtbares Jahr, in das jedoch ab Nov. (bis April 1443) wieder ein kalter Winter einbricht. Vgl. die mit dieser Stelle vergleichbaren Nachrichten unserer Chronik auf fol.178rb sowie R. Glaser, Klimageschichte, S. 69 mit einem beinahe gleichlautenden Zitat aus der Mone'schen Chronik.

[1747] 21. Juni.

[1748] Vgl. die anderen Hinweise auf diese Bevölkerungsgruppe in unserer Chronik auf fol.117rb, 154ra, 199rb und 207va mit und zu diesem Text R. Heinisch, Auftreten der Zigeuner, S.126ff.

[1749] Das Opfer erhält also die recht ungewöhnliche und aussichtslose Chance, ein Gottesurteil über sich ergehen zu lassen. Die Hand, die in einen Kessel mit siedend heißem Wasser gehalten wird, verbrennt jedoch, sodass, da seine Schuld nun feststeht, eine Strafe zu erfolgen hat (vgl. R. Heinisch, Auftreten der Zigeuner, S.128).

[1750] Neben dieser Schilderung haben sich bspw. im Ratsbuch keinerlei weitere Informationen zu diesem Betrugsfall mit gefälschten Konstanzer Schillingen erhalten. Da auch kein Ratsurteil überliefert ist, scheint die hier beschriebene „schwere Körperstrafe" ohne ein solches vollzogen worden zu sein (vgl. R. Heinisch, Auftreten der Zigeuner; P. Schuster, Gericht, S.130f). Grundsätzlich sind die Strafen für Falschmünzerei im Mittelalter drastisch: das in der älteren Zeit übliche Abschlagen der Hand wird später v.a. durch den Feuertod oder das Sieden mit heißem Öl ersetzt (vgl. LexMA, Bd.4, Sp.245). Die Delinquenten hier kommen mit der Strafe des Brandmarkens mit dem städtischen Zeichen (d.h. vermutlich ein Kreuz) letztlich mit einem „blauen Auge" davon.

[176vb]
i) er] *fehlt SG*

a...a) v. anloufen: angreifen, überfallen

[1751] Nachdem auf einem Tag in Kirchheim am 22. April 1442 die ersten Voraussetzungen zu einer Erneuerung der seit Jahren nicht mehr verlängerten Einung zwischen den Grafen v. Württemberg und dem Schwäbischen Städtebund besprochen werden, kommt es zu wochenlangen Verhandlungen, die schließlich mit einem Bündnis am 15. Juni 1442 enden. Während es den Städten weitgehend gelingt, ihre Wünsche durchzusetzen, verlangen nun auch die Württemberger den Eid nicht nur v. den Räten, sondern v. der gesamten Gemeinde der an der Einung beteiligten Städte. Trotz darauf folgender Meinungsverschiedenheiten bis März 1443 erfolgt das Bündnis in der gewünschten Form (vgl. H. Blezinger, Städtebund, S.85f).

[1752] 11. Juli.

[1753] Eventuell Jakob Volger (?): Angehöriger der Konstanzer Zunftbürgerschaft; Krämer; seit 1418 in der Steuerliste aufgeführt (in diesem Jahr der Reichste unter den Krämern); wir besitzen aber den Steuereintrag eines gleichnamigen

zwü- | schen stain vn(d) stigen vn(d) | wolt man jn gefangen | hon. do
warff er den man- | tel von jm vnd luff an | den Rin vnd wolt über Rin |
Swÿmen. do er nach hin | vsz komen was, do schussen | sy zů jm vnd
10 ward jm | ain pfil hindan jn die sch- | ulteren geschossen, den an- | dern
schutz schosz jn ainer | hinden jn den nack, das | es jm zů dem münd vs |
gieng, vnd [er]ⁱ ertrank. Man | maint, es tåt der Wetzel | vnd sin
gesellen¹⁷⁵⁴. |

[177ʳᵃ|359]ⁱ   ⁱⁱKung Fridrich von | Osterichⁱⁱ

J(!)n dem jar als vor stat do | ward küng frydrich von | ôsterrich zů   *Krönung v.*
Rômsch(em) küng | gekrônt zů auch¹⁷⁵⁵ jn vnser | froen Münster mit kaÿ | *Friedrich III.;*
ser karolus crôn vn(d) sine(m) | swert, d(a)z jm von hymel | by ainem
5 engel gesendt | ward, vnd mit siner stôl. | da By warend die Curfur | sten
vnd sust vil ander | grosser fürsten vn(d) he(rren)¹⁷⁵⁶. | Also zoch er bald   *Königlicher*
enweg¹⁷⁵⁷. vn(d) | Sagt man, wie er ge(n) Co | stentz komen sôlt Vnd also   *Umritt;*
|ⁱⁱⁱ ᵃbeschraib man die herber- | gen^a von husz ze husz vn(d) | das tett hansz
fryburger¹⁷⁵⁸ | vnd der vorster¹⁷⁵⁹, ain zunfft | maister. Also kam vnser | her

---

Krämers („Volgary") aus dem Jahr 1450 (vgl. Steuerbücher, Teil 1, 1450, 43, S.156; K.D. Bechtold, Zunftbürgerschaft, S.67, 176).

¹⁷⁵⁴ Dieser Überfall auf einen Konstanzer Krämer gehört – dies wird zumindest v. den Zeitgenossen vermutet – zu
der im vorherigen Jahr ausbrechenden Fehde zwischen der Stadt Konstanz und dem Herzog v. Urslingen, Georg v.
Geroldseck-Sulz u.a., deren Anlass die Gefangennahme v. Heinrich Wetzel v. Überlingen ist (vgl. den Bericht auf
fol.172ʳᵇ).

[177ʳᵃ|359]
i) *auf diesem Blatt ist der Schriftspiegel mit Spalten sichtbar* ii...ii) Kung Fridrich von | Osterich] *v. der Hd. Konrad
Albrechts, mhbrT* iii) *Marg.: 3-z., v. der Hd. Konrad Albrechts, mhbrT, amliRa, t.w. in den Text der HHd. ragend:*
wie man | die herberg | en beschraib iv) ôster(r)ich] *dan.* vn(d) | Swûrend zů jn *[sic!]* ewenclich | die von Rapperswyl
SG v) da[s]] s *fehlt SG*

a...a) v. herbergen beschraiben: die Unterkünfte organisieren/schriftlich festlegen b...b) aus Missgunst und Hass c)
Schmach, Beleidigung, geringschätzige Behandlung

¹⁷⁵⁵ Aachen (vgl. z.B. LexMA, Bd.1, Sp.1ff).
¹⁷⁵⁶ Vgl. allg. zur Königskrönung LexMA, Bd.5, Sp.1547ff und zu dieser auch RTA XVI, S.147ff sowie G.P. Marchal, Fehltritt und Ritual.
¹⁷⁵⁷ Nach der Krönung durch den Erzbischof v. Köln am 17. Juni verlässt Friedrich III. Aachen bereits am 21. Juni
und kommt am 7. Aug., einen Tag vor der geplanten Eröffnung eines „Reichstages", in Frankfurt an. Vgl. allg. zur
Institution v. Krönungsreise und königlichem Umritt LexMA, Bd.8, Sp.1210f und speziell zu Friedrich III. J. Seemüller, Krönungsreise, mit der Edition eines zeitgenössischen Berichtes; A. Niederstätter, Ante Portas, S.143ff sowie
ders., Zürichkrieg, S.145ff.
¹⁷⁵⁸ Hans Friburger: Angehöriger der Konstanzer Patrizierfamilie; langjähriger Ratsherr, u.a. des Öfteren im Kleinen
Rat (nach P.F. Kramml, Friedrich III., S.323 Ratsherr von 1430 bis 1462, in den Ratslisten taucht einer desselben
Namens – dieser oder ein Verwandter? – aber bereits seit 1416 auf); Inhaber zahlreicher Ämter (z.B. 1442 Amts-
inhaber eines 1438 nachweisbaren Amtes „Verseher bzw. Regierer der Juden"; einer der Richter „uff Ring Burcher
Thor"; Richter für Bausachen; Richter für Schuldsachen; Landgerichtsbeisitzer; Beisitzer im Ammanngericht) (vgl.
K. Beyerle, Ratslisten, S.124ff; OBG, Bd.1, S.391; P.F. Kramml, Friedrich III., S.80, 202, 252, 323, 505, 511ff,
516ff, 522ff).
¹⁷⁵⁹ Hainz Vorster: Angehöriger der Zunftbürgerschaft; Ratsherr, u.a. des Öfteren im Kleinen Rat sowie als Vertreter
der Schuhmacherzunft (Eintritt in den Rat unklar, da sowohl 1417-1419, 1425, 1426, und ab 1428ff bis 1449 mehr-

10 der küng gen zürch | vnd was da by acht tage(n)[1760]. | die von zürch
swůrend jm[1761] | vnd gabend jm, was Sy | hettend von ôster(r)ich[iv]. vnd |
zoch von zürch gen Rap- | perswyl, die swůrend jm | och[1762]. Vnd ward
zürch er | geben dem küng; da[s][v] taten | sy den von Swytz vn(d) an- | dren
aydgnossen [b]ze nyd | vnd zehasz[b], dan(n) den von | zürch grosz schmach[c]
15 ge- |

[177rb] schenhen was da vor von den | aydgnossen, dan sy zugend | für zürch vnd
namend jn | vil landes jn vn(d) zwungen | die von zürch, wes sy
wolt(en)[1763]. | Dar nach zoch er gen wintt(er) | thur, das nam er och jn
vn(d) | swůrend jm[1764]. Nach dem zoch | er gen Bern vnd gen fry | burg in
5 v̊chtland, da tett | man jm gar grosz zucht vn(d) | ere[1765]. Vnd zoch also da

---

mals eine Person dieses Namens in den Ratslisten aufgeführt ist, die Anm.63 bei P.F. Kramml, Friedrich III., S.202
aber nahelegt, er sei erst seit 1431 im Rat zu finden); dort unserer Chronik entsprechend auch Zunftmeister; Inhaber
zahlreicher Ämter (z.B. 1436 Steuerherr; 1438, 1439, 1441-43 „Verseher bzw. Regierer der Juden"; 1441, 1442,
1444 und 1445 ebenfalls für die Bürgeraufnahmen verantwortlich; einer der Richter in Schuldsachen; 1442 Ratsrechner zu „der Kind Vögt"); weist nach der Ankunft des Königs dessen Gefolge in die Quartiere ein (vgl. den Bericht auf fol.177vb) (vgl. K. Beyerle, Ratslisten, S.126ff; K.D. Bechtold, Zunftbürgerschaft, S.41; P.F. Kramml, Friedrich III., S.80f, 202, 512).

[1760] Über Mainz, Oppenheim, Worms, Speyer, Weissenburg, Hagenau, Straßburg, Schlettstadt, Breisach, Freiburg,
Ensisheim, Thann, Mülhausen, Rheinfelden, Laufenburg und Waldshut reist der König auf Zürich zu, das er am 19.
Sept. erreicht. Sein Aufenthalt währt bis zum 29. Sept. (vgl. A. Niederstätter, Zürichkrieg, S.152ff; ders, Ante Portas,
S.150).
[1761] Nach einem alle Zeremonien vollziehenden, ehrenvollen Empfang leistet der Rat sowie die gesamte Gemeinde
am 23. Sept. 1442 dem König und dem Reich den Eid. Daraufhin beschwören die Züricher den Bund mit dem Haus
Österreich. Damit tritt das für den weiteren Verlauf des Alten Zürichkriegs bedeutende Bündnis zwischen der
Reichsstadt und Habsburg vom 17. Juni endgültig in Kraft (vgl. A. Niederstätter, Zürichkrieg, S.155ff).
[1762] Rapperswil kommt während des Aufenthalts in Zürich wieder offiziell an Österreich, wobei man sich – dies
zeigen Privilegien v. Mai 1442 – bereits zuvor darüber geeinigt hat. Friedrich III. fährt v. Zürich per Schiff über den
See, nimmt am 24. Sept. die Huldigung der Rapperswiler entgegen und gliedert die Stadt gleichzeitig in das österreichische Bündnis der Züricher ein. Die Generalkonfirmation ist auf den 28. Sept. datiert; die Verfügungsgewalt
über die Burg wird bereits einen Tag zuvor verliehen (vgl. ebd., S.157).

[177rb]
i) jn] *fehlt SG* ii) *Marg.: 3-z., v. der Hd. Konrad Albrechts, mhbrT, amreRa, abgeschnitten, v. der Editorin erg.:* wie
man [die] | ordnet, [die] | jn empf[ahen] solten

a) *v. vertagen: jmdn. zu einem Tag laden, jmdm. einen Termin bestimmen*

[1763] Vgl. dazu die vorherigen Berichte unserer Chronik zum Alten Zürichkrieg auf fol.154va, 155[va]f, 167rb, 169va.
[1764] Am 29. Sept. kehrt Friedrich Zürich dann den Rücken und begibt sich noch am selben Tag nach Winterthur.
Wiederum huldigen Rat und Bewohner dem Haus Österreich und treten dem Bündnis bei. Daraufhin bestätigt der
König dieser 1415 reichsfrei gewordenen Stadt alle Privilegien und Rechte und erweitert den städtischen Friedkreis
(vgl. A. Niederstätter, Zürichkrieg, S.158).
[1765] Von Winterthur aus bereist Friedrich III. nun – dies dokumentiert den österreichischen Anspruch auf den Aargau
– ehemals österreichisches Territorium, das unter eidgenössischer Verwaltung steht: Am 1. Okt. 1442 erreicht er
Baden. Über das Kloster Königsfelden, Brugg, Aarau, Solothurn reitet er am 6. Okt. in Bern ein, „wo er mit dem
ganzen Aufwand, den die Stadt zu bieten hatte, empfangen wurde" (ebd., S.163). Der Umritt wird dann bis Mitte
Okt. mit Freiburg im Üchtland fortgesetzt. Wie unsere Chronik betont, wird dem Herrscher hier ein „denkwürdiger"
Empfang bereitet. „Der Jubel über die Ankunft des Landesherren kannte dort keine Grenzen" (ebd., S.165) (vgl.
A. Niederstätter, Ante Portas, S.152f und ders., Zürichkrieg, S.159ff).

vm(b) | jn ain statt. da kam zů jm | der hertzog von Burgony[1766], | vnd zoch
do wyder gen Ba | sel; da lag Bapst felix[1767]. Vnd | zoch von Basel gen
loffem | berg, gen waltzhůt vnd gen | schaffhusen, die emphiengen [jn][i], |
doch wolten sy jm nit sweren, | dan(n) als ainem Rômschen | küng vnd nit

10 an das husz | von öster(r)ich[1768]. das wolt er nit | vnd hiesz sy komen gen
Coste(n)tz, | da wôlt er jnen anttwürt(en), | als allen her(r)en vnd stetten |
gen coste(n)tz vertagdt[a] was[1769]. Al- | so kam er vff zinstag vor sa(n)t |
katherinen tag[1770], zwüschen | dryen vnd vieren nach mit | temtag gen   *König Friedrich*
costentz vn(d) mit | jm By süben hundert pfård. | Jt(em) es was also   *in Konstanz;*

15 geordnet, d(a)z | man acht man vo(n) de(m) Rat [ii]| dar zů ordnet, vier von   *Adventus[1771];*
den | geschlåchten vn(d) vier vo(n) der |

[177va|360] gemaind, die jn emphanhen | sollten. vnd wer ze rytte(n)d het, | der Rait
mit jn hin vsz. Vnd | als er kam Rittend für das | siechhusz[1772] by

---

[1766] Philipp III. der Gute v. Burgund: Herzog aus dem burgundischen Haus Valois; geb. am 31. Juli 1396; expansive Territorialpolitik; 1435 Lösung v. der Souveränität des Königs v. England; beendet die Feindschaft zwischen den Häusern Orléans und Burgund; 1443 Rückeroberung des Herzogtums Luxemburg; sucht nach einer Lösung für die Reichslehen, die er ohne Investitur vonseiten des Kaisers innehatte (vgl. geschilderte Begegnung mit Friedrich III. in Besançon 1442, vgl. auch folgende Anm.); gest. am 25. Juli 1467 (vgl. LexMA, Bd.6, Sp.2068-2070).

[1767] Von Freiburg zieht der König weiter nach Westen, um Savoyen und Burgund zu bereisen. Am 19. Okt. trifft er in Lausanne ein, am 23. in Genf und führt Gespräche mit Herzog Ludwig v. Savoyen. Ab dem 31. Okt. hält sich Friedrich in Besançon bei Herzog Philipp v. Burgund auf, verhandelt hier das Lehensverhältnis Burgunds zum Reich und die Luxemburger Frage, ohne nennenswerte Ergebnisse zu erzielen (vgl. RTA XVII,1, Nr.16). Über Mömpelgard, den österreichischen Sundgau erreicht er schließlich die Konzilsstadt Basel und spricht mit Papst Felix V., der – zumindest nach Aeneas Silvius – gegen eine Mitgift für seine Tochter die königliche Obödienzerklärung erkaufen wollte (vgl. A. Niederstätter, Zürichkrieg, S.167ff).

[1768] Von Basel führt der Umritt weiter nach Rheinfelden, Waldshut und Schaffhausen. Trotz österreichischer Pfandrechte und eindeutig habsburgischer Revindikationsabsichten tritt diese Stadt als Reichsstadt auf; die Bewohner huldigen, wie unsere Chronik darlegt, Friedrich lediglich als König, weigern sich aber, die österreichische Herrschaft anzuerkennen (vgl. ebd., S.170).

[1769] Friedrich III. hat nach seiner Krönung auf den 16. Okt. einen „Reichstag" nach Konstanz angesetzt. Tatsächlich trifft er aber, v. Schaffhausen kommend, über Diessenhofen und Stein am Rhein am 20. Nov. in Konstanz ein. Um einen Ausgleich im Konflikt zwischen dem Adel und den Städten Schwabens zu erzielen, lädt er die Mitglieder des Schwäbischen Städtebundes nach Konstanz ein. Der Aufenthalt erhält dadurch den Charakter eines königlichen Städtetages; v. einer Reichsversammlung kann nicht gesprochen werden (vgl. hierzu und zum Aufenthalt in Konstanz vom 20. bis 28. Nov. RTA XVII,1, Nr.20 und S.7f; A. Niederstätter, Ante Portas, S.153ff; ders., Zürichkrieg, S.170ff; K.P. Kramml, Friedrich III., S.80ff und H. Maurer, Konstanz II, S.84ff).

[1770] 20. Nov.

[1771] Vgl. allg. zum Zeremoniell bzw. zur Bedeutung des adventus regis z.B. LexMA, Bd.1, Sp.170f sowie A. Niederstätter, Königseinritt. Vgl. den knappen Hinweis auf den Aufenthalt und den Empfang in der zeitgenössischen Chronik zum Umritt: „Item am erichtag [20. Nov.] rittn wier zwo meil vnntzt gein Kostintz. Das ist aůch ain reichstat. Dye emphing meins herrn gnad gar konigklichn vnd belaitten in in des bischolfs hoff. Vnnd zů Costnitz an dem Bodensee ligt der lieb herr sand Kainrad vnd ist ain schener olperg da" (J. Seemüller, Krönungsreise, S.654).

[177va|360]

i) *Marg.: 26-z., v. der Hd. Konrad Albrechts, mhbrT, amliRa sowie unterhalb der beiden Spalten, abgeschnitten, v. der Editorin t.w. nach C. Schulthaiß, Collectaneen, Bd.1, S.150½ erg.:* [vn]d was der | [red] [?] also: „Aller | [du]rchlutigister | [g]roß machtig(er) | [ku]ng vnd aller | [gn]ädigister [dan. Streichung v. fur] | [fu]rst vnd herr. | [Ai]n Rät vnd ga(n) | nz gemaind | [de]s hailigen richs | [vn]d uwer kung | [lic]hen maiestat | [st]at Costentz | [ha]ben vns be | [v]olhen uwer | [k]unglichen [m]aiestät jn | [de]r kunglich | maiestat vn(d) | [de]s hailigen Richs | [St]att mit den | mutiger vnd(er) | [tei]nikait zu em | [p]fachen, dann sy an uwer kunglichen maiestät zu kunfft ain grosz frôd hab(e)n, | mit erbietung, wa sy uwer k(aiserlicher) maiest[ät] *[durch kaputte Seite verderbt: repariert, Text aber vollständig]* dienen mügen, das sy darzu | willig sin wollen" ii) Do] *üdZ, v. der Hd. Konrad Albrechts, mhbrT, erg., darunter als Vz ein nach oben zeigender Winkel*

[1772] Siechenhaus: Im Gegensatz zum Hospital eine Isolierstation für unheilbar Erkrankte, v. denen eine Infektionsgefahr ausgeht; dazu zu rechnen sind die häufig Sondersiechenhäuser genannten Leprosorien sowie die erst ab dem späten 14. Jh. aufkommenden Seuchenhospitäler (Pesthäuser); anders als die Hospitäler werden sie außerhalb der Städte angelegt: Leprosorien regelmäßig an Ausfallstraßen, Pesthäuser völlig abseits und v. Gräben und Zäunen umgeben (vgl. LexMA, Bd.7, Sp.1844).

[1773] Vgl. die uns als schlecht lesbare Marginalie überlieferte und dann bei C. Schulthaiß, Collectaneen, Bd.1, S.150½ in den Text integrierte Begrüßungsrede v. Hans v. Cappel (nach Schulthaiß auch gedruckt bei P.F. Kramml, Friedrich III., S.81).

[1774] Ulrich Blarer der Lange: Angehöriger der ursprünglich wohl aus St. Gallen stammenden Tuchhändler- und Patrizierfamilie; Vater: Konrad Blarer; unserer bisherigen Kenntnis nach (wenn auch durch die Namensgleichheit der Familienmitglieder nicht ganz auszuschließen) niemals Ratsmitglied; möglicherweise in dem hier genannten Jahr 1442 Vogt (während lange davon ausgegangen wurde, dass es sich bei diesem Vogt um den gleichnamigen Vetter Ulrich Blarer zu Liebburg handelt, vermutet P.F. Kramml, Friedrich III., S.289, Anm.44 mit Blick auf diesen adventus regis, dass das Amt in der Hand Ulrich Blarers des Langen lag); ihm werden v. Friedrich III. bei diesem Aufenthalt am 25. Nov. Güter in Güttingen verliehen (vgl. RF, Nr.1242); ab 1454 Auseinandersetzung mit dem Konstanzer Dompropst Konrad Rechberg um den Kehlhof in Güttingen; gest. 1463 (?) (vgl. P. Staerkle, Blarer, S.128, 212; H. Maurer, Konstanz II, S.127; P.F. Kramml, Friedrich III., S.270f, 287, 289f).

[1775] Ludwig Härdler: Angehöriger des Konstanzer Patriziats; v. 1423 bis 1451 beinahe durchgehend Ratsherr meist im Kleinen Rat; Inhaber verschiedener städtischer Ämter (z.B. 1441 „Regierer der Juden"; einer der zwölf Beisitzer des Thurgauer Landgerichts); Gesandter der Stadt; Auszug mit den anderen Geschlechtern aus der Stadt; Mitglied der Gesellschaft „zur Katz"; Inhaber verschiedener Reichenauischer Lehen; 1441 reiche Stiftungen an Spital und Konstanzer Kirchen; gest. 1451 (vgl. OBG, Bd.2, S.40; K. Beyerle, Ratslisten, S.129ff-151 (Todesangabe); P.F. Kramml, Friedrich III., S.202, 204, 523; C. Heiermann, Katz, S.238f).

[1776] Ulrich Lind: Angehöriger der ursprünglich Reichenauischen Ministerialenfamilie; zum Konstanzer Patriziat gehörend; ab 1428-1480 langjähriger Ratsherr meist im Kleinen Rat; Inhaber zahlreicher Ämter (z.B. Heimlicher; „Verseher bzw. Regierer der Juden"; Ratsrechner; mehrere Jahre der Beamte für Bürgeraufnahmen; einer der zwölf Beisitzer des Thurgauer Landgerichts; Obervogt zu Frauenfeld); Ratsgesandter; Auszug mit den anderen Geschlechtern aus der Stadt; Inhaber Reichenauischen Lehens; Vertreter des Bodenseebundes auf der Reichsversammlung 1460 in Wien; gest. am 23. oder 25. Aug. 1480 (Ratsliste vs. OBG, Bd.2, S.515) (vgl. OBG, Bd.2, S.514f; K. Beyerle, Ratslisten, S.132ff; K.D. Bechtold, Zunftbürgerschaft, S.41; P.F. Kramml, Friedrich III., S.112f, 146, 168, 186, 202ff, 500ff, 522ff).

[1777] Berthold Vogt: zunächst Angehöriger der Konstanzer Zunftbürgerschaft, später des Patriziats; Mitglied der Kaufleute- und Goldschmiedezunft; Ritter; Betreiber einer Handelsgesellschaft und Geldverleiher; Diener Herzog Albrechts VI. v. Österreich; seit 1437 Ratsherr u.a. im Kleinen Rat und als Vertreter seiner Zunft, später unter den Patriziern geführt; Inhaber zahlreicher Ämter (z.B. Heimlicher; einer der zwölf Beisitzer im Thurgauer Landgericht; einer der Sieben Richter in Schuldsachen; einer der Sieben Richter in Bausachen; Obervogt zu Frauenfeld); Ratsgesandter, u.a. bei der Kaiserkrönung (hier Ritterschlag auf der Tiberbrücke, danach Aufnahme in „die Katz" und damit in das Patriziat); seit 1435 im Besitz des Schlosses und der halben Vogtei Weinfelden als österreichisches Lehen; leiht u.a. der Stadt Zürich und dem Herzog v. Österreich Geld; v. 1455-1457 im Pfandbesitz der Memminger Steuer; 1456 Einlösungsversuch des Reichslandgerichts im Thurgau; 1458 Auseinandersetzung mit Konstanz wegen der ihm im sog. Plappartkrieg entstandenen Kosten, daraufhin Eintritt in das Bürgerrecht v. Zürich; stirbt vor 1480 (vgl. J. Marmor, Urkunden-Auszüge II, S.83; OBG, Bd.1, S.371 und 373; K. Beyerle, Ratslisten, S.140ff; H. Ammann, Konstanzer Wirtschaft, S.87f; P.F. Kramml, Friedrich III., S. 72f, 92f, 108, 126, 167f, 182f, 272, 352ff, 500, 512, 517, 522f; ders., Komponenten, S.27f).

[1778] Jos Kettenacker: Angehöriger der Konstanzer Zunftbürgerschaft; langjähriger Ratsherr, darunter meist im Kleinen Rat 1432 und 1454, 1456 und 1458 als Vertreter der „schefflút" und „scherer"; Zunftmeister; Inhaber verschiedener Ämter (z.B. einer der Sieben Richter in Schuldsachen; einer der Sieben Richter in Bausachen; einer der Beisitzer des Thurgauer Landgerichts; Ratsrechner); 1458 wegen des Schlagens „mit ainer funst" bestraft; gest. 1459 (vgl. OBG, Bd.2, S.277; K. Beyerle, Ratslisten, S.127ff; K.D. Bechtold, Zunftbürgerschaft, S.41; K.P. Kramml, Friedrich III., S.513, 517, 522ff; P. Schuster, Gericht, S.91 (Zitat)).

[1779] Johann Babenberg: Angehöriger der Konstanzer Zunftbürgerschaft mit größerem Vermögen; langjähriger Ratsherr, darunter als Vertreter der „cramer" und „metzger" und meist im Kleinen Rat; Inhaber zahlreicher Ämter (z.B.

gotlieben, do Rit | tend die åcht von der statt | wegen gegen jm vn(d)
stůnd(en) | ab vnd emphiengen jn. der | Burg(er)maister tett die Red[1773]. |
5 Die vier von den geschlåch | ten warend: v̊lrich Blarer, | der lang[1774],
lütfrid muntp- | raut, ludwig hårdler[1775] vn(d) | v̊lrich lind[1776]; Die vier von
| der gemaind was: hansz | von Cappel, was Burg(er)mai | ster, Berchtolt
vogt[1777], ketten |[i] acker[1778] vnd Babemberg[1779]. Do[ii] also | lut man all
glocken vnd | gieng all priesterschafftt, | alle o̊rden vnd schůler, Min | her
10 von costentz mit dem | hailtům jm engegen Bisz | zů Rinporter tor. do der
küng | da hin kam, do stůnd er ab | Vnd der Byschoff emphie(n)g | jn[1780]
vnd sasz wyder vff vn(d) | fůrt man jn vnder ainer | hymeltzen jn das
münster. | die hymeltzen trůgend der | lang V[e]lrich Blaurer, jacob |
Appenteker[1781], Berchtold vogt | vnd Babemberg; Vn(d) vier |
15
[177vb] Rot stangen vmb jn[1782], die | hůbend och die Råt. Dar | nach zoch er vff   *Unterkünfte;*
die pfal | latz[1783], da lag er zů herb(er)g. | Jtem man hett die her- | bergen
beschriben vn(d) be- | stelt[a], wa yederman zů | herberg solt ligen, vnd |
bott man bettstat vnd | pfårid[b]. vnd d(a)z tet v̊l(rich) | schiltar vnd der
5 lanng | haintz[1784], zunffmaist(er). Jt(em) | des Ersten ain bett zu d(er) |
nåcht vm(b) ain behem(er), | Stalmiet[c] für ho̊w vnd | stro ain behem(er).
Jtem wer | nit ho̊w vn(d) stro gab, dry | pfenni(n)g. Das beducht | die gest

---

Heimlicher; einer der Sieben Richter in Schuldsachen; einer der Sieben Richter in Bausachen; einer der zwölf
Beisitzer des Thurgauer Landgerichts; Obervogt zu Frauenfeld); gest. am 30. Aug. 1483 (vgl. OBG, Bd.1, S.25;
K. Beyerle, Ratslisten, S.140-178 (Angabe des Todes); K.D. Bechtold, Zunftbürgerschaft, S.88; K.P. Kramml,
Friedrich III., S.500f, 504, 513ff, 518f, 522, 524ff).
[1780] U.a. küsst der Herrscher das ihm entgegengehaltene Kreuz (vgl. P.F. Kramml. Friedrich III., S.81 und A. Niederstätter, Ante Portas, S.155).
[1781] Jakob II. Appentegger: Angehöriger der Konstanzer Patrizierfamilie; langjähriger Ratsherr, häufig im Kleinen
Rat; an der Handelsgesellschaft des Johannes Appentegger beteiligt; Auszug mit den anderen Konstanzer Geschlechtern; Inhaber weiterer Ämter (vgl. z.B. mehrmaliger Steurer in den 1430er Jahren); Mitglied der Gesellschaft „zur
Katz", hier u.a. verantwortlich für den Bau des neuen Hauses; 1447 appelliert er gegen ein Urteil des Rottweiler Hof-
gerichts an den Kaiser; letztmalige Nennung in den Ratslisten 1453 (vgl. OBG, Bd.1, S.17f; K. Beyerle, Ratslisten,
S.124-153; B. Kirchgässner, Steuerwesen, S.37f; P.F. Kramml, Friedrich III., S.269; C. Heiermann, Katz, S.221,
282).

[177[vb]]
i) abegeton] abelon *SG* ii) *Marg.: 11-z., v. der Hd. Konrad Albrechts, mhbrT., eingebunden, t.w. v. der Editorin erg.:*
vnd ward | jm gesche[n]ck[t] | Leerzeile | vnd em | pfingen | jn aber die | Rat mit | wortten | als vorståt | mit beschluss |
das sin (...) [?] | vor gutt hett | [?]

a) v. bestellen: zuweisen, bestimmen b) Versorgung der Pferde c) Beherbergungskosten d) v. abtun: verzichten (auf),
reduzieren e) etwas das getragen wird, Bündel

[1782] Die Funktion der Stangen dürfte in der Abschirmung des Herrschers vor dem Andrang des wartenden Volkes
bestehen. Ähnlich wie für den Einzug Heinrichs v. Hewen (vgl. Bericht auf fol.153va) beschrieben, kann man davon
ausgehen, dass die aus der Stadt verbannten Straftäter sich an den Stangen, aber auch am Pferd, am Wagen oder am
Gewand des Herrschers festhalten und so in die Stadt zurückkehren (vgl. H. Krieg, Herrscherempfang, S.411,
Anm.71 sowie allg. zu diesem Gnadenakt P. Schuster, Gericht, S.278ff).
[1783] Vor der Einquartierung in die bischöfliche Pfalz kehrt der festliche Zug zunächst in das Münster ein, wo das „Te
Deum" angestimmt wird (vgl. P.F. Kramml, Friedrich III., S.81 und A. Niederstätter, Ante Portas, S.155).
[1784] Hainz Vorster.

zů vil vn(d) ward | entail abegeton^i/d vn(d) kam ^ii| ain vn wyll jn den küng.
| Jtem jm ward von der | statt geschenkt ii^C guld(in) | vnd ain schôner *Geschenke;*
10 becher, | kostet ii^C xxx guld(in)^1785. Da | mit gieng hansz von | Cappel,
v̊lrich Blarer, | hansz Ruch, Berchtold | vogtt. Die chorher(r)en |
schanktend jm xx malt(er) | hab(er)n vnd zway fůder | win. Hôw vnd stro
w(a)z | tür; ain Burdin^e hôw für |

[178ra|361]^i iii-i ß dn, j malt(er) hab(er)n für | xxx ß dn das stro vast tür. | Jtem am(m)
dornstag, nach de(m) | als er kam, het man jm | ainen tantz jn der *Festivitäten;*
katzen^1786. | da kam er hin vnt tet sechs | tântz vnd was gar frôlich^1787. |
Nun warend das die fro- | en vnd junckfroen^1788, mit | den er tantzet:
5 Jt(em) die bün | drichin^1789, fryburgers tocht(er)^1790, | Cůnrat fulachs^1791
wyb, die | zyppin^1792, v̊lrich linden tocht(er)^1793, | junckfro elz felixin^1794,
walt | hers von Münchwil^1795 wyb^1796. | Enmornend hett man jm | aber ain

---

1785 Bei P.F. Kramml, Friedrich III., S.81 kommt es bei der Beschreibung zu einer Verwechslung der Zahlen 200 und 230 Gulden. Zu beachten ist nach ebd., S.81, Anm.340, dass – da Konstanz sowohl Reichsstadt als auch Bischofssitz ist – dem König v. beiden Parteien Ehrengeschenke entgegengebracht werden (müssen).

[178ra|361]
i) *auf dieser Seite ist der Schriftspiegel mit Spalten sichtbar* i) brot] *dan.* | xviii^C *SG*

1786 Gesellschaftshaus „zur Katz". Möglicherweise überfordert dieses Festbankett die Statik des Hauses. Nachweislich wird 1444 eine spitzbogige Bockkonstruktion zwischen die polygonalen Holzsäulen in der Erdgeschosshalle eingebaut, da die Standfestigkeit des Gebäudes durch Risse in den Unterzügen und Säulen nicht mehr gewährleistet scheint (vgl. F.T. Leusch, Baugeschichte, S.47).
1787 P.F. Kramml, Friedrich III., S.81f, Anm.341 weist auf weitere uns überlieferte Tänze des Königs (1442 und 1474 in Köln, 1471 in Nürnberg sowie 1473 in Augsburg) hin und streicht heraus, dass entgegen anders lautenden Urteilen Friedrich III. keineswegs als „Nichttänzer" bezeichnet werden sollte.
1788 Vgl. zur Stellung der Frau in der Geschlechtergesellschaft „zur Katz" allg. C. Heiermann, Katz, S.62-69.
1789 Gemeint sein dürfte die Ehefrau v. Brun v. Tettikoven, genannt Bündrich.
1790 Die in OBG namentlich nicht genannte Tochter v. Hans Friburger.
1791 Konrad v. Fulach: Angehöriger des Adelsgeschlechts mit dem möglichen Stammort Flaach (Ministerialenfamilie der Abtei Reichenau; u.a. in Schaffhausen ansässig); empfängt mit zwei Brüdern v. Reichenau Lehen in Schleitheim; 1459 Bürger in Zürich; langjähriger Rechtsstreit mit dem Konstanzer Konrad Ehinger, der selbst nach deren Tod weitergeführt wird (vgl. OBG, Bd.1, S.413f; P.F. Kramml, Friedrich III., S.126, 270, 312, 319).
1792 Ursula v. Fulach: geb. Ursula Engellin, vermutlich eine Tochter des Konstanzer Apothekers aus dem alten Konstanzer und Überlinger Patriziergeschlecht; in erster Ehe mit dem 1435 (vgl. Bericht auf fol.149ra) verstorbenen Stoffel Zipp verheiratet (vgl. OBG, Bd.1, S.302f; K.D. Bechtold, Zunftbürgerschaft, S.40, mit Verweis auf GLA 5/314). Wiederum führte in diesem Fall die fehlerhafte Edition v. P. Ruppert, Chroniken, S.223, der statt „Zyppin" „Ziggin" liest, zu Verwirrungen und Fehlern innerhalb der Forschung. So spricht bspw. P.F. Kramml, Friedrich III., S.81 v. der „Ziggin (Tochter des Ulrich Lind)".
1793 Eine Tochter Ulrich Linds. Möglicherweise die uns bekannte Margaretha Lind, die als Witwe Heinrich Schilters 1496 stirbt (vgl. OBG, Bd.2, S.515).
1794 Elisabeth Felix v. Ravensburger: Angehörige des Konstanzer Patriziergeschlechts; Gattin Marquart Brisachers; Mutter v. Marquart dem Jüngeren und Dorothea; gest. 1454 (vgl. OBG, Bd.1, S.155 und ebd., Bd.3, S.361; P.F. Kramml, Friedrich III., S.302).
1795 Walther v. Münchwil: Angehöriger des Thurgauischen Ministerialengeschlechts; tritt 1412 mit vier Pferden in den Dienst der Stadt Konstanz; erbt 1416 das Lehen des Amor v. Guterberg; Reichenauisches Lehen in Frauenfeld; stiftet mit seiner Frau 1423 für einen v. deren Bruder eingerichteten Altar im Münster (vgl. J. Marmor, Urkunden-Auszüge II, S.48, 57; ders., Beziehungen, S.115; OBG, Bd.3, S.163; HBLdS, Bd.5, S.196).
1796 Margaretha v. Schaffhausen (de Scaffusa): aus dem Konstanzer Patriziergeschlecht stammend; Bruder: Ulrich Lind; Ehefrau Walther v. Münchwils; 1423 Stiftung (vgl. J. Marmor, Urkunden-Auszüge II, S.57; OBG, Bd.3, S.163).

tantz, aber er kam | nit dar zů. Jt(em) am Men | tag vor sant andres tag[1797] | *Reisen nach*
do fůr er gen v̈berlingen; | die swürend jm och vn(d) | kam des selben tags *Überlingen;*
10 wyd(er).[1798] | An der Mittwochen vor an | dree[1799] do fůr er von costentz | *Weiterreise;*
gen Arbon vnd wolt gen | sant gallen vnd gen velt | kirch.[1800] Jte(m) vff die
selb(e)n zyt | Swůrend die von diessen | houen wyder an das husz |
ôsterrich[1801]. Jte(m) er můst all | tag zů coste(n)tz jn sine(m) hof | haben
zway tusend brot[ii]; | Cristan strub[1802] was | sin brotbek, Zollikouen | sin *Verbrauch;*
15 metzger. Jt(em) Er zoch |

[178rb] jn vn wyllen von costentz, dan(n) | jn beducht, d(a)z man die sinen | zů
hert hielte mit staltmiet | vnd betten. Jt(em) Er hett acht | trumeter[a] vnd nit
mer für [i]| sten By jm[ii] zů coste(n)tz, dan(n) den | Marggrauen von
niderbad(en)[1803] | vnd spist by vi[c] pfåriden. Jt(em) | er nam zů petershusen
5 sant | gebhartz hayltum ain grosz | stuk vnd zwayer junckfroen | *Reliquienkult;*
hailtům[1804]. Jt(em) er fůr gen sant | gallen, die swüren jm och | vnd zoch
do gen veltkirch etc. |

[1797] 26. Nov.

[1798] Andere Zeugnisse (Bericht des anonymen Mitreisenden, J. Seemüller, Krönungsreise, S.654 sowie die Klingenberger Chronik, S.291) legen einen Besuch Überlingens bereits am 20. Nov., mit einer Rückreise am selben oder dem folgenden Tag, nahe. Interessanterweise nimmt der König am genannten Tag auch den Eid der Konstanzer entgegen. Er ist uns wörtlich überliefert (vgl. P.F. Kramml, Friedrich III., S.82 mit dem Zitat aus P. Ruppert, Chroniken, S.223, Anm.1 sowie dem ebenfalls tradierten, König Sigismund geschworenen Huldigungseid mit weiteren Angaben).

[1799] 28. Nov.

[1800] Obwohl unsere Chronik ebenso wie bspw. C. Schulthaiß oder die Klingenberger Chronik vom 28. Nov. als dem Abreisetag sprechen, sind Königsurkunden überliefert, die, mit dem Ausstellungsort Konstanz versehen, auf den 29. Nov. datiert sind (vgl. RF, Nr.1249f), wobei es sich eventuell auch um ein „Nachhinken der Kanzlei" handeln könnte (vgl. P.F. Kramml, Friedrich III., S.84). Von Konstanz aus setzt der König seine Reise dann über den Bodensee nach Arbon und St. Gallen fort. Am 1. Dez. 1442 betritt er wieder österreichisches Territorium, indem er Feldkirch erreicht und sich dort sechs Tage lang aufhält (vgl. A. Niederstätter, Zürichkrieg, S.173).

[1801] Wie bereits erwähnt (vgl. auch die geographischen Verhältnisse!), besucht Friedrich III. Diessenhofen nicht nach dem Aufenthalt in Konstanz, sondern Mitte November während der Anreise v. Schaffhausen. Die Bewohner huldigen im Gegensatz zur zuvor besuchten Stadt nicht nur dem König, sondern auch dem Hause Österreich.

[1802] Christian Strub: Angehöriger der Konstanzer Zunftbürgerschaft; Zunftmeister der Bäcker; mehrmaliger Ratsherr (v. 1422-1453), darunter auch als Vertreter der „winschenken" und „brotbeken"; Inhaber anderer städtischer Ämter (z.B. einer der elf Richter „uff Ring Burcher Thor"; Richter für Schuldsachen; Richter für Bausachen); ihm gelingt eine Vervielfachung des Vermögens; gest. 1455 (vgl. K. Beyerle, Ratslisten, S.129ff; K.D. Bechtold, Zunftbürgerschaft, S.76, 93f, P.F. Kramml, Friedrich III., S.252, 512f, 517).

[178rb]
i) Mz: 3-z. senkrechter Strich, vermutlich v. der HHd., mbrT, amliRa ii) jm] *durch Fleck verderbt SG* iii) kalt] kan
oder kay SG iv) geb(e)n] g *durch Fleck verderbt und zur Verdeutlichung doppelt ausgeführt*

a) Trompeter b...b) künstliche Wasserbehälter/-tränken c) v. pfächten: messen, eichen d...d) v. vffwerfen: öffnen, aufschlagen

[1803] Markgraf Jakob I. v. Baden: Neutralitätspolitik; Nähe zum Königtum; die Anwesenheit in Konstanz ist bspw. durch die Verhandlungen mit dem Städtebund und der Richtung vom 29. Nov. (vgl. FUB VI, Nr.230, 14) verbürgt; Mitglied des Mergentheimer Bündnisses; gest. 1453 (vgl. H. Blezinger, Städtebund, S.95; H. Schwarzmaier, Baden, S.196ff).

[1804] Auch König Friedrich III. nimmt also, wie schon bspw. König Karl IV. (vgl. den Bericht auf fol.51ra), Reliquien v. seiner Reise an den Bodensee mit sich.

10 D(!)es jars ward es so kalt[iii] vm(b) | den herpst vnd das ertrich | so truken, *Kälte, Trocken-*
das der stat Coste(n)tz | [b]wasser stuben[b] grossen bresten | an wasser hetten *heit und Fol-*
vnd mŏcht | den brun(n)en | nit wasser geb(e)n[iv]. | vnd kund man da by nit *gen[1806];*
pfåch- | ten[c] vn(d) mŭst zŭ stadelhouen | vn(d) am see pfåcht(en)[1805]. Die
gra | ben vmb den prŭel wurden | [d]vff geworffen[d], sunder durch | die
15 garten vff dem prŭel, d(a)z | der vsgang jn den Rin gieng | By schotten tor
hin ab vnd | leit man ain an zal vff yeg- | clichen garten als grosz er | was. |

[178va|362] A(!)ber jn dem jar so vor stat do | ward der grab vm(b) stadelho | uen By *Verteidigungs-*
emishouer turn hin | vmb das vsserueld vff ge | worffen vnd gerumptt | *maßnahmen;*
vnd getüffrot[a]; das beschach | von Bŭssen vnd fråffline(n), | die man ver
viel[1807]. Der | turn neben emishouer | tor ward do och gemach- | ett[1808]. |
5

D(!)es jars vmb sant gallen | tag[1809] Starb der Erwirdig | h(er)r hansz *Tod des*
lütin[1810], was ainer | von hŏwen vn(d) techen zŭ | Costentz. Nach jm ward | *Dekans;*
erwelt Graue v̊lrich von | werdemberg zŭ thŭm | techen, was vor hin ain | *Nachfolger;*
10 thŭmher. Der selb graue | v̊lrich satzt vff, das alle | priester, die zŭ *Neuordnung;*
costentz ge | pfründet warend, oder wa | das wår, mŭstend ir pfrŭn | den
[b]selbs versehen vnd be | singen[b]/[1811]. Och wolt er vnd | satzt, das die

---

[1805] Vgl. dazu auch die ähnlichen Nachrichten auf fol.176va.
[1806] Vgl. R. Glaser, Klimageschichte, S.91 mit Zitat zum trockenen, kalten Herbst aus der Mone'schen Chronik.

[178va|362]
a) v. tûffren/tiefen: vertiefen b...b) selbst die Messe lesen/die Gemeinden mit geistlichem Beistand versorgen

[1807] Strafen wie Stadtverweisungen, Turmhaft oder Geldbußen können in Konstanz durch Arbeitsleistungen (vermutlich nach genau festgelegten Sondertarifen gestaffelt) abgelöst werden. Nachweislich kann der Baumeister, wenn der Rat sich mit den Delinquenten auf eine solche Form der Bußableistung geeinigt hat, über die Arbeitskraft der Straftäter frei verfügen. Über die genauen Modalitäten (z.B. die Länge eines solchen Arbeitstages etc.) sind wir nicht weiter informiert (vgl. P. Schuster, Gericht, S.235f).
[1808] Diese Befestigungsarbeiten stehen im Zusammenhang mit einem seit Beginn des 15. Jhs. vom Rat konsequent verfolgten Ausbau der Wehranlagen rund um die Stadt, der auch die Einbeziehung der bisherigen Vorstädte in den neuen Verteidigungsring zur Folge hat. So wird u.a. ab 1410 bis in die 2. Hälfte des Jhs. Stadelhofen ummauert. Hierbei entstehen etwa vor dem Kreuzlinger- und Emmishofertor Bollwerke. Als weitere Verteidigungsmaßnahme werden im Vorland der Stadt Gräben ausgehoben. N. Schulthaiß und mit Bezugnahme auf ihn auch H. Maurer wissen v. der Erstellung eines „großen graben (...) uff dem ußern veld" (N. Schulthaiß, Chronik, S.280) – d.h. auf der auch der „Große Brühl" genannten Wiesenfläche rechts der Straße hinaus ins Tägermoos und damit „im Vorland der Stadt gegen Westen, gegen den Thurgau hin, von woher am ehesten Gefahr drohte" (H. Maurer, Konstanz II., S.107f) – im Sept. 1444, wobei sich jeder Bürger ab dem 14. Lebensjahr durch persönliche Arbeit oder Geldleistungen zu beteiligen hatte. Im Folgenden heißt es dann in der Chronik: „Domols wurden ouch gemacht die bolwerk vor Crützlinger thor, vor Emishofer thor (...)" (N. Schulthaiß, Chronik, S.280) (vgl. allg. zum Ausbau der Wehranlagen H. Maurer, Konstanz II, S.106ff).
[1809] 16. Okt.
[1810] Johannes Lüti stirbt anderen Angaben zufolge bereits am 1. Okt. 1442 (vgl. REC IV, Nr.10652; HS I/2,2, S.542).
[1811] Vgl. zur Wahl am 10. Okt. REC IV, Nr.10655 mit der namentlichen Nennung der Wähler und ebd., Nr.10656 zur Bestätigung der Wahl durch den Bischof am 15. Okt.

schůler mit | jrem Byschoff vff sant | nicolaus tag[1812] nit sôlten jn | dem chor mer, sunder da |

15

[178vb] da vor sin vnd die tôchtran | vnd junckfroen firmen, | als ir gewonhait ist[1813]. |

5 A(!)b(!)er jn dem jar do beschach | ain grosz zaichen jn vng | ern zů den Süben bürg(en)[1814] | jn vnser froen cappelle | vff dem veld[1815]. also das | die türken da hin kam(en) | vnd ainen frǎuel an | vnser lieben froen leiten | jrem bild, So da stůnd, | das sy es schlůgend mit | messern, Das das plůt | da von Ran vnd ward | d(a)z dem Bapst gesandt | vnd kund geton. |

Wunder:

blutendes

Marienbild;

[179ra|363] Des^i jars do man von der | gepurt cristi zalt tuse(n)d | vierhundert viertzig vnd | drü jare an sant anthoni- | en aubend[1816] do ward ainem | brotbeken knecht sin houbt | ab geschlagen, der het aine(n) | Brotbecken in der

1443

Delinquenz und

[1812] 6. Dez.

[178vb]
[1813] Hierbei handelt es sich um eine Bestimmung, die den v. den Domschülern alljährlich gewählten „episcopus puerorum" betrifft. Einem Brauch zufolge, der sich ebenso in anderen südd. Bischofsstädten, aber bspw. auch in Salzburg und Tirol nachweisen lässt, war es den Schülern erlaubt, mit ihrem Schülerbischof an Allerheiligen und am St. Nikolaustag in weißen Hemden durch die Stadt zu ziehen und um Gaben und Geschenke zu bitten. Die Existenz dieses Phänomens in Konstanz für die Zeit um 1420 belegt auch eine angebliche Äußerung v. Konrad Stickel über Heinrich Gunterswiler, der gesagt haben soll, „ob er nit lachen sölt, es wär einest ein schuler bischoff und der wurd zem rechten bischoff, also wär jetzt ain burgermaister, des wölt man einest nit zem rautzknecht und er wär ain eselstriber und kund niemand nichts on in geschaffen" (StAK, B I 3, S.172, zitiert nach P. Schuster, Gericht, S.34). Der Brauch wird in Konstanz erst nach dem Dreißigjährigen Krieg abgeschafft (vgl. P. Zinsmaier, Unbekannte Quelle, S.65 u.a. Hinweis auf unsere Chronik; H.M. Brummer, Hemdglonkerumzug, S.134; P. Schuster, Gericht, S.34 und zum Schülerbischof als einem Repräsentanten der „verkehrten" Welt K. Arnold, Einstellung zum Kind, hier S.55f) (Vgl. in ähnlichen Worten auch C. Schulthaiß, Bisthums-Chronik, S.65 und ders., Collectaneen, Bd.1, S.151½).
[1814] Siebenbürgen (latein. Transsilvania, Septem Castra): östlicher Landesteil des mittelalterlichen Ungarn; der Name weist auf die sieben Komitate hin, in die das Land in der Arpadenzeit gegliedert war; 895 Ansiedlung der Ungarn; 1003 Eroberung durch König Stephan den Heiligen; im Anschluss daran Christianisierung, Bistumsgründung, Einführung des Komitatssystems und Kolonisation bzw. Landesausbau; bis zum 13. Jh. ständiger Zuzug aus dem Westen; 1241/42 Mongolensturm; zeitweise Zerfall der königlichen Zentralmacht; Neuaufbau des Landes ab Mitte des 13. Jhs.; Aufschwung der Städte im 14. Jh.; Bildung v. Stände-,„Nationen" seit dem 13. Jh.; seit 1375 Türkeneinfälle; nach einem Aufstand 1437 entsteht die Drei-Stände-Union v. Ungarn, Szekler und Sachsen (vgl. LexMA, Bd.7, Sp.1840ff und Bd.8, Sp.1232).
[1815] Worauf sich diese Erzählung bezieht, konnte nicht eruiert werden.

[179ra|363]
i) Des] D 2-z. Lomb., v. der Hd. des Rubr., mblT ii) erslagen] -gen *zur Verdeutlichung, v. der HHd., doppelt ausgeführt, eventuell korr.*

a...a) in Notwehr b) Gerichtsverhandlung, Gericht

[1816] 16. Jan.

brotbeken | trinkstuben erslagen[ii]/[1817]. Der | ward an dem obernmarkt | *Strafe;*
5 fürgefůrt vnd da zů dem | tod vertailt. Der zoch an dem | gericht für ain
nottwer, d(a)z | er das an jn brãcht hett vn(d) | můst sines libs not weren |
vnd jm wychen. Also ward | ertailt, wa er fürbringen | mõcht, das er sinen
lib můst | vor jm rettden vnd mõchte | jm nit entrinnen vnd w(a)z | er da
geton hab, d(a)z můsde | er ᵃvon nothalb sines libs | vnd lebensᵃ tůn vnd
10 wåre | jm layd. Er nampt jro sechs | Brotbeken gesellen, die wåren | da by
gewesen. Die verhort | man alle da jm(m) Ringᵇ vff ir | ayde mit ain ander,
d(a)z man | kain von dem andern fůrt, | aber jro enkainer seit, d(a)z jm |
nütz, vil me schad was. also | schlůg man jm d(a)z hopt ab. |

[179ʳᵇ] D(!)es yetzgena(n)ten jårs, am Men- | tag nach vnser lieben froen tag |
liechtmesz[1818], Hond die von Coste(n)tz | ain nw̃ gericht erworben vo(n) | *Gerichts-*
dem küng[1819], das sy sôllen vn(d) mô- | gen richten, was für sy kompt, | *privileg;*
one geltschuld vnd was für | den amma(n) gehôrt. Dar zů | hônd die Råt
5 vsgenomen ᵃerb | vnd aygenᵃ, lehen vn(d) todsleg[1820]. | des gerichts sôllend
zehen vn(d) | ain ob man; der sol der Richt(er) | sin, vnd der zehnen funff |
von den geschlåchten vn(d) funff | von der gemaind[1821]. die sôllen | ᵇzů
dem minstenᵇ dry tag jn der | wochen Richten. das geschach | dar vm(b),
d(a)z der recht råt dest(er) | basz mõge die lut vn(d) gemain | stat
10 vsrichtenᶜ. Da redt aber | der Byschoff wyder[1822]. |

[1817] Vgl. allg. zum Delikt des Totschlags, das in einer spätmittelalterlichen Stadt keineswegs zum Alltag gehört, sowie zur Strafpraxis in Konstanz mit einer kurzen Erwähnung dieses Falles P. Schuster, Gericht, S.86ff.

[179ʳᵇ]
a...a) Ererbtes und Erworbenes b...b) mindestens, wenigstens c) v. vsrichten: regieren, verwalten

[1818] 4. Feb. 1443 (!). Diese fehlerhafte Zeitangabe findet sich auch in allen anderen Chroniken, so bspw. bei N. Schulthaiß, Chronik, S.278; C. Schulthaiß, Collectaneen, Bd.1, S.152 oder bei G. Mangolt, Kurtze Chronic, A I 3, fol.42.
[1819] Auf Initiative der Stadt hin gestattet Friedrich III. Konstanz, dessen Kleiner Rat „mit | Raten vn(d) gerichte ettwas vast belad(en) vn(d) beswårt | ist, daz er d(er) Statt sache(n) nit als vôllenclich betrachte(n) | vnd die lüt jm Rechten volleu(er)tigen mag" (Ratsbuch B I 7, fol.55) am 10. Juli 1442 (!) die Errichtung eines Sondergerichtes aus Ratsmitgliedern für geringe Streitfälle (vgl. das Original der Urkunde in GLA Karlsruhe KS 776 und bspw. RF, Nr.667 mit kurzem Auszug), das sich v.a. mit Angelegenheiten der „armen leute", d.h. der Nichtstädter, befassen sollte (vgl. ausführlich P.F. Kramml, Friedrich III., S.250ff, 425).
[1820] Das neue Gericht – das Sondergericht der „Elf Richter uff Ring Burcher Thor" – sollte sich zur Entlastung des Kleinen Rates mit Ausnahme der erwähnten Bereiche mit alle „klag" und „fräffel" (C. Schulthaiß, Collectaneen, Bd.1, S.152, zitiert bei P.F. Kramml, Friedrich III., S.253) beschäftigen. Während der Bereich Geldschuld dem bereits bestehenden und durch das Privileg sanktionierten Gericht der „Sieben Richter auf dem Tor" zugewiesen wird und Todschlagsfälle weiterhin beim Rat bleiben, existiert für „erb | vnd eygen" kein eigenes Stadtrecht, sodass in der Stadt das kaiserliche, auf dem Land aber das Landrecht gilt (vgl. P.F. Kramml, Friedrich III., S.253).
[1821] Vgl. die uns überlieferte und mit diesen Vorgaben übereinstimmende Ämterliste der elf Richter zum Jahr 1443 im Ratsbuch (B I 7, fol.72), zitiert z.B. ebd., S.252.
[1822] Während K. Beyerle im Häuserbuch II, S.36 bezweifelt, dass das Sondergericht am Widerstand des Bischofs scheitert, hält P.F. Kramml, Friedrich III., S.254 dies – mit Blick auf die Konkurrenz zwischen diesem neuen Gremium und dem Ammanngericht – für „durchaus glaubwürdig". Nachweislich agiert dieses Gericht vorerst nur für kurze Zeit; die genauen Hintergründe sind quellenmäßig nicht mehr näher zu erfassen (vgl. z.B. REC IV, Nr.10626 allein der Chronistik folgend).

Jn dem jar wurden by acht | zehen tusend türken erslag(e)n[1823]. |

Türkenkreuz-
zug;

[179va|364] DE(!)s^i jars als man von | der gepurt cristi zalt | tusend vierhundert vier- | tzig vnd vier jare: |

1444

[180ra|365] DE(!)s^i jårs als man von | der gepurt cristi zalt tusend vierhundert viertz- | *1445 (!)*
ig vnd fünff jare do vorch | tend jnen die von Basel | vor den armen *Einfall der*
jåcken[1824], wan | die lagend nun mit grosz | em volk by ainer mil vn(d) | by *Armagnaken;*
ainer halben ŏne vnder- | lausz vor Basel[1825] vnd jn dem | elsåsz vnd

---

[1823] Hierbei handelt es sich um einen Hinweis auf den am 1. Jan. 1443 v. Papst Eugen IV. aufgerufenen Türken-kreuzzug v. 1443/44 unter der Führung des polnisch-ungar. Königs Wladyslaw III. und des Johannes Hunyadi. Dieses gegen die Osmanen gerichtete kombinierte Heeres- und Flottenunternehmen endet nach anfänglichen Erfolgen in Bulgarien mit der katastrophalen Niederlage des Kreuzzugsheeres am 10. Nov. 1444 vor Varna. In dieser Schlacht fallen neben Wladyslaw III., dem päpstlichen Legaten G. Cesarini und vielen ungar. und polnischen Kreuz-fahrern auch ca. 30.000 Türken. Der Siegeszug der Osmanen wird also nicht gebrochen; das Ende des Byzan-tinischen Reiches und der Fall v. Konstantinopel 1453 sind nur noch eine Frage der Zeit (vgl. LexMA, Bd.5, Sp.1514 und Bd.8, Sp.1106, 1413 und R.-P. Märtin, Dracula, S.37ff).

[179va|364]
i) DE(!)s] D *2-z. Lomb, v. der Hd. des Rubr., mroT*

[180ra|365]
i) DE(!)s] D *2-z. Lomb, v. der Hd. des Rubr., mblT*

a) v. embieten: ausrichten lassen, gebieten b) wehrlos, schlecht bewaffnet c) wertlose, schlechte

[1824] Armagnaken (auch Jäcken, Schnaggen, Gecken, Schinder – v. écorcheurs – oder eben Arme Jäcken genannt): eine nach dem Söldnerführer Bernard d'Armagnac (1391-1418) zwar einheitlich benannte, aber eigentlich aus Fran-zosen, Bretonen, Gascognern, Lombarden, Spaniern, Schotten und Engländern bestehende Söldnergruppe, die ähn-lich den Guglern (vgl. den Bericht auf fol.90va ff) in Waffenstillstandsphasen während des Krieges zwischen Frank-reich und England den Osten Frankreichs heimsucht (vgl. bspw. Einfall ins Elsass 1438 mit Bedrohung v. Basel); ca. 40.000 Köpfe, davon eventuell 20.000 kampffähige, meist berittene Söldner; kein einheitlich geführter Heereszug (vgl. LexMA, Bd.1, Sp.963f; H. Berger, Zürichkrieg, S.141ff; W. Schaufelberger, Spätmittelalter, S.299f).
[1825] Hintergrund dieses Einfalls ist die Fortsetzung der auf fol.154va, 155^vaf, 167rb und 169va geschilderten Ereignisse um den Alten Zürichkrieg, in den seit 1442 durch ein Bündnis zwischen Zürich und König Friedrich III. (vgl. die Hinweise unserer Chronik auf fol.177ra) Österreich involviert ist. Nach kriegerischen Auseinandersetzungen und einer Niederlage Zürichs im Juli 1443, einigt man sich durch Vermittlung des Konstanzer Bischofs erneut auf einen Waffenstillstand. Ausgleichsverhandlungen in Baden im Frühjahr 1444 scheitern, woraufhin die Gegner Zürichs er-neut militärisch aktiv werden und die Züricher Besitzungen heimsuchen. Habsburg, nach Ausbruch des Krieges auf der Suche nach Verbündeten, wendet sich 1443 und dann noch einmal 1444 (Initiative des vorländischen Adels!) an Frankreich. König Karl VII., nach dem Waffenstillstand vom 28. Mai 1444 froh, „unbequem gewordene Söldnerban-den außer Landes (...) schaffen" (W. Schaufelberger, Spätmittelalter, S.299) zu können, sendet Dauphin Louis mit den Armagnaken durch die Burgundische Pforte gegen den Sundgau und das Elsass. Plündernd und raubend rücken die „undisziplinierten Horden" (H. Berger, Zürichkrieg, S.139) langsam in Richtung Eidgenossenschaft vor. Ziel eines Sonderdetachements unter Führung Jean de Bueil ist dabei, v.a. die Eroberung der Farnsburg aufzuheben und Basel, gewissermaßen das Eingangstor zur Eidgenossenschaft, zu zerstören. Das Teilheer rückt im Aug. 1444 in den Raum Basel vor. Gleichzeitig sammeln sich österreichische Kräfte unter Hans v. Rechberg bei Säckingen, die sich am Entsatz der Farnsburg beteiligen möchten. Nun kommt es zu der Schlacht bei St. Jakob an der Birs (vgl. RTA

5 ersůchten sy tåg | lich vor der stat bisz zů dem | tor hin zů. Vnd warend |
och vil edel lüt vnder jnen | von disem land. vnd also | embuttend^a die von
Basel | den aidgenossen, d(a)z sy jnen | ain volk zů schibend zů jn | jn ir
statt, d(a)z sy sich dester | basz erweren mõchtend des | volks. Vnd sy
schicktend jn | fünffzehen hundert man | vnd das was gar ain werlich | *Schlacht bei*
10 volk vsser dem siben tal^1826. vn(d) | dero warend nun ain tail | vor der veste *St. Jakob an*
farnsperg^1827 ge | legen. Vnd als sy nun | gen Basel zů dem wasser^1828, | *der Birs^1830;*
das da Rinnet by sant jacob^1829 | der siechenhüser, kamend, | So gewarend
sy der armen | jåcken mit grossem volk alda | ligend vnd hettend vil für |
vnd lagend vnwerlich^b vn(d) | blosz one harnasch vnd het | ten bõse^c
15 gewer vnd waffen, | dan(n) das ir vnzalich vil w(a)z, |

[180rb] das sy sy nit recht wol ge- | schåtzen kundend, vn(d) main | tend doch, das
jro mer dan(n) | zehentusend^i wårend. vnd | maintend sy sõltend vnd |
wõltend mit jnen vechten, | dan(n) die von Basel kåmend | jnen zů hilff
mit ir macht, | so sy dan(n) wol vermõchtend. | vnd do sy nun als
5 vnwerlich | lagend, Do maintend die | fünffzehenhundert man | von den
aidgenossen, sy wõl- | tend den strit an heben, wan(n) | die stat Basel zů
nåchst by | jnen was, vnd trůgend | holtz an das wasser Vnd | machtend
entail weg mit | dem holtz über das wasser | vnd hulffend ainander mit |
jren spiessen vnd geweren | über das wasser. Vn(d) so | ir die armen
10 jåcken gewar | werdend über das wasser | komend, dan(n) es was vor | tag
zwo stund, Do mayn- | tend sy, sy wõltend die aid | genossen wyder an

---

XVII,2, Nr.208ff; W. Schaufelberger, Spätmittelalter, S.297ff und H. Berger, Zürichkrieg, S.105-146 passim sowie
A. Niederstätter, Zürichkrieg, S.98-269 passim; vgl. auch den Bericht der Basler Ratsbücher, S.53ff und der Chronik
Erhards v. Appenwiler, S.254ff).

^1826 Simmental, Kt. Bern: am Nordhang der Berner Alpen gelegen; ca. 60 km lang (vgl. SchwLex, Bd.10, S.353). Die
die Feste Farnsburg belagernden Eidgenossen stammen vorwiegend aus Bern und Solothurn (vgl. A. Niederstätter,
Zürichkrieg, S.269).

^1827 Farnsburg: Feste im Kt. Bern; zu dieser Zeit in den Händen der Herren v. Falkenstein; Ausgangspunkt eines
Überfalls auf Brugg; im Sommer 1444 neben der Belagerung v. Zürich durch die Eidgenossen bedroht; zeitweiser
Verteidiger: Hans v. Rechberg (vgl. W. Schaufelberger, Spätmittelalter, S.300; A. Niederstätter, Zürichkrieg, S.269).

^1828 Birs: Fluss in den Kt. Bern, Jura, Solothurn und Basel-Landschaft; einer der größten Zuflüsse des Rheins (vgl.
SchwLex, Bd.2, S.169).

^1829 St. Jakob an der Birs: heute Birsfelden, Kt. Basel-Landschaft; in der am Übergang über die Birs gelegenen kleinen Siedlung Birsbrücke besteht eine dem hl. Jakob geweihte Kapelle und ein Zollhaus wohl schon Anfang des 12.
Jhs.; ein Spital für Aussätzige wird um 1260 errichtet; Erneuerung der Kapelle um 1420 und Benennung der Siedlung
fortan nach ihr; Schlacht findet südwestlich vom Ort statt; die t.w. durch Brand zerstörte Siedlung wird rasch
wiederhergestellt (vgl. SchwLex, Bd.2, S.169; HHS, S.555).

^1830 Nachdem das Herannahen der Armagnaken offenkundig wird, ziehen in der Nacht vom 25. auf den 26. Aug.
1444 ca. 1.300 Mann, denen sich unter Henmann Sevogel in Liestal noch einmal 200 weitere kampfbereite Eidgenossen anschließen, den Feinden entgegen, um die vordersten Abteilungen zu bekämpfen. Durch Erfolge bei kleinen
Gefechten nahe Pratteln und Muttenz angetrieben, wird die Vorgabe, die Birs nicht zu überschreiten, missachtet. Die
Eidgenossen lassen sich, ohne zu erkennen, dass die Hauptstreitmacht der Armagnaken und der österreichischen
Ritterschaft in Erwartung der gesamten Farnsburger Belagerungstruppen hinter dem Fluss aufgestellt ist, in eine
offene Feldschlacht hineinziehen. Der Versuch eines Basler Heeres, ihnen zu Hilfe zu eilen, wird abgebrochen, da
die Gefahr besteht, v. der Stadt abgeschnitten zu werden. Nach mehrstündigem Kampf ziehen sich die Eidgenossen
in ausweglosor Lage in das Siechenhaus v. St. Jakob zurück, wo gegen Abend die letzten Kämpfer nach erbittertem
Widerstand den Tod finden (vgl. RTA XVII,2, Nr.208; W. Schaufelberger, Spätmittelalter, S.300 mit weiterführender Literatur zur Schlacht; A. Niederstätter, Zürichkrieg, S.269).

d(a)z was- | ser triben vnd da ertrenken | vnd erstechen. Vn(d) mach- | tend
ain ordnu(n)g die arme(n) | jăcken vnder jn vn(d) zugen | gen den
aidgenossen an d(a)z | wasser. Vnd da hŭbend sy | mit ainander an
15 zeschlach- | end. vnd die aidgenossen | erschlŭgend der armen jǎ |

Stadtwappen Basel[1831]
(2,5x2,5)
(In Silber stilisierter Kopf eines Bischofsstabes)

[180ᵛᵃ|366] ken ob achthunderten, das | sy kom sechs man verlore(n) | hettend. Vnd
also wur | dend die armen jăcken | wychen vff gen der kirch | en sant
jacobs den siechen | hüsern Vnd die aidgenos | en trungend ŏn vnderlausz |
vff sy bisz zŭ sant jacob jn | das dorff. Do bestŭndend | die armen jăcken
5 vn(d) fǎch- | tend lang mit ain ander, | das der armen jăcken gar | vil
verlor. Vnd do ir | geschray als grosz vm(b) sy | ward Vnd der hŭtᵃ zŭ |
schrügend, die sy dan(n) wol | wyssotend, die dan(n) vff die | von Basel
hielt, ob die vs- | her wŏltend sin, vnd main | tend jro wǎre gnŭg, dan(n) |
ye zehen jăcken an ain aid | genossen wǎrend. Vnd | do sy doch jn der hŭt
10 mark | tend, das die jren so vast | vnd on zalich nider gesch- | lagen
wurden, vnd och | recht bekanten, d(a)z die von | Basel nit herusz woltend,
| do brachen sy vff vs der hŭt. | vnd das was ver(re) jn den | tag, als die sun
nun vff ge | gangen was. vnd w(a)z wol | vff sechs tusend pfǎrit vs- |
erlesens raysiges zügs, jn | dem mer, dan(n) vierhund(er)t | verlidroterᵇ
15 rosz warend. |

[180ᵛᵇ] Vnd do die aidgenossen | jro gewar wurdend, do | machtend sy sich ze
samen | vnd kartendᵃ jre rucken | gegen ainander vn(d) vach- | tend och all
gemainlich so | starck, Das sy so vil Rosz vn(d) | lüt erschlŭgend, d(a)z es
vn- | zalich was, wan sy tettend | den armen jăcken als not, | d(a)z sy zŭ
5 dem drytten mal | ᵇhinder sich zugendᵇ vn(d) der | Rẅᶜ begertend, das
dan(n) do | die aidgenossen och rŭwo- | tend. Vnd disz vechten | tribend sy
bisz jn die zehen | den stund des tags vnd | hŭbend an zwo stund vor | tag.
Also behŭbend doch | die armen jăcken d(a)z veld | vnd vand sich von den
aid- | genossen erschlagen ayliff | hundert vnd drÿ vnd zwain- | tzig. Vnd
10 von den armen | jăcken ward me dan(n) acht | tusend man erschlagen

---

[180ʳᵇ]
i) zehentusend] *das erste* e *durch Loch im Papier verderbt*

[1831] Vgl. RiDrS 235ʳ, 2,1; Siebm. I, Taf.222, 2,1; Siebm. I,4, Taf.34, 1,3; J. Louda, Städtewappen, Nr.22.

[180ᵛᵃ|366]
a) Nachhut b) mit Leder bedeckte/geschützte

[180ᵛᵇ]
a) v. keren: wenden, drehen b...b) v. hinder sich ziehen: sich zurückziehen, zurückweichen c) Ruhe, Erholungspause

vn(d) | ob zwölff hundert rossen, | die vff der wyte lagend | vnd gezelt
wurdend, on die | jn den studen lagend; der w(a)z | ze mal vil, das man sy
nit | geschåtzen kann. Das macht, | sy fůrtend was erber was | vnd sust wer
da mocht den | sinen mit jn enweg zů be | grabend, wa es jnen dan(n) eben

15 | was. Vnd trůgend wol |

[181ʳᵃ] drü hüser vollen lüt vnd ver- | brantend die, vm(b) d(a)z man nit | såhe,
d(a)z jr so uil erschlagen | wåre. vnd maint man, d(a)z | sy sust och vil
haymlich ver- | grůbind. Es ist aber syderher | von jnen selber gehört, als
sich | die knecht ᵃmengen weg ver | wandlotendᵃ, nun jn disem, | nun in

5 jenem tail, d(a)z ir ob | acht tusend erschlagen sige[1832]. |

[181ᵛ]ⁱ Leere Seite

[182ʳᵃ]   ⁱDer von Vberlingen | gloggⁱ |
D(!)es vorgeschriben jårs, an | sant philipp vnd sant jacobs | aubend[1833], do *Glocke in*
ward die grossⁱⁱ | glok zů ṽberlingen[1834] gegos- | sen; vnd hat hundert vnd | *Überlingen;*
sechs vnd zwaintzig zentn(er) | vnd zwölff pfund an züg. |

[181ʳᵃ]
a...a) in alle Lande zerstreuen

[1832] „Die Niederlage v. St. Jacob an der Birs verwandelte sich im nachhinein zu einem der bedeutendsten Siege in der
eidgenössischen Kriegsgeschichte. (...) Ihr absolut kompromißloser Kampf hat den Ruf der eidgenössischen Kriegsknechte weiter gesteigert und wesentlich dazu beigetragen, daß der Dauphin keine weiteren Aktionen gegen die
Eidgenossen unternahm" (A. Niederstätter, Zürichkrieg, S.270). Unmittelbar nach der Schlacht wird angesichts
dieses Verlustes die Belagerung v. Zürich sowie die der Farnsburg aber zugunsten defensiver Maßnahmen aufgehoben. Die Armagnaken lassen sich daraufhin seit Ende August in den österreichischen Waldstädten am Rhein nieder, sind zu keinem Vorgehen gegen die Eidgenossen mehr zu bewegen, führen vielmehr Vermittlungsgespräche, die
in einen Friedensvertrag münden, der am 28. Okt. 1444 in Ensisheim zwischen dem franz. Kronprinzen und den
sieben Orten samt Basel, Solothurn und weiteren Verbündeten abgeschlossen wird. Friedrich III., v. den Reichsständen bedrängt, ruft daraufhin den Reichskrieg gegen diese Söldnergruppen aus (vgl. RTA XVII,2, Nr.218f;
LexMA, Bd.3, Sp.2023; H. Berger, Zürichkrieg, S.146ff; W. Schaufelberger, S.201; A. Niederstätter, Zürichkrieg,
S.270ff).

[181ᵛ]
i) *dan. eine herausgerissene Seite*

[182ʳᵃ]
i...i) Der von Vberlingen | glogg] *v. der Hd. Konrad Albrechts, mhbrT* ii) gross] gross- *SG, Fehler der HHd.* iii) sy]
fehlt SG

a...a) unter der Folter

[1833] 30. April.
[1834] Gemeint ist die Glocke am St. Nikolaus Münster, einer der größten spätgotischen Hallenbasiliken in Schwaben.
Im Zuge eines Umbaus bzw. einer Erweiterung dieser Kirche (vgl. A. Brecht, Das Sankt-Nikolaus-Münster, S.52ff)
entsteht in der ersten Hälfte des 15. Jhs. u.a. der südliche Flankenturm, dessen hier erwähnte Glocke „Osanna" 1444
(vgl. Inschrift!) auf dem Münsterplatz gegossen wird. Sie ist das Werk des St. Galler Gießers Ulrich Schnabelburg
und gehört mit 177 Zentnern Gewicht zu den größten Glocken ihrer Zeit. Da der Turm zunächst noch nicht fertiggestellt war, wird ein noch heute existierender provisorischer Helm aus Holz und Hohlziegeln über ihr erstellt (vgl.
G. Dehio, Handbuch, Bd.2, S.734f; A. Brecht, Das Sankt-Nikolaus-Münster, S.60f, 166). F.J. Mone, Konstanzer

5

A(!)ber des vor geschriben jars | an vnser lieben froen tag ze | mittem *Delinquenz und*
ougsten[1835] do bracht | v̂lrich wylhalm[1836], der schůch | macher von *Strafe;*
schertzingen[1837], | sin wyb haymlich zů dem | tod vnd [sy]iii ward des
10 selben | aubends funden jn sinem | keler, als ob sy ertrunken | wåre jn dem
wasser. vnd | also erfand es sich vmb jn | ᵃmit voltranᵃ vnd och etlich | lüt,
die seitend, die sy gehȏrt | hettend schrigend, wie er ir | getȯn hett. vnd
also ward | er vertailt, das man jn vsz | der stat schlaifft vnd Rad |
brechett[1838] vff sambstag nach | sant veren tag[1839]. |

[182ʳᵇ]

F(!)üro des vorgemeldten jǎrs, | vmb sant gallen tag[1840], als sich | nun die *Rückzug der*
armen jåcken vsz dem | land machen woltend vnd | mayntend, d(a)z gůt, *Armagnaken;*
5 so sy dan(n) ᵃder | welt abgestraifftᵃ hettend, da | von gezogen vnd mit |
jnen | enweg gepraucht haben, vn(d) | aber die heren So ᵇgemach dar | zů
tǎttendᵇ, das nun die arme(n) | lüt i[der herre(n) verdross, die denn da

---

Chronik, S.343, Anm.2 geht davon aus, dass – da sie eben bereits 1444 gegossen wird – mit dem hier genannten Datum der Tag gemeint ist, an dem die Glocke aufgehängt wurde.
[1835] 15. Aug.
[1836] Vli(n) Diethelm (nach StAK, B I 7, fol.139ᵛ): Angehöriger der Konstanzer Zunftbürgerschaft; Schuhmacher;
erscheint sowohl 1428 als auch 1433 und 1440 in der Steuerliste; eine Auseinandersetzung zwischen ihm und seiner
Frau wird im Juli 1445 durch den Rat geschlichtet (vgl. den oben genannten Ratsbucheintrag zum 17. Juni 1445:
„Jt(em) Vli(n) diethelm dem Schůmacher ist gebotte(n) bi dem aid d(a)z er | sin wib wiederu(m)be zů Jm neme(n)
vnd hin fur erberlich by jm | halte(n) vnd habe(n) sol als de(n) aim frome(n) man gezimpt (...) vnd si by dem
selbe(n) aid füro nit mer schlahen (...) noch barlich miszhandeln jn kaine(r) weg vszgenome(n) mit | worte(n)“); nach
dem Mord an seiner Frau getötet (s.u.) (vgl. J. Marmor, Urkunden-Auszüge II, S.78; K.D. Bechtold, Zunftbürgerschaft, S.171).
[1837] Scherzingen: heute Teil von Münsterlingen, Kt. Thurgau (nahe Konstanz).
[1838] Auch dieser Fall (vgl. dazu P. Schuster, Der gelobte Frieden, S.67f) ist im Ratsbuch (StAK, B I 7, fol.148) belegt.
Wir lesen hier zum Jahr 1445: „Sab(ba)ᵗᵒ p(ost) verene (...) hat ain Raut gericht über vlin diethalm | den
schůchmacher von des wege(n) als er sin elich wip | ertȏdt / vnd die jn ain kelr da wasser jnn gewesen ist | geworffen
/ vnd gesproche(n) hat Sy hab sich selb ertrenkt (...) Also d(a)z man | jn dem nach Richter beuehlen jn der aim Ross
an sine | fůsz binden jn durch des Richs strauß usz bis zů dem | galgen schlaipfen jm da selbs sine gelider vnd den |
Ruggen enzwai stossen vnd jn den jn ain Rad | flechten jn uff Richte(n) vnd jn daruff de(n) sin | end nemen lauszen
soll“.
[1839] 4. Sept.

[182ʳᵇ]
i...i) der herre(n) verdross, die denn da warent] *fehlt SG Konjektur nach A I 1, fol.117ʳ, Ergänzung amliRa* ii) dem]
den *SG*

a...a) landesweit geraubt b...b) so sanft darauf reagierten c) Fellschuh mit über den Knöcheln gebundenen Riemen
[Teil der Kleidung des einfachen Mannes; entwickelt sich zum Standeszeichen; später Symbol und Terminus für
Aufstandsbewegung v. Bauern]

[1840] 16. Okt.

warent]^i jn dem elsåsz vnd des von | Rôteln land[1841] vnd entail jn de(m) | schwartzwald vnd och etlich(er) | clôster lüt[1842]: vnd machtend sich | ze

10   samen jn ainen bund, ŏne | ir aller heren wyssen, das jro | wol viertusend *Bundschuh-* warend vn(d) | namptend sich der puntschůch^c/[1843] | vnd zugend bisz gen *bewegung;* Rinuel- | den[1844] haimlich vnd leittend | sich dar vmb zwüschen Rin | uelden vnd dôrffern jn dem | wald vnd hettend ir kunt- | schafft vff die armen jåcken. | vnd also kam es dem^{ii} delphin[1845] | für, der mit ainem volk

15   zů | ensisshain[1846] lag, vnd der war- | net sy. Also lag der puntschůch |

[182va|372!]   wol dry oder vier tag vnd | nåcht wartend Vn(d) zugend | wyder haym. |

[182vb]   Vnd ^{a}wurdend sich vo(n) ain- | ander zertrennen^a vn(d) yegk | licher sinen heren fürchten | vnd ain loch sůchen vn(d) Bur- | g(er) werden ainer zů Basel, | den ander zů Colmar vnd | allenthalb jn den stetten, wa | sy dan(n) mochtend, vnd luffend | ettlich vs dem land vn(d) kamen | zů grossen

5   kum(m)er. |

[1841] Insbesondere die badische Markgrafschaft Rötteln-Sausenberg ist in dieser Zeit ständig der Bedrohung durch die Nachbarn, durch Armagnaken und Burgunder ausgesetzt. Ob jetzt hier speziell die Besitzungen v. Markgraf Wilhelm zu Hachberg-Sausenberg (1406-1482), die v. Rudolf IV. zu Hachberg-Rötteln (1427-1487) oder die die des Markgrafen Jakob I. v. Baden (1407-1453) gemeint sind, kann nicht entschieden werden.

[1842] Wie schon erwähnt, halten sich die Armagnaken seit Aug. plündernd und mordend in österreichischem Gebiet bzw. in Territorien anderer Fürsten im Oberelsass sowie im Sundgau und Pfirt auf (vgl. aber die Verhinderung des Abzugs durch den Schwarzwald durch den Widerstand der Hotzenwälder und Wiesentäler) und dringen schließlich, das Land verwüstend, weiter nach Norden vor. Nach vielfältigen Verhandlungen ziehen sich die Armagnaken ab Mitte März 1445 dann allmählich aus dem Elsass und auch aus Lothringen (vgl. diesen zweiten Zug der Armagnaken, der die franz. Krone sogar einen Gebietszuwachs einbringt) nach Frankreich zurück (vgl. W. Schaufelberger, Spätmittelalter, S.201; H. Berger, Zürichkrieg, S.159f, 165ff, 179; A. Niederstätter, Zürichkrieg, S.277f; HbBW 1,2, S.71 und zu den Folgen u.a. D. Heckmann, Wirtschaftliche Auswirkungen).

[1843] Bundschuhbewegung: der Bundschuh dient in der ersten Hälfte des 15. Jhs. vornehmlich als positives Integrationssymbol zur Abwehr dieser fremdländischen Truppen; erst an der Wende zum 16. Jh. hin Bezeichnung für den Aufstand gegen adlige und geistliche Herrschaft (vgl. LexMA, Bd.2, Sp.936f; HbBW 2,1, S.514).

[1844] Rheinfelden, Kt. Aargau: 980 wird der „Stein", die Burg auf der Rheininsel, erstmals urkundlich erwähnt; Sitz der Grafen v. Rheinfelden; durch Erbgang übernehmen 1090 die Zähringer die Herrschaft; um 1130/40 Stadtgründung und Bau der Rheinbrücke; 1218 freie Reichsstadt; zwischen 1250 und 1273 unter der Herrschaft des Bischofs v. Basel; 1330 geht die Grafschaft an die Habsburger; Rheinfelden bleibt mit kurzen Unterbrechungen im 15. Jh. bis 1801/02 unter österreichischer Herrschaft; verbündet sich am 9. Juni 1445 mit Basel; Kampf um die Stadt und Zerstörung der Burg Stein im Alten Zürichkrieg (vgl. den Bericht auf fol.187^{ra}ff) (vgl. SchwLex, Bd.9, S.323f; HHS, S.505f; E.W. Kanter, Hans von Rechberg, S.52).

[1845] Ludwig XI. v. Frankreich: geb. am 3. Juli 1423; zu dieser Zeit noch Dauphin v. Vienne; zwingt 1443 die Engländer zur Aufhebung der Belagerung v. Dieppe und übernimmt daraufhin tatendurstig die Führung der Armagnaken; kehrt nach der Schlacht bei St. Jakob und dem Frieden v. Ensisheim zu seinem Vater nach Lothringen zurück; König v. 1461 bis zu seinem Tod; gest. am 30. Aug. 1483 (vgl. LexMA, Bd.5, Sp.2186ff).

[1846] Ensisheim, heute Dép. Haut-Rhin, Frankreich: österreichischer Verwaltungsmittelpunkt im Elsass und im Breisgau; seit 1431 Sitz der habsburgischen Vorlande; 1444 v. Armagnaken besetzt (vgl. F. Deuchler/J. Wirth, Elsaß, S.58).

[182vb]
a...a) trennten/zertreuten sich

[183ra|373] A(!)ber des vor gemeldten jårs, | vmb sant Martins tag^{1847}, Do | zugend die   *Belagerung*
von Basel für | ain veste, gena(n)t pfåffingen^{1848}, | vnd maintend die   *der Burg*
gewon- | nen haben, dan(n) sy wondend, | sy hettend den vor hoff abge | *Pfeffingen;*
loffen, dan(n) es warend wol | sechtzig man von Basel dar | jn komen. Nun
5   hettend sy jn | der veste ainen schutzgatter^{a} | haymlich jn die mur gemacht,
| dar vmb die von Basel nicht | wÿstend vnd also liessend sy | den
schutzgatter vallen vn(d) | behůbend die sechtzig man | jn dem vorhoff
vnd erschåch | end sy alle.^{1849} |

[183rb] A(!)ber des selben jars vff sant | Martins tag^{1850} da was ain tag | zwüschen   *Friedens-*
dem hertzogen von | ôster(r)ich^{1851} vnd den von zürich | vnd den   *verhandlung;*
aidgenossen^{1852}. da ward | geredt, das die von zürich aid | genossen wårind

---

[183ra|373]
a) Schutzzaun, Fallgitter

[1847] 11. Nov.

[1848] Pfeffingen, Kt. Basel: Burg mit imposantem Wohnturm im 12./13. Jh. durch die Grafen v. Tierstein erbaut, in deren Besitz die Burg auch zu dieser Zeit noch ist (vgl. SchwLex, Bd.9, S.111).

[1849] Die Einordnung dieser Nachricht bereitet aufgrund des fehlerhaften Datums Schwierigkeiten. Nachdem ein Friedensschluss zwischen Österreich und Basel trotz mehrfacher Verhandlungen nicht zustande kommt, bricht die Auseinandersetzung offen aus. Basel wendet sich hierbei besonders gegen einzelne, der Stadt feindlich gesinnte Adlige. Am 20. April 1445 zieht ein Aufgebot unter Führung v. Bürgermeister Hans Rot gegen die Burg Pfeffingen Johanns v. Tierstein, der der Stadt Anfang des Monats abgesagt hat. Unter Einflussnahme des Bischofs sowie eines Angehörigen der Familie Ramstein übergibt Gertrud v. Tierstein nach einer ersten Weigerung das Schloss kampflos an Basel. Am 18. Feb. 1446 verliert Basel die Burg aber wieder an Peter v. Mörsberg. Mehrere Versuche (u.a. am 16. März 1446), diese Besitzung zurückzugewinnen, scheitern (vgl. auch Chronik Erhards von Appenwiler, S.278f zum 18. Feb. 1446 und zum 20. April 1445 sowie S.272 zum März 1446 oder H. v. Beinheim, Chroniken, S.371 und 392f; R. Wackernagel, Basel, S.578f, 586). F.J. Mone, Konstanzer Chronik, S.343, Anm.3 hält die Angabe „umb s. Martis" daher mit Blick auf das letztgenannte Ereignis für eine irrtümliche Schreibung v. „in Martio" (vgl. P. Ruppert, Chroniken, S.227, Anm.2). Appenwiler bietet einen gänzlich anderen Text, hat interessanterweise aber auch das Datum „tertia post Martini 45".

[183rb]
i) zartend] *dan.* Vnd *SG*

a) v. abwerfen: abwenden (v.) b) v. schlaippffen: schleifen, zerstören, dem Erdboden gleichmachen c...c) Ahnherr und Großvater d...d) der mit dem angeheuerten Söldner befreundet war

[1850] 11. Nov.

[1851] Albrecht VI. v. Österreich. Albrecht wird v. seinem Bruder König Friedrich III. – der Entschluss steht bereits vor der Eröffnung des „Reichstags" v. Nürnberg (1. Aug. bis 11. Okt. 1444) und damit vor der Schlacht v. St. Jakob an der Birs fest – mit der Wahrung der österreichischen Interessen im Alten Zürichkrieg (vgl. dazu die vorherigen Berichte auf fol.154va, 155^{va}f, 169va, 180^{ra}ff) betraut. Am 30. Aug. überträgt er ihm die Regierung in allen österreichischen Besitzungen außerhalb des Arlbergs und des Fernpasses und überantwortet ihm damit die Führung des Krieges gegen die Eidgenossen (vgl. A. Niederstätter, Zürichkrieg, S.271ff).

[1852] Bei der hier angesprochenen Versammlung handelt es sich um einen Schiedstag anlässlich v. Friedensverhandlungen zwischen den Krieg führenden Parteien im Alten Zürichkrieg in Konstanz 1444 (auch 1445 und 1446 Ort der Begegnung). Während auf der Reichsversammlung in Nürnberg sowohl der Reichskrieg gegen die Eidgenossen (vgl. RTA XVII,2, Nr.209 vom 30. Aug.) als auch ein solcher gegen die Armagnaken (vgl. RTA XVII,2, Nr.219 vom 2. Okt.) proklamiert wird, kommt es parallel dazu t.w. unter Beteiligung des Basler Konzils zu einem Waffenstillstand sowie zu dem Beschluss des „Reichstages", eine Gesandtschaft zu Verhandlungen nach Konstanz zu senden. Die

gewesen vor | fünffhundert jaren, aber sy | hettend sich dick abgeworffen^a |

5 vnd sunder Rappenswyl hetten | sy vor dem tag by zwaÿhun- | dert jaren
geschlaippffet^b, das | es ôd stûnd vnd jn zwôlff | jaren niemant da wonott. |
Dar nach Buwet es künig | Sigmu(n)ds Rômscher künig | vatter vnd
hertzog lüpoltz | von ôsterrich ^câni vn(d) grosz | vatter^c mit gewalt wyder |
vnd besatztend es. Dar nach | by hundert jaren wârend | die von zürrich

10 aidgenossen | vnd entlechnotend von den | aidgenossen andert halb |
hundert man vnd jn dem | woltend sy sy über uallen hôn | vnd aber
geschlaippffet hon. | vnd der wirt, ^dan dem gelich- | nen gesellen zartend^{i/d},
Vnd | der warnet die von Râpper | swÿl vnd kam och selb sesz | hafft gen
Rapperswyl. |

15 By dem obgemelten tag wa- | rend hertzog ludwig von bayern,
pfaltzgrauff by Rin¹⁸⁵³, | Grauff ludewig von wirt | temberg, Marggrauff
aul- | brecht von Brandenburg¹⁸⁵⁴, | Ain tütscher her vo(n) brüssen¹⁸⁵⁵ |
[183va|374] vnd vil andern her(r)en vn(d) stett¹⁸⁵⁶. |

[184ra|375] DEsⁱ jars als man von | der gepurt cristi zalt | tusend vierhundert vier- |
tzig vnd sechs jare jn dem | hornu(n)g hett grauff hannsz | von tierstain¹⁸⁵⁷, *1446 „Böcke"*

Einladung (auf den 12. Okt.) geht v. den Kurfürsten aus und erfasst sämtliche Reichsstädte. Nach ergebnislosen Verhandlungen treffen sich auf Vermittlung des Bischofs v. Basel am 12. Nov. Boten der Gegner erneut. Über den ge-
nauen Verlauf dieser Treffen sind wir nicht ausführlich informiert. Ergebnis ist schließlich die Verlängerung des
Waffenstillstandes am 17. Nov. (bis zum 24. Juni 1445) (vgl. RTA XVII,2, Nr.242f, 280; H. Berger, Zürichkrieg,
S.178f; A. Niederstätter, Zürichkrieg, S.276ff; vgl. zum weiteren Verlauf des Alten Zürichkriegs ebd., S.278ff).
¹⁸⁵³ Ludwig IV. bei Rhein: Herzog v. Bayern; Kurfürst v. der Pfalz; geb. am 10. Jan. 1424; nach dem Tod des Vaters
Ludwig III. 1436 Regierung unter Vormundschaft Pfalzgraf Ottos I.; 1442 Belehnung mit der pfälzischen Kurwürde;
Schwiegersohn Papst Felix V.; Reichshauptmann im Reichskrieg gegen die Armagnaken; gest. am 13. Aug. 1449
(vgl. LexMA, Bd.5, Sp.2195; NDB, Bd.15, S.411f).
¹⁸⁵⁴ Albrecht, gen. Achilles v. Brandenburg: geb. am 9. Nov. 1414; zeichnet sich bereits im Hussitenkrieg seines
Vaters Friedrich I. 1431 aus; unterstützt König Albrecht II. 1438/39 gegen König Kasimir v. Polen in Böhmen und
Schlesien; „oberster Hauptmann" in Schlesien; Regierungsantritt nach dem Tod des Vaters 1440 in Franken; unter
Friedrich III. Reichshauptmann; Kaisernähe; aufwendige Hausmachtpolitik in Franken; der Verzicht seines Bruders
Friedrich II. 1470 bringt ihm das brandenburgische Territorium und die Kurwürde ein; militärische und wirt-
schaftliche Stabilisierung der Mark Brandenburg; gest. am 11. März 1486 (vgl. LexMA, Bd.1, Sp.317f).
¹⁸⁵⁵ Eberhard v. Stetten: Württemberger oder Franke; Komtur zu Nürnberg; Wahl zum Deutschmeister Ende 1443;
Bestätigung Anfang 1444; gest. 1447 (vgl. J. Voigt, Geschichte, S.159, 655).

[183va|374]
¹⁸⁵⁶ Von der persönlichen Teilnahme der hier erwähnten Personen an dem Schiedstag in Konstanz kann mit Aus-
nahme Eberhards v. Stetten keine Rede sein. Möglicherweise verwechselt die Chronik hier Vermittlung und Beteiligung, eventuell sorgt aber auch eine am 8. Okt. in Villingen stattfindende Versammlung der Fürsten, darunter
sowohl die Grafen v. Württemberg sowie die Markgrafen v. Brandenburg und Baden, auf dem die Fürsten mit den
entscheidenden Kriegsvorbereitungen gegen die Eidgenossen beginnen, für diese Verwirrung (vgl. RTA XVII,2,
Nr.243f und 280; H. Berger, Zürichkrieg, S.178; T. Fritz, Ulrich der Vielgeliebte, S.68f).

[184ra|375]
i) DEs] D *2-z. Lomb., v. der Hd. des Rubr., mroT* ii) aber es geriet jm nit] *v. der Hd. Konrad Albrechts, mbrT*

a) Bauernschaft, Gesamtheit der Bauern

do ze mal zů | dem hailigenberg¹⁸⁵⁸ wonend, | sin gepursame^a zůsamen | *vs. „Wölfe";*
gepraucht vnd ander he(ren) | lüt ennet dem see wyder die | soldner der
5 aydgenosen, die | sich bŏck namptend¹⁸⁵⁹. vnd | nampt er die sinen die
wŏlff | vnd maint, er wŏlt die bŏk | mit den wolfen vahen. | ⁱⁱaber es geriet
jm nitⁱⁱ/¹⁸⁶⁰. |

Fw Tierstein¹⁸⁶¹

10   (4,5x4)

(In Gold/Beige rote Hirschkuh, auf einem grünen Dreiberg stehend)

[184rb] **D**(!)es yetz gemeldten jǎrs, | am dornstag nach sant josz | tag¹⁸⁶², do   *Alter Zürich-*
zugend die vo(n) zürich | vs mit jr panier vnd der | heren vil mit jn vnd   *krieg: Episode*
wolte(n)d | die spicher^a verbrent hon vn(d) | die erstechen, die sy alda fun-   *aus dem Kampf*
| den hettend. **V**nd also | lagend die schwitzer obnan | vff jn dem holtz ^bjn   *um Pfäffikon;*
5 ainer hůt | vnd wart^b. Vnd do sy ir ge- | war wurdend, do schwigend | sy
vnd drucktend sich. also | hieltend die vo(n) zürich die | gantzen nacht,
wan sy kam(en) | des aubends dahin jn dem | schnee Vnd erfrurend^c Rosz |
vnd lüt vnd das fůsvolck | gar sere. Vnd wol zwo stu(n)d | vor tag do
luffend die switz(er) | den Berg ab; do warend disz | erschrocken, do sy
10 d(a)z geschraÿ | horttend von den Schwitz(er)n | vnd gedauchtend ir wǎre |
vil jn dem holtz, mer dan(n) | die sy an luffend, dero doch | nit mer was

---

¹⁸⁵⁷ Johann II. v. Tierstein: 1389 erstmals belegt; Vertrauter und Rat König Friedrichs III. Pfalzgraf; österreichischer Landvogt im Sundgau; Landrichter im Elsass; 1445 Hauptmann der Herrschaft Österreich zu Ensisheim; Haupt des mit Basel im St. Jakoberkrieg verfeindeten Adels; gest. am 27. Aug. 1455 (vgl. HBLdS, Bd.6, S.789; Genealogisches Handbuch, Bd.1, S.142 und Taf.XIX; A. Niederstätter, Zürichkrieg, S.107; ESt, Bd.11, Taf.133)

¹⁸⁵⁸ Heiligenberg, Bodenseekreis: um 1150 erstmals urkundlich belegt; ältere Burg ist seit 1163 als Sitz der Grafen v. Heiligenberg bezeugt; für 1276 neue Burg belegt; der letzte der Familie verkauft Burg und Grafschaft an den Grafen Hugo v. Werdenberg; nach dem Aussterben der Linie Werdenberg-Heiligenberg 1428 geht die Grafschaft an die Linie Werdenberg-Sargans (vgl. LBW, Bd.7, S.530f, 600).

¹⁸⁵⁹ Die „Gesellschaft der Böcke": v.a. aus Wil, dem Hauptstützpunkt der Schwyzer im südlichen Bodenseegebiet, stammende junge Männer bzw. v. der Stadt angeworbene Söldner, die 1445 und 1446 im Thurgau v.a Überfälle und „verwegene Streifzüge" ausführen; so rauben sie bspw. Schiffe in Rorschach und Steinach, die St. Galler Bürgern gehören, überfallen Ausburger derselben Stadt zu Lustenau oder gefährden den gesamten Handelsverkehr im entsprechenden Raum. Konstanz selbst erleidet so manchen Verlust: „Am Zinstag nach Sant Pauls bekerung [1446] do pranten die Böck, das sind die vo(n) wil soldner so ouch schwitzer waren vj hüser vnd vingen jrer vj gesellen zu Thågerwilen bÿ Co= | stentz" (C. Schulthaiß, Collectaneen, Bd.1, S.154½f). Ebenfalls zum Jahr 1446 findet sich der Hinweis, dass nahe bei Güttingen „uff ain mal der von Appenzell und von Wil Bŏk ettwas Schiff uff dem See uffhůbend, darin únßer Burger och ir gůt hattend" (StAK, L 1359, S.22, zitiert nach H. Maurer, Schweizer und Schwaben, S.21) (vgl. ebd., S.20f; W. Ehrenzeller, St. Gallische Geschichte, Bd.1, S.350f; O. Feger, Geschichte, Bd.III, S.252).

¹⁸⁶⁰ Auf welche genau datierbare Auseinandersetzung hier angespielt wird, konnte nicht ermittelt werden.

¹⁸⁶¹ Vgl. ZürW Taf.25, 505; RiA 445, 3,3 und 4,1-3; RiDrS 190^v, 1,1; Grünenb. Taf.79b, 2,3; Öhem 12^v, 157 (Taf.7); Siebm. E, S.829; Siebm. II, Taf.19, 2,4.

[184rb]
a) Korn-/Vorratsspeicher b...b) auf der Hut c) v. erfrieren: frieren

¹⁸⁶² 15. Dez.

dan(n) dry vn(d) | achtzig man(en). **N**un wa- | rend der her(r)en vnd och
des | volks ennethalb aine(m) gra- | ben vnd der mertail des | volks hie disz
halb de(s) graben. | vnd also Růfft hansz von | Rechberg: „wychend über

15   den | graben!" vnd maint, das | volk ze samen zebringend | vnd den graben
vor jm hȯn. | vnd das volk was erschro |

[184va|376] ken vnd wondent, er språch: | „wichend!" Vnd namend die | flucht vnd
fluhend, wer da | mocht, vnd wurdend zer- | trennet. Vnd also yltend | jnen
die dry vnd achtzig | man nach vnd erschlůge(n)d | jro hundert vnd dry
vnd | fünfftzig man. Sy hettend | iro vil mer nider geschlagen, | die da

5   lagend, als ob sy tod | wårend, Vnd do sy den an | dern nach luffend, do
stalen | sy sich da von Vnd kamen | dar nach och zů dem volk. | Vnd
bracht ain edelman | das panier da von; der hett | es ^a jn den bůsen
gestossen^a. vn(d) | die vorgena(n)t(en), so sy erschla- | gen hettend, zugend
sy vsz^1863. |

10

J(!)t(em) so dan(n) gelich dar nach, an | dem hailigen aubend zů |
winåchten^1864, do zugend die | von zürrich allain vsz mit | ainer grossen
macht vnd | woltent die totten, die hun- | dert vnd dry vnd fünfftzig | man

15   [holen]^i, wan die swȳtzer hů- | bend sy jnen vor vmb die | büchsen, so jnen
dan(n) dauor | genomen warend^1865, die sy | dan(n) zů Rinuelden^1866
genom(en) | hettend. Vnd als nun die | von zürrich da hin kome(n)d, | Do

---

[184va|376]

i) holen] *fehlt SG, Konjektur nach A I 1, fol.106^v, Ergänzung amliRa*

a...a) sich ins Hemd gesteckt, an die Brust gebunden

^1863 Diese Episode ist Teil des Kampfes um Pfäffikon, dem eidgenössischen Hauptstützpunkt mit starker Besatzung am Zürichsee (= einer der wichtigen Kriegsschauplätze des Alten Zürichkriegs im Jahr 1445). Unter Leitung v. Hans v. Rechberg bemüht sich Zürich am 16. Dez. 1445 (!) in einem dreifach kombinierten Angriff, sowohl vom Wasser als auch vom Land her kommend, Pfäffikon einzunehmen. Frühzeitig v. den Gegnern entdeckt, kommt es kurz vor Tagesanbruch zwischen einer der Teilscharen und ca. 300 auf eidgenössischer Seite stehenden Personen zu einem kurzen, heftigen Gefecht nahe Wollerau, bei dem, wie hier auch, nach den Berichten der Chroniken ca. 160 bis 180 Züricher, aber nur 15 Eidgenossen fallen. Ohne dass ein Entscheidungskampf zwischen den Eidgenossen, die sich nach dem Gefecht zunächst auf einen Berg zurückziehen, und dem v. Rechberg geführten Haufen, der auf dem „Grützen" genannten Gelände Stellung genommen hat, stattfindet, ziehen sich die Züricher schließlich zurück (vgl. E.W. Kanter, Hans von Rechberg, S.46ff).
^1864 24. Dez.
^1865 Am 25. Okt. 1440 fällt den Schwyzern und Glarnern bei einem Zug v. Weesen über den Walensee nach Walenstadt unter dem Befehl Ital Redings die große Büchse der Stadt Zürich in die Hände. Beim Kampf um den Zürichsee und damit v.a. um Rapperswil 1445 bestücken die Schwyzer nach dem Bau v. zwei Schiffen und einem Floß letzteres mit der vier Jahre zuvor eroberten Büchse sowie mit kleineren Geschützen. Als einziger Erfolg der Aktion Rechbergs Mitte Dezember gelingt es den Züricher Truppen auf den Schiffen, der Besatzung v. Pfäffikon dieses Schwyzer Floß mit der großen Büchse zu entreißen und es mit sich zu nehmen. (vgl. E.W. Kanter, Hans von Rechberg, S.47; A. Niederstätter, Zürichkrieg, S.83, 288).
^1866 Die Burg Rheinfelden („Stein"), zu dieser Zeit im Pfandbesitz Wilhelm v. Grünenbergs, eines Exponenten der österreichischen Adelspartei, wird vom 12. Aug. 1445 an v. Basel, das Österreich am 24. Juli den Krieg erklärt, mit eidgenössischer Hilfe (vgl. die Teilnahme v. Bern und Solothurn) belagert. Am 14. Sept. ergibt sich bei Abwesenheit Grünenbergs die Besatzung (vgl. A. Niederstätter, Zürichkrieg, S.289f; HBLdS, Bd.3, S.775). Die Züricher Büchse spielt in diesem Zusammenhang keine Rolle.

kamend sy die schwytz(er) |

[184ᵛᵇ] an vnd erschlůgend der vo(n) | zürrich vnd ir helffer wol | fünfftzig man¹⁸⁶⁷. |

Stadtwappen Zürich
5
(4,5x4) (vgl. fol.89ʳᵃ)

[185ʳᵃ|383!]ⁱ **J**(!)n dem vorgeschriben <u>tusen</u>= | <u>digosten vierhundert vier</u>= | <u>tzig vnd sechs</u> jare an sant | <u>siluesters</u> **a**ubend¹⁸⁶⁸ do zugend | die von <u>appenzell</u>¹⁸⁶⁹ *1446 (!)* vnd wolt= | end ettlich der jre[n]ⁱⁱ gen <u>lindow</u> | ᵃzů ainem tag belaitenᵃ, des *Alter Zürich-* sy | sich versprochen hettend mit | den vs dem <u>algôw</u>, von <u>velt</u>= | <u>kirch</u> vnd *krieg:*
5 von <u>pregentz</u>. **v**nd | die hettend sich nun gern jn | ettlich [mass]ⁱⁱⁱ mit jn *Eroberung bzw.* gesetzt, **D**ar | vmb d(a)z sy ir land môchtend | gebuwen hon vnd nit also | *Zerstörung v.* jn tåglichem krieg můstend | gelegen sin. **V**nd als nun | die von <u>appenzell</u> *Rheineck;* also zuge(n)d | vnd gen <u>lindow</u> woltend vn(d)ⁱᵛ | gegen **Rinegk**¹⁸⁷⁰ wert ka= | mend, **D**o gedaucht der bay= | rerⁱ⁸⁷¹ vff **Rinegk** vnd sin volk, | ob sy
10 sy gemaint hettend, vn(d) | maynтend gar ain hertten | schutz gegen jnen ze tůnd, | vmb das sy gedåchtind, das ir | büchs dester grôsser wåre, vn(d) | ᵇwundent den stain jn fetzenᵇ. | vnd zů den zyten was gar | grosser wind.

[184ᵛᵇ]
¹⁸⁶⁷ Auch ein weiterer Versuch, Pfäffikon einzunehmen, scheitert am 24. Dez. Hans v. Rechberg und die Züricher, im Verbund mit Rapperswil, verbrennen aber an diesem Tag die beiden oben erwähnten Schiffe der Schwyzer. In Pfäffikon selbst sterben lediglich vier Schwyzer (vgl. E.W. Kanter, Hans von Rechberg, S.48).

[185ʳᵃ|383!]
i) *mit dieser Seite beginnt eine neue Lage Papier* ii) jre[n]] jro *SG, Konjektur nach A I 1, fol.106ᵛ, Ergänzung* amliRa: iren iii) mass] *fehlt SG, Konjektur nach ebd.* iv) vn(d)] dan. | vnd *SG, Emendation nach ebd.*

a...a) zu einem Treffen begleiten b...b) sie wickelten ein Geschoss (zum Laden der Waffe) in Lumpen c) Regen- bzw. Dachrinne

¹⁸⁶⁸ 30. Dez.
¹⁸⁶⁹ Appenzell erklärt nach mehrmaliger Aufforderung der verbündeten Eidgenossen Zürich und Österreich am 30. April 1444 den Krieg und greift somit in den Alten Zürichkrieg ein. Im Nov. desselben Jahres besetzt es kurzzeitig das Rheintal; Anfang 1445 zieht es, das Land verwüstend, mit eidgenössischer Unterstützung wiederum über den Rhein. Nach einem Sieg am 11. Juni 1445 über ein österreichisches Heer bei Wolfhalden übernimmt es die Herrschaft im Rheintal. Die im Folgenden geschilderte Besetzung Rheinecks am 30. Dez. 1445 (!) steht in unmittelbarem Zusammenhang mit diesem erfolgreichen Ausgang der Schlacht (vgl. W. Ehrenzeller, St. Gallische Geschichte, Bd.1, S.343ff).
¹⁸⁷⁰ Rheineck, Kt. St. Gallen: Burg „alte Rinegge" 1163/64 als Eigengut der Kirche v. Konstanz erstmals urkundlich erwähnt; 1208 Fehde zwischen dem Bischof und dem ebenfalls Ansprüche auf die Burg erhebenden Abt v. St. Gallen; ihm entzieht König Otto IV. die Vogtei, die ein Jh. beim Reich bleibt; Stadt dann 1218 nachweisbar; durch König Rudolf v. Habsburg 1276 freie Reichsstadt; Burg „nüwe Rinegge" um 1280 erbaut und 1413 v. den Appenzellern zerstört; Ort 1395 vom Hause Österreich erobert; fällt 1415 an das Reich bzw. an Toggenburg; 1425 verpfändet Graf Friedrich v. Toggenburg die Herrschaft an die Payer ; Konrad v. Payers Sohn Jakob (gest. um 1510) verkauft 1460 die Herrschaft Rheineck an die Appenzeller (vgl. SchwLex, Bd.9, S.323; HHS, S.505; HBLdS, Bd.5, S.384; O. Feger, Geschichte, Bd.III, S.214).
¹⁸⁷¹ Ulrich II. oder Konrad v. Payer.

Vnd als sy | schussend, do fůr der fetz, da | der stain jnn(en) gelegen was, |
über sich vnd des namend sy | jn der vestin nit war; do het= | tend sy des
15 jn der stat och nit | acht. vnd der wind schlůg | den fetzen jn das tach in
ainen | kener^c, das man es nit gesen | hen mocht, wan das gemür | gieng
ettlicher måsz dafür. |

[185rb] vnd enbran das tach, wan | ^aes schindlin was^a, vn(d) ward | d(a)z für also
grosz, das man | im nit me ze hilffkomen^i | mocht. Vnd warff es der | wind
jn die stat vnd verbran | die stat vnd die vestin^1872. vnd | luffend do die
appenzeller | jn vnd was man vsgewor= | fen^b hett vnd^ii sy dar von tra- |
5 gen mochtend, das nomend | sy vnd^iii můstend die man | fliehen. vn(d) was
ni(e)mant, | der laschde vnd verbran | die stat vnd veste ^cgrund vn(d) |
graut^c. vnd leitend sich die | **appenzeller** für den turn | vssert halb. Do
mochtend jn | diese nit beheben vnd jn zwain | tagen gaben sy jn och vff
vff | gnad. den turn verbrante(n)d | sy ouch. Vnd wurdend | jnen dryzehen
10 büchsen, die | sy jn der stat vnd jn der | veste fundend.^1873 |

Stadtwappen Appenzell^1874

(5,5x5)

(In Silber schreitender, schwarzer, rot bezungter Bär)

[185^v] Leere Seite

[186ra] Al(!)s^i man von der gepurt | cristi zalt tusend vier | hundert viertzig vnd
süben | jare an dem nåchsten zinstag | vor sant thomas tag^1875 zwü= | schen   *1447*

[185rb]
i) hilffkomen] *Punkt über* i *mroT* ii) vnd] *durch Fleck verderbt* iii) vnd] d *durch Fleck verderbt*

a...a) aus Holzschindeln bestehend b) v. vswerfen: hinauswerfen, vor dem Brand in Sicherheit bringen c...c) gänzlich,
bis zu den Grundmauern

^1872 Der Brand wird also ursächlich dem Payer bzw. der Bevölkerung selbst zugeschrieben. Um die – so zumindest
die Chronik – fälschlicherweise als Gegner ausgemachten Appenzeller abzuschrecken, wird ein Warnschuss abge-
geben, der der Stadt zum Verhängnis wird. Die im Folgenden berichtete Plünderung und Eroberung v. Rheineck ist
somit, dies legt die Schilderung nahe, mehr oder weniger selbst verschuldet. In späteren Versionen wird jedoch v.
einem heimlichen Einverständnis zwischen dem Büchsenmeister der Stadt Rheineck und den Appenzellern ausgegangen (vgl. W. Ehrenzeller, St. Gallische Geschichte, Bd.1, S.349).
^1873 W. Ehrenzeller, St. Gallische Geschichte, Bd.1, S.349 erzählt dieses Ereignis unserer bzw. der Klingenberger
Chronik folgend nach und weist darauf hin, dass sich in der Folge Vertreter des Kindes v. Konrad Payer (Jakob) mit
einer Klage gegen die Appenzeller an St. Gallen, mit dem sie im Burgrecht stehen, wenden (vgl. UBSG VI.
Nr.4955). 1448 kommt es dann zu einem Vermittlungstag in St. Gallen, auf dem sich die Appenzeller auf das Kriegs-
recht berufen (vgl. ebd., Nr.4816 und 4991). 1460 schließlich geht die Stadt Rheineck mit dem Kauf des Rheintals
endgültig in den Besitz v. Appenzell über (vgl. W. Ehrenzeller, St. Gallische Geschichte, Bd.1, S.349).
^1874 Vgl. RiDrS 239^v, 1,1; Siebm. I, Taf.222, 2,8 (Stellung des Bärs nicht identisch); Siebm. I,4, Taf.265, 2,3 (nicht
identisch); WBL, S.194 (nicht identisch).

[186ra]
i) Al(!)s] A *3-z. Lomb., v. der Hd. des Rubr., mroT* ii) drÿ] *Punkte über* ÿ *mroT*

vieren vnd <u>fünffen</u> | nach vesper ward <u>hansz</u> vo(n) | hege[1876] enthoptet. **der**   *Delinquenz und*
het die | von wyl vnd die aidgenos= | sen ᵃselb <u>fünfft</u>ᵃ angegriffen. | **da** was   *Strafe;*
5   ainer von <u>winuel</u>= | <u>den</u> verbotten über das <u>lam</u>= | <u>parsch</u> gebierg[1877] vnd
<u>drÿ</u>ⁱⁱ wur= | dend och enthoptett vff sant | <u>thomas</u> **a**ubend.[1878]/[1879] |

Fw Hegi[1880]

10   (4,5x4,5)

(In Gold schwarzer, rot bezungter steigender Löwe)

[186ᵛ]   Leere Seite

[187ʳᵃ|387]ⁱ   Als[ii] man von der gepurt | cristi zalt <u>tusend vier</u>= | hundert viertzig vnd
acht | <u>jare</u> vff mittwochen vor | sant <u>Symon</u> vnd judas tag[1881] | do hetten   *1448 Eroberung*
der von <u>Eberstain</u>[1882] | vnd <u>hansz von Rechberg</u> vor | hin by <u>vier oder</u>   *v. Rhein-*
<u>sechs</u> woch= | en jr gelt zů <u>R</u>inuelden ge= | zeret vnd vs vnd jn gerit= | ten   *felden[1884];*
5   mit jro gelait vnd wyl= | len. **V**nd hettend angeleit | vnd gemacht, d(a)z

---

a...a) zu fünft

[1875] 19. Dez.
[1876] Während unser Text (vgl. das nachstehende Fw) nahelegt, dass es sich hier um einen Angehörigen des Kyburgischen und bischöflich-konstanzischen Ministerialengeschlechts Hegi (vgl. zur Familie H.R. Derschka, Ministerialen, S.186ff) handelt, spricht die Bemerkung im Bürgerbuch wohl eher dagegen. Sollte es sich dennoch um ein
Mitglied des thurgauischen Geschlechts handeln, kommt eventuell der urkundlich lediglich am 25. April 1432 belegbare Hans, vermutlich ein Sohn Wetzels III. v. Hegi, in Betracht (vgl. HBLdS, Bd.4, S.111f und Genealogisches
Handbuch, Bd.4, S.120, Nr.18).
[1877] Hierbei handelt es sich eigentlich um einen Terminus für die Westalpen mit den bedeutenden Pässen Mont Ge-
nèvre, Mont Cenis, Großer St. Bernhard; möglicherweise steht der Begriff in Konstanz (vgl. auch z.B. StAK, B I 6,
S.360: „hat ain Raut gestraft Hansen Gilgen den | Binder vo(n) Ermatinge(n) über d(a)z lamperisch gebirg | vn(d)
ewenclichen von d(er) Statt") aber für die Alpen schlechthin.
[1878] 18. Dez.
[1879] Vgl. zu einem dieser hier angesprochenen Rechtsfälle, die vor dem Thurgauer Landgericht, das zu dieser Zeit in
den Händen v. Konstanz liegt, verhandelt werden, die Notiz im Konstanzer Bürgerbuch: „Anno 1447 an sant Tho-
masabend schwur Kaspar von Kürnegg [v. Kirneck], des Brunen selig Sohn, dem Rat ein Urfehde, während Hensln
von Hegöw und die andern Gesellen als rechte Straßenräuber hingerichtet wurden, weil sie die Eidgenossen, die von
Wil, und Jr. Petermann von Raro, herrn zu Toggenburg, angegriffen hatten (...)" (zitiert nach P. Ruppert, Chroniken,
S.231, Anm.1).
[1880] Vgl. ZürW Taf.15, 282; Grünenb. Taf.178, 1,2; Siebm. II, Taf.149, 3,1.

[187ʳᵃ|387]
i) *Seite ist wegen den Wappens um ca. 2 cm verlängert* ii) Als] A *2-z. Lomb., v. der Hd. des Rubr., mroT* iii) <u>zwaÿ</u>]
Punkte über ÿ *mroT* iv) <u>zwaÿ</u>] *Punkte über* ÿ *mroT* v) <u>wÿl</u>] *Punkte über* ÿ *mroT*

a...a) Lastschiff mit einer Ladung gespaltenem Holz b) v. vslanden: ausschiffen c...c) rannten auf sie zu d) hau-
fenweise

[1881] 23. Okt.
[1882] Die Beteiligung eines Angehörigen dieses schwäbischen Grafengeschlechts konnte nicht nachgewiesen werden.
Zeitlich käme einer der Söhne Bernhards I. v. Eberstein (gest.1440) in Frage: a) Johann (geb. am 1. Juni 1421, gest.
1479), b) Bernhard II. (geb. am 6. Nov. 1430, gest. 1502) oder eher unwahrscheinlich c) der uneheliche Sohn Willhelm (vgl. G.H. Krieg v. Hochfelden, Geschichte, S.109ff und Stammtafel).

sich vff den | obgena(n)ten tag zwaÿⁱⁱⁱ scheff | hin zů als bilgrin machtend;
| vnd vnder den was nun ai= | ner **a**ls ain sant johanser he(r)r. | vnd vff die
fůr nun ain scheff | **a**ls ain ^aschitter ledi^a; jn dem wa= | rend zwayhundert
gewapot(er) | man. **V**nd als nun die zwaÿ^{iv} | scheff bilgre vslantend^b vnd |
10 ordenlich über die bruk jn gie(n)- | gend, ye zwen vnd zwen, vn(d) | so
also wol hundert jn die stat | komend, **d**o machtend sy ain | geschraÿ vnd
schlůgend ain= | ander jn der stat, **d**as wol sech= | zehen¹⁸⁸³ erstochen
wurdend vo(n) | der stat. die wÿl^v kamend die | bilgrin jn den zwain
scheffen | alle vff die brugk vnd der vo(n) | rechberg mit sechs pfåriden |
15 ^cwust her für vff sy^c vn(d) traib | sy huffend^d vnd mit ainem | ge drång hin
jn. **V**nd vff jn | do zugend die zwayhundert | gewapoten, so vnder den
schi= | tern gelegen warend. vnd |

[187rb] vff die zoch nun der vo(n) Eber= | stain vnd der alt vo(n) grůing= | en¹⁸⁸⁵
mit ettlichen edeln mit | mit aine(m) roszüg, die nun och ⁱ | vff brauchend.
vnd kame(n)d | also jn die stat. **D**o warend | die zwayhundert gewapot(er) |
geordnet, war sy horttend | vnd wysdt yegklicher sin stat^a. | vnd also was
5 ze hand die stat | besetzt vnd die tor verrigelt | vnd beschlossen¹⁸⁸⁶. **V**nd
ward | also jn der stat fryd gerůfft | **a**n dem lib vnd můst sich | mengclich
samlen an den | blatz. **V**nd da stůnd hansz | von Rechberg, der von Eber= |
stain, der von Grůingen | vnd ettlich edler mer mit jn= | nen **V**nd hettend

---

¹⁸⁸³ Anderen Quellen zufolge handelt es sich um den Turmwächter und zwölf Bürger v. Rheinfelden (vgl. E.W. Kanter, Hans von Rechberg, S.53f)
¹⁸⁸⁴ Der im Folgenden geschilderte Überfall auf Rheinfelden unter Führung Hans v. Rechbergs, korrekt auf den 23. Okt. 1448 datiert, gehört in die Auseinandersetzungen zwischen Basel und Österreich. Rheinfelden, 1330 an Österreich verpfändet, schließt am 9. Juni 1445 ein Bündnis mit Basel. Die Stadt beruft sich dabei auf ihre Rechte als freie Reichsstadt. Herzog Albrecht v. Österreich erkennt diesen Status nicht an und verpfändet Rheinfelden an Wilhelm v. Grünenberg. Nach verschiedenen gescheiterten Einigungsversuchen wendet sich Grünenberg an Hans v. Rechberg und andere Adlige, um seine Ansprüche gewaltsam durchzusetzen (vgl. R. Wackernagel, Basel, Bd.1, S.588f; K. Schib, Rheinfelden, S.61ff; E.W. Kanter, Hans von Rechberg, S.52; HBLdS, Bd.3, S.775; vgl. auch die gänzlich anderslautende Version in Chronik Erhards von Appenwiler, S.283).

[187rb]
i) *2-z. Mz: senkrechter Strich, v. späterer Hd., mhbrT, amreRa*

a) Ort, Platz (im Gefüge) b) wortbrüchig, untreu c) Barmherzigkeit, Erbarmen d) unbeschreiblich

¹⁸⁸⁵ Wilhelm v. Grünenberg: Angehöriger des Freiherrengeschlechts; 1384 noch minderjährig; österreichischer Rat; 1407-1432 Bürger in Bern; 1433 Oberschultheiß in Breisach; erhält 1430 Stein am Rhein als Pfand; kaiserlicher Gesandter; Schiedsrichter; herzoglicher Landvogt im Elsass; Lehensmann des Basler Bischofs; fördert als kaiserlicher Rat Friedrichs III. dessen Bündnis mit Zürich 1442; erhält am 14. Nov. 1442 einen Pfandbrief über die Burg Rheinfelden; v.a. diplomatische Tätigkeit im Alten Zürichkrieg; nach dem Verlust dieser Burg „Stein" am 14. Sept. 1445 erhält er Rheinfelden als Pfand; stirbt als letzter männlicher Familienangehöriger am 28. Feb. oder am 4. Aug. 1452 (vgl. OBG, Bd.1, S.481; HBLdS, Bd.3, S.775; ESt, Bd.12, Taf.116).
¹⁸⁸⁶ Tatsächlich gelingt es Hans v. Rechberg Rheinfelden, in dem sich wegen des Herbstmarktes in Liestal weniger Menschen als sonst aufhalten, durch die geschilderte Taktik zu erobern. Er selbst und weitere Adlige verbreiten zunächst, verkleidet als Pilger auf dem Rückweg v. Einsiedeln, die Nachricht der Ankunft eines Schiffes voller Gläubigen. Nach der Öffnung des Tores vereinigen sich diese maskierten Kämpfer mit den unter dem Kommando Grünenbergs in einem nahen Hinterhalt versteckten 600 Reitern. Eine Flucht der Rheinfelder durch das obere Tor am linken Rheinufer wird durch die dort gelandeten zwei Schiffe, die als Holztransporte getarnt sind, mit den darin versteckten Söldnern vereitelt (vgl. E.W. Kanter, Hans von Rechberg, S.53f; K. Schib, Rheinfelden, S.62f).

raut vn(d) | saitend do dem volk, **wie** sy | brüchig^b wårind **an** jrem |

10 her(r)en gewesen vil jar **vn(d)** | sinen gebotten vnd manu(n)g= | en wårend vsgegangen. | **D**ar vmb sy ir lib **vn(d)** ir gůt | billich nach allem rechten | verloren hettend. **a**ber der | <u>fürst</u>^1887 hett erbårmd^c vn(d) wŏlt | sy dannocht nit tŏtten, **d**och | vmb ir gůt můstend sy ko= | men. **V**nd tribend an der | mitwochen vsz vnsåglich^d | vil lüt **v**nd volk, die sy alle | tribend an den

15 wald, **a**ls | der galg ståt, **v**nd ersůch= | tend sy vnd liessend jnen | blosz ir notdurfft klaider, | **d**(a)z sy sich bedeken mŏchtend, |

Wappen

20   zwei Schilde (5x4) (5x4,5)

(rechts: Fw Eberstein^1888: In Silber rote Rose mit blauem Fruchtknoten, darauf ein schwarzes Gitter, und grünen Kelchblättern) (links: Fw Rechberg, vgl. fol.171va)

[187va|388] **V**nd schicktend sÿ enweg. | **V**nd mornend am <u>dorns=</u> | tag, was beliben was, try | bend sy och **v**sz vnd an de(m) | <u>frytag</u>^1889. was **B**arschafft, | silber geschir, silber klain- | at, bettgewåt^a, gewand, | dekinen, stůlachen^b, stůlküsse | vnd was farendes^c was, | das sy heben vnd getragen | mochtend,

5 **d**(a)z fůrtend sy | mit in enweg. **V**nd **d**(a)z | man sprach, sy hettend | mer dan(n) <u>hundert tuse(n)d</u>^1890 | guldin **w**ert funden^1890, ŏn | ^dåssig ding^d vnd das dan(n) | der stat zůgehort, sich da | mit zewerend^i. |

---

^1887 Gemeint ist Albrecht VI. v. Österreich.

^1888 Vgl. RiA 443, 4,2; RiDrS 189^v, 1,1; Grünenb. Taf.84b, 1,2; Siebm. E, S.144f; Siebm. I, Taf.14, 3,3; Siebm. I,1, Taf.75, 1,1; Siebm. I,1,III, Taf.86; Siebm. Suppl. XII, Taf.17, 2,2.

[187va|388]
i) zewerend] *dan. undefinierbare Markierung, v. der Hd. des Rubr., mroT*

a) Bettzeug, -decken b) Stuhldecken, Teppiche c) fahrende Habe, d.h. bewegliche Güter, Mobiliar d...d) essbare Produkte

^1889 Diese dreitägige Vertreibung des „gemeinen Volkes" „unter den gröbsten Unflätigkeiten" aus der Stadt wird nicht nur in den Chroniken, sondern auch in Basler Briefen an verschiedene Reichsstädte überliefert. Die Rheinfelder Hauptleute hingegen leugnen eine solche Handlungsweise und brandmarken sie als „gemeine Verleumdung" (vgl. E.W. Kanter, Hans von Rechberg, S.54, hier auch Zitate).

^1890 E.W. Kanter, Hans von Rechberg, S.54 spricht ebenfalls v. „100.000 fl in Gold", aber „ungerechnet des nicht zu schätzenden Silbergeräts und der übrigen Beute". Darüber hinaus weist er ebd. auf die Gefangennahme der Ratsherren im Turm, auf die Freilassung v. 156 Bürgern nach einem geleisteten Eid sowie auf die Tatsache, dass 400 teils nur notdürftig bekleidete Frauen und Kinder „den mitleidigen Bürgern in Basel zur Last" fallen, hin. Vgl. ebd., S.54ff zum Verlauf der Ereignisse in Rheinfelden in der Folgezeit.

[190va|394]
i) Al(!)s] A *2-z. Lomb., v. der Hd. des Rubr., mroT*

[192ra]
i) Al(!)s] A *3-z. Lomb., v. der Hd. des Rubr., mroT*

[192va|398]
i) Al(!)s] A *3-z. Lomb., v. der Hd. des Rubr., mroT*

[188^r]   Leere Seite

[188^v]   Leere Seite

[189^r]   Leere Seite

[189^v]   Leere Seite

[190^r]   Leere Seite

[190va|394]   Al(!)sⁱ man von der ge= | purt cristi zalt <u>tusend</u> | <u>vierhundert viertzig vn(d)</u> | **nün** jare: | *1449*

[191^r]   Leere Seite

[191^v]   Leere Seite

[192ra]   Al(!)sⁱ man von der gep(ur)t | cristi zalt <u>tusend vier=</u> | <u>hundert vnd</u> <u>fünfftzig</u> | jare: | *1450*

[192va|398]   Al(!)sⁱ man von der gep(ur)t | cristi zalt <u>tusend vier</u> | <u>hundert fünfftzig</u> <u>vn(d)</u> | <u>ain</u> jare: | *1451*

[193^r]   Leere Seite

[193^v]   Leere Seite

[194^r]   Leere Seite

[194^v]   Leere Seite

[195ra|403]   Desⁱ jaurs als man vo(n) | der gepurt <u>cristi</u> zalt | <u>tusend vierhundert fünff</u> | <u>tzig vnd zway</u> jare: | *1452*

[195ra|403]
i) Des] D *2-z. Lomb., v. der Hd. des Rubr., mroT*

[195rb]
i) <u>Brun</u>] <u>Brun</u>= *SG, Fehler des Rubrikator*

[195rb] **Des** jars ward **Burg(er)mai**= | ster **Cŭnrat schatz vn(d) diet**= | halm   *Bürgermeister;*
schilter[1891] **vogt vn(d) Brun**ⁱ | **Bündrich amman.** | *Vogt; Am-*
                                                                      mann;

Wappen v.Bürgermeister, Vogt und Ammann
5   drei Schilde (2,5x2,5) (2,5x2,5) (2,5x2,5)
(rechts: Fw Schatz, vgl. fol.106rb)
(Mitte: Fw Schilter, vgl. fol.121rb)
(links: Fw Tettikofer, vgl. fol.70ra)

[195va|404] Desⁱ jars als man von | der gepurt crist[i]ⁱⁱ zalt | tusend vierhundert fünff |
tzig vnd drü jare: | *1453*

[195vb] Des jars ward **Burg(er)maister** | **diethalm schilter, Cunrat schatz**[1892] | **vogt,**   *Bürgermeister;*
Brun Bündrich amma(n). | *Vogt; Am-*
                                                                            mann;

Wappen v. Bürgermeister, Vogt und Ammann
5   drei Schilde (2,5x2,5) (2,5x2,5) (2,5x2,5)
(rechts: Fw Schilter, vgl. fol.121rb)
(Mitte: Fw Schatz, vgl. 106rb)
(links: Fw Tettikofer, vgl. fol.70rb)

[196^r] Leere Seite

[196^v] Leere Seite

[197ra|407] Desⁱ jǎrs als man von | der gepurt cristi zalt | tusend vierhundert fünff- |

[1891] Diethelm Schilter (Schiltar): Angehöriger des Konstanzer Patriziergeschlechts; Inhaber einer Handelsgesellschaft; langjähriges Ratsmitglied (darunter häufig im Kleinen Rat); Konstanzer Bürgermeister in den Jahren 1453,
1455; Vogt in den Jahren 1452, 1454, 1456; Inhaber anderer Ämter (z.B. 1443 einer der elf Richter „uff Ring
Burcher Thor"; einer der Sieben Richter in Schuldsachen; einer der zwölf Beisitzer des Thurgauer Landgerichts;
zieht 1448 neben Konrad Schatz und Hanman Faber die Judenschulden v. Bürgern und Ausleuten ein); Ratsgesandter; Auszug aus Konstanz im Zuge des Aufstandes v. 1429; Mitglied der Gesellschaft „zur Katz"; vermutlich
gest. 1457 (vgl. K. Beyerle, Ratslisten, S.144ff; K.D. Bechtold, Zunftbürgerschaft, S.42; P.F. Kramml, Friedrich III.,
S.210, 252, 512, 523f; H. Maurer, Konstanz II, S.102; C. Heiermann, Katz, S.263). Angabe ist folglich korrekt.

[195va|404]
i) Des] D *2-z. Lomb., v. der Hd. des Rubr., mroT* ii) crist[i]] crist *SG, Emendation nach der sonst in der Hs. üblichen*
Schreibweise

[195vb]
[1892] Konrad Schatz (der Ältere). Angabe ist nicht korrekt. Im Jahr 1453 war Hans v. Cappel Vogt (vgl. K. Beyerle,
Ratslisten, S.153).

tzig vnd vier jare: | *1454*

[197rb] **D**es jars ward **Burg(er)maister**[1893] |

Brun Bündrich amma(n) | *Ammann;*

Wappen des Ammanns
drei Schilde (2,5x2,5) (2,5x2,5) (2,5x2,5)
(rechts und Mitte: fehlende Fw)
(links: Fw Tettikofer, vgl. fol.70rb)

5

[197va|408] **D**esⁱ jaurs do man von | der gepurt <u>cristi</u> zalt | <u>tusend vierhundert fünff=</u> |
<u>tzig vnd fünff</u> jare: | *1455*

[197vb] **D**es jars ward **Burg(er)maister** | diethalm(m) schilter, **C**ûnrat schatz[1894] | *Bürgermeister;*
vogt **vn**(d) hansz brisacher[1895] **am**= | man. | *Vogt; Am-*
                                                      mann;

5   Wappen v. Bürgermeister, Vogt und Ammann
drei Schilde (3x2,5) (3x2,5) (3x2,5)
(rechts: Fw Schilter, vgl. fol.121rb)

[197ra|407]
i) Des] D *2-z. Lomb., v. der Hd. des Rubr., mroT*

[197rb]
[1893] Im Jahr 1454 war Hans v. Cappel Bürgermeister und Diethelm Schilter Vogt (vgl. K. Beyerle, Ratslisten, S.153).

[197va|408]
i) Des] D *2-z. Lomb., v. der Hd. des Rubr., mroT*

[197vb]
[1894] Konrad Schatz (der Ältere). Angabe ist nicht korrekt. Im Jahr 1455 war, wie schon 1453, Hans v. Cappel Vogt (vgl. K. Beyerle, Ratslisten, S.154).
[1895] Hans Brisacher: Angehöriger der ursprünglich der Konstanzer Zunftbürgerschaft angehörenden, später adligen Familie; einer der „Aufsteiger des 15. Jahrhunderts" (P.F. Kramml, Komponenten, S.26); Bruder: u.a. Marquart Brisacher; eventuell mit dem 1415 an der Wiener Universität immatrikulierten „Johannes Brisach de Constancia" identisch; langjähriger Ratsherr; Stadtammann vom 14. Juni 1455 bis in die zweite Hälfte des Jahres 1459; Inhaber weiterer Ämter (z.B. einer der zwölf Beisitzer des Ammanngerichts; einer der Sieben Richter in Schuldsachen; einer der Sieben Richter in Bausachen; einer der zwölf Beisitzer des Thurgauer Landgerichts); ihm wird mit seinen Brüdern am 22. Sept. 1431 die Rittermäßigkeit und ein Wappen verliehen; gehört zu den reichsten Bürgern der Stadt; Aufnahme in die Geschlechtergesellschaft „zur Katz" auf Empfehlung Kaiser Friedrichs III. (vgl. Bericht auf fol.159^{rb}f); im Dienst König Albrechts II. nachweisbar; bischöflicher Erbküchenmeister; 1483 als verstorben bezeichnet (vgl. OBG, Bd.1, S.155; K. Beyerle, Ratslisten, S.149ff; P.F. Kramml, Friedrich III., S.293, 296, 303, 506, 513f, 517f, 524; ders., Komponenten, S.26; W. Kundert, Erbhofämter, S.175).

(Mitte: Fw Schatz, vgl. fol.106rb)

(links: Fw Brisacher¹⁸⁹⁶: In Gold/Beige eine kürsch-

10   gestülpte (Pelzandeutung) kugelbesetzte schwarze Zipfelmütze)

[198ra|409] **DE**sⁱ jars do man von | der gepurt <u>cristi</u> zalt | <u>tusend vierhundert funff=</u> |

<u>tzig vnd sechs</u> jare **d**o tett | <u>**D**racole</u>ⁱⁱ/¹⁸⁹⁷, der wůttrichⁱⁱⁱ/^a, vil   *1456 Episoden*

boshaffttiger^b, mortlicher^c **v**n(d) | on menschlicher sachen, me | **d**an(n)   *aus dem Leben*

man vor von en kaine(m) | <u>wůttrich</u> ye gehôrt noch | geschriben hat.   *Vlads III. Țepeș.*

5   **J**(!)tem | der alt <u>gubernator</u>^d/¹⁸⁹⁸ hat den | alten <u>dracol</u>¹⁸⁹⁹ laussen tôtten¹⁹⁰⁰   *Teil 1¹⁹⁰³:*

| vnd <u>dracol</u> vnd sin <u>brůder</u>¹⁹⁰¹ | die habend abgetretten vo(n) | jrem globen   *Regierungs-*

vnd gesworen, | <u>cristan</u> globen ze beschirmen^e | vnd ze halten¹⁹⁰². | *antritt;*

---

¹⁸⁹⁶ Vgl. WrKatze 5,6=86; WLB, HB V 54, 13^v, 2,2; Öhem 24^r, 367 (Taf.16); Siebm. I, Taf.42, 2,2 („Breisach"); Siebm. V,3, Taf.64, 1,2 (Wappenverleihung 1431) (vgl. H. Drös (Hg.), Wappenbuch, S.54).

[198ra|409]
i) DEs] D *2-z. Lomb., v. der Hd. des Rubr., mroT* ii) **Dracole**] **D** *v. der HHd., mbrT, aus nicht mehr lesbarem Buchstaben korr.* iii) wůttrich] tt *v. der HHd. doppelt ausgeführt*

a) Wüterich, Tyrann, Gewaltherrscher b) bösartige c) mörderische, tödliche d) Befehlshaber, Hauptmann e) v. beschirmen: schützen, verteidigen f) Asche

¹⁸⁹⁷ Vlad III. Țepeș, der Pfähler, Drăculea (= Sohn des Dracul; Bedeutung umstritten: a) der Teufel b) Hinweis auf die Mitgliedschaft in König Sigismunds Drachenorden): aus dem Hause Basarab; Vater: Vlad II. Dracul; geb. um 1428/31; Fürst der Walachei 1448, 1456-1462, 1476; außenpolitisches Lavieren zwischen den Hoheitsmächten der Walachei, Ungarn und dem Osmanischen Reich; Gefangenschaft als Geisel in Adrianopel 1443/44; kurze Herrschaft im Herbst 1448; Verdrängung durch Vladislaw II.; zweite Herrschaft durch Unterstützung v. Johann Hunyadi, der Siebenbürger Sachsen und Stefan III., seines moldauischen Vetters; Vorgehen gegen Siebenbürgen; 1461/62 Türkenkriege; Flucht zu Matthias Corvinus; 1462-1466 Gefangenschaft; zeitweise Teilnahme an den Balkankriegen des Königs v. Ungarn; dritte kurze Herrschaft 1476 wird v. Basarab III. beendet; Tod im Nov./Dez. 1476 (vgl. LexMA, Bd.8, Sp.1790f; R. Florescu/R.T. McNally, Dracula; R.-P. Märtin, Dracula; C.C. Giurescu, The Historical Dracula).
¹⁸⁹⁸ Johann Hunyadi: geb. um 1407/09; tritt um 1430 in den Dienst v. König Sigismund; militärische Karriere erfolgt unter Sigismund, Albrecht II. und Vladyslaw IV. im Kampf gegen die Hussiten und Osmanen; wird im Verlauf der Thronstreitigkeiten in Ungarn am 6. Juni 1446 bis zur Mündigkeit v. Ladislaus V. Postumus zum Reichsverweser (Gubernator) gewählt; Rücktritt im Jahr 1453; Ernennung zum Generalkapitän des Landes und Verwalter der königlichen Einkünfte; siegt über das Heer Sultan Mehmeds II. bei Belgrad im Juli 1456; gest. am 11. Aug. 1456 (vgl. LexMA, Bd.5, Sp.226).
¹⁸⁹⁹ Vlad II. Dracul: aus dem Hause Basarab; bereits 1431 hochrangiges Mitglied des Drachenordens; osmanische Raubzüge in die Walachei und Siebenbürgen geben ihm die Gelegenheit zur Herrschaft in der Walachei (vorheriger Fürst: sein Bruder Alexander I. Aldea); Fürst der Walachei 1436-1442 und 1443 bis 1447; teils Vasall der Osmanen; teils Unterstützer der ungar. Sache; wird 1442 mit seinen Söhnen in Festungshaft in Adrianopel genommen; Flucht 1443; begleitet 1443-1445 das ungar. Heer Hunyadis auf den Kriegszügen v. Sofia, Varna und an die Donau; Tod Ende des Jahr 1447 (vgl. LexMA, Bd.8, Sp.1790; R. Florescu/R.T. McNally, Dracula, S.29ff; R.-P. Märtin, Dracula, passim).
¹⁹⁰⁰ Vlad II. Dracul wendet sich angesichts der osmanischen Erfolge und mit Blick auf seine gefangenen Söhne 1446 wiederum dem Sultan zu und geht ein Bündnis mit diesem ein. Im Nov. 1447 reagiert Johann Hunyadi daraufhin mit einem Zug gegen den unzuverlässigen walachischen Wojwoden. Nach dem Verlust der Schlacht wird sowohl dessen Sohn Mircea in Tirgoviște als auch Vlad II. bei Bălteni (Ilfov) hingerichtet (vgl. LexMA, Bd.8, Sp.1790; R. Florescu/R.T. McNally, Dracula, S.38f; R.-P. Märtin, Dracula, S.70f).
¹⁹⁰¹ Brüder v. Vlad III. sind: der mit dem Vater ermordete Mircea (I.); Radu III. cel Frumos, der Schöne (geb. um 1438/39; Fürst der Walachei v. Aug. 1462 bis Nov. 1473 und Frühjahr 1474 bis Jan. 1475; gest. vor 1500, vgl. LexMA, Bd.8, Sp.390); der Halbbruder Vlad IV. Călugărul, der Mönch (geb. um 1430/35; lebt jahrelang als Prä-

J(!)te(m) des obgena(n)ten jaurs | ist der <u>dracol</u> gesetzt vnd | her(r)e
10 worden jn der walach= | ige[1904]. **D**o zehand hat er låssen | tŏtten den <u>lasaw</u>
<u>baybada</u>[1905], | der da selb her gewesen | ist[1906]. |
J(!)tem zehand dar nach hat | er <u>dŏrffer</u> vnd <u>schlösser</u> | jn <u>Sübenbürgen</u>[1907]   *Vorgehen in*
by der | <u>hermonstat</u>[1908] laussen ver- | brennen vnd <u>dorffer</u> mit | namen   *Siebenbürgen;*
<u>closterholtz</u>[1909], nüwen | <u>dorff</u>[1910], **h**<u>oltzmenia</u>[1911] gantz | laussen zů
15 **E**schen[f] verbren= | nen, <u>man</u> vnd <u>froen</u>, <u>ju(n)g</u> | vnd <u>alt</u>, <u>kinder</u>, grosz vnd |
klain[1912]. vnd die er da selbs | nit verbrent hat, die hat | er mit jm gefůrt
vnd an | geschmidet mit kettenen |

---

tendent in Siebenbürgen und gelangt als Kandidat des Moldaufürsten Stephan III. 1481 kurzfristig an die Macht, setzt sich schließlich aber mit Hilfe eines Paşas v. der Donau v. 1482 bis 1495 durch; gest. 1495/96, vgl. LexMa, Bd.8, Sp.1791f) und der illegitime Mircea (II.) (im Sept. 1481 mit Unterstützung Stephans kurz Fürst der Walachei; kann sich gegen die Opposition (u.a. Städte Buzău, Brăila und Rîmnic) nicht durchsetzen und wird v. Vlad IV. verjagt (vgl. LexMA, Bd.6, Sp.664f).

[1902] Über einen Kirchenübertritt der Söhne (gemeint sind hier wohl nur Vlad III. und Radu) nach dem Tod des Vaters sind wir nicht weiter informiert. Die Walachei selbst wird stark v. der relativ eigenständigen rumän.-orthodoxen Kirche geprägt. Sie ist nicht ganz so straff organisiert wie die westliche und verfügt über zahlreiche Klöster mit großem Landbesitz. Die Wojwoden forcieren die Zentralisierung der Landeskirchen. Vlad II. Dracul bemüht sich aber – wohl als Gegenleistung für westliche Hilfe – unter dem Druck Sigismunds, eine katholische Kirchen-organisation zu fördern. Vlad III. Ţepeş wiederum sucht in der Kirche eine Stütze seiner Politik und stärkt die rumän.-orthodoxe Richtung (vgl. R.-P. Märtin, Dracula, S.26f, 108).

[1903] Die folgenden und in der Chronik auf fol.204ra und 207[ra]ff fortgesetzten Episoden zum Leben Vlad III. Ţepeş folgen (wie die gesamte dt. Überlieferung, vgl. Kapitel A.5.1.3 und B.3.2) einerseits berichtend historischen Fakten, sind andererseits aber, ihrer vermuteten Entstehung (vor 1462/63 aus der Feder eines Deutschen mit Ortskenntnissen in Siebenbürgen, eventuell in Ungarn) entsprechend, tendenziös und v. anekdotenhaftem, schwankartigem Charakter (vgl. J. Striedter, Erzählung, hier v.a. S.406f; D. Harmening, Anfang; A. Balotă, Analysis, hier v.a. S.154f, 163ff und P.P. Panaitescu, The German Stories). Die Kommentierung widmet sich so weit als möglich den historischen Hintergründen.

[1904] Walachei (rumänisch: Ţara Românească): rumänisches Fürstentum; v. den Südkarpaten im Norden bis zur Gro-ßen Donausenke im Süden reichend; aus drei Teilen bestehend: die Kleine Walachei, die Große Walachei und die Dobrudža; Gründung des Fürstentums ab der zweiten Hälfte des 13. Jhs.; politische Struktur: Alleinherrschaft des Großfürsten oder Wojwoden; seit dem 14. Jh. im Hinblick auf die Türkengefahr für Ungarn und das Reich v. stra-tegisch wichtiger Bedeutung; häufige Thronstreitigkeiten; obwohl das Fürstentum Souveränität anstrebt, ist es bei-nahe lückenlos dem ungar. oder dem Osmanischen Reich tributpflichtig und lehensuntertan; als Instrument der Auto-nomiepolitik gilt eine „geschickte Schaukelpolitik"; günstiges Durchgangsland für den Fernhandel (vgl. LexMA, Bd.8, Sp.1370ff; R.-P. Märtin, Dracula, S.15ff).

[1905] Vladislaw II.: Sohn Dans II.; Bruder Basarabs II.; Fürst der Walachei v. 1447 bis ca. 1456 (Unterbrechung 1448); v. Johann Hunyadi nach der Hinrichtung des abtrünnigen Vlad II. in das Amt eingesetzt; beteiligt sich an der er-folglosen Belgrader Kampagne (1448), während sich indes sein Vetter Vlad III. in der Walachei der Herrschaft bemächtigt; unterstellt sich 1452 den Türken und verliert deswegen die siebenbürgischen Lehen; fällt vermutlich im Kampf gegen Vlad III., der v. Hunyadi ausgerüstet gegen ihn vorgeht (vgl. LexMA, Bd.8, Sp.1806).

[1906] Vlad III. wird die Schutzwacht Siebenbürgens anvertraut, nachdem sich das Verhältnis zwischen Hunyadi und Vladislaw II. angesichts des v. Sultan Mehmed II. geplanten Großangriffs gegen Ungarn v.a. wegen der Gegen-maßnahmen Hunyadis deutlich verschlechtert und sich bspw. die Sachsenstädte in Siebenbürgen für Vlad einsetzen. Nach der Niederlage Mehmeds marschiert der neue Thronprätendent Ende Juli 1456 mit siebenbürgischen Kontin-genten in die Walachei. Dort gewinnt er die entscheidende Schlacht gegen Vladislaw II. Dieser wird v. Vlad auf dem Marktplatz, auf dem auch sein Bruder Mircea starb, hingerichtet. Vlad tritt die Nachfolge an und wird Wojwode der Walachei (vgl. R. Florescu/R.T. McNally, Dracula, S.43ff; R.-P. Märtin, Dracula, S.84f, 91; ebd., S.91ff zu den Anfängen seiner Regierung).

[1907] Zur Entstehung und Entwicklung der nachfolgend genannten Stadt Hermannstadt sowie weiterer Städte in diesem Gebiet vgl. die Arbeiten v. K.G. Gündisch, Patriziat und P. Niedermaier, Städtebau.

[1908] Hermannstadt (latein. Cibinium bzw. Villa Hermanni; rumän. Sibiu): Stadt im südlichen Siebenbürgen; v. dt. Kolonisten im 12. Jh. gegründet; erste urkundliche Erwähnung 1192; 1241 Zerstörung durch die Mongolen; 1366

[198rb] **jn** der walachÿ^i **vnd** hat sy | alle laussen spissen^{a}/^{1913}. |

J(!)tem <u>koufflüt</u> **vnd** <u>fůrlüt</u> | von <u>wurtzeien</u>^{ii} land^{1914} der <u>dra</u>= | <u>col</u> hett gesetzt ain ^{b}frids tag^b | **vnd** jn dem fryd liess er sy | alle spissen^{iii}. |

J(!)tem <u>jung knaben</u> **vnd** an= | der, die jn die walachy ge= | schickt

5 wurden von vil | landen, **d**as sy die sprach ler= | nen soltend **vnd** och ander | ding^{1915}, **d**ie liesz er jm selbs | zů samen bringen **vn**(**d**) jm | anttwürten. die liesz er alle | jn ain <u>stuben</u> zů samen tůn | **vnd** liesz sy verbrennen; der | waren an der zal <u>vierhun</u>= | <u>dert</u>. |

Stadtrechtsverleihung und Befestigung; kann nie erobert werden; politisches, kulturelles und wirtschaftliches Zentrum der Siebenbürger Sachsen; Kaufleute treiben im gesamten Südosten, aber auch in Mittel- und Westeuropa regen Handel (vgl. E. Wagner, Ortsnamenbuch, S.352f; LexMA, Bd.4, Sp.2170).

^{1909} Kastenholz (rumän. Caşolt): erste urkundliche Erwähnung 1302; zum Hermannstädter Stuhl gehörig (vgl. E. Wagner, Ortsnamenbuch, S.350f).

^{1910} Neudorf/Newndorf (rumän. Nou/Såsesc): erster urkundlicher Beleg 1332; zum Hermannstädter Stuhl gehörig (vgl. ebd., S.350f). N. Stoicescu, Relations, spricht S.85 v. „Satul Nou".

^{1911} Holzmengen (latein. Helzmenia; rumän. Hosman): erster urkundlicher Beleg 1318; zum Leschkircher (Alzener) Stuhl gehörig (vgl. E. Wagner, Ortsnamenbuch, S.370f).

^{1912} Während sich die siebenbürgisch-sächsischen Städte zunächst für Vlad III. einsetzen und dieser ihnen mit einem Handels- und Schutzabkommen dankt, bemüht sich dieser Wojwode bereits kurz nach Amtsantritt um einen wirtschaftlichen Aufschwung des eigenen Landes und damit um Partizipation am siebenbürgischen Transithandel. Seine Durchsetzung des Stapelrechts schadet daraufhin sowohl dem Handel der Sachsenstädte in der Walachei als auch deren Fernhandel. Sie stellen als Maßnahme Gegenkandidaten auf bzw. gewähren gegnerischen Prätendenten Aufnahme (Kronstadt: Dan; Hermannstadt: Vlad IV.). Als Antwort auf diese Provokationen fällt Vlad III. im April oder Mai 1457 in Siebenbürgen ein und verwüstet ohne Rücksicht v.a. die Gegend um Kronstadt und Amlaş. Wie auch im Folgenden angedeutet, rächt er sich hierbei und in den folgenden Auseinandersetzungen v.a. an Kaufleuten. So sollen zwischen 1457 und 1460 über 340 Kronstädter Händler den Tod gefunden haben (vgl. LexMA, Bd.8, Sp.1791; R. Florescu/R.T. McNally, Dracula, S.69ff; R.-P. Märtin, Dracula, S.94ff; N. Stoicescu, Relations, S.83ff).

[198rb]

i) walachÿ] *Punkte über* ÿ *mroT* ii) wurtzeien] *das erste* e *verderbt, v. der HHd. aus nicht mehr erkennbarem Buchstaben korr.* iii) spissen] *Punkt über* i *mroT* iv) laussen] ss *verderbt* v) ain] *Punkt über* i *mroT*

a) v. spîzen: (auf-)spießen, pfählen b...b) Gottesfrieden c) v. vsriuten: ausrotten, völlig vernichten d) unbekleidet, nackt e) v. schinden: die Haut abziehen f) v. begên: Totenfeier halten

^{1913} Bei der Pfählung handelt es sich um eine in Europa verbreitete Tötungsart, die – wie uns insbesondere die dt. Quellen nahelegen – v. Vlad III. „exzessiv (über das zeitübliche Maß hinaus)" (LexMA, Bd.8, Sp.1790) praktiziert wird. Entgegen der in Mitteleuropa angewandten Methode, dem in einer Grube liegenden Verurteilten einen Pfahl durch den Leib bzw. das Herz zu stoßen, bevorzugt „der Pfähler" die grausamere orientalische Variante, die mit einer langen Leidenszeit verbunden ist. Hierbei wird der Pfahl in den Körper des zu Tötenden gestoßen, danach aufgerichtet und in die Erde gerammt, sodass er durch das eigene Gewicht des Verurteilten immer tiefer eindringt und schließlich nach Stunden oder Tagen zum Tode führt (vgl. R. Florescu/R.T. McNally, Dracula, S.76; R.-P. Märtin, Dracula, S.137f).

^{1914} Burzenland (rumän. Ţara Bîrsei): Tieflandgebiet mit natürlichen Grenzen im südöstlichen Siebenbürgen; strategisch v. großer Bedeutung; 1211 (erster urkundlicher Beleg als „terra Borza"); Gründung v. Kronstadt und anderer Städte und Dörfer und Erbauung zahlreicher Burgen in dieser Zeit; Hauptort des Burzenlandes wird später v. Marienburg nach Kronstadt verlegt; um die Mitte des 14. Jhs. gibt es im Gebiet des Burzenlandes ca. 50 Siedlungen; 1395 türkischer Feldzug; wirtschaftlicher Aufschwung im 15. Jh. (vgl. E. Wagner, Ortsnamenbuch, S.378f; LexMA, Bd.2, Sp.1112ff).

^{1915} Vgl. zu den vorwiegend pragmatischen Bildungsbedürfnissen v. Kaufleuten, zu denen bereits seit dem 13. Jh. Lese- und Schreibkenntnisse oder Buchführungs- und Rechentechniken ebenso gehören wie Bräuche, geographische Verhältnisse oder die angesprochenen Fremdsprachen der Handelsgebiete z.B. H.-P. Bruchhäuser, Kaufmannsbildung sowie ders., Quellen.

J(!)tem er haut laussen vsrü= | ten^c **a**in grosz geschlâcht[1916] vo(n) | dem *Vlad III. und*
10 maysten bisz an den | minsten: <u>kinder, fründ, brû</u>= | der vnd <u>swester</u>. vnd *das eigene*
haut | sy all laussen spyssen. | *Volk;*

J(!)t(em) er haut laussen siner lut | ain nackend^d graben bisz an | den
nabel; **d**ar nach hat er | zû jm laussen schiessen. Er | hat och ettlich
laussen brau= | ten, **E**tlich schinden^e. |

15 J(!)tem er hat den <u>jungen</u> | <u>dan</u>[1917] gefangen. dar nach | hat er jm laussen^iv *Vlad III. vs.*
begen^f | durch sin <u>prieste(r)schafft</u>. | **V**nd so er das alles vol | bracht hat, do *Sachsenstädte;*
hat er jm | laussen machen **a**in^v grab |

[198va|410] nach gewonhait der cristan | vnd hat sin hopt laussen | ab schlahen by dem
grab[1918]. |

Jtem Botten sind geschickt | worden von dem küng- | rich von vngern
vn(d) vo(n) | sachsen[1919] jn sübenbürgen, | an der zal fünff vnd fünff- |

[1916] Welche Adelsfamilie hier genau gemeint ist, kann nur vermutet werden. Grundsätzlich gilt, dass Vlad III. in den Jahren nach seinem Amtsantritt seine Machtstellung ausbaut, indem er u.a. den Einfluss der Bojaren einschränkt und t.w. nach dem Prinzip der Sippenhaft nicht nur seine direkten Gegner, sondern auch deren ganze Familien ermordet. Nach den auf fol.199va berichteten Ereignissen rund um die Bojarenmorde zieht der Mächtigste unter den Adligen Albu der Große Truppen gegen Vlad zusammen. Diesem gelingt der Sieg jedoch mühelos, woraufhin Albu mit seiner Familie hingerichtet wird. Der Hinweis könnte sich also auf diesen Großbojaren mit beträchtlichem Landbesitz beziehen (vgl. R.-P. Märtin, Dracula, S.100, 102).

[1917] Dan III. (Danciul): aus der Familie Basarab; Sohn Dans II. (Wojwode der Walachei 1421/22-1431); mehrmals Kronstädter Gegenkandidat v. Vlad III. (1456/1457 und 1459/60); wird nach dem ersten Zug Vlads III. gegen Siebenbürgen und dem im Nov. geschlossenen Frieden aus Kronstadt ausgewiesen; 1459 Rückkehr und militärische Ausrüstung; mit Unterstützung des ungar. Königs fällt er im Frühjahr 1460 in die Walachei ein und wird nach der Niederlage ermordet (vgl. die folgende Anm.) (vgl. R.-P. Märtin, Dracula, S.98f, 101, 110).

[198va|410]
i) behielte] i *verderbt*

a) v. harren: ausharren, warten b...b) v. übermügen: besiegen c) v. verstainen: in einen Steinhaufen verwandeln, zerstören d) Getreide

[1918] Nach einer kurzen und eher labilen Friedensphase zwischen Vlad und den siebenbürgischen Sachsenstädten kommt es aufgrund der Wiederaufnahme der protektionistischen Handelspolitik und weiterer Kaufmannsmorde zu Beginn des Jahres 1459 zu weiteren Spannungen, insbesondere mit Kronstadt. Wie auf den folgenden Folio-Seiten beschrieben zieht der Wojwode erneut in einer Art Strafaktion gegen diese Stadt bzw. ihren Einflussbereich. Im Frühjahr 1460 fällt im Gegenzug der Kronstädter Kandidat Dan III. mit siebenbürgischen Truppen und walachischen Emigranten in die Walachei ein. Dem regierenden Fürsten gelingt es, Dan zu schlagen und ihn gefangen zu nehmen. Nach der Zelebrierung der Beerdigungsfeierlichkeiten hat dieser sein eigenes Grab zu graben und wird anschließend standesgemäß enthauptet (vgl. R. Florescu/R.T. McNally, Dracula, S.732ff; R.-P. Märtin, Dracula, S.99ff, 110; N. Stoicescu, Relations).

[1919] Siebenbürger Sachsen: die in mehreren Einwanderungswellen im 12. Jh. und 13. Jh. als „hospites" zu Grenzschutz, Landesausbau und Kolonisierung angesiedelten „Deutschen"; Stammländer: Gebiete des früheren Erzbistums Köln, zu dem auch etwa das Bistum Lüttich gehört; 1224 Privilegierung (freies Grundeigentum; wirtschaftliche Selbstbestimmung; volle Selbstverwaltung und Rechtsautonomie) durch Andreas II.; der Hauptsiedlungsbereich liegt im Süden und Norden v. Siebenbürgen, wo sie bspw. die Städte Kronstadt, Hermannstadt und Schäßburg als Mittelpunkte ihres florierenden Handels gründen; Zusammenschluss der vier Kernbereiche zur „universitas saxonum" zwischen 1248 und 1413; infolge wirtschaftlicher Erfolge enorme gesellschaftliche Machtposition; seit 1289 Teilnahme als „natio recepta" an den Landtagen des ungar.-siebenbürgischen Adels (vgl. LexMA, Bd.7, Sp.1236ff; R.-P. Märtin, Dracula, S.19f; E. Wagner, Geschichte der Siebenbürger Sachsen, S.15ff; K. Gündisch, Siebenbürgen, S.28ff).

5 tzig[1920]. Die hiesz der Dracol | harren[a] als vff fünff woch- | en vnd liesz spisz machen | fur ir herberg. Vnd die all | weg gedauchten, man wur- | de sy spissen, dar vmb d(a)z er | durch sy nit verråten wurd. | dar vmb behielte[i] er sy so | lang Vnd hůb sich vff mit | aller siner macht vn(d) zoch | jn wurtzenland[1921]. ains mor- | gen frů kam er jn die dôrf | fer, stett vnd

10 schlôsser; alle, | die er [b]über mocht[b], die ver- | staint[c] er. Er liesz och alle | frucht vnd trayd[d] verbren | nen. vnd alle, die er da selbs | gefangen hatt, die hat er | laussen fûren vsserhalb der | stat, gena(n)t kranstat[1922], By | der cappelle, die haisdt sant | jacob. vnd der Dracol da | selb hat gerûwet. Vn(d) des | morgens frů ist er komen | vnd was er begraiff, froen | vnd

15 man, kinder, jung vn(d) | alt, hat er by dem berg der | vorgena(n)ten Cappelle alle | laussen spissen vnd sine |

[198vb] fründ ze tisch da selbs ge | habt. |

J(!)tem Sant Bartholomeus | kirchen da selbs hat er laus- | sen verbrennen vnd alle | ornat vnd kelch geroubet | vnd genomen. |

J(!)tem er hat geschikt ainen | sinen hoptman jn ain grosz | dorff mit

5 namen zeyding[1923], | das zů verbrennend. aber | er mocht das nit verbrenn(en) | von wyderstand der dorff- | lüt. vnd do er haym zů dem | dracol, sinem heren, kam, do | sprach er: „ich hab nit môgen | volbringen, das ir mir beuol- | hen vnd tôn haissen haben.“ do nam er jn vnd liesz jn spissen. |

[1920] Kronstadt und andere Städte, die für einen Kampf gegen Vlad zunächst nur schwerlich Unterstützung finden (Matthias Corvinus ist in Ungarn mit dem Gegenkönig Friedrich III. beschäftigt), lenken nach dem Bojarenmord ein und senden eine Gesandtschaft zu Friedensverhandlungen (wohl auf der Basis des nach dem ersten Überfall ausgehandelten Schäßburger Vertrags) in die Walachei. Während die Boten auf Gespräche warten, erfolgt der neuerliche Überfall des Burzenlandes (vgl. ebenso R.-P. Märtin, Dracula, S.101f).

[1921] Burzenland. Diese neuerliche Strafaktion des Jahres 1459 sollte, wie R.-P. Märtin, Dracula, S.102, 104 ausführt, nicht als Feldzug, sondern als „Ausrottungsaktion“ verstanden werden, „die dem Magistrat von Kronstadt unmißverständlich klarmachen soll, daß die Beschlüsse [d.h. in diesem Fall die Achtung des Stapelrechts bzw. die Ausweisung Dans] zu respektieren sind“. Vlad III. verbrennt auf dem Weg nach Kronstadt Dörfer und Städte, nimmt die nicht ernsthaft befestigte Vorstadt Kronstadts ein und ermordet die dortigen Bewohner (v.a. ärmere Menschen, Juden, Zugereiste). Eine Eroberung der eigentlichen Stadt gelingt aber nicht, sodass der Wojwode sich wieder zurückzieht (vgl. ebd., S.102, 104).

[1922] Kronstadt (latein. Corona, Brassou; rumän. Braşov): 1235/36 erstmals urkundlich erwähnt; wird wahrscheinlich 1213 vom Dt. Orden im Burzenland am passreichen Karpatenbogen gegründet, nach dem Mongolensturm erweitert und befestigt; Sitz des Burzenländer Dekanats; kommunale Autonomie wird 1353 erstmals bestätigt; Handelsprivilegien ermöglichen wirtschaftliche Blüte; schließt sich 1437 der „unio trium nationum“ der privilegierten Stände Siebenbürgens an; nach Türkeneinfällen Ausbau der Befestigung; Ende des 15. Jhs. die größte und bevölkerungsreichste Stadt Siebenbürgens (vgl. E. Wagner, Ortsnamenbuch, S.378f; LexMA, Bd.5, Sp.1547).

[198vb]
i) gů[t]] gů *SG, Konjektur nach C* (gůt) *bzw. SG 806* (gutt) ii) komen] *fehlt SG, Konjektur nach SG 806* (koupf dardurch komen mag)

a...a) Handelsgut, -ware b) Griffe, Henkel c) Bühne, höhere Plattform

[1923] Zeiden (rumän. Codlea): erster urkundlicher Beleg 1265 als „castrum Feketewholum“; in der Gegend sind verschiedene Wüstungen nachweisbar; der Sage nach soll der Ort bereits im Mongolensturm vernichtet worden sein (vgl. E. Wagner, Ortsnamenbuch, S.378f; R.-P. Märtin, Dracula, S.104).

10 J(!)tem kofflüt vnd ander lüt | wolten mit ir gantzen ᵃkoff | manschafftᵃ
    von wurtzen- | land gegen tŏnow, gen breg(e)l[1924], | jn zal sechs hundert;
    die hat | er alle laussen spissen vn(d) d(a)z | gů[tt]ⁱ jm zů sinen handen ge-
    | nomen[1925]. |

    J(!)tem er hat laussen machen | ainen grossen kessel als mit | zwain
15 hanthabenᵇ Vn(d) dar | über ain büninᶜ mit prettern | gemacht vnd da durch
    hǎt | er laussen machen lŏcher, d(a)z | ain mensch da durch haut | mit dem
    hŏpt [komen]ⁱⁱ mŏgen, vn(d) | dar vnder ain grosz für ge | macht vnd
    wasser dar jn |

[199ʳᵃ|411] gegossen vnd sy mit ain an- | der alle laussen sieden. |

    J(!)tem er ist wyder vm(b) kom(en) | gen den süben bürgen[1926] ze |
    talmetz[1927] vnd hat daselbs | die menschen laussen hack- | en als d(a)z
    krutᵃ. vnd die er | mit jm jnⁱ die walachye | gefangen gefŭrt hat, die | hat er
5   grusamlichᵇ vn(d) meng- | erlay laussen spissen. |

    J(!)tem erschrokenlich vn(d) gru | samlich pinᶜ hat er erdaucht[1928]: | das er   *Qualen und*
    haut laussen spÿssen | mŭter vnd sunder ᵈsugende | kindᵈ, die jünger   *Tötungsarten;*
    dan(n) ain jaur | sind, die haut er laussen spissen; | och die mŭter dar nach
    ge- | spisset. vnd vil ander grosz | pin vnd schmertzen, die wŭ | trich vnd
10 durchǎchterᵉ der | cristenhait nie erdaucht ha- | ben, als von herode, Nero,

---

[1924] Die auch in anderen Texten überlieferten Orte „Thunow and Bregel cannot be positively identified and have pro-
bably since disappeared" (R. Florescu/R.T. McNally, Dracula, S.75).

[1925] Nach R.-P. Märtin, Dracula, S.101 handelt es sich hierbei um einen Vorfall, der vor dem zweiten Überfall Vlads
auf das Burzenland einzuordnen ist. Anlass dieser Ermordung aller an dem Kaufmannszug durch die Walachei
beteiligten Personen ist die Tatsache, dass sie den Handel trotz der Anordnung des Stapelrechts durch Vlad nicht
ordnungsgemäß über die zugelassenen Märkte abgewickelt haben. Den eigentlichen Hintergrund bilden die v.
Kronstadt eingeleiteten Gegenmaßnahmen zur walachischen Handelspolitik, insbesondere die Rückkehr und Ausstattung Dans (vgl. ebd., S.101).

[199ʳᵃ|411]
i) jn] *v. der HHd., mbrT, aus an korr.*

a) Kraut b) Grauen erregend, auf grausamste Art und Weise c) Qual, Pein, Folter d...d) Säuglinge e) Verfolger f)
Eingebung g) seitlich, auf der Seite h) Geradheit, Gewandtheit, Fertigkeit in allen Übungen

[1926] Vlad III. sucht Siebenbürgen, wie hier richtig überliefert, mehrmals heim, zerstört Städte, Dörfer, ja beinahe ganze Landstriche. Aus rumän. Quellen wissen wir bspw. „that some villages like Sercaia and Mica, in the Fagaras
district, had been so completely decimated by Dracula's vengeance that they had to be recolonized and repopulated a
century later (the number of victims there could have reached thirty thousand altogether)" (R. Florescu/R.T.
McNally, Dracula, S.75). Vgl. v.a. zu dem vernichtenden Zug Vlads III. gegen Amlaş und Fogarasch im Juli/Aug.
1460 die Berichte auf fol.204ʳᵃ und 207ʳᵇ.

[1927] Talmesch/Tolmisch (rumän. Talmaciu; ungar. Nagy-Talmács): erster urkundlicher Beleg 1265; nahe bei Hermannstadt gelegen; zum Filialstuhl des Hermannstädter Stuhls Talmesch gehörig; ursprünglich Gebiet einer Grenzburg; Sitz des Talmescher Grävengeschlechts; zunächst zum Komitat (Ober-)Weißenburg gehörig; 1453 wird die
Burg mit den Zubehörgemeinden an die sieben Stühle vergeben. (vgl. E. Wagner, Ortsnamenbuch, S.354f; R. Flo-
rescu/R.T. McNally, Dracula, S.75). Andere Quellen ordnen diesen Überfall einem Ort namens Kolmacz zu (vgl.
G.C. Conduratu, Michael Beheims Gedicht, S.90 und 112).

[1928] Vgl. zu den verschiedenen in den Quellen auftretenden Qual- und Tötungsarten und deren Einordnung in den
zeitlichen Kontext R. Florescu/R.T. McNally, Dracula, S.76ff; R.-P. Märtin, Dracula, S.127ff.

dyo | cleciano, Decio, Maxencio[1929] vn(d) | allen andren wůttrich vn(d) |
haiden, als der wůttrich vnd | tüffels sun erdaucht hat vn(d) | erdenkt durch
jngiessu(n)g^f des | tüffels. |

J(!)tem er hǎt laussen spissen die | menschen seittlingen^g allerlay | durch
15 ainander, froen vnd | man, jung vnd alt, d(a)z sy sich | haben mǒgen regen
mit hen- | den vnd fůssen vnd habend | gezabelt durch ainander als | die
frǒsch. vnd sprach draclo, | der morder vnd wůttrich, | nach siner sprach:
„y, wie gr- | osz gradikait^h sy da tribend." |

[199rb] vnd das sind gewesen haiden, | cristan, Ketzer^i vnd walchen[1930]. |
J(!)tem er hatt ain zyginer[1931], der | hett gestolen. Do kamen | die andern *Innen-*
zyginer zů dem | dracol vnd batten für jn. | do sprach der dracol: „er můsz *politisches*
| hangen vnd ir můssend jn | selbs henken." Sy sprachend, | es wǎre nit ir *Vorgehen:*
5 gewonhait. | der dracol liesz den zyginer | jn ainem kessel sieden vnd, | do *Zigeuner;*
er gesotten was, do můsz- | tend sy jn essen mit hut, fla- | isch vnd bain^a. |
J(!)tem es ward ain erber man | zů dem dracol geschickt; der | kam zů jm
By den lüten, die | er hett also laussen spissen. da | gieng er vnder jnen *„Erber man";*
vmb | vnd schǒwet die da. vnd dero | warend als vil als ain gros- | ser
10 wald. vnd der selb Bott | sprach zů dem dracol, wǎr- | vmb er also jn dem
gestank [vmbgieng]^ii. | der dracol sprach zů jm, ob | es jn ^ban stunk^b. do
sprach er: | „ja!" do liesz er jn ze hand ǒch | spissen vff jn die hǒhin, das |
sy jn nit anstunken[1932]. |

[1929] Herodes I. der Große, Nero, C. Aurelius Valerius Diocletianus, C. Messius Quintus Traianus Decius und Maxentius – die genannten Herrscher gingen durch besondere Brutalität und als Christenverfolger in die Geschichte ein.

[199rb]
i) Ketzer] Ketzen *SG, Konjektur nach SG 806* ii) vmbgieng] *fehlt SG, Konjektur nach C bzw. SG 806* iii) jm] jn *SG,
Konjektur nach C bzw. SG 806*

a) Knochen, Gebein b...b) v. anstinken: in die Nase steigen, unangenehm riechen c) unrechtmäßig im Besitz
befindliche c) v. brocken: zerbröseln, in kleine Stücke brechen e...e) Weißbrot

[1930] Die Zahl der Opfer, die zur Durchsetzung v. innen- und außenpolitischen Zielen durch den politischen Terror
Vlads III. zu Tode kommen, wird auf 40.000 bis 100.000 geschätzt. Unter ihnen sind Angehörige zahlreicher Nationen, Schichten und Religionen sowie solche beider Geschlechter jeglichen Alters (vgl. R. Florescu/R.T. McNally,
Dracula, S.75f).
[1931] Vgl. die Hinweise auf fol.117rb, 154ra, 176va und noch einmal in Verbindung mit Vlad III. auf fol.207va. Das Vorgehen gegen die Zigeuner steht im Zusammenhang mit innenpolitischen „Reformen", die die Machtposition des
Wojwoden stärken sollen. Vlad III. versteht sich nicht mehr als „primus inter pares", sondern als omnipotenten Herrscher, als einzige Quelle des Rechts. Ziel seines Handelns im Inneren – gewissermaßen als Voraussetzung außen-
politischer Stärke – ist das Durchsetzen v. Ruhe und Ordnung. Die umherziehenden Zigeuner stören diese aber ebenso wie in Fehden verwickelte Adlige oder gegen die Moral verstoßende Bürger (vgl. R.-P. Märtin, Dracula, S.104ff).

[199va|412]
i) pro- || [ck]en] pro- || en *SG, Konjektur nach SG 806;* prǒckel *C* ii) waÿda] *Punkte über* ÿ *mroT* iii) ain[er]] ain *SG,
Konjektur nach SG 806 bzw. C (einer)*

a) Wojewode/Wojwode [Titel der Wahlfürsten in der Walachei und Moldau im 15. und 16. Jh.; slav.: „Heerführer"]

[1932] Vgl. zu dieser und der folgenden Episode, in der ein Priester – vermutlich mit Blick auf die den Bojaren entfrem-
deten Güter – über unrechtmäßigen Besitz predigt, R.-P. Märtin, Dracula, S.109.

J(!)tem ain pfaff hett gepredi- | get, wie die sünd nit verge- | ben wurde,
15 dan(n) man gåbe | das vnrechtuertig^c gût dan(n) | wyder. Nun hett der *Priester;*
dracol | den selben pfaffen ze husz gela- | den vnd zû jm an sinen tisch |
gesetzt. Nun der Dracol prok- | et^d jm^{iii} jn sin essen ^{e}semlen brot^e. | der
pfaff begraiff siner pro- |

[199va|412] [ck]en^i ainen, den der <u>drakol</u> jnge= | proket hett, vff sinen lôffel. | **do**
sprach der <u>drakol</u>, wie er | gepredigt hett, die sunde | wurd nit vergeben,
es wur= | de dan(n) das vnrechtuertig | gût wyderkert. „jst das war?“ |
„<u>**he**(r)re</u>,“ Sprach der <u>pfaff</u>, „ja, | her, es ist war.“ Sprach der | <u>drakol</u>: „war
5 vmb nemest du | mir min proken, die ich jn | geprocket hon?“ vnd liess |
den <u>priester</u> ze hand spissen. |
J(!)tem er hett alle sin <u>landhe(r)</u>= | <u>ren</u> vnd <u>edel lüt</u>, die er jn | sinem land *Bojaren;*
hett, ze husz ge= | pietten zû dem mal vnd | sinem tisch. vnd do d(a)z mal |
nun volbraucht ward vn(d) | man geessen hatt, **do** hat er | an gehabt ze
10 fragend an | dem <u>eltosten</u> vnd hett jn | gefraget, **w**ie vil waÿda^{ii}/^{a} | oder
heren er gedenk, **d**ie | das land inngehabt haben. | **d**er hat jm also
geanttwurt | vnd gesagt, **a**ls vil er jro | gedaucht hat; **d**es glichen | och die
andern <u>heren</u>, ju(n)g | vnd alt, **v**nd yeden besund(er) | gefraget, wie uil sy
sôlich(er) | <u>heren</u> gedåchten. **a**iner ant= | wurt <u>fünfftzig</u>, **a**iner <u>drys</u>= | <u>sig</u>,
15 **a**in[er]^{iii} <u>zwaintzig</u>. doch w(a)z | kainer so jung, er gedåchte | by <u>süben</u>^{1933}.
also hatt er die sel= | ben he(r)ren alle laussen spis= | sen; der warend an
der zal | wol by <u>fünff hunderten</u> | oder dar ob^{1934}. |

[199vb] **J**(!)tem er het ain ^{a}<u>Schlauff</u> | <u>wyb</u>^{a}, die gab sich vsz, sy wå- | re^i *Mätresse;*
schwanger. do liesz er | sy beschôwen durch ander | <u>froen</u>; die kundend nit
ver= | stôn, das sy Schwanger | wåre. **d**o nam er die sel= | ben sin
<u>husfroen</u>^{b} Vnd | schnaid sy von vndnan | vff bisz an die **B**rust vn(d) |
5 sprach, er lûgen, wa er ge= | wesen wåre oder wa sin | frucht låge^{1935}. Er *Qualen und*

---

^{1933} Zum besseren Verständnis dieser Anekdote sei auf die erläuternden Zeilen in Beheims Gedicht „Von ainem wutrich der hiess Trakle waida von der Walachei“ verwiesen: „da dises fragen wart volbracht | als ich yecz han gesungen, | Der Trakole sprach: 'sagent mir, | wie hat es ainen furm, das ir | so vil waida und herren | Habent gehabt in eurem land? | es muss nur schuld wesen der schand | von eurem widersperren'“ (zitiert nach G.C. Conduratu, Michael Beheims Gedicht, S.29-55, hier, S.40f, V.469ff).

^{1934} Diese Entmachtung der Bojaren – eine Art Staatsstreich mit weitreichenden Folgen für die eigene Machtstellung bzw. die der Bojarenversammlung (u.a. Wahlgremium des Wojwoden), die zu einem Akklamationsorgan degradiert wird – wird, wenn auch nicht mit hundertprozentiger Sicherheit belegbar, auf das Osterfest 1459 datiert. Während in der Version, der unsere Chronik folgt, alle 500 versammelten Angehörigen der Oberschicht den Tod finden, berichten andere Quellen v. der Pfählung nur der alten Bojaren und ihrer Frauen. Die jüngeren Adligen hingegen sollen zur Zwangsarbeit verurteilt worden sein. Im Anschluss an diesen Bojarenmord, dem nur wenige nicht nach Tirgoviste zum Festmahl gereisten Personen (etwa Albu) entkommen, werden die Ländereien der Hingerichteten eingezogen und gegen Militärdienst an Kleinadlige und freie Bauern verliehen (vgl. R. Florescu/R.T. McNally, Dracula, S.58ff; R.-P. Mártin, Dracula, S.101f).

[199vb]
i) wå- | re] *v. der HHd. vom folgenden Wort durch senkrechten Strich getrennt*

a...a) Beischläferin b) Geliebte, Mätresse c) teuflische, böse d) v. wirken: vollbringen, tun

^{1935} Vgl. die Erwähnung dieser Geschichte bei R.-P. Mártin, Dracula, S.107.

hett och | ettlich laussen schliffen | vff schliff stain. **vnd vil** | andre *Tötungsarten;*
vnmånschliche | ding, **d**ie man von jm sa= | get, hat der tiefelsch^c man |
vnd wůttrich gewürkt^d. |

[200ra|413] Al(!)s^i man von der gepurt | cristi zalt <u>tusend vier=</u> | <u>hundert funfftzig</u>
<u>vn(d) sechs</u> | jare: | *1456*

[200rb] **D**es jars ward **<u>Burg(er)maist(er)</u>**^1936 |

<u>vogt</u> vnd <u>hansz Bysacher</u> | **amman.** | *Ammann;*

v. Cappel   Schilter
(spätere Einfügung mit Bleistift)

Wappen v. Bürgermeister, Vogt und Ammann
drei Schilde (3x3) (3x2,5) (3x2,5)
(rechts: Fw Cappel, vgl. fol.151va)
(Mitte: Fw Schilter, vgl fol.121rb)
(links: Fw Brisacher, vgl. fol.197vb)

[200va|414] **D**es^i jars als man von | der gepurt <u>cristi</u> zalt | <u>tusend vierhundert fünff=</u> |
<u>tzig vnd süben</u> jare **D**o | satztend sich die von **M**er= | spurg wyder *1457 Bischof*
Byschoff hain= | <u>richen von hôwen</u>^1937 **vn(d) d(a)z** | erhůb sich von **a**ines *Heinrich IV. vs.*

[200ra|413]
i) Al(!)s] A *2-z. Lomb., v. der Hd. des Rubr., mroT*

[200rb]
^1936 Im Jahr 1456 sind, wie an den Wappen richtig ablesbar, Hans v. Cappel Bürgermeister und Diethelm Schilter Vogt (vgl. K. Beyerle, Ratslisten, S.155ff).

[200va|414]
i) Des] D *2-z. Lomb., v. der Hd. des Rubr., mroT* ii) Bÿ= | schoff] *Punkte über* ÿ *mroT* iii) vier] *Punkt über* i *mroT*
iv) scholder] scholdrer *SG, wobei das erste r v. der HHd., mbrT, üdZ erg. und mit einem nach oben zeigender Winkel udZ als Vz versehen ist; Konjektur M. Lexer, Handwörterbuch, Bd.2, Sp.766 folgend* v...v) nam. den] *v. der HHd., mbrT, zwischen den Worten zur Verdeutlichung der Trennung ein senkrechter Strich (*|*)*

a...a) Willkürherrschaft ausübte b) Veranstalter und Aufseher v. Glücksspielen c...c) Spielgewinne/Erträge aus Glücksspielen einnahm d) Aufseher v. Glücksspielen

^1937 Die hier aufgeführte Auseinandersetzung zwischen dem Konstanzer Bischof Heinrich v. Hewen und Meersburg bildet den Höhepunkt des Kampfes um die Stadtherrschaft, der sich schon seit Ende des 14. Jhs. anbahnt und konkret um 1450 beginnt. Bischof Heinrich nutzt 1452 einen Burgfrevel der Meersburger im Gefolge v. Tötungsdelikten (1450), um „seiner" Stadt neben einer hohen Geldbuße v. 4.000 Rheinischen Gulden auch neue Satzungen (vom 10.

pfaf= | fen wegen, hiesz **h**(er)r lien= | hart lôsz[1938], hett **B**yschoff hain= | *Meersburg;*

5 rich zů ainem vogt gen | Merspurg gesetzt. **d**er nun | ᵃvil gewaltsami mit jnen | traibᵃ, **d**ie trinkstuben ver= | bott, die jnen von aine(m) Bÿ= | schoffⁱⁱ erlobt warend ze bu= | wend; **o**ch den chor er den | råten vnd andern layen | verbott vnd er tåglich so | ze redend mit vierⁱⁱⁱ oder | fünff knechten mit jren | schwerten dar jn gienge(n)dⁱ⁹³⁹. | **O**ch das ain **R**at spilen ver | botten

10 hett vnd er d(a)z erlobt | vnd ainen scholdrerᵇ satzt, | der ᶜscholderⁱᵛ ᵛnamᶜ. **d**enᵛ selben | scholdrer ainer, genant | hansz jürijow[1940], erstach jn | der nacht nach dem nacht | essen vmb die sübenden | stund vnd das ain grosz | gelôff ward, **a**lso das man | dem **a**mman vnd burger= | maister nach fraget. **D**o | sprach der pfaff: „hie staut | vogt, **a**mma(n) vnd **B**urger= | maister!"

15 vnd maint, er wå= | re gantz gewaltig[1941], vnd ge= | bott, das man den jürijow, | der den platzmaisterᵈ erstoch= |

[200ᵛᵇ] en hett, by dem aid sůchen | vnd hanthabenᵃ sôlt. **V**mb | sôlich vnd vil ander gewalti= | gungᵇ, **S**o der pfaff mit jnen | traib, die artikel alle sy wy= | der jn geschrifft dem cappi= | tel vnd **B**yschoff übergaben | demüttenclich **B**ittend, jnen | vor sôlichem zů sind. **O**ch mit | andren

5 begeru(n)gen, d(a)z den vo(n) | merspurg nit ᶜgedihen noch | eruolgenᶜ mocht, | **d**as sy ain | ander bekriegtend[1942] vnd d(a)z | des **B**yschoffs vnd cappittels | lüt für merspurg zugend | vnd jnen vil zelaid tåttend | vnd jnen

---

Nov.; mit Bestimmungen zum Gehorsam, zu städtischen Gefällen, Kriegesdiensten für den Bischof, zur Einziehung des Weinzehnten und dem Verbot der Trinkstuben etc.) aufzuerlegen. Die Erbitterung der Bürgerschaft eskaliert – dies zeigen die nun folgenden Ereignisse – schließlich 1457/58 (vgl. hierzu und zum Folgenden REC IV, Nr.11658, 12062, 12084, 12154, 12470; R. v. Schreckstein, Meersburg, S.19ff; O. Feger, Geschichte, Bd.III, S.310f; G. Brummer, Meersburg, S.338ff; S.R. Fischer, Meersburg, S.55ff).

[1938] Lienhard Löß: möglicherweise Angehöriger einer Meersburger Ministerialenfamilie (vgl. z.B. Albrecht Löß: löst u.a. Simon Weinzürn als Stadttammann ab); Priester; 1441 Kaplan in Baitenhausen; ungeachtet seiner priesterlichen Würde bereits seit 1452 (bis 1467?) Stadtvogt; seit 1455 Chorherr des Stifts St. Johann in Konstanz; 1456 Patron des St. Leonhardaltars in der Meersburger Kapelle der Unterstadt; 1469 Custos des Stifts v. St. Verena in Zurzach; gest. 1467 (?) (vgl. REC IV, Nr.12062; G. Brummer, Meersburg, S.340f; S.R. Fischer, Meersburg, S.56, 61, 64).

[1939] G. Brummer, Meersburg, S.340 erinnert dieses Auftreten mit einer „Art Leibwache" an einen antiken oder einen Renaissance-Tyrannen.

[1940] Hans Jürio: Angehöriger einer Meersburger Familie (vgl. REC IV, Nr.13314, in der v. einem Bürger namens Konrad Jürio die Rede ist); erscheint im bischöflichen Zinsbuch v. 1456 (GLA 66/4673) mit 4 dn neben einem weiteren Familienmitglied namens Burk Jürio (6 dn) (vgl. S.R. Fischer, Meersburg, S.66f).

[1941] G. Brummer, Meersburg, S.340 geht in seinen Ausführungen auf die „recht gesprächigen erzählenden Geschichtsquellen" zu Löß ein und weist insbesondere auf die „anekdotisch ausgeschmückt[en]" Schilderungen unserer Chronik hin. Die Reduktion auf den „sachlichen Gehalt" dieser Äußerungen, lassen ihn schließlich konstatieren, „daß Löß generell, ähnlich seinem bischöflichen Herrn, zur Härte neigte; daß er speziell etwa, ein wenig Reformer wie jener, (...) die Trinkstuben als Herd des bürgerlichen Widerstands bekämpfte".

[200ᵛᵇ]
a) v. hanthaben: (an-)halten, ergreifen b) Gewalt(taten), Übergriffe c...c) gelingen d...d) Herde Vieh e) widerlich

[1942] Wie hier und im Folgenden ausgeführt, nimmt die Fehde zwischen Stadt und Bischof ihren Lauf, nachdem verschiedene schriftliche Eingaben gegen den Vogt bei Bischof und Domkapitel (in REC IV nicht nachweisbar) nicht fruchten und die Meersburger das Schloss besetzen. In Mitleidenschaft gezogen werden durch diesen Krieg, bei dem beide Seiten auch eidgenössische Söldner verpflichten, u.a. auch Nachbarn, wie die Dt.-Ordens-Kommende Mainau oder die Zisterzienserabtei Salem (vgl. REC IV, Nr.12080; O. Feger, Geschichte, Bd.III, S.310; G. Brummer, Meersburg, S.340; S.R. Fischer, Meersburg, S.56f).

die torkel vn(d) was | sy vor der stat hetten verbran= | tend. **d**es glichen die
von **Mer**= | spurg jnen och wyder vmb | tettend. **O**ch die von **March**= |
10 dorff den von **Merspurg** ir | ᵈhert vechsᵈ vff des hailigen | crutz tag, als es
funden ward¹⁹⁴³, | namend **v**nd gen marchdorff | triben. doch westen die
von | merspurg do nit anders jr | maynu(n)g halb, **d**an(n) d(a)z ain |
stallu(n)g gemåcht wåre wor= | den, **d**an(n) sy sust die hert nit | vs
getriben hetten. **D**ie von | **Merspurg** hettend och ains | mals jn ir stat by
15 süben oder | acht fürer gemacht, dar an | nasz strow, mist **v**nd vast |
riechend ding geleit, das | die stat ittenlicheᵉ roch, was, | d(a)z man
vswendig vff dem | see **v**nd land nit wol gesen= | hen mocht **v**nd liessend
für= |

[201ʳᵃ|415] sich hin sturm lüten, das man | vswendig mainen vn(d) wånen |
sôlt, die
stat brun(n)e, vn(d) hetten | bestelt, das man gen costentz | jn hin rûffen
vnd sagen sôlt, | **Merspurg** die gantz statt | brun(n)e, **v**mb das ob yema(n)t,
| dem **Byschoff** **v**nd cappittel | zů gehôrig, her usz gen stad¹⁹⁴⁴ | oder jn das
5 aichern ᵃzů lů= | gendᵃ **v**nd zů ze senhend sin | wôlte, **h**etten sy ain hůt
ge= | stekt, das sy die selben erstoch= | en **v**nd **v**mbbracht hettend¹⁹⁴⁵. |

Bischofswappen
10   zwei Schilde (3,5x3) (3,5x3) (M: 2/S: 2)
(rechts: Aw; links: Fw Hewen¹⁹⁴⁶, vgl. fol.64ʳᵃ)

[201ʳᵇ] **Dar** nach ward die stat mer= | spurg gewonnen vngetrü= | lichᵃ mit
listigen, betrugen- | lichen vff såtzen, **M**it dem: | jnen ward ᵇfür gehaltenᵇ |
vnd mit jnen geredt, wie | **Byschoff hain(rich)** **a**inen zug | zů dem hailigen
berg ton | **v**nd sich der züg by jnen | zů **Merspurg** samlen wôlte. | **v**nd sy
5 wurden dar zů vo(n) | ir stat och sechtzig gůtter | gerüsterᶜ gesellen lihen.
die | von **Merspurg** warend des | ainuålltig lut **v**nd versa= | hen sich kainer
vngetrẘᵈ | jn den dingen **v**nd holdten | mit jren scheffen die lüt | selbs über

---

¹⁹⁴³ 3. Mai.

[201ʳᵃ|415]
a...a) v. zůlůgen: zusehen, zuschauen

¹⁹⁴⁴ Staad: heute Konstanzer Stadtteil; erster urkundlicher Beleg 1246 „Stade apud Egge"; kommt 1272 zusammen
mit Allmannsdorf aus Reichenauer Besitz an die Dt.-Ordens-Kommende Mainau (vgl. LBW, Bd.6, S.746, 754)
¹⁹⁴⁵ Nach verschiedentlichen Auseinandersetzungen kommt es unter Vermittlung v. Graf Ulrich v. Montfort, Hans
Truchsess v. Waldburg sowie Konstanz und Zürich am 18. Mai 1457 zu einem Vergleich, der jedoch, wie auf der
nebenstehenden Spalte ausgeführt, v. Bischof Heinrich v. Hewen rasch wieder gebrochen wird (vgl. REC IV,
Nr.12084 und 12156; R. v. Schreckstein, Meersburg, S.22ff; G. Brummer, Meersburg, S.340; S.R. Fischer, Meersburg, S.57).
¹⁹⁴⁶ Statt des sonst üblichen silbernen Sterns ist er in dieser Abb. golden gefärbt.

[201ʳᵇ]
a) heimtückisch b...b) v. fürhalten: vorspiegeln, darlegen c) bewaffnete d) Unehrlichkeit, Betrug e) v. bestellen:
einrichten f) eigentlich: Kanone, Bombe; hier: Durcheinander, Sturm

[1947] Diese Bereitschaft, bischöfliche Söldner mit Meersburger Schiffen an die Meersburger Landungsstelle zu transportieren, dürfte weniger auf die Einfalt als vielmehr auf die Tatsache zurückzuführen sein, dass die „neugewährten Freiheiten" der Stadt „noch sehr vom Wohlwollen Bischof Heinrichs abhängig waren" (S.R. Fischer, Meersburg, S.58).

[1948] Albrecht I. v. (Hohen-)Sax: Angehöriger des Freiherrengeschlechts; nach dem Tod der Brüder alleiniger Inhaber des gesamten Familienbesitzes; schließt eine nicht standesgemäße Ehe mit Ursula Möttelin v. Rappenstein; im Alten Zürichkrieg aufseiten der Schwyzer; bemüht sich im Plappartkrieg um eine Vermittlung zwischen den Eidgenossen und Konstanz; seine Herrschaft Bürglen wird t.w. zerstört; er verfällt der Reichsacht; stirbt 1463 (vgl. HBLdS, Bd.6, S.108f; ESt, Bd.12, Taf.134).

[1949] Michael v. (Breiten-)Landenberg: Angehöriger des weit verzweigten thurgauischen Adelsgeschlechts; lebt zu Alten-Klingen; sagt 1444 den Schweizern ab; 1446 v. St. Gallen mit der Herrschaft Lochen belehnt; 1468 vom Bischof v. Konstanz mit Schloss Kaiserstuhl belehnt, dort Vogt; 1487 Kastvogt in Wigoltingen (vgl. OBG, Bd.2, S.448; in HBLdS, Bd.4, bei den Erörterungen zur Familie nicht erwähnt).

[1950] Hans Lantz (v. Liebenfels): Angehöriger der Meersburger Zunftbürgerschaft; Bader; Umzug nach Konstanz; ein „typischer Aufsteiger"; „Stammvater" des später hochangesehenen Rittergeschlechts; wird 1454 auf Veranlassung v. Bischof Heinrich aus der Zunft entlassen und in die Geschlechtergesellschaft „zur Katz" aufgenommen; in der engen Umgebung des Bischofs anzutreffen; mit großer Wahrscheinlichkeit der Mörder v. Simon Weinzürn (aufgrund der Quellenlage nicht endgültig zu klären); 1462 als bischöflicher Diener bekannt; Gerichtsverfahren gegen ihn durch Bischof Burkhard v. Randegg; seit 1462 Bürger v. Luzern; 1464 Gerichtsverfahren wegen Mord an Weinzürn; Besitzer zahlreicher Güter; häufig als Gesandter tätig; soll v. Friedrich III. in den Adelsstand erhoben worden sein (urkundliche Beweise fehlen!); seit 1469 bischöflicher Rat und Hofmeister; Rat Herzog Sigmunds v. Österreich; 1470 Rückkehr in das Konstanzer Bürgerrecht; v. 1471-1475 Konstanzer Stadtammann; in die Konstanzer Doppelwahl v. 1474 verwickelt; mit dem Bann belegt; 1476 Bürgerrechtsaufgabe in Konstanz; 1488 v. Bischof Otto mit Burg Liebenfels belehnt; Schiedsrichter; königlicher Diener und Rat; 1502 bereits tot (vgl. OBG, Bd.2, S.461f und 508; HBLdS, Bd.4, S.606f; G. Brummer, Meersburg, S.342f; P.F. Kramml, Friedrich III., S.186, 242, 337ff, 356f; ders., Komponenten, S.27f; S.R. Fischer, Meersburg, S.58f)

[1951] Simon Weinzürn: Angehöriger einer alt eingesessenen Meersburger Familie; einer der reichsten und mächtigsten Bürger; zwischen 1450 und 1452 Stadtammann; nach seiner Ablösung als Stadtammann 1452 auf bürgerlicher Seite kämpfender großer Gegenspieler des Bischofs in Meersburg; wird daraufhin in einer verbotenen Wahl zum Bürgermeister ernannt; verleiht 1457 dem Dt. Orden Mainau das Meersburger Burgrecht; profiliert sich 1459 in einem Prozess zwischen Stockach und Meersburg; nach dem Sieg des Bischofs im Bodensee ertränkt – ein Ereignis, das „Weinzürn in Meersburg unsterblich gemacht" (G. Brummer, Meersburg, S.341) hat (vgl. ebd., S.341f; S.R. Fischer, Meersburg, S.55ff).

[1952] Im OBG findet man den Hinweis auf verschiedene Geschlechter dieses Namens in Villingen, Straßburg und Konstanz (vgl. OBG, Bd.2, S.24f). Mit Sicherheit handelt es sich hier aber um den ebd. nicht erwähnten Conrad Held: Vater: der erste für Meersburg erwähnte Bürgermeister Burkhart Held; Meersburger Bürgermeister; Inhaber weiterer städtischer Ämter (z.B. Säckelmeister, Stadtpfleger, Kirchenpfleger); „eine der größten Meersburger Persönlichkeiten des 15. Jahrhunderts" (S.R. Fischer, Meersburg, S.67); gest. vor 1470; nach seinem Tod entbrennt ein Streit um sein Erbe mit dem Kloster Weingarten (vgl. S.R. Fischer, Meersburg, S.53, 63, 66ff, 81, 172, 206).

[1953] Der Meersburger Stadtschreiber dieser Zeit ist uns namentlich nicht mit Sicherheit bekannt. Das Verzeichnis mittelalterlicher südwestdeutscher Stadtschreiber v. G. Burger, Stadtschreiber nennt auf S.297 lediglich den für 1479 belegbaren „Alt-Stadtschreiber" Johann Taggel (vgl. Hinweis auf REC V, Nr.15250). S.R. Fischer, Meersburg identifiziert den „Stadtschreiber" des bischöflichen Zinsbuches v. 1456 auf S.64 aber eindeutig mit „Johannes Teggel aus Bad Waldsee" und auch nach P.-J. Schuler, Notare, Bd.1, Nr.1257, S.426f ist 1463 Johannes Täggel als Stadtschreiber in Meersburg nachweisbar; auch in der Zeit v. 1481 bis 1501 begegnet ein Johannes Tegkel in diesem Amt.

[1954] Vermutlich der Meersburger Bürger Hans Mägerlin, wohnhaft in sog. Alten Rathaus in der Unterstadt (vgl. ebenfalls den Text des bischöflichen Zinsbuches bei S.R. Fischer, Meersburg, S.62).

[1955] Dem Bischof gelingt es also 1458 die im Jahr zuvor aufständische Stadt angeblich durch ein Täuschungsmanöver einzunehmen. Tatsächlich belagert der Bischof Meersburg (ca. 800 Einwohner!) mit ca. 400 Mann. Die Anführer der Bürgerschaft, wie etwa der Bürgermeister Weinzürn oder der Stadtschreiber, werden vermutlich in Markdorf gefangen gesetzt und gefoltert. Ausführlicheren Quellen zufolge, wird ihnen vorgeworfen, sie hätten vorgehabt, Meersburg einem andern Herren zu übergeben. Nach dem Sieg erlässt der „alte neue" Stadtherr auf der Grundlage der Satzung v. 1452 wiederum eine neue Verfassung, die jedoch weitaus härtere Bestimmungen enthält. So werden u.a. das Amt des Bürgermeisters abgeschafft, der Rat vom Bischof eingesetzt, alle Trinkstuben geschlossen und die Torschlüssel an die bischöflichen Beamten übergeben. Von nun an wird die Herrschaft des Bischofs für dreieinhalb Jahrhunderte

see[1947]. **D**o nun das | volk ze samen jn die statt | kam **v**nd die von

Mersp(ur)g | yederman herberg bestelt^e | **v**nd die jren, so mit jnen zie= |

10 hen sollten, **a**ls sy maintend, | z^ů gericht hettend, **d**o gie(n)g | der

hurlenbusz^f über sy vn(d) | st^ůnd der von sagx[1948], **M**ich(ael) | vo(n)

landenberg[1949], lantz[1950] vnd | ander mit dem volk, so sy | mit jn gebraucht

hetten, | **v**nd namen die stat mit | gewalt jn vnd viengend | jn sunder

Sÿmon winzür= | nen[1951], den helden[1952], den statt= | schriber[1953] vnd

15 **M**^ågerlin[1954]/[1955] . | **wi**e es den allen ergienge, | emphelhen wir got etc..[1956]

|

Fw Hohen-Sax[1957]

(3x2,5)

20   (Gold-rot gespaltener Schild)

[201va|416]

Abtswappen

zwei Schilde (4x3) (3,5x3) (M: 1,5/S: 1,5)

5   (rechts: Aw Kreuzlingen[1958]: Rot-silber gespaltener Schild: im

Feld rechts ein Passionskreuz, links die Spitze eines

Krummstabs in umgekehrten Farben)

(links: fehlendes Fw)

10 **J**(!)tem jn dem vorgesch(riben) jar do | starb h(er)r hansz schnider,

gena(n)t | h^ůber[1959], abbt z^ů crützling(en). vnd | was ze **a**bbt erwelt   *Tod des Abts v.*

word(en) am(m) | son(n)(en)tag^i nach magdalene[1960], anno M^C cccc^C | xxx   *Kreuzlingen;*

iiii. | *1434*

---

nicht mehr ernsthaft in Frage gestellt (vgl. REC IV, Nr.12470; R. v. Schreckenstein, Meersburg, S.24ff; O. Feger, Geschichte, Bd.III, S.310f; G. Brummer, Meersburg, S.340; S.R. Fischer, Meersburg, S.57ff).

[1956] Nach P. Ruppert, Chroniken, S.237, Anm.3 finden wir bei C. Schulthaiß in seinen Collectaneen, Bd.1, S.162 anstelle v. „etc.“: „Es ward gesagt, es hette | dieser krieg de(m) Bischoff vnd Cappittel wol xij^M fl kostet“. In dessen Bisthums-Chronik, S.67 wird ausführlich über das Schicksal v. Simon Weinzürn berichtet, ohne dessen Namen zu nennen: „Als aber der bischoff nach eroberung der statt, den stattaman daselbst gericht wol haben, und aber kainen nachrichter fand, der in one verurtailt richten wolt, do fürtend sy in uff den see und satztend in uff ain britt für das schiff usse, und satzt sich innerhalb uff das brit des bischoffs amptman ainer [eventuell Hans Lantz]. Als sy aber den frumen man ertrenken wolten, da stund derselb uff. Da gnapfft das brit und viel der stattaman in see und ertranck (...)“. Mägerlin aber wird einer späteren Quelle zufolge freigelassen (vgl. R. Schreckenstein, Meersburg, S.24).

[1957] Vgl. ZürW Taf.4, 53; RiA 452, 1, und 3,1-2; RiDrS 196^r, 3,1; Öhem 13^v, 173, (Taf.7); Siebm. I, Taf.24, 3,4.

[201va|416]

i) son(n)(en)tag] vdZ, v. der HHd., mbrT nachträglich erg., mit zwei Kürzel versehen

[1958] Vgl. RiA 382, 3,1; RiDrS 156^r, 3,1 (quadriert: 1, 4 Wappen v. Kreuzlingen; 2, 3: Fw Lind); Siebm. I,5,II, Taf.22, 1,1 (quadriert wie RiDrS, aber andere Tinktur) und Taf.121, 1,3.

[1959] Johannes IV. Huber (v. Sulzberg) (vgl. die Berichte auf fol.144ra, 153ra und 163va).

[1960] 25. Juli.

[201vb]

[201vb]

Des vorg(e)n(an)t(en) jars ward **B**ur= | germaister h(er)r marquart | *Bürgerm.; Vogt;*
Brysacher, **R**itter, **C**ŭnrat schatz[1961] | vogt vnd hansz **B**rysacher | **a**mman. | *Ammann;*

5

Wappen v. Bürgermeister, Vogt und Ammann
drei Schilde (3x2,5) (3x2,5) (3x2,5)
(rechts und links: Fw Brisacher[1962], vgl. fol.197vb)
(Mitte: Fw Schatz, vgl. fol.106rb)

10

[202ra|417] **DE**(!)s^i jaurs als man von | der gepurt cristi zalt | tusend vierhundert
fünff= | tzig vnd acht jare **D**o | hattend **B**urg(er)maister vn(d) | **R**ate vnd   *1458*
och die schiessge= | sellen^{ii} zŭ costentz, fürsten | vnd herr(r)en, **R**ittern
vnd | knechten vnd andern er= | bern lüten jren gŭt(en) frün= | de(n) zŭ ere   *Schützenfest;*
5 kürtzwil^a vnd | dienste^b dryzehen fry ^{c}**a**uen | türen^c vs geben[1963]. vnd dar
vm(b) | mit dem **a**rmbrost kurzwÿ= | len^d vnd schiessen laussen vff | den
nåchsten sonn(en)tag nach | vnser lieben froen tag zŭ | mittem ougsten[1964]
des obge= | na(n)ten jars. **D**as sind nam= | lich: **D**es **E**rsten **a**in ^{e}verdakt |
pfårit^e für vier vnd zwaintz= | ig guldin; **A**ber **a**in verdakt | pfårit für
10 achtzehen guldin, | **A**in verdakt pfårid für vier- | zehen guldin, **a**in
verdackt(er) | och^f für zehen guldin, **A**in | verdackter ochsz für **a**cht |

1961 Konrad Schatz (der Ältere). Die Angabe der Amtszeit v. Konrad Schatz ist erneut nicht korrekt. Im Jahr 1457 ist Hans v. Cappel Vogt (vgl. K. Beyerle, Ratslisten, S.156).
1962 Die Schilde sind hier nun wie auf fol.197vb wieder silber.

[202ra|417]
i) **DE**(!)s] D *2-z. Lomb., v. der Hd. des Rubr., mroT* ii) schiessge= | sellen] *Punkt über* i *mroT*

a) Zeitvertreib, Unterhaltung, Vergnügen b) Dienst, (aus) Verbindlichkeit c...c) (Glücks-)Spiele mit Ehrenpreisen d) v. kurzwÿlen: sich die Zeit vertreiben, sich vergnügen e...e) gepanzertes, mit Decken und Harnisch versehenes Pferd f) Ochse

1963 Vgl. allg. zum Turnierwesen bzw. zu anderen Vergnügungen, wie dem hier im Aug. 1458 stattfindenden Frei-schießen, das auch v. anderen Wettkämpfen (z.B. Wettlauf, Weitsprung oder Steinstoßen, vgl. fol.202rb, Z.7f) be-gleitet wird, auch die Berichte auf fol.52va, 132va, 151^{ra}f, 172va. Wie auch sonst üblich, nehmen an diesen Festivitäten sowohl Konstanzer als auch eidgenössische Schützen und Spieler teil. Anderen Quellen zufolge beteiligen sich 285 Schützen an dem elf Tage dauernden Wettschießen, wobei die meisten Preise an Wettkämpfer aus Oberschwaben, z.B. aus Ulm, Biberach oder Zwiefalten, gehen (vgl. O. Feger, Geschichte, Bd.III, S.275).
1964 20. Aug.

[202rb]
a) Armbrustschütze b) Treffer c...c) dem Schützen mit der größten Weite d) Entfernung zum Ziel, Abstand

[202va|418]
i) ward] *fehlt SG* ii) by] *dan. Lücke SG*

a) bewässerte, buschige bzw. sumpfige Wiese, Aue; hier ist der sog. „Kleine Brühl", auch „Inneres Feld" genannt, gemeint b) Unruhe, Lärm c...c) v. vsroufen: raufen, ausreißen d...d) Pöbel, Tross e...e) mit Waffen ausgerüstet

guldin, **A**in <u>verdacktter</u> | <u>och</u> für <u>süben</u> guldin, **A**in | <u>Silbriner Becher</u> für
<u>fünff</u> | guldin, **A**in <u>silbrin(er) Becher</u> | für <u>vier</u> guldin, **a**in <u>armbr(ost)</u> | für
<u>dry</u> guldin, <u>**A**in guldin</u> | <u>**R**ing</u> für <u>zwen</u> guldin, **a**in | <u>guldin **R**ing</u> für <u>**a**in</u>

15 guldin, | **A**ber <u>ain guldin</u> **R**ing für | <u>ain</u> guldin **V**nd ainen <u>**R**i</u>= | nischen
guldin. **v**nd soltend |

[202rb] dar vmb <u>fünff vn(d) viertig</u> | schütz beschenhen. **v**nd leit | yegklich
armbrost^{a} jn den | toppel <u>ainen</u> guldin **v**nd | giengen auentüren **v**nd | toppel
mit ainander vsz. **vn(d)** | Nach dem vsgang des sch= | iessends, welhe
schützen | dan(n) kain nachen^{b} gehebt | haben, **d**ie solten alle stechen |

5 vmb den letzten guldin | **v**nd ^{c}dem fersten schieszge= | sellen^{c} solt ward
och <u>ain</u> | guldin. **F**üro warend | <u>dry</u> auentüren zŭ den vor= | gena(n)ten
auentüren vsge= | ben; **D**as was <u>ain</u> guldin | ze loffend, <u>ain</u> guldin ze |
springend **v**nd <u>ain</u> guld(in) | stain zestoussend. **D**er | sitz^{d} was <u>hundert</u>
<u>vn(d) fünff</u> | <u>vnd dryssig</u> schrit wyt. |

10

Stadtwappen Konstanz
(6,5x6) (vgl. fol.77vb)

[202va|418] **V**(!)ff dem **S**chiessen ward ett | was zerwurffnüsz vo(n) ettlich | en der   *„Plappart-*
<u>aidgenossen</u> vff dem jn | dern brŭgel^{a} by dem schiessen | von spils wegen,   *krieg"*
also das ain(er) | vo(n) zürich, gena(n)t hain(rich) wald | man^{1965},
geschlagen **v**nd vo(n) aine(m), | gena(n)t der pru(n)ner^{1966}, zŭ der erd |

5 geworffen **v**nd ain grosser | vffloff ward^{1967}. **O**ch hansz von | cappel, do ze
mal **B**urgermai | ster zŭ <u>costentz</u> [ward]^{i} gestossen vn(d) | jn dem gerümel^{b}
geschlagen. | das ward nur **a**lles gericht | **v**nd geschlicht. **J**n dem do |
luff der obgena(n)t **h**ain(rich) wald | man über die richtu(n)g gen lu | cern **v**nd

---

¹⁹⁶⁵ Heinrich Waldmann: geb. kurz nach 1435; Bruder des berühmten Züricher Bürgermeisters Hans Waldmann (vgl.
HBLdS, Bd.7, S.368; LexMA, Bd.8, Sp.1958); Familie, über die nur wenig bekannt ist, stammt vermutlich aus
Blickensdorf; seit 1452 Bürger in Zürich; vermutlich wie sein Bruder im Handwerk tätig (Hans: Schneider, später
Gerber); mit Hans in zahlreiche Zechereien, Prügeleien, Messerstechereien, Überfälle und Beleidigungsprozesse ver-
wickelt; er scheint oft sogar der eigentliche Anführer zu sein; ob er tatsächlich Urheber des Krieges ist, kann nicht
mehr entschieden werden; er ist aber Teilnehmer am Zug gegen Konstanz (Hans: Schreiber eines Absagebriefes;
Heinrich: Fähnrich); gest. 1467 (vgl. E. Gagliardi, Dokumente, S.VIIff, 4, 8ff; vgl. auch ebd., S.18 Zitat aus unserer
Chronik).
¹⁹⁶⁶ Brunner: vermutlich Angehöriger der alten in Zürich verbürgerten Patrizierfamilie, die bereits in den Steuer-
rödeln 1357-76 zahlreich vertreten ist und viele Ratsherren, Zunftmeister, Ammänner, Vögte, Goldschmiede oder
Geistliche der Stadt stellt (vgl. HBLdS, Bd.2, S.379f).
¹⁹⁶⁷ Der Anlass für den auf eine Auseinandersetzung während des Schützenfestes zurückgehenden sog. Plappartkrieg
wird v. den eidgenössischen Chronisten gänzlich anders dargestellt als v. unserem oder anderen schwäbischen Autoren. So geht Benedikt Tschachtlan in seiner „Berner Chronik" (um 1469/70) v. Streitigkeiten zwischen eidgenössischen Schützen und solchen v. Konstanz aus und spricht v. einer den Eidgenossen zugestoßenen „schmach". Diebold Schilling wiederum berichtet in seiner Berner Chronik (1474-1483) erstmals, dass ein Konstanzer Schütze
einem eidgenössischen gegenüber einen in Bern geprägten Halbgroschen (auf der Vorderseite mit dem Berner Bären
versehen) als „Kuhplappart" (vgl. die seit dem 14. Jh. überlieferten Schmähungen der Eidgenossen als Bauern)
bezeichnet habe, woraufhin der erste mit einem Schlag ins Gesicht geantwortet habe. Der Überlinger Chronist Wintersulger hingegen berichtet, wie Dacher und ihm folgend später C. Schulthaiß, v. einer Auseinandersetzung zwischen zwei Zürchern, deren Namen in unserer Chronik erstmals genannt sind (vgl. H. Maurer, Plappartkrieg,
S.201ff).

verclagt da die | vo(n) costentz[1968] | vnd nam sich des | der **hasfurter**[1969] an
10 vn(d) sprach, | wa man jm **a**in har ꟷvs ge | rofft^c hett, da mu̇ste man jm |
ettweuil guldin für geben. | **v**nd nam des ersten **a**in ^dbȯual | volk^d an sich
bis **a**cht hunder- | ten, vnd **k**amen gen winuel- | den jn der wochen vor des
| hailigen **crütz** tag zu̇ herpst[1970] | vnd hettend sich vnderstan | den, den von
costentz die fruht | vor der stat zu̇ wu̇stend **a**lso | vff des hailigen **crütz**
15 abend[1971]/[1972]. | do schicktend die vo(n) v̈berling | en den von **costentz** by
fünff | hundert mannen wol ꟷerzüg- | tes volks^e, die **v**on lindow by |
zwayhundertten vnd die vo(n) | **B**u̇chorn byⁱⁱ/[1973] | **a**lso manotend die
aidgenos | sen, so zu̇ **winvelden** lagend, |
[202vb] hinder sich jn die lender, das sy | sich starkttend von **tag ze tag**, | das ir byⁱ
tusenden | ward[1974]. |

[1968] Die Klage vor dem Luzerner Gericht wird laut unserer Chronik, ähnlich wie bei Wintersulgen, wegen der Schlichtung bzw. des in Konstanz gefällten Schiedsspruches eingereicht und nicht etwa wie in den eidgenössischen Versionen aufgrund einer Schmähung, die eine Fehde sehr viel eher legitimieren würde (vgl. H. Maurer, Plappartkrieg, S.207ff).

[1969] Heinrich Hasfurter: Angehöriger des Patriziergeschlechts der Stadt Luzern; erstmals 1424 nachweisbar; 1441 Großrat; Teilnahme am Zürichkrieg; 1446 Richter; 1447 Kleinrat; 1449 Vogt zu Kries, 1454 zu Münster; 1455 Hauptmann beim Zug in den Hegau; 1456 Bauherr; Hauptmann beim Zug in den Thurgau; 1460 Schultheiß; 1467 Hauptmann beim Feldzug nach Schaffhausen; 1468 im Waldshutkrieg; 1473 franz. Parteigänger; 1474 am Prozess gegen Peter Hagenbach beteiligt; Hauptmann bei Pontarlier, Murten und Nancy; Ritterschlag nach Murten; erscheint häufig als Gesandter (z.B. 1458 hier im Plappartkrieg; 1461 bei den Friedensverhandlungen mit Österreich in Konstanz oder später in Frankreich und Italien); Haupt der Städtepartei; gest. 1483 (vgl. HBLdS, Bd.4, S.84).

[1970] In der Woche vor dem 14. Sept.

[1971] 13. Sept.

[1972] Über den genauen Verlauf der Fehde zwischen den Eidgenossen (v.a. Luzern) und Konstanz existieren nur wenige amtliche Zeugnisse. Aus dem „richtungßbrief" (vgl. Text ediert bei P. Ruppert, Chroniken, S.374f) und anderen Zeugnissen geht aber hervor, dass Konstanz nach Bekanntwerden der Anschuldigung vonseiten Luzerns am 11. Sept. bereit ist, sich einem Schiedsgericht zu stellen. Zwei Tage später warnt der Reichenauer Abt Johann v. Hunwil die Stadt aber vor einem ca. 3.000 Mann starken Heer der Eidgenossen in Oberwinterthur. Tatsächlich schädigen die feindlichen Truppen daraufhin das unter Konstanzer Oberhoheit stehende Weinfelden und nehmen auch die sich in der Hand des Konstanzer Bürgers Berthold Vogt befindliche Burg in Besitz (vgl. J. Marmor, Urkunden-Auszüge, III. Reihe, S.95ff; ders., Beziehungen, S.121, 123f; H. Maurer, Plappartkrieg, S,197f; W. Baum, Habsburg, S.380f).

[1973] Andere Bodenseestädte kommen Konstanz zu Hilfe, sodass die Eidgenossen (Innerschweizer und die um Hilfe gebetenen Züricher, Berner und Solothurner), mehreren Reichsstädten gegenüberstehen, die – so muss etwa die Aussage v. C. Schulthaiß, der v. einem roten Kreuz als Feldzeichen spricht, interpretiert werden – den Anspruch erheben, das Reich zu repräsentieren bzw. sich selbst als solches verstehen (vgl. H. Maurer, Plappartkrieg, S.210f, 213f; ders., Konstanz II, S.104). Zu berücksichtigen ist in diesem Zusammenhang die Tatsache, dass die genannten drei Städte Konstanz, Überlingen und Buchhorn (ebenso wie Lindau) sich am 23. April 1454 (Erneuerung am 24. März 1457) zu einer Einung und damit zu einem weiteren Bodenseestädtebund unter der Führung v. Konstanz zusammengeschlossen haben. Konstanz mahnt die Bundesgenossen in dieser kritischen Situation mit Blick auf die Hilfsbestimmungen innerhalb des Bundes. Das hier nicht genannte Überlingen entsendet daraufhin 500 Bewaffnete; Lindau schickt nach J. Reutlinger „lützel volk" und Buchhorn „nach irem vermügen" (vgl. H. Maurer, Konstanz II, S.96f; P.F. Kramml, Friedrich III., S.138ff, Zitat ebd., S.141).

[202vb]
i) by] dan. Lücke

[1974] Bereits am 15. Sept. kommt es zu einer Beilegung der Fehde – die Analyse v. H. Maurer demonstriert, dass es sich eindeutig um eine solche (vgl. etwa den v. fünf Luzernern ausgestellten Absagebrief) und nicht wie in älterer Literatur zu lesen, um einen „übermütigen Raubzug" oder einen „ungeordneten Freischarenzug" handelt – und einem

[203ra|419] **D**(!)es vorgena(n)ten **jars** jn der | wochen vor sant **Sẏmon** vn(d)^i | vnd sant *Belagerung v.*
judas tag^1975 do zuge(n)d | die von **costentz** vnd och die | von **ẘberlingen** *Schloss*
vsz für das | schlosz diessen^1976. dar jnne enthiel | tend sich ir offen *Diessen;*
vigend^1977; die | vermainten sy dar jnne ze | vahend vnd das schlosz ze
5 brech- | end. **a**ber ^ader anschlag vnd für | nemen^a kam(m) nit ze end,
dann(e) | es jnen faultt^b **M**it dem. die | von **ẘberlingen** hettend aine(n) |
knecht, der verfůrt^c den ersten | züg vnd das fůsvolk. da durch | wurdend jr
vigend vff dem | schloss gewarnett vnd gieng | ir fůrnemen nit nach jrem |
wyllen. jr vigend hettend och | grossen bystand vnd fürschub^d | von dem
10 adel vnd jn sunder | von miner froen von **ȯster(r)ich**^1978 | zů **Rotemburg**^1979
vȯgtten^1980 vnd | den von **Bůbenhouen**^1981, die sy | nie(n)dert vff dem land,

---

erpressten Abzug der Eidgenossen. Konstanz hat ebenso wie die Stadt und Herrschaft Weinfelden erhebliche Brand-
schatzgelder zu zahlen, die Gefangenen beider Seiten werden freigelassen. Auf dem Heimweg gelingt den Eidgenossen darüber hinaus ein Handstreich gegen Rapperswil (vgl. REC IV, Nr.12190; W. Schaufelberger, Mittelalter,
S.310; H. Maurer, Plappartkrieg, S.196ff; ders., Konstanz II, S.102f; W. Baum, Habsburg, S.379ff).

[203ra|419]
i) vn(d)] vn(d) | vnd *SG*

a...a) das Vorhaben b) v. vælen: Misserfolg erleiden, fehlschlagen c) v. verfůren: fehlleiten d) Hilfe, Unterstützung,
Förderung e) Belieben

^1975 In der Woche vor dem 28. Okt.
^1976 Wasserburg Gießen: Verwaltungsraum Kreßbronn; 1357 „ze dem Güssen"; die Wasserburg Gießen ist sicher seit
1331 im Besitz der Ritter v. Wolfurt; wird 1405 an das Spital in Lindau verkauft; das Spital kann die Burg mit der
dazugehörige Herrschaft gegen die Grafen v. Montfort behaupten; 1482 befestigt.
^1977 Der Überlinger Chronist Wintersulger spricht v. „ainen veindt, hieß der Osterbrun, und Heinrich Gut auch Ulrich
Scherer" (vgl. ebd., S.103; die ebd. in Anm.3 zitierte Notiz zur Fehde „Anno 1457" aus dem Konstanzer Bürgerbuch 1421 zählt eine Vielzahl v. Personen namentlich auf; sie beginnt: „mitnamen Hainrich Gut von Sulz und Oster-
brunn von Wurmlingen, als secher, Hans v. Husen genant Gläri, Hans v. Wähingen" etc.).
^1978 Mechthild v. der Pfalz: geb. am 7. März 1419; zunächst verheiratet mit Graf Ludwig I. v. Württemberg; Mutter v.
Ludwig II. und Eberhard V. v. Württemberg; seit 1452 Gattin Albrechts VI. v. Österreich; während der Minder-
jährigkeit der Söhne auch politische Aktivität; Mitwirkung an der Gründung der Universität Tübingen; gest. am 22.
Aug. 1482 (vgl. LexMA, Bd.6, Sp.438).
^1979 Rottenburg, Lkr. Tübingen: erster urkundlicher Beleg 1264; um 1280 gründen die Grafen v. Hohenberg die Stadt
im Anschluss an die Siedlung; 1381 wird die Grafschaft Hohenberg an Österreich verkauft und in der Folgezeit
mehrfach verpfändet (1410-1454 an die schwäbischen Reichsstädte); 1451 an Mechthild verschrieben; während die
Stadt im Städtekrieg neutral bleibt, wendet sie sich 1453 Albrecht zu und wird v. 1454 bis 1482 Residenz des Erzherzogs bzw. der Pfalzgräfin Mechthild; später Sitz der herrschaftlichen Landvögte (vgl. LBW, Bd.7, S.143f;
W. Baum, Habsburg, S.338ff)
^1980 Albrecht VI. verschreibt Mechthild vor der Hochzeit die Grafschaft Hohenberg, die zum größten Teil verpfändet
ist. Hierbei werden v. 73.000 fl Mitgift 43.000 auf diese Herrschaft versichert. Die Rücklösung dieser Gebiete wird
in der Folgezeit zu einem Hauptziel Albrechts, wobei sich u.a. der Kaiser in den Streit mit den Reichsstädten ein-
schaltet. 1453 übereignet der österreichische Herzog seiner Gemahlin die obere Herrschaft Hohenberg als Pfand. Im
Frühjahr 1454 entscheidet sich Albrecht, die Rücklösung mit Gewalt zu erzwingen und besetzt die Hohenbergische
Grafschaft. Der Göppinger Friedenskongress im Aug. 1454 legt den Streit zwischen Albrecht und den Reichsstädten
bei. Albrecht versichert Mechthild am 29. Dez. 1454 auf die Grafschaft (vgl. W. Baum, Habsburger, S.332ff).
^1981 Vgl. das schwäbische Rittergeschlecht v. Bubenhofen: vgl. den abgegangener Weiler mit gleichnamiger Burg im
sog. Bubenhofer Tal (Zollernalbkreis), der als ursprünglich Zimmer'sches Lehen den Sitz bildet; in Oberschwaben
bereits seit 1190, in Bubenhofen seit 1254 nachweisbar; sie wandern noch im 14. Jh. ab und steigen zu einer Familie

dan die | rechten weg vnd straussen zie | hen laussen wollten, dan(n) nach | jrem geuallen^e/[1982]. |

[203rb] **Des** jars ward **Burg(er)maist(er)** | hansz von cappel, **V**^e**lrich** | **B**laurer vogt   *Bürgermeister;*
vn(d) hansz **Bry** | sacher amma(n). ###ⁱ | *Vogt; Am-*
                                                                            mann;

                     Wappen v. Bürgermeister, Vogt und Ammann
5   drei Schilde (2,5x2,5) (2,5x2,5) (2,5x2,5)
                          (rechts: Fw Cappel: vgl. fol.151va)
                           (Mitte: Fw Blarer, vgl. fol.69rb)
                        (links: Fw Brisacher, vgl. fol.197vb)

[203va|420] **Des**ⁱ jaurs do man von | der gepurt <u>cristi</u> zalt | <u>tusend vierhundert fünff-</u> |
<u>tzig nün</u> jare: | *1459*

[203vb] **Des** jars ward **Burg(er)maist(er)** | v̊lrich **B**laurer, **C**ůnrad schatz[1983] | <u>vogt</u>   *Bürgermeister;*
<u>vnd</u>ⁱ | <u>amman</u>[1984]. | *Vogt;*

                     Wappen v. Bürgermeister, Vogt und Ammann
5   drei Schilde (2,5x2,5) (2,5x3) (2,5x2,5)
                           (rechts: Fw Blarer, vgl. fol.69rb)
                           (Mitte: Fw Schatz, vgl. fol.106rb)
                           (links: Fw Schwartz, vgl. fol.55rb)

10   **J**(!)tem des jars jn dem **B**rach= | at was ain grosz tag zů | <u>costentz</u>[1985]   *Friedens-*
zwüschen <u>hertzog</u> | **Sigmu(n)d von ôsterrich**[1986] **vn(d)** | den   *konferenz in*

---

mit erheblicher Bedeutung auf; im 15. Jh. die reichsten Ritter der weiteren Umgebung; Familienmitglieder stellen des Öfteren die Landvögte der Grafen v. Hohenberg; vgl. die 1462 nachweisbare Anna v. Reischach, geb. v. Bubenhofen (vgl. OBG, Bd.1, S.173; LBW, Bd.7, S.241).
[1982] Während bei H. Maurer, Konstanz II auf dieses Ereignis nicht eingegangen wird, findet man in: P. Ruppert (Hg.), Überlinger Chronist, S.103-105 einen sehr viel ausführlicheren Bericht.

[203rb]
i) *Zz: (andere Form als bisher, auffällig lang), v. der Hd. des Rubr., mroT*

[203va|420]
i) Des] D *2-z. Lomb., v. der Hd. des Rubr., mroT*

[203vb]
i) <u>vnd</u>] *dan. Lücke*

[1983] Konrad Schatz. Angabe ist nicht korrekt. Im Jahr 1459 ist Hans v. Cappel Vogt (vgl. K. Beyerle, Ratslisten, S.158).
[1984] Im Jahr 1459 ist zunächst bis zum 31. Juli Hans Brisacher und daran im Anschluss Conrad Schwartz Stadt-ammann (vgl. K. Beyerle, Ratslisten, S.158).

aidgenossen[1987]. **By** de(m) tag w(a)z | <u>vnsers hailigen vatters, des</u> | *Konstanz;*
<u>Baupsts</u>[1988], **B**otschafft, **a**in Car | dinal von der hohensenen[1989], | **d**es <u>küngs</u>
<u>von frankrich</u>[1990] | bottschafft, <u>Grauff v̊lrich</u> | <u>von wirtemberg</u> **v**n(d) sust |
15 vil ander <u>he(rren)</u> vnd <u>stet</u>[1991]. vn(d) | ward aber der krieg bestelt etc.[1992]. |

[1985] Zu beachten ist, dass im 15. Jh. insbesondere die benachbarten Eidgenossen die Stadt als bevorzugte Verhandlungsstätte nutzen. Neben Waffenstillstands- und Friedensverhandlungen mit ihrem ständigen Gegner, dem österreichischen Herzog (vgl. dann die 1474 beschlossene „Ewige Richtung", sich bei Streit dem Schiedsgericht des Bischofs oder dem Rat v. Konstanz zu unterwerfen), finden hier Treffen mit Boten der Städtebünde oder der St. Jörgengesellschaft sowie teils auch außerordentliche „Tagsatzungen" statt, auf denen innereidgenössische Angelegenheiten geregelt werden (vgl. H. Maurer, Konstanz II, S.98f).

[1986] Sigmund v. Österreich, der Münzreiche: Graf v. Tirol; Herzog v. Österreich; geb. am 26. Okt. 1427; kommt 1439 unter die Vormundschaft seines Vetters Kaiser Friedrich III.; kann erst 1446 die eigenständige Regierung in Tirol und den habsburgischen Gebieten unmittelbar vor dem Arlberg erzwingen; die weiteren Herrschaften des Geschlechts im Westen erhält er nach dem Tod v. Herzog Albrecht VI. v. Österreich 1464; verpfändet 1469 die habsburgischen Rechte am Oberrhein an Karl den Kühnen (vgl. Bericht auf fol.221ra); 1474 „Ewige Richtung": Ausgleich mit den Eidgenossen; 1490 Regierungsverzicht; gest. am 4. März 1496 (vgl. LexMA, Bd.7, Sp.1872 und ausführlich W. Baum, Sigmund der Münzreiche). Der Herzog erscheint zusammen mit seiner Gemahlin tatsächlich persönlich zu den Friedensverhandlungen in Konstanz (vgl. W. Baum, Sigmund, S.202).

[1987] Nach dem dreijährigen Friedensvertrag zwischen Österreich und den Eidgenossen v. 1450 und dessen Verlängerung besteht bis 1458 weitgehend Frieden zwischen den Mächten. Auf der Rückkehr aus Konstanz überfallen aber, wie erwähnt, eidgenössische Truppen nach dem Plappartkrieg (vgl. fol.202[va]f) das österreichische Rapperswil und erzwingen einen eidgenössischen Gehorsamseid. Auf militärische Aktionen zunächst verzichtend, ersucht Sigmund die Eidgenossen um Rückgabe, bemüht sich aber bei deren Weigerung um vielfältige Unterstützung und ordnet im Feb. 1459 Rüstungsmaßnahmen in Tirol an. Unter Vermittlung Bischof Heinrichs sowie des Papstes kommt es schließlich zu den hier erwähnten Konstanzer Friedensverhandlungen, die am 24. Mai beginnen und mit der Unterzeichnung eines Friedens am 9. Juni enden (vgl. W. Baum, Sigmund, S.202; ders., Habsburger, S.379ff).

[1988] Papst Pius II. (Enea Silvio de Piccolomini): geb. am 18. Okt. 1405; Papst seit dem 19. Aug. 1458; Krönung am 3. Sept. 1458; gest. am 15. Aug. 1464 (vgl. z.B. LexMA, Bd.6, Sp.2190ff). Pius lädt Sigmund zunächst auf einen Kongress nach Mantua ein, wird v. dessen Gesandtschaft dann über die Situation informiert. Der Herzog lässt ihm mitteilen, dass er nur kommen könne, wenn er Hilfe gegen die Eidgenossen erhalte. Der Papst sendet daraufhin am 13. April 1459 Nachricht an Konstanz und Basel und fordert in seinen Briefen dazu auf, einen Ausbruch eines Krieges zu verhindern. Am 1. Mai schickt er seinen Notar Stephan v. Nardini als seinen Vertreter zu Verhandlungen zu den Eidgenossen (vgl. W. Baum, Sigmund, S.202; ders., Habsburger, S.391f).

[1989] Mit diesem Kardinal aus Siena ist der päpstliche Legat Stephan v. Nardini gemeint.

[1990] Karl VII. v. Frankreich: geb. am 22. Feb. 1403; König v. Frankreich seit 1422; Krönung in Reims 1429; gest. am 22. Juli 1461 (vgl. z.B. LexMA, Bd.5, Sp.978). Der Konstanzer Bischof lädt bereits am 19. Nov. 1458 gemeinsam mit den beiden franz. Gesandten Jan v. Finstingen und Jean de Champdenier zu Friedensgesprächen im Feb. ein (vgl. W. Baum, Sigmund, S.202).

[1991] U.a. nehmen an dieser Versammlung Vertreter des Kaisers sowie aus Mailand, Burgund, Sachsen, Savoyen und Schottland teil (vgl. W. Baum, Sigmund, S.202; ders., Habsburger, S.394).

[1992] Trotz des Friedensvertrages, der lediglich den 50-jährigen Frieden v. 1412 bis 1462 bestätigt und Rapperswil mit keinem Wort erwähnt, werden weder Rapperswil noch Schaffhausen und andere v. den Eidgenossen besetzte Besitztümer zurückgegeben. Die Spannungen zwischen den Gegnern bestehen damit weiterhin; die Folgezeit bringt den sog. Thurgauer Krieg mit sich (vgl. dazu ausführlich W. Baum, Sigmund, S.202ff; ders., Habsburger, S.394ff, 407ff).

[204[ra]|423!]
i) Des] D *2-z. Lomb., v. der Hd. des Rubr., mroT* ii...ii) komen mit v̊bergewalt] *durch roten Tintenfleck verderbt SG,* kommen v́ber wald *C –* komen ubern wald *SG 806* iii) wal[a]chen] walchen *SG, Konjektur nach C; SG 806 bietet eine dritte Lesart:* Walhen

a) Übermacht (vgl. aber die Varianten!)

[204ra|423!] **Des**ⁱ jars als man vo(n) der | gepurt <u>cristi</u> zalt <u>tusend</u> | <u>vierhundert vnd</u> | <u>sechtzig</u> | jåre **D**o ist der <u>dra</u>= | <u>col</u> zů sant **B**artholomeus | tag¹⁹⁹³ ⁱⁱkomen | mit ůbergewaltⁱⁱ/^a | siner diener vnd hat haym | gesůcht **a**lle <u>wal[a]chen</u>ⁱⁱⁱ | baÿ= | derlay geschlåcht, **a**ls man | sagt, vsser halb des <u>dorffs</u> |

5 <u>himlasch</u>¹⁹⁹⁴. vnd so vil er jro | zů samen hat můgen bring= | en, haut er | laussen über **a**i= | nen huffen legen vnd sy | laussen hacken **a**ls d(a)z krut | mit schwertern vn(d) mes= | sern vnd och jren <u>caplon</u> | vnd die andern, die | er des | selbigen mals nit tôttet, | **d**ie hat er mit jm haym | gefůrt vnd hat sy | laussen | spissen. vnd d(a)z <u>dorff</u> håt | er laussen gantz abbrenne(n) | mit

10 dem gůt, jn zal mer | dan(n) <u>dryssig tusend</u>¹⁹⁹⁵. |

1460 Episoden aus dem Leben Vlads III.: Teil 2: Überfall auf Hamlesch/ Amlaş;

[204rb] **Des** jars ward **Burg**(er)**maist**(er) | **h**ansz von cappel¹⁹⁹⁶, v̊lrich | **B**laurer | <u>vogt</u> **v**n(d)ⁱ | **amman**¹⁹⁹⁷. |

Bürgermeister; Vogt; Ammann;

Wappen v. Bürgermeister, Vogt und Ammann
5 drei Schilde (2,5x3) (2,5x2,5) (2,5x2,5)
(rechts: Fw Cappel, vgl. fol.151va)
(Mitte: Fw Blarer, vgl. fol.69rb)
(links: Fw Schwartz, vgl. fol.55rb)

---

¹⁹⁹³ 24. Aug.

¹⁹⁹⁴ Hamlesch (rumän. Amlaş/Amnaş): erster urkundlicher Beleg 1309; gehört ursprünglich zum Hermannstädter Grafschafts- und Stuhlgebiet und ist kirchenrechtlich zum Dekanat Mühlbach zu rechnen; wird als königliches Prädium „inter sedes nostras (regiis) Cybiniensem et Zeredahel situatam" (1383) mehrfach vergeben; 1472 mit seinen Pertinenzien an die sieben Stühle vergeben (vgl. E. Wagner, Ortsnamenbuch, S.350).

¹⁹⁹⁵ Im Anschluss an den Sieg Vlads III. über Dan und einen Überfall in Kronstädter Gebiet im April 1460, lenkt Kronstadt allmählich ein. Bereits im Juni bemüht sich der Fürst um die Auslieferung v. walachischen Flüchtlingen, die dort, aber auch etwa in Hermannstadt, Asyl erhalten haben. Im Juli teilt er dem Magistrat – gewissermaßen eine Ankündigung des hier erwähnten Überfalls (und auch eine Warnung an Hermannstadt, das Vlad IV. Unterschlupf bietet) – mit, dass sich seine Rüstungen nicht gegen Kronstadt, sondern gegen Fogarasch (vgl. den Hinweis auf fol.207rb) und Amlaş richten. Beide Orte werden verwüstet, mindestens 20.000 Menschen, darunter die genannten walachischen Einwohner, getötet. Teile des Landstrichs bleiben bis zu 100 Jahren wüst (vgl. auch R.-P. Märtin, Dracula, S.110 und 112).

[204rb]
i) **vn**(d)] dan. Lücke | *Lücke*

¹⁹⁹⁶ Im Jahr 1460 ist zunächst Hans v. Cappel und nach dessen Tod dann Konrad Schatz Bürgermeister. Vgl. den Hinweis in den Ratslisten: „Hans von Cappel [durchgestr.] (ist tod. Conrad Schatz)" (K. Beyerle, Ratslisten, S.158).

¹⁹⁹⁷ 1460 ist Conrad Schwartz, dessen Wappen sich unter dem Text korrekt gezeichnet befindet, Stadtammann. Er agiert in dieser Funktion ebenso in den beiden folgenden Jahren (vgl. K. Beyerle, Ratslisten, S.158ff, 249).

[204va|424]
i) Des] D *2-z. Lomb., v. der Hd. des Rubr., mroT*

[204vb]
a) Bollwerk, Befestigung an einem Festungsturm, Schutzbau b) Zaun

[204va|424] Des^i jaurs als man von | der gepurt <u>cristi</u> zaltt | <u>tusend vierhundert sechtzig</u> | <u>vnd ain</u> jare: |

1461

[204vb] **D**es jars ward **Burg(er)maister** | v̊lrich Blaurer, **C**ůnrat schatz | vogt vnd   *Bürgermeister,*
cůnrat **Schwartz**^{1998} | **amma(n)**. | *Vogt; Am-*

mann;

Wappen v. Bürgermeister, Vogt und Ammann
5   drei Schilde (2,5x2) (2,5x2) (2,5x2)
(rechts: Fw Blarer, vgl. fol.69rb)
(Mitte: Fw Schatz, vgl. 106rb)
(links: Fw Schwartz, vgl. fol.55rb)

10 **D**o ward der grosz grab vn(d) | die **Bolwerck**^{a} vor **Rinbolt(er)** [sic!] | **tor**   *Verteidigungs-*
abhin bisz zů den <u>schotten</u> | vnd bisz zů <u>sant lienhartz</u> | to̊r^{1999} mit dem   *maßnahme;*
zon^b gemachet | vnd an gefangen vff sant | **Sebastions** tag^{2000} vnd des sel= |
ben jaurs geendet; vn(d) costet | die stat vil gůtz. vnd das mach= | tend die
gůter, <u>hüser</u> vnd | <u>garten</u>, die man den lüten | bezalen mům st^{2001}. |

Bischofswappen^{2002}
zwei Schilde (3,5x3) (3,5x3,5) (M: 1,5/S: 2)
20   (rechts: Aw; links: Fw Hewen, vgl. fol.64ra)

[205ra|427!] ^{i}Des^{ii} jaurs als man vo(n) | der gepurt cristi zalt | tusend vierhundert |
sechtzig vnd zway jare vff | den nåchsten Mentag vor | sant katherinen   *1462 Tod v.*
tag^{2003} **S**tarb | der hochwirdig fürst vnd | h(er)re, h(er)n <u>hainrich</u>, Byschoue   *Bischof Hein-*
| zů costentz, geborn vo(n) hö̂[w]en^{iii}/^{2004}. | *rich IV.;*

---

^{1998} Conrad Schwartz: Angehöriger der Konstanzer Patrizierfamilie; gehört zu den vermögendsten Bürgern der Stadt; seit 1442 langjähriger Ratsherr, davon ab 1443 bis zur Ammannstätigkeit stets im Kleinen Rat; in der zweiten Hälfte des Jahres 1459 und in der ersten Hälfte des Jahres 1460 sowie 1461 und bis zu seinem Tod 1462 Stadtammann; einer der zwölf Beisitzer des Thurgauer Landgerichts; gest. vor dem 13. Sept. 1462 (vgl. K. Beyerle, Ratslisten, S.143ff; K.D. Bechtold, Zunftbürgerschaft, S.88; P.F. Kramml, Friedrich III., S.523, 525).

^{1999} Das St. Lienhardstor, in unmittelbarer Nähe des Schnetztors, wird 1383 erbaut. Für das Anlegen v. Wall und Graben bei diesem Turm muss das Domkapitel bereits zu diesem Zeitpunkt nachweislich Gartenland abtreten (vgl. H. Maurer, Konstanz I, S.247).

^{2000} 20. Jan.

^{2001} Dieser neuerliche Hinweis auf die Stadt auch finanziell stark belastende Baumaßnahmen zu Verteidigungszwecken belegt, dass auch und gerade in den 1460er Jahren nach dem Plappartkrieg und der Eroberung des Thurgaus durch die Eidgenossen die Befestigung der Stadt mit der Einbeziehung der Vorstädte weiter vorangetrieben wird (vgl. dazu auch Kapitel A.4.3). Durch ein zweites großes Grabensystem wird in diesen gefahrenvollen Jahren besonders die hier beschriebene Westflanke v. Konstanz verstärkt (vgl. H. Maurer, Konstanz II, S.106ff). Hierbei werden alle Bürger der Stadt aufgefordert, „jm graben ze werken". „vnd der nit jm graben wil werken, | da git vi dn oder ainen knecht" (StAK, A I 1, fol.125^v mit näheren Angaben zu den Verantwortlichen, Teile davon bei F.J. Mone nicht ediert).

^{2002} Vgl. WtBvK 4,12 (quadriert: 1,4: Aw; 2,3: Fw).

[205ra|427!]

5

V(!)ff die nåchsten mitwochen | dar nach nach sant <u>andres</u> | tag[2005], was do
der erst tag des | winttermonats, **d**o ward | von dem Cappittel ze costentz |
zů ainem Byschoff erwelt | h(er)n <u>**Burkart**</u> von Randeck[2006], | chorher(r)e   *Wahl v. Bischof*
10   vnd ᵃ**C**ustar [sic!] zů dem | thům̊ᵃ ze costentz[2007]. **V**n(d) by der | *Burkhard II. v.*
erwelu(n)g warend notary | <u>johannes</u> link[2008] vn(d) <u>johannes</u> | sporer[2009]   *Randegg;*
vnd wurden zů ᵇge | zügnüszᵇ geben **M**aister <u>Nico</u>= | laus gundelfing,
vicari, vn(d) | der wichbyschoff[2010], her <u>herman</u> | vogt[2011] vnd her <u>hansz</u>
Tüschler[2012], | succentorᶜ zů costentz. **V**n(d) | was der fünff vnd
15   sechtzigost | costentzer Byschoff an der zal. | **v**nd ward zů <u>Costentz</u> ze | *1463 Weihe;*
Byschoff gewicht **a**m(m) sonn(en) | tag vor sant <u>v̊lrichs</u> tag[2013] | anno

---

i) *Umrisse des unten stehenden Wappens, zentriert über der Seite, v. der Hd. des Rubr., mbrT* ii) Des] D *3-z. Lomb.,
v. der Hd. des Rubr., mroT* iii) hô[w]en *hôen SG* iv) jar] *üdZ, v. der HHd., mbrT erg. und mit einem nach oben
zeigendem Winkel, udZ, als Vz versehen*

a...a) Domkustos b...b) Zeugenschaft, Bezeugung c) Subkantor

[2003] 22. Nov.
[2004] Angabe des Todestages ist korrekt (vgl. auch REC IV, Nr.12603).
[2005] 1. Dez. Tatsächlich wird an diesem Mittwoch die Bischofswahl abgehalten (vgl. auch ebd., Nr.12615).
[2006] Burkhard II. v. Randegg (Randeck) (1462-1466): aus hegauischem Rittergeschlecht mit der Stammburg Randegg
bei Gottmadingen (Lkr. Konstanz); 1442 erstmalige Bezeugung als Konstanzer Kanoniker; 1448-1457 Archidiakon
des Aargaus; 1452-1462 Domkustos; Wahl zum Bischof am genannten 1. Dez. 1462; Engagement für Klosterreform;
Einsatz für Tilgung der Schulden des Bistums; gutes Verhältnis zur Eidgenossenschaft; überraschender Tod am 13.
April 1466 (vgl. REC IV, Nr.12612-13095; dazu M. Krebs, Nachlese, Nr.12644a-12987a; HS I/2,1, S.356ff).
[2007] Durch eine Abschrift einer Bittschrift an Papst Pius II. im Formularienbuch sind wir über die Vorgänge dieser
Wahl detailliert informiert (vgl. REC IV, Nr.12615; P. Ruppert, Chroniken, S.241, Anm.3). Die Provision mit dem
Bistum vonseiten des Papstes erfolgt dann am 7. Jan. 1463 (vgl. REC IV, Nr.12642f).
[2008] Johannes Link (Ling) v. Grüningen: Angehöriger eines am Oberrhein weitverbreiteten Geschlechts (Schreiber
dieses Namens sowohl in Basel und Konstanz als auch in Laufenburg nachweisbar); Priester; kaiserlicher Notar;
1428 bis 1456 „notarius collateralis" der Konstanzer Kurie und geschworener Notar; 1442 bis 1446 Notar des
Domkapitels in Konstanz; 1442 und 1443 Prokurator und Syndikus des Konstanzer Domkapitels; v. 1457 bis Mitte
1464 führt er die Konstanzer Investiturprotokolle; gest. zwischen dem 2. Juli und 12. Sept. 1464 (vgl. OBG, Bd.2,
S.516 und P.-J. Schuler, Notare, Textbd., S.275ff, Nr.796).
[2009] Johannes Sporer, dictus Baschey de Basilea: Familienname kann in zahlreichen Orten (z.B. in Basel, Isny und
Konstanz) nachgewiesen werden; Kleriker des Bistums Basel; kaiserlicher Notar; 1430 bis 1477 geschworener Notar
der Konstanzer Kurie; 1452 bis 1468 „notarius collateralis" des Konstanzer Hofes; 1463 bis 1471 „in secretis notarius iuratus" des Domkapitels in Konstanz; Bürgerrecht in Konstanz im Juni 1475; gest. vor dem 10. März 1477
(vgl. ebd., S.435f, Nr.1277).
[2010] Thomas Weldner episcopus Agathopolensis: Franziskaner; aus dem Konstanzer Kloster; Professor der Theologie
und Kustos der Bodenseekustodie der oberdt. Minoritenprovinz; wird am 2. März 1461 zum Weihbischof ernannt;
letzte überlieferte Weihehandlung am 21. Juli 1470; vom 16. April 1465 bis zum Tod Inhaber der Jodokuskaplanei in
Überlingen; gest. am 26. Sept. 1470 (vgl. HS I/2,2, S.512f).
[2011] Hermann Vogt: eventuell Angehöriger der Konstanzer Familie Vogt; Domkaplan am Konstanzer Münster; Bischof Heinrich v. Hewen gestattet ihm bereits 1445 mit Rücksicht „auf sein gebrechliches Alter", bei der Verrichtung
des Offiziums das Birett in und außerhalb des Chores zum Schutz vor Kälte aufhalten zu dürfen (vgl. REC IV,
Nr.10994 und 12615).
[2012] Johannes Tüschler: Domkaplan der sog. Ölbergkapelle am Konstanzer Münster und gleichzeitig Subkantor am
Dom (vgl. REC IV, Nr.11055, 12615).
[2013] 3. Juli.

d(o)m(ini) M cccc° lxiii von | dem **B**yschoff zů **Basel**[2014] vn(d) | sinem *Amtsdauer; Be-* suffragani[2015] vnd dem | suffraganÿ[2016] zů costentz[2017]. **vnd** | regiert d(a)z *urteilung;* **B**ystum drü jar[iv] vn(d) | vier monat wol vn(d) erlich |

20

Bischofswappen

(3x3)

(Mittelschild mit Fw Randegg[2018] im Aw)

[205rb] vnd hett vil gůt(er) vnd loblich(er) | sachen, besunder mit den fro= | en clôstern zů beschliessend | vnd die münch zů visitier= | rend, da by er och selbs zů | schaffhusen[2019] vnd stain[2020] was[2021], | vnd sin anwålt[a] zů

[2014] Johann V. v. Venningen: aus einem vornehmen ritterschaftlichen Geschlecht stammend; geb. vor 1410; Studium in Heidelberg; ab 1433 Domherr in Speyer und ab 1439 in Basel; 1450 als Domdekan v. Speyer erwähnt; Gesandter in Rom; 1457/58 Auseinandersetzung um das Amt des Basler Domdekans; am 17. Mai 1458 einstimmig zum Bischof v. Basel gewählt; eröffnet am 4. April 1460 als Kanzler die Universität Basel; 1472 Kanzler der Universität Freiburg/Br.; gest. am 20. Dez. 1478 (vgl. HS I/1, S.197f).

[2015] Nikolaus Fries: aus Breisach stammend; Augustinereremit; wird am 21. Juni 1456 Bischof v. Tripolis; als Basler Weihbischof belegt vom 4. Jan. 1457 bis zu seinem Tod; 1460 in Basel immatrikuliert; vermutlich Verfasser v. „Nicolai de preliis et occasu ducis Burgundiae historia" (1477); gest. am 17. Juli 1498 (vgl. ebd., S.229).

[2016] Thomas Weldner.

[2017] Bischof Burkhard empfängt am 26. März die Diakons- und, anderen Angaben zufolge, am 2. Juli (!) 1463 die Bischofsweihe (vgl. REC IV, Nr.12661, 12699, 12700; HS I/2,1, S.357; H. Maurer, Bedeutung der Kathedrale, S.249f).

[2018] Vgl. fol.68ra: Im Gegensatz zu diesem vorherigen Fw wird hier ein goldener Schild abgebildet. Vgl. auch WtBvK 5,1 (quadriert: 1,4: Aw; 2,3: Fw).

[205rb]

i) bystu(m)] *v. der HHd., rechts neben der Zeile, mbrT, nachträglich erg.*

a) Beauftragten b...b) v. allg. (Amts-)Pflichten befreite und unbefreite

[2019] Benediktinerkloster Allerheiligen: v. Graf Eberhard III. v. Nellenburg und seiner Frau Ita auf ihrem Eigengut zu Ehren des Salvators und aller Heiligen gegründet; Weihe der ersten Kapelle 1049 durch Papst Leo IX.; die des Münsters 1064 v. Bischof Rumold v. Konstanz; die ersten Mönche stammen aus Einsiedeln; Einführung der Hirsauer Klosterreform; Ausweitung der verstreuten Besitzungen; Ende des 11. Jhs. allmählicher Niedergang; um 1100 Neubau des Münsters und Wiederaufschwung; ab 1189 unter der Schirmherrschaft des Kaisers; seit dem 13. Jh. abnehmende Bedeutung; nach der Auseinandersetzung mit den bischöflichen Orten Hallau und Neunkirch kommt das Kloster an die Stadt (vgl. LexMA, Bd.7, Sp.1434; HS V/1,1, S.241ff; A. Borst, Mönche, S.118ff; D. Göpfert, Orden, S.139f). Die Visitation des Klosters (am 11. März 1466) durch Bischof Burkhard und die Äbte v. Blaubeuren und Elchingen ist vielfach belegt. Neben verschiedenen Austritten kommt es im Zuge dieses Ereignisses zu einer Resignation des Abtes unter Beibehaltung des Titels und einer Abtsneuwahl (vgl. REC IV, Nr.13076ff und 13086).

[2020] Benediktinerkloster St. Georgen: das 995 errichtete Kloster v. Hohentwiel wird um 1005 an den Rhein in die Stadt verlegt; 1012 Unterstellung unter das Bistum Bamberg; Schutzvögte sind lange die Zähringerherzöge; nach deren Aussterben Auseinandersetzungen mit den neuen Herren v. Hohenklingen; seit 1459 mit Zürich und Schaffhausen verbündet; 1484 Anerkennung der Oberherrschaft Zürich (vgl. SchwLex, Bd.11, S.77f; D. Göpfert, Orden, S.147f). Ein persönlicher Besuch, aber auch eine Visitation während des Pontifikats Burkhards ist in REC IV nicht belegt.

[2021] Es sind verschiedene Nachrichten über den Verfall der Sitten in den genannten Klöstern überliefert. So weist D. Göpfert, Orden, S.140 darauf hin, dass sich ein Mönch des Klosters Allerheiligen im Frauenkloster St. Agnes zu Tode getanzt habe, wieder andere in Raufereien verwickelt gewesen seien oder Fische gestohlen hätten. Belege für Schwierigkeiten, die die Moral oder Disziplin, aber auch die Finanzen der Klöster in Schaffhausen zur Zeit Burk-

petershu- | sen²⁰²². jn dem gieng er von | tod ab vnd warend die fro | en
5 clŏster wyder offne clŏst(er) | als vor; der glich die münch | beliben by
jrem wesen **a**ls vor. | vnd gieng sin tod nit yeder | man zelaid, sunder
ettlichen | mer zefrŏd²⁰²³; das empfelhen | wir got, der die haymlich | ait
der hertzen bekent. |

10

By der wyhu(n)g, so vor stat, | warend alle die åbbt, ᵇexempt | vnd   *Anwesende bei*
onexemptᵇ, die jn coste(n)tz(er) bystu(m)ⁱ | do warend, vnd ander vil | *Weihe,*
Brŏpst, wirdig vnd andåch- | tig, gaistlich vnd sust vil | ander edel, **R**itter
vn(d) knecht²⁰²⁴. |

15

Do²⁰²⁵ was **B**urg(er)maister | **C**ŭnrat Schatz, **V**ᵉlrich | Blaurer vogt, **C**ŭnrat   *Bürgermeister;*
sch- | wartz²⁰²⁶ amma(n). | *Vogt; Am-*
                                                                            mann;

20   Wappen v. Bürgermeister, Vogt und Ammann
               drei Schilde (2,5x2,5) (2,5x2,5) (2,5x2,5)
                  (rechts: Fw Schatz, vgl. fol.106ʳᵇ)
                    (Mitte: Fw Blarer, vgl. fol.69ʳᵇ)
                   (links: Fw Cappel, vgl. fol.151ᵛᵃ)

[205ᵛᵃ|428] **D**(!)es vorgeschriben jaurs | tusend vierhundert sechtz= | ig vnd zway jare   *1462*
vff die | nåchsten mittwochen vor | sant ŭlrichs tag²⁰²⁷ als der | *Schlacht bei*

---

hards betreffen, finden sich verschiedentlich (bspw. durch Klagen des Rates der Stadt) auch in den REC (vgl. REC IV, Nr.12757, 12766, 12821).

²⁰²² Für eine Visitation auch des Klosters Petershausen finden sich in REC IV keine Hinweise.

²⁰²³ Vgl. auch die in REC IV, Nr.13094 mit Blick auf diese Textstelle gemachten Aussagen zur Charakterisierung in den Chroniken.

²⁰²⁴ Im Anschluss an seine Weihe hält Bischof Burkhard eine Diözesansynode (vgl. den Bericht auf fol.210ᵛᵃ, der sie zeitlich falsch verortet) ab (Einberufung auf den 5. Juli, Eintreffen der Teilnehmer am 3. Juli), auf der Statuten seiner beiden letzten Vorgänger, mit neuen eigenen Verordnungen kombiniert, erlassen werden. Während seines Pontifikats ist er dann darum bemüht, diesen durch weitere Regelungen Geltung zu verschaffen (vgl. REC IV, Nr.12699, 12703f; HS I/2,1, S.357; H. Maurer, Bedeutung der Kathedrale, S.250).

²⁰²⁵ Gemeint ist nicht das letztgenannte Jahr 1463, in dem die Weihe stattfand, sondern 1462, das als Todesjahr v. Bischof Heinrich v. Hewen bzw. als Jahr des Amtsantritts v. Burkhard v. Randegg diesem übergeordnet ist.

²⁰²⁶ Conrad Schwartz. Angabe ist insofern korrekt als Schwartz bis zu seinem Tod 1462 als Stadtammann tätig ist. Nach seinem Ableben übernimmt diese Funktion nachweislich ab dem 13. Sept. Ulrich v. Cappel.

[205ᵛᵃ|428]
i) <u>Nid(er)</u>] *Punkt über* <u>i</u> *mroT* ii) <u>Soy</u>] *zunächst* <u>Soy</u>= *SG, Fehler des Rubr.; wird aber v. diesem bemerkt und daraufhin durch Streichung der Trennstriche mroT korr.* iii) <u>Seleÿ</u>] *Punkte über* ÿ *mroT* iv) <u>herdefolÿ</u>] *Punkte über* ÿ *mroT*

a...a) v. niederlegen: besiegen, bezwingen

²⁰²⁷ 30. Juni.

pfaltzgrauff[2028] mit sinen vi= | genden by seckenhain[2029] jm | veld vnder   *Seckenhain;* haidelberg[2030] tref= | fen hett[2031], Sind disz nachge= | schriben ᵃnider   *Verlierer;*
5 gelegenᵃ: |

M(!)arggraue jŏrg von Ni= | der Baden, Byschoue zů | Metz[2032], |
Marggraue karle vo(n) Nid(er)ⁱ | Baden[2033], |
10 Graue v̊lrich vo(n) wirtte(m)b(er)g. |

Disz sind des Byschoffs | von metz edel(e)n gefa(n)gen[2034]: | *Gefangenen-*
Graue jacob von Salm, | *liste[2035]: Metz;*

[2028] Friedrich I. v. der Pfalz, der Siegreiche: Pfalzgraf bei Rhein; Herzog v. Bayern und Kurfürst v. der Pfalz; geb. am 1. Aug. 1425; „einer der bedeutendsten Territorialherren seiner Zeit" (LexMA, Bd.4, Sp.955); Kampf um die Kurfürstenwürde; Bündnispolitik mit Ludwig IX. v. Bayern; sog. Markgrafenkrieg oder süddt. Fürstenkrieg 1460/61; sog. Mainzer Stiftsfehde 1461 bis 1463; infolge der militärischen Erfolge Anerkennung der pfälzischen Ansprüche; behält im Weißenburger Krieg 1469 bis 1471 die Oberhand; Prozess wegen Majestätsverbrechen und Verkündung der Reichsacht (1474); gest. am 12. Dez. 1474 (vgl. ebd.).

[2029] Seckenheim: heute Stadtteil v. Mannheim; erste urkundliche Erwähnung 766 (Kopie 12. Jh.) (vgl. LBW, Bd.5, S.231; H. Probst, Seckenheim, S.305ff).

[2030] Heidelberg (vgl. z.B. LexMA, Bd.4, Sp.2009f).

[2031] Schlacht bei Seckenheim: Diese Schlacht am 30. Juni 1462 steht im Zusammenhang mit der sog. Mainzer Stiftsfehde (vgl. dazu z.B. LexMA, Bd.6, Sp.144f; H. Probst, Seckenheim, S.379ff; F. Jürgensmeier, Handbuch der Mainzer Kirchengeschichte, Bd.1, Teil 1, S.531ff). Ohne hier auf die Vorgeschichte eingehen zu können, sei erwähnt, dass sich einerseits Pfalzgraf Friedrich I. mit seinen Alliierten auf der Seite des abgesetzten Bischofs Diether v. Isenburg-Büdingen und andererseits die sich mit der Unterstützung des Kaisers für Bischof Adolf II. v. Nassau-Wiesbaden-Idstein einsetzenden Fürsten Markgraf Karl v. Baden, dessen Bruder Bischof Georg v. Metz sowie Graf Ulrich V. v. Württemberg mit Teilen ihrer Truppen gegenüberstehen (vgl. auch die Hinweise auf fol.206ᵛᵇ). Es kommt zu einer verheerenden Niederlage der Nassauischen Verbündeten. Friedrich I. gelingt es, wie im Folgenden ausgeführt, seine Gegner gefangenzunehmen und daraufhin hohe Lösegeldzahlungen und politische Konzessionen zu erpressen (vgl. C. Roder, Seckenheim, S.6ff; H. Probst, Seckenheim, S.379ff).

[2032] Georg v. Metz: aus dem Markgrafenhaus v. Baden; geb. 1436; Brüder: Karl (vgl. folgende Anm.), Bernhard II., Johann (Erzbischof v. Trier) und Markus (1465/66 Verweser des Bistums Lüttich); Studium in Erfurt, Pavia und Köln; 1456 Domkanoniker in Köln; entscheidet sich erst 1459 für den geistlichen Stand; 1457 Koadjutor und am 15. Juni 1459 Administrator und nach Erfüllung des kanonischen Alters zum Bischof v. Metz gewählt; Amtsantritt 1461; steht in der Mainzer Stiftsfehde seit 1461 mit den Brüdern auf der Seite Adolfs v. Nassau; in der Schlacht v. Seckenheim schwer verwundet und gefangengenommen; Befreiung durch den lothringischen Marschall Johann v. Finstingen im Jan. 1463; 1466 Beilegung des offenen Konflikts zwischen Domkapitel und Stadt Metz; v. Kaiser und Papst unterstützt; Kardinalserhöhung; 1480 kaiserlicher Kommissar in der Türkensache; gest. am 11. Okt. 1484 (vgl. NDB, Bd.6, S.219ff; H. Schwarzmaier, Baden, S.198ff).

[2033] Karl v. Baden: Markgraf v. Baden; vermutlich 1425 geb.; durch den Regierungsverzicht v. Bernhard und Georg wird die Dreiteilung der Markgrafschaft aufgehoben; 1456 und 1468 bis 1471 vorderösterreichischer Statthalter bzw. Regent; nimmt bedeutende Rolle in den Verhandlungen mit den Eidgenossen ein; Anschluss an Friedrich III. und traditionelle Verbindung zum franz. König; übernimmt 1462 die Reichshauptmannschaft und stößt nun endgültig mit Friedrich I. zusammen; ebenfalls Verwundung und Gefangenschaft nach der Schlacht v. Seckenheim, die ihn durch das hohe Lösegeld und die Gebietsverpfändungen beinahe ruiniert, sodass auch Rehabilitationsversuche des Kaisers nicht helfen; gest. am 24. Feb. 1475 (vgl. NDB, Bd.11, S.219f; H. Schwarzmaier, Baden, S.198ff).

[2034] Der frühesten Liste zufolge, handelt es sich bei den Gefangenen des Bischofs v. Metz, wie auch hier, um 39 Grafen und Edelleute und 53 Landsknechte (vgl. H. Probst, Seckenheim, S.388; C. Roder, Seckenheim, S.46f).

[2035] Während die Zahl der Toten bei dieser Schlacht mit ca. 40 bis 45 relativ gering ist (vgl. Hinweise auf fol.206ᵛᵃ), geraten beinahe die Hälfte der „Landsknechte" sowie alle drei erwähnten Fürsten und Heerführer in pfälzische Gefangenschaft. Vgl. bei H. Probst, Seckenheim, S.388ff und T. Fritz, Ulrich, S.267-281 nähere Ausführungen zu den sich bis Ende April des folgenden Jahres hinziehenden Verhandlungen um die Freilassung der Gefangenen, die

Graue herma(n) vo(n) liningen | zů **R**ůxingen, |

15 Her hainrich **B**ayer von | **B**opparten, **R**itter, |

Peter vo(n) **B**efermo(n)t, h(er)r zů **S**oy=ⁱⁱ, |

Wylhalm(m) veloyon [?] hurt, |

Johans von **d**am(m)erin, |

Johans dutschier, |

20 **D**ieppolt von josthe, |

Thoma von **S**eleÿⁱⁱⁱ, |

Colin von herdefolÿⁱᵛ, |

Jȯrg von **a**bichart, |

Rainhart vo(n) lůteher(r)e, [?] |

25 **l**ienhart vo(n) cone(n)dorff, |

Bernhart vo(n) vischbach, |

Johans von grede, |

Johans vo(n) düren, |

Johans von violat, |

[205ᵛᵇ] **S**ymon von clerica, |

Marc(us) von susy, |

Johans von **R**esiers, |

Olimit von ferran, |

5 **P**ars von **M**ontouiel, |

Johans von **B**ritanie, |

Wylhalm von **M**ontay, |

Jȯrg baschart vo(n) **E**ppermo(n)t, |

Wilhalm von engelschier, |

10 **A**rnolt von **B**ubingen, |

Philipp von **K**latheim, |

Wilhalm von **h**ȯschlingen, |

Arnolt von **B**ůtlingen, |

Peter von gennberg, |

15 **H**ainrich von orrekert, |

Robison von spinnol(e)n, |

Johans von andrioy, |

Claus von vndenhaim, |

Hainrich holtz appffel, |

20 **f**rydrich holtz appffel, |

Bernhart tÿppenberg, |

zeitweise sowohl in Ketten als auch in den Stock gelegt werden. Die Gefangenenliste unseres Textes unterscheidet sich v. den in anderen Zeugnissen überlieferten prinzipiell nicht in der Reihenfolge, t.w. aber in Bestand und Orthographie. Als Basis der gesamten Überlieferung ist die v. Hans v. Gemmingen vermutlich noch am Abend des Schlachttages angelegte früheste Liste (67/900) anzusehen (vgl. H. Probst, Seckenheim, S.386ff; C. Roder, Secken-heim, S.44ff; T. Fritz, Ulrich, S.265ff). Interessanterweise enthält die Dacher'sche mehrere Namen, die auf einer sich in einem Kopialbuch des StAK befindlichen Verlustliste (v. P. Ruppert als „Abschrift der amtlichen Verlustliste" bezeichnet) nicht aufgeführt werden (vgl. P. Ruppert, Chroniken, S.246, Anm.1). Vgl. zur Identifizierung der ein-zelnen Personen z.B. C. Roder, Seckenheim, S.41ff und 45ff.

<u>S</u>ymon <u>hesse</u>. |

Bischofswappen
25   zwei Schilde (2,5x2,5) (2,5x2,5) (M: 1/S: 1)
(rechts: In Silber steigender
schwarzer, rotbezungter, gold-/beigegekrönter Löwe[2036])
(links: Fw Baden[2037], vgl. fol.102vb)

30   **D**(!)is sind die <u>**Marg**</u>= | <u>gråfenschen</u> gefangen[2038]: | *Baden;*

<u>**G**rauff</u> jo̊rg vo(n) <u>werdemb(er)g</u>, |
<u>**H**er hans, her</u> zů <u>valkenstain</u>, |
<u>**H**er hans jacob</u> vo(n) <u>**B**odmen</u>, <u>**R**it(er)</u>, |
35   <u>**H**er hans</u> vo(n) <u>landegk</u>, <u>**R**itt(er)</u>, |
<u>**H**ainrich</u> von <u>**S**ternenuels</u>, |
<u>**E**berlin</u> von <u>**R**ryschach</u>, |
<u>**C**aspar</u> vo(n) <u>**C**lingenberg</u>, |
[206ra|429] <u>**O**(!)tt</u> von <u>**S**åkendorff</u>, |
<u>**R**ainhart</u> von <u>windeck</u>, |
<u>**P**eter harant</u>, |
<u>**J**o̊rg håle</u>, |
5   <u>**S**igmu(n)d</u> vo(n) <u>ho̊nburg</u>, |
<u>**J**acob</u> von <u>helmenstorff</u>, |
<u>**V**^elrich</u> von <u>jungingen</u>, |
<u>**V**it</u> von <u>**a**sch</u>, |
<u>frydrich **B**ock</u>, |
10   <u>**H**ainrich</u> vo(n) <u>**S**chelle(n)berg</u>, |
<u>**W**ylhalm</u> vo(n) <u>**g**em(m)ingen</u>, |
<u>hansz</u> von <u>helm(m)stat</u>, |
<u>**W**ylhalm truchså̊sz</u>, |
<u>**C**ů̊nrat</u> vom <u>stain</u>, |
15   <u>**W**ylhalm</u> von <u>nitberg</u>, |
<u>**H**ug</u> der ju(n)g von <u>**R**echberg</u>, |
<u>**H**ansz</u> von <u>wå̊hingen</u>, |
<u>**V**^el(rich) **R**uck</u> von <u>tannek</u>, |

[205vb]
[2036] Vgl. Entgegen der ersten Vermutung handelt es sich nicht um das Wappen des Bistums Metz, da dieses offiziell
in Rot ein silbernes Kreuz darstellt.
[2037] Vgl. ZürW Taf.4, 43; RiA 345, 2,1; 435, 2,2 und 2,3; RiDrS 182^v, 2,2; Öhem 10^r, 109 (Taf.5); Grünenb. Taf.4,
1,2; Siebm. I,1, Taf.74, 2,1; II, 1,3; Zehntausend Wappen, S.42.
[2038] Der frühesten Liste zufolge handelt es sich bei den Gefangenen Karls v. Baden, wie auch hier, um 40 Grafen und
Edelleute sowie um 79 Landsknechte (vgl. H. Probst, Seckenheim, S.388; C. Roder, Seckenheim, S.45f).

[206ra|429]
i) <u>schefferlÿ</u>] *Punkte über* ÿ *mroT* ii) <u>gefa(n)gen</u>] *-en um die Spaltenbreite einzuhalten üdZ, v. der HHd., mbrT*

Cv̊nrat **B**laurer, |

20 **W**ilh(alm) gem(m)ich vo(n) kuthingen, [?]|

Rv̊dolff von wyler, |

Hansz jacob vo(n) **B**odmen, |

Wersich **B**ock von **S**touffen= | berg, houptman,

Hansz veltbrecher vo(n) sachsen, |

25 **W**ylhalm **B**ôklein, |

Cv̊nrat vngelt(er),   **B**urg(er) zv̊

Heronom(us) **h**ypp,   Eslingen

ludwig schefferlÿⁱ, |

Burkart vo(n) **R**yschach, |

30 **Y**tel [?] hansz von stoffel, |

Jacob **B**ayrer, |

Hans **M**ôttelin, |

Diether vo(n) gem(m)ingen. |

35   Wappen von Württemberg
                      (2x2) (vgl. fol.75ʳᵃ)

D(!)es vo(n) wirte(m)berg edel(e)n gefa(n)genⁱⁱ/²⁰³⁹: *Württemberg;*

[206ʳᵇ] **J**(!)t(em) wylh(alm) herter vo(n) hertnegk, |

Wolff **d**achsenhuser, |

Caspar kaltental, |

Hainrich von werdnow, |

5 **D**iettrich **S**på̊t, |

Hansz **S**ymon kayb, |

Cv̊nrat schorp vo(n) frô̊denberg, |

Wylhalm von kolmar, |

Jô̊rg vom **S**tain, |

10 frydrich **a**nttwig, |

frydrich von sachsenhain, |

Cv̊nrat vo(n) **B**v̊benhouen, |

Hansz von **S**tetten, |

Hain(rich) gv̊t, |

15 **J**acob gv̊t, |

Clausⁱ vo(n) waldegg, |

Hanszⁱⁱ von graffnegg, |

Jô̊rg von werdnow, |

---

²⁰³⁹ Der frühesten Liste zufolge, handelt es sich bei den Gefangenen Graf Ulrichs v. Württemberg, um 45 (unsere Chronik nennt 43) Grafen und Edelleute und 71 Landsknechte (vgl. H. Probst, Seckenheim, S.388; C. Roder, Seckenheim, S.47 kommt auf die „Summa 44").

[206ʳᵇ]
i) **C**laus] *durch Fleck verderbt* ii) **H**ansz] *durch Fleck verderbt*

ludwig von werdnow, |

20 fryderich **B**erger vo(n) ger= | spoltzhain, |

Albrecht schilling, |

Hain(rich) vom weg, |

Symon **S**chenk, |

Hain(rich) von werdnow, |

25 **H**ans von giltlingen, |

Melchior von valkenstain, |

Wilhalm kacheler, |

Wilh(alm) von heringhain, |

ludwig spåt, |

30 **H**ug **H**ûne, |

ludwig vo(n) **B**ernhusen, |

Jacob von hiltstain, |

Sittich vo(n) volmershusen, |

Hansz von castel, |

35 **A**lbrecht gailer, |

Jacob von owe, |

Jos von **R**yschach, |

Hansz von talhain, |

Eberhart vo(n) **a**helfingen, |

40 **E**renfrid vo(n) tuchnow, |

[206va|430] **G**ôtfrid von **B**ûchen, |

Allexius von frôdenberg, |

Bernhart vo(n) nippenberg. |

5 **J**(!)t(em) vff des **B**yschoffs vo(n) **M**etz | syt(en) sind gefangen liii rai | *Landsknechte;*
siger knecht; |

Vff des **M**arggrauen syten | ij^C raisiger knecht^2040; |

10 **V**ff des vo(n) wirtemberg syt(en) | lxxxvij raisig(er) knecht^2041; **v**n(d) |
sind noch vil me vff allen | tailen, der namen nit gesch- | riben sind etc.. |

So sind des pfaltzg(ra)uen | vigend vff der walstat | tod beliben: | *Totenliste;*

15

Grauff v̂lrich von helffenstain, | der alt,

Jôrg raugreff, |

[206va|430]

i) tot(e)] *über* o *gewelltes, bisher nicht verwendetes Kürzel, zweites* t *v. der HHd., üdZ*

^2040 Diese Angabe stimmt also nicht mit der der amtlichen Liste, die 79 „raisiger knecht" aufzählt, überein.

^2041 Auch diese Zahl der einfachen Gefangenen, die nach der ersten Liste 71 umfassen müsste, scheint zu hoch gegriffen.

Jôrg von **B**randis, fryh(er)re, |
Cûnrat thum, |
20 lucas von hornstain[2042], |
Nicolaus wysz. Noch sind | xxviiij tod beliben vo(n) edlen, | der namen
man nit waist. |

25   **S**o ist vff des pfaltzg(ra)uen | syten tod beliben: |

Her wyprecht vo(n) helmstat, |
jôrg von der witte(n)müle, |
Sechs **R**aisig knecht, viij knaben. |
30

Jt(em) vn(d) sind der edlen gewesen | hundert vn(d) [sic!] |

Der knecht zwayhund(er)t vnd | dry vn(d) zwaintzig. |

35 **S**um(m)a tot(e)[i] [?] iij^C xl.
[206vb] **D**er küris^a sind xlviij gewesen. | *Aufgebot;*

Jtem iiij^C vnd xlj pfârit an | der büt^b. |

5 **D**er pfaltzgraf hat gehept tu | send pfârit vnd drü tusend | fûsknecht[2043]. die
knecht alerst | komend, **d**o die spitz zer trent | wurdend. |

Der marggrauff^i vnd die | zwen heren[2044] hettend **a**cht | hundert pfârit[2045]. |
10

[2042] Vgl. zu Lukas v. Hornstein den Bericht auf fol.206vb.

[206vb]
i) marggrauff] ff *zur Verdeutlichung nach Verderbnis vermutlich v. der HHd., mdbrT, doppelt ausgeführt* ii) von] *zur
Verdeutlichung nach Verderbnis mdbrT doppelt ausgeführt*

a) Brustharnische b) Beute c) den ritterlichen Normen entsprechend d) kleine Fahne, kleines Banner

[2043] Während die drei Fürsten auf pfälzischem Gebiet auf größere Heerteile (v.a. angeworbene schweiz. Kriegsknechte und städtische Kontingente) warten und plündernd die Gegend verwüsten, beobachtet der Pfalzgraf seine
Feinde und wiegt sie in Sicherheit. Gleichzeitig sammelt er sein Heer, das am Tag der Schlacht zusammen mit dem
Aufgebot des Erzbischofs v. Mainz und der Grafen v. Katzenelnbogen und Leiningen aus ca. 600 bis 700 Reitern und
2.000 Fußknechten bestanden haben dürfte (vgl. H. Probst, Seckenheim, S.380ff; C. Roder, Seckenheim, S.17).
[2044] Bischof Georg v. Metz und Ulrich V. v. Württemberg.
[2045] Aufgrund v. Fehlinformationen bzw. des taktisch geschickten Verhaltens v. Friedrich I. unterschätzen die drei
kaiserlichen Hauptleute das Aufgebot des Pfalzgrafen und gehen davon aus, dass dieser lediglich 350 Reiter in der
Gegend um Heidelberg stehen hat. Da man sich nicht um weitere Aufklärung bemüht, ja übermütig agiert, übersieht
man das starke, bei Leimen stationierte Heer Friedrichs I. Die drei Gegner ziehen folglich „völlig unbesorgt, nur in
Begleitung ihrer Reiterei (rund 7-800 Reisige)" (T. Fritz, Ulrich, S.263) aus, um im Heidelberger Amt zu plündern,
während das gesamte Fußvolk im befestigten Lager bei St. Leon ausharrt (vgl. ebd., S.263 und H. Probst, Seckenheim, S.381f).

Jtem von den totten[2046] wurden | xxiiij gen laudenburg[2047] be= | graben,
vnder den was lucas | von[ii] hornstain[2048]. do mŭst man | sy wyder vs
graben; da lag er | ze vndrost. |

15   E(!)s ist och ze wyssend, d(a)z disz | geschicht ritterlich[c] zŭgega(n)g= | en   *Zusammen-*
ist. vnd ward der pfaltz= | grauff vnd vil der sinen zŭ | Ritter geschlagen.   *fassung;*
Die wal= | stat ist gesin zwüschen Sek= | enhain vnd dem fronholtz | vff
dem obren wytenuelde | vnd ist jn wendig de(m) sand= | berg[2049]. Den
gefangen ist an | gewonnen **a**in fǎnlin[d], sant | jŏrgen zaichen[2050] vnd sust
20   ains | halb wysz halb rot[2051], **d**ie hang | end zŭ haidelberg zŭ dem hai= |
ligen gaist[2052]/[2053]. |

[2046] Vgl. die Totenliste auf der nebenstehenden Spalte mit dem dort ebenfalls erwähnten Lukas v. Hornstein.

[2047] Ladenburg, Rhein-Neckar-Kreis; nahe beim Schlachtort gelegen; erster urkundlicher Beleg 755 als „Lobetden-burc" (Kopie 12. Jh) (vgl. LBW, Bd.5, S.375ff).

[2048] Lukas (Lux) v. Hornstein v. Heudorf zu Gössingen: Angehöriger eines der bedeutendsten Geschlechter Oberschwabens; beim Tod der Eltern noch unmündig; nimmt als württembergischer Lehensmann an der Schlacht bei Seckenheim teil und fällt als einer der wenigen Adligen (vgl. OBG, Bd.2, S.118, 121; E. Freiherr v. Hornstein-Grüningen, Die von Hornstein, S.137ff, 170f, hier S.171 auch Hinweis auf das Ausgraben der Toten aus unbekannten Gründen).

[2049] Vgl. zum genauen Verlauf und den für Friedrich taktisch vorteilhaften örtlichen Gegebenheiten der Schlacht H. Probst, Seckenheim, S.382ff mit Karte auf S.383.

[2050] Über das genaue Aussehen des Abzeichens für die Gesellen des St. Jörgenschild wird in dem einzigen Bundes-brief, der ein solches festlegt, 1442 nichts ausgesagt. Im 15. Jh. wir aber allg. ein silberner Schild mit rotem Kreuz als St. Georgsschild angesehen. Zur Zeit des Schwäbischen Bundes etwa wird der Georgsschild als Gesellschafts-abzeichen getragen (vgl. H. Kruse/W. Paravicini/A. Ranft (Hgg.), Ritterorden, S.206).

[2051] Während Matthias v. Kemnat und Beheim v. drei eroberten Bannern ausgehen, sprechen z.B. zwei Volkslieder (vgl. R. v. Liliencron (Hg.), Volkslieder, Nr.114, S.529ff, hier S.529, 5 und Nr.115, S.533ff, hier S.536, 23) v. je-weils nur einem Banner, mit dem wahrscheinlich das markgräfliche Hauptbanner gemeint ist (vgl. C. Roder, Seckenheim, S.21, Anm.5). Vgl. zur Bedeutung des Banners bzw. seiner Erbeutung C. Sieber-Lehmann, Spätmittelalterlicher Nationalismus, S.381f und W. Meyer, Der stier von Ure, v.a. S.209ff.

[2052] Heiliggeistkirche: erstmals 1239 als Filialkirche v. St. Peter erwähnt; 1400 Loslösung v. der Mutterkirche und Erhebung in den Rang einer Kollegiatskirche zwecks Ausstattung der neugegründeten Universität (1386) mit geist-lichen Pfründen; Umbauarbeiten zu Beginn des 15. Jhs., in deren Zug die als Basilika angefangene Kirche in eine Emporenhalle umfunktioniert wird; nach längerer Pause Beendung der Bauarbeiten Ende des 15. Jhs. (vgl. G. Dehio, Handbuch, Bd.1, S.296ff).

[2053] Die erfolgreiche Schlacht endet mit einer großen Siegesfeier in Heidelberg. Nach einem Triumphzug v. Friedrich I. mit seinem Heer, auf dem auch die Gefangenen sowie die Beutestücke mitgeführt werden, begeben sich die Sieger in der genannten Kirche zum „Tedeum" und zur Dankmesse. Die erbeuteten Banner und Fahnen werden im Chor aufgehängt und sind dort bis zum Dreißigjährigen Krieg zu sehen (vgl. H. Probst, Seckenheim, S.387f; C. Roder, Seckenheim, S.23ff). P. Ruppert, Chroniken, S.246, Anm.1 weist übrigens auf den interessanten Umstand hin, dass unsere Chronik zwar auf diese Schlacht bei Seckenheim ausführlich eingeht, die Folgeschlacht vom 17. Juli bei Giengen an der Brenz, bei der nun im Gegensatz zur erstgenannten auch Konstanzer Patrizier beteiligt sind, nicht erwähnt.

[207ra|435!]
i) *mit dieser Seite beginnt eine neue Lage Papier* ii) DEs] D *2-z. Lomb., v. der Hd. des Rubr., mro T* iii) be[gert]] be= *SG, Konjektur nach C bzw. SG 806* iv) er] *fehlt SG, Konjektur nach C bzw. SG 806*

a) tribut-/abgabepflichtig b) v. ervordern: fordern c) v. fröuwen: freuen

[207ra|435!]ⁱ DEsⁱⁱ vorgeschriben jars | der zal cristi geburtt | <u>tusend vierhundert sech=</u> | <u>tzig vnd zway jare</u> **d**o ist | der <u>dracol</u> komen jn die gros= | sen schilto²⁰⁵⁴.   *1462 Episoden*
da hat er laussen | tȯtten mer dan(n) <u>fünff vnd</u> | <u>zwaintzig tusend</u> *aus dem Leben*
menschen | aller lay volk²⁰⁵⁵: <u>cristan</u>, <u>hayden</u>. | vnder den sind gewesen die *Vlads III.: Teil*
5 | aller schȯnsten <u>froen</u> **V**nd | <u>junckfroen</u>, die durch sin | diener sind *3: Türken-*
behalten worden. | **d**ie selben sin diener vnd hoff | lüt habend an den *offensive;*
<u>dracol</u> be= [gert]ⁱⁱⁱ, | das er jnen die <u>froen</u> vnd <u>ju(n)k</u>= | <u>froen</u> lausse vnd
gebe zů elich= | en <u>wÿben</u>. der <u>dracol</u> hat d(a)z | nit wȯllen ton vnd hat
allen | sinen hofflüten gepotten, die | <u>froen</u> ze bringend vnd mit | den
10 andern laussen hacken als | das krut²⁰⁵⁶. **V**nd d(a)z hat er dar | vmb getȯn:
Er ist zinszhafftig^a | gewesen dem <u>türkenschen kay</u>= | <u>ser</u>²⁰⁵⁷, der den zinsz
an jn ervor= | dert^b hett²⁰⁵⁸. zů hand liesz der <u>dra</u>= | <u>col</u> **a**llem sinem volk

---

²⁰⁵⁴ Entspricht eigentlich Nikopolis ad Istrum (Stadt in Nordbulgarien; um 102 n.Chr. v. Trajan gegründet; Ansiedlung der Goten des Ulfila durch Konstantin II.; Niedergang seit dem 4. Jh.; weitere Geschichte bis zum 14. Jh., als die Stadt als wichtige osmanische Festung bezeugt ist, ist unbekannt; es ist eine bulgarische Besiedlung anzunehmen, vgl. LexMA, Bd.6, Sp.1190f). Hier ist aber die Türkenoffensive Vlads 1461/62, über die wir teils durch einen offiziellen Bericht des walachischen Fürsten an Corvinus informiert sind, insgesamt gemeint. Ohne hier näher auf die Vorgeschichte eingehen zu können (vgl. dazu R. Florescu/R.T. McNally, Dracula, S.81ff; R.-P. Märtin, Dracula, S.113ff), sei gesagt, dass Vlad III. 1461 zunächst eine Verschärfung der Vasallitätsbedingungen ablehnt, sich gegen einen Überfall des örtlichen osmanischen Befehlshabers an der unteren Donau Hamza Beg v. Vidin bzw. dessen Sekretärs Junus Beg (bzw. Katabolenos), den er mit einer großen Truppe aus dem Land „geleitet", zur Wehr setzt und die Festung Giurgiu niederbrennt. Im Winter 1461 geht der Wojwode direkt in die Offensive über, wendet sich dem südlichen Donauufer zu und erobert mit Ausnahme v. Nikopolis und Vidin alle türkischen Stellungen an der unteren Donau. Die Taktik der verbrannten Erde verfolgend, dringt er daraufhin weit in bulgarisches Gebiet vor (s.u.) (vgl. R. Florescu/R.T. McNally, Dracula, S.90ff; R.-P. Märtin, Dracula, S.116ff; E.D. Tappe, Vlad Țepeș und K.W. Treptow, Aspects).
²⁰⁵⁵ Vlads Bericht spricht genauer v. „23.884 Türken und Bulgaren ohne diejenigen zu zählen, die wir mitsamt ihren Häusern verbrannten oder deren Köpfe von unseren Soldaten nicht abgeschlagen wurden" (zitiert nach R.-P. Märtin, Dracula, S.118, der wiederum den engl. Text bei R. Florescu/R.T. McNally, Dracula, S.92 übersetzt; ebd. folgt eine genaue Auflistung der Toten nach den jeweiligen Gefechtsorten).
²⁰⁵⁶ Vgl. R.-P. Märtin, Dracula, S.107f, der hieraus Rückschlüsse auf die gesellschaftlichen Vorstellungen Vlads III. zieht. Obwohl es sich beim Anspruch auf Teilhabe an der „menschlichen Beute" (v. dem Ziel der Ehelichung kann wohl weniger ausgegangen werden) um einen normalen Vorgang handelt, deutet der Wojwode diese Forderung als „Obstruktion. Angesichts der türkischen Bedrohung bedeutet das Verhalten der Adligen Disziplinlosigkeit und Widersetzlichkeit. Der Feldzug (...) zielt auf Vernichtung ab (...), wer sich persönliche Vorteile zu verschaffen sucht, wird unnachsichtig bestraft" (ebd., S.108).
²⁰⁵⁷ Mehmed II., der Eroberer: osmanischer Sultan 1444 bis 1446 und 1451 bis 1481; geb. 1432; Kriege gegen Konstantinopel (Eroberung: 29. Mai 1453), gegen Serbien (mit Ausnahme der Festung Belgrad fällt das Land in osmanische Hd., 1454-1459), Feldzüge gegen Albanien (Unterwerfung bis 1467), gegen die Walachei und Moldau (Entwicklung hin zu Vasallenstaaten), gegen die Peloponnes, Anatolien, Mesopotamien und das Schwarzmeergebiet führen zu einer weitgreifenden Expansion; Neubesiedlung Istanbuls; gest. am 3. Mai 1481 (vgl. LexMA, Bd.6, Sp.469f).
²⁰⁵⁸ Obwohl Vlad III. kurz nach seinem Herrschaftsantritt 1456 eine Vasallitätserklärung abgegeben hat, die u.a. mit einem Tribut v. 2.000 Dukaten verbunden ist, kommt er den osmanischen Forderungen nicht nach. Nachdem Serbien 1459 aber zur türkischen Provinz wird, ist Mehmed zur Absicherung seiner Besitzungen bemüht, die Nachbarstaaten auf Kurs zu bringen bzw. den Vasallenfürst auf seine Pflichten aufmerksam zu machen. Vlad III. hingegen versteht sich als souveräner Herrscher und lehnt das Angebot des osmanischen Unterhändlers Katabolenos ab, gegen Verzeihung seines Fehlverhaltens mit dem ausstehenden Tribut (10.000 Dukaten) und 500 Knaben selbst am Hof zu erscheinen und das Bündnis mit Ungarn zu widerrufen (vgl. R.-P. Märtin, Dracula, S.94, 114f; K.W. Treptow, Aspects, S.125). Vgl. die nochmalige Erwähnung der Ereignisse rund um die Gesandtschaft und die sich daraus ergebenden Folgen auf fol.208^{va}ff.

verkün= | den, **E**r wôlt dem <u>kayser</u> den | zinsz persônlich raichen. **do** | frôt^c
sich das volk. **a**lso hiesz | er sin volk, huffen wysz nach | ainander ziehen.

15 **v**nd alle | hoptlüt **R**ittend jm engegen. | **v**nd also liesz [er]^iv die selben
tôtten. | **v**nd liesz och die selbe gegne | alle verbrennen, die da haist | die
<u>pulgary</u>. **O**ch liesz er ettlich | an naglen mit dem har. der | warend jn zal
<u>fünff vnd</u> |

[207rb] <u>zwaintzig tusend</u>, on die, die | das für hetten verpren(n)t. |

J(!)tem **B**otten von der <u>hermon</u>= | statt haben gesenhen ^itôtter vn(d) | *Opfer der*
<u>gespisster</u>^i jn der <u>walachy</u> als | ain grosser wald, vsgenomen, | die er haut *Gewalt Vlads;*
laussen brauten, sie- | den vnd schinden. |

5 **J**(!)tem ain gantze^ii gegne, gena(n)t | <u>fugrasch</u>^2059, haut er vs gerütett | vnd
die lüt jn die <u>walachy</u> ge= | fûrt^2060; <u>froen</u>, <u>man</u> vnd <u>kinder</u> | hat er laussen
spissen. **E**r haut | och ettlich siner **R**ât, die sinen | schatz haben helffen
bergen^a, | selbs mit siner hand enthop= | tett vnd die kôpff abgesch | lagen.
|

10 **J**tem er hat siner lanther(r)en | ettlich laussen kôppffen vnd | hǎt die
kôppff genomen vnd | da mit laussen krepse vahen. | **d**ar nach hat er der
selbigen | lantheren fründ ze husz ge= | laden vnd hat jnen die sel= | ben
krepsz zû essen gegeben | vnd sprach zû jnen: „yetz essen | ir jwer fründ
hôpter!" vnd | hat sy dar nach laussen spis= | sen. |

15 **J**(!)tem er hat ainen senhen ar= | beiten jn ainem kurtzen pfaid^b | vnd *Die Hausfrau*
sprach zû jm: „hast du ain | <u>husfroen</u>?" **E**r sprach: „ja!" der <u>dra</u>= | col *und das zu*
sprach: „bring sy zû mir!" | **E**r bracht sy zû jm. **d**o sprach | der <u>dracol</u> zû *kurze Hemd^2061;*
der <u>froen</u>: „was | tûst du?" **S**y **S**prach: „ich wâsch, | jch bach vnd spinn."
zû hand | liesz er sy spissen, dar vmb d(a)z | sy jrem man nit ain lange |

[207va|436] pfaid^i gemacht hett, das man | jm die prûch^a nit gesehen het. | **v**nd gab jm
zû hand ain an | der wyb vnd gepott ir, **S**y | sôlte dem man ain lange | pfaid
machen oder er wôlte | sy och laussen spissen. **V**nd | hat laussen spissen
ain esel | vnd ain ^b<u>münch</u> mi(n)ores or= | den^b, **d**ie warend jm begeg- | net *Mönch und*
5 vff dem berg by dem | <u>dorff</u>. | *Esel;*

[207rb]
i...i) tôtter vn(d) | gespisster] tôtten vn(d) | gespissen *SG; Konjektur nach C* ii) gantze] g *v. der HHd., mbrT, doppelt*
ausgeführt

a) v. bergen: verstecken, verbergen b) Hemd, hemddähnliches Kleidungsstück

^2059 Fogarasch/Fugrasch (rumän. Făgăras): Burg und Marktflecken in Siebenbürgen; erste urkundliche Erwähnung
1231; die im 14. Jh. anstelle einer älteren Erdbefestigung erbaute und später erweiterte Burg ist im 15./16. Jh. im
Rahmen der Türkenabwehr Siebenbürgens v. strategisch großer Bedeutung; der Überlieferung nach sollen Rumänen
aus diesem Ort an der Gründung des Fürstentums Walachei beteiligt gewesen sein; Burg und Distrikt gehören vom
14. Jh. an bis 1462 als ungar. Lehen den walachischen Wojwoden und anschließend zeitweise der Sächsischen Na-
tionsuniversität (vgl. LexMA, Bd.4, Sp.602f; E. Wagner, Ortsnamenbuch, S.292f).
^2060 Dieser Zug gehört in den bereits zuvor auf fol.204ra geschilderten Kontext der vernichtenden „Strafexpedition"
(R.-P. Märtin, Dracula, S.112) v. Juli/Aug. 1460.
^2061 R.-P. Märtin, Dracula, S.107 ordnet diese Szene dem innenpolitischen Konzept Vlads III. zu. Der für Ruhe und
v.a. Ordnung des gesellschaftlichen Lebens sorgende Fürst bestraft letztlich nicht nur Ungehorsam oder Diebstahl,
sondern auch moralisches Fehlverhalten auf sexuellem Gebiet und äußerliche „Unordnung", die möglicherweise
Verstöße gegen festgelegte Werte und Normen zur Folge haben könnte, mittels drakonischer Methoden.

J(!)tem es kamen[ii] by <u>drühu(n)</u>= | <u>dert</u> <u>ziginer</u>[2062] jn sin land. da | nam er   *Zigeuner;*
vsz die besten <u>dry</u> | vnder jnen vnd liesz **S**ÿ[iii] | brauten; die můstend die |
andren <u>ziginer</u> essen. **vn**(d) | sprach zů jn: „also můs ÿe[iv] | jwer ainer den
andern es= | sen, **B**isz das jwer kainer | mer ist **O**der ziecht hin | an die
10 <u>türken</u> vnd streit[c] | mit jn." **S**y woltend d(a)z alles | geren ton vnd da hin
zie= | hen, wa hin er wôlt. **D**o | tett der <u>dracol</u> ains vnd | claidet sy alle jn
kůhüt[d]; och | der glich jre rosz. do nun die | <u>ziginer</u> vnd die <u>türken</u> zů
samen komend, **d**o schuchten[e] | der <u>türken</u> rosz ab den <u>zigi</u>= | <u>nern</u> vnd
jren rossen vnd | fluhend von wegen des ge= | rümels mit den kůhüten, |
15 **d**as sy der rosz nit gewalt | haben mochten **vn**(d) schlů= | gend an ain
wasser. vnd | die <u>ziginer</u> jagten jn nach | **a**lso, d(a)z sy alle ertrunkend. |

[207vb] **J**(!)tem **E**r liesz die <u>ju(n)gen kind</u> | brauten; die můstend die | <u>můtran</u> *Kinder und*
essen. **d**ar nach liesz | er die <u>man</u> spissen. | *Männer;*
J(!)tem der <u>dracol</u>, der wůtrich, | hett och alle sin arm lüt, die | jn sinem *Arme;*
land warend ze | husz geladen. **d**ar nach **vn**(d) sy | nun geessen hattend, **d**o
5 liesz | er sy alle verbrennen **j**n aine(m) | stadel, jn zal <u>zwayhundert</u>[2063]. |
J(!)tem **E**s wurdend zů jm ge= | schickt ettlich <u>walchen</u>[2064]. **d**o sy | nun zů
jm kamend, **d**o naig= | tend sy sich vnd tettend jr | hůt ab den hôptern *„Walchen" (!);*
vn(d) hetten | dar vnd(er) rote vnd **B**rune | <u>parelin</u>[a] oder <u>hübel</u>[b]. die tetten |
sy nit ab. **d**o fraget er sy, | war vmb sy die selben hübel | nit abtåten. **S**y

---

[207va|436]
i) pfaid] *Punkt über* i *mroT* ii) kamen] m *v. der HHd., mbrT, aus* nn *korr.* iii) Sÿ] *Punkte über* ÿ *mroT* iv) ÿe] *Punkt über* ÿ *mroT*

a) Hose b...b) Franziskaner, Minorit c) v. strîten: kämpfen d) Kuhhäute, -felle e) v. schuchen: zurückscheuen, fürchten

[2062] Vgl. zu dieser Volksgruppe die Berichte auf fol.117rb, 154ra und 176va und im Zusammenhang mit dem walachischen Fürsten besonders fol.199rb zum Verhältnis Vlads III. zu den Zigeunern. Ohne näher auf den historischen Gehalt einzugehen, sei darauf hingewiesen, dass diese Episode das Bemühen des Wojwoden verdeutlicht, diesen Personenkreis in seine Herrschaft zu integrieren, sie zum Kriegsdienst zu verpflichten und damit dem Prinzip der Nützlichkeit zu unterwerfen (vgl. R.-P. Märtin, Dracula, S.104f).

[207vb]
i) <u>kna[ben]</u>] <u>kna</u>= *SG*

a) kleine Hauben, Mützen, Turbane [Diminutivum v. parel] b) Hauben, Mützen, Turbane c...c) Eisennägel

[2063] Vgl. R.-P. Märtin, Dracula, S.104f, der bei seinen Erläuterungen des innenpolitischen Vorgehens Vlads davon ausgeht, dass dieser sowohl Bettler als auch Kranke – im Gedicht Beheims ist an dieser Stelle nicht nur v. „arm lüt", sondern v. „Vil siechen, plinden, krupel lam, | petler und arm leüt allesam" (G.C. Conduratu, Michael Beheim Gedicht, S.50, V.861f) die Rede – mit Blick auf deren Produktivität als „Belastung des Landes" begreift und sich zur Stärkung seines Staates berufen fühlt, gegen diese gesellschaftliche „Gefahr" vorzugehen.
[2064] Einer russischen Erzählung und den realen Bekleidungsbräuchen folgend, handelt es sich bei dieser Personengruppe um (mit Turbanen versehene) Abgesandte des osmanischen Sultans und nicht – wie unser Text nahelegt – um Boten oder Kaufleute der westlichen Sphäre. Hs. C berichtet hingegen v. „walachen" und damit v. Einheimischen (vgl. Kapitel B.3.2). Dieser Vorfall – so er denn auf reale Hintergründe zurückgeht – dürfte auf die Phase vor der Türkenoffensive um 1460/61 zu datieren sein (vgl. R. Florescu/R.T. McNally, Dracula, S.87f; R.-P. Märtin, Dracula, S.114f).

10 sprachend: | „her, es ist vnser gewonhait! | wir tŭgen sy gegen dem |
<u>kayser</u> nit ab." Er sprach: „nun | wyl ich jẘer gewonhait | bestȃtten." **Sy**
danckten sinen | gnaden, **d**an(n) sy wesdten nit | vmb das übel so jn
zŭkomen | was. **D**er <u>dracol</u> liesz nun | nemen gŭt stark ᶜysne na= | gel ᶜ vnd
liesz jnen die hübel | vmb vnd vmb an d(a)z hopt | an naglen, **d**(a)z jnen

15 die hübel | nit ab vielen. **a**lso bestȃt der | mortlich morder jnen jr |
gewonhait. |

J(!)tem er hat ain <u>edeln kna</u>[ben]ⁱ, | ainen <u>Rŏmer</u>, by jm gehabt, | der ist an   *Römischer*
den spissen **vmb**ⁱⁱ | *Knabe*²⁰⁶⁵*;*

[208ʳᵃ|437] vmb gegangen, dar an | man die lüt gespisset hett. | vnd vnder den selbigen
| hat jm ainer wol geual= | len. **d**o hat er gesprochen: | „wol ain ebnerᵃ
spisz d(a)z ist!" | **d**as hat der <u>dracol</u>, sin <u>her(r)</u>, | gehŏrt vnd hat jn gefra= |
gett, ob er jm wol geualle. | **d**o hat der knab ᵇvsz vmbe= | dachtem mŭtᵇ

5 gesprochen: | „ja!" **d**o hat er jn von stund | an laussen spissen. |

J(!)tem der <u>dracol</u> hat noch | mer übels getŏn: wan(n) die | her(r)en botten   *Botschaften;*
zŭ jm gesch= | ickt haben, So hat er sy ge= | fraget, was man von jm | sag
jn jren landen. So ha= | bend sy geanttwurt, Er | sige ain frum(m)er her(r)
vnd | hab gŭte ordnu(n)g jn sine(m) | land vnd habend jn gelobt | vnd

10 habend jm die warhait | nit türren sagen; **d**as er | dan(n) wolgemerkdt
vn(d) ver= | standen hat, das sy nicht | glichᶜ zŭ sagend vnd hat | sy von
stund an laussen | spissen. |

J(!)tem ain her hett dem <u>dra=</u> | <u>col</u> meng bottschafft getŏn | vnd gedacht:
„wie das kȃme, | das mir kain bottschafft | wyderkompt vnd ich So | offt

15 bottschafft zŭ jm ge= | schikt hon?" **N**un schickt | er aber ain botschafft jn
| masz als vor vnd het der |

[208ʳᵇ] selben bottschafft empfolhen, | muntlich mit jm zeredend | vnd jn
zefragend, wie er | jm so mȃnig bottschafft | geton hab vnd jm kaine |
wyderkomen sy; **O**b sy by | jm gewesen sigen oder nit. | **a**ls der Bott das
mit dem | <u>dracol</u> geredt hat, **d**o hȃt | er jm dar vff nit anttwurt | gegeben

5 vnd hat den bot= | ten gefraget, jn masz als | die andern botten, **w**as | man
jn andren landen | von jm sag. **D**a hat der | **B**ott geanttwurt vnd jm | die
warhait gesagt, **w**ie | man sag, das er der grŏst | <u>morder</u>, der grŏst <u>bŏswicht</u>
| vnd der grŏst durchȃchter | der Cristenhait sige. **D**o | hat der <u>dracol</u> zŭ
dem bot= | ten gesprochen: „du haust | mir recht gesagt! **w**aist | du aber

---

²⁰⁶⁵ Sowohl diese Episode als auch die folgende Erzählung zum Umgang Vlads III. mit auswärtigen Boten finden
sich in keiner der sonst überlieferten Hss. (vgl. Kapitel A.5.1.3 und B.3.2) und wurden in der Literatur bisher völlig
unberücksichtigt gelassen. Die systematische Zusammenstellung der dt. Tradition nach inhaltlichen Aspekten v. P.P.
Panaitescu, German Stories, S.188ff bspw. demonstriert dies eindrücklich.

[208ʳᵃ|437]
a) gerader, ebenmäßiger b...b) ohne nachzudenken, aus einer unbesonnenen, unüberlegten Haltung heraus c) gera-
deheraus, d.h. hier: die Wahrheit

[208ʳᵇ]
a) lange, weite Überkleider, Mäntel

10 kainen gr̂ossern | b̂oswycht dan(n) mich?" **da** | hat der **B**ott geanttwurt: |
„**H**er, wesde ich ain gr̂osser | morder vnd **B**̂oswicht, | dan(n) ir sind, **j**ch
het es jwch | och gesagt." **A**lso hat er | dem potten geschenkt me | dan(n)
tusend guldin wert | **a**n pfârden, **a**n schauben^a | vnd an gold vnd sprach |
zů jm: „hettest du mir die | warhait nicht gesagt, **so** | hette ich dir och
15 get̂on als | den v̂origen botten." **a**lso | hett der sinem he(ren) rechte |

[208va|438] Botschafft haym gepraucht | dar vmb, das er dem dracol | die warhait
gesagt hat. |

J(!)tem der türkesch kayser²⁰⁶⁶ | hat ain bottschafft zů dem | dracol *Vlad III. vs.*
geschickt²⁰⁶⁷, sinen **R**å- | ten zů jm vmb gelait | ze gebend. Der dracol haut *Mehmed II.;*
5 | jm das gern geben. **N**un | hat der türkesch kayser ain | mâchtige
bottschafft, **a**ls | vff fünffhundert pfård, | geschickt. **D**ie habend dem |
türkenschen kayser den | zinsz von der walachye | an den dracol eruordert.
| die selben bottschafft hat | der dracol schon^a emphang | en vnd ŝolichen
zinsz ze | raichend **a**ls sinem genå= | digen her(r)en. **V**nd hat die | **R**åt
10 genomen vnd jnen | ŝolichen schatz geẑogt^b, vn(d) | jn ze raichend, vnd
dar vf | geanttwurt, er ŵolle jn | ŝolichen schatz, so sy alda | senhen, geben
vnd dan(n) de(m) | türkenschen kayser, sinem | gnådigen he(ren), den
bring(en). | **V**nd füro mit den **R**åten | des türkenschen kaysers | geredt, **E**r
m̂oge dem kay- | ser, sinem genådigen he(ren), | by als wenig volk
15 ŝolichen | grossen schatz nit schicken, | dan(n) er sines volks nicht | gantz
gewaltig sy, **V**nd | wurden sy des jnnen, d(a)z | er ŝolichen zinsz dem kay |
ser geben ŵolt, sy gestat |

[208vb] totend des nicht vn(d) wur= | de mit sambt des kaysers | **R**åten erschlagen.
Vnd | d(a)z sy jrem genådigen **h**e(ren) | haym hetten geschriben, | **a**ls vmb
mer volks, **a**ls | vff zehen tusend, da ŵolt | er dan(n) den schatz vn(d) den |
^aan treffenden^a zinsz gern | geben vnd senden. **D**a | habend die **R**åt dem
5 türk | genschen kayser geschriben, | das er solich volk herusz | schick. das
hat er get̂on | vnd ain grosz an zal volks | her usz geschickt²⁰⁶⁸. **D**o sy | nun

---

[208va|438]
a) freundlich, recht b) v. zeigen: zeigen, offenbaren

²⁰⁶⁶ Mehmed II.
²⁰⁶⁷ Vgl. die Hinweise zu dieser Gesandtschaft unter Führung v. Katabolenos in den Anm. zu fol.207^raf.

[208vb]
i) komen] komen | komen *SG* ii) da[s]] da *SG* iii) ist] *Punkt über i mroT*

a...a) angeordneten, betreffenden

²⁰⁶⁸ Als Reaktion auf die Provokationen (vgl. Verweigerung des Tributs, Bündnis mit Ungarn, Ermordung der Gesandten) und die Eroberungen türkischer Festungen im unteren Donaugebiet entscheidet sich Mehmed II. zu einem Kriegszug gegen den aufsässigen ehemaligen Vasallen. Unter seiner eigenen Führung zieht ab April 1462 ein Heer v. ca. 100.000 Mann einerseits auf dem Landweg durch Bulgarien nach Norden, andererseits mittels einer Flotte auf der Donau. Ziel war sowohl die endgültige Unterwerfung des walachischen Fürstentums als auch ein Vorstoß bis nach Siebenbürgen. Im Mai vereinigen sich die Truppen bei Nikopolis (vgl. R. Florescu/R.T. McNally, Dracula, S.94ff; R.-P. Märtin, Dracula, S.118f).

jn die <u>walachy</u> ko- | men sind an ain wasser²⁰⁶⁹, | da sy nur halb v̆ber
komenⁱ | sigen oder mer, | da hat sich der **dracol** vor | gesamnot gehabt mit
si | nem volk vnd hat die | alle erschlachen laussen, | die über das wasser
10   komen | gewesen sigen. **V**nd die | **a**ndern ennethalb des was- | sers hat er
och laussen er- | schlachen, da[s]ⁱⁱ kainer da von | komen istⁱⁱⁱ/²⁰⁷⁰. |
J(!)tem als nun d(a)z beschenhen | ist, do hat er des <u>türkgen</u> | schen
kaysers råt mit jren | dienern vnd knecht, an zal | <u>fünffhundert</u>, **a**ll laussen |
spissen, Bisz an ainen vnder | jnen siner råt, der ain **ab** | trünniger <u>crist</u>
15   gewesen | ist, dem hat er die nasen, |

[209ʳᵃ|439]   oren vnd hend abgehackett²⁰⁷¹ | vnd hat da by dem <u>türkgensch-</u> | en kayser
von den dry schåtz- | en, **S**o er den Råten vor ge | zǒgt hett vnd versprochen |
zů sendend, dry guldin ge- | schickt **V**nd by den botten |
erkennen, das er sin genådi- | ger her vnd er jm zinsber | sye, das er bisz
5   zů <u>jar</u> aber | dar nach schick, **S**o wǒlle er | jm sǒlichen zinsz **a**ber jn
Sǒlich- | er masz Raichen. |

J(!)tem zů <u>fünffzehen</u> malen | haut er land vnd lüt vmb | braucht, die one   *Resümee;*
10   zal sigen²⁰⁷², die | man nit erdenken noch ge- | zelen kan. |
[209ʳᵇ]   Jtem was namhafftigⁱ/ᵃ gesch- | riben ist, die er vmb braucht | hat, ǒne die,
die hie vor nit | geschriben sind, der ist **an** zal | <u>zway</u> vnd <u>n</u>üntzig <u>tusend</u> |
<u>zwayhundert</u> vnd acht vn(d) | sechtzig menschen, die man | jn den bůchlin

---

²⁰⁶⁹ Die Donau.

²⁰⁷⁰ Während der türkische Sultan mit seinem Heer die Donau überschreiten muss, bemüht sich Vlad III. mit einem
Augebot v. ca. 20.000 Mann genau dies zu verhindern. Ein bei R. Florescu/R.T. McNally, Dracula, S.96f bzw. R.-P.
Märtin, Dracula, S.121f zitierter Augenzeugenbericht eines Osmanen gibt uns einen detaillierten Einblick in das Zusammentreffen der beiden Heere, das hier auf den 4. Juni 1462 datiert ist. Durch geschicktes Taktieren gelingt es
Vlad, zahlreiche Gegner zu töten, ohne sich auf eine aussichtslose Schlacht einzulassen. Das Überschreiten des Flus-
ses kann der Wojwode allerdings nicht abwenden. Da sich Vlad mit seinem Heer und die Bevölkerung aber in un-
zugängliche Wälder und Berge zurückziehen und zuvor ihre Dörfer verbrennen, kommt das osmanische, immer
wieder durch Überfälle bedrohte Heer nur langsam voran. Nachdem Vlad aber weder aus Siebenbürgen noch aus
Ungarn Hilfe erhält und Stephan der Große, seine missliche Lage ausnützend, seinerseits Teile der Walachei besetzt,
endet diese Auseinandersetzung – trotz geringer Erfolge der Osmanen, die sich im Juli bereits wieder zurückziehen –
schließlich im August mit der Etablierung v. Radu als neuem Wojwoden und dem vorläufigen Ende der Herrschaft
Vlads III. (vgl. R. Florescu/R.T. McNally, Dracula, S.96ff; R.-P. Märtin, Dracula, S.121ff; K.W. Treptow, Aspects,
S.131ff).

[209ʳᵃ|439]
²⁰⁷¹ Diese Nachrichten dürften sich wieder auf die Ereignisse rund um die Gesandtschaft bzw. die Eroberung v.
Giurgiu beziehen. Aus anderen Quellen wissen wir, dass Vlad den gefangenen Türken zuerst die Hände und Füße ab-
schlägt und sie dann pfählt. Bei dem Konvertiten könnte es sich um den bereits mehrfach erwähnten Sekretär des
Sultans Katabolenos, einen Griechen, handeln, der nach dem Übertritt zum Islam den Namen Junus Beg trägt (vgl.
R.-P. Märtin, Dracula, S.115, 117).

²⁰⁷² Wie bereits erwähnt, schätzt man die Gesamtzahl der Opfer auf ca. auf 40.000 bis 100.000.

[209ʳᵇ]
i) namhafftig] manhafftig *SG*

a) namentlich bekannt

jn der <u>zal</u> hat, | one die, dero noch vil nit ge- | schriben sind. |

[209ᵛ|[4]40] Leere Seite

[210ʳᵃ|441] Al(!)sⁱ man von der gepurt | cristi zalt <u>tusend vier</u> | <u>hundert sechtzig vnd</u>
<u>drü</u> | jare **d**o gab man den kern | **v**nd ander sachen zů der | lüten bruch ze   *1463 Lebens-*
naru(n)g, **a**ls | her nach stat: | *mittelpreise²⁰⁷³;*
Jtem **a**in mut k(er)n vm(b) <u>viij</u> ß d(enarius). |
5   **J**t(em) **a**in mut rogg(en) vm(b) <u>iiij</u> ß d(enarius). |
Jt(em) j malt(er) hab(er)n für <u>xj</u> ß d(e)n(arius). |
Jt(em) j fiertal ̊oppffel für <u>iiij</u> d(e)n(arius). |
Jt(em) j fiert(al) grů̂nbier(en)ᵃ für <u>viij</u> d(e)n(arius). |
Jt(em) j fiert(al) **B**üllen <u>vm(b) j</u> ß d(e)n(arius). |
10   **J**t(em) j gů̂t masz win für <u>v</u> h(a)ll(e)r. |
Jt(em) j pfund schmaltz für <u>iiij</u> d(enarius). |
Jt(em) j pfu(n)d vnschlitᵇ für <u>v</u> d(e)n(arius). |
Jt(em) j ᶜschiben saltzᶜ für <u>x</u> ß d(e)n(arius). |
Jt(em) j l(i)b(ra) gů̂t schwini spek für <u>v</u> d(e)n(arius). |
15   **J**t(em) j l(i)b(ra) flaisch für <u>ij</u> d(e)n(arius). |
Jt(em) j l(i)b(ra) würst vm(b) <u>vij</u> h(a)ll(e)r. |
Jt(em) j l(i)b(ra) swini flaisch für <u>iij</u> d(enarius). |

[210ʳᵇ] **D**es jaurs ward **B**urger | maister ů̂lrich Blaurer, | **C**ů̂nrat schatz vogt vnd | *Bürgermeister,*
<u>ů̂lrich von cappel</u>²⁰⁷⁴ **a**mma(n). | *Vogt; Am-*
  mann;

Wappen v. Bürgermeister, Vogt und Ammann
5   drei Schilde (3x2,5) (3x2,5) (3x2,5)
(rechts: Fw Blarer, vgl. fol.69ʳᵇ)

[210ʳᵃ|441]
i) Al(!)s] A *2-z. Lomb., v. der Hd. der Rubr., mroT*

a) Grünbirnen (?) b) Talg c...c) kompakte, scheibenförmige Salzmasse v. ca. 1½ Zentnern

²⁰⁷³ Entsprechende Erntenachrichten sind aus anderen Chroniken anscheinend nicht überliefert (vgl. H. Buszello, „Wohlfeile", S.33)

[210ʳᵇ]
i) <u>kaÿ=</u> | <u>ser</u>] *Punkte über* ÿ *mroT*

a...a) er wäre vergiftet worden

²⁰⁷⁴ Ulrich v. Cappel: Angehöriger der Konstanzer Zunftbürgerschaft; nach dem Tod seines Vaters Hans v. Cappel seit 1460 mehrmaliger Ratsherr; ab 13. Sept. 1462 und wiederum zeitweise 1463 Stadtammann; Inhaber anderer Äm-ter (z.B. Heimlicher; einer der zwölf Beisitzer des Thurgauer Landgerichts); Todesjahr unbekannt (vgl. OBG, Bd.2, S.243: t.w. Verwechslung mit Ulrich dem Jüngeren; K. Beyerle, Ratslisten, S.158ff; P.F. Kramml, Friedrich III., S.501, 525).

(Mitte: Fw Schatz, vgl. fol. 106rb)

(links: Fw Cappel, vgl. fol.151va)

10

D(!)es jars Starb <u>hertzog al</u>= | <u>brecht von ôsterrich</u>^{2075}, kaÿ= | ser^i *Tod v. Herzog*

<u>frydrichs</u>^{2076} vo(n) O^{e}ster(r)ich | **Br**ûder, **v**nd was gemain= | red, wie ^{a}jm   *Albrecht VI. v.*

wâre verge= | ben worden^a **a**ls sinem vet= | tern <u>küng laslaw</u>^{2077}. | *Österreich;*

15   Wappen der Herzöge v. Österreich

(5x4,5) (vgl. fol.41ra)

[210va|442] **Al**(!)s^i man von der gep(ur)t | <u>cristi</u> zalt <u>tusend vier</u> | hundert sechtzig

<u>vn(d) vier</u> | jare **v**ff <u>zinstag</u> nâchst | nach sant <u>Symon</u> vn(d) ju= | <u>das tag</u>^{2078} *1464*

do waut es gar | vast by <u>zehen</u> tagen an ain- | ander^{2079} **v**nd das grosz not | *Regen und*

ze <u>lindow</u> mit den schiffen | vnd schefflüten ward **v**n(d) | das saltz vnd   *Folgen^{2080};*

5   ander gût | verdarb **v**nd das von al= | ten lüten geredt ward, | **d**as sy lang

zit soliches wet= | ters nie gedaucht hetten. |

J(!)n dem obgeschriben jar^{2081} do | hett der hochwirdig fürst | vnd <u>h(er)re</u>,

10   **h**(er)n **Burkart, By**= | schoff zû costentz, geborn vo(n) | **Randeck,** ain

Synodu(m)^{2082} mit | siner <u>priesterschafft</u> **j**n der | wochen nach ŷdalrici^{2083}.   *Synode Bischof*

---

^{2075} Albrecht VI. v. Österreich stirbt am 2. Dez. 1463.

^{2076} Kaiser Friedrich III.

^{2077} Ladislaus V. Posthumus: geb. am 22. Feb. 1440; nachgeborener Sohn König Albrechts II. und Elisabeths v. Luxemburg; Krönung zum König v. Ungarn am 14. Mai 1440; Vormundschaft wird v. Friedrich III. ausgeübt; am 28. Okt. 1453 Krönung zum König v. Böhmen; Sieg bei Belgrad am 22. Juli 1456 über ein Heer v. Mehmed II.; gest. am 23. Nov. 1457 (vgl. LexMA, Bd.5, Sp.1611f).

[210va|442]

i) Al(!)s] A *2-z. Lomb., v. der Hd. des Rubr., mroT*

a) Stäbe [geistliche Insignien (vgl. Bischofs- oder Abtsstab, z.B. bei den Wappen)]

^{2078} 30. Okt.

^{2079} H. Buszello, „Wohlfeile", S.33 verzeichnet diesen Regen in seiner Tabelle nicht. Grundsätzlich scheint der vorangegangene Sommer sehr trocken und heiß verlaufen zu sein (vgl. R. Glaser, Klimageschichte, S.69).

^{2080} Auch andere Quellen berichten über einen stürmischen, regenreichen und kalten Herbst, der in einen frühen, schneereichen Winter mündet (vgl. die Hinweise auf fol.211ra) (vgl. R. Glaser, Klimageschichte, S.90f).

^{2081} Tatsächlich liegt hier erneut ein Fehler innerhalb der Chronologie vor. Diese Synode gehört zeitlich zu den Ereignissen der Weihe Bischof Burkhards II. (vgl. den Bericht auf fol.205^{ra}f). Wie die Zeilen auf fol.205rb nur andeuten, ein anderer chronistischer Bericht und auch REC IV, Nr.12703f belegen, hält der gewählte und neugeweihte Bischof 1463 (!) und eben nicht 1464 eine Diözesansynode ab.

^{2082} Die etwas ausführlichere Version zu diesem Ereignis, hier eindeutig 1463 zugewiesen, liefert StAK, A I 1, fol.123^v, Ergänzung auf dem eingeklebten Zusatzblatt. Hier werden als Teilnehmer 600 auswärtige Priester und 32 Äbte erwähnt. Auf die Prozession folgt nach diesem Zeugnis „ain ampt, d(a)z het der wichbischoff, dar | nach tet man inen ain bredi, die tet halb der fikare, | d(a)z ander tail der official, vn(d) weret die predi [?] iĵ stund". Daran schließt sich dann die eigentliche Weihe an.

^{2083} 4. Juli.

vn(d) | giengen jn der p(ro)cession vil | priester, <u>åbbt</u> vnd <u>Brôpst</u> | mit jren   *Burkhards II.;*
ynfelen vn(d) ståben^a | gen sant <u>stephan</u>. |

[210vb] **D**es jaurs ward <u>Burger</u> | maister **C**ûnrat schatz vn(d) | v̊lrich blaurer vogt   *Bürgermeister,*
vnd | <u>hansz Bolschhuser</u>²⁰⁸⁴ **a**mma(n). | *Vogt; Am-*

                                                                              mann;

Wappen v. Bürgermeister, Vogt und Ammann
5   drei Schilde (3x2,5) (3x2,5) (2,5x2,5)
              (rechts: Fw Schatz, vgl. fol.106rb)
              (Mitte: Fw Blarer, vgl. fol.69rb)
      (links: Fw Boltzhuser²⁰⁸⁵: In Silber ein roter sechsstrahliger Stern
              über einem silbernen Wolkenband)

10

D(!)es jaurs an dem <u>ersten</u> tag | des monats <u>Mertzen</u> waut | es gar vast **j**n   *Regen;*
der nacht vn(d) | gieng für vsz jn <u>Cûnratt</u> | <u>Muntprauts</u>²⁰⁸⁶ husz zum(m)   *Brand;*
stain | bôklein²⁰⁸⁷; **d**a durch grosz jam(m)er | vnd clag zů <u>costentz</u> was. |
vnd ward von den gnaden | gottes **d**(a)z für erlôst ône | grossen, bårlichen   *Prozession und*
15 schaden. | **V**nd ward got zů lob, <u>ma</u>= | <u>ria</u>, siner mûter, **v**nd allen | hailigen   *Gottesdienste;*
ain loblicher crütz= | gang²⁰⁸⁸ **v**nd åmpter begang= | en zů allen kilchen zů
<u>Co</u>= | <u>stentz</u>. |

[211ra|443] Al(!)sⁱ man von der gepurt | cristi zalt <u>tusend vier</u> | <u>hundert sechtzig</u> vn(d)   *1465*
fünff | jare **a**n sant <u>agnesen</u> tag | vnd <u>aubend</u>²⁰⁸⁹ ward es vast | kalt vnd das

---

[210vb]
²⁰⁸⁴ Hans Boltzhuser: Angehöriger der Konstanzer Zunftbürgerschaft; Goldschmied; mehrmals Ratsherr (meist als Zunftvertreter der „kouflût" und „goldschmid"); Stadtammann in der zweiten Hälfte des Jahres 1460 und 1463 sowie in den Jahren 1464, 1465 und in der ersten Hälfte des Jahres 1466; Inhaber weiterer Ämter (z.B. einer der zwölf Beisitzer des Ammanngerichts; einer der Sieben Richter in Schuldsachen; einer der Sieben Richter für Bausachen) (vgl. OBG, Bd.1, S.141; K. Beyerle, Ratslisten, S.153ff; H. Maurer, Konstanz II, S.145; P.F. Kramml, Friedrich III., S.507, 513f, 518). Im genannten Jahr löst er Ulrich v. Cappel als Stadtammann ab.
²⁰⁸⁵ Vgl. WrKatze 5,14=94; WLB, HB V 54, 14^v, 2,2; Öhem 25^r, 385 (Taf.17) (überall nicht identisch: Wolkenband gold). Ein goldenes Wolkenband zeigt auch die Darstellung des Wappens auf dem Marienaltar der bischöflichen Pfalzkapelle St. Peter (vgl. H. Maurer, Konstanz II, S.145).
²⁰⁸⁶ Conrad Muntprat der Jüngere, „zum Steinbock": Angehöriger der in den siebziger Jahren des 14. Jhs. ins Konstanzer Patriziat aufgestiegenen Familie; Vater: Ludwig Muntprat, genannt „zur Sonne"; langjähriger Ratsherr (erstmals 1455, nicht wie in OBG zu lesen 1436!), darunter des Öfteren im Kleinen Rat; Inhaber anderer Ämter (Heimlicher; einer der Sieben Richter in Schuldsachen; einer der Sieben Richter für Bausachen; einer der zwölf Beisitzer des Thurgauer Landgerichts; einer der nach dem Tod v. Marquart Brisacher zur Verwaltung des Vermögens eingesetzten Vögte); gest. 1478 (vgl. OBG, Bd.3, S.172; K. Beyerle, Ratslisten, S.154ff (vgl. v.a. S.156f: Unterscheidung zwischen „Cûnrat Muntprat im stainbok" und „Cûnrat Muntprât, senior" bzw. „der elter" und S.174 zum Tod); P.F. Kramml, Friedrich III., S.307, 501, 513, 517f, 522, 525f).
²⁰⁸⁷ Der Adelshof der Muntprat zum Steinbock lag in der sog. Augustinergasse (heutige Rosgartenstraße).
²⁰⁸⁸ Im Ratsbuch z.B. hat dieses Ereignis keine Spuren hinterlassen.

[211ra|443]
i) Al(!)s] A *2-z. Lomb., v. der Hd. des Rubr., mroT* ii) *Vz: deutende Hand, darunter Marg.: 3-z., v. der Hd. Ildefons v. Arx', amliRa:* Author | hujus Chro- | nici *(vgl. auch fol.1ra und Kapitel A.4.1.2 und 4.3)*

der boden see | von dem <u>aichorn</u> bisz gen | <u>Begikouen</u>²⁰⁹⁰ [?] überfror als *Kälte und Eis;*
sechs | vinger dick ÿnsz **vnd** das | man dar vff gieng²⁰⁹¹. |

5 **O**ch von überlingen gen | dingelstorff²⁰⁹² vnd walhusen²⁰⁹³ | man gieng
vnd rait über | das ynsz. **V**nd bin ich **G**eb= |ⁱⁱ hart dacher²⁰⁹⁴ von <u>dingel</u>= | *Erlebnis-*
storff gen <u>überlingen</u> vff | dem yns vnd see gega(n)gen | vff den nåchsten *bericht;*
zinstag | vor sant <u>valentins</u> tag²⁰⁹⁵ jn | dem jar als obstat. |

[211rb] **D**es jaurs ward **Burg**(er)**maist**(er) | **v̂lrich Blaurer, Cûnrat** <u>schatz</u> | <u>vogt</u> *Bürgermeister;*
vnd <u>hansz</u> **Bolschhuser** | <u>amman</u>. | *Vogt; Am-*
mann;

Wappen v. Bürgermeister, Vogt und Ammann
5 drei Schilde (3x2,5) (3x2,5) (2,5x2,5)
(rechts: Fw Blarer, vgl. fol.69rb)
(Mitte: Fw Schatz, vgl. fol.106rb)
(links: Fw Boltzhuser, vgl 210vb)

10 **J**(!)**n** dem **j**ar do starb <u>abbt</u> | **Marcus Richlin**²⁰⁹⁶ zů crutz= | <u>lingen</u> vnd *Tod des Abts v.*
ward er | welt zů aine(m) <u>**abbtt Ortolff**</u> | wålk²⁰⁹⁷. | *Kreuzlingen;*

---

²⁰⁸⁹ 20./21. Jan.

²⁰⁹⁰ Wahrscheinlich ist Bottighofen, Kt. Thurgau, gemeint. Erste urkundliche Erwähnung 830 „Bottencoven"; zu den Besitzungen des Klosters Münsterlingen zählend (vgl. SchwLex, Bd.2, S.246f).

²⁰⁹¹ Vgl. zu der Thematik Seegefrörne die Berichte auf fol.57rb, 145vb, 214ra, 223ra. Sollte wirklich Bottighofen auf der heutigen Schweizer Seite des Bodensees gemeint sein, würde das bedeuten, dass 1465 sowohl der sog. Konstanzer Trichter als auch, wie im Folgenden dargestellt, ein Teil des Überlinger Sees gefroren war. Übrigens berichtet auch der Überlinger Chronist Wintersulger ausführlich und auf äußerst interessante Weise über diese Seegefrörne: „Anno 1465 überfror der see nach weihnachten so hart, dass ainer von Rüedlingen herüber ritt. Man sprang ainen rayen druff vor der statt bruck; man stieß ouch daruff den stain, man jagt auch unden vorm grundt uff dem see ainen hasen, und ainsmals wolten ir etlich ainen karren hinüber ziehen (...), aber das eyß was nit mer stark und brach under inen und wäre ainer nach ertrunken" (P. Ruppert (Hg.), Überlinger Chronist, S.109).

²⁰⁹² Dingelsdorf, Lkr. Konstanz: erste urkundliche Erwähnung 947 „Thingoltesdorf"; kommt offenbar aus Reichsbesitz an das Kloster Reichenau und wird 1272/77 durch die Herren v. Langenstein der Dt.-Ordens-Kommende Mainau übertragen (vgl. LBW, Bd.6, S.748f; Lkr. Konstanz, Bd.3, S.447ff).

²⁰⁹³ Wallhausen: Weiler zu Dettingen (Lkr. Konstanz) gehörend; erste urkundliche Erwähnung 1187 „villa Walarhusin"; schon früh im Besitz des Klosters Reichenau; gelangt durch Ankauf einzelner Güter (z.B. aus ehemals Goldastischem Besitz oder eines solchen des Chorherrenstifts St. Johann) im 15. und 16. Jh. allmählich in den Besitz der Dt.-Ordens-Kommende Mainau; Grund für die Anlegung des Ortes ist der Fahrbetrieb nach Überlingen (vgl. LBW, Bd.6, S.748; Lkr. Konstanz, Bd.3, S.446f).

²⁰⁹⁴ Vgl. zu Leben und Werk Gebhard Dachers allg. Kapitel A.3.1 und zu dieser Bemerkung speziell ebd., A.3.1.1. Vgl. zu den Missverständnissen der Forschung im Zusammenhang mit dieser Textstelle ebd.

²⁰⁹⁵ 12. Feb.

[211rb]

²⁰⁹⁶ Heinrich Reichlin v. Meldegg: aus einer ursprünglich Konstanzer Familie, die sich dann in Überlingen niederlässt, stammend; sein Vater Jodocus (Jos) Reichlin nimmt als Arzt und Konstanzer Bürger 1400 das Wappen der seit 1262 nachweisbaren Ministerialenfamilie Meldegg (bei Rorschach, Kt. St. Gallen) an und nennt sich als erster seiner Familie Reichlin v. Meldegg; Studium in Heidelberg; als Pfarrer in Rankwil nachweisbar; unter dem Ordensnamen Markus Abt v. Kreuzlingen v. 1457 (Wahleinberufung am 9. März) bis zu seinem Tod am 3. Okt. 1465 (vgl.

Abtswappen
15 zwei Schilde (3,5x3,5) (3,5x3,5) (M: 2/ S: 2)
(rechts: Aw Kreuzlingen, vgl. 201va)
(links: Fw Reichlin v. Meldegg[2098]: In Rot ein silberner Balken,
mit drei roten Ringen belegt)

[211va|444] **D**(!)es vorgeschriben^i **jaurs** | an dem <u>zehenden</u> tag des | Mertzen was do
<u>sonne(n)tag</u> | <u>Remi(ni)scere</u> jn der vasten, do | viel **a**ls ain grosser schne, |
als des selben **jars** vff ain | nacht nie geuiel, vn(d) was | och vast kalt vnd
schniget | vnd wǎt **a**lso vast jn dem | selben mertzen, das die alten | lang   *Kälte im März;*
5 zit ye gedauchtend, | vff das zit S**ô**lich wetter | gewesen sin. |

J(!)t(em) des glich des selben **jǎrs**, | jn den ersten **a**cht tagen | des   *Kälte im April;*
aberellen, do schniget | vn(d) waut es vast vnd | was vast kalt Vn(d) was | *Ernte[2099];*
10 och des selben **jǎrs** win | vnd korn Vnd was man | leben solt vast wolfail. |

[211vb] **V**(!)ff das selb **jaur** verbra[n] ^{i}| ain tail vnser froen cappe[l] | vnd das   *Brand in*
münster zǔ vnse[r] | lieben froen ze **a**insideln[2100] vff | sonn(en)tag quasi   *Einsideln;*
modo geni- | ti[2101], **a**cht tag nach ostran. |

REC IV, Nr.12065, 12077, 13016; HBLdS, Bd.5, S.72, 572; OBG, Bd.3, S.51, 400, 420; Überlinger Einwohnerbuch, Bd.II; K. Kuhn, Kreuzlingen, S.372f).
[2097] Ortulf Wälk: Abt v. Kreuzlingen zwischen 1465 (Wahleinberufung am 11. Okt.) und 1468; in Auseinandersetzungen mit Graf Ulrich v. Montfort verwickelt; gest. am 3. Mai 1468 (vgl. hierzu den Bericht auf fol.216rb) (vgl. REC IV, Nr.13016, 13107, 13452; K. Kuhn, Kreuzlingen, S.274, S.372f).
[2098] Vgl. ZürW Taf.14, 252; WrKatze 7,13=139; WLB, HB V 54, 21^v, 1,1; Öhem 31^r, 496 (Taf.23); Siebm. F, Taf. 132, Nr.4; Siebm. I, Taf.116, 3,3; Siebm. II,1,I, Taf.55, 1,2; Siebm. II,6, Taf.41, 4,3; Siebm. Suppl. III, Taf.19, 1,3.

[211va|444]
i) vorgeschriben] *aus* vorgeschribriben *durch leichte Streichung v.* rib *vermutlich v. der HHd., mbrT, korr.*

[2099] Nach H. Buszello, „Wohlfeile", S.33 berichtet nur die Konstanzer Überlieferung über diesen späten Schneefall. Auch zu den Erntenachrichten (vgl. auch die folgende Spalte) äußert sich keine weitere der betrachteten Chroniken. Nach W. Düwel-Hösselbarth, Ernteglück, S.41 erzielt man in den Jahren 1464 und 1465 recht gute Ernteergebnisse, die zu einer allgemeinen Verbesserung der Lebenssituation beitragen.

[211vb]
i) *3-z. Tintenfleck, mroT, amreRa; Ende der letzten Worte dadurch verderbt*

a...a) im September und Oktober b) v. zittigen: reifen c) Stahlen, Glanz, Schein d) v. erleschen: erlöschen, d.h. sich trüben, verfinstern, dunkel werden e...e) entweder „Magister artium" oder aber Hinweis auf das Verständnis des „Autors": „Magister wie wir, d.h. Gelehrter, Schreiber"

[2100] Nach 1029 und 1226 handelt es sich hier um den sog. dritten Klosterbrand in Einsiedeln im Jahr 1465. Ein Schreiben des Generalvikars (datiert nach dem 21. April 1465) belegt, dass die Kirche und deren vielbesuchte Muttergotteskapelle durch Feuer „in tecturis et lignorum structuris" (REC IV, Nr.12975) heimgesucht wurde, woraufhin eine Untersuchung eingeleitet wird, die eine Entscheidung über die Notwendigkeit einer Neuweihe

5

E(!)s was och des vorgesch- | riben <u>jars</u> jn dem ougsten | ^ajn dem ersten   *Wetter- und*
vnd jn dem | andern <u>herpst monat</u>^a, ain | semlich wetter mit regnen, | das jn   *Erntenach-*
dem zit nit vil schön(er) | tag warend, d(a)z der win vn(d) | ander frucht nit   *richten;*
zittigen^b | mocht vnd das die sun(n)e | ir glåntz^c nit **a**ls clårlich | hett, **a**ls

10 sy dan(n) haben solt. | vnd kam ain vinstri der | sun(n)en, das die mer   *Sonnenfinster-*
dan(n) zů | dem halb tail erlasch^d an sant | <u>Matheus</u> auben(d)²¹⁰² nach mit | *nis;*
tem <u>tag</u> vmb die fünfften | stund vnd weret bisz nach | den sechsen. von
der vinstri | die ^emaister an vnser art^e | nütz gesagt noch in jr al- | manach
da von gesetzt het- | tend²¹⁰³, des das gemain volk |

[212ra|44[5]] ⁱ[e]ttwas verwundert vnd | [e]rschrak, do die sun **a**lso an | [v]ieng
erleschen vnd abne | men. **N**un was sy vor das | <u>jar</u> jn her zů mengen mal |
mit ir varb entstelt gewesen, | yetz vast geluar^a, dan(n) rotuar^b, | mit
zirkeln^c, gestalt **a**in re- | gen bogen, **v**mbgeben, ye | das sy ir würküng der

5 frü- | chten halb das <u>jar</u> nit hett | **a**ls **a**ndre <u>jar</u>. **E**s kamen och |
jn dem herpst vil grosser | **R**iffenⁱⁱ vnd gefrürinen^d, d(a)z | die truben **a**lso hert   *Frost und*
vn(d) gefro | ren vff die bett^e kamen vnd | ward dannocht **a**in notdur- | fft   *Folgen für*
wins, dan(n) das er gar | sur^f vnd **a**in tail vast trůb | ward. | *Wein;*

[212^v|446] Leere Seite

[213ra|447] **DE**(!)sⁱ jaurs als man von | der gepurt <u>cristi</u> zalt | <u>tusend vierhundert</u> |
<u>sechtzig vnd sechs</u> jare Vff | <u>Sonnentag</u>, so man jn der | hailigen kirchen   *1466*
singet <u>qua</u>= | <u>si modo geniti</u>, **a**cht tag nach | ostran²¹⁰⁴ **d**o starb der   *Tod v. Bischof*

---

bringen soll. Nach diesem Brand wird die Gnadenkapelle und das untere Münster eingewölbt, was sich bei weiteren
Brandkatastrophen im 16. Jh. als günstig erweist (vgl. ebd. und HS III/1,1, S.518f, 536).

²¹⁰¹ 21. April.

²¹⁰² 20. Sept.

²¹⁰³ Jede ernstzunehmende astronomische Schrift ptolemäischer Tradition bietet Regeln und Tafeln zur Finster-
nisberechnung. Da dies aber zeitraubend ist, kommen die mittelalterlichen Astronomen offenbar einem verbreiteten
Bedürfnis entgegen, indem sie Listen beobachtbarer solarer oder lunarer Finsternisse im Rahmen v. kirchlichen
Kalendarien oder Almanachen erstellen (vgl. LexMA, Bd.4, Sp.484).

[212ra|44[5]]
i) *Durchscheinen des 3-z. Tintenflecks der Vorderseite, mroT, amliRa; Beginn der ersten Worte dadurch verderbt* ii)
Riffen] ff *leicht verderbt, deshalb zur Verdeutlichung mbrT doppelt ausgeführt*

a) gelb b) rot c) Kreisen d) Fröste e) Feld- bzw. Gartenbeete f) sauer

[213ra|447]
i) **DE**(!)s] D *3-z. Lomb., v. der Hd. des Rubr., mroT* ii) <u>Bůr</u>= | <u>kart</u>] *das diakritische Zeichen bei* ů *mroT* iii...iii)
<u>sechs vnd</u>] *v. späterer Hd. (vgl. fol.154ra und 154vb), mbrT, amliRa erg.; als Vz im Text und amliRa ein Kreuz* (+) iv)
<u>sechtzigost</u>] *Punkt über i mroT* v) jar] *davor Lücke für spätere Ergänzung*

a) Donnerstag b) Zeugen

²¹⁰⁴ 13. April. Todesdatum v. Bischof Burkhard II. v. Randegg ist korrekt (vgl. auch REC IV, Nr.13092).

hochwir= | dig fürst vnd her(r)e, h(er)n Bûr= | kartⁱⁱ von Randek, **B**yschoff   *Burkhard II. v.*
5 | zů costentz. **v**nd was sin be= | grebdt loblich vnd erlich vff | mentag **d**ar   *Randegg;*
nach, nåchst | vor dem **M**aÿ tag, mit vil | volks, heren vnd froen²¹⁰⁵. |

10 **V**(!)ff sant **M**arcus des hailigen | ewangelisten aubend²¹⁰⁶, was | do
durnstag^{a/}, des obgena(n)t(en) | jars **D**o ward von dem **C**a= | pitel zů
costentz zů **a**inem | **B**yschoff erwelt der **h**ochwir= | dig h(er)n herma(n)   *Wahl v. Bischof*
von landen | berg²¹⁰⁷, zů den ziten techan zu | dem thům zů costentz. By | *Hermann III. v.*
der erwelu(n)g²¹⁰⁸ was notary jo= | hannes **S**porer **v**nd **G**eorius | *(Breiten-)*
15 faistlin²¹⁰⁹. **v**nd wurdend zů | zügen^b gegeben die **E**rwir= | digen   *Landenberg;*
Nicolaus²¹¹⁰, abbtte zů | petershusen, **v**nd ortolffus, | abbtte zů
Crützlingen, **M**(a)g(iste)r, | nicolaus gundelfing, vica= | ri, **v**nd maister
andres wall²¹¹¹, | capplan zů dem **M**ünster. **v**n(d) | was der ⁱⁱⁱsechs vndⁱⁱⁱ
sechtzigost^{iv} an der | zal vnd regiert d(a)z **B**ystum | [sic!] jar^v vnd starb |
[213rb] als Man von der gepurt | cristi zalt tusend vierhun= | dert ⁱfunff vnd
lxx^{i/}²¹¹² jåre | ⁱⁱvff Sant Matheus abend^{ii/}²¹¹³. | *1475 (!)*

---

²¹⁰⁵ Vgl. zum Begräbnis am 14. April (!) die Hinweise mit Blick auf unsere Chronik in ebd., Nr.13092.

²¹⁰⁶ 24. April. Tag der Wahl ist korrekt (vgl. auch ebd., Nr.13107).

²¹⁰⁷ Hermann III. v. (Breiten-)Landenberg (1466-1474): aus thurgauischem Rittergeschlecht; sein Bruder Kaspar war v. 1442-1463 Abt v. St. Gallen; um 1410 geb.; Studium in Heidelberg und Bologna; seit 1430 im Besitz eines Konstanzer Domkanonikats; seit 1451 Domdekan; Wahl zum Bischof am 24. April 1466; Bemühungen um Klosterreform; um Frieden zwischen den Eidgenossen und dem Hause Österreich bemüht; vor dem geplanten Rücktritt verstirbt er am 18. Sept. 1474 (vgl. REC IV, Nr. 13105-14206; dazu M. Krebs, Nachlese, Nr.1313a-14149a; HS I/2,1, S.358ff).

²¹⁰⁸ Zu den Ereignissen rund um die Wahl sind wir im Vergleich zu denen v. Burkhard v. Randegg (vgl. Hinweise auf fol.205ra) nicht so detailliert informiert: Wir besitzen kein urkundliches Zeugnis mit einer Anwesenheits- und Zeugenliste, wissen aber, dass er v. der Mehrheit des Domkapitels am 24. April gewählt wird (vgl. REC IV, Nr.1307 und 13113).

²¹⁰⁹ Georg Vaißtlin (Faistlin/Faiste) de Vaduz: kaiserlicher Notar; Kleriker des Bistums Chur; seit ca. 1421 geschworener Notar der Konstanzer Kurie, aber als solcher erst ab 1446 nachweisbar; 1448 bis 1482 „notarius collateralis" der Konstanzer Kurie; 1468 „notarius collateralis causarum"; 1475 Poenitiar des Konstanzer Gegenbischofs Ludwig v. Freiberg; Juni 1475 Bürgerrechtserwerb in Konstanz (vgl. P.-J. Schuler, Notare, S.479ff, Nr.1405).

²¹¹⁰ Nikolaus Roschacher: angeblich Sohn eines Konstanzer Schuhmachers; Priester und Konventual; wird, nachdem Johannes Huw resigniert, vor dem 2. Sept. 1451 zum Abt v. Petershausen gewählt; er urkundet als solcher zuletzt am 30. Jan. 1473; gest. am 27. Feb. 1473 (vgl. REC IV, Nr.11519 und 14010; HS III/1,2, S.975).

²¹¹¹ Andreas Wall: aus Balzheim (Alb-Donau-Kreis) stammend; Studium in Wien, Padua, Perugia und Pavia; ab 1463 doctor decretorum; v. 1447-1453 Schulrektor in Ulm; seit 1452 Pfarrherr v. Oberdettingen und Advokat an der Konstanzer Kurie; amtet erstmals am 20. Dez. 1465 und mehrmals 1467 und 68 als Vizegeneralvikar; 1466 Vizeoffizial; 1468 bis 1472 Offizial; ab 1467 Chorherr v. Radolfzell; stirbt vermutlich 1474 (vgl. HS I/2,2, S.548f). Während in REC IV, Nr.13107 (nach fehlerhafter Lesung v. P. Ruppert, Chroniken, S.255) v. Andreas Wälk bzw. Walk die Rede ist, tritt uns ein solcher sonst nicht mehr entgegen. Gemeint ist also mit Sicherheit dieser Andreas Wall.

[213rb]
i...i) funff vnd lxx] *v. der Hd. Konrad Albrechts erg.* ii...ii) vff Sant Matheus abend] *v. der Hd. Konrad Albrechts* iii) sin] *Punkt über* i *mroT*

²¹¹² Obwohl das Todesjahr v. dem Zeitgenossen Konrad Albrecht noch in den Siebzigern in den unvollständigen Text eingefügt wurde, ist es nicht korrekt. Bischof Hermann stirbt bereits im 18. Sept. 1474. Das fehlerhafte Datum taucht dann auch bei C. Schulthaiß, Bisthums-Chronik, S.69 (20. Sept. 1474) und in seinen Colletaneen, Bd.1, S.171½ (20. Sept. 1475) auf (vgl. REC IV, Nr.14202 und 14179).

5 J(!)t(em) vnd ward der gena(n)t | h(er)n <u>herman, Byschoff zů</u> | <u>costentz</u>,
   gewyhett vff sonn(en)- | tag vor sant <u>martins tag</u>[2114] | jn dem vorgena(n)ten   *Weihe;*
   jaur | zů ainem **Byschoff** **V**on | dem **Byschoff zů** **Basel**[2115] vn(d) | sinem
   <u>suffragani</u>[2116] vnd de(m) | <u>suffragani zů costentz</u>[2117]. |
   J(!)tem vnd het dar nach sin[iii] | <u>erst mesz</u> vnder der ynfel | **an sant Cünrats**   *Erste Messe;*
10 tag[2118]; da by | warend <u>nün abbt</u> mit jren | ynffelen vnd <u>zwen</u> **Bröpst**, | all
   vsz <u>costentzer</u> **Bystum**[2119]. |

                              Bischofswappen
                   zwei Schilde (5x4,5) (5x4,5) (M: 3/S: 3)
15   (rechts: Aw; links: Fw Landenberg[2120]: In Rot drei (2/1) weiße Ringe)

[213ᵛ]|[4]48] Leere Seite

[214ʳᵃ] **D**(!)es vorgena(n)ten <u>jars</u> vff | sant <u>agatha</u> aubend[2121] do ent- | fror[a] vnd   *Schmelze und*
   gieng vff der vn- | der see. Vnd dar nach an de(m) | <u>dritten tag</u> do ward es   *Eis auf dem*
   also | kalt das der vnder see wÿ- | der überfror[2122] vnd belaib also | bisz vff   *Bodensee;*
   sant **Mathias** tag[2123] vn(d) | man sorget der reben. | *Sorge um*
5   *Reben[2124];*

   D(!)ar nach des selben <u>jars</u> vff | dornstag nach sant <u>jacobs</u> | tag[2125] do für   *Schiffsunglück;*
   Růsch, do ze mal | <u>hansen Bomgarts</u>[2126] knecht, | von <u>lindow zů costentz</u>

[2113] 20. Sept. Auch dieses Datum ist also nicht korrekt.
[2114] 9. Nov.
[2115] Johann V. v. Venningen.
[2116] Nikolaus Fries.
[2117] Thomas Weldner.
[2118] 26. Nov.
[2119] Die Weihe findet tatsächlich am 9. Nov. und die erste Messe als Bischof am genannten 26. Nov. 1466 statt. Das Festessen nach der Weihe besteht übrigens aus Fleisch eines vierjährigen Bären, den der Bischof hielt (vgl. REC IV, Nr. 13182, 13187 und HS I/2,1, S.359).
[2120] Vgl. ZürW Taf.8, 118; ZürW L, 17 und 153; RiA 457, 1,2; 461, 1,3; RiDrS 200ʳ, 2,2; Grünenb. Taf.134, 2,4; WrKatze 6,11=114; WLB, HB V 54, 17ᵛ, 2,2; Öhem 9ᵛ, 100 (Taf.4); Siebm. E, S.434; Siebm. I, Taf.198, 1,4; Siebm. II,6, Taf.5, 3,2; Siebm. II,10, Taf.16, 2,2; Siebm. Suppl VII, Taf.4, 4,1 und Taf.26, 4,3; WtBvK 5,2 (quadriert: 1,4: Aw; 2,3: Fw).

[214ʳᵃ]
a) v. entfrieren: auftauen, schmelzen b) heftiger, reißender, c) gemeint ist möglicherweise schërkorn [jährliche Kornabgabe für das Ernten] oder aber Abgeschorenes, d.h. Wolle d) Säcke

[2121] 4. Feb.
[2122] Vgl. zu dem Phänomen der Seegefröne z.B. die Berichte auf fol.57ʳᵇ, 145ᵛᵇ, 147ʳᵃ, 211ʳᵃ, 223ʳᵃ.
[2123] 24. Feb.
[2124] Vgl. R. Glaser, Klimageschichte, S.81 mit Zitat aus unserer sowie anderen Chroniken zu dieser Seegefröne.
[2125] 31. Juli.
[2126] Über diese Nachrichten hinausgehende Hinweise auf Rüsch und Hans Bomgarter konnten nicht zusammenge-tragen werden. Möglicherweise handelt es sich bei dem Knecht um den im Ratsbuch erwähnten jungen „Hanns

vsz | vmb die viere nach mitte(m) | tag. vnd do er kam für d(a)z | <u>aicher</u> do
10 kam ain grosser | vngestůmer^b <u>wind</u>, das er | mit aller macht vn(d) grosser
| not bisz gen <u>hagnow</u> kam. | do gieng d(a)z scheff <u>vnder</u> | vnd was jn dem
scheff <u>sech</u>= | zehen fůder win vn(d) <u>nün</u> | vnd <u>fünfftzig</u> scher^c sek^d; do |
ertrunkend <u>vier</u> stark ge- | sellen; die <u>andren</u> kamend | mit not vsz²¹²⁷. |

[214rb]

D(!)es vorgena(n)t(en) <u>jars</u> ward | <u>Burg(er)maister</u> <u>Cůnrat</u> grůn | *Bürgermeister;*
enberg²¹²⁸, <u>v̊lrich</u> Blaurer | vogt vnd <u>hansz</u> <u>Bolsch</u> | huser amman. | *Vogt; Am-*
5 *mann;*

Wappen v. Bürgermeister, Vogt und Ammann
drei Schilde (3x3) (3x2,5) (3x2,5)
(rechts: Fw Grünenberg²¹²⁹: In Schwarz ein silberner Sechsberg)
10 (Mitte: Fw Blarer, vgl. fol.69rb)
(links: Fw Boltzhuser, vgl. fol.210vb)

[214va|450] **D**(!)es vorgeschriben <u>jars</u> was | ain tag vff Sant <u>v̊lrichs</u> tag²¹³⁰ | zwüschen *Friedensver-*
hertzog sigmund | von <u>ȯsterrich</u> vnd den <u>aydge-</u> | nossen zů <u>Costentz</u>²¹³¹. *handlung in*
By dem | tag was: | *Konstanz;*

Růsch", der 1459 für ein halbes Jahr aus der Stadt verbannt und mit einer Geldstrafe belegt wird, weil er „dem
Rippelin | vnd lucaszen måler vff dem jren gevischet" (StAK, B I 11, S.36, ähnlich zitiert auch bei P. Schuster,
Gericht, S.133), d.h. in den diesen zugewiesenen Revieren gefischt hat. Hans Bomgarter wiederum könnte ein Angehöriger der ratsfähigen, aber nicht den Sünfzen angehörenden Lindauer Familie sein (vgl. Rudolf Bomgarter: Bürgermeister und Ratsherr oder Konrad Bomgarter: Zunft- und Ratsherr (vgl. K. Wohlfart, Geschichte der Stadt Lindau im
Bodensee, Bd.1, Lindau 1909, S.246, 249f und A.O. Stolze, Sünfzen, S.67).
²¹²⁷ Vgl. allg. zu der Thematik Schiffsunglücke die Berichte auf fol.72rb, 138rb, 146^{va}f, 148ra und 221vb.

[214rb]
²¹²⁸ Konrad II. Grünenberg: Angehöriger der wohlhabenden Kaufmannsfamilie in Konstanz; Bruder: Stoffel Grü-
nenberg; Sohn: Conrad III. (Diener Friedrichs III.; Aufstieg in das Patriziat; Verfasser des Wappenbuches); Mitglied
der Kaufleute- und Goldschmiedezunft; ab 1445 langjähriges Ratsmitglied; Bürgermeister in den Jahren 1466, 1468
und 1470; Vogt in den Jahren 1467 und 1469; Inhaber anderer Ämter (z.B. Brotbeschauer, Heimlicher; einer der
Sieben Richter in Schuldsachen; einer der Sieben Richter in Bausachen; Säckelmeister 1443, 1447, 1458-1460;
Landrichter des Reichslandgerichts im Thurgau; Baumeister; Baumeister zu St. Stephan); seit dem Jahr 1474 im Rat
durch seinen Sohn ersetzt (Todesjahr?) (vgl. J. Marmor, Urkunden-Auszüge III, S.95, 99; K. Beyerle, Ratslisten,
S.146ff und S.250; P. Ruppert, Konstanzer Kulturskizzen, S.34-37 (fehlerhaft); OBG, Bd.2, S.482 (fehlerhaft!); P.F.
Kramml, Friedrich III., S.171, 247, 323ff, 498ff, 514, 517f, 521; Grünenb., Bd.5, S.VI; B. Konrad, Buchmalerei in
Konstanz, S.120, 122). Die Angabe zum Jahr 1466 ist also korrekt.
²¹²⁹ Vgl. RiA 463, 4,1 (nicht identisch: In Gold grüner Sechsberg); RiDrS 203^r, 3,1 (wie RiA); Grünenb. Taf. 94b, 1,3
(nicht identisch: In Silber grüner Sechsberg, golden umrandet); WrKatze 5,13=93; Ôhem 14^r, 184 (Taf.8) (wie
Grünenb.). Während das freiherrliche Grünenbergische Geschlecht nach Grünenb., Teildruck, S.V „v. Gold einge-
fasste, gedoppelte dreifache Berge in einem silbernen Schilde zeigt", ist das Wappen des Konstanzers Conrad Grünenberg „ein schwarzes Schild mit gedoppelten dreifachen goldnen Bergen" (vgl. Grünenb., Titelblatt, Ergän-
zungsbd.).

[214va|450]
²¹³⁰ 4. Juli.
²¹³¹ Hierbei handelt es sich um die letzte Runde einer Reihe v. Landfriedensverhandlungen des Jahres 1466 in
Schwaben (andere Versammlungsorte: Ulm und Nördlingen), die auf Initiative und in Konstanz auch unter Leitung

J(!)tem **Marggrauff albrecht** vo(n) | **B**randenburg mit **hundert** | vnd zway   *Anwesenheits-*
5   vnd **trissig** pfår- | den. | *liste;*
     Jt(em) Grauff **allwig** vo(n) **Sultz**. |
     Jt(em) **her** hansz vo(n) **schoumburg**. |
     Jt(em) **her** hainrich von **fryberg**. |

10   **h**ertzog sigmu(n)ds **botschafft**: |
     Jt(em) **Grauff Eberhart vo(n) sunne(n)ber(g)**. |
     ain truchsåsz vo(n) **waltpurg**. |
     Jt(em) **her** türing vo(n) **hallwÿl**. |
     Jt(em) **her** jacob **trapp** |
15   vnd sust dry **Ritter**. |

     J(!)t(em) **Marggråf wylhalm** vo(n) **R**ôtel. |
     Jt(em) **Marggrauen vo(n)** Niderbaden | **Bottschafft**. |
20   **J**(!)te(m) des vo(n) **wirtte(m)berg** botschafft. |
     Jt(em) **B**yschoffs vo(n) Mentz bottschafft. |
     Jt(em) **h**ertzog ludwigs **B**otschafft. |

     Der stett Botschafft
25   **J**t(em) von **Strausburg** ain Ritt(er). |
     Jt(em) vo(n) **Basel**   **ai**n Ritt(er). |
     Jt(em) vo(n) **Bern**   **ai**n Ritt(er). |
     Jt(em) **vo(n) N**ůremberg. |
     Jt(em) vo(n) **Ougspurg, von vlm,** | **V**o(n) **Memmi(n)gen, Bybrach,** |
30   **R**aue(n)sp(ur)g, **ü**berlingen, **lindow**. |
[214ᵛᵇ]   **J**t(em) vo(n) der **aidgenossen**. |
     her hainrich Schwendi, **Ritt(er)**, |
     her Berchtold vogt, **Ritter**, |
     her Bernhart **gradner**, Ritt(er), |
5   vnd gemain **stett** vo(n) allen | **orten**. |

     Zů **Costentz** was och:
     Jt(em) **G**raff hug vnd **gråff v̊**l(rich) | von **Montfort, gepr**ůder, |

Markgraf Albrecht Achills v. Brandenburg durchgeführt werden. Bei dem hier angesprochenen Kongress kommt es
u.a. zur Beilegung der Gradnerfehde, die das Verhältnis zwischen Herzog Sigmund und den Eidgenossen zeitweise
schwer belastete. Bei diesen Friedensgesprächen, die im Juni/Juli stattfinden, beteiligen sich, wie im Folgenden
dargestellt, Gesandte Herzog Ludwigs IX. v. Bayern, Markgraf Karls v. Baden, des Erzbischofs v. Mainz, der Grafen
v. Württemberg und Vertreter zahlreicher Städte sowie bspw. aufseiten der Eidgenossen Bernhard Gradner (vgl. EA,
Bd.2, S.356f, Nr.561; W. Baum, Habsburger, S.492ff.).

[214ᵛᵇ]
i) **J**t(em)] *dan. Lücke*

a...a) Verwalter einer Komturei, Vorsteher eines Ritterordens

vnd graͤff **w**ylhalm, ir vett(er). |

10 Jt(em) **graue johans** vo(n) **werdemb**(er)g, | verweser des gestifftz **z**ů
ǒgsp(ur)g, |

vnd graff **j**ǒrg, **sin** Brůder. |

Jt(em) graͤff josz **von** zolr. |

Jtem graͤff hain(rich) vnd **graff Sig** | mund von **l**uppffen, geprůder. |

15 Jt(em) graͤff **h**ain(rich) vo(n) **n**ellenburg. |

Jt(em) **graff wylh**(alm) vo(n) **S**algans. |

Jt(em) graͤff oswald vnd graͤff wÿl | **h**alm von **t**ierstain. |

Jt(em) graff **v**ͮl(rich) vnd graff **Cǔ**- | rat von **S**ulz. |

Jt(em) **graff** hannsz vo(n) **E**berstain. |

20 Jt(em) **her walther** vo(n) Busna(n)g, ᵃCome(n) | thürᵃ **z**ů **t**obeln sant
joha(n)s orden. |

Jt(em) **p**eter **von** Rar, fryh(er)re. |

Jt(em) **hansz** vo(n) hǒwen, fryher(r)e. |

Jt(em) **S**igmu(n)d von bra(n)dis, **fryh**(er)re. |

25 Jt(em)ⁱ **von** wyssenb(ur)g, fryh(er)re. |

Jt(em) **her j**ǒrg truchsåssz, Ritt(er). |

Jt(em) **h**er hansz truchsåsz, Ritt(er). |

Jt(em) **h**er Sigmu(n)d vo(n) **S**tain. |

Jt(em) **her hug von** landenberg. |

30 Jt(em) her hain(rich) vnd her hansz | von Randeck, gebrůder, Ritt(er). |

Jt(em) **h**(er)r hansz jacob vo(n) Bodme(n), Ritt(er). |

Jt(em) **her** josz vo(n) hornstain, Ritt(er). |

Jt(em) **her** ludewig vo(n) **h**elmstorff, Ritt(er). |

[215ʳᵃ|455!] A(!)b(!)er des vorgena(n)ten **jaurs**²¹³² | vff frytag vor dem hailig(en) | **tag** *Delinquenz und*
zů **w**inåchten²¹³³ do wur | den jro dry morder²¹³⁴ von | güttingen zů *Strafe;*
costentz vff | reder gesetzt, vm(b) das Sy | zwo froen²¹³⁵ ermürdt hetten. |

[215ʳᵇ] Des selben **jaurs**²¹³⁶ was Burg(er)- | maister **v**ͮlrich Blaurer, | **Cǔ**nrat *Bürgermeister;*

[215ʳᵃ|455!]

²¹³² Gemeint ist – dies belegt der Ratsbucheintrag – nicht das zuvor genannte Jahr 1466, sondern das bisher noch
nicht erwähnte Jahr 1467.

²¹³³ 18. Dez.

²¹³⁴ Der hierzu gehörende Eintrag im Ratsbuch zum 18. Dez. 1467 (!) nennt als verurteilte Täter „Wilhelm vlrich von
Gůttingen", „(Lücke) Schmid zu Gůtting(en)" und „(Lücke) schnider vo(n) Bůch, sesshaft zu | Gůtting(en)" (StAK,
B I 11, S.371). Bei dem genannten Wilhelm Ulrich v. Güttingen handelt es sich ebenso wie bei den beiden anderen
Personen um einen Bewohner des Ortes und nicht – wie man auf den ersten Blick vermuten könnte – um einen Angehörigen der sich nach Güttingen nennenden Freiherrenfamilie, die zu diesem Zeitpunkt bereits ausgestorben ist
(vgl. OBG, Bd.1, S.487; HBLdS, Bd.4, S.1).

²¹³⁵ Nach dem Ratsbuch handelt es sich um „ain frowen", d.h. eine nicht namentlich genannte Frau, die v. dem hier
erwähnten Wilhelm Ulrich „zů dem Thurn zů | Güttingen ermürt" wird, und um „Hainrich Mullers wib", die der
Verurteilte „an der Blaiche ermurt | han". Der dritte Delinquent wird für seine Mithilfe an dem letztgenannten Mord
mit dem Tode bestraft. Vgl. allg. zur Verhängung der Todesstrafe in Konstanz P. Schuster, Gericht, S.265ff.

grǔnenberg vogt | vnd hansz **Ruch** amman. | *Vogt; Am-*
                                                                 mann;

Wappen v. Bürgermeister, Vogt und Ammann
5   drei Schilde (3x2,5) (3x2,5) (3x2,5)
                     (rechts: Fw Blarer, vgl. fol.69rb)
                     (Mitte: Fw Grünenberg, vgl. 214rb)
                     (links: Fw Ruch, vgl. fol.121rb)

[215va|456] **D**(!)es vor gemeldten jǎrs, vff | <u>Sant pelagien</u> tag^{2137}, was do vff | ainen   *Fehde:*
frytag, do hielt^a **Burkart** | <u>von Ryschach</u>^{2138} vnd wǔsthaintz | <u>von</u>   *Burkhard v.*
schellenberg^{2139}, basthart^b, vn(d) | jro mit helffer vff die vo(n) <u>v̈ber=</u> | *Ryschach und*
lingen von ettwas zǔsprüch, | so **Burkart** vo(n) Ryschach zǔ den | von   *Wüstheinz vs.*
5   <u>v̈berlingen</u> vnd <u>wǔst=</u> | haintz zǔ den von **Rauensp(ur)g** | hett. doch   *Überlingen;*
westen sy sich vor | dem <u>von Ryschach</u> nit ze hǔt= | tend, dan er jnen nit
abgesait | hatt; **d**och wǔsthaintz het den | <u>von</u> **Rauensp(ur)g** vnd jren punt=
| genossen **a**in vintschafft ge= | sagt. **V**nd hieltend by <u>lütz=</u> | elstetten^{2140}
vornan an **Maÿno**= | <u>wer</u>^j wald vnd viengen | ettweuil lüt^{2141} vff der strausz
10 | jn den wald, das jnen kain | geschray wurd. **d**o sy nur be= | ducht, das sy
hetten jn eben | wesen, **S**atztend sy die lüt jn | dem holtz an ainen **Ring**^c
vn(d) | fragtend ye den by dem **a**ÿd^{ii}, | wannen er wǎre vnd was | er jnen
geben wǒlte. vn(d) sich | der da her der ander dǒrther | nampten, **d**es oder
des heren | wǎren vnd nütz mit jnen | zetǔnd hettend vnd och nütz | geben
15 wǒltend. vnd nun | vnder den lüten <u>dry</u> burg(er) | <u>von v̈berlingen</u>, mit

---

[215rb]
^{2136} Auch diese Angaben beziehen sich auf das Jahr 1467.

[215va|456]
i) **Ma**ÿno= | <u>wer</u>] *Punkte über* ÿ *mroT* ii) **a**ÿd] *Punkte über* ÿ *mroT*

a) v. halten: auflauern b) unehelicher Sohn c) Waldlichtung

^{2137} 28. Aug. Die folgende Angabe des Wochentages ist, sich wiederum auf 1467 beziehend, korrekt.

^{2138} Burkhard v. Reischach: aus dem in zahlreiche Linien aufgespaltenen schwäbischen Ministerialengeschlecht (zunächst ein solches der Grafen v. Pfullendorf, dann Dienstmannen der Staufer) (vgl. OBG, Bd.3, S.427, 454f): a) Burkhard v. Reischach zu Grüningen: sagt 1465 mit Burkhard und Hamann v. Reischach Biberach die Fehde an; lebt noch 1478 (vgl. OBG, Bd.3, S.484) oder b) Burkhard v. Reischach zu Hohenstoffeln: 1462 zu Hohenkrähen genannt; Hofmeister der Markgrafen v. Baden; Bestallungsbrief v. Kurfürst Johann v. Trier 1499; 1503 Badischer Landeshofmeister zu Neuenburg (vgl. ebd., Bd.3, S.477).

^{2139} Heinz v. Schellenberg: ist in der Stammtafel der Familie vermutlich nicht aufgeführt; möglicherweise handelt es sich aber um den dort genannten Heinrich v. Schellenberg v. Wasserburg (zwischen 1467 und 1486 nachweisbar; 1475 Vogt zu Tettnang) (vgl. ESt, Bd.12, Taf.146).

^{2140} Litzelstetten, Lkr. Konstanz: erste urkundliche Erwähnung 839 (Kopie des 19. Jh.) bzw. 946; Herren v. Litzelstetten v. 1071/88-1317 als Reichenauische Ministerialen, später als Konstanzer Bürger nachweisbar; kommt zu unbekannter Zeit an das Kloster; um 1272 Übergang an die Dt.-Ordens-Kommende Mainau (vgl. LBW, Bd.6, S.755; Lkr. Konstanz, Bd.3, S.452ff).

^{2141} Darunter war auch Lienhart Wintersulger, der in seiner Chronik einen ausführlichen und mitreißenden Augenzeugenbericht hinterlassen hat (vgl. P. Ruppert (Hg.), Überlinger Chronist, S.109ff).

namen | lienhart saÿlern, do der sch̊ch= | macher zunfftmaist(er), josen |
goldschmid vnd hannsen | v̈belacker²¹⁴², ainen metzg(er), gefa(n)g= | en
hetten. die dry namen sy |

[215ᵛᵇ] vnd bunden sy vff dr̈ Rosz vn(d) | f̊rten sy mit jn enweg vnd | liessen
sust yederman wyder | ledig loffen²¹⁴³. also kam(m) d(a)z ge= | schray gen
costentz vn(d) v̈ber= | lingen. do ylt man vs als | Bald; Man mocht sy aber
nit | erylen. vnd f̊rtend sy gen | schramberg²¹⁴⁴, da lagend sy vff | Monotⁱ

5 gefangen. Es | hett ain Rat z̊ v̈berlingen allen | jren fr̈nden verbotten,
das | sy niema(n)t getorst vsl̊sen, | noch sy kain gelt geben. Ye z̊ | letzst
wurdend sy gesch̊tzt | vnd vsb̈rgetᵃ. |

Jt(em) man gab für lienharten | Sayler zwayhundert guldin. |

Jt(em) für den v̈belacker dr̈ hun= | dert guldin. |

10 Jt(em) do t̊dinget des goldschmids | ainer sin fr̈nd oder br̊der jm | vmb
ain klain gelt, da mit er | och ledig ward²¹⁴⁵. |

[216ʳᵃ|457] Al(!)sⁱ man von der gepurt | cristi zalt tusend vierhu(n)= | dert sechtzig
vnd acht j̊re | do ward aber krieg zẅsch= | en der herschafft vnd den   *1468 Mülhauser*
aid= | genossen. Vnd was das der | anfang, das die von Mülhu= | sen²¹⁴⁶   *Krieg;*

---

²¹⁴² Den Familiennamen nach handelt es sich um in Überlingen ansässige Bürger (vgl. z.B. die Familie Goldschmid,
die bereits seit 1211 nachweisbar ist und vermutlich mit diesem hier genannten Jos 1464 wieder einen Ratsherren
stellt) (vgl. OBG, Bd.1, S.455). Lienhart Wintersulger nennt noch weitere Personen: „warent unser vier, die man
ainsmals füert, mit namen Hans Uebelacker, was ain metzger, Bernhard Brotbeck und der Tobler (...) viengent mer
leut und brachten die auch und mitnamen die alte sewirtin und her Hainrich iren son, und ain frawen, hies die
Frickin, auch Michel Schotterwald und ainen Sayler und ander (...) so komt uns ainer, hieß Jos Goltschmidt, und sein
fraw und kindt" (P. Ruppert (Hg.) Überlinger Chronist, S.109f).

[215ᵛᵇ]
i) Monot] *davor Lücke zur späteren Ergänzung*

a) v. vsbürgen: (durch Geld) auslösen

²¹⁴³ Nach dem Augenzeugenbericht v. Wintersulger dauert die Gefangenschaft aller, die auch mit Folter verbunden
ist, mehrere Tage (vgl. ebd., S.110).
²¹⁴⁴ Schramberg, Lkr. Rottweil: entsteht im Schutz der Burgen Ober- und Unterfalkenstein; erste urkundliche Erwähnung 1293; ursprünglich wohl Zähringergut, dann im Besitz der Herzöge v. Teck und v. diesen weiterverliehen
an die v. Schilteck; ab 1347 Erwerbung v. den v. Falkenstein; 1444 werden Teile der Herrschaft an Württemberg verpfändet; 1452 kommt Unterfalkenstein und Schramberg an Hans v. Rechberg (vgl. LBW, Bd.6, S.504f).
²¹⁴⁵ Wintersulger berichtet ausführlicher: „schatzend mich umb anderthalb hundert gulden, darnach den Goltschmid
auch und ain klein weyl darnach Bernhardten und schatzend in umb zwey tozend kartenspill und umb 200 würffel
und darnach den Haintzen Uebelacker umb 600 fl." (P. Ruppert (Hg.) Überlinger Chronist, S.110). Da es bei der Beschaffung des Geldes zu Verzögerungen kommt, wird der Chronist erst am 21. Dez. freigelassen (vgl. ebd., S.110f).
Vgl. möglicherweise hierher gehörend J. Marmor, Urkunden-Auszüge III, S.106: Hinweis auf einen v. Heinz Schellenberg ausgestellten Sicherheitsbrief für den Zug zu einem v. Jörg Truchsess v. Waldburg auf den 9. Sept. 1467
anberaumten Rechtstag.

[216ʳᵃ|457]
i) Al(!)s] A *2-z. Lomb., v. der Hd. des Rubr., mroT*

²¹⁴⁶ Mülhausen (Elsass) (vgl. z.B. LexMA, Bd.6, S.894; W. Baum, Sigmund, S.281).

Burger wurden oder | jn puntnusz kamen mit den | von bern²¹⁴⁷. Nun
5 wurdend die | von mülhusen bekrieget vnd | von den heren bekümert²¹⁴⁸.
vn(d) | also manotend die vo(n) Bern | gemain aidgenossen vn(d) zu | gend
vsz von allen ŏrtern²¹⁴⁹ | vff Sant johans des tŏffers | ze sun(n)wendi²¹⁵⁰. |

10
D(!)es jaurs ward Burg(er)mai= | ster Cŭnrat grünenberg, | v̆lrich Blaurer   *Bürgermeister;*
vogt vnd | hansz Ruch amman. | *Vogt; Am-*
                                                                            mann;

Wappen v. Bürgermeister, Vogt und Ammann
15   drei Schilde (3x2,5) (3x2,5) (3x2,5)
       (rechts: Fw Grünenberg, vgl. fol.214ʳᵇ)
          (Mitte: Fw Blarer, vgl. fol.69ʳᵇ)
           (links: Fw Ruch, vgl. fol.121ʳᵇ)

[216ʳᵇ] A(!)bbt ortolff wålk zŭ Crütz= | lingen der starb des vor= | genanten jårs   *Tod des Abts v.*
vff der | fart zŭ Sant Bathen²¹⁵¹ vff | der hailigen crütz tag jm | maigen²¹⁵²   *Kreuzlingen;*
vnd was sinem | gotzhusz nütz vnd gůt. | Dar nach, vff sonn(en)tag vor |

---

²¹⁴⁷ Am 17. Juni 1466 schließt Mülhausen einen fünfjährigen Allianzvertrag mit Solothurn und Bern (vgl. EA, Bd.2, S.354f, Nr.559). Hintergrund dieses aus der Not heraus entstandenen Bündnisses ist allg. das schlechte Verhältnis zwischen Mülhausen und dem umliegenden Adel, der bemüht ist, die Autonomie der Stadt aufzuheben. Den eigentlichen Anlass bildet aber der sog. „Sechsplappartkrieg" v. 1465/66. Nachdem sich der Müllerknecht Hermann Klee, der eine Lohnforderung v. sechs Plappart beim Bürgermeister anhängig macht, unter den Schutz des Ritters Peter v. Regisheim stellt, nimmt dieser Adlige im April 1466 zwölf Mülhauser Bürger gefangen. Die Reichsstadt bittet daraufhin die eidgenössischen Städte Solothurn und Bern um Hilfe; der Allianzvertrag wird unterzeichnet (vgl. W. Baum, Sigmund, S.281; ders., Habsburger, S.498ff).
²¹⁴⁸ Nach Abschluss des Vertrages wird Mülhausen zunächst tatsächlich vom umliegenden Adel bedrängt und bekriegt. In den Auseinandersetzungen fällt der Müllerknecht; die Fehde hätte damit beigelegt werden können. Die Bürger v. Mülhausen sinnen aber nach Rache und unternehmen mit angeworbenen eidgenössischen Söldnern Plünderungszüge in den Sundgau. Selbst ein Frieden auf Initiative v. Herzog Sigmund v. Österreich kann weitere kriegerische Auseinandersetzungen nicht verhindern (vgl. W. Baum, Sigmund, S.281f; ders., Habsburger, S.499ff).
²¹⁴⁹ Aus der erwähnten kleinen Fehde entwickelt sich in der Folgezeit trotz wiederholter Vermittlungsversuche und Friedensschlüsse (vgl. z.B. Friede zwischen Herzog Sigmund und Mülhausen vom 5. Nov. 1466; Interventionen v. Pfalzgraf Friedrich, Herzog Ludwig IX. v. Bayern-(Landshut), Albrecht Achill v. Brandenburg u.a.; Tagung in Basel am 29. Sept. 1467; Eingreifen v. Kaiser und Papst) ein weit ausgreifender Kampf zwischen dem sundgauischen Adel bzw. Herzog Sigmund v. Österreich und Mülhausen mit den es unterstützenden Eidgenossen. Die eigentlichen Kriegshandlungen beginnen Ende Jan. 1468 bzw. nach dem Scheitern neuerlicher Verhandlungen im April 1468. Am 18. Juni sagen Bern, Solothurn und Freiburg, am 24. Zürich, am 28. Schaffhausen, St. Gallen und Glarus sowie um die gleiche Zeit Luzern, Schwyz, Uri, Unterwalden und Zug Herzog Sigmund die Fehde an. Das vereinigte eidgenössische Heer, aus ca. 13.000 Mann bestehend, zieht daraufhin gegen den Sundgau und den Schwarzwald (vgl. auch den Hinweis auf fol.216ᵛᵃ) (vgl. ausführlich auch zum weiteren Verlauf W. Baum, Sigmund, S.281ff; ders., Habsburger, S.498ff).
²¹⁵⁰ 24. Juni.

[216ʳᵇ]
i) erwelt] t *(eventuell durch Korrektur) verderbt* ii) Bÿ] Bÿ= | *SG, Fehler des Rubr., Punkte über* ÿ *mroT* iii) der] *fehlt SG*

²¹⁵¹ Eventuell ist St. Blasien gemeint.
²¹⁵² 3. Mai.

dem <u>hailigen</u> <u>pfingsttag</u>²¹⁵³, | was nåchst nach <u>vrbani</u>, | **d**o wycht min <u>her</u>
5 <u>von</u> | <u>costentz</u>²¹⁵⁴ <u>her hansen</u> **B**in= | <u>der</u>²¹⁵⁵ zů <u>abbt</u> ze <u>crützling(en)</u> | zů
dem <u>thům</u>, der da vor | von aine(m) <u>co(n)ue(n)t</u> zů <u>crütz</u>= | <u>lingen</u> <u>erwelt</u>ⁱ   *Dessen*
<u>was</u> <u>vff</u> | <u>frytag</u> vor <u>pangracy</u>²¹⁵⁶. **B**ÿⁱⁱ | der <u>wyhu(n)g</u> warend [der]ⁱⁱⁱ <u>abbt</u> | *Nachfolger;*
zů <u>petershusen</u>²¹⁵⁷ vnd der | <u>abbt von vischingen</u>²¹⁵⁸. |

10

Abtswappen
zwei Schilde (4x3,5) (4x3,5) (M: 1,5/S: 2)
(rechts: Aw Kreuzlingen, vgl. fol.201ᵛᵃ)
(links: Fw Wälk (?), vgl. fol.139ʳᵇ)

[216ᵛᵃ|458] **J**(!)tem <u>vff</u> das jar ward der | <u>Schwartzwald</u> von den <u>aid</u>= | <u>genossen</u> vast   *Klettgauzug;*
<u>gewůst</u>²¹⁵⁹ vn(d) | jnsunder das gotzhusz zů | <u>Sant Blåsin</u>. |

5 **J**(!)tem do ze mal, jn der <u>woch</u>= | en nach <u>sant johans</u>ⁱ **B**aptisten oder | an
sinem <u>tag</u>²¹⁶⁰, do zugend die | <u>aidgenossen</u> für <u>waltzhůt</u>²¹⁶¹ | vnd lagend da

---

²¹⁵³ Pfingstsonntag ist 1468 am 5. Juni; der Sonntag davor ist der 29. Mai. Dieser ist gleichzeitig auch der Sonntag nach Urbani, dem 25. Mai. REC IV, Nr. 13452 datiert die Wahl auf den 26. Mai.
²¹⁵⁴ D.h. Bischof Hermann III. v. (Breiten-)Landenberg.
²¹⁵⁵ Konrad (!) III. Binder: aus Konstanz stammend; zuvor Statthalter in Hirschlatt; Wahl zum Abt v. Kreuzlingen am 6. Mai 1468; Bestätigung des Bischofs am 25. Mai; gest. am 1. April 1474. Während in REC IV, Nr.13452 nach der Chronik v. „Hans Binder" die Rede ist, wird an anderer Stelle, etwa im Zusammenhang mit seinem Tod v. „Konrad v. Kreuzlingen" gesprochen (vgl. REC IV, Nr.13452, 13686, 14188; K. Kuhn, Kreuzlingen, S.372f).
²¹⁵⁶ 6. Mai.
²¹⁵⁷ Abt Nikolaus Roschacher.
²¹⁵⁸ Abt Heinrich Schüchti: in St. Gallen geb.; St. Galler Konventuale; neben Abt Ulrich Rösch die führende Persönlichkeit des Gallusklosters bei der Auflehnung des Konvents gegen Abt Kaspar v. Landenberg; kurze Zeit Pfleger in ebendiesem Kloster; Studium in Leipzig; nach vermutlich erzwungener Resignation des Vorgängers vom Bischof als Abt in Fischingen eingesetzt; macht die Verehrung der heiligen Ita zum Mittelpunkt des geistlichen Lebens; resigniert wegen seines hohen Alters am 2. Okt. 1506; stirbt am 28. April 1510 (vgl. HS III/1,1, S.693ff).

[216ᵛᵃ|458]
i) johans] *üdZ, v. der HHd. erg., davor und dan. als Vz jeweils ein Punkt, v. der Hd. des Rubr., mroT*

a) v. hergoten: verheeren b...b) hohen kirchlichen Feiertagen, an denen Fehden ruhen müssen c) unrecht, falsch d) v. behaben: sich behaupten

²¹⁵⁹ Der Zug des eidgenössischen Heeres gegen den Schwarzwald gehört zu den Ereignissen rund um den Mülhauser Krieg (vgl. fol.216ʳᵃ). Neben der Unterstützung für Mülhausen ist die Hilfestellung für Schaffhausen (vgl. zu diesem Themenkomplex W. Baum, Sigmund, S.116ff, 279f, 282f und ders., Habsburger, S.504ff) eines der erklärten Ziele der Eidgenossen. Am 27. Juni fallen ca. 2.000 Schweizer verheerend in den Klettgau westlich v. Schaffhausen ein. Entgegen der Annahme des Adels, der Zug richte sich gegen Freiburg/Br., um sich mit den im Sundgau stehenden Truppen zu vereinigen, kehrt das Heer nach der Eroberung v. Erzingen wieder nach Schaffhausen zurück. Anfang Juli ziehen die Eidgenossen erneut in den Klettgau, überwinden ein österreichisches Heer bei Waldkirch und erreichen St. Blasien. Gegen eine Zahlung v. 3.000 fl bewahrt der Abt Christoph v. Greut das Kloster vor der Plünderung. Erst als auch Tiengen eingenommen wird, trifft der Adel Gegenmaßnahmen. Währenddessen sammelt sich das Schweizer Heer auf dem Raafzer Feld, rückt am 20. Juli in Tiengen ein und belagert, wie im Folgenden ausgeführt, seit dem 22. Juli Waldshut (vgl. M.A. Meier, Friede; W. Baum, Sigmund, S.287f; ders., Habsburger, S.516ff; W. Schaufelberger, Spätmittelalter, S.312ff).

vor bisz zů | <u>sant verenen</u> tag[2162], am(m) <u>sambs</u>= | tag da vor[2163]. zugend sy   *Waldshuter-*
da vo(n) | vnd warend by <u>nün</u> woch= | en[2164] da gelegen vnd helgote(n)d[a] | *krieg;*
sy vast tag vnd nacht, an <u>son(n)</u>= | <u>nentagen</u> vnd andren [b]geban | nen
10 tagen[b]. vnd jnsunder an | <u>vnser lieben froen tag ze mittem</u> | <u>ougsten</u>[2165]
mochtend sy nit fryd | haben mit schiessen vnd nŏten, | das doch vnbillich[c]
was. doch be= | hůt sy got, das sy die zit behůben[d] | vnd mengen man da
vor ver | lurend.[2166] |

[217ra|259] DEs[i] jaurs als man von | der gepurt <u>cristi</u> zalt | <u>tusend vierhundert sechtzig</u>
| <u>vnd acht</u> jare als vor stat | vff <u>zinstag</u> nåchst vor vnser | <u>lieben froen</u> tag   *1468*
ze herpst[2167] Do | zugend die <u>von costentz</u> vs mit | <u>drühundert</u> mannen ze   *Auswirkungen*
fůsz | vnd mit <u>fünff vnd zwaintzig</u> | pfården mit dero <u>von costentz</u> | **Banier**   *auf den Boden-*
5 gen <u>überlingen</u>; des ge= | lichen die von **Rauensp(ur)g**, lind= | ow vnd   *seeraum;*
Bůchorn. vnd lagend | da zů <u>überlingen</u> bisz an vnser | <u>lieben froen tag</u>[2168].
do zuge(n)d die | <u>von Costentz</u> wyder haym vn(d) | was der zug von
wegen der | **Brůder**, die <u>hertzog sigmu(n)den</u> | zů hilff jn disz land komen
wa= | rend, **a**in gesamlet wild volk, | was den frůnden [a]als we vnd | mer
10 laides tåttend[a] dan(n) den vi= | genden vnd man jren hin= | schaid[b]
besorget[c]/[2169], das sy den stetten | vnd jnsunder den von <u>überling</u>= | <u>en</u>

[2160] 24. Juni.

[2161] Waldshut: erste urkundliche Erwähnung 1256; wird vor 1240 zum Schutz der habsburgischen Besitzungen vermutlich durch Graf Albrecht als Marktsiedlung gegründet; Befestigung 1241 und 1249; die wichtigste der vier vorderösterreichischen Waldstädte; v. 1469 bis 1474 an Karl den Kühnen verpfändet (vgl. LBW, Bd.6, S.1036f).

[2162] 1. Sept.

[2163] 27. Aug.

[2164] Nachweislich handelt es sich um eine fünfeinhalbwöchige Belagerung vom 22. Juli bis zum 27. Aug.

[2165] 15. Aug.

[2166] Am 20. Juli 1468 wird in Luzern v. Vertretern der Eidgenossen über die Eroberung v. Waldshut, zu dieser Zeit unter dem Kommando Werner v. Schienens, entschieden. Zwei Tage später erreichen die Luzerner das stark befestigten Stadt gegenüberliegende Rheinufer. Waldshut ist v. nun an praktisch eingeschlossen. Während sich Sigmund um Unterstützung bei süddt. Fürsten bemüht, werden Anfang August Lebensmittel und Munition knapp. Versuche unter der Führung v. Jakob Trapp, diesen Zustand zu verbessern, scheitern weitgehend und führen zu hohen Verlusten. Obwohl Waldshut immer größere Schäden aufweist, gelingt eine endgültige Eroberung nicht. Allmählich ziehen die Eidgenossen immer mehr Verstärkung heran; letztendlich stehen ca. 15.000 bis 16.000 Schweizer vor der Stadt. Erste Spannungen zwischen den Belagerern ermöglichen ab Mitte August Friedensverhandlungen, die schließlich unter Beteiligung v. Bischof Hermann v. Konstanz am 27. Aug. in die „Waldshuter Richtung" zwischen dem Herzog und den Eidgenossen münden (vgl. EA, Bd.2, S.380ff, Nr.614f; W. Baum, Sigmund, S.288ff; ders., Habsburger, S.518ff; W. Schaufelberger, Spätmittelalter, S.313f).

[217ra|259]
i) DEs] D *2-z. Lomb., v. der Hd. des Rubr., mroT*

a...a) genauso viel, wenn nicht mehr Leid zufügte b) Auszug, Abzug c) v. besorgen: sich kümmern (um), sorgen (für) d) Durchzug, Aufbruch

[2167] 4. Sept.

[2168] 8. Sept.

[2169] Die Bodenseestädte, die in diesem Konflikt zwischen Österreich und den Eidgenossen Neutralität bewahren, bemühen sich also mittels militärischer Demonstrationen, die Probleme, die durch den Durchzug der v. Sigmund

beschâdigu(n)g zů zügend, dan(n) | der^ii **grauff von helffenstain**^2170, ir |
hoptman vnd der stett vind, | och den von <u>vberlingen</u> war= | nu(n)g komen
was, jn sôlichem | jrem hinzug^d **S**ich sust och me(n)g= | klich besorget **v**nd
15 hett sich die | lantschafft an der tonôw vmb | <u>Mengen, hohendiengen</u>^2171, jn
dem | tenkôw^2172 vnd da ab vmb **R**üd= | <u>lingen</u>^2173 jn das **R**iett^2174 gesamlet
| **B**y <u>sechs tusend</u> mannen, ob | die **B**růder an der art yema(n)t | wôlten
haben beschâdiget, **d**(a)z | sy da vor gewesen wâren. |

[217rb] **N**un sagt man do dar zů, wie | das den <u>fürsten</u> ettwas ver= | drusse **v**ff die
maynu(n)g, das | sy wyder die, so jm zů hilff | **j**n disz land komen wâren, |
sôlich grosz volk gesamnet | hetten vnd jm wyder sin vi= | gend dehain
merklichen^a **B**y= | stand ton wôlten.^2175 |

[217vb|460] **D**(!)es vorgeschriben **j**aurs | von sant **M**atheus tag^2176 bisz | acht **t**ag nach

---

angeworbenen Söldner auf ihrem Weg in den Sundgau entstehen, möglichst gering zu halten. Das Ziel besteht, wie
aus den folgenden Ausführungen ableitbar, v.a. darin, diese teils plündernden Kriegshaufen, die v. der oberen Donau
kommend in Richtung Hochrhein ziehen, vom Hegau und Linzgau fernzuhalten. Dieses Vorhaben gelingt. Trotzdem
muss sich Konstanz später gegen die Beschuldigung der eidgenössischen Städte dafür verteidigen, dass 50 Bürger
aufseiten Herzog Sigmunds gestanden haben (vgl. P. Ruppert, Chroniken, S.262, Anm.1; mit Zitat unserer Chronik
O. Feger, Geschichte, Bd.III, S.288; H. Maurer, Konstanz II, S.198).

^2170 Ein Angehöriger des alten württembergischen Grafengeschlechts v. Helfenstein: entweder Friedrich II. v. Helfenstein: geb. um 1408; 1438 bis 1453 Hauptmann der Herrschaft Hohenberg; 1465/83 württembergischer Rat; gest.
1483 oder dessen Bruder Ludwig IX. v. Helfenstein: geb. 1438; kaiserlicher Hauptmann; 1455/56 Dt.-Ordens-Haupt-
mann in Preußen; 1461/77 württembergischer Rat; gest. am 9. Jan. 1493 (vgl. OBG, Bd.2, S.26, 28; ESt, Bd.12,
S.58).

^2171 Hohentengen, Lkr. Sigmaringen: 1247 erster urkundlicher Beleg; Hauptort des sog. Dienggaus, das aus 12 zugehörigen Orten eine einheitliche Gem. und Gemarkung bildet; die Grafschaft Dienggau und Ergau werden mit dem
Dorf Hohentengen 1282 durch König Rudolf v. Graf Mangold v. Nellenburg gekauft; um 1300 ist das Amt Hohentengen Teil der Grafschaft Friedberg; Oberhoheit geht 1452/54 an die Truchsessen v. Waldburg (vgl. LBW, Bd.7,
S.811).

^2172 Dienggau.

^2173 Riedlingen, Lkr. Biberach: erster urkundliche Erwähnung 835; Oberhoheit liegt spätestens im 13. Jh. bei den
Grafen v. Veringen; kommt zwischen 1297 und 1300 durch Verkauf an Habsburg; bereits 1314 an die Grafen v.
Hohenberg, später an die v. Ellerbach und seit 1384 an die Truchsessen v. Waldburg verpfändet (vgl. LBW, Bd.7,
S.488ff).

^2174 Es ist unklar, ob es sich bei Ried hier um eine genaue geographische Angabe oder um die Bezeichnung für
Moor/Sumpf handelt.

[217rb]
a) nachdrücklichen, merklichen

^2175 Wie bereits erwähnt, ist der Bodenseebund um eine neutrale Haltung bemüht. Sicherlich kämpft der eine oder
andere Bürger aufseiten der Eidgenossen. Konstanz etwa verteidigt sich gegen die Anklage der Eidgenossen, Sigmund unterstützt zu haben, damit, dass die Stadt es vielmehr geduldet habe, dass zahlreiche Untertanen im Thurgau
mit den Schweizern gezogen seien und sogar ein Konstanzer Zimmermann bei der Belagerung v. Waldshut Wehr-
werke hergestellt habe. Um sich jedoch auch Vorwürfen, wie dem hier formulierten, zu entziehen, wird v. den Bundesstädten am 12. Okt. beschlossen, dass jeder Bürger, der in den Krieg gezogen ist, ohne vorher sein Bürgerrecht
aufzugeben, für zehn Jahre nicht wieder als Bürger angenommen wird (vgl. P. Ruppert, Chroniken, S.263, Anm.1;
O. Feger, Geschichte, Bd.III, S.288).

[217vb|460]
i) *Zz: (andere Form als bisher), v. der Hd. des Rubr., mroT*

sant **gallen** | tag^{2177} was kain stått schön | **wetter**, dan das es für sich | hin
regnett vnd **v**ast waut^{2178} | vnd der win **an** den reben | nit wol zyttig ward   *Regen und*
vn(d) | mûst man **w**ym(m)nen des | vnståtten^a wetters. Vnd | gab man   *Folgen für*
5 ettlichen wym- | nern des tags <u>acht</u> oder | **nün** pfenni(n)g^{2179}; doch zû pe | *Wein;*
tershusen gab man **a**ine(m) | wymner dannocht nit mer | dan(n) vier oder   *Arbeitslöhne;*
fünff pfen | ni(n)g. ####^{i} |

10 **V**ff die vorgena(n)ten zyt | ward der **B**odemsee als | grosz, **a**ls er des   *Hochwasser;*
selben su- | mers vmb sant **j**ohans | tag^{2180} ye gewesen was, | vnd mocht
man so **a**lt | lüt nit vinden, die dan(n) | ye gesenhen noch ge- | daucht
hetten, den see | vnd wasser der zit des | <u>jars</u> als vmb sant gal | len tag^{2181}
so grosz sin. |

[218ra|461] A(!)b(!)er DEs <u>jaurs</u> als man dan(n) | von der gepurt <u>cristi</u> zalt | <u>tusend</u>
<u>vierhundert</u> Sech- | tzig vnd **a**cht jare vff | **M**entag vor sant **gallen** | tag^{2182} *1468*
do kamen von **B**re | gantz gen <u>lindow</u> zwen | Edelman, was der **a**in vs | *Mordnacht in*
Behem oder der selben geg= | ne, hiesz der **v**olkenstaynier, | vnd hiesz der   *Lindau;*
5 ander der stru= | binger^{2183}, was <u>hertzog</u> lude- | wigs von **Bayern**^{2184}
diener, | vnd warend <u>hertzog</u> Sig- | mu(n)den von **O**^{e}sterrich zû | hilff
gesendt^{2185}. vnd kame(n)d | ^{a}selb nünd^a da hin gen lind- | ow vnd mit jnen

---

a) unbeständigen, wechselhaften

^{2176} 21. Sept.
^{2177} Festtag selbst: 16. Okt., d.h. hier bis zum 24. Okt.
^{2178} H. Buszello, „Wohlfeile", S.33 verzeichnet diese Nachricht zu Unwettern nur nach den Konstanzer Chroniken.
Nach R. Glaser, Klimageschichte, S.70 dürfte der Sommer 1468 „kalt, nass und unfruchtbar" und der Wein „ungenießbar" gewesen sein. Vgl. zum Herbst mit den unserer Nachricht entsprechenden Angaben ebd., S.92.
^{2179} Vgl. zu dieser Thematik auch die Satzung zum Lohn der Weinleser aus dem Jahr 1436, in: StAK, B I 6, S.358.
^{2180} 24. Juni.
^{2181} 16. Okt.

[218ra|461]
a...a) zu neunt b) v. bestellen: besorgen, anordnen c) v. karten: mit jmdm. Karten spielen d...d) v. mit ainander stössig
werden: uneins werden, aneinander/in Streit geraten

^{2182} 10. Okt. Diese Angabe ist korrekt.
^{2183} Es ist weder für die beiden hier genannten Personen Wolkenstein und Strubinger noch für den unten stehenden
Büchsenmeister Hans Tengel gelungen, in der Literatur weitere Nachweise zu finden.
^{2184} Ludwig IX. v. Bayern-(Landshut), der Reiche: geb. am 21. Feb. 1417; Vater: Herzog Heinrich XVI. v. Bayern;
tritt 1450 einen kleinen Teil des Ingolstädter Erbes an Herzog Albrecht III. v. Bayern(-München) ab und schließt mit
ihm und Kurfürst Friedrich I. v. der Pfalz einen Landfrieden; geht 1458 mit Letztgenanntem ein Bündnis auf Lebenszeit ein; verfällt der Reichsacht; sein großer Gegenspieler: Markgraf Albrecht Achilles v. Brandenburg; Behauptung
seiner Gerichtshoheit im Markgrafenkrieg 1459-1463; 1472 Gründung der Universität Ingolstadt; gest. am 18. Jan.
1479 (vgl. NDB, Bd.15, S.365f; LexMA, Bd.5, Sp.2194).
^{2185} Die hier genannten Edelleute wurden zur Unterstützung v. Erzherzog Sigmund v. Habsburg v. seinen Verbündeten Georg v. Böhmen und Herzog Ludwig v. Bayern zu Befestigungsbaudiensten in das v. den Eidgenossen bedrohte Bregenz gesandt. Sigmund ist bereits seit dem Übergang der Stadt in die österreichische Herrschaft (12. Juli

ain büch- | senmaister, gena(n)t **M**aister | **h**ansz tengel, hettend die vo(n) | pregantz bestelt^b, kartotte(n)d^c | oder spilotend mit ettlichen | von <u>lindow</u>.

10 vnd zů nacht | vmb die zehne vor mitter | nacht do ^dwurdent sy mit | ainander <u>stôssig</u>^d, das sy die | messer über ainander zugkte(n)d | vnd wurdend ettlich von | lindow vsser der stuben ge- | stossen vnd ward ain grosz | geschray vnd ain grosser vff- | loff jn der statt vnd d(a)z man | sturm lut; och ettlich vo(n) <u>lind</u> | ow wund wurdend. also | ward das gelôff

15 für des wir- | tes husz vnd dar jn²¹⁸⁶. der ain | <u>**B**urg(er)maister</u> sprach, man |

[218rb] sôlte sy gefangen nemen, | vnd gebott das, **a**ls hoch er | das ze gebiettend hett. der | ander <u>**B**urg(er)maister</u> **R**ůfft, | man sôlte sy alle erstechen²¹⁸⁷. | do was ^ader hirsz erlobt^a. die | gena(n)ten Edeln lüt, ir knecht | vnd <u>**B**üchsenmaister</u> **R**ůfftt(en) | d(a)z gericht **a**n, das jnen ^bnit | gedihen noch

5 vervahen^b | mocht. **S**y stiessend die stuben | vff vnd wurdend die **E**del(e)n | lüt, ire knecht vn(d) knaben, | och der <u>**B**üchsenmaister</u>, | jro zehen p(er)son von den <u>vo(n)</u> | <u>lindow</u> erstochen vn(d) von | dem leben zů dem tod ge= | praucht²¹⁸⁸. vnd liessend die zů | ainem tail an das veld be | graben.²¹⁸⁹ |

1451) darum bemüht, Bregenz zu einer politischen und militärischen Basis auszubauen, um v. hier aus seinen Machtbereich auszudehnen (vgl. z.B. 1462 den Versuch, v. Bregenz aus Lindau zu erobern). Insbesondere in den 1460er Jahren wird Bregenz permanent weiter befestigt und aufgerüstet (vgl. O. Feger, Geschichte, Bd.III, S.284ff; B. Bilgeri, Bregenz, S.118ff; W. Baum, Sigmund, S.205, 218).

²¹⁸⁶ Hintergrund dieses Zusammenstoßes und der im Folgenden geschilderten brutalen Vorgehensweise der Lindauer sind Spannungen zwischen Herzog Sigmund und Lindau bzw. den beiden genannten Städten, die sich durch wirtschaftliche Konkurrenz, aber auch durch die Brandschatzung v. Bregenz 1460, das Lindau dafür mitverantwortlich macht, und den Eroberungsversuch v. 1462 stetig verschärfen (vgl. B. Bilgeri, Bregenz, S.119f; W. Baum, Sigmund, S.218).

[218rb]
a...a) die Jagd geblasen/eröffnet b...b) nichts nützen

²¹⁸⁷ Der Chronik v. Wintersulger folgend (nach ihm bspw. auch B. Bilgeri, Bregenz, S.120) handelt es sich bei dem erstgenannten Bürgermeister um Bartholome Neukom/„Newkum", während danach Altbürgermeister Konrad Bomgarter/„Bombgarter", der als Schuldiger später auch festgesetzt und ausgewiesen wird und daraufhin in das Landrecht der Appenzeller eintritt, für die Ermordung der Gäste plädiert (vgl. P. Ruppert (Hg.), Überlinger Chronist, S.112 sowie O. Feger, Geschichte, Bd.III, S.285).

²¹⁸⁸ Die Eingeschlossenen verrammeln zunächst die Türen und rufen nach einer Verhandlung vor Gericht. Die aufgebrachten Lindauer gewähren ihnen jedoch keine Verteidigung, zerschlagen den Ofen und erschießen die hilflosen Opfer mit Armbrüsten. Ein überlebender zwölfjähriger Junge wird beim Verlassen des Raumes dann sogar enthauptet (vgl.B. Bilgeri, Bregenz, S.120 und P. Ruppert (Hg.), Überlinger Chronist, S.111ff).

²¹⁸⁹ Herzog Sigmund reagiert auf diese Bluttat nicht mit kriegerischen Auseinandersetzungen; er bestraft Lindau auf anderem Weg sehr effektiv. Der Vogt zu Bregenz Bilgeri v. Reischach sperrt im Auftrage des Herzogs den Lindauer Markt für seine Untertanen, schneidet die Zufuhr ab und lenkt andere Kaufleute und Marktbesucher in Richtung Bregenz ab. Gleichzeitig wird die Stadt auf seine Klage hin geächtet. Wiederum auf Veranlassung v. Sigmund, der zunächst 4.000 und nach einem neuerlichen Vorfall noch einmal 8.000 fl „Buße" v. der Stadt erpresst, beginnen mehrere Adlige einen Kleinkrieg gegen Lindau. Nachdem Kaiser Friedrich III. seinem Vetter Einhalt gebietet, gelingt am 1. Okt. 1470 der Friedensschluss (vgl. O. Feger, Geschichte, Bd.III, S.285f; B. Bilgeri, Bregenz, S.120f; W. Baum, Sigmund, S.218).

[218vb|462] D(!)es vorgeschriben jaurs | an sant Symon vnd sant ju- | das der
zwölffbottend au- | bend^2190 do fieng es an schnige(n)^a | vnd schniget die   *Schnee und*
tag bisz zů | aller hailigen tag^2191. zů nacht | do legt es ainen schne gar | *Folgen für*
nach aines schůchs dick. vn(d) | hett man dannocht jn dem | vndersee zů   *Landwirtschaft;*
5 lindow vn(d) jn | dem Rintal nit ^babgewim | net^b, das der win an den re |
ben gefror, das so vil schnesz | dar vff lag, das man jn nit |
wolgewim(m)nen noch vor ge | frürin vsdruken^c mocht. Och | das der
habern vff der alb | zwüschen Rüdlingen vnd | Rütlingen des selben
landes, | die alb^2192 gen Blaubüren^2193 die | art allenthalb verschniget; | och
10 ettwa wintterkorn; das | man habern vnd korn nit | schniden kund noch jn
bri(n)g | en mocht. Sôlich wetter, schne | vnd gefrürin, kain man so | alt
was, der des ye gedâchti | noch da von ye gehôrt hette | sagen^2194. |

[219ra] Des^i [sic!]

[219^v[4|64] Leere Seite

[220ra|4[65]] D(!)es vorgeschriben jars vor | sant symon vnd judas tag | vierzehen tag^2195
do ist der küng | von franckrich^2196 gelegen jm | veld mit achtzig tusend
man(n)- | nen wyder den hertzogen vo(n) | Burgundi^2197, her scharle^2198   *Franz. König*

[218vb|462]
a) v. schnîgen: schneien b...b) v. abwimnen/abwimmen: Trauben v. den Reben vollständig ablesen/ernten, Weinlese
beenden c) v. vsdruken: pressen, keltern

^2190 27. Okt.
^2191 1. Nov.
^2192 Schwäbische Alb.
^2193 Blaubeuren, Alb-Donau-Kreis: erster urkundlicher Beleg 1159; 1267 Stadtrechtsverleihung; um 1280 Vererbung
an die Grafen v. Helfenstein, die 1303 die Herrschaft an Habsburg verkaufen und als Lehen zurückerhalten; 1447
Verkauf der Herrschaft als österreichisches Lehen an Württemberg, das die Stadt als Grenzort fördert (vgl. LexMA,
Bd.2, Sp.268; LBW, Bd.7, S.314).
^2194 H. Buszello, „Wohlfeile", S.33 verzeichnet diese Nachrichten nicht in seiner Übersicht; auch R. Glaser, Klimageschichte erwähnt nichts Vergleichbares.

[219ra]
i) Des] *v. der HHd., mbrT; hierbei handelt es sich wohl weniger um eine Federprobe als vielmehr um den Beginn des
sich auf 220ra befindenden Textes, der aus heute nicht mehr klar erkennbaren Gründen (möglicherweise beab-
sichtigte Ergänzung einer Abb.?) dann erst nach zwei leeren Seiten folgt.*

[220ra|4[65]]
i) *Marg.: v. späterer Hd., mdbrT, amliRa:* Lüttich ii) lübich] *v. späterer Hd., mdbrT unterstrichen* iii) sch- | ribend]
schribend sch- | ribend *SG*

^2195 Feiertag: 28. Okt., d.h. hier also 14. Okt.
^2196 Ludwig XI. v. Frankreich.
^2197 Karl der Kühne v. Burgund: Herzog aus dem burgundischen Haus Valois; geb. am 10. Nov. 1433; seit dem 27.
April 1465 Generalstatthalter; betreibt im Gegensatz zum Vater Philipp d. Guten eine Politik scharfer Konfrontation

gena(n)t; | der lag mit fünfftzig tuse(n)d | mannen och jm(m) veld. vnd |　*vs. Herzog v.*

5　schadgotend ain ander gar | schädlich an lüten vn(d) gût(en) | vnd　*Burgund;*
wurdend jm(m) veld mit- | ain ander gericht²¹⁹⁹. D(!)ar | nach luffend von
dem ku- | ng von franckrich, do er | verrich ward, achtzehend | tusend man
allerlay volks |ⁱ gen lübichⁱⁱ/²²⁰⁰ [sic!], ist ain grosse | stat vnd ist ain
Bystum²²⁰¹. | Alda jn dem sch- | ribendⁱⁱⁱ die von lübich her | videntz von　*Auseinander-*
10　büren²²⁰², ainem | fryheren, der hett zwen | Brûder alda in der statt, | die　*setzung um*
warend zwen chorhe(ren), | vff ain maynu(n)g, d(a)z er sôlt | komen in die　*Lüttich;*
stat, so wurd | jm die stat jngeben. Also | kam er jn die stat wol | mit
drühundert pfǎ- | ritten. |

[220ʳᵇ]

D(!)er obgena(n)t hertzog vo(n) | Burgundi hûb sich vff mit | ainem
grossen züg vnd | sin obrosten diener; vnd | satzt der küng von frank- | rich
5　och zû jm vnd zoch | für die stat lübichⁱ [sic!] vn(d) lag ⁱⁱ| ain zyt da vor.
vn(d) ward | da vil volkes erschossen vn(d) | erschlagen. am(m) letzsten
vff | sant symon vnd judas tag²²⁰³ | stur(m)bt man die stat Vnd | ward och
gewun(n)en; Vnd | wurdend jn der stat ob acht | tusend man(en) erstochen

---

gegenüber Frankreich; entfacht die „Guerre du Bien Public" und unterwirft im Anschluss das Fürstbistum Lüttich
seiner weltlichen Vogtei; Zerstörung v. Dinant und Lüttich; enge Beziehungen zu England; ab 15. Juni 1467 regie-
render Herzog; Übergriffe auf Frankreich seit 1470; Einverleibung des Herzogtums Geldern (1471-1473); Besetzung
v. Lothringen; fällt am 5. Jan. 1477 vor Nancy (vgl. LexMA, Bd.5, Sp.989ff; W. Paravicini, Karl der Kühne).

²¹⁹⁸ Bezieht sich auf dessen Namen Karl und möglicherweise darüber hinausgehend auf seinen Titel Graf v. Charolais. Herzog v. Burgund wird Karl erst am 15. Juni 1467 nach dem Tod des Vaters.

²¹⁹⁹ Bereits kurz nach der Übernahme der Regierungsgeschäfte wendet sich Karl im März 1465 dem Konfrontati-
onskurs gegen den franz. König zu und schließt sich als Graf v. Charolais der „Ligue du bien public" an. Im Zuge des
Kampfes der großen Fürsten gegen die Zentralisierungsbestrebungen Ludwigs XI. kommt es am 16. Juli 1465 zu
einer großen Schlacht zwischen franz. Truppen und denen Karls des Kühnen bei Montlhéry, der dabei selbst verwundet wird. Ohne dass der wahre Sieger ausgemacht werden kann (Burgund ist Herr des Schlachtfeldes; Ludwig
marschiert ungehindert nach Paris), beginnen nach kleineren Scharmützeln am 3. Sept. Friedensgespräche, die im
Okt. erfolgreich enden und die Forderungen der Liga-Angehörigen weitgehend erfüllen (vgl. K. Schelle, Karl der
Kühne, S.76ff; J. Bartier, Karl der Kühne, Genf 1976, S.76ff).

²²⁰⁰ Lüttich (vgl. z.B. LexMA, Bd.6, Sp.25ff).

²²⁰¹ Lüttich, das stets um Autonomie bemüht ist, verbündet sich vor Beginn des Ligakrieges mit Ludwig XI. und lässt
Truppen unter dem Befehl v. Raes de Heers Luxemburg und Brabant verwüsten, während der Großteil des burgundischen Heeres in Frankreich steht. Um einer harten Strafe vonseiten Burgunds zu entgehen, schließt man am 26.
Jan. 1466 unter v. Karl diktierten Bedingungen Frieden. 1467 gelingt es Raes v. Heers wiederum, die Macht an sich
zu reißen. Seine Gegner werden getötet, der geflüchtete Fürstbischof Louis de Bourbon belagert. Am 27. Okt. schlägt
Karl mit geringen eigenen Verbänden das Lütticher Heer (ca. 20.000 Mann) bei Brusten. Am 17. Nov. reitet der
burgundische Herzog in die Stadt ein und diktiert einen Frieden, der Lüttich aller Freiheiten beraubt, es zum
burgundischen Protektorat macht (vgl. LexMA, Bd.5, Sp.989; K. Schelle, Karl der Kühne, S.84ff, 93f; J. Bartier,
Karl der Kühne, S.88ff, 106f).

²²⁰² Vermutlich ist Fürstbischof Louis v. Bourbon gemeint, der mit Hilfe v. Karl wieder in die Stadt zurückkehren
kann.

[220ʳᵇ]
i) lübich] *v. späterer Hd., mdbrT unterstrichen* ii) *Marg.: v. späterer Hd., mdbrT, amreRa:* Lüttich

²²⁰³ 28. Okt.

vn(d) | vor der stat och ain grosses | volk[2204]. |

[220ᵛ] Leere Seite

[221ʳᵃ] DEsⁱ jaurs **a**ls man von | der gepurt <u>cristi</u> zalt <u>tu=</u> | <u>send vierhundert sech=</u>   *1469 Bürger-*
| <u>tzig vnd nün jare</u> do was | **Burgermaister** v̓**lrich blau=** | **rer, Cu̓nrat**   *meister; Vogt;*
grünenberg | **vogt, hans ruch amman,** | **ludwig muntprȧt**ᵛ[2205] [**seckler**]ⁱⁱ/[2206],   *Ammann;*
| **ludwig stainstrausz**[2207] **Bw=** | **maister**[2208]. | *Säckelmeister;*

5   *Baumeister;*

Wappen v. Bürgermeister, Vogt und Ammann
drei Schilde (2,5x2) (2,5x2,5) (2,5x2)
(rechts: Fw Blarer, vgl. fol.69ʳᵇ)

[2204] Bereits ein Jahr nach der Unterwerfung v. Lüttich erhebt sich die Stadt erneut gegen die burgundische Herrschaft. Angeblich unter dem Ruf „Vive le Roi" greifen Aufständische Tongern an und wenden sich gegen den Bischof und den burgundischen Gouverneur Humbercourt. Da sich der König zu dieser Zeit im Okt. 1468 gerade zu Verhandlungen bei Karl, der franz. Agenten mit für die Erhebung verantwortlich macht, in Péronne aufhält und gewissermaßen in der Falle sitzt, sichert er dem Herzog mehr oder weniger gezwungenermaßen seine Unterstützung bei einer Strafaktion gegen Lüttich zu. An der Seite Karls reitet Ludwig dann nach Lüttich. Am 27. Okt. kommt das Heer vor der Stadt, deren Miliz bereits geschlagen und deren Mauern zertrümmert sind, an. Drei Tage später wird die Stadt gestürmt. Dabei kommen hunderte Menschen zu Tode, werden Kirchen geplündert etc. Auf Empfehlung des franz. Königs wird Lüttich in den nächsten Tagen systematisch zerstört; am 3. Nov. gehen die Reste in Flammen auf. Der Wiederaufbau der Stadt wird erst 1475 erlaubt (vgl. K. Schelle, Karl der Kühne, S.101ff; J. Bartier, Karl der Kühne, S.119ff).

[221ʳᵃ]
i) DEs] D *3-z. Lomb., v. der Hd. des Rubr., mroT* ii) seckler] *Wort durch Korrektur, die ein Loch im Papier zur Folge hat, verderbt, v. der Editorin nach fol.223ʳᵃ erg., dan. Marg.: v. späterer Hd. (vgl. fol.220ʳᵃf), mhbrT, amreRa*

[2205] Ludwig Muntprat: Angehöriger der in den 1370er Jahren ins Konstanzer Patriziat aufgestiegenen Familie; Vater: Lütfried Muntprat; langjähriger Ratsherr im Großen und Kleinen Rat; Inhaber anderer Ämter (z.B. einer der zwölf Beisitzer des Ammanngerichts; einer der Sieben Richter für Bausachen; 1470, 1474, 1476, 1478 und 1480 städtischer Oberbaumeister; dem Steuerbuch gemäß zumindest 1470 und 1480 Säckelmeister); kauft u.a. 1464 mit seinem Bruder Heinrich die Herrschaft Spiegelburg; gest. 1483 (vgl. OBG, Bd.3, S.172, 176; K. Beyerle, Ratslisten, S.160ff; Steuerbuch, Teil 2, 1470, 1805, S.33; 1480, 1813, S.61; P.F. Kramml, Friedrich III., S.507f, 519).

[2206] Die Ämterlisten in den Ratsbüchern bestätigen die Aussage unserer Chronik (vgl. StAK, B I 12, S.45: „Der Statt Seckler --------- ludwig Muntbrat".

[2207] Ludwig Stainstrass: Angehöriger der begüterten Konstanzer Kaufmannsfamilie; zur Zunftbürgerschaft zählend; 1469 als Vertreter der „kofflut" im Rat vertreten; Inhaber weiterer Ämter (z.B. einer der zwölf Beisitzer des Ammanngerichts; einer der Sieben Richter für Bausachen; 1469, 1471, 1480 Oberbaumeister; einer der zwölf Beisitzer des Thurgauer Landgerichts); 1474/75 Hauptmann der Fußtruppen des Konstanzer Kontingents im Reichskrieg gegen Burgund (vgl. K. Beyerle, Ratslisten, S.166; P.F. Kramml, Friedrich III., S.96f, 507ff, 519, 526f; H. Maurer, Konstanz II, S.200).

[2208] (Ober-)Baumeister: dem mittelalterlichen Sprachgebrauch folgend, handelt es sich um einen Verwalter, der im Auftrag des Bauherren die „fabrica", eine Art „Baubüro" leitet; bei den städtischen Behörden sind dies jedoch keine Baufachleute, sondern meist dem Rat zuzuordnende Angehörige der „Oberschicht"; ihnen obliegen die Überwachung der Werkmeister (für die praktische Bauausführung zuständig) und Handwerker, insbesondere aber die Organisation und Finanzierung öffentlicher Bauten und somit die Verwaltungs- und Leitungsfunktionen; in Konstanz wird nach einer Ratssatzung v. 1461 für ein Jahr ein Oberbaumeister (erstmals 1444 genannt) aus der Reihe der Geschlechter durch den Kleinen Rat gewählt (Wiederwahl ist möglich und später auch üblich); er hat wöchentlich mit dem Stadtsäckler abzurechnen; ihm sind verschiedene Unterbau- und Werkmeister unterstellt (vgl. LexMA, Bd.1, Sp.1553f, 1666f; G. Binding, Baubetrieb, S.86ff).

(Mitte: Fw Grünenberg, vgl. fol.214rb)

10 (links: Fw Ruch, vgl. fol.121rb)

Wappen v. Säckelmeister und Baumeister
drei Schilde (2,5x2) (2,5x2) (2,5x2,5)
(rechts: Fw Muntprat, vgl. fol.72ra)

15 (Mitte: Fw Stainstrauß, vgl. fol.70ra)
(links: fehlendes Fw)

J(!)n dem jar do gab h(er)tzog | Sigmund vo(n) O^este(r)rich sin | land jm   *Vertrag v.*
20 elsåsz vn(d) jn dem | sunbgȏw [sic!] etc. vff dem her= | tzogen von   *St. Omer;*
Burgundi²²⁰⁹; vn(d) | warend wild lȏff jn dem | land²²¹⁰. | *Unruhen;*
[221rb] J(!)n dem jar do stifft Vnd | erkofft der Erwirdig h(er)re, | her Thoma   *Feiertag in*
fry²²¹¹, chorher(r)e | zů costentz zů dem hochen | stifft, das vest vnd   *Konstanz;*
hochzit | vnser lieben froen, als sy jn | den tempel geanttwurt | ward, das
ist vff den vier= | denⁱ tag vor sant kath(r)inen | tag der aylifften kalend |
5 decembers²²¹² loblich zebegånd^a | mit gelüt, singen vn(d) lesen | mit ainer
aigni hÿstoryⁱⁱ, | dar zů gemacht zů den zÿ= | ten vnd messe²²¹³; vnd vff
den | tag erworben grossen ab | lasz von dem stůl zů Rȏm | vnd den tag
beståt zů Ewÿ= | gen zyten zebegånd wie | obstat²²¹⁴. |

2209 Karl der Kühne v. Burgund.
2210 Sigmund verpfändet im Vertrag v. St. Omer am 9. Mai 1469 die Österreich nach anderweitigen Verpfändungen
noch verbliebenen Besitzungen und Rechte im Elsass und dem südlichen Schwarzwald (d.h. u.a. in der
Landgrafschaft Elsass, der Grafschaft Pfirt und den Herrschaften Ensisheim, Thann, Bergheim, Rotenburg, Ortenberg und bspw. den vier Waldstädten Waldshut, Laufenburg, Säckingen und Rheinfelden sowie der Grafschaft
Hauenstein mit Breisach) an Karl den Kühnen. Der österreichische Herzog erhält im Gegenzug v. dem burgundischen, dem auch das Recht zur Wiederauslösung aller Pfänder zufällt, 50.000/80.000 fl und dessen Schutz. Die
gleichzeitig beginnenden Heiratsverhandlungen zwischen Maria, der Thronerbin Karls, und dem Erzherzog Maximilian bieten darüber hinaus die Möglichkeit, diesen verpfändeten und durch die v. Karl ausgelösten Güter noch
vermehrten Besitz als Mitgift wieder an das Hause Habsburg zu binden (vgl. LexMA, Bd.7, Sp.1188; W. Baum,
Sigmund, S.307ff; ders., Habsburger, S.541ff).

[221rb]
i) vier= | den] *Punkt über* i *mroT* ii) hÿstory] *Punkte über* ÿ *mroT* iii...iii) J(!)tem (...) gehept håt] *v. der Hd. Konrad*
Albrechts, mbrT

a) v. begân: feiern, begehen b...b) Verwaltung, Regierung c) umsichtig, geschickt d) unbescholten

2211 Thoma Fry: Angehöriger des in Konstanz ansässigen Patriziergeschlechts; Konstanzer Domherr; als Testator
nachweisbar; taucht in Urkunden als Mitglied des Domkapitels als Zeuge, Bittsteller oder Wähler des Domdekans
auf (vgl. REC IV, Nr.10336, 10646, 10655, 11542, 12615, 12940, 13103; P. Baur, Testament, S.120).
2212 21. Nov.
2213 In REC IV, Nr.13634 vom 14. Aug. 1469 ist eine etwas andere Stiftung dieses Domherren nachweisbar. Hier
geben nämlich Propst, Dekan und Kapitel bekannt, dass Thomas Fry eine Stiftung aus den Einkünften seiner Ka-
nonikatspfründe zur feierlichen Begehung des Festes Mariae Lichtmess (= 2. Feb.!) gemacht habe. Dies ist gleichzeitig auch der letzte Nachweis Thomas Frys in den REC.
2214 Dieser päpstliche Ablass hat in den REC keine Spuren hinterlassen.

10

ᶦᶦᶦJ(!)tem der vorgenant | Burgermaister vlrich | Blarer håt sich och jn | dem   *Beurteilung des*
Rat mit ᵇvsricht | ungᵇ der Statt sache(n) | so vsrichtentlichᶜ ge | halten vnd   *Bürgermeisters;*
die Råt | vnstraffbarᵈ gehalt(en), | des er guten Rům | gehept håtᶦᶦᶦ. |

[221ᵛᵃ|468]   D(!)es vor vermerkt(en) jårs | ward vil wins vn(d) obss | vnd habern vnd   *Ernte;*
beschai | denlich korn vmb den Bod | mer see vnd jn der selben | gegne da
vmb. Vnd | was der win am(m) necker | vnd jn franken gantz | erfroren
von sumer frost²²¹⁵. |

5

A(!)ber jn dem vorgena(n)t(en) | jår, vff sant gallen tag²²¹⁶, | do warend   *Delinquenz;*
Maister Geb | hart Satler, vicary zů | Costentz, vnd der vo(n) flas- |
land²²¹⁷, chorher des hochen- | stiffts zů Costentz, jn die | ow zů tagend
10   geritt(en). vn(d) | an dem vffher ryten wur- | den sy angeråntᵃ vff dem |
riettᵇ vnd der vicari von | dem leben zů dem tod ge- | bracht. vn(d) west
mit ne- | man nichtes zetůnd noch | dehain vintschafft haben |

[221ᵛᵇ]   het och den, die jm d(a)z leben | namen, wåren die jm zů | husz vnd hoff
komen, essen | vn(d) trinken gegeben vnd | wol emphangen²²¹⁸. Der von |
flasland viel von sinem | pfårit vn(d) floch jn das | ri[ett]ᶦ dem Rin zů
vn(d) kam | über Rin gen got lieben, | das er jnen entran, oder | er wåre
5   villicht och vm(b) | sin leben kom(en). |

F(!)üro jn dem obvermerk- | ten jar vff sonne(n)tag nach | Sant Symon vnd   *Sturm und*
Judas | tag²²¹⁹ do kam der aller grôs- | sest wind jm ober see vn(d) | gieng   *Folgen, u.a.*

[221ᵛᵃ|468]
a) v. anrennen: angreifen b) Moor, Ried

²²¹⁵ Den ersten Teil dieses Abschnitts zitiert H. Buszello, „Wohlfeile", S.38, Anm.45 als einzige Wetter- und Ernte-
nachricht der v. ihm betrachteten Chroniken zum Jahr 1469.
²²¹⁶ 16. Okt.
²²¹⁷ Johann Werner v. Flachslanden: Sohn des bischöflichen Hofmeisters Hans v. Flachslanden (Oberelsass); Studium
in Heidelberg; Kirchherr in Wegenstetten; Propst zu St. Maria in Erfurt; Propst in Worms; v. 1458-1466 Domdekan
und v. 1466-1481 Dompropst in Basel; am 7. Jan. 1463 providiert ihn Pius II. mit der Konstanzer Domkustodie; Six-
tus IV. erteilt ihm am 14. Okt. 1477 die Erlaubnis, diese sowie die Konstanzer Domherrenpfründe beliebig resignie-
ren zu dürfen; gibt die Kustodie vor dem 27. Nov. 1479 auf; gest. am 11. Sept. 1481 (vgl. HS I/1, S.282; HS I/2,2,
S.833f).

[221ᵛᵇ]
i) ri[ett]] *durch Loch im Papier verderbt SG, nach 221ᵛᵃ erg.*

²²¹⁸ Es wird vermutet, dass dieser Überfall und der Mord durch Unbekannte im Zusammenhang mit einer nachweisbaren Fehde mit Eberhard v. Reischach steht (vgl. REC IV, Nr.13651; OBG, Bd.2, S.380; HS I/2, 2, S.549).
²²¹⁹ 29. Okt.

10 vnder ain scheffe | mit win vnd ertrunk- | end fünff menschen[2220], die | *Schiffsunglück;*
warend von ow[2221]. Vnd |

[222ra]^i ^iiD(!)ie andern Schiff so vff | dem Seẅ vnd jn dem | wind warend, erlitten | gros arbait, sorg, nott | vnd angst, Das sy durch | Die hilff gottes mit | dem leben dauon kamen^ii. |

[222^v] Leere Seite

[223ra|471] Al(!)s^i man von der gep(ur)t | cristi vnsers he(ren) zalt | tusend vierhundert vnd | sübentzig jare **d**o w(a)z bur= | germaister **C**u̇nrat gru̇n | emberg, **v**ogt   *1470 Bürger-*
v̊lrich blau= | rer, amman hansz^ii [?] **R**uch, | seckler **h**ainrich   *meister; Vogt;*
Ehinger^iii/2222, | **B**wmaister ludwig **M**unt= | praut. | *Ammann;*
5   *Säckel- und*
                    Wappen v. Bürgermeister, Vogt und Ammann   *Baumeister;*
                            drei Schilde (2,5x2) (2,5x2) (2,5x2)
                         (rechts: Fw Grünenberg[2223], vgl. fol.214rb)
                            (Mitte: Fw Blarer, vgl. fol.69rb)
10   (links: Fw Ruch, vgl. fol.121rb)

                        Wappen v. Seckler und Baumeister
                            drei Schilde (2x1,5) (2x2) (2x2)
                         (rechts: Fw Ehinger, vgl. fol.72va)
15   (Mitte: Fw Muntprat, vgl. fol.72ra)
                            (links: fehlendes Fw)

[2220] Vgl. zur Problematik der Schiffsunglücke auf dem Bodensee die Berichte v. solchen auf fol.72rb, 138rb, 146^vaf, 148ra, 214ra.
[2221] Reichenau.

[222ra]
i) *davor ein Blatt herausgerissen; Text vollständig; Zählung korrekt* ii...ii) D(!)ie andern (...) kamen] *v. der Hd. Konrad Albrechts, mdbrT*

[223ra|471]
i) Al(!)s] A *2-z. Lomb., v. der Hd. des Rubr., mroT* ii) hansz] *verderbt, vermutlich v. der HHd. aus* hain(rich) *korr.* iii) Ehinger] Ehinger= *SG, Fehler des Rubrikators*

a) v. beschliessen: zugefrieren

[2222] Heinrich Ehinger: Angehöriger der zünftischen Familie, die seit Beginn des 14. Jhs. in Konstanz nachweisbar ist; geb. am 24. April 1438; Vater: Konrad Ehinger d. Ä.; Angehöriger der Krämer- und Metzgerzunft; hält sich wie seine Brüder Konrad und Ulrich längere Zeit in Österreich auf; 1479 vor seinem Tod als Vertreter der eigenen Zunft im Großen Konstanzer Rat; Inhaber anderer Ämter (z.B. einer der Sieben Richter in Bausachen); nach J. Müller, Ehinger, S.27 und ESt, Bd.9, Taf.26 ist er 1478 Säckelmeister v. Konstanz, während OBG, Bd.1, S.287 unserer Chronik folgt; 1473, 1475 und 1477 (Ober-)Baumeister; im Besitz des „Turmes" in Güttingen; gest. am 2. April 1479 (vgl. OBG, Bd.1, S.286f, K. Beyerle, Ratslisten, S.174f; J. Müller, Ehinger, S.27; P.F. Kramml, Friedrich III., S.317f, 320, 519). Die Angabe unserer Chronik scheint tatsächlich fehlerhaft zu sein. Im Steuerbuch des Jahres 1470 finden wir den Eintrag: „Item ich Ludwig Muntprat der stat seckler (...)" (Steuerbuch, Teil 2, 1470, 1805, S.33).
[2223] Der Sechsberg ist hier im Gegensatz zu den vorherigen Abb. gold-/beigefarben.

D(!)es jars was gar **a**in her= | ter winter vnd gefror der | <u>vnder see</u> **d**as   *Kalter Winter;*
ynsz dar vff | dicke vo(n) **a**ines man(n)es fůsz | bisz an das knÿe vnd was | *Eis;*
20 also beslossen^a by <u>fünffze=</u> | <u>hen</u> wochen dar ob vnd | nit dar vnder²²²⁴.
Vnd hett | man sorg über die reben | **V**nd viel <u>acht</u> tag vor vn(d) | nach   *Angst um die*
<u>Mathie</u> vnd jnsun | der an sinem tag vn(d) au | bend²²²⁵ **a**in grosz schne,   *Reben; Schnee;*
grŏs= |
[223rb] ser dan er des <u>winters</u>ⁱ nie | geuallen was²²²⁶. |

D(!)em nach des jǎrs, mor= | nend nach <u>sant vale(n)tins</u> | tag²²²⁷, **a**m
5 Morgen **v**m(b) die | <u>vierden</u> stund, kam **a**in | grosz erdbidme <u>zů</u>   *Erdbeben;*
<u>coste(n)tz</u>²²²⁸. |

D(!)ar nach, des <u>dryzehen=</u> | <u>dosten</u> tags des <u>Mertzen</u>, | was do <u>zinstag</u>ⁱⁱ
10 nach sa(n)t | <u>gregorien</u> tag, **d**o dorn= | dret vnd blitzget es gar | ser vnd   *Gewitter;*
vast vnd slůg | die straul gen <u>seeuelden</u>²²²⁹ | jn den turn vnd och an |
andren gegninen. **V**nd | ward dar nach zemittem | **M**ertzen für vs **a**lso kaltt
| **a**ls der winter zyt; vnd | *Kalter März;*
[223va|472] man maint, das yemant | nie gedenken mŏcht²²³⁰. |

ⁱ**A**(!)nno d(omi)ni etc. lxxij^{do} | vff Mentag nach sannt Hilaryen tag²²³¹   *[14]72*
5 ward | mir Conraten Albrecht²²³², | Stattschriber zů Costentz, disz buch   *Kolophon;*

---

²²²⁴ Vgl. zu dieser Nachricht die Berichte über Eis auf dem Bodensee auf fol.57rb, 145vb, 147ra, 211ra, 214ra.
²²²⁵ 23./24. Feb.

[223rb]
i) <u>winters</u>] *Punkt über* <u>i</u> *mroT* ii) <u>zinstag</u>] *Punkt über* <u>i</u> *mroT*

²²²⁶ An den sehr harten Winter 1470, von dem anscheinend allein Konstanzer Chroniken berichten (vgl. H. Buszello,
„Wohlfeile", S.33) und der v. R. Glaser, Klimageschichte, S.81 verzeichnet wird, schließt sich nun eine fruchtbare
Zeit mit warmem bis heißem Frühjahr und Sommer an (vgl. ebd., S.81f sowie W. Düwel-Hösselbarth, Ernteglück,
S.41).
²²²⁷ 15. Feb.
²²²⁸ Wie H. Buszello, „Wohlfeile", S.33 zeigt, wird dieses Erdbeben auch v. anderen Historiographen verzeichnet.
²²²⁹ Seefelden: Weiler zu Oberuhldingen (Bodenseekreis); erste urkundliche Erwähnung 1138; Kloster Salem erwirbt
1150 die Grundherrschaft in Seefelden und Umgebung v. den v. Vaz, den Vögten der Seefelder Kirche; 1225
Inkorporation der alten Pfarrei für das Konstanzer Domkapitel; 1460 wird der Burgstall bei der Kirche v. Kloster
Salem dem Domkapitel überlassen (vgl. LBW, Bd.7, S.589).

[223va|472]
i) *Text ab hier bis zum Ende der Hs. v. der Hd. Konrad Albrechts* ii...ii) *gegeben.* vnd was] gegeben *fehlt SG,
Konjektur wie B.M. v. Scarpatetti, Neubeschreibung, S.343;* vnd wib *Ott/Bodemann (Hg.), Katalog, S.213.*

²²³⁰ H. Buszello, „Wohlfeile" verzeichnet diese Nachricht in seiner Liste nicht. R. Glaser, Klimageschichte, S.87 be-
stätigt unsere Nachricht zum kalten Frühling des Jahres 1470.
²²³¹ 20. Jan.

von Gebhartt | Tachers såligen frowen[2233] | [ii][gegeben]. vnd was[ii] [?] hinfur
ver | schriben ståt vnd mit | miner hand geschiben, | jst by mir beschechen.
| Vnd ist disz min wapen, | mir von kaiser fridrich | en mit siner Maieståt |
beståt[2234]. |

[223vb]   A(!)nno d(omi)ni etc. lxxij[do] [?] | jn disem vorgeschriben | jar ward hanns | *[14]72*
Schwåninger[2235], der schmid, | ain from mann zů Burgermaister Vnd | der   *Bürgermeister;*
vest hochwisz[a] Vlrich | Blarer[i]/ zů des Richs vogt | vnd zů lantrichter er | *Vogt;*
welt. Vnd was do zů | mal hanns lantz zů lieben | fels am(m)an. vnd der   *Ammann;*
5   dryer | wappen ståt hernach. |

Was sich von wichen | nachten bisz vff den | herbst verloffen[b] hat, das | *Weihnachten*
sind gemain loff ge | wesen; doch was es | ain gůt zitt. | *bis Herbst;*

[224ra|473][i]   J(!)tem von dem herbst zů | schriben: ist ain herbst ge | wesen, [a]des kum   *Wein-*
jeman | verdencken mag[a], dann | es ward so uil wins, das | man den kom   *nachrichten;*
behalten | mocht. Vnd wurden | vass vast thür vnnd | můsten die lüt den
win | jn den zubern laszen sten | Vnd gab man den win | vast nach[2236]. jch
5   Conrat al- | brecht kofft ain fůder nuws | gůts wins vmb druw lb dn. |

[2232] Vgl. die Ausführungen zu Konrad Albrecht in Kapitel A.3.2.

[2233] Vgl. die Ausführungen zu Gebhart Dacher und seiner Frau in Kapitel A.3.1.

[2234] Vgl. auch zu dieser Wappenverleihung die Ausführungen Kapitel A.3.1 und A.3.2.

[223vb]

i) Blarer] *diakritisches Zeichen über* r *SG, eventuell* Blårer *gemeint*

a) ehrenwerte b) v. verlôffen: geschehen, sich begeben

[2235] Hans Schwaininger: Angehöriger der Konstanzer Zunftbürgerschaft; Schmied; Zunftmeister; langjähriges Ratsmitglied (seit 1449, darunter häufig im Kleinen Rat); v. 1472 bis 1482 turnusmäßig Bürgermeister; v. 1471 bis 1483
turnusmäßig Reichsvogt; Inhaber weiterer Ämter (z.B. Heimlicher; einer der Landrichter des Reichslandgerichts im
Thurgau; einer der zwölf Beisitzer des Thurgauer Landgerichts); an zahlreichen Gesandtschaften der Stadt beteiligt;
erscheint 1495 das letzte Mal in der Ratsliste (vgl. J. Marmor, Urkunden-Auszüge III, S.93; K. Beyerle, Ratslisten,
S.149ff; K.D. Bechtold, Zunftbürgerschaft, S.223; P.F. Kramml, Friedrich III., S.85, 150, 179, 306, 498ff; 504; 521,
524ff; H. Maurer, Konstanz II, S.203). Vgl. auch den Hinweis auf fol.224rb.

[224ra|473]

i) *mit vier herausgerissenen Blättern beginnt davor eine neue Lage Papier; gleichzeitig ist auf diesem Blatt der
Schriftspiegel mit Spalten sichtbar*

a...a) kaum vorstellbar b) einfacher, gewöhnlicher, erschwinglicher

[2236] H. Buszello, „Wohlfeile", S.38, Anm.45a zitiert einen Teil dieser Nachricht. Nach ebd., S.33 berichten auch die
Jahrgeschichten v. der Reichenau diese überdurchschnittliche gute Weinlese. Auch R. Glaser, Klimageschichte, S.70
bestätigt mit Blick auf weitere Quellen diese Angaben zur guten Witterung sowie die Folgen für die Weinqualität.

J(!)tem min herr von Sal | menswilr²²³⁷, der nüw, der | vor ze lützel²²³⁸ abt was²²³⁹, ain | fromer, vernünfftiger, | milter herr, dem ward | so uil nuws wins, das | er ettlichen alten win | vsser den vassen jn ain | Brunnen bett

10   tått; | vnd liesz den menglich | vmb sust nemen, damit | jm sin vass lår wurden. |

J(!)tem Es ward och desselb(e)n | jars ob Sechs Tusend | fůder wins jn die Statt | gefůrt; Vnd was gemainer^b vnd nit | costelicher win. |

[224rb] J(!)tem Hanns Schwåninger, | Burgermaister, was das | gantz jår so   *Amtsverhalten*
tugenhafft, das | er nie kain Ratzherren liesz | pfenden^i. | *des Bürger-*
                                                                    meisters;

J(!)tem was sich aber sust das | gantz jar des Romischen | kaisers halb Vnd   *Hinweis auf*

5   sust ver | loffen håt, ståt jn andern | bůchern, so ich hab, vnd ist | nit not   *andere Quellen;*
alles hie by zü schrib- | en. |

A(!)nno d(omi)ni etc. M cccc lxxiij | ist Vlrich Blarer zů Burger | maister   *1473 Bürger-*

10   vnd hanns S(ch)wan | inger zů vogt erwelt als | from lüt. vnd bin ich do | *meister; Vogt;*
och Stattschriber gewesen²²⁴⁰. | *Stadtschreiber;*

J(!)t(em) so ist hanns lantz noch | dann am(m)an gesin; der | wappen ståt   *Ammann;*
vor. |

15

J(!)tem jn dem jår ist der mertz, | der aberel vnd der may so | warn^a   *Wetternach-*

---

²²³⁷ Kloster Salem (Salmannsweiler): im Bodenseekreis gelegen; erste urkundliche Erwähnung 1140; Dorf und Kirche wird 1134/38 dem Zisterzienserorden v. dem Edelfreien Guntram v. Adelsreute zur Gründung eines Klosters geschenkt; 1142 erfolgt die erste Verleihung eines königlichen Schutzprivilegs; rasches Wachstum des Konvents mit mehreren Tochterklöstern und umfangreichem Grundbesitz; erste Blütezeit unter Abt Eberhard I. v. Rohrdorf (1191-1240), der das Kloster dem Erzbistum Salzburg unterstellt; um 1300 Klosterneubau und Beginn des heutigen Münsters; behauptet auch im Spätmittelalter seine reichsunmittelbare Stellung (vgl. LBW, Bd.7, S.594f; LexMA, Bd.7, Sp.1293; A. Borst, Mönche, S.191ff; HS III/3,1, S.341-375; HbBW, Bd.2, S.597ff).
²²³⁸ Kloster Lützel (franz. Lucelle): im heutigen Dép. Haut-Rhin, Frankreich; zur Diözese Basel gehörig; bedeutendes Zisterzienserkloster und wichtiger Vorposten für die Expansion dieses Ordens im oberdt. und schweiz. Raum; 1123/24 durch die Edlen v. Montfaucon gegründet; mit Mönchen v. Bellevaux besiedelt; frühe Gründung v. sieben Tochterklöstern und 15 Pfarreien; öfters – u.a. durch die Gugler (vgl. Bericht auf fol.90^{va}ff) – verwüstet und geplündert; Krise im 14. Jh.; Reform durch Abt Konrad Holzacker (1405-1443) (vgl. LThK, Bd.6, S.1151; HS III/3,1, S.290-311).
²²³⁹ Johannes Stantenant: aus Uffholz stammend; Keller, Prior und Abt des Mutterklosters Lützel; seine durch Kompromiss erreichte Wahl vom 18. Mai 1471 zum Abt v. Salem hat v.a. das Ziel, die durch schwere Auseinandersetzungen gestörte Ordnung und Regelung der Verhältnisse in Salem wiederherzustellen; Vermittler in Streitfällen und Initiator v. Vergleichen (z.B. mit Biberach und den Grafen v. Heiligenberg); erreicht die Privilegierung des Konvents durch Kaiser Friedrich III.; gest. im Dez. 1494 (vgl. ebd., S.302f, 359f).

[224rb]
i) pfenden] pfendenden *SG*

a) warm

²²⁴⁰ Vgl. hierzu die Ausführungen in Kapitel A.3.2.

gewesen, Das der | *richten und*

[224^(va)|474] win nach allentlich vff | den nåchsten monat an | vil enden verblůget^a håt. | *Folgen;*
vnd sind die kriesze do | zů mål zittig gewesen | vnd ward gut starck | win,
das die lut vast | den alten verutoten^(b/2241). |

5   J(!)tem jn dem monat als | jm mayen ist ain merk | lich zal der walchen   *Söldner im*
vsser | lamparten^2242 [zogen]^i; man sagt | ob drw Tusend. Vnd | sind jn das   *Elsass;*
Elsåsz zogen, | das sy nieman nunt^c | ton haben. man hat jn | och nünt ton.
vnd als | man dar nach sait, So | håt sy her peter vonn | hagenbach^2243,
Ritter, von | des hertzogen wegen | von Burguni^(2244 d)vnder ge | schlőffet^d

10   jn ettlich Stett. | vnd håt nieman gewist, | an wen sy wollten; Vnd | håt sy
doch menglich | gefürcht^2245. |

[224^(va)|474]
i) zogen] *fehlt SG* ii...ii) J(!)tem (...) allen dingen] *auch v. der Hd. Konrad Albrechts, aber vermutlich später ein-gefügt (kleiner und mit etwas anderem Schreibfluss geschrieben als der übrige Text der S.)*

a) v. verblůjen: verblühen b) v. verrotten: vernichten, vermodern lassen c) nichts d...d) v. vnderschlaiffen: hin-einschmuggeln, eine geheime Unterkunft geben

2241 H. Buszello, „Wohlfeile", S.33 zeigt, dass auch andere Chroniken zum Jahr 1473 von viel Wein berichten. Den warmen Frühling bestätigt R. Glaser, Klimageschichte, S.87.
2242 Vgl. zum Bild und Terminus „Walhen" in der Chronistik der Gegner Burgunds im Zusammenhang mit den Bur-gunderkriegen die Ausführungen bei C. Sieber-Lehmann, Spätmittelalterlicher Nationalismus, S.281ff. Interessan-terweise wird ebd., S.295ff nachgewiesen, dass die Lombarden zu dieser Zeit als die „unchristlichste und gefährlichste Gruppe von 'Fremden'" gelten, die etwa „auf gleicher Stufe wie die Türken stehen" (ebd., S.296).
2243 Peter v. Hagenbach: Angehöriger einer Adelsfamilie des Sundgaus; geb. 1423; seit 1453 am burgundischen Hof; wirkt u.a. als Erzieher der württembergischen Prinzen v. Mömpelgard; Rat und Gesandter Karls des Kühnen; außer-ordentlicher Hofmeister; seit dem 20. Sept. 1469 Landvogt in den an Karl den Kühnen verpfändeten österreichischen Gebieten und Ratsvorsitzender; Auseinandersetzungen mit dem österreichischen Adel, den Eidgenossen und ver-schiedenen Städten v.a. im Elsass, da er mit aller Härte versucht, das burgundische Administrationssystem gegen die Freiheit des Adels und der Stände durchzusetzen; Sturz durch einen Aufstand der in der sog. Niederen Vereinigung formierten Gegenkräfte; wird nach seiner Gefangennahme am 11. April 1474 in Breisach gefoltert, vom Landfrie-densgericht (Schöffen aus schweiz., elsässischen und habsburgischen Städten) zum Tode verurteilt und am 9. Mai 1474 enthauptet (vgl. LexMA, Bd.4, Sp.1838f; H. Brauer-Gramm, Landvogt Peter von Hagenbach; W. Baum, Sigmund, S.309, 312, 328ff, 334, 341). Vgl. auch die Reimchronik über Peter von Hagenbach und die Burgun-derkriege (vermutlich vor 1477), in: F.J. Mone, Quellensammlung, Bd.3, S.183-434.
2244 Karl der Kühne v. Burgund.
2245 Hierbei handelt es sich um ital. Söldnertruppen, v.a. aus der Lombardei, Venedig und Neapel, die für den bur-gundischen Herzog im Kampf gegen Frankreich v. großer Bedeutung sind und v.a. seit 1472 über die Alpen durch die Eidgenossenschaft in Richtung Burgund ziehen und u.a. die Eidgenossen in große Unruhe versetzen. Bereits ab 1469 kommt es in den Pfandgebieten zu Auseinandersetzungen zwischen Burgund und einzelnen Städten (vgl. z.B. Breisach) um die Einquartierung derartiger Soldtruppen. Andere Chroniken sprechen möglicherweise auch mit Blick auf die Erfahrungen im Armagnakenkrieg (vgl. Bericht auf fol.180^(ra)ff) v. „frembde bösse lüte" und setzten die Ein-quartierungen mit Plünderungen gleich (vgl. W. Baum, Habsburger, S.578f; K. Schelle, Karl der Kühne, S.148; C. Sieber-Lehmann, Spätmittelalterlicher Nationalismus, S.83ff, 281ff). Vgl. dazu die Korrespondenz zwischen Basel und Konstanz: Basel teilt dem Bürgermeister und dem Rat v. Konstanz mit, dass „fremdes Volk aus Lamparten" heranziehe und bittet, falls vorhanden, um weitere Informationen. Konstanz bezeugt daraufhin am 15. Mai 1473 die Bereitschaft und antwortet, bisher davon nichts zu wissen (vgl. J. Marmor, Beziehungen, S.143).

ⁱⁱJ(!)tem vff den pfingstag²²⁴⁶ od(er) | ettwan mangen tag da | uor kam *Kaiseraufent-*
vnser her, der | kaiser fridrich²²⁴⁷, gen ogsp(ur)g²²⁴⁸. | die schanckten jm, *halt in*

15 als man | saitt, by iiᴹ guldin wert | mit allen dingenⁱⁱ. | *Augsburg;*

[224ᵛᵇ] J(!)tem vff zinstag vor vns(er)s | herren fronlich nams tag²²⁴⁹ | ist unser *Kaiseraufent-*
herr, der kaiser²²⁵⁰, vnd | maximianus²²⁵¹, sin Sun, gen | vlm geritten²²⁵². *halt in Ulm;*
Die haben jn | vast herrlich empfangen Vnd | durch Georÿen Ehinger²²⁵³ |
mit sinen kaiserlichen gnad(en) | also laszen reden: |

5

„A(!)llerdurchluchtigster, | Grosz mächtigister kaiser | vnd allergnadigister *Empfangsrede;*
herr, | ain Rat, och gantz gemaind | diser Statt vlm, haben den | Råten, So
hie by mir stand, | vnd mir befolhen, uwer grosz- | mächtikait jn uwer
kaiser | lichen gnaden vnd des hailig(en) | Richs statt mit demüntig(er) |

10 vndertenikait zu empfachen, | dann sy an üwer kaiserlichen | gnaden ᵃzů
kunfftᵃ ain grosz | frod haben als jrs aller- | gnadigisten vnd rechten, |
natürlichen herren. Vnd | wa sy uwer groszmachtigkait | vnd kaiserlichen
Maieståt | jn aller vndertenikaitt | dienen kunden, wollen sy | willig sin." |

15 V(!)nd vff das so haben sy im ge | schenckt: | *Geschenke;*
Des ersten ain vergult | schurᵇ, cost iiᶜ guldin vnd | viᶜ guldin. |

[225ʳᵃ|475]ⁱ J(!)tem iᶜ visch, hechten vnd karpffen, | vi gůt ochsen, hundert jmeᵃ haber
| vnd ettwan mangen wagen | mit win. |

J(!)tem dem jungen kaiser ain | vergult Clainat, ob iᶜ guldin | wert, iii
5 wagen mit haber, | ain wagen mit win, xii | Brentenᵇ mit visch vnd ain |
ochsen. |

---

²²⁴⁶ 6. Juni.

²²⁴⁷ Friedrich III.

²²⁴⁸ Augsburg ist zu dieser Zeit ein „wichtiges, dem Reich nahestehendes Gemeinwesen" (C. Böhm, Reichsstadt Augsburg, S.25). Friedrich III. hält unter Teilnahme v. Maximilian sowohl 1473 (vom 25. April bis 14. Juni) als dann auch noch einmal 1474 (vom 5. April bis 24. Sept.) in Augsburg Reichsversammlungen ab, bei denen v.a. die Türkengefahr im Vordergrund steht (vgl. ebd., S.176). Da die RTA zu dieser Zeit noch nicht erschienen sind, sei lediglich darauf hingewiesen, dass die erste 1473 v. Friedrich in Augsburg ausgestellte Urkunde (vgl. RF, Nr.6685) auf den 28. April und die letzte (vgl. RF, Nr.6741) auf den 14. Juni datiert sind. Die Angaben unserer Chronik zur Aufenthaltszeit und zur im Folgenden erwähnten Abreise sind also korrekt.

[224ᵛᵇ]
a...a) Ankunft, Kommen b) Becher

²²⁴⁹ 15. Juni.

²²⁵⁰ Friedrich III.

²²⁵¹ Maximilian I.: geb. am 22. März 1459; am 16. Feb. 1486 zum röm. König gewählt; Krönung am 9. April 1486; seit 1508 „erwählter röm. Kaiser"; gest. am 12. Jan. 1519 (vgl. LexMA, Bd.6, Sp.420ff).

²²⁵² Friedrich macht auf seiner Reise v. Augsburg nach Baden 1473 mit seinem Sohn in Ulm Station. Den RF folgend, stellt Friedrich III. in Ulm vom 18. Juni (vgl. RF, Nr.6742) bis zum 25. Juni (vgl. RF, Nr.6747) Urkunden aus. Wie sich später zeigen wird, hält sich Maximilian öfters in Ulm auf (vgl. G. Litz, Königs- und Kaiseraufenthalte, S.74).

²²⁵³ Georg Ehinger: Angehöriger eines aus Ulm stammenden u.a. durch die Schifffahrt zu Reichtum gelangten Patriziergeschlechts, das zwischen 1399 und 1545 48 Mal den Bürgermeister stellt; seit 1466 Kammerprokuratorfiskal (vgl. Grosses Universal Lexicon aller Wissenschaften und Künste etc., Bd.8, Sp.406; OBG, Bd.1, S.286f).

J(!)t(em) dem Bischoff von Mentz²²⁵⁴ och | so uil. |

10 J(!)t(em) hertzog ludwigen von payer | ain geschier für lx guldin | vnd
darzů haber vnd visch | vnd ain ochsen. |

J(!)t(em) jeglichem grafen ain vas | mit win, ain wagen mit | haber vnd ain
ochsen. |
15

Vnd ist gegen dem kaiser se | uil geredt zů der schencke: |

„A(!)llerdurchluchtigister, Gros | mǎchtigister kaiser vnd aller | *Rede zur*
gnǎdigister herr, Min frund, | die Rǎt vnd gantz gemaind | diser Statt, *Übergabe der*
20 haben den Rǎten, | so hie gegenwirtig stand vn(d) | mir beuolhen, ǔwer *Geschenke;*
kaiserlich | grosz machtikait von jren | wegen ze schencken disz nach |
geschriben stuck Vnd bitten | uwer k(aiserliche) M(aiestǎt) mit vnderten |
igem, demuttigem flisz uw(er) | kaiserlich Grosz mǎchtikaitt | wolle die
Clainen erung |

[225ʳᵇ] vnd schencke^a von vns all(e)n | jn gnaden vnd gůt ᵇver | merken vnd
uffnem(m)en^b. | das begeren sy vnd wir | vm(b) uwer k(aiserlichen) gnad
jn | demǔttiger vndertenikait | zů verdienen." |

5 J(!)t(em) der kaiser vnd sin Sun | sind vormals nit zů | vlm gewesen;
darumb | musten sy dest merer | schencken etc.. |

D(!)er von vlm aid²²⁵⁵, so sy dem | kaiser geschworn haben jn | *Treueeid;*
10 kaiserlicher wirdi, der | also lut: |

[225ʳᵃ|475]
i) *Blatt ist unten ca. 10 cm vom rechten Rand entfernt auch 10 cm weit eingeschnitten*

a) Getreidemaß [der neunte Teil eines Viertels] b) Fischzuber, hölzerne Gefäße

²²⁵⁴ Adolf II. v. Nassau: geb. 1423; Studium in Heidelberg mit Pfründen in Mainz, Köln, Trier; 1443/44 Rektor in
Heidelberg; Universität Köln; Aufstieg in hohe Mainzer Verwaltungsstellen; 1451 Statthalter in Erfurt und in Eichs-
feld; bei der Wahl v. Bischof Diether v. Isenburg 1459 Kandidat der Minorität; 1461 Geheimverhandlungen mit dem
päpstlichen Legat; Provision mit dem Bistum Mainz durch Pius II. am 21. Aug. 1461; Anerkennung v. der Mehrheit
des Domkapitels; wird hauptsächlich v. Baden und Württemberg unterstützt (vgl. zum Kampf um das Bistum auch
den Bericht auf fol.205ᵛᵃff); nach der Eroberung der Bischofsstadt am 28. Okt. 1462 ist er voll in Possess und einigt
sich mit Diether; Weihe am 26. Jan. 1466; um Klosterreformen und Schuldentilgung bemüht; gest. am 6. Sept. 1475
(vgl. LexMA, Bd.1, Sp.161; HS I/2,2, S.991).

[225ʳᵇ]
i) jre[m]] *verderbt, auf den Text ist über drei Zeilen ein Stück Papier aufgeklebt, v. der Editorin unter Zuhilfenahme
der bei G. Litz, Königs- und Kaiseraufenthalte, S.76 edierten Huldigung v. 1543 erg.*

a) Geschenke, Gaben b...b) aufnehmen c...c) Nutzen d...d) v. werben: hervorbringen, tun

„W(!)ir hulden vnd schwere(n) | üch, dem allerdurchlücht | igisten, Groszmåchtigisten | fürsten vnd herren, hern | fridrichen, Rômischen kaiser, | vnserm allergnådigisten | herren, als aim Rômisch(e)n | kaiser

15 getrüw vnd gehor | sam zů sin, uwern gnad(en) | ᶜfromen vnd bestesᶜ zů ᵈwerb | enᵈ vnd schaden zů bewaren. | vnd alles das zu tůn, das | getruw vnd gehorsam, vnd | ton jre[m]ⁱⁱ [?] rechten herren | zů [tůn sc] [?] huldig vnd pflicht(ig) | [zů sin] [?], getrůwlich vnd | on alle bosz geuard. also | helff vns gott vnd alle | hailigen." |

[225ᵛᵃ|476]ⁱ J(!)tem zů wissend, das jn | dem lxxiij jår der win | so vnwerdᵃ ward, das | ainer, namlich Rudolff | Bruchlin²²⁵⁶, ain Quart win | von viij dn wert visch zů | tragen gab. Jtem er håt | och iijᵇ aimer win vo(n) | aim fůder dem win | růfferᶜ ze Růffen geben. | *[14]73 Wein-*\
nachrichten;

5

J(!)tem jn disem jår ist es vast | haisz gewesen, doch nitt | darnach   *Wetter-*\
gewetertᵈ dann | vff ain tag, was lanng | vor sant johanns tag des | *nachrichten²²⁵⁹;*\
Toffers²²⁵⁷, kam jm tag ain | grosz wetter vnd Regen | vnd schlůg das wetter ain | fromen gesellen, hiesz der | heger²²⁵⁸ vnd hůt vff Crutz | linger

10 thor jn dem thurn, | ze tod, das vor nit mer ge | hôrt ist, das das wetter je | jeman zů costentz ze tod | erschlagen hab; doch waz | das jn der vor Statt. von | solichem wetter håt es | darnach nit mer gereg | net bisz gen wichen | nachten zů. |

15 J(!)tem da zwuschent hat | man mer dann ain | mal vmb Rettenᵉ crützetᶠ. |

J(!)t(em) es håt sich och geben, | das vff ain tagⁱⁱ |

---

²²⁵⁵ Vgl. zum Treueeid allg. LexMA, Bd.3, v.a. Sp.1675ff. Und zu denen, die aus Konstanz überliefert sind und sich v. dem hier aufgezeichneten t.w. unterscheiden P.F. Kramml, Friedrich III., S. 82.

[225ᵛᵃ|476]\
i) *auf dieser Seite ist der Schriftspiegel mit Spalten sichtbar* ii) tag] *dan.* wan *SG, aber vermutlich durch Streichung v. Konrad Albrecht selbst wieder korr.*

a) wertlos, gering b) 2½ c) Ausrufer des zu verkaufenden Weines c) v. wetern/witeren: gewittern e) Rettung f) v. crützen: sich bekreuzigen\
²²⁵⁶ Rudolf Bruchlin: Angehöriger des Konstanzer Patriziats; v. 1482-1491 im Großen Rat der Stadt Konstanz; Inhaber weiterer Ämter (z.B. einer der zwölf Beisitzer des Thurgauer Landgerichts) (vgl. K. Beyerle, Ratslisten, S.177ff; OBG, Bd.1, S.162; P.F. Kramml, Friedrich III., S.528f).\
²²⁵⁷ 24. Juni.\
²²⁵⁸ Zu diesem Turmwächter namens Heger lassen sich aus der Sekundärliteratur keine weiteren Angaben machen. Vgl. allg. Hinweise zur Tätigkeit der Turmwächter P. Schuster, Gericht, S.186ff. Der Ämterliste des Ratsbuches v. 1473 nach ist im Abschnitt der „Wachter vff den Thurnen" „Gallus fry ------ vff Crutzlinger tor" genannt. Es könnte sich hier eventuell um die Person handeln, die im selben Jahr als „Hanns Hegen" in der Liste der Neubürger genannt ist (vgl. StAK, B I 13, S.20 und 24).\
²²⁵⁹ Tatsächlich lässt sich für 1473 nach einem strengen Winter ein sehr heißer Sommer vermutlich mit entsprechenden Sommergewittern nachweisen (vgl. W. Düwel-Hösselbarth, Ernteglück, S.41; R. Glaser, Klimageschichte, S.70).

[225vb] zwen Crutzgång[2260] gen ain | sidlen beschechen sind; der | ain vmb ain Regen; der | ander vmb ain schône^a. |

J(!)tem Conrat albrecht, Statt | schriber, hat vff Mittwuche(n) | vor sant   *Gastmahl;*
5 Oswalds tag[2261] jn | disem jar mit abt johans | von Salem[2262] jn ludwig appen | tegers[2263] hus, genant Bomel | widen hus, geessen; Was | Rudolff Bruchlin och daby, | Gerius Mainow[2264] [?] vn(d) hans | hagelin[2265]. da wir frische emli^b | vnd gût truben mit gûten | Bieren jn ainer Schusel ge | hept vnd die geessen vnd | Rudolffen Bruchlin ain spil | gelert, das hiesz ich
10 ^c„Rum [?] | mich"^c; bracht Richenbach | jn das land. |

ⁱDisz buch ist von | Jacob(e)n funckelisⁱⁱ [?] erb(e)n | mirⁱⁱⁱ jerge(n)   *Besitzvermerk;*
15 ^{iv}vogelin | kaufswysz^{iv} zukum(m)enⁱ/[2266].

[226^r-231^r]ⁱ Leere Seiten

[231^v] Federprobe in der Mitte der Seite [2 cm groß]: D

[232^r] Federprobe in der Mitte der Seite [ca. 5 cm groß und verschmiert]: C

[232^v- Leere Seiten

[225vb]
i...i) Disz buch (...) zukum(m)en] *v. der Hd. Georg Vögelis (vgl. Kapitel A.4.3)* ii) funckelis] *nach Ott/Bodemann (Hg.), Katalog, S.214;* frinckelis *B.M. v. Scarpatetti, Neubeschreibung (Erstfassung, inzwischen korr.), S.344* iii) mir] *davor unlesbares Wort durch Streichung getilgt* iv...iv) vogelin | kaufswysz] *nach B.M. v. Scarpatetti, Neubeschreibung, S.344;* vegelin haußwyb *Ott/Bodemann (Hg.), Katalog, S.214*

a) schönes Wetter b) möglicherweise ist amelber = Amarelle (vgl. fol.115vb) gemeint c...c) Mach mir Platz [?]

[2260] Vgl. allg. zum Prozessionswesen in Konstanz die Berichte auf fol.57va, 132^{va}f, 138ra, 149vb, 165ra, 176^{ra}f und 210^{va}f. In REC haben diese Prozessionen keinen Niederschlag gefunden.
[2261] 4. Aug.
[2262] Johannes Stantenant.
[2263] Ludwig Appentegger: Angehöriger der Konstanzer Patrizierfamilie; wird 1458 Bürger; seit 1464 langjähriger Ratsherr; 1481, 1483, 1485, 1489, 1491 und 1493 Konstanzer Bürgermeister; 1482, 1484, 1486, t.w. 1488, 1490, 1492 und bis zu seinem Tod 1494 Vogt; Inhaber anderer städtischer Ämter (z.B. Heimlicher, einer der zwölf Beisitzer des Ammanngerichts, einer der Sieben Richter in Schuldsachen, einer der Sieben Richter für Bausachen, Landrichter des Reichslandgerichts im Thurgau, einer der zwölf Beisitzer des Thurgauer Landgerichts); immer wieder als städtischer Gesandter und Vertreter der Stadt nachweisbar; als Vogt einer der Baldachinträger während des Besuchs Maximilians I. 1492 in Konstanz; gest. am 26. Sept. 1494 (vgl. OBG, Bd.1, S.17f; K. Beyerle, Ratslisten, S.162ff; P.F. Kramml, Friedrich III., S.68, 85, 88, 118, 120f, 150, 177, 179, 229, 498f, 502f, 507f, 514, 518, 521f, 529ff).
[2264] Gerius/Garins Mainow: Angehöriger einer zünftischen Konstanzer Familie; gehört entweder dem Handwerk der Goldschmiede oder dem der Maler an; erhält neben anderen im Jahr 1471 einen „kaiserlichen fryhaitt brieff", der vermutlich auf die Initiative v. Konrad Verg zurückgeht (vgl. P.F. Kramml, Friedrich III., S.41).
[2265] Hans Hagelin: vermutlich ein Angehöriger der in Konstanz in der 2. Hälfte des 14. Jhs. und zu Beginn des 15. Jhs. Bürgermeister bzw. Vogt stellenden Familie Hagen; vgl. auch den Mertzler Hagelin, der 1434, 1436 und noch einmal 1446 mit dem Gesetz in Konflikt gerät; nicht im Rat der Stadt nachweisbar (vgl. OBG, Bd.1, S.511; K. Beyerle, Ratslisten, S.246ff; K.D. Bechtold, Zunftbürgerschaft, S.184; P. Schuster, Gericht, S.157, 284).
[2266] Vgl. hierzu die Ausführungen in Kapitel A.4.3.

246$^\text{v}$]$^\text{i}$

[247$^\text{r}$]　Federproben verschiedener Art: Gekritzel

[247$^\text{v}$-255$^\text{v}$]　Leere Seiten

[256$^\text{r}$]　Federprobe: „Der almechtige (...)" [?]

[256$^\text{v}$-258$^\text{r}$]$^\text{i}$　Leere Seiten

[258$^\text{v}$|542pp]　$^\text{i}$Anonymus 258ff.$^\text{i}$

[Spiegel]

$^\text{i}$Jtem vff den Maig abend am |

5　Jt(em)$^\text{ii}$ vff des heilig(en) Crutz abend jm maigen^{2267}, anno d(o)m(ini) | *Himmels-*
etc. lxxv$^\text{iii}$, zwüschen xi vnd xii stund [?], | der mon$^\text{a}$ an dem himel jm　*erscheinung;*
tern$^\text{b}$ [?] vnd | was als ain sichel vnd da by ain | liecht stern. Vnd was vff
den | frittag darnach ain Nuẅ$^\text{i}$/$^\text{c}$. |

[226$^\text{r}$-231$^\text{r}$]
i) *auf 226$^\text{r}$ befindet sich mBl, v. späterer Hd., eine Notiz zur Zählung der Blätter bzw. Seiten (226/477) mit Hinweis auf „IvA" (= Ildefons v. Arx); sowohl davor als auch zwischen 229 und 230 sind ein bzw. zwei Blätter herausgerissen, dann folgt (wie später auch mit S.241 und 250) eine neue Lage Papier*

[232$^\text{v}$-246$^\text{v}$]
i) *zwischen 234 und 235 ist ein Blatt herausgerissen*

[256$^\text{v}$-258$^\text{r}$]
i) *auf 258$^\text{r}$ befindet sich mBl, v. späterer Hd., eine Notiz zur Zählung der Blätter bzw. Seiten (258/541) mit Hinweis auf „IvA" (= Ildefons v. Arx)*

[258$^\text{v}$|542p.p]
i....i) Anonymus 258ff.] *mBl, v. späterer Hd.*

[Spiegel]
i...i) *stark verblasst, v. der Hd. Konrad Albrechts* ii) Jt(em)] *vor den restlichen Text gesetzt* iii) lxxv] *dan. Lücke*

a) Mond b) ein Sternbild (?) c) Neumond

^{2267} 2. Mai.

C. Anhang

1. Abkürzungen und Siglen

a	Spalte a
AASS	Acta Sanctorum
Absz	Absatzzeichen
ADB	Allgemeine Deutsche Biographie
AHC	Annuarium Historiae Conciliorum
AKG	Archiv für Kulturgeschichte
amliRa	am linken Rand
amreRa	am rechten Rand
Aw	Amtswappen
b	Spalte b
BLB	Badische Landesbibliothek
BLG	Blätter für deutsche Landesgeschichte
BSB	Bayerische Staatsbibliothek
BvK	Bischöfe von Konstanz
ChrSt	Die Chroniken der deutschen Städte vom 14. bis ins 16. Jahrhundert
DBA	Deutsches Biographisches Archiv
DFG	Deutsche Forschungsgemeinschaft
dn	Denarius/Pfennig
3-z.	dreizeilige
DTM	Deutsche Texte des Mittelalters
EA	Amtliche Sammlung der ältern Eidgenössischen Abschiede
ed.	edidit bzw. ediderunt
ESt	Europäische Stammtafeln
ET	Elsässisches Trojabuch
FDA	Freiburger Diözesan-Archiv
fl	Florenus/Gulden (rheinisch)
fol.	folio
FS	Festschrift
FUB	Fürstenbergisches Urkundenbuch
Fw	Familienwappen
G	Ulrich Richental, Chronik des Konzils zu Konstanz, Karlsruhe, BLB, St. Georgen 63
GLA	Generallandesarchiv
Grünenb.	Des Conrad Gruenenberg, Ritter und Burger zu Costenz, Wappenpůch
Habil.	Habilitationsschrift
HbBW	Handbuch der baden-württembergischen Geschichte
HBLdS	Historisch-biographisches Lexikon der Schweiz
HHd.	Haupthand
HHS	Handbuch der historischen Stätten – Schweiz und Liechtenstein
HJb	Historisches Jahrbuch
hl	Heller

hl.	heilig
HS	Helvetia Sacra
HZ	Historische Zeitschrift
JWLG	Jahrbuch für westdeutsche Landesgeschichte
KESW	Kollektive Einstellungen und sozialer Wandel im Mittelalter
KGuRQ	Konstanzer Geschichts- und Rechtsquellen, hrsg. v. Stadtarchiv Konstanz
lb	Libra/Pfund
LBW	Das Land Baden-Württemberg
LexMA	Lexikon des Mittelalters
LThK	Lexikon für Theologie und Kirche
Lomb.	Lombarde
M	Mitra
Marg.	Marginalie
mBl	mit Bleistift
mblT	mit blauer Tinte
mbrT	mit brauner Tinte
mdbrT	mit dunkelbrauer Tinte
MF	Mikrofiche
MGH	Monumenta Germaniae Historica
mhbrT	mit hellbrauner Tinte
mroT	mit roter Tinte
mschwT	mit schwarzer Tinte
MVG	Mitt(h)eilungen zur vaterländischen Geschichte
Mz	Merkzeichen
ND	Nach- bzw. Neudruck
NDB	Neue Deutsche Biographie
NF	Neue Folge
OBG	Oberbadisches Geschlechterbuch
PBB	Beiträge zur Geschichte der deutschen Sprache und Literatur
Pr	Ulrich Richental, Chronik des Konzils zu Konstanz, Prag, Nationalbibliothek der Tschechischen Republik, Cod. XVI A 17
PüA	Protokoll über die Arbeitssitzung des Konstanzer Arbeitskreis für mittelalterliche Geschichtsforschung e.V.
r	Recto-Seite
REC	Regesta Episcoporum Constantiensium
RF	Regesta chronologico-diplomatica Friderici
RI	Regesta Imperii
RiA	Uolrich Richental, Concilium ze Costenz 1414-1418
RiDrS	Ulrich v. Richental, Conciliumsbuch
RTA	Deutsche Reichstagsakten
Rubr.	Rubrikator
rubr.	rubriziert
S	(Bischofs-)Stab
SchwLex	Schweizer Lexikon
SdM	Sachwörterbuch der Mediävistik
SG	Gebhard Dacher, Konstanzer Chronik, SBSG, Cod. Sang. 646
Siebm.	Siebmacher, J., New Wapenbuch bzw. ders., Newen Wapenbuchs II. Theil bzw. Johann Siebmachers Großes Wappenbuch

Siebm. Suppl.	Johann Siebmachers Wappen-Buch. Faksimile-ND der 12 Supplemente
SS	Scriptores
SS rer. Germ.	Scriptores rerum Germanicarum
SS rer. Merov.	Scriptores rerum Merovingicarum
SSWLK	Schriften zur südwestdeutschen Landeskunde
Stgt	Gebhard Dacher, Weltchronik, Stuttgart, WLB, Cod. Hist. HB V 22
StAK	Stadtarchiv Konstanz
StiASG	Stiftsarchiv St. Gallen
StiBSG	Bischöfliche Stiftsbibliothek St. Gallen
SVGB	Schriften des Vereins für Geschichte des Bodensees und seiner Umgebung
ß	Solidus/Schilling
ThUB	Thurgauisches Urkundenbuch
UB	Universitätsbibliothek
UBSG	Urkundenbuch der Abtei Sanct Gallen
üdZ	über der Zeile
udZ	unter der Zeile
v	Verso-Seite
vdZ	vor der Zeile
VerfLex	Die deutsche Literatur des Mittelalters. Verfasserlexikon
VKGLBW	Veröffentlichungen der Kommission für Geschichtliche Landeskunde in Baden-Württemberg
VMPIG	Veröffentlichungen des Max-Planck-Instituts für Geschichte
VuF	Vorträge und Forschungen, hrsg. v. Konstanzer Arbeitskreis für mittelalterliche Geschichte
Vz	Verweiszeichen
W	Gebhard Dacher, Konstanzer Chronik, Wien, Österreichische Nationalbibliothek, Cod. 2807
WBL	Wappenbilderlexikon, v. Neubecker, O./Rentzmann, W.
WLB	Württembergische Landesbibliothek
WrKatze	Die Wappenrolle der Geschlechtergesellschaft „zur Katze"
WtBvK	Wappentafel der Bischöfe von Konstanz, in: BvK I, S.485
ZBLG	Zeitschrift für bayerische Landesgeschichte
zdZ	zwischen den Zeilen
ZGO	Zeitschrift für die Geschichte des Oberrheins
ZHF	Zeitschrift für Historische Forschung
ZRG	Zeitschrift der Savigny-Stiftung für Rechtsgeschichte
ZSKG	Zeitschrift für Schweizerische Kirchengeschichte
ZürW	Die Wappenrolle von Zürich
ZürW L	Die Wappenrolle von Zürich – ein Wappen aus dem Hause zum Loch
2-z.	zweizeilige
ZWLG	Zeitschrift für Württembergische Landesgeschichte
Zz	Zierzeichen

2. Währungs- und Maßeinheiten

1 lb dn	20 ß dn
1 ß dn	12 dn
1 dn	2 hl
7 dn	1 plapphart
1 malter	2 mut 8 Viertel (ca. 233 l, Glattmeß, d.h. bei enthülstem Dinkel oder Weizen, Roggen, Erbsen, Bohnen oder Linsen)
1 malter	4 mut 16 Viertel (Rauhmeß, d.h. bei ungegerbtem Dinkel, Hafer, Gerste, Zwiebeln, Nüssen)
1 fuder	30 Eimer 960 Maß (1 Maß entspricht ca. 1,2 l)
1 mil	5.400 Schritt 27.000 Fuß

3. Quellen- und Literaturverzeichnis

3.1. Quellen

3.1.1. Ungedruckte Quellen

Die mit einem Stern (*) versehenen Archivalien wurden von der Editorin nicht persönlich eingesehen oder in Reproduktionen verwendet. Angaben zu diesen Quellen stammen allein aus der Sekundärliteratur.

Colmar, Bibliothèque de la Ville
Ms. 45*

Gießen, UB
Hs. 469*

Karlsruhe, BLB
E.M. 11*
Güntersthal 11
St. Georgen 63

Karlsruhe, GLA
65/282a
65/283
65/299
65/300
65/301
65/302
65/304
65/305
65/1083
65/1090*
KS 666
D 599*

Konstanz, Stadtarchiv
A I 1 (Chronicon Constantiense)
A I 2 (Christoff v. Schwartzach, Cronica der Statt Costanntz, 1585)
A I 3 (Gregor Mangolt, Kurtze Chronic der | Loblichen Freÿ vnd | Richstat Costantz, 1544)
A I 8,1 (Christoph Schulthaiß, Collectaneen, Bd.1)
A I 25 (O. Leiner, Die Mitglieder des Konstanzer Rates vom Ende des 15. bis zum Ende des 18. Jahrhunderts und deren Wappen. Nach den „Aemterbuchern" des Konstanzer Stadtarchives zusammengestellt, Konstanz 1899)
A I 25a (Wappen von Ratsmitgliedern und anderen Inhabern von städtischen Ämtern 1282-1778. Nach handschriftlichen Unterlagen zusammengestellt v. S. v. Blanckenhagen, gezeichnet v. R. Gutmann, Konstanz 1961)
A I 25b (O. Leiner, Die Geschichte des Konstanzer Patriziats)
A XI 2 (Gemächtebuch 1441-1542)
B I 1 bis B I 12 (Ratsbücher von 1376-1472)
B II 5 (Missive 1464/65)
B II 6 (Missive 1466/67)
D III 1 (Zolltarifbüchlein)
D III 2, 3, 3a, 3b (Einschreibbücher)
E 177, Fasz. I und II (Beschreibung der städtischen Büchsen und Mordäxte, 1465)

G 42 (zweifache masch. Abschrift v. StiASG, Cod. 339 und StiBSG, Cod. 646)
L 24 (Steuerbuch 1446)
L 39 (Steuerbuch 1461)
L 40 (Steuerbuch 1462)
S II 6740 (Personalakte v. A. Maurer)
Siegelsammlung, Abt.VII
U 8278 (Königsurkunde Sigismunds vom 13. Dezember 1430)

London, The British Library
Additional MS 24315*

München, BSB
Cgm 145
Cgm 146
Cgm 330
Cgm 426
Cgm 567
Cgm 568

St. Gallen, Stiftsarchiv
Cod. 339

St. Gallen, Stiftsbibliothek
Cod. 646
Cod. 657
Cod. 806

St. Paul in Lavanttal, Stiftsarchiv
Hs. 79*

Stuttgart, WLB
Cod. HB V 22
Cod. HB V 54
Cod. HB V 58
Cod. Don. 609
Cod. theol. fol. 76,37

Tübingen, UB
Gh 37; Gh 37a

Überlingen, Stadtarchiv
Jacob Reutlinger, Historische Collectaneen von Überlingen

Wien, Österreichische Nationalbibliothek
Cod. 2807

Wien, UB
Ms I 366

Zürich, Zentralbibliothek
Ms. A 83*
Ms. S 425*

3.1.2. Gedruckte Quellen

Acta Sanctorum, ed. J. Bollandus u.a., 67. Bde., Antwerpen 1643ff, Paris 1863-1925

Amtliche Sammlung der ältern Eidgenössischen Abschiede, Bd.1: Die eidgenössischen Abschiede aus dem Zeitraum 1245 bis 1420, in 2. Aufl. bearb. v. A.P. Segesser, Lucern 1874 und Bd.2: Die eidgenössischen Abschiede aus dem Zeitraum 1421 bis 1477, bearb. v. A.P. Segesser, Luzern 1863

Barack, K. (Hg.): Zimmerische Chronik, urkundlich berichtet v. Graf Froben Christof v. Zimmern († 1567) und seinem Schreiber Johannes Müller († 1600), Bd.IV, Straßburg 1882, Neuausgabe Meersburg/Leipzig 1932

Beinheim, Heinrich v.: Chroniken 1365-1452, in: Basler Chroniken, Bd.V, bearb. v. A. Bernoulli, Leipzig 1895, S.350-469

Beyerle, K. (Bearb.): Die Konstanzer Ratslisten des Mittelalters, hrsg. v. der Badischen Historischen Kommission, Heidelberg 1898

ders. (Hg.): Die Konstanzer Grundeigentumsurkunden der Jahre 1152-1371 (= Grundeigentumsverhältnisse und Bürgerrecht im mittelalterlichen Konstanz, Bd.2), Heidelberg 1902

Blaschitz, G.: Eine „Deutsche Chronik" eines Anonymus aus dem Umkreis des Klosters Reichenau (Codex 2927 der Österreichischen Nationalbibliothek), Diss. masch., Wien 1983

Brandi, K. (Hg.): Die Chronik des Gallus Öheim. Mit 27 Tafeln (= Quellen und Forschungen zur Geschichte der Abtei Reichenau, Bd.2), Heidelberg 1893

Bruchhäuser, H.-P. (Hg.): Quellen und Dokumente zur Berufsbildung deutscher Kaufleute im Mittelalter und in der frühen Neuzeit, Köln/Weimar/Wien 1992

Bruni Arretini, Leonardo: Epistolarum Libri VIII, recensente L. Mehus, pars prima, Florentiae 1741

Bruschius, Caspar: Magni operis de omnibus Germaniae episcopatibus epitomes: Tomus primus, 1549

Buck, M.R. (Hg.): Ulrich von Richental, Chronik des Constanzer Concils 1414 bis 1418 (= Bibliothek des Literarischen Vereins in Stuttgart, Bd.48), Tübingen 1882

Chmel, J.: Regesta Chronologico-Diplomatica Friderici IV. Romanorum Regis (Imperatoris III.), 2 Bde., unveränderter ND der Ausgabe Wien 1839-1859, Hildesheim 1962

Christ, D.A.: Das Familienbuch der Herren von Eptingen. Kommentar und Transkription (= Quellen und Forschungen zur Geschichte und Landeskunde des Kantons Baselland, Bd.41), Liestal 1992

Chronikalien der Rathsbücher 1356-1548, in: Basler Chroniken, hrsg. v. der historischen und antiquarischen Gesellschaft in Basel, Bd.IV, bearb. v. A. Bernoulli, Leipzig 1890, S.17-105

Chronik der Stadt und Landschaft Schaffhausen, v. J.J. Rüeger, hrsg. vom Historisch-Antiquarischen Verein des Kantons Schaffhausen, 2 Bde., Bd.1, Schaffhausen 1884, Bd.2, Schaffhausen 1892

Die Chronik des Klosters Petershausen, hrsg. und übersetzt v. O. Feger, Lindau/Konstanz 1956

Die Chroniken der deutschen Städte vom 14. bis ins 16. Jahrhundert, hrsg. durch die Historische Kommission bei der Königlichen/Bayerischen Akademie der Wissenschaften, 36 Bde., Leipzig 1862-1931, hier 1-3, 10-11: Die Chroniken der fränkischen Städte: Nürnberg; Bd.4-5, 22-23, 25, 29, 32-34: Die Chroniken der schwäbischen Städte: Augsburg; Bd.8-9: Die Chroniken der oberrheinischen Städte: Straßburg.

Die Chronik Erhards von Appenwiler 1439-1471, in: Basler Chroniken, hrsg. v. der historischen und antiquarischen Gesellschaft in Basel, Bd.IV, bearb. v. A. Bernoulli, Leipzig 1890, S.249-355

Des Conrad Grünenberg, Ritters und Burgers zu Costenz, Wappenpůch, volbracht am nünden Tag des Abrellen do man zalt tusend vierhundert drü und achtzig jar. In Farbdruck neu hrsg. v. R. Stillfried-Alcántara/A. M. Hildebrandt, 5 Bde., Görlitz 1875-1883

Constanzer Jahrbücher, hrsg. v. F.J. Mone, in: Badisches Archiv zur Vaterlandskunde in allseitiger Hinsicht 2 (1827), S.192-195

Deutsche Reichstagsakten unter König Wenzel, 1.Abt.: 1376-1387 (= RTA, Bd.I), hrsg. v. J. Weizsäcker, München 1867

Deutsche Reichstagsakten unter König Wenzel, 2.Abt.: 1388-1397 (= RTA, Bd.II), hrsg. v. J. Weizsäcker, München 1874

Deutsche Reichstagsakten unter Kaiser Sigmund, 3.Abt.: 1427-1431 (= RTA, Bd.IX), hrsg. v. D. Kerler, Gotha 1887

Deutsche Reichstagsakten unter Kaiser Sigmund, 5.Abt.: 1433-1435 (= RTA, Bd.XI), hrsg. v. G. Beckmann, Gotha 1898

Deutsche Reichstagsakten unter Kaiser Sigmund, 6.Abt.:1435-1437, hrsg. v. G. Beckmann, Gotha 1901

Deutsche Reichstagsakten unter König Albrecht II., 1.Abt., 1. Hälfte: 1438 (= RTA, Bd.XIII), hrsg. v. G. Beckmann, Gotha 1908

Deutsche Reichstagsakten unter Friedrich III., 2.Abt.: 1441-1442 (= RTA, Bd.XVI), hrsg. v. H. Herre/ L. Quidde, Stuttgart/Gotha 1928

Deutsche Reichstagsakten unter Friedrich III., 3.Abt,: 1442-1445, 1. Hälfte: 1442-1444 (= RTA, Bd.XVII,1), hrsg. v. W. Kaemmerer, Stuttgart 1939, 2. Hälfte: 1442-1445 (= RTA, Bd.XVII,2), hrsg. v. dems., Göttingen 1963

Diessenhofen, Heinricus Dapifer de: Chronik, in: Fontes Rerum Germanicarum. Geschichtsquellen Deutschlands, hrsg. v. J.F. Boehmer, Bd.4: Heinricus de Diessenhofen und andere Geschichtsquellen Deutschlands im späten Mittelalter, hrsg. v. A. Huber, Stuttgart 1868, S.16-126

Dierauer J. (Hg.): Chronik der Stadt Zürich mit Fortsetzungen (= Quellen zur Schweizer Geschichte, Bd.18), Basel 1900

Drös, H. (Hg.): Das Wappenbuch des Gallus Öheim. Neu hrsg. nach der Hs.15 der Universitätsbibliothek Freiburg. Mit einem Geleitwort v. W. Berschin (= Reichenauer Texte und Bilder, Bd.5), Sigmaringen 1994

Das Elsässische Trojabuch. Kritische Ausgabe v. C. Witzel (= Wissensliteratur im Mittelalter, Bd.21), Wiesbaden 1995

Ettmüller, L. (Hg.): Die beiden ältesten deutschen Jahrbücher der Stadt Zürich, in: Mitteilungen der Antiquarischen Gesellschaft in Zürich 2 (1844), S.30-96

Ex Historia Constantiae. Lateinische Quellen zur Geschichte der Stadt Konstanz, ausgewählt und erläutert v. H. Knittel, Konstanz 1979

Feger, O. (Hg.): Das Rote Buch, mit einer Einleitung v. K. Beyerle (= Konstanzer Stadtrechtsquellen, Bd.1), Konstanz 1949

ders. (Hg.): Die Statutensammlung des Stadtschreibers Jörg Vögeli (= Konstanzer Stadtrechtsquellen, Bd.4), Konstanz 1951

ders. (Hg.): Vom Richtebrief zum Roten Buch. Die älteste Konstanzer Ratsgesetzgebung (= KGuRQ, Bd.7), Konstanz 1955

ders. (Hg.): Ulrich Richental, Das Konzil zu Konstanz, Kommentar und Text, 2. Bde., Starnberg/Konstanz 1964

Fortsetzungen des Königshofen. Von 1091 bis 1544, Die Konstanzer Zusätze, in: F.J. Mone, Quellensammlung, Bd.1, S.251-309 und Quellensammlung, Bd.3, S.509f

Die Goldene Bulle Kaiser Karls IV. vom Jahre 1356, bearb. v. W.D. Fritz (= MGH, Fontes Iuris Germanici Antique XI), Weimar 1972

Fürstenbergisches Urkundenbuch, Bd.6: Quellen zur Geschichte der Fürstenbergischen Lande in Schwaben von 1360-1469, hrsg. v. dem fürstlichen Archive, Tübingen 1889

Gagliardi, E.: Dokumente zur Geschichte des Bürgermeisters Hans Waldmann, 2 Bde., hier Bd.1: Hans Waldmann und die Eidgenossenschaft des 15. Jahrhunderts. Akten bis zum Auflauf von 1489, Basel 1911

Götze, A. (Hg.): Frühneuhochdeutsches Lesebuch, 6. Aufl., durchgesehen v. H. Volz, Göttingen 1976

Grabitzky, C.: Regesten zur Geschichte der Herren von Geroldseck, 4 Bde., Tübingen 1979 (Bestandteil einer unvollendeten Diss.)

Gronemeyer, R.: Zigeuner im Spiegel früher Chroniken und Abhandlungen. Quellen vom 15. bis zum 18. Jahrhundert, Giessen 1987

Haase, A. u.a. (Hgg.): Der deutsche Malagis nach den Heidelberger Handschriften CPG 340 und CPG 315 (= DTM, Bd.82), Berlin 2000

Haefele, H.-F. (Hg.): Ekkehard IV, Casus Sancti Galli (= Ausgewählte Quellen zur deutschen Geschichte des Mittelalters. Freiherr v. Stein-Gedächtnisausgabe, Bd.10), Darmstadt 1980

Herimannus Augiensis Chronicon, hrsg. v. G. H. Pertz, in: MGH SS 5, S.74-133

Irtenkauf, W. (Hg.): Der „Habsburger Kalender" des Jakob Mennel (Urfassung). In Abbildung aus dem Autograph (WLB Stuttgart HB V 43), Göttingen 1979

Des Kaplans Niklaus Gerung gen. Blauenstein Fortsetzung der Flores Temporum 1417-1475, in: Basler Chroniken, hrsg. v. der historischen und antiquarischen Gesellschaft in Basel, Bd.VII, bearb. v. A. Bernoulli, Leipzig 1915, S.19-92

Kettmann, G.: Frühneuhochdeutsche Texte, Leipzig 1971

Klein, K. (Hg.): Die Lieder Oswalds von Wolkenstein, 3. neubearb. Aufl., Tübingen 1987

Die Klingenberger Chronik, wie sie Schodoler, Tschudi, Stumpf, Guillimann und Andere benützten, nach der von Tschudi besessenen und vier anderen Handschriften, hrsg. v. A. Henne, Gotha 1861

Konstanzer Chronik. Von 307 bis 1466, in: F.J. Mone (Hg.), Quellensammlung, Bd.1, S.309-349

Eine Konstanzer Weltchronik aus dem Ende des 14. Jahrhunderts, hrsg. v. T. v. Kern, in: Zeitschrift der Beförderung der Geschichts-, Alterthums- und Volkskunde von Freiburg, dem Breisgau und den angränzenden Landschaften 1 (1867), S.179-235

Krebs, M.: Nachlese zu den Konstanzer Bischofsregesten, in: ZGO 98 (1950), S.181-283

Kreuer, W.: Imago Civitatis. Stadtbildsprache des Spätmittelalters. Essener Bearbeitung der authentischen Stadtansichten aus der Schedelschen Weltchronik von 1493 mit 32 Vollfaksimilierungen des Originals der Diözesan- und Dombibliothek Köln, Essen 1993

Liliencron, R. v. (Hg.): Die historischen Volkslieder der Deutschen vom 13. bis 16. Jahrhundert, Bd.1, Leipzig 1865

Manlius (Mennel), Jacob: Chronicon Episcopatus Constantiensies, ed. J. Pistorius, Rerum Germanicarum veteres iam primum publicati Scriptores VI, tomus 3, Frankfurt 1607, S.615-722

ders.: Chronicon Episcopatus Constantiensis (1519), ex J. Pistorii Bibliotheca, in: Rerum Germanicarum veteres, tomus 3, ed. B.G. Struvius, 3. Aufl., Regensburg 1726, S.687-807

Marmor, J.: Die Beziehungen der Stadt Constanz zu der Eidgenossenschaft während des Mittelalters (1259-1520). Urkunden und Acten aus dem Stadtarchiv Constanz, in: Archiv für Schweizerische Geschichte 18 (1873), S.111-189

ders.: Urkunden-Auszüge zur Geschichte der Stadt Konstanz vom Jahr 1155 bis zum Jahr 1406, in: SVGB 4 (1873), Anhang, S.1-44

ders.: Urkunden-Auszüge zur Geschichte der Stadt Konstanz, II. Reihe: 1406-1452, in: SVGB 5 (1874), Anhang, S.55-87

ders.: Urkunden-Auszüge zur Geschichte der Stadt Konstanz, III. Reihe: 1452-1499, in: SVGB 6 (1875), Anhang, S.89-146

ders. (Hg.): Zur Geschichte des Bisthums Constanz. Auszüge aus den „Collectaneen des Christoph Schulthaiß", in: FDA 10 (1876), S.346-351

Merz, W./Hegi, F. (Hgg.): Die Wappenrolle von Zürich. Ein heraldisches Denkmal des vierzehnten Jahrhunderts in getreuer farbiger Nachbildung des Originals mit den Wappen aus dem Hause zum Loch, im Auftrag der Antiquarischen Gesellschaft in Zürich, Zürich/Leipzig 1930

Mone, F.J. (Hg.): Quellensammlung der badischen Landesgeschichte, im Auftrag der Regierung, Bd.1, Karlsruhe 1848, Bd.2, Karlsruhe 1854, Bd.3, Karlsruhe 1863, Bd.4, Karlsruhe 1867

Notitia de precariis civitatum et villarum (1241), in: MGH Const. III, S.1-5

Parlow, U. (Hg.): Die Zähringer. Kommentierte Quellendokumentation zu einem südwest-deutschen Herzogengeschlecht des hohen Mittelalters (= VKGLBW, Reihe A: Quellen, Bd.50), Stuttgart 1999

Person-Weber, G.: Der Liber Decimationis des Bistums Konstanz. Studien, Edition und Kommentar (= Forschungen zur oberrheinischen Landesgeschichte, Bd.44), Freiburg i.Br./ München 2001

Regesta chronologico-diplomatica Friderici IV. Romanorum Regis (Imperatoris III.). Auszug aus den im k.k. geheimen Haus-, Hof- und Staats-Archive zu Wien sich befindlichen Reichsregistraturbüchern vom Jahre 1440-1493, v. J. Chmel, 1.Abt.: 1440 bis März 1452, Hildesheim 1962

Regesta Episcoporum Constantiensium, Regesten zur Geschichte der Bischöfe von Constanz von Bubulcus bis Thomas Berlower (517-1496), hrsg. v. der Badischen Historischen Commission. Bd.I: 517-1293, bearb. v. P. Ladewig/T. Müller, Innsbruck 1895; Bd.II: 1293-1383, bearb. v. A. Cartelliere, mit Nachträgen und Registern v. K. Rieder, Innsbruck 1905; Bd.III: 1384-1436, bearb. v. K. Rieder, Innsbruck 1913; Bd. IV: 1436-1474, bearb. v. dems., mit einem Register, Innsbruck 1941

Regesta Imperii, Bd.VIII: Die Regesten des Kaiserreichs unter Kaiser Karl IV., aus dem Nachlaß J.F. Böhmers, hrsg. und ergänzt v. A. Huber, Innsbruck 1877; Bd.XI: Die Urkunden Kaiser Sigmunds (1410-1437), bearb. v. W. Altmann, 2 Bde., ND der Ausgabe Innsbruck 1896-1900, Hildesheim 1968

Reichmann, O./Wegera, K.-P. (Hgg.): Frühneuhochdeutsches Lesebuch, Tübingen 1988

Reimchronik über Peter von Hagenbach und die Burgunderkriege, in: F.J. Mone (Hg.), Quellensammlung, Bd.3, S.183-434

Reiners-Ernst, E.: Regesten zur Bau- und Kunstgeschichte des Münsters in Konstanz, Lindau/Konstanz 1956

Richental, Ulrich (v.): Conciliumsbuch, Augsburg Anton Sorg 1483, Potsdam 1923 (koloriertes Faksimile des ersten Drucks) (RiDrS) ders.: Chronik des Constanzer Conzils 1414 bis 1418. Als Anhang: Text der Aulendorfer Handschrift, unveränderter ND der v. R.M. Buck besorgten Ausgabe, Meersburg/Leipzig 1936 (koloriertes Faksimile der Drucks v. Heinrich Steiner, Augsburg, 1536)

ders.: Concilium ze Costenz 1414-1418, hrsg. v. H. Sevin, Karlsruhe 1881 (farbloses Faksimile der Hs.A; heute New York, Public Library, Spencer Collection of Illustrated Books, Nr. 32) (RiA)

Ruppert, P. (Hg.): Die Chroniken der Stadt Konstanz, Konstanz 1891

ders. (Hg.): Ein Überlinger Chronist des fünfzehnten Jahrhunderts [= Lienhard Wintersulger, nach Reutlinger], in: Konstanzer Beiträge zur badischen Geschichte, Bd.1 (1888), S.96-132

Ruser, K. (Hg.): Die Urkunden und Akten der oberdeutschen Städtebünde (vom 13. Jahrhundert bis 1549), Bd.2: Städte- und Landfriedensbündnisse von 1347 bis 1380, 2 Teile, Göttingen 1988

Schmid, A.A. (Hg.): Faksimile-Ausgabe der Luzerner Chronik des Diebold Schilling 1513, Luzern 1979

ders. (Hg.): Die Luzerner Chronik des Diebold Schilling 1513. Kommentar zur Faksimile-Ausgabe der Handschrift, Luzern 1981

Schulthaiß, Christoph: Constanzer Bisthums-Chronik, hrsg. v. J. Marmor, in: FDA 8 (1874), S.1-101

Schulthaiß, Nikolaus (Claus): Chronik, in: P. Ruppert (Hg.), Chroniken, S.270-285

Series Episcoporum Constantiensium, in: MGH SS 13, S.324-326

Stehlin, K.: Ein spanischer Bericht über ein Turnier in Schaffhausen im Jahre 1436, in: Basler Zeitschrift für Geschichte und Altertumskunde 14 (1915), S.145-176

Die Steuerbücher der Stadt Konstanz, Teil 1: 1418-1460, bearb. vom Stadtarchiv Konstanz (= KGuRQ, Bd.9), Konstanz 1958, Teil 2: 1470-1530, bearb. v. P. Rüster (= KGuRQ, Bd.13), Konstanz 1963

Stiehle, F.X.: Wappentafel der Bischöfe von Konstanz, in: BvK I, S.485

Straßburger Jahrgeschichten (1424 bis 1593), in: F.J. Mone (Hg.), Quellensammlung, Bd. 2, S.138-145

Thommen, R.: Urkunden zur Schweizer Geschichte aus österreichischen Archiven, Bd.3: 1411-1439, Basel 1928

Thurgauisches Urkundenbuch, hrsg. auf Beschluß und Veranstaltung des Thurgauischen Historischen Vereins, 8 Bde., Frauenfeld 1924-1967

Tschamser, P.F.M. (Hg.): Chronique de Thann, Bd.1: Annales oder Jahrs-Geschichten der Baarfüseren oder Minderen Brüdern zu Thann, 1724, Colmar 1864

Urkundenbuch der Abtei Sanct Gallen, Teil V (1412-1442), hrsg. vom historischen Verein des Kantons St. Gallen, bearb. v. P. Bütler/T. Schiess, St. Gallen 1904

Vita altera auctore anonymo, in: Vita Chounradi Constantiensis Episcopi, in: MHG SS 4, S.429-445, hier S.436-445.

Vita Galli auctore Walahfrido in: Vita Galli confessoris triplex, in: MGH SS rer. Merov. 4, S.229-337, hier S.280-337

Vita Galli auctore Wettino in: Vita Galli confessoris triplex, in: MGH SS rer. Merov. 4, S.229-337, hier S.256-280

Vita Gebehardi episcopi Constantiensis, in: MGH SS 10, S.582-594

Vita prior auctore Oudalscalcho, in: Vita Chounradi Constantiensis Episcopi, in: MHG SS 4, S.429-445, hier S.430-436

Vögeli, J.: Schriften zur Reformation in Konstanz 1519-1538. Erste Gesamtausgabe, hrsg. v. A. Vögeli (= Schriften zur Kirchen- und Rechtsgeschichte, Bd.39), Tübingen/Basel 1972/73.

Die Wappenrolle der Geschlechtergesellschaft „zur Katze" in Konstanz 1547. Festgabe der Stadt Konstanz zur 35. Jahres-Versammlung des Vereins für Geschichte des Bodensees und seiner Umgebung am 31. Juli und 1. August 1904

Wielandt, F. (Hg.): Das Zunftbuch der Konstanzer Wollweberzunft, in: ZGO 108 (1960), S.49-84

Winterthur, J. v.: Chronik (Chronica Johannis Vitodurani), in: MGH SS rer. Germ. NS III, hrsg. v. F. Baethgen, ND der Ausgabe v. 1924, Berlin 1955

Wittenwiler, H.: Der Ring. Frühneuhochdeutsch/neuhochdeutsch, nach dem Text v. E. Wießner ins Neuhochdeutsche übersetzt und hrsg. v. H. Brunner (= Universal-Bibliothek, Bd.8749), Stuttgart 1991

Würzburg, Konrad v.: Trojanerkrieg (Staatsbibliothek Preussischer Kulturbesitz Berlin, Ms. germ. fol.1), Farbmicrofiche-Edition. Einführung in das Werk und Beschreibung der Handschrift v. E. Lienert (Codices illuminati medii aevi, Bd.15), München 1989

Zimmermann, F./Wattenbach, W.: Über den walachischen Woiwoden Wlad IV. 1456-1462, in: Archiv des Vereins für siebenbürgische Landeskunde, NF 27 (1896), S.331-343

3.2. Lexika und Hilfsmittel

Allgemeine Deutsche Biographie, hrsg. von der Historischen Commission bei der Königlichen Akademie der Wissenschaften, 56 Bde., Leipzig/München 1875-1912

Allgemeines Lexikon der Bildenden Künstler von der Antike bis zur Gegenwart, begr. und t.w. hrsg. v. U. Thieme/F. Becker, später hrsg. v. H. Vollmer, 37 Bde., Leipzig 1907-1950

Allgemeines Künstlerlexikon. Die bildenden Künstler aller Zeiten und Völker, hrsg. vom K.G. Saur Verlag und G. Meißner, bisher 52 Bde., München/Leipzig 1992ff

Ammann, H./Schib, H. (Hgg.): Historischer Atlas der Schweiz, Aarau 1958

Badisches Wörterbuch, hrsg. mit Unterstützung des Badischen Ministeriums des Kultus und Unterrichts bzw. des Ministeriums für Wissenschaft und Forschung Baden-Württemberg, begonnen v. E. Ochs, weitergeführt v. K.F. Müller/G.W. Baur, bearb. v. R. Post, Lahr 1925-2003

Bahlow, H.: Deutschlands geographische Namenwelt. Etymologisches Lexikon der Fluß- und Ortsnamen alteuropäischer Herkunft, Frankfurt/M. 1965

Baufeld, C.: Kleines frühneuhochdeutsches Wörterbuch. Lexik aus Dichtung und Fachliteratur des Frühneuhochdeutschen, Tübingen 1996

Benezit, E.: Dictionnaire des Peintres, Sculpteurs, Dessinateurs et Graveurs, Bd.3: Chillida - Duggelin, Paris 1976

Biographisches-Bibliographisches Kirchenlexikon, Bd.14 (1998), Sp.878-885
(vgl. http://www.bautz.de/bbkl/c/Chmel.shtml, abgerufen im September 2007)

Birlinger, A.: Die alemannische Sprache rechts des Rheins seit dem XIII. Jahrhundert, 1. Teil: Grenzen, Jahrzeitnamen, Grammatik, Berlin 1868

Bohnenberger, K.: Die alemannische Mundart. Umgrenzung, Innengliederung und Kennzeichnung, Tübingen 1953

Brockhaus. Die Enzyklopädie in 24 Bden., 20. überarb. und aktual. Aufl., Mannheim 1996ff

Buben, M.: Heraldik. Bearb. Ausgabe, Illustrationen v. J. Bubnová, Übersetzung aus dem Tschechischen v. W. Beck, Praha 1987

Bußmann, H.: Lexikon der Sprachwissenschaft, 2. völlig neu bearb. Aufl., Stuttgart 1990

Die deutsche Literatur des Mittelalters. Verfasserlexikon, begr. und hrsg. v. W. Stammler, fortgesetzt v. K. Langosch, 5 Bde., Berlin/Leipzig 1933-1955

Die deutsche Literatur des Mittelalters. Verfasserlexikon, begr. v. W. Stammler, fortgesetzt v. K. Langosch, 2. völlig neu bearb. Aufl., hrsg. v. K. Ruh/B. Wachinger, bisher 13 Bde. und 3 Lief. v. Bd.11, Berlin/New York 1978-2007

Die deutschen Königspfalzen. Repertorium der Pfalzen, Königshöfe und übrigen Aufenthaltsorte der Könige im deutschen Reich des Mittelalters, hrsg. vom Max-Planck-Institut für Geschichte, Red. L. Fenske/ T. Zotz, Bd.3: Baden-Württemberg, 3. Lief.: Kirchen (Schluß) – Langenau, bearb. v. H. Maurer, Göttingen 1997; 4. Lief.: Lorch – Reichenau, bearb. v. dems., Göttingen 2003

Deutsches Biographisches Archiv. Eine Kumulation aus 254 der wichtigsten Nachschlagewerke für den deutschen Bereich bis zum Ausgang des 19. Jahrhunderts, hrsg. v. B. Fabian, 1431 MF

Deutsches Biographisches Archiv, NF. Eine Kumulation aus 284 der wichtigsten Nachschlagewerke für den deutschen Bereich bis zur Mitte des 20. Jahrhunderts, hrsg. v. W. Gorzny, 1457 MF

Deutsches Literatur-Lexikon. Biographisches-bibliographisches Handbuch, beg. v. W. Kosch, 3. Aufl., Bd.2, Bern/München 1969

Deutsches Wörterbuch von Jacob und Wilhelm Grimm, 33 Bde., ND der Erstausgabe Leipzig 1854, München 1984

Europäische Stammtafeln. Stammtafeln zur Geschichte der europäischen Staaten, NF, hrsg. v. D. Schwennicke, bisher 24 Bde., Marburg, Berlin bzw. Frankfurt/M. 1980ff Bd.1: Die deutschen Staaten, Marburg 1980 - Bd.I.1: Die fränkischen Könige und die Könige und Kaiser, Stammesherzoge, Kurfürsten, Markgrafen und Herzoge des Heiligen Römischen Reiches Deutscher Nation, Frankfurt/M. 1998 - Bd.I.2: Premysliden, Askanier, Herzöge von Lothringen, die Häuser Hessen, Württemberg und Zähringen, Frankfurt/M. 1999 - Bd.4: Standesherrliche Häuser, Bd.1, Marburg 1991 - Bd.5: Standesherrliche Häuser, Bd.2, Marburg 1988 - Bd.9: Familien des Früh- und Hochkapitalismus, Marburg

1987 - Bd.11: Familien vom Mittel- und Oberrhein und aus Burgund, Marburg 1986 - Bd.12: Schwaben, Marburg 1992 - Bd.16: Bayern und Franken, Berlin 1995

Frühneuhochdeutsches Wörterbuch, hrsg. v. R.R. Anderson/U. Goebel/O. Reichmann, auf 12 Bde. Angelegt, bisher vollständig: 4 Bde. (bis pythagorisch), Berlin/New York 1989-2002

Funke, E.: Buchkunde. Ein Überblick über die Geschichte des Buches, 5. neu bearb. Aufl., München u.a. 1992

Galbreath, D.L./Jequier, L.: Lehrbuch der Heraldik, München 1978

Genealogisches Handbuch der Schweizer Geschichte, hrsg. v. der Schweizer Heraldischen Gesellschaft, Bd.1: Hoher Adel, Zürich 1900-1908; Bd.2: Hoher und niederer Adel, Zürich 1935-1945; Bd.3: Niederer Adel und Patriziat, Zürich 1908-1916; Bd.4: Grafen, Freiherren und Ministerialen, Chur 1980

Götze, A.: Frühneuhochdeutsches Glossar, 7. Aufl., Berlin 1967

Grosses Universal Lexicon aller Wissenschaften und Künste etc., Bd.8, verlegt bei J.H. Zedler, Halle/Leipzig 1734

Grote, H.: Stammtafeln. Mit Anhang: Calendarium medii aevi, ND der Ausgabe Leipzig 1877, Leipzig 1983

Grotefend, H.: Taschenbuch der Zeitrechnung des deutschen Mittelalters und der Neuzeit, 11. verb. Aufl., hrsg. v. T. Ulrich, Hannover 1971

ders.: Zeitrechnung des deutschen Mittelalters und der Neuzeit, Bd.1: Glossar und Tafeln, 2. ND der Ausgabe Hannover 1891, Aalen 1984; Bd.2: Abt.1: Kalender der Diözesen Deutschlands, der Schweiz und Skandinaviens, Abt.2: Ordenskalender. Heiligenverzeichnis. Nachträge zum Glossar, 2. ND der Ausgabe Hannover 1892-98, Aalen 1984

Grun, P.A.: Schlüssel zu alten und neuen Abkürzungen: Wörterbuch lateinischer und deutscher Abkürzungen des späten Mittelalters und der Neuzeit. Mit historischer und systematischer Einführung für Archivbenutzer, Studierende, Heimat- und Familienforscher u.a. (= Grundriß der Genealogie, Bd.6), Limburg/Lahn 1966

Handbuch der Heraldik. Wappenfibel, begr. v. A.M. Hildebrandt, 19. verb. und erw. Aufl., hrsg. v. Herold, bearb. v. L. Biewer, Neustadt an der Aisch 1998

Handbuch der historischen Stätten – Schweiz und Liechtenstein, hrsg. v. V. Reinhardt, Stuttgart 1996

Das Haus Württemberg. Ein biographisches Lexikon, hrsg. v. S. Lorenz/D. Mertens/V. Press, Stuttgart/Berlin/Köln 1997

Henning, B.: Kleines Mittelhochdeutsches Wörterbuch, 3. ergänzend bearb. Aufl., Tübingen 1998

Historisch-biographisches Lexikon der Schweiz. Deutsche Ausgabe, hrsg. v. der Geschichtsforschenden Gesellschaft der Schweiz, 7 Bde. und Suppl., Neuenburg 1921-1934

Historischer Atlas von Baden-Württemberg, hrsg. v. der Kommission für geschichtliche Landeskunde in Baden-Württemberg, Stuttgart 1979-1988

Historisches Lexikon der Schweiz, Bern (bisher Bd.1-5 im Druck erschienen; vgl. http://www.hls-dhs-dss.ch/index.php, abgerufen im September 2007)

Hofmann, W./Weller, F. (Bearb.): Bibliographie frühneuhochdeutscher Quellen. Ein kommentiertes Verzeichnis von Texten des 14.-17. Jahrhunderts (Bonner Korpus), 2. überarb. Aufl., Frankfurt/M. u.a. 1987

Johann Siebmacher: New Wapenbuch, Darinnen deß H. Röm. Reichs Teütscher Nation hoher Potentaten, Fürsten, Herren und Adelspersonen (...), Nürnberg 1606 (Siebm. I)

ders.: Newen Wapenbuchs II.Theil, Darinnen deß H. Röm. Reichs Teütscher Nation hoher Potentaten, Fürsten, Graven, Freyrn, Herren, Ritter vnnd v. Adel (...), Nürnberg 1609 (Siebm. II)

Johann Siebmachers Großes Wappenbuch, ND, Neustadt an der Aisch 1971ff: Bd.E: Württembergisches Adels-Wappenbuch, 1975 - Bd.F: Historische Familienwappen in Franken. 1860 Wappenschilde und familien-geschichtliche Notizen von Geschlechtern des Adels und der Reichsstädte in Franken, 1975 - Bd.1: Die Wappen und Flaggen der Herrscher und Staaten der Welt, 1978 (darin Siebm. I,1 und I,2) - Bd.2: Die Wappen der deutschen Landesfürsten, 1981 (darin Siebm.I,1,II-I,1,IV) - Bd.3: Die Wappen des hohen deutschen Adels (1.Teil), 1972 (darin Siebm. I,3,I und I,3,II) - Bd.4: Die Wappen des hohen deutschen Adels (2.Teil), 1974 (darin Siebm. I,3,III,A und I,3,III,B) - Bd.5: Die Wappen der europäischen Fürsten, 1975 (darin Siebm. I,3,III,C) - Bd.6: Wappen der Städte und Märkte in Deutschland und den angrenzenden Ländern, 1974 (darin Siebm. I,4) - Bd.8: Die Wappen der Bistümer und Klöster, 1976 (darin Siebm. I,5,I und I,5,II) - Bd.9: Die Wappen bürgerlicher Ge schlechter Deutschlands und der Schweiz (1.Teil), 1971 (darin Siebm. V,1-V,3) - Bd.10: Die Wappen bürgerlicher Geschlechter Deutschlands und der Schweiz (2.Teil), 1972 (darin Siebm. V,4-V,6) - Bd.11: Die Wappen bürgerlicher Geschlechter Deutschlands und der Schweiz (3.Teil), 1973 (darin Siebm. V,7-V,9) - Bd.12: Die Wappen bürgerlicher Geschlechter Deutschlands und der Schweiz (4.Teil), 1974 (darin Siebm. V,10-V,12) - Bd.13: Die Wappen bürgerlicher Geschlechter Deutschlands und der Schweiz (5.Teil), 1975 (darin Siebm. V, NF, 1-3) - Bd.22: Die Wappen des bayrischen Adels, 1971 (darin Siebm. II,1,; IV,1,I-III; VII,1) - Bd.23: Die Wappen des Adels in Württemberg, 1982 (darin Siebm. II,5 und VI,2) - Bd.24: Die Wappen des Adels in Baden, Elsaß-Lothringen und Luxemburg, 1974 (darin Siebm. II,6; II,10; II,11; III,9) - Bd.30: Die Wappen des böhmischen Adels, 1979 (darin Siebm. IV,9)

Johann Siebmachers Wappen-Buch. Faksimile-Nachdruck der v. 1753-1806 im Verlag der Raspischen Handlung in Nürnberg erschienenen 12 Supplemente, hrsg. v. O. Neubecker, München 1979

Keyser, R. (Hg.): Badisches Städtebuch (= Deutsches Städtebuch, Bd.4,2,1), Stuttgart 1959

ders. (Hg.): Württembergisches Städtebuch (= Deutsches Städtebuch, Bd.4,2,2), Stuttgart 1962

Klausmann, H./Kunze, K./Schrambke, R.: Kleiner Dialektatlas. Alemannisch und Schwäbisch in Baden-Württemberg, Bühl 1994

Der Kleine Pauly. Lexikon der Antike, 5 Bde., hrsg. v. K. Ziegler/W. Sontheimer, Stuttgart/München 1964-1975

Das Land Baden-Württemberg. Amtliche Kreisbeschreibung nach Kreisen und Gemeinden, 8 Bde., Stuttgart 1974-1983.

Leonhard, W.: Das große Buch der Wappenkunst. Entwicklung, Elemente, Bildmotive, Gestaltung, München 1978 (Lizenzausgabe Augsburg 2001)

Lexer, M.: Mittelhochdeutsches Handwörterbuch, ND der Ausgabe Leipzig 1872-1878 mit einer Einleitung v. K. Gärtner, 3 Bde., Stuttgart 1992

ders.: Mittelhochdeutsches Taschenwörterbuch, 37. Aufl., unveränderter ND, Stuttgart 1986

Lexikon der Heraldik, v. G. Oswald, Mannheim/Wien/Zürich 1984

Lexikon des Judentums, Chefredakteur J.F. Oppenheimer, Gütersloh u.a. 1971

Lexikon des Mittelalters, hrsg. v. R.-H. Bautier u.a., 9 Bde., München/Zürich 1977-1998 und Registerbd. Stuttgart/Weimar 1999

Lexikon für Theologie und Kirche, begr. v. M. Buchberger, 3. völlig neu bearb. Aufl., hrsg. v. W. Kasper u.a., 11 Bde., Freiburg u.a. 1993-2001

Lieb, H./Wüthrich, R.: Lexicon topographicum der römischen und frühmittelalterlichen Schweiz, Bd.1: Römische Zeit: Süd- und Ostschweiz (= Antiquitas, Reihe 1, Bd.15), Bonn 1967

Löffler, H.: Historisches Ortsnamenbuch von Bayern. Stadt- und Landkreis Lindau, München 1973

Löffler, K./Milde, W.: Einführung in die Handschriftenkunde, neu bearb. v. W. Milde (= Bibliothek des Buchwesens, Bd.11), Stuttgart 1997

Louda, J.: Europäische Städtewappen, Balzers 1969

Mediae Latinitatis Lexicon Minus, composuit J.F. Niermeijer. Lexique Latin Medieval – Français/Anglais, perficiendum curavit C. van de Kieft, Leiden/New York/Köln 1993

Mittelhochdeutsches Wörterbuch. Mit Benutzung des Nachlasses von G.F. Benecke ausgearb. v. W. Müller und F. Zarncke, ND der Ausgabe Leipzig 1854-1866, 3 Bde., Stuttgart 1990

Moser, V.: Historisch-grammatische Einführung in die frühneuhochdeutschen Schriftdialekte, Halle/Saale 1909

Neubecker, O./Rentzmann, W.: Wappenbilderlexikon, München 1974 (vgl. auch ND: Zehntausend Wappen und Embleme von Staaten und Städten: nach Bildmotiven geordnet; mit alphabetischem Register, München 1989)

Neue Deutsche Biographie, hrsg. v. der Historischen Kommission bei der Bayerischen Akademie der Wissenschaften, bisher 23 Bde., Berlin 1953-2007

Der Neue Pauly. Enzyklopädie der Antike, hrsg. v. H. Cancik/H. Schneider, 19 Bde., Stuttgart/Weimar 1996ff

Oberbadisches Geschlechterbuch, hrsg. v. der Badischen Historischen Kommission, bearb. v. J. Kindler v. Knobloch, 3 Bde. (A-R), Heidelberg 1898-1919

Oesterley, H.: Historisch-geographisches Wörterbuch des deutschen Mittelalters, Gotha 1883

Paul, H.: Mittelhochdeutsche Grammatik, 23. Aufl., neu bearb. v. P. Wiehl/S. Grosse, Tübingen 1989

Philipp, G.: Einführung ins Frühneuhochdeutsche: Sprachgeschichte – Grammatik – Texte, Heidelberg 1980

Potthast, A.: Bibliotheca historica medii aevi. Wegweiser durch die Geschichtswerke des europäischen Mittelalters bis 1500, 2. verm. und verb. Aufl., 2 Bde., Berlin 1896

Reallexikon der Germanischen Altertumskunde v. J. Hoops, 2. völlig neu bearb. und stark erw. Aufl., hrsg. v. H. Beck u.a., bisher 32 Bde., Berlin/New York 1986ff

Reichmann, O./Wegera, K.-P. (Hgg.): Frühneuhochdeutsche Grammatik, v. R.P. Ebert u.a. (= Sammlung kurzer Grammatiken germanischer Dialekte: A. Hauptreihe, Nr.12), Tübingen 1993

Repertorium fontium historiae medii aevi, Bd.4, Rom 1976

Rübsamen, D./Heinig, P.-J.: Regesta chronologico-diplomatica Friderici III. Romanorum Imperatoris (Regis IV.) von J. Chmel – Register (= Regesten Kaiser Friedrichs III. (1440-1493) nach Archiven und Bibliotheken geordnet, hrsg. v. H. Koller, Sonderbd. 1), Wien/Weimar/Köln 1992

Sachwörterbuch der Mediävistik, hrsg. v. P. Dinzelbacher, Stuttgart 1992

Schwäbisches Wörterbuch, auf Grund der von Adelbert von Keller begonnenen Sammlung und mit Unterstützung des württembergischen Staates bearb. v. H. Fischer, zu Ende geführt v. W. Pfleiderer, 6 Bde., Tübingen 1904-1936

Schweizer Lexikon. Volksausgabe in 12 Bden., Visp 1998

Thieme, U./Becker, F./Vollmer, H. (Hgg.): Lexikon der bildenden Künstler von der Antike bis zur Gegenwart, 43 Bde., Leipzig 1907-1962

Volkert, W.: Adel bis Zunft. Ein Lexikon des Mittelalters, München 1991

Wagner, E.: Historisch-statistisches Ortsnamenbuch für Siebenbürgen. Mit einer Einführung in die historische Statistik des Landes (= Studia Transylvanica, Bd.4), Köln/Wien 1977

Wappenbuch des Landkreises Konstanz, hrsg. vom Landkreis Konstanz, bearb. v. H.G. Zier/D. Rössler (= Veröffentlichungen der Staatlichen Archivverwaltung Baden-Württemberg, Heft 10), Stuttgart 1964

Weinhold, K.: Alemannische Grammatik (= Grammatik der deutschen Mundarten, 1.Teil: Das alemannische Gebiet), Berlin 1863

Wilpert, G. v.: Sachwörterbuch der deutschen Literatur, 7. verb. und erw. Aufl., Stuttgart 1989

Wurzbach, C. v.: Biographisches Lexikon des Kaiserthums Oesterreich, enthaltend die Lebensskizzen der denkwürdigen Personen, welche seit 1750 in den österreichischen Kronländern geboren wurden oder darin gesessen und gewirkt haben, 23.Teil, Wien 1870

3.3. Sekundärliteratur

Die Abtei St. Gallen. Ausgewählte Aufsätze in überarb. Fassung v. J. Duft, hrsg. zum 75. Geb. des Verfassers v. P. Ochsenbein/E. Ziegler, 3 Bde., hier Bd.1: Beiträge zur Erforschung ihrer Manuskripte, Sigmaringen 1990 und Bd.3: Beiträge zum Barockzeitalter, Sigmaringen 1994

Albert, T.D.: Der gemeine Mann vor dem geistlichen Richter. Kirchliche Rechtsprechung in den Diözesen Basel, Chur und Konstanz vor der Reformation (= Quellen und Forschungen zur Agrargeschichte, Bd.45), Stuttgart 1998

Alexander, J.J.G.: Medieval Illuminators and Their Methods of Work, New Haven/London 1992

Alfen, K./Fochler, P./Lienert, E.: Deutsche Trojatexte des 12. bis 16. Jahrhunderts. Repertorium, in: H. Brunner (Hg.), Trojaliteratur, S.7-197

Altenburg, D./Jarnut, J./Steinhoff, H.-H.: Fest und Feiern im Mittelalter. Paderborner Symposion des Mediävistenverbandes, Sigmaringen 1991

Amann, T.: Städtischer Alltag im Spiegel der Ratsbücher. Ein Beitrag zur Sozialgeschichte des spätmittelalterlichen Konstanz. Wissenschaftliche Arbeit zur wissenschaftlichen Prüfung für das Lehramt am Gymnasium, Konstanz 1984 (StAK, Ab 60)

Ammann, H.: Konstanzer Wirtschaft nach dem Konzil, in: SVGB 69 (1949/50), S.63-174

Andermann, K. (Hg.): Historiographie am Oberrhein im späten Mittelalter und in der frühen Neuzeit (= Oberrheinische Studien, Bd.7), Sigmaringen 1988

Andersen E. u.a. (Hgg.): Autor und Autorschaft im Mittelalter. Kolloquium Meißen 1995, Tübingen 1998

Arnold, K.: Die Einstellung zum Kind im Mittelalter, in: B. Herrmann (Hg.), Mensch und Umwelt im Mittelalter, Wiesbaden 1996, S.53-64

Baer, L.: Die illustrierten Historienbücher des 15. Jahrhunderts. Ein Beitrag zur Geschichte des Formschnitts, Straßburg 1903

Bachteler, K.: Geschichte der Stadt Großsachsenheim, Sachsenheim 1962

Baier, H.: Von der Reform des Abtes Friedrich von Wartenberg bis zur Säkularisation (1427-1803) (= Zur Einführung in die Klostergeschichte, Teil 2), in: Die Kultur der Abtei Reichenau. Erinnerungsschrift zur zwölfhundertsten Wiederkehr des Gründungsjahres des Inselklosters 724-1924, 1. Halbbd., hrsg. v. K. Beyerle, ND der Ausgabe München 1925, Aalen 1970, S.213-262

Balotă, A.: An analysis of the Dracula tales, in: K.W. Treptow (Hg.), Dracula, S.153-184

Bartier, J.: Karl der Kühne, Genf 1976

Bartsch, K.: Die altdeutschen Handschriften der Universitätsbibliothek in Heidelberg, Heidelberg 1887

Bastress-Dukehart, E.: The Zimmern Chronicle. Nobility, memory and self-representation in sixteenth-century Germany, Aldershot 2002

Bauer, M.: Der Münsterbezirk von Konstanz. Domherrenhäuser und Pfründhäuser der Münsterkapläne im Mittelalter (= KGuRQ, Bd. 35), Sigmaringen 1995

Baum, W.: Sigmund der Münzreiche. Zur Geschichte Tirols und der habsburgischen Länder im Spätmittelalter (= Schriftenreihe des Südtiroler Kulturinstituts, Bd.14), Bozen 1987

ders.: Friedrich IV. von Österreich und die Schweizer Eidgenossen, in: P. Rück (Hg.), Eidgenossen, S.87-109

ders.: Die Habsburger in den Vorlanden 1386-1486. Krise und Höhepunkt der habsburgischen Machtstellung in Schwaben am Ausgang des Mittelalters, Wien/Köln/Weimar 1993

ders.: Kaiser Sigismund. Hus, Konstanz und Türkenkriege, Graz/Wien/Köln 1993

ders.: Reichs- und Territorialgewalt (1273-1437). Königtum, Haus Österreich und Schweizer Eidgenossen im späten Mittelalter, Wien 1994

Baumann, A.: Weltchronik im ausgehenden Mittelalter. Heinrich von Herford, Gobelinus Person, Dietrich Engelhus, Diss., Frankfurt/M. 1995

Baumann, C.G.: Über die Entstehung der ältesten Schweizer Bilderchroniken (1468-1485) unter besonderer Berücksichtigung der Illustrationen in Diebold Schillings Großer Burgunderchronik in Zürich, Bern 1971

Baur, P.: Testament und Bürgerschaft. Alltagsleben und Sachkultur im spätmittelalterlichen Konstanz (= KGuRQ, Bd.31), Diss., Sigmaringen 1989

Bayerl, G.: Die Papiermühle. Vorindustrielle Papiermacherei auf dem Gebiet des alten Reiches – Technologie, Arbeitsverhältnisse, Umwelt, Teil I (= Europäische Hochschulschriften, Reihe 3, Bd.260), Diss., Frankfurt/M. u.a. 1987

Bechtold, K.D.: Zunftbürgerschaft und Patriziat. Studien zur Sozialgeschichte der Stadt Konstanz im 14. und 15. Jahrhundert (= KGuRQ, Bd.26), Diss., Sigmaringen 1981

Becker, I.C.: Geistliche Parteien und die Rechtsprechung im Bistum Konstanz (1111-1274), (= Forschungen zur kirchlichen Rechtsgeschichte und zum Kirchenrecht, Bd.22), Diss., Köln 1996

Beckmann, B.: Konstantin der Große, Reinbek bei Hamburg 1996

Beckmann, L.: Konstanzer Bischöfe vom 13. zum 14. Jahrhundert, Diss., Freiburg 1996

Bein, T. (Hg.): Textkritik. Eine Einführung in Grundlagen der Edition altdeutscher Dichtung, Göppingen 1990

ders. (Hg.): Altgermanistische Editionswissenschaft, Frankfurt/M. 1995

ders.: Einführung, in: ebd., S.11-34

ders.: Der 'offene' Text - Überlegungen zu Theorie und Praxis, in: A. Schwob/E. Streitfeld (Hgg.), Quelle – Text – Edition, S.21-35

ders.: Editionsprinzipien für deutsche Texte des späten Mittelalters, in: Sprachgeschichte. Ein Handbuch zur Geschichte der deutschen Sprache und ihrer Erforschung, 2. vollständig neu bearb. und erw. Aufl., hrsg. v. W. Besch u.a., 1. Teilbd., Berlin/New York 1998, S.923-931

Bender, H./Knappe, K.-B./Wilke, K.: Burgen im südlichen Baden, Freiburg/Br. 1979

Benz, K.J.: Überlegungen zur Münsterweihe von 1089, in: H. Maurer (Hg), Konstanzer Münsterweihe, S.99-126

Bergdolt, K.: Der Schwarze Tod in Europa. Die große Pest und das Ende des Mittelalters, München 1994

Berger, H.: Der Alte Zürichkrieg im Rahmen der europäischen Politik. Ein Beitrag zur Aussenpolitik Zürichs in der ersten Hälfte des 15. Jahrhunderts, Zürich 1978

Berger, W.: Johannes Hus und König Sigmund, Augsburg 1871

Bernt, A.: Die Zollernstraße, in: F. Kretschmar/U. Wirtler, Das Bürgerhaus in Konstanz, Meersburg und Überlingen (= Das deutsche Bürgerhaus, Bd.25), Tübingen 1977, S.38-69

Berschin, W.: Odalscalcs Vita S. Konradi im hagiographischen Hausbuch der Abtei St. Ulrich und Afra, in: H. Maurer u.a. (Hgg.), Konrad, S.82-106

ders.: Historia S. Konradi, ebd., S.107-126

Besch, W.: Zweigliedriger Ausdruck in der deutschen Prosa des 15. Jahrhunderts, in: Neuphilologische Mitteilungen 65 (1964), S.200-221

ders.: Sprachlandschaft und Sprachausgleich im 15. Jahrhundert. Studien zur Erforschung der spätmittelalterlichen Schreibdialekte und zur Entstehung der neuhochdeutschen Schriftsprache (= Bibliotheca Germanica, Bd.11), München 1967

ders.: Zur Edition von deutschen Texten des 16. Jahrhunderts, in: Alemannica. Landeskundliche Beiträge. FS für B. Boesch zum 65. Geb. (= Alemannisches Jahrbuch 1973/75), Bühl/Baden 1976, S.392-411

ders.: Editionsprinzipien in interdisziplinärer Abstimmung. Annäherung bei der Herausgabe deutscher Texte der frühen Neuzeit, in: M. Nikolay-Panter/W. Janssen/W. Herborn (Hgg.), Geschichtliche Landeskunde der Rheinlande. Regionale Befunde und raumübergreifende Perspektiven. G. Droege zum Gedenken, Köln/Weimar/Wien 1994, S.467-489

Beyerle, K.: Die Geschichte des Chorstifts und der Pfarrei St. Johann zu Konstanz, Freiburg/Br. 1908

ders.: Von der Gründung bis zum Ende des freiherrlichen Klosters (724-1427) (Zur Einführung in die Geschichte des Klosters, Teil 1), in: Die Kultur der Abtei Reichenau. Erinnerungsschrift zur zwölfhundertsten Wiederkehr des Gründungsjahres des Inselklosters 724-1924, 1. Halbbd., hrsg. v. K. Beyerle, ND der Ausgabe München 1925, Aalen 1970, S.55-212/2

ders.: Die Entwicklung des Konstanzer Stadtrechts, in: O. Feger (Hg.), Das Rote Buch, S.1-28

Bezzel, I.: Kaspar Brusch (1518-1557), Poeta Laureatus. Seine Bibliothek, seine Schriften, in: Archiv für Geschichte des Buchwesens 23 (1982), S.390-480

Bihrer, A.: Tyrann oder Mörder? Der Mord an Bischof Johann Windlock, Bischof von Konstanz (1351-1356), dessen Auftraggeber und die Nachwirkung, in: PüA, Nr.375, 11.12.1999

ders.: Der fremde Bischof – der Bischof in der Fremde. Der Konstanzer Bischof Gerhard von Bevar (1307-1318) und sein Hof, in: ders./S. Limbeck/P.G. Schmidt (Hgg.), Exil, Fremdheit und Ausgrenzung in Mittelalter und früher Neuzeit (= Identitäten und Alteritäten, Bd.4), Würzburg 2000, S.137-150

ders.: Bischof Konrad als Patron von Konstanz. Zur Stiftung städtischer Identität durch Bischof Ulrich I. (1111-1127), in: ZGO 148 (2000), S.1-40

ders.: Ein Bürger als Bischof? Ulrich Pfefferhard (1345-1351), sein Hof und die Stadt, in: T. Zotz (Hg.), Fürstenhöfe und ihre Außenwelt. Aspekte gesellschaftlicher und kultureller Identität im deutschen Spätmittelalter, Würzburg 2004

ders.: Kastell, Meersburg, Gottlieben, Konstanz, in: W. Paravicini (Hg.), Fürstliche Höfe und Residenzen im spätmittelalterliche Reich. Ein dynastisch-topographisches Handbuch, 2 Bde., Ostfildern 2003, Bd. 1, S. 548-551, Bd. 2, S. 222-223, 290-291, 306-309, 368-369

Bilgeri, B.: Bregenz. Geschichte der Stadt. Politik – Verfassung – Wirtschaft, Wien/München 1980

ders.: Politik, Wirtschaft, Verfassung der Stadt Feldkirch bis zum Ende des 18. Jahrhunderts, in: Geschichte der Stadt Feldkirch, Bd.1, Sigmaringen 1987, S.75-387

Binding, G.: Baubetrieb im Mittelalter, in Zusammenarbeit mit G. Annas/B. Jost/A. Schunicht, Darmstadt 1993

Die Bischöfe von Konstanz, hrsg. v. E.L. Kuhn u.a., 2 Bde., Bd.1: Geschichte, Bd.2: Kultur, Friedrichshafen 1988

Blauert, A.: Frühe Hexenverfolgung. Ketzer-, Zauberei- und Hexenprozesse des 15. Jahrhunderts (= Sozialgeschichtliche Bibliothek bei Junius, Bd.5), Hamburg 1989

Blezinger, H.: Der Schwäbische Städtebund in den Jahren 1438-1445. Mit einem Überblick über seine Entwicklung seit 1389 (= Darstellungen aus der Württembergischen Geschichte, Bd.39), Stuttgart 1954

Bloesch, E.: Katalog der Handschriften zur Schweizergeschichte der Stadtbibliothek Bern, Bern 1895

Böck, H.: Einsiedeln. Das Kloster und seine Geschichte, Zürich 1989

Bodman, L. Freiherr v.: Geschichte der Familie von Bodman. Urkunden in Abschriften oder Auszug sowie sonstige Nachrichten, Anhang, in: SVGB 23 (1894) bis 30 (1901)

Bodmer, J.-P.: Chroniken und Chronisten im Spätmittelalter (= Monographien zur Schweizer Geschichte, Bd.10), Bern 1976

Boelcke, W.A.: Handbuch Baden-Württemberg. Politik, Wirtschaft, Kultur von der Urgeschichte bis zur Gegenwart, Stuttgart u.a. 1982

Boell, A.: Das grosse historische Sammelwerk von Reutlinger in der Leopold-Sophien-Bibliothek in Überlingen, in: ZGO 34 (1882), S.31-65, 342-392

ders.: Das grosse historische Sammelwerk von Reutlinger in dem städtischen Archiv in Überlingen, Überlingen 1899

Boesch, B.: Untersuchung zur alemannischen Urkundensprache des 13. Jahrhunderts. Laut- und Formenlehre, Bern 1946

Boesch, G.: Die Gefallenen der Schlacht bei Sempach aus dem Adel des deutschen Südwestens, in: Alemannisches Jahrbuch 1958, S.233-278

Bogdan, I.: Vlad Ţepeş şi Naraţiunile Germane şi Ruseşti asupra lui. Studiu critic, Bucureşti 1896

Bogner, R.G.: Die exemplarische Kommentierung rhetorischer, poetischer und sprachästhetischer Textproduktionsmuster in Editionen frühneuzeitlicher Texte, in: A. Schwob/E. Streitfeld (Hgg.), Quelle – Text – Edition, S.133-139

Böhm, C.: Die Reichsstadt Augsburg und Kaiser Maximilian I. Untersuchungen zum Beziehungsgeflecht zwischen Reichsstadt und Herrscher an der Wende zur Neuzeit (= Abhandlungen zur Geschichte der Stadt Augsburg, Bd.36), Sigmaringen 1998

ders.: Das Verhältnis Augsburgs zu Maximilian im Spiegel der Chroniken, in: ebd., S.114-154

Bohnenkamp, A.: Textkritik und Textedition, in: H.L. Arnold/H. Detering (Hgg.), Grundzüge der Literaturwissenschaft, München 1996, S.179-203

Booz, P.: Die Baumeister der Gotik (= Kunstwissenschaftliche Studien, Bd.27), München/Berlin 1956

Borgolte, M.: Sozialgeschichte des Mittelalters. Eine Forschungsbilanz nach der deutschen Einheit (= HZ, Beihefte, Bd.22), München 1996, S.249-277

Borst, A.: Mönche am Bodensee 610-1525 (=Bodensee-Bibliothek, Bd.5), Sigmaringen 1978

ders.: Bodensee. Geschichte eines Wortes, in: H. Maurer (Hg.), Der Bodensee, S.495-529

ders.: Diethelm von Krenkingen, in: BvK I, S.374-383

Borst, O.: Geschichte der Stadt Esslingen am Neckar, 3. Aufl., Esslingen 1978

Brandmüller, W.: Das Konzil von Konstanz 1414-1418 (= Konziliengeschichte A,I), 2 Bde., Paderborn 1991 bzw. 2. überarb. und erw. Aufl. v. Bd.1, Paderborn 1999

Bräuer, R.: Unterschiedliche Kommentierungstypen in Ausgaben mittelalterlicher Texte, in: editio 7 (1993), S.135-143

Brauer-Gramm, H.: Der Landvogt Peter von Hagenbach. Die burgundische Herrschaft am Oberrhein 1469-1474 (= Göttinger Bausteine zur Geschichtswissenschaft, Bd.27), Göttingen 1957

Braun, R.: Die Geschichte der Herrschaft und Gemeinde Bichelsee, Bichelsee 1925

Brecht, A.: Das Sankt-Nikolaus-Münster in Überlingen am Bodensee. Ein Beitrag zur Baugeschichte, Diss., Aachen 1988

Brendle, F./Mertens, D./Schindling, A./Ziegler, W. (Hgg.): Deutsche Landesgeschichtsschreibung im Zeichen des Humanismus (= Contubernium, Bd.56), Stuttgart 2001

Brendle, F.: Martin Crusius. Humanistische Bildung, schwäbisches Luthertum und Griechenlandbegeisterung, in: ebd., S.145-163

Brincken, A.-D. v. der: Die Rezeption mittelalterlicher Historiographie durch den Inkunabeldruck, in: H. Patze (Hg.), Geschichtsschreibung, S.215-236

Broziat, O.: Konstanzer Kaufleute in der Großen Ravensburger Handelsgesellschaft – ihr politischer und finanzieller Einfluß in Konstanz am Beispiel der Familie Muntprat, Dipl.-Arbeit (masch.), Tübingen 1978

Bruchhäuser, H.-P.: Kaufmannsbildung im Mittelalter. Determinanten des Curriculums deutscher Kaufleute im Spiegel der Formalisierung von Qualifikationsprozessen (= Dissertationen zur Pädagogik, Bd.3), Köln/Wien 1989

Brummer, G.: Eine unbekannte Konstanzer Vedute von 1508. Mit Beiträgen zur Bau- und Kunstgeschichte der Daisendorfer Kapelle und zur Ikonographie des hl. Sebastian, in: E. Ziegler (Hg.), Kunst und Kultur um den Bodensee. 10 Jahre Museum Langenargen, FS für E. Hingelang, Sigmaringen 1986, S.121-142

ders.: Meersburg und die Bischöfe zur Zeit der Stadtrechtskämpfe. Aus der Geschichte der Beziehungen zwischen Stadt und Stadtherrn im 14. und 15. Jahrhundert, in: BvK I, S.337-343

Brummer, H.M.: Der Hemdglonkerumzug, in: Niederburg, S.134f

Brunner, H. (Hg.): Die deutsche Trojaliteratur des Mittelalters und der Frühen Neuzeit. Materialien und Untersuchungen (= Wissensliteratur im Mittelalter, Bd.3), Wiesbaden 1990

Die Buchkultur im 15. und 16. Jahrhundert, 1. Halbbd., hrsg. v. Vorstand der Maximilian-Gesellschaft und B. Tiemann, Hamburg 1995

Buck, A. (Hg.): Humanismus und Historiographie. Rundgespräche und Kolloquien. DFG, Weinheim 1991

Buck, M.R.: Zwei neue Richental'sche Codices, in: ZGO NF 2 (1887), S.111-117

Buck, T.M.: Text, Bild, Geschichte. Papst Johannes XXIII. wird auf dem Arlberg umgeworfen, in: AHC 30 (1998), S.37-110

ders.: Zur Überlieferungslage der Richental-Chronik. Ein textkritischer Vergleich der Aulendorfer und Konstanzer Handschrift, in: PüA, Nr.370, 12. Juni 1999

ders.: Zu den historiographischen Prinzipien Ulrich Richentals, in: SVGB 117 (1999), S.11-32

ders.: Fiktion und Realität. Zu den Textinserten der Richental-Chronik, in: ZGO 149 (2001), S.61-96

ders.: Textkritische Untersuchungen zur Konzilschronik Ulrich Richentals. Auf dem Wege zu einer Neu-edition, Habil. Freiburg 2001 (bislang unveröffentlicht)

ders.: Vergangenheit als Gegenwart. Zum Präsentismus im Geschichtsdenken des Mittelalters, in: Sae-culum 52/II (2001), S.217-244

Bühler, W.: Ein Gang durch die Geschichte. Von den Anfängen bis zum Ende der Reichsfreiheit (1802), in: Überlingen, S.19-37

Die Burgen und Schlösser des Kanton Thurgau, 2 Teile, verfaßt v. der Kommission des Historischen Vereins des Kanton Thurgau (= Die Burgen und Schlösser der Schweiz, Bd.5/6), Basel 1931/32

Burger, G.: Die südwestdeutschen Stadtschreiber im Mittelalter, Böblingen 1960

Burkhard, M./Dobras, W./Zimmermann, W.: Konstanz in der frühen Neuzeit – Reformation. Verlust der Reichsfreiheit. Österreichische Zeit (= Geschichte der Stadt Konstanz, Bd.3), Konstanz 1991

Burmeister, K.H.: Neue Forschungen zu Jakob Mennel, in: Geschichtsschreibung in Vorarlberg. Katalog der Ausstellung, Vorarlberger Landesmuseum, Bregenz 1. Okt. bis 2. Dez. 1973, hrsg. vom Vorarl-berger Landesmuseum, Bregenz 1973, S.49-67

ders.: Kulturgeschichte der Stadt Feldkirch bis zum Beginn des 19. Jahrhunderts (= Geschichte der Stadt Feldkirch, Bd.2), Sigmaringen 1985

ders.: Vom Lastschiff zum Lustschiff. Zur Geschichte der Schiffahrt auf dem Bodensee, Konstanz 1992

ders.: medinat bodase, Bd.1: Zur Geschichte der Juden am Bodensee 1200-1349, Konstanz 1994 und Bd.2: Zur Geschichte der Juden am Bodensee 1350-1448, Konstanz 1996

ders.: Die Grafen von Montfort. Geschichte, Recht, Kultur. FS zum 60. Geb., hrsg. v. A. Niederstätter, Konstanz 1996

Buszello, H.: „Wohlfeile" und „Teuerung" am Oberrhein 1340-525 im Spiegel zeitgenössischer erzählen-der Quellen, in: P. Blickle (Hg.), Bauer, Reich und Reformation. FS für G. Franz zum 80. Geb. am 23. Mai 1982, Stuttgart 1982, S.18-42

Bütler, P.: Friedrich VII., der letzte Graf von Toggenburg, 1.Teil, in: MVG 22 (1887), S.1-108, 2.Teil, in: ebd. 25 (1891), S.1-102

ders.: Die Freiherren von Enne auf Grimmenstein, in: SVGB 44 (1915), S.53-92

Cahn, J.: Münz- und Geldgeschichte von Konstanz und des Bodenseegebietes im Mittelalter bis zum Reichsmünzgesetz von 1559 (= Münz- und Geldgeschichte der im Großherzogtum Baden vereinigten Gebiete, Bd.1), Heidelberg 1911

Carl, H.: Vom Appenzellerkrieg zum Schwäbischen Bund – Die Adelsgesellschaft mit St. Georgenschild im spätmittelalterlichen Oberschwaben, in: P. Blickle/P. Witschi (Hgg.), Appenzell – Oberschwaben. Begegnungen zweier Regionen in sieben Jahrhunderten, Konstanz 1997, S.97-132

Cazacu, M.: „Geschichte Dracole Waide". Un incunable imprimé à Vienne en 1463, in: Bibliothèque de L'Ecole Des Chartes 139 (1981), S.205-243

ders.: L'Histoire du prince Dracula en Europe centrale et orientale (XVᵉ siècle). Présentation, édition critique, traduction et commentaire, Genève 1996

Cerquiglini, B.: Eloge de la variante. Histoire critique de la philologie, Paris 1989

Chmel, J.: Die Handschriften der k.k. Hofbibliothek in Wien, im Interesse der Geschichte, besonders der österreichischen, 2 Bde., hier Bd.1, Wien 1840

Cimelia Sangallensia. Hundert Kostbarkeiten aus der Stiftsbibliothek St. Gallen, beschr. v. K. Schmuki/ P. Ochsenbein/C. Dora, St. Gallen 1998

Conduratu, G.C.: Michael Beheims Gedicht über den Woiwoden Wlad II. Drakul. Mit historischen und kritischen Erläuterungen, Diss. (Leipzig), Bukarest 1903

Coué, S.: Hagiographie im Kontext. Schreibanlaß und Funktion von Bischofsviten aus dem 11. und vom Anfang des 12. Jahrhunderts (= Arbeiten zur Frühmittelalterforschung, Bd.24), Diss., Berlin/New York 1997

Cramer, T.: Geschichte der deutschen Literatur im späten Mittelalter, 3. aktual. Aufl., München 2000

Curschmann, M.: Pictura laicorum litteratura? Überlegungen zum Verhältnis von Bild und volkssprach-
    licher Schriftlichkeit im Hoch- und Spätmittelalter bis zum Codex Manesse, in: H. Keller/K. Grub-
    müller/N. Staubach (Hgg.), Pragmatische Schriftlichkeit im Mittelalter. Erscheinungsformen und
    Entwicklungsstufen (= Münstersche Mittelalter-Schriften, Bd.65), München 1992, S.211-229
ders.: Wort – Schrift – Bild. Zum Verhältnis von volkssprachlichem Schrifttum und bildender Kunst vom
    12. bis zum 16. Jahrhundert, in: W. Haug (Hg.), Mittelalter und frühe Neuzeit. Übergänge, Umbrüche
    und Neuansätze (= Fortuna vitrea, Bd.16), Tübingen 1999, S.378-470
Czok, K.: Bürgerkämpfe und Chronistik im deutschen Spätmittelalter, in: Zeitschrift für Geschichts-
    wissenschaft 10 (1962), S.636-645
Degler-Spengler, B.: Das Besondere an der Diözese Konstanz. Einführung in das Tagungsthema, in: Der
    schweizerische Teil der ehemaligen Diözese Konstanz. Referate, gehalten an der Tagung der Helvetia
    Sacra in Fischingen/Thurgau vom 16.-18. September 1993, in: Itinera 16 (1994), Redaktion dieser
    Nummer B. Degler-Spengler, S.11-26
Dehio, G.: Handbuch der Deutschen Kunstdenkmäler, Neubearbeitung, Baden-Württemberg, 2 Bde.,
    bearb. v. D. Zimdars u.a., München/Berlin 1993/97
Derschka, H.R.: Die Ministerialen des Hochstiftes Konstanz (= VuF, Sonderbd. 45), Stuttgart 1999
Deuchler, F.: Schweiz und Liechtenstein. Kunstdenkmäler und Museen, 3. überarb. und erw. Aufl., Stutt-
    gart 1979
ders./Wirth, J.: Elsaß. Kunstdenkmäler und Museen (= Reclams Kunstführer, Frankreich, Bd.2), Stuttgart
    1980
Die deutschen Handschriften der Bayerischen Staatsbibliothek München Cgm 201-350, neu beschr. v.
    K. Schneider (= Catalogus codicum manu scriptorum Bibliothecae Monacensis Bd.V,2), Wiesbaden
    1970
Die deutschen Handschriften der Bayerischen Staatsbibliothek München Cgm 351-500, neu beschr. v.
    K. Schneider (= Catalogus codicum manu scriptorum Bibliothecae Monacensis Bd.V,3), Wiesbaden
    1973
Die deutschen Handschriften der Bayerischen Staatsbibliothek München Cgm 501-690, neu beschr. v.
    K. Schneider (= Catalogus codicum manu scriptorum Bibliothecae Monacensis Bd.V,4), Wiesbaden
    1978
Dirlmeier, U.: Zum Problem von Versorgung und Verbrauch privater Haushalte im Spätmittelalter, in:
    A. Haverkamp (Hg.), Haus und Familie in der spätmittelalterlichen Stadt, Köln/Wien 1984, S.257-
    288
Dirsch-Weigand, A.: Stadt und Fürst in der Chronistik des Spätmittelalters. Studien zur spätmittelalter-
    lichen Historiographie (= KESW, NF, Bd.1), Diss., Köln/Wien 1991
Di Stephano, A. (Hg.): La storiografia umanistica. Convegno internazionale di studi, Messina 22-25
    ottobre 1987, 2 Bde., Messina 1992
Dobler, E.: Burg und Herrschaft Mägdeberg (= Hegau-Bibliothek, Bd.2), Singen 1959
ders.: Burg und Herrschaft Hohenkrähen im Hegau (= Hegau-Bibliothek, Bd.50, Sigmaringen 1986
Dobras, W.: Wenn der ganze Bodensee zugefroren ist ... Die Seegefrörnen von 875-1963, Konstanz 1983
Dotzauer, W. (Hg.): Quellenkunde zur deutschen Geschichte im Spätmittelalter (1350-1500), Darmstadt
    1996
Dreher, A.: Geschichte der Reichsstadt Ravensburg und ihrer Landschaft von den Anfängen bis zur Me-
    diatisierung, Bd.1, Ravensburg 1972
Du Boulay, F.R.H.: The German town chroniclers, in: R.H.C. Davis/J.M. Wallace-Hadrill (Hgg.), The
    writing of history in the middle ages. Essays presented to Richard William Southern, Oxford 1981,
    S.445-469
Duft, J.: Aegid Tschudis Handschriften in der Stiftsbibliothek St. Gallen, in: ZSKG 63 (1959), S.125-137
ders.: Rückblick in das 15. Jahrhundert. Die Konstanzer Chronik von Gebhard Dacher in der Stiftsbib-
    liothek St. Gallen, in: Oberländer Chronik (= Heimatblatt des Südkurier), Nr.250, 1961, S.1f
ders.: Die Stiftsbibliothek St. Gallen – Ein Überblick, in: Die Abtei St. Gallen. Bd.1, S.13-32
ders.: Neubesinnung auf die Bibliothek und ihre Handschriften unter Fürstabt Ulrich Rösch, in: ebd.,
    S.130-146
ders.: Pater Pius Kolb – der Stiftsbibliothekar, in: ebd., Bd.3, S.165-173
ders.: Johann Nepomuk Hauntinger, der Mehrer und Retter der Bibliothek, in: ebd., Bd.3, S.174-182
ders.: Ildefons von Arx, der Mediävist und Historiograph, in: ebd., Bd.3, S.183-202
ders./Gössi, A./Vogler, W.: Die Abtei St. Gallen. Abriß der Geschichte. Kurzbiographie der Äbte. Das
    stift-sanktgallische Offizialat, St. Gallen 1986

Durrer, R.: Die Familie von Rappenstein genannt Mötteli und ihre Beziehungen zu der Schweiz, in: Der Geschichtsfreund 48 (1893), S.81-275

Düwel-Hösselbarth, W.: Ernteglück und Hungersnot. 800 Jahre Klima und Leben in Württemberg, Stuttgart 2002

Eberhard, W.: Klerus- und Kirchenkritik in der spätmittelalterlichen deutschen Stadtchronistik, in: HJb 114 (1994), S.349-380

Ehbrecht, W.: Uppe dat sulck grot vorderffenisse jo nicht meer enscheghe. Konsens und Konflikt als Leitfrage städtischer Historiographie nicht nur im Hanseraum, in: P. Johanek (Hg.), Städtische Geschichtsschreibung, S.51-109

ders.: Überall ist Jerusalem, in: Stadt als Kommunikationsraum, S.129-185

Ehrenzeller, W.: St. Gallische Geschichte im Spätmittelalter und in der Reformationszeit, 2 Bde., hier Bd.1: Kloster und Stadt St. Gallen im Spätmittelalter von der Blütezeit des Klosters bis zur Einsetzung Ulrich Röschs als Pfleger 1458, St. Gallen 1931

Eiselein, J.: Geschichte und Beschreibung der Stadt Konstanz und ihrer nächsten Umgebung, Konstanz 1851

Eitel, P.: Die oberschwäbischen Reichsstädte im Zeitalter der Zunftherrschaft. Untersuchungen zu ihrer politischen und sozialen Struktur unter besonderer Berücksichtigung der Städte Lindau, Memmingen, Ravensburg und Überlingen (= SSWLK, Bd.8), Diss., Stuttgart 1970

ders.: Die politische, soziale und wirtschaftliche Stellung des Zunftbürgertums in den oberschwäbischen Reichsstädten am Ausgang des Mittelalters, in: E. Maschke/J. Sydow (Hgg.), Mittelschichten, S.79-93

Die Empfehlungen zur Edition frühneuzeitlicher Texte der „Arbeitsgemeinschaft außeruniversitärer historischer Forschungseinrichtungen", in: Archiv für Reformationsgeschichte 72 (1981), S.299-315

End, G.: Die Burgen der Höri und ihre Besitzer, Schaffhausen 1940

Endres, R.: Turniere und Gesellenstechen in Nürnberg, in: Stadt als Kommunikationsraum, S.263-280

Engel, E.: „... und den alten rat wider in ire stule, huser, er und gut setzten." Bürgerkämpfe in der Regierungszeit Sigmunds von Luxemburg, in: Stadt als Kommunikationsraum, S.281-308

Engels, O.: Zur Konstanzer Konzilsproblematik in der nachkonziliaren Historiographie des 15. Jahrhunderts, in: R. Bäumer (Hg.), Von Konstanz nach Trient. Beiträge zur Geschichte der Kirche von den Reformkonzilien bis zum Tridentinum. Festgabe für August Franzen, München/Paderborn/Wien 1972, S.233-259

Ennen, E.: Die Forschungsproblematik Bürger und Stadt – von der Terminologie her gesehen, in: J. Fleckenstein/K. Stackmann (Hgg.), Über Bürger, Stadt und städtische Literatur im Spätmittelalter. Bericht über Kolloquien der Kommission zur Erforschung der Kultur des Spätmittelalters 1975-1977, Göttingen 1980, S.9-26

dies.: Die europäische Stadt des Mittelalters, 4. verb. Aufl., Göttingen 1987

Erath, M.: Gute und gezinkte Würfel. Die Entwicklung eines spezialisierten Handwerks in Konstanz, in: Von Schmieden, Würflern und Schreinern. Städtisches Handwerk im Mittelalter, Beiträge des ersten Kolloquiums des Arbeitskreises zur archäologischen Erforschung des mittelalterlichen Handwerks, zusammengestellt v. R. Röber (= ALManach, Bd.4), Stuttgart 1999, S.88-99

Esch, A.: Überlieferungs-Chance und Überlieferungs-Zufall als methodisches Problem des Historikers, in: HZ 240 (1985), S.529-570 bzw. in: ders., Zeitalter und Menschenalter. Der Historiker und die Erfahrung vergangener Gegenwart München 1994, S.39-69 und S.228f

ders.: Der Umgang des Historikers mit seinen Quellen. Über die bleibende Notwendigkeit von Editionen, in: Quelleneditionen und kein Ende. Zwei Vorträge, MGH, München 1999, S.7-29

Fahlbusch, F.B.: Städte und Königtum im frühen 15. Jahrhundert. Ein Beitrag zur Geschichte Sigmunds von Luxemburg (= Städteforschung, Reihe A, Bd.17), Diss., Köln/Wien 1983

Familiengeschichte über das Geschlecht der Herren von Ulm vom 12. Jahrhundert bis zur heutigen Zeit, gewidmet zum 75. Geb. seinem Vater Eberhard 22. Juli 1977 v. seinem Sohn Franz (v. Ulm?), masch., Institut für geschichtliche Landeskunde und historische Hilfswissenschaften, Eberhard-Karls-Universität Tübingen, Sign. Wd 278

Fansa, M. (Hg.): der sassen speyghel: Aus dem Leben gegriffen – Ein Rechtsbuch spiegelt seine Zeit: Sachsenspiegel – Recht – Alltag, Isensee 1995

Fechter, W.: Der Kundenkreis des Diebold Lauber, in: Zentralblatt für Bibliothekswesen 55 (1938), S.121-146

Feger, O. (Hg.): Konstanz im Spiegel der Zeiten, Konstanz 1952 ders.: Geschichte des Bodenseeraums, Bd.I: Anfänge und frühe Größe (= Bodensee-Bibliothek, Bd.2), Lindau/Konstanz 1956, Bd. II: Weltweites Mittelalter (= Bodensee-Bibliothek, Bd.3), Lindau/Konstanz 1958, Bd. III: Zwischen alten und neuen Ordnungen (= Bodensee-Bibliothek, Bd.4), Konstanz/Lindau 1963

ders.: Wurde das Schießpulver am Bodensee erfunden?, in: Bodenseehefte 10 (7/1959), S.246f

Feller, R.: Geschichte Berns, Bd.1: Von den Anfängen bis 1516, Bern/Frankfurt(M.) 1974

ders./Boujour, E.: Geschichtsschreibung der Schweiz. Vom Spätmittelalter zur Neuzeit, Bd.1, Basel/Stuttgart 1962

Finger, H.: Der Druck der „Koelhoffschen" Chronik im Kontext der Drucklegung zeitgenössischer Chronikausgaben, in: G. Mölich/U. Neddermeyer/W. Schmitz (Hgg.), Spätmittelalterliche städtische Geschichtsschreibung, S.113-121

Fischel, L.: Die Bilderfolge der Richental-Chronik, besonders der Konstanzer Handschrift, in: O. Feger (Hg.), Ulrich Richental, Bd.2, Starnberg/Konstanz 1964, S.37-79

Fischer, E. (Hg.): Ildefons von Arx 1755-1833. Bibliothekar, Archivar, Historiker zu St. Gallen und Olten. Gedenkschrift aus Anlaß seines 200. Geb. (= Publikation aus dem Stadtarchiv Olten, Bd.4), Olten 1957

Fischer, S.R.: Meersburg im Mittelalter. Aus der Geschichte einer Bodenseestadt und ihrer nächsten Umgebung, Meersburg 1988

Flachenecker, H.: Schottenklöster. Irische Benediktinerkonvente im hochmittelalterlichen Deutschland, Paderborn 1995

Fleckenstein, J. (Hg.): Das ritterliche Turnier im Mittelalter. Beiträge zu einer vergleichenden Formen- und Verhaltensgeschichte des Rittertums (= VMPIG, Bd.80), Göttingen 1985

Fleischmann, S.: Philology, Linguistics and the Discourse of the Medieval Text, in: Speculum 65/1 (1990), S.19-37

Florescu, R./McNally, R.T.: Dracula. A Biographie of Vlad the Impaler 1431-1476, London 1974

Florschütz, G.: Zur ältesten Geschichte der Herren von Bodman, Diss. masch., München 1951

Frank, K.S.: Die Bistumsheiligen, in: BvK I, S.151-159

ders.: St. Pelagius, der unbekannte und vergessene Diözesanpatron, in: FDA 110 (1990), S.5-21

Frenken, A.: Die Quellen des Konstanzer Konzils in den Sammlungen des 17. und 18. Jahrhunderts, in: AHC 30 (1998), Heft 2, S.416-439

Frenz, B.: Ulrich Imholz, die Leinenweber und der Rat von Konstanz. Ein Beitrag zur Neubewertung des alteuropäischen Nahrungsdenkens, in: ZGO 148 (2000), S.41-66

Fritz, T.: Ulrich der Vielgeliebte (1441-1480). Ein Württemberger im Herbst des Mittelalters. Zur Geschichte der württembergischen Politik im Spannungsfeld zwischen Hausmacht, Region und Reich (= SSWLK, Bd.25), Diss., Leinfelden-Echterdingen 1999

Frühmorgen-Voss, H.: Text und Illustration im Mittelalter. Aufsätze zu den Wechselbeziehungen zwischen Literatur und bildender Kunst, hrsg. und eingeleitet v. N.H. Ott, München 1975

Frühwald, W.: Formen und Inhalte des Kommentars wissenschaftlicher Textausgaben, in: ders./H. Kraft/ W. Müller-Seidel (Hgg.), Probleme der Kommentierung. Kolloquien der DFG, Frankfurt/M. 12.-14. Oktober 1970 und 16.-18. März 1972. Referate und Diskussionsbeiträge (= Mitteilungen, DFG, Kommission für Germanistische Forschung, Bd.1), Bonn 1975, S.13-32

Füchtner, J.: Die Bündnisse der Bodenseestädte bis zum Jahr 1390. Ein Beitrag zur Geschichte des Einungswesens, der Landfriedenswahrung und der Rechtsstellung der Reichsstädte (=VMPIG, Bd.8), Göttingen 1970

Füssel, S. (Hg.): 500 Jahre Schedelsche Weltchronik. Akten des interdisziplinären Symposions vom 23./24. April 1993 in Nürnberg (= Pirckheimer Jahrbuch, Bd.9), Nürnberg 1994

Gamper, R.: Die Züricher Stadtchroniken und ihre Ausbreitung in der Ostschweiz. Forschungsgeschichte – Überlieferung – Analyse der Chroniktexte (= Mitteilungen der Antiquarischen Gesellschaft in Zürich, Bd.52, Heft 2), Diss., Zürich 1984

Garber, J.: Schloß Ambras (= Die Kunst in Tirol, Bd.14), Wien 1928

Genet, J.P. (Hg.): L'historiographie médiévale en Europe: actes du colloque org. par la Fondation Européenne de la Science au Centre de Recherches Historiques et Juridiques de l'Université Paris I du 29 mars au 1er avril 1989, Paris 1991

Gerhardt, C.: Einige Fragen der Textkritik am Beispiel des Liedes „Wilhelm von Orlens" (1522), in: editio 5 (1991), S.96-121

Germania Judaica, Bd.3: 1350-1519, hrsg. v. A. Maimon, 1. Teilbd.: Ortschaftsartikel Aach-Lychen, Tübingen 1987

Geuenich, D.: Berthold V., der letzte Zähringer, in: K. Schmid (Hg.), Die Zähringer. Eine Tradition und ihre Erforschung (= Veröffentlichung zur Zähringer-Ausstellung, Bd.1), Sigmaringen 1986

Giurescu, C.C., The Historical Dracula, in: K.W. Treptow (Hg.), Dracula, S.13-27

Glanz der Kathedrale: 900 Jahre Konstanzer Münster, Ausstellungskatalog, hrsg. v. Städtischen Museen Konstanz, Redaktion B.R. Kommer, Konstanz 1989

Glaser, R.: Klimageschichte Mitteleuropas. 1000 Jahre Wetter, Klima, Katastrophen, Darmstadt 2001

Gleba, G.: Vorwort, in: Das Mittelalter 5/2 (2000), S.3-16

Gleichenstein, E. v.: Gold- und Silberschmiedearbeiten, in: BvK II, S.164-177

ders./Kommer, B.R.: Katalog, in: Glanz der Kathedrale: 900 Jahre Konstanzer Münster, Ausstellungskatalog, hrsg. v. Städtischen Museen Konstanz, Redaktion B.R. Kommer, Konstanz 1989

Gleßgen, M.-D./Lebsaft. F. (Hgg.): Alte und Neue Philologie (= Beihefte zu editio, Bd.8), Tübingen 1997

Goetz, H.-W. (Hg.): Hochmittelalterliches Geschichtsbewußtsein im Spiegel nichthistoriographischer Quellen, Berlin 1998

ders.: Einführung, in: ebd., S.9-16

ders.: Zum Geschichtsbewußtsein hochmittelalterlicher Geschichtsschreiber, in: ebd., S.55-72

ders.: Geschichtsschreibung und Geschichtsbewußtsein im hohen Mittelalter (= Orbis mediaevalis, Bd.1), Berlin 1999

Göpfert, D.: Orden und Klöster im Schwarzwald und am Bodensee, 2. veränderte und erw. Aufl., Freiburg 1980

Gosse, M./Noll, H.: Burgen, Schlösser und Festungen im Hegau. Wehrbauten und Adelssitze im westlichen Bodenseegebiet, hrsg. v. M. Greuter (= Hegau-Bibliothek, Bd.109), Singen 2001

Gottlob, T.: Die Offiziale des Bistums Konstanz im Mittelalter, Limburg/Lahn 1951

Götz, F.: Die Stadt Meersburg, in: BvK I, S.331-336

Grabmayer, J.: Zwischen Diesseits und Jenseits. Oberrheinische Chroniken als Quellen zur Kulturgeschichte des späten Mittelalters, Köln/Weimar/Wien 1999

Graf, K.: Gmünder Chroniken im 16. Jahrhundert. Texte und Untersuchungen zur Geschichtsschreibung der Reichsstadt Schwäbisch Gmünd, Schwäbisch Gmünd 1984

ders.: Exemplarische Geschichten. Thomas Lirers „Schwäbische Chronik" und die „Gmünder Kaiserchronik", Diss., München 1987

ders.: Aspekte zum Regionalismus in Schwaben und am Oberrhein im Spätmittelalter, in: K. Andermann (Hg.), Historiographie am Oberrhein, S.165-192

ders.: Das Land „Schwaben" im späten Mittelalter, in: P. Moraw (Hg.), Regionale Identität und soziale Gruppen im deutschen Mittelalter (= ZHF, Beiheft 14), Berlin 1992

ders.: Geschichtsschreibung und Landesdiskurs im Umkreis Graf Eberhards im Bart von Württemberg (1459-1496), in: BLG 129 (1993), S.165-193

ders.: Der adel dem purger tregt haß. Feindbilder und Konflikte zwischen städtischem Bürgertum und landsässigem Adel im späten Mittelalter, Referat gehalten auf dem Kolloquium „Adlige und bürgerliche Erinnerungskulturen des Spätmittelalters und der Frühneuzeit" am 20.11.1998.

ders.: Reich und Land in der südwestdeutschen Historiographie um 1500, in: F. Brendle/D. Mertens/ A. Schindling/W. Ziegler (Hgg.), Landesgeschichtsschreibung, S.201-211

Graus, F.: Funktionen der spätmittelalterlichen Geschichtsschreibung, in: H. Patze (Hg.), Geschichtsschreibung, S.11-55

ders.: Pest – Geißler – Judenmorden. Das 14. Jahrhundert als Krisenzeit (= VMPIG, Bd.86), 2. Aufl., Göttingen 1988

ders.: Troja und trojanische Herkunftssage im Mittelalter, in: Kontinuität und Transformation der Antike im Mittelalter. Veröffentlichung der Kongreßakten zum Freiburger Symposion des Mediävistenverbandes, hrsg. v. W. Erzgräber, Sigmaringen 1989, S.25-43

Grimme, E.G.: Die Geschichte der abendländischen Buchmalerei, Köln 1980

Gronemeyer, R. /Rakelmann, G. A.: Die Zigeuner. Reisende in Europa. Roma, Sinti, Manouches, Gitanos, Gypsies, Kalderasch, Vlach u.a., Köln 1988

Grubmüller, K.: Edition, in: Reallexikon der Germanischen Altertumskunde, Bd.6, S.447-452

Grundmann, H.: Geschichtsschreibung im Mittelalter. Gattungen, Epochen, Eigenart, 3. Aufl., Göttingen 1978

Gündisch, K.G.: Das Patriziat siebenbürgischer Städte im Mittelalter (= Studia Transylvanica, Bd.18), Diss., Köln/Weimar/Wien 1993

ders.: Siebenbürgen und die Siebenbürger Sachsen, München 1998

Günther, J.-U.: Die illustrierten mittelhochdeutschen Weltchroniken in Versen. Katalog der Handschriften und Einordnung der Illustrationen in die Bildüberlieferung (= tuduv-Studien, Reihe Kunstgeschichte, Bd.48), Diss., München 1993

Gut, T.: Hohenhewen. Burg und Herrschaft im Wandel der Zeit, Konstanz 2001

Die Gyrsberge in Emmishofen. Beiträge zur Ortsgeschichte v. Kreuzlingen, Heft 9, hrsg. v. der Vereinigung Heimatmuseum Kreuzlingen, Kreuzlingen 1955

Haari-Oberg, I.: Die Wirkungsgeschichte der Trierer Gründungssage vom 10. bis 15. Jahrhundert (= Europäische Hochschulschriften III/607), Bern u.a. 1994

Haarländer, S.: Vitae episcoporum. Eine Quellengattung zwischen Hagiographie und Historiographie, untersucht an Lebensbeschreibungen von Bischöfen des Regnum Teutonicum im Zeitalter der Ottonen und Salier (= Monographien zur Geschichte des Mittelalters, Bd.47), Stuttgart 2000

Haeberli, H./Steiger, C. v. (Hg.): Die Schweiz im Mittelalter in Diebold Schillings Spiezer Bilderchronik. Studienausgabe zur Faksimile-Edition der Handschrift Mss. hist. helv. I. 16 der Burgerbibliothek Bern, Luzern 1991

Haensler, M.: Das Ende der Geschichte in der mittelalterlichen Weltchronistik (= Beihefte zum AKG, Heft 13), Köln/Wien 1980

Hagen, A./Krieg, H.: Turniere, in: Spätmittelalter am Oberrhein, S.415-421

Hagen, W.: Textfehler oder Sachirrtum? Textkritische Entscheidungen im Verhältnis zu Textverständnis und Autorisation, in: editio 5 (1991), S.76-81

Hagenmaier, W.: Die deutschen mittelalterlichen Handschriften der Universitätsbibliothek und die mittelalterlichen Handschriften anderer öffentlicher Sammlungen (= Katalog der Universitätsbibliothek Freiburg im Breisgau, Bd.1, Teil 4), Wiesbaden 1981

Hahn, W.: Heimatbuch Weil im Schönbuch, Breitenstein, Neuweiler, Weil im Schönbuch 1988

Hainz-Sator, W.: Katalog der abendländischen Handschriften der Universitätsbibliothek Wien, Wien 1988

Handbuch der baden-württembergischen Geschichte, Bd.I: Allgemeine Geschichte, Teil 2: Vom Spätmittelalter bis zum Ende des Alten Reiches, im Auftrag der Kommission für geschichtliche Landeskunde in Baden-Württemberg hrsg. v. M. Schaab/H. Schwarzmaier, Redaktion M. Klein, Stuttgart 2000; Bd.II: Die Territorien im alten Reich, im Auftrag der Kommission für geschichtliche Landeskunde in Baden-Württemberg, hrsg. v. M. Schaab u.a., Redaktion M. Klein, Stuttgart 1995

Handbuch der Schweizer Geschichte, Bd.1, Zürich 1980

Die Handschriften der Badischen Landesbibliothek in Karlsruhe, Bd.IX: Die Handschriften des Klosters Ettenheim-Münster, aufgenommen v. K. Preisendanz, Karlsruhe 1932, ND mit bibliographischen Nachträgen, Wiesbaden 1973

Die Handschriften der Badischen Landesbibliothek in Karlsruhe, Bd.XIII: Die kleinen Provenienzen, beschr. v. A. Schlechter/G. Stamm, Wiesbaden 2000

Die Handschriften der Herzoglichen Bibliothek zu Wolfenbüttel, beschr. v. O. v. Heinemann, 2. Abt.: Die Augusteischen Handschriften, Bd.3: 32.7.Aug. - 77.3.Aug, Wolfenbüttel 1898

Die Handschriften der Württembergischen Landesbibliothek Stuttgart, 2. Reihe: Die Handschriften der ehemaligen königlichen Hofbibliothek, 2,2: Codices historici (HB V 1-105), auf Grund der Vorarbeiten v. U. Sieber beschr. v. W. Irtenkauf/J. Krekler, Wiesbaden 1975

Hanebutt-Benz, E.: Bucheinbände im 15. und 16. Jahrhundert, in: Buchkultur im 15. und 16. Jahrhundert, S.265-335

Hanslick, J.A.: Geschichte und Beschreibung der Prager Universitätsbibliothek. Zusätze und Inhaltsverzeichnis v. J.J. Hanusch, ND der Ausgaben Prag 1851/63, Aalen 1988

Harmening, D.: Der Anfang von Dracula. Zur Geschichte von Geschichten (= Quellen und Forschungen zur europäischen Ethnologie, Bd.1), Würzburg 1983

Harms, W. (Hg.): Text und Bild, Bild und Text. DFG-Symposion 1988 (= Germanistische Symposien, Berichtsbde., Bd.11), Stuttgart 1990

Hartweg, F./Wegera, K.-P.: Frühneuhochdeutsch. Eine Einführung in die deutsche Sprache des Spätmittelalters und der frühen Neuzeit (= Germanistische Arbeitshefte, Bd.33), Tübingen 1989

Hasler, N. u.a. (Hgg.): Im Schutze mächtiger Mauern. Spätrömische Kastelle im Bodenseeraum, Frauenfeld 2005

Hausmann, A.: Autor und Text in der Weingartner Liederhandschrift. Zu Möglichkeiten und Grenzen der Interpretation von Überlieferungsvarianz, in: C. Henkes/H. Saller/T. Richter (Hgg.), Text und Autor, S.33-52

Heckmann, D.: Wirtschaftliche Auswirkungen des Armagnakenkrieges von 1444 bis 1445 auf die Deutschordensballeien Lothringen und Elsaß-Burgund, in: ZGO 140 (1992), S.101-125

Heer, G.: Zur 500jährigen Gedächtnisfeier der Schlacht bei Näfels. FS im Auftrag der Regierung des Kantons Glarus, Glarus 1888

Heiduk, C./Höfert, A./Ulrichs, C.: Krieg und Verbrechen nach spätmittelalterlichen Chroniken (= KESW, NF, Bd.4), Köln/Weimar/Wien 1997

Heiermann, C.: Die Baukostenabrechnung des Hauses zur Katz in Konstanz 1424-1429, in: SVGB 110 (1992), S.157-167

ders.: Die Gesellschaft „Zur Katz" in Konstanz. Ein Beitrag zur Geschichte der Geschlechtergesellschaften in Spätmittelalter und in früher Neuzeit (= KGuRQ, NF, Bd.37), Diss., Konstanz 1999

ders.: Häuser und Haushalt der Gesellschaft „Zur Katz" in Konstanz, 1352-1795, in: Im Schatten des Münsters, S.52-68

Heiligmann, J.: Als das Münster noch keine Schatten warf ... Die Siedlungen aus keltischer und römischer Zeit, in: Im Schatten des Münsters, S.16-18

Heinemeyer, W.: Edition mittelalterlicher Amtsbücher, in: ders. (Hg.), Richtlinien für die Edition landesgeschichtlicher Quellen, Marburg/Köln 1978, S.17-23

Heinisch, R.: Das Auftreten der Zigeuner in Deutschland mit besonderer Berücksichtigung von Konstanz im 15. Jahrhundert. Studie über eine spätmittelalterliche Randgruppe, Magister-Arbeit in der Philosophischen Fakultät I der Friedrich-Alexander-Universität Erlangen-Nürnberg 1987 (= StAK, Ab 71)

Helbing, H.: Geschichte der Schweiz, überarb. Neuausgabe, Darmstadt 1982

Helmrath, J.: Das Basler Konzil 1431-1449. Forschungsstand und Probleme (= Kölner historische Abhandlungen, Bd.32), Köln/Wien 1987

Helvetia Sacra, begr. v. P. R. Henggeler, weitergeführt v. A. Bruckner, hrsg. vom Kuratorium der Helvetia Sacra - Abt. I, Bd.1: Schweizerische Kardinäle, Das Apostolische Gesandtschaftswesen in der Schweiz, Erzbistümer und Bistümer I, redigiert v. A. Bruckner, Bern 1972 - Abt. I, Bd. 2: Erzbistümer und Bistümer II, 1.Teil: Das Bistum Konstanz, Das Erzbistum Mainz, Das Bistum St. Gallen, bearb. v. F.X. Bischof, u.a., redigiert v. B. Degler-Spengler, 2 Bde., Basel/Frankfurt/M. 1993 - Abt. II, Teil 2: Die weltlichen Kollegiatstifte der deutsch- und französischsprachigen Schweiz, bearb. v. K. Arnold u.a., redigiert v. G.P. Marchal, Bern 1977 - Abt. III: Die Orden mit Benediktinerregel, Bd.1: Frühe Klöster, die Benediktiner und Benediktinerinnen in der Schweiz, 3 Teile, redigiert v. E. Gilomen-Schenkel, Bern 1986 - Abt. IV: Die Orden mit Augustinerregel, 5. Bde., hier Bd.5, Teil 1: Die Dominikaner und Dominikanerinnen in der Schweiz, redigiert v. P. Zimmer, Basel 1999 - Abt. IX, Bd.2: Die Beginen und Begarden in der Schweiz, redigiert v. C. Sommer-Ramer, Basel/Frankfurt/M. 1995

Henkes, C./Saller, H./Richter, T. (Hgg.): Text und Autor. Beiträge aus dem Venedig-Symposium 1998 des Graduiertenkollegs „Textkritik" München (= Beihefte zu editio, Bd.15), Tübingen 2000

Henze, B.: Vor gut 650 Jahren: Der Mord an den Juden im Oberrheingebiet, in: FDA 120 (2000), S.109-121

Herding, O.: Zur Methode des Edierens am Beispiel humanistischer Texte, in: Freiburger Universitätsblätter 78 (1982), S.29-43

Heusinger, C. v.: War Diebold Lauber Verleger? in: W. Milde/W. Schuder (Hg.), De captu lectoris. Wirkungen des Buches im 15. und 16. Jahrhundert, Berlin/New York 1988, S.145-154

Heyer, C. : Hans I. von Lupfen (gest. 1436). Ein Hochadliger zwischen Verdrängung und Anpassung (= Hegau-Bibliothek, Bd.76), Singen 1991

Hiestand, R.: „Civis Romanus sum". Zum Selbstverständnis bürgerlicher Führungsschichten in den spätmittelalterlichen Städten, in: P. Wunderli (Hg.), Herkunft und Ursprung, S.91-109

Hillenbrand, E.: Die Geschichtsschreibung der Stadt Konstanz im Spätmittelalter, in: PüA, Nr.201, 22. November 1975

ders.: Die Chronik der Konstanzer Patrizierfamilie Schulthaiß, in: ders./K. Elm/E.Gönner (Hgg.), Landesgeschichte und Geistesgeschichte. FS für O. Herding zum 65. Geb., Stuttgart 1977, S.341-360

ders.: Das literarische Bild des hl. Konrad von Konstanz im Mittelalter, in: FDA 100 (1980), S.79-108

ders.: Die Geschichtsschreibung des Bistums Konstanz im 16. Jahrhundert, in: PüA, Nr.282, 30. November 1985

ders.: Die Geschichtsschreibung des Bistums Konstanz im 16. Jahrhundert, in: K. Andermann (Hg.), Historiographie am Oberrhein, S.205-225

ders.: Gallus Öheim, Geschichtsschreiber der Abtei Reichenau und des Bistums Konstanz, in: H. Patze (Hg.), Geschichtsschreibung, S.727-755

ders.: Zur Geschichtsschreibung des Bistums. Die Nachfolger der Apostel und ihre Kirche, in: BvK I, S.56-63 ders.: Die Überlieferung der Konstanzer Münsterweihe von 1052, 1065 und 1089, in: H. Maurer (Hg), Konstanzer Münsterweihe, S.85-98

Himmelein, W.: De ornamentis ecclesiae. Zur Ausstattung von Kirche und Kloster, in: 1000 Jahre Petershausen, S.103-128

Hitzel, F.: Das Landgerichtsgebäude zu Konstanz, in: Niederburg, S.93-95

Hoensch, J.K. (Hg.): Itinerar König und Kaiser Sigismunds von Luxemburg, Warendorf 1995

ders.: Kaiser Sigismund. Herrscher an der Schwelle zur Neuzeit 1368-1437, München 1996

Höfert, A.: Der Krieg in der Individualperspektive von reichsstädtischem Patriziat und Adel im Spätmittelalter: Die Beispiele Nürnberg, Frankfurt und Georg von Ehingen, in: C. Heiduk/A. Höfert/C. Ulrichs, Krieg, S.111-184

Höfler, E.: Der Rat und seine Bürger. Alltag und Recht im ersten Ratsbuch der Stadt Konstanz (1376-1391), Diss., Konstanz 1990

Höfler, K.: Geschichtsschreiber der hussitischen Bewegung in Böhmen, Teil 2 (= Fontes Rerum Austriacarum, SS, Bd.6), Wien 1865

Hofmann, E.: 700 Jahre Hohes Haus. Die Geschichte eines Konstanzer Gebäudes 1294-1994, Konstanz 1994

Hofmeister, A.: Das Brixner Dommesnerbuch, in: A. Schwob (Hg.), Editionsberichte, S.286-292

dies.: Dynamische Edition in Theorie und Praxis. Editionsmethodische Überlegungen anhand der Schriften des Brixner Dommesners Veit Feichter, in: M. Gebhardt/M. Siller (Hgg.), Literatur und Sprache in Tirol. Von den Anfängen bis zum 16. Jahrhundert. Akten des 3. Symposiums der Sterzinger Osterspiele (10.-12. April 1995), Innsbruck 1996

dies.: Revisionen in Handschriften: Editorischer Ballast oder nützliche Hinweise für die Erforschung der Schriftlichkeit?, in: W. Hofmeister/B. Steinbauer (Hgg.), Durch abenteuer muess man wagen vil. FS für A. Schwob zum 60. Geb. (= Innsbrucker Beiträge zur Kulturwissenschaft, German. Reihe, Bd.57), Innsbruck 1997, S.141-158

Hofmeister, W.: Neu-Edition des Seitenstettner Edolenz-Fragments A: ein philologisches Abenteuer, in: ders./B. Steinbauer (Hgg.), Durch abenteuer muess man wagen vil. FS für A. Schwob zum 60. Geb. (= Innsbrucker Beiträge zur Kulturwissenschaft, German. Reihe, Bd.57), Innsbruck 1997, S.159-175

Hohmann, J. S.: Verfolgte ohne Heimat. Geschichte der Zigeuner in Deutschland (= Studien zur Tsiganologie und Folkloristik, Bd.1), Frankfurt/M. u.a. 1990

Holtz, E.: Reichsstädte und Zentralgewalt unter König Wenzel 1376-1400 (= Studien zu den Luxemburgern und ihrer Zeit, Bd.4), Diss., Warendorf 1993

ders.: Eberhard II. Graf von Württemberg (1344-1392), in: ders./W. Huschner (Hgg.), Deutsche Fürsten des Mittelalters. Fünfundzwanzig Lebensbilder, Leipzig 1995, S.346-357

Holzmann, M.: Die Konzilschronik des Ulrich Richental. Überlegungen zu den verschiedenen Handschriften, in: SVGB 101 (1983), S.73-82

Honemann, V.: Die Stadtschreiber und die deutsche Literatur im Spätmittelalter und der Frühen Neuzeit, in: W. Haug/T.R. Jackson/J. Janota (Hgg.), Zur deutschen Literatur und Sprache des 14. Jahrhunderts. Dubliner Colloquium 1981 (= Reihe Siegen. Beiträge zur Literatur- und Sprachwissenschaft, Bd.45), Heidelberg 1983, S.320-353

Hopp, A.: Das Hospiz des heiligen Konrad und die Gründung des Chorherrenstiftes St. Ulrich und Afra zu Konstanz/Kreuzlingen, in: FDA 107 (1989), S.97-105

Hörburger, H.: Judenvertreibungen im Spätmittelalter. Am Beispiel Esslingen und Konstanz, Frankfurt/M./New York 1981

Hornstein-Grüningen, E. Freiherr v.: Die von Hornstein und von Hertenstein. Erlebnisse aus 700 Jahren. Ein Beitrag zur schwäbischen Volks- und Adelskunde, Konstanz 1911

Horsch, F.: Die Konstanzer Zünfte in der Zeit der Zunftbewegung bis 1430 unter besonderer Berücksichtigung des Zunftbuches und der Zunftbriefe (= KGuRQ,Bd.23), Sigmaringen 1979

Hotz, B.: Päpstliche Stellenvergabe am Konstanzer Domkapitel. Die avignonesische Periode (1316-1378) und die Domherrengemeinschaft beim Übergang zum Schisma (= VuF, Sonderband 49), Ostfildern 2005.

Houts, E.M.C. van: Local and regional chronicles (= Typologie des sources du moyen âge occidental, Bd.74), Turnhout 1995

Hruschka, C.: Kriegsführung und Geschichtsschreibung im Spätmittelalter. Eine Untersuchung zur Chronistik der Konzilszeit (= KESW, NF, Bd.5), Köln/Weimar/Wien 2001

Im Hof, U.: Geschichte der Schweiz, 3. verb. Aufl., Stuttgart u.a. 1981

Im Schatten des Münsters. Geschichte eines Quartiers im Zentrum der Konstanzer Altstadt, Redaktion P. Wollkopf, Konstanz 1999

Im-Thurn, E./Harder, H.W.: Chronik der Stadt Schaffhausen, Schaffhausen 1844

Irtenkauf, W.: Die Dombibliothek, in: BvK II, S.205-213

ders.: Bibliophile Kostbarkeiten. Handschriften aus der Konstanzer Dombibliothek. Katalog zur Ausstellung in der Sparkasse Konstanz, Konstanz 1987

Isenmann, E.: Die deutsche Stadt im Spätmittelalter 1250-1500. Stadtgestalt, Recht, Stadtregiment, Kirche, Gesellschaft, Wirtschaft, Stuttgart 1988

Jacob, F.-D.: Bemerkungen zur bildhaften Kommunikation am Beispiel historischer Stadtdarstellungen, in: Die Stadt als Kommunikationsraum, S.441-470

Jacob, K.: Quellenkunde der deutschen Geschichte (bis zum Ende des 15. Jahrhunderts), Bd.3: Das Spätmittelalter, bearb. v. F. Weden, Berlin 1952

Jacobsen, J.: Die Schlacht bei Reutlingen 14. Mai 1377 (= Historische Studien, Heft 8), Leipzig 1882

Jankrift, K.P.: Brände, Stürme, Hungersnöte. Katastrophen in der mittelalterlichen Lebenswelt, Stuttgart 2003

Janota, J./Williams-Krapp, W. (Hgg.): Literarisches Leben in Augsburg während des 15. Jahrhunderts (= Studia Augustana, Bd.7), Tübingen 1995

Jansen, M./Schmitz-Kallenberg, L.: Historiographie und Quellen der deutschen Geschichte bis 1500, 2. Aufl., Leipzig/Berlin 1914

Janson, U.: Otto von Hachberg (1388-1451), Bischof von Konstanz, und sein Traktat „De conceptione beatae virginis", in: FDA 88 (1968), S.205-358

Jäntti, A.: Überlegungen zur Eignung von historischen Editionen für sprachwissenschaftliche Forschungen, in: A. Schwob (Hg.), Editionsberichte, S.293-296

Jaritz, G.: Kleidung und Prestige-Konkurrenz. Unterschiedliche Identitäten in der städtischen Gesellschaft unter Normierungszwängen, in: Saeculum 44 (1993). S.8-31

ders.: Das Image der spätmittelalterlichen Stadt. Zur Konstruktion und Vermittlung ihres äußeren Erscheinungsbildes, in: Die Stadt als Kommunikationsraum, S.471-485

Jenny, B.R.: Graf Froben Christoph von Zimmern. Geschichtsschreiber – Erzähler – Landesherr. Ein Beitrag zur Geschichte des Humanismus in Schwaben, Lindau/Konstanz 1959

Johanek, P.: Weltchronistik und regionale Geschichtsschreibung im Spätmittelalter, in: H. Patze (Hg.), Geschichtsschreibung, S.287-330

ders.: Historiographie und Buchdruck im ausgehenden 15. Jahrhundert, in: K. Andermann (Hg.), Historiographie am Oberrhein, S.89-120

ders.: Hofhistoriograph und Stadtchronist, in: B. Wachinger/W. Haug (Hgg.), Autorentypen, S.50-68

ders.: Geschichtsschreibung und Geschichtsüberlieferung in Augsburg am Ausgang des Mittelalters, in: J. Janota/W. Williams-Krapp (Hgg.), Literarisches Leben, S.160-182

ders.: Die Mauer und die Heiligen – Stadtvorstellungen im Mittelalter, in: Das Bild der Stadt in der Neuzeit 1400 bis 1800, hrsg. v. W. Behringer/B. Roeck, München 1999, S.26-38

ders.: Historiographie, Bild und Denkmal in der Geschichtsüberlieferung des Mittelalters, in: J. Wenta (Hg.), Geschichtsschreibung, S.87-109

ders. (Hg.): Städtische Geschichtsschreibung im Spätmittelalter und in der frühen Neuzeit (= Städteforschung, Reihe A, Bd.47), Köln/Weimar/Wien 2000

ders.: Einleitung, in: ebd., S.VII-XIX

Joos, E.: Die Unruhen der Stadt Konstanz 1300-1450, in: ZGO 116 (1968), S.31-58

Jürgensmeier, F.: Handbuch der Mainzer Kirchengeschichte, Bd.1: Christliche Antike und Mittelalter, Teil 1, Würzburg 2000

Kaiser, R.: Churrätien im frühen Mittelalter. Ende 5. bis Mitte 10. Jahrhundert, hrsg. vom Verein für Bündner Kulturforschung, Chur und der Gedächtnisstiftung Peter Kaiser (1793-1864), Vaduz/Basel 1998

Kälble, M.: Zünfte im Alltag der Stadt, in: Spätmittelalter am Oberrhein, S.299-307

Kanter, W.: Hans von Rechberg zu Hohenrechberg. Ein Zeit- und Lebensbild, Diss., Zürich 1902

Katalog der datierten Handschriften in der Schweiz in lateinischer Schrift vom Anfang des Mittelalters bis 1550, begr. v. A. Bruckner, hrsg. v. A. Ochsenbein u.a., Bd.III: Die Handschriften der Bibliotheken St. Gallen – Zürich in alphabetischer Reihenfolge, Text, bearb. v. B.M. v. Scarpatetti/R. Gamper/M. Stähli, Dietikon/Zürich 1991

Katalog der Handschriften im Stift Lambach, Austria, Faksimile (v. 1803), Bd.2, London 1982

Katalog der deutschsprachigen illustrierten Handschriften des Mittelalters, begonnen v. H. Frühmorgen-Voss, fortgeführt v. N.H. Ott zusammen mit U. Bodemann, Bd.3: 21. Johann v. Neumarkt, „Buch der liebkosungen", 26. Chroniken, Lief. 2, München 1998 und Lief. 3, München 2000

Katalog der Universitätsbibliothek Heidelberg, Bd.V: Die mittelalterlichen nicht-liturgischen Handschriften des Zisterzienserklosters Salem, beschr. v. W. Werner, Wiesbaden 2000

Kautzsch, R.: Die Handschriften von Ulrich Richentals Chronik des Konstanzer Konzils, in: ZGO NF 9 (1894), S.443-496

ders.: Diebold Lauber und seine Werkstatt in Hagenau, in: Zentralblatt für Bibliothekswesen 12 (1895), S.1-32 und S.57-112

Keim, K.: Die Schlacht bei Reutlingen 14. Mai 1377. 600. Jahrestag – Wahrheit und Dichtung in Uhlands Ballade, in: Reutlinger Geschichtsblätter NF 15 (1977), S.7-30

Keller, H.: Fränkische Herrschaft und alemannisches Herzogtum im 6. und 7. Jahrhundert, in: ZGO 124 (1976), S.1-30

Kersken, N.: Geschichtsschreibung im Europa der „nationes". Nationalgeschichtliche Gesamtdarstellungen im Mittelalter (= Münstersche Historische Forschungen, Bd.8), Köln/Weimar/Wien 1995

ders.: Mittelalterliche Geschichtsentwürfe in Alt- und Neueuropa, in: J. Wenta (Hg.), Geschichtsschreibung, S.111-134

Kiefer, E.: Lautlehre der Konstanzer Stadtschrift im 13. und 14. Jahrhundert, Diss., Konstanz 1922

Kießling, R.: Zum Augsburg-Bild in der Chronistik des 15. Jahrhunderts, in: J. Janota/W. Williams-Krapp (Hgg.), Literarisches Leben, S.183-215

Kiewat, R.: Ritter, Bauern und Burgen im Hegau. Eine Chronik, Konstanz 1986

Kirchgässner, B.: Das Steuerwesen der Reichsstadt Konstanz 1418-1460. Aus der Wirtschafts- und Sozialgeschichte einer oberdeutschen Handelsstadt am Ausgang des Mittelalters (= KGuRQ, Bd.10), Konstanz 1960

ders.: Wirtschaft und Bevölkerung der Reichsstadt Esslingen im Spätmittelalter. Nach den Steuerbüchern 1360-1460 (= Esslinger Studien, Bd.9), Esslingen 1964

ders.: Möglichkeiten und Grenzen in der Auswertung statistischen Urmaterials für die südwestdeutsche Wirtschaftsgeschichte im Spätmittelalter, in: W. Ehbrecht (Hg.), Voraussetzungen und Methoden geschichtlicher Städteforschung (= Städteforschung, Reihe A, Bd.7), Köln/Wien 1979, S.75-100

Kleiber, W.: Der Historische Südwestdeutsche Sprachatlas in sprachhistorischer Perspektive, in: W. Besch/O. Reichmann/S. Sonderegger (Hgg.), Sprachgeschichte. Ein Handbuch zur Geschichte der deutschen Sprache und ihrer Erforschung, 1. Aufl., 1.Halbbd., Berlin/New York 1984, S.833-844

ders./Kunze, K./Löffler, H.: Historischer Südwestdeutscher Sprachatlas. Aufgrund von Urbaren des 13. bis 15. Jahrhunderts, Bd.I: Text. Einleitung, Kommentar und Dokumentation, Bern/München 1979

Klein, M.: Die Handschriften 65/1-1200 im Generallandesarchiv Karlsruhe (= Die Handschriften der Staatsarchive in Baden-Württemberg, Bd.2), Wiesbaden 1987

ders.: Zur württembergischen Historiographie vor dem Dreißigjährigen Krieg, in: F. Brendle/D. Mertens/A. Schindling/W. Ziegler (Hgg.), Landesgeschichtsschreibung, S.259-278

Kleißner, O.: Die Quellen zur Sempacher Schlacht und die Winkelriedsage, Diss., Göttingen 1873

Kless, E.: Das Konstanzer Patriziergeschlecht in der Bünd, in: SVGB 108 (1990), S.13-67

Kletzl, O.: Titel und Namen von Baumeistern deutscher Gotik (= Schriften der Deutschen Akademie in München, Heft 26), München 1935

Knoepfli, A.: Die Kunstdenkmäler des Kt. Thurgau, Bd. I: Der Bezirk Frauenfeld (= Die Kunstdenkmäler der Schweiz, Bd.23), Basel 1950; Bd. II: Der Bezirk Münchwilen (= Die Kunstdenkmäler der Schweiz, Bd.34), Basel 1955, Bd.III: Der Bezirk Bischofszell (= Die Kunstdenkmäler der Schweiz, Bd.48), Basel 1962

Koberg, G.: Portaits reichsstädtischer Bürgermeister, in: Überlingen, S.38-48

ders.: Vom kirchlichen Leben, in: ebd., S.69-76

Koch, H.-G.: Lassen sich Richtlinien für die Kommentierung autobiographischer Schriften aufstellen?, in: G. Martens (Hg.), Kommentierungsverfahren, S.133-140

Kokott, H.: Konrad von Würzburg. Ein Autor zwischen Auftrag und Autonomie, Stuttgart 1989

Kolb, G.: Das bischöfliche Konstanz, in: BvK II, S.12-39

ders.: Die Baugeschichte des Konstanzer Münsters, in: Glanz der Kathedrale, S.45-74

Kollia-Crowell, B./Crowell, R.: Das ehemalige Gesellschaftshaus „Zur Katz", Katzgasse 3 in Konstanz (= Südwestdeutsche Beiträge zur historischen Bauforschung, Bd.1), Freiburg/Br. 1992

Kölsch, H.: Die Konstanzer Befestigungsanlagen im Laufe der Jahrhunderte, in: Trutziges Costantz. Tore und Türme einer Freien Reichsstadt, hrsg. aus Anlaß des 600jährigen Bestehens des Schnetztorturmes und der vollendeten Innenrenovation v. der Schnetztor-Initiative der Konstanzer Blätzlebuebe-Zunft e.V., Konstanz 1981, S.1-29

ders.: Die Niederburg als Kern der Bischofsstadt Konstanz, in: Niederburg, S.17-25

Kommentar-Empfehlungen für Editionen von Texten der Frühen Neuzeit, in: L. Mundt/H.-G. Roloff/ U. Seelbach (Hgg.), Probleme, S.161-166

Konrad, B.: Die Buchmalerei in Konstanz, am westlichen und am nördlichen Bodensee von 1400 bis zum Ende des 16. Jahrhunderts, in: E. Moser (Hg.), Buchmalerei, S.109-154

Konstanz alte Stadt in alten Bildern. Zusammengestellt und beschrieben v. E. Hofmann mit Geschichten, Anekdoten und Merkwürdigkeiten aus dem alten Konstanz, nacherzählt v. H. Hofmann, Konstanz 1978

Konstanzer Häuserbuch. FS zur Jahrhundertfeier der Vereinigung der Stadt Konstanz mit dem Hause Baden, hrsg. v. der Stadtgemeinde, 2 Bde.: Bd.I: Bauwesen und Häuserbau, bearb. v. F. Hirsch, Bd.II: Geschichtliche Ortsbeschreibung, 1.Hälfte: Einleitung, Bischofsburg und Niederburg, bearb. v. K. Beyerle/A. Maurer, Heidelberg 1906/1908 (danach Erscheinen eingestellt)

Das Konstanzer Kaufhaus. Ein Beitrag zu seiner mittelalterlichen Rechtsgeschichte, I. Darstellung v. H. Kimmig, II. Quellen v. H. Kimmig und P. Rüster (= KGuRQ, Bd.6), Lindau/Konstanz 1954

Die Konstanzer Rathäuser. Zeugen reichsstädtischer Vergangenheit, hrsg. v. der Stadt Konstanz, Redaktion B. Schlegel, Konstanz o.J.

Kooper, E. (Hg.): Medieval Chronicle. Proceedings of the 1st International Conference on the Medieval Chronicle, Driebergen/Utrecht 13-16 July 1996, Amsterdam/Atlanta 1999

Kornrumpf, G.: Chronik und Roman. Das „Buch von Troja I" als Quelle Jakob Twingers von Königshofen, in: H. Brunner (Hg.), Trojaliteratur, S.457-467

Koschig, M.M.: Das Patriziat der freien Reichsstadt Ulm in der frühen Neuzeit, Diss., MF, Tübingen 2001

Kostbarkeiten der Buchmalerei aus Konstanz. Vom Konzil bis zur Reformation. Begleitheft zur Ausstellung, bearb. v. B. Konrad, Rosgartenmuseum Konstanz 2005

Kraft, H.: Die Geschichtlichkeit literarischer Texte. Eine Theorie der Edition, Bebenhausen 1973

Kramer-Schlette, C.: Vier Augsburger Chronisten der Reformationszeit. Die Behandlung und Deutung der Zeitgeschichte bei Clemens Sender, Wilhelm Rem, Georg Preu und Paul Hektor Mair, Diss., Lübeck/Hamburg 1970

Kramml, P.F.: Kaiser Friedrich III. und die Reichsstadt Konstanz (1440-1493). Die Bodenseemetropole am Ausgang des Mittelalters (= KGuRQ, Bd.29), Sigmaringen 1985

ders.: Heinrich IV. von Hewen (1436-1462), Friedensstifter und Reformbischof, in: BvK I, S.384-387

ders.: Die Reichsstadt Konstanz, der Bund der Bodenseestädte und die Eidgenossen, in: P. Rück (Hg.), Eidgenossen, S.295-332

ders.: Komponenten sozialen Aufstiegs am Beispiel des spätmittelalterlichen Konstanz, in: Montfort 46 (1994), Heft 1, S.20-42

Kranich-Hofbauer, K.: Zur Edition des „Starkbergischen Rotulus" (1.H.15.Jh.). Überlegungen zur editorischen Bewältigung des Majuskel-Minuskel-Problems, in: A. Schwob (Hg.), Editionsberichte, S.297-305

Kreutzer, T.: Tuttlingen im Mittelalter: eine Stadt zwischen Kloster, Ritter und Grafen, in: Zur Geschichte der Stadt Tuttlingen, hrsg. anläßlich der 1200 Jahr-Feier der Stadt Tuttlingen, Tuttlingen 1997, S.21-89

Kreuzer, G.: Das Verhältnis von Stadt und Bischof in Augsburg und Konstanz im 12. und 13. Jahrhundert, in: B. Kirchgässner/W. Baer (Hgg.), Stadt und Bischof. 24. Arbeitstagung in Augsburg 15.-17. November 1985 (= Stadt in der Geschichte, Bd.14), Sigmaringen 1988, S.43-64

Krieg, H.: Der feierliche Herrscherempfang, in: Spätmittelalter am Oberrhein, S.405-412

Krieg v. Hochfelden, G.H.: Geschichte der Grafen von Eberstein in Schwaben, Carlsruhe 1836

Krings, H.P.: Schwarze Spuren auf weißem Grund – Fragen, Methoden und Ergebnisse der Schreibprozeßforschung im Überblick, in: ders./G. Antos (Hgg.), Textproduktion. Neue Wege der Forschung (= Fokus, Bd.7), Trier 1992, S.45-110

Krings, W.: Text und Bild als Informationsträger bei gedruckten Stadtdarstellungen der Frühen Neuzeit, in: Poesis et Pictura, S.295-335

Krüger, E.: Die Grafen von Werdenberg-Heiligenberg und von Werdenberg-Sargans, in: MVG 22 (1887), S.109-398

Kruse, H./Paravicini, W./Ranft, A. (Hgg.): Ritterorden und Adelsgesellschaften im spätmittelalterlichen Deutschland. Ein systematisches Verzeichnis (= Kieler Werkstücke, Reihe D, Bd.1), Frankfurt/M. u.a. 1991

Kuhn, K.: Das regulierte Chorherrenstift Kreuzlingen, in: Thurgovia Sacra II.: Geschichte der thurgauischen Klöster, 2. Lief.: Ittingen und Kreuzlingen, Frauenfeld 1879, S.241-375

Kühnel, H.: Die städtische Fasnacht im 15. Jahrhundert, in: P. Dinzelbacher/H.-D. Mück (Hgg.), Volkskultur des europäischen Spätmittelalters (= Böblinger Forum, Bd.1), Stuttgart 1987, S.109-127

Künast, J.-J.: Die Augsburger Frühdrucker und ihre Textauswahl. Oder: Machten die Drucker die Schreiber arbeitslos?, in: J. Janota/W. Williams-Krapp (Hgg.), Literarisches Leben, S.47-57

Kundert, W.: St. Pelagius in Bischofszell, in: HS II/2, S.215-245

ders.: Die Erbhofämter des Hochstifts Konstanz in neuerer Zeit, in: ZGO 149 (2001), S.163-197

Kunstführer durch die Schweiz, begr. v. H. Jenny, 5. völlig neu bearb. Aufl., Bd.1, Bern 1971

Kunze, H.: Geschichte der Buchillustration in Deutschland. Das 15. Jahrhundert, Textbd., Leipzig 1975

Lampen, A.: Fischerei und Fischhandel im Mittelalter. Wirtschafts- und sozialgeschichtliche Untersuchungen nach urkundlichen und archäologischen Quellen des 6. bis 14. Jahrhunderts im Gebiet des Deutschen Reiches (= Historische Studien, Bd.461), Diss., Husum 2000

Der Landkreis Konstanz. Amtliche Kreisbeschreibung, Bd.1: Allgemeiner Teil, Abschnitte I-IV. Einleitung, Natur, Geschichte, Kunstgeschichte, Sigmaringen 1968 und Bd.3: Gemeindebeschreibung der Verwaltungsräume Engen, Gottmadingen, Hilzingen, Höri, Konstanz, hrsg. v. der Landesarchivdirektion Baden-Württemberg in Verbindung mit dem Landkreis Konstanz, Sigmaringen 1979

Lang, B.: Der Guglerkrieg. Ein Kapitel Dynastengeschichte im Vorfeld des Sempacherkrieges (= Historische Schriften der Universität Freiburg, Bd.10), Freiburg/Schweiz 1982

Längin, T.: Die Handschriften der Grossherzoglichen Badischen Hof- und Landesbibliothek in Karlsruhe, Bd.2: Deutsche Handschriften, Karlsruhe 1894

Largiadèr, A.: Geschichte von Stadt und Landschaft Zürich, 2 Bde., hier Bd.1, Zürich 1945

Laudage, J. (Hg.): Von Fakten und Fiktionen. Mittelalterliche Geschichtsdarstellungen und ihre kritische Aufarbeitung (= Europäische Geschichtsdarstellungen, Bd.1), Köln/Weimar/Wien 2003

Lehmann-Haupt, H.: Schwäbische Federzeichnungen. Studien zur Buchillustration Augsburgs im XV. Jahrhundert, Berlin/Leipzig 1929

Leiser, W.: Süddeutsche Land- und Kampfgerichte des Spätmittelalters, in: Württembergisch Franken 70 (1986), S.5-17

Leusch, F.T.: Baugeschichte im Schatten des Münsters, in: Im Schatten des Münsters, S.32-51

Lhotsky, A.: Dr. Jacob Mennel. Ein Vorarlberger im Kreise Kaiser Maximilians I., in: Alemannia 10 (1936), S.1-15, nachgedruckt in: ders., Aufsätze und Vorträge, Bd.2, Wien 1971

ders.: Neue Studien über Leben und Werk Jacob Mennels, in: ebd., S.312-322

Lienert, E.: Geschichte und Erzählen. Studien zu Konrads von Würzburg „Trojanerkrieg" (= Wissensliteratur im Mittelalter, Bd.22), Wiesbaden 1996

dies.: Deutsche Antikenromane des Mittelalters (= Grundlagen der Germanistik, Bd.39), Berlin 2001

Liesching, W.P.: Die Montforter Fahne im Wandel der Zeit. Ursprung, Form, Farben, in: Montfort 34 (1982), S.83-99

ders.: Siegel und Wappen, in: BvK II, S.195-204

Löbbecke, F./Röber, R.: Bauarchäologische Untersuchungen an der ehemaligen Augustiner-Eremiten-Kirche in Konstanz, in: Archäologische Ausgrabungen in Baden-Württemberg 2000, hrsg. vom Landesdenkmalamt Baden-Württemberg u.a., Stuttgart 2001, S.176-179

Löffler, K.: Die Handschriften des Klosters Weingarten, Leipzig 1912

ders.: Geschichte der Württembergischen Landesbibliothek (= Beihefte zum Zentralblatt für Bibliothekswesen, Nr.50), Leipzig 1923

Lorenz, O.: Die Sempacher Schlachtlieder, in: Germania 6 (1861), S.161-185

ders.: Deutschlands Geschichtsquellen im Mittelalter seit der Mitte des 13. Jahrhunderts, Bd.1, 3. umgearb. Aufl., Berlin 1886

Löther, A.: Prozessionen in spätmittelalterlichen Städten. Politische Partizipation, obrigkeitliche Inszenierung, städtische Einheit (= Norm und Struktur, Bd.12), Diss., Köln/Weimar/Wien 1999

Ludwig, T.: Die Konstanzer Geschichtsschreibung bis zum 18. Jahrhundert, Diss., Straßburg 1894

ders.: Einige unbekannte Konstanzer Chroniken und Bischofsreihen des General-Landesarchivs in Karlsruhe, in: ZGO NF 10 (1895), S.267-278

Ludwig, W.: Gaspar Bruschius als Historiograph deutscher Klöster und seine Rezeption. P.G. Schmidt zum 25. März 2002 gewidmet (= Nachrichten der Akademie der Wissenschaften in Göttingen, I.: Philolog.-histor. Klasse, 1/2002), Göttingen 2002

Luithle, H.: Die Sachsenheimer, bisher unveröffentlichtes Manuskript, Stadtarchiv Sachsenheim

Lutz, E.C.: Konstanzer Bürgermeister des frühen 15. Jahrhunderts und Heinrich Wittenwilers „Ring". Prosopographische Ergebnisse und literarhistorische Folgerungen, in: PüA Nr.271, 21. Juli 1984, S.1-25

ders.: Methodische Probleme einer Sozialgeschichte der Stadt und der städtischen Literatur im Spätmittelalter. Heinrich Wittenwiler und sein „Ring", in: G. Stötzel (Hg.), Germanistik. Forschungsstand und Perspektiven. Vorträge des Deutschen Germanistentages 1984, 2.Teil, Berlin/New York 1985, S.223-240

ders.: Spiritualis fornicatio. Heinrich Wittenwiler, seine Welt und sein Ring (= KGuRQ, Bd.32), Sigmaringen 1990

ders.: Das Dießenhofener Liedblatt. Ein Zeugnis späthöfischer Kultur (= Literatur und Geschichte am Oberrhein, Bd.3), Freiburg/Br. 1994

Machilek, F.: Kartographie, Welt- und Landesbeschreibung in Nürnberg um 1500, in: H.-B. Harder (Hg.), Landesbeschreibungen Mitteleuropas vom 15. bis 17. Jahrhundert. Vorträge der 2. Internationalen Tagung des „Slawenkomitees" im Herder-Institut Marburg an der Lahn, 10.-13. November 1980, Köln 1983, S.1-12

Maier, K.: Das Amt des Weihbischofs, in: BvK I, S.76-83

ders.: Das Konstanzer Domkapitel, in: ebd., S.249-262

Marchal, G.P.: Sempach 1386. Von den Anfängen des Territorialstaates Luzern. Beiträge zur Frühgeschichte des Kantons Luzern, hrsg. v. Kt. Luzern, Basel/Frankfurt/M. 1986

ders.: Zum Verlauf der Schlacht bei Sempach. Ein quellenkritischer Nachtrag, in: Schweizerische Zeitschrift für Geschichte 37 (1987), S.428-436

ders.: Fehltritt und Ritual. Die Königskrönung Friedrichs III. und die Herrscherbegegnungen in Frankreich: Eine Recherche, in: P. v. Moos (Hg.), Der Fehltritt. Vergehen und Versehen in der Vormoderne (= Norm und Struktur, Bd.15), Köln/Weimar/Wien 2001, S.109-138

Marmor, J.: Geschichtliche Topographie der Stadt Konstanz und ihrer nächsten Umgebung mit besonderer Berücksichtigung der Sitten- und Kulturgeschichte derselben, Konstanz 1860

ders.: Ulrich von Richental und seine Concilschronik, in: FDA 7 (1873), S.133-144

Marquis, B.: Meißnische Geschichtsschreibung des späten Mittelalters (ca. 1215-1420), München 1998

Martens, G. (Hg.): Kommentierungsverfahren und Kommentarformen. Hamburger Kolloquium der Arbeitsgemeinschaft für germanistische Edition 4. bis 7. März 1992, autor- und problembezogene Referate (= Beihefte zu editio, Bd.5), Tübingen 1993

Martens, W.: Eine neuentdeckte Chronik des Bistums Konstanz, in: ZGO NF 13 (1898), S.23-53

ders.: Geschichte der Stadt Konstanz, Konstanz 1911

Märtin, R.-P.: Dracula. Das Leben des Fürsten Vlad Tepes, Berlin 1980

Martin, H.: Verbrechen und Strafe in der spätmittelalterlichen Chronistik Nürnbergs. Unter besonderer Berücksichtigung der Frage nach einer schichten- bzw. standesspezifischen Strafrechtspraxis, (= Konflikt, Verbrechen und Sanktion in der Gesellschaft Alteuropas, Bd.1), Diss., Köln/Weimar/Wien 1996

Maschek, H. (Hg.): Deutsche Chroniken, Leipzig 1936

Maschke, E.: Mittelschichten in deutschen Städten des Mittelalters, in: ders./J. Sydow (Hgg.), Mittelschichten, S.1-31

ders./Sydow, J. (Hgg.): Städtische Mittelschichten. Protokoll der VIII. Arbeitstagung des Arbeitskreises für südwestdeutsche Stadtgeschichtsforschung, Biberach 14.-16. November 1969 (= VKGLBW, Reihe B, Bd.69), Stuttgart 1972

Matthiessen, W.: Ulrich Richentals Chronik des Konstanzer Konzils. Studien zur Behandlung eines universalen Großereignisses durch die bürgerliche Chronistik, Diss., in: AHC 17 (1985), S.71-191 und S.323-455

Matzke, M.: Geld und Münzen, in: Spätmittelalter am Oberrhein, S.73-79

Mau, H.: Die Rittergesellschaft mit St. Jörgenschild in Schwaben, Bd.1: Politische Geschichte 1406-1437 (= Darstellungen aus der Württembergischen Geschichte, Bd.33), Stuttgart 1941

Mauer, G. (Hg.): Der Kreis Freudenstadt, Stuttgart/Aalen 1978

Maurer, A.: Ulrich Imholz. Ein Beitrag zur Wirtschaftsgeschichte der Stadt Konstanz aus der Zeit nach dem Konzil, in: SVGB 44 (1915), S.93-110

Maurer, H.: Stadterweiterung und Vorstadtbildung im mittelalterlichen Konstanz. Zum Problem der Einbeziehung ländlicher Siedlungen in den Bereich einer mittelalterlichen Stadt, in: Stadterweiterung und Vorstadt. Protokoll über die VI. Arbeitstagung des Arbeitskreises für südwestdeutsche Stadtgeschichtsforschung, Stuttgart 1969, S.21-28 ders.: Die Ratskapelle. Beobachtungen am Beispiel von St. Lorenz in Konstanz, in: FS für H. Heimpel zum 70. Geb. am 19.9.1971, 2.Bd. (= VMPIG, Bd.36/II), hrsg. v. den Mitarbeitern des Max-Planck-Instituts für Geschichte, Göttingen 1972, S.225-236

ders.: Konstanz als ottonischer Bischofssitz. Zum Selbstverständnis geistlichen Fürstentums im 10. Jahrhundert (= VMPIG, Bd.39), Göttingen 1973

ders.: Kirchengründung und Romgedanke am Beispiel des ottonischen Bischofssitzes Konstanz, in: F. Petri (Hg.), Bischofs- und Kathedralstädte des Mittelalters und der frühen Neuzeit, Köln/Wien 1976, S.47-59

ders.: Konstanzer Stadtgeschichte im Überblick, Sigmaringen 1979 (Text identisch mit dem Kapitel „Geschichtliche Entwicklung", in: Der Landkreis Konstanz. Bd.3, Sigmaringen 1979, S.383ff)

ders.: Beiwort zu Karte IV, 7, in: Historischer Atlas von Baden-Württemberg, hrsg. v. der Kommission für geschichtliche Landeskunde in Baden-Württemberg, Stuttgart 1972-1988, Erläuterungen Bd.1, S.1-5

ders.: Das Stift St. Stephan in Konstanz (= Germania Sacra, NF 15, Das Bistum Konstanz, Bd.1), Berlin/New York 1981

ders. (Hg.): Der Bodensee. Landschaft – Geschichte – Kultur (= Bodensee-Bibliothek, Bd.28), Sigmaringen 1982

ders.: Das älteste Viertel einer sehr alten Stadt, in: Niederburg, S.9-14

ders.: Das Dominikanerkloster auf der Insel, in: ebd., S.83-89

ders.: Schweizer und Schwaben. Ihre Begegnung und ihr Auseinanderleben am Bodensee im Spätmittelalter (= Konstanzer Universitätsreden, Nr.136), Konstanz 1983

ders.: Salomon III., in: BvK I, S.364f

ders.: Der hl. Konrad, in: ebd., S.366-372

ders. (Hg): Die Konstanzer Münsterweihe von 1089 in ihrem historischen Umfeld (= FDA 10, 1989), Freiburg 1989

ders.: Formen der Auseinandersetzung zwischen Eidgenossen und Schwaben: Der „Plappartkrieg" von 1458, in: P. Rück (Hg.), Eidgenossen, S.193-214

ders.: Konstanz im Mittelalter, 2 Bde. (= Geschichte der Stadt Konstanz, Bd.1 und 2), 2. überarb. Aufl., Konstanz 1996

ders.: Zur Bedeutung der Kathedrale für die Diözese des späten Mittelalters. Beobachtungen an Bischofskirchen der Alemannia, in: Römische Quartalschrift für christliche Altertumskunde und Kirchengeschichte 97 (2002), S.238-256

ders.: Die Konstanzer Bischöfe vom Ende des 6. Jahrhunderts bis 1206 (= Germania Sacra, NF 42,1, Das Bistum Konstanz Bd.2), Berlin/New York 2003.

ders./Müller, W./Ott, H. (Hgg.): Der hl. Konrad. Bischof von Konstanz. Studien aus Anlaß der tausendsten Wiederkehr seines Todestages (= FDA 95, 1975), Freiburg/Br. 1975

ders./Oexle, J.: Der Salmannsweiler Hof und das hospitium des Abtes Frowin, in: SVGB 105 (1987), S.1-17

Meichle, F.: Die Sprache der Weinbauern am Bodensee, in: SVGB 63 (1936), S.177-248

Meier, C.A.: Chronikillustrationen im hohen Mittelalter: zur Entstehung des Ereignisbildes im Bild-Text-Bezug, in: H.-W. Goetz (Hg.), Hochmittelalterliches Geschichtsbewußtsein im Spiegel nichthistoriographischer Quellen, Berlin 1998, S.357-375

Meier, C./Ruberg, U. (Hgg.): Text und Bild. Aspekte des Zusammenwirkens zweier Künste in Mittelalter und früher Neuzeit, Wiesbaden 1980

Meier, F.: Konstanzer Stadterweiterungen im Mittelalter. Grundstücksbezogene Untersuchungen zur Erschließungsgeschichte und Sozialtopographie einzelner Quartiere (= Konstanzer Dissertationen, Bd.277), Konstanz 1990

Meier, M.A.: Der Friede von Waldshut und die Politik am Oberrhein bis zum Vertrag von Saint-Omer, in: ZGO 90 (1938), S.321-384

Meisel, P.: Die Verfassung und Verwaltung der Stadt Konstanz im 16. Jahrhundert, Konstanz 1957

Melville, G.: Troja. Die integrative Wiege europäischer Mächte im ausgehenden Mittelalter, in: F. Seibt/ W. Eberhard (Hgg.), Europa 1500. Integrationsprozesse im Widerstreit. Staaten, Regionen, Personenverbände, Christenheit, Stuttgart 1986, S.415-432

ders.: Kompilation, Fiktion und Diskurs. Aspekte zur heuristischen Methode der mittelalterlichen Geschichtsschreiber, in: C. Meier/J. Rüsen (Hgg.), Historische Methode (= Theorie der Geschichte, Bd.5), München 1988, S.133-153

Memorandum, in: editio 14 (2000), S.252-256

Menhardt, H.: Verzeichnis der altdeutschen literarischen Handschriften der Österreichischen Nationalbibliothek, 1. Bd., Berlin 1960

Menke, J.B.: Geschichtsschreibung und Politik in deutschen Städten. Die Entstehung deutscher Geschichtsprosa in Köln, Braunschweig, Lübeck, Mainz und Magdeburg, I. Teil, in: Jahrbuch des Kölner Geschichtsvereins 33 (1958), S.1-84; II. Teil, in: ebd. 34/35 (1959/60), S.85-194

Mereb, U.: Studien zur Besitzgeschichte der Grafen und Herren von Grüningen-Landau von ca. 1250 bis ca. 1500, Stuttgart 1970

Mertens, D.: Früher Buchdruck und Historiographie. Zur Rezeption historiographischer Literatur im Bürgertum des späten Mittelalters beim Übergang vom Schreiben zum Drucken, in: B. Moeller/H. Patze/ K. Stackmann (Hgg.), Studien zum städtischen Bildungswesen, S.83-111

ders.: Württemberg, in: HbBW, Bd.2, S.1-163

ders.: Landeschronistik im Zeitalter des Humanismus und ihre spätmittelalterlichen Wurzeln, in: ders./ F. Brendle/A. Schindling/W. Ziegler (Hgg.), Landesgeschichtsschreibung, S.19-31

ders./Rexroth, F./Scott, T.: Vom Beginn der habsburgischen Herrschaft bis zum „Neuen Stadtrecht" von 1520, in: H. Haumann/H. Schadek (Hgg.), Geschichte der Stadt Freiburg, Bd.1: Von den Anfängen bis zum „Neuen Stadtrecht" von 1520, Stuttgart 1996, S.215-301

Metzger, T./M.: Jüdisches Leben im Mittelalter nach illuminierten hebräischen Handschriften vom 13. bis 16. Jahrhundert, Fribourg/Würzburg 1983 (franz. Original 1982)

Meuthen, E.: Das 15. Jahrhundert (= Oldenbourg Grundriß der Geschichte, Bd.9), 3. überarb. und erw. Aufl., München 1996

Meyer, A.: Zürich und Rom. Ordentliche Kollatur und päpstliche Provisionen am Frau- und Großmünster 1316-1523, Diss., Tübingen 1986

Meyer, B.: Die Bildung der Eidgenossenschaft im 14. Jahrhundert. Vom Zugerbund zum Pfaffenbrief, Zürich 1972

Meyer, F.: Sankt Pelagius in Konstanz und Papst Gregor der Große in Petershausen. Zur Kultgeschichte eines Bistums- und eines Klosterpatrons an einem Bischofssitz, Diss., Konstanz 1999 bzw.

ders.: Sankt Pelagius und Gregor der Große. Ihre Verehrung im Bistum Konstanz (= Forschungen zur oberrheinischen Landesgeschichte Bd.47), Freiburg/München 2002

Meyer, W.: Der stier von Ure teib ein grob gesang. Fahnen und andere Feldzeichen in der spätmittelalterlichen Eidgenossenschaft, in: A. Haverkamp (Hg.), Information, Kommunikation und Selbstdarstellung in mittelalterlichen Gemeinden (= Schriften des Historischen Kollegs, Bd.40), München 1998, S.201-233

Minnis, A.J.: Late-medieval discussions of compilatio and the role of the compilator, in: PBB 101 (1979), S.385-421

ders.: Medieval theory of authorship. Scholastic literary attitudes in the later Middle Ages, second edition, Aldershot 1988

Miscoll-Reckert, I.J.: Kloster Petershausen als bischöflich-konstanzisches Eigenkloster. Studien über das Verhältnis zu Bischof, Adel und Reform vom 10. bis 12. Jahrhundert, Diss. (= Forschungen zur oberrheinischen Landesgeschichte, Bd. XXIV), Freiburg/München 1973

Das Mittelalter 5/2 (2000): G. Gleba (Hg.), Instrumentalisierung von Historiographie im Mittelalter

Möggingen 860-1960, hrsg. vom Verein für Geschichte des Hegaus durch H. Berner (= Hegau-Bibliothek, Bd.6), Singen 1960

Mölich, G./Neddermeyer, U./Schmitz, W. (Hgg.): Spätmittelalterliche städtische Geschichtsschreibung in Köln und im Reich. Die „Koelhoffsche" Chronik und ihr historisches Umfeld (= Veröffentlichungen des Kölnischen Geschichtsvereins, Bd.43), Köln 2001

Moeller, B./Patze, H./Stackmann, K. (Hgg.): Studien zum städtischen Bildungswesen des späten Mittelalters und der frühen Neuzeit, Bericht über Kolloquien der Kommission zur Erforschung der Kultur des Spätmittelalters 1978 bis 1981 (= Abhandlungen der Akademie der Wissenschaften zu Göttingen 3, Bd.137), Göttingen 1983

Möncke, G.: Bischofsstadt und Reichsstadt. Ein Beitrag zur mittelalterlichen Stadtverfassung von Augsburg, Konstanz und Basel, Diss., Berlin 1971

Mone, F.J.: Über das Kriegswesen vom 13./14. bis 18. Jahrhundert, in: ZGO 6 (1855), S.37-65, 129-190

Morgenthaler, H.: Die Familie von Bollingen, in: Neues Berner Taschenbuch, Bd.2, 1921, S.125-164

Moser, E. Kirchliche Bauten, in: BvK II, S.40-69

dies. (Hg.): Buchmalerei im Bodenseeraum 13. bis 16. Jahrhundert, Friedrichshafen 1997

Mötsch, J.: Genealogie der Grafen von Sponheim, in: JWLG 13 (1987), S.63-179

Müller, G.: Das Dilemma des Frühneuzeithistorikers. Zur philologischen Behandlung der Osiander-Ausgabe, in: K. Gärtner/H.-H. Krummacher (Hgg.), Zur Überlieferung, Kritik und Edition alter und neuerer Texte. Beiträge des Colloquiums zum 85. Geb. v. W. Schröder am 12. und 13. März 1999 in Mainz, Stuttgart 2000, S.179-188

Müller, J.: Die Ehinger von Konstanz, in: ZGO NF 20 (1905), S.19-40

Müller, M.: Die spätmittelalterliche Bistumsgeschichtsschreibung. Überlieferung und Entwicklung (= Beihefte zum AKG, Bd.44), Köln/Weimar/Wien 1998

Müller, U.: Exemplarische Überlieferung und Edition. Mehrfachfassungen in authentischen Lyrik-Handschriften – zum Beispiel bei Oswald von Wolkenstein und Michel Beheim, in: editio 6 (1992), S.112-122

Müller, W.: Der Widerschein des Konstanzer Konzils in den deutschen Städtechroniken, in: ders./A. Franzen (Hgg.), Das Konzil von Konstanz. Beiträge zu seiner Geschichte und Theologie. FS unter dem Protektorat seiner Excellenz des Hochwürdigsten Herrn Erzbischofs Dr. H. Schäufele im Auftrag der Theologischen Fakultät der Universität Freiburg im Breisgau, Freiburg/Basel/Wien 1964, S.447-456

Mundt, L./Roloff, H.-G./Seelbach, U. (Hgg.): Probleme der Edition von Texten der Frühen Neuzeit. Beiträge zur Arbeitstagung der Kommission für die Edition von Texten der Frühen Neuzeit (= Beihefte zu editio, Bd.3), Tübingen 1992

Münzel, B.: Der Rat in Südwestdeutschland, seine Entstehung und Entwicklung bis zur Mitte des 14. Jahrhunderts am Beispiel Konstanz, Ulm und Tübingen, Mag.-Arb., Tübingen 1984

Muschg, W./Gessler, E.A.: Die Schweizer Bilderchroniken des 15. und 16. Jahrhunderts, Zürich 1941

Nagel, G.: Das mittelalterliche Kaufhaus und seine Stellung in der Stadt. Eine baugeschichtliche Untersuchung an südwestdeutschen Beispielen, Berlin 1971

Nau, E.: Die Münzen und Medaillen der oberschwäbischen Städte, Freiburg/Br. 1964

Neddermeyer, U.: Von der Handschrift zum gedruckten Buch. Schriftlichkeit und Leseinteresse im Mittelalter und in der frühen Neuzeit. Quantitative und qualitative Aspekte, 2 Bde., Bd.1: Text, Bd.2: Anlagen, Wiesbaden 1998

ders.: Einleitung: Städtische Geschichtsschreibung im Blickfeld von Stadthistorie, Inkunabelkunde, Literatur- und Historiographiegeschichte. Anmerkungen zu einer Textgattung, in: G. Mölich/U. Neddermeyer/W. Schmitz (Hgg.), Spätmittelalterliche städtische Geschichtsschreibung, S.1-27

Neugart, T.: Episcopatus Constantiensis Alemannicus, Partis I/2, hrsg. v. F. Mone, Freiburg 1862

Neumann-Holzschuh, I.: Syntax und Editionstypen, in: M.-D. Gleßgen/F. Lebsanft (Hgg.), Alte und neue Philologie, S.166-187

Die Niederburg. Porträt des ältesten Konstanzer Stadtteils, hrsg. v. der Niederburg. Große Konstanzer Narrengesellschaft 1884, bearb. v. G.H. Frick/H. Finke, Konstanz 1983

Niedermaier, P.: Städtebau im Mittelalter. Siebenbürgen, Banat und Kreischgebiet, Köln/Weimar/Wien 2002

Niederstätter, A.: Königseinritt und -gastung in der spätmittelalterlichen Reichsstadt, in: D. Altenburg/J. Jarnut/H.-H. Steinhoff (Hgg.), Feste, S.491-500

ders.: Ante Portas. Herrscherbesuche am Bodensee 839-1507, Konstanz 1993

ders.: Der Alte Zürichkrieg. Studien zum österreichisch-eidgenössischen Konflikt sowie zur Politik Friedrichs III. in den Jahren 1440 bis 1446 (= Beihefte zu J.F. Böhmer, Regesta Imperii, Bd.14), Wien/Köln/Weimar 1995

Nikitsch, E.J.: Dionysius Dreytwein – Ein Esslinger Kürschner und Chronist. Studien zur Handwerker-Mentalität in frühneuzeitlichen Reichsstädten. Mit einer Edition seiner Franziskaner-Reimchronik [= Sonderdruck aus Esslinger Studien, Zeitschrift 24 (1985)], Sigmaringen 1985

Nünlist, G.: Wallfahrtskapelle Heiligkreuz auf Bernrain. Eines der ältesten Bauwerke der Stadt Kreuzlingen, Kreuzlingen 1988

Nusser, P.: Deutsche Literatur im Mittelalter. Lebensformen, Wertvorstellungen und literarische Entwicklungen, Stuttgart 1992

Nutt-Kofoth, R./Plachta, B.: Schlechte Zeiten – gute Zeiten für Editionen? Zur Bedeutung der Marburger Büchner-Ausgabe für die gegenwärtige Editionsphilologie, in: editio 15 (2001), S.149-167

Die Ochsenkopfwasserzeichen, 1. Teil: Findbuch II,1 der Wasserzeichenkartei Piccard im Hauptstaatsarchiv Stuttgart, 2. Teil: Findbuch II,2, bearb. v. G. Piccard (= Veröffentlichungen der staatlichen Archivverwaltung Baden-Württemberg, Sonderreihe: Die Wasserzeichenkartei Piccard), Stuttgart 1966

Oesterreicher, W.: Sprachtheoretische Aspekte von Textphilologie und Editionstechnik, in: M.-D. Gleßgen/F. Lebsanft (Hgg.), Alte und neue Philologie, S.111-126

Oexle, J.: Konstanz, in: Stadtluft, Hirsebrei, S.52-67

Oexle, O.G./Hülsen-Esch, A. v. (Hgg.): Die Repräsentation der Gruppen. Texte – Bilder – Objekte (= VMPIG, Bd.141), Göttingen 1998

Oexle, O.G.: Soziale Gruppen in der Ständegesellschaft: Lebensformen des Mittelalters und ihre historische Wirkung, in: ebd., S.9-44

Österreichische Nationalbibliothek, Ambraser Kunst- und Wunderkammer. Die Bibliothek. Katalog der Ausstellung im Prunksaal 28. Mai bis 30. September 1965, Einleitung v. F. Unterkirchner, Wien 1965

Ott, N.H.: Typen der Weltchronik-Ikonographie. Bemerkungen zu Illustration, Anspruch und Gebrauchssituation volkssprachlicher Chronistik aus überlieferungsgeschichtlicher Sicht, in: Jahrbuch der Oswald von Wolkenstein-Gesellschaft 1 (1980/81), S.29-55

ders.: Überlieferung, Ikonographie – Anspruchsniveau, Gebrauchssituation. Methodisches zum Problem der Beziehungen zwischen Stoffen, Texten und Illustrationen in Handschriften des Spätmittelalters, in: L. Grenzmann/K. Stackmann (Hgg.), Literatur und Laienbildung im Spätmittelalter und in der Reformationszeit. Symposion Wolfenbüttel 1981 (= Germanistische Symposien, Berichtbde., Bd.5), Stuttgart 1984, S.356-386

ders.: Zum Ausstattungsanspruch illustrierter Städtechroniken. Sigismund Meisterlin und die Schweizer Chronistik als Beispiele, in: Poesis et Pictura, S.77-106

ders.: Mündlichkeit, Schriftlichkeit, Illustration. Einiges Grundsätzliche zur Handschriftenillustration, besonders in der Volkssprache, in: E. Moser (Hg.), Buchmalerei, S. 37-51

ders.: Die Handschriften-Tradition im 15. Jahrhundert, in: Buchkultur im 15. und 16. Jahrhundert, S.47-124

ders.: Texte und Bilder. Beziehungen zwischen den Medien Kunst und Literatur in Mittelalter und Früher Neuzeit, in: H. Wenzel/W. Seipel/G. Wunberg (Hgg.), Die Verschriftlichung der Welt. Bild, Text und Zahl in der Kultur des Mittelalters und der Frühen Neuzeit (= Schriften des Kunsthistorischen Museums, Bd.5), Wien 2000, S.105-143

Overdick, K.: Die rechtliche und wirtschaftliche Stellung der Juden in Südwestdeutschland im 15. und 16. Jahrhundert dargestellt an den Reichsstädten Konstanz und Eßlingen und an der Markgrafschaft Baden (= KGuRQ, Bd.15), Konstanz 1965

Pächt, O.: Buchmalerei des Mittelalters. Eine Einführung, München 1984

Palmer, N.F.: Kapitel und Buch. Zu den Gliederungsprinzipien mittelalterlicher Bücher, in: Frühmittelalterliche Studien 23 (1989), S.43-88

Panaitescu, P.P.: The german stories about Vlad Ţepeş, in: K.W. Treptow (Hg.), Dracula, S.185-196

Paravicini, W.: Karl der Kühne. Das Ende des Hauses Burgund, Göttingen/Zürich/Frankfurt/M. 1976

ders.: Gruppe und Person. Repräsentation durch Wappen im späten Mittelalter, in: O.G. Oexle/A. v. Hülsen-Esch (Hgg.), Repräsentation, S.327-389

Pastoureau, M.: Les Armoiries (= Typologie des sources du moyen âge occidental, Bd.20), Turnhout 1976

Patschovsky, A.: Das Rechtsverhältnis der Juden zum deutschen König (9.-14. Jh.). Ein europäischer Vergleich, in: ZRG, German. Abt. 110 (1993), S.331-371

Patze, H. (Hg.): Geschichtsschreibung und Geschichtsbewußtsein im späten Mittelalter (= VuF, Bd.31), Sigmaringen 1987

Peters, U.: Literatur in der Stadt. Studien zu den sozialen Voraussetzungen und kulturellen Organisationsformen städtischer Literatur im 13. und 14. Jahrhundert (= Studien und Texte zur Sozialgeschichte der Literatur, Bd.7), Tübingen 1983

dies.: Hofkleriker – Stadtschreiber – Mystikerin. Zum literarhistorischen Status dreier Autorentypen, in: W. Haug/B. Wachinger (Hgg.), Autorentypen, S.29-49

Peyer, H.C.: Die Entstehung der Eidgenossenschaft, in: Handbuch der Schweizer Geschichte, S.161-238

Pfaff, C.: Die Welt der Schweizer Bilderchroniken, Luzern 1991

Pfefferkorn, W.: Burgen unseres Landes. Oberer Neckar mit Stuttgart und Umgebung, Stuttgart o.J.

Pfeifer, V.: Die Geschichtsschreibung der Reichsstadt Ulm von der Reformation bis zum Untergang des Alten Reiches (= Forschungen zur Geschichte der Stadt Ulm, Bd.17), Diss., Stuttgart/Ulm 1981

Pfeiffer, F.: Nachtrag zu einem Aufsatz von O. Lorenz, Die Sempacher Schlachtlieder, in: Germania 6 (1861), S.185f

Pfister, C.: Wetternachhersage. 500 Jahre Klimavariationen und Naturkatastrophen (1496-1995), Bern/Stuttgart/Wien 1999

ders. u.a.: Documentary evidence on climate in sixteenth-century Europe, in: ders./R. Brázdil/R. Glaser (Hgg.), Climatic variability in sixteenth-century Europe and its social dimension, reprinted from Climatic Change Vol. 43, No.1, 1999, Dortrecht/Boston/London 1999, S.55-110

Piccard, G.: Zur Geschichte der Papiermacherei in Ravensburg, in: Neue Beiträge zur südwestdeutschen Landesgeschichte. FS M. Miller, Stuttgart 1962, S.88-102

Pictura quasi fictura. Die Rolle des Bildes in der Erforschung von Alltag und Sachkultur des Mittelalters und der frühen Neuzeit (= Österreichische Akademie der Wissenschaften, phil.-hist. Klasse. Forschungen des Instituts für Realienkunde des Mittelalters und der frühen Neuzeit, Diskussionen und Materialien, Bd.1), Wien 1996

Plachta, B.: Editionswissenschaft. Eine Einführung in Methode und Praxis der Edition neuerer Texte, Stuttgart 1997

Poesis et Pictura. Studien zum Verhältnis von Text und Bild in Handschriften und alten Drucken. FS für D. Wuttke zum 60. Geb., hrsg. v. S. Füssel/J. Knape, Baden-Baden 1989

Polheim, K.K.: Der Textfehler. Begriff und Problem, in: editio 5 (1991), S.38-54

Pöschko, H. Turniere in Mittel- und Süddeutschland von 1400 bis 1550. Katalog der Kampfspiele und der Teilnehmer, Diss., Stuttgart 1987

Prilloff, R.-J.: Tierknochen aus dem mittelalterlichen Konstanz. Eine archäologische Studie zur Ernährungswirtschaft und zum Handwerk im Hoch- und Spätmittelalter (= Materialhefte zur Archäologie in Baden-Württemberg, Bd.50), Stuttgart 2000

Primisser, A.: Die kaiserlich-königliche Ambraser-Sammlung, Wien 1819

Probst, H.: Seckenheim. Geschichte eines Kurpfälzischen Dorfes, Mannheim 1981

Proksch, C.: Klosterreform und Geschichtsschreibung im Spätmittelalter (= KESW, NF, Bd.2), Diss., Köln/Weimar/Wien 1994

Raible, W.: Das „Lob der Variante" aus der Sicht des Sprachwissenschaftlers, in: M.-D. Gleßgen/F. Lebsanft (Hgg.), Alte und neue Philologie, S.127-141

Raimann, A.: Die Kunstdenkmäler des Kantons Thurgau, Bd. V: Der Bezirk Diessenhofen (= Die Kunstdenkmäler der Schweiz, Bd.85), Basel 1992

Rathmann, T.: Geschehen und Geschichten des Konstanzer Konzils. Chroniken, Briefe, Lieder und Sprüche als Konstituenten eines Ereignisses (= Forschungen zur Geschichte der älteren deutschen Literatur, Bd.25), Habil., München 2000

Reichmann, O.: Zur Edition frühneuhochdeutscher Texte. Sprachgeschichtliche Perspektiven, in: Zeitschrift für Deutsche Philologie 97 (1978), S.337-361

Reiners, H.: Das Münster unser Lieben Frau zu Konstanz (= Die Kunstdenkmäler Südbadens, Bd.1), Konstanz 1955

Reinhardt, V. (Hg.): Hauptwerke der Geschichtsschreibung, Stuttgart 1997

Reske, C.: Die Produktion der Schedelschen Weltchronik in Nürnberg, Diss., Wiesbaden 2000

Richter, B.: Kaspar Brusch. Ein gekrönter Dichter als humanistischer Kirchenhistoriograph, in: F. Brendle/D. Mertens/A. Schindling/W. Ziegler (Hgg.), Landesgeschichtsschreibung, S.135-144

Richtlinien Handschriftenkatalogisierung, hrsg. v. der DFG Unterausschuß für Handschriftenkatalogisierung, 4. Aufl., Neustadt 1985

Rieder, K./Ludwig, T.: Zwei neue Quellen zur Geschichte des Bistums und der Stadt Konstanz, in: ZGO NF 20 (1905), S.339-347

Röber, R.: Zu Füßen des Bischofs, in: Im Schatten des Münsters, S.19-31

ders. (Hg.): Einbaum, Lastensegler, Dampfschiff. Frühe Schifffahrt in Südwestdeutschland, Stuttgart 2000

Roder, C.: Die Schlacht von Seckenheim in der Pfälzer Fehde von 1462-1463, Villingen 1877

Rogge, J.: Vom Schweigen der Chronisten. Überlegungen zu Darstellung und Interpretation von Ratspolitik sowie Verfassungswandel in den Chroniken von Hektor Mülich, Ulrich Schwarz und Burkhard Zink, in: J. Janota/W. Williams-Krapp (Hgg.), Literarisches Leben, S.216-239

Roloff, H.-G.: Editorische Desiderata zur Mittleren Deutschen Literatur, in: editio 1 (1987), S.15-139

ders.: Zur Relevanz von Varianten und Lesarten, in: L. Mundt/H.-G. Roloff/U. Seelbach (Hgg.), Probleme der Edition von Texten der Frühen Neuzeit. Beiträge zur Arbeitstagung der Kommission für die Edition von Texten der Frühen Neuzeit (= Beihefte zu editio, Bd.3), Tübingen 1992, S.2-14

ders.: Fragen zur Gestaltung von Kommentaren zu Textausgaben der Frühen Neuzeit, in: ebd., S.130-139

Römer, G.: Die Fürsten als Gründer – der Staat als Retter – dem Bürger zu Diensten. Der Weg von der Hofbibliothek zur Landesbibliothek in Karlsruhe und Stuttgart, in: ders., Bücher – Stifter – Bibliotheken. Buchkultur zwischen Neckar und Bodensee, Stuttgart/Berlin/Köln 1997, S.130-151

Rott, H.: Quellen und Forschungen zur südwestdeutschen und schweizerischen Kunstgeschichte im XV. und XVI. Jahrhundert, Bd. I: Bodenseegebiet, 2 Teile (Quellen und Text), Stuttgart 1933

Rück, P.: Kanzlei und Chronistik in der spätmittelalterlichen Schweiz, in: Cancelleria e cultura nel medio evo. Comunicazioni presentate nelle giornate di studio della commissione, Stoccarda, 29-30 agosto

1985, 16. Congresso Internazionale di Scienze Storiche, a cura di Germano Gualdo, Citta del Vaticano 1990, S.129-136

ders. (Hg.): Die Eidgenossen und ihre Nachbarn im Deutschen Reich des Mittelalters, Marburg an der Lahn 1991

Ruepprecht, H.-U.: Die Herren von Dettighofen (Tettikoven), in: ZWLG 40 (1981) (= Speculum Sueviae. FS für H. Decker-Hauff zum 65. Geb.), Bd.1, Stuttgart 1982, S.284-296

Ruf, J.A.: Todtmoos – Geschichte und Landschaft, Bernau 1976

Rügert, W. (Hg.): Jüdisches Leben in Konstanz. Eine Dokumentation vom Mittelalter bis zur Neuzeit, Konstanz 1999

Ruh, K.: Votum für eine überlieferungskritische Editionspraxis, in: L. Hödl/D. Wuttke (Hgg.), Probleme der Edition mittel- und neulateinischer Texte. Kolloquium der DFG, Bonn 26.-28. Februar 1973, Boppard 1979, S.35-40

Ruppert, P.: Ein wichtiges Aktenstück, in: ders. (Hg.), Konstanzer Beiträge zur badischen Geschichte, Bd.1 (1888), S.133-150

ders.: Konstanzer Kulturskizzen, in: ders. (Hg.), Konstanzer Beiträge zur badischen Geschichte, Bd.2 (1890), S.38-80

ders.: Christoph Schulthaiß, in: ders. (Hg.), Konstanzer Beiträge zur badischen Geschichte, Bd.5 (1899), S.26-31

ders.: Gregor Mangolt, in: ebd., S.57-69

Sandermann, W.: Die Herren von Hewen und ihre Herrschaft. Ein Beitrag zur politischen Geschichte des schwäbischen Adels, Freiburg/Br. 1956

ders.: Papier. Eine Kulturgeschichte, 3. v. K. Hoffmann erg. und überarb. Aufl., Berlin u.a. 1997

Saurma-Jeltsch, L.E.: Textaneignung in der Bildersprache. Vom Verhältnis von Bild und Text am Beispiel spätmittelalterlicher Buchillustrationen, in: Wiener Jahrbuch für Kunstgeschichte 41 (1988), S.41-59

dies.: Die Illustrationen und ihr stilistisches Umfeld, in: H. Haeberli/C. v. Steiger (Hgg.), Spiezer Bilderchronik, S.31-72

dies.: Spätformen mittelalterlicher Buchherstellung. Bilderhandschriften aus der Werkstatt Diebold Laubers in Hagenau, 2 Bde., Wiesbaden 2001

Scarpatetti, B.M. v.: Die Handschriften der Stiftsbibliothek St. Gallen. Beschreibendes Verzeichnis. Codices 1726-1984 (14.-19. Jahrhundert). Mit einer Einleitung zur Geschichte der Katalogisierung v. J. Duft (S.9*-99*), St. Gallen 1983

Neu-Beschreibung der Handschriften der Stiftsbibliothek St. Gallen, Fassung vom 12. Dezember 2002, StiBSG

ders., Die Handschriften der Stiftsbibliothek St. Gallen, Bd.1: Abt.IV: Codices 547-669: Hagiographica, Historica, Geographica, 8.-18. Jahrhundert, Wiesbaden 2003

Schadek, H./Treffeisen, J.: Klöster im spätmittelalterlichen Freiburg. Frühgeschichte, Sozialstruktur, Bürgerpflichten, in: H. Haumann/H. Schadek (Hgg.), Geschichte der Stadt Freiburg, Bd.1: Von den Anfängen bis zum „Neuen Stadtrecht" von 1520, Stuttgart 1996, S.421-467

Schaefer, U.: Von Schreibern, Philologen und anderen Schurken. Bemerkungen zur New Philology und New Medievalism in den USA, in: Das Mittelalter 5/1 (2000), S.69-81

Scharer, A./Scheibelreiter, G. (Hgg.): Historiographie im frühen Mittelalter (= Veröffentlichungen des Instituts für Österreichische Geschichtsforschung, Bd.32), Wien/München 1994

Schaufelberger, W.: Der Wettkampf in der alten Eidgenossenschaft. Zur Kulturgeschichte des Sports vom 13. bis ins 18. Jahrhundert, Bern 1972

ders.: Spätmittelalter, in: Handbuch der Schweizer Geschichte, S.241-388

Scheibe, S.: Grundprinzipien einer historisch-kritischen Ausgabe, in: G. Martens/H. Zeller (Hgg.), Texte und Varianten. Probleme ihrer Edition und Interpretation, München 1971, S.1-44

ders.: Von den textkritischen und genetischen Apparaten, in: ders. u.a. (Hgg.), Vom Umgang mit Editionen. Eine Einführung in Verfahrensweisen und Methoden der Textologie, Berlin 1988, S.85-159

ders.: Von der Entstehungsgeschichte, der Textgeschichte und der zeitgenössischen Wirkungsgeschichte, in: ebd., S.160-204

ders.: Probleme der Autorisation in der textologischen Arbeit, in: editio 4 (1990), S.57-72

ders.: Zu einigen theoretischen Aspekten der Textkonstitution, in: editio 5 (1991), S.28-37

ders.: Editorische Grundmodelle, in: ders./C. Laufer (Hgg.), Zu Werk und Text. Beiträge zur Textologie, Berlin 1991, S.23-48

ders.: Zur Darstellung der Überlieferung in historisch-kritischen Editionen, in: G. Martens/W. Woesler (Hgg.), Edition als Wissenschaft. FS für H. Zeller (= Beihefte zu editio, Bd.2), Tübingen 1991, S.17-30

Schell, R.: Die Regierung des Konstanzer Bischofs Heinrich III. von Brandis (1357-1383) unter besonderer Berücksichtigung seiner Beziehungen zur Stadt Konstanz, in: FDA 88 (1968), S.102-204

Schelle, K.: Karl der Kühne. Burgund zwischen Lilienbanner und Reichsadler, Stuttgart 1977

Scher[r]er, G.: Ueber das Zeitbuch der Klingenberge, in: MVG, hrsg. vom Historischen Verein in St. Gallen, 1 (1862), S.65-109

ders.: Verzeichnis der Handschriften der Stiftsbibliothek von St. Gallen, Halle 1875

Schib, K.: Geschichte der Stadt Rheinfelden, Rheinfelden 1961

ders.: Geschichte der Stadt und Landschaft Schaffhausen, hrsg. vom Historischen Verein des Kantons Schaffhausen, Schaffhausen 1972

Schieffer, R.: Zur Dimension der Überlieferung bei der Erforschung narrativer Quellen des Mittelalters, in: J. Laudage (Hg.), Von Fakten und Fiktionen, S.63-78

Schildhauer, J.: Der schwäbische Städtebund – Ausdruck der Kraftentfaltung des deutschen Städtebürgertums in der zweiten Hälfte des 14. Jahrhunderts, in: Jahrbuch für Geschichte des Feudalismus 1 (1977), S.187-210

Schilling, K.: Geprägt für Konstanz. Vom Werdegang Konstanzer Münzen, Meersburg 1987

Schilling, M.: Das Ereignis von Sempach im Spiegel der frühen Quellen 1394-1577, in: H. Thommen, Die Schlacht von Sempach im Bild der Nachwelt. Ausstellungskatalog, Luzern 1986, S.13-19

Schlochtermeyer, D.: Bistumschroniken des Hochmittelalters. Die politische Instrumentalisierung von Geschichtsschreibung, Paderborn u.a. 1998

Schmale, F.-J.: Funktion und Formen mittelalterlicher Geschichtsschreibung. Eine Einführung. Mit einem Beitrag v. H.-W. Goetz, Darmstadt 1985

Schmauder, A. (Hg.): Frühe Hexenverfolgung in Ravensburg und am Bodensee (= Historische Stadt Ravensburg, Bd.2), Konstanz 2001

Schmid, A.A.: Die Buchmalerei des XVI. Jahrhunderts in der Schweiz, Olten 1954

ders. (Hg.): Die Luzerner Chronik des Diebold Schilling 1513. Kommentar zur Faksimile-Ausgabe der Handschrift, Luzern 1981

ders. (Hg.): Die Große Burgunder Chronik des Diebold Schilling von Bern („Züricher Schilling"). Kommentar zur Faksimile-Ausgabe der Handschrift, Luzern 1985

Schmidt, H.: Bürgerliches Selbstverständnis und städtische Geschichtsschreibung im deutschen Spätmittelalter. Eine Erinnerung, in: P. Johanek (Hg.), Städtische Geschichtsschreibung, S.1-17

Schmidt, R.: Die Chronik im Archiv. Amtliche Geschichtsschreibung und ihr Gebrauchspotenzial im Spätmittelalter und in der frühen Neuzeit, in: Das Mittelalter 5/2 (2000), S.115-138

Schmitt, G.: Burgenführer Schwäbische Alb, Bd.4: Alb Mitte – Nord, Biberach 1991

ders.: Schlösser und Burgen am Bodensee, Bd.1: Westteil: Von Maurach bis Arenenberg, Biberach 1998

Schmuki, K./Tremp, E.: Vom Staub und Moder im Hartmut-Turm zum Wiederaufblühen der Harfenklänge der Musen an den Wasserfällen der Steinach. Die Klosterbibliothek von St. Gallen im Spätmittelalter. Katalog durch die Ausstellung in der Stiftsbibliothek St. Gallen (27. November 2000 - 11. November 2001), St. Gallen 2001

Schneider, J.: Heinrich Deichsler und die Nürnberger Chronistik des 15. Jahrhunderts (= Wissensliteratur im Mittelalter, Bd.5), Diss., Wiesbaden 1991

ders.: Humanistischer Anspruch und städtische Realität: Die zweisprachige Nürnberger Chronik des Sigismund Meisterlin, in: R. Sprandel (Hg.), Zweisprachige Geschichtsschreibung, S.271-316

ders.: „Denn wo das Ende böse ist ...". Gründe und Begründungen für den ersten süddeutschen Städtekrieg in den Äußerungen der Chronisten, in: H. Brunner (Hg.), Der Krieg im Mittelalter und in der Frühen Neuzeit: Gründe, Begründungen, Bilder, Bräuche und Recht (= Imagines medii aevi, Bd.3), Wiesbaden 1999, S.139-182

ders.: Typologie der Nürnberger Stadtchronistik um 1500. Gegenwart und Geschichte in einer spätmittelalterlichen Stadt, in: P. Johanek (Hg.), Städtische Geschichtsschreibung, S.181-203

Schneider, K.: Der „Trojanische Krieg" im späten Mittelalter (= Philologische Studien und Quellen, Heft 40), Berlin 1968

Schneider-Lastin, W.: Das Handexemplar einer mittelalterlichen Autorin. Zur Edition der Offenbarungen Elsbeths von Oye, in: editio 8 (1994), S.53-70

Schnith, K.: Reichsstädtisches Bewußtsein in der Augsburger Chronistik des Spätmittelalters, in: P. Fried/ W. Ziegler (Hgg.), FS für A. Kraus zum 60. Geb. (= Münchener Historische Studien, Abt. Bayerische Geschichte, Bd.10), Kallmünz 1982, S.79-93

ders.: Zur Erforschung der spätmittelalterlichen Augsburger Historiographie in den letzten fünfzig Jahren, in: ZBLG 60 (1997), S.479-489

ders.: Editionen und Forschungen zur mittelalterlichen Historiographie ca. 1987-1996/97, in: HJb 119 (1999), S.265-282

Schoppmeyer, H.: Zur Chronik des Straßburgers Jakob Twinger von Königshofen, in: Historiographia Mediaevalis. Studien zur Geschichtsschreibung und Quellenkunde des Mittelalters. FS für F.-J. Schmale zum 65. Geb., hrsg. v. D. Berg/H.-W. Goetz, Darmstadt 1988, S.283-299

Schreckstein, R. v.: Zur Geschichte der Stadt Meersburg, in: ZGO 27 (1875), S.1-35

Schreiner, K.: Geschichtsschreibung und historische Traditionsbildung in Oberschwaben. Eine Landschaft auf der Suche nach ihrer Identität, in: P. Blickle (Hg.), Politische Kultur in Oberschwaben, Tübingen 1993, S.43-70

Schröder, W.: Textkritisch oder Überlieferungskritisch. Zur Edition des deutschen „Lucidarius" (= Sitzungsberichte der wissenschaftlichen Gesellschaft an der Johann Wolfgang Goethe-Universität Frankfurt/M., Bd.33), Stuttgart 1995, Nr.1, S.9-42

Schubert, E.: Die Quaternionen, in: ZfHF 20 (1993), S.1-63

ders.: Fahrendes Volk im Mittelalter, Bielefeld 1995

ders.: Erscheinungsformen der Armut in der spätmittelalterlichen deutschen Stadt, in: Stadt als Kommunikationsraum, S.659-697

Schubring, K.: Die Herzoge von Urslingen. Studien zu ihrer Besitz-, Sozial- und Familiengeschichte mit Regesten, Stuttgart 1974

Schuler, P.-J.: Geschichte des südwestdeutschen Notariats. Von seinen Anfängen bis zur Reichsnotariatsordnung von 1512 (= Veröffentlichung des Alemannischen Instituts Freiburg, Bd.39), Bühl 1976

ders.: Notare Südwestdeutschlands. Ein prosopographisches Verzeichnis für die Zeit von 1300 bis circa 1520, 2 Bde. (=VKGLBW, Reihe B, Bd.90 und 99), Stuttgart 1987

Schulte, A.: Zu den oberrheinischen Chronisten des Mittelalters, Miscelle, in: ZGO 53 (1899), S.671

ders.: Wer war um 1430 der reichste Bürger in Schwaben und der Schweiz?, in: Deutsche Geschichtsblätter 1 (1900), Heft 9, S.206-210

ders.: Die Geschichte der großen Ravensburger Handelsgesellschaft 1380-1530, 3 Bde., Stuttgart/Berlin 1923

Schulte, C.: Gibt es eine oberdeutsche Form des Frühneuhochdeutschen?, in: J.T. Piirainen (Hg.), Zur Entstehung des Neuhochdeutschen. Sprachgeographische und -soziologische Ansätze, Bern/Frankfurt/M. 1972, S.31-56

Schultze, J.: Richtlinien für die äußere Textgestaltung bei Herausgabe von Quellen zur neueren deutschen Geschichte, 1930, später teils neu gefaßt veröffentlicht, in: BLG 98 (1962), S.1-11, ebenfalls abgedruckt, in: W. Heinemeyer (Hg.), Richtlinien für die Edition landesgeschichtlicher Quellen, Marburg/Köln 1978, S.25-36

Schürle, W.W.: Das Hospital zum Heiligen Geist in Konstanz. Ein Beitrag zur Rechtsgeschichte des Hospitals im Mittelalter (= KGuRQ, Bd.17), Sigmaringen 1970

Schuster, B.: Die freien Frauen. Dirnen und Frauenhäuser im 15. und 16. Jahrhundert, Frankfurt/M./New York 1995

dies.: Die unendlichen Frauen. Prostitution und städtische Ordnung in Konstanz im 15./16. Jahrhundert, Konstanz 1996

Schuster, P.: Der gelobte Frieden. Täter, Opfer und Herrschaft im spätmittelalterlichen Konstanz, Konstanz 1995

ders.: Eine Stadt vor Gericht. Recht und Alltag im spätmittelalterlichen Konstanz, Habil., Paderborn u.a. 2000

Schwan, B.: Das Schnetztor in Konstanz. Seine Geschichte und seine Bedeutung, o.O. 1976

Schwarzmaier, H.: Baden, in: HbHW, Bd.2, S.164-246

Schwarz-Zanetti, G.: Grundzüge der Klima- und Umweltgeschichte des Hoch- und Spätmittelalters in Mitteleuropa, Diss., Zürich 1998

Schweikle, G.: Zur Edition mittelhochdeutscher Lyrik. Grundlagen und Perspektiven, in: T. Bein (Hg.), Altgermanistische Editionswissenschaft, S.224-240

Schwob, A. (Hg.): Editionsberichte zur mittelalterlichen deutschen Literatur. Beiträge der Bamberger Tagung „Methoden und Probleme der Edition mittelalterlicher deutscher Texte", 26.-29. Juli 1991 (= Litterae. Göppinger Beiträge zur Textgeschichte, Bd.117), Göttingen 1994

ders./Streitfeld, E. (Hgg.): Quelle – Text – Edition. Ergebnisse der österreichisch-deutschen Fachtagung der Arbeitsgemeinschaft für Germanistische Edition in Graz vom 28. Februar bis 3. März 1996 (= Beihefte zu editio, Bd.9), Tübingen 1997

Scott, S./Duncan, C.: Biology of Plaques. Evidence from historical populations, Cambridge 2001

Seemüller, J.: Friedrichs III. Aachener Krönungsreise, in: MIÖG 17 (1896), S.584-665

Semler, A.: Kriegszug der schwäbischen Städte in den Hegau, in: SVGB 68 (1941/42), S.39-49

Sicheneder, S.: Städtische Berufe um den Wein, in: Spätmittelalter am Oberrhein, S.137-141

Sieber-Lehmann, C.: Spätmittelalterlicher Nationalismus. Die Burgunderkriege am Oberrhein und in der Eidgenossenschaft (= VMPIG, Bd.116), Göttingen 1995

Simmler, F.: Prinzipien der Edition von Texten der Frühen Neuzeit aus sprachwissenschaftlicher Sicht, in: L. Mundt/H.-G. Roloff/U. Seelbach (Hgg.), Probleme, S.36-127

ders.: Edition und Sprachwissenschaft, in: H.-G. Roloff (Hg.), Editionsdesiderate zur Frühen Neuzeit. Beiträge zur Tagung der Kommission für die Edition von Texten der Frühen Neuzeit, 2 Teile, Amsterdam/Atlanta 1997 (= Chloe. Beihefte zu Daphnis, Bd.24), hier 2.Teil, S.851-934

Simon-Muscheid, K.: Städtische Zierde – gemeiner Nutzen – Ort der Begegnung. Öffentliche Brunnen in mittelalterlichen Städten, in: Stadt als Kommunikationsraum, S.699-720

Skála, E.: Glosse zu den Richtlinien für die äußere Gestaltung bei der Herausgabe von mittelalterlichen deutschen Texten, in: Mediaevalia Bohemica 1/2 (1969), S.93-95

Sommerlechner, A.: Stupor Mundi? Kaiser Friedrich II. und die mittelalterliche Geschichtsschreibung (= Publikationen des Historischen Instituts beim österreichischen Kulturinstitut in Rom, I. Abt., Bd.11), Wien 1999

Spahr, G.: Das innerklösterliche Leben von der Ankunft der Mönche bis zum Tod von Abt Gerwig Blarer 1056-1567, in: ders. (Hg.), Weingarten 1056-1956. FS zur 900-Jahr-Feier des Klosters, Weingarten 1956, S.58-86

ders.: Die Reform im Kloster St. Gallen 1417-1442, in: SVGB 75 (1957), S.13-80

ders.: Geschichte des Weinbaus im Bodenseeraum, in: H. Maurer (Hg.), Bodensee, S.189-229

ders.: Zur Geschichte der Benediktinerabtei Petershausen, in: 1000 Jahre Petershausen. Beiträge zu Kunst und Geschichte der Benediktinerabtei Petershausen in Konstanz, Redaktion: S. Appuhn-Radtke/A. Schwarzmann, Konstanz 1983, S.9-40

Spätmittelalter am Oberrhein. Alltag, Handwerk und Handel 1350-1525. Aufsatzband zur Großen Landesausstellung Baden-Württemberg (29. September 2001-3. Februar 2002), hrsg. v. S. Lorenz/T. Zotz im Auftrag des Badischen Landesmuseums Karlsruhe, Stuttgart 2001

Spechtler, F.V.: Überlieferung mittelalterlicher deutscher Literatur und kritischer Text. Ein Votum für das Leithandschriftenprinzip, in: G. Weiss (Hg.), FS A. Schmidt zum 70. Geb., Stuttgart 1976, S.221-233

Spicker-Beck, M./Keller, T.: Klosterinsel Reichenau. Kultur und Erbe, Stuttgart 2001

Spiegel, G.M., The Past as Text. The Theory and Practice of Medieval Historiography, Baltimore/London 1997

Sprandel, R.: Der Sakramentskult des Spätmittelalters im Spiegel der zeitgenössischen Chronistik, in: J. Kuolt/H. Kleinschmidt/P. Dinzelbacher (Hg.), Das Mittelalter – Unsere fremde Vergangenheit. Beiträge der Stuttgarter Tagung vom 17. bis 19. September 1987, Stuttgart 1990, S.299-314

ders. (Hg.): Zweisprachige Geschichtsschreibung im spätmittelalterlichen Deutschland (= Wissensliteratur im Mittelalter, Bd.14), Wiesbaden 1993

ders.: Chronisten als Zeitzeugen. Forschungen zur spätmittelalterlichen Geschichtsschreibung in Deutschland (= KESW, NF, Bd.3), Köln/Weimar/Wien 1994

ders.: Der Überblick: 250 Chroniken, in: ebd., S.5-30

ders.: Die Entfaltung des Selbstverständnisses: Wehe mir, daß ich geschwiegen haben, in: ebd., S.193-206

ders.: Der geographische Horizont: Was wußte man im späten Mittelalter in Süddeutschland über Norddeutschland und umgekehrt?, in: ebd., S.248-257

ders.: Das Bild der Frau, in: ebd., S.236-248

ders.: Der handwerklich-technische Aufschwung, in: ebd., S.258-272

Springeth, M.: Textvarianz und Kontextvariabilität als implikative Kategorien am Beispiel des Nibelungenliedes in Lienhard Scheubels Heldenbuch (Hs k), in: H.T.M. van Vliet (Hg.), Produktion und Kontext. Beiträge der Internationalen Fachtagung der Arbeitsgemeinschaft für germanistische Edition im Constantijn Huygens Instituut, Den Haag, 4. bis 7. März 1998 (= Beihefte zu editio, Bd.13), Tübingen 1999, S.77-90

Stackmann, K.: Die Edition – Königsweg der Philologie, in: R. Bergmann/K. Gärtner (Hgg.), Methoden und Probleme der Edition mittelalterlicher Texte. Bamberger Fachtagung 26.-29. Juni 1991 (= Beihefte zu editio, Bd.4), Tübingen 1993, S.1-18

ders.: Neue Philologie?, in: J. Heinzle (Hg.), Modernes Mittelalter. Neue Bilder einer populären Epoche, Frankfurt/M./Leipzig 1994, S.398-426

Die Stadt als Kommunikationsraum. Beiträge zur Stadtgeschichte vom Mittelalter bis ins 20. Jahrhundert. FS für K. Czok zum 75. Geb., im Auftrag der Karl-Lamprecht-Gesellschaft Leipzig e.V. hrsg. v. H. Bräuer/E. Schlenkrich, Leipzig 2001

Stadtluft, Hirsebrei und Bettelmönch. Die Stadt um 1300, hrsg. vom Landesdenkmalamt Baden-Württemberg und der Stadt Zürich, Stuttgart 1992

Stahl, I.: Nürnberger Handwerkerchroniken, in: P. Johanek (Hg.), Städtische Geschichtsschreibung, S.205-214

Staiger, F.X.: Beiträge zur Klostergeschichte von Kreuzlingen und Münsterlingen, in: FDA 9 (1875), S.265-334

Stärk, H.: Heinrich von Hewen, Bischof von Konstanz (1436 bis 1462), in: Hegau 19 (1974), Heft 31, S.7-52

Staerkle, P.: Zur Familiengeschichte der Blarer, in: ZSKG 42 (1948), S.100-131 und S.203-224

Stather, H.: Das römische Konstanz und sein Umfeld, Konstanz 1989

Steer, G.: Textgeschichtliche Edition, in: K. Ruh (Hg.), Überlieferungsgeschichtliche Prosaforschung. Beiträge der Würzburger Forschergruppe zur Methode und Auswertung (= Text und Textgeschichte, Bd.19), Tübingen 1985, S.37-52 sowie in: T. Bein (Hg.), Altgermanistische Editionswissenschaft, S.281-297

Stettler, M./Maurer, E.: Die Kunstdenkmäler des Kantons Aargau, Bd. II: Die Bezirke Lenzburg und Brugg (= Die Kunstdenkmäler der Schweiz, Bd. 29), Basel 1953

Stievermann, D.: Biberach im Mittelalter, in: ders. (Hg.), Geschichte der Stadt Biberach, hrsg. in Verbindung mit V. Press und K. Diemer, Stuttgart 1991, S.209-254

Stohlmann, J.: Was bringt uns die Philologie nouvelle?, in: H.G. Senger (Hg,), Philologie und Philosophie. Beiträge zur VII. Internationalen Fachtagung der Arbeitsgemeinschaft philosophischer Editionen (12.-14. März 1997 München) (= Beihefte zu editio, Bd.11), Tübingen 1998, S.71-88

Stoicescu, N.: Vlad Țepeș' Relations with Transylvania and Hungary, in: K.W. Treptow (Hg.), Dracula, S.81-101

Stolz, D.H.: Geliebtes Überlingen. Ein Gang durch Geschichte und Kultur der kleinen Stadt am See, Allensbach 1972

Stolze, A.O.: Der Sünfzen zu Lindau. Das Patriziat einer schwäbischen Reichsstadt, hrsg. v. B. Zeller, Lindau/Konstanz 1956

Strauß, H./Beck, A.: Die Gyrsberge in Emmishofen (= Beiträge zur Ortsgeschichte von Kreuzlingen, Heft 9), Kreuzlingen 1955

Striedter, J.: Die Erzählung vom walachischen Vojvoden Drakula in der russischen und deutschen Überlieferung, in: Zeitschrift für slavische Philologie 29 (1961), S.398-427

Strnad, A.A.: Zur Biographie Johannes Windlocks, Bischof von Konstanz, in: FDA 84 (1964), S.116-141 sowie in: Dynast und Kirche. Studien zum Verhältnis von Kirche und Staat im späteren Mittelalter und in der Neuzeit, v. dems., hrsg. v. J. Gelmi/H. Gritsch/C. Baldemair (= Innsbrucker Historische Studien, Bd.18/19), Innsbruck 1997, S.127-146

Stromer, W. v.: Ulman Stromer, 1329-1407, das Handelshaus Stromer und die Papiermühle, in: ders./F. Franzke (Hg.), Zauberstoff Papier. Sechs Jahrhunderte Papier in Deutschland, München 1990, S.14-36

Studt, B.: Fürstenhof und Geschichte. Legitimation durch Überlieferung (= Norm und Struktur, Bd.2), Köln/Weimar/Wien 1992

Sutermeister, P.: Der Mensch am Bodensee. Ein Panorama seiner Geschichte, Sigmaringen 1989

Tabulae codicum manu scriptorum praeter graecos et orientales in Bibliotheca Palatina Vindobonensis asservatorum, ed. Academia Caesarea Vindobonensis, nova editio, Vol.II, Cod.2001-3500, Vindobonae 1868

Talkenberger, H.: Von der Illustration zur Interpretation: Das Bild als historische Quelle. Methodische Überlegungen zur Historischen Bildkunde, in: ZHF 21 (1994), S.289-313

Tappe, E.D.: Vlad Țepeș and the Campaign of Mehmed II., in: K.W. Treptow (Hg.), Dracula, S.117-122

Tauber, W.: Mundart und Schriftsprache in Bayern (1450-1800). Untersuchungen zur Sprachnorm und Sprachnormierung im Frühneuhochdeutschen, Berlin/New York 1993

Tarvainen, K.: Zur Problematik der sprachlichen Untersuchung historischer Chroniken des Spätmittelalters, in: Fachliteratur des Mittelalters. FS für G. Eis, hrsg. v. G. Keil u.a., Stuttgart 1968, S.115-130

Das Tausendjährige St. Blasien. 200jähriges Domjubiläum, Ausstellungskatalog, Redaktion C. Römer, 2 Bde., Karlsruhe 1983

Tersch, H.: Unruhe im Weltbild. Darstellung und Deutung des zeitgenössischen Lebens in deutschsprachigen Weltchroniken des Mittelalters, Wien/Köln/Weimar 1996

Thomas, H.: Deutsche Geschichte des Spät-Mittelalters 1250-1500, Stuttgart u.a. 1983

ders.: Ludwig der Bayer (1282-1347). Kaiser und Ketzer, Regensburg u.a. 1993

Thöne, F.: Veduten der Stadt Konstanz von Hartmann Schedel bis Merian und Wolfgang Spengler, in: Unsere Kunstdenkmäler 20 (1969), S.230-242.

Thudichum, F.: Die Diözesen Konstanz, Augsburg, Basel, Speier, Worms nach ihrer alten Einteilung in Archidiakonate, Dekanate und Pfarreien (= Tübinger Studien für schwäbische und deutsche Reichsgeschichte, Bd.1), Tübingen 1906

Tippelt, C.: Salz und Gewürze, in: Spätmittelalter am Oberrhein, S.101-107

Toch, M.: Die Juden im mittelalterlichen Reich (= Enzyklopädie Deutscher Geschichte, Bd.44), München 1998

Touber, A.H.: Schreibfehler in mittelalterlichen Spielhandschriften am Beispiel des Donaueschinger Passionsspiels, in: editio 6 (1992), S.123-130

Tremp, E./Huber, J./Schmuki, K.: Stiftsbibliothek St. Gallen. Ein Rundgang durch Geschichte, Räumlichkeiten und Sammlungen, St. Gallen 2003

Treptow, K.W. (Hg.): Dracula. Essays on the Life and Times of Vlad Țepeș, New York 1991

ders.: Aspects of the Campaign of 1462, in: ebd., S.123-136

Tyler, J.J.: Lord of the sacred city. The „episcopus exclusus" in late medieval and early modern Germany. Leiden/Boston/Köln 1999

Überlingen. Bild einer Stadt, hrsg. v. der Stadt Überlingen in Rückschau auf 1200 Jahre Überlinger Geschichte, 770-1970, Weißenhorn 1970

Überlinger Einwohnerbuch 1444-1800, v. F. Harzendorf, Bd.II: Die Patrizischen und verwandten Geschlechter des 15. bis 18. Jahrhunderts, Überlingen 1954/55; Bd.IV: Die vor 1800 abgegangenen Geschlechter, 2.Teil: D-F, Überlingen 1954/58; Bd.V: Ahnfrauen (Frauenregister), 2.Teil E-H, Überlingen 1954/60

Verzeichnis der altdeutschen Handschriften der k.k. Hofbibliothek zu Wien, v. Hoffmann v. Fallersleben, Leipzig 1841

Vildhaut, H.: Handbuch der Quellenkunde zur deutschen Geschichte. Bd.2: Vom Falle der Staufer bis zum Auftreten des Humanismus, Augsburg 1900

Vochezer, J.: Geschichte des fürstlichen Hauses Waldburg, 3 Bde., Kempten 1888/1900

Vogel, K.A.: Hartmann Schedel als Kompilator. Notizen zu einem derzeit kaum bestellten Forschungsfeld, in: S. Füssel (Hg.), 500 Jahre Schedelsche Weltchronik, S.73-97

Voigt, J.: Geschichte des Deutschen Ritter-Ordens in seinen zwölf Balleien in Deutschland, Berlin 1857, unveränderter ND, Neustadt an der Aisch 1991

Wachinger, B./Haug, W. (Hgg.): Autorentypen (= Fortuna Vitrea, Bd.4), Tübingen 1991

Wachinger, B.: Autorschaft und Überlieferung, in: ebd., S.1-28

Wacker, G.: Ulrich Richentals Chronik des Konstanzer Konzils und ihre Funktionalisierung im 15. und 16. Jahrhundert. Aspekte zur Rekonstruktion der Urschrift und zu den Wirkungsabsichten der überlieferten Handschriften und Drucke, Diss., Tübingen 2002 (vgl. http://tobias-lib.ub.uni-tuebingen.de/volltexte/2002/520/index.html)

Wackernagel, R.: Geschichte der Stadt Basel, Bd.1, Basel 1907, Bd.2/2, Basel 1916

Wagner, E.: Geschichte der Siebenbürger Sachsen. Ein Überblick, 6. durchgesehene und erw. Aufl., Thaur bei Innsbruck 1990

Wagner, I.: Geschichte der Landgrafen von Leuchtenberg, 6 Bde., hier: Bd.3: Die Zeit der großen Verkäufe 1407-1487, Kallmünz 1951

Die Wappenbücher des deutschen Mittelalters, zusammengestellt v. E. Freiherr v. Berchem/G.L. Galbreath/O. Hupp, überarbeitet v. K. Mayer, in: Beiträge zur Geschichte der Heraldik. J. Siebmachers großes Wappenbuch, Bd.D, ND der Ausgabe Berlin 1939, Neustadt an der Aisch 1972, S.1-102

Warken, N.: Mittelalterliche Geschichtsschreibung in Straßburg. Studien zu ihrer Funktion und Rezeption bis zur Frühen Neuzeit, Diss., Saarbrücken 1995

Weber, D.: Geschichtsschreibung in Augsburg. Hektor Mülich und die reichsstädtische Chronistik des Spätmittelalters (= Abhandlung zur Geschichte der Stadt Augsburg, Bd.30), Würzburg 1984

Wegener, H.: Die deutschen Volkshandschriften des späten Mittelalters, in: Mittelalterliche Handschriften. FS H. Detering, Leipzig 1926, S.316-324

ders.: Chronik, in: Reallexikon zur Deutschen Kunstgeschichte, hrsg. v. O. Schmitt u.a., Bd.3, Stuttgart 1954, Sp.744-749

Weidhase, H.: Heinrich II. von Klingenberg. Kanzler im Reich, Herrscher im Bistum, Mäzen der Kunst, in: BvK II, S.214-229

Weinfurter, S.: Zum Gestaltungsprinzip der Chronik des Ulrich Richentals, in: FDA 94 (1974), S.517-531

Weiss, U.-R.: Die Konstanzer Bischöfe im 12. Jahrhundert. Ein Beitrag zur Untersuchung der reichs-bischöflichen Stellung im Kräftefeld kaiserlicher, päpstlicher und regional-diözesaner Politik, Diss., Konstanz 1974

Wenninger, M.J.: Gregor Mangolds „Werke letzter Hand". Zum Verhältnis von Vita und Werk eines reformatorischen Konstanzer Chronisten, in: Jahrbuch der Oswald von Wolkenstein-Gesellschaft 7 (1992/93), S.343-375

Wenta, J. (Hg.): Die Geschichtsschreibung in Mitteleuropa. Projekte und Forschungsprobleme (= Subsidia Historiographica, Bd.1), Toruń 1999

Wenzel, H.: Hören und Sehen – Schrift und Bild. Kultur und Gedächtnis im Mittelalter, München 1995

Werminghoff, A.: Die Quaternionen der deutschen Reichsverfassung, in: AKG 3 (1905), S.289-300

Wernli, F.: Die Entstehung der Schweizer Eidgenossenschaft. Verfassungsgeschichte und politische Geschichte in Wechselwirkung, Uznach 1972

Wetzel, W.: Die Herren von Hewen und ihre Herrschaft, in: Hegau 1 (1956), S.125-134

Wiedmann, B. (Hg.): Der Bodenseekreis, Stuttgart/Aalen 1980

Wiesinger, P.: Die Einteilung der deutschen Dialekte, in: Dialektologie. Ein Handbuch zur deutschen und allgemeinen Dialektforschung, hrsg. v. W. Besch u.a., 2. Halbbd., Berlin/New York 1983, S.807-900

Wilts, A.: Beginen im Bodenseeraum (= Bodensee-Bibliothek, Bd.37), Sigmaringen 1994

Wirz, H.G.: Der Sieg von Sempach im Lichte der Überlieferung (= 117. Neujahrsblatt der Feuerwerker-Gesellschaft in Zürich), Zürich 1922

Woesler, W.: Entstehung und Emendation von Textfehlern, in: editio 5 (1991), S.55-75

Wohlfart, K.: Geschichte der Stadt Lindau im Bodensee, Bd.1, Lindau 1909

Wohlfeil, R.: Das Bild als Geschichtsquelle, in: HZ 249 (1986), S.91-100

ders./Tolkemitt, B. (Hgg.): Historische Bildkunde. Probleme – Wege – Beispiele (= ZHF, Beiheft 12), Berlin 1991

Wolf, G.: Von der Chronik zum Weltbuch. Sinn und Anspruch südwestdeutscher Hauschroniken am Ausgang des Mittelalters, Habil., Berlin/New York 2002

Wolf, J.: „Swaz dan gesche, der scrive daz": Die Gegenwart als Problem der Texttradierung, in: E. Kooper (Hg.), Medieval Chronicle, S.285-298

Wolf, N.R.: Die Abhängigkeit des Sprachhistorikers vom Editor, in: A. Schwob (Hg.), Editionsberichte, S.347-352

ders.: Mittelhochdeutsch aus Handschriften. Hinweise zum Problem der historischen Grammatik und der Überlieferungsgeschichte, in: K. Kunze/J.G. Mayer/B. Schnell (Hgg.), Überlieferungsgeschichtliche Editionen und Studien zur deutschen Literatur des Mittelalters. K. Ruh zum 75. Geb., Tübingen 1989, S.100-108

Wolff, F.: Elsässisches Burgen-Lexikon. Verzeichnis der Burgen und Schlösser im Elsaß, Frankfurt/M. 1979

Wriedt, K.: Bürgerliche Geschichtsschreibung im 15. und 16. Jahrhundert. Ansätze und Formen, in: P. Johanek (Hg.), Städtische Geschichtsschreibung, S.19-50

Wunderli, P. (Hg.): Herkunft und Ursprung. Historische und mythische Formen der Legitimation. Akten des Gerda Henkel Kolloquiums, veranstaltet vom Forschungsinstitut für Mittelalter und Renaissance der Heinrich-Heine-Universität Düsseldorf, 13.-15. Oktober 1991, Singen 1994

Zelenka, A.: Die Wappen der böhmischen und mährischen Bischöfe, Regenburg 1979

Zeller, H.: Befund und Deutung. Interpretation und Dokumentation als Ziel und Methode der Edition, in: ders./G. Martens (Hgg.), Texte und Varianten. Probleme ihrer Edition und Interpretation, München 1971, S.45-89

Zielke, S.: Die Löwengesellschaft. Ein Adelsbund des 14. Jhs., in: ZGO 138 (1990), S.27-97

Zimmermann, W.: Aufruhr gegen Gottes Wort. Geschichtsdeutung nach dem Scheitern der Konstanzer Reformation in den Trostgesprächen des ehemaligen Stadtschreibers Jörg Vögeli, in: M. Hagenmaier/S. Holtz (Hgg.), Krisenbewußtsein und Krisenbewältigung in der Frühen Neuzeit – Crisis in Early Modern Europe. FS für H.-C. Rublack, Frankfurt/M. u.a. 1992, S.317-329

Zimpel, D.: Die Bischöfe von Konstanz im 13. Jahrhundert, Diss., Frankfurt/M. u.a. 1990

Zingel, M.: Frankreich, das Reich und Burgund im Urteil der burgundischen Historiographie des 15. Jahrhunderts (= VuF, Sonderbd.40), Sigmaringen 1995

Zinsmaier, P.: Eine unbekannte Quelle zur Geschichte der mittelalterlichen Liturgie im Konstanzer Münster, in: ZGO 104 (1965), S.52-104

Zotz, T.: Adel, Bürgertum und Turniere in deutschen Städten vom 13. bis 15. Jahrhundert, in: J. Fleckenstein (Hg.), Turnier, S.450-499

ders.: Adel in der Stadt des deutschen Mittelalters, Erscheinungsformen und Verhaltensweisen, in: ZGO 141 (1993), S.22-50

4. Register

4.1 Ortsregister

Die Seitenzahlen, die auf den Einleitungsteil verweisen, sind kursiv, die anderen beziehen sich auf die Edition (ab S. 269). Verzeichnet werden hier nur Orte, die im Chroniktext selbst zu finden sind.

4.2 Personenregister

Zur Gefangenen- und Totenliste der Schlacht bei Seckenheim s. S. 678ff und ausführlich dazu C. Roder, Seckenheim. Vgl. zu den Personen zudem die Übersichtsdarstellungen in Teil A., S. 169ff, in denen auch die Wappen aufgeführt werden.
Die Seitenzahlen, die auf den Einleitungsteil verweisen, sind kursiv, die anderen beziehen sich auf die Edition (ab S. 269). Verzeichnet werden hier nur Personen, die im Chroniktext selbst zu finden sind.